中国广播电视年鉴

ZHONGGUO GUANGBO DIANSHI NIANJIAN

1994

中国广播电视年鉴编辑委员会编

北京广播学院出版社

1994年·北京

封面设计　张慈中
版面设计　韩同慧

中 国 广 播 电 视 年 鉴

1994

《中国广播电视年鉴》编辑委员会编

北 京 广 播 学 院 出 版 社 出 版
(北京市朝阳区定福庄东街1号)
新华书店北京发行所发行
北京新华印刷厂印刷
(京)新登字148号
ISBN　7－81004－457－5/Z·12

开本 787×1092 毫米　1/16　正文 49 印张
彩页　2　印张　　字数　172 千字
1994 年 9 月第 1 版　1994 年 10 月第 1 次印刷
印数 5000 册　　　定价 68.00 元

《中国广播电视年鉴》

第二届编辑委员会

中国广播电视年鉴（1994）

特约编辑

单　　位	部　门	姓　名
广播电影电视部办公厅	综合处	赵明科
广播电影电视部办公厅	综合处	金文雄
广播电影电视部人事司	机关干部处	王富强
广播电影电视部教育司	综合处	高　昶
广播电影电视部外事司	办公室	程欣欣
广播电影电视部科技司	办公室	张德超
广播电影电视部无线电台管理局	办公室	郭发弟
广播电影电视部社会管理司	办公室	杜雪良
广播电影电视部计划财务司	办公室	崔永康
中央人民广播电台	研究室	张连成
中国国际广播电台	总编室	于　旋
中央电视台	研究室	朱　宁
中国电视艺术委员会	办公室	周红文
中国唱片总公司	总编室	侯　军
中国广播艺术团	办公室	杨小平
中国广播电视出版社	图书编辑部	王福顺
广播电影电视部设计院	保卫处	孙堂家
广播科学研究院	科研管理处	龚庆桂
广播电影电视部信息资料中心	信息部	赵中强
中国广播电视国际经济技术合作总公司	展览部	金　英
中国广播电视学会	秘书处	陆静雪
北京广播学院	院长办公室	姚喜双
海峡之声广播电台	总编室	林仙元
北京市广播电视局	总编室	马家芳
天津市广播电视局	总编室	杨旭才
河北省广播电视厅	史志办公室	李冀文
山西省广播电视厅	广播电视学会	杜玉芝
内蒙古自治区广播电视厅	新闻研究所	宝音都冷
辽宁省广播电视厅	总编室	黄维诚
吉林省广播电视厅	史志办公室	钱　璞
黑龙江省广播电视厅	史志办公室	于星海
上海市广播电视局	地方志办公室	蒋坤赤
江苏省广播电视厅	办公室	周新华
浙江省广播电视厅	总编室	严萍英
安徽省广播电视厅	办公室	庄保斌
福建省广播电视厅	广播电视学会	林克清
江西省广播电视厅	总编室	傅登高
山东省广播电视厅	新闻研究所	尹祥吉
河南省广播电视厅	总编室	党传聪
湖北省广播电视厅	总编室	王友弟
湖南省广播电视厅	新闻研究室	潘重宇
广东省广播电视厅	总编室	石振新
海南省文化广播体育厅	研究室	梁定均
广西壮族自治区广播电视厅	史志编辑室	郑成贵
四川省广播电视厅	新闻研究所	何　涛
贵州省广播电视厅	新闻研究室	张建先
云南省广播电视厅	办公室	王心献
西藏自治区广播电视厅	总编室	乐树林
陕西省广播电视厅	宣传处	王志文
甘肃省广播电视厅	史志年鉴组	杨志宣
青海省广播电视厅	史志办公室	祁秉彦
宁夏回族自治区广播电视厅	总编室	王淋己
新疆维吾尔自治区广播电视厅	办公室	张仁武
辽宁省大连市广播电视局	宣传管理处	庄洪昌
山东省青岛市广播电视局	办公室	冷　松
浙江省宁波市广播电视局	宣传处	李迪斐
福建省厦门市广播电视局	总编室	张飞舟
广东省深圳市广播电视局	总编室	刘堤洪
四川省重庆市广播电视局	总编室	向成发

中国广播电视年鉴编辑部

地　　址：北京市朝阳区定福庄东街1号

电话　传真：5766415

邮政编码：100024

编辑说明

一　《中国广播电视年鉴》是反映我国广播电视事业基本情况和发展变化的资料工具书，内容主要是上一年全国广播电视系统各方面的新情况、新资料。

二　本年鉴从1986年起，每年编印一册。1994年版为第8册。只出版精装本。全书共有29部分：(1)特载；(2)部长专论；(3)概况；(4)节目栏目选介；(5)法规文件；(6)工作会议；(7)专论；(8)研讨会；(9)经验总结；(10)专辑；(11)听众观众调查；(12)新技术开发与应用；(13)书报刊；(14)音像出版物；(15)文章索引；(16)评奖；(17)机构和团体；(18)大事记；(19)人物志；(20)统计；(21)台湾省的广播电视；(22)香港、澳门的广播电视；(23)对外交流；(24)史志资料；(25)名录；(26)附录；(27)索引；(28)图片；(29)广告。

三　本年鉴1994年版主要发表1993年的资料。但在“特载”、“部长专论”、“工作会议”等专栏中也收入了1994年的有关重要资料。

四　有关广播电视宣传报道情况的介绍是本年鉴1994年版的主要内容，着重在以下各专栏中反映：

“概况”——1993年全国广播电视宣传各方面和各地方的情况综述。

“节目栏目选介”——1993年广播电台、电视台新开办的节目栏目选介。

“工作会议”——主要是广播电视宣传方面的工作会议选介。

“专论”——1993年在报刊上发表或在学术会议上宣读的专业论文选摘。

“研讨会”——主要是广播电视宣传方面的研讨会选介。

“经验总结”——1993年广播电视宣传改革等的经验选载。

“专辑”——1993年部分广播电台、电视台的周年庆祝活动等。

“评奖”——1993年广播电视获奖节目、评奖活动选载。

“听众观众调查”——广播电视听众观众调查情况选介。

五　本年鉴1994年版关于广播电视技术和事业建设的情况，主要在“概况”、“新技术开发与应用”、“统计”等专栏中介绍；“经验总结”、“专辑”等部分也有反映。

六　台湾省和香港、澳门地区的广播电视情况，在“台湾省的广播电视”、“香港、澳门的广播电视”专栏中介绍。全国性统计数据，均未包括台湾省。

简　　目

分 类 目 录

各省、自治区、直辖市广播电视概况 109

4. 节目、栏目选介

1993年中央、省、自治区、直辖市、计划单列市广播电台新开办的节目 152

1993年中央、省、自治区、直辖市、计划单列市电视台新开办的栏目 169

1993 年地、州、市广播电台新开办的节目 185

1993 年县、区广播电台（站）新开办的节目

5. 法规文件

6. 工作会议

7. 专　论

8. 研讨会

省、自治区、直辖市广播电视研讨会 320

9. 经验总结

10. 专 辑

11. 听众观众调查

12. 新技术开发与应用

13. 书 报 刊

14. 音像出版物

15. 文章索引

16. 评 奖

17. 机构和团体

《机构和团体》栏目中的情况一般截止到1993年12月31日，也有个别内容截止到1994年5月。

18. 大事记

19. 人物志

20. 统　　计

21. 台湾省的广播电视

22. 香港、澳门的广播电视

23. 对外交流

24. 史志资料

25. 名　录

26. 附　录

特 载

满怀信心，走向未来

——对中国国际广播电台海外听众及港澳台同胞的新年讲话

江 泽 民

(1993年12月28日)

女士们、先生们、朋友们:

在1994年到来之际，我很高兴在北京通过中国国际广播电台，向各国人民和朋友，向台湾同胞、港澳同胞和海外华侨、华人朋友，致以诚挚的新年贺意！祝贺大家在过去的一年里所取得的成功，祝愿大家在新的一年里万事顺遂、家庭幸福！

朋友们，过去的一年，是中国人民在邓小平同志建设有中国特色社会主义理论和党的基本路线指引下，按照抓住机遇、深化改革、又快又好地发展的战略决策继续胜利前进的一年，也是我们党的十四大确定的建立社会主义市场经济体制取得进展的一年。全国经济发展、政治稳定、民族团结、社会进步。客观事实说明，我们党和政府制定的经济社会发展的路线方针政策是正确的，而且也说明我们党和政府驾驭发展全局、加强宏观指导的经验也日益丰富和成熟。我们肩负的任务十分艰巨，前进中还会遇到困难和问题，但都有办法有力量解决。我们以更充足的信心和更雄健的步伐迈进新的一年，走向光明的未来。

我们建设有中国特色社会主义，就是遵循改革开放这一当代中国发展的必由之路，经过若干代人的持续奋斗，把我国建设成为富强、民主、文明的社会主义现代化国家。摆脱贫穷落后，使祖国早日实现繁荣昌盛，是全中国人民和整个中华民族梦寐以求的共同愿望。中国是一个有着五千年文明史和十一亿多人口的东方大国。中国的振兴和富强，不仅是中国人民、中华民族的幸福，也是为人类文明做出的更大贡献。中国的稳定与发展离不开世界的和平与发展，世界的和平与发展也离不开中国的稳定与发展。这已经为越来越多的人们所共识。

朋友们，当前世界正处在新旧格局转换的过渡时期。一方面，国际关系出现了一些积极的趋势，世界多极化进程正在加速发展，缓和与合作是各国人民的普遍要求。另一方面，天下仍然很不太平。一些地区矛盾激化、局势动荡、战乱不已。霸权主义、强权政治仍很突出，世界和平与发展面临严重挑战。中国政府和人民坚定不移地奉行独立自主的和平外交政策，在动荡复杂的国际局势中发挥了重要作用，为促进世界的和平与发展做出了积极贡献。中国的国际地位显著提高，国际环境进一步改善，我们的朋友遍天下。世界是丰富多彩的，每一个国家都应尊重别国人民独立自主的权利。以强凌弱、以大欺小、以富压贫，历来是行不通的，而且终将害己。中国永远不称霸，中国的发展绝不会对任何国家构成威胁。我们将一如既往地在和平共处五项原则基础上坚持发展同世界各国的友好合作关系，为建立和平、稳定、公正、合理的国际新秩序进行不懈的努力。

完成祖国的和平统一大业，是包括台湾人民在内的全体中国人民的神圣使命，也是中国历史发展的大潮流大趋势。海峡两岸人民心向统一。制造“两个中国”、“一中一台”、“一国两府”是违背两岸人民的愿望和利益的。希望台湾当局顺应潮流和民心，以民族大义为重，为祖国统一大业多做些实事，共创中华民族的昌盛。香港、澳门回归祖国之日日益临近。最近由于英方坚持错误立场，致使中英谈判破裂。这本是我们不愿意看到的。无论发生什么情况，我们都将同香港各界爱国同胞同心同德，坚持“一国两制”的方针不会改变，坚持基本法的原则不会改变，坚持对香港恢复行使主权的决心不会改变。香港一定能保持长期繁荣和稳定，我们对此有足够的能力和充分的信心。

朋友们，共同致力于和平与发展，是各国人民加强团结合作的坚实基础。团结合作需要了解。在过去的一年里，千千万万海外客人到中国访问。在我见过的外国来宾中，不少人同我谈起，他们亲眼看到的中国，同他们想象中和原先了解的中国是如此不同。这正象中国一句老话所说的："百闻不如一见"。1994年是中华人民共和国成立45周年。在这新的一年里，我们热忱欢迎更多的外国朋友到中国来走一走，看一看。通过交往促进相互了解，促进信任和友谊的增强。中国国际广播电台，几十年来一直在做着向海外听众介绍中国的发展情况，它已经成为一座中外沟通的重要桥梁。希望它在增进中国人民和世界各国人民的友谊与合作方面发挥更大的作用。

最后，再一次祝大家新年快乐！谢谢！

在全国宣传思想工作会议上的讲话

(1994年1月24日)

江　泽　民

这次全国宣传思想工作会议，是在我国建立社会主义市场经济体制和现代化建设的关键时期，继全国经济工作会议之后，党中央召开的又一次具有全局意义的重要会议。

这次会议的主要任务是，在邓小平同志建设有中国特色社会主义的理论和党的基本路线指导下，贯彻党的十四大和十四届三中全会精神，按照"两手抓、两手都要硬"的方针，研究和部署在新形势下如何加强和改进宣传思想工作。通过这次会议，使党的各级领导和宣传思想战线的同志们进一步认清大局、统一思想、振奋精神、扎实工作，开创宣传思想工作的新局面，更好地动员、团结、激励广大党员和群众，把改革开放和现代化建设事业不断推向前进。

下面，我讲几个问题。

一、新时期加强宣传思想工作的重要性

在我们党领导的各条战线中，宣传思想战线是一条十分重要的战线。在我们党的各级领导机关中，宣传思想工作部门是一个十分重要的部门。在我们党的干部队伍中，宣传思想工作队伍是一支十分重要的力量。以毛泽东同志为核心的党中央第一代领导集体和以邓小平同志为核心的党中央第二代领导集体，都非常重视对宣传思想战线的领导，非常重视发挥宣传思想工作部门和宣传思想工作队伍的作用。几十年的历史表明，革命也好，建设也好，要取得伟大胜利，都离不开宣传思想工作。这是我们党的一条基本经验。高度重视宣传思想工作，充分发挥宣传思想工作强有力的作用，是我们党的一大传统、一大优势。

建设富强、民主、文明的社会主义现代化国家，是人民的事业，是党领导人民依靠自己的力量实现自己利益的事业。在这一事业中，宣传思想工作部门承担着重大的使命。集中起来说，就是要正确地宣传党的理论、路线、方针、政策，生动地反映人民群众的伟大实践，调动一切积极因素，化消极因素为积极因素，团结一切可以团结的力量，为实现建设有中国特色社会主义的宏伟目标而奋斗。我们的宣传思想工作，必须以科学的理论武装人，以正确的舆论引导人，以高尚的精神塑造人，以优秀的作品鼓舞人，不断培养和造就一代又一代有理想、有道德、有文化、有纪律的社会主义新人，在建设有中国特色社会主义的伟大事业中发挥有力的思想保证和舆论支持作用。

邓小平同志1992年视察南方重要谈话和党的十四大以来，我国现代化建设的形势很好，改革开放大步前进，经济持续发展，各民族团结和睦，社会政治稳定。十四届三中全会通过了《中共中央关于建立社会主义市场经济体制若干问题的决定》，制定了我国在90年代经济体制改革的行动纲领。我国经济体制改革已经进入整体推进和重点突破相结合的新阶段。当前，国际格局向多极化发展，扩大了我国在处理国际事务中的回旋余地。经济发达国家正在进行经济结构、产业结构的调整。我国同西方国家的关系有了新的改善。亚太地区继续保持政局相对稳定和经济蓬勃发展的良好态势。我国同周边国家以及广大第三世界国家的友好合作关系进一步加强。当然，我们在前进中还面临一些困难和问题，要注意不断研究解决。但总的来

看，国际国内形势对我们推进改革和建设都比较有利，确实是一个难得的好时机。今年，全党工作的基本方针是：以邓小平同志建设有中国特色社会主义的理论和党的基本路线为指导，全面贯彻党的十四大和十四届三中全会精神，加快建立社会主义市场经济体制，保持国民经济持续、快速、健康发展，维护政治稳定，促进社会全面进步。抓住机遇，深化改革，扩大开放，促进发展，保持稳定，是今年全党工作的大局。全党同志都要认清这个大局，服从和服务于这个大局，在这个大局下自觉行动，做好各方面的工作。

新的形势对宣传思想战线提出了更高的要求。党的理论、路线、方针、政策和我们的奋斗目标，需要更深入更广泛地宣传，为群众所理解和掌握；党和政府所采取的一系列推进改革和建设的新举措，需要向群众做通俗的、有说服力的解释；人民群众创造的新经验，需要总结和推广；各条战线涌现的先进人物和他们的崇高精神，需要讴歌和传播；群众日益增长的精神文化需求，需要努力满足；实践中提出的许多课题，需要认真研究和回答；在改革中由于利益关系调整而出现的思想认识问题，需要疏导和解决；社会生活中存在的消极倾向，需要加以克服；推进改革开放和现代化建设，需要中国更多地了解世界和让世界更多地了解中国。这一切都说明，我们的宣传思想工作很重要，大有可为，只能更加重视，不能有任何忽视；只能大大加强，不能有丝毫削弱；只能改进提高，不能止步不前。

改革开放15年来，宣传思想工作对于解放思想、更新观念、统一全党和全国人民的思想和行动，对于维护安定团结的社会政治局面，对于调动和发挥人民群众的积极性、主动性和创造性，对于促进改革开放和现代化建设顺利发展，起到了重要的作用。十三届四中全会以后，中央遵循邓小平同志建设有中国特色社会主义的理论和党的基本路线，在肯定宣传思想工作成绩的同时，采取一系列措施，努力纠正“一手比较硬，一手比较软”的现象。十四大以来，宣传思想战线的同志积极努力，做了大量工作，在理论、新闻、出版、文艺、对外宣传工作和队伍建设等方面取得了新的进展。在调查研究、总结经验和新的实践基础上，形成了新形势下宣传思想工作的基本思路，进一步明确了宣传思想工作的根本指针、基本原则、主要任务和工作布局。现在，宣传思想工作的大政方针已定，关键是抓好落实，扎扎实实工作，在实践中继续总结经验，不断开拓前进。

二、宣传思想工作的根本指针和主要任务

我们党要领导和团结全国各族人民进行改革开放和现代化建设，需要有正确的理论指导和统一的思想基础。我们党是以马克思列宁主义、毛泽东思想作为指导思想的工人阶级先锋队。马克思主义是深深植根于实践并在实践中不断发展的科学。邓小平同志建设有中国特色社会主义的理论，深刻反映了我国社会主义建设的客观规律，集中体现了党和人民的意志和愿望，是对毛泽东思想的继承和发展，是当代中国的马克思主义。这一理论是全党和全国各族人民的精神支柱，是我们夺取改革开放和现代化建设胜利的强大思想武器。15年来，正是在这一理论指引下，我国社会主义事业开创了历史的新局面，经济建设、人民生活、综合国力都上了一个大台阶，取得了举世瞩目的成就；正是在这一理论指引下，建设有中国特色社会主义的事业在国际风云变幻的情况下，经受了严峻的考验，得到了蓬勃的发展。邓小平同志建设有中国特色社会主义的理论是全党各项工作的根本指导方针。宣传思想战线必须牢牢地把握这一根本指针，用以指导自己的全部工作。只有这样，才能保证宣传思想工作的正确方向，保证各项任务的顺利完成。

党的十一届三中全会以来，邓小平同志十分关注和重视宣传思想战线的工作。他在宣传思想工作的重要性、方针原则、主要任务、队伍建设和党对宣传思想工作的领导等方面，提出了一系列具有深远意义的重要思想。他的这些重要思想，既坚持了我们党的一贯主张，又包含了结合新时期的情况和任务提出的许多新内容、新要求，是建设有中国特色社会主义理论的重要组成部分，对做好宣传思想工作、加强社会主义精神文明建设，有着极其重要的指导意义。全党同志特别是各级领导干部和从事宣传思想工作的同志，一定要认真学习邓小平同志建设有中国特色社会主义的理论，进一步提高做好宣传思想工作的自觉性和坚定性，并努力贯彻到实际工作中去。

宣传思想工作战线很长，任务很重，要坚持解放思想、实事求是的思想路线，紧紧围绕经济建设这个中心，认真做好各方面工作，积极推进社会主义物质文明和精神文明建设。当前和今后一个时期，要着重抓好四个方面的工作。

第一，坚持用邓小平同志建设有中国特

色社会主义的理论武装全党，是宣传思想战线最重要的任务。

党的十四大提出用邓小平同志建设有中国特色社会主义的理论武装全党。这是一项具有长远和根本意义的战略任务。实现这一战略任务，党的理论水平和思想水平将提到一个新的高度，党的领导水平和执政水平也将提到一个新的高度。一年多来，特别是《邓小平文选》第三卷出版和中央作出学习决定以后，一个学习理论的热潮正在兴起。但总的说，学习还是初步的。各级党委要进一步认识用这一理论武装全党的极端重要性、紧迫性和长期性，切实做好党员、干部学习的组织和指导工作。在继续办好省部级主要领导干部研讨班的同时，用两至三年时间，分期分批地轮训县、团级以上党员干部。学习中，要认真研读小平同志的原著，全面系统准确地领会精神实质，掌握基本观点。宣传思想工作部门要同有关部门一道做好工作，使全党的学习深入、持久地进行下去。宣传思想工作部门的同志在学习理论方面应该起带头作用，学习得更深一些，运用得更好一些。同时，还要着重做好宣传和研究邓小平同志建设有中国特色社会主义理论的工作。要充分运用报纸、广播、电视、出版物等媒体，深入宣传这一理论，教育我们的人民，教育我们的青年。要及时总结广大党员和群众的学习经验，加以推广。在中央党校、国家教委、中国社会科学院、解放军国防大学和上海社会科学院组建的5个研究建设有中国特色社会主义理论的基地，要发挥骨干作用，深入研究改革和建设中的重大理论和实践问题，确定课题，集中力量，拿出一批有较高价值的研究成果。教育系统要编写建设有中国特色社会主义理论的教材，作为学校政治课的主要内容。

第二，坚持贯彻党的基本路线，做好正确引导舆论的工作。

党的以经济建设为中心、坚持四项基本原则、坚持改革开放的基本路线，要贯彻到各项工作中去，一百年不动摇。宣传思想战线必须牢牢把握党的基本路线，做好自己的工作，通过有力的宣传和思想动员，把全党全国人民的思想和行动进一步统一到党的基本路线上来。

在党的基本路线指引下，掌握实际情况，正确引导舆论，是党的宣传思想战线非常重要的工作。目前，我国报纸、刊物的数量很多，广播电视网遍布全国，每天同广大群众见面，随时随地影响着群众的思想和行动。舆论导向正确，人心凝聚，精神振奋；舆论导向失误，后果严重。正反两方面的经验告诉我们，引导舆论，至关重要。各级党委、宣传部门和新闻出版等单位的领导干部，必须以高度的责任心抓好舆论引导工作。

正确引导舆论，重要的是正确把握形势，增强全局观念，坚持宣传好党的路线、方针、政策，坚定不移地在政治上同党中央保持一致。要始终围绕经济建设这个中心开展工作，把群众的积极性、创造性引导到深化改革、扩大开放、促进社会主义市场经济发展上来，引导到实现现代化建设的各项任务上来。要以主要的力量积极反映有中国特色社会主义事业日新月异发展的现实，满腔热情地讴歌人民群众在改造世界、创造新生活中表现的崇高品格和取得的光辉业绩。要重视对社会舆论情况和群众思想情况的调查研究，积极地反映广大群众的意见和建议，加强舆论监督。舆论监督应着眼于帮助党和政府改进工作，解决实际问题，增进人民团结，维护社会稳定。宣传报道要注意把握好改革、发展和稳定的关系，局部和全局的关系，坚持唯物辩证法，防止片面性和简单化。要严格遵守宣传纪律。党报、党刊、国家通讯社和电台、电视台都要积极宣传党的主张，在正确引导舆论中发挥主干作用。我们强调正确引导舆论，同强调从事舆论宣传的部门和单位要创造性地工作是统一的。报刊、广播、电视等都要在坚持正确方向的前提下，勇于创新，努力形成各自的风格和特色。

坚持正确的舆论导向，就是要造成有利于进一步改革开放，建立社会主义市场经济体制，发展社会生产力的舆论；有利于加强社会主义精神文明建设和民主法制建设的舆论；有利于鼓舞和激励人们为国家富强、人民幸福和社会进步而艰苦创业、开拓创新的舆论；有利于人们分清是非，坚持真善美，抵制假恶丑的舆论；有利于国家统一、民族团结、人民心情舒畅、社会政治稳定的舆论。

第三，加强思想工作，培养“四有”新人，促进社会主义精神文明建设。

培养有理想、有道德、有文化、有纪律的新人，是建设社会主义精神文明的根本目标。要围绕这个目标，在人民群众特别是青少年中加强以爱国主义、集体主义、社会主义为核心内容的思想道德教育，开展艰苦奋斗、勤俭建国的教育，职业道德、社会公德的教育，基本国情的教育和普及法律基本知识教育。善于做群众的思想工作，提高群众的觉悟，激励群众为实现自己的根本利益而奋斗，是我们党的传家宝，任何时候都不能丢。近年来，群众性的思想工作是有成绩的，但在一些地方和部门存在着这项工作被忽视、被削弱的现象，应该引起高度重视。思想工作是全党的工作，不仅宣传部门要做，各级党委和企业、农村、学校、街道等基层党组织要做，各级行政部门和工会、共青团、妇联等也都有做群众思想工作的责任。当前，要重视引导人们特别是青少年树立正确的理想、信念、世界观、人生观和价值观，反对拜金主义、享乐主义、极端个人主义，抵御资本主义和封建主义腐朽思想的侵蚀。适应新形势要求，思想工作要在继承优良传统的基础上，充分运用大众传媒和文化设施，采取容易为群众所接受、所欢迎的方式方法进行。要善于疏导，注意发扬民主，尊重人、理解人、关心人，采取吸引群众广泛参与的方法、群众自己教育自己的方法、平等讨论的方法、批评和自我批评的方法。要注意区分层次，针对不同特点，把先进性的要求同广泛性的要求结合起来，把思想教育同行为规范的培养结合起来。宣传思想工作部门要注意总结群众性思想工作的经验，推广先进典型，不断提高全社会的思想工作水平。

第四，坚持为人民服务、为社会主义服务的方向和百花齐放、百家争鸣的方针，弘扬主旋律，繁荣社会主义文化。

“二为”方向和“双百”方针，深刻反映了我国宣传文化事业的发展规律，是对精神产品生产的基本要求，是宣传文化事业繁荣的重要保证。弘扬主旋律、提倡多样化，是坚持“二为”方向和“双百”方针的具体体现。

弘扬主旋律，就是要在建设有中国特色社会主义的理论和党的基本路线指导下，大力倡导一切有利于发扬爱国主义、集体主义、社会主义的思想和精神，大力倡导一切有利于改革开放和现代化建设的思想和精神，大力倡导一切有利于民族团结、社会进步、人民幸福的思想和精神，大力倡导一切用诚实劳动争取美好生活的思想和精神。弘扬主旋律，使我们的精神产品符合人民的利益，促进社会的进步，不断满足人民群众日益增长的精神文化需求，这是发展宣传文化事业、繁荣社会主义文化市场的主题。

要采取有效的政策措施，积极支持反映主旋律的精神产品的生产。每年都要拿出一批优秀的、为人民群众所喜闻乐见的影视、戏剧、音乐、舞蹈、美术和文学作品。反映主旋律的精神产品不仅思想内容要健康向上，艺术表现也应多种多样、生动活泼、精益求精，具有强烈的吸引力和感染力，在文化市场竞争中赢得优势。社会生活是丰富多彩的，人民群众的精神文化需求也是多方面、多层次的。只要是能够使人民得到教育和启发、得到娱乐和美的享受的精神产品，都应受到欢迎和鼓励。对民族文化精粹、优秀高雅艺术、有较高价值的学术著作，要给予扶持和保护。要努力发展新闻出版、广播影视、文学艺术、社会科学等事业，搞好社区文化、村镇文化、企业文化、校园文化建设。要继续增加对宣传文化领域的投人，进一步改善宣传文化事业发展的条件。

精神产品的生产是一项非常复杂的劳动，需要专家、学者和文艺工作者发挥个人的创造精神。我们应该尊重和爱护他们的辛勤劳动，坚持解放思想、实事求是，坚持“双百”方针，努力形成一种鼓励探索与创造的良好环境和气氛。在学术研究上提倡不同观点和学派的自由讨论，在艺术创作上提倡不同形式和风格的自由发展。邓小平同志说：“对人民负责的文艺工作者，要始终不渝地面向广大群众，在艺术上精益求精，力戒粗制滥造，认真严肃地考虑自己作品的社会效果，力求把最好的精神食粮贡献给人民。”希望从事精神产品生产的同志们，不断提高自己的思想业务水平，创造出更多振奋人们精神、鼓舞群众斗志、凝聚民族力量、激发社会活力的精神产品，使我们的宣传文化事业更加蓬勃繁荣、万紫千红。

在做好宣传文化工作、促进社会主义精神文明建设中，我再强调三个问题。

一是坚持把社会效益放在首位，在这个基本前提下实现经济效益和社会效益的统一。随着社会主义市场经济的发展，精神产品的生产流通同市场运行一般规律的联系愈益紧密，确实也有经济效益的问题。经济效益好，有助于宣传文化事业的发展。同时也要看到，精神产品又具有不同于物质产品的特殊属性，它的价值实现形式更重要地表现在社会效益上。有些精神产品，直接经济收益可能不大，但对推动社会生产力的发展和社会全面进步的作用很大。我们在宣传文化工作中要始终把社会效益作为最高准则，当经济效益同社会效益发生矛盾时，自觉服从社会效益。

二是要用科学的态度对待我们民族的传统文化和外来文化。我们民族历经沧桑，创造了人类发展史上灿烂的中华文明，形成了具有强大生命力的传统文化。我们要取其精华，去其糟粕，很好地继承这一珍贵的文化遗产。要认真研究和借鉴世界各国的文明成果，善于从其他国家和民族的文化中汲取营养，发展自己。我们讲继承、讲借鉴，目的是通过继承和借鉴，使民族传统文化、外来文化的精华，同我们党领导人民在长期革命和建设中形成的优良传统和精神有机地结合在一起，并在新的实践基础上不断创新，建设和发展有中国特色的社会主义文化。

三是坚持精神文明重在建设，重在加强管理。建设包括管理，管理促进建设。加强和改善管理是发展宣传文化事业、繁荣文化市场的有力保证。我们要花大力量抓繁荣，促发展，多生产人民群众喜受的精神产品。同时，对那些错误的、违法的东西不能不管不问。在大的是非面前，宣传思想文化部门要坚持原则，提倡什么、允许什么、限制什么、反对什么，必须旗帜鲜明。那些散布否定党的领导和社会主义制度的东西，散布腐朽思想、颓废情绪以及传播封建迷信、渲染色情暴力的东西，危害我们的事业，损害人们特别是青少年的身心健康，群众十分不满，不能任其泛滥。应该看到，我们在管理中遇到的大量问题属于人民内部矛盾，工作中一定要坚持党的方针政策，坚持依法办事，讲究管理方式和工作方法。我们对宣传文化事业包括社会主义文化市场的发展规律，还有许多不熟悉的地方。要认真研究，积极探索，总结经验，健全管理体制，加强制度建设，提高管理水平。

繁荣宣传文化事业，建设社会主义精神文明，要制定发展规划。现在，我国经济发展已经有了三步走的发展目标，经济体制改革也勾画了社会主义市场经济体制的基本框架。社会主义精神文明建设，涉及各个方面，是一项系统工程。十二届六中全会曾经作了一个决议，现在需要根据新的情况，在已有基础上，经过深入调查研究，争取用两三年时间，提出精神文明建设的总体规划、阶段性目标和具体措施。

三、加强和改善党对宣传思想工作的领导

宣传思想工作关系到建设有中国特色社会主义事业的全局。对这项工作，各级党委务必十分重视，务必加强领导，切实负起责任。邓小平同志指出:“我们要在建设高度物质文明的同时，提高全民族的科学文化水平，发展高尚的丰富多彩的文化生活，建设高度的社会主义精神文明。”他还强调“搞四个现代化一定要有两手，只有一手是不行的。”两个文明都搞好，这才是有中国特色的社会主义。要把坚持两手抓、两手都要硬这个问题郑重地提到全党面前，提到各级党委的重要议事日程上来。应当明确，一个地区、一个部门的宣传思想工作和精神文明建设，责任主要在这个地区和部门的党组织。各级党委，首先是主要负责同志一定要深入实际，调查研究，总结经验，精心指导，督促检查，加强和改进宣传思想战线的工作。有些需要多方面配合的工作，党委要统一研究，统一部署，协调行动。各级党委和政府要经常向宣传文化教育部门介绍形势、任务、方针政策，帮助他们了解改革和建设的进展情况，以利于他们做好工作。

要把宣传文化事业的改革作为一项重要工作，统筹安排，积极推进。宣传文化事业的改革要同发展社会主义市场经济、同整个社会主义现代化建设相适应，符合社会主义精神文明建设的要求，符合宣传文化事业自身发展的规律。要通过管理体制的改革，转变职能，理顺关系，精兵简政，提高效率，增强宣传文化事业发展的活力。要重视加强宣传文化领域的制度化、规范化建设，抓紧制定必要的法规、规章。

建设一支政治强、业务精、作风正的宣传思想工作队伍，是做好宣传思想工作的组织保证。各级党委要从政治上、思想上、工作上、生活上关心这支队伍，建设好这支队伍。加强队伍建设，关键是抓好领导班子建设。应当按照干部队伍“四化”方针和德才兼备的原则，把坚持党的基本路线、具有马克思主义基本理论素养、有高度政治责任感和事业心的干部，配备到宣传思想战线的重要领导岗位上来。宣传思想战线汇集着大量知识分子。要很好地贯彻尊重知识、尊重人才的方针，努力创造民主舒畅、生动活泼、团结协作的环境，充分发挥这条战线广大知识分子的聪明才智，使优秀人才脱颖而出，特别是使青年人才更快更好地成长，逐步造就一大批在全国乃至国际上有影响的各类专门人才。对有突出贡献的，要特别爱护和珍惜。要设立若干种代表我们民族科学文化水平的、被社会视为崇高荣誉的奖励。宣传思想战线的工作责任很重，难度很大。对这条战线的同志，要充分理解，积极支持，既严格要求，又不求全责备，要满腔热情地帮助他们总结经验，提高水平。宣传思想工作者要努力学习理论，学习一点社会主义市场经济和科学技术知识，学习一点文学史、音乐史、美术史，了解中国文化和世界文化发展的梗概。要深入基层、深入群众、深入生活，从人民群众的历史创造活动中汲取营

1993年1月，中共中央总书记江泽民、国务院总理李鹏等党和国家领导人接见出席全国宣传部长会议的代表。

1993年12月，中共中央总书记、国家主席江泽民在中国国际广播电台向海外听众发表新年讲话。

（国际广播电台　提供）

1993年1月，中共中央政治局常委、国务院总理李鹏在天津视察天津广播电视塔。（武道光　摄）

1993年1月，由青岛人民广播电台发起的苏州评弹“南曲北移”演出获得成功，江泽民、李鹏、朱镕基等党和国家领导人在中南海接见了演职人员代表。（青岛广播电视局　提供）

1993年8月，中共中央政治局委员、书记处书记、中宣部部长丁关根在中央人民广播电台听取工作汇报。

（中央人民广播电台　提供）

中共中央政治局委员、中共北京市委书记陈希同和广播电影电视部部长艾知生等领导参加1993年“北京第二届国际电视周”闭幕式。（北京广播电视局　提供）

党和国家领导人为中央电视台35周年题词

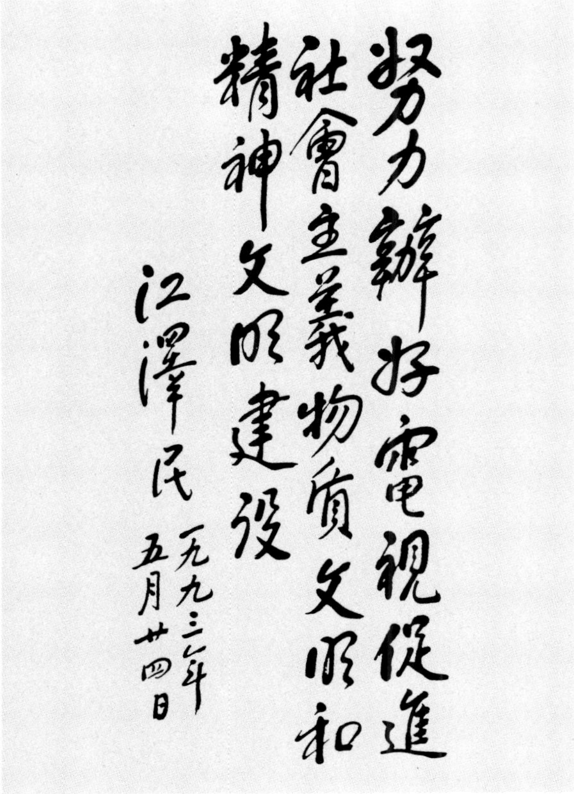

中共中央总书记、国家主席、中央军委主席江泽民题词

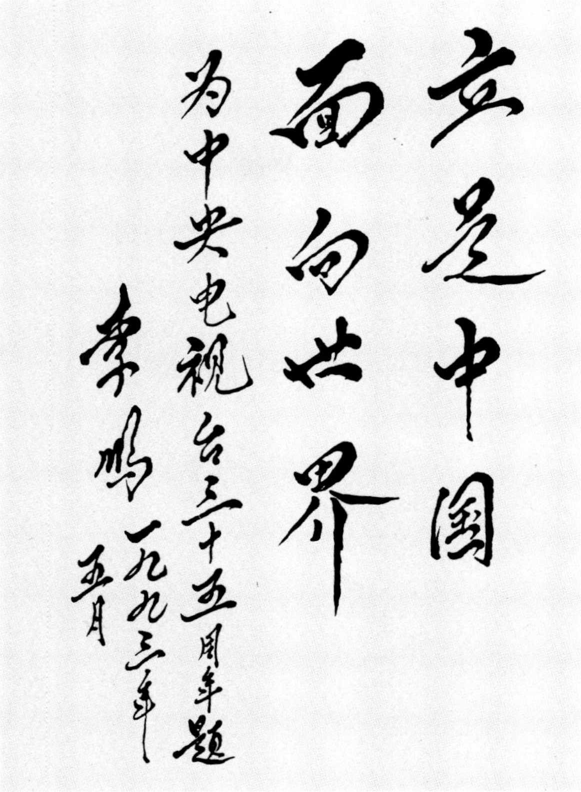

中共中央政治局常委、国务院总理李鹏题词

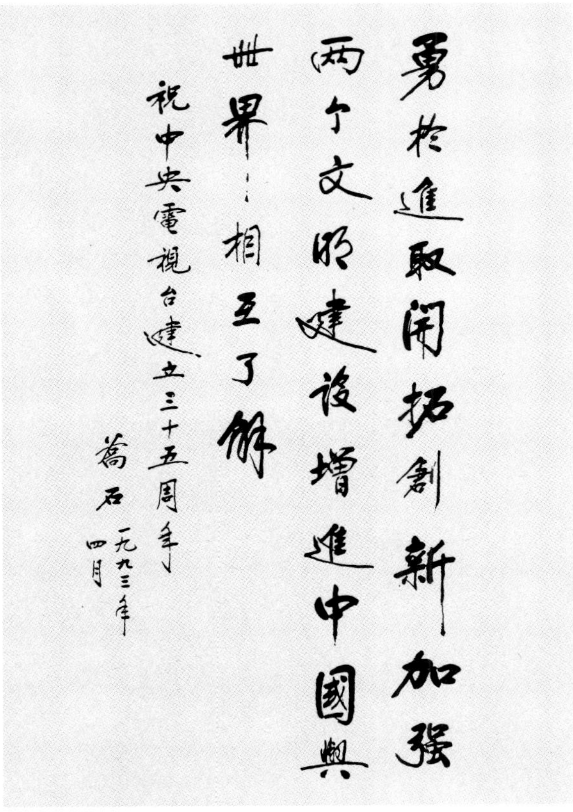

中共中央政治局常委、全国人大常委会委员长乔石题词

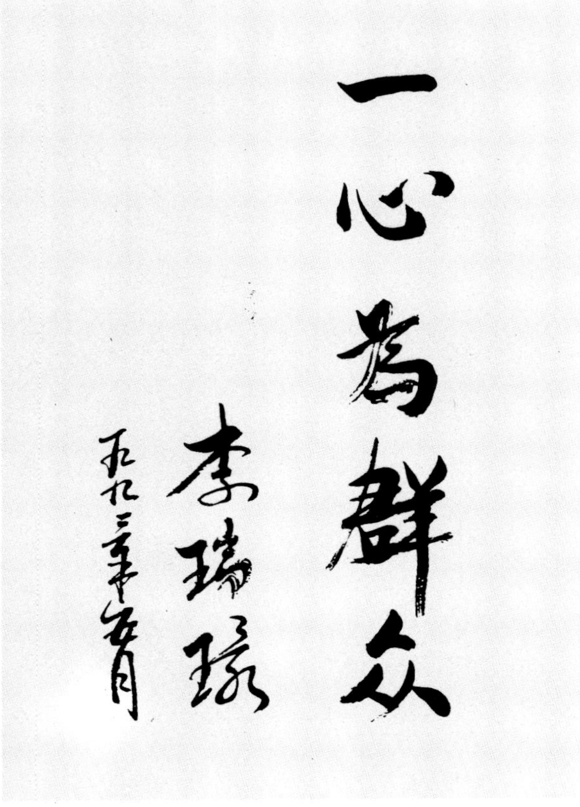

中共中央政治局常委、全国政协主席李瑞环题词

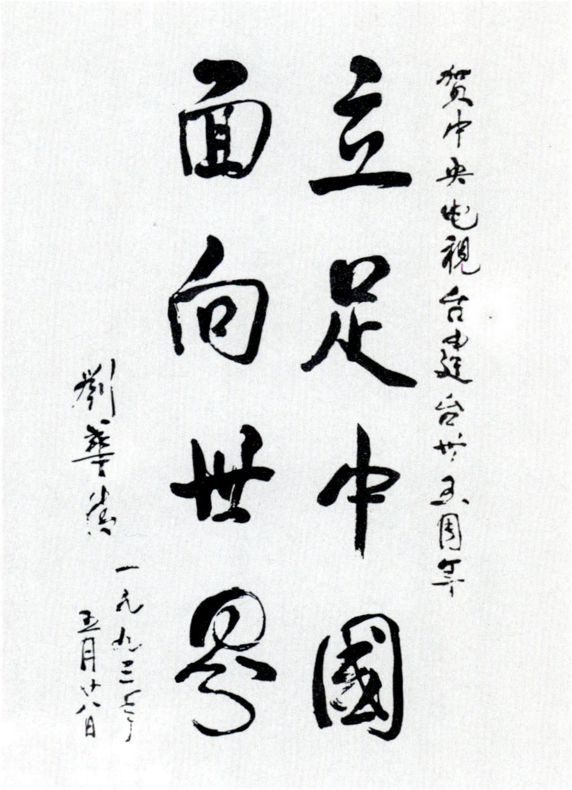

中共中央政治局常委、中央军委副主席刘华清题词

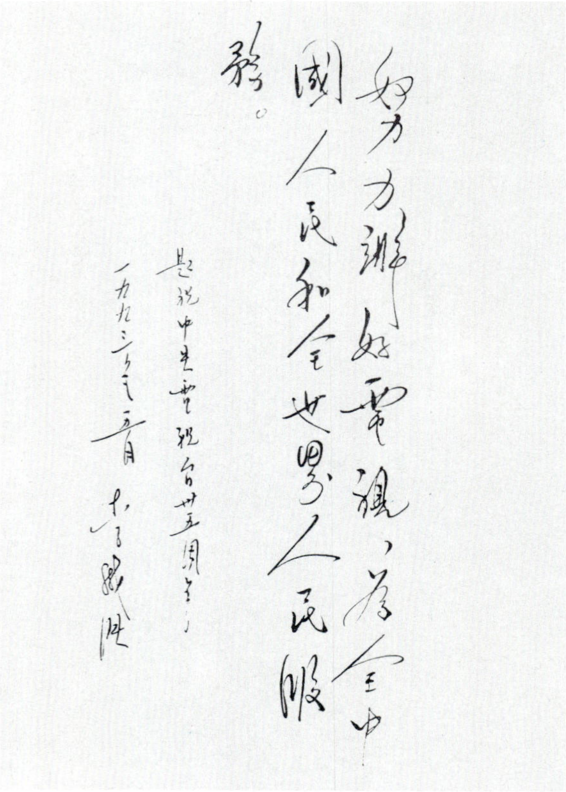

中共中央政治局委员、国务委员李铁映题词

中国中央电视台 35 周年

1958 年 5 月 1 日，我国第一座电视台——北京电视台（即中央电视台的前身）开始试播，同年 9 月 2 日转入正式播出。从此，揭开了中国电视事业从无到有的新历程。1978 年 5 月 1 日，北京电视台正式改名为中国中央电视台，国家台的地位得以确认。35 年来，中央电视台取得了令人瞩目的成就，它由创办之初，每周播出两次，每次播出 3 个多小时，工作人员仅 30 余名，发展至今，已成为一个拥有 4 套节目，全天播出 60 多个小时，且有 4 个卫星通道覆盖全国以及亚、澳、中东、欧洲 60 多个国家和地区，并拥有 2500 余名工作人员的名副其实的国家电视台。

①②中央领导同志丁关根、李铁映参加中央电视台建台 35 周年庆祝活动，并亲切会见前来参加中央电视台台庆活动的 30 家省级电视台台长和海外华语电视台来宾。

④王枫副部长和总政领导参加中央电视台建台三十五周年庆祝活动。

③广播电影电视部部长艾知生、副部长王枫、刘习良出席全国省级电视台台长座谈会。

⑤有朋自远方来，不亦乐乎！八月三十一日晚，热情好客的CCTV老、中、青三代人在梅地亚中心欢迎各地同行、海外嘉宾。

③ ④
⑤ ⑥

⑦ ⑧
⑨ ⑩

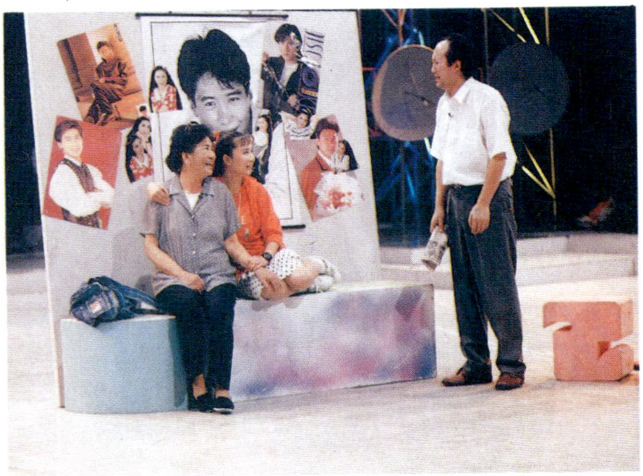

⑦增进友谊，弘扬中华文化，九月三日全球华语电视台交流会在梅地亚中心举行。

⑥中央电视台台长杨伟光向海内外来宾致欢迎词。

⑩庆祝活动结束，中央电视台台领导送别远方的客人。

⑧⑨九月一日，中央电视台以一台精彩的文艺晚会《今宵属于你》，庆贺自己三十五岁生日。

1993年12月，中央电视台和江西电视台合作举办纪念毛泽东同志诞辰100周年《正大综艺》特别节目。

（曾　辉　摄）

1993年12月，江西省广播电视厅隆重举行毛泽东同志诞辰100周年文艺演出。

（胡国民　摄）

1993年12月，中国国际广播电台记者采访访华的老挝总理坎代先生。（国际广播电台　提供）

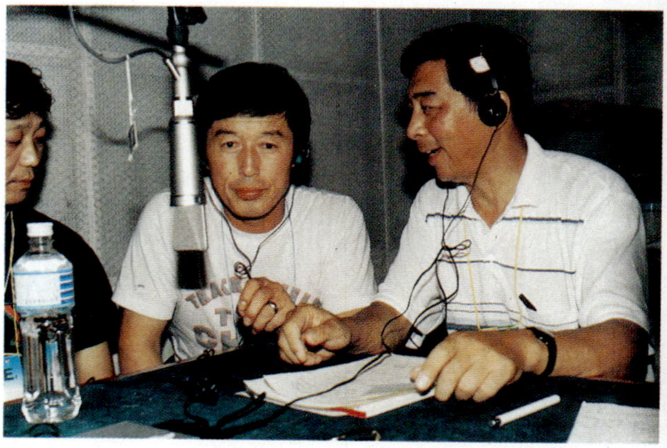

1993年全运会期间，中央人民广播电台特辟午夜直播节目。马俊仁等体育界著名人士参与直播。

（中央人民广播电台　提供）

1993年，中国国际广播电台的海外听众来信达55.4万多封，创历史纪录。（国际广播电台　提供）

1993年，中央人民广播电台制作的广播剧《古墓遇险》，获得“亚广联”节目大奖。（中央人民广播电台　提供）

1993年11月，广播电影电视部副部长何栋材参观天津广播电视塔。（武道光 摄）

1993年“北京第二届国际电视周”期间举办中外电视节目交流市场。（北京市广播电视局 提供）

1993年1月，中央人民广播电台召开技术维护管理工作会议。（中央人民广播电台 提供）

1993年1月，中国国际广播电台标志征集活动揭晓。（国际广播电台 提供）

1993年，福建省龙岩地区建成全国首家地市级微波电视双向传输网络。（福建省广播电视厅 提供）

1993年，中国吉林省和朝鲜咸镜北道、两江道举行了边境地区小功率分米波电视频率协调会谈。

（吉林省广播电视厅 提供）

1993年7月，全国人大常委会副委员长王光英在北京经济台直播室谈经济改革问题。

（北京市广播电视局　提供）

1993年8月，广播电影电视部副部长刘习良参加《炎黄子孙》电视片首映式

（蒋　凡　摄）

1993年4月，辽宁电视台记者在美国费城采访著名华裔科学家牛满江及夫人。

（高国栋　摄）

陕西电视台制作的电视剧《半边楼》荣获1993年度第13届“飞天奖”长篇一等奖

（陕西电视台　提供）

1993年7月，香港电台播音员伍曼仪和歌星梁雁翎在广西南宁人民广播电台主持“减灾扶贫”特别节目。（冯兆强　摄）

1993年在壮族传统节日“三月三”期间，广西电视台记者采访壮族民间艺人。

（国　宣　摄）

1993年5月2日，青岛人民广播电台在青岛中山公园举办庆“五·一”现场直播。

（青岛人民广播电台　提供）

内蒙古电视台记者在鄂尔多斯盆地大气田攀上钻塔拍摄采访。（于恩丕　摄）

1993年10月，《中国广播电视年鉴》第九届年会在厦门召开。 （傅登高 摄）

1994年6月，《年鉴》第十届年会在内蒙古自治区海拉尔市召开。

刘习良副部长和来自各省、自治区、直辖市及计划单列市广播电视厅（局）、部机关和直属单位主要负责人，作为《年鉴》编委会成员，共商编纂方针。（傅登高 摄）

编委和特约编辑（资料负责人）在年会上认真研究稿件。

《中国广播电视年鉴》主编赵玉明在编辑部指导编纂工作。

《中国广播电视年鉴》已经编辑出版了9卷。

著名播音艺术家
北京广播学院教授
齐越

①一九四九年，参加军管小组进城接管国民党电台，北平新华广播电台开始播音。

③六十年代，深入农村，和农民亲切交谈。

②建国初期，与潘捷在天安门播报国庆实况。

④一九七九年四月，在淮南煤矿井下与矿工在一起。

⑤在纪念周恩来总理逝世一周年大会上，朗诵郭沫若词《念奴娇·怀念周总理》。

⑥给他的4名研究生上课。

⑦出席中国共产党第十三次全国代表大会，在小组会上发言。

首届华语电视周

1993年8月25日至30日，全球性的大型文化活动——首届华语电视周在广州举行。这次规模空前的盛会由广东对外文化交流协会、广东省广播电视学会、广东电视台联合主办，旨在弘扬中华民族优秀文化，共商华语电视发展大计及增进华族子孙间的情谊。

应邀前来参加盛会的有中外电视台和影视公司的代表392人，他们当中有国际著名的影视界专家、学者，各电视台、影视公司的负责人，著名艺术家和主持人。

这次电视周主要举办了三项活动：

一、华语电视节目展播。于8月8日至9月25日在广东电视岭南台和珠江台同时进行。展播的节目包括电视剧集、各类纪录片、专题节目、综合文艺节目等。

二、海内外电视节目展销。参加展销的单位有来自世界各地的华语电视台和影视制作公司共50多家。展销期间，汇集了6000多个小时的优秀电视节目和录像制品。其中，广东音像出版社的《中国出了个毛泽东》、广东台的《周恩来》等领袖题材片以及其它历史故事片、中国风情片、综艺节目、地方戏曲等成了洽谈交易的热门。

三、“华语电视发展”学术研讨会。经过研讨，代表们达成了共识：华语电视根植于中华文化沃土，可以且必然大有作为；华语电视国际性合作的前景无限美好，节目市场前景广阔。

中共中央政治局委员、广东省委书记谢非、广东省省长朱森林、国务院新闻办公室主任曾建徽、广播电影电视部副部长刘习良、何栋材等领导同志参加了电视周的活动，并对首届华语电视周取得的成绩给予了肯定。

广东省省长朱森林在开幕式上讲话。

热情的欢呼，诚挚的祝愿，愿华语电视更加璀璨——开幕式文艺晚会。

“华语电视发展”学术研讨会会场

电视周展销会开幕仪式。

上海人民廣播電台

SHANGHAI PEOPLE'S BROADCASTING STATION

上海人民广播电台是在 1949 年 5 月 27 日解放上海的战火中诞生的。她的前身是华东新华广播电台。

上海电台位于上海著名的外滩，在黄浦公园西侧，与浦东在建的东方明珠电视塔隔江相望。她广播的覆盖面包含上海市以及长江三角洲广大地区，面积达 6 万多平方公里，经常性听众有 3500 至 4000 万人。她和全国各省市自治区有广泛的联系，和世界上 44 个国家和地区建立了多种方式的交往。

党的十一届三中全会以来，上海电台在改革开放中奋进，努力创办有中国特色、上海特点、上海电台风格的广播，体现与上海所处地位相适应的格局和标准，做到继往开来，立足上海，胸怀全局，走向世界。

上海台现有 8 个系列台：新闻综合台、市场经济台、文艺台、音乐台、广播教育台、交通信息台、浦江之声台、英语台。日播出量为 128 小时。节目套数和播出时数在全国地方台中名列前茅。

摄影：杨彬奎

①上海市副市长夏克强亲临电台举办冬令高峰连续报道合署现场办公

②早新闻编辑室编辑正在紧张地工作

③市场经济台直播股市信息行情

④交通信息台在现场宣传交通安全

⑤上海与横浜联合举办特别节目

⑥文艺台举办第二届戏曲卡拉 OK 比赛

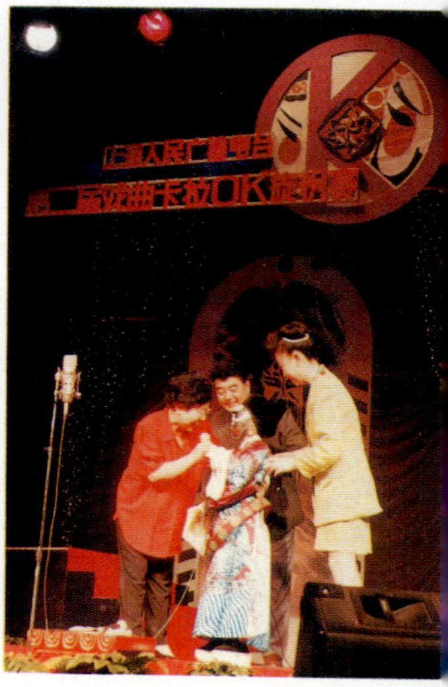

上海國際廣播音乐节

“上海国际广播音乐节”原名“上海国际音乐节目展播”，创办于1988年5月28日，第一届有14个国家和地区参加；第二届于1989年5月21日举行，有34个国家和地区参加；1991年10月20日成功地举办了第三届，参加的国家和地区增加到37个。第四届上海国际广播音乐节于1993年11月7日至11日隆重举行，有44个国家和地区的59家广播电台/公司参加展播评奖。本届音乐节的主要内容有：

一、第四届上海国际广播音乐节开幕式暨文艺晚会。

二、第四届上海国际广播音乐节音乐节目展播评奖。

三、第四届上海国际广播音乐节音乐广播学术研讨会。

四、第四届上海国际广播音乐节购物博览会。

五、第四届上海国际广播音乐节文艺演出专场。

六、第四届上海国际广播音乐节闭幕式暨颁奖晚会。

①上海市委副书记陈至立与演员亲切谈话

②上海市副市长龚学平在升旗仪式上讲话

③广电部副部长同向荣、上海市宣传部副部长孙刚共贺演出成功

④广电局党委书记贾树枚会见国际评委

⑤各国广播界朋友在研讨会上交流发言

⑥第四届上海国际广播音乐节开幕式暨文艺晚会

⑦第四届上海国际广播音乐节闭幕式暨颁奖文艺晚会

⑧上海人民广播电台台长陈文炳在第四届上海国际广播音乐节欢迎酒会上致词

上海电视台

上海电视台 1993 年正值建台 35 周年。这一年全台各类节目创作成果丰硕。新闻、文艺、社教、外宣、体育、少儿、农村等各类节目和电视剧、海外影视剧译制等突出改革开放的时代主旋律，同时注重贴近观众，贴近生活，风格多样化，收视率稳步提高。

①上海教育界领导和广大师生积极参与上海电视台 1993 年教师节直播的《希望在我心》文艺晚会。

②上海电视台《希望在我心》文艺晚会社会反响强烈，当晚为发展全市教育事业集资 1600 多万元。

（要治华　摄）

③上海电视台社教节目面向广大观众普及法律知识，1993 年举办的《澳门与澳门基本法知识竞赛》受到广大观众关注。

④1993 年上海电视台与广东台、香港无线台合作举办了“沪粤港三地青春歌手大赛”，三地同时直播，推出了歌坛新人。

（要治华　摄）

⑤上海电视台 1993 年新开设的谈话节目《三色呼啦圈》采用访谈、辩论、答记者问、故事新编、情景对话、智力竞赛等多种形式，寓庄于谐，妙趣横生，吸引了午间休闲的观众。

（要治华　摄）

河北电视台

②一九九二年五月，李瑞环同志在中南海接见河北电视台台长王根旺等同志，就当前电视宣传讲了重要意见。

①一九九〇年二月，乔石同志在河北农村视察，河北电视台记者随同采访。

③在十一届亚运会上技术人员在调整微波天线。

⑤正在建设中的电视中心工程。

1	2
3	4
5	6

④大型系列片《中国历史文化名城》摄制组在承德拍摄。

⑥307 高山发射台

逢十進一，再展鹏程

武汉电视台台长

如果借用“黄金时段”这一说法，那么，武汉电视台的十年应该算赶上了祖国发展的“黄金时段”。我们的大楼是和无数座江城广厦一同崛起的，我们的电视台是和繁荣的三镇百业齐步前进的。放眼四顾，这十年又正是全国电视事业最重要的生长期。我们搭上了这班车。在今天群雄竞起、百卉向荣的中国电视界，武汉电视台能够名秀一方，这首先是应改革之运，拜时代之赐，托国家之福。

粗略清点一下家底，我们渐渐觉得自己也大致像个电视台的模样了：两个自办频道，22 小时日播出量，一大批最先进的设备，数千万元固定资产，综合实力每年几乎在按指数增长。但十年生聚，十年经营所留下的最大财富，却首先是一支 200 多人的队伍。它绝非几条电视好汉带领的一帮跟班和随从，而是怀才抱志、同心合胆的敬业者群体；是统一总谱下放声高唱的众多声部。高强度、超负荷的编播工作本来就是造就电视能人的最好速成班，而十年来任贤重才的上下共识，大约又是新人脱颖的良性生态环境。今天，全台各部众材成林，新老骨干各膺重寄。一切成绩归根结底是人的物化，十年造就的这支队伍是我们电视台最可宝贵的立台之本。

每当电视界同行在一起聚会，常爱论及各兄弟台的风格和个性。一位朋友给我们下的评语是：朝气、锐气、旺气；拼劲、犟劲、狠劲。除去鼓励的成份外，倒颇能概括武汉台的精神。追想建台之初，财蹇地仄，人机两缺，我们几乎靠徒手创业，平地起家，在荧屏上站住了脚根。稍具规模后，我们不甘平庸，不容苟且，争上档次，争创一流，于是有了一个又一个奖状奖杯的丰收年。在实现全天播出、开辟第二频道、总体设备换代的重大战役中，我们不等不靠，自设目标，一经认定，志在必成，赢得了事业发展的宝贵时间。电视台的精华是人，人的精华是意志，这种自强不息、凌厉无前的奋斗精神是十年发展的主线和核心，也是我们正在定型的价值取向和历史传统。

十年台庆，这是我们对自己历史的集体回忆，更是对未来前程的共同瞻望。我们一同走过了有色有彩，有波有澜的十年，但这只是我们事业发展的前奏和序曲。历史将不负我们一代人的所思所梦，所祝所祷；武汉电视台必将再展鹏程，雄飞于二十一世纪的黎明。

现场直播前的准备

新闻传呼中心

节目库房

音响室

三维数字特技机

剪辑机房

演播室

播控机房

武汉电视台概略

武汉电视台1983年11月试播，1984年元旦正式播出。现使用19频道和38频道，开办两套自办综合节目。全台现有职工252人，其中高级职称18人，中级职称73人，初级职称84人。设有新闻部、经济部、社教部、科技部、文艺部、体育部、青少部、对外部、广告部和相对独立的电视艺术中心以及总编室、办公室等综合部门，播出部、发射台、技术部、制作部等技术保障部门。日播出量22小时，开设有《武汉新闻》、《英语新闻》、《彩桥830》、《法社会·公民》、《都市风景线》、《教育天地》、《祝您健康》、《周末娱乐圈》、《赛场风云》等新闻、经济、文艺、科技、体育、法制栏目。此外，每星期天在北美播出杂志性专栏《武汉纪实》1小时。武汉电视台每年生产专题片100多部、栏目700余期、电视剧约50部（集）、译制片50部（集），武汉电视台摄制的新闻曾在全国历届评比中多次获奖，武汉电视台新闻部被评为1990年“全国新闻工作先进单位”，从1987年起武汉新闻被中央电视台采用的数量连续六年居全国城市台首位。武汉电视台拍摄的电视剧、文艺节目连年获得“飞天奖”、“星光奖”和各类奖励（包括专题片获巴西里约热内卢国际影视节优秀奖）。

武汉电视台1992年2月实现早晨8：00至晚上24：00的全天播出，1993年8月9日启用38频道开办第二套节目。从1994年7月25日起，新闻实现滚动播出，19频道每日播出10次新闻（含英语新闻）。

从1992年起，武汉电视台全台各部门摄录设备配置初步完成了由复合式向分量式转换。拥有完整的影视同步配音系统、三维电脑图形图像工作站、六讯道全分量大型转播车。使用的三套发射机分别为英国PYE公司25千瓦、法国TOMSON30千瓦、日本NEC全固态20千瓦。发射天线高度221米，覆盖半径70公里，纳入了武汉全市及附近部分地区。

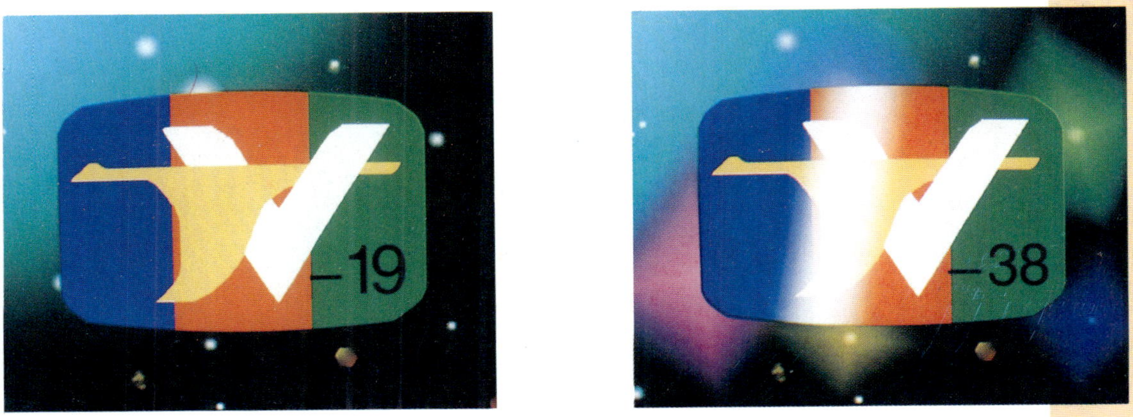

②武汉电视台台标

忻州電視台

山西省忻州电视台于 1984 年 12 月 28 日正式开播，每周播出 6 天，时数为 33 小时，其中自办综合节目 24 小时。《忻州新闻》系拳头栏目，1985 年至 1993 年录制播出新闻 12000 条，被中央电视台和省电视台采用 1050 条，其中有 20 条获省级（含省级）以上新闻奖。忻州电视台开设《忻州风》、《法律与生活》、《信息扫描》、《消费指南》、《点歌台》等固定栏目。此外忻州电视台录制播出百余部融画面美、语言美、音乐美为一体的专题片，其中《扛着泰山赶日月》、《创造在忻州这块土地上》等 5 部获全国和省级奖。

电视剧制作取得较大突破，近几年制作了《追寻》、《生命在你手中》、《忻口战役》等一批较为优秀的电视剧。6 集电视连续剧《忻口战役》荣获全国第十届“飞天奖”。精心制作的电视音乐片《走西口》获第八届全国电视文艺“星光奖”。

图片说明：

①1989 年 9 月由忻州电视台摄制的反映国共两党两军联合抗日的 6 集电视连续剧《忻口战役》荣获全国第十届“飞天奖”。图为彭德怀（左）与卫立煌在共同抗日上取得共识。

②1990 年 5 月，全国人大常委会副委员长廖汉生（中）接见《忻口战役》剧组代表，并为该剧题词

③1993 年 1 月由忻州电视台摄制的电视音乐片《走西口》在晋西北河曲县开机。该片荣获全国电视“星光奖”

④1994 年 4 月，忻州电视台环保行记者在街头进行采访。该台连续 7 年在省台发稿量雄居全省县级台之首

⑤1992 年 5 月 23 日忻州人民广播电台，忻州电视台播音员、主持人在纪念毛泽东《在延安文艺座谈会上的讲话》发表 50 周年联欢晚会上一展歌喉

③

⑤

④

湖南岳阳市有线电视事业

这是投资500多万元建成的广播电视大楼，有电视塔和3个地面接收站。

该台编辑、制作人是正在机房制作节目

湖南长岭炼油厂有线电视台成立于1984年10月，有较先进的演播室，制作室，有全套西德进口全频道传输系统，除转播中央、省、市10套节目外，还有两套自办节目，有《长炼人》、《油城彩屏》、《观众之友》等新闻和专栏节目28个。该台先后摄制了80多部专题及文艺片，其中有两部教育专题片在全国发行，有20个节目在省、市评比中获奖，连续10年评为岳阳市音像管理先进单位，1994年评为湖南省先进企业台。

该台在进行工厂运动会实况转播。

湖南岳阳石油化工总厂有线电视台，于1983年5月建成有线电视系统，已开通1万多户。台内设总编室、新闻部、专题部、技术部，配有电视转播车等摄录编和制作设备。传输15套节目，自办节目每周播出48小时，开辟了《岳化新闻》、《热点访谈》、《文艺天地》等栏目，先后有16个电视节目获省市一等奖，被评为湖南省先进企业台。

该台机房内景，播音员在编播节目。

湖南省岳阳市鹰山有线电视台成立于1991年9月，除转播上级台节目外，还办有鹰山新闻，有摄像机3套，便携式录像机3台，有9型编辑机和配套的特技机、字幕机，采编播系统完善。该台先后有10个电视节目在中央台播出。

该台外景。

湖南省岳阳造纸厂有线电视台，创建于1987年，总投资120万元，用户3千。有4台摄像机、两套编辑系统、一套字幕机以及相应的播、控、编、办、修场地。除转播12套中央、省、市台节目外，每周自办节目24小时以上。每年播发新闻600余条，制作专题、资料片10多部，先后有30多个优秀节目在省、市评比中获奖。近两年被评为湖南省先进企业台。

黑龙江农垦广播电视事业飞速发展

①1990 年 8 月，国家副主席王震视察黑龙江垦区时，与友谊农场领导和电视工作者合影。 （王同日　摄）

②1985 年 8 月，国家副主席王震视察黑龙江垦区时，与垦区电视记者合影。 （农垦广播电视局　供稿）

③黑龙江省国营农场总局党委书记王锡禄同志热情祝贺垦区电视播音员暨主持人大赛圆满成功。

（张春喜　摄）

④1993 年 5 月 20 日，农垦广播电视局长李德仁在垦区电视新闻统一播出首播式上讲话 （李　刚　摄）

⑤《龙腾北大荒》春节联欢会摄制组合影。

（张春喜　摄）

1993年5月，广播电影电视部决定，《中国广播电视年鉴》编委会换届，组成第二届编委会，广播电影电视部副部长刘习良任编委会主任。10月，《年鉴》第九届年会在厦门召开。这是参加年会的部分编委和特约编辑合影。

广播电视单位部分标志选登

中国国际广播电台

1994年1月11日，国际台启用了新台标。台标横向曲折线，既是万里长城，又为东方地平线，也是波浪起伏的海洋。5条弧线是传向五洲四海的电波，是联结友谊的空中彩桥，是冉冉升起的太阳。

中央电视台

标志图形由“CCTV”四个英文字母组成。标志形似电视发射蝶形天线，象征着我国的电视事业，图形又可视为TV通讯卫星运行的轨迹，喻意着CCTV的电视节目向全世界传播。

中国广播电视国际经济技术合作总公司

简称：中广国际总公司

英文名称：CHINA RADIO AND TV CO. FOR INTERNATIONAL TECHNO-ECONOMIC COOPERATION

英文缩写：CRTV

北京电视台

台标画面中间是地球，地球周围有3个同步卫星，覆盖全球。画面简捷明快，寓意深刻，自1979年5月16日启用至今，未做改动。

河北电视台

台标主体部分是万里长城的一段——山海关城楼，象征着河北。3条彩色的曲线，红色代表巍巍太行山，绿色为广阔平原，蓝色是浩瀚的渤海。

内蒙古电视台

三只百灵鸟和蓝天白云构成的图案。百灵鸟又是“NM”（内蒙）的变形美术体。喻意为内蒙古电视像吉祥的百灵一样，驾着祥云将吉祥喜庆的信息传遍草原。

辽宁电视台

4个英文字母“LNTV”紧密相连代表辽宁电视台。利用“T”延长为塔状，象征着电视发射塔。红绿蓝圈起了“LNTV”和发射塔，意为由辽宁电视台发出的电波。

吉林人民广播电台

台标由4个汉语拼音字母“JLGB”组成，意为吉林广播。构图为广播发射塔。“白色的电波划向蓝天，吉林广播事业生机盎然。”

吉林电视台

红、绿、蓝三色彩带象征着雄伟壮丽的长白山和四季苍翠的吉林赤松。“人”字形态挺拔向上，喻意生活在三江土地上的吉林人粗犷、豪放的性格。图形的视觉形象近似电视发射塔。

上海东方电视台

东升的旭日是“东方”英文的第一个字母“O”，洁白飘带似“T”，又似“V”，组成东方电视台英文缩写OTV。台标的下半部，象征着东方电视台犹如翱翔的海鸥搏击在改革开放的浪潮之中，主体部分表示东方电视台象喷薄的太阳从东方升起，必定会蒸蒸日上。

上海有线电视台

上海有线电视台犹如跃出海面的太阳，3片白帆喻示着在改革开放的大潮中开拓奋进，抽象变形的曲线像一条条光纤传输缆，将五彩缤纷的电视节目带入千家万户。

江西电视台

台标由拼音字母“J”、“X”组成，代表江西。红、绿、蓝三基色表示电视“TV”。图案似一条彩带，象征电视是沟通和联系广大观众的纽带。

广东人民广播电台

台标外形为红棉。M为古籀文“羊”字，中间一竖为广播发射塔。翠绿，表示岭南一片郁郁葱葱，生机勃勃；金色，象征广播事业灿烂美好。

陕西人民广播电台

台标主体“人”字，构成发射塔，象征人民广播电台。3个圆形波环，象是3个汉语拼音“Q”套在一起，代表“三秦”。“SXR”是“陕西广播”英文缩写。

陕西电视台

由红、绿、蓝组成的3个汉语拼音“Q”，象滚滚向前的车轮，又象是凌空而起的彩色气球，喻意深远。它的直接含意是“三秦”。“秦（Qin）”，是陕西古时的称谓，常说的“三秦父老”是指陕西的乡亲们。

青海电视台

台标是3个大小重叠排列的三山徽记，象征着高大雄伟的昆仑山。台标在演进过程中，将汉、藏、蒙3种文字依次推出，寓义各族人民团结、平等互助共建祖国可爱的家园。

金华电视台（浙江省）

台标由英文字母“TV”组成。红绿蓝3基色烘托成一朵山茶花。山茶花为金华市市花。金华电视台的前身——金华调频转播台简称“711”与外形相似。

北京广播电视报

北京广播电视报于1979年9月14日正式复刊，开始为4开4版。1986年扩大为4开8版，每期发行量由最初十七、八万份增至三、四十万份。1987年正式建立报社，经济上开始独立核算，1989年正式实行自办发行，最高发行量曾达到每期一百一十多万份，居北京地区各报发行量之首。

于1991年扩大为4开12版，1994年又正式扩大为4开16版。报纸设立要闻、收视指南、广播天地、有线电视、影视故事、视听论坛、声屏人物、家庭生活、文化娱乐、音乐之声、体育世界、视听集粹等版面，赢得了广大读者的喜爱。曾多次被评为首都读者最喜爱的十佳报纸之一。目前发行量稳定在九十万份左右。报社分设编辑部、广告部、发行部、办公室和新星广告艺术公司等机构。现任社长王廷富、总编辑黎瑞祥。

（郭智　文　常江　摄影）

大连广播电视报

纪念创刊10周年

（1983年4月—1993年4月）

《大连广播电视报》正式创刊于1983年4月30日。10年来，该报中共大连市委、市政府的亲切关怀和领导下，在市广播电视局的直接领导下，坚持党的为人民服务、为社会主义服务的办报方针，勇于开拓进取，发展较快：报纸版面由2版扩大到4开16版；报社人员由4人发展到200多人；期发行量由20万份左右发展到40万份左右。报纸成了广播听众的知音、电视观众的良友。近几年，积极开展多种经营，逐步开办了10个经济实体，获得了可喜的社会效益和经济效益；《大连广播电视报》将在改革开放的大潮中，继续努力，争取迈上一个新台阶。

国内统一刊号：CN21—0047

广告经营许可证：辽工商广字02—004**号**

地址：大连市沙河口区民权街162**号**

电话：采编部：3625611

广告信息部：4604257

邮编：116022

电报挂号：6066

报社在大连经济开发区兴建的凤凰宾馆外貌

图为报社印刷厂激光照排车间

市领导同报社职工合影

湖南广播电视报

湖南广播电视报以“扬报纸所长，汇声屏精华”的特有优势飞入寻常百姓家，是千家万户看好电视、听好广播的最佳向导，是传输现代文明的理想媒介。

湖南广播电视报坚持“二为”方向和以正面宣传为主的方针，创全国同行一流的宣传质量，办具有中国特色的新型报业，期发量居三湘报业之首，名列全国同业前茅。其“一周论语”、“荧屏精萃”、“现代家庭”、“社会透视”等栏目和版面饮誉百万读者。其广告之效益为诸家企业所叹服。国家广播电影电视部、人事部、财政部先后授予湖南广播电视报社为“全国广播电视系统先进集体”、“全国广播电视系统经营管理先进单位”。全国广播电视系统财务管理工作会议以该社为现场之一，并推崇该社为“中国广播电视报界的一颗明珠”。

社领导正在研究报纸版面

该社以“一业为主，多种经营”，所属——湖南广播电视报印刷厂、湖南广播电视报声屏书社、湖南广播电视报广告公司、湖南广播电视报业开发公司、湖南广播电视报业广告产品发展公司、湖南秋华经济开发公司、大亚湾华怡实业公司等生产经营实体，共同营造新型报业的辉煌。

湖南广播电视报编辑、出版、发行的社会生活报，又预示着报业新的明天。

采编中心的编辑们正在评报栏前评头品足

报社晓楼招待所

社工会丰富多彩的职工文体活动

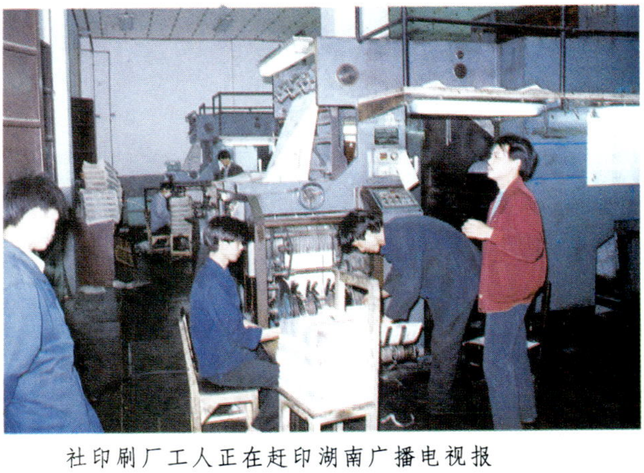

社印刷厂工人正在赶印湖南广播电视报

湖南广播电视报社社址：长沙市雨花路 27 号；邮编：410007；电话：5557373；电传：5552072

内蒙古集宁皮件厂是华北地区最大的制革和皮革服装加工综合性企业。1985年进行技术改革，购进法国、意大利制革设备，形成制革、皮革服装加工两大生产体系，年生产能力制革60万张羊皮，皮革系列服装6万件。

该厂“熊猫”牌皮革系列服装出口生产已有30多年历史，系中外弛名商标。产品销往欧洲、北美洲、亚太等20多个国家和地区，84年、86年、88年全国同行业评比第一名，并荣获部优、省优奖；90年、91年蝉联两届北京国际博览会银奖；92年被全国42家大型商场推选为“全国最受消费者欢迎轻工产品”，93年在全国产品质量与信誉综合评价调查活动中荣获“’93全国产品质量信誉杯”和“’94向全国消费者用户推荐产品”。欢迎国内外客商合资、合作批量定货。

厂址：京包线集宁南站下车本市公园路44号　　电话：（0474）224108

企业法人代表：姜学文　　传真：（0474）232076

内蒙古集宁皮件厂

养，充实自己，提高自己。如果脱离实际，脱离群众，是拿不出好作品的，也做不好宣传思想工作。

我们宣传思想战线群英荟萃、人才济济。这条战线上的广大同志忠诚于党和人民的事业，勤奋工作，兢兢业业，任劳任怨，为宣传党的基本理论和基本路线，促进改革开放和现代化建设，发展社会主义精神文明，做了大量工作和重要贡献。实践证明，这是一支富有奉献精神的队伍，是一支有战斗力的队伍。党中央信任这支队伍。党和人民对这支队伍寄予厚望。在新时期，我们这支队伍肩负着重要的责任。希望大家在邓小平同志建设有中国特色社会主义的理论指导下，励精图治，积极进取，努力把宣传思想工作提高到新的水平。

同志们，我们的现代化建设是以经济建设为中心，社会主义市场经济、社会主义民主政治、社会主义精神文明共同发展的历史进程。坚持党的基本路线一百年不动摇，经过几代人的努力，到下世纪中叶我们一定能够基本实现社会主义现代化，取得建设有中国特色社会主义事业的伟大胜利。让我们坚定不移地朝着这个目标，团结一致，奋勇前进!

（原载 1994 年 3 月 7 日《光明日报》）

李鹏在全国宣传思想工作会议上讲话
要求加强对宣传思想工作的领导

中共中央政治局常委、国务院总理李鹏1月26日在全国宣传思想工作会议上讲话时指出，国际国内形势的发展，为加强宣传思想工作提供了很好的条件，同时也对宣传思想工作提出了更高的要求。各级党委和政府要从建设有中国特色社会主义的全局出发，加强对宣传思想工作的领导，促进宣传文化事业的繁荣和发展。

李鹏同志的讲话分为四个部分：一、关于国际形势和我国的外交工作；二、关于经济发展；三、关于经济体制改革；四、对宣传思想工作的几点希望。

李鹏在讲话中说，江泽民同志在会议开始时的重要讲话，深刻地阐述了新时期宣传思想工作的地位和作用，明确提出了宣传思想工作的根本指导方针和主要任务。宣传思想战线的各个部门，都要认真贯彻落实江泽民同志讲话精神，把工作搞得更好。

关于国际形势和我国的外交工作，李鹏指出，当前国际形势仍处在复杂而深刻的变动之中。世界格局多极化的趋势加速发展。振兴经济成为世界各国的普遍愿望，经济优先正在成为影响国际关系发展的主导因素。一系列地区热点得到解决或降温。这是国际形势发展的积极方面。但我们还应该看到，霸权主义和强权政治依然存在，部分地区的武装冲突和动荡局面仍在持续，不测因素有增无减，南北经济差距进一步拉大，许多发展中国家面临更大的困难。这一切说明，天下还不太平。总之，和平与发展两大主题还没有解决。他说，同世界其他地区相比，亚洲地区特别是东亚地区的政局相对稳定，特别是经济持续增长，贸易和投资发展很快，区域合作势头良好。

李鹏指出，我国贯彻独立自主的和平外交政策，对外工作取得重大进展。去年十一月，江泽民主席同克林顿总统举行正式会晤，这不仅有利于中美关系的改善和发展，对亚太地区和世界局势也产生了积极影响。我们主张，双方应本着“增加信任、减少麻烦、加强合作、不搞对抗”的精神，争取中美关系尽快走上正常发展的轨道。他说，我国同西欧的关系在总体上也有改善和发展。德国总理科尔访华标志着中德关系进入新的发展阶段。法国总理巴拉迪尔即将对我国的正式访问，标志着中法关系的正常化。我国奉行睦邻友好政策，周边环境是建国以来最好的时期之一。我们同广大发展中国家的友好合作关系进一步加强。

李鹏指出，今年国际关系将会有新的变化和调整。总的国际形势仍将对我有利。在新的一年里，我们应继续贯彻执行独立自主的和平外交政策，不以社会制度和意识形态的异同划线，在和平共处五项原则基础上，同所有国家发展友好合作关系，为我国的现代化建设创造一个有利的外部环境。

关于经济发展，李鹏说，我国正处在历史上少有的发展时期。小平同志指出，要“抓住时机，发展自己，关键是发展经济”。现在，国际环境比较有利，国内条件具备，我们完全有可能在一个比较长的时期内，争取国民经济持续快速健康发展。他指出，改革开放给经济发展注入了强大的活力。按照党的十四大和十四届三中全会精神，积极推进建立社会主义市场经济体制的改革，将为经济发展提供体制上的保证。同时，我国政治稳定，民族团结，社会进步，也为经济持续快速健康发展提供了有利的社会政治条件。

李鹏说，经济工作的安排要总揽全局，正确分析和把握形势，既要看到有利条件，又要重视不利因素，做到既积极发展，又量力而行，力求保持一个积极而又稳妥的发展速度。他指出，提高经济效益，实现速度与效益的统一，是我国经济发展的重要方针。提高效益要从优化经济结构、推动技术进步和改善经营管理等多方面努力。在积极推进企业经营机制转换的同时，各类企业都要切实加强经营管理，严肃内部纪律，把这两件事做为一项长期的基础性工作认真抓好。

李鹏指出，今年经济工作的方针是：全面贯彻党的十四大和十四届三中全会精神，迈出建立社会主义市场经济体制的重要改革步伐，进一步扩大对外开放，加强和改善宏观调控，大力调整经济结构，推动技术进步，提高经济效益，保持国民经济持续、快速、健康发展。要着重抓好全面发展农村经济、搞好国有大中型企业、加强和改善宏观调控三方面工作。

关于经济体制改革，李鹏说，今年经济体制改革的主要内容，概括起来是三个方面：一是组织好建立健全宏观调控体系各项重大改革措施的出台和实施。重点是财税体制和金融体制改革。二是积极稳妥地推进价格改革。要采取十分慎重的态度，充分考虑到国家、企业和群众的承受能力，保持社会的安定。三是建立适应社会主义市场经济发展要求的现代企业制度。这是我国国有企业改革的方向。企业改革要有助于增强国有企业的活力，实现国有资产的保值增值，有利于保持社会的安定。

李鹏说，今年改革和发展的任务都比较重。我们要正确处理好改革、发展、稳定三者之间的关系。经济发展是我们一切工作的中心，改革是推动社会经济发展的强大动力，稳定又是改革与发展不可缺少的条件。改革既要积极推进又要谨慎从事。我们要抓住时机在重要环节取得实质性进展，带动改革的全局，又要使改革做到综合配套。

在谈到宣传思想工作时，李鹏说，宣传思想工作是我们党的政治优势。革命和建设事业的发展，离不开宣传思想工作的支持和保证。在15年来的改革开放和现代化建设中，宣传思想战线发挥了重要作用。宣传思想战线认真贯彻党的十四大和十四届三中全会精神，宣传邓小平同志建设有中国特色社会主义的理论，在推动全党和全国人民学习《邓小平文选》第三卷，进行爱国主义、集体主义和社会主义教育，进行改革开放和经济建设的宣传报道，加强对外宣传以及丰富人民群众的文化生活等方面，做了大量工作。总的看，宣传思想工作指导思想是明确的，舆论导向的把握是好的。

李鹏希望宣传思想战线的同志要继续把握好舆论导向，更好地为改革开放和现代化建设服务。宣传报道力求全面客观准确，防止片面性。宣传思想工作必须从党和国家的根本利益出发，自觉地与党中央在政治上保持一致。他说，宣传思想工作的各个部门要坚持解放思想、实事求是，结合自身特点，认真总结经验，创造性地开展工作，积极探索社会主义市场经济条件下宣传思想工作的新方法。要努力学习邓小平同志建设有中国特色社会主义的理论，学习党和国家的方针政策，学习社会主义市场经济知识，学习和精通自己专业的业务知识。不仅要向书本学习，还要向实践学习，向群众学习，向社会学习。

李鹏指出，这几年，我国的对外宣传部门做了大量的工作，取得了一定的成绩。我们要扩大对外开放，就要更好地做好对外宣传工作，让世界了解中国。

李鹏说，各级政府部门都要重视和支持宣传思想工作，为从事宣传思想工作的干部提供工作需要的条件，并积极帮助他们解决实际困难。要舍得花一点钱，宁可在别的地方省一点，也要逐步为宣传战线改善条件，使宣传工作更富有成效。他强调，宣传思想工作在社会主义现代化建设事业中肩负着光荣的使命，任重道远。相信通过这次会议，宣传思想工作一定会出现一个新的局面。

朱镕基、丁关根、李岚清、李铁映、钱其琛、尉健行、温家宝、任建新等领导同志出席会议，丁关根主持会议。

（原载1994年1月27日《人民日报》）

朱镕基在全国宣传思想工作会议上强调
正确引导舆论旗帜鲜明地支持改革

中共中央政治局常委、国务院副总理朱镕基1月28日在全国宣传思想工作会议上强调：动员亿万群众支持和参与改革是宣传思想战线的一项重要任务。在新的一年里，宣传思想战线的同志要服从和服务于“抓住机遇，深化改革，扩大开放，促进发展，保持稳定”这个大局，正确引导舆论，旗帜鲜明地支持改革；准确领会和宣传党的各项方针政策，及时正确反映经济全局情况；提倡做实事，讲实话，鼓实劲，收实效，促进经济持续、快速、健康发展；以保持社会稳定为己任，及时疏导和解决在改革中出现的思想认识问题。

朱镕基首先充分肯定这些年宣传思想战线的同志在邓小平同志建设有中国特色社会主义理论和党的基本路线指引下积极为改革开放和现代化建设事业服务，作出了巨大贡献。他希望宣传思想战线的同志在改革和发展中继续发挥更大的作用。

朱镕基向大会介绍了去年全国的经济情况。他说，1993年是全面贯彻党的十四大精神，沿着邓小平同志指引的建设有中国特色社会主义道路胜利前进的一年。一年来，工业保持快速增长，企业经济效益有所提高；农村经济进一步发展，粮油再创新纪录；重点建设得到加强，建设速度大大加快；消费品市场繁荣活跃，人民生活水平继续提高。去年上半年，针对经济快速增长中出现的一些突出矛盾和问题，中央毅然决定采取加强和改善宏观调控措施，信贷规模过大和货币投放过多以及人民币汇价下降过快的势头迅即得到抑制，金融秩序和流通秩序明显好转。宏观调控取得积极成效。

朱镕基说，当前是深化改革最有利的时机。第一，经过十多年的改革，建设有中国特色社会主义理论已经深入人心。特别是1992年邓小平同志重要谈话和党的十四大胜利召开，我们党明确了社会主义市场经济的改革目标，摆脱了姓“资”姓“社”的观念束缚，思想获得解放。这样我们就有可能在没有任何顾虑和障碍的情况下，按照市场经济的一般规律，借鉴发达国家的成功经验，从中国国情发出，针对当前经济生活中的突出问题，制定出比较积极稳妥的改革方案。第二，党中央、国务院在十多年的改革中积累了丰富的经验。我们曾经历过不少改革难关，既有成功的经验，也有挫折和教训。这次的改革方案总结了多年的实践经验，就其原则、框架来说，已经酝酿多年。理论界也反复讨论、比较，多数取得了共识。第三，1992年小平同志发表重要谈话以来，我国经济发展势头很好。外国政治家和投资者普遍看好中国的经济发展，外国资金以前所未有的速度进入中国。前进中发生的一些问题，中央采取加强和改善宏观调控的一系列措施加以解决，取得了积极成效，为今后改革过程中及时妥善地处理各种突发情况积累了经验。十四届三中全会集中了全党的智慧，构筑了社会主义市场经济的基本框架，为实施当前的改革措施奠定了思想基础。

朱镕基强调，必须紧紧抓住和十分珍惜当前这一难得的历史机遇，坚决推进我们酝酿多年想干而又没有条件干的改革。如果我们不能抓住机遇，攻克体制改革中的重重难关，就不可能保持经济持续、快速、健康发展，实现国民经济和社会发展第二步战略目标。朱镕基说，今年的改革方案准备工作是比较充分的。这套改革方案，是在以江泽民同志为核心的党中央领导下，组织了两支队伍，集中了各方面的优秀人才和骨干力量，经过长时间精心周密的研究，广泛征求各方面的意见后制订的。我们充分估计到了这场改革的艰巨性和复杂性。当然，任何改革方案都不可能事先设计得完美无缺，只能在改革过程中不断实践，不断总结，不断调整。正如小平同志所说：“要让全党和全国人民懂得，这是很艰苦的工作，十全十美的方针、十全十美的办法是没有的，面临的都是新事物、新问题，经验靠我们自己创造”。“这就要求我们每走一步，都兢兢业业，胆大心细，及时总结经验，发现问题就作些调整，使之符合实际情况”。只要认真按照小平同志的讲话精神去做，我们一定能够把改革搞好。朱镕基指出，目前主要风险并不在改革本身，而在于：固定资产投资规模过大，超过了国力能够承受的范围；农业问题依然突出。有些同志上项目、铺摊子的劲头很足，热衷于比速度、讲排场、高消费；但对抓经济效益、勤俭节约、扭亏增盈、加强管理的兴趣不大，抓农业和菜篮子工程，抓市场、抓物价、关心群众生活的热情不高，这种倾向必须改变。

朱镕基说，1994年的改革和发展的任务都很重，人民关心，世界瞩目。能否打好这场改革攻坚战，是对我们的一场严峻考验。要下大决心控制固定资产投资规模。要继续稳定和发展农村经济。小平同志在1988年就说过："改革要成功，就必须有领导、有秩序地进行。没有这一条，就是乱哄哄，各行其是，怎么行呢？""党中央、国务院没有权威，局势就控制不住"，"宏观管理要体现在中央说话能算数"。各级领导干部和全体党员要进一步统一认识，统一步调，励精图治，同舟共济。各级党委和政府要把更多的精力集中到改革上来，主要领导干部必须站在方案实施的第一线。

朱镕基最后说，我们相信，在邓小平同志有中国特色社会主义理论指引下，在以江泽民同志为核心的党中央正确领导下，通过全党和全国人民的共同努力，十四届三中全会决定和中央经济工作会议部署的改革方案，一定能够取得圆满成功，今年经济发展也一定能够取得更大成绩。

出席这次会议的领导同志还有李岚清、李铁映、尉健行、温家宝、任建新等，丁关根主持会议。

（原载1994年1月29日《人民日报》）

丁关根在全国宣传思想工作会议结束时作总结讲话

全国宣传思想工作会议于1994年1月24日至29日在北京召开。在结束的会议上，中共中央政治局委员、书记处书记、中宣部部长丁关根指出：当前和今后一个时期宣传思想工作的根本指针、基本原则、工作思路、主要任务、工作布局都已明确，现在的关键是认真领会和贯彻中央领导同志重要讲话精神，扎扎实实地工作，狠抓落实。

会议提出，要牢牢把握邓小平同志建设有中国特色社会主义理论这一根本指针，紧紧围绕经济建设这个中心，服从和服务于全党工作的大局，全面落实宣传思想战线的任务，为加快建立社会主义市场经济体制，促进国民经济持续、快速、健康发展，维护政治稳定，推动社会全面进步，提供有力的思想保证和良好的舆论环境。

在当天的会议上，丁关根作了总结讲话。中共中央政治局委员、国务委员李铁映主持会议。

丁关根在讲话中指出，这次宣传思想工作会议是在关键时期召开的一次具有全局意义的会议，是中央坚持两手抓，动员全党、动员整个宣传思想战线解放思想、实事求是，加强和改进宣传思想工作，更好地推动社会主义物质文明和精神文明建设的会议。通过这次会议，认清了形势，提高了认识，统一了思想，明确了任务，增强了信心。我们相信，这次会议对于提高宣传思想工作水平，开创新的局面，更好地完成中央交给我们的任务，必将产生积极而重大的影响。

丁关根说，在这次全国宣传思想工作会议上，江泽民总书记进一步阐明了宣传思想工作的主要任务。他指出，宣传思想战线必须牢牢把握建设有中国特色社会主义理论这一根本指针，着重做好四个方面的工作，就是理论、舆论、思想教育和主旋律，也就是"以科学的理论武装人，以正确的舆论引导人，以高尚的精神塑造人，以优秀的作品鼓舞人"。他说，江泽民同志提出的"一个根本指针，四个方面工作"，是在建立社会主义市场经济新体制过程中加强宣传思想工作的总体布局和战略思想，凝结着我国社会主义建设时期宣传思想工作的历史经验和现实经验，揭示了社会主义现代化建设规律对宣传思想工作的客观要求，抓住了宣传思想战线关系全局的重大问题。对宣传思想战线来说，根本指针是灵魂，规定着全部工作的方向；四个方面工作是体现根本指针、实现根本指针的四大重点工程。坚持一个根本指针，抓好四大工程，我们才能更好地完成宣传思想工作部门承担的重大使命，才能正确地宣传党的理论、路线、方针、政策，生动地反映人民群众的伟大实践，团结一切可以团结的力量，为实现建设有中国特色社会主义的宏伟目标而奋斗。

丁关根指出，全面落实宣传思想战线的任务，把工作提高到一个新的水平，我们必须进一步解放思想、实事求是，走改革开放之路。宣传思想工作的改革，要适应发展社会主义市场经济和社会主义现代化建设的需要，符合社会主义精神文明建设的要求，符合宣传文化事业自身发展的规律。宣传思想工作的改革，内容很多，针对当前的实际，迫切需要从这样一些方面努力：一是坚持精神文明重在建设的方针，以立为本，不搞过去那种“搞运动”、“大批判”的方法。二是贯彻民主原则和疏导方针，尊重人，理解人，关心人，着眼于调动积极性。三是充分依靠社会力量，善于运用现代化的大众传媒。四是加强对宣传文化事业的宏观管理，抓导向、抓总量、抓结构、抓效益，促使宣传文化事业更好地适应社会和人民群众的需要。五是积极培育社会主义文化市场，使之健康繁荣发展。六是注意研究、借鉴外国的优秀文化成果和文化事业的管理经验。七是改革宣传文化事业的管理体制。八是增强管理意识，加快宣传文化工作的制度化、规范化，使工作者有法可依，有章可循。总之，宣传文化事业的改革，要有利于加强和改善党对宣传文化事业的领导，有利于充分发挥宣传文化工作者的积极性和创造性，有利于宣传文化事业的繁荣和发展，有利于两个文明的建设。

丁关根强调，在宣传思想工作中，要帮忙，不要添乱；要唱响主旋律，不要搞“噪音”；要注意社会效益，不要见利忘义；要遵守宣传纪律，不要各行其是；要“聚焦”，不要“散光”；要狠抓落实，不要搞花架子。

丁关根指出，宣传思想战线要落实党中央提出的各项任务，关键在于有一支好的干部队伍。要做一个合格的宣传思想工作干部，就要有强烈的事业心和高度的责任感；要牢牢记住以邓小平同志建设有中国特色社会主义的理论为根本指针；要坚持党的基本路线不动摇，在思想上政治上行动上与中央保持一致；要树立群众观点，全心全意为人民服务；要做到政治敏锐，头脑清醒，旗帜鲜明；要坚持唯物辩证法，防止片面性；要议大事，抓大事，有全局观念；要心胸开阔，增进团结；要深入调查研究，善于总结经验；要做到工作务求实效；要严以律己，清正廉洁；要刻苦学习，勤于思考。

丁关根强调，宣传思想战线的同志一定要紧密团结在以江泽民同志为核心的党中央周围，坚持以邓小平建设有中国特色社会主义理论为根本指针，坚持党的基本路线一百年不动摇，坚持团结、稳定、鼓劲、务实；一定要认清大局，抓住机遇，振奋精神，开拓前进；一定要解放思想，实事求是，脚踏实地，努力工作，使宣传思想工作提到新水平，开创新局面，做出新贡献。

在为期6天的全国宣传思想工作会议上，大家认真学习了江泽民、李鹏和朱镕基同志的重要讲话，学习了邓小平同志关于社会主义精神文明建设的论述，讨论了1994年宣传思想工作。

出席当天会议的领导同志还有李岚清、尉健行等。

(原载1994年1月30日《人民日报》)

丁关根在中宣部召开的新闻界座谈会上指出
要采取切实措施加强新闻职业道德建设

中宣部召开的加强新闻职业道德建设座谈会8月4日在北京中南海举行。中共中央政治局委员、书记处书记、中宣部部长丁关根在讲话中指出，在新的历史时期，新闻工作者肩负重要的历史使命，肩负党和人民的重托和希望。新闻工作者要以对党、对人民和对新闻事业高度负责的态度，采取切实可行措施，加强新闻职业道德建设，坚决刹住“有偿新闻”这股不正之风。

这次座谈会的主要议题是贯彻中宣部、新闻出版署联合发布的《关于加强新闻队伍职业道德建设、禁止“有偿新闻”的通知》。与会者联系实际，交流了加强新闻职业道德建设的经验和体会。大家一致认为，中宣部和新闻出版署发布的这个通知，符合党和人民的利益，符合广大新闻工作者的愿望，一定要认真贯彻落实这个通知精神，下决心解决好“有偿新闻”问题。

会上，人民日报社社长、总编辑邵华泽，新华社社长郭超人，中央电视台台长杨伟光介绍了本单位禁止“有偿新闻”所采取的自律措施和体会。全国记协常务副主席李彦、人民日报记者吴兴华、老新闻工作者汪波清等也在会上发了言。

丁关根在讲话中指出，新闻队伍是宣传思想战线的一支重要力量，在党中央的正确领导和新闻战线同志的努力下，我国新闻工作成绩显著，做出了贡献。随着我国改革开放和社会主义现代化建设不断前进，新闻改革深入展开，新闻事业蓬勃发展，新闻队伍日益壮大。这支队伍，从总体上说是好的，是为人民服务、为社会主义服务的，是有理想、有事业心、有战斗力的队伍。

丁关根指出，在充分肯定成绩和主流的同时，必须正视当前新闻队伍中存在的违背职业道德、搞“有偿新闻”的问题。他说，“有偿新闻”的出现，是拜金主义在新闻工作中的表现，是当前社会不正之风和腐败现象在新闻队伍中的反映。“有偿新闻”问题，虽然出在少数人身上，但危害严重。它腐蚀新闻队伍，损害新闻事业声誉，影响社会主义新闻工作的性质，干扰社会主义市场经济新秩序的建立。

丁关根强调，“有偿新闻”，其实质是一种以职权谋私、假公济私的行为。“出钱就报道，不好也说好”，这就完全违背了新闻必须真实、客观、公正的原则，背离了新闻的党性原则。这种行为，在我们社会主义的中国，决不能允许它的存在。对这种现象，人民群众很有意见，广大新闻工作者也强烈反对。

丁关根就如何加强新闻职业道德建设，坚决禁止“有偿新闻”，提出了具体意见。他要求，各新闻单位都要认真贯彻《通知》，并结合实际制定贯彻《通知》的具体措施和实施细则，公之于众，接受监督。新闻单位的负责同志要严以律己，以身作则。要把解决“有偿新闻”问题作为新闻改革的一项重要内容。各新闻单位要不断完善各项规章制度，建立责任制，使新闻职业道德建设制度化、规范化。要把新闻职业道德作为考核干部、评定职称的重要依据。要从机制运行的各个环节上，消除可能产生“有偿新闻”的弊端，加强社会各界对新闻工作的监督。要大力表彰和宣传模范遵守职业道德的新闻单位和新闻工作者。对那些严重违背职业道德而坚持不改的，必须严肃处理，触犯刑律的，要依法处置。

丁关根最后说，在十一亿多人口的大国建设有中国特色的社会主义是人类发展史上的伟大创举，是需要几代人为之奋斗的壮丽事业。我们的时代，我们的事业，要求新闻工作者必须具有高尚的道德情操和追求真理的严谨态度，要求新闻工作者更富有无私奉献的精神，这是我们广大新闻工作者的职责所在，使命所在，光荣所在。一切从事新闻工作的同志，都要继承和发扬社会主义新闻事业的光荣传统，增强社会责任感，树立正确的理想、信念、人生观和价值观，全心全意为人民服务。这是培养和形成良好新闻职业道德的力量之源，是新闻工作者的立身之本、职业之魂。我们的新闻工作者应该成为伟大时代的忠实记录者，成为社会主义物质文明和精神文明的积极建设者，成为中华民族新的时代精神的辛勤培育者。我们相信，在建设有中国特色社会主义理论和党的基本路线指引下，坚持为人民服务，为社会主义服务的方向，不断提高新闻队伍的政治素质、业务素质，加强职业道德建设，我们的新闻事业一定能够沿着正确方向健康发展，欣欣向荣。

中宣部常务副部长徐惟诚主持会议。广播电影电视部部长艾知生、中宣部副部长龚心瀚、中纪委常委傅杰、新闻出版署署长于友先等领导同志以及首都新闻单位的负责人和部分老新闻工作者、编辑、记者出席了会议。

（原载1993年8月5日《人民日报》）

关于加强新闻队伍职业道德建设禁止“有偿新闻”的通知

各省、自治区、直辖市党委宣传部、新闻出版局，中央各新闻单位：

十一届三中全会以来，我国新闻工作者在党的领导下，坚持党的基本路线，坚持为人民服务、为社会主义服务的方针，为建设有中国特色的社会主义事业做出了重要贡献。

我国新闻队伍的素质是好的，富有敬业、创业精神。但近年来，新闻队伍中出现了违反职业道德准则的问题，一些新闻单位和新闻工作者，利用采访和报道搞“有偿新闻”，甚至向被采访和报道的单位、个人索要财物。这种不正之风损害新闻工作者信誉，腐蚀新闻队伍，必须坚决制止。为此，特作如下通知：

一、新闻单位和新闻工作者要认清党和

人民赋予的使命和职责，继承和发扬新闻工作的优良传统，坚持新闻工作为人民服务、为社会主义服务的方针，坚持新闻工作的党性原则和真实性原则，遵纪守法，廉洁奉公，恪尽职守，维护新闻工作的良好形象和信誉。

二、根据中共中央办公厅、国务院办公厅《关于严禁党政机关及其工作人员在公务活动中接受和赠送礼金、有价证券的通知》精神，新闻单位和新闻工作者不得接受被采访或被报道者以任何名义给的礼金和有价证券，不得向被采访或被报道者索要钱物；各单位不得以任何名义向新闻单位和新闻工作者赠送礼金和有价证券，也不得以重奖办法吸引新闻工作者到本地区、本单位采访报道。

三、新闻与广告必须严格分开，不得以新闻报道的形式为被报道单位做广告。凡属新闻报道，新闻单位不得向被报道者收取任何费用；凡收取费用而刊播的，应标明为"广告"。

四、新闻报道与经营活动必须严格分开。记者、编辑不得从事广告业务，从中牟利。

五、各新闻单位要在新闻工作人员中深入地开展新闻职业道德和法制纪律教育，制定自我监督自我约束的规定，接受社会监督。对新闻队伍中廉洁清正、模范遵守法纪和职业道德的集体和个人，要大力表彰，弘扬正气。对违纪者要严肃处理。

中共中央宣传部　新闻出版署
1993年7月31日

中国新闻工作者职业道德准则

（中国记协四届二次理事会通过）

中国新闻事业是中国共产党领导下的社会主义事业的重要组成部分。新闻工作者要适应新形势的需要，努力宣传马列主义、毛泽东思想和邓小平同志建设有中国特色社会主义的理论，宣传党和政府的方针政策，报道新闻和传播信息，反映并引导社会舆论，充分发挥党和人民的耳目喉舌作用，推进社会主义市场经济、社会主义民主法制和社会主义精神文明建设，为实现我国的社会主义现代化宏伟目标而努力奋斗。

新闻工作者要忠诚于社会主义新闻事业，坚持党的基本路线，坚持为人民服务、为社会主义服务的方向，解放思想，实事求是，发扬党和人民新闻事业的优良传统和优良作风，反对拜金主义、享乐主义、极端个人主义，加强职业道德修养。

一、全心全意为人民服务

全心全意为人民服务是我国新闻工作者的根本宗旨。

新闻工作者要在党的领导下，坚持正确的舆论导向，发挥党和政府密切同人民群众联系的桥梁、纽带作用，坚持对党与国家负责和对人民负责的一致性。

努力使党和政府的政策主张及时、准确、广泛地同群众见面，为人民群众提供履行主人翁的职责、参加政治、经济、文化等社会生活以及了解世界所需要的新闻和信息，讴歌他们建设社会主义的创造才能和劳动业绩，正确反映他们的愿望、呼声和要求。

支持符合人民利益的正确思想和行为，勇于批评、揭露违背人民利益的错误言行和消极腐败现象，积极发挥舆论监督作用。

满腔热情地做好群众工作，密切联系群众，重视群众来稿，妥善处理群众有关建议、批评、申诉和检举的来信、来访，开展多种多样为受众服务的活动。

二、以社会效益为最高准则

新闻工作者要正确处理社会效益与经济效益的关系，把社会效益放在第一位，在这个基本前提下实现经济效益和社会效益的统一。新闻、言论、图片和音像要弘扬爱国主义、集体主义、社会主义，动员和团结全国各族人民投身到建设祖国、振兴中华的伟大事业中来。要坚持正面宣传为主的方针，对社会负责，对群众负责，以有利于发展社会主义社会的生产力，有利于坚持四项基本原则和坚持改革开放，有利于维护社会稳定，有利于提高整个中华民族的思想道德素质和科学文化素质。新闻报道不得宣扬色情、凶杀、暴力、愚昧、迷信及其他格调低劣、有害于人们身心健康的内容，要促进积极向上、健康文明的社会风尚。

新闻报道要严格遵循国家的民族政策和

宗教政策，维护国家利益，维护民族团结，维护和促进祖国统一。

三、遵守法律和纪律

新闻工作者必须在宪法和法律的范围内活动，自觉遵守宪法、法律及宣传纪律。

坚定地宣传、贯彻党中央的路线、方针、政策，不得利用自己掌握的舆论工具，宣传同中央决定相违背的内容。

维护宪法规定的公民权利，不揭人隐私，不诽谤他人，要通过合法和正当的手段获取新闻，尊重被采访者的声明和正当要求。

维护司法尊严，对于司法部门审理的案件不得在法庭判决之前作定性、定罪或偏袒的报道；公开审理案件的报道，应与司法程序一致。

保守党、国家、军队和科技、金融、商情等秘密，注意保护国家的利益和安全。

维护新闻工作者合法权益，维护包括申诉权在内的应有权利。

四、维护新闻的真实性

真实是新闻的生命。新闻工作者要坚持实事求是，深入实际，深入群众，加强调查研究，不得捕风捉影，不得想像虚构，不得弄虚作假，不得为追求轰动效应而歪曲事实。

力求全面地看问题，防止主观性、片面性、绝对化，努力做到从总体上、本质上把握事物的真实性。

工作要认真负责，避免报道失实。如有失实，应主动承担责任，采取补救措施。

五、坚持客观公正的原则

新闻工作者要坚持辩证唯物主义和历史唯物主义的观点，从人民的根本利益出发，按照事物的本来面目反映事物，做到客观公正。

采写和发表新闻，不得从个人或小团体私利出发，不得利用自己掌握的舆论工具发泄私愤，或作不公正的报道。

贯彻“百花齐放、百家争鸣”方针，尊重科学，尊重实践，对于有争议的学术问题，不任意褒贬，不武断偏袒。

六、保持廉洁奉公的作风

新闻工作者要坚持和发扬艰苦朴素的优良传统，廉洁自律，自觉遵守财经纪律和财务制度。

克服行业不正之风。不刊发各种形式的“有偿新闻”，不得以新闻或版面作交易，索要钱物，牟取私利。不得以任何方式接受被报道地区、单位和个人的礼金或有价证券。

新闻活动和经营活动要严格分开。记者编辑不得从事广告或其他经营活动，从中牟利。

保持勤俭作风，不得向采访地区或单位提出生活接待方面的特殊要求。

七、发扬团结协作精神

团结协作，发挥整体优势，是社会主义新闻工作的一大特色。新闻工作者要谦虚好学，向群众学习、向实践学习、向同行学习。同行之间应建立平等、团结、友爱、互助的关系，提倡正当的业务竞争，反对从个人或小团体私利出发，故意给同行制造困难，败坏同行声誉。

尊重同行和其他作者的著作权，反对抄袭、剽窃他人的劳动成果。

八、增进同各国新闻界的友谊与合作

新闻报道应在和平共处五项原则的基础上增进各国人民之间的了解、友谊和合作，尊重各国的主权和民族传统，反对霸权主义和强权政治，维护世界和平，促进共同发展。

发展同各国新闻界的交流与合作，在相互交往中互尊互重，维护祖国和中国新闻工作者的尊严。

（1991 年 1 月中华全国新闻工作者协会第四届第一次全体会议通过，1994 年 4 月中华全国新闻工作者协会第四届第二次全体会议修订。）

中宣部、国家教委等发出关于运用优秀影视片在全国中小学开展爱国主义教育的通知

中宣部、国家教委、广播电影电视部、文化部最近发出关于运用优秀影视片在全国中小学开展爱国主义教育的通知。

通知说，爱国主义教育是中小学德育工作的核心内容。近几年来，各级党委、政府和教育部门在加强对中小学生的爱国主义教育方面做了大量工作，创造和积累了许多好的经验。其中运用影视形式对中小学生进行爱国主义教育，是行之有效的方法。为了充分发挥爱国主义影视片的这一独特的教育功

能，进一步加强新形势下对中小学生的爱国主义教育，经研究，决定运用优秀影视片在全国中小学开展爱国主义教育。通知要求：

一、针对中小学生的年龄特点，确定爱国主义教育的必（选）看影视片目。依据《中学德育大纲》和《小学德育大纲》中有关爱国主义教育的要求，经有关专家认真筛选，广泛征求意见，特推荐优秀爱国主义教育影视片100部，供各地中小学选用。爱国主义教育内容非常广泛，此次推荐的影视片，以反抗帝国主义侵略题材为主，并选了革命传统和社会主义教育、历史人物传记、锦绣中华、灿烂文化等内容，根据教育教学的不同要求，片目分为小学、中学两部分，规定了必看和选看片目。各地还可从实际需要补充一些有地方特色的爱国主义影视片目。

二、必须做到与学校教育教学工作有机结合。开展爱国主义影视教育活动要自成系列，同时又要渗透在各科教学之中。要纳入学校教育教学计划，有选择、分层次、有指导地组织学生观看。要将爱国主义影视教育列入学校活动课程，每学期，每年级至少安排2–3次，以使每个学生在中小学阶段都能看到规定的必看片及部分选看片。在组织中小学生观看爱国主义教育影视片时，要积极开展多种形式的影评活动，以强化影片的渗透功能，培养学生的审美和鉴赏能力。

三、从实际出发，因地制宜，讲究实效。组织学生观看爱国主义教育影视片，需要一定的特质条件。各地教育部门和中小学要在改善办学条件的过程中，逐步配备有关器材。目前有电影放映或录（放）像设备的学校，要有专人负责制订放映计划，安排场次，充分发挥现有设备的作用。没有条件的学校，要主动与当地电教馆（站）和电影发行、放映单位，影剧院（场）联系，有计划地组织学生观看。农村、边远山区要采取灵活办法，组织电影放映队，定时、定点、定片目为学校提供服务，以保证学生按规定看到一定数量的影视片。

四、利用优秀影视片对中小学生进行爱国主义教育，是一项综合性的社会教育工作。各地有关部门必须提高认识，加强协作，做好组织和服务工作。各地应由党委宣传部门牵头，统筹安排；教育部门负责组织落实、检查指导；广播影视、文化等部门负责提供片源、宣传材料及必要的条件支持。各地影剧院（场）和有放映条件的少年宫、少年儿童活动中心及各企事业单位、机关、部队的俱乐部，都要积极主动向学校开放。凡学校组织的爱国主义教育影视片专场和有关部门组织发行爱国主义教育影视录像带，价格要优惠。

运用优秀影视片在全国中小学开展爱国主义教育活动，是一项长期、经常性的工作。国家教委和有关部委将适时对此项工作进行检查、评比和表彰，以调动社会各方面的积极性，使这项教育活动广泛、深入、持久地开展下去。

中小学爱国主义教育影视片目

一、供小学生观看的爱国主义教育系列片目（试行）

必看片（16部）：《林则徐》、《甲午风云》、《小兵张嘎》、《上甘岭》、《闪闪的红星》、《万水千山》、《革命家庭》、《狼牙山五壮士》、《南征北战》、《烈火中永生》、《开国大典》、《少年毛泽东》、《少年彭德怀》、《聂耳》、《董存瑞》、《雷锋》。

选看片（34部）：《鸡毛信》、《自有后来人》、《两个小八路》、《平原游击队》、《铁道游击队》、《地道战》、《地雷战》、《渔童》、《西瓜炮》、《红军桥》、《红孩子》、《红色娘子军》、《啊！摇篮》、《小花》、《扶我上战马的人》、《洪湖赤卫队》、《渡江侦察记》、《报童》、《我的九月》、《白求恩大夫》、《李时珍》、《李冰》、《张衡》、《毕昇》、《解放了的中国》、《俯看北京》、《祖国海岸》、《圆明园》、《长江》、《黄河》、《敦煌艺术》、《西沙群岛》、《欢腾的拉萨》、《葛洲坝工程截流》。

二、供中学生观看的爱国主义教育系列片目（试行）

必看片（18部）：《火烧圆明园》、《海囚（上、下）》、《血战台儿庄》、《屠城血证》、《英雄儿女》、《开天辟地》、《南昌起义》、《党的女儿》、《西安事变》、《开国大典》、《毛泽东和他的儿子》、《创业》、《毛泽东》、《周恩来》、《孙中山》、《吉鸿昌》、《焦裕禄》、《蒋筑英》。

选看片（32部）（＊号片目供高中学生观看）：《野火春风斗古城》、《永不消逝的电波》、《苦菜花》、《战争子午线》＊、《子夜》＊、《林家铺子》、《青春之歌》＊、《大浪淘沙》＊、《刑场上的婚礼》＊、《风暴》、《巍巍昆仑》、《大决战》、《风雨下钟山》、《暴风骤雨》、《生命的火花》＊、《冰河死亡线》、《血总是热的》＊、《谭嗣同》＊、《秋瑾》＊、《彭大将军》、《从奴隶到将军》、《李四光》、《新中国的诞生》、《希望的窗口——深圳》、《民族之歌》、《啊！台湾》、《三千年前的文物》、《丝绸宝库》、《游三峡》、《汽车城》、《大庆访问记》、《金山石油化工总厂》。另外，还可从电视系列片《在祖国的版图上》、《神州风采》、《民族大家庭》等栏目中选择适合内容组织学生观看。

（新华社讯，原载1993年10月9日《人民日报》）

开拓创新　真抓实干　加快电视事业的发展

——丁关根在电视工作座谈会上的讲话

编者按： 中央电视台于1993年5月5日、7日和18日，先后召开了观众座谈会、中央和国家机关部委负责同志座谈会、电视工作者座谈会，中共中央政治局委员、中宣部部长丁关根参加了这三个座谈会。他与会议代表一起讨论，并发表了自己的看法和意见。

中央非常重视和关心电视工作，列入了今年中央工作要点。电视形象直观，视听兼备，覆盖面广，时效性强，具有独特的影响力，已经成为人们生活中不可缺少的重要内容。我国是电视大国，各级电视台有近600座，电视机2亿多台，观众8亿多。办好电视，对于宣传党的理论路线、方针政策，反映人民的意见、要求，促进社会主义两个文明建设，丰富群众的精神文化生活，具有十分重要的作用。我们一定要把这项国家和人民花了很大投资的事业办好。

中央电视台召开的观众座谈会、中央和国家机关部委负责同志座谈会、电视工作者座谈会，都开得很好。大家准备认真，畅所欲言，发表了很多很好的意见和建议，对中央电视台可以说是“大丰收”。观众包括了工农兵学商、老中青各方面的代表，他们对办好电视寄予了很高期望，发言十分亲切，既是勉励，又是鞭策。中央、国家机关部委的负责同志给中央电视台的工作以肯定、以感谢，同时希望今后加强联系，互相支持。电视工作者谈了不少重要意见，宏观上涉及了电视的地位作用、指导思想、组织结构、管理网络以及电视理论和队伍建设，微观上谈到了纪录片、电视剧以及音乐、体育、文艺节目，还谈到了播音员、评论员、主持人、批评报道、群众参与等问题。听了大家的发言，我学到许多，增进了对电视工作的了解。怎样进一步做好电视工作，综合大家的发言，谈几点看法和建议。

一、坚持走自己的路，形成自己的特色。

首先要充分认识中央电视台的地位和作用，增强责任感，这是大家的一致意见。中央电视台是党、政府和人民的喉舌，是党和政府联系群众的桥梁，是我国第一大电视台，对外代表国家和民族的形象，对内代表党和政府的形象。几位同志发言中都提到要树立对党对国家、对人民、对民族高度负责的精神，动员、引导、团结、激励人民群众为建设有中国特色社会主义事业而奋斗。我们的目标，是要把中央电视台办成世界一流的、与中国国际地位相适应的具有世界水平的大电视台。从现在起，要朝着这个目标，勤勤恳恳、扎扎实实地前进。实现这个目标，要走我们自己的路，最重要的是要坚持邓小平同志建设有中国特色社会主义的理论，坚持党的“一个中心、两个基本点”的基本路线，坚持为人民服务、为社会主义服务的方向，坚持团结、稳定、鼓劲，正面宣传为主的方针。要积极探索电视工作的规律，认真总结几十年来我国电视工作的经验。要学习和借鉴外国先进的管理方法和科学技术，以及节目形式和编排技巧，也要学习地方电视台的一些好做法。这种学习和借鉴，一定要从实际出发。有些与我国国情不相符合，与中央电视台地位不相称的不能学。要充分发挥自己的优势，形成有中国特色社会主义电视事业的气派和风格。

二、在继续加强经济宣传的同时，重视和做好精神文明建设的宣传。

大家发言普遍有这个要求。电视工作必须紧紧围绕经济建设这个中心，切实做好经济工作的宣传。在这方面，中央电视台做出了较好的成绩。要遵照党的十四大以及十四大以来一系列重要会议精神，加强与国务院有关部门的联系，进一步把经济建设和改革开放的宣传报道更有计划、更有深度和更有影响力地开展起来。同时要按照小平同志的一贯思想，坚持两手抓、两手都要硬。最近，江泽民同志在接见中国职工思想政治工作研究会的同志时，特别强调我们在建立社会主义市场经济体制的过程中，一定要把精神文明建设搞好。电视作为集声音、图像、文字于一体的、有广泛影响力的传播媒体，是理论建设、文化建设、思想建设、道德建设的有力工具和重要渠道，在建设精神文明中负有光荣职责，工作大有可为。十四大强调精神文明重在建设，这是一条十分重要的方针。精神文明重在建设，就要以“建设”作为工作的出发点和落脚点。把它作为系统工程，制定切实方案，扎扎实实去做。比如大家提出要加强爱国主义的宣传教育，这是精神文明建设的重要内容。我国有五千年的悠久历史，有光辉灿烂的文化，有众多可歌可泣的英雄人物，可以把有影响的历史事件和人物排个序列，编成电视剧和系列专题片。关于艰苦创业、反对铺张浪费、反对拜金主义、正确引导消费，也都可以结合实际，用生动的实例进行宣传。当前要深入宣传江泽民同志提出的 64 字创业精神。精神文明重在建设，贵在坚持。要持之以恒，作为长期任务，坚持不懈地抓。建议电视台设置固定的栏目，广泛采用群众所喜欢的生动活泼、引人入胜的形式，向人民群众进行爱国主义、集体主义和社会主义宣传教育，进行普及文明礼貌常识，提高社会道德水准的宣传教育，进行社会主义民主与法制的宣传教育。现有好的栏目，要不断改进，提高质量。

三、充分发挥电视的多种功能，在坚持正确导向上下功夫。

电视的功能，大体有传播新闻、提供信息、介绍知识、审美欣赏、文化娱乐等等。这些功能都要很好地发挥。在这些功能中，要着眼于它给社会经济、政治、文化生活以及人们的思想和行为以正确的导向。大家发言中，对这个问题十分关切，提了一些意见，说明这个问题确实重要。中央电视台覆盖全国，在导向上一定要很好地体现党的基本路线和方针政策，体现广大人民群众的意志和要求，要有利于推动改革开放和现代化建设，有利于促进全民族思想道德和科学文化素质的提高，有利于巩固和发展安定团结、民主和谐的局面，有利于培养有理想、有道德、有文化、有纪律的新人，特别是引导青少年一代健康成长。有的同志提出净化屏幕，说抽烟镜头太多，还有些镜头看不下去。这些意见很好，是广大观众对电视台的关心和爱护。一定要力戒非科学化和不健康的东西出现在屏幕上。

四、不断改进和提高节目质量，把丰富多采、生动活泼、喜闻乐见、雅俗共赏的节目奉献给观众。

从总体看，中央电视台的节目质量是好的。今年以来又有较大改进，实行新闻滚动播出，增加现场直播，开办《东方时空》，在文艺上推出了新的栏目，社会反映很好。人民群众对电视提出这样那样的要求，这是好事，是中央电视台改进工作的动力。中央电视台要为人民服务，就要努力满足人民群众的要求。比如任小艾老师提出在每天的 16—17 点或 17—18 点之间，开辟中学生栏目，这个意见很有启发，建议聘请象任小艾这样的中学教师来帮助设计这一栏目，帮助主持。同志们提出中央电视台的节目要无愧于我们这个伟大的时代，要有精品意识，提得很好。要努力制作出更多的高格调、高水平、高质量、有力度、有新意的节目。电视节目要牢牢把握时代的主旋律，也要有丰富的多样性，绚丽多彩。要有“参天大树”，也要有“玲珑盆景”。总的来说要促使人们振奋精神，鼓舞人们奋发向上，陶冶人们的高尚情操，也要给人们在工作之余带来欢乐和美的享受。

五、坚持把社会效益放在首位，力争社会效益和经济效益相统一。

把社会效益放在首位，这是小平同志对思想文化教育卫生部门及其所属企业提出的十分重要的要求，也是大家的共同愿望。电视节目不同于一般商品，既具有商品属性，又是精神文化产品，它作用于人们的心灵，对于人们的思想观念、道德情操、兴趣爱好和人生观、价值观的形成具有很大影响，这就要求重视社会效益。在发展社会主义市场经济条件下，精神文化产品的商品属性日益凸现出来，更要注意把社会效益放在首位。当然，精神文化产品面对市场经济，必然会产生经济效益的问题。电视台传播经济信息，提供技术服务、教育服务、娱乐服务、社会生活服务等活动，属于第三产业性质。电视台开展经营创收，提高自我发展能力，要讲经济效益，这是必要的。应当力求在创造最佳社会效益的同时，创造最佳的经济效益。一定要正确处理好社会效益和经济效益的关系，力求两者的统一，要防止看不见市场经济的发展，不讲求精神文化产品经济效益的倾向，更要防止不顾社会效益，片面追逐经济效益的倾向。不能只看到钱，不能降格以求，不能播放不健康的节目。

六、走群众路线，依靠社会各界办好电视节目。

我们党历来有“全党办报，群众办报”的

光荣传统。我们的广播电视也有“开门办广播，开门办电视”的好传统。要继承发扬这一优良传统。要加强电视台和人民群众的交流，认真研究观众来信，虚心听取各方意见。不仅要建立与专家联系的制度，多听专家的意见，还要组织群众节目评议活动，接受群众的检查和监督。中央电视台建立了观众收视调查网，以了解群众的意见和要求，及时改进节目。目前的收视调查需要朝着更科学、更有代表性的方向改进。

走群众路线，依靠群众办好电视，要敞开大门，请群众直接参与，包括某些电视节目的策划和主持。他们中有的既有真情实感，又有实践经验，能够提出许多好的建议。我相信只要我们牢固树立群众观点，解放思想，深入到群众中去，就会发现我们国家人才荟萃，会有许多具有真才实学的主持人和记者涌现。中央电视台在这方面多下功夫，将会获益无穷。

走群众路线，树立群众观点，要通过电视认真回答群众关心的问题。在当前深化改革、扩大开放和建立社会主义市场经济体制的新形势下，有大量的新情况、新问题，需要我们旗帜鲜明地表明提倡什么、限制什么、支持什么、反对什么。要寻找符合电视特点的形式，加强这方面的工作。如增加述评性节目，请领导人到电视台讲解政策、回答问题，就某些社会“热门”话题或群众疑难疑虑的问题邀请专家、群众讨论，让群众自己相互启发，从中得出正确结论。这样就生动活泼，更有吸引力和说服力。从当前和今后发展看，电视评论工作要大大加强。中央电视台要大力培养自己的评论员，使他们逐步在群众中树立知名度和权威性。

七、积极推进改革，加快事业发展。

座谈会上，工人、农民、妇女、中学生、小学生，各行各业都要求设专栏，一方面说明电视深受欢迎，一方面说明广大观众日益增长的需求同节目不足的矛盾突出，用有的同志的话说就是“总需求大于总供给”。这就需要我们通过改革，加快发展，更多地开掘电视频道资源，更合理地配置电视频道资源，满足群众多层次、多方面的精神文化生活需要。

中央电视台要加快发展，还应在内部机制改革上下功夫。中央电视台已是拥有两千多人的大台，内部潜力很大。应该深化改革，强化管理，提高工作效率，提高工作质量。

八、加强队伍建设。

这一条非常重要。不只是电视工作队伍，整个宣传思想工作队伍的建设都需要加强。听了同志们的发言，我感到中央电视台有一支很好、很有希望的队伍，大家对把社会效益放在第一位的思想很明确，有奋发进取的事业心，有做好工作的责任感，非常可贵。对我们的队伍，包括整个新闻队伍的主流，应当充分肯定。同时，我们应当看到，我们这支队伍的政治素质和业务素质都有待提高。当前社会各方面对新闻界提出了一个严肃的问题，即有偿新闻，有些记者接受红包。座谈会上也有的同志含蓄地提出了新闻工作者的职业道德问题，这要引起我们的重视。一些新闻界的老同志给我写信，对新闻职业道德方面的问题深感不安和忧虑。中央宣传思想工作领导小组几次开会也都讨论这个问题。有偿新闻等不正之风虽然发生在一部分人身上，但直接损害了新闻事业的信誉，严重影响了整个新闻队伍的声誉，必须采取有效措施认真解决，维护我们新闻队伍在人民群众中的良好形象。这要靠大家共同努力。一方面要加强思想教育，一方面要建立相应的制度。我已请《人民日报》带头，作出几条规定，公开表明态度，接受群众监督。建议中央电视台也与全台职工认真商议，约法几章，公诸于众。《人民日报》是我国第一大报，中央电视台是我国第一大电视台，你们两家的影响大，高标准，严要求，带好头，一定会得到社会的良好反应。

今年是中央电视台建台35周年，风华正茂。从简陋的工棚发展到今天设备齐全的现代化彩电中心，来之不易。当年老电视工作者的艰苦创业已由新的一代接了过来。我们要继承和发扬过去的优良传统，不辜负党和人民的期望，解放思想，实事求是，开拓创新，真抓实干。作为一名中央电视台的热心观众，又和同志们在共同的战线上工作，我一定支持同志们的工作，和大家一起努力，使我们的电视事业更上一层楼。

(原载1993年第5期《电视研究》)

丁关根在中央人民广播电台谈广播宣传工作

1993年6月10日，中共中央政治局委员、中宣部部长丁关根同志，在广播电影电视部部长艾知生同志陪同下到中央人民广播电台座谈。座谈会由广播电影电视部副部长、中央人民广播电台台长同向荣同志主持，其他台领导和部分处室领导参加。

座谈会上，中央人民广播电台的有关领导就中央台各方面工作和所面临的问题向丁关根同志作了汇报。

在听取汇报之后，丁关根同去作了重要讲话。他说：这次来，就是交谈，沟通思想。中央要我主管宣传，这半年多，我重点是抓两条：一条就是要用小平同志的理论，即建设有中国特色的社会主义理论，来指导我们的宣传思想工作。二要抓好舆论导向。因为我们现在碰到的好多问题都跟舆论有关，我们的宣传思想工作都跟舆论有关。如果我们把舆论导向搞好了，就有利于我们的经济建设，有利于国家的稳定，有利于全国各个民族的团结，有利于精神文明的建设，有利于助长正气，有利于调动大家的积极性。舆论工作非常重要，我到中宣部以后主要就是抓这件事情。

抓舆论工作，我从《人民日报》开始抓起。在人民日报社的讲话，实际上是对新闻界的讲话，那是我的一些基本的想法。以后到中央电视台，开了三次座谈会。今天到这来了。听了同志们介绍，我有一个很突出的感觉，就是我们中央人民广播电台的骨干、领导同志确实是有对广播事业的强烈的责任心，对自己工作非常热爱，而且认识到自己所肩负着中央人民广播电台这八个字的份量。好几个同志都讲到，我们广播宣传代表中央的声音。有这种责任心非常好。听了以后，我对这块工作还是满放心的。广播确实有自己的优势。千万不要忘记我们广播工作的重要性。对于我们中国来说，地域很大，好多地方没有电视机，广播覆盖面广，时效性快，是电视替代不了的。丁关根同志还就一些其它有关的问题，发表了重要的意见。参加座谈会的还有中央有关部门的负责同志。

丁关根在中国国际广播电台谈对外广播工作

1993年6月12日，中共中央政治局委员、中宣部部长丁关根同志到中国国际广播电台与各级干部座谈，艾知生部长，刘习良、同向荣副部长，外宣小组、中宣部和部办公厅有关同志参加了座谈。

座谈会持续了4个半小时，会议先由崔玉陵台长汇报国际台情况，张振华副台长和各部处领导作了补充。丁关根同志仔细听了汇报，并不时插话询问，同大家交换意见，整个座谈会气氛热烈、坦诚、亲切。

座谈会谈到了世界国际广播的发展趋势以及国际台对外广播的历史和现状、影响、作用，谈到了国际台今后的奋斗目标，以及体制改革、发展规模、人才培养等诸多问题。

丁关根同志说，他来国际台是要向大家表示问候，同时进一步了解国际台的情况，以便今后在工作中更好地支持国际台的工作。丁关根说，中央对对外广播几十年来都是非常重视的，你们的工作很有成绩，很有成效，一年有32万多封来信，这是很了不起的。对内外语广播，向国内的外国人做宣传也是非常有意义的。国际台的同志多年来老老实实、兢兢业业、默默无闻地做了大量工作。你们在工作中也有不少行之有效的好作法。希望国际台发扬好传统，面对新形势解决新问题，使我国的对外广播更上一层楼。

部长专论

坚持两手抓两手都要硬的方针 进一步做好广播影视宣传工作

艾知生

党的十三届四中全会以来，以江泽民同志为核心的党中央采取了一系列的措施，坚决贯彻“两手抓、两手都要硬”的方针。党中央对宣传思想工作的领导不断加强，在克服“一手硬一手软”的状况方面，已经取得了很大成绩和进步。首先在新闻舆论的导向上，这几年坚持团结、稳定、鼓劲，正面宣传为主的方针，在党中央和中宣部的关怀和直接领导下，新闻出版部门团结协作形成合力，和党中央保持高度一致，使宣传思想工作为改革开放、现代化建设形成了一个较好的舆论环境。各大新闻单位都在致力于深化新闻改革。广播电视实行新闻滚动式和整点播出，增加了新闻次数，加大了信息量，提高了时效；相继开辟了像《东方时空》这样一些新栏目，播出了一些较好的专题报道和新闻评论。

在文艺领域内，也出现了一些好的作品。以电视剧为例，数量和质量都在稳步提高，现在每年生产5000集左右的电视剧，仅中央电视台每年就需要播出1800集，其中不乏优秀之作。例如已播出的《唐明皇》、《北京人在纽约》、《大潮汐》、《情满珠江》等反映都是比较好的。

电影虽然经济上面临很大的困难，在纪念建国40周年、建党70周年和毛主席诞辰100周年的时候都制作了一批重大历史题材的优秀影片。例如《重庆谈判》这部影片，社会效益、经济效益都比较好。现实题材也出现了不少好影片，前些天李岚清同志打电话称赞《凤凰琴》，几位中央领导同志都看了，认为很有现实意义。

事实充分证明：以江泽民同志为核心的党中央贯彻邓小平同志的“两手抓、两手都要硬”的方针是坚强有力的。最近我们陆续收到不少观众来信，有工人、农民、教师、知识分子、领导干部，有在职的，有已经离退休的。从这些来信可以看出，坚持两手抓、坚持正确的舆论导向，人民群众是欢迎的，高兴的。辽宁省营口市的一位基层干部来信说：“近一个时期，中央电视台连续播放了几台丰富多彩、令人振奋的文艺晚会、纪录片和故事片，很好。诚恳希望贵部(包括中央和省市电视台)能经常不断地多编排、多播出这样受群众欢迎的、喜闻乐见的、催人奋进的、丰富多彩的文艺节目”，“并请部长向中央领导转陈，当前我国新闻宣传、电视导向是对的，是好的，是颇受欢迎的。只有这样宣传下去，才会形成凝聚力、向心力，才会使全党、全军、全国各族人民紧密团结在以江泽民同志为核心的党中央周围，按照邓小平同志设计的建设具有中国特色的社会主义宏伟蓝图，团结奋斗，勇往直前。”

中央电视台播放了一百部爱国主义题材的影视片以后，北京的小学教师和一些离休干部写来热情洋溢的信说：“近期我们欣慰地看到在宣传上已有较大改观”，播放一百部爱国主义影视片是极为英明的举措，我们许多人都热烈拥护，家长高兴，学生高兴”。

最近中央电台、电视台增加优秀民族歌舞和世界名曲等格调较高的文艺节目以后，立即受到广大群众的称赞，山西省人大常委会一位委员来信说：“今晚看中央电视台现场直播‘新年音乐会’，看来文艺界的风气在好转，严肃音乐开始有了起色。希望以后多举办、多播出这种类型的文艺节目，我们整个社会风气也将会好转。”

影视文艺节目虽然有了一些改观，但我们还必须正视在这个领域内还存在另一方面的事实，那就是电影和电视节目的数量和质量，主要是思想和艺术质量，还远远不能满足党和人民群众的期望。有不少电视台、广播电台在经济利益驱动下，迎合一部分观众的低级趣味，播出的影视节目渲染色情暴力，格调低下庸俗；进口的节目播出量比例过大。有些国产影视片也竞相模仿进口的格调低下的影视片；还有的歪曲历史，胡编乱造，散布错误思想。这些现象都说明在我们实际工作中还需要继续克服“一手硬一手软”的状况。在我们这个领域中，还存在着广播电视的物质建设发展比较快，影视节目的质量不能满足广大群众的需要和社会主义精神文明建设的要求的情况。

为了进一步贯彻落实江泽民总书记的讲话和全国宣传思想工作会议精神，巩固我们已经取得的成绩，解决存在的问题，进一步贯彻“两手抓、两手都要硬”的方针，需要加强领导，全党动手。

邓小平同志说：“必须大力加强党对思想战线的领导。”“从中央到地方，各级党委的主要负责人一定要重视理论界文艺界以及整个思想战线的情况、问题和工作。”广播电影电视是党的思想战线的一个组成部分，是党、政府和人民的喉舌，是党、政府联系群众的桥梁。广播电影电视实行的是双重领导，以同级党委、政府的领导为主的体制。我们希望各地党委、政府继续加强对广播电影电视工作的领导，帮助各地广播电视部门、电影厂真正把宣传工作和创作作为一切工作的中心，努力提高节目的质量。

怎样加强领导?我有以下五点想法：

1. 要明确任务，统一认识。广播电影电视的任务是什么?这个问题似乎很简单，但在我们这条战线上还需要进一步明确。邓小平同志向整个宣传思想战线包括广播电影电视工作者提出了明确的任务和要求："我们的报刊、电视和所有的宣传工作者都要注意这个问题。我们这些人的头脑里是有共产主义的理想和信念的，要特别教育我们的下一代、下两代一定要树立共产主义的远大理想，一定不能让我们的青少年作资本主义腐朽思想的俘虏，那绝对不行。"他明确提出"思想战线上的战士，都应当是人类灵魂工程师"，"作为灵魂工程师，应当高举马克思主义的、社会主义的旗帜……教育和引导人民正确地对待历史，认识现实，坚信社会主义和党的领导，鼓舞人民奋发努力，积极向上，真正做到有理想、有道德、有文化、守纪律，为伟大壮丽的社会主义现代化事业而英勇奋斗。"在我们这条战线上，新闻工作必须坚持党性原则，坚持正确的舆论导向，这种认识比较一致；但在文艺方面就有些模糊。有些同志只强调电影、电视剧是艺术，自己只是艺术家，不赞成强调影视艺术的教育功能，更不赞成"主旋律"的提法。有的评论文章还提出一些似是而非的口号，如"非政治化"、"非英雄化"、"非典型化"、"非功利化"，还有些同志认为影视艺术应当以娱乐为主。我们认为必须全面地而不是片面地认识这个问题。电影、电视既有娱乐、审美的功能，也有认识和教育的功能，不要强调某一个功能而否定其他，这些功能是相辅相成、不可分割的。广播电影电视工作者是党的宣传工作者，尤其要时刻不忘自己肩负着思想教育的重大责任，要像过去周总理讲的那样：要"寓教于乐"，要突出主旋律，坚持多样化。要高奏爱国主义、集体主义、社会主义的主旋律，又要使节目丰富多彩，健康文明，最大限度地满足广大人民群众日益增长、日益多样化的文化娱乐需要。

去年中宣部等四部委选出了100部爱国主义电影电视剧，每周播出一部，受到广大人民群众的热烈欢迎，这件事给我们很大的启发，它完全符合邓小平同志的教导："用中国的历史教育青年"，"要懂得些中国历史，这是中国发展的一个精神动力。"在音乐、歌曲方面，今后我们也准备有计划地整理挑选出各个历史时期的优秀作品，作为自己的保留节目，陆续地播出，在群众中推广，把普及和提高结合起来。努力以高格调的、优秀的国内外音乐、戏曲等文艺节目逐渐取代那些消极颓废、无病呻吟的文艺节目，以高雅艺术取代庸俗的艺术。

最近，遵照中央、国务院领导同志的指示，在黄金时间播出了一批思想好、业务精、为祖国四化无私奉献的中青年科学家、教师和留学人员的先进事迹，在社会上反映很好。今后，我们还要加强采访，让各条战线上的先进人物、英雄模范走上屏幕，展示我们时代的英雄风貌，树立榜样，鼓舞正气。

2. 坚持抵制外来腐朽思想的侵蚀，决不允许资产阶级生活方式在我国泛滥。

对于西方资产阶级文化采取什么态度，邓小平同志讲得很全面："我们要向资本主义发达国家学习先进的科学技术，经营管理方法以及其他一切对我们有益的知识和文化，闭关自守、故步自封是愚蠢的，但是属于文化领域的东西，一定要用马克思主义对它们的思想内容和表现方法，进行分析鉴别和批判，"这段话对我们广播电影电视工作完全适用，我们也是努力这样做的。广播电影电视从设备到技术都是从发达国家引进学习来的，我们同世界上100多个国家和地区有合作交流的协议；我们有不少电视节目是从境外引进的，这是必要的。现在存在的问题是对引进的境外的节目缺乏分析、鉴别，像邓小平同志批评的：以至连一些在西方国家也认为低级、庸俗或有害的电影，以及录像录音也输入了不少。前一个时期，一些低格调的流行歌曲、摇滚舞以至变相的选美活动在广播电视中泛滥。邓小平同志多次告诫我们："实行开放政策必然会带来一些坏的东西，影响我们的人民。要说风险，这是最大的风险。""历史经验教训说明，不开放不行，……开放肯定会带来一些消极因素。"我们对于境外腐朽的思想文化必须保持高度的警惕。

在电影和音像方面，大量西方和港台的影片、镭射、音像制品，通过各种合法和非法的渠道(大部分是非法的)涌进我国，严重地冲击了国产电影，占领了城乡绝大多数放像点。这些影片、音像制品，绝大多数格调低下，对青少年危害极大。

同样值得注意的是，境外的一些人以金钱开路，以获奖为诱饵，诱使一些人拍摄丑化我革命历史，渲染阴暗面，否定社会主义的影片。境外的一些人还到内地来举办各种不义的"义演"和变相的"选美"活动，用重金重奖大肆推广高消费、享乐主义等腐朽生活方式和消极、颓废的思想文化。这些活动已经产生了许多严重的后果。为了社会主义精神文明建设的利益，为了更好地教育我们的后代，我们必须坚定不移地贯彻邓小平同志的指示："我们坚定不移地实行对外开放政策，在平等互利的基础上积极扩大对外交流，同时我们保持清醒的头脑，坚决抵制外来腐朽思想的侵蚀，决不允许资产阶级生活方式在我国泛滥。"

3. 要正确处理经济效益和社会效益的关系，坚决反对"一切向钱看"的错误做法。

邓小平同志在《党在组织战线和思想战线上的迫切任务》一文中尖锐地批评了"一切向钱看"在精神领域中的表现。他指出，"这种'一切向钱看'，把精神生产商品化的倾向，在精神生产的其他方面也有所表现，有些人简直成了唯利是图的商人。"我们在实践中深刻体会到："一切向钱看"是造成"一手硬一手软"的一个很重要的原因。例如对待境外的卫星电视应该采取什么态度，从维护国家的根本利益出发，为了加强社会主义精神文明建设，应该严格管理，这本来应当是很明确的，但是遇到了许多困难，一个重要原因就在于有些人认为生产、销售地面接收天线是一个很大的市场，因此主张“放开”。进口片泛滥的问题，归根到底也是“一切向钱看”的倾向作怪。有些国产片也极力模仿进口片，迎合一部分人的低级趣味，形成恶性循环，严重危害精神文明建设。

从实践中我们深切体会到：精神产品虽然也有商品属性，也要尊重价值规律的作用，但比起物质产品更需要宏观调控，决不能盲目听任市场调节(一些在市场中哄抬的价格很高的电视剧，质量并不高，就是明显的证明)。电影也是这样，票房价值高的影片，质量不一定高。因为有钱的人，鉴赏水平不一定高，能够鉴别质量高的影片的人，不一定有钱出高价。归根到底，还是周总理过去讲的：人民群众是最有权威的评判员。总之，我们必须坚决贯彻邓小平同志的指示：“思想文化教育卫生部门，都要以社会效益为一切活动的唯一准则，它们所属的企业也要以社会效益为最高准则。”

4. 希望各地从方针政策上给予支持、保障，促进事业建设。

我们希望采取一些政策对广播影视加以支持、鼓励。如随着财政收入的增长，相应也增加投入，在财力上给予支持，特别希望各地党委、政府抓好中央和省市广播电视第一套节目的转播。现在不少同志反映，到了外地特别是到了基层看中央电视台的节目很难。中宣部和广播影视部已联合发出通知，要求各地抓好转播的工作。我们建议，在广播电视事业建设上多做“雪中送炭”的工作，扩大人口覆盖率，不搞重复建设，不要盲目追求节目套数。要进一步解决农村山区、少数民族地区听广播、看电视难的问题，各地都要重视农村广播电影电视工作。

5. 坚持不懈狠抓队伍建设，提高队伍素质。

加强队伍建设，核心是加强党的建设，特别是要用邓小平同志建设有中国特色的社会主义的理论来武装全党。同时深入开展反腐倡廉，坚决制止“有偿新闻”。现在制止“有偿新闻”已初见成效。当前比较突出的问题是少数名演员、节目主持人要高“出场费”；一些人以拉赞助、搞创收为名，为个人提取高额酬金、拿回扣、逃避个人所得税等。我们要继续坚决纠正行业不正之风，加强职业道德建设，大力提倡全心全意为人民服务，艰苦奋斗，无私奉献的精神，努力树立我们社会主义广播电视的良好形象和声誉。我们是从事精神产品生产的，要有崇高的思想境界。

总之，在新的形势下，我们这个领域担负着繁重的任务，也存在不少问题和困难，但我们坚信，在以江泽民同志为核心的党中央和国务院的领导下，和各地、各部门的同志共同努力，坚持两手抓，两手都要硬，扎扎实实地工作，真抓实干，必将推动广播影视再上新台阶，取得新进展，为加强社会主义精神文明建设，加快改革开放和现代化建设做出自己的贡献。

(原载 *1994* 年 *3* 月 *10* 日《人民日报》)

艾知生在中国广播电视学会第二届常务理事会第三次会议上谈广播电视

广播电影电视部部长艾知生,1993 年 9 月 26 日出席了在四川成都召开的中国广播电视学会第二届常务理事会第三次会议。艾知生同志在会上谈话。首先，他对这次会议的召开表示热烈祝贺，对关心、支持广播电视工作的老同志表示衷心的感谢！艾知生同志在讲话中充分肯定了学会围绕贯彻邓小平同志南巡重要谈话和十四大精神，在组织学术研究、编辑出版《学刊》和节目评奖方面取得的成绩，并向到会代表和参加’93 中国四川国际电视节活动的各省、自治区、直辖市广播电视厅(局)负责同志通报了当前我国广播电视的情况。主要分为 5 个问题：

(一) 广播电视战线面临的形势。

目前我国广播电视的发展形势很好，许多方面都处于突飞猛进、日新月异、方兴未艾的势头，各项事业指标都在迅速增长，有的是成倍增加。比如，到 1993 年 6 月，全国共有广播电台 853 座，是党的十一届三中全会以前的 1978 年 93 座的 9 倍；全国的电视台现已达到 614 座，是三中全会以前的 38 座的 19 倍；发展最快的卫星地面接收站，1986 年开始使用卫星传递电视节目后，我们曾经计划到 1990 年发展到 5000 座，而现在已达 41469 座，超过原计划的 7 倍。再比如，电视机的社会拥有量增长很快，这是电视事业快速增长的一个重要标志。到 1992 年底，全国的电视机社会拥有量为 22788 万台，比 1987 年的 300 万台增长了 70 几倍。

广播电视同自己的过去纵向相比发展是迅速的，从横向比较看，发展也是很快的。同世界其他国家的电视发展相比，我国的电视发展超过世界的平均水平。1990 年，我国每 1000 人拥有电视机 162 台（现在已将近 200 台)，而全世界的平均水平为 155 台。我国人口很多，许多方面要超过世界平均水平很不容易，电视在我国各类行业中算是发展快的，同世界上一些中等发展中国家如泰国、马来西亚、墨西哥、哥伦比亚等的水平差不多。这些无疑表明了广播电视事业的发展成就。

但是，我们也要看到事业建设方面还存在着不小的差距、困难和问题。目前最突出的问题是：广播电视的人口覆盖率增长缓慢，而且有越来越慢的趋势。到今年 6 月的统计，全国广播的人口覆盖率是 75.6%，而 1992 年底就是 75.6%，基本是徘徊不前的；全国电视的覆盖率是 81.39%，1992 年底是 81.3%，今年只增长了 0.09%。“六五”期间每年电视人口覆盖率增长 4 个百分点，广播增长 2 个百分点；“七五”期间就下降了一半，电视是 2 个百分点，广播是 1 个百分点。从这趋势看增长是越来越慢的，广播比电视更慢，越到后来发展越困难。广播电视发展到现在这个程度，如何扩大人口覆盖率，让现在 25% 听不到广播、20%看不到电视的人（这些人分布在边疆、山区、少数民族地区），都能听到广播或看到电视是我们的首要任务。这个问题中央很关心，部里也一直在抓新疆、西藏、内蒙广播电视的人口覆盖问题。

当前的问题不是再搞多少个台、多少套节目，这样搞来搞去就容易重复建设，重复地覆盖，而应当把重点放到扩大人口覆盖率的问题上，特别是一些幅员辽阔、人口众多、地形复杂的省市。如四川，要加强农村和少数民族地区的建设，要有所倾斜，要重视这些地区的建设，要采取一些有效的先进技术扩大覆盖。发展农村广播也面临着问题，也要采用先进技术。如何扩大广播电视覆盖应该作为广播电视事业发展的首要问题。

另一个突出问题，就是节目制作能力不足。台数和节目套数很多，但是自制节目能力不足。中央电视台每天播出 40 多个小时的节目，但节目制作的能力只有 10 多个小时，省一级的台每天播出 10 几个小时，节目制作能力才几个小时。节目制作能力低，重播率高。新节目少，好节目就更少。

更严重的是造成引进节目比例大、海外节目泛滥的问题。低格调的节目泛滥，和我们节目制作能力低有直接关系。现在这种现象地市以下台更为突出。一些地市县电视台里充斥着格调低的海外、港台节目，引起很多群众的不满。所以我们面临着提高节目制作能力，真正使电视节目改观的问题，这是我们很紧迫的任务。

还要看到我们的广播电视面临境外广播电视节目的严峻挑战。与广播覆盖不足同时存在的问题是，能听到的外台多得不得了。现在西方七国除意大利外，美、英、德、法、日、加拿大都办有对中国节目，另外独联体、朝鲜、韩国、越南等周边国家也有。几十个外国台用几百个频率对我进行广播。在一些地方我们自己的广播听不到，外台节目却听得十分清楚。电视方面的情况现在也是很严峻的。中央对这个问题很关心、很重视，要求我们认真对待。这是对我们严峻的挑战。当前国外卫星电视节目对我们的危害是极大的。有些地方收看国外卫星电视节目已相当普遍，一旦发生“风吹草动”，它可以变成动乱的祸根。国外有一些这样的例子，我们自己也有这方面的教训。另外从长远讲，这是文化、意识形态上的渗透。现在能收到的境外卫星电视的娱乐节目是很多的，长期耳听目染这些资本主义腐朽的意识形态，对我们弘扬民族文化、振奋民族精神，进行爱国主义教育是完全背道而驰的。所以不论从当前维护社会安定来讲，或者从长远对人民进行爱国主义、社会主义和集体主义教育来说，都必须对收看境外卫星电视节目加强管理。

（二）广播电视宣传工作，也就是提高节目质量问题。

在以江泽民同志为核心的党中央的直接领导下，从十三届四中全会以来，全国广播电视坚持团结、稳定、鼓劲和以“正面宣传为主”的方针，在两个文明建设中发挥了积极作用，在努力与党中央在思想上、政治上保持高度一致和掌握舆论导向方面基本上是好的，没有发生过什么大的问题。特别是在去年小平同志南巡谈话和十四大以后，为适应社会主义市场经济体制的建立，在努力探索新闻改革方面，中央和地方的电台、电视台都做了许多的工作。比如中央电视台建立《经济信息联播》，进行新闻改革，大大增加新闻的播出次数，实行滚动播出，在社会上反应不错。中央领导同志赞扬说，现在广播、电视新闻进步很大，过去都是会议多、领导同志活动多，现在对社会各方面的动态反映比较及时。像《东方时空》里的《东方之子》、《焦点时刻》之类的栏目也是新闻改革深入的一种尝试。

中央的广播电视是依靠全国各个地方的同志支持的，中央电视台的《新闻联播》实际上就是全国各电视台共同努力取得的成果。

各省、自治区、直辖市及地市县广播电台、电视台在新闻改革方面也做了各种探索和创新，特别是在加强新闻时效，加强和群众的沟通，加强双向联系，舆论监督等方面，做了不少工作，有很多好的创造。电视文艺方面，特别是电视剧也在稳步发展，质量有所提高。但是同党中央的期望和人民群众日益增长的需求相比，我们的宣传工作还有不少差距，而且存在不少值得重视的问题。因此，我们要进一步下大力气提高节目质量，使广播电视有较大的改观。首先要把握好舆论导向。这是广播电视作为党和政府喉舌的主要任务。有调查表明，社会上首先从电视上获知重大新闻的人比例最大。如北京有 63%的人是从电视里得到新闻。《新闻出版报》一篇文章说，电视、广播，报纸在城市群众当中所占的比例分别是 57.1%、21.5%和 13%，由此可见电视广播在掌握舆论导向方面非常重要。现在《新闻联播》的收视率大约在 40%左右，因此我们的首要问题就是要掌握好舆论导向。要敢于引导、善于引导，要牢牢掌握党的“一个中心两个基本点”的基本路线，坚持“团结、稳定、鼓劲”的方针，坚持“以正面宣传为主”的原则，一定要从全局出发，掌握好舆论的分寸，避免片面性、随意性，防止虚假的、失实的、片面的报道，不要刮风。要始终把掌握好舆论导向放在广播电视新闻宣传的首位。例如当前的工作最重要的是贯彻中央六号文件精神，搞好反腐败斗争的宣传。

在反腐败斗争宣传中要以经济建设为中心，处理好加强宏观调控与改革开放的关系，反腐败斗争与改革开放的关系。电视新闻报道中，经济建设要处在中心位置，这是报道的主要内容，决不能把反腐败与经济建设、改革开放对立起来。为此，就要掌握好正面宣传为主的原则。要揭露一些典型案例，但数量要控制，要严格遵守宣传纪律，要听中央的统一部署。在大案要案的报道当中，不要追求轰动效应，着重是要吸取教训，也不要过分渲染，更不要造成一团漆黑的印象。掌握舆论导向也包括国际问题的宣传,要严格遵循中央的精神和我国的外交政策。对国际上突发事件的报道既要注重时效,又不能单纯追求时效而不顾政治后果和社会影响。

在新闻节目中要注意释疑解惑,舒心理气,对群众进行引导,要有利于增进团结,维护社会的安定。舆论监督不能是为了揭露而揭露，图一时痛快，上纲上线，最后造成严重后果。另外，现在类似"热线电话"的对话节目很多，这类节目要特别注意舆论导向。

其次要弘扬主旋律。电视节目特别是文艺、专题节目，要宣传社会主义的主旋律，发挥我们的政治优势，对人民群众特别是青少年进行爱国主义、集体主义和社会主义的教育。我们要不断提高节目的思想性、艺术性。当然也要有娱乐性、趣味性。要坚持节目的高标准、高质量。目前就是要大力纠正一些文艺节目中低级的、庸俗的东西。这个问题不光是广播电视行业的问题，文学、艺术、出版、电影、电视剧创作等几个方面都有低格调东西比较多的问题，打擦边球的现象比较突出。表现在电影、电视剧上就是有人老想拍《金瓶梅》一类的东西。在这个问题上，我们一定要从人民群众的特别是从青少年的身心健康来考虑，从我们国家、民族的未来考虑，一定要对党、对人民负责。现在这个问题已引起社会各方面的强烈不满。因为青少年的社会经验少，判断力差，但摹仿性很强，电视的影响力又大，我们的节目里稍有些不当，他们就会跟着学，你播个什么，他学个什么。这方面有很多深刻的教训，典型例子也有不少，一些青少年犯罪和受电视节目的影响有直接关系。现在我们电视节目里有几多：一是渲染色情暴力和格调低的东西多（也就是过去人们讲的"拳头加枕头"）；二是进口的港台影片多；三是一些流行的东西多（从音乐艺术这方面讲）。现在社会各界对这方面很不满意。教育界的同志说，我们教师花了好多时间对学生做思想教育工作，结果他们看一个电影、一个电视剧，工作就白做了。从这点看，我们当然是有责任的，所以一定要从保护青少年着想、从国家民族利益的未来着想，下力气提高广播电视节目的质量。

除格调问题，还有少量作品有政治性错误。有的作品过多渲染我们的历史挫折、失误和阴暗面。这类东西份量不是很大，但还是有，比方有些影视剧专门挑"文革"等时期来写，把我们历史上严重的失误加以渲染，好象我们建国以来就是这样一个历史。"文革"不是不能写，问题是怎么写，如果是把我们的过去描绘成一团漆黑，使人看不到光明和希望，那就不符合实际，因为成就还是主要的。这方面如果不严格把关就要出问题，不仅会影响社会安定，严重影响我国改革开放和经济文化建设的顺利进行，有的还在国际上造成不良影响，损害我国在国际上的声誉。所以这方面必须严格把关。

（三）关于当前要加强管理的几个问题。

广播电视在改革开放中不断发展和前进。广播电视宣传要贯彻改革的精神不断创新，提高质量，发挥效益，更好地为社会主义的两个文明建设服务。事业发展也要不断迈上新的台阶，朝着更加现代化的目标迈进。但是事业越发展，管理的任务就越重。我们的社会化管理、行业管理、法制管理的力度要加大。当前主要有以下几方面：

1、卫星地面接收设施接收境外电视节目的问题。形势发展要求严格管理。因此规定个人不得接收境外卫星电视节目。对单位建立的卫星地面站要用法制手段来管理。

2、办有线电视台的问题。现在很多人都认为是有利可图，都争着办电视台。中央有明确的精神，部里也明确规定了，办电台、电视台（包括有线台）只能国家办，由广播电视部门办，不能由社会其他部门办，更不能搞中外合资。认为办有线电视能够赚钱，这在中国并不容易。中国老百姓没有花钱看电视的习惯，我们也不可能养一批收费大军。办有线电视是为了扩大覆盖。对有线电视台也要严格管理，违反国家规定的要认真查处。对宾馆、大企业、机关、学校等大单位的闭路电视如何加强管理也是值得研究的问题。

3、各地要重视转播中央台的节目。现在中央电视台的一、二、三套节目都上了卫星，虽然各地经济财政情况不同，但希望各地转播好中央台的节目。一些地方出现游动字幕广告，就是在中央电视台节目上加上字幕广告，观众来信提出了批评。这是不能允许的。

4、要加强海外和港台节目的播出管理，要先审看，加强把关。如：有的台整块引进台湾节目和英国BBC的音乐节目，这些都是不妥的。购买国外节目直播权要特别慎重，也要吸取教训，严格把关。

5、"热线"直播节目要注意从实际出发，注意把握舆论导向。一般说来，从收到听众来的东西到播出之间，最好有一个环节进行选择，有措施以防止出现问题。电视剧的制作，今后也要加强把关。

6、广告问题，对于过于豪华、鼓励高消费的内容要严格把关。对一些低级趣味的东西，一些过分裸露的片子，一些不健康的音乐，要防止。现在广播电视里播送的流行音乐过多，应该引起注意。

7、禁止有偿新闻，加强职业道德建设的问题。全党全国都在开展反腐败斗争，我们广播电视行业在这方面任务很重。社会上很重视电视，往往采取很多办法争取上电视，为了上电视就想办法给钱。我们队伍中和社会上也有人利用这个招摇撞骗、赚钱，这样造成一种印象，好像广播电视界很黑。这个问题不解决，对于我们的声誉、形象，影响太大，所以对这个问题必须高度重视。最近，中央电视台搞“'93质量万里行”，很多省市都参加了，沿途拒收礼品，反映很好。所以对行业不正之风一定要坚持不懈地抓下去，要努力树立我们社会主义广播电视的良好形象，良好声誉，并把它作为我们广播电视系统反腐败斗争的重要内容之一。

（四）关于广播电视体制和领导方法问题。

关于体制的问题，中发[1983]37号文件已有过明确规定，我们广播电视系统是双重领导，以同级党委、政府的领导为主。这个规定至今还是适用的。在这次机构改革当中，中央保留了广播电影电视部。省这一级，据了解，绝大多数地方将保留广播电视厅局台。一个值得注意的问题，就是我们如何做好省市厅局的工作，特别是省市厅局怎样领导好所属的电台、电视台，更加密切厅局和所属电台、电视台之间的关系，增强我们广播电视系统的凝聚力。这个问题希望大家共同来研究，把这个工作做好。

这里，我想说一点不成熟的体会，跟大家商量，供大家参考。

首先，厅局领导必须坚持把宣传工作作为各项工作的中心，各项工作都紧紧围绕宣传这个中心工作服务。要把主要精力花在贯彻党中央的路线、方针、政策，掌握好舆论导向，抓好重点广播电视节目的建设上。如部里很注重抓中央两个台的重点新闻节目,每年的春节晚会，重大节日的晚会。抓这些收视率高的节目。一般说来，《新闻联播》收视率为40—50%就算是高的，电视剧10%左右就是很好的电视剧，所以半小时节目有40—50%的收视率，实际上就等于我们很大的一部分实际收看效果。这些节目如不抓好，一出问题有时就是很大的问题。

中央对我们部宣传工作抓得很紧，要求很严，领导也很具体。中央抓得紧，我们自己要抓得更紧才行，指挥部更要往第一线挪，部领导要亲自抓节目。希望省市厅局的领导也能这样做。据了解，各省市对广播电视工作的领导并不都是那么具体。我们抓广播电视工作的首先要把宣传这个中心紧紧抓住。根据中央宣传思想工作领导小组的要求，我部为加强宣传方面的领导，成立了编委会，目的是保证对宣传工作经常的、具体的领导，并使之制度化。各省市厅局的领导同志也应当紧紧抓住宣传工作这个中心，使广播电视当好同级党委的喉舌、助手，真正成为党委、政府在掌握舆论导向上得心应手的工具。而且只能帮忙，不能添乱。我们的工作做的越好，就越会使得党委领导觉得我们的工作不可缺少。

我们广播电视工作战线很长，头绪很多，因此我们必须抓住宣传这个中心不动摇，用这个中心来带动各方面的工作。只有抓了宣传，才算抓住了我们工作的最终产品。而且只有抓住了宣传，才抓住了影响全国的最有效的手段。如果你要问中央的精神是怎样的？部里的意图是怎样的？你就看中央电视台的节目，听中央人民广播电台的节目。省里抓好了省电台、省电视台，那对所属的地区、县也是一种指挥，这样才能对同级的党委多帮忙，不添乱。而且抓宣传也有利于密切跟直属台的关系。我们部里实际上能下放的人、财、物权力都下放到了台里，我们抓宣传实际上是帮助、服务，让电视台、电台把工作搞得更好，这样我们部领导就不会跟各台发生利益上的矛盾，有利于密切相互间的关系。这是我的一点体会。

其次，各级领导要以所管的电台、电视台做为工作的重点。我们部也好，厅局也好，机关要为基层服务，要为所属的台服务。部里的工作宏观地领导全国广播电视事业，方针、政策、规划我们要管，在这个前提下，重点要管好直属三台，当然还有电影。我们希望各省广播电视厅局把自己所管的电台、电视台领导好。如果全国都能把自己的电台、电视台领导好，就有利于增强我们整个系统的凝聚力。当然我们还要管好宏观政策、规划，要及时交流经验、情况，但是如果离开了自己所管的直属台，那么宏观调控就是空的。

关于地市县力争保留目前体制格局的问题，我们也要顾全大局，遵守纪律，服从决定。我们有个原则：要努力争取广播电视这个系统不被拆散，不要拆并到别的部门去。大家的一个共同看法是，市县以下宁肯局台合一，或者变成事业单位，也不要拆并到别的部门去。我们赞成这个意见。

（五）关于学会工作。

学会是学术团体，因此中心工作是搞好理论研究工作。希望学会能够密切联系广播电视的实际，包括事业建设、宣传工作来开展理论的研究。要建立有中国特色社会主义的广播电视学，理论工作大有可为。中央宣传思想工作领导小组把理论工作列为头等重要的任务，列为第一件大事。《邓小平文选》第三卷即将出版，以小平同志建设有中国特色社会主义的理论武装全党，包括武装我们广播电视队伍也是头等大事。广播电视学会要带头响应党的号召，学习好、研究好小平同志的著作，联系广播电视的实际，开展学术研究，用小平同志建设有中国特色社会主义理论武装广播电视界。另一方面，实际工作也确实存在一些亟待研究的理论问题。江总书记在中纪委第二次全会上的讲话中说：我们国家各行各业都应当安居乐业，搞好自己的本职工作，不要都经商、办企业、搞房地产。他说有两个口号要重新研究，一个叫集资，一个叫创收。意思是说，我们不要所有的人都去经商、搞企业、搞房地产，要把自己的本职工作搞好。这个精神对学会也是适用的，学会就要用小平同志的理论作为指导，研究探讨理论问题。比如，广播电视战线上最近有些刊物、文章里头也提出了一些理论问题，象广播电视的性质、功能问题，文章里把经济属性拿来和广播电视在意识形态方面、在精神文明建设中的作用相提并论，也就是和我们常讲的“党、政府、人民的喉舌”相提并论，似乎不太妥当。党的十四大提出来把建设社会主义的市场经济体制作为改革的目标和模式，我们要积极为建立社会主义市场经济的新体制服务，但服务是要通过我们的本职工作去实现。要坚持新闻舆论导向，就要研究如何改革新闻，以适应新的形势，研究通过我们的文艺、教育等专题节目去引导群众，我们的很多文艺节目也是反映现代化建设和改革开放的。研究这个问题，说明大家都在思考怎样为社会主义的市场经济服务，但并不能说我们也变成经济的一部分了。广播电视就是不能离开意识形态这个本行，一离开就容易想偏，如搞中外合资或通过什么渠道来搞钱等。理论工作差之毫厘，实际工作就差之万里。中外合资搞电影、中外合资办广播电视，这样好多问题就来了。

还有一个理论问题就是双向联系。过去理论上已经有这个命题了，说广播电视是党和人民联系的桥梁、纽带，这里面就有双向联系的含义。过去我们不够贴近生活、贴近群众、贴近实际，这方面要加强，我们在双向交流方面做的还不够，可以在改革中探索。但是有的学术文章讲，过去是以传者为中心，现在我们应转为以受者为中心。也就是说过去是你播我听，现在是你听我播。我认为不宜过早得出这样的结论，这不太全面，有从一个极端走向另一个极端的危险。广播电视作为喉舌部门，还应当坚持党性和人民性的一致。既要坚持党性原则，又要坚持群众观点。

总之，广播电视学会的同志应当像江泽民总书记提出的那样：积极地、全面地、正确地理解十四大精神，积极开展研究，总结我们长期积累的经验，真正把涉及我们广播电视发展的理论问题，实际工作中宝贵的经验总结出来。要把学刊办好，做到内容多而丰富。我们这个行业涉及到研究的单位很多，我们系统的各个研究单位要进一步加强协作，形成合力，为我们广播电视的理论建设、队伍建设做出更大的贡献。

（原载《中国广播电视学刊》1993年第6期，题目是《艾知生部长谈广播电视》）

争取电视文艺节目有一个较大的改观

艾知生

今天，我想利用这个机会，就电视文艺问题谈些个人的看法，和同志们交换意见，希望大家共同努力，争取电视文艺节目有一个“较大的改观”。我要讲的归纳起来是三个方面。

第一方面要充分肯定电视文艺取得的成绩和进步。我所说的文艺是广义的，包括电视剧和一切在电视中出现的文艺形式。这几年我们的电视文艺的成绩是很大的。这一点从电视机销售上就可以看出来。十一届三中全会以来，我国电视机的社会拥有量迅猛增长，到92年底，已达到二亿二千多万台，超过了世界平均水平。电视机发展这么快，原因之一，是有节目支持、保证，而节目中最重要的是两大支柱，新闻和电视文艺。电视文艺已经成为广大人民群众必不可少的精神食粮。这些年来电视文艺取得了很大的成绩、进步，这是主流，有目共睹，对此应当给予充分肯定，今后要在取得成绩的基础上不断提高，争取更大的进步。

第二方面，我们要充分重视，积极、主动地研究、解决电视文艺目前存在的问题和不足。在充分肯定电视文艺的成绩和进步的前提下，也要清醒地看到我们的电视文艺节目中还存在着一些不容忽视的问题和不足之处。社会各界广大观众，党和国家的领导同志不断地提醒我们，每年的人大、政协会议的代表，每天的观众来信各大报刊有关影视的报道等等也都在提醒我们。我们对这些提醒不能充耳不闻，对各种批评意见要有则改之，无则加勉。我们电视事业有两个大的基本矛盾，一个是电视的人口覆盖率提高得不快，每年电视的人口覆盖率增长不到一个百分点。还有一个是节目制作能力不足，电视节目很花钱，而且涉及到人才、物力等方面。尽管有这些客观原因，我们也不应降低对自己的要求，不应放松努力。本着这个精神，我想提出一些存在的不足之处，和大家共同探讨，归纳起来有下面五点。

第一点，有些文艺节目格调不高，渲染色情暴力，说得严重点是诲淫诲盗。现在我们听到的最多的就是这个意见。例如这次人大会上有的代表讲，目前充斥屏幕的是枕头片、拳头片，对此我们要有清醒的认识，要看到这对青少年教育工作不利。有些县市台无异于社会的放像点，靠港台的和国外的电视剧吸引观众，影视界有些同志认为，不要把电视电影的作用估计过高，看看电影电视就是为了消遣，渲泄一下，看看生活中实现不了的事情，看着玩。我认为这些看法不全面，是不正确的，降低了对我们自己的要求。电影、电视的作用是很大的，特别是对于成长时期的青少年。他们社会经验不够，缺乏判断力，但摹仿力很强。我过去长期在学校工作，深知很多青少年受文艺的影响很大，每年都会有一些学生犯各种各样的错误，写的思想汇报很多都谈到受不健康的文艺的影响。我最近收到某省一对夫妻给我的来信，信中谈到他们的10岁的爱女，看到某部电视剧之后，第二天中午因摹仿电视剧中的情节不幸身亡。我收到信后委托该省厅长去慰问，听取意见，据报属实。所以我们千万不要低估了影视对青少年的影响，降低对自己的要求。

今年年初，有些报刊竞相刊登一些裸露较多的影星照片，这是一种不良风气。中央领导同志特别强调，电视电影应该健康向上，催人奋进。电视文艺对人民群众熏陶感染的作用绝不能低估。这个问题我希望能引起全国电视工作者的注意。有些同志总想打擦边球，总有人想把《金瓶梅》搬上屏幕。我们明确讲过，不要拍《金瓶梅》，几乎一两年就重申一次。前不久又有人要拍。今天，在这里我再重申一遍，像《金瓶梅》这样的作品，不适于拍摄。关于这个问题，中央社会治安综合治理委员会已对我们提出要求："充分发挥电影电视等传播手段的优势，经常不断地进行社会主义道德、法制的教育，积极宣传社会治安工作的先进典型，组织制作和播放健康有益的影视节目和音像节目，丰富人民群众的文化生活。坚决制止反动、色情、淫秽、暴力、凶杀、封建迷信等电视音像节目的制作和播放。"有关部门对我们的要求是很明确的。一段时间来，电影中描写妓女、姨太太的作品多起来了，不言而喻，描写这些就少不了床上镜头和低级下流的东西。今后我们对这一方面要有明确的态度。随着改革开放，党中央一再强调两手抓，一手抓物质文明，一手抓精神文明，一手抓繁荣，一手抓扫黄。有的地方确实有错误的看法，认为要开放，就要学资本主义搞"红灯区"。学资本主义的什么东西，我们要弄明白。要学先进的技术、管理和优秀的文化，而不能学搞"红灯区"。

第二点，有极少数文艺作品当中存在着政治上的错误。这需要我们更加注意严格审查，加强把关。这个问题面不大，但问题的性质更严重。前一段时期有一种不好的现象，写领袖人物，专门在领袖人物的家庭生活，个人爱好，生活细节等方面歪曲、渲染甚至无中生有。

还有一种倾向，以夸大、渲染我们建国以来的历史和党的历史中的某些错误或社会阴暗面为描写内容。有一些以暴露阴暗面来否定党的领导，否定社会主义。还有的作品是调子低沉，实际上也会产生这样的效果。这一点要引起我们的注意。针对这一类问题，最近中央领导同志指出：我们的文艺创作总的来说，是要促使人们振奋精神、鼓舞斗志，培养人们和陶冶人们的高尚情操，为国家的现代化建设做出贡献。当然，也要给人们在工作之余带来欢乐。我们欢迎批评，但是这种批评应该是善意的，是为了改进工作，鞭策人们更好地前进，而绝不可以给人一团漆黑，一无是处的印象，让人丧失信心。这段话讲得很明确，讲了娱乐和教育的关系。这个问题也很值得我们认真思考和分析。应该怎样看待我们的军队，怎校看待我们这个党，我们这个国家，看待我们的人民。不是不可以批评，不是不可以写我们生活中的矛盾、困难、缺点、不足，问题在于我们要有怎样的出发点。这个问题不要小看，苏联不就解体了吗?苏联解体当然不能简单地说是因为意识形态，更不能简单地说是文艺问题。我们不能不吸取历史的教训。对政治上反动的、错误的或者很片面的、思想消极的作品，我们不能不加强把关。这种作品数量是极少的，但危害是大的，绝不能在电视台等大众传播媒介中出现。为要做到这一点，说到底，还是希望我们负责把关的同志要加强学习。要学习马克思主义，要多了解一些中国的、世界的历史和当前国内外的形势。如果不加强学习很多事不知道，就可能糊里糊涂犯错误。我认为今后审片时不仅要注意性和暴力，还要注意政治问题，而且为此要加强学习，提高政治水平，不学习就会犯错误。

第三点，现在引进的境外的节目仍然比例偏大。人大代表也有这种意见。有的代表向我们提出，现在电视节目的黄金时间中，国外的港台的电视剧播放得太多，虽然其中不乏优秀之作，但确有不少格调不高的作品。除此之外，我认为特别应该引起注意的是最近一个时期，港台的流行歌曲、音乐太多。这个现象很值得注意。有一位知识分子给中宣部领导写信，对电台、电视台大放港台流行歌曲意见很大。

我们对港台的音乐并非全盘否定，港台的优秀歌曲和音乐应该在我们民族的文化中占有一席之地。但不能泛滥，变得喧宾夺主。那样后果非常不好。据一个城市调查，十大青春偶象评选中，有九名都是港台歌星，只有第七名是雷锋，这是唯一一位大陆和娱乐圈外的人选。这不能不说与传媒的误导有关。前不久举办的20世纪华人音乐精典作品评选，获奖的绝大多数是大陆音乐者的作品。这是全世界华人公认的代表本世纪以来华人音乐的优秀作品，而且大多数是在中国共产党领导下社会主义革命和建设中创作的作品。现在有些青年人已经到了数典忘祖的地步。对自己民族的优秀文化是怎样发展起来的一概不知，这是很值得深思的一些问题。我们的音乐工作者也包括电视广播等宣传媒介是怎么做工作的，我们对民族的宝贵的文化遗产是不是有些不熟悉了，有些是不是丢掉了。我觉得这个问题很值得深入地探讨。

同这个问题相联系的，就是在电视台、电台中的语言文字上也存在着混乱。有些播音员、节目主持人，当然不是中央台的，以摹仿港台的腔调为时髦，简直可笑。连从台湾到大陆来的人都以听到北京青年人讲纯正的普通话感到过瘾，而我们的播音员、主持人为什么却要以摹仿港台味为荣呢?这种混乱的现象我认为必须尽快停止。文字上也有很多混乱。字好像越繁越好。而且错误百出。这是一种知识浅薄，文化太低的表现，是一种幼稚无知的表现。我希望电视台电台要采取措施，要维护祖国语言文字的规范化、纯洁性，否则不利于我们全民文化水平的提高。

第四点，就是对我们电视文艺的场景、服装、台风方面提些意见。我认为存在着过于豪华奢侈的倾向。这种倾向同与中央最近特别强调要反对拜金主义、享乐主义、极端个人主义、形式主义的精神很不协调。我们国家人均收入不到四百美元，还有几千万人没有解决温饱问题，长期以来我们的化妆、服装、场景，特别豪华。特别是一些歌唱演员，满身珠光宝气，这与我们的国情不太适合。所以农村观众经常反映，说我们的电视是城里人的电视。这种台风容易助长一掷千金、挥金如土习气。而且我们有的电视确实在提倡拜金主义，拜金主义有些是我们的传媒鼓吹出来的。顺便说一下，现在有一个时髦的词。我有意见，就是“包装”，不仅是用词问题，事实上是把演员商品化了。

还有选美的问题，我同意全国妇联关涛同志的意见：对选美采取“四不”，即“不赞成、不提倡、不组织、不参与”。选美实际上是把外在的美放在第一位，会使女孩子越来越注意自己的外在的形象，从小就热衷于美容、减肥，而忽视内在的修养和真才实学，仅仅凭着一副漂亮的面容和身材获得高额奖金，一夜暴富，不仅对自身的成长和培养不利，也给那些孜孜苦学的大、中学生和为事业艰苦奋斗的知识妇女以极大的不平衡感。选美的实质是把容貌商品化，把妇女当作观赏取悦的对象。我觉得这些话讲得非常有道理。我们需要引导青年努力做到的是内在的美，是有知识，有文化，有高尚道德的美，包括健康美。这是要下很多苦功的。我们要提倡艰苦奋斗，而不是轻轻松松坐享其成。我们要宣传这样的美。

还有一个问题，我们的屏幕究竟要宣扬什么人？“飞天奖”评选中获奖作品不少表现的就是英雄人物，象《天梦》在国外的反映都很强烈，有的华侨说，看了《天梦》，心中出了一口气。我觉得我们的广播电视应当多歌颂、宣传那些人民不大了解的，在各行各业做出了卓越贡献的无名英雄。获奖的电视剧和中央台的“东方时空”中的《东方之子》和《焦点时刻》等栏目中介绍了一些先进人物和社会各界专家、学者，我认为特别好，这方面要大大加强，中央领导同志给中央电视台提了要求，希望中央电视台每个星期介绍一位中青年优秀教师。最近又说，能不能每天拿出三分钟来介绍优秀的中青年科学家。连李政道、扬振宁都向我们提出，希望我们多宣传介绍中青年科学家。

我讲的中心意思就是希望电视文艺，不要热衷于自我表现，不要赶时髦，本来观众最熟悉的就是歌星、演员，我们还在那里来回猛炒，有什么必要。我们应该把那些为人民做出贡献而又不为人民所了解的优秀科学家介绍给观众，多让他们上屏幕，让他们的业绩为群众所了解。这样也有利于社会各方的平衡。我们的屏幕应该用来表现谁，值得考虑。

第五点，寓教于乐问题。教不仅是政治思想教育，不仅是集体主义、爱国主义、社会主义教育，还有科学文化的教育，电视文艺节目中有普及科学知识的好的例子，如“正大综艺”播放的有关水法知识大赛等，希望这方面还要加强。有一位观众的意见很值得我们重视，他说，现在的家长大多注意培养孩子学音乐、唱歌、体育、绘画书法、下棋，很少有培养孩子学好数理化，立志做工程师的，长此以往，我们科学界将缺乏最有天资才气的后继之人。同这几年社会的精神导向不无关系，我们的电视、电影、报刊对优秀的科学家宣传得太少，太没有吸引力，纠正这种偏差，对青少年和全社会的志向的引导是很重要的。我想特别提一下，在文艺当中不要有非科学的东西。观众来信中反映有些杂技性表演过于残酷，使人看了很不舒服，如吃灯泡、滚油中徒手捞油条，吃刀片，还有一些气功表演，宣扬封建迷信思想等等。

第三方面，为了解决这些问题，我们要认真学习、贯彻中央领导同志关于文艺创作的重要指示，贯彻党的文艺方针。十四大上总书记的讲话对文艺讲得很明确，要坚持为人民服务、为社会主义服务的方向和百花齐放、百家争鸣的方针；要重视社会效益，鼓励创作健康向上，特别是讴歌改革开放和现代化建设的、具有艺术魅力的精神产品。要在全国各族人民，特别是青少年中进一步加强党的基本路线教育，爱国主义、集体主义和社会主义教育，近代史、现代史教育和国情教育。增强民族自尊自信和自强的精神，抵御资本主义和封建主义腐朽思想的侵蚀，树立正确的理想、信念和价值观。总书记又说：爱国主义、社会主义，集体主义应该成为我们社会的主旋律。李鹏总理也讲过，这三个主义就是我们时代的精神支柱。对中央领导的讲话我们要认真贯彻。这几年影视作品在这方面做了不少工作，比如反映中国近代史、现代史的影视作品已经逐步形成系列。今年我们要纪念毛主席诞辰一百周年，还要出几部重大革命历史题材的作品。最近暑假期间，中央电视台、北京电视台都安排了向青少年播出爱国主义的影视作品，这很好。这个基本方向我们一定要坚持下去。为了要认真贯彻党中央的一系列指示，我们要处理好一些关系。首先对文艺的功能中的教育功能、娱乐功能、认识功能、审美功能等多种功能要统一起来认识，还是要寓教于乐。

希望我们不要孤立地看待某一项功能。应该把它看成是互相有机联系，相辅相承的完整的统一体，没有娱乐我们的作品也达不到教育的目的。因此，不要有所偏废，防止过份偏重某一方面。我看还是要讲这些功能的互相统一，不要刮风。

还要处理好普及和提高的关系。前面所说的港台流行歌曲过多，实际上也存在着如何处理普及与提高的关系问题。电视台应该以高层次的文化提高人民的艺术欣赏水平，我们要强调在普及的基础上的提高，在这方面不应当放弃我们的责任。有的中学生讲，现在广播电视、音像制品基本上被港台歌星垄断，报刊上也频繁的介绍，都是造成我们迷恋港台歌星的原因。

要处理好社会效益与经济效益的关系。要反对拜金主义，首先我们自己就要克服一切向钱看的影响。要坚决把社会效益摆在第一位，要坚决贯彻小平同志讲的，“思想、文化、教育、卫生部门，都要以社会效益为一切活动的唯一准则，它们所属的企业也要以社会效益为最高准则。思想文化界要多出好的精神产品，要坚持制止坏产品的生产、进口和流传。”

在这里我想谈一点新的体会。最近我们在探索当中建立社会主义市场经济，我体会到，精神产品的生产也需要加强宏观调控，不能单纯依靠市场调节。精神产品不能简单地被看成是商品，要考虑价值规律、市场经济规律，比如中央电视台准备对优秀电视剧采取优质优价，这就是重视了价值规律。但一定要看到，精神产品的市场价格与其价值不一定是一回事。价格是受市场供求关系控制的，而且有些价格是炒上去的。但是其思想价值、艺术价值究竟怎么样则是另外一回事。所以精神产品完全靠市场调节是不行的。为什么不行，说得再根本一点，有钱的人不一定都是有文化的，有文化的不一定都是有钱的。

办电视要依靠社会各方面的力量。我认为中央电视台提出的口号是很对的。“开门办电视”，依靠全社会办好电视，电视台主要是个传播工具，节目制作完全靠电视台是做不到的，电视台的人不可能对所有知识都懂，也不可能把社会各界的精华都调到电视台来。所以，说到底是要走好群众路线。连我们的评论也要走好群众路线，善于集中群众的正确意见。有时侯我们的评论，忽上忽下，摇摆很大。而且说好得了不得的作品，观众却不怎么叫好；评论说不好的，观众却叫好。这说明评论在某种程度上脱离了群众。再加上一些门户之见的影响，不实事求是，而是看我和这个制作单位是什么关系，以关系来定观点。所以我认为最公正客观的是观众。

总之，我今天讲的，就是希望大家共同来贯彻中央的文艺方针政策，争取电视文艺创作发扬成绩，克服缺点，在一定的时间内有较大的改观。希望电视文艺工作者通过这次探讨，创作出更多更好的优秀作品，不辜负人民的希望。

(此文是 *1993* 年 *7* 月 *16* 日作者在第七届“星光奖”颁奖暨全国电视文艺座谈会上的讲话摘要，原载《中国电视》*1993* 年第 *9* 期)

在全国广播影视宣传工作会议上的讲话

田聪明

我们的会议分两个大组，艾部长让我把电影这方面的情况通报一下，重点说说影视合作。我想谈这么几点：

第一，对当前电影总体上怎么看。

现在人们对电影有个说法：叫“电影大滑坡”，或者叫“不景气”，或者说“电影下滑很严重。”这样一些提法，有一面的道理，但是不准确。如果从电影院的观众减少，电影院的票房收入减少这个意义上说“下滑”是对的。但是，目前的电影，已经不只停留在原来的拷贝这样一种媒体，也不只停留在电影院这样一种场所，而是“多媒体”、“多场所”。现在的一个电影拷贝，转眼之间就可转制成一个录像带，一个激光视盘，可以在电视台放，可以在录像点放，可以在有线电视里放。这种情况是世界性的。而我国电影所以出现“经济下滑”，一个主要原因是管理体制不顺、政策不配套，无法从“多媒体”、“多场所”上发挥整体效益。如果把电影院、录像点、镭射厅和电视机前的观众加起来的话，应该说，电影的观众是大大增加了，从来没有像今天这样多过。比如：100 部爱国主义影视片，其中 99 部是电影。这样，通常说有 8 亿人看电视吧，就是减去一半也有 4 亿。如果把这几个方面的经济收入加上，也同样会是上升的。所以，通过我们的改革，把关系理顺，政策配起套来，加上我们的工作，电影是很有前途的，我是很有信心的。这是我要说的第一点。

第二，谈谈影视合作。

首先，现在的电影、电视、录像、激光视盘的一体化，是历史趋势，世界性的大趋势，决定这个趋势的不是别的，而是高新技术的发展。可以说高新技术的发展已经改变了原来意义上的电影艺术的运作方式。对我们来说，电影是引进的，到明年已是 90 年。电视也是引进的。过去(电影和电视)是你老大他老二，总是打，发达国家也经过这样一个阶段。我到美国考察也如此。他们 60 年代到 70 年代初打了十几年。他们现在的作法大体是，在一年半到一年零八个月的时间内，一部电影首先用两到三个月把电影院观众覆盖一次。在洛杉矶我看到了一家电影院，10 个放映厅，最少的四、五个观众，最多的十五、六个观众，全部都在放。再过上两三个月，卖录像带。再过几个月是家庭影院(有线电视)。然后是公共电视、上卫星。我算了一下，一般要“扒 5 张皮”，而且是在世界范围内“扒”。就这样来维持电影的发展。美国现在仍然是世界第一电影大国，靠什么?第一是高科技，第二是长期积累的经济实力。美国一部影片大体是 3000 万到 5000 万美元的投人，我们平均一部影片的投人是 120 万到 300 万人民币。第三是影、视、录、视盘等综合经营。他们用大投人、大明星、大场面、大制作、大宣传。比如“20 世纪福克斯公司”，他自己每年拍四、五十部影片，自己办 7 个电视台，下面联办的 139 个电视台，层层“扒皮”，而且在世界各国发行。朝“影视合流”的方向发展，这是一个大趋势。这个趋势不是以哪个人的意志为转移。正象小平同志说的，一项科技成果，往往改变一个时代。

其二，我们现在有这个需要。艾部长那天讲了，我们省级电视台一个礼拜之内播出节目 4000 小时，而我们的制作能力只有 800 小时，仅仅五分之一。根据这个情况，我们的节目制作能力到哪里去找?我们全国有 16 家电影厂，加 12 个省办厂子，还有 6 个科教片、美术片厂，加起来是 34 个，从设备、设施到人力、技术，都有这个能力。我觉得这是增强节目制作能力的一个非常重要的渠道。我去年到云南，林厅长对我说，增加一个小时节目制作能力，大约要 5000 万元人民币。所以我觉得，第一是大趋势，第二是我们需要，第三是有可能。影视合作，我们已经做了一些工作。比如新闻纪录电影制片厂现在并到电视台，充分发挥它在这方面的作用，胶磁并举，影、视、录、视盘一体化，我想这就是大趋势，我走到哪都讲这个道理，希望大家合作。黑龙江是影视一起的吧?前些时候我去了浙江，对他们讲，你们还是合起来吧，山东、河南、河北都已经合起来了。我走到哪都说宜合不宜分，合则两利，分则两缺。

第三，谈谈电影改革。

从93年起，电影行业机制的改革，核心就是根据我国著作权法下放一部分权利。就是不仅给电影制片厂生产制作影片的权利，而且给他一部分向内向外发行的权利。说起来简单，但却带有根本性，由此带来全行业的改革，包括内部机制的转换，引起相当大的反响。我们采取的办法是从实际出发，统筹规划，分步实施，分类指导。根据一年实践的情况看，比预料的要好。第一，去年完成158部电影片，各项指标基本完成了，而且是在非常困难的情况下完成的，靠得是改革调动起来的积极性。第二，发行系统基本维持了正常的运转。论经济效益和社会效益，绝大多数制片厂都比过去要好，涌现出一些典型，有的发行收入增长40%，有的电影院翻了一番。总的情况比预料的好，但是问题也不少。总的说，这些问题都是前进中的问题，改革开放中的问题。解决这些问题也只能在继续改革中解决。当前要解决的主要问题是发行不畅，就是电影制片厂有影片、发行公司有影片，而由于各种原因，电影院不能及时得到影片，或者根本得不到。这样，一来影片的社会价值和经济价值得不到实现，二来给黄色的、淫秽的东西造成可乘之机。所以，我们的目标就是影院绝不能没有影片放；没有影片就是发行不畅；发行不畅就要及时协调，协调不畅就往下放。去年我部发了3号文件，在这个基础上继续深化。过去，进口片只对省公司，现在除老少边穷地区外，其他省如发行不畅，也和国产片一样往下放。不然的话，我们影院这个阵地就难以巩固。电影第一个市场是影院，其次才是录像、有线电视等方面，所以我们的改革必须继续坚决而有秩序地加以深化。

最后一点，今年电影工作的主要设想。

为参加这个会，我们在此之前就把省公司经理找来开了会，这次又和各省(区、市)文化厅局长进行了座谈，通报了情况(目前就这个体制，我们只能从这个实际出发来工作)。我们今年就是要抓住机遇、深化改革、加强管理、繁荣创作、繁荣市场。制片、发行、放映尽可能形成合力，社会效益、经济效益都要在去年的基础上有所前进。为此，首先抓的一个问题，就是要拿出好影片。电影局已经在这方面反复讨论，拿出了意见。在这个会上，大家觉得可以。硬的东西就是我们支持的30部重点片，大厂不少于3部，中厂不少于2部，小厂不少于1部。王晓棠同志在这次会上提出个非常好的口号，我们各厂厂长对自己也都有个要求，就是决不把次品给观众，推向社会。合拍公司要拍出3部象《过年》、《秋菊打官司》那样的比较好的影片，中影公司要组织进口和译制好可以基本反映世界优秀文化成果和世界电影艺术最新成就的10部影片。就这样加起来，可以基本体现弘扬主旋律这个导向，进而达到繁荣创作、繁荣市场的目的，能够在社会主义精神文明建设和满足人民群众文化生活需要上发挥作用(艾：进口10部好影片、优秀影片，这一点我坚决支持。过去总是进口一些不太好的，很难回答人家提出的问题，是要解决一下)。

我还想说一下短片问题。我们有5个短片厂，北科影、上科影、农影、上美影、新影。各个电视台缺节目制作能力可以去找他们。现在短片不是不需要，而是有些体制不顺，传送渠道不对路。据我了解，现在各级电视台都需要节目。叶志康同志，你们上海两个台需要节目可以找上科影、上美影嘛!(艾：把合作思想首先体现在你们那里)。你们有这个需要，他们有这个可能。这就叫合则两利。

总之，我们要把思想统一到这次会议精神上来，落实在行动上，就是要尽可能地拿出好影片。杜绝倾向不好的影片，格调不高的影片要尽量减少，把现实题材的影片占到60%以上。要发挥整体效益。影视协调就是发挥整体效益，不管我们上下怎么“错位”，我们总而言之是一家。希望大家加强合作，共同取得新的成绩。

(这个讲话是1994年1月31日的，原载《广播电视决策参改》1994年1～2期)

发展华语电视 弘扬中华文化

马庆雄

“首届华语电视周”于1993年8月在广州举行。这期间，举办了“‘华语电视发展’学术研讨会”，广东广播电视学会和广东电视台要把会上发表的论文结集出版，以巩固会议成果，嘱我为这本文集写几名话。为此，我拜读了其中一部分论文，读来令人感奋，启发良多。这些论文凝聚着海内外广大华语电视工作者的经验和智慧，洋溢着中华民族子孙血浓于水的感情。透过这些论文，可以看出，这次活动是成功的。我谨在此表示热烈祝贺。

研讨会上提出的一个论点引起我的重视：“华语电视的主体在中国大陆”。我认为，这是客观现实的反映。它实质上是对中国大陆的电视工作者寄予厚望，提出要求，是合乎逻辑的。中国大陆广大电视工作者一定要意识到自己在发展全球华语电视过程中的地位和责任，努力办好电视，积极弘扬中华文化，为海内外同胞服务。

说“华语电视的主体在中国大陆”，按照我的看法，不仅仅是由于中国大陆拥有全世界百分之九十以上的华语电视台和近12亿的传播对象，还由于中华文化的渊源和主流在中国大陆，遍布世界各地数以千万计的华侨、华人——我们华语电视的基本观众的故乡也大多在中国大陆。一般情况下，远离家乡的人对故土的眷念，是人之常情，自古已然。“君从故乡来，应知故乡事”，是对故乡的关切；“每逢明月夜，长起故乡思”，是对故土的思念。应该说，这种对故乡关切和思念之情，今天仍不乏其例。我因工作关系，曾读到一些海外华侨、华人的来信，他们十分关心中国的发展，热切希望中央电视台能把节目送上天，覆盖他们所在地区，也还希望故乡的各电视台，多向他们提供各种各样的节目，好让他们及时了解中国发展的进程；他们还表达了渴望从来自故乡或祖地的电视节目中学习普通话，加深对中华文化的认识的愿望。他们用语恳切真挚，赤子之情跃然纸上。我还听到过侨居北美一些朋友类似的意见。他们不满足于只看到一星半点的中国大陆新闻。他们说，光有社区新闻、港澳新闻和台湾新闻，构不成中国新闻。他们关心的重点是中国大陆。他们希望多了解中国大陆发展情况的心情同样十分强烈。如何发挥中国电视的主体优势，加强有关中国大陆新闻和新闻性节目的报道，满足海外华侨华人了解中国、认识中华文化的要求，慰藉他们思念故土的情怀，是摆在中国大陆电视工作者面前的一个迫切问题。

当然，要发展华语电视，只发挥中国大陆电视的主体作用是远远不够的，还要加强全球各华语电视台之间的交流与合作，互相取长补短，共同前进。弘扬中华文化是一篇大文章，需要大家一起来做。就上面谈到的介绍中国大陆这点来说，应该看到，各地华语电视台都有各自的优势，他们都拥有一批热心的观众，他们最接近当地的群众，最掌握当地华侨、华人关心的问题，有了他们的合作，就可以做到互助互补，事半功倍。海外华侨、华人关心中国大陆，中国大陆同胞也十分关心他们。中央电视台和一些省级电视台近年来播放了美国华人社区的一些新闻，受到国内观众的普遍欢迎和好评，就是很好的例子。这方面的报道工作要做好，也需要各华语电视台的合作和支持。

总之，华语电视台，无论是中国大陆的还是海外的，为了华语电视的发展，要携起手来，共同奋斗，朝着大家在会上提出的一些目标，如弘扬和发展中华文化，增进全球中华民族子孙的相互了解和情谊，促进中国统一，打破西方文化霸权的垄断以及准备迎接二十一世纪的到来等等方面，一步步前进。在实践过程中，即使在某些方面出现一些暂时性的困难，也希望能本着共同发展华语电视、弘扬中华文化的初衷，逐步克服和解决。

华语电视的前途是未可限量的。我衷心希望华语电视界今后能通过多种渠道、多种方式，加强交流与合作，把华语电视事业不断推上新的台阶，为弘扬中华文化作出越来越大的贡献。

（本文是作者为首届华语电视周“‘华语电视发展’学术研讨会”论文集写的序）

发挥系统优势，建立适应电视事业发展的新格局

王　枫

这次会议开得很好，应该说是虚实结合，很有成效。经过会议的讨论，明确了任务，制定了目标，落实了措施，一年的大事情就算做到了心中有数了。此外还议论了共同关心的发展战略问题。这样的会议一年开一次实在必要。80年代初期我们曾连续两年召开过全国电视台长会议，对推动电视事业的发展，对加强电视台之间的合作与交流，都起到了积极的作用。后来就中断了。直到去年7月，为了开办《全国经济信息联播》节目，我们召开了全国电视台台长会，在这么短的时间连着召开两次台长会，在广播电视的历史上是没有过的。这说明电视事业的发展步伐加快了，电视系统的合作更加密切了。全国电视台之间较广播电台之间有着更加紧密的相互依存的关系，这是因为中央电视台没有派驻地方的记者站，各地方电视台都是集体记者，中央电视台的新闻来源60—70%是由各地提供的，全国的电视舆论中心是依靠全系统来形成的。中央电视台的许多专题栏目和文艺栏目，都是合办或由地方台提供节目共同办的，特别是重大节庆活动(如每年的春节晚会)和全国性的活动(如全国青年歌手大奖赛等)都是发动全系统一起办的。像亚运会这样的重大体育转播任务，也都是调动全系统的人力、物力一起完成的。在对外宣传方面，也共同承担了节目制作的任务。总之，相互之间有着千丝万缕的联系，你中有我，我中有你，相互依存的程度是任何其它国家的电视系统所没有的。这也可以说是有中国特色的社会主义电视事业的一个重要标志。中国电视不仅要在国内更加具有独特的影响力，我们还要走向世界，这就需要进一步加强合作，更充分的发挥电视系统的优势。

一

近年来发挥系统优势的问题得到了充分的重视，从中央到地方各电视台之间的合作都取得了丰硕的成果，成绩很大，令人鼓舞。在新形势下，如何进一步发挥系统优势，我想从以下两个方面讲一些意见。

(一)要进一步发挥系统的整体优势。

从过去的实践中我们已深刻体会到，只有充分发挥系统的整体优势，才能取得全系统的最大效益。面对市场经济体制正在建立的新形势，会遇到要比过去复杂得多的新问题。系统内引进竞争机制，系统外造成的多种压力和冲击以及境外电视，特别是境外卫星

电视广播的挑战，节目市场的激烈竞争等等，都要求我们不是削弱而是要更加强调发挥整体优势，以适应这种前所未有的新形势。发挥系统的整体优势，首先也是要从转变观念开始，在过去长期处于计划经济的体制下，发挥系统的优势，主要靠行政办法建立起分层次的广播电视网络系统。在有计划的商品经济条件下，在改革开放的大潮中，为我们发挥系统优势注入了许多活跃的因素，系统内的合作加强了，建立了纵向的、横向的、双边的、多边的各种合作关系，系统的优势得到进一步发挥。现在进入社会主义市场经济就需要更加自觉地认识到，不能只靠行政办法，而要更多地强调进一步组织起来，联合起来，搞好协作，形成结构层次丰富、运转灵活、具有勃勃生机的系统，使整体的优势更好地发挥。想当初在我们系统内开始形成省级台协作体和市级台协作体的时候，曾有一些同志提议不予承认，甚至要求行政干预加以限制。我们没有那样做，承认这些协作体是反映了客观需要，是适应了电视发展的需要，应在加强系统优势的前提下发挥它们的积极作用。实践证明这样做是对了，否则就没有今天这样的繁荣发展。其次，要发挥整体优势就要注意处理好内部矛盾，搞好协调。一个系统的优化，必须讲规则、有秩序。各级电视台都应该找准自己的位置，发挥好各自的作用。对内要互相支持，既要照顾各方利益又要互谅互让，对外要维护整体效益，处理好同全局的关系。面对市场经济条件下，随着合作的不断加强，也会带来诸如版权、费用、利益分配等问题，处理好这些矛盾才能充分发挥整体的优势。在电视系统内中央电视台是龙头，省级台是关键，市、县台是基础。中央电视台要当好龙头，在发挥系统的整体优势上要起带动作用，特别是关系全局的大事，要积极主动带头去做，不然就会耽误全系统的发展。在同地方台的合作中，要注意相互尊重，平等对待，多加商量，不能以大台自居，更不能以大台压人。特别在处理利益分配问题上，要注意让利给地方，尽可能地帮助地方台壮大力量，这样全系统才会有更大的实力，中央电视台受益也就更大了，这一点一定要想通。近年来中央电视台在这方面有了很大进步，希望今后做得更好。中央电视台就是要有一个老大哥的样子，多一点大家风范，少一点小家子气。省级台是承上启下，处于关键部位，尤其需要有整体观念，既要支持帮助中央电视台当好龙头，又要协调好同市、县台的关系，抓好了基础，协调好各方面关系，这样才能优势互补，和谐融洽，全系统才能活跃起来，才能发挥整体的最大效益。发挥整体优势还需要进一步扩大合作范围，丰富合作内容，提高合作层次。结合我们本身的业务工作，全系统要合作的事还很多。在节目方面的合作就还有很大的潜力。去年两会报道不少省台派记者参加采访，大大丰富了两会的宣传报道内容。像这类的重大活动、系列报道的合作还可进一步拓宽范围。日常播出的栏目也应该吸收更多的地方台参与合作。中央台还应该更多地组织电视系统的活动和全国性的大活动，让更多的电视台都有机会参加。这样不仅丰富了节目，也增进了中央台和地方台、地方台和地方台之间互相了解，互相学习，调动全系统的积极性。充分发挥系统的整体优势，还需在现有合作的基础上不断提高组织程度和合作的层次。去年已经组织了对外节目销售和引进海外节目两个全系统的联合体，形成了两个拳头。我们还应该建立更多的多种形式的这类联合体(例如，至今我们还没有组织起全国电视节目发行、销售、出租网络)，以壮大全系统的实力和优势。我们在网络建设上还有许多合作项目可以联合起来办，如全国有线电视网，卫星通信网和计算机网络等。根据我们系统的特点，我们加强合作的重点始终还是要放在提高节目制作能力和覆盖水平上面。世界电视行业的发展实践证明，相互间的竞争最终是节目的竞争，因此我们要壮大全系统的实力，对内更好地为精神文明建设服务，满足人民群众日益增长的对电视节目的需求，对外扩大宣传，参加国际间的交流与竞争，让我们的电视走向世界。这都要求我们在生产出更多更好的节目上下功夫。

(二)要进一步发挥系统的综合优势。

面对社会主义市场经济体制的确立，广播电视是党、政府和人民的喉舌的意识丝毫不能淡化，更好地发挥宣传舆论主要功能的作用只能强化，不能削弱。在此前提下，我们也要充分发挥广播电视拥有多种功能的现代化服务手段的优势，积极开发电视在丰富人民群众文化生活、培育和发展社会主义市场经济、发展第三产业等方面的作用，更好地为两个文明建设服务。强化主功能，开发多功能，应该是相辅相成的，是有利于更好地发挥我们系统的综合优势的。

开发多种服务功能，重点是与我们业务密切相关的、能够充分发挥我们自身优势的信息、咨询和参与大文化的建设。

开发信息业务，电视具有独特优势。首先我们要加快广告业的发展。提高广告制作能力和节目水平。在市场经济的运行中广告业处于沟通生产与消费的中介地位，直接为生产和生活提供信息咨询服务和信息传播服务。要充分发挥广告引导企业进入市场、开拓市场的作用，同时也要使电视广告在市场经济轨道上形成一个艺术与高新技术结合的产业。目前电视广告业务合作方面，我们系统内还没有形成联营合作体制。我们要发挥电视的优势和联合起来的系统网络优势，使电视广告在全国广告中发挥先导和“主力军”的作用。

我们还要依靠挖掘潜力和开发新技术来扩大信息服务，包括开办图文电视、无线电话、电视会议服务系统以及数据传输和其它信息咨询服务。这方面不仅有软件的开发，而且有硬件的开发。要把我们系统的科研成果尽快转化为现实生产力。开发这些项目的硬件设备可以组织本系统内的生产单位生产，也可与外系统联营。软件部分我们更具有优势，要充分调动全系统的力量，利用现有设施、设备的条件和我们独具的网络优势来联合开发。此外，还可以利用我们所办的节目加以延伸，开办诸如医疗保健、经济信息、消费指导、社会教育服务等等各种咨询业务。

电视作为一种文化，开始不被注意甚至不被承认。现在已被称为是渗透力最强、影响面最大、覆盖范围最广的文化，是大文化中的重要组成部分。我们除了通过电视屏幕来参加社会文化建设，也可加以延伸，开发文化旅游、文化娱乐、音像出版等业务。80 年代初我们拍摄第一部大型古典名著改编的电视连续剧《西游记》，虽然没有建设基地是一件憾事，但把留下的布景道具，利用我们具有的声、光、电、动的技术优势重新组装布置，建成一个“西游记宫”，成为一个电视文化旅游景点。现在已有许多“西游记宫”遍布全国。我们拍摄电视剧《唐明皇》不仅建设了拍摄基地和“唐城”游览景，而且还深入开发出唐文化中的唐乐茶道、歌舞等项目，充分发挥电视文化的延伸辐射作用。可见这方面开发的潜力很大。按此思路考虑，我们还有许多设施、场地(如电视塔，发射台闲置大地，分散在各地的拍摄基地等等)都可以利用改造成为新的文化游览场所和为社会服务的设施，并且组织起连锁经营，逐步形成独具特色的电视文化经营网络，为人们提供别开生面的文化活动。

二

在这次会议上，除了集中研究了电视台之间如何进一步加强合作、更好地发挥系统优势工作外，还提出了一些有关全国广播电视事业建设方面的问题。要求能在这次会议总结时讲讲。这些问题超出了这次会议要研究解决的范围，应该在全国广播电视工作会议上去讨论解决的，但是这些问题同我们各级电视台今后的工作有着密切关系，所以大家很关心，现在我只能以参加会议讨论的身份，讲一点个人意见，供同志们进一步研究讨论参考，不是部里的决定，也不是结论性的意见。下面我归纳成五个问题，分别讲些意见：

(一)关于四级办电视问题。

讨论中有些同志提出，四级办电视是不是四级都要办电视台、特别是县办电视台是否有必要，在新时期四级办的方针是否应重新考虑。

从提出四级办广播电视的方针至今已有十年。在这期间，执行这一方针中在认识上有个逐步提高的过程，在实践上有个不断完善的过程，绝大多数同志对四级办的方针是肯定的，认为这一方针是调动了中央和地方两个积极性，适应了改革。有些不同的意见，主要是在县级办台问题上。实践证明县级办台，不仅是改革开放以来，我国广播电视事业发展的一个重要方面，也是电视宣传和覆盖中的一支不可忽视的重要力量。县级台作为县级党委政府的新闻宣传机构，对当地、特别是广大农村的政治、经济、文化的发展发挥了独特的作用。我们必须认识到这一主流方面。当前存在的主要问题和必须加以解决的是：(1)必须坚持办台标准。县级电视台主要任务是搞好转播、扩大覆盖。已建的台和今后审批新建的县级台(包括县级市)一定要严格按照规定、有完整转播中央电视台第一套和省台第一套节目的专门频道和设备，有稳定的经费来源和必备的人员。四级办电视应允许具备条件的地方办，并不要求所有的县都办，绝不能一哄而起、互相攀比，不够条件就只能搞差转台而不能办电视台。(2)办节目的方针要以转播好中央和省级第一套节目为主，按规定办一些新闻和专题节目，不办文艺节目。为使县级台进一步完善和成熟，我部去年二月批准浙江省厅进行统一组织县级电视台开展的重播中央台和省台节目为主的试办文艺节目的工作。十一月又在杭州召开了部分省、自治区广播电视厅领导参加的扩大试点工作会议。今年，又组织了以中央电视台国际电视服务公司牵头的全国节目销售网，准备向县级台提供节目。这些做法都是为解决县级台完善节目构成问题进行的积极探索。这方面的问题解决好了，不仅有利于制止乱播乱放，使县级台更好地为农村的建设和发展服务，同时也为县级台借助社会力量求得自我发展创造条件。造成有些台乱播乱放，一方面是这些台自己违反宣传纪律，缺乏自我约束，另一方面，我们的管理工作也跟不上，处理不严、措施不力。今后对屡教不改的违纪台要采取停播整顿，直至停办的处分。总之，只要我们在政策方针上加以规范和引导，在业务上加强管理和指导，县级电视台就会对我国广播电视事业发展发挥更加积极的作用。

除了县办台的问题，四级办也还存在其它一些不正常的情况。有的地方台不经批准，擅自把原来用于转播中央台和省台的功率比较大、频率比较好的发射机改成播出本地节目，而把功率小的、频率不太好的用来转播中央和省台节目。这既违反了使用无线电频必须经过批准注册的规定，又违反了各地方台首要任务是转播中央和省台节目的原则。造成不少地方收不到或收不好中央和省台的节目。1988 年召开的全国厅局长会议上就强调要把四级办电视协调好，四级办电视是有章法、有规矩的。各级台都有各级台的任务与分工，不能各自为政。四级混合覆盖不是混乱覆盖，不能人为地造成混乱。市县(包括地区)两级电视台要按照“两完整一混合”原则建设。既要按照规划的功率等级、用与播出节目挂钩的专用频道，分别转播好中央和省级的第一套节目，按照指配的频率和功率等级用作自办节目和转播中央、省级台第二套节目、进行混合覆盖。这样做了，四级办就可以发挥系统的优势，有秩序地、有层次地促进电视事业协调健康地发展。

(二)关于省台节目上卫星的问题。

许多省台的同志反映，对部里动员省台节目上卫星是不赞成的。主要是两条理由，一是建上行站和租用卫星频道费用高，省台不堪重负；二是很多省台节目都只是互相覆盖，在目前节目源本来就很紧张的情况下，观众反来复去看同样的节目将会产生不满，同时也使正常的省级台节目交换网陷入混乱。这些意见是很有道理的。在制定我国利用卫星传送电视节目的政策时，应该考虑到妥善解决上述这些问题。卫星技术为我们广播电视节目传送、扩大覆盖提供了最先进的手段，我们当然应该积极开发利用。但任何先进技术都不能不讲条件，不从实际出发，盲目乱用。省级台节目上卫星也不能一哄而起，盲目乱上。更不是所有的省都要上。部里的方针仍然是因地制宜，综合利用多种技术手段建设传送覆盖网，利用卫星传送和覆盖，主要还是那些地域辽阔、地形复杂、不宜建设微波网的省、自治区，即使是这些地区也要有技术经济的论证比较，并纳入全国统一规划。目前，以微波为主要节目传送手段的省、自治区要继续发展完善微波网，扩大覆盖范围，并充分利用微波网进行双向传送的优势，提高新闻节目回传时效，扩大节目来源。随着不断发展，上卫星的省、自治区总是要增加的。因此，对省级台节目交换带来的冲击是不可避免的，不能因此就妨碍我们对卫星技术的应用。电视节目短缺和系统内外、境内外电视节目的冲击，正是在建立社会主义市场经济和进一步扩大开放条件下给我们提出的新课题。我们要进一步研究探索节目交流、交换、交易的新体制，以适应电视发展中的需要。这要靠大家共同努力去开创新路子。

(三)关于接收境外卫星电视的管理问题。

在我国境内可接收到的境外卫星电视节目套数越来越多，其中还有一些中文台。据不完全统计，在我国不同地区不同程序可接收到的有20颗卫星传送的电视节目，在北京地区能较好接收到的就有11颗卫星传送的约30套节目。对接收境外卫星电视节目的管理问题，涉及到意识形态的渗透与反渗透，主权控制和反控制的斗争，各国政府都很关注，许多国家政府有明确的法规。东南亚地区对境外卫星电视节目接收控制十分严格，如新加坡政府就规定个人不得接收；马来西亚、印尼政府规定接收某些国家的卫星电视节目，要经过过滤筛选后加密转发。发达的资本主义国家为防止国外文化渗透也都采取不同手段加以控制，如日本政府就明确规定：不准家庭用直播天线接收节目，仅提供给有线电视网使用。加拿大、欧洲大多数国家都采取发展有线电视来控制境外卫星电视节目的传入。我国在1990年4月经国务院批准由广播电影电视部、公安部、安全部发布了《卫星地面接收设施接收外国卫星传送电视节目管理办法》(简称“三部一号令”)，各级政府和主管部门都十分重视，对贯彻执行这一政府法令做了大量工作。但由于各种原因还未能进行有效地控制。当前首要的问题是要统一认识。由于对接收境外卫星电视进行控制管理的必要性和重要性认识不足，缺乏正确的舆论引导，相反有些报纸还发表了《卫星电视接收机：挡不住的诱惑》、《小型卫星电视接收机是下一代进入家庭的时髦家电》等文章，造成了认识上的混乱。一些生产经销卫星接收设备的单位为了推销产品也无视政府法令乱做广告，对乱装乱收起到了推波助澜的作用。我们必须大力加强正面舆论宣传，积极进行引导，采取行政的、技术的、经济的和思想教育的手段，动员各有关部门和全社会齐抓共管。其次，因国内节目上卫星的技术政策考虑不周，给接收管理带来麻烦。由于中央电视台三套节目和已上卫星的四个省区台节目都不在一颗星上，中央台第四套节目和云、贵两省节目均租用“亚洲一号”卫星频道，这就给控制上亚星的境外节目造成困难。今后要使中央电视台的对内节目和已上卫星的或按规划上星的省级台节目都在一颗星上，便于对内对外分开接收。为保证中央电视节目的覆盖还要在我国或亚太地区的每个卫星上都有一套中央电视台节目。第三是由于卫星电视接收用户分布面广、接收频道多、节目内容复杂、播放时间长等原因，使现行管理工作难于操作。今后可考虑按照国外做法采取通过有线电视网统一监控，按照不同情况分类传送卫星电视节目的办法。也还可以采取象收录CNN电视节目的办法，由中央电视台购置在中国播放的版权，用版权保护的措施加以控制接收。此外，原定的管理办法和实施细则都还存在一些不完善之处，最近国务院办公厅正根据我们主管此事的三个部起草的报告同有关部门进行协调，不久就要发文，对政府管理和采取更有效的措施作出一些新的规定。加强对收看境外卫星电视节目的管理是十分必要的，但是最根本的办法还是努力提高我国电视节目的质量和收视率，用办好自己的节目去缩小境外卫星节目的影响。

(四)关于有线电视问题。

由于我国有线电视的起步是从共用天线系统开始发展起来的，一直是分散建点，各个系统，没有统一的规范和管理。1991年4月20日，经国务院批准我部发出《有线电视管理暂行办法实施细则》(简称“五号令”)之后，才进入统一管理、统一规划、有计划、有步骤的发展。近年来我们对已建的网、点进行整顿，现在大部分省、区已基本结束，余下一些、省区也正在抓紧完成。有线电视的足迹，现在已经进入从无序到有序，从分散建点到集中统一建台联网的新阶段。这次会议上讨论提出一些问题，主要有以下几个方面：

(1)有线电视台应该由谁来办。这个问题有三重矛盾要处理好。一个是系统内外应该由谁办台。这个问题在五号令中已有明确规定，办台只能由广播电视系统办，其它系统不能办。过去已成立的企业、机关和事业单位在共用天线系统发展起来的闭路电视，经过整顿，登记并经主管部门认可后，要纳入各地广播电视系统办的行政区域有线电视台的网络。广播影视部和地方厅局应依照既定的行政法规实施管理。第二矛盾是我们系统内部省台和省会市台在省会城市应由谁经办有线电视网。这个问题在大部分省、区经过协商已经解决，有少数省份在省委省政府出面协调，并作了决定的情况下，仍然没有解决好矛盾，个别的地方甚至闹得各建一块，互相对峙。这方面的矛盾不是体制问题。如果按照部里决定的“一地一网，一网多台”的方针认真贯彻，不论是由省台建或是省会市台建网都要共同使用，并不影响两个台节目入网播出，只要做到在管理上给对方方便(或联合管理)，在利益分配上公平合理甚至能够互谅互让，那么争办的矛盾是不难解决的。希望存在这方面问题的省份，尽快通过协调化解矛盾。第三方面的矛盾是已有无线电视台的地方，是由无线台办有线台，还是另行成立有线台。这涉及到建台体制问题。前一种方式实际上是一个机构两块牌子，统一领导，分开经营。这种做法机构简便并有利于台际之间在节目和利益分配上进行协调。在这次会议上，福建台的同志介绍了这方面的经验，与会同志对他们的做法予以肯定，我们也提倡、推荐这种做法。当然另行成立有线电视台，在厅、局统一领导下，只要协调解决，可以引进竞争机制，有利于推动两个台节目质量和管理水平的不断提高。总之，各地要按照无线有线协调发展，有线台决不能冲击无线台的宣传的原则处理好办台问题。

(2)节目来源和播出节目管理问题。

节目紧张，来源困难，这是带普遍性的问题。前些年无线电视台还不太多的时候，就开始出现节目短缺、重播率高的情况。近些年无线电视台大批增加，节目套数也大幅度增加，节目供不应求的状况日显突出。随着有线电视台的开办更加剧了节目源的紧张状况。从 1988 年全国厅局长会议以来，我们曾反复强调要把发展广播电视事业的重点放在提高覆盖率，提高节目制作能力和节目质量上。但至今全国各级电视台节目时间与节目制作能力之间存在着很大的差距，全国节目生产总量的增长远远落后于台数和套数的增长，这种极不协调的状况，是造成节目全面紧张，甚至导致乱播、乱放的违纪事件和偷版盗版侵犯版权的纠纷的最根本原因。所以解决节目源问题首先就要从这一根本问题着手。今后要所有的已建的无线有线电视台，都要把提高节目制作能力、提高节目质量放在应有的重要位置并列入规划指标；对新建的无线、有线电视台或申办增加套数的电视台，在审批时要把有无节目制作能力作为重要条件，以扭转盲目追求自办节目的台数和增加套数，而不注意协调发展节目生产的状况。其次是进一步组织好节目的交流、交换和交易活动，促使已生产的节目得到充分地利用并调动系统内外生产电视节目的积极性。今后几年部一级要建设全国广播电视节目库、全国广播电视信息网络和部信息资料中心，并力争尽快使部一级网络进入国家信息中心。省级台协作体、市级台协作体和有线台联合体以及有条件的省、市、区广播电视厅局也都要注意建立节目、信息、资料的收集、加工、存储、交换的网络系统。为解决对市县级电视台和有线电视台节目供应问题，不久前已由中央电视台牵头，组织了全国节目销售联合体。部里还决定今后几年内，中央电视台将增加 2 至 3 套卫星传送的加密电视节目，提供给全国有线电视网采用。有线电视除了主要转播好中央和省台节目和办好自办节目之外，还要根据自身优势，在延伸、补充、发展上下功夫，特别是要重视开发信息、咨询和各项社会服务，不仅可以缓解电视节目紧张的局面，而且可以更好地发挥有线电视综合服务的功能。

(3)关于有线台能否办广告的问题。

我国的无线电视台一直是靠国家拨款来办的公共事业。从改革开放以来，虽然可以靠播出广告有一些收入，但这只能弥补一部分国家拨款的不足，这同海外的商业台有根本的区别。有线电视台是靠收取用户入网费和收看费来运营的有偿服务事业。为使无线和有线电视台都能有自我良性循环的能力和不断发展的活力，目前无线台靠广告有线台靠收费的格局不宜改变，无线台不收费、有线台不做广告仍需维持。

除以上问题外，从“五号令”发布以来，有线电视发展很快，遇到许多新问题，特别是在党的十四大召开之后的新形势下，我们要按照社会主义市场经济的规律和要求来研究加快有线电视发展的新路子。为此部里正在起草一个补充和修订五号令的文件，有关有线电视的问题，将以下发的文件为准。

(五)关于体制改革问题。

这个问题要在两会召开之后才能确定。现在广播电影电视部将保留建制，要像其他政府部门一样，要转变职能，精简机构。地方广播影视系统如何，要根据地方党委政府，根据当地情况来决定。广播电视是一个完整的网络系统，又是一个重要的新闻舆论和宣传部门，从建国以来形成了一个在各级党委领导下的完整统一的组织结构，保持这一组织结构的稳定，无疑有利于广播电视事业的发展。目前在我们的系统内行政管理体制存在着不同的模式：有厅(局)台合一的，也有厅(局)台分开的。但不论哪种模式，按照中央关于体制改革的精神，厅（局）是政府部门，台是事业单位，是实体。厅(局)要转变职能，精简机构，台要根据事业发展而壮大。所以将来的发展可能是小厅大台的格局。在新形势下，采取什么样的管理体制更有利于广播电视事业的发展，这是我们各极广播电视部门都需要认真思考的问题。

同志们，我们正面临着一个伟大变革的时期，党的十四大确定了社会主义市场经济体制，提出了加强精神文明建设的要求，我们不仅面临着新技术革命的挑战，而且还肩负运用各种现代科学技术以尽快提高和发展我国电视事业的重任。为此，我们必须全面准确地理解党的十四大会议精神，解放思想，实事求是，团结奋进，真抓实干，尽快建立起能适应系统内外环境条件变化的电视事业发展的新格局，使我国电视更加繁荣发展并大步走向世界，更好地为全中国人民服务，为全世界人民服务。

(本文是作者于 1993 年 3 月 1 日在全国省级、计划单列市电视台台长会议上的讲话，原载《电视研究》1993 年第 2 期)

依靠科技进步 加速事业发展

王 枫

同志们，这次会是前两次台长会的继续，在不到一年的时间里就开了3次台长会，这本身不仅反映出我国电视事业生机勃勃、兴旺发达的景象，而且也说明了越是在改革开放的新形势下，越是要加强各电视台之间纵向和横向的联系与合作，越是要注意充分发挥系统的整体优势。这次会议是专门研究电视台技术工作的会议。大家回忆过去，总结经验，讨论了当前的任务和面临的问题，共同研究解决问题的途径和办法。同时也探讨了今后电视事业发展的战略目标，为加快技术进步迎接新世纪电视事业的发展，作了思想准备。我认为这次会议的收获是很大的。

下面我想就这次会议讨论中提出的几个问题讲一些意见，供大家参考。

一、进一步提高对电视技术工作重要性的认识。

广播电视技术工作的地位和作用，在广播电视史上，集几十年的经验，概括了3句话："宣传是中心，技术是基础，行政后勤是保证"。我看这个说法是比较确切的，是符合实际的，也是全系统的同志都认同的。这几年，由于电视事业的飞跃发展，电视技术的作用和地位越来越重要。这次会上根据大家的讨论又概括为"我国电视技术是电视事业发展的重要组成部分，是电视宣传的基础，是电视事业正常运行的重要保障，是电视事业顺利发展的先导"。这4句话更加全面和完整地阐明了广播电视技术在事业发展中的地位和作用。

广播电视宣传事业是建立在先进的科学技术基础之上的，没有技术为宣传提供手段和物质条件，即基础没有了，广播电视宣传事业也就不存在了。电视技术是电视宣传运行的重要保障，而且是最基本的重要保障。它不是一般地、消极被动地保证完成电视宣传任务，而是要发挥科学技术是第一生产力的作用，要为宣传事业发展开路；要用最先进的科学技术成果来不断地武装我们的电视事业，为宣传服务。因此，广播电视系统的技术工作有它的先导性，不单纯是支持、保障作用。可以说，在电视事业的整个发展过程中，每前进一步，提高一步，发展一步，都首先是电视技术的率先开拓和起步，我国广播电视发展的历程也充分说明了这一点。我们这个宣传部门与其他宣传部门所不同的正是在于它有一个庞大的技术系统，这个系统在事业的运行和发展中起到举足轻重的作用。

我们强调要认清广播电视技术工作的地位和作用，不仅是为了让全系统的同志，特别是各级领导同志都来重视技术工作，而且也是让从事技术工作的同志更加认清自己的职责和任务，做好本职工作，共同来推动技术进步，促进事业发展，更好地为宣传工作服务。

二、坚持以宣传工作为中心的指导思想，全面做好技术工作。

我们始终强调要坚持技术工作服从和服务于宣传这个中心工作，这是由于电视台的性质、任务、职责和分工所决定的，是必须遵循的原则。随着电视事业的发展，电视技术工作的范围大大扩展了，不仅包括电视舞美、服、化、道、音响、录音等工种，而且还包括技术设施中的水、电暖、空调、通讯，还有电梯等这些保障系统。过去那种比较单纯的技术部门正在或者已经被覆盖面宽、工种齐全的大技术制作系统所替代，电视技术制作参与电视宣传工作的面更广了。由于越来越多的电视节目制作手段的发展，电子计算机等高新技术的应用，派生出来一些难以划分是属于编播系统还是技术系统的边缘工种，比如特技、动画等软件的开发应用、操作的分量越来越重，技术制作系统参与宣传工作的程度也就更深了。这些情况说明电视技术制作与电视宣传工作结合更加紧密，更加难解难分，或者说电视宣传更加紧密地依赖于技术制作工作。在这种新的形势下，技术工作为宣传这一中心工作服务的观念不仅不能淡化，而且要强化。技术系统确实有它自身发展的规律，有它自身建设的任务和要求，但是这一切活动的目的还是在于保证宣传任务的完成，在于扩大宣传任务的规模，提高宣传工作的水平，更好地发挥宣传工作的实效，这也是我们广播电视部门大家共同的目的。所以我想我们必须从根本上解决好这个认识问题，才能处理好基础与中心的关系，找准自己的位置，认清自己的职责，搞好本职工作，才能使技术工作发挥最大限度的作用，才能更加主动自觉地去为宣传工作服务。

三、坚持科学技术是第一生产力的观点，不断推动技术进步，更好地为宣传服务。

对这个观点我想不仅仅是各级领导干部和宣传部门的同志要充分认识，从而重视电视技术工作，而首先是我们技术部门本身要更加鲜明地坚持这样一个观点。广播电视事业的发展，要依靠高新科学技术这个基础。首先是技术部门要先解放思想，把技术部门的生产力先解放出来，才有可能推动电视宣传工作生产力的进一步解放和发展。只有技术提供更好的手段，更好的条件，才能为宣传工作提高质量，提高效率，提高效益服务。

在我们的技术工作中，要体现科学技术是第一生产力，我觉得大致可以分成3个层次：第一个层次是为宣传工作的全过程包括节目制作、播出提供必要的技术手段的保障。这是电视台日常工作中最基本、最大量、最繁杂的工作，也是首先必须抓好的基础工作。电视技术队伍中大部分人员是从事这方面工作的，电视事业越是不断地发展和扩大，这部分工作就越是重要。这部分工作中主要是操作性的和维护修理的劳动。随着电视技术水平的不断提高，对技术操作、运用和维护工作的要求也在不断提高。为更好地发挥科学技术是第一生产力的作用，要具体落实到把每一个节目都制作好、传送好、播出好，直到观众收看满意。在这个全过程中的每一个环节，不管是操作性的或者维护性的工作，都直接关系到宣传工作的好坏。所以练好基本功，做好最基本的工作就是技术制作部门最重要的工作。

第二个层次是在保证为宣传工作进行大量的日常技术操作、维护和播出工作之外，还要为宣传工作上规模、上水平、上效益提供物质条件和技术手段，从而保证宣传工作不断发展的需求。在邓小平同志南巡谈话之后，党的十四大确定社会主义市场经济体制之后，电视系统又进入一个非常活跃的时期。从1992年以来，各地电视台在宣传改革方面都提出了很多新的目标，采取了许多新的举措。以中央电视台为例：改进了新闻节目，增加了次数，采取了滚动播出；开办了《经济信息联播》，开辟了《东方时空》等一批新栏目；对外宣传也有了开拓性的进展。这些重大的宣传改革都是依靠技术制作手段的改进、提高、更新才得以实现的。因此，要充分发挥科学技术是第一生产力的作用，就是要不断地从事技术制作设施、设备的更新改造，技术制作手段的不断丰富、完善，技术质量不断提高，为宣传工作提高水平，扩大规模，提高效益，创造条件。

第三个层次就是不断地开拓新技术，为进一步解放和提高我们整个广播电视系统的生产力提供物质条件和手段。这就要求我们在搞好前面所讲的两个层次的工作之外，要特别注意不断地跟踪世界科技发展的先进水平，适时地采用新的科学技术成果，来提高我们技术系统的实力，保证整个系统的先进性、可靠性和适用性，为宣传工作提供得心应手的、优质高效的、更加丰富的技术制作、传送和播出手段。这就关系到电视技术的发展方向问题，我们必须重视和认真对待这个问题。在社会主义市场经济条件下，我们要切实解决如何加快技术进步，建立与之相适应的广播电视发展的新格局，同时也要考虑在本世纪末电视技术大变革的情况下，建立适合我国情况的发展战略目标。

最近，我们和新组建的电子工业部的领导和有关司局的专家一起座谈这个大题目，同时也和国外有代表性的一些企业和有关人士进行了比较深入的交谈。大家在讨论中一致认为：从现在开始到本世纪末下世纪初，在电视技术方面将会有重大的变革，这种变革将使电视从制作、播出、传送至接收终端都会面目一新。

电视技术的重大变革，我觉得可以用3个转换来概括，即从模拟技术向数字技术转换；从常规电视向高清晰度电视转换；从电视的单一功能向多功应用转换。数字技术取代模拟技术不仅全面提高了广播电视设备的技术指标，而且加速了高清晰度电视的实用化。前几年一直有高清晰度电视是一步到位还是分两步走的争论。日本和欧洲虽然都已做了长时间的研究，并做出模拟制式的样机进行实用阶段的试验，但是由于美国不久前提出了全数字式的高清晰度的制式，很可能为全世界提供一种实用的系统而替代所有的方案。欧洲立即放弃了从模拟到数字的两步走方案，日本虽未宣布中止实验，但看来实验下去也不会有什么结果。我们是赞成一步到位的，因为这适应了数字技术发展的趋势。数字式高清晰度电视大规模生产成本较低，可以在不同制式电视系统之间很方便地转换，频带窄，保真度好。另外，它可以与计算机联网。在集声、像、文于一体的多媒体计算机成为电子技术发展主流的今天，数字式无疑有模拟式不可替代的优势。数字技术的实用还会加快计算机的普及，这就使电视领域包括接收系统出现了新的选择：是从常规电视机向高清晰度电视机转换，还是以计算机为基础来研制出可直接接收高清晰度电视的新型接收机。这个问题从现在开始就应该着手研究。数字技术的应用，还会为频带压缩技术带来突破性进展，这就为广播电视系统开发多功应用，发展信息产业带来广阔前景，广播电视事业的内涵和外延都会极大地扩展，所以我们要抓住像数字技术这一关键性、带动性的技术，把广播电视推向一个新的发展阶段。当然，这个转换不是一朝一夕的，是逐步的，而且还需要较长的时间。当前还是以模拟为主，这是主要的日常工作的对象，但是考虑到我们下一步的发展，要过好这个关，从现在开始要提出考虑这个问题。现在从事电视工作的各级领导，搞技术工作的专家技术骨干，要及早研究并做好技术进步的思想准备，研究制订好发展战略，搞好必要的技术储备，有计划、有步骤地向电视新技术转化。总之，对我们电视系统来说，怎样跟上世界电视技术发展的步伐，对重大的技术变革适时地做好转换工作，这是非常重要的。所以说要坚持科学技术是第一生产力的观点，我们就不仅要把眼前的工作做好，满足于完成日常宣传任务，而且要积极推动技术改造，促进技术进步，注意瞄准明天的长远目标，使电视事业能够持续不断地发展。

四、坚持改革开放，进一步解放和发展科技生产力。

十一届三中全会以来，我国电视事业飞跃发展，已经取得了令世界瞩目的成就，电视技术工作也取得了长足的进步，这些成就无一不是通过不断地改革实践而取得的。当前，在确立社会主义市场经济体制的新形势下，在电视事业进一步发展的过程中，我们又面临着许多新的矛盾和问题，这些矛盾和问题也只能通过坚持改革和开放逐步加以解决。在这次会议上，大家普遍反映和希望研究解决的主要问题归纳起来有以下几个：

1. 关于重视和加强技术队伍的建设问题。

在我国电视事业的发展中，我国的电视技术队伍不断发展壮大，已经造就了一批从事事业建设和技术管理的技术骨干力量和数量庞大的从事节目制作，传送、播出、维护的专业技术人员。长期以来，他们在各自岗位上兢兢业业、默默无闻地工作，保证了电视台技术系统的正常运行，满足了电视宣传工作的需要，丰富电视屏幕，促进了电视事业的繁荣与发展。近年来，电视技术队伍建设上遇到一些新问题。由于电视事业发展很快，各电视台节目的制作和播出量大幅度增长，编辑、记者大量增加，而技术人员相对增加较少，在岗技术人员承担了越来越重的工作；部分技术人员由于职称问题不好解决或待遇偏低等问题，改行从事其他工作，致使一些电视台工程技术人员短缺的现象也日趋严重。这种状况应引起各级电视台的关注。电视台各类人员的配备是有客观规律可以遵循的，人为地造成不协调，受影响的不单是局部而是全局。因此应该根据各自的实际情况确定合理的比例。部里有关职能部门也要不断总结各地的实践经验，提出指导性意见。各级电视台的领导，都必须高度重视建立一支服从指挥、有严密组织纪律、对技术精益求精、热爱本职工作的电视技术队伍。稳定并扩大这支队伍，是促进我国电视事业进一步发展的保证。我们要上下一起行动，来解决当前存在的问题，确保技术队伍稳定，留住宝贵的人才。从事电视技术工作的同志，也要发扬广播电视系统的优良传统，艰苦奋斗，任劳任怨，甘当无名英雄，不断提高自己的水平，热爱本职工作，为发展我国电视事业做出更大的贡献。

2. 关于技术部门的管理体制问题。

许多电视台反映，全国各级电视台技术部门的机构设置和编制缺乏统一规定而且经常变动，对技术部门工作有较大影响，不利于管理，不利于节目技术质量提高，不利于事业发展。中央和省级电视台的机构还是比较规范的，即使是这样，也存在着较大的差异。我觉得技术部门体制上最突出的就是集中管理还是分散管理问题。近年来不少台在这方面都进行了试验，总结各地的经验，我看解决这个问题主要是两条：一是从实际出发，各台根据各自具备的设备、设施和人员等条件，采取不同的管理体制。一般说，设备条件较差、人员较紧的台，分散后会显得技术力量更单薄，还可能造成设备利用率不高的情况，采取集中统一管理、合理调度使用为好；设备和人员条件较好的台，按部门对口，相对固定人员设备，减少调度环节，便于编采与技术部门人员的密切配合，具有更合理之处。二是根据服务对象部门的工作性质，区别对待。即使设备人员条件较好的台也不一定对所有节目部门都采取对口分散管理的办法。此外，还要看到技术部门机构设置和体制的确定有两重性，一方面要按照技术工作的规律办事，在技术指标、技术规范、技术发展规划、基本建设（包括技术设备购置）、技术维修、技术人员培训以及设备设施的操作规程和管理办法等方面都应该是集中统一的；另一方面技术工作又要服从和服务于宣传工作，要尽可能配合好节目采、编、录、播部门的工作，不应片面强调独立性。我相信通过深化改革，处理好这两方面的关系，不仅应该而且也可能找到最佳的契合点。

3. 关于电视节目技术质量评奖问题

不少同志反映，近些年来全国性的各种电视节目评奖活动十分频繁，但至今还没有全国性的节目制作技术质量评奖活动。这种情况影响了技术制作人员积极性的发挥，不利于提高电视节目的技术质量。近年来一些地区的省市电视台自发组织起来进行电视节目的技术质量评比；由于缺乏标准，评比不够正规，档次不够，因此仍希望部里出面组织评奖。对于这个问题，前几年部里就曾进行过酝酿，由于各地技术设备和制作手段的差别较大，技术制作水平缺乏横向可比性，在制定评比标准和进行评比操作上都存在着一定的难度。这次会后可委托部科技司和中央电视台共同研究，提出可行方案后实施。

4. 关于制定、完善并严格贯彻执行电视节目播出和制作的技术标准，提高电视节目技术质量的问题。

随着我国改革开放步伐的加快，电视节目海内外交换日趋频繁，这就要求各电视台的节目制作要有统一的技术标准，以便技术制作人员遵照执行，确保技术质量。近些年来部里陆续颁布了从节目制作、传送、播出到网络系统指标的部定标准，对推动全系统技术标准化、促进技术质量提高和保障海内外节目交流都起到了积极作用。这些标准有待进一步改进提高，并在实际工作中贯彻。

5. 关于加强技术交流和人员培训问题。

许多台反映，近些年来，电视事业发展很快，设备增加很多，更换的周期缩短，但由于人员培训和维护管理跟不上，加上大多数台机房环境较差，导致设备完好率低，使用寿命缩短。为此，大家希望部里和中央电视台能多组织些技术交流活动和举办技术培训班，以提高技术人员的素质和设备维护管理水平。

现在，由部里直接组织的国际广播电视技术设备展览会，每两年举办一次；上海电视节和四川电视节也分别举办国际广播电视设备展览会。此外，还有部里支持经贸部举办的设备展览会，以及各地自行组织的、不定期的设备展览会。在这些展览会上都举行技术交流，应该说广播电视系统在这方面给大家提供的机会还是很多的。过去主要是组织工作搞得不好，近几年已经有了较大改进，有计划地组织全系统的技术工作者参加。各地电视台也要计划安排好，使从事技术工作的同志，都尽可能有机会参加这类活动。技术培训今后还可以采取更多的形式，除请广播学院举办短训班外，还可请广播电视学会出面，根据不同层次电视台的实际需要，组织些讲课或经验交流活动。台际之间也可以通过短期交流人员的办法，互相学习、借鉴，共同提高。

6. 关于加强技术管理，重视软件建设问题。

从总体上看，我国各级电视台的技术装备水平不比海外一些先进国家的同级别电视台的装备情况差。但是由于我们的管理工作跟不上，忽视软件建设，致使我们的综合效益水平远不如人家。现在大家都感到不能只重视硬件建设，更要重视软件建设，这是一大进步。我们必须在提高技术管理工作水平上下功夫，研究技术管理、运行管理、维护管理等技术管理体制、理论和方法，使管理工作逐步走向标准化、规范化、科学化，向管理要效益，要水平，进一步缩小与世界先进水平的差距，为我国电视事业开创新局面作出更大的贡献。

（本文是作者在全国省级、计划单列市电视台技术工作交流会上的讲话，原载《电视研究》*1994* 年第 *1* 期）

在中央电视台工作会议上的讲话

王　枫

（1993 年 7 月 28 日）

这次会议开得很有成效，既很好地总结了上半年的工作，又认真研究部署了下一阶段的任务。伟光同志的报告很全面，也比较实事求是。刚才艾部长对电视台这一阶段的工作特别是近半年来取得的成绩给予了充分肯定，我也有同感。虽然仅半年时间，但从这半年的情况即可看出电视台今年全年的势头。概括地说，就是：各项工作全面丰收，某些方面有突破性进展。在节目改革、事业发展、内部管理和思想建设等方面，尽管也还存在薄弱环节，但总的讲，成绩是主要的、显著的。向北美卫星传送电视节目，与对外广播相比，起步相当快。照此速度再努力几年，打入五大洲是完全有可能的。这就是有突破性的、有深远意义的事。

今年是中央电视台建台 35 周年，我们的广播电视事业也正处于一个新的历史发展时期。十四大之后，我们面临着广播电视怎样适应社会主义市场经济体制的问题，中央电视台也不例外。同时还面临一个海外电视激烈竞争的局面。对这种空前激烈的竞争态势，有人称之为“大爆炸”。总而言之面对这样一种形势，就需要我们不仅对当前的工作要有具体明确的目标，而且还应当提出一个与新体制新形势发展相适应的战略目标。今年上半年，除各项具体工作取得很大成绩外，一个很大的动作，就是为建立这样一个战略发展目标而展开了一系列工作，包括在丁关根同志关心之下召开的一系列座谈会。研究讨论的问题都不只是眼前的、短期的，有不少是关系到本世纪末的发展战略问题。现在目标的总体框架已经基本上确立，接下来就是怎样按着既定目标扎扎实实地有步骤地加以实施。

今年上半年，电视台召开了一系列重要会议，知生同志和我几乎每次都来参加。大体说，这次会议之前大都是属于“外向型”的会议，主要研究外部环境，解决外部条件；而这次会议则是“内向型”，主要研究我们自己内部的问题。这种思路很对，因为要实现既定的战略目标，归根到底主要还得靠电视台自己，先把中央电视台自身搞好。会议期间我听了大会发言和部分小组讨论，大家在发言中都本着这样一种态度，既讲成绩，又讲问题，从自身查原因，找差距。现在所面临的问题，有老问题、新情况，也有新形势下产生的新问题。大家的讨论有一定深度，不是泛泛地议论，而是提出了不少好的设想和办法。这次会议让人感到振奋的是大家的精神状态很好，在工作中，干部尤其是领导干部的精神面貌十分重要。目前大政方针都已确定，党的十四大会议精神，丁关根同志在几次座谈会上的讲话，知生同志代表部党组的讲话，你们台分党组研究提出的任务目标，应当说都很明确具体了，现在关键就是怎样带领全台职工真抓实干，具体落实，这就要看我们这些领导干部了，大家的精神状态直接影响着职工群众的信心、情绪和干劲。今年上半年，工作能有这样大的进展，全台上下出现了一个生机勃勃、奋发向上的景象，这与干部的良好精神状态和努力工作有很大关系。

我认为，在广播电视事业的发展中，中央电视台应该发挥带头作用，应该历史地、不可推卸地承担起这个责任。丁关根同志主持中央宣传思想工作领导小组后，连续三次到中央电视台召开座谈会，这说明中央对电视工作极为关心和重视，这就大大加重了我们的责任。我们必须对历史赋予的这种责任有比较自觉地认识，才能有力地促进电视事业的发展。处在这样一个历史发展阶段，大家能够保持饱满的热情、良好的精神状态，再大的困难也能克服，这是做好各项工作的重要前提和有力保证。

这次会上大家代表各自的部门提出了一些奋斗目标，有些口号很振奋。比如专题部提出要“重振雄风”，抓栏目，集中力量搞大系列，我很赞成。专题与新闻和文艺（包括电视剧）是电视节目的三大支柱，三者应互相促进，互相推动，协调发展，不能偏废。今年上半年，新闻改革抓得比较紧，实现了滚动播出，开办了《东方时空》新栏目，成绩显著。前不久又召开了电视文艺座谈会，从本届“星光奖”评选可以看出，中央电视台的文艺节目也有很大进步，大系列、大栏目以及带动全系统搞的大活动都有提高。电视剧方面，电视剧制作中心提出“打播身仗”可算初见成效，《唐明皇》获特别奖，其它，中篇、短篇包括少儿等也都榜上有名。“雄风”主要体现在有拳头产品、有精品，这同物资生产一样，没有名牌，没有拳头产品，凑合完成任务可以，要想打响就很困难。我们不能满足于填满播出时间，而要努力提高节目质量，多出精品，用有影响的优秀节目带动整个节目制作水平，最大限度地满足广大观众的要求。

有关节目宣传方面的问题知生同志讲得很全面，我着重讲两个问题，一个是中央电视台内部深化改革，加强管理的问题；另一个是充分发挥系统内和社会力量的作用，开门办电视的问题。

抓内部就是要通过深化改革加强管理，达到进一步解放生产力，调动干部职工积极性的目的。而体制和管理是我们深化改革的两大难题。体制问题是长期困扰我们的一个大问题，很多应该办成也能够办成的事，就是因为体制没有理顺而总是难以实现。中央电视台的体制改革要围绕自己的两大基本任务来考虑：一是抓好覆盖，二是办好节目。覆盖问题原来电视台自己并不发愁，由部里来承担。现在有了新情况，节目上卫星是件好事，可以迅速扩大覆盖面，但也带来了节目如何落地入户的问题。过去靠微波传送节目为主的地面覆盖网，现在转入卫星传送为主，微波为辅的节目传送渠道，节目传送虽然覆盖了全国而且提高了质量，但由于全国发射机、转播台的增长远远赶不上节目套数的增长，而使得地面覆盖网转播的程度不是愈加增强，而是日渐削弱；尽管有线电视发展提供了覆盖新手段，但有线电视网的发展是要有一个相当长的过程，目前入户率进展很慢，情况复杂，不能指望近期内在覆盖上发挥很大的作用，特别是县以下的广大农村地区更不容乐观。可见节目上天容易，下地难，入户更难。这个问题不解决好，套数再多，节目再好，也不能获得相应的效益，等于是做了虚功。根据这一新情况，中央电视台自己要关心覆盖网的建立，要搞好同部职能部门和地方厅、局的协调关系，设立管理覆盖的责任部门。节目质量问题是我们始终强调的核心问题，因为电视办得好坏，电视领域的竞争，最终还是取决于节目的好坏、多寡。作为国家电视台，又要争创世界一流台，如果不在节目上领先，是根本站不住脚的。根据大力开发节目源，增强节目制作能力，办好节目的要求，目前的现行体制有很多不适应的地方，必须加以改革。下面讲几点具体意见：

第一，关于行政体制。现在面临的基本问题，就是从综合台向系列台、专业台发展，每增加一套节目，就是增加一个台，呈现出台中台的格局。中央电视台不适合搞分台制。改革的思路可以考虑这样三个方面，第一就是加强综合协调部门。将来节目套数展开后陆续开出文艺、体育、电影、科技、农业等系列频道，协调得好，各套节目之间就可以做到既互相区别，又互相延伸，互相补充；如果协调管理得不好，就可能发生"混战"。另外，将来节目制作完成后，不能象现在只考虑播出这个单一因素，而要考虑分层次的利用，例如先发行录相带进入音像市场和先卖给海外台，然后进入有线电视网加密播出，最后到无线台播出。这种情况如不统盘筹划，加强集中领导，就很容易"打乱仗"。面临这样一种局面，体制上就要考虑加强综合协调能力，否则就肯定要"乱"。第二是生产和播出相对分离开。受"第四套节目编辑部"这种模式的启发，各套节目不办台，都搞节目编辑部的办法是可行的。各套节目需要什么样的节目由编辑部提出，台里也可以下达指令性的要求，节目制作部门不再负责播出，只管集中精力制作节目。不管办多少套节目，播出的总归口还是可以集中到总编室这样的综合协调部门来统管。第三把节目生产这块转成以现在"中心"为基础的各大制作实体。加强"中心"的实力和责权，把它真正办成创作生产各类节目的实体。现在除了新闻中心、电视剧制作中心和对外中心之外，其它"中心"或未建立"中心"的部门实体化的程度很不够，人、财、物的局限和承担的任务都没能体现出这个实体的作用。今后各"中心"应该定任务、定人员、定设施设备、定经费开支，建立起稳定、规范的生产制作节目的实体。

改革行政体制重点是抓好宣传这一块，这方面调整确定后，其它部门都可围绕它来进行调整。

第二，关于经济体制。电视台实行财政大包干已经十个年头，实践证明，对国家、对电视台的事业发展都有好处。大家担心部里会改章程，我看大体制不会动，问题是怎样在下一轮的包干中把还不完善的地方进一步完善起来。现在意见比较大的是认为电视台上交的钱少，自己富起来了对直属单位和全系统带动不够。这要从两个方面来看，对电视台来说，要严格按照承包合同的规定，把应该上交部里的钱按时如数上交，不要截流；对部里来说，合理地确定上缴比例，调动电视台增加收入的积极性，对上缴的钱要更合理地使用。

我不赞成电视台自负盈亏，搞企业化。我们是国家事业单位，是党和政府的喉舌，不能把电视台简单地推向市场，不能以赚钱为目的，否则就会改变公益事业的性质，就会变相地成为商业化的台。我们要把企业管理中的一些有效机制引入到我们的工作中来，自觉地运用经济手段来加强我们的管理，这是我们经济体制改革的基本内容。

深化改革的重点是包干不要停留在台这一级，至少可以推行到"中心"这一层，与行政体制改革相配套，给"中心"以财权，做到责、权、利统一，把"中心"真正办成实体。现在这种管法，很多浪费中心主任也不承担什么责任，钱花完了，节目拿出来好坏就是它了，谁算细帐？最后还是国家吃亏。所以我们说只要大头管住，总体上省钱，完成任务更多，下放一点财权给"中心"，在规定的原则范围内，允许有点灵活性。要学会运用经济手段，建立起切实可行的管理办法，真正调动起大家的积极性。

第三，关于人事制度。目前电视台还不能全天候工作，其主要原因之一是缺人，现在随着直播节目的增加，新栏目的开设，节目套数的展开，人手不够的矛盾越来越突出，指望增加编制不可能，必须在改革用人制度上想办法，找出路。可以先做些尝试，比如计件计时工和招聘制度等。"东方时空"栏目只有七个正式工作人员，其余都是外聘的，要好好总结他们的经验，走出一条新路子。不要因为缺人的问题而耽误各项工作上新台阶，以致影响事业的发展。另外，按照规模化大生产的思路，要考虑充分利用外部条件的问题，比如美术加工就可以搞些定点单位帮助加工，不必都由我们自己的制作部门来做。在选拔特殊人才方面，部里应给予支持，否则按照平均分配的办法，受进京指标限制，就很难从外地招收调进有用的人才。这方面要积极做工作，争取人事部门的理解和支持，力争有所突破。

人员流动、干部交流也是人事制度改革的重要方面。干部相对稳定是必要的，但干部的交流也是必需的。长期在一个部门工作客观上会产生一些不利因素，应有计划适时地交叉换位。岗位调换后，有的会更适合新岗位的工作，大部分人到新岗位后有一种新鲜感，压力大，束缚少，干劲足，思想更解放，工作有新起色。听杨伟光同志说，最近调换岗位的几名干部，工作都有好的势头，说明调整的效果是好的。台里有些部门，有些岗位的一般干部，也要有换岗的制度，通过交流减少弊端。工作中不能胜任的要用新的合适人选加以充实。人员配比失调的，也应有计划地在各部门、各行当之间调整。当然思想工作要跟上，要保持相对稳定，保障正常工作的进行。

第四，关于分配制度。这方面的改革要从效果看，有利于调动职工的积极性，减少吃大锅饭的因素。讨论中有的同志主张切蛋糕的部分占比重少一点，因为这一块基本是平均分配，是照顾性的。在此基础上加大将金数额，拉开档次，奖勤罚懒，重奖重罚，增强激励机制。我觉得这个意见是对的。另外一个问题就是出差费、床板费、误餐费的标准问题，按规定办很困难，甚至无法开展工作，但不按标准办也麻烦，怎么办，要很好地研究切实可行的变通办法。

深化体制改革还要同加强管理结合起来。从具体的量化分析看，中央电视台与香港无线台相比，人员比它多，设备比它强，经费投入也很大，但节目生产量就是赶不上人家，在世界华语电视节目市场上香港无线占绝对优势。造成这种情况的原因是多方面的，但其中很重要的一条就是管理落后。所以体制理顺之后，管理跟不上还是不行。我们在部门之间、工种之间的协调上有差距，各工种的工作效率不如人家，设备利用率比较低，后期制作周期也比人家长。这些都必须通过改善管理工作加以解决。各级领导一定要重视管理工作，并使全台同志都要强化管理意识。要把建国家台、建世界一流台与加强管理紧密联系起来，向管理要效益。要制定分期提高管理水平的目标。管理不完善很大程度上是管理手段不完善。计算机在很多部门已很普及，相比之下我们开发应用的还很不理想。还有管理制度不完善，容易被一些人钻空子。技术制作中心最近搞了一份统计资料，有一些编导在四个月中浪费了 30 个小时以上的机房占用时间。浪费这么多时间，没有任何原因，就只是通报一下就完了，以后还照样浪费，这说明我们还缺乏对日常工作实施经常性的切实有效的管理办法。现在台里对鼓励表彰好人好事比较重视了，而对制约、约束、处罚差的人和事就不够严，前一个时期处分了一些该处分的人，真正管了效果就很好。管理工作应深入持续地抓下去，争取尽快在各个方面形成一套更加成熟、更加定型的管理制度。这是全台的大事，各级领导干部要下点功夫，抓好了，事半功倍，各方面工作就上去了。

在抓好内部的基础上，怎样做好外部工作，前半年做了很多部署，提出了一些想法，现在还需要进一步展开，往实里做。总体上要贯彻开门办电视的思想，这已被丁关根同志在他的讲话中做为八条之一提出来了。在新形势下单靠我们自己，怎么下大力要想完成中央电视台所应承担的任务也是困难的。开门办电视，一方面是让更多的人参与到电视节目中来，另一方面就是要组织更多的部门和单位同我们一起作节目或按照我们的要求由他们帮我们作节目。电视剧生产已经走上了这个轨道，别的节目也可以这样做。目前形势很好，各部门各行业办电视积极性很高，都想要频道，办电视台，这是好事。这种形势下怎样把开门办电视进一步落到实处，就要分层次地加以组织。第一个层次就是抓我们系统内部，搞各种各样地联合。现在我们很多节目联办、合拍、合作，这方面有基础。要进一步抓好系统内部的凝聚力，减少分散的力量，运用网络系统把大家组织凝聚起来，目前全国广播影视计算机网络有些搁浅，今后还是要电视台牵头来抓。通信网去年提出后到现在也没进展。电视台要带头动起来，将来网络建成后不单是一个联络手段，而要变成节目交流、信息共享的现代化手段。将来节目套数搞多了，特别是有线电视网的发展，带来的结果就是节目套数扩展，节目就不能只是新闻、文艺等，肯定要向信息化方向发展，向服务类型发展，这就需要大量节目和信息，形成为一个节目体系。我们应有远见，包括新广播方式（如图文电视）在内，中央电视台都要勇于牵头来抓，我们必须像国民经济建设中建立交通运输基础设施那样建立起节目、信息、通讯联络的专用大通道，形成节目传输的大网络体系，要自觉地用这种办法和方式把系统内部组织起来。下一步还有和地方有线电视网合作的问题，其中有个利益分配问题要特别处理好，不然难正常运转。另外，从现在的形势看，影视合作有了突破性进展。新影厂归属电视台的问题即将解决，大大推动了电视节目生产走向规模化生产的路子。将来与科影、美影都可以搞合作，只要能增强电视节目的生产能力，联合的方式和程度，紧一点松一点都可以。

第二个层次就是依靠社会力量办电视。在电视剧生产方面已同中央国家部委建立了良好的合作关系，并继续采取了措施使其由分散状态日趋集中，真正发挥第三方面军的作用。另外，与各人民群众团体，还有经济界特别是大中型企业，挂钩搞联合，对扩大对内对外宣传，增强节目制作能力，丰富屏幕包括扩大覆盖等都有很大帮助。

第三个层次就是力争把海外华人台组织起来，在对外宣传上，先开办华语台，以同 3C 集团合作上北美卫星作为突破口，扩大华语台覆盖范围。续而开办英语台，打入西方主体社会，把真正意义的对外宣传开展起来。

第四个层次，就是要考虑同亚洲地区的广播电视机构商量如何抵御西方的文化渗透，弘扬东方文化，这很有意义，日本、东南亚、韩国都有积极性。对外宣传步子迈大一些，就要有大动作，该我们牵头的也不应错过时机，该我们主导的不要放弃。当然这个问题比较复杂，要既积极又谨慎地去认真探索。

同志们，这次半年总结会开得很好，收获很大。希望大家保持住这良好的势头，鼓足干劲，将会上提出的目标、任务和要求落到工作的实处，尽快付诸实现。工作中要特别注意防止出现两种思想认识上的偏差。不要一总结成绩就看不到存在的差距，出现盲目乐观、骄傲自满、消磨斗志的思想，甚至滋长大台主义的念头，不能正确认识自己所处的地位和所承担的职责、任务。现在台里形势很好，日子比以前好过多了，说风凉话、说怪话的少了，特别是中央领导同志和广大电视观众对我们的工作都给予了很高的评价和肯定。但我们切不可由此而忘记我们的工作同党和政府对我们的要求，同最大限度地满足广大人民群众的精神生活需求，同建成世界上一流的大电视台都还有相当的差距，我们面临着来自行业内外和国内外的激烈竞争，只有看到这一点，才能对形势、对我们所取得的成绩有一个清醒的认识。另外也不要妄自菲薄，看不到取得的成绩和进步这个主要方面，而只觉得问题成堆。其实把各个方面、各个环节加在一起看肯定问题不少，但所有这些都是在大的起步、大的改革、大的进展中出现的问题。比如“东方时空”刚开始问题也不少，但很快就调整过来了。迈步和不迈步哪个好？如果面对困难，因为怕出问题就望而却步，停步不前，那永远没有进步。所以相对来说，动作越大，中间出现问题的可能性也就越大一些。我们不提倡盲目蛮干，但对前进中出点问题也不要紧张。就象今天开会总结经验一样，目的是为了在此基础上更好的向前跨进，而不是相反的，谨小慎微，妄自菲薄，影响情绪。希望大家把握好这两个方面，不要出现认识上的偏差，这是我们工作中一个很重要的问题。

今年是中央电视台建台35周年。我们现在所做的工作实际上是瞄准本世纪末的，打好这个基础对今后至关重要。希望大家回去后认真贯彻好会议精神，力争使我们的工作尽快迈上一个新台阶。

认真学习　勤奋实践

刘习良

客观形势的发展变化向电视工作者提出了许多新课题，要求我们做出判断，给予回答。为了提高判断是非、解答难题的能力，首先必须学习。

需要学习的东西很多，我认为对电视文艺工作者来说，最重要的还是学习邓小平同志的建设有中国特色社会主义理论以及中央根据这个理论明确提出的关于文艺工作的方针、原则，并且结合电视文艺的特点积极地、正确地、全面地贯彻执行这些方针、原则。

关于建设有中国特色社会主义理论的科学定义、形成过程、主要内容以及学习这一理论的重要性和学习方法，在十四大的报告中都做了深刻的阐述，我就不多说了。

这些年来，中央领导同志根据建设有中国特色社会主义理论，对文艺工作提出了许多十分明确的方针、原则。

根据我的理解，这些方针、原则主要有以下各条：

1.坚持“为人民服务、为社会主义服务”的方向；

2.坚持“百花齐放、百家争鸣”的方针；

3.坚持主旋律与多样化的统一，满足人民群众多方面、多层次的精神文化需求；

4.继承人类文明的优秀成果，弘扬优秀民族文化，吸收外来优秀文化；

5.综合发挥文艺的教育功能、认识功能、审美功能和娱乐功能；

6.坚持社会效益第一，经济效益与社会效益相统一；

7.按照艺术规律办事，尊重艺术家的创造性劳动；

8.开展实事求是的科学的文艺批评；

9.坚持一手抓繁荣，一手抓扫黄；

10.加强文艺队伍的广泛团结，等等。

这些方针、原则，既是指导当前电视文艺工作的指针，是检验电视文艺工作成败得失的基本标准，也是电视文艺工作在90年代以至更长时期内必须遵循的准则。

这些方针、原则，中央领导同志讲过多次，大家听了都很耳熟，似乎是“老生常谈”。但是，全国近600家电视台，那么多从事电视文艺节目创作、制作、播出的工作人员，必须对电视文艺工作的基本方针有个共识，才能在统一认识的基础上做好本职工作。特别是面对层出不穷的新问题、新现象，我们要做出准确的判断，就必须结合电视文艺工作的实际不断地认真地学习、领会这些方针、原则。不仅要知其然，还要知其所以然，从而建立起坚定的理论信念。

我之所以再次提出这个问题，是因为目前在电视文艺工作中确实存在“趋风”、“媚俗”的现象。

所谓“趋风”是指我们的一些电视文艺管理人员、电视文艺评论人员容易受风向的左右，把握不住自己，喜欢跟一些时髦的、流行的论调打转转。例如，前一时期关于电视剧《唐明皇》的不公正的评论就是个明显的例子。

所谓“媚俗”是指我们的一些电视文艺工作者容易受到时尚的影响，分辨不清哪些社会文化现象应该提倡，哪些应该抑制，哪些应该引导，哪些应该反对。

对社会上存在的崇阔拜金、追星发烧、崇洋媚外、游戏人生、消极颓废、拿严肃话题调侃、开低级庸俗的玩笑、讲究豪华铺张、宣扬纸醉金迷、封建迷信等等，在我们的一些电视文艺主创人员中出现了随波逐流、忽东忽西的倾向。

出现“趋风”、“媚俗”现象的原因是复杂的。一些同志是由于文艺思想不端正，审美情趣欠高尚；一些同志是“墙上芦苇”，理论根底不深厚，容易摇摆；也有一些同志明知不对，但又顶不住社会压力或圈内人的压力。不论原因是什么，“趋风”、“媚俗”都是不良现象。电视这样一个强大的现代化传播工具在群众中具有很大影响力，电视文艺工作者的“趋风”、“媚俗”，只会对社会不良现象起到推波助澜的作用。因此，我们必须明确地表明我们的态度。

学习中央确定的关于文艺工作的各项方针、原则，一定要和电视文艺工作的实际结合起来，真正把这些原则、方针贯彻到我们的实际工作中去。

电视本身是一种信息载体，是一种传播工具。从对文艺的关系来说，电视的基本功能是借助电子技术手段把各种各样的文艺表现形式传播到千家万户的电视荧屏上。但是，电视不是单纯的工具，电视文艺工作者更不是机械的传播者，通过电视传播的文艺，我们通称为电视文艺，必然带有自己的显著特征，否则它就不会成为一个独立的艺术门类。

关于电视文艺的特征，我国的专家学者们做过不少论述，在座的同志们都有深切的认识。从实际工作出发，我想强调一下电视文艺的广泛的群众性、广大的包容性、强烈的时代性、电视手法的强大感染力以及电视荧屏的空间局限性。

1.广泛的群众性。

据1992年年底统计，全国共有586座电视台和644套节目，电视人口覆盖率达到81.3%，电视机社会拥有量为22843万台。这就是说，我国的电视每天要向8亿多观众提供各种服务，通过卫星传送，每天还有一批港澳台和外国观众收看我们的电视节目。这个数量既大大超过了国内任何一种传播工具的服务对象的人数，也大大超过国外一般的电视机构的观众数量。

一般来说，电视文艺节目收视率比较高，收视率达到10%，就是8000万观众，这是任何一个娱乐场所无法比似的。收看电视节目的观众属于各种文化层次、各种年龄层次，其范围之广也是其他娱乐手段无法比拟的。

2.广大的包容性。

电视作为一种传播手段，其突出特点之一是可以综合运用图像、语言和文字这三种人类传播信息的基本手段。而人类欣赏艺术的感觉器官主要是眼睛和耳朵。因此，电视在全面满足人类审美需求方面具有超过其它手段的巨大的优越性。电视既然可以满足人类的听觉和视觉的审美需求，从原则上说，任何一种艺术表现形式都可以包容在电视文艺节目之中。戏曲戏剧自不必说，就是诗歌和散文也可以通过优美的朗诵，配之以具有诗情画意的画面，使观众得到审美享受。这种广大的包容性既对艺术表现形式的其它传播手段形成冲击，又吸引各种艺术表现形式向电视靠拢，借助于电视得到广泛的传播。

3.强烈的时代性。

电视台首先是借助现代化的电子技术传播信息的新闻单位，这一点是举世公认的。因此，观众理所当然地要求各类电视节目具有当代性，具有时代感。电视文艺工作者大多具有强烈的现代意识，在他们制作的节目里努力表现观众关心的“热点”问题，社会“焦点”问题。我以为，这正是电视的强大的生命力之所在。即使表现古代题材的节目，也大多被赋予当代意识，即所谓“古为今用”。即使程式相当凝固化的传统戏曲，也大多使用现代化的电视手段加以改造。这类例子可以说是举不胜举。

4.电视手法的强大感染力。

多年来，我们一直在强调电视文艺的“电视化”问题。许多电视文艺工作者在电视化方面做了深入的有益的探索，取得了不少成功的经验。他们运用镜头的不同角度，运用推拉摇移升降跟甩等各种方法，运用远近全中小特写等各种景别，运用各种切换、剪辑、组接、叠印、淡入、淡出等手法，突出或淡化各种艺术再现形式的特点，强调或减弱表演艺术的表情、动作，使观众欣赏到从舞台上看不到或看不清的艺术效果，从而产生强大的艺术感染力。在一定意义上说，电视化是电视文艺的命根子，就象是贾宝玉脖子上的那块通灵宝玉。电视文艺工作者功力的大小、根底的深浅，除了他们对各种艺术表现形式的理解和掌握外，基本表现在他们运用电视化手法的纯熟程度上。

5.电视荧幕的空间局限性。

和任何一种传播工具一样，电视也有其局限性。据我个人观察，大千世界被框缩在小小的荧屏上，是电视文艺局限性的主要表现。无论镜头对准的是辽阔的大海、广袤的平原、浩邈的天空、无边的森林，还是千军万马的战场、繁华热闹的都市，观众能够看到的只是框缩在荧屏上的极其有限的天地。我们要如实地承认这个客观存在的局限性，在艺术构思时，千万不要忘记这个局限性。否则，费时费力搞出的大场面，很难使观众得到现场观看、亲临其境的效果，那才真叫费力不讨好。反过来说，考虑到电视文艺的局限性，倒是可以化劣为优，化短为长。

我这里强调的电视文艺的这几个特点，当然是不全面的。在座的同志有的是对电视文艺有深入研究的电视文艺理论家，有的是有丰富实践经验的电视文艺工作者，对电视文艺的理解、研究都比我深入得多。我这里强调这些特点，只是想从中得出几点结论，希望有助于改进电视文艺的创作和制作。

结合电视文艺的特点，贯彻执行党的文艺方针和原则，制作出更多更好的电视文艺节目，满足观众的文化需求，这就是电视文艺工作者实践的内容。据我所知，全国电视台都有一批或一些事业心很强的电视文艺工作者。他们执著追求，劳心费力，艰苦奋斗；加班加点，废寝忘食，根本不在话下。他们通过勤奋的实践，在节目制作上不断出新，以创造性的劳动为广大观众奉献一台又一台文艺晚会，一个又一个专题节目。“一天忙到晚，一年忙到头”的确是他们工作状况的真实写照。我对他们表示由衷的敬佩。

关于如何勤奋实践，从事实际工作的电视文艺工作者最有发言权。我仅就在电视文艺创作实践中应该注意的问题提出三点意见，这就是注意电视文艺节目内容的导向性、注意电视文艺节目题材的多样化和注意电视文艺节目形式的艺术性。

1.注意电视文艺节目内容的导向性。

我一向不讳言“导向性”这个词儿，认识的基础就是我们电视工作者肩负着重大的社会责任和历史责任。

从大的方面说，国际形势的变化、科学技术的发展引发的空中电波大战向我国的电视工作者提出了严峻的挑战；国内形势的发展要求电视工作者为促进改革开放、现代化建设和社会全面进步提供精神动力、智力支持和思想保证，要求我们创造良好的社会舆论和社会心理环境。从电视本身来说，它面对8亿国内观众，影响力、穿透力超过了所有传播媒体，而且还在日益增长。电视文艺节目的导向性是客观存在的，只有正确与错误之分，没有有无的问题。

在这里，特别要强调一点，就是电视台绝不同于剧场、影院、体育馆，更不同于录像点、酒巴间、卡拉OK厅。其区别，一是观众面有天壤之别，其它娱乐场所参与者不过几十人、几百人、上千人，最多几万人；而电视观众动辄就是几百万、几千万，甚至上亿人。二是出入娱乐场所都要自己交钱，有的还属于“高消费”，进与不进全属自愿选择。电视台是把文艺节目免费送进千家万户，对观众来说，虽不带强制性，但对电视台来说，却明显地带有推荐性。推荐也就是倡导。世界上许多国家的政府部门和观众对电视台文艺节目的要求都是严于对一般娱乐场所的演出的要求，这绝不是无缘无故的。

目前，我们国家正在建立和完善社会主义市场经济体制，当前还处在社会主义初级阶段。从实践来看，“使市场在社会主义国家宏观调控下对资源配置起基本性作用”这样的模式，给我国经济发展带来了极大的生机和活力。同时，也激发了人们的开拓意识、创造意识、进取精神、竞争意识、风险意识。但是，市场经济也有其自身的弱点和消极方面，特别是在法制尚不健全、管理尚未强化的情况下，损公肥私、损人利已、投机取巧、牟取暴利、不讲职业道德、不守竞争规则等现象必然会发生。反映在意识形态领域，就是拜金主义、极端个人主义。再加上8亿观众的社会经历、文化层次、价值取向、审美情趣极不相同。面对如此繁纷复杂的现象怎么可能不讲导向性呢？

在导向性问题上态度不可暧昧，起码我们要记住几条：①爱国主义、集体主义、社会主义是我们时代的主旋律；②内容健康向上，催人上进，能够振奋精神，增强斗志，陶冶高尚情操；③有助于树立正确的理想、信念和价值观；④歌颂为国家富强做出贡献的具有时代精神的模范人物；⑤鞭挞丑恶社会现象、腐败现象、不正之风。江泽民同志在今年3月提出的64字的伟大创业精神，应该成为电视文艺节目的基本主题。与之相反的现象、观念应该成为电视文艺节目批评、讽刺的主要对象。

2.注意电视文艺节目题材的多样化。

提倡导向性是否会把电视文艺创作的路子越搞越窄越单调呢？我想不应该是这样的。

如果我们承认文艺来源于生活，那么我们就会承认在改革开放的时代，现实生活变得多姿多采，为文艺创作提供了取之不尽、用之不竭的源泉。

大家都很清楚，计划经济的主要特点是高度集中，在社会生活中的反映就是比较单一。而市场经济的特点是多样化，在社会生活中的反映就是丰富多采。我们每个人的衣食住行中这类例子俯拾皆是。只要我们认真观察一下，社会生活中可供电视文艺节目表现的大大小小题材可谓不胜枚举。改革开放15年来，出现了多少新的社会现象，出现了多少反映这些社会的新名词。有人说，中国是具有丰富“视觉资源”的大国。我想这应该包括自然和社会两个方面。电视文艺工作者的责任就是深入生活，努力把丰富的“视觉资源”开发出来，加工成为赏心悦目的电视文艺节目，奉献给广大观众。

再把视野打开一些，看看世界范围内存在的全人类共同关心的问题，我们的题材会更加多样。象战争和平、人口爆炸、人口老化、环境污染、贫富悬殊……题材同样多得很。

面对众多的题材，电视文艺工作者自然要面临一个如何选择的问题。

在题材选择上，我想提出两点看法。一是正确认识我国的国情。我国还是一个低收入的发展中国家。要从正确认识国情出发，来判断哪些社会现象是普遍的，哪些是个别的；哪些是积极的，哪些是消极的；哪些是代表前进方向的，哪些是昙花一现的，等等。以此为基础，决定选择什么题材以及表现这一题材的方法。比如，对于“大款”现象，我们就要分析，在什么条件下、利用什么手段某人成为“大款”？成为“大款”后他对金钱的支配采取什么态度？从什么角度表现“大款”现象，有益于推动社会前进？等等。二是把镜头主要对准以自己的坚持不懈努力为社会全面进步做出贡献的劳动人民。究竟是经过几十年的努力取得成果的科学家、教育家、文学家、艺术家、翻译家值得我们多加表现呢，还是一歌成“星”、一夜走红的所谓什么“星”值得多加表扬呢？究竟是常年坚守艰苦岗位默默无闻、无私奉献的普通劳动者值得多加表现呢？还是来钱容易花钱快、一掷千金的暴发户值得多加表现呢？这是不言自明的问题。

3.注意电视文艺节目形式的艺术性。

任何文艺作品都要讲求艺术性，讲求动人的艺术魅力，讲求强烈的艺术感染力。电视文艺是以家庭欣赏、个人欣赏为主的，在大中城市电视频道不断增加的情况下，节目的可选择性是很大的。尤其是遥控器进入家庭以后，观众坐在沙发上，可以随意按动电键，改变频道。因此，电视文艺工作者尤其要讲求电视文艺节目的艺术吸引力。

根据电视文艺的特点和目前我国电视文化结构状况，我同意把“雅俗共赏”作为对电视文艺节目的基本要求。做到雅俗共赏，是十分难的，需要花很大的力气解决几个层次的问题。

第一个层次的问题是在提倡高雅文艺的前提下对各种艺术表现形式兼收并蓄。由于复杂的社会经济原因，一些高雅艺术，例如话剧、京剧、歌剧、合唱、交响乐、芭蕾舞等，显得不够景气，有欣赏能力、欣赏水平的观众不多。但是，这些艺术形式中确有一些经过千锤百炼、精雕细刻加工出来的节目。作为文化积累，这类节目能够长远流传，应该传之子孙后代。对这类节目，我们要大力扶植、积极倡导，同时通过各种形式做普及工作。首先让观众接触到这些节目，接触到这类艺术形式，然后提高观众的欣赏水平。通俗文艺，象相声、小品、通俗歌曲，是群众喜见乐闻的艺术形式，在我们的电视文艺中已经占据了显眼的位置。我们要努力提高这类文艺节目的文化品位、文化意蕴，使观众在轻松愉快的氛围中对人生、对社会有所领悟。评书、曲艺、杂技、舞蹈在电视节目中也有所表现，但从近两三届“星光奖”评奖来看，精品不多，还需要设立一些专栏或精心加工制作一些优秀节目。对散文、诗歌、绘画、雕塑、书法等如何通过电视帮助观众欣赏，是我们的文艺工作者应该积极探索的项目。对于群众喜爱的表现形式，如卡拉 OK、MTV 等都要取其形式，加进新内容。对港台歌曲，我个人主张进行严格挑选，在电视屏幕上加以适当限制。同时，在节目中能对其不健康的内容、别扭的语言、跑调的唱法有所评述。

第二个层次的问题是使各种艺术表现形式“电视化”。如何对各类艺术形式进行“电视化”处理，这是一门专门的学问，应该由电视文艺工作者做出回答。我只是提出“电视化”是电视文艺的基本特征，是使电视文艺具有独立品格的基本保证。通过“电视化”要使观众欣赏到在其它场所例如舞台欣赏不到的东西。例如，我们用三台摄像机拍摄，等于给观众增加了从不同视角观赏的三双眼睛。例如，通过镜头组接，能实现时空大交叉，使观众能欣赏到相距千里的不同场景，或相距数十年、上百年的今昔对比。但是，运用“电视化”的手法也要讲究适度，不能把观众搞得目不暇接，头昏眼花。

第三个层次的问题是对电视文艺节目的雅俗共赏进行深入的研究。电视工作者勤于实践，疏于研究，是个通病。例如，每年春节晚会过后，听到外界那么多的评头品足，而看到我们的总结，则多是对工作的叙述性回顾，加上表扬好人好事。我提出对电视文艺节目的雅俗共赏问题进行研究，不是指对什么是雅人、什么是俗人进行空泛的争论。我主张结合具体节目进行探讨。往远处说，象老舍先生的作品、侯宝林先生的相声都达到了“大俗大雅”的艺术境界。这其中有什么规律性的东西？往近处说，这几年的综合晚会上都有一些出色的节目，像《张三其人》、《超生游击队》、《换大米》等，它们的成就是如何取得的？有哪些可以供借鉴的经验？即使象境外节目，如《新白娘子传奇》、《戏说乾隆》究竟有哪些特色才抓住那么多观众？我想，只要我们静下心来，刻苦钻研，积以时日，一定会掌握住规律性的东西，使电视文艺节目达到雅俗共赏的效果。

同志们：

中华文化博大精深，具有几千年的悠久历史，许多国外电视界同行都提出要把以中华文化为核心的东方文化介绍到世界上去。我国社会主义现代化建设事业生机勃勃，具有中国特色的发展道路引起世人的极大关注。电子技术日新月异，为传播事业提供越来越先进的手段，凭借这三大支柱，我国电视文艺事业发展前景十分广阔，愿我们共同努力使电视文艺再登上一个新台阶。

（此文是作者在 1993 年 7 月 19 日全国电视文艺座谈会上讲话的一部分，原载《中国电视》1993 年第 9 期）

抓住时机　真抓实干
把电视对外对台宣传
再推上一个新台阶

刘习良

我国的电视对外宣传，从 1959 年算起，已经有了 34 年的历史。总体看来，前 20 年发展比较缓慢，后 14 年，随着整个电视事业的突飞猛进的发展，电视对外对台宣传也有了较大进步。传播渠道不断增加，传播范围逐渐扩大，传播内容也越来越丰富。目前，已经形成一支电视对外对台宣传专业队伍，在国内形成了电视对外对台宣传网络，在海外也建立了一些宣传阵地。当然，和世界性的电视大国相比，我们还有很大差距，还需要花很大力气，克服很多困难，才能使我们的电视对外对台宣传与我国在世界上所处地位相适应，与和平统一祖国大业的要求相适应。这正是我们要在这次会议上研究的问题。

今年 1 月间，在北京召开了两个宣传工作会议，一个是“全国宣传部长座谈会”，一个是“全国对外宣传工作座谈会”。这两个会议分析了当前国际国内形势，回顾了 1992 年的宣传工作，部署了 1993 年的宣传工作。会议消息和江泽民同志的重要讲话的要点已经公开发表了。

据我的理解，这两个会议着重研究的是两个问题。一是根据党的“十四大”的决定，用邓小平同志建设有中国特色社会主义的理论武装全党，武装全体宣传干部，指导全部宣传工作；另一个是适应我国加快发展，深化改革，扩大开放，特别是建立社会主义市场经济体制的新形势，研究宣传工作和宣传管理体制的改革，加强和改进宣传思想工作。这两点确实是宣传工作中的最关键的问题，是把“十四大”做出的两大理论贡献用来指导宣传工作的具体体现。具体到广播电影电视系统，我个人认为党的“十四大”后，我们面临的主要任务就是以建设有中国特色社会主义的理论为指导探索适应社会主义市场经济体制的广播电影电视的发展道路。这是一个总的题目，是一个全新的题目，是一项庞大的复杂的系统工程。解决这个问题需要解放思想、实事求是，大胆探索、勇于开拓，特别要勇于实践。既要有宏观思考、整体规划、科学论证，又要有分部门、分层次的研究，具体设计和实施步骤，更需要在实践中付出十分艰苦的努力。

关于广播电影电视系统加快改革的基本思路，部党组已经谈过几次，提出了一些想法，取得了共识，但是还有待于进一步深化、具体化，特别要在组织上落实，要有人去实施。

一、认清形势，抓住时机。

目前形势很好，为电视对外对台宣传提供了一个难得的发展机遇。

对外宣传，包括电视对外宣传，它的基本任务是在国际上树立社会主义中国的良好形象；具体来说，是树立中国改革开放、政治稳定、经济发展、团结进步，各平友好的形象。

对内宣传也好，对外宣传也好，要想达到预期的宣传效果，宣传主体需要两个前提条件，一个是客观形势，另一个是受众心理。这两个条件有利，宣传主体才能运用手中掌握的工具，发挥主观能动作用，讲求宣传艺术，做好宣传工作。

先说第一个条件：客观形势。客观形势、客观事物是第一性的，宣传是第二性的。宣传工作者只有如实地反映客观形势、客观事物，才能取信于人，让人听起来是那么回事。否则，不是“粉饰”，就是“抹黑”，可能会收到一时效果，终归要丧失受众。

举例来说，在“文化大革命”中，我们的对外宣传把调门儿抬得很高，一度曾经以“发动世界无产阶级革命”为目标，把当时国内混乱局面说成形势一片大好，结果丧失了大批受众。比如中国国际广播电台，1965年听众来信曾经达到28.6万封。但是，1970年，竟然下降到2.1万封，而且连续几年都在低谷中徘徊。这是个严重的教训。再举一个例子，1989年“六四风波”以后，西方宣传媒体极力渲染中国面临的困难，似乎社会主义在中国马上就要“完蛋”似的，日常的造谣污蔑、颠倒黑白就更不用说了。结果是事实一次又一次揭穿了他们的谎言，连一些政治家最后也惊呼上当。

这几年，我们的对外宣传越来越讲究用事实说话，受众越来越喜欢我们的节目或文章，受众队伍自然就扩大开来。国际台1992年收到来自172个国家和地区的听众来信32.8万封，超过了听众来信最多的1965年。这个突破性的发展很能说明问题。

再说第二条，受众心理，或者说受众有无兴趣以及兴趣在哪里。客观事物再好，如果受众不感兴趣，同样达不到宣传效果。过去对外宣传有个流行的口号，叫“以我为主”。这要看怎么理解。如果理解成“我说你听”，“我说我的，你爱听不听”，那显然是做不好对外宣传工作的。目前的情况是国外听众、观众很希望了解中国，又很不了解中国，正希望通过各种途径了解中国在做什么事。我们正好抓住这个时机，进行认真地调查研究，摸准受众的兴趣点，介绍中国各方面的情况。

回顾一下1992年的形势，我想应该说客观形势和受众心理这两方面的条件都空前的好，十分有利于我们做好电视对外宣传工作。

从国内形势来说，1992年最大的特点是我国的改革开放和现代化建设事业进入了一个新的阶段。年初邓小平同志视察南方，发表了重要谈话；3月中共中央政治局召开全体会议，认真讨论了我国改革和发展的若干问题；10月召开了中国共产党第十四次全国代表大会。在这一系列重大政治活动的推动下，我国的政治稳定，经济发展，改革更加深化，开放更加扩大；工农业生产、商业外贸、人民生活、引进外资、引进技术、开发区建设、乡镇企业、三资企业等等各方面都呈现出蓬勃发展的好势头。同时，在建立社会主义市场经济的总目标下，出现了许多新事物，比如股票市场、房地产市场、期货市场等等。这些实实在在的、活生生的事实，为我们的电视对外宣传提供了坚实的基础，有力的依据。只要我们如实地报道这些发展中的客观事物，就足以产生良好的宣传效果。另外，就是在宣传我们取得成绩的同时，中央领导同志一再强调要辩证地看问题，不隐晦我们在经济发展过程中存在的问题和困难，例如前不久讲的“防止过热”的问题。讲困难、讲问题的透明度比过去大多了。过去对外宣传中有不少“禁区”，例如天灾人祸、治安状况、交通事故以及禁毒工作，等等，现在都开始对外报道了。任何一个客观事物都不会是完美无缺的，介绍事物的两面，才符合辩证思维方式。在对外宣传中特别忌讳形而上学地看问题，好就一切都好，坏就一切都坏。谈成就，也谈问题，才能令人信服。“入情入理，可听可信”，这八个字应该是对外宣传的最基本的要求。讲了问题的两面，不但无损于我们实际上取得的成就，而且还能令人真正信服。

从国际形势来说，1992年是苏联正式宣布解体后的第一年。苏联存在了69年，在相当长的一段时间里是唯一能和美国抗衡的超级大国。它的解体势必引起巨大的冲击波，引起相当于一次世界大战结果的世界格局的变动。现在，总起来看，对我们的有利方面超过了不利方面。世界格局由两极向多极转化、西西矛盾增加、局部战争热点转移到欧洲，全球性经济萧条，这些特点在一定意义上都对我们有利。论政治形势，我们和周边国家的关系处在建国以来的最好时期；论经济形势，东亚地区经济增长最快，其中就有我国经济增长的因素在内。世界各国都对中国刮目相看，对中国的发展道路兴趣浓厚，对中国经济增长看好，“中国热”正在全球兴起。我再举一个国际台的例子。1992 年，国际台在国外听众中举办了《佳丽杯·中国历史文化知识竞赛》。这次征文活动收到 104 个国家和地区听众参赛答卷 102818 份。竞赛题一共是 10 个，全都是涉及到中国历史文化知识的问题。对中国的文化人来说，或许算不上多么困难，但是对从来没到过中国的一般外国听众来说，也确有一定难度。然而，听众反映十分热烈。一位缅甸听众寄来的答卷长达 3 万字，还附有 126 幅图片。参加制卷的中国专家学者们都对来信如此踊跃吃了一惊。原先以为国外只有少数汉学家对中国历史文化有兴趣、有研究，没想到竟会有这么多普通听众也如此关心这个题目。这件事反映了国外一般群众对了解中国的态度。在许多国家和地区正在兴起“学汉语热”，我们主办的许多“教汉语”节目无不吸引大批的听众和观众。

国外舆论界宣传调子也大有改变。“美国之音”、BBC、法国国际广播电台等虽然还在不断攻击中国，造谣生事，但也不能不承认中国经济迅速发展的事实，去年年底，一些西方报刊突然一反常态，极力夸张中国的经济实力。英国《经济学家》刊登文章说，中国的国内生产总值实际上到了 14000 亿美元(我们的统计是 4000 亿)，相当于美国的四分之一，美国是 55000 亿美元到 56000 亿美元。到 2007 年，中国的国内生产总值可达到 39000 亿美元。由此得出结论，现在中国的社会主义才更加危险，对中国要保持警惕。世界银行的官员预测，中国到本世纪末下世纪初将成为世界第三经济强国，到 2020 年，将成为第一大经济强国。对西方散布的“中国威胁文化”我们要看到他们是包藏祸心的，但同时也可以看到中国经济迅速增长在国际舆论中产生的反响。

就广播影视系统来说，去年一年光是外事司直接派出的代表团就有 13 个，外事司负责接待的来访海外代表团 21 个，接待外国摄影队 32 批、台湾摄影队 15 批。从我直接接触的外宾来看，他们都表示很想了解中国，但确实又很不了解中国。1960 年在北大学习过的越南电视台台长范克揽是这样，首次来华的美国传播公司罗伯逊董事长更是如此。

在东欧剧变、苏联解体的大的国际背景下，中国按照小平同志的指示走上一条具有中国特色的发展道路，并且取得了明显的成就，这是引起外国人对中国感兴趣的主要原因。中国历史悠久，地域广阔，景色奇丽，风俗独特，当然也是十分吸引人的地方，有人说中国“视觉资源”特别丰富。过去我们拍摄的软性节目多是取材于这些领域。而恰恰是近一两年，人们更希望知道的却是中国的政局、经济情况、社会状况、人民生活这些现时的社会问题。

综合这两方面情况看，我们有的可说，别人有的想听，对外宣传，包括电视对外宣传的确面临一个难得的大好机会。

第三，还有电视本身发展的因素。

大家知道，我国的电视诞生于 1958 年。但是电视的真正发展是在 80 年代。我们可以把 1992 年的情况和 1978 年做个比较。1978 年，我们只有 32 座电视台，1992 年发展到 591 座；1978 年平均每周播出时间只有 1286 小时，1992 年平均每日播出时间就达到 3728 小时。尽管每个台，包括一些有实力的大台，设备利用率高，每天的制作节目的数量还很不理想，但毕竟我们有了这样的实力。

各国发展对外电视有几种不同的模式。有的是另起炉灶（象 CNN），有的是由对外广播衍生出对外电视（象美国之音、英国广播公司），也有的是由对内电视发展出对外电视。我们是最后这种模式。根据这个特点，考虑到对外电视还处在初期发展阶段，电视对外宣传一定要紧紧依托于电视对内宣传。这是我的一个基本观点。这样做，有一些毛病，突出的是针对性不够强，但是可以保证电视对外宣传的稳步发展。

电视台的领导要重视电视对外宣传，把电视对外宣传列入台里的工作议程。这是电视对外宣传发展的必不可少的条件。

从中央电视台来说，我认为，1991 年的突破性进展在 7 月 16 日成立了“对外电视中心”；1992 年电视对外宣传有几项创举。1992 年到现在，中央电视台在电视对外宣传上办了两件事，都是首创性的好事。一个是 1992 年 10 月 1 日开办了以港澳台侨为主要对象的第四套节目；一个是 1993 年元旦开始通过卫星向北美广播一套一小时的汉语英语电视节目。尽管第四套节目收视还存在一些问题，对北美节目时间还嫌太短，两套节目的针对性还须增强，但是这两件事都是具有开创性意义，是利用电子高科技的成果直接对外播送电视节目。这两件事能够办成，一靠中央电视台的人力、财力、物力；二靠中央电视台领导的远见，将它作为实现“把中央电视台建设成为世界性大台”这一宏伟目标的具体实施步骤。

电视在世界各国都是一种产业，办得好，都可以赢利。目前，国内搞电视的普遍比搞广播的日子好过，也是这种情况。但是，电视对外宣传，特别是在起步阶段，的确需要较多的投人，相对来说，产出就比较小。换句话说，单以金钱来计算，是赔本买卖。但是，如果综合起来计算，无论是在培养人才、吸收先进技术、学习先进经验上还是在了解世界信息、开阔眼界、学习制作节目的办法上，都是划得来的。更不用说，搞得得法，也不是只赔不赚。希望各台领导都能把眼光放远一些，全面考虑问题，利用当前的大好时机，把电视对外宣传抓上去。

“十四大”明确了大政方针、奋斗目标，中央领导同志一贯重视电视宣传，包括电视对外宣传的作用，这更是我们做好这一工作的最大的保证。

二、对90年代发展电视对外宣传的基本设想。

刚才说过80年代，中国的电视事业有了突飞猛进的发展；电视台的领导对电视对外对台宣传给予了较大重视；因此，电视对外对台宣传取得了相当大的进步。再往前看，比如说，到本世纪末，根据国际、国内形势的发展，对我国的电视对外对台宣传的发展应该提出一个什么样的总体设想呢？采取些什么具体措施呢？特别是“十四大”以后，按照市场经济的要求，今后如何办电视对外对台宣传呢？

90年代国际形势的发展趋势上面已经简单地说过了。根据“十四大”决定，在90年代，中国将会以更大的幅度扩大对外开放。我们正在积极努力尽快恢复我国在“关贸总协定”中的地位；“八五”期间，对外贸易中进口总额将超过3000亿美元；中国的市场经济正在和国际市场接轨。江泽民同志提出外宣在扩大开放中担负着“舆论先导作用”。为了适应这种扩大开放的形势，对外宣传必须有个大发展。

过去，我在对外广播部门干了30年。去年11月，知生同志分派我管对外宣传和与外宣有关的外事工作。几个月来，我对电视对外宣传工作进行了一些调查，听到了在这个领域里工作多年的同志提出的很好的意见。不过，总起来说，对情况了解的还很不够，这方面的知识还很不足。对今后工作的设想，也只是在继承前人创造的事业基础上提出来的，目的无外是想把电视对外宣传工作向前推进一步，大量的实际工作还需要大家来做。

基本设想可以归纳为三句话：树立“电视大外宣”的观念；建立和加强五种结合；巩固和拓宽五条渠道。

“电视大外宣”不是我的发明。中央对外宣传小组的领导同志早就提出过“大外宣”的概念。我是受到这个启发才提出“电视大外宣”的观念的。“电视大外宣”的内涵是什么呢？我想是指广义的电视对外宣传，说得具体一些，无论通过什么传播渠道，只要是能使海外观众看到的、能够起外宣作用的电视节目都应该纳入“电视大外宣”的范围内。要以这样一个概念来组织、协调电视外宣工作，衡量电视外宣的效益。我们习惯于把电视对外宣传局限于新闻、新闻性专题和少量文艺节目上。机构设置、人员安排以至对电视对外宣传工作的评价，都以这样一个狭隘的概念为标准。我想，这起码是不准确的。外销的电视剧、进入市场的录像带、合拍节目，等等，甚至对外电视广告，都应该列入“电视大外宣”，并以此对电视对外宣传进行综合评估。这是我想说的第一点。

第二点：建立和加强五种结合。

五种结合有的早已存在，正在运行；有的是偶然、临时结合，不够紧密；有的需要开始建立。

1.电视对内宣传和电视对外宣传相结合。

这个结合包括两重含义。一个是电视对外宣传要依托于电视对内宣传，电视对内宣传要支持电视对外宣传，电视台台长对这两方面要有个全面考虑，统筹安排。另一个是电视对内宣传在某种意义上也是电视对外宣传。卫星技术发展到今天，电视信号的传送、电视节目的覆盖已经不限于一国范围。中央电视台第一套、第二套节目完全以国内观众为对象，但是通过“东方红二号卫星”的发射实际上已经覆盖了周边国家。云南、贵州、四川、西藏等台的电视节目也是如此。从严格意义上说，这些节目都不是电视对外宣传，针对性、编排、选材以至语言大都不适合对外宣传，在一定程度上却起到了对外宣传的作用。记者、领导在组织、制作这些节目的时候，一定要多一个心眼儿，多负起一份责任。

2、中央台和地方台相结合。

近几年，地方台在开展电视外宣方面表现出越来越大的积极性，这是好事。目前一些地方台在海外，主要是美国，开辟了宣传阵地，使电视外宣有了新进展。这些阵地集中在美国，加拿大也有少数几个点，对象主要是北美华人。据统计，海外华人、华侨共有2500万人。美洲有240万人，应该成为我们电视对外宣传的一个重点。但是，华人不应该是我们宣传的唯一对象。这我们一直提倡“进入外国的主体社会”，离这个目标还很远。中央对外宣传小组提出，外宣的重点是北美、欧洲和周边国家。我同意这一点。这样的考虑是以全球战略格局和我们实际具备的力量为基点的。但是，我们的外交是全方位的外交，我们的对外宣传也应该是有重点的全方位的对外宣传。只要力量够，就要争取扩大阵地，少留空白点。比如，法语地区有二十来个国家，西班牙语地区有20多个国家，阿拉伯语地区也有20来个国家。在这五六十个国家里，我们的电视外宣基本上还是空白点。补足这些空白点，只靠中央电视台一家的力量是远远不够的。我们需要有计划地合理分工，不要挤在一块窄小的阵地上，要分别担负起在这片广阔的地区开发电视对外宣传的任务。就这来说，电视对外宣传大有用武之地。

3、系统内和系统外的结合。

电视对外节目的主要制作单位是中央电视台和地方电视台。今后相当长时期还会是这样。但是，中央各部委的宣传部门也在制作一些供对外宣传比如介绍中国风光的旅游片和其他专题宣传片。有些对内使用的专题片比如全面介绍改革开放成就的《凤凰涅槃》，变换角度，改造成电视对外节目。估计地方也有类似的情况。这支力量，这份资源应该进入电视外宣工作者的视野。我们可以选择其中适于对外宣传的题目进行加工改造。另外，还有个别的电视节目制作企业，例如今年1月份成立的“东上海文化影视公司”，就是以制作对外节目为主的企业。我们应该加强同他们的联合。加强电视对外宣传，系统内各单位责无旁贷，但是不能孤军奋战，要联合一切尽可能多的单位，收集尽可能多的片源，充实我们的电视对外节目。

4、电视和对外广播相结合。

在广播影视系统内，对外宣传搞的最长的莫过于中国国际广播电台。这个台的优势是有一套包括43种语言节目、160小时广播时间的全由自己掌握的宣传阵地；有一批精通或熟练掌握38种外语的懂得对外宣传的人才；有广泛的国际联系，在21个国家和地区派有常驻记者。在发展对外电视宣传中，这是一支不可忽视的力量。中央电视台和国际台合作，已经迅速办成了不少事情。象《世界广播电视参考资料》、像1993年1月5日正式向墨西哥“特莱维萨”电视公司每周传送两次的10分钟西班牙语新闻节目，还有大量的临时性的合作。我可以说，论组织对外宣传的节目，国际台具有丰富的经验；论对外宣传中必不可少的翻译人才，国际台在全国翻译界是数一数二的；论外语播音员，从总体上说，还没有哪一家能够超过国际台，将来对外电视节目大量的成品应该是一个版本，多种外语配音。在这方面首先要从国际台觅求人力支持。否则会迁延时日，难以迅速上马。

5、电视和电影相结合。

电影有自己特定的对外宣传渠道。目前，影视对外合作还不太多。但是，合作的前景是十分广阔的。中国新闻纪录电影制作厂拥有一支经验丰富的强大的对外电影宣传的力量。在电视对外宣传开展以前，新影厂早就担负起以声形并茂的形式对外宣传任务。在系统内研究影视合作的总安排中，负责电视对外宣传的同志一定要密切关注形势的发展，要把这支力量以适当的方式吸引到电视对外宣传的队伍中来。其它，如科影厂、儿影厂以及几十个生产的产品都可以十分容易地变成录像带，进入海外市场或海外电视台播放。

以上我讲的“五个结合”，总的意思是希望从事电视对外宣传的同志们放开眼界，有目的、有意识地牵头搞起一个“大联合”，以迅速壮大队伍，扩大片源，开拓电视外宣的新阵地。这里有两个问题需要解决。一是思想问题。独家垄断，自立门户，是联合行动之大忌。二是利益问题。搞电视对外宣传需要相当大量的投人，希望得到补偿是理所当然的。在这方面，大台应该有“大家风度”，把组团出国考察的机会、可能得到的利益，尽量多照顾兄弟单位。

第三点：巩固和拓宽五条渠道。

五条渠道也是我国电视工作者经过多年努力陆续开辟的。现在的问题是要根据新形势估量一下成败得失，以便决定把重点放在哪里。

1、寄送渠道。寄送节目是电视对外宣传最早的渠道，也是现时下多数台使用的渠道。无论是寄送到我驻外使领馆，由我国的外交人员组织播放，还是寄到海外华人手里，由他们租用当地电视频道播放，我们的主动权主要在于把节目制作得合乎外国观众需要，这方面还有不少需要改进的地方，比如针对性不强，一个版本难以适应多种需求，缺少使用当地民族语言配音，等等。但是，在如何播出上，我们缺乏自主权，且很难监控，播出效果也很难有科学的反馈信息。我认识，由国家出钱定期向使领馆寄送节目还要坚持下去，但是一定要讲求实效，不要为寄送而寄送。支持海外华人在当地办电视节目是有历史功绩的，形成一种“小规模，多播点”的状况，易于发挥各方面的积极性。但问题也不少，恐怕只能是个过渡的办法，将来可能成为一条辅助渠道。

2、卫星渠道。卫星技术的发展是20世纪高科技的一项非常重要的成果。对扩大电视的传播具有划时代的意义。去年10月1日开始的第四套节目通过“亚洲1号卫星”和俄罗期96.5度星的传送实现了覆盖亚洲、非洲、澳洲、苏联的目标。今年元旦开始的对北美的一小时的汉语英语电视节目，改变了过去以邮寄方式送一周要闻和少量专题节目的落后局面，使当天在国内发生的重大事件得以及时报道到北美去，而且大大拓宽了覆盖面。目前，中央电视台正在广泛搜集观众反应。认真改进节目。同时，还在积极探索，寻求更佳传播手段。比如，租下一个卫星通道，搞24小时的节目。我认为，卫星传播今后应该是电视对外宣传的主要渠道，一旦实现租用全天候卫星通道，应该周密计划，使它成为全系统各台共享的传播渠道。这项工作正在进行，可望不久能够得以实现，到那时，我们作为电视大国的形象必将得到举世公认。

3、借助国外电视的渠道。中央电视台向CNN、ABU传送的新闻节目都是利用国外电视渠道，都应继续下去。日本NHK和韩国KBS购买中央电视台“新闻联播”全部节目或部分节目在日、韩的播映权，可以归人这个渠道。去年，中央电视台、国际台与墨西哥“特莱维萨”电视台达成了合作协议。我方人员以对方公司“特派记者”的身份向他们定期传送中国新闻，对方出钱租用、购买新闻、付劳务费，安排在黄金时间、在由全国知名度最高的节目主持人主持的节目中播出，而且传播范围遍及拉美、美国北部和欧洲、非洲部分地区。借用他人的通道为我做宣传，且能收回一定资金，我个人很主张建立更多的这类渠道。这类渠道对象性强，可以保证播出，且能回收一部分资金，是个好办法。到目前为止，主要是对方向我们提出这类要求，而我们表现得比较被动。我希望今年对使用这个渠道能给予推动。

4、商业渠道。这是指把电视节目打人国外市场。文艺性节目，在国外主要是在市场上购买。由于我们过去搞的是计划经济体制，对外宣传都是免费供应，不熟悉电视节目市场的情况。即使在国内建立电视节目市场还是一个十分艰巨的任务。但是，在国外这个市场早已存在，有它的运作方式和运行规律，有它的法律规定。例如版权保护，等等，我们都还不大熟悉。目前，分散经营有一些，主要还是购买和销售节目，有的是“以进带出”，搞“易货贸易”。1月中旬，在北京召开了“中国电视节目外销联合体”第一次会议，国内28家省级电视台和13个计划单列市电视台参加了联合体。会议就某些原则问题达到共识。希望这个“联合体”能够尽快行动起来，握成拳头把我们的电视节目打进国外市场，尽快占领一些阵地。同时，还可以“联合体”（对外似乎叫“公司”更易于为人理解）的名字积极地在电视比较发达的国家寻找代理商，销售或租赁录像带，今后，还可以投一笔资，搞些专门对外发行的录像带，比如健康的武打片，在国外，包括许多不发达国家，还是满有市场的。中央电视台中国电视剧制作中心制作的《西游记》、《唐明皇》、《杨贵妃》外销情况都很好。这方面，我们主要的缺陷是对国外行情缺乏了解、缺乏熟悉国外市场运作的人才，对国外市场的需求信息不灵。这方面可以让国际台驻外记者部、中国电影进出口公司的国外办事处和中央电视台的驻外机构了解一下，及时将信息报回来，有助于国内决策，可以加强中国国际电视公司下属的节目外销公司在国外点建起发行网。

5、合作拍片渠道。和国外合作拍片，邀请海外摄影队来华拍片，这也是我们搞过多年的工作。近年来，要求来华拍片的很多。一种是有钱的拍摄单位，他们愿意投资与我们合作。比如，日本TBS拍摄《望长城》，直接投资100多万美元。我们白赚了一部片子、几辆汽车。我看值得多干。最近，美国、韩国都提出这类要求。最近，中央领导同志提出要适当放宽外国记者来华的限制，借他们的报道宣传中国，这又是一个好机会。还有一种是独立制片人，本人拿不出资金，要求我们出路费、免费接待，这就比较困难。单从对外宣传、广交朋友来说，也可以接待个别的摄影队，大量的接待，各家经费都有困难。这类摄影队，我们拒绝了不少，不知地方台有无力量承担。

五条渠道中，有的要花钱，国家也投了一部分资，有的可以打平，有的还有赚头。即使利用卫星渠道，只要有阵地在，拉些广告和赞助费是有可能的。目前，外向型企业越来越多，有些企业包括乡镇企业想打人国外市场。据我接触到的一些厂家，他们苦于找不到一条更有实效的做广告的渠道。我想可以敞开大门，广为宣传，帮助厂家在国际上扬名，把广告也看作是对外宣传的一部分。这样做也给我们的对外宣传弥补一些经费，反正是“两利”的事。只要让他们看到实效，假以时日，成效自见。

还有两件事，我想也应该提到议事日程上来。

一是在海外开设商业电视台。这种可能性是存在的。开始可以与外国人或外藉华人合资经营，待到我们有了经验，也可以独家经营。美国、西班牙都提出过一些线索。

二是开办环球卫星直播电视。多语种、全天候的环球电视是一个大项目。技术上不存在太大的难题，问题是需要投入一些资金，集中相应人力，抓好节目，这须要有一定的准备时间。

上面我简略地谈了对90年代发展电视对外宣传的基本设想，其中有些想法可能也适用于发展电视对台宣传的基本设想，还有很多困难需要克服。

1、队伍问题。

电视对外宣传队伍建立的比较晚，很多地方台力量也很不平衡，有的地方多些，有专门机构，有的地方少些，而且还担负着对内宣传国际问题的任务。这支队伍还须要进一步培训，给他们多提供一些出国采访的机会，增加对外国观众的了解，积累电视外宣的经验。

2、经费问题。

电视是高技术、重装备、高消耗的事业，经费不足是普遍存在的问题。各省市还处在建设时期，建中心、建发射塔，然后是购置设备、制作节目。从广播影视系统来说，电视的计划外收入最大，目前主要还是广告收入，今后两三年内估计在“争夺广告战”中，电视还不会丢掉优势。

在这种情况下，各台台长势必会有“先顾内，后顾外”的想法，或者“只顾内，不顾外”的想法。部里制定的“1993年工作重点”提出“内外兼顾”，这是就全局的工作安排来说的。当然也希望中央电视台和地方台也能够这样去做。从帮助一省打出去，走向世界，这样做是值得的，会得到当地政府支持的。

更不要说，电视对外宣传也不尽是赔本买卖。我刚才说过五条渠道中，出售节目、合作拍片、定向传送以及合资办台都不用说了，即使卫星传送也可以采用商业形式。中央电视台和美国3C公司的合作，就不同于我们以前单纯出钱支持海外华人办台，还有个两家拉广告、赢利分成的规定。

总之，从“电视大外宣”的观点来看，电视对外宣传的经费是可以“以丰补欠”的。

3、联合问题。

为了搞起“电视大外宣”，必须搞起几方面的大协作，因此联合问题就成为一个关键问题。目前，几种联合形式都还存在一些问题。产生问题的关键在于利益分配。一个台内部存在这个问题，几个台之间存在这个问题，更广范围的联合同样存在这样的问题。

我相信，我们的电视队伍总的来说还是重视对外宣传的，内部的矛盾、问题，可以找到解决办法。

提出商品经济、市场经济经后，人们中的竞争观念大大增强了，这是好事。但是，一定要分清谁和谁竞争，在哪些领域内竞争。拿电视对外宣传来说，我们的竞争对手是西方国家的电视节目，和它们较量必须形成我们自己的“规模经营”。没有相当大的联合力量人人单枪匹马闯天下，恐怕很难收到理想的效果，更不用说速见成效了。

中央电视台力量比较雄厚，在联合中应该起到带头作用。所谓“带头”主要是加重中央电视台的责任和义务。凡是中央电视台对外打开的宣传渠道都要敞开大门，吸收地方参加，供大家使用。在这次会上，中央电视台会本着这个原则提出一些具体办法，和大家一起研究，制定联合行动的方案。

以上的基本设想只是表达了迄今为止对发展电视对外对台宣传的认识。客观事物的发展是没有止境的，人对客观事物的认识也没有止境。“千虑一得”，仅供参考。有讲的不合适的地方，希望大家批评指正。

（这是作者 *1993* 年 *2* 月 *18* 日在全国电视对外对台宣传工作座谈会上的讲话，原载《电视对外宣传通讯》*1993* 年第 *1* 期，收入本《年鉴》时作者有删节）

在社会主义市场经济条件下发展国际广播的基本思路

刘习良

目前，广播电影电视全系统的同志正在认真学习中国共产党第十四次全国代表大会的文件，结合各地区、各部门、各单位的实际情况研究落实“十四大”精神的具体措施。在这样的背景下，中国国际广播学会召开“第二届国际广播研讨会”，探讨在新形势下如何对外宣传中国，无疑是很及时、很有必要的。希望与会同志通过讨论对国际台乃至广播影视系统下一步的宏观决策提出宝贵的意见和建议。

我从 1990 年 9 月离开国际台，到现在已经有两年多了。在这两年多的时间里，虽然我分工负责其他方面的工作，但却一直关注着对外广播事业的发展变化，思考着国际台的诸多优势、实际存在的困难以及解决问题的办法。

首先，应该说，这两年国际台无论是在提高节目质量、开展基本建设、更新技术设备和加强内部管理方面，还是在听众来信、研究出版、对外合作各项工作中，都取得了新的进展，其中不无突破性的进展。我们应该充分肯定这些成绩，增强进一步推动改革、发展事业的信心和勇气。

其次，国际台确实面临许多困难。这些困难表现在各个方面。据我观察，集中表现在人才流失上，而人才流失的原因又非常复杂，须要认真分析，摸准“病因”，才好对症下药。

“十四大”召开后，广播影视系统面临一个大课题，这就是：以建设有中国特色的社会主义理论为指导探索适应社会主义市场经济体制的广播电影电视的发展道路。这是个大课题，也是个新课题，大家都缺乏经验，只能“摸着石头过河”。目前，各地区、各部门、各单位提出的改革方案、改革设想尽管深度不一，都是依据各自的实际情况寻求解决上述问题的答案。这次研讨会提出的国际台发展战略和自身改革问题，我想巩怕也应该把它放在经济体制转换这个大背景下加以研究。

我国的广播电影电视是在高度集中的计划经济体制下发展起来的。在管理体制、经费来源、、机构设置、运行机制等方面，不可避免地带有适应计划经济体制的特点。在经济体制转换过程中，有些特点仍然要继续保持，如广播电台、电视台、是党和政府的喉舌耳目、以宣传为中心、把握正确的舆论导向和宣传基调等等。有些特点势必要有变化，而且在改革开放的几年当中已经发生了不小的变化，突出地表现在人事制度、经费来源、内部管理等方面。“十四大”明确提出“我国经济体制改革的目标是建立社会主义市场经济体制，以利于进一步解放和发展生产力。”在社会主义市场经济体制的建立和逐步完善的过程中，广播影视系统的生产企业、文化企业都会发生很大变化。对此，我们必须有充分的思想准备，在调查研究的基础上做出科学的预测，制订出尽量合乎实际的决策，并在实践中不断加以调整。

1992 年 6 月间，我在“全国省级广播电台台长会议”上曾就加快对广播的改革步伐谈了一些个人意见。概括起来说，就是坚持一个方向，即坚持社会主义的办台方向；扩大两种资金来源渠道，即增加政府拨款和扩大广播自身的创收渠道；确定办台的基本方针，即多样、开放、联合、科学、法制。对外广播和对内广播情况不尽相同，那意见中只有一部分可供对外广播工作者研究参考。今天，我想围绕着“在社会主义市场经济条件下发展国际广播的基本思路”这个大题目提出几点不成熟的看法，同与会同志们商讨。

一、国际台的特点。

中国共产党领导下的人民对外广播事业已经有 45 年的历史。从 1947 年到 1949 年是在解放区度过的，规模不大，人数不多，还不成为一个独立的新闻单位。从 1949 年到 1978 年的 30 年间，国际台发展壮大，成为全国独一无二的面向全世界的多语种对外广播电台。国际台的特性、功能、规模、制度等基本上是在那 30 年间形成的。那 30 年正是高度集中的计划经济体制形成和巩固的时期，这种体制对国际台的影响是必然的，具有决定意义的。

在计划经济体制下，国际台有几个明显的特点：

国际台是社会主义国家所有的事业单位；

国际台是党和政府的喉舌，其中心任务是通过广播向国外听众宣传中国；

国际台内部管理采用与行政机关相同的管理办法；

国际台内部干部列入政府职级序列，由政府任命、监督、管理；

国际台全部经费来自财政拨款；

国际台的发展规划由政府统一制定，等等。

这些特点都是由计划经济体制的特点衍生出来的，符合计划经济体制的要求，因此 30 年的时间里国际台及其从事的对外广播事业得到了迅速的发展。

1979 年，我国进入了以改革开放为特征的社会主义现代化建设的新时期，随着经济体制、政治体制和各项制度的改革，国际台也在变革着原有的各项制度，进行着自身的改革，在原来的基础上事业规模有所扩大（集中表现在播出时间的增加、传播范围的扩大以及与外台合办节目的开辟，与之相应的技术设备的增添和更新）；财务制度、人事制度有了相当大的变化。不过，这些变化还不是根本性的变化，和作为文化企业的电影以及主要在 80 年代发展起来的电视相比，国际台原有的特点更加明显。同时，由于社会上各行各业的改革进展迅猛，给国际台带来了很大冲击。

面对改革大潮，面对猛烈的冲击，我们首先应该分析一下国际台有什么优势。

二、国际台的优势。

优势是客观存在；发挥优势须靠主观努力。要发挥优势，首先，要认准优势。国际台有哪些优势？我认为，国际台有 6 个方面的优势。

一是牌子。“中国国际广播电台”是全国独一无二的面向世界各国的对外广播电台，这块牌子是十分响亮的。随着发射功率的增大，对外互转合作的开展，特别是卫星技术的发展，国际台在国外已经享有“世界性大台”的声誉。近年来，国际台加强了自身宣传，向越来越多的新闻机构提供新闻稿，连续举办具有相当影响的社会活动，其名声在国内也日益传开。这块牌子的作用不可忽视，它是国际台与国内外进行合作、取得各方支持的声誉基础。

二是阵地。国际台 43 种语言节目、每天 160 多小时的广播时间是一块大阵地。这块阵地几乎覆盖全球，在国内的覆盖面也日渐扩大。这是国际台雄厚的物质基础，外界看重国际台，愿意和国际台携手合作，眼睛盯着的正是这块阵地。作为这块阵地的延伸部分，国际台还掌握着书籍出版、音像出版、报纸和刊物。

三是队伍。国际台拥有政治素质和业务素质较高的 1500 人的队伍。相当一部分人热爱对外广播事业，愿意把毕生精力献给对外广播事业。外语干部通晓的语种在国内首屈一指；对外语精通的程度，从总体来说，数一数二；对国外情况的了解，论范围，论深度，都是数得着的。他们的知识汇集在一起，构成一个十分难得的智慧宝库、“头脑公司”。国际台还拥有一批经验丰富的编辑、与各方联系广泛的记者和具有相当高水平的技术人员。据我所知，还有一批活动能力、“公关”能力很强的人才，稍加训练就能成为合格的干练的经营人才，这是使很多人羡慕的人才基础。如果我们承认一切竞争归根到底是人才竞争，那么国际台在这方面拥有明显的优势。

四是技术设备。自从低周部分的技术部门归入国际台以后，几年来国际台的录音、传送、通讯设备以及办公设备不断更新改造，可以说，目前拥有的技术设备在国内是第一流的。这是国际台的强大的技术基础。凭借这个技术基础，国际台节目的技术质量能够不断提高，节目传送、对外互转有了可靠的技术保证，此外还可以对国内外提供技术服务。

五是对外联系。国际台已经建立了 21 个驻外记者站；每年向国外派出一二百人，或留学，或在使领馆、其他新闻单位、公司任职，或从事劳务，或短期访问。离开国际台在海外定居的人数众多，和国外华侨、华人保持着广泛的联系。国际台还有一大批关系密切的外国同行、外国听众以及曾在国际台任职、期满回国的外国专家。这些人加在一起，国际台的对外联系可谓遍布全球，而且这种联系还在进一步扩大。在信息时代，信息资源是十分宝贵的，他们每一个人都是一个信息源，也是国际台在国外的支柱或帮手。

六是经营项目。经过几年的努力，国际台已经开拓的经营项目相当齐全，简单数一数，就可以看到举凡与广播电视直接相关的项目，国际台几乎应有尽有。广告、出版、报刊、旅游服务、技术服务、翻译服务、外语教学、汉语教学、外语配音、信息服务、咨询服务，等等，一应俱全。经营规模有大有小，经营潜力还是相当可观的。

有的同志可能说这些都是人人皆知的东西，不足为道。但是，显而易见的东西往往容易被忽略。对这些客观存在的优势没有高度自觉的认识，会出现“设备闲置”、“资源浪费”的现象。

这些优势的形成是得来不易的。其中既有政府和部领导有计划的安排，也有老一辈对外广播工作者的辛勤积累；还有现任国际台各级领导、各个职能部门、业务部门的同志们四处奔走、费尽唇舌争取来的。认识优势还只是纸上谈兵；统筹兼顾，调动人马，妥善安排使优势变成物质力量是我们大家的共同责任。

三、国际台面临的机遇和挑战。

1979 年以后，党和政府对各种体制进行了改革。原来全部靠吃“皇粮”维持的事业单位纷纷开始了自身的改革。拿中央三台来说，改革的历程是大体相同的，象人事制度的改革基本同步进行。但是，由于各自的条件不同，在创收上出现了显著差异。中央电视台以广告为主的计划外收入超过了预算收入的十几倍到几十倍。中央人民广播电台也超过了几倍。唯有国际台受条件所限，计划外收入很少。计划外收入除弥补事业经费的不足和上缴外，还可以增加创收单位的集体福利，从而出现了国际台职工报酬相对偏低（国家支付的工资、奖金三台是一致的，由创收部分增加的福利，三台差距甚大）的问题。

公平地说，考虑到国际台的困难，国家已经采取了一系列“倾斜”政策。举例来说：1.对外广播技术大楼的基建资金由国家全部包下来（对中央台的大楼，国家只投资三分之一）；2.每年除固定下达事业经费外，还拨相当于事业经费总额的专项拨款；3.批准在国际台全部对外节目中做广告；4.把建立 30 个驻外记者站的任务交给国际台承担；5.批准国际台成立两个出版社（这在全系统是绝无仅有的）；6.支持国际台向广播电台、电视台及报纸播发国际新闻稿；7.批准陆续开办多语种的对内广播；8.批准开办对内发行的报纸；9.免除计划外收入的上缴部分等。凡是参与过争取这些“倾斜政策”的同志，想必都还记得当初花费了多么大的力气，经历了多么艰难的过程。我们要珍惜这些得来不易的政策，更要用好用足这些政策。

建立社会主义市场经济提出后，国际台又面临着新的机遇和挑战。结合对机遇和挑战的分析，我想提纲挈领地提出以下一些思路：

1.宣传。

社会主义市场经济的建立和日益完善，必定会促进我国生产力发展和科技水平的提高，使整个社会生活变得更加丰富多彩，易于为外国听从理解的新鲜事物会层出不穷；对外开放的扩大必将导致外国人更想了解中国的具体情况，同时对外介绍我国各方面的情况的必要性也会越来越大；改革开放的进一步发展会使人们（包括对外宣传工作者）的思路更加开阔，思维更加活跃。关于市场经济、科技、法律以及我们不太熟悉的领域的报道会逐渐上升到突出的地位；各个对外宣传单位，尤其是电视对外宣传将会有个大发展，国外听从选择性势必会增大。为此：

（1）.国际台仍需坚持以对外广播宣传为中心，继续贯彻“以正面宣传为主”的方针，同时借改革开放对对外宣传提出的更大要求为动力，发动全台同志开动脑筋，改进节目，扩大报道面，讲究宣传艺术，以提高节目质量为依托，在对外宣传的竞争中立于不败之地；

（2）.有计划、有组织地帮助宣传干部更新知识，拓宽知识面，把宣传搞得更准确、更实在，同时吸收一部分经济、科技、法律专业毕业的大学生，以弥补总体上知识结构的欠缺；

（3）.不失时机地选准适合我技术需要的录音、传音设备，借对外广播技术大楼建成之机，更新、增添一批新设备；

（4）.更积极地推动发射基地的建设。增强发射能力及对外转播合作的实力，进一步改善收听状况，创造条件有重点地在国外与人合作办台。

2.经费。

社会生产力进一步得到解放和发展，国家综合实力会进一步增强，财政状况可望好转，对外宣传事业单位的投入可能会有所扩大；两个市场对接后，国内企业希望进入国际市场，迫切需要大量具有实用价值的信息、对外宣传自己的产品；第三产业将有一个大发展，经营门路大为拓宽；系统内的若干企事业单位找到适合的发展道路，经济实力更加雄厚。在各项经营门路出现激烈竞争，形成交叉、渗透的局面，某些部门在经营上走在前面，“财大气粗”，协调工作更加困难。为此：

（1）国际台仍要不厌其烦地向计委、财政部、对外宣传小组反复申诉对外广播需要增加投入，讲清对外广播的良好社会效益，争取基建资金能有保证，事业经费能有所增加；

（2）充分发挥国际台的优势，用足各项“倾斜政策”，着重发展国际台的优势信息产业，提供有偿信息咨询服务，加入第三产业的经济运营，同时在力所能及的条件下开展多种经营；

（3）主要走“联合经营”的道路，从系统内外、国内外、境内外积极寻觅合作伙伴，为此要有计划地建立起广泛的社会联系，把“腿”伸向地方、伸向国外；

（4）合理使用台内人力，调动一切积极力量，做到“人尽其用”，实行主业副业结合、长短期聘用结合、专业业余结合的使用经营人才的办法；

（5）加强集中管理，制定各项规章，实行合理分配，逐步打破奖金分配上的“大锅饭”，把奖金数量和劳绩大小紧紧挂钩，在某些部门实行“承包责任制”、“岗位责任制”试点，积累经验，以利于进一步加强改革的力度。

3.人才。

经济发展必将使我国和世界各国的联系越来越密切，对外宣传显然会有个大发展；各项管理制度的改革能把关系理顺，心气理顺；新老交替，观念更新，有助于实行一系列新制度新办法。争夺人才，尤其是外语干部（包括通用语种和若干稀有语种）、高级技术人才和经营人才，更加激烈；人才流动、人才市场的开辟有利于条件较好的部门和单位。为此：

（1）国际台要从三个方面为留住人才创造良好的环境：推动对外广播事业发展，使人人感到有奔头；理顺人际关系，进一步改善人际环境，使绝大多数人感到心情舒畅；提高待遇水平；

（2）开拓各类事业和经营项目，同时下功夫摸清人才状况，使每个人各得其所，各展所长；

（3）提高各部处、科组干部的管理水平，着重和善于发现人才，懂得爱护人才、尊重人才；

（4）改革各项用人制度，对不同工种、不同层次的干部采用不同的管理办法、招聘办法。

我觉得，根据国际台的实际情况，以上这三方面应该是主攻方向。当然，作为系统工程，还要进行行政管理、思想教育、监督检查、后勤服务等方面的配套改革。而改革成败的关键则在于国际台各级领导干部解放思想，更新观念，勤奋工作，同时还要有外部条件的变化。

“十四大”以后，整个对外宣传面对又一个大好时机。抓住良机，及早决策，经过几年的努力使对外广播事业上一个新台阶。今天这个会是个研讨会，大家各抒已见。我不揣冒昧，讲了一些个人看法，只是一家之言，不周全、不准确、不正确的地方势必难免。不当之处，请大家批评指正。

（原载《国际广播》1993年第1期）

加强管理
开拓国产音像制品市场

刘习良

最近几年，国产音像制品的制作、出版、发行都遇到了前所未有的困难。尽管如此，广播影视系统内和系统外的音像制作单位仍然制作出数量可观的音像制品，包括这次获奖的优秀音像制品，而且踊跃参加评选，这是十分难能可贵的。这个现象说明在国产音像制品这一领域里工作的同行们具有高度的社会责任感和不怕困难、积极进取的精神。请与会代表向各地音像制作单位的职工们转达广播电影电视部对他们的亲切问候，感谢他们常年不懈地坚守工作岗位，孜孜不倦地为丰富人民群众的文化生活做出的努力。

在接下来的两天，我们还将举行国产音像制品研讨会。这是广播影视部领导最近对各项评奖活动作出的一项决定，目的是不要把颁奖会单纯办成热闹一时的庆祝活动，而是利用颁奖的机会扎扎实实地研究一些问题，提出改进工作的思路，最好能够解决一些急待解决的问题。

我建议在这次研讨会上讨论两个问题，一个是文艺创作的导向问题，一个是音像制品的出路问题。

关于文艺创作的导向问题，在最近举行的"全国电视文艺座谈会"上，艾知生同志和王枫同志发表了重要讲话，方方面面都谈到了。我在会上也对电视文艺工作者提出了"认真学习，勤奋实践"的两点希望。几个讲话稿已经印发给与会代表，我就不多重复了。

国产音像制品是我国文艺创作的重要组成部分，在社会主义精神文明建设中起着不可替代的特殊作用。每年生产的大量音带、像带通过各种渠道传进千家万户，其影响之大是有目共睹的。音像制品主要是通过市场实现其价值，但是，我接触到的一些从业人员都表示，在音像制品的经营中应该有高度的社会责任感，正确处理经济效益和社会效益的关系，不能见利忘义，要为弘扬民族优秀文化，为中华民族的文化积累做出贡献。我想，正是为了这样一个崇高的目的，他们才录制发行了像《中国传统音乐（资料）精选》、《中国京剧有声大考》这类集大成式的录音带以及深受听众欢迎的《亚洲雄风》、《外来妹》、《山不转水转》、《辘轳、女人和井》、《深圳情》、《一代风流》、《梁山伯与祝英台》、《春江花月夜》等音带，还有表现改革开放和现代化建设的《中国神火》、《超级模特》、《邓小平在广东》等录像带以及《杨乃武与小白菜》、《毛泽东和他的乡亲们》、《凌汤圆》、《傻儿师长》等优秀像带。

当然，在已经出版发行的音带像带中也有一些平庸之作以及格调不高、模仿港台商业片的作品。这类作品可以概括为趋时、媚俗。所谓"趋时"，就是赶时髦，一窝蜂，表现在题材选择上就是"杀声震天，血流成河，女字满目，艳字当头"。以为只有这类武打、言情片才有市场。所谓媚俗，就是迎合情趣，搞拜金主义，模仿港台的一些低俗作品，拾人牙慧。不管出现这些作品的原因是什么，总是不利于社会主义精神文明建设，需要认真加以克服。

关于国产音像制品的出路问题，我想多说几句，供大家研究讨论时参考。

从统计数字看，全国音像制品在 80 年代中期和后期，曾经有过辉煌的纪录。1989 年，录音带发行量达到 11000 万多盒，录像带发行量达到 44 万多盒。其中国产音带、像带都占有可观的比例。拿录像带来说，1989 年仅在全国订货会上就推出了 340 多部国产录像带，而引进片是 200 部，平均每天有 1.5 部新片投放市场。

进入 90 年代，国产音带、像带的出版、发行量都在下降，音像制品业遇到了很多困难。

分析一下出现困难局面的原因，不外是以下几个方面：1.音像管理体制不顺，管理措施不力，经营机制落后，大家戏称为"上面三国演义，下面八国联军"。2、引进带与国产带在不平等的条件下争夺激烈。3、一些不法行为，如盗版、走私屡禁不止形成了严重冲击，据统计，现在市场上非法录像带占 80%，非法录音带占 70%。当然还有其它一些复杂的社会原因。

针对这些情况，我想提出以下三点意见。

一、理顺体制，加强管理。

解决这个问题，是行政管理部门的责任。在这次国务院行政机构改革中已经明确地提出了这个问题，而且指派专人研究解决这个问题。现在，几个有关部门正在协商、协调，新的办法还没有提出来，只好以后再谈。音像管理体制是一个庞大的系统工作，一方面是法律建设，要制定必要的方针、政策、法规，另一方面是依法执行各项行政权力，象音像出版单位、复录加工单位的审批；音像制品的进口审批；出版管理和市场管理、违章出版的查处和版权管理，等等。对这种环环相扣的管理工作，应该有个统一的安排。但是，目前存在的管理体制涉及到几个方面，协调起来确有相当难度，需要一定的时间。即新的管理体制确定后，也不可能尽善尽美，而且随着形势的发展，还会出现新的矛盾、新的问题。

不管未来的管理体制如何，加强音像市场管理是必须抓紧做的一项工作，而且现在也在做，其中一个重要方面就是查处非法音像出版物。为此，今年 2 月 9 日新闻出版署、广播电影电视部和文化部联合发出《关于查处非法音像出版物的通知》。其中明确规定了 10 种音像出版物为非法出版物，而且规定了查处办法。在这个问题上，主要是执法要严。对发生在本系统内的问题，各级音像行政管理部门一定要依法办事。对发生在系统外的问题，要及时汇报情况，向有关部门反映。查处非法音像出版物是"扫黄"工作的重要组成部分，而"扫黄"是社会主义精神文明建设中一条带根本性的方针。我们要从促进社会全面进步的高度出发重视这项工作，切实负起"打非"的责任。

另一个问题是打击音像制品的走私活动。音带、大密纹唱片、激光唱片、激光视盘的走私活动，近一时期在一些省份十分猖厥，形成第二次高潮，造成了极为恶劣的社会影响和国际影响。对这类活动必须严厉打击。1992 年，中宣部和海关总署发布了《关于坚决打击私自引进和放映外国及台、港、澳地区故事片的通知》；在1993年8月初举行的全国打击走私工作会议上，广播电影电视部已经建议把走私录像带、激光视盘等列为查缉的重点物品。我相信，全国各有关方面的配合行动，一定会取得明显成效。这场斗争不是一次就能奏效的。今后肯定还要坚持不懈地斗争下去。

二、认清形势，找准位置。

和一般广播节目、电视节目相比，音像制品的突出特点是直接面向消费者，通过销售实现自身的价值。目前，大多数音像出版单位是企业，一部分是实行企业化管理的事业单位。它们的活动舞台是音像市场，生存、发展要靠经营效益。在广播电视系统中，这块工作领域是较早进入市场经营的。因此，分析、研究音像制品市场的状况、规律、矛盾，对探讨在社会主义市场经济体制下如何发展广播电视，显然是具有深远意义的工作。

关于广播电视系统面临的形势，我在“全国电视文艺座谈会”上谈了一些看法。简言之，在80年代末90年代初，国际形势发生了大格局的根本性变化；国内的改革开放和社会主义现代化建设进入了一个新阶段；各种传播媒体间的激烈竞争出现了新态势。这三方面的情况向广播电视提出了一个急迫的任务，那就是制作出数量更多、质量更好的节目。唯有这样，才能与境外节目相抗衡，抵消其在意识形态方面的不良影响；才能与其它传播媒体展开公平、有益的竞争，才能不断满足人民群众日益增长的文化生活的需求。

在这样的形势下，在完成这个急迫的任务中，音像制品占据一个什么位置？据我个人看，音像制作出版单位应该是广播电视战线的一支独立的“方面军”，既要在音像市场上摸爬滚打，“单独作战”，又要和广播电视的无线台、有线台携起手来，“协同作战”。随着整个广播电视事业的发展，音像制品业也必须有个大发展。

有的同志会问，目前高雅艺术处在不景气状态；大陆流行歌曲也面临困境，一些歌星纷纷与港台音像机构签约接受“包装”；港台片、外国片十分叫座；国产片受到冷落。在这种情况下，制作数量更多的节目有什么出路？

我的回答是：要面向两个市场！一个是国内市场，一个是国外市场。要对这两个市场进行认真的调查研究，摸清消费者的不同需求，制作适销对路的音像制品。

先说国内市场。为了容易说明问题，我想举电视节目为例。王枫同志在“全国电视文艺座谈会”提出了面向三个屏幕的问题。一是无线电视台、二是有线电视台、三是放像点。就音像制品来说，还有第四个屏幕，就是家庭、个人拥有的录放设备。

近两三年来，无线电视台增长很快。1990年全国共有509座电视台，到今年6月达到了614座；节目套数从1990年的554套增加到今年6月的691套；每周播出时间从1990年的22298小时增加到今年6月的28246小时。换句话说，在两年半的时间里，电视台增加了105座，节目套数增加了135套，每周播出时间增加了5948小时。无线电视台的制作能力怎么样呢？以每天制作节目的时数和播出的时数相比，中央电视台是1：3；省级台平均是1：6；全国电视台平均是1：9。也就是说，存在着严重的“节目荒”。今后，随着专业频道、专业台的设立，“节目荒”只会更加严重。我想，对此一方面要进行宏观调控，控制无线电视台的发展速度；另一方面就是走世界电视大国的路子，鼓励发展能够制作出高质量电视节目的制作公司或制作中心，由它们向无线电视台提供各类节目。电视节目制作单位和无线电视台的合作已经有了一些经验。例如，中央电视台购买北京文化艺术音像出版社生产的《爱你没商量》；北京电视艺术中心以节目带广告的形式向全国100家无线电视台出售《京都纪事》。据我估计，第一个例子不大可能成为普遍现象，而第二个例子的确具有较大的可行性，电视节目制作单位和无线电视台的合作是一个新产物，不少音像出版单位正跃跃欲试。不过，这种合作尚未形成规范，更没有条例可依。无妨先试验一段时间再说。在这里我想提醒一句，就是在无线电视台，尤其是向全国播放节目的中央电视台播出的节目和在录像厅播出的节目，审查的宽严尺度是不一样的，要更严格一些。这是大家可以理解的。除了电视剧外，专题节目的合作也有广阔的领域。比如中国国际广播电台下属的音像出版社最近制作的《外国人看中国》，就得到普遍好评，中央电视台对外中心准备以优惠的条件与其合作。

据1991年的统计，全国共有行政区域性有线电视台451座，企业有线电视台1098个。行政区域性有线电视台主要靠向观众收费维持节目播出。除了按照规定转播无线电视台的几套节目外，一般都自办一两套节目。目前，有线电视台是靠中央电视台中国国际电视公司收购节目，统一供片。有线电视台正方兴未艾，通过一定渠道向社会各类电视节目制作单位购买节目势在必行。

另外，全国共有15万个录像放映厅、室，节目都是从制作单位购进或租进的。

目前国内有近4千万台录像机；家庭用录像机正以每年百万台的速度递增。这又是一个正在日益扩大的市场。尽管购买录像带的人是极少数，而租赁录像带的人数显然会越来越多。可惜的是目前像带租赁业还不大发达，观众想租带子，也很不方便。

有线播出，录像放映厅室，像带出租业，这三个方面是文化消费市场，也是社会主义精神文明建设的阵地。江泽民同志最近谈到文艺创作时指出：“我们的文艺创作，总的来说，是要促使人们振奋精神，鼓舞斗志，培养和陶冶人民的高尚情操，为国家现代化建设做出贡献。当然，也要给人们在工作之余带来欢乐。”我想，这段话也是对音像制品提出的要求。对有政治错误的、诲淫诲盗的、低级下流的作品，一定要严禁进入这三个“市场”。毫无疑问，在保持健康向上的总格调的前提下，应该提倡题材、表现形式的多样化，向这三个“市场”的不同消费者提供有益的娱乐服务。

电视节目制作单位应该瞄准这四个国内市场，在选题、投拍时确定供片目标。其中有些节目可以通过销售、有线台播放、无线台播放这一系列渠道收回成本，形成良性循环。

把中国的电视节目推到国际上去，是我们多年来奋斗的目标。近一二年，这项工作发展很快。中央电视台提出了“一个天上，一个地下”。“天上”是卫星传送。1993 年 8 月 28 日，我国电视节目将在美国开通一条 12 小时的卫星通道。这是一个划时代的举措。其中除播出新闻节目外，需要大量适合对外宣传需要的各类专题和文艺节目。以后，还准备开通对欧洲、对亚洲的卫星电视通道。在筹划开办这套节目的时代，我们就说过，这好比是一辆“公共汽车”，欢迎所有电视节目制作单位上车。“地下”，是建立中国电视节目在国外的销售网。这项工作刚刚起步。由中央电视台牵头成立了“中国电视节目销售联合体”专门负责在国外开拓市场。工作难度的确很大，问题在于要不断配备懂得经营的得力的人才，还要取得各方面的大力支持。

以上我介绍了电视节目的国内、国际市场的情况。录音制品情况有些不同，但思路、渠道大体上是一样的。

音像制作单位主要是通过商业渠道经营精神文化产品，研究音像市场的需求，决定如何投拍是每日的功课。上面关于两个市场的想法是否符合实际，存在什么困难，需要广播影视部及其下属管理机构做些什么工作，我们都很愿意认真地听取在座各位的真知灼见。

三、拓宽题材，繁荣创作。

面对国外市场和包括四个方面的国内市场的不同需求，音像制作单位的同行们应该多做“内功”，也就是拓宽题材，繁荣创作，拿出高质量的音像节目。

首先，改革开放和现代化建设的伟大实践，应当成为音像制品讴歌的时代主题和主旋律，应当成为音像制品取之不尽，用之不竭的创作源泉。刚才我已经列举了一些剧目、曲目，就不多说了。

其次，音像制品还要进一步在题材选择和风格样式上实现多样化。社会主义市场经济体制的建立和日益完善，必然使社会生活变得更加丰富多彩，人民群众的精神文化需求也日趋多样，音像制品的创作路子应该越走越宽。中国历史上下五千年，从神话传说到古典名著、各类史籍典册浩若烟海，都应该进入我们的创作视野。《红楼梦》、《西游记》等电视连续剧常演不衰，在国外市场上也受到欢迎。《三国演义》尚未拍完，已经有人愿意收购。中国的民间传说，是一笔丰厚的文化遗产。上面提到的《凌汤圆》和《傻儿师长》，都是采自民间传说，人物形象生动，语言个性鲜明，地方色彩浓郁，社会内涵丰富，的确不愧为像带佳作。我国的一些章回体小说，改编后各集可以独立成篇，连缀起来又是整体，是完全能够拍得扣人心弦、引人入胜的。这样的作品，可以寓“史识”于娱乐，普及历史知识，提高国民的历史修养和精神素质。

录音、录像带的品种也要发展，缺门和弱项要弥补、加强。比如，获得录音带戏曲类特别将的《中国京剧有声大考》。它汇集了自京剧大师谭鑫培(1847–1917) 至当代京剧名角李维康 (1947–) 一百年来的 120 位京剧艺术家的著名唱段，是对京剧各个行当的声腔进行了系统研究之后梳理而成的大作。这套节目包括 30 盒、280 多段唱腔，对推动京剧振兴、弘扬民族优秀文化，起了重大作用。戏曲艺术片对保留中华民族艺术文化遗产作用巨大。这次获奖的《宝莲灯》、《曹操与杨修》、《哑女恨》都是艺术精品。在录像带方面，专题片同样大有可为。像《八桂风谣》、《京城拾贝》、《望长城》、《寻》都是出色的作品。再如，这次获得专题片三等奖的成都音像出版社出版的《钟声》、是一部行业宣传片，但它拍得生动、成功。因此共发行了 1 万 4 千盒，创造了近年来发行像带的最高纪录，取得了良好的社会效益和经济效益。事实上，市场对录像带专题片的需求是多方面的，如气功、太极拳、保健、卫生、教育、美容等多方面的题材，都还有待我们去开发。少年儿童题材的录像带创作是弱项，希望引起大家的注重。考虑到越来越多的家庭都开始有了录像机，考虑到遍及全国城乡幼儿园、中小学教学及课外活动的需要，我们音像界应当认真组织力量，生产出一批高质量的精神产品献给我国三亿多少年儿童。

为了适应市场多方面的需求，为了推动音像制品的创作走向繁荣，希望大家树立起五种意识：

首先是国际意识——在国际音像文化交流中，能够打出高质量的“中国牌”，通过音像阵地弘扬中华民族的优秀文化，扬国威，振民气，在善于吸取外国音像文化的有益营养的同时有效地抵制其可能带来的消极影响，并使中国特色的民族音像文化走向世界。

其次是改革意识——以改革的精神实现音像艺术生产力诸因素的优化组合，发展艺术生产力；以改革的精神调整现行的音像生产体制，完善有关音像文化市场的法规；以改革的精神进行音像制品的艺术创新，为人民创作更多更好的精神食粮。

群众意识——既要积极适应广大群众多层次的审美娱乐需求，做到“为人民大众喜闻乐见”；又要着意提高广大群众整体性的审美鉴赏修养，做到为建设社会主义精神文明服务。

第四是寓教于乐的意识——既反对空洞说教，又反对片面强调娱乐，而是努力做到寓教于乐、寓意于情，坚持思想性与艺术性的辩证统一，坚持主旋律与多样化的统一。

最后是公平竞争的意识——面对社会主义文化市场，以质取胜，公平竞争，努力实现社会效益与经济效益的统一。

同志们，精神文明重在建设，精神产品重在繁荣创作。实践证明：好的音像制品繁荣起来，才有利于摒弃低劣的音像制品。音像界的同志一定要认清形势，明确方向，肩负起重任，充分发挥自己的聪明才智，为繁荣社会主义音像事业做出新的更大贡献。

(原载《中国电视》1994年第1期)

深化科技体制改革，进一步解放和发展科技第一生产力，更好地为广播电影电视事业服务

何栋材

这次全国广播电影电视科技工作会议，是在我国社会主义现代化建设进入新的历史时期，广播电影电视事业的发展对科技进步提出了新要求的形势下召开的。部党组对这次会议十分重视，作了许多重要指示。根据部党组的指示和今年5月份召开的全国科技工作会议的精神，这次广播电影电视科技工作会议的主要任务是：进一步学习和贯彻落实党的十四大、八届人大一次会议和全国科技工作会议的有关文件精神；认真总结改革开放十四年来广播影视系统科技工作的成绩和经验；明确当前广播影视科技工作的任务和到本世纪末广播影视发展的重大科技方针、科技发展规划；研究如何建立适应社会主义市场经济、适应广播影视事业发展的广播影视科技体制，使科学技术这个第一生产力得到进一步解放和发展，使科技工作更好地为广播电视宣传工作和广播影视事业发展服务。

现在，我代表广播电影电视部向会议作工作报告，主要讲三个问题：

一、十四年来广播影视科技工作的主要成绩和经验

党的十一届三中全会以来，广播影视系统和全国各条战线一样，在小平同志“科学技术是第一生产力”、“振兴经济，首先要振兴科技”的论断指导下，进入了科技事业的振兴时期。各级领导不断增强科技意识，加强对科技工作的领导；广大科技人员积极投身科技体制改革，致力于科学研究和技术推广应用，使我国广播影视技术水平有了很大提高，促进了我国广播影视事业的发展。

十四年来，我国广播影视事业规模迅速扩大。广播电视节目制作能力和发射能力有了很大提高，广播电视节目更加丰富。现在，中央电视台和全国半数以上的省、自治区、直辖市建设了新的广播电视中心，许多城市建设了钢筋混凝土结构的广播电视发射塔，广播电视的覆盖率显著提高，广播、电视已成为人民群众生活中不可缺少的部分。

十四年来，广播影视科技队伍不断扩大，科研机构不断增加。到1992年底，广播影视科技队伍已经达到11万人，省直属以上的科研机构有24个。广播影视科学研究和技术开发工作取得了许多重大成果。1983年至今，由部组织鉴定通过的重大科技成果有125项。1985年至1992年获部科技进步奖的项目共174项，其中一、二等奖20项；获省级科技进步奖的有32项。1988年至1992年获国家科技进步奖的项目有7项，还有些项目获国家发明奖。部设计院完成的大量工程设计中，有4项获国家级优秀设计奖，13项获省、部级优秀设计奖。

总结十四年来的广播影视科技工作和科技体制改革，我们所取得的成绩，主要表现在以下九个方面。

（一）认真贯彻“经济建设必须依靠科技进步，科学技术工作必须面向经济建设”的方针，解决了一系列事业发展的重大技术问题。

十四年来，广播影视科技工作始终把“扩大广播电视有效覆盖，提高节目的制作能力和播出质量，加强对外广播，提高电影质量，开发电影新形式、新品种，使更多的群众听到听好广播，看到看好电视、电影”作为头等重要的任务，把完成好这一任务需要解决的重大技术问题作为科技工作的重点。

卫星电视广播具有覆盖面积大、传送质量高、投资省、见效快的特点，是解决大面积传输和覆盖的先进技术手段。1975年部广研所研制了国内第一台L频段和第一台K频段卫星接收机，对美国、苏联、日本的卫星广播信号进行了收测比较。1984年部研究并决定采用卫星广播技术作为中央的广播电视节目传送和覆盖的主要技术手段，解决了扩大国内广播电视覆盖和传送国际台38种外语5种方言节目所面临的技术难题。

目前中央电视台四套节目，中央人民广播电台的三套节目都已通过卫星向全国传送，新疆、云南、贵州、西藏、四川等省（区）也都通过卫星，传送本省（区）的广播电视节目，解决了由于微波线路建设困难，广播电视节目传不下去的问题。现在全国已建立卫星地面接收站39000座，全国电视人口覆盖率由1981年的49.5%提高到81.5%。广播人口覆盖率由1980年的53%提高到75.6%。此外，我们又通过卫星向台湾、东南亚、北美播送电视节目、传送对外广播节目，这对加强对外宣传，使世界了解中国，让海外的炎黄子孙了解祖国，以及使驻外使领馆及时跟踪国内形势等方面，都已起到了很大的作用。

根据广播电视宣传工作计划，结合中国的实际情况，我们先后编制了全国的电视广播覆盖网、调频广播覆盖网、中、短波广播覆盖网规划，提出了相应的技术政策，使覆盖网的建设取得了较高的投资效益比，比较充分地利用了频谱资源，使群众可以听到、

看到更多套的广播电视节目。

有线电视系统由于频率资源丰富，频道容量大、质量好，又可提供多功能服务，在建设和维护资金方面采用了有偿服务方式，成为近年来我国广播电视事业发展的热点之一。为指导有线电视事业的发展，这几年分别在北京、上海、南京、湖北沙市进行了MMDS、光缆和电缆传输网络的试点，提出了有线电视网络体制和技术政策，发布了有线电视系统技术规范。

部设计院积极推行全面质量管理（TQC），并正在学习和贯彻ISO9000系列国际标准，在遍及全国及亚、非洲许多国家和地区的广播电视工程设计中，积极采用先进技术、新工艺，选用先进设备，提高工程建设水平，降低了造价。

各广播电台、电视台逐步采用先进的节目制作手段，大大提高了广播电视节目的制作能力和节目质量。中央人民广播电台、国际台等不少电台为录制大中型文艺节目，设置了功能齐全的大型多路调音台、多轨录音机及各种声频处理辅助设备，又通过研究，把录音室从传统的结构改成可进行多声道同期录音的结构，同时在立体声拾音技术、音响处理、后期加工合成等方面，总结了一套具有我国独特风格的录制技术，从只能录制一般文艺节目到能录制现代音乐和古典音乐，从只能进行单声道录制到直接进行多声道立体声录制。中央电视台更新了节目制作的主要设备摄像机、录像机，使节目制作质量迅速提高。中央电视台和各省级电台、电视台在建设新的广播电视中心的同时，也都采用了先进的节目制作手段。电子编辑、电子绘画、数字特技、计算机辅助动画制作、字幕图形制作、电子录音、多功能音频创作等新技术的引进和推广应用，使电视节目制作手段不断丰富和完善。

1986年以后研制成功的环幕电影、70mm电影、加上从国外引进的道尔贝（DOLBY）光学立体声电影，不仅向我国的观众提供了新形式、新品种的电影，而且获得了很好的经济效益。到1992年底，我国已建成环幕影院五座以上，立体声影院（包括70mm影院）已超过四百家，其中90%以上的影院都是年收入超过百万元的影院。

计算机在广播电影电视系统各个方面的广泛的应用，提高了新闻时效，拓宽了新闻报道面，提高了节目采、编效率，丰富了节目内容，保证了安全优质播出，大大提高了整个广播影视的社会效益。已开发并应用的主要成果有：“广播新闻编辑与管理系统”、“广播录音资料编辑管理系统”、“电视录音磁带节目资料编辑管理系统”、“广播节目自动播出设备”、“电视节目自动播出设备”、“发射台微机实时控制系统”、“电视发射机故障诊断专家系统”、“调频广播发射机电声指标测试仪”、“影片资料检索管理系统”、“音像资料检索管理系统”、以及劳动工资、统计、维护运行、财务等计算机事务管理系统等。近年来，系统内外的广播电视研究部门，对计算机在三维数字特技、动画制作、字幕制作，绘图方向的研究，如雨后春笋已取得了很大的进展，这方面的软件开发应用与国际上的差距正在缩小。Video CD的开发应用工作已也取得了可喜的成绩。

（二）把开发适用高新技术，作为科技工作的一项重要战略任务并取得了丰硕的成果。

十四年来，我部科研机构先后进行了卫星广播电视节目信号传送制式（D2-MAC）、数字卫星广播传送制式、图文电视广播系统、调频广播多工利用、调频立体声广播静噪系统、立体电视、高清晰度电视、静止画电视广播、新的中短波发射机调制方式、新型音频处理器、全固态中波发射机、硒砷碲摄像管、超大银幕电影及动态电影等高新技术研究。部已确定采用的子频段编码／单路单载波数字音频分配系统（MUSICAM／SCPC），在一个卫星转发器里至少可传送75路立体声广播节目，将用于传送对外广播节目和中央台节目，同时可用于建立广播影视系统专用信息数据网。数字卫星广播传送方面，对准瞬时压扩音频复用方式（NICAM728），已进行了闭路、开路试验，效果很好，它可在一个卫星转发器中和电视同时传送一路数字立体声或两路数字单声道广播节目，可供传送中央台节目或利用卫星传送电视节目的省、自治区传送广播节目。这两种卫星广播的新技术解决了由于依靠短波、微波传送广播节目而限制了广播节目质量和覆盖率扩大的问题。

我部从1984年开始进行高清晰度电视方面的研究，1991年2月又承担了国家“八五”科技攻关项目，计划在1995年提出我国选用高清晰度电视制式的建议，1999年建立试播台。电影局则于1989年2～4月与日本合作用高清晰度电视技术拍摄、制作了影片“美的融合（龙王）”。

（三）科技体制的改革，促进了科学技术转化为生产力。

在运行机制方面，我们逐步改革了科技行政管理部门单靠指令性计划管理，科研所、科研单位靠吃“皇粮”运行的落后机制。通过实行技术合同制，把竞争机制引人科技管理，激发了科研单位为经济建设、事业发展服务，激发了科技成果商品化、产业化的活力和动力。

部广研所为适应广播电视事业发展的需要和科技体制改革的要求，从1986年开始先后设立了广播分所、电视分所、情报所、计量中心、应用分所和实验工厂，各分所相对独立地开展科研开发和计量、情报、工程设计等任务，增强了活力，也取得了较好的社会效益和经济效益。

部设计院从1983年下半年开始试行了全面收费的技术经济责任制，在内部实行联产计奖，从1985年至今完成了大约30亿元投资、近百万平方米建筑面积的设计任务，还与中外厂商合办了中发工程设计（合资）有限公司、中国长江广播电视工程联合公司、东方铁塔公司，创建了广海广播电视技术联合开发公司、海口市海南分院等，并取得了明显的效益。科技成果推广工作已被作为科技工作的主要任务之一，科研单位重视科技成果的产品化、商品化，使科技与经济脱节的状况大为改观，也使这些科研单位有了一定的自我发展的能力。

浙江广研所看到有线电视兴起后，检测有线电视系统质量指标的仪器设备是空白，及时研制成功“多路超高频信号发生器”，通过部里组织的鉴定后，所里实行技、工、贸一体化的运行机制，使科技成果很快转化为产品，批量投放市场。1992年，只有26人的浙江广研所，在完成科研项目任务的同时，创利78万元，位于浙江省省级专业科研所前列。这几年，他们利用创收的经费，添置了全套视频测试仪器和进口的网络分析仪，提高了承接科研任务的能力，也改善了科技人员的生活待遇。他们的目标是到1996年把所办成省内一流科研所，人年收入超过二万，全所年收入超过三百万。

吉林省广播电视研究所研究开发的广播电视调频停播记录仪、平均调幅度仪，青岛广播电视研究所研制开发的发射机指标自动测试仪、电视钟系列都已形成一定的生产能力，不但满足了各台日常维护运行的需要，也产生了较大的经济效益。

上海广研所研制开发的100瓦至10千瓦调频多工器系列产品，14瓦至30千瓦功率等级系列的分米波多工器，年产值近百万元。研制成功了10KW全固态PDM中波发射机，经过了一年多的运行，效果很好，目前正在进行50KW全固态PDM中波机的中间试验。

部设计院和广播设备制造厂研制了大功率短波转动天线。设计院天线研究所研制开发了大功率、高增益调频发射天线、米波和分米波发射天线，中央塔、天津塔和上海塔均已采用，其中调频和米波发射天线替代了进口。

部广研所为全国推广图文电视广播技术，满足广大用户的需求，和湖南省广播电视厅合作在深圳建立了中外合资广利广播电视设备公司，其图文电视接收机（内装附加器型）生产线的年生产能力为2万台。

各级科技管理部门发挥政府宏观引导作用，对先进、成熟、覆盖面广、对经济建设和事业发展有推动作用的科技成果，采用成果公报、成果推广会、成果推荐、典型示范和直接抓重点单位等方式，使其迅速转化为生产力。部科技司每年把在部里登记的科技成果汇集成成果公报发给各级广播电视部门。还分别对青岛的新闻编辑与管理微机网络系统、山西的微波多功能应用等成果召开了成果推广会，取得了一定的推广应用效益；对上海的音像资料计算机管理系统、青岛的电视全自动播出系统、江苏泰州的视音频切换等成果用发函的形式在系统内进行了推荐，这不仅避免了重复开发，还使这些成果形成了一定的生产能力。

（四）积极开展国际科技交流和合作，跟踪世界广播影视高新技术。

十四年来，广播影视系统通过政府和民间等多种渠道，积极开展科技合作交流，我部和日本广播协会(NHK)、法国电视广播公司（TDF)、欧共体、意大利地球物理研究院等都有长期的科技合作关系，并且积极参加了国际电联、无线电咨询委员会（CCIR)、亚洲广播联盟（ABU）等有关活动。

1984年我部和日本NHK签订中日广播电视合作协议以来，广播影视系统和NHK的技术合作交流项目有60多项，互派人员200多人次，借助这个合作窗口，我们组织了省级广播电视厅（局）技术人员参观考察日本NHK广播电视系统；结合广播电视中心大楼的建设及中心相应设备设施的选择，组织了河南、上海、安徽、广东省厅与NHK的专项合作，日本专家对工程设计提供了有益的咨询；配合高新技术的研究开发、有针对性地就HDTV、数字广播、图文电视广播、数字技术、调频多工技术、卫星技术、计算机在广播电视领域中的应用以及广播电视技术标准等组织了专题考察或请日方专家来华进行技术交流。

通过参加国际电联无线电通信部门（ITU／BR)的活动，使我国保持了与国际广播电视科技界的联系，及时地了解到国际广播电视技术的发展动向，并获取了有用的信息资料。

为确定适合我国应用的图文电视制式，部广研所分别与英国飞利浦公司、加拿大NORPAK公司、日本广播协会（NHK)合作进行了开路与闭路试验，开发了汉字功能与研制相应的设备。

我们还有选择地组织科技人员参加国际上广播、电影、电视新技术的科技交流活动和对口的国际会议，如美国广播工作者协会（NAB)年会，瑞士蒙特勒国际电视讨论会及展览会、国际广播会议(IBC)、东京国际广播电视设备展（INTER BEE)，美国电影电视工程师协会（SMPTE)年会、日本电影电视技术协会（JSMPTE)、电影技术学会国际联合会（ONIATEC)及声频工程学会（AES)年会等。组织国外专家来华进行技术讲座和设备演示，组织科技人员出国考察。1980年至1992年共组织了300多项。

通过上述活动，使我们及时了解了国际上广播影视新技术及其发展动向，解决了一批科技攻关的关键问题，采用、推广了先进的国际标准，为制定科技发展规划和技术政策提供了依据，培养了一批科技骨干。同进也宣传了我国广播影视的科技发展和成就。

（五）坚持“高质量、不间断、既经济、又安全”的维护方针，广播电视运行质量、指标和安全播出水平显著提高，较好地完成了广播电视宣传任务。

要实现安全优质播出，除了要完善和健全技术维护管理的标准、规程，坚持季报制度，开展竞赛评比、岗位练兵，提高维护人员的素质以外，由于广播电视的发展与当今新技术的发展息息相关，密不可分，因而要更进一步提高广播电视设备的技术维护水平，必须尽可能地采用实用的新技术。近几年来各级维护部门依靠科技进步的意识不断增强，大力开展技术革新、技术改造，开展新技术开发与应用，充分发挥了现有设备的效益，提高了运行质量和安全播出水平。

广东对1KW、10KW中波广播发射机低前级电路进行固态化改造，解决了老机器运行技术指标长期停留在丙级或不入级的落后情况，使三大指标达到甲级、运行稳定可靠、电耗减少。全省80%的中波台已采用此成果。

四川省采用数字技术改造中波广播同步激励器，极大地改善了省内处于同步干扰区听众（约1千万人）的收听条件，提高了四川省中波人口有效覆盖率。

部无线局对两部60年代的150千瓦自动屏调机改造为并馈脉宽调制机，改善了播出质量，提高了整机工作效率，到目前为止，无线局已更新改造并投人运行共20部发射机。

陕西电台技术部从1983年起改造了635型录音机录、放音磁头和放大器，研制了相应部件，使录音质量与瑞士STUDE A807相当，近年来已在很多省、市电台推广应用。

广播电视播出系统自动化；微波中继站有人值守，无人值班；发射机实时控制、故障巡检报警以及音频节目信号、天线自动切换；利用微机进行技术指标的测试等，都已在维护播出第一线广泛采用。

这些卓有成效的工作，使我国中短波广播、调频广播、电视广播的停播率逐年下降，而测试率、人级率大大提高。

（六）注意发挥部科技委的作用，加强了广播影视重大技术政策、工程项目决策的科学化和民主化。

经部党组批准，1983年成立了广播电影电视部科学技术委员会，下设十个专业委员会。科技委是指导广播影视科技工作的咨询性机构，由广播影视系统的技术领导和专家组成。凡是科技工作和事业建设的重大决策，如技术方针的确定、科技体制改革、事业发展规划、重大科研选题、科研机构的设置和布局、科技人才的培养、重要科研成果的奖励等，都要先由科技委审议并提出咨询意见后，部领导再进行决策。十年来，科技委向部提出了“广播电视技术政策”、“电影技术政策”、“七五广播电视科学技术工作重点”、“八五、九五期间广播电影电视重大技术问题和技术政策”、“八五、九五期间广播电视十三项重点科技工作”等建议书，大部分被采纳，成为指导广播电视事业发展的重要技术政策的决策依据。科技委提出的利用图文电视技术传送广播电视新闻稿件、将计算机在编播等方面的推广应用工作列入事业计划、开展广播数据系统的研究和建立试验台、利用卫星电视信道传送节目等建议，部领导采纳后已由有关部门组织落实，有些项目已开始产生好的社会效益和经济效益。各省级广播电视厅（局）也大部分建立了科技委员会。

（七）大力开展科技信息和软科学的研究，为广播影视科技决策提供了强有力的依据。

作为发展中国家，我们必须学习、吸收、借鉴世界先进的、发达的科学技术，必须掌握多方面的深层次的广播影视科技信息，并进行分析、研究，从而为科技决策提供准确的、科学的依据，使我们能真正选准先进而又实用的广播影视新技术，来加速广播电视事业的发展。

为加强科技情报工作，部里成立了科技信息研究所，各省级广播电视厅（局）也先后建立了情报机构，配备了专门人员。1984年，经部批准成立了广播电视系统科技情报网，由省级、计划单列市广播电视厅（局）、部属各单位的科技情报单位组成。他们根据需要完成了一批情报调研和软科学研究课题，如部科技信息所的“广播电视事业‘八五’科技攻关项目调研”报告、“CATV 发展与管理调研”、“HDTV 国际发展动态调研”，部广研所的“我国HDTV 研究对策”、“1／2英寸模拟分量录像机格式比较”、“数字声音广播可行性研究”，四川省厅的“四川省广播电视发展规划”，江西省厅的“江西省广播电视发展规划”等。部科技信息所在调研的基础上，还编辑了一批实用性强的专题信息资料及广播电视科技期刊，供部领导决策时参考。

（八）为保障科技发展，加强广播影视系统的科技管理工作，制定了一系列技术管理方面的法规和政策。

为加强科技管理，部制定了科技项目管理，科技成果鉴定，科技成果管理，科技进步奖励，科技外事管理等法规，并正在制定科技成果推广办法。为加强技术监督工作，部制定了标准化管理办法。为保证广播电视正常运行，不受干扰，制定了无线电管理办法。为保证安全、优质播出，制定了中心传输、发射整个环节的维护规程。为加强有线电视管理，部发布了有线电视管理暂行办法和实施细则、有线电视系统技术维护运行管理暂行规定、有线电视设备合格认定管理暂行办法。各省级广播电视厅（局）也都制定了一系列相应的科技法规。

此外，标准化工作作为科技的基础工作，也得到了相应的重视和加强。部里成立了标准化规划研究所。1978年至今，已发布的广播影视国家标准115项，行业标准105项，为广播影视的技术活动，提供了共同遵循的技术原则。

（九）科技队伍的素质不断提高，涌现出了一批先进集体与先进个人。

广播影视科技工作取得的成绩，是与广大科技工作者的辛勤劳动、努力开拓分不开的。十四年来，我们已经建立起一支思想好、技术过硬的广播影视科技队伍，一大批中青年科技人员成为科技开发、设计施工、维护运行的骨干力量，涌现出了许多先进集体与先进个人。这些先进科技工作者中，既有专家教授，也有从事技术和事业建设的工程技术人员，还有乡村广播站的线务员。这些同志有一个共同的特点，就是不讲条件，不计名利，兢兢业业地工作，把自己的心血和精力都奉献给了广播影视事业。他们中很多人是自学成才，很多人在科学研究和技术革新方面取得了重要成果，他们中有的人还被推选为全国人大代表和省“五一”劳动奖章获得者。科技工作的先进集体也有一个共同的特点，就是领导重视、科技人员齐心、科技工作成效显著。这些先进集体和个人是我们全系统学习的榜样。

在十四年改革和发展的实践中，广播影视科技工作能取得这么多的成绩，大家总结出的经验主要有这样五条：

1、认真学习、贯彻“科学技术是第一生产力”的思想，不断增强依靠技术进步，促进广播影视事业发展的意识，真正把科技放在事业发展的关键地位。

2、推进科技体制改革，彻底革除原有体制下科技与事业、经济脱节的弊端，促进科技与事业、经济紧密结合，解放科技生产力。

3、坚持“尊重知识、尊重人才”，实行决策科学化和民主化，激发了广大科技人员的聪明才智和创新精神，避免或减少了技术和事业发展中的失误。

4、发展广播影视科技要集思广益，要联合和依靠社会各界的科技力量，很好地利用各种相关的科技成果。

5、把中国的科技发展置于国际大系统中，跟踪世界广播影视科技发展的新动向，紧密结合国内科技和事业发展的需要，全方位、多渠道开展国际科技合作与交流。

十四年来，广播影视科技工作取得的成绩和进步是很大的，但也必须看到我们的工作和建立社会主义市场经济的新形势，和加快发展广播影视产业的要求还有许多不相适应的地方，还存在着一些问题，需要在深化科技体制改革和今后的工作中加以解决。这些问题主要包括：科学技术是第一生产力的指导思想还没有得到全面落实，一些单位的领导在一定程度上还存在着重编播轻技术的倾向；科技体制改革的浓度广度还不够，一些科研机构还没有完全改变老的运行机制，缺乏自我发展的活力和能力，科技发展后劲不足；由于生活待遇低，工作条件差，科技人员流失现象有所发展，特别是在播出维护第一线和艰苦工作条件的岗位，已出现后继乏人的现象；另外，科技投入严重不足，科技管理工作比较落后，已严重影响了科技开发和标准化工作的进行，使新的广播电视制式的选定，适用新技术的研究开发，滞后于事业建设和发展的需要，也已影响了事业的发展和广播影视科技工作更好地发挥其应有的效益。

二、当前广播影视科技工作的主要任务

90年代，我国经济和科技发展进入关键时期。世界范围的新技术革命迅猛发展，各国政府都在以促进科技经济一体化为目标，不失时机地调整发展战略，增强国际竞争力。在广播影视方面，高清晰度电视、数字音频广播、多媒体技术以及卫星与有线电视等广播影视新技术将使传统的广播电视方式大为改观，数字压缩技术、全球电视将进一步促进广播电视节目的竞争。面对这种严峻挑战，广播影视系统也必须断然采取强化科技进步的措施，进一步缩小与发达国家及新兴工业国家的技术差距。90年代广播影视科技工作总任务和战略目标是：进一步深化科技体制改革，逐步建立起适应社会主义市场经济，适应广播影视事业发展的科技体制；充分发挥科技第一生产力的作用，为我国广播影视事业上新台阶，提供有力的技术支撑，为下个世纪初我国广播电视技术水平赶上世界先进水平奠定坚实基础。为此应抓好以下二个方面的工作：

（一）深化科技体制改革，建立适应社会主义市场经济和广播影视事业发展、并符合科技自身发展规律的科技体制。

科技体制改革方面的工作，主要有这样几项：

(1) 分流人才，合理调整结构，进一步转变科技工作的运行机制。

作好这项工作，对于合理配置科技资源，充分发挥科技潜力，优化科技系统的组织结构，建立适合社会主义市场经济的新体制具有重要意义。分流人才，调整结构，可以按几个不同的层次展开。

从事社会公益和基础研究的科研机构，要继续按照“稳住一头，放开一片”的指导原则，重点稳住一支高水平、人员结构梯次合理、精干的科技队伍，确保高技术研究，国家、部、地方重大科技项目和社会公益性研究工作的进行。对这部分人，要在科研任务、科研经费、仪器设备和工资收入（包括岗位补贴）等方面重点保证，使其专心致志地从事科研工作。这部分研究经费的来源，包括国家拨款单位创收统筹，社会支持（基金）等。同时各单位要根据自身具体情况，分流一定比例的科技人员面向市场，进入与科技进步和广播影视技术相关的产业，为社会提供有偿技术服务，实行事业单位企业化管理，以弥补国家拨款的不足和科研任务的不足，增强科研机构的自我发展能力。对于科研单位内的多余人员，可开展多种经营，逐步做到自主经营、自负盈亏，以丰补欠，逐步减少国家财政拨款。

对以产品开发为主的科技开发机构，要以关键技术或拳头产品为支柱，进入市场，在市场竞争中求生存、求发展。也可与企业实行多种形式的联合或协作，创造条件创办科技企业，也可进入企业集团，成为其技术开发机构。

对从事信息、咨询、技术服务等研究工作的科技服务型机构，实行两种运行机制，对以计划任务为主的社会公益型科技信息研究与服务，要稳住和加强；对以市场需求导向为主和科技服务型信息研究与服务，要逐步实行事业单位企业化管理，除搞好为本系统的科技服务外，也要扩大向社会提供科技服务，进

入与广播影视科技相关的产业。

(2) 落实和扩大科研机构自主权，加快科研机构内部的改革。

科研单位要继续实行院、所长负责制和任期目标制。要切实保证院、所长有效行使各项行政业务指挥权、管理权，实现科研和机构管理上的民主集中制，经济上的自我积累、自我发展、自我约束机制，用人上的择优汰劣、双向选择制，经营上的自主决策机制，选题与开发上的市场导向机制，分配上的多劳多得和贡献与效益挂钩的激励机制。为健全领导体制，科研机构可建立相应的决策支撑系统（如学术委员会、职工代表大会等）。科技管理部门可制定标准和办法，对科研机构实行考评。

对人才分流，机构调整后的科研机构，可根据分流后的科研开发与生产经营的不同特点，建立不同的运行机制和管理办法，如允许事业单位管理和企业化管理并存。可以有指导的进行国有民营的试点。

可以实行各种技术经济承包责任制。承包指标应包括科研成果数量及水平、取得的经济和社会效益、推广应用情况、为事业发展和社会服务情况、固定资产增值、科技投入、人才培训等多方面内容，切忌短期行为。要通过承包，切实增加科技人员的压力和动力，促进科研水平和经济效益的提高。

要实行人事、劳资、分配制度的改革，各种科研机构要积极实行技术干部聘任制和内部人才流动，制定合理的分配制度和奖励制度，促进出成果、出人才、出效益。

(3) 增强企业和事业（电台、电视台、发射台等）单位吸收、开发新技术的能力，推动企业、事业单位的技术进步。

企业和事业单位应成为技术开发和技术应用的主体。要将技术进步的考核指标纳入领导的任期目标。要积极开辟技术开发资金来源，如按当年销售额或收入的一定比例提取技术开发费。有条件的可建立自己的技术开发机构。

建立新的科技体制，是一项政策性强，艰巨复杂的系统工程，各单位在推进这项工作时，既要勇于实践，又要照顾全局，稳步前进。

(二) 抓住机遇，大力发展广播影视适用的高新科学技术，依靠科技进步促进广播影视事业发展。

改革开放的进一步扩大，社会主义市场经济体制的逐步建立，为科技进步创造了良好的环境，也提出了更为繁重的任务。我们要珍惜这个机遇，把握这个机遇，切实肩负起依靠科技进步、促进广播影视事业上新台阶的重任。为此，要努力抓好以下工作:

(1) 根据广播影视事业建设和发展的新要求，制定“九·五”科技发展规划，修订“八·五”科技攻关计划。

要通过这项工作，使科技工作有一个明确的目标，尽快缩短与世界先进水平的差距，更好地适应广播电视事业持续、协调、快速发展的要求，并与社会主义市场经济接轨。不单部里要制定规划，各省级厅(局)也要结合当地的特点，制定切合实际的规划。

要结合国际上广播影视新技术的发展，制定适用新技术的技术政策，修订已不适用的有关技术政策，确定技术开发和推广的重点，作好前期科技开发工作，开展广播影视基础性研究，为广播影视事业的发展提供科技支撑和技术储备。

(2) 结合事业建设的任务，选择一批有重大影响的关键技术问题，组织力量重点攻克。

今后十年广播电视事业的主要任务是“扩大广播电视有效覆盖，提高节目制作能力，提高节目制作和播出质量，切实加强对外广播”。为此要研究广播电视覆盖网的整体布局，综合考虑规划卫星电视、地面无线电视、调频广播、中短波广播、数字声音广播、有线电视等几个覆盖网，以充分利用频谱资源，扩大有效覆盖，降低建设投资。中央和省的广播电视覆盖网要加快建设步伐。

要大力开展卫星广播电视应用的研究，研究在一个卫星转发器中与电视同时传送广播节目的各种技术；研究开发数字码率压缩技术、解决用一个传输通道高质量传送多路电视和广播节目的问题；研究利用卫星通道的功率余量和带宽余量，建立广播影视系统专用信息数据网；以及进行 Ku 频段卫星广播系统技术方案的研究等。要加紧进行数字声音广播(DAB)的研究、试验，积极争取列为国家重点科技攻关项目。要和国外合作进行地面开路广播试验，尽快选定制式和制定标准。要尽快建立 DAB 的试验播出电台，要引进整套播出系统，边试验播出，边消化吸收，研究生产 DAB 的解码器，编码器，以便形成一定规模的 DAB 接收机产业，逐步推广 DAB 技术，满足人民群众对高质量数字声音广播的需求；随着全球卫星电视覆盖网的建立，要加强 DAB 用于对外广播的研究。数字化广播电视发展方面要积极采用数字化录播设备，逐步向数字化系统过渡。要研究模拟系统向数字系统过渡的方案，研究制定数字音频、视频系统接口标准，数字系统传输质量技术参数和测量方法。其中接口技术标准历来薄弱，妨碍播出质量的提高，必须引起大家高度的重视。高清晰度电视已被列为“八·五”国家重点科技攻关项目，要组织好攻关实施计划，提出我国高清晰度电视演播室参数、传输体制、测试方法和主观评价方法，制定相应标准，建立测试、研究基地和计算机模拟系统，在此基础上，进行试播。要建立和完善广播影视综合信息传输网、交换网，研究制定信息数据交换网络的规划和接口标准。开发和完善录音、录像、图片、文字资料、数据库的存储、检索、编辑系统。还要开展多媒体技术和综合业务数字广播网络等方面的研究。

上述重大项目，要积极争取国家的支持，向国家申请列入重点攻关项目。为保证重大项目的研究开发，要重视研究试验基地的建设和科研仪器设备的更新，要加强引进技术的论证、消化、吸收工作，科研、高等院校和使用单位要共同参与这项工作。

(3) 积极开展广播电视多工技术的研究和应用，充分利用广播电视丰富的信息资源和现代化的传播手段，为经济建设和社会服务。

图文电视作为一种新型的电视多工数据广播方式，具有投资少，传递信息速度快、时效性高、覆盖范围广等优点。我部已于去年发布了“关于采用固定格式中文图文电视（CCST 制）作为我国图文电视广播制式的通告”。国家技术监督局也已正式发布中文图文电视广播规范国家标准，我们要抓紧时机根据各地实行情况，积极推广应用图文电视。可以在本系统内部用来传送图文信息，也可以为广播电视系统外各专业部门开办专用图文信息，还可以开办公众收看的节目。要争取在较短的时间内，建立起全国性的图文电视网。

调频多工技术可以充分利用频道资源，为广大听众和专业用户提供多种信息服务，同时可以为广播电台积累资金，应积极推广应用。目前技术比较成熟和适合于我国采用的有辅助通信业务（SCA）和广播数据系统（RDS）两种方式。各地可以根据实际需要和投资可能选用。

为发展调频多工应用，首先要实施调频规划，要尽快制定适合我国的 RDS、SCA 制式、标准，要在 1993 年底前把标准确定，广东省厅和部广研所要抓紧此项工作。部科技司要制定全国的 RDS、SCA 发展规划，各省（区、市）也要有自己的发展规划。在发展中既要解放思想，又要实事求是，要兼顾社会效益与经济效益，条件成熟了再上。

微波的多工应用也大有作为，目前全国已有广播电视微波干线近 5 万公里，这是很大的信息传输资源。利用微波超基带电路的方式建设全省广播电视专用通信网，利用微波电路组建微波电视会议系统等，都具有一定的社会效益和经济效益。

(4) 进一步加强维护运行工作，提高广播电视节目技术质量。

在今后的五年中，要把提高节目技术质量放在重要位置，充分发挥现有设备效益，争取在“九·五”全部广播电视节目达到规定的技术质量标准。为实现这一奋斗目标，要加强广播电视系统技术人员的培训，建立和健全干部培训的管理和考核制度；建立健全维护规程和设备运行技术标准，使各项工作做到有章可循，有法可依；“八·五”期间要在全国逐步建立三级广播电视节目播出质量监测系统，健全监测手段，保证节目播出质量和覆盖网质量达到技术标准要求。同时，为了保证广播电视节目制作与播出系统的技术质量，要制定各类设备的使用寿命定额，对过时的、陈旧的设备要提出并实施设备更新改造计划。

(5) 紧密围绕广播影视事业和技术的发展，进一步扩大国际科技合作和交流。

面向世界、面向未来、面向四化，积极推进国际科技合作与交流，是发展科学技术事业的一项重大方针。今后要继续做好国际技术交流，努力提高各种适用新技术的技术交流和设备展示会的质量，提高信息利用率。要继续加强与国际电联无线电通信部门（ITU／BR）和亚太广播联盟（ABU）的技术对口工作，使我国的广播电视的技术、标准等跟上国际发展的步伐。要进一步加强和扩大与国外广播影视机构和学术机构的信息交流、合作研究和开发工作。创造条件，组织科技人员出国考察和参加国际学术交流，并为科技人员到国外讲学、进修、工作提供方便条件。在开展科技合作与交流的基础上，扩大广播影视技术进出口贸易，引进国外先进技术，输出专有技术和高技术产品。

(6) 加速科技成果的转化，提高先进科技成果应用的覆盖面和规模效益。

科技成果推广是“科学技术是第一生产力”的主要体现，改革开放以来，广播影视系统的科技成果获得了丰收，这是一笔巨大的财富。各级科技管理部门要高度重视科技成果推广工作，充分发挥行政职能，进行宏观指导，给予一定的人、财、物力的投入，要拿出至少 10% 的科研经费用于科技成果推广。要制定科技成果推广规划和计划，完善科技成果推广管理办法。部将在近期内根据国家科委成果推广法（参考大纲）制定部的科技成果推广管理办法，希望各省厅（局）也能制定相应办法。同时，要在实践中逐步探索和建立研究、开发、应用、推广相互结合，相互促进的机制。要重视、培训科技成果推广应用的人才，在职称评定、升级中要与科技开发研究人员等同看待，在科技进步奖中，要有 10% 比例的科技成果推广奖。

(7) 重视和加强科技信息、标准化、专利等技术基础工作。

在当前信息时代，科技信息工作对科技进步具有重要的促进作用。因此要充分发挥已有科技信息单位和信息人员的作用，进一步充实科技信息队伍。要创造条件、建立进的科技信息检索系统和各种数据库。要尽早建立广播电视专业文献中心，信息资源购置费要实行单列和逐年增长的政策，并制定必要的管理制度。要进一步开展信息研究和软科学研究，为各级领导部门的科学决策提供依据。要增强信息经营服务观念，继续办好科技期刊，推进信息服务和信息的商品化。

加强广播电视技术标准化管理是发展广播电视事业的重要措施。“八·五”和“九·五”着重制订新技术、新体制方面的标准，通过标准的宣传、实施、监督、检查，保证广播电视覆盖网的系统指标，提高节目播出质量。为加强统一领导，要继续抓紧组建“全国广播电视标准化技术委员会”，争取在近期建立。

在我国即将“复关”的形势下，要进一步加强专利工作。要提高科技人员的知识产权意识，自觉运用法律手段保护科技成果和技术权益。专利工作要为高新技术发展提供法律服务、文献资料和适用的专利技术。

(8) 逐步实现科技法规的基本配套和完善，进一步贯彻落实有关科技法律、法规的精神。

中华人民共和国科学技术法已由全国人大常委会会议通过，并于10月1日起施行。这是我国科技立法的重大成果。我们要以科技进步法为蓝本，加快制定广播影视系统配套的实施条例和其它相应法规，在2000年前本系统科技法规要形成一个科学、完备的体系。

要组织科技管理干部和科技人员学习科学技术进步法及其它有关科技法律、法规，并在工作中贯彻实施。有关部门要作好监督工作。

(9) 坚持广播影视科技工作为宣传工作服务的正确方向，皮之不存毛将焉附。广播影视的中心工作是做好宣传工作，生产更多政治艺术质量高的影片，使党和政府的方针政策更快更好地深入人心，为群众所理解，支持党和政府的工作，满足人民群众对文化生活日益增长的需求，科技工作要急宣传工作所急。如我们要解决各地新闻稿同时传送问题，又如动画片的生产质量数量都远远满足不了需要，要加强计算机应用工作和三维动画、绘图等实用技术开发工作。

三、加强广播影视科技工作的具体措施

为了完成好九十年代广播影视科技工作的各项主要任务，根据部党组关于"坚持广播电影电视事业的发展要依靠科技进步这一指导思想，要充分依靠和发挥广播影视系统科技专家的作用，改善他们的工作和生活条件，要重视科技人才特别是青年科技人才的培养"的指示，准备采取以下具体措施，来切实加强广播影视科技工作。

(一) 进一步树立"尊重知识、尊重人才"的风尚，充分调动科技人员的积极性和创造性。

科技发展的关键在于人才。发展科技第一生产力，首先要发挥科技人员的作用。各单位要进一步创造有利于充分发挥科技人员聪明才智的外部环境，切实改善科技人员的工作、学习和生活条件，对承担国家、部（省）重大科技项目及高技术研究、社会公益研究的科技工作者要给予较高的津贴（可从项目费中列支），对承担科技开发、技术服务的科技工作者，应允许从技术创收中提取一定的比例作为报酬。对长期在艰苦条件下，在维护播出第一线的科技人员，在收入等方面要给予特殊优惠。各单位可根据实际情况，在不违反国家有关政策规定的前提下，制定具体实施办法。

要建立优秀人才脱颖而出、人尽其才的新机制，大胆培养和使用具有新知识结构的青年科技人员，放手让他们进入关键科研岗位和管理岗位，让他们在实践中提高。同时，要注意引进人才，引进科技业务骨干，逐步形成一支梯次结构合理、跨世纪的高水平的科技队伍。特别要注重培养跨世纪的学科带头人和具有一流水平的科技专家队伍。要制定对科技人员继续教育和培养的具体办法，形成制度（每二年或三年安排一段时间脱产学习），形式可因地制宜。有条件时，可选派到国内外进修、培训和考察，并为他们参加学术交流、发表论文提供机会。要注意发挥科技专家的作用，鼓励他们在培养新人中作出贡献。

要根据广播影视系统科技工作的特点，设立相关的奖励，对于有特殊贡献的，创造了好的经济效益和社会效益的科技人员要实行重奖。这次在会上征求意见的"重大贡献科技人员的奖励办法"、"播出第一线科技人员的奖励办法"、"广播节目制作质量评比办法"、"电视节目制作质量评比办法"、"科技信息成果奖励办法"等，希望大家认真研究、讨论。

(二) 增加对广播影视科技工作的投入。

科技投入是科技进步的必要条件和基本保证。国家已确定中央和地方财政科技经费增长要高于财政经常性收入的增长，力争到2000年使研究、开发经费占国民生产总值的比例达到1.5%以上，广播影视也要确立增加对科技投人的目标，即到2000年研究开发、标准制定经费占事业费的比例达到1.5%以上。从今年起，部将增加对科技的投入，设立部科技发展周转金，对全国广播影视科研项目实行合作开发、收益分成，或者作为科研的无息贷款。科技开发周转金的立项审批使用方法已由计财、科技两司拟出了讨论稿请大家认真研究。计划经过三年时间，周转金积累到一千万左右。对高新重大项目，国家要投入必需的科研经费。重大建设工程也应在工程费中安排一定的经费作为工程的关期重大科技研究经费。为了企业自身的发展提高和产品的竞争能力，企业应拿出一定的资金发展科技事业，按国家有关规定，企业用于科技开发的资金可纳入生产成本。部将从国家返还的企业利润（33%）的总额中安排适当数额的科研与技改经费，促进广播影视企业的科技进步与技术改造。

要多方位筹集科技资金，如建立科技发展基金。要积极主动向各级科技财政部门汇报我们的科技工作，争取他们对广播影视科技工作的支持。也要改变观念，积极使用科技贷款。同时要加强对科技经费的宏观管理，实行专家评审和招标，优化投资结构和投向，集中资金向重大项目倾斜，提高资金的使用效益。

(三) 成立广播电视科学研究院。

广播科学研究所是我部直属的综合性专业科研单位，自1958年成立以来，在广播电视科学研究工作中，硕果累累，效果显著。在提高全国广播电视技术水平和推进我国广播电视事业现代化方面，发挥了十分重要的作用。

为了更好地实施"依靠科技进步振兴广播影视事业的"战略方针，建立适应社会主义市场经济、广播电视事业发展，并符合科技自身发展规律的运行机制，经国家科委批准，部党组决定，在广播科学研究所的基础上建立部广播电视科学研究院，原来广研所下属的各个分所更名为所，赋予独立法人地位，可以

独立开展科研和对外技术合作。

广播科学研究院是本系统最高科学研究机构，将综揽全系统科学研究工作，是最高学术水平的权威单位，起到火车头的作用，在组建过程中希望得到全国的大力支持，把全国的优秀人才提供部里作挑选，也可推荐正在国内外各高等院校、科研单位攻读学位或从事研究工作的优秀科技人才给科学院，这个院的工作希望得到全国的关心与支持。

（四）增加教育投入，充分发挥广播、电影院校教育和科研两个中心的作用。

北京广播学院和北京电影学院作为部属院校，对广播电影科技事业的发展做出了重要贡献！

根据部“八·五”科技发展规划和广播电视技术本纪世末“上新台阶”、下世纪初“赶上世界先进水平”的要求，要更好地发挥广播、电影院校教育、科研两个中心的作用，要集中力量调配教师梯队，扩大研究生教育的规模；积极创造培养博士生的导师条件，花大力量培养博士生，尽快地为广播影视系统输送更多的高层次科技人才，做好人才储备。对已有筹建方案的“计算机中心”、“数字化电视实验中心”、“数据、数字广播实验室”、“录音节目制作及声频测量实验室”、“光纤通信实验室”、“有线电视系统测试中心”等，要给予一定的投入，争取尽快建立起高水平、基本配套的人才培养手段和场所，积极承担更多的国家、部级重点科研项目。

（五）加强和改善部科技委的工作。

为了更好地贯彻广播影视事业的发展要依靠科技进步这一指导思想，要进一步加强和改善各级科技委的工作。首先，要充分发挥科技委的作用。在重大技术问题和事业工作决策前，只要有可能，都要请科技委研究，提出咨询意见，以使各级领导的决策更准确可行。另一方面，科技委也要改善自己的工作，更减少不必要的工作程序，把精力集中到解决重大技术问题上，要综合技术、政治、经济、国情诸方面因素，并充分听取各方面的不同意见，提出准确、切实可行的咨询意见。科技委本身也要努力提高自己的技术水平，可根据情况举行专题学术报告会、研讨论。

老一辈广播影视科技工作者要把自己的经验毫无保留地传给年轻的一代，年轻一代要虚心向他们学习；本着活到老学到老的精神，科技委委员要努力做各专业的学科带头人，以自己的论著，研究工作，工程实践，提高本专业的科技水平，为整个广播影视科技进步而共同努力。

（六）加强对广播影视科技工作的领导。

各级领导要牢固树立“科学技术是第一生产力”的思想，切实加强对科技工作的领导，第一把手要亲自抓，定期研究科技工作，形成制度；要采取切实措施，认真贯彻党中央、国务院关于科技工作的方针、政策、部署，并对落实情况进行检查监督。要把是否重视和抓好科技工作作为衡量各级领导干部的重要方面，作为考核各级领导干部业绩的重要指标。

要改变我系统科技工作多头管理、重复分散的状况，科技管理要归口，部科技司要强化对全系统科技工作的宏观领导，发挥科技管理职能部门的作用。各省（区、市）广播电视厅、局科技管理部门也要按照部里规定的政策，加强对科技工作的管理。

同志们，当前国际国内的新形势，既给广播影视科技工作提供了难得的机遇，也使我们面临着严峻挑战。任务紧迫、责任重大，广播影视系统的各级领导和科技工作者，要认真贯彻党的十四大和全国科技工作会议精神，不断深化科技体制改革，切实落实加强科技工作的各项措施，加快解放和发展科学技术第一生产力的步伐，为实现我国新时期广播影视事业发展的宏伟目标而努力奋斗。

（本文是作者 *1993* 年 *11* 月 *3* 日在全国广播电影电视科技工作会议上的报告）

解放思想，深化改革，加强财务管理，促进广播电视事业的发展

何栋材

大家盼望已久的全国广播电视财务管理工作会议今天开幕了。由广播电影电视部和财政部联合召开这么大规模的专业工作会议，还是建国 44 年来的第一次。这也说明两部领导对广播电视财务管理工作是非常重视的。

党的十四大提出建立社会主义市场经济的改革目标，这标志着我国的改革开放进入了一个新时期。在这个新形势下，如何做好广播电视财务管理工作，也面临着许多新任务和新课题。所以，我们要借这次会议的机会，进一步学习好小平同志视察南方的重要谈话、党的十四大会议和中央六号文件精神；在认真总结广播电视财务管理和经营管理工作的经验的基础上，明确今后一个时期广播电视财务工作的指导方针，并部署好当前的任务。要认真研究在新形势下如何进一步深化广播电视财务制度的改革，加强财务管理，用足用好国家给予的优惠政策；怎样进一步强化广播电视产业意识，拓宽广播电视多种经营的范围；以增强广播电视事业发展的后劲，更快地提高广播电视的覆盖率和节目生产能力，更好地为全中国人民和全世界人民服务。

要做好这些工作，任务是艰巨的。这就要求我们从事广播电视财务工作的同志，必须进一步解放思想，更新观念，把握机遇，做到宣传、事业两促进，管理、经营一齐抓，为建设有中国特色的社会主义广播电视事业，作出新的贡献。

现在我代表广播电影电视部和财政部对如何搞好广播电视事业财务管理工作讲几点意见。我主要讲三个方面的问题。

一、十年广播电视事业建设的成就与发展回顾

我这里说的十年，是从1983年中央37号文件下发算起。以改革为指导思想的37号文件，是改革开放新时期广播电视事业发展的纲领性文件。全面贯彻、落实文件精神和党中央、国务院关于广播电视工作的一系列指示，十年来我国广播电视事业面貌发生了巨大变化，可以说是突飞猛进，日新月异，至今仍保持着迅猛发展的势头。这十年的广播电视事业发展主要有三个特点：

第一，广播电视的事业规模成倍增长。1982年全国有广播电台118座，电视台47座，1992年发展到广播电台812座，电视台586座。除中央三台外，全国各省、自治区、直辖市和所有中等以上地区级城市，都有自己的电台和电视台，还有大约15%的县城也有了广播电台、电视台；另外还有县市广播站2452个，乡广播站4万多个，村广播室35万多个。用来发射和传输广播电视节目的发射台、转播台、微波线路，也都是大幅度地成倍增长。

第二，广播电视的传送手段越来越现代化。突出表现在卫星的应用上。从1985年起我国开始使用卫星传送电视节目，卫星地面站从无到有，1992年底已经发展到39627个。地面微波线路也从1982年的1万公里发展到1992年的近5万公里。由于天上和地上、无线和有线，多种技术手段共同传输、覆盖，使我国广播电视的人口覆盖率，由1982年的64.1%和57.3%，提高到1992年的75.6%和81.3%。

第三，广播电视的接收工具迅速普及。特别是电视机的社会拥有量，十年来以每年1500万台到2500万台的速度递增，1992年底达到22843万台；平均每百人拥有量已接近20台，收音机和录音机的社会拥有量分别为21595万台和14305万台。大体上相当于世界上一些中等收入（人均1000美元左右）国家的水平。听广播、看电视已经成为人民群众生活中不可缺少的内容。

十年来广播电视事业所取得的成就，与我们实行的正确的事业发展政策和各级财政部门对广播电视事业的支持，是分不开的。

1983年以前，我国广播电视事业建设着重强调中央和省两级覆盖。在广播电视发展需要大量资金而国家财力有限、资金不足的情况下，1983年第十一次全国广播电视工作会议决定调整事业建设方针，实行“四级办广播”、四级办电视”的事业发展政策，因地制宜分级建设。

实行四级办广播、电视的方针，是一项从实际出发的具有中国特色的事业发展政策。实践证明，这也是一项充分调动了中央和地方两个积极性的成功的政策。各级党委和政府空前重视广播电视事业发展。全国普遍兴起办广播、办电视的热潮。各级财政部门在财政比较紧张的情况下，不断增加对广播电视事业的投入。1992年全国各级财政对广播电视事业费拨款比1982年增长3.2倍；1992年全国广播电视基建投资比1982年增长2.8倍。

在坚持以国家拨款作为经费来源主渠道的同时，各级广播电视部门还根据中央37号文件关于“开辟财源以补充国家拨款的不足”的精神，积极进行多条渠道、多种方式创收集资的探索，创造了许多成功的经验。80年代，广播电视广告事业逐步发展起来，通过传播商品信息和市场信息，给广播电视部门带来了显著的社会效益和经济效益。以广播电视报刊和音像制品为主体的出版事业，也是广播电视自筹资金的主要来源之一。各地的广播电视节目报大都是当地发行量最高的报纸。广播电视音像部门近些年来发展也很快，现在已经形成包括唱片、录音录像带、激光唱盘、激光视盘等在内的一整套产品体系和一套完整的社会服务体系。各级广播电视部门还充分发挥人才、技术、行业和系统优势，在国家政策允许的范围内开展多种经营，为社会和群众提供多种服务。特别是去年，党中央、国务院作出了加快发展第三产业的决定，很多地方的广播电视部门抓住机遇，拓宽思路，经营创收又上了一个新的台阶。中央电视台、上海局、广东厅、湖南厅等，都是搞得比较好的单位，他们将在这次会上介绍经验。

各级广播电视部门的经营创收，都得到了财政、税务等部门的大力扶持。中央37号文件下发后，财政部随即颁发了对广播电视部门经营所得收入免征所得税的文件。各级财政部门也根据中央文件精神制定了减免广播电视部门税收和两金的优惠政策。另外，海关总署也对省级以下广播电台、电视台进口广播电视专用设备免征进口关税。这些优惠政策，一方面调动了广播电视部门创收的积极性，另一方面也使我们自筹的这部分资金能够集中用于事业发展。

1982年全国广播电视部门的收入只有0.72亿元，1992年达到20.39亿元，增长了28倍还多，相当于当年国家财政拨款的85.7%。虽然从总体上看，财政拨款仍然是我国广播电视事业经费的主要来源，但在一些经济发达和经济比较活跃的地区，自筹资金在广播电视经费支出中的比重，已经超过国家拨款。如北京、上海、广东、湖南、山东、辽宁、江苏、浙江、四川、湖北、福建等省市的收入都已经超亿元，还出现了一批收入过千万元、百万元的市、县，收入过十万元的乡镇。

广播电视部门的这些收入，73%以上用于事业发展，有的地方用于事业发展的比例高达90%以上。十年来，广播电视部门的收入用于事业支出的，达到60亿元。这笔巨款资金弥补了广播电视事业正常经费的不足；更新改造了一批陈旧设备，添置了一批先进的制作播出设备，提高了节目制作能力，改善了播出、传输手段；增加了对电视剧和大型节目的投入。如中央电视台就是靠自筹资金实现了事业发展的飞跃：1992年开办第四套节目，覆盖亚洲、澳洲、

独联体、东欧、北非60多个国家和地区；1993年开始用卫星向北美传送1小时节目，覆盖美国、加拿大、墨西哥和加勒比海地区。今年8月，又同美国3C集团合办《美洲东方卫星电视》，每天向美国、加拿大、墨西哥播出12小时，反响比较强烈；另外，这几年中央电视台还用自筹资金，联合全国电视台建起了全国性微机网络、通讯网络和世界性中国录像带销售网络。1992年，中央电视台各项事业的毛收入达到5.7亿元，为全台各方面工作的开展，提供了可靠的资金支持。

十年来，以事业的迅速发展为基础，广播节目由176套增加到943套，电视节目由54套增加到644套；广播节目制作能力增长3.2倍，电视节目制作能力增长21.8倍，电视剧生产能力增长9.7倍。广播电视宣传的影响日益扩大，广播电视在我国的政治、经济、文化生活中发挥着越来越重要的作用。

回顾十年来广播电视事业的发展，我们可以总结出一条经验：要迅速发展广播电视事业，从我国国情出发，既要发挥各级财政拨款在广播电视事业经费来源中的主渠道作用，也要充分调动社会各方面办广播电视的积极性；同时，更要充分利用广播电视自身的优势以及党和政府给予的优惠政策，开展经营创收，增强广播电视产业自我发展的能力。

二、十年来广播电视财务工作的成绩与主要经验

广播电视财务管理是广播电视事业管理的重要组成部分，是做好本系统各项管理工作的基础，也是保证完成广播电视宣传任务的重要基础。加强广播电视财务管理和进行财务管理制度改革的根本任务，就是使财务工作更好地为广播电视宣传中心工作服务、为广播电视事业建设与管理工作服务、为稳定和建设一支思想、业务素质好的广播电视队伍服务。其目的就是为了使有限的广播电视经费最大限度地发挥社会效益和经济效益，更好地完成广播电视宣传任务，更快地发展广播电视事业。

我国现阶段实行中央、地方“分灶吃饭”的财政体制。广播电影电视部组建比较晚，广播电视行业财务管理制度不够健全。过去几十年，广播电视部门没有自己的财务管理办法，一直是参照文化、体育等部门的办法进行管理。这给加强财务管理造成一定困难，也使事业发展受到一定影响。特别是中央37号文件下发以来，广播电视部门普遍开展了经营创收活动，资金来源渠道多元化，收支规模不断扩大，给广播电视事业单位的财务管理提出了新的要求。那种沿用已久的严格划分预算内、预算外资金，花钱伸手要、支出把关算帐报帐的传统管理模式显然已经不适应事业发展的需要。如何发挥财务部门积极筹集资金和科学运用资金的重要财务管理职能，在积极开拓财源的同时，节约开支，提高经济效益，成为广播电视事业单位财务管理改革的一个新课题。

根据中央深化改革的精神，为了适应事业发展的需要，1984年中央电视台在全行业中率先进行了财务管理体制改革的试验。1991年经财政部批准，广播电影电视部对中央电视台实行了预算包干管理办法，其收支全部纳入预算内管理；建立了修购基金，为解决长期以来事业单位固定资产更新改造缺少资金来源的问题进行了尝试；还确定了6项具体的考核指标。中央电视台为此健全了财务管理机构，设立了总会计师。中央电视台的改革取得了很好的社会效益和经济效益，也带动了全行业的财务管理体制改革。现在，许多广播电视单位根据自身情况开始分别采用内部全额预算、差额预算、自收自支、财务承包等财务管理办法，实行企业管理的事业单位则采用自收自支的财务管理办法。

为了加强经营管理与财务管理，大多数的广播电视部门建立了经营创收机构，健全了财务管理机构，充实了经营创收人员和财务管理人员，有的地方和单位设立了总会计师。有的厅、局、台为了加强管理实行内部会计核算，将指标分解到部、组，进行内部核算和考核；有的建立了内部银行。根据广播电视电视部和财政部的有关规定，各地广播电视部门结合自身条件和具体情况，制定了一系列的规章制度、实施细则，建立了各种形式的岗位责任制、承包经营责任制，规定了各级收支标准和支出定额，使财务管理工作更加科学合理。

在认真总结各地经验和广泛调查研究的基础上，1991年、1992年，广播电影电视部和财务政部以及其他有关部门联合颁发了《广播电视事业单位财务管理办法》、《广播电视广告收入管理暂行规定》、《广播电视赞助活动和赞助收入管理暂行规定》、《广播电视事业单位固定资产管理办法》。这几个重要文件确立了广播电视事业单位财务管理的基本原则，也将对广播电视部门的优惠政策用部门规章的形式稳定下来，作为广播电视部门进行财务管理的基本依据。这几个文件下发以后，许多省、市、自治区的广播电视部门和财政部门积极组织学习、转发，贯彻执行。如湖北、吉林等省广播电视厅和财政厅及时转发了文件，并联合组织地、市、县进行学习贯彻，收到了较好的效果。

这次会议，我们印发了各地推荐的24份大会发言材料，53份交流材料，其中有广播电视部门经营创收、财务管理方面的先进经验，也有财政部门支持、指导、帮助广播电视部门加强财务管理，发展广播电视事业的宝贵经验。把这些经验归纳一下，其中最基本的有这样几条：

第一条，解放思想，更新观念，加强领导，是搞好财务管理工作的关键。要搞好经营管理和财务管理，首先要解放思想、更新观念，充分认识加强经营管理和财务管理的重要意义。而最关键的是领导同志要解放思想、更新观念，把提高本部门的经营创收能力和财务管理水平提上重要的议事日程。实践证明，

凡是领导重视、全厅（局）财力宏观调控能力强的地方，财务管理就比较好，经营创收就比较多，事业发展也比较快；有了事业基础和资金保证，也就能更好地完成宣传任务。这一点现在已经被越来越多的领导同志所认识。上海、吉林、内蒙古、新疆、哈尔滨等省、市、自治区广播电视厅（局）的行政主要领导亲自主管和经常关心、过问财务工作就说明了这一点。

第二条，要重视培养经营创收和财务管理方面的人才。任何事情都是要人来做的，人才的培养和选拔直接关系到事业的成败。实践证明，经营管理和财务管理搞得比较好的地方，财务机构健全，规章制度完善，有一支精干稳定的骨干队伍。各级领导干部应该注意从中培养造就一大批懂业务、会管理、善经营的新型管理人才；要主动关心他们，教育他们遵纪守法、廉洁自律，不要在经济上犯错误，又要积极帮助他们解决一些实际问题。

第三条，要用好用足国家政策，勇于开拓进取。十年来，党中央、国务院以及各级财税部门先后颁发了一系列的文件和规定，明确了广播电视部门经营创收的性质和任务，并且出台了一系列的优惠政策。学好学懂这些文件，用好用足这些政策，发挥我们得天独厚的行业优势和政策优势，广播电视部门的经营创收是大有可为的。

第四条，十年来广播电视单位办实业、企业，开展多种经营、创收工作的实践表明，这项工作不是可有可无，而是必须进一步拓展、加强，主要原因是：①广播电视宣传、事业发展工作需要一个与之相配套并为其提供服务与保障的工业、实业体系；②广播、电视电影节目转化为影、视、听产品需要有自己的产业；③广播、影、视的科技成果转化为生产力需要有自己的实业；④广播、影、视信息逐步进入市场、发挥本系统在人才、技术、资源等方面的优势，必须建立自己的实业企业系统；⑤广播电视系统的财政体制的改革必须通过建立和发展本系统的实业和企业，增加收入，积累资金，使改革工作建立在比较坚实的经济基础上。

第五条，要加强科学管理，向管理要效益。普遍推行成本会计与效益会计，经营创收要有章法，安排资金投向和财务支出要讲求效益，要杜绝浪费。许多地方的经验都证明了一点，开源和节流，缺一不可，但关键还是开源。要使广播电视事业迅速发展，不仅要善于理财，还要善于生财、聚财和敛财，还要借助现代化的科学设备与手段使我们的财务管理走上科学化、规范化、制度化的管理轨道。

第六条，要积极改革人事制度和分配制度。能不能调动广大经营创收、财管管理人员的积极性，直接关系到一个部门经营创收的多少，财务管理水平的高低。要使人们的努力工作成为自觉行为，必须建立起一种科学合理的激励机制，把经营管理和财务管理人员的利益和单位的经营成果、管理成效联系起来。在这方面各地创造了很多经验，如向社会公开招聘经理厂长、部组主任、台长；实行聘任制合同制，双向选择；分配制度上打破大锅饭，拉开档次，实行分项考核，计分评奖，承包，重奖有突出贡献的人员，等等。实践证明，这些作法都是行之有效的。

第七条，政府行政管理部门的积极支持是广播电视事业发展的必备条件。多年来的实践证明，广播电视事业的发展、财务管理水平的提高、经营创收活动的开展，除了各级党委和政府重视、支持外，与各级有关部门，特别是财政、税务、计划、工商、物价、国有资产管理、海关、人事、公安、审计、监察等部门的积极关心和支持，是分不开的。今后，各级广播电视部门要继续积极主动地与各有关部门进行联系，取得他们的理解、支持和帮助，接受他们的监督检查，使广播电视部门的经营管理和财务管理工作能在一个宽松有利的环境中健康发展。

三、新形势下的广播电视财务管理的主要任务与改革方向

1、当前广播电视事业建设与财务管理存在的主要问题与十年前相比，广播电视事业建设的成就是巨大的，广播电视经营管理与财务管理工作取得的成绩也是很大的。但在看到成绩的同时，我们也要清醒地看到我们工作中存在的差距与问题。

我国广播电视事业建设在迅速发展的同时，也存在着两个严重问题。一个是广播电视，特别是广播人口覆盖率不高，增长不快，而且有越来越慢的趋势。目前，全国大约有 25% 的人口听不到广播，有近 20% 的人口看不到电视；实际看不好电视、听不好广播的人比这还多一些。由于这些地区大都是农村山区和边疆少数民族地区，扩大覆盖需要大量投入，而这些地区财力有限，因此人口覆盖率增长缓慢。第二个问题是节目制作能力不足。我们电台、电视台很多，但自己制作节目的能力很有限。省级电台每天制作节目量大约占日播出量的 39%，省级电视台只占 17%；地、市、县级电台、电视台自制节目能力更差。由于节目自制能力不足，必然重播率高，依赖引进、交换，有的电视台甚至靠大量偷录、走私海外一些格调低下的节目来维持播出。广大群众对此意见很大。

造成这两个问题的原因归结到一点，就是资金与人才的不足，而资金不足问题尤其突出，这也是我国广播电视事业发展的最大制约因素。具体到各地，情况有所不同。有些地方经营创收多一些，资金就充足一些，事业发展速度就快一些。象广东、湖北、山东等省，广播电视的人口覆盖率都已超过了 85%。有的地方经营创收少一些，资金就紧张一些，事业发展就慢一些。象有些边远省、区，收入只有几百万，广播电视的人口覆盖率只有 50% 到 60% 左右。从全国来看，明显地存在着发展不平衡的问题。无论是事业建设，还是经营创收与财务管理，一些内地和边远省、区与沿海开放地区相比，都存在着很大差距。这

种发展不平衡，有历史的、地域的影响，应该说也有主观上、工作上的原因，象思想不够解放，对有关的文件精神没有认真学习贯彻，没有主动做工作去争取有关部门对广播电视事业的支持，没有用好上边给的政策，或者领导对经营创收、财务管理不够重视，等等。

90年代，我国广播电视事业建设的主要任务是扩大覆盖和提高节目制作能力；事业建设的重点转向农村和老、少、边、穷地区。除了中央有关部门在政策和财力上继续给落后、边远地区的以扶持外，这些地方广播电视部门的同志，特别是领导同志，也要下决心奋起直追，向先进的地方和先进单位学习，提高财务管理水平，广为开辟财源，努力增加收入，尽快改变事业方面的落后面貌。

2、进一步解放思想、更新观念，强化广播电视产业意识。

去年，党的十四大提出了建立社会主义市场经济的改革目标，我国的改革与建设进入一个新的发展时期。党中央、国务院又作出了加快发展第三产业的重大决策，为我们发展广播电视事业进一步指明了方向。

中央文件中指出："到本世纪末，我国人民的生活水平将达到小康水平。同温饱水平相比，小康水平不仅表现在居民收入所达到的标准，更重要的是要看社会化服务水平和居民生活质量。随着经济的发展和收入的提高，人民群众……在文化娱乐、广播电视、图书出版、体育康复、旅游等精神生活方面也提出了更多、更高的要求。只有加快发展第三产业，才能适应人民群众日益增长的物质和文化生活的需要，促进社会主义物质文明和精神文明建设。"文件还指出，"以产业化为方向，建立充满活力的第三产业自我发展机制，现有的大部分福利型、公益型和事业型第三产业要逐步向经营型转变"。中央文件的这段话，不仅讲清楚了加快发展第三产业的意义，也讲明了怎么样才能加快第三产业的发展，这就是要由福利型、公益型向经营型转变，在这个过程中，以产业化为方向，建立充满活力的自我发展机制。中央文件的这些精神，对于广播电视的事业建设、经营创收和财务管理，都具有非常重要的指导意义，大家一定要认真地学习、领会。

从广为开辟财源以补充国家拨款的不足，到把广播电视所具有的那部分产业功能的潜力发掘出来，可以说是我们对广播电视的功能和经营创收的性质认识的一次飞跃。在我国，广播电视是党和政府喉舌，是舆论宣传工具，这是我国广播电视的本质特征。广播电视工作要以宣传工作为中心，这一点不仅过去是这样，将来也要坚持。但同时，广播电视又是一个产业，它不仅需要投入，而且有一定的生产能力，能通过自己提供的服务来取得一定的收入。广播电视这个产业还具有许多得天独厚的优势，如信息、人才、技术等，这就使广播电视产业不仅具有一定的自我发展能力，而且有相当大的自我发展的潜力。我们开展经营创收，加强经营管理和财务管理，就是要充分发掘这种潜力。

比如，广播电台、电视台在围绕着社会主义市场经济进行宣传报道的同时，还可以通过播出广告、传播经济信息来为企业服务，为市场经济服务，自己则可以得到广告收入和有偿服务收入。与企业合办各类经济专题节目、经济服务和经济信息节目，是广播电视的一大优势。当然广播电视播出广告的数量应控制在国家允许的范围之内，广告播得太多会引起观众听众的反感，对提高广播电视的社会效益产生不利的影响。同时我们要注意掌握广告的社会反响，力求不要让宣传高消费、崇洋媚外的广告出现在荧屏上和广播中，力争播出的广告可信、可听、可看性高，起到正确引导消费，沟通商品信息，又能给人增长知识、获得真善美的艺术享受。总之，只要保证节目质量，就可以做到社会效益和经济效益的统一。广播电视具有比较先进的技术装备，这也是我们的一大优势。开发利用广播电视已有的传输覆盖网络，推广广播电视的先进技术应用，如多工广播、图文电视、信息压缩技术、多媒体技术、副载波利用等，具有广阔的前景。总之，广播电视行业是一个大有作为的行业，只要我们努力掌握它在市场条件下运行的客观规律，大胆探索，善于总结，就能走出一条具有中国特色的发展广播电视的新路子来。

不过，我们也不要忘记，在我国广播电视是一个特殊的行业。开展经营创收活动一定要把社会效益放在第一位，努力做到社会效益和经济效益的统一。要把为各级党委、政府部门服务作为广播电视部门的一项重要职能，认真做好。如内蒙、吉林等地已经开通的微波电视会议效果就很好。广播电视从业人员要坚决贯彻中纪委第二次会议关于反对腐败的决定，要遵守职业道德，遵守新闻宣传纪律，不搞有偿新闻，不搞不正之风。广播电视部门的各种创收要由专门的机构、专门的人员，按照国家的政策、法规全部纳入预算管理来进行，这样才能健康发展，才真正对我们的事业有益。这一点一定要切实引起大家的注意。

3、深化广播电视财务体制改革，提高管理水平。

在社会义市场经济的条件下发展广播电视产业，这对我们广播电视的财务管理工作提出了新的更高的要求。为了适应这种要求，必须进一步深化广播电视财务管理改革，提高管理水平。

深化广播电视财务管理改革，首先就是要建立起有中国特色的、最有利于广播电视事业发展的财务管理体制。这几年，各地根据自己的情况试行不同的财务管理方式。从实路的结果看，就厅局一级对财政部门来说，实行"核定财政拨款基数，逐年递增；收入全部纳入预算内管理，低顶财政支出"的管理形式，效果比较好。这种管理方式既可以保证财政拨款主渠道的畅通，将广播电视部门的收入全部纳入预算内管理，又可以有两个好处：一是全部收入都可以享受免税和两金的优惠政策；二是有利于加强对经营创收的管理。而厅局一级对下面的广播电视单位，则可以本着既有利于调动单位创收的积极性，又能够适当集中财力用于重点事业建设的原则，区别不同单位的情况，采用不同的财务管理形式。在这个意义上讲，广播电视部门的财务管理体制，将会是多种财务管理形式的有机结合。

深化财务管理改革，提高财务管理水平，还必须尽快建立起一套规范化的财务管理制度，健全管理机构。过去几年，广播电影电视部和财政部及会同有关部委已经制定了一批财务管理与经营管理方面的规章制度，各地也制定了一些行之有效的规章制度等，对于加强财务管理起到了很好的作用。以后，两部还要联合组织制定一批部颁规章和一些通用的定额、考核指标，使广播电视行业有一套完整配套的财务会计制度。希望大家积极支持这项工作。各地也应该结合自己的实际情况，完善有关的规章制度；机构不健全的要健全起来。按照会计法和两部文件的要求，省厅级主管部门和省厅级以上的广播电视事业单位应当设立总会计师，各地要认真落实。另外，要组织财会人员进行培训，学习文件，学习政策，学习业务知识，提高财会人员的素质。这样，我们的财务管理水平才能从根本上得到提高。

既然把广播电视作为产业来办，财务管理就一定要注重效益。这也是新形势对我们财务管理工作的新要求。财务会计人员要积极参与单位的经营决策；单位所有的经济活动都要接受财务会计部门和审计部门的检查和监督；大型的经济活动和签定合同要有财务会计部门的人员参加。随着广播电视部门经营项目越来越多和收入的增加，必须重视和加强审计工作。审计工作是财务工作的监督与保证，加强审计工作，也是深化财务管理改革和提高财务管理水平的重要措施。各级广播电视部门的领导要重视会计工作，同时也要重视审计工作。省厅一级，有条件的可以象湖南厅一样，设个审计处，没有条件的可以设审计科。作审计工作的同志，也要适应新形势的要求转变观念，在做好监督工作的同时，要强化服务意识，和做会计工作的同志一起，搞好本单位的经营管理和财务管理。

4、国家财政拨款的主渠道，继续执行不因广播电视部门收入增加而减少拨款和随着财政收入的增加逐年增加广播电视事业经费拨款的政策。几年来，这条政策在绝大部分地区执行得是比较好的，大部分地区财政拨款不但没有因广播电视部门的收入增加而减少，而是逐年有所增加，有许多地区对广播电视部门的拨款大大高于当地财政收入和财政支出的增长速度。各级财政部门是广播电视事业发展的坚强后盾。

5、计真学习两部重要文件，用好用足优惠政策。

为了加强广播电视事业单位的财务管理，支持广播电视事业的发展，广播电影电视部和财政部及其他有关单位联合下发过一些文件，其中最重要的有四个；《广播电视事业单位财务管理办法》、《广播电视事业单位固定资产管理办法》、《广播电视广告收入管理暂行规定》、《广播电视赞助活动和赞助收入管理暂行规定》。这几个文件既是对广播电视行业的财务管理提出的要求，也是支持广播电视部门给予优惠政策的文件。希望大家认真学习、领会、贯彻、落实文件精神。

这几个文件的主要精神包括这样一些规定：

第一，文件规定："有条件的主管部门和单位，可以和主管部门及同级财政部门签订包干协议，实行财务收支大包干。包干协议应明确包干范围，包干期限，财政拨款数额及奖惩规定等。其承包期间的收入必须全部纳入预算内管理。"这就指明了广播电视事业单位实行财务大包干的原则，使广播电视事业单位的包干办法有了合法的依据。

第二，为了支持广播电视部门进行经营创收活动，建立广播电视周转金。文件规定："广播电视周转金是保证广播电视业务工作、有偿服务和各地经营活动正常开展而设置的周转金。周转金要坚持有借有还，按期归还的原则"。这既是对广播电视部门的支持，也是财政拨款制度的一项重大改革。

第三，随着时间的推移，广播电视设备老化严重，建立修购基金是解决设备更新改造问题的途径之一。文件规定："经过主管部门商同级财政部门的批准，可以从广告收入中提取、建立修购基金，用于固定资产的更新改造和设备购置。

第四，文件规定："单位正常业务收入应逐步纳入预算内统一管理，进行统一核算。单位的收入应按一定比例或数额上交其主管部门，纳入预算，抵顶预算支出"；"全额预算单位组织的收入要按财政部门和主管部门核定的数额用于弥补事业经费预算支出，并按规定转入低支收入科目核算，纳入预算内管理"；"全额预算管理单位的广告收入，要纳入预算内管理，抵顶预算支出。纳入预算内管理的广告收入，视同财政拨款"；"全额预算管理单位的赞助收入应视同财政拨款全部纳入预算管理，作抵支收入或自动增加拨入经费处理"。以上这样规定，对广播电视部门有以下几点好处：一是加强了对广播电视事业单位业务收入的管理，将收入纳入预算内，与财政拨款一起统筹安排，编制统一的预算和财务收支计划，使资金使用方向更趋于合理，增强了计划性。二是稳定了广播电视部门的优惠政策，这些文件过去各地通过签订财务收支包干协议或个别审批解决的减免税收和两金的优惠政策，用财政规章制度的形式规定下来，纳入预算内管理的广告收入、赞助收入其性质是财政拨款，就应该享受减免税费的优惠政策；三是拓宽了财政投入的渠道，将收入纳入预算内管理，视同财政拨款免交税和两金，既调动了广播电视部门创收的积极性，增加了广播电视资金来源，又大大减轻了财政负担。这一改革用政策作为杠杆，把财政的投入和单位的创收联系起来，对于广播电视事业单位走上自我发展的道路具有重要的意义，也代表了广播电视事业单位财务管理体制改革的基本方向。希望各级广播电视部门主动和财政部门联系，共同研究落实，完成这一改革。

另外，对于广播电视部门所属企业，中央也出台了一些优惠政策，如减免所得税，返还税收和上缴利润等。也希望大家主动与有关部门联系，认真研究，尽快落实。几年来，各地结合本地、本单位情况，争到一些优惠政策，对广播电视事业的发展起了重要作用，要继续执行，不断完善。

十年来，在广播电视财务管理战线上，涌现出一批先进集体和先进个人，他们发扬艰苦奋斗的精神，积极开拓进取，兢兢业业，为广播电视事业的发展作出了自己的贡献。在这次大会上，我们将表彰广播电视财务管理先进集体 64 个，先进个人 44 个，财政系统先进集体 30 个，尤其值得提出的是，先进个人中有两名厅长，这是过去所没有过的。所以，我们还要定期召开这样的大会。各省、市、自治区的广播电视部门和财政部门也应该定期或不定期地召开经验交流会，表彰先进，树立典型，推广先进经验，以推动广播电视事业的发展。

同志们，当前形势很好，机遇难得。希望广播电视部门和财政部门的同志携起手来，密切合作，同心协力，积极开拓，为发展我国的广播电视事业作出新贡献。

(本文是作者 1993 年 9 月 19 日在全国广播电视财务管理工作会议上的讲话)

进一步加强广播电影电视法制工作　推动和促进广播影视事业的发展

同向荣

1991 年 5 月 31 日至 6 月 4 日，我部在青岛市召开了第二次全国广播影视法制工作会议之后，我部法制工作有了较大进展。从整个广播电影电视法制建设的情况来看，目前已出台的行政法规有 6 件，制定的行政规章和规范性文件 200 余件，法制宣传教育工作也在稳步地进行，行政执法已逐步开始走上正轨。在充分肯定成绩的同时，我们也要看到：我们全系统的法制建设与全国法制建设和其它部门的法制建设相比，还有一定差距。现在我们已经出台的法规和规定不仅数量少、法律效力等级低，而且还不够完善、不够配套、不够协调。也就是说，我们还没有形成完备的广播电影电视法规体系。我们的行政执法工作还没有制度化。“有法不依”、“有章不循”、“执法不严”、“违法不究”的现象在一定程度上还存在，至于我们的广播影视专业法及相关法的宣传、普及、教育还有待于进一步深入。

这次会议是总结交流法制工作经验，讨论法规草案，为下一步的法制工作做好准备。

一、加强广播电影电视法制建设的必要性、重要性和紧迫性。

建设有中国特色的社会主义，必须加强社会主义法制建设。关于这方面的问题，邓小平同志早在 1987 年就提出：为了保障人民民主，必须加强法制。之后，小平同志又一再强调：搞四个现代化，一定要有两手，即“一手抓建设，一手抓法制。”小平同志的这些教导，是我们加强社会主义法制建设极为重要的指导思想。不久前，罗干同志在谈到政府法制工作的地位和作用时指出：“政府法制工作是国家法制建设工作的重要组成部分。……建设时期，管理国家事务，管理经济和文化事业，管理社会事务，经常的、普遍的、大量的要通过行政行为来实现。因此，要把国家的政治生活、经济生活、社会生活中各个方面的基本关系和行为准则纳入制度化、法制化的轨道，也就必然要把政府法制工作放在重要位置上。”所以，以宪法为根本、以基本法律和部门法为基础的社会主义法律体系，在我国社会主义现代化建设中的作用就显得越来越突出了。最近，国务院召开全国法制工作会议，并颁发了《国务院关于加强法制工作的决定》。对进一步加强法制工作提出了新的要求。我们广播电影电视事业作为社会主义现代化建设事业的一个组成部分，也自然离不开这种调节和管理。广播电影电视法规体系，也是我国社会主义体系的重要组成部分，但至今我们还未建立同宪法相衔接的部门法。这不仅直接影响国家法律体系的健全和完善，而且也直接影响社会主义法制对广播电影电视事业的保障。

目前，许多部门都在抓紧自己系统的法制建设，有的部门已经基本上或正在形成本系统的法规体系。这在一定程度上对我们形成了一种压力。因为，部门法横向相关的问题较多，需要协调的工作量很大，一旦大多数部门都立了法，确定了各自的职能和权限，那么，后出台的部门法就不容易协调了。由于没有制定出广播电影电视部门法，所以有些部门或单位就不尊重或不愿服从广播电影电视部门的管理，擅自开办电视台、有线电视，擅自设置卫星电视广播地面接收设施接收境外电视节目。所有这些问题都表明：如不抓紧进行广播电影电视法制建设，其他部门就有可能或正在将其职权有意无意地延伸到我们的事业范围，一旦形成法，我们的有关工作就会陷入被动，以后制定广播电影电视部门法时，就非常困难，给行政执法和行政管理工作带来很大困难。

广播电影电视部门既是新闻宣传单位，又是行政机关，加强广播电影电视法制建设，也的确是我们行业管理的需要。因此，在做好广播电影电视宣传工作的同时，要重视和加强行业管理。一段时期以来，社会上有的单位或个人不服从广播电影电视部门的管理，越权行文或侵犯广播电影电视部门的职权。由于我们没有建立健全广播电影电视法规体系，这就削弱了广播电影电视行业管理。只有加速立法，提高法规的法律效力等级，确定健全的和强有力的宏观调控体系，广播电影电视行业管理才能做到“有法可依”、“有法必依”、“依法行政”、“依法管理”，使广播电影电视真正发挥教育、鼓舞全党、全军和全国各族人民建设社会主义物质文明和精神文明的现代化传播工具的作用。

加强广播影视法制建设，也是维护和保障本系统合法权益的要求。广播电影电视部门的职权、电台、电视台、电影制片厂等组织以及编辑、记者、创作人员、技术人员和行政管理人员的合法权益只有通过法律才能真正得到保护。目前，由于没有建立起广播电影电视法规体系，侵犯广播电影电视系统合法权益的现象屡次发生，无形中增加了本系统的后顾之忧。这不利于广播电影电视事业稳定、健康的发展。

关于加强广播影视法制建设的必要性、重要性和紧迫性，我就谈这些。

二、当前广播影视法制工作所面临的困难和对策。

前面，我已讲过加强广播影视法制工作的重要性、必要性、紧迫性。但是，我们也应该清醒地认识到，法制工作是一项浩大的社会工程，不可能毕其功于一役。我们虽为建立本系统的法制工作做了一些基础性的工作，但是，在广播影视法制工作方面，仍存在一定的难度。

首先，与广播影视密切相关的法律、法规尚未完善。我们广播影视事业是社会主义现代化建设事业的一个极为重要的组成部分，其工作、业务也与相关部门存在千丝万缕的联系。而这些相关的法律、法规却尚未完全制定出来，一些重大问题没有解决或尚未完全解决，使我们工作中的一些现实问题也一时难以决断。例如：《电信法》牵涉到无线电频率、频道的规划、使用与管理；《文化市场管理法》牵涉到“文化市场”与“广播影视事业”的界限划分；《新闻法》对全国新闻工作的重大原则问题尚未规定，这些重大问题不解决，我们在制定《广播电视法》和《电影法》时所面临的相关问题也就一时难以弄得准确。

其次，广播影视宣传及体制改革在社会主义市场经济条件下如何进一步深入还正在实践中，所以《广播电视法》和《电影法》在许多方面还难以作出具体规定。

第三，广播影视事业是一项巨大的复杂的社会工作，制定《广播电视法》和《电影法》必须有充足的翔实的国内外资料，并有比较研究的立法成果。而这些基础性工作由于客观条件所限，加之起步不久，即使加快工作进程，这些基础性的准备工作也很难在短时间内完成。

综上所述，经过慎重研究，本着先易后难的原则，决定先尽快草拟、制定有关行政法规，然后，在执行行政法规的基础上，并结合广播影视事业发展和管理的实际情况，再进一步研究制定《广播电视法》和《电影法》。这次会议上就带来一些意见草稿，征求大家意见，以便为 1994 年 1 月全国宣传工作会议和厅局长会议做准备。地方各级广播电影电视部门也要抓紧立法工作，完善本地的地方性法规和规章，使广播影视事业早日走上依法管理、依法办事的法制化轨道。

三、几点要求。

最后，我想代表部领导对本系统的法制建设工作提三点要求：

第一、要求各级领导真正把法制建设摆到议事日程上来。

在改革开放和进行社会主义市场经济建设的形势下，要搞好宣传工作，抓好行业管理，各级广播电影电视部门所面临的工作的确是千头万绪，任务相当繁重。越是情况复杂，工作繁忙，越要议大事、抓大事。其中，法制工作就是涉及全局的大事。只有广播影视的方方面面都有了法，就可以依法进行宣传，行业管理才有可能减少许多纠纷，减轻领导的负担。因此，各级广播电影电视部门和所属企业事业单位，都要真正把法制建设抓起来，并列入重要议事日程，切实抓好。各级广播电影电视部门的领导班子中，都要有专人分管法制工作。要为本部门的法规建设创造必要的人、财、物方面的条件。

第二，要正确处理好立法、执法和普法三者之间的关系。

立法是法制建设的基础，普法是法制建设的保障，执法是法制建设的最终目的。这是广播影视法制建设中的重要的辩证关系。因此，各级广播影视部门在加强法制工作的时候，应正确处理好三者之间的关系：

首先，要进一步完善广播电影电视立法，抓紧草拟、论证，一旦时机成熟，即尽快上报，争取早日发布，施行；同时，与之相配套的行政法规和规章也要进一步完善。在立法时，要强调它的权威性、稳定性，不能随意；要分别轻重缓急，以重点立法项目带动一般立法项目。要强调急需的先办，有条件的及时办，有可能的争取办。有些暂不具备条件的项目，可以先搞行政规章或规范性文件。法制建设有个积累的过程，从低到高、从不完善到完善、从不配套到配套，有的可先在地方搞，待积累了经验再搞全国性的。总之，要实事求是，从实际出发。

其次，要切实加强行政执法，真正做到依法行政。《国务院关于加强政府法制工作的决定》指出：“要切实加强行政执法工作，当前，行政执法的问题很突出。有法不依，执法不严，违法不究的现象比较普遍，有些地方和部门甚至以言代法、以权压法、执法犯法、循私枉法，问题相当严重。……各级政府和政府各部门，尤其是领导干部，要增强法制观念，依法行政，严格依法办事。”党的十一届三中全会以来，我们已制定了一部分行政法规和行政规章。我们广播电影电视部门应当强化执法意识，与有关部门密切合作、协调，搞好行政执法工作，把广播电影电视方面现有的法规和规章贯彻实施，落到实处。

另外，还要继续抓好法制宣传教育工作，使广播影视专业的现有法规和规章要为全系统和全社会都知晓并自觉遵守。为了使已出台的广播电影电视法规、章程为本系统和全社会都知晓，我们一定要结合当前全国正在进行的“二五”普法这一良机，对全系统的干部职工普及宣传专业法，并向全社会介绍、宣传广播影视专业法规。这样，可以提高群众的法律意识，让群众懂得和了解应该遵守什么，反对什么、自己的权利是什么，并自觉同违法行为做斗争。与此同时，还要与有关部门加强联系，密切合作，共同抓好广播影视执法工作。

第三，要在实践中培养、造就一支法制建设工作队伍。

实践证明，没有一批专门从事政府法制工作的专业人才，法制工作就难以落实、搞好。几年来有不少地方的广播电影电视部门，对法制建设和人才培养是很重视的，譬如广西、山西、新疆、甘肃、上海、北京等厅（局)，就很注意培养人才，组成队伍，并注意发展他们在政府法制工作中的参谋、助手作用。但是，有些地方的广播影视部门对法制建设还不够重视。希望这些地方的广播影视部门，凡已设置法制工作机构的，要进一步巩固并充实法制工作人才，没有设置法制工作机构的，要尽可能争取设置法制工作机构，并选调相关法制工作人才，或指定机构、专人兼管法制工作。无论从现在还是从长远来看，这都是一件功德无量的大好事。

同志们！我国建立社会主义市场经济体制，深化改革，扩大开放，加快现代化建设的新形势，已对广播电影电视法制建设提出了新的更高的要求。各级广播电影电视部门在当地党委、政府领导下和上级广播电影电视部门的指导下，要认真贯彻第二次全国政府法制工作会议精神，把学习、落实《国务院关于加强政府法制工作的决定》，与学习《邓小平文选》第三卷和《中共中央关于建立社会主义市场经济体制若干问题的决定》结合起来，联系广播电影电视事业发展的实际，群策群力，努力使广播电影电视法制建设迈上一个新的台阶！

（本文是作者在1993年全国广播影视法制工作会议上的讲话）

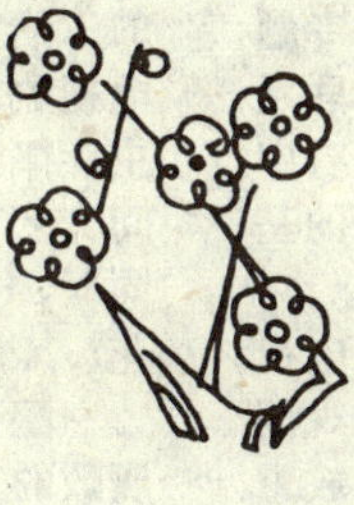

概　况

全国广播电视及各方面概况

广播电影电视部宣传工作概况

广电部总编室

1993年，广播电影电视部的宣传工作在以江泽民同志为核心的党中央领导下，以邓小平同志建设有中国特色社会主义理论为指针，坚持团结、稳定、鼓劲和正面宣传为主的方针，发挥广播电视的优势，坚持正确的舆论导向，突出主旋律，较好地完成了各项宣传任务。

一、掌握正确的舆论导向，与中央保持高度的一致。

邓小平同志建设有中国特色社会主义的理论，是我国改革开放和社会主义现代化建设的科学指南，也是广播影视宣传工作的根本指针。搞好这一理论的宣传是掌握正确舆论导向的首要问题。各电台、电视台都非常重视这个问题，积极主动地结合各项宣传工作，通过各种形式，宣传邓小平同志的重要理论观点。《邓小平文选》三卷发行和党的十四届三中全会召开以后，各台除及时地播发了有关消息外，各专题节目还邀请一些领导同志和专家上广播、电视，联系群众学习《邓选》，深入浅出地宣传邓小平建设有中国特色的社会主义理论，宣传社会主义市场经济的基本知识。

加强经济宏观调控的宣传，是1993年广播电视宣传的一项重要任务。各台积极宣传中央加强宏观调控的意义及所取得的成效。在宣传中坚持了解放思想、实事求是、抓住机遇、加快发展、深化改革等基本要点，保持宣传舆论的连续性。对不符合中央宏观调控精神的做法，如片面追求过高的发展速度，没有实际意义的招商、办节活动，盲目兴办开发区，非法集资等，有的降温，有的不予报道。

纪念毛泽东同志诞辰100周年的广播电视宣传，严格按照中央的精神和部署进行，宣传了毛泽东同志的伟大历史功绩及其在各族人民心中的崇高地位，报道数量的掌握、节目时间的安排比较适当，防止了庸俗化和商业化。在宣传中注意突出邓小平同志建设有中国特色社会主义理论是毛泽东思想的继承和发展。中央电视台播放的12集电视纪录片《毛泽东》、21集音乐艺术片《毛泽东诗词》受到普遍好评。为纪念毛泽东同志诞辰100周年，电影界及时推出了《秋收起义》、《井冈山》、《重庆谈判》等优秀影片和大型文献纪录片《中国出了个毛泽东》，也受到领导及群众的好评。

二、加强社会主义精神文明建设，弘扬主旋律。

根据中央“两手抓、两手都要硬”和“精神文明重在建设”的精神，1993年广播电影电视部下大力气抓了精神文明建设的宣传。突出宣传建设有中国特色的社会主义理论和党的基本路线，突出宣传爱国主义、集体主义和社会主义。中央电视台的近代史知识竞赛，中央电台的述评《拜金主义要不得》，在社会上产生了强烈反响。

当社会上出现一股“选美风”时，广播、电视及时报道了全国妇联负责人、北京大学女学生对选美活动的不同意见，与其他新闻单位一起造成了抵制选美的舆论，使得这股歪风受到遏制。

在文艺宣传方面，中央三台和许多地方台注意突出主旋律，提供民族音乐和高雅艺术，认真落实100部爱国主义影视片的播出和宣传工作，有效地遏制了港台及外国不健康文艺节目的泛滥。中央电视台播出的《唐明皇》、《北京人在纽约》、《大潮汐》等优秀电视剧，电影界推出的《凤凰琴》、《炮兵少校》等主旋律电影，受到普遍的赞扬。电视台和电台黄金时间文艺节目的质量有了明显的提高。在高扬主旋律的同时，采取鲜明的态度，制止将《金瓶梅》、《赛金花》、《废都》等作品投入电影和电视视剧的拍摄。

配合中央开展的反腐败斗争，广播电视加强了反腐败的宣传。除准确、及时地报道中央关于反腐倡廉的一系列指示精神外，比较充分地反映了各地、各条战线清理乱收费、纠正行业不正之风的进展情况。同时，根据上级统一部署，对一些大案要案进行了曝光，震慑了犯罪分子，形成了一定的声势。

三、对外及对台、港、澳、侨的宣传工作取得新的突破。

1993年，广播电视对外宣传工作得到了很大的加强，特别是电视广播海外阵地建设有突破性进展。中央电视台从元旦起，通过太平洋国际通讯卫星，每天向北美传送1小时新闻性节目，美国各地18家华人电视台部分转播了这套节目，从此结束了中国电视新闻单纯依靠航空邮寄的历史。8月28日，中央电视台在20多家省、市电视台的支持下，与美国芝加哥三C集团企业有限公司合作，在美国开办"美洲东方卫星电视"，每天播出12小时我国各类电视节目。中央电视台还同国际电台合作，从1993年起用西班牙语向墨西哥特莱维萨电视台传送中国电视新闻，从而开辟了中国电视新闻在拉美地区的阵地。中央电台1993年成立了对港澳广播的第七套节目部，现已完成节目方针制定和节目设置，为正式开播打下了基础。国际广播电台不断开辟对外广播的多种渠道，继续向国外的一些广播电视机构传送、寄送节目。从7月起，英语节目在美国华盛顿及其周围地区播出，使我英语节目首次通过中波电台进入美国首都地区主体社会。1993年国际台收到听众来信突破55万封，创国际台历史最高纪录。

四、进一步深化新闻改革。

1993年，中央三台和各地电台、电视台在坚持正确舆论导向的基础上，进一步完善和深化新闻改革，取得明显进展。

中央电视台从3月1日起，大幅度增加第一套节目新闻播出次数，由每天4次增至11次。同时，重要新闻实行滚动式播出，使观众从早到晚都能看到当天的重要新闻。新闻次数的增加和实行滚动式播出，为争取新闻时效创造了条件，国际新闻时效提高了12小时。为加强新闻的深度报道，中央电视台从5月1日起开办早间节目《东方时空》，其中的"焦点时刻"栏目采用跟踪报道的形式透视社会上的一些热点问题，成为联播新闻的补充、延伸和深化，形成了新闻宣传的立体态势。

中央电台从年初开始，对《新闻报摘》中"简讯"、"版面介绍"栏目进行了调整。"简讯"的信息容量有了新的增加。《午间半小时》、《经济生活》、《439播音室》等一批新闻性专题节目，在追踪社会热点问题，积极引导社会舆论方面积累了新的经验。1993年开办的国际专题节目《环球信息》，突出了言论，增加了有关国际经贸、知识的比重，得到听众的喜爱。各地电台积极探索更加贴近群众、贴近生活、贴近实际的广播形式和播音风格，兴起一股"广播热"，收听率普遍提高。

国际电台在加大有关我国政治、经济、科技、文化等新闻信息量的同时，从4月起增办《时事报道》专题节目，加强了国内问题的深度报道。

中央三台及部分地方电台、电视台1993年在发挥舆论监督方面创造了新的经验，取得了长足的进步。广播、电视与社会有关方面联合进行了《质量万里行》、《经济效益纵深行》、《环保世纪行》等大型宣传活动，对推动提高产品质量、提高经济效益、加强环境保护工作发挥了重要的作用，受到各方面领导和群众的好评。

在中央宣传思想领导小组和中央宣传部的统一部署下，全国广播电视系统认真制止有偿新闻，各台都制定了切实可行的措施，对记者、编辑、播音员普遍进行了教育，广播电视系统的行业不正之风得到了初步的遏制。

中央人民广播电台概况

中央人民广播电台　李宪力

1993年是不寻常的一年。中央加强宏观调控，国家政治生活、社会生活异常活跃。宣传任务不仅十分繁重，而且难度很大。中央人民广播电台在邓小平同志建设有中国特色的社会主义理论和党的十四大精神指导下，把握时代脉搏和"团结、稳定、鼓劲"的基调，坚持了深化改革和正面宣传为主的方针，在阐述中央政策、理顺群众情绪、调动和保护人民群众的积极性方面作出了不懈的努力，在广播宣传中创造了一个生动活泼的局面。

一、1993年宣传工作概况

1993年中央台的工作可以概括为四句话：完成了报道任务、锻炼了广播队伍、展现了宣传成果、奠定了事业基础。

(1)、坚持正确的舆论导向，完成了一系列重大的报道任务。

1993年重大报道任务比往年多。从年初到年末，十几项中央抓的重大报道任务穿插进行。如"两会"报道；十四大和十四届三中全会精神的贯彻；围绕农村打白条、绿条展开的农业基础地位和农村形势的报道；中央加强宏观调控等一系列战役性报道；围绕东亚运动会、七运会和申办奥运会展开的长达半年多的大型体育报道；《邓小平文选》三卷出版、纪念毛主席诞辰100周年等。对于这些重大宣传任务，我们采取以《新闻报摘》和《全国联播》做为主导舆论阵地，对台湾广播和对少数民族广播，以及军事节目、对农村、对少儿等对象节目和《午间半小时》、《经济生活》、《439播音室》、《法制园地》、《学习节目》等重要舆论阵地紧密配合，专题知识性节目和文艺节目相呼应，形成一盘棋、整体作战的态势，取得了比较好的宣传效果。

反映改革开放的大好形势，播出了一系列有份量的报道。中央台有计划地组织了一批报道在《新闻报摘》中播出，如："国泰民安靠农业"、"建立市场经济、政府转变职能"、"方兴未艾的第三产业"等。这批报道采取宏观、微观结合的方法，侧重反映群众身边的变化，多数采用记者播报的形式，采用现场音响，收到较好的播出效果。

中央台对转换国有大中型企业经营机制的宣传，加大了力度，有意识地组织了大量报道，并放在重点节目的突出位置播出，让这个改革热点真正热起来。中央台先后介绍了郑州、潍坊、辽阳、柳州、洛阳、湖南、福建、浙江、海南等地区和重点企业的情况，既报道成绩，也提出了问题，对改革热点起了较好的引导作用，形成了较好的舆论氛围。

贯彻落实中央农村工作会议的精神，中央台在集中报道农村深化改革的同时，着重报道了中央对减轻农民负担的要求，突出了科技兴农的报道，并对房地产开发热、股票热、集资热、打白条、绿条、青年人下海经商、科技成果拍卖难等社会热点问题作了比较深入的剖析和引导，既振奋了精神，也提出了中央和农民关注的问题，口径准确，分寸得体，既有声势，又把握了正确的导向。

在精神文明建设宣传报道中加强言论，突出典型，使精神文明报道有深度、有力度。根据中央“两手抓、两手都要硬”和“重在建设”的精神，中央台在大力宣传改革开放的同时，下力量抓好精神文明建设的宣传。连续播出了《拜金主义要不得》、《再谈拜金主义要不得》、《创业精神丢不得》、《高扬起理想的风帆》等几篇述评，在社会上产生了强烈的反响。听众认为中央电台在精神文明建设的宣传上带了好头。一年来，中央台加大了爱国主义、集体主义、创业精神的宣传力度，把这项工作作为民族和社会发展的一件大事来抓。《439 播音室》播出的系列录音报道“拳拳赤子心”、“格尔木第二代开发人”、“金钱的位置”征文，以典型事例和听众的现身说法，生动形象地弘扬了正确的人生观和价值观。《午间半小时》先后三次围绕中央乐团的问题作文章，抓住当前社会上的焦点问题，针对中央乐团和严肃音乐的现状及前景，做了较深层次的分析，播出后在听众中引起极大的震动。少儿节目也针对少年儿童的特点，加强了“可爱的祖国”专栏，播出了“长征的故事”和“国旗的故事”等。

积极配合反腐败斗争，加强反腐倡廉报道，增加报道量，拓宽报道面，形成了一定的声势。中央台在坚持正面宣传，积极引导舆论，树立正面典型的同时，根据中央反腐倡廉的一系列精神，反映各地、各条战线贯彻落实中央精神的情况，并根据中央部署，抓住反面典型，对一些大案要案进行及时报道。在形成声势，保证数量的同时，还注意了深度报道，针对社会共同关心的问题，有组织地发表言论，针砭时弊，弘扬正气。

中央台开办热线直播节目，为今后的节目改革摸索了一条切实可行的路子。第七届全运会期间，开办了《第七届全运会午夜特别节目》，这个节目采用现场直播的形式，以赛场为主，热门话题为辅，集新闻、知识、娱乐为一体。广播时间虽然安排在晚上 11：00 播出，但受到听众热烈的欢迎和充分的肯定。

1993 年是北京申办奥运会关键性的一年，中央台对国际奥委会 101 次会议的宣传，严格遵照“两手准备，从容应对，得则欢庆，失不气馁”的指导思想，在将近 6 个小时的直播中做到了丰富而不杂乱、热情而不张狂、口径适当、侃谈得体、议论有深度、转折较和谐、节目技术保障成功、声音清晰。成功地完成 9.23 通宵现场直播。

文艺宣传坚持唱响主旋律，弘扬民族优秀文化的方针，春节晚会“欢乐共此时”、“全国听众喜爱的歌手”、立体声直播节目“音乐杂志”、“全国广播新歌征集评奖活动”、“全国京剧票友大奖赛”、“全国戏曲节目展播”、小说连播“西部歌王”，这些节目发扬了中央台的优势，汇集了地方台的精华，为繁荣民族文化作出了有益的贡献。

(2)、锻炼了广播队伍，展现了宣传成果，奠定了事业基础。

重大的报道任务，综合的宣传战役，造就了一支团结协作，吃苦耐劳的宣传队伍。培养了广播队伍“来之能战，战之能胜”的战斗作风。

1993 年中央台在全国性的评奖活动中收获很大，在“中国新闻奖”、“全国广播好新闻评奖”、“全国广播剧评奖”中，中央台都名列前茅。1993 在“亚广联”评奖中，中央台参赛的《一场特殊的音乐会》和少儿广播剧《古墓遇险》双获大奖，创造了“亚广联”的一国参赛两部作品双获大奖的历史纪录。这些获奖作品都反映了中央台的业务水平和技术实力。

1993 年的宣传工作，奠定了中央台进一步深化改革、开拓发展的基础；奠定了中央台走向世界一流国家电台的基础。这两个基础来自三个提高两个突破。

三个提高：思想素质的提高、业务素质的提高、团结协作一盘棋宣传思想观念的提高。

两个突破：稳妥而适度的热线直播成功，在中央台传统习惯的播出方式上是一次突破；

春节晚会节目中实行跨国跨地区联办，引进节目在中央台也是一个突破。

二、1993 年宣传工作特点

1993 年宣传工作的特点可概括为：把握了基调，紧跟了形势，突出了重点。

1、把握了基调。1993 年中央台整个宣传工作，牢牢把握了中央确定的“团结、稳定、鼓劲”的宣传基调。在此基础上，我们新闻、对象、专栏节目始终坚持了正面宣传为主的方针；对台湾广播坚持了“和平统一，一国两制”的方针；对少数民族广播坚持了民族团结，共兴中华的方针；文艺宣传坚持了弘扬民族文化，提供健康而丰富的精神文化娱乐的方针，总体上形成了同中央保持一致，帮忙而不添乱的比较谐调的宣传舆论氛围。

2、紧跟了形势。由于 1993 年国家政治生活、社会生活十分活跃，社会热点问题比较多，中央对宣传工作要求不仅要对中央的工作部署宣传好、配合好，而且要发挥自己的优势多做解疑释惑工作，凝聚民心，形成良好的舆论氛围。根据中央要求，我们不仅在新闻节目中作了配合，一些专题、专栏和对象节目，也紧密配合，作了比较充分的报道。

3、突出了重点。去年中央台面对繁重的宣传任务，采取了分层次、突出重点的办法，由台编委会和部门两级重点抓选题。在重大报道方面，中央台集中组织了“农村纪行”系列报道、“建设中的国家重点工程”系列报道、“大中型企业风貌”系列报道、“环境保护”系列报道、“拜金主义要不得”等一组述评。各部门也重点抓了一大批选题和节目，例如：《经济生活》配合贯彻《条例》组织了“来自企业的报道”征文；《科技·知识·生活》播出了“火炬计划”实施五周年综述等等。对台湾广播除配合“汪辜会谈”等重大政治活动进行全面报道外，还播出了长达54集的“大西北”系列报道，介绍西南地区改革新貌；对少数民族广播与有关部门合作播出了“来自怒江大峡谷的报告”、“昌吉州纪行”等系列报道；《对农村广播》播出了科技兴农、高效农业的一系列报道。在文艺广播中坚持了弘扬民族优秀文化的方针，音乐、戏曲、广播剧等都播出了大量优秀文艺节目。尤其是“每周一歌”，作为中央台音乐文化的旗帜，在港台歌星冲击我国乐坛，一个时期“追星族”、“发烧友”成为社会热点时，发挥了中流砥柱的导向作用，受到上级领导和广大听众的好评。

中国国际广播电台概况

中国国际广播电台　李广才

1993年，是我国改革开放向纵深发展的一年，也是国内重大会议和事件宣传报道任务相当繁重的一年。这一年，中国国际广播电台在邓小平同志建设有中国特色的社会主义理论指导下，坚持以正面宣传为主、以我为主和以事实为主的方针，无论是在向世界各国人民介绍中国改革开放和现代化建设成就，阐述中国对国际事务的立场、观点方面，还是增进世界各国人民对我国的了解与友谊方面，都发挥了重要的作用，并收到了显著的效果。

一、重大宣传有所开拓和突破

1993年12月31日，中国国际广播电台邀请国家主席江泽民向国外听众和港澳台同胞发表了题为《满怀信心走向未来》的新年讲话。江主席在讲话中全面阐述了我国改革开放和现代化建设取得的成就，以及我国的对内对外政策以后，特别提到：“中国国际广播电台，几十年来一直在向海外听众介绍中国的发展情况，它已成为一座中外沟通的桥梁。”江主席的新年讲话通过我台43种语言广播播出后，立即在海外传播媒介和广大听众中引起强烈的反响。英国BBC、美国之音、法国国际广播电台、日本共同社、美国出版的中文报纸《侨报》、法国出版的中文报纸《欧洲日报》、泰国中文报纸《京华中原联合日报》；香港的《文汇报》、《大公报》、《明报》、《华南经济》、《信报》、《现代日报》和台湾《世界日报》等均在重要版面的显著位置，播发或刊登了江主席新年讲话的摘要。许多听众也纷纷致信我台，高度评价江主席的新年讲话。

1993年，人大、政协换届大会，国家加强经济的宏观调控，整顿金融和流通秩序，党的十四届三中全会，国庆44周年，工会十二大，《邓小平文选》第三卷出版，毛泽东诞辰100周年等重大宣传战役持续不断。中国国际广播电台针对国外听众普遍关心中国政治、经济形势的走向，渴望了解中国改革开放的进程和成效的心理，力求报道的内容和形式较过去有新的开拓和突破。具体表现在：

1.重大会议现场直播创造了新纪录。如“两会”期间，我台除按往年惯例继续使用英语和汉语普通话对人大开幕式进行现场直播外，还应美国“美加华语广播网”的要求，使用广州话在录音间对着电视画面向美国和加拿大直播了人大开幕式的实况。此外，对鲁平就香港问题答记者问、钱其琛外长就国际形势和我国的外交政策答记者问、总理和副总理会见中外记者等均做了现场直播。不仅直播的语种和次数是我台“两会”报道历史上的第一次，而且摸索出了新的直播形式。

2.报道力求准确、充分、及时，针对性强，重点突出。对国内每次重大会议或事件，我台除及时、充分地报道会议或事件本身外，还加强了前期的配合性报道和后续报道，以形成声势。如“两会”前后，我台编发了《谈谈中国的人民代表大会制度》、《人民政协发挥职能优势积极参政议政》、《过去五年中国法制建设成绩斐然》。又如毛泽东诞辰100周年前后，我台除介绍毛泽东的生平外，还采访了毛泽东的亲人和在其身边工作过的人员。而在“两会”期间，我台则注意会内和会外报道相结合，采播了《街头巷尾话“两会”》、《人大代表与大学生》、《北京老百姓谈“两会”》等，多侧面地反映“两会”在全国各族人民中产生的深远影响；为与国外传媒竞争，我台对重大会议和事件，都采取发快讯、录音新闻和综合消息相结合的办法，以便既能提高新闻时效，又保证报道充分；针对各国听众渴望了解我国改革开放进程、成就及新举措的心理，我台在“两会”和中国共产党十四届三中全会期间，不仅详细介绍《政府工作报告》和《中共中央关于建立社会主义市场经济的决定》，而且对国外舆论关注的热点问题分别摘发专题新闻，以使报道更加充分、深入；我台一些语言广播部在“两会”期间，还分别采播了《她是中国俄罗斯族代表》、《从日本孤儿到全国政协委员乌云》、《三位少数民族委员的心声》、《西藏政协主席谈西藏人权状况》、《编辑记者谈“两会”》等具有较强针对性的稿件。

3.形式多样，生动活泼。1993年，我台对国内重大会议和事件的报道，不仅内容充实，而且形式也力求丰富多彩，生动活泼。为此，我台一方面增加了报道的花色品种，如新闻有快讯、录音新闻、综合消息，专稿有通讯、侧记、特写、花絮、新闻分析、综述、述评、现场口头报道、对谈、专题或板块节目等多种体裁，另一方面则注意充分使用音响，更好地发挥广播特点。当年，我台有不少反映重大会议及事件的新闻稿或节目在全国性的好新闻评奖活动中获奖，有的还荣获了高等级奖。

二、以经济建设为中心，加强对外报道的广度和深度

为在国际上树立社会主义中国的正确形象，使世界各国听众深入了解我国的现实，1993年，我台在加大有关我国政治、经济、科技、文化等新闻信息量的同时，一方面，增办了国内《时事报道》专题节目，以加强国内问题，特别是经济问题的深度报道。其主要内容是对国内重要而又为国外听众关注的问题做有背景、有分析的详细介绍。如我国建立社会主义市场经济体系，国家加强对经济的宏观调控，整顿金融和流通秩序等，我台都在《时事报道》节目中予以充分的深入浅出的阐释。此节目开播后立即受到各国听众的普遍欢迎；另一方面，分别组织了《长江行》和《边疆行》系列报道，以系统、集中、有声势地宣传我国对外开放向沿江、沿边地区纵深发展的趋势。《长江行》系列报道由国务院新闻办公室牵头，我台共派出四组记者分赴长江下、中、上游采访，历时一个半月，共发录音报道21篇；《边疆行》系列报道的规模更大，投入人力更多，时间更长。不仅成稿量大，报道面也更广。我台共派出8个记者组，分赴辽宁、吉林、黑龙江、内蒙、新疆、西藏、云南、广西8省区广大沿边地区采访，总发稿达60多篇。这两次系列报道均得到中宣部和国务院新闻办公室的肯定。

除日常报道以外，为满足国外听众渴望系统、深入了解我国改革开放和经济建设情况的要求，1993年，我台分别与海南省人民政府、青岛市人民政府及安徽省旅游局和黄山市人民政府合作，在国外听众中举办了《海南杯·中国改革开放知识竞赛》、《青岛杯·中国青岛市投资和旅游知识竞赛》、《黄山杯·中国安徽黄山旅游知识竞赛》活动。其中，仅《海南杯·中国改革开放知识竞赛》就收到109个国家和地区的听众答卷22万多份，创造了我台同类活动来信的最高纪录。这几次知识竞赛不仅在国外听众中产生较大的影响，而且引起中央宣传领导机关和有关省市委、政府的重视。

三、国际问题报道深受国内新闻单位的欢迎

1993年，我台在国际问题报道中继续贯彻“冷静观察、沉着应付、韬光养晦、有所作为”的方针和我国的总体外交路线，除准确、及时、客观地报道国际热点新闻外，更主要的是宣传我国独立自主的和平外交政策，以树立中国维护世界和平与发展、促进人类进步事业的形象。为了配合我国改革开放和现代化建设，我台驻外记者克服人力少的困难（每个驻外站只有一、二名记者），努力扩大国际新闻的报道面，注意加强经济、科技、文教和社会生活等领域的报道。去年，我台未新开设驻外记者站，但全年共发新闻稿13800条，专稿1366篇，分别比前一年增加9.4‰和46.2‰，创造了新的纪录。由于我台驻外记者采编的国际新闻具有时效快、篇幅短、信息量大等特点，国内许多新闻单位纷纷采用我台提供的国际新闻、述评稿件，从而为丰富我国新闻媒介的国际问题报道注入了新的活力。

四、开拓海外宣传阵地，使我对外广播进入北美、南美主体社会

为加强对西方国家主体社会的宣传，扩大我对外广播和我国在北美、南美的影响，1993年1月5日，我台和中央电视台合作，正式开始每周两次、每次10分钟向墨西哥特莱维萨电视公司传送西班牙语的中国电视广播新闻。该公司的电视新闻可覆盖整个拉美以及美国南部和西欧一些地区，影响比较大。我们传送的中国电视广播新闻不经删节地在当地黄金时间播出，有助于增进这些地区的人民对我国的了解和友谊，因而深受观众的欢迎。

我台英语广播节目从1993年7月26日正式开始，由美国华盛顿新世界电台，通过中波在当地黄金时间向华盛顿及周围地区播出（该台覆盖范围内的人口为420万）。这套节目每周5天，每天1小时播放我台英语广播的有关中国政治、经济、文化、科技、社会新闻，以及重大的国际新闻。这是我国英语广播节目首次通过中波进入美国首都地区的主体社会。由于这套节目的开播，结束了华盛顿地区只能收听我台短波广播的历史，满足了华盛顿及周围地区听众希望了解中国的愿望，因而受到国务院新闻办公室、我国驻美大使馆的支持、好评及美国听众的普遍欢迎。

此外，1993年我台共向海外20多家电台定期或不定期传送介绍中国的节目405.5小时；共向50多家外国广播电视机构寄送各类介绍中国的节目1160.5小时。

五、国外听众来信突破55万封，创造了我台历史最高纪录

1993年，我台各语言广播为加强广播的针对性，普遍改进、调整了新闻和专题节目（全台专题节目已从前一年的300多个增加到400多个），并积极做好听众联系工作，力求以高质量的节目和高水平的服务，争取更多的听众。我台所做的努力收到了明显的效果。1993年，我台共收到173年国家和地区的听众来信554122封，比前一年增加了23万多封，创造了我台历史最高纪录。

六、积极参与电视宣传，取得明显效果

为加强电视对外宣传，我台利用外语人才和外国专家多的优势，同中央电视台海外中心联合摄制了《外国人看中国》电视系列片。1993年共完成了19集。该片通过外国人的眼睛从不同的角度看我国的改革开放，以达到让世界了解中国的目的。中央宣传部、国务院新闻办公室、广播电影电视部等有关负责人对该片给予充分肯定。当年，《外国人看中国》珠海专辑获得“93年度全国电视对外宣传优秀节目”二等奖。

七、以宣传为中心，促进各项事业全面发展

1993年，我台完善、扩充了计算机系统，基本实现了全台联网。计算机的推广、应用，对我台提高新闻时效以及宣传管理的现代化水平，发挥了重要作用。

中国国际广播中心工程自1992年9月25日破土动工，经过13个月的紧张施工，于1993年12月28日封顶，在保证质量的前提下如期完成了工程的阶段性任务。国际广播工程的建设为1995年以后改善我台的工作条件，发展我国对外广播事业奠定了物质和技术基础。

为适应改革开放的需要，1993年我台进一步加强了同世界各个国家和地区广播电视组织与机构的合作与交流。当年我台出国项目共112项（比前一年增加20项），出访国家和地区为93个（比去年增加38个）；接待来访的8个国家的电台代表团和10多个国家的报纸、电台记者，以及23个自费访华的听众团组。此外，还应一些国家电台的邀请，参与该台组织的多国电台联播。通过和国外电台开展互转及交换节目，业务交流和人员互访等，扩大了我国和我台的影响。

中央电视台概况

中央电视台　罗　琴

1993年中央电视台的各项工作始终坚持以邓小平同志提出的建设有中国特色社会主义理论为指导，深入贯彻党的十四大精神，加快了宣传改革和事业发展的步伐，宣传报道质量不断提高，节目播出时间大幅度增加，屏幕更加丰富多彩，电视对外宣传取得突破性进展，技术、党政和服务工作也越做越好。

一、宣传改革卓有成效，电视屏幕日益丰富

据统计，1993年，中央电视台4套节目共计播出20067小时，比1992年增加6606小时，平均每天播出55小时（8月8日第三套节目全天播出后，平均每天播出时间达65小时左右，加上美洲东方卫视每天提供8小时，总共73小时）。全年共播出新闻约33000条，计752小时；专题节目播出约132小时（首播）；青少儿节目播出288.5小时（首播）；教育节目播出419小时（首播）；文艺节目播出522小时（首播）；体育节目播出989小时（首播）。经济栏目播出节目380小时（首播）；影视部播出电视剧1800集；电影故事片播出200部；电影纪录片播出250部；播出海外引进影视剧195小时；海外中心全年播出2920小时（自制节目）。

（一）宣传报道工作始终坚持以邓小平同志提出的建设有中国特色社会主义理论为指导方针，准确及时地宣传党中央、国务院的方针和政策，舆论导向把握得较好。

去年人大、政协“两会”的宣传有所突破，新闻时效提高，现场报道增加，首都新闻界评价，“两会报道是一场新闻大战，中央电视台在这场大战中独树一帜”。“两会”后推出的系列报道《走马上任新部长》、《省长访谈录》，展示了开拓务实的我国高层领导人的群像，受到观众的好评。

在大力宣传经济建设为中心的同时，对中央实行宏观经济调控，企业经营机制转换等重大政策措施出台时，新闻节目和经济节目都积极地配合。大型系列报道《大船先调头》、《奋进中的国有大中型企业》、《条例——关键在落实》、《专家论坛》等播出后在观众中反响较强烈。

加大了社会主义精神文明建设的宣传力度。在各类节目中，高奏爱国主义、集体主义、社会主义的主旋律，配合以弘扬民族文化和民族精神的新闻、专题、文艺类节目精心设计，推出了各有侧重和各具针对性的节目。如新闻节目《风雨兼程话京九》、《中华学人》、《拳拳赤子心》；专题节目《神州风采》系列《在中国版图上》；专题片《中华学人》、《历史的见证》；文艺节目《日月星辰——近代史知识颁奖晚会》、《二十世纪华人音乐经典》、《扶贫赈灾义演》、《梅兰芳京剧大赛》、《京剧票友大赛》等。暑假期间集中安排了爱国主义题材的专题、电影、电视剧和目前正在进行的100部爱国主义题材影片展播，形成了电视宣传的立体态势，颇具声势，影响大，效果好。

纪念毛主席诞辰100周年宣传，是1993年宣传工作的重头。我们精心设计，认真组织编排节目。大型纪录片《毛泽东》、电视艺术片《毛泽东诗词》、电视剧《西行漫记》、《中国出了个毛泽东》等节目，其思想性和艺术性都较高，受到各方面的好评。特别是大型纪录片《毛泽东》在国内外反应强烈。

在《邓小平文选》第三卷发行和党的十四届三中全会召开的宣传报道中，宣传充分、及时。

在社会治安综合治理、反腐倡廉的重大宣传中，我台根据中央的统一部署，及时播发了中央公布的大案要案，同时报道了一批先进人物，弘扬了正气。

“9.23”申办奥运会的宣传基调把握得较好，把“两种可能”贯彻于宣传工作的始终。《9.23倒计时》报道，由于两种方案准备得充分，使报道处于主动地位。东亚运动会、全运会报道也都取得了成功。

电视宣传对于贯彻党在一个时期的中心工作，形成正确的社会舆论环境，起到良好的作用，如《质量万里行》、《经济效益纵深行》、《希望的田野》、《中华环保世纪行》、《辉煌十五年》等，在社会各界都引起较强烈的反响。

（二）以建立世界级一流大台为目标，积极推进宣传改革，节目质量有明显提高。

以增加新闻次数，实行新闻滚动播出为内容的新闻改革取得成功。

从1993年3月1日起，第一套节目新闻播出增加到12次（包括体育新闻），实现了整点播出、新闻直播和重要新闻滚动播出，大大扩大了新闻收视面，提高了新闻的质量和时效。国际新闻提前了12个小时播出，重要新闻随到随播。5月1日开播的杂志型栏目《东方时空》，以现场采访为特色，增加新闻的深度报道，成为《新闻联播》的延伸、补充和深化，开创了电视报道新局面。《新闻联播》、《焦点时刻》、《观察思考》、《专家论坛》、《一丹话题》、《社会经纬》等栏目今年以来还着重增加了领导重视、群众关心、普遍存在的社会问题的报道。如《大连火车站乱收费》、《高考前访专家》，在国家宏观经济调控政策出台、整顿书报音像文化市场、选美、扫黄、缉私缉毒、反腐败等热点问题的报道中，揭露矛盾、分析问题、解疑释惑，加强了政府和人民之间的沟通，报道的"度"把握得比较好，对促进整个社会安定团结起到较大的作用。

一批改革的新的栏目受到观众欢迎，《夕阳红》形式新鲜活泼，内容富有老年特色，为老年人办了一件好事；《社会经纬》中的"警方热线"用纪实方式反映社会问题，收视率提高。《12演播室》、《和爸爸妈妈一起看》、《同一片蓝天》、《地方台30′》、《′93国际大专辩论会》等重点栏目和节目观众反映较好。

由《百花园》改版的《东西南北中》质量提高。根据中央精神，开设了专门播出民族音乐和严肃音乐的阵地《大剧院》、《音乐桥》，效果较好。《文艺广角》加强了文艺评论，成为收视率较高的栏目。

《环球45′》的推出对知识性大板块节目的创新进行了有益的尝试，很快得到广大观众的认同。动画部开始筹划制作一些大的系列，迈出重要一步。

电视剧栏目的固定，确保黄金时间播出质量较高的电视剧。去年获飞天奖的《唐明皇》、《半边楼》等59部（417集）均在我台黄金时间推出。

电视剧生产注意坚持多样化和主旋律，全年生产26部（186集）电视剧。《北京人在纽约》、《西行漫记》、《只要你过得比我好》等，质量达到较高水平。前年拍摄的《唐明皇》、《一村之长》、《女人不是月亮》、《天神不怪罪的人》在飞天奖、金鹰奖评选中获奖。

我台4套节目特色逐步形成。第一套节目以新闻节目为主；第二套节目以经济节目为主；第三套节目以文体节目为主；第四套节目面向海外。1993年8月第三套节目送上卫星，覆盖全国，从每天播出3.5小时增加到15小时。第四套节目每天也增加了4小时自办节目。

《中国电视报》扩大版面，质量提高，信息量扩大，发行数量增加，突破300万，居全国第二，深受读者喜爱，自费订阅报刊数量名列全国第一。

《电视研究》公开发行，影响扩大。

（三）对外宣传取得突破性进展

第四套节目不断提高新闻报道和专题节目的质量，使这套节目在海外的影响越来越大，观众不断增加。这套节目的信号已送到亚洲、澳洲、东欧和非洲大部分地区，80多个国家可以接收。台湾《大成报》载文说：中央电视台节目质量高，电视综艺节目别具特色，很多人通过电视改变了对大陆的看法。尤其是第四套节目的新闻，时效提高，内容扩展，纪实采访加强，逐步形成对海外播出新闻的特点，受到称赞。

从1月1日起，每天通过国际卫星把1小时的中、英文对外新闻和新闻性节目送到美国，受到北美地区华语电视观众的欢迎。观众认为：这是有关中国大陆新闻最直接、最及时、最权威的来源。

从1月5日起，每周两次通过卫星和特快专递用西班牙语向墨西哥特莱维萨电视公司传送新闻，在该公司覆盖3亿多讲西班牙语观众的全球电视网播出。

8月28日，我台联合全国20多家省、市电视台，与美国3C集团合作创建的"美洲东方卫星电视"在美国芝加哥正式开播。每天播出12小时节目，内容包括新闻、文艺、体育、经济、电视剧等各类节目，约20多个专栏。它覆盖了美国、加拿大、墨西哥、加勒比海沿岸国家。这是对外电视宣传发展的一个里程碑。

英语版《今日中国》在华盛顿、纽约、洛杉矶播出，纽约的收视率达1%，约有11万美国观众；法国电视二台定期播出法语版《今日中国》。向"欧洲中国卫星电视"提供新闻和新闻性节目，填补了我国电视在欧洲地区的空白。中央电视台向CNN《世界报道》提供新闻进行顺利，已成为世界上供片200条以上的俱乐部五个成员之一。在越南举办"中国电视周"引起轰动。对外专题部摄制的纪录片《最后的山神》获得亚广联电视大奖。我台制作的人权系列和和国际台合作制作的《外国人看中国》系列受到普遍好评。

香港亚洲电视每天播出我新闻节目，使我电视直接进入香港。日本NHK和韩国KBS每天播出我《新闻联播》的国内新闻。

（四）强化节目管理，推行栏目化，实现准时播出，节目制作和播出规范化迈出了可喜的一步。

编委会加强了对重大宣传活动以及节目改革的决策和领导。

1993年，从新年春节的宣传开始，到年底的纪念毛泽东同志诞辰100周年宣传活动，编委会都认真听取宣传报道的意见和计划，并认真研究、修改，协调报道计划的实施，编委会还对有关栏目的改型、充实、调整提出了具体意见和决策，在我台宣传的宏观管理和微观指导方面充分发挥了重要作用。

加强了节目的选题计划管理。加强了对重点节目及栏目外节目选题的规划和落实工作。积极做好向中央领导、中央宣传思想领导小组、广电部提供日报、周报和月报工作，在配合政府各项重要工作的电视宣传方面，做到事前有计划，事后有总结。宣传管理规范化和节目宣传工作迈出了一大步。

根据编委会的要求，对第一套节目进行了调整，实行了栏目化的编排，强化了编导的栏目化概念，加强了节目制作、播出方面的规范化。

从6月10日起，在各部门密切配合下，以12次新闻完全实现零秒播出为龙头，带动我台各类节目的准点播出，解决了长期以来观众对我台节目播出不准时意见较大的难题。

（五）加强了同地方台的合作，进一步发挥了系统的优势。

1993年，中央电视台牵头召开了几次全国范围内地方电视台台长会议。年初，召开了省级电视台台长会，确认了全年中央台与地方台的合作项目；年中，为筹办“美洲东方卫星电视”召开了第二次全国部分省市电视台台长会议。6月，召开了全国省级和计划单列市电视台技术交流工作会议。

中央台与地方台及社会各界合作办节目范围更加广泛，方式更加多样，效果更加良好。

在大型宣传活动中，中央台仍与以往一样积极配合地方台共同完成。如“两会”、全运会、东亚运动会、国庆宣传等。专题、影视剧的合作节目数量不断增加。在中央台播出的一些名牌栏目中，进一步增加了与地方台的合作，如《正大综艺》、《东西南北中》、《东方时空》、新版《地方台30′》以及对外宣传组织了四次异地采访等，中央台与地方台的合作，使这些节目更具民族风格和地方特色。

中央电视台仍一如既往地为地方台举办的各种大型宣传活动的报道工作提供人才、物力的支持。如七运会、东亚运动会、沈阳秧歌节、四川国际电视节等。我台同中央机关和社会影视单位的合作有新的开拓。

二、技术工作成绩突出，保证了宣传工作发展的需要

1993年，技术系统提高以宣传为中心的意识，发挥科技是第一生产力的作用，加强了“软件”建设，在提高服务意识、完成宣传任务、技术改造、技术管理、设备购置、研究工作等方面都做出了比较突出的成绩。技管、制作、播送和动力的服务质量全面提高。重大政治活动、申办奥运、东亚运动会、大型电视剧《三国》和许多大型专题片等转播与制作业务都完成得很好。1993年春节晚会首次实现音响无事故播出。

（一）播出量成倍增加，安全播出创新成绩。

全年播出总时间22269.4小时，比1992年的18836小时增加18%，停播率为2.87秒/百小时，其中技术部门的停播率为0.9秒/百小时，创造了好成绩。

（二）演播室设备利用率显著提高，1000平方米演播室10个月完成直播、录像34台，1992年度全年才18台；600平方米演播室完成直播、录像62台，1992年12个月只21台，增加近两倍。800平方米演播室利用率大大提高，全年完成67集电视剧制作。

（三）完成了一系列重大改造任务，改善了工作条件。

（四）一大批新设备投入作用，提高了制作能力和技术水平。三维动画投入使用以来，已制作出35个节目片头，共计806秒；480平方米录音棚数字控制调音台的投入使用，提高了我台的声音录制能力和水平；120平方米经济演播室全功能制作系统、日立和BTS转播车的大修改造，以及一批演播室摄像机的更新、1000平方米和600平方米演播室的电脑灯和1000平方米演播室新座椅的更换均如期完成，并投入使用。

（五）图文电视播出系统投入使用。

（六）技术理论研究、技术培训和技术规范工作加强。

1993年，我台还深化了管理制度的改革，推动了生产力的发展；思想政治工作有所加强，队伍的作风有所改进；后勤服务工作也有所加强，为解除职工后顾之忧，做了大量实事。

无线电台管理局概况

无线电台管理局　郭发第

无线电台管理局（简称无线局）是广播电影电视部的部属事业单位。1940年，延安窑洞第一部广播发射机的播出，开辟了中央广播电视播出事业的新纪元。在毛主席和周总理等老一辈无产阶级革命家的关怀下，人民广播电视事业从无到有，从小到大地发展起来了。

无线局担负着中央人民广播电台、中国国际广播电台、中央电视台和北京人民广播电台音乐台、北京人民广播电台文艺台、北京市电视台的广播电视节目传送和播出任务。广播电视节目的传送和播出是广播电视宣传事业的重要组成部分，它与节目制作部门好比一鸟之双翼，缺一则不能展翅飞翔。新中国成立40多年来，无线电台管理局以无私奉献为宗旨，以艰苦奋斗为光荣，在非常艰苦的环境中，以高度的政治觉悟、严明的组织纪律，自力更生，勤俭创业，战胜了征途中的艰难险阻，为我国广播电视事业自立于世界民族之林作出了不懈的努力。尤其是改革开放14年来，全局职工坚持四项基本原则，发扬艰苦奋斗、无私奉献的优良传统，以奋发进取的热情开拓创新，圆满地完成了安全播出、基本建设和设备更新改造等项任务，推动广播电视播出事业发展到新的阶段，谱写出了广播电视播出史上的新篇章。

无线电台管理局管理的中央直属发射台、实验台、监测台、基建工地和工程处遍布全国17个省、市、自治区，职工4600多人。现拥有200多部广播电视发射机，总功率达数万千瓦，占全国一半以上。每天播出2014.5频率小时。

为中央人民广播电台播出对内广播节目。包括中央一套、二套和三套节目；对台湾广播一套和二套节目；用维、哈、朝、蒙和藏语对少数民族的广播节目。每天共播出1237频率小时。

为中国国际广播电台播出43种语言的对外广播节目，主要语种有英语、法语、德语和西班牙语。在首都北京和部分大城市为外国使节、专家、商人播放外语节目；为海外华侨广播北京话、广州话、潮州话、客家话、闽南话等方言节目。每天播出643频率小时，同时负责国外转播台的播出管理。

为中央电视台在北京地区播出一套、二套和三套电视节目，每天播出49频率小时。

为北京市人民广播电台音乐台和文艺台每天播出42频率小时。

为北京市电视台每天播出42频率小时。

另外，还向地方台传送广播节目。利用亚洲一号卫星将30路对内、对外广播节目传到全国；用国际卫星将国外互转节目传到有关国家或地区；用微波将广播节目送到中央直属台和各省省会。卫星传送手段显著地提高了节目传送质量，标志着广播电视节目传送技术进入了一个新的阶段。

为人瞩目的中央广播电视塔象一巨人矗立于北京西三环路玉渊潭公园西侧，占地15.4公顷，塔体高度为405米，塔身为圆形混凝土结构，塔楼外形为中国传统的宫灯造型，目前是北京最高建筑。塔上设有先进的调频立体声和全固态电视发射设备，以及用于节目传送的数字、光缆和微波等传送设备。它担负着发射8套调频立体声广播节目、7套电视节目和传送38套微波节目的重要任务，还是北京地区广播电视节目微波传送中心。1993年8月1日，中央广播电视塔开始试播，广播电影电视部、国家计委、财政部和北京市的领导出席了试播典礼。在部党组的领导下，在北京市委的大力支持下，中央广播电视塔圆满地完成了试播任务，于1993年10月1日转入正式播出。中央广播电视塔开播后，显著地改善了北京地区调频广播和电视节目的收听、收看效果。塔座、退台和栈桥设有体现广播电视声、像、光、电特点的旅游设施，是高文化、高科技的窗口。塔楼设有了望厅、贵宾了望厅、露天了望平台和旋转餐厅，可使游人鸟瞰首都市容胜景。中央广播电视塔的旅游部分近期将陆续开放，成为一座广播影视娱乐中心。所有这些标志着中央广播电视播出事业正在生机勃勃地跨入新的发展阶段，展现了我国广播电视宣传事业兴旺发达的喜人前景。

“艰苦奋斗、无私奉献”是无线局的光荣传统，是无线局近5000名职工战胜一切艰难困苦的强大的精神支柱。“自尊、自信、自强、自立”是无线局的时代精神，正是这种精神，使无线局的全体职工始终保持一种生机勃勃、欣欣向荣的精神状态。“要团结，不要内耗；要奋斗，不要懒惰；要自主，不要自卑；要致富，不要贫穷”是无线局的行动准则。行动准则激励无线局全体职工以奋发进取的热情开拓创新，以坚韧不拔的努力为广播电视宣传事业作贡献！

挑战与机遇并存，困难与希望同在。无线电台管理局将在“自尊、自信、自强、自立”精神的鼓舞下，继续发扬艰苦奋斗，无私奉献的光荣传统，深化改革，追踪世界先进技术水平，为建设有中国特色的社会主义，为我国广播电视宣传事业再立新功！

地方广播电视事业概况

社会管理司　杜雪良

一、比较好地完成了各项重要的宣传任务

地方厅（局）台在各级党委和宣传部门的领导下，坚持团结、稳定、鼓劲，正面宣传为主的方针，较好地完成了重大宣传任务：贯彻党的十四大和八届一次人大、政协会议精神的宣传；六、七月份宣传中央关于在经济领域加强宏观调控的精神；学习、宣传《邓小平文选》三卷、党的十四届三中全会；纪念毛主席诞辰一百周年；申办奥运等等。所有这些宣传都坚持了正确的舆论导向。广播电视实行新闻滚动和整点播出，增加了新闻次数，加大了信息量，提高了时效。与其他新闻部门团结协作形成合力，和党中央保持一致，使宣传思想工作为改革开放、现代化建设形成了一个较好的舆论环境。比如，上海局各台在在宣传改革中，紧紧抓住新闻这一“龙头”，在保持原有特色的基础上，努力扩大信息量，扩充内容，改进形式，凭借直播优势和先进的通讯设备，努力提高新闻的时效，多发布独家新闻，增加新闻评论和新闻人物的介绍。

二、注意触及社会热点问题，善于加以引导，较好地发挥了广播电视作为党、政府和人民之间的桥梁和纽带作用

各电台、电视台除了在新闻节目中运用群众来信来电摘播、热线电话传呼等形式以外，还开办了不少谈话类节目，抓住社会热点，主动加以引导。比如，北京电视台的《BTV夜话》，上海电台的《市民与社会》，东方电视台的《东方直播室》，辽宁电视台的《市长、市民谈》，青海电视台的《厅局长采访录》等。

广东新闻台在《彩色频道》中组织“扶助与共进”特别节目，在《时事传真》里展现“广州十大杰出青年”的形象。江西电视台青少年栏目《青年时尚杂志》以观察、思考辩析为特征，对社会某种时尚的出现，进行分析讨论，以引导青年的时尚行为。

三、在加强精神文明建设，弘扬主旋律、坚持多样化方面取得了较大进展

1993年，尤其是下半年各厅（局）台采取有力措施，加强了对文艺宣传的宏观调控，突出了主旋律，弘扬了民族文化和高雅艺术，提高了群众文化素养和艺术欣赏水平，进一步推进了社会主义精神文明建设。

电视剧在数量和质量上都有稳步提高。如《北京人在纽约》、《大潮汐》、《情满珠江》、《颖河故事》、《满天星》等，很受群众欢迎。电视在纪念毛泽东诞辰一百周年活动中播出了一系列好的专题片、电视剧及文艺晚会，都受到了群众的热烈欢迎。由中宣部倡议、组织，几个部委联合推荐的一百部优秀爱国主义教育影视片在全国各界引起强烈反响，受到教育界、新闻界和广大学生、家长的热烈支持，成为进行爱国主义教育，加强精神文明建设的一项重大、有效的措施，人民群众非常满意。湖北电台大力弘扬雷锋精神，他们先后报道了宜昌税务干部全心全意为人民服务，在工作岗位上献身的烈士陈孝明和洪湖市五位共产党员舍己灭火救人的事迹。楚天电台专门开办了《时代与雷锋》专题节目。许多电台、电视台在党内建设、反腐败斗争、民主与法制建设、纠正行业不正之风等方面的宣传报道，都在不断加强。

各地电台、电视台都压缩了港台流行音乐的比例，限制了海外影视剧的数量和播出时间。在节目的采编和制作上，把主旋律题材放在突出位置。深圳电视台组织"党旗在特区飘扬"专题片展播，集中报道特区党组织和优秀共产党员的业绩。

四、对外宣传取得了突破性的进展

我国30多家省、市电视台租用美洲东方卫星电视时段，每天播出12小时，覆盖美国、加拿大、墨西哥和加勒比部分地区，使我们的电视节目一举打破了过去台湾电视垄断的局面。

广东电视台的节目初步实现了向港澳地区的覆盖。珠江口电视覆盖工程顺利投入使用后，每晚18：30至次日凌晨1：00向港澳地区播出经改造后的珠江台晚上节目。广东电台与香港电台合办20辑《粤港投资热线》，与澳门电台合办20辑《澳门，走向1999》基本法咨询节目，与美、加华语广播网继续合办《飞越太平洋》节目，与加拿大华语电台合办《加拿大航讯》。

五、加强法制建设

1993年10月国务院发布了关于卫星电视广播地面接收设施管理的规定。各地厅（局）台都相应地制定了各项管理规定，加强法制建设。浙江厅制定了加强宣传纪律若干问题的规定和县级电视台播放文艺节目的供片规定。一些电台加强了听众热线直播节目的管理。湖南厅开展了广播、电视台站的宣传检查活动。广东、四川、湖北、甘肃、青海、山东、宁夏、河北、内蒙古等地都制定了加强有线电视管理的规定。在理顺关系，归口管理上下了功夫，明确了有线电视的性质和任务，要求各级广播电视部门理直气壮地统一管起来。

六、机构改革和队伍建设

各地厅（局）抓住改革开放的有利时机，深化机制改革，引进竞争机制。陕西电视台采取定编、定岗、定任务的办法，对任务和经费、车辆、设备进行承包，实行宣传管理"一条龙"，赋予部门一定的责、权、利。他们还制定了工作人员聘任、停薪留职、辞职、辞退的暂行规定。广东电视台改革人事制度，进一步下放人事权。科以下工作人员，部门有权根据厅、台规定进行调整岗位、奖罚、辞退。推行优化劳动组合及全员劳动合同制，实行台内待业制度。

各地厅、局积极制定整改措施，禁止"有偿新闻"。北京局提出了五点措施，吉林厅党组制定了五条自律措施，河南、陕西、厦门、重庆、西安等厅局都制定了廉洁自律的规定，有效地禁止了有偿新闻的出现。涌现了东方电视台报道部等单位抵制有偿新闻的先进典型，促进了新闻队伍的建设。

少数民族语言广播概况

中央人民广播电台　张小平

中央人民广播电台的民族宣传

1993年，中央人民广播电台民族部办有蒙古、藏、维吾尔、哈萨克、朝鲜5种民族语言广播节目，办有《民族大家庭》专题节目，并首次承办中央电台第一套18点的新闻节目，全天播音10小时20分钟，形成了全方位的民族宣传格局。为民族地区的稳定发展作出了新的贡献。

民族部的7个节目，在1993年注意发挥各自优势，办出了新的特色，具体分述如下：

一、蒙、藏、维、哈、朝五种少数民族语言节目

加强针对性，是民族宣传历来重视解决的问题。1993年，民族部主要采取了以下措施：

①在突出共性的前提下，加强特色经营

据统计，民族语言节目在1993年中共播发各类新闻12672条，390万字，其中民族新闻占国内新闻的四分之一。

为了增加节目特色，民族部各组都加强了自采工作。新闻组派出多批记者参加了"两会"、全运会、妇代会、工会十二大等重要会议和活动的采访工作，写出了一批有民族特点的新闻和专稿，从而使重大活动的报道做到多角度、多侧面，具有立体感和较强的可听性。

蒙语组自采、自编稿件达到280条，维吾尔语节目组也有42条。

②组织系列讲座，进行深度报道

1993年共组织编写了三组系列讲座，都有较强的针对性。根据中央关于加强乡镇企业工作的决定组织编写的《加快发展我国中西部地区乡镇企业系列讲座》（11讲），根据民族地区加快对外开放的形势组织编写的《山水相连话邻邦》(17讲),根据中央关于加强爱国主义教育的部署组织编写的《我国近现代史上的少数民族》系列讲座(17讲)。像这样集中地有针对性地进行多组专题报道,在近年来还是第一次,为今后更有成效地开展有一定深度的报道活动积累了新的经验。

③开办专栏,增加节目的可听性。

1993年,中央电台民族部各语言节目从对象地区的实际出发调整了栏目。目前,蒙语节目办有《祖国各地的蒙古族》、《卫生与健康》;哈语节目办有《卫生与生活》、《科学技术》;朝语节目办有《地方通讯》、《时事综述》等栏目。这些栏目都有较强的民族特色。

④合办节目迈出了新的一步

1993年,民族部的各语言组首次与有关单位合办节目,这是一个重要的突破。

蒙、藏、维、哈语节目与湖南益阳茶厂合办了《砖茶知识有奖竞赛》,收到数千份答案,增强了与听众的联系,也了解了听众的意见和要求。藏语组与西藏山南琼结玉石厂合办节目,介绍了这个工厂的发展历程,受到听众欢迎。维语组与北京穆斯林大厦合办节目也有自己的特色。

⑤文艺节目的采录和节目更新有新进展

文艺宣传在民族语言节目中虽然处于补充地位,但影响很大。1993年,各语言节目都重视了采录和节目更新工作,并有不同程度的进展。

民族部的文艺宣传,多年来坚持以播送各民族的优秀音乐为主,兼以介绍优秀的国内外文艺作品。由于受时间的限制,目前,中央电台民族广播的文艺节目数量不多。近年来,各语言组注意文艺宣传的导向,没有宣传歌星和追星族。

二、18点新闻节目

这一节目是从1993年元旦开始由民族部承办的。节目编发工作由新闻组实施。这一年中,18点新闻节目贯彻"以国内要闻为主,重要国际新闻也安排,注意编发边疆民族地区稿件"的节目方针,编辑工作注意简明、清楚、时效,首都重要的民族活动消息也能及时播出。

三、《民族大家庭》节目

1993年,《民族大家庭》节目有较大改进,初步形成了小板块节目,系列报道的采录工作也积累了新的经验。

①推出了一批新栏目,增加了节目的信息量。新栏目包括《经济天地》、《知识林》、《风物万千》、《星期艺术宫》和《听友信箱》,加上原有的《每月一问》,共6个固定栏目。

②播出了一批来自民族地区的系列报道

1993年,《民族大家庭》节目共播出22组、152篇来自民族地区改革开放第一线的系列报道。这些报道涉及西北、西南、华北、东北、华东等地区,介绍了40多个民族改革开放以来新的社会、经济和精神风貌,在依靠社会力量办广播方面迈出了较大的步伐。

③在广播特点上进行了新的实践和探索

广播节目要改革,必须在广播特点上下工夫。《民族大家庭》节目在1993年作了新的尝试。《小县人的大气魄》是大家参与、认真准备、扎实采访的产物,节目有深度,有广播特点,受到听众欢迎。40集的系列报道《云南民族自治地方纪行》全景式地展现了云南8个民族自治州的历史、文化、民俗,特别是改革开放的新景象,现场感强,有广播特点,也受到听众的欢迎。

除上述宣传活动外,中央电台民族部1993年的业务研讨活动也比过去活跃,各个节目组均开展了程度不同的业务研讨活动。

另外,还组织了翻译学习班,请老翻译给新同志讲授翻译业务基本知识。效果都较好。

地方电台的少数民族语言广播

一、新疆人民广播电台

1993年,新疆电台的少数民族语言节目积极探索市场经济新形势下的广播工作的路子,改革和竞争意识进一步增强,宣传工作出现新的局面。主要表现在:

①适应改革开放的新形势,大幅度调整节目。

1993年,新疆台维吾尔语新闻部增加了新闻节目的次数和经济宣传的比重,开办了《博格达之声》经济板块节目;维吾尔语专题部增办了《欢乐的星期天》节目,原《天山南北》节目改为《可爱的新疆》,由每周播出3次增加到5次,《农牧节目》改为《农家乐》节目,由每周5次增加到6次,《经济信息》节目由每周3次增加到7次。

哈萨克语编辑部1993年增办了《今日行情》、《综合节目》、《生活大世界》节目。

蒙古语编辑部1993年增办了《今日商情》节目,并将《节目预告》由1次增加到3次,《报时》由8次增到13次。

调整后的各个栏目,大量采用了主持人板块节目的形式,由过去的灌输式改为双向交流,进一步贴近群众、贴近生活、贴近实际,受到听众的欢迎。据统计,各类板块节目全年收到听众来信4000多封,热线电话28000个,听众直接进直播室参与广播达800多人次。

②以经济建设为中心,加大改革开放和建设社会主义市场经济体制宣传的力度。

维吾尔语新闻部在1993年先后举办了《天山杯》、《人口杯》、《建行杯》、《税务杯》、《市场杯》等征文活动,配合宣传了中央宏观调控的政策;专题部的《农家乐》节目注意侧重宣传党对农牧区的政策,引导农民面向市场经济。

蒙古语编辑部增办了《直播新闻》，增加了经济报道的信息量；专题节目增加了《时代风采》、《法律知识》、《生活大全》等栏目，这些栏目的内容以“传播知识、指导生活、服务社会、突出民族和时代特色”为宗旨，活跃了蒙古族同胞的经济和文化生活。

③努力为改革开放和经济建设创造良好的舆论环境

一年一度的乌鲁木齐边贸洽谈会，是新疆重要的政治、经济活动，1993 年，新疆电台的各个少数民族语言节目都对此做了集中的报道，洽谈会期间，共发稿 317 篇。

哈萨克语编辑部在纪念毛主席诞辰 100 周年宣传活动中开辟专栏，每天播出当年受到毛主席接见的劳动模范、先进工作者及参加过翻译出版《毛泽东选集》的部分知识分子的回忆文章。

④通联工作有新进展

1993 年，新疆台的维吾尔语编辑部先后赴吐鲁番、巴音郭楞蒙古自治州、阿克苏地区等地举行座谈会，听取通讯员和群众的意见。哈萨克语编辑部举办了首次哈萨克族通讯员学习班。各语言编辑部还从优秀通讯员中聘任了一批特约记者。据统计，1993 年，新疆电台的五种民族语言编辑部共收到通讯员来稿 53162 篇，其中少数民族通讯员来稿 26549 篇，采用了 16544 篇。

应当提及的是，1993 年，新疆电台维吾尔、哈萨克、蒙古语专题节目的自采自编率达到 70%，这是新疆台民族语言广播宣传的又一新成果。

二、青海人民广播电台

1993 年，青海人民广播电台藏语广播从本省实际出发，在“突出民族特色、创新搞活、精办节目、注重效益”的方针指引下，对节目作了较大的调整，开办了《信息服务》节目和大型综合文艺节目《雪山夜歌》。调整后的节目布局是：早晨以新闻、信息为主，中午以专题为主，晚上以文艺为主，做到主功能突出，多功能并举，各层次兼顾。

1993 年的青海台藏语广播节目突出了“五性”：

①民族性

强调把藏族同胞的语言、生活习惯及民俗民风作为编排各类节目的出发点，力求播出的节目藏族听众听得懂，喜欢听和用得上。

②信息性

编辑部把扩大信息量，促进藏族地区经济发展作为节目改革的主攻方向。《信息服务》节目开办以来，与省内外 50 多家工厂和单位建立了联系，1993 年共播出各类信息 200 余条，为听众提供“电话式”服务 300 多个，接待藏族群众 1000 多人（次），对培育藏区市场、活跃商品经济起到了积极作用。

③服务性

1993 年，青海台藏语广播的《农牧天地》、《信息服务》、《大众科学》等节目从农牧民的生产、生活、文化等方面的需要出发，设置了服务性的小专题，做到一事一议，有问有答。

④参与性

经常请听众给编辑部出主意、想办法、当参谋，是藏语编辑部为提高节目质量而采取的措施之一。《空中信使》节目中的“请你参与”、《少儿乐园》中的“请你猜一猜”、《信息服务》中的“电话式服务”等专栏让听众直接参与，使节目办得有声有色。

⑤知识性

青海省农牧区的文盲率较高。青海台藏语广播除努力办好不同档次的《藏语文教学》节目外，还注意在《大众科学》、《综合节目》中播出科技兴牧知识、法律常识、识别假冒伪劣商品小常识、物价知识。据了解，青海省通过广播自学藏语文的藏族农牧民日益增多，不少人已达到高小文化程度。

三、延边人民广播电台

1993 年，延边人民广播电台朝鲜语广播全天播音时间为 8 小时 58 分，自办节目有《理论学习》、《经济信息》、《综合新闻》、《地方新闻》、《时代脉膊》、《寻找离散亲属》、《青年节目》、《少儿节目》、《广播杂志》、《今日市场》、《每周一歌》、《小说连续朗读》、《音乐生活》、《大众音乐舞台》等。

经济宣传在 1993 年的朝语节目中占有重要位置，全年播出的 4745 件新闻中，经济新闻有 3227 件，占 68%。这一年增设的《百家企业行》栏目中，重点报道了 100 家企业提高经济效益的成功经验，推动了延边地区厂矿企业扭亏增盈、转换经营机制的工作。1993 年，延边农村受灾，延边电台朝语广播及时播出了一批农村减产不减收，发展效益农业，搞好副业生产的经验，增强了广大农民抗灾自救的信心，收到良好的社会效果。

1993 年，延边电台朝语广播开辟了一个特殊栏目——《寻找离散亲属》，为海内外离散亲人服务。节目开播以来，共收到韩国、日本、美国、加拿大、澳大利亚的来信 300 多封，为 26 位来信的人找到离散亲属。这个栏目在海内外产生了强烈反响。

这一年，延边台的朝语文艺广播也有新的突破。根据韩国同名小说改编制作的 39 集广播连续剧《青春剧场》，是延边台建台以来录制的最长的一部广播剧。这部广播剧在制作上，将录音、台词、音响、解说同步进行，增强了节目的立体感和现场感。1993 年，延边台还首次举办了朝鲜语新民谣创作比赛，弘扬了朝鲜族的传统文化。

四、甘南人民广播电台

1993 年是甘南藏族自治州成立 40 周年。甘南人民广播电台从 4 月 1 日起开办了《庆祝建州 40 周年》专题节目，开辟了《看今朝》、《美丽的甘南，可爱的家乡》、《故乡行》、《外地人看甘南》等栏目，报道了建州40年来取得的成就。这期间播出的系列报道有：《改革开放话甘南》、《民族教育谱新篇》、《科技花开草原春》、《乡镇企业奏凯歌》、《千里草原变通途》、《群英荟萃》等。8月26日的庆祝活动，甘南台首次进行了藏语现场实况转播。这期间，文艺广播还播出了云南、广西、乌鲁木齐等10多家省、区、市、州广播电台为甘南台编排的节目。

1993年，甘南台开办了《服务漫谈》、《科技与信息》节目，为农牧民提供各种信息，介绍生产生活常识，反映听众的意见和要求，回答听众的问题。信息量不断增大，服务功能也开始显示出来。

经济广播电台概况

社会管理司　刘晓杰

随着经济的发展和广播电视改革的深入，1993年各级经济广播电台有较大发展，到1993年底，全国共有经济广播电台63座，比1992年增加32座，其中省级台19座，比1992年增加5座；市级台44座，比1992年增加28座（包括省会市台13座，计划单列市台3座）。

经济台是改革开放时代和广播电视自身改革的产物。在改革开放的大背景下，经济台得到了健康的发展。目前，各地经济电台的节目大都是以新闻信息为骨架，以大板块的专题和文艺节目为肌体的综合性结构。在新闻和信息节目里，突出经济报道和经济信息，在大板块节目中创办在听众中有广泛影响的经济专题，尽可能做到专题节目和新闻节目相辅相成，通过新闻和专题节目的紧密配合，大容量地传递有经济价值的新闻信息，全方位、多层次地反映社会经济活动，为生产者、经营者、消费者服务，而且在节目形式上不断创新，比如运用直播，开通热线电话，举办社会活动等，增强了广播宣传的接近性，吸引了听众参与节目，从而赢得了听众。因此，我们可以说经济台的建立和发展，对我国广播电视改革特别是广播的改革起了历史性的推动作用和先导作用。它在广大听众中曾引起了一阵又一阵轰动效应，使广播一度失去了的听众又回到收音机前来了，使一度走向“低谷”的广播又振兴起来了。但是，在经济台的发展过程中，也出现了一些值得思考虑问题。

一、如何把经济台办成真正的经济专业台。经济台在各地陆续出现，都是植根于“以经济建设为中心”这个大背景下的。办台目的，就是要为经济建设服务，这是十分明确的。但是，在实际运行过程中，有一些经济台的节目从经济类、服务类到新闻类、娱乐类，不断追求全方位满足自己的听众，从而渐渐出现由专业台向综合台发展的倾向。经济台与人民台相比，有“专”和“综”之分，经济台的服务对象虽同人民台一样广泛，但它的服务面，应侧重经济生活，主要是面对经济界、企业界的生产者、经营者和社会上的亿万消费者，宣传内容不象人民台那样包罗万象，而主要是经济宣传和信息服务方面的，所以经济台要在宣传方针、节目设置、时间划分上应以经济宣传为重点。经济宣传的领域是十分宽广的，特别是党的十四大把建设社会主义市场经济体制作为经济体制改革的目标之后，新的经济政策、经济法规频繁出笼，市场经济发展迅速，经济信息、商品信息猛增，人们对信息传播的需求骤然扩大，建立市场经济带来的观念更新、经济的新领域的开拓，需要新闻媒介去反映、去组织舆论评说，这无疑需要经济台担当起经济专业台的角色。

二、如何处理好内容与形式的关系，增强节目的接近性和参与性。当今社会，人们的参与意识比较强，通过参与国事讨论，参与经济监督，参与舆论宣传，更充分地体现社会主义国家人民的主人翁精神。经济台不少节目采用直播和开通热线电话，不但使广播宣传接近群众，接近生活，接近实际，而且为听众参与提供了其它新闻媒介无法提供的条件。但是，在听众参与的节目中，如何处理好内容与形式的关系至关重要。内容决定形式、形式服从于内容，一个好的节目，往往是内容和形式较为完美的统一。经济台的直播形式，尽管为听众参与提供了条件，而最能吸引听众参与的却是节目的内容，所以，听众参与的节目重要的是选择话题，要选择群众感兴趣的新鲜事，选择群众普遍关心的包括经济热点、社会热点、生活热点在内的热门话题。在热门话题的选择上要谨慎，特别是在“热线直播”节目里，对于政治性强的话题，对于“民族、宗教”等问题，要慎而又慎。同时，在节目形式上，要不断创新。一种好的形式，如果不注意创新，听众听的时间长了，也会有厌烦情绪。比如，有的听众就称“热线直播”节目为“电话多，废话多，流行歌曲多”。可见，有些经济台的这类节目，已经失去了听众。因此，要经常增加花色品种，变换花样，给人们以鲜活之感。

三、如何提高节目主持人的素养。各经济台办的大都是主持人板块节目，经济台节目的质量如何，在很大程度上决定于节目主持人的素养。而经济台由于都是新成立的，主持人大多从社会招来，经过短时期培训就上马了，所以经济台的节目主持人同其他电台的节目主持人比较，虽然有独到之处，但在专业素养方面，显得底子薄些，大多数没有系统学习过马列主义新闻理论知识和社会主义经济理论，也缺乏从事广播电视工作实际经验。他们每天要主持好几个小时的节目，实际上是超负荷的工作。看来，提高节目主持人的素质是提高经济台节目质量的十分重要的因素。

四、提高节目质量，注重社会效益。广播电视是党，政府和人民的喉舌，又具有第三产业的基本社会属性，这就决定了广播电视在坚持以宣传为中心，发挥喉舌功能的同时，直接参与社会主义市场经济活动与竞争，为市场经济活动中的某些单位或个人，提供有偿服务，以求得自身的发展。各经济台都有一套广告节目、信息节目和开展其他服务的经营体系，获得了较好的经济效益。在国家财政紧张、广播电视经费短缺的情况下，经济台的创收增强了广播电视的自身造血功能，为搞好宣传、办好节目提供了经济条件，为广播电视事业的发展作出了贡献。但也有少数经济台比较注重经济效益，忽视社会效益，其主要表现是：一、少数经济台把主要精力放在抓收入上，而宣传报道处于应付状态；二、黄金时间广告多，影响听众的收听情绪；三、混淆广告和新闻的界限，在新闻中播收费广告。其实，只看重创收，忽视提高节目质量，不仅有损于经济台的形象，而且在创收上也是短期行为。因为厂矿、企业、商家，对宣传费用的投入是以收听率为标准，只有节目办好了，才能吸引更多的听众，扩大自身的影响力和知名度，这样，也就能招来更多的广告客户，自身的经济效益也就自然会更好。如果只抓经济效益而不注重社会效益，就会失去听众，招不来广告客户，也就必然会损害自身的经济效益。因此，我们强调要把社会效益放在第一位，提高节目质量，以创优带动创收，把办好节目作为创收的重要环节，力求社会效益与经济效益的统一。

文艺广播概况

北京广播学院　张凤铸

1993年，我国的文艺广播呈现生机勃勃、欣欣向荣的景象。给广大听众提供了健康、动听、丰富多彩的文艺节目。

闻鸡起舞　旗开得胜

1993年，适逢我国农历鸡年，新春伊始，便大有"闻鸡起舞"的奋进气象。中央电台和上海台、北京台、天津台、广东台、山东台、黑龙江台、内蒙台、吉林台、贵州台、甘肃台、河北台、青海台、安徽台、江苏台、山西台、新疆台、浙江台等，在春节期间，广开节目来源、精心制作，编排节目，为传统的中华民族佳节——春节增添浓郁的节日气氛，并为广大听众提供高品位、多样化、民族化的丰富节目。

中央人民广播电台1993年的广播春节晚会《欢乐共此时》的策划人员和年青有为的编导班子，在总结了前几年晚会的得与失、成功与不足的经验的基础上，增强了竞争意识和效应观念，扬广播声音之优势，避广播无画面之弱点，以欣赏性节目为主，采取小板块、"杂志型"的组合方式，以富有可听性的生动活泼的节目取胜。串联词精炼、熨贴、生动，往日的套话、废话、耍贫嘴的话和"直奔主题"的说教没有了，代之以热情洋溢、亲切宜人、简明扼要的话语，体现"欢乐、祥和、热烈、温馨"的晚会主题。长达5个多小时的《欢乐共此时》晚会，节目总数在140个以上，晚会自始至终"年"味浓郁，生动自然，有听头，有味道，有神韵。听众普遍认为：中央电台的《欢乐共此时》晚会前进了一大步，迈上了新台阶。

河北台在1993年春节，和辛集电台、电视台联合举办了"群星荟辛集，高歌迎新春"大型文艺晚会。河北台又与山西、山东、河南三台合作在太原举办了"晋冀鲁豫四省迎春相声小品晚会"，反映良好。安徽台的1993年春节广播联欢会在被誉为"安徽第一村"的合肥郊区王大郢村举办。联欢会融新闻性、娱乐性、游艺性、欣赏性于一炉，"年"味十足，雅俗共享。安徽省省长傅锡寿、省委副书记杨永良等党政军领导同志、社会各界代表人物、文艺工作者和农村村民等欢聚一堂，台上台下遥相呼应，联欢会取得了预想的成功。上海台在新春初一、初二、初三，连续三天举办"春节大联播、大直播"（990千赫、1197千赫、103.7兆赫）。充分展示了上海台文艺广播的实力。丰富多彩的节目、三台联播的气势，形式多样的听众参与，使颇为热闹的"空中大战"别开生面、生动活泼，为节日的上海增添了喜庆和欢乐。黑龙江台精心制作了1993年春节晚会节目，该台制作的音乐专题《关东正月》，组织创作、录制的歌曲《高山高》等，在全国性的评奖活动中获奖。

配合得体　寓教于乐

为纪念"三八"、"五一"、"六一"、"五·二五"、"八·一"、"十·一"、"元旦"和毛泽东同志诞辰100周年，中央人民广播电台和各地方台都作了不同程度的配合性、纪念性宣传，有的地方台根据本地特点和重大活动，还作了饶有地方特色的文艺宣传，如上海台的"首届东亚运动会会歌的征集和宣传"、"迎东亚运动会圣火助燃文艺演出"、"上海——横滨缔结友好城市20周年音乐会"、"纪念京昆艺术大师俞振飞专场"、"扬浦大桥建成文艺演出"、"上海第四届国际广播音乐节目博览会"、"第十五届上海之春"、"纪念毛泽东诞辰100周年——中国著名歌唱艺术家专场"等，都取得了很好的社会效果。此外，象河北台的"毛泽东诗词知识竞答"、"毛泽东诗词朗诵比赛"，山东台和山东大学合办的"纪念'五四'青年节文艺晚会"，青海台的"计划生育宣传月文艺节目"，新疆第二届边贸"乌鲁木齐洽谈会"文艺宣传（新疆台），吉林台的"党的光辉照边疆"专题音乐节目，广东台与香港台合办的"为希望工程献爱心、万千希望在人间"的大型演出实况广播，如此等等，都是抓住了文艺特点，寓宣传配合于娱乐欣赏之中。

改革调整　大有起色

1993年，全国各台都作了不同程度的文艺节目改革与调整，或增设新栏目，或巩固名牌节目，或扩充立体声节目，或加大直播节目，或举办系列展播，或开展各种大奖赛，花样翻新，弘扬主旋律，坚持多样化，争取赢得更多的听众，提高收听率。如北京台的《星期文苑》大量采用来稿，成为文学青年的一块创作园地；又如中央台的《今晚八点半》板块节目，稳中求变，保名牌，抓特点，创出新模式，迈上新台阶。从2月1日始，进行节目调整，取消"明星一刻钟"、"成名作"、"梨园夜话"；更换了播出达6年之久的开始曲和结束曲，扩充了文学、游艺、影视节目，增设了"环球艺术博览"、"文化纵横谈"、"空中彩桥"和"每月金曲"，搞了多项大型活动。广东台抓重点、着力于饶有特色的主要栏目——《粤韵潮声》、《每日一曲卡拉OK》、《晚霞灯辉》、《广播剧场》、《黄昏书场》、《都市风情》；天津文艺台，以文艺为载体，融信息、知识、、服务、娱乐为一炉，以《大千世界》、《点播音乐》、《华联天地——1386艺术厅》、《东方之夜》4个黄金时段的综艺直播板块为龙头，带动音乐、文学、戏剧、曲艺、广播剧等各门类节目，进一步提高节目品位和质量；内蒙古蒙语文艺广播突出少数民族特点，组织和播出了"自治区首届达斡尔、鄂温克、鄂伦春三个少数民族歌曲大奖赛"和"自治区第二届蒙语歌曲大奖赛"。以弘扬民族文化、振奋民族精神为宗旨的上海台《华夏旋律》专栏，自1993年7月起，推出大型系列音乐专题《银幕上的歌声》(共33集)，系统地回顾半个多世纪以来我国电影歌曲的发展道路，唤起人们对悠悠岁月的亲切回忆和联想。广东音乐台全年除坚持办好每天正常的18小时直播外，还依靠社会力量自筹经费举办各类大型文艺活动10场，举办各类专题节目48期，录制歌曲46首，现场转播和实况录音32场，全年收到听众来信230万封。贵州台在录制好《中国古代爱国主义作家与作品100讲》、《中国西部风情录》的同时，从12月19日起，在每星期日第一套节目8点，陆续播出《开国大典》、《巍巍昆仑》、《百色起义》、《烈火金钢》、《毛泽东和他的儿子》、《开天辟地》等数十部爱国主义电影录音剪辑。甘肃台共采编、录制、播出新节目1621组，共计62662分钟，其中直播板块节目《星期天，您好》59期，主持人节目631期，专题音乐32组，录制长书150集，制作电影录音剪辑6部。全国各台在节目开源上都取得了较大的成果。

电视文艺概况

北京广播学院　高　鑫

1993年度电视文艺的发展势态和鲜明特征是：突出主旋律，提倡多样化；弘扬民族文化，倡导高雅艺术。电视文艺，无论是题材的选择，主题的开掘，形式的创新，技巧的熟练，都达到了新的高度。既有大型文艺节目的磅礴气势，也有小型文艺节目的精致玲珑，丰富了电视观众的精神文化娱乐生活。

A、高唱主旋律，提倡多样化

电视文艺，通过丰富多采的艺术形式，满腔热情地歌颂党的改革开放政策，赞颂深化改革所取得的可喜成果，表现各条战线蓬勃兴旺的客观现实，展现安定团结的大好形势，反映人民群众安居乐业的生活形态。主旋律突出，艺术形式多样。真正起到了团结人民、教育人民、娱乐人民的作用。

北京电视台的大型文艺晚会《春风化雨》、《十八区县大团圆》、《六六大顺闹新春》、《东西南北大拜年》，歌颂和赞美了北京改革开放的新气象，北京老百姓生活提高，心情舒畅的喜悦情怀。上海东方电视台的浦东新区庆"七一"晚会《在希望的热土上》，"八一"文艺节目大点播《风展军旗分外红》，以及共和国同龄人的歌《青春的回声》，赞美了上海改革开放的新势态，歌颂了上海人民团结奋进的爱国激情，说明一个新的、现代化的上海正在飞速崛起。天津电视台的春节文艺晚会《渤海春潮》，大型文艺晚会《花和节日》，艺术地展现了这个渤海之滨的大都会，正在春潮涌动，意气勃发，一个现代化的新"津门"，即将出现在东方地平线上。

总之，这些电视文艺节目，内容丰富，形式新颖，风格多样，以满腔的热情，高昂的情绪，歌颂了改革，赞美了开放，充满了时代精神，跳荡着现代化的脉搏，因而振奋了民族精神，鼓舞了群众情绪，收到了良好的社会效果。

B、纪念毛泽东，歌舞献深情

1993年12月26日，是毛泽东诞辰100周年。为了表达全国各民族对毛泽东的深切缅怀之情，全国各家电视台举办了大量电视文艺晚会，拍摄了大量电视文艺节目，歌唱毛泽东，颂扬毛泽东，寄托对伟大领袖的一片深情。

中央电视台摄制了21集大型电视艺术片——《毛泽东诗词》。它从独特的现代电视艺术综合性角度，反映了毛泽东作为伟大的民族英雄，人民领袖，同时又是一代伟大诗人的崇高品格和广阔胸怀，深刻展示了毛泽东诗词的意境和艺术创造。采用纪实、政论和艺术相结合的创作方法，调动各种艺术手段，集史料、风光、舞蹈、美术、音乐、文学于一炉，精心构思，潜心创作，开辟和再现了毛泽东诗词艺术成就的新境界。

此外，中央电视台的大型文艺晚会《人间正道是沧桑》；北京电视台的大型文艺晚会《人民领袖毛泽东》，大型专题文艺晚会《毛泽东诗词京剧演唱会》；吉林电视台的大型文学专题片《心中的太阳》、《北斗·太阳》、《我与毛泽东》；上海东方电视台的《上海文艺界纪念毛泽东诞辰一百周年文艺晚会》；贵州电视台的青年歌手电视大奖赛《毛泽东颂》；河南电视台的大型电视艺术片《黄河·太阳》，均以磅礴的气势，高雅的格调，温馨的思念，真切的情感，表达了全国人民对毛泽东的深切怀恋之情，引起了社会的强烈反响，获得了观众的好评。

C、弘扬民族文化，振奋民族精神

我国有着五千年的文明史，有着灿烂的民族文化。我国的传统文化异彩纷呈，博大精深。电视文艺通过各种艺术形式，弘扬民族文化，继承民族文化的优良传统，陶冶人的精神和情操，加强精神文明的建设。

中央电视台的电视音乐艺术片《古弦翰墨情》，将中华民族中的琴声、画意、诗韵、墨趣，有机地融为一体，使其意互通，其情互致，撷取我国民族音乐宝库的几枝奇葩，如广为人知的古曲《高山》、《流水》、《梅花三弄》，加之新近改编的《苏武牧羊》、《昭君出塞》，既做到了整体的统一，又兼顾到了一曲一景的独特表现，创造了古朴浑然的艺术境界。

中央电视台的第三届全国民族管弦乐获奖作品音乐会——《神州春韵》，为推动民族器乐适应当代观众的需求，推出一批具有全新时代感，旋律优美动听，配器新颖别致的音乐作品，其中包括笛子、笙、唢呐、管子、柳琴、琵琶、扬琴、中阮、大阮、古筝、三弦、高胡、板胡等有代表性的民族乐器。

此外，许多电视台设立了专门弘扬民族文化的栏目，定期播出充满民族性的艺术作品。如天津电视台的《戏曲大观园》、《曲艺大观园》、《周末相声》；山西电视台的《戏曲舞台》；安徽电视台的《相声与小品》；陕西电视台的《秦之声》等。

这些充满民族性的电视文艺节目，对中国传统艺术的种类、派别、表现形态，审美特征，进行了丰富多彩的、完整系统的介绍，为弘扬民族传统文化做出了积极的贡献，满足了电视观众多样性的审美需求。

D、倡导高雅艺术，提高审美情趣

近几年，港台歌星充斥电视屏幕，在大陆掀起了一股“追星热”，造就了一批“发烧友”，给“严肃文化”和“高雅艺术”带来较大的冲击和影响。值得庆幸的是，1993年的电视屏幕高雅艺术明显增多，有效地控制了港台作品的泛滥。这对于倡导严肃艺术，提高观众的审美情趣，无疑有着特殊意义。

中央电视台现场直播的《20世纪华人音乐经典系列》，是世界各地华人音乐家共同参与的一次前所未有的文化盛典，展现了古今音乐艺术的最高水平。在开幕式庆典音乐会上，中央乐团演奏了《春节序曲》、《梆笛协奏曲》、《飞渡》，它们是分别由李焕之(大陆)、马水龙（台湾）、陈永华（香港）三位作曲家创作的交响乐，并由来自三地的指挥家陈燮阳（大陆)、陈秋盛（台湾）、陈永华（香港）分别担任指挥。女指挥家郑小英与旅居美国的第34届帕格尼尼小提琴比赛金奖获得者吕思清合作演奏了小提琴协奏曲《梁山伯与祝英台》。专程从香港前来的著名钢琴家刘诗昆演奏了儿童组曲《快乐的节日》。音乐家们的共同心愿是：让中国人创造的最美的旋律传遍世界，让人类的精神火花里闪烁出耀眼的中国之光。

此外，上海东方电视台开辟了经典音乐新栏目《东视经典》，替代了原有的流行音乐栏目《黄金时间》；文艺栏目《东方梦》，播出了“杨丽萍舞蹈专场”、“中央交响乐团访沪演出”、“第五届青少年小提琴比赛颁奖晚会”。上海电视台文艺栏目《舞韵怡音》，播出了“芭蕾精品汇演”、“中华雅星大赛”，以及中央芭蕾舞团公演的《吉赛尔》。

正是这些高雅的艺术，提高了整个电视屏幕的文化品位，使广大电视观众获得了崇高艺术美的精神享受。

E、中外艺术交流，拓宽观众视野

这一年，中外艺术交流节目，在电视屏幕上大量涌现。这样，不仅丰富了电视屏幕，加强了各国间的文化交流，而且使观众有机会饱览世界艺术的风采，拓宽了观众的艺术视野。正是那瑰丽的异国情调和奇异色彩，使观众得以窥见五彩斑斓的新奇世界。

中央电视台现场直播了《′93中国国际标准舞国际锦标赛》，英国、挪威、澳大利亚、意大利、丹麦、新加坡、香港等国家和地区的9对冠军级选手及若干对中国选手参加比赛。并首次邀请了当今世界最高水平的职业选手作精采表演，使观众得以欣赏到世界水平的精湛舞姿。

上海东方电视台，在大陆首次转播了《65届奥斯卡颁奖仪式》，主办了《上海国际魔术节》，转播了《韩国国立艺术团访沪演出》，《哈萨克斯坦马戏团访华演出》，以及《美国百老汇舞蹈团访沪演出》。北京电视台举办了“第二届国际电视周”，并为此推出了开幕式的大型文艺晚会《东方神韵》、闭幕式的大型文艺晚会《灿烂星空》。吉林电视台转播了《韩国汉城KBS广播公司和NBC文化放送局的文艺演出》。

这些国际交流的电视节目，打开了一个通向世界文化的窗口，给观众的精神文化生活，带来了新鲜的艺术气息，增添了鲜活的艺术色彩。

广播剧概况

北京广播学院 朱宝贺

一、评奖情况

中国广播电视学会受广播电影电视部委托于1994年2月21日至28日在黑龙江哈尔滨市举办对1993年生产的广播剧评奖活动，定名为：中国广播奖“黑龙杯”广播剧奖。

参加评奖的有25个省（区、市、县）选送的由37家电台录制的62个剧目。广播电影电视部同向荣副部长担任评委会主任。评委们经过7天的认真审听评议，共评选出46个获奖剧目。其中一等奖7个、二等奖15个、三等奖24个。黑龙江电台的《远去的琴声》、云南电台的《打工女中校》、河南电台的《二八月乱穿衣》、广东电台的《村魂》等4个剧目获单本剧一等奖；黑龙江电台的《秋别》、《屯里来了个大画家》、北京电台的《过年》等3个剧目获短剧（小品）一等奖。另外还评选出编剧、导演、音乐、音响效果、录制、男演员、女演员等7个单项奖。

评委们认为，此次选送的剧目题材广泛，反映改革现实、贴近群众生活的剧目较多，思想性较强，有一批佳作涌现，获奖单位也比过去增多。有一些佳作从剧本创作、人物塑造到语言的提炼，音乐、音响效果的使用以及给听众的启迪等方面再次展现出广播剧这一鲜活艺术品类的强大魅力。同时，评委们也认为，此次获奖剧目还存在一些缺失：创作剧目少，改编剧目多；主创人员对创作的整体艺术把握还有值得商榷的地方；一些作品节奏的处理还不够流畅自如，有沉闷冗长之感。但瑕不掩瑜，广播剧在众多文艺形式的激烈竞争中，仍然表现出顽强的生命力。

2月27日的颁奖晚会上，同向荣副部长指出，广播剧无论过去、现在和将来，都是广播文艺中一种颇具感染力的传统的重要艺术品种。他说，70年代以前，曾经是广播剧辉煌、灿烂的时代，很受群众欢迎。在未来的两个文明建设中，广播剧应当发挥更大的作用。

1993年10月5日至14日，在新西兰的奥克兰市举行了第30届亚广联会议。中国中央人民广播电台少儿部的儿童广播剧《古墓遇险》，参加“亚广联广播儿童节目奖”的比赛。参加的节目共有8个，以儿童娱乐为主要内容。《古墓遇险》在8个节目中占有较大优势，获得“亚广联广播儿童节目奖”。评委们对这个节目作了以下评价：“中央人民广播电台的儿童节目《古墓遇险》（编剧：李曼；导演：尹纪芸）赢得本年度‘亚广联广播儿童节目奖’。这是中国首次参加这一项目的比赛。这个节目表现出的高水平的广播剧制作技术得到评委们的高度赞赏。剧中小演员们的表演很出色，音响效果的使用十分精彩。剧情的流畅发展把听众引向一个既激动人心，又回味无穷的结局。”

1993年10月，中国广播剧研究会与中央人民广播电台联合举办了“石松杯”全国广播连续剧评奖，共有16家电台20部剧（1580集）参赛。评出一、二、三等奖共9部剧。黑龙江台、齐齐哈尔台联合录制的《紫藤》获一等奖；中央台《王庄故事》、上海台《郁达夫之死》、中央台《听画》获二等奖。

二、剧目生产

1993年剧目生产出现两极分化的情况，有的省、市电台，由于大办系列台和板块节目，解散了广播剧组，把从事广播剧编导人员调到系列台去搞板块节目，致使广播剧生产出现了空白。有的台为了参加全国性的评奖活动，临时把有关人员集中起来制作广播剧参加评奖，剧目生产数极少。但也有的电台制作的广播剧比往年增多。

中央人民广播电台1993年编辑制作了广播连续剧13部共165集；单本广播剧3部4集，其数量为有史以来最多的。在追求数量、保证质量的前提下，力求题材的丰富。有表现工业改革历程的、有表现农村改革面貌的、有表现乡村教育“希望工程”的、有表现公安干警与犯罪分子斗争的，还有表现留学美国游子的坎坷经历与思国情怀的等等。

最为突出的是四川台制作的，堪称中国广播史上罕见的宏篇巨制大型广播连续剧《三国演义》108集，于12月19日起首次从头至尾连续播出。这部剧被国内学术报刊称为《三国》改编的三大艺术工程之一。由四川台高级编辑毕玺同志负责编辑，四川人民艺术剧院等文艺单位的演员负责演出，担任导演的是杨汝成、徐晓苏。该剧自《桃园结义》至《三分归晋》共分28部，比较全面地概括了原著的主要内容，而情节更加紧凑、集中、主题思想得到深化，人物形象的塑造和故事情节的开展更臻完善，在丰富广播剧声音艺术的表现力方面作出了一些努力，剧中人物听其声如见其人，音乐、音响、录音制作各个环节的精心创造，赋予了三国故事新的生命，能给听众一种新的感受。

上海电台继前两年录制的大型系列剧《刑警803》之后又开始录制第二部《刑警803》共106集。湖南台为纪念毛泽东诞辰100周年录制了50集系列广播剧《毛泽东的故事》。黑龙江台1993年生产广播剧140部（集），质量也比往年又有提高。在全国广播剧评比中，他们荣获了“六连冠”。广东台、天津台、北京台、河南台、云南台、河北台、山东台、山西台、湖北台等骨干台都录制了不同数量的新剧目。

三、理论研讨

1994年2月28日至3月2日在哈尔滨市举行了针对1993年广播剧情况的研讨会。在研讨会上，评委和30多位各地代表就获奖剧目及广播剧今后的发展走向等问题，开展了热烈的讨论。黑龙江台、广东台、广州台介绍了他们如何争取企业赞助录制广播剧或利用板块节目时间弘扬广播剧的成功经验。大家对如何增加广播剧生产数量和提高广播剧质量，使广播剧这一艺术品种走出低谷再度辉煌，提出了很好意见和建议。

同向荣副部长出席了研讨会，他说：我们的方针历来是广播、电影、电视并重，协调发展。最近几年广播受到了电视的挑战，有的人信心不足，劲头不大，这主要是因为对广播这个工具的特点和优势认识不足。同副部长指出，广播有自己的优势。从全国来说，每天大约有1／3的人在行进中听广播，从广播中获取各种信息。无论从收听时间、范围还是方便程度看，广播都有自己的优势。同副部长指出，在广播文艺节目中，广播剧最有广播特色，要发扬光大，要制作出好的广播剧以满足广大听众的要求。各级广播机构要投入一定的人力财力发展广播剧事业，同时还可以调动社会力量。可以搞特约播出，挂牌播出，也可以搞赞助。广播电影电视部将广播剧作为全国评奖的一个重要奖项委托中国广播电视学会每年进行评选，也说明了广播剧的重要性。

电视剧概况

电视艺委会 仲呈祥

A.在年轻的中国电视剧的历史上，1993 年度获得了持续、平稳、健康的发展。

论数量，这一年度的电视剧总产量，在上一年度年产 5000 集的基础上，又有增加，据初步统计已逾 6000 集。倘以 1984 年度的产量为基数，那么，十年来，中国电视剧的平均年度增长率高达 125%。这在世界电视剧发展历史上，也蔚为奇观。

论质量，这一年度的电视剧创作从总体上考察，亦获得了可喜的进步。这是衡量和评估艺术发展实绩的更重要的因素。无论是优秀的代表作品对历史内涵的开掘，还是对丰姿多彩的人物形象的塑造，抑或是对审美形式的探求方面，在中国电视剧发展的历史链条上都增添了新的环节。

B.1993 年度，中国电视剧从创作到理论研究的一个突出热点，是“弘扬主旋律，坚持多样化”。

先说创作。自江泽民总书记在党的十四大上发出“要重视社会效益，鼓励创作内容健康向上特别是讴歌改革开放和现代化建设的具有艺术魅力的精神产品”的号召后，电视剧界在 1993 年度里把创作攻坚的重点瞄准了“讴歌改革开放和现代化建设的具有艺术魅力的精神产品”。许多省、直辖市、自治区的精神产品“五个一工程”的电视剧选题，都旨在弘扬主旋律。其中，以上海的《大潮汐》(16 集)、《这世界不会寂寞》(14 集)、《大上海出租车》(18 集)、《满天星》(8 集)，广东的《情满珠江》(36 集)，浙江的《喂，菲亚特》(18 集)、《灯人》(2 集)，山东的《大地缘》(7 集)，河南的《颍河故事》(14 集)，湖北的《儒商》(20 集)，山西的《矿山小英雄》(2 集) 等一批作品最为引人注目。尽管这批作品均非尽善尽美，且各自所取得的思想、艺术成就也高低不同，但合在一起，却互补生辉，相得益彰，共同为主旋律创作赢得了声誉，提供了具有普遍借鉴意义的宝贵经验。

再说理论。理论是对实践的抽象、概括和总结。1993 年度，电视剧界对主旋律的认识、界定及其与多样化的关系的理解，伴随着主旋律创作实践的日益丰富，显然也更加全面、更加深刻、更加辩证了。

究竟何为主旋律？江泽民总书记作出了科学的界定:“弘扬主旋律，就是要在建设有中国特色社会主义的理论和党的基本路线指导下，大力倡导一切有利于发扬爱国主义、集体主义、社会主义的思想和精神，大力倡导一切有利于改革开放和现代化建设的思想和精神，大力倡导 切有利于民族团结、社会进步、人民幸福的思想和精神，大力倡导一切用诚实劳动争取美好生活的思想和精神。”很清楚，主旋律指的是四种“思想和精神”。据此，电视剧界对“弘扬主旋律”的认识，升华到一个新的境界。

一方面，主旋律创作要反对“划地为牢”。把主旋律简单化地狭隘地理解为是一个题材选择问题，势必束缚艺术创作思维的天空。诚然，弘扬主旋律包含着在创作的题材选择上有一个总量和比例上的宏观调控问题，但其内涵绝非仅止于此。我们是题材重点论和有差别论者，但决不是题材决定论者。从艺术质量上保证重点选择讴歌改革开放和现代化建设的题材，是必要的；但认为只有反映改革开放和现代化建设的题材才能弘扬主旋律，却是片面的。

另一方面，也要防止对“主旋律”作一种“泛化”的理解，即“主旋律是个框，什么都往里面装”。倘把什么都说成是“主旋律”，那就势必失却了提出弘扬主旋律的本来意义。众所周知，党中央号召弘扬主旋律，具有鲜明的社会文化背景和针对性：在我国实现由计划经济体制向着社会主义市场经济体制转变的伟大变革时期，民族的精神文明和文化建设确实出现了某种滑坡现象，即“一手软”现象。弘扬主旋律，正是为了纠正这种“一手软”现象。马克思主义的重点论和辩证法认为，把什么都牵强附会地说成是“主旋律”，那就势必冲淡和淹没掉真正的时代主旋律。“主”与“副”是相比较而存在的，无“副”也就没有了“主”。

我们应当坚持辩证法，防止上述两种形而上学的片面认识。

C.1993 年度，中国电视剧从创作到理论研究的另一看似不“热”实际颇“热”的热点，是适应观众与提高观众的关系问题。

无视观众的鉴赏心理需求是不足取的，正确的做法是对观众的鉴赏心理取科学分析的态度，适应其积极因素，改造其落后因素，为了提高去适应，适应的目的在于提高。1993 年度一批产生较强社会反响的电视剧，在这方面取得了可喜的突破。突破的结果，是精品意识的强化。

跨年度播出的《唐明皇》(41 集)，以科学的历史观、美学观和较高的文化品位，对唐代开元到天宝这段重要历史进行了引人入胜的形象的审美反映，给人丰富的历史知识和思想启迪。它好看，耐看，既积极地适应了观众渴求历史营养的鉴赏心理需求，又有效地提高了观众的审美趣味和文化修养。这与另一部虽然也同样引起了较强社会反响、但主要是为了迎合观众鉴赏心理中的娱乐需求的电视剧《戏说乾隆》，可以说形成了强烈的反差和鲜明的对照。

《情满珠江》最值得称道之处，在于它把“主旋律”的思想内容与“通俗剧”的艺术形式相当完美、和谐地统一了。它以出色的成就和成功的实践无可辩驳地证明：主旋律创作完全可以采用为人民大众喜闻乐见的艺术形式。情满珠江，情溢荧屏，情通广大观众的心田。这情，是讴歌改革开放和现代化建设之情，是弘扬爱国主义、集体主义、社会主义和中华民族传统美德之情。因此，这部作品在迄今为止的中国荧屏上的同类通俗剧中，恐怕应算是最富社会内涵、文化色彩、情感浓度和道德力量的一部佳作。

开创了近年来中国电视连续剧最高收视率纪录的《北京人在纽约》（21集）在处理适应与提高的关系上，也做出了独特的贡献。此剧抓住了当今人们社会生活的一个热点——出国热，以精心的制作和出色的演技吸引了广大观众。说它首先是适应了观众鉴赏心理的一种强烈需求，这并没有错。因为对多数中国观众说来，是很难有机会亲身到美国去观光的，于是，面对荧屏上再现的异国生活的艺术时空，他们自然会产生浓厚的兴趣。但此剧并非一味消极地顺应，更不是盲目地展示美国的摩天大楼、灯红酒绿；它毕竟透过主人公王起明的人生遭际和命运的描写，在荧屏上营造的艺术时空里粉碎了那个虚幻飘缈的"美国梦"。这对于确实存在的那些盲目出国者和崇洋者说来，无疑是一副思想清醒剂。从这个意义上讲，它在适应的基础上又提高了观众的认识水平。而且，制作的精致和表演的技巧，也有助于提高观众的审美修养和鉴赏能力。

取材于王朔的《过把瘾就死》等三部小说的电视剧《过把瘾》（8集），也较之过去根据王朔小说改编的电影电视剧，更加注重既发挥原著文学语言的个性优势以适应青年观众的欣赏趣味，又努力增强原著的文化内涵以提高青年观众的审美修养。有评论认为这部电视剧把小说原著中那股多余的"痞"气和某些有悖于精神文明的粗俗语言，大致"过滤"了一次，从而提高了文化品位。这话颇有道理。

中国广播艺术团概况

中国广播艺术团

1993年，中国广播艺术团坚持为基层服务、为改革开放服务的文艺方针，积极开发演出市场，先后组织到全国各地演出76场，观众达156000人次，得到社会各方面的好评，并多次受到广电部领导的鼓励和表扬。中央电视台、中央人民广播电台、中国国际广播电台、《人民日报》等对艺术团作了多次宣传和报道。广播艺术团还为中央电视台、中央人民广播电台、中国国际广播电台和各地方广播电视台录制了大量节目和曲目。全年广播录音966分钟，其中中央台566分钟，地方台400分钟；电视录像9159分钟，其中，中央台3818分钟，地方台5341分钟。此外，1993年广播艺术团国际文化交流与合作也取得较大的成绩，出国和赴港澳台地区访问演出27次，212人次，接待来访团组两个，5人次。

（一）广播电视录音录像

民族乐团：广播电视录音录像566分钟。主要节目有：为中央电视台、国际台"新年音乐会"专场录音90分钟；为中央电视台、国际台"燕赵新声"音乐会专场录音90分钟；为中央电视台"春节晚会"、"花开时节晚会"、"中秋晚会"录音16分钟；为华彦钧诞辰100周年、民乐团建团40周年纪念音乐会录音90分钟等。

说唱团：广播电视录音录像8078分钟。主要节目有：姜昆同志为中央电视台录相声《楼道曲》、《小段集锦》35分钟，为北京电视台"纪念七一晚会"、"赛特专题晚会"录相声《是我不是我》、《吆喝》、《翻斗车》等40分钟；为专题片《赴台湾演出》、《东方之子》等录音录像共计421分钟。冯巩同志为中央电视台"春兰杯"春节优秀节目发奖晚会创作并演出小品《心愿》；为中央电视台建台35周年文艺特别节目表演小品《买书》；为中央电视台《海峡共明月》大陆与台湾演员共同演出的文艺晚会录音录像等。李金斗、陈涌泉为全国35家电视台录相声《猴儿的自白》、《夹板儿气》、《死后奇闻》、《大哥大》、《三战吕布》、《一鸣惊人》等共计550分钟。郝爱民为中央电视台录小品《看电视》、《老当益壮》等24分钟；为中央人民广播电台录音《儿童歌谣》50分钟；为一些地方电视台录相声《学越剧》、《麻将》、《中国话》等31分钟，共计171分钟。马增慧同志为中央电视台《南锣北鼓太平年》贺新春晚会、《五彩缤纷》文艺晚会、《八月中秋月正圆》文艺晚会演唱单弦《恭贺新禧》、《老字号》、《对月抒怀》；为北京人民广播电台录单弦《乾隆杀和珅》、《建皇陵》等共计452分钟。秋林为中央电视台"曲苑杂谈"录山东快书《手相专家》、《老白接电话》等。

电声乐团：广播电视录音录像428分钟。主要节目有：屠洪刚为中央电视台"曲苑杂谈"录制歌曲《年青》；为北京电视台"金曲一刻"录歌曲《感觉自己》等共计22分钟。周建霞在中央电视台录个人演唱专辑共13首歌曲约40分钟。叶岚为中央电视台"三八晚会"、"奥林匹克梦晚会"录歌曲《我需要力量与智慧》、《奥林匹克梦》；为一些地方台录歌曲《彩色的夜》、《深情的眼睛》等共计34分钟。王伟为中央电视台"93教师节晚会"和北京电视台"五彩缤纷晚会"录歌曲《老师的眼睛》、《名人时装》等共计27分钟。启迪为中央电视台"民族之花晚会"和北京电视台"春节晚会"录歌曲《中华魂》和《祝福》共计21分钟。刘海波为中央电视台"旋转舞台"、"综艺大观"录歌曲《春天又来到》等共计24分钟。

交响乐团：广播电视录音录像580分钟。主要节目有：与北京部分乐团联合举办《世界名曲音乐会》90分钟；举办《华人经典作品音乐会》90分钟；分别为中央电视台《东方时空》栏目和《广播艺苑》栏目录音共计100分钟。

合唱团：广播电视录音录像463分钟。主要节目有：为中央电视台录制《20世纪华人精典作品音乐会》120分钟；为"纪念毛泽东诞辰100周年"录大型音乐片《山高水长》120分钟；排演《奥运魂》

100分钟；为中央电视台“春节晚会”录《祖国颂》120分钟等。

制作部

《艺苑风景线》：1993年制作节目22期（13—34），播出长度90分钟，其中第33期荣获中央电视台文艺部93年优秀节目奖。

《广播艺苑》：自1993年3月成立以来，共制作节目12期（1—12），每期长度50分钟，共计600分钟。

（二）国内演出

全年演出76场，观众156000多人次。其中民乐团演出22场，包括为迎接奥运考察团的宣传演出；为大连市体育“双十星”颁奖大会演出等。电声乐团演出30场，包括参加承德第二届艺术节的演出、参加′93中国丹阳第二届黄河节的演出、参加山东潍坊国际风筝节的演出和慰问西柏坡老区的演出等。合唱团演出10场，包括纪念“八一”建军节在中国剧院的演出、纪念“毛泽东诞辰100周年”在人民大会堂的演出等。交响乐团演出11场，包括与葡萄牙钢琴家诺尔丹合作演出的钢琴协奏曲及交响乐音乐会、本团首次推出的交响轻音乐会等。说唱团演出3场，包括参加广播艺术团建团40周年的演出等。

（三）对外交流

全年共出国和赴港澳台地区访问演出27次，212人次。邀请接待著名指挥、独奏家5人次来华访问演出。主要活动有以下几项：

1.应台湾唐吉诃德广告公司的邀请，以武炳统为团长、姜昆为艺术总监的广播说唱团一行30人，于1993年7月26日至8月5日赴台湾访问演出。在台演出8场，盛况空前，观众达20000人次。

2.应日本福冈市市民管弦乐团邀请，1993年11月5日，民乐团著名指挥彭修文等一行3人赴日本福冈市参加纪念日中和平友好条约缔结十五周年及福冈市民艺术节活动，与日本福冈市同行合作演出了交响音乐会。

3.应台湾古典吉他协会和台湾泛美艺术公司邀请，1993年3月4日，中国广播吉他乐团团长陈志率中央音乐学院附中学生杨雪霏、白璞赴台湾省，进行为期15天的巡回演出和讲学。

4.应日本古代吉他株式会社的邀请，1993年12月10日广播吉他乐团团长陈志及学生王雅梦等3人赴日本参加第36届东京国际吉他比赛。王雅梦年仅12岁，在这次国际吉他大赛中获第一名，为艺术团和祖国争得了荣誉。

5.长城艺术公司承办，广播交响乐团、广播民族乐团和中央歌剧院共同组团参加′93澳门国际音乐节，带去四套节目，演出4场，圆满完成出访演出任务。

对华侨、华人广播概况

中国国际广播电台　金雪鑫

中国国际广播电台华语台1993年宣传业务稳步发展，质量有较大提高。华语广播1993年的宣传业务主要有以下几个方面：

一、加强了新闻和时事报道的宣传

1、重视新闻报道数量和新闻的时效。1993年华语部共自编新闻8000多条，经济信息4000多条，自采新闻300多条。自编国内时事报道近500篇，自采国内时事报道210篇。华语台节目由1小时一个单元改成2小时一个单元后，新闻由15分钟增加到20分钟。由于对东南亚和港澳地区有两次广播，对新闻需求增大，由原来的15—16条，增加到44—48条。其中国内新闻（包括外事）从原来的10—11条，增加到28—32条。新闻除了编发新华社、中新社和报纸大样新闻，还加强了新闻采访。平均每天发国内新闻23条左右，最多能发46条，扩大了新闻报道面。5个语言广播有挑选余地，使用新闻节目有新的内容。

2、时事报道办得较有特色

华语台时事报道每天15分钟，其中有《中国时事》、《社会广角》、《国际大视野》、《本台国际评论》等小专栏。每天平均有2—3个国内问题，1个国际问题。每周六的《本台国际评论》是华语广播与国际新闻中心合作，由国际新闻中心以本台评论员身份评论国际问题，采用录讲的方式，受到听众普遍好评，也受到外国政府的重视。

1993年时事报道还配合热点问题举办了一些系列报道：3月份召开的“两会”，5月份的《百年大计，教育为本》系列报道；6月份的《中国人权面面观》系列报道；7月份的《归侨、侨眷权益保护法实施办法》系列报道、7月份的《国家宏观调控措施》系列报道；8月份的《′93炎黄杯华侨华人龙舟赛》系列报道；9月份的《七运风采》系列报道、《申办奥运》系列、《台湾问题与中国统一白皮书》系列；10月《工会十大》系列、11月《邓小平文选》（第三卷）介绍系列、12月《′93回首》系列等。单以上系列报道共自采稿件100多篇。

1993年在新闻和时事报道中还加强了香港问题和台湾问题的采访和报道，并注意了对港澳地区广播的针对性和时效。

二、春节特别节目丰富多彩

1993年春节华语台各语言广播共制作了十几个特别节目，时间由半小时到1小时50分不等。其中大型的有5台，普通话3台，广州话2台。普通话3台是：有上千人参加在亚运村举办的与全国侨联合办的《跨越时空，环球同乐》联欢会实况选播；与北京天桥茶园合作录制的《京韵、京腔、京味——同海外华侨、华人共度新春佳节》特别节目，与新加坡广播电台联播《金鸡报春》特别节目，这三台节目播出后受到听众的欢迎，共来信200多封。广州话播出的2台节目是：与香港、澳门、广州、佛山、美加华语广播网的6台大联播；与湛江电台的新春贺岁联播节目，也取得了较好效果。1993年普通话还完成了人大开幕式的现场直播，广州话完成了宋庆龄纪念大会的实况转播。

三、板块和专题节目有较大进步

华语台共有30分钟的自办板块节目11个，其中普通话7个，广州话3个，厦门话1个及一些专题节目。负责板块的专题部十分重视业务研究，每月举行选题讨论会，1993年11月对一年多来的板块节目进行了总结，并适当调整了各板块节目，使之重点突出，对内容与形式统一、主持人在板块节目中的地位、以及编辑（导播）制作技术的运用进行了探讨。

从听众调查，及听众来信反映看，较受欢迎的板块节目有：《为您服务》、《828经济纵横》、《五彩周末》、《空中彩虹》、《谈天说地》等。这些板块节目形式比较活泼，注意热点报道，时效强，有服务性、针对性、欣赏性强，有上乘的音响效果或记者现场口头报道，可听性强。

四、对外传送和寄送节目有所扩大

1993年1月2日开始，普通话增设了每天向美国中国新闻音乐广播网（目前3家电台）传送15分钟中国新闻和时事报道节目，加上原广州话向美加华语广播网10家电台的传送节目，每天共传送34分钟的新闻和时事节目。

1993年向美加华语广播网寄送68小时的广州话《经济纵横》、《大榕树下》、《周日闲趣》节目磁带；向美国旧金山电台寄送24小时的广州话《经济纵横》节目；向巴黎华人之声电台寄送了20小时的普通话《空中彩虹》和《为您服务》节目；向美国中国新闻音乐广播网寄送了81小时的普通话《五彩周末》、《空中彩虹》、《中国流行音乐》、《相声》节目；向加拿大《华侨之声》寄送5小时的《中国流行音乐》节目。以上寄送节目共198小时。1993年，华语台还对寄送节目的播出情况进行了一次调查，并根据对方意见及时进行了调整。

海峡之声广播电台概况

海峡之声广播电台　林仙元

海峡之声广播电台1993年的对台宣传工作，认真贯彻了中央的对台方针政策，适应海峡两岸新形势，深入进行广播节目改革，从4月1日起对广播节目进行全面调整和改革，进一步深化宣传内容，活跃宣传形式，突出宣传重点，突出本台特色，积极探索对台宣传的新路子，宣传效果比较明显。技术工作较好地实现了“安全、优质、低消耗”的总要求。参加“全国首届传音技术质量评比”活动，获得一等奖。1993年的对台广播工作主要有以下几个特点：

一、增强新闻主干观念，突出加强新闻。

海峡台1993年把确立新闻主干意识，加强新闻，提高新闻时效，扩大新闻容量，作为改革的重要内容。在原来每天播出3组正点新闻的基础上，重点推出集新闻与时政为一体的半小时板块节目《时事广角》，使容量明显增大。同时，《经贸纵横》节目开设了“经贸快讯”和“经济信息”栏目；《闽南话半小时》节目增设“金三角快讯”栏目；《文艺大世界》增设“文艺信息”栏目；《空中立交桥》节目增设了“体坛万花筒”栏目。建立了卫星地面站，直接接收新华社的新闻稿件；加强与各记者站的联系，密切与地方对台办的关系，以保证新闻板块和正点新闻的信息来源。

二、突出本台特色，加强军事报道和评论宣传。

1993年海峡台加强了对台军事报道的份量。除《时事广角》节目担任国防现代化建设成就的宣传外，《空中立交桥》节目增设了《军旅风采》栏目，《经贸纵横》节目增加了军工转为民用、走向市场的报道；文艺节目增加对优秀军事题材的文艺作品和军队歌星、影星的介绍。增派驻京记者，重点采访有关军事题材的稿件，增强对台军事报道的权威性。先后组织了《雪域边关行》、《中国女飞行员纪实系列报道》、《南京军事院校巡礼》等几十个专题，播出稿件150多组。评论宣传得到加强，《时事广角》节目除经常性地宣传党的对台方针政策外，遇有大事及时发表评论。《台湾问题与中国的统一》白皮书发表后，组织播出了《正本清源，推进祖国和平统一》等38篇评论。同时，《经贸纵横》节目及时发表对台经济评论，《空中立交桥》节目及时发表对台社会评论。

三、适应形势需要，加强经贸宣传。

根据中央加强两岸经贸往来，以经济促政治的精神，海峡台加大了对台经贸宣传力度。推出了“‘两会’成员风采录”，播出了15位成就卓越的经济界人大代表、政协委员的事迹通讯、人物专访；播出了“海南特区创建5周年系列专题”，连续报道了本台记者在海南的所见所闻所思所感；就“加入关贸总协定”、“股票证券市场”、“房地产市场”、“期货市场”、“经济是否过热”等热点问题进行了专题讨论；注意报道人们思想观念的新变化，综述海内外民众对经济热点问题的看法；播出了国务院副总理李岚清、全国人大常委会副委员长王丙乾、首都钢铁公司董事长周冠五等多位高层人士和经济界名流的采访录音，增强了报道权威性。

四、注重专题报道，加深宣传力度。

海峡台今年比较重视对重大题材进行系列报道和专题报道，以增强宣传的计划性、系统性和增强宣传力度。先后播出了"南巡后的一年"、"西南雄风"、"西北风的节奏"、"百位经济专家谈'93经济趋势"等30多个专题和系列报道，全面回顾了祖国大陆各行各业的巨大建设成就；大力宣传了建设有中国特色社会主义理论和建设社会主义市场经济的重要意义；充分报道了邓小平同志南巡后改革开放不断向内地、向边疆发展的大好形势。文艺宣传也先后播出了"曲艺专场"、"闽南话歌曲实况"、"梅花奖获奖演员节目集锦"、"京剧集锦"等19组专题节目。

五、增强听众意识，扩大服务层面。

热情为台湾听众服务，千方百计地满足听众需求，做听众的知心朋友，寓宣传于服务之中，扩大服务层面和服务范围，是吸引和争取听众的重要手段。为此，海峡台调整了《空中立交桥》和《闽南话半小时》节目的宣传重点，使这两个节目侧重于服务性内容。新开办了一批服务性栏目，扩大服务途径，增添新的服务内容。有的专门为听众介绍生活常识、医疗知识和祖国大陆名医名药；有的介绍投资贸易，为海峡两岸经济、文化交流服务；有的解答听友提出的问题，帮助台湾听众排忧解难；有的向听众介绍有关文艺欣赏知识。还运用有奖征文、征答、热线电话等各种方式吸引听众参与节目，与听众平等交流，以达到以服务促进交流的目的。

六、技术工作发扬了好传统，保持了好势头。

1993年技术工作，加强对技术人员的培训，增强工作人员的责任心，强化技术维护和管理，不断改进基础设施建设，保证了播出任务完成，较好地实现了"安全、优质、低消耗"的总要求。

1、加强设备维护，保证安全播出。各级领导十分重视发扬"严、细、实"的机务作风，狠抓各项规章制度的落实。针对技术设备现状，采取措施，精心维护。下发了《关于确保技术设施安全的通知》和《技术安全责任制》，要求各级、各类人员严格履行技术安全职责，加强管理，并修订了奖惩措施。8至11月间在全台范围内开展了"百日安全无事故"竞赛活动，取得了较好的效果。一年来，全台播出设备运行比较安全，没有发生人身伤亡、器材损坏、火灾等事故。

2、加强对广播效果的监测，促进了播出质量的提高。利用本台记者赴台采访的机会，对我台广播在台湾的收听效果进行了收测。从收测情况看，中短波广播除个别与台湾同频的以外，其它频率均效果良好。针对个别频道存在的问题，进一步研究制订了提高播出效果的措施。同时，在总台微波站和厦门对高山分站建立了两个调幅度监测点，对三部中波发射机实施调幅度监测。还组织力量对福州分台GZ—2发射机自动控制系统进行了技术鉴定。

3、围绕质量建设，提高技术队伍素质。为加强业务学习和造成钻研技术的浓厚空气，专门下发了技术业务训练计划和业务学习习题集，推进技术干部的在职理论学习和岗位练兵活动。6月份在总台举办了"'93技术竞赛"活动，进一步激发了技术干部学业务的积极性。同时，立足现有设备，着眼三年技术改造。1993年有计划地选送了17名技术骨干到有关单位进行短期培训，举办了新技术讲座，使技术人员开阔了眼界，增强了学习新技术的紧迫感和自觉性。

4、完成了部分工程建设和技术改造前期工作。较好地完成了厦门分台的电源改造、通风机房制冷设备改造和部分低控设备更新以及国外引进设备的安装调试等任务。通过多次考察、论证，制订了技术改造方案，订购了部分设备，为做好明年设备改造作了许多准备工作。

引进境外电视剧管理工作概况

社会管理司　王秋菊

自1979年以来，随着我国改革大潮的推进，我国同各国的文化交流也不断加强。我国的电视屏幕引进、播放了一些优秀的海外影视节目，从而加深了中国对世界各民族的了解，丰富了我国电视屏幕，作用是积极有益的。

全国地方电视台引进、播出境外电视剧工作，大致可分为三个阶段。

1979年到1985年，地方电视台引进、播出境外电视剧工作处于各台自行引进、播出，且没有统一审查标准时期。这一时期，部分省、市级电视台同国外影视机构的文化交流活动逐步展开，引进、译制、播出了一些较优秀的海外电视剧，如巴西的《女奴》、日本的《阿信》、《血疑》、《排球女将》、《聪明的一休》，美国的《没有圣诞树的家》等，受到了广大观众的欢迎，产生了好的影响。

但是，这一时期，一些引进台对引进、播放境外电视剧缺乏正确的指导思想和统一的审查标准，不能从宏观上对这项工作加以调控，使我国电视屏幕出现从未有过的"外国剧热"、"香港剧热"。《霍元甲》使万人空巷，《血疑》成了男女老少各种场合的话题，较严重地冲击了国产节目的收视率。据当时对20多个省、市级电视台的调查，有的省、省辖市的境外剧播出量竟高达总播出量的70%，其中港台武打片约占四分之一。

从这一时期播放的境外剧的内容看，有相当数量的有问题，或内容不健康，或艺术上粗制滥造。如香港剧《上海滩》严重歪曲工人运动历史，美化变节分子、歌颂黑社会头目；《加里森敢死队》宣扬暴力，严重毒害缺乏分辩力和自制力的青少年。

1985年下半年至1992年，是地方电视台引进境外电视剧工作归口广电部地方管理司统一审批、统一管理，逐步纳入正轨的阶段。

为加强对引进境外电视剧的管理，中共中央办公厅、国务院办公厅于1985年8月联合下发了中办、国办（1985）45号文件《关于禁止营业性录像放映和加强录像管理的通知》，明确这项工作归口广播电视部统一管理。同年10月广电部下发（1985）918号文件《关于加强对电视节目的管理，纠正滥播香港和外国电视剧的通知》，随即成立了部审片小组，责成地方管理司具体负责全国地方电视台引进境外剧的审批、管理工作。

地方司正式接受任务后，在调查研究的基础上，向各省下发了有关文件，要求各省、自治区、直辖市广播电视厅（局）坚决执行中办发〔1985〕45号文件精神，并制定出了关于进口电视节目的管理暂行办法。

1986年4月中共中央宣传部、中央对外宣传小组下发了《关于播映台湾电影电视问题的意见》，对引进播放台湾电视剧工作提出了具体要求，即播出台湾剧一定要有比例，不能播得过多。

当年7月，针对一些电视台滥播港、台和外国电视剧现象又有回升的情况，广电部地方司下发了《关于严格宣传纪律坚决纠正滥播海外电视剧的通知》，使滥播现象又降了下去。

1990年，为总结几年来引进剧管理工作的经验，进一步统一思想，就引进、审查、交流、播出等环节中存在的问题，提出解决办法，使这项工作能更健康地进行，1990年5月，广电部召开了全国引进电视剧管理工作会议。这次会议，根据广播电影电视部党组提出的“控制数量、提高质量、严格把关，净化屏幕”的方针，第一次对全国引进海外电视剧工作作了全面总结，强调要把这项工作提高到坚持“洋为中用”，同时又要坚决反对和抵制国际敌对势力的文化渗透的高度来认识，加强管理，并提出了较为完整的管理办法。同年11月，地方司下发了《关于引进海外电视剧审查标准》、《关于引进海外电视节目管理的暂行规定》。

这次会议，针对前几年引进境外剧工作中存在的引进数量过大，购销渠道乱、播出渠道乱、播出比例大、好剧比例小等方面的问题，提出了一些行之有效的办法：

首先，进一步明确了引进境外剧首先要从有利于社会主义精神文明，把社会效益放在第一位，要求各地广播电视厅（局）成立初审小组，从政治上、艺术上和技术上严把关，坚决杜绝品位不高的引进剧。其次，在调查研究的基础上，初步理顺了引进输出渠道。

（1）重申了要重视上海和四川电视节的窗口作用，使当年的境外剧引进地区明显拓宽，引进的国家和地区达17个。

（2）不允许音像公司及各类公司、出版社报批境外剧，堵住了以境外剧牟取暴利的现象。

（3）要求电视台节目安排以国产节目为主，规定每套节目中引进电视节目不得超过25%，黄金时间不得超过15%。

1991年2月，为加强对境外剧发行工作的引导和管理，地方司下发了《关于加强省辖市级电视台播出海外剧管理工作的通知》，使引进剧发行工作逐步归到了省、市两级节目交流网络，有组织、有计划地统一进行，基本走向了正轨。

同年，地方司在总结′90上海国际电视节经验、教训的基础上，又花大力气帮助地方电视台进行′91四川国际电视节的筹备、组织工作，使四川第一届国际电视节大获成功。

引进境外剧管理工作经过几年的摸索、总结、改进，已逐步有章可循，纳入正轨。但是，并非尽如人意，许多方面尚待深入研究，寻求更为科学的管理措施，尤其是境外剧的播出管理工作将会是今后几年管理工作的重点和难点。

音像管理概况

社会管理司　沈向军

1993年，广播影视系统音像管理部门，根据中央一手抓“扫黄”“打非”，一手抓繁荣的精神，积极做好职责范围内的音像管理工作。

一、积极开展“扫黄”“打非”活动

根据党中央、国务院进一步开展“扫黄”“打非”斗争的指示精神，我部以及各省、市、自治区广播电视厅（局）音像管理部门积极主动与有关部门联系配合，对日益混乱的音像市场进行清查，重点打击“黄色”和非法音像出版物。

1993年元月，部音像管理处下发《关于1993年春节前后对全国音像市场进行清查的通知》，在全国部署清查工作，收到较好效果。在春节后仅对9个省统计，就收缴非法音像带1万余盒，激光视盘近千张。1993年2月，我部与文化部、新闻出版署联合下发《关于查处非法音像出版物的通知》把全国的“扫黄”“打非”工作推向新的阶段。随后两部一署又与北京市广播电视局联合在北京举办“打击非法音像出版物、净化音像市场宣传咨询日活动”，形成全社会的舆论影响。

各地也都结合本地实际，切实有效地开展“扫黄”“打非”活动。北京市广播电视局采取经常性检查与突击打击相结合的办法，取得成效。全市全年共检查音像市场2073次，参加人数3627人次，检查1372个单位，取缔239个非法户，没收录像带11020盘，录音带35712盒，镭射视盘1000余盘。为加强日常性管理，北京市广播电视局专门成立了稽查队。上海市音像管理处利用新闻媒介，对违法经营者频频曝光，引起各主管部门重视，既起到了宣传教育作用，又震慑了非法经营者；同时加大打击力度，增加突击检查频率，提高对重点地区的检查密度，并加强对口岸检查，把盗版激光唱片堵截在进入市场之前，全年共查获收缴各类非法音像制品6万余盒（张）。河北省宣传部、政法委组织省广播电视厅等部门及省级7家新闻单位于6月至10月间，先后举行“燕赵文化市场行”和“燕赵文化市场回访行”。并对白沟、石家庄音像市场进行大检查，一次查获非法录像带3000多盘。全省全年共查处非法录像点103个，捣毁地下复录窝点7个，没收非法音像制品50000余盘。湖南省在各地、市、县建立起87个稽查队，省广播电视厅音像管理处收集目前行之有效的文件汇编成册子，管理人员人手一册，并将审定的淫秽出版物目录集成小册子发给办案人员作为线索，使清查工作法制化、具体化，全年共出动检查音像市场2057次，收缴音像制品243925盒，没收设备86台，停业整顿126家，并当众销毁非法音像制品1万余盒。另外天津、福建、甘肃、安徽、浙江等省也都根据本地的实际，切实有效清查音像市场，共收缴非法录音制品10余万盒，录像制品30000余盘，激光唱（视）盘近20000张。总之，通过全国范围的“扫黄”“打非”斗争，对非法音像制品的泛滥起了一定抑制作用，对净化音像市场起了一定程度的促进作用。

二、为强化音像市场管理，一些省市明确广播电视部门为音像事业归口管理部门

在全国音像管理体制不顺，部分地区音像市场管理混乱的情况下，天津市、北京市、上海市及安徽、新疆等省区明确广播电视部门为归口管理音像事业的部门。1993年1月11日，天津市人大常委会第41次会议审议通过并颁布实施了《天津市图书报刊和音像制品出版印制发行管理条例》，再次明确天津市广播电视局为全市音像事业的主管部门。1993年12月21日上海市以政府第54号令，颁布《上海市音像市场管理办法》，确定上海市广播电视局为全市音像市场归口管理部门。1993年12月25日，经北京市人民政府批准，北京市广播电视局发布《北京市录音录像制品管理规定》，明确北京市音像制品管理工作由北京市广播电视局归口负责。安徽、新疆的党委和政府部门也一再强调归口广播电视部门主管音像事业的政策不变。

三、积极扶持、促进国产音像制品的生产，推动国内音像市场繁荣

近年来，由于种种原因，国产音像节目严重滑坡。以上海市为例，1993年国产故事片全年仅出版3部，发行2000盒，比上年减少74%，出版密纹唱片8种，发行31万张，比上年减少26%，少儿类、教育类录音节目的发行量分别比上年减少39%和4%。为此，我部及省广播电视音像管理部门有意识在扶持国产音像节目出版方面做了努力：(1) 部音像管理处对出版国产节目有成绩的单位，在引进版上给予倾斜政策。1993年2月部音像处与部电视艺术委员会共同举办第二届国产优秀音像制品“双向奖”的评奖活动，8月份在北京举行颁奖大会。这届评奖有各个系统的64家音像出版单位的208个节目参评，最后，有50家出版单位的110个节目获奖。中宣部文艺局李准局长，我部刘习良副部长、办公厅郭宝新主任、艺委会洪民生副主任参加颁奖大会并讲了话。对这次获奖节目的生产单位，给予引进指标奖励，以鼓励各出版单位多生产出版国产优秀节目。(2) 通过座谈会，研讨会等形式，促动各出版单位国产节目的生产。如在“双向奖”评奖会后，即召开部分有实力的出版单位座谈会，商定1994年度国产音像制品的选题计划及进行可行性分析。11月，部音像管理处又下发“1994年度国产录像节目选题计划调查表”，据此及时掌握出版单位节目生产情况，以有重点地扶持国产片的生产和出版。又如：10月份部音像管理处与中国广播电视学会音像交流研究委员会共同组织召开“′93上海录音制品制作研讨会”，请台湾飞碟企业股份有限公司的著名音乐制作人陈乐融先生介绍台湾唱片业的历史、现状及该公司在录音制品的策划、制作、宣传等方面的工作经验。广州太平洋影音公司、白天鹅音响艺术有限公司、广东珠江音像出版社等单位介绍了各自在培养歌手、音乐企划、节目宣传方面的经验。国内20多家音像出版单位主管录音工作的负责人及主创人员参加研讨会。这次研讨会对推动国内出版单位的录音制作水平的提高，起了积极作用。(3) 北京市广播电视局于1993年9月25日至10月4日举办“北京首届音像博览会”，充分展示了改革开放以来我国音像事业的巨大成就，有70个出版单位参展，参展的展品均为国产音像制品，30000多人次参观展览，向社会展示国产音像制品的成就，有力推动了国产音像制品的生产。(4) 上海市音像管理处针对国产片市场占有率每况愈下的情况，充分发挥宏观调控作用，从抓录像放映点的国产录像片上映率入手，搞了一系列活动，比如，设立“国产录像片放映优胜”奖项，将国产录像片上映率列为“文明单位”的评选条件，以开展争创文明录像放映单位活动来推动国产录像片的放映。据统计，国产录像片上映率大为增加，达到25%以上的有95个放映点，其中有7个点达到40%以上的上映率。另外，引导录像放映点开展录像评论工作，通过评论来宣传国产片。到年底，市、区级放点基本开展评论工作，乡镇、街道级放映点也已有40%以上开展了评论。同时开展国产录像片促销活动，组织上海录像公司、上海电影音像出版公司、上海音像出版社举办国产优秀录像带展销，汇集全国出版的数百个品种，分成爱国主义教育、纪念毛泽东诞辰100周年等4个系列，取得良好社会效益。(5) 在管理部门的推动和各音像出版单位的努力下，国产音像制品，尤其是录音制品的生产与发行有了回升的良好势头。中国唱片公司系统的自编节目比例由1992年的1/3提高到1993年的53.3%，湖南金蜂音像出版发行总公司全年发行音带197万盒，其中自编音带占90%，甘肃音像出版社的西北地方戏音带也占到全年发行总量的90%以上，浙江音像出版社的《江南丝竹》、《春江花月夜》等自编节目成为畅销节目的好版。广州太平洋影音公司、上海音像公司等实行制作人制，在自编节目的创新与发展上作出努力，取得可喜成绩。

通过各方面的努力，发展国产音像制品，以优秀的自编节目，抵制非法节目，繁荣音像市场，已成为音像管理部门、音像出版界及各有关部门的共识。

四、加强音像单位及地区之间的协调与协作

华东地区第十次音像协作会议于1993年6月下旬在福建召开，华东地区六省一市部分广播电视厅局领导及音像管理处长、音像出版社长（经理）、资料管长等30余人参加会议。会议认为，音像出版发行工作的根本出路在于改革。一方面要在人事用工、经营模式等方面进行深层改革，另一方面要大胆进行制作和经营管理的新尝试，既要把音像事业作为广播电视宣传事业的一部分，又要把它作为第三产业来开发。会议充分肯定了音像协作的成绩，华东地区的音像协作应多方位地巩固发展下去，继续发挥交流、借鉴、协调作用。会上，各省、市音像管理、出版、资料等单位介绍交流了情况和经验。

“南方集团”、“中大集团”、“北方集团”，是录音发行行业较有协作意义的民间团体。在部音像处的积极协调下，促成了三大发行集团组成全国第一个录音发行的协作体，并引导这个发行协作体发挥了一些现阶段管理部门难以发挥的作用，对稳定日趋混乱的音像市场起到积极作用。

五、认真做好音像资料管理工作

部音像管理处先后对福建、四川、湖南等省音像资料馆和人事部的资料部违反资料管理规定的行为作出查处，提出批评。特别是四川省音像资料馆由于管理不善，发生了有严重政治问题的录像资料片外流的情况，造成极坏影响。为此，部办公厅下发《关于加强音像资料馆观摩场所管理的通知》，重申了资料收集、使用、管理纪律。

全国音像资料馆协作会′93年会于1993年11月中旬在山西太原召开，山西、上海、浙江厅、局领导和资料馆的代表分别在会上就音像资料事业的发展方向和有关业务研究提交了工作报告和学术论文。大家提出，要把音像资料事业当作广播电视重要的基础工程来抓，确立机构，制订法规，加强管理。部音像管理处要求各资料馆一定要注意音像资料使用的范围，尤其是观摩场所要严加控制和管理，要更多地为广播电视业务部门服务，要办出各地自身的特色，具备自我优势。

中国广播电视学会概况

中国广播电视学会

1993年中国广播电视学会工作的指导思想是：“解放思想、积极开拓、突出重点、量力而行”。按照这一指导思想，遵照学会《章程》，重点抓了学术研究、改进学刊、提高评奖质量等三项主要工作，与此同时，还进行了人才培训、对外交流以及举办经济实体方面的试验。具体工作如下：

一、学术研究

1、二月初，完成了第二届全国广播电视论文评选，共有47个单位的145篇学术论文参加评选，其中102篇论文获奖。由中国广播电视学会主办的全国广播电视学术研究论文评选活动每两年进行一次，是检验全国广播电视系统学术研究成果的最高奖之一。

2、继1992年全国广播电视工作会议确定的研究题目，1993年着重抓了研究类的14大以后广播电视战线面临的迫切问题。如广播电视怎样更好地为经济建设服务。包括如何加强经济宣传的科技宣传，建立市场经济体制与广播电视事业发展的关系问题等。

3、1993年学会单独或者与各地方厅、局、台联合召开了一系列研讨会、经验交流会。其中有“毛泽东新闻思想与广播电视改革”、“迈向21世纪——现代广播研讨会”等。

4、由学会、四川省学会、部地方司组织编写的《乡镇广播电视指南》一书已定稿。这是“八五”期间准备编撰的广播电视重点书目之一。

二、学刊工作

学刊工作一直是学会领导十分重视的工作。1993年《中国广播电视学刊》编委会和编辑部在改进《学刊》方面做了不少工作，根据几年来的实践经验，学刊编委会把学刊的特色概括为：追踪时代步伐，重视宏观问题，积极倡导改革、活跃争鸣气氛，汇集研究精华。

1993年《学刊》在办好原有栏目的同时，根据《学刊》的既定任务和读者的要求，新辟了五个栏目，即：“视听文摘”、“声屏杂谈”、“新书评介”、“交流之窗”和“县乡广播电视”。同时精心编辑稿件，改进版面编排、实行激光照排、胶版印刷，在印刷质量等方面比前都有了很大提高。同时在开展广告经营，缓解办刊经费困难方面也取得了一定的成效。

三、广播电视节目评奖工作

广播电视节目评奖是广播影视部党组委托学会做的一项重要工作，任务很重。几年来，学会本着边实践、边总结、边改进的原则，努力使评奖工作朝着规范化、制度化、科学化的方向发展，并取得了一定成绩。

1993年4月下旬至8月中旬，学会先后在西安、长春、西宁举办了“中国广播奖′92广播新闻”、“中国广播奖′92社教节目”和“中国电视奖′92电视新闻”、“中国电视奖′92社教节目”四个项目的评奖活动。这四项评奖活动共有592件作品参评410件作品获奖。此外，还对委托评选的节目进行了终评和认定。

四、人才培训工作

结合电视新闻、社教节目的评奖，同时召开了省级电视台新闻部和社教部主任会议，请评委中的专家学者讲课。与北京广播学院合作，举办了广播节目创优培训班；与中央电视台合作举办了第五、六届电视摄制培训班。与北京市印刷学校联合开办了影视广告专业班，专业班是经北京市教育局正式批准开办的，第一届学生 33 人，由 93 届中等学校统考生中选录，学制四年。学会主要为专业班提供专业教学规划、教材和教师。

五、会务活动

1、召开了二届三次常务理事会，会议审议并通过了学会工作报告和财务工作报告，通过了调整副会长分工的建议，由徐崇华、马庆雄同志担任常务副会长。

2、成立了通讯联络部和交流部。

3、经民政部批准，建立了黑龙江、陕西、山西、重庆、广州、深圳、苏州、宁波 8 个办事处。

4、经民政部批准成立了外事工作、体育传播、广播文艺、电视经济节目、电视译制、电视灯光、广告和信息、企事业管理等 8 个专业委员会。至此，学会直属专业研究委员会已达 39 个。

5、发展了一批新会员。截止 1993 年底学会会员已达 14879 人。

6、经广播影视部党组批准，在本系统内进行了筹集“中国广播电视研究资金”活动，已筹集了部分资金。

六、咨询服务

1993 年学会为深圳广播电视技术中心、北京凯奇高科技发展公司、燕山电视联谊服务部等一些国内、外生产、经营广播电视产品的公司提供了咨询服务。与北京燕翔饭店联合组建了广翔公司，目前公司正处在试运行阶段。

广播电视学术理论研究概况

北京广播学院　龙耘

1993 年，中国的广播电视学术理论研究在具有历史意义的大变革背景之下进一步展开。从各地反馈的信息来看，各级广播电视系统都在继续围绕建立社会主义市场经济与发展广播电视事业的关系这一大课题，深入开展关于广播电视改革思路、趋势、经验、教训、办法、措施的研究，其中有些已触及广播电视体制等深层问题，开始探讨广播电视系统如何发挥综合优势，进行宣传、事业、行政整体的配套改革等等，显示了前所未有的力度、广度和深度。

综观一年间广播电视理论研究势头，有几点动向值得关注：

第一，理论学术研究力求与广播电视改革实践相结合。

1993 年，全国许多省市兴办系列台，广播电视的威力和优势得到进一步发挥，同时也出现了一些不足和问题，亟待从理论上予以澄清和解答。以上海为例，1993 年元月，上海五台鼎立的新格局正式形成，面对尚处于健全过程的竞争机制，上海广播电视局从推进和深化改革人手，从理论的高度认真探讨竞争与合作以及媒介功能的相互关系、大众传播下的个人参与、采编播人员的素质、社会新闻的社会效应、禁止有偿新闻等课题，从而取得了较为一致的认识，对确立办台思想、提高节目质量等产生了积极影响。

第二，理论学术研究力求与提高重点节目质量相结合。

1993 年，以中央电视台《东方时空》为代表的一系列新闻性、时评性、综合性快节奏板块节目在广播电视系统形成一股旋风，这方面改革的成功无疑与学术界倡导广播电视的新闻性、权威性和高品味密切相关。而电视纪录片如何贴近生活即真实性方面的探讨则促使又一批以纪实手段为特征、追求真情实感的优秀纪录片的涌现。在这方面成绩突出的上海电视台继 1992 年年底召开上海电视纪录片专题研讨会之后，又于 1993 年上半年重新组织人员研究、审视纪录片的任务和方针，并将其概括为“三重”（重内容、包装、参与）、“三戒”（戒说教、矫饰、晦涩）、“三求”（求新鲜、连贯、亲切），下半年则以采访为主题，对电视纪录片信息的筛选、捕捉、积淀以及人生体察、悟性创造等作了理论上的研究。尽管这些研究刚刚展开，但已经涉及到电视观念问题。而大批纪实性纪录片的诞生也促使电视理论界反省自身，开始从电视的物质手段——电子传媒这一新起点上去思考电视实践。

第三，理论研究力求与重大宣传活动相结合。

随着广播电视事业的不断发展，其介人重大社会活动的机会越来越多。每次重大宣传活动之后，从中央到地方的广播电视系统都较为重视业务总结，并力求上升到理论高度。1993 年申办奥运等重大事件的报道之所以显示出一种成熟，无疑与学术理论界大力提倡运用辩证法、树立全方位意识有着必然联系。另外，关于在重大事件、活动的报道中各新闻媒介如何取长补短、发挥综合效应和整体优势，也成为理论界热衷研究的课题之一。

第四，理论研究的“学院派”力求与广播电视第一线“实践派”双向结合。

广播电视学作为一门实践性很强的学科、其研究者只有走出“象牙塔”、及时了解和关注实际工作及有关科研发展情况，才能使“学院派”的理论之树长青。而一线工作者在改革实践中遇到的问题又急需从理论上予以回答。社会主义市场经济大潮使这种“双向需求”日益迫切，“学院派”与一线的距离不断拉近。这一点在 1993 年的广播电视学术研究活动中尤为突出。以《北京广播学院学报》为例，学报编辑和有关专家教授积极参与各台组织的研讨会，呼吸新鲜空气。他们曾收集整理与上海“东广震荡”有关的理论探讨材料，在学报第3期及时刊出，为研究当前广播改革提供参考依据。一年来该学报发表了与广播电视改革实践直接相关的理论探讨性文章40余篇，约占全年总篇数的1／4。内容涉及新闻节目中的电话参与、广播节目直播热线、最新电视纪录片评介、文化热点与作品评论、市地线广播电视等现实问题，其中有近一半文章是广播电视第一线乃至最基层广播电视台、站从业者的来稿。上述做法使“学院派”刊物有了源头活水，同时也赋予实践以更多的理论色彩。

除实现上述几个“结合”外，以各级各类理论性学术刊物为阵地，以各种研讨会为主要形式，大兴理论研究之风，注重刊物及研讨会的学术品味和纯理论风格，也成为一年来广播电视学术研究的一大特色。值得一提的是，与前两年相比，1993年的学术研讨会有了几个明显的变化和特点：

一是研讨会的范围更广、影响更大。以天津广播电视学会为例，全年共召开了6个大型学术研讨会。其中参加关山播音艺术研讨会的包括了中央人民广播电台、北京广播学院、中国播音学研究会以及天津市、天津广播电视局、新闻界、文艺界人士共100多人。北京等多家兄弟电台、音像出版社代表也应邀到会，近10家省级电台、播音学研究会发来贺电。以个人的播音艺术召开研讨会，且与会人数之多、范围之广、影响之大在全国也不多见。

二是内容上注重对市场经济条件下的广播电视的重新认识，注重用正确理论武装头脑。学术研究要突出市场经济条件下的新闻学。1993年许多电台电视台都举办了有关舆论导向等问题的研讨会，阐明不能用市场经济规律代替无产阶级新闻规律，要区分新闻、新闻事业和新闻产业的不同概念，坚持新闻工作的党性原则、坚持把社会效益放在首位等。广东厅于6月召开了题为“社会主义市场经济与广播电视”的研讨会，围绕广播电视的属性、广播电视如何宣传、适应社会主义市场经济、如何运用市场机制加快自身发展等问题展开热烈讨论。天津、河北、吉林、山东、上海、四川等省厅、局都召开了类似的研讨会，不仅澄清了一些模糊认识，同时对广播电视系统的管理改革和宣传改革产生了一定影响。

三是研讨形式更加多样，力求生动活泼。1993年各地的广播电视学术研讨会，有单位的也有个人的，有本单位的同行自己研讨，也有和社会各界人士共同研讨。从规模、层次、内容、形式各方面都有所拓展和提高。

80年代以来的广播电视广告概况

中国广播电视史志资料中心

中国的广播广告萌芽于本世纪20年代中期。1930年，上海天灵无线电广告公司播音台成立，标志着中国广播广告的正式开始。30年代，上海、天津等地的私营广播电台大都设有《商情》、《行情》、《商品介绍》等类广播广告节目，此外还利用节目之间或节目中间插播广告，借以吸引客商赚取广告费，成为维持私营台业的主要经费来源。1934年8月，国民党中央广播电台为解决经费困难，筹设中国电声广告社承办该台商业广告业务并在娱乐节目中播出。一年后，由于电台经费得到增拨而停办。抗战胜利后，国民党中央广播事业管理处通知所属官办电台继续开办广告业务。

解放区早期的广播电台均无广告节目，抗战胜利后陆续开办的广播电台中有些台如张家口、东北等台曾开办广告节目。新中国成立之后，除中央人民广播电台外，各地人民广播电台普遍经营广告业务，少数大中城市台还专门设有广告台（也称工商台、经济台），以播出广告节目为主，兼播文艺节目。广播广告收入颇为可观，弥补了国家拨款的不足。1951年9月，华北五省二市人民广播电台所属的广告台曾专门召开会议，总结、交流广播广告工作的经验，确定以政治宣传与商业宣传并举，消除单纯盈利的思想作为广播广告经营的方针。这对后来的广播广告工作，产生了积极影响。除各地人民广播电台外，新中国成立初期尚存于上海、天津等地的私营广播电台，均开办有广告节目。1953年前后，各地私营台先后接受社会主义改造而停播。1957年以后，受“左”倾错误的影响，各地人民广播电台广告节目均陆续停办。此后，广播广告在中国大陆销声匿迹长达20多年之久。

1978年，中共十一届三中全会之后，中国的社会主义建设进入了新的时期。1979年，上海率先开办电视广告和恢复广播广告业务。1979年1月28日（农历正月初一），上海电视台宣告“即日起受理广告业务”，并播出大陆第一条电视商业广告，也是第一条外商电视广告。同年3月5日，上海人民广播电台恢复播出广播广告。同年春，广东人民广播电台播出第一条外商广播广告。1979年12月，中央电视台开办《商业信息》节目，开始集中播送国内外商业广告。1980年1月1日，中央人民广播电台播出该台有史以来的第一条广告。70年代末80年代初，中国大陆的广播电视台均先后开办或恢复播出广告节目。

十多年来，中国大陆的广播电视广告事业有了飞速的发展，主要表现在：

第一，广播电视广告的经营单位急剧增加，广告营业额成倍增长。十年来，全国广播电台、电视台的数量有了很大的增长，据统计，1980年至1991年间，大陆的广播电台由106座增加到224座，电视台由38座增加到509座。各广播电视台几乎毫无例外地都开办了广告节目。适应开办广告节目的需要，各广播电视台还相继成立了诸如广播服务公司、电视服务公司、广告部、公共关系部、信息部等广告专营机构，并陆续制定了一批日趋完善的有关规章制度。广播电视台广告数量的迅猛发展，使得其营业额成倍增长。据统计，1983年，广播电视广告营业额为3400余万元；1985年为9500余万元；1987年已超过2.1亿元；1989年达到4.37亿元，1991年猛增到11.4亿元。据统计1990年大陆广告收入前10名的广播电台依次为上海台、中央台、广东台、广州台、北京台、山东台、福建台、重庆经济台、江苏台和佛山台。最高年收入为780万元，最低年收入为150万元。广告收入前10名的电视台依次为中央台、广东台、上海台、北京台、山东台、浙江台、陕西台、福建台、四川台和天津台。最高年收入为1亿元，最低年收入为1180万元。

第二，广播电视广告的形式日益丰富，出现了一批颇具独创性的广播电视广告作品，其中有不少获得社会和同行的好评。80年代初期的电视广告片基本套用电视新闻片的模式，一般长达1分30秒以上，长的甚至有3—4分钟，图像不外是工厂大门、车床机器、产品形象等，用语则是千篇一律的"信誉第一"、"客户至上"、"实行三包"、"誉满全球"等，艺术美感很差。广播广告相比之下由于充分发挥了声音传播的特点，运用了诸如歌曲、戏曲、曲艺、诗歌、现场报道、录音访问等形式，相对来讲比较成熟，也为听众所喜闻乐听。80年代中期以后，经过几年的探索，电视广告在借鉴海外广告的经验后，其创意水平明显有了提高，电视广告的形式逐步多样化，诸如企业形象广告、商标形象广告、邀请社会名流走进广告画面等等，纷纷出现于荧屏。特别值得提出的是1987年10月，中央电视台开始播出公共广告——《广而告之》。在此之后，许多省级台也竞相推出类似的节目，受到观众的广泛欢迎。与此同时，广播广告又有了新的开拓和进展，出现了诸如专题性广告节目、连续性广告节目等，在广告的内容和形式的统一的探索上又取得了新的成绩；从1985年起每年一届的优秀广播广告作品、优秀电视广告作品评选中，获奖作品的质量逐年提高，就是很好的说明。

第三，广告管理政策、法规的逐步制订和完善，引导和促使广播电视广告健康发展。1979年11月，中共中央宣传部发出的《关于报刊、广播、电视台刊登和播放外国商品广告的通知》中提出，要"调动各方面的积极因素，更好地开展外商广告业务"，推动了全国广告业务的开展。1982年2月6日，国务院发布《广告管理暂行条例》。这是新中国成立以来的第一个全国性的广告管理法规。随后，国家工商行政管理局又制定了《广告管理暂行条例实施细则》。上述《暂行条例》实施5年之后，国务院又于1987年10月26日发布《广告管理条例》。在此前后，国家工商行政管理局会同有关部委先后制定了一系列单项广告管理法规，其中包括1985年4月，该局与广播电视部、文化部会同发出的《关于报纸、书刊、电台、电视台经营刊播广告有关问题的通知》；1987年3月，该局与广播电影电视部、新闻出版署联合发布的《关于进一步加强药品广告宣传管理的通知》以及同年9月，该局广告司发出的《关于电视节目播出时，禁止叠现广告字幕和画面的通知》、1988年广播电影电视部、国家工商行政管理局联合发出《关于进一步加强电视广告宣传管理的通知》等。与此同时，国家工商行政管理局还多次发出通知，对全国的广告宣传和广告经营进行清理和整顿，从而促进了包括广播电视广告在内的广告业的健康发展。

第四，组建广告行业组织，协助人民政府做好行业管理。1983年12月，中国广告协会在北京成立。中国广告协会广播委员会、电视委员会作为中广协的专业性工作机构于1984年6月分别成立。它们的任务是在中广协的领导下，协调、咨询和服务，协助人民政府搞好行业管理。

广播电视高等和中等教育概况

教育司

1993年，在邓小平同志建设有中国特色社会主义理论指引下，广播电视系统广大干部、教师努力贯彻《中国教育改革和发展纲要》，解放思想、深化改革、加快发展，学校教育和在职教育都出现了新的局面。

一

广播电视系统3所高等学校在加快教育改革和发展的新形势下，分别确定和调整了各自的奋斗目标，形成了新的发展态势。

北京广播学院在广播电影电视部和北京市委的领导下，于1993年3月召开了第三次党代会，组成了新一届党政领导班子。新班子组成后及时提出了当前改革发展的思路和长远建设发展的目标，全院上下出现了为进入国家"211工程"而奋斗的新气象。学院积极选拔和任用了一批年富力强的优秀青年干部充实到各级领导岗位，学院党校全年培训入党积极分子244名，发展了68名同志加入党组织，还认真组织了对党员和干部的民主评议，实行广泛的民主监督，这都为实现学院的奋斗目标提供了有力的组织保证。

北京广播学院1993年改革和发展的主要成果是学科专业结构更趋优化，办学规模进一步扩大。为主动适应广播电视事业和建立市场经济的需要，学院在上级主管部门的支持下调整了部分专业设置：增设了戏剧电影文学专业硕士学位授权点，国际共运专业硕士学位授权点调整为国际关系专业硕士学位授权点，增设了节目主持人和广告学2个硕士研究方向；增设了广播电视文学本科专业和节目主持艺术、对外广播电视节目制作、卫星广播电视、有线电视技术、广播电视管理等5个本科专业方向；还增设了广告学和电视节目制作2个函授专科专业，获得了夜大学办学权并开设了电视摄像和电视照明2个夜大专科专业。在进一步推进招生制度和毕业生就业制度改革的基础上，学院积极挖掘潜力，招生数量显著增加。1993年共招收全日制学生744人，比1992年增长77%，是部属高校招生增幅最大的，也是学院复校以来招生最多的一年；共招收成人函授学生1312人，比1992年增长17%。到1993年底，全院在校生规模达到2433人，在读函授生达到3877人，办学总规模为6310人，办学效益显著提高，办学能力进一步增强。

学院的教学改革逐步深入，科研工作有新的发展。经过认真酝酿和准备，在93级工科学生中实行了学分制。组织修订了各学科骨干课程的教学计划、教学大纲和培养方案，提高了教学文件的规范化程度。成立了学院教材编审委员会。实行了开放办学，面向社会，聘请了80多名专家学者和知名人士为学院兼职教授。科研工作开始走向社会，打入市场，并努力促进理论研究与应用研究相结合，增加横向联合，组织合作攻关。科研任务分解到各单位，科研经费实行包干使用，调动了科研人员的积极性。全年共完成科研项目6个，其中国家自然科学基金项目1个、部级项目1个，院级项目4个。完成论（译）著24部，工具书7部，发表论（译）文190篇，编写教学参考资料17种。科研成果中有18项获得各级奖励，其中2篇论文获′93国际广播电视技术讨论会优秀论文奖。对外对台港学术文化交流与合作进一步扩大。全年派出32人次到国外和台港地区访问、讲学、进修或参加学术会议，其中首次派出2名教授到台湾参加学术活动。同时，接待了来自美国、加拿大、新加坡等国家和地区的32个团组129人次来访。同美国、日本两所大学签订了合作议定书。

学院进一步推进了内部管理体制改革。在人事制度改革方面，实行了系处领导干部聘任制和岗位目标责任制，院长与各单位主要负责人签订了《任职合同书》，并向各单位下放了师资队伍建设、经费使用、招生分配、行政管理等18项自主权。学院建立了人才交流中心，机关实行了职能相近部门的合署办公。后勤体制方面，实行了管理与经营职能分开的改革试验，学生公寓实施管理、服务、教育三位一体的三级管理体制，都产生了一定成效。财务制度实行了预算内、外分别管理的新体制，成立了校内银行，加强了资金的管理，提高了有效利用率。多渠道创收共纳入学院基金232万元，支持了学院各方面的改革和建设，实现了下半年校内教职工结构工资增长50%的目标。

学院改革和发展的突出成果是显著改善了育人环境，实现了创建文明校园达标的目标。学院领导班子根据国家教委13号令颁布的《高等学校校园管理若干规定》和北京市教育工委、高教局关于实施《北京市高等学校文明校园检查评估标准（试行)》的要求，把文明校园建设作为学校中心工作全方位展开。在组织上调整并加强了校园文明建设委员会，7名党委常委全体参加，党委书记兼院长挂帅，并设立了由处级领导干部负责的10个工作组，各单位相应建立工作机构，形成党委领导、上下一体、齐抓共管、强有力的领导体制。在工作上，一抓宣传阵地和校园治安，二抓整顿教学秩序，三抓“硬件”建设。学院还在主楼前矗立起“立德、敬业、博学、竞先”的校训，用以激励和鞭策全院师生员工。在创建文明校园的全部实践活动中，领导干部和广大师生员工付出了辛勤的劳动，也获得了丰硕的成果。1993年10月，北京市高校文明校园检查评估专家组和广播电影电视部检查组对广播学院文明校园建设工作进行了两天综合检查，结果总分636.1分（满分700分），11个项目得分率均在84%以上，达到合格标准。12月，北京市教育工委、市高教局作出《授予北京广播学院“文明校园”荣誉称号的决定》，广播电影电视部给学院颁发了奖金，李岚清副总理向院长颁发了“文明校园”的奖牌。

浙江广播电视专科学校根据加快教育改革和发展的形势要求，在年初制定了“以改革为主导，以教学为中心，力争学校有较大发展”的工作目标。

为实现工作目标，学校积极发动教师，按照新增广告、文秘2个专科专业和广播电视文学、节目主持人两个专业方向要求，认真制订教学计划，抓紧教材编写，落实后勤保证。全校在暑期招收新生工作中，组织严密，工作扎实，共完成招收新生248人，使在校生规模达到487人，提高了办学效益和办学能力。

学校进一步抓紧教学改革，突出实践环节，教育质量有新的提高。从广播电视事业发展和学校的教学实际出发，学校注重培养专科生的业务实践能力。广播电视新闻和摄像课试验新的教学方法，联合组织教学实践课，共同摄制各类新闻和专题作业；新闻采访和基础写作课，加强采写练习，进行限时作文练习；播音专业制定了小课教学从发声基础到文体播音一条龙教学试验方案，并针对广播电视宣传板块栏目化的改革，增加了主持人节目教学的比重。为加强学生业务实践机会，学校组织学生新闻采访团到宁波市北仑港实习。实践中学生动手能力较强受到用人单位的普遍欢迎。专科专业教材的编写工作有了新的发展，已有部分教材基本脱稿。学校筹办的学报第一期文稿已定，即将正式刊印。办学规模的扩大和教学的发展，推动了教师队伍的建设。在上级主管部门的支持下，

1993年又调进了13名教师。有2名教师晋升副高职称，4名教师晋升中级职称，3名教师确定初级职称。为扶持和锻炼青年教师提高教学能力和思想、业务素质，安排3名同志下基层锻炼，派10名同志参加业务进修学习。

学生参加的浙江省高校"在杭高校广播节"、"大学生与市场经济同行"等活动都获了奖。学生暑期社会实践新闻采访团被浙江省团委、省学联授予"社会实践先进集体"称号。

学校的办学条件进一步改善，创收有了新的起步。在上级主管部门的支持下，图书馆、电教室添置了一批新设备，还建立了计算机室、语音室、整修了操场。学校为发展校办企业成立了专门机构，原有的一个厂扩展为3个厂，产值和利税都有所增加，既弥补了教育事业费不足，也贴补了教职工的福利待遇。

广播电影电视部管理干部学院在1993年里，继续办好中专部的同时，又招收了2个专业56名大专生。学院还积极探索面向社会走联合办学的新途径。

二

1993年，全国广播电视系统的中专学校，在各地广播电视厅的领导和部教育司的指导下，积极贯彻《中国教育改革和发展纲要》精神，努力适应建立社会主义市场经济形势下广播电视事业发展对人才培养的需求，深化改革促发展，拓宽办学新途径，进一步发挥了多功能教育基地作用。

（一）办学规模明显扩大。全国广播电视系统现有中专学校19所，经过9年的艰苦努力，到1992年底，在校生平均规模不过280人左右，难以适应新形势和广播电视事业的需要。根据职业技术教育要积极发展的方针，各校利用自身具有的行业和人才优势及现有办学条件，走多层次、多渠道、多形式办学新路子，抓住机遇、扩大办学规模。据统计，各校1993年共招收中专生、函授、电大生等各类新生3000多人，比1992年增加了40%。有11所学校新生超过百人，安徽、新疆、湖北三校新生超过350人。在校生平均规模达到340人以上。各校培训在职人员总数继续保持2500人以上的规模。

（二）教学管理得到加强。1993年教育司着重抓了四项工作。在吉林省长春市召开了第二次全国广播电视中专学校实验教学工作会议。会议认真讨论并通过了《全国广播电视中专学校实验教学工作条例》，还确定了编写《全国广播电视中专实验目录》的任务。这是向提高实验教学水平，促进教学管理规范化迈出的重要一步。根据广播电视事业发展对中专教学的新要求，部教育司按照国家教委有关文件精神对现行的广播电视技术四个专业的教学计划组织了修订，还制订了播音、电视节目制作两个专业的教学计划（试行），并以部的名义颁发施行。上述教学文件的颁行，对于各校规范教学、提高质量有重要推动作用。教育司主持编写的广播电视系统第二轮中专工科教材在1993年进入了审稿和出版发行高峰期。年内，计划的14本教材中已交稿12本，出版5本，正在排版3本。预计1994年全部出齐。教育司还在山西太原市召开了《广播电视中专》第三次通讯工作会议。总结了办刊经验，确定刊物更名为《广播电视教育》，以更好地发挥其反映指导教育改革与发展的积极作用。

（三）办学条件有所改善，教育质量稳步提高。在各地广播电视厅的关心和支持下，中专学校的基础建设有新的改善。浙江校在省厅的积极支持下新征地13亩，开始了新的校园校舍建设。吉林校依靠省厅各部门的大力帮助，得到了一大批可用于教学实验的仪器设备。湖北校获得了省厅仅有的6个有突出贡献人才的职称指标之一。许多省厅对中专学校实行政策和工作倾斜，将在职培训任务交由学校完成，为学校兴办小企业、小维修、小销售提供方便条件，支持学校扩大招收自费生、委培生等等。通过办班、办企业等渠道，各校普遍增加了创收，既缓解了办学经费严重不足的困难，又补贴了教师的低收入。据不完全统计，1993年各校计划外创收达635.7万元，其中有4所学校创收额超过了事业费。

广播电视系统在职教育概况

教育司

1993年，我部在职教育工作围绕贯彻落实在宜昌召开的1992年全国广播电视系统人事教育工作会议精神，坚持以岗位培训和继续教育为重点，积极发展高等函授教育，取得了新的进展。

年初，我部颁布了《广播电影电视系统1993年至1997年在职人员培训规划》，并根据规划，制定并下发了《广播电影电视部关于开展岗位培训的实施意见》，部教育司刘爱清司长在"宜昌会议"上的报告中，从理论和实际操作两方面，深刻阐述了岗位培训的地位、意义，就岗位培训的对象、岗位培训与继续教育的关系、政策配套等问题作了具体阐述。在此基础上，全系统的岗位培训工作进入了准备和实施阶段。

在推进岗位培训中，部教育司首先抓了基础性的教学计划和教学大纲的编写工作。经反复论证和多方征求意见，组织广播学院、中央三台等单位，编写了首批22大类102个岗位的岗位培训教学计划和教学大纲。其次，委托四川省广播电视厅编写的《乡镇广播电视编播员和机线员岗位培训教材》，经过审定，向全国推荐发行。第三，组织了示范性的"全国新闻宣传管理岗位培训班"、"教育管理干部理论研讨班"、"出国留学预备人员外语强化培训班"。第四，推动各单位结合实际积极进行岗位培训试点。部无线局举办了天线工、值机员等岗位培训，效果好；中央电视台、国际电台对各类业务人员进行了大量针对性的培训，解决了急需；广东等省制定了岗位培训规定和计划；河北省加强机构，建立了培训中心；四川省积极进行教材编写和岗位培训试点；部机关各司局都结合工作进行了富有成效的培训工作。

在继续教育方面，部教育司委托部科技委十个专业委员会编写的继续教育科目指南已部分完成；配合部高科技培训中心编辑发行了第二册《广播电视新技术讲座论文集》，供广播电视系统科技人员继续教育使用。同时，各地区，各单位都在加紧对科技人员的继续教育。电影系统面向行业举办了电影技术方面的继续教育培训班，受到好评。部科技委电影专业委员会编印了《影视新技术文集》（二册）。部无线局积极落实“科技人员继续教育证书登记制度”等。

我部以函授为主要形式的成人学历教育，有了较大发展。1993 年，成人高等学历教育包括函授、夜大、成人脱产大专班，共招生 1472 人，毕业 880 人。成人中等专业教育招生 34 人，毕业 31 人。广播学院函授教育增加了电视节目制作、广告两个大专新专业，并获得了函授本科新闻专业、夜大专科电视照明、电视摄像专业的办学资格，将于 1994 年开始招生。北京电影学院首办“影视剧作”函授大专专业亦将于 1994 年开始招生。部教育司协同广播学院于 1993 年 10 月 6 日至 10 日在河南郑州市召开了全国广播电视系统第八次函授工作会议。何栋材副部长到会并做了重要讲话。刘继南院长作的《在深化改革中大力发展广播电视函授教育》的报告中，提出了函授教育分两步走的发展目标。第一步是前四年，调整布局、提高层次、增设专业、建立多种类型、多种层次、多种形式、多种渠道的具有广播电视特色的高等函授教育体系，初步形成功能齐全的函授教育网络和自我发展、自我约束、充满生机活力的运行机制；第二步是后三年，规模进一步扩大，结构更加合理，效益显著提高，质量上一个新台阶，整个办学逐步向高质量、高水平、高层次发展。教育司刘爱清司长论述了函授教育的地位、作用和意义，就函授教育的改革和发展提出了“扩大规模、增开专业、提高层次、缩短学制、改进教学、保证质量”的 24 字方针，并具体的阐述了这一方针的丰富内涵。对于发展广播电视系统的函授教育、乃至全系统的成人学历教育都有着重要的指导意义。

部教育司根据 1993 年国家教委公派出国留学选派工作会议精神，坚持“按需派遣、学用一致”的方针和“精选精派”的原则，经过初审、复审，部直属单位落实了出国留学派遣计划，录取率达 76%，是国务院各部委中录取率较高的。为了加强出国留学人员的管理和回国人员的安排，召开了部属单位出国留学人员管理工作会议，认真贯彻出国留学政策，统一了管理手续，落实了选派计划。

信息资料中心概况

信息资料中心　梁任江　赵中强

信息资料中心的前身是计算机应用中心。创建于 1985 年，1991 年改名为信息资料中心，是局级单位。中心的主要任务是，以计算机技术等高科技作为手段，为广播电视系统的宣传工作与事业发展服务。为社会各界提供与广播电视有关的信息服务和计算机技术服务。具体地说，要实现全国广播电视系统的信息联网、建立信息资料数据库、办公自动化，并促进播出自动化工作。

多年来，中心根据上述的任务做了大量的基础性工作。包括制订技术发展规划和实施方案。组织和制定了“音像资料注录规范”、“新闻主题词表”、“新闻词料库”、“音像资料主题词表”以及有关计算机应用的技术标准或规范。经过鉴定，成为部颁标准或行业标准。

中心还建立了初步的新闻资料库、体育资料库，配合外事司建立了与外事活动有关的一些资料库，取得了较好的效果。体育资料库在亚运会期间向中央三台、人民日报和经济日报等部门和单位提供了信息，受到广泛的欢迎。

过去几年，信息资料中心还针对本系统的应用需要，开发了一些软件。其中影响较大的有录音资料管理系统、录像资料管理系统、体育资料检索系统等等。

中心早在 1985 年就开始研究开发计算机辅助动画制作系统，是我国在这个领域的先行。当年曾在中央电视台播出利用计算机制作的儿童动画片《十龙贺春》，反应较好，也积累了一些有益的经验。为后来的计算机制作动画工作起了领头的作用。

1993 年信息资料中心各项工作取得了较大发展。

广播电影电视部机关计算机联网工程，经过半年多的开发建设已于 6 月份投入试运行。目前完成的是第一期工程，通过局域网实现了部领导和具备条件司局的联网，共计 20 个网络站点。覆盖了部大院内主要建筑，网络上的用户可互相通讯、查询文件资料和查阅工作安排。办公厅、外事司等机关已输入文件等数据，加快了我部办公自动化建设和信息共享的步伐。机关网将进一步增加功能和扩大应用范围。对建立远程工作站进行了可行性研究和试验，为各省、市、自治区广播电视厅、局的联网打下基础。

《中国广播影视艺术演职员信息库》自 1992 年 12 月筹建以来，确定了宗旨、目标，完善了结构和登记表，做了多次宣传工作。已有专业和业余演职员 873 人加入信息库，先后有 9 个单位来信息库挑选演职员，共推荐 100 多人次，部分库员担任了影视节目的角色。在山东、山西、四川、安徽、天津等16个省市的有关广播电视单位建立了咨询服务站，为建设全国性的艺术人才市场迈出了可喜的一步。

建立了《广播电视设备器材信息库》，目前为全系统提供事业建设方面的信息。今后将以此为骨架发展广播电视系统的信息咨询服务网。

为综合性信息刊物《广播电视信息》的创办做了大量筹备工作。确定了办刊宗旨、栏目设置、主要内容、读者对象和应具备的特点；组建了杂志社，调配了编辑、发行等人员，聘请通讯员，办理期刊登记的年检、广告经营许可证和帐号。于12月完成了创刊号的发稿任务。1994年1月正式创刊。

中国数据广播中心的筹建。1993年8月，广电部委派信息资料中心抽专人筹建中国数据广播中心，并组建全国性数据广播网。这是广电部在新形势下发挥系统优势和技术优势与国内外各界竞争信息市场的关键性措施。初期主要以图文电视为载体，继而发展调频副载波等新型的广播方式，并通过卫星覆盖全国，直接为国民经济、社会生活提供信息服务。几个月来，在投资来源、信息来源、技术方案、广电系统内部协调、中心节点数据通路、计算机信息处理及市场调查等方面做了周密的准备工作。同时已收到天津、河南、吉林、宁夏、黑龙江、四川、湖南、山西、北京、广东、上海、江西、安徽、广西、西藏、福建、河北等20多个省、市、区广播电视厅、局的正式复函，表示支持和参与建立数据广播网的工作。

为建设部计算机联网工程，在软件开发方面完成了用户界面的设计，汉化了西文电子邮件软件，安装了超想汉卡和全文检索软件，对所有的软件进行了联调；在硬件技术方面完成了选型、安装、调试和安装用户端的设备。同时进行了软件安装和网络授权，举办了机关网使用技术培训班。完成了"外事活动管理系统"软件的开发项目，并通过了部科技司组织的鉴定。

万达通用图文系统和音频工作站开发成功，在93年计算机应用成果展览会上受到好评。万达软件在人事、户籍、宾馆、财会、公文、器材、文艺节目等领域有广泛的用途。音频工作站在过去开发的基础上完成了硬件平台的选择调整和技术资料准备工作。12月通过了部科技司主持的项目鉴定。

对4万余册中、英、日、德、法、俄等文种的科技图书和两千种中外文专业期刊进行了整理，完成了技术图书微机自动化管理的准备工作和微机管理期刊数据整理工作，并已输入部分数据。

动画制作工艺进一步提高，开展了计算机二维和三维动画制作业务，完成了多项儿童动画片、电视节目片头和各种广告的制作任务。

中广国际总公司概况

中广国际总公司

中国广播电视国际经济技术合作总公司（简称中广国际总公司）是广播电影电视部直属的大型技、工、贸一体化的外向型企业。1993年公司的各项业务工作在1992年迈上一个新台阶的基础上，继续保持着良好的发展势头，全年合同额、营业额和利税总额都较1992年有了明显增长。合同额3.65亿元人民币，比上年增长2.7倍，营业额2.49亿元人民币，比上年增长2.5%，全年实现利税总额325万元，比上年增长10%，全面超额完成了各项经济指标。

1993年公司的业务工作在以下8个方面取得了重大进展：

1.公司的传统业务——经援工程承包继续在稳健发展。这一年，公司承担设计、报价、设备发运、施工、技术培训、设备维修等任务的经援项目共计20个。全年完成的营业额比上年成倍增加。

2.进出口贸易合同额突破2亿元人民币，营业额达到1.7亿元人民币。

3.成功地招揽了马里第二期租机项目，公司获得五年租费的85%，即2800多万法国法郎，用于马里已建电台的零配件、技术培训人员费用，以及承建两座新的调频台。该项目的招揽得到部领导、部业务主管部门外事司、计财司、科技司的关怀和支持，艾知生部长和马里文化通讯部长签署了租用马里短波广播设备议定书，公司齐勇毅总经理和马里广播电影局技术局长特拉奥雷签订了实施广播工程和技术协助合同。

4.开拓国内广播、电视工程承包业务取得突破。7月，公司与广西北海市广播电视局签订了《北海市广播电视中心建设工程规划设计方案及咨询合同》。合同规定公司将为北海市广播电视局进行200亩地规划设计，2.5万平方米广播电视综合楼及318米多功能塔的方案设计。

5.广播、电视专业设备出口取得进展，向柬埔寨、老挝、阿尔巴尼亚等出口了彩色电视发射机、中波广播发射机和部分零配件。

6.9月4日—7日，公司与中央电视台联合在中国国际贸易中心举办了第四届北京广播电视设备展览会。来自日、美、法、英等17个国家和地区的69个海外厂家及国内90个知名的广播电视厂家参加了展览会，无论厂商数量、展台占地面积，展品数量及质量，均大大超过了前三届。展览会的圆满成功及取得的良好综合效益表明公司已具备了举办此类大型国际展览会的经验和能力。

7.劳务出口实现毛利突破100万元人民币，开拓劳务市场取得可喜成绩。

8.公司在发展分支机构，建立业务网络方面取得重要进展。这一年，先后成立了 12 个分支机构（6个分公司，6个办事处）。还举行了首届分支机构工作会议，制定分支机构管理章程。公司已初步在国内形成业务网络。发展分支机构，对发展广播、电视行业的总体优势，共同开拓国际市场，对公司朝着集团化方向发展，无疑将起积极作用。

1993 年，公司全体职工企业意识，市场经济意识显著增强。大家普遍认识到随着社会主义市场经济体制的逐步建立，企业将直接进入市场参加竞争；国家扩大企业对外经营权，使国际公司享受的优惠政策越来越少；国家改革对外援助方式，调整援助结构，使公司主要以经援为生计的局面难以继续；我国正在争取恢复关贸总协定缔约国地位，必然加剧国内市场竞争。面对这一严竣形势，公司从上到下普遍有一种危机感和紧迫感，进而激发了全体员工拓宽业务领域的热情。如公司投资 480 万元，向华通国际招商股份有限公司参股。投资 80 万美元，开发马来西亚翠园房地产项目。成立广告公司，开拓广告业务等。

年底，由国务院发展研究中心、中行总行、对外经贸部、内贸部等部门进行的“1993 年中国 500 家最大服务业企业及行业企业评价”中，中广国际总公司被评为“中国最大服务业企业中的国际经济技术合作行业企业第 30 名”。这一评价，对提高公司的知名度，推动公司进入国际国内市场有重要意义。

广播电视工程设计概况

设计院　袁文博

1993 年设计院总的工作目标是：按照党的十四大确定的加快改革开放和现代化建设步伐的方针，把握当前有利时机，抓紧各项改革措施的落实；实施院技术经济承包合同，做好尽快转向企业的过渡准备，积极转变经营机制；加强管理，理顺关系，调动全院职工积极性，提高队伍整体素质和工作质量；提高设备装备水平，计算机应用比 1992 年再提高 20%；全年各项收入 400 万元，积极开展多种经营，年收入超百万元；积极用好直接对外经营权，进入国际工程设计咨询市场，有收入；改善办公和住宿条件，落实“八五”建房场地资金。

按照目标的要求和内容，对全院各部门的工作提出了具体要求，进行了展开分解。在部领导的直接关怀下，经过一年的努力，全院各项工作取得了明显的成绩，有些方面还有突破性进展，现将主要工作分述如下：

一、1993 年计划完成综合产值 400 万元，其中设计业务收入 300 万元，多种经营收入超百万元。实际全年完成综合产值 570 万元，相当于计划的 142.5%，完成收入 545 万元，其中设计收入 491.3 万元。至 1993 年底，我院共签订各种合同项，合同金额总计 1076 万元，其中设计合同 17 项，合同金额 741 万元，技术协议 16 项。全年共出新图 9563 张，比 1992 年增长约一倍，晒图 28 万多张，比 1992 年增长 66%。

二、1993 年是设计院完成部级重点大型工程最集中的一年。中央台业务楼 1992 年 12 月 15 日开工时尚无正式进行施工图设计。“三边”工程给我们造成很大压力。我院集中人力，采取措施，加班加点，9 月底完成了 ±0 以下全部施工图，年底完成除音乐厅等特殊装修以外的全部施工图，从而保证了施工的要求。国际台工程 1993 年初交付了大部分施工图之后又进行了大量补充、修改及施工配合工作。中央塔工程在 1993 年“八一”试播后，为保证保暖过冬及全面完成配套工程进行了相应的设计及配合。

三、1993 年完成的地方工程中以天津广播电视国际新闻中心较为突出。该工程将于 1995 年 5 月在天津举行的第 43 届世乒赛投入使用，但在 1993 年 4 月前尚未最后确定方案。我们在保证部重点工程的前题下，集中了专业齐全的一批设计力量，5 月初确定方案后，立即开始初步设计，至年底已完成 60%以上施工图。

四川塔的施工图，也是今年完成的主要地方工程，该工程虽不等图施工，但我们仍按建设单位要求集中力量于今年 7 月完成全部施工图。

1993 年完成各阶段工作的地方工程还有大连、茂名、柳州、三亚、青岛等中心工程和吉林省，重庆市等高塔工程等。

四、1993 年我院以工程承包为主的多种经营也取得了突破性的进展，院工程部经过长时期多方努力，取得了厦门广播电视中心的总承包权。该工程规模 3.5 万 m^2，投资 1.5 亿。签订合同之后，我院组建了该项目的工程处派赴现场进行筹建，这是我院，也是广播系统进行如此规模总承包的第一个工程，它是我们设计院从单一设计业务向两端延伸，在工程总承包上取得进展的重要标志。该工程经过多方面筹备议标已于 12 月 8 日正式开工。

我院中发合资设计公司今年取得明显的社会效益、经济效益。1993 年兴办的兴华合资公司当年就获得了明显的经济效益。1993 年还新办了合资的欧姆赛 —— 广益广播电视咨询有限公司，奥地欧音频公司等，这些公司正在起步发展中。其他经营活动也较活跃。总之今年多种经营收效超过了原计划指标。

五、我院是广播电视专业设计院，由于广播电视基本建设的热潮逐渐下降，也由于广播电视工程设计费时费工，经济效益差，所以转向民用建筑市场是十分必要的。何栋材副部长指示我们“民专结合、以民养专”，按此精神我们积极开辟民用市场。院属中发公司主要搞民用工程设计，今年经过努力承接了万通大厦工程，有 11 万 m^2 的规模，因而在民用建筑设计上也是上了一大台阶。此外院内土建所今年也接了约 3 万 m^2 的民用建筑，明年将继续扩大这方面的业务。

六、1993 年我院订购了可绘制彩色宣染图的计算机工作站，这样可使我院的建筑方案设计水平和效率均可提高一大步，也避免了每做方案去到其他大设计院求援的困难。1993 年我们还购买了 30 台 486、386 微机，从而使微机总数达 58 台，CAD（计算机辅助设计）具备了一定的物质基础。1993 年用计算机出图 3500 多张，已达新出图的 37%。设计人员十分注重计算机的使用，经常是人停机不停，排队上机，从而使设计质量有一定提高。

计划财务管理概况

计财司　崔永康

1993 年，我部计划财务管理工作比较好地完成了各项工作计划，基本上保证了我部广播电视宣传、基本建设、事业发展等方面资金的需要。

1、基本建设投资计划管理工作：

1993 年，我部下达各项投资计划总规模 48310 万元，是“八五”期间投资规模最大的一年。其中：预算内投资 33110 万元；自筹投资计划指标 12200 万元；建行贷款指标 3000 万元。预算内投资计划中，中央直属项目 23590 万元，实际完成 99%；国家专项补助及补助地方 9520 万元（包括边境、三区、实验、扶贫专项等）。

(1) 1993 年，国家计委下达我部直属项目投资 23590 万元，自筹投资指标 12200 万元，建行贷款指标 3000 万元，基本保证了我部直属项目尤其是重点工程建设的需要。

(2) 落实了“实验”专项投资和加强“三区”广播建设专项补助投资计划。这两项工作都需要做大量的调查研究和总体方案论证工作。经过努力，“三区”建设的总体方案几经修改获准后，于 6 月份召开了三个自治区（西藏、新疆、内蒙）政府主席、自治区计委、财政厅、广播电视厅负责人参加的布置“三区”任务会议，具体落实建设任务和投资。广电部与“三区”分别签定了“责任书”，明确了双方的责任和任务，在此基础上落实了 1993 年的“三区”补助投资计划 2500 万元。

在“实验”总体方案的基础上，计财司会同科技司、无线局、设计院研究确定了具体的实施方案，并落实了 1993 年“实验”投资计划 3000 万元。

(3) 落实了国家计委对“边境”广播电视建设的专项补助投资。

为适应国家制定的沿边开放政策和国家计委提出的要加强边境口岸及边境重镇的建设以促进其经济开发和边贸发展的要求，1993 年，对陆地边境省（区）的现有口岸和会谈会晤点的广播电视现状以及新批的口岸和会谈会晤点的情况进行了调查，并将情况上报国家计委。国家计委对此给予了大力的支持，并下达了边境专项投资 2200 万元。

(4) 扶贫专项投资尚未列入国家确定的专项之列，只能根据国家的财政状况酌情考虑，为落实 1993 年的扶贫专项补助经费，我部做了大量的工作，争取国家扶贫补助投资 700 万元。

(5) 编制了“广播电影电视事业‘九五’计划和 2010 年远景发展目标的纲要”（草案）；调整了边境后两年计划；配合国家计委和国家税务总局进行了行业投资方向调节税注释的调研工作。

2、财务管理工作：

1993 年，我部事业费预算支出为 113000 万元；科研经费支出 1100 万元；教育事业费预算支出 2104 万元；储备借款 3446 万元，比 1992 年增加 646 万元，缓解了工程建设中资金周转困难的矛盾。外汇额度支出 1780 万元。

1993 年，在认真总结广播电视系统财务管理工作经验和广泛调查研究的基础上，我部和财政部在湖南长沙联合召开了“全国广播电视财务管理工作会议”，这是建国以来两个系统第一次召开这样大规模的会议。在这次会议上，财政部给予广播电视系统的优惠政策有以下主要几点：

(1) 各级财政部门根据财力可能尽最大努力继续增加对广播电视事业的财政投入；

(2) 凡是纳入单位预算内的收入，视同财政拨款，作为抵支收入，免征所得税和“两金”，各地已经给予广播电视部门的优惠政策要继续执行并不断完善；

(3) 要继续执行关于不因广播电视部门和单位增加抵支收入而减少事业费拨款的财政政策，并且要随着各地财政收入的增加而逐渐增加对广播电视部门的财政拨款；

(4) 加强主管部门对本地区广播电视事业发展的宏观调控作用，主管部门可以本着合理、适度的原则适当集中一部分收入，以促进本地区广播电视事业的协调发展；

(5) 资金投入向农村和老、少、边、穷地区倾斜。1993 年，计财司配合审计局、监察局对部属有关单位进行了资金流向的审查，发现了一些问题，研究提出了改进管理的建议。这对加强我部的财务管理，进一步完善各项规章制度起到了一定的促进作用。

3、基本建设工程项目的管理工作：

我部在建的工程项目有中央电视发射塔、中国国际广播中心、中央台业务楼三个国家重点工程和 572 台甲机房更新改造、电力业务楼、中国电影资料馆以及电影标放室 4 个部级大中型项目。1993 年年度投资计划 1.5 亿元。

(1) 在各项工程建设中，把管理重点放在抓质量、促进度方面。一年来经常组织人员去工程现场了解情况，协助工作，参加“三方”现场协调会，及时发现和协调解决施工中出现的质量、安全等方面的问题。每个工程项目的管理都落实到人。部属的重点工程项目的施工质量较好，完成了施工进度计划。中央台业务楼工程和其它6项工程均完成年度投资计划的99%和100%。

(2) 加强了基本建设的立法建制。一年来，完成了《广播影视部基本建设项目建议书编审办法》和《广播影视部建设项目可行性研究报告编审办法》的征求意见稿。这两个办法将对我部基本建设前期工作更好地按建设程序进行起到促进作用。同时完成了《省级广播中心建设标准》等11项标准定额的审查；编出了《厅堂扩声译音系统工程设备安装规程》等9项送审稿和《广播电视电磁幅射防护规程》等9项征求意见稿。

(3) 完成了部级优秀工程设计评选、全国第二次评选勘探设计大师、评选国家级优秀设计院长、百强设计单位的评选和组织工作。聘请有关专家对申请广播影视行业设计资格的10个单位进行了审查，并颁发了部分设计资格证书。

4、部属企业的管理工作：

(1) 继续贯彻落实转换企业经营机制条例。1993年，两次召开部属企业厂长、经理会议，着重落实企业14项自主权，制定了我部贯彻条例的实施办法，促进了企业转换经营机制的积极性和自觉性。

(2) 经与财政部协商，确定了我部直属文教企业实行“税利分流”、“税后还贷”、“税后分利”的方法，落实了我部16户企业实行税利分流的试点方案。按照试点方案，向财政部争取到从1993年至1997年5年中上缴的所得税全部返还给我部属企业，税后的利润财政部暂不分利等优惠政策。

(3) 继1992年清产核资试点工作以来，1993年经财政部清产核资领导小组批准，对双桥厂和电影洗印厂两家企业进行了清产核资扩大试点工作，对两家企业的国有资产已基本查清并完成了所有权的界定工作。

(4) 根据中央和部党组的要求，对部属各单位的收费情况进行了调查清理，共涉及41个单位，统计收费项目69项。经与有关部门研究决定，撤消6个收费项目，调整了两项收费标准，并对今后加强管理提出了意见。

5、物资设备的供应和管理工作：

(1) 1993年，我部争取到钢材指标31000吨，其中核算核销（重点工程项目）17000吨，一般项目14000吨，通过两次全国钢材订货会，实订20760吨，满足水平为70%。满足差的原因是国内贸易部下达的指标型号规格不对路，价格高，使生产企业难以接受。水泥指标48500吨，其中核算核销（重点工程项目）32500吨。木材6500立方米，基本满足了我部基本建设、生产、维修的需要。

有色金属指标400吨，其中铜6吨，铝57吨，锌337吨。由于价格原因，指标尚有节余。

(2) 汽车指标28辆，其中载重车4辆，旅行车2辆，小轿车22辆。

1993年是我部与全国控办联合下达广播电视专用车控办指标的第二年。在6月份第二次全国广播电视专用车分配订货会上，共下达控办指标350辆，截止年底共执行108辆，现仍在继续执行中。

(3) 各种国拨外汇1075万美元。其中：机电仪用汇560万美元（含卫星上行站设备110万美元）；轻工杂品用汇40万美元；化工原料用汇475万美元。以上各类用汇额度已按部属单位的业务需要和人民币配套情况分别作了安排。

(4) 为广播影视系统办理了广播电视专用设备进口免税申请14批次，总额为6727万美元，其中部直单位1257万美元；地方5470万美元。另为生产厂家进口散件共办理了4批次，总金额为1179万美元。两项共计18批次，总金额为7906万美元。为广播影视系统节约了数量可观的关税。

各省、自治区、直辖市广播电视概况

北京市广播电视概况

北京市广播电视局

1993年，北京市广播电视局认真落实党的“十四”大精神，进一步解放思想，深化宣传改革，积极发展事业，取得了明显的成绩。

一、宣传改革步子大，效果显著。

北京电台打破过去传统的广播模式，向专业台、系列台迈进。继1990年经济台开播以后，1993年又相继开播了音乐台、新闻台、儿童台、交通台等四个专业台，每天播音时间由原来的72小时，增加到112小时，其中音乐台实行了24小时全天播出。从经济台热到新闻台风靡，再到音乐台“火”遍京城，收听率大大提高，系列台之间形成了竞争格局，整个电台宣传呈现出生机勃勃的局面。

北京电视台将6、21、27频道调整为综合、文体、教育频道。6频道实现了24小时播出，21频道、27频道也相应延长了播出时间，全台播出总时数达到52小时。

北京有线台至1993年底已开播了影视、体育、转播中央电视台第四套节目及云南、贵州电视台上星节目的三个频道，播出总时数达到32小时。

北京广播电视报也由过去的4开8版扩至4开12版，月末为4开16版，大大增加了报纸的信息量。

电台、电视台、有线台在播出量增加的同时，节目也做了相应的调整，使总体布局更为合理，社会宣传效益更为突出。1993年，各台的新闻节目进一步加强，电台新闻台实现了新闻节目的整点滚动播出，经济台新闻节目的份量大大增加，电视台加强了早间和午间新闻，增加了新闻节目的播出时间和次数。与此同时，很多新的新闻品种和新闻性专题节目应运而生。电台、电视台除办好《北京新闻》外，还办有《1026新闻一小时》、《国内外大事》、《经济快讯》、《文化新闻》、《各地航讯》、《时事追踪》、《市长与市民》、《为您咨询》等，分门别类地把各种信息送到听众、观众中。此外，电台、电视台还开办了一批主持人直播的热门话题节目，如：新闻台的《人生热线》，经济台的《热线追踪》，音乐台的《文化热点》，电视台的《BTV夜话》等，已形成自己的固定听众、观众群，具有一定的影响。

1993年，郊区（县）广播电视宣传也有新的进步。区（县）台（站）增加了播出时间和发稿数量，调整改革了节目，一些台（站）还开办了信息节目和主持人板块节目。

二、广播电视宣传的导向意识和为经济建设、改革开放服务的意识增强，主旋律进一步突出。

导向意识和服务意识强，主要表现在全年的广播电视宣传工作紧紧围绕经济建设这个全党的中心工作展开，为建立社会主义市场经济体制服务，为首都的改革开放和经济发展服务。电台、电视台和郊区（县）广播电视台（站）在各自的新闻和专题节目中大量报道了本市经济建设和改革开放的成就、经验、典型。如电台新闻台反映本市企业深化改革，转换机制的《企业改革之声》；反映本市重点市政工程进展情况的《来自重点工程的报道》；反映改革开放给职工生活带来的变化，及职工对企业改革看法的《职工与改革》等。经济台围绕在改革开放中遇到的各类问题开办了《经济漫谈》、《经济透视》等评论性节目，还在《热线追踪》等栏目中，对一些经济现象进行追踪报道，并在《星期天特别节目》中推出了20集大型系列节目《中国商魂》。这个节目紧紧围绕市场经济大潮中遇到的各种问题和矛盾，为企业经营者出谋划策，介绍中外先进管理经验。北京电视台的《BTV夜话》、《为您咨询》、《市府与市民》等专栏，讨论、分析一些经济现象，对一些经济建设中的热点问题进行了探讨，播出了搞好大中型企业系列报道两次40多集，反映京郊农村改革开放和经济建设成就的系列报道100集，国有大中型企业贯彻《条例》系列报道50集等。

导向意识和服务意识增强，还表现在广播电视宣传工作积极配合了中央、市委、市政府的各项工作部署，为这些部署的落实，创造一个良好的舆论环境。1993年，配合全市的反腐败斗争，迎七运争奥运，宣传共产党员十杰，纪念毛泽东同志诞辰100周年，电台、电视台，郊区（县）台（站）做了大量的宣传工作。在“迎七运，争奥运”的日子里，电台、电视台都围绕这一内容举办了专栏节目，电视台在《为您咨询》节目中请奥申委秘书长万嗣全介绍了有关申办奥运的情况，回答观众的提问。电台、电视台还派出记者，随北京申办代表团抵达摩纳哥，及时报道了第101届国际奥委会全会的情况。在国际奥委会投票的当天，广播电台和电视台延长了播出时间，配合申办播出了音乐，歌舞，体育节目，并现场转播了投票的实况。为纪念毛泽东同志诞辰100周年，电台经济台与长沙、珠江经济台联手推出《心中的太阳永不落》特别节目，新闻台举办了“我向毛泽东学什么”百人大讨论，音乐台播出了综合文艺晚会《我心中的毛泽东》，电台文艺节目中播出了20集系列广播剧《毛泽东的故事》，北京电视台播出了大型电视文艺晚会《人民的领袖毛泽东》、《一代风流几世情》，大型系列专题片《情系毛泽东》、《一个伟人的塑造》等。北京有线电视台播出了记录毛泽东一生光辉业绩和老一辈无产阶级革命家革命实践活动的影片：《毛泽东》、《毛泽东的故事》、《毛泽东和他的儿子》、《大决战》、《开国大典》等。

导向意识和服务意识的增强，还体现在从总体上提高节目的格调，坚持团结，稳定，鼓劲的方针，让主旋律主导节目阵地。1993年下半年，针对一些节目中存在着港台节目过多，港台演员炒得过热的状况，电台、电视台、有线电视台及时采取措施，一方面，大量压缩港台节目，减少对港台歌星的评介、报道；另一方面，在节目中弘扬主旋律，让充满民族感、时代感的节目唱主角。电视台、有线电视台在黄金时间安排国产优秀电视剧的播出，进行了百部爱国主义影片的展播活动；北京电视艺术中心、北京音像公司拍摄了《北京人在纽约》、《京都记事》、《中方雇员》等一批反映现实生活，具有积极思想意义的电视剧。

三、和听众、观众贴得更"近"。

首先，是对群众所关心的问题的解剖式的报道和讨论。像电台新闻台的《时事追踪》节目对假发票问题的跟踪采访，对首钢钢材被盗问题和禁止"有偿新闻"的报道；电视台的系列报道《大社会，新生活》、《圆梦》等，就社会上普遍存在，群众十分关心的问题进行了深入的剖析，并把群众的意见反映上来，使节目令人折服。

其次，一些节目还就群众心理上存在的问题进行"释疑"，以疏导群众情绪向健康的方向发展。像电台的《人生热线》、《悄悄话》、《闲聊波尔卡》节目，电视台的《BTV夜话》、《为您咨询》节目，广泛涉及社会生活的各个领域和层面，谈论人生哲理、心理咨询，家庭生活、婚姻恋爱、子女教育等方面，受到群众的欢迎。

第三、各类直接为社会和群众生活服务的信息节目方兴未艾。如经济台的《经济信息》、《百业信息》，电视台的《经济热线》、《电视商场》、《人才红娘》，有线电视台的《POLY直销市场》等。

四、对外宣传工作又有新进展。

一是加强了外语节目的播出。北京电视台的外语节目扩展到英、法、德、意、日、俄、阿、西等七个语种，新开办了《外语节目50分钟》。电台试办了《英语新闻专题广播》，每周30分钟。

二是举办了《北京第2届国际电视周》，规模大大超过了上届，与30多个国家和地区，100多家电视机构建立了联系，播出电视节目100小时，成交180万元，展播60余部影视剧。

三是对外合作进一步加强。电台与加拿大、法国、德国、澳大利亚开展了音乐节目的交流。电视台在美国休斯顿播出《中国之窗》节目，还与香港TVB无线台商定有计划播出北京节目，与韩国SBS、日本的NTV电视网联合举办大型围棋赛；与西班牙"新制片人"公司合拍了介绍中国的大型系列节目。

五、事业建设取得新成绩。

北京电视城工程，已得到市政府批准，一期工程已经立项。广播中心工程也已由市政府批准。1993年职工宿舍开工面积7000平方米。电视台5200平方米的综合楼正在抓紧兴建。7000平方米的电视培训中心工程已经开工。北京电视艺术中心和北京音像资料馆的拍摄大棚和录音室改造工程也全部完工。

1993年，郊区（县）建成5座电视台和5座调频台，形成了无线与有线并举，市、区（县）、乡（镇）三级覆盖的广播电视系统。

六、内部管理工作制度化。

1993年，内部管理工作进一步制度化，主要采取了以下一些措施：

对全局事业单位实行干部聘任制，并把聘任期的工作目标、工资、考核、奖惩结合起来，实行责、权、利一体化。全局事业单位已有785人订了聘用合同，其中处级干部93人，科级干部132人。

在内部分配上，对局属8个独立单位实行了工资总额和经费包干制，分别实行"差额预算"、"全额预算"、"经费预算包干"、"自收自支"等形式。

加强了财务预算管理。对全局各单位的国有资产进行了清查、登记。

试行局长、台长奖励基金。1993年，对《七色光》、《星期天热线办公》节目组，《金色轮船》、《板桥轶事》剧组给予了特别奖励。

天津市广播电视概况

天津市广播电视局

一、宣传工作

1993年，天津人民广播电台、天津电视台、天津广播电视报以及12个区县的广播、电视台（站）等宣传单位，坚持两个文明一起抓，认真执行以正面宣传为主和团结、稳定、鼓劲的方针，严格遵守宣传纪律，保持宣传基调的连续性和稳定性，使广播电视宣传作到了政治方向坚定正确，格调健康向上，对敏感问题处理得当，努力发挥了正确的舆论导向作用，为天津市加快改革开放和经济建设提供了良好的舆论环境和有力的智力支持。

（一）加大了改革开放和经济建设的宣传力度，发挥了正确的舆论导向作用

1993年，电台、电视台继续调整和优化了广播电视宣传的整体布局，紧紧围绕我市的中心工作，在节目安排、节目内容和节目形式上突出了宣传重点，始终把加快改革开放和经济建设放在中心位置。电视台在《天津新闻》节目里，新开辟了"重点工程"和"为民办实事"等栏目，进行了系列报道，产生了较大

的反响，得到了市领导充分肯定。电视台紧密配合建立社会主义市场经济体制，举办了《市场经济讲座》；电台在原有经济类节目的基础上，新增加了《大流通》、《市场纵横》等节目，特别是《大流通》节目，通过传播信息，沟通了产需和供求关系，促进了生产资料流通，这个节目得到了张立昌市长的好评。他指出：“这是一个创举，要继续办下去。”电台经济台除了加强经济报道的力度和深度外，还重点抓了实用信息的报道，把经济信息直接推向了市场。他们先后与本市农学院、南开大学和北京四家科研单位签定了合作协议书，使许多高科技领域中的短线产品得到了及时传播，加快了利用步伐。电视台经过充分准备，深挖内部潜力，使“天津经济电视台”于10月1日正式建成开播，为我市的改革开放和经济建设又增添了一个新的舆论阵地。为加强青少年的教育，电视台于1993年6月组建了青少部。在资金短缺、时间紧迫的情况下，大家齐心合力，迎难而上，年底推出了一批既适合青少年特点、品位又较高的栏目，在社会上引起较高的评价，受到了市领导的重视。

为使广播电视节目更加贴近生活、贴近实际、贴近群众，两台结合现代化建设的实际需要选材定标，增强了节目的针对性、教育性和可视（听）性。电视台的科技节目在宣传科技成果、科技信息和科技人物的基础上，又开辟了《科技长短波》小栏目，进一步增强了节目的服务性。《观众之友》节目加强了精神文明建设的宣传，其中的《大潮观》系列报道，宣传了一批艰苦创业、发家更爱国、扶危济贫、无私奉献的先进典型。这个节目已被许多观众喻为身边的一本“必读杂志”。电台的《空中诊所》、《热线导购》等节目，不仅为听众提供了大量信息和生活知识，还为听众诊病、购物等提供了方便。现在河北、山东、山西等地的听众也在通过这些节目释疑解难。在全国普遍宣传“明星”、“大款”的时候，两台集中宣传了一批劳动模范、工人技师和科技战线的先进典型，受到了市领导同志的肯定和表扬。

在新闻报道上，电台、电视台还在提高时效性、扩大信息量和增加新闻品种上作出了努力。“两会”期间，电台“人大代表话代表”的报道，被评为全国法制新闻一等奖。电视台在《邓小平文选》第三卷发行的当天，就将采制的录像送到了中央电视台播出。截止到11月底，报道我市广大干部群众学习《邓小平文选》第三卷的新闻就有18条。全年，中央电视台播出了我台选送的新闻共418条，比1992年增加了20多条。

（二）电视剧和广播电视文艺节目结出了丰硕成果，一批优秀的广播电视节目在全国评比中获奖

1993年，党委明确把拥有亿万观众的电视剧生产作为重点工作来抓，成立了有局、台、部各级领导组成的电视剧“五个一工程”领导小组。年初组织召开了年度电视剧题材规划和生产计划会议，提出了电视剧生产要“控制数量，提高质量，保证重点，拍出精品”的规划和要求。根据高扬主旋律和坚持多样化统一的创作指导思想，确定了全年重点剧目生产计划。全年共生产电视剧74部集。其中的《杨三姐告状》等22部集已经播出。《女人天生爱做梦》进入后期制作，《阿曼尼萨罕》等52部集正在录制并陆续安排播出。特别令人鼓舞的是，1992年生产的电视剧《风雨丽人》、《擎天柱》，1993年在“五个一工程”和“飞天奖”、“金鹰奖”三个全国最高档次的评比中，天津电视台一举夺得了12项奖。市委、市政府特意为此召开了表彰大会，奖励电视台60万元。

1993年，广播电视的文艺宣传也取得了可喜成绩。一年来，我们始终坚持“二为”方向和“双百”方针，本着“反映时代精神，唱响主旋律，弘扬民族文化，力求节目丰富多彩”的指导思想，优化和调整了两台的文艺节目布局，坚持了文艺宣传的正确导向。下半年，为贯彻中宣部关于“突出主旋律，弘扬民族文化”的指示精神，两台及时调整了节目播出计划，有效控制了港台歌曲和影视剧的播出。目前，宣传主旋律和弘扬民族文化的节目在两台的文艺宣传中已占绝对比重，各栏目中宣传严肃音乐、民族戏曲及优秀国产电视剧等丰富多彩、健康向上的文艺节目大为增加并已占领黄金时间。电视台继1992年春节《红红火火天津卫》节目受到了广泛好评后，1993年春节的《渤海春潮》节目又获得了很大成功，受到了市委宣传部的嘉奖。由我局承办的月季花节文艺晚会，受到了广大群众和市领导的高度评价。与中央电视台合作的两期《正大综艺》节目，也获得了一致好评。去年12月主要由我局承办的“天津市纪念毛泽东同志诞辰100周年文艺晚会”，也收到了令人满意的效果。

（三）进一步加强了对外宣传和交流，扩大了天津在国际上的影响

随着我市对外开放的扩大和对外交流的增加，给我们的外宣工作提供了许多机遇，创造了良好条件。继1992年我们在美国旧金山26频道开播《中国·天津》节目和在纽约中文电视台开播《长城内外》栏目以后，1993年，又在美国洛杉矶18频道开办了《中国·天津》专栏，还在美国南部休斯顿、波兰的罗茨电视台和英国欧洲中文卫星电视公司播出了这个栏目。电视台国际部还完成了《今日天津》电视片的中、英、日、俄、韩文版的制作工作。电台1993年增加了与新加坡、法国等国的电台节目交换。目前，共与日本、法国、澳大利亚等7个国家10家电台进行定期或不定期的节目交换。通过开办这些宣传“窗口”，进一步扩大了天津在国际上的影响，为天津的开放和发展起到了推动作用。对此，市领导都给予了充分肯定。

二、技术事业

（一）、严格技术管理，保证了广播电视的安全优质播出

杨柳青发射台试行以安全优质播出为中心的定额管理办法，修订和制定了有关规章制度24项。通过

定额管理，安全播出第一季度达到合格，后三个季度均达到优级水平，发射机指标测试达到了部颁甲级标准。电视台播出部实行安全补贴管理制度，调动了技术人员的积极性，增强了责任心，全年挽救各类事故400次以上。电台还以最快的速度完成了新闻台、文艺台、音乐台、教育台、交通台直播间的工艺设计和设备安装，节约了数万元资金。天塔制定并实施了月基准停播率为0秒的奖励制度，也收到了很好的效果。郊县处重点落实各区、县的调频广播覆盖，到年底，12个区、县自办节目已全部完成了覆盖任务。维护处开发了日本政府赠送的检测车的全部功能，并对天塔播出的六套电视、两套调频的发射情况进行了收测。经过全局技术系统的共同努力，在′93全国广播电视技术维护工作会议暨评比表彰会上，天津市广播电视局被评为全国大城市第一名。

(二)、“天津广播电视国际新闻中心”工程进展顺利

建设“天津广播电视国际新闻中心”，经过多方努力工作，1993年已被市政府列入改善城乡人民生活的二十件实事和我市承办第43届世乒赛的三大“硬件”之一。按直观进度，1994年春节可完成A、B、C区一层施工，3月底可完成三层。

(三)、发展区、县调频广播，适应农村改革开放形势需要

为了适应天津市农村改革开放和经济建设的迅速发展，12个区县大力发展了调频广播。在市广播电视局的领导和帮助下，取得了市财政局的资金支持，财政局拨了专项款用于区县建设调频广播，经过一年的艰苦努力，全市农村调频广播建设终于在年底前全面竣工。

(四)、管理工作也取得了不同进步

为进一步清理音像市场和加强有线电视台、站的管理，音像管理部门在市有关部门的支持配合下，多次组织了市场检查，全年共收缴非法音像带3万多盘和部分走私激光视（唱）盘，摧毁了一个地下翻录点，没收非法翻录的音带、复录设备、彩封等。1993年对全市安装卫星地面接收设施的单位和个人进行了登记。截止到年底，个人安装登记的有230个，单位安装登记的有92个，共322个。

河北省广播电视概况

1993年，河北省广播电视事业继续呈蓬勃发展势头，登上了一个新台阶。

宣传工作成效显著

一、新闻宣传龙头作用更加突出。全省各级电台、电视台在适应改革开放和社会主义市场经济发展新形势方面广施良策，使新闻宣传在信息量、深度、质量上都有一些新突破：

——新闻节目内容更加丰富。1993年，全省各级电台、电视台普遍进行节目调改，加快了新闻改革步伐。河北电视台《河北新闻联播》由15分钟延长到20分钟，新增的《新闻广角》、《各地航讯》、《监督台》等栏目受到观众好评和省领导重视。唐山人民广播电台于5月1日节目调改后新闻节目由原来三次增加到七次；撤销教育性专题节目，开办了7个主持人直播板块节目，实现了广播新闻的短信息、大容量、快节奏、地方味，受到了广大听众的欢迎。

——经济和精神文明建设宣传力度加大。省电视台的《经济总汇》由开始的每周一二次增加到七次，此外还增加了《法与警》、《国防一刻钟》等新的专题节目。同时，播出了一批有影响的报道，如省两台的“抓住机遇、加快发展”战役性报道，“环渤海万里行”、“冀南棉乡行”、“燕赵文化市场行”等专题系列报道，以及治理三乱等连续报道都有相当声势和较大影响，有效地配合了省委、省政府的中心工作，促进了党中央和省委指示精神的贯彻落实。

1993年，河北经济广播电台、河北经济电视台相继建成开播，在我省广播电视事业发展史上写下重要一笔。经济电台采取主持人全天24小时直播形式，在北方名列前茅。省委书记程维高专门致信并在不同场合多次表扬经济电台，对《北方快车》、《1125快讯》等栏目给予了肯定和好评。经济电视台每天播出5个小时。两个经济台的节目安排，体现了厅党组提出的“坚持正确导向，服务经济建设，突出时代旋律，保持格调健康，力求丰富多彩，树立大台形象”的指导思想。

——新闻节目质量进一步提高。河北电视台在中央电视台播出新闻突破500条，创我省近年来最高纪录。在全国电视经济节目评奖中，河北电视台《经济总汇》荣获二等奖，电视片《婆婆能否让位》、《胡同经济启示录》以及经济信息《河北省酱油市场亟待整顿》等分获一、二、三等奖。

二、对外宣传取得突破性进展。一是根据省领导指示，河北电视台8月3日开办了《英语新闻》，架起了对外宣传河北的语言桥梁。二是由美国三C集团与中央台、河北台等21家省市电视台共同组建的覆盖整个北美地区的“美洲东方卫星电视”于8月28日在美开播。省电视台制作的《中国河北》专栏节目在当日开播。三是由河北电视台发起并联合全国30个省、自治区和市电视台共同摄制的65集大型电视系列片《中国历史文化名城》，历时三年于国庆期间隆重推出。该片由美国世运中华文化艺术中心推荐，1993年7月在拉斯维加斯全美影视商展播出受到好评，并被译配英、法、德、西4种语言向全世界销售。四是对河北省对外经济技术合作暨出口洽谈会、第四届吴桥国际杂技艺术节等重大经济、文化活动，进行了滚动式宣传。所有这些对扩大河北省乃至我国的对外开放，促进国际文化交流和外向型经济发展起到了积极的推动作用。

三、文艺宣传再创佳绩。今年全省推出一批如

《大家来欢乐》、《万家欢乐》等深受群众喜爱的综艺性节目。省电视台共举办各类文艺、专题晚会21场。省影视中心和河北电视台摄制完成影视剧13部59集。电影《远山姐弟》在全国评奖中，连获童牛奖、政府奖、童鸡奖和"五个一工程"奖。《九十九只小白鸽》、《乡村警察》分获第十三届全国电影厂优秀电视剧一等奖和三等奖。《孔雀胆》在第十三届全国电视剧"飞天奖"评选中，荣获优秀戏曲电视剧一等奖。在第八届全国优秀戏曲电视剧评选中，《钟馗》荣获戏曲艺术片一等奖，《山外来的女人》荣获多本戏曲电视剧三等奖。

事业建设迈出更大步伐

1993年，河北省以团结奋斗、开拓进取精神抓事业建设，使广播电视覆盖继续扩大，在解决老、少、山、穷地区收听收看广播电视问题方面做出了新的成绩。

一、经过一年多的紧张筹备，总投资2300万元的河北经济广播电台、河北经济电视台先后于10月1日和11月20日正式开播。唐山经济广播电台于5月1日建成开播。

二、省电视中心工程进展顺利。22层主楼和裙楼主体工程全部完成，达到国家优良标准。全年完成工作量2230万元。

三、省围场大光顶山电视转播台工程于9月竣工并投入使用，扩大了省台在当地的节目覆盖。

四、投资50万元的音像资料馆主体工程完工。

五、按照省调频广播网规划，顺利完成了全省调频台改频工作。在编制全国调频广播覆盖网规划中，省厅被广电部评为先进集体。

六、市、地、县广播电视事业有了新发展。全省电台达到115座，比去年增加3座，电视台达到45座，广播电视发射台、转播台829座，广播人口覆盖率达73.7%，电视人口覆盖率达88.72%，比上年增加0.62%。全省已开播企业和行政区域性有线电视台12家，通过论证的行政区域台15家，有线电视终端达88万多户。

管理工作进一步加强

一、宣传管理：①继续坚持了厅宣传例会和宣传月分析会。省厅先后举办了全省广播电视节目主持人、市场经济宣传、广播电视节目创优研讨会，进一步加强了广播电视的业务指导和经验交流。②为完善县级电视台功能，1993年7月，全省43家县级电视台开办了文艺节目试点工作，由省厅统一供片。半年提供电视剧和电影片104部1512集。③对个别企业和地方转播台、电视台乱播滥放违纪行为进行了严肃查处。

二、行业及社会管理：①制定下发了《河北省有线电视收费管理规定》和《关于认真搞好有线电视网络技术论证的通知》；转发了广电部《关于坚决贯彻国务院129号令的通知》，对全省卫星地面接收设施安装混乱问题进行了清理，进一步推进了规范化管理。②根据广电部通知精神和部署，对音像非法出版和无证无照经营进行了重点打击。对全省电视剧制作单位重新换发了《长期许可证》。配合全省整顿文化市场行动，对15个市、县音像书刊市场进行了检查、整顿。共查获非法音像制品4万多盘，捣毁地下音像制点7个，缴获非法贴纸20多公斤，鉴定黄色录像带833盘。

三、技术维持管理：全省中波台设备指标入级率和甲级率首次达到100%；调频台入级率、甲级率分别达到89.5%和41.6%，中波、调频台设备甲级率比上年提高34%。电视发射台设备入级率比上年也有较大幅度提高。

四、人事管理：①为建设省经济电台和电视台，省厅本着"公平、公正、公开"原则，经过严格考试，从全省2422名报考人员中，选拔、聘用了122名采编和技术人才；为307发射台从社会上招收了20名值机人员；对省电视台广告信息部主任进行了招标聘任。②先后将62名干部调整充实到中层领导班子。③如期完成了专业技术职务评聘任务，评聘高级职务89人，中级职务244人，初级职务64人。

此外，1993年省厅还被广电部评为"全国广播电视系统统计工作先进单位"；机关档案经省里验收，由三级晋升为二级；保密、提案、年鉴编纂和行政事业单位财产清查登记工作也被省有关部门评为先进单位。

（王剑挺）

山西省广播电视概况

1993年，山西省广播电视在新闻宣传、事业发展和管理工作等方面，都取得了新的进展。

新闻宣传方面

1993年，全省的广播电视新闻宣传，以经济建设为中心，坚持团结、稳定、鼓劲和正面宣传为主的方针，继续着力进行了两个文明建设的宣传，突出了经济建设和改革开放的报道，为建设社会主义市场经济体制，实现山西经济上新台阶，发挥了积极的作用。

紧紧围绕省委、省政府的中心工作和重大部署，突出了对农业基础、基础产业、基础设施和煤、电、水、路等重点建设工程的宣传报道。各级广播电视台(站)以积极、主动的创造精神，及时开办新的宣传栏目，调动与运用各种宣传形式，对各项重点建设工程进行了连续的、大量的、有一定深度的报道。省电台和省电视台分别开办了《来自重点工程的报道》、《来自三项建设的报道》和《真抓实干、奋力拼搏》等重点栏目，从多角度、多层次、多题材进行了广泛深入的宣传报道，取得了轰动性的社会效应，受到了各级党委、政府和广大人民群众的赞扬和肯定。各地市台也纷纷开办"三项建设专栏"，在宣传报道各地、市、县三项建设经验与典型的活动中，收到了显著的成效，其中一部分报道被省台和中央台所采用。省电台、电视台在抓好"三项建设"和重点工程宣传报道的同时，还对全省各地、各行各业深化改革、扩大开放、转换国有大中型企业经营机制、加强宏观调控、建立社会主义市场经济体制、提高产品质量和经济效益、减轻农民负担、大力发展乡镇企业，以及实施大外经、大外贸战略等方面的实际情形、成功经验和典型事例，作了大量的、比较深入的报道，对于促进全省经济建设和改革开放起到了积极的作用。

在突出经济建设、改革开放宣传报道的同时，对精神文明建设、民主法制建设、思想理论建设、加强廉政建设和反腐败斗争、社会治安综合治理、纠正行业不正之风等，均作了及时的、有份量的宣传报道。在精神文明建设的宣传上，重点突出了对先进人物、对真抓实干典型的宣传。为此，各级电台、电视台在新闻和专题节目中都开辟了有关专栏，诸如省电台新闻节目中的《实干家》专栏、工商节目中的《三晋英雄谱》专栏、农村节目中的《蓬勃发展的乡镇企业》专栏等，都在突出宣传好典型人物和先进集体方面发挥了重要作用。在思想理论建设的宣传上，省电台开办的《学习十四大报告问答》、《社会主义市场经济》、《社会主义市场经济下坚持什么样的人生观》、《学习邓小平文选体会》等专题广播，在社会上引起了强烈反响。省电视台围绕纪念毛泽东诞辰 100 周年进行的一系列专题报道，对人民群众、特别是青少年产生了很大的吸引力和感染力。尤其是精心组织的《纪念毛泽东诞辰 100 周年文艺晚会》，层次高、格调高、内容丰富、主旋律突出、舆论引导正确，受到省委领导的充分肯定与全省人民的好评。两台在关于太原铁路分局全方位政治思想工作法的宣传报道上，也取得了显著效果。值得指出的是，进一步强化了新闻舆论的监督作用。省电台通过《平价农用柴油追踪报道》、《减轻农民负担万里行报道》、《环境保护万里行》、《37 路公共汽车终点站问题的追踪报道》、《旭兴花园强行拆迁民房问题的追踪报道》，舆论影响大、解决问题快，起到了化解矛盾、凝聚人心的作用，增强了党、政府和人民群众的联系。新开播的长城广播电台和黄河电视台，由于新闻舆论监督作用的强化，已成为社会上的一个热点。以黄河电视台为龙头的对外宣传工作，也取得了可喜的新进展。及时的新闻报道，丰富多采的栏目内容，受到了美洲地区广大观众的赞誉和中央有关的部门的肯定。3 月在美国洛杉机通过"熊猫电视台"成功地举办了"山西电视周"，并进行了"电视搭台，经贸唱戏"的有益尝试，为山西了解世界、世界了解山西作出了贡献。

在新闻改革中，各级广播、电视台（站）从服务群众、吸引群众的目标出发，做了进一步的探索，在播出时间、播出内容、播出形式和努力实现"三贴近"等方面都有一些较大举措，并且获得了突破性进展，办出了一批新的为群众喜闻乐见的节目。如省电视台的《经济十分钟》、《经济与生活》，黄河电视台的《黄河新闻》、《共度好时光》，省电台的《七彩生活》、《819 娱乐城》，长城电台的《肖平时间》，太原电视台的《今晚 8：20》、《12 频道新闻杂志》，晋中地区电视台的《心心桥》、《八面来风》，阳泉电视台的《社会广角》、《经济纵横》，长治电视台的《上党风》、《现实回声》等，可听、可视性明显增强。尤其值得一提的是，长城广播电台和太原经济广播电台的相继开播，打破了广播宣传的沉闷状态，掀起了一股强劲的"广播热"，群众参与十分活跃，收听率大大提高。

事业发展方面

在事业建设方面取得了突破性进展。1993 年建成了电视和中波两个发射中心；原来担负外宣任务的黄河电视台自筹资金覆盖全省主要地市，并正式对省内开播；连通全省各地、市的微波会议室已正式投入使用，新闻传呼台已开始对内对外营业；广播节目卫星上行站已经广电部批准，并完成了勘察选址工作；电视城、综合发射塔已经省计委批准立项，并开展了前期准备工作。各地（市）、县的事业建设也有较大发展。太原电视台大楼、太原有线电视台大楼、大同广播电视大楼、忻州地区广播电视大楼、晋中地区电视台演播厅等一批规模较大的基建工程已相继建成和正在完工。大同电视二台投资 200 万元建起的电视发射塔及发射机房配套工程已经启用。平定县 700 平方米的广播电视演播中心主体工程业已完成。侯马市采用 MMDS（多路全面微波传输系统）国际先进技术，建成了一个质量较高的有线电视系统。其他地（市）、县的事业建设也有程度不同的发展和改善。特别是有线电视台（站）的建设发展迅速，农村调频广播出现了好的势头。至 1993 年底，全省已有县级以上广播电台 17 座、电视台 26 座，有近 2000 个乡镇建起了有线广播站。

管理工作方面

在抓好新闻宣传、事业建设的同时，全省各级广播电视部门都重视了管理工作，并收到了较好的效果。一是认真抓了巩固普及广播电视成果的管理维护工作。晋中地区不但建立、健全与落实了广播电视管理责任制，而且为巩固广播网络增加了新投入，同时还在公安等有关部门配合下打击了盗窃与破坏广播电视设施的犯罪活动。运城地区在各县都开展了广播电视管理效益年活动。晋城市郊区对全区的广播线路、网络及收听工具分别进行了培土、标号、改迁、维修和刷漆等工作，并在每一乡镇开展了 10 个高标准网络村建设。二是社会管理工作逐步得到重视。各级广播电视部门对音像市场、卫星地面站、电视剧制作、有线电视台（站）等进一步加强了管理，维护了正常的秩序。与此同时，抓紧建立、健全、完善各项内部管理的规章制度，使管理工作逐步朝着制度化、规范化和科学化方向发展。三是加强了反腐倡廉和纠正行业不正之风工作。结合反腐败斗争，各级广播电视部门认真开展了职业道德教育和党的新闻工作的优良传统教育，普遍作了纠正行业不正之风和禁止“有偿新闻”的规定，许多电台、电视台通过播发公告和公布举报电话等形式，自觉接受社会各界的监督，以实际行动同各种不正之风和腐败现象作斗争，维护了广播电视工作者的良好形象。

（杜玉芝）

内蒙古自治区广播电视概况

1993年，内蒙古自治区的广播电视宣传和事业管理工作，以党的十四大精神和建设有中国特色的社会主义理论为指导，按照自治区党委、政府提出的“以开放驱动全局”和建设“两带一区（沿边开放带和沿铁路开发带，资源富集区）”的发展战略，全面，系统地宣传报道了自治区在深化改革，扩大开放，加强宏观调控等方面取得的成绩。

一、紧紧围绕经济建设、市场经济，反腐倡廉以及全区各阶段的中心工作，不失时机地进行各种形式的宣传报道，概括起来主要内容有：

1、全面宣传报道了自治区深化改革，扩大开放，加强宏观调控的工作。

1993年初，内蒙古广播、电视两台以宣传中央和自治区党委扩大会议精神为主，集中宣传了自治区党委和政府关于“以开放驱动全局”和“建设两带一区”的沿边发展战略。通过发布会议文件，区党委、政府领导同志讲话，会议代表的发言，形成了一股强大的宣传声势，为全年的工作开展创造了良好的舆论环境。在二季度宣传中，配合自治区政府出台的各项宏观调控措施，两台播出了大量的消息、通讯，使广大干部群众正确认识加强宏观调控的意义，为自治区的深化改革，加快发展起了很好的引导作用。

2、自治区广播、电视两台围绕着区内重点工程建设的宣传，给予了不间断的报道。使人们从重点工程的进展中看到改革开放带来的成绩。其中内蒙古电台播出的系列报道《电之光》、《铺路石》，内蒙古电视台开辟的“来自第一线”的报道都受到群众的好评。

3、自治区两台以宣传建立社会主义市场经济体制为重点，突出了深化经济体制改革的宣传。两台对建立社会主义市场经济体制，企业贯彻落实《条例》等进行了一定规模的宣传报道。同时还大力宣传了农牧业的基础地位以及中央和自治区关于稳定发展农牧业生产，进一步繁荣农村牧区经济的一系列方针政策。

4、反腐倡廉的宣传，是1993年广播电视宣传工作中的重点。从7月到10月，内蒙古广播电视蒙，汉语新闻节目播发了160多篇反腐倡廉的消息、言论，揭露了犯罪分子的丑恶，严肃了党纪国法，宣传了共产党员，先进模范人物的廉洁奉公的高风亮节。

5、1993年内蒙古自治区的广播电视文艺宣传坚持“二为方向”，“双百方针”，突出“三个特点”，积极组织健康向上的节目。播出节目注重弘扬民族文化，进行爱国主义、集体主义、社会主义教育。电视全年播出电视剧、电影、文艺片500多部，近千首歌曲。如“百部爱国主义题材”电影正在播出；纪念毛主席诞辰100周年文艺节目；自己录制的“MTV”等。内蒙古电台主要通过热线电话、群众点播和自办节目来宣传爱国主义精神。

二、深化内部机制改革，提高节目质量，丰富节目内容。

1993年，内蒙古的广播电视锐意进取，勇于创新。广播电视两台竞相引入竞争机制，大胆进行体制改革，为广播电视节目的改革创新提供了良好的环境条件。内蒙古电视台在春节后，首先在内部体制上动大手术，撤销过去的处级建制，成立了无级别建制和无级别设岗的栏目制作，报道、电视剧制作、蒙语节目制作、经营管理五个中心。本着优化组合人员的原则，采取平等竞争、双向选择、择优聘用的办法，层层选聘。这一改革激发了人们极大的工作热情，带来了丰硕的成果。栏目制作中心在台里不拨分文经费的情况下，一年来，克服种种困难，自身积极挖潜力，先后开办了《社会服务》、《经济天地》、《文化板块》、《追光灯》等五个栏目，全年共播出2500分钟，112期，完成7场约400分钟的文艺晚会节目。改革带来的电视屏幕的新气象，引起了区内外观众的激烈反响。到年底，这个中心除解决事业经费外，还增加了60万元的新设备。

内蒙古电台在节目改革中，着眼于整体设计，充分发挥广播特点和人民台两个优势，在努力体现“贴近时代、贴近生活、贴近听众”的基础上，提出了“加强新闻、精办专题、搞活文艺、扩大服务”的总体设想。汉语广播经过改革，已经形成了一个以新闻和经济类新闻板块为龙头，社教和文艺板块为两翼，社会服务作补充的节目格局。即早晨以新闻和经济类新闻板块为主，中午以社教等综合服务板块为主，晚上以文艺、音乐板块为主的节目播出格局。

改革给内蒙古的广播电视带来了意想不到的成果，内蒙古电台新闻节目全年播出消息、通讯、言论7000多条；电视台《内蒙古新闻》、《晚新闻》全年播出4000多条。如今，内蒙古的广播电视已经成为人们了解内蒙古的主要渠道。

三、事业管理方面

1、1993年是我区广播电视事业建设发展关键的一年。经过国家有关部、委、局的研究论证，为我区确定了1993—1997年广播事业建设五年计划。为顺利实施五年计划，使近亿元的投资发挥其应有的效益，自治区政府专门成立了实施“五年计划”领导小组，并于8月份召开了全区广播事业建设五年计划落实工作会议。会议明确了实施“五年计划”的指导思想，主要任务、奋斗目标、管理办法和基本要求，签订了实施“五年计划”责任书。

2、内蒙古广播电视厅在自筹资金、自主经营、自负盈亏、自我发展、自我约束、自担风险等六项原则要求下，经自治区政府批准，筹建了内蒙古有线电视台和经济广播电视台。这两个新台在自治区广播电视厅领导下，将建成为社会主义市场经济服务，为改革开放服务，为社会群众服务的事业单位实行企业化管理的宣传实体。目前，有线电视台还在试机阶段。它采用世界上较为先进的 MMDS（全向多路微波）以及干线电缆传输方式，为用户提供 5 套有线电视节目。经济广播电视台将于 1994 年 5 月试播。

3、内蒙古的广播电视从实际出发，制定了以采用卫星广播电视技术为主的扩大全区广播电视人口覆盖率的技术政策。加强全区“三小站”的建设，解决了边远地区地广人稀、居住分散收视不方便的问题。

4、做好系统内的“安全、优质”播出工作，为全厅深化改革保驾护航。今年，在播出任务平均增加 20%，播出经费和人员没有增加的情况下，中短波停播率降至 15 秒／百小时，电视停播率 9.5 秒／百小时，微波停播率 2.5 秒／百小时，优于计划指标 50%，改造机架 94 部。

1993 年，在音像管理工作方面，内蒙古广播电视厅以 2 号通告的形式发布了“内蒙古有线电视节目管理实施细则”，规定了对全区有线电视实行统一供片。全年审查电视录像片 500 多部，保证了全区各行各业有线电视的健康、正常播出。并与公安、工商部门紧密配合，一举摧毁了包头地区非法录音制作点，使犯罪分子受到了法律的制裁。

（李保国）

辽宁省广播电视概况

辽宁省广播电视厅

1993 年，辽宁省广播电视系统各方面的工作，在邓小平建设有中国特色的社会主义的理论指引下，坚定贯彻执行党的十四大确定的方针、路线，为两个文明建设服务，并取得新进展。

辽宁省广播电视各级局、台、站，在厅党组的领导下，坚持以宣传为中心，始终重视广播电视的宣传。他们的指导思想是，把宣传邓小平理论和党的基本路线，同辽宁的实际结合起来，为辽宁的经济建设和改革开放创造良好的舆论环境。

在物质文明建设方面，是围绕党的十四大路线、方针、政策，和十四届三中全会关于建立市场经济若干问题的决定进行的。中共辽宁省委、辽宁省人民政府提出了“第二次创业”的经济发展新思路。各级广播电台和电视台，在充分报道“二次创业”提出的背景、奋斗目标、面临的问题及采取的对策之后，根据辽宁的省情，围绕两个方面，进行深入的报道。一个是，辽宁国有大中型企业比重大，其中多是基础产业，这些企业如何贯彻《条例》转换经营机制，不仅在辽宁省的经济建设中起到决定性的作用，而且对全国社会主义市场经济的建设，也有着举足轻重的关联。另一个是，发展辽宁的乡镇企业，改变其相对落后的状态，这对活跃辽宁的经济，有着重要的作用。

在精神文明建设方面，全省的电台、电视台的指导思想是，宣传“两手抓”，宣传本身就要以弘扬主旋律、大力宣传社会主义、爱国主义、集体主义精神为核心，坚持精神文明建设的宣传经常化。1993 年在作好七・一、十・一、领导人为雷锋题词纪念日的报道的同时，还根据当年的特点，通过几项重大活动，如《邓小平文选》的发行，宣传邓小平理论的划时代意义及历史作用，毛泽东诞辰一百周年纪念活动，进行毛泽东思想和革命传统教育等等。

实现这些指导思想和具体部署并取得社会效益的措施，首先是坚持对宣传本身的改革，发挥广播电视的特点及其优势，使广播电视的新闻报道及各类节目能深入人心。借助“快”的优势，一些重大新闻，广播电视比报纸提前半天播发给受众，广播还采制了同步新闻；利用声音或形声俱备的特点，采用现场报道的形式，新闻的主人公现身说法，成了新闻的讲话者、传播者，增强了可信性和感染力；社教节目，由于组织或吸引广大受众参与，一改单向灌输为双向对话，改说教为交流，受众把广播电视视为知己，在潜移默化、细雨润物之中，帮助受众接受科学的人生观、价值观和世界观。这些改革，已普遍为电台、电视台所运用，密切了与受众的联系，在不同媒体的竞争中，保持、提高了收听率收视率，以电视新闻为例，收视率始终保持在 30—42%的水平。到 1992 年底，辽宁全省城镇彩色、黑白电视机的普及率为每百户 122.1 台，而城镇人口，在全省总人口（3957.7 万）中占 72.7%，这说明电视新闻拥有的长期观众的数量是极为可观的。

其次是，在改革宣传的同时，继续坚持长期行之有效的方法，并予改善和提高。如典型的示范作用，就收到很好的实效。在搞活大中型企业的报道中，突出宣传了葫芦岛锌厂、鞍钢、锦西炼油总厂的老企业技术改造的成就和作法。在乡镇企业的报道上，展示了《东北第一村 —— 大连小辛案子村》发展的轨迹，对人们的思想发展和工作借鉴，都产生了深刻的影响。辽宁电视台摄制的《炎黄子孙》《中国留学生在美国》系列电视片，成为爱国主义的活教材，在海内外产生广泛的影响。在各项报道中，重视作为两个文明建设主体的人的作用的宣传。《马家军》三集电视片，形象地把马家军坚韧不拔勇攀高峰的精神，和顽强拚搏刻苦训练的情景，展现给观众；使人们受到很大鼓舞，同时，也无可辩驳地回答了服兴奋剂的不实之词。这方面，特别注重了在建设社会主义市场经济中，各行各业先进人物，普通人物的宣传，介绍了他们的事迹，思想境界，精神风貌。这类的报道，在广播电视中，每天都可以看到听到。

还有，省厅党组发挥学会的作用，重视从业务理论上提高编采播人员的素质，同学会共同组织了广播电视宣传市场经济经验交流会，委托学会在优秀节目评选之后组织学术性的讲评（已坚持数年），学会组织的广播新闻类板块节目研讨会，对总结宣传改革的经验，引导改革深入发展，提高节目质量，都起到了催化的作用。由于厅、局、台各级领导一直重视人才的业务素质建设，广播电视节目的质量，始终保持上升的趋势，它的一个标志是，1993 年在全国广播电视优秀节目的评奖中，辽宁节目的获奖率及奖级，继续稳定地居于前列之中。

为了使宣传部门的努力，都能在受众之中收到实效，省厅和各市局、台、站的广大技术人员，把自已的工作都集中到一点上，就是让更多人看得见看得好电视，听得见听得好广播上。辽宁省按人口的覆盖率，电视为 72%，广播为 74%，低于全国平均水平，这主要是因为一些地区的自然条件不适于用微波传送节目。省厅把扩大覆盖率作为一项战略任务予以重视，决定采取卫星传送节目的办法，为此修建的卫星上行站，土建工程已经完成，正抓紧设备的安装调试（1994 年三季度可正式运行）。联结黑龙江、吉林、辽宁东北三省的微波联网工程，已于年内顺利完成。为了保证受众听好广播看好电视，各台站认真负责地做好现有技术设备的维护工作，在全国省级竞赛中，得分又一年领先。

1993 年，全省有线电视的建设有了长足的发展，主要是区域性台扩展全省，省内 14 个市已有 13 个市级有线电视台，入户约 45 万户，加上县、区和企事业单位的台站、共用天线系统，全省已有 200 万户左右进入有线电视网，约占全省总户数的 1／6。

省厅和各市县局，依据国务院令，对接受卫星的用户、音像制品的制作发行、电视剧的摄制发行等，加强了行业和社会管理，发挥了政府的职能作用。

吉林省广播电视概况

一、事业建设大步前进

1993 年吉林经济电视台、吉林经济广播电台、吉林省广播电视信息台、吉林省吉佳广播电视广告有限公司于元旦正式开播。吉林电视台开办白天节目，结束了平日白天没有节目的历史，每周节目净增 35 小时。吉林东北亚音乐台经过试播，将于 1994 年元旦正式开播，每天 24 小时连续广播。

全省现有广播电台 26 座，电台占有数名列全国第 10 位；共办 31 套节目，办节目套数名列全国第 9；电台广播覆盖率已达 85%，居全国第 7。现有电视台 40 座，电视台占有数名列全国第 5 位；共办 41 套节目，办节目套数名列全国第 7 位；每周电视共播出 1427 小时，播出时数名列全国第 6；电视人口覆盖率为 82%。

微波站已建成 67 座，微波站占有数名列全国第 5 位；微波电路总长 2500 公里，按里程距离计名列全国第 6。实现东北三省广播电视微波联网。吉林电视台一号 800 平方米演播厅工程装备完毕。为 1994 年东北三省春节晚会现场直播做好准备，也为今后制作大型节目创造了条件。

区域性有线电视事业发展迅速。长春、吉林、四平、通化等 4 市的有线电视台现已安装 7.67 万户，架设干线 59.8 公里，开通 10—15 个频道。还有 16 个市、县（市）的有线电视系统工程的总体规划和技术方案通过了论证，目前正在筹建中。全省中波调频发射机指标甲级率达 100%，电视发射机指标甲级率已达 71%，进入全国总分第 2 名。

完成全省大功率调频台的规划，全省布设 503 个频道，为全省调频广播的发展打下基础。与朝鲜就咸镜北道、两江道和我国边境地区小功率分米波电视发射台、转播台使用频道进行会谈。经协调，我方 732 个频点、朝方 194 个频点。为我省边境人民多看、看好电视作好了规划。

利用广播电视优势开拓第三产业，组织创收又登上一个新的台阶。省厅预算外收入连续三年翻番，用于设备购置，更新和补充经费达 2500 万元，有力地支持了广播电视事业的发展。

《吉林广播电视报》于元旦改为《视听导报》。由 4 开 4 版扩为 4 开 8 版、4 开 12 版、双期 4 开 16 版。发行 41 万份，单期最高发行量为 78 万份。

松源市广播电视局成立。至此，全省九个市、州都有了完整的广播电视行政管理机构。

二、宣传改革步入纵深

全省广播电视宣传紧紧围绕党中央提出的建立社会主义市场经济体制和省委、省政府提出的建设发达的边疆近海省的宏伟目标而开展工作。吉林电台在《全省联播》《吉林新闻》两个重头新闻节目中，从二月份开始开办《抓落实，求实效，上新台阶》专题广播，一个月就播出 12 次，播发重点消息、通讯、专访等 18 篇。开办《同心协力建设发达的边疆近海省》专题广播，仅 5 月份就播出专题 12 次，发稿 63 篇。吉林经济广播电台举办《′93 经济新潮》《′93 国贸情》等大型现场直播活动。吉林电视台、吉林经济电视台以经济建设为中心，加大宣传力度。为建设发达的边疆近海省进行全方位、多侧面的系统报道。适应改革开放，满足观众要求，推出各种新栏目。全年共播发新闻 12375 条，其中经济新闻 8005 条，被中央电视台采用 392 条，上中央电视台《新闻联播》102 条。长春人民广播电台、长春电视台播出经济建设和改革开放的稿件占播出总数的 70%以上。长春人民广播电台开办《市场经纬》等栏目，播出各类经济新闻 2000 条。延边电台共播出朝语、汉语新闻 9659 件，被省台和中央台采用 142 件。延边电视台新开辟《经济漫步18分》，播出《延吉市房地产热后的反思》等系列报道，在社会上引起强烈反响。

这些宣传活动，为建立市场经济体制和建设发达的边疆近海省创造了良好的舆论环境。

在纪念毛泽东同志诞辰一百周年和学习《邓小平文选》第三卷的日子里，全省各级电台、电视台都组织播出了各种形式的节目，其规模之宏大都是历来少见的。吉林电视台摄制了大型专题片《我与毛泽东》、大型文艺晚会《北斗·太阳》以及《京歌唱风流》等，质量较高，影响很大。试播中的吉林东北亚音乐台、吉林电台与全省各地市电台联合举办了《纪念毛泽东诞辰一百周年》系列音乐专题节目展播评奖活动。吉林电台、吉林电视台相继播出了学习《邓小平文选》第三卷专题节目，请专家、学者与广大听众、观众见面，收到良好的效果。

延边广播电视局承办的"金光振颠球进京支持北京申办奥运会"活动，轰动国内外，一时成为省内乃至国内新闻界宣传的热点。

改革宣传主要从三方面进行。一是进行了结构性的改革。过去只有单一的综合性的吉林电台、吉林电视台，现在正式开播了吉林经济广播电台、吉林经济电视台、吉林省广播电视信息台。东北亚音乐台也进行了试播。二是内容改革。使宣传内容更贴近生活、贴近实际、贴近群众。吉林电台以新闻为主，成立新闻中心，实行编、采、播一条龙工作方式，设置新闻热线电话，实行滚动播出。开办738系列节目。同时，还开办了《长白夜话》《边海风云》等节目。进一步改进了《周日大世界》。吉林电视台对《欢乐在今宵》进行了改造，《大家谈》进一步深入人心，《农村俱乐部》越办越好。新开辟的晚十点的《新闻5分钟》追踪社会热点，受到好评。三是播出形式上的改革。吉林电台改变过去录播形式，在小型节目试验的基础上，进行了大时段直播，有的节目全部直播。吉林经济广播电台到11月初就完成3450小时的直播任务。吉林电视台《大家谈》节目也每月搞一次现场直播。直播可以双向交流，能增强听众、观众的参与意识，收到较好的宣传效果，引起社会各界的瞩目。

广播电视文艺节目继续遵循"二为"方向，"双百"方针，突出主旋律。吉林电台元旦开办了第一个综合文艺直播板块节目《八小时以外》，8月又开办第二个综合文艺板块节目《738文艺列车》，受到广大听众的好评。全年共收到1.5万封来信。戏曲专题《梁红玉》获中国广播电视学会93年编辑一等奖。吉林电视台文艺节目丰富多彩。春节播出大型晚会《关东美》、"五·一"举办晚会《劳动者之歌》、"十·一"举办晚会《金虎腾飞》。《关东美》获全国"星光奖"三等奖。

全年共录制电视剧27部，161集，译制10部，57集。录制广播剧22部，85集。

改革进一步提高了节目质量。全省共有20个节目在国际和国内获特别奖、金奖、一等奖、特等奖。吉林电视台电视纪录片《远离的愿望》分获1993年挪威第五届国际自然纪录片特别荣誉奖和1993年意大利第七届桑迪欧国际自然纪录片特别奖。吉林电台的《吉林省最后一个无电屯通电》获92年中国广播奖一等奖。吉林电视台摄制的20集连续剧《大雪小雪又一年》荣获东北三省第七届电视剧"金虎奖"一等奖第一名。

三、管理工作重在实效

1993年，省厅党组成员在干部队伍管理工作中率先垂范，严于律己，制定出下基层"四不准"、外出考察"三不准"。

在队伍建设上，强化职业道德。对采编人员，采取有效措施，坚决禁止"有偿新闻"。省厅下发了《关于制定自律措施，坚决禁止"有偿新闻"的通知》，要求各市、州、县（市）参照执行。吉林电台对节目部作出"四可办"和"三不可办"的规定，台长与部室主任签订《创收纪律责任书》。吉林电视台发布有10条措施的《关于遵守职业道德，禁止"有偿新闻"的暂行规定》。广播电影电视部肯定了这些作法并转发全国。省厅兑现了去年设立的"特别新闻奖"，重奖有突出成绩的编辑、记者。对技术人员，提倡敬业、奉献、创新精神，在奖金发放上向第一线技术人员倾斜。为调动科技人员的积极性，举办了首届《北广杯》电视发射机维护大奖赛等三项评比活动，在全省技术队伍里造成极好的影响。

在宣传管理上，修订了《吉林省有线电视宣传、节目管理暂行规定》。认真贯彻国务院和广播电影电视部关于卫星地面接收设施管理规定，在调查和严格审查的基础上审批了接收境外卫星国外节目31座、国内节目281座。

加强科技管理，印发了《吉林省广播电视科学技术档案管理办法》。科研所实行科学管理，形成了科研——生产——商贸一体化的新格局，完成多项科研、生产项目。

厅音像处为市、县提供了2595本，3893小时的文艺节目，丰富了有线电视屏幕，受到基层好评。

吉林省广播电视学校保质保量完成教学任务，有66名各类专业学生毕业。举办了4个大专函授班和4期短训班，培养学员210人。

省厅还与吉林省无线电管理委员会联合发出《关于制止擅自销售、使用无绳电话机的通知》。

（钱　璞）

黑龙江省广播电视概况

1993年，黑龙江省广播电视宣传上突出经济建设主旋律，推广主持人直播节目；事业建设上系列电台、电视二套节目和有线电视台蓬勃兴起。其特点是高投入、大发展、上质量、喜丰收。

一、广播电视宣传突出经济建设主旋律

1993年，黑龙江省的广播电视宣传牢牢掌握“团结、稳定、鼓劲、务实”基调，以党的十四大和十四届三中全会精神、邓小平“南巡”讲话、建设中国特色社会主义和发展市场经济理论为指针，紧紧围绕各级党委、政府中心工作开展宣传。对社会上出现的热点、难点、疑点，审时度势，从正面引导，不刮风，不乱表态，不追求片面的轰动效应。对揭露性报道加强请示，多疏导，避免了偏差和失误。

对经济建设加大报道量，设立经济台、金融台、交通台等以宣传经济建设为主的专业台。省电台、电视台突出全省12件大事和22项重点工作、国有大中企业贯彻《条例》、发展优质高效农业和“粮牧企、贸工农、农科教、城乡四个一体化”发展新经济生长点的报道。对双城、铁力、肇东等市“不找市长找市场”发展市场经济，齐齐哈尔等地大中企业转换机制，牡丹江、佳木斯等地发展乡镇企业和县域经济，以及沿区、沿边、沿线重大战略升级的报道，都取得较好效果。哈尔滨电台和电视台根据市委提出“走向市场工程”的要求，集中宣传一批深化改革、转换机制、走向市场的典型。松花江电台和所属各县（市）台紧紧围绕地委提出的经济工作上台阶的目标，重点宣传“龙、虎、星”战略，宣传在资金、物资、项目、人才及领导力量上的倾斜政策和科技兴农、兴工及发展乡企、各级党委和政府解决农民负担的作法、经验、措施及各部门落实减轻农民负担的行动，共播发1000多条。绥化地区各台站着重宣传了农村股份合作制，国有民营、民有民营、私有私营的作法。双鸭山电台和电视台进行《集中力量抓经济，集中目标上台阶的系列报道，还开辟《企业行》、《面对大市场》等专栏，对乡镇企业发展中的“三难”进行讨论。庆安、密山、同江、望奎、饶河等县级台开办了《经济信息》、《江岸建设》、《经济方园》等节目。全省经济建设报道量占新闻宣传的60%以上。

宣传质量有较大提高。省电台的消息《江海联运》首获中国新闻奖一等奖，省电视台的连续报道《陶瓷轴承现象》获中国新闻奖三等奖。省电台在实现广播剧“五连冠”后，广播连续剧《紫藤》又名列榜首。省影视中心拍摄的电视剧《黑土》获全国电影厂评比二等奖，双鸭山电台（与省台联合）录制的《更新观念，走向市场》获全国理论节目一等奖；齐齐哈尔电台的《新屯乡的女人们》获全国优秀农村节目一等奖；哈尔滨电视台的《上下五千年》节目获全国电教节目一等奖、《青史照长街》获全国电视奖政教类二等奖；鹤岗电视台的《试谈电视人物专题的拍摄组织工作》获全国电视论文三等奖等。1993年，全省广播电视在全国各类评奖中，共有81件作品获奖。

二、广播宣传全方位与听众交流

全省大多数广播电台都打破了多年来我播你听的单向传输方式，在增加直播、设置热线电话、吸引听众参与方面迈出较大步伐。省电台又推出《热线交流》、《黑土夜话》、《今夜星光灿烂》、《北国夕阳红》等直播节目，使直播节目增加到12个。哈尔滨电台和经济台不但增加市内直播节目，还开办与其他城市台间的现场直播节目。双鸭山电台推出的直播节目《今日半小时》、《听众天地》、《星期天特别节目》，有500多位各界嘉宾走进电台直播，共接6000多次打进直播间的热线电话。大庆电台将每星期日播出的《油城之声》节目，以《茶余饭后》、《街谈巷议》、《八小时以外》的综合板块形式出现，更加轻松、灵活和贴近生活。牡丹江电台的《大千世界》、《北国山乡》、《华灯初上》、《花儿朵朵》等除设有热线电话外，还设有《684服务台》。牡丹江经济台设有《经广传呼》、《大哥大快报》、《记者抽播》等直播节目。双城、庆安等县级电台的专题节目都以主持人形式直播，节目亲切、生动、感人。

三、系列广播电台大发展

1993年，黑龙江省的系列电台和专业电台如雨后春笋，蓬勃发展。省电台在人力、物力和财力都较紧张情况下，通过自身创造性工作和社会各界支持与帮助，先后办起文艺台、朝鲜语台、经济台、金融台、儿童台和交通台。全台每天播出时间由33小时增加到58小时。其中6月6日开播的金融台以专为股民服务，推动金融市场发展为宗旨，属全国第一家。哈尔演开办了经济台和文艺台，还有牡丹江经济台、佳木斯经济台和大庆交通台等。

四、无线电视台加快改革步伐

增加节目套数。省电视台于6月28日开办以经济和文艺节目为主的二套节目，结束建台35年来只有一套自办节目的历史。黑河电视台开办经济电视台（即二套节目），齐齐哈尔开办电视二台（即二套节目）等。

调整电视节目。全省许多电视台先后对自办节目、节目形式及内容进行调整。省电视台11月进行一次较大的节目调整，《全省新闻联播》由每星期6次增加到7次，《晚间新闻》由5分钟延长到10分钟，新开办了《北方直播室》、《经济时空》、《大赛场》、《生活三原色》、《八点太阳》、《钻石一刻钟》等节目。《北方直播室》是第一个设有热线电话的直播节目，电视观众可通过电话直接参与节目。大庆电视台推出4个板块节目，其中《五彩天地》中开设观众点播。鸡西电视台增办《热线追踪》，为观众和经济建设服务。

增办俄语节目，扩大与国外交往。省电视台于6月1日开播全国首家地方电视台俄语节目，为俄罗斯人了解、认识中国和黑龙江，促进经贸合作提供窗口。9月，黑龙江电视台又牵头主办了“中、日、俄国际电视协作会议”，与日本新潟放送网、俄罗斯国立“远东”广播电视公司、符拉迪沃斯托克市“太平洋”广播电视公司、伊尔库茨克广播电视公司及萨哈林广播电视公司的代表签署了“中日俄三国六家电视台哈尔滨宣言”，俄罗斯的4家电视台分别定期播出黑龙江电视台提供的俄语节目。

五、有线电视台异军突起

1993年，黑龙江省广播电视系统内掀起办有线电视台热潮。市地级的齐齐哈尔、大庆、牡丹江、七台河、双鸭山有线电视台先后开播。鸡西、哈尔滨、绥化、大兴安岭、黑河、伊春等正筹建有线电视台，有的已开始试播。肇东、兰西等县（市）也已建成有线电视台，明水等一批县正在筹建有线电视台。

（于星海）

上海市广播电视概况

上海市广播电视局

1993年，是上海广播电视在新的宣传体制下运作的第一年。在邓小平同志视察南方重要谈话和党的十四大精神鼓舞下，上海广播电视加大改革的力度，提高改革的层次，努力探索一条具有中国特色和符合上海情况的社会主义广播电视的发展路子，于1992年底前后出台了新的重大改革措施：1992年10月28日，东方电台开播；1992年12月26日，上海有线电视台开播；1993年1月18日，东方电视台开播。加上原来的上海人民广播电台和上海电视台，在上海这个大城市里，出现了五座并行并列的广播、电视台，形成了前所未有的五台称雄各领风骚的局面。

既竞争又合作的宣传体制和格局，明显地加强了广播电视在人民群众中的吸引力，增强了广播电视在社会舆论中的份量和渗透力，使广播电视的喉舌功能、教育功能、文化娱乐功能、监督功能得到进一步发挥，为上海的两个文明建设和改革开放作出了应有的贡献。

宣传的改革，促进和推动了广播电视各项事业的发展和提高，1993年，上海的广播电视事业建设、经营管理、队伍建设等方面，都取得了令人瞩目的成就。

一、新闻宣传在增加信息量、扩展报道面、提高时效、加强宣传的力度和深度方面，都有明显进步。

竞争机制形成以后，两家电台和两家电视台对骨干节目——新闻节目精心设计。东方电台在广播的黄金时间，从早晨7：00开始，推出了为时一小时的《东方新闻》综合性新闻板块。采用主持人直播的方式，除在“东广快讯”这个栏目里的平均每条不到百字的快讯播出数十条国内外最新消息外，还设有重点追踪报道、反映群众呼声的“东方传呼”、评论“东方论坛”、介绍新闻人物的“东方百家”等固定栏目，这是东方电台新闻节目的重头戏。东方电台新闻节目的整体安排基本按正点有快讯的框架设计，每天18点一档还有各地晚报内容介绍。上海电台原来早晨的重点新闻为半小时，在竞争的态势下，它们也增加为一小时，扩大了容量，丰富了内容，并设有世界各主要报刊版面介绍。上海电视台于1993年2月1日开出了《上海早晨》半小时的新闻板块，及时播出前天晚间收录和本台记者采制的新闻，改变了长期的上海电视早晨无新闻节目的状况。东方电视台傍晚18：30的重点新闻节目设立港台专线是其特色之一。

经济建设是新闻宣传的重点。各台紧紧抓住浦东开发开放和重点工程项目组织一系列报道，较全面地反映了上海经济发展的概貌。上海电视台为了展示上海改革开放和城市建设日新月异的变化，从8月20日起，在《STV新闻》中连续播出了“上海在变样”专题新闻片共23集；上海电台从九月份起先后推出了两个系列报道“大工程中的小人物”和“重点工程之最”。这些报道，不但注意思想性，而且讲究可看性和可听性。东方电台为了反映长江沿岸五省一市改革开放的新面貌和上海的龙头作用，派出三位记者沿长江实地采访，组织了“长江万里行”系列报道共49篇。

为了加强经济宣传的力度和广度、上海电台的市场经济台从1993年7月26日起，增设《市场经济ABC》节目，采用主持人对话形式，结合上海大市场、大商业发展的实例，系统地介绍社会主义市场经济的属性、特性和功能，普及这方面的知识。上海电视台也播出了“市场经济访谈录”。

二、广播电视的多种功能得到进一步发挥，广大干部群众更加重视广播电视，广播电视在社会生活中的作用进一步显示。

1993年，上海电台办有8个系列台，8套节目（新闻综合台、音乐台、文艺台、交通信息台、市场经济台、英语台、广播教学台、浦江之声台）；东方电台办有两套节目（一套综合性编排，一套以音乐为主的调频立体声节目）；上海电视台两个频道，两套节目（均综合性编排，各有侧重）；东方电视台一套节目；上海有线电视台12个频道播出13套节目（其中3个频道为自办：综合性频道、体育频道、信息频道。在转播的10套节目中，有中央电视台的4套节目）。它们组成了丰富多采的上海广播电视信息源，数量大大超过了以往的年月。改变传统的广播电视播出模式、大批新节目新栏目的出现，是1993年上海广播电视改革的重要成果。1993年，在五台竞争的态势下，各台纷纷增加或设立谈话类和竞技、游戏、娱乐类节目，并普遍采用了主持人直播和群众参与的形式，东方电台792千赫全天24小时播音，全部采用直播形式，这在国内还未见先例。谈话类节目吸引了广大受众。上海电台一周五次每天中午播出的《市民与社会》节目，已经成为名牌节目。上海市的市长，各位副市长、各区区长，以及许多专家，都曾在直播室里与一般市民通过电话讨论群众关心的各种问题，沟通了领导与群众的直接联系，既发挥了舆论工具的监督作用，又起到了疏导作用。1993年，在上海干部群众中广泛开展了“学科学、学知识、学技术”的“三学”活动，东方电视台的《东方直播室》节目组织了14次专题讨论，对开展这项活动起到了很好的促进作用。

文艺节目加强了宏观调控，坚持了多样化，突出了主旋律。为弘扬民族文化，上海电台的《华夏旋律》的编排；东方电台举办的《中国风》。上海电视台的《春雪》，东方电视台的《东视经典》，专门播出国内外高雅音乐舞蹈艺术，东方电视台还主办了《东方雅韵·′93南北京剧名家荣誉汇演》。两家电视台还投资数十万元录制了一系列民族音乐MTV，改变了荧屏上只有海外公司制作的MTV一统天下的状况。电视剧的播出也有了明显改观，国产片已占到59%以上，黄金时段播出的港台及海外片降到15%以下。在上海电视台拍摄的电视剧中，当代题材的片子占了绝大多数。音像、录象公司制作出版了大批反映民族文化和国外高雅文艺的音带、像带。

在纪录片方面，还出现了“毛毛告状”等一批引起社会强烈反响的好片子。

三、举办了“第四届上海国际广播音乐节”、“第三届上海国际足球赛”，完成了首届东亚运动会的转播和宣传任务，对外宣传成绩显著。

1993年11月7日至11日，举行了“第四届上海国际广播音乐节”，共有44个国家和地区的广播电台、公司提供了参赛节目135套，参加的外宾200多人，内宾700多人，规模大大超过上一届。评出了金编钟、银编钟、铜编钟大奖和各项单项奖，上海电台制作的《神州采风》获金编钟大奖。

上海广播电视局与上海市体委合作主办的“第三届上海国际足球锦标赛”，于8月份在上海举行，请来了代表亚洲、欧洲、非洲和拉丁美洲不同打法的外国球队，组织了八场比赛，历时十天，对提高我国足球水平，改革体育管理体制，具有重要的意义。上海电视台、东方电视台联合承担了全部现场转播任务。

五月份在上海举行的第一届东亚运动会是一次重大国际性体育赛事。上海广播电视系统在中央三台以及一部分兄弟省市台的协助下，对12个比赛项目，共173场赛事全部提供国际标准的电视实况信号，其覆盖面达到14亿观众。上海电台、东方电台从开幕前的准备工作到运动会结束，播出有关东亚运的稿件都在一千篇以上。

1993年是上海和日本横滨结成友好城市20周年·12月4日上海电台与横滨NHK电台联办了“一衣带水·空中彩桥”三小时直播特别节目。

对外宣传窗口进一步扩大。上海电视台出口的各类电视节目大大超过1992年，东方电视台通过卫星向香港传递新闻获得成功。浦江之声电台每天的播出时间从6小时增加到8小时。

四、基本建设速度加快，经营管理和队伍建设都有所加强。

全局六个在建项目全面铺开，列入市重点工程的460米广播电视塔土建结构已封顶，经验收质量符合标准；新建的广播大楼破土动工；国际新闻中心大楼进入安装装饰阶段；有线电缆光纤传输网络基本完工，到年底为止，有线电视联网户已超过70万户；东海影视乐园在完成“江南水乡”等景点后已初具规模；供东方电台、东方电视台等单位使用的新的浦东严桥基地开始进入设计阶段。1993年是上海市广播电视局基本建设发展最快的一年。

市郊各县（区）广播事业也有新的发展，1993年有2家县级电视台开播，到1993年底，已有8家电视台，7座调频台。

1993年是上海市广播电视局实行第三轮三年为期的财政综合承包的第一年，由于多渠道地开展了开源节流工作，提前两年实现了承包协议规定的到1995年的创收指标，比1992年增长了一倍。在分配机制上，在确定责任制和完成创收指标的前提下，内部实行工资总额包干、工效挂钩等措施，调动了局和台两个积极性。人事工作方面，广泛采用了招聘、聘任等方法。

在加强队伍建设方面，普遍开展了反腐倡廉教育。并从禁止“有偿新闻”入手，从局到各单位都制定了各类人员的廉政规定；局培训中心先后举办了三期节目主持人培训班，一期计算机应用培训班和财会干部学习班。

江苏省广播电视概况

1993年，是江苏省广播电视系统改革和发展迈出较大步伐的一年。

宣传工作

1、广播电视节目数量大幅度增长

节目套数增加、播出时间增加、信息量加大是1993年江苏广播电视的一个显著特点。全省各级广播电台平均每日播出自办节目620小时14分，比1992年增加了273小时37分。省电台自办节目增长162%，全年制作广播节目84940小时26分，是增长率最高的一年；全省各级电视台平均每周播出1804小时8分，较1992年增415小时24分。省电视台全年制作电视节目10387小时30分，比1992年增加5789小时21分。

省、市级电台、电视台由单一台种向系列台格局发展。江苏人民广播电台新设立了江苏经济台、江苏文艺台和江苏信息台。江苏电视台设立了经济台。无锡市广播电视局从一个电台、一个电视台发展到7个台。其它城市也大都建立了经济台，这一年被广播电视界称之为“办台年”。仅南京地区的电台就有八、九家，形成激烈的竞争局面。

2、突出经济宣传

1993年，围绕建立社会主义市场经济体制目标，有计划地展开了一系列有声势、有针对性的宣传，引导全省人民坚定信心，以积极的态度克服困难，促进经济又快又好地健康发展。省电台和省电视台始终坚持以经济宣传为中心，根据经济形势的发展，多次组织有影响的重大报道。省电视台开办了《转换机制大家谈》、《效益纵深谈》、《市长谈市场》等栏目，宣传中央的精神和我省采取的措施，报道先进企业的做法和经验。同时，还采制了《希望工程在江苏》、《公交变奏曲》、《建设中的沪宁高速公路》、《致富工程系列述评》等大型系列报道十多个，受到省委省政府领导的表扬。江苏人民广播电台也推出《江苏国有企业转换经营机制纪实》、《金闻之路》、《江苏乡镇企业股份制试点经验》、《宏观调控后公款消费热能降温吗》等专题报道和连续报道，在社会各界引起较好的反响。镇江人民广播电台《理论与实践》节目为配合社会主义市场经济理论的学习讨论，开办了独家访谈录，播出20多讲。

3、弘扬主旋律、加强精神文明宣传

江苏电视台开办了《雷锋精神在岗位闪光》和《奉献者之歌》栏目，省电台播发了《一个军人的价值观》和《一位清正廉洁的好干部——追记江浦县龙山乡乡长赵玉明》，集中宣传了一批在平凡岗位做出不平凡事迹的先进典型和一批为政清廉、艰苦创业的优秀干部。各级广播电视部门还精心组织了纪念毛泽东同志诞辰100周年的宣传，常州经济电台开设了《红色之旅午间专线》特别节目。江苏电视台、南京有线电视台通过组织以优秀影视片展播为主体的系列教育活动，进一步激发了青少年的爱国主义激情。

4、积极配合省委、省政府中心工作开展宣传报道。

1993年，江苏省委、省政府召开一系列重要会议，对全省工作做了安排和部署。江苏各级广播电视部门根据自身特点，开展了多方面的宣传报道与之配合。如，关于十四届三中全会精神的宣传，关于建设有中国特色社会主义理论和学习《邓小平文选》（第三卷）的宣传，关于国有大中型企业转换经营机制和建立现代企业制度的宣传，关于突出和强化“农业是基础”的重要精神的宣传，关于反腐倡廉和法制教育的宣传。省人大、省政协会议和全省的重要工作会议，省电台和省电视台也都及时作了报道和宣传。

5、对外宣传和对外交流有新的进展

1993年，江苏省广播电视积极开展对外宣传。省电台、省电视台与日本国东海电台、电视台联合举办活动，互派记者采访，促进友好往来已进入第10个年头。金陵之声广播电台结合对台广播特点，面向台、港、澳，兼顾大陆，节目做了很大调整，一些节目采用模拟直播方式播出，收到了较好效果。江苏电视台以对外部为基础组建了“江苏省电视对外中心”。并于3月1日正式挂牌，中心全年共完成64小时25分的节目创作任务，创下对外部节目制作量的新纪录。省电视台全年在海外播出节目26小时35分。省电视台在美国旧金山66台开办每周一次60分钟的《今日江苏》节目，在美国斯果拉电视台教育频道开办每周一次30分钟的《江苏报道》，在美国纽约中文台开办每周一次12分钟的《中国江苏》栏目，在亚洲一号通讯卫星上开办每周一次30分钟的《扬子江畔》栏目。6、7月份，江苏电视台和德国南德电视台分别在南京和德国巴符州举办了“93中国江苏电视周”和“93德国南德电视周”。1993年全厅共接待外国及港台广播电视记者46批152人，进一步扩大了江苏在国外的影响。

6、深化宣传改革，节目质量逐步提高。

1993年，江苏广播电视在发展系列台、增加节目套数的同时，加快新闻改革的步伐，着力抓好节目质量的提高。1993年，中央电视台采用江苏新闻620条，在全国省际台名列第三，有效地宣传了江苏，扩大了江苏在全国的影响。

电视剧创作有了健康稳定的发展。全年共拍摄电视剧27部140集。题材新颖多样，弘扬了时代主旋律。《豫东之战》、《童年周恩来》、《吴敬梓》、《戈公振》是其中的代表作品，有较高的艺术质量。

在1993年全国广播电视节目评选中，江苏有23个参评节目获奖。其中一等奖3个，二等奖7个，三等奖13个。在全国记协组织的中国新闻奖评选中，江苏有4个节目获三等奖。在第十三届“飞天奖”评选中，江苏共有5部电视剧获奖。

1993年，江苏广播电视报由4开4版扩为4开8版，增大了信息量，内容、版式有明显改观。全年发行总数4500万份。《视听界》杂志全年共出版8期（6个正刊、2个增刊），期发行数达5000多份，在全国影响进一步扩大。

事业建设

截止1993年，江苏共有电视台49座：省级1座、市级11座、县级37座，其中1993年新批建10座：江宁、铜山、宝应、泰县、沛县、扬中、金湖、武进、高邮、江浦。全省共有广播电台38座，新建县级调频广播电台8座：六合、江宁、丰县、铜山、新沂、海安、如皋、东海。进一步扩大了全省广播电视节目的人口覆盖面。至1993年底，全省的广播电视人口覆盖率分别为83.57%和93.27%，在全国目前处于领先地位。1993年，全省县级台站机房播出设备已全部达到部颁甲级标准，全省75%的乡镇站设备达到部颁乙级标准。到10月底，全省64个县(市)、12个郊区广播站全部改为广播电台。继1992年张家港市在全国第一个实现动圈喇叭音箱市后，1993年江阴市在全省第二个基本实现动圈喇叭音箱市。

一些重点工程进展顺利。1993年上半年，苏南数字微波电路完成，一季度开通了从镇江至南通8个站的微波电路，这是目前我国广播电视系统首条微波电路。江苏南京广播电视塔，在6月10日完成塔身主体工程的基础上，继而完成了塔楼吊装、天线桅杆的安装，于国庆节成功地进行了试发射。苏州电台1314、1080千赫全固态发射机投入使用，这是国内目前最先进的无线电台发射机，在国内地市级电台尚属首家。

1993年江苏有线电视蓬勃发展，全省正式开播有线电视台5座，其中地市级4座。南京、无锡、徐州、苏州。县级1座：无锡市郊区有线电视台。江苏有线电视台已经广电部批准筹建。系统内有线电视站46个，终端13.5万个。系统内共用天线366个，终端12.84万个。

1993年江苏省广播电视系统内有2家音像出版社（江苏音像出版社、南京音像出版社）。全年制作录音带545.6万盘，发行263.1万盘；录像制品6.4万盘，发行5万盘；系统内录像放映点1528个。

江苏广播电视学校，1993年毕业生44人（中专），招收新生95人，招收新闻专业函授生21人。省广播电视学校干部培训中心举办的“工程技术岗位培训”首期培训了学员1375人。

无锡影视文化特色旅游规模不断扩大，在1992年唐城对外开放的基础上，1993年唐街、御花园、世界奇观欧洲城景区相继建成开放，规模宏大的三国城即将建成，大大丰富了旅游资源，成为中外宾客的旅游热线，具有良好的社会效益和经济效益。

系统管理和社会管理

江苏广播电视严格抓好宣传管理，除每月召开宣传例会外，还抓好题材规划和日常新闻抽查。在此基础上，以抓节目研讨来促进宣传质量的提高。1993年重点组织了县（市）级电视台自办节目研讨会和经济台研讨会。7月，省厅成立监听监看小组。1993年，省厅宣传管理部门7次到县、市调查研究，指导工作，并总结推广经验。这一年，还进一步加强了电视剧拍摄许可证的审批发放管理工作。

有线电视管理重点抓了总体规划和技术方案的制订、论证工作，提出了“统一规划、分级建设、统一法规、分级管理、全省联网，积极稳步发展有线电视”的方针。

音像管理方面，组织全省音像出版单位制订“八五”期间后三年重点选题规划。全年共组织了4次大规模的“扫黄”、“打非”活动。与此同时，抓紧制订法规文件，以便依法管理音像工作。先后拟订或代拟了《营业性摄录管理办法》、《江苏省音像管理条例》和《关于进一步开展“扫黄”、“打非”和清理整顿音像市场方案》等文件。严格了资料片的审查、放映制度。

卫星地面站管理，1993年，广播电视会同公安、安全等部门审批了全省87家利用卫星地面站设施接收国外电视节目的单位，批准了16家安装卫星地面接收设施的施工单位，进一步加强了卫星地面站的管理工作。

（孙　光）

浙江省广播电视概况

浙江省广播电视厅总编室

1993年，是浙江省广播电视改革与发展迈出大步的一年。

一、以经济建设为中心，以新闻节目为主干，完成了一系列重大宣传任务。突出宣传了邓小平同志关于建设有中国特色的社会主义理论和党的十四大精神，宣传我省的改革开放、经济建设和精神文明建设。围绕省、市、县人大、政协会议的召开、党代会召开、邓选三卷发行、贯彻关于建立社会主义市场经济体制若干问题的决定、整顿金融秩序、反腐败斗争、加强杭甬高速公路、金温铁路等交通能源基础设施建设、建设一优两高农业、引导农民走向市场、纪念毛泽东诞辰一百周年等重要活动和重大宣传任务，精心策划，组织了大量报道。

在宣传中，各台站注意加强新闻节目。浙江人民广播电台自7月份，每天播出新闻和新闻性专题19档，浙江电视台结合节目上卫星，新闻节目由三档增至五档。省电台的《810新闻》、《每日经济》、《农村大市场》，省电视台的《浙江新闻联播》、《晚间600秒》，钱江电视台的《新闻速写》等节目，都已逐步成为名牌节目，在社会上造成强烈反响，市（地）12家无线电视台有11家每天开办当地新闻，县级电视台大多每周办二至三档新闻，其中玉环等部分县电视台还做到每天办新闻。

省电台的《宠儿对簿公堂说明了什么》获全国广播新闻一等奖、中国新闻奖三等奖；省电视台的专题片《我们走在大路上》获中宣部精神文明“五个一”工程奖《早稻种了为什么不收引出的思考》《杭城竞争交响曲》获全国电视新闻一等奖，中国新闻奖二等奖。

二、弘扬主旋律，提倡多样化，制作和播出了一大批群众喜闻乐见的优秀电视剧和文艺节目。全省共完成各类电视剧133集。省制作中心拍摄的反映温州十五年改革风云的20集电视连续剧《喂，菲亚特》、反映全国劳模叶中夫无私奉献精神的《灯人》（上、下集），引起影视文艺界的关注。在1993年全国电视剧评奖中，该中心制作的《中国商人》获中宣部精神文明建设“五个一”工程奖等四项大奖、《野姑娘茉莉花》获大众电视金鹰奖、《大义夫人》获飞天奖一等奖。杭州、宁波、绍兴、金华等市也都制作了一批品味较高的电视剧。浙江电视台还拍摄了纪念毛泽东百年诞辰的专题片《永恒的瞬间》、文艺节目《永远的太阳》。在全国电视文艺“星光奖”评选中，浙江电视台的《歌之桥——中日卡拉OK对抗赛》获二等奖，实现了“星光奖”零的突破。省电台也利用广播优势，制作播出了不少群众喜爱的文艺节目。

三、进一步深化宣传体制改革。省级广播电视已形成了系列台、专业化的格局：在原有的浙江人民广播电台、浙江经济广播电台、浙江电视台的基础上，1993年元旦正式推出浙江文艺广播电台、钱江电视台，7月1日省有线电视台开播，年底浙江外语广播电台开播。一些市（地）台也纷纷推出改革新措施，以提高节目质量为目标的“电波大战”，促进了各台不断创新。在节目中还运用了主持人直播、嘉宾主持、热线电话等形式，受众参与感强，提高和改善了宣传服务质量。

四、加强了对外宣传，拓展了对外交往的新领域。全年制作电视专题《看浙江》54期，在美国纽约中文电视台播出，以后又在美国斯科拉电视台定期播出。大型外宣片《浙江山水行》已完成31集。专题片《开放中的浙江》发行1000多盒。省电台外宣节目每月送日本栃木县播出。省电视台制作的专题片，《超越国界的友情——滕野与鲁迅先生》获全国外宣节目一等奖。

11月，举办第三届浙江电视博览会。先后展播中外电视节目200多小时，博览会期间组织了“外国记者看浙江”、“中外电视聚谈”、“浙江国际友好城市市民大联欢”等活动，共有400多名外宾参与活动。省厅接待外宾35批172人次，其中电视摄制组13批89人次，派出21批54人次出国访问、拍片和技术培训。

五、作为广播电视宣传的有机组成部分，《浙江广播电视报》元旦起由四开四版加月末版改为四开八版，平均发行量达123万份，居全国同类报刊第三位，5月创办文化休闲娱乐报《影视歌报》。《大众电视》保持了较高品味和可读性，发行量稳中有升；10月在天津成功地举办了第11届大众电视“金鹰奖”颁奖活动，并按国际影视大奖惯例对获奖演员采取提名形式现场揭晓。浙江音像出版社出版像带8个片号，发行3万多盒；出版音带10个片号，发行150万盒。省音像资料馆译制资料片18集，新增馆藏片200部。

六、以扩大广播电视覆盖面为重点，以省台节目上卫星为标志，传输手段跨上新台阶。

投资1000万元人民币，仅用半年时间建成的我省广播电视卫星上行站，经测试，各项指标均达到要求，保证了浙江人民广播电台、浙江电视台节目于1994年元旦如期上星。省台节目通过卫星传送，节目讯号不仅遍及全省还遍及全国及周边41个国家和地区20多亿人口，这标志着我省广播电视事业进入了一个新的发展时期。

在我省微波传送方面也有了新进展，实现了宁波、温州、嘉兴等地向省电视台定期回传新闻，首次实现杭、宁、温三地微波远距离传送现场直播。

七、广播电视台站星罗棋布，继续发展。经广电部批准，新建县级无线电视台6座，市级电视专业台1座，新建市县调频广播13座，新建中波广播电台1座，有线广播站改台7座。至1993年底全省无线电视台达60座（其中专业台2座），调频广播电台36座，广播站改台35座，中波电台11座，中波转播台26座，发射台38座。有线电视异军突起，已正式建立省、市、县有线电视台5座，批准筹建的18座，有线电视终端150多万个，卫星地面接收站迅速发展到2556座。

八、农村有线广播，仍然在巩固中有所提高。如温州市新增喇叭2.5万只，丽水地区新增喇叭5800多只，其中青田县就发展喇叭2500多只。各地在努力做好并网、站内设备更新改造以及网络维护工作的同时，积极推广有线广播与有线电视共缆传输技术。

九、围绕广播电视宣传、事业的改革与发展，做好系统管理。省厅在进行调查研究的基础上，针对存在的问题下达了《关于加强宣传纪律等若干问题的通知》，对加强宣传管理工作提出明确要求。及时下发了《关于加强听众热线直播节目管理的意见》，对各级广播电视台站办好这类节目提出了明确具体的要求。

年底改建厅供片站为省电视节目交流中心，以加强对县级台和有线电视台文艺节目的统供统管。

十、进一步重视和加强社会管理工作。全省广电系统已建立76个音像管理机构，配备了159名专职和500多名兼职管理干部。1993年根据省委、省政府两次“扫黄、打非”电话会议的部署，配合文化、工商、公安等部门在全省范围开展集中行动，认真整顿音像市场。在卫星电视地面接收设施管理方面，主要是抓了审批验收和日常管理检查两个环节。到1993年底经批准发给接收许可证的单位有207家。

十一、深化干部人事制度改革，加强从业人员培训，提高队伍素质。1993年省厅全面推行干部聘任制，职工双向选择聘用制。处级干部全面考核重新聘任，并大胆选拔聘任一批中青年干部。其中有10人担任正处级，19人担任副处级，7人提为处长助理。从全国公开招聘节目主持人、编导和管理人才9人。组织参加公务员岗位培训和考核，举办财会、中波广播等8期短训班。省广播电视学校立足广电，面向社会培养毕业生79名。厅党组成员轮流上党课，每季一次。开展禁止有偿新闻，加强职业道德建设活动，制订《关于党风廉政建设六条规定》，人手一份，并向社会公布，以便接受监督。

十二、进一步理顺与直属单位的经济关系，落实完善各项经济责任制。全年经济创收增幅较大。厅计划处还被广电部、财政部评为全国广电系统财务管理先进集体。

安徽省广播电视概况

1993年，安徽省的广播电视工作又迈出新的步伐，取得了显著的成绩。

一、坚持正确的舆论导向搞好广播电视宣传工作

1、把经济建设作为宣传工作的出发点和落脚点。在省委五届九次、十次全委扩大会议后，省电台、省电视台及各级广播电视台、站纷纷开辟专栏，宣传省委关于"奔小康"和加速我省市场经济建设的决定，报道了一批又一批发展市场经济的先进典型。

2、围绕重大活动搞好宣传

省委五届九次、十次全委扩大会议、省人大、省政协会议等全省性的重大活动，省厅高度重视，及时组织、精心安排和具体指导省两台准确、及时和卓有成效地进行宣传，并要求全省各地、市、县广播电视台、站搞好配合宣传。

本届省政府的任期目标公布后，省电台和省电视台举办专题节目"本届政府任期目标专题报道"和"任期目标大家谈"，请政府各部门及有关企业负责人谈如何落实任期目标，形成了较好的宣传声势，受到省领导的赞扬。

对《邓小平文选》第三卷的出版、发行和毛泽东同志诞辰100周年等重大纪念活动的宣传，各级广播电视台站都进行了精心组织，取得了很好的宣传效果。省两台及时报道了全省各地发行的盛况以及广大党员干部座谈讨论、学习的情况。省电台播发了一批缅怀毛泽东同志的文章和文艺节目；省电视台开辟了《毛泽东在我心中》等栏目，派记者沿着当年毛泽东视察安徽的线路进行采访，连续发稿16组。

3、文艺宣传弘扬时代主旋律

省电台、省电视台精心组织的一年一度的春节联欢晚会不请大腕、歌星，突出地方特色，播出以后受到普遍好评。在电视剧生产上，省电视台在抓好传统特色产品——黄梅戏电视剧生产的同时，加强了对现实题材的创作，已在中央台和省台播出的电视剧有《竹楼情》、《中国乡长》、《咱们的父母官》、《风流谢家村》等等，讴歌了改革大潮中城乡出现的新人新事新气象。一些地方电视台在电视剧制作上有所突破，如黄山电视台拍摄了《叶挺将军》、《半把剪刀》、《徽州当铺》，合肥电视台与中央电视台合拍了反映现实题材的电视剧《生意场上的女人》，滁州市局与中央戏剧学院影视公司合拍了历史剧《包公首任定远》等。

4、对外宣传进一步加强

1993年，省电视台全年向中央台发稿700多条，在新闻节目中采用470条，上稿率由1992年的第11位上升到第9位。省电视台还开办了对外窗口，租用北美东方卫星，每两周播出一次一小时的《中国安徽》节目，新推出的《天都了望》固定栏目在中央电视台第四套节目中对境外播出。

此外，省两台和一些地方广播电视台（站）还通过与外省市的广播电视台（站）交换节目来宣传安徽。

5、创优工作取得较好的成绩

全省有60件1992年度播发的广播电视作品获"安徽省好新闻奖"。安徽选送参加"中国电视奖"评选的7件作品有5件分别获一、二、三等奖；参加"中国广播奖"评选的8件作品有7件分别获一、二、三等奖；在"中国新闻奖"评选中，安徽省有2件广播电视作品分别获二、三等奖。在9月举办的"四川国际电视节"上，由安徽电视台与中央电视台合拍的、反映安徽农村产业结构新变化的《远在北京的家》，在中外90多部参赛纪录片的激烈角逐中脱颖而出，荣获电视纪录片唯一大奖——"金熊猫奖"；在全国电视剧"飞天奖"评选中，安徽拍摄的电视剧《挑花女》和《啊！王稼祥》分别获二、三等奖。《挑花女》还入选中宣部"五个一"工程。电视剧《桃花扇》剧组获得了全国十佳摄制组的光荣称号。

二、广播电视宣传的自身改革出现新面貌

1、安徽经济广播电台6月1日开始试播。节目编排采取大板块、多栏目、主持人、直播式，每天播出10小时，设置了《七彩晨光》、《江淮时空》、《午间万象》和《晚霞缤纷》四个板块，星期天另辟特别节目，受到社会各界的广泛关注和好评，至年底收到听众来信三万多封，打进直播间电话三万多个。

2、省电视台第一套节目进行了较大幅度的改革，增加新闻播出的信息量，自办节目的播出时间由原来的6小时增加到12小时，自制节目由原来每天不到1小时增至近2小时；新增一批为观众喜爱的栏目，"今晚一刻钟"、"今晚我们相会"等，使固定栏目达到22个。新闻节目增加了深度报道和对电视同期声的使用。许多地方电视台也在积极地进行节目改革。

3、《安徽广播电视报》积极配合广播电视节目开展宣传，同时引进先进彩印技术，推出了双面彩色大报。

三、广播电视事业建设稳步发展

到1993年底，全省经正式批准的县级以上广播电台达58座，电视台达36座，骨干转播台14座（其中宣城敬亭山骨干台建设中），卫星地面站500多座，微波线路2187公里，49个站（其中省级干线1522公里，33个站），有线广播13万杆公里，有线电视从无到有，现已批准筹建的行政区域性有线电视台14家，已批准建立的企事业有线电视台10家，用户达50多万户，广播的人口覆盖率为82%，电视的人口覆盖率为79%。

1、巩固农网工作取得一定成绩

省厅根据全省的实际情况，及时调整农网建设方针和技术政策，分别于9月中旬和10月下旬召开了"地市局长会议"和"农网工作座谈会"。据统计，全市1993年对农网总投入达60多万元，使小喇叭入户率由上年的45.6%增加到52.34%，319个行政村都建起了广播室，新建甲级站3个。

到1993年底，全省乡镇通播率达到98.5%，行政村通播率达到90.6%，村民组通播率达80%，乡以下专线12.6万杆公里，大喇叭13.3万只，小喇叭100万只，全省符合标准的甲级乡广播站达285个，标准乡镇站27个。

2、形成布局合理的全省广播电视覆盖网

为了扩大广播电视的覆盖，1993年，安徽又申报批准建立电视台9座，调频广播电台8座，建立经济广播电台5座。

安徽的实验广播在克服各种困难的基础上较好地完成了任务。实验台利用转播当地节目的方式来进行实验广播，为实验广播的发展开辟一条新路。

3、广播电视基础设施建设得到加强

省广播电视中心工程作为省重点工程完成了年度施工任务，现已初具规模。芜湖、桐城、亳州、宁国等不少市、县的广播电视中心、广播电视塔已摆上当地党委、政府工作的议事日程，有的已基本建成，有的积极筹建。

在1992年全省微波干线基本开通、进入试运行的基础上，1993年又完成了宣城、巢湖等四个干线站的建设。计划中的27个干线站现已完成26个，六安站的铁塔架设，即将开通。

4、科研工作势头看好。1993年，获省厅合理化建议和技术改进奖共29项。“微波多路电视分配系统”通过省级鉴定；“智能化同步广播激励器”使我省在全国率先实现了中波单频同步覆盖网；“调幅广播发射机智能测试仪”获部科技进步二等奖。

四、管理和服务工作又有新进展

1、省广播电视厅与财政厅12月初联合召开了“全省广播电视财务管理工作会议”，并与省财政厅、省税务局起草制定了《关于贯彻两部重要文件，进一步支持广播电视事业发展的十条意见》。

2、社会管理工作坚持“一手抓繁荣、一手抓管理”的方针，取得了可喜的成绩。

在音像管理方面，全省共出动检查人员4761人次，共查获贩卖、传播淫秽录像案件135起，收缴反动录像带5种20盒，淫秽录像带129种、1327盒，收缴非法录像带38137盒，非法录音带17912盒，取缔非法录像带出租点68个、放像点49个。同时，全省音像出版、复录生产和发行经营情况有所好转。据统计，全省7家音像出版、复录生产单位共出版发行盒式录音带28种、436万多盒，出版发行录像带12种、7200盒，音像单位发行录音带329万盒，录像带19500盒。

在有线电视管理方面，省厅于4月份在马鞍山召开了“全省有线电视工作会议”，并制定了我省有线电视的发展规划。全年共审查上报行政区域性有线电视台7座，验收上报企业有线电视台5座，审批有线电视站30多个，并对合肥市有线电视系统规划进行了初步论证。由省厅负责起草的《安徽省有线电视管理实施办法》，已经省政府常务会议通过并正式实施。

（庄保斌、李建辉）

福建省广播电视概况

1993年，福建省广播电视厅认真贯彻党的十四大精神，进一步解放思想，抓住机遇，加快广播电视的改革，各项工作取得了可喜的成绩。

一、广播电视宣传成效显著

——在党的十四大方针的指引下，紧紧围绕省委省政府的重大部署开展宣传。重点报道了省委、省政府出台的各项改革和发展的重大措施及各地市加强农业基础设施的新举措、新进展。加大了国营大中型企业转换机制的份量。有计划地对全省27项重点工程进行报道，产生了积极影响。配合“反腐败斗争”和社会治安综合治理，“扫黄打丑”专项斗争，开展了卓有成效的宣传。特别是对“反腐败斗争”的宣传，厅党组宣传例会进行了专项部署，“两台”在新闻节目中开设了“反腐倡廉”栏目，有力地配合了“反腐败斗争”的开展。

——对“两会”的报道和重大节日的宣传卓有成效。年初，我省人大、政协会召开之前，省电台、电视台集中地报道了我省改革开放，经济建设的成就，“两会”期间派出记者驻会采写新闻节目进行专题报道。全国“两会”期间，我厅由一位副厅长带队率领记者组赴京采访，及时地发回有关消息报道。

“七一”两台分别对全省部分优秀职工代表和共产党员的事迹进行报道，“十一”前后集中报道了我省改革开放所取得的成就。在毛泽东同志诞辰100周年纪念日即将到来之际，厅党组宣传例会也对“两台”的宣传做了认真的研究部署。“两台”还派出记者到闽西毛泽东战斗过的地方采访。

——坚持两手抓，两手硬的方针，深入持久地开展社会主义精神文明建设的宣传。年中丁关根同志视察三明，高度肯定了三明市精神文明建设的经验之后，“两台”进一步加强了对省委、省政府坚持“两手抓”的工作部署和各地重视精神文明建设的宣传。全国文明办主任会议在三明召开期间，“两台”在宣传上紧密予以配合，编发了三明精神文明建设的系列报道。省电台自年初以来还在新闻综合节目中报道基层的先进人物，歌颂他们在平凡的岗位上无私奉献的精神，起到了很好的宣传效果。

——加强舆论监督，促进有关部门工作。“两台”新闻部、经济部都分别派出记者参加全国“质量万里行”和“中华环保世纪行”在福建的采访活动，有力地配合了质量监督和环境保护的宣传。福建经济广播电台自10月1日开播以来，接受听众关于购物消费和各方面的投诉数万起，引起各有关方面的高度重视，促进了问题的解决。省电视台经济部《经济快车》栏目，注意报道反映观众关心的质量问题，产生了强烈的反响，得到质量监督部门和广大观众的称赞。

——文艺类节目内容丰富，品位有新的提高。

省电视台在播出的文艺节目中，压缩了海外电视剧和港台歌曲的比例，增加了优秀文艺节目和民族文艺节目的播出量。省电视台文艺部在办好名牌栏目的同时，又增设每周一档的“响当当”等栏目，这些栏目都相应增加自编自录节目的数量，并注意不断提高质量，同时还积极探索，努力开拓电视文艺新领域，推出电视散文和电视诗歌等高品位的文艺节目。

纵观1993年的宣传工作，从内容到形式都取得了一定的进展。一是充分发挥广播电视现代化传播媒介迅速及时的优势，把各种重要的信息以最快的速度送出去。二是重视发挥广播电视的宣传功能，能按新闻规律编播新闻。三是面向社会、贴近群众方面有新的突破。

二、宣传机制改革成就突出

——成立广播电视广告总公司（简称福建电广），实行广播电视、报纸广告集中统一经营的广告代理制。既可发挥整体优势，又可纯洁队伍，从制度上、体制上为减少以至杜绝“有偿新闻”创造条件。广告总公司1993年元旦成立以来，运作状态良好，广告创收不断上升。

——组建东南电视台，为1994年电视上卫星作准备。该台以新闻信息为龙头，以弘扬民族传统文化为主体，立足本省，面向台、港、澳和东南亚，实行全新的运行机制。10月份试播四期，各方面反映良好，在内容和形式上都有一定的创新。拟在1994年元旦正式开播，必将与省电视台一套节目相互促进，从而更好地促进节目质量的不断提高。

——大力发展有线电视。从1993年1月1日起，将省有线电视台划归省电视台管理，以促进电视有线与无线的协调发展。该台以设置专业频道为方向，把有线电视台办成真正的省级台。目前已开辟有体育、服务、综艺、影视四个频道。

——福建人民广播电台改建成系列台。省电台改造成系列台，是在已建立的东南广播公司基础上，除现有第一套节目继续保留“福建人民广播电台”呼号，以新闻、新闻性专题节目为主外，第二套、第三套节目分别改造成福建经济电台、福建文艺电台。经济台以经济宣传为主，文艺台主要是大众娱乐性节目。并于10月开播经济电台，文艺台将于1994年5月开播。形成省电台有4个呼号、4套节目，各自不同的宣传内容和收听群体，以利相互竞争，互相促进的局面，并为1994年选择两套节目上卫星做准备。

——《福建广播电视报》两次扩版。年初扩为四版，1993年十月扩为对开八版，为广大群众提供了丰富的精神食粮和有力的视听向导。

进行新机制的改革，通过友好竞争，推动广播电视的全面改革，社会效益和经济效益明显提高。

三、事业建设步伐加快

——抓紧全省有线电视联网。从1993年起在两年内实现全省县城有线电视联网是我厅根据新形势提出的一项举措，被列为省委、省政府为民办的十五件实事之一。该项工作目前已完成了技术方案的设计论证，设备定货，工程完成基本过半，微波超干线建设已完成投资202万美元和500多万人民币。福州市县区、莆田市县区、龙岩地区各县市和宁德市已与省有线电视台实现联网，其他地市正加紧本地网络建设，为按时完成全省联网打好基础。

——搞好卫星地球上行站建设。目前已完成了可行性研究，预订了设备，正进行选址。

——加快建设县级调频广播网。全省普及县级调频广播网是我厅为提高广播覆盖率，扭转有线广播滑坡局面而采取的措施，1993年我厅拿出120万元，支持县市调频广播网建设，至年底，全省各市县已拥有一套以上调频广播。

——加强沿海广播电视工程建设。1993年完成了宁德白马山、长泰吴田山、云霄笔架山、长乐董凤山四个发射中心的施工设计，从而加快了我省沿海广播电视工程建设，为扩大我省广播电视覆盖打下了基础。

四、音像工作和行业管理得到加强

——深入持久地开展“扫黄”、“打非”，净化了音像市场。按照中央和省委、省政府的统一部署，1993年集中统一进行了三次。据初步统计，全年共出动执法检查1785人次，出动车辆450台次，收缴非法录音带33000多盘（盒），非法录像带6700多盒，激光视盘2200多张，查处地下发行销售播放窝点48起。在净化音像市场中，加强对音像市场的管理，建立了一套有效的执法检查制度，建立了每月例会查，季度验证查，对口交叉查，突击和定期查从而使非法的音像制品得到有效的遏制。

——实行集中统一供片，有线电视节目管理得到了加强。一年来，共供片190多个品种，540多个小时新节目，审查了有线电视节目1200多盘，加强了对省有线电视台和涉外宾馆、饭店有线电视节目播映的导向。

——严格管理卫星地面接收设施建设。全年共审批卫星地面接收设施701家，其中接收海外电视节目142家，接收国内电视节目559家，审批安装、销售经营155家。全省卫星地面接收设施建设，逐步走上了统一的、规范化的管理。

——加强电视剧和音像出版物宏观调控，积极做好繁荣工作。年初，省厅在龙岩召开了全省电视剧和音像创作题材规划会；年中，召开了两次重点题材规划汇报会。全年共制作电视剧35部144集。制定下发了《关于加强广播影视机构管理的通知》。全年共出版录像带（含卡拉OK节目带）25种，发行15800盒，出版录音带38种，发行210000套。

（林克清）

江西省广播电视概况

江西省广播电视厅

1993年，江西省广播电视工作者在邓小平同志建设有中国特色社会主义理论和党的基本路线指引下，锐意改革，开拓进取，鼓实劲，办实事，在宣传、管理、事业建设等方面取得了显著成绩和突破性进展。

一、宣传开了新局面

全省各级广播电视台站，紧密配合党和政府的中心工作，继续突出经济宣传这个中心，加大了改革开放宣传的分量和力度，圆满完成了各项宣传任务。同时，继续把新闻节目上中央台作为重要工作来抓。全年在中央电视台播出江西新闻503条（次），其中上《新闻联播》132条（头条3条），在中央电台《新闻和报纸摘要》播出江西新闻83条，均创历史最高纪录。由省委宣传部、省广播电视厅、省电视台联合制作的6集电视片《为有源头活水来——社会主义市场经济纵横谈》，是紧密结合江西省情和改革开放实际，积极宣传党的十四届三中全会精神的生动活泼的好片子，播出后受到社会各界的普遍赞誉。江西人民广播电台按照“突出新闻、巩固专题、保留特色、加强文艺的构想，保留了原有节目特色，增强了新闻性、知识性、服务性、趣味性和参与性。江西电视台进一步加强了与中央电视台的合作，第一次合拍了大型电视纪录片《庐山》，第一次合办了《正大综艺》大型文艺节目，并且是连办两期，其中一期是纪念毛泽东同志诞辰100周年特别节目。电视剧方面生产了《孙成打酒》、《信念》等优秀作品。在节目交换方面，江西电视台全年共输出2000小时节目，第一次出现了出大于入的局面，江西电视台成立了青少部，并推出少儿专栏节目《智慧娱乐园》，相对收视率达40%，从机构到节目填补了江西的一个空白。对外宣传取得重要突破，8月起，江西电视台在“美洲东方卫星电视”开辟《中国江西》栏目，每半个月播出1小时江西摄制的节目，全面介绍江西的政治、经济、风土人情和人文景观，这是江西在国外建立的第一个宣传窗口。

围绕“一厅六台”的改革思路，于4月15日开办了江西信息广播电台，传播科技、商业经贸、证券交易、医药卫生、交通、气象等信息，以满足社会各界需求。11月7日又正式开播江西经济广播电台，该台实行主持人中心制，新闻、信息滚动播出，整体节目大板块构架，全时段主持人直播，并开通听众热线，开播后一炮打响。

地市广播电视台站也不断在宣传上深化改革，增强了创新意识和精品意识。南昌人民广播电台于10月1日推出全新的主持人直播板块节目，每天连续播出7小时，整点直播新闻13次，内容除本市新闻外，还增加了国际、国内、省内的要闻，新闻类、服务类、社教类节目几乎都开通了热线电话，并在全省率先推出滚动直播车，建立商场直播室，活跃了播出形式。鹰潭电视台从元月始，改每周四晚播出为每日播出，每周仅两个晚上有自办新闻为每周六个晚上播出自办新闻。上饶电视台拍摄的专题片《千万轮太阳》、《青春在这里永恒》（上、下集）在中央电视台播出后，反映很好。

二、管理上了新台阶

1993年是大力加强系统管理和行业管理的一年，从省厅到市县局，调整了内部管理体制，强化了各项管理措施。

加强了宣传管理。省广电厅成立了宣传领导小组，宣传例会每周一次，制度化，并建立了宣传领导小组正副组长轮流值日制度，加强了全厅乃至全系统的宣传管理，加强了对宣传工作的指导。各地市也参照省厅做法，加强了宣传管理。吉安、赣州、抚州、新余等地市广电局宣传例会形式多样，除传达精神，分析情况，研究计划，布置工作外，还调审节目，实地检查，有时还邀请受众参加评议，有效地提高了宣传质量。

加强了对全省高山骨干台站的管理。召开了全省首次高山骨干台站工作会议，进一步明确了职责。省厅成立了节目传送处，承担省厅直属节目传送覆盖系统的一切传送任务，负责全省高山骨干台站技术业务的归口管理，改善了广播电视网络的传输质量。

加强了对全省无线、有线电视台站和音像市场的管理。在继续开展全省台站“创三好”评比活动的基础上，对各站提出了“抓新闻改革步子要快，上管理水平措施要实，遵守宣传纪律要严”的要求，并把企业有线电视台纳入“创三好”轨道。全省有线电视系统实行集中统一供片。江西音像出版社作为全省有线电视供片总站，从大局出发，执行“保本微利”的原则，扩大供片数量。加强了卫星地面接收设施传送节目的管理和接收设施生产、销售单位的管理。成立了音像市场稽查队，严厉打击了非法行为。

创办了指导全省广播电视系统工作的综合性月刊《江西广播电视》杂志。

三、事业有了新发展

1993年，省台广播电视节目上卫星问题得到解决。广电部批准江西租用东方红三号通信卫星的一个转发器，传送省台一套电视节目和两套广播节目，这对扩大江西影响，促进江西的改革开放和经济腾飞，有着重要战略意义。在省委、省政府和广电部的重视支持下，落实了所需经费方案，提出了卫星地球上行站建设计划，完成了建站地点的选择和基础部分施工图纸设计等项工作。

1993年，又有9个县市实现了站改台，有5个县经广电部批准办起了电视台。南昌、景德镇、抚州、吉安等地市的有线电视发展迅速。到年底，全省拥有电视台25座，其中地市电视台11座，县级电视台13座；共有广播电台34座，其中地市广播电台7座，县级广播电台24座；还有乡镇广播电视站1820个，有线电视台（站）445个。农村有线广播网的建设，尽管面临许多困难，但广大基层广播电视工作者艰苦奋斗，勤业敬业，为两个文明建设做出了新的奉献。各地市的基础设施建设得到加强，上饶电视台自筹资金320万元兴建的一幢建筑面积五千多平方米的综合大楼竣工，吉安地区广播电视中心大楼落成并交付使用，许多县市在加紧机房、发射塔、服务部和职工宿舍的建设。

省、地、县三级广播电视机构，通过大力开展经营创收活动，明显增强了事业发展的实力和后劲。九江市广电局与上海电视一厂合资组建"九江金星电视销售公司"，开业后不到10个月时间里，销售金星电视整机32570台，销售额增长10倍，毛利增长了3倍。萍乡市广播电视器材公司强化内部管理，完善承包责任制，扩大经营范围，增加批零网点，全年销售额比上年增长44.9%。新余市广电局所属的新视广告公司与美国纽约康俊发展有限公司签约成立了中美合资企业新康广告有限公司，给发展第三产业注入了资金，并带来了更多的国内外广告业务。

（周晶星执笔）

山东省广播电视概况

1993年，山东省的广播电视以节目上卫星、广播系列台的建立和电视文艺连续三年荣获"星光奖"一等奖、实现"三连冠"为标志，全省的广播电视宣传、事业建设和管理又上了一个新的台阶。

坚持团结、稳定、鼓劲和以正面宣传为主的方针，把握好舆论导向，精心办好节目，提高宣传质量，为改革开放和现代化事业发展创造良好的舆论环境。

1993年，山东各级电台、电视台的新闻宣传，紧紧围绕落实党的十四大精神和省第六次党代会精神，坚持团结、稳定、鼓劲和以正面宣传为主的方针，把"抓住机遇，加快改革开放和经济发展"作为主旋律，有声有色、聚精会神地宣传了"一个中心，两个基本点"的党的基本路线，宣传了邓小平建设有中国特色社会主义理论，宣传了社会主义市场经济体制建设，宣传了山东深化改革、搞好国有大中型企业的经验，宣传了山东半岛整体开放的成果，宣传了加快全省农村经济的发展，宣传了"两手抓，两手都要硬"的思想和社会主义精神文明建设等。在整个广播电视新闻宣传中，经济新闻大约占60%左右，突出了经济新闻的中心地位。在这一年里，省和济南、青岛、潍坊、济宁、淄博、枣庄、临沂、德州等市、地，还先后建成广播经济台或电视经济台，强化了经济建设的舆论引导力量。

在推进新闻改革、提高节目质量方面，迈出了新的步伐。一、各级电台、电视台都创办了一些贴近实际、贴近群众的新栏目，如《大市场》、《八面风》、《回音壁》、《经济纵横》等，从而丰富了节目内容，缩短了新闻宣传同实际生活的距离。二、新闻节目中的"鲜鱼"、"活鱼"明显增加，提高了新闻宣传的吸引力、凝聚力。如《假农药追踪调查》、《山村响起拍卖锣》、《看谁还给农民打白条》等，都属于活新闻之列。三、加强了广播电视评论，增强了舆论的引导力量。如广播评论《水患，一个不容遗忘的话题》、电视述评《国有企业警示录》等，都是针对实际工作中存在的突出问题加以评析，有理有据，以理服人，有一定指导意义。四、各级电台、电视台在以正面宣传为主的前提下，对一些假恶丑和工作中存在的有普遍意义的问题适当进行新闻批评，增强了新闻宣传的战斗力。如《关心孩子们的健康》、《假白菜种与坑农事件》、《由"断奶"带来的"断层"》等，都是社会反响比较大，取得了积极效应的批评报道。五、主持人节目、板块节目、直播节目和热线电话节目增加，使新闻报道的形式更加新颖活泼。六、信息量加大，时效性增强，使广播电视新闻成为人们获得信息的重要来源。据统计，1993年，全省广播节目共创办83套，每天播音时间为678小时12分；电视节目53套，每天播音时间为1966小时41分，是历史上办节目最多的一年。有些重要新闻，基本上能够保证当日播出，做到迅速及时。特别是去年夏天，鲁西南的菏泽、临沂、枣庄等市地发生特大洪涝灾害以后，省两台共播出抗灾新闻1000多条，有力地配合了抗洪救灾工作的开展，受到省委、省政府的表彰。

以新闻改革为突破口的宣传改革，促进了全省广播电视节目质量的提高，并涌现出一批精品佳作。1993年全省广播电视节目在全国评奖中有94件作品获奖，其中，一等奖10件，国家政府奖30个。

面向全国和世界宣传山东，取得了突出成绩。

1993年，山东在上一年中央电视台用稿数量居全国第一的高起点上，经过艰苦努力，又取得名列前茅的好成绩。全年中央电视台共采用新闻稿929条，其中，《新闻联播》262条。广播新闻在中央广播电台、国际台用稿257件。

1993年，全省广播电视对外宣传又有了新的进展。山东电视台向中央电视台对外播放的第四套节目和美国"熊猫"电视台提供了14档《中国山东30′》节目，共计810分钟。同时，向中央电视台对外制作中心提供17档155分钟的节目用作交流。山东广播电视厅组织的全国16家省、市电视台"胶东行"易地采访活动，共拍摄电视专题片84个，向亚太地区和北美地区进行了播放。山东电视台还与黄河电视台合作，在美国斯科拉电视台播出《中国山东30′》。这些对外宣传活动的开展，提高了山东的国际地位和声誉，促进了山东的对外开放。

广播电视文艺、电视剧的创作，坚持"二为"方向和“双百”方针，弘扬主旋律，坚持多样化，取得新的成绩。1993年，全省各级电台共制作广播文艺节目20486小时，各级电视台制作电视文艺节目599小时，都比上年有所增加。山东电视台的电视文艺专题片《方荣翔》，继连续两年获得全国“星光奖”一等奖的情况下，又获得全国第七届“星光奖”一等奖，实现了“三连冠”；《顽皮的豆豆》获全国青少儿电视金童奖一等奖。全省录制广播剧7部27集，制作电视剧24部112集，反映现实生活的约占1／3。其中，塑造农村科技工作者扎根农村、为民造福光辉形象的8集电视连续剧《大地缘》，在思想和艺术上都达到了较高的水平。山东省第一部娱乐商业片《白眉大侠》，已完成80%的摄制任务。

紧紧围绕节目上星、扩大覆盖和安全优质播出，加快技术事业建设和产业开发，使全省城乡形成广播电视并举、天空地面结合、有线无线结合的技术网络。

从1992年开始，经省政府批准，山东开始筹建地球上行站。到1993年12月20日，地球上行站建成并试运行，为1994年1月1日省电台两套节目、省电视台一套节目上卫星提供了物质和技术的保证。这个站共占地13亩，总投资1400万元，建机房和办公室1800平方米，租用“中星5号”转发器，站内技术设备除12米主天线是国内产品以外，其余全是从国外进口的。1994年1月1日节目上星以后，除覆盖全省、全国以外，还覆盖周边40多个国家和地区。这对搞好对外宣传、扩大山东的开放是十分有利的。

1993年5月1日，省电台经济台、省电视台经济台同时建成开播。省电台还建成文艺台、教育台等系列台，使广播事业有了新的发展。全省5座高山台先后更新改造26部调频发射机，为省电台经济台向全省传送创造了条件。为提高青岛、烟台的省一套广播节目系统指标，厅技术部门新购进两部10kwPOW发射机，并已投入运行，使胶东半岛收听省一套广播节目的效果有明显改善。

省广播电视厅积极配合省政府办公厅完成了全省电视电话会议系统的建设任务，并于1993年6月10日一次试播成功，12月20日正式投入使用。

全省建成广播电视综合信息网络，填补了事业建设系统工程的空白。厅信息中心每天可对外提供约70万字的信息量，并已具备24小时接收新华社动态新闻稿的功能，扩大了两台的信息来源。

在产业开发方面，进一步扩大了创收渠道，开辟了新的财源，弥补了事业经费的不足。1993年全厅所需资金的3／4是靠自己创收填补的。

经过一年的努力，全省广播电视技术事业建设又有了新的发展。截止到1993年底，全省拥有广播电台77座，中波和调频发射功率为993.1千瓦，人口覆盖率达86%；电视台52座，总发射功率为419.8千瓦，人口覆盖率达到85.2%。广播电视微波线路总长为4356.5公里，卫星地面接收站已建成2381座。全年基本实现了安全优质播出。

目前，山东广播电视事业建设存在的突出问题有三个：一是扩大覆盖越来越艰难。全省尚有一千多万人听不到广播、看不到电视，而这些地方大都集中在贫困地区，经济落后，地形复杂，自己又无力发展广播电视事业，国家包又包不起，所以，广播电视覆盖率再扩大一个百分点也是很艰难的。二是节目制作能力低。1993年，全省各级电台自己制作的节目占整个播出节目的23.6%，电视仅占7.2%。这样就很难满足人民群众日益增长的精神文化需要。三是农村有线广播出现大滑坡。由于在机构改革中，县、乡两级广播电视行政管理关系没有理顺，再加停收广播维护费，全省大约有20%左右的乡镇有线广播停播，村通播率由80%以上下滑到60%左右。对以上问题，省厅和各市、地局已采取措施，正逐步加以解决。

加强队伍建设，切实抓好管理，充分发挥广播电视的功能和优势，以适应形势的需要，时代的需要。

山东广播电视系统抓队伍建设，突出抓了用邓小平建设有中国特色社会主义理论武装干部职工的头脑。省厅和各市、地局多次举办领导骨干和业务骨干读书班，学习《邓小平文选》第三卷，提高了干部职工的理论素养和政策水平。同时，省厅和青岛、济南、泰安、滨州、东营等市、地局积极改革人事制度，包括采取群众测评和组织考察相结合的方法，调整处（科）室领导班子；对中层干部实行聘任制；在部门中实行双向选择、优化组合等，增强了内部活力，调动了干部职工的积极性。结合反腐败斗争，省厅和各市、地局狠抓了党纪党风和职业道德教育，加强了廉政勤政建设。各级电台、电视台，大都制订了新闻工作者职业道德规范或发布禁止“有偿新闻”公德，自觉接受社会监督。全省还先后举办了新闻采编、电视节目制作等9期业务培训班，培训职工549人。1993年，全省广播电视系统为10个系列1470人评聘了专业技术职称。

在加强广播电视管理方面，省厅成立了编委会，下设总编室，在厅党组领导下，负责管理全厅的宣传工作，并对全省广播电视宣传工作给予业务指导，为确立以宣传工作为中心的地位提供了组织保证。1993年，省厅先后召开了三次市、地局长会议，多次召开宣传例会，还组织了10多次优秀节目评选活动，并创办了《宣传信息》，加强了对全省广播电视宣传的指导和管理。

为了强化社会管理职能，山东省坚决贯彻执行国务院第129号令，“禁止未持有《许可证》的单位和个人设置卫星地面接收设施接受卫星传送的电视节目”。对全省已建成的45个有线电视台，省厅已经制订了统一供片的管理办法，彻底解决乱播滥放的问题。对县级电视台办文艺节目，采取由省厅把文艺节目组合好、提供给县级电视台播出的办法，解决了县台没有文艺节目的矛盾。对音像制品市场，在省里没有新的规定之前，继续执行《山东省文艺市场管理条例》的分工，由广播电视部门切实把音像制品市场管好。总的看，广播电视的社会管理仍是一个薄弱环节，有些关系也没有理顺，需要继续做艰苦的工作。

（尹祥吉）

河南省广播电视概况

河南省广播电视厅

1993年河南省广播电视厅各项工作取得了较好的成绩。

一、集中精力抓宣传，提高了广播电视节目质量。

全年广播电视宣传以邓小平建设有中国特色的社会主义理论和党的十四大、十四届三中全会精神为指针，坚持正面宣传为主的方针，以"团结、稳定、鼓劲"为基调，突出抓住机遇、加快发展、促进全省经济再上新台阶这一主旋律，不断深化新闻改革，加大改革开放的宣传力度，提高节目质量，为全省改革开放和经济建设创造了一个良好的舆论环境。

省广播电视厅紧紧围绕中共河南省委、省政府的中心工作和重大部署，广播电视宣传密切配合，发挥了整体优势，较为圆满地完成了各项任务。全年重点组织了省人大、政协两会、郑州国际少林武术节、洛阳牡丹花会和全省县委书记学林县培训班等报道活动，集中进行了全省人民学《邓小平文选》第三卷和贯彻落实十四届三中全会精神的宣传。在城市经济改革方面，重点报道了郑州、洛阳、安阳、焦作、商丘等市地一大批大中型企业转换经营机制、深化内部改革、提高经济效益的经验。对全省20项重点工程和十大基础建设的进展情况、建设成就进行了连续报道。在深化农村经济改革方面，着重抓了对全省18个改革试点县的宣传。突出宣传了林县、兰考人民自力更生、艰苦创业的精神。对全省贯彻落实中共中央、国务院关于减轻农民负担政策的情况和采取的措施进行了系统报道。为加强对科技、教育的宣传，开辟了《教师赞》、《智慧之光》和《群星灿烂》等栏目，广泛宣传了大批科技战线上有突出贡献的先进科技人物和辛勤耕耘在教育园地的优秀教师。坚持"两手抓"、"两手都要硬"的方针，大力宣传了张环礼等英雄模范和先进人物的事迹，发挥了榜样的教育作用。组织了一批重点报道和带思辩性的报道，如电视专题《旱原丰碑》、《潮涌中原》、《农民负担忧思录》、《呈送省委的特别报告》在社会上都引起较好的反响。

加强了舆论监督，敢于并善于触及社会热点、难点问题，既大胆又慎重地对社会不良现象进行了揭露、曝光。

在对外宣传方面，河南人民广播电台开办了《让世界了解河南，让河南走向世界》的专题节目，河南电视台与美国斯科拉电视台在"美洲东方卫星电视"节目中联合开办了《中国河南》栏目，提高了河南在国际上的知名度。

文艺宣传坚持"两为"方向和"双百"方针，既繁荣了广播电视文艺，又净化了声屏。录制并播出了一批反映现实生活，突出中原特色，质量和品位较高的文艺节目。河南人民广播电台录制的广播剧《二八月乱穿衣》和《多了一笑》、《县长送驴》分别获1993年度全国广播剧一等奖和二等奖。河南电视台拍摄的电视连续剧《常香玉》获中共中央宣传部"五个一工程"优秀电视剧奖，电视文艺专题《明日之星》获全国电视文艺专题一等奖，电视连续剧《颖河故事》、《风满小康村》、《男人就是太阳》受到社会各界的好评。

黄河音像出版社和河南广播电视报努力改进音像制品和报纸质量，社会效益和经济效益都取得积极成果。

二、以提高播出质量为目标，加快了广播电视事业建设。

1993年省广播电视厅把提高广播电视播出质量作为一件大事来抓，成立了播出质量监督检查小组，具体负责监督检查和协调解决播出质量问题。在郑州804台处安装了10千瓦广播中波同步发射机，改善了省会郑州地区收听省电台广播的效果。将省广播电视临时发射塔升高24米并定向发射，改善了郑州地区收视省电视台节目的效果。在全省开展了200天安全优质播出竞赛活动，改进了广播电视技术维护管理工作，促进了广播电视播出质量的提高。

多方筹措资金，加快广播电视事业建设。1993年3月河南交通广播电台建成开播，整个节目紧密服务于全省经济建设和交通事业，办出了特色，受到领导和听众的好评。历经三年多的建设，建筑面积为37000平方米的河南广播电视中心工程，于1993年8月完成了基建任务。河南有线电视台1993年10月建成并试播。开通了濮阳——范县——台前两段边远县的微波电路，结束了该地区长期看不到河南电视台节目的历史，同时对大跨度的南阳——邓县和兰考——睢县两段电路进行了改造。

三、加强了宏观管理，发挥了整体优势。

为了强化全省广播电视系统的宏观管理，省广播电视厅派出四个调查组对全省17个市地和40多个县的广播电视宣传工作、事业建设、经营创收、队伍建设和内部改革等情况进行了深入的调查研究，总结出50多个不同层次、不同类型的典型经验，召开了全省广播电视系统经验交流会。

省广播电视厅认真贯彻执行中共中央宣传部、新闻出版署《关于加强新闻队伍职业道德建设，禁止"有偿新闻"的通知》，制定了加强职业道德建设的八条规定和领导干部廉洁自律的十条措施，促进了队伍建设。在全省广播电视系统开展了评比好记者、好编辑、好播音员、好节目主持人活动，逐步在全省形成勤奋工作、钻研业务、精益求精的良好风气。

为加强经营创收和财务管理，省广播电视厅制定了《鼓励兴办实体和经营创收的暂行规定》、《广告收入管理暂行规定》，逐步使经营创收和财务管理工作走向正轨。

（党传聪执笔）

湖北省广播电视概况

湖北省广播电视厅

1993年是我国建立和完善社会主义市场经济体制的头一年，湖北广播电视宣传和事业建设，按照强化质量意识和管理意识的思想争上游、创一流，工作取得显著成绩。

宣传紧密配合省委、省政府的中心工作，大力宣传改革，深化宣传自身改革，宣传质量明显提高。省委、省政府先后对湖北电视台在新闻宣传方面的成绩，农民负担千里行广播电视宣传，黄石国际乒乓节报道，予以表彰嘉奖。湖北电视台参加省级台节目交换数量居第一，获特等奖。

一、突出中心，突出经济建设和改革开放的宣传。

1993年，主要组织了以下几项宣传活动。①及时准确地宣传加强宏观调控，整顿金融秩序的报道。厅属四台相继报道了省委、省政府关于加强宏观调控，整顿金融秩序的一系列重大决策，各地贯彻中央精神的先进典型，以及整顿金融秩序的措施和经验。同时深入调查采访，抓住存在的问题，深入分析，探索实施宏观调控中带有普遍性的问题。②进一步加强了农业的宣传，并根据江泽民总书记视察湖北农村的指示精神，强调重视农业。保护农民利益对于湖北社会稳定，经济发展的重要意义。③搞好国有大中型企业的宣传，围绕贯彻落实《条例》，转换经营机制，调整结构，提高效益等开辟专栏，介绍典型经验，加强系列述评。创造良好的舆论环境。④是对三峡工程、京九铁路、30万辆小轿车基地等中央、省里的重点工程进行连续报道，收到好的效果。

下半年集中宣传了《邓小平文选》第三卷和党的十四届三中全会精神。广播电视除在新闻节目中大量播出各地各部门联系实际学习《邓小平文选》。推动改革开放、加快经济发展的经验和做法外，还分别开办讲座、系列谈，名人访谈，介绍和阐述《邓小平文选》的重要理论观点，用生动典型事例引导人们解放思想，加快经济发展。围绕十四届三中全会，以邓小平建设有中国特色社会主义理论为核心，把经济宣传引向发展市场经济上来。湖北电台录制了"湖北在改革中前进""荆州工业巡礼"，在湖北电视台抓住"市场"这个关键，采制了"湖北建立大市场""湖北建成经济信息网络"，以其时效快，问题抓得准，在全国引起反响。楚天台"走马上任话崛起""金秋访农家"等有代表性的节目，从不同侧面宣传了十四届三中全会精神。

弘扬时代主旋律，加大精神文明建设的力度。广播电视运用各种形式加强爱国主义、集体主义和社会主义教育，深入宣传江泽民同志倡导的64字创业精神，讴歌党的光荣传统，讴歌具有时代精神和传统美德的英雄模范人物，把话筒、镜头对准工人、农民、知识分子和为社会做出贡献的人。湖北电台先后报道了宜昌税务陈孝明全心全意为人民服务，在岗位上献身的事迹和洪湖市五位共产党员舍已灭火救人，程新安英勇献身的典型。结合毛泽东同志关于"向雷锋同志学习"题词三十周年，大力弘扬雷锋精神。楚天台开办《时代与雷锋》专题。采访报道了雷锋生前所在团团长和"活雷锋"朱伯儒等一批典型。各台在党风建设、反腐败斗争，民主与法制建设，社会治安综合治理，纠正行业不正之风等方面的报道不断加强，为推动两个文明建设起到积极作用。

1993年，广播电视进一步加强了对外宣传，各台充实了对外宣传力量，全厅驻沿海沿边和外地记者站达9个，成为我省对外宣传的重要窗口。湖北电视台从9月起向美国斯科拉电视台每周提供45分钟节目，全美洲都可收看到来自湖北的报道。各台还与国外、境外电视台联办节目，提供专题节目达400分钟，系统地宣传了湖北。

为了进一步提高宣传质量，广播电视加强了自身的改革。一是增加新闻挡次，扩大信息量。广播新闻采取滚动式报道，重大新闻及时发布。电视在"联播""晚间"节目的基础上开办"早新闻"。二是调整节目，推出新节目、新栏目，办出新特色。省电台节目上午以新闻信息为主，中午以听众参与类节目为主，晚上则以文艺类、谈心类节目为主，形成各有特色的节目格局。三是主持人节目、直播式的板块节目，吸引广大听众观众参与，形成双向交流。四是改进宣传手段。广播开办金融台；电视启用13频道；广播电视报增办《影视文汇》，《电视月刊》扩大开本。

广播电视节目质量有显著提高。湖北电视台送中央台播出新闻达953条，其中260条在《新闻联播》中播出，位居全国各省市前茅。湖北电视台的《江泽民总书记考察湖北农业》、湖北电台的录音报道《三峡长梦将成真》均获中国新闻奖二等奖。有10个节目在全国广播电视优秀节目评选中获奖。

二、勇于开拓，事业发展比较快。

广播电视事业建设继续贯彻"实事求是，量力而行，注重效益，协调发展"的指导思想，主要抓了以下几项工作。

完成湖北彩电中心大楼工程建设。彩电中心大楼于1988年5月动工兴建，1993年11月18日竣工。总建筑面积27347平方米，总投资概算6728万元，到年底完成5700多万元的形象进度。

省台广播电视节目上卫星已得到批准，卫星上行站已进入紧张的前期准备阶段；积极筹集资金，准备兴建广播大楼。

对全省实验台落实了一次性起动扶持经费；基本解决全省中央台一套节目转播信号源问题；落实了全省实验台事业经费基数增加的问题，实验台事业经费困难得到缓解。

完成了三峡库区我省广播电视总损失的估算工作，对库区广播电视迁改方案进行了规划指导，制定了三峡地区广播电视事业发展纲要。开展了对口支持三峡工程的工作。

强化主体，狠抓农村有线广播网的巩固、整顿和提高，农村有线广播网得以稳步发展。全省新建乡镇站 11 个，新建村室 1052 个，通广播的村增加 791 个，更新乡镇站 96 套，设备入级率达 60%，线路和喇叭入级率分别达到 50%和 51.5%。

抓了全省微波干线各站的设备更新改造工作，完成了 52 部微波机架的改造，占应改造数的 36%。

加强了对老、少、边、穷地区广播电视事业发展的扶持工作，安排一百万元扶持款，主要用于微波线路完善，节目信号源建设和转播设备的更新。

三、广播电视各项管理工作得到加强

普遍加强了对宣传工作的领导和管理，取得了好的社会效果。一是严格宣传纪律，完整转播中央和省一套广播电视节目。二是强化全省广播电视台站宣传的量化管理，继续开展全省广播电视宣传竞赛评比活动。三是加强广播电视宣传的宏观调控。正确处理经济效益与社会效益的关系，弘扬主旋律，坚持多样化。四是加强对县级电视台自办文艺节目试点的管理。一方面鼓励有条件的县级电视台自办文艺节目试点，另一方面严格宣传纪律，严禁违法滥播电视剧，并对偷播滥播行为进行通报处理。

广播电视技术系统实行科学化，标准化，规范化管理。开展了全省无线台（站）和农村广播电视网的评比竞赛活动，使全省无线台（站）停播率明显下降，设备测试率大幅度上升，设备质量不断提高。完成了全省调频广播覆盖网的技术规划和频率规划的编制工作。对全省无线台（站）擅自使用频道、扩大功率的现象实行监督管理。配合省无委及时处理了无绳电话对电视的干扰。

音像管理抓了扫黄打非工作。对播映中央明令禁止播映的激光视盘的放映厅进行了查封。整顿音像市场，换发了音像制品的销售、出租、播放许可证。全省清查音像市场 452 次，出动 1914 人次，收缴非法音带 17083 盒，像带 6877 盒，取缔 164 个黑窝点，查封非法经销点 68 个，吊销许可证 164 个。加强了对有线电视的建设和宣传的管理，严格报批手续，实行全省统一供片。卫星地面接收站管理工作走上正轨，严格控制收视亚洲一号卫星节目。

湖南省广播电视概况

1993 年，是厅领导班子新旧交替的一年。新党组对全省广播电视工作现状作了全面客观的分析，提出了“围绕一个中心，实行两个转变，办成三件大事，实现四个目标”的新思想（即：以宣传为中心；广播电视宣传由松散型向紧密型转变，广播电视经营由计划型向产业型转变；完成广播电视中心建设、卫星电视广播建设、传输覆盖网络建设；实现办大广播、大电视、大宣传、大产业的目标）。一年来，全省广播电视系统围绕新思路、新目标开展工作，在宣传、事业、经营管理各个方面都取得了新进展，出现了新气象。

1993 年全省广播电视宣传有如下几方面特色。

首先是高扬了主旋律，把握了正确的舆论导向。宣传中始终坚持以邓小平同志建设有中国特色社会主义理论和党的基本路线为指针，坚持“团结、稳定、鼓劲”的基调，突出了建立社会主义市场经济体制的宣传，突出了经济形势和宏观调控的宣传，突出了反腐倡廉，精神文明建设的宣传、突出了《邓小平文选》三卷出版发行和学习的宣传，突出了纪念毛泽东同志诞辰 100 周年的宣传，对统一思想，稳定局势，促进本地区改革开放和经济发展，起了很好的作用。湖南电视台经济宣传搞得有声有色，除了在新闻节目中增加经济报道份量外，在二套节目中增办《经济世界》栏目和《财经快报》，全年经济栏目在中央电视台发稿 550 条，名列全国第 3 位，还与中央电视台联合播发了《经济信息联播》湖南专版、《3·15 消费者之友》特别节目，受到中央电视台的表扬。此外，还组织了一系列的宣传战役，为宏观调控的宣传、国有大中型企业转换机制的宣传、减轻农民负担的宣传、整顿社会治安的宣传等等，都有一定的数量和质量。湖南人民广播电台对所属湖南经济广播电台进行了完善，进一步突出了经济特色，加重了经济报道和经济信息播出份量，并在省会两大商场开办了两个商业直播台。此外，他们在抓典型报道上也下了功夫，全年宣传了 80 多个优质高产、高效农业的先进典型，如《双峰县实施引导工程引导农民进市场奔小康》、《湘潭县泉塘子乡农技站热心为农民服务推广农业技术》等播出后产生了广泛影响，受到了省委、省政府领导的表扬，当时主管农业的副省长王克英调阅了该台农业典型的报道稿件，批示编辑出版，向全省发行。株洲市在开展为期一年的《市场经济透视》短新闻评比竞赛活动中，各台、站、报从各自实际出发，创办了《新城建设》、《招商引进》、《市场经纬》等 20 多个栏目，共发稿件 4 万多条，加大了市场经济宣传的深度与力度。其次是树立质量意识，把提高广播电视宣传质量作为一项系统工程来抓，各级领导都把抓宣传质量列为第一职责，作到“减少次品，消灭毒品，杜绝废品，多出精品”，人人与声屏共荣辱。省厅从第三季度起建立节目评议制度，每个季度对厅直宣传单位的节目、稿片进行一次评议，选出五个最佳节目或栏目（最佳新闻、最佳专题、最佳文艺、最佳栏目、最佳编排），对冠军给予奖励，并进入宣传档案，连续得奖的实行重奖。连续几次评为最差节目（稿片）的予以批评、扣奖金等处罚。各级局台也采取了相应措施。这些对促进宣传质量的提高起了积极作用，全省涌现了一大批有影响、为群众喜闻乐见的好节目、好稿片、好栏目、好晚会。如湖南电视台的《路口镇乱集资跟踪报道》、纪念毛泽东同志诞辰100周年文艺晚会《人间正道是沧桑》，湖南人民广播电台的《湘潭县泉塘子乡农技站热心为农民服务推广农业技术》、大型广播剧《毛泽东的故事》，湖南有线电视台的《是义演还是骗人闹剧》、《在正义与邪恶之间》；湖南有线电视节目制作交换中心的大型社会教育片《贿赂忧思路》、《潇湘情》、长沙人民广播电台的《飘荡在小巷深处的京韵茶香》、株洲电视台的电视剧《黄埔虎将》、零陵电视台的系列报道《湘南寻梦记》等等。有的节目播出后在全国也引起了轰动，如《毛泽东的故事》在中央台和全国40多家电台播出。《贿赂忧思录》由中纪委作为反腐倡廉的教材向全国发行，现已发行像带4000多盒。今年在全国各类评奖中，全省广播电视系统共有59个节目、稿片获奖。其中部一级颁发的一等奖便有三个。再次是继续深化宣传改革，努力增强宣传效果。湖南人民广播电台按照“改造人民台、创办文艺台、完善经济台、推出系列台”的思路，在原有第一套节目基础上推出了新闻台，完善了经济台，并对文艺台的创办着手进行筹备。长沙人民广播电台对节目布局和设置作了较大调整，实行节目板块化、栏目化，采取主持人直播方式。许多广播电视台、站，根据经济体制转轨的新形势，推出了一批深受观众、听众欢迎的节目、栏目。第四是强化宣传管理，严肃宣传纪律，把握正确的宣传导向。今年进行了我省广播电视史上时间最长、范围最广、规格最高的宣传纪律大检查，针对我省广播电视事业发展中一些具有紧迫性、全局性，方向性的问题，作了比较深入的调查研究，在全系统进行了一次喉舌、耳目、工具和阵地意识的再教育。据初步统计，7个检查组行程近7000公里，检查了20多个县市的120个单位。这次检查，对整治声屏的脏乱差现象起了一定的作用，它将促使电视屏幕形象在近期内有较大改观。

1993年事业建设在巩固中有新发展。针对我省节目制作能力低，传输网络不完善，信号质量差，国外卫星电视的严重冲击等突出问题，主要抓了“三大建设”的前期准备工作。一是抓紧筹建广播电视中心，地址已选定，开始做设计方案的征集和征地工作。二是筹建卫星电视上行站，省台广播电视节目将实行卫星覆盖。卫星转发器已经租定，上行站的土建工程已在春节前动工，设备已经订货。三是对农村广播电视网的现状进行了调查，研究了加强农村广播电视网建设的意见和措施。这次调查是根据省八届人大常委会第四次会议提出的《对我省农村广播电视实施工作的意见和建议》进行的。由省政府办公厅、省委宣传部、省财政厅、省广播电视厅组成联合调查组，对全省农村广播工作进行了深入的调查研究，写出了《关于在新形势下巩固和发展农村广播网的情况调查》，全面反映了我省农村广播网面临滑坡危险的现状、形成原因及我们拟采取的措施。这篇调查报告引起了中宣部及省委、省政府的高度重视，要求我厅就调查报告提出的几个问题，研究解决办法，上下统一思想，把农村广播电视网建设管理好。1993年农网建设主要采取“稳定队伍，巩固网络，发挥作用，有条件的地方积极发展”的方针。全省18个农网建设先进县市和800多个合格乡镇得到了巩固，绥宁、资兴、冷水滩等三个县市达到了先进县市的要求。此外，为了扩大广播电视的覆盖，补点建设了一些中小功率的电视差转台，调整和搬迁了5座中波转播台、实验台，对60多台中波发射设备进行了技术改造，指标达到甲级水平。按广播电影电视部的要求，基本完成了14个地（州）市和109个县（市）调频改频工作。有线电视全省发展20万用户，总数达到200万户。

1993年，在全国广播电视系统财务管理工作会议的推动下，我省广播电视经营创收大幅度增长。全年经营创收的特点是，全系统职工增强了产业意识，既认识广播电视的宣传属性，也认识到了它的产业属性，在坚持宣传属性的前提下，把广播电视作为产业来办，充分挖掘广播电视的资源优势、技术优势和人才优势，努力形成产业规模，产生规模效益，使广播电视经营创收在社会经济环境不十分景气的情况下仍然获得较快增长。全省广播电视系统预算外收入达21717.65万元，比1992年增加了47%，为同年财政事业费拨款的2.5倍。在创收的同时，各级还十分重视加强财务管理，充分利用财务管理这个“杠杆”，促进资金合理高效地运转，千方百计地降低消耗，减少浪费。在国家财政部和广播电影电视部联合召开的全国广播电视系统财务管理工作会议上，湖南电视台、南岳电视调频发射台、湖南广播电视报、株洲市广播电视局等8个先进典型在会上受奖，重点推广了我厅《深化改革，强化管理，开创广播电视事业发展的新路子》的经验。广播电影电视部审计局还推介了我厅加强审计监督工作的经验。

（欧光安　姜　欣）

广东省广播电视概况

1993年，广东省广播电视厅本着“解放思想、真抓实干、把握正确方向、大胆探索改革、力争将各项工作搞得有声有色”的指导思想，认真部署，大胆实践，使各项工作稳步扎实地开展，上了一个新的台阶。

一、改革工作迈出了一大步

在 1993 年，广东省广播电视厅围绕“理顺各方面的关系，进一步调动全体工作人员的积极性，更好地解放广播电视整体生产力”的改革目标，从“有利于加强党的领导，有利于事业的发展，有利于宣传的加强，有利于宣传职能和管理职能的统一”出发，认真研究制订了《广东省广播电视厅改革方案》，这个方案经多方酝酿和征求意见后报省委宣传部并得到正式批复。厅全方位改革的主要思路和省委宣传部批复的主要精神是:

1、厅的体制改革，要根据党的十四大精神，围绕政府机构要转变职能，理顺关系，简政放权，提高效率的指导思想进行。电台、电视台和技术中心，应逐步实行事业单位、企业管理，过渡到独立经营的经济实体。

2、领导体制继续实行厅领导两台一中心的分级管理体制。厅要搞好宏观管理，两台一中心有经营管理的自主权。

3、人事制度改革，包括任期制、聘任制、干部交流、优化组合及主持人合同制等。

4、财政管理改革，要从整个系统的大局出发，考虑整体利益。厅统一对口省财政厅包干，两台一中心和厅直属单位对厅切块。两台通过定额核算向中心交纳传输发射费用。两台一中心向厅上交管理费。

5、后勤服务的机构和设施，要逐步从福利服务型向经营服务型转变，一些福利补贴从暗补转为明补。引进竞争机制，提高服务质量。

6、改进事业管理，只为本行政区域服务的转播台和实验台交由当地管理。

7、依靠广播电视优势，大力发展多种经营，以弥补事业费的不足，改善职工生活。

二、宣传工作取得了较好成绩

1993 年，广东省广播电视厅作出了把广播新闻台和电视岭南台办成时政台的决定。两台多次进行改版，一方面抓增大新闻信息量，加大了社会新闻和国际新闻份量，多报道群众未知而欲知、应知的内容，同时增加新闻节目的次数，并尽可能滚动播出；一方面抓热点、难点或冷点问题的深度报道，抓住这些问题，注意从群众的角度，以活生生的典型和生动具体的新闻事实进行报道，并以正确的观点从多方面进行深入剖析，使群众得到正确的引导。两台都增办或改办了一些新闻和经济报道。电视岭南台开播了下午节目，大大增加了播出时间。

为更好地把新闻节目办好，电台、电视台都注意更新新闻观念，加强编辑思想，重新调整了新闻的播出版面，保证有重大影响的新闻播出，将与广大群众密切相关的新闻放在头条或显著的位置，尽力压缩会议新闻及一些纯生产性的报道。对突发性事件、热点新闻、独家新闻，都给予充足的版面和显著的位置。广东电台新闻台的早新闻节目经过两次改版后。进一步拓宽了报道面，增加了评论和深度报道，增加了直接反映群众呼声的内容，受到了听众的普遍好评。

关于广东省和全国人大、政协会议的宣传，关于十四届三中全会精神的宣传，关于社会治安综合治理的宣传，关于反腐败斗争的宣传，关于纪念毛泽东同志诞辰 100 周年的宣传，关于申请主办奥运的宣传以及几个重大节日的宣传，都能搞得有声有色，有计划有步骤地进行，都有一定的声势，内容也比较扎实，写制出一批质量较高的稿件和节目。文艺节目坚持了“两为”“双百”方针，在繁荣文艺丰富群众生活，弘扬文化，提倡和扶持严肃音乐等方面基本上做到高唱主旋律，坚持多样化。两台的文艺节目都注意精办栏目，提高节目的思想内涵和艺术品位。此外，广东电视台电视剧生产也有起色，全年自制电视剧 172 集。其中，全景式反映广东改革开放的大型电视连续剧《情满珠江》受到观众和专家的热烈欢迎。

三、成功举办了华语电视周活动，对外宣传工作有所突破

1993 年 8 月 25 日至 30 日，广东对外文化交流协会、广东省广播电视学会与广东电视台在广州联合主办了全球性的大型电视文化活动 —— 首届华语电视周。参加活动的除中央及内地各省、市电视台和主要影视公司的代表外，还有港、澳、台地区和新加坡、美国、加拿大、日本、法国、英国、德国、澳大利亚、泰国、马来西亚等国家的华语电视台、华语影视公司及少数外语影视机构的代表。电视周围绕首届优秀华语电视节目展播、节目展销、学术研讨会，以及各种联谊活动展开，取得了圆满成功。海内外 58 个单位几千小时的优秀电视节目和录像制品，包括电视剧约 2000 部（集），纪录、专题片约 700 集，综合艺术片 140 部（集）投入展销。来自中国大陆、香港、台湾以及美国、加拿大、新加坡等较大的华语电视机构和院校共 24 人参加了“华语电视发展”学术研讨会。电视周通过组织各种座谈、参观等联谊活动，让海内外朋友实地考察广东改革开放和经济建设的实践和成就。通过这次活动，加强了与海内外华语电视界的联络和彼此间的友谊以及节目交流，丰富了荧屏，提高了广东省电视事业在海内外的知名度。

除成功举办首届华语电视周外，广东电台、电视台出口节目在数量和质量上有较大的提高。1993 年，广东电视台向海外近 30 多家影视机构输出各类节目 908 小时，内容不断扩大不仅有电视剧、综合文艺晚会等娱乐性强的节目，而且还有新闻、经济、社教、文艺、体育、风光等专题性节目；广东电台通过与香港、美国、加拿大、日本、荷兰等地区和国家的电台合办节目，进行节目交换，举办各种活动等，增进了两地群众的了解，促进了文化交流。

四、事业建设扎实进行

为完成广东省“八五”规划的覆盖任务，1993 年在广东省各地（特别是山区）建 295 个电视调频转播台，同时抓紧完成珠江三角洲环路电路和汕头——潮州——揭阳两条微波线路的建设工作，其中珠江三角洲环路电路已进入装机阶段。完成了全省广播电视改频工作。组建成立了全省有线电视检测中心，在汕头、茂名、韶关和珠海分别建立了广播电视监测站，形成全省广播电视监测网。为落实全省乡镇广播电视台（站）人员定编，在大量调查研究基础上草拟了实施方案。批准县办电视台5个。市县建设微波电路10条。完成了广东电视中心的总验收工作，至此电视中心工程第一期简易投产已全部完成。完成了电视中心办公大楼中央空调建设，改善了办公条件。另外完成了电视中心三个演播室的空调建声等建设，提高了电视节目制作能力。在新技术开发方面，继续抓了图文电视、调频附加信道业务（SCA）、数据广播（RDS）的试验和完善工作，有的已进入应用阶段。已使用3个调频附加信息，分别为顺风寻呼台、珠江股市电台和羊城交通电台播出信号。图文电视信息也在9月播出。

五、多种经营呈现蓬勃兴起势头，创收有所提高

在1993年，广东省广播电视厅多种经营呈现蓬勃兴起的势头。先后开办了房地产公司、广东广播电视信息传播中心、全省有线电视总公司、经济电视台、羊城交通电台、珠江股市电台、广播电视对外交流服务中心和广东国际影视制作有限公司（中外合资）。经营创收有所提高，全年两台创收1.6亿多元，全厅企业创收560多万元。

（许国宏）

海南省广播电视概况

海南省文化广播体育厅广播电视处

1993年，海南省广播电视系统发挥了广播电视在经济特区建设中的作用，以宣传为中心的各项工作取得了新的成绩。

1、广播电视宣传发挥了舆论导向的作用。

1993年全省广播电视系统突出宣传了建省五年改革开放、开发建设的成就，深入宣传了江泽民同志在海南建省、办经济特区五周年庆祝大会上的讲话。海南人民广播电台现场直播了庆祝大会的实况和第二届海南国际椰子节开幕式的实况，全省19家市县广播电台同时转播，直接收听的听众达30多万人。海南电视台同中央电视台合拍的系列专题节目《来自海南特区的报道》以及开辟的《琼崖尽是春》专栏节目，集中宣传了海南改革开放所取得的成就和所发生的变化。

1993年，全省广播电视系统还集中力量，组织了学习《邓小平文选》第三卷、纪念毛泽东同志诞辰一百周年、党的十四届三中全会精神的宣传。全年，全省21家广播电台新闻发稿量达到36300多条，5家电视台新闻发稿量达到11000多条。

2、突出经济宣传。

全省广播电视宣传紧紧围绕各级党委和政府的中心工作，突出经济建设的报道，加大新闻报道的力度，努力为经济建设服务。海南电视台开设了《开发大舞台》、《经济广场》、《社会热点》等栏目，增加了《午间新闻》，加强了经济报道和对社会热点问题的报道，全年共播出经济信息13000多条。海南人民广播电台全年发稿量为30210篇，其中各类经济稿件占60%以上。海南经济广播电台通过直播、热线电话等形式，邀请党政领导、经济界专家、企业界人士近400人次，探讨宏观经济走势、社会政治以及股票、期货、房地产等问题，围绕省政府在各个时期经济工作的重点进行宣传。

对省里出台的改革新举措，广播电视部门进行了跟踪报道，让广大群众和投资者了解这些改革的意义、作用，化解矛盾，增强信心。企业法人登记和税收征管改革措施公布后，海南人民广播电台、海南电视台播出了对省政府有关部门进行的专访，宣传这两项改革的意义，保证了改革的顺利进行。

3、根据经济特区特点，加强精神文明宣传。

在抓好经济宣传的同时，广播电视部门加强了对精神文明建设的宣传。海南电视台开设了《九州揽萃》等社教专栏，引导人们树立新风尚。海南人民广播电台在《琼乡春雨》板块节目中开设了《红花绿叶》栏目，宣传精神文明建设的先进单位、先进人物；开设了学习雷锋特别节目，介绍优秀共产党员的模范事迹。

4、繁荣广播电视文艺。

1993年，海南电视台、海口电视台、海南影业公司等单位共生产了11部53集电视剧，其中《诗人毛泽东》和以海南归侨艰苦创业为题材的《太阳河》被选送上报中宣部参加“五个一”工程的评选。海南电视台参加摄制的7台文艺晚会被选送中央电视台播出。海南人民广播电视采录了50多首富有海南特色的歌曲在《宝岛新歌》栏目中播出。

5、做好广播电视外宣工作。

海南电视台积极利用电视节目对外宣传海南，1993年有14个专题节目在中央台播出，大部分节目由中央台通过对外交流渠道输送到东南亚和欧美部分地区。海口电视台积极向中央台对外宣传中心提供节目，该台的《椰城》、《变化中的中国——来自海口的报道》、《金鸡唱椰城》、《椰城岁岁高》、《海南一杰》等5个专题节目和近10条新闻在中央台对外节目中播出，其中文艺专题《金鸡唱椰城》被北美华人节目采用。

6、事业取得新发展。

1993年，省、市、县广播电视部门，根据全省广播电视工作会议的部署，共投入一千多万元，加快广播电视事业建设。海南电视台为提高节目制作能力，自筹资金800多万元，建起了300平方米的演播厅。由省广播电视技术中心组织实施的新建金鸡岭160米铁塔和调频广播、电视转播台扩建工程全部竣工，增加一套10千瓦分米波发射机转播电视节目，提高了信号质量和人口覆盖率。由三亚市文化广播体育局及三亚人民广播电台组织实施的三亚调频广播和微波接送节目的工程已经完成，增加了两套3千瓦发射功率的调频广播，解决了三亚地区接收中央台和省台广播节目困难的问题。

1993年，全省农村广播电视网建设在巩固的基础上，新发展乡镇调频“补点”台17座。继琼海市后，又有乐东等一批市县实现百分之百的乡镇广播站恢复正常播音，新建村级广播室281间，发展入户广播喇叭98700只，海口、琼海等市县农村广播喇叭入户率达到90%以上，全部市县建起了有线电视网，新建乡镇有线电视站8个，用户达到15万户。

7、加强内部管理与社会行业管理。

1993年，全省开展了广播电视安全优质播出竞赛活动，参加竞赛的有省、市、县级广播电视发射台、转播台、微波站、播控中心共52个单位。全省共评出13个先进单位，由厅里发给奖状、奖金。

1993年，全省广播电视社会行业管理工作的一个突出特点是加强了依法管理。市县广播电视部门与其他有关部门一起，依据省政府发布的文化市场管理办法，加强了录像播映点的管理。国务院129号令发布了卫星地面接收设施的管理规定后，琼山、东方等市县广播电视局积极向市县政府汇报并制订、公布了本市县执行国务院129号令的具体法规，做到了社会行业管理工作有法可依。琼中、昌江等县广播电视部门带头执行国务院129号令和广电部的有关规定，坚持做到在有线电视系统中不转播境外电视节目，自觉维护法规的严肃性。

广西壮族自治区广播电视概况

广西广播电视厅

1993年，广西广播电视事业以邓小平同志建设有中国特色社会主义理论为指导，坚持“一个中心、两个基本点”，深入贯彻党的十四大和十四届三中全会精神，解放思想，锐意进取，把握正确的舆论导向，加快事业发展，理顺内外关系，加强队伍建设等方面有明显成效。

一、广播电视舆论导向把握较好

1、宣传工作坚持团结、稳定、鼓劲和正面宣传为主的方针，围绕“抓住机遇，加快发展”主题，充分发挥广播电视舆论优势的作用。

第一、突出报道了自治区党委部署的社会主义市场经济大讨论和市场经济。广西人民广播电台从4月24日到10月，开设《走向市场》、《市场经济》、《市场经纬》等节目，报道各行各业走向市场、转换经营机制等，发稿1243篇113万多字；举办《市场经济讲座》，播出“建立社会主义市场经济是深化改革的首要任务”、“解放思想，转变观念，加快发展社会主义市场经济”、“社会主义市场经济需要雷锋精神”等，从理论与实践结合上阐明建立社会主义市场经济的重要性和必要性。广西电视台开设《面向市场》专栏，播出新闻177条，获社会主义市场经济大讨论宣传评比一等奖；开设《抓住机遇，加快发展》栏目，报道国家加强宏观调控、整顿金融秩序的方针政策，反映广西调整产业结构、引进外资、深化改革、加快发展的典型经验；与中央电视台合作拍摄“广西边贸系列报道”4集，宣传广西对外开放的成就。柳州电台、电视台为宣传全市工业总产值实现130亿元开设《为了130亿》、《扬鞭策马再建功》专题、专栏。桂林电视台为宣传全市实现工业总产值60亿元，开辟《为60亿元作奉献》专栏，突出10个增幅户、10个税利大户、10个亿元企业的典型报道。

第二、重点报道农业基础地位。广西人民广播电台在《桂海纵横》、《科技兴农》、《科技园地》等节目播出农业稿6916篇345万多字，报道各级领导重视农业生产、科技兴农致富先进典型，特别是宣传立足本地资源、依靠科技开发、解决广西20多万农民处于特困线以下的生活问题，集中报道了河池、百色石山区因地制宜脱贫致富的典型。广西电视台配合自治区党、政扶贫部署拍摄专题片《大石山在呼唤》，对争取中央和社会各界对广西扶贫工作的支持起了积极的作用。柳州人民广播电台恢复《郊区新闻》，开设《来自乡镇企业的报道》，加强农业宣传。

第三、加强社会主义精神文明建设和爱国主义、集体主义、社会主义教育的宣传。广西电视台在《时代风貌》、《杰出青年风采》、《架金桥的人》节目中，宣传了一批先进人物的精神风貌。南宁、梧州电视台开设《创建文明城》、《创造文明卫生城》专栏，宣传南宁、梧州市人民创文明城市、做文明市民的活动和经验。广西人民广播电台在《晚间半小时》专题节目中播出“理直气壮反腐败，保证社会主义市场经济建设健康发展”、“毛泽东廉政与反腐败斗争”等21篇理论性文章，对社会主义精神文明建设起了舆论引导作用。

2、增加播出时间，加强新闻宣传。全区14家电台（区台2、市台5、县台7）平均每天播出时间177小时20分，比1992年增加14.2%，自办节目时间147小时15分，增加15.7%，其中新闻27小时39分，增加58.8%；广西人民广播电台每天播音39小时50分，增加13.5%，自办节目32小时10分，增加17.3%，其中新闻3小时25分，增加46.8%。13家电视台（区台1、地市台7、县台5）每周播出时间683小时17分，增加25.5%；自办节目347小时40分，增加102.9%，其中新闻29小时38分，增加70.6%；广西电视台每周播出187小时，增加23%，自办节目75小时，增加9.5%，其中新闻6

小时 42 分，增加 57.6%。

3、对外宣传取得新发展。广西对外广播电台认真贯彻中央制定的对外宣传方针，在宣传中国、广西改革开放成就中，组织了“改革开放中的南宁”、“建设大西南出海通道”、“广西沿边开放”、“长江经济走廊”等 6 个系列报道，在国外引起较好反映。越南 23 个省、市听众来信比 1992 年增加一倍多。他们渴望了解中国、了解广西，赞广西人民创造了奇迹。广西电视台与市台合作摄制的 24 小时节目，在美洲东方卫星电视播出，得到海外人士赞誉。其中《再生之路》在全国电视对外宣传优秀节目评比中获一等奖。

4、文艺广播坚持弘扬民族优秀文化为主，为受众提供社会主义精神食粮。广西电视台播出的电视剧中 75.5%是国产电视剧，其中在黄金时段播出 1812 集。广西人民广播电台录制的广播剧《山村情》获全国优秀广播剧二等奖，《木棉花红的季节》和《山村歌女》分别获“全国 93《广播歌选》新歌征评”三等奖和创作奖。柳州人民广播电台《芳草地》节目播出柳州市作者创作的诗歌、散文、小说 700 多篇。

5、改革宣传探索前进。广西人民广播电台经济台、南宁和柳州、梧州人民广播电台均采用主持人大板块节目结构，正点播出新闻，半点经济信息，探索滚动式新闻编排；梧州和南宁人民广播电台进行了户外现场直播尝试。一年中，广西经济台接到热线电话 1.82 万人次，收到听众来信 5 万多封。南宁电台接到热线电话 1.3 万人次，听众来信 7.89 万封。

二、事业建设有新成就

建设广西卫星广播电视地球站的土建工程基本完工。新建了玉林大容山——梧州、南宁——河池微波干线。广播电影电视部批准建立县级电台、电视台各 5 座和市县有线电视台 7 座。卫星电视地面站由 1836 座发展到 2433 座，增加 32.5%，农村有线广播在巩固的基础上新增入户率 2.38%。《广西广播电视报》发行量突破 100 万份，居全国 200 多家广播电视报的前 8 名，率先具备大型报纸高速彩印能力。广西广播电视科研所将 1992 年研制成功的固态阻尼管装置技术进一步开发成功 2KD——12／50——1、2KD——12／25、2KD——12／12 等系列产品，供应有关台试用，效果良好。

三、深化改革管理，依法行政有新发展

自治区八届人大常委会通过并颁布实施《广西壮族自治区广播电视管理条例》，制定《广西实行双重领导的中波转播台、调频台、微波台产权管理规定》和《广西壮族自治区有线电视台站电视节目管理规定》、《广西有线电视节目供片办法》等法规性文件公布实施。广西广播电视厅建立三会制度：厅长办公会议每周一次，实施厅行政最高决策；编委会每周一次，研究讨论宣传报道重大问题与要求；厅党组会议半月一次，决定全局性大事。这些改革措施，促进了内外关系的改善。

四、广播电视队伍建设进一步加强

组织职工联系实际认真学习党的十四大文件和十四届三中全会决定，学习《邓小平文选》第三卷；开展反腐倡廉教育，制定了禁止“有偿新闻”8 条规定；进行普法教育，6735 人参加普法考试，80%获优良成绩。队伍素质有了进一步提高，评定高级职称人员从 83 人增加到 202 人，中级职称由 860 人增加到 1246 人。

主要问题：广播、电视人口混合覆盖率比全国平均覆盖率分别低 12.8%和 4.6%，有 635——400 个乡镇看不到广西和中央电视节目。广播、电视节目制作量虽分别比上年增加 96.3%和 61.6%，但质量不够高，与增加播出时间不相适应。经费紧张，困扰广播电视事业的建设发展。队伍素质仍不适应事业发展的需要等。

（郑成贵　黄贻新执笔）

四川省广播电视概况

四川省广播电视厅新闻所

1993 年，四川省广播电视战线职工充分发扬开拓进取精神，使全省广播电视宣传、技术、事业建设、行政管理取得协调、稳步发展，为两个文明建设作出了新的贡献。

一、宣传工作方面总的做法是：精心组织重点报道，认真搞好日常报道，努力提高节目质量。

1993 年四川的广播电视宣传坚持以“经济建设为中心，以小平同志南巡讲话和党的十四大精神为指针，以团结、稳定、鼓劲为基调”，高扬社会主义主旋律，加大改革开放宣传力度，促进四川经济发展上新台阶。

经济宣传为中心的报道，注意贴近群众、贴近生活、贴近实际。四川电台开展对经济建设和改革开放的宣传，对党的十四大精神和社会主义市场经济理论的宣传，加强经济宏观调控的宣传，对农业、农民、农村工作的宣传等都取得了较好的成果。四川电视台推出系列报道《探索之路》，宣传企业改革，对四川在香港、泰国的招商活动，在俄罗斯举办的“四川节”等进行了重点报道。

在重大节日、重大活动的宣传报道中，突出四川特点，扩大对外影响。省人代会、政协会省级两台都进行了实况转播并推出了系列专题报道，取得了较好的宣传效果。在全国人大、政协开会期间，肖秧省长代表四川首先在中央电视台会议专栏节目中与全国人民见面；四川电台记者采写的报道“肖秧省长宣布四川干部的三不准”在全国人代会好新闻评选中获奖。

为纪念毛泽东诞辰 100 周年，省电台和省电视台于 1993 年 12 月陆续推出了一大批纪念毛泽东同志诞辰 100 周年活动的专题节目，省电台在《早晨新闻》中开设了《纪念毛泽东诞辰 100 周年》栏目，组织毛泽东诗词朗诵和歌曲演唱会，省电视台播出了联合摄制的六集电视系列专题片《毛泽东在四川》，直播了四川省纪念毛泽东诞辰100周年的大型文艺晚会《世纪之光》。

为完城七运会四川赛区的电视实况转播，四川电视台投入160多人、5台转播车、10套微波、12部单机、1个新闻中心，对开幕式和15个比赛项目进行了电视转播，提供中央电视台向全国观众现场直播的比赛10场，四川直播51场，整个工作万无一失。

为繁荣声屏艺术，四川电台1993年推出经过10年探索和艺术加工而成的108集全本《三国演义》广播剧，被国内学术报刊称为“三国改编”的三大艺术工程之一，已引起中外“三国”专家们的浓厚兴趣和广大听众的喜爱。四川电视台不仅播出1992年完成的电视剧《山梁上的太阳》、《康定童话》、《红粉飘零》、《爱在雨季》、《兰色地平线》，还制作了《故园》、《老磨房》等剧目。精心组织的纪念毛泽东诞辰100周年《世纪之光》文艺晚会、“飞天奖”、“金熊猫奖”颁奖文艺晚会，“巨星耀银屏”文艺晚会更是深受广大观众喜爱。1993年四川电视台还译制了150小时的电视节目，其中故事片32集，卡通片65集，专题片41集，丰富了节目内容。

四川电台10月1日推出了经过精心改革，调整的节目，使内容更加丰富，信息量更大，形式更加活泼，短短一个月时间，收到听众来信5800多封。厅新闻研究所完成了广电部、中国广播电视学会八五期间的重点科研课题《乡镇广播电视指南》一书的编撰，全书30多万字，成为我国乡镇广播电视的百科全书。

1993年四川省还成功地举办了'93中国四川国际电视节，为广播电视的对外交流和四川的改革开放作出了贡献。本届电视节的指导思想是“规模要小，形式要简，屏幕要热，效果要好”，一切从实际出发，使电视节取得圆满成功。本届电视节在节目交易方面，有27个国家和地区的277家影视机构携片参加交易，达成意向性协议送的海外电视剧138部2060集，动画片、卡通片207部（集）；同时北京艺术中心、四川电视台等影视制作机构还向海外卖出了《北京人在纽约》、《深山船家》等优秀电视节目416部（集）（约250小时），成交金额较上届的40多万美元增加到160万美元；设备展销成交金额超过1亿元人民币。

二、事业建设方面贯彻执行持续、稳定、协调发展的方针，认真抓了节目传输质量的提高和扩大覆盖。

1、开播了省有线电视台。1993年5月，省有线电视台资金到位，立即着手安装设备、准备节目，招聘人员的各项工作。9月29日按原计划顺利开机试播。目前已开通了新闻综合、影视文艺、图文信息三个频道，全天播出60小时左右，截止1993年12月，用户已发展到20多万户。

2、省电视台推出《黄金十频道》。四川电视台原计划要推出“四川经济电视台”。根据上级领导“不宜过多建台”的指示精神，遂改为“黄金十频道”并于1993年12月28日正式试播。这个频道的节目致力于栏目的规范化、个性化，拥有较高收视率，普遍受到欢迎。

3、微波建设取得新的进展。1993年12月15日，正式打通了成都——重庆——华莹山的微波干线；同时这年还开通了成都——雅安一线，完善了成都——凉山——攀枝花的微波电路建设。

4、基本完成了少数民族地区广播工程的建设。1993年我省苗族、土家族所在的黔江地区中波转播台、藏族所在的甘孜州、阿坝州的阿坝、若尔盖、红原、理塘、乡城、炉霍、甘孜、康定以及凉山州木里藏族自治县中波转播台已初步建成，具备了开通的条件，阿坝州人民广播电台已具备有编、播一套节目的能力。各台的竣工，有效地提高了四川省广播节目的人口覆盖率，尤其是少数民族地区的人口覆盖率，填补了这些地区长期以来收听不到中央电台和省电台广播节目的空白，对民族地区的政治稳定、经济发展和精神文明建设，都将起到重要的作用。

省广播电视厅对各市、地、州、县的广播电视，在宣传上采取了专题研究，分类指导、调查分析等形式，提高全省各地的宣传水平。1992年，撤区并乡以后，有些乡广播电视站受到影响，经过1993年的工作，已有1／3被撤乡和建制乡（镇）实现了节目联通。1993年，省人事厅共下达乡站招工指标2626个，招聘工作正在进行。1993年全省共审查上报了13个电台、35个电视站，广电部已批了12个电台。

三、在管理方面，各种职能进一步完善。

音像制品管理方面，参与查禁、处理违法案件5起；继续深入开展“扫黄”、“打非”斗争。卫星电视管理方面，通过调查研究，草拟了贯彻实施办法。另外对电视剧许可证，有线电视的管理，电视频率执照的管理，廉政建设等方面都提出一套细致的管理措施。

贵州省广播电视概况

一、广播电视宣传

1993年，贵州的广播电视加强了经济建设和改革开放的宣传，加强了农业和企业转换机制的宣传，加强了社会主义精神文明建设的宣传，在建设社会主义市场经济体制的新形势下，围绕经济建设中心，高扬时代主旋律，努力为加快贵州的改革开放和现代化建设步伐服务。

中央《关于建立社会主义市场经济体制若干问题的决定》发布以后，贵州人民广播电台、贵州电视台拓宽报道领域，抓住深化改革、建立社会主义市场经济体制的热点加以报道。贵州人民广播电台除在早《新闻》和《全省联播》等重点节目加强报道外，还开办了《市场与发展经济》、《扭亏增盈之路》、《转换企业机制》、《发展支柱产业》、《前进中的基础产业》等栏目，宣传经济建设中的典型经验和先进人物。由于省广播电台根据中央和全省的各项中心工作和重大改革措施的出台组织报道，使节目内容更加充实、更加贴近实际。在农村节目——《黔岭山乡》板块节目中，增加了信息量，引导农民按市场需求发展生产，为农民致富当好参谋。在以经济宣传为主的《经济大观》板块节目中，紧紧配合建立社会主义市场经济体制过程中各种经济活动情况，比如对“期货市场”、“关贸协定”、“现代企业”的建立等等，都进行了由浅入深的宣传，收到了良好的宣传效果。贵州电视台为了突出宣传经济建设这个中心，创办了以经济宣传为主要内容的《经济900秒》专栏，每天一期，从政策信息、经济新闻到市场供求等，热情地为观众服务，在较为广阔的领域里为经济建设这个中心提供一个宣传的大舞台、大窗口，打破了过去那种零星、少量、缺乏声势的弊端。还创办了以反映贵州改革开放成就为主要内容的两个专栏：一个是以内宣为主的《变革中的贵州》；一个是以外宣为主的《贵州报道》。这样，就形成了经济宣传上的两个拳头，改变了过去只有内宣而无外宣的不足。从7月1日起，增加了《午间新闻》和每晚节目播出结束之前的晚《新闻》，使更多的经济新闻从新闻节目这个渠道传输出去。如狠抓了转换国有企业经营机制、加强宏观调控、重点工程建设等等，开展系列报道，有声势，有一定的深度。为了加强农业基础地位的宣传，省电视台同农业部门联合制作了10集系列节目《托起高原的太阳》，系统介绍全省农业的现状，出路和深化改革的重大典型。在作好内宣的同时，贵州电视台在对外宣传工作上作了不少努力，为正确全面地树立贵州在国际上的形象，积极开展宣传。在《视野》专栏中，把一些优秀的专题节目介绍给美国的一些中文电视台播出。发挥贵州电视台节目上星宣传的优势，把好节目大量地放在上星时间播出，特别是把集中宣传贵州改革开放成就的《贵州报道》、《变革中的贵州》两个专栏安排在上星黄金时段予以首播和重播，效果更为显著。

认真搞好重大活动，重要会议的宣传报道。1993年，贵州省的重大活动、重要会议较多，如“省人代会”、“省党代会”、“93中国黄果树山水风光游暨中国国际名酒节和中国贵州儿童艺术联欢节”和纪念毛泽东诞辰100周年活动等，省电台、省电视台都认真组织和进行宣传报道，每次报道，不仅受到省的领导同志的表扬，也受到听众观众的热情称赞。

充分发挥广播电视的作用。贵州广播电台、贵州电视台在宣传报道中，始终坚持团结、稳定、鼓劲的原则，坚持以正面宣传为主的方针，努力宣传党的路线、方针、政策，把握政治方向，较好地发挥了引导舆论和舆论监督的作用。如1993年出现的经济过热现象、金融秩序混乱现象、腐败现象等，两台在宣传报道中都注意掌握分寸，不添乱，引导大家追求真善美。又如，1993年贵州民气公司的民用液化气乱涨价，对此，广大用户极为不满。省电台在报道这一事件中，作了客观报道，同时引导企业和群众提高认识，市场经济是法制经济，不是随意经济。报道以后，收到良好的社会效果。贵州电视台在对反腐倡廉的宣传报道中，曾及时地按照上级的指示披露了郭振民、阎建宏等一批反面典型，使群众了解了党和政府的决心和态度，同时又积极报道各行各业纠正不正之风的具体做法，使观众感到在我们的社会中终究是邪不压正；引导群众积极拥护党和政府的政策。广播电视具有独特的影响力，为了使节目有较大的改观，更加丰富多彩、生动活泼、为群众所喜爱。省电台、省电视台对人们普遍关心的问题、热点、难点、疑点，邀请了有关领导人、专家学者通过广播电视发表意见。省电台在《黄金时刻》节目中举办了“理解你我他”、“社会热点大家谈”、“爱我环境”3次全省性的有奖征文活动。这3次征文活动，共收到群众来稿1500多件。1993年，省电台开办了《政府官员对话日》专栏，就有关房改问题、贵阳煤气建设问题，城建问题，高校毕业生分配问题，环境保护问题，医德医风问题等等，由政府官员与节目主持人、编辑进行对话，对这些问题作了解答和解释，使群众受到了启发和教育。通过这些宣传方式，为深化改革，促进现代化建设发展，起到了保驾护航的作用。

二、事业建设

1993年全省广播电视事业建设又有新的发展、新的成就。

①中波广播。1993年经广电部批准，新建桐梓县人民广播电台、铜仁市人民广播电台。全省现有广播电台9座，其中，省级台1座，地市级台2座，县级台6座。中波发射台、转播台11座。广播覆盖率（中波、调频混合覆盖）58.44%，较上年增长0.18%。

②电视广播。1993年经广电部批准，新建了六盘水市电视台和盘县电视台。全省现有电视台9座，其中，省级台1座，地市级台5座，县级台3座。全省系统内外有大、中、小功率电视发射台、转播台1350座。电视发射台、转播台较上年增加232座。1993年全省电视覆盖率66.23%，较上年增加了2.5%。

全省有有线电视台一座——都匀市有线电视台。

③调频广播。全省有调频发射台、转播台13座。

④农村广播电视网。

贵州1993年的农村广播电视网建设重点抓乡（镇）卫星广播电视收转站建设。4月27日至29日，省人民政府召开了全省乡镇卫星广播电视收转站建设工作会议。会议要求1993年建设收转站477座。为了确保这项任务的完成，省财政部门拨专款225万元，地县乡三级筹集700多万元，投入建设，结果全省有481座乡（镇）站先后投入建设，绝大部分在年底已开通播出。

1993年全省有卫星地面站2022座，较上年增加432座。

1993年全省有市、县级广播站79个，服务部33个。乡（镇）广播站832个，较上年增加25个。农村广播室755个，较上年增加116个。通广播的村5373个，较上年增加452个。

1993年，全省共建小功率调频台69座，较上年增长17座。全省有专线传输8104杆公里，其中城市杆路6公里，农村杆路8098公里。

三、广播电视技术维护管理工作

1993年多数台对技术维护管理工作比较重视，因此，各项技术指标有所提高，全省各台的台内停播率每百小时低于5秒钟的有20个播出单位，占总数的47.6%。但也有个别台思想松懈，放松技术维护管理，导致大事故的出现，停播率大幅度上升。结果，使我省在全国省际竞赛评比中名次有所下降。

为了检查全省广播电视技术维护管理工作，省厅管理部门制定评比条件，年底在全省广播电视系统开展了评比活动。评比结果，地州市局中，黔东南州局、黔西南州局分别获得技术维护管理工作先进集体一、二名。大功率台中，厅直属501台、雷公门764台、厅直属805台分别获一、二、三名。地、县（市）中功率台中，第一名是毕节827台；第二名有遵义电视台、兴义718台；第三名有贵阳电视台、遵义691台、正安电视转播台。评出了优秀技术管理干部22名，优秀机务员29名。

（张建先）

云南省广播电视概况

云南省广播电视厅办公室

1993年云南省广播电视宣传工作，事业建设成绩明显，行政管理不断加强，服务质量不断提高，改革不断深入，宏观调控初见成效。

（一）紧紧围绕党的中心工作开展宣传报道，为深化改革和发展创造良好的舆论环境。

过去一年中，广播电视宣传工作把宣传党的十四大精神和中央的决定摆到首要位置作为根本任务来抓，对中央和省召开的重要会议和重大决策以及各单位贯彻落实情况及时宣传，重点报道。特别是党的十四届三中全会、全国八届人大一次会议、省八届人大一次会议、省政协七届一次会议，两台一报都派出记者进行各种形式的采访。仅在省的“两会”期间，省电台就播出有关稿件252篇，共计19.5万字，比往年增加一倍多。省电视台播出新闻89条、专题19条。其次是突出对全国全省重大事件的报道。在普遍宣传普洱、大理等地抗震、抗洪抢险救灾，重建家园的英雄事迹的同时，突出抓了昆交会、毛主席诞辰一百周年纪念活动的宣传。对事关西南五省七方经济活动的首届“昆交会”，我们在六、七、八三个月集中时间集中力量进行了报道。多侧面、多角度反映了全省人民对昆交会的紧迫感和参与意识，展示会议经贸活动的真实动人场面。毛泽东主席诞辰100周年纪念活动，两台一报在新闻节目和报纸第一版上及时报道了省和各地州市各条战线的组织活动，播发了几百条消息。电台、电视台播发了《毛主席走过的云南大地》系列报道、专题节目、由15家电台参加的广播文艺展直播。电视台专门摄制了毛泽东主席当年在云南战斗过地方的改革开放成就的专题片，文艺部和省委省政府有关部门联合推出三台大型直播文艺晚会，以较丰富的形式和内容，追颂了毛泽东同志的丰功伟绩。三是立足经济建设，加强对企业改革、农业发展和重点工程项目的宣传。围绕经济建设这个中心，加大份量宣传了《大中型企业转换经营机制条例》和云南省贯彻《条例》的实施办法，突出宣传了昆明钢铁公司、云南机床厂等一批试点单位的经验，形成了一定声势，推动了企业的深化改革。以全省乡镇企业工作会议和全省农田水利建设会议、全省农业电话会为契机，对发展乡镇企业和农田水利建设进行突出宣传，先后介绍了楚雄、保山、玉溪等十多个地、州、市、县的典型经验，使省委、省政府的工作重点深入人心，为推动实际工作发挥了较好的舆论导向作用。重点工程建设突出了对“广大铁路”、“漫湾电站”等省级国家级建设项目的宣传。四是针对热点难点报道，加强舆论监督，为省委、省政府提供决策服务。厅总编室、省电台针对文山疟疾暴发蔓延、“广大铁路”职工工资方面的问题，分别编写内参，引起省委、省政府领导的高度重视，促进了问题的解决。广播报报道了东方夜总会被焚、大学生被拐骗、大学生被撞伤后活埋等事件，引起公众的注目，促使有关部门从中吸取教训，改进了工作。五是对外宣传提高了云南的知名度，先后引来了台湾长乐公司、泰国甘达那公司、日本NHK摄影队、香港摄影队拍片宣传云南的风土人情和巨大变化。云南电视台参加中国西部集团在美国《美洲东方卫星电视台》播出的云南专集受到观众好评，在美华语电视台纷纷来电要求转播，扩大了云南的影响，为云南走向世界开了个好头。

一年来，宣传报道的特点：一是加强了领导。厅成立了编委会，拟制了《关于加强广播电视宣传工作的意见》，厅领导亲自过问宣传，实施具体指导。两台一报领导对重大活动的宣传深入第一线组稿报道。大理、思茅、楚雄、文山、西双版纳、德宏等地（州）广播电视局、电视台的领导直接抓电视新闻，既压担子，又给予必要的条件，不仅使自办节目质量有了提高，同时为省台提供新闻采用率在90%以上。二是坚持“三贴近”，注重提高节目质量。两台一报的栏目各具特色。电视台新开办的《女性十五分钟》、《文化广角》、《万象神州》等栏目做到了深入基层，面向群众。节目报开辟了“新闻追踪”、“声屏人物”、“广播电视在我家”、“话外音”等栏目均受到读者的欢迎，93年平均期发量达85万份，年发行4400多万份。电视剧《阿惠》、《秋天里的报告》有新的突破，受到省委领导的高度评价，中央电视台已选播。广播电视学会选送20个节目和稿件参加全国评选，有7个节目获中国广播电视奖，西双版纳局一个节目获中国新闻三等奖。昆明电台、电视台节目内容丰富、很受观众欢迎。文山州局在92年开展“百台联播”基础上，93年又出新招，开展“双环联播”，使宣传工作又有新发展。曲靖地区电视台实行宣传报道“四改三突出”，节目质量效果有明显提高。三是严格宣传纪律，执行奖惩分明。对东川市坚持不收不转境外卫星电视节目给予通报表彰。大理市电视台和文山州砚山县平远镇广播电视站违纪受到通报批评，较好地解决了部份台站乱播滥放的问题，净化了音源屏幕，保证了宣传中的正确舆论导向。

（二）加速事业发展，为扩大覆盖率和安全播出提供保证。

提前一年完成了211工程，实现了省政府第57次常务会议关于在93年底前完成全省村级卫星电视地面收转站建设任务的要求。1993年建站3364座，从而使村级站达8000座，加上外系统建的2000多座，总数达10800座。占全国（39000座）的1／4还多，暂列全国第一。全省广播人口覆盖率为70%，电视覆盖率为77%，比92年增加了五点五个百分点，实现了县县、乡乡、镇镇和大多数行政村都建有卫星地面接收站的目标。

技术改造，更新设备，提高了机器运行标准。下决心对已使用40余年，发生锈蚀和倾斜的广播中心发射台天线铁塔进行了更新。以计财处为主，总工办技术处配合，新架设了156米高的铁塔，防止了停播的危险；为改变昆明地区收看第二套电视节目的效果，已由总工办、技术处、计财处共同拟制了有关技改方案，着手更新播出设备的工作；改造第一套电视节目（9频道）的天馈线系统，完善各分台广播电视节目的回传监测系统，全面改造三分台高压线路，整治梁王山到西双版纳一线的广播专用微波传输电路，调整卫星上行站节目传输和发送电路，协助怒江州完成了州广播电台建设的任务，保证了安全播出。尤其是确保了昆交会、申办奥运、纪念毛泽东同志诞辰100周年等重要节目的播出任务。

有线电视建设方兴未艾。积极抓了省有线电视台的筹建工作。根据省政府的协调和要求，在拟制方案、专家论证的基础上，广电部已于8月份正式批准我厅筹建云南省有线电视台。省有线电视台（筹）成立了图文电视中心，购买设备，开办了图文电视节目，在27频道转播中四节目，在逆程行中插播图文电视和图文信息。各地州有线电视发展很快，特别昭通地区在完成各县安装后现正向大的集镇扩展，在全省处领先地位。

开展续租亚洲1号卫星转发器一年期的准备工作，现已正式签约。

（三）勇敢探索体制改革，加强广播电视队伍建设。

为履行广播电视厅“既是新闻宣传机关，又是事业管理机关”的双重职能，为加快宣传机构的改革，我厅的体制改革工作在厅党组的统一领导下，按照上级有关精神，做了六件工作：第一、设立了体制改革机构。成立了由主管副厅长负责，厅办公室、人事处、计财处、电台、电视台、总工办领导参加的七人体改小组。第二、采取了请进来走出去的办法学习取经。四月和十月，先后二次组织体改组人员分别前往体制改革搞得比较好的浙江、上海、福建等广播电视厅局学习考察，调查研究，拓宽视野。同时利用全国广播电视办公室主任会议在昆明召开的机会请进来传经送宝，启发思路，为体制改革创造了条件。第三、结合我厅实际拟制了体制改革初步方案，并且按照定编、定员、定工资总额的“三定”要求拟制了我厅干部和人事管理的暂行办法，经厅党组会议研究通过贯彻执行，为人事管理确立了章法。第四、按照暂行办法规定，在第四季度组织了对106位处级干部的换届考核，为94年聘用干部打下了基础。第五、统一管理广告业务尝试。为了执行广告代理制和审查制，发挥整体优势，参与市场竞争，加快国际接轨，为了加强宏观调控，集中精力抓好宣传和集中资金发展广播电视事业，厅党组作出成立广告公司，将两台一报的广告业务划归广告公司统一管理的决策，得到了全厅的拥护和广电部的充分肯定。第六、狠抓了骨干培训。各单位先后派出了29人次参加了省委举办的“三基本”教育学习班、派出2人次参加党校培训、派出25人次参加了广播电视专业、会计业务专业集训，促进了干部职工队伍的建设，为广播电视事业培养了人才，满足了工作需要。

（四）改进作风，转变职能，坚持机关、后勤、企业实体为改革和宣传服务。

一年来，机关、后勤和企业实体在坚持改革，共谋发展的思想指导下，以为广播电视宣传服务和为全厅职工服务为宗旨，尽心竭力搞好行政管理、财务管理、后勤保障和经营创收工作。厅办公室坚决落实党组的八项决定，从抓内部制度建设入手建立正规工作秩序。狠抓催办督办，保证了党组改革措施的落实。贯彻全国广播电视办公室主任会议精神，召开了第一次全省广播电视局办公室主任会议，加强对信息工作的领导和指导，为厅党组当好参谋助手。撰写的加强宏观调控，集中管理两台一报广告业务的信息受到广电部高度赞扬并报送中央书记处和国务院，已转发全国。进行外事改革，理顺工作关系，加强了外事管理。总机扩容为全厅宣传联系和职工通信提供了方便；计财处努力探讨市场经济体制下的财务管理，制定《预算外收入纳入预算内管理的规定》，宏观计划，微观服务，把有限的经费用到发展宣传事业上，发挥了当家理财的参谋助手作用；总务后勤部门按省市住房改革政策规定，实施了全厅住房改革工作。对国有房地产实行有偿占用，防止了国有资产的流失，确保了国有资产的保值和增值。对公共设施进行改造，修缮中心大楼，为职工生活服务做出了成绩；厅公安处狠抓班子团结，内部关系不断改善。认真贯彻内卫方针，落实治安责任制度，坚持“四防”检查，各项案件比92年下降20%，基层基础建设达标，要害部位警卫严密。卫星地球站因机器陈旧起火，得到驻厅武警九班及时抢救，避免了巨大经济损失，保证了正常播出；各企业单位面向市场参与竞争，多渠道开辟财源，经营创收形势越来越好。报社实现创收470万元，上交税金28万元。在文山、开远、昆明的四个经济实体的多种经营也有发展；广播电视公司在全国音像行业严重滑坡，效益直线下降的情况下，采取一业为主，多业经营的办法，在继续抓好音像出版的同时，狠抓发行环节和贷款回收，在内部实行承包，调动职工积极性，努力减少亏损，走出困境；广播电视物资公司制定公司规则和各级人员职责，扩展业务范围，加强对外联系和形象宣传，狠抓优质服务，赢得了顾客的信赖。边境贸易额达80多万元，在邻边国家已有代理商。省内与40多个经营网点建立了联系，物资销售额以年增长3—5%的比例稳步上升，全年创收2600万元，实现利润50万元；云南广播电台1至12月创收242万元，实现利润153万元；云南电视台1至12月创收2341万元，实现利润1391万元；广播电视广告公司10至12月创收910万元，实现利润836万元；由于全厅同志共同努力，1993年共创收毛收入9939万元，实现利润3003万元，弥补了部分事业经费的不足。

（王心献执笔）

西藏自治区广播电视概况

西藏广播电视厅

今天的西藏，从古城拉萨到边陲小镇，从乡村草原到雪山哨卡，处处可见卫星广播电视接收天线和高矮不一的广播电视发射塔。通过卫星广播电视，西藏各族人民了解自己，放眼全国，乃至鸟瞰世界已经成为现实。

1959年1月1日，西藏人民广播电台的第一声呼号传向万里苍穹，1976年5月西藏彩色电视试播成功，1985年8月24日西藏电视台正式成立，从那时起到现在，西藏广播电视事业从起步、发展，到今天的辉煌，被载入西藏社会进步与发展的历史史册。30多年来，在党中央、国务院的亲切关怀下，国家先后投入上亿元资金用于西藏广播电视事业建设；为了西藏广播电视事业的发展，自治区党委、政府不惜人力、物力上给予大力支持；西藏广播电视战线的藏汉族职工更是前赴后继，艰苦创业，团结奋斗，在一张白纸上绘出壮美的图画，有关统计资料显示，到1993年，全区已有无线广播电台2座，无线电视台2座，广播发射（转播）台28座，电视转播（差转）203座，卫星地面接收站600多座，广播人口覆盖率达40%，电视人口覆盖率达到37%，全区81个地、市、县所在地和1／3的乡都能看到电视，听到广播。为扩大广播电视覆盖，1994年开始，还将有数百个乡级广播电视卫星地面收转站和单收站开始兴建并投入使用。为提高广播电视节目制作能力和提供稳定优质的信号源，总建筑面积为1.6万多平方米、可以同时播出8套广播电视节目的西藏广播电视译制制作中心工程目前也正在日以继夜的施工。可以预料，在不久的将来，西藏广播电视人口覆盖将会达到一个新水平。

随着硬件设施的发展和完备，西藏广播电视宣传也具有了一定的实力。经过多年的探索、总结、调整、改进、完善、提高，西藏人民广播电台和西藏电视台都有各自创办的一大批具有地方特色、深受群众喜爱的节目。两台初创时期，均只有1套自办节目，全天播出时间只有几个小时。现在，西藏两台各办有两套自办节目，藏汉语同时播音。广播电台两套节目全天播音时间达24小时，电视台两套节目全天播出时间达18小时。长期以来，西藏广播电视宣传坚定不移地贯彻以藏语为主的方针，无论是从节目设置、播出时间上，还是从发射功率上，都体现以藏语为主。现在，广播上的最好频率和最大功率是用在藏语上，藏语的广播频率和发射功率占西藏台全部频率和功率的80%。其中一套电视节目利用卫星对全区进行覆盖，自办的新闻性、专题性节目以及文化教育、信息性栏目亦以藏语为主。全区各地转播台站积极按时转播西藏两台的藏语节目，为农牧区广大群众收听收看藏语广播电视提供条件。听广播，看电视，已成为全区各族群众获得信息的主要来源和丰富文化生活的最重要的手段。

西藏人民广播电视事业创建以来，在党和政府的关怀下，一支以藏族为主体的广播电视从业队伍正在茁壮成长，这是西藏广播电视史上的又一巨大成绩。西藏人民广播电台建台初期，仅有干部职工26人，西藏电视台更少，只有7人。现在，全区广播电视战线干部职工已发展到1400多人。在这支队伍中，80%以上是藏族同志。他们当中，大多数是翻身农奴的后代。多年来，为了提高他们的业务技术能力和实际工作水平，西藏采取岗位培训和送祖国内地院校深造等多种办法进行培养。通过几十年的不懈努力，藏族干部职工不仅人数大大增加，而且大都有大、中专学历或相应的专业技术职称。目前，他们当中既有厅级领导干部，也有高级记者、高级翻译、高级工程师和高级播音员。他们在采、编、译、播等部门正在发挥着骨干作用。

陕西省广播电视概况

陕西省广播电视厅宣传处

1993年是陕西省广播电视事业飞速发展的一年。这一年，不论是广播电视的宣传工作，还是事业建设和管理，都跃上一个新台阶，出现了可喜的局面。概括起来说是：广播悄然走俏，重振雄风；电视乘胜前进，势头不减；有线电视异军突起，健康发展。

一、广播电视宣传工作坚持了正确的舆论导向，出色完成了各项宣传任务

1993年，重点抓了以下几个方面的宣传：一是集中力量宣传了党的十四届三中全会《决定》，宣传了学习《邓小平文选》（第三卷）的情况和经验；二是宣传了陕西省建立市场经济体制中的一系列方案和措施；三是宣传了精神文明建设，特别是反腐倡廉工作；四是宣传了加强农业和农村工作。在经济宣传中，全省多级广播电视台站都紧紧抓住经济体制改革这个中心环节不放，从多方面报道深化改革中的新情况、新矛盾、新问题、新经验，推动社会主义市场经济的建立。1993年，一开始，省电台、省电视台就围绕陕西省各项改革开放新举措的出台及时调整了节目设置和节目内容，开办了《三秦大市场》和《24小时》、《希望的田野》等节目，增加改革的内容，扩大改革的宣传。省经济台开办的板块节目、专栏节目也都增加了改革宣传的份量。在此期间，省电台还举办了《来自大中型企业的报道》专栏，重点介绍全省大中型企业改革的经验和成就。在深化改革的报道中，省级两台主要抓了四件事：一是宣传贯彻《全民所有制企业转换经营机制条例》，落实企业自主权。二是对实行股份制的企业进行了适度报告，主要是介绍他们的做法和效果。三是宣传对国有企业产权管理制度进行改革。四是针对干部群众在深化改革中提出的问题，用典型或请专家学者给予回答。

在坚持宣传以经济建设为中心的同时，陕西省各级广播电视台、站还坚持“两手抓，两手都要硬”的方针，切实抓好精神文明建设的报道。宣传精神文明建设，除了宣传省委、省政府关于精神文明建设的指示要求等，还配合重要节日、纪念日以及全省开展的重大活动如“五一”、“五四”、“七一”、“学雷锋”、“创佳评差”、“纪念毛主席诞辰100周年”等，大张旗鼓地宣传了爱国主义、集体主义、社会主义以及延安精神、民族精神和革命传统。特别是在省纪委二次全委扩大会议以后，更突出地宣传了反腐倡廉。省上两台先后开办了有关“反腐倡廉”的专题，对全省20个重点厅局的廉政建设情况进行了报道。省电台的“三秦大市场”节目11月份在“693热线”重点栏目中开办了“治理乱收费乱摊派热线”，邀请省上20多个厅、局专门在广播上介绍本行业治理乱收费、乱摊派的措施和办法，回答听众提出的问题，推动了全省的廉政建设。在精神文明建设的宣传中，为了体现“重在建设”的思想，我们采取的办法是经常性的、有目的的、有针对性的从正面抓典型、抓先进、抓榜样，注意充分发挥榜样的感召力。一年来，省上两台和各地、市台通过新闻和专题报道的先进模范人物400多个，其中省上两台报道的典型30多个。

在坚持正面为主宣传的同时，陕西省各级广播电视台站还注意正确的开展批评性报道，发挥广播电视的舆论监督作用。在批评中，我们注意四条原则：一是有利于稳定，二是有利于增强党和政府的威信，三是有利于增强群众的信心，四是有利于问题的解决。一年来我们有选择的、有分寸的围绕干部作风、环境保护、乱收费乱摊派、假冒伪劣商品、社会不良风气等问题采播了不少批评性报道，有的社会反响很大。

在广播电视的文艺宣传中，去年一年我们注意突出主旋律，强调民族化，坚持地方性，兼顾娱乐性。一大批为听众喜爱的广播文艺节目应运而生，比如新办的《秦声荟萃》、《戏林撷英》、《歌曲天地》和《点戏台》等栏目深受群众喜爱。从5月到12月收到听众来信3万多封。尤其是各专业台开办的各种文艺板块、文艺专栏更能引起听众的兴趣和关注。陕西文艺台在努力为听众奉献高品位、高档次音乐、文学、戏曲等主体文艺节目的同时，还积极开拓企业文化、校园文化、家庭文化和旅游文化，形成了涵盖广泛、别具特色的广播节目。与此同时，一批电视文艺、电视专题节目成为拥有一定固定观众群的名牌节目。大型综艺板块节目《TV好时光》、专题文艺节目《秦之声》以及《环球30分钟》等节目有很高的收视率。1993年播放的1700多部（集）电视剧，节目内容健康，较好地满足了广大群众的需求。由省电视台拍摄的一些文艺节目、电视剧在省内外产生了较大的反响。电视连续剧《半边楼》荣获了第十三届“飞天奖”一等奖和全国“五个一工程”奖。去年的春节文艺晚会获得了“星光奖”二等奖，文艺专题片《长春的五月》获第七届全国电视文艺“星光奖”荣誉奖。

在对外宣传和对外交流上，陕西省去年也取得了较好的成绩。1993年，陕西电视台除了继续保持和日本的读卖电视台固定交流节目外，还联合全国省级电视台制作节目向外转出到加拿大、泰国、香港、台湾等国家和地区。据统计，1993年一年，陕西台对外交流的电视节目已超过63小时。

陕西省的广播电视宣传，1993年之所以取得累累成果，是和各级台、站不断开拓视野、学习先进，坚持宣传改革分不开的。1993年全省许多台、站都对节目进行了较大的调整和改革，力求内容更加“三贴近”，宣传形式和传播方法更有利发挥广播电视的优势。省电台从元月一日起以整点新闻为骨干，以八个板块节目为主体，全面地对节目进行了改革。为了突出经济宣传，他们开辟了《三秦大市场》节目，为了强化广播的社教功能，他们新办了《社会面面观》节目。为了把节目办活，适应快节奏的心理，八个板块节目，都较多地采取了主持人直播形式，又设立了热线电话，扩大了参与和交流，缩短了和群众的距离。省电台在改革综合台的同时，加快了系列台的建设。对已成立的经济台进行了更深入的改革，其“热线传真”、“公安夜话”等节目倍受听众青睐。5月1日省文艺台正式开播，引起听众的极大兴趣和关注，当月就收到来信4000多封。12月22日，省科技教育台也正式开播，《科技大市场》、《900传真》、《生活调色板》、《农村科技桥》等节目办的较有特色。据不完全统计，省电台和系列台去年直接进播音室的“嘉宾”达6100人次，听众打来的热线电话达8780次，来访的听众1860次，听众来信高达14万多封。这是历史上没有过的。陕西电视台在去年的宣传改革中也取得了显著成绩。从元月份起，他们把四、八频道的两套节目全部实行栏目化、规范化。通过改革，自办节目的时间长度比过去翻了一番，栏目从过去的19个，增加到现在的28个，新闻由原来的每天一组（次）增加到四组（次），整个自办节目制作量翻了一番，并且新办了一批新节目、新栏目，如《24小时》、《TV好时光》、《希望的田野》等。

二、事业建设以扩大广播电视覆盖面为目标，得到稳步、协调发展

一年来，我们以扩大广播电视人口覆盖率为目标，主要抓了以下几项工作。

1、加强了农村广播电视事业的建设。有12个县完成或正在完成调频广播台的建设；新发展了一批电视差转台和卫星地面站；还强化了现有骨干发射台、转播台的管理，进一步扩大了广播电视的人口覆盖率。

2、积极发展了有线电视。短短一年，全省共建和在建行政区域性有线电视台、网36个，建成企业有线电视台8个，有线电视站40个。陕西有线电视台已经省委、省政府批准筹建。资金已落实，筹建处正在积极制订建台建网规划和技术方案，筹备节目。预计1994年8月可以试播。

3、陕西广播电视中心工程建设取得新的进展。目前主体已经完成，正在装修内部。

4、开通了省广播电视发射塔——秦岭九号山发射台的微波线路，为明年开通西安——汉中的微波干线创造了条件。

（王志文）

甘肃省广播电视概况

甘肃省广播电视厅史志年鉴编辑组

1993年，甘肃省的广播电视宣传和事业建设又取得了新的发展。

一、广播电视宣传

1993年，甘肃省29座各级广播电台共开办31套节目，平均每日播音223小时42分，其中转播中央台节目47小时14分；日均自办节目播音132小时03分。

全省12座各级电视台共开办14套节目，平均周播出435小时30分，比上年增加81小时50分；其中转播中央台节目110小时27分，周均自办节目291小时23分。

1993年，甘肃的广播电视宣传主要抓了如下几点：

1、完成了各项重大宣传任务

1993年，各级广播电视台站对本省重大活动，进行了及时报道和深入宣传。省电台为宣传《邓选》三卷的学习，开设了《邓选》第三卷读书班，并恢复了《理论学习》节目。在省人大、政协“两会”、八次党代会议宣传活动中，电台进行了7次现场直播。省电视台及时播发了《邓选》三卷在甘肃的发行仪式，并及时报道了全省各地、各级党组织和广大党员干部学习《邓选》三卷的活动情况。在省第八次党代会召开期间，《甘肃新闻》特开辟了《党代表风采》专栏，并在《社会博览》、《党旗飘飘》栏目中做了深度报道。共播出新闻46条，专题22个，现场直播一场。对反腐倡廉的宣传，两台均进行了及时准确的报道。在坚持正面宣传为主的前提下，对社会上存在的丑恶现象进行了有力的揭露和鞭击。省电台新闻部主办的《质量监督台》在群众中引起强烈反响，成为联系各阶层群众的纽带和桥梁。省电视台的《社会博览》、《新闻大观园》等栏目，抓住群众关心的热点、难点问题，大胆揭露、触动社会生活，促进了一些问题的尽快解决。

2、突出改革开放和经济建设的宣传

各级广播电视台站在宣传内容上，突出了改革开放和经济建设这个主旋律，大张旗鼓地为改革开放和经济建设鸣锣开道，并确立了有关的宣传措施；围绕突出经济建设宣传的内容，省电台具体还抓了贯彻《全民所有制工业企业转换经营机制条例》和《中共中央关于建立社会主义市场经济体制若干问题的决定》的宣传。为发展第三产业和乡政企业，新闻、农村等节目采播了大量报道、评论。省电视台在全年宣传中，以改革开放和经济建设为内容的宣传占全部新闻播出的80%。为配合“双带整推”战略方针的贯彻实施，拍摄制作了三条消息，被中央台在《新闻联播》节目中连续三天播出。在贯彻《企业法》和《条例》的典型宣传中，《社会博览》、《经济纵横》、《经济了望》、《经济动态》和《甘肃大地》等栏目，都从不同角度摄制播出了一系列专题报道，其中对甘肃省十大市场的专题报道等，有机地配合了省委、省政府的中心工作。

3、加强精神文明建设的宣传

1993年，全省各级广播电视台站，在精神文明建设宣传上，突出了爱国主义、集体主义和社会主义的宣传教育，结合建党72周年、建国44周年、老一辈无产阶级革命家为向雷锋同志学习题词30周年、纪念毛泽东同志诞辰100周年等重大政治活动及廉政建设的先进事例等，进行了深入广泛的宣传。如省电台的《纪念毛泽东同志诞辰100周年"供销合作杯"全省广播台站文艺节目大联览》，省电视台筹措播出的《毛泽东传》等10多部纪录片，40多部（集）专题，30多条纪念活动的报道及主办的《世纪的太阳》大型文艺晚会等，都取得了较好的宣传效益。此外，为配合"纪念"活动，省厅还组办了全省广播电视系统纪念毛泽东同志诞辰100周年大型书画展。

4、文艺、文化娱乐性节目进一步繁荣

省电台先后推出《银河知音》、《梨园内外》等挂牌文艺节目及其他一些优秀节目。文艺节目专题直播《歌儿唱给毛主席听》、音乐《羊倌》，都受到社会各界有关方面的好评。省电视台的《擂台争春》等文艺晚会、制作的反应西北风情《大戈壁》音乐艺术片、综艺栏目《花好月园》、新《艺苑采风》、《体育世界》及《今宵点歌台》等播出后，深受听、观众的喜爱。制作的电视剧《跨越》、《黄河从身边走来》，译制的电视连续剧《古堡情怨》、拍摄的中篇电视连续剧《白马》、少儿电视连续剧《我们长大了》等，都对观众有较大吸引力。

5、节目质量不断提高

1993年，全省各级广播电台、电视台不仅节目制作能力加强而且在提高节目质量上下功夫，取得了较好成绩。1993年，全省各级电台年制作广播节目31362小时40分。省电台年制作节目5354小时54分，日制作节目能力比上年增加12分。全省各级电视台年共制作电视节目2442小时41分，其中省台年制作节目475小时54分，日均节目制作能力1小时18分，较上年增加18分。获奖的节目有《酒泉人民新观念》等25个广播节目（稿件）在全国范围内获奖，其中省电台节目占76%；有《解决我省中部地区人畜饮水一项战略措施开始付诸实施》等35个电视节目在全国范围内获奖，其中甘肃电视台节目占66%。省电视台摄制的《白马》、《我们长大了》等电视剧也在全国范围内获奖。

6、改革节目，增强宣传效果

1993年，全省广播电视台站为了拓宽宣传途径，扩大宣传效果，改革节目，扩大节目容量，省电视台于1993年元月23日试播的第2套节目即甘肃飞天经济台；5月1日，天水电视台开办的第2套节目正式播出。在改革节目方面，省电视台几乎所有的节目进入了相应的栏目，并规范了所有栏目的长度，使全台节目实现栏目化播出。同时在原有栏目的基础上，增辟新栏目，改进和推出了一批专栏节目，如《社会博览》、《经济纵横》、《艺苑采风》、《今宵点歌台》等专栏节目，内容和形式"新、快、短、活、广"，适应广大观众多层次、多方面的需求和喜爱。据统计，全年各栏目共收到观众来信6万多封。省电台新增办了《经济大世界》、《陇上人家》、《星期天，你好》三个主持人直播板块节目及新开办的《午夜温馨》节目，并在《经济大世界》开设了《经济短波》、《空中商业街》、《观察与透视》、《改革与思考》等栏目。这些节目上的改革，使节目具有容量大、现场感强、真实的特点。

二、广播电视事业建设

1993年，甘肃的广播电视事业建设，在财力紧张的情况下，由于省委、省政府的重视和地方政府、各级部门的努力，仍取得了一定发展。

1、无线广播。至1993年末，全省共有29座广播电台，其中省级1座，地（州市）级6座，县（市）级22座，新增建的有嘉峪关人民广播电台和金昌人民广播电台2座；全省有中波发射台、转播台24座，有调频广播发射台、转播台37座，中波、调频广播混合覆盖率达到65%，较上年的63.3%上升了1.7个百分点。

2、电视广播。全省有电视台12座，其中省级1座，地（市）级10座，县（市）级1座；有电视发射台、转播台1042座，比上年增加49座。全省有卫星电视地面站1295座，比上年增加298座。全省电视人口覆盖率达到70%，比上年的68.4上升了1.6个百分点。

3、微波线路。年内，开通了张掖至嘉峪关、兰州至临夏至甘南合作、兰州至白银等地（州、市）的微波线路，使全省微波实有站达到48个，线路总长度达到1869.5公里；实有站比上年增加12个站，线路增加了423.9公里。

三、广播电视管理

1993年，在广播电视管理上，围绕提高节目宣传质量，结合深化改革和反腐倡廉做了一定工作，主要的有：

1、宣传管理进一步加强。在宣传上，全省各级广播电视台站在反腐败斗争的宣传中，结合本系统工作业务，并制定了一些相应的措施。省电台研究制定了《关于加强廉洁自律、反对腐败现象的规定》；省电视台制定了《关于加强新闻队伍职业道德建设，防止搞有偿新闻的规定》；省厅从法制教育入手，举办了广播电视系统学习"专业法"、"相关法"座谈会，并在全省各广播电视台站结合组织学习进行了考核。

在音像工作管理方面，音像管理部门配合年内两次“扫黄”活动，加强了对音像经营单位日常放映情况的监督检查，全年全省各级广播电视管理部门共出动检查 1398 人次，共检查经营网点 2044 家，查获各类非法制品 13319 盒（盘），其中录音带 11097 盒、录像带 2222 盘。对 91 个经销网点，25 个发行、放映点进行了停业整顿。对卫星地面站接收设施进行了普查摸底。

2、安全播出质量进一步提高。1993 年，全省千瓦以上发射台、转播台共播出 349209.2 小时，总停播率为每百小时 14 分 58.1 秒，优于上年 14.8%秒，其中台内停播率为每百小时 1 分 09 秒。在改善广播电视设备运行指标，提高播出质量方面，地（州、市）、县（市、区）台站实施了“达标升级”的管理办法，使全省的技术维护与管理逐步朝着“科学化”、“标准化”、“规范化”的方向完善和发展。在技术革新和合理化建议活动中，有《发射机多功能定时开关机设备》等四篇实体技术论文、《消除 1035 千周串扰 684 千周》等八篇论文、《中波短波发射机低末级偏压电阻调节的改进》等七篇论文分别获得省级三、四、五等奖。在“全国首界传音技术质量竞赛评比》中，甘肃参评的三名选手均获得了一等奖，并荣获“全国十佳传音能手”称号。

（杨志宣　董　蔚执笔）

青海省广播电视概况

1993 年，青海省广播电视宣传工作上了一个新的水平，事业建设上了新的档次，各项管理创出了新的局面，内部改革迈出了新的步子。

一、宣传工作上了一个新的水平。

（一）结合青海实际，突出经济宣传。

从作好服从、服务于经济建设这篇大文章入手，对经济建设、改革开放的宣传，建立社会主义市场经济体制的宣传，做到了在领导精力上、编采力量上、节目编排上给予更多的重视和投人。1993 年以两台记者为主，地方台记者配合组成的采访组，历时近两个月，行程 3000 多公里，奔赴湟水流域海东地区六个县采录、拍摄，最后合成长达 7 小时的广播电视系列报道《湟水行》。从 8 月 9 日到 10 月 25 日，在两台新闻节目中同步播出，既为宣传海东、促进海东地区经济建设起到了积极的作用，也为广播电视宣传自身的改革，探索了有益的经验。听众、观众对这一节目反映强烈，《湟水行》采访组也因此受到海东地委、行署的表彰。

与此同时，两台积极拓展经济宣传的渠道，增加经济宣传分量。省电台《经济节目 1 小时》自 8 月 18 日起，更名为《经济大世界》后，日信息量比原来增加一倍。该台藏语节目开设的《信息服务》，一年来取得良好的社会效益和经济效益。电台新闻部 3 月份在西宁闹市区开办了大型新闻电脑显示屏。增加了经济宣传的涵盖面。省电视台从元月 1 日起，将原《青海新闻》改为《青海新闻联播》，时间由过去每日一次 15 分钟延长到每日两次共 40 分钟，容量增大了。据统计，这年，两台经济报道的数量、节目配置占到全年播出总量的 70%，且宣传的重点，力度、规模均较往年突出。

（二）坚持四项基本原则的教育，大力推进精神文明宣传。

1993 年，青海省广播电视汉、藏语节目加强了弘扬爱国主义、集体主义、社会主义精神的宣传；结合青海实际，增强民族团结和党的民族宗教政策教育的宣传，以及党对民族地区的扶持，经济发达地区的对口支援和民族地区通过自身努力取得可喜成绩的宣传；此外，法制教育，社会治安综合治理，以及科普知识、计划生育、“双学双比”、“巾帼建功”等宣传，均搞得有声有色。这一切，为促进和推动社会主义精神文明的建设，巩固和发展安定团结的政治局面起到了积极的作用。

（三）反映重大事件、突发事件的报道成绩斐然，对外宣传出现了走出青海的势头。

——在全国八届人大、政协一次会议期间，省电视台记者采访，拍摄的多条消息在中央电视台播出。省两会召开期间，两台拍摄、录制了大量反映会议盛况，传达会议精神的消息、特定、侧记、现场和录音报道。

——江泽民总书记来青海视察期间，省电视台做了全程采访。

——纪念毛泽东同志诞辰 100 周年的宣传形成了一定的声势。两台在转播好中央台有关节目、及时报道我省有关纪念活动的同时，还积极开办了征文、专题挂牌节目。

——开展“科技宣传月”活动和扩大对外开放、招商引资的宣传是省上确定的我省两大宣传战役。对此，广播电视宣传做到了精心组织、全力以赴。在《科技宣传月》活动中，两台共发稿件 130 余篇（条）、社教节目 32 档。

对外宣传方面一个大的举措是，厅台领导身先士卒和记者一起参加 11 月省政府在香港举行的′93 青海（香港）招商贸易洽谈会的采访。省电台记者先后发回稿件 6 篇，省电视台在向中央台传输新闻的同时，还制作了 30 分钟的专题片在省台播出。

此外，还较好地承办和参与了几项涉外活动，如省电台承办了“全国第十二届广播工作会议”，省电视台承办“中国电视奖′92 电视社教节目”评奖活动等。

——春季，青南地区遭受了严重雪灾，两台既如实反映了灾情，又着力报道了灾区群众奋力抗灾、生产自救的动人事迹。较好地配合了省委、省府的工作部署，为群众同舟共济、渡过难关从舆论上提供了强有力的支持。

8 月，海南藏族自治州共和县沟后水库突然垮坝后，两台着重反映灾区人民抗灾自救，以及来自四面八方的支援，通过大量的事实，生动地表现了社会主义的优越性，弘扬了自力更生、奋发图强的精神。

（四）广播电视文艺以丰富多彩的内容，浓郁的地方特色、新颖的表现形式赢得了广大群众的喜爱。

1993年，摄制纪录片30多部（集），电视剧4部23集；省电台全年录制歌曲、轻音乐曲和戏曲曲牌音乐共20首，采录戏曲曲艺节目（含实况录音）35小时，音乐实况4小时，录制长篇小说10小时，广播剧4部。该台藏语文艺录制歌曲23首，轻音乐20首，颂词3首，酒曲74首，龙头琴弹唱25首，《格萨尔》说唱785分钟。这些作品都以宣传、介绍青海或弘扬民族文化为主题，具有鲜明的时代特色和民族特色。

（五）宣传质量有了明显提高。

(1) 坚持正确的舆论导向，净化声屏，丰富声屏。省电视台通过节目调整，排除了港台歌星和港台格调低下的影视剧在黄金时段的播出，对引进海外节目每天的播出量也严格控制在总播出量的20%以内，代之以一批爱国主义题材的优秀电影和弘扬时代主旋律的优秀电视剧。该台自制的一些积极向上、内容健康、形式新颖的节目也在这个时段穿插播出。省电台不断推进节目改革，集中广播优势，发挥广播特长，精心编排节目，使新闻、专题、文艺等各类节目从内容到形式都有了新的改进、办出了各自的特色，该台藏语广播突出增强了民族性、信息性、服务性、参与性和知识性。受到了不同听众层的好评。

(2) 两台节目上中央台和兄弟省、市台播出的数量又上新的台阶。

一年中，青海电视台有413条新闻和经济信息被中央台采用，比1992年增加了30%。其中41条在中央电视台《新闻联播》中播出。超出年初厅里确定的目标管理方案的要求。不少电视系列片在中央台和兄弟省台播出，10集系列片《走向西藏》在中央电视台两套节目中全部播出，开了我省电视史的先河。

(3) 获奖节目较往年数量多、档次高。这一年，省电台共有40多部（条）节目或稿件分别在全国、全省专业或行业的评奖中获奖，省电视台有56个节目在省级以上各类电视节目评奖中获77次等级以上奖励。

二、各项管理开创了新的局面。

宣传管理：为了加强宣传工作的宏观指导，省厅采取的措施一是厅编委会不定期的召开会议，二是通过各种途径引导全体编采人员不断强化以宣传为中心的意识。

技术管理：两台继续把安全优质播出作为衡量技术管理好坏的一项重要内容，进一步健全、完善安全播出奖惩办法，取得了预期效果。

音像管理：1993年，审核批准4个有线电视工程设计安装单位；向广电部报批了又一家有线电视台。审批有线电视站75个，登记共用天线系统96个。制定下发了《青海省有线电视管理补充规定》，提出了西宁地区有线电视台的可行性报告。经省有线电视台筹备小组，厅技术委员会论证，通过了筹建全省有线电视台的可行性报告。完成5个单位有线电视台、站新建或扩展系统工程的验收工作。还审核批准设立亚洲一号卫星传送电视节目的地面接收站121座，办理接收国内卫星传送电视节目地面站10座，审批录像放映点21个、二级以下音像发行、销售单位11个。与昆仑音像出版社一起，配合省"扫黄"领导小组多次对省内音像市场进行清理整顿；另外，还搜集购进录像资料片49部（集），审查整理内容健康有益的资料录像片56部（集），供有线电视单位内部播放。

在协助州县广播电视局、站整顿有线广播、发展卫星地面站，加快调频发展，均取得了良好的成绩。

三、事业建设迈出了新的步子。

（一）在中央有关部、委和省委、省政府的关怀、支持下，《青海卫星地球上行站》已于7月2日破土动工。年底已基本完成机房、辅助用房、锅炉房等土建工程，架设了32米的微波塔和32米的天线基础，上行站主体设备发电机、微波机、测试仪器、微波开线、卫星天线等已经购齐。

（二）由国家计委、广电部及省计委支持的为我省11个县建立调频广播的任务已于8月间基本完成，部分地区广播收听状况有了改善。

（三）省电视台机房扩建于去年全部竣工，藏语电视的译制工作经过两年的积极筹备业已就绪，目前，由省电视台自己译制的藏语电视剧通过审看，结束了自己不能译制藏语电视剧的历史。

（四）有线电视台的筹建工作已抽调专门人员着手进行，与之有关的业务开始起步。

（祁秉彦执笔）

宁夏回族自治区广播电视概况

宁夏广播电视厅

1993年宁夏回族自治区广播电视厅以邓小平同志建设有中国特色社会主义理论为指导，紧紧围绕自治区党委、政府的中心工作抓宣传，取得了较好的成绩。

一、发挥喉舌作用，坚持正确的舆论导向

一年来，宁夏广播电视厅鼓励编采人员树立创新意识，努力为建立社会主义市场经济体制鸣锣开道。宁夏人民广播电台和宁夏电视台不断组织编采人员深入全区厂矿企业采写、拍摄了一批较好的系列报道，如银川橡胶厂、西北轴承厂等企业转换经营机制典型经验，并且配发了述评、言论等文章。宣传报道了宝中铁路等国家重点建设项目的新成就和建设者的光辉业绩。对全区各地采取措施切实减轻农民负担，调动农民积极性，搞好农业生产的情况作了系统、扎实的宣传报道。重点介绍了中卫县、青铜峡市、吴忠市、灵武县等地依靠科技，发展“两成一高”农业的经验，报道了全区奔小康试点乡镇发展的典型，播出了《加速发展宁夏农村社会主义市场》等评论文章。连续报道了西海固地区农业建设扶贫开发工作，促进贫困地区脱贫致富，发展经济，为本区农村社会进步和全面发展创造了良好的舆论环境。

在反腐倡廉的宣传中，广播电视积极主动配合党委、政府各个阶段的中心工作进行宣传报道。在广播电视新闻节目中介绍、报道全区各地、各条战线开展反腐败斗争的作法、经验和取得的成果，宣传了一批廉洁自律，克己奉公的先进典型，报道了一些腐败的典型案例，推动了全区反腐败斗争的顺利进行。在宁夏人民广播电台的《劳动者的业绩》专栏和宁夏电视台《共产党员》专栏中，宣传了一大批优秀共产党员、普通劳动者的先进事迹。

1993 年宁夏人民广播电台和宁夏电视台对一些重要活动都及时作了宣传报道。配合毛主席诞辰 100 周年纪念活动，两台播出了歌颂毛主席丰功伟绩的歌曲、文艺晚会、电视剧等和缅怀毛主席的文章。在宣传自治区成立 35 周年等重大活动同时对加强党的建设，民主与法制建设，加强思想政治工作和社会治安综合治理等方面也进行了大量的宣传报道。正确引导了社会舆论，推动我区两个文明建设。

在办好新闻节目的同时，还积极采取措施丰富其他节目。宁夏电视台拍摄了《黄河风月》、《戈壁太阳》和《绿色的色俩目》等电视连续剧，引进了香港电视剧《我本善良》。1993 年自治区财政拨专款 40 万元给宁夏电视台购置卫星频道，拟于 1994 年元月 28 日至 2 月 28 在美国芝加哥“东方卫星电视”每天播出一小时。向北美地区观众介绍宁夏。这一年宁夏经济台筹建工作正在顺利进行。

二、从实际出发搞好事业建设。

为了进一步扩大覆盖面，解决群众收听、收看广播电视难的问题，宁夏广播电视厅的工程技术人员在财力紧张的情况下，完成了石嘴山市大武口区沟口电视发射台工程和固原三营电视转播台工程。这两项工程投入使用，使全区电视人口覆盖率由 73.7% 提高到 79.8%。另外还考察论证、预测、认真规划了同心县、海原县和西吉县调频电台建台的方案，海原台、西吉台正在抓紧筹备，同心县台即将建成开播。

为了丰富城乡人民的文化生活，在自治区人民政府和有关部门以及广大群众的支持下，宁夏广播电视厅积极筹建宁夏有线电视台，并与银川市广播电视局联合建设银川地区有线电视网，目前各项筹建工作正在抓紧进行。

为了保证转播质量，宁夏广播电视厅组织人力把六盘山转播台和罗山转播台微波站的行波管功率放大器全部改为场效应功放。为了扩大广播覆盖，罗山转播台调频扩大功率的工程已开工兴建，1994 年竣工使用后将会提高全区广播覆盖率。另外还完成了宁夏人民广播电台发射台到传音科的微波传输工程，保证质量地传输信号。

宁夏广播电视厅工程技术人员克服财力不足的困难，想方设法，精心维护保养，保证设备、设施的完好率，保证安全播出，使今年的停播率、劣播率均有下降。技术部门还组织人力，按照全国频率规划意见，完成了改频计划，加强全区广播电视无线电管理工作。还对有线电视工程施工企业进行了资质年检，审核、验收了部分有线电视设计方案和工程，促进了全区有线电视健康发展。

三、强化服务，加强社会管理工作。

1993 年 3 月份宁夏广播电视厅台开了全区广播电视工作会议，这次会议对于加强全区广播电视工作，发展事业起了推动作用。在日常宣传工作中，坚持对全系统宣传工作的宏观管理和业务指导，在播放节目管理上进行了检查监督，严格要求各台、站完整转播中央和区台的新闻节目，按规定比例播放海外电视剧。严格执行了文艺节目重播重审制度，杜绝了差错事故。

宁夏广播电视厅组织人员深入全区有线电视开办单位，检查了解有线电视节目管理和播放情况，发现问题，及时处理。为了保证节目供片工作，审看了 200 余部录像片，及时印发可供播放的文艺录像片目。根据国务院文件精神，对全区接收卫星设施销售市场进行了检查、整顿，为全区 80 多个有卫星电视广播地面接收设施的单位颁发了许可证。音像制品管理工作，本着一手抓繁荣，一手抓“扫黄”的精神，全年为 300 多家音像放映单位颁发了许可证，并且查获收缴了四百多盘淫秽、反动录像带和 500 多盘非法录像带，使我区音像市场逐步健康发展。为了便于学习，加强管理，宁夏广播电视厅还编印了 1984 年至 1993 年度《有线电视、卫星地面接收设施、音像管理、电视剧管理文件汇编》。为了作好职业道德教育，自觉抵制行业不正之风，8 月份厅党组还制定下发了《关于加强廉政建设，禁止“有偿新闻”的规定》。

新疆维吾尔自治区广播电视概况

1993 年，在党的十四大精神鼓舞下，在自治区党委和自治区政府的正确领导下，全厅干部职工进一步解放思想，加大改革力度，团结奋斗，真抓实干，使广播电视在宣传工作、事业建设、经营创收、队伍建设等方面取得了新的成绩。

一、积极稳妥地推进改革，增强生机和活力。

—— 开办经济广播电台、经济电视台。去年，为适应我国和自治区加快改革步伐的新形势，先后建立了天山经济台、天山电视台、雪莲电视台和有线电视台等4个独立建制的电台、电视台。新建单位实行干部聘任制、聘用制和职工合同制，形成竞争上岗，人员合理流动的局面；分配独立自主，自负盈亏，实行定额定酬，超额超酬；实行企业化管理，经费讲预算，讲成本，讲社会效益和经济效益；节目各具特色，生动活泼，灵活自如，为不同层次，不同爱好的群众择其所好。收到了很好的社会效益和经济效益。

——调整改革节目。电视台紧紧围绕节目上星，全面调整了维、汉、哈三种语言的节目；电台维、汉、哈、蒙、柯五种语言的广播，先后开办《天山晨光》、《生活大世界》、《空中舞台》、《共度今宵》、《博格达之声》、《快乐的星期天》、《天山之歌》等主持人直播板块或主持人板块节目，经济电台全天节目均采用主持人直播。搞大时段主持人直播和主持人板块节目是建台以来第一次，受到听众热情欢迎和广泛参与。据统计，各类板块节目全年收到听众来信4000多件，热线电话8000多个，听众直接参与直播室800多人次。

——电视台电视剧部改为电视制作中心，采取既积极扶持，又推向社会的改革措施，主任公开招标，在人事、管理和经费来源等方面实行新的体制，推动了内部改革。广播电视报贯彻"面向市场经济，把社会效益和经济效益结合起来，一手抓办报，一手抓创收"的方针，实行目标责任制，扩大了版面，提高了质量，收到了显著的效果。

——对经济实体和创收单位，引进激励机制和风险机制，调动了干部职工积极性，促进了创收工作。

二、坚持正确的舆论导向，充分发挥喉舌作用，为自治区改革开放、经济建设和社会稳定创造良好的舆论环境。

——突出以经济建设为中心，加大改革开放和建立社会主义市场经济体制的宣传。新疆电台先后新开辟《奔小康大讨论》、《市场经济访谈录》、《走向市场》、《加快改革开放、振兴南疆经济》、《空中桥》、《农家信息园》、《贯彻落实"决定"，加快社会主义市场经济建设》、《市场经济知识名词解释》等栏目。播发了乌鲁木齐市进行国有民营试点、新疆汽车厂走向市场面貌一新等一批有一定深度和影响的报道。新疆电视台配合改革开放形势，新开辟了《奔小康之路》、《今日新疆》、《走向市场》、《社会纵横》、《经济视角》等栏目。全年播发新闻5850条，系列报道50组。各台在坚持"以正面宣传为主"的前提下，对社会热点、难点、时弊等敢于触及，较好地发挥了舆论引导作用。

——集中力量完成重大宣传任务，加强了对国内重要时政新闻报道的深度。宣传时，一改老套路、探索新形式，增强现场报道、系列报道、跟踪报道。同时各台分别开办了"专题节目"，搞得集中突出，形式活泼，声势大，增加了报道内容和报道深度。′93乌洽会的宣传，收到了良好的宣传效果。

——重视精神文明建设宣传。在社会上影响较大的有："金钱与奉献"、"塔里木为他送行"、"马铁军铁面无私儿女情"以及"11·13"空难事件追踪、全社会救助苏伟苏娟姐弟俩脱险、高原英魂高华瑜等节目和"还孩子一片净土"、"舞厅、录像厅、卡拉OK厅透视"等话题的讨论。电视台举办了"树立新疆人形象"演讲比赛；电台播放了比赛中的20位演讲者的录音，收到了较好的社会效果。

——广播电视文艺宣传，努力向各族听（观）众提供高品位的精神食粮。各台除较好地完成纪念毛泽东同志诞辰100周年宣传活动外，电视台举办了第三届全疆青年歌手大奖赛和6场大型文艺晚会，摄制电视艺术片和电视剧12集。电台全年录制广播剧、小说连播、电影剪辑64部，采录音乐节目近40个小时，录制戏曲、曲艺6小时，实况录音39场。

——少数民族语言广播电视节目有了新的提高和发展。电台维、哈、蒙语专题节目的自编自采率达到70%左右，这是民族语言广播宣传中的一个重大的突破。维、哈语电视节目的播出量比往年有显著增加，每周和节假日增播一次维语综合节目，自1993年8月1日新疆卫视开播以来，使少数民族语言节目播出量净增1220小时，同时节目重播率比上年减少10个百分点。全年共译制少数民族语言影视剧517部（集），比上年增加235部（集），大大丰富了少数民族电视屏幕。

——节目创优工作取得新成绩。在全国优秀广播节目评选中，电台选送的5件作品全部获奖；在全国性电视节目评选中，电视台有4件作品获奖。另外，在全国性行业、专项评比中，电台、电视台一批作品获奖。在首届韬奋新闻奖评比中，电台记者陈中祥获提名奖，这是新疆第一个获此殊荣的记者。

——加强了音像制品的生产和音像市场的管理。全年出版维、汉、哈语音带29万多盒，译制维、哈语音像带17100多盒，实现利润47.7万元，比92年增长17.6%，收到了较好的社会效益和经济效益。同时，音像资料的收集、译制和观摩工作也迈出了较好的一步。在音像事业迅速发展的情况下，加强了市场管理，严厉打击和收缴各种非法出版的录像带5000多盒，录音带1000多盒，净化了音像市场。

三、事业建设、技术维护和其它各项保障工作有了新的进展。

——事业建设有了新发展。完成彩电译制制作中心B、C区土建、演播室安装及高压配电、供水、取暖等配套系统。值此，由国家和自治区投资建设的21000平方米的彩电译制制作中心工程全部竣工投入生产。在不停播、不影响节目制作的前提下，顺利完成了日本政府无偿援助项目工程的实施和新旧技术系统的更换调试工作，使我区电视第一次实现了半自动播出。我区单独租用一个电视卫星转发器，在时间短、工作量大的情况下，经过艰苦努力，于8月1日实现了维、汉、哈三种语言全天卫星传送。完成了微波传输机房的搬迁任务，保证了新疆电视台4、6频道上星节目的传输工作和12频道微波传输设备的安装调试工作。完成了经济台三个直播室的安装和调频广播的传输系统。

——确保广播电视安全优质播出。广播电视技术系统，较好地坚持了每月“技术例会”制度，继续开展了第十个“百日安全竞赛”活动，提高了技术服务质量和保障效率。电台全年五种语言6套节目共播出17000多小时，录制节目7700多小时，每百小时停播率比上年下降6.9秒。电视台全年播出11764小时，节目停播率均优于规定指标。厅直属台在设备严重老化的情况下，认真维护，改进技术，严格遵守规程，确保了广播电视节目的安全优质播出。

——科研项目取得新成果。去年，研制出GS三种机型，可制作播出各种特技和三维动画，配有维、哈文字幕软件，并在十多家电视台推广应用，收到了好的效果。此外，研制的维、哈文计算机识别系统获93年自治区科技进步三等奖。

——有线电视事业发展迅速。3月9日，成立新疆有线电视台，并于9月20日开播。全疆各地(州)、市成立行政区域性有线电视台5座，企业有线电视台6座，各类有线电视站440座，总传输用户约109万多户。新疆有线电视台除转播中央和自治区电视台的节目外，自办维、汉2套节目，入网用户达近5万户。

过去的一年，取得了一定的成绩，但也还存在不足之处。主要有：一是我们的事业发展很快，但内部体制改革滞后，制度尚不健全，内部管理和服务工作还跟不上。二是随着体制改革的发展，宣传单位增多了，但对宣传的宏观指导有待加强；队伍扩大了，人员素质有待提高。三是我们的节目丰富了，但节目质量不高，有重大影响、有深度的报道少，整个宣传还不能适应新形势和广大群众的需要。

(张仁武)

1993年中央、省、自治区、直辖市、计划单列市广播电台新开办的节目

环球信息
中央人民广播电台

《环球信息》节目于1993年1月1日开播，每天播出两次，每次20分钟，首播为第二套7：40至8：00，重播为第一套17：00至17：20。该节目是适应国内外形势的发展而设立的，是一个综合性的国际专题节目。其节目方针是：以我党的基本路线和外交政策为指导，及时讲解、评述国际上发生的重大政治、军事事件，综述、分析国际经济与科技形势的发展，报道国际经贸科技信息，介绍有关国际知识，为我国的改革开放和外交服务。为了贯彻这一方针，该节目设立了《国际述评》、《经贸与科技》、《国际纵横》和《空中市场》专栏。

中国社会生活
中国国际广播电台

中国国际广播电台捷克语广播从1993年1月1日开办《中国社会生活》专题节目。该节目每周播出1次，每次7–8分钟。

节目内容主要是向听众介绍中国在改革开放以来各个方面的情况。其中大多是东欧听众关心和感兴趣的问题。

中国少数民族
中国国际广播电台

中国国际广播电台匈牙利语广播1993年4月开办《中国少数民族》专题节目。该节目每周播出1次，每次5–7分钟。《中国少数民族》节目是向听众介绍中国的少数民族政策、民风、民俗等。稿件由语言部记者自编、自采，突出民族特色，让听众在节目中了解中国各个民族的情况和少数民族地区的改革开放情况。

改革开放的中国
中国国际广播电台

中国国际广播电台普什图语广播1993年3月6日开办《改革开放的中国》专题节目。该节目每周播出1次，每次7–8分钟。这个专栏节目主要宣传我国改革开放后政局稳定、经济发展，从中国的经济茎叶、社会生活到少数民族等各个方面向听众全面介绍中国的改革开放情况。

时事追踪
北京人民广播电台新闻台

《时事追踪》是北京人民广播电台新闻台的一个新闻性板块节目。1993年3月1日创办，在早间黄金时间段里播出。该节目的方针是：追求一个新字，以新的事实、新的观点、新的角度、新的深度取胜。及时性、重大性、深入性，乃是《时事追踪》的三块基石。

《时事追踪》主要由三部分构成：

第一部分为记者自采专题，一律采取由记者直接口述加现场录音的方式。主要栏目有《新闻背景》、《潮头掠影》、《都市采风》、《热点与难点》等。开播以来，曾报道过许多社会热点问题，引起强烈社会反响。

第二部分是“新闻热线5159063”，全都采用电话录音。听众通过热线电话，不仅可以报道耳闻目睹的新闻事实，还能对许多重大的问题发表自己的意见、见解。

第三部分是编辑性栏目，主要有《国内传真》、《环球了望》、《一周言论集粹》等。

空中百花园
北京人民广播电台新闻台

北京人民广播电台新闻台的《空中百花园》节目，创办于1993年3月1日，是新型的以直播为主的文化板块节目，每星期一到星期六晚间21：30至23：00播出。

该节目集新闻性、欣赏性、争鸣性、趣味性于一体，设有《文学四季》、《影视广角》、《音乐天地》、《文化经纬》、《休闲周末》6个栏目及若干小栏目。整个节目依托北京这一文化中心，倡导雅文化、弘扬民族艺术，不走媚俗之路。

《空中百花园》开播一年来，曾请一些著名作家参与到《文学四季》这个栏目中来，和主持人一起就一些文学现象和热门话题进行直播。听众也通过热线电话

就自己所感兴趣的问题和作家们做平等的交流。《影视广角》则对影视界重大活动给予及时的报道，并请著名导演在直播室发表独到的艺术见解。在《音乐天地》和《艺苑杂谈》中，围绕民族音乐、国粹京剧等话题进行了深入的探讨。

《空中百花园》节目以其高品味的节目内容、参与性极强的节目形式赢得了社会各界的关注与好评，成为北京人民广播电台几个系列台中晚间收听率较高的名牌节目之一。

英语新闻与专题广播

北京人民广播电台

为了适应改革开放，向广大外国驻京使节、商社以及来京的外国人提供一个了解北京的窗口，北京人民广播电台于1993年3月7日开办了《英语新闻与专题广播》节目。这个节目旨在向外国听众反映北京市在改革开放中的新进展，各行各业的新成就以及首都与外国在经济、文化等领域的合作与交流。

这个节目开设的栏目主要有：《一周新闻荟萃》、《时事纵横》、《企业之窗》、《旅游指南》、《文化交流》等。每周六、日在97.4兆赫和828千赫各播出一次，每次30分钟。该节目开播以来，受到了许多外国听众和国内英语爱好者的欢迎。

九州证券

北京人民广播电台经济台

《九州证券》节目是北京人民广播电台经济台与《中国证券报》于1993年1月18日联合开办的。其节目宗旨是：宣传国家有关证券市场的政策、法规，普及证券知识，正确引导证券投资者进入市场，为投资者及时提供具体操作性的依据和大量证券市场信息。该节目采取主持人现场直播方式，把嘉宾请入直播现场，开通热线电话（含深、沪长途电话）和投资者进行交流，并实行三方通话，即直播间主持人、嘉宾——北京听众——异地记者。该节目的播出时间：每周一8：20至8:30，每周六9:00至10:00，10:00至10:30。

体坛之声特别节目

天津人民广播电台

《体坛之声特别节目》是一个融新闻、知识、趣闻为一体的综合性直播板块节目，1993年4月12日新闻台调整节目时开播。该节目设置的栏目有《体育新闻》、《绿茵足球》、《明星生活》、《宿将追踪》、《球迷热线》、《群体之花》、《校园体育》、《精英名将》、《棋珍牌珠》、《体育文艺》、《体育拾趣》、《体育知识》等，每周日10点至11点播出1小时。该节目采用主持人直播形式，及时向广大听众和体育爱好者报告国际、国内以及本市发生的重大体育新闻，介绍体育明星在赛场上的拼搏精神和他们取得的最好成绩，传递精英名将业余生活、社会活动等方面的信息。这个节目还报道厂矿、企事业单位、农村、学校和部队开展群众体育活动的情况，介绍体育知识，指导群众科学地进行体育锻炼，并开辟听众热线电话，回答听众所关心的问题。

经济纵横

天津人民广播电台

《经济纵横》节目是1993年4月12日开办的。该节目的方针是宣传社会主义市场经济理论，沟通产销、市场与消费者之间的信息。开设的主要栏目有《市场信息》、《七嘴八舌话市场》、《市场咨询服务台》等。每周日11：00—12：00播出。

空中知音

天津人民广播电台

《空中知音》于1993年4月12日开办，是一个集知识性、趣味性和娱乐性于一身的直播板块节目。《西窗听雨》专栏播出脍炙人口的诗词名句；《打开天窗》专栏内容包括奇闻轶事、历史掌故和生活小窍门；《每周一菜》专栏介绍一个简便易行又有特色的菜谱；《送你一片云》推荐最新歌曲。播出时间是每周一至六11：20—12：00。

都市交响曲

天津人民广播电台

《都市交响曲》于1993年4月12日开办。为1小时直播板块节目，其内容分为新闻、热线及其它栏目三大类。新闻类分《每日新闻》和《津门采风》。前者以当日消息为主，后者以区街为主，涉及经济、商贸、科技、文化等内容。《热点话题》着重剖析公众关心的问题。《这一刻属于你》栏目包括热线点播歌曲、追思往事、人生求索、今日时尚等。《饭后茶余》栏目向听众介绍生活常识、科技知识、家庭生活窍门等。在每周一、四开通的“为群众生活排忧解难服务热线”是本节目的重头内容。播出时间是每周一至六中午12：30—13：30。

枫叶正红

天津人民广播电台

《枫叶正红》于1993年4月12日开办，是专为老年听众特办的直播板块节目。该节目寓新闻、知识、娱乐、趣味和服务于一体，其中开辟的栏目有《话说天下事》、《养生之道》、《老有所乐》、《老有所为》、《老来俏》、《老年之音》和《神州大地》等。播出时间是每天16：00—16：30。

开放窗

天津人民广播电台

《开放窗》于1993年4月12日开办，该节目以浓郁的当代文化特征，介绍国内外最新消息，报道改革开放中的经济、文化发展和观念的变化。

《开放窗》节目以主持人直播形式播出，主要栏目有《开放信息》、《企业观象台》、《大哥大热线》、《现代人沙龙》、《让我替你说》、《毛遂自荐》、《万国博览》、《时空纵横》、《迷你话筒》、《外语新闻》、《老外侃天津》等。每周四《老外侃天津》栏目，邀请来津考察、工作、学习和生活的外国专家、企业家、留学生谈他们对天津的感受及在天津生活期间的趣闻轶事。播出时间是 18:00—19:00。

消费者俱乐部

天津人民广播电台

《消费者俱乐部》是天津人民广播电台与企业合办的经济类直播板块节目，于 1993 年 4 月 12 日开办每周一至六 19:00—20:00 播出。《消费者俱乐部周日特别节目》，是个纯文艺节目。

《消费者俱乐部》立足于本市经济建设，以促进轻工业生产，扩大信息交流，繁荣市场经济，美化和丰富人民生活为宗旨，侧重宣传国有企业转换经营机制、开拓发展的经验，介绍从事三产和私营企业的经营之道，预测市场趋势，宣传名优产品，提供流通信息。开设的栏目有《传真快讯》、《经营之道》、《帮你致富》、《逛市场》。

城市之光

天津人民广播电台

《城市之光》是 1993 年 4 月 12 日新开办的板块节目，每周一、三、五播出，每次 30 分钟，播出时间 20:30—21:00。

《城市之光》以传播天津市城市建设和管理的成就、经验、动态、信息，反映广大建设者的精神风貌、动人事迹、生活情趣为主，同时还将介绍古今中外著名建筑、城建方面的知识以及群众所关心的热点问题。开设的栏目有《来自重点工程的报道》、《服务指南》、《智慧蓝图》、《七色生活》、《开发天地》、《信息窗》、《市场广角》、《建设科苑》、《园林绿化》。

黄金半小时

天津人民广播电台

《黄金半小时》于 1993 年 4 月 12 日开办。这个节目立足金融，面向市场，贴紧经济，集指导性、可听性、知识性、娱乐性为一体，向广大群众介绍投资知识，进行投资与消费指导，预测分析证券走势，就当今金融、经济的热门话题进行重点报道，使之成为本市企业和广大群众喜爱的投资指南。该节目设有《金融快讯》、《市场行情》、《投资指南》、《股市沙龙》、《黄金城娱乐园》等 10 余个栏目。《黄金半小时》节目每周二、四、六、日晚 8:30 播出。

太阳神之夜

天津人民广播电台

《太阳神之夜》于 1993 年 4 月 12 日开办，每天晚上 22:10—23:00 播出。该节目的方针是：突出知识性、趣味性、娱乐性，贴近生活、丰富生活、引导生活。开辟的栏目有《情感专线》、《环球特快》、《都市风情》等。

七彩小世界

天津人民广播电台

《七彩小世界》于 1993 年 10 月 1 日开播，它的前身是《金色童年》。主要面向少年和幼儿，寓教于乐，将思想性、知识性、娱乐性三者融为一体，潜移默化地对孩子进行教育，配合学校和家庭把他们培养成有理想、有道德、有文化、有纪律的一代新人。开设的栏目有《校园采风》、《小灵通》、《故事厅》、《七彩热线》等。每周一至六 16:30 播出 30 分钟。

热线导购

天津人民广播电台

《热线导购》原是《经济大世界》中的一个栏目，1993 年 5 月 3 日分离出来，成为一个独立的主持人直播节目，每天 12:30—13:30 播出 60 分钟。这是天津台第一个集编、采、播于一体，由主持人负责的板块节目。

《热线导购》是一个融宣传、服务于一身，集经济信息汇集、发布、交流于一体的经济类综合节目。这个节目广泛参与社会经济活动，在生产者、经营者、消费者之间架起空中桥梁，起到推动生产、促进流通、引导消费、服务听众的作用。从 1993 年 5 月 3 日以来，该节目在原有基础上，又增加了《自卖自夸》、《精品屋》、《有奖竞答》等栏目，同时分门别类地搞了专题导购、综合导购、现场导购活动，受到广大听众及企业家们的欢迎，进一步扩大了热线导购的知名度。

优劣产品展示台

天津人民广播电台

《优劣产品展示台》于 1993 年元旦从《津沽大地》中分离出来，成为独立的主持人直播板块节目，每天 17:30—18:00 播出。

1992 年，有关产品质量问题还无法可依，许多消费者买到假冒伪劣产品投拆无门，在这种情况下，经济台的同志，经与市技术监督局协商，合办一个《优劣产品展示台》节目，充分发挥广播的社会舆论监督的功能，褒扬优质产品，打击假冒伪劣产品，维护消费者的合法权益。《优劣产品展示台》设置的栏目有《打假治劣信息》、《优胜榜》、《质量监督热线》、《曝光台》、《鉴别顾问》、《质量论坛》和服务性栏目《购物指南》。

早安 GOOD MORNING

天津人民广播电台

该节目本着繁荣天津文艺，扩大天津地区文化信息量的宗旨，播出一些优秀的中外名曲，同时插播一些中外文化动态，力求让全市人民在轻松、活泼的气氛中迎接一天的开始。文艺台6：00—7：00播出，节目长度为60分钟。

大千世界

天津人民广播电台

《大千世界》是集广告宣传、商情介绍、股市风云、证券沉浮、外币行情诸信息于一身，熔曲艺、音乐、戏曲、文学各门类文艺于一炉的综艺性直播板块节目。

《大千世界》综艺节目充分发挥沽上文艺名家云集，天津文艺台精品盈库的优势，积极调动文艺独有的长处，以适应广大受众喜闻乐见的欣赏习惯。《大千世界》设置《清晨快讯》、《中华金曲》、《笑海扬帆》、《玉壶冰心》、《天南地北》、《热线文艺》等栏目。通过以上栏目，播出相声精品、幽默选粹、小品、配乐抒情诗、奇闻轶事、名人趣谈、艺坛掌故等文艺节目，满足不同层次听众的需求。文艺台每天7：30播出。节目长度为60分钟。

古今传奇

天津人民广播电台

《古今传奇》是根据天津曲艺之乡这一特殊文化氛围的特别需要开辟的，以本市演员为主的评书、鼓书艺术园地。该节目本着发展曲艺广播、振兴曲艺艺术的宗旨，播放天津台多年来自编自录的评书、鼓书，如《隋唐》、《男女英雄传》、《大刀王五》、《三国》等，以发挥天津台的优势，突出天津台的特点。文艺台每天10:30播出，节目长度30分钟。

华联天地—1386艺术厅

天津人民广播电台

《华联天地》是天津人民广播电台文艺台和华联商厦股份有限公司联办的一个综艺性主持人直播板块节目，以文化娱乐和商业信息服务为主要内容，发扬独家之优势，以广大基层干部、群众为主要收听对象，融新闻、知识、服务、娱乐、欣赏为一体，让听众通过欣赏精美的文艺节目，关心华联，了解华联。该节目开设的栏目有《历史上的今天》、《名人轶事》、《曲海觅珍》、《多彩华联》和《1386艺术厅》等。每天在文艺台（1386千赫）18：00至19：00播出。

晨曲

天津人民广播电台

《晨曲》是每天开台后第一个节目，通过一组清新、活泼、欢快的乐曲，使您振奋精神，增添活力，伴您开始新的一天。1993年4月19日开办，每天6：05播出，节目长度15分钟。

歌海拾珍

天津人民广播电台

《歌海拾珍》节目选取歌曲中的精品，精心加以介绍和解说，供听众鉴赏。所选歌曲风格多样但以脍炙人口为标准，每天一个曲目。1993年4月19日开办，每天6：00播出，节目长度10分钟。

绿野乡音

天津人民广播电台

《绿野乡音》是音乐台新开办的板块节目，它面向广大农村听众，播放农民喜爱的歌曲、乐曲，报道当日农村和乡镇企业新人新事新面貌，播发各地经济信息、商品信息。1993年4月19日开办，每天6：30播出，节目长度30分钟。

轻松音乐20分

天津人民广播电台

《轻松音乐20分》恰情轻音乐带给人轻松愉快和美的享受。1993年4月19日开办，每天7：40播出，节目长度为20分钟。

美食与名曲

天津人民广播电台

《美食与名曲》节目在介绍名菜、名点、名酒、名饮、名厨师、名店、名厂和各种新食品的同时，重在介绍、探讨其深厚的文化内涵，相关的地理、历史背景、轶闻掌故和食品卫生常识，并配以中外名曲，令人觉得听到耳比吃到口还有味道。1993年4月19日开办，每天21：00播出，节目长度为20分钟。

奇闻轶事谈

天津人民广播电台

很多听众习惯在晚间浏览书、报、杂志，《奇闻轶事谈》就是一本有声读物。通过这个栏目听众可以了解社会奇闻、自然奇观、生活趣事、历史知识、古今奇案、热门话题、文学名著介绍、出版信息、津门轶事等。1993年4月19日开办，每天21：00播出，节目长度为20分钟。

影视音窗

天津人民广播电台

《影视音窗》是广大听众收听收看影视剧歌曲、音乐及剧情简介、演员歌星追踪的一个窗口。播出时间9：10。

华夏音乐大观

天津人民广播电台

《华夏音乐大观》以介绍中国传统和当代各种形式、风格的作品及音乐家、民间音乐、中国民族乐器知识和音乐信息为主要内容。节目内容丰富，格调清新，既有知识性，又具欣赏性。该节目设有《新花吐艳》、《乐坛名人》、《一曲难忘》、《民歌百花园》、《八音长鸣》等栏目。播出时间9：10，节目长度20分钟。

周日十点半

天津人民广播电台

《周日十点半》是1993年4月19日音乐台调整节目后，最新推出的一个具有全新构思及音乐包容性的新节目，该节目使听众在每个周日都拥有一个轻松、愉快、温馨的30分钟。

这个节目的显著特点是听众参与性强，听众既可以在这个节目中点播喜爱的古今中外优秀歌曲、乐曲，也可以把自己珍藏和喜爱的各种歌曲、乐曲的录音提供给这个节目与广大听众共享。在这个节目中听众还可以发表对某些音乐现象的看法，甚至一展歌喉。播出时间是音乐台周日10：30，节目长度为30分钟。

99点歌台

天津人民广播电台

《99点歌台》虽然是听众点播节目，但不是服务台。听众可以通过这个节目传递情意，表达对亲人的祝福。编辑则要通过这个节目充分体现编辑意图，把60分钟的点播节目办得生动活泼、整体感强，用高层次的节目培养听众的欣赏习惯，满足听众的参与心理，发挥广播的导向作用。播出时间是12：00，节目长度60分钟。

少儿游乐宫

天津人民广播电台

《少儿游乐宫》是周日特办节目，听众对象是少年儿童和学龄前儿童。内容包括少儿歌曲、乐曲、讲故事、猜谜、少儿广播剧、配乐故事、少儿卡拉OK等。每周日13：40播出，节目长度50分钟。

调频18点

天津人民广播电台

《调频18点》是一个以音乐为主体，又兼有文化艺术、生活常识、热门话题的综合性直播板块节目。该节目以音乐为主线，集欣赏性、知识性、娱乐性、服务性、参与性于一体，为多层次听众提供清新、活泼、健康的综合服务。每天18：00播出，节目长度60分钟。

爱的交响

天津人民广播电台

《爱的交响》是音乐台1993年4月19日新开办的音乐栏目，这个栏目集中向听众介绍爱情题材的音乐佳作，并介绍青春期生理知识、性生活知识、恋爱与结婚时应了解的礼仪、风俗。这个栏目是青年男女、新婚夫妇的知心朋友。播出时间是每天的21：30，节目长度为30分钟。

好歌大家唱

天津人民广播电台

《好歌大家唱》节目为广大听众教唱广播、影视剧、音像带中出现的优秀歌曲，同时也包括创作的厂歌、店歌、校歌及行业歌曲。使大家在欢乐歌唱的过程中扩大厂、店及行业的社会影响。播出时间是16：00，节目长度30分钟。

流行音乐世界

天津人民广播电台

《流行音乐世界》是由原来的《通俗乐坛》扩展而来的，在原来的基础上增加了项目量，扩大了表现范围，设立了《欧洲巡礼》、《明星风采》、《摇滚40年》、《爵士酒吧》、《乡村天地》、《在亚洲地平线上》和《知音细语》等栏目。目的是向听众介绍世界各国流行音乐的动态、人物、信息，使听众在欣赏音乐的同时，对世界流行音乐的过去和现在有更深一步的了解。每周二、三、五、六22：00播出，节目长度60分钟。

音乐情感线

天津人民广播电台

本节目在内容上以调解人们的情感主线，充分发挥音乐和语言相结合的优势，以轻松、优美的音乐为主线，以情感为话题，探讨人生中形形色色的感情问题。在节目风格上力求轻松、自然、温馨、亲切，以大量的音乐、歌曲调动平衡人们的情感，达到一种高度艺术感染力的效果，从而引导人们正确对待人生。播出时间23：00，节目长度60分钟。

股海指航

天津人民广播电台

天津人民广播电台音乐台从1993年6月6日起开办《股海指航》直播节目。这个节目以传播知识、宣传政策为主，集知识性、服务性、娱乐性于一体，为各股份公司及股民提供一个宣传交流的窗口。《股海指航》节目设置的栏目有《股市快讯》，播出前一天证券交易所的股票开盘价、收盘价及交易量等；《股市之光》为听众朋友陆续介绍天津22家股份试点单位的情况；《股市经验谈》向听众朋友介绍股票基本知识、股票发行、转让程序、证券管理有关办法、制度以及怎样投资参与证券活动。每周六开设《股市采风》栏目，让听众谈股市。《周日漫谈》由企业家、专家、学者及股东们谈股份、说股票。播出时间是每天的19：30，节目长度为30分钟。

来自重点工程的报道

山西人民广播电台

为深入突出地搞好重点工程建设的宣传，积极有效地促进山西省重点工程建设的健康发展，山西人民广播电台于1993年6月28日在每日新闻节目中推出《来自重点工程的报道》专栏。该专栏辟有《今日工程》、《工程快讯》、《风流人物谱》、《同心曲》和《监督哨》等子栏目。稿件均在山西电台早7时至7时30分《新闻半小时》和晚7时到7时20分的《全省各地广播电台、广播站联播》节目中播出。

长城，你早

山西长城广播电台

山西长城广播电台于1993年12月6日推出《长城，你早》节目。该节目是一个集新闻、信息、评论及人物专访为一体的新闻性板块节目，力求快速度、高层次、多视角地反映社会新闻、追踪社会“热点”，在有重点特定专题时，酌情在节目中灵活穿插。设有《每日金曲》、《收听指南》、《长城新闻》、《新闻人物》、《电话传真》、《长城追踪》、《信息总汇》、《报刊文摘》和《长城快语》等栏目，每周一至周六早6时30分至9时，星期天为早6时30分至8时播出。

长城广播交通网

山西长城广播电台

《长城广播交通网》是山西长城广播电台于1993年12月6日推出的节目。该节目力图围绕交通工具、管理措施、交通与社会各层次人员之间发生的联系等“热点”来体现交通的最大特点。其特点是迅速及时、信息量大、参与性强。辟有《交通点评》、《路路通》、《好运候车室》、《××祝您好运》和《22××伴你同行》等栏目。每周一至周六早9时播出，时间为60分钟。

长城经纬

山西长城广播电台

山西长城广播电台于1993年12月6日开办了《长城经纬》节目。该节目以大量现场报道、传真追踪和社会文化现象透析为主体，突出快、热、深的特点，以提请社会关注某一动态，推动社会文明进步和经济发展。开辟的主要栏目有《长城大哥大》、《追踪驿站》、《是否留意》、《品味生活》、《耳听八方》、《公益语丝》、《今日客座》和《电话记录》。周一至周日，中午12时播出，时间为60分钟。

小红帽·蓝书包

山西长城广播电台

《小红帽·蓝书包》是山西长城广播电台于1993年12月6日推出的儿童节目。该节目力求突出活泼、轻快的特点，整个节目简短流畅。主要栏目有《月亮船》、《妈妈的话》、《异想天开》、《蓝书包》、《100分老师》、《一分钟课堂》、《丢手绢》、《友谊街心花园》、《我来当家》、《生日屋》、《大问号》和《小红帽》等。每星期一至六下午5时30分播出，时间为30分钟。

生活咏叹调

山西长城广播电台

山西长城广播电台于1993年12月6日推出集知识性、娱乐性于一体的社会服务类节目《生活咏叹调》。该节目旨在为听众提供物质和精神两方面的服务。内容立足于家庭、服务于社会，同时还配合播出相关的音乐和歌曲，辟有《生活空间》、《生活一点通》、《家政礼仪》、《茶余饭后》、《夕阳情未了》、《生活指南》和《一个好汉三个帮》等栏目。每周一至周五晚6时播出，时间为60分钟。

流动直播室

山西长城广播电台

《流动直播室》是山西长城广播电台于1993年12月6日新开办的节目。《流动直播室》是指每个星期天的上午10时30分钟到中午12时，长城广播电台将直播室搬到街头、商厦等公共场所，邀请听众现场参与、畅叙心意。旨在适应改革开放形势，促进社会各业迅猛发展。这种节目形式在山西省尚属首例，是拓宽广播领域的一个尝试。

望长城

山西长城广播电台

《望长城》是山西长城广播电台于1993年12月6日推出的节目。旨在加强长城广播与广大听众的密切联系，扩大广播在听众中的影响，及时反馈听众对长城广播的心声。成为长城广播与听众之间的桥梁。辟有《听众联谊会》和《公关俱乐部》等栏目。每星期天下午3时30分到5时播出，时间为90分钟。

英语咖啡屋

山西长城广播电台

山西长城广播电台于1993年12月6日推出《英语咖啡屋》节目。该节目是一个集趣味、娱乐、知识为一体的外语综合节目。主要栏目有《每周一歌》、《英文词语故事》、《咖啡屋明星》、《金话筒》、《新科学家》、《热线时间》和《晚会》，每星期天晚7时到8时播出。

长城热线

山西长城广播电台

山西长城广播电台于1993年12月6日开办了《长城热线》节目。每周一至周六晚8时播出，时间为60分钟。该节目是新闻性热点话题讨论节目，是《长城，你早》和《长城经纬》的延续和引深，也是主持人与听众、听众与听众、听众与嘉宾直接交流的参与性很强的节目。《长城热线》力求找出群众广泛关注，并能引起争鸣的新闻话题，多侧面、多角度地展开讨论，抓住实质，切中要害，引起反响。《长城热线》在立足反映本地实际的基础上，还从全国乃至世界的多种现象中寻找与当地社会生活的契合点，从而办出一些高品味、深层次并具有指导意义的节目来。

时轮大板块

内蒙古人民广播电台

内蒙古人民广播电台蒙古语《时轮大板块》节目，是集新闻性、知识性、服务性、趣味性为一体的主持人形式的板块节目。该节目开播于1993年1月1日。每天播出3次，每次30分钟。

《时轮大板块》节目大力宣传自治区团结建设和改革开放中的新探索、新经验、新事物、新认识、新成就。该节目时代气息浓，信息量大，自采率高，编排艺术新颖，设有《可爱的内蒙古》、《青年之友》、《改革大视野》、《环球采风》、《三百六十行》等10个栏目。内容丰富多样，形式新颖活泼，做到了内容与形式的完美统一。在节目风格和编排技巧上形成了主持人化的板块节目，开创了蒙古语广播史上新的一页。

《时轮大板块》节目开播以后，在区内外乃至国外引起了较大的反响，蒙古国驻呼市领事馆总领事宗堆·撒拉勒说：你们的节目，使我国人民进一步了解中国内蒙古的经济建设的巨大成就，已成为沟通我们两国人民感情的桥梁。

热线21点

内蒙古人民广播电台

内蒙台1993年12月1日推出《热线21点》主持人直播节目。节目宗旨是崇尚先进思想、构筑精神支柱。宣传爱国主义、集体主义和社会主义；宣传正确的世界观、人生观、价值观、道德观、恋爱、婚姻观；进行法制、纪律、人际关系等教育。

该节目围绕社会生活的热点、难点设置话题，和听众进行多层次、多角度、多侧面、多方面的探讨。开通热线电话，强调听众的直接参与，力争和听众沟通心灵，使听众更新观念，为改革开放创造一个良好的社会舆论环境和社会心理环境。《热线21点》每天21：00至21：40播出。

经济10分钟

内蒙古人民广播电台

《经济10分钟》节目是内蒙古人民广播电台于1993年12月1日开办的蒙古语节目。

本节目以播出自治区内容为主，更注意传播党中央、国务院关于建立社会主义市场经济方面的信息；播出全国各省、市、自治区经济体制改革可借鉴的典型，特别是企业改革和农牧区改革的典型，为促进自治区改革和发展提供信息服务；广泛组织播出工农牧业、林业、商业、交通、金融、财贸等多方信息，为广大听众服务。

本节目以新闻信息稿为主，典型报道为重点，紧密配合经济形势，播发有分析、有深度、又有指导意义的稿件。采用浓缩型稿，力求短小精悍。要求节目形式活泼，以求吸引听众。

塞外田野

内蒙古人民广播电台

《塞外田野》是内蒙古人民广播电台于1993年12月1日新开办的综合性板块节目。它以农村牧区干部群众为主要收听对象。

该节目融新闻、科技、服务、信息于一体，做到形式活、内容新、栏目精、信息广。在栏目设置上注重服务性、知识性、实用性、指导性，主要栏目有《农牧业新闻》、《科学顾问》、《农牧业论坛》、《城乡之间》。该节目每天11：30-12：00播出，第二天8：30-9：00重播。

经济潮

内蒙古人民广播电台

《经济潮》是内蒙古人民广播电台于1993年12月1日开办的节目。每天播出45分钟。《经济潮》节目设有《耳听八方》、《综合新闻》、《社会写真》、《生意经》、《市场万象》、《企业经纬》等14个栏目。另外，该节目在每星期天开设特别节目《一周热点集粹》。

生活七彩桥

内蒙古人民广播电台

《生活七彩桥》是内蒙古人民广播电台于1993年12月1日开办的融知识性、服务性、实用性和趣味性于一体的综合性直播板块节目。该节目的内容涉及到人们的消费储蓄、心理咨询、家庭建设、接人待物以及旅游观光、天文地理知识等诸方面。设有《家教指南》、《青春旋律》、《身边的科学》、《消费新潮》等栏目。

该节目采用主持人直播形式，开通热线电话，直接与听众进行交流。播出时间是每天中午12：00-12：40。

华灯初上

辽宁人民广播电台

《华灯初上》是1993年2月1日，辽宁人民广播电台（一套节目）在晚间18：30到20：00开设的一个融新闻性、知识性、服务性为一体的板块节目，采取主持人直播方式。《华灯初上》的主要宗旨是围绕家庭生活的方方面面、工作之余的各段时间做文章，引导人们树立奋进向上的精神境界，健康文明的生活情趣，和协美满的家庭气氛。节目中的主要栏目有《寻常百姓家》、《与烦恼告别》、《法制红绿灯》、《人间重晚情》、《家教小夜曲》、《体育大看台》、《家庭保健箱》等。每次节目都有4至5个栏目，并设话题讨论节目，听众通过电话参与直播。

738早新闻

吉林人民广播电台

吉林人民广播电台1993年8月2日开始对新闻节目进行了比较大的改革。首推每天7点到7点50分的《738早新闻》大板块直播节目。这个板块每天开设7个风格崭新、各具特色的新闻栏目，其中有《738吉林要闻》、《738社会广角》、《738回答你》、《738天下了望》、《738新闻追踪》、《738点评》、《738服务台》。每周日增加3个栏目有《738松辽之星》、《738记者站专线》、《738周日话题》。《738新闻》自开播以来，每天发布新闻七八十条，信息量之大、速度之快，是前所未有的。节目以其"朴实、高雅、健康、清新"等特点，倍受听众的喜爱。

738文艺列车

吉林人民广播电台

《738文艺列车》于1993年8月2日开播。这个节目每周一至周六的10:30-12:00播出。"滚动时代节奏，呼啸世纪风云，携带人生情彩，满载文艺成果"这就是《738文艺列车》的特色。该节目追求高品位、多色彩，传播信息，提供服务，满足听众的需求。《738文艺列车》各节车厢分别是《小小知识宫》、《音乐餐厅》、《戏迷茶座》、《快乐影视中心》、《歌迷俱乐部》、《迪斯尼乐园》、《青春园地》、《空中百老汇》、《开心岛》和《情感转播站》。

边海劲风

吉林人民广播电台

《边海劲风》于1993年8月2日开播。这是一个综合性的直播板块节目。内容主要体现服务性宗旨，包括社会服务、经济服务和生活服务。特别以建设有中国特色的社会主义、发展社会主义市场经济以及建设发达的边疆近海省为根本，突出强化为社会主义市场经济服务的宣传。这个节目每周一到周六上午8:30至10:30播出，每天播出1次。

七彩时光

黑龙江人民广播电台

黑龙江人民广播电台1993年6月8日推出大型综合直播节目《七彩时光》。该节目以服务与娱乐为宗旨，通过丰富多彩的娱乐方式为人们的生活增添欢乐，并真诚帮助听众解决生活中遇到的实际问题。这个节目设置的栏目有《逛逛菜市场》、《送你一首歌》、《消费大观园》、《悠悠老人河》、《清清月亮湾》等。《七彩时光》节目每天上午8时20分至10时10分和听众交流。

黑土夜话

黑龙江人民广播电台

黑龙江人民广播电台于1993年4月19日推出一个晚间直播板块节目《黑土夜话》。播出时间为21时至22时，每周7次。《黑土夜话》节目贴近生活，贴近时代，贴近听众，侧重反映新形势下的世态人情，探讨新旧交替时期的人生哲理，揭示和回答其中诸多热点问题，以轻松、抒情、深刻、诙谐、幽默的基调和鲜明的黑土文化风格诉诸广大听众。《黑土夜话》设有《哈哈闯世界》、《影视剧广角》、《憨哥信箱》、《心理热线》、《悄悄话》、《邮购窗》等系列栏目。

午夜星河

上海人民广播电台

《午夜星河》是上海人民广播电台中波990千赫的深夜情感类直播节目，于1993年7月26日开播，每晚23点30分至次日凌晨1点播出。

该节目以诗歌为主要的情感载体，通过听众热线点播，电话编辑和音乐编辑当场选诗和配乐，主持人即兴朗诵以及和听众的精短交谈构成主体框架，其宗旨是：以诗传情，为人们提供精神的"推拿"和心灵的"按摩"。节目也兼顾听众的文学情趣。设置的栏目有《诗友小站》、《祝福到明天》、《诗海渡口》、《珍珠岛》、《星河夜话》、《诗友俱乐部》。

节目以诗歌点诵和文学直播的双重尝试赢得各阶层、各年龄段听众的高度赞誉，并得到国际友人和海外中国留学生的青睐，开始在德国、日本等国家产生一定的影响，该节目曾被国内多家报刊作报道和评述，被称为"上海文化的一大景观"。

股市即时行情

上海人民广播电台

上海人民广播电台市场经济台1993年3月15日推出的《股市即时行情》是一档证券信息节目，从早上10:00至晚上18:00，每逢正点播出，(其中16:00、17:00、18:00为重播)，每天共播出9次。

《股市即时行情》节目，每逢正点播报上海、深圳证券交易所行情，回顾前一小时股市走势，介绍电脑分析数据、指标，随时插播证交所公告和有关信息。《股市即时行情》使股民和关心证券市场的听众不出家门就能对证券市场的动态了如指掌，被称为"股市的信使"，收听率在同类节目中名列前茅。

都市 990

上海人民广播电台

《都市 990》节目是上海人民广播电台于 1993 年 7 月开设的一档由主持人直播的综合经济板块节目。每天上午 9：30—11：30 在 990 千赫播出。

《都市 990》节目以实实在在的服务为宗旨，传递最新的市场经济信息，分析市场最新经济动态，通过直播热线提供实实在在的服务。设有《都市新观察》、《都市指南》、《流行节拍》、《健康日记》、《家家事事通》、《今日好去处》等栏目。每逢正点播出新闻，半点播出股市即时行情，每周六还设有专家一周股市综述。

麦氏温馨时刻

上海人民广播电台

《麦氏温馨时刻》是上海人民广播电台文艺台 1993 年 7 月 26 日新推出的一档综合文艺节目。该节目以东西方文化交流为窗口，采用音乐包装、主持人播讲、栏目滚动播出的形式，重点介绍西方文艺作品、民情风俗、自然风光。该节目每档 30 分钟，每天 10：00 和 18：30 播出。《麦氏温馨时刻》格调清新高雅，内容丰富，制作细致，既追求高品位，又注重可听性。在 1993 年上海电台文艺台节目评比中被评为"优秀节目"。

中国风

上海东方广播电台

1993 年 8 月 15 日，上海东方广播电台隆重推出了一个丰富多彩的中国音乐节目——《中国风》，每天上午 7：00—8：00 在 FM101.7 兆赫播出，旨在弘扬我国民族音乐文化，推动中国的音乐创作和表演，注重音乐艺术的正确导向。

《中国风》设有 8 个栏目：《好歌一束》、《名曲天天听》、《送你一首歌》、《神州音韵》、《佳作点评》、《新人与新作》、《流逝岁月》、《旧曲情怀》和《东方风云榜》。其中《东方风云榜》即中国流行歌曲排行榜，每周揭榜 1 次，每次 10 首歌曲，每年评出中国十大金曲。

119——祝您平安

上海东方广播电台

《119——祝您平安》是全国广播中第一个消防专栏节目，东方广播电台在上海市消防局大力协助下于 1993 年 1 月 3 日推出。播出时间为每周日 12：00—12：30。

城市建设的飞速发展，人们生活、居住环境的改善，平安的意识和要求也大大增强，同时，广播设置节目"你听我播"观念的确立，使得消防节目的出现就成了必然。

该节目现设《了望塔》、《平安先生》和《太平桥》等栏目。节目集新闻、娱乐和传播消防知识于一体，调动多种广播手法，吸引了很多的听众。曾得到公安部和上海市领导的充分肯定。

相伴到黎明

上海东方广播电台

上海东方广播电台的直播节目《相伴到黎明》于 1993 年 1 月 1 日正式播出，节目时间是每天 0 点到凌晨 6 点。

《情感专线》是这档节目的主要栏目。主持人与听众通过热线电话，进行感情的沟通和交流，节目的旨意在"伴"字，通过优雅的音乐和温馨的絮语，为那些失眠者、失恋者、失意者、失足者、失落者、失去亲人者以至失去生活勇气者送去一份信任、一份温馨、一份诚挚，使他们的心灵得到抚慰，困惑得到排解。节目的内容力求随意、亲切、贴近人们的内心世界，形式多样、自然。节目还为科技人员、作家、老年人、夜间工作者等听众，安排了《流水行云》、《银色世界》、《南瓜马车》、《枕边书香》、《心情招呼站》、《午夜留声机》、《清晨露珠》等栏目。

你我同行

上海东方广播电台

《你我同行》创办于 1993 年 8 月 2 日，这是一档融娱乐、知识、信息为一体的城市交通板块节目，风格以轻松幽默为主。除周日外每天播音 2 小时，其受众以千千万万穿梭在大街小巷的司机朋友为主，兼顾其他听众。《你我同行》节目根据受众的实际收听需求设置了如下富有特色的栏目：《都市纵横》、《洋泾浜三合一》、《谈天说地》、《你点我播》、《今日故事》、《笑不笑由你》、《人间烟火》和《狗尾续貂·出奇制胜》。

江苏人民广播电台文 艺 台

江苏文艺台是江苏人民广播电台系列台之一，是江苏境内第一家文艺广播电台。江苏文艺台于 1993 年 5 月 23 日开播，全部采用大板块主持人直播形式，从清晨 6 时到夜晚 24 时，全天播音 18 小时。

江苏文艺台立足南京，面向江苏，辐射长江三角洲，坚持社会主义文艺的"二为"方向和"双百"方针，为社会提供更多更好的精神食粮，满足广大听众日益增长的文化生活需要，促进两个文明建设。

该台拥有一套以音乐为主体，融新闻、信息、戏曲、文学、游艺和服务于一体的全新的节目格局，拥有一批实力雄厚的集采编播于一身的节目主持人，采用直播形式，与听众进行双向交流，创办了一批雅俗共赏，寓教于乐的文艺节目，其中《空中音乐厅》、《华夏乐韵》、《怀念旋律》、《戏曲精品欣赏》、《长篇作品连播》、《午间流行网》、《立体时空》、《流行歌曲现在时》等节目，包容古今中外音乐精华，追踪与展示当今中外音乐的新潮流，高唱社会主义时代主旋律，弘扬中华民族优秀文化；《清晨旋律》、《文化广场》、《生活交响曲》和《今晚最后60分》、《小星星》等节目，邀请全国和省内文化名人和一批企业家、厂长经理走进直播室，通过热线电话和现场直播等手段，反映文化热点，引导文化市场，指导文化消费。为适应改革开放的需要，还创办了《雀巢咖啡音乐时间》等一批对外文化交流的文艺节目。

新闻广角镜

江苏人民广播电台

江苏人民广播电台的《新闻广角镜》节目于1993年5月18日开办，每天播出两次，每次10分钟。播出时间是每天7:20–11:00。这档节目报道和评述各行各业改革开放的新情况、新经验、新探索；报道和评述社会生活中出现的苗头性问题，颂扬高尚的情操，批评腐朽、落后和愚昧意识与行为。这档节目要求有深度和力度，编排上采取主持人形式，新颖活泼。要求让听众参与广播，使其更加贴近群众、贴近生活、贴近社会。这档节目设若干子栏目，有《新闻追踪》、《市场立交桥》、《人物访谈》、《青春偶像》、《九州信息》、《今日话题》等。

午间时空

江苏人民广播电台

《午间时空》是江苏人民广播电台1993年5月18日出台的新节目。该节目每天12:20–13:30播出。《午间时空》节目面向社会、面向生活、面向各界听众，是一个以反映经济和社会生活为主的综合性节目。它集新闻性、思想性、知识性和服务性于一体，以新的思路、新的节拍给人新的感受。《午间时空》节目设有《经济潮》、《社会采风》、《午餐伴侣》、《今日星座》、《逍遥游》5个主要栏目。节目采用主持人直播形式播出，请听众参与，深受听众欢迎。

科技时代

江苏人民广播电台

1993年5月18日开设的《科技时代》是江苏人民广播电台节目调改后推出的一个直播板块节目，每天18:10——19:00播出。该节目面向四化建设和人民生活，追踪世界科技发展新趋向，贴近生产者、经营者和消费者等各阶层听众，竭诚为提高人们的科学技术水平服务。它融知识性、服务性、实用性、参与性为一体，老少咸宜，雅俗兼听。

《科技时代》主要栏目有《科技信息》、《科技访谈》、《祝您健康》、《现代生活》、《名医坐堂》和《科技百花园》。

餐桌上的话题

江苏人民广播电台

江苏人民广播电台的《餐桌上的话题》节目于1993年5月4日开播，1994年1月31日截止，历时9个月，该节目把敏感的触角伸向了社会各阶层，就公众最关心的热门话题展开深层次的探讨，并以它独有的魅力吸引到大量听众。在当前建立社会主义市场经济体制过程中，《餐桌上的话题》在宣传、引导公众树立良好的道德风尚，澄清一些错误的、模糊的思想认识等方面起到了积极作用。

午夜好时光

金陵之声广播电台

1993年5月18日，金陵之声广播电台推出综合性板块节目《午夜好时光》。此节目以"汇四海精华、觅天下知音、架康乐金桥，送生活温馨"为主旨，每天23时至24时，在江苏人民广播电台和金陵之声电台同步向海内外播出。此节目融新闻性、知识性、服务性、娱乐性为一体，能扣紧时代脉搏，适应听众需求，在"广播大战"激烈竞争的情况下，坚持高品味、高水准、高质量，办出自己的风格和特色。此节目设置《新闻》、《台港澳之窗》、《健康天使》、《经贸大市场》、《时代大视野》、《海峡金桥》、《军旅风采》等栏目。

每日经济

浙江人民广播电台

《每日经济》的宗旨是：立足市场，为决策者、经营者、生产者和消费者提供全方位的经济信息服务。每天晚上6:30首播，第二天早上11:30重播，节目时间30分钟。节目自1993年7月1日调改以来，一直受到党政机关干部、企业界人士和广大经营、消费者的好评。听众来信把它比喻为"了解国内外经济信息的好窗口"。《每日经济》设有《经济快讯》、《看市场》、《人物专访》、《810信箱》、《最新行情》、《股市分析》、《交通快报》、《名牌之路》和《经济百科》等栏目。

农村大市场

浙江人民广播电台

《农村大市场》节目是1993年7月1日在《希望的田野》节目基础上改办的。"拉着农民的手，跟着市场走"是这个节目的宗旨。设有《生财有道》、《农村热点》、《农民信箱》、《商情快报》、《乡村见闻》、《开眼界》等栏目。《农村大市场》节目每天上午11点首播，晚上17点重播，每次30分钟。

江南晨曲

浙江经济广播电台

《江南晨曲》是浙江经济广播电台1993年新推出的晨间板块节目，每天一档，每档180分钟。整档节目在设计上，切成了三大块：6点30分前以服务性内容为主；6点30分到7点30分以经济性内容见长；8点到9点突出音乐欣赏。重点是中间部分。6点30分的《晨间新闻》之后，以《菜篮子、米袋子》拉开一天的经济序幕，紧接着的《八面来风》，主要涉及“政策吹风”、“市场动态”、“经济趋势”一类内容。之后是《股市点评》和《货比三家》。《商情简讯》安置在7点整的黄金座标上。7点10分后，推出了一天一个单元的署名专栏系列：《建刚新观察》、《小静走市场》、《亚东热线》、《金桥信箱》、《陈丹带你游》、《正中时间》、《周末专访》。它们构成了一道多彩的社会经济文化风景线。该节目容量大、节奏快、涉及面广、是本地各电台中收听率最高的晨间节目。

今晚有约
浙江经济广播电台

《今晚有约》是浙江经济广播电台1993年推出的一档以都市社会生活热点为主要话题的直播谈话类节目，每周一至五18点到19点播出。《今晚有约》的主持人比较注意在“约”字上做文章，每次节目首先确定一个基本话题，一方面“约”请嘉宾到直播室交谈，另一方面“约”请收音机前的听众通过热线参与讨论。因为选择的话题涉及社会生活的方方面面，听众参与非常踊跃。

阿宝节目
浙江文艺广播电台

浙江文艺广播电台的《阿宝节目》是一档集服务、娱乐、评论于一体的热线参与节目。该节目采用角色扮演主持的方式，将普通百姓、平常人家在生活和工作等方方面面遇到的琐碎烦事，通过“阿宝”这一特定人物讲述出来，由听众通过热线来帮他出点子想办法。节目于1993年7月19日推出,每天午间播出半小时。

都市娱乐榜
浙江文艺广播电台

浙江文艺广播电台的《都市娱乐榜》是一档引导听众追求新生活，感觉新节奏，了解新信息，接受新观念的节目。展示都市新貌，提高都市人的审美情趣，始终是该节目的宗旨。《都市娱乐榜》于1993年7月创办，每天中午11：00至11：30播出，时间为半小时，以听众热线参与的形式为主。这是一档排榜节目，在1993年播出的25期中，先后对杭城的商场、快餐厅、歌舞厅、化妆品等进行了排榜；同时，对国内的电影、电视、歌星、影星、主持人、电视剧主题曲进行了排榜。

江淮晨光
安徽人民广播电台

《江淮晨光》是安徽人民广播电台1993年5月3日开播的综合性板块节目，每天7：25、11：15播出，每次20分钟。该节目融新闻性、知识性、服务性、趣味性为一体，采用板块式编排方法，主持人模拟直播形式，力求生动活泼，老少咸宜。内设有《今日话题》、《决策者访谈录》、《热土风景线》、《企业风采》、《经济观察》、《消费热线 277889》、《七彩人生》、《红绿灯》、《让我们同行》和《听众信箱》等栏目。

经贸纵横
海峡之声广播电台

《经贸纵横》节目以宣传中国改革开放，促进两岸交流与合作为已任，报道海内外商务经验与成果，深入剖析经济现象中的热点问题，交流优秀企业、特别是“三资企业”成功经验，推荐名优产品，纵横经济趋势，为企业产品拓展海内外市场。是祖国大陆与台、港、澳、侨胞、外商经贸联系的空中桥梁。

《经贸纵横》节目，每次45分钟，每周5至6组，采用主持人形式播出。体现权威性与服务性并举，展示快节奏、大信息量的节目风格。《经贸纵横》节目设有《经贸快讯》、《台资企业巡礼》、《今日开发区》、《企业家俱乐部》、《经贸指南》、《市场漫步》、《热点话题》、《经贸论坛》、《主持人信箱》、《精品屋》、《曝光台》、《企业明星榜》等栏目。

时事广角
海峡之声广播电台

《时事广角》节目是海峡之声广播电台在1993年节目改革中推出的半小时板块式新闻性、时政性、综合性节目。它以客观、庄重、明快、简练的节目风格报道国内外重大新闻，介绍新闻背景，评论海峡两岸重大新闻事件，宣传祖国大陆现代化建设成就和改革开放形势，包括国防现代化建设成就和我军自身的改革，宣传祖国政府“一国两制”、“和平统一”的大政方针。其节目特点是容量大、内容广泛、体裁多样、政治性强、政策性强、时效性强，有点有面有深度。开辟的主要栏目有《时政要闻》、《海峡漫谈》、《神州了望》、《新闻人物》、《生活风景线》、《今日国防》、《科技短讯》及《文化简讯》等。

金色旋律
海峡之声广播电台

海峡之声广播电台大型综合音乐节目《金色旋律》于1993年4月1日正式开播。每天播出两次，每次45分钟。《金色旋律》节目设有以下栏目：《星空遨游》介绍中外著名音乐家的音乐成就、艺术风格、音乐生涯；《高山流水》介绍中国传统民族音乐名作；《昨日金曲》汇集中外歌坛名曲；《银屏歌声》为中外影视歌曲专栏；《流行风》传播思想性、艺术性具佳的当代流行音乐；《音乐快餐》介绍古今中外音乐家从事音乐创作活动中的轶闻趣事。以及《烛光五线谱》、《发烧友公园》、《盒带精品屋》、《CD 新感觉》等。该节目开播以来，备受青年朋友青睐。

华广经济网
中国华艺广播公司

《华广经济网》是一个 30 分钟的综合性经济板块节目，开办于 1993 年 4 月 1 日。它力求及时、全面地向台湾同胞及海内外听友介绍祖国大陆以经济建设为中心、以发展社会主义市场经济为主要内容的改革开放的大政方针和措施法规；大容量、多侧面地传递国内外经济信息；宣传大陆各条战线、各个领域经济建设的重大成就、最新成果；多层次、多角度地报道和促进海峡两岸的经济往来和经济交流；热情、周到地为两岸的经济发展和民众的经济生活服务。它以主持人为核心，注重体现热诚、客观、可信的整体风格和具有实用性、功利性、服务性的节目特色。设立了《经济信息》、《大陆建设》、《经济观察家》、《商贾一席谈》、《台海潮声》、《名优新特产品》、《市场与消费》、《开发与开放》、《企业龙虎榜》、《经济茶座》等十多个栏目。

科技大观
山东人民广播电台

山东人民广播电台于 1993 年 3 月 31 日推出《科技大观》节目。《科技大观》是集信息性、实用性、知识性、服务性、趣味性于一体的主持人节目，每周播出 4 次，每次 30 分钟。具体时间为每星期三、五 10：50—11：20，星期四、六 11：20—12：00。《科技大观》设置了《科技新闻》、《科技综述》、《开眼界》、《空中市场》、《专家访谈》、《科苑杂谈》、《科技英才》等 11 个栏目。节目内容综合编排，栏目自然穿插，通过主持人的熟练播讲，以逐步形成既清新活泼，又务实开拓的节目风格。

热线 774
湖北人民广播电台

湖北人民广播电台的《热线 774》节目是一个政论性直播板块节目，于 1993 年元月开播以来，坚持干预生活，扶正祛邪，弘扬法制，匡正世风。节目围绕“中小学生离家出走”、“减轻农民负担”、“拖欠教师工资”、“青工竞技冷场”等近百个话题展开讨论，引起社会的关注和有关部门的重视。有些问题通过讨论，在听众中形成共识。

今夜不寂寞
湖北人民广播电台

湖北人民广播电台开办的《今夜不寂寞》节目是湖北首家夜间热线广播专栏节目，1993 年 8 月正式开播，每天 22 点 15 分播出，每次 75 分钟。该节目为主持人直播板块节目，热线交流在节目中占重要比重。主持人与广大听众探讨各种社会问题，交流对事业、学习、爱情、家庭、人际关系的见解，反映不同社会阶层人们在急剧变化的社会生活中的喜怒哀乐，以解除人们在工作、学习和生活中的苦闷及疑问。

花仙子
楚天经济广播电台

楚天经济广播电台的《花仙子》节目于 1993 年 4 月开播，每天 1 次，每次 75 分钟。该节目是文艺性直播板块节目，设有《百花园》、《花瓣雨》、《花前月下》、《青春红玫瑰》、《幸运花冠》等栏目。节目还设有花仙子小姐，根据听众需要，在歌声与祝福中及时将美丽的鲜花和良好的祝愿，送至听众手中。

经济大观
湖南人民广播电台

《经济大观》是湖南人民广播电台新闻台 1993 年 11 月 7 日开播的节目，每周一、二、四、五、日播出，每次 40 分钟。该节目主要是追踪经济热点，透析消息新潮，发布商品信息，阐发经济政策，沟通供销渠道，展示企业形象，监督伪劣假冒。常设栏目有《经济述评》、《点题采访》、《老板论坛》、《股市风云》、《街头走马》、《供求热线》、《企业沙龙》和《精品屋》等。

科教世界
湖南人民广播电台

《科教世界》是湖南人民广播电台新闻台 1993 年 11 月 9 日开播的节目。每周三、六、日播出，每次 40 分钟。节目重点介绍科技知识，推广科技成果，宣传科技政策，传播科教信息，反映科教问题，宣传科教精英，推进科技进步，促进科技建设。主要栏目有《科技与活动》、《科苑精英》、《科技与经济》和《科技·人才·市场》。

七彩生活
湖南人民广播电台

《七彩生活》是湖南人民广播电台新闻台 1993 年 11 月 7 日开播的节目，每周一至六的 8：05 至 9：00 播出，它面向商业、交通、妇女、老人等各行各业、各种层次和不同年龄的听众，集音乐、娱乐、服务、咨询为一体。为听众提供一个实用、有效而极富人情味的社会服务网。主要栏目有《空中服务台》、《一路平安》、《女人街》、《健康罗盘》、《大千世界》和《人间晚情》。

潇湘夜话
湖南人民广播电台

《潇湘夜话》是湖南人民广播

电台新闻台于 1993 年 11 月 7 日开播的节目。周一至周六播出。每次 50 分钟。设有《聚散两依依》、《人生百味》、《心病心医》和《父母沙龙》等栏目。

星光音乐网

湖南人民广播电台

《星光音乐网》是湖南人民广播电台新闻台 1993 年 11 月 7 日开播的节目。星期日的 10：30 至 24：00 播出，主要栏目有《特快流行专线》、《欢乐主流派》、《外国名曲穿梭站》、《歌声依旧》和《舞榭歌台》。

七点新闻

广东人民广播电台新闻台

广东人民广播电台新闻台于 1993 年 7 月 1 日将原来早晨 15 分钟的《新闻专辑》改为半小时的《七点新闻》板块节目。节目分两大部分，7：00—7：15 是《新闻汇编》(包括有省内国内重大新闻)、《地方台站消息》、《来自兄弟省市消息》、《台港澳消息》、《体育消息》、《国际新闻》、《美、英、法、日等国重要报纸摘要》。7：15—7：30 是《新闻追踪》，对省内外乃至国际上发生的重大新闻进行剖析性报道。整个节目采取直播形式。节目具有信息量大、时效性强，既有通风报信式的报道，又有一定分量的分析报道等特点。

今夜你和我

广东人民广播电台新闻台

《今夜你和我》节目是 1993 年广东人民广播电台新闻台开设的一个深夜节目，播出时间是每星期一至星期六晚上 10 点 15 分至零点。其中的栏目安排有星期一和星期四《孤独者热线联盟》、星期二《有空来坐坐》、星期三《请他（她）对你说》、星期五《金碟·金曲·音乐人》和星期六《我的故事我的歌》、《花落花开》。其中《孤独者热线联盟》和《金碟·金曲·音乐人》两个栏目因其特色鲜明和形式新颖而最受欢迎。

动感'93

广东人民广播电台新闻台

《动感'93》节目是广东人民广播电台新闻台 1993 年锐意创新推出的一个全新、动感的新闻性节目。该节目每天从早上 8 点开始至中午 12 点，由大量的动态新闻及现场新闻所构成。该节目的创意有二：其一，是开通热线电话，让听众报道身边的新闻，“热线新闻”，开拓了广播新闻的新天地。其二，是每天大量的现场报道。该节目组的采编人员每天都奔赴不同的新闻现场，利用无线电话对新闻事件进行报道，这不但发挥了广播时效快的特点，同时，亦使听众如临其境，使新闻更显真实、客观。

中国历史故事

广东人民广播电台英语台

中华民族上下五千年的历史错综复杂、曲折离奇、引人入胜。应广大外国听众的要求，广东电台英语台在 1993 年推出英语版《中国历史故事》。英语台特地邀请广州师范学院外语系的教师来完成这项工作。他们根据中国通史编译、播讲一系列英语版的中国历史故事。这一套系列故事生动地、系统地、全面地再现了中国的主要历史情况。这套节目推出后，外国听众给予了很高的评价。该节目共 10 分钟，播出时间是每天 8：05—8：15，12：10—12：20，22：10—22：20。

西游记

广东人民广播电台英语台

1993 年广东人民广播电台英语台推出英语长篇小说连播节目《西游记》，这是国内第一个英语长篇小说连播。英语版中国古典名著《西游记》的播讲者是美国人麦尔斯先生。他是广州外国语学院的英语教学专家，十多年来，他一直从事中国文化的研究和教学工作，此次播讲的《西游记》声情并茂、生动有趣，受到外国听众的普遍好评。该节目共 15 分钟，播出时间是每天 8：15—8：30，12：40—12：55，21：10—21：25。

982 新闻传真

广西人民广播电台

1993 年 12 月 18 日，广西人民广播电台经济台开办《982 新闻传真》节目。该节目采用主持人串连播出，每天 1 次，每次 60 分钟。节目开始是《经济快讯》，播出最新国内外新闻；接着是本台记者追踪报道的口头新闻，是前 15 分钟简明新闻的延续和补充。还有《经贸快报》、《报纸版面介绍》、《新闻人物》、《经广论坛》和《982 寻呼》等栏目。最后是本台记者和听众通过热线电话报告新闻、反映情况。

初级中学英语听力教程

广西人民广播电台

1993 年 7 月，广西人民广播电台教育台开办《初级英语听力教程》节目，每周一至六每天播出 1 次，每次 20 分钟。旨在推动初中英语听力教学，提高学生的口语能力和听力水平。教材内容紧密结合现行初级中学英语新课本中的词汇和语法，采取单句、对话、问答和短文四种形式，边听边做各项选择题，由易到难，循序渐进。

英语歌曲欣赏

广西人民广播电台

1993 年 7 月，广西人民广播电台教育台开办《英语歌曲欣赏》节目，每周一至六每天播出 1 次，每次 10 分钟。播出的英语歌曲，是大连外国语学院和中央人民广播电台英语教学组精选的英语抒情歌曲，用英语演唱，中英文解释歌词大意。这个节目是为听众学习英语增添乐趣，让听众伴随优美动听的英语抒情歌曲走进英语学习的新天地。

经济大广场

广西人民广播电台经济台

1993 年 6 月 21 日，广西人民广播电台经济台开办《经济大广场》节目，每天早上 7：00—8：00 播出 1 次。该节目融经济性、信息性、社会性和服务性为一体，用丰富的信息资源为经济部门、企业、商业、贸易界提供信息服务，并开展信息技术和商品供求牵线搭桥服务咨询。节目中设《信息快讯》、《市场预测与分析》、《市场行情》、《金融市场》、《行业供求信息》、《市场追踪》、《边贸和口岸信息》、《交通信息》、《企业风采》、《经济论坛》等 10 多个栏目。

经济纵横

广西对外广播电台

1993 年 5 月，广西对外广播电台开办《经济纵横》专题节目。该节目每周用越南语和广州话（粤语）各播 1 次，每次 25 分钟，重播 6 次。节目侧重经济报道，传播市场信息，编织中越经贸科技纽带，促进合作往来，下设 5 个栏目：《经贸与市场》报道国内外经济活动、最新市场动态、高新技术产品；《企业剪影》报道我国企业、企业家成功事例，树立中国企业形象，促进中越企业界来往；《消费园地》介绍中国产品的质量鉴别、选购、正确使用、保养、维修的事项，以提高和保护中国产品声誉，促进出口；《桥》为中越两国有进行合作愿望的企业、企业家传递信息，为经济技术项目转让、投资牵线搭桥；《每周三句中国话》教学日常交往、经贸用语。

各地之声

陕西人民广播电台

《各地之声》是陕西人民广播电台 1993 年 1 月 1 日开办的一个新闻性综合板块节目，每天 8：30 播出，每次 30 分钟。《各地之声》节目融新闻、信息、服务、娱乐于一体，主要发布各种经济信息、致富信息、市场见闻等。设置有《地县春秋》、《改革浪花》、《企业沙龙》、《风流人物》、《三秦星火》、《生活花环》、《文化广场》、《法律咨询》、《寻医问药》、《空中彩桥》和《新闻快餐》等 19 个栏目。这些栏目不定期轮流挂牌播出。

三秦大市场

陕西人民广播电台

陕西人民广播电台于 1993 年 1 月 1 日开办的《三秦大市场》节目，是一个大型主持人经济直播板块节目，主要承担经济战线，特别是流通领域的宣传任务。每天 12：00 播出，每次 50 分钟。《三秦大市场》节目的宗旨是：紧扣社会热点、焦点问题，注重解决企业和听众提出的问题。主要栏目有《693 热线》、《市场快讯》、《大市场信箱》、《经济短波》、《人才信息特快专递》、《来自大中型企业的报道》等。其中《693 热线》是节目的重点栏目，每次播出 30 分钟，通过主持人——听众——嘉宾讨论、问答等形式，正面宣传社会主义市场经济的有关问题，被听众称为“知识线”、“务实线”。

社会面面观

陕西人民广播电台

《社会面面观》是陕西人民广播电台 1993 年 1 月 1 日推出的一个新闻社教类杂志型主持人直播节目，每天 10：35 播出，每次 40 分钟。该节目的宗旨是：观察社会，启迪人生，强化参与，为精神文明建设鸣锣开道。开办的栏目有《社会扫描》、《名人访谈录》、《普通人》、《法律与生活》、《人生坎坷路》、《锅碗瓢盆交响曲》、《女性世界》、《人间晚情》及《月末“空中桥”特别奉献》等近 20 个。这个节目以庄重、典雅、和谐、亲切的主持风格，深受广大听众的爱戴和赞扬。该节目已成为陕西台的名牌节目。

轻轻松松十点钟

陕西人民广播电台

《轻轻松松十点钟》是陕西电台开设的一个主持人直播节目，1993 年 5 月 1 日开播，每天 10：05 播出，每次 25 分钟。《轻轻松松十点钟》节目以欣赏音乐、歌曲、曲艺为主，还设立了一些小栏目。《艺坛信息》、《歌星追踪》、《请你参加》、《校园专递》和《开心果》等。每次节目末尾为听众送上一句名言。每周日还开通了医疗保健热线电话，为听众提供咨询服务。该节目形式活泼，内容轻松、愉快，在欣赏歌曲、音乐的同时，为广大听众架起空中桥梁，传递亲人、朋友、同志间的亲情和友情，因而受到广大听众的喜爱。

秦声荟萃

陕西人民广播电台

《秦声荟萃》节目是陕西电台开设的以陕西地方戏曲为主的一个戏曲板块节目，1993 年 5 月 1 日开播，每次 70 分钟，每周 6 次。《秦声荟萃》节目的宗旨是弘扬民族优秀文化，满足广大听众对陕西地方戏曲的需要。开设的栏目有《秦腔金唱片》、《自乐班》、《空中戏校》、《梨园趣闻》和《伴你唱一段》等。

喜剧列车

陕西人民广播电台

《喜剧列车》是陕西电台开设的以娱乐为主的文艺板块节目。1993 年 5 月 1 日开播，每周 6

次，每次30分钟。该节目的宗旨是，为听众提供轻松活泼、风趣幽默的各类喜剧节目。设置的栏目有《快乐麦克》、《笑话连篇》、《奇坛趣事》和《乐乐信箱》等。

经广快讯

陕西经济广播电台

《经广快讯》节目是陕西经济广播电台办的一个以经济新闻为主的正点新闻节目，1993年8月9日开办，全天播出12次，除早7：00、中午13：00和晚上22：00的3次为10分钟外，其余9次均为5分钟。每次节目中，经济新闻占80%以上。

长安夜话

陕西经济广播电台

《长安夜话》节目是陕西经济广播电台设置的一个以做好经济体制转轨时期群众思想工作为宗旨的心理咨询主持人板块节目。1993年6月1日开办，每天21：30播出，每次2小时。该节目设置的栏目有《心理咨询热线》和《午夜情》。节目通过听众与主持人直接对话交流及有目的地组织各种专题讨论，化解个体和社会矛盾，为维护社会稳定、推进改革发挥正确的舆论导向作用。

新闻一小时

陕西经济广播电台

《新闻一小时》是陕西经济广播电台办的一个新闻和社会信息密集型板块节目，1993年8月9日开办，每天播出时间为7:00—8:00。该节目除7:00—7:10的《经广快讯》外，设有《热线追踪》和《热线传真》两个栏目。这两个栏目紧扣时代主旋律和群众普遍关注的经济生活热点，办成西安地区各级党政机关、经济主管部门和各界听众了解社会和经济活动的窗口。

企业与市场

陕西经济广播电台

《企业与市场》是陕西经济广播电台办的一个面向企业听众的板块节目，1993年9月6日开办，每天18：00播出，每次1小时。《企业与市场》节目是经济台经济宣传的主要阵地之一。设置的栏目有《企业龙虎榜》、《市场风景线》、《产销动态》、《质量之窗》、《经营一招鲜》和《企业家俱乐部》。

希望在田野

陕西经济广播电台

《希望在田野》是陕西经济广播电台1993年9月6日开办的一个面向农村听众的板块节目，每天播出时间为9：00—10：00。《希望在田野》节目的宗旨和内容是，为农民提供致富信息、实用技术和农事服务，宣传农村两个建设的先进典型和经验。开办的栏目有《农事先知》、《实用技术》、《新人新事》、《致富之道》和《乡镇企业》等，星期天特别节目有《农家乐》、《秦声秦韵》等。

星期天，您好

甘肃人民广播电台

《星期天，您好》节目是甘肃人民广播电台1993年1月推出的主持人直播板块节目。该节目集新闻、经济、文艺、社会生活于一体，融信息、服务、欣赏、知识、娱乐为基本内容，辟有《街巷采风》、《本周导购》、《消费者红绿灯》、《空中贺卡》、《今日新黄历》、《星期天晨曲》、《心桥、商桥、友谊桥》、《星期天信箱》、《星期天日记》、《普通人的故事》、《音乐书签》、《诗言馈赠》和《开心六八四》等小栏目。并走出电台，首开省内电台商业直播的先例，完成了首次广播卡拉OK现场直播，最早试用大哥大进行现场报道。《星期天，您好》节目在星期天及节假日上午9点至11点播出。

午夜温馨

甘肃人民广播电台

甘肃人民广播电台1993年1月推出的晚间抚慰性节目《午夜温馨》，亦是与兄弟省市台同类节目接轨的尝试。其特点是女主持人以轻柔舒缓为基调的播音风格播出。节目内容初始以趋近成人化的性文化漫谈，性困惑答疑，性障碍分析为主；在直播热线开通之后，借鉴兄弟台为失眠者、失意者、失恋者办“失字辈”抚慰节目的经验，突出了热线解忧的特点。《午夜温馨》节目，每周一至六晚上23：10至24：00播出。

经济大世界

甘肃人民广播电台

1993年1月1日甘肃人民广播电台推出了直播板块节目《经济大世界》，播出时间为每天早上7：35至8：35，中午12：40至13：40（甘电台二套）重播。《经济大世界》融新闻性、知识性、服务性、实用性、娱乐性为一体，属经济类综合板块节目。此节目由主持人直播，贴近实际、贴近生活、贴近群众。下设栏目有《经济短波》、《热线你我他》、《逛市场》、《企业风采》、《观察透视》、《金钥匙》、《周末茶座》、《消费之音》、《假日万花筒》。

陇上人家

甘肃人民广播电台

甘肃人民广播电台1993年推出了主持人直播板块节目《陇上人家》，每周一至六播出，第一套节目12：40至13：10，第二套节目20：00至20：30重播。《陇上人家》节目是甘肃人民广播电台建台40多年来首次开办的专门面向家庭的主持人直播板块节目。旨在宣传新型的家庭关系，弘扬社会主义伦理道德观念，反映千家万户在改革开放大潮中发生的巨大变化，倡导健康文明的生活方式。《陇上人家》节目相对固定的栏目有《热点追踪》、《七彩人生》、《生活服务台》、《卫生与健康》、《拉家常》、《生活与法》和《茶余饭后》等。

梨园内外

甘肃人民广播电台

甘肃人民广播电台1993年推出旨在以戏曲为主线，请听众直接参与，送信息到听众耳边的综合性文艺板块节目《梨园内外》。每天19：00至19：40，每星期一、三、四、六13：40至14：20在甘肃电台一套节目中播出。此节目下设的栏目有《梨园轶事》、《戏曲常识》、《古戏新唱》、《看词听唱》、《剧院橱窗》、《名家唱腔欣赏》、《名角新秀》、《剧社园地》、《好家俱乐部》、《点将台》、《信息窗》、《寻知音》，集欣赏、娱乐、知识于一体，深受听众好评。

经济大世界

青海人民广播电台

青海人民广播电台于1993年8月18日开办了大型综合直播板块节目《经济大世界》。该节目以广泛、迅速的社会服务为显著特征，集思想性、新闻性、娱乐性、服务性于一体，为生产、经销单位与消费者沟通渠道，架设桥梁。播出时间是每天中午12：00至14：00。《经济大世界》节目设有许多定期、不定期的小栏目，如《经济快讯》、《消费者之友》、《市场漫步》、《热门话题》、《热点透视》、《经营之道》、《外面的世界》、《热线电话》、《交友热线》、《点歌园地》等。该节目在讲求新闻时效性的同时，注重经济、社会新闻的背景报道和分析，反映经济领域和社会生活的热点，介绍改革开放中的新思想、新观念、新变化。

天山晨光

新疆人民广播电台

新疆人民广播电台1993年1月1日推出经济类板块节目《天山晨光》。这个节目的宗旨是突出服务，扩大参与。具体做法强调宏观经济与微观经济并举，微观经济为主；生产与生活并重，生活为主；消费与服务并重，服务为主；物质与精神并重，精神为主，实现导向性、服务性、渗透性、综合性和六个贴近（经济上贴近，感情上贴近，兴趣上贴近，语言上贴近，地域上贴近，习俗上贴近）的编排方针。

设置的主要栏目有《经济快讯》、《社会大观园》、《交通讯息》、《名歌金曲》、《百业采风》、《空中商业街》、《为您服务》等。每天9：20—10：10分，以主持人直播形式播出。

生活大世界

新疆人民广播电台

1993年1月1日，新疆人民广播电台的主持人直播板块节目《生活大世界》开播。该节目按照“传播知识、指导生活、探索人生、服务社会”十六字方针，面向观众普及科技知识、卫生保健知识以及一些人文知识和经济、法律知识，倡导科学、健康、文明的生活方式。同时通过热门话题讨论和典型人物、典型事件的宣传，弘扬爱国主义、集体主义和正确的人生观和价值观。该节目设有《祝您健康》、《法律咨询》、《科技与生活》、《多彩人生》、《听众信箱》、《外面的世界》、《知识窗》、《少儿乐园》、《阿凡提茶馆》等栏目。每天播出1次，每次110分钟。

共度今宵

新疆人民广播电台

新疆人民广播电台的《共度今宵》节目开办于1993年1月1日，为主持人直播板块节目。每天播出1次，每次20分钟。该节目以恋爱、婚姻、家庭生活为主要内容，侧重家庭伦理教育和性知识、性科学教育。常设栏目有《温馨小屋》、《半个月亮》、《鸳鸯岛》、《午夜悄悄话》等。

广播桥

宁波经济广播电台

《广播桥》是一档时政服务类节目。开办于1993年8月18日，每天18时30分播出，节目长度90分钟，每天1档，每周7档。《广播桥》设置的栏目有《投诉台·回音壁》、《今日话题》、《警方热线》、《桥头闲话》、《风向标》等。辅助栏目有《生命档案》、《老花镜》、《当家理财》、《为人处世》和《金曲回响》等。

《广播桥》节目的特色是紧紧围绕大众型、服务型做文章，初步形成了独自的风格和特征：一是沟通政府和市民理解的立交桥；二是普通百姓的贴心桥；三是桥上桥下双管齐下，发挥社会舆论监督作用；四是公正、平和、亲切的主持人形象。

星期天文艺大篷车

青岛人民广播电台

青岛人民广播电台文艺部于1993年4月推出新栏目《星期天文艺大篷车》。

《星期天文艺大篷车》是每星期天上午播出的一个近4小时的大型综合性文艺板块节目。包括《现代音乐潮》、《回澜听涛》、《小鱼山漫话》、《唤起昨日的歌》、《曲苑百花亭》、《大篷车娱乐宫》和《愉快的星期天》等栏目，其中创意性较强、深受听众喜爱的栏目当属《愉快的星期天》栏目了，每期节目都是以社会上的热点话题和人们所关心的问题，以演员现场演播小品的形式，加之听众参与和讨论，深化小品的主题，揭示小品中的内涵，起到寓教于乐的目的。广播参与性小品作为广播文艺的形式和内容走出了一条新路，同时加强了选材内容的导向，以健康、活泼、新颖、内容丰富、选材广泛，赢得了一大批听众。

震泰点播大世界
青岛人民广播电台

青岛人民广播电台文艺部于1993年4月1日推出新节目《震泰点播大世界》。《点播大世界》是电台文艺部晚间时段的一个重要的板块节目，每天19:05—21:30（注：20:00—20:30转播中央人民广播电台的《各地人民广播电台联播节目》）播出。该节目面向青年听众朋友，吸引青年听众积极参与，通过热线及来信交流情感，增进友谊，达到审美、娱乐和陶冶高尚情操之目的。在节目的内容上，以中国大陆的创作歌曲，通俗歌曲为主，穿插港台的部分歌曲，以推新人、新歌为宗旨，在使听众朋友欣赏到优美动听的好歌之余，又能结识新的歌迷和演员。

大陆人生列车
青岛人民广播电台

青岛人民广播电台综合节目部1993年4月推出新节目《大陆人生列车》。该节目是一个综合板块节目。设有《赶海潮》、《七色花》、《军营生活》、《法律与生活》、《人在旅途》等栏目。每天16点播出，每次播出60分钟。

金港大地服务长廊
青岛人民广播电台

青岛人民广播电台综合节目部于1993年4月推出新节目《金港大地服务长廊》。该节目是一个服务性节目。设有《空中导购》、《一路平安》、《美食城》、《科技之窗》等栏目。每天14点40分播出，每次播出时间为80分钟。

华联艺苑大世界
青岛人民广播电台

青岛人民广播电台综合节目部于1993年4月推出新节目《华联艺苑大世界》。该节目是一个音乐文化板块节目。设有《音乐百花园》、《古典金曲》、《通俗乐坛》、《空中之友》等。每天13点40分播出，每次播出时间为60分钟。

东方经济广场
青岛人民广播电台

青岛人民广播电台综合节目部于1993年1月推出新节目《东方经济广场》。该节目是广大听众参与的经济类综合板块节目。主要栏目有《今日热点话题》、《企业大世界》、《开放潮》、《证券点评台》等。每天11点10分播出，每次播出时间为50分钟，周一至周六每天播1次。

空中贺卡
青岛人民广播电台

青岛人民广播电台早间时段节目于1993年4月推出《空中贺卡》。该节目是融文艺性、服务性、信息性、参与性为一体的一个直播节目。每天10点零5分开始播出，播出时间55分钟，周一至周六每天播1次。

社会监督台
青岛人民广播电台

青岛人民广播电台早间节目于1993年4月推出《社会监督台》。该节目是个热线直播节目，以揭露不良社会现象，弘扬正气，为群众排忧解难为宗旨。节目播出后，深受群众欢迎，在1993年全省广播节目评比中获一等奖。每天9点零5分播出，播出时间55分钟，周一至周五每天播1次。

黄金一刻
青岛人民广播电台

青岛人民广播电台早间节目于1993年4月推出《黄金一刻》。该节目以报道商情、股市和经济信息快讯为主。经济信息快讯又以报道国内外经济信息为主。该节目每天7点25分播出，播出时间15分钟，周一至周六每天播1次。

黄海金项链
青岛人民广播电台

青岛人民广播电台早间节目于1993年4月推出《黄海金项链》。该节目内有《大市场》、《社会广角》、《京津沪传真》、《大众传呼》、《指南针》等栏目，是新闻节目的延伸和深化。每天7点40分播出，播出时间60分钟，周一至周六每天播1次。

青岛晨曲
青岛人民广播电台

青岛人民广播电台早间节目于1993年4月推出《青岛晨曲》。该节目主要以及时报道全国和世界各地的经济新闻为主，还有服务性的《气象信息》栏目。每天早6点零5分播音至6点30分结束，周一至周日每天播1次。

1993年中央、省、自治区、直辖市、计划单列市电视台新开办的栏目

中央电视台新闻滚动播出

1993年3月1日，中央电视台的新闻节目实行了重大改革：改变了原来《早间新闻》、《午间新闻》、《新闻联播》及《晚间新闻》的格局，每天新闻的播出次数由4次增至12次（含体育新闻），重要的新闻实现了及时播出和滚动播出；新闻报道的力度和深度也得到了加强。每天12次新闻的播出时间为：7点、8点、10点、12点、14点、16点、18点、19点、21点、22点、22点10分、0点。新闻改革的这一重大举措，不仅强化了公众关心的和感兴趣的重要新闻的播出效果，同时也强化了中央电视台第一套节目以新闻为主体的地位。

东方时空
中央电视台

《东方时空》是中央电视台1993年5月1日正式开播的一个栏目。该栏目是一个融新闻性、社会性、知识性、服务性、娱乐性于一体的大型杂志型栏目。其中包括《东方之子》、《东方时空金曲榜》、《生活空间》、《焦点时刻》4个小栏目，总长度为40分钟，每天播出4次。首播时加上《东方时空新闻》20分钟，总长度为1小时。播出时间：第一套节目7点、10点45分，第二套节目14点15分，第三套节目18点20分。

东西南北中
中央电视台

《东西南北中》是中央电视台发挥电视系统的整体优势，汇集各地方电视台节目的精华，于1993年3月25日推出的栏目。该栏目是地方台和社会上文艺节目的窗口，其前身是《百花园》栏目。《东西南北中》追求新观念、新手法、快节奏和大信息量的风格；强调后期制作上精选、精录、精编，编录结合，内外景结合；内容上突出民族特点、地方特色和时代气息，强调节目的思想性和娱乐性；形式上采取板块结构，设有《地方风采大擂台》、《歌迷天地》、《请跟我来》和《点歌台》等小栏目。该栏目每两周播出1次，每次50分钟，安排在星期六第一套节目黄金时间播出。

环球45′
中央电视台

1993年5月5日，中央电视台推出的《环球45′》是一个新型的、板块式的杂志型栏目。主要内容有：各国概况、神奇世界、异国风情、音乐舞蹈、科技新知、影视欣赏等。设置了《地球探秘》、《人海萍踪》、《好望角》、《音乐厅》、《金唱盘》、《我怎么没想到》、《影视快讯》、《信不信由你》、《红舞鞋》和《家庭滑稽录像》等小栏目，涉及世界各地的政治、经济、文化等方方面面，更由于它的编辑手法新和知识性、科学性、娱乐性较强，给人以耳目一新的感觉。该栏目首次播出是在中央电视台第一套节目每星期三21点10分，每期45分钟。

夕阳红
中央电视台

《夕阳红》是中央电视台全方位为老年人服务的杂志型栏目，该栏目于1993年10月22日开播。其宗旨是热诚为老年人服务，做老年人的知心朋友；以老有所学、老有所为、老有所乐、老有所养、老有所医为服务目的；按老年人的心理特点和审美情趣，选择老年朋友喜闻乐见的内容和形式，努力开拓老年人的生活空间，为其提供一个轻松、活泼、新颖的收视天地。《夕阳红》设有《再回首》、《心里话》、《桑榆赞》、《老人与社会》、《不倒翁》、《老来俏》、《学着做》、《怡情园》和《娱乐宫》等小栏目。每周一至六在第一套节目首播、第二套节目重播，每次25分钟。

图文电视
中央电视台

《图文电视》于1993年12月18日正式开播，中央电视台第一套节目每天10点至24点播出各类经济信息约100条。主要有《经济政策摘编》、《标题新闻》、《信息总汇》、《名品名牌》、《新展柜》、《供求信息》、《金融信息》、《期货贸易》、《黄金市场价格》、《全国农副产品价格》、《厂长名片》、《治厂铭言》、《产品广告》、《市场指南》和《金色田园》等栏目。《图文电视》的栏目设置和内容编排突出服务生、权威性、力求全面性和普及性。

红黄蓝
中央电视台

1993年1月16日开播的《红黄蓝》是中央电视台唯一播出国产动画片的栏目。该栏目旨在广泛发动社会各界力量，加快国内动画片的生产，为全国少年儿童奉献各种类型的国产动画片、木偶片、剪纸片，丰富电视屏

幕。该栏目设有《彩色桥》、《365》、《漫画集锦》和《儿童动画卡拉 OK》等小栏目。每周播出 2 次（首播重播各 1 次），每次 30 分钟。

九州戏苑
中央电视台

中央电视台的《戏曲欣赏》栏目从 1993 年 11 月起改为《九州戏苑》。改版后的《九州戏苑》为现场录播。增设了一些小栏目：报道戏曲界活动的《戏曲专递》；介绍演员的小专题《舞台与人生》；《台前幕后》把编剧、导演、舞美、灯光、服装、化妆、道具幕后工作者请来与观众见面；《今日头牌》、《就听这一口》是专为戏迷一饱戏瘾的；《古韵新风》、《学句行话》专为想入门的青年观众而设置，另外还有《票友天地》、《点戏台》等小栏目。每期 45 分钟，在中央电视台第一套节目中隔周播出 1 次。

文艺广角
中央电视台

《文艺广角》是中央电视台第三套节目每星期日晚间首播的大型综合文艺栏目，是目前中央电视台最大的一个文艺栏目，每期长达 120 分钟，该栏目于 1993 年 8 月开播，下设了风格题材各异的几个小栏目：《空中舞台》——新近优秀文艺演出的实况录像及音乐艺术片；《荧屏荟萃》——历年来优秀电视文艺节目的回顾精选；《大家谈》——就当前文艺界热点问题走访有关人士或邀请各方面代表座谈讨论；《芳草地》——介绍文艺界新人新作；《周末信箱》——报道文艺动态，反映文艺信息，也是沟通与观众联系的小窗口。另外还有就当前文艺界现象予以评述的《周末话题》和满足观众需要的《点播台》等。这些小栏目体现出欣赏、评述、介绍、信息等不同特点。

音乐桥
中央电视台

《音乐桥》栏目是在传统音乐和严肃音乐与广大观众之间架起的一座小桥。该栏目从 1993 年 8 月起，在中央电视台第三套节目每周一、三、五、日的晚间播出，每期 30 分钟。由主持人与音乐界创作、评论的著名人士一起，向广大观众介绍古今中外优秀经典的音乐作品和有关知识，开播后受到音乐界和观众的好评。

大剧院
中央电视台

《大剧院》于 1993 年 8 月开播，是中央电视台第三套节目每周六下午播出的艺术欣赏栏目。其宗旨是向观众提供欣赏性较高的优秀文艺节目，包括各种音乐会、演唱会、歌剧、舞剧、话剧、芭蕾舞和交响乐等，既有传统节目，又有新录制的节目，每期一个主题。每次 100 分钟。

每周一歌
中央电视台

中央电视台从 1993 年 8 月起在第三套节目，1993 年 11 月起在第二套节目中陆续推出的介绍推荐优秀歌曲的专栏节目，每天播出数次，每期 5 分钟。《每周一歌》栏目特别注重选播采用最具电视艺术综合手段制作的、深受广大观众喜爱的 MTV 歌曲，内容上以具有民族特色和时代特点为主，有力地促进了民族歌曲的推广和普及。

地方文艺
中央电视台

《地方文艺》栏目是中央电视台专为各地电视文艺节目提供的播出窗口，从 1993 年 8 月起，每周一在第三套节目中播出 1 次，长度为 50 分钟。主要播出各地电视台录制的各类优秀电视文艺节目，包括专场晚会、音乐艺术片、演出实况和节目集锦，既富有地方特色和民族特色，又风格多样、五彩缤纷。

荧屏荟萃
中央电视台

《荧屏荟萃》是中央电视台于 1993 年 9 月开设的栏目，第四套节目每两周播出 1 次，每次 30 分钟。主要服务对象是台、港、澳同胞及海外侨胞。栏目以弘扬中华民族优秀文化为主要内容，以知识性、欣赏性、娱乐性和服务性为宗旨，以轻松、实用见长。设有《八方佳肴》、《谐趣园》、《各显其能》、《百草园》、《书林漫步》、《新朋旧友》、《旧匾新题》、《诗书画坛》、《天南地北》、《服饰风采》、《笑话·笑画》、《送您一支歌》和《观众热线》等小栏目。

和爸爸妈妈一起看
中央电视台

《和爸爸妈妈一起看》是中央电视台于 1993 年 5 月 20 日正式出台的家教栏目。栏目以少年儿童在成长中出现的某些问题为内容，涉及儿童少年的品德修养、智力开发、生存能力、卫生健康等诸方面，以讨论、谈心、咨询、家庭游戏等形式，为家长和孩子提供指导和帮助，使栏目成为沟通少年儿童和家长的心灵的桥梁。该栏目设《星期二话题》、《周周快乐》等小栏目，每周二 18 点 25 分在第一套节目中播出，节目长度为 25 分钟。

同一片蓝天
中央电视台

《同一片蓝天》是中央电视台为各地方电视台的少儿节目提供的一个展示、交流、竞争的窗口，于 1993 年 5 月 20 日正式出台。该栏目中节目的制作依据统一的选题规划，对提高我国少年儿童电视节目的整体水平起着重要的作用。该栏目每周三 18 点 25 分在第一套节目中播出，时长 25 分钟。

蒲公英剧场
中央电视台

《蒲公英剧场》是中央电视台 1993 年“六一”期间为少年儿童开辟的专栏节目。该栏目以少儿短剧（木偶剧、童话剧）和小品为内容，以戏剧的形式娱乐和教育少年儿童。设有《哈哈镜》、《从前有座山》、《毛毛和哈利》和《今日小品》等小栏目。每周五 18 点 25 分在第一套节目中播出，时长 25 分钟。

聪明屋
中央电视台

《聪明屋》是中央电视台于 1993 年 5 月 20 日开播的动画专栏节目。该栏目以播出系列动画片为主，设立了一位卡通人（主持人），根据动画片的内容，举办儿童竞猜活动，吸引和引导孩子看动画片。该栏目每周一 18 点 25 分在第一套节目中播出，时长 25 分钟。

中国投资指南
中央电视台

《中国投资指南》（中、英文版）是一个经济类栏目，创办于 1993 年 1 月 1 日。该栏目本着导向性和服务性的原则，向海外有意向中国大陆投资的经济界人士提供信息，介绍我国经济发展状况及与之相关的社会动态。同时为有意进行国际合作的国内各经济部门牵线搭桥、招商引资、寻找合作伙伴。该栏目每周在中央电视台第二套、第四套节目中以中、英文版播出，每次 20 分钟。

话说中国
中央电视台

《话说中国》是中央电视台的一个专题类英语栏目，1993 年 1 月 1 日开播，每周 1 集，每集 15 分钟。分别在中央电视台第二套节目和第四套节目中播出。该栏目的宗旨是通过推出大量的优秀专题片来宣传中国的基本国情、改革开放、历史文化等，包括党和国家的政策在改革开放中的实施，各行各业发生的巨大变化，少年儿童、妇女、科技人员、老年人、残疾人等的生活，以使广大关心中国的外国朋友更好地了解中国各方面的情况，并扩大我国在世界上的影响。

华夏风情
中央电视台

《华夏风情》是中央电视台的专题类英语栏目，于 1993 年 12 月 1 日开播，每周 1 集，每集 10 分钟，分别在中央电视台第二套节目和第四套节目中播出。该栏目的内容是播出大量专题片，介绍我国的历史、文化、宗教、河流山川、旅游风光及少数民族的风俗习惯等，从各个角度反映我们的国家和我们的民族。是一个集知识性、趣味性、欣赏性为一体的杂志类英语专题栏目，它为外国朋友了解中国的过去和现在提供了一个很好的窗口。

BTV 夜话
北京电视台

《BTV 夜话》是北京电视台于 1993 年 1 月开办的新栏目。每周日在黄金时间播出，每次 20 分钟。该栏目每次围绕社会热点问题，采用现场采访和演播室嘉宾讨论的形式展开，坚持正确的导向，通过不同类型、不同层次的人表述各自的观点，以达到相互沟通、相互理解、共同推进改革的共识。它具有较强的理论色彩和一定的深度。

菊苑乐
北京电视台

《菊苑乐》是北京电视台 1993 年 4 月 7 日开办的融欣赏性、趣味性、知识性和参与性为一体的新栏目。其内容有脍炙人口的京剧名段欣赏、单弦、大鼓、戏剧小品、地方戏、口技、杂技、歌剧、舞剧、话剧片断等。同时还介绍观众关心的演员生活。每周播出 1 次，每次半小时。

根据北京京剧迷较多的特点，《菊苑乐》特别开辟了《戏迷园地》小栏目，以展示他们的艺术才华，活跃普及京剧活动。《菊苑乐》播出以来，受到社会各界，特别是戏剧、曲艺界的欢迎。

影视圈
北京电视台

北京电视台《影视圈》栏目于 1993 年 3 月 1 日开播。《影视圈》栏目下设《影视新观察》、《外景地》、《明星沙龙》、《名人采风》、《金曲遥控》、《各抒己见》、《轻松两分钟》、《台前幕后》、《环球影视》、《银屏快讯》、《请你试镜头》等小栏目，观众能从中欣赏到影视天地的独特风光，目睹海内外众多影视明星生活中的真实风采，了解到许多不为人知的影视内幕，并可探寻到走红影视作品的诞生过程。为了加强观众参与机会，该栏目还开辟了《银河俱乐部》板块，传播影视知识，提供观众与影视创作者之间的沟通机会，观众反响热烈。

为您咨询
北京电视台

《为您咨询》是北京电视台和中共北京市委宣传部联合开办的第一个现场直播的固定栏目。从 1993 年 4 月 25 日开始，每周日下午在 6 频道播出，每次 45 分钟。举办该栏目的目的在于宣传、解释党和政府的方针政策、法规条例，解答广大市民关心的生活、社会问题，是市府与市民直接交流的窗口。它注重捕捉社会热点问题，每次围绕一个中心话题，请有关领导走进直播室，通过热线电话为观众咨询服务。这个栏目一与观众见面，就激起了社会各界的强烈反响，在45分钟内能接到数十个以至百多个观众打进的电话。

TV大舞台

天津电视台

《TV大舞台》是天津电视台文艺部于1993年10月创办的杂志型综合直播板块栏目。该栏目以喜闻乐见的综合文艺为基础，融娱乐、趣味、信息、热点话题为一体，增强观众的参与意识，以及用文艺形式为企业服务，歌颂天津改革开放的崭新面貌。设有《艺坛撷英》、《幸运有奖购房》5个固定小专栏。每月末的周六晚在12频道现场直播，每次60分钟。

鱼龙百戏

天津电视台

《鱼龙百戏》是天津电视台于1993年1月8日推出的新栏目。是在原有栏目《曲艺大观园》、《周末相声》基础上的提高与改进。"鱼龙百戏"是我国古代民族艺术的统称，始于秦、汉盛行于唐、宋。

《鱼龙百戏》栏目仍以曲艺为主，并增加杂技、魔术、民间花会等内容。本着"汇天下之精华，扬独家之优势"的宗旨，努力将传统民间艺术注入时代气息，去粗取精，脱俗化雅，追求短、快、火、爆、脆的风格，在保留原有曲艺韵味及传统技艺的基础上，更多地展示曲艺、杂技界的改革成果。介绍新人佳作，推出新活儿、绝活儿，为弘扬天津曲艺、杂技等民间艺术开一个窗口。该栏目共设小栏目十余个，其中有《相声聊斋》、《回头是笑》、《幽默瞬间》、《八仙过海》、《百戏采风》、《金曲雅韵》、《曲坛恒星》、《梨花翠竹》、《曲上新技》等。《鱼龙百戏》为两周1期，隔周六晚黄金时间播放。

金艺戏曲

天津电视台

《金艺戏曲》系《戏曲大观园》改。它以弘扬优秀民族文化，振兴戏曲事业为宗旨，介绍播出戏曲流派，欣赏精彩片断，名票演唱，采访演员，介绍戏曲知识等，尽力满足戏曲爱好者的要求。该栏目于1993年11月7日开播，以后与《黄金20点》栏目隔周交替在12频道首播。每期50分钟。

青年大世界

天津电视台

《青年大世界》是1993年12月30日推出的以青年观众为对象的专栏节目。栏目宗旨是坚持以正面宣传为主的原则，以丰富多彩的节目使青年受到启迪和教育，鼓励青年人蓬勃向上，自强不息，相互学习，相互促进，相互竞争。该栏目主要由《今日话题》、《生活流行色》、《青年信箱》、《TV歌厅》、《开眼界》、《青春舞台》节目组成。该栏目每周二、五晚黄金时间在12频道首播，每周三、六晚黄金时间在17频道重播。

大千体坛

天津电视台

天津电视台于1993年9月停播《体坛集锦》栏目，改为《大千体坛》。该栏目旨在活跃荧屏，扩大观众视野，为观众打开了解国际体育活动的窗口，报道国际体育动态，介绍世界各式各样体育运动和比赛情况，许多精彩、激烈的竞技场面使观众耳目一新。自开播以来，受到观众好评。每期15分钟，每周三在12频道首播。

万宝路体育世界

天津电视台

《万宝路体育世界》是由海外提供片源由天津台经重新制作播出的一个特殊的体育栏目，它是天津台与海外电视机构合作办节目的有益尝试。该栏目内容丰富、可视性强，制作手段和内容组织合理、先进，为天津台电视工作者提供了一个学习借鉴的方式，观众也能够欣赏到高水平的国际比赛。

该栏目主要由《万宝路本周精选》、《足球世界》和《太平洋体育新闻》等小栏目组成，其中，尤以《本周精选》是每期节目的精华。它以先进的电视制作手段，多视角、全方位地再现了比赛的全部过程，短短的十几分钟节目张驰有度，全面概括又不漏毫厘，加之解说员幽默又具引导性的场外评述，使观众如置身于比赛之中。

看天津

天津电视台

《看天津》由《长城内外（海外版)》改版而成。1993年10月5日与观众见面。该栏目与美国中文电视台合办。分新闻和专题片两大时段，每次报道天津近期发生的新闻3-5条。专题片介绍天津的政治、经济、文化生活、风土人情、名胜古迹等。设《天津报道》、《热门话题》、《新闻人物》、《艺术天地》、《寻医问药》、《天津一景》、《生活顾问》等小栏目。每周二晚8点20分在12频道首播，每期15分钟。

经济信息

天津电视台

该栏目方针、宗旨是"传播信息、沟通产销、服务经济、牵线搭桥”，突出“大容量、密集型”的特色，增强信息的时效性、指导性、实用性和权威性。小专栏有《经济要闻》、《行业信息》、《海外信息》、《证券行情》和《外汇牌价》。播出形式以图像为主，同时采取男女主持人对播与字幕提示。该节目1993年10月1日首播，具体播出时间为每周一至六，每天播出15分钟。

经济透视

天津电视台

该栏目方针、宗旨是评述社会经济现象，探讨经济发展中存在的深层问题，剖析经济工作中典型经验成因，对经济生活中出现的新情况、新特点，尤其是热点、焦点、疑点和难点问题，及时深入地探讨与评析。小栏目设《热点'93》、《热线寻呼》、《建新说法》、《点子公司》。采取直播方式，主持人与特邀来宾共同主持，以现场评述、座谈为主。该栏目1993年10月1日开播，每周播出1期，每期20分钟。每周四在29频道首播。

经济指南

天津电视台

栏目方针、宗旨：服务于生产、流通、消费领域，力求贴近生活、贴近群众，成为消费者的参谋、助手。小栏目设《衣食街》、《自卖自夸》、《现趸现卖》、《走出演播室》、《鲜为人知》、《三言两语》、《一招鲜》、《假日好去处》。该栏目突出多侧面、杂志型、内容丰富多彩和形式新颖灵活的特色，1993年10月2日正式开播，每周播出1期，每期15分钟。

经济广场

天津电视台

栏目方针、宗旨：在报道外延上突出一个“广”字，在节目内容上体现一个“杂”字，在宣传层次上力求一个“深”字，在表现形式上反映一个“活”字。对改革开放中典型事例进行挖掘、分析、解剖，表彰先进、鞭鞑落后，揭露批评不良现象。该栏目不设小专栏，根据特定内容考虑报道形式，采取多方位、多侧面、分类报道的方式，在广阔的社会生活和经济生活中捕捉具有代表性的人和事，突出纪实性的风格。该栏目于1993年10月6日开播，每周播出1期，每期15分钟。

彩虹29

天津电视台

该栏目集经济、文化、娱乐为一体，突出反映在改革开放、搞活经济过程中人们的精神风貌。小栏目设有《生活聚焦》、《石头、剪子、布》、《大爆笑》、《青青话题》、《金曲公告牌》。该栏目1993年10月4日开播，每两周播出1次，每期50分钟。

信息总汇

天津电视台

该栏目1993年10月3日开播，每周日播出1次，每次15分钟。它主要汇集一周以来播出的国内外重要经济信息，突出反映本市的重要经济信息，旨在为本市经济界人士提供更多更好的信息线索，以推动天津市经济工作的深入开展。

八面来风

天津电视台

该栏目集中介绍兄弟省市的典型经验，及时传递他们的经济信息，突出展示他们的改革成果，以供天津市经济界人士借鉴参考。该栏目于1993年10月5日开播。

枫叶正红

天津电视台

《枫叶正红》是原《晚霞金晖》栏目的改版，于1993年9月10日开播。题目名称象征人到晚年有自己特有的风采，受到老年人的欢迎。该栏目宗旨是给老人送去知识、信息和欢乐，使老年人在新的历史时期有所为、有所学、有所养、有所乐，共设有10个小栏目，其中有表现老年人新贡献的《再现风采》；表现天伦之乐的《爷爷奶奶孙子》；介绍国内外信息的《居家能知天下事》；介绍花鸟虫鱼的《康乐园》；教老年人做菜做衣服的《老来学手艺》；咨询性的《开心锁》；介绍疾病防治知识的《老年门诊》；介绍其它知识的《知识点滴》；还有娱乐性的《共度好时光》、《小戏台》等。每期20分钟，每周四在12频道首播。

哈哈TV

天津电视台

《哈哈TV》的原身为《哈哈集》。《哈哈集》的特色是幽默、滑稽、讽刺、富有哲理。自1987年10月首次推出，至今已播出41集，每集30分钟。从1991年2月开始，天津台已实现每周一“哈哈”的栏目化播出。设有《哈哈公寓》、《笑坛选萃》、《幽默天地》等小栏目。每周六晚在29频道首播，周日下午在12频道重播。从1993年10月改为《哈哈TV》。

荧屏心桥

天津电视台

《荧屏心桥》是在《电视与观众》和《红绿蓝序曲》基础上改版的栏目。其宗旨是架起观众与电视工作者之间的桥梁，为本台节目服务，为观众服务。除了保留向观众介绍下周电视节目信息之外，又增加了介绍电视的拍摄制作花絮，采访观众关心的影视演员，回答一些热点问题等内容。设有《红绿蓝序曲》、《下周节目信息》、《我来告诉你》、《希望与祝福》、《热线你和我》、《心灵之约》、《文苑写真》等6个小栏目。该栏目于1993年1月2日正式开播，每周1期，每期20分钟，周六晚10点半在12频道首播。

法与警

河北电视台

河北电视台于1993年11月24日开办了《法与警》栏目。每周三20点55分播出1次，每次15分钟，周四16点30分重播1次。《法与警》栏目旨在维护广大公民的合法权益，鞭挞假、丑、恶现象，提高公民的法律意识和增加法律知识。该栏目下设《热点追踪》、《透视镜》、《案例写真》、《社会万象》、《卫士风采》等十几个小栏目。播出后为稳定社会秩序，反映群众呼声发挥了积极作用。

国防一刻钟

河北电视台

河北电视台于1993年12月28日开办了《国防一刻钟》栏目。每周二20点25分播出1次，每次15分钟，周三16点35分重播1次。《国防一刻钟》以解放军指战员、武警官兵、民兵预备役人员、大中学生、军烈属、复转军人为主要服务对象，为杂志型的主持人节目。内设《阅兵台》、《心里话》、《兵器百科》、《橄榄绿》、《军校园地》、《后勤战线》、《后备军之窗》、《鱼水情》、《军营艺廊》等小栏目，以客观纪实的风格、全新的题材、全新的视角，把军事训练、军事生活呈现在观众面前。

电影大世界

河北电视台

河北电视台于1993年11月24日推出了融知识性、娱乐性、参与性于一体，多角度展示电影艺术风采的《电影大世界》栏目。每周三20点20分播出1次，每次30分钟。《电影大世界》栏目下设《电影精萃》、《新片预告》、《银幕内外》、《影迷天地》、《影坛名流》、《片段欣赏》、《金曲银歌》、《难忘瞬间》等栏目。每次除《电影精萃》专栏固定播出外，其它专栏每次播出2至3个。

笑一笑

河北电视台

河北电视台于1993年10月1日开办了《笑一笑》栏目。每周二、四、六21点30分各播出1次，每次15分钟，每周三、五、日各重播1次。《笑一笑》栏目荟萃了人民群众喜闻乐见的相声、小品、杂技、双簧以及颇具地方特色的曲艺节目，使观众在笑声中得到启迪。

广告文体荟萃

河北电视台

河北电视台于1993年1月2日开办了《广告文体荟萃》栏目。每周六20点20分播出1次，每次45分钟，周日16点30分重播1次。《广告文体荟萃》栏目集广告、文艺（小品、相声、歌曲、戏曲、杂技、魔术等）、体育精彩节目于一体，既是人们娱乐、消遣、增长知识、了解信息的栏目，又是广大企业、厂家展示其产品风采的园地。

大家来欢乐

河北电视台

河北电视台于1993年10月1日开办了综合文艺栏目《大家来欢乐》。该栏目每周六晚上7点35分在河北经济电视台（32频道）现场直播，每次50分钟，每周一晚上8点20分在河北电视台（10频道）重播。《大家来欢乐》节目，在弘扬主旋律的前提下，主要突出参与性、娱乐性和知识性。

点播台

河北电视台

河北电视台于1993年10月1日开办了歌曲欣赏性栏目《点播台》，每周一、四、六的中午12点22分在河北电视台（10频道）播出，每周一、三、五、日的晚上21点45分在河北经济电视台（32频道）播出，每次15分钟，播出观众点播的2–3首歌曲。歌曲以向社会开放的民族歌曲为主，也适当地有些外来歌曲。

黄河新闻

黄河电视台

山西黄河电视台于1993年10月18日开办了《黄河新闻》栏目。该栏目是一个以社会新闻为主的新闻栏目。其宗旨是把新闻触角伸向社会的各个领域，把镜头对准普通的人民群众，报道社会热点，反映群众呼声。既要发挥“喉舌”作用，也要注重“桥梁”功能；既要突出主旋律，也要奏好协奏曲。辟有《今日时尚》、《社会了望》、《热点追踪》、《社会扫描》和《街头巷尾》等小栏目。每周播出7次，每次15分钟，20点首播，22点左右复播1次。在形式上力图体现现场、纪实、参考的报道，这是《黄河新闻》的风格。

共度好时光

黄河电视台

《共度好时光》是山西黄河电视台于1993年10月18日推出的一个融趣味性、欣赏性、参与性为一体的综艺栏目。该栏目以资料编辑、观众参与和外采相结合，为观众提供丰富多彩、形式新颖、雅俗共赏、情趣健康并充满时代气息的节目。设有《劲歌金曲》、《精品屋》、《再回首》、《大观园》和《点播台》等小栏目。节目编排采取多种组合形式灵活运用，由3位主持人轮换与每期的嘉宾共同主持节目。每周播出6次，周一到周六，每次25分钟。

家庭·市场
黄河电视台

黄河电视台于1993年10月18日开办了杂志型栏目《家庭·市场》。其宗旨是本着贴近家庭、贴近生活的原则，从不同侧面、不同角度，反映群众家庭生活的方方面面，引导广大消费者树立正确的消费观念，为观众朋友排扰解难，为商品流通架设金桥。辟有《看市场》、《新货架》、《投诉台》、《安乐窝》和《好去处》等10多个小栏目。每周六播出，每次25分钟。《家庭·市场》的特点是集指导性、实用性、知识性、服务性、趣味性于一体，手法新颖、内容充实、节奏明快、参与性强。

志宏时间
黄河电视台

《志宏时间》是山西黄河电视台于1993年10月18日推出的、建台以来第一个以主持人名字命名的杂志型栏目。该栏目主要面向广大青年观众，集新闻性、欣赏性、知识性、教育性、趣味性于一体。每周日20时播出，每次30分钟。

体坛巡礼
黄河电视台

《体坛巡礼》是山西黄河电视台于1993年10月18日推出的一个综合性板块体育栏目。每周3期，周二、四、五晚黄金时间播出，每期20分钟。辟有《国际体坛快讯》、《精彩瞬间》、《三晋体坛》、《九州赛场》、《竞技空间》和《五环唱盘》等小栏目，让体育爱好者及时了解世界各地的体育信息和国内、省内各类体育赛事、群体活动，欣赏全球门类繁多的体育趣闻和各民族奇异的体育活动。

社会服务
内蒙古电视台

内蒙古电视台的《社会服务》栏目开办于1993年4月29日，此栏目旨在促进电视文化事业更好地为社会经济生活和人民群众文化生活服务。《社会服务》采用"拼盘式"结构，融时效性、服务性、知识性、教育性、趣味性为一体，内容涉及文化教育、社会生活、经济建设、法制建设、科学技术等多方面，《社会服务》栏目每周四8: 30播出，每期20分钟。

追光灯
内蒙古电视台

《追光灯》是内蒙古电视台1993年5月24日开办的综艺性栏目，每期30分钟，在每个月的第三周的星期一播出，在下一周的星期天重播。节目的宗旨是融趣味性、欣赏性、娱乐性为一体，使观众得到耳濡目染、潜移默化的教育，不断提高观众对优秀文艺作品的欣赏能力。

《追光灯》顾名思义，就是追逐光彩与明亮的意思，该栏目选择那些丰富多彩、健康向上的文艺节目展现在栏目之中，并向观众朋友们反映自治区近期的文化动态。《追光灯》栏目下设《金唱片》、《红舞鞋》、《小品屋》、《戏园》、《小看台》、《今日歌星》、《影视界文艺界》等几个小栏目及观众参与性节目。

文化板块
内蒙古电视台

《文化板块》栏目是内蒙古电视台开办的固定专栏，1993年4月17日开播，每周1期，每期20分钟。该栏目涉及文化范畴的所有领域，融欣赏性、知识性、思想性为一体，以加大观众参与力度，扩充信息量，突出时代与地域特色为宗旨。形式新颖，内容丰富，受到观众的好评。其中《父亲和我》获得全国首届MTV大赛金奖。

经济天地
内蒙古电视台

内蒙古电视台开办的《经济天地》于1993年4月27日正式播出。每期20分钟。

本栏目以经济建设和改革为中心，融新闻性、服务性、理论性、知识性、教育性、趣味性为一体；传递信息、探讨问题、交流经验、引导生产、指导消费、当好参谋。《经济天地》辟有《企业风采》、《经济热点》、《经营之道》、《市场经纬》、《百业明星》、《消费者之友》、《希望在科技》等十多个小栏目，每期一般安排4个小栏目播出。

青春年华
辽宁电视台

辽宁电视台1993年5月推出新栏目《青春年华》。该栏目为板块式结构，设有《人生ABC》、《校园写真》、《人生风景线》、《当代弄潮儿》及《晨光精品屋》等10个小栏目。该栏目深入地开掘当代青年的思想感情世界，反映他们成长的时代印迹及这个群体所具有的鲜明个性，是青年人认识自我，实现正确的人生观、价值观的良师益友。《青春年华》每周六在辽宁电视台一套节目播出，下周二第二套节目重播。

社会面面观
辽宁电视台

1993年1月辽宁电视台开办《社会面面观》专栏。该栏目的宗旨是，反映社会问题，针砭时弊，揭示社会心理，弘扬正气。这个栏目具有广泛的社会性和纪实风格。开办一年来，在突出时代主旋律，发挥党的喉舌作用，密切配合党和政府工作方面发挥了重要作用。该栏目下设《街谈巷议》、《热门话题》、《人与法》、《二次创业录》等小栏目。每周一，辽宁电视台一套节目播出，下周二，二套节目重播。

新闻五分钟
吉林电视台

《新闻五分钟》栏目于1993年5月31日推出，每晚10点播出。其报道宗旨是追踪社会热点，反映深层生活，传播各类信息，连接你我他。一经播出，受到社会广泛赞誉，收视率名列前茅。

电视与观众
吉林电视台

《电视与观众》栏目于1993年6月5日推出，每周播出1次。其主要内容是介绍下周节目，回答观众提出的有关电视节目制作、播出、技术等方面的知识，以及专题片、艺术片、电视剧等拍摄、制作等情况。

生活指南
吉林电视台

《生活指南》栏目于1993年6月8日推出，每周播出1次。此节目设有《现代潮》、《名店名菜》、《市场信息》、《健康顾问》、《服务台》等小栏目。以快节奏的画面，多层次、多角度地向观众朋友传达信息、传播知识、提供服务。

生活三原色
黑龙江电视台

《生活三原色》是黑龙江电视台1993年12月2日推出的纪实风格的新栏目。电视节目主持人从演播室中走出来，来到生动丰富的生活现场；从电视屏幕里走下来，走到观众身边，摄像机随着人群中的主持人，记录下原汁原味的生活万象。《生活三原色》每周1期，周日13点36分和观众见面，每期30分钟。包括《社会写真》、《街巷扫描》、《男人女人》、《寻常百姓家》、《庄稼院》等9个小栏目。

八点太阳
黑龙江电视台

黑龙江电视台1993年11月30日推出为中学生开办的栏目《八点太阳》。这是一个集知识性、教育性、娱乐性为一体的综合性板块栏目。每期15分钟，设有《阿基米德宴》、《电脑记事簿》、《东方快车》、《幸运星》、《瑞冬信箱》、《校园传真》、《摇滚太阳》等小栏目。每周二播出，周日重播。

北方直播室
黑龙江电视台

1993年12月4日，黑龙江电视台一个全新的节目——《北方直播室》出台。《北方直播室》是综合类大板块、大容量、多转换的栏目，集教育、趣味、娱乐、服务于一体，可满足多层次观众需求。栏目内有三大板块：第一档谈话类的《一壶茶》——你聊我聊大家聊，或家长里短，或轻松幽默，或热门焦点话题。第二档竞技类的《石头、剪子、布》——趣味竞技游戏，热闹、火爆、幽默、滑稽、情趣盎然。第三档服务类的《夜光塔》——《消费者广场》在生产、经营、消费者之间、架起沟通的桥梁；《温馨热线》为观众提供温馨的精神服务；《红绿蓝事物所》提供观众法律与生活的各项指导；《TV门诊》有名医坐台，现场送医；《露一手》汇集各类绝技绝活，让你开眼；还有《生活百叶窗》、《跨线桥》、《与你同游》等等。《北方直播室》栏目现场直播，调动荧屏内外的观众同步参与，走到栏目中来。每周六20时19分播出，周日16时30分重播，每期50分钟。

经济时空
黑龙江电视台

黑龙江电视台于1993年11月29日推出一个综合性经济专栏节目《经济时空》。该栏目把为广大消费者服务，为改革开放服务，为黑龙江经济建设服务作为自己的宗旨。《经济时空》下设8个小栏目：《信息广场》、《经济动态》、《供求信息》、《市场行情》、《交通信息》、《海外信息》、《新产品新科技》等，内容具有传播快、范围广、信息含量大的特点。《经济时空》每周播出6次，每次20分钟，周一至周六19时50分播出。

俄语节目
黑龙江电视台

黑龙江电视台于1993年6月1日推出俄语节目。该节目旨在加强中国与俄罗斯两国人民的友谊，促进经贸合作，为俄罗斯人民认识、了解中国，了解黑龙江提供一个窗口。俄语节目设有《谈访园地》、《中国导游》、《经济彩虹》、《艺术沙龙》和《跟我学汉语》等专栏。每周1次，周二18点15分至18时30分播出。

上海早晨
上海电视台

上海电视台《上海早晨》栏目开播于1993年2月1日。该栏目采用主持人对话交流的直播形式，每天早晨7时至7时30分直播。

《上海早晨》是一档融新闻性、服务性于一体的综合节目，设有报道夜间新闻和新华社最新消息的《早晨快讯》、《国际快讯》；以报摘形式出现的《各报独家新闻》；以及反映交通情况的《一路平安》；传播生活信息的《求医问药》、《生活百事》、《国际气象预报》等小栏目。其中，尤以《国际快讯》迅速及时、信息量大、画面丰富。《各报独家新闻》选编角度独特，文字简明扼要而倍受观众喜爱。

纪录片编辑室

上海电视台

上海电视台《纪录片编辑室》专栏节目于1993年2月1日开播，每周播出1期，每期40分钟，是播放海内外电视纪录片的固定窗口。《纪录片编辑室》关注普通人的生活和命运，关注社会热点，采用纪实手法，展示生活的原生状态。许多纪录片既具有很强的可看性，又有相当丰富深刻的生活内涵。做到了大雅大俗，照顾到了观众中不同的层面，不少节目是编辑记者经过较长时间的深入采访和跟踪拍摄以后精心制作而成的。《纪录片编辑室》的成功探索与实践，标志着中国的纪录片创作进入了一个新的境界。

三色呼啦圈

上海电视台

《三色呼啦圈》是上海电视台创办的中国大陆第一个休闲性电视谈话栏目。它开播于1993年2月1日，每天中午12：10至12：35首播，晚上14频道19：00至19：25重播。一年多来，它以鲜明的创意、雅俗共赏的风格和广泛联系的观众面而大受欢迎。它善于把党和政府在各时期的宣传重点与幽默轻松的话题结合起来，不断推出各种新的谈话样式如访谈式、聊天式、辨论式、记者招待会式、故事新编式、情景对话式、智力竞赛式等，建立了《荧屏侃大山》、《名人访谈》、《有问必答》、《红蓝对抗》、《对话碰碰车》等小栏目。

东方直播室

上海东方电视台

《东方直播室》是上海东方电视台首创的以直播形式播放的电视言论类栏目。1993年1月19日正式开播，每星期一至星期五在上海地区20频道19：00—19：30播出。

该节目每次围绕一个公众关注的社会热门话题、邀请有关方面嘉宾与观众代表共同座谈讨论、反映舆论、引导舆论。节目宗旨是热话题、大家谈、传信息、说真话、送温情。9月份以后，5天的直播内容分为《情与法面面观》、《生活你我他》、《你说怎么办》、《文化晚茶》、《名家专列》5个小专栏分别播放。该节目被舆论界评为上海地区最有特点的电视专栏。美、英、法、日等国电视台纷纷来做专门报道。

东视经典

上海东方电视台

上海东方电视台文艺专栏节目。该栏目首播于1993年9月21日，自1994年1月23日起，改为每周日晚20：00播出，每期27分钟。该栏目以“倡导高雅艺术，弘扬民族文化”为宗旨，以中外音乐、舞蹈、交响乐、歌剧、芭蕾等领域中的优秀经典作品为范畴。该专栏的基本样式是优秀作品的串编和专题鉴介，辅以特技、音响、鉴赏讲解及字幕等方面的二度创作，体现出高雅艺术应有的观赏性、艺术性、知识性的精美品位。此外，对于国内外著名艺术家及其优秀作品，该栏目也以自拍自制的方式或以专题或以特别节目进行传播介绍。

国际体育新闻

上海东方电视台

《国际体育新闻》是上海东方电视台首创的一个国际体育新闻特色栏目，始播于1993年1月18日，每周一至周六晚21：15播出，每次15分钟，次日中午重播。东视体育记者和编辑摸索出一套从新闻来源，译稿编辑到后期制作的高效工作程序，形成了卫星传送，抢在第一时间报道全球体坛重大赛事和突发性新闻的特色。该栏目已成为上海及江浙电视观众了解、掌握国际体坛风云的第一选择和主要窗口。《国际体育新闻》开播以后，不仅受到广大电视观众和体育爱好者的热烈欢迎，还得到了全国近30家省市电视台的关注，纷纷要求东视提供国际体育新闻的节目素材。

快乐大转盘

上海东方电视台

《快乐大转盘》是上海东方电视台首创的全国第一个游戏类栏目，始播于1993年1月24日，每周日晚19：00首播，次日上午重播。寓教于乐是《快乐大转盘》的宗旨。《快乐大转盘》在内容上既有室内的小型游戏、趣味问答，又有大型的野外游戏和竞赛；最大的特点在于它极强的参与性，现场全部演员和观众都是普通的市民，整个节目气氛热烈，充满欢声笑语。该栏目每周1次，每期50分钟，而东视只出了一名正式编导，充分借用了大量社会力量，探索出了一条以制片人模式制作电视专栏节目的新路。

东方110

上海东方电视台

上海东方电视台《东方110》栏目，于1993年1月21日开播，每周1次，每次20分钟，在上海地区20频道播放。该专栏由东方电视台与上海市公安局联合创办，集新闻、政论、法宣于一身，及时对上海地区新近发生的重大治安事件、社会法律活动、公安热门话题等进行深入报道和分析透视。该栏目力求成为公民与执法者的顾问与知音。栏目下设《警钟长鸣》、《十字街头》、《警民桥》、《警察生活追踪》、《众志成城》等小栏目，每期择选部分，串编播放。

金色天平
上海有线电视台

1993年7月6日，上海有线电视台新推出《金色天平》专栏。《金色天平》是上海有线电视台与上海市高级人民法院法宣处合办的栏目，旨在扩大人民法院审判活动的社会效果，进一步加强社会主义民主和法制建设，推进社会治安的综合治理。《金色天平》设5个小栏目《周二法庭》、《法苑纵横》、《法官讲坛》、《人民法官》和《法苑要闻》。该专栏每两周1期，隔周重播，每周二18：30播出，每期20分钟。

七色花点播
上海有线电视台

上海有线电视台1993年7月18日新辟《七色花点播》栏目，每周一、六、日下午14：00－18：00四频道播出。《七色花点播》充分发挥有线电视的优势，每次播出近4小时的点播节目，争取观众最大程度的参与，在众多的荧屏点播节目中办出了自己的特色。该栏目以综艺节目为主，设《戏剧锣鼓》、《红豆点点》、《情系千里》、《今日好片》等小栏目。

MTV周末派对
上海有线电视台

1993年7月3日起，上海有线电视台每逢周六晚19：00－20：00（9月18日起改为19：30，每次30分钟）四频道播出《MTV周末派对》栏目。

《MTV周末派对》中有《特色歌星》、《心曲点唱》、《大陆MTV》、《影视MTV》、《流行榜》、《MTV猜一猜》等小栏目。其中《特色歌星》每次介绍一位有独特演唱风格的歌星；《流行榜》中，有最新欧美乐坛上榜歌曲；《MTV猜一猜》每次都有一、二首MTV让观众猜歌星或歌名，幸运者可得到精美的礼品。

上海有线电视台信息频道

上海有线电视台第二套节目、信息频道于1993年7月1日7：00开播。它是为适应市场经济发展的需要，满足人民群众和工商企业对信息交流的迫切要求而开设的信息服务类专用频道，用电视九频道播出。

该频道及时生动地传播社会、经济、文化信息，为观众的生活、工作、娱乐提供方便。每天自制节目1小时，7：00—20：00正点滚动播出13次。节目以现场拍摄采访、口播和图文字幕兼容的形式，大容量、快节奏地把最新信息传递给广大观众。

信息频道设有《生活百事》、《交通指南》、《电视导购》、《经济要闻》、《企业风采》、《女士一族》、《牵线搭桥》、《金融行情》、《文化市场》等栏目。

上海有线电视台体育频道

上海有线电视台第三套节目、体育频道于1993年12月12日18：00开播。它是为满足体育爱好者观赏各类体育节目的需要，促进体育事业的发展而开设的一个专门播放中外体育节目的电视频道，用电视六频道播出。

有线体育台通过转播、录播和拍摄等手段，向观众报道国内外体育赛事和信息。内容融信息、娱乐、欣赏和教育于一体，板块式栏目各具特色。主要栏目有《风云赛场》、《体坛群星》、《缤纷体坛》等。为观众充分展现世界赛场惊心动魄的动感画面。全天播出时间达16小时，每天18：00—24：00为全新节目，次日8：00—14：00重播，14：00—18：00为4小时原版节目。

今日报道
钱江电视台

《今日报道》是钱江电视台在《新闻速写》栏目的基础上于1993年10月18日推出的一档专题性新闻栏目。每档20分钟，内含《新闻速写》（采录本省最新社会新闻，尤其重视做独家背景介绍）、《经济透视》（将人们普遍关心的经济现象做分析性报道，宣传经济政策，介绍经济事件，指导经济生活，促进经济改革和建设）、《人物访谈》（既介绍先进模范人物的事迹和观点，也展示社会各界中的特殊人物或普通人的生活）。《今日报道》每晚18：30第一次播出，21：00和次日上午8：00、11：40重播。

商海大观
钱江电视台

《商海大观》是钱江电视台在原《浙江经济信息联播》的基础上，于1993年10月18日推出的一档集权威性、实用性、时效性、服务性于一体的自办栏目。每档10分钟。该栏目面向工商企业开展阶段性、临时性的节目类广告宣传，商业性和金融、股市等信息服务性兼具，是广大消费者了解市场与商品，股民了解股市行情和商情的窗口。《商海大观》周一至周六每晚18：55第一次播出，21：40及次日上午8：30，10：50重播。

欢乐大篷车
浙江有线电视台

《欢乐大篷车》开办于1993年7月1日，是浙江有线电视台娱乐频道中最早开办的栏目之一。节目以轻松愉快为基调，内容涉及幽默、滑稽、相声、小品、游戏等。每次节目又分若干小栏目，比如《欢天喜地》、《环球采风》和《艺海拾贝》等。《欢乐大篷车》节目的宗旨就是把欢乐带进千家万户，融教育于娱乐，融严肃于轻松，雅俗共赏，真正成为一个欢乐的源泉。《欢乐大篷车》在每周五晚上播出，每期20分钟，周六、周日白天重播。

新感觉

浙江有线电视台

《新感觉》是浙江有线电视台于1993年推出的一档集知识性、趣味性、实用性为一体的综合服务栏目，内容突出当今城市、乡村生活中的新时尚、新感受，将居家、购物、饮食、保健、娱乐、旅游、消闲等方面的知识、信息以及人们所关心的问题多角度全方位地介绍给观众。该栏目每期20分钟，于周末黄金时间段播出，星期天下午重播。

今晚一刻钟

安徽电视台

安徽电视台于1993年6月6日开办《今晚一刻钟》栏目，每周1期，每期15分钟。内设《热点追踪》、《观察思考》、《独家访谈》、《信息传真》、《警方行动》、《为您服务》等6个板块栏目。其宗旨是贴近社会、贴近生活；走入社会、走入观众。内容以社会新闻、热点焦点新闻为主；形式上则以纪实性的现场报道和新闻专题片为主，力求提高新闻报道的广度和深度，扩大电视新闻报道面，使其成为《安徽新闻》的拓展和延伸。栏目开办以来，播出了很多有影响的报道，受到广泛的好评，栏目的记者还受到了省委书记卢荣景同志的接见。

今晚我们相会

安徽电视台

《今晚我们相会》是安徽电视台于1993年7月增设的栏目，每周播出1期，重播1次，每期30分钟。该栏目集综艺性、杂志性为一体，突出观众参与，并在节假日和重要的纪念日，以晚会形式推出特别节目。内设《青春音符》、《影视城》、《流行色》、《开心果》、《明星一族》等板块性子栏目。《今晚我们相会》力求内容与形式结合，不拘一格，注重多样化。

天都了望

安徽电视台

《天都了望》是安徽电视台1993年6月新开播的对外宣传栏目，每隔两个月向中央电视台第四套节目提供30分钟节目向港澳台、中东、北非、东南亚等80多个国家和地区播出。该栏目主要介绍安徽的经济改革和风光名胜、乡土民情以及文化艺术专题等，具有鲜明的安徽地方特色。该栏目在内容的选择、形式的编排上不仅突出时代气息，侧重精心制作、精心包装，同时也强调可视性和节目的品味，以便在国际上更好地树立起安徽的良好形象。

经济快车

福建电视台

福建电视台从1993年5月22日起开始播出《经济快车》栏目。《经济快车》系福建电视台的重要栏目，其主要任务是传播经济信息，宣传党和政府的经济政策和法令，报道经济改革和建设的成就与经验，并对经济生活中的热点问题进行分析和探讨。栏目设有《今日经济要闻》、《经济信息》、《经济动态》、《经济对策》、《决策参考》、《百家争鸣》、《经济之谈》、《新科技》、《新产品》、《供求信息》、《消费指南》、《货比三家》、《消费者之友》、《热门话题》、《曝光台》和《外汇牌价》、《股市行情》等小栏目。节目内容力求贴近实际、贴近生活、贴近观众，为观众所喜闻乐见；节目形式力求轻松、活泼。《经济快车》栏目每日播出1辑，17：50在福建电视台一套首播，当天的第一套21：00和第二套19：30重播。

响当当

福建电视台

福建电视台文艺部于1993年4月7日推出综合文艺栏目《响当当》。这个栏目融欣赏性、趣味性、娱乐性为一体，生动活泼，可看性较强。节目以自拍为主，不拘一格。每周1期，每星期三黄金时间播出，第二周重播，时间为30分钟。

社会了望

江西电视台

1993年2月专题部举办。每期10分钟，每周二、五播出。旨在反映改革开放中的新人新事新貌，反映社会生活，反映两个文明建设的成就。

体坛一刻

江西电视台

1993年2月文体部举办。每期20分钟，每周三、六播出。该栏目的开办，旨在以图像口播的形式传播体育信息，宣传体育竞技，振兴民族精神。栏目内设若干小栏目，有《体育快讯》、《精彩瞬间》、《体育音乐欣赏》、《江西人谈体育》等，报道一周国内外体育新闻，介绍各类体育项目的精彩竞赛片断，突出体育的知识性和趣味性。

哈哈TV

江西电视台

1993年由电视剧部开办。每期30分钟，每周一播出。该栏目以播喜剧小品为主，同时播出相声和滑稽体育等。分设《喜剧小品》、《影视一乐》、《生活撷趣》、《相声集粹》、《滑稽体育》等小栏目,有机串连,形成整体。观众观后,感到幽默、欢乐、寓教于乐.

山东电视台经济台

为适应社会主义市场经济的需要，推动山东省经济建设持续发展，更好地发挥电视宣传为经济服务、为时代服务、为观众服务的功能，山东电视台经济台于1993年5月1日在新增设的16频道中正式开播。

在这套节目中，每天都在固定时间推出《大市场》和《屏幕荟萃》两个栏目。《大市场》是一个以经济信息为主的综合性新闻栏目，设置分属于信息、服务、专题等三个大类的30余个小栏目，做到快节奏，大信息量、高密度地发布富于新闻性、指导性、实用性、权威性的各类信息。《信息荟萃》汇集来自全国各地屏幕和信息中心的、对山东省经济活动有借鉴、有参考价值的经济信息和专题报道，使山东省观众能及时了解国内外经济发展的最新动向。这套节目每天晚上用4个多小时的时间播出丰富多彩、可视性极强的文艺、体育节目，使观众有更多欣赏高水平节目的机会。

新闻与观察

山东电视台

为推进新闻改革，进一步拓宽报道领域，山东电视台1993年4月8日在第一套节目推出《新闻与观察》栏目。

《新闻与观察》栏目紧跟省委、省政府的重大决策部署和各个时期的中心工作，贴近生活，靠近观众，对改革开放的新进程、新经验，对各种社会热点、难点、疑点问题和观众关注的各类事件，以及不断涌现的新闻人物，进行深度报道，开展电视评论，和观众一起思考，给人们一定启迪。

《新闻与观察》栏目含新闻评论、深度报道和新闻人物三块内容，突出新闻性、时效性、纪实性、参与性和可视性。

市场经济纵横

山东电视台

《市场经济纵横》是山东电视台1993年元旦期间推出的新栏目。每周两次播出，每次15分钟。总栏目内设置了《经济动态》、《经济简讯》、《消费者之友》、《观众信箱》等小栏目，各类栏目从不同角度向全省电视观众提供重要的经济信息。《企业风采》、《走向新天地》、《小康之路》等栏目是向厂矿企业、城乡观众开设的，展示各条战线改革开放的成就和经验，对社会各阶层广泛关注的经济热点做全方位的评析和报道。

时代TV

湖北电视台

湖北电视台1993年3月17日开办《时代TV》栏目。该栏目每周二、四、六播出，每次30分钟。设有《焦点透视》、《经济了望》、《今日名流》、《生活艺术》、《轻松节拍》等小栏目。节目以播发新闻性专题为主，主要是对人们普通关心的热点话题作快捷的反映；对改革开放中的新事物、新现象进行恰当报道和舆论引导；介绍各行各业锐意进取和无私奉献的先进模范人物。报道公检法为维护社会稳定和为经济建设保驾护航的事迹；同时追踪文坛、体坛、歌坛明星行踪，表现他们的艺术追求，反映平民百姓盎然的生活情趣。

中国湖北

湖北电视台

湖北电视台于1993年9月8日开办的《中国湖北》新闻性专栏节目，每周在美国斯科拉电视台和本台播出1次，每次45分钟。该栏目主要是向国内外，特别是美洲观众宣传湖北经济建设和改革开放的进展及成就，反映湖北人民生活状况和精神面貌的变化，介绍荆楚大地名胜古迹、风土人情和富饶的物产。节目对宣传湖北，扩大影响，提高知名度，起到积极作用。辟有《神州万象》、《山川揽胜》、《经济报道》、《文化长廊》、《社会视角》等小栏目。节目内容丰富，涉及面广泛，风格严谨，编排有序，制作精良。

八音盒

湖北经济电视台

为丰富少儿电视文艺，湖北经济电视台于1993年6月开办了《八音盒》少儿专栏节目。栏目每周播出1次，每次25分钟。本栏目的宗旨是用健康有趣的娱乐活动和优美的歌舞，陶冶少年儿童的情操，寓教于乐，开拓视野，培养少年儿童的观察力、思考力和创造力、丰富他们的业余文化生活。

赛事博览（一）

广东电视台

《赛事博览》(一）是展播世界上诸如足球、篮球、排球、拳击、摩托车等各项体育竞赛的园地，是面向世界的体育项目竞赛展览栏目。本栏目开播于1993年7月。广东电视岭南台每周播出4次，逢周三、四、五、六播出。每次长度为50分钟。

赛事博览（二）

广东电视台

《赛事博览》(二）是直播或录播国内重大的体育比赛的园地。本栏目开播于1993年7月。广东电视岭南台每周播出2次,逢周六、日播出。长度为110分钟.

体育热线

广东电视台

《体育热线》通过围绕社会上体育热点问题展开群众性讨论，专家参评，以求共识，是电视体育项目座谈栏目。本栏目开播于

1993年7月。广东电视岭南台每周播出1次，逢周六播出。长度为35分钟。

活力在其中
广东电视台

《活力在其中》是观众参与的体育游戏园地，有竞猜活动或某个体育项目的擂台赛，是观众参与的娱乐性栏目。本栏目开播于1993年7月。广东电视岭南台每周播出1次，逢周日播出。长度为35分钟。

棋牌苑
广东电视台

《棋牌苑》专门介绍象棋、围棋、国际象棋、桥牌等有关知识及精彩对局，是电视体育讲座栏目。本栏目开播于1993年7月。《棋牌苑》栏目在广东电视岭南台每周播出1次，逢周二播出。长度为50分钟。

运动与健康
广东电视台

《运动与健康》宣传与健康有关的体育常识和科学道理等，是普及体育知识的讲座性栏目。本栏目开播于1993年7月。《运动与健康》栏目在广东电视岭南台每周播出1次，逢周日播出。长度为15分钟。

每周一星
广东电视台

《每周一星》介绍中外体育明星，以及背后的教练和有潜质的未来之星，是体育方面的专题栏目。《每周一星》栏目在广东电视岭南台每周播出1次，逢周日播。长度为7分钟。本栏目开播于1993年7月。

体育新闻
广东电视台

《体育新闻》报道国际、国内体育新闻及一周主要体育项目扫描，是信息型栏目。《体育新闻》栏目在广东电视岭南台每周播出6次，逢周二至周日播出。每次长度为15分钟。本栏目开播于1993年7月。

世界体育集粹
广东电视台

《世界体育集粹》是世界各类体育内容精粹汇编，是一个体育杂志式栏目。《世界体育集粹》栏目在广东电视岭南台每周播出1次，逢周五播出。长度为50分钟。本栏目开播于1993年7月。

外国体育游戏
广东电视台

《外国体育游戏》介绍国外形式多样的体育游戏，是杂志式栏目。《外国体育游戏》在广东电视岭南台每周播出1次，逢周六播出。长度为50分钟。本栏目开播于1993年7月。

便利店
广东电视台

《便利店》介绍各类实用或流行的体育用品，是一个服务性栏目。《便利店》栏目在广东电视岭南台每周不定期播出，逢周二至周日播出。每次长度为5分钟。本栏目开播于1993年7月。

运动指南
广东电视台

《运动指南》介绍各类体育运动的知识与技能，引导观众更好地进行体育锻炼，是一个普及体育知识的栏目。《运动指南》栏目在广东电视岭南台隔周播出1次，逢周日播出。长度为15分钟。本栏目开播于1993年7月。

健与美
广东电视台

《健与美》栏目介绍有益身心，易懂易学的健身操，是体育知识讲座栏目。《健与美》栏目在广东电视岭南台每周播出6次，逢周二至周日播出。每次长度为25分钟。本栏目开播于1993年7月。

体育纪实
广东电视台

《体育纪实》栏目展播有纪实性、文献性、艺术性的体育纪录片，让人们从中得到教益，是一个体育项目展览栏目。《体育纪实》栏目在广东电视岭南台不定期播出，逢周日播出。每次长度20分钟。本栏目开播于1993年7月。

粤海金桥
广东电视台

《粤海金桥》是广东电视台1993年7月开办的外宣栏目。专门介绍广东省经济建设成就、投资环境、对外交往、侨乡新貌、名产、趣闻等，力求成为一座沟通海内外的桥梁。本栏目每周在广东电视岭南台播出1次，每次20分钟，采用主持人串连的板块形式。《粤海金桥》的收视对象以进出广东的华侨、华人、港澳台胞和外国人为主，同时兼顾省内观众。

靓歌共赏
广东电视台

《靓歌共赏》是精选广东电视台现有库存资料进行重新编辑而成的小栏目。该栏目以推介国内优秀传统歌曲和创作歌曲为主，兼顾境外和外国一些好歌曲。《靓歌共赏》通过主持人介绍，引导观众进行欣赏，每日1歌，在广东电视珠江台18时53分播出，长度为5分钟。《靓歌共赏》栏目是1993年7月开播的。

百业文化窗

广东电视台

《百业文化窗》是广东电视台为适应市场经济的转轨，集中反映企业的两个文明建设，以文艺的形式树立企业形象，帮助企业提高知名度而开设。于1993年7月13日开播。《百业文化窗》每周1期，在广东电视珠江台周二晚22时27分播出。每期长度50分钟。

周末齐齐乐

广东电视台

《周末齐齐乐》是一个融娱乐、趣味、知识、教育于一体的栏目。有观众参与，寓教于乐。内容有知识竞赛，趣味游戏，益智问答，生活常识，模仿比赛，幽默搞笑和幸运积累大抽奖。《周末齐齐乐》于1993年7月开播。每周六晚8:00在广东电视岭南台黄金时间播出。

百科园

广东电视台

《百科园》是以提高群众文化素养为目的的栏目。它以开拓知识视野，传授科学文化知识为宗旨。《百科园》以普及一定文化档次的系列性科普内容为主干，并附有百科小知识集锦，力求形式活泼，形象生动，使观众在喜闻乐见之中接受科学文化知识。《百科园》每期包含2–3个内容，每期15分钟，每周播出1次，星期五晚22:27在广东电视珠江台播出。

社会课堂

广东电视台

《社会课堂》是教育性栏目，是广东电视岭南台重点经营的栏目之一。于1993年7月开播。分为两个系列：一个系列紧密配合省委、省政府的中心工作；一个系列是一般性教育内容。本栏目逢周二、三、四、五下午17:05至17:55在广东电视岭南台播出，每期50分钟。

每日荧屏

广东电视台

《每日荧屏》是推介广东电视台播出节目和宣传精神文明建设的小栏目。每次的时间是2分钟。本栏目以"画龙点睛"手法，扼要向观众推介本台当天或近期播出的新闻、社教和文艺节目。用精选的画面和艺术语言，紧密配合当前中心，宣传"树立社会文明新风"等公益内容。本栏目按广东电视岭南台（普通话）、广东电视珠江台（粤语）播出内容分别编辑。推介内容占总时间3/4，公益宣传占1/4。两台每天各有5次以上播出。本栏目于1993年7月开播。

岭南直播室

广东电视台

《岭南直播室》栏目是根据要把广东电视岭南台办成时政台的方针，于1993年下半年开设的重点新栏目。这是目前国内首家以新闻作为题材的直播谈话类电视节目。观众可以直接打通热线电话参与讨论。每期30分钟，每周二、三、五晚上21:10在岭南台播出。

《岭南直播室》以党和政府新近出台的方针政策、新近发生的热点新闻和热门话题为主，让观众参与、讨论为特点，起到解释政策、上情下达、下情上达的作用。该栏目还与省人大、省政协合作开办了《人民之声》、《参政议政》专栏。

经济一刻钟

广西电视台

1993年5月31日，广西电视台开办《经济一刻钟》栏目。该栏目每周一至六晚上在广西电视一台、广西电视二台各播出1次。栏目中，政策及指导信息类内容设《经济要闻》、《经济动态》、《市场预测》、《生产导向》和《金融天地》等小栏目；服务类设《观众信箱》、《牵线搭桥》、《新技术新产品》、《小菜篮》、《科技金桥》、《市场指南》、《房地产信息》、《供求信息》、《股市行情》和《股市回眸》等小栏目；专题类设《热门话题》、《八桂撷英》、《市场大观》、《企业风采》等小栏目。播出形式有主持人主持播出和现场报道。

BBF体坛

广西电视台

1993年1月28日，广西电视台开办主持人栏目《BBF体坛》，每周三、五晚上在广西电视一台播出，每次20分钟，周四、六晚上在广西电视二台重播。这是广西电视台设置的第一个固定时间播出的体育栏目。内容以播出国际国内体坛重要、精彩赛事为主，下设小栏目有《一周短讯》、《社会关注》、《明星追踪》、《轻松一刻》和《有奖问答》等。

经济信息

四川电视台

《经济信息》是以宣传党的经济改革，报道社会主义市场经济发展动态及典型，传播经济信息为主的经济类栏目。本栏目集信息之精华，汇经济之风云，具权威性、导向性、实用性。大容量、高视点，快捷地为企业与消费者牵线搭桥，提供信息服务，促进市场经济的发展。设有子栏目《经济要闻》、《经济动态》和《警钟长鸣》等。该栏目每周第二套（十频道）节目一、三、五播出，播出时间是20:20，长度为15分钟。

巴蜀质量跟踪
四川电视台

《巴蜀质量跟踪》系同省技术监督局合办的经济类栏目。本栏目旨在对经济生活中的产品质量问题进行舆论监督，为名优企业及其产品扬名，给假冒伪劣产品曝光，维护消费者合法权益，宣传有关法律、法规和政策，以促进经济法制、经济秩序的建立和健全。该栏目在每周第二套（十频道）节目一、三、五播出。播出时间是 20：30，长度为 10 分钟。

人民与公仆
四川电视台

《人民与公仆》是四川电视台与中共四川省纪委、省委组织部、省监察厅联合组办的栏目。旨在沟通人民群众与各级领导间的对话与交流，反映群众的呼声与要求，回答人们关心的问题，报道各条战线优秀共产党员的事迹，弘扬勤政爱民、艰苦奋斗、乐于奉献的新风尚。本栏目已为省纪委、省委组织部、省监察厅决定作为领导班子党风廉政专题民主生活会教材。

不可思议的世界
四川电视台

《不可思议的世界》是一个集知识性、娱乐性、可视性于一体的综艺性栏目。本栏目着重介绍在世界各地出现的奇人、奇闻、奇事，引导广大电视观众进入不可思议的世界，开拓人们的视野，认识人的意志力、创造力并从中得到美的享受。该栏目每半月 1 次、第二套（十频道）节目周六 22：50 播出，长度为 20 分钟。

周末黄金档
四川电视台

《周末黄金档》是融旅游、风光、娱乐、美食、民俗、休闲为一体的可视性、娱乐性颇强的下周节目预告栏目。本栏目实施全开放式结构，博采众长，形式新颖多样，贴近生活，注重观众参与意识，力求摒弃“下周节目预告”千人一面刻板式的模式，刻意创新，使观众从主持人的语言、包装、板块式段落的介绍与组接中得到美的享受，了解下周节目的重点内容。该栏目在第二套（十频道）节目每周末 20：20 播出，长度为 20 分钟。

家庭影院
四川电视台

《家庭影院》是展示中外著名电影艺术家们精妙绝伦的艺术杰作，为广大电视观众安排精典影片大放送栏目。本栏目旨在促进电影文化的发展，使电影走出当前票房低落的境况而步入家庭，丰富荧屏，创造家庭温馨的文化氛围，并达到培养和提高人们健康的审美情趣和艺术欣赏水平。播出影片力求老少咸宜、雅俗共赏。该栏目在第二套（十频道）节目每晚播出，时间是 21：55，周六除外。

黄金雷达
四川电视台

《黄金雷达》是四川电视台与省检察院、市公安局、市公安交通管理局联办的时政性栏目。本栏目通过对与人民生活密切相关的社会问题和社会舆论的归纳、分析和透视，反映在市场经济大潮中人的心态，社会政治、经济、文化发展的新动态、新趋向及热点问题，探讨其形成原因及发展趋势，并做出一定的评价、判断，使其成为社会的一面镜子。下设有《反腐大曝光》、《扫描与追踪》、《警线 110》、《新闻背后》和《红绿灯变奏》等小栏目。该栏目每两周 1 次第二套（十频道）节目周五播出，时间是 21：30，长度为 20 分钟。

黄金大看台
四川电视台

《黄金大看台》系大型综艺、文化板块栏目。融知识、娱乐、服务为一体，下设具有浓郁生活气息、诚挚服务情谊，展示欢歌笑语、浪漫温馨、千奇百怪、民俗风情，丰富市民家庭文化娱乐的《星星点灯》、《千金一笑》、《风情万种》、《环球列车》、《各领风骚》、《不看不知道》和《节奏你我他》等子栏目。该栏目在第二套（十频道）节目每周二、四播出，播出时间是 21：30，长度为 20 分钟。

电视大市场
四川电视台

《电视大市场》系以现代观念、崭新形式诠释经济人生与现代生活，报道市场需求和消费动态，为生产与消费的沟通架设桥梁的经济类栏目。本栏目以生动活泼的形式直接参与和服务市场经济，设有全方位展示购物空间，具消费指南性质的《跟我来》；揭示成功者足迹和各有千秋的经营奥妙的《商海星辰》；反映消费趋向、采撷时尚菁华的《流行色》；为广大观众提供衣、食、住、行生活备忘录的《家庭记事》等子栏目。该栏目在第二套（十频道）节目每周二、四播出。播出时间是 20：20，长度为 20 分钟。

西部彩虹
四川电视台

《西部彩虹》属综合性文艺栏目，主要以西部电视集团为依托，以各成员台提供的，反映西部各省（区）民俗风情及传统文化文艺活动等题材的专题类文艺片汇编而成。《西部彩虹》长度 25 分钟，每周在第一套节目中播出 1 期。

经济900秒
贵州电视台

1993年7月1日，贵州电视台《经济纵横》栏目改为《经济900秒》，每晚21：20播出，每次15分钟。《经济900秒》下设的栏目有：信息板块，统称《信息总汇》，包括《经济焦点》、《社会写真》、《股市行情》、《电视商场》等小专栏；专题板块，设有《热点》、《消费长廊》、《企业风采》、《黄金道》、《周末大市场》、《观众信箱》。该栏目热情为生产者，经营者和股民服务，播出的一系列报道在社会上引起了强烈反响。

乐在今宵
贵州电视台

贵州电视台的综合性文艺栏目《乐在今宵》创办于1993年7月1日，每周一、二、四、五的20：00至21：00之间播出，每期约30分钟。《乐在今宵》栏目设置了如下小栏目：《开心果》、《游乐城》、《艺术彩虹》、《大千世界》、《我来唱》和《空中礼品》。

文化广角
云南电视台

云南电视台的《文化广角》栏目开办于1993年5月27日，是一个集新闻性、知识性、欣赏性、趣味性及娱乐性于一体的综合性文化栏目。它从多侧面地报道云南省及来云南进行各种文化交流活动的名人、作品和文化团体的有关情况以及各段时期群众关心的社会文化现象等，节目内容大多贴近群众生活。本栏目辟有《文化走廊》、《文化热点》、《娱乐趣谈》、《新潮视听》、《民族风韵》、《戏剧杂谈》、《精彩片断》、《瞧你的》等几个小栏目。每周四晚在第一套节目播出，每期内容为2至3个小栏目，长度15分钟。

万象神州
云南电视台

云南电视台的《万象神州》专栏节目开办于1993年1月。每周三晚8时40分左右播出，每期15分钟。《万象神州》是一个新闻性杂志型栏目，以介绍全国各地的历史文化、名胜古迹、名山大川、自然景观、人文景观、民族风情、改革成就、新人新事等为主要内容。目的在于让国外观众更多地了解中国，了解云南；让国内观众较全面、系统地了解祖国大好河山和传统文化，及其新变化和新发展，增强对祖国的热爱。

女性15分钟
云南电视台

《女性15分钟》是云南电视台1993年3月6日独立开办的专栏节目。该栏目每两周播出1期，隔周重播上期节目两次。《女性15分钟》以25岁以上的女性为其主要服务对象，以“追踪热点，透视人生，提供服务”为其宗旨，展示改革时代纷繁多彩的女性世界。

环球30′
陕西电视台

《环球30′》是陕西电视台对外部1993年1月开办的综合性国际栏目。开办这个栏目的宗旨是向国内观众开辟一个掌握国际动态，欣赏各国风情的窗口。该栏目以主持人综合编串为主要形式，分设了《窗外事》、《环球采风》、《人物春秋》、《新潮透视》、《世界风云》等10多个小栏目，是一个杂志型的板块栏目，集知识性、趣味性、欣赏性于一体。该栏目编排形式活泼生动、内容丰富多彩、信息量大，特别是主持人走出演播室，深入到观众中现场采访，点播节目，增强了观众的参与感和亲切感。

经济纵横
甘肃电视台

甘肃电视台《经济纵横》栏目于1993年1月6日开播，每周三播出1期，（在甘肃台二套中重播1次），每期20分钟左右，系统、广泛地反映甘肃省经济建设中的新人、新事、新成果、新动向，展示市场经济的建设和发展，使电视宣传工作更好地服务于经济建设事业。《经济纵横》栏目采用板块式结构，在总栏目内包含若干小栏目，所设小栏目有《经济特写》、《企业家》、《千家言》、《科技窗》、《公告栏》、《市场掠影》、《金融动态》、《电视桥》、《焦点透视》和《企业之林》。

新闻大观园
甘肃电视台

甘肃电视台星期天的《一周要闻》从1993年起改成杂志型的新闻集粹栏目《新闻大观园》。《新闻大观园》以改革开放和经济建设为中心，力求融新闻性、杂志性、接近性、趣味性于一体，为星期日的观众送上一道了解一周甘肃省大事，丰富精神生活的佳肴。《新闻大观园》栏目内设定期和不定期的小栏目，主要有《一周要闻》、《企业风采》、《交通短波》、《金融快讯》、《新书目》、《市场行情》、《监督台》和《各地航讯》等。

社会博览
甘肃电视台

甘肃电视台《社会博览》栏目于1993年1月1日开播，每周五播出1期，每期25分钟左右，由4至5个小栏目组成。《社会博览》属社会、政治、文化类综合性栏目，力求在内容与形式上具备“新、快、短、活、广”的特点，荟萃精品，广闻博录，寓教于乐，进一步贴近观众，贴近生活，贴近实际。设置的小栏目为《新鲜事》、《信息窗》、《八面风》、《了望哨》、《人生路》、《金色年华》、《访谈录》、《万花筒》和《老人乐》。

河湟风
青海电视台

《河湟风》是青海电视台于1993年6月25日开办的综合性文艺栏目。旨在向电视观众较全面、系统地介绍青海省文艺界创作、演出动态；各民族传统的文艺作品的源流及发展，使观众对青海文艺有所了解。它的开办填补了省电视台自建立以来没有固定文艺栏目的空缺。该栏目每两周播出1次，重播两次，每次30分钟。该栏目暂设4个小栏目：《城市素描》、《流行之旅》、《地方风韵》、《韶光共渡》。

银都智慧果
青岛电视台

1993年5月，青岛电视台专题部推出了现场直播娱乐栏目《银都智慧果》，至此，每周二晚8点到8点30分的30分钟，便成为青岛地区许多观众必要收看的节目时间。此栏目采用全部内容直播方式，主持人与64名观众共同完成现场创作。栏目内容贴近生活、贴近观众。融知识、趣味、娱乐、竞技于一体，是收视率调查中很受观众喜爱的节目。

海尔直播室——热点星期三
青岛电视台

1993年5月12日，山东省第一个谈话式政论性现场直播专栏节目《海尔直播室——热点星期三》在青岛电视台推出。该栏目开播以来，就青岛市社会生活各方面的许多热点、难点、焦点问题进行了分析和讨论，为各方人士、各种意见提供了发言的场所，增强了政府与市民之间的沟通与联系，产生了较大的影响，拥有很高的收视率。节目每期长度为40分钟，周三晚8点直播。

视新20分钟
青岛电视台

青岛电视台新闻中心于1993年6月推出新栏目《视新20分钟》。该栏目以《青岛新闻》为依托，以政府和群众关心的热点、难点问题为线索，以舆论导向和沟通联系为己任，对新闻事件进行深度报道。每周日播出1次，每次20分钟。

市民外语会话
青岛电视台

青岛电视台社会教育部于1993年8月份推出新栏目《市民外语会话》。该栏目主要是为适应青岛市的改革开放、为把青岛建成国际化城市而开办的。节目汇集了英、日、韩三个语种的日常基本会话，通过电视、广播教学后，举行了“市民外语会话知识竞赛”，在青岛市掀起了学习外语的热潮。该节目共30集，自1993年8月起至年底每天播出2次，每次5分钟，受到广大观众欢迎。

小螺号
青岛电视台

自1993年1月开始，青岛电视台少儿部在每周四晚上8：00为学龄前小朋友开办了每期20分钟的《小螺号》专栏节目。该栏目以现场竞答为主线，结合了许多少儿知识性、趣味性小专题节目，其中最有特点的是每期有两个幼儿园代表队直接参入节目，提高了节目的参入性，得到了可喜的收视效果。

一夜星光
青岛电视台

《一夜星光》是青岛电视台文艺部开办的一个缤纷多彩的文艺性栏目，于1993年4月10日开播。本栏目每周六20：40播出，每周一中午重播，节目时间为50分钟。《一夜星光》栏目内设《明星麦克风》、《笑不笑由你》、《请跟我来》、《特快专递》、《梨园精品屋》、《听君一席谈》、《百听不厌》、《点到为止》等板块。

三色光
青岛电视台

青岛电视台文艺部于1993年4月推出新栏目《三色光》。该栏目是一个立足青岛，由青岛台编导、摄录，并以文艺为主，浸透文化的杂志型综艺板块栏目。其主要板块由《电视沙龙》、《走近名人》、《音乐空间》、《掌声响起》、《城市节奏》、《今晚相识》等组成。节目长度为30分钟，每周日晚9点播出，每周一重播1次。

1993年地、州、市广播电台新开办的节目

温馨之夜
石家庄人民广播电台

河北省石家庄人民广播电台1993年6月开办了《温馨之夜》节目，每周二、四、六、日23点播出，每次30分钟。该节目以婚恋、家庭、伦理、人际关系、心理卫生等为主要内容。内设《悄悄话》、《专家信箱》、《新婚之旅》、《保健盒》、《伊甸园》、《歌

韵传情》、《爱之舟》等栏目。

连心桥
石家庄人民广播电台

河北省石家庄人民广播电台1993年1月开办了《连心桥》节目，每周四、日8点30分播出，每次15分钟。《连心桥》是沟通广播与听众的桥梁，其宗旨是为听众服务，为听众排忧解难，反映听众呼声。内设《大家谈》、《寻医问药》、《生活之友》、《老人天地》、《文化广场》、《货比三家》等栏目。

唐山晨曲
唐山人民广播电台

唐山人民广播电台于1993年5月1日推出了《唐山晨曲》主持人直播板块节目，每天5点50分至6点30分播出。《唐山晨曲》主要是为唐山市500万农民朋友宣传农业政策、传送经济信息、介绍致富经验，弘扬凡人风采。开设的栏目有《人生絮语》、《农村684》、《城乡立交桥》和《八方信息》等。

多彩唐山
唐山人民广播电台

唐山人民广播电台于1993年5月1日开办了新闻性的主持人直播板块节目《多彩唐山》，每天7点15分至8点播出。《多彩唐山》是唐山人民广播电台新闻节目的延伸和深化补充。开设的栏目有：《新闻热线》、《新闻追踪》、《改革掠影》、《主持人话题》、《新闻沙龙》和《清晨信息航班》。《多彩唐山》播出以来，在反映唐山面貌、活跃人民生活，进行健康引导上起了不小的作用。

都市新干线
唐山人民广播电台

唐山人民广播电台1993年5月1日开办了《都市新干线》主持人直播板块节目。每天8点30分至10点播出。《都市新干线》是一个集新闻、知识、娱乐于一体的综合性节目。主要栏目有：《吉祥鸟特别祝福》、《新干线快讯》和《新干线停车场》等。

走进大市场
唐山人民广播电台

唐山人民广播电台自1993年5月1日起开办了《走进大市场》主持人直播板块节目，每天11点30分至12点40分播出。《走进大市场》设有《市场追踪》、《信息快车》、《市场监督岗》、《投资天地》、《经营之道》、《消费者热线》和《热点评析》等20多个栏目。该节目播出以来，为听众解决了有关消费和商品质量问题的投诉、咨询达3000多件，增强了节目在听众中的信誉和权威性。

空中彩桥
唐山人民广播电台

唐山人民广播电台于1993年5月1日开办了《空中彩桥》主持人直播板块节目，每天12点40分至13点30分播出。《空中彩桥》是把知识性、趣味性、娱乐性融为一体的综合性节目。主要栏目有：每周一、三、五、日设《空中门诊》；二、四、六设《大千世界》、《千家万户》、《卫生与健康》、《听众回音壁》、《五分钟论坛》、《人大政协之声》和《农家百事通》等栏目。

相逢在此时
唐山人民广播电台

唐山人民广播电台于1993年5月1日开办了《相逢在此时》主持人直播板块节目,每天17点30分至18点30分播出.《相逢在此时》设有《文学芳草地》、《多彩世界》、《敞开你的心》、《生活导航》和《人生大舞台》等栏目.

欢乐今宵
唐山人民广播电台

唐山人民广播电台1993年5月1日推出文艺性主持人直播板块节目《欢乐今宵》。该节目下设两个栏目：一是《星星点歌台》，采用听众来信与热线电话点播相结合的形式，播出听众点播的歌曲。二是《月亮船》，每天20点45分到22点播出。该节目设有《今夜星河》、《五光十色珊瑚礁》、《驶向兰心岛》、《难忘的旋律》、《梦回奥斯卡》等栏目。

经济快车
太原人民广播电台

为了更好地突出时代节奏，为建立社会主义市场经济服务，吸引更多的听众参与节目，山西省太原人民广播电台于1993年5月31日将老牌板块节目《改革时代》更名为《经济快车》。每周一至周六早7时20分到8时播出。《经济快车》在原《改革时代》的基础上进一步扩大报道面，更加注重快、新、活的报道方式。新增了《现代科技》和《蓝盾之光》等栏目。

缤纷商业城
太原人民广播电台

《缤纷商业城》是山西省太原人民广播电台于1993年5月31日推出的主持人直播板块节目。旨在反映财贸职工的心声，沟通买卖双方。设有《听众热线》、《市场透视》、《新潮预测》、《消费者之友》、《商界之花》、《每日一店》、《最新股市行情》、《市场导购》和《镭射点歌台》等栏目。每周一至周六早9时10分到10时播出。

千家万户
太原人民广播电台

《千家万户》是山西省太原人

民广播电台于1993年5月31日推出的新节目。该节目由主持人和责任编辑共同主持，既活跃了节目气氛，又贴近听众，吸引听众。在栏目设置上，突出服务性，增大信息量，辟有《生活百花筒》、《热线电话》、《城市与市民》、《并州大哥》和《相会在午间》等栏目。每周一至周六的中午1时零5分到2时播出。

七彩旋律

太原人民广播电台

1993年5月31日随着太原人民广播电台节目改革的出台，《七彩旋律》一改过去传统的风格，创办出新的特色。它以《空中旅游车》、《艺苑彩虹》、《丝宝点歌台》3个大栏目为轴心，突出听众参与和文艺娱乐的特点。每周一至周六的上午10时10分到中午12时播出。《七彩旋律》在每星期天开办特别节目，时间延长至170分钟，增设《文艺信息》、《卡拉OK大家唱》、《残疾人之声》和《昔日歌声》等栏目，这样在内容上更丰富多彩，形式更加生动活泼。

月光舞台

太原人民广播电台

《月光舞台》是山西省太原人民广播电台于1993年5月31日开办的大型主持人直播板块节目。每周一至周六晚9时10分至11时播出。主要设有《流行风》、《调色板》、《欢乐碰碰车》和《热线诉情》等栏目。同时根据听众的要求和口味还安排各种喜闻乐听的文艺节目。《月光舞台》雅致、抒情、愉悦，让听众在温馨的夜晚耳有所闻，心有所想。

晋阳夜话

太原人民广播电台

山西省太原人民广播电台于1993年5月31日推出了主持人直播板块节目《晋阳夜话》。每周一到周六晚11时10分到12时播出。设有《青春萌芽》、《今夜不寂寞》、《枕边密语》、《开心钥匙》和《性知识咨询》等栏目。听众从节目中可以了解一般的性知识及夫妻性生活的基本常识；青少年朋友还可以知道青春期的生理发育及应注意的问题等。

星星知我心

太原人民广播电台

《星星知我心》是山西省太原人民广播电台于1993年开办的节目。该节目以少年儿童为主要服务对象，使少年儿童享受到快乐和欢欣，得到理解和关注；同时还可以开阔视野，增长知识、启迪智慧。每周一至周六早8时10分到9时播出。辟有《星星连着你和我》、《银河点歌台》、《时空飞船》、《我们的世界》、《丑小鸭》、《星星故事会》、《谈爸爸说妈妈》、《健康乐园》、《白鸽姐姐信箱》和《白鸽热线》等栏目。

工贸世界

大同人民广播电台

山西省大同人民广播电台二台于1993年4月5日推出《工贸世界》节目。该节目主要面向工业、商业、企业界。设有《经营之道》、《工商信息》、《供求指南》、《市场漫步》、《企业家旅途》和《商界悄悄话》等栏目。每周播出7期，每天上午10时首播，下午4时55分重播。时间为15分钟。

603演播室

大同人民广播电台

《603演播室》是山西省大同人民广播电台二台于1993年4月5日推出的节目。节目面向农村，以农村达小康为主旋律，为农民提供全程服务。每周播出7期，每天上午11时35分首播，晚上7时45分重播，时间为15分钟。辟有《小灵通》、《信息窗》、《行家指点》和《我们这方人》等栏目。

经济大观

大同人民广播电台

《经济大观》是山西省大同人民广播电台二台于1993年4月5日开办的节目。该节目以经济报道为主，辟有《经济快讯》、《新产品新技术》和《消费者之友》等栏目。每周播出7期，每天上午9时10分首播，下午4时零5分播，时间为30分钟。

经济一刻钟

朔州人民广播电台

山西省朔州人民广播电台于1993年开办了综合性板块经济节目《经济一刻钟》。旨在为全市经济建设服务，及时传播国家最新经济政策，介绍经济建设方面的新规定、新措施；介绍适合本地特点的新技术、新产品；预测市场动向、市场趋势，为城乡居民消费导向；介绍当地经济建设中的成绩和经验等。设有《政策讲座》、《决策参考》、《新产品、新技术》、《市场观察》、《市场预测》、《市场指南》、《对外经贸》、《勤劳致富》、《科技兴农》、《朔州经济再上新台阶》和《金融研究》等小栏目。每周二、五的早6时15分、中午12时15分、晚8时30分播出，时间为15分钟。

文学之友

朔州人民广播电台

《文学之友》是山西省朔州人民广播电台于1993年1月为爱好文学的听众开办的节目。其宗旨是传播文学知识，交流创作经验，培植文学新人，沟通美的心灵，架设友谊金桥。设有《文学趣谈》、《阅读与欣赏》、《校园芳草地》、《作家与作品》、《名家谈写作》、《文苑花絮》、《影视评论》和《你我他》等栏目。每周三早6时和周六中午1时25分播出，时间为30分钟。节目的特点是：融知识性、趣味性、欣赏性、参与性为一体，内容丰富，结构灵活，兼顾各个层次。

经济大世界

呼和浩特人民广播电台

《经济大世界》节目是呼和浩特人民广播电台于1993年7月1日经过调整后的主持人直播板块节目，每天早晨7：10—7：40播出。这个节目以宣传经济政策法规、报道经济建设成就、反映经济生活热点、传播科技和经济信息、研讨改革开放经验、服务产销、指导消费为宗旨。辟有《经济纵横》、《百业采风》、《热点追踪》、《今朝敕勒川》、《企业联播》、《科技星河》、《金融之窗》、《市场见闻》、《购销友谊桥》以及《经济信息》、《咨询台》、《周末杂谈》、《致富之友》等栏目。节目融新闻性、知识性、服务性为一体，同时敞开听众参与的大门，使节目内容更接近实际，接近群众，接近生产和生活。

千家万户

呼和浩特人民广播电台

《千家万户》节目是呼和浩特人民广播电台于1993年7月1日经过调整后的主持人直播综合性服务节目，每天中午12：00—13：00播出。该节目以社会服务和生活服务为主要内容，为听众提供现代生活的多样知识，培养听众高尚的生活情操，探讨社会生活的热门话题。辟有《今日菜价》、《喜庆点歌》、《热线投诉》、《热门话题》、《法制园地》、《专家门诊》、《红绿灯》、《新书架》等30多个栏目。

连心桥

沈阳人民广播电台

该节目于1993年4月1日开办，每天早晨7：05至7：15播出，宗旨是反映听众的呼声，请有关部门为听众排忧解难，密切政府同群众的联系。群众通过热线电话，就交通整治、违章建筑、乱收费、房屋修缮、煤水电气等方面提出问题，请有关部门直接回答或处理。该节目的开办既使群众的问题得到了解决，又推动了有关部门的工作，使节目成为联系政府与群众的桥梁。节目还根据为群众办实事的多少和解决问题的效率，评选出连心桥形象杯获奖单位。

星光夜话

沈阳人民广播电台

《星光夜话》是沈阳人民广播电台1993年4月1日推出的一个重点节目。这档节目采用主持人热线直播的方式，以心理咨询和“软性话题”讨论为主要内容，在每天晚上10点到午夜零点播出。节目开播以来受到听众的热情欢迎。它的基本听众群，一是在校的大中专学生，约占30%；二是宾馆、饭店、医院、出租汽车司机、过往客商、打工人员等夜间工作者，约占40%；三是离退休老同志和广播爱好者，约占20%；四是沈阳周边地区的听众，约占10%。

经济新节拍

沈阳经济广播电台

《经济新节拍》是沈阳经济广播电台1993年在午间板块中推出的一个新节目。它的宗旨是紧跟改革步伐，抓住经济生活的热点，配合经济改革新举措及市民普遍关心的问题，进行宣传、评析并提出建议，增强人们的竞争意识和素质，从理论上配合沈阳市改革开放的实践。节目设有《金融广角》、《经济论坛》、《城乡经济》、《八面来风》、《都市新风》等栏目。每天播出30分钟。

九三新起点　相会在联营

沈阳经济广播电台

1993年1月1日，沈阳经济广播电台举办了一次别开生面的户外直播特别节目《九三新起点、相会在联营》。这是东北地区首次推出的户外直播节目。节目从上午10点开始，到下午1点结束。在3个小时的特别节目中，开设了《空中会嘉宾》、《现场点歌》、《听众卡拉OK》、《智慧宫》等栏目。

今夜星光

鞍山人民广播电台

鞍山人民广播电台的《今夜星光》是谈心类的直播板块节目。于1993年9月16日开播，每周二、四、六的21：30至22：30播出。它为听众朋友提供了倾诉心曲的芳草地。

辽海虹桥

营口人民广播电台

营口人民广播电台1993年1月开办经济专题节目《辽海虹桥》。其内容是传播经济信息，讨论经济生活中的热点问题，介绍经济体制改革和经济建设中的典型人物。设有《企业之声》、《百业窗》、《消费指南》、《物阜人丰》、《交通纵横》、《营口旅游》、《社会主义市场经济》等栏目。每周一、四的早6：02、8：15；晚17：35播出，每次15分钟。

经济纵横

抚顺人民广播电台

为适应改革开放的新形势，抚顺人民广播电台于1993年3月1日开办了《经济纵横》新闻性专题节目，以面向市场、面向企业、面向听众为宗旨，为完善市场机制，振兴抚顺经济服务。定期或不定期设有《开放之声》、《企业之声》、《地方经济史话》等栏目。节目每周播出1期，每期

3次，每次15分钟。

城乡市场

抚顺人民广播电台

该节目开办于1993年3月1日，其宗旨是为建立和完善社会主义市场经济体制服务，为满足听众对经济生活信息的多方面、多层次需求服务。开设《观察与思考》、《消费热点》等栏目。节目每周播出1期，每期3次，每次15分钟。

新闻

抚顺人民广播电台

抚顺人民广播电台于1993年3月1日对节目进行改革和调整，将《抚顺新闻》节目更名为《新闻》节目，开拓了新闻报道领域，既宣传报道本市两个文明建设的新情况、新成就、新经验，又宣传全国改革开放的新形势、新经验、新成果，一年之间同全国城市电台交流新闻稿件130余篇。新闻节目每天实行6次（6点、9点、12点、14点、18点、21点）滚动播出，其中有两次进行直播（12点、14点），每次15分钟。当日新闻占播出稿件的30%，并增加电话新闻。《新闻》节目常年开设的专题有《共产党员的足迹》、《主人翁风采》、《在雷锋身边》等。

星期天810

朝阳人民广播电台

《星期天810》是以主持人板块形式播出的综合性节目，于1993年1月开设，每周日播出，每次2小时。内设6个小栏目：《热门话题》、《文化评说》、《新闻追踪》、《小城名流》、《点歌猜谜》、《奇妙世界》。

锦西经济

锦西人民广播电台

锦西人民广播电台于1993年3月开办的《锦西经济》是一个综合性经济宣传节目。该节目连续地、系统地、多角度地宣传介绍全市经济战线的改革开放成果、生产经营管理经验、先进企业、先进人物。《锦西经济》辟有《经济要闻》、《工交窗口》、《两高一优农业》、《乡企之声》、《经济与法》、《开发区的足迹》、《锦西企业家》、《产品与质量》等栏目。《锦西经济》每周有6天播出，每天1次，每次15分钟。现场报道多、音响报道多、节目主持人化、短而新是它的主要特点。

“518”编辑室

长春人民广播电台

长春人民广播电台的《“518”编辑室》节目于1993年8月18日开播。节目属时政性直播节目，播出时间是周一至周六早7时15分到9时，主要栏目有《市民与公仆》、《新闻透视》、《市场经纬》、《改革启示录》、《专家教授说百病》等。通过把长春市各方面领导、各界群众请到直播间开通热线电话等方式，联系政府与各界，扩大听众参与面，反映社会舆论，介绍长春市精神文明建设成果，反映长春市经济建设及各方面改革的新经验、新气象，并为听众进行医疗服务。

OK！星期天

长春人民广播电台

长春人民广播电台《OK！星期天》节目于1993年8月20日首播。属综合性直播板块节目，每周日的8点到13点播出。共设5档独立的节目：《请跟我来》、《限时专送ABC》、《迷你文学沙龙》、《兴华时尚PARTY》。节目新、短、活、参与性强。

北方你早

长春经济广播电台

长春经济广播电台新开办的《北方你早》是从早晨6：00到10：00四个小时的早板块节目，内含《黎明风信》、《新闻广角》、《都市潮》、《空中商业街》等栏目。拥有快节奏、大容量、全方位的国内国际新闻，总汇民航铁路气象、股票债券期货、科技劳务房地产、金饰品报价等15大类信息。

松辽晚风

长春经济广播电台

长春经济广播电台新开办的《松辽晚风》节目从16：30到21：00播出，内设《青春港》、《经济60分》、《杏花村乐园》、《今晚轻私语》等4个板块。《青春港》的主要对象是大、中、小学生和青年朋友，内含《大学城》、《温馨港湾》两个栏目。《经济60分》设有《经济与文化》、《生活万象》、《经济沙龙》、《商海启示录》、《看长春》等栏目，旨在从多层次、多视角来反映、报道经济和与经济密切相关的生活万象，给听众以启迪。《杏花村乐园》为娱乐节目，《海外乐坛》、《华夏古韵》、《黎园春秋》、《生日屋》、《黄昏怀想》等丰富多彩的栏目为听众提供了尽情欢乐的天地。

寻找离散亲属

延边人民广播电台

延边人民广播电台1993年1月1日开辟了《寻找离散亲属》节目，无偿为海内外离散亲人服务。该节目每周6次，每次10分钟。栏目开播以来，多次在海外各大报刊上刊登消息，广为海外朋友知晓。到1993年底，共收到韩国、日本、美国、加拿大、澳洲等海内外朋友来信300多封，为其中的26位找到了亲属。节目在形式上给人以美感，主持人亲切自然的话语，加上委婉动听的诗歌、音乐，扣动着一个个离散亲人的心。节目播出后，在海内外引起轰动，提高了延边电台在国际上的威望，收听率也因此大增。

今日一刻钟
辽源人民广播电台

1993年3月1日，《今日一刻钟》开播。该节目集新闻性、知识性、教育性、服务性、趣味性于一体，是主持人综合板块节目。听众可以从中获得自己关心、感兴趣的新闻、科学知识、信息和热情的服务。节目内设《时代风采》、《成功之路》、《热门话题》、《农科知识》、《茶余饭后》等23个栏目。该节目每天6:05、12:10和18:05播出。

空中七彩桥
辽源人民广播电台

1993年1月1日，《空中七彩桥》节目开播，该节目属于综合文艺板块性质。每周四上午7时15分到10时15分播出，每周重播3次。节目内设《今日话题》、《音乐喷泉》、《老歌新唱》、《迷宫探宝》、《珍闻趣事》、《810点播》等固定和非固定栏目25个。

快乐的星期天
通化人民广播电台

通化人民广播电台的《快乐的星期天》是采、编、播合一的主持人综合文艺节目。每周日播出，时间为90分钟，周二重播。设有《艺海漫游》、《生活热浪》、《广播游乐宫》、《空中彩桥》等9个固定栏目。节目着眼于服务听众、娱乐生活、开阔视野、引导新潮，得到广大听众大力支持。同时，还与企业联办一些不固定栏目，扩大企业知名度，提高了经济效益。

艺海神龙
哈尔滨人民广播电台

《艺海神龙》是哈尔滨人民广播电台与神龙健身精品科技开发公司于1993年联合开办的主持人综合文艺板块节目。它集娱乐、服务、趣味、欣赏、知识于一体。下设的栏目有《快乐岛》、《卡拉OK擂台赛》、《礼仪点歌》、《白金唱片》、《龙华金曲》、《宠物市场》、《文艺大哥大》和《听众俱乐部》等。播出时间是：周日7:00，周二、三、五、六7:00、11:30、18:30，周四22:15，每次70分钟。

空中888
哈尔滨人民广播电台

《空中888》是哈尔滨人民广播电台于1993年6月14日推出的以生活、信息、服务为主的专题节目。该节目每周一至六播出，每次25分钟，每天播3次。节目设有《今日最新消息》、《科技商品信息》、《证券市场》、《人才流动》、《礼仪服务》、《888》、《今日夜话》、《商品信息》、《天气形势》、《影讯信息》、《为您点播》等10余个栏目。

新闻广角
哈尔滨人民广播电台

《新闻广角》是哈尔滨人民广播电台于1993年6月14日推出的一档新闻板块节目。它多角度捕捉社会生活中的热点问题和最新消息，辅之以短而精的评论，使节目更具有广泛性、思考性、参与性和指导性。这个节目每日播出1次，重播1次，每次15分钟。

经广新闻
常州经济广播电台

常州经济广播电台于1993年5月4日开办了《经广新闻》节目，每天早晨6:00-8:00播出。内容有《经广论坛》、中央台《新闻与报纸摘要》节目、《经广快讯》、《经广透视》(集采编播于一体，评论透视社会热点问题)、《市民专线》(每周围绕一个主题反映群众的呼声及公仆的声音)、《国际新闻》、《经济信息》、《股市行情》等。该节目是密集型、快节奏、多品种、高品位的新闻类板块节目。

开心碰碰车
常州经济广播电台

《开心碰碰车》是常州经济台1993年5月4日推出的娱乐性节目。主持人以活泼轻松、风趣幽默的主持风格赢得了听众。这个节目设有《一语惊人》、《午间甜点》、《金字塔》、《小风铃》、《天天谜宫》、《脑筋急转弯》、《凡人游记》、《开心口语大赛》等栏目，每个栏目都开通了听众参与的热线，通过娱乐方式启迪智慧，增长知识，传递温馨，愉悦身心。《开心碰碰车》每天11:00-11:50播出。

编辑部的故事
常州经济广播电台

《编辑部的故事》是常州经济台于1993年5月4日推出的情感交流类节目之一，每周四21:30-22:30同广大听众见面。该节目由全台节目主持人轮番主持，通过这个节目向听众传递编辑部信息、节目动态、幕后故事、采编主持人员感受，反映听众心声和建议。每月最后一周还分别邀请电台领导、兄弟新闻单位负责人参与，成为电台密切联系听众的窗口，听众评论节目的论坛，和新闻传媒与受众交流的空中通道。

新闻广场
常州交通广播电台

《新闻广场》是常州交通广播电台1993年7月1日设置的一档

综合性板块节目。其基本特点是容量大，广播特色鲜明，结构新颖紧凑，风格活泼贴近。在30分钟的节目时间里，有《交广快讯》、《交广传真》、《交广社会窗》、《交广今日谈》、《747热线》等栏目。此外，每周还设《国际形势一周综述》、《一周新闻回顾》等。节目实行男女对播，每天上午7:00、8:00各1次。

交通旋律
常州交通广播电台

常州交通广播电台的《交通旋律》节目，贯彻立足"交通"、宣传"交通"的宗旨。这个板块节目于1993年7月1日开办至今，在宣传交通基础设施及市重点工程建设，剖析交通事故案例，传播交通信息等方面做了成功尝试。在150分钟的节目时间里，设《交通广角》、《边走边唱》、《给你5分钟》、《热点30分》、《醉心音符》、《交通启示30分》、《爱车一族》和《口出不凡》等栏目。该节目每天上午8:30到11:00播出。

青春节拍
常州交通广播电台

《青春节拍》于1993年7月1日开办，是以青年为主要对象的青春型板块节目。每天中午12:30-14:00跟广大听众见面。下设栏目有《青春方程式》、《青春音乐盒》、《青春日历》、《难得友情》、《青春校园》、《一首歌一个故事》、《金果跳跳跳》、《让你笑笑笑》、《片片枫叶情》等。

早上好·新闻综合节目
镇江人民广播电台

《早上好·新闻综合节目》是镇江人民广播电台新闻部在1993年5月10日电台节目大调整后推出的重头节目，每天早上7:00至8:00以直播的方式播出。该节目以新闻性为主，融信息、知识为一体7:00至7:30为《新闻总汇》下设《本市新闻》、《国内外要闻》、《新闻追踪与分析》栏目；7:30至8:00为《信息大全》，下设《热线传真》、《今日点评》、《综合信息》、《历史长河》等栏目。节目开办以后，已成为镇江市民获取新闻及多种信息的主渠道。

走进直播室
镇江人民广播电台

《走进直播室》是镇江人民广播电台专题部在1993年5月10日推出的重头节目，每天中午12:10至13:00以直播的方式播出。节目突出新闻性和时政性，强调关心社会与人生的痛痒。节目另一特色是突出新闻人物的宣传，每星期设置了《漫步人生》和《镇江人镇江事》两个栏目安排人物报道，在主持人和嘉宾的交谈对话中展示新闻人物的风采，表现新闻人物的人生辉煌和苦涩。

1161监督岗
无锡人民广播电台

《1161监督岗》是无锡人民广播电台新闻台开办的一档投诉服务类节目。因该台中波频率是1161千赫，故取名为《1161监督岗》。

《1161监督岗》从1993年10月8日开始播出，播出时间是每周一至周六18:10-18:50，市民可以拨打热线或来信，反映各类社会问题和工作、生活中所遇到的困难，主持人通过与有关部门联系解决后向听众答复，或当场直接拨通有关电话给予答复，或请有关部门负责人进直播室当场答复。

今日半小时
南通人民广播电台

南通人民广播电台综合性主持人板块节目《今日半小时》于1993年1月23日开播，每天播出两次，每档30分钟，该节目融新闻性、知识性、服务性、趣味性为一体，轻松、活泼、清新、流畅。主要栏目有《热门话题》、《新闻广场》、《谈天说地》、《东西南北》、《家庭生活》、《空中贺卡》等。开播后，始终抓住广大听众关心的热点、难点、疑点和一些社会现象，做深度报道，赢得了社会的肯定和赞扬。

经济立交桥
淮阴人民广播电台

淮阴人民广播电台1993年10月1日开办主持人直播板块节目《经济立交桥》，节目时间为90分钟，每周一、三、五、日播出。该板块节目以经济工作为主旋律，以经济新闻、经济类专稿、法律常识和商品信息为主要内容。节目中设置了《经济专列》、《801法律服务台》、《空中导购台》、《青春调色板》、《蓝精灵》等小栏目。

文艺大舞台
淮阴人民广播电台

淮阴人民广播电台于1993年10月1日推出综合性文艺板块节目《文艺大舞台》。这个节目融信息性、知识性、欣赏性为一体，采用主持人直播形式，每周播出3档。其宗旨是：坚持党的"二为"方向和"双百"方针，努力从"通俗中求意蕴，在综合中展精致"。具体栏目名称及播出时间是：《银屏世界》——周四17:50至18:50播出，内设《影视明星》、《热线点播》等子栏目；《开心你我他》——周六17:50至18:50播出，内设《万家迷乐》、《黎园相约》等子栏目；《假日流行网》——周日8:00至10:00播出，内设《爱心传真》、《歌坛星座》等子栏目。

七彩好时光

淮阴人民广播电台

淮阴人民广播电台的《七彩好时光》节目是生活服务性直播板块节目，每周4档，每档一个半小时，中午播出。该节目是淮阴台1993年节目大改版的先声。这个节目紧紧围绕“衣食住行玩乐”六字，从老百姓普普通通的生活出发去构思节目，内容丰富，形式活泼，并设立热线让听众直接参与节目。该节目设置了12个栏目，主要有《回音壁》、《购物指南》、《热线话热点》等。

今日大世界

盐城人民广播电台

《今日大世界》是江苏盐城人民广播电台于1993年2月15日开办的一个新闻性综合板块节目。它是新闻节目的延伸和扩展，采取主持人录播形式，每档30分钟，每天早上7点播出，晚上8点复播。该节目以分析社会现象、透视社会生活、报道本市及国内外重大新闻为宗旨。主要栏目有《热点追踪》、《今日话题》、《观察与思考》、《市民与公仆》、《都市流行色》、《乡村风景线》、《典型报道》、《热线投诉》、《回音壁》、《一分钟论坛》、《点歌台》、《生活指南》、《三百六十行》、《点题采访》等。

午间时光

盐城人民广播电台

《午间时光》是江苏盐城人民广播电台开设的一档融新闻性、知识性、娱乐性、服务性于一体的主持人综合板块节目。每天中午12：00播出，每档30分钟。星期日另安排一档《午间时光》特别节目——《快乐假日》。设有《午间新闻》、《新闻纵横》、《盐阜人物》、《谈天说地》、《求医问药》、《经济信息》、《听众信箱》等十几个栏目，并可适时增设其它栏目。

晨间新闻

杭州人民广播电台

《晨间新闻》是杭州人民广播电台于1993年3月1日推出的新闻板块节目，每天7点到8点播出。同年9月5日，该节目做了进一步改革和调整。《晨间新闻》节目每天播出新闻45条以上，《新广要闻》是它的主要栏目，内容以本台采制的杭州市新闻为主。采用主持人直播、记者口播、现场直播和连续滚动报道等形式，时效快、现场感强、信息量大，发挥了广播的独特优势。其它栏目有《新闻人物》、《新广论坛》、《刚刚收到的消息》、《新广追踪》和《特别寻呼》（市民热线）等。

九三金华

金华人民广播电台

《九三金华》是浙江金华人民广播电台1993年1月1日推出的综合性直播板块节目，由热点、热线、专访、专论、信息窗、导购服务、热线电话等组成，设有《金融世界》、《农村天地》、《商品流通》、《企业之声》、《市民热线》、《城镇新貌》、《文化广场》、《时事经纬》8个专栏50多个小栏目。每周播出6次，每次1小时。

七彩桥

金华人民广播电台

《七彩桥》节目是金华人民广播电台1993年1月1日推出的集社会性、信息性、服务性于一体的综合性主持人节目，设有《今日话题》、《经济万象》、《七彩信箱》、《服务万家》、《迷你时光》等栏目。其中《今日话题》多层次、多角度反映社会生活中的热点问题；《七彩信箱》为谈心类栏目，着意走进听众朋友的心灵世界。《七彩桥》节目注重主持人与听众之间的双向交流，强化听众的参与意识，依靠听众朋友，开门办节目。该节目每周播出6次，每次15分钟。

空中沙龙

金华人民广播电台

《空中沙龙》节目是金华人民广播电台的一档综合文艺板块节目，每周1期，每次1小时，汇知识性、趣味性、娱乐性、欣赏性于一体，赢得了广大听众的喜爱。《空中沙龙》设有《耳听八方》、《文学风景》、《影视圈》、《文化热点》、《点歌台》、《戏曲天地》、《开心一刻》等栏目。

快乐时光

金华人民广播电台

《快乐时光》是金华人民广播电台1993年1月1日推出的节目，每周播出6次，每次1小时。以节奏快、形式活、内容新而受到广大听众，特别是青年听众的喜爱。其中的《三百六十行》栏目，邀请嘉宾到直播室接受主持人的采访；《搭错车》（娱乐）、《空中贺卡》（点歌）、《您快乐吗?》（心理咨询）等栏目，由听众打进电话来直接参与。主持人轻松活泼的语言增强了听众参与的积极性，使节目无论从内容到形式都充满了生活气息。

738早新闻

绍兴人民广播电台

1993年6月15日，绍兴人民广播电台推出了《738早新闻》主持人直播节目，每天早上7：00—7：30播出，9：00重播。《738早新闻》由以下四个内容构成：《新闻快报》——精汇本市和国内外最新动态。《背景追踪》——主要以音响报道为主，对新闻快报中的重要报道作进一步展开。《绍广论坛》——就本次节目中的新闻事实作深入的阐发，或就市内外某一现象进行评述，向社会提供正确的舆论导向。《热线传呼》——通过参与热线，直接反映来自群众身边的新人新事和他们的呼声、要求并及时反馈。《738新闻》是本台收听率最高的节目。

738新干线
绍兴人民广播电台

《738新干线》是绍兴人民广播电台1993年6月20日开办的板块类直播节目，每星期天上午9：30至11：30播出，设有6个各具特色的小栏日：《新闻巡回榜》、《青春旋风》、《心跳股市》、《开心老地方》、《电话迪斯尼》和《穿越侃大山》。《738新干线》内容丰富，形式多样，主持风格亲切自然，突出服务性，增强可听性，扩大参与面，开办至今，深受听众朋友的喜爱。

35号服务台
衢州人民广播电台

浙江省衢州人民广播电台自1993年6月1日起开办《35号服务台》节目。该节目为纯服务性节目，目的是为听众牵线搭桥，提供致富信息、人才信息和保健信息。内设《你多我少》、《保姆介绍》、《兼家教》、《请钟点工》、《空中救生艇》、《金点子》等栏目。播出时间是每天12点20分至12点50分。

手指家族
衢州人民广播电台

浙江省衢州人民广播电台于1993年6月1日开办《手指家族》节目。该节目以娱乐为主，听众通过热线电话参与竞猜拿奖品。竞猜的内容融知识性和趣味性为一体，涉及天文、地理、历史、文学等各个方面。该节目每两个月左右变换一种形式，如主持人与听众直接对话、让听众与听众对话等。还请各行各业的嘉宾到直播间，与主持人及听众对话等。

新闻纵横
马鞍山人民广播电台

《新闻纵横》是安徽省马鞍山人民广播电台于1993年6月1日新开办的直播新闻专题节目。每周一至六早晨7：15开播，每次10分钟。内设有《新闻追踪》、《听众论坛》、《点题采访》、《生活与法律》等栏目。该节目的宗旨是追踪重大新闻,报道新闻背景,反映社会热点,实行舆论监督.

午间七色桥
马鞍山人民广播电台

《午间七色桥》是马鞍山人民广播电台于1993年6月1日开播的综合性节目，它以报道经济，服务生活为主要内容，由主持人直播。每天上午10：00到13：30播出。内设有《服务大看台》、《空中消费城》、《高山流水点歌》和《经济导航》等栏目。该节目以密集的信息、真诚的服务，向听众提供商业行情、经济导向、歌曲点播，为听众排忧解难，为产销铺路架桥。

城市大哥大
马鞍山人民广播电台

《城市大哥大》是马鞍山人民广播电台于1993年6月1日由录播改为直播后新开辟的节目，每天早上7点半开始播出，每次30分钟。该节目开办7个月以来,接到投诉和反映问题的电话500多个,90%以上的问题得到了解决和解答。该节目被评为马鞍山市精神文明建设“双十佳”十件好事之一，受到市委、市政府的表彰。

青春PARTY
马鞍山人民广播电台

《青春PARTY》节目于1993年6月1日开播。节目对象为中小学生和25岁以下的青年人。内设有《感悟青春》、《憧憬未来》、《黄昏SAX》、《青苹果乐园》、《童心世界》等栏目。该节目以知识性、趣味性、娱乐性见长。采取主持人直播形式，组织青年热门话题讨论,反映学生青年生活.

新闻联播
滁州人民广播电台

安徽省滁州人民广播电台于1993年6月1日新开辟《全市新闻联播》和《全市各地广播台站联播》节目。每档15分钟，每天早7：20和晚19：20播出，每次发稿10-12条。该节目以新闻为主，兼有评论、通讯，强调报道的时效性和信息的广泛性，力求体现皖东地方特色。

经济广角
滁州人民广播电台

《经济广角》是滁州人民广播电台于1993年1月18日新开办的节目，每天上午9：00-10：00播出1次。该节目既承担宣传改革政策和追踪经济热点的大宗任务，同时又把为企业家服务、为消费者服务作为义不容辞的责任.节目开办以来受到广泛的好评.

天天热线
芜湖人民广播电台

《天天热线》是芜湖人民广播电台1993年2月18日开办的直播节目。节目宗旨是为听众开设一个窗口，以发表他们对芜湖经济发展的建议和意见，接受听众在工作、生活和学习中遇到的难点和热点问题的咨询及投诉。

空中茶座
芜湖人民广播电台

《空中茶座》是芜湖人民广播电台于1993年4月开办的直播节目。每天中午12：00至13：00播出。通常是由主持人提出一个人们关心的热门话题，采用热线电话、嘉宾主持等多种形式让听众参与其中，各抒己见，再由主持人穿插引导，力求在交流中使听众对社会的“热点”、“焦点”和“难点”问题有更深的了解，以达互相交流，共同提高的目的。

经济台90分钟

福州人民广播电台

福州人民广播电台于1993年2月1日开办了《经济台90分钟》大板块直播节目。聘请福州市副市长孙海山担任节目总顾问。该节目时间安排在“黄金”时段：11：30－13：00（直播）、16：30－18：00（重播）。每周一、三、五、日分别播出文字板块《空中经济桥》、《经济热线》、《榕城交响曲》、《假日无约会》；二、四、六分别播出文艺板块《戏剧人生》、《文化大观园》、《周末音乐磁场》。每个板块节目整点有新闻报道，半点有经济信息，还设有服务性、知识性、言论性、文艺性、趣味性、参与性等多种栏目。《经济台90分钟》紧紧围绕经济建设这个中心进行多侧面、全方位的宣传报道；大到国家经济方面的方针、政策、规定，小到群众生活中的柴米油盐茶酱醋；远到世界各地的经济动态，近到本市市场行情，以多样化的内容兼顾不同层次听众的各种需求。

早安，福州

福州人民广播电台

《早安，福州》节目于1993年2月1日开办，节目内容以聊家常事为主，涉及饮食起居、节令气候、医疗保健、为人处事、穿着服饰、社交礼节、文化娱乐、食品选购、市场行情、咨询服务等等，谈的是家务事，议的是身边情，服务对象以中老年人为主，兼顾青年人。该节目采用主持人形式，每天早上5：30至6：00播出。

今晚十点钟

福州人民广播电台

《今晚十点钟》是福州人民广播电台为了增添电台节目主持人与听众一起“心碰心”的机会而开办的大板块直播节目。它的主要服务对象是青少年。该节目设有4个板块：每周一、四是文学艺术类板块《方平文苑》；每周二、六是生活娱乐类板块《高子有约》；每周三、日是服务类板块《今夜流星》、；每周五是《体坛春秋》。该节目从1993年11月8日起，每天22：00至23：00播出。

满意在“东百”

福州人民广播电台

福州人民广播电台与东街口百货大楼股份有限公司创办了全省第一个商店直播室，于1993年8月16日开办《满意在“东百”》街头直播节目。该节目每周日9点至11点播出。9月5日上午，台湾中广公司亚洲之声电台著名综艺节目主持人吴瑞文应邀，在东百直播室与福州电台高子共同主持了一个半小时的《共度好时光》街头直播特别节目，开创了海峡两岸广播主持人首次联袂在大陆街头直播的历史。接着,9月12日亚洲之声电台节目主持人沈琬也应邀与福州电台主持人联手主持《魂牵梦绕盼奥运》直播节目。每一次直播都吸引了众多观众和听众.中新社、光明日报等十几家国内外新闻单位作了报道.

早安南昌

南昌人民广播电台

1993年10月1日开播，是每天清晨5：30开始播出的新闻性主持人直播板块节目。每逢整点播出《南广新闻》、《南广快讯》，准确、及时、全方位报告省市重要新闻、国内国际新闻和当天报摘。《豫章纵横》对重点新闻进行追踪报道，有点有面，有新闻背景，尽可能多地采用录音报道和记者口头报道等形式。《大众呼声》是《早安南昌》开通热线电话的栏目，从周一至周六每天受理听众的电话投诉，竭诚为大众服务。另外，还辟有《生活服务》和《四海珍闻》等专栏。

经济潮

南昌人民广播电台

1993年10月1日开播。每天8：00播出。《经济潮》潜心于服务，注重参与性，兼具娱乐性，鼎力帮助听众在潮涨潮落的市场中成为幸运儿。主要栏目为《消费指南》、《空中导购》、《证券行情》、《供求金桥》、《经济茶座》以及《交通信息》、《有奖热线》和《劳务市场》。

午间双通道

南昌人民广播电台

1993年10月1日开播。每天12：00播出，每期60分钟。该节目融娱乐、知识、趣味性于一体，邀请听众直接参与，听众透过《彩色窗棂》可看到理想的温馨居室；《穿红戴绿》可知如何打扮入时；《健康乐园》可找到健康益友；《浓妆淡抹》更显娇容；《家电维修》解除不必要的烦恼；《法律经纬》增长法律知识。

午后套餐

南昌人民广播电台

1993年10月1日开播。每天13：05到16：00主持人将把文学的、艺术的馨香拼成“色香味”俱全的“套餐”捧给听众品味。《长篇连播》扣人心弦；《艺海碧波》使听众纵观艺术大世界；《如歌的生活》中有名篇、名曲；千字小语、巨匠格言、幽默小品合成一朵《淡蓝色的小花》；并邀听众加入富有节奏的《紫色的旋律》之中。

今日新话题

南昌人民广播电台

1993年10月1日开播。每天16: 00播出，每期60分钟。《今日新话题》是新闻性的话题节目，许多热门话题和新鲜话题在节目中出现。“公仆”与听众对话，节目主持人与听众交流，探讨有关问题；听众可以对南昌市的大事发表见解，献计献策，对社会上的问题献上良方。《1278你我他》是《今日新话题》节目中的一个栏目。每逢星期日播出，听众可以在这个栏目里听到南昌电台工作人员与各界人士或同行围绕办好广播这个话题，交流思想认识，提出诚挚的意见和建议等有关内容。

立体音乐岛

南昌人民广播电台

1993年10月1日开播。每期60分钟。设有《特快专递》、《音乐补给站》、《金唱盘》、《发烧一族》等专栏。该节目宗旨是用音乐超越时空、用歌声营造多维的艺术境界。

快乐天天

南昌人民广播电台

1993年10月1日开播。18: 10至19: 00播出。设置的专栏有《是是非非》、《步步登高》、《龙争虎斗》、《妙问妙答》。

华灯唱晚

南昌人民广播电台

1993年10月1日开播。每天19: 00播出，每期120分钟。《华灯唱晚》设置的小专栏主要有《艺林风景线》、《迷你时光》、《艺苑花径》、《花海撷英》、《海外金曲》、《青山湖歌舞厅》。

温馨的港湾

南昌人民广播电台

1993年10月1日开播。每星期一至星期日晚21: 00至23: 00播出。设置的小专栏主要有《千千心结》、《3S夜话》、《心灵有约》、《今日有感》、《送你一束白兰花》。在两个小时的广播中听众可在8个方面获取益处，其中《3S夜话》邀请心理专家为听众排忧解难；听众在《送你一束白兰花》栏目中可以向医疗卫生专家就生理卫生等知识作咨询；在《心灵有约》中听众可以倾诉事业、爱情、生活等方面的喜与忧；星期日，听众还可以在《音乐一派》中欣赏欧美音乐节目。

流动直播室

南昌人民广播电台

1993年10月1日开播。每周日上午播出120分钟。《流动直播室》节目的宗旨是把节目办到企业，办到乡村，面对面进行交流。让听众直接参与其中的现场活动。

点歌台

南昌人民广播电台

1993年10月1日开播。每天为听众服务时间是周一至周六为1小时，星期日2小时。在星期日的《点歌台》内《送你一个惊喜》栏目熔参与性、娱乐性为一炉，在此栏目中，主持人通过电话邀请听众参与有趣的活动。此外，还设有《八千里外一颗星》、《今天你好运》、《一家都温馨》等栏目。

开心世界

南昌人民广播电台

1993年10月1日开播。星期日与《午后套餐》节目同步播出，编辑主持人让听众心情愉快地去旅行，还有一个“傻子阿丑”式的角色活跃于空中舞台。

鳌洲论坛

萍乡人民广播电台

1993年2月开办的理论性专题节目。每星期六播出，每次10分钟。设有《学习指南》、《热门话题》、《周末论苑》、《听众热线》、《经济漫谈》、《新警句》等栏目。节目采取主持人与听众亲切交谈的形式播出，引导群众学习邓小平同志建设有中国特色的社会主义理论，学习党的路线、主针、政策；抓住听众最感兴趣、反映普遍的社会热点问题，请有关领导释疑解难；对一些不良的社会现象发表议论和见解，以期达到正确引导舆论的目的。

鹭洲涛声

吉安人民广播电台

《鹭洲涛声》是吉安人民广播电台1993年新办的经济板块节目，旨在及时准确地报道吉安市改革开放、发展经济的大好形势。这个节目设置了《经营之道》、《弄潮儿风云录》、《他山之石》、《市场纵横》等栏目，每星期播1期，每期15分钟，星期一播出，翌日重播。

高保真话筒

吉安人民广播电台

1993年吉安人民广播电台新办的节目。该节目主要以采访录音，加上节目主持人重点评说的方式，反映社会热点问题。每周播出1期，星期三播出，重播1次，每次15分钟。因为节目主要以播出被采访者录音为主，又是谈论社会热点问题，较受听众欢迎。

2751共欢乐

吉安人民广播电台

1993年吉安人民广播电台新办的文艺板块节目，每周3期，每期20分钟。该节目主要播出本市作者创作的歌曲、诗词、散文作品，同时也介绍国内外名歌名曲。设有《点歌台》、《岁月流星》、《文学长廊》、《歌迷大世界》等栏目，着力播放爱国主义、社会主义、民族优秀文化等主旋律，内容丰富，形式活泼。

泉城晨曲

济南人民广播电台

《泉城晨曲》是济南人民广播电台1993年2月22日推出的主持人直播板块节目。《泉城晨曲》内设《市场经纬》、《立交桥、红绿灯》、《今日座上客》、《走麦城》、《过五关斩六将》、《优品长廊》、《监督台》、《回壁音》、《中外经济博览》、《百业信息》。该节目在每天7：15-8：30播出。

旋转七色光

济南人民广播电台

《旋转七色光》是济南人民广播电台1993年2月22日推出的主持人直播板块节目。《旋转七色光》是一个集宣传经济政策，讴歌典型人物，介绍改革经验，反映科技成果，播出影评、剧评，探索人生真谛，开展咨询服务的杂志型节目。设有《1053热线》、《泉城风采》、《经济纵横》、《农家一刻》、《科技了望》、《文化广角》、《都市风情》、《咨询服务台》等。每天12：00-13：00播出。

与您相伴

济南人民广播电台

《与您相伴》是济南人民广播电台1993年2月22日推出的主持人直播板块节目。《与您相伴》设有热线点歌、热线猜谜、热线导购、消费者热线、客座主持人。另外，还设有《家事点点》、《祝您健康》、《人间晚情》、《听众信箱》、《美容镜》、《军旅情》等若干服务性栏目。每天8：30-12：00播出。

七彩生活

济南人民广播电台

《七彩生活》是济南人民广播电台1993年2月22日推出的主持人直播板块节目。《七彩生活》是每周日上午的特别节目，它融文化娱乐、艺术欣赏、生活服务、社会话题为一体，给听众的周日生活平添几分乐趣。栏目有《金色朝霞》、《生活大舞台》、《欢乐时空》等。每周日7：30-13：30播出。

社会万花筒

烟台人民广播电台

《社会万花筒》节目是烟台人民广播电台午间11：30-13：00的直播板块节目。其宗旨是面向社会、面向广大听众，以经济建设为中心，服务于社会现代生活，融新闻性、知识性、趣味性、服务性于一体。它与生活同步，采用主持人形式，听众可直接参与（通过热线电话）现场直播。设有《法律与生活》、《专家门诊》、《邮电与社会》、《环保专线》、《婚礼点歌》、《田园新潮》、《现代家庭》等栏目。围绕热点选话题，围绕难点请嘉宾，围绕重点抓深度。

新闻1314

烟台人民广播电台

《新闻1314》节目是烟台人民广播电台1993年3月开办的新闻直播板块、舆论导向性节目。主要围绕市委、市政府的中心工作和社会热点问题做深度报道。目前已成为影响广泛、家喻户晓的名牌节目。自1993年6月开始在本节目中又开设了《市长与市民》栏目，请市领导分别到直播室直接与听众进行交谈，使市民深入了解了市委、市政府的各项政策，积极参与烟台市两个文明建设。

鲁中晨曲

淄博人民广播电台

《鲁中晨曲》是留性人民广播电台1993年1月1日开播的主持人直播板块节目。播出时间是早7：00至8：00，以新闻和深度报道为主要内容。每天播出1次。下设8个栏目《淄博新闻》、《气象与广告》、《社会广角》、《鲁中现代风》、《今日谈》、《热线话题》、《为您导购》、《英语广角》。

1143直播室

淄博人民广播电台

《1143直播室》是淄博人民广播电台1993年1月1日开设的主持人直播板块节目。播出时间是12：00-13：30，以经济服务为主要内容。每天播出1次。下设8个栏目《简明新闻》、《淄博经纬》、《听众服务台》、《百业采风》、《午间黄金岛》、《健康指南》、《报刊文摘》、《外地消息》。

金色时光

淄博人民广播电台

《金色时光》是淄博人民广播电台1993年1月1日开设的主持人直播板块节目。播出时间是9：00-11：00。以交通信息、生活服务、文艺为主要内容。每天播出1次。下设7个栏目《交通服务台》、《文体快讯》、《商贸信息》、《生活五线谱》、《热线点播》、《金歌银曲你和我》、《周末沙龙》。

共度今宵

淄博人民广播电台

《共度今宵》是淄博人民广播电台1993年1月1日开设的主持人直播板块节目。播出时间是19：00-21：50，以文艺、家庭生活为主要内容。下设9个栏目《玉歌金曲》、《1143点歌台》、《笑口常开》、《戏曲之友》、《文学之窗》、《柳泉夜话》、《艺苑群星》、《心里话心里事》、《家事点点》。

大众传呼
淄博经济广播电台

《大众传呼》是淄博经济广播电台1993年8月1日开办的直播节目，每天早7：20—7：25播出。"宏扬正气，鞭鞑歪风"是《大众传呼》的宗旨，节目主要通过听众热线参与，对反映的社会问题、新人新风尚予以报道，并积极与职能部门、有关单位联系寻求答复，给予咨询。

社会助听器
淄博经济广播电台

淄博经济广播电台的《社会助听器》栏目于1993年8月1日开播，它是设置在早间新闻直播板块《迎接太阳》中的综合新闻专题节目，每天早7：25—7：45播出。旨在透析社会生活和经济生活中的热点问题，提供重大新闻的新闻背景。

一路平安
淄博经济广播电台

淄博经济广播电台交通节目《一路平安》(《旋转车轮》)，于1993年8月1日开播，分别在每天上午8：00—9：00，下午16：00—17：00播出。节目的主要服务对象是广大驾驶员和交通干警。在节目中设置了《交通经纬》、《交通英语ABC》、《事故黑匣子》、《牵挂你的我》等许多新鲜灵活、引人入胜的小栏目，起到了寓教于乐的作用，收到了良好的社会效果。

上帝之声
淄博经济广播电台

淄博经济广播电台《上帝之声》是该台与市消费者协会于1993年8月1日联合开办的节目，每周一、五上午10：30至11：00播出。旨在宣传普及消费者权益保护方面的知识，维护消费者的合法权益。自开办以来共受理消费者热线咨询和投诉电话一千多个，协调处理各类消费投诉300多件，成为消费者喜爱的节目。

EBS传呼台
淄博经济广播电台

淄博经济广播电台《EBS传呼台》节目于1993年8月1日开办，每天上午10：10至11：00播出。采用热线参与直播节目的方式，旨在为供求之间架设一座空中桥梁，提供转让、求购、技术合作、用工、维修服务等各类信息。以它传送信息快捷、准确、实用的特点，成为工农业生产和人民群众生活的一条重要信息渠道。

股市沙龙
淄博经济广播电台

淄博经济广播电台的《股市沙龙》节目于1993年8月1日开播，每周六中午12：30播出。股市风险莫测，《股市沙龙》旨在介绍股票、证券投资知识，分析预测股市行情、走势，为股民投资提供指导。

黄艺娱乐圈
淄博经济广播电台

《黄艺娱乐圈》是淄博经济广播电台1993年8月1日开播的一个以娱乐、参与为主的娱乐类直播板块节目。每天11：00—12：00播出。该节目集知识性、趣味性、娱乐性为一体，设置了《鸿雁竞猜》、《音乐擂台赛》、《周末碰碰彩》等12个子栏目，每天都为听众奉献不同内容节目。深受广大听众的喜爱。

青春校园
淄博经济广播电台

《青青校园》是淄博经济广播电台1993年8月1日开播的一个专为学生、教师、家长设置的直播板块节目，每天17：00—18：00播出，该栏目集知识性、参与性、趣味性为一体，寓教于乐、该栏目设置了《少年来时路》、《幸运三级跳》等十几个子栏目。

夜海心航
淄博经济广播电台

淄博经济广播电台的《夜海心航》节目是一个以心理咨询为主的谈话类直播板块节目。1993年8月1日开播，每晚22：00—23：00播出。主持人在一个小时的节目中回答听众来信或热线电话中关于人生、事业、爱情、婚姻方面的烦恼和困惑。开播后，由于节目新颖、贴近生活，深受听众喜爱，成为经济台的名牌节目。

漫步晨曦
淄博经济广播电台

淄博经济广播电台直播节目《温步晨曦》是1993年8月1日伴着经济台第一声呼号诞生的，这是一个主要针对中老年人开办的节目，每天早6：00—6：30播出。该节目力争办成杂志型、欣赏型节目，开设了《健康之旅》、《人生感悟》、《银色快讯》、《晨曦絮语》、《我的故事你来听》、《清晨的祝福》等栏目。

威广热线1206
威海人民广播电台

《威广热线1206》是威海人民广播电台1993年7月18日推出的直播板块节目。旨以传达政府意志，反映市民心声，沟通上下联系，解决实际问题。每周一至周五的早7：20—8：00播出。开办前期，多就听众关心的衣食住行中的"热点"、"难点"问题，请有关部门负责人到直播间现场解答。后期向新闻性专题节目靠拢，围绕威海政治、经济生活中发生的有价值的新闻事件和听众关心的“热点”问题进行追踪报道和评述，听众也可以参与到节目中发表自己的看法。《威广热线1206》节目是威海人民广播电台在社会上颇具知名度的节目，收听率高居各节目榜首。

潮满威海卫
威海人民广播电台

《潮满威海卫》是威海人民广播电台1993年7月18日开办的经济类板块节目。每周一至周六的中午12：10—13：00播出。内设的《经济长境头》主要报道威海乃至全国的经济“热点”及现象；《在海那边》采取漫谈及热线参与形式介绍国外经济的发展情况；《经济人风景线》是展示企业家、下海人、打工仔风采的天地；《科海追潮》介绍科技新成果及最新专利技术，还有科技发展趋势等内容。

心灵之约
威海人民广播电台

《心灵之约》是威海人民广播电台1993年7月18日开播的直播板块节目，每周一至周六的晚22：20—23：00播出。主要设《叶笛信箱》、《玫瑰书签》、《月夜芳草地》、《温馨夜曲》和《枕边夜话》栏目。该节目的开办旨在为听众提供一块情感交流的空间，展示内心世界的窗口。

假日游乐船
威海人民广播电台

《假日游乐船》是威海人民广播电台1993年7月推出的星期日直播板块节目，每周日的7：20—12：00播出。该节目模拟游船假日海上漫游的形式，主持人以船长身份，引导听众参与各种娱乐活动。目的是让听众开阔眼界，增长知识和阅历，丰富人们的假日生活。主要栏目有《潇洒路上边走边唱》、《歌海排行榜》、《我的星期天》、《环球风情录》、《幸运演播舱》、《音响创意》、《歌迷对话》、《放飞吉祥鸟》。

走向大市场
潍坊人民广播电台

潍坊人民广播电台的《走向大市场》节目是一个经济类综合性主持人板块节目，开办于1993年1月1日，每周播出4次（一、三、四、六），每次15分钟，播出时间是11：30—11：45。《走向大市场》节目力求以丰富的内容、活泼的形式、朴实亲切的语言走进政府各个经济部门、企业界和商界，起到指导市场经济、总结发展市场经济经验，引导正确消费的作用。《走向大市场》节目设有《企业与市场》、《市场指南》、《商界扫描》、《百业采风》、《经济法园地》等栏目，根据节目内容，选播相应的乐曲间奏，更增强了节目的可听性。

风筝都晨曲
潍坊人民广播电台

《风筝都晨曲》是潍坊人民广播电台在1993年1月1日开设的以新闻、言论为重点，融信息、服务、知识为一体的综合性板块节目，播出时间为每天早晨6：00到8：30，设有《新闻》、《时事传真》、《晨间快语》、《神州新视野》、《市场指南》、《经贸动态》、《科技动态》等栏目。

白浪河之夜
潍坊人民广播电台

《白浪河之夜》节目是潍坊人民广播电台1993年1月1日开办的主持人综合性文艺板块节目，播出时间是每晚8：30—10：30。该节目设有《热线点播》、《1161信鸽》、《青春节拍》、《文学芳草地》、《一曲难忘》、《大众曲艺厅》、《戏曲大观园》、《空中彩虹》等栏目，内容丰富多彩。

东昌晨曲
聊城人民广播电台

《东昌晨曲》是聊城人民广播电台于1993年8月8日新开办的直播板块节目，主要播出社会新闻、经济新闻、信息服务、歌曲欣赏等内容，主要栏目有《信息短波》、《人间真情》、《人生警戒线》、《市场导购》、《热线点播》、《幸运热线》、《信誉茶座》和《鲁西经纬》等，每天7：20至9：20分3个时段播出。是一个融新闻性、知识性、趣味性和娱乐性为一体的综合性节目。

空中立交桥
日照人民广播电台

日照人民广播电台开办的大型直播节目《空中立交桥》，是一个政教类的综合板块节目。这个节目自1993年10月1日开播以来，以新、活、快等特点在社会上引起了强烈反响。节目在每天中午的12：20播出，共90分钟，其中《热门话题》、《今日港城人》、《人生红绿灯》、《3025热线》等栏目倍受听众欢迎。

听众大世界
日照经济文艺广播电台

《听众大世界》为日照经济文艺广播电台晨间综合性直播板块节目，由《清晨为您打开一扇窗》、《今晨话题》、《五花八门大热线》等栏目组成。播出时间为1小时30分钟。《清晨为您打开一扇窗》以传递各类信息为主，引导消费、指导生活。《今晨话题》围绕人民群众普遍关心的热点、难点问题展开听众讨论，澄是非，辨真伪，表扬真善美，鞭挞假恶丑。

文艺天地
冷水江人民广播电台

《文艺天地》是冷水江人民广

播电台1993年10月12日开播的一个集知识性、欣赏性、趣味性、娱乐性于一体的综合板块节目，每周二、四、六、日的17:00播出。每次30分钟.设有《文苑欣赏》、《锦都风情》、《人生百味》和《戏曲欣赏》等10个栏目

经济大观园
邵阳经济广播电台

《经济大观园》是邵阳经济广播电台1993年11月8日开播的节目，每周一、三、四、六播出。每次30分钟。设有《经济新闻》、《焦点透视》、《商海泛舟》、《消费热线》、《企业家沙龙》、《致富指南》、《信息世界》和《金融之声》等栏目。

星沙金桥
星沙之声广播电台

《星沙金桥》是星沙之声广播电台1993年5月5日开播的节目。它是党政领导联系群众的桥梁。由副县级以上干部在直播室跟主持人或听众直接交谈，或通报市委、市政府的重要决策、重大情况，或通过热线电话听取市民的呼声、意见、要求和建议。在这座桥上，公仆与市民就共同关心的问题，相互协商，增进理解，取得共识。其播出时间，起初为每周8:30至9:30播出；从8月8日起改为每周日12:10至13:30播出。

麓山夜话
星沙之声广播电台

《麓山夜话》是星沙之声广播电台的一个谈话类节目，始播于1993年5月1日，每周6次（周日无），每次50分钟（22:00至23:00）。在这个节目里，除了主持人与嘉宾直接交谈外，主持人与听众、听众与听众、嘉宾与听众也可通过热线电话相互交流看法，每次谈论一个话题，主要内容有婚姻恋爱方面的难题和苦恼；以及亲朋、同事、上下级之间的矛盾和烦恼等。

七彩华灯
汕头人民广播电台

汕头人民广播电台的《七彩华灯》节目于1993年1月开播，每周一至六17:30-19:00播出。这个节目是集新闻性、知识性、服务性于一体的综合节目。主要报道社会新闻，分析社会热点问题，汇集各方信息，还介绍一些经济常识、法律常识。节目采用主持人直播的形式，还注意运用电话采访、直播室访谈等技术手段，发挥了广播的优势。

金色的田野
涪陵人民广播电台

涪陵人民广播电台于1993年9月12日开办节目《金色的田野》。该节目是电台唯一面向农村听众的节目，它的开办弥补了《涪陵新闻》节目的不足，它集新闻性、知识性、科学性、教育性和服务性为一体，向农民朋友传递区内外发生的大事，推广科技知识，为农民致富提供信息。节目长度为10分钟，周三早上8:10播出，周五中午1:30重播。

巴都夜话
涪陵人民广播电台

涪陵人民广播电台的《巴都夜话》节目诞生于1993年9月20日，节目内容面广，涉及老年人、中年人、青年人生活的方方面面。旨在为各个年龄段的听众朋友排解生活中的愁烦，共享生活的乐趣。

可爱的涪州
涪陵人民广播电台

涪陵人民广播电台于1993年9月22日开办《可爱的涪州》栏目。《可爱的涪州》面向全区听众，节目内容以介绍涪陵地区名胜古迹、风土人情、地方特产为主，融知识性、趣味性为一体。节目播出时间为每周三、五早晨7:50和晚上7:50。

热线法律咨询
德阳人民广播电台

德阳人民广播电台于1993年3月与德阳市中级人民法院联合开办服务性、参与性栏目《热线法律咨询》。这个栏目每月1次，在每月第二周的星期五中午11:30至12:00的直播节目中播出。每次节目由市中级人民法院的法官在直播间通过热线电话，当场回答听众提出的有关法律方面的问题。

知心姐姐专题
德阳人民广播电台

德阳人民广播电台1993年11月14日正式推出新节目《知心姐姐专题》节目。此节目系知识性、服务性节目，服务对象主要是全市中小学生。由电台文艺专题部与市教育委员会联合主办。栏目有《心理博士》、《七彩桥》、《导学之窗》、《心灵呼唤》、《热点讨论》、《同学祝福》、《艺术鉴赏》等。该节目每星期六下午6:00到6:30播出，星期天上午10:05到10:30重播，每次节目时间为25分钟。

百业采风
遂宁人民广播电台

《百业采风》是遂宁人民广播电台1993年新开办的一个节目，该节目在每天早上7:20的黄金时间播出，时间为10分钟。该节目以主持人形式与听众见面，节目宣传各条战线取得的成绩和经验，展示各行各业的风采，为遂宁的经济建设和改革开放服务。

新闻纵横
西安人民广播电台

西安人民广播电台的《新闻

纵横》节目从1993年10月1日起采取主持人直播的形式，运用跟踪报道、述评、现场采访等手法，对重要新闻事件和社会现象做深层次的剖析透视，扶正祛邪。这个节目播出的时间是中午1点至1点30分，每周播出6次。该节目共设20个栏目，其中《追踪报道》、《焦点透视》、《社会新视角》、《经济特刊》、《警方热线》、《律师楼信箱》、《午间杂谈》、《周日热线》等栏目最具广播之优势，发稿量大，听众反馈强烈。

都市大观
西安人民广播电台

《都市大观》是西安人民广播电台1993年10月1日推出的一个主持人直播和热线板块节目，每天上午7:40至8:30播出。《都市大观》以经济宣传为主，其宗旨是宣传在建立社会主义市场经济体制的新形势下的都市经济、都市意识、都市生活、都市发展，包括宣传都市的幅射功能，以体现城市电台的特色。设有《市长热线》、《城市建设热线》、《消费热线》、《法制热线》、《社会监督哨热线》和《热点追踪》、《观察思考》、《城建之声》、《都市风景线》、《市井采风》等栏目。在具体内容安排和表现形式上，突出重大问题和热点问题，突出听众直接参与，突出带现场音响的报道。

经济生活
铜川人民广播电台

铜川人民广播电台1993年4月1日开播的《经济生活》是集新闻性、服务性于一体的主持人节目。本节目每天播出两次（早晨7点40分，中午12点30分），每次20分钟。现开设有10个栏目：《经济要闻》、《经济热点》、《企业天地》、《市场漫步》、《消费指南》、《信息窗》、《下海人》、《回音台》、《供需之间》和《个体窗口》。

金城早行
兰州广播电视台

兰州人民广播电视台新闻部主办的主持人直播新闻节目《金城早行》于1993年12月14日开播。《金城早行》节目特点是新闻信息总汇，经济生活向导，说长道短论理，听众热线参与。节目中，记者、通讯员电话同步报道新闻和听众热线反映问题，进行主题讨论等，在听众中反响极大。《金城早行》每周二至六早上7:00和8:00整点播出。每次30分，星期日早8:00至9:00播出。

快乐的星期天
兰州广播电视台

《快乐的星期天》是兰州广播电视台1993年12月14日推出的综艺性主持人直播板块节目。该节目集娱乐、欣赏、知识、信息服务、听众参与于一体，突出愉快、轻松、温馨、奉献的主题，为听众营造一块假日休闲娱乐的园地。《快乐的星期天》每星期日上午9:00至11:00，晚上22:00至23:00播出。

蓝色月光
兰州广播电视台

《蓝色月光》是兰州广播电视台1993年12月14日推出的服务性主持人板块节目。该节目以思想疏导为主，为听众提供多方面的咨询和服务，共同探讨人生、理想等方面的热点问题，引导人们思想道德向健康、积极向上的方面发展。节目中设有《月亮岛》、《神秘岛》、《星星点灯》、《今晚有约》和《星星岛》栏目。《蓝色月光》每周二至六晚上22:10至23:00播出。

1993年地、州、市电视台新开办的栏目

石家庄电视台吉尼斯纪录大全
石家庄电视台

河北省石家庄电视台1993年5月23日开办《石家庄电视台吉尼斯纪录大全》栏目。节目集群众参与性、娱乐性、观赏性于一体。每周六20点左右播出，每次15到20分钟。该栏目以真实纪录全市各地各行业的奇闻、趣事、绝活为主要内容，受到各界观众的热情支持和厚爱。播出以来，有200多名身怀绝技、绝活的人士踊跃报名参与本栏目。

七彩桥
石家庄电视台

河北省石家庄电视台1993年1月2日开办了《七彩桥》栏目，每周六20点20分左右播出，每次15分钟。《七彩桥》栏目内设三个服务性小板块栏目。《下周屏幕》主要介绍本台下周主要节目内容；《屏前幕后》介绍本台各部门为给观众提供丰富多彩的节目而辛勤工作的情况；《同心岛》则尽已所能，全力为观众排忧解难。

荧屏桥
保定电视台

河北省保定电视台于1993年3月开办了《荧屏桥》栏目，每周六播出，每次10分钟。《荧屏桥》是电视台联系观众的桥梁和

纽带。它以主持人的形式出现，主要内容：一是向观众提供节目信息；二是向观众介绍有关节目背景的一些情况，使观众能了解到节目幕后电视工作者的艰辛劳作和孜孜以求的敬业精神；三是介绍一些观众对播出节目的反馈信息和点评意见；四是优秀影视歌曲欣赏。此栏目自开办以来，一直是保定电视台收视率较高的栏目之一。

法制与社会

保定电视台

河北省保定电视台于1993年3月开办了专题栏目《法制与社会》。每两周播出1次，每次10分钟。《法制与社会》采取述与评结合的形式，融新闻性、知识性和思想教育性于一体，内设《法制广角》、《红绿灯下》、《警钟长鸣》、《经济与法》和《法律信箱》等小栏目。此栏目开办以来，有力地配合了普法教育和社会治安综合治理，在增强公民法律意识以及震慑违法犯罪分子等方面，发挥了积极作用。

热门话题

唐山电视台

河北省唐山电视台于1993年3月开办了《热门话题》栏目。每周四、日晚8:30播出，每次15分钟。该栏目是新闻节目的补充和延伸，主要反映广大观众对社会热点问题的看法和意见，探求发生的原因及解决的办法。采取主持人现场采访的方式播出，体现了“三贴近”的原则，群众的参与热情很高。

信息300秒

唐山电视台

河北省唐山电视台于1993年3月开办了《信息300秒》栏目，每天晚7:50播出1次，每次5分钟。《信息300秒》栏目旨在传播信息，为发展经济及社会需要提供服务。该栏目下设《供求热线》、《步入市场》、《消费指南》、《价比三家》、《蔬菜行情》、《股票行情》等十几个小栏目。

星期纵横

秦皇岛电视台

河北省秦皇岛电视台于1993年12月26日开办了新闻性综合栏目《星期纵横》。每星期日播出，星期三重播，每次30分钟。《星期纵横》栏目以纪实的手法，突出现场感和新闻性，贴近现实，贴近观众。《星期纵横》由《关注话题》、《秦皇岛人》、《消费热线》和《看家乡》4个小栏目组成。

秦皇岛与世界

秦皇岛电视台

河北省秦皇岛电视台于1993年12月29日开办了《秦皇岛与世界》栏目。每星期四播出，星期六重播，每次35分钟。《秦皇岛与世界》栏目旨在让世界了解秦皇岛，让秦皇岛走向世界。它采用主持人形式，串播《看世界》、《开放中的秦皇岛》和《每周世界风云》3个小栏目。在《看世界》里，播出反映国外高科技发展和奇观异景、奇闻趣事等方面的纪录片。在《开放中的秦皇岛》里，报道秦皇岛市各行各业对外开放情况，并对大家关心的改革开放的焦点问题展开探讨。在《每周世界风云》里，播放由新华通讯社提供的国际重大事件报道。

开心剧场

秦皇岛电视台

河北省秦皇岛电视台于1993年12月26日开办了大型娱乐性栏目《开心剧场》。每星期二、日播出，星期一、三重播，每次25分钟。《开心剧场》以“开心”二字为宗旨，选辑荟萃小品、相声、滑稽录像、外国幽默、电视短剧等娱乐性节目为一体，突出娱乐性、趣味性、知识性。每期节目分设《风靡一时》、《今夜风行榜》和《惊险奇谭》等小栏目。由幽默主持人主持，力求活泼新颖，丰富多彩。

经济生活

廊坊电视台

《经济生活》栏目是廊坊电视台于1993年1月3日开办的，每周五播出，下周二重播，每次15分钟。《经济生活》栏目形式新颖、节目众多，与当前的经济工作和人们普遍关心的经济问题联系密切，尤其是《热门话题》、《企业采风》等小栏目贴近群众、贴近生活，与电视观众息息相关，播出后反应强烈。

12CH新闻杂志

太原电视台

山西省太原电视台于1993年5月29日开办了以社会新闻、新闻人物、热门话题为主要内容，以深度报道、记者亲自主持为主要形式的杂志型栏目《12CH新闻杂志》。辟有《李馨专访》、《王刚新观察》和《维平热点追踪》3个小栏目。每周日晚8时播出，时间为20分钟。该栏目内容丰富，焦点问题抓得准，引导观众了解和认识某些社会现象，可视性较强。

家家乐

太原电视台

山西省太原电视台于1993年开办了以老年人和妇女儿童为主要服务对象的、群众直接参与的综合性文化娱乐栏目《家家乐》。设有《共度好时光》、《家风家事》和《真情流露》等小栏目。每星期天上午11时30分播出，时间为30分钟。观众反映节目寓教于乐、贴近生活、新颖活泼。

空中艺苑
太原电视台

山西省太原电视台于1993年4月开办了以资料为主，集艺术欣赏、名人介绍、娱乐活动及观众参与为一体的50分钟综艺栏目《空中艺苑》。辟有《流星彩》、《热传递》、《音乐线》、《新星座》、《大视角》和《爱心谱》等小栏目。每周六晚9时播出。

黄金时刻
大同电视台

《黄金时刻》是山西省大同电视一台于1993年1月1日开办的一个经济、社会服务型栏目。该栏目的内容是展示大同市经济运行现状，重点塑造全市工商企业改革开放大潮的新形象，突出反映群众呼声、市民苦乐，及时追踪热点、难点问题，为经济建设摇旗呐喊、擂鼓助威，为广大群众排扰解难。辟有《喜临门》、《五彩桥》、《宝葫芦》和《报价台》等小栏目。每晚8时10分播出，时间为10到15分钟。

9CH 经济报道
大同电视台

山西省大同电视二台于1993年4月开办了新闻性、服务性相结合的板块式专栏《9CH 经济报道》。设有《经济快讯》、《电视商场》和《商品牌价》等小栏目。报道经济新闻，为企业和消费者提供各种信息，指导生产，引导消费。每周一、四播出，周三、五复播，每次约15分钟。

大同纵横
大同电视台

《大同纵横》是山西省大同电视二台于1993年4月综合过去的《今天星期四》和《党的生活》等栏目而创办的社会教育专栏。辟有《大同古今》、《塞外风情》、《改革潮》、《新风赞》、《风流人物》和《党的生活》等小栏目。通过介绍革命历史、先进人物、锦绣河山和建设新貌，对广大观众特别是青少年进行社会主义和爱国主义教育。每周二、五播出，周三、六重播，每次时间为15至20分钟。

上党风
长治电视台

山西省长治电视台1993年推出了专题板块栏目《上党风》。该栏目以清新的风格，报道时代的新风潮，展示上党改革开放的新面貌。辟有《上党城乡市场建设扫描》、《消费者的忧与乐》、《法网难逃》、《留学归来》、《“老外”侃长治》、《上党穆斯林》、《古城风景线》、《在希望的田野上》和《太行恋情》等小栏目。每周一晚8时30分左右播出，时间为10到15分钟。

送你一支歌
阳泉电视台

《送你一支歌》是山西省阳泉电视台于1993年5月1日开办的一个文艺栏目。旨在沟通人际之间的交往，使之成为人与人之间联络感情、增进友谊的纽带。该栏目采用主持人串连的方式，每周播出6期，每次时间为10分钟，在周一、二、三、四、六、日晚8时15分播出。

戏曲欣赏
阳泉电视台

山西省阳泉电视台于1993年10月1日新开了《戏曲欣赏》栏目。旨在适应本市部分中老年观众的文化需求，弘扬民族传统文化。本栏目除播出戏曲选段以外，还采用主持人形式来评介戏曲的思想意义、艺术风格、演员的艺术功底、唱念做打等。每周播出1期，于周五晚8时15分播出，时间为20分钟。

今晚十分钟
运城地区电视台

《今晚十分钟》是山西省运城地区电视台于1993年1月推出的主持人板块栏目。旨在充分发挥电视媒介的优势，做好党的喉舌，为本地区的改革开放，经济发展起服务和引导的作用。辟有《经济信息》、《经济动态》、《今日新闻》和《热门话题》等小栏目。每周六晚8时播出，时间为10分钟。

周末纵横
运城地区电视台

山西省运城地区电视台于1993年7月推出了采用大栏目、小板块，由主持人客串，群众参与，现场感强的《周末纵横》栏目。设有《人杰地灵》、《影视圈》和《请您欣赏》等小栏目。每周六播出，周日重播，时间为30分钟。节目开办以来，观众反映节目形式新颖、内容丰富活泼，贴近观众，有亲切感。

梨园春秋
运城地区电视台

山西省运城地区电视台于1993年8月推出探讨、评论、欣赏、娱乐相结合的《梨园春秋》栏目。其宗旨是弘扬民族文化，让群众更加了解传统剧目，为普及戏曲知识起积极作用。设有《梨园群英》、《剧目选段》、《戏迅传递》和《舞台与人生》等小栏目。每周三播出，时间为45分钟。

2563 信息链
临汾地区电视台

山西省临汾地区电视台于1993年5月17日开办了《2563信息链》专栏节目。辟有《政策台》、《信息总汇》、《牵线搭桥》和《消费者之友》等小栏目。每晚7时50分播出，长度为5分钟。其特点是信息多、传播快。沟通企业的供销渠道，促进城乡经济的发展。

荧屏大观

临汾地区电视台

山西省临汾地区电视台于1993年6月2日推出了《荧屏大观》专栏。该栏目主要向观众介绍下周本台将要播出的节目内容，宣传本地区大中型企业在经营、管理等方面的一些先进经验；引导观众科学地购买物品；并以聊天、采访等形式，抓热点、访焦点、谈重点，对地委、行署安排的重大活动进行重点报道。辟有《收视导向》、《电视商场》和《电视茶馆》等小栏目。每周三、周六晚8时播出，时间为10分钟。

艺术大世界

临汾地区电视台

《艺术大世界》是山西省临汾地区电视台于1993年8月新开办的专栏节目。每周三、周六晚9时播出，时间为20分钟。设有《开心时刻》、《戏曲舞台》、《艺苑奇葩》、《乡间锣鼓》、《尧乡风情》和《旅游景点》等小栏目。节目中既有现代流行歌曲、相声、幽默小品，又有本地区著名戏剧表演艺术家、老艺人的代表剧目和中青年优秀演员的唱腔唱段，形成了一个绚丽多彩的艺术氛围，满足了广大观众的愿望和要求，推动了本地区的群众文化和戏剧的繁荣和发展。

生活顾问

临汾地区电视台

山西省临汾地区电视台于1993年10月新开办了《生活顾问》栏目。辟有《气象服务》、《专家门诊》、《万花筒》、《平阳菜谱》和《家电指南》等小栏目。每周日晚8时30分播出，时间为5分钟。

经济窗口

晋中电视台

山西省晋中地区电视台于1993年7月初推出了经济服务性栏目《经济窗口》。旨在为全区经济建设提供典型经验、经济法规和政策咨询，及时报道本区最新经济动态，力求成为政府经济工作的窗口、生产者的参谋、经营者的顾问、消费者的知音。每周播出1期，周一播出，周四重播，时间为10分钟。辟有《经济传真》、《热点追踪》和《政策红绿灯》3个小栏目。

知我晋中

晋中电视台

《知我晋中》是山西省晋中地区电视台于1993年7月推出的介绍晋中山川文物、风土人情、名人轶事、行业绝活、名优产品的系列栏目。每周1期，每期5分钟。栏目以知识性为主，趣味性相辅，用美的画面、人物的声音形象和生动的细节，给观众以亲切感，使观众仿佛置身于画面之中，并力求达到“精、短、新、百花齐放、风格多样。”

黄金一刻

晋中电视台

1993年7月，山西省晋中地区电视台推出了广告信息栏目《黄金一刻》。其宗旨是面向市场、面向消费者，沟通厂商之间和供求双方的信息。设有《吉庆有余》、《电视导购》、《潇洒在今宵》、《供求信息》、《经商之道》和《市场显微镜》等小栏目。每周一播出，周五重播，每次时间为15分钟。

八面来风

晋中电视台

山西省晋中地区电视台于1993年1月推出综合文艺性专栏《八面来风》。《八面来风》即博采各兄弟台内容健康、格调高雅、富有特色的文艺节目，经本台重新编辑而成。辟有《一曲难忘》、《再回首》和《诗画景》等小栏目。每周五播出，时间为30分钟。

万家灯火

晋中电视台

《万家灯火》是山西省晋中地区电视台于1993年1月推出的综合服务性专栏。每半月出1期，每期15分钟。其宗旨是宣传家庭、服务于家庭。通过电视屏幕和观众建立更加密切的关系，使节目更加贴近实际、贴近生活、贴近观众。设有《生活百科》、《普通人家》和《情趣与爱好》等小专栏。

心心桥

晋中电视台

《心心桥》是山西省晋中地区电视台于1993年1月推出的观众点播栏目。星期一、四播出，时间为20分钟。该栏目采用主持人形式，安排观众点播歌曲，沟通与观众的交流，在观众之间架起一座情感交流的桥梁。

缤纷世界

晋中电视台

山西省晋中地区电视台于1993年7月推出集趣味性、知识性、娱乐性为一体的综合文体栏目《缤纷世界》。该栏目选取国内外大量生动活泼，具有很高收视率的文体节目，在观众面前展现出一个五彩缤纷的世界，让观众开阔视野，增长知识。辟有《地方舞台》、《艺海拾贝》、《世界之最》、《世界体育精选》和《五光十色》等小栏目。每周1期，每期20分钟。

经济信息短波

呼和浩特电视台

呼和浩特电视台于1993年3月开办了综合性经济信息类栏目《经济信息短波》，每周播出6次，每晚20：00至20：20播出.

《经济信息短波》本着服务经济、服务社会、服务群众的原则，陆续推出了《经济要闻》、《经济动态》、《一句话信息》、《热点报道》、《荧屏商场》、《美食街》、《名优新特》、《观众信箱》、《经济万花筒》、《排行榜》、《市场行情》等21个小栏目。为呼和浩特市经济发展的高层决策、新产品新技术开发、商品流通以及群众生活提供了全方位、宏观和微观相结合的信息服务。

钢都大舞台

鞍山电视台

《钢都大舞台》是鞍山电视台文艺部1993年12月开办的文艺综合板块栏目。它以区域文艺、群众文艺为主，熔娱乐性、趣味性、知识性、教育性为一炉。采取现场演播、实况录像的方式，每两周1次，星期日晚20：30黄金时间播出。主要栏目有《企业百花园》、《瞧这一家子》、《人生的艺术》、《开心一刻马拉松》、《潇洒走一回》、《每期一款》、《个体户天地》。

专题综合板块

营口电视台

营口电视台1993年4月在《广角镜》专题中增设《专题综合板块》节目。采用主持人的形式，声像并茂，力求贴近实际、贴近群众、贴近生活，融社会性、知识性、服务性、趣味性为一体，吸引了广大观众参于节目。栏目有《经济广角》、《社会观察》、《科教画廊》、《滨城卫士》和《生活大观园》。《专题综合板块》节目每周日晚上的黄金时间播出，每次30分钟。

周末点歌台

抚顺电视台

《周末点歌台》栏目创办于1993年初，每周六晚播出1期，10首歌左右，约35分钟。节目属有偿服务。观众花上几十元钱，便可在电视黄金时间里为亲朋好友、企业庆典点上一首歌，说句知心话，送去温馨的祝福。本栏目作为一种既经济实惠又高雅大方的祝福、纪念形式受到观众热列欢迎。

同在蓝天下

长春电视台

长春电视台新开办的《同在蓝天下》是对外宣传专题栏目。1993年3月15日开播，设有《看长春》、《他山石》、《外事传真》、《海外留影》等14个栏目。每周五播出，每次20分钟，第二周重播1次。节目立足长春，面向世界，宣传长春，放眼天下，成为反映长春市对外开放的一个窗口。

经济漫步18分

延边电视台

《经济漫步18分》是延边电视台1993年8月28日开辟的综合性专栏节目。每周1次，重播1次，每次18分。内设《经济透视》、《市场信息》、《假劣透视》、《经济小词典》等小栏目。其宗旨是：为改革开放服务，为经济建设服务，为人民大众服务。节目采用主持人形式，拉近了与观众的距离，而且时效性强、信息量大，不少内容都是当天采、编、录、摘的，这在延边电视台历史上尚属首次。

市场广角

辽源电视台

经济服务综合栏目《市场广角》创办于1993年1月，其宗旨为服务经济，引导消费，对经济领域中的改革做深层次的报道。共设有《大业初张》、《独领风骚》、《企业市场观》、《好去处》、《卫生与健康》、《个体户一绝》、《消费指南》、《名优新特》、《名师高徒》、《逛市场》等10个栏目。每周一晚新闻之后播出，时间为20分钟。

今天你休息

哈尔滨电视台

《今天你休息》是1993年6月6日哈尔滨电视台推出的新栏目。这个杂志型主持人栏目以活跃星期天的电视荧屏为宗旨，除文艺欣赏外，还为观众提供社会、文化、生活等电视服务。设置的小栏目有《我们的家》、《明星茶座》、《本周热线》、《清官难断》、《哈尔滨大家猜》等，具有较强的吸引力和可视性。播出时间为周日10：00，两周1期，下周日重播1次，每次50分钟。

早安，哈尔滨

哈尔滨电视台

《早安，哈尔滨》是哈尔滨电视台于1993年6月14日推出的一个以引导消费，注重生活服务，提供各种信息为主的板块栏目。轻松、活泼、贴近生活是这个栏目的特点。该栏目设置的《向您问早安》邀请各界人士走进荧屏诉说心声；《教您一招》使观众足不出户即可饱览八方菜肴；《求医问药》是观众生活中的好帮手；《经济快讯》让人们感受到经济生活的快节奏。每周一、三、五7：50播出，每次15分钟。

体育广角

哈尔滨电视台

《体育广角》是哈尔滨电视台1993年6月16日新设置的体育杂志型栏目。它融新闻性、知识性、趣味性、欣赏性于一体，反映国内外最新、最精彩的体育比赛，介绍体育明星的成长，报道哈尔滨市的各类体育活动，交流体育健身的经验等。设有《赛事热点》、《精美时刻》、《他是谁》、《观众论坛》、《健身交流》、《七色音符》等小栏目。这个栏目两周播出1期，播出时间是周三20：20,周四7：30重播,每次40分钟.

都市经济
哈尔滨电视台

《都市经济》是哈尔滨电视台于1993年6月15日设置的一个综合性板块栏目，旨在为生产者、经营者和消费者提供各种服务，以推进哈尔滨市经济建设的发展。该栏目设有《经济快讯》、《供与求》、《金融窗口》、《看市场》、《信息888》、《消费ABC》、《流行色》、《致富桥》、《电视热线》、《商海看潮》、《透视镜》、《开放角》、《科技天地》和《天南地北》等小栏目。每周二、四、六7点50分播出，当天20：00重播，每次15分钟。

经济方圆
同江电视台

1993年1月1日，黑龙江省同江电视台开办《经济方圆》板块栏目。该栏目直接为经济建设服务。每月25日播出，每月1期，全年12期，共播出36次。

黄金时间
同江电视台

同江电视台于1993年1月1日推出《黄金时间》栏目。该栏目融知识性、服务性、趣味性于一体。面向口岸、面向观众、参与生活、指导衣食住行。《黄金时间》每月25日播出1期，全年12期，共播出36次。

社会广角
双鸭山电视台

双鸭山电视台于1993年7月创办了《社会广角》栏目，旨在反映煤城的政治、经济生活和风土人情。栏目设有《企业经纬》、《小康之路》、《生活百科》、《行与法》、《煤城撷英》等小栏目。每周二晚播出1次，每次15至20分钟，该栏目采用主持人串联形式播出。

立交桥
牡丹江电视台

牡丹江电视台于1993年1月15日推出了大型综合板块栏目《立交桥》。《立交桥》坚持指导性、参与性相结合的办节目宗旨，深受观众欢迎。全年播发52期（其中5期特别节目）。1993年通过舆论监督，为群众解决困难问题21件，受益群众达1万多人。

街头访谈录
南京有线电视台

南京有线电视台1993年8月开办《街头访谈录》栏目，每周1档，15分钟。该栏目着力突出普通群众在电视传播媒介中的主体地位，选择为众多市民普遍关心的各类焦点问题，由主持人上街进行随机抽样采访，请群众发表自己的见解，提出自己的主张。编辑部对采访的素材进行归纳、分类、选择，将不同的观点呈现在广大观众的面前，从而为解决某些困扰人们生活的焦点、难点问题提供一些有益的参考。

万家灯火
南京有线电视台

《万家灯火》是南京有线电视台采制的百科杂志型栏目。它集新闻性、服务性、知识性、娱乐性、教育性为一体，为观众提供有关家庭生活各个方面的服务。主要小栏目有《生活百事通》、《消费投诉台》、《寻常人家》、《警民桥》、《明日好去处》、《文艺经纬》等。《万家灯火》栏目于1993年8月30日开播，每周播3档，每档30分钟，播出时间是19：40。节目注重把握舆论导向和文艺导向，贴近生活，贴近观众，热心为群众服务，多次受到市各级领导赞扬。

有线周末
扬州有线电视台

《有线周末》开办于1993年1月18日，是一档集新闻、社教、文艺、娱乐为一体的综合性板块栏目。设有《名人名曲欣赏》、《艺苑漫步》、《服饰新潮》、《家常菜点》、《开心一刻》、《回音壁》、《热门话题》等子栏目。每档30分钟，星期六19：40首播，星期日重播。

生活广角
扬州有线电视台

《生活广角》于1993年4月20日正式播出，是一档为观众提供生活服务信息与知识的栏目。主要内容包括衣食住行、商品选购、消费投诉、信息万花筒、文化动态等。该栏目每档15分钟，星期四19：40首播，星期五重播。

街头巷尾
常州电视台

《街头巷尾》栏目是常州电视台在《常州新闻》中开办的一个有力的舆论监督专栏。该栏目的宗旨是在坚持正面宣传为主的前提下，加强舆论监督，进行批评报道，帮助党和政府做好各项工作，维护好党和人民的利益。该栏目编辑记者认真对待来电、来信、来访，努力保护好群众的积极性，为政府分忧，为人民解难。在采访拍摄中，注重事实说话，抓住实景作证，在开展批评报道时尽量让方方面面的当事人发表意见。该栏目既受到了市领导的支持，又受到了广大观众的欢迎，现已成为常州电视台最有吸引力的栏目。

共度好时光
常州电视台

《共度好时光》栏目是目前常州电视台唯一的综合性文艺专栏。该栏目的宗旨是充分体现地方特色，让观众在荧屏内外充分交流，让更多的普通人和我们这方土地上优秀的文化艺术人才走上屏幕，让我们的广大市民在紧张的工作之余得到轻松愉快的享受。该栏目现有《哈哈镜》、《金曲欣赏》、《精彩瞬间》、《谜语竞猜》、《环球风采》、《艺术长廊》、《过关斩将》等以群众参与性为主的子栏目。

缤纷世界
镇江电视台

镇江电视台的综艺栏目《缤纷世界》于1993年5月由《艺海拾贝》改版而来。下设《现代风》、《万花筒》、《文化沙龙》等十几个子栏目。该栏目用文艺的形式及时宣传本市重大文化艺术活动，系统介绍镇江历史文化。《缤纷世界》两星期1档，隔周重播。每周二20：00左右播出，长度为40分钟，后改为30分钟。

你点我播
镇江电视台

1993年9月6日镇江电视台开办的《你点我播》是一档服务性栏目。通过点播歌曲的形式，借歌表达单位之间、个人之间的感情交流和友好往来，进一步增进友谊，融洽关系。播出时间为每天6：30至7：30，逢周六由主持人出像，介绍新歌，开展幸运观众点歌。

娱乐大世界
无锡电视台

《娱乐大世界》是一个集娱乐性、趣味性、知识性和参与性为一体的综合性栏目，于1993年5月15日开播。该栏目每周六20：10播出，第二周重播。每期30分钟。该栏目注重“从观众中来，到观众中去”的方针，把“观众第一”作为栏目宗旨，内容主要有《影视金曲》、《幽默大观》、《境外天地》、《动脑筋》及《我来主持》等。

快活林
无锡电视台

《快活林》栏目始播于1993年3月1日，1993年11月12日在无锡电视台二台由不定期播出改为定期播出，每周五20：15首播，下周二20：15重播，节目长度30分钟。

以“开心角逐，幸运一期”为宗旨的《快活林》集参与性、娱乐性、知识性、竞技性于一体，设有《前仰后合》、《十八湾》、《幸运观众大抽奖》、《幸运一搏》、《电视观众有奖献计献策》等内容。每期有160名观众现场参与，目前该栏目已颇有影响。

广角镜
泰州电视台

《广角镜》是1993年8月江苏泰州电视台新开辟的栏目。该栏目以新闻性专题为主要内容，关注社会热点，突出思辨性和纪实性，每周1档，周五播出，长度为5至10分钟。

盐业之窗
连云港电视台

连云港电视台的《盐业之窗》栏目于1993年1月13日开播，每隔一周播出1次，重播1次，每次5分钟。该栏目以新闻报道形式报道江苏省盐业系统改革开放的新成就和新人新事。《盐业之窗》由连云港电视台与江苏省盐业公司联合主办。

丹阳风采
丹阳电视台

《丹阳风采》是江苏省丹阳电视台开办的社教类专栏节目。于1993年7月开播，逢周三播出，每次10分钟。节目内容为“地理、民俗、风土、人物、成就、展望”。宗旨是：“继承文化传统，弘扬悠久历史，展现古城风貌，歌颂建设成就”。《丹阳风采》的栏目形式采用杂志样式，以一个5分钟左右的专题作为主干，另有《曲阿诗画》、《丹阳一景》、《你知道吗》等小栏目。

空中新干线
杭州电视台

杭州电视台于1993年2月4日推出《空中新干线》栏目。该栏目以服务性为主，并融知识性、娱乐性为一体。主要小栏目有《新时代广场》、《生活大都会》、《康乐园》、《大众监督岗》、《荧屏鹊桥》、《灵通活地图》、《胖大嫂烧菜》等，每期40分钟，周五晚上黄金时间播出1次，星期日上午重播。《空中新干线》设节目主持人，部分节目开通热线直接为市民服务，有的则让观众直接参与活动或现身说法，所以在内容上、形式上都给观众以全新的感受。尤其是抓住市政府和市民都十分关注的热点问题深入采访，组织专场播出，收到了良好的社会效益。

TV周刊
金华电视台

《TV周刊》是浙江金华电视台于1993年7月推出的综合性杂志型文艺栏目，每周1次，每次30分钟。设有《乡村采风》、《大街小巷》、《婺江南北》、《金华屋檐下》、《人物写生》、《文艺沙龙》、《美化生活》、《乐在其中》、《笑口常开》、《点歌台》和《有奖征答》等小栏目。该栏目大多采取主持人现场采访形式播出，注重题材的文化内涵和文化品味，具有浓郁的地方色彩。

给你话筒
绍兴电视台

《给你话筒》是绍兴电视台1993年2月开设的一档文艺性综合栏目。其宗旨为“推动本地各种文学艺术活动，对群众文艺进行积极正确的引导”。内容主要有介绍当地各种样式的艺术演出，介绍当地文学作者、书画作者、歌手等艺术工作者的情况及其成果，报道文艺界各种动态，本栏目还请文艺界人士和广大电视观众对一些文艺现象进行评议，以提高群众艺术欣赏水平和审美情趣。本栏目在表现上以群众参与为主要形式，故以《给你话筒》命名。该栏目每期25分钟，每周六晚播出。

新闻快车
丽水地区电视台

浙江省丽水地区电视台于1993年11月1日推出《新闻快车》栏目。该栏目于每周一至周六晚20:00播出，每晚播出1次。内容主要是围绕地委、行署各个时期的中心任务，迅速反映多条战线的改革动态，及时宣传两个文明建设的新情况、新成就。

经济报道
舟山电视台

浙江省舟山电视台于1993年1月18日创办了《经济报道》栏目，每天19:35播出，每次10分钟，每周播出3次（重播3次，隔天重播）。该栏目的性质是为社会各界提供各类经济信息，及时介绍国内外最新经济动态以及新产品的介绍、展示、供需、交易等信息。旨在面向社会，服务于经济建设，为企业与企业、企业与消费者之间架起一座桥梁。

烂柯山
衢州电视台

浙江省衢州电视台1993年3月推出综合性栏目《烂柯山》，该栏目提倡纪实风格，反映衢州的风土人情和社会生活，努力体现衢州特色。该栏目由《衢州一绝》、《街头巷尾》、《快乐星期四》等小板块组成，隔周周四晚上播出，每档10至12分钟，次日中午重播。

荧屏点唱
芜湖电视台

《荧屏点唱》是芜湖电视台于1993年7月1日推出的一个新栏目，每日播出2次，每次约30分钟。该栏目采用有偿特约点播的形式，为观众开辟了一个表达亲情、传递友谊的窗口。

有线新闻
芜湖有线电视台

芜湖有线电视台《有线新闻》栏目于1993年11月3日开办。每周两期，星期三和星期六晚7点35分播出，每期约10分钟。次日中午12点20分重播1次。《有线新闻》立足于对本市政治、经济和文化的关注，及时展示各行各业的精神风貌；同时对存在的社会问题进行跟踪监督。

百花园
芜湖有线电视台

芜湖有线电视台的《百花园》栏目于1993年4月1是开办。每周3至4期，每期为20分钟，晚上7点40分播出，次日中午12点20分重播1次。《百花园》是一个文艺综合性栏目，在关心本市文艺发展的基础上，面向全国和世界。以小品、歌舞、相声等形式充分发挥其娱与教的功能，丰富了观众精神生活。

影视精品屋
芜湖有线电视台

芜湖有线电视台的《影视精品屋》栏目于1993年2月开办。每周1部，周一晚9点播出，次日上午8点重播1次。《影视精品屋》着重介绍国内外优秀导演的精品和获奖力作，开阔观众的视野，使广大观众及时而正确地了解当今影视作品的创作趋向和各种流派，提高人们对优秀影视精品的审美能力。

梨园撷英
芜湖有线电视台

芜湖有线电视台的《梨园撷英》栏目于1993年2月开办。每周1期，周五晚7点50分播出，次日中午11点40分重播1次。该栏目主要介绍我国传统剧种和优秀剧目，满足广大戏曲迷对戏曲欣赏的要求；弘扬祖国优秀传统文化，吸引更多的人热爱祖国传统戏曲。

音乐快件
芜湖有线电视台

芜湖有线电视台的《音乐快件》栏目于1993年2月开办。每周2至3期，晚上9点播出，次日上午11点半重播1次。该栏目针对青年人和音乐爱好者，及时传递最新音乐信息，推出国内外MTV精品和优秀歌手，参加音乐界对音乐新现象的评述。该栏目对各种音乐现象和信息起着快速投递的作用，积极引导青年人正确认识新潮音乐和热爱民族音乐。

夏日的芳草地
芜湖有线电视台

芜湖有线电视台《夏日的芳草地》栏目于1993年6月开办。暑假间播出，每周4期，下午2点播出，每期60分钟，次日上午重播1次。该栏目的服务对象是暑期大中小学生，它是一个集知识性、娱乐性和教育性为一体的综合杂志型栏目，目的是扩大学生知识面，培养学生审美情趣。以《优秀的文艺节目》、《百科趣闻》、《风景名胜》、《人类科学发展》等一些小专栏播出。

体育万花筒
芜湖有线电视台

芜湖有线电视台的《体育万花筒》栏目于1993年1月开办。每月1期，周五晚7点40分播出，次日中午12点重播1次。该栏目由《最新赛场》、《体坛趣闻》和《观众评论台》等一些小栏目组成。立足对本地区体育赛事的关注，及时报道国内外体坛动态，对国内外重大比赛进行评论和估测，是观众了解体坛盛事的窗口。

经济空间
淮北电视台

《经济空间》是淮北电视台于1993年8月28日开办的栏目，由男女两位主持人主持，时间20分钟。每两周播出1次，重播1次。内设有《百业放眼量》、《买卖沙龙》、《信息卡》、《新货架》和《衣食住行》等小栏目。

天地方圆
淮北电视台

淮北电视台于1993年9月开办《天地方圆》栏目，节目长30分钟，由男、女两位主持人轮流主持，每两周播出1次，重播1次。内设有《城市风景点》、《社会扫描》、《肖像作坊》、《回音壁》、《为您服务》和《观众与MTV》等小栏目。

滁州纵横
滁州电视台

《滁州纵横》是滁州地市电视台合并后重新开设的综合专题性新闻栏目，开播于1993年3月17日。每周一首播，周三重播，每次15分钟，播出时间是晚上20点。该栏目主要反映滁州市范围内的政治、经济、教育、科技、文化等内容。

欢乐进万家
龙岩电视台

《欢乐进万家》创办于1993年11月，为主持人综艺栏目。以介绍各地风土人情、闽西文化娱乐动态及家庭幽默、趣味问答、开口专线、新春寄语、小擂台等为主要内容，节目每周播出2次，每次15分钟。

焦点一刻
龙岩电视台

《焦点一刻》创办于1993年11月，为主持人栏目。以宣传党的路线、方针、政策，引导正确的舆论导向，传递新思想、新思路、新动态、新经验，报道人们关注的难点、疑点和热点问题，为广大观众提供服务为宗旨。内设有《记者见闻》、《社会广角》、《热点追踪》、《法制园地》、《人物专访》、《多棱镜》、《观众信箱》7个小栏目。节目每周播出2次，每次15分钟。

布谷之声
龙岩电视台

《布谷之声》创办于1993年11月，为主持人专题栏目，节目以报道党的农村工作方针、政策和农村新人新事，介绍各种农业科技知识，反映农民关心的热点问题，帮助农民排忧解难为宗旨。为丰富荧屏还适当穿插农村民俗风情。节目播出后颇受农民观众的欢迎。内设有《农村政策指南》、《致富领头雁》、《今日农村》、《科技天地》、《农村市场》、《观众信箱》等13个小栏目。节目每周播出1次，每次15分钟。

点歌台
泉州电视台

《点歌台》是泉州电视台综合性文艺栏目《侨乡周末》中的一个固定小栏目，是应观众的要求于1993年元旦开始播出的，栏目时间为15分钟左右，每周播出1次。该栏目每次选择4–5首内容健康、群众喜爱的歌曲让观众点播。

热线225040
吉安电视台

《热线225040》栏目于1993年6月9日开办，每星期三播出1期，每次播出6至10分钟。该栏目主要反映社会上的热点问题，为群众排忧解难。电视台特设专线电话225040，让各界人士共同参与。

电视立交桥
吉安电视台

《电视立交桥》是吉安电视台1993年6月7日创办的一个服务性综合板块栏目。该栏目由原来的《金庐陵》栏目演变而来，包括《大家谈》、《生活一点通》、《身心健康》、《送你一首歌》和《消费指南》等小栏目。该栏目每星期一播1期，每期约20分钟。

信息天地
萍乡电视台

《信息天地》栏目于1993年10月1日开办。采取男女主持串播和主持人到现场采访形式播出。每周五播出，每次10分钟。该栏目下设7个小栏目，有《综合信息》、《市场动态》、《供与求》、《新产品新技术》、《人才园地》、《咨询问答》和《筑巢引凤》。该栏目实行双向信息服务，突出实用性、时效性、服务性、知识性和可视性。

家庭益友
萍乡电视台

由萍乡电视台专题文艺部开办的专栏节目《家庭益友》于1993年1月7日开播。该栏目每周1期，每期10分钟，星期四播出。《家庭益友》栏目集知识性、趣味性、服务性于一体，将一些家庭生活中有关家用电器、科学饮食、医药卫生、购物消费、夫妻关系等方面的知识逐一介绍给观众，同时让主持人到现场采访，增加了现场感和亲切感，受到观众的喜爱和欢迎。

星期日新闻专辑
济南电视台

《星期日新闻专辑》开办于1993年2月15日，是一个杂志型的主持人综合栏目，它贴近现实生活，贴近各层受众，侧重社会性新闻。男女主持人借助于屏幕向每位观众传递信息，就市民普遍关心的问题进行双向交流。视野涉及到每位受众关心的社会热点问题。该专栏节目以小栏目的形式组成，共设有20多个小栏目，除固定栏目外，其它栏目轮流播出。每集有4-5个栏目，主要栏目有《一周要闻综述》、《当日新闻》、《每周话题》、《新闻透视》、《市长电话》、《星期日论谈》、《城市风景线》、《新浪花》、《当代人风采》、《社会写真》、《埠外来风》、《趣味新闻》等。该栏目每期15分钟，每星期日19：50播出。当日节目结束前重播1次。

信息总汇
济南电视台

《信息总汇》开办于1993年2月15日。其内容包括国内改革信息，省、市重大经济活动，经济政策的出台，工业、商业、财经、各类贸易市场开业、展销、新产品鉴定、新技术推广应用，影视、文化等各类信息。《信息总汇》内设《商情快讯》、《消费指南》、《科技万象》、《金融信息》、《名吃荟萃》、《人才信息》、《劳务信息》、《经济走势》、《开发区快讯》等。本节目一周7天播出，时间是每天的20：05，每次5分钟，次日中午12：00重播。

行情·水情·天气
济南电视台

《行情·水情·天气》是1993年2月15日开办的服务性栏目，它采用字幕、图像、声音相结合的形式向广大电视观众报道商品的指导价格；农贸市场的蔬菜、果品、粮油等价格；金融、证券市场的行情；通知、通告；通报济南市地下水位和停水地区以及济南地区的天气情况。节目时间为5分钟，首次播出时间是每天的20：00，全天节目结束之前重播。

科技与生活
济南电视台

《科技与生活》是由济南市科委和济南电视台共同主办的综合性板块式专栏节目。该栏目的宗旨是利用电视传播的媒体优势，传播科学技术成果及其在经济建设和日常生活中的应用，努力为经济建设服务，为科技工作服务，为广大电视观众的生活服务。内设6个小栏目，有《科技成果》、《科技信息》、《健康顾问》、《观众服务台》和《烹饪方法》。《科技与生活》专栏每两周播出1期，每期20分钟，中间重播1次。具体时间为每周20：20播出。自1993年初开播以来受到观众好评。

党的生活
济南电视台

《党的生活》栏目开办的目的是适应改革开放的新形势，紧紧围绕经济建设这个中心，加强党的建设。该栏目由中共济南市委组织部与济南电视台联合开办，是1993年7月1日隆重推出的杂志型板块栏目。该栏目在节目编排上力求丰富多彩，生动活泼，贴近观众和生活。下设《时代风采》、《党建大家谈》、《心向党旗》、《信息短波》、《八面来风》5个小栏目。每两周播出1期，当中重播1次，具体时间是每周五20：20。

市长与市民
烟台电视台

《市长与市民》电视专栏1993年7月推出，隔周星期四晚7点50分播出，每期10分钟。这个栏目作为政府和群众的桥梁，起上下之情互相沟通和为群众的疾苦而呐喊及舆论监督作用，以反映现实生活中的难点、热点和群众最为关心的问题为宗旨，收到良好的社会效果。

信息桥
龙口电视台

山东省龙口电视台于1993年7月开办了《信息桥》栏目，每周三晚8时播出，每次10分钟。该栏目主要介绍国内外重要经济信息、市场行情以及市内的新技术、新产品，为供需双方牵线搭桥，并在技术监督和工商等单位的配合下，对伪劣假冒商品进行曝光。主要服务对象是企业经理、厂长和广大经营者、消费者，因而这是一个兼有经济新闻和广告双重功能的服务性栏目。

商城经济潮
淄川电视台

山东省淄川电视台新增栏目《商城经济潮》于1993年元月正式开播。每周四播出1次，下周重播1次，每次20分钟左右。设立固定栏目有《经济要闻》、《逛商城》、《企业之光》、《供求信息》、《特别节目》。其特点是：发挥电视宣传优势，及时报道商城近期经济要闻、商业、企业成功经济等。

市场广角
威海电视台

《市场广角》是威海电视台1993年初创办的一个经济栏目。该栏目每星期日播1次，每期15分钟。《市场广角》栏目旨在引导和推动市场的发育，为经济建设服务。该栏目在强调信息量和服务性的基础上，加强深度报道，为办好经济栏目，搞好经济报道摸索经验。

给你10分钟
潍坊电视台

《给你10分钟》是潍坊电视台1993年10月1日开播的新栏目。该栏目融欣赏性、知识性和参与性于一体。每天1期，每期10分钟，内容以介绍中外优秀MTV和其它形式的歌曲为主，并适当安排观众点播。为增强观众参与意识，栏目每周日还开设专家评点，每月组织金曲评选，设热心观众奖和幸运观众奖。

缤纷世界
临沂电视台

《缤纷世界》是临沂电视台文艺部自行拍摄、制作，集思想性、知识性、趣味性、娱乐性为一体的板块式综合性电视栏目。长度为20分钟，每周三8点20分播出。其中开设的子栏目有《潇洒一回》、《百种风情》、《多味人生》、《每周一谜》、《叩开你家房门》、《今晚有约》、《回音壁》、《荧屏内外》、《迷你音像库》、《文化动态》、《下周影视快讯》、《艺坛春秋》等。《缤纷世界》旨在将镜头对准社会各个层面，真实地反映普通人的喜怒哀乐，讲老百姓自己的故事。它贴近生活，贴近观众，信息量大，雅俗共赏。

市场广角
临沂电视台

《市场广角》是由临沂电视台专题部1993年4月开办的专栏节目。设有《经济动态》、《消费者信息》、《了望台》、《企业与企业家》等小栏目。《了望台》和《消费者信箱》两栏目，向观众及时报道了一些依法经营好的单位，对一些制售假冒伪劣商品的违法犯罪活动，及时给予曝光；对于市场经济中的热点问题，通过各种渠道进行解答，为观众释惑解疑。《新产品、新科技》、《企业与企业家》两栏目，通过对产品、技术的介绍，报道企业深化改革转换经营机制、建立市场机制等方面的经验和做法，收到了较好的社会效益。

卡拉OK点歌台
临沂电视台

《卡拉OK点歌台》是临沂电视台文艺部主办的一个栏目，1993年5月4日与观众见面。其特点是：观众在电视机前，既能学唱、演唱，还能欣赏到许多优秀的歌曲，从中得到美的享受。同时，也为亲朋好友之间及单位之间进行感情联络架起了桥梁。《卡拉OK点歌台》每周二、四、日晚8点20分播出，每期8分钟。

沂蒙金盾
临沂电视台

《沂蒙金盾》是临沂电视台专题部与临沂地区公安处于1993年联合创办的一个以宣传法制为主要目的的栏目。栏目长10分钟，包括《公安纵横》、《案例分析》、《法网恢恢》、《人、车、路》、《事故通报》、《卫士风采》等小栏目。这个栏目为杂志型板块结构，既有新闻，也有专题，采用纪实性方法，剖析典型案例，讴歌法制建设中的模范人物或群体，结构紧凑，内容充实，起到了震慑犯罪，维护社会安定，为经济发展保驾护航的作用。

市场经济大观
临沂电视台

由临沂电视台经济部主办的《市场经济大观》栏目是临沂电视台于1993年6月推出的一个新栏目。此栏目分为经济新闻、经济信息和经济小专题三大板块，由男女节目主持人串联而成，集新闻、服务为一体。下设十几个小栏目，主要有《经济信息》、《科技简讯》、《市场之窗》、《消费之友》、《供求彩桥》、《逛市场》、《企业之星》、《经营之道》、《致富路》等。

新闻纵横
崂山电视台

山东省崂山电视台于1993年12月开播了板块结构的新闻性栏目《新闻纵横》。《新闻纵横》栏目时间为30分钟，每周办3次，周一、三、五播出，二、四、六重播。由《崂山新闻》、《文摘荟萃》、《联办之窗》、《专栏节目》四部分组成。

平度大观园
平度电视台

山东省平度电视台于1993年3月推出新栏目《平度大观园》。《平度大观园》是一个综合性新闻专题栏目，融教育、知识、科技、服务为一体，内设《平度风采》、《热点报道》、《社会广角》、《企业天地》、《生活空间》、《服务之窗》6个小栏目。《平度大观园》每周六播出，星期天重播1次，每次播出10分钟。

滨州了望
滨州电视台

《滨州了望》是山东省滨州电视台1993年4月开办的一个综合性栏目，每周播出1期，每期15

分钟。《滨州了望》紧紧围绕党的方针、政策和政府的中心工作，对人民群众共同关心的社会问题、热门话题、道德与法制问题进行深入的透视和分析，同时反映滨州人民的文化生活等问题。节目融思想性、知识性、趣味性、新闻性于一体，努力开拓新闻视野，把这个栏目办成电视与观众交流的窗口和渠道。

渤海潮

滨州电视台

《渤海潮》是山东省滨州电视台与环渤海电视台合办的栏目，主要为改革开放、开发环渤海地区经济服务，重点交流经济信息，介绍滨州地区人物、自然、地理环境、开发优势及经济建设等情况。《渤海潮》从1993年9月开播，每周1期，每期10分钟，播出后受到各级好评和支持，收到了很好的经济效益和社会效益。

星期三话题

日照电视台

山东省日照电视台于1993年11月3日推出了一个新栏目《星期三话题》。栏目主要针对人们所关心的社会问题和热门话题，进行调查研究和分析探讨。每周1期，每期10分钟，周三播出（周四重播）。

少儿节目

日照电视台

日照电视台于1993年11月22日开办了《少儿节目》。该节目主要以少年儿童为服务对象，集思想性、艺术性、知识性、教育性、趣味性于一体，着意培养情趣、开发智力，为其提供娱乐天地。每晚18：30开始播出，每期20分钟，每周播7次。

红绿灯你我他

日照电视台

由山东省日照电视台和日照公安交警支队联合开办的《红绿灯你我他》电视专栏，于1993年9月正式开播，栏目每两周播出1期，长度为15分钟。该栏目通过对典型交通事故案例的报道，宣传道路交通法规，交通安全常识，以增强广大人民群众的交通安全意识。

人车路

黄石电视台

《人车路》开办于1993年6月28日，是湖北省黄石电视台与黄石市交警支队联合开办的一个宣传交通法规、增强市民交通安全意识的专栏节目。每周1期，每期20分钟。该栏目设有《交通动态》、《大家谈》、《交警风采》、《驾驶园地》、《曝光台》、《警钟长鸣》、《交通趣闻》等小栏目，由专业主持人和业余主持人共同主持，另主持人由一名交通干警担任，具有可信性和权威性。

STV新闻

三峡电视台

《STV新闻》是湖北省三峡电视台自办的新闻栏目，每周6次，每次18分钟。该栏目以“当好党的喉舌，反映群众心声，服务两个文明，倡导社会新风”为宗旨，及时抓住群众关心的热点、难点，进行深入的采访报道，起到良好的舆论导向作用。1993年以来，先后开设了《热线446623》、《入关前夜》、《海南风》、《三峡征战果》等小栏目。

江汉风

荆州电视台

《三汉风》是湖北省荆州电视台1993年在深化改革中重点推出的一个社教类专栏节目，栏目每周1期，每期25分钟。该栏目严格遵循党的宣传口径，立足当地，注重本地特色，贴近生活，贴近群众，宣传改革成就，鞭挞落后，实行正确的舆论导向。辟有《社会写真》、《热点追踪》、《经济快餐》、《荆楚风物》等小栏目。该栏目荣获1993年度湖北优秀电视节目一等奖。

车城全景

十堰电视台

《车城全景》是湖北省十堰电视台1993年初开办的新闻专栏节目，每周六播出，每次20分钟。栏目宗旨是围绕社会热点、难点问题进行分析报道，反映群众呼声。在报道形式上追求纪实风格，大量运用现场同期声,让记者直接介人新闻事件之中,变常见的“现在完成式”新闻为“现在进行式”报道.节目辟有《改革新视线》、《广角镜》、《观察者》、《普通人家》、《人物写真》等小栏目.

经济888

长沙电视台

《经济888》是长沙电视台1993年3月3日开播的，栏目每周播出两组节目。《经济888》作为长沙电视台直接进行经济宣传的栏目，设置了《经济要闻》、《经济短波》、《经济热点》、《经济潮》、《逛市场》、《牵线搭桥》和《开张大吉》等小栏目。

热线5分钟

益阳有线电视台

《热线5分钟》是益阳有线电视台1993年10月8日开播的栏目，每星期五晚7：50定期播出。栏目重在反映本地政治、经济的重大举措和追踪报道群众关注的社会热点问题，一播出即受到了广大电视观众的喜爱，社会效果良好。

社会生活面面观
株洲电视台

《社会生活面面观》是株洲电视台 1993 年 5 月上旬开播的栏目。每周二播出；每次 15 分钟。该栏目主要是反映普通人的工作、生活，把握社会前进的脉搏，反映时代精神风貌，设有《广角镜》、《人·车·路》、《城管纵横》、《一方山水一方人》、《凡人琐事》、《周末夜访》、《大家谈》和《文化园地》等 10 个小栏目，受到群众好评。

神农八面风
株洲电视台

《神农八面风》是株洲电视台 1993 年 3 月与观众见面的新栏目，每周日播出，每次 15 分钟。设有《热点探视》、《议论纷纷》、《警界行动》、《每日片语》和《市场大观》等小栏目。其中在该栏目中播出的《陈振文与十八孤儿》节目获 1993 年度湖南省广播电视优秀节目二等奖。

宝庆了望
邵阳电视台

《宝庆了望》是邵阳电视台 1993 年 3 月 5 日开播的栏目，每周 1 次，每次 10 分钟。设有《时代风》、《箭落门》、《人世间》和《风情录》等小栏目。

改革热线
邵阳电视台

《改革热线》是邵阳电视台 1993 年 3 月 1 日开播的栏目，每周 1 次，每次 3 至 5 分钟，开播后播出了“县区长谈改革”、“部门领导采访录”、“市重点工程系列报道”等近百条报道，受到观众好评。

改革与党风
岳阳电视台

《改革与党风》是岳阳电视台 1993 年 3 月 30 日开播的新栏目。每周在市电视台的新闻联播节目中播出，介绍一些敢于与腐败现象做斗争的先进人物和勤政的典型。

紫舞纵横
大庸有线电视台

《紫舞纵横》是大庸有线电视台于 1993 年 9 月 23 日开办的板块式综合栏目，每周三、六播出，每次 15 分钟。该栏目的指导思想是：把握主旋律，突出城市特色，将新闻性、指导性、知识性、服务性融于一体。设有《热线追踪》、《消费与市场》、《衣食住行》、《逛商场》、《有线新闻》和《信息荟萃》等栏目。

电白纵横
电白电视台

广东省电白电视台《电白纵横》栏目设立于 1993 年，以介绍电白古今文化、风景名胜、物产资源、投资环境及经济动态为主。围绕电白的实际，突出地方特点，讴歌电白改革和社会主义建设成就。《电白纵横》每两周播出 1 次，周三晚播出。重播 1 次。

经济了望
江门电视台

广东省江门电视台的《经济了望》是经济性的专栏节目，1993 年 2 月开办，每辑 14 分钟，每星期六晚播出。其宗旨是为江门五邑侨乡经济建设服务。节目办得贴近生活、贴近群众，开辟有《经济透视》、《消费者之友》、《投资动态》、《谈股论金》、《经济通》等小栏目。

你我十频道
南宁电视台

1993 年 1 月开办的《你我十频道》栏目，每周六 20∶00 播出，每次 30 分钟，下周三晚上重播。这是个社会综合类板块栏目，主要报道南宁市群众眼前和身边的事，展现都市生活的方方面面。该栏目设《热点聚焦》、《大家身体好》、《共建大通道》、《邕城金盾》、《有心走天下》、《凡人物语》、《书海拾贝》、《校园风景线》、《齐步走》、《女人是》、《丁工话题》、《观众信箱》和《税与公民》等小栏目。

艺术与生活
南宁电视台

1993 年初开办的《艺术与生活》栏目，每周二 20∶30 播出 1 次，每次 20 分钟。它主要为群众的文化生活提供信息和服务，对生活中的流行时尚予以恰当评价和引导。栏目中设《文艺花絮》、《款款新潮》、《交际导航》、《心路丝雨》、《艺苑晚茶》、《好歌一曲》、《电影金榜》、《美食文化》、《生活聚焦》和《标志艺术》等小栏目。

多彩荧屏
南宁电视台

1993 年 10 月开办的《多彩荧屏》栏目，每周六 20∶50 播出 1 次，每次 15 分钟。该栏目除主要介绍本台自办栏目一周节目内容外，还对电视节目折射出的文化现象和社会现象进行探讨。设《荧屏扫描》、《追踪采访车》、《观众与荧屏》、《荧屏星光集》、《MTV 推荐榜》和《荧屏灯谜》等小栏目。

综艺广角
柳州电视台

1993 年 8 月 27 日，柳州电视台开办《综艺广角》栏目，周一晚上播出，下周五晚上重播，每期50分钟。设《新歌速递》、《跳动的旋律》、《乐在其中》、《风景线》等小栏目。主要播出本市文艺工作者创作演出的歌曲、舞蹈、小品等。还设《新人速写》、《明星聚焦》、《文艺沙龙》、《艺彩风姿》和《OK排行榜》。《综艺广角》栏目采取让观众直接进人演播室的形式，栏目的风格体现参与性、寓教于乐性和服务性。

今日桂林

桂林电视台

1993年4月8日，桂林电视台开办板块栏目《今日桂林》。这是一个集知识性、欣赏性、娱乐性和社会新闻性于一体的综合栏目。每周1期，每期20分钟，在无线、有线电视台各播出2次。栏目中设《热点追踪》，反映各种社会焦点；《故园情》，介绍国内外有影响的桂林人及在桂林工作过的名人，或海外人士回故乡后对家乡的感受等；《岭南采风》，介绍桂林、广西民族风情、自然景观。此外，还有《桂林人》和《山城新绿》等小栏目。

热线2210

桂林电视台

1993年8月，桂林电视台以专题部电话号码2210为名开办板块式栏目《热线2210》。该栏目集新闻性、知识性、服务性、欣赏性、娱乐性为一体，每周拍摄制作1期30分钟，在无线、有线电视台各播出2次，栏目中设《纪实5分钟》、《企业特快》、《灵川了望》、《山乡风情》、《七彩生活》和《名城掠影》等小栏目。

经济扫描

北海电视台

1993年1月，北海电视台开办新栏目《经济扫描》，每周播出3次，重播3次，每次10分钟。该栏目意在捕捉市场经济跳跃的脉搏，围绕北海市经济工作中的热点、难点、迷点问题，通过《经济扫描》窗口，反映北海市经济建设的风貌和经济新导向。

涪陵大舞台

涪陵电视台

《涪陵大舞台》系涪陵电视台大型综合性文艺栏目。于1993年7月20日开播。每周二1次，每次30分钟，周五重播。本栏目集文学性、艺术性、趣味性、知识性为一体，以反映全区文体活动、艺术实践内容为主，竭力推出新人新作，求新、求奇、求乐、求活，伴君度过良宵。该栏目由《笑一笑》、《涪陵歌星》、《漫画欣赏》、《四季诗》、《涪陵风景线》、《明星之声》、《今宵我伴您》、《三言两语》等20多个小栏目组成，轮流推出。

康宁世界

涪陵电视台

涪陵电视台于1993年4月13日开辟《康宁世界》栏目。该栏目涉及医疗、卫生、保健等内容，集知识性、趣味性、服务性为一体。它引导人们在快节奏的工作和生活环境中保养身体，调节精神。该栏目长度为5分钟，每周一晚7:50播出，周五晚7:50重播。

经济天地

江油电视台

1993年10月，江油电视台推出《经济天地》专栏节目。该栏目以宣传经济成就，服务经济建设，促进商品流通，引导群众消费为宗旨。内设《经济要闻》、《经济访谈》、《经济观察》、《热点追踪》、《经济动态》、《经济信息》、《消费指南》等8个栏目。该栏目每周五播出，下周二重播，每次15至20分钟。

荧屏生辉

德阳电视台

德阳电视台1993年9月18日开办的《荧屏生辉》属综合文艺性栏目。该栏目以主持人的形式向观众介绍一些国内外的奇珍异闻、幽默小品、乐坛动态和时装流行趋势。该栏目播出的时间是每星期六晚20：30，每次约25分钟。

书林漫步

遂宁电视台

《书林漫步》是四川省遂宁电视台1993年新开办的一个以引导群众多读书，读好书为宗旨的栏目。该栏目每周四播出，长度15分钟，设有《新书架》、《畅销书排行榜》、《诗文欣赏》、《名人名言》、《书林笑话》、《书林相声》、《文学知识有奖问答》等小栏目。该栏目播出以来，深受图书读者和观众的好评。

艺术广场

遂宁电视台

《艺术广场》是四川省遂宁电视台开办的一个综合性的文艺栏目。辟有《请您欣赏》、《荧屏传情》、《卡拉OK流行线》、《笑不笑由您》及观众参与的幸运抽奖节目《幸运时分》5个小栏目，节目采取主持人形式，在编辑上注重节目的欣赏性、娱乐性及观众的参与性和节目的服务性。该栏目每周1期，每期20分钟左右。

今日六盘水

六盘水电视台

《今日六盘水》是贵州省六盘水电视台于1993年3月1日开办的栏目。这个栏目从不同侧面、不同角度反映江南煤城六盘水在党的十一届三中全会以来发生的一系列变化。播出的节目题材丰富，生动感人。该栏目每周五19

时45分至20时播出，每次播出15分钟。

信息广场
西安电视台

为了及时宣传和发现经济改革中的新气象、新问题，丰富和拓宽经济宣传的手法和领域，西安电视台于1993年8月9日开办了《信息广场》栏目。下设《经济动态》、《观众热线》、《简讯》、《今日导购》、《市场扫描》5个固定小栏目和《新产品新科技》、《医疗天地》、《供求信息》、《开业大吉》等4个不定期小栏目，栏目总长度为15分钟，每周一、三、五20：00播出。节目短小精悍，内容新颖，贴近生活，贴近群众，既能宏观报道本市大的经济动态和走势，又能具体地为寻医问药的患者和其他消费者及时提供各种信息，同时还能用热线报道、跟踪报道等形式揭露、打击不法行为，维护消费者利益。

1218新观察
兰州电视台

《1218新观察》是兰州电视台新闻部主办的新闻综合板块主持人栏目，开播于1993年7月18日。"1218"是兰州电视台12频道和18频道两个播出频道的代号。该栏目以热点新闻和热门话题为主干，展现兰州市改革开放过程中的新事物、新人物、新思想；坚持贴近群众，贴近生活，贴近实际，形式多样。该栏目设置7个小栏目：《视野内外》、《点点评评》、《都市扫描》、《今霄星座》、《立此存照》、《万象集锦》和《蓝盾追踪》。《1218新观察》每星期日晚8时播出。

经济博览
庆阳电视台

庆阳电视台从1993年1月份起，开办以宣传经济、服务经济为主，融新闻性、知识性、服务性、娱乐性和实用性为一体的综合性经济板块栏目《经济博览》。着力研究改革开放中的社会热点问题，探索社会主义市场经济的发展规律，揭示社会经济生活中的各种现象，积极为全区人民生产生活提供服务，报道全区各行各业的改革和建设成就，讴歌不同岗位涌现出的模范人物的先进事迹。节目采取主持人的形式播出，尽量做到切合实际，贴近生活，贴近群众，生动活泼。《经济博览》栏目每周播出1期，每期20至30分钟。

案与法
乌鲁木齐电视台

由新疆维吾尔自治区公安厅组织乌鲁木齐市公安局等9家公安武警系统单位和乌鲁木齐电视台联合开办的新疆第一个公安法制电视栏目《案与法》，于1993年3月20日正式播出。每月2期，每期播放2次，每次平均45分钟。《案与法》下设《疑案追踪》、《毒魔》、《打假行动》、《红灯警告》、《灵与肉》、《独家新闻》、《请您参加审判》、《万里边防》、《危险在你身边》、《警察之苑》等20个小栏目。

27广角镜
乌鲁木齐电视台

新疆乌鲁木齐电视台1993年3月推出社会经济综合性栏目《27广角镜》，这个栏目是在《经济大地》基础上，为适应改革开放，大力宣传社会主义市场经济而开办的。每周正播1次，重播1次，每次10–15分钟。《27广角镜》设《经济热点》、《社会纵横》、《市场漫步》、《街谈巷议》、《企业天地》、《信息传真》、《知识窗》、《消费者信箱》等小板块。《27广角镜》形式多样，内容丰富，既有各种信息、经济报道，又有热门话题、观察思考、人物专访以及政策解答、企业宣传、生活指南等。

绿洲荧屏
哈密电视台

新疆哈密电视台于1993年3月26日开办《绿洲荧屏》栏目，这是一个融思想性、新闻性、文艺性为一体的综合性板块栏目。其中主要小栏目有《企业家新潮》、《请您欣赏》、《社会广角》等。该栏目每周二、周五各播出1次，共20分钟。

七彩桥
哈密电视台

新疆哈密电视台的《七彩桥》栏目开办于1993年1月7日，每周播出1次，每次20分钟，是一个服务类栏目。它的宗旨是面向社会，面向家庭，面向生活，力求以丰富的内容、活泼的形式、朴实的语言深入观众家庭，为观众排忧解难。设有《新书架》、《主持人信箱》、《消费指南》、《市场动态》、《农家乐》、《小制作》、《小发明》、《服装世界》等小栏目，从不同角度为不同层次的观众提供不同的服务。

经济广角
哈密电视台

新疆哈密电视台的《经济广角》栏目开办于1993年7月12日，这个栏目是在原《哈密新闻》、《经济窗口》等栏目基础上开办的，其宗旨是遵循党的方针政策，顺应社会主义市场经济发展的大趋势，宣传经济形势，分析经济现象，及时、准确地把大量信息传递给观众。设有小栏目《经济要闻》、《经济简讯》、《经济热点透视》、《说长道短》、《企业潮》、《金融窗》、《电视商场》等。每周一、三、五、首播，二、四、六重播。

点歌台
哈密电视台

新疆哈密电视台的《点歌

台》栏目于1993年元月开播，是一个文艺娱乐性栏目。旨在增强观众参与意识，通过荧屏增进人与人之间的相互理解。每周播出2次，每次20分钟。其中《三·八点歌台特别节目》受到广大妇女同胞的赞誉。

今夜星光

哈密电视台

《今夜星光》栏目于1993年4月3日开播，半月播出1次。它是一个融知识性、欣赏性、趣味性为一体的文艺性杂志板块栏目，主要是为了发挥该台节目部文艺资料丰富的优势，通过短小精悍而又多样化的艺术手法，把不同种类的内容编串在一起，由主持人主持播出。

1993年县、区广播电台（站）新开办的节目

农民之友

大兴县广播站

北京大兴县广播站于1993年8月28日办起一个专门为农民和农村工作者服务的专题节目——《农民之友》，每周一组，播4次。该节目设有《政策信息》、《农村科技》、《借鉴与参考》、《农事指南》、《听众信箱》和《实用信息》等栏目，侧重于为农民提供切实有效的服务。

北辰之声

天津市北辰区广播站

1993年3月1日天津市北辰区广播站开办《北辰之声》节目，该节目是个综合性节目。除周日外，每天播出1套，每套20分钟，早晨初播，晚上重播，共播放两次。本节目主要报道全区各单位的会议消息和各种活动，及各种信息和基本精神。突出教育性、知识性、趣味性等特点。设有《北辰新闻》、《编辑的话》、《给您提个醒》、《为您服务》、《乡站交流》、《法制园地》、《理论学习》、《每日一歌》、《市场信息》、《开阔眼界》、《笑不笑由你》、《耳闻目睹》、《科技知识》、《老年之友》、《青春时光》、《文体博览》、《乡村能人》、《今晚荧屏》等18个栏目，栏目轮换播出，每套节目不少于4个。采取的是主持人录播的形式。

周日文艺

天津市北辰区广播站

《周日文艺》节目是北辰区广播站1993年3月1日开办的一个娱乐性节目，每套20分钟，逢周日播出，早晚各1次，采取主持人录播的形式。节目内容有歌曲、音乐、相声、小品、戏曲。为了表现本地区特色，在节目中穿插播出本区文艺、戏曲爱好者表演的歌曲、戏曲节目,使该节目更有吸引力。此外,还安排了一些名人名曲介绍和听众来信点播.

经济信息

汉沽人民广播电台

天津市汉沽人民广播电台于1993年10月11日新开办了《经济信息》节目。每次5分钟，每天播3次，分别在8点05分、11点25分、18点45分播出。每周一、三、五播出新内容，每周二、四、六重播此节目。主要为听众提供本区的经济形势、商品信息以及国家近期的经济政策。

七色桥

汉沽人民广播电台

天津市汉沽人民广播电台于1993年7月10日新开办了《七色桥》节目。每次10分钟，每天播3次，分别在7点40分、11点15分、18点10分播出。每周一、三、五播出新内容，每周二、四、六重播。此节目是主持人形式的综合性教育节目。它融政治性、新闻性、知识性、趣味性为一体，紧紧围绕上级有关宣传精神并结合本区的具体实际来反映群众关心的热点问题。该节目采用对话聊天的形式,以小见大,让听众在不知不觉中受到教育.

对农村广播

汉沽人民广播电台

天津市汉沽人民广播电台于1993年10月11日新开办了《对农村广播》节目。每次10分钟，每天播3次，分别在7点30分、11点30分、17点30分播出。每周一、三、五播出新内容，每周二、四、六重播。这个节目采用主持人形式，面向农民听众。它集政策性（宣传党的农村政策、经济信息）、知识性（农业知识、法律知识）、趣味性（历史典故、趣谈）为一体。

东丽人看世界

东丽区广播站

《东丽人看世界》节目是天津市东丽区广播站于1993年4月9日开办的一个专题节目。每周播出1次，重播1次，每次10分钟。改革开放大潮中，区内部分领导干部、企业家以及教师、医生等有关人士纷纷走出国门，走向世界，或学习先进科学技术和管理方法，或引进先进设备，或寻找合作伙伴，洽谈贸易，或进行业务进修，从而开阔了眼界，推出此专题节目的目的是交流在国外（境外）所见、所闻、所

感。稿件体裁不限，有通讯、特写、报告文学、散文等，有较强的可听性，受到听众的好评。

今日外埠
静海人民广播电台

为促进本县农村进一步深化改革，加速经济建设，天津市静海人民广播电台于1993年1月1日开始，在《静海生活》节目中开办了5分钟的《今日外埠》栏目，并在每周三节目中播出两次。该栏目主要介绍本县之外各地在改革开放和经济建设中所采取的具体措施及取得的成功经验，并重点介绍在我国农村改革和经济建设中涌现出来的新人新事，从而为静海县农村改革和经济建设提供了有益借鉴。

经济信息
静海人民广播电台

随着市场经济的进一步深化，信息的重要性愈来愈为人们所认识。为此，天津市静海人民广播电台从1993年1月1日开始在《静海生活》节目中开辟了《经济信息》专题，专题时间为每次3-5分钟，在每天节目中播出2次。该专题为经济类节目，主要内容为与本县各行业相关的政策信息、商品信息、市场行情及农产品购销等，旨在满足本县听众对于各类信息的需求，帮助听众及时了解信息、把握生产。

农村大世界
丰润人民广播电台

河北省丰润人民广播电台于1993年4月开办了《农村大世界》节目，每周一、二两天6次播出，早7:35，中午12:40，晚17:45，每次15分钟。《农村大世界》设有《庄户新事》、《致富参谋》、《政策顾问》、《乡镇之声》、《科教兴农》、《改革潮》、《法制园地》、《热门话题》等小栏目，采取节目主持人的形式，融新闻性、知识性、服务性、实用性于一体，面向农村、农民，努力为听众提供多方位的信息。

空中大市场
榆次人民广播电台

山西省榆次人民广播电台于1993年10月1日新开办了《空中大市场》板块节目。其宗旨是宣传党的经济政策，为经济体制改革服务，沟通市场信息。辟有《指南快车》、《市场好望角》、《信息传真》、《上帝安全岛》和《市场抒情风》等栏目。播出时间为每周一至周日，早8时20分，中午12时10分，时间为10分钟。该节目的特点是栏目多样、形式活泼、报道连续、针对性强。

新时期农村立体思想政治教育
阳曲人民广播电台

山西省太原市阳曲人民广播电台于1993年7月5日开办了《新时期农村立体思想政治教育》节目。旨在通过对农民进行“有理想、有道德、有文化、有纪律”的四有教育，提高农民的整体素质，从而促进农村精神文明建设。节目采取灵活多样的形式，办讲座，讲理论，请嘉宾主持节目，邀农民上广播说心里话。节目播出后，效果明显，促进了本县的精神文明建设。节目长度为15分钟，每周播出7期，每天播出3次。

晨曦之声
河津人民广播电台

为了适应改革开放和市场经济发展的需要，山西省河津人民广播电台于1993年11月1日开办了主持人节目《晨曦之声》。该节目本着贴近群众、贴近生活、贴近实际的宗旨，开辟了《天气预报》、《影视信息》、《乘车时刻》、《市场行情》、《经济快讯》和《歌曲欣赏》等栏目。周一至周日早6时零5分播出，时间为10分钟。节目新颖可听、短小精悍、服务听众。

改革短波
晋城郊区人民广播电台

为了及时贯彻党中央有关改革方面的方针政策，介绍本地区及全国各地在改革中的一些好做法、好经验以及在改革大潮中涌现出来的改革人物。山西省晋城郊区人民广播电台于1993年开办了《改革短波》节目，每周三、四早、午、晚各播出1次，时间为5分钟。

科技兴区
晋城郊区人民广播电台

山西省晋城郊区人民广播电台于1993年3月开办了《科技兴区》节目。每星期一、二早、午、晚连播3次，时间为5分钟。其宗旨是为了提高全区干部群众的科技意识、科技水平和科技管理艺术。节目内容包括介绍科技人物、科技示范户、科学种田经验、种技小知识，为农民群众适时提供优良种子、化肥、农药、新型农业机械等方面的信息。

星期天俱乐部
晋城郊区人民广播电台

《星期天俱乐部》节目是山西省晋城郊区人民广播电台于1993年1月开办的集欣赏性、娱乐性为一体的综合性文艺节目。旨在丰富和活跃广大听众星期天的文化生活。辟有《文学之窗》、《送你一支歌》、《戏曲欣赏》、《民间故事》、《笔海千金》、《少儿园地》和《名人轶事》等栏目。每星期天早、午、晚连播3次，每次时间为20分钟。

经济与生活

绛县人民广播电台

1993 年 4 月 26 日，山西省绛县人民广播电台推出了《经济与生活》节目。该节目旨在提供经济信息服务，满足人民生活需求。辟有《信息服务》、《消费指南》、《市场分析》、《政策通报》、《决策参考》、《经济新闻》、《曝光台》、《他山石》、《文苑漫步》、《红线鹊桥》和《开心你、我、他》等栏目。播出时间，夏季每周一到周六早 6 时，中午 2 时；冬季每周一到周六中午 2 时，晚上 7 时 10 分。每次时间为 15 分钟。该节目的特点是大板块、多栏目、信息量大，以贴近本县听众为主线。

空中立交桥

瓦房店人民广播电台

辽宁省大连市瓦房店人民广播电台 1993 年 4 月 1 日创办主持人综合板块节目《空中立交桥》，每周二、四、六早 7 时播出，每次 30 分钟。该节目集新闻、经济、文艺等内容于一体，设有《昨日新闻》、《热点追踪》、《经济蓝讯》、《法制园地》、《生活顾问》、《街谈巷议》、《大千世界》等栏目。其宗旨是，在有限的黄金时间，满足不同层次听众的需要，增强广播的可听性。

周日大观园

珲春人民广播电台

《周日大观园》是吉林省珲春人民广播电台于 1993 年 3 月 7 日推出的板块节目，其宗旨是为珲春的改革开放服务。每周日早晨 7 点到 8 点播出。节目设《清晨絮语》、《热门话题》、《七彩桥》、《艺苑长廊》等四大栏目，其中又设有《边城采风》、《热线跟踪》、《企业之声》、《电话你我他》等 20 来个小栏目。《周日大观园》是珲春改革开放的一个立体画面，从中可以看到珲春人改革开放的精神面貌。

经济大世界

崇明人民广播电台

上海崇明人民广播电台于 1993 年 3 月 8 日推出一档主持人板块节目《经济大世界》。该节目每周一、三、五 12：00—12：30 播出，当天 18：15—18：45 重播。《经济大世界》以适应社会主义市场经济需要，切实为经济建设服务为宗旨，突出参与性，体现“快、新、活、深”的特点。主要栏目有《改革的足音》、《时代弄潮儿》、《企业与产品》、《市场漫步》、《心灵彩虹》等。

经贸沙龙

金山人民广播电台

为适应社会主义市场经济发展需要，更好地发挥广播的宣传功能，上海金山人民广播电台于 1993 年 4 月 1 日开办《经贸沙龙》专题节目。每周四早、中、晚播出，每次 15 分钟。《经贸沙龙》下设《新产品开发经》、《经营小议》、《信息桥》、《政策须知》等栏目。

温馨专送 706

浦东新区农村广播电台

《温馨专送 706》是上海浦东新区农村广播电台于 1993 年 8 月 28 日开办的一档主持人直播节目。该节目集娱乐性、服务性、知识性、新闻性于一体，力求注重品位，寓教于乐，主持风格在自然中体现高雅，同时注重听众参与。《温馨专送 706》设置的主要栏目有《温馨夜话》、《热线 706》、《温馨专送点歌台》、《人生小站》、《706 限时专递》、《百花园导游》、《706 空中竞赛场》等。该节目每天 19：00 至 20：00 播出。

629 播音室

灌南人民广播电台

江苏省灌南人民广播电台于 1993 年 1 月 1 日新办了集思想性、艺术性、娱乐性于一体的文艺性专题节目，每星期日播出，每次 15 分钟。这个节目主要播出本县及邻县创作的文学艺术作品，以小型节目为主。作品类型包括散文、小说、诗歌、民间故事、小报告文学、广播杂谈等。由于该节目介绍的都是听众身边的人和事，作者都是熟悉的当地人，作品具有浓厚的地方特色和时代气息，因而受到广大听众的欢迎。

生意诀窍

灌南人民广播电台

《生意诀窍》是江苏省灌南人民广播电台于 1993 年 3 月开办的一个专题节目，每周 1 次，每次 15 分钟。每档节目谈论 1—3 个问题，请有经验的企业家、个体工商户、农村致富能手等人就自己切身体会，谈如何做生意并已成功的经验，介绍中以通俗易懂的事实阐述深刻的道理，明白生意的诀窍，好懂好记好学。同时该节目还设有一些专栏，介绍国内外生意人做生意的诀窍，使听众大开眼界。

广播杂文

灌南人民广播电台

《广播杂文》是江苏省灌南人民广播电台和灌南县杂文学会联合举办的专题性节目。1985 年 1 月 1 日开播，每周 1 次，每次 10 分钟。后停办。1993 年 10 月恢复，每周 1 次，每次 15 分钟。《广播杂文》熔思想性和艺术性于一炉；集知识性和趣味性为一体，实事求是评析热门话题，鞭挞假、恶、丑，颂扬真、善、美，节目力争通俗易懂。

时代风

高邮人民广播电台

江苏省高邮人民广播电台的模拟直播节目《时代风》开播于1993年11月6日。节目设固定主持人，口语化播出，该节目既具有直播节目较强的交流感、真实感和亲切感，同时，也保留了传统录播节目的准确、精致和欣赏价值高等长处。节目设有《一周新闻综述》、《热门话题》、《家长里短》、《凡人小事》、《周末心桥》、《请你主持》、《文艺宫》等7个栏目。节目力求贴近生活、贴近群众，以新鲜感和亲切感赢得听众的信任和共鸣。《时代风》节目每周三、六播出，每档40分钟。

灌河之声

响水人民广播电台

江苏省响水人民广播电台于1993年7月18日开播综合板块节目《灌河之声》。节目采用男女主持人直播形式，每天中午11：30至13：00播出1次，内容隔天滚动。开设《新闻集锦》、《信息短波》、《热门话题》、《服务追踪》、《灌河风情》、《艺苑小花》、《深情点歌》等10多个栏目。

经济之声

润州人民广播电台

江苏省润州人民广播电台《经济之声》节目于1993年1月1日开办。每星期六7：15、11：30、19：15播出，每次播出时间15分钟。该节目为经济工作服务，以振兴全区经济为宗旨，为发展生产、繁荣经济、引导消费提供经济信息；介绍本区企业的生产经营、规划、管理的先进经验和成功方法；沟通供销之间的联系，维护消费者的利益。

1003服务台

润州人民广播电台

江苏省润州人民广播电台于1993年8月1日推出《1003服务台》节目。该节目旨在为群众生产、生活提供服务，设置的栏目有《市场博览》、《温馨家庭》、《生活百事通》、《文阑信箱》、《农事顾问》、《生计漫谈》、《特约歌台》等。节目时间15分钟，每天在中午11：30和晚间19：20播出两次。

走乡村串农家

开化人民广播电台

浙江省开化人民广播电台《走乡村串农家》节目是一档面向农村的综合性专题节目，1993年1月推出，每周1期，每期30分钟。该节目以“走”和“串”的形式，让采、编、播人员走入农村的千家万户，为农村听众提供政策、技术、信息等多方位、多层次的服务，开播后为推进开化县农村经济的发展做出了应有的贡献。

经济生活

衢县广播站

浙江省衢县广播站的《经济生活》节目于1993年7月1日开办，每周日播出，时间约20分钟。内设《供求信息窗》，旨在帮助走向市场的农民朋友提供产品供求信息；《红绿灯》重点介绍国家的有关产业政策及经济法规。同时设有《说长道短》、《明星风采》、《请您参加》等小栏目。

金沙潮

嵊泗县广播站

《金沙潮》节目是浙江省舟山市嵊泗县广播站于1993年7月1日推出的一档综合性板块节目，这档长达50分钟的节目，除星期二外，每天早晨5：20播出，中午11：15、晚上19：05重播。《金沙潮》节目采用主持人形式，集新闻性、信息性、知识性、娱乐性于一体。该节目设《要闻》、《市场行情》、《金曲欣赏》、《热线598》、《经济信息总汇》、《空中贺卡》、《七色桥》、《天天听》等9个栏目，并具有较强的听众参与性。

经济大潮流

定海人民广播电台

浙江省定海人民广播电台《经济大潮流》是一档融新闻、信息于一体的专题节目，开办于1993年5月17日，每天1次，每次30分钟，播出时间是上午8：10至8：40。主要栏目有《国内外经济信息》、《经济纵横》和《外汇牌价》。

东西南北

安吉县广播站

浙江省安吉县广播站于1993年7月1日推出《东西南北》综合性专题节目。开设的栏目有《新闻透视》、《热点追踪》、《市场经纬》、《社会万象》、《人间真情》、《名人轶事》和《奇闻趣事》等。该节目采用主持人形式，每次15分钟，每周三、六的早、中、晚播出。

走向大市场

德清人民广播电台

浙江省德清人民广播电台《走向大市场》专题节目创办于1993年7月，是一档以经济类内容为主的综合性主持人节目，每周3档，每周一、三、五早上7：00至7：30首次播出，中午10：00至10：30重播，周二、四、六中午11：30至12：00及下午17：00至17：30重播。里面设《农村好市场》、《黄金三百秒》、《空中购物指南》、《企业传真》等栏目，开办后半年时间里，集中宣传先进的私营企业，特别是采用乡镇联办节目形式后，对树立企业形象，提高乡镇在全县范围内的影响起到了良好的作用。

一日一乡镇

肥东人民广播电台

《一日一乡镇》是安徽省肥东人民广播电台和肥东34个乡镇广播电视站1993年3月联合开办的广播专题节目。节目由各乡镇站自采、自编、自制，肥东人民广播电台统筹安排，每次15分钟，每天报道一个乡（镇），大体上每月循环一次。节目体裁有消息、通讯、评论、录音报道等。

经济大市场

定远人民广播电台

安徽省定远人民广播电台的《经济大市场》开办于1993年2月1日，每周1组，每组30分钟，星期二晚上7∶35播出，星期三早、中午重播。该节目以主持人的形式播出，实行大板块、小栏目，注重听众的参与性，以缩短主持人与听众之间的距离。在内容上融信息、知识、文艺、服务、教育为一体。内设有《政策顾问》、《经营之道百家谈》、《市场与信息》、《经济纵横》、《消费指南》、《工商税务之窗》等9个栏目。

审美天地

南陵人民广播电台

《审美天地》是安徽省南陵人民广播电台1993年10月新办专题节目。旨在提高青年一代审美情趣和审美能力，建立正确的审美观。《审美天地》为综合性板块节目，融新闻性、欣赏性、娱乐性和服务性于一体，每周1档播两次，每次10分钟。内设有《春谷潮音》、《藉山燕语》、《装饰新潮》、《情感世界》和《画廊漫笔》等节目。采取主持人形式，兼有模拟直播。

漳平人民广播电台经济台

福建省第一家县（市）级18小时全天播出的立体声调频广播电台——漳平人民广播电台经济台于1992年12月28日开始播音。该台在自办节目上率先大胆改革宣传形式，引进直播方式，开办了《经济大舞台》、《人与人》、《热点经济》、《信息大观》、《旋转木马》、《夕阳无限》等30个直播板块新栏目，吸引大量听众参与并受到好评。其中《经济大舞台》获1992年全省优秀广播节目三等奖。

文艺半小时

武平县广播站

福建省武平县广播站的《文艺半小时》节目创办于1993年6月1日。节目融思想性、娱乐性、艺术性于一体，采用主持人录播与直播相结合方式，每次30分钟，逢一、三、五、七中午12∶30至13∶00播出，三、四、六晚上18∶30至19∶00重播。主要栏目有《艺海拾贝》、《一周金曲》、《明星足迹》、《往事涟漪》等十几个小栏目。

空中万花筒

樟树人民广播电台

1993年推出的集新闻性、述评性、知识性和趣味性于一体的主持人综合板块节目，每周播出1次，重播两次，每次15分钟。《空中万花筒》设《缤纷世界》、《社会传真》、《家乡拾趣》3个栏目。

工商管理园地

宜丰人民广播电台

1993年3月1日，宜丰人民广播电台与县工商行政管理局联办的节目，每月播两组，每次15分钟。设有《法规讲坛》、《市场纵横》、《企业天地》、《光彩的事业》、《消费者之友》、《闪光的国徽》等6个栏目。节目配合全民普法教育，大力宣传国家有关工商行政管理的政策、法规，弘扬工商干部秉公执法的事迹，使社会各界增进对工商行政管理工作的了解、理解、支持与监督。充分发挥工商行政管理部门的职能作用，更好地为振兴经济，维护消费者和个体工商户的合法权益服务，为工商企业发展生产，搞活经济保驾护航。节目采用主持人形式播出，有广播对话，学习问答，录音报道，配乐通讯等。

周末好时光

新干人民广播电台

1993年9月新干人民广播电台新创办的主持人节目。该节目融知识性、服务性、娱乐性为一体。每周六晚上播出，星期日重播，每次30分钟。节目由《动态短波》、《生活流行网》、《文艺沙龙》、《歌迷你我他》等栏目组成。《周末好时光》节目还吸收爱好文学，有一定朗诵、歌唱水平的听众参与播出，因此受到广大听众，特别是青年听众的喜爱。

玉峡金话筒

峡江县广播站

《玉峡金话筒》是江西省峡江县广播站1993年3月新开办的主持人板块节目。每星期日播1期，早、中、晚各播1次，每次20分钟。下设《风土人情》、《热门话题》、《为您服务》、《快乐的星期天》等栏目。内容有名胜古迹、风土人情、方言习俗、社会热点、生活常识、文学、音乐等，以满足不同层次听众的需要。

友谊桥

峡江县广播站

《友谊桥》是江西省峡江县广播站1993年3月1日新开办的节目。每天1次，每次10分钟。节目内容分别是：每星期一播县农业银行的《农金专题》；星期二播县蚕桑生产办公室的《蚕桑专题》；星期三播县工商行政管理局的《工商之声》专题；星期四播县教育局的《教育之窗》专题；星期六播县经委系统的《峡江工业之声》。通过与以上兄弟单位联办广播节目，丰富了节目内容，培训了骨干通讯队伍，受到听众赞许，增加了创收门路。

反腐倡廉
万安县广播站

江西省万安县广播站的《反腐倡廉》节目于 1993 年 8 月开办。这一专题节目本着开展反腐倡廉，弘扬廉洁奉公和为人民服务的精神，宣传廉洁奉公的典型，引导干部群众正确认识反腐败斗争的意义，提倡勤政廉洁的品尚。

经济之窗
丰城人民广播电台

江西省丰城人民广播电台的《经济之窗》节目于 1993 年开办。节目采取与有关部门、企业单位联办、合办形式。播出的主要内容有：经济杂谈、经济信息、经济政策、市委、市政府有关经济工作的决策、决定和全市企业生产形势和动态。

市场纵横
莲花县广播站

《市场纵横》是江西省莲花县广播站 1993 年为促进社会主义市场经济的建立而新开设的专题节目。每星期三播出。重点报道本地市场信息、物价行情和具有代表性的经济新闻，同时摘要介绍国内外市场变化。节目涉及广阔市场的各个方面，还针对市场经济中人们普遍关心的热点、难点问题，进行分析和报道，为县内市场经济建设推波助澜。

中小学生作文选播
莲花县广播站

为配合小学高年级和初、高中的作文教学，提高中小学生的写作水平，江西省莲花县广播站与县教育局于 1993 年上半年联合开办了《中小学生作文选播》节目。该节目的宗旨是为学生提供一块习作园地，以期开阔学生的视野，培养学生的写作兴趣和观察能力。同时引导学生多看书、读好书，鼓励他们用诗歌、小说、散文、杂文等形式，描绘改革开放给老区带来的变化，弘扬真、善、美，鞭笞假、恶、丑。节目每星期五播出，时间为 10 至 15 分钟。

家长广播学校
济阳人民广播电台

山东省济阳人民广播电台的《家长广播学校》节目的主旨是对全县少年儿童讲授保健、学习、娱乐等方面的知识，由县妇联、保健站、县直幼儿园教师讲课。每个月底月初播出 2 次，每次 15 分钟。该栏目自 1993 年 1 月初播出后，受到听众的好评。

三沿经济信息
惠民人民广播电台

《三沿经济信息》是山东省惠民人民广播电台 1993 年 8 月初开办的固定节目，10 天播放 1 期，每期 10 分钟。该节目主要播放沿海、沿江、沿边 18 省 70 余家广播经济协作单位提供的经济信息。利用广播“快、活、广、新”的优势，沟通“三沿”地区有关经济、人才、技术等信息，推动当地经济发展，为“三沿”地区架起一座沟通经济活动的桥梁。

行业之声
华容人民广播电台

《行业之声》是湖南省华容人民广播电台于 1993 年 3 月开办的专题节目。主要反映全县各行各业改革开放发展的深度和力度，传播典型经验，推介经济信息。该节目采取电台与有关部门联办的方式进行。辟有《物价管理》、《工业战线》等 10 多个小栏目，每周播出 1 集，每集 15 分钟。

情系乐韵
鹤山人民广播电台

广东省鹤山人民广播电台的《情系乐韵》节目，融音乐和情感于一体，设有《至喜欢的歌》、《玻璃屋的故事》、《此时此刻倾心热线》三个栏目，是个听众收听率、参与率颇高，充满感性色彩的节目，该节目通过一首首动人心弦的乐曲，引导听众追寻美妙的乐思，从而变奏发展成一曲曲醉人的乐章。该节目还通过来信解答和谈心热线等形式解答听众在工作、学习、生活等方面所遇到的困惑，让听众受到启迪和教益。该节目周一至周六晚 9：30 至 12：00 播出。

金色时光
三台人民广播电台

四川省三台人民广播电台于 1993 年 6 月 27 日开办《金色时光》节目。该节目融新闻、信息、科学知识、文学艺术于一体，以大板块内若干栏目有机组合，主持人直播形式播出。播出时间从每天上午 9 点到中午 12 点 30 分。所设置的 24 个小栏目，每天轮换推出约 8 个。如今《热线问答》、《科学与生活》、《三台新闻》、《空中信息》、《琴泉钟声》、《影视沙龙》、《体坛风云》、《笑口常开》等栏目已深受听众喜爱。

乡镇天地
黄平县广播站

1993 年 5 月 17 日，贵州省黄平县广播站在原《乡镇广播联播》节目的基础上，开办了集新闻性、教育性、服务性、娱乐性为一体的综合性板块节目《乡镇天地》，每周一至五19时30分播出，每次30分钟，21时重播。该节目设有《新闻集锦》、《山乡新事》、《凡人风采》、《政策法规咨询》、《家庭生活顾问》、《市场指南》、《听众信箱》、《文艺大观》等栏目，实行编采播合一，采用主持人形式播出。同时还运用地方方言播出，使节目更贴近生活，贴近群众。

党建园地
大方县广播站

1993年6月，贵州省大方县广播站与贵州省大方县委组织部联合创办了《党建园地》专题节目，每月第一个周二播出，每次播出20分钟。该节目以人物专访、调查报告、消息、通讯、评论等形式，充分报道大方县的党建工作，报道基层党组织及党员在两个文明建设中的先锋模范作用。

换届后的乡镇党委书记、乡镇长
从江县广播站

1993年12月1日，贵州省从江县广播站在乡镇领导班子换届快1年的时候，开办了《换届后的乡镇党委书记、乡镇长》节目，每周播出1次，每次播出10分钟。该节目以正面宣传为主，讴歌和颂扬有胆有识，立志造福一方的乡镇党委书记、乡镇长，报道他们团结合作，开拓进取，廉洁自律，公而忘私，带领群众治穷致富的先进事迹。同时，也报道他们在农村工作中的忧思录，反映他们的困难和呼声。

午间彩虹
都匀人民广播电台

1993年2月，贵州省都匀人民广播电台推出了综合性大板块节目《午间彩虹》。该节目每周一至六12时20分播出，每次40分钟。该节目融娱乐性、服务性、知识性为一体，设有《心海漫游》、《衣食住行》、《听众点播》、请你录音》、《城市之窗》、《街谈巷议》、《新人新作》、《时事漫谈》等小栏目，采用主持人形式播出。

民族团结
民和回族土族自治县广播站

《民族团结》是青海省民和回族土族自治县广播站于1993年9月20日新开办的一个综合性专题节目。每周编排两组，每组播出3次。《民族团结》熔新闻性、政策性、法律性和文艺性于一炉，该节目结合民和县是个多民族地区，又是青海省民族经济开发试验区的实际，大力宣传民和县在抓住机遇，加快改革开放和经济建设的步伐以及在建立社会主义市场经济体制中，解放思想、转变观念、大胆探索所取得的成绩和经验；宣传认真贯彻落实党的民族宗教政策，加强民族团结、依靠科学技术，促使各项事业蓬勃发展的大好局面，颇受听众欢迎。

1993年县、区电视台新开办的栏目

大视野
忻州电视台

《大视野》专栏是山西省忻州电视台于1993年1月12日开办的板块式节目。它立足本地，面向社会，贴近生活，为振兴忻州经济铺路搭桥。辟有《忻州风》、《弄潮儿》、《信息扫描》、《消费指南》、《唠家常》和《文艺沙龙》等小栏目。每周二、周四播出，时间为15分钟。

送你一片情
忻州电视台

《送你一片情》是忻州电视台于1993年1月12日推出的新栏目。每周二至周日播出，播出时间不定。节目采用电话预约、登门录像、荧屏露面、来人来函等形式，为社会团体、单位和个人开业庆典、校庆、厂庆、生日寿辰、婚礼喜庆点播歌曲，为事业、为亲人献一片爱心。该专栏安排在黄金时间播出，形式多样，服务周到，所选歌曲富有民族气息、健康向上。

电视与观众
旅顺电视台

辽宁省大连市旅顺电视台于1993年2月初推出杂志型栏目《电视与观众》。该栏目每两周1期，每期30分钟，内设《社会广角》、《市场聚焦》、《消费走向》、《生活之友》、《地物风情》等7个小栏目。栏目的设置既突出以经济建设为中心的宣传思想，又重视对批评性报道的正确引导，还强调对本地区风土人情的反映，以体现服务性，增强可视性。

五彩荧屏
通化电视台

通化电视台专题栏目《五彩荧屏》，每周一播出20分钟，周二重播。该栏目采取主持人形式，融知识性、趣味性于一体。内容涉及科技、新闻、教育和人们日常生活中关心的热点问题。下设《一周新闻集锦》、《观众信箱》、《轻松时刻》、《观众热线》、《消费指南》、《县城掠影》、《热门

话题》、《乡土风情》、《馋人谈吃》、《开心时刻》、《生活浪花》、《走一走、瞧一瞧》、《我唱你跳》、《新鲜事》、《寻医问药》、《军人风采》等30多个栏目。

社会广角

金山电视台

《社会广角》是上海金山电视台于1993年8月7日新开办的一档专题性节目。每周不定期播出，每次5分钟。创办这一节目的宗旨是：坚持以正面宣传为主，传播政策，提供经验，传递信息，追踪热点，透视社会，为两个文明建设做深度报道。该节目开播以后，受到社会各界的好评，普遍认为她弥补了电视新闻短的缺点，对观众比较关心的热点问题可做较有深度的分析和透视。

昆山，您好

昆山电视台

江苏省昆山电视台1993年开办了《昆山，您好》栏目，该栏目是一个地方性的杂志型栏目，每两周1档，每档20分钟。设四个小栏目《文化长廊》、《城乡采风》、《人物写生》、《法与生活》。

市场天地

全椒电视台

安徽省全椒电视台的《市场天地》于1993年8月1日正式开播，每周一和周四19：45播出，每次15分钟。内设有《商品交流》、《消费指南》、《市场行情》、《乡镇企业之声》等6个栏目，为生产者和消费者提供信息、业务咨询、政策辅导，是全县人民了解近期经济活动的重要渠道。

法规文件

1993——1994.2.3颁布的广播电视法规文件选载

中华人民共和国国务院令

第129号

《卫星电视广播地面接收设施管理规定》已经一九九三年八月二十日国务院第七次常务会议通过，现予发布，自发布之日起施行。

总理 李鹏

1993年10月5日

卫星电视广播地面接收设施管理规定

第一条 为了加强对卫星电视广播地面接收设施的管理，促进社会主义精神文明建设，制定本规定。

第二条 本规定所称卫星电视广播地面接收设施(以下简称卫星地面接收设施)，是指接收卫星传送的电视节目的天线、高频头、接收机及编码、解码器等设施。

第三条 国家对卫星地面接收设施的生产、进口、销售、安装和使用实行许可证制度。生产、进口、销售、安装和使用卫星地面接收设施许可的条件，由国务院有关行政部门规定。

第四条 卫星地面接收设施由国务院电子工业行政部门指定的企业生产，其他任何单位不得生产。

第五条 卫星地面接收设施由省、自治区、直辖市人民政府工商行政管理部门会同国内贸易、广播电视和电子工业行政部门指定的单位销售，其他任何单位和个人不得销售。

第六条 进口卫星地面接收设施必须持国务院广播电影电视行政部门开具的证明，进口卫星地面接收设施的专用元部件必须持国务院电子工业行政部门开具的证明，到国务院机电产品进出口行政部门办理审批手续，海关凭审查批准文件放行。

禁止个人携带、邮寄卫星地面接收设施入境。

第七条 卫星地面接收设施的质量认证证书和认证标志，由国务院产品质量监督管理部门或者国务院产品质量监督管理部门授权的部门认可的认证机构按照有关质量认证的法律、法规的规定认证合格后发放；未经质量认证的，不得销售和使用。

第八条 单位设置卫星地面接收设施的，必须向当地县、市人民政府广播电视行政部门提出申请，报省、自治区、直辖市人民政府广播电视行政部门审批，凭审批机关开具的证明购买卫星地面接收设施。卫星地面接收设施安装完毕，由审批机关发给《接收卫星传送的电视节目许可证》。

第九条 个人不得安装和使用卫星地面接收设施。

如有特殊情况，个人确实需要安装和使用卫星地面接收设施并符合国务院广播电影电视行政部门规定的许可条件的，必须向所在单位提出申请，经当地县、市人民政府广播电视行政部门同意后报省、自治区、直辖市人民政府广播电视行政部门审批。

第十条 本规定发布前未经批准设置卫星地面接收设施的，必须自本规定发布之日起六个月内依照本规定办理审批手续。

第十一条 违反本规定，擅自生产卫星地面接收设施的，由电子工业行政部门责令停止生产。

违反本规定，擅自销售卫星地面接收设施的，由工商行政管理部门责令停止销售，没收其卫星地面接收设施，并可以处以相当于销售额二倍以下的罚款。

违反本规定，擅自安装和使用卫星地面接收设施的，由广播电视行政部门没收其安装和使用的卫星地面接收设施，对个人可以并处五千元以下的罚款，对单位可以并处五万元以下的罚款。

第十二条 当事人对处罚决定不服的，可以依照有关法律、行政法规的规定，申请行政复议或者提起行政诉讼。

第十三条 本规定的实施细则由国务院广播电影电视行政部门商有关行政部门制定。

第十四条 本规定自发布之日起施行。

《卫星电视广播地面接收设施管理规定》实施细则

第一章 总 则

第一条 根据国务院颁布的《卫星电视广播地面

接收设施管理规定》(以下简称《管理规定》)第十三条规定，制定本实施细则。

第二条 广播电影电视部是卫星电视广播地面接收设施（以下简称卫星地面接收设施）的归口管理部门，会同公安部、国家安全部负责全国卫星地面接收设施管理工作。

地方各级广播电视行政部门是当地的卫星地面接收设施的归口管理部门，会同地方各级公安部门和国家安全部门负责本辖区内的卫星地面接收设施的管理工作。

广播电视行政部门的职责是对卫星地面接收设施实行归口管理，审批卫星地面接收设施的设置，组织对卫星地面接收设施的生产、销售、使用情况进行检查；公安部门的职责是查处抗拒、阻碍管理部门依法执行公务的违法行为，协助管理部门对卫星地面接收设施进行技术检查；国家安全部门的职责是检验审核卫星地面接收设施的技术性能，进行技术安全检查，并视需要采取必要的技术防范措施。

第二章　卫星地面接收设施的设置

第三条 申请设置卫星地面接收设施接收卫星传送的电视节目的单位，应当具备下列条件:

（一）有确定的接收方位、接收内容和收视对象范围;

（二）有符合国家标准的接收设备;

（三）有合格的专职管理人员;

（四）有健全的管理制度。

第四条 任何单位均可申请设置卫星地面接收设施接收卫星传送的境内电视节目。

下列单位和场所可申请设备卫星地面接收设施接收卫星传送的境外电视节目:

（一）级别较高、规模较大的教育、科研、新闻、金融、经贸等确因业务工作需要的单位;

（二）三星级或国家标准二级以上的涉外宾馆;

（三）专供外国人和港、澳、台人士办公或居住的公寓等。

第五条 凡需设置卫星地面接收设施接收境内电视节目的单位，必须向当地县级以上（含县级）广播电视行政部门提出申请，报地、市级广播电视行政部门审批。省、自治区、直辖市的直属单位可直接报省、自治区、直辖市广播电视行政部门审批。经审查批准的单位，凭审批机关开具的证明购买卫星地面接收设施。卫星地面接收设施安装完毕，经审批机关检验合格后由其发给《接收卫星传送的境内电视节目许可证》(以下简称《许可证》)，并报省、自治区、直辖市广播电视行政部门、国家安全部门备案。此种《许可证》格式由广播电影电视部统一制定，各省、自治区、直辖市自行印制。

设置卫星地面接收设施专门接收卫星传送的境内教育电视节目的各类学校和教育、教学单位，亦按上述程序办理审批手续。经审查批准的，可由当地教育行政部门负责管理，同时接受广播电视行政部门和公安、国家安全部门的检查和管理。

凡需设置卫星地面接收设施接收境外电视节目的单位，必须向当地县级以上（含县级）广播电视行政部门提出申请，经地、市级广播电视行政部门和国家安全部门签署意见后，报所在省、自治区、直辖市广播电视行政部门审批。经审查批准的单位，凭审批机关开具的证明购买卫星地面接收设施。卫星地面接收设施安装完毕，经省、自治区、直辖市广播电视行政部门和国家安全部门检验合格后，由省、自治区、直辖市广播电视行政部门发给《接收卫星传送的境外电视节目许可证》(以下简称《许可证》)，并报广播电影电视部、国家安全部备案。此种《许可证》由广播电影电视部统一印制。

第六条 个人不得安装和使用卫星地面接收设施。

但在收不到当地电视台、电视转播台、电视差转台、有线电视台（站）的电视节目的地区，个人可申请安装卫星地面接收设施接收境内电视节目。

个人需设置卫星地面接收设施的，必须经所在单位同意并持其开具的证明，向当地县级以上（含县级）广播电视行政部门提出申请，经地、市级广播电视行政部门和国家安全部门签署意见后报省、自治区、直辖市广播电视行政部门审批。经审查批准的个人，凭审批机关开具的证明购买卫星地面接收设施。卫星地面接收设施安装完毕，经省、自治区、直辖市广播电视行政部门和国家安全部门检验合格后，由省、自治区、直辖市广播电视行政部门发给《接收卫星传送的境内电视节目许可证》。

个人设置的卫星接收天线不得占用公共场所、影响环境美观和邻里日常生活。

第七条 必要时广播电影电视部可以直接批准设置卫星地面接收设施，并发给相应的《许可证》。

第八条 《管理规定》发布前，单位未经批准已经设置的卫星地面接收设施，不符合前述条款中设置卫星地面接收设施申报条件的，应予拆除。符合前述条款中设置卫星地面接收设施申报条件的，必须自《管理规定》发布之日起六个月内依照《管理规定》和本《实施细则》办理审批手续。

第九条 禁止未持有《许可证》的单位和个人设置卫星地面接收设施接收卫星传送的电视节目。

第十条 安装卫星地面接收设施的施工单位，必须持有《卫星地面接收设施安装许可证》。申请安装许可证的条件和办法，由各省、自治区、直辖市广播电视行政部门自行制定。

单位和个人设置卫星地面接收设施，必须由持有《卫星地面接收设施安装许可证》的单位提供安装和维修服务。

第三章　卫星电视节目的接收和使用

第十一条 持有《许可证》的单位和个人，必须按照《许可证》载明的接收目的、接收内容、接收方式和收视对象范围等要求，接收和使用卫星电视节目。

持有《接收卫星传送的境外电视节目许可证》的涉外宾馆可以通过宾馆的有线（闭路）电视系统向客房传送接收的境外电视节目。

持有《接收卫星传送的境外电视节目许可证》的其他单位，要根据工作需要限定收视人员范围，不得将接收设施的终端安置到超越其规定接收范围的场所。禁止在本单位的有线（闭路）电视系统中传送所接收的境外电视节目。

禁止在车站、码头、机场、商店和影视厅、歌舞厅等公共场所播放或以其它方式传播卫星传送的境外电视节目。

禁止利用卫星地面接收设施接收、传播反动淫秽的卫星电视节目。

第十二条 禁止电视台、电视转播台、电视差转台、有线电视台、有线电视站、共用天线系统转播卫星传送的境外电视节目。

第十三条 《许可证》不得涂改或者转让。需要改变《许可证》规定的内容或者不再接收卫星传送的电视节目的单位，应按设置卫星地面接收设施接收电视节目的申请程序，及时报请审批机关换发或者注销《许可证》。

第十四条 有关卫星地面接收设施的宣传、广告不得违反《管理规定》及本《实施细则》的有关规定。

第四章 卫星地面接收设施的生产、销售和进口

第十五条 卫星地面接收设施由电子工业部指定的企业生产。定点生产企业的审批和管理办法，由电子工业部商有关部门另行制定。

第十六条 卫星地面接收设施实行定点销售。定点销售单位的审批和管理办法由省、自治区、直辖市人民政府工商行政管理部门会同国内贸易、广播电视和电子工业行政部门另行制定。

定点销售单位只能向持有地、市级以上（含地、市级）广播电视行政部门开具的证明的单位和个人销售经质量认证合格的卫星地面接收设施。

第十七条 卫星地面接收设施的质量认证书和认证标志，由国家技术监督局或其授权的部门认可的认证机构按照有关质量认证的法律、法规的规定认证合格后发放；未经质量认证的，不得销售和使用。

第十八条 进口卫星地面接收设施必须持广播电影电视部开具的证明，进口卫星地面接收设施的专用元部件必须持电子工业部开具的证明，到国家机电产品进出口办公室办理审批手续，海关凭审查批件放行。

禁止个人携带、邮寄卫星地面接收设施入境。

第五章 法律责任

第十九条 对违反本《实施细则》第九至第十四条规定的单位和个人，由县级以上（含县级）广播电视行政部门给予行政处罚。其具体处罚措施如下：

（一）对违反本《实施细则》第九、第十一、第十二、第十三条规定的单位，可给予警告、一千至五万元罚款、没收其使用的卫星地面接收设施、吊销《许可证》等处罚；

（二）对违反本《实施细则》第九、第十一、第十三条规定的个人，可给予警告、五百至五千元罚款、没收其使用的卫星地面接收设施、吊销《许可证》等处罚；

（三）对违反本《实施细则》第十条规定，未持有《卫星地面接收设施安装许可证》而承担安装卫星地面接收设施施工任务的单位可处以警告、一千至三万元罚款；

（四）对违反本《实施细则》第十四条规定的，可处以警告、一千至三万元罚款。

以上行政处罚可单处也可并处。

对同一单位或个人有两种以上违反本《实施细则》行为的行政处罚，分别裁决，合并执行。

对同一违规行为的行政处罚只能一次处罚，不得重复处罚。

第二十条 对违反本《实施细则》第十五条规定，未经批准擅自生产卫星地面接收设施的，按电子工业部的有关规定处罚。

第二十一条 对违反本《实施细则》第十六条规定，未经批准擅自销售卫星地面接收设施的，及向未持有广播电视行政部门开具的证明的单位和个人销售卫星地面接收设施的，由工商行政管理部门责令停止销售，没收其卫星地面接收设施，并可以处以相当于销售额二倍以下的罚款。

对违反本《实施细则》第十七条规定，销售未经质量认证或认证不合格的卫星地面接收设施的，由标准化行政主管部门责令停止销售，处以违法所得三倍以下的罚款，并可对该违法单位负责人处五千元以下的罚款。

第二十二 对违反本《实施细则》第十八条规定，擅自进口卫星地面接收设施或携带卫星地面接收设施入境的，海关按照《海关法》的有关规定处理。

第二十三条 抗拒、阻碍管理部门依法对卫星地面接收设施的生产、销售、设置、安装和使用进行管理的，由公安部门依照《中华人民共和国治安管理处罚条例》的规定处罚；情节严重、构成犯罪的，由司法机关依法追究当事人的刑事责任。

第二十四条 利用卫星地面接收设施从事危害国家安全活动的，由国家安全、公安部门依照《国家安全法》的规定处理。

第二十五条 当事人对依照《管理规定》和本《实施细则》做出的处罚决定不服的，可根据《行政

复议条例》和《行政诉讼法》有关规定申请行政复议或者提起行政诉讼。

对于不申请复议、不起诉又不履行处罚决定的，作出处罚决定的广播电视等行政部门可依法强制执行(法律另有规定的除外)。

第二十六条 罚款上缴国库。

第六章 附 则

第二十七条 军队以及公安、国家安全部门设置用于军事、公安、国家安全业务的卫星地面接收设施，由中国人民解放军有关部门、公安部和国家安全部各自另行制定管理规定实施管理，并将管理规定送广播电影电视部备案。但其宿舍区、宾馆等用于非军事、公安、国家安全业务的卫星地面接收设施的设置、安装和使用，应依照《管理规定》和本《实施细则》接受管理。

外国驻华使（领）馆，以及其它享有外交特权与豁免的机构设置卫星地面接收设施，通过外交途径办理。

第二十八条 持有《许可证》的单位接收、使用卫星传送的电视节目，应尊重该节目著作权人的权利。

第二十九条 卫星地面接收设施管理费的征收和使用办法，由广播电影电视部商有关部门或由省、自治区、直辖市广播电视行政部门商有关部门制定。

第三十条 各省、自治区、直辖市广播电视行政部门可依据《管理规定》和本《实施细则》，结合各地实际情况，商有关部门制定卫星地面接收设施的具体管理办法。

第三十一条 本《实施细则》自发布之日起施行。过去发布的规定与《管理规定》和本《实施细则》不一致之处，均以《管理规定》和本《实施细则》为准。

（注：艾知生部长1994年2月3日签发）

卫星电视广播地面接收设施销售管理规定

为加强对卫星电视广播地面接收设施（以下简称卫星地面接收设施）的管理，根据国务院第129号令发布的《卫星电视广播地面接收设施管理规定》，现就销售卫星地面接收设施的有关问题作如下规定：

一、卫星地面接收设施销售单位注册资金不得少于一百万元；必须具备卫星地面接收设施售后服务能力，有卫星地面接收设施安装、调试、维修能力的专职人员不得少于三人。

二、卫星地面接收设施销售单位，由省级工商行政管理机关会同同级国内贸易、广播电视、电子工业行政部门指定，并报国家工商行政管理局备案。在国家工商行政管理局登记注册的单位，由国家工商行政管理局会同国务院国内贸易、广播电视、电子工业行政部门指定。经指定的销售单位，分别由省级工商行政管理局予以公告。未经指定的单位和个人，一律不得开展卫星地面接收设施的销售活动。

三、工商行政管理机关要加强对卫星地面接收设施销售单位的管理，地市级工商行政管理机关，应在省级工商行政管理机关的统一组织下，每年对销售单位经营卫星地面接收设施的情况进行一次检查，检查结果由省级工商行政管理机关报国家工商行政管理局。国家工商行政管理局不定期对销售单位进行抽查。

四、销售单位应当遵守如下规定：

(1) 只能向持有广播电视行政部门开具购买证明的单位及个人或列入国家指定销售单位名单的单位销售卫星地面接收设施。

(2) 所销售的卫星地面接设施必须是国家指定企业生产的及经国家批准进口的；不得销售走私进口及假冒伪劣、非国家指定企业生产的卫星地面接收设施。

(3) 不得销售未经国务院产品质量监督管理部门或其授权部门认可的认证机构认证合格的产品；不得销售没有卫星地面接收设施质量认证证书和认证标志的产品。

(4) 遵守《中华人民共和国产品质量法》和其他有关法律、法规中对销售者产品质量责任及义务的有关规定。

五、违反本规定从事卫星地面接收设施销售活动的，由工商行政管理部门责令停止销售，没收其卫星地面接收设施，并处以相当于销售额二倍以下的罚款。所没收的卫地面接收设施，由工商行政管理部门指定的单位处理或拍卖，拍卖所得上交国家财政。

六、本规定自发布之日起施行。各省、自治区、直辖市工商行政管理局可参照本规定制订具体实施办法。

（国家工商行政管理局1993年12月22日发文）

广播电影电视部副部长王枫就《卫星电视广播地面接收设施管理规定》答记者问

问： 10月5日，国务院发布了《卫星电视广播地面接收设施管理规定》。请你谈谈制定这一规定的必要性。

答： 卫星电视广播是一种通过卫星传送电视信号的方式。80年代以来，采用卫星电视广播技术的国家越来越多，目前在我国境内，可以利用卫星地面接收设施收看10多个卫星上传送的电视节目。卫星电视广播技术的广泛使用，势必带来社会各方面对卫星地面接收设施需求的日趋增长。由于我国缺少完善的管理规定，因此近一两年来，在卫星地面接收设施的生产、销售、使用等方面出现了一些混乱，这不但不利于这一新技术产业的发展，同时也会对社会主义精神文明造成损害。所以，我们认为国务院发布这个行政法规，把卫星地面接收设施的生产、销售、使用纳入以法管理、有秩序发展的轨道，是符合国家和人民利益的，是完全必要的。

问：单位设置卫星地面接收设施，按照什么原则和条件进行审批？

答：不论什么单位，如果要设置卫星地面接收设施接收卫星传送的中央电视台和省级电视台的节目，只要按规定提出申请，一般都可以批准。在这方面基本上没有什么限制。

但是对单位设置卫星地面接收设施接收卫星传送的境外播放的电视节目，要根据国家主权作一些必要的限制。考虑到一些单位和人士因业务工作的需要，经审查批准后可以安装接收设施，比如金融、经贸等单位，一部分涉外宾馆，专供外国人和港、澳、台人士办公或居住的公寓等。但这些单位和场所要尊重所接收节目的著作权人的权益。同时接收单位（不包括在上述宾馆和公寓内）不得在有线（闭路）电视中播放所接收的节目。除上述单位外，其他单位原则上不予批准。各地的电视台、有线电视台和电视转播台，一律禁止转播卫星传送的境外播放的电视节目。

问：请解释一下为什么要对单位设置地面接收设施接收境外电视节目进行上述限制？

答：大家都知道，电视是一种现代化的大众传播媒介，它对一个国家和民族的文化、价值观念、伦理道德以至社会的稳定具有很大的影响。因此，各国都根据本国的民族利益和公众利益对本国的电视依法进行管理。为了有利于培养公民的爱国主义精神，保护中华民族的优秀文化传统，促进社会义主义精神文明的建设，维护社会安定，我们对接收卫星传送的境外播放的电视节目作一些必要的规定，是完全应当的。

这里我还要强调一点，对接收境外卫星电视如何进行管理，这是属于国家主权问题。每个国家都有权从维护本国利益出发作出自己的规定。当前不仅我们国家关注来自境外的电视接收问题，世界上许多国家包括许多第三世界国家也都越来越关注这个问题。据了解，有不少国家早已根据本国的具体情况制定了有关的管理法规，有的国家正在研究具体对策，以抵御境外卫星电视带来的负面影响。

问：请谈谈关于个人安装和使用卫星地面接收设施方面的问题。

答：国务院发布的管理规定第九条，首先明确了“个人不得安装和使用卫星地面接收设施”。这是我们应当遵守的一个基本原则。

自从我国电视事业诞生以后，30多年来我们一直采取集体转播、传送电视信号，供家庭和个人收看的方式。也就是说，我国电视观众收看到的电视节目信号，都是由各级广播电视部门设置的无线和有线电视台、电视转播台以及卫星地面收转站提供的。这种电视节目传送的接收方式，为广大观众收看中央和当地的电视节目提供了很大便利条件，是符合我国国情的。改革开放以来，我国的电视事业发展非常快，电视人口覆盖率已达81.3%，即全国有8亿左右的人口能够看到电视，而且许多地方能够看到好几套节目，在建有有线电视台的地方，用户甚至看到中央和地方的近10套电视节目。我国电视界与世界许多国家和地区的电视机构建立了节目交换和交易关系。人们通过电视既能了解国内外新闻，也能观赏到丰富的其他各类节目，包括电视台通过版权贸易购买或交换来的境外制作的文艺、体育、科技、动画等节目。随着电视事业的进一步发展，我们的电视节目将更加丰富多采，更好地满足人们获得国内外重要信息和文化娱乐等方面的需要。从我国的国情出发，我们不主张个人安装和使用卫星地面接收设施。考虑到目前我国还有近20%的人口看不到电视，因此在这些收不到当地电视台、电视转播台的电视信号的偏远地区和山区，个人按照规定经申请获得批准后，可以设置和使用卫星地面接收设施收看卫星传送的中央和省级电视台的节目。

对于在这个管理规定发布前个人设置和使用的卫得地面接收设施，管理部门将根据具体情况采取措施妥善处理，原则上应予拆除、停止使用。如有特殊情况，确定需要保留的，要在本规定发布之日起6个月内向管理部门办理申报审批手续。保留设施只能用于接收卫星传送的境内电视节目。

问：请再谈一下有关卫星地面接收设施的生产、销售等方面的问题。

答：开始我已经讲到，近一两年以来，在经济利益的驱动下，一些国有的、集体的、个体的厂家，甚至一些事业单位纷纷投产这一产品。由于没有明确一个行业归口管理部门和相关的管理规定，目前生产这一产品的厂家既多且乱。不少厂家生产的质量低劣的产品，通过各种销售渠道广为推销，严重损害用户的利益。因此，国家决定对卫星地面接收设施的生产、销售、安装和使用实行许可证制度，并明确了相应的归口管理部门。许可证制度的实行，对于扭转近年来出现的混乱状态，提高我国这一产业的技术水平和产品质量，更好地满足用户的需要，都将是非常有益的。

（原载《中国电视报》1993年10月19日第42期）

依法管理卫星电视广播地面接收设施利国利民

邝田園

1993年10月5日，国务院颁布了《卫星电视广播地面接收设施管理规定》（以下简称《规定》）。这是我国对卫星电视广播依法管理的重要法规，对我国卫星电视广播健康有序发展，保护中华民族的优秀文化传统，促进社会主义精神文明建设，维护社会安定，具有重要的意义。

一、我国卫星电视广播迅速发展，必须依法管理。

我国从1985年8月开始，采用卫星电视广播技术传送电视节目，以扩大电视广播覆盖面。在此之前，主要依靠建立地面微波传送网传送电视节目来增加电视人口覆盖率。由于我国幅员辽阔，地形复杂，有70%以上的土地是丘陵和山地，而微波传送技术受地形地貌的影响和制约，电视覆盖增长不快。到1985年，经过二十余年的努力，电视人口覆盖率还不到50%。采用卫星传送电视节目后，由于其投资省，传送环节少，覆盖面广，不受地形地貌制约，所以发展很快。到1992年，短短7年，全国的电视人口覆盖迅速提高到81.3%，卫星电视广播已经成为我国解决电视覆盖的重要手段。

目前，中央电视台的四套节目和新疆、西藏、云南、贵州、四川等5个省级电视台的节目及一套电视教育节目，都是通过卫星传送的。预计今后几年还有一些省级电视台也将利用卫星传送节目。可以说，卫星电视广播在我国方兴未艾。

随着我国卫星电视广播的发展，卫星电视地面接收设施的需求急剧增长。到1992年底，全国已有卫星电视收转站3万9千多个。与此同时，在我国境内能接收到的卫星传送的境外电视节目也不断增加，生产、销售、安装、使用地面接收设施接收境外电视节目的日趋增多，出现了严重混乱。各种类型的企业无限制无规划开厂办店，接收设施的质量参差不齐，一些销售单位见利忘义，销售质量低劣的设备，或贩卖走私水货，逃避关税，对消费者和国家利益造成严重损害，不但危及到了我国卫星电视接收设施这一新技术产业的健康发展，而且不利于社会主义精神文明建设。《规定》正是在这样的情况下，制定出台颁布实施的，使卫星电视事业的健康发展有了法律保证。

二、对卫星电视广播接收依法管理，是行使和维护国家主权的重要措施。

从1983年11月15日美国首次播送直播卫星电视节目之后，卫星电视在世界各地如雨后春笋般发展起来。尤其是进入90年代，各国卫星电视进入大发展时期。尽管国际电信联盟签订有协议，各国的电视节目应定向覆盖本国地域。但是，由于技术上和政治上的原因，卫星电视超越国界故意覆盖其他国家和地区的“溢出”现象越来越严重，空中“电波战”愈来愈激烈。许多国家对日趋增多的越境电视表示担扰，不少国家根据本国的民族利益和公众利益对卫星电视接收进行限制和管理。如马来西亚，把对外国卫星电视管理看作关系国家安全的政治问题，明确规定不准个人和家庭接收外国卫星电视。日本《电波法》规定，本国无线和有线电视台不得转播境外电视，同时日本法律规定居民只能接收NHK和日本卫星广播公司的卫星直播节目。英国“新广播法案”明确英国独立电视委员会对管辖下的电视频道有权取消其转播的“不可接受的”外国卫星电视节目。新加坡、印度、文莱等国对外国卫星电视管理的具体做法虽不尽相同，但都明确规定个人或家庭不允许接收外国卫星电视节目。

事实上，对卫星电视广播依法管理，是任何主权国家无可争议的权利。道理很简单，没有一个主权国家会毫无限制地让他国在本土建立电视台或其他新闻机构。美国对外来的电视节目也要通过各种手段进行审查或限制，他国在美国建立电视机构则必须要同美国的企业合作由美方企业登记注册才可以经营。而卫星电视越境覆盖，如果毫无限制任其所为，岂不等于允许别的国家在主权国本土建立电视台？同时，主权国家从维护和发展本国本民族的文化形态、价值观念、伦理道德和社会稳定出发，对越境卫星电视依据本国的法律进行管理，完全是主权问题。早在1972年，联合国教科文组织第17届大会上就已规定，一个国家拥有对来自任何渠道的信息（新闻）进行选择、批评的绝对权力。对此，许多国家的认识是一致的。比如在1986年5月国际无线电咨询委员会会议上，美国和日本联合建议世界各国采用日本研制的高清晰度电视技术，作为世界卫星直接电视的标准制式，西欧各国立即进行抵制。同年6月下旬，欧共体各国部长达成协议，决定采用MAC制式为共同体12国的卫星电视广播的标准制式，这实际上是一次旨在维护欧共体权益，抵制在欧洲泛滥的美国电视节目的重大行动。这种较量至今仍在进行。

需要进一步指出是的，目前，覆盖我国的卫星传送的境外电视共有十几个频道。据估计，今后10年，各国还将发射120个电视广播卫星，其中约有一半在亚洲，我国境内大多可收看到。如果我们不予管理，放任单位和个人随意接收，则无异于在我国多建立了几十个境外的电视台。且不论这些电视节目所宣扬的价值观念、伦理道德、文化形态对我国观众，尤其是青少年会产生如何的潜移默化的影响，单就维护国家主权而论，我们对接收卫星电视节目尤其是境外电视节目进行依法管理，也是完全必要的，这是行使和维护国家主权的一个重要措施。

三、《规定》的内容，符合我国电视事业发展的实际情况，同对外开放的政策是一致的。

我国电视事业诞生30多年来，一直采用集体转播、传送电视信号，供家庭和个人收看的方式，即电视节目信号均由各级广播电视部门设置的无线电视台、电视转播台和卫星地面站提供的。这种方式，对于解决我们这样一个拥有12亿人口、人均收入较低、经济相对落后的发展中国家的电视人口覆盖率，是非常现实而且符合国情的。依靠这种方式，现在全国已有8亿多人口能看到电视节目，在许多地方可以看到多套节目，建立有线电视台的地方，甚至能收看到近10套节目。在解决电视覆盖率的同时，电视节目日益丰富。尤其是改革开放以来，我国电视部门在努力提高自制节目的质量和数量的同时，与世界许多国家和地区的电视机构建立了节目交换和交易关系，大量引进播出境外的各类电视节目。近几年，广播电影电视部与法国、英国、意大利等 41 个国家和 2 个国际组织签订了 82 个合作协议和协定书。中央电视台先后与美英合资的合众独立电视新闻社、美国的哥伦比亚广播公司（CBS）、美国有线电视新闻网（CNN）、日本广播（放送）协会（NHK）及东欧广播联盟、亚太广播联盟等签定了提供新闻的合作协议。今年实现全天滚动播出 11 次新闻之后，国际上发生的重大新闻中央电视台可马上播出。除此之外，各电视台通过版权贸易购买或交换来的境外制作的电视节目，包括文艺、体育、科技、动画等节目也大量播出，特别是每年在四川、上海轮流举办的国际电视节，为我国电视界与世界各国的电视机构节目交流提供了稳定的机会。1993 年四川国际电视节，就有 27 个国家和地区的 120 多家电视机构参加交易，成交量达 2060 部（集）。随着改革开放的深入，我国电视事业进一步发展，电视节目会更加丰富，尽可能满足人们获得国内外重要信息和文化娱乐等多方面的需求。

对接收境外卫星电视进行必要的限制和管理，这同我国对外开放政策并不矛盾。如前所述，我国电视界与许多国家建立了多种形式的电视节目交流关系，把世界各地的优秀文化通过电视介绍给全国人民，就是让中国人民更好地了解世界，学习和借鉴外来的优秀文化。为了满足一些单位和场所的特殊需要，有关管理部门在实施《规定》时，经审查批准后将允许金融、经贸等单位，三星级或国家标准二级以上的涉外宾馆，以及专供外国人和港、澳、台人士办公或居住的公寓等，安装接收设施直接接收卫星传送的境外电视节目。我们强调依法管理，根本目的是使卫星电视更好地为我国经济建设和改革开放服务，为社会主义精神文明建设服务。

（原载《光明日报》1993 年 12 月 31 日）

有线电视管理规定

第一章　总　则

第一条　为了加强对有线电视的管理，促进社会主义物质文明和精神文明建设，制定本规定。

第二条　本规定所称的有线电视，是指下列单独或混合利用电缆、光缆或者微波的特定频段传送电视节目的公共电视传输系统：

（一）接收、传送无线广播电视节目，播放自办广播电视节目的有线电视台；

（二）接收、传送无线电视节目的共用天线系统。

第三条　我国有线电视是广播电视事业的重要组成部分，是无线电视的延伸和补充。有线电视的事业建设、宣传工作和维护运营工作，必须同无线电视一样，纳入广播电视事业的总体规划和系统管理。

第四条　国家对有线电视实行统一领导，分级管理。

国家广播电影电视部负责全国有线电视管理工作和有线电视事业发展规划。

省（自治区、直辖市）、市（地、州、盟）、县（市、旗）广播电视行政管理部门负责本行政区域内的有线电视管理工作和有线电视事业发展规划、建设、运营。

第二章　有线电视系统的设立

第五条　申请设立有线电视台，应具备如下条件：

（一）符合当地广播电视覆盖网络的整体规划要求；

（二）有专门的管理机构，专职的采访、编辑、制作、摄像、播音、传输以及技术维护人员；

（三）有可靠的经费来源；

（四）有省级以上（含省级）广播电视行政管理部门根据国家有关技术标准认定合格的摄像、编辑、播出设备；

（五）有固定的节目制作场所；

（六）有省级以上（含省级）广播电视行政管理部门根据国家有关技术标准认定合格的传输设备；

（七）有固定的播出场所。

第六条　设立和建设有线电视台，应将有线电视系统总体规划和工程技术方案，报当地县级以上广播电视行政管理部门，经省级广播电视行政管理部门审核后报广播电影电视部批准筹建。工程建设应按规划进行。筹建完成后，经省级广播电视行政管理部门验收合格的，由广播电影电视部发给《有线电视台许可证》，方可正式播出。

第七条　有线电视台按其设立单位和覆盖范围划分为行政区域性有线电视台和非行政区域性有线电视台。

行政区域性有线电视台系指代表一级政府设立的有线电视台，其覆盖范围为本行政区域。

非行政区域性有线电视台是指由机关、部队、团体、企业事业单位设立的有线电视台、其覆盖范围为本单位人员集中工作和居住的区域。

非行政区域性有线电视台不得超出其覆盖范围向社会联网。

第八条　行政区域性的有线电视台，由当地广播电视行政管理部门设立。

同一城市或同一地域只能设立一个行政区域性有线电视网。

第九条　位置在远离市镇中心的县级以上（含县级）机关、部队、团体、大型企业事业单位可申请设立非行政区域性有线电视台。在条件许可时，应与当地行政区域性有线电视台联网。

本规定发布前已批准建立的非行政区域性有线电视台，位置在市镇中心及附近的，在本行政区域有线电视台联网时应按规划并网，但可保留呼号和前端。

第十条 个人不得申请设立有线电视台。

任何单位不得与境外机构或个人合资、合股设立有线电视台和建设、经营有线电视网。

有线电视台不得向任何单位和境外机构及个人出租频道或播出时段。

第十一条 设立和建设共用天线系统，应将共用天线系统的设计、施工方案报当地县级以上（含县级）广播电视行政管理部门审查同意后，方可施工。工程竣工后，由当地县级以上（含县级）广播电视行政管理部门组织验收，验收合格的，方可投入使用。

设置共用天线系统，必须健全管理制度和配备管理人员，必须使用省级以上（含省级）广播电视行政管理部门根据国家有关技术标准认定合格的传输设备。

第十二条 用于国防、公安、国家安全业务的有线电视系统由中国人民解放军有关部门、公安部、国家安全部分别管理。

第十三条 已开办的有线电视台，因条件发生变化，不再继续开办的，应当在一个月内向审批机关报告，由审批机关注销。

第十四条 有线电视台可向有线电视终端户收取有线电视建设费、收视维护费。

第三章 有线电视工程建设

第十五条 从事有线电视台设计、安装施工业务的单位须报省级以上（含省级）广播电视行政管理部门批准，由省级以上（含省级）广播电视行政管理部门发给《有线电视台设计（安装）许可证》。

从事共用天线系统设计、安装施工业务的单位须经当地县级以上（含县级）广播电视行政管理部门审核同意报地、市级以上（含地、市级）广播电视行政管理部门批准，由地、市级以上（含地、市级）广播电视行政管理部门发给《共用天线系统设计（安装）许可证》。

第十六条 经批准并已领取许可证的单位，凭证到当地工商行政管理部门申领营业执照后方可承担有线电视工程的设计、安装施工业务。

第十七条 凡由省级广播电视行政管理部门发放的设计、安装许可证，均可在全国通用，但在本省（自治区、直辖市）以外的地区承接业务时，应当到当地省级广播电视行政管理部门备案。

第十八条 凡持有国家计委统一印制的具有建筑工程综合设计资格证书的单位，可承担建筑工程红线范围以内有线电视工程设计业务，不需另行申请。

第十九条 有线电视工程的设计、安装施工单位承担有线电视工程设计、安装施工业务，可按规定收取设计费、安装费。

有线电视工程测试验收单位，可向安装施工单位收取适当的测试验收费。

第四章 有线电视节目管理

第二十条 有线电视台播放的电视节目必须符合国家法律、法规。严禁播放反动、淫秽以及妨碍国家安全和社会安定的电视节目或者录像制品。

第二十一条 有线电视台必须安排专用频道完整地直接传送中央电视台、省级电视台和当地电视台的电视节目以及国家教委办的电视教学节目。

第二十二条 有线电视台播放的自办电视节目包括：

（一）自制电视节目；

（二）购买或交换的影视剧和录像制品；

（三）购买或交换的其它专题、文艺节目。

第二十三条 有线电视台播放已公开出版发行的录像制品，必须经省级广播电视行政管理部门审查同意并贴有《有线电视节目准播证》方可播放。

有线电视台播放的录像制品，实行统一供片。向有线电视台提供录像制品的单位，由各省级广播电视行政管理部门确定。

第二十四条 有线电视台播放的境外影视剧（含录像制品）必须是经广播电影电视部审查批准同意播放的影视剧目，并由广播电影电视部指定的单位统一提供。

第二十五条 有下列情况之一的禁止在有线电视台播放或转播：

（一）违反国家法律、法规、规章和政策的电视节目；

（二）未取得播放权的电视节目、电影片及录像制品；

（三）未持有广播电影电视部颁发的《电视剧制作许可证》单位制作的国产电视剧；

（四）未经广播电影电视部批准播放的境外影视剧和录像制品；

（五）未取得《有线电视准播证》的录像制品；

（六）港、澳、台地区的电视节目；

（七）卫星传送的境外电视节目。

第二十六条 设立有线电视台的单位应当建立健全设备、片目、播出等管理制度，必须按月编制播出的节目单，经设立单位主管领导审核后，报当地县级以上（含县级）广播电视行政管理部门备案。

第二十七条 共用天线系统只能接收、传送无线电视节目，不得播放其它电视、录像节目。

第五章 法律责任

第二十八条 县级以上（含县级）地方各级广播电视行政管理部门负责对当地有线电视设施和有线电视播放活动进行监督检查，对违反本规定的行为，可视情节轻重，给予相应的行政处罚：

（一）对违反本规定第七条、第八条、第九条、

第十条、第十一条的，可以处以警告、二万元以下的罚款，并可以同时没收其播映设备；

（二）对违反本规定第二十条、第二十一条、第二十三条、第二十四条、第二十五条、第二十六条、第二十七条的，可以处以警告、二万元以下的罚款或者吊销许可证，并可以建议直接责任人所在单位对其给予行政处分；

（三）对违反本规定第十五条、第十六条未获有线电视台、共用天线系统设计（安装）许可证，私自承揽有线电视台、共用天线系统设计、安装的，除责令其停止非法业务活动外，可以处以三万元以下的罚款。

第二十九条 有线电视设施是国家广播电视设施的重要组成部分，受法律保护。对任何破坏有线电视设施的行为，依照国务院发布的《广播电视设施保护条例》追究法律责任。

第三十条 当事人对广播电视行政管理部门的行政处罚决定不服的，可以在收到处罚决定书之日起十五日内，向作出行政处罚决定的机关的上一级机关申请复议。上一级广播电视行政管理部门应当在收到复议申请之日起一个月内作出复议决定。当事人对复议决定不服的，可以在接到复议决定之日起十五日内向人民法院提起诉讼。当事人在规定的期限内不申请复议、也不向人民法院提起诉讼、又不履行处罚决定的，由作出处罚决定的机关申请人民法院强制执行。

第三十一条 对违反本规定，构成违反治安管理的行为，由公安机关依照《中华人民共和国治安管理处罚条例》的规定予以处罚；情节严重构成犯罪的，由司法机关依法追究刑事责任。

第六章 附 则

第三十二条 依照本规定收取的设计费、安装费、验收测试费、建设费和收视维护费，其标准由省级广播电视行政管理部门商同级物价行政管理部门制定。

第三十三条 本规定由广播电影电视部负责解释。实施细则由广播电影电视部制定。

第三十四条 本规定自发布之日起施行。

（注：艾知生部长1994年2月3日签发）

有线电视入网设备器材认定管理暂行规定

第一条 为加强有线电视系统入网设备器材认定，确保有线电视高质、安全播放和传输，根据《有线电视管理暂行办法》和《<有线电视管理暂行办法>实施细则》，制定本规定。

第二条 建立有线电视系统必须使用省级以上（含省级）广播电视行政管理部门认定的设备器材。

第三条 有线电视入网设备器材的认定，是指建立有线电视系统时，对入网的设备器材根据国家有关技术标准和广播电影电视部有线电视网络技术要求进行检查的一种程序。

第四条 省级以上（含省级）广播电视行政管理部门负责有线电视入网设备器材的认定工作。

第五条 有线电视入网设备器材认定的内容包括：制作节目的摄像、录像、编辑、节目播出和网络前端等设备，干线和分配网络中的各种设备器材，以及对电视信号运用加扰技术的各种加扰、去扰及控制、管理的设备器材。

第六条 有线电视系统使用注册境外商标的设备器材（包括外资、中外合资、合作企业生产的）由广播电影电视部根据我国有关技术标准进行认定。

省级广播电视行政管理部门对进入所管辖区域内有线电视系统的国产设备器材进行认定。

认定工作可采取委托认定。对于境外注册商标的设备器材由广播电影电视部委托认定的单位实施；对于国产设备器材由省级广播电视行政管理部门委托并由广播电影电视部科技司认可的单位实施。

第七条 注册境外商标的设备器材入网的认定程序为：

（一）凡要进入我国有线电视网的注册境外商标的设备器材，其生产企业（包括外资、中外合资、合作企业）或代销商必须向广播电影电视部科技司提交书面申请，并呈交有关资料和样机。

（二）广播电影电视部科技司根据我国有关技术标准，组织对其技术指标和质量体系进行检查和测试。

（三）经检查、测试合格的设备器材由广播电影电视部向生产（经营）单位发放《有线电视入网设备器材认定证书》。

第八条 国产设备器材入网的认定需具备以下条件：

（一）设备器材具有产品合格证；

（二）设备器材符合我国有线电视有关技术标准，并符合有线电视系统设计要求；

（三）设备器材安全可靠、技术稳定，生产（经营）单位具有完善的质量保证体系和售后服务措施。

第九条 国产设备器材入网的认定程序为：

（一）符合第八条的设备器材生产（经营）单位，按照自愿原则，向入网所在地的省级广播电视行政管理部门申请认定并提交有关资料和样机。

凡生产（经营）单位未申请入网认定而有线电视系统又需使用的设备器材，申请设立有线电视系统的单位必须向入网所在地的省级广播电视行政管理部门申请认定，并提交有关资料和样机。

（二）省级广播电视行政管理部门对申请认定的设备器材按第八条进行检查，必要时也可进行抽测或补测。

（三）经检查或抽测或补测合格的设备器材由省级广播电视行政管理部门向生产（经营）单位发放由

广播电影电视部统一制定的《有线电视入网设备器材认定证书》。

第十条 认定活动的费用，由申请认定的单位负担。

第十一条 认定证书的有效期为三年。

在认定证书有效期内的国产设备器材，在对其认定的广播电视行政管理部门所管辖区域入网时不再重复认定；经广播电影电视部科技司认可，在全国行政区域内入网时不再重复认定。

第十二条 入网设备器材在网络运行过程中，多次发生质量问题并影响播放和传输的，原认定的广播电视行政管理部门有权撤销对该设备器材的认定。

第十三条 认定后的设备器材，买方与卖方应签订合同，明确约定设备器材在运行过程中质量下降的，由卖方承担退换产品直至赔偿经济损失等法律责任。

第十四条 广播电影电视部科技司定期向全国通报有线电视入网设备器材的认定和撤销情况。

省级广播电视行政管理部门定期向所管辖区域内通报有线电视入网设备器材的认定和撤销情况，并报广播电影电视部科技司备案。

第十五条 广播电影电视部和省级广播电视行政管理部门在对有线电视网络总体技术方案论证时，要检查入网设备器材的认定情况。

第十六条 未经省级以上（含省级）广播电视行政管理部门认定的有线电视设备器材，不得进入有线电视网；擅自入网的按《有线电视管理暂行办法》有关条款对使用和批准单位予以处罚。

第十七条 本规定所称“有线电视系统”是指有线电视台、有线电视站和共用天线系统。

第十八条 本规定由广播电影电视部负责解释。

（注：广播电影电视部 1993 年 3 月 8 日发文）

广播电影电视行政复议法律文书使用与管理办法

第一条 为做好广播电影电视行政复议工作，促进广播电影电视行政复议法律文书使用与管理的规范化和制度化，特制定本办法。

第二条 广播电影电视行政复议法律文书（下称行政复议法律文书），是指在广播电影电视行政复议工作中对复议案件提出申请、受理、审理和作出复议决定等行政复议环节使用的具有法律意义的行政司法文书。

第三条 广播电影电视部主管全国广播电影电视行政复议法律文书的使用与管理工作，行政复议法律文书格式由广播电影电视部制定。

地方各级广播电影电视行政机关主管本行政区域内的广播电影电视行政复议法律文书的使用与管理工作。

第四条 当公民、法人或其他组织向复议机关提出复议申请时使用复议申请书，并按照《行政复议条例》第三十三条规定的内容填写，其中申请复议的要求包括两种情况：

（一）要求撤销原具体行政行为；

（二）要求改变原具体行政行为，或者重新作出某种具体行政行为。

行政复议申请书应当写明提出以上要求之一的事实根据、法律依据和其它具体理由。

第五条 当行政复议机关在受理复议申请后，发出行政复议案件受理通知书。通知书如果是发给申请人的，应告知复议申请已决定受理，并加盖复议机关印章；通知书如果是发给被申请人的，应告知其某具体行政行为已被申请复议，本机关已决定受理，并加盖复议机关印章。通知书发给第三人时，文书中不写“提出答辩书”字样。

第六条 当复议机关告知申请人其复议申请书未载明《行政复议条例》第三十三条规定内容之一的应在规定期限内补正时，使用补正复议申请通知书。复议机关应将原复议申请书和有关材料一并发还，并加盖复议机关印章。

第七条 当复议机关认为复议申请不符合《行政复议条例》第三十三条规定内容之一的，裁决不予受理复议申请时，使用不予受理裁决书，并加盖行政复议机关的印章。

第八条 行政复议案件受理审批表，是指复议机关内部使用、记载复议机关是否受理审批意见的一种法律文书。该文书应载明申请人、被申请人、案件事实、受理依据、承办人意见、领导批示，并注明年、月、日。

第九条 复议机关发现所受理的案件不属于自己管辖而需移送有管辖权的复议机关时，使用行政复议移送管辖通知书。该文书应同时发送移送机关和申请人，并加盖复议机关印章。

第十条 在下级行政复议机关之间因复议管辖发生争议、又协商不成的情况下，上级行政复议机关使用行政复议指定管辖通知书以指定管辖单位。该文书应同时发送被指定单位和申请人，并加盖上级行政复议机关印章。

第十一条 复议机关受理复议案件后，认为有些问题需要某单位协助查清时，使用行政复议委托调查函。该文书应加盖行政复议机构印章。

第十二条 被申请人针对申请人的复议申请给予答辩时，使用行政复议答辩书。该文书主要针对复议申请人提出的要求和理由，指出其涉及的事实，引用法律等方面的错误，然后说明事实真相和原具体行政行为在适用法律和程序上的正确性。提交答辩书时，应一并附上作出原具体行政行为的有关材料和证据，并在尾部附注。

第十三条 行政复议委托书是指在复议案件审理期间法人或组织的各方代理人在参加复议活动时必须

持有的授权法律文书。

该文书应由委托人就某一行政复议案件明确授权被委托人作为本案的代理人，注明委托事项和权限，并由委托人和被委托人签字或盖章。

第十四条 复议机构受理案件后，如果认为有的事实不清楚、证据不足，需要到现场或有关单位调查取证时，使用调查笔录。被调查人应在文书尾端签名或按手印，调查笔录中有删改的，应由被调查人在删改处签名或按手印。

第十五条 审理笔录是复议机构在采取其它方式审理复议案件时使用的一种法律文书。

第十六条 复议机关分管负责人召集有关部门负责人和专家对复杂案件审理情况进行分析和评议时，使用评议笔录。

第十七条 当事人要求或同意并申请撤回复议申请书时，使用撤回行政复议申请记录。

第十八条 复议机关对复议申请经过审理作出复议决定时，使用行政复议决定书。行政复议决定书应写明复议的要求和理由、复议答辩书的主要内容、复议机关对原具体行政行为的分析以及认定的事实和理由、复议认定所依据的法律、法规的条款和复议结论。

复议决定书拟定后，应逐级审批。由复议机构负责人、复议机关分管负责人和复议机关法定代表人逐级审查、签发。

第十九条 行政复议法律文书送达回证，是指行政复议案件各个阶段法律文书送达情况的记载凭证。它应当载明送达文书名称、案由、送达人、受送达人、送达地点和送达时间。

第二十条 在申请人逾期不起诉又不履行复议决定时，复议机关或作出原具体行政行为的行政机关申请人民法院强制执行时，使用强制执行申请书。

第十一条 停止执行通知书是指在申请人申请停止具体行政行为，并且复议机关认为其要求合理，通知被申请人停止执行具体行政行为时，使用的一种法律文书。

第二十二条 当复议申请人或被申请人不服复议机关的决定，向人民法院提起诉讼，人民法院通知复议机关应诉，复议机关需授权委托诉讼代理人参加诉讼时，使用行政应诉授权委托书。

第二十三条 行政复议结案表是指办案人员、复议机构和复议机关在结案时对案件进行逐级审批的记录。

第二十四条 行政复议案件审理终结时，复议机构对全部法律文书及有关案件的一切材料应进行认真清理、鉴别和编号，经主管领导批准后及时归档。

第二十五条 本办法由广播电影电视部负责解释。

第二十六条 本办法自发布之日起施行。

（注：广播电影电视部 *1993* 年 *4* 月 *24* 日发文）

广播电影电视
审计档案管理办法

第一条 为加强广播电影电视审计档案管理工作，根据《中华人民共和国档案法》和《中华人民共和国审计条例》，制定本办法。

第二条 广播电影电视审计档案（下称审计档案），是指广播电影电视系统各审计机构在审计工作中直接形成的、对国家和社会有保存价值的各种文字、图表、声像等不同形式的历史记录。

第三条 审计档案是各广播电影电视部门档案的内容之一，也是国家档案的重要组成部分。

建立和管理审计档案是各级审计机构的重要职责，是审计工作中必不可少的重要环节。

第四条 审计署驻广播电影电视部审计局（下称驻部审计局）根据审计署有关审计档案的管理、立卷归档工作程序等规定，负责对部属各单位以及各省、自治区、直辖市和计划单列市广播电视厅（局）、上海电影局审计档案工作进行业务指导。

广播电影电视审计机构的审计档案管理工作，受同级档案行政机关和上级审计机构的指导和监督。

第五条 广播电影电视部对审计档案立卷工作，实行“谁审计、谁立卷”、“边审计边收集整理”和“审结成卷”的原则。

第六条 驻部审计局在审计活动中对审计档案应按照有关规定整理、立卷，并移交部办公厅档案处统一管理，以便合理使用。

部属各单位和各省、自治区、直辖市以及计划单列市广播电视厅（局）的内部审计机构在审计活动中对审计档案应按规定整理、立卷，并移交所在单位档案机构统一管理，以便合理使用。

第七条 为保证审计档案的系统完整和合理使用，不得将审计监督和行政管理两类文件材料混合立卷，也不得在审计案卷与文书案卷中重复立卷。

凡涉及审计业务行政复议与诉讼的文件材料，另行立卷。

第八条 在审计活动中形成的文件、电报、信函、笔录、凭证的原件和复制件（包括批件、定稿、重要修改稿、照片、音像磁带），均应收集齐全，并立卷归档。

第九条 审计文件材料立卷，须采用按职能分类、按项目立卷、按单元排列的方法。

第十条 审计文件材料立卷后应于次年六月三十日前归档。

第十一条 内部审计机构，对接受审计机关委托审计所形成的文件材料，应负责收集、整理、立卷，移交委托单位检查、归档，自行保存审计案卷的副本，其他材料的处理，与有关机构商办。

第十二条 严格审计档案鉴定制度。审计机构负责人应配合档案人员对超过保管期限的审计档案，逐卷审查鉴定，对确无保存价值的审计案卷，应清点核对，登记造册，经审计机构负责人批准后销毁。

第十三条 各省、自治区、直辖市和计划单列市广播电视厅（局）、上海电影局、部属各单位，可根据本办法制定具体规定。

第十四条 凡违反本规定的，广播电影电视行政机关可根据档案法第二十四条和档案法实施办法的有关规定，给予当事人相应的行政处罚和行政处分。

第十五条 本办法由广播电影电视部负责解释。

第十六条 本办法自发布之日起施行。

（注:广播电影电视部 1993 年 8 月 3 日发文）

关于广播电影电视审计文件材料立卷归档工作程序若干规定

第一章 总则

第一条 为促进广播电影电视审计文件材料（下称文件材料）立卷归档工作的制度化和规范化，根据《广播电影电视审计档案管理办法》，制定本规定。

第二条 坚持谁审计、谁立卷的原则，建立立卷归档工作责任制。立卷归档工作应列入项目审计计划，由广播电影电视审计机构（下称审计机构）指定专人负责文件材料的收集、整理和立卷工作，切实做到边审计边收集整理和审结成卷。

第三条 认真执行审计监督和行政管理两类文件材料分开立卷的原则，准确划分其间的界限，确保审计档案的系统性和完整性。

第四条 审计档案案卷应做到完整、精炼。

“完整”，是指每一年度执行审计项目计划所形成的审计文件材料和每一审计项目所形成的文件材料，均应收集齐全。

“精炼”，是指在立卷过程中严格按文件材料保存价值决定取舍：

（一）按职能分类，防止审计监督和行政管理两类文件混合立卷和不必要的重复立卷；

（二）对审计证明材料，应以审计报告所列问题的需要为标准，严格区分经过核实和未经过核实、已用作依据和未用作依据而分别加以取舍，但与审计报告所列问题无关或未经核实的材料均不立卷；

（三）对各种审计文书的历次修改稿，除有重要内容的应立卷归档外，一般的不必归档。

第二章 文件材料的收集整理

第五条 审计项目确定后，有关人员应立即制订该项目文件材料的收集整理工作计划。

第六条 按照边审计边收集整理和审结卷成的要求，从确定审计项目开始，对每个审计程序所形成的文件材料，随时加以收集，并存放于事先准备好的该审计项目文件夹（袋）中，以备整理、选用。

第七条 凡记录和反映在履行审计职能活动中直接形成的文件、电报、信函、凭证、笔录的原件及其复制件，照片、音像磁带以及与审计事项有关的其它文件材料，均属审计档案的收集范围。其范围具体包括：

（一）上级机关对审计立项的指示，批示和下达的审计项目任务文件；

（二）审计通知书；

（三）审计报告（或复审意见），有关领导审定审计报告（复审意见）的会议纪要或会议记录摘要；

（四）审计报告所列问题的证明材料；

（五）被审计单位对审计报告的书面意见；

（六）有关审计处理的请示、审计事项的报告及上级的批复、批示；

（七）审计（含复审）结论和决定或审计意见通知书；

（八）被审计单位关于执行审计结论和决定情况的报告；

（九）罚款、没收款、扣缴款，停止拨款、贷款，冻结银行存款，封存帐册等文书及回执；

（十）被审计单位对审计结论和决定的复审申请，对审计（含复审）结论和决定的申诉材料，有关人员对审计（含复审）结论和决定的申诉材料；

（十一）依法作出审计结论和决定的法规目录或摘要，上级有关本项目问题的政策界限；

（十二）有关本审计项目的情况、通报；

（十三）审计调查报告及其有关文件材料；

（十四）各种调查取证材料；

（十五）移交处理意见书；

（十六）群众来信或来访记录；

（十七）项目审计计划或审计方案，有关本项目计划安排的意见、请示、报告、批复和其它有关材料。

第八条 不归档文件材料的范围包括：

（一）与本项目无关的其它材料；

（二）未用作审计报告所列问题依据的文件材料；

（三）未经领导审阅、签发的未生效的文电草稿和文件的一般修改稿；

（四）审计过程中摘录的供参阅的非取证材料和笔录；

（五）重份文件材料。

第九条 在审计文件材料的整理过程中，应根据文件材料的保存价值及其相互之间的历史联系，并以审计报告所列问题的需要为标准，对需要立卷的文件材料，应严格鉴别和挑选；对其中不必立卷归档但有参考价值的文件材料，可作为资料保存。

第十条 按照审计法规、审计取证、文书处理的有关规定，对确定立卷归档的文件材料，应检查有关程序、签批和认定手续等是否完备，不符合要求的应予补救。

第三章　文件材料的立卷组合

第十一条　立卷时，应先划清审计监督和行政管理活动形成的两种不同文件材料之间的界限，分别按各自的要求立卷。遇有两类文件材料相互交叉或难以区分时，应根据完整、精炼的要求，认真分析、鉴别，酌情处理；必要时，个别文件可在审计和文书两类案卷中同时立卷。

第十二条　坚持按项目立卷的原则。对应立卷归档的文件材料，根据审计项目的不同情况和便于管理的需要，采用不同的方法立卷：

（一）以项目为单位进行立卷，即一个审计项目的文件材料应立成一卷或数卷，不得把两个或两个以上项目的文件材料合并立卷。除利用外资审计项目外，跨年度结束的审计事项，放于审计结束的年度立卷；

（二）承包经营责任审计和厂长（经理）经济责任审计，按单位、人名和审计年度分别立卷；

（三）定期审计，按被审计单位和年度立卷，即一个年度内被审计单位的材料普遍较少时，可将这些单位的材料分别装订成薄卷，并放在同一卷盒内；

（四）专项资金审计和利用外资审计，按项目和年度立卷；

（五）审计调查按专题立卷，即视材料的多少，立成一卷或数卷，材料少时可将几个专题材料合并立卷；

（六）复审文件材料由办理复审的审计机构立卷，抄送原审计机构的复审文件材料与原审结论和决定在同一年度的，与其合并立卷，但不在同一年度的，另行立卷；

（七）审计过程中，移送外单位处理的有关事项的文件材料，审计机构应根据有关规定，将原件或复印件随该审计项目文件材料立卷。

第十三条　卷内文件的排列顺序，一般采用单元排列法。即将需要立卷归档的文件材料分为结论性文件材料、证明性材料和立项性文件材料三个单元，每个单元再根据不同情况和需要按不同顺序排列。

在第一单元，结论性文件材料，逆审计程序并结合重要程序排列：

（一）向上级报送的有关项目的审计情况报告；

（二）审计（含复审）结论和决定或审计意见通知书；

（三）被审计单位执行审计结论和决定情况的报告及罚款、没收款、扣缴款回执；

（四）有关审计处理的请示，审计事项的报告及上级批复、批示；

（五）审计报告（含复审意见）及领导审定审计报告（复审意见）的会议纪要或会议记录摘要；

（六）被审计单位对审计报告书面意见；

（七）被审计单位对审计结论和决定的复审申请，对审计（含复审）结论和决定的申诉材料，有关人员对审（含复审）结论和决定的申诉材料；

（八）停止拨款、贷款、冻结银行存款、封存帐册的文书及回执；

（九）有关本项目的通报；

（十）移送处理意见书。

在第二单元，对证明性材料，按其所证明的审计报告所列问题的先后次序排列。

（十一）审计证实问题汇总记录，即证实审计报告所列问题的汇总文字或表格；

（十二）审计证实问题分项记录，即证实审计报告所列问题之一的原始凭证、审计工作记录及调查证明性材料；

（十三）依法做出审计结论和决定的法规目录或摘要、上级有关本项目问题处理的政策界限。

在第三单元，对立项性文件材料，按文件产生的先后顺序排列：

（十四）上级机关对项目审计任务的指示和部署意见；

（十五）群众来信或来访的记录；

（十六）本项目的审计计划或审计方案；

（十七）审计通知书。

第十四条　卷内文件的排列，一般批复在前，请示在后；正件在前，附件在后；印件在前，定稿在后；定稿在前，修改稿在后。

第四章　文件材料的立卷编目

第十五条　以卷为单位，在卷内有文字的文件材料的正面右上角用阿拉伯数字按顺序编写页号。

第十六条　卷内文件目录按卷内文件材料的排列顺序和内容编写下列内容：

第一栏标明顺序号：以文件材料排列先后顺序逐件填写；

第二栏标明文号：填写文件的制发机关的发文字号；

第三栏标明责任者：填写对文件材料的署名者，即对文件材料负有责任的团体和个人，未署名的，应判定责任者；

第四栏标明题目：即文件标题，一般应照实抄录，没有标题或标题不能说明文件内容的文件，可自拟标题，外加“[　]”；

第五栏标明日期：即文件的形成时间，填写时可省略“年”、“月”、“日”字，在表示年、月的数字右下角加“·”号；

第六栏标明页码：即填写文件所在位置起止页码。

第十七条　案卷封面（见附件）应按以下内容印制与填写：

（一）“卷宗名称”，即印制或填写立档单位全称或通用简称；

（二）“审计案卷题名”，即审计项目名称，按照介

词"对"字、被审计单位名称、审计事项的时间范围和审计事项名称的顺序填写;

(三)"审计时间",即填写从制发审计通知书至下达审计结论和决定或审计意见通知书的起止时间;

(四)"审计组负责人",即填写审计组负责人姓名;

(五)"本项目共　　卷(第　卷)",即填写本审计项目形成的案卷总数,本卷是其中第几卷;

(六)"自　年　月至　年　月",即填写本卷文件材料形成的起止时间;

(七)"本卷共　件　页",即填写本卷文件材料的总件数和总页数;

(八)"保管期限",即根据审计档案保管期限表的规定划注;

(九)"归档号",即填写文书处理号;

(十)案卷封面采用长×宽为300mm×220mm规格,250克牛皮纸。

第十八条 备考表的填写顺序是:

(一)本卷情况说明:填写卷内文件缺损、修改、被充、移出、销毁等情况,填写人签名并标注时间;

(二)立卷人:由立卷者签名,并注明日期;

(三)检查人:由审计机构负责人签名,并填写检查日期;

(四)立卷时间:填写完成立卷日期。

第五章　文件材料的案卷装订

第十九条 案卷的装订应注意以下事项:

(一)拆除文件上的金属物;

(二)破损和褪色的文件材料,应进行修补或复制;

(三)文件材料装订部分过窄或有字的,用纸加宽装订;纸面小的,加贴在标准的16开纸上;

(四)文件材料字迹难以辨认的,应附抄件并加以说明;

(五)外文文件材料,应附有中文译本;

(六)卷内文件材料,一般不超过200页为宜,超过的可根据文件材料内容的阶段性分卷装订;

(七)装订时文件左边和下边要取齐;

(八)装订要牢固、整齐、美观,不丢页,不压字,不损坏文件,不妨碍阅读。

第二十条 录音带、录像带、照片等声像档案,应逐件登记单位、时间、内容、数量和制作者。

第二十一条 证物能附卷保存的,应装入卷内或物品袋内,袋上写明名称、数量、特征、来源。不便附卷保存的,另行包装封面,注明年度、内容、档号、审计项目标题等,连同案卷一并归档。有些证物不宜保存的,应拍成照片存档。

第六章　归档

第二十二条 立好的案卷,应有审计负责人和档案人员逐卷检查,不符合要求的应予补救或重新立卷。

第二十三条 立好的案卷由档案机构与立卷机构共同研究,按有关规定划注保管期限。

第二十四条 案卷立好并经验收后,应按规定时间向所在单位档案机构移交。

第二十五条 审计文件材料立卷工作完成后,未列入卷内但有参考价值的材料,可由经办机构保存备查;确无保存价值的文件材料,应登记造册,经批准后销毁。

第七章　附则

第二十六条 本规定由广播电影电视部审计局负责解释。

第二十七条 本规定自发布之日起施行。

(注:审计署驻广播电影电视部审计局1993年8月4日发文)

广播电影电视部贯彻《全民所有制工业企业转换经营机制条例》实施办法

第一条 为推动部属全民所有制企业适应社会主义市场经济体制,增强企业活力,提高社会效益和经济效益,根据国务院颁布的《全民所有制工业企业转换经营机制条例》(以下简称《条例》)和国家有关法律、法规和政策的规定,结合宣传、文化企业的特点和我部的具体情况,制定本实施办法。

第二条 企业按照国家规定的资产经营形式,依法行使经营权。

企业经国家有关部门批准,可实行股份制。企业也可以继续实行承包经营责任制或"税利分流"试点。

凡未确定资产经营形式的企业可向部提出申请,由部主管司局报国家有关部门审核批准后签订资产经营协议并组织实施。凡实行承包经营责任制的企业按协议规定已经到期的,需要继续执行原协议或需要变更资产经营形式,应提出书面申请,经主管司局报国家有关部门审核批准后,重新签订协议。

第三条 企业享有生产经营决策权。

企业可以根据国家宏观计划指导和市场需要,自主作出生产经营决策。除电影片的生产、发行外,凡符合国家产业政策导向和广播、电视、电影发展计划的,不需报部审批,企业可以开展多种经营,一业为主,兼营其它,自主决定在广播电视和电影行业内或者跨行业调整生产经营范围并直接到工商行政管理部门办理变更或开业登记手续。但国家法律、法规另有规定的除外。

除电影故事片、科教片、纪录片、美术片外,部内各部门原则上不得向企业下达指令性生产计划。企业自行安排生产，责任自负。

第四条 企业享有产品、劳务定价权。

企业生产经营的各种产品以及向社会提供的加工、维修、技术协作等劳务，除国家物价部门颁布的价格分管目录所列的品种外，均由企业自主定价，不须向部请示或备案。

进口出口影片的销售价格，由企业自主决定。

儿童片、科教片、纪录片、美术片的结算价格，凡由中国电影发行放映输出输入公司（以下简称中影公司）统一收购部分，仍按原规定执行。

第五条 企业享有产品销售权。

企业可以在全国范围内自主销售本企业生产、经营的各种产品，并可以自主确定销售范围、数量、渠道、对象和方式。电影制片企业可以用出售地区发行权、单片承包、票房收入分成及代理发行等方式，发行其生产的影片。

部鼓励企业生产的产品向国外销售。

第六条 企业享有物资采购权。

企业生产所需物资可以在市场自由选购、自主调剂和串换。企业使用留成外汇、调剂外汇进口其生产所需物资，由企业自主决定供货单位和供货渠道。

部内任何部门不得限定企业使用本部门或与本部门有关单位的产品、物资。

第七条 企业享有进口出口权。

企业可以在全国范围内自行选择外贸代理企业从事进出口业务，并有权参与同外商的谈判和对国外市场的考察。部内有进出口权的企业要主动吸收生产企业参与同外商的进出口产品价格的商定。

除部授权经营发行进口影片的单位外，其他企业不得从事进口影片业务。

电影制片企业经批准后可以自行出口其生产的影片，也可委托中影公司代理。

企业进口录音、录像制品应报部审批。

无进出口经营权的企业，可以在全国范围内选择并通过有对外经济合作权的企业在境外承揽工程，进行技术合作或提供其他劳务；也可以与有对外承包工程劳务、技术进出口经营权的企业达成协议，以联营、挂靠等各种形式开展对外经营活动。

企业根据国家外汇管理的有关规定，自主使用留成外汇，自主到外汇调剂市场调剂外汇。部内各部门不得平调和截留企业的留成外汇。

有进出口经营权的企业可以根据业务需要，确定其经常出入境的业务人员（每个企业3-5名），报部外事司批准。对企业经常出入境人员的出入境，按干部管理权限，实行一次性审批、一年内多次有效的办法。

有进出口经营权的企业，邀请境外有关人员来华从事商务活动，报部外事司直接办理入境手续；派遣有关人员出境，处及处级以下人员由外事司审批后办理出境手续，企业厂长（经理）由外事司报部领导审批后，办理出境手续。

第八条 企业有投资决策权。

企业依照法律和国务院有关规定，有权以留用资金、实物、土地使用权及其他无形资产向国内各地区、各行业的企业、事业单位投资、购买和持有其他企业的股份。企业在投资办企业时，按照部已发布的《关于新组建企业有关问题的通知》执行。申报登记注册时，应提交国有资产管理部门的有关证明，并按国家工商行政管理法规的规定办理，企业在境内兴办中外合作、合资企业，仍按部有关规定执行。

经国家有关部门批准可以在境外设立企业或投资购股参股与从事生产经营活动。有关投资项目审批、外汇调入、调出事宜以及产权登记按国家有关规定执行。

企业以留用资金和自行筹措的资金从事固定资产投资，由企业自主决定，报部备案并接受监督。涉及到土地管理、城市规划、城市建设、环境保护等方面的事宜，由企业依法办理有关手续。但国家另有规定的除外。

企业从事固定资产建设需要国家投资或银行贷款以及需要向社会发行债券或使用境外贷款的，按照国家有关规定，经部审核后报国家有关部门审批。

企业按照国家产业政策，以税后利润安排生产性建设项目或者补充流动资金的，可以向税务部门申请退还企业再投资部分已缴纳的所得税的40%的税款。

企业可以根据国家规定，选择具体的折旧办法，确定加速折旧的幅度。

第九条 企业有留用资金支配权。

企业根据《企业财务通则》及相关行业财务制度的有关规定，在保证企业财产保值、增值的前提下，有权自主确定税后留用利润中各项基金的比例和用途，报部和财政部门备案。

第十条 企业享有资产处置权。

企业根据生产经营的需要，对归属企业所有的一般固定资产可以自行决定出租、抵押或以协商、招标和拍卖等方式进行有偿转让。企业资产出租、转让的对象可以是全民、集体、私营企业和个人，也可以是外商投资企业；对生产主导产品的主要设备、成套设备或房屋可以出租，经部批准后也可以抵押、有偿转让。但法律和法规另有规定的除外。

企业处置资产应当按照《国家资产评估管理办法》的规定办理。

第十一条 企业有联营、兼并权。

企业有权按照下列方式与其他企业、事业单位联营：

（一）与其他企业、事业单位组成新的具有法人资格的经济实体，不需报部审批，可直接向工商行政管理部门登记。

（二）与其他企业、事业单位共同经营，联营各方按照出资比例或者协议的规定，承担民事责任，不需报部审批，由企业自主决定。

（三）与其他企业、事业单位订立联营合同，确定各方的权利和义务。联营各方各自独立经营、各自承担民事责任。

企业按照自愿、有偿的原则，可以兼并其他企业，并报部备案。

第十二条 企业享有劳动用工权。

企业享有招收录用职工、选择用工形式、安排工作岗位、依法终止和解除同职工劳动合同的自主权，劳动者有自主择业权。

企业可根据生产经营的需要，自主决定招工的时间、条件、方式、数量。但由劳动部门下达工资总额的企业，招工数量应报劳动部门核定；新建企业招工数量严格控制在设计定员之内；但停产半停产或经营性亏损企业应限制增人和补员。

企业招收职工必须坚持面向社会、公开招收、全面考核、择优录用的原则。

企业从所在城镇人口中招收职工，不受城镇内行政区划的限制；在本省范围内或跨省、城镇招收职工，按当地劳动部门有关规定执行；企业确需招收农村劳动力的，由主管部门审核同意后，按当地劳动部门的有关规定执行。

企业有权决定用工形式，企业新招收的职工应实行劳动合同制，有条件的企业应逐步实行全员劳动合同制，条件暂不具备的可以先在企业内部实行合同化管理。企业须按照有关法规与职工签订劳动合同，明确双方的权利和义务。企业有权制定定员、定额标准，通过公开考评、平等竞争、择优上岗，实行合理劳动组合。对富余人员，企业可以采取发展第三产业、厂内转岗培训、提前退出岗位休养或其他方式安置；有关部门可通过厂际交流、职业介绍机构调剂等方式协助转换工作单位。富余人员也可自谋职业。

企业有权依照法律、法规和企业规定，解除劳动合同，辞退、开除职工。

第十三条 企业享有人事管理权。

企业按照德才兼备、任人唯贤的原则和责、权、利相统一的要求，自主行使人事管理权。

企业要逐步打破管理人员与工人的身份界限。企业对管理人员和技术人员可以实行聘用制、考核制，对被解聘者和未被聘用的管理人员和技术人员，可以安排其到生产岗位工作；企业可以从优秀工人中选聘管理人员和技术人员。

被聘任到管理和技术岗位的人员享受企业规定的岗位（职务）的政治、经济待遇；被解聘或未被聘用的管理、技术人员的政治、经济待遇按其实际工作岗位确定。

企业可以按照生产经营和技术工作的需要，自主设置企业有效的专业技术职务，并根据专业技术人员履行岗位职责的能力和工作态度进行择优聘任。被聘人员享受企业规定的工资待遇。

部直属企业的厂长（经理），由部任免（聘任或解聘），副厂级经营管理人员，由厂长（经理）提名报部任免（聘任或解聘）。

企业的中层管理人员，由厂长（经理）按照有关规定和必要的民主程序任免（聘任或解聘）。其职数根据实际需要由企业确定。

企业一律不按行政级别定级，任命管理人员将逐步不再规定为司局级或处级待遇。

第十四条 企业享有工资、奖金分配权。

在工资总额增长幅度低于本企业经济效益（依据实现利税计算）增长幅度、职工实际平均工资增长幅度低于本企业劳动生产率（依据不变价的人均净产值计算）增长幅度的原则下，企业有权自主决定使用按照有关规定确定的工资总额。

实行工资总额同经济效益挂钩的企业，对于按照主管部门核定的工资总额基数、经济效益指标基数和挂钩浮动比例以及企业实际实现的经济效益提取的工资总额，在按部有关规定留足工资储备基金后，有权自主使用。

实行工资总额包干的企业，对于按照主管部门核定的工资总额包干数提取的工资总额有权自主使用；人员增减时，工资总额保持不变。

未实行工效挂钩和工资总额包干的企业，仍按现行规定由部下达工资总额计划，职工工资、奖金也按现行有关规定在工资总额计划内使用。此类企业须逐步向前两类企业过渡。

企业有权根据生产经营和职工劳动的特点，在按上述办法确定的工资总额内可实行岗位技能工资制或其他适合本企业特点的工资制度，包括选择适合本企业特点的工资分配形式、确定和调整本企业工资标准、按照职工的劳动技能、劳动强度、劳动责任、劳动条件和实际贡献决定工资、奖金的分配档次、决定本企业职工增减工资的办法等。企业有权拒绝任何部门和单位对本企业职工增减工资、奖金的要求。

第十五条 企业享有内部机构设置权。

企业在法律、法规范围内，有权根据生产、工作的实际需要设立、调整、撤销内部机构，决定人员编制。除法律和国务院另有规定外，企业有权拒绝任何部门和单位提出的设置对口机构、规定人员编制和级别待遇的要求。企业设立、调整、撤销内部机构，应报部有关部门备案。

第十六条 企业享有拒绝摊派权。

企业有权拒绝任何部门和单位向企业摊派人力、物力、财力，企业可以向审计部门或其他部门控告、检举、揭发摊派行为，要求作出处理。

除法律和国务院另有规定外，企业有权抵制任何部门和单位对企业进行检查、评比、评优、达标、升级、鉴定、考试、考核。

第十七条 企业在转换经营机制中，必须加强民主管理，全面落实职工代表大会的职权。企业的重大改革方案和措施都必须经职工代表大会审议通过。建立和完善民主评议制度，明确职工的权利和盈亏的责任，逐步形成职工与企业利益共享、责任共负、风险共担的利益共同体。

第十八条 企业在转换经营机制中，必须发挥中国共产党基层组织在企业中的政治核心作用，全心全意依靠工人阶级。

第十九条 企业是承担自负盈亏责任的主体，以国家授予其经营管理的财产，承担民事责任。厂长(经理)作为企业的法定代表人，对企业盈亏负有直接经营责任，职工按企业内部经济责任制、对企业盈亏负有相应的责任。

第二十条 企业应建立分配约束机制和监督机制:

(一)企业职工的工资、奖金、津贴、补贴以及其他工资性收入，应当纳入工资总额，并按国家规定逐步纳入成本管理，取消工资以外的一切单项奖;

(二)实行工效挂钩办法的企业发放的工资总额不得超过部核定的工资总额基数和企业提取的新增效益工资之和，部内任何司局不得平调和占用企业工资储备基金;

(三)企业的工资调整方案和奖金分配方案，须经职工代表大会审查同意，厂长(经理)晋升工资须报部批准。

(四)企业违反上述规定，上级主管部门要及时予以制止和纠正，限期收回多提的不当收入，并给予通报批评。

第二十一条 实行承包经营责任制的企业连续三年全面完成上交国家税利任务，并实现其财产保值增值的，部视其具体考核指标的完成情况，对厂长(经理)给予相应奖励。

亏损企业的新任厂长(经理)，在规定期限内，实现扭亏增盈目标任务的，部视其完成情况，对厂长(经理)给予相应奖励。

第二十二条 企业为实现国家规定的社会公益目标或者生产指令性计划产品而形成的政策性亏损，下达任务单位应予以相应补贴或其他方式的补偿。

第二十三条 企业由于经营管理不善造成的经营性亏损，按下列办法处理:

(一)经营亏损的，核减相当于亏损额10%的工资总额，并相应扣除厂长(经理)以及其他副厂级经营管理人员10%的全年工资性收入;

(二)连续两年经营亏损的，如亏损额下降的按本条第一项执行;如亏损额继续增加的，应核减相当于亏损总额15%的工资总额，除相应扣除厂长(经理)及其他副厂级经营管理人员20%的全年工资性收入外，对企业领导可进行必要的调整;

(三)企业连续三年经营亏损、无力扭亏的，由企业自行申请停产(停业)整顿或由部责令其整顿。对厂长(经理)予以降级、降职或者撤职处分。

对本实施办法施行前企业累计的亏损，依照国家有关规定另行处理。

第二十四条 企业必须遵守国家财政、税收和国有资产管理的法律、法规，定期进行财产盘点和审计，做到帐实相符，如实反映企业的经营成果，不得造成利润虚增或者虚盈实亏，确保企业财产保值和增值。

企业必须依照国家规定，准确核算成本，足额提取折旧及其他国家规定应提取的资金。以不提或者少提折旧费及其他应提资金、少计成本或者挂帐不摊等手段，造成利润虚增或者虚增实亏的，对厂长(经理)和财会主管人员及有关负责人员给予1500-5000元的罚款以及降级、降职或撤职处分，并按有关法规给予企业相应的处罚。

企业应建立内部审计制度，对企业财务计划及与财务收支有关的经济活动和经济效益进行内部审计。

企业应根据《企业财务通则》、《企业会计准则》和行业会计制度，建立企业资产负债和损益考核制度，编制年度会计报表，如实反映企业资产负债和损益情况。部根据登记注册的会计师事务所或者审计事务所审查核实的会计报表及其他有关资料，考核企业的资产保值、增值、损益及其他完成任务情况。

第二十五条 为确保企业财产所有权，部企业主管机构行使下列职权:

(一)考核企业财产保值、增值指标，对企业资产负债和损益情况进行审查和监督;

(二)根据国务院的有关规定，拟定国家与企业之间财产收益的分配方式、比例或者定额，报部及国家有关部门批准后，组织企业实施;

(三)根据国务院有关规定，审核转报或批准企业固定资产投资项目，但《条例》第十三条规定由企业自主决定的投资项目除外;

(四)审核企业的资产经营形式和企业的设立、合并(不含兼并)、分立、承包、租赁、终止、拍卖以及企业提出的被兼并申请和破产申请，并分别情况予以批准或报国家有关部门批准;

(五)根据国务院的有关规定，审核企业财产的报损、冲减、核销及关键设备、成套设备或者房屋的抵押、有偿转让并报国家有关部门批准;

(六)草拟企业财产管理法规，规章;并对执行情况进行监督、检查;

(七)维护企业依法行使经营权，保障企业的生产经营活动不受干预，协助企业解决实际困难;

(八)依照法定条件和程序，决定或批准企业厂长(经理)的任免(聘任、解聘)和奖罚。

第二十六条 部内各司局要围绕建立社会主义市场经济体制的目标，积极进行职能转变，按照政企职责分开的原则，依法对企业进行协调、监督和管理，为企业提供服务。

第二十七条 部有关各司局有《条例》第四十七条规定的十二种行为之一的或者违反本办法侵犯企业自主权的，企业可以向监察部驻部监察局或部领导投诉，经核实后，责令其改正;情节严重的，对主管人员或直接责任人员给予行政处分;构成犯罪的由司法机关依法追究刑事责任。

第二十八条 企业有《条例》第四十八条规定的十二种行为之一或违反本办法规定的，部主管机构应责令其改正；情节严重的，对厂长（经理）或其他副厂级经营管理人员和直接责任人员，分别给予降级、减薪或处以500–5000元的罚款，并依照有关法律、法规给予企业相应的处罚；构成犯罪的，由司法机关依法追究刑事责任。

第二十九条 本办法与《条例》一并执行。《条例》有明确规定、本办法未列入的，按照《条例》规定执行。

第三十条 本实施办法发布前的部颁规章及其他规范性文件的内容，凡与本办法相抵触的，以本办法为准。

第三十一条 本办法适用于部直属企业。本部事业单位及各地方广播电视厅（局）兴办的全民所有制企业可参照本实施办法执行。

第三十二条 本实施办法自发布之日起施行。

（注：广播电影电视部*1993*年*10*月*13*日发文）

广播电影电视部关于引进、播出境外电视节目的管理规定

第一条 为了加强对电视台引进、播出境外电视节目的管理，促进社会主义精神文明建设，制定本规定。

第二条 凡中华人民共和国境内的电视台引进、播出境外电视节目及与境外合（协）拍的电视节目，均应执行本规定。

第三条 本规定所称境外节目，是指我国从外国及台、港、澳地区购买、交换或由对方赠送的供电视台播出的专题节目、动画节目、电视剧（含电影录像带、激光视盘等——下同），以及境内影视机构与境外影视机构或其他机构合作摄制的供电视台播出的各类节目。

第四条 引进境外电视剧的单位由广播电影电视部指定。引进、播出境外电视剧（含合办栏目中的境外电视剧）、合（协）拍电视剧，应由引进单位报省级广播电视行政管理部门审查并签署意见后报广播电影电视部审查批准。

第五条 电视台引进的少儿、动画、科技、专题节目，只购买本台播映权的由本台自审自播；购买本省、自治区、直辖市播映权的，由省级广播电视行政管理部门审查；购买全国播映权在全国交流的由播出该节目的电视台所在的省级广播电视行政管理部门审查。

第六条 引进境外电视剧和合（协）拍电视剧的交流，由省、市两级电视台现有的节目交流网络及由广播电影电视部认定的发行机构有组织、有计划地进行。其交流活动由承办单位提前报广播电影电视部社会管理司批准。

第七条 引进境外电视剧、合（协）拍电视剧必须严格按照广播电影电视部批准的播出范围交流、播出。播出时应在片头标出批准文号。

第八条 广播电影电视部社会管理司作为广播电影电视部下设的对境外电视剧、合（协）拍电视剧引进、审查、交流、播出的管理机构，每年年初，根据各地不同情况及其申报计划，对全国用于地方电视台播出的境外电视剧、合（协）拍电视剧的数量作出分配和规划。

第九条 各电视台每天所播出的每套节目中，境外电视剧不得超过电视剧总播出时间的百分之二十五，其中黄金时间（18时至22时）不得超过百分之十五。

第十条 凡属下述情况之一的节目，禁止在电视台播出：

（一）未经广播电影电视部审查批准的境外电视剧及合（协）拍电视剧；

（二）未获得本台电视播映权的境外电视节目；

（三）无大陆播映权的合（协）拍电视节目；

（四）仅作资料参考用途的境外电视节目；

（五）未经广播电影电视部审查批准可用于电视台播出的音像出版单位出版发行的境外录像制品及只供有线电视台播出的电视节目；

（六）从卫星地面接收设施直接接收的外国及台、港、澳地区的电视节目；

（七）违反我国宪法及法律的外国及台、港、澳地区的电视节目。

第十一条 对违反本规定者，由广播电影电视部或省级广播电视行政管理部门视情节轻重，给予如下行政处罚：

（一）通报批评；

（二）警告；

（三）取消境外电视剧引进权；

（四）罚款；

（五）停播自办文艺节目；

（六）撤销电视台。

第十二条 对违反本规定第五条、第六条、第七条、第九条的给予通报批评。

第十三条 拒不接受通报批评，在被通报批评后又继续违反第十条所列条款的，给予警告处分。

第十四条 违反本规定第十条第一、二、三、五款者，由省级广播电视行政管理部门按违纪播出节目所获利润额的三倍予以罚款。

第十五条 属下列情况之一者，取消其境外电视剧引进权：

（一）拒不接受罚款处罚；

（二）违反本规定第十条第四款情节严重。

第十六条 违反本规定第十条者，给予停播自办文艺节目的处罚。

第十七条 属下列情况之一者，给予撤销电视台的处罚：

（一）拒不接受停办文艺节目，在停播期间擅自开播文艺节目的；

（二）违反本规定第十条第六款、第七款情节严重的。

第十八条 违反本规定第十条规定，触犯国家法律构成犯罪的，由国家司法机关对该单位和直接责任人依法追究刑事责任。

第十九条 省、自治区、直辖市广播电视行政管理部门负责本辖区内电视台播出境外电视节目的监督与管理。

第二十条 本规定的解释权属于广播电影电视部。

第二十一条 本规定自发布之日起施行，以前发布的《关于进口电视剧管理的暂行办法》（广发地字〔1985〕962号）及《广播电影电视部关于引进海外电视节目管理的暂行规定》（广发地字〔1990〕817号）同时废止。

（注：艾知生部长1994年2月3日签发）

关于巩固和发展农村广播网的几点意见

近几年来，由于中央重视农村思想政治工作和农村两个文明建设本身的需要，农村广播网总体上呈发展趋势。农村广播网已从单一的有线广播发展为有线和调频相结合，广播专线多功能开发利用的综合网络。随着农村有线电视的发展，有线广播和有线电视的共缆或共杆传输作为扩大广播入户、提高广播传输质量和加强网络维护管理的有效手段，正被越来越多的地区采纳实践。1989年以来，广播喇叭数量连续三年以每年200万只的速度递增，至1992年底，全国入户喇叭总数达8，900万只，入户率回升至39.2%，入户喇叭中动圈音箱的数量逐年增长。由于普遍重视了标准化建设和维护管理，广播网的技术质量也上了一个新的台阶。现在，全国农村广播网固定资产总值已超过200亿元，形成了以县市台（站）为中心，以乡镇广播电视站为基础，多种传输手段相结合，连结千村万户的完整的广播传输（覆盖）体系。

多年的实践证明，建设和发展农村广播网，不仅符合我国从中央至农村基层多级广播覆盖的系统要求，也为县乡党政组织提供了现实有效的宣传和工作手段，对于推动农村改革开放和两个文明建设具有深远的意义。广大农村基层干部和农民群众赞誉农村广播网是“传达政令的喉舌”、“推广科技的红娘”、“传递信息的桥梁”、“学习知识的课堂”、“文化娱乐的舞台”，遇有严重自然灾害或其他突发性事件时，农村广播网更成了农村基层党政组织的“指挥线”和农民群众的“生命线”。农村广播网的这种作用，是其建设和发展的坚实基础。

在农村广播网建设取得成绩的同时，也还存在一系列问题。首先是1993年国务院下达的关于减轻农民负担的通知，取消了乡镇以下广播网路维护费以后，相当一部分同志误认为农村广播网不重要了，甚至可有可无了，因而对农网工作持消极态度；其次许多地方农村广播网建设与维护经费难以落实，基层维护员队伍逐渐散失，事业出现滑坡，个别地区农村广播工作趋于瘫痪。湖北省已有20%左右的乡镇广播站无钱开机；湖南省至1993年12月底广播专线垮了36，000杆公里，喇叭总数下降了82万只，入户率下降了8%。村通播率下降了18%；曾因农村广播网建设成绩突出而受到我部表彰的湖南省临澧县，17个乡镇中已有7个乡镇广播站关机停播，仍正常开播的只有3个乡镇站。这种情况如继续下去，农村广播事业将再次跌入低谷，中央台和省级台的广播将失去几亿农村听众。这对于我国农村的社会主义现代化建设是极其不利的。

面对这样严峻的形势，我们必须及时采取措施，加强对农村广播网工作的指导和领导。坚决贯彻执行国务院关于减轻农民负担的通知精神和巩固发展农村广播网并不矛盾。我们应该坚信，只要紧紧依靠各级党委和政府，坚持群众路线和自愿原则，完善政策，因势利导，进一步开发农村广播网的多功能，增强自我发展能力，认真办好节目为农民服务，就一定能改变不利局面，使农村广播网得到巩固和发展。

一、进一步深化对农村广播网的地位和作用的认识。农村广播网是我国广播电视事业的基础部分，是各级广播节目深入、及时地传入农村千家万户的基本保证，是建设有中国特色社会主义广播电视事业的重要标志。在市场经济条件下，农村广播网不仅为农村基层党政组织提供了有效的宣传和工作手段，成为农村群众了解党的方针政策、知晓国际国内和当地的重大新闻、学习文化和科技知识、掌握生产和经营信息以及文化娱乐的最重要的渠道，其本身也是农村两个文明建设的重要组成部分和农村现代化的重要标志。因此，要从我国广播电视事业的系统要求和农村工作的现实需要出发，充分认识农村广播网的重要意义，振奋精神，持之以恒，从各方面着手，进一步巩固和发展农村广播网。

二、办好农村广播节目，努力提高宣传质量。建设农村广播网的目的在于提供一个高质量的为党政机关和农村基层干部、农民服务的现代化工具，其生命力的主要体现是广播节目能够适应当地党委和政府及广大农民群众的需要，在农村两个文明建设中发挥积极作用。因此，今后的农网工作，仍应以宣传工作为重点，进一步办好广播节目，使农村广播网真正成为农村地区社会舆论中心和党委、政府联系农民群众的纽带。只有这样，农村广播网才能有所作为，才会得到党委、政府的重视和支持，受到农民群众的欢迎。

三、农村广播网经费继续实行国家、集体和个人共同负担的政策。“三负担”政策在农网工作中已实行多年，实践证明，“三负担”政策切合农村广播网建设发展的实际，是农村广播网在坚持其性质、作用的前提下，走出经费困境、获得持续的发展动力的重要保证，因此应坚持实行。在今后的工作中，要特别强调国家（地方财政）拔款是农村广播网经费来源主渠道的原则，适当增加国家（地方财政）的经费投入，使农村广播网经费的主要部分有稳定的保障。在具体实行中，仍坚持“谁受益，谁负担”的原则，同时坚持自愿原则，不搞强迫命令。县至乡镇广播网路的建设和维护管理及乡镇站设备的经费由县级财政解决，乡镇至村的建网和维护管理费用由乡级财政及集体资金解决，村以下网路及农户收听工具的费用由村及用户负担。除此之外，还可以通过宣传和开展服务，充分调动社会力量来共同建设和发展农村广播网，为农村广播网资金来源的多元化开辟更为广阔的途径。

四、在农村广播网建设中，坚持因地制宜、分类指导的原则。农村广播网的建设要以县市广播台（站）为中心，以乡镇广播电视站为基础，积极发展村广播室和用户收听工具。县市要积极发展调频广播，县至乡村的节目传输，要从实际出发，根据当地社会、经济、自然条件，以让农民听到广播为宗旨，采取广播专线、调频等多种传输（覆盖）手段。采用调频传输（覆盖）要严格按照规划进行，避免干扰。村以下仍应建设小片广播网，以有线方式将广播传入农户。经济较发达地区的乡镇，要积极创造条件，发展有线电视，并实行有线电视和有线广播共缆或共杆传输。各地要结合当地实际，开发应用有线广播的一线多用技术，增强有线广播的服务功能。

五、农村广播网建设要严格按照国家有关技术标准进行，这是农村广播网巩固和发展的基本要求。只有坚持农村广播网建设的技术标准，才能够保证和不断提高系统播出质量，并为有线广播的多功能开发利用创造必要的条件。在具体工作中，要实事求是，量力而行，不搞评比竞赛，切忌“刮风”。

要继续认真执行国务院颁布的《广播电视设施保护条例》，依靠司法机关，制止和打击破坏农村广播电视设施的行为。

六、实行有偿服务，搞好经营创收。国务院[1993]20号文件指出：“加快发展第三产业，要解放思想，勇于开拓，同时又实事求是，真抓实干，坚持调动各方面的积极性兴办第三产业。”“动员社会各方面集资建设广播电视转播台（站）和其它文化、体育设施，并通过深化内部改革，放开经营，向社会提供更多适应群众需求的有偿服务，逐步增强自我发展能力。”根据这一精神，县乡广播机构要在提高服务质量、完善服务手段的基础上，进一步解放思想，充分发挥农村广播网的多功能作用和系统优势，实行有偿服务，搞好经营创收，以此来克服农村广播网建设的资金困难，增强自我发展能力。

七、紧紧依靠党委、政府的领导，加快农村广播电视事业建设。在自觉当好党委、政府的喉舌，忠诚为党委、政府服务，以争取党政领导的重视和支持的同时，还要积极向各级党委和政府汇报我们的工作，使党政领导全面了解广播电视工作的系统和网络特性，特别是广播电视社会管理的重要性，争取在机构改革中，县乡广播电视机构不仅不被削弱，而且得到巩固和加强，为今后农村广播电视事业的建设和发展创造有利的条件。

（注：广播电影电视部1994年2月4日签发）

关于地方广播电台、电视台必须完整转播中央人民广播电台、中央电视台节目的通知

各省、自治区、直辖市、计划单列市党委宣传部、广播电视厅（局）：

随着广播电视事业的不断发展，其作用和影响越来越大。现在，听广播、看电视已成为城乡人民日常生活的重要组成部分。中央人民广播电台、中央电视台是党、政府和人民的喉舌。是宣传党中央的路线、方针、政策的重要阵地。转播好中央台的广播、电视节目是地方各级广播电台、电视台义不容辞的责任和义务。为此特作通知如下：

一、各级广播电台、电视台、转播台、电视差转台以及有线电视台（站）和有线广播台（站）都必须以专用频道完整转播中央人民广播电台、中央电视台的第一套节目。有条件的，还应转播中央台的其他节目。在转播中央台节目时，不得插播自办节目和广告。

二、中央人民广播电台、中央电视台要与地方广播电台、电视台密切合作，集中力量办好中央台的广播和电视第一套节目，使之成为全国人民喜闻乐见、高质量的综合性节目。

三、各地方广播电视网络的建设和发展应将扩大中央和省级广播电视覆盖放在主要位置。县（市）广播电台、电视台、转播台、差转台、以及各有线电视台（站）的首要任务是转播好中央和省级的广播电视节目。县（市）级电视台和各教育电视台不得自办文艺节目。各电视转播台、差转台不得自办节目。

四、地方各级政府和广播电视行政管理部门应加强对广播电台、电视台、转播台、电视差转台、有线广播台（站）、有线电视台（站）的领导和管理工作。地方各级党委宣传部门应监督、检查中央人民广播电台、中央电视台节目在本地区的覆盖情况，并指导、督促各地方台（站）转播好中央台的广播、电视节目。对拒不转播或在转播中插播自办节目和广告的要予以批评，屡教不改、情节严重的应以违反宣传纪律给予必要的处理，并追究有关单位领导者的责任。

（注：中共中央宣传部广播电影电视部1993年12月8日发文）

广播电影电视系统 1993年至1997年 在职人员培训规划

九十年代是我国社会主义现代化建设进入关键发展的时期，为保证广播电影电视事业持续、稳定、协调地发展，充分发挥广播电影电视在社会主义现代化建设中的重要作用，必须下大力气加强对在职人员的政治和业务培训，全面提高职工队伍素质，为此，特制定广播电影电视系统1993年至1997年的在职人员培训规划。

一、指导思想和目标

广播电影电视系统在职人员培训工作，必须以马克思列宁主义、毛泽东思想为指针，贯彻邓小平同志1992年南巡重要谈话和党的十四大精神，坚持为执行党的基本路线服务，为繁荣和发展广播电影电视事业服务的指导思想，紧紧围绕广播电影电视的根本性质和任务，抓好干部和职工的马克思主义基本理论教育和专业技术培训，造就一支政治立场坚定、思想作风良好、业务本领过硬、锐意改革进取、德才兼备、又红又专的干部职工队伍，为广播电影电视事业的发展提供高质量的人才保证。

培训工作要以提高在职人员岗位工作能力为目的的岗位培训为重点，积极开展以广播电影电视新理论、新技术、新知识为主要内容的继续教育和其它各种形式的短期培训，进一步调整成人高等学历教育的层次和结构，建立起能够主动适应广播电影电视事业发展需要、基本满足各级各类在职人员及时受到必要培训的在职教育体系。要动员广播电影电视系统各方面的力量，大力开展在职人员的培训，在培训工作中，要坚持改革，面向编播、生产第一线，贯彻按需施教、学以致用、讲求实效、突出重点、保证质量的原则，加强宏观管理，理顺各种关系，改善办学条件，建立有效机制，使培训工作经常化、制度化、规范化，开创广播电影电视在职教育的新局面。

二、基本任务和要求

（一）在职人员的培训要重视干部的政治理论教育，重点抓好处以上各级领导干部和青年干部的政治理论学习。在规划期内重点学习马克思主义基本理论和建设有中国特色的社会主义理论。根据中央关于“县以上党政领导干部在每届任期内，都要脱产轮训一次”的要求，部直属单位的党员领导干部要按照部党组的要求和部署，分期分批到机关党校和中央党校参加马克思主义理论学习。地方各级广播电影电视机构干部的政治理论教育应根据当地党委的统一规划和要求，结合各自情况组织安排。对列入各级领导岗位的后备干部，要优先安排他们进党校学习；在提职前未能进党校学习的，提职后也应及早补上这一课。

在抓好干部的政治理论教育的同时，还要积极开展法制教育，组织干部学习国家的法律，特别是学习广播电影电视行业法规以及与本职工作密切相关的法律法规，增强干部依法决策、依法行政、依法办事的意识。法制教育的组织实施可按《关于在广播电影电视系统开展法制宣传教育的第二个五年规划》的要求进行。

（二）要把岗位培训作为在职人员培训的重点和主要形式。

从1993年开始，要对全国各级广播电影电视机构的管理岗位、业务岗位的人员分期分批地开展岗位培训。在规划期内要求中央和省级广播电台、电视台部（处）以上管理岗位和主要业务岗位的人员以及地（市）、县广播电视局（台）的领导干部，都要接受一次为期二至三周的适应性岗位培训。

对发射台、微波站和卫星地面站的值机人员的岗位培训，要在试点的基础上全面推开，同时迅速开展对乡镇广播电视站机务员、编播员的岗位培训，逐步做到先培训后上岗，到1997年基本完成岗位培训，实现持证上岗。

电影系统要在1993年上半年完成岗位规范的编审工作，做好实施岗位培训的准备工作，年底开始在电影系统的主要管理岗位进行岗位培训的试点工作，1994年全面推开。

企业的厂长、经理等厂级领导干部的岗位培训，按照《1991-1995年全国企业干部培训规划要点》的要求凡未参加过岗位培训的，都要按规定参加一次岗位任职资格的培训；对企业中的工人，要结合开展定岗、定级等工作，实行全员岗位培训，在规划期内，应首先完成对主要业务岗位和技术工种工人的岗位培训。

（三）在抓好岗位培训的同时，要动员广播电影电视系统各方面的力量，广泛、持久地开展各种专业性的短期培训。在当前形势下，尤其要注意围绕提高广播电视节目质量和宣传效果、提高影片质量和社会效益，围绕改革开放和社会主义市场经济的发展，围绕对外合作的扩大和新技术、新设备的不断引进，举办广播影视理论、市场经济理论、经营管理方法、现代管理科学、高新科学技术和外事外贸知识等培训班或研讨班，以培养适应新形势需要的外向型、复合型专门人才。广播电影电视部每年将组织1-2期这类高级研讨班，各地、各部门可根据实际工作需要，自行组织培训。

（四）广泛开展对科技人员的继续教育，完善继续教育证书登记制度。按照部颁发的《关于科技人员实行继续教育证书登记制度的暂行规定》，凡持有继续教育证书的科技人员每年脱产学习的时间为：具有中级以上专业技术职务的不少于14天，具有初级专业技术职务的不少于7天。以三年为一周期进行验证。这个制度必须坚持下去。各单位应保证每年安排科技干部参加各类培训和进修，以保证他们经常更新和补充知识。

(五)根据实际需要开展学历教育，以提高在职人员的科学文化水平和学历层次。管理干部和专业技术干部，在规划期内要达到岗位规范和任职资格所要求的学历层次。为此，各单位要有计划地选送优秀青年干部到部属高校接受专业对口的学历教育，包括接受第二专业的本、专科学历教育和专科起点的本科教育。要根据需要积极安排专业技术人员参加本系统的函授和夜大学历教育。年龄在35岁以上没有机会接受正规学历教育的专业技术人员，可接受专业证书教育，但必须由人事部门委托和认可，学校才能举办这类培训。

(六)随着国家公务员制度的逐步推行，有计划地开展国家公务员的培训。首先是对省以上广播电影电视机构中的公务员，分期分批进行系统培训。除学习人事部规定的公务员基础课程以外，还要学习广播电影电视部编写的广播电视和电影概论、广播电视和电影管理、广播电视和电影法规等专业课程。局司以上的高级公务员还将参加国家高级行政学院组织的培训。

(七)做好对青年干部的培养教育工作。根据中央关于"在今后几年内分期分批把青年干部轮训一遍"的要求，各级广播电影电视部门应做出规划，在今后三年内对35岁以下的青年干部普遍进行一次政治理论培训。对部属司局级单位和省、自治区、直辖市、计划单列市厅局台的青年干部，凡没有经过基层锻炼的，要组织到基层工作半年至一年；直接分配到上述机关的应届大学毕业生，要先到基层锻炼半年至一年；对新分配或调入各级广播电视机构从事新闻编播工作(包括记者、编辑、播音和编播管理)的非新闻专业大专以上毕业生，未经过比较系统的新闻理论和新闻业务培训的，在规划期内都应接受为期一个月的新闻专业培训。

三、培训体制和分工

广播电影电视系统的在职培训工作，实行统筹规划、分类指导、分级管理、分步实施的体制，在部颁规划的指导下，充分发挥各级广播电影电视机构的积极性和主动性，分别落实培训任务。大体分工如下：

广播电影电视部负责组织省级广播电视厅(局)正副厅(局)长、正副总编辑、正副总工程师和广播电台、电视台正副台长，部直属单位正副司局级干部、部机关处以上干部的岗位培训和研讨进修班；负责举办面向具有高级专业技术职务的编播、技术、文艺及管理人员的高层次培训班、研讨班和继续教育。

部属单位负责培训本单位部(处)及其以下干部，同时承担对地方广播电视机构业务骨干的部分培训任务。

省以下各级广播电视机构原则上依次培训下一级的领导干部和业务骨干，具体任务由各省、自治区、直辖市广播电视厅(局)确定。

电影事业管理局主要负责培训电影制片厂正副厂长、三总师及主创人员、业务骨干。

中国电影发行放映输出输入公司负责培训省、地(市)电影发行放映公司正副经理及业务骨干，并规划全国电影发行放映系统的在职人员培训工作。

四、主要措施和政策

(一)进一步发挥部属院校的优势。

部属高等院校是培养广播电影电视专门人才的重要基地，要进一步发挥其人才密集的优势，为更多的业务骨干接受高等学历教育、也为高层次专业技术人员接受专业培训和继续教育提供更多的机会和条件。

北京广播学院的函授专修科，是广播电视系统成人高等学历教育的主要渠道，今后要扩大招生规模，每年计划不少于1200人，同时增开新专业，举办专科第二专业教育，提高办学层次，争取试办新闻学专业专科起点的本科函授教育。为加快对短缺专业人才的培养，北京广播学院从1993年起，将恢复举办播音等专业的二年制成人大专班；在试办的基础上，扩大新闻学专业第二学士学位和专科起点的本科班的招生规模。

北京电影学院在继续办好夜大学的同时，也要举办短缺专业的成人大专班，并创造条件开办函授教育。

浙江广播电视专科学校要在扩大普通专科招生规模的基础上，面向地(市)级广播电视机构和有线电视台站举办岗位培训和各类业务培训班。

(二)办好部属成人教育基地。

广播电影电视部管理干部学院是我部新成立的成人高等院校，要充实师资力量，完善办学设施，提高办学效益。今后，管理干部学院的任务是以成人学历教育为基础，以岗位培训为重点，多层次、多规格、多渠道、多形式地开展干部培训工作。成人高等学历教育，要面向系统和行业拓宽招生渠道，调整专业结构，探索适合成人教育特点的教学模式。到1995年成人学历教育的在校生规模达到300人。管理干部学院的非学历教育主要是面向本系统承担部分地(市)、县广播电视管理岗位领导干部的岗位培训，从1993年开始，每年举办这类培训班2-3期，年培训120人。各类专业的短期培训班每年4-5期，年培训150人。

新建的广播电影电视部培训中心是我部高层次管理人员进行岗位培训和专业技术人员接受继续教育的基地。按照我部《关于建立广播电影电视部培训中心的决定》的要求，培训中心依托并隶属于北京广播学院，接受部教育司的指导和下达的培训任务。从1993年开始，每年举办省级广播电台、电视台副台长以上领导干部的岗位培训班2-3期，举办各类高层次专业培训班3-5期，到1995年后，每年举办各类培训班10期以上，年培训规模300-400人。培训中心还应积极创造条件，开展区域性的国际合作培训，引进智力资源，获得境外资助，扩大对外影响，提高办学水平。

（三）充分发挥本系统的中专学校在培训工作中的作用。

各地的广播电视中专学校和电影中专学校是地方培养中等专门人才的基地。各校要在完成普通中专招生任务的前提下，尽可能扩大职工中专班的招生规模，尽可能多承担一些在职人员的培训任务。目前，不少省、自治区广播电视厅把函授站设在中专学校，还有的依托中专学校建立了机关党校、培训中心，充分利用中专学校的师资、校舍、设备等条件，既培训了干部，又提高了办学效益。但是目前各地中专学校条件都比较差，都未达到国家教委规定的设置标准，因此，要使中专学校更好地承担在职人员培训的任务。各主管部门必须要增加对学校的投入，改善办学条件，把中专学校办成多功能的教育基地。

没有建立中专学校的广播电视厅（局），应尽快建立一个固定的培训基地。

中国电影发行放映输出输入公司要继续支持办好武汉培训中心，把武汉培训中心办成电影发行放映系统培训高层次人才的基地。

经过三年的努力，要在广播电影电视系统形成一个与培训任务相适应的培训网络和体系。

（四）抓好教材的编审和出版工作。

教材的有无和优劣，关系到培训质量能否保证。因此，要花大力气编写出一套适合广播电影电视系统成人教育需要的好教材。教材建设要动员各方面的力量，发挥学校、地方和部门的积极性。部属高校和管理干部学院要在现有教材的基础上选编一套适合成人学历教育和高层次岗位培训、各类专业培训的系列教材和参考资料。各地区、各部门也可结合自己的实际需要组织编写初级专业岗位的培训教材，其中可向全系统推荐的优秀教材，可报部教材编审委员会审定后纳入教材出版规划，正式出版。要利用广播电影电视系统的技术优势，编辑制作专业性音像教材，部里计划每年向全系统推荐发行一套新技术讲座录像带，并配一册新技术论文集。公务员的专业教材1993年上半年出版。发射台、微波站的值机员和乡镇站的机务员、编播员的专业基础课程教材也将在1993年下半年出版。继续教育所需的新技术讲座教材由部里负责编写，在系统内发行，同时制定并下发继续教育科目指南，各地、各部门可根据科目指南选择有关教材和资料，开展继续教育。

（五）完善各项制度，建立有效的机制。

要建立培训与考核、使用相结合的制度，把培训作为考核干部的重要内容和任用干部的必备条件之一。这就要相应建立干部学习登记制度，将干部参加培训的时间、内容和成绩等情况，及时记载、归档。要实行先培训后上岗，逐步建立起职业资格培训证书与学历证书并存、并重、并用的制度。要逐步做到党政主要领导干部必须经过党校培训，企业厂长、经理和三总师必须经过岗位培训才能任命或连任。要把专业技术职务评聘和岗位培训、继续教育紧密结合起来，凡规定持证上岗的岗位必须取得岗位合格证书才能上岗；岗位培训不合格者不得参加专业技术职务的评聘或续聘；三年内无特殊原因不参加继续教育的专业技术人员，原则上不能晋升高一级专业技术职务。

（六）充实师资力量，保证培训经费。

师资和经费是开展在职培训必备的基本条件，必须重视并切实解决。

承担培训任务的各级广播电影电视机构，要积极鼓励并下决心抽调业务骨干参加干部培训的教学工作，还应外聘一些专家，学者和优秀教师任课，建立一支相对稳定的、专职和兼职相结合的干部培训师资队伍，同时注意培养和提高他们，以保证培训质量。

经费不足是影响教育发展的重要因素。但只要以改革开放的精神去对待，就能找到对策和出路。各级广播电影电视机构要从自筹资金中多拿些钱增加对教育的投入，并做到逐年有所增长。各办学单位也可通过收费、集资和其他创收手段，多渠道地筹措教育经费，逐步建立起稳定可靠的经费来源体系。

（七）加强对职工教育工作的领导和管理。

各级领导要加强对职工教育工作的领导，把它作为事业发展中的一项紧迫战略任务列入议事日程。要明确一位主要领导分管教育工作，定期对本系统或本单位的培训规划、计划和各项培训任务的落实情况进行检查，不断解决培训工作中存在的实际问题。今后，要把对在职人员的培训列为各级领导干部政绩和业绩考核的重要指标。要根据各自的实际情况，建立和培训任务相适应的教育工作机构，配备一定数量的专职人员。教育工作由人事部门负责的，一定要有一名处长主抓教育工作，并配备专人负责。

教育工作也是一项业务性较强的工作。要做好这项工作，必须不断加强职工教育管理工作队伍的自身建设，努力建设一支政治素质优良，熟悉业务工作，热爱职工教育事业的职工教育管理工作队伍。从1993年开始，我部要对全国广播电影电视系统从事职工教育管理工作的人员进行轮训，召开有关培训工作的座谈会、交流会。各级教育管理机构要加强成人教育的理论研究和教学研究工作，积极探索具有广播电影电视系统特点的在职人员培训模式，不断提高管理水平和培训质量。要利用我系统的有关刊物介绍有关理论研究成果和培训工作经验，表彰和奖励职工教育的先进人物和先进单位，推动全系统的职工教育工作健康发展。

（广播电影电视部1993年2月1日发文）

广播电影电视部关于开展岗位培训的实施意见

为了全面提高全国广播电影电视系统在职人员的政治和业务素质，更好地适应广播电影电视事业迅速发展的需要，根据国家教委、劳动部、人事部、国家体改委、全国总工会《关于开展岗位培训若干问题的意见》、国家教委《关于加强岗位培训管理工作的意见》等文件精神，按照《广播电影电视系统1993年至1997年在职人员培训规划》的部署，我部决定在全国广播电影电视系统逐步开展岗位培训。现提出如下实施意见。

一、岗位培训的目的和指导思想：

岗位培训是根据岗位需要，对在职人员进行的政治思想教育、职业道德教育、专业知识培训、业务能力训练的综合性培训，它包括按照岗位规范要求，取得上岗、转岗、晋升等必备条件的资格培训和根据本岗位工作发展需要而进行的各种适应性培训。资格培训主要在要求实行持证上岗的岗位上实行，其他岗位将开展适应性岗位培训。

岗位培训要重视马克思列宁主义、毛泽东思想的教育，贯彻学用结合，按需施教，干什么学什么，缺什么补什么、什么薄弱就加强什么的原则，注重能力培养，加强行为规范和职业道德教育，始终坚持德才兼备、又红又专的育人方向，把全面提高在职人员素质和为两个文明建设服务作为培训的基本指导思想。

二、岗位培训的方针和基本目标：

岗位培训是一项庞大的系统工程。考虑到广播电影电视系统岗位设置的复杂情况，以及岗位规范、培训计划、培训大纲和教材等许多基础性的工作需要一定时间才能完成，因此，开展岗位培训必须从本行业、本地区、本单位的实际情况出发，贯彻积极稳妥、突出重点、抓好试点、逐步铺开的方针，有计划、有步骤、有重点地进行。

按照事业发展的需要和可能，岗位培训的基本目标是：要在五年时间内，有计划地、分期分批地把全国广播影视系统主要业务岗位的在职人员轮训一遍。"八五"时期要重点搞好上岗资格培训，抓好岗位培训的基础工作和培训基地建设，理顺各种关系，建立业务培训的考试考核制度，同时在部分岗位实行在职提高培训。

三、岗位培训的对象和初步计划：

凡广播电影电视系统未具备或未完全具备岗位规范所规定条件的在职人员都属于岗位培训的对象，都有权利和义务参加在职岗位培训。各级政府机关工作人员在实行国家公务员制度后，其岗位培训按公务员的要求进行。

1、今后五年内，主要对以下在职人员实行岗位培训：

(1) 广播电台、电视台的正副台长，总编室正副主任，编播、技术部门的正副主任、正副科（组）长、编辑、记者、播音员、工程技术人员；

(2) 有线电视台的正副台长和编播人员、技术人员；

(3) 电影制片厂的正副厂长、三总师，编导主创人员和制片管理人员；

(4) 电影发行放映公司的正副经理、总会计师、总经济师、大中城市放映院经理；

(5) 电视剧制作中心正副主任及编导主创人员和制片管理人员；

(6) 广播电台、电视台、电视剧制作中心的摄像、录音、美术人员；

(7) 广播发射台、电视发射台、微波站、卫星地面站的值机人员；

(8) 乡镇机务员、编播员；

(9) 天线工。

在规划期内，上述 (1)、(2)、(3)、(4)、(5)、(6) 类岗位的人员应至少接受一次适应性岗位培训；(7)、(8)、(9) 类岗位培训人员一般应接受一次资格岗位培训，并从1995年起对 (7)、(8)、(9) 类岗位人员逐步实行持证上岗。

2、对于其他岗位的在职人员，各地可根据实际情况因地制宜，灵活多样地进行培训。某些通用岗位如财会、统计、卫生等可根据该行业的规定及地方主管部门的部署开展岗位培训。

3、工人的岗位培训，按劳动部门的有关规定进行。

四、岗位培训的形式和实施步骤：

岗位培训应坚持短期为主、业余为主的原则，一般采取短期脱产、单科结业的方式进行。有条件的单位。最好采取全脱产培训的方式，集中时间和精力，效果较好。一般适应性岗位培训的学时数不应低于80学时（相当于脱产三周），资格培训的学时数不应低于200学时（相当于脱产两个月）。

岗位培训的具体步骤是：

(一) 准备阶段。由各省、地县、级广播电视和电影机构参照部颁岗位规范目录，根据本系统工作人员从岗类别及职务层次，分别制定本地区、本单位的岗位培训规划，确定专业课门类、培训教材、培训场所和师资，同时建立必要的考试、考核和各项管理制度。

(二) 实施阶段。岗位培训的实施应先选择部分岗位进行试点，待取得一定的教学、管理和考试、考核经验后再逐步推开。

(三) 验收阶段。岗位培训结束后，各级人事教育主管部门要进行检查和验收，主要是检查培训质量和效果，总结好的做法和经验，对存在的问题提出解决办法。凡按岗位规范要求学完规定的全部课程，并达到岗位基本技能的要求，经考试考核合格者，发给由部统一印制的《岗位培训证书》。

五、岗位培训的体制和职责划分：

岗位培训实行统一规划、统一要求，分级管理、分级实施的培训体制。

部教育司会同人事司负责提出本行业岗位分类目录和制定主要岗位的规范；制定相关政策、规章、制度；提出本系统岗位培训的规划和实施意见；组织制定教学文件和编写具有行业特点的培训教材；积极开展调查研究，组织经验交流。

地方各级厅（局）人事教育主管部门负责岗位培训的组织管理工作，在岗位培训中有充分的自主权，可根据部颁岗位规范和培训规划的要求，按照分级管理、分级实施的原则，各自确定本地区、本单位岗位培训的规划、任务、内容及方式，并结合本单位的实际需要和特点选用或自行编写有关教材，通过多种途径实施岗位培训。

广播影视系统的大、中专院校、培训中心和业务主管部门，都要承担一定的岗位培训任务。大体分工如下：

1、北京广播学院和部培训中心负责编写广播电台、电视台正副台长、编播部门和技术部门的正副主任、正副科组长、编辑、记者、播音员、工程技术人员的岗位培训计划、培训大纲，选用或编写教材，并承担省级以上（含计划单列市）广播电台、电视台部分此类人员的岗位培训。

2、北京电影学院负责编写电影主创人员、制片管理人员的岗位培训计划、大纲及教材，并承担对这类人员的岗位培训。

3、电影局负责编写电影制片厂正副厂长及三总师的岗位培训计划、大纲及教材，并组织对这类人员的岗位培训。

4、中国电影发行放映输出输入公司负责编写或委托北京电影学院编写电影发行放映公司正副经理、总会计师、总经济师以及大中城市放映院经理的岗位培训计划、大纲及教材，并组织对这类人员的岗位培训。

5、浙江广播电视专科学校负责编写有线电视台正副台长、新闻编辑、文艺编辑和摄录人员的岗位培训计划、大纲及教材，并承担部分此类人员的岗位培训。

6、部管理干部学院负责编写摄像员（师）、录音员（师）、电视美术员（师）的岗位培训计划、大纲和教材，并承担对上述人员和部分地（市）级广播电台、电视台正副台长、编播人员的岗位培训。

7、部人事司负责组织天线工的岗位培训计划、大纲及教材的编写，并负责组织对本系统天线工的岗位培训。

8、地方各级广播电视学校、电影学校、培训中心在厅（局）教育人事主管部门的统一规划和安排下，承担地（市）级和县级广播电视台（站）、电影发行放映公司的领导干部和主要业务部门负责人的岗位培训，同时实施对值机员、乡镇机务员的岗位培训。

各部门负责编写的培训计划与大纲应于 1993 年 6 月底以前完成。教材编写需要较长的周期，部教育司一方面组织好岗位培训重点教材的编写出版工作，同时将推荐一批已出版的教材，作为岗位培训的代用教材。

六、岗位培训的考核和有关政策：

1、建立岗位培训的考核与发证制度，是保证培训质量的重要环节。电影局、中影公司以及各地（市）级以上广播电视厅（局）都应建立相应的岗位培训考核机构（即考核领导小组）。该小组可由各单位的主管领导、人事教育负责人和有关业务专家组成，负责管理和指导本地区、本系统岗位培训的考核工作。学员学完规定的课程并经考试考查合格，发给《岗位培训证书》。岗位培训证书由广播电影电视部统一印制，由培训单位编号盖章颁发并经上级考核机构统一验证，验证规定如下：

部直属院校和培训机构按规划要求组织的岗位培训由部教育司验印。

电影局、中影公司组织的岗位培训由电影局，中影公司的人事教育部门验印。

各省、自治区、直辖市广播电视厅（局）组织的本地区、本系统的岗位培训由该厅（局）人事教育部门验印。

凡未经验印的证书，人事部门不予认可。

2、岗位培训是提高在职人员素质的重要方式和途径，参加岗位培训是在职人员的权利和义务，各级领导必须重视和支持。对岗位培训所需的经费应切实保证。在职人员离岗参加培训期间的工资、福利应与在岗坚持生产、工作的人员同等对待；对学习成绩优秀者，单位应给予精神鼓励和适当的物质奖励，对培训不合格者，应限期达到合格，限期仍达不到合格者，应调离工作岗位。

3、各单位的人事部门应将在职人员参加岗位培训的情况记入本人档案，作为考核、奖励、晋升和评聘专业技术职务的重要依据。参加资格岗位培训获得的培训合格证书，应作为上岗、转岗、任职的资格证明之一，在岗位培训规划范围内，凡未参加岗位培训并取得合格证书的在职人员，一般不得转岗、提职和评定上一级的专业技术职务。

（广播电影电视部 1993 年 2 月 1 日发文）

工作会议

全国广播影视宣传工作会议

编者按：全国广播电影电视宣传工作会议于1994年1月24日至31日在京召开。

会议期间，全体代表聆听了江泽民总书记在全国宣传思想工作会议上的重要报告和李鹏总理、朱镕基副总理的重要讲话，以及丁关根同志的总结报告，并结合广播影视宣传工作实际展开了热烈的讨论。代表们认为：全国宣传思想工作会议是在我国向社会主义市场经济转轨的关键时期召开的一次重要会议，江泽民同志代表党中央提出的新时期宣传思想工作的基本方针，将在今后相当长的时期内对统一全党思想认识、保证社会主义经济体制改革的顺利进行产生深远影响。

艾知生部长在全国广播电影电视宣传工作会议上回顾总结了1993年的广播影视宣传工作，提出了1994年进一步做好广播影视宣传工作的基本思路和主要任务。他要求全系统在新的一年里紧紧围绕着“抓住机遇、深化改革，扩大开放，促进发展，保持稳定”这个大局积极开展工作，首先要学习好《邓选》三卷，深入宣传邓小平建设有中国特色的社会主义理论，同时要正确把握舆论导向，弘扬主旋律，加强社会主义精神文明的宣传。他要求与会代表认真学习好、传达好、贯彻好全国宣传思想工作会议精神，在统一思想、提高认识的基础上，努力提高节目质量，加强宣传管理，力争使我国广播电影电视宣传工作再上新台阶。

来自全国30个省、自治区、直辖市和7个计划单列市的广播电视厅（局）长、各电影制片厂厂长、中央人民广播电台、中央电视台、中国国际广播电台以及广播影视各司局和主要部属机构的负责人参加了大会。

现把艾知生部长，王枫、田聪明副部长在全国广播影视宣传工作会议上的讲话刊登如下：

艾知生部长在全国广播影视宣传工作会议上的讲话

（根据录音整理）

同志们：

大家普遍反映第一阶段会议开得很好，情绪很高，信心很足，一改过去宣传会议发牢骚、提困难的现象。部党组也认为我部会议开得很好。下一步，要具体结合我部的工作开展讨论。我介绍一些情况，便于大家准备发言，具体谈三个问题：一是对去年工作的回顾；二是对《宣传工作要点》补充解释；三是对几个法规性文件的说明。

一、1993年工作的回顾

1993年，在以江泽民同志为核心的党中央领导下，在中央宣传思想工作领导小组的直接领导下，我们以邓小平同志建设有中国特色的社会主义理论为根本指针，广播电影电视战线上的全体同志积极努力，全面贯彻党的十四大精神，使我部以宣传为中心的各项工作取得了新的进展。主要表现在以下八个方面：

1、比较好地完成了各项重要的宣传任务。我们在中央宣传思想工作领导小组的领导下，坚持正面宣传为主的方针，以团结、鼓劲、稳定为基调，较好地完成了一系列重大宣传任务：贯彻党的十四大和八届一次人大、政协会议精神的宣传；中央关于在经济领域加强宏观调控精神的宣传；学习、宣传《邓选》三卷、党的十四届三中全会；纪念毛主席诞辰100周年；申办奥运会等等。所有这些宣传都坚持了正确的舆论导向。比如，经济方面加强宏观调控的报道中，中央人民广播电台在中央六号文件公布以前就准备了文章《拜金主义要不得》。六号文件一传达，文章就发出去了。又如争办奥运，事先作了充分的两手准备，不论争办成功与否，宣传都能进行正确引导。对待海外和港台音乐、选美等社会现象，同样采取了正确态度。在选美问题上，我们支持妇联的意见，不赞成，不提倡，不组织，不参与。对于“追星”、“炒星”，明确表示反对，一方面在节目中展开讨论，予以正面引导，同时加强了对各行各业的劳动模范、先进人物的宣传报道。按中央领导的指示，在每天的广播电视报道中都有各行各业的先进人物。又如，纪念毛泽东诞辰100周年，既防止了一些有损毛泽东同志形象的东西，也防止了一些商业化、庸俗化的活动。广大群众对广播影视中纪念毛泽东的作品，包括专题报道、影视片反应都很好。还有对社会生活中一些敏感的问题我们是十分谨慎的，在我们的新闻报道中没有发生类似《脑筋急转弯》这样的问题。因为我们知道，新闻报道什么、不报道什么都有个导向问题，新闻的舆论导向牵涉到社会稳定问题。

2、适应社会主义市场经济的建立，深化广播电视的新闻改革。广播电视的新闻宣传要适应国民经济从计划经济向市场经济过渡的新形势。我认为，我们的新闻要加大信息量，提高时效，使新闻报道更好地服务于改革、开放和现代化建设的发展。把新闻的卖方市场变成买方市场，这是新闻改革一个很重要的特点，在这方面我们做了很多工作。中央电视台搞了经济信息联播，这是新闻改革的一项重大措施。中央领导同志认为中央电视台增加了新闻播出的次数，正点播出，滚动播出，比过去方便多了，重大新闻随时可以看到，象中央电视台的《东方时空》，北京电视台的《BTV夜话》，各地方的《市长热线》等栏目的开辟，说明我们的新闻在贴近生活、增加现实题材的报道方面进步很快。去年，新闻宣传改革，特别是在广播方面改革迈出的步伐较大，这个改革应该予以肯定。

3、在加强精神文明建设，弘扬主旋律、坚持多样化方面，广播电影电视也取得了较大进展。去年，电视剧在数量和质量上都有稳步提高。中央电视台每天在黄金时间播出的电视剧是全国优秀电视剧的集中体现。一些长篇连续剧，例如《唐明皇》、《北京人在纽约》、《大潮汐》、《情满珠江》等，很受观众欢迎。这些作品既有历史题材，也有反映改革开放的现实题材。电影方面，1993年虽遇到了较大的经济困难，但在革命现实主义题材及反映改革开放题材方面也取得了可喜的成绩。1994年1月15日李岚清副总理给我打电话，认为《凤凰琴》很有现实意义，希望加强对这部影片的宣传。纪录片《中国出了个毛泽东》很感人；故事片《重庆谈判》社会效益、经济效益都不错。电视在纪念毛泽东诞辰100周年活动中也播出了一系列好的专题片。中央电视台和上海电视台分别制作了有关的专题片。总之，一些专题片、电视剧、晚会都受到群众欢迎。其他题材的专题片也不乏好作品，比如，反映武警战士保卫边疆的《中华之门》等得到了中央领导同志和广大观众的赞扬。由中宣部倡议、组织，几个部委联合推荐的100部优秀爱国主义教育影视片在社会各界引起强烈反响，受到教育界、新闻界和广大学生家长的热烈支持，成为进行爱国主义教育，加强精神文明建设的一项重大、有效的措施，人民群众非常满意。营口市一位老干部来信说，近一时期电视台连续推出一些内容丰富多彩、令人振奋的文艺晚会、故事片、纪录片、很好。希望中央和地方的省、市电视台能经常不断地多播出这样受群众欢迎、喜闻乐见、催人奋进的文艺节目。他希望我们向中央转陈：当前我国新闻宣传、电视导向是对的，好的，是颇受欢迎的；只有这样宣传下去，才会形成凝聚力，向心力，才会使全党、全军、全国各族人民紧密团结在以江泽民同志为核心的党中央周围，按照邓小平同志设计的建设有中国特色的社会主义宏伟蓝图团结奋斗。北京的小学教师来信说，播放爱国主义影视片是极为英明的举措。报刊上对此也有评论。《新闻出版报》说，广播电视在走出“星腕款”的误区后是否就会没有出路？收听收看中央两台、北京两台后，认为中央两台和北京两台作出了很好的回答：中央电视台的《经济半小时》、《社会经纬》、《观察思考》和中央人民广播电台的《经济生活》、《四三九播音室》，北京电视台的《经济·社会·18分钟》、《大家谈》、《BTV夜话》、《市府与市民》，北京人民广播电台的《人生热线》、《热线追踪》、《文化热点》等栏目近一时期在追踪热点，报道热点，揭示热点方面各显神通，令人爱不释听、爱不释看。文章还认为，这些报道选题准确，引导正确。《解放日报》10月21日有一篇文章《舆论导向和经济制约——谈社会主义文化市场》，认为在舆论导向上最近出现了可喜现象。以上海而言，两家电视台减少了对庸俗文化的播映，电台也在提倡正规声乐曲和正规演唱，这种正确的文化导向应该加强。这些说明了中央和地方在贯彻中央精神，正确掌握舆论导向方面有了很大进展。

4、对外宣传取得了突破性进展。我们的对外广播近年来听众来信不断增长。过去的最高纪录是1965年，283000封信。“文革”中直线下降，最低时只有23000封。1993年达到553000封。这至少说明我们的对外广播进入了世界对外广播大台行列。

5、法制建设。1993年，列为我部十件大事之一的是关于卫星电视广播地面接收设施管理的规定，也就是国务院129号令。这是我们在法制建设上的一大进展。去年夏天之前，个人接收境外电视节目迅速蔓延，我们多次向中央宣传思想工作领导小组反映这个问题，得到全力支持，党中央也坚决支持我们。规定通过以后，我部又及时制定了管理细则，这是我部法制建设的一大进展。此外，我们还颁发了关于电影审查的暂行规定。这个文件在部党组反复讨论过，中央宣传思想工作领导小组认为是个好文件。中宣部最近要求制定35个关于宣传思想文化工作法规制度建设的文件，其中指定由我部负责4个，现在都有了草案，欢迎大家多提意见。

6、体制改革。党的十四大提出以建立社会主义市场经济作为改革的模式以后，我们分析了我部的情况，我们的广播、电视都是事业单位，我部几个公司、电影各行各业都是企业，属于十四大要求改革的范围。因此，我们去年着重抓了电影行业发行放映体制的改革，这是一个想了几十年而没有实现的想法。电影行业改革不是在一个宽松的环境中进行的，而是在面临很大经济困难的条件下勇敢地进行的。改革虽然也不可能一下扭转经济困难，因有许多别的制约因素，但总体上看，改革后的情况比预想的要好。我参加电影组的讨论后受到很大鼓舞，大家一致认为改革的方向是对的，今后是坚持方向、继续完善的问题。此外，对小片厂的改革我们也采取了一些行动。例如，中央新闻纪录电影制片厂和中央电视台的合并就是一项大的改革举措，中央领导对此表示肯定。

7、事业建设取得新进展。1993年，八届人大会议之后，我们连续召开了三个省区广播电视扩大覆盖会议、科技工作会议、财务会议。对这方面工作的领导有了加强。现在建设的压力很大，国际台大楼要完工，中央台大楼要争取封项，电视塔要建好。天津塔已建成，上海塔进展很快，1993年电视的覆盖率增加了0.8%，广播增加了0.7%越来增长越慢。我们的事业建设一定要逐步扩大广播电视覆盖率，制作更多的节目。现在我们的电视台已达到683个，电台达到983个，但节目制作能力差。1993年省级电视台每星期播出节目约4000小时，自制节目约800小时，仅占五分之一。一定要努力扩大覆盖率，加强节目制作能力，不要追求有多少台，办了多少套节目。

8、机构改革和队伍建设有很大进展。这项工作在我们部仅次于抓宣传工作。去年，我们抓了领导班子年轻化问题，部机关司局级干部从平均56岁下降到54.9岁。地方上也同样，参加会议的厅局领导平均年龄51.8岁，最小的42，最大的59。这说明我们的机构改革和领导班子"四化"建设成绩很大。

以上是我们工作的主流，应当充分肯定。同时，也要看到我们工作当中还存在不少差距和不足，甚至失误。我想在这里讲一下，引以为戒。

1993年中央电视台和中央人民广播电台各出现了一次大的播出差错。一次是10月7号，中央电视台下午临时从影视剧部找了一个纪录片垫播，没有坚持重播重审，出现了不应有的镜头。一次是11月16日下午6:30，中央人民广播电台在节目预告中把党的十四届三中全会决议，播成了"决议草案"，影响很坏。还有我部审查通过的一部电视剧其中有反对马来亚共产党的内容。我们审片不应该只看有没有床上镜头，有没有淫秽情节，还应该坚持政治把关，这就要求审查人员提高政治思想素质，扩大知识面，否则难以做好审查工作。就全国范围来说，失误还不止这些，比如播放淫秽录相问题，每年都发生一、二起，去年是江西宜春市、前年是河南邓州市。广播方面河南郑州直播节目时出了问题。引进直播节目，出问题的可能性更大，有的外国人就在直播节目中攻击我们。这些说明宣传工作并不容易，虽然兢兢业业工作，并不是没有出问题的可能。另外普遍存在的问题就是我们的影视节目还满足不了观众日益增长的需要，有些节目的思想、艺术质量还不够高。播出的进口节目过多。地方司最近对13个省级台、33个市级台进行了887个周次的抽查，其中有600个周次，引进电视剧超量播出，占调查量的74%，而且有60多部港台影视片没有通过部里审查，其中有的还有严重问题，有的还把市场上的海外录相片作为电视节目播出。至于一些有线台、差转台、教育台播出的问题就更为严重了。一部分录相片格调低，甚至宣扬色情暴力，诲淫诲盗，对青少年成长非常不利。不仅电视有这个问题，广播也有；不仅地方台有，中央台也有。12月9日我曾在中央台第二套听到过一个广播剧，有用声音表现床上戏的内容。最近中宣部也指出广播中有的利用晚间热线节目大谈性的问题，某城市经济台连讲三天。所以广播改革应该肯定，但播出格调低下内容的问题必须杜绝。有的播出虚假广告，有的大量播出港台歌曲，有的甚至传播封建迷信和不正确的言论。《新闻出版报》曾对广播热线电话概括有"三多"："电话多、废话多、流行歌曲多。"有的播音员把罗嗦、言语不精炼当成是对听众亲切，贴近群众，这要改正。广告也有格调问题，我收到一位群众来信，说某省的15频道每天都播出"澡堂广告"。总书记也曾多次提到节目格调、"三点式"及广告中宣扬高消费的问题。人大、妇联开会时也对这些问题有过批评，妇联大会报告中说：自觉抵制拜金主义、享乐主义、极端个人主义思想的侵蚀，坚决反对影视中、书报中对妇女侮辱性的宣传，坚决抵制有损妇女尊严的不健康的活动，如选美、"三陪"、KTV等活动。所以我们提高节目质量，减少一些诲淫诲盗以及渲染色情暴力的海外片是当务之急。中共中央综合治理委员会也下令严禁宣扬色情、暴力、凶杀、封建迷信的影视片的制作和播放。我们要以向人民负责的态度正视这些问题，该进行自我批评的要自我批评。还有一些地方群众来信，说那里没有按时转播中央台的节目，相反还把境外电视引入群众的共用天线和有线电视网中。比如，一位小学教师反映一个县电视台每天新闻联播结束后，立即中断中央电视台19:30—22:30的节目用于播放广告、点歌和自办节目,且有愈演愈烈之势，他还很负责地把12月28日至元月2日县电视台播出的内容列了出来。这个问题丁关根同志也曾讲过，黄金时间必须播出自己的节目，请大家认真考虑一下如何落实，最近几个月，我们努力朝这方面努力，这次《广播电影部关于引进、播出境外电视剧的规定》第八条，就是要落实丁关根同志的这一要求。各电视台每天播出的每套节目中，电视剧、电影录相带引进境外比例应不超过20%，其中黄金时间不得超过 10%。这次中央电视台报中央宣传思想工作领导小组 10 月 18 日—10 月 24 日三套节目总计，共播出 3 个海外节目，7 小时 15 分，占三套节目黄金时间播出总时间的 2.23%，与规定相差 17%，所以只要下决心，问题就能解决。

二、对宣传工作要点补充几点意见

大家对这个文件讨论很热烈，提了很多好的意见，会后我们要认真修改。

1、要扎扎实实地掀起学习小平同志关于建设有中国特色社会主义理论的热潮，真正学好邓小平同志的理论。1994 年宣传战线的主要任务是要用小平同志的理论武装全党，以邓小平同志的理论为根本指针，做好广播电影电视宣传工作。要宣传好，首先我们自己就要学习好。自己不学习好，就不可能宣传好。前一段，我参加了中央党校学习邓小平同志思想研讨班，体会到要老老实实地，认认真真地通读邓小平三卷的精神实质。要在通读的基础上联系工作深入理解“两手抓、两手都要硬”的指示精神。有的同志在工作中为什么会“一手硬、一手软”，主要是对其中“一手”深化改革、扩大开放印象较深，而遇到“两手抓、两手都要硬”的一些问题不太理解，甚至还误以为不符合邓小平同志的指示精神。同志们讨论中给我举了个例：广播电视系统的同志想依据国务院批准的“三部一号令”抓卫星电视广播地面接收设施管理，有的领导同志竟然问，你们这个令是邓小平南巡讲话前，还是讲话以后的？这就是说有的领导同志对邓小平同志关于建设有中国特色的社会主义的理论理解不全面。我也听到有的领导同志认为改革开放就应该看境外卫星电视。我认为这都是对邓小平同志的理论理解得不全面，对邓小平同志关于社会主义建设“两手抓、两手都要硬”的基本观点不太熟悉。这次通读邓小平三卷，我感到邓小平同志的“两手抓”有很系统的、一贯的论述。比如，搞社会主义现代化建设，一定要搞社会主义的现代化，一定要反对资产阶级自由化，而且要贯穿这一过程的始终；比如精神文明搞不好，物质文明建设就要走弯路；比如要搞现代化建设，就必须有安定团结的政治环境；比如，改革开放必然有坏的东西进来，如果说有风险，这是最大的风险。希望大家能联系工作实际，贯彻“两手抓、两手都要硬”的方针，改进广播电视的宣传思想工作。

广播电视宣传要象丁关根同志讲的那样，同各个宣传部门形成合力、不要自立门户。丁关根同志特别强调广播、电视要注意转载党报、党刊的重要文章、社论。我认为尤其在理论宣传上要注意这样做。当然我们也要注意办出广播电视的特色，办一些符合广播电视特点的更通俗的节目。

2、要正确掌握舆论导向。这两年我们对掌握正确舆论导向比较重视，坚持了“团结、稳定、鼓励、支持宣传为主”的方针。今年是改革的关键一年，出台的方案多、难度大，我们要特别处理好改革、发展和稳定的关系。我们今年掌握舆论导向主要就是贯彻“抓住机遇、深化改革、扩大开放、促进发展、保持稳定”。自己搞不清楚的东西，不要急急忙忙去宣传。对名为改革，实际影响国家利益的更不要宣传。要加强学习，要令行禁止。另外宣传现代化建设、改革开放的成就是我们宣传的重要方面，但不要引发各地攀比速度。要严格遵守宣传纪律，“民族、宗教无小事”这根弦一定要紧，稍一不慎，就会影响全国的稳定。特别是将来我们有的省电视上了卫星以后，这个问题就更大了。关于国际问题，现在不少电视台把国际新闻办得多起来了，这对丰富屏幕、增大信息量、满足群众需要方面来说是有益的，但要注意国际新闻一定要符合我国的对外政策和宣传方针。

3、要弘扬主旋律，坚持多样化，提高影视文艺节目质量。黄金时间节目要以我为主，大大压缩进口的、格调低的节目。在创作方面，江总书记强调要以科学的态度对待传统文化和外来文化。我们在纪念毛主席诞辰 100 周年以及 100 部爱国影片的播出中，得到一个启发，就是象邓小平同志说的，要用中国的历史来教育青年。精神文明要重在建设，要正确处理继承、借鉴和创新的关系。古今中外的优秀文化我们都要继承，古为今用、洋为中用。要把继承和创新很好地结合起来，一方面要创作新的优秀的影视片，同时要更好地利用我国各个历史时期的一些优秀的节目和世界上优秀的文化为我所用。确实如邓小平同志所说，中国的历史就是中国发展的一种精神动力，我们今后在这方面要继续努力。音乐方面，我们也要形成合力。中央人民广播电台在“每周一歌”及新歌的评选中有很多好歌，但是电视台不大用。有些单位、部门各立门户的思想很厉害，我们要注意克服，要和报纸形成合力、广播和电视之间也要形成合力，影视节目创作我赞成电影局提出的几项指标：好电影应占多少，反映现实题材的占多少，坏的要杜绝。希望在制定计划是不要打“擦边球”，不要走险棋，古人云：“取法乎上，仅得其中；取法乎中，不免其下”。如果老想在妓女、姨太太、土匪等这类题材中“化腐朽为神奇”，出点新、引人入胜，我想难免失败，很容易造成被动，最后造成损失，希望减少这种状况。

希望广播电影电视在科技、文化、社会教育方面的节目提高质量，搞得更好，发挥教育功能，提高全民族的科学文化水平。我们这支队伍本身也要提高科学文化水平，否则会影响我们广播电视发挥这方面的作用。《中国广播报》有一篇文章，专门讲“度”（温度、一度电、角度），一个度是什么意思？解释了五个，有两个出现错误。可见我们的编辑人员如果科学知识水平太低的话，简单的常识也会出错。所以，节目的科学文化水平都需要提高。我们的节目不要单纯追求收听、收视率。收听、收视率高的，不一定节目质量就高；反之，不一定节目质量就低。中央电台《星期日英语》的质量就很高，但收听率不会很高，因为能听懂的人不多。当然节目好，收听、收视率也高，这是最好的。

对外宣传，不要忽视发展中国家，与发展中国家的合作，是我们的一个基本点，而且这方面潜力很大。最近我们的一部老电视剧《宋庆龄和她的姐妹们》在越南获得极大成功。他们的一个部长宣布，凡是电视台播放《宋庆龄和她的姐妹们》时不开会，保证大家都能看到。所以我们很多题材的影视作品包括革命历史题材的，不可能拿到发达国家播映，但第三世界国家就可能播。这样也不一定没有经济效益。我们的电影怎样才算走向世界？不要以为只有到嘎纳电影节、奥斯卡电影节才是走向世界，第三世界也有广泛的市场，有待我们去开拓。第三世界国家和我们共同语言多，我们很多节目，稍加翻译、修改，他们就会欢迎。

三、对几个法规性文件的说明

1、卫星电视接收问题。这次会议以前已经以国务院129号令的形式颁布，各地区正在认真执行。通过这次会议要增加一个实施细则。我想强调三点：①中央决心这么大，我们一定要理直气壮地抓。②不要以为卫星电视地面接收设施管不住，现在我们明确了几条规定，只要下决心管就一定能管住。目前多数是有线电视台转的。③加强卫星地面接收设施的管理不会激化矛盾。国务院的《管理规定》颁布前，我们和公安部、安全部联合发过“三部一号令”，但有些人不听，仍然私自安装，责任不在我们。对这些已经安装的，原则上要拆除，或补办手续，但以后不能收看境外电视。对一定要收看境外电视的，要说明理由，提出申请，办理手续。

第二，关于完整转播中央电视台、中央人民广播电台节目的通知，这是中宣部和我部共同起草的文件。现在有很多条件比较好的地方，第二套节目也转播了。完整转播中央台第一套节目是一个起码的要求。现在大部分地方基本上是这样做的。但是，存在两个问题：有的同志提出，有的县台只有一个频道怎么办？我说如果只有一个频道说明这个县没有条件办电视台。如果有的县要办电视台，起码要有一个频道能转中央和省台的节目，首先要认真转播好中央台的节目，适当地插播一点自己的节目。再一个问题，县台不得自办文艺节目，这怎么理解？我们认为还是要从精神实质上理解。不得自办，主要指的是不要自己制作、买卖、交换，甚至走私，偷录，搞一些格调低的东西。如果在保证完整转播中央台一套节目的条件下，上级统一供片，解决县级电视台节目问题，这是可取的。对此，浙江省进行了试验，看来效果不错。

第三，关于有线电视的管理办法问题。有线电视管理过去已有两个文件，这次根据新的情况加以修改，基本原则不变，请大家充分发表意见，使之完善。趁此机会，我谈一点想法。一是有线电视台的发展，有客观的必然性。有线电视有很多优点，节目套数多，传输质量也比较好，有利于扩大覆盖，特别是越到基层，需要转播的套数越多，而有线电视正好有这样的优点，所以用有线电视来扩大覆盖很重要。有些同志主张有线电视台从基层发展起来，有一定道理，去年我到贵州黄果树、乌江渡，那都是很偏辟的地方，交通很困难，因为有了有线电视台收看效果很好。发展有线电视确有其必然性，但一定要把扩大覆盖、改善收视质量作为首要目的，而不是增加别的什么东西。美国副总统戈尔上台后签发一道命令：凡电缆电视周围50英里以内的无线电视台的节目，有线电视台都要转播。可见他知道有线电视的作用是为了扩大覆盖。另一方面也有新问题，套数多，接踵而来的是节目制作能力跟不上，所以，境外节目首先是从有线电视打进来，西方千方百计想打开这个缺口。我们要加强管理，防止这个地方变成低格调节目泛滥的渠道。还有一个问题要认识，有线电视的投入很大，不要以为有线电视能收钱就一定赚线。如果要求建设的质量比较高，如果节目不能光靠买，更不能靠偷，要真正把质量搞上去，花钱是很多的。有线电视赚线并不容易。日本的有线电视发展并不快，现在才开始发展。我曾问过来访的日本邮电大臣，日本搞有线电视能不能赚钱，他回答是到2010年有可能赚钱。而我们的同志只看到了一次性的收入，似乎是很大数字的一笔钱。实际上，真正按照建设的要求，这钱并不见得多。此外，还有节目质量上的要求。现在有的地方群众已经有怨言了，有个县里居民的来信说“我们是某城镇的一群居民，我们自己掏腰包，花200块钱安装有线电视，每月又交5块钱收视费，钱已经花了几百块，却看不好电视。第一，长期看不到省电视台播放的节目。第二，中央三台收不到，其余两个台信号也不好。前不久，我们看到有线台竟替一个劳改犯出狱点歌，共产党的电视台竟为劳改犯祝贺，真是天大的笑话。而播放的节目尽是恐怖片、凶杀、武打、奸情，无奇不有？中央提倡进行爱国主义教育，这个县的有线电视台却尽放些鬼打架，应该管”。另外还有一种做法不能允许，据说有的县在办有线电视期间把无线电视停掉，然后宣布有线电视开播，谁要不参加就看不到中央的节目。这是不允许的。在有线电视台建设方针上，我们坚持一个城市只搞一个网络，不要形成各级都各搞一个网络。

第四，关于电影审查的暂行规定。这个文件已经上级批准了，认为是个好文件。这个文件最主要的是明确了电影审查的程序，电影局负责审查，终审权在部。这个文件虽然只是执行的问题，但与宣传、创作关系特别大。

还有一个电影事业管理暂行条例，希望予以讨论。

第五，关于农村广播问题。最初，就减轻农民负担问题征求我部意见时，我们写过两次报告，要求把农村有线广播维护费和农民集资看电影这两项保留下来，后来没有采纳我们的意见，把它取消了。取消以后，各地纷纷反映了一些情况，我们感到份量比较重的是湖南杨正午书记下去调查，发现部分农村基层干部认为农村有线广播非常重要。因此，我们又不断地向中央领导同志反映。中央领导同志很关心这个问题，要我们就这个问题写报告。这次我们准备通过一个关于这方面工作的意见，请大家讨论。这个问题不管最后怎么定，我们理解取消收费主要是为了防止、克服强迫命令，乱摊派，至于在自愿原则基础上，农民自愿地装喇叭，参加有线广播，自愿出钱看电影，我们不应当限制。再一个，在技术措施方面，强调实事求是，因地制宜。我们部的观点无非是有线、无线、调频要很好地结合起来，因地制宜，不要搞一刀切、公式化。

我不对每份文件逐一说明了。今天主要是抛砖引玉。欢迎大家畅所欲言，交流经验，交换意见。

（*1993*年*1*月*27*日）

艾知生部长1994年1月31日在全国广播影视宣传工作会议上的讲话

（根据记录整理）

昨天晚上党组开了一个会，今天实际上是集体小结一下。我下面再讲一点，尽可能和刚才三位副部长的发言不重复。

我们这次会议从1月23日晚上一直开到31日下午，整整开了8天。可以说完全实现了预期的计划，达到了预定的目的。这次会议的特点是规格空前的高，内容非常丰富。总书记作主报告，李鹏总理和朱镕基副总理又作了重要的报告，最后丁关根同志作了详细的总结。我们学习讨论了这些报告，讨论了中央宣传部给政治局常委的报告，讨论了中宣部的工作要点，讨论修改了部里提出的9个文件，在我们这两天分大组讨论中，几乎各个省、自治区、直辖市、计划单列市的领导同志和各个电影厂的同志都讲了话，讲了许多好的意见，可以说关根同志对于宣传思想工作会议的估计，对我们这个会也是完全适合的。关根同志总结了三点：第一是认清了形势，提高了认识，统一了思想。这次会议是解放思想、实事求是、增强全局观念的会议。第二是总结了工作，认清了方向，明确了任务，是一次群策群力、共商大计，增加了改革开放的力度、突出了务实精神的会议。第三是沟通了思想，增进了了解，加深了感情，开成了精神振奋、民主、和谐、团结、鼓劲的会议。我看关根同志这个估计对我们这个分会也是完全适用的。我们这次会议正好是在人大、政府换届以后，部厅、局很多班子是新走上领导岗位的，这次会议，确实起了加深了解，增进友谊，增强团结的作用。这么多政治局常委，委员参加了会议。各省的副书记、宣传部长都到了，会议规格很高。

这次会议不仅搭上了中央宣传思想工作会议这个车，参加了大会，而且我们自己两天分大组讨论，大家交流了经验，发表了许多很好的意见，互通情况，发挥集体智慧，基本上通过了9个文件，这也是很大的收获。所以这次会的确可说是开得圆满，开得成功。是一次隆重的会、一次学习的会、务实的会、民主的会、团结的会。相信对我们今后的广播电影电视工作会有很大的推动作用。

当然任何事情不可能十全十美。如果说有什么不足的话，内容比较多，时间比较紧，由于讨论、发言不充分，可能我们学习、消化还不够，还要靠今后弥补。

会议以后怎么办？刚才王枫同志对如何贯彻执行讲了很好的意见。我今天讲三条：要传达好、学习好、贯彻执行或者说落实好这次会议的精神。总体来说就是要在各级党委的统一领导下，结合本地的实际情况来贯彻落实。

第一，要认真传达好这次会议的精神。最主要的是传达几位中央领导同志的讲话精神，也就是传达中央的精神。然后结合广播电影电视工作的实际，提出我们自己的问题，这是最主要的。听说有的省已经安排了回去向省委常委汇报，汇报些什么，这就很关键了。最迫切的是什么？如体制问题，听说省一级、地市一级除个别的外，基本上没有什么问题了，问题比较大的是县一级的机构问题。有的同志建议部里表示个态度，实际上部里的态度一直是明确的。我记得去年我在杭州就讲了一次，我说的意思是：县里的机构最好不动；如果要动希望不要拆散，不拆不并（不要和文化、体育、卫生、科教并在一起）。另外，广播电视是党的喉舌，又是政府的喉舌，既是宣传单位，又有技术、事业等一大套管理问题，应当保持一个完整的系统。我们部里一直是这个观点，最好能在政府序列保留。如果一些小县确实保留不了，至少能够单独成为一个单位，象邮电局那样，成为广播电视事业管理局，这是最好的。如果做不到，“中心”、“总站”，也是可以考虑的。不拆不并不是为了别的，而是为了党和人民的利益。现在光一个农村广播取消费用，就已经造成这么大被动，如果再取消县级机构，搞得没有腿了，这对我们的事业发展非常不利，要遭受损失。除此之外，还有什么问题需要重点解决的，希望能在汇报的时候搭上车。

关于卫星的文件确实是中央下了很大的决心通过的。这在国外影响很大，掀起轩然大波，连续好多天，外电每天都谈这件事。

第二，学习领会好中央领导同志的讲话精神。这次三位常委的报告和关根同志的总结，内容是非常全面、非常丰富的。时间有点紧，我们还来不及消化，但我想能不能这样理解，最近我们经常讲一句话，叫作“要以邓小平同志建设有中国特色的社会主义理论为指针”。怎么样以邓小平同志建设有中国特色的社会主义的理论为指针呢？我认为几位中央领导同志报告就是理论联系实际的，运用小平同志的理论分析当前的形势，来解决我们面前的实际工作中的问题的榜样。有的同志谈得很好，说参加我们这次会象是进了培训班，好象上了一期党校，我认为这种理解是完全正确的。特别是这四位同志的报告，可以说是学习邓选三卷的启发报告、讲解的报告，是要管很长时间的。我们要很好地联系广播电影电视方面的工作，很好地学习，打好思想基础，要把学习贯彻这次会上几位领导同志的讲话和学习邓选三卷很好地结合起来。不是听一次报告、传达一下就完了，而应该通过学习班、研讨会等形式把精神很好地贯彻下去。

很多同志谈到香港电视，对香港卫星电视怎么看？首先应该是对英国怎么看？因为从现在起，直到1997年，香港依然是英国统治的，现在香港的政权，掌握在英帝国主义者手里。随着1997年临近，英国不会自动退出历史舞台，从大英帝国的历史来看，从中英谈判的过程来看，1997年香港的过渡不是一个平缓的过程，而是一个尖锐的斗争过程，越接近1997年，斗争越尖锐。香港意识形态，基本上是西方资本主义的，香港、台湾的东西搞多了，我们中的一些人，尤其是青年人就会受到潜移默化的影响，不能不警惕。但是我们有些同志往往丧失警惕，正所谓“入鲍鱼之肆，久而不闻其臭”。我们要警惕到这个危险。如果我们由于节目制作能力不足，如饥似渴地把西方的、港台的节目往我们国内搬，那就如中国老话讲的：饮鸩止渴，我觉得这个问题要提得尖锐一些。学习国际形势，一定要联系我们的实际工作。

对于卫星地面站的问题，处理的步骤可以慎重、步子要稳，但首先我们必须头脑清醒，认识一定要明确，态度要坚决。

还有就是“民族、宗教无小事”，也就是中央领导同志讲的稳定的第二个方面，这也得和国际形势联系起来。现在世界大战是打不起来，但另一方面世界动荡，很不安宁，主要原因就是世界民族主义泛滥，现在全世界总共有几十个热点，这些热点绝大多数都是民族问题、宗教问题。我们的宣传思想工作对待民族、宗教问题必须慎之又慎。

国内形势要正确处理好改革、发展和稳定的关系，要认清大局。什么是大局？“抓住机遇，深化改革，扩大开放，促进发展，保持稳定，”这就是大局。以邓小平同志建设有中国特色的社会主义的理论和党的基本路线为指导，全面贯彻党的十四大和十四届三中全会精神，加快建立社会主义市场经济体制，保持国民经济持续、快速、健康发展，维护政治稳定，促进社会全面进步。抓住机遇，深化改革，扩大开放，促进发展，保持稳定是今年全党工作的大局，各项工作都要服从和服务于这个大局、把握好改革和发展、改革和稳定的关系，对完成今年各项工作至关重要。我们宣传工作对认清这个大局，贯彻这个方针，特别是正确处理好这个关系，保持稳定，十分重要。我们只能帮忙，不能添乱。因此，遵照中央的指示精神，1994年我们的宣传思想工作，第一，要继续把《邓小平文选》三卷的学习和宣传作为根本性的思想建设抓紧抓好。切实贯彻中央批准的进一步做好宣传思想工作的报告；第二，正确把握好舆论导向。今年的改革触及很多深层次的矛盾，要遵照十四大和十四届三中全会的精神，配合重大改革措施的出台，有针对性地做好宣传思想工作。要搞好宣传解释和舆论引导，增进理解，消除疑虑，化解矛盾，动员广大群众支持和参与改革，为改革开放、经济发展和社会稳定提供思想保证和良好的社会舆论环境；第三，大力弘扬社会主义主旋律，切实加强精神文明建设。今年改革和发展的任务相当艰巨，更需要宣传思想工作发挥动员、教育、激励、鼓舞的作用。要坚持不懈地倡导“解放思想、实事求是，积极探索、勇于创新，艰苦奋斗、知难而进，学习外国、自强不息，谦虚谨慎、不骄不躁，同心同德、顾全大局，勤俭节约、清正廉洁，励精图治、无私奉献”的创业精神。突出宣传模范人物和先进集体，扶正祛邪，加强社会公德和职业道德建设。也就是我们会上反复讨论的：一是学好三卷；二是正确把握好舆论导向；三是弘扬主旋律，加强社会主义精神文明建设。我看其中正确导向上尤其要注意正确处理好改革、发展和稳定的关系。还有联系我们的工作实际，按小平同志的“两手抓，两手都要硬”的方针，加强和改进我们的思想工作。这个方针对我们这条战线的同志尤其重要。前一段时间为什么卫星地面站的问题这么困难，说到底是个思想认识问题，就是有些同志对小平同志“两手抓、两手都要硬”的方针体会不深。往往对另外一“手”讲得比较多，而对加强精神文明建设、打击经济犯罪、扫黄这一“手”认识不深。大家要有个思想准备：下去以后，到了各省，遇到诸如体制问题、卫星地面站问题、有线电视问题、教育台问题，仍然还可能遇到认识不一致的情况。经过这次会，在我们这个套会的范围内可能会好一些，一到更大范围内意见可能就不一致了。在我们系统工作中也存在“一手软、一手硬”，我们的事业建设这一手比较硬，搞节目的套数，搞设备、大楼、塔、微波线路、地面站等各类硬件方面的积极性比较高；而对真正提高节目质量、加强管理这一手比较软，因此我建议我们在学习小平三卷时应该把这个方针当成一个重点来学。我们自己弄不清，我们就说服不了别人。我们系统的同志要把小平同志的这个方针学深学透，这样才能去和别人讨论，推动全党来提高认识。所以我现在也在考虑，今后我们要用什么办法能够把我们学习中的体会贯彻到基层，真正到第一线搞节目搞创作的同志那里去。

第三，要贯彻好。我想就是要按照中央政治局这个要求，从理论、舆论、弘扬主旋律提倡多样化、搞好影视的文艺创作这三方面抓好落实。概括地说，会后我们要努力提高影视的节目质量，加强宣传管理，理论学习要搞好，舆论宣传导向要搞好，我们要旗帜鲜明的宣传改革。这里面给了我们具体任务就是要把电视的系列讲座搞好。我看了电影局今年创作工作的安排，我认为这个文件很好，特别是其中讲的一些具体要求，好的和比较好的作品要达到30部以上，要把粗制滥造和格调不高的影片减少到最低限度，杜绝政治倾向不好的影片，这种提法我很赞成，对1994年电影制片的安排，我希望电影局很好地抓落实，多出好电影，另外还要深化改革。电视剧，二月底我们将召开题材规划会，也是要抓好创作、多出精品，新闻要掌握好舆论导向，在新闻宣传的方式、技巧方面还要不断地深化改革。总之，通过这次会，一定要使我们的电影作品和广播电视节目质量上一个新台阶。要真正做到黄金时间要弘扬主旋律，以我们自己的东西为主。大家对中央电视台这几年改革的方式表示肯定，大家都可以朝这个方向去做，黄金时间大大减少外来的节目。所谓"黄金时间"就是晚上7:00-10:00。我国省级台一星期播出4000小时，其中自制的有800小时，五分之一，要尽量把这五分之一拿到黄金时间来，而且还可以交流。

关于转播问题，我们从四个方面来努力：①提高认识；②办好节目，中央和省台只有自己办好节目，才能让别人转播；③要有政策、法规；④要加强宣传的管理。刚才王枫同志讲了卫星的问题、转播的问题、有线电视问题；、农村广播的问题，希望同志们回去以后，上下齐努力，把各项问题都解决。

最后我想为了贯彻落实好，顺便向各省、自治区、直辖市、各电影制片厂提出几点和大家共勉：第一，真正做到以宣传工作为主，我们这次会是一次宣传工作的会议，对电影来说是创作了，制片了，要出好影片。我们广播影视战线一定要把这项工作作为中心，其它工作都要为宣传工作服务，我们主要领导同志一定要亲自抓宣传，一定要抓得很具体。不少同志都兼任了总编辑，不少单位都成立了编委会，这很对，抓得越具体越深入越好，中央和各级党委也是希望我们这样做。这样我们才能真正做好党和人民的喉舌，关根同志讲的"六要六不要"、"真正要做好灵魂工程师有十二条"，这都需要我们深入领会，所以我们要亲自抓舆论导向，抓宣传纪律，抓创作方向，别的工作可以分工，但这项工作一定要自己抓好。第二，希望同志们增强内外团结，形成合力、发挥整体优势。现在我们面临内外各方的团结问题，有广播和电视形成合力的问题、有电影和广播电视形成合力的问题，有广播影视和文化、新闻出版、报刊等形成合力的问题，在我们内部又有厅和台形成合力的问题，有省和地方形成合力的问题，有省和省会所在市形成合力的问题，还有市和区的问题，上下左右，四面八方，总之我们都要形成合力，团结起来，要"相映成辉、形成合力"。比如最近100部爱国影片问题，如果只是电影局的事，电视不播，报纸不宣传，甚至再吹点冷风，那完全不可能是现在这种局面。电视台每个星期播一次，后来各个报纷纷召开座谈会，整版的登，扩大了影响，形成了合力。这次会议很令我们欣慰的就是我们团结上已经有了很大的进步。有线电视过去我们只讲了"一市一网"，就是考虑到有些地方矛盾没有解决好，这次我们感到非常欣慰，我们高度评价江西和福建处理好了省和省会所在市的有线电视的分工合作，我认为这是一大进展，没有解决这个问题的地方，可以学习他们的先进经验，这证明我们同志的觉悟有很大提高，团结有很大进步，坚持"一地一网"、"一地一台"、"一个塔"，不搞重复建设。这里也应当表扬一下的就是北京市在帮我们解决中央电视塔的问题上发扬了高风格，北京解决了"一市一塔"，而且统一了管理。我认为在全国要提倡这种好做法，好经验。这次上海的同志发言时也强调要和各方面形成合力。我们广播电视是个有力的工具、但说到底还是个传播工具，它一定要和生产、制作以及传播的内容结合起来，宣传质量才能提高，我们离不开别人，别人也得来求我们，相互依存的。所以希望能增强团结。要增强团结，我们的领导干部一定要顾全大局，要心胸开阔，小平同志在三卷中多处提到"领导干部心胸要开阔"，小平同志说的"心胸开阔"，实际上就是有共产主义理想，我们是全心全意为人民服务的，我们对人民是负责的，不谋私利的，我们完全可以做到坦荡，坚持真理，纠正错误，一切从人民的利益出发，而不是从个人和小集团的利益出发。现在有不少同志忘了这一点，忘了就吃亏。最近我在小组会里听到我们电影电视经常在各种场合里被批评，我觉得我们应当正确地对待这种批评，我们不争功，不诿过，毛主席说有无认真的自我批评是我们同其它任何政党相区别的又一个显著的标志，我就是用这个态度来对待工作。在各种学习班、各种代表会议上，往往都批评电影和电视，或者电视和电影、录像。对这种现象，我们怎么看，我们无外是几种态度，一种是闹情绪、撂挑子，一种是顶牛，我没有那么多问题，你把它说的太严重了，我认为我们还是要实事求是，就是要坚持真理，修正错误，我们要充分肯定成绩，但是只肯定那些该肯定的，有错误、有缺点要自己讲，讲真话才能真正地教育干部，才能改进工作，而对我们工作中存在的不足、差距、错误，你不讲，人家讲。我是主动讲的，我在各种场合不知道讲过多少次这种话，首先要肯定广播电视取得的成绩，这也是我们大家愿意听的，广播电影电视是我们国家发展最快的部门之一，我每次都是摆出许多的事实和数字来讲的，另外宣传工作我们也基本上贯彻了中央的方针。然后，那几条缺点我们要主动讲，有些台播些格调低的东西，进口的节目太多，有少数个别节目还有错误，主动讲你才能主动。不要怕批评，批评不倒，相反地如果抗拒批评或撂挑子不干的话，那就真可能倒。有些同志怕我讲缺点讲多了，别人就认为你自己都承认了，就认下来了，这是低估了我们一些领导干部的水平了。路遥知马力，日久见人心，是非自有公论。作为领导干部对批评与自我批评要有一个正确态度。我给大家讲点体会，我在这个战线上，再有两个月就干满九年了，当中出了不少问题，我采取对人民负责的态度，坚持真理，修正错误，有则改之，无则加勉。采取这样态度，不仅有利于工作，而且还能取得群众的理解。同志们要正确对待批评，不争功诿过，原则要坚持，小事不纠缠。比如卫星要管，我们就要坚持到底，我们没有因为有些同志认为应该放宽一点，或者因为有些人给领导写信等等而让步，因为这是牵扯到国家的安危、国家主权的大问题，我们就不能为了保自己的小集体或我们这个部门的好处而让步。但是小事不要纠缠，尤其我们内部，比如，我们有些地区的有线电视处理得比较好，我认为都体现了我们有关的领导同志胸襟比较开阔，不和下面争利益，不争小利而顾全大局，这些可能是我多余的话了，我听到的许多发言，我自己也有这类的切身体会，利用这个机会来讲一下。

这次会是九十年代以来广播电影电视系统第一次规模比较大的会，我到广播电影电视战线快 9 年了，这也是第一次，而且我们党的历史上也是几十年一次的，是 1957 年以来的第一次，中央领导亲自召开这样好的会，我希望经过这个会以后，更加发挥我们整个系统的优势，全国一盘棋，为我们国家的社会主义精神文明建设，为改革开放、现代化作更大的贡献。这次会开得非常好，各个地方、各个厂包括部机关各有关司局都作出了努力，这也是我们部领导班子，各地方的领导经过调整以后的一次新的工作检验。非常感谢大家的共同努力。

王枫副部长 1994 年 1 月 31 日在全国广播影视宣传工作会议上的讲话

（根据记录整理）

受部党组的委托，我就宣传管理方面的问题特别是围绕准备发布的几个文件的讨论情况，小结一下。主要讲两个问题：

一、关于文件中需要修改和说明的问题

（一）关于卫星电视广播地面接收设施管理的问题

《规定》是国务院发的令，我们要坚决贯彻执行。《实施细则》是国务院授权我部起草的，这次会议讨论修改后要发下去，因为到 4 月 15 日，《规定》中提出的拆除、登记的时间就到期了。从这次会议的情况看，讨论是比较深入的，大家提了很多好的意见，总的认为这个文件比较成熟，可以出台。有几个问题需要说明一下：

①《实施细则》中对个人已经安装接收设施的怎样处理，没有作补充规定，用了原来《规定》的说法，在具体执行中，我们准备发一个内部通知，便于各个厅局掌握。基本意思是：按中央领导同志的指示精神，一是要管住，原则上要按《规定》执行，二是要有一点余地，不要到时一律硬性拆除。从现在起到 4 月 15 日还有一段时间，还是采用先登记后审批的办法，根据不同的情况采取不同的办法来处理。凡是能够收看好广播电视节目的，这部分就拆除了。有一部分本来收视情况不好，原则上可采取登记审批的做法，留作收看国内节目。原则上要执行，但要尽量处理得妥善一些。②各地提出来，是否各省厅局也应有一部分审批权。过去的文件中也有过这样的规定，《实施细则》中可以加上各地的省直机关由省广播电视厅来批。③这次会议中有些同志提出，是否可以考虑经过筛选以后录播境外卫星电视节目？经党组研究认为：这是个原则问题，在这一点上决不能开口子。现在首要的是贯彻执行国务院的《规定》，第一步先管住，要把功夫花在这上边，不要还没等文件执行，就想着录播。我们不能把解决节目源缺乏的希望寄托在这方面，要通过别的路子来解决。何况这还牵涉到其他方面的问题，如版权等。不管是无线电视台，还是有线电视台，不能把扩大节目来源寄托在多引进节目上，因为总要有个总量控制。

（二）关于有线电视管理问题

第一是有线电视节目管理问题。1988 年门头沟会议的基调，认为有线电视是无线电视的延伸、补充和发展，其性质同无线台一样。当时还特别强调要堵住一个口子，即不要把有线电视台办成扩大了的放像点，这也是我们最担心的。从目前的情况看，这种担心并不是多余的。要管好有线电视，最主要的就是要管好节目，所以我们抓了几个环节，从建网开始，有技术标准，有审批手续，然后就是管播出节目。管节目这一条，我们从始至终都是强调的。目前主要问题是节目源不足和乱播滥放。要从根本上解决，还是要扩大节目来源，有好的、适合播出的足够的节目，就不会乱播滥放了。也就是说，要增加节目数量，提高节目质量，保证有线电视有好的、新的节目不断供应，增加节目套数才有意义，杜绝乱播滥放才能从根本上解决问题。近几年来，随着有线电视的起步，我们始终抓住节目源的供应问题，并给予极大的关注。从 1992 年 10 月开始，我们采取了集中供片的方法，一年多的实践证明，这是当前解决节目源困难的较好办法，是防止乱播滥放的有效措施。统一供片，供管结合，用市场经济的手段，由中央电视台国际公司代理发行，搞一个供片网，大家提供节目，然后按质论价往下发行。目前已形成的体制，是以厅（局）为主的发行网络，除了大家认为节目还不够多、不够好外，总的来说，大家认为这个方法还是可行的。尤其在目前治乱的情况下，需要加强这方面的工作。为了更好地推进这项工作，去年四季度开供片会的时候，经与地方司商量，我们决定再采取一个措施，就是引进片不再走无线电视的路子，不搞多头引进、多头交换，而采取集中引进，集中供片。由部里单批给有线电视网 600 至 800 小时引进指标，在网内统一供应，将来不参加统一供应网的单位就没有引进节目。现在的问题是有相当一部分省、市没有抓好供片系统，有的不太重视，有的还没参加。现在无线台也已经证明了，县级台要办文艺节目，也必须是走集中供片这个路子，何况有线台刚刚建，基本上没有节目制作能力，都是靠买节目，如果不组织好片源，难免乱播滥放，使有线台成为扩大了的放像点。这个问题我们要看得深一点。有的同志也可能会说，这是否不太符合市场经济规律，怎么到现在还搞统一供片。市场经济并不意味着把什么产品都简单地推向市场就行了，社会发展不是听任市场的盲目性，放任自流，而是要加强宏观调控。何况精神产品，毕竟不完全等同于物质产品，更需要宏观调控和加强管理。通过这次会，我们建议各省先统一到这个路子上来，解决好集中供片。今年的供片会，有些省还没有订购，希望各位厅长回去抓一下，下边还有很多阻力。当然，最根本的解决节目源不足，就是要狠抓节目的生产制作，有了节目才能谈得上搞好流通。

第二是关于有线电视的体制问题。这次会收获很大，不少省介绍了很好的经验。原则上就一条，怎么有利于有线电视的发展，有利于省台、省会台能够协调发展，就怎么办，首先要把宣传搞好，把社会效益搞好。以前大家争来争去，不外乎有一个利益分配的问题，处理好利益分享，合情合理，我看包括打得最厉害的地区，这次会上都带来了好消息，基本上都解决了。看来依靠地方党委，这个问题能解决，我们尊重地方党委的意见。

第三是这次条例修改和以前有一个衔接的问题，就是把过去的“站”这一级取消。为什么我们坚持不设站，目的是防止把有线电视台搞乱。将来要把能办节目的台，逐步规范到只有行政区域台，也就是走无线台的路子。我想大的模式应当和现在的无线台一样。无线台“四级办”，县这一级台已经很难管，有线电视要是控制不好，是“四级办”还是“七级办”就说不清楚了。我们想应把杠杠划得更清楚一些。有线电视起步是从共用天线开始的，逐渐发展，有些地方已经有能力和条件搞一点节目，其实大多数都是放录像节目。取消站这一级就是不再开自办节目的口子。我们承认两部分实体：一部分是共用天线系统，不办节目，只为大家收看好电视台的节目，最终都要并入区域性有线电视网；另一部分是个事业单位办的闭路电视系统，凡是能够联网的，要尽可能和行政区域台联网，暂时不能联网的，也要有计划有步骤地逐步入网。有线台也好，无线台也好，都是党和政府的喉舌，都要归到这个根本的立足点上来，使它不要搞乱。原来保留“站”也是想过渡，但现在看来，要过渡得快一点，不如不设这么一级。

(三) 关于县台办文艺节目的问题

在完整转播中央两台节目的通知里提到县台不办文艺节目。有同志提出，这样一来，原来允许县台试办文艺节目的8个省的做法是不是就不合法了。这是个理解问题。我们讲县台不办文艺节目指的是自己不办。我们批准浙江搞试点，是采取集中供片的办法，由省厅那里把文艺节目组合好，再向县台提供，这不是县台自办的节目，但好处是解决了县台没有文艺节目的矛盾。随着播出文艺节目也允许插播一点广告，这样就能补贴一点维护经费，不然连发射机电费也很困难。一般县领导对建台的积极性很高，建完后拿维护费就很难了。他不知道要老花钱，以为掏一回腰包问题就解决了。其实维护费、电费、人头费消耗也很大。所以这样也等于找个出路。这和文件规定的没有矛盾。这次会后，我们可以考虑逐步放开。当然，这个放开也是有条件的，不是说大家随便怎么做都行，还是要选一些有可能，有条件的县台来办，也要有个审批程序，不要随便拿来节目就播了，还是要纳入到管理范围，列入管理规范之中。允许县台播出由省厅局提供的文艺节目，开辟一个栏目。这样一来，我们把“四级办”遗留的问题也解决了。教育电视台还是不能办文艺节目（包括影视片），省厅的综合文艺节目也不能给县教育电视台。原因很简单，教育电视台办台的目的和任务是以搞好教学为宗旨的，这是有文件可查的，国家教委和我部也联合发过文件。我们不能帮倒忙，打乱中央规定的合理分工。教育电视台也不能用任何借口办文艺节目。按国务院规定的归口管理，我们对所有的乱播滥放都应该管。我们要继续努力解决好同教育台的矛盾。有些地方教育台、站已经由广电系统来管，双方合办节目，这样节省了大量人力、物力。统一联网，联办节目有利于协调发展，也有利于制止乱播滥放。

(四) 关于系统外办台的问题

这个问题，这次会上同志们提的意见也比较多。中央是支持不能放开的，中央领导同志的讲话也有这样的精神，如个人不能办台，不要搞商业台，不要和国外合办台，广播电视的宣传阵地一定要掌握在自己手中等等。我们不能因为进入社会主义市场经济就改变了电台、电视台的性质，它还是党和政府的喉舌，还是重要的舆论工具，这个性质不能改变，不能大家都来办，不能象办公司或办其他公共事业一样，不是个纯业务的问题。我们要按这个精神来管、来办。我们不开另起炉灶建台的口子，但是我们建议在节目联办上要开口子。国务院一些部门，总觉得反映他们系统的节目还不够，总希望多增加一点。我们主张开口子搞联办，实际上我们过去已经搞了一些，比如和公安部门搞的《金盾》，包括办晚会、办专栏、专题，还有合拍电视剧。我们可以举一反三，就按照这么个思路搞。搞联办节目，联办栏目，或支持我们开辟某一较大的板块节目，这都可以，但是电视台要掌握节目的最后终审权。其次，现在批台太乱，连无委也批台，这就破坏规矩了。按照原来的规定，无委是没有权力批台的，属于广播电视专用频率是划给广电部的，属于广电部门归口来管。现在中央无委也还是坚持这一规定的。，现在问题是出在下面，特别是一些市、县这一级无委，有时不按规定批台，结果闹得频率打架，互相干扰很大。这个问题我们要据理力争，要把它划入我们的管理范围内，因为不这样做，最大的危害是造成频率资源的破坏。频率的互相干扰，这已经不是多办一个台的问题了，而是会搞乱广播电视网。我们要促请地方政府帮助我们来管，这属于我们正常管理权限。

（五）关于农村广播网问题

现在我们有一个文件了，大家提的意见也不太多，我们打算在文字上把大家谈的归纳一下，加重一些份量，其他的几条，有些是行之有效的，大家已经那么做了；有些事可趁这次机会推动一下，希望大家把工作做细。

（六）关于音像管理问题

这次会上没有谈得太多。总的讲部里的态度很明确：第一条中央怎么决定我们就怎么办；第二条尊重地方的决定。地方上有这个自主权，应当根据本地的实际情况，怎么管得更好，怎样管理有效，就怎么办。问题在于怎么把它管好，有利于事业的繁荣发展，而抑制它的负面作用。有的地方确定的管理体制，证明管得很稳定、也很好的，我们赞成、支持和尊重地方的意见，希望维护这样一个状况，不要再把它搞乱，因为在这个问题上经验教训很多。

除了这次会议上提出的一些文件以外，我们还搞了一些文件，因为时间的关系，来不及提交这次会议讨论，打算会后先发下去征求意见，修改好了再陆续出台。

二、讲一讲如何贯彻落实

主要的一条是要借好这次大会的东风，争取尽快向省委、省政府汇报，趁省委、省政府开一揽子会往下贯彻的时机，把我们的这些文件都搭上“班车”下达。一定要抓住时机，不要错过，这比我们单独往下发要有更大的权威性。

第二，要进一步做好统一思想的工作，不要以为这次会议上讲了，似乎就都通了，都解决了，没有那么容易。这次会议涉及方面很多，下达的文件也很多，统一认识要贯穿始终。为了更好地、顺利地贯彻执行这些规定、条例，必须得到各方面的支持，减少阻力，很重要的一个方面是大家要思想认识一致。有些文件出台之所以慢，就是因为思想认识差别太大，现在不要以为这个工作做够了，我觉得还应当下大力气做统一思想的工作。一要做领导的工作，得到支持；二要做群众的工作，得到理解。

第三，各地还要考虑这么多文件下发以后，在执行操作中还要因地制宜，结合本地的情况搞点补充的办法、细则、条例之类的文件，使它更好操作，更容易贯彻。

第四，要加强组织建设，配备必要的人员，如果这一条不解决，抓好管理工作等于空话。我们不讲体制怎么对口，但是我要求必须有人来做。这方面各个省厅差别很大。这次会议，有一个问题大家认识是一致的，管理不抓是不行了。管理工作和我们宣传工作一样重要，抓好正面宣传节目，同时也要抓好管理，使负面冲击减小，这方面要舍得花力量。有关这方面的问题也应向当地党和政府领导部门汇报，争取得到支持。从总体上，管理跟不上和人员跟不上有关系，且不说人员的素质，有的地方连管的人都没有。抓系统管理我们是从广播网管理开始的，或者说是从事业建设管理开始的，后来又加上音像、有线电视、卫星电视接收设施等，管理工作任务日益加重，如果组织不落实是无论如何也是管不好的。大家都知道，音像管理抓不好，和有些部门没有“腿”很有关系。所以我们也面临这样一个问题，也要落实到基层，有人抓，有人管。

第五，我们给管理工作提一个起码的要求，先抓好本系统，眼睛向内，不要一提乱播滥放就老说别人。其实我们算一个账就很清楚，本系统广播电台、电视台数量是最多的，我们播出的节目量也是最多的，乱播滥放也是我们最多。把本系统抓好了，基本情况就会扭转。你老管不住自己，老想管别人那就没有权威性，也没办法管得住。所以要把这一条作为严肃的问题提出来。现在犯规的太多了，包括我们省台也有，这个事不能不敲敲警钟，以后可真不能马虎了，得大张旗鼓地推动一下。

第六，希望大家充分发挥地方的主动性，不要等和靠。这次会上介绍了一些很好的成功经验，有很多事情不是部里拿出成文的东西以后才管好的，而是地方把它先管起来，部里根据这些实践经验加以总结，再搞出文件发下去，这样更切合实际。这次会后凡是应该地方制订的条例，包括我们文件中没有的内容，能搭上班车的，就要积极，争取早些出台，凡是能办的事就先动起来。

最后，我想再强调一下，根据我们部管理工作的特点，归口管理的主要方面是宣传管理。宣传管理的核心部分就是抓节目，管节目。要把节目管好、管住，就是要进行全过程的管理，也就是要从节目来源。节目流通；到节目播出，三个环节都要实施管理，不要偏废。哪个环节出问题，都会影响到整个管理的有效性，关于节目来源，有两部分：外来的和自己生产的。外来的节目的引进和播出，不管是无线台还是有线台，现在犯规的不少，大家都要注意抓好鼻子底下，部里管好中央三台，省厅管好两台，特别是电视台这一块要特别注意。另外，最近还有没停止转播卫星电视节目的，必须要立即停止，再出这样的问题我们可不客气了，不听招呼的要按《规定》和《实施细则》的规定来惩办，（艾知生部长插话：这是要借东风，回去之后贯彻的第一个措施就是要象黑龙江、吉林一样，立即停下来，长痛不如短痛。）这次宣传思想工作会议精神是不是能够贯彻落实，在广播电视系统进行检查，一个重要的标志就是看卫星电视的转播是不是停下来了。

最后还想讲一讲扩大节目源的问题。从 1988 年中国电视传送全世界。加快把中央电视台建设成为同我国大国地位相称的世界一流水平的电视台。

会议期间，中央电视台各中心，编辑部门的负责人分为四个小组，与各省、市台领导进行了对口洽谈，共同研究落实1993年合作项目。各台对中央台国际部、影视部、文艺部、总编室提出的合作计划表示了强烈的兴趣。一些台初步与《正大综艺》、《综艺大观》栏目达成了合作意向，云南、深圳、甘肃等台与中央台影视部就合拍电视剧取得了共识。

(罗琴)

全国省级、计划单列市电视台技术工作交流会议纪要

改革开放以来，我国的电视事业等到了飞速发展。为总结交流全国各电视台技术工作取得的成绩和经验，研究新形势下如何进一步做好电视台的技术工作，经广播电影电视部批准，中央电视台于1993年6月24日至27日在北京召开了全国省级、计划单列市电视台技术工作会议。来自全国40个省级和计划单列市电视台及部有关司的代表共50多人参加了会议。

会议期间，部副总工程师章之俭、科技司司长陈智教、中央电视台副台长林景云、总工程师方庆浩重点就电视技术工作的现状和未来发展以及电视台技术工作要努力完成宣传任务，坚持科学技术是第一生产力、发挥现代技术在电视广播中的重要作用等问题作了讲话。人事司副司长乔明友针对目前电视台存在的技术队伍不稳定的情况谈了加强对技术人员的培养、改善技术人员的工作和生活条件并尽可能地给予一些政策倾斜等方面的意见。上海、湖南、广州、河南、贵州、湖北等电视台的代表也在大会上作了发言。

在闭幕会议上，王枫副部长到会讲话。王枫同志充分肯定了召开这次会议的重要性，他强调说：电视技术是电视宣传工作的基础、先导和保障；电视技术工作始终要以完成宣传任务为中心，紧紧围绕宣传工作全面做好技术工作；要真正理解科技是第一生产力的含义，从而把技术工作做到实处，技术部门要进一步解放思想，提供更好的手段和设施，为宣传工作上水平、上规模、上效益创造物质条件。王枫同志针对与会代表反映的问题强调了继续深化改革的必要性。王枫同志说：许多问题要在改革的过程中逐步解决。在改革过程中，要有领导；有计划地引进竞争机制和激励机制，改革体制，调整机构，提高效率，增进效益。各台之间要进一步加强纵向和横向联系，充分发挥整体优势。当前技术部门存在着人才流失严重、队伍不稳、比例失调、专业人员短缺等问题，要引起严重关注。为解决这些问题，首先是行业内部各级领导要重视电视技术工作和队伍建设。要增加力量、调整结构，加强管理。在实际工作中，要从各方面调动技术制作人员积极性，为发挥技术专业人才的作用创造条件。有些实际问题，如职称、待遇、分配等，要认真研究加以解决。他希望各级领导同志都要把培养技术人才的问题放到很重要的位置上。

与会代表结合各台的工作实际，就在我国加快改革开放、建立社会主义市场经济体制的新形势下，如何进一步推动电视事业的健康发展，进行了广泛、深入和热烈地讨论。

在总结成绩、交流经验的基础上，与会代表一致认为：

1、电视技术工作必须始终以电视宣传为中心，坚持为电视宣传服务的方针，确保优质、安全的电视播出。

2、“科学技术是第一生产力”，现代技术在电视事业中占有极其重要的地位。电视技术工作是电视宣传的基础，是电视宣传正常运行的重要保障和电视事业发展的先导。电视技术部门为宣传工作提供必要的节目制作、传送、播出和覆盖的手段。因此，发展电视事业必须依靠科技进步，根据我国国情，从实际出发，利用国内外先进、成熟技术，逐步发展完善我国的电视技术装备。

3、必须高度重视建立一支服从指挥、有严密的组织纪律、对技术精益求精、热爱本职工作的电视技术队伍。稳定并壮大这支队伍，是促进我国电视事业进一步发展的保证。从事电视技术的工作人员对自己应有一个正确评价，在电视事业中找准自己的位置，在工作中坚持自尊、自信、自强、自立的准则。

4、必须重视软件建设，不断提高电视技术管理工作水平，研究技术管理；运行管理、维护管理等技术管理体制；理论和方法，使管理工作标准化、规范化、科学化。

5、召开全国性的电视台技术工作会议，交流情况，统一认识，明确普遍存在的问题，找出解决问题的办法，既是改进和加强电视台技术工作的客观需要，也是全国电视台广大工程技术人员的迫切愿望。这样的会议要定期召开，起码两年一次，形成制度。也可根据情况，与电视台台长会议结合起来开。

讨论中代表们反映，近年来在电视事业迅速发展的同时也出现了一些令人担忧的问题，如行业管理亟待整顿，一些地方的电视台随意播出电视节目，在转播其他台的节目中乱插广告，不经规划，不经论证重复建设，造成巨大的经济浪费；又如在电视台内部，技术人员短缺现象日趋严重，技术人员与编导、记者比例失衡，在岗技术人员承担的工作过重，技术职务落实难度较大等原因，造成技术队伍不稳定。代表们认为这些问题应该引起重视并尽快加以解决。为此，会议代表建议：

1、改革体制、理顺关系。请部主管部门逐步理顺各级电视台的组织机构，使机构设置、管理模式、编制序列等更适合广播电视发展的需要。

开始我们为什么把扩大覆盖、提高节目制作能力作为同等重要的任务来提，当时就看到节目制作是我们经常要抓住不放的中心任务。搞广播电视就是要办好节目，不能老是处在没有节目可供播出的状况。看来这方面我们还重视不够，投入不够，抓的力度也不够。怎么组织创作生产、繁荣节目，也是贯彻落实这次会议精神的一个重要的方面。现在特别是有线电视台，都指望着到市场上去买节目，大家都不生产制作节目，节目从何处来？我们不能走国外的路子。国外的生产体制同我们不太一样，很多节目生产单位和电台、电视台是分离的。我们现在还是以广播电视部门为主来生产节目的体制。不能指望靠到市场购买，而是必须靠我们系统内大家都来积极生产制作节目，才能缓解节目短缺的状况。（艾知生部长插话：我体会市场经济在我们这儿的体现就是要尊重价值规律，引进等价交换的原则，并不是要盲目自流，甚至去哄抬、拍卖。象《爱你没商量》那样炒热，这是对市场经济的一种误解，我们一定要走出误区。）到现在为止，我们都很慎重地处理这个问题，部党组也很重视节目的流通问题。对于地方已经成立的省台、市台节目交换网我们是支持的，是目前情况下解决节目交换的比较好的方式。在新的形势下，我们主张多种渠道，多种办法，多种手段，来促进节目的流通。我们在上海、四川举办的电视节上，也要逐步扩大国内节目交流，使它成为节目流通的重要渠道。总之交流、交换、交易可以采取多种多样的方式，既能使节目得到充分利用，又能使不同层次的电台、电视台有足够的节目供给播出。长期以来，我们系统内存在的问题，主要不是没有章法，而是有章不循、有法不依。如果这次会后还是解决不了，那就不好交待了，希望再不要埋怨“有系无统”了，集中精力把自己分管的事情办好。

田聪明副部长 1994 年 1 月 31 日
在全国广播影视
宣传工作会议上的讲话

（见“部长专论”栏目）

全国省级、计划单列市
电视台台长会议

由中央电视台组织的全国省级、计划单列市电视台台长会议 1993 年 2 月 26 日至 3 月 1 日在北京京西宾馆召开。

会议的主要议题是：学习贯彻“十四大”精神和中央宣传思想领导小组工作要点，通报中央电视台 1993 年宣传和重大宣传规划以及同各地电视台加强合作的设想，交流各地电视台宣传工作的经验，加强中央电视台与各地电视台的联系与合作，进一步发挥电视系统的优势，提高节目质量，繁荣电视屏幕。

出席会议的有 30 个省、自治区、直辖市电视台台长和总编室主任，14 个计划单列市电视台领导以及上海东方台、湖北江汉台的领导；部办公厅、总编室、地宣司、广播电视学会、广播学院的领导也应邀出席了会议；出席会议的还有中央电视台领导和各中心、部处主任。

中共中央政治局委员、中宣部部长丁关根到会与会议代表合影留念，并作了热情洋溢的讲话：中央电视台是国家电视台，应该成为中国第一大电视台，要有一流的队伍，一流的设备，一流的节目，以出色的工作来赢得这一称谓。全国电视台应该形成一个很好网络，加强协作和团结，创造一个强有力的电视整体格局。当然，我们要竞争，竞争的目的是为了更好地促进电视事业向前进。中央电视台在这方面尤其要做出表率，应该更好地帮助各省市电视台；各省市电视台也应帮助中央电视台办成在国际上更有影响的大电视台。最后，丁关根同志衷心希望在 90 年代里，在十四大精神鼓舞下，在建设有中国特色的社会主义理论指引下，我们的电视事业能更上一层楼！

广播电影电视部艾知生部长，王枫、刘习良副部长到会并作了发言。艾知生同志的讲话全面分析了我国电视事业和宣传工作面临的大好时机，传达了中央领导关于要使电视节目有较大的改观，更加丰富多彩，生动活泼，更为群众所喜爱的指示精神，着重
如何提高电视节目的质量提出了积极推进新闻改革
提高新闻质量；坚持寓教于乐，办好文艺节目；抓
今年 8 项重大宣传任务；围绕新闻改革办好各类专
节目，对象性节目；加强对外宣传五个方面的意见

王枫同志对如何发挥系统优势的问题作了阐
1、处理好内部矛盾。中央台要起好系统内龙头的
用，解决好利益分配，多一点大家风范，少一点
子气。地方台也要注意整体利益。2、发挥系
势，不能单靠行政命令。要运用经济、法律手段，
多地靠联合、协作，形成一个层次丰富生机勃勃
发展的局面。3、提高合作层次，扩大合作范围
富合作内容。4、合作的重点应该放在大力发展
的制作能力上，多出好节目，以高质量的节目和
覆盖全国。5、加强技术挖潜。6、积极投入大
的开发。

刘习良同志在讲话中指出：广播影视系统
年的中心任务是以邓小平同志建设有中国特色
义的理论为指导，探索一条适应社会主义市场
制的广播影视的发展道路。

中央电视台台长杨伟光在发言中强调，在
国电视战略的时候，一定要从同西方电视竞争
中国国际地位，在世界范围内树立社会主义中
的角度考虑问题，在办好国内电视的基础上，

2、各台要在实践中积累数据、总结经验，逐步找出符合电视台实际情况的节目量、录制时间、设备使用和各类人员配备的比例关系。以便于部主管部门对各级电视台编导、记者与技术人员的配备确定一个大致合理的比例。

3、请部主管部门制订完善的行业法规，以整顿广播电视行业的秩序。

4、请部主管部门帮助建立适于地方广播电视系统的技术职务评定机构，增设适应广播电视实际工作特点的技术职务序列，或在原有职务序列的基础上，根据电视工作的特点加以修改。

5、请部科技司和科技委电视专业委员会出面组织全国性电视节目技术质量、安全播出、节目制作，设备维护等方面的评奖活动。建议全国的“飞天奖”、“星光奖”节目评奖中增设技术质量奖。评奖所需经费请中央电视台负担大部分，地方台负担小部分。

6、组织制订、逐步完善并严格执行有关的电视节目制作和播出的技术标准，不断提高电视节目的技术质量。

7、积极组织各种形式技术业务交流和设备的维修培训，加强电视新技术的推广应用，提高技术人员的业务素质。

全国省级、计划单列市电视台技术工作会议是自1983年以来第一次召开的研讨全国电视台技术工作的会议。这次会议的召开既是十年来全国电视台技术工作的总结，又是电视台技术工作新的发展阶段的起点，同时也是我国电视台技术队伍壮大、团结和成熟的象征。我国电视台技术工作的发展以前主要是在规模和基础建设上，从现在开始要把重点转向如何缩短与先进国家的差距。特别是在提高电视覆盖率和电视节目质量、丰富电视制作手段、提高技术管理水平、提高技术队伍素质等方面，向更深层次的领域发展，为我国电视事业开创新局面做出更大的贡献。

（注：广播电影电视部 *1993* 年 *9* 月 *23* 日签发）

全国省级、计划单列市电视台对外宣传工作座谈会

由中央电视台组织的全国省级、计划单列市电视台台长对外宣传工作座谈会于1993年4月5日至6日在北京梅地亚中心召开。

会议的主要议题是共商在美国建立“美洲东方卫星电视”全天候联播网问题。

刘习良副部长、杨伟光台长、于广华副台长、马瑞流副台长和来自全国40家电视台台长出席了会议。美国3C集团总裁子繁、总经理迟晶也出席了会议。

中央电视台及31家省、市电视台与美国3C集团签订了租用卫星时间段意向书。其中，中央电视台和广州、成都、南京、、上海东方等电视台各自独立租用了时间段；新疆、西藏、甘肃、宁夏、青海、陕西、广西、四川、重庆、贵州、云南、内蒙古电视台组成了中国西部电视集团合租了时间段；辽宁、吉林、黑龙江、大连、河南、湖南、福建、厦门、安徽、江西、江苏、湖北、河北、浙江、山东、青岛也自由结合共同租用了时间段。

全国省级电视台台长座谈会

1993年9月1日，“全国省级电视台台长座谈会”在梅地亚中心召开，全国30家省级电视台来宾到会。会议由中央电视台台长杨伟光主持，广电部部长艾知生出席会议，并就如何使电视节目有较大改观讲了六个问题：一、掌握好舆论导向，坚持党的基本路线，坚持团结鼓劲的方针，以正面宣传为主，避免片面性，随意性，防止虚假的东西；二、电视节目中要弘扬爱国主义、集体主义和社会主义的主旋律；文艺创作要注意思想性、艺术性，又要溶于娱乐性和趣味性。要坚持高标准、高品位、高格调，多出高质量的精品节目；三、旗帜鲜明、严格把关，建立和加强责任制；四、加强广播电视系统的管理；五、禁止有偿新闻，加强职业道德建设，要把它作为当前开展反腐败斗争的重点问题来抓；六、加强中央台和地方台的联系，互相支持，团结协作，共同发展。

省台来宾就艾部长讲话进行了座谈，云南台曲贵年，广东台纽祖印、孙孔华，山西台陆嘉生、江苏台苏子龙、江西台黄鹤林、陕西台王超、福建台俞德芬、安徽台吴钟漠、湖南台魏文彬、湖北台黎鸣等在会上作了发言。

国务院新闻办公室金晖同志和广电部副部长王枫就对外宣传工作和如何加强对电视工作的管理分别作了讲话。

全国电视文艺座谈会

（一九九三年七月十九日）

(一)

1993年7月16日至19日，广播电影电视部在北京隆重举行第七届“星光奖”颂奖暨全国电视文艺座谈会。到会的有各省、自治区、直辖市、计划单列市、省会台文艺部主任、创作骨干、“星光奖”获奖者和第七届星光奖评委共77人。中国电视艺术委员会和中央电视台承担了组织工作。会议思想明确，内容丰富，开得紧凑，较有成效，代表很受鼓舞，普遍反映召开这次会议很有意义，很及时，很好。

（二）

7月16日下午，艾知生部长作了重要讲话。他充分肯定了全国电视文艺（包括电视剧）所取得的成绩，指出新闻和电视文艺是电视节目的两大支柱。我们必须充分重视，主动解决电视文艺目前存在的问题。

第一点，有些文艺节目格调不高，渲染色情暴力，是现在我们听到的最多的意见。

第二点，有极少数文艺作品存在着政治上的错误。有一种倾向，夸大、渲染我们建国以来的历史和党的历史中的某些错误或社会阴暗面。我们欢迎批评，但是批评应该是善意的，为了改进工作，鞭策人们更好的前进，而绝不可以给人一团漆黑、一无是处的印象，让人丧失信心，怎样看待我们这个党，我们这个国家，我们的人民？这是个十分重大的问题。不是不可以写我们生活中的矛盾、困难、缺点，问题在于我们要有怎样的出发点。这个问题不要小看，苏联不就解体了吗？

全面否定了十月革命，把十月革命以来七十多年历史都讲成是“暴政”，最后把国家搞垮了。我们不能不吸取这个历史的教训。对政治上反动、错误的或者很片面的、思想消极的作品，我们不能不加强把关。这种作品数量是极少的，但危害是大的，绝不能在电视台等大众传播媒介中出现。为要做到这一点，希望我们负责把关的同志要加强学习。要学习马克思主义，要多了解一些中国的、世界的历史和当代国内外的形势。今后审片时不仅要注意性和暴力，还要注意政治问题。

第三点，现在引进的海外的节目比例仍然偏大。人大代表向我们提出，现在电视节目的黄金时间里国外和港台的电视剧播放得太多。虽然其中不乏优秀之作，但确有不小格调不高的作品。最近一个时期港台的流行歌曲、音乐太多。港台的优秀歌曲和音乐应该在我们民族的文化中占有一席之地。但是，前不久举办华人音乐经典作品评选，获奖的绝大多数是大陆音乐家的作品，而且大多数是在中国共产党领导下文艺工作者创作的作品，这是全世界华人公认的代表本世纪以来华人音乐的优秀作品。现在有些青年人数典忘祖。在电视台、电台用的语言文字上也存在着混乱。有些播音员、节目主持人以摹仿港台的腔调为时髦。连从台湾到大陆来的人都以听到北京青年人讲纯正的普通话感到过瘾。字好像越繁越好，而且错误百出。我希望电视台、电台要采取措施，维护祖国语言文字的规范化、纯洁性。

第四点，电视文艺的场景、服装、台风存在着过于豪华奢侈的倾向、同中央最近特别强调要反对拜金主义、享乐主义、极端个人主义、形式主义的精神很不协调。歌唱演员满身珠光宝气，与我们的国情不太适合。农村观众经常反映，说我们的电视是城里人的电视。拜金主义有些是我们的传媒鼓吹出来的。选美是把外在的美放在第一位，会使女性越来越注意自己外在的形象，热衷于选美不仅对女性自身的成长和培养不利，也给那些孜孜苦学的大、中学生和为事业艰苦奋斗的知识妇女以极大的不平衡感。我们需要引导青年努力做到的是内在的美，有文化、有高尚道德的美，包括健康美。这是要下很多苦功的。还有一个问题，我们的屏幕究竟要宣传什么人，应当多歌颂那些人民不大了解的、在各行各业做出了卓越贡献的无名英雄，不要热衷于自我表现，不要赶时髦。本来观众最熟悉的就是歌星、演员，我们还在那里来回猛炒，有什么必要。

第五点，寓教于乐问题。教不仅是政治思想，还有科学文化。有一位观众说，现在的家长多注意培养孩子学音乐、唱歌、体育、绘画、书法、下棋等等，对培养孩子学好数理化、立志做工程师的重视不够。长此以往，我们科学界将缺乏最有天资才气的后继之人。这种现象，同这几年社会的精神导向不无关系。我们的电视、电影、报刊对优秀科学家宣传得太少，太没有吸引力。特别提一下，在文艺当中不要有非科学的东西。

为了解决这些问题，我们要认真学习、贯彻中央领导同志关于文艺创作的重要指示，对文艺的教育功能、娱乐功能、认识功能、审美功能等多种功能要统一起来认识，不要有所偏废。前一段时间一说娱乐功能，流行音乐、摇滚乐马上多起来。摇滚乐不只是一种音乐，西方有些文章明确讲到，在西方，尤其是六、七十年代，摇滚乐深刻地影响了整整一代人的思想和行为。还有的文章讲，摇滚乐与其说是一种音乐力量，不如说是对社会问题表示看法的一种方式。不要一说寓教于乐便变成突出娱乐功能，不要刮风。

还要处理好普及和提高的关系。电视台应该以高层次的文化去提高人民的艺术欣赏水平，不应当放弃我们的责任。有的中学生讲，现在广播电视、音像制品基本上被港台歌星垄断，报刊上也频繁介绍，都是造成我们迷恋港台歌星的原因。

要处理好社会效益与经济效益的关系。要反对拜金主义，首先我们自己就要克服一切向钱看的影响。在这里我想谈一点新的体会。最近我们在探索建立社会主义市场经济，我体会到，精神产品的生产也需要加强宏观调控，不能单纯依靠市场调节。要考虑价值规律，比如中央电视台准备对优秀电视剧采取优质优价。但是一定要看到，精神产品的市场价格与其价值不一定是一回事。价格是受市场供求关系控制的，有些价格是炒上去的。有钱的人不一定都是有文化的。

办电视要依靠社会各方面的力量。电视台主要是传播工具，电视台的人不可能对所有知识都懂，也不可能把社会各界的精华都调到电视台来。说到底是要走群众路线。我们的评论也要走群众路线，善于集中群众的正确意见。有时候我们的评论脱离了群众。加上一些门户之见，不实事求是，而是看我和这个制作单位是什么关系，以关系来定观点。我认为最公正客观的是观众。我深刻体会到我们的观众是有水平的。

(三)

7月19日上午，王枫副部长作了重要讲话，他强调了部党组对电视文艺工作和这次会议的重视，分析了电视面临的形势。他说我们现在面对三个屏幕，无线、有线和音像；需要占领国内国外两个电视宣传阵地，最终需要的是节目，特别是文艺节目。面对这种挑战，我们要从两个方面来促进电视文艺的繁荣和发展。

一是要努力改进电视文艺节目本身。从发挥电视优势的角度，要强调在电视化上下功夫，这是电视文艺同其它文艺的根本区别，只有抓住这个关键，才能从总体上提高电视文艺的水平。有六个方面值得注意：①栏目化；②板块结构；③从封闭式结构走向开放式结构；④更加综合和更加分类的走向；⑤优化节目主持人；⑥技术制作手段与艺术创作进一步融合。

二是改善外部环境条件。首先是解决认识问题。电视文艺同电视新闻、电视专题三大类节目就像电视技术的三基色一样，互相结合演化出多姿多彩的小屏幕大世界。办好一个台而不办好文艺节目就不可能立得住。其次是改革体制，这一问题比较复杂，可以不失时机地逐步做一些工作。改革成败的标准就是看是否有利于解放艺术生产力，多出人才多出节目。在台内，有条件的，文艺尽可能归口管理。既有利于人、财、物的集中使用，又有利于宣传口径的统一把握。目前至少可以提出以下要求：(1) 要逐步形成稳定的文艺创作队伍；(2) 要建立稳定的节目制作基地；(3) 要有固定或相对固定的制作手段和制作队伍，有条件的可以试行"一条龙"；(4) 要有相对稳定的资金投入来保证文艺的发展。

第三是调动一切力量，开门办电视。考虑到对内对外的任务和今后发展的战略目标，可以有四个组织层次要我们去发动：一是充分的发挥系统的优势，中央台要当好龙头，艺委会要搞好协调；二是依靠社会各界，组织起强大的第二方面军。为我们的传媒提供节目；第三组织好汉文化圈的力量，办好华语台，弘扬中华民族文化；四是团结东方各民族，弘扬东方文化。

(四)

7月19日上午，刘习良副部长作了题为《认真学习、勤奋实践》的讲话。他指出文艺节目占全部电视节目播出时间的60%上下，收视率据中央电视台的收视调查，一般来说，文艺节目仅次于全国新闻联播。最近提出的"要使电视节目有个较大的改观"，在很大程度上是针对电视文艺节目提出来的。客观形势发生了很大变化，对电视工作包括电视文艺提供了难得的机遇和严峻的挑战。国际格局发生了根本性变化，电视领域中出现了空前激烈的空中电波战。我们正在制订相应的对策。其中最关键的应该是大力改进我们的电视节目，把观众吸引过来。国内形势主要是我国的改革开放和现代化建设事业进入了一个新阶段。经济生活中这种革命性的变化，必然会引起政治生活、社会生活的变化，进而引起人们观念的变化。各种传播媒体竞争激烈，对电视形成了一个相当不小的冲击波。电视事业自身发生了日新月异、突飞猛进的变化。

客观形势的发展要求我们首先必须认真学习。学习邓小平同志的建设有中国特色社会主义理论和中央关于文艺工作的方针。目前在电视文艺工作中存在"趋风"、"媚俗"的现象。"趋风"指我们的一些电视文艺工作者容易受风向的左右，把握不住自己。所谓"媚俗"是指我们的一些电视文艺工作者容易受时尚的影响，分辩不清哪些社会文化现象应该提倡，哪些应该抑制，哪些应该引导，哪些应该反对。学习中央关于文艺工作的各项方针要和电视文艺工作的实际结合起来。电视文艺具有广泛的群众性。具有广大的包容性电视可以综合运用图像、语言和文字这三种人类传播信息的基本手段。电视既然能够满足人类的听觉和视觉的审美需求，从原则上说，任何一种艺术表现形式都可以包容在电视文艺节目之中。具有强烈的时代性。电视台首先是借助现代化的电子技术传播信息的新闻单位，观众理所当然地要求各类电视节目具有时代感。电视文艺工作者大多具有强烈的现代意识，在他们制作的节目里努力表现观众关心的"热点"问题和社会"焦点"问题。具有强大感染力。在一定意义上说，电视化是电视文艺的命根子。具有电视荧屏的空间局限性。大千世界被框缩在小小荧幕上，是电视文艺局限性的主要表现。

结合电视文艺的特点贯彻执行党的文艺方针，制作出更多更好的电视文艺节目，就是电视文艺工作者实践的内容。仅提出三点意见。注意导向性。电视文艺节目的导向性是客观存在的，只有正确与错误之分，没有有无的问题。电视台绝不同于剧场、影院、体育馆，更不同于录像点、酒吧间、卡拉OK厅。世界上许多国家的政府部门和观众对电视台文艺节目的要求都严于一般娱乐场所。注意题材的多样化。注意电视文艺节目形式的艺术性。雅俗共赏，需要花很大的力气解决三个层次的问题。第一个层次是在提倡高雅文艺的前提下对各种艺术表现形式兼收并蓄。第二个层次的是使各种艺术表现形式"电视化"。第三个层次是对电视文艺节目的雅俗共赏进行深入研究。一些电视工作者勤于实践疏于研究，是个通病。

(五)

7月17日上午，中央电视台杨伟光台长讲了话。他指出，中央台和地方台的合作近两年取得了新的进展，一些节目纳入了栏目的轨道。这种合作提供了互相学习的机会，提高了电视文艺队伍的整体水平。他提出了加强中央台和地方台合作的六条具体措施：1、在重大文艺比赛活动中加强合作。2、地方上的一些大型晚会，中央台给予支持。3、中央台在栏目上要和地方台展开全面合作。4、欢迎地方台的同志来中央台参加大型节目制作。5、为地方台文艺节目开设播出窗口：第三套节目中，增设50分钟的“地方文艺节目”时间。6、与艺委会合作，加强电视文艺的理论研究。电视文艺会议，每年开一次，由中央台提供资金。

中国电视艺术委员会洪民生副主任在讲话中阐述了电视艺术中宏观与微观、电视文化与非电视文化、雅文化与俗文化、外来文化与传统民族文化、声与画等十个关系，总结了几年来的一些艺术实践经验，启发了大家的思路。

中央电视台文艺部主任邹友开同志介绍了目前中央电视台电视文艺节目的构成和栏目特色，向代表们通报了中央台电视文艺栏目最近将要扩展的情况，随着第三套节目上卫星，文艺栏目将由原有的《综艺大观》等9个，增加到包括《大剧院》、《文艺大广角》、《音乐桥》、《每周一歌》、《地方文艺》等在内的14个，每周首播节目从原来的475分钟，增加了455分钟，增加了近一倍，共计930分钟。

7月19日上午中央电视台赵化勇副台长作了总结，他指出通过热烈的讨论代表们对目前的形势和任务达成了共识，这次会议鼓舞了大家的斗志。

(六)

会议代表认为，部领导的讲话既传达了阐述了中央的精神，又集中了来自人民群众的意见和愿望，既充分肯定了电视文艺的成绩，又严肃地指出了问题，既分析了矛盾，又提出了方向和措施，方向正确，观点鲜明，措施有力。要处理好文艺的认识、教育、娱乐、审美等几个功能的关系。贯彻“二为”和“双百”方针。

会议认为，文艺（包括电视剧）如同新闻一样，是电视节目的主要支柱之一。我们应该从人民的需要出发，更加重视电视文艺的作用。在台内希望更加重视文艺部的工作，理顺部门之间的关系。有条件的，文艺尽可能实行归口管理。希望能够试行“一条龙”方式。更加重视“星光奖”，不断总结经验，改进星光奖评选工作，扩大获奖面，注重栏目建设，使“星光奖”更加符合电视文艺特点，更有权威性。

会议指出，部、台领导讲话看到了二十一世纪，看到电视发展的竞争的前景，要尽快使电视节目包括文艺有较大改观，电视要全国一盘棋，大力弘扬中华民族优秀文化来走向世界，很有远见，很受鼓舞。代表们对部、台提出加强中央台与地方台、地方台与地方台的合作表示完全的赞同并希望具体措施跟上去。

在讨论中代表们提到，我们既要把握方向，又要争夺观众，仍有许多具体问题需要探讨，比如要加强对有线电视和卫星电视的管理。

会议期间确认了一批中央台与地方台的合作项目，又签定了38份新的合作意向书，各地方台之间也进行了交流和合作，收到了圆满的效果。

会议代表对广播电影电视部艺委会、电视台召开这次会议，提供了解全面、合作交流的机会表示感谢。会议议定今后由中国电视艺术委员会每年召开一次全国性的电视文艺工作会议，加强电视文艺的规划、交流和研讨。

(注：广播电影电视部1993年9月28日签发)

全国广播电影电视科技工作会议

全国广播电影电视科技工作会议于一九九三年十一月三日至五日在北京召开。会议的主要任务是，进一步学习和贯彻落实党的十四大、八届人大一次会议和全国科技工作会议的有关文件精神；认真总结改革开放十四年来广播影视系统科技工作的成绩和经验；明确当前广播影视科技工作的任务和到本世纪末广播影视发展的重大科技方针；研究如何建立适应社会主义市场经济、适应广播影视事业发展的广播影视科技体制，使科学技术这个第一生产力得到进一步的解放和发展，使科技工作更好地为广播电视宣传工作和广播影视事业发展服务。参加会议的有各省、自治区、直辖市广播电视厅（局）主管科技的领导，广播电影电视系统科研所的负责人和广播电影电视部内有关司(局)、直属单位的领导。

开幕式上，广播电影电视部副部长刘习良代表部党组讲话、艾知生部长致开幕词，首先对会议的召开表示衷心祝贺。他说：科技战线的全体同志要认真学习邓小平同志建设有中国特色的社会主义理论，认真学习贯彻邓小平同志关于科学技术是第一生产力的重要论断；各单位的领导要把科技进步作为一件大事来抓，要结合本部门的实际，采取具体的措施和办法，推动广播影视系统的科技进步，振兴广播影视事业。

国家科委副主任惠永正代表国家科委到会祝贺，他说，在新的形势下，科技工作机遇难得，任务紧迫，责任重大，我们要下决心培养自己的高科技人材，要多渠道地增加科技投入，多层次地开展广播影视技术的联合攻关，力争走出一条符合中国国情、具有中国特色的发展广播影视事业的成功之路。国家计委社会发展司、财政部文教司、国家技术监督局和国家外国专家局的有关领导出席了开幕式。

会上，广播电影电视部副部长何栋材代表部作了“深化科技体制改革，进一步解放和发展科技第一生产力，更好地为广播电影电视事业服务”的工作报告。

全国政协常委徐崇华在会上作了热情洋溢的发言，要求广播影视科技工作要抓住机遇，加快科技体制改革，做好科技规划、科技决策；埋头苦干，努力在落实上下功夫。部科技司司长陈智教传达了全国科技工作会议精神。部副总工章之俭就广播电影电视“八·五——九·五-科技发展规划和技术政策做了发言。

会上，四川省广播电视厅、吉林省广播电视厅、青岛广播电视局、部广播科学研究所、安徽现代电视技术研究所、江苏泰州广播电视研究所；部设计院天线所、浙江省广播电视科研所、上海市广播科学研究所、部科技信息所等十个单位介绍了经验。四川、吉林广播电视厅“领导重视、支持科技工作，把科技工作放在事业发展的关键地位，依靠科技，促进了广播电视事业发展”；浙江省广播电视科研所“以市场为导向，以事业发展为重点，注意捕捉市场需求和事业发展的信息，瞄准市场选课题，开发出既能满足市场需要，又能满足事业发展需要的新产品，保证在市场竞争中取胜”；安徽现代电视技术研究所“按照市场经济规律确立运行机制——自主经营的决策机制、灵活机动的经营机制、人尽其才的用人制度、与贡献大小挂钩的分配制度、以企业文化建设为主要内容的精神激励机制，走高新技术发展道路”；泰州市广播电视科研所“解放思想，小单位树大志气；抓机遇，小产品占大市场；开拓前进，小所有大战略，初步形成生产一个，备用一个，研制一个，构思一个的科技开发格局“；部设计院天线所深刻领会邓小平同志“发展才是硬道理”的论述，明确了“发展首先是思想观念的更新，同时认识到知识商品化的价值，将研究成果尽快转化为商品推向市场”；给与会代表很大的启发和借鉴。以上单位介绍的经验，增强了“深入科技体制改革，转换运行机制，进一步搞好科研工作，把科技成果更好地转化为商品、生产力，提高科研机构自我发展能力”的信心和决心。

与会代表对工作报告和科技规划进行了认真地讨论。本着负责精神，通过各地各单位多年工作的实践，结合广播影视系统的实际情况，提出了许多好的建议和意见，对工作报告和科技规划进行了修改；补充。并对会上发的六个科技奖励办法和科技周转金的两个管理办法提出了修改意见。

会议期间，广播电影电视部副部长田聪明、何栋材召开了与会的省、自治区、直辖市广播电视厅（局）领导的座谈会，分别听取了他们对部里工作的建议和意见。

会议闭幕式上，广播电影电视部副部长同向荣、何栋材，全国政协常委徐崇华，部副总工章之俭、许中明给获得1992年部科技进步奖的单位代表发了奖。部计财司司长刘以纯、地方管理司副司长江澄、人事司副司长乔明友、科技司司长陈智教就代表们在讨论和座谈中提出的问题，介绍了情况作了说明。最后何栋材副部长为会议作了总结。

会议认为，当前应着重抓好以下几项工作。

1、根据广播影视事业建设和发展的新要求，制定“九·五”科技发展规划，各省级厅（局）也要结合当地的特点，制定一个切合实际的规划。

2、要加快覆盖网特别是调频覆盖网的建设，采取有效的措施和政策提高广播电视覆盖率。各省、自治区广播电视厅要研究一下本省、区的覆盖情况，把解决广播覆盖，特别是偏远地区的、农村的、少数民族地区的、山区的广播覆盖问题，尽快地提到议事日程上来，在人力、财力、物力上给予倾斜。

3、要进一步加强维护运行工作，提高广播电视节目的技术质量，为此，要加强技术人员的培训，建立和健全干部培训的管理和考核制度；建立和健全维护规程和设备运行技术指标，定期测试和监测、监听、监视制度；要充分发挥现有设备的效益，制定计划，力争“九·五”期间实现全部广播电视节目达到规定的技术质量标准。

4、要大力开展适用新技术的应用研究，如卫星广播电视应用的研究；数字声音广播的应用研究、广播、电视由模拟向数字化发展的技术政策和过渡方案的研究；图文电视广播的推广应用、调频多工的推广应用、数字微波及微波多工应用等。

5、深化科技体制改革。要按照全国科技工作会议提出的“稳住一头，放开一片”的指导原则，对科研所进行结构调整和人才分流；要加快科研机构内部的改革，落实和扩大科研机构的自主权。改革人事、劳动、分配制度，落实知识分子政策，进一步调动科技人员的积极性。

6、加强对科技工作的领导，理顺关系，根据各地的实际情况，研究如何对技术系统加强统一的、集中的、有效的管理、调度和指挥，以充分地发挥现有设备和技术人员的潜力，取得更好的社会效益与经济效益。

对于会议的贯彻，何栋材副部长在总结讲话中提出了四点要求。

1、各厅（局）领导回到单位要向单位的领导集体或党组汇报这次会议精神。

2、要结合当前的实际，总结当地科技工作的成绩，研究今后一个时期的科技工作的任务和措施。视情况召开适当规模的会议进行学习、传达和贯彻。

3、把贯彻落实科技工作会议的情况，以厅（局）为单位，于1994年2月10日前写出书面材料报送部科技司。

4、会议上各地提出的属于部属各司（局）要办的事，请科技司把记录逐件整理出来，逐一落实。

全国广播电影电视科技工作会议在全体与会代表的共同努力下圆满结束，达到了预定的目的。我们深信，它必将推动全国广播影视科技工作上新台阶，开创新局面。

（注：广播电影电视部1993年12月20日签发）

刘习良副部长在全国广播电影电视科技工作会议开幕式上的讲话 （摘要）

首先我代表广播电影电视部党组和艾知生部长，对全国广播电影电视科技工作会议的召开表示衷心祝贺！在我国广播电影电视事业整个发展过程当中，科技工作起到了重要作用。特别是在最近15年中，随着我国改革开放和社会主义现代化事业的蓬勃发展，广播影视科技工作也取得了长足的进步。部党组对召开这次会议非常重视。讲四点意见。

一.这次会议要认真学习邓小平同志建设有中国特色的社会主义理论，认真学习贯彻邓小平同志关于科学技术是第一生产力的重要论断。要在工作实践中贯彻执行。

要确立依靠科技进步振兴广播影视事业的战略方针。回顾四十多年广播影视事业发展的历程，我们可以看到科学技术是广播影视赖以生存发展的基础。在广播影视系统各条战线工作的同志们一定要明确，广播影视事业的发展要依靠科技进步这个基本指导思想。

二.推动广播影视事业发展的一条重要方针是尽量采用适用的新技术，跟上国际高科技的最新进展。

对于世界迅速发展中的高新技术，要积极跟踪研究。例如数字声音广播和高清晰度电视广播。

三.要进一步深化科技体制改革。各级科技管理部门要更新观念，加大改革力度，加快自身机构改革，改变计划经济体制下的传统管理方式，加强宏观调控职能，强化间接管理和服务，提高工作效率，要把工作重点放在科技发展战略、政策的研究，编制科技发展规划和装备政策。科研机构要按照全国科技工作会议提出的“稳住一头、放开一片”的指导方针，合理调整结构，分流人才，增强科研机构的自我发展能力。真正建立起适应社会主义市场经济发展、广播影视事业发展，并符合科技自身发展规律的科技体制。

四.各单位要把科技进步作为一件大事来抓，要抓具体的措施和办法，推动广播影视系统的科技进步。

要按照朱镕基副总理在全国科技工作会议上指出的“每年都应该专门研究一下科技工作，把抓科技进步的成效，作为考察各级领导干部业绩的重要指标”。

（刘松英整理）

何栋材副部长在全国广播电影电视科技工作会议上的报告

（见“部长专论”栏目：何栋材《深化科技体制改革，进一步解放和发展科技第一生产力，更好地为广播电影电视事业服务》）

何栋材副部长关于广播电视技术维护管理工作的讲话摘录

编者按：自1993年5月以来广播电影电视部何栋材副部长，在有关的会议和场合，就广播电视技术维护管理工作多次做了重要指示，我们根据他的讲话记录归纳整理出如下几个方面。

何栋材副部长在1992年度全国广播电视技术维护工作表彰会上首先代表部党组和部领导向从事广播电视技术维护管理工作的同志们，特别是在艰苦台站工作的广大干部、工程技术人员、职工表示诚挚的问候和衷心的感谢。

何栋材副部长对广播电视技术维护管理工作作了以下指示：

一、严字当头，严格管理，建立和健全各项规章制度，认真贯彻“高质量、不间断、既经济、又安全”的维护总方针，努力完成好广播电视播出任务。

在今后十年广播电视事业的主要任务是“扩大广播电视有效覆盖，提高节目制作能力，提高节目制作和播出质量，切实加强对外广播。”为此要研究广播电视覆盖的整体布局，综合考虑规划卫星、地面无线电视、调频广播、中短波广播、数字声音广播、有线电视等几个覆盖网，以充分利用频谱资源，扩大有效覆盖，降低建设投资。中央和省的广播电视覆盖网要加快建设步伐。

在今后的五年中，要把提高节目技术质量放在重要位置，充分发挥现有设备效益，争取在“九·五”全部广播电视节目达到规定的技术质量标准。为实现这一奋斗目标，要加强广播电视系统技术人员的培训，建立和健全干部培训的管理和考核制度；建立健全维护规程和设备运行技术标准，使各项工作做到有章可循，有法可依；“八·五”期间要在全国逐步建立三级广播电视节目播出质量监测系统；健全监测手段，保证节目播出质量和覆盖网质量达到技术标准要求。同时，为了保证广播电视节目制作与播出系统的技术质量，要制定各类设备的使用寿命定额，对过时的陈旧的设备要提出实施设备更新改造计划。

何副部长指出，目前全国各地在运行的许多播出、传输、发射设备大部分质量是好的，但也有不少是相当落后或运行状态不佳的设备，这就与党和政府、人民群众要求延长播出时间，增加节目套数，提高节目的质量不相适应了。解决这些问题除了新建一些现代化的发射设施之外，根本的出路就是通过采用新技术改进和提高全国的广播电视维护工作的技术水平。众所周知，整体水平取决于各个个别的水平，因此每个台都必须从各自的实际出发，作出全面的实施步骤，改善和提高本台设备的可靠性和技术质量指标。有一点必须强调的是：只要维护管理工作做好了，旧设备也能达到一流的运行指标。这种事例在国内、国外都有不少可以例举的。总之，我们应该有一流的播出质量，而一流的播出质量必须靠一流的维护管理。我们要实事求是，不要浮夸，是怎么样，就怎么样，科学来不得半点调皮，一定要老老实实地埋头苦干。干技术工作一定要一步一个脚印，踏踏实实地干。我们广播电视的播出水平老是提不高，这就需要下大功夫了。实际上，我们的设备不差，但质量上不去，其原因主要是我们的管理不够严格，责任心也不够强。因此，就我们本身来讲，必须要提高我们的责任感，工作要兢兢业业，要提倡协作精神，科学态度，要从严要求，从严治台，从严治站。这是事业成功的秘诀。要坚持“高质量、不间断、既经济、又安全”的维护总方针，把维护、播出和科学管理有机地结合在一起，努力完成广播电视的播出任务。

二、要坚定不移地树立科学技术是第一生产力的思想，继续推进广播电视设备维护工作的技术进步，以适应党的十四大召开之后，全国深化改革，加快发展建设社会主义市场经济体制对广播电视宣传工作日益高涨的需要。

何栋材副部长指出，随着改革开放的进一步扩大，社会主义市场经济体制的逐步建立，为科技进步创造了良好的环境，也提出了更为繁重的任务。我们要珍惜这个机遇，把握这个机遇，切实肩负起依靠科技进步、促进广播电视事业登上新台阶的重任。

广播电视的发展与当今新技术的发展息息相关，密不可分，因此广播电视的技术维护必须尽可能采用实用的新技术，以提高安全播出的质量和可靠性，降低停播、停传率；提高效率，降低损耗；提高有效覆盖率与频道复用率，降低单位覆盖所占用的频道与功率值。

近几年来各级维护部门领先科技进步的意识不断增强，大力开展技术革新，技术改革，开展新技术开发与应用，充分发挥了现有设备的效益，提高了运行质量和安全播出水平。

广东对 1KW、10KW 中波广播发射机低前级电路进行固态化改造，解决了老机器运行技术指标长期停留在丙级或不入级的落后情况，使三大指标达到甲级。运行稳定可靠，电耗减少。全省 80%的中波台已采用此成果。

四川省采用数字技术改造中波广播同步激励器，极大地改善了省内处于同步干扰区听众（1 千万人）的收听条件，提高了四川省中波人口有效覆盖率。

部无线局对两部 60 年代的 150KW 自动屏调机改造为并馈脉宽调制机，改善了播出质量，提高了整机工作效率。到目前为止，无线局已更新改造并投入了运行共 29 部发射机。

陕西电台技术部从 1983 年起改造了 635 型录音机录、放磁头和放大器，研制了相应部件，使录音质量与瑞士 STUDEA807 相当，近年来已在很多省、市电台推广应用。

还有发射机实时控制、故障巡检报警以及音频节目信号、天线自动切换；利用微机进行技术指标的测试等，都已在维护播出第一线广泛采用。

这些卓有成效的工作，使我国中短波广播、调频广播，电视广播的停播率逐年下降，而测试率、入级率大大提高。

何副部长说，在维护管理工作中，无人值班，有人留守的技术应用要占有优先考虑的地位。这件工作，部里提出来已有十年之久了，但推广应用的效果还不够显著，迄今尚未有统一的技术标准与统一的设备规范。当前微机已极其普及，运用微机实现发射台、微波站的自动监控的技术已日臻完善与成熟，我们必须认准目标，锲而不舍地把它坚持下去，把广大工程技术人员从繁忙的值机工作中解放出来。我认为，要使全国发射台的建设迈向国际八十年代先进水平，采用微机自动监控是实现这一目标的一个重要举措。

三、加强队伍的建设工作。

何栋材副部长说，要想把全国的维护管理工作推向新水平，登上新台阶，最重要的就是要有一支作风过硬，事业心强，技术精良的队伍。在物质、环境、规章制度、队伍等方面的建设当中，人的建设是最重要的。我们必须从两个方面加强全国广播电视维护管理工作队伍的建设工作：

第一、要加强精神文明建设。为此要坚定不移地强调思想政治工作，发扬艰苦奋斗的工作作风，这是中华民族的优秀品质，党的光荣传统。提倡奉献，颂扬“苦了我一个，欢乐千万家”的精神，应作为整个思想政治工作的主要内涵。我们的队伍一定要加强团结，从严要求，提高思想道德素质，不要互相瞧不起，要提倡协作精神，讲究文明礼貌；要发扬“自尊、自信、自强、自立”的精神，把高度的责任感和实事求是的科学态度当作行动的准则。同时，我们也必须强调，长年工作在台站的同志，在生活待遇、工作环境、物质利益上也必须尽可能地在条件允许时加以改善。关心人，爱护人，尽可能为大家多办实事，为群众排忧解难，消除后顾之忧也是我们做好思想政治工作的基础，因此，也必须两手抓，即一手抓教育人，一手抓关心人。

第二，要抓好人的技术水平，综合素质的建设。全国广播电视技术维护任务十分艰巨，因此没有一支作风过硬，技术过硬的队伍将难以保证“高质量、不间断、既经济、又安全”的播出工作。所以，要大力提倡学技术，钻研技术，深入持久地开展技改、技革工作，充分发挥科技人员的聪明才智。在开展自觉的岗位练兵的基础上开展边教边学，组织多层次的岗位培训。要大胆培养和使用具有新知识结构的青年科技人员，放手让他们进入关键技术和管理岗位。要努力学习设备的原理，技术操作，熟悉设备的性能，提高操作技能和排除故障的本领，降低停播率。还有配套的设备，如传输、配电、空调等，尤其节目传送接口很多，过去往往不够重视。要做到更加科学、合理、安全，要学会备用设备、备用电源的倒换。不学习，不进步，工作就要倒退，没有一流的维护人才，就达不到一流的管理，一流的维护和一流的质量，要把队伍建设和人才的培养持之以恒地抓下去并且要定期考核，要把这项活动作为选拔干部和对职工进行奖励的一项内容。各级领导一定要把全台（站）队伍（包括领导自己）的技术素质的提高，列入日常工作的重要日程。

四、学习贯彻邓小平同志关于解放思想，实事求是的论述，要进一步转变观念，深化改革，进一步解放和发展广播电视科技第一生产力。

抓住机遇，加快发展广播电视事业，努力做好广播电视科技工作，这是全系统工程技术人员的职责。为此，首先必须学好“邓小平文选”第三卷，学习小平同志关于建设有中国特色社会主义的理论，用以武装头脑，更新观念。长期以来，我们的各项工作中都受到计划经济那一套观念的束缚，根深蒂固。具体表现在缺乏公平、公开、合法竞争的意识，缺乏效益的意识和观念（效益是指社会效益和经济效益，二者既有差异又有互相统一、互相促进）。我们还缺乏商品意识，对技术、信息、人才走向市场没有思想准备，所以在开放改革更加深入，市场经济发展步伐加快的时候，我们思想上，行动上，措施上就会跟不上，工作就会被动，在市场竞争中就会不断地失去一些机遇，这个经验或者是教训，全体同志都应该深刻地吸取。如果开放改革这些年来，广播电视部门能够早一些把握机遇，大力发展我们的事业和实业，我想，局面就不会是现在这个样子了。所以，在思想观念上由计划经济向市场经济转变是一个根本的转变。

我们必须继续解放思想，增强扩大开放，深化改革的意识，并以建立社会主义市场经济体制为目标，不断更新不适应加快发展的观念，转变作风。例如，全国的广播电视维护工作如何从单纯依靠国家，统收统支的纯事业单位过渡为实行事业单位，企业管理，实行成本核算，一业为主，逐步开展力所能及发挥自身优势的各种经营活动，把它作为第三产业来加强管理与经营，争取在获得好的社会效益的同时获得好的经济效益。我们在人才、技术、设备、土地、资源等方面都有优势，潜力很大，应该是大有所为的。上海、广东、无线局的一些单位都有成熟的经验，各地可以根据实际情况予以借鉴。

五、关于竞赛评比工作

为了推动广播电视事业的不断进步，发挥科技第一生产力的作用，调动广大科技工作者的积极性和创造性，今后广播电视的维护管理工作的竞赛与评比工作还要继续深入的进行下去，不能间断。希望通过大家的努力，把此项工作扎扎实实地进行下去，并且越做越好。把全国广播电视维护管理工作的水平不断推向新水平，登上新台阶。

建议每年组织一次这样的活动，各省、市、自治区和部内有关单位都应支持这项工作。

注：讲话摘录引自

1、在1992年度广播电视技术维护工作表彰会上的讲话

2、在1993年中央广播电视塔试播总结表彰会上的讲话

3、在1993年全国广播电影电视科技工作会议上的报告

4、在1993年全国广播电影电视科技工作会上的总结讲话

——原刊于《广播电视维护工作简报》

全国广播电视财务管理工作会议

1993年9月19日至23日，广播电影电视部和财政部在湖南长沙联合召开了“全国广播电视财务管理工作会议”，参加会议的有各省、自治区、直辖市、计划单列市广播电视和财政厅、局的代表。湖南省委、省政府、省人大、省政协的领导同志出席了会议。这次会议的主要议题是：贯彻党的十四大和中央6号文件精神，总结、交流十年来广播电视财务管理工作的经验，分析广播电视财务管理工作存在的问题，研究改革和加强广播电视财务管理工作的措施，部署今后一个时期广播电视财务管理工作改革的任务

会上，广播电影电视部何栋材副部长作了题为《解放思想，深化改革，加强财务管理，促进广播电视事业的发展》的报告。财政部刘积斌副部长作了总结报告。部分地区广播电视、财政部门和广播电视事业单位的代表在会上介绍了经验。会议对财政系统的30个先进集体，广播电视系统的64个先进集体和44个先进个人进行了表彰。在与会同志的共同努力下，会议统一了思想认识，总结交流了经验，明确了今后的任务，增强了工作信心加深了同志感情，达到了预期的目的。现将会议纪要如下：

一、十年广播电视事业建设的成就与发展回顾

会议对我国广播电视事业发展的历程，特别是中央37号文件下发以后广播电视事业的发展和财务管

理工作进行了回顾和总结。代表们一致认为，中央37号文件下发以来，在党中央、国务院和各级党委、政府的领导下，在财政、计划、税务、工商等部门的大力支持下，经过广播电视战线广大职工的努力，我国的广播电视事业得到了迅速发展。到1992年底，全国已拥有广播电台812座，电视台586座，县市广播站2452个，乡广播站4万多个，村广播室25万多个；广播电视发射台、转播台大幅度增长，微波线路发展到近5万公里，并逐步采用卫星传送广播电视节目，建立卫星地面站近4万个，初步形成天上和地面、无线和有线多种技术手段共同传输、覆盖的格局。我国广播人口覆盖率达75.6%，电视人口覆盖率达到81.3%；广播电视的接收工具迅速普及，特别是电视机的社会拥有量，1992年底达到22843万台，平均每百人拥有量已接近20台；收音机和录音机的社会拥有量分别为21959万台和14305万台。大体相当于世界上一些中等收入国家（人均1000美元左右）的水平。听广播、看电视已经成为人民群众生活中不可缺少的内容。实践证明，中央确定的四级办广播电视的方针，完全符合我国的客观实际，充分调动了中央和地方两个积极性，极大地促进了我国广播电视事业的发展。

长期以来，广播电视事业的发展得到了财政、税务等部门的大力支持。各级财政部门在财政比较紧张的情况下，不断增加对广播电视事业的投入。1992年全国各级财政对广播电视事业费的拨款比1982年增长3.16倍；1992年全国广播电视基建投资比1982年增长2.8倍。中央37号文件下发后，财政部随即颁发了对广播电视部门经营所得收入免征所得税的文件；地方各级财政部门也制定了减免税收和“两金”的优惠政策；另外，海关总署也对省级以上广播电台、电视台进口广播电视专用设备免征进口关税。

1992年全国广播电视部门的收入比1982年增长了28倍多，相当于当年财政拨款的83.6%。广播电视部门的收入，80%以上用于事业发展，有的地方用于事业发展的比例高达90%以上。十年来，广播电视部门的收入用于事业支出的达到60亿元,弥补了广播电视事业正常经费的不足；更新改造了一批陈旧设备，添置了一批先进的制作播出设备，提高了节目制作能力，改善了播出、传输手段；增加了对电视剧和大型节目的投入。

广播节目由176套增加到943套，电视节目由54套增加到644套；广播节目制作能力增长3.2倍，电视节目制作能力增长21.8倍，电视剧生产能力增长9.7倍。广播电视宣传的影响日益扩大，广播电视在我国政治、经济、文化生活中发挥着越来越重要的作用。

回顾十年来广播电视事业的发展，可以总结出一条经验：要快速发展广播电视事业，必须从我国国情出发，既要随着财力增长不断增加财政拨款，发挥主渠道作用；也要充分调动社会各方面的积极性，实行多渠道筹集资金，依靠全社会的力量举办广播电视事业；同时要充分利用广播电视事业自身的优势和潜力，以及党和政府给予的优惠政策，开展经营创收，增强广播电视事业自我积累、自我改善、自我发展的能力。

二、十年来广播电视财务工作的成绩与主要经验

随着广播电视事业的发展，广播电视财务管理工作的地位逐渐提高，广播电视财务管理成为广播电视事业管理的重要组成部分和完成广播电视宣传任务的重要基础。加强广播电视财务管理和进行财务管理制度改革的根本目的，就是为了使有限的广播电视事业经费最大限度地发挥社会效益和经济效益，不断增强广播电视事业单位自我积累自我发展广播电视事业的能力。

根据中央深化改革的精神，为了适应事业发展的需要，中央电视台于1984年在全行业中率先进行了财务管理体制的改革试验。1991年经财政部批准，中央电视台实行预算包干管理办法，其收支全部纳入预算内管理；建立了修购基金，为解决长期以来事业单位固定资产更新改造缺少资金来源的问题进行了尝试；还确定了6项效益考核指标；健全了财务管理机构，设立了总会计师。中央电视台的改革取得了很好的社会效益和经济效益。代表们对中央电视台、上海、广东、湖南、山东、吉林等地的经验表现出了极大的热情。现在，除原来的全额预算管理外，许多广播电视部门已开始分别采用内部差额预算、自收自支等财务管理办法。

为了加强经营管理与财务管理，大多数的广播电视部门建立了经营创收机构，健全了财务管理机构，充实了经营创收人员和财务管理人员，有些地方和单位设立了总会计师。有的厅、局、台实行内部会计核算，将指标分解到部、组、进行核算和考核；还有的建立了内部银行。根据广播电影电视部、财政部制定的有关经费预算定额和费用开支标准等规定，各地广播电视部门结合自身条件和具体情况，制定了一系列的规章制度、实施细则，规定了各级收支标准和支出定额，使财务管理工作更加科学合理。

在认真总结各地经验和广泛调查研究的基础上，近几年，广播电影电视部和财政部联合颁发了《广播电视事业单位财务管理办法》、《广播电视广告收入管理暂行规定》、《广播电视赞助活动和赞助收入管理暂行规定》、《广播电视事业单位固定资产管理办法》等重要文件，确立了广播电视事业财务管理的基本原则，对广播电视的优惠政策用部门规章的形式稳定下来，成为广播电视部门进行财务管理的基本依据。

会议印发了77份材料，其中有广播电视部门经营创收、财务管理方面的先进经验，也有财政部门支持、指导、帮助广播电视部门加强财务管理，发展广播电视事业的经验。主要经验是：

第一，解放思想，更新观念，加强领导，是搞好财务管理工作的关键。要搞好经营管理和财务管理，首先要充分认识加强经营管理和财务管理的重要意义。而最关键的是领导同志要解放思想、更新观念，把提高本部门的经营创收能力和财务管理水平提上重要的议事日程，经常研究和解决财务管理工作中存在的问题。

第二，要重视培养经营创收和财务管理方面的人才。人才的培养和选拔直接关系到事业的成败，各级领导干部应注意培养造就一大批懂业务、会管理、善经营的新型管理人才；要主动关心和教育他们奉公守法，不要在经济上犯错误，又要积极帮助他们解决一些实际问题。第三，要用好用足国家政策，勇于开拓进取。十年来，党中央、国务院以及各级财税部门先后颁发了一系列的优惠政策。学好学懂这些文件，用好用足这些政策，发挥行业优势和政策优势，广播电视部门的经营创收是大有可为的。

第四，必须进一步拓展经营范围和领域，加强广播电视单位创办产业的能力，广泛开展多种经营活动，努力增加收入，为广播电视事业的发展提供更多的资金。

第五，要加强科学管理，向管理要效益。经营创收要有章法，安排资金投向和财务支出要讲求效益，杜绝浪费。开源节流，关键是开源。要使广播电视事业迅速发展，不仅要善于生财、聚财和用财，还要借助现代化的科学设备与手段使我们的财务管理走上科学化、规范化、制度化的管理轨道。

第六，引进竞争机制，积极改革人事制度和分配制度。调动广大经营创收、财务管理人员的积极性，提高财务管理水平，使人们的努力工作成为自觉行为，必须建立起科学合理的激励机制、竞争机制，把经营管理和财务管理人员的利益和单位的经营成果；管理成效联系起来。

第七，各部门密切合作和积极支持是广播电视事业发展的必备条件。多年来的实践证明，广播电视事业的发展、财务管理水平的提高；经营创收活动的开展，除了各级党委和政府重视、领导外，与各有关部门，特别是财政、税务、计划、工商、物价、国有资产管理、人事、公安、审计、监察等部门的密切合作和支持是分不开的。各级广播电视部门要继续积极主动地与各有关部门合作，取得理解、支持和帮助，接受监督检查，使广播电视部门的经营管理和财务管理工作，在一个宽松有利的环境中持续、快速、健康发展。

三、当前广播电视事业建设与财务管理存在的主要问题

与十年前相比，广播电视事业建设的成就是巨大的，广播电视经营管理与财务管理工作取得的成绩也是很大的。但也存在一些不容忽视和亟待解决的问题。

（一）广播电视，特别是广播人口覆盖率不高，增长幅度呈下降趋势。目前，全国大约有 25%的人口看不到电视；实际看不好电视、听不好广播的人比这还要多一些。由于这些地区大多是山区农村和边疆少数民族地区，财力有限，而扩大覆盖需要大量资金投入，因此人口覆盖率增长缓慢。

（二）节目制作能力不足。全国的电台、电视台很多，但自己制作节目的能力很有限。省级电台每天制作节目量大约占日播出量的 39%，省级电视台只占 17%；地、市、县级电台、电视台自制节目能力更差。因此必然重播率高，依赖引进、交换、有的电视台甚至靠大量偷录、走私海外一些格调低下的节目来维护播出。

（三）部分地区广播电视财务管理机构地位不高，领导重视不够，没把财务管理列入工作日程，财务管理体制不顺，财会人员不足，素质低，不能适应加强财务管理的需要。

四、广播电视财务管理的主要任务和改革方向

90 年代，我国广播电视事业建设的主要任务是扩大覆盖和提高节目制作能力；事业建设的重点转向农村和老、少、边、穷地区。为完成上述任务必须做好下面几项工作：

（一）进一步解放思想、更新观念，为建立社会主义市场经济体制服务

广播电视是党和政府的喉舌，是宣传工具，担负着社会主义物质文明和精神文明建设的任务。特别是在改革开放和建立社会主义市场经济体制的新形势下，广播电视事业的地位和作用比以往任何时候都更加重要。一方面广播电视部门要充分发挥其舆论导向的作用，宣传党和政府的路线、方针、政策，为改革开放鸣锣开道；另一方面，随着生活水平的提高，人民群众对文化生活的需求日益增加；同时，社会主义市场经济的发展对广播电视事业的发展也提出了新的、更大的需求，这些都要求新时期的广播电视事业要有一个更快的发展。要逐步树立广播电视产业意识、市场意识、效益意识；坚持“以宣传带动产业，以产业促进宣传”，实现社会效益和经济效益的统一。

（二）财政部门要进一步支持广播电视事业的发展

支持和促进广播电视事业发展是财政部门一项义不容辞的责任。当前，我国的改革开放和建立社会主义市场经济体制已经进入了一个关键的时期。在新形势下，财政部门要采取多种措施积极支持广播电视事业的发展，保持优惠政策的连续性和稳定性。

1、要继续增加对广播电视事业的财政投入。财政投入作为广播电视事业投入的主渠道，包括资金投入和政策投入。今后，各级财政部门要继续按中央精神，把广播电视事业作为建设社会主义物质文明和精神文明的重要组成部分，根据财力可能，尽最大努力继续增加对广播电视事业的投入。

2、要继续对各级广播电视部门和单位实行各种形式的预算包干和承包经营责任制，以调动部门、单

位筹集资金和增收节支的积极性。

3、要继续实行优惠的经济政策。凡是纳入单位预算的收入，视同国家财政拨款，作为抵支收入，免征所得税和“两金”；各地已经给予广播电视部门的优惠政策，要继续执行，并不断完善。

4、要继续贯彻落实两部及其他有关部门联合颁发的《广播电视事业单位财务管理办法》、《广播电视广告收入管理暂行规定》、《广播电视赞助活动和赞助收入管理暂行规定》、《广播电视事业单位固定资产管理办法》等文件。各地财政部门和广播电视部门要认真学习领会并进一步贯彻落实文件精神，结合本地实际制定补充规定或实施细则。

5、要继续执行关于不因广播电视部门和单位增加了抵支收入而减少事业费拨款的财政政策，并且要随着各地财政收入的增加而逐步增加对广播电视部门的财政拨款。特别是在广播电视部门创收还不多，困难还很大的地区，更要坚持这一条。

6、要继续执行鼓励事业单位增加收入，有条件的单位实现由全额预算管理到差额预算管理，由差额预算管理到自收自支管理，由自收自支管理到企业管理的过渡，而不改变单位的事业性质的政策。

（三）多渠道、多层次、多形式筹集资金，发展广播电视事业

改革开放以来，为解决发展广播电视事业的资金供求矛盾问题，各级广播电视部门和财政部门在坚持以国家拨款作为经费来源主渠道的同时，从实践中探索出一条多渠道、多层次、多形式筹集资金发展事业的新路子，使广播电视事业的资金来源呈现出多元化的格局。目前广播电视事业的资金来源渠道大致有这样七个方面：一是财政拨款，这是主渠道；二是开展多种经营和服务取得的收入；三是财政周转金；四是银行和金融机构的贷款；五是与有关行业开展横向联合取得的资金；六是由集体和个人承担的资金；七是引进的外资。所谓多层次，是指资金来源于中央、省、市、县、乡、村及个人等。所谓多形式是指广告、报刊、音像、有线电视、文化娱乐、信息服务、器材经营以及法律法规允许的各种经营和服务等。这种多渠道、多层次、多形式筹集资金发展事业的办法，极大地缓解了资金供求矛盾，为繁荣广播电视事业注入新的生机与活力，促进了广播电视事业的发展，成绩是十分显著的。从发展的趋势看，这并非是权宜之计，而是适应社会主义市场经济发展，建设具有中国特色的广播电视事业的百年大计，是发展广播电视事业的必由之路，必须长期坚持下去。

（四）发挥广播电视优势，开展多种经营活动，增加收入，发展广播电视事业

实践证明，广播电视事业单位根据党和国家的政策规定，在保证完成宣传工作任务和事业计划的前提下，充分利用人才、设备、信息、技术等方面的优势，开展“一业为主，多种经营，以主带副，以副补主”活动，不仅使广播电视事业收入增加，而且对繁荣经济也起到了积极作用。广播电视事业收入已经成为事业发展的重要资金来源之一。因此，必须保证多种经营活动沿着正确的轨道健康发展。第一，在开展多种经营活动时要正确处理社会效益和经济效益的关系，把社会效益作为最高准则，在保证社会效益的前提下，讲究经济效益，两个效益发生矛盾时，经济效益要无条件地服从社会效益。第二，要坚决贯彻中纪委第二次会议关于反腐败的决定，广播电视从业人员要遵守职业道德，新闻宣传纪律，不搞有偿新闻，不搞不正之风。第三，开展各种经营创收活动要严格执行国家的有关政策规定；由专门的机构、专门的人员来进行，收入要纳入单位预算管理；执行编采任务的记者不得搞创收，要避免人人搞经营创收的局面。第四，要树立经济核算的观念，实行严格的经济核算制，努力降低各种消耗，增加利润。第五，要树立竞争的观念，增强风险意识。要在竞争中求生存、求发展，增强竞争的能力；在多种经营项目的选择上，要全面规划统筹安排，因地制宜，量力而行，充分论证，科学决策，有风险意识。第六，要正确处理好国家、单位、个人之间的分配关系，处理好事业发展与个人的生活改善的关系。必须保证将大部分收入用于事业发展，同时兼顾集体福利和个人待遇。

（五）广播电视事业单位的收入全部纳入单位预算，实行综合财务计划管理

广播电视财务管理是广播电视事业管理的重要组成部分，是做好广播电视系统各项管理工作的基础，也是保证完成广播电视宣传任务的重要基础。改革开放以来，随着广播电视部门资金来源渠道多元化和收支规模不断扩大，以往按照计划经济体制特点建立起来的广播电视财务管理模式已不能适应新形势的要求。如何发挥财务部门积极筹集资金和科学运用资金的重要财务管理职能，在积极开拓财源的同时，节约开支，提高经济效益，已成为广播电视事业单位财务管理改革的一个新课题。从一些地区的实践经验看，采取把收入纳入单位预算，实行综合财务计划管理，是一种较好的管理办法。采用这种管理办法，将广播电视部门的收入纳入单位预算，与财政拨款一起统筹安排，编制统一的预算和财务收支计划，使资金的使用方向更趋于合理，增强了计划性，有利于加强财务监督检查提高资金使用效益，避免浪费；同时，纳入单位预算的收入，视同国家财政拨款，作为抵支收入，免征所得税和“两金”，这样，既调动了广播电视部门创收的积极性，使广播电视部门自筹的这部分资金能够集中用于事业发展，又拓宽了资金来源的渠道，减轻了财政负担。实行综合财务计划管理，把收入纳入单位预算，对国家、对事业、对单位都有好处，是广播电视事业单位财务管理体制改革的一项重要内容。各级财政部门和广播电视部门要共同研究落实，完成这一改革。

（六）加强主管部门对本地区广播电视事业发展的宏观调控作用，主管部门要本着合理、适度的原

则，适当集中一部分收入，以促进本地区广播电视事业的协调发展。

(七) 资金投入向农村和老、少、边、穷地区倾斜

90年代我国广播电视事业建设的一个主要任务就是扩大覆盖率，事业建设的重点转向听不到广播、看不到电视的农村和老、少、边、穷地区。各级财政部门要积极配合、大力支持广播电视事业建设的这一重点，在对广播电视事业的资金投入上实行倾斜政策。这些地区广播电视事业的发展，也要实行多渠道筹集资金的原则，即：上级财政帮助一点，县乡财政支持一点，乡镇企业拿出一点，乡村统筹提留中适当解决一点，农民也应负担一点。

(八) 进一步强化广播电视财务管理

今后，广播电视财务管理要逐步实现规范化、制度化、科学化的管理；进一步建立健全各项财务管理制度。同时要控制支出的不合理增长：第一，要撤消重复设置的机构，精简超编人员；控制事业规模的盲目发展，坚决反对贪大求洋、重复建设、重复购置等各种浪费现象。第二，要调整支出结构，净化支出内容，把有限的资金用到急需发展的事业上去，提高资金使用效益。第三，要加强财务监督检查，严肃财经纪律，要把单位资金运动的全过程置于财务部门的监督之下，对违反财经纪律的现象，要按照有关规定进行严肃处理。

(九) 加强财会队伍建设

财会队伍的建设，是广播电视财务管理的一项十分重要的基础性工作。当前，广播电视财会队伍的建设，要适应计划经济体制向市场经济体制转变的要求，财会人员既要懂得理财、用财、又要懂得生财、聚财。各级广播电视部门的计划机构和广播电视单位的财务机构，要增加经营管理职能，发挥经营管理作用。财会人员的素质也要提高到既懂事业财务，又懂经营管理这样一个新的层次上来。财会人员要主动参与经营决策，发挥在经营决策中的作用，当好领导的参谋和助手。要组织对财会人员的培训，学习新的知识，提高其政治业务素质，以适应形势和工作需要。

会议期间，与会代表进行了认真的学习，广泛的交流。大家一致认为，这次会议开得及时，开得必要，开得成功。这次会议对于指导全国广播电视财务管理改革，加强经营创收管理和财务管理工作，促进广播电视事业的发展，具有重要意义。会议要求，与会代表回单位后，要把会议精神向政府主管领导汇报，以取得政府领导对广播电视财务管理工作的支持；要把会议精神向从事广播电视财务管理工作的同志们进行传达，对各地先进经验组织学习和讨论，用会议精神和先进经验统一思想认识。各地区要根据会议精神，结合本地的实际，认真研究贯彻落实会议精神的具体措施和办法，努力把广播电视财务管理工作提高到一个新水平。各地区要把传达和贯彻这次会议精神的情况向两部做汇报。

会议号召，全国各级广播电视部门和财政部门要在党的十四大精神的指引下，携起手来，相互理解；相互支持，密切协作，抓住机遇，锐意改革，共同努力把广播电视财务管理工作做得更好，为进一步繁荣和发展广播电视事业，促进社会主义物质文明和精神文明建设做出更大的贡献。

(注：广播电影电视部，财政部1993年12月10日签发)

全国广播电影电视法制工作会议

1993年12月20日至25日，在广西广播电视厅的大力支持下，广播电影电视部在广西南宁市召开了1993年全国广播电影电视法制工作会议。除安徽、青海、云南、西藏和深圳外，各省、自治区、直辖市和计划单列市广播电视厅（局)、电影系统有关单位以及黄石、沙市、天水市广播电视局的代表70余人参加了会议。

会议由部政策法规司副司长张书义同志主持。广播电影电视部党组成员、副部长同向荣同志到会并作了题为《进一步加强广播电影电视法制工作、推动和促进广播影视事业的发展》的报告，着重谈了当前加强广播影视法制建设的必要性、重要性和紧迫性，介绍了当前广播影视法制工作所面临的困难和对策，并代表部党组对全系统的广播影视法制工作提出了六点要求。

部社会管理司司长郭宝新同志也到会介绍了广播影视社会管理工作的有关情况。张书义同志向与会代表传达了国务院于1992年8月在京召开的第二次全国政府法制工作会议精神和中宣部、司法部在湖南衡阳市召开的全国“二五”普法经验交流会精神，并通报了我国“复关”谈判的有关情况。广西广播电视厅、甘肃省广播电视厅也在会上介绍了开展法制工作的经验。在这次会议上，广西区党委副书记丁廷模和广西厅郑久粲厅长等领导也讲了话。

为了把这次会议开成为1994年1月下旬在北京召开的全国广播影视宣传工作会议作准备的会议，根据部领导指示，部政策法规司向这次法制工作会议提交了《广播电视管理条例》、《电影管理条例》、《关于中外合作摄制电影片管理规定》、《关于中外合作摄制电视片管理规定》、《关于广播电影电视系统贯彻实施著作权法若干规定》、《电影艺术档案管理规定》和《广播电影电视部1994年法制工作计划》等法规、规章草案。与会代表分组进行了讨论，并将本单位对上述法规、规章草案的意见进行交流与研讨。

与会代表还结合本省（自治区、直辖市）的实际，就如何加强广播影视法制工作，提出了一些有益

的建议。与会代表要求：要大力加快广播影视法制工作，尤其要加强立法，尽快建立和完善广播影视法规体系，把广播影视事业的重要内容都要通过立法予以明确，维护广播影视系统的合法权益；进一步加强广播影视专业法的普及宣传教育工作；加强广播影视执法工作并依法行政、依法管理，把广播影视法制工作推向一个新的阶段。

（法规处）

全国少儿电视工作座谈会

1993 年 12 月 1 日至 5 日，第二届全国少儿电视“金童奖”颁奖会暨全国少儿电视工作座谈会在山东济南隆重举行。参加会议的有来自全国 60 家电视台的获奖代表、青少部（组）负责人、编导，“金童奖”部分评委等 100 多人。广播电影电视部副部长刘习良同志到会祝贺并给获奖代表发奖。山东省委常委、副省长宋法棠等山东省及省广播电视厅领导也到会祝贺并发奖。颁奖会上还对 28 名连续从事少儿电视工作 10 年以上的同志颁发了荣誉证书。

中国电视艺术委员会副主任兼秘书长洪民生同志作了题为《青少年节目力争有大面积的新的开拓》的专题报告，全面总结了两年来全国少儿电视工作的基本情况和成功经验，深入分析了目前还存在的不足之处，有针对性地提出了领导要重视、少儿电视工作者要深入了解对象、要办“儿童特宜”节目、求新求异、要形成有整体感的栏目、要提高责任感等繁荣少儿电视节目的六点希望，引起了与会者的强烈共鸣。中央电视台青少部主任余培侠向大会作了《发挥系统优势，再上一个新台阶》的专题发言，回顾了两年来少儿电视工作的发展状况，通报了中央电视台青少年节目的总体布局，介绍了 1994 年中央电视台和地方台的合作意向。

会议代表紧紧围绕如何大幅度提高少儿电视节目水平、大面积繁荣少儿电视节目，建设有中国特色的社会主义少儿电视节目体系的主题展开了热烈的讨论。各电视台还互相通报了各自的情况，商谈了今后的交流和合作。代表们都感到这次会议很有收获，衷心感谢山东省电视台的热情接待和周到安排。

会议认为，两年来全国少儿电视节目有了很大的进步，少儿电视节目比较落后的局面正在得到改观。首先是节目质量明显提高。具体表面在能够把握正确的导向，思想内容健康向上。具有鲜明的时代特色，吸引了广大青少年和家长，在现代化建设中发挥了积极的作用。在多年努力探索的基础上抓住了少儿节目的一些内在规律，对象感大为增强，少儿特点更加突出。在努力掌握电视手法、发挥电视特长方面趋于成熟。一些作品的创意独特，值得称道。这些特点在本届“金童奖”获奖作品中得到了集中的体现。同时，节目的式样、品种、题材等方面有新的开拓。前几年一直是薄弱环节的童话剧、木偶剧、短剧和小品近年有突破性的提高。少儿节目的数量成倍增长。各省台、大城市台基本上做到了每天下午六点左右、星期天和节日有国产少儿节目播出。全国现在有少儿节目的电视台 200 多个，其中 100 多个电视台向中央台提供过自己制作的节目。去年全国有固定的少儿栏目 62 个，今年发展到 79 个。中央台今年从原有的 3 个固定栏目增加到 8 个。从中涌现出一批新的名牌栏目和引起热烈反响的精品节目。各电视台加强了合作，发挥了电视系统的整体优势。少儿电视工作者总结实践经验，将实践经验上升为理论，已经初步取得了理论成果。少儿电视理论专集《塑造孩子的未来形象》已于今年六·一前出版。一大批有志气、有才华的电视工作者尤其是一些青年人自愿投身到少儿电视工作中去，队伍不断壮大。在市场经济大潮兴起的形势下，不少电视台具有远见卓识，加强了对少儿节目的投入。去年以来，据不完全统计，全国电视台中新成立了 8 个青少部（广西、陕西、湖北、江西、天津、广州、武汉、青岛），7 个少儿组（湖南、江苏、新疆、石家庄、洛阳、新余、双鸭山），从建制上给予了保证。总的来讲，全国少儿电视的形势发展很快。

会议指出，在充分肯定取得的成绩的同时，也要清楚地看到整个少儿节目的现状还不能满足增长很快的少儿精神生活的需求，和一些发达国家相比有较大的差距。我们对少儿非常活跃、变化很快的心理还缺乏深入的研究，他们处于当今日新月异的时代、信息的时代，心理不上断产生许多新的特点，已大大不同于过去，具有较强的求知欲和主动性。中外的教育方法交流也越来越多。而我们的一部分节目在跟随时代步伐方面显得比较吃力，存在着观念旧、手法老、对象感不强的毛病。全国青少年节目发展不平衡，少数电视台领导至今仍对这项工作认识不足，重视不够，抓得不得力。在组织、节目、经费等方面。仍然是时有时无，忽冷忽热。有的只顾经济效益，撤掉原有的少儿栏目，改办有经济效益的成人节目。有的同志不安心做这项工作。近年来，少儿节目的艺术质量有所提高，但技术质量仍然不好。据中央电视台技术制作中心负责人通报，地方台少儿节目的技术质量是地方台在中央台播出的各类节目中最差的。据了解，原因就是许多电视台用于少儿节目的设备，都是本台较低档的。

会议认为，为了在较短的时间内加速少儿节目前进的步伐，要狠抓以下几个环节。一要大力增强少儿节目的对象感，提高少儿节目的吸引力。少儿节目是对象感最强的节目，连不同年龄段的少儿爱看的节目都不一样。我们要拍好少儿节目，还须花大力气把我们的特殊观众研究透彻，加以认真细致的区别对待。在“童真童心童趣”上大做文章。节目的内容和形式一定要更加丰富多彩、生动活泼，充分调动各种艺术手段，求新求异，出奇制胜。二是要对少儿节目给予特殊的重视和关心。在思想认识上解决问题，少儿人数众多，是祖国的未来，他们后面还有那么多家长，只要我们的节目办好了，是会有很多观众的，是大有可为的。领导要重视，拿出各种具体措施来确保少儿节目的发展。三是要抓好少儿电视队伍的建设。少儿电视工作者要加强学习。单位要加强对在职干部的培训。扎实地开展理论研究。活跃评论空气，形成大家关心少儿节目的良好气氛。长期从事少儿电视工作的同志评职称应该给予重点保证。四是要联合社会各种力量共同办好少儿电视节目。我们要主动和共青团、妇联、教育部门、文化部门、社会科学研究部门等方方面面密切合作，争取他们的积极参与和大力支持，有效地提高我们节目的水平。代表们表示相信，只要我们各级电视台领导高度重视少儿节目，认真给予人员、设备、资金等保证，少儿电视工作者团结社会各种力量共同努力，中国的少儿电视节目一定能成为世界第一流的节目群体。

会议号召全国少儿电视工作者团结起来，振奋精神，鼓足干劲，争取更大的进步，不辜负几亿青少年和他们家长的殷切希望!

（注：广播电影电视部办公厅 1993 年 12 月 30 日签发）

全国广播电视中专实验教学工作会议

1993 年 7 月 26 日至 8 月 2 日，广播电影电视部教育司在长春市吉林省广播电视学校召开了第二次全国广播电视中专实验教学工作会议。

全国各广播电视中专学校主管教学工作的校长、实验室主任和各课程组组长参加了会议。吉林省广播电视厅厅长姜兴坤同志、副厅长陈桂荣同志、省教委中专处副处长纪拓同志到会并讲了话。吉林人民广播电台、吉林电视台的领导和省厅有关处、室的负责人也到会表示祝贺。参加会议的还有广播电视出版社，陕西省电影电视学校和黑龙江省广播电视培训中心的代表。

会上，部教育司副司长刘爱清同志，就加快教育改革和发展作了重要讲话并提出了八点意见。部教育司综合处副处长陈洪诚同志以“强化实验教学突出广播电视中专特色”为题，做了工作报告。

内蒙校、吉林校、江苏校、湖南校、浙江校、山东校、广东校的代表做了大会经验介绍。会上还组织参观了吉林校实验室。

会议认真讨论并通过了“全国广播电视中专学校实验教学工作条例”，实验报告纸模式、部颁教学计划及关于制定“全国广播电视中专实验目录”的提要。

与会代表回顾并交流了第一次实验教学工作会议以来，各校在实验教学方面所取得的成绩和存在的问题。特别是实验室的管理体制和实验教学经费不足，一直影响着实验教学水平的提高。一致认为，部教育司召开的第二次实验教学工作会议是务实的，很有必要。它必将对理顺实验教学与理论教学的关系，规范实验教学，提高实验教学水平产生很大的推动作用。

会议要求各校代表回校后要认真传达、组织讨论、贯彻会议精神，力争在今后五年内使实验教学水平上一个新台阶。

会议要求各课程组，1993 年年底把各自所含课程的实验目录一式两份交部教育司和无线电测量课程组主持学校（内蒙校），1994 年把实验指导书编写完毕，交部教育司审定，组织出版发行。

本次会议受到了吉林省广播电视厅领导的大力支持，吉林校领导和会务组全体成员付出了辛勤的劳动，为会议召开提供了良好的环境。为此，会议全体代表向吉林省厅的领导、向吉林校领导及全校教职工表示衷心的感谢。

（注：广播电影电视部教育司 1993 年 9 月 16 日签发）

全国广播电视中专学校工作座谈会

第七次全国广播电视中专学校工作座谈会于 1993 年 7 月 26 日至 8 月 2 日在长春市吉林省广播电视学校召开。参加这次会议的有部教育司副司长刘爱清同志，综合处副处长陈洪诚同志。参加的学校有辽宁、山东、山西、内蒙古、甘肃、新疆、郑州、江苏、浙江、江西、安徽、湖南、湖北、广东、广西、云南、贵州、四川、福建、陕西、黑龙江、吉林等 22 所学校的领导和有关同志，以及《广播电视中专》杂志编辑部的同志，共 29 名代表。

部教育司主持召开的全国广播电视学校实验教学工作会议同时举行。

两会于 7 月 26 日上午举行了开幕式。吉林省广播电视厅党粗书记、厅长姜兴坤、副厅长陈桂荣、厅纪检书记刘效舜、省人民广播电台赵国光、省电视台副台长刘宪宝，省厅有关处、室的负责同志，省教委中专处的负责同志，到会表示祝贺。部教育司刘爱清副司长就加快教育改革和发展作了重要讲话。姜兴坤厅长代表吉林省广播电视厅，纪拓副处长代表吉林省教委对与会代表表示了热烈欢迎，并做了重要讲话。

这次座谈会主要交流全国广播电视中专学校教育改革的新经验和各校如何抓住机遇，用好政策，进一步拓宽办学路子，使学校改革迈上新台阶的经验以及各校如何扩大创收补充教育经费不足的经验。

经过会议代表认真、严肃、热烈的讨论，大家一致认为：

1、近三年来，在各省（区）广播电视厅党组的关心和支持下，各校的办学条件得到了进一步改善。

但由于我系统的中专学校起步晚、基础差、规模小、效益低，在各省（市）教委的办学条件评估验收中，部分学校已初具规模，少数学校基本合格，人才的需求很不适应，应当引起各主管厅领导的高度重视，应为改善办学条件，抓几件实事，解决一、两个突出的问题。

2、为了建立适应社会主义市场经济体制和政治、科技体制改革需要的教育体制，更好地为社会主义现代化建设服务，各校均应加强体制改革。近几年来，各校推行了校长负责制，调整了内部管理机构，完善了各项管理制度，部分学校实行了干部聘任制，充分调动了职工的积极性。

3、要不断地拓宽办学路子，努力扩大办学规模。开展多专业、多层次办学，扩大了招生名额，各学校还充分利用了本校的条件，积极开展岗位培训和短期培训；部分学校开办了校办产业，并获得了一定经济效益。无论采取何种方式都达到了补充教育经费不足的目的。在扩大创收方面，还有不少文章可做，各校应从本校实际出发，用一定的精力抓好创收工作。

4、振兴民族的希望在教育，振兴教育的希望在教师，建设一支具有良好政治、业务素质，结构合理，相对稳定的教师队伍是教育改革和发展的根本大计，但在我系统中，教师的待遇普遍低于两台，妨碍了教师队伍的稳定，为此，要大力改善教师的工作、学习和生活条件，同时要加强现有专业教师的培训，尤其要重视对年轻教师的选配，建立一支良好的教师队伍，这是提高教育质量，保证广播电视教育不断发展的关键。希望各级领导进一步加强教师队伍的稳定性建设。

座谈会上，各校编委成员还认真研究了《广播电视中专》杂志的工作，并就编委成员的调整、通讯员的培养、办刊经费等问题进行了讨论，并做出相应的决定。

一九九四年全国广播电视中专学校的工作座谈会由辽宁校承办。主要交流各校创收及经营、管理的经验；如何改革学校的后勤管理工作，搞好服务育人的经验。

经过八天的时间，会议达到了预期的目的，圆满结束。与会代表对吉林省广播电视厅的领导和有关部门的领导给予会议的关怀和大力支持表示深深的敬意；吉林省广播电视学校领导和会务工作的同志为开好会议做了精心安排，热情周到的服务，与会代表一致表示感谢。

（注：广播电影电视部 1993 年 9 月 16 日签发）

全国广播电视系统
第八次函授教育工作会议

全国广播电视系统第八次函授教育工作会议于 1993 年 10 月 6 日至 10 日在河南省郑州市召开。会议代表是来自 27 个省、市、自治区广播电视厅（局）人事（教育）处主管教育工作的领导和 29 个函授站的站长（负责人），共 75 名。

广播电影电视部副部长何栋材、河南省副省长张世英参加了会议并发表了重要讲话。北京广播学院党委书记、院长刘继南在大会开幕式上作了工作报告。广播电影电视部教育司副司长刘爱清在大会闭幕式上作了总结报告。出席会议的领导还有河南省委宣传部副部长马心浩、河南省广播电视厅厅长宋国华、副厅长马福魁、广播电影电视部地宣司司长韩庆余、教育司副司长赵声鸿，以及国家教委成人教育司函授夜大处处长张大也等。

会议的主要任务是贯彻 1992 年全国成人高等教育工作会议和全国广播电视系统人事教育工作会议精神，总结 1990 年以来函授教育工作，讨论部署今后函授教育的改革和发展，表彰先进函授站和先进函授教育工作者。

何栋材副部长在讲话中指出：广播电视函授教育是教育工作的组成部分，在经济建设和广播电视事业迅猛发展、迫切需要人才的今天就显得更为重要。在如何办好广播电视函授教育问题上，他强调指出：(1) 我们的函授教育、成人高等教育，要主动适应经济建设和广播电视事业迅速发展的需求，适应整个社会和各类社会成员提高自身学历文化层次的需求，建立起新的办学机制。(2) 各级领导要重视函授教育，把它放在重要位置上，各厅局要有一位领导分管教育。(3) 函授站要有优良的育人环境，要给一定投入，部里和各厅（局）都要支持函授站工作。(4) 一定要编好辅导教材，要重视辅导，要安排优秀人才当辅导教师。(5) 可以考虑利用本系统有效的传输手段，比如利用卫星广播电视进行远距离辅导。(6) 要不断提高教学质量，抓好管理工作。

刘院长作的《在深化改革中大力发展广播电视函授教育》工作报告，肯定了 1984 年以来广播电视函授教育所取得的成就，总了九年来函授教育工作的基本经验，并对函授教育的地位和作用及函授教育的改革和发展等问题进行了深入阐述。特别是对函授教育的改革和发展，刘院长指出今后几年，广播学院在继续办好全日制普通高等教育的同时，要与各级广播电视机构通力合作，大力发展函授高等教育，力求实现新的突破，并提出了分两步走的发展目标：第一步是前四年，调整布局，提高层次，增设专业，建立多种类型、多种层次、多种形式、多种渠道的具有广播电视特色的高等函授教育体系；初步形成功能齐全的函授教育网络和自我发展、自我约束、充满生机活力的运行机制；扩大招生规模和招生范围。第二步是后三年，规模进一步扩大，结构更加合理，效益显著提高，质量上一个新台阶，整个办学逐步向高质量、高水平、高层次发展。具体设想是：(1) 要尽快改变以往专业设置少的状况，增设一些社会急需的新专业或专业方向。(2) 改变办学层次单一的状况，变单一层次为多层次，第一步是试办第二学历教育，申办本科和专科起点的本科教育既“专升本”；第二步是条件成熟时招收函授硕士研究生。(3) 扩大覆盖范围，在面向本系统的同时，要面向本行业，面向全社会。(4) 开展岗位培训工作。(5) 加强师资队伍和教材建设，改进教学管理，进一步提高教学质量。

与会代表一致赞同何副部长和刘院长的报告。代表们回顾历史，展望未来，总结经验，提出措施，对发展函授教育充满了信心。经过充分交流和热烈讨论，在下列问题上取得了一致的认识：

一、北京广播学院开办函授教育近十年来取得了很大的成绩，应该充分肯定。

——函授教育以来，已招生 10 届，共 9980 人，(70%是广播电视系统的在岗人员)，至今已有毕业生 5800 多人，为全国各级广播电视机构培养了大批广播电视事业急需的专门人才，提高了大批中青年在岗人员的专业素质，改善了专业干部队伍的知识结构和学历结构。

——函授站分布在全国 26 个省、自治区、直辖市，形成了一个覆盖全国的函授教育网。函授教育已成为广播电视系统高等教育的重要组成部分。

——函授教育拓宽了广播学院的办学领域，加强了学院与地方广播电视厅（局）、台及各地的教委的合作与联系，促进了学院内部教育思想、教学内容、教学方法、学科建设等方面的改革。

二、通过九年来函授教育的实践，取得了宝贵的办学经验。

——函授教育已经成为培养大批广播电视合格人才的不可或缺的手段。以广播电视事业的发展和人才需求为依据，制定和实施函授教育计划，是函授教育兴旺的基础。

--依托全国广播电视系统办函授教育，有许多有利的因素和条件，这是我们函授教育的最大优势。

--借助地方教育力量办函授，可以弥补学院派出师资力量的不足，而且又增进了学院与地方厅台、兄弟高校的合作与交流，有助于函授教育质量的提高。

--不断提高教学质量，以质量求生存、求发展，这是函授教育的生命力所在。加强管理是确保函授教育质量的关键。

三、广播电视系统函授教育在发展中也存在一些问题。

--生源问题，在竞争日益激烈的成人函授教育市场上如何扩大生源，以保持函授教育长盛不衰，成了与会代表共同关心的问题。

--专业少，层次单一，影响了函授教育的发展。因此，对开办专科起点的本科教育既“专升本”，是代表们呼声最高、要求最强烈的一个问题。

--中心城市的考生日益减少，而地、市、县和基层单位的考生日益增多，这有好的必要的一面，但造成考生质量有所下降，也给招生、面授辅导等带来一系列困难。

--在教学管理、教材建设、课程设置、教师投入等方面还存在一些问题。

刘爱清同志广泛听取了与会代表的意见和建议后，在大会闭幕式上作了总结性报告。他首先指出，这次会议的宗旨是：回顾历史，肯定成绩，总结经验，找出问题，确定目标，研究对策，鼓舞士气，开拓前进。他再度深刻地论述了函授教育的地位、作用和意义。他把我们的函授教育概括为六大优越性、五大功绩、四个问题。六大优越性是：(1) 发挥了广播电视系统行业优势，包括专业人才密集的优势和技术装备较为先进的优势。(2) 借助先进的教学手段，学员就近上学，费用不高，经济简便，容易被学员和单位所接受。(3) 坚持自学为主、业余为主的原则，工学矛盾并不突出。(4) 面向全国招生，规模较大，覆盖面很广。(5) 开办的专业完全对口，课程设置符合岗位的需要，也便于学员理论联系实际、学习和应用相结合。(6) 我们的函授是高等学历教育，对广大想学习的在职干部具有很大的吸引力。他们可以不进大学校门，就能学到专业知识，又能拿到学历文凭。五大功绩是：(1) 函授教育使一大批被“文革”耽误的中青年在岗人员，经过系统的专业教育，提高了文化和专业素质，弥补了“文革”造成的人才断层，在一定程度上缓解了本系统专业人才不足的矛盾。(2) 函授教育为大批在职人员的进修提高提供了较多的机会和较广的途径。(3) 函授教育解决了一大批有实践经验的业务骨干的学历问题，为评定专业技术职务创造了条件。(4) 在一定程度上改善了广播电视干部队伍的学历层次结构和专业知识结构，提高了广播电视干部队伍的整体素质。(5) 我们的函授教育也为社会上一些新闻单位和其它行业培养了一批专业干部，为社会作了一些贡献。

刘爱清同志用较大篇幅重点阐述了函授教育的改革与发展，并提出了“扩大规模、增开专业、提高层次、缩短学制、改进教学、保证质量”这一发展函授教育的二十四字方针。他解释说：扩大规模就是要根据需要和可能有计划地逐年增加招生名额。为了保证有足够的生源，他提出了“立足本系统，照顾同行业，突破旧界限，面向全社会”的招生方针。增开专业就是要主动适应社会和广播电视事业发展的需要，开办具有我们的优势和特色的新专业。提高层次就是不仅要办专科，而且要办本科，尤其要申办大专起点的本科函授即“专升本”。关于缩短学制问题，也可以考虑，但必须调整课程设置、修改教学计划、精选教学内容、改进教学方法，也就是说在保证教学质量的前提下解决。质量是函授教育的生命，我们要继续维护广播学院的较好声誉，要对学员本人负责，对单位负责、对事业、对社会负责，绝不能对质量问题掉以轻心。刘爱清同志还指出函授教育是一种有效的成人教育形式，我们应该充分利用这种形式，发挥它的多功能的作用，拓宽办学路子。比如岗位培训和继续教育也可以考虑利用函授这种形式。最后，刘爱清同志强调了函授教育工作是非常高尚和光荣的职业，并肯定了大家辛苦工作、忠于职守的奉献精神，还勉励大家继续努力，总结经验，巩固成果，为广播电视事业的发展做出更大贡献。

河南省广播电视厅宋国华厅长在闭幕式上讲了话。国家教委成人教育司函授夜大处张大也处长介绍了全国成人教育的情况，并回答广大函授教育工作者所关心的问题和政策。

会上，北京广播学院函授部就关于函授教学过程实施细则、关于加强函授教学管理及函授教育十周年庆祝活动作了说明。

会上评出8个先进函授站和25名先进函授教育工作者。先进函授站是：山东、河北、安徽、湖南、四川、辽宁、新疆、郑州。这8个函授站的代表分别在大会上介绍了自己的办学经验。

整个会议在积极、热烈、团结、务实的气氛中进行。代表们对会议提出的改革和发展目标及措施表示满意，都有决心和信心克服困难、努力奋斗，使我们的广播电视高等函授教育迈上一个新台阶。

这次会议得到了河南省广播电视厅的全力支持，全体与会者对此表示衷心的感谢!

《中国广播电视年鉴》第九届年会

《中国广播电视年鉴》第九届年会于1993年10月28日至11月1日在福建省厦门市召开。广播电影电视部副部长、《年鉴》第二届编委会主任刘习良同志出席并在会上做了关于形势、改革和《年鉴》工作的报告。部分编委以及部属部门和27个省、自治区、直辖市的资料负责人等80多人出席。会议听取了第一届编委会工作总结，1992-1993年版《年鉴》编纂总结，1994年版大纲的介绍和有关附件的说明后，进行了分组讨论。编委会副主任李振水同志主持会议，6位编委在大会上先后发言，副主任兼主编赵玉明同志作了总结。这次会议开得紧凑、顺利、圆满，达到了预期的目的。

（一）年会认真总结了《年鉴》创刊8年来出版7卷所取得的成绩与存在的问题。《中国广播电视年鉴》创刊于1986年，在部党组和第一届编委会的领导下，先后出版了1986年版、1987年版、1988年版、1989年版、1990年版、1991年版、1992-1993年合刊版共7卷，总计1500万字，比较全面、深入和忠实地记载和反映了50多年来中国人民广播事业特别是改革开放以来我国广播电视事业的发展历程，可以说这是一套不断续编的具有时效性的广播电视的百科全书。《年鉴》的编纂和出版是一件无愧于前人，有益于后世的重要工作，其历史与现实价值将日益明显。1992-1993年版《年鉴》第一次做到当年版当年出书，在编纂出版上取得了突破，但《年鉴》有待于在编纂质量上不断提高，进一步精选精编，并减少出版上的技术性差错。

九届年会上，刘习良副部长和代表们一起讨论年鉴工作。

（田景瑞摄）

（二）年会明确了今后及明年《年鉴》工作的努力方向，进一步坚定了同志们做好《年鉴》工作的信心。做《年鉴》工作有不少困难，十分辛苦，但同志们一致认为，编纂《年鉴》功在当代，益在千秋。我们要克服困难，发奋努力，把《年鉴》工作做得更好。今后《年鉴》编纂工作的方向，就是要忠实地记载有中国特色的社会主义广播电视事业的发展历程，把《年鉴》办成历史的记录、经验的集结、广播电视的大窗口。要使《年鉴》进一步具备真实性、客观性、准确性、广泛性、综合性。《年鉴》工作今后的重点是：抓好质量，抓好经营，抓好队伍建设。

（三）年会根据目前《年鉴》工作的实际情况、形势发展对《年鉴》工作的要求和今后的努力方向，向全国广播电视系统，部直单位、部门和各省、自治区、直辖市广播电视厅、局提出以下建议与要求：

1、各单位领导应重视和支持《年鉴》工作。落实负责《年鉴》工作的部门与人员，并在经费及工作条件上，予以保证。

2、各单位为《年鉴》提供的稿件要同广播电视的宣传工作一样，保质保量，按时完成。

3、各单位应做好《年鉴》的发行工作并注意发挥《年鉴》的作用。

4、《年鉴》工作是广播电视系统的一件重要工作，各单位要支持《年鉴》编辑部做好组稿、供稿、编稿、发行、广告等各项工作。

（广播电影电视部办公厅1993年11月22日发文）

专论

广播电视论文选摘

辉煌的过去　灿烂的未来

杨伟光

在中央电视台创办35周年之际，呈现在我们面前的是中国电视事业的繁荣与辉煌。23000万台电视机，80000万电视观众，天上卫星，地面微波，地下光缆，交织出一张巨大的立体传播网，电视人口覆盖率已达到81.3%以上，中国已经成为电视大国。中国的电视信号已经超越国界、洲界，传播到世界一些地区，为世界人民了解中国架起了空中桥梁。中央电视台是国家电视台，她的诞生是中国电视事业起步的标志，她的发展代表了中国电视事业的总趋向。35年来，特别是1979年以来，中央电视台取得了显著的成就，新老电视工作者无不为之感到由衷的振奋和自豪。在建设有中国特色社会主义事业的进程中，电视发挥了重要的作用。总结35年的经验，我们豪情满怀，信心百倍，决心为建设与我国国际地位相称的世界一流水平的国家电视台而奋斗。

发展历史的简要回顾

50年代，我国开始筹划建立自己的电视事业。1954年，毛主席提出中国要办电视。1955年2月5日，中央广播事业局向国务院写了报告，提出在北京建立一座中等规模的电视台。这个发展电视的计划得到刘少奇、周恩来等中央领导同志的支持，并被纳入国家五年计划。1957年8月17日，中央广播事业局决定成立北京电视实验台筹备处，经过近一年的积极筹备，1958年5月1日晚19时，中国第一座电视台——北京电视台开始试验播出。经过一段实践，1958年9月2日转为正式播出。这一天被确定为中央电视台的诞生日，同样也是中国电视事业正式诞生纪念日。

中央电视台创办之初，北京仅有50台电视接收机，电视台只有30多名工作人员，每周播出两次，每次播出3个小时左右。播出以电影和剧场转播为主，新闻片数量甚少。由于发射功率不大，覆盖范围仅限于北京市区。

中央电视台创业时期，工作条件十分艰苦，演播设施相当简陋，既没有专门的演播室，也没有胶片洗印车间。尽管条件有限，第一代电视工作者以高度的工作热情，制作播出了一批具有开创意义的电视节目，为电视事业的发展奠定了基础。

电视台建立不久，就承担了党和国家重大活动的报道任务。1959年10月1日，国庆10周年，电视首次在天安门广场转播了阅兵仪式和群众游行实况。此后，凡属这类大型活动都有电视转播的一个席位，党和国家领导人的出访活动，也开始有电视记者随行报道。电视台作为新闻宣传机构的地位逐步得到认可。

电视文艺、体育转播等具有电视特点的节目，在观众中很受欢迎。1961年第26届世界乒乓球锦标赛在北京举行，电视台进行了空前规模的报道，连续多日进行实况转播，引起很大反响。文艺节目有在演播室播出的表演性节目，有剧场转播的戏曲、戏剧，还有直播电视剧、电视报道剧等等，特别是现场直播的文艺晚会，集多种文艺形式为一体，显示了电视文艺的巨大潜力。英模人物的电视报告会、电视纪录片、也是当时的主要形式。60年代初期，电视台已开设了20多个专栏节目，有新闻性栏目、知识性栏目，娱乐性栏目，电视的多功能性得到体现。

1958年—1966年的初创时期，在党和政府的关心支持下，电视台从无到有建立起来，并形成一定的规模。1964年12月，毛泽东主席为北京电视台书写了台名，电视作为一种新型的舆论工具，其作用和影响逐步扩大。

“十年动乱”期间，电视宣传工作受到林彪、江青两个反革命集团的严重破坏和干扰。这一时期，电视技术和事业建设取得了一定的进展。1971年，全国邮电微波干线初步建成，电视节目可以传送到20个省、自治区、直辖市，为建设以北京为中心的全国电视网创造了条件。

1972年，由于外交活动的需要，电视台租用卫星地面站、彩色电视转播车、彩色胶片冲洗设备，转播了美国总统尼克松和日本首相田中角荣访华的实况，这成为我国利用卫星传送电视节目的开端。

1973年5月1日，彩色电视节目开始实验播出。同年10月1日转为正式播出，当天转播了首都人民国庆游园活动实况。它标志着中国电视事业发展到了一个新的阶段。

1976年10月粉碎“四人帮”以后，中国电视开始呈现勃勃生机。许多被禁锢多年的优秀节目重新与观众见面。电视台为丰富节目，先后开办了《世界各地》、《外国文艺》、《文化生活》、《体育之窗》、《祖国各地》、《科学与技术》等专栏节目。1978年元旦，在各地电视台协作下，《新闻联播》正式挂牌播出。

1978年5月1日，北京电视台正式改名为中国中央电视台，英文缩写“CCTV”，国家台的地位得以确认。

1978年底，中国共产党召开了具有历史意义的十一届三中全会。从此，中国进入了一个崭新的历史阶段。中央电视台也伴随着改革开放的步伐，迈进了蓬勃发展的兴旺时期。党和国家对发展电视事业极为重视，由国家投资并列入“六五”计划的重点工程——彩色电视中心，于1983年5月30日开工兴建，1987年底竣工。中央电视台于1988年3月迁入彩电中心后，工作条件大为改善，先进电视技术设备增加，使中央电视台节目制作能力和播出能力大大提高。彩电中心的建成和投入使用，是中央电视台发展史上的里程碑。

这个期间，邮电微波通信网进一步完善，通信卫星电视转播实用化，为中央电视台的节目传遍全国，并向国外传送提供了保证。目前中央电视台共办有四套节目，其中第四套节目以台、港、澳观众为主要服务对象。四套节目每天播出时间达50多个小时。

从1985年起，中央电视台的各类节目全部实行了栏目化播出，既便于观众收看，也便于节目制作和交换，现开办的栏目共有80多个。

电子录像技术的广泛采用，使电视节目生产出现了巨大的变革。从1978年底开始，中央电视台的新闻采访和节目制作逐步向录像方式过渡。1980年7月实现了节目播出录像化。1984年7月引进的电视节目播出计算机程序控制系统投入使用，实现了电视节目播出自动化，有效地提高了播出质量。

中央电视台曾多次出色地完成了具有历史意义的重大宣传报道任务。1984年10月1日，新中国成立35周年，中央电视台现场直播了天安门广场举行阅兵式和群众游行的盛况。这次庆典活动的实况不仅向全国播出，还通过国际通信卫星传向全世界，极大地振奋了民族精神，树立了社会主义中国的良好形象。1990年9月22日至10月7日，盛况空前的第十一届亚运会在北京举行，中央电视台担当了这次运动会的电视转播任务。亚运会报道获得巨大成功，赢得中外人士一致赞扬，标志着中央电视台完全有能力胜任国际大型体育比赛的电视转播，为申办奥运会创造了有利条件。

为组织全国电视台共同办好《新闻联播》，中央电视台提出了一系列新闻改革的目标和措施。《新闻联播》的内容、形式、时效都有了显著的变化。

电视新闻的信息量和播出量不断增加。1980年5月开办了新闻评论栏目《观察思考》；1984年开办了《午间新闻》；1985年开办了《晚间新闻》；其后又陆续开办了《英语新闻》、《体育新闻》和《早间新闻》节目。1993年3月中央电视台对新闻节目又作出重大调整，第一套节目实现了新闻滚动播出，每天播出12次新闻。电视新闻已成为国内外要闻总汇，成为人们了解国内外大事的重要渠道。

此外，体育节目、社教节目也有较大发展。多年来，中央电视台成功地报道了洛杉矶奥运会、汉城奥运会、巴赛罗那奥运会，九届、十届、十一届亚运会等多项国际比赛和不计其数的国内体育比赛，得到广大体育爱好者的普遍称赞。大型系列电视节目的发展也十分引人注目，其中较为突出的如《丝绸之路》、《话说长江》、《话说运河》、《长征，生命的歌》、《让历史告诉未来》、《望长城》等，都曾在社会上引起巨大的反响，为中央电视台赢得了荣誉。

为加强经济宣传，更好地为经济建设服务，中央电视台于1984年底成立了经济部，1985年在第二套节目开辟了《经济生活》专栏。1987年开办了每天40分钟的《综合经济信息》节目，1989年底调整为《经济半小时》，1992年又开办了每天半小时的《经济信息联播》。经济节目重在宣传党和国家的经济政策，传播经济信息，沟通产销渠道，为企业和消费者服务。经济节目开办以来，逐步形成自己的特色，受到观众的好评。

中央电视台从1979年12月起，正式开办电视广告业务。随着我国商品经济的发展，电视广告深得广告客户的青睐，广告收入逐年增长，给电视台带来了可观的经济收入，补充了节目经费的不足，促进了事业发展。

电视文艺硕果累累。文艺栏目经过不断的调整充实，更加符合观众的收视要求，具有鲜明的电视特点和各自的风格。特别是各种类型的电视文艺晚会，产生了强烈的社会反响。每逢年节组织播出的文艺晚会节目，给亿万电视观众增了喜庆和快乐，每年除夕举办的《春节联欢晚会》已成为人们过春节的一项重要活动内容，牵动着亿万观众的心。《春节联欢晚会》自1983年首次举办，到1993年已连续举办了11届。

文艺竞赛类节目是电视文艺园地中的一枝新葩。它激励演员充分发挥艺术表演才能，调动观众的参与感，具有强烈的吸引力。1984年中央电视台举办了首届全国青年歌手电视大奖赛，到1992年已连续举办了5届。中央电视台还成功地举办过相声、喜剧小品、京剧、舞蹈、民族器乐等各种类型的竞赛性文艺节目，促进了各种文艺门类百花齐放。

电视剧异军突起，各种题材，不同风格、样式的电视剧百花齐放。为了推动和扶植中国电视剧的健康发展，中央电视台有重点地选择部分剧本基础较好、题材适宜的剧目，采取合作、合拍、购买首播权等形式予以支持，从而保证了历年来全国生产的优秀电视剧都能在中央电视台播出。

中国电视剧制作中心成立于1983年10月，现每年创作生产各种题材、样式的电视剧百余部(集)。已成为全国生产能力最大的电视剧制作单位。历年来推出大量优秀之作，如《磋跎岁月》、《寻找回来的世界》、《红楼梦》、《西游记》、《努尔哈赤》、《末代皇帝》、《宋庆龄和她的姐妹们》、《唐明皇》等等，许多剧目多次在国内外获奖。

随着我国对外开放，中央电视台在国际交往中的影响和作用日益扩大。目前已同100多个国家和地区的电视机构建立了电视业务关系或签订了合作协定。中国电视节目通过多种渠道走向世界，增进了世界各国人民对中国的了解和友谊。中央电视台曾多次参加各种国际性的电视交流活动，不少节目在国际上获奖。

中央电视台的管理工作随着事业发展已列入重要日程，初步建立了以宣传为中心，宣传、技术、行政三位一体的管理体制，到1992年底，中央电视台职工人数已有2500人。一支由电视采编、技术、行政、后勤多工种组成的电视专业队伍已经形成，正在为电视事业的进一步发展做出新的贡献。

中央电视台经过35年的发展，现已达到可观的规模。无论从其影响、节目制作能力、播出量及综合实力等方面讲，均处于国内首屈一指的地位。在改革开放更加深入的今天，中央电视台将把握历史的机遇，加速自身的建设和发展，向新的目标迈进。

1993年初，在分析论证了国内外电视发展总趋势的基础上，中央电视台制定了新的发展战略，提出立足中国，面向世界，把中央电视台建设成为同中国大国地位相称的世界一流水平的电视台的奋斗目标，以一流的队伍、一流的设备、一流的节目为实现这一目标的具体内容。中央电视台将力争用七、八年的时间基本实现这一目标。

根据事业发展总体方案，中央电视台将实行“对内对外并重，无线有线结合”的方针。对内精心办好一套以新闻为主的综合节目，同时开办多套专业频道，以满足社会各界对电视的要求。

中央电视台对外宣传的构想是：一个天上，一个地下。天上，通过国际卫星电视覆盖外国；地上，在世界大城市建立中国录像带销售网络。

回顾过去，业绩辉煌；展望未来，前程无量。中央电视台将在新的起点上开拓奋进，迎接历史的新纪元。

三十五的年基本经验

35年，中央电视台形成了自己的优良传统与作风，在各个方面都积累了宝贵的经验，这是一笔巨大的精神财富。总结历史经验，有助于认识中国电视的发展规律，使前进的脚步更加坚定有力。35年电视发展的基本经验大致可以归纳为以下几个方面：

一、认清性质，把握导向。

中国电视事业从诞生之日起，就是党的新闻事业的组成部分。中央电视台是国家电视台，是党、政府和人民的喉舌，也是党和政府与广大人民群众联系的桥梁和纽带。对内代表党和政府的形象，对外代表国家和民族的形象。因此，中央电视台的宣传工作必须自觉地与党中央在政治上、思想上保持高度一致，全面、准确、生动地宣传党的路线、方针、政策。围绕党在不同时期的中心任务，充分发挥电视宣传优势，为建设社会主义物质文明和精神文明服务。

早在中央电视台创建之时，中央广播事业局在给中宣部、国务院的报告中就提出：“电视台必须根据党的方针、政策，尽可能反映当前国家和人民政治生活中的重大事件，报道社会主义建设成就，宣传科学技术知识以及介绍各种优秀剧目和艺术影片，并为少年儿童准备一定数量的节目”。初期的电视节目就是按照这个方针组织实施的。针对当时有人认为电视台只是播放电影、戏剧等文艺节目的误解，电视台明确表示，电视同报刊、广播、通讯社等新闻单位一样，是党的宣传机关和新闻机关。以党的十三届一中全会为转折点，电视宣传逐渐成为最有影响的新闻媒介之一。1983年党中央指出：“广播电视是教育、鼓舞全党、全军和全国各族人民建设社会主义物质文明、精神文明的最强大的现代化工具，也是党和政府联系群众最有效的工具之一。”这是对广播电视性质、任务、地位和作用的科学概括，也为电视宣传指明了方向。

电视具有宣传教育、传播信息、文化娱乐、社会服务等多种功能，其中首要的是宣传教育。中央电视台一贯遵循党对电视宣传工作的总体要求，认真宣传马列主义、毛泽东思想和邓小平同志关于建设有中国特色社会主义的理论；宣传党的“一个中心，两个基本点”的基本路线；坚持党的四项基本原则；经常地向广大人民群众进行爱国主义、集体主义、社会主义和自力更生、艰苦奋斗的思想教育以及革命传统教育，发挥正确的舆论导向作用。

电视具有广泛的影响，中央电视台的《新闻联播》平均收视率为50%左右，这就意味着每天大约有4亿观众收看。面对如此众多的观众，电视宣传工作容不得丝毫大意和差错，任何失误都可能造成难以挽回的后果。在多年的宣传实践中，中央电视台从正反两方面的经验中认识到，要使电视宣传保持正确的方向，就必须自觉抵制资产阶级新闻观，坚持团结、稳定、鼓劲的方针，坚持以正面宣传为主。中央电视台在一系列重大宣传报道活动中，都认真落实了上述方针，并努力使电视报道有声有色，得到中央领导和广大观众的一致好评。

在改革开放，发展社会主义市场经济的社会环境中，人们的思想观念有很大的变化，因而加强正确的理想、信念、人生观、价值观的宣传教育显得尤为重要和迫切。中央电视台的各类节目都把这项任务摆在重要位置上，并持之以恒，为改革开放创造良好的舆论环境，推动社会主义精神文明建设不断深入。电视宣传工作必须体现党的解放思想，实事求是的思想路线，运用唯物辩证法指导工作，清除形式主义、教条主义的危害，防止宣传的片面性和“刮风”现象。近几年由于指导思想进一步明确，电视宣传更加贴近实际，贴近生活，贴近群众。

二、保持高格调，体现国家台水平。

中央电视台作为国家电视台，对外代表国家和民族的形象，对内代表党和政府的形象，在全国电视系统中应起表率作用。长期以来，中央电视台对于所办的各类节目始终坚持了较高的思想标准和艺术标准，努力把高质量、高标准、高品位、高格调、主旋律的节目献给观众。

中央电视台的地位决定了她具有许多优势，但也面临着国内外电视的激烈竞争。要在竞争中立于不败之地，只有扎扎实实地把节目办好，形成自己的风格和特色。

电视观众层次不同，兴趣、爱好各异，对于电视节目的欣赏角度和取舍标准也难求一律。电视要做到雅俗共赏老少咸宜确实有相当大的难度。中央电视台办节目的出发点就是尽可能满足观众日益增长的精神文化需求。各类节目都应从我国的国情出发，保持健康向上的基调，善于寓宣传教育于提供信息、知识、娱乐之中，促进全民族文化水平的提高。

在新闻节目中，中央电视台通过不断深化电视新闻改革，使新闻节目的时效、信息量明显增强，较好地发挥了舆论引导和舆论监督的作用。中央电视台的新闻节目面向全国，因而始终强调全国一盘棋的思想，注意不同行业、不同地区的报道比例，对边远地区和落后地区予以扶持和照顾，使电视新闻能够均衡全面地反映各条战线和全国各地的最新发展势态。

社会教育节目、服务性节目、对象性节目在中央电视台占有很重要的位置，其中一些对象性节目是中央电视台独有的，如民族节目、军事节目、残疾人节目等，设置这些节目体现了国家台的特点。这类节目的方针是创名牌栏目，出节目精品。

中央电视台所办的电视文艺节目，兼收并蓄了多种艺术形式的精华，借助了电视多样化的表现手法，形成了鲜明的个性和独特的艺术效果。电视文艺一贯坚持为人民服务，为社会主义服务的方针，着力弘扬优秀民族文化，以潜移默化、寓教于乐的方式，丰富和活跃了群众的文化生活。在电视文艺节目的选择上，坚持思想性、艺术性相统一的标准，对文艺演出的内容、格调、台风严格把握，不允许那些粗制滥造、庸俗低下的节目在屏幕上出现，也不为迎合少数人的趣味去赶潮流、趋炎媚俗。为促进文艺节目百花齐放，中央电视台在扶持地方剧种、民族音乐、严肃音乐等方面都做了很多工作。

中央电视台播出的影视节目也经过认真的挑选，注意题材多样化，根据质量高低，安排在不同时间播出，优秀剧目安排在黄金时间，这种做法受到观众的好评。对于引进的影视作品坚持取其精华，去其糟粕的原则，挑选那些能够代表外国优秀文化成果的、健康文明的作品。对于影视节目中的色情、暴力、迷信、低级趣味的内容一概摒弃，并对译制片进行了适当的调整和压缩。

三、刻意求新，讲究宣传艺术。

35年来，中央电视台的宣传工作是在不断探索、实践和创新的过程中得到发展和提高的。社会的进步，观众收视要求的提高，以及国内外电视界的激烈竞争，都使得中央电视台面临巨大的压力。如果墨守陈规，故步自封，就会失去观众的信赖，也将会影响宣传任务的完成。电视宣传既要有创新意识，又要讲究宣传艺术，最终目的是使各类节目为观众认可和欢迎。在深化电视新闻改革的过程中，电视新闻面貌有了很大的变化，那种居高临下教训人的情况已不复存在，代之亲切、庄重、自然流畅的风格。新闻题材进一步扩大，除政治经济新闻外，与人民群众生活紧密相关的社会新闻也占有一席之地。批评性新闻、自然灾害、事故性新闻报道也能在电视中有所反映。新闻中的形式主义不断在加以克服，注重实际效果的报道内容明显增加，对广大群众迫切关心的问题，能够有的放矢地组织报道。体现电视特点和优势的系列报道，从多角度、多侧面反映了改革带来的巨大变化，如《改革在你身边》，从老百姓的日常生活变化谈起，深入浅出，平易近人，效果良好；为配合国庆40周年播出的《弹指一挥间》，内容充实、对比强烈，使人们从中感到振奋和鼓舞；《走马上任新部长》、《省长访谈录》反映了新一任部、省级领导人的精神风貌，得到各界的一致好评。

电视节目要常办常新，才能为观众喜闻乐见。中央电视台根据客观形势的变化及观众的要求，经常性地对各类专栏节目进行调整，使之更好地与时代合拍，便于观众收视。竞赛类节目红极一时，随之出现了过多过滥的问题，大型系列节目也有类似的问题。中央电视台及时采取措施，加强调控，保证这类节目健康发展。1989年3月开办的《神州风采》栏以高度凝炼，短小精悍为特色，内容包罗万象，对于加强爱国主义教育发挥了良好的作用。这种节目形式已为观众所认可，成为名牌栏目。

近年来，中央电视台学习和借鉴国外电视的一些通行的作法，在各个专栏节目中普遍设立了节目主持人。通过主持人的组织和串联，吸引观众参与，加强了与观众的交流和沟通，节目也更加生动活泼。中央电视台先后开办了若干板块式节目，如《东方时空》、《体育大世界》、《环球45′》等等。这种节目符合时代节奏，内容安排灵活多样，编辑手法新颖，赢得了观众的喜爱。

电视文艺的发展也贯穿了创新意识，每年举办的春节晚会都着力于节目形式和内容的创新，它的实践经验为办好其他文艺节目提供了借鉴。为建党70周年制作的《拥抱太阳》晚会，为纪念毛主席《在延安文艺座谈会上的讲话》发表50周年举办的《丰收大地》文艺晚会，突出了电视文艺的特点，内容丰富，构思新颖，做到了政治性、思想性、艺术性、娱乐性相结合，历史和现实相结合，得到社会各界较高评价，并受到中央领导的表扬。事实表明，一些严肃的主题，经过电视工作者的艺术加工，完全能够得到观众的欢迎。

面向儿童和青少年的电视节目，建台初期就是电视节目的组成部分。这类节目为不同年龄段儿童及青少年组织了大量符合他们心理特点的生动活泼、寓教于乐的节目，近来对栏目又作了调整，努力使之成为儿童及青少年的良师益友。

四、全心全意为观众服务

全心全意为广大电视观众服务是电视工作者的职责。为观众服务从根本上说是办好电视节目，但对于其他相关的工作也不可忽视。

近年来，中央电视台着力解决节目播出编排中存在的问题。电视节目变动频繁，不能准时播出引起观众十分不满。为了改变这种被动局面，中央电视台下决心限期改进，采取了一系列措施，保证节目准时播出。遇有特殊情况需临时增加或撤换节目时，都采取字幕预告等方式，随时把准确的节目播出时间通知观众。有些体育比赛时间难以预料，也采取同样方法，向观众说明原因。这种做法看似小事，却充分体现了对观众负责的态度，也有利于提高电视台的威信。节目编排方面，中央电视台也根据观众的意见做了不少改进，把观众面最广的节目安排在黄金时间，电视连续剧过去安排播出间隔时间较长，有时一周一集，不便收看，现已改为每天播出一至二集，并固定了每天电视剧播出时段。每年寒暑假，中央电视台都为学生们安排了丰富多彩的节目。为满足在体育爱好者收看国际高水平比赛的要求，中央电视台不惜重金购买报道权和租卫星传送，使观众能够收看到比赛实况。

中央电视台的许多节目中都有专为观众服务的内容，如解答观众的问题，为观众寻医找药，为台胞寻亲，为农民提供致富信息，为经济往来牵线搭桥等等，观众对此十分欢迎。

中央电视台开办广告业务以来，为了对广大消费者负责，对广告播出严格管理，对不符合要求的广告宁肯承担经济损失，也不予播出。同时注意提高广告的制作水平，控制广告播出量，防止只顾经济利益，不顾观众利益的倾向。另外，还开办了非盈利性社会公益广告——《广而告之》。

中央电视台一贯重视与观众的联系，通过多种形式，广泛征求观众的意见和建议，以此作为改进电视宣传工作的依据。目前，中央电视台已建立了全国的观众调查网，随时可以提供详细的数据资料。

五、发挥系统优势

中央电视台的发展离不开全国电视系统的协作和支持，加强同地方电视台的联系与合作是中央电视台的方针。长期以来，中央电视台与地方电视台相互支援、团结协作已形成良好传统，也是中国电视事业发展的一条基本经验。1980年第十次全国广播电视会议确定，全国各省、自治区、直辖市电视台都是中央电视台的集体记者，充分调动了地方台向中央台提供新闻的积极性。地方台向中央台提供的新闻逐年递增。1992年中央台采用地方台新闻1.6万条，占新闻播出总量的一半。1992年起，中央电视台组织地方台记者参加人大、政协会议的采访报道，地方台对此反映很好。其他各类节目同地方台的合作也不断加强，《神州风采》组织全国电视台共同制作了《在中国版图上》，引起全国关注。《综艺大观》、《正大综艺》也走出北京，同许多地方台联合制作。我台主办的一些文艺竞赛类节目也曾多次得到地方台的大力支持和协作，许多在北京以外举办的全国性大型文艺活动，都采取了以地方台为主，中央电视台派人参与的联合转播方式，并从经费、设备、技术保障等方面给予支持。

为加强与地方台的联系，中央电视台专门成立了负责地方台节目的地方组，统一处理地方台送来的节目，并开办了《地方台30分钟》、《祖国各地》、《东西南北中》等专门播出地方台节目的窗口。中央电视台牵头开展的电视系统的活动大大增加。在与地方台合作中，中央电视台注意尊重地方台，维护地方台的利益，采取一系列措施，使合作关系发展良好，系统优势得到充分体现。

六、用先进技术武装起来。

引进先进技术设备，保持整个技术系统的先进性、可靠性，是提高电视节目质量的重要保证。

为此，中央电视台不断完善技术基础设施，加强教育管理，建立新的制作系统，向新的技术标准过渡，实现国际标准化。同时，注意加强电视新技术的研究，做到适时引进，推广成熟的新技术，用世界一流水平的设备武装起来。

七、加强管理，深化体制改革。

电视事业飞速发展，使电视台的管理工作面临着许多新问题，加强和改善管理工作已成为一项十分重要而紧迫的任务。由于电视节目制作环节多、涉及面广，决定了电视台的构成是一个复杂的系统。为理顺各方面的关系，提高工作效率，使人、财、物各尽其用，就必须实行科学管理。根据中央电视台的实际，我们提出了建立以宣传为中心，宣传、技术、行政三位一体管理体制的目标，健全了台务会、编委会、技委会的领导决策机制，修定了宣传管理、技术管理、经济管理等一系列规章制度，对宣传、技术等主要业务部门进行了组织机构的调整，开展了目标责任制的试点工作。管理工作的不断完善，为各项宣传任务的完成提供了保证。

八、加强思想政治工作，建设一支好的队伍。

加强队伍建设，提高全体工作人员的政治素质和业务素质是做好电视宣传工作的根本保证。

加强队伍建设首要的是提高政治素质，作为国家电视台的工作人员，必须同党中央保持一致，具有较高的思想政治觉悟和政策水平，同时还要有严格的组织纪律观念。我们始终把思想政治工作放在重要位置，经常不断地采取灵活多样的形式组织全体职工学习党的路线、方针、政策。当前，着重以邓小平同志建设有中国特色社会主义的理论统一思想，指导工作。在抓队伍建设时，核心是加强党的建设，充分发挥党组织和党员的作用。

电视事业发展，需要不断补充新生力量，中央电视台对新调入的人员从思想作风，学识水平等多方面严格考核，并在他们走上新的工作岗位之前进行认真的培训和教育。

中央电视台还不断对全体职工进行职业道德和廉政教育，纠正不正之风，杜绝有偿新闻，并将有关职业道德的规定公诸于众，接受社会的监督。

为提高队伍的业务素质，我们采取聘请专家讲课，办培训班，组织业务研讨会、交流会等各种方式，促进职工业务水平的提高。结合专业技术职务的评聘工作，对专业人员进行业务考核，对在业务上取得优异成绩的同志采取相应措施给予鼓励。

35年间，中央电视台写就了自己的光辉历史。面对未来，我们要发扬党的新闻工作的优良传统，解放思想，抓住机遇，同心同德，开拓创新，为建设世界一流水平的电视台而奋斗。

(原载《中国广播电视学刊》1993年第5期)

经济宣传要讲点辩证法

梁国安

以小平同志去年视察南方重要谈话和政治局全体会议为标志，我国的改革开放和经济发展进入了一个新的阶段，全国上下热气腾腾。党的十四大确定了建立社会主义市场经济体制的目标，使我们的新闻报道迈入了一个全新的领域。怎么宣传，大家都在研究、探索、实践。与此相关，实际生活中出现了许多新情况、新问题，有待研究、回答。客观情况千变万化，千差万别，不能用一把尺子去量，不能用一种方法去解决。许多令人困惑、莫衷一是的现象需要我们去思考、去引导。宣传，尤其是经济宣传要多一点辩证法，少一点形而上学和简单化。

现在，在实践上和宣传上简单化，不讲辨证法的事情不少。

比如，在对市场经济懵懵懂懂的情况下，出现了不少糊涂认识。一些人认为，要搞市场经济了，计划无用了。殊不知，社会主义也有市场，资本主义也有计划。社会主义市场经济不是无政府的自由经济，必要的计划和宏观调控、总量控制不但必须，还要加强。计划经济与计划并非一个概念。束缚生产力发展的高度集中的计划经济体制要改革，但决不是从此不要任何计划。不要调控，没有规范，社会主义市场经济体制决难建立起来。

以为大家都经商，众人齐“下海”就是市场经济了，其实是一窝蜂、简单化。一些地方，不讲条件，不调查论证客观可能，就一个劲儿地建市场，以为建立几个市场就是市场经济了，结果是有场无市，有劳无功。我们要建立的是社会主义市场经济这样一种机制，而不简单是建了多少市场这样一种数量关系。建立和完善社会主义市场经济体制，是一个长期的发展过程，是一项复杂的社会系统工程，甚至需要几代人的努力才能完成。既要做持久的努力，又要有紧迫感；既要坚定方向，又要从实际出发，区别不同情况，积极推进。这才是正确的态度。现在有一种流行的说法，叫做“把××推向市场”。这“推”字还值得推敲。谁来推？怎么推？好象谁也难说清楚。市场经济是一种客观的需要，是一种经济运行机制，不是靠谁推一下就能行的。硬推下去，人家没有准备，没有本事，没有掌握要领，很可能被淹死。如改成“引导××进入市场”或“引导××按市场经济要求……”或许比较客观和实际一些。

我们的宣传，要多给大家一点知识，让大家对市场经济是怎么回事先弄明白，不应当一味地去报道今天这个“下海”，明天那个经商，也不要宣传什么“市场经济一抓就灵”，市场经济并不能解决一切。

建立社会主义市场经济过程中，会出现许多新情况、新问题、新事物，对这些要多做调查研究，多加分析思考。不能见“新”就报。有的要提倡，有的要加以引导，有的只做不说，有的要看一看，不匆忙下结论。

比如，第二职业的问题，就要分析。搞第二职业，有利有弊。有材料说，搞第二职业冲击第一职业，一些人出工不出力，造成人才大量流失，有的甚至拿公家的东西去卖。前一段，报道教授卖馅饼、市长摆摊，有褒有贬，负效应不小。况且国家对哪些部门、哪些行业可以搞第二职业，哪些行业不能搞，还没有明确的具体的规定和政策。这类事情，少报或不报为好，更不宜渲染。

比如，引进外资的问题。扩大对外开放，引进外资是国家一项大政策，理应宣传。但一些地方为了吸引外资，采取的一些优惠措施，如竞相减税让利、压低地价，违反了国家的有关政策，使国家遭受损失，这样的优惠就不应轻易报道。

又比如，前一段时间，有些新闻单位以赞扬和肯定的角度报道“洋打工妹”，也是不合适的。这些“洋打工妹”多数违反了《中华人民共和国外国人出入境管理法》及其实施细则的有关规定，非法居留，非法就业。

再比如，关于我国加入关贸总协定的宣传，也曾出现过片面性。一些报道夸大了“入关”对我国的冲击，把“入关”说得非常可怕，好象一“入关”，洋货就会像洪水猛兽一样涌入中国，民族工业就会垮台。其实这是一种误解。“入关”就是加入一个国际组织，没什么神秘。“入关”后，我们并没有丧失主权，我们有海关，完全可以充分利用关税保护自己的民族工业。有的报道说，“入关”更有利于富国而不利于穷国，这也是不正确的。目前，关贸总协定103个缔约国（截止到1992年7月）中有三分之二是穷国，如果不利于穷国，人家为什么还要加入呢，这是个简单的逻辑问题。“入关”有利有弊，而且利大于弊，是挑战也是机遇，宣传上一定要一分为二，不能只讲一面。

还有，对各种“热”的报道问题，如投资热、建开发区热、股票热、房地产热等，也要具体分析，冷静对待。前一段时间，各地建开发区的积极性很高，省里建、地区建、市县建，甚至有的乡、镇、村也建，出现了不顾条件，不进行可行性研究，一窝蜂占地、圈地的现象，结果是开发区开而不发，造成了人力、财力和土地的大量浪费。这种事情，宣传上就不要盲目跟进，推波助澜。至少有一条，没有按国家规定经过批准的开发区建设，不要报道。

当前经济宣传确实存在一个引导的问题，劲往哪里使？中央希望热的没有热起来，不希望热的却热得烫手。建立社会主义市场经济新体制，当前要抓的重点仍然是切实贯彻落实《全民所有制工业企业转换经营机制条例》，转换企业经营机制，转变政府管理经济的职能，使企业由“跟着政府走”转变为“围着市场转”，整个经济工作要在优化结构、转换机制、增进效益，又快又好上下功夫。宣传报道要往这方面引导，往这方面使劲，不能一味地鼓吹“大干快上”，争投资、上项目、铺摊子。我们的宣传报道要善于把握全局，从宏观上考虑问题。江泽民同志在全国计划工作会议上提出的“形势大好，防止过热”是积极的，我们要按照这一概括，准确把握经济宣传的基调。既要充分宣传改革开放和经济发展的大好形势，又要在某些问题的报道上保持冷静，防止添乱和帮倒忙。

经济宣传中，要注意处理好宣传改革开放与宣传经济发展的关系，二者要协调配套。既要宣传改革取得的新进展，又要宣传促进经济的发展，要把更多的注意力放到改革上。因为，在实践上，如果只注意抓速度、抓投资，而办法还是老一套，国民经济的发展就不能持久；如果不能建立中央有效的宏观调控体系，经济发展也不能持久。这是一个基本的观点。社会主义市场经济目标的确立，开创了我国经济体制改革的新时期，改革开放将以前所未有的广度和深度向前推进，越来越深入到基本经济关系的各个领域，对改革的综合配套和协调提出了更高的要求。从事宣传尤其是经济宣传的同志，要深入研究、准确把握社会主义市场经济的基本要求，转变观念，把握宣传重点，对影响全局的重点环节的改革要给以特别的关注，下力气宣传好。对改革的新举措、新经验、新做法、新成果，要多着一点笔墨，多给一点份量。

宣传改革，也要注意贯彻唯物辩证法的精神。任何一项改革都不可能没有负面效应，因此，国家在推进改革中都会采取一些必要的措施和政策，尽量减少负面效应。而且每一项改革都有一个试验——推广——完善的过程。我们在宣传报道中，也要考虑这一点，不要把某一项改革讲得十全十美，“一改就灵”，更不能把提出意见简单地说成是保守。

总之，当前经济宣传中，面临的新问题很多，我们经验不够，实践不足，要多学习，多研究，多分析，积极而又稳妥。

“分析好，大有益”，凡事多点辩证思维，少出些纰漏，总是好的。

（原载《中国广播》1993年第3期）

“全党办报”是毛泽东新闻思想中最富有活力的理论

王 珏

“全党办报”是毛泽东新闻思想的核心

新闻舆论工作是毛泽东伟大革命实践的重要组成部分。在长达半个多世纪的革命生涯中，他始终不渝地关怀和指导党的新闻事业的成长和发展，重视充分运用新闻工具传播革命真理，提高人民群众的政治觉悟，动员和组织他们为建立和建设新中国而斗争。

毛泽东同志根据马克思主义的基本原理，结合丰富的工作实践，对党的新闻事业丰富的历史经验作出了理论概括，把辩证唯物主义和历史唯物主义运用到党的新闻事业的全部工作中，形成了符合中国实际的毛泽东新闻思想。它是指导新闻工作的正确立场、观点和方法，其内容丰富深刻，主要有以下这些方面：(1) 无产阶级新闻事业的根本性质和任务是当好党的耳目喉舌，向人民群众传播马克思主义真理，宣传党的路线、方针、政策；(2) 根本宗旨是全心全意为人民服务，坚持对党负责和对人民负责的一致性，保持同人民群众的血肉联系，满腔热情地反映人民群众的愿望、要求和呼声；(3) 坚持实事求是的思想路线，从实际出发，尊重客观事实，讲真话，传播真理；(4) 全党办报、群众办报的方针；(5) 在党报上正确地开展批评与自我批评；(6) 深入实际，深入群众，调查研究，严肃的科学工作态度和工作作风；(7) 新闻工作的基本特性是运用新闻手段反映和评论事实，引导社会舆论；(8) 新闻宣传要有旗帜鲜明、尖锐泼辣的战斗风格和中国老百姓喜闻乐见的文风；(9) 建设又红又专的新闻队伍是办好报纸的关键；(10) 党委要重视和善于领导新闻工作，把报纸作为反映和“指导政治、军事、经济的一个武器”以及关于提高新闻宣传艺术的论述。这些内容是马克思列宁主义新闻思想在中国的具体运用和发展，为建设有中国特色社会主义新闻学奠定了理论基础。

在毛泽东新闻思想中，“全党办报”学说是最富有活力的完整理论，是毛泽东新闻思想的核心。其主要内容有两个方面：一是依靠和动员全党各级组织加强对新闻事业的领导，使党的新闻工作真正成为党的事业的一部分；二是在党的领导下发动群众参加新闻工作，实行专业新闻工作者和非新闻工作者结合。

“全党办报”是对马列新闻思想的继承和发展

马克思、恩格斯开创了依靠群众办报的革命传统，列宁在无产阶级革命的新历史时期，继承和发展了马克思、恩格斯为无产阶级新闻事业开创的依靠群众办报的革命传统，进一步解决了党报组织建设中的一系列重要问题。

毛泽东同志历来十分重视吸引人民群众参加新闻宣传工作的重要作用。早在1919年，他在主编《湘江评论》时，就提出了动员民众、依靠民众进行革命宣传的思想。1940年2月，他在《〈中国工人〉发刊词》中说：“一个报纸既已办起来，就要当作一件事办，一定要把它办好，这不但是办的人的责任，也是看的人的责任。看的人提出意见，写短文短信寄去，表示喜欢什么，不喜欢什么，这是很重要的，这样才能使这个报办得好。”这里，不仅向办报人员提出必须依靠群众办好报纸的要求，而且也对全党和全体人民群众提出了关心、支持和参加报纸工作的要求。这同列宁的办报思想是完全一致的。“全党办报”方针的正式提出，是在1942年全党整风期间。

我国人民广播事业对“全党办报”革命传统的继承和发展

我国人民广播事业继承了党报工作“全党办报”的革命传统，从它诞生那天起，就注意从政治上、思想上加强同广大人民群众的联系，提出了“大家办广播”的口号。延安新华广播电台不但重视依靠解放区的群众办广播，而且也注意吸收国民党统治区的人民群众参与和收听广播，多次号召国统区的进步听众为延安台提供稿件，按时收听延安台的广播。当时延安处于国民党蒋介石的严密封锁之下，我们的广播在极其困难的条件下，依靠全党各级组织和广大人民群众的支持，冲破敌人的封锁，用红色电波把党中央、毛主席的声音传到祖国四面八方，鼓舞着革命人民的斗争。同时想尽一切办法克服困难，向全国各地听众征求意见，取得同人民群众的联系，使延安台的广播真正成为“人民大众的号角”。

新中国建立后，全党办报办广播、群众办报办广播的革命传统得到进一步发扬光大。我们的广播电视遵循全心全意为人民服务的基本方针，提出“开门办广播”和“开门办电视”的要求，发动社会力量参与广播电视宣传，让各行各业人民群众上广播、上电视，使他们成为党的政策的自觉宣传者，党的工作的监督者和先进事迹、创造性工作的形象再现者。我们的广播电视，保持着与人民群众的密切联系，成为党与广大群众联系的不可或缺的纽带和桥梁。

“全党办报”是最富有活力的新闻理论

第一，“全党办报”把马克思主义认识论同党的群众路线在新闻工作中统一起来。从认识论的意义上说，新闻报道工作就是认识和反映社会的工作。历史活动是群众的事业，人民群众的社会实践是新闻报道取之不尽、用之不竭的源泉，是检验新闻宣传社会效果的唯一标准。因此，只有坚定地相信群众，紧紧地依靠群众，新闻工作才能及时正确地反映瞬息万变的大千世界。党中央和毛泽东同志历来强调新闻工作是党和政府联系群众的重要桥梁和纽带。

第二，“全党办报”体现了无产阶级新闻事业的党性和群众性的结合。我们的报纸广播电视是党的宣传舆论工具，也是人民的讲坛。报纸广播电视的全部活动都必须以合乎最广大人民群众的最大利益为最高标准，这是区别于资本主义新闻事业的显著标志之一。只有全心全意为人民服务的新闻事业，才能够依靠人民群众来办，不仅能做到“为群众”、“写群众”，而且能做到“群众写”、“群众检验”。只有这样，才是完整地体现社会主义新闻事业的群众性。如果离开了一切为群众、一切依靠群众这个历史唯物主义的基本观点，报纸广播电视就不可能坚持无产阶级的党性。

第三，“全党办报”体现了党的思想路线、政治路线和组织路线在新闻领域的结合。我们党的思想路线、政治路线、组织路线都充分体现了人民的利益和意志。它们的形成和发展的基础是人民群众的社会实践。以邓小平同志建设有中国特色的社会主义理论为核心的党的基本路线，就是在解放思想、实事求是，一切从实际出发，重新认识我国的国情，尊重人民群众的首创精神的基础上逐渐形成的，是全党、全国亿万人民进行社会主义建设和改革开放伟大实践的集体智慧的结晶，集中反映了全国人民的利益和意志。14年改革的实践证明：它是指引我们国家富强、民族鼎盛、克服困难、顶住风浪、立于不败之地的总路线总政策。

第四，“全党办报”体现了党对新闻事业的领导和贯彻群众路线的结合。这是社会主义报纸广播电视全面、深入、迅速地反映实际和指导实际的重要组织保证。依靠全党在思想上、政治上和组织上加强对新闻事业的领导，是报纸广播电视坚持正确舆论导向的根本保证。

（摘自《中国广播电视学刊》*1993*年第*4*期）

反对有偿新闻维护新闻工作职业道德

潘重宇

“有偿新闻”从道德的角度来说，是一种严重的脱序，它完全背离了新闻工作职业道德的行为规范，成为导致社会不安定的因素之一。这种脱序现象可以归纳为四点：即颠倒了服务关系，迷失了价值取向，沦丧了职业良心，扭曲了职业评价。

服务是新闻工作职业道德的最基本的特征。“有偿新闻”却直接背离中国共产党历来提倡的为人民服务的宗旨，用新闻工作的权利去进行“钱稿（片）交易”，有钱不仅可以买新闻，还可以买播出时间，新闻不再是满足受众需要、为受众服务的工具，而是“谁有钱就为谁服务”，“服务”的目的是为了个人或小团体赚钱，任其发展，就会使为受众服务的社会舆论工具，蜕变为少数人谋一己私利的行业特权了。

职业的整体利益和责任的认识，是对具体社会义务的一种自觉。“有偿新闻”则使这种良心弱化或丧失殆尽。在“有偿新闻”的利己主义天平上，只有实惠，没有理想；只有巧取豪夺，没有奉献和责任。一个职业道德弱化或没有职业良心的人，他的行为必然放纵和失控，必然胆大妄为、不顾后果，为了获得最高“报偿”，可以置新闻必须“真实、客观、公正”的原则于不顾，不惜制造“牛皮新闻”、“马屁新闻”，使舆论工具的权威性牺牲在少数人的卑鄙的行径之中，使社会的“共同利益”成了满足他们物欲利欲的遮羞布。

新闻工作道德领域里脱序现象的出现，是拜金主义、极端个人主义对新闻队伍腐蚀和冲击的结果。随着市场经济的发展，拜金主义等腐朽思想也乘机而入，冲击着人们的价值观念和生活准则。有的人由于自觉意识或主体意识不强，不知不觉当了金钱的俘虏，成了典型的货币拜物教者。这种现象在历史上并不罕见。19世纪和20世纪初，世界上不少国家的新闻界出现了腐败的迹象。它把自己卖给出钱多的人或势力集团，为某些人或某个集团利益服务。直至第二次世界大战结束后，新闻界为了维护自己的独立性，才对这种违背职业道德的行为进行讨伐和进行自我约束，使“出卖新闻”的腐败现象得到有效制止。现在摆在我们面前的任务是保持头脑清醒，分清认知是非，完善规范体系，呼唤道德回归，注意国际新闻界的历史教训，防止在我国重演。

应当肯定，拜金主义、极端个人主义与社会主义市场经济精神是格格不入的，是发展社会主义市场经济的精神障碍。认知上的误差，会造成思想上的错位，陷入道德的“误区”。

误区之一：不能正确看待市场经济的功利原则，就可能冲淡“无私奉献”的革命精神，导致“一切向钱看”的拜金主义。市场经济是效率经济，讲求功利，追求最好效益是它的显著特征。但建立在公有制基础上的社会主义市场经济的功利性，是以发展整个国家经济，推动社会进步为出发点的，“是以最广和最远为目标的革命的功利主义者”（毛泽东语），它同以货币为追求目标的个人发财有着本质的区别。因此要正确认识个人利益的获得和个人为社会无私奉献的关系。

误区之二：不能正确看待市场经济的竞争原则，就可能冲淡集体观念，导致个人主义的发展。社会主义市场经济的竞争，是在根本利益一致的前提下进行的“优胜劣汰”的公平竞争，它对促进资源的合理配置和经济效益的提高，都是十分有利的。但竞争的本质是利“我”，而不是利“他”，在利益多元化的情况下，竞争的目的不可避免地包含着个人和小团体的利益，从而容易导致集体观念的削弱，个人主义、利己主义、本位主义的滋生；进而出现投机钻营、尔虞我诈、弄虚作假、争名夺利等丑恶现象。

误区之三：不能正确看待市场经济的等价交换原则，就可能冲淡服务观念，导致腐败庸俗作风的滋生。等价交换是市场经济的重要原则，但仅限于物质生产领域，因为生产出来的产品，只有通过交换才能实现它的价值，使产品变成商品。这个原则不适合精神生产领域，精神产品的生产有它自身的特殊规律，它的目的不是为了赚钱，而是为了满足人们的高级需要。不分清两种生产的区别，把等价交换原则引进精神生产领域，就会严重冲击“二为”方针，使职业权力进入市场，出现拿“新闻当猪肉卖”的腐败现象。

误区之四：不能正确看待市场经济的自主原则，就可能冲淡组织纪律观念，导致无政府主义和极端民主化思想的泛滥。伴随着市场经济的发展，人的自主性、独立性、自由度相对增强，这对提高经济活动主体的适应能力和工作效率，有着积极的促进作用。但在增强自主性的同时，必须相应要求人们强化道德的自我约束和自我控制能力，否则，就会出现“我行我素”的无组织无纪律的状况。禁止“有偿新闻”已经喊了几年，为什么屡禁不止，甚至愈演愈烈，可以从这里找到思想根源。

（《毛泽东新闻思想和广播电视改革研讨会》论文）

坚持无产阶级党性原则

罗德成

新闻工作中坚持无产阶级党性原则，必须弄清和处理好以下几个问题：

一、坚持党性与人民性问题

我们的新闻工作是党的整个事业的一个重要组成部分，不言而喻，必须坚持党性原则。有人提出“人民性”高于党性的理论，致使有的同志对这个根本性问题产生了疑问。1989年11月28日，江泽民总书记在对全国新闻研讨班学员讲话中就指出：“提出‘人民性’高于党性，实质上就是要否定和摆脱党对新闻事业的领导。如果说以前我们有些同志对这种观点的实质还有看不太清楚的话，那么经过这次动乱和反革命暴乱就洞若观火，昭然若揭了。”我们的党是工人阶级的先锋队，代表工人阶级和广大人民群众的根本利益，别无自己的任何私利，因此坚持党性原则，也就是坚持工人阶级和人民群众根本利益的原则，两者是一致的，人民性高于党性的说法是错误的。

二、坚持党性与新闻真实性问题

新闻真实性，就是在新闻工作中坚持党的一切从际出发、实事求是的思想路线。

社会主义作为人类历史上新生的社会制度，它在前进的道路上，难免会遇到困难和受到挫折，但它也能克服困难战胜挫折不断向前发展，显示出不可战胜的生命力。我们国家在改革开放中，以经济建设为中心，开放改革，各项事业蒸蒸日上，我们就要抓住这一事物的本质和主流，满腔热情地宣传人民群众在经济建设中的新成就、新创造、新经验，让群众看到自己的智慧和力量，提高建设有中国特色社会主义的积极性和创造性。

社会生活中有光明面也有阴暗面。对于人民内部的缺点和错误，要本着同志式的态度进行善意的批评，帮助克服纠正。对党和政府工作中的失误和缺点，也要本着实事求是的精神满腔热情地做好舆论监督，以利改进工作。

三、坚持党性与尊重新闻规律性问题

新闻有它特殊的规律和它存在根据，这是不以人们的意志为转移的。新闻是一种社会意识形态，是人们头脑对现实生活的反映，随着社会生活的复杂变化，人们对现实生活的反映也有多种多样的形式，在宣传报道中，我们必须如实报道客观生活中的事实，如果违背客观事实去说假话，群众就不信服。

四、坚持党性与群众路线问题

毛泽东同志说："我们应当相信群众，我们应当相信党，这是两条根本的原理。"他在《对晋绥日报编辑人员的谈话》中强调："我们的政策，不光要使领导者知道，干部知道，也要使广大的群众知道。有关政策的问题……，都应当在报上发表，在电台广播，使广大群众都能知道。群众知道了真理，有了共同的目的，就会齐心来做。"报纸、广播、电视的作用就在于使党的纲领、路线、方针、政策、工作任务、工作方法，最迅速最广泛地同群众见面，用先进典型和先进思想引导、推动社会进步和发展，使社会更加稳定，人民更加团结，满怀信心、朝气蓬勃地建设社会主义。毛泽东同志在《对晋绥日报编辑人员的谈话》中还指出："我们的报纸也要靠大家来办，靠全体人民群众来办，靠全党来办，而不能只靠少数人关起门来办。我们报纸上天天讲群众路线，可是报社自己的工作却往往没有群众路线。"毛泽东同志的这些教导，同样适用于广播电视。广播电视要靠大家来办，要走好群众路线，我认为应抓住三个方面：一是多宣传工、农、兵、商、干部、知识分子中的先进人物、先进思想、先进典型经验，经常请他们上广播上电视。二是组织好我们的通讯队伍，加强报道工作，丰富稿源片源。三是加强思想政治工作，加强爱国主义、集体主义、社会主义教育，充分调动广大群众的积极性，把各自岗位的工作做好。

五、坚持党性与为人民服务的问题

毛主席为人民广播事业创建30周年的题词勉励我们"努力办好广播，为全中国和全世界人民服务"。全心全意为人民服务是我们党的根本宗旨，广播电视工作者自当义不容辞地全心全意为人民服务，为社会主义服务。首先，我们这支队伍要在人民群众心目中树立个好形象，这就要求我们必须具有高尚的道德情操，要有追求真理的愿望，要有严谨的工作作风和无私奉献自我牺牲的精神。其次，要不遗余力地把人民群众普遍关心的问题，及时、准确、如实、全面、完整地报道，使其受到教益。第三，要积极宣传贯彻党的路线、方针、政策，并以身作则，模范执行。

六、坚持党性与新闻商品性问题

目前在新闻界承认报纸具有商品属性，这种属性是特殊商品属性，是一种具有精神内容的产品。有线电视是有偿服务的，也是一种商品，它是靠文艺节目影响观众。但就"新闻"这个概念而言，就不是商品了，而是一种特殊的精神产品，所以不能搞"有偿新闻"。中共中央宣传部和国家新闻出版署联合发出的《关于加强新闻队伍职业道德建设，禁止"有偿新闻"的通知》，就是针对目前新闻队伍中存在的问题，作出防范和纠正不正之风的具体规定，是加强新闻队伍职业道德建设的重大措施，搞"有偿新闻"实质是拜金主义的一种表现。在拜金主义的侵蚀面前，我们是拒腐蚀永不沾或随波逐流，这就是是否坚持党性原则的问题，也是对每个新闻工作者的严峻考验。

七、坚持党性与经济效益问题

在社会主义市场经济日益发展的条件下，报社、经济电台、经济电视台、有线电视台普遍实行企业化经营，甚至有的人民广播电台、电视台也实行经费包干或差额补贴，它们注意经济效益是理所当然的。因此，就要求新闻单位必须加强管理，厉行增产节约，多种经营，力求少投人多产出，使自己的经营状况蒸蒸日上，以增强实力，增加发展后劲，改善和提高职工生活，调动职工的积极性和创造性。

（摘自《贵州广播》1994年第1期）

对提高电视新闻报道质量的若干思考

沈　纪

一、举足轻重的新闻（消息）

电视新闻要用事实说话。这是电视新闻最基本、最重要的要求，但是不少新闻仍是具体事实太少，抽象概念多，不善用事实说话，无意间大发议论。

首先，新闻应该五要素俱全，如果缺少要素，等于缺少某个事实，这条新闻就不可能是一条优秀新闻。其次，要有概括性材料，要有大致轮廓，要给观众留下一个总印象。再次，要善于选择和运用典型事实。最后，还要尽可能地纪录现场的情景，使之具有真实感、现场感。

二、电视新闻要注意提炼和突出主题。

电视新闻的基本特点是短、快、新、实和形象直观，因此，贪大求全，面面俱到，是大忌之一，电视新闻要有一个主题，一条主线，清清楚楚，明明白白，不能分不清主次，抓不住要领。

电视记者采写新闻都有这样的体会：发现新闻事实，只是报道形成的第一步，要使事实成为有报道价值的新闻，还要对事实所反映的实质内容进行提炼，从而突出其主题。

我以为，主题是电视新闻报道所要反映的实质内容。事实上，一个新闻事件往往包含着许多方面，如果都要写进一条新闻中去，不仅使主题分散，而且难以突出反映它的实质。要避免这个毛病，就得找出事物中最实质、最有时代特征、最有现实意义的部分。这就要求在拍摄和写作的过程中，对主题加以提炼和突出，把那些无关紧要的材料舍去。

其次，要用全局的观点去提炼，突出主题。

记者的胸中没有这个大局，新闻报道的主题就无法深化，这是考虑问题的出发点，也是确定报道主题的归宿。提炼和突出主题要胸怀大局，有两点值得注意：一是善于分析形势，要立足一个地区或一个单位，纵观全国。当确定一个报道主题的时候，只有记者把某一事件放在全局或整个形势的背景下，方能看出它的普遍意义。二是善于思考问题，要从一件事联想到一个行业，才能跳出就事论事的圈子。当记者的一般都会收集材料，但是从纷繁的材料中确定报道主题，由于各人经验的不同，也许就会千差万别。

电视新闻要讲究时效。电视台的新闻报道部门面对其它新闻媒介的挑战和竞争，正在大力抓“当天新闻”和“现场报道”，以图提高新闻时效。这一举措，具体而又可操作，而且符合电视手段的特点。新闻时效的强化，可以说是1992年电视新闻改革最明显、最突出的成果之一。

然而，遗憾的是，电视新闻的时效由于受到客观条件的制约和糊涂观念的束缚，仍然没有达到应有的水平，甚至有的根本忽略了“时间要素”，这不能不说是严重缺陷。

近年来，我们一些同志热衷谈论电视新闻报道的地位已经确定，成为人们接受信息的主要来源之一。但作为电视报道的参与者和组织者对此要保持清醒的头脑。目前，我们的问题不在新闻的条数，关键在质量，而质量的提高首先要在用事实说话、突出主题、提高时效三个方面下功夫，如果说，中央台的新闻节目，尤其是《新闻联播》节目要真正成为国内外新闻总汇的话，要靠全系统的共同努力，抓住现在极好的机遇，继续改进电视新闻，必须推进新闻改革。

二、具有强势效果的连续报道（系列报道）

1. 注意信息容量。连续报道或系列报道，是由多集报道组成的，其信息含量是重要标志，理应要比单条新闻广博的多。它有条件说透事物的来龙去脉，帮助人们了解事物的实质，提高报道的新闻价值。

2. 注意报道层次。这类报道都有递进性的特征，以事物发生、发展、高潮、结果等各个阶段为依据，反映事物发展的全过程，环环扣紧、层层递进。

3. 注意结构完整。连续报道可以从事物的产生，一直跟踪到事物的发展、变化到结束，也可以从提出问题，一直跟踪到问题彻底解决。一般来说，连续报道持续时间跨度越小，完整性就越强。

三、个性独特的新闻专题

若干年来，国内外新闻界总认为电视是浅层的，这种观点不符合事实。电视工作者历来认为自己有能力搞深度报道，1992年一批优秀新闻专题的涌现就是证明。

人物为中心的专题，鲜明、深刻的时代特征主题孕含其中；调查式新闻专题系统而完整，反映事物的来龙去脉，揭示实质，它可以成为政府了解真实情况，作出正确判断的依据；思辨性新闻专题，并不仅仅追求事物本身的典型意义，更注意事物背后的深层思考，更侧重对事物的成因、背景、发展趋向，社会效应的挖掘。

四、舆论导向的旗帜——电视新闻评论

1. 提示性评论，这类评论目的在于提醒人们注意，引导人们思考。提示性评论是电视台鉴于时间因素的制约和从受众收视效果出发，经常采用的一种“短平快”的体裁。这种评论易于掌握和采制，也有利于受众的接受。对于处在萌芽状态和具有多种发展前景的事物，通过提示性评论唤起人们的注意。所以，提示性评论的显著特点是评而少论，述而不详。

2. 倡导性评论以正面叙述为主，鲜明地表示赞成什么、提倡什么。它有两个鲜明的特点，一是因事倡导，这样才有说服力，避免坐而论道的高谈阔论；二是因时倡导，时代、社会的主旋律，是这类评论思想深度的主要依据。

3. 批评性评论的批评和揭露的目的是帮助人们正确认识所揭露和所批评的思想行为的危害，促使事物转化。这类评论也无须疾言厉色，只要切中要害，即使轻轻一点，也能令人信服。

五、作用巨大的新闻编排

电视新闻节目是编辑部门精心设计的报道内容的总体结构，它涉及一次节目的容量和播出的时间，内容的分布和组合，次序的排列和提纲的编写，以及电视手段在节目中的运用，以此来反映电视新闻报道的风格和特色。

综合性新闻节目和专题性新闻节目都要注意布局设计，这是对报道内容和安排形式的一种设想。报道内容对节目设计起支配和制约的作用，节目的布局设计必须适应报道内容的要求。一次布局设计完美的节目，能增加内容的表现力。电视新闻节目的布局设计，具有鲜明的政治性和业务性。节目编排既要注意每条独立存在的报道内容和意义，还要注意每条报道的相互关系和内在联系，使之有机地组合在一起。要力求政治内容和新闻规律的高度统一，内容和形式的完善结合。电视新闻节目的布局设计没有固定的公式，模仿报纸和广播的编排方式是不足取的，需要按照电视节目的特有方式进行。

（摘自《电视研究》1993年第4期）

论直播后的广播编辑

阙俊波

几年来的广播实践已表明，直播后的广播编辑工作，人们已有意无意地把重点从往日的稿面上转移到今日广播运作中心——直播室。很显然，与之相适应的广播编辑理论，也必须把着眼点从稿件上转移到直播室中来，确立以直播室为中心的广播编辑理论。

一次直播的过程，往往就是采、编、播、控完美配合的过程。通常是，采访、编辑和播出同时，编辑工作恰恰就体现在播出的过程中。这是和传统的以稿件为中心的编辑工作区别最大的地方。

那么，在直播节目的生产流程里，编辑到底充当了一个怎样的角色呢？首先是确定讨论的话题；其二是对讨论的话题作必要的采访及资料收集；三是邀请、组织有关专家或政府要员等权威人士参与讨论；四是接入听众电话参与讨论。这几项工作实际上可分为两部分，第一部分是为直播做准备的，第二部分是直播现场的编辑工作。直播方式下的编辑工作主要不在稿件的处理上，而是转移到直播室播出的各个环节的组织、统筹及临场处理上。

直播室的诞生，给广播特点的发挥提供了优越的条件。它可以摒弃稿件这个中介物，以便更原本、更真实地反映社会生活，让广播朝着更符合自身传播优势的方向发展。

由于节目形式受到运作方式的制约，所以直播条件下的编辑，必须具备几个新的意识。它们是：整体意识和流程意识；空间意识；即时反馈意识。

整体意识和流程意识是和直播节目的大板块结构联系在一起的。一个板块由若干个环节组成，环节与环节之间，板块与板块之间应该有相对统一的风格，这就需要有整体意识；而环节与环节之间，板块与板块之间必须过渡自然，和谐流畅，这就需要有流程意识。在过去，编辑工作或许主要以单篇稿件为对象，这方面的矛盾并不很突出。直播形式的主持人大板块结构，则要求编辑工作还应包括对歌曲、广告、节目预告等等的处理，还应包括对整个板块的编排、统筹。而这些都体现着广播编辑的整体意识和流程意识。应该说明的是，随着目前国内采、编、播一体化的进程，这些编辑工作往往由主持人来承担。但不容置疑的是，整体意识和流程意识将直接影响到播出的效果，也影响主持人的形象。以节目过渡为例，同样的一组广告，一组节目预告，如果穿插巧妙，间隔适时，则听起来自然流畅。显然，这些被视为“填充料”的东西，运用得好，能起到调节色彩和节奏的正面作用。如果没有流程意识和整体意识，随意将这些“填充料”“倾倒”到节目之中则势必影响节目的可听性而产生负面的影响。又如，同样内容的两个环节之间，采用不同话题、不同歌曲作过渡，其效果也是截然不同的。可见，在直播的生产方式下，编辑的整体意识和流程意识，直接影响着编辑的质量。

随着广播进入直播阶段，直播这一崭新的节目运作模式，给广播带来了前所未有的发展空间，也给编辑工作提出了新的挑战。一些在直播阶段之前无法实现的设想，如今在直播室里变成了现实。象1991年中秋节，广东新闻台成功地实现了南极——北京——广州三地通话就正好说明了这一点。人们正是从这次直播的广阔空间中，看到了广播的魅力。在直播室，热线电话联结着无边无际的社会空间，正是这个空间，引发着编辑的创造力。一个广播编辑、节目的组织者，如果对这样一个空间视而不见，或者仅仅满足于处理几篇稿件，那么，他的节目必定不能满足于这个时代。

所谓即时反馈是指听众在收听节目的同时，通过热线电话，发表自己的见解、抒发自己的愿望等，这种反馈在节目中同步播出，并成为节目的重要组成部分。即时反馈是直播运作方式的一个产物，它能激发听众参与广播，关心广播，变单向传播为双向传播。而且往往成为直播节目不可缺少的组成部分。比如电话讨论节目，如果没有听众的即时反馈，就等于是无米之炊。一个人物专访，听众从收音机里听了之后，很想和采访对象聊聊天，问几个自己关心的问题，于是他拨通了直播室的热线电话，他的提问就成为这次专访中很生动的一部分。因此说，直播生产方式下的广播编辑，头脑里不能没有即时反馈这一意识，如何利用好听众的即时反馈，这是广播编辑很值得研究的课题。

现场编辑工作，也就是在编辑过程中来完成，这部分工作实际上又可以分解为电话编辑和临场把关两部分。处理热线电话的过程，实际上就是一项思想必须高度集中，处理又必须灵活得体的紧张的现场编辑过程。面对同时进来的几个听众电话，你必须在短时间内作出选择和取舍。

直播这一节目运作模式，要求尽量放弃稿件这一中介来反映现实生活，要求以直播室这一特定空间为中心来设计、组织节目。“把关人”也许只能在播出提纲上看整个节目的构思、骨架和主题思想，而不是一篇完整的稿件。随着编辑工作的转移，“总把关”的工作也必须跟着转移，必须按新的客观要求，建立一套较灵活有效、相对在较大范围进行的适应直播运作特点的审稿制度。

（摘自《中国广播电视学刊》1993年第1期）

争取青年听众——广播改革的突破口

李　强

广播，在电视、报纸的强大冲击面前，除了尽可能最大限度地发挥自己的优势，——从形式到内容，到发射手段与之抗衡外，还有一个十分值得注意的问题，那就是如何争取更多的青年听众，更多地将这一群体吸引过来，让更多的青年听众收听广播、参与广播，成为广播这一传播媒介中最生机勃勃的支持者。惟有这样，广播才会彻底地从低谷中走出来。

七十年代，由于图声并茂的电视的普及，广播陷入前所未有的困境，国外和境外一些电台从内容到形式上将更多的注意力投向青年听众这一群体。经过艰苦的努力，以青年为主的广播听众数量慢慢回升。国内的情形也相似，八十年代，广播陷入了有史以来的最低谷，但以珠江经济台为代表的一系列经济广播电台的出现，使广播从此迈出了极为艰难的一步。新颖的形式、大量的参与节目、内容与生活的贴近，使听众的耳目为之一新，特别是引起了青年对广播的广泛兴趣。

南宁电台的改革也是从青年中寻找突破口。1988年，大板块节目《快乐星期天》开播，一时间引起强烈反响，一年中收到来信近4万封，其中95%是青年听众写的。

在这一片热烈的广播复苏氛围中，我们很清楚地看到这样的事实，那就是大量青年听众对广播的参与、关心，使广播出现了从未有过的生机。青年听众又一次在这一轮广播从低谷走出来的进程中显示了它不容轻视的力量。从这些现象中，我们可以断言，目前的广播改革，争取青年听众，是改革的一个突破口，这是必然的，也是可能的。

第一、最关心改革的是青年。改革是关系到整个国家、民族兴亡的大事，就青年而言，与他们的前途更是息息相关，置身于改革浪潮中的青年们，本身就是改革的主力军，改革中的一切领域，包括广播的改革，都是他们势必注意的地方。他们决不会忽视和忘记这一覆盖面最广、最为快捷的传播媒介。

第二、广播从内容到形式等诸方面满足了青年听众的多方需要。

获取信息，广播是青年获取信息的重要途径。求知、娱乐、审美、服务，充实和丰富青年的精神生活，为青年人共同交流思想、探索人生架起了友谊之桥。表现欲，这是青年心理特点中十分值得注意的，倾诉和交流，把隐忧说出来，这是现代社会人们开放自我的一种表现，是人们摆脱烦恼、追求幸福的重要方式。

在当今人们生活节奏、思维节律日益加速的社会中，处于剧烈变更时期的青年所面临着众多问题，往往不知所措，郁结于心，需要倾诉，需要交流。而广播，恰恰是一个最合适的倾诉、交流对象，它如同一个朋友，每时每刻都在恭候您，只要拿起电话，就可以进行交流、倾诉。也许，他打电话根本就不指望从这里得到什么解决问题的办法，但他却需要你听他倾吐，他需要的只是一种情绪的渲泄，从中得到了一种心理的平衡和解脱。目前，各地电台无不对谈心类节目给予关注。

青年欣赏音乐的最佳途径就是广播，惟有广播，从拥有的曲目数量、传播速度、音质音色上看，可以满足热爱音乐的青年人。

第三，收听工具的简单和参与手段的方便，使青年更多地选择广播成为一种可能。从心理上看，青年人浮躁、怕麻烦、图省事，耐不得寂寞，这样，收音机就成了他们合适的伴侣。青年人心中所想所感，需要渲泄，需要倾诉，只要手头拥有一部电话，便可参与，这也是报纸、电视等传播手段所不能比拟的。

（摘自《声屏学刊》1993年第2期）

少数民族语言广播改革思路

巴德玛

少数民族语言广播主要采用少数民族语言，向特定地区传播，同其他传媒相比，在少数民族地区具有最广泛的受众。它是振奋民族精神的一个窗口，是提高各族人民自尊、自信心和自强心的重要传播手段。我们既要充分认识少数民族语言广播在民族地区宣传中所具有的得天独厚的优势，也要看到广播发展过程中自己的不足和差距。解放以来，在党的民族政策光辉照耀下，中央和各民族区域自治地方相继举办了不同层次的少数民族语言广播。

党的十一届三中全会以来，各少数民族语言广播节目，在指导思想、组织领导、宣传口径、宣传内容等共性一致的基础上，逐步改革以往翻译汉语节目为主办广播节目的方式，逐步走向自办自采为主翻译汉语节目为辅独立自主的办广播道路。目前，除了新闻和信息以及个别专题节目要求统一发稿外，各语言广播节目尽可能根据本民族社会经济、文化生活等方面的发展水平和听众要求来确定内容。尽可能多地选用本民族记者、通讯员采写的稿件，按照本民听众喜闻乐见的形式和语言特点，编排节目，使民族语言广播比以往较有地区、民族和时代特点了。实践证明，过去翻译汉语节目办广播是必要的，现在逐步在统一指导思想、宣传口径的基础上扩大自采自编，独立自主办节目也是符合党的办广播方针的。可是当前少数民族语言广播比汉语广播的差距还很大。主要的差距是在没有充分认识自己的优势，没有很好地发挥广播的全功能。我们长期以来，强调广播的宣传教育功能多，注意服务功能不够，强调民族广播的特殊性多，从多方面扩大新闻信息量少。在广播节目的设置上，只讲固定模式，不讲灵活多样。开办的主持人等节目没有自己的特色。在宣传报道上计划性、针对性和连续性比较差，没有更多地开发民族地区新闻源。采编播人员素质相对而言比较低，技术设备条件没有相应的改善等等。这些差距有些是历史的客观条件制约造成的，有些经过努力可以缩短，更多的是需要我们下功夫学习。

实践证明，少数民族语言广播，什么都靠翻译汉语节目不行。过去的那种封闭的固定模式行不通。当然要不翻译也不行。我们各民族的通用语言文字是汉语，党的方针、政策、决议和法令，国内外各行各业的最新信息，最新科研成果、发明创造以及一些优秀的文学艺术作品等首先都用汉文发表和报道。少数民族语言广播要传播这些信息，只能靠翻译。广播不怕用别人的东西，而是要善于把别人的东西变成自己的东西。我认为我们少数民族语言广播的编辑、记者，要善于在众多的汉文信息中，选择自己有用的信息，把它变成自己的东西进行广播。但是反映本民族的生产、经济活动的报道和民族地区的社会风貌、历史人物、风土人情的新闻，应该提倡首先用本民族语言进行采访、编发，这样才能真正有本民族的风格气派，使本民族群众喜闻乐见。

在坚持正确方向和基本原则的前提下，提倡独立自主办节目，改变翻译人员只管翻译现成的汉语节目，采编人员只管采访编辑本民族稿件的现象，提倡各民族语言互相交流，取长补短。

广播以传播迅速著称。可是我们少数民语言广播往往比汉语广播“慢三拍”。还没有树立“时间就是效益”的观念。新闻没有时间观念，就失去新闻效应。我们没有必要总是强调客观因素，要打破传统的模式，提高时间观念，加快办广播节奏，树立以快取胜的思想，努力做到新闻与汉语广播同步。我们提高广播的时效潜力很大，按照目前的传播技术，能否与汉语广播同步播出刚刚发生或正在发生的新闻呢？少数民族广播也应该敢于和其他新闻媒介竞争，要建立相应的竞争机制。

当前，少数民族语言广播新闻和信息量相对不足。主要原因是没有很好下功夫开发新闻信息资源。许多可利用的新闻和信息，由于新闻敏感不强，人员素质低，采访手段落后而没有充分利用。要培养新闻敏感性，用多渠道获得各方面的新闻和信息，在广播上要加大新闻和信息比重。在编排上要学习汉语广播，尽量每个半点、每个正点有新闻。新闻和信息应采用短周期、高密度、快节奏的编排。只有新闻的信息量大了，时效快了，才能充分发挥广播的优势。

少数民族语言广播服务重点应放在活跃少数民族经济和文化生活上，更应该把经济报道放在首要位置。由于历史的原因，少数民族地区的经济比较落后，贫困面比汉族地区大，所以，民族广播更应该发挥桥梁作用。比如：如何从现实分析少数民族地区因地制宜，开发利用本地资源优势；如何内引外联等。要利用广播给他们提供多方面的致富信息。

（摘自《视听天地》1993年第1期）

热线谈话与主持人素质

吴　郁

热线谈话节目在广播电视激烈竞争的“空中大战”中应运而生，倍受听众青睐。这些节目大多安排在晚上，乃至深夜进行，第二天，头天晚上节目中谈过的话题，每每惹得人们谈兴不减。而热线谈话节目的听众来信，其数量之多、态度之认真、感情之真挚，又足以从一个侧面说明这类节目的社会效益。有的听众在来信中称热线谈话是在做“送上门来的思想工作”，对社会的稳定，道德观念的引导、渗透，起着重要的作用。

因此我们说，热线谈话节目侧重于对人们心理的沟通、导向、服务和教育功能。热线谈话是主持人（含特邀佳宾或专家客座主持）与听众之间，以及听众与听众之间，平等友好的沟通，是“润物细无声”的“细雨”，它寓教育于服务之中，成为广大听众十分乐于接受和参与的大众传播中特有的人际交往方式。

为什么热线谈话节目一问世，便立即得到听众的响应，拥有越来越多的听众朋友，形成了比较稳定的听众群呢？本人着重从广播服务的对象——听众角度来探究。

直播热线电话在广播中的出现，使传者苦苦追求的“双向交流”成为可能，它虽然在空间上隔离，却在时间上可及时反馈，从而使大众传播达到人际双向同步交流的效应。

美国学者M·德弗勒和S·罗基齐曾列出受众对大众传媒的三种需要类型：

1.需要理解一个人的社会世界。

2.需要在这个世界中有意义地和有效果地行动。

3.需要有一个从日常麻烦和紧张中逃避的幻想。

我以为这种概括是有道理的。一个社会的人，特别是现代社会的人都有这些需要。我们正处在一个改革开放的时代、一个信息时代、一个向市场经济迈进的时代，周围的生活瞬息万变，令人兴奋、令人震惊、令人羡慕、令人沮丧的事情，时时都会发生。面对这一切，人的心理是需要调节，需要不断寻求新的平衡，人的感情也是需要渲泄的。发达国家早已有的心理医生也就在中国浮出海面，许多城市还开通了各种心理咨询电话、心理门诊，为人们排除心理上的困惑和障碍。不过，大众传播中的热线谈话，与社会上的心理咨询电话、心理门诊相比，有其独到之处。一是热线谈话更具有普遍意义；二是热线谈话既有人际交流的亲切性、具体性，更有大众传播媒体的公开性、广泛性和渗透性；三是热线谈话为普通人参与广播提供了机会。

人生活于社会除了人际交流的需要，还要为实现一定目标去行动，那么“参与”就是其中一个重要的需求。热线谈话实质上是通过广播参与生活的一种方式。听众有机会在热线谈话中发表自己对生活的种种看法，参加有益的讨论无疑对于精神文明建设，对于增强公民意识、民主意识、法制意识和社会责任感是大有裨益的。要办好热线谈话节目，关键在于主持人，主持人必须真正成为热线谈话的核心，否则将无法顺利地高质量地组织谈话的深入进行。人们历来看重主持人的素质，对于谈话节目的主持人来说，除了一般意义上的要求外，尤其要突出思维反应品质、语言表达功力以及知识广博程度的优势。

热线谈话节目主持人一般有两种类型：专家型，是指在某一领域某一学科有专长的主持人；组织者型，他们虽不是某一方面的专家，但对节目涉及的领域有较多的了解，是专家与普通群众对话的沟通者、组织者。

从热线谈话节目主持人的工作程序看，通常有这样几个环节：选择话题、邀请嘉宾、案头准备、临场主持。

先来看看选择话题这个环节。目前做法很多，一般每次节目都设话题，有时一天一换，有时搞连续数天的系列性话题。即便偶尔不设话题或范围，也要注意从听众电话或来信中精心挑选可以议论起来又有价值的话题。就是说，要注意话题的普遍意义和价值意义，要选择既能吸引专家参与，也能让一般老百姓说上几句的话题。

在邀请专家学者做嘉宾客串主持时，当然首先要视其对话题的把握能力。其次必须注意嘉宾的口语表达能力，以能够通俗、清晰、生动、形象地解释抽象问题为好，普通话和口齿方面也应有适当的要求，否则再深的学问也于事无补。同时，主持人也应给予嘉宾“话筒前谈话”这种特殊语境、特殊交流方式的指点，以帮助嘉宾尽快适应，轻松自如地投入到谈话中来。

主持人的案头准备是十分重要的环节。选择话题后，不论是否邀请嘉宾，对于每个话题都要认真而充分的准备，这集中体现在实现话题目的的具体筹划中，它主要涉及到主持人定位这个问题。

主持人定位，即明确自己在谈话进程中所应起到的驾驭引导、穿针引线的作用，同时对听众有所预测，调整好为听众服务的心态。首先，主持人必须明确每次话题的具体目的、主要观点，才能清醒而巧妙地驾驭引导谈话的进程。其次，主持人的定位表现在服务意识上。主持人应是听众足以信赖的朋友，主持人应该有自己的观点，但不宜过早亮出自己的观点，要调动听众参与的积极性，要发掘出自听者的深刻见解，让听众唱主角。再次，两位主持人（含两位以上）共同主持时，要摆正合作关系。要互相补充、引申，如果一位显得聪明睿智，一位显得幼稚无知，就会让人觉得不协调。与专家名人共同主持节目时，主持人应当了解嘉宾所专长的领域，协调嘉宾回答问题或把话题引向深入，同时也要能够在引导听众的角度上提出一些有质量的问题。

临场主持是关键环节。首先对一名好的节目主持人来说，说话能力是要求很高的。大致可包括：语言的组织能力、言语编码能力和口头表达能力。听清、听准问题，同时思考回答要点，回答时词汇丰富，运用准确、句式活泼多变、简单明了，语音准确，吐字清晰，感情真挚。

办好热线谈话节目还有一位不容疏忽的“幕后英雄”，有的台称之为导播，有的称为电话编辑。导播的作用，一是了解听众电话意图，并帮助听众理清思路，概括观点，这样做不但可以避免整个谈话内容前后重复，而且有利于稳定听众情绪，增强其谈话的愿望和信心；二是导播不处在前沿，时间相对充裕一些，考虑问题可能更周全，可及时给主持人以提示或补台，增强播出效果。

临场主持还有一个重要的技巧——“挂机”技巧，即当遇到妨碍节目顺利进行的特殊情况时，随机应变、果断处理、迅速结束对话的方法。

一般说，正常地结束谈话宜礼貌、简短、谦和，非正常情况结束谈话要果断而委婉，有理、有节，这样做，无论对打进电话的听众，还是收音机旁的听众，都是能够接受的。

（摘自《中国广播电视学刊》*1993* 年第 *4* 期）

寓教于乐　寓意于情

——论我国长篇电视室内剧的发展方向

仲呈祥

如果说，电视剧在整个民族的社会主义精神文明建设中起着别的姊妹艺术难以替代的重要作用，那么，方兴未艾、势头正旺的长篇室内剧，则在各种样式的电视剧中占着重要地位。

两年多前，由北京电视艺术中心拍摄的《渴望》开播，国产长篇电视室内剧创作一发而不可止，陆续出现了上海电视剧制作中心拍摄的《上海一家人》、中央电视台拍摄的《人到老年》、北京电视艺术中心拍摄的《编辑部的故事》和《皇城根儿》、天津电视台拍摄的《风雨丽人》、陕西电视台拍摄的《半边楼》和北京文化艺术音像出版社拍摄的《爱你没商量》等十余部。这些室内剧，少则 20 集左右，多则达 50 集。其思想、艺术成就虽然有高有低、参差不齐，但在总体上势头甚猛，实绩可观。在电视荧屏上已经形成了具有中国特色的“气候”和多样化探求的格局，结束了几年前观众批评的我国电视荧屏“外国剧目何其多，日本、巴西、墨西哥”那样一种局面，赢得了人民群众的热情关注。

中国长篇电视室内剧的重要特色，首先表现在艺术家对创作题材的选择和开掘上。由于几年前，中国电视荧屏上大量的外国室内剧，大都是以家庭的爱情婚姻与伦理道德为主题，加上在我国产生轰动性社会效应的开了长篇室内剧创作先河的《渴望》，于是，有一种意见便认为选择题材只能局限于“室内”，开掘题旨也就只能在爱情的忠贞与道德高尚这些人类永恒的人性上。又进一步推论认为室内剧难于表现了伟大的时代精神和反映重大的历史与现实题材，其社会功能主要在于满足广大观众在繁忙的劳作之余娱乐、消遣的需要，至多不过在爱情婚姻和伦理道德方面得到灵魂的净化。

而事实上并非如此。《渴望》向深层开掘出自“文化大革命”以来中国人难以忘怀的近20年的沧桑历史，从而引起了亿万观众的精神共鸣。《上海一家人》展现出20年代至40年代末上海风云变幻的悲壮历史，其题材也远远超越了“室内”。《半边楼》的镜头从某大学那座“拆了一半的半边楼”延伸出来，直接表现跳动着的改革开放和现代化建设的时代脉搏的重大现实题材。所有这一切都说明，我国长篇室内剧成功地表现了时代精神和重大的历史与现实题材，并进而开掘出具有艺术魅力的深刻主题。

相反，有益的教训是《皇城根儿》倒是严格囿于“室内”（即金家院内），尽管煞费苦心地编织出两代人为争夺金丹秘方而勾心斗角的扑朔迷离的故事，但却着意淡化了社会环境和政治因素，把差不多近40年来的北京历史风云摒弃于镜头的取景框外。广大观众除了匡正这个有隔世之感的陈旧故事本应安排它发生在民国或清朝年间更合适外，余下的便是严肃批评它忘记了社会主义文艺的神圣职责，靠玩悬念、装神秘来刺激观众，为娱乐而娱乐。《爱你没商量》的作者则声称要写一个“雅人不爱看，俗人看不懂”的故事，那么，谁才看得懂呢？恐怕只有作者自己那个小圈子了。于是，把选择题材的视野局限在文艺界小圈子里，“侃”出了两位年轻漂亮的女演员“抢”一位出租汽车司机的故事来“逗”观众。结果呢？观众不买帐，要同《爱你没商量》商量商量——写这样的题材为什么就不同观众商量商量呢？这一次“逗”观众者，却被观众无情地“逗”了。

显然，在这里，室内剧的两种截然不同的对创作题材的选择与开掘，导致了两种迥异的社会反响。艺术属于人民，人民是艺术最有权威的评判者。为什么人民如此看重极富群众性的长篇室内剧对创作题材的选择和开掘呢？这丝毫不意味着创作的题材就可以决定室内剧的成败。我们反对“题材决定论“，因为即使是并非重大的一般爱情婚姻与伦理道德题材，在具有先进的历史观与美学观的艺术家那里，也完全能开掘出具有鲜明时代感的深刻主题《爱你没商量》的失误并不在它选择了文艺界生活这一题材，而在作者对这一题材的哲学观照和审美把握；相反，即便是现实变革的重大题材，在思想平庸技巧低下的作者那里，也会被浪费和糟踏掉，创作出空洞乏味的概念化说教品。但我们又不能因此走向另一极，主张“题材无差别论”。如同世间万事万物都存在着差别、存在着矛盾一样，题材也是有差别的。

中国长篇室内剧另一个重要特色，是在“选材要严，开掘要深”的基础上，进而追求通过寓教于乐、寓意于情去辩证统一地实现认识、教育、审美、娱乐功能，弘扬爱国主义、社会主义、集体主义的政治理想和美学理想。

过去较长时期，在“文以载道”的传统下，文艺创作确实存在过分强调认识、教育功能而忽视审美、娱乐功能的倾向，以至为概念化、公式化的作品开了绿灯。当我们着重纠正了这种错误倾向后，又有部分作品走向了另一极端。从周恩来同志提出的“寓教于乐”到江泽民同志提出的“寓意于情”，都科学地揭示了文艺的认识、教育功能与审美、娱乐功能间不可分割的辩证统一关系。一般说来，文艺的社会作用往往是以认识为基础，以审美和娱乐为中介，而以教育为归宿来实现的。惟其如此，江泽民同志在党的十四大后视察上海时针对适应建立社会主义市场经济体制和两个文明建设需要的新形势强调指出：“要充分发挥文艺对人民大众的教育功能。”《半边楼》、《渴望》、《上海一家人》、《风雨丽人》、《人到老年》等室内剧的成功经验都雄辩证明：爱国主义、社会主义、集体主义之“教”，是完全可以寓于人民大众喜爱的健康向上的“乐”中的；正确的理想、信念、人生观、价值观之“意”，是完全能够寓于激起广大观众精神共鸣的具有艺术魅力的“情”中的。

（摘自《求是》1993年第7期）

纪实主义：

电视纪录片的现代潮流

刘　春

代表着电视纪录片审美意识现代潮流的是纪实主义，它体现于近年来的优秀作品中。纪实主义表现出作品表达面的叙事真实与记录过程的客观。它强调对于拍摄对象的物本与人本的尊重，强调保持生活自身流程的客观完整，强调对于现场信息结构的总体把握，强调对于现实时空运动关系的真实显现。

一、本体意识

什么是电视的语言特征？什么是电视的传播方式与传播规律？一直困扰着电视工作者，也成为新时期电视理论的中心话题。

电视纪录片的本体自觉，主要体现在两个回归上：文学、戏剧模式向电视本体模式的回归；单向传播模式向双向传播模式的回归。

文学戏剧模式体现在：依靠解说词作者的创作，以文学建构作品的主要内容，画面围绕文字来编辑，追求人为的戏剧化高潮，流弊所及，甚至或者通过前期的主体干预，如“摆拍生活”，或者通过后期的蒙太奇处理而取得煽情效果。其缺点是以主体意识来损害客体的真实，以主观意图割裂生活过程的连续、完整，给人以总体虚假的感觉。

从《话说运河》到《望长城》，可以看出文学、戏剧模式的转换。前者以作家、学者写解说词，再配以优美的画面，把作品处理成“美文”形式，而后者直接把镜头对准现实生活，通过对取材过程及现场信息的客观展示，再现了长城文化的古老、质朴。为此，它的前期必须注重事件过程的客观记录，后期的解说词配置与画面编辑必须尊重生活自身的规律。

单向传播模式的代表是政论片，其特点是传播的单向性、抽象性、封闭性，因而不利于大众传播的交流与沟通，不利于发挥电视传播的形象化、立体化、开放化的特点。

从传统的政论片到《广东行》，单向传播模式改变了。作品充分尊重观众的接受权利，通过具体事实的展示，通过具体的人们的言行，来表现某种历史的变迁。伴随的运动取材，同期的现场音响，长镜头所展示的完整的过程，等等，都尊重了观众“百闻不如一见”的收视心理，产生了“事实胜于雄辩”的传播效果。

二、取材视点

近年来的纪录片作品越来越多元化，总结起来主要有三类：文化民俗片、政治经济片、社会生活片。

不同于历史文化片，文化民俗片的取材视点，不再仅限于自然风光和历史陈迹，而是更多地从现实人生中折射出文化的沉淀与文明的基因。不同于传统的政论片，政治经济片不再仅仅依托于解说词与资料画面，而是更多地通过一个流程、一个具体事件的展示，形象地说明某个重大的宏观主题。

近年来纪录片取材视点最可喜的变化是注重表现社会问题与日常生活。纪录片一方面以普通人的日常生活为题材，表达那些平凡、具体、细微的生存烦恼；一方面贴近群众的心灵，表现他们最迫切的问题，喊出他们的心声。

纪录片的取材视点的现实化生活化人文化，标志着纪实意识的深入，标志着纪录片审美意识的提高。

三、取材样式

较之传统纪录片作品，纪实主义取材样式在近年来的作品中主要体现为四个特点，即客观化、同步化、过程化、伴随化。

客观化强调摒弃主体的干预，强调对生活原始形态的尊重，强调保持生活流程及事件的时空运动关系的完整。为此，需要取材者既深入生活，又保持取材的距离。隐匿主体视角的客观取材保证了叙事形式的真实感，它主要通过“隐拍”“偷拍”“抓拍”来实现。“隐拍”即通过长期追踪，与对象建立了信任关系，使对象不再对镜头产生陌生感，因而忽略了取材者的“在场”，表现出日常生活的自然面貌，从而避免了表演意识与戏剧化模式。比如《德兴坊》、《摩梭人》、《十五岁的中学生》等就是如此，而且它也将是电视纪录片作品的主要取材样式。

同步化取材系指充分发挥电子媒介的记录优势，及时综合记录下现场的全部信息元素，并使事件与叙事保持形貌、节奏上的同一性。同步化取材主要表现为对于生活场信息结构的记录。比如声音，注意现场同期声信息效果，而不再是“张不开的嘴”“听不见的声”。

过程化取材一是尊重生活的流程，一是展示取材的运动过程，而不是马上展现“终点”“结论”。取材者不是居高临下，而是把自己放在观众一样的位置，去探寻生活的答案或者闪光的因素。取材者也不回避自己的“在场”，而是把取材过程全部展现出来，让观众去评判。这样的镜头，不论对象是怎样表现，都具有真实化效果。所以，过程化取材既能调动观众的参与心理，又能表现出具有真实感的传播效果。

伴随式取材主要指摄影机的运动方式而言，摄影者不再等候在目的地，而是追随着拍摄对象的运动而运动。伴随式取材使摄影机镜头与观众的眼睛同一了。摄影机仿佛是观众，它走向某个目标它追着正在延伸的动作。

(摘自《中国广播电视学刊》1993年第6期)

谈节目主持人的着装

赵　群

观众看主持人，长相服装最直观，其次是根据主持人主持节目的水平，判断其才华。改革开放前我国播音员的着装（50年代——70年代），男式：基本上是固定化的中山装，几十年没有变化，夏季换一下短袖衫，没有服饰物。女式：基本上是各种长短袖衫，节日旗袍，偶尔也穿西装，没有服饰物。这种情况是我国当时社会的大背景决定的。

改革开放把节目主持人推到了电视屏幕的前沿。主持人的出现使电视节目改观，缩短了与观众的距离，为节目增了彩，主持人成了观众崇拜的明星，这些明星闪烁在祖国大地的各个城市，光亮覆盖到城镇乡村。既然是明星，观众就要关注主持人的一举一动，着装、服饰在一定程度上映衬着一种政治导向和消费导向。

着装就是要讲究大方、得体，符合身份。过分豪华成了贵夫人，过分土气成了乡村小妞。有些服装能穿，有些服装不能穿，如歌星的一些服装，服装模特表演的一些服装，以及超短裙、太阳裙、萝卜裤、灯笼裤等都不适合主持人着装。

政治导向举个例子来说，一名男播音员，在胡耀邦总书记辞职时他穿了中山装播报这条新闻，当时许多观众很敏感，而且联系到怀疑改革开放政策有什么变化，议论纷纷，因为这位播音员平日一直是穿西装，唯独那天他穿了中山装。

主持人着装问题在某些主管部门的领导中不是很快能达成共识的，总会有一些波折。如《话说长江》系列节目，主持人陈铎当时穿夹衫采访，这是很正常的，也是合适的，但有些的领导说："为什么不穿中山装？""穿夹克衫为什么不扣扣子？"。

消费导向主要是指女主持人的，观众很善于观察、模仿，感到她的服装很漂亮，很得体，很高雅，就要模仿。这种现象在经济不发达地区较明显，在经济发达地区，服装款式不断出新，女士们的服装是丰富多采的，消费导向的因素影响比较小。

改革开放以来，我国节目主持人的着装基本上是国际化的。男式：西装、短袖衫（系领带）、夹克衫、T恤衫。女式：款式极多，长、短袖衫、连衣裙、套裙、无领衫、立领服等。着装问题要与形象设计一并考虑，男式，从发型、服装、领带颜色、领带夹、胸章、上衣口袋中的手帕、领结、眼镜、手表、鞋袜应一并考虑。女式：从发型、头饰、耳环、手链、手表、裙子、袜子、鞋应一并考虑。作为发型，国际流行趋势，男式基本分头。长发、背头、光头都不合适，台湾的凌峰先生我认为是一种特殊的情况。女式基本短发，或有一些大波浪。披肩发、钢丝发、发髻等都不合适。美籍华人宗毓华、靳羽西，日本、港台的节目主持人都是短发。因为短发头饰较少，有时有发夹，有时有耳环，都是小型化的，不致于影响和分散观众的注意力。在一个节目中，服装不能换得太勤，不然有跳的感觉。在一个长的系列节目中，主持人服装不能勤换，刘晓庆主持《世界电影之林》时，服装换得太勤。

主持人着装要与被采访者和环境相协调，不能反差太大，穿西装采访农民和学生显然反差太大，观众看了也不舒服。

发型基本上是定型化的，与其主持的节目内容相协调，不能变幻无常，如中央电视台少儿节目主持人鞠萍1986年曾烫了发，外表虽然漂亮了，却使小朋友心中产生不安和失落："我们喜欢过去的姐姐，在我们心里，你永远不要变成要烫头的大人。"后来鞠萍恢复了短发，着装上也避免成人化服饰，力求外形设计上创造、保持"鞠萍姐姐"的形象，而不是"鞠萍阿姨"。

新闻节目主持人着装要与当日播报的新闻内容相吻合，如当日新闻中要播发党和国家领导人逝世的讣告，男女主持人都应穿素色（黑色）服装，不能穿花衣服或颜色丰富的服装。

不同的节目类型着装要求也不尽一致，新闻节目、专题节目和综合节目对男装要求，基本上是西装，但对体育节目、儿童节目也可穿运动装、夹克衫。夹克衫、李宁服，在亚运会期间，中央电视台工作人员统一着装，在亚运会各转播现场可以明显看到中央电视台工作人员的身影。

（摘自《电视研究》1993 第3期）

形而上的具象与人化的山神

——《最后的山神》启示录

张群力

《最后的山神》是一部表现古老的鄂伦春民族生活现状的纪录片，如此氤氲着东方神秘色彩的民族题材，自然不能拍得过于平直。如何避免面面俱到的平淡，准确找出创作的"片魂"呢？

孙曾田在鄂伦春民族采访中，了解了那么多鄂伦春民族生活现状的人和事，直到他发现了这尊山神像，并拜访了山神像的作者——鄂伦春民族最后一位昔日的萨满（相当汉族的巫师），了解到这位萨满至今仍保持着山林狩猎的传统生活方式以后，他的眼睛才亮起来。也就是说，孙曾田的采访到这时才进入了题材形成阶段，因为他找到了"片魂"——一个形象的主题。

电视记录片是一门现在进行时的艺术，要表现鄂伦春民族的过去，只能通过图片资料、当事人的同期声回忆及解说词旁白介绍等方式。可是，偏偏天赐良机，孙曾田发现了这么一位恪守先辈遗风的老萨满及他顶礼膜拜的山神像。于是，孙曾田的纪实镜头便轻而易举地把观众的视野引向了鄂伦春民族历史的纵深。

继而，孙曾田在他创作构思的程序中又顺理成章地找到了题材的切入点——表现老萨满与山神的关系。再于是，题材的结构走向便也清晰了——表现老萨满与山神在目前这个逐步现代化的时代共同的命运——这便是我们看到的全片的结构主线。

如果主题先行——"新旧时代两重天，鄂伦春民族旧貌换新颜"，作者若带着这样一个意念性很强的主题去采访，无疑，摄像机红灯一亮，凡是生活中能印证这一意念性主题的人和事便摄入了镜头。老萨满孟金福作为一个反面例证，也同样会摄入镜头。可是，这样的片子能给观众多少启迪呢？

《最后的山神》给观众的启迪是多元的。因为作品的主题不是理念性的，而是一个内涵丰厚的象征体，是融入了理性思索的感性形态。因而，它给观众参与思索的空间就很大。不同的观众从不同的角度，结合自己的经历及对生活的理解，会得出不同的判断。比如，《最后的山神》固然揭示了历史无情的脚步——山神像最终要被人伐倒，孟金福迟早也要像他悲悼的那位鄂伦春老人一样，带着先辈的遗风与山神一起离开人世，未来属于现代化的新一代。但是，

《最后的山神》难道没有给我们留下别的启示吗？比如，孟金福与老伴相濡以沫，共同消融在大自然的和谐之中，那种天人合一，人性真纯的境界不值得人羡慕吗？再有，孟金福从原始自然宗教的角度对野生动植物的保护态度，对世人难道没有启迪吗？更何况，这部片子留给观众的，远远不是几个结论性的启迪，而是一种情感的陶冶，人性的沟通，一种古朴美的熏陶……

《最后的山神》中山神雕像的命运是一个民族一个时代发展变迁的象征。作品虽然围绕着老萨满孟金福与山神的关系展开情节，却也没有拘泥于此，否则，《最后的山神》将不是一部纪实风格的电视纪录片，而有可能成为一部晦涩而又神秘的寓言体或象征主义的电视作品，那就违背了作者的初衷。

我们看作品，作者只是把萨满与山神的关系做为结构线来加以框架。填充的细节却是白山绿水之间一对相亲相爱，充满人情的鄂伦春老夫妻形象，没有丝毫的神鬼之气。作者通过大量孟金福夫妇饮食起居、生产劳动常态的镜头，呈现在观众面前的是一位敦厚善良，平和而又固执，虔诚而又骁勇的鄂伦春传统猎手的形象。然而，老萨满和他所信奉的山神，在这部电视片中又被赋予了形而上的内涵，他便从一个有血有肉的孟金福被升华成为一种象征，象征着已经结束了的鄂伦春民族的旧时代。于是，孟金福又变成了一个视觉性符号——最后的山神，具备了电视纪录片中的美学品味。

（摘自《电视研究》1993年第6期）

踏遍齐鲁觅芳草

——评祝丽华的电视艺术追求

黄望南　杨　帆

祝丽华同志是山东电视台文艺节目编导，她获得了第二届、五届、六届、七届电视文艺“星光奖”，《陶魂》、《方荣翔》（与方丽萍合作）等片在社会上受到广泛好评。

祝丽华以人物构成她艺术创作的主要领域和表现题材。在这里，有不见经传的普通人，象抹灰工、清洁工，也有声名显赫的艺术家，如总政老干部艺术团的艺术家们、著名雕塑家仇志海、京剧艺术家方荣翔。在早期作品中，我们可看到她寻求文学艺术形式与电视艺术形式结合的努力，创作了电视报告文学《草叶篇》、电视散文《依依故园情》。但是，真正意味着她艺术创作成熟的，是《三千里路情与歌》、《陶魂》、《方荣翔》。编导把自身的文学背景很好地运用到电视创作中，犹如盐溶于水，不见痕迹，由此，这几部作品才真正称得上是电视艺术品。

《陶魂》反映了已失传四千多年的黑陶烧制方法和艺术被雕塑家仇志海发掘研究出来的事情。

编导以历时性的时间空间再现了仇志海整整三年的失败、挫折和成功，以及这种黑陶文化上下几千年，今与古的沿革、继承、演化。从黑陶的重见天日，不仅仅展示了民族古老文化、艺术的辉煌，以及今日的弘扬，更是从艺术家个人的艺术追求中揭示出一种坚韧不拔、舍我其谁、积极进取的精神力量，这是我们民族及其文化，历经数千年各种内忧外患而终于能保存、延续和发扬光大，在全世界独此一份的源泉所在。统观全片，“黑陶”不过是一载体，它承载的民族之“魂”才是编导的意欲所在。

《方荣翔》的主人公是著名京剧表演艺术家，一位深受广大观众喜爱的裘派传人，1989年他因心脏病去世了。人物片离不开人物，编导接受的显然是个极大的难题。但是，祝丽华和同事们硬是迎难而上，充分运用资料和采访拍摄与此有关的镜头，精心构思，以方荣翔三次心脏病复发结构全片，前两次作了心脏手术后得返舞台，最后被心脏病夺去了生命，展示了他与病魔作顽强斗争，视观众与艺术高于一切的精神。尤其值得称道的是，它对电视人物专题片叙事结构、声音处理、主题风格的有益而成功的探索，首先，在叙事结构上，将其他艺术形式如文学、戏剧的结构造型纳入电视创作中，使二者有机结合，形成有电视意味的叙事结构。方荣翔已经故去，过去的时空发生的故事情节如何再现呢？祝丽华在谈到这个片子的创作时，介绍道：《方荣翔》选择了从舞台开始，到舞台结束的封闭式结构，把方荣翔的人生浓缩在这一框架结构里。比如全片的开头，设立了一个剧场舞台空镜头，画外是方荣翔的唱腔和观众的喝彩声、掌声；在考虑电视观众渴望见到方荣翔的风采时，采取欲扬先抑，把视线一转，出现了医院为抢救他做手术的情景，这就为观众造成了较强烈的悬念：方荣翔的手术结果如何？我们什么时候能看到他在舞台上和生活中的形象？在这个大悬念之后，简明地叙述了方荣翔的成长历程，直到第一次手术成功和半年后的首场演出，才满足了观众渴望见到一个活生生的方荣翔的心理。紧接着，设立了一系列的方荣翔不管不顾自己的身体，忘我演出和教授徒弟的情节，直到在香港演出。这一大段镜头的设置，为方荣翔在香港演出再次突发心脏病做了充分铺垫，他终于在舞台上倒下，高潮段落在后面进一步的再现中自然涌出了：当大幕重新拉开的时候一个刚刚服了药，吸过氧气的方荣翔又以饱满的神态和精彩的表演倾倒了观众，这时候，观众情感已被这位艺术家视观众为上帝的品格所征服了。方荣翔去世以后，片尾集中了一组方荣翔在舞台上塑造的不同形象的慢动作定格，最终以一枚方荣翔所获得的“金唱片”结束全片。

祝丽华属于我国“第二代”电视导演，她的作品有着丰富的文化内含，她从具体的人物命运中挖掘历史人生底蕴的努力，是与文化意识分不开的，她把镜头向历史的纵深延伸，让人们感受到为一个民族所共有的文化——心理结构的承继，赋予作品“历时性”的认识意义和审美意义。

祝丽华在艺术的道路上不断跋涉，逐渐形成了自己相对成熟的创作个性和表现风格。尽管如此，并不意味着达到完善的境界。她善于下功夫精雕细刻，但有时不免过于雕琢，而缺乏自然的质朴和流畅。丰富的电视手法，可以和各种创作风格结合，如现场纪实和追踪拍摄在她的作品里就很少见，她完全可以运用自己比较深厚的文学功底与纪实手法结合起来，闯出一条新路。

(摘自《电视研究》1993年第5期)

人事管理中市场机制的运用与效应分析

陈经建

广播电视，尤其是电视，已成为当今世界开放社会最重要的传播媒介。电视文化自然地走在大众文化的最前沿。电视文化为了保证自己的前沿地位，就要使电视从业人员的素质与其地位相匹配；要保证匹配，电视从业人员本身应该而且无法不与社会保持双向的互动。市场机制在电视人事管理中的运用由此而产生。

然而，反思过去多年的过于行政机关化的电视人事管理机制，从人员的调配、任用、考核、奖罚、培训到工资福利等全部管理过程是一整套按照计划经济模式形成的静态的管理机制。因为它只按已有的人员与岗位的关系进行调配、任用等管理。实际运行中，岗位一旦确定，人才便难以流动。同时缺乏激励机制和双向互动的人员淘汰机制，使人才难以造就和脱颖而出。这就不可避免的带来干好干坏一个样、论资排辈和干部职务终身制的弊端，人为的变大浪淘沙为风雨不动的静水，使电视从业人员一旦进入这池静水，便任凭风浪起，稳坐钓鱼船，既无压力，也没动力，这种静态的电视人事管理制度大大的制约电视事业更有活力的发展。

为了把市场机制引入电视人事管理之中，上海电视台进行了有益的探索。

上海电视台在招聘农村部主任时，授权主任可以确定属下人选。结果表明，这次招聘达到了以往那种不经招聘而委任所没有的良好效果。

首先，招聘启事中明确了责、权、利并具有千金买马骨、不拘一格招人才的气势。所以短短十几天，就有14名来自各个部门的编辑、记者、科组长和部主任参加报名，经认定均有资格参加公开答辩。以往的任命制在同一岗位一般无法确定这么多考核对象，也不具有公开授权的形式。这次招聘考评委员会由台长、党委书记、局、台总编室领导、业务专家、工会和人事部门的领导组成，考核的内容既有思想认识水平和政策理解能力，也有业务宣传打算和管理机制方案，最后，确定一人中“标”，紧接着台长授权聘用，责、权、利兑现。主任全面启动方案。结果，仅仅用了两个月的时间，农村部在设备条件比较简陋的情况下，以每天自办45分钟、播出三个多小时的节目，硬是撑起了一套农村电视节目。

《上海电视》月刊主编以往的任用，曾因未通过市场机制的调节而未产生良好效果。这本杂志从广受欢迎下滑到比较难办的情况，这不能不说是条原因。《上海电视》月刊从1993年起要改为周刊的决定无疑给这本杂志又增添了一份办刊的难度。台党委认识到，目前的人才配置不是最优的，要想办好这份刊物，就要运用市场机制来招聘主编。招聘均按公平竞争的严格程序进行。最后，一位驻深圳记者以其敏锐思考和相对完善的出版经营方案以及尚有新意的编辑方针和内部竞争制度的设想获得了评委的高分。他上任后，效果比较理想。

建立电视台人事管理的市场机制，离不开社会这个大环境。电视台人事管理机制的完善和真正发挥其优越性，还需借助于全社会人才的双向竞争、市场工资和社会保障三大机制的协调统一。全社会人才的双向竞争机制都应以“人才选择单位，单位择优人才”为规范取向。采用公开平等考试及其他形式的举荐、自荐的考核，使单位和个人之间达到择优汰劣。

提供理想的市场工资，是电视人事管理的有效经济杠杆。连接供需双方的纽带是工资，追求较高的工资应成为全社会市场工资调节的基本取向。这样才能促使工资更为科学和准确地反映人才这一特殊“商品”的价格，成为改善人才布局、调节人才流向的“红绿灯”。事业单位有各自的特点，反映各自特点的事业单位工资制度改革势在必行。如果全社会进一步理顺工资分配制度，电视台能够获得更大的自主权，按市场经济的原则，建立一套比外面高出用倍率计算的内部岗位工资制度来，将会有更多的电视优秀人才聚集于电视塔下。

提供必要的社会保障，是电视人事管理中人才流动的必要条件。在双向选择竞争机制的条件下，各种人才只有奋力拼搏、不断提高自身的素质，使知识不断更新，能力不断适应时代的变化，才能站稳自己理想的岗位，这种压力给人才带来巨大的动力。但这种压力不是对每个人都带来动力，总有人不思进取，或者其他各种因素，逐渐变得不适应电视这个岗位。人员的淘汰是不可避免的，要使人才流动，电视台必须要和社会接轨，社会就要提供完善的保障机制，单位和社会要形成一个环形的动态的人才管理带。

以上这三种机制都是社会环境因素，只有三者互相协调统一，才能加快和深化电视台的人事制度改革。但是这些都不是一朝一夕所能具备的。在现阶段，社会劳动用工制度在企业已取得很大进展，电视台人事管理的机制应尽早地适应全社会的这个态势。

(摘自《广播电视研究》1993年第1期)

学术研究与观点综述

电视纪录片研究概况

何苏六

1993年中国电视纪录片研究的阵势不如1992年火爆了，然而这一领域研究的触角无论在结构的广度和层次的深度上都有了新的延伸。某些方向的研究已经透出成熟，某些方面则努力尝试着建立起一个雏型。出现这一进展，除了研究者本身走向成熟以外，也由于纪录片创作上新风格，高品位作品的不断呈现，以及国际间交流的增多，在一种开放性的观照中强化并拓展着思维。可以说，1993年中国电视纪录片的研究在一个阶段性的总结中走上了一个新高度。

一、纪实主义：永恒中的变化

纪实作为电视纪录片的美学风格和叙事方式应该是永恒的。然而随着时代的发展，电视纪录片的纪实手段和纪实观念也不断发生着变化，形成纪实的新的形式。朱羽君在《电视纪录片的现代风貌》(《中国电视》1992.2）中描述了纪实的现代风貌并分析了其形成的原因。她指出新的创作观念使得“编导者对电视纪录片的本体内涵有了更为深刻的体验和理解；他们放弃了纪录片作为教育手段的功利性思维方式，开始关注人，关注人的命运和生存状态”，“在撷取生活素材时，注意保持一段真实的生活流程，足以展示人物行为过程”，“尽力保持生活自身的原始形态，使影片具有多层面的内涵和开放性的结构。”文章还指出，“在现代纪录片中，除了强调全方位的真实、自然纪实外，其它的各种手法相互渗透，时空跳跃，特技的运用、抒情、象征、寓意的段落等等形成不拘一格潇洒的风格”。

有丰富创作经验的刘效礼和冷冶夫在分析了很多部军事题材电视片实践后郑重提出了“真实的背后是纪实”。在他们的长文《纪实论》(《中国电视》1993.2—5）中，通过严密的逻辑分析，画出电视片成功的一条线：观念→人→纪实→真实→成功。在每个环节中都强调了质朴与自然，而不赞成唯美的形式化的东西，认为那往往会背离纪实的本质。

刘春在题目就说得很明白的《纪实主义：电视纪录片的现代潮流》(《中国广播电视学刊》1993.6）一文中认为，新时期中国电视纪录片在纪录方式和电视本体意识上有了长足发展，代表电视纪录片审美意识的现代潮流总是纪实主义，表现为作品表达面的叙事真实与纪录过程之客观。这一方面使得新时期纪录片审美视野逐渐多元化，题材选择现实化；另一方面也使得题材样式呈现客观化、同步化、过程化和伴随化等特征。

如果说上面的一些文章是对纪实作为电视纪录片本质特性的种种认识和描述的话，那么钟大年《谈味道》(《北京广播学院学报》1993.5）一文则对纪实作为电视纪录片审美特性这一更深层次作了分析。纪实不是目的，纪录片必须酿造内在的张力，“须经一个对现实生活从复现到换质的过程”，让个体形象蕴含一种超乎现实的普遍意义和永恒价值”，从而完成“从有限通向无限”。而要实现这一步，就必须要在生活原貌的展现和典型意义的概括之间寻找一种内在的契合。作者指出，不可得复的个体独特性正是人们进入审美体验的基础，它使得人物具有一种生命感和现实感。而这“个体化的人和事与人们日常生活更容易具有一种明显的对应关系，也更容易使观众通过经验去加强艺术体验，这就使个别上升到了一般”。《谈味道》还指出，“从表现过程到表现历程，是《远在北京的家》在电视纪录片叙事结构方面的拓展。”而这不仅仅是对纪实作为风格手段永恒化的例证，更是深层展示人这一永恒主题的一种走向。

二、纪录美学：新视野、体系化

王纪言、刘春的《新写实：纪录片的美学追求》(《中国电视》1993.12)，引用文坛和电影界新写实主义对电视纪录片美学作了新的观照。文章认为，中国的电视纪录片也在新写实主义思潮中完成了一场语言革命。“意识形态化的传统模式受到怀疑，被切割了‘在场’关系的主观化的封闭取材方式受冷落，人们转向追求一种开放的、同步的、直接呈现的取材方式，追求生活形态的本真与完整。”表现为生活化的取材立场，纪实主义的取材手法和人道主义的道德关注。

胡智锋《论电视纪录美学》(《北京广播学院学报》1993.2）则通过电视纪录美学性质、地位，电视纪录的真实问题和电视纪录片的社会功能、品格境界与思维表达方式等方面较系统的阐述、初步完成了电视纪录美学的建构。作者认为，电视纪录美学理想是在电视纪录美的创造和审美实现的过程中得以体现和渗透的。电视纪录片的“真实”是“多重假定的真实”，而电视纪录的特性决定了这其中的假定既包含了“艺术的假定”成分，又包含了“非艺术的假定”成分。这导致了电视纪录真实的复杂性与特殊性，形成了外在真实——内在真实——哲理真实三个层面。文章在谈到电视纪录片的品格与境界时说，它可划分为描述生活、发现生活、创造生活三种。而电视纪录片的思维与表达方式也可划分为单向交流、双向交流和主体网络交流。

被称作“艺术的哲学”的美学对一门艺术的建立、

发展和成熟有着重要作用。电视纪录片作为电视艺术的分支，相对于其它艺术来说还较年轻，对于它的美学，尤其是系统化的研究不仅是必要的而且是迫切的。它是电视纪录片健康发展，走向成熟的一个保证。

三、新坐标：中国电视纪录片的国际化定位和比较研究

“世界走向中国，中国走向世界。”这是王纪言与胡智锋《关于第二届国际电视节纪录片对话录》(《北京广播学院学报》1993.5）中描述出的中国电视纪录片的新坐标。“将焦点投放在人类当今的普通生活状态之上”，“不仅是题材内容方面的变化，而是一种观念上的进步”。中国电视纪录片近几年的这一新趋势，的确使得自己对走过的路有了个较清晰的而又客观的认识，在认识到落后的同时也看到了明显的进步。不过就中国电视纪录片的总体而言还缺乏国际化意识，说教味道重，而历史感、文化感、美感不足。

钟大年《谈味道》中也指出“中国电视纪录片要走向世界，题材的国际化应该是题中应有之义。所谓题材国际化……是指题材性质应当蕴含了人类普遍的生存价值和道德意义，应该引起人类普遍的情感体验和审美感受。”在《电视纪录片的新收获》(《中国电视》1993.5）一文中，赵群认为，凡是人类共同关心的主题，对国内适用对国际也是适用的。上海电视台国际部的《德兴坊》等片子，欢乐与痛苦，挫折与奋起，压迫与抗争，把一个民族一个社会遇到的问题从各个视角展现开来，给人以无限的启示和联想，这就是电视片之成功之处”。中国电视纪录片国际化定位不只是交流的问题，更是增强其生命力的问题。这也不仅是个题材问题，更应是主题体现的手段问题，即如何锻造出一种超乎中国现实的具有普遍性的意义和永恒性的价值。这也是一个艺术性的问题，这种人类情感和审美体验的追求，使得中外电视纪录片的比较研究更不可少。

四、对当前纪录片作品的研究及其它

《远在北京的家》、《最后的山神》这两部获国际大奖的力作，由于公映较晚，对它们的评论研究文章尚不多见。这里侧重《广东行》的研究作一概述。

《＜广东行＞的叙事特色》（任远、郑蔚）：情节化的叙事，个体化的对象，使得该片更接近纪录片本体。而同期声长镜头的运用，跟踪拍摄，隐形采访等使纪录方式更趋完善。

《电视纪录片的深层开拓》（叶子）：《广东行》成功地拓展了纪录片的题材领域，它把焦点对准了中国改革的最前沿。

《将视点推向改革开放的前沿》（王纪言、刘春）：《广东行》将纪实主义风格运用到一个新高度，长镜头、大板块和无主持人出场，让画面中人物自己讲述的形式，保持了事物自然流程的完整，再现了生活原生态的场信息。

另外，1993年中国电视纪录片研究在方法上也有新追求。《纪录片的形态构成》（高雄杰），把纪录片形态构成划为被表述层（创作者的哲学客观意识的体现）和表述层（创作者表述的完成)。《＜德兴坊＞中的女性视角》（刘春）：纪录片作品也存在着“作者”，并作观察者、解释者加入了叙事。

还有一些文章则提出了新观点。《纪录片、艺术美与人的主题》（刘敬东）：一些纪录片作者仍以新闻性思维创作纪录片，注重“载道”，从而影响了作为艺术样式纪录片更应注意的美学追求。《纪录片创作三题》（王桂华）：一个作品的好坏不在于它的主题思想是否突出、集中、鲜明，而于它能否打动观众并引起共鸣和思考。

五、电视纪录片的呼唤

1993年电视纪录片的研究虽然在深度和广度上都有了新的延伸，但要作为一门独立的艺术，它的研究还是落后的。首先它作为理论它还缺少应有的系统性和完整性，突破这一尴尬也许是电视纪录片真正确立自己地位的一个关键。其次是方法和视角的不够宽阔，不仅使得研究缺乏力度，而且往往使理论滞后于创作实践，失去了指导意义。还有就是深度不够，许多研究还流于一种观感和影评式的对创作实践的归纳和引证，真正对电视纪录片本体理论的探求还不足。

由是观之，象《纪实不是真实》、《谈味道》那样，对电视纪录片进行溯本性思考是十分有益又十分必要的。

电视文艺研究概况

王雪梅

1993年电视文艺的理论研究不十分景气，宏观的研究，重大的理论建树更不多见。专题研究，大体集中在三个方面：一是电视春节文艺晚会，二是电视文艺新形态——“MTV”，三是电视文艺专题片。下面分别概括叙述。

一、电视春节文艺晚会

《电视研究》第4、5、6期，分别发表了一组有关春节联欢晚会的理论文章，李兴叶《几点建议》、叶家铮《应切割组合》、高鑫《现代电视观众的审美特征——对春节联欢晚会的思考》、朱羽君《春节晚会还要不要办下去》、贾磊磊《春节晚会的结构形式与传播／接受效应》、张复华《切实把握观众的审美情趣——从几次春节晚会节目评选活动谈起》等。

李兴叶对春节晚会提出了三点建议：总体设计必须加强。一定要有一个主题；面对观众的“文艺厌足病”，晚会搞五个多小时实在是费力不讨好；要适合简明单纯的舞台演出，加强会内会外的情感交流。叶家铮对春节文艺晚会提出了几种“切割组合”的方式：(1）不同的观众层对象，把晚会切成几大块；按艺术形式分类，把晚会切成几大类；由不同地区电视台分别提供具有地区生活、艺术特色的节目。高鑫指出春节联欢晚会的编排和制作，只有充分认识，并努力适应现代电视观众的审美主动性，审美选择性和审美趣味性的独特审美特征，才能得到广大电视观众的欣然认同和共识。贾磊磊提出春节晚会取决于三个重要因素：类型——是否符合某种观众群体的欣赏趣味；质量——是否具有相当的艺术品质与制作水准；时间——是否为观众预先提供了自然选择的时间。张复华结合几次春节晚会的节目评选活动，提出观众的欣赏品味是“水涨船高”，通过优秀作品的获奖，说明观众对春节晚会节目的质量要求越来越高，越来越精。人们已不仅仅满足于一般的喜庆、火爆、求乐，而是要求节目有要当的思想深度和文化高度，要有真正的艺术价值。

尽管这些理论研究对春节晚会进行了有益的探索，对春节晚会的创作有着一定的指导意义和价值，但是对每年要举办一次、而且要符合亿万观众的欣赏趣味和审美情绪。却不是一件容易的事情。春节晚会的核心问题是：如何突破老套子，创造新形式。

二、电视文艺新形式——“MTV”

MTV，是 Music Television 的缩写，翻译为“音乐电视”。中央电视台于 1993 年底举办了“首届中国音乐电视（MTV）大奖赛”。这样一种新兴的电视文艺新形态，不仅深受广大电视观众的欢迎，同时也引起了电视理论界的重视，一时间发表了不少理论探索文章，计有：汪流《我所知道的音乐电视 MTV》（载《中国电视报》1994 年 1 月 3 日）、李光《有关 MTV 的几个问题》（载《北京晚报》1994 年 1 月 9 日）、胡妙德《对 MTV 的美学思考》（载《电视研究》1994 年第 3 期）、高立民《也谈 MTV》（载《电视研究》1994 年第 2 期）、金兆钧《MTV 一个现代梦?》（载《电视研究》1994 年第 1 期）、黄望南《MTV——电视文艺新形态》（载《北京电视》1994 年第 4 期）。

胡妙德的文章，较为全面地探讨了：什么是 MTV？它有哪些特性？为什么会广受欢迎？如何发展具有中国特色的 MTV？全文分为三部分：声画结合的新产物；流行的必然性：适合人们喜新求变的审美心理、适应现代人快节奏的社会生活、迎合了现代人对电视文艺高水平的娱乐性要求；开创中国特色的 MTV，汪流的论述，重点探讨了 MTV 的创作特色：打破了传统的视觉规则，镜头的组接表现得非常简明、快速；要求拍摄 MTV 的摄影师，其职能接近于画家的职能，一定要把画面拍得非常优美；特别强调要有好的创意，并运用声音和画面的对位，产生新含意，引导观众产生联想，提供信息量较大的艺术品。李光的文章，涉及什么是 MTV，MTV 必须民族化，前景灿烂。

这些理论文章，对 MTV 这种电视文艺创新形态，进行了初步的理论探讨，对普及 MTV，提高电视观众对 MTV 的审美意识，有着特殊的价值和意义。

三、电视文艺专题片

电视文艺专题片，是电视屏幕的重要文艺形态，但关于它的理论探讨和美学评价却未能充分、深入地展开。可喜的是 1993 年前后，涌现了专题论述的文章，其代表专论主要是：王纪言、刘春的《星光闪烁中的启示与困惑——关于文艺专题片创作的思索》（载《电视研究》1993 年 5 期）、邓在军的《电视艺术是永没有休止符的华彩乐章——大型电视艺术片＜毛泽东诗词＞导演札记》（载《中国电视》1994 年第 1 期）、黄望南、杨帆的《踏遍齐鲁觅芳草——评祝丽华的电视艺术追求》（载《电视研究》1993 年第 5 期）、秦安强《电视音乐片的审美取向及其分类的初探》（载《电视研究》1993 年第 3 期）

王纪言、刘春的文章，结合我国电视文艺专题片的创作实际，提出两个根本性的课题加以探讨：一是据于生活还是超脱凡尘——关于创作；二是显现还是阐释——关于作品。论述不仅具有理论的价值而且具有创作的指导意义。邓在军作为电视文艺的著名导演，结合《毛泽东诗词》（电视片）的创作，提出了从事电视文艺专题片的基本创作规律：学习和理解毛泽东，从思想高度把握创作起点；坚持纪实、政治和艺术的有机统一；刻苦追求新的表现手法：一是求新、二是动情、三是气势、四是细腻；精雕细刻，千锤百炼。

四、电视文艺综论

从客观论述电视文艺创作的论述不多，但胡恩结合自己长期电视文艺的创作实践，采取“随笔”写法的理论论述——《电视文艺随笔五章》（载《中国电视》1993 年第 1 期）却颇有理论高度。

胡恩的“随笔”共分五章。其一，“柳暗花明又一村”，强调了电视文艺合理布局的重要性：构成电视文艺的三大硬件（小品相声、歌舞、戏曲）要高质量、有新意、短小精悍；布局串连中要根据各类不同品种的特点有机地编排设高潮；要精心设计和安排好“开头”，踢高“前三脚”；布局的点线要短。其二，“众口难调”的困惑。其三，“红花绿叶”的联想。其四，笑迎天下客。其五，出奇制胜。从而，对电视文艺创作，给予了一定的理论总结和规律探讨。

广告研究概况

张树庭

1993 年中国广告研究主要集中在以下几个方面：

一、关于代理制问题的研究

年初，国家工商局发文要求在部分省市试点推行广告代理制，并逐步在全国推广。为此，广告界对代理制问题进行了迄今为止最深入、最全面的研究，主要内容有：

1.推行代理制的必要性。

学者们对这个问题从不同角度切入研究。贾玉斌从宏观上指出：代理制是国际广告业通行的行业机制，是在长期的竞争过程中形成的并且适应市场经济发展的一种机制。实行代理制可以促进广告业与国际接轨，促使广告公司的完善和发展，有效地提高我国广告的总体策划、创意和设计制作水平，有利于我国优质产品占领和拓展国际市场，有利于提高广告工作效率和减轻媒介负担，有利于广告业内部关系的协调和结构调整(《'92—'93 广告年会综述》，见《高招》93 年第 3 期)。李泮贻从广告主的角度阐述广告代理制势在必行的理由，他认为广告主需要广告代理，体现在我国很多企业从自己做广告转向寻找广告公司代理；同时，实行广告代理制广告主也可以得到较好的经济效益，体现在人员，机构的设置，广告费的支出，广告主对广告的自主权和主动性及广告可能取得较好的效果等几个方面(《广告代理制势在必行》，见《国际广告》1993 年第 2 期)。总之，代理制是现代广告业内部一种科学的运行机制和合理的分工。有否发育成熟的代理业是一个国家广告业现代化，科学化水平的标志。推行代理制是中国广告业发展的必经阶段，这已成为广告业的共识。

2.目前条件下推行代理制的主要障碍。

广告界一致认为，我国特殊的新闻体制、广告公司整体实力和服务水平的低下以及广告主广告意识的薄弱已成为推行代理制的三大障碍，前二者尤甚。

针对我国特殊的新闻体制，黄升民一针见血地指出：打破媒介垄断，是实行代理制的关键。他认为，代理制实行与否，实行到何种水平，是受广告市场供求关系制约的。作为客户和媒介中介的代理公司的存在基于两个理由：①媒介寻求稳定的客源。②客户需要灵活机动的媒介空间和时间。在目前中国广告市场大环境中，媒介资源偏紧，媒介没有寻找稳定客源的动力，没有实行代理制的积极性，客户最重要的仍是媒介时间和空间的控制和掌握，因而广告公司在理论上实行“全面代理”，结局还是单纯的“媒介掮客”，要实行广告代理制，特别是全面代理，核心是打破媒介的垄断是实行公平竞争。(《打破垄断是实行代理制的关键》，见《中国广告》1993 年第 3 期)。

媒介广告公司可以说是我国广告业独有的现象。由于媒体在我国的特殊地位，许多广告公司担心在媒介广告公司存在的情况下实行代理制会形成垄断，造成不公平竞争。伍东、乐仲认真地分析其利弊后指出，从近处着眼，媒体成立广告公司使媒体自身和广告业都获益匪浅，壮大了广告公司的力量，促进广告业的发展，但从长远来考虑，弊端也不少，如媒介广告公司难以公正对待广告主和其他广告代理公司，容易形成垄断，产生不公平竞争(《媒体办广告公司的利与弊》，见《高招》1993 年第 2 期)，看来，在媒介广告公司存在的客观前提下，只有因势利导，扬利除弊，才能促使其朝健康的方向发展。

我国广告公司整体素质和服务能力的低下，无疑是推行广告代理制的极大障碍，对此有的学者也进行了比较具体的分析，见晁钢令《对中国广告代理业发展的若干思考》，(《中国广告》1993 年第 3 期)，康仁承《代理制：广告主的疑虑》(《高招》1993 年第 4 期)。

对于如何扫除推行代理制的障碍问题，张大镇在《实行代理制，还要做些什么》(见《中国广告》1993 年第 3 期)一文作了比较具体的研究，兹不赘述。

二、复关与中国广告业

复关，意味着尚年轻的中国广告业将不得不直接面对外国业已发育成熟的广告业的激烈竞争，形势无疑是非常严峻的。黄升民不无忧虑地指出复关意味着自 1979 年以来的第二次开放，就广告业来说，国外六大广告集团会加大进军大陆市场的力度，我国媒介的垄断体制和缺少广告法律，一方面严重地阻碍了中国广告业(尤其是代理公司)的发育，另一方面也是阻止六大集团长驱直入的堤堰，然而这个堤堰的崩溃只是一个时间问题。与此同时，中国广告业虽然已产生了大广告主，大媒介“兼营公司”，也产生了若干个设计、制作上乘的专业广告公司，然而，却迟迟没有产生具有人才、资本、规模优势的提供整体服务的大型综合代理广告公司，因而，整个产业处于一种“群龙无首”的状态，这对与外来势力抗衡，参与国际竞争是相当不利的(《国际广告业的变动与中国广告业的处境》，见《高招》1993 年第 5、6 期)。对此，傅汉章有同感：中国的广告业还仅处于起步阶段，人员素质、技术设备、设计制作水平和经营管理水平、行业结构等都远不适应市场经济的发展和复关的需要(《'92～'93 广告年会综述》，见《高招》1993 年第 3 期)。

面对复关，中国广告业应当勇于面对现实，抓住复关带来的机遇并迎接挑战。傅慧芬，张汉林认为，复关之后，中国广告市场的吸引力势必大大增强，中国总体广告需求量将大大增加。另外，随着国际广告费用的增加，我国的广告公司将有机会在“中国国际广告”这一相对空白的领域施展才华，创造业绩，机会难得(《复关，中国广告业准备好了吗》，见《国际广告》1993 年第 4 期)。

复关对中国广告业的影响将是深远且巨大的，甚至有可能改变中国广告业的现貌和行业结构。1993 年对这问题的研究仍嫌不足，多限于提出问题，解决问题的少。如何抓住复关带来的机遇，迎接复关带来的挑战，仍有待专家学者继续深入研究。

三、民族文化与中国广告。

中国广告业要临复关的挑战，在要国际广告业中占有一席之地，必须从民族文化中汲取丰富的营养，盲目模仿欧美广告显然不是久远之计。1993 年对这问题有一些研究，但太少，有待专家学者继续对其从宏观上进行把握，从微观上进行深入分析。

李明指出，广告中的民族特点是民族文化在广告中的形象化和特征化，其作用是从文化心理上把握消费者，达到与其沟通的目的(《论广告创作中的民族特色》，见《高招》1993 年第 2 期)。陈梁对如何使中华民族文化在电视广告中交融、电视广告中民族文化的实质、错位与冲突等问题作了较深入的思考(《中华民族文化融于电台广告的思考》，见《中国广告》1993 年第 1 期)。孙秀筑认为中西文化的差异表现在不同的文化价值观、不同的心理结构及不同的地域环境与人文环境，这些体现在中西广告的差异上(《论中西广告之差异》，见《中国广告》1993 年第 3 期)。熊源伟、余明对当今华人受众文化心态作了比较系统的分析(《当今中国受众分析及广告之对策》，见《中国广告》1993 年第 4 期)。这些学者都对民族文化与中国广告的融合问题作了有益的理论研究。

四、广告业的发展与法制建设。

《关于加快广告业发展的规划纲要》提出了“进一步加强广告法制建设，加强广告管理队伍建设，增强依法行政、依法监督的能力，保障广告业着法制轨道健康发展”的要求。显然，广告业的迅猛发展已把广告法制建设问题提上了议事日程。1993 年对这个问题也有比较深入的研究。贾玉斌认为，广告业自律是法制化的必要手段，当前应尽早按法律、法规的规定和行业整体和长远利益的要求以及所应承担的社会责任建立自我约束机制。他还对广告业自律的内容和机制作了一些探讨(《广告业自律是法制化的必要手段》，见《国际广告》1993 年第 6 期)。梁志强建议：我国广告业应尽快纳入法制轨道，在广告法尚未出台之前，应尽快制定一些行之有效的法规，用行政干预的办法把广告业加以宏观管理(《广告业需要整顿要立法》，见《国际广告》1993 年第 6 期)。厉忠辉也强调要用法律规范来控制实施广告代理制(《广告代理制应当通过法律规范尽早实施》，见《中国广告》1993 年第 3 期)。

《广告法》的制定需要广告界和法律专家对广告业的发展与法制建设这个问题共同进行深入的研究。1993 年这方面的研究显然还比较薄弱，有待深入。

五、有关广告问题的其他研究。

除了以上几个方面的问题外，1993 年广告界还对海外广告、市场调查、广告策划及策略、媒体、广告设计及创意等问题作了研究分析，内容广泛，但多为编译介绍性文章或一些案例的分析，整体上体现一种散、杂、不够深入的弱点，有些领域还是空白，当然也有一些比较有新意有深度的文章，但量少，兹不赘述。

有关 CI 的研究 1993 年是个热潮年，但是各类知识性介绍文章比较多，研究性的文章很少，且大多浅尝辄止。钟建夫从中国国情及“太阳神”的历史和现状出发，认为可以建构有中国特色的 CI 理论。他提出了文本识别系统的概念，认为“太阳神”每年元旦献辞及有关企业的学术论文，整编成册的实验报告以及各类报告文学、通讯消息等都属文本识别系统，它比其他任何识别系统都更便于表达理念。他还认为，在中国，区域性行为左右着社团和企业行为，因此，CI 的中国化可以沿着区域性方向发展(《论造构中国特色的 CI 理论》，见《高招》1993 年第 4 期)。这是本年度最有创意的关于 CI 的研究文章。

儿童和电子媒介

——关于我国城市儿童接触电子媒介的研究报告

卜　卫（执笔）

八十年代以前，我国少年儿童以接触广播和印刷媒介(如书籍、报纸、杂志）为主。进入九十年代，随着电子技术的进步和大众媒介的普及，城市少年儿童的媒介兴趣逐渐转向电子媒介，主要包括：电视、广播、录音带、录像带、电子游戏机等。为了解少年儿童媒介接触的状况，1992 年-1993 年，我们在全国城市范围内进行了抽样调查。

据《中国城市社会经济年鉴》(1992)，全国共有 469 个城市，小学在校生 1380 万人，普通中学初中在校生 631.15 万人。在 469 个城市中，地级以上的城市 187 个。由于地级以上城市更富城市特色，我们选择这 187 个城市作抽样总体。根据 1990 年生活质量、社会秩序五个方面的加权评分，见《社会发展与社会指标研究资料》，1991 年，分三层按比例抽取了 16 个城市，抽样估计精度为 97%。在 16 个城市里，我们采用多阶段等距抽样法，抽取了 16 个城市 112 所学校的 3360 名小学三年级至初中三年级学生，回收有效问卷 3337 份（抽样设计和评估详见《新闻与传播研究》1994 年第 1 期)。

主要的结果有两部分，一部分是儿童接触电子媒介的特征，另一部分是儿童的接触与他的道德发展的关系。

一、电子媒介接触的特征

1.电视的接触率最高。

在儿童被调查的前两周内，儿童接触过的媒介种类有电视、报纸、广播等 12 种。接触率按百分比依次排列为：电视，84.6%；报纸，72.9%；广播，63.1%；连环画，54.7%；录音带，54.2%；字书，53.6%；杂志，50.5%；电影，39.6%；电子游戏机，29.2%；录像带，26.6%；计算机，13.2%；卡拉 OK，11.8%。

可以看出，儿童接触了当代所有可能接触的媒介。其特点是：

①电视的接触率最高。在电子媒介中，其次是广播和录音带。目前，儿童录音带的接触日趋低龄化。

②电子媒介的接触率已接近传统的印刷媒介的接触率。12 种媒介中，电视、广播、录音带、电影、电子游戏机、录像带（未结算计算机和卡拉 OK）为电子媒介，报纸、连环画、字书和杂志为印刷媒介。儿童印刷媒介的平均接触率为 57.9%，电子媒介的平均接触率为 50%。

2.儿童接触电视的平均频度仅次于书籍

频度在这里指一周内接触某种媒介的次数。我们请儿童回忆上周的情况，然后在一周内未接触、接触 1–2 次、接触 3–5 次、接触 6–7 次中选择一个符合他们实际情况的答案。我们以一周接触三次以上为高频度接触，结果发现，约 60%的儿童高频次是：报纸，42%；广播，42%；录音带，38%；杂志，29%；电子游戏机，13.6%；录像带，12%。

就平均频度而言，儿童接触电视的频度（2.67）仅次于书籍（2.77）。超过 30%的儿童高频度接触广播、录音带。

3.儿童每日接触电子媒介的时间多于接触印刷媒介

儿童每天花多少时间接触媒介？这是教育者普遍关心的问题。我们以“昨天”接触媒介的时间来估算儿童平时接触媒介的时间。因为调查时间限制在星期二至星期六，所以，“昨天”不包括星期六、星期天的特殊情况。儿童每天接触媒介的平均时间如表一。

(表一)儿童每天接触媒介的平均时间(单位：分钟)

	平均时间	接触人数
录像	61	570
游戏机	49	599
书籍	42	2329
电视	38	2253
杂志	34	1482
录音带	31	1570
报纸	27	2238
广播	25	1815

分析儿童接触媒介的时间，我们发现：

①儿童接触录像、游戏机的人数最少，但平均接触时间最长。

②儿童接触书籍的平均时间（42 分钟）多于接触电视的平均时间（38 分种）。

③儿童接触电子媒介的平均时间（36 分钟）略多与接触印刷媒介的平均时间（35 分钟）。

④无论何种媒介，儿童平均接触一种媒介的时间为 35 分钟。

统计说明，在这 8 种媒介中，儿童每天平均接触 2–4 种左右。可以推算，如果一个儿童一天接触两种媒介，则需要占用他约 70 分钟的自由时间，如果接触 4 种媒介，则需要 140 分钟左右。

4.儿童喜欢接触儿童文学类内容。

在调查中，我们列出电视、书籍、广播和报纸 4 种媒介的共 60 种内容，请儿童选择他们喜欢接触的内容。统计时，我们采用了因子分析的方法，将儿童喜欢的内容分类，结果发现，儿童喜欢接触的媒介内容可分为四类：1.知识类，如新闻、社会知识、历史片、科学知识、科学幻想故事、智力测验、科学普及读物、名人传记等。2.儿童文学类，如电视儿童节目、广播儿童节目、儿童连续剧、动画片、儿童故事、童话、寓言等。3.成人文学类，如成人生活故事、爱情故事、电视文艺节目、广播小说、广播剧等。4.刺激性娱乐类，如武打片（故事）、警匪片（故事）、战争片（故事）或侦探片（故事）等（因子分析的数据及评估详见《新闻与传播研究》1994 年第 1 期）。我们计算了儿童喜欢接触某种媒介内容的平均百分比，如表二。（表二）

媒介种类	内容类型	平均百分比
电视	儿童文学类	71.7%
	刺激性娱乐类	58.8%
	知识类	34.9%
	成人文学类	31.5%
广播	成人文学类	42.8%
	儿童文学类	39.9%
	知识类	20.7%
报纸	儿童文学类	74%
	知识类	44.1%
	新闻类	27.3%
书籍	儿童文学类	65.9%
	刺激性娱乐类	50.8%
	知识类	36.6%

表二说明：除广播媒介外，儿童最喜欢接触的媒介内容是儿童文学类，以下依次是娱乐类，知识类和成人文学类。唯有广播的次序与其它媒介不一样，喜欢接触成人文学类内容的儿童多于喜欢接触儿童文学类内容的儿童。

5.儿童的媒介需要更多地靠电子媒介来满足。

儿童的媒介需要是儿童使用媒介的基本动力。在儿童与媒介的关系中，儿童处于主动的地位，他们会根据自己的需要来选择媒介，以满足自己。我们设计了儿童生活中的15种情境，请儿童根据不同的情境从9种媒介中选出一种他们认为最好的媒介。选择结果如表三。

(表三) 儿童的媒介需要和媒介选择(N=3337)

情 境	选择的媒介(根据选择人数由多至少排列)
当需要放松的时候	录音机、电视、书籍和电子游戏机
当需要有伴的时候	电视、书籍、电子游戏机和录音机
当需要了解新闻的时候	电视、广播、报纸
当需要刺激兴奋的时候	电子游戏机、录音机、录像机、电影
当没什么事情可做的时候	书籍、电视、报纸、电子游戏机、杂志
当需要学习社会生活的时候	杂志、报纸、书籍、电视、广播
当需要忘记烦恼的时候	录音机、电子游戏机、电视、书籍
当需要娱乐的时候	电子游戏机、录音机、电视
当需要认识自己的时候	书籍、报纸、杂志、电视
当需要恐怖刺激的时候	录像机、电影、电视
当需要摆脱生活压力的时候	录音机、电视、书籍、电子游戏机
当需要幽默的时候	电视、书籍、杂志、报纸
当需要摆脱孤独的时候	电视、录音机、书籍、电子游戏机
当需要平静下来的时候	书籍、报纸、录音机、杂志
当需要了解怎样解决自己问题的时候	书籍、报纸、杂志

分析表三，可以看出儿童使用媒介的趋势：①当儿童需要娱乐或情绪刺激的时候，他们一般选择电子媒介，如电视、录音机、录像机和电子游戏机；②当儿童需要了解新闻的时候，他们大都选择新闻媒介，电视、报纸和广播；③当他们需要认识自己和社会，需要学习的时候，他们一般选择印刷媒介，报纸、书籍、杂志和电视；④当他们需要摆脱生活压力或孤独情绪，忘记烦恼的时候，他们选择电子媒介。总之，不同的媒介具有不同的功能，在儿童的生活中，儿童需要多种媒介来满足自己的需要，但是，他们更多地依赖电子媒介。

通过统计分析，我们了解了我国儿童接触媒介的状况和特征。从总的趋势看，儿童们积极接触多种媒介。在儿童生活中，印刷媒介与电子媒介并用，以满足儿童不同的心理需要，这对儿童的全面发展有重要的意义。

二、儿童的电子媒介接触与他们道德发展的关系

本研究根据国家教育委员会颁布的儿童德育纲要和国内外学者对道德内容的研究成果，设计了一个道德量表，对来自16个抽样城市的3337名儿童进行了测试，得出每个儿童的道德水平得分，同时也测试了儿童的电视、广播内容的偏好。发现儿童喜欢接触的内容不同，在道德得分也不同。

首先，我们以电视内容的四种类型作自变量，儿童道德得分作因变量，进行多元回归分析，结果如表四。

(表四) 电视内容与儿童道德得分的多元回归分析

变 项	标准回归系数	回归系数T值	T值显著度
知识性内容	.28982	195.685	.0000
儿童文学	.08154	15.485	.0001
大众生活和文学	−6.795E−03	.107	.7432
刺激性娱乐	− .15485	55.960	.0000

复相关系数=.33849　　方程线性显著 SIG.0000

表四说明，电视知识性内容和儿童文学内容对儿童道德得分有正向显影响，大众生活和文学内容几乎没有影响。刺激性娱乐内容有显著负向影响。可见，儿童接触电视知识性内容越多，或儿童文学内容越多，儿童道德得分越高，接触刺激性娱乐内容越多，儿童道德得分越低。

然后，我们将广播的三类内容作自变量，将儿童道德得分作因变量，进行多元回归分析，其结果如表五。

(表五)广播内容与儿童道德得分的多元回归分析

变 项	标准回归系数	回归系数T值	T值显著度
知识性内容	.22858	144.918	.0000
儿童文学	.18931	100.270	.0000
大众生活和文学	−5.926E−03	.098	.7546

复相关系数=.28447　　方程线性显著 SIG.0000

可以看出，广播知识性内容和儿童文学内容对儿童道德得分有显著正向影响，大众文学对儿童道德得分几乎没有影响。

从儿童内容偏好和他们的道德得分的相关分析中

可以得出三个主要结论:①电视、广播的知识性内容偏好与儿童道德得分呈正显著相关;②电视、广播的儿童文学内容偏好与儿童道德得分呈正显著相关;③电视刺激性娱乐内容偏好与儿童道德得分呈显著负相关。

分析统计结论的原因，我们认为:

①在道德方面得分较高的儿童喜欢接触电视、广播的知识性内容。儿童了解这些内容有助于了解真实的社会现实及这种现实对他们的要求和期望，从而自觉学习和遵守现实的社会规范。同时，在儿童追求知识的过程中，也能培养儿童良好的个性心理素质。

②我国电视、广播的儿童文学的内容基本是健康的、向上的，得分较高的儿童喜欢接触儿童文学，有利于他们的道德发展。

③电视刺激性娱乐内容产生这种负面作用的原因可能是：媒介提供的道德观念和行为与社会要求儿童学习的观念和行为相反；或者，如果媒介提供的道德观念和行为与社会要求儿童学习的内容相同，那么，负面作用可能是由于儿童不能很好的理解成人节目的内容造成的。对这些成人节目来说，儿童缺乏必要的较完整的知识背景，因此，他们可能误解或歪曲节目内容。有时，这两种原因同时存在。

三、关于利用电子媒介改善儿童道德状况的建议

1.大力倡导和组织儿童收听儿童广播节目和知识性节目，养成收听广播的良好习惯。

2.加强媒介儿童文学内容和知识性内容的创作，尤其要加强儿童电视节目、儿童电视连续剧的创作。调查表明，儿童电视节目和儿童连续剧与我国城市儿童道德发展的作用相联系，在调查同期召开的32个座谈会上，300余名家长和教师对电视、广播等媒介中的儿童文学内容如儿童电视剧、儿童电视节目、儿童影片和儿童文学作品均持肯定态度，认为给儿童带来了好的影响。但这类内容与儿童的需要相比，严重馈乏，导致儿童从三、四岁开始就看成人电视剧。因此，我们认为，有必要建立一个国家级的儿童电视艺术中心，来促进儿童电视节目的创作和发展。

3.加强对儿童接触电视、录像带的控制，主要控制儿童接触电子声像媒介的内容。告诉儿童他们不适合接触成人故事内容。如果儿童喜欢看成人电视连续剧或成人故事的录像带，家长要为儿童解释人物关系和情节发展，并作出评价。儿童错误理解电视或录像内容常常是由于无知造成的。家长要注意引导儿童学习必要的知识。在学校里，教师应该积极开展电视或录像节目的评论工作，在与儿童的讨论中，不断提高儿童对电视节目的分析评价能力。

研讨会

全国性广播电视研讨会

中国电视节目外销联合体第一次全体理事台会议

中国电视节目外销联合体第一次全体理事台会议1993年1月11日和12日在北京召开，参加会议的有中央台和28个省台以及13个计划单列市台等42个台的代表66人。广电部副部长刘习良出席了会议并讲了话。国务院新闻办公室三局副局长范信龙、国务院侨办、广电部总编室、地宣司的负责同志和中央电视台台长杨伟光、副台长于广华、马瑞流出席了会议。

1992年6月19日，中央电视台邀请了北京、广东、上海、四川台的台领导、就中国电视节目的外销问题进行了研究，五个台一致认为联合外销是必由之路，并同意共同发起，成立中国电视节目外销联合体。此后，中央电视台建立了节目外销的领导小组，下设办公室。作为本台节目外销的归口部门，又作为联合体的常设办事机构。经各方工作，现已正式报名参加联合体的有中央台和28个省级台还有14个计划单列市台，共43个台。他们是安徽台、北京台、甘肃台、广东台、广西台、贵州台、海南台、河北台、河南台、黑龙江台、湖北台、湖南台、吉林台、江苏台、江西台、辽宁台、内蒙古台、宁夏台、青海台、陕西台、山东台、山西台、上海台、四川台、天津台、西藏台、新疆台、浙江台、长春台、成都台、重庆台、大连台、哈尔滨台、海口台、南京台、宁波台、青岛台、沈阳台、深圳台、武汉台、厦门台、广州台。

刘习良副部长代表广电部领导向大会表示了对联合体的赞赏和支持，他说，联合体把我们系统的优势发挥出来，这是值得庆贺的，是上了一个大的台阶。具体怎么运转，怎么发挥大家的积极性，还有待于实践。

刘副部长指出，对外销售要有针对性。要搞外语节目，要打入外国主体社会。他希望大家能理顺关系，开拓新局面，并祝联合体工作越做越好。

中央电视台台长杨伟光在大会讲话中说，联合体是中国电视走向世界的一大步骤。中国电视通过“天上”和“地下”两个途径走向世界，“地下”主要是通过录像带的发行，让中国电视进入世界各地的家庭。他指出，这是党和国家的一项事业，意义十分重大。

杨伟光表示，中央电视台参加联合体是本着这样的精神，利益共享，让利于地方台，为地方台服务。

代表们认真地讨论了联合体章程草案等文件，会议经表决一致通过了“中国电视节目外销联合体章程”、“联合体节目输出操作程序”、“93年节目外销市场估计和联合体工作规划”三个文件。宣布中国电视节目外销联合体于1993年1月12日正式成立，大家一致认为成立联合体是必要的，是中国电视界走向世界的一大步骤。

会议选举中央台、北京台、广东台、上海台和四川台为常务理事台组成联合体常务理事会，领导联合体的工作。

会议一致推举广电部副部长王枫同志为中国电视节目外销联合体的名誉理事长。选举中央电视台副台长于广华为理事长，广东台副台长钮祖印为副理事长，秘书长由中央电视台国际电视公司副总经理徐雄雄担任。

中国电视节目外销联合体第一次会议于1993年1月12日圆满结束。

广电部科技委电视专业委员会举办电视设备展示会

广播电影电视部科技委电视专业委员会与北京万都视讯器材公司、日本朋荣株式会社于1993年3月22日至25日在北京联合举办了电视设备展示会。出席会议的代表约140人。电视专业委员会的大部分北京委员和少数省市委员参加了会议。此次展示会朋荣公司展出了许多适合中小型电视台用的分量视频切换台、音频切换台、编辑控制器、彩色校正器、时基校正器、同步机、分配放大器和矩阵开关等设备。此外，也展出了一些高水平的设备，如数字降噪器、多功能制式转换器、数字特技发生器等，为电视同行们提供了一次相互学习和技术交流的机会。

全国农村宣传研讨会第二次会议

1993年4月5日至4月13日，全国优秀农村广播节目评选暨全国农村宣传研讨会在山东省烟台召开。广播电影电视部地方司、中国广播电视学会、中央人民广播电台等单位的有关负责同志及烟台台长侯志永出席会议并讲了话。

会议期间，与会的全国27个省级电台70多位代表，就如何加强社会主义市场经济新形势下的农村宣传进行了广泛的研讨。会议认为，中央台和地方台都应进一步加强和重视农村广播宣传。同时，农村宣传本身也需要展开深层次的改革，随着系列台的陆续出台，办《农民台》已成大势所趋。

会议期间，与会代表还参观考察了烟台开发区和威海开发区。

（吉保邦）

全国主持人节目研究委员会首次理事会

1993年4月8日至10日，全国广播电视主持人节目研究委员会第一次理事会在京召开。来自全国65家广播电台、电视台的代表出席了会议。此次会议主要是通过主持人节目研究委员会工作报告、修改章程、研究“金话筒”奖评选方案。会议选举了常务理事台27个，常务理事9人，杨伟光同志被聘为主持人节目研究委员会首席顾问；中央电视台被选为常务理事台，敬一丹为理事台代表。赵化勇、赵忠祥、赵群同志被选为常务理事。

广电部副部长刘习良、中国广播电视学会常务副会长郝平南、中央电视台台长杨伟光、中央人民广播电台台长杨正泉出席会议并讲了话，出席会议的还有部政策法规司司长赵水福、部人事司副司长雷元亮及主持人节目研究会会长赵忠祥、理事长白谦诚等。

会议于4月10日闭幕。

全国省级电台电视台人员编制标准讨论会

由广播电影电视部会同国家编制委员会联合召开的全国省级电台、电视台人员编制标准讨论会于1993年5月24日至26日在湖南长沙举行。来自全国14个省、两个计划单列市的广播电视系统的代表参加了会议。

广播电影电视部人事司经过多年的调查研究，在取得大量数据的基础上，对省级电台、电视台人员编制标准进行了科学论证，以工作量（节目自采量）来核定人员编制，制定出了全国广播电视系统第一个编制标准。与会代表就这方案进行了认真的讨论，对定编模式进行了实际测算。会上，北京广播学院的专家、教授给与会代表作了计算模型演示。与会代表对此表示浓厚兴趣，一致认为该编制标准具有科学性和实用性，为广播电视系统的机构改革和人员设置提供了科学依据。

会议期间，广播电影电视部人事司司长张伟中及国家编制委员会地方编制司的领导同志作了重要讲话。

这次会议讨论通过的省级电台、电视台人员编制标准报国家编委审批后，拟在全国广播电视系统推广实施。

（阳元秋）

第三届电视译制片工作研讨会

1993年6月11日至14日，中国广播电视学会电视译制研究委员会第一届代表大会暨第三届电视译制片工作研讨会在南京召开。

开幕式上，刘习良副部长代表广播电影电视部对全国电视译制研究委员会的成立表示热烈的祝贺，并就此做了重要讲话。他说，电视是国际交流的一个重要方面，其中电视译制是非常重要的环节。电视译制是专门的学问，是一个系统工程，电视译制片在播出中占有一定的比例，也需要研究这方面的学问。就电视译制片所面临的问题，他谈了几点建议，重点谈到了译制片的引进工作。他强调说，引进片子最起码的原则是健康向上；不要以为播一些片子，观众高兴高兴就算了，要想到它对观众产生的长远影响非常之大，尤其对中学生的人生观形成非常重要。他还谈了电视译制片的翻译和配音工作。最后对电视译制研究委员会提出了几点希望。

李振水代秘书长在会上讲话说，随着改革开放的不断扩大和市场经济体制的建立，电视译制工作的地位和作用越来越重要。研究会的成立，对开展电视译制理论的研究、学术交流和经验交流，探讨电视片译制的基本规律，提高电视节目质量，促进国内外的文化交流，将发挥积极的推动作用。学术研究是研究会的生命，研究会要以开展学术研究为中心，实实在在地作调查，搞研究，做学问，办实事。他指出，研究会的另一项重要任务就是组织优秀译制片及论文的评选，希望电视译制研究会把优秀译制片及论文的评选工作做好。会议还确认了出席本届会议的38个电视台、电影译制厂及有关文化单位为电视译制研究委员会第一届理事会理事单位。并通过了常务理事单位名单，它们是中央电视台、北京电视台、上海电视台、广东电视台、四川电视台、江苏电视台、湖北电视台、福建电视台、辽宁电视台、陕西电视台、新疆电视台、南京电视台、哈尔滨电视台。经第一届常务理事会推荐，并经代表大会审议批准，产生了第一届理事会负责人：会长刘习良；副会长洪民生、沈纪；理事长王录；副理事长聂梦茜、张世亮、陈虎、马靖培。

在闭幕式上，中国电视艺术委员会副主任、电视译制研究委员会副会长洪民生致闭幕词。他讲了5个方面的问题：首先，要确立译制工作的地位。电视译制工作是艺术创作；从节目选材、翻译、导演、配音、编辑到录音配制，是丰富电视屏幕的重要组成部分，其次，电视译制工作是电视文化的重要组成部分，电视译制片是精神文化的重要组成部分。因此译制工作者提高自己的品位，充分发挥电视译制片的社会效益。第三、电视译制工作的范围，现在主要指国外译制片，今后要包括中译外及少数民族语言，还要逐渐包括外国译成中文的专题片。第四，对电视译制片要抓质量，做好译制片的产、供、销的良性循环工作及宣传介绍工作。第五，研究会成立后要为大家办实事，其中包括：搞好组织建设；筹办信息刊物；筹备全国电视译制片的专业性评奖活动；开展一些小型的业务交流活动，以提高节目质量，等等。

（朱　宁）

全国首次电视图像艺术研讨会

由中央电视台研究室、中国科技会堂和陕西时代电视图像艺术中心组织的全国首次电视图像艺术研讨会1993年6月24日至26日在西安市召开。中央电视台和部分省市电视台的美工人员，社会科技界和广告公司的代表30多人参加了研讨，中央电视台副总编辑王传玉到会并讲话，陕西省委宣传部有关领导出席了开幕式。

'93有线电视技术专家研讨会

1993年7月6日至8日，广电部科技司在深圳市主办了"93年有线电视技术专家研讨会"。出席会议的有来自全国20多个省市广播电视系统及部属有关部门的代表约60人。会议分别由部科技司司长陈智教和部副总工章之俭等主持，广电部副部长何栋材、原副部长徐崇华出席开幕式并讲了话。

何副部长谈了三点意见：一是有线电视是党和政府的宣传舆论工具，首先要突出其宣传党的方针政策的主要功能，其次是充分发挥其多功能的作用，创造两个效益；二是设计有线电视网络要注重先进性和实用性相结合；三是在研究制定有线电视技术政策时，必须做到网络规范化、设备规格化、技术标准化。

研讨会上，来自上海、北京、南京、无锡、武汉等地的代表交流了建网经验，在此基础上代表们重点讨论了如何修改广发技字〔1992〕7号文"关于有线电视现阶段网络技术体制的意见"，并讨论了标准"有线电视系统技术参数及测量方法"（征求意见稿）和"有线电视加扰技术规范"（征求意见稿）。

全国电视经济宣传座谈会

全国电视经济宣传座谈会于1993年7月6日至8日在山西太原举行。会议的主要议题是（一）颁发1992年全国优秀电视经济节目奖；（二）总结第一届全国电视经济节目研究委员会的工作情况；（三）总结1993年上半年电视经济宣传的经验；（四）探讨今后电视经济宣传的新路子。

会议重点研究的课题是：

1. 电视经济宣传部门的机制如何走向；

2. 经济信息与经济新闻的异同；

3. 如何办好全国电视经济类栏目。

会议决定1993年底在北京举办一次电视经济节目主持人交流培训班，1994年拟进行编辑、记者培训活动。

会议决定，1994年全国电视经济节目评奖活动将于4至5月在江苏举行。

会议决定，1994年全国电视经济节目颁奖及经济宣传座谈会将于9至10月在陕西举行。

会上，与会同志听取了南京、河南、吉林等部分获奖单位创作经验的介绍并观摩了《扣酒风波》、《改革与人》、《巨奖销售》、《经济十分钟》等获奖节目，观看了山西电视台《五彩缤纷》直播现场。赵化勇副台长、王传玉副总编参加会议并讲了话。原经济部副主任王进友就1993年中央台经济部如何和兄弟电视台加强合作，共同搞好电视经济宣传发了言，全国近50家省市电视台经济部的负责人参加了会议。

全国广播电视系统第五次科技信息工作会议

全国广播电视系统第五次科技信息工作会议暨第五届科技信息网大会于1993年7月13日–17日在北京召开。全国43个广播电视厅、局的代表以及部直属单位的代表参加了会议。

广播电影电视部副部长何栋材、科技司司长陈智教和广播电影电视部广播科学研究所领导出席会议并作了重要讲话。领导讲话内容和精神概括起来有如下几方面：①传达了1993年全国科技工作会议精神和部的打算；②介绍了广播电视事业、科技发展状况和今后的主要任务；③论述了科技信息工作的重要性和工作方向；④强调了科技信息队伍的建设和科技信息人员的工作、学习、生活条件的改善。领导的讲话对广播电视科技信息工作者既是巨大的鼓舞，也为广播电视科技信息工作指明了方向。

会上王瑞英同志对全网工作进行了总结，既肯定了过去几年的成绩，也找出了差距，提出了要"抓住机遇，加快发展"的任务。全国广播电视系统科技信息网对获得全国广播电视系统科技情报成果奖的项目、先进单位、先进工作者进行了表彰。会议期间，各情报站就如何开展科技信息工作作了交流，对拟成立的"全国广播电视系统科技与市场信息交流中心"的章程（草案）进行了认真的讨论和修改。

为拓宽科技信息人员的知识领域，会议安排专家作了当前广播电视新技术的报告。北京大洋图象技术公司等单位在会议期间进行了交流展示。

通过此次大会，进一步增强了代表们对科技信息工作改革的紧迫感，责任感，明确了广播电视信息工作的方向。大家表示今后要力争把广播电视科技信息事业的发展推到更高阶段。

全国实施调频广播覆盖网规划工作会议

1993年7月14日至17日全国实施调频广播覆盖网规划工作会议在山东青岛召开。部有关单位和来自全国各省、自治区、直辖市广播电视厅局等80余人参加了会议。会议由部科技司副司长张兆雄同志主持。国家无线电管理委员会副主任、广电部原副部长徐崇华同志就发展广播电视事业及实施全国调频广播规划问题作了重要讲话。

会议就加速实施全国调频广播规划，尽快完成向规划过渡的问题进行了讨论。会议确定原则上要在1993年12月15日前基本完成全国调频广播现状台向规划过渡及调整现用电视第五频道。由于全国各地情况不同，有些地方发展调频广播比较迫切。而调整调频广播现状台对周围影响又不大，可先进行调整；极个别确有困难，不能在规定时间内进行调整的，在不干扰相邻省、自治区、直辖市现用或即将启用的规划频率的情况下，可申请延长调整期限，经部科技司审核同意，可暂缓调整，但最迟不得超过1994年3月30日。在此期间如受到其他规划台的干扰，将不予保护。

关于改换电视第五频道的问题，鉴于它已成为制约部分地区发展调频广播的巨大障碍，因此凡是影响本省或相邻省启用规划频率的应采取果断措施改换频道，有关省厅应予支持和协助。对于极个别改换频道确有困难的大功率电视第五频道，可适当采取灵活措施，即当启用节目的频率受到第五频道干扰时，可暂避开第五频道，改用同台技术参数相同的其他节目的频率。改换第五频道最迟不得超过1994年年底，在此之前暂用的第五频道均不得要求启用的规划频率予以保护。

（部科技司张德超）

全国省级广播电视报第二届论文评选会

1993年7月19日至21日，全国省级广播电视报第二届论文评选会在贵州省贵阳市召开。评选会共收到全国30家省级广播电视报论文34篇，评委们本着"严肃、认真、客观、公正"的原则，在细心阅读、反复讨论、评议的基础上，最后以无记名投票的方式，评出一等奖作品5篇，二等奖作品10篇，三等奖作品13篇。这些作品，从一个侧面反映出全国省级广播电视报在计划经济向市场经济转轨的新形势下，面对改革的大潮，如何在激烈的竞争中求得发展的新举措和思索，反映出省级广播电视报的理论研究逐步走向成熟。

（刘光全）

全国沿海城市电视台新闻部主任会议

由中央电视台第四套节目编辑部组织的全国沿海城市电视台新闻部主任会议于1993年7月20日至23日在北京京西宾馆召开。

会议的主要议题是研究如何办好第四套节目尤其是新闻节目。

中央电视台等32个城市电视台主管新闻的副台长或新闻部主任参加了会议。

经会议讨论决定，从1993年9月1日起，在第四套新闻中开办《沿海行》和《故乡行》两个专栏。由各电视台负责提供本城市，本地区的新闻，中央电视台第四套节目部负责统一编发。

会上杨伟光台长作了《发挥系统优势，办好第四套节目》的动员报告，马瑞流副台长主持会议并作了总结。

'93数据广播发展政策研讨会

1993年7月21日至23日，受广电部科技司委托，由广电部科技信息研究所主办、北京通科信息技术开发公司协办的'93数据广播发展政策研讨会在京召开，广电部部属单位及各地代表80多人参加了会议。

会议安排了11个专题报告。《中国的调频规划》报告简要介绍了我国调频广播规划的目标，制订过程、主要技术参数和规划要点。这一规划通过多次讨论、协商和用计算机反复运算，现已做到：在87～108兆赫的频段内，可以安排全国95%以上人口收听好5～6套中央和地方的调频广播节目，北京、天津、上海以及少数民族地区可以有更多套调频节目。其它报告分别介绍了调频与调幅多工广播的原理、国际发展概况以及广播数据系统（RDS）的发展、交通诱导系统、RDS寻呼试验与经营管理、RDS寻呼功能与邮电寻呼的比较等。

讨论会上，许多代表介绍了利用辅助通信业务（SCA）传送金融信息（股市行情）、交通信息的经验、教训和开展广播寻呼、RDS应用的打算与想法，提出了不少好建议。广电部副总工程师章之俭对研讨会作了小结，指出调频多工（RDS、SCA等）有良好的发展前景，应加快实施。除了发展上应有我国自己的特点外，技术上要尽量吸收国际成熟的经验，少走弯路。下一步要抓紧标准、规范、入网条件等基础性工作与关键性部件、器件的研制开发，还要积极组织试点、创造经验。

广电部何栋材副部长认为开展调频多工业务可以发挥广播潜力，对社会是一大贡献。他还对下一步工作提出了要求，包括加快实现调频广播规划、制订标准、建立全国信息网、引进和国产性结合，提高国产化程度以及加强宏观管理，制订相应的发展规划等。

广电部科技信息所拟将部领导在研讨会上的报告、技术总结和专家论文汇编成集，并将辑录国外最新标准，供广播电视科技人员学习、参考。

全国广播中心技术规范研讨会

由中央人民广播电台总工办主办的“全国广播中心技术规范研讨会”于1993年7月27日至30日在北京举行。来自全国30家国家级、省级和少数市级电台的技术负责同志以及广电部内有关单位的同志共50多人参加了会议。这次会议是全国广播电台技术系统负责同志的首次聚会。

会议主要对由广电部科技司下达任务，由中央台编写的“广播中心节目录制系统设备规范”、“节目播出系统设备规范”及“广播节目录音技术质量评比规范”进行了研讨。编写者首先向会议做了编制说明，然后广泛听取了大家的意见，会后将进一步对规范进行修改、整理。

现在许多台正在筹建或新建广播中心大楼，因此，大家对其技术用房的设计及装备都很感兴趣，并进行了一些探讨。

另外，会议代表提出建议，对现在的节目主持人直播模式的技术装备，设备功能开发等应另设专题进行讨论。与会代表一致认为这次会议达到了预期的目的，许多代表还提出，希望今后适当地召开一些有关声频技术发展动态、录制新技术、新工艺的研讨会，以增强联系，交流经验，共同促进广播技术的发展。

全国省级电视台新闻部主任会议

8月6日至10日，1993年度全国省级电视台新闻部主任会议在海南省举行，全国28个省、自治区、直辖市电视台以及中央电视台的有关同志参加了会议。

新闻中心主任李东升通报了中央台下半年新闻宣传的一些具体设想以及与全国各台合作的4个系列报道的选题：一是以反映大中型企业贯彻“条例”，深化内部改革为主要内容的《在市场中跋涉的国有大中型企业》；二是反映农村深化改革成绩和经验的《希望的田野》；三是反映在从计划经济向市场经济转轨过程中，地方与地方、企业与企业之间既竞争又协作的《全国一盘棋》；四是普通群众走上屏幕谈变化，谈希望的《问苍茫大地——中国百姓访谈录》。

会上各台新闻部主任就下半年选题以及对中央台的要求、希望等展开了热烈讨论。代表们认为，今年上半年中央台新闻改革步子迈得较大而且扎实，早间板块节目《东方时空》的推出、新闻节目的滚动播出，以及人大、政协两会报道的成功，给各台的启发都很大，值得借鉴。

代表们还结合丁关根、艾知生等同志关于电视工作的指示精神，对新闻改革的基本趋势，进一步凝聚全国电视新闻系统力量，充分发挥电视系统优势以及进一步改进电视新闻宣传报道等问题，进行了认真的讨论，取得了共识并提出了建设性意见。

全国第十二届戏曲广播工作会议

由青海人民广播电台承办的全国第十二届戏曲广播工作会议1993年8月13日至20日在西宁召开，来自全国的27家电台以及中国广播电视学会、北京广播学院、西安中广磁带厂、青海昆仑矿泉水开发公司的代表共61人出席了会议。

会议侧重交流了近几年来文艺广播特别是戏曲广播工作的经验，中央台、辽宁台、青海台等14家电台的15位代表在大会上发了言，畅谈了文艺广播改革创新的成败得失。

会议还对“昆仑矿泉杯”全国戏曲展播节目进行了评奖，评出一等奖10名，二等奖10名，三等奖8名，并向获奖单位颁发了奖杯和证书。

（刘步扬）

全国有线电视工作会议

由广播电影电视部主办，中国国际电视公司协办的全国有线电视工作会议1993年8月18日至20日在北京举行，全国28个省市自治区的音像管理、出版部门及部分有线电视台的负责同志近70人参加了会议。

会议总结了一年来全国有线电视供片工作情况，并针对存在的问题提出了具体解决的办法。上海、湖北等7省（市）介绍和交流了有线电视节目管理和供片经验。

公司总经理刘瑾如向与会代表通报了一年来公司的供片情况及今后的设想。她说到目前为止，公司已向全国各有线电视台提供了131个共631个小时的节目（共10批）。由于我们进片渠道比较单一，现有的供片能力远远不能满足各有线电视台、站的需要。为解决这一问题，公司在机构上已加强了节目制作方面的力量，现在，公司在原来13个实行统一计划供片的省市基础上，又在宁夏、青海、贵州、内蒙、江西、天津、陕西等省市落实统一供片，增加了供片对象。

会议要求各地区要进一步落实《有线电视管理暂行办法》及其实施细则，强化管理，完善措施，增强整体优势。使有线电视节目管理和供片工作更加扎实有效。

华语电视学术研讨会

经广播电影电视部和广东省委宣传部批准，广东省对外文化交流协会、广东省广播电视学会和广东电视台于 1993 年 8 月 26 日至 27 日在广州联合举办了首届华语电视周“华语电视发展”学术研讨会。来自中国大陆、香港、台湾以及新加坡、加拿大、美国等地的 50 多名知名专家、学者和华语电视工作者出席了会议。

这次旨在“交流意见，增进了解，寻求共识，协调发展”的华语电视学术研讨会，受到海内外专家、学者的重视和关注，应邀到会的 23 名代表宣读和提交了论文。

与会代表围绕着“如何发展华语电视”这一中心议题，畅所欲言，进行了研讨，并在诸多方面达成共识。如中国电视艺术委员会副主任洪民生、中国电视艺术家协会书记处书记朱景和、广东新闻学会顾问方亢、台湾文化大学传播学院院长王洪钧、美国旧金山太平洋电视公司总经理李文中、香港中文大学新闻与传播学系副教授陈韬文等代表的发言和论文，从“华语电视与中华文化传统的血缘关系”和“华语电视与华人及其覆盖区域文化需求、经济发展的关系和前景”，重点阐述了发展全球华语电视的重要性、必要性、可行性和紧迫性。北京电视艺术家协会副主席蔡骧、北京广播学院副院长王纪言、上海广播电视学会副会长时敏、四川省广播电视学会副会长陆原、广东省广播电视学会会长周无忌、广东电视台台长孙孔华、台湾铭传管理学院大众传播系主任杨志宏、香港《华南经济新闻》总编辑陈启祥、美国三藩市 38 台总裁陈立鸥、新加坡广播局王连三、加拿大温哥华国泰电视台董事长苏成坤等代表，从“华语电视的国际性合作及市场展望”方面认真探讨了华语电视的现状、走势及发展思路、战略、对策和具体操作问题。

综观这些论文主题突出，内容丰富、立意剀切，见解独到。既有阐述基本理论的，又有对实际操作发表真知灼见的，涉及到发展华语电视的方方面面，不仅具有学术价值，而且具有实践意义。这次研讨会的成功举办，对进一步繁荣华语电视屏幕，促进世界华语电视事业的合作与发展必将产生积极的深远影响。

（*石振新*）

第三届国际广播电视技术讨论会（ISBT'93）

第三届国际广播电视技术讨论会（ISBT'93）于 1993 年 9 月 4 日到 9 月 6 日在北京中苑宾馆举办，会上共有来自美、日、德英等十多个国家和地区的广播电视界、电子工业界知名人士和专家共 78 人、国内广播电视界专家 140（其中来自台湾的 7 人）人，并组织来自各大专院校及机关的约 500 人，分别列席每天的分会。因此，共有将近 700 人参加了本次会议。在 9 月 4 日的开幕式上，广播电影电视部部长艾知生、中国电子学会理事长孙俊人、国家自然科学基金会副主任胡兆森和年长外国与会者代表英国全国贯通电信公司（Nationa-lTranscommunicationLtd.）首席执行董事 JohnForrest 相继致词。RichardKirby（国际曜联盟无线电信局主任）、青井舒一（日本高清晰度电视普及支援中心理事长、东芝公司董事长）、DietmarKopitz（欧洲广播联盟总工程师）、GeorgLutteke（欧洲消费电子制造商协会技术委员会主席）、中村好郎（日本广播协会常务副会长）、MichaelRau（美国全国广播机构协会高级副总裁和张今强（电子工业部副部长，由通信与系统装备司副司长吴兆力代表）等七人作了题为“广播电视的今天与明天”的主旨发言。与此同时，有四个外国机构举办了高新技术演示：日本广播协会（NHK 与日本两家公司合作展出 110 英寸大屏幕“高清晰度电视影院”和“高清晰度电视画廊”；英国 NTL 通过一路卫星频道传送经不同程度码率压缩的数字电视信号；瑞典电视台的 HD-DIVLNE 数字式高清晰度电视系统，欧洲 1250 线高清晰度电视节目制作集团(EEIGVision1250)的高清晰度电视节目制作。中央电视台、中央人民广播电台、国际广播电台和北京电视台都派记者参加了开幕式的采访并分别作了报导。

全国城市电台新闻宣传经验交流会

第十三届全国城市电台新闻宣传经验交流会暨城市广播新闻研究委员会第三次年会，1993 年 9 月 12 日至 16 日在济南南郊宾馆召开。参加会议的有直辖市、省会和单列城市广播电视局局长、电台台长、电台新闻部主任等共 50 余人。

会议的主要议题是，交流城市广播新闻宣传如何更好地为建立社会主义市场经济体制服务；城市广播如何加快内部机制转换，以适应社会主义市场经济的需要；交流各台开办各地城市节目的经验，交换各地改革开放经验的稿件，密切各台之间的关系，使广播新闻宣传更好地为两个文明建设服务。

济南市委副书记、市长谢玉堂，山东省委宣传部副部长高挺先，济南市委常委、宣传部长牛洪恩，山东省广播电视厅厅长张海涛等领导同志到会祝贺。中国广播电视学会秘书长贡吉久应邀出席了大会。

(郑庆华、魏清民)

部科技委 计算机应用专业委员会 四届一次会议

广播电影电视部科学技术委员会计算机应用专业委员会四届一次会议，1993年9月16日至21日在贵阳市召开。参加会议的代表有广播电影电视部、中央电视台、中央人民广播电台、中国国际广播电台和省、自治区、直辖市广播电视厅（局）部分总工程师、教授、专家共30人。会议研讨了组建全国广播电视信息网和计算机应用新技术发展等课题，并进行了办公自动化的演示。

(方学忠)

中国电视艺术家协会 电视纪录片学术委员会 成立大会

1993年10月5日，中国电视艺术家协会电视纪录片学术委员会在京成立。

这是中国电视纪录片创作队伍各路英豪一次大聚首。与会的123位代表来自中央电视台、31个省级电视台、12个市级电视台、3所大专院校以及广电部电视艺委会等单位。广电部副部长刘习良、中国文联党组副书记梁光第、文化部文艺局局长李准、中央电视台副台长赵化勇等领导同志也到会表示祝贺。

倡议成立纪学会的发起人之一、全国视协书记处书记朱景和代表纪学会筹备组做了筹备工作报告，并对我国电视纪录片的历史进行了回顾。他指出，电视纪录片是我国屏幕上最早出现的电视节目形式之一。30多年来，电视纪录片真实地记录了我国各个历史时期的时代风貌，起到了鼓舞人民、教育人民、促进社会历史进步的作用。80年代，我国电视纪录片曾出现过一个大放光彩的创作高峰期。进入90年代以来，虽然涌现出了一批创作手法新、艺术水平高的新作品，但从总体来说，由于其他电视节目品种的兴起，使电视纪录片在屏幕上的地位和影响有所下降，创作队伍也相对分散了。同时，与国际水准相比较，还应看到我国电视纪录片在整体上还没有完全走向成熟，理论研究也尚待提高。

在分组讨论中，与会代表纷纷表示：要重振中国电视纪录片的雄风，成立纪学会这样的专业组织是非常必要的。这样可以克服以往单兵操练、散兵游勇的弊端。学会将可定期组织学术研讨、观摩国内外优秀纪录片、交流切磋创作经验；沟通全国省市台纪录片生产的信息与资料；组织不同层次的纪录片创作专业培训和节目交流等活动。

10月6日，大会通过了中国电视艺术家协会电视纪录片学术委员会章程（草案），并选举陈汉元为纪学会会长、赵化勇、王纪言、臧树清为纪学会副会长，朱景和为常务副会长，高克明为秘书长。大会还选举阮若琳为纪学会名誉会长；刘习良、梁光第、杨伟光、李准为纪学会顾问。

(张群力)

中国长篇连播研究会 第九届业务交流会

中国长篇连播研究会第九届业务交流会及由中国咸阳保健品厂提供赞助的首届“505”神功杯论文发奖会于1993年10月8日在湖南长沙举行，此次参加会议的33家电台共交换了38部长书。会议于10月14日结束。

(曹清平)

首届中国唐文化艺术节

首届中国唐文化艺术节于1993年10月8日在中央电视台无锡外景基地唐城隆重举行，同时，成立中国影视唐文化研究所，与中国唐史学会联合召开国际唐文化学术研讨会。

这是一次弘扬中华民族文化，繁荣、促进影视唐文化创作和交流的盛会。艺术节期间，邀请中国敦煌艺术剧院演出大型舞剧《丝路花雨》精彩片断，北京音乐团演出《金舞银饰》片断。基地唐城艺术团推出《皇宫庆典》、《唐皇庆寿》、《胡旋》、《庆善》、《南诏》、《六幺》、《破阵乐》、《天可汗赐宴》6台唐歌舞节目。中央电视台和无锡电视台将为唐文化艺术节录制、播出综合文艺晚会的节目。广播电影电视部、中央电视台领导和北京、上海、江苏等地影视文化、旅游界的领导和专家、无锡市党政领导参加了艺术节。

全国首届电视灯光研究会

1993年10月18日在北京召开了全国首届电视灯光研究会，会长于广华、副会长于宝富等同志组织开幕式，王枫副部长到会并做了重要讲话。

会上，代表们对王枫副部长的讲话进行了热烈的讨论。从建台到今天，35年的历史证明，灯光专业在电视发展中都起着不可忽视的作用，提高电视屏幕的效果，要发挥灯光专业人员的作用。电视屏幕效果的好坏，灯光师创造性起着很关键的作用。王枫部长的讲话使到会代表受到很大鼓舞。

闭幕式上，广电部副总工程师章之俭和中央电视台杨伟光台长到会并讲话。会议自始至终开得活泼热烈，探讨了灯光专业的发展和未来的前途。会议决定，每两年开一次全国性的会议，灯光研究会决定，今后对灯光设计作品进行评比。

第四届全国电视 教育节目研讨会

1993年10月21日至27日

第四届全国优秀电视教育节目评选暨研讨会在京举行。

10月21日至24日，在中国广播电视学会电视教育节目研究委员会主持下，由中央电视台、地方电视台的专业工作者和有关专家、学者组成的评委会，对71个由29个省、市电视台和中央电视台选送的节目进行了审看和评选。

这次评选对节目的分类进行了较大的调整。从以往的普及类、教学类、竞赛类三大项改为两大项——普及类和教学类。选送节目范围是1992年10月至1993年9月在各电视台播出的，由电教部、电教科制作的系列教育节目。

评选结果，普及类有四个节目获一等奖。教学类三个节目获一等奖。还评出10个普及类二等奖和20个普及类三等奖；6个教学类二等奖和15个教学类三等奖。

10月25日上午举行颁奖大会，来自33个电视台的60名代表参加颁奖仪式。中央电视台社教中心主任、评委会主任朱继峰，代表评奖委员会向与会代表介绍了评奖情况并宣布评奖结果。电视教育节目研究会会长洪民生就中国电视教育的历史、发展过程及今后方向作了重要讲话，洪民生说："电视教育节目肩负着提高全民族文化素养的重要使命，我们要扩大队伍，提高素质，联合作战，作出一些成本低、收效好、质量高的电教节目。"

10月25日下午由专家对全体代表就此次参评节目进行讲评。

中央电视台台长杨伟光10月25日在对全体代表的讲话中说，电视教育节目是电视节目中的重要组成部分。中国要走向世界让世界了解中国，办好我们自己的节目是重要的手段。办好教育节目要发挥系统优势，合作也是一种交流、促进。中国电视发展的前景是非常光明的。

10月26日，全体代表观摩日本奖获奖节目和本次评奖获一等奖的节目，并进行了座谈和讨论，大家就今后加强交流与协作，提高创作人员水平和节目质量等问题，进行了充分的讨论。

这次评奖是自1989年首届评奖以来的第四次评选。随着评奖、研究会的成立和全国电教部门的发展及队伍的壮大，电视教育节目的制作质量逐年提高。与前几届相比较，评委认为，今年的节目整体质量较高，节目制作更为讲究。这次评奖节目本身的比较规范说明，我国电教节目经过十几年的发展，作为一个专门的电视节目类型，已经走向成熟。今后电教节目的努力方向是，在课题的选择上进一步着眼于人类世界，开拓科技领域，并在发展电视手段的特色方面下功夫。

10月26日上午还召开了理事会，就明年评比活动和今后培训、研讨工作进行了充分讨论。

全国省级电视台交流网第十届年会

全国省级电视台交流网第十届年会1993年10月26日到11月3日在福州隆重举行。东道主福建电视台在怡人的秋风中迎来180多名来自全国各省级电视台代表，广播电影电视部、中央电视台的领导，部分省广播电视厅的领导，以及国内影视公司和海外电视界同仁参加这个盛会。

省级电视台交流网诞生于1984年，它的建立解决了全国各台节目源不足和节目单调的问题，交流了来自全国各省（市）大量多姿多彩的各类节目。交流网从小到大，由初级到高级不断发展成熟，运行机制逐步趋于科学化、高速率。今天，交流网由35家成员组成，拥有一支实力雄厚，业务精通的专业队伍，通过交流网交换的节目为各电视台提供了一半以上的播出量。

本届年会将着重研讨在社会主义市场经济的新形势下改革现行的节目交换体制等问题；回顾交流网十年历程，举办十周年庆祝活动。

十年来，在交流网"团结协作，共同繁荣"的旗帜下，各电视台之间结下深厚的友谊，用汗水和友谊架起一座沟通全国电视荧屏的桥梁。10月29日庆典大会将为54名从事节目交换十年以上的同志颁发了荣誉证书，大会还将颁发"繁荣荧屏奖"、表彰一些自上届年会以来在节目交流方面表现突出的电视台。

广播电影电视部副部长刘习良亲临大会指导。

迈向二十一世纪
——现代广播上海研讨会

来自北京、上海的数十名专家、学者、新闻工作者及全国各地近40家电台的台长、主持人，1993年10月27日至29日汇聚申城，参加由中国广播电视学会、上海广播电视学会和东方电台举办的《迈向二十一世纪——现代广播上海研讨会》。上海市副市长龚学平、中国广播电视学会副会长郝平南出席会议并在开幕式上热情致词。

研讨会认真分析了现代广播特点。东方电台台长陈圣来在总结办台经验时认为，中国"以明星主持为标志"的广播新时代正在到来。因此，大会特地安排了节目主持人研究方面的专题发言。中国节目主持人研究会理事长白谦诚作了全国广播电视主持人节目和节目主持人普查情况的报告，中国节目主持人研究会副理事长虹云谈了主持人的语言艺术并当场示范。

研讨会还对中国广播改革方向进行了积极探索。上海戏剧学院教授余秋雨、北京广播学院新闻系主任曹璐、中央电台编委李向明就东方电台一年来的举措谈了媒介优势与广播运作机制的共生效应等问题。黑龙江电台副台长丛林和广州电台副台长黎小江结合本台实践，谈了他们改革思路。中国国际广播电台总编胡耀庭介绍了国际广播的新形势。“民营电台”——华世广播公司总经理王志强介绍了他们的办台特色。福建电台台长陈廉谈了自己在领导工作中的若干感受，使大家深受启发。中国广播电视学会常务副会长、《中国广播电视学刊》主编何光在总结发言中分析了中国广播的现状，并对二十一世纪的广播发展态势进行展望，他的发言受到各地代表重视。

(陆云鹏)

第四届
上海国际广播音乐节
音乐广播业务研讨会

第四届上海国际广播音乐节以音乐广播今后走向为题，于1993年11月8日至11月9日在上海举办研讨活动，来自日本、越南、新加坡、俄罗斯、匈牙利、加拿大、荷兰、阿根廷、比利时等40多个国家、地区的广播界代表和全国30多家电台台长、文艺部主任，共计160余人参加讨论。

提交会议讨论的论文有15篇，一定程度上反映了当代音乐广播方面的新思路、新发展。日本赛拉制作公司代表玛依达认为只有了解听众性格及其收听环境，才能制定节目方针，形成办台风格，过多反映广告商意图，音乐广播就缺少个性。荷兰电台节目部主任汉斯·维尔特提出，音响技术的高度发展，使得录音技术已成为艺术创作过程的一部分，因此音乐家只有和制作人携起手来，才能在未来的岁月里为人们留下更多美好的作品。其他如比利时安特卫普二台的《多元文化在比利时音乐舞台上的影响》，湖北电台段启秀《乐意文释；一种音乐广播的新形式》，以及上海电台徐冰《音乐广播的审美导向》，观点都比较新颖，对今后音乐广播的发展将起到积极的推动作用。

20位代表围绕音乐广播如何迎接电视等各种传媒的挑战，发挥广播优势和加强国际广播界交流合作作了即席发言。大家充满信心地表示，在即将进入的21世纪中，音乐广播必将在人类文化生活中充当一个更为积极、活跃和更有份量的角色。整个会议气氛热烈，感情融洽友好，为与会者提供了一个极好的学习交流机会，也进一步提高了上海广播音乐的理论研究水平。

(李世嘉)

广播电影电视部
科学技术委员会
第十一次会议

广播电影电视部科学技术委员会第十一次会议1993年11月8–9日在北京召开。参加会议的有第四届部科技委常委、委员和第三届部科技委常委。

何栋材副部长在开幕式上做了重要讲话，代表部党组向建国以来在广播电影电视事业建设，特别是科技工作方面辛勤劳动作出卓有成效贡献的老同志表示衷心感谢。并就全心全意依靠部科技委、加强部科技委自身的建设和当前几项主要的工作任务讲了重要意见。会议听取了第三届部科技委工作总结，宣布了经部批准的第四届部科技委委员名单、专业委员会主任名单，宣布增设有线电视专业委员会，通过了各专业委员会名单，讨论通过建议书、报告书和工作纲目，并对科技委章程提出了修改意见。向部提出的建议有：

1. 关于城镇新建民用建筑设置公用天线系统；
2. 关于采用模拟分量录像机；
3. 关于在广播系统采用R–DAT的问题；
4. 关于加强中、小功率电视、调频广播发射台天馈线系统管理的意见；
5. 关于大功率电视、调频广播发射台天馈线系统的意见；
6. 计算机应用标准体系表。

(部科技司刘松英)

全国电视科技新闻研讨会

由中国科学院新闻办公室与中央电视台新闻中心联合主办的“电视科技新闻”研讨会于1993年11月9日至13日在北京召开。中央电视台，18个省市电视台以及中国科学院有关部门、研究所、高技术企业的代表共50多人参加了研讨，中宣部新闻局和国务院新闻办公室也派代表出席了会议。

中国科学院副院长王佛松、中央电视台副台长沈纪在开幕式上先后讲了话。他们说，电视科技宣传不仅要力求做到科学性、通俗性、时空性，更要注意报道的社会效果。时代呼唤着高科技，电视作为高科技的产物，应该为宣传科技、提高全民族的科技意识做出应有的贡献。科教电影的萎缩应当引起电影电视工作者的充分重视，要形成重视科技宣传的良好氛围。

中科院学部委员何祚庥先生做了两次专题报告。他在讲述了当代科技发展的特点和趋势以后，还就当前的科技宣传工作提出了宝贵的意见。他说，当前迫切需要提高全民族的科技意识，不仅是群众，各级编导干部更要增强这种意识，邓小平同志把科学技术的作用上升到历史观的高度，英明地提出了“科学技术是第一生产力”这一著名论断，新闻媒介应该年年讲、月月讲、天天讲。电视要成为科技界与经济界之间的一座桥梁，在宣传科研项目和成果的同时，也报道推广成果开发情况，从而促进经济建设的发展。

研讨会期间，共有16位代表就科技宣传的方针、科技报道的经验与问题、当前科技宣传的热点预测、科技报道与现代公关等方面做了发言。大家还观看了十多部电视新闻、专题和科普教育片。

与会代表围绕电视科技宣传进行了认真而细致的讨论。大家认为，改革开放以来，电视科技宣传取得了长足的进步，出现了一批为电视观众所喜闻乐见、在社会上引起一定反响的优秀报道。但是，在建设社会主义市场经济的新形势下，我们的电视科技报道无论在数量上还是在质量上，无论在内容还是在形式上都存在着很大差距，远远没有形成象经济报道那样的气势和规模。会议还就如何改进电视科技宣传，提出了以下几方面的意见。

一、要形成重视科技宣传的良好氛围。提高全民族的科技意识，应该首先从新闻出版界自身做起，各级电视台的领导和记者、编辑也存在着再学习、再提高的过程，从而加深对“科学技术是第一生产力”的认识，把科技作为基本国策来宣传。

二、建议中科院和各级电视台共同努力，建立全国性的科技宣传信息网络，定期交换新闻线索。中央电视台作为国家电视台，应在报道方针、宣传重点等方面多给地方台提供指南，在适当的时侯联合搞几批大型科技报道。科研机构和科技工作者也要加强对科技宣传重要性的认识，把科技宣传作为日常工作之一来抓。建议中科院帮助所属科研院所建立起一支通讯员队伍，有条件的单位可以组建自己的声像中心。

三、在报道内容上，大力拓宽报道面。

1. 多宣传基础研究在综合国力中的重要作用，以增强社会各界对基础研究工作的重视和支持。

2. 多宣传科技领域的先进典型，报道他们的无私奉献精神，反映他们的意见、要求和呼声，从而在全社会形成尊重科技、尊重科技工作者的良好风尚。这样，既可以增进电视观众对他们的理解，又能教育年轻的一代。

3. 增加对科研面向经济主战场方面的宣传。科技体制改革、科技成果推广、科技如何在市场经济中找到自己的位置，应该成为当前电视报道的主要选题。在“稳住一头（基础研究）和放开一片（科研开发）”的新形势下，电视应该成为两者之间的桥梁。

四、深入挖掘电视媒介自身的潜力，改进报道方式，做到人无我有、人有我优。

在这次研讨会上，很多同志提出了“观众是上帝”的观点。随着新闻竞争渐趋激烈，观众的选择越来越多。收视率的高低，直接影响电视台生存和发展，这一点也反映在科技报道中。目前，要走出程式化的误区，拟应从以下几方面入手。

1. 发挥电视传播快、不受时空限制的优势，及时报道国内外重大科技事件和科研动态。必要时，可以采用滚动播出的方式进行连续报道。上海电视台关于江苏泰仓地震、“向阳红十号”事件的报道值得借鉴。

2. 尽可能贴近实际、贴近生活，增强电视新闻的吸引力。

首先，要尽可能做到通俗易懂、深入浅出，电视是最大众化的传播媒介，观众的整体知识水平相比报纸来说要低得多。为此，一是要多与科研人员探讨，把专业术语转化为浅显的语言；二是加入一些解释性的背景材料，简要地介绍新闻事实的来龙去脉。

其次，充分调动电视的各种传播符号，在生动性、趣味性上下功夫，电视是一种感觉型媒介，具有视听兼务的优势。记者要尽可能多用现场画面和同期声，有时某一句话、某一个画面给观众的冲击力是其他媒介所无法做到的。同时，对一些难以用画面来表达的新闻，可以适当调用字幕、动画、图表等形式，增强报道的可视性。

第三、编写好导语，寻找最能集中观众注意力的角度。一般来说，人们看电视新闻基本上是处于半注意状态的。只有精彩的开头才能吸引人们把新闻看下去，这就要求我们的记者、编辑在导语上下功夫。《全息胚：生命科学的新发现》和《超补偿理论的发明人：盛承发》等新闻在这方面做出了有益的尝试。

3. 科技会议报道要跳出一般会议报道的程式化模式，要有实质性内容。

目前，有的新闻在报道学术会议时，以到会领导人的级别作为评价新闻价值的标准，以领导人的祝贺性讲话为主要内容，是很不应该的。实际上，学术报告、学术讨论才是新闻点所在。在国外，不仅用主要篇幅来报道学术报告，甚至用图片、图表来解释，以表示对科研工作的重视。这一点值得我们学习。

4. 科技报道不应局限于鉴定会，研讨会等一些浅层次的东西，要具有一定的高度和深度。要抓住当前工作中的热点问题，多侧面、多角度地进行报道，提出一些带有思考性的东西，给看的人以启迪。这一方面需要我们的记者深入实际、调查研究，另一方面每年各级电视台要确定几个好选题，有计划地搞几个份量重的系列报道或连续报道，形成象“质量万里行”和“中华环保世纪行”那样的声势。

5. 中央电视台可否把《科技时代》办成一个由科学家或科研人员来主持的名牌栏目。这个栏目由三部分组成：一是报道国内外科研领域的最新成就和其他科技信息，为科研与生产部门提供指南；二是搞一些综合性报道和深度报道，反映一定阶段的科技发展状况和观众关心的热点问题；三是类似《科学家谈科学》之类的小栏目，进行科普教育。

五、当前科技报道中需要把握的几个问题：

1. 要注意科技报道的真实性和科学性，避免出现偏差。

(1) 重大科技成就要多做调查、慎重报道、最好等科学界意见一致时再报道。

(2) 记者不要代替科学界做

结论，可以引证有关科研人员的话。“第一流”、“首创”、“领先”、“填补空白”之类空泛评价要慎用。

(3) 记者要多与科研人员沟通、探讨，尽可能采访发明者本人，了解同行的意见，拿到权威性科学鉴定材料。

2.要处理好时效性与时宜性之间的关系，有时不能急于播发新闻，要注意报道可能引起的负作用，尤其要注意保密。

3.要处理好科技信息与广告之间的关系，最好建立一个权威性认证机构来把二者区别开来，以打消记者拍摄时的顾虑，同时杜绝科技报道中的有偿新闻。

经过5天的研讨，与会代表一致认为，这种由科技界和新闻界共同举办的活动很有必要，可以加强彼此间的沟通，共同把电视科技宣传搞好。这种研讨会今后应该多搞，可以考虑把教委、科委、科协、卫生部等部门也吸收进来，扩大影响面。

中宣部部长丁关根同志获悉此会后也肯定了这种研讨方式。他说，在现在的历史条件下，加强科技宣传很有必要。

中央电视台新闻中心主任李东升同志做了会议总结。他分析了当前科技宣传的现状，也向大家通报了中央电视台近期新闻改革的思路和部署。李东升建议地方电视台的同志根据这次研讨中所涉及的问题，结合当地实际情况，搞出一批有份量的，真正体现科研机构工作、反映科技人员呼声的有份量的报道。中央电视台在《新闻联播》节目中将提供充足的时间保证，从而把研讨会的精神真正体现到屏幕上来。

全国城市有线电视协作会第二届年会

1993年11月11日至13日，在湖南衡阳市召开了全国城市有线电视协作会第二届年会，并举行了衡阳有线电视大楼落成庆典活动。参加大会的有全国城市有线电视协作会成员台的正式代表，有中央和省级新闻单位、全国各地有、无线电视台和企业特邀代表共计179人。

会议讨论了工作报告；通过了成立协作会新闻学会、工程技术学会及组织《锦绣中华》系列风光片的摄制、联播实施方案的决定；吸收了25个新会员台，使全国城市有线电视协作会成员达到93个；增补了汉中、锦州、石家庄三个有线电视台为协作会常务理事台；会议还审议了全国城市有线电视协作会会标；并决定1994年度全国城市有线电视协作会第三届年会将在陕西省汉中市举行。

(黄佳)

电视连续剧《青年毛泽东》研讨会

中央电视台、河北电影电视剧制作中心联合于1993年11月18日、12月5日、12月8日，分别在北京、石家庄举办了三次电视连续剧《青年毛泽东》审片研讨会。

参加研讨会的有中共重大革命历史题材领导小组中共中央文献研究室、毛泽东研究室、中宣部文艺局、广电部电影局、中央电视台影视部、中共河北省委宣传部、河北省人大常委会等单位的主管领导；首都文艺界的学者、专家；河北省广播电视厅主管副厅长及河北电影制片厂领导、导演、编剧、制片主任共计40多人。

出席会议的同志们在审片后的研讨中，一致认为，《青年毛泽东》是中央中电视台与河北影视制作中心合作继《少年毛泽东》之后，又成功的摄制了一部佳作，特别是纪念毛泽东同志诞辰100周年之际，推出这样一部好片子，是非常宝贵的，很有意义的。该片主要表现有以下四点：第一，从总体把握上保持了《少年毛泽东》的特点，整个片子很流畅，有深度，通过日常事表现青年毛泽东的内心、气质、情感，比较丰满，对教育青少年成长会有重要意义；第二、比较系统、详细地、准确地介绍了青年时代的毛泽东在思想上、言行上怎样由一个民主主义者过渡到共产主义者的过程；第三、把毛泽东青年时代的生动、亲切感人的形象印在了我们脑海里，这种艺术的感染力是长远的，甚至可以影响人的一生；第四，比较准确地把握了既没有神化，又没有过于人格化，毛泽东是一个热血青少年，很讲情意的优秀青年，甚至是一位青年领袖，这是编导追求的艺术风格，给人以一种亲切感，感染力是很强的。总之，播放这部好片子，对人们了解青年时代毛泽东的成长过程，学习青年时代毛泽东的优良品质具有重要的现实和深远意义。

全国休疗网点负责人工作会议

1993年度全国休疗网点工作会议于1993年11月26日至12月2日在湖南省南岳电视调频发射台召开。

广播电影电视部老干局副局长岳克、湖南省广播电视厅副厅长彭再生及部休疗办、北京、陕西、贵州、广西等省市区和泰山、黄山、峨眉山、庐山等休疗网点负责人参加了会议。

会议的主要内容是：总结交流今年休疗工作，安排1994年休疗计划，讨论“入网办法”（草案），布置投资单位明年到休疗点视察等项活动，探讨如何开办旅游事业。

南岳电视调频发射台刘锡惕副台长介绍了如何办好休疗点的经验，各休疗点负责人也介绍了各自的建设情况和接待能力。与会代表一致认为，各点要抓好服务质量，努力使休疗事业办得更好。

(朱瑞勤)

全国数字电视技术研讨会

为探讨我国从模拟电视向数字电视过渡的途径，中央电视台与香港 图科技有限公司于1993年11月底在北京联合召开了数字电视技术研讨会。广播电影电视部副总工程师章之俭、科技司司长陈智教、中央电视台副台长林景云等同志出席了会议。10个省、直辖市电视台负责技术的副台长或总工程师，广研所、北京广播学院以及有关部门的专家和中央电视台的技术人员代表共60多人参加了这次研讨会。会议由中央电视台总工程师方庆浩和副总工程师邹昌存主持。

香港无线电视台亚洲电视台、九仑有线电视台的工程总监TimKelly方健铨、MisTOOMS先生和北京广播学院杜百川副教授在会上介绍了从模拟电视向数字电视转换的经验和做法。与会代表就我国发展数字电视技术的道路和对策进行了认真的讨论。

广播电影电视部科学技术委员会电视专业委员会四届一次会议

广播电影电视部科学技术委员会电视专业委员会四届一次会议于1993年12月4日至9日在海南省海口市召开。

会议首先传达了1993年11月召开的部科技工作会议和第十一次部科技委会议精神。

会上重点讨论了电视字幕机发展方向问题。三位委员对事先准备的书面材料作了扼要说明。这三份材料为:“有关中央电视台国产字幕机使用情况的报告”、“繁荣里看问题，前进中需引导——中国北方字幕机现状与思考”和“我国字幕机的现状和展望”。这几份材料从不同方面对字幕机的现状、使用情况和技术配置作了较详细的对比和分析。为了使国产字幕机得到健康的发展，经过讨论大家一致认为，我部应该加强这方面的管理工作，并及时向地方台通报情况，组织研讨评比。当前首先应该抓紧制定一个关于电视字幕机基本技术要求的标准。为适合不同用途，该标准可按基本功能多少大体分为三类，每类中再按技术指标高低分成广播级和业务级。

在两会精神传达和技术交流的基础上，会议还对若干有关技术政策问题进行了讨论，主要集中在以下两个问题：一、关于电视中心从模拟系统向数字系统过渡；二、关于电视信号在传输分配中压缩和加扰问题。

此次会议上，委员们还对广电部电视节目技术质量奖评奖办法进行了认真讨论。大家对奖励所设的项目和内容，对评奖的具体措施和方法，对得奖项目的等级和授奖办法等都提出了许多很好的意见。

会议审议了工作纲目，讨论通过了新增补委员。

地区性广播电视研讨会

张成田电视艺术研讨会

山西电视台青年编导张成田近年来创制的《歌从黄河来》、《路的记忆》、《战争、和平、士兵》、《太阳之子》、《走西口》等音乐艺术片在全国电视界有一定影响，在艺术上具有独特的风格。

为探索张成田作品的艺术特色，并推动全国电视文艺节目质量的提高，中国电视艺术委员会于1993年3月27日在北京召开了张成田电视艺术研讨会。中国电视艺术委员会副主任洪民生等有关领导和首都电视文艺界的专家、评论家，教育家共20余人出席了会议。

研讨会上观摩了张成田有代表性的6部电视文艺作品。与会者一致赞扬张成田同志在电视文艺创制中的执着追求，拼搏开拓的精神，认为他是我国第二代电视文艺工作者中的佼佼者，研讨会上，专家们特别高度评价了他的新作《走西口》，认为它从传统走向未来，是我国的音乐电视(MTV)样品。

全国广播电视报言论写作研讨会

1993年5月11日至13日，中国广播影视报刊协会在湖南长沙举行广播电视报言论写作研讨会。共有20多家省市广播电视报社的代表出席了会议。北京、上海、广西、包头、武汉、岳阳等报社的代表分别介绍了言论写作的经验和体会。并就言论对社会生活的引导，对社会难点、热点的分析捕捉以及当前影视评论中普遍存在的问题进行了探讨。

这次会议由湖南广播电视报社承办，中国广播影视报刊协会常务副会长张绍季主持会议并作总结发言，省委宣传部部长文选德，长沙市长张明泰，省广播电视厅厅长魏文彬就加强言论宣传发表了讲话。

(肖伟)

南京经济区域协调会广播电视协作网年会

南京经济区域协调会广播电视协作网1993年年会于1993年5月25日至27日在安徽省芜湖市召开。参加会议的有江苏、江西、安徽三省15个地市广播电视局的领导和有关科室的同志。

会议交流了广播电视在宣传、服务、参与社会主义市场经济，以及事业建设方面的体会和经验；进一步探讨了在社会主义市场经济条件下，广播电视面临的问题；还对有线电视、音像管理、农村广播电视方面的问题进行了讨论，会议还就地区间的广播电视加强相互交流，取长补短，互相支持达成共识。

(芜湖广电局念宣提供)

安徽县级电视台经验交流会

为了总结经验，更好地发挥县级电视台在两个文明建设中的作用，安徽省厅于1993年8月24日至26日在宁国县召开了全省县级电视台经验交流会。会议总结交流近十年来县级电视台在宣传、事业以及内部管理方面积累的实际经验，研究探讨县级电视台在由计划经济向市场经济的转变中如何进一步适应、参与并积极引导舆论，更好地为农村的经济建设服务。

与会同志就如何在新形势下，坚持“四级办”的方针，更好地发挥自身优势，办出具有浓郁地方特色的节目进行了座谈。

(安徽厅)

华东中南地区广播影视内审工作座谈会

广播电影电视部召集的华东中南地区广播影视内审工作座谈会，于1993年6月19日至22日在湖南长沙召开。广播电影电视部副部长何栋材在会上作了重要讲话，湖南省副省长郑培民看望了与会同志，省委宣传部部长文选德、省广播电视厅厅长魏文彬和省审计局的领导同志分别在会上讲了话，17个省、市区的会议代表交流了广播电视内审工作的情况和经验。

会议对以下问题上形成了共识：1.要强化审计监督。必须充分发挥审计在宏观调控中的作用；2.强化审计监督，关键在于要有一支政治素质和业务素质高的审计队伍；3.健全内部审计制度是发展社会主义市场经济的需要；4.强化内部审计，要拓宽审计领域，改进审计方法，正确处理监督与服务的关系。

会议对广播电视内审工作提出了几点要求，一是审计工作要适应改革开放的新形势，增强宏观意识，了解、掌握党和国家关于经济工作的方针、政策和重大的宏观调控措施，以及财经法规，了解宏观经济情况；二是拓宽审计领域，在搞好财务收支审计的基础上，向内控制度评审和经济效益审计延伸，帮助被审单位提高管理水平和经济效益；三是改进审计方法，要把内控制度评审作为一种审计方法应用于审计实践，同时要充分运用审计调查这一形式，更好地履行监督职能和参与宏观经济调控；四是要强化服务意识，坚持“一审、二帮、三促进”的原则，立足于“审”，着眼于“帮”，审帮结合，达到改善管理，提高效益的目的。

(欧光安)

西北五省（区）首届音像出版工作研讨会

为适应社会主义市场经济的需要，加强西北地区广播电视系统音像出版界的交流与合作，促进西北地区音像出版事业的健康发展，由甘肃音像出版社主办的首届西北五省（区）音像出版研讨会一1993年7月15日至17日在兰州举行，参加会议的有陕西、青海、宁夏、甘肃音像出版社社长及编辑部、复录部、发行部主任，(新疆因故缺席)甘肃省广播电视厅的有关领导也出席了会议。

这次研讨会，着重在出版选题、选拔培养演员、发行经销和内部改革等方面进行了探讨。陕西音像出版社介绍了音带选题要在突出地方民族特色和适应群众口味上下功夫，以及发现、录制秦腔新秀表演的传统节目的经验；宁夏大地音像出版社介绍了做好录像片发行前的选片、剪辑和如何抓住发行时机以及摄制行业片的体会；青海昆仑音像出版社介绍了搞好藏、回族歌曲出版、发行，创效益，实现“三无”(无欠款、无积压、无退货)和内部管理的经验；甘肃省音像出版社介绍了内部人员实行岗位承包和开展经营创收的做法。

会议经过认真的讨论，决定对原声音带和唱片的批发价格进行统一调价。

会议决定，1994年研讨会在西宁召开，由青海昆仑出版社承办。

(高新建)

华东地区广播电视安全保卫工作研讨会

1993年7月15日至17日，首届华东地区广播电视安全保卫工作研讨会在福州召开。山东、上海、江苏，浙江、安徽、江西和福建六省一市的部分广播电视厅领导以及电台、电视台、无线发射中心保卫部门的负责同志等29人参加了会议。广电部保卫司司长丁宝庭出席并讲话。

会议就当前广播电视发展趋势、特点和安全保卫工作发展方向、工作重点、安全保卫工作如何在指导思想、机构设置、工作措施等方面更加适应形势发展的需要，更好地为广播电视宣传服务；在改革开放的新形势下，如何做好要害部位的安全保卫工作以及在社会主义市场经济条件下，如何贯彻执行好《广播电视设施保护条例》等问题进行了广泛深入地探讨和交流。

’93海峡两岸广告媒体研讨会

’93海峡两岸广告媒体研讨会于1993年8月1日在福州举行来自两岸广告界及大众传播媒体的知名人士聚集一堂，研讨广告媒体的发展趋势。

此次研讨会以“迈向21世纪的广告媒体”为主题，两岸代表就大陆和台湾的广告媒体受众接受心理、广告媒体选择与应用等作了专题讲演，同时分组交流了两岸媒体的情况。海峡两岸广告界对这次研讨会都予以很大关注，台湾海峡交流基金董事长辜振甫发来了书面贺词，两岸主要广告媒体均派代表参加。台湾方面共有21位代表、广告行销界3个团体的董事长全部参加。

这次研讨会由福建省广告协会、福建电视台、中国《广告》杂志社、台湾《动脑》杂志社主办，由福建省广播电视广告总公司承办，并得到日本（株）佐藤国际机构的有力支持。

全国少儿广播研究会第九届年会

全国少儿广播研究会第九届年会于1993年9月1日在山西太原召开。来自全国22家电台负责少儿节目的广播工作者，共同交流了在新形势下如何办好少儿广播节目的经验，研讨办好少儿广播的长远规划，并对1992年度优秀少儿广播节目进行了评选。

与会代表认为，办好少儿广播节目是非常迫切的，也是有条件的，关键是领导要把这项工作摆在适当的位置。当前，全国少儿广播已进入第二个阶段，过去是在整个节目中辟出一段时间办少儿专题，现在已发展到办起对少儿广播的电台，这充分体现了党和政府对少年儿童的关怀，对少儿教育工作的重视。

会议期间，山西省委、山西省广播电视厅的有关领导，到会看望了与会代表，并希望少儿广播工作再上新台阶。

《毛泽东新闻思想与广播电视改革》研讨会

为隆重纪念毛泽东同志诞辰100周年暨毛泽东同志光辉题词“努力办好广播，为全中国人民和全世界人民服务”发表28周年，《中国广播电视学刊》与湘潭市广播电视学会于1993年9月15日至17日在湖南湘潭市联合举办了题为《毛泽东新闻思想与广播电视改革》学术研讨会。参加研讨会的有中国广播电视学会、《中国广播电视学刊》、湖南广播电视学会、湘潭广播电视学会的负责人以及部分专家、教授、学者共计50余人。湖南省广播电视厅副厅长曾凡安、湘潭市政协主席齐美成、湘潭市委宣传部长郭果夫、韶山管理局副局长高菊村以及湖南省毛泽东思想研究会副会长沧南教授等出席会议并讲了话。

研讨会围绕在当前逐步建立起来的社会主义市场经济新的历史条件下，如何重新学习和研究毛泽东新闻思想并用以指导建设有中国特色的开放型的社会主义广播电视，探讨新形势下广播电视工作所面临的新情况新问题及新思路等，进行了热烈讨论。中国广播电视学会常务副会长何光、湖南广播电视学会副会长田放牧、《中国广播电视学刊》副主编罗弘道，湘潭市有线电视台台长唐弦等就“为人民服务”是毛泽东思想体系的核心问题发了言《中国广播电视学刊》编委黎体贤，湖南人民广播电台副台长谭凤阳，湘潭市广播电视局副局长周志雄等就毛泽东新闻思想的开放性发了言；湖南广播电视厅新闻研究室主任潘重宇，广播电影电视部政策法规司副处长朱观、湖南省广播电视学会秘书长欧泽纯，湖南人民广播电台理论部主任钟镇藩等就用毛泽东新闻思想指导新形势下出现的新情况、新问题发了言。

（刘金铃、焦焕）

十一省（区、市）广播电视系统党建工作经验交流会

1993年10月12日至18日，11省（区、市）广播电视系统党的建设工作经验交流会在贵州省贵阳市召开，参加会议的有来自广西、广东、湖南、湖北、云南、四川、重庆、河南、山西、上海、贵州等省（区、市）广播电视厅（局）主管党建工作的领导及机关、电台、电视台、广播电视报社、广播电视学校等单位的党务干部58人。会议以邓小平建设有中国特色社会主义理论为指导，总结和交流了党建工作经验，研究和探索了全国广播电视系统在建立社会主义市场经济体制的新形势下，如何做好党建及思想政治工作等问题。会议共收到论文25篇，有15位同志在会上宣读了论文。

（卢绍忠）

华东、中南广播电视系统第四次职工教育协作会

江苏省广播电视厅承办的华东、中南广播电视系统第四次职工教育协作会于1993年10月21日至10月25日在南京举行。福建、江西、上海、浙江、安徽、江苏、南京、广东、湖南、湖北、河南、郑州等12个省市广播电视厅局的人事、教育部门领导和工作人员共40人出席了会议。这次会议，交流了华东、中南广播电视系统开展岗位培训、继续教育和学历教育方面的经验，还交流了人事管理和人事制度改革方面的情况。江苏省广播电视厅和广播电影电视部教育司综合处领导参加了会议。

全国省级电台经济工作研讨会

1993年10月27日至11月1日，全国省级电台经济工作研讨

会在长沙举行。全国20多家省级电台的负责人等共50多名代表参加了会议，探讨电台怎样发挥覆盖面广、容量大、时效快、收听手段简单的优势，开创电台经济工作的新局面。北京、上海、辽宁、贵州、陕西、安徽、湖南人民广播电台的代表在会上介绍了经验。

（湖南厅办）

华东六省一市广播电视厅（局）第六次思想政治工作研讨会

华东六省一市广播电视厅（局）第六次思想政治工作研讨会1993年11月3日至7日在江苏无锡市召开。来自山东、安徽、上海、浙江、江西、福建和江苏等省市广播电视厅（局）的分管领导以及机关党委、纪检监察部门的负责同志等30余人参加了会议。广播电影电视部监察局副局长方源同志应邀出席了会议。与会同志交流了一年来开展思想政治工作的经验和体会，着重研讨了在社会主义市场经济条件下，如何进一步加强和改进广播电视系统党的建设、党风建设、新闻队伍职业道德建设等问题。江苏省广播电视厅，无锡市委领导到会讲了话。

华东地区农村广播电视协作会

华东地区第九次农村广播电视协作会，于1993年11月11日至16日在福建召开。会议总结交流了华东各省市建设农村广播电视工作的经验；探讨了在新形势下，如何适应市场经济，积极发展第三产业，增强自身发展能力；参观了福建沿海几个农村广播电视建设搞得比较好的典型单位；商讨了华东地区第十次农村广播电视协作会问题。来自山东、安徽、江苏、浙江、江西、上海和福建六省一市广播电视厅局及部分市县广播电视局、台负责同志共40多人出席会议。广播电影电视部地方司代表应邀到会，中共福建省委宣传部领导到会并讲了话。

全国音像资料馆协作会'93年会

全国音像资料馆协作会'93年会于11月12日至16日在山西太原举行。中共山西省委常委、宣传部长崔光祖、广播电影电视部和国家海关总署有关领导到会并讲话。山西、上海、湖北、宁夏、安徽、甘肃等32个省、市自治区和直辖市的厅局领导和资料馆代表出席了会议，并分别在会上就音像资料事业的发展方向和有关业务研究提交了工作报告和学术论文。

与会代表以邓小平同志建设有中国特色的社会主义理论为思想武器，紧紧围绕音像资料为党的中心工作服务，为社会主义两个文明建设服务，为广播电视宣传服务这个主题，对新时期音像资料工作进行了研究和探讨。

会议增选上海市广播电视局副局长李晓庚、山西省广播电视厅副厅长杜汉舟为本届协会副会长。

会议决定，在1994年的适当时机由上海馆和浙江馆联合举办'94年会。

省、自治区、直辖市广播电视研讨会

北京市广播电视学术研讨会

北京市广播电视学会和北京市广播电视局所属单位和部门在1993年共召开了六次广播电视研讨会。

1. 1993年6月29日至30日，北京市广播电视学会和北京市广播电视局事业处、局总编室共同召开了“郊区广播电视宣传研讨会”。主要研讨了郊区农村广播电视如何适应社会主义市场经济的需要，解放思想，转变观念，实事求是，加快宣传改革，提高宣传水平，讲求宣传艺术，增强宣传效果等问题。这次研讨会规模比较大，参加人数比较多。由于准备充分会议开得比较好。

2. 1993年8月10日，北京市广播电视学会召开了“关于加强新闻队伍职业道德建设，禁止‘有偿新闻’座谈会”。与会同志对照中宣部、新闻出版署《通知》精神，联系北京市广播电视系统的实际，对“有偿新闻”问题从理论和实践两个方面进行了探讨，分析了“有偿新闻”产生的原因，并且研究了禁止“有偿新闻”的措施，提高了认识，统一了思想。

3. 1993年9月7日，北京市广播电视学会召开了“广播电视热门话题节目研讨会”。与会同志总结了北京电台和北京电视台开办热门话题节目的经验，特别是电台开办《时事追踪》节目的经验，并对如何进一步提高热门话题节目的质量发表了意见。大家认为，办好热门话题节目，首先要坚持正确的舆论导向；其次是在选准话题的基础上，做到准确、鲜明、生动，节目要有思想深度；再有就是要充分发挥广播电视的特长，吸收群众参与，用足广播电视的优势。

4. 1993年4月14日，北京电台和北京市广播电视学会广播学研究委员会召开了“广播宣传改革座谈会”。与会同志对电台建立专业台和一些新出台的节目，给予了充分肯定，认为电台宣传改革步子大，开办的节目适应性强、贴近性强、群众参与性强，受到广大听众的热烈欢迎，取得了突破性进展。同时，与会同志也对进一步完善系列台建设和一些节目存在的问题提出了意见和建议。

5. 1993 年 3 月 12 日，北京电视台和北京市广播电视学会电视学研究委员会举办了“1992 年元旦、春节晚会评选暨研讨会”。与会评委在认真观看、评选晚会节目的基础上，对这些晚会节目取得的成功，特别是对电视台改变以往的晚会以舞台为主的模式，刻意求新，深入家庭，紧密结合社会现实生活，汇编影视体育资料等办晚会的新形式，给予了充分的肯定并总结了经验，同时指出了晚会存在的不足之处。与会评委与编导们见面，进行了讲评。

6. 1993 年 5 月 5 日，北京市广播电视学会播音学研究委员会召开了“郊区农村主持人节目研讨会”，评选出 22 个优秀主持人节目，并就如何提高主持人素质和参评节目的质量进行了研讨。

（董学武）

通俗剧研讨会

北京电视艺术家协会与北京作家协会 1993 年 5 月 20 日至 22 日联合召开通俗剧研讨会。来自北京文学，影视评论界和新闻界的 40 多位专家出席了会议。大家结合我国通俗剧创作的历史、现状，特别是北京地区近年来推出的作品，就通俗剧的功能、作用和它的文化品位、审美特征及其一般创作规律进行了讨论。特别是对在市场经济形势下通俗剧的走向，以及如何提高通俗剧的质量，进行了探讨。大家认为，现代社会的发展为繁荣通俗剧的创作提供了广阔天地，只要文学家、艺术家注意了解新时代的观众，注意深入生活，汲取国内外通俗文艺的创作经验，克服当前创作上存在的一些问题，通俗剧的创作一定会出现一派欣欣向荣的景象。

（张健）

天津市广播电视学会学术研讨会

1993 年，天津市广播电视学会召开了 6 个大型学术研讨会。这些研讨会是：关山播音艺术研讨会、《天津广播电视报》复刊 800 期研讨会、电台新闻台《’93“六.一”还孩子一个心愿》业务研讨会、电台经济台舆论导向研讨会、《悄悄话》节目研讨会、连续广播京韵大鼓书《金陵十二钗》创作研讨会等。其中，舆论导向和《悄悄话》学术研讨会是电台经济台主办召开的。

1993 年的学术研讨会和 1990、1991、1992 年相比，有几个明显的变化和特点：

一、范围较广，影响较大

关山播音艺术研讨会，天津市领导、天津市广播电视局领导和中央人民广播电台播音指导、北京广播学院播音指导、北京广播学院播音系主任、中国播音学研究会副会长以及天津市新闻界、文艺界人士共一百多人参加了研讨会。北京、广西、黑龙江、吉林、秦皇岛等兄弟电台、音像出版社的代表应邀参加了研讨会，内蒙、山西、湖北、四川、江苏、浙江、上海等省、市、自治区电台、播音学研究会发来了贺电。在会上，还发放了关山的两盘播音的录音带和播音的论文专辑。参加研讨会的人数之多，范围之广，影响之大，在天津市广播电视局来说都是空前的。

二、武装读者，引导读者

我们是新闻单位，学术研究要突出在社会主义市场经济条件下的新闻学，《天津广播电视》学刊要有一定的理论色彩。比如电台经济台举办的舆论导向研讨会和电台新闻台的《’93“六一”还孩子一个心愿》研讨会，都注意了涉及到社会主义市场经济条件下的新闻学，特别是批判了拜金主义，阐明不能用市场经济规律代替无产阶级新闻规律，要坚持无产阶级党性原则。在《天津广播电视》刊物中，除了强调以科学理论和正确舆论武装和引导读者之外，还谈到了要区分新闻、新闻事业和新闻产业的不同概念，不能用市场经济的规律代替无产阶级新闻工作的党性原则，无论发布什么新闻，都要坚持把社会效益放在第一位。

三、形式多样，生动活泼

1993 年的几个学术研讨会，有单位的也有个人的，有本单位的同志自己研讨，也有和社会上各界人士共同研讨的。充分发扬了民主，畅所欲言，既明确了论点和方向，也使研讨会生动活泼，引人入胜。《悄悄话》研讨会上，许多听众争先发言，简单、明确，形式多样，有的是简短的体会，有的是顺口溜，有的还当场表演一个精彩的节目。同时，当场开展了咨询活动，也对《悄悄话》节目提出近百条建议，效果很好。

（夏凯）

上海广播电视宣传改革研讨会

上海广播电视宣传抓住机遇，大胆改革，在很多方面进行了开拓性的尝试。为了在新一年再上一个新台阶，上海广播电视局总编室和上海广播电视学会于 1993 年 2 月底至 3 月初举办“宣传改革研讨会”，邀请市委宣传部副部长龚心瀚、局党委书记贾树枚和局台各级宣传干部、资深新闻工作者、社会上关心广播电视宣传的有识之士、局法律顾问共 40 余人参加讨论。

会议前后共开了两天半，其中与会者用一天时间审听、审看有关节目，其它时间听取有关节目部围绕节目所作的介绍并交流意见。东方电视台杜绝有偿新闻和东方电台改革新闻模式的做法、上海电台和上海电视台对谈话类节目品位及定位的思考，受到与会者关注。在肯定成绩的同时，与会者主要针对存在的问题，就五台竞争格局下的节目宏观管理、新闻性节目改革思路、舆论监督的社会效应、直播谈话节目的方式方法、采编播人员的业务素质、群众参与的引导及涉及的法律等问题展开了畅所欲言的探讨。

与会领导对会上提出的一些想法和建议给予了充分的重视，研讨会后，责成局总编室制定了加强节目管理的意见，对保证安全播出、提高节目质量起到了推动作用。

（陆云鹏）

河北省市地电台新闻业务研讨会

第五届河北省市地人民广播电台新闻业务研讨会，1993 年 10 月 19 日至 23 日，在唐山市召开。主办单位是唐山人民广播电台。河北省广播电视厅研究室、河北人民广播电台新闻部领导和 11 家市地电台的台长、新闻部主任，共 25 人参加了会议。

10 月 20 日下午，听评各台选送的新闻组合节目。唐山台、邯郸台、张家口台的新闻组合节目被评为一等奖。

10 月 22 日上午，会议围绕“人民广播电台出路在哪里”这一课题进行研讨。紧张、热烈的研讨，使与会同志精神振奋，对人民电台的根本出路在于抓住机遇，搞好新闻改革形成了五点共识：

1. 人民广播电台应该紧紧抓住 1993 年广播改革黄金年这个极好机遇，树立重新崛起、参与竞争的信心，发挥优势，走向直播、热线交流，扬快捷手段之所长。

2. 要吸取各地新闻改革的经验教训，坚持从本地实际出发，因地制宜，自立自强，创造条件办出有地方特色的广播节目。

3. 人民广播电台节目应保持一定的严肃性，坚持无论怎样改，电台作为党和政府喉舌工具的性质不能改；新闻的主体意识不能改；新闻热线一定要严格把关；直播板块节目要高起点，高品位，做到贴近生活，贴近群众，贴近实际。

4. 新闻改革要配套，相应的激励机制必须跟上，进一步改革内部分配。

5. 广播事业要发展，还必须拓宽经营改革的新路，摆正社会效益与经济效益的关系。先创优后创收，以创收保创优。

河北厅召开主持人节目研讨会

1993 年 10 月 6 日至 8 日，河北省广播电视主持人节目研究会受河北省广播电视学会的委托，在赞皇县嶂石岩召开了全省广播电视主持人节目研讨会。省广播电视学会、省电台、省电视台和各地市广播局的 30 多名同志参加了研讨，会议共收到论文 30 多篇。省广播电视主持人节目研究会主任王新友同志就提高主持人质量和节目主持人培养问题作了专题发言。

与会同志学习领会省委书记程维高同志关于加强经济宣传和提高主持人节目质量的指示意见，联系本省实际，结合总结经验就主持人节目的内涵和节目主持人作用等问题进行了广泛的探讨。

并从内容与形式的结合上对“三贴近”问题作了讨论。

在研讨中，大家较多地议论了如何提高节目主持人素质的问题。

关于主持人的形象问题，取得了共识。一是主持人必须树立坚定的喉舌意识。就是说，主持人节目是代表电台、电视台讲话，是党和政府的发言人和人民群众的发言人。二是主持人的个性风格必须体现主持人节目的共性风格，主持人的个性风格应是主持人个性风格与节目共性风格的统一。三是要大力鼓励节目主持人树立鲜明的个性风格，个性形象，以提高主持人的知名度，也就是主持人节目的知名度。

河北厅优秀广播电视节目研讨会

河北省优秀广播电视节目研讨会于 1993 年 9 月 8 日至 10 日在承德市滦平县举行。全省 11 个市地局、省电台、省电视台主管宣传的同志和获得 1992 年度优秀广播电视节目评选一等奖作品的部分主创人员参加了会议。与会代表各抒己见，畅所欲言，广泛总结交流了九年来广播电视节目创优的经验，客观地分析了创优过程中存在的问题。

会议认为，要使全省广播电视节目创优再上新台阶，应当做好以下工作：首先尽快完成全省广播电视宣传体制、节目体制、管理体制的转变，以适应社会主义计划经济体制向社会主义市场经济体制转变的需要。第二加强队伍建设，注意培养提高广播电视队伍的政治、业务素质。第三要在广播电视工作中倡导深入实际、深入生活、深入群众、深入调查研究的工作作风。第四要积极创造条件，尽快建立、完善优秀广播电视节目奖励机制。第五在实际工作中要特别注意处理好以下四个关系：一是创优与日常宣传的关系；二是创优中个人与集体的关系；三是创优与创收的关系；四是创优与评优的关系。

河北省广播电视市场经济宣传研讨会

河北省广播电视厅和河北省广播电视学会，1993 年 12 月 21 日至 23 日在藁城市召开了全省广播电视社会主义市场经济宣传研讨会。省电视台、省经济电视台，各市地广播电视局，省广播电视厅有关处室和省广播电视学会秘书处的 30 多名同志参加了研讨。会议共收到论文 22 篇，在会上宣读论文17篇，与会同志就社会主义市场经济宣传的一些共同性问题作了集中探讨。省广播电视厅副厅长王新友同志，传达了全国和全省有关经济工作会议的精神，传达了省委书记程维高同志近一年来对新闻宣传尤其是经济宣传的指示意见，并对大家集中讨论的几个问题讲了指导看法。与会同志集中对以下几个问题进行了讨论，并取得了一致意见。

一、把握经济建设全局，坚持正确舆论导向。

二、抓住宣传重点，唱响经济宣传主旋律。

三、经济改革的深化和经济宣传的现状都要增强经济宣传的力度增加经济宣传的深度。

四、经济宣传既要坚持开放性，又要具有地方特色。

五、经济宣传要符合广播电视特点，发挥广播电视优势。

六、在队伍建设上，一抓学习，二抓深入。

大家通过研讨，认清了形势，明确了责任，增强了搞好经济宣传的使命感和紧迫感。

河北厅修志工作座谈会

1993年9月23日至25日，河北省广播电视厅在赞皇县嶂石岩召开修志工作座谈会，由各市地广播电视局主管修志工作及省厅有关同志出席会议。会议回顾交流前段修志工作进展情况。

理论联系实际，座谈研讨了修志工作的经验和体会。

对原有《河北省广播电视志》的篇目进行了认真具体的研讨。

山西省首届播音学研讨会

为了繁荣播音事业，提高播音员、节目主持人的业务水平，山西省广播电视学会播音学研究委员会于1993年3月27日至4月2日在太原举办了播音业务研讨会。来自各地、市、县的播音学研究委员会的会员以及省广播电视学会的有关领导共20余人参加了会议。

与会代表结合自带的播出节目，对广播电视新闻播音，以及节目主持人播音的理论和实践进行了研讨，在此基础上，请山西省播音界老前辈和著名播音员讲授了播音理论。播音学研究委员会领导对到会播音员、主持人进行了个别辅导。

与会同志一致认为，这次研讨会开得成功，为提高播音员的业务素质开了个好头。

(杜玉芝)

《太行之歌》座谈会

山西省广播电视厅、山西省军区政治部、山西电视台1993年11月3日在北京召开了5集电视专题片《太行之歌》座谈会。原全国政协常委戎子和、原解放军副总参谋长何正文、原在山西工作过的老领导陶鲁笳以及首都新闻单位负责人共30多人参加了会议。

由刘华清题写片名，中共山西省武乡县委、县政府、八路军太行纪念馆、山西省军区政治部、山西电视台联合摄制的5集电视专题片《太行之歌》，旨在歌颂抗战时期太行军民对中国革命的重大贡献，是进行爱国主义教育的生动教材。座谈会上老同志们群情振奋、畅所欲言，对山西省委、省政府重视革命传统教育给予了高度评价；对《太行之歌》给予了充分肯定；并对老区的经济建设提出了许多宝贵建议。

山西省企业有线广播电视研究委员会第一届年会

山西省广播电视学会山西省企业有线广播电视研究委员会第一届年会于1993年7月25日在山西省繁峙县召开。来自太钢、西山矿务局、太原煤气化公司等50多个理事单位的代表，以及山西省广播电视学会的有关领导出席了会议。

研究委员会会长、太钢党委宣传部副部长屠锦帆向与会代表汇报了自去年8月山西省企业有线广播电视研究委员会成立以来的工作情况，以及今后的工作打算。与会代表观摩了首届全省企业有线电视新闻（消息）评选获得一、二等奖的电视片。山西省广播电视学会会长、山西省企业有线广播电视研究委员会名誉会长江风作了讲评。

(杜玉芝)

辽宁省广播电视市场经济宣传经验交流会

辽宁省广播电视厅、辽宁广播电视学会，联合召开了全省广播电视市场经济宣传经验交流会，以便使全省的广播电视宣传，更好地宣传14大精神，为促进市场经济建设服务。

交流会于1993年10月6日—8日在锦州市召开，全省的广播电视局、台的领导同志参加了会议。

会议集中到以下几点：一、坚持正确导向发挥喉舌作用，尤其在强调开展经营增收的浪潮下，以宣传为中心的方针不能动摇，其他各项工作，都是为宣传这一中心服务和提供保障的。二、社会主义市场经济是发展中的事物，处于完善过程，宣传要改变过去的思维定式，如实反映那些尚属于雏型，还不完整，还有争议的事物，不要一律作为完整的事物作总结式、完成式的报道。对社会主义市场经济的学习和认识，要全面领会14大精神，防止单打一孤立地突出一点，宣传中至少要涉及一些重要环节，如：观念的转变、社会主义市场经济的中国特色，国有大中型企业的主体地位、国家的宏观调控、政府职能的转变、法制经济形式、市场经济消极面的防止等等。三、扩展报道视野，多结构

（改变只重产值不着力于利税效益的报道方法）。多领域（生产、流通、消费）、多行业（国有、集体、个体、私营、合营，不只工业、还有农业、金融、贸易等）、宏观与微观，要全方位报道，但国有大中型企业机制的转换，应作为宣传的重点。四、大力加强经济信息服务，把舆论导向寓于大信息的传播和多渠道、全方位的服务当中。五、新闻共性与广播电视个性兼顾。六、深化宣传改革，发挥优势，迎接挑战，为社会主义市场经济的宣传提供业务保障。

吉林省台承办'92中国广播奖评选会

吉林人民广播电台于1993年5月15日至22日承办了'92中国广播奖评选活动的会务工作，受到与会评委的广泛好评。

中国广播奖，是广播系统的最高奖，是国家政府级奖，这是自1993年开始确定的。

吉林电台承办这种规模和级别的会议尚属首次。为了把这次会办好，厅长几次召集台长专项研究，台领导多次集中有关人员反复考虑。安排要周到，服务要热情，一定要办好，是吉林台的目标。实践证明，整个会议圆满成功。中国广播电视学会常务副会长、本届评委会副主任何光同志说，吉林对这次活动安排周到，组织有序、服务热情，给评委们留下很深的印象。

（赵贵善）

江苏市场经济与广播电视改革研讨会

1993年12月9日至11日，江苏省广播电视厅在南京召开了全省广播电视局长座谈会暨社会主义市场经济与广播电视改革研讨会。这次会议的主题，一是进一步端正宣传指导思想、突出主旋律，大力提高广播电视节目质量。为社会提供优质的精神产品；二是进一步加强宣传管理。重点是县级电视台和有线电视台；三是研讨社会主义市场经济与广播电视的走向问题。来自全省11个市的广播电视局长和部分市级电台、电视台台长以及从事广播电视理论研究人员共60多人参加了会议。省委宣传部部长王霞林、省广播电视厅厅长周顺生出席会议并讲了话。会议进行了两天半的理论研讨和工作研讨，交流了40篇论文，取得了较好的成果。

江苏省广播电视法制宣传工作会议

1993年10月8日至9日，江苏司法厅和江苏省广播电视厅在南京召开全省广播电视法制宣传工作会议。会议要求司法和广播电视系统密切配合，充分发挥电台、电视台在“二五”普法和社会主义民主和法制建设中的传播媒介作用，既组织好经常性的法制新闻和普法工作报道，又要针对法制建设的重点问题，组织好重点报道和专题报道。将全省的法制宣传工作提高到一个新水平。副省长俞兴德和省委宣传部副部长潘宗白到会讲了话。来自各市司法局、广播电视局的有关领导和先进单位的代表60多人参加了会议。

江苏省广播电视系统局长座谈会

1993年6月11日至12日，江苏省广播电视厅在南京召开全省广播电视局长座谈会。广播电影电视部刘习良副部长，省广播电视厅周顺生厅长，王蕴、韩同文副厅长出席了会议。来自全省11个市局的局长们分别交流了一年来各地广播电视事业发展、宣传改革、内部管理及经营创收的情况，并就当前新形势下广播电视系统如何抓住机遇，加快发展步伐以及如何适应社会主义市场经济，建立有中国特色的广播电视事业等问题进行了交流和探讨。

江苏省广播电视事业管理工作会议

1993年4月27日至29日，江苏省广播电视事业管理工作会议在江宁县召开。这次会议主要议题是，进一步解放思想，抓住机遇，加快改革，努力提高广播电视覆盖率，增强节目制作能力，开创广播电视新局面。原广播电影电视部徐崇华副部长、省广播电视厅周顺生厅长、王蕴副厅长到会讲了话。会议还总结交流了1992年全省广播电视事业建设和管理的工作情况和经验，表彰了1992年全省广播电视技术系统先进集体和个人，部署了1993年广播电视事业工作。

江苏省音像管理工作会议

1993年8月3日至8日，江苏省音像管理工作会议在无锡举行。各省辖市分管音像工作的局长和音像科长参加了会议。省广播电视厅副厅长韩同文传达省委、省政府领导的讲话精神。省厅厅长周顺生、无锡市委宣传部长宗菊如、无锡市副市长王竹平出席会议并讲了话。与会同志根据省委、省政府的部署，汇报了各市音像管理方面的突出问题，并就如何搞好下半年“扫黄”、“打非”、清理整顿音像单位工作，加强卫星电视和有线电视管理工作进行了研讨。

江苏广播电视系统经营创收工作座谈会

1993年8月3日至6日，江苏省广播电视厅在苏州召开广播电视系统经营创收工作座谈会。各市局分管创收工作的领导及经营管理职能部门负责人、厅直属经营单位负责人共70余人参加了会议。会上，南京电台、张家港市广播电视局等13个单位分别介绍、交流了他们的创收工作情况和改革开拓、发展的经验和体会。省广播电视厅、苏州市委、市政府的领导出席了会议。周顺生厅长在会上要求全省广播电视系统的领导和经营创收的同志们要进一步解放思想，振奋精神，以宣传为中心，搞好经营创收，为宣传提供经费保证，造成良性循环，为发展全省广播电视事业作出更大的贡献。

浙江省广播电视与市场经济研讨会

1993年8月24日至25日，浙江省广播电视厅和省广播电视学会在德清县莫干山举办了广播电视与市场经济研讨会，省委常委、宣传部长梁平波，副部长沈晖，省广播电视厅厅长、省广播电视学会会长方文出席会议并讲了话。省广播电视厅副厅长、省广播电视学会副会长张桂芝主持了会议。各市（地）广播电视局局长及部分广播电视工作者参加了会议。

会议就如下问题达成了共识：

一是新闻媒介的属性问题。新闻媒介具有一定的商品属性。同时，现代新闻媒介还具有文化、社会服务中介等等其他属性。但是，其基本属性不是商品性，而喉舌的属性。在现代社会，不被一定的阶层、阶级、集团、政府、政党利用的新闻媒介是没有的。这就决定了媒介在传播新闻等内容时，具有一定的倾向性、政治性。新闻媒介具有一定商品属性，并不意味着新闻就是商品、新闻具有商品属性。新闻的最基本要求就是“真实、客观、公正”。假如新闻报道在附着于媒介之前就成为商品，那就势必背离自身的本质要求，最终遭到受众唾弃。

二是新闻媒介的主功能、多功能问题。新闻媒介具有新闻报道、信息传播、知识载体、娱乐审美、社会服务等功能，这是不可否认的，并且应当积极开掘其各种功能，发挥各种作用。但是，其所有功能具有主副之分、统帅与被统帅之分。新闻媒介的主功能当然是新闻报道。因此，在发挥新闻媒介的各种功能与作用中，必须强化主功能，开掘多功能、并以主功能统帅多功能，而决不能开掘多功能，弱化主功能、或者简单地分割各种功能。

三是关于“新闻媒体本位”与“受众本位”的问题。新闻媒介应大力增强受众意识，出发点和归宿应当为受众服务。但是，受众是分阶层的，抽象的受众是不存在的；受众需求也具有实实在在的内涵，应作具体分析。新闻媒介所需要的应当是健康的受众意识。这种意识是否可概括为：千方百计满足受众合理、健康的需要，对非合理、健康的需求要认真负责地加以引导，同时致力不断提高广大受众的素质。“媒介本体”与“受众本体”应当是一致的。

浙江省广播电视技术研讨会

1993年11月份，浙江省广播电视学会召开技术研讨会，就当前《有线电视技术和技术管理》、《广播电视多工技术的开发和应用》两个专题进行了较为深入的研讨，会议收到论文29篇。此外，还颁发了《浙江省有线电视系统工程验收暂行办法》

浙江省广播电视学会文艺座谈会

1993年9月13日至14日，浙江省广播电视学会文艺专业委员会在杭州召开座谈会，与会代表就我省广播电视文艺如何在新形势下更好地坚持“二为”方向，发挥应有的特殊作用，如何进一步繁荣我省的广播电视文艺、更好地满足人民群众的精神文化需求等问题，结合实际，畅所欲言。代表们认为，要把发挥地方优势作为广播电视文艺的突破口，把时代特色与地方特色结合起来，用现代观念观看优秀的历史文化。要发挥浙江特有的文化优势，创作出一批有吴越文化特色的广播电视文艺作品来。

福建省广播电视工作会议

福建省广播电视工作会议1993年2月25日至27日在福州召开。来自全省广播电视系统的140多名代表聚集一堂，共同回顾改革开放以来在省委省政府领导下我省广播电视工作所取得的新成就，分析面临的新形势，研究新任务，共商我省广电系统改革大计。省委常委、宣传部长何少川，副省长王良清出席会议，何少川讲了话。省广电厅厅长林爱国作了题为《抓住机遇，深化改革，加快发展，为我省广播电视事业再上新台阶而努力奋斗》的报告。并就1993年工作提出了六个奋斗目标和四项措施与对策。

福建省乡镇广播电视宣传工作座谈会

福建省电视厅1993年11月25日至27日在连江县官头镇召开了全省乡镇广播电视宣传工作座谈会。会议交流了乡镇广播电视站自办广播节目的情况和经验；讨论了在新形势下如何加强和搞好乡镇广播电视宣传工作问题。

省广播电视厅副厅长张锦才参加会议并讲了话。

福建全省地市广播电视宣传工作座谈会

福建省广播电视厅1993年10月11日至15日在三明召开了全省地市广播电视宣传工作座谈会暨广播电视思想政治工作会议。会议就我省当前广播电视系统深化改革、克服困难、创造条件、搞好广播电视宣传工作进行了研究，还就广播电视系统在新时期怎样加强思想政治工作的问题进行了交流探讨。

会上，许多同志就广播电视厅、局如何牢固树立以宣传工作为中心，强化喉舌意识，办好广播电视节目，为广大群众服务。进一步推动我省经济建设等问题进行了经验交流。

各地市局还就当前加强职业道德教育，纠正行业不正之风，发挥广播电视系统党组织的作用等问题交流了经验。

会议还修订了加强职业道德建设、禁止"有偿新闻"的暂行规定以及我省广播电视工作者停薪留职和从事第二职业的暂行规定。

福建省厅召开有线电视共缆传输工作会

1993年4月26日至30日，福建省广播电视厅在武夷山市召开了全省有线广播、有线电视共缆传输工作会议，各地市县局有关领导100多人参加了会议。会议分析了全省农村广播面临的形势，存在的问题，研究了恢复和发展农村有线广播的对策问题和技术问题，认为有线广播和有线电视共缆传输是一项重大的技术革新，是农村有线广播、有线电视的发展方向，各地应因地制宜地选择共缆传输模式，促进农村有线广播、有线电视共同协调发展。

福建广播电视事业建设及技术维护工作表彰会

1993年8月17日至19日，福建省广播电视厅在福州召开了1992年度全省广播电视事业建设及技术维护工作表彰会。会议总结了全省1992年度广播电视系统事业建设及技术维护工作，与会代表围绕在改革开放新形势下，如何适应节目套数的增加和播出时间的延长，进一步提高广播电视的播出质量，以满足人民群众高质量视听需要等问题进行了广泛的交流和探讨。会议还对获得先进单位和先进个人称号的31个单位，32位同志颁发了奖状及证书。

福建省厅召开有线电视供片管理会议

1993年10月27日至29日，省厅在泰宁县召开全省有线电视供片管理会议，各地市县分管领导和音像管理、有线电视供片机构负责同志参加了会议。

会议传达了8月份在北京召开的全国有线电视节目供片管理会议精神，总结交流自去年年初以来全省有线电视节目实行集中统一供片的经验。针对当前有线电视供片和管理出现的新情况，与会代表进行了交流探讨，并提出具体管理意见。

江西省广播电视厅"深化宣传改革，提高宣传质量"座谈会

1993年4月23日至24日，江西省广播电视厅召开了"深化宣传改革，提高宣传质量"座谈会。厅台社处室主要负责人共30多人参加了座谈会。

这次座谈会主要是发动大家献计献策。举全厅之力搞好中心工作——宣传，从而加快宣传改革的步伐，进一步提高宣传质量。使宣传工作尽快地登上一个新台阶。会议围绕着如何加强广播、电视和广播电视报的新闻宣传，如何办好经济广播电台和电视台，如何改善和提高广播电视节目传送质量，如何加强对地市县的宣传指导与管理，如何提高广播电视队伍的思想和业务素质等问题进行了热烈、充分、广泛、深入的讨论。厅长李立功根据与会人员的发言，结合本厅宣传工作的实际，就当前进一步深化宣传改革的具体目标、任务、要求和措施等问题作了重要讲话。副厅长俞向党作了会议小结。

湖南省首次广播电视节目主持人座谈会

1993年11月19日，省委宣传部、省广播电视厅在长沙召开了首次广播电视节目主持人座谈会，研究如何当好节目主持人，充分发挥节目主持人的作用，进一步提高广播电视的宣传质量，发挥广播电视的效益。会议认为，节目主持人是新闻队伍中的一支重要方面军，他所处的地位和作用十分重要。节目主持人应该站在党和人民的立场上说话办事，要抒发对党和人民的感情，不要掺杂个人的东西、见面的和不见面的主持人都有一个形象问题。在语言问题上，要规范化、大众化、立场、情感、语言要很好地结合起来，发挥综合效益。当好节目主持人，首先要加强学习，知识面要广、要宽，要成为新的内涵的杂家。其次，要加强自身修养。修养高，工作展示的水平就高。节目主持人经常接触社会热点问题，因此，要学会处理热点问题：一要选准题材；二要采访深入；三要报道及时；四要引导得法；五要形式多样。参加座谈会的有省电台、省电视台省有线电视台、省广播电视信息以及长沙、株洲、湘潭市电台、电视台的节目主持人共40多人。中共湖南省委常委、宣传部长文选德主持会议并讲了话。

（杨为民）

湖南省电台召开首届特约记者站会议

1993年6月11日至12日，湖南人民广播电台在冷水江召开了全省首届特约记者站会议。从去年3月份起，省电台已在津市、洪江、冷水江和醴陵市、大庸市的广播电台中陆续建立了特约记者站，同时还在一些县市台（站）单个聘请了一批特约记者。

这些特约记者站成立以后。为省台提供了一批质量高、时效快的稿件。洪江市去年为省台供稿达200条，采用的有180条。冷水江市梁承万去年1人就为省台供稿40条。会议就进一步做好特约记者站的工作进行了研讨。

(彭富元)

贵州纪念毛泽东诞辰100周年新闻研讨会

1993年12月17日至18日，贵州省广播电视厅、贵州省广播电视学会联合召开纪念毛泽东诞辰100周年新闻研讨会，省、市和部分地州的近30名广播电视学会会员到会。与会者认为，毛泽东新闻思想是对马列主义新闻理论的丰富和发展，是中国共产党集体智慧的结晶，是毛泽东思想的重要组成部分，现在，它仍然是党的新闻事业的指导思想。研讨会还就新闻的党性与人民性、党性与真实性、党性与商品性、新闻事业如何为人民服务，新闻的规律性、毛泽东新闻思想与新闻改革、坚持实事求是原则等问题作了深入研讨。

(王雨平)

贵州全省乡（镇）卫星广播电视收转站建设工作会议

1993年4月27日至29日，贵州省人民政府在贵阳召开全省乡（镇）卫星广播电视收转站建设工作会议。各地（州）、市县分管广播电视工作的负责同志和广播电视局以及财政、民委、宣传部的有关负责同志参加了会议。

此次会议的中心议题是总结1992年贵州省乡（镇）卫星广播电视收转站的建设情况，部署了1993年的建站任务。

副省长龚贤永出席会议并讲话。省广播电视厅的领导同志要求在1993年建站477座，并把建站计划落实到各地（州）、市、县。

(王雨平)

云南省首次广播电视管理学研讨会

云南省广播电视学会1993年9月15日至17日在昭通市召开了云南省首次广播电视管理学研讨会。各地州市和部分县广播电视局、省厅各有关单位的负责同志70多人参加了研讨会。

研讨会收到论文13篇，有10位作者在会上宣读了论文。这些论文绝大部分都是各地州市广播电视局，台长在认真学习、总结经验、研究问题、探索规律的情况下撰写出来的。

研讨会上，大家集中就广播电视系统如何根据自身的特点和实际深化改革，全面正确理解广播电视的属性和功能进行了深入的研讨。大家认为：由于我国是共产党领导的社会主义国家，广播电视是党、政府和人民的喉舌，因此其政治属性是主要的和根本的，这个属性任何时候都必须坚持，不能动摇。同时，在市场经济条件下，也要看到广播电视具有产业属性的。因此，要正确处理好政治属性和产业属性的关系。

研讨会上，有些同志还就努力加强职工队伍建设，以适应市场经济发展新形势；创优与宣传管理以及有线电视管理等问题交流了自己的研究成果。

云南省广播电视厅厅长薛泽高参加了研讨会，并作了发言。

(王嘉德)

云南省广播电视学会召开广播主持人节目研讨会

为了交流和探讨主持人节目的经验，促进各台进一步办好主持人节目，云南省广播电视学会于1993年6月22日至24日在昆明召开了广播主持人节目研讨会。会上收到论文16篇，参加研讨的有省、州市电台和部分县（市）电台及省广播电视厅有关单位、部门的负责同志40多人。新到任的云南省广播电视厅厅长薛泽高，副厅长徐中高，省电台台长布泽善也参加了研讨会。

研讨会首先学习借鉴了省外一些专家学者对这一问题的研究成果，并听取了近年来兄弟省获全国优秀广播节目奖中的一些主持人节目的录音，接着宣读了各台同志撰写的论文。在此基础上，分四个问题深入探讨了关于主持人节目的设计（策划）、选题、构思、采访、编辑（包括语言、串联、音响）、制作播出（或直播）以及主持人的修养和选拔等。探讨中，大家结合自己的实践经验畅所欲言，发表了各自的见解和意见

(王嘉德)

云南省举办“纪念毛泽东同志诞辰100周年”广播文艺节目展播活动

为了弘扬民族文化，发挥广播特点，重振广播雄风，由云南省广播电视学会发起，与云南人民广播电台、云南广播电视报社联合举办了“纪念毛泽东同志诞辰100周年”云南省广播文艺节目展播活动。参加这次展播活动的有15家省、州、市、县广播电台。这次展播采取主持人节目直播，于1993年12月1日开始至12月31日结束，历时一个月，每天在“艺术宫”播出一组40分钟的文艺节目。整个展播活动共播出31组节目。这些节目主题明确，内容丰富，有鲜明的地方特色，播出后受到广大听众的好评。

为了总结这次展播活动的经验，提高文艺编辑和节目主持人的业务水平，主办单位还就这次展播活动举办了一次评奖，经过审听、打分的办法，评出了节目奖和优秀主持人奖。

(王嘉德)

西藏第六次广播电视工作会议

西藏自治区第六次广播电视工作会议的中心议题是，贯彻落

实中央“三区”会议精神，研究布署全区广播电视五年发展规划。自治区党委和政府十分关心和重视此项会议，自治区党委和政府领导：热地、丹增、陈汉昌、龚达希、拉巴平措、杨松、洛桑丹珍等同志出席了会议，拉巴平措副主席代表自治区党委、政府讲了话。自治区广播电视厅厅长格桑朗杰同志向大会作了题为“更新观念、深化改革、开创广播电视工作新局面”的报告。王朝运副厅长作了题为“加强领导、艰苦奋斗、加速发展广播电视事业建设”的专题讲话。

新疆举行毛泽东新闻思想座谈会

为缅怀毛泽东同志对我国新闻事业的亲切关怀，在纪念毛泽东同志诞辰 100 周年之际，新疆广播电视厅、新疆广播电视学会于 1993 年 12 月 22 日举行毛泽东新闻思想座谈会，出席会议的新老广播电视工作者，满怀激情，重温毛泽东同志创立的新闻思想和丰富的新闻实践。大家普遍指出，毛泽东新闻思想永远是我们新闻工作者的指针，我们要认真学习、掌握、运用毛泽东新闻思想，总结检查新闻实践，为建设有中国特色的社会主义新闻事业不懈努力。

新疆广播电视学会会长林夫，在会上概括归纳了毛泽东新闻思想的基本观点、内容。他指出，毛泽东同志提出的新闻工作关于坚持党性原则的观点，为人民服务的观点，坚持实事求是、真实性的观点，坚持正确的舆论导向，开展批评的观点，全党办报、坚持群众路线的观点，建立一支又红又专新闻队伍的观点等，我们都要很好地继承和发扬。

在会上发言的各族广播电视工作者还指出：毛泽东同志是我国无产阶级新闻事业的开拓者、奠基人，他的新闻实践，为我们留下了极为丰富的宝贵范品。大家认为，我们缅怀毛泽东同志的丰功伟绩，纪念毛泽东同志诞辰 100 周年，最好的实际行动就是要继承和发扬毛泽东新闻思想，继承发扬我国新闻工作的优良传统紧密联系实际，使新闻更好地为建设社会主义物质文明和精神文明服务，为建设有中国特色的社会主义服务。

座谈会由新疆广播电视学会常务副会长艾兴主持。

（刘海）

经验总结

发挥广播优势
搞好经济宣传

王福增

党的十四大进一步明确我国经济体制改革的目标是建立社会主义市场经济体制以后，如何搞好经济宣传就成了广播工作者的一个新课题，也是一项非常重要的任务。为此天津人民广播电台对节目宏观布局和具体安排进行了多次调整和改革。

一、调整节目布局，把经济宣传摆在广播宣传工作的中心地位。

1.实行系列台布局创办经济台。近几年来，天津电台多次进行了广播宣传工作宏观与微观相结合的改革，使广播宣传工作进一步适应物质文明和精神文明建设的需要，使广播的多种功能有效地发挥出来。从1987年3月到1993年4月，以创办经济台为重点，按系列台布局的原则，先后5次较大幅度地调整节目布局。经过1992年7月6日的节目调整，天津经济广播电台正式出台，新闻台也加强了经济报道，从而把经济宣传摆上了全台宣传工作的中心地位，受到市领导和听众的好评。通过5次改革调整，在编播部门基本实现了节目改革和管理机制改革双到位。

2.节目设置上突出并加强经济类节目，为经济建设服务。天津电台经济类节目的播出时间逐年增加。1991年3月以前，电台还没有以经济内容为主的节目，经过几次调整，目前新闻台、经济台共有《经济大世界》、《市场经济专列》、《消费者俱乐部》等15个经济类节目，加上经济台的各类经济新闻和经济信息，每天总播出时间在13小时以上。另外，在新闻节目中大量消息是经济报道。这些经济类节目和经济信息、经济新闻，占整个节目的70%左右，在宣传党和国家的经济政策、传播经济信息、沟通产销渠道、为企业和消费者服务方面，起了积极作用，受到领导、企业和听众的好评。

二、经济宣传应是广播宣传的基本主题。

1.多层次、多侧面、多角度地宣传经济工作。随着改革开放的深入发展，经济工作在运行过程中出现了许多新情况和新问题，国家出台了许多经济方面的新政策、新法规，给经济宣传提出了新的课题。社会经济生活由计划经济转向市场经济，电台的经济宣传就要克服一般化，提出新思路、增加新内容，就必须研究市场，扩展新的报道领域和新的报道角度。近几年来，天津电台在加强经济新闻报道的同时，专门安排了信息类节目，经济台就安排了“供求信息”、“金融信息”和“科技信息”、“市场信息”等7种信息节目，10种新闻和文摘节目，每逢半点和整点播出。在宣传的内容方面，近几年来，加强了对经济生活最活泼的流通环节和最终展示经济效益的市场经营的报道，以达到指导生产、沟通信息、促进流通、引导消费的宣传效果。近几年播出的“改革开放三区行”、“重点工程”系列报道、“质量万里行在天津”系列报道等，都收到了很好的宣传效果。

2.以正面宣传为主，坚持正确的经济舆论导向，指导生产，引导市场和科学消费。

我国经济领域从计划经济向市场经济的转变，还处于起步阶段。建立完善的社会主义市场经济体制，培育开放的市场体系，为企业平等竞争创造良好的市场环境，还需要有一个相当长的过程。人们对滚滚而来的市场经济下出现的社会现象，由于了解程度不一样，观察分析的角度不同，很容易出现认识上的差异，有的领导者甚至会出现决策上的失误。因此，电台的经济宣传，一定要坚持正确的经济舆论导向，坚持舆论引导与舆论监督的有机结合。

3.沟通信息，为发展生产、繁荣经济生活、培育市场体系服务。

在加快经济发展的过程中，经常出现那种不顾客观条件，违反客观规律、脱离实际和可能，凭主观意志办事的行为。针对经济领域出现的这些实际问题，电台在节目设置和报道的内容上，都有的放矢地做了安排。经济报道的一项很重要的任务，就是帮助人们摆脱发展生产、繁荣经济生活上的盲目性。为了引导人们认识市场、重视市场、走向市场、适应市场、电台除了加强经济新闻的报道以外，还专门开辟了“人才信息”、“金融信息”等专门传播信息的节目，播出的内容涉及房地产、劳务、人才、金融、科技、农业等经济活动的各个领域。

4.发挥舆论监督作用，规范市场行为。社会主义市场经济的发展和繁荣，必将使市场竞争更加激烈，在激烈的市场竞争中，形形色色的竞争行为、手段，都会出现在市场上，出现一些违反国家法律、经济政策、法规的不正当竞争行为也是不足为奇的，如假冒名牌产品，质量低劣的产品，欺行霸市等不正当销售手段，对此我们坚持正面宣传为主的原则，在大力宣传加强管理、注重质量的先进企业和名牌产品的同时，无情地揭露那些粗制滥造假冒伪劣产品，对产品质量和服务质量低劣的反面典型予以曝光。

5.解疑释惑，帮助群众认识市场经济运行中出现的新事物。

可以说市场经济对国内绝大多数人来说是陌生的，人们的思想还没有完全从计划经济的旧观念中转变过来。改革开放的深入发展，经济建设的步代加快，改革开放的新措施频繁出台，新的经济政策、法规不断颁布，千变万化的新情况、新问题，都给人们带来新的迷惘和困惑。对此我们进行必要的介绍、解释、分析和引导。通过介绍、解释，给人以新知识、新观念。在这方面天津电台的各个分台，特别是新闻台和经济台的许多节目都做了大量工作。

“面向群众”是1993年经济报道改革的主要课题

蔡贤盛

1993年，广东电视台的经济宣传在原有改革的基础上，又前进了一大步，一些做法和经验，是值得总结的。

首先，对经济报道的思路，已经不是停留在“扩大报道面，增加信息量”这个低要求上，而是朝“生活化、社会化、服务性、参与性、多样化”的方向迈出一大步。1992年9月，广东电视台成立了经济信息部，这就在组织上奠定了加强经济报道的基础，同时，也为广东电视台经济宣传的多元化、栏目化确立了组织保证。经济信息部的成立，把电视经济节目相对集中在一个部门。这些节目中，有信息性栏目——《经济传真》；也有经济评述性栏目——《经济广角镜》；还有知识性栏目——《迈向2000》，属科技知识的范畴；溶服务性、知识性于一炉的农村经济节目——《摇钱树》，也进一步加强了生活化、服务化。这样，广东电视台的经济宣传，除了每天新闻节目中坚持经济新闻社会化，经济界人物（包括企业领导人、农民企业家、工人、管理人员等）经常参与我们的经济报道之外，经济信息部的诸多栏目的推出，就使经济宣传进一步多样化了。

第二，抓了一个根本的问题——面向群众。1993年，广东电视台的经济报道改革，可以说已经真正打破了一般的生产角度、工作角度的报道，而是抓住了群众关心的问题，采用灵活的表达形式，使经济报道“适其需要，合其口味”。就以《经济传真》这个栏目来说，已经完全摆脱了以往经济报道的模式，完全没有一般性的报道，也没有指导工作的味道，而是一种信息传播、舆论引导。尤其是对正在兴起的股市、期货、金融投资、证券交易等方面的信息，是群众所热心、关心的信息。《经济传真》天天传播这方面的信息，适应群众的需要。因此，收视率不断上升，栏目创办一年，每天收视人数达到800万人，这是很不容易的。当我们的节目面向群众，急他们所急，讲他们所想，就受欢迎，收视率就升高。这是一条十分重要的经验。

第三，经济报道实现从计划经济向市场经济方向转变；报道方式从单向灌输转变为双向交流。1993年，我们的电视经济报道是在党的十四大明确我国要建立社会主义市场经济体制的大环境下进行的，因而，经济报道能够较彻底地摆脱计划经济的影响。生产、流通、消费、分配、经济效益、市场变化方面的报道多了，信息量大了。《经济传真》不仅有宏观的新闻和动态，也有微观的信息。股市行情与期货行情，及时地反映了市场的动态，对单位投资方向、股民决策，不仅有服务功能，而且有导向功能。市场经济，行情一日三变，股市上午下午升跌各不相同，我们的电视屏幕上，能够做到中午的行情与晚上的行情不同，每天的行情有别，报道随着商场的变化而变化。在报道方式上，以往经济报道是灌输式的，几乎都是记者对经济动态的传播。《经济广角镜》特别注意采用双向交流的报道方式，让观众上屏幕，让当事人与记者讨论问题，表达不同看法。可以这样说，电视上的经济报道，从来没有象今天这样活跃，这样有吸引力。

第四，不仅报道国内经济，而且报道国际经贸，这也是经济报道改革的一个突破。以往的经济宣传，坚持以我为主是对的。但是，“以我为主”变成了完全报道国内经济活动。这样做，已经远远满足不了改革开放形势发展的需要。从成立经济信息部开始，广东电视台的经济报道，已经开始冲破了过去的框框。《经济传真》开设有《海外经贸》小栏目，传播海外的经贸信息，这是与“国际市场接轨”在电视上的表现。B股的在香港上市，海外的油价、糖价、粮价、金价、外汇比价的变化，与国内众多企业和众多人士的利害息息相关。因此，电视经济报道不仅把眼光盯住广东，盯住全国，而且把视线伸到香港、东京、伦敦、纽约，“走向世界”。

《东方时空》栏目构想

中央电视台《东方时空》组

1993年5月1日清晨7点，伴随着冉冉升起的朝阳，一个崭新的电视节目走进了亿万观众的家。这就是中央电视台最新推出的早间节目《东方时空》，这是CCTV对各界朋友的新奉献，它的开播标志着中央电视台朝世界级电视台的奋斗目标又迈进了一大步。

一、《东方时空》栏目名称的由来。

由于早间节目是采用综合板块的形式制作和播出，内容又将涵盖新闻性、社会性、服务性和娱乐性，满足观众多层次多方面的需要，所以在栏目板块的分割上应该具有科学性及收视的合理性。于是，我们做了如下的设计：《东方之子》8分，《东方时空金曲榜》8分，《焦点时刻》9分，《生活空间》8分。如着重号所示，将4个小栏目名称里的一个字相连，便是“东方时空”。

目前，《东方时空》已播出200多期，广大观众认为，这种板块结构的杂志性节目，一是内容面广且短小精悍，二是内容言之有物，无废话和多余的话。

二、社会各路英豪都走进《东方之子》的行列。

《东方之子》是人物专访栏目。它涉及的人物包括政界、科技界、文教界、体育界、演艺界、企业界、军界和普通人。对入选人物的要求是，他（她）的事迹、经历具有相当的知名度，在当今社会能引起公众对其人生历程、内心世界的广泛兴趣，同时，他（她）的事迹或经历能在一定程度上反映出社会的多样性、变动性，并为当代观众提供多方面的启示、多色彩的感受和多层次的兴趣。

在表现形式上，《东方之子》采用三种制作方式。1.访谈式：主持人与人物在某一固定环境中的交谈。背景多以演播室为主，利用家庭和办公室亦可。2.访谈加现场实录式：主持人与人物对话过程中，不断切入同期记录的人物活动；但这种纪实性段落必须体现人物性格及其行为特点。3.访谈加现场实录加解说：如果人物背景材料丰富，为了传达更多的信息，可在访谈加现场实录的基础上，适当使用解说。

因为是访谈式节目，所以采访和谈话这两个环节缺一不可。主持人在这类节目中起主导作用，他与被采访者进行对话，有时还要控制局面，把握话题的流向。《东方之子》主要通过主持人与被访人物的双向交流，来生动具体展示人物的独特风貌和气质。具体说来要做到以下四点：1.主持人应着意把握“焦点”，即被访人的独特的业绩与经历，以此作为整个交流过程的核心；2.不以介绍其业绩和经历为主，不铺陈其成功或经历的具体过程，而着重展示其独特的内心世界、感受。以写意方法，从“焦点”切入，抓住若干主要方面，深入开掘，以点带面，勾勒出独特的人物形象。3.注意人物具有的新闻性，但点到即可，不刻意渲染，以区别于常见的新闻人物专访。特别注意挖掘与展示人物未曾被发现的、有价值的独特的“那一面”。4.根据当今广大观众的基本需求，侧重揭示人物的“变化”，即对时代快速变化的应变能力、反应能力和相应的行为选择取向。给观众留下一种整体性的感受，这种感受的获得是渗透性的，而并非是灌输。

三、《东方时空金曲榜》的走向。

《东方时空金曲榜》主要是为青年观众而设。为了满足各层次观众的欣赏需求，我们注重雅俗共赏。在安排播出歌曲时，我们还注重满足不同年龄层次观众的欣赏需求。具体的措施是：在一次节目中既安排一首民歌，也安排一首流行歌曲。《东方时空金曲榜》的宗旨之一是要推动大陆流行歌曲的发展，所以我们注重推出大陆歌坛的新人。因此特设小栏目：《新面孔》。在介绍歌坛新人的同时，我们还注重介绍乐坛名人，在《周日星座》中，观众可欣赏到专业级歌星的风采。

《东方时空金曲榜》今后的走向是要大力发展民歌名曲，其主要内容有：1.制作并推出《中国民歌经典系列》，它既弘扬我国民族文化，又能起到挽救我国文化遗产的作用。2.制作并推出《新歌榜》，努力推进当代歌曲的蓬勃发展。

四、《生活空间》反映生存状态。

在《生活空间》栏目中包容着人从生到死的全部内容。提高人的生活文化水平是它的宗旨，通过这个栏目，以期帮助人们改善生活的品质，提高全民的人文教养水平。

宗旨：反映普通人的生存状态，激发人们创造生活、热爱生活的热情。内容：选择热爱生活的普通人和生活中平凡的事以及普通人所关注的问题，通过对这些内容的记录和刻划，力争在平凡中见惊奇。样式：尝试主持人与编导同时出现在演播室，一问一答，共同主持的形式。编导在主持人的引导下，把摄制的背景、摄制的感受等内容在节目的进行中向观众作一一介绍。

五、永恒的瞬间凝聚在《焦点时刻》。

《焦点时刻》是一个话题专栏。它将对上下普遍关注的国内外热点问题进行聚焦报道。分析问题的来龙去脉，对比各种措施的成败得失，专家学者的真知灼见，平民百姓的千虑一得，主持人的独到评析以及采自现场的街谈巷议都将在节目中交融碰撞，让观众朋友们自己去思考咀嚼。

《焦点时刻》的核心在于聚焦社会热点。它的魅力在于它的时效性。《焦点时刻》的看家本领是记者现场报道。《焦点时刻》的常规节目应强调它深度报道的作用。《焦点时刻》的应急节目常常指令性任务居多。如何完成好指令性任务？首先应该吃透上级领导的指示精神，其次找到一种准确无误的形式作为表达的方式，这种方式应该是独特的，与众不同的。所以，“独家”、“独到”、“独特”是《焦点时刻》追求的目标。

（原载《电视研究》1993年第6期，有删减）

电视剧艺术要奏响时代主旋律

方 文

近5年来，浙江省电视剧制作中心、省电视台生产电视剧250多部集，数量不算多，但有14部80集在全国获“飞天奖”、“金鹰奖”等国家级大奖，主要在质量上下了功夫。

一、选准题材。电视剧艺术如何反映生活？其首要的和主要的应该是用艺术的手法反映代表历史进步意义的时代精神，表现人民群众的伟大实践活动，揭示生活的本质，从而使生产出的电视剧成为电视剧门类中的高品位的大作、力作。而题材，是剧本的基础。这几年我们以代表历史进步、反映人民意愿、揭示生活本质为选材标准，拍摄了《中国神火》、《中国商人》、《野姑娘茉莉花》、《太阳的摇篮》、《花园村的党支书》、《还有一支春天的歌》、《情鸟报告》、《你为谁辩护》等电视剧，主要突出了爱国主义、集体主义、社会主义的宣传，反映时代精神，讴歌改革开放。如1991年与中央电视台等单位联合拍摄的11集《中国神火》，在我国电视屏幕上第一次史诗般地展现了中国原子弹、导弹研制成功的艰难历程，潜心塑造了老一辈无产阶级革命家、科学家、工程技术人员和解放军指战员等艺术形象，剧中所精心描绘的“两弹”创业历程和深入刻划的创业者们崇高的思想情操——“自力更生、艰苦奋斗、无私奉献、勇攀高峰”，实际上也是中国人民民族精神的集中表现，因此被广播电影电视部领导评价为“这是一首新中国高科技工业的壮丽史诗，一曲中华民族进取精神的浩然长歌。”

注意塑造普通人形象。改革开放时代，人们的精神生活、思想观念和行为方式发生了很大的变化。我们的电视剧以满腔热情关注这一伟大时代，并努力塑造富于创造精神和开拓精神的新人形象。如1992年度拍摄的8集连续剧《野姑娘茉莉花》，该剧以当前农村改革为主线，塑造了以当代大学生茉莉花为代表的一群农村基层干部形象，特别是表现了已经开始富起来的新农村在已取得成就和进一步深化改革中遇到的将会遇到的种种矛盾，从而反映出新一代农民在改革大潮冲击下人生价值和道德伦理观念所发生的变化。该剧获1992年“金鹰奖”。

反映热点问题。广播电视从总体上说是舆论工具，作为组成部分的电视剧，不能不关心社会上的热点问题，再说电视剧制作周期比较短，对社会生活的反映可以相对及时。如1991年拍摄的《太阳的摇篮》（上下集），反映秦山核电站建设。秦山核电站是我国第一座自行设计建造的核电站，当时是我省唯一的全国重点工程，放在浙江这一人口密度很高的省份建设，人们最关心的是质量问题，安全问题。为此，厅领导提出，要用电视剧艺术的形式写工业题材，写重点工程建设题材，写秦山核电站建设“自力更生”的精神和“万无一失”的要求。该剧播出时，正值核电站并网发电，正是新闻报道和群众关心的热点，电视剧做到了“同步反映”。

二、抓好创作。电视剧创作的基础是生活，关键是剧本。因此，我们强调要严格把好剧本关。对每一个剧本尤其是重点剧目创作都组织力量认真地进行论证。在剧本创作的酝酿阶段就安排导演参与共同策划、探讨，尽早将影视语言构想纳入文学创作。同时强调作者到生活中去，在火热的生活中得到感受和教育，端正创作观念，并为他们的创作在资金、时间、生活等方面提供必要的条件，解决后顾之忧。如15集连续剧《中国商人》，这是一部以商界改革风云为题材的作品，反映我国经济体制改革和国营大中型企业经营机制转换过程中纷繁的现实生活以及改革开放后人们的精神世界、价值观念、人生态度深刻的变化过程。其中的兼并事件、人才竞争等都是浙江省、杭州市商界改革生活的反映。由于编剧身处沿海城市改革的大氛围，由于编剧对改革的认识，对改革的热情，以敏锐的目光及时捕捉到了改革竞争中出现的“兼并”等信息而成为创作的素材，使之成为一部较早反映商界改革的电视剧。该剧主创人员对现实生活的准确把握，所展示的现代感、浓郁的生活气息，运用的艺术手法，以及可视性，得到了观众的认可，获得了1992年度中宣部“五个一”工程精神文明建设奖和“飞天奖”二等奖。

三、领导重视。我省电视剧艺术生产起步较早，与我国电视剧制作同步发展，80年代初期就拍出了象《鲁迅》、《华罗庚》、《新闻启示录》等一批反映民族精神和时代精神的优秀艺术作品，得到过社会各界的承认和好评。如何使浙江电视剧艺术更发展、更成熟、更繁荣，对此，厅领导给予了满腔热情和较多的投入。主要做了三件事：

第一，抓创作思想。厅领导始终把端正创作指导思想，坚持正确的文艺方向放在首位。对电视剧的生产提出明确要求：内容上要健康向上，催人奋进，提高可视性；题材上要在坚持多样化的同时，突出主旋律；艺术品位上力求思想性和艺术性的完美结合；艺术风格上雅俗共赏；主要创作方法为革命的现实主义。

第三，抓重点。鉴于我省电视剧生产在人力、设备、资金等方面的限度，以及对主旋律作品的扶持，厅里每年确定拍摄重点电视剧1至2部。对重点题材剧本，厅里组织专门班子研讨；重点剧本重向投入，厅里每年用于重点剧的拍摄经费在100万元以上，还以厅的名义积极向上级争取拨专款；给重点剧的主创人员“吃小灶”，给时间，甚至拨专款用于体验生活，激发创作灵感。如《中国神火》，厅里有意作为打响我省电视剧翻身仗的重炮，省委和省委宣传部也非常重视。厅党组一直抓住不放，专门成立摄制领导小组，采取了一系列特殊措施，从剧本的创作、摄制组的组成、经费的筹集到片子的审查把关，每一环节都一丝不苟，这为拍好这部片子提供了有力保证。片子在中央台播出后，在全国产生了极大反响。该剧连获四个大奖：中宣部“五个一”工程精神文明奖、飞天奖一等奖、最佳编剧奖、金鹰奖。

第三、培育良好的人才环境。繁荣创作要有人才，屏幕竞争要靠人才。电视是年轻的事业，电视剧更年轻，人才更缺乏。现有的这支队伍是电视文艺的拓荒者，也是今后的基础。为此，厅领导非常重视这支队伍的建设和培养，大胆启用年轻人挑重担，这几年出的几个精品，大多出自他们之手。同时千方百计引进人才，重视选好文艺创作带头人。对有突出贡献人员给予重奖，如政治上荣誉、业务上职称、生活上住房等，以鼓励大家争攀高峰。

开掘宣传深度

创作节目精品　唱出时代强音

河南省广播电视厅

10年来，通过抓节目精品，我省广播电视节目有160多件（次）在全国性的评比中获奖，有两件获特等奖，21件获一等奖，还连续两年获“五个一工程”奖。先后创作了一大批在全国引起反响的优秀节目。而且，随着我们创名牌、出精品、抓好典型、深化宣传意识的不断强化，获奖作品数量也呈上升趋势，仅在1993年就有6件作品在全国性评比中获一等奖。我们的具体作法是：一、把出精品建立在广播的日常宣传基础上，认真组织好每一次宣传，从中发现典型，特别是重大典型，努力通过这些典型反映时代精神，传出时代强音，创出有影响的优秀节目。比如六集电视系列片《商战》，我们就是在大量的日常经济报道的情况下，用了几乎一年半的时间对商战现象进行观察、调查、思考，在大量占有材料后拍摄的。发生在郑州6大商场间的“商战”，既反映了时代的必然，反映了改革的前期成果，又预示着未来的发展，也提出了现实的思考。片子播出后，在全国引起强烈反响，它对于建立竞争机制，推进改革深化，树立郑州形象，起到了积极的激励和先导作用，受到了中央领导同志的重视，并在全国的评比中获大奖。

二、实践证明，典型是党的政策和时代精神的具体集中体现，具有普遍的指导意义和激励作用。因此典型宣传必须避免泛泛平平，必须把功力用在内涵的开掘上，向纵深发展。不只是与社会结合，重要的是要与社会的人结合，而最关键的是要与人的观念结合，最充分地发挥典型的启迪价值。这方面，我们首先把重点放在经济领域的典型上，先后推出了“工业十面红旗”、“农业十面红旗”、“潮涌中原”、“十八罗汉闹中州”、“三十家发展型企业巡礼”等栏目，用他们解放思想、大胆改革的新举措、新观念、新成果，来影响社会，疏通认识，克服梗阻。与此同时，我们还非常注重精神文明的宣传，力避惯常好人好事的平面表述，力争与现实中人们对某些问题的思考相衔接，收到启迪效果。例如我们对于舍己救人英雄张环礼的报道。1993年3月他为救助一名落水拖拉机驾驶员献出了生命。我们先是正面报道了张环礼同志的英雄事迹。进而抓住被救驾驶员忘恩负义的事实，反映了问题的另一面，即在商品经济的情况下，某些人道德的沦丧。这是不少人在叹惜的一个问题。最后又推出《谁道人间无真情》，用全社会对张环礼的赞誉和支持，推出社会道德的大主流，既弘扬了正气，又比较成功地启迪人们思考，增强信心。启迪价值，对于文化层次低、相对观念封闭的人更为重要。因此我们一再要求，我们的记者要深入实际，深入基层，对不断发展的新情况、新问题作出透彻的分析和引导。这方面，我们的对农村节目做得比较突出，比如，曾获全国特等奖的《独居户见闻录》等。

三、对于舆论监督，我们努力摆脱简单化的批评揭露，探索通过思辩体的分析，从政策、事实和观念上研究典型的警示价值，使批评报道起到正面宣传的作用。我们体会，要达到上述目的，进行批评监督报道，要做到动机好，坚持要稳定，不添乱；手法好，客观公平，充分说理；效果好，统一认识，疏解矛盾，警示今后。达到听观众满意、领导满意、新闻单位自身满意。我们认为，这“三好”、“三满意”是批评性报道成熟发展的表现。1992年我省推出的《香花沉浮记》和《扣酒风波》就是我们在这方面进行的探索。它们在1993年的全国评比中均获一等奖。同样，我们在全国造成影响的《扶贫会上轿车多》、《振兴开封经济座谈会开成了催眠会》、《黄河大桥贪污案引出的问号》等，都以强烈的反差，揭示问题的根源，启迪人们对过去自觉和不自觉的行为作出思考，改进作风，以图振兴。

四、对于素有“半壁河山”之称的文艺宣传，我们特别提醒自己要注意坚持主旋律，始终把弘扬优秀民族文化与现代开放意识相结合，通过文艺宣传，倡导爱国主义精神，树立民族自尊心。当80年代几次自由化思潮泛滥的时候，我们正在连续地拍摄《黄河东流去》；配合艰苦奋斗，反腐倡廉，我们拍摄了电视剧《焦裕禄》；当港台影片充斥屏幕的时候，我们却是拍摄了《常香玉》，弘扬老艺术家不断追求光明的爱国主义精神。前段某香港歌星在郑州受到冷落，与我们长期坚持的上述宣传指导思想形成的舆论氛围绝不是毫无联系。我们对此事敏感及时地作出报道，也绝非偶然。中央台播出后在全国引起很大反响，更坚定了我们坚持主旋律抓好宣传的信心。

以上是我们开掘宣传深度，创作节目精品，唱出时代强音的一些作法。为了保证这一目标的实现，我们在日常宣传工作中采取了以下一些措施：1.强化厅编委会对宣传工作的领导，首先从编委会本身提高精品意识。2.把提高全体采编播人员的政治素质、政策水平放在首位。3.建立有效的评议监督制度。厅里建立了每月一次的新闻联席办公会和广播电视节目评议制度。4.积极引人竞争激励机制。5.大力倡导业务研讨。6.加强全省广播电视系统的宏观协调，强调上下配合，形成广播电视宣传的整体优势。

坚持改革　成功之路

——1993年山西电视台宣传工作回顾与思考

董育中　卫杰民

1993年是山西电视台获奖最多的年份，全台共有19个节目获得22项全国及国家级政府奖。其中，《来自病床上的报道》获中国新闻奖一等奖和中国电视奖一等奖；《大寨人走出虎头山》获中国新闻奖二等奖和中国电视奖一等奖；《两个女人和一个男人》获飞天奖戏曲短篇电视剧二等奖；《经济十分钟》栏目获全国优秀电视经济节目栏目一等奖，等等。众多的荣誉、喜人的成绩，这一切源于近几年不停步的改革，特别是1992年全台上下齐心合力不断进行的全方位宣传改革和管理制度上的改革。

一、坚持把新闻节目的改革作为全台宣传改革和节目改革的主攻方向。1993年，山西电视台在新闻节目改革中，特别是在影响广、作用大、收视率高的《山西新闻》改革上，一是注重以全新的视角和全新的编排方式出现，以提高新闻节目的可视性，二是增加、配发编前、编后话和短评，充分体现编辑部的意向来引导舆论，三是加强发挥舆论监督作用以配合党的中心工作，反腐倡廉。如：在1993年山西省各地掀起"修路、农田建设、重点工程三项建设"高潮时，适时选发了记者深入山区采访回来的新闻《修路连着百姓心》和口播新闻《万荣县乡乡通油路》；采用形象生动的电视画面和最佳效果同期声相结合的编辑手法，编辑、播发了省委、省政府主要领导在太榆公路现场指导工作的新闻特写《山西人民盼修路》等，有力地推动、促进了"三项建设"这一中心工作的顺利开展，产生了较好的宣传效果。

二、新闻开路，专题配合，是山西电视台多年来一贯的成功做法。1993年，山西电视台在认真搞好各个重要、重点宣传报道时，继续推广这一经验。1993年9月，山西第四届对外经济贸易洽谈会和民间锣鼓艺术节，是山西省经济上新台阶的重大活动。为了搞好这次宣传报道，山西电视台采用新闻、经济、专题、外宣，诸兵种各选一面共同作战的报道方针，出色地完成宣传任务。在新闻节目中明显加大新闻信息量、着重播发"两会一节"动态新闻的同时，注重在经济类节目中从方方面面引深山西在改革开放过程中取得的建设成就，引导观众从深层次了解到山西的投资环境，使新闻与专题节目互为补充，加强新闻报道的力度。

三、二套节目（黄河电视台）对内正式播出，为山西电视台不断深化宣传改革和节目改革提供了更广阔的天地，注入了更新、更充沛的活力。1993年10月18日，山西电视台二套节目（黄河电视台）对内正式播出。在改革大潮中应运而生的二套节目（黄河电视台）没有伸手向国家要一分钱，要一个人，完全靠发扬自力更生的精神，努力挖掘内部潜力，办起了日播出6小时、贴近城市生活的全新的电视台。在二套节目里设置了《黄河新闻》、《黄河剧场》、《黄河影院》等8个栏目，开播之日，一次性覆盖全省11个地、市所在地及周边地区，覆盖人口近千万，这在全国开了先河，也是全国省级电视台二套节目唯一的覆盖全省城市的省级电视台。

四、大胆推出、实施不同的经济收支、分配制度的改革方案，调动大家的工作积极性，保证全台配套改革顺利深入发展。单纯的宣传改革和节目改革是不完全、不彻底、不能持久的改革。为使宣传改革和节目改革不断推向前进，必须进行相应的经济收入、分配及管理制度的改革。基于这样的认识，山西电视台根据不同部门的实际，分别制定、实施不同的经济收入、分配制度。文艺部自1992年10月起，按照自身发展规律，实行自收自支管理体制，全员经费自理。部领导根据自收自支管理办法，重新考核工作人员的工作任务，并实行量化管理，建立了较为完善的奖罚制度，改变了过去人浮于事的现象，出现了人人关心节目，认真组织、精心编排、出奇出新的好局面，既提高了栏目的知名度与收视率，又创下了可观的经济效益。1993年，山西电视台在新闻部实行"内部稿酬制"，在经济部实行按比例分成的"自收自支制"，等等。这些经济收支、分配制度的实施，使得这些部门工作人员心往一处想，劲往一处使，加强了责任心，增强了集体的凝聚力和向心力，部与部之间及部里内部出现了团结一致、共同努力办节目的新的工作局面。

五、实行"五条龙"管理，理顺了各部门之间的工作关系，提高了工作效率。这一改革打破了几十年一贯制的技艺分家的旧格局，把采编、技术人员的责、权、利，紧紧捆在一起，全方位理顺了工作关系。"自收自支"、"技艺合一"等制度的实施，直接带来了体制的变革。为使这些制度顺利实施，山西电视台对过去一直沿行的双轨体制进行了大胆的改革，先后在文艺部、新闻部、黄河台编辑部、社教部、广告部实施"一条龙"管理方案，将技术部的部分设备和人员统一划分到这五个部门，归其使用并管理。这样，采访、编辑、播音、录像、制作不同岗位工作人员，统一调配，利益均沾，彻底改变了过去那种部门之间相互推诿、扯皮的现象，调动了大家的积极性，明显地提高了工作效率。

发挥直播优势围绕经济唱戏

——对大型现场直播特别节目的实践与思考

谭铁鹰　姜爱群　黄云鹤

大型现场直播特别节目，就我们的实践体会有这么几层含义：(1) 首先是大型的、有一定规模和精心设计的直播活动，从时间上看每次在 90 分钟到 120 分钟左右；从内容上看既有以经济为主的新闻、信息、话题等内容，也有文艺内容和娱乐内容；(2) 是指现场的直播，这个现场是指直播间以外的临时直播现场，诸如露天场地、歌舞餐厅、大酒店、大商场等地，是在社会的公共场所，是开放式的现场；(3) 具备直播电台节目的所有特征，比如热线电话、听众参与等等，主持人直接面向听众，主持人就在听众中间。

吉林经济广播电台开播以来，在一年的时间先后搞了 10 多次这样的现场直播。比如“93 年经济新潮”、“93 流行色”、“93 美食潮”、“93 奥运风”、“93 国贸情”、“美在 93”、“醉在 93”、“耕耘在 93”、“奔向未来”、“小天鹅之歌”等，取得了较好的社会效益和经济效益，受到了社会各界的广泛赞誉，每次大型现场直播特别节目都吸引了成百上千的听众，都受到省市新闻界的关注。吉林日报述评《广播重领风骚》中写道：“吉林经济广播电台的现场直播节目象磁石一样紧紧吸引住千千万万的听众。这些大型现场直播特别节目如一排排热浪，显示出了现代的豪华与气派，也证明了广播重领风骚，不可战胜。”

根据我们的实践，我们认为搞好大型现场直播，至少要在以下 3 个方面做好准备。

1.题材的选择。题材选得好，现场直播就成功了一半。实践证明，越是深入社会经济生活的选题，越会受到社会各界特别是经济界人士的欢迎，越是能吸引更广泛的听众积极参与直播活动，社会效果也就越好。1993 年 1 月 25 日（正月初三）吉林经济台与中央人民广播电台和中国一汽集团公司直播特别节目，整场直播文艺节目与主题内容相掺揉，不仅向听众介绍一汽的生产销售情况，展示了一汽人的精神风貌，而且还通过热线电话与全国各地的听众讨论了我国汽车工业如何迎接“复关”的挑战等问题，一汽总经理耿昭杰还与 10 多个省市的用户及配套厂的领导在广播中相互拜年，共祝中国汽车工业蒸蒸日上。随着改革开放的推进和市场经济的发展，流通领域呈现着越来越活跃的态势，在经济生活中的作用也越来越重要。5 月 1 日，我们与长春国际贸易中心推出了《庆五一 93 国贸情》大型现场直播，盛况空前。再一个选题的重要领域是消费。这类题材的直播节目与社会各层面的人密切相关，节目搞好了容易引起轰动效应。当然，在确定选题时，也不能放过人民群众关心的热点问题。

2.节目的编排。大型现场直播特别节目，是一种比较新颖的广播体裁。从广播语体及其体裁来看，它与我们过去常用的实况转播相接近，都是在事件发生、发展以至结束的现场，通过实况音响同时直接播出的一种广播体裁。但二者又是有区别的。从收听角度看，现场直播比实况转播更具可听性，更有现场感。现场直播是双向的、主动的、开放式的，实况转播是单向的、被动的、封闭式，是我播你听的方式。现场直播节目的听众参与性则拓展了节目的时空，并在时空上极大地缩短了听众与事件现场的距离，在听觉上完全进入了节目播出现场。从编排内容上看，现场直播比实况转播更灵活，也更积极；而实况转播往往是按部就班式的、机械和被动的。从表现方式上看，实况转播的解说员或播音员不外乎将一些必要的事件加以简介；而现场直播特别节目则是由名副其实的主持人来驾驭实施整体策划的全部主体。所以说，大型现场直播是实况转播基础上的发展与创新，是一次飞跃。编排上可从以下几个方面着手。首先，选题确定之后，要设计出围绕主题的深化而展开的节目框架。其次，是安排好掺揉于整体内容的文艺和娱乐部分。另外，还要给节目设计一些小高潮，使节目播出起伏有致。

3.直播现场与技术准备。直播现场虽然不可能有直播间的条件，但也要尽量考虑到一些基本条件。比如场地的声音环境，是否可以达到真效果，现场布局是否有利于主持人成为现场听众的中心，以及场地容积、扩声设备、电源灯光、转播车的停放位置等，以确保安全播出。

良好的开端

——《东西南北中》栏目播出 11 期回顾

孟　欣

中央电视台的《东西南北中》栏目是地方台和社会上文艺节目的窗口。前身叫《百花园》栏目。由于原来的《百花园》栏目缺乏构思，节目长短不一，地方台送什么就播什么，处于被动状态。如照此下去，和中央台的地位不相称，和地方台的关系也搞不好，“发挥电视系统的优势”这句话也很难得到体现。我们决心改革。在台领导的支持下，经过大家的共同努力，《东西南北中》第一期终于在 1993 年 3 月 25 日播出了。

第一期播出以后，我们没有想到，反应会如此强烈。当天晚上，山东台、海南台、长春台、上海台、广州台就打来电话、电报表示祝贺。地方台同志认为，中央台的《东西南北中》节目有构思，有新意，把地方台精采节目集中在这个栏目播出为地方台和广大观众办了一件大好事。很快，观众来信和电报象雪片一样飞来，短短的10天内，收到观众来信1000多封。广大观众认为，新栏目内容好，手法新，节奏明快，节目精采，看后让人耳目一新。

新栏目播出以来，为什么反响这样强烈呢？关键在于是否办出风格，办出特色，既要符合观众心理，又要符合电视规律。几个月以来，我们就是从这方面追求，在这方面下功夫的。

第一，新栏目要树立新观念，采用新手法，这是办好《东西南北中》栏目的基本出发点。我们认为，栏目也好，节目也好，要得到观众的承认，并把观众吸引过来，其中很重要的一点，就是编导的观念要新，手法要巧，努力求新求变。首先，小栏目不固定。每一期小栏目的设置是根据节目源情况和观众要求来定的。一是虽然设小栏目，但又没有固定的小栏目；二是虽然小栏目不固定，但栏目总的风格不变；三是虽然栏目风格不变，但在形式和手法上求新、求精、求变、求活。其次，节目大胆地采用外景录制。特别是写意性的舞蹈节目，一般说，安排在实景中录，容易产生不协调。但这不是不能改变的，关键在于节目的选择、导演的构思、景区的安排和镜头的处理等。

第二，强调快节奏和大信息量。《东西南北中》设置的小栏目都很短，信息量很大。不管是自己录制的节目，还是地方台送来的节目，我们都采取精选精编，取其精华。厦门台送来的《惠安女》的舞蹈，原作十几分钟，我们把它精编成不到一分钟。实地拍摄的《自行车的故事》节目，原来也是十几分钟，我们把它精编成三分多钟。播出以后，观众反映很好，为了加大节目的信息量，有的节目用特技字幕，向观众介绍知识，深化主题；有的节目用画外音衔接过渡，协调节目的节奏和气氛。

第三，强调民族特点、地方特色和时代气息。《东西南北中》栏目是地方台精彩节目的荟萃。节目内容是否具有地方特色是这个栏目在内容上区别于其他栏目之所在，也是我们办这个栏目的指导思想。《地方风采大擂台》是《东西南北中》的重点小栏目，地方特色很浓，几乎每期都有。另外，不固定的小栏目，如《各地一星》、《各地一绝》等，都是荟萃了民族特点和地方特色很浓的精彩节目以后，加以归类、精选和精编的。除了强调民族性和地方特色外，在栏目中，我们还重视节目的时代性、思想性和可视性的结合。在制作节目过程中，特别是制作具有地方特色的节目，如果不溶入时代性，不重视观众关心的热点问题，不采取新的表现手法，节目给观众带来的冲击力就会大大减弱。在制作第六期时，正值中国足球队在世界杯外围赛中失利，观众情绪很大。为此，我们请来了著名的足球守门员傅玉彬演唱《我的梦》，并制作成MTV播出。这首歌唱出了足球运动员的艰辛，呼吁社会予以理解。这个节目思想性和可视性结合得好，时代感强，播出以后，反响很大，效果很好。

第四，加强观众的参与意识。电视是深入千家万户的大众文化。《东西南北中》栏目和其他栏目一样，也要求贴近生活，贴近观众，把它作为赢得观众的重要法宝。《东西南北中》的小栏目：《点歌台》、《歌迷天地》、《影视热点》、《热门话题》、《请跟我来》等，都是观众参与性很强的节目。

第五，加强后期编辑和制作。《东西南北中》栏目的重要特点之一，就是重视后期制作。前面所说的新观念、新手法、快节奏和大信息量等大都要在后期制作中才能体现出来。在第一期中，有一首《南北大风采》的歌曲，是在海南和黑龙江两地实景中拍摄的。节目拍成后，我们利用电视特技手段，经过加工、编辑和合成后，显得更加紧凑、协调，南边是春暖花开充满海南民族风情的舞蹈，北边是冰天雪地里小伙子充满朝气的演唱，在同一首歌中，南北画面结合巧妙、协调、反差大，可视性强。

回顾这11期节目制作和播出的情况，我们体会到：1.干电视文艺和干其他工作一样，要有强烈的事业心和责任感，要增强工作的自觉性、发扬吃苦耐劳的精神，动脑筋想办法，努力把工作做好。2.重视总体构思，加强创新意识。一台节目的好坏，一个节目的好坏，取决于节目内容和形式的有机统一，取决于电视的综合效果。但其中应该强调的是节目的构思和创新。《东西南北中》栏目在这两方面是下功夫的。3.服务地方台，团结地方台。《东西南北中》栏目是地方台的窗口，严格地说，应该是地方台好节目的窗口。为了加强和地方台的联系，尊重地方台同志的劳动，我们提倡服务和奉献精神。4.台领导的支持。5.各部门的配合协作。

（原载《电视研究》1993年第6期，有删减）

《长江行》、《边疆行》系列报道回顾

钱雨润

1993年是我国改革开放继续由沿海地区向沿长江和边疆地区纵深推进的一年。为了集中、系统、多侧面和有声有色地反映这一发展势头，同时也是为了配合将外资逐渐引向内地和经济相对落后的边疆地区的需要，中国国际广播电台组织了《长江行》、《边疆行》两次有相当规模的宣传战役。《长江行》共发稿22篇，其中有3篇被中央对外宣传办公室评为《长江行》系统报道“优秀稿件”；国际台国内新闻中心也由此被评为先进集体。《边疆行》总发稿60

篇，荣获国际台特等奖。这两个系列报道多次受到丁关根同志的赞扬。从各语言广播的播出情况看，这两组稿件得到广泛采用，一些语言广播认为，这两组报道题材新鲜、内容充实、形式活泼，具有广播特性。有些稿件播出后，已收到听众的反应。

一、《长江行》系列报道。

《长江行》系列报道是在中央外宣办公室1993年春在上海召开的“沿长江地区外宣工作会议”精神之后，国际台于年中开始陆续进行的。国际台调动了7名记者分4批赴长江流域进行采访（其中3批由中央外宣办统一组织）。《长江行》系列报道较充分地、多角度地反映了沿长江开放的战略意义，地理、人才、交通通信等优势，对外资的优惠政策，目前的进展情况及未来的规划等等。稿件内容广泛，有面有点。反映面的有：《长江流域向全世界敞开大门》、《欣欣向荣的长江三角洲》、《长江三角洲的港口建设》、《正在崛起的长江中游地区》、《投资热土四川》等；反映点的稿件如：《上海市长话“龙头”》、《上海浦东开发区见闻》、《应运而生的长发集团》、《中国最大的水利工程——三峡工程》、《江西加快开发昌九走廊》、《洞庭湖畔一明珠——岳阳市》等。

二、《边疆行》系列报道。

《边疆行》系列报道，是国际台国内新闻中心独立策划和实施的一项重大工程。无论是动用人力财力、记者付出的劳动和工作时，还是发稿数量和稿件质量方面，都是一次规模空前而又比较成功的宣传。

1.自1993年8月初，第一批记者赴东北起到全部完成采访任务，共历时6个多月，先后派出8个记者组，足迹遍及辽、吉、黑、内蒙、新、藏、滇、桂8个省区的广大沿边地区。其中，赴西藏、新疆、内蒙、滇、桂的记者，还经历了恶劣的自然条件，不同的生活习惯、交通不便、疾病等考验。

2.报道共发稿60篇，稿件既生动、集中、有声势地宣传了沿边地区开放以来出现的初步的、意义深远的经济、社会变化，又广泛地宣传了民族、宗教政策、民族文化得到尊重和发展以及民俗、风光等。稿件涉及国际共同开发区（珲春），欣欣向荣的口岸建设和边境贸易（满州里、霍尔果斯、樟木、滇、桂边境），民族地区经济走向繁荣（延边、丹东、满州里、滇、桂等地），边贸新城的崛起（二连、阿拉山口）。其中，有不少比较成功地宣传贯彻宗教政策的稿件（班禅灵塔、藏族小活佛、新疆穆斯林等）以及反映少数民族文化艺术风光民俗的散文式稿件（内蒙牧民旅馆、摩梭人的走婚制）。这一系列稿件通过具体的人物和事例，从总体上构成了一轴五彩缤纷的中华民族大家庭的画卷，多侧面地反映出我国边疆地区社会稳定、经济发展、人民生活不断改善。

一次成功的探索

丁莉丽　尹　力

1993年10月22日8时35分，《夕阳红》栏目悄然走进了千家万户。这是一个为全国亿万老年人开辟的园地，是我们奉献给那些为新中国的创建和发展出生入死、浴血奋战、建立了不可磨灭功勋的老人们的一份厚礼。从开播之日起，《夕阳红》编辑室便铃声不断，全国各地的观众纷纷来信，更有年逾古稀的老人从远郊摸来，诉说《夕阳红》带给他们的震撼和欢乐。那一封封情真意切的信件有建议、有赞扬、有创作、有希望。观众的认可就是对我们工作的最大肯定。

要给栏目起个好名称

要创办个好栏目，必须要有个好名字。栏目内容的精彩，加上栏目名称的贴切，便能给观众留下深刻的印象。

为了让栏目名称符合老年人的心愿，并使之流传下去，我们深入到生活中，去寻找创作的源泉。在采访中，我们深深地感觉到，没有亿万老年人的浴血奋斗，就没有人民共和国的如磐基石；没有亿万老年人的辛勤耕耘，就没有人民共和国的金秋硕果。在他们每一根历经风霜的银发上，都闪耀着蓬勃的生机；有老当益壮的豪情；有奋然前进的铿锵足音；还有尽享天伦之乐的欢笑声。在他们每一条历尽沧桑的皱纹里，都蕴含着美丽动人的故事；有昨天的幸福，今天的追求，明天的希冀。虽然年纪老了，但他们丰富的人生底蕴，无私奉献的一生，仍然放射出灿烂的光芒，这光芳像晚霞一样，映红了天边，这个栏目就叫《夕阳红》吧！

要做一首好主题歌

影视作品中脍炙人口的主题歌能起到喧染主题、烘托气氛、感染观众的效果。我们认为，电视专栏节目，特别是为老年人创办的栏目，主题歌也是很重要的。我们请来了著名词作家乔羽、著名曲作家张丕基。他们以艺术家的思维，以自己对生活的理解，为老人们创作出了一支内涵丰富、极富哲理的主题歌：“最美不过夕阳红，温馨又从容。夕阳是晚开的花，夕阳是陈年的酒，夕阳是迟到的爱，夕阳是未了的情。多少情爱化作一片夕阳红。”这首优美动听的歌曲随着《夕阳红》的播出，流进了老人们的心田。

要选一个好主持人

有人说：“专栏主持人就是栏目的象征。”这话一点也不假。从开播到现在，我们收到了大量的观众来信，几乎每一封信都提及沈力，可以说观众已把《夕阳红》与沈力的名字紧紧地联在一起。沈力同志是我国第一代电视播音员，她以娴熟的播音技巧，朴实的风度给观众留下了深刻的印象。5年前她离休了。当我们要开办这个栏目的时候，大家一致认为沈力是第一人选。沈力同志已进入花甲之年，爱人又重病缠身，可当我们与她通上电话，几句肺腑之言，她便进入了《夕阳红》节目的制作行列。她不负众望，以庄重文雅又从容，话语亲切又温情的特有风格，获得老年观众的欢迎。

要有好的节目内容

目前，我国60岁以上的老年人已超过1亿。老年人奋斗一生，为祖国的建设事业作出了巨大贡献，在他们晚年的时候，我们将为他们奉献上什么样的精神食粮呢？我们设定了这样的栏目宗旨：“《夕阳红》栏目要热诚为老年人服务，做老年人的知心朋友，在轻松愉快的气氛中，为老年人提供所需要的各类信息、知识和服务，沟通老年人与社会、家庭的关系，每天为老年人提供25分钟温馨、快乐的时光。”在节目编排上，我们牢牢把握老有所为、老有所乐、老有所医、老有所学的指导思想，在每周一、三、五的版面上，安排了供老年人修身养性、陶冶情操的《怡情园》；人与人之间互相交流、互相沟通的《心里话》；介绍老年保健知识的《不倒翁》；追忆往事的《再回首》；说说笑笑的《娱乐宫》等杂志性栏目。在二、四、六的版面上安排了提供各种动态的《服务台》，以及满足老年人求知欲的各类系列知识。从每周一到周六的《夕阳红》收视段，我们提供了一个多采的收视天地，做到了全方位地为老年人服务。

要有一个好机制

教育节目部在中央电视台是个小部门，但它却担负着全台十分之一的播出量，全年播出各类教育节目1100多个小时。1993年初教育节目部接到任务后，经过反复调查研究，我们认为，中央电视台专门为老年人开辟一块园地是十分必要的。但在原有播出量的基础上每天再增加25分钟的杂志性节目，难度相当大。每天25分钟，一周就是150分钟，全年共计130小时。这相当于一个部门的工作量。为此，我们开动脑筋，解放思想，向台里提出了与国务院发展中心管理世界杂志社合作，在台外创建《夕阳红》编辑室，更广泛地依靠社会力量办电视，为节目制作走向市场摸索一条路子的方案。这个方案得到总编室、社教中心以及台领导的支持，从1993年1月起我们便开始了中央电视台负责业务管理，管理世界杂志社负责行政、财务管理的试点工作。《夕阳红》节目全年共312期，这样大的工程，要保证数量与质量，就要找到一个很科学的运作方式。在节目制作上，我们采取分流法，将节目量进行分解。一、三、五的杂志性节目，我们联合了上海电视台、武汉电视台、河南青少年教育节目制作中心4家一起来完成，全年每家承担39期，实行滚动式播出，每月由一个台当东道主。二、四、六的系列知识性节目，在我台的监制下由北京豪文广告公司承担完成。这样就把全年312期节目分解到5个摄制单位，在中央电视台的统一规划下分别完成。要实现这种设想，就要树立让利于地方台的思想。我们做出规定：在选题批准后，下播起动金，节目验收合格后再下播下期节目制作费。此外，在节目制作，节目播出，地方台的责、权、利方面都制定了相应的规定。这种做法受到了地方台与社会合作单位的欢迎，提高了他们制作节目的积极性。经过一年的努力，我们已完成了第一步，实现了每周制作150分钟新节目的计划。

（原载《电视研究》*1994*年第*2*期，有删节）

对《人生热线》的回顾与思考

苏京平

“人生问题得多助，悲欢离合有说处，拨通热线解迷雾，电台改革起新步。”这是听众对北京人民广播电台828千赫（北京新闻台）《人生热线》节目开播1年的评语之一。该节目自1993年3月1日以来，每周一至六晚23：10～24：00播出；在已播出的300余套节目里，参与到节目中的热线电话达3300多人次，另有听众来信万余封。据调查估算，该节目的听众群在50万人以上，致使该台以往收听率趋于零的午夜时分成为“黄金时间段”，在“京城火爆‘广播热’”的1993年被誉为“热中之热”。

《人生热线》节目以信息的新闻性、专家的权威性、话题的突破性、嘉宾的代表性、主持的宽容性见长，突出主持人的核心作用和听众的参与意识，强调“深刻”与“贴进”，充分发挥热线直播的“现场”优势和闻声不谋面的“半透明”优势，因而具有较大的独家特色。1年来，该节目从社会学、心理学、历史学、教育学、家政学、哲学、文学、美学、法学、医学等多学科角度出发，涉足婚恋家庭、心理健康、人际交往、生活烦恼、社会公德等多方面问题，与社会各阶层人士广泛探讨人生哲理，谈对生与死、苦与乐、爱与恨、贫与富这人生四大基本问题以及由此延伸的真与假、善与恶、美与丑、荣与辱、公与私、义与利、言与行、得与失、顺与逆、成与败、恩与怨、个人与社会、物质与精神、理智与情感、志趣与事业等人生难题的看法，并邀请许多属“国家队”的著名学者进行晓之以理、动之以情的现场咨询服务，其中“妇女解放”、“男性解脱”、“热线展播”、“人生预测”、“家教研讨”、“周末婚恋”、“午夜书友”、“今晚留言”、“社会调查”、“性问题答疑”、“尽诉心中情”等单元性内容尤受欢迎。该节目被评为北京电台“优秀栏目”；国内《新闻出版报》等10余家报刊纷纷报道，认为这是广播界“异军突起的‘新生力量’”；海外美、法、日、德、加、澳等国和香港等地区的18家新闻机构亦相继采访，评价“这突如其来的热线”给了更多人说话的机会”，“表现了老百姓的令人难以置信的坦率”，“成为听中国人说心里话的又一有效通道”，“是最具魅力的广播节目改革之一”等。

《人生热线》借助北京社会科学工作者众多、社会咨询电话众多、系列电台众多的优势，架起一座心灵沟通之桥。当今社会，人们的生活方式、价值观念发生着巨大的变化，家庭职能也经历着由昔日“经济共同体”、“生育合作社”向以满足家庭成员感情需求为主的“心理——文化群体”的过渡。男人在“寻找男子汉”的疑虑中自视，女人在“呼唤淑女”的祈祷中自审，躁动不安的青年人、累心累力的中年人、孤独无奈的老年人都在某种不满情绪中重视“自我”，并极力寻求“我”们之间的沟通，企盼着更多人听“我”说话的机会。于是，在暗示时空的滴水声、象征生命的秋虫声、表达理念的钟鸣声与预示未来的太空声的交响中，《人生热线》应运而生，成为听友们相约相遇、相识的知音。该节目倡导交“人”友以不寂寞、交“书”友以不空虚，并常“大题小作”、“小题大作”，“借题发挥”、“举一反三”、“见好就收”、“常换常新”，尽力抓取最具新闻价值的人生信息，不拘一格地“表现”，“先声夺人”、“以‘新’取胜”。同时把握“放风筝不放气球”的原则，要求主持人在把握正确舆论导向的前提下发扬创造精神，把“一对一”的“窄”播同“多层次、多侧面、全方位”的“广”播相结合，从而在最大程度上引起人们的共鸣，提高节目的档次和品位。

《人生热线》节目奉行人生的最高准则：“超越”，追求人生的最高境界：“创造”。为此，节目主持人付出了艰苦的劳动和极大的智慧。虽只1年，却是300多个不眠之夜，更是300多级如“关口”般的人生阶梯。若没有各级领导的全力支持、维护，若没有听众执著、忠实地参与、帮助，《人生热线》如走钢丝、如履薄冰恐怕早就“昙花一现”，不复存在了。人们总以为主持人只在一味地奉献，殊不知事实上从中获取精神营养最多的正是主持人自己。主持人本着拜专家为师、与听众共勉的精神组织的每一次节目，都是一次洗礼、铸魂，是一种对自身生存状态的改善，对自身生活质量的提高。

上海人民广播电台的《市民与社会》

陈接章

诞生于1992年10月26日的《市民与社会》节目是上海地区第一个新闻类直播说话节目，每周一至五在990千赫中午12点到13点播出。该节目每天选择一个市民关注的热门话题，邀请有关部门负责人或专家学者等到直播室,与打电话来的听众一起讨论.

《市民与社会》节目旨在架设一座市民之间、市民与社会之间、市民与政府之间相互交流、沟通的“空中桥梁”。1993年一年节目播出各类话题260个都是市民和政府共同关心的问题，如“九三年市政府实事大家谈”、“区长、县长热线”、“有奖看电影能把观众重新拉回电影院吗?”、“上海办东亚运还有哪些差距”、“先施公司对职工搜包是否合法”、“淮海路上的梧桐树该不该拔”、“南浦大桥上可否做广告”、如何看待有奖销售”、“关心外来妹的恋爱婚姻”等等。

《市民与社会》把沟通政府与市民群众的联系作为重点，让政府工作人员及时听到人民群众对各类社会问题的各种看法，让群众透彻地了解有关问题的真实、详尽的情况，政府的方针、政策、决策依据和决策过程，以及政府面临的困难。1993年一年中，先后有黄菊市长、夏克强、刘振久、赵启正、谢丽娟、孟建柱、蒋以任、龚学平副市长和50多位市政府委、办、局和区县的领导同志到《市民与社会》直播室担任嘉宾主持，同听众平等交谈。尤其是黄菊市长于1993年1月20日就1993年市政府为民办实事项目出台与听众的交流开创了我国省市级主要领导人以广播直播形式同群众公开交谈的先例，被誉为“社会主义民主发展的一个标志性时刻”。

《市民与社会》节目得到了市政府及其各部门领导同志的充分支持，他们频频参与，体现了这些领导同志善于利用电子传媒手段联系人民群众的现代意识和主动、认真倾听群众呼声的公仆意识。在该节目一年的嘉宾主持中，政府负责人员占46%。黄菊市长说：广播电台《市民与社会》这个渠道，市民需要、市政府也需要”。

对社会热点问题敢于接触、善于引导、疏导也是《市民与社会》的一个重要特点。1993年一年中上海社会生活中的热点问题，如菜篮子、物价、城市改造发展和拆迁安置、关心下岗待业人员、保护三资企业职工权益、民工潮、倡导高雅艺术等都为节目选题进行了充分讨论，有些问题还不止讨论一次。如菜篮子问题一年中讨论不下三、四次。由于策划、主持人站在正确的立场、选择合适的角度，着眼于沟通、疏导，因此，各种热点问题的讨论不仅没有流乱，而是起到了充分解释情况和背景，解释疑惑，充分表达群众意见、呼声，集中群众智慧以利问题的解决，以及让群众充分了解政府为解决各种问题所作的努力等等良好作用。

《市民与社会》作为上海广播事业竞争、改革和上海这个现代化大都市社会主义民主发展的一个产物受到广大听众的欢迎和好评。在1993年进行的两次收听率调查中，这个节目的收听率都位于上海电台各档专题专栏节目的前列，节目拥有了一大批热心听众，包括一些每天必听的听众。

《市民与社会》节目的形式和内容，尤其是它成为政府和市民群众沟通渠道的特点，还引起舆论界、学术界的注意和高度评价。一年中仅上海和各地报刊对这个节目的报道即达40多篇。《瞭望》杂志的国内、海外版都刊登了特稿，还破例用卷首《编者按语》的全部篇幅来推荐、评论这篇特稿。香港大公报、文化报多次报道了该节目的“空中对话”。一些外国记者也纷纷前来采访：在全球享有盛誉、发行量达

5000万份的美国《地理》杂志记者戴维斯在详尽采访了该节目后撰文说:"这是中国独特的"公众论坛"。英国西伦敦电影公司派出的一个摄制组把蒋以任副市长同市民就治理上海污染问题的讨论实况全部录制下来,并在节目播出后采访蒋副市长,制成电视纪录片向欧美地区播出。

"拾零"拾得观众心

——写在《街头拾零》栏目创办两周年之际

韦晓东

1992年4月,湖南有线电视台在《有线新闻》节目中增设了《街头拾零》栏目。这个栏目自筹划开始,就决心让它与目前的新闻节目有所区别,栏目中将不播会议新闻或"重头新闻",构成这个栏目的主要成份,是社会新闻。根据有线电视受众的特点,用纪实的手法,反映城市生活的各个层面,使《街头拾零》成为城市生活之"集大成者",成为我们与观众进行心灵交流的"中介",成为主管领导和职能部门的"参考消息",并为电视新闻的发展走向提供一点可资借鉴的东西。栏目创办两年来,基本上每天1期,每期1至3条短新闻。两年来的实践证明,《街头拾零》的节目方针是对头的,它产生的社会效果也是好的,受到了不同年龄、不同职业、不同层次的观众的喜爱。连平时不大看电视新闻的中小学生和家庭妇女也热衷于收看这个栏目。我们是怎样办这个栏目呢?

一、把镜头对准街头巷尾,着力反映市民的心态和呼声。

市民是城市人的最大构成部分,市民的心态与呼声,往往是反映城市生活质量的晴雨表。作为大众媒介,只有把镜头对准街头巷尾,为市民排忧解难,伸张正义,才能取得市民的信赖,也才能赢得最广大的受众。为了及时了解市民生活中的种种困难,准确把握社会舆论的热点,编辑部专门设置了热线电话。不论大事小事、国事家事、坏事好事,市民都可以打电话来反映情况,倾诉衷肠。我们播出的许多有影响的新闻,如《下水道盖板被盗导致小学生摔伤》、《老人受欺凌,四邻抱不平》、《市内12座公用电话亭均遭破坏》等都是从这个热线电话中了解到线索的。当然,市民反映的线索中,有些看上去很锁碎,从新闻角度看,似乎价值不大。但只要与市民生活密切相关,反映了市民急待解决的困难和问题,我们就决不放弃。《街头拾零》这种特殊的选材标准,大概就是受到观众欢迎的主要原因吧!

二、记者用"眼睛"写新闻,使观众产生全新感觉。

目前,国内的电视新闻中,"摆布式"、"过去总结式"的仍有不少,这类新闻往往使人产生"老套路"、"似曾相识"、"失之于真实"的感觉。为了不蹈复辙,《街头拾零》从创立开始,就定下一条"清规":"在这个栏目中播出的新闻,必须是记者在新闻发生地点所见所闻的真实纪录,以提高新闻在观众中的可信度。这里强调的是纪实性,记者不仅要靠脚去跑,亲临现场,还要求记者善于用眼睛去观察事物,从司空见惯的现象中"挖"出有价值的新闻来。如1993年播出的《众人抢救遭遇车祸的司机》,就是记者亲临现场,用独特的"新闻眼"抢拍到的。这是记者在外出采访途中偶然遇到的一起两车相撞的交通事故,路过的群众并没有冷眼旁观,而是热心相助,齐心协力把受伤的司机从撞瘪了的汽车驾驶室内抢救出来。记者当即敏感到这是一条反映社会风尚的好新闻,迅速打开摄像机镜头,拍摄下一个个动人的场面,充分反映出社会主义社会"人帮人、人助人"的和谐关系,赋予新闻以深刻的内涵,也给观众带来了全新的感受。

三、敢于鞭挞不良倾向,"拾零"拾得观众心。

《街头拾零》中的许多新闻是批评性报道,如《设象棋残局赌博——愿者上钩》、《湘江沿江石头护栏被习武者推倒——有功无德》、《人民路大白天路灯齐明》、《基建工地自来水长流》等,记者都以鲜明的态度,鞭挞了种种不文明行为,批评了某些部门和单位遇事互相推诿的工作作风。这类报道,深受社会和观众欢迎,但采访难度很大,有的甚至层层设障,千方百计进行阻挠,这就需要记者有高度的社会责任感和敢于为真理而斗争的勇气,看准了的问题就一抓到底,百折不回。如记者采拍《湖南动力机厂宿舍中的蛇窝》这条新闻时,贩蛇户先是阻止记者进入地下室,继而以暴力威胁记者:谁要是粘了他的财路,就叫谁"没得好果子吃"。面对贩蛇户的恫吓,记者没有退却,更没有终止报道。最后在长沙市北区工商局的配合下,这个"蛇窝"终于被查封。类似这样的批评性报道,虽然采访过程比较复杂、艰难,但由于弘扬了正气,解决了问题,群众因此拍手称快,也提高了《有线新闻》及《街头拾零》栏目的威信和知名度。现在只要记者扛着摄像机出入大街小巷,人们就会纷纷传告:"'街头拾零'来了!"

四、形式新颖活泼,风格诙谐辛辣。

《街头拾零》由于其贴近生活的特性,给予了记者广阔的报道天地,也使得记者不受新闻体裁的约束,不断追求新颖活泼的形式和诙谐辛辣的风格。《街头拾零》新闻的解说词,可以看成是对较为刻板的解说词模式发起的挑战。象《火车站花园内露宿者》、《性病广告张贴"高手"》等,记者都以辛辣的语气,揶揄、讽刺了某些人不文明、不道德的行为;还有些报道,如《雨中即景》、《做糖花的艺人》等,记者则以轻松的笔调,反映出社会生活的丰富多彩。有群众来信称道:《街头拾零》让我们看到了许多本不曾注意,却又能小中见大、确有深意的新闻事实。当然,我们也提醒记者,这个栏目不是记者抒发个人情怀的场所，在体裁、形式上的灵活与创新，都必须以真实性、准确性，能够服务于社会为前提。

海峡两岸经济交流的空中桥梁

——浅谈《经贸纵横》节目

林容华

海峡台1993年4月1日开播的《经贸纵横》节目，以宣传中国改革开放、促进海峡两岸经贸交流与合作为已任，报道海内外商务经验成果；深入剖析经济热点问题，交流“三资企业”的成功经验，纵横经济趋势，为企业产品拓宽海内外市场。它是祖国大陆与台、港、澳、侨胞、外商经贸联系的空中桥梁。

节目采用主持人形式播出，权威性与服务性并举，展示快节奏、大信息量的节目风格。注重节目组合的适宜性、节目内容的真实性，宣传手段的策略性。通过宣传，达到使广大台湾同胞和海外侨胞、特别是准备到大陆进行经贸活动的台湾业主和商人，充分了解祖国政府对台经贸政策，大陆各地的投资环境和在大陆投资的广阔前景，增强台商到大陆投资的信心，以加快利用台资步伐，拓展两岸经贸联系，增强台湾同胞的向心力和凝聚力，推动祖国和平统一进程。

1.权威性

担负着电台经贸宣传主要任务的综合性板块节目《经贸纵横》，在宣传内容上，要求充分地体现权威性。

这一权威性要求《经贸纵横》节目具备以下两个基本条件。一是在全国对台广播系统所办的经济节目中，《经贸纵横》要成为一个具有相当影响的节目。二是通过《经贸纵横》节目能够及时、准确、全面了解祖国政府各项经贸方针政策，了解大陆的投资信息和市场需求，真正做到为两岸经贸交往穿针引线。

要实现这两个基本要求，必须抓好以下几个环节。《经贸纵横》虽然开播时间不长，已经播出两个较有影响的系列报道。一个是“‘两会’成员风采录”，播出了15个富有个性、成就卓越的经济界人大代表和政协委员的事迹通讯、人物专访。另一个是“海南特区创建五周年专题”，用较大篇幅连续报道了海南经济特区开放五年来所取得的巨大成就。二是抓热门话题。围绕一个时期的经济热点问题，摆事实，亮观点，谈看法，阐述一家之言。同时还注意报道各地经济观念和经济思想的新变化，综述海内外民众对经济热点问题的看法。三是被采访者的权威性。注意经常播出一些在国内外有重大影响的高层人士和各界名流的采访录音。到目前为止，《经贸纵横》节目已播出了国务院副总理李岚清、全国人大常委会副委员长王丙乾、首都钢铁公司董事长周冠五、北京大学生物系教授陈章良、著名农民企业家、中国南德公司董事长牟其中等的采访录音。四是培养具有鲜明个性、独特风格的节目主持人。五是培养具有职业特质的采编人员。

2.服务性

《经贸纵横》节目的主旨是权威性与服务性并举，因而节目应该处处体现为听众服务的基本指导思想。热情地为台湾听众服务，既是对台广播的宗旨，又是对台广播的手段；既是对台广播的出发点，又是对台广播的归宿。特别是对台经贸宣传，更应该牢牢树立为听众服务的思想，时时刻刻注意为台湾同胞提供各种服务，切实帮助他们排忧解难。通过调查台湾听众的心理需求，我们在做好信息服务的同时，还注意根据台湾同胞的种种疑虑和误解，做好解疑释惑工作。我们设有“主持人信箱”、“经贸指南”等栏目，专门解答这方面的问题。同时，我们还根据实际情况，适时开辟一些专栏，热情为台胞介绍大陆的投资环境、投资政策，并及时提供咨询服务。台湾听众对于与自己切身利益有关的事物及其信息最为关注。《经贸纵横》节目力求每天都有这方面的内容，并有针对性地邀请一些在大陆投资办厂的台商利用自己的切身体会，说明在大陆投资办厂大有可为，拓展在大陆投资领域前景广阔。

《环球45′》

——知识性杂志型板块节目的尝试

王　录　崔德寅

中央电视台国际部于1993年5月初，推出了一个新的栏目——《环球45′》。这是我们创办知识性杂志型大板块节目的一次尝试。

中央电视台现有的四套节目中，大板块节目多为文艺或综艺节目，属知识性、杂志性的大板块节目为数不多。编导担心知识性节目时间一长就会显得枯燥乏味，观众不喜欢看是其中的重要原因之一。

《世界各地》、《外国文艺》是国际部已开办多年的两个传统节目，总体上说，观众还比较喜欢。所以，在当初策划开办《环球45′》节目时，一些同志认为，原有的两个栏目，基础不错，对这两个栏目进行改造的必要性似乎不大。部领导组织大家对上述两个栏目进行了认真的分析研究，认为原有的《世界各地》、《外国文艺》两个栏目从内容上讲有部分的相互重叠和交叉；从节目的长度讲，把同属国际性这一大类的节目人为地分成两小块播出，各自发挥的余地都不大。另外，这些栏目再好，多年都是同一副面孔，也会使人有厌倦之感。如若在两个栏目基础上，创办一个内容更为丰富，信息容量更大，同时也便于主持人施展自己才华的大型板块节目无疑能够去弊兴利，既能发挥原有两个栏目的长处，又能克服其短处，只要精工细作，观众也未必不喜欢。带着这样尝试与探索的心情，我们从1992年末开始了《环球45′》节目的整体策划。

创办一个新的栏目，编导们首先考虑的是这个栏目应该具有什么样的特色。经过大家的认真讨论，集思广益，我们为《环球45′》这个节目勾画出了一个大体的轮廓。《环球45′》是一档以介绍外国的地理、历史、风土人情、文化艺术、经济科技等为主要内容的、知识性的、杂志型的大板块节目。概括起来说它是介绍外国的（而不是中国的）；是知识性的（而不是文艺性的或新闻性的）；是高文化品位的（而不是低级庸俗的）；是活泼的杂志型（而不是古板的单一型）。我们认为，这样的一个节目规范，既同原来的《世界各地》、《外国文艺》节目内容有联系，有其内容上的继承性、延续性，又比这两个节目的内容更加丰富、更加广泛、更加深刻，节目形式也会更加活泼。要办好这个节目首先遇到一个对节目内容如何选择的问题。我们认为《环球45′》应该选择那些适合中国国情的，同时又应是广大中国观众喜欢看的。我们既不能强调后者，而忽视前者；也不能强调前者，而忽视后者。总之，我们不能人为地把两者分开，而是应当把两者有机地结合起来作为我们挑选节目的共同标准。挑选既是严格的，又应该是实事求是的。所谓严格，即节目内容必须是健康的，政治上没有与我国现行政策相悖的东西，格调应当是比较高雅的。所谓实事求是，即外国人拍的电视节目，毕竟不是我们自己拍的，不可能完全按我们的意图拍摄，不可能各个方面都能使我们满意。因此，我们必须学会去粗取精，从中挑选出适合中国国情，而又为中国观众所喜欢的那些节目。

节目初选后，接着必须做好节目的编辑译制工作。在这项工作中，我们主要遵循以下几项原则：

1.提高“拼盘”水平，尽量满足多层次观众的多方面需求。《环球45′》是一个收看观众层次十分广泛的大众化的节目。所以它的内容不能太单调、专一，而应力求广泛。

2.高文化品位的节目，也要从中国大多数观众文化水平尚属不高的实际出发，尽量选择大多数观众能看得懂的节目。这个问题对于大学生成堆的编辑部门来说，是很值得注意的。具有大学以上文化程度的编辑们同大多数只有初中文化水平的中国观众相比，文化层次上的差距很大。所以编辑们不能完全以自己的好恶及理解能力来挑选节目。必须认真考虑大多数观众的实际理解能力。我们在《环球45′》中选播的“我怎么没想到”这套科技节目，正是遵循这条原则的结果。

3.节目既要通俗易懂，又要注意有一定的深度。我们的编辑既要照顾大多数观众的科学文化水平，又不能停止在一个低的水平线上。而应当不断加强节目的深度，引导观众不断提高自己的科学文化水平，不断提高对节目的鉴赏力。在我们选播的《神奇的世界》这套节目中，我们挑选了《蛇的王国》、《格林街118号》以及《金河的秘密》等几个小的系列节目。这些节目既可分为数集连续播出，形成一定的系列，吸引观众连续收看，每套又都有一定的内容深度，使人越看越觉得有看头，在收看中提高自己的科学文化水平。

4.节目串编形式上力求生动活泼，使节目对观众具有更强的吸引力。在节目的审编过程中，编辑们既注意《环球45′》大栏目的整体设计与把握，同时也十分注意栏目中的每个小节目的设计，从小的栏头设计制作到节目内容的编辑加工，都贯穿了精工细作的原则。

（原载《电视研究》*1993*年第*6*期，有删节）

《693热线》心系万家春

——开办《693热线》直播节目的体会

高　琴　旭　峰等

在建立社会主义市场经济体制中，如何使广播节目更贴近实际、贴近生活、贴近群众，陕西电台“三秦大市场”节目做了有益的尝试，开办了热线电话直播节目——693热线，收到了很好的效果。

《693热线》的播出方式是：每天1个经济类热点话题，通过主持人——听众——嘉宾讨论的形式直播。它是一个正面宣传社会主义市场经济的热线节目，具有较强的政策性和舆论导向作用。从1993年8月23日开播到年底已邀请政府负责人员、经济专家、企业和商业界名流538人做为嘉宾主持人参与节目直播，共接到来自台湾、福建、湖南、上海、甘肃、河南等地和陕西各地的热线电话1200多个。我们尝试成功的热线节目形式主要有以下几种：

1.讨论型。它采取听众——主持人——嘉宾相互交流讨论的形式，生动活泼、真实可信，感染力很强。它以热点问题为中心，采用三方讨论交流的方式，主要解决大众对某一热点问题的模糊认识，或者对某一热点问题提出自己的建议。经过讨论，达到认识一致或基本一致。

2.服务型。这类热线的重点是帮助听众或企业解决实际问题。除了请有关领导和专家到直播室现场解决问题以外，还主动出击，带着听众提出的问题到有关单位反映和解决。

3、报道型。通过主持人——嘉宾——听众——记者现场报道一个热点事物。一般以大型活动或重大节日为主要报道内容。10月9日世界邮政日这天，我们把省邮电管理局领导请到直播室，就邮电业务开展热线咨询，并派出两名记者到“纪念世界邮政日活动”现场——革命公园，手持无线电话适时传回邮电业务宣传咨询活动的情况。同时，我们还约请宝鸡市、汉中市、延安市等5个地市邮电局通过电话传来当地的纪念活动盛况，使这次热线节目五彩纷呈、高潮迭起，引起各界听众的一致好评。

如何办好热线电话直播节目？我们的体会有以下几点：

（一）话题选择是热线节目的生命。

既然是热线电话直播节目，话题就应该是群众普遍关心的问题，就要突出一个“热”字。所以，我们注意从以下几个方面寻找和选择话题：1.注重从新出台的经济、政治新政策中寻找话题。我们正处在计划经济向社会主义市场经济转变时期，新观念、新思路、新政策不断出现。新的东西与旧的形成了鲜明对比，这就是热点话题选择中需要重点考虑的、具有舆论导向作用的话题，在这方面，我们曾先后组织了破产法热线、大力发展非国有经济热线、劳保医疗制度改革、铁路路风整顿热线等。听众参与十分踊跃。2.从国家重点工程建设中寻找热点话题。如“陕西高等级的公路建设热线”、“陕西天然气开发热线”等。这类话题不一定是每个人都关心的热点，它可能只是某一群人，而另一部分人并不渴望了解。因此参与起来难度较大。为了解决这个问题，我们把这类话题的切入点和基本点指向听众的切身利益，引导来宾把介绍的内容尽量贴近听众。3.从老百姓普遍关心的衣、食、住、行中寻找热点话题。这类话题是最容易激起听众参与欲望的，也是热线电话节目内容的重要方面。4.围绕政府有关部门的中心工作寻找热线话题，政府部门的中心工作，也是群众最关心的问题。象工商管理系列热线节目，连续播出了5次，但听众仍然不满足，要求再安排。5.从重大事件、重要节日中寻找热线话题。重大事件、重要节日是人们普遍关心的焦点、热点，我们一直十分重视这些重大事件和重要节日，编制了一年重大节日年表，收集了重大节日的背景资料，以备组织热线时参考。6.从听众来访、来信中寻找热线话题。人民群众是广播的主人，广大听众关心什么、想了解什么，应该成为我们热线节目的永恒主题。为此，我们十分重视听众来信，做到每件都登记，尽量做到有问必答，并专门在星期六开办了“大市场信箱”栏目，根据听众的要求和提供的线索、思路去确立节目的话题。

（二）重视嘉宾的选择与组织。

《693热线》节目的一个突出特点是借用社会力量办广播。《693热线》节目每次都要请2-4位嘉宾（最多时达11位）到直播室，和主持人一起为听众服务，共同完成热线节目直播任务。从播出角度来看，嘉宾是解答热线电话的主要角色。这样，在选择嘉宾时，不仅要求他们口齿伶俐，思维、表达敏捷清晰，而且还必须具有现场分析问题、解决问题的能力。

由于本节目主要采用嘉宾同听众直接对话的方式，而一些嘉宾平常又缺乏同听众交流和沟通。其次，嘉宾想谈的重点不一定是听众所需要的，也不一定是导播所希望的。还有，对于嘉宾来讲，当回答投诉电话时，往往容易产生急躁、不理智的对立情况，少数嘉宾还会出现做报告式的高谈阔论，或者产生紧张心里，或者嘉宾与主持人的观点严重矛盾等等。为了克服和防止上述问题，我们首先要求导播在联系热线话题时，就对选择好的嘉宾进行简单的广播热线节目介绍，并要求嘉宾提前与导播、主持人讨论话题，提出热线电话开通后可能出现的难题，共同制定相应的对策。在大的方面，统一主持人与嘉宾的基本看法；进入直播室以后，主持人通过风趣的介绍，引导嘉宾克服紧张心理；当一些热线电话过于激动，容易诱发嘉宾的对立情绪时，主持人主动先接电话，与听众先聊聊天，使听众平静下来，使听众与嘉宾的交流更顺畅，充分调动嘉宾解决问题的积极性。

（三）规范管理，防止意外情况发生。

《693热线》属于同步播出节目，很难避免有人因情绪激愤而谈话过激，甚至会有人钻热线电话直播的空子，进行人身攻击和诽谤，甚至发泄牢骚和不满情绪。为了避免发生这些情况，我们制定了《热线导播守则》、《热线主持人岗位守则》，严格规范了热线电话的内容和切入程序。由于采取了行之有效的安全播出措施，保证了热线节目的正常、安全播出，也保证了节目的正确舆论导向。

改录播为直播　加大群众参与性

念　宜

随着改革开放形势的发展，广播电视如何深化改革，改变传统的宣传模式，由录播改为直播，或增加直播的比重，加大群众参与性，增强宣传效果，以适应新形势发展的需要，是我们推进宣传改革，注重研究的一个课题。近几年来，我们积极探索，学习和借鉴外地经验，在直播报道方式上进行了有益的尝试。

一、播出形式改录播为直播。

芜湖市广播电台40多年一直延用录播形式播出节目，形式呆板，收听率不高。经过近1年时间的准备工作，分期分批组织编辑、记者到外地考察学习，改建了3个直播室，添置了部分直播设备，于1993年1月1日正式播出。为了充分发挥直播优势，我们还采取了邀请嘉宾、热线电话、“大哥大”现场目击采访以及现场直播等形式。实践证明，直播群众参与性强，节目清新活泼，深受听众欢迎。1年来，接到听众电话29200个，听众来信来访18600余封（次），嘉宾到现场650多人次。市电视台、有线电视台也都增加了直播份量。芜湖市电视台还举办并现场直播了“纪念毛泽东同志诞辰100周年文艺晚会”，芜湖市有线电视台现场直播了“芜湖市93青年卡拉OK歌曲大赛”，提高了知名度和宣传效果。

二、节目设置推出板块节目。

为使信息、内容相对集中，将若干个同类型的小栏目编制成一个大板块，以加深听众的印象，提高宣传效果。芜湖市广播电台经过精心安排，推出《高埠君行早》、《午间大江潮》、《菊城温馨夜》3大板块节目，以新闻、信息为骨架，正点播出，以知识、娱乐为肌体，融宣传、导向、沟通、服务、参与为一体，坚持了主旋律与多样化的统一，使节目办得更加贴近群众，贴近生活，贴近实际，发挥了大板块的优势。

三、队伍建设注重节目主持人的锻炼培养。

办好直播节目难度较大。节目主持人集记者、编辑、播音员于一身，要求具有较高的政治、业务素质。因此我们十分重视节目主持人的培养和提高。采取培训和岗位练兵相结合，组织他们学习党的路线、方针、政策，学习业务知识。芜湖市广播电台经过一年来的实践，已经培养出一批骨干节目主持人。随着节目主持人的素质的提高创出了一批拳头产品，名牌节目，如《新闻》、《天天热线》、《江城扫瞄》、《社会纵横》、《空中服务台》、《空中茶座》、《快乐世界》、《夜空悄悄话》等。这些节目吸引了不同层次的听众，寓教于乐，收到了很好的宣传效果。

一年来，芜湖人民广播电台改录播为直播，电视台积极进行探索，改革是成功的。但也存在某些不足之处。为了进一步完善提高，我们对直播节目的播出作出了规定，必须事先列选题，写提纲，对于社会"热点"、"难点"问题，超前进行分析，注重把好政治关。同时花大力气提高节目主持人的政治和业务素质，努力把直播节目办得更好。

进军蒙特卡洛

——北京电视台报道组采访国际奥委会101次会议的体会

曲凤和

中国人申办奥运会是有史以来的第一次。北京电视台采访如此重大的国际活动也是第一次。申办结果世人皆知。申办没有成功，但是北京电视台对这次申办的整体报道是成功的，打了一个漂亮的胜仗。

租用卫星传播　满足首都人民心愿

七运会刚刚结束，以台长刘迪一为首的6人北京电视台报道组，兵不解甲，马不卸鞍于1993年9月16日随北京申办团奔赴蒙特卡洛。按照惯例，从北京电视台的地位和条件来说，这样的报道任务通常是拍些素材，当时能发则发，不能发，回国后编成专辑播出。尽管时效差，但也能说的过去。神圣的使命感，电视工作者的责任感，使大家强烈地意识到，这次任务不同以往。申办奥运牵动着亿万人民的心，特别不能亏待日夜盼望申办成功的北京市人民。经过分析各种条件及研究相应对策，最后决定租用国际卫星传送新闻，让北京观众当天就能看到争办情况。

租用国际卫星进行洲际间的大批量新闻传送，这是北京台建台14年来的第一次。以前只传送过体育比赛。租用卫星除去经济条件外，申请程序因涉及国际卫星组织和国外许多电视、电讯机构手续和程序比较复杂，往返确认，需时费日，中央电视台两个月前就订好了卫星。现在决定卫星传送，时间紧迫，难度极大。但是，为了工作需要，只要有一分可能，就要用百分之百的努力去争取。报道组抵达蒙城后，电话通报北京，做好一切准备，不惜代价，卫星传送蒙特卡洛争办新闻，18日晚《北京新闻》第一次播出。北京接到蒙城通报距第一次播出时间已经不到20小时，体育部记者的争分夺秒，用各种办法与国际卫星组织（PBC）联系，办妥卫星租用事宜。在蒙城的报道组，用半天的时间联系好了卫星传送工作。1993年9月18日18点40分《北京新闻》开始，北京观众在这次新闻中，第一次看到了北京电视台记者采制的争办奥运的新闻。

敢打敢拼　打好新闻攻坚战

蒙城云集1000多名记者，其中不乏强人高手。那些现代化的先进设备和早已摆好阵式的电视转播车，威风八面，令人望而生畏。但北京电视台报道组就像一个闯进蒙特卡洛的过河卒子，迎着困难往前冲。北京代表团是第一个到达蒙城的代表团。蒙城市民和许多外国人对我国很友好，报道组及时采制了外国人希望中国申办成功的新闻，体现了我国影响扩大，地位提高，朋友遍天下的主题。新闻大战，各国街头啦啦队，表决前夕警卫森严的会场，烘托出紧张激烈的争办气氛，给观众留下深刻印象。现场主持是电视新闻比较理想的表现形式，在画面中通过主持人现场叙述及被采访者的对话和环境气氛，真实、活泼、感染力强，这次报道多数采取这种方式。"9.23"，中国人民难忘记的日子，沸腾的北京电视台晚会现场，如醉如痴的八达岭长城的不眠之夜，表达的是一颗颗火热的中国人的心。申办没有成功，这固然在人们的两手准备之中，但是，毕竟不如成功让人激动。这就为报道组出了一道题：如何收尾？代表团在做回国准备。唯独新闻团，北京电视台报道组在为采制告别新闻而奔忙。

告别新闻是出色的。它的点睛之笔是随团去的啦啦队孩子们的话语：我们不能因胜利而骄傲，不能为不成功而懊恼，努力奋斗，胜利终会到来，这铿锵悦耳、掷地有声的话语，反映了中国人的气度，为沉闷的人们注射了一针清醒剂，为报道组的报道划了一个圆满的句号。

关键在提高全台人员的整体素质

蒙特卡洛之行，我们打了一个漂亮的新闻攻坚战，它给我们最大的启示是，为适应改革开放的形势要求，必须迅速提高我台在国际上的地位和影响，而要做到这一点就必须首先提高电视台整体人员的素质。

这次报道任务从最初的设想到根据实际情况决定卫星传送有一个转变过程，带有一定的突然性。正是这一突然性，检验了全台几个重要部门应变能力，检验了全台的整体素质，把电视台建设带上一个新台阶。

应该说，在一些重大问题和完成一些重大任务上，我台是有较好基础的。台领导班子思想比较统一，决定大事雷厉风行，工作节奏快，效率高，很少扯皮和拖泥带水。蒙城之行说明了这一点。去蒙城的6名工作人员一般都能采能写，能拍能编，能打字，能开车，翻译姜华会采访，会主持，会外语，也会上机器编节目，干起来得心应手。英语不过关的同志吃到了苦头，处处不方便。在电视技术飞速发展的今天，要求电视工作者掌握更多的知识和技能以适应工作需要。

一切精良的武器要与有崇高理想的人相结合才能发挥效益，否则便一事无成。在蒙特卡洛的日子里，报道组的工作时间无法计算，除了吃和实在坚持不住打个盹以外，几乎全部是工作时间。大家没有逛过街，举世闻名的皇宫也没有看过，完成任务就回国了。租的机房1天3小时按点收费。为了提高编辑速度，刘迪一台长天天夜里找素材，记下数字，为第二天编辑提供便利。有一次采访李其炎市长会见亚特兰大市长，找错了地方，体育部主任找摄像机，台长扛三角架，在蒙城一前一后开始了长跑，终于在会见前赶到了现场。大家就是凭着这种艰苦拼搏的精神胜利地完成了任务。

艰苦奋斗力创佳绩

——四川电视台对七届全运会四川赛区电视转播的回顾

刘　奇

1993年8月15日至24日，四川电视台担负了第七届全国运动会四川赛区15个比赛项目的电视转播工作，除开幕式外，共传送信号180小时。其中为中央电视台提供了向全国现场直播的10场比赛，传送专题9集135分钟，新闻101条92分钟，传送的播出信号达到国际4分的优秀标准；本台现场直播了51场比赛，对全运动(四川赛区）的各项比赛、竞技表演、文艺演出等内容的宣传报道，达到了时效性强、信息量大、影响面广、转播效果好的预期目标，受到四川省委、四川省政府的表彰。广大观众和中央电视台的同志对转播效果也很满意。这是四川台建台33年承担的转播规模最大、时间最长、系统最复杂、投入的人力（160人）和物力（5台转播车、10套微波、12部单机)最多、效果最好的一次。

一、人少多办事。

根据七运会（四川赛区）组委会的要求，每天要录播七运会节目达540多分钟。按此测算，共需采、摄、编、评议、播、技术以及后勤服务人员600余人。而四川台共有400多名职工，已抽调相当一部分筹备同年9月份召开的有来自国内和世界五大洲40多个国家参加的'93中国四川国际电视节，还有一部分职工要坚守工作岗位，保证正常播出，只能挤出100多人。也就是说，参加七运动转播的人员一个要顶几个用。对此台分党组制定了“集中管理、统一调度、重点保证”的原则，并采取了三条措施：

一是组建精干的领导班子和工作机构。成立了以台长王岳军全面负责的七运会宣传报道领导小组，抽调专人分别负责七运会新闻采编、专题报道、现场直播工作和组成编播保障体系，根据采编播方面的工作需要，组织14个精干的采播小组。二是明确分工、各行其事。由于赛区各比赛场馆分散，比赛场次时间安排紧凑，容易给电视报道的交通、通讯、采编造成特殊困难。为了避免忙乱和疏漏，我台提前制定了《电视宣传报道计划》和有关报道内容的具体安排，对采播、技术和后勤保障方面在赛前、赛中、赛后各个时间段的任务、标准提出了具体要求。三是领导者以科学务实的态度带领职工办公室开会听汇报，深入第一线，与同志们同干同苦同乐，现场发现和解决问题。

这样，对七运会（四川赛区）赛事的报道，虽然一个人顶四人忙碌不堪，但却忙而不乱、紧张有序；虽然采播的内容多，但却采播的节目直播、录播、新闻、专题、特写等样样齐全；虽然录制设备转场频繁，但却在转场中工作有条不紊，万无一失；虽然转播技术要求高，但却转播效果各方满意。

二、钱少办大事。

赛前，赛区组委会安排和中央电视台要求，四川赛区的播出时间达到140多个小时，包括每天中央电视台直播一至二场比赛、15分钟新闻。据此测算，10个比赛场馆需要10套电视转播设备（转播车和EFP）和相应的工作人员，共需资金1700多万元。而我台预算经费只有500万元，不足三分之一。怎么办？台七运会宣传报道领导小组提出：钱少也要办好转播这件大事。

调整技术主案。方案制定小组多次深入到比赛场馆调查，掌握第一手资料，反复论证，七易其稿，确定了在充分考虑转播整体效果的前提下，最大限度地挖掘现有设备的潜力和充分调动人的积极性，把原来一个场馆固定一辆转播车，调整为一车多场馆和增加单机拍摄的方案。实践证明，这一方案是科学的，也是最经济的。不仅传送的信号比原计划多40小时，而且播出效果好。中央电视台的同志称：“四川电视台花最少的钱，办了最大的事。”

三、苦干办实事。

电视新闻中心是整个转播系统工程中的枢纽工

程。这一中心的设备到台时，离比赛开始只有6天(其中一矩阵控制面版到达成都，离比赛开始只有1天)。要把上百台设备组合安装，按6个体育场馆的信号全部接通，送到机房正常播出，按常规至少得半个月，播出部的同志在保证自己正常的电视播出值班外，全部总动员，加班加点苦战，赶在赛前将设备安装调试完毕，并实现了新闻中心与各场馆一次试机切换、通道全部正常。对此，省广播电视厅张郾初总工程师称赞："这是一个奇迹!"

参加转播工作的同志，不论是采播、摄录人员还是技术、后勤服务人员，为了圆满完成任务，都在各自的岗位上任劳任怨、埋头苦干。为了赶时间，四川台和陕西台的同志自己动手，把18吨重的转播车卸下火车皮。为了保证播出质量，总导播钟亦工连续10多天工作，一日三餐盒饭，一人干几人的活。负责整个电视转播工作的姜英东总工程师在开幕式前累病住院，他在病床上边输液边工作。许多同志累病了，悄悄地把医生开的病假条揣在包里坚持工作；有的家里发生了问题或遇到了困难，却舍不得离开岗位等等。正是职工们这种艰苦奋半和忘我精神，为电视转播工作取得圆满成功奠定了坚实的基础。事后，中共四川省委常委、常务副省长蒲海清批示道："四川电视台在七运会期间工作出色受到全国各地赞扬，在此再次致谢！望继续发扬，为全省人民争光!"

从"汪辜会谈"连续报道谈电视新闻的"包装术"

朱咏雷

1993年4月27日至29日，举世瞩目的"汪辜会谈"在新加坡举行，这是40多年来海峡两岸民间首次最高层次的接触，揭开了两岸关系新的篇章。作为国内电子媒介后起之秀的上海东方电视台，以独有的敏感对这一新闻事件投入了特别的关注，连续3天租用国际通讯卫星从新加坡传回此次事件的电视画面，经过特别"包装"后在上海及其邻近地区播出，受到观众的好评及海内外传媒的关注。且看以下几张播出编排单：

《东视新闻》1993年4月27日18：30播出

1.消息：举世瞩目的"汪辜会谈"今天在新加坡举行(东视特约记者)

2.新闻背景："汪辜会谈"的由来(东视记者陈琰)

3.口播消息："汪辜会谈"商谈要点(东视记者陈琰)

4.新闻人物：海基会董事长辜振甫(东视记者姜澜)

5.新闻特写：历史性的握手(东视记者姜澜)

6.口播消息：海峡两岸媒介高度评价"汪辜会谈"

……

《东视新闻》1993年4月28日18：30播出

1.消息："汪辜会谈"今继续在新加坡举行(东视特约记者)

2.消息：海协会、海基会分别举行记者招待会(东视特约记者)

3.焦点评论："汪辜会谈"与两岸经贸关系(东视特约评论员)

4.消息：上海台胞、台属和台商关注"汪辜会谈"(东视记者陶丽娟)

……

《东视新闻特别报道》1993年4月29日12：53插播

1.消息："汪辜会谈"协议在新加坡签署(东视特约记者)

2.新闻特写：汪道涵、辜振甫纵论新加坡会谈(东视特约记者)

3.口播消息："汪辜会谈"协议要点(东视记者姜澜)

……

《东视新闻》连续3天的报道丰富、翔实、快速，同时在香港和台湾出版的《联合报》评价道："东视的报道制作严谨，为大陆电视新闻所罕见。"

然而，《东视新闻》每天有关"汪辜会谈"5至10分钟集中报道所依据的素材，仅是每天从新加坡传回的10分钟原始画面及其它几个渠道提供的少量文字素材。整个报道之所以能达到较好的传播效果，靠的是电视新闻的"包装术"。

电视是最能真实反映新闻事件本身的一种媒介，它的技术特长决定了受众能够象当事人一样"耳闻目睹"新闻事件的实况。那么，电视新闻又何须"包装"?"包装术"会否影响电视新闻的真实性?

我们说的"包装术"，是在尊重新闻事实的基础上，利用电视所拥有的技术手段，对新闻素材进行加工，以期获得更好的传播效果，因而不会影响新闻的真实性。

"汪辜会谈"系列报道采用了多种报道体裁、巧妙的编排和丰富的技术手段，使新闻得到了完美的"包装"。

就第一天(4月27日)的版面而言，采用了消息、新闻背景、新闻人物、特写、口播消息等电视报道体裁。第二天(4月28日)又增加了新闻评论。不同的体裁具有不同的传播功能和特长：消息《举世瞩目的"汪辜会谈"在新加坡举行》以最直截了当的形式传播了刚刚发生的新闻事实；新闻背景《"汪辜会谈"的由来》从历史纵深角度反映了新闻事件发生的背景；新闻人物《海基会董事长辜振甫》介绍了新闻事件中的焦点人物；新闻特写《历史性的握手》撷取新闻事件中的一个细节放大，表现了新闻事件中的人情；新闻评论《“汪辜会谈”与两岸经贸关系》则透过新闻事件提出了代表媒介观点的理性思考……不同体裁发挥各自的擅长，从多个方位立体地表现了新闻事件，从而使受众能最大限度地接受新闻事件的信息，达到较好的传播效果。

电视是声画并茂、色形俱备的立体媒介，“包装”新闻切不可忽视电视的技术手段。“汪辜会谈”连续报道在编辑、制作时，十分重视声音、字幕、静止画面、数码特技等手段的运用。在主持人口播《“汪辜会谈”商谈要点》时，利用电脑图文制作系统，将双方商谈的八点内容制表列出，观众一目了然，声画同时作用于感觉器官，印象十分深刻。4月29日在报道“汪辜会谈”协议的四点共识时，亦采用了同样的方式。在介绍海基会董事长辜振甫时，采用数码特技将辜的半身像叠在播音员画面的右侧，并在下方叠字幕“海基会董事长辜振甫”，即使是后来打开电视机的观众，也能知道正在播出的新闻的主题。新闻特写《历史性的握手》中声音的运用也十分成功。特写反映的是汪道涵与辜振甫代表着两岸40年来首次高层次合作的握手过程，具有戏剧性的是汪、辜应在场的上百名记者的要求，连握了4次手。此片在解说词介绍了背景后，即全部采用了现场实况声：记者们“再握一次！再握一次！”的叫喝声，汪、辜两人会心的笑声，几十架照相机此起彼伏的快门声……观众如临其境，深受感染。

“汪辜会谈”连续报道的成功给电视新闻工作者这样的启示：同样的新闻素材经过精心的“包装”，会获得成倍的传播效果。

一次成功的重大突发事件的报道

——谈深圳“8·5”爆炸事件采访体会

唐松彝　栾瑞生

1993年8月5日下午，深圳市发生一宗我国罕见的特大恶性爆炸事件，震惊全国，影响海外。

爆炸事件的本身是一件坏事。然而，在整个抢险救灾工作中，又涌现了许多可歌可泣的英雄事迹和值得赞颂的好人好事。为了搞好这次报道工作，广东电台派出采访组，对爆炸事件进行了全面的、连续的多角度的、善始善终的报道，收到了较好的新闻效果和社会效果，受到省委的通报表彰。可以说这是一次比较成功的报道。

报道的成功之处，主要有如下三个方面：

首先是发挥了广播新闻“快”的优势。把爆炸事件自始至终的发展情况，能及时、迅速、准确地报道出去，赢得了广大听众。8月5日下午约2点25分左右，广东电台驻深训记者唐松彝听到清水河仓库发出巨大的爆炸声后，便立即乘摩托车赶赴现场采访。到了现场，他看到一片火海，仓库成了一片废墟，公安消防干警正在全力扑救。此时此刻，唐松彝感到情况十分危急，必须尽快发稿。那时本区马路已全面封锁，没有车坐。于是，他便跑路1个小时赶回记者站，4点多钟把稿件发回编辑部播发出去，广东电台成为中央和省级新闻单位中最早报道灾情的新闻单位。

紧接着，唐松彝又同从广州赶来的几位记者深入医院和现场采访，把群众最为关心的灾情发展、伤亡人数、怎样救灾、何时扑灭大火等情况当天连夜报道出去，做到随采、随写、随报，滚动式的进行，由于该台对灾情报道比报纸、电视来得快、消息新，那几天，全省绝大多数听众都被吸引到广东电台的收音机旁，受到广大听众的好评。

其次是做到了条多面广。用大量的篇幅和多角度地反映爆炸事件的全貌，既报道了爆炸事件本身的发展过程、前因后果和经验教训，又反映了社会各界在火灾面前所表现出的爱心和精神面貌，使人们受到教育，社会受到启迪。爆炸发生的当天和晚上，广东电台采访组连续采写了“清水河危险品仓库发生大爆炸，公安、消防武警官兵全力扑救大火，省市领导亲临现场指挥救灾，用水泥新方法灭火成功以及次日早晨五点扑灭大火等一系列报道，把灾情的发展情况和处理结果及时告诉了广大听众。

与此同时，他们还深入现场采写了医务人员全力抢救伤员，中央、省、市领导亲临现场视察和慰问伤员及死难家属，社会各界踊跃捐资献血抢救伤员、全省各地和香港派员支持抢险救灾、抢险救灾中的英雄事迹以及各行各业纷纷总结经验教训，开展安全管理大检查等一大批报道。事故发生的三天之内共发稿32篇，累计约40篇，致使整个报道做到有点有面，有始有终，既有广度又有深度，使广大听众从广播里能得到较为丰富和满意的新闻信息，并且从中受到启迪和教育。

第三是发挥了广播特点，靠“声音”取胜。在这次重大事件报道中，记者拿起话筒，深入现场录音，把真实感人的新闻事件，如实报道出去，使新闻更具真实性和感染力，从而更好地吸引听众。例如，爆炸事件发生的当天晚上，记者把当时浓烟滚滚、烈火熊熊的爆炸现场和群众紧张的扑救大火的情景通过电话用描述的方式报道出去，有的听众听后说：“我听到广东电台记者的现场口述报道，好像我自己也亲临其景，心情也十分紧张。”

又如，8月8日上午，记者跟随省长朱森林探望英勇献身的死难者家属时，当省长朱森林到原公安局副局长王九明家，场景十分感人：家属亲戚在哭喊，省长深情地安慰他们，王九明的战友、司机哭着讲述其英勇牺牲的事迹，王九明的妻子向省长表示决心：“要化悲痛为力量，教育儿子继承父业，永远跟着共产党走到底！”我们将这一动人场景一一录下来，整理播出，听众听后都说：听了这个录音报道真实感人。

据统计，在整个爆炸事件的报道中，大约占4成左右的篇幅都采取了现场录音报道，均收到了良好的效果。

通过这次“8·5”爆炸事件的报道，我们还有一个体会：记者的事业心和责任感，是搞好广播宣传报道的重要因素。只要记者有了事业心和责任感，就有不怕艰苦、不怕困难和连续作战的精神，就会圆满完成各项采访任务。这次突发大型事件的采访报道成功就是一个佐证。在采访中，记者们当时面临三大困难，一是采访的是恶性的危险品爆炸事件，有剧毒和危险；二是天气炎热、采访辛苦；三是当地部门封锁消息，采访艰难。但是，所有这些，都在记者的事业心和责任感的驱驶下，被一一排除和克服了。又比如，爆炸事件发生的当天，记者唐松彝到现场采访时，马路上站岗的交警为安全着想多方阻拦，不让进内采访。但记者想到自己的职责，还是想法闯进了现场。冒着随时都有第三次第四次爆炸的危险，马上进行采访。那时记者什么都没有想，只想尽快采访，尽快报道。

发挥电视优势搞好乌洽会宣传

杨连勇

金秋9月是收获的季节。当人们在满心欢喜、滋滋有味地品尝'93乌鲁木齐经济贸易洽谈会之果的甘甜时，都在赞扬新疆维吾尔自治区各新闻单位为乌洽会这棵经济之树浇灌的心血和汗水。短短七八天，报纸、广播、电视、图片铺天盖地滚滚而来，各新闻媒体传递的信息纵横交错、目不暇接，各族新闻健儿在乌洽会创造的经济海洋里畅游、搏击、吮吸，整个乌鲁木齐乃至全疆各地形成了一个多层次、多角度、多侧面、多方位的立体宣传阵势。这种壮观绚丽的场面，实为新疆新闻界多年罕见。在这一宣传战役中，新疆电视宣传也不示弱。它还年轻稚嫩，但它在竭力发挥着自己的优势。

一、发挥电视铺天盖地的优势，拓宽乌洽会宣传的广度。

新疆电视台充分利用4个频道和卫星电视共3种语言5套节目的优势，全方位地宣传报道了乌洽会开幕的盛况和进展情况，展示几百个摊位琳琅满目的名优特产品，及时摄下各交易团的新闻发布会和签约的场面，广泛采访中外客商和朋友对新疆的评价。由于乌洽会是自治区改革开放总体布局中的一件大事，洽谈集中，信息量陡增，要反映的方方面面甚多，我们打破常规，延长了“新疆新闻”的时间，从平常的15分钟延长到30分钟左右，每天播发20多条乌洽会的各类消息。汉语、维吾尔语和哈萨克语三种语言的“新疆新闻”分别在新疆电视台、雪莲电视台和新疆卫星节目中滚动播出10次，大大增加了“新疆新闻”的收视率，扩大了乌洽会的影响。

有了好的传播工具，并不等于搞好了宣传，还必须周密组织，协调各方，精办节目。为了搞好乌洽会的宣传，在厅党组和台党委的统一领导下，新疆电视台上下一致，通力合作，互相配合。各族采编译播人员不辞劳苦，奔波于会场和台本部之间，采访、录像、编辑、播音、扣像、剪辑、播出，形成了前方后方一条龙，有的记者一天工作十几个小时，肩膀被摄像机磨紫了，许多同志连续多日没吃过一顿囫囵饭，技术人员精心维护庞杂的技术系统，保证各类节目正常播出。那些日子，大家心里只有一个念头，一定要把乌洽会宣传搞的有声有色，为自治区的改革开放贡献一份力量。

二、发挥电视声画并茂的优势，开掘乌洽会宣传的深度。

（一）在“新疆新闻”节目中开辟专题栏目，围绕乌洽会这个主题，命题作文，连续播出，记者、编辑、通讯员能够集中笔墨、有目的地采录节目，这样有助于深化主题，扩大影响。在乌洽会召开之前的1个月中，我们在“新疆新闻”中开设了《喜迎四方客，办好乌洽会》专栏，基本上每天1期，多角度地反映了我区各行各业以实际行动迎接乌洽会情况。乌洽会期间，在搞好日常宣传的同时，又在“新疆新闻”中开辟了《今日新疆》、《欢迎您到这里来》专栏，通过这两个窗口向人们展示新疆各地改革开放后出现的新面貌和天山南北良好的投资环境。

（二）在“新疆新闻”之外，发挥电视专题容量大、更宜于挖掘深度的优势，增设了乌洽会专辑，全面、细致、深入地宣传乌洽会。如我们组织社教部和经济部协同作战，推出了《乌洽会——走向国际博览会》专辑，每天1期，当天采录，当天剪辑、当天播出。其中有综合评述、人物专访、现场报道、问题透视、外地人看新疆等内容。这8期专题，从深层次上宣传了乌洽盛会，也给人们留下了不少启示。

（三）多采用现场效果和同期声。无论新闻还是专题，有了丰富多彩的现场音响，不仅画面更活了，真实感、流动感更强了，而且有利于烘托气氛，深化意境，给观众以身临其境之感，留下较深的记忆，尤其是一些人物的精彩讲话，言简意赅、思想性强，这本身就起到了深度报道的作用。

（四）发挥电视言论的作用。乌洽会中，我们除播发报纸的重要言论外，还尝试着自己采制了《新疆经济起飞的平台》、《两次乌洽会给我们的启示》等电视述评，增加了电视的思辩色彩，收到了较好的宣传效果。

三、发挥电视整体板块优势，形成乌洽会宣传的立体效果。

在一个大的宣传战役中，报纸可以通过各个版面来构筑自己的宣传规模，电视则是通过各类节目组成一个大的时间段来展现自己的风采。这次乌洽会宣传中，我们调整了节目构成，采取了集中、突出、大容量、滚动播出的编排方式，通过新闻、专题、经济、广告4个方面组成一个大的板块，发挥电视的整体优势，进行立体式宣传。每晚北京时间21时开始，先是“新疆新闻”这台重头戏开场，紧接着是《走向国际博览会》的乌洽会专辑，再次是配合乌洽会的大型系列专题片《亚欧大陆桥》、《今日新疆》以及介绍各地州市县的电视专题片，最后是《'93乌洽会广告大展台》。与此同时，还在文艺节目和电视剧中间插播庆贺乌洽会召开的流动字幕，以造成人人关心乌洽会的氛围。这一宣传格局，突出了乌洽会的主旋律，紧密配合了党和政府这一时期的中心工作。

（原载《新疆新闻界》1993年第5期，有删节）

儿童广播剧《古墓遇险》录制点滴

尹纪芸

1993年10月在新西兰的奥克兰市举行的第30届亚广联全会上，中央人民广播电台少儿部的儿童广播剧《古墓遇险》荣获“亚广联广播儿童节目奖”。在此之前，中央台一直没有参加这项节目的比赛，这次能够一矢中的，说明我台的少儿节目在国际上是有一定竞争力的，这是少儿部多年积累经验的结果，也是中央台几个部门密切合作的结果。

《古墓遇险》说的是一个中国女孩和一个埃及男孩不慎误入金字塔脚下一座古代埃及国王的墓室，遇到危险，他们找到里面的机关，知道了得救的办法，他们唤醒了沉睡多年的狮身人面像，互相帮助，巧妙完成了狮身人面像提出的三道难题，从而脱离了危险，全剧总共只有21分钟，两个场景，人物也只有三个，但是情节发展一环扣一环，能够吸引人，有可听性，后半部分又有趣味性和娱乐性，适合少年儿童听，该剧歌颂了孩子们的勇敢、智慧，歌颂了异国孩子之间的友谊，有一定的教育作用。这次比赛的评委们对《古墓遇险》作了这样的评价：这个节目表现出的高水平的广播剧制作技术受到评委们的高度赞赏，剧中小演员们的表演很出色，音响效果的使用十分精彩，剧情的发展把听众引向一个既激动人心又回味无穷的结局。

我们在这个剧的录音制作上是下了很大功夫的。作为导演，我把握住剧的基调和各个环节的协调，而取得成功最关键的原因是参加工作的全体人员积极地配合协作。这里我想从音响效果、录音、演员等几方面谈谈该剧的创作过程。

语言、音响、音乐是广播剧的“三要素”。在《古墓遇险》中，我们充分发挥了音响的作用，体会了音响在广播剧中表现出来的艺术魅力，由于作者对广播剧不太熟悉，剧本中对音响效果没有提供更多的依据，负责音响的邢建华同志发挥了积极性和创造性，他经过深入的思考，提出了一个又一个音响方面的设想，很多设想采用后效果很好，比如墓室里的一场戏，剧本中孩子们看到墙上有一行字，他们找到墓室机关，进入里间后又看到两行字，这就是解救的办法。根据邢建华的提议，我们把第二次看到字改为听到声。这样改动既避免了前后情节的雷同，又充分利用了广播中听觉的作用，更增加了古墓的神秘色彩。和电视比较，广播有它的局限性，但正是这一点，又使我们可以给予听众无限的想象余地，这个剧的音响效果丰富多彩，从头至尾都起到了表现环境、增加气氛、从而起到烘托情节的作用。再谈录制工作。录制立体声节目要录出空间感，创造出一个有层次的全方位的声音环境，给听众以身临其境的感觉，对于这个剧，录音师王惠敏作了精心的设计并有所创新，例如古墓里的一场戏。以前录这样的场景往往在演播室里，这样人的语言与音响师模拟的脚步在空间方位上往往配合不好。这次我们采取了实录的办法，效果很好，流动感强，小演员们也摆脱了在话筒前照本宣章的毛病，他们有了现场感，演播真实自然多了。后面一场戏为了充分表现狮身人面像的神圣、居高临下，录音师采用了变调、加混响、延时等多种手法，经过反复录制，使这个人物的声音造型获得成功。还有演员：剧中的中国女孩和埃及男孩的演播者是我台钟声少儿艺术团两个10来岁的孩子，这两个孩子经验都不多，而戏里情感的变化、情绪的转换又比较复杂，有些地方对小演员来说是比较困难的，比如对付怪兽的第二个难题：作两个活蛇耳环并要挂到怪兽耳朵上。男孩子凭着自己的经验和勇敢拔去蛇的毒牙，把蛇弯成圈，用女孩子的辫绳捆上，手拿着往怪兽的头部爬去，在这里，男孩爬上去挂好直到跳回地面的全过程只用女孩子的几个词来表示：“当心！抓住！哎呀！好，小心点！太好啦！”每一个词都代表男孩子不同的动作，音响师要作出相应的声音效果，而小演员和音响师在播音室里工作的位置又互相看不到，有一个音响配合不好就得重新来，开始小女孩怎么也表现不出这个过程，后来我站到她对面比手划脚演哑剧，她跟着我的动作说台词，感觉才好一点，广播剧没有画面，完全靠语言来表情达意，有些成人演员说演播广播剧比配电视剧还要难。儿童演员理解和推理能力差，他们对于情绪转换的过程及语言内心依据的表现比较困难，给孩子排戏没有什么固定的模式，有时要启发和诱导，把规定情景中应有的感觉和情绪告诉他们；有时要绘声绘色的把剧情当作一个故事讲给他们，使他们产生兴趣；有时让他们模仿；有时用动作加上面部的表情来带动他们的情绪，等等。

“扫黄”、“打非”新举措

——燕赵文化市场行

孟宪奇

为打击“制黄”、“贩黄”和非法出版活动，整顿全省书报刊、音像市场和群众文化市场，给经济发展创造一个好的文化环境，根据河北省委、省政府决定，省委宣传部、省委政法委组织了省新闻出版局、广播电视厅、公安厅、工商局、文化厅及省级七家新闻单位，于1993年6月21日至7月12日举行了“燕越文化市场行”活动，对书报刊、音像市场及歌舞厅、电影院等群众文化场所进行了大检查。

这次活动，组织了24人的检查团，先后深入到15个市、县，历时22天，行程5000多公里，共检查书刊店、摊155个，音像制品经销单位46个，录像放映单位19个，书报刊印刷厂16个，歌舞厅5个，电影院6个。共处罚违章违纪单位60个，立案12件，收缴淫秽书刊共687017册，淫秽画片打火机30个，收缴非法书刊320860册，音像制品6108盘。

这次检查的方法，一是事先不打招呼，不发通知，不要求地方领导陪同，检查团食、宿、行自己解决；二是现场办公。检查团每到一地，直接进入市场，发现问题，当场解决，尔后与地方领导交换意见。三、为防止走漏消息，不马上报道，在活动结束后，进行了统一的系列报道。

这次活动，检查团发挥了“三队”作用：第一是调研队。检查团通过实地检查，调查掌握了实际情况，为省委、省政府更好地指导全省书报刊和音像市场的发展，摸清了底数，找准了问题，提供了解决问题的办法。第二是工作队。检查团每到一地，直接进入市场检查，现场办公，对发现的问题当场处理，为基层管理部门起到了示范作用，也解决了一些久拖不决的案件。第三是宣传队。通过现场办公，宣传了法规、政策，教育了群众。

从这次检查情况看，音像市场总体是好的，国营的录像片发行单位和音像制品经营单位所经营的音像制品均为国内音像出版单位正式出版发行的出版物，真正起着发行主渠道作用。集体所有制单位多数也是好的，基本能够遵守国家有关规定，合法经营，与国营单位一起形成我省音像市场发行的中坚力量，对繁荣文化市场、建设社会主义精神文明起着主导作用。问题较多的是个体音像制品经营摊、点，表现为无证经营音像制品，超出批准范围经营录像制品和经营非法翻录音像制品三种情况。

1993年10月28日至11月10日，“燕赵文化市场行”原班人马又进行了“燕赵文化市场回访行”。这次回访行，主要是对上次文化行结果来次回头看，看上次文化行后我省文化市场发生了哪些变化，各地在文化市场管理上有何办法和措施，对上次文化行留下的问题解决得如何，目前还存在什么问题，以进一步促进我省文化市场沿着健康的方向发展。

这次回访行，重点抽查了邯郸、保定、廊坊、石家庄等六个市、地，还深入到部分县、乡、村进行了检查和调查，共检查书报刊摊点75家，书刊仓库21间，音像制品经营摊点11个，录像放映单位6个，歌舞厅12个，听取遗留案年处理汇报16件。

总的来看，经过上次“燕赵文化市场行”活动，确实对全省各地产生了积极影响，不仅各级领导对管好用好文化市场在认识上有了进一步提高，而且在既要净化、又要繁荣上作了大量工作，制定了不少有力措施。同时，也激发了广大群众对参与管理文化市场的热情和积极性。在回访中发现，多数市、地文化市场得到了进一步净化，淫秽色情出版物明显减少，并对上次检查中发现的问题，大都进行了认真查处。在音像市场管理方面，各地坚决取缔了一批违反规定的经销点，并加强了经常性管理，音像市场稳定、健康发展，音像出版、制作生产、发行、放映已形成较完整体系。

创办新闻中心发挥整体优势

——记湖南攸县广播电视新闻中心

高雄飞 刘汉松 杨晓红

1993年1月，攸县广播电视局将广播电台、电视台合署办公，组成广播电视新闻中心。通过半年的试运行，已显示出新的活力和优势，具体体现在：

一、精简了机构，集中了领导。原来两台分设，行政管理、编、采、播、技术、通联、财务等都是两套班子。成立新闻中心后，对外电台、电视台的两块牌不变，对内则一个班子统管，一套人马办事，中心设主任办公室、总编室、新闻部、广告文艺部、技术部。领导和人员重新调配。原来，两台有正副台长7人，现在中心正副主任4人，其中主任还是由局长兼任；原来两台技术部最多时有10人，现在压缩为6人；原来各有一套办公、通联、财务班子，现在合为一体，减少人员一半。机构精简了，领导集中了，新闻采编第一线的力量加强了，同时还调剂出4人创办了声屏实业公司，年创纯利4万元。

二、增强互补，发挥了宣传的整体优势。从县级广播电视事业建设的实际情况来看，有两个方面值得注意，一是由于电视具有形象直观、声情并茂的优势，加上受众强烈的参与意识和自我表现意识，从领导到群众都有一种重电视轻广播倾向，虽然广播有面广线长，传播迅速，时效快的优势，但是它始终处在夹缝中艰难地维持。另一方面是一个县的范围较小，经济条件差，搞小而全的广播电视事业难度较大，尤其是电视，技术要求高，设备昂贵，消耗大，如果也象广播一样普及到千家万户，也象广播一样天天自办节目，每天3次播出，从上到下都会力不从心，承受不了。组成新闻中心后，优势互补，产生了新的活力。一是从新闻时效上达到互补，原来广播虽然天天办节目，但是有很多信息却流不到广播这条渠道来，电视每周自办两次节目，每天有请的，有接的，信息无疑会有积存。成立新闻中心后，记者统一调度，采编一套人马，信息两条渠道输出，需要快发的稿件，可以先在广播里发当日新闻，然后在电视里作深入报道。有的稿件，在电视节目中由于受时间和篇幅的限制，可能只作简讯处理，而在广播中却可以作详细报道、连续报道和深度报道，改变了广播时效快却“吃不饱”，电视因时间和篇幅的限制，致使新闻变旧闻的现象；二是机务统管，技术互补。原来两台分设，各有一套机务、技术班子，各排各的班，各自维护本台的设备，以致技术力量分散，仪表工具也不能物尽其用。成立新闻中心后，机务统管，技术力量相对集中，物尽其用，人尽其才；三是财务互补，有利于发挥整体优势创收。过去两台分散，各有各的任务，以致互相保密，甚至互相拆台，抵消了力量，影响了关系。成立新闻中心后，广告文艺一套班子，发电视广告，同时也发广播广告，点电视节目，点广播节目，手续一次办，费用一次收，既增加了广播节目的信息量，活跃了广播文艺，又从整体上提高了经济效益。原来广播电台每年创收在2万元左右徘徊，最多一年只有6万元，成立新闻中心后，半年创收70万元，相当于过去电视台一年的创收量。

三、优化组合，调动了人的积极性。新闻中心成立后，采、编、播、机务、技术各个岗位的人员统一调配，因人制宜，人尽其才，为那些进取向上的提供了施展才华的舞台。有位年轻记者，成立新闻中心后，既钻广播，又钻电视，工作刻苦踏实。有一次他得到一个偏远山区的新闻线索，台里一时没有专车，他背着摄像机去挤班车，到那里后又爬山涉水，圆满完成了采访任务，结果这条消息在中央电视台经济信息节目中头条播出。1993年1月至6月，两台记者、编辑在国家新闻单位发稿5条，在省新闻单位发稿48条。两台的平时节目也办出了特色，基本上保持了天天有今、昨日新闻，每组节目至少有一条言论。

攸县广播电视局创办新闻中心，是广播电视内部改革的成功尝试，我们从中得到了3点启示：

启示之一，广播电视内部机构改革必须破除陈旧思想，树立社会主义市场经济的新观念，把广播电视置身于社会主义市场经济之中。攸县局的同志说，广播电视既是事业，又是产业，既属经济范畴，也属流通领域中的经济范畴，是第三产业。他们建立新闻中心后，在保证党和政府“喉舌”作用的前提下，主动面向市场，走向市场，在物质、金融、信息、人才、文化等市场上主动充当服务角色，参与市场竞争，取得了很好的社会效益和经济效益。

启示之二，搞好新闻改革，丰富和繁荣节目内容，提高节目质量，优化服务，这是深化广播电视内部改革的根本目的。广播电视在市场上虽然有多方面的服务功能，但是从它内部的构成要素来分析，是一个以新闻宣传为中心，由多门类、多行业组成的完整的工作体系。因此，整个广播电视的服务必须坚持以宣传为龙头，节目为依托。攸县办广播电视新闻中心的首要任务就是适应市场，办好广播电视节目。丰富了节目内容，提高了节目质量，广播电视在社会上的地位才会更高，在市场上的作用才会更大。例如，1993年有8个兄弟县市的工商企业来攸县新闻中心发广告，点播节目。

启示之三，搞好广播电视内部改革的关键在于做到人尽其才，充分调动人的积极性。攸县局在创办新闻中心过程中十分重视人才，择优选拔和合理配置人才。在用人的问题上注重处理好三个矛盾：一是机构减少与原各类人员多的矛盾；二是专业化程度增强，专业人员少与非专业化人员多的矛盾；三是少数人的个人主义思想与按条件全面调配人员的矛盾。在处理矛盾过程中，做好了3项工作：1）用讨论的办法，让每个同志了解广播电视在市场经济中的地位、作用、任务和要求，明确自己肩负的重要责任；2）合理设置机构，合理分流人员；3）鼓励职工办实业。他们腾出和筹集20万元资金创办声屏实业公司，有些同志主动报名承包，3个半月销售总额20多万元，盈利9000多元。

县级电视台试办文艺节目要坚持积极疏导与严格管理相结合

浙江省广播电视厅

经广电部批准，自1991年初起我省对县级电视台办文艺节目进行试点工作，至今已有3年。这项工作在广电部、浙江省委、省政府的领导和重视下，经过上下配合共同努力，已经取得一定成效，既取得了良好的社会效益，也获得了可观的经济效益，受到各县台的欢迎。

一、对开展试点工作的认识和设想。

从贯彻“四级办电视”的方针以来，到1990年底，我省已陆续建立了28座县级电视台（目前全省已建45座县级电视台，占全省65个县的70%）。多年来，我厅对于贯彻广电部关于县级电视台不能办文艺的规定，态度是坚决的，并且采取了许多相应措施。但不少县级台的同志以及所在县的党政领导，对这个问题一直存在不同意见，每年省人大、省政协会议期间，代表都把县级电视台办文艺作为提案，省委有关领导也要求我们根据实际情况研究解决这一问题。当时我厅领导分成4路到各县调查，了解群众意见主要是：一、各县级电视台都已有三个频道，其中两个频道已分别完整转播中央台和省台第一套节目，县台频道如果只能播新闻，大部分时间就得空闲起来，对本县新闻的收视率大受影响；二、各县市为办电视台已经花了大量投资，少则上百万，多则五六百万，应当充分发挥效益；三、好的电视文艺节目也有教育作用，不应因为有滥播现象而一律排斥，主要问题在于要认真把它管好。

根据上述各方面的反映，我们认为在对县级电视台办文艺节目这个问题上，应当采取既要积极疏导，又要严格管理的方针。为此，我们于1991年1月22日向广电部上报了《关于统一组织县级电视台重播中央台和省台文艺节目的请示》。部领导和地方司领导对我们的报告十分重视，给予了大力支持，在报告送上去年10天以后就下达了文件，批准在我省进行试办文艺节目的试点。为了认真贯彻落实广电部“批复”精神，我们一方面立即成立了厅供片站，做到组织落实；另一方面制订了贯彻“批复”的文件，提出了供片和播放的四条原则：

1.各县级电视台播放的文艺片必须由省厅统一供片，按指定的片目组织播放，不得自行组织片源或录制其他电视台节目播放，也不得复制给其他单位播出。

2.正确处理国内片与海外片的关系，以国内片为主。

3.各县级电视台自办节目频道必须统一转播中央台和省台新闻联播节目，在这段时间内不得安排文艺节目。

4.严格纪律，务必按照广电部“批复”规定执行。如有违反的，违反一次予以通报批评；违反两次停止供片；违反三次责令停播整顿，直至撤销电视台。

二、试点工作开展3年来的基本情况。

1.社会效果好，适应了农村发展的新形势。经过十几年的改革开放，农村社会面貌发生了很大变化。县级电视台作为农村地区最现代化、最受欢迎的传播机构，理应发挥更大的作用。在试点工作中，我们每年供给县台播放的节目都在1000部（集）以上，其中除主要供应影视剧外，还配发一定比例的文艺类、教育类、知识类等专题节目，这样就使县台节目有一个合理的构成比例，逐步向正规化、多样化发展，收视率提高了，县级台的影响扩大了，当地党政领导也更加重视广播电视工作，如瑞安、椒江等县（市）的领导都亲自过问这项工作，要求电视台要严格执行广电部的规定，努力把各档节目办好。不少县还增加了对广播电视的投入。由于县实力增强，也纷纷采取措施进一步扩大中央台和省台的覆盖，如浦江、江山等县都增设了差转台，进一步提高了中央、省、县三级台的混合覆盖率。

2.进一步调动了县级电视台同志办好节目的积极性，促进了县台整体素质的提高。现在我省已开播的各县级台，每周自办新闻一般都在3次以上（不包括重播），部分县市已达到每天有自办新闻，还有不少县办了定期或不定期的专题节目。节目的质量也进一步提高，据不完全统计，在省电视台播出的新闻中，县级电视台提供的约占三分之一以上。有些县级电视台的新闻还在全国和全省的优秀广播电视节目评选中多次获奖。

3.端正了办台方向，制止了滥播文艺节目的现象，系统管理的权威性和有效性加强。在试点工作以前，我们虽曾多次下发文件、派人检查，但滥播文艺节目的问题仍然难以制止，每年向广电部、宣传部和省厅“告状”的信接连不断。开展试点工作以后，这种状况有了显著改变，三年来很少再有写“告状”信的，基本上做到管而不死，活而不乱。

4.经济效益明显。试办文艺使电视的综合功能得到充分发挥，县级电视台得到了当地社会的大力支持，经济情况有了明显的改善。这样不仅减轻了政府的财政负担，也为县台的自我发展增添了活力。据了解，去年我省县级电视台的创收情况，一般每个台都在三四十万元左右，多的已达到一二百万元。这些创收主要都用在更新设备，改善工作用房等事业建设上。

我省县台办文艺试点虽然取得了一定成效，但是与当前改革开放迅速发展的大好形势仍有很大距离。试点中，有个别台在执行播出纪律方面曾出现过一些问题，有两个台受到省厅的通报批评。另外，从整个工作上，特别是在节目内容上还不能满足广大观众的要求。如果说，我们3年来的努力是实现了零的突破，那么今后的工作就是要努力再攀上一个新的台阶，需要付出更大的努力。

一个活力充沛的镇广播电视站

——江苏省江都县丁沟广播电视站

韩　泽　杨锡华等

江都县丁沟广播电视站是江苏省广播电视系统的先进单位。在广播电视事业转换机制迈向市场的今天再看丁沟，尤能看到它的“以站办厂，以厂养站”方针的正确性和认识与实践的超前性。丁沟站以及其他先行者的脚步，踏出了一条富有中国特色的农村广播电视事业的发展道路。

丁沟镇位于江都县城东北，距城50华里，比较偏僻。全镇3.6万人口中2.8万为农业人口，是一个地道的乡镇。1992年人均国民生产总值4500元，人均收入680元，都处于全省中等水平，是江苏农村中一个很普通的地方。

今天，在丁沟镇与镇政府毗邻，有一个由6幢楼房组成一个“日”字形院落。院落当中是一座精巧的花园，花树丛中耸立着70多米高的电视塔。这便是丁沟广播电视站。六幢楼有房300多间，总面积5500平方米。它们依次是技术业务楼、企业楼、迎宾楼、综合楼、车库楼和住宅楼。技术业务楼是主楼。它的第二层是站的核心所在。楼的上层有歌舞厅，底层有录像放映厅、电子商店、家电维修部、理发室和小卖部。迎宾楼是拥有多间高档客房的宾馆。企业楼有两家工厂。综合楼有酒家和旅馆。这是一个颇具规模的工作场所。

宣传是全站工作的中心，7个人办广播（编播5人，机房2人），除完整转播县台讯号外，每周自办5次节目。其中4次是以新闻为主的综合性节目（农忙时天天办），星期天为《乐园》节目。此外，每天上午有1小时插播广告的文艺节目，全年还有若干次临时增办的节目。

本站自办节目已成为大多数村民收听的首选节目，也年年受到镇党委和县局的表彰。编辑们由于站领导言传身教和多次接受专业培训，很注重广播特点，不但语言通俗，更努力发挥音响特长。1991年、1992年两次全省乡镇节目评比中，他们的节目接连获得一等奖。

全镇23个村8800多农户，装有喇叭8400多只，入户率达96%。末端电压通常保持在15伏以上，声音响亮。1988年起逐步改装圈喇叭，到1993年7月已完成13个村4500只，占54%。他们的出站主干线用12对铜芯电缆架成。镇到村120里线路用7米水泥园杆、8号铁丝，按部颁乙级标准架设。这些网路由4名线务工负责维修，他们有自己的维护专用车，有情况随时出动。所以这个镇的通响率经常保持99%以上。随着居民中电视机的增多，看好电视成为群众的迫切要求。1987年，丁沟站建立了差转台，这是全县乡镇中的第一座，可转4套节目。1993年起丁沟站又新开一项业务；兴办有线电视。丁沟站自备了40千瓦的发电机组。每当农忙或电路维修镇上断电的时候，站里机器不停，广播不断。广播电视被称为重装备、高消耗的事业，基层广播也不例外。丁沟广播电视达到今日的规模和水准，是花费了大量投资的。其部分主要项目就先后投入78.8万之。丁沟广播事业的经费来自三个方面：政府、农民和本站自筹。假如把三部分资金的作用加以描述的话，大致是：政府的投入勉强供给三个人的基本生活而无法开展工作，农民的投入可供低水平网络的修修补补之用，而运作、发展、提高和多元化开拓则靠了站自身的投入。1979年以前，丁沟的广播事业虽然也处在先进行列之中，但维持那摊事业或想取得一点微小的进展是十分艰难的。1979年2月，站长余锡虎参加全省广播电视先进代表会，得悉昆山县陆桥乡广播站办机器绣花厂创收不少，事业搞得很红火。会后他专访陆桥、大受启发，决心自办经济实体，以经营养事业。他的设想得到镇党委支持。党委给了一个楼梯间，书记又帮助借得1000元钱，办起了一个经营服务部。1年下来，本利达到6800元，800元开人员工资，1000元还帐，留下5000元作本。丁沟站的经营事业就从这里起步，经过不懈的奋斗，历经14年达到了如今的规模。

如今站的收入分三块：一是属广播业务范围内的，如广告、联办节目、摄像服务等。这是一个较小的数字。1992年实绩5600元，1993年承包上交7000元。二是站属琼花环保防腐设备厂，这是一个稍大的数字，1992年刚办，1993年承包上交5.5万元。三是统辖在“江都县第二广播电视服务公司”名下的16家经济实体，这是一个大的数字，1992年实绩20万元，1993年承包上交24万元（二、三两项，各承包单位纳税自理)。从1979年到1992年，14年中他们共创产值2500万元，向国家纳税170多万元，获利290多万元。这些钱除经营单位自身为扩大再生产要有适当积累外，上交部分主要用于宣传、事业和站房建设等投入。15年总计投入170多万元，占了创收总额的60%。站的固定资产如按现价计算达400多万元。

丁沟站的实践和成就给了我们许多启示：

1.建立多渠道筹措资金的体制。

2.有一个得力的领导班子。

3.有一个正确的经营开发方针。(1) 为了办好广播事业，出发点在这里，归宿也在这里。他们把广播电视事业的发展提高作为成功的主要标志。(2) 稳打稳扎。(3) 勤俭经营。

4.县局和镇领导的扶持。

加快改革步伐启动内部活力

房春仁

山东省滨州地区广播电视局为适应改革开放发展的新形势，1993年对机构人事制度进行了全面改革，其具体做法是：

精简行政管理人员，走“小机构、大服务”的路子

滨州地区广播电视局实行“局台合一”体制，这样广播电视部门既是行政管理机关，又是新闻单位。全局117人，是全省17个地市中人员最少的一个局(莱芜局除外)。为让更多的人转移到经济建设这个中心上来，充分发挥广播电视的整体效益，必须走出一条“小机构，大服务”的路子。

一、精简行政管理人员，建立起精干、高效的行政执行系统。一是实行“局台合一”体制，按照广播电影电视部关于地、市以下实行“局台合一”体制的要求，局长兼台长，两个单位一个行政系统，避免了局、台行政管理机构的重复设置，节约了人力。二是合并了职能科室。将原来局机关的五科一室合并为两科一室，对科室领导干部实行委任制，人员组成年轻、精干，做到"一科多能，一人多职"。三是压缩人员。局机关原有行政管理人员 26 名，机构精简后只保留了 11 人（不包括局领导），其余人员分流到经济第一线和实体单位中去。

二、兴办经济实体，实行企业化管理。对于分流出去的人员，以及原来从事第三产业的人员，按照企业化管理办法，先后组建滨州广播电视器材公司、滨州广播电视报社、滨州地区有线电视台（筹）以及滨州电视发展公司等，对这些单位的领导均实行聘任制，人员组合双向选择，实行"定额承包超额分成"，"完成任务获奖，完不成任务受罚"的管理办法。局与实体单位实行合同制。

三、实行责任目标管理，工作量化到人。对于一些既讲社会效益，又讲经济效益，不适宜企业化管理的单位，我们则采取了责任目标管理的办法，把两项指标量化到部室、个人，做到人人肩上有责任，工作起来有目标。如对滨州电视台的下属各部室基本实行了这个办法。这个办法通常也叫做"五定一奖"，即："定领导、定人员、定设备、定任务、定奖惩，超额奖励"。

改革用人制度启动内部活力

一、实行中层干部聘任制。本着选贤任能和干部能上能下的原则，主要对业务部、室，经济创收单位实行任务承包和领导干部聘任制。具体作法：一是由局、台确定年度任务目标；二是采取平等竞争或组织推荐、个人推荐、民主协商等形式，并按照德、能、勤、绩全面考察，然后确定领导人选（承包人），由党组聘任。三是人员实行双项选择和优化组合。由中层领导聘任工作人员，同时工作人员有权根据自己的意愿选择岗位和领导。四是按照人事任免权限和程序办理有关手续，被聘人员与上一级领导签订合同，明确隶属关系、职责岗位、权利义务等，享有同级人员的政治经济待遇；受聘干部不准从事第二职业，要以主要精力做好本职工作。

二、合理安排富余人员。一般人员、科级干部，凡男年满 55 周岁、女年满 50 周岁者，原则上不再从事行政管理工作，可根据需要安排退居二线或充实经济实体，其中对身体常年有病不能坚持正常工作的实行内部退养。以上人员，如本人同意可提前办理退离休。对优化组合剩余人员由组织视情况安排工作，不报从分配者实行内部待业。凡正式职工不提倡从事第二职业，对已兼有第二职业的动员其辞职或停薪留职。

三、建立合理的分配制度。第一、对于企业化管理单位和责任目标管理单位的受聘人员，在被聘期间享受所在单位同职务干部的待遇，对干得好的可续聘，干得不好的解聘。解聘后不再保留聘用期间的待遇。对受聘人（或承包人）在分配中根据功大酬多的原则，年平均奖金可高出本单位其他一般人员的 1–3 倍，此奖可在合同中注明。第二、行政管理人员和少数无经济创收的人员，其奖金由考勤（月奖）、考核（年度奖）两项组成。考勤奖（月奖）则按照出满勤者发全奖，缺勤视情况不同酌减。考核奖（即年度奖），大原则是包括月奖在内，一般行政人员享受局属实体单位奖金的平均水平，领导干部可略高。奖金发放前，经群众评议，根据工作贡献大小，确定奖金档次。

改革领导方法加强监督检查

全局各单位实施改革以后，局台领导机关也要相应的转变职能，改进领导。总体要求要做到宏观管好，微观放开。要把领导的主要精力放在调查研究、法规建设、搞好服务、强化监督上，以保证职能的充分发挥。

一、加强党的建设。我们始终坚持了对党员和广大干部群众进行政治学习和时事政策教育，建立学习制度，制定学习措施，做到计划、人员、时间三落实。二、加强制度建设。我们先后建立了《财务管理制度》、《考勤考核制度》、《车辆管理制度》、《学习制度》等 14 个制度规范，用制度纪律作保证，促进各业顺利进行。

三、加强监督检查。为增强监督检查工作，我们建立了"监察审计室"，负责全局党员干部的检查监督和财务审计工作，溶党内检查、行政监察和财务审计于一体。

无线局制度建设上的三个里程碑

高秉臣

1957 年 9 月广播电影电视部无线局的前身无线总处制定了《无线电广播技术维护规程》（简称灰皮书）；1975 年 8 月无线处制定了《无线电广播技术维护制度和管理办法》（简称黄皮书）；1993 年 3 月无线局颁布了四个制度，即《无线电台管理局工作职责》、《无线电台管理局管理制度》（机关部分）、《无线电台管理局管理制度》（直属单位部分）、《维护管理制度》（简称白皮书），这是自 1956 年以来的 38 年历程中，无线局制度建设史上的三个里程碑。

1956 年无线处成立，当时正值全面向苏联学习的大背景下。在《苏联无线维护规程》的原则指导下，我原中央广播事业局建立了电台的组织机构、干部职责和广播播出系统的"三大电声指标"管理办法，进而制定我国自己的无线电广播技术规程即"灰皮书"。"灰皮书"有其历史作用。这是直属台系统首次有了统一的具有权威性的维护管理制度，对于全面提高播出质量和促进维护水平的提高起到了一定作用。

"灰皮书"沿续使用了 10 年，到"文革"期间受到了批判。但多年的制度教育，使人们在遵守制度自觉约束值班中的过火行为上仍起了一定作用。到 1972

年在中央有关通知的指导下，无线局开始着手恢复被批判的制度，对原规程吸取其精华，进行大范围的修改，于1975年8月重新制定并于1976年1月正式公布了《无线电广播技术维护制度和管理办法》即"黄皮书"。"黄皮书"确定了广播维护系统的三大法，即安全制度、值班制度和检修制度。结合实践经验，它把维护制度和管理办法分开。1976年正处于"文革"的后期，工作秩序还比较混乱，"黄皮书"的公布对加强维护管理，对全局开展的"整顿工作秩序"起到了指导作用。后被推行到全国，对提高全国广播电视维护系统的管理水平起到了重要作用。

"黄皮书"一直延续使用了18个春秋，随着形势的变化，尤其是近10年来，广播电视的事业建设有了巨大的发展，维护工作已从单一的中波、短波领域扩展为多种技术领域，无线局的业务范围扩大，包括了8个技术网络系统，即中短波、调频、电视、微波、卫星传频、监测、实验、计算机管理及自动化系统。在维护管理工作上也创造了许多新经验、新办法，需要对"黄皮书"加以修改、补充和完善。为此从1990年开始，无线局就把修改"黄皮书"作为一项重要工作列入日程，经过近三年的努力，于1993年3月重新颁布了《维护管理制度》。新制度的公布，表明无线局在制度建设上又迈入了一个新阶段。

由此可见。制度建设是无线局维护管理工作的重要组成部分，制度是在安全播出的实践中不断发展的。制度促进了维护工作的发展，反过来维护工作的实践又不断为制度建设提供新内容。

新公布的"白皮书"有什么特点呢?

第一、把技术安全放在维护制度的第一位。切实保障一线人员的技术安全和国家财产不受损失是无线局的重要政策。技术安全渗透到维护工作的各个方面，没有哪一工作可以脱离技术安全而存在；在任何一种技术维护工作中自始至终都受到技术安全因素的制约。技术安全是科学的，具有随机性、偶然性和必然性的规律，违反了就要受到惩罚。所以技安工作的广泛性、持续性和科学性决定了必须把技术安全工作放在维护制度的首位。

第二、加强制度的规范化。新制度以部颁的技术维护标准充实了自己的内容。其中包含有国家标准一项，部颁标准17项。这些标准都是近10年无线局制定的，这就进一步增强了新制度的权威性。

第三、把管理办法和检查办法同时列入制度是"白皮书"的一大特色。新制度把无线局近10年提出的"各直属单位技术安全检查提纲"，"广播发射台检查纲要"，"节目传送检查办法"等纳入了制度，这样就把管理办法的实施纳入了可控范围。

第四、新制度的适用范围适应了无线局业务范围的需要。重点强调了节传系统的管理，新加入的"节目传送机房维护制度"，"微波干线传送广播节目维护管理办法"，加上原有的"传音电缆管理办法"，"备份收转管理办法"构成了节传系统完整的管理办法。

立足基层科技"小天地"
做好市场开发"大文章"

顾益建　田　畋

泰州市广播电视科研所在1988年创办之初，是个仅有正式人员8名，依靠2万元贷款作"本钱"的"微型科研所"。在广电部和省厅的指导下，在市局领导的支持下，我们解放思想，抓住机遇，适应市场，开拓前进。经过5年艰苦奋斗，终于初步打开局面。我所研制的播控系统4类18种产品已销往全国27个省、市，经济效益连续5年翻番，上缴局台事业补贴经费48万元。稳定和提高了技术队伍。在依靠科技进步振兴广播电视事业的道路上迈出坚实的第一步。我们的做法是：

一、解放思想，"小单位"树"大志气"。

泰州市是全国"袖珍城市"之一，仅有26万人口、110平方公里的土地。县级广播电视处于"金字塔"的最基层，事业经费不足和技术队伍不稳两大矛盾长期困扰并影响了事业的发展。我们立志探索一条解决问题的新路子。泰州地方虽小，但在历史上就是一个区域经济中心。广播电视是县级市的体制、地级市的规模，我们除了1套有线广播、1套中波广播、5个乡的农村广播、4个电视频道外，还是省、市两级微波干线枢纽站，并承担若干频率的实验任务。然而财政拨款、广告收入均很有限，"小支撑，大覆盖"严重制约着泰州广播电视事业发展。

我们靠科技闯市场，向市场要效益；以效益谋发展。由于广播电视系统分工的特点，技术人员相对封闭，工作单调，收入较低，在社会交往、职称评定等方面与采编人员差距较大，普遍不太安心技术岗位。为了解决这一矛盾，我们遵循广播电视第三产业的规律，正确引导技术人员走向市场，在市场经济海洋的风浪中磨练自己，提出广播电视系统的科技队伍要由"单纯维护型"向"维护、科研、生产、经营综合型"过渡的工作方针，鼓励科技人员在确保优质安全播出的基础之上，依靠科技积极参与市场竞争，从事科研生产经营，通过诚实劳动提高自身收入从而达到稳定队伍的目的。象我们这样的县级小局，办科研所开发广播电视播控产品也决非易事。我们靠内抽外调，基本凑齐了必备的人员；靠争取部里立项补助、财政贷款、预收订金和多方集资等方法购置了元器件和仪器工具；花3000元盖起了简易石棉瓦房，因陋就简解决了开办场地；学习解剖国内外有关技术文件、资料和实物，制定了技术方案。经过艰苦努力，科于试制成功了GDX-808视音频矩阵选择器。

二、抓住机遇，"小产品"占"大市场"。

建所以后，我们认真分析了广播电视市场的形势，认为随着广播电视事业发展，地方台的节目套数将会不断增加，而信号切换设备乃是必不可少。但是当时国内尚无哪个企业能够生产，如果进口同类设备，价格极其昂贵，我国中小电视台的财力都较薄弱，难以承受。根据市场“急需”，并结合我所技术、人力和财力等方面的实际，我们确定开发视音频矩阵选择器。在江苏省厅的支持下，我们迅速拿出研制方案，争取到了部里的立项，马上集中本所技术人员攻关，在 1988 年 3 月份拿出两台技术样机，4 月通过部级测试，5 月通过部级鉴定。经国家专利局的专利检索表明：我们的矩阵产品运用草谷的原理、索尼的器件、加上独特的编码方案和布线工艺具有一定的新颖性和创造性。它的功能、性能和技术指标并不逊于国外同类同档产品，而价格仅是其 1／10。该产品先后获得国家科技成果证书和部科技进步三等奖。为此部里专门发文向全国推广这一产品，由于矩阵选择器是国内市场“空白产品”，又是市场“急需”产品，当年就创利润 8 万多元。目前我们的矩阵选择器已发展到 15 个品种，成为我所“当家产品”，取得较好的经济效益和社会效益，原苏联总统戈尔巴乔夫访华和亚运会期间，我们研制的矩阵选择器用于国际卫星节目转接，收到了良好的效果。

矩阵选择器投放市场后，我们又将目光转向适合中、小电视台使用的视频电平自动控制器。通过市场调研，我们了解到当时已有个别单位开始研制，但是他们基本上是采用进口专用集成电路实施控制的方案，由于受到外商供货因素制约，很难形成批量生产能力。而且在功能、性能和技术指标等方面还有一些有待改进之处，我们认为虽然这个产品已有厂家研制，但是市场潜力很大，属于“短线产品”，我们可以参与竞争，“人有我优”，照样能有我们一席之地。在部技术局的支持之下，我们与中央电视台播送部联手进行研制。针对有关厂家“受制于外”的弊端，我所另辟蹊径，采用通用器件，引入单片微机检测比较，进行步进控制，并将色度、亮度分开处理，还解决了进口设备在无测试行时接联使用偏差较大的问题。大大提高了产品精度、大大降低了产品成本，价格仅是进口同类设备的 1／7。这个产品已于 1992 年通过部级测试，产品还在试产阶段，就已收到许多订单，销售形势看好。

由于矩阵选择器是播控系统的中枢设备，不少用户购买我所短阵选择器的时候提出一些特别需求，希望我所能够提供与矩阵选择器相关配套的“连锁产品”。这给予我们很大的启示，虽然这类产品最初我们并未考虑，但是从系统传输的要求来看，如果我们生产这些“连锁产品”，既有利于用户的使用，保证系统指标的实现，又有利于我们进一步拓宽市场。为此我们应用户的要求，先后开发了视音频分配器、视频均衡器等“连锁系列产品”，满足了用户的“特需”，取得了很好的经济效益。我们的矩阵选择器是“凤”，这是我们的独特优势，我们利用这个优势，发挥这个优势，“凤”招来了“凰”，“凰”也引出了凤”，从而形成“凤”、“凰”比翼齐飞的局面。

提高成人学历教育层次的新尝试

——北京广播学院新闻系开办新闻学专业大专学历在职人员本科班的经验

胡正荣

为了提高广播电视系统成人学历层次，满足在职人员继续教育的强烈要求，进一步提高在职人员的理论与业务水平，北京广播学院新闻系经国家教委教高(1990) 033 号文件批准于 1991 年开办了新闻学专业大专学历在职人员本科试点班，至今已连续招收三届学生，成效显著。

一、情况介绍。

北京广播学院新闻系于 1991、1992、1993 年连续招收了三届新闻学专业大专学历在职人员本科试点班，学制两年。学生主要来自全国各地各级广播电视机构，如中央三台，各省、自治区、市和地市、县的电台、电视台站等。除此之外，还有的来自其他新闻宣传机构，如报社、杂志社、企事业单位的宣传报道部门。其中九一级已经毕业 35 人。

这些学生有着鲜明的特点：首先他们与普通本科生不同，年龄差别较大。年龄的差别导致了工作、生活经验等方面的不同。有的初出茅庐，有的经验比较丰富。其次，知识结构差异大。这些学生大专阶段所学专业各种各样，工作岗位也有所不同，因此进校时知识结构互补性较大。第三，起点不同。主要表现在进校后对课程等的要求有所不同，有的采访经验比较丰富，文字及口头表达能力都较强，有的刚入新闻之门，需从头学起。第四，心理状态有所差异。学生对两年学习后终结目标的理解，期望差异较大，有的希望进一步学习，比如考研究生，有的想藉此学习机会为自己创造更宽广、发展前途更好的条件与机会，也有极个别的对文凭的理解重于其他因素。

二、三年来的作法及经验：

首届学生进校后，新闻系的领导及全体教师就非常重视。首先在课程上，我们针对成人学生以上诸多特点，合理设置课程，既满足他们即时的需要，安排一些实践上急需的课程；也安排一些提高素质，打好基础，为长远发展着想的基础理论课。三年来，新闻系在续本试点班的课程设置上不断调整，使之趋于合理。现在两年课程近 30 门，有基础理论课（包括政治理论，文史基础，专业理论及社科理论），也有专业业务课（包括采访、写作、编辑、评论、节目制作等）。其次，在教师的选派上，新闻系选派本系教学与实践经验都比较丰富的教师担任主要课程的主讲教师，同时也大胆使用思维敏捷、受学生欢迎的年轻教师。为了丰富课程内容，优化学员的知识结构，新闻系还外请教师开设课程，已先后从中央三台、人民日报等新闻机构及经济学院等院校聘请教师，常年开设课程或开设短期讲座。除了课程及教师方面的合理安排以外，新闻系还加强试点班的实践环节，以期学生们将所学的理论立即运用到实践中去。试点班在第四学期有 3 个月的实习，实习中学生普遍反映业务能力较前有所提高。实习结束之后，学生都要写作毕业论文。这是对他们理论研究能力的一次锻炼。

根据我们对已经毕业的一届学生的调查及在校的两届学生的反应，学生们通过两年的脱产学习，理论水平有所提高，知识结构趋于合理，能够适应当前和今后的新闻实践发展的需要。在打好理论基础的同时，学员们业务能力也有较大幅度的增强，主要表现在写作水平、口头表达能力、对节目整体的把握能力等方面。有的学生在学习期间将自己的学习所得加以整理，写成论文，在《北京广播学院学报》等学术刊物上发表。九二级的一位学生参加《人民日报》举办的“暑期大学生见闻征文”获得一等奖。学生们实习时制作的节目也受到了实习单位的好评。不少学生将这两年的本科段教育视为自己的新起点，追求更高的目标。九一级学生中考取硕士研究生的有 2 名，考取第二学士班的有 4 名。

大专学历在职人员本科班在我国还是新鲜事物，北京广播学院新闻系是我国首批开办新闻学专业续本班的单位。虽然我们比较顺利地进行了三年的试点办学，但是我们在各个环节上仍有许多需要不断改进和完善之处。现在我们进一步意识到，有必要继续进行续本科教育，这是补充我国在职人员脱产教育层次结构单一的一个很好的举措，是完善我国教育体系的必要手段。它可以为我国的现代化建设培养更多更高起点、更高素质的人才。

专辑

□中央电视台成立35周年

江泽民、李鹏、乔石、李瑞环、刘华清和李铁映题词

9月2日是中央电视台创建35周年纪念日，党和国家领导人最近为中央电视台题词祝贺。

中共中央总书记、国家主席江泽民的题词是："努力办好电视，促进社会主义物质文明和精神文明建设。"中共中央政治局常委、国务院总理李鹏的题词是："立足中国，面向世界。"中共中央政治局常委、全国人大常委会委员长乔石的题词是："勇于进取，开拓创新，加强两个文明建设，增进中国与世界相互了解。"中共中央政治局常委、全国政协主席李瑞环的题词是："一心为群众。"中共中央政治局常委、军委副主席刘华清的题词是："立足中国，面向世界。"中共中央政治局委员、国务委员李铁映的题词是："努力办好电视，为全中国人民和全世界人民服务。"

中共中央政治局常委、国务院副总理朱镕基、中共中央政治局常委、书记处书记胡锦涛打电话向中央电视台表示祝贺。中共中央政治局委员、中央书记处书记丁关根向中央电视台表示祝贺并向全体职工表示亲切慰问，希望中央电视台坚持走自己的路，努力提高节目质量，丰富电视屏幕，更好地为人民服务，为社会主义服务。

□中央电视台建台35周年纪念大会

开拓创新 把电视事业办得更好

——中共中央宣传部

副部长龚心瀚的讲话

值此中央电视台建台35周年，也是中国电视事业开创35周年之际，我谨代表中宣部，向中央电视台全体同志特别是创建中国电视事业的老前辈和从事电视事业30年的老同志表示热烈的祝贺和崇高的敬意!

35年来，在党和政府的重视和领导下，广大电视工作者坚持不懈的努力，艰苦奋斗，奋发图强，为中国电视事业的发展壮大作出了巨大的贡献。35年前，当中央电视台宣告诞生并播出自己第一个节目的时候，全国才只有几十台黑白电视机，每天播出的节目只有两小时。从那时起，中国电视在艰难曲折中迈进。党的十一届三中全会以来，中国电视事业进入了蓬勃发展的时期。现在，中国的电视事业有了惊人的大发展。全国有600多座电视台，2亿3千万台电视机，8亿多观众。中央电视台已经发展到拥有4套电视节目，每天播出60多小时。中央电视台目前在国际上也有广泛的影响，不仅与80多个国家和地区的100多个电视机构有业务往来和节目交流，还把电视信号传送到了五大洲的主要地区。广大电视工作者所取得的业绩是令人瞩目的。中央电视台坚持为人民服务，为社会主义服务的方向，宣传党和政府的路线、方针、政策、反映人民群众的呼声，密切党和政府与人民群众的联系。中央电视台一直在努力运用电视的独特优势，不断改进和丰富各类节目，不断提高节目质量和技术水平，对促进改革开放和经济建设，提高全民的思想政治觉悟、道德水平和科学文化素质，增进中国人民和世界人民的了解，发挥了极其重要的作用。

电视作为党和政府以及人民的喉舌和耳目，是促进社会主义两个文明建设的强大的现代化工具。电视覆盖面广、形象直观、传播迅速、功能齐全，具有独特的、强大的影响力。特别是在电视已经基本普及的我国，电视已经成为亿万人民群众与衣食住行一样不可缺少的精神食粮，成为亿万人民群众生活中不可缺少的一部分。电视节目每日每时在影响着人们的思想和行动。据调查分析，目前我国人民群众获得的国内外重大信息，有80%以上是通过电视的。中央电视台《新闻联播》节目报道一条消息，就几乎能做到家喻户晓，一台春节文艺晚会就有6亿人同时收看。我们越来越清楚地认识到，电视是一项不容易办好而又一定要办好的群众性事业，电视工作者肩负的责任是重大而又光荣的。亿万人民群众期望广大电视工作者不断积极进取，开拓前进。

面对未来，广大电视工作者任重道远。借此机会，作为宣传思想战线的同志，作为中央电视台的忠实观众，我讲几点意见，与同志们共勉。

第一，在邓小平同志建设有中国特色的社会主义的理论指引下，坚持党的基本路线，坚决贯彻执行党的十四大精神，坚持团结、稳定、鼓劲的方针，牢牢把握正确的舆论导向，进一步创造有利于改革开放和社会主义两个文明建设的良好的舆论环境。继续大力宣传以经济建设为中心，集中力量把经济建设搞上去，同时把社会主义精神文明建设的宣传放在十分重要的位置。在建立和发展社会主义经济体制的条件下，电视更要注意把社会效益放在第一位，力争社会效益和经济效益的统一。要着眼于给社会经济、政治、文化生活以及人们的思想以正确的导向，也要满足人民群众多方面、多层次的精神文化的需要。

第二，坚持电视为广大人民群众服务的方向，努力提高和繁荣电视节目。电视工作者要牢固树立群众意识，加强电视台与广大人民群众的联系和交流，虚心听取社会各界各方面的意见和要求，不断改进和提高节目质量，不断繁荣电视内容。电视新闻要真实、客观、公正，只有这样才能取信于民，才能保持电视新闻的权威性。要通过电视回答广大观众普遍关心的热点和难点问题。电视节目要以形象说话，以理服人，以情感人，努力提高宣传艺术，讲究宣传效果，不搞形式主义。同时要做好收视调查工作。中央电视台要保持和发展自己的特色，进一步发挥自己的优势，起到国家电视台的示范作用。

第三，加强电视队伍建设，加快电视事业发展。要建成世界一流水平的电视台，就要有第一流的人才、第一流的设备，第一流的节目。而拥有第一流的人才是最基本的条件。因此，采取多种措施，提高队伍的思想政治素质和业务水平，树立敬业创业精神，建设一支政治强、业务精、作风正的队伍，是一项刻不容缓而又必须长期坚持的战略任务。要有组织、有计划、分层次地大力加强干部培训。要抓好队伍的思想作风建设。最近，各新闻单位包括中央电视台突出抓了纠正新闻行业不正之风，采取了加强新闻职业道德建设，禁止“有偿新闻”的廉洁自律的措施。今后要进一步加强队伍的职业道德教育和廉政建设，明确政策界限，完善规章制度，严格执行纪律。

第四，随着我国改革开放步伐的不断加快，国际间的关系更加密切。国际间的交往与合作日益增多，世界需要了解中国，中国需要了解世界。我们的电视不但要立足中国，还要进一步面向世界。因此，要进一步广泛开展国际间的电视台合作与交流，学习和借鉴世界电视工作的先进经验。

总而言之，我衷心地希望中央电视台和广大电视工作者，兢兢业业，艰苦奋斗，积极进取，开拓创新，把电视事业办得更好，不断作出新的贡献。

祝中央电视台兴旺发达!

祝中国电视事业繁荣昌盛!

祝大家万事如意!

总结过去 开拓未来
持续发展 不断前进

——广播电影电视部

副部长王枫的讲话

各位来宾、同志们:

今天是中央电视台成立35周年，也是中国电视事业创建35周年的纪念日。我谨代表广播电影电视部向为中国电视事业作出突出贡献的中央电视台全体工作者们表示热烈的祝贺和崇高的敬意。向全国电视战线的同志们表示热烈的祝贺，向为创建和发展中国电视事业做出了卓越贡献的原中央广播事业局的领导同志和历届部领导、台领导、离退休的老同志、地方广播电视厅（局)、电视台的领导同志以及长期从事电视工作的老职工表示崇高的敬意和衷心的感谢。我作为一名曾在电视台长期工作过的老战士，今天也和大家一起分享这节日的欢乐!

新中国的成立为我国电视事业的发展开辟了广阔的道路。1958年5月1日，我国第一座电视台——北京电视台（即中央电视台的前身）开始试播，同年9月2日转入正式播出。从此，揭开了中国电视事业从无到有的新历程。

35年来，党和政府对中国电视事业的发展十分重视。我国的第一座电视台即中央电视台，便是在毛泽东、刘少奇、周恩来同志的亲切关怀下建立的。1964年12月，毛泽东主席亲笔为当时的北京电视台书写了台名。在十年动乱极端困难的情况下，由于周恩来总理的直接关怀与领导，确定了彩色电视制式，并于1973年中央电视台（原北京电视台）彩色电视试播，开始了我国由黑白电视向彩色电视的过渡，这为此后的电视大发展打下了基础。1988年，中央电视台成立30周年之际，邓小平同志欣然题写了“中央电视台三十周年”，表达了对电视工作所寄予的厚望。江泽民、李鹏同志也多次对电视工作予以指示，并亲临春节晚会现场观看演出。这些都给我们电视工作者以极大的鼓舞与鞭策。

35年来，中国的电视事业经历了艰难创业、曲折前进和蓬勃发展的阶段。党的十一届三中全会以来，改革开放给中国带来了巨大的变化，我国的电视事业也由此进入了一个迅猛发展的时期，呈现出兴盛繁荣的景象。如今，我国已基本形成了中央和地方、无线和有线相结合的现代化电视传播网络。全国共有电视台614座，电视发射台、转播台33130座，卫星电视地面接收站41469座，有线电视包括共用天线有1500万户，并且拥有2亿多台电视机，8亿多电视观众，已经跻身于世界电视大国的行列。中国的电视事业在社会主义革命和建设中发挥着极其重要的作用。

35年来，中央电视台作为中华人民共和国国家电视台也取得了令人瞩目的成就。它由创办之初，每周播出两次，每次播出3个小时，工作人员仅30余名，发展至今，已成为一个拥有4套节目，全天播出60多个小时，且有4个卫星通道覆盖着全国以及亚澳、中东、欧洲60多个国家和地区，并拥有2500余名电视工作者的名副其实的国家电视台。

35年来，中央电视台不断地提高节目质量，丰富电视屏幕，为满足人民需求，制作出大批优秀的电视节目，为宣传社会主义，宣传改革开放，促进国家现代化建设，弘扬民族文化，活跃群众的文化娱乐生活作出了不懈的努力。这些宣传，对于沟通、密切党和群众的联系，团结鼓舞人民群众投身改革开放和现代化建设事业，产生了广泛、积极的影响。中央电视台已成为党和国家最重要的舆论工具之一。同时，随着我国对外开放和国际地位的提高，中央电视台在国际交往中的影响和作用也日益扩大。到目前为止，它已与80多个国家和地区的120多个电视机构建立了业务关系或签定了合作协定。在对外宣传上也取得了实质性进展。就在今天，我们在这里召开庆祝会的时候，中央电视台、部分地方电视台与美国3C集团合作开办的对美洲卫星电视广播也开始播出了。这说明我们对外宣传覆盖范围越来越大，实力越来越强，内容日趋丰富，形式更加生动活泼，宣传效果日益扩大。形成了从中央到地方的电视对外宣传网络。中国的电视节目通过多种渠道正在大步走向世界。

中央电视台这些成就的取得是同党和国家的正确领导，同社会各界、各兄弟电视台的支持与帮助分不开的，也是中央电视台全体同志辛勤努力的结果。

在纪念中央电视台建台30周年的时候我们就明确提出了“要把中央电视台建设成为具有中国特色的、有世界第一流水平的、在国内外有重大影响的社会主义国家电视台”。五年来，经过全台同志的努力，在迈向这个目标方面已经取得了很大的进展，上了一个台阶。中央电视台会同地方兄弟台完成了亚运会电视转播任务，开办了对外电视广播，显示了实力，扩大了影响，在国内外享有盛誉。如今，我们又欣喜地看到，为使中国的电视事业迈向一个新的台阶，杨伟光同志又代表中央电视台全体同志提出了把中央电视台办成“世界一流的电视台，第一流的节目、第一流的设备、第一流的人才”。对于中央电视台这种为建立同我们国家大国地位相称的世界级大电视台的设想，我们表示全力的支持并衷心地希望中央电视台在本世纪末之前力争实现这一奋斗目标。

同志们，在庆祝中央电视台建台35周年的日子里，我们应当清醒地认识到，我们所处的20世纪90年代，是一个跨世纪的时代，一个充满机遇和挑战的时代。正是由于电视普及以及电视对人们生活方式所产生的广泛而深入的影响，可以讲，我国电视事业的进退关系到国家的形象，人民的生活乃至我们这个时代时时跳动的脉搏。因此，建设有中国特色的社会主义的电视事业不仅是党和人民的希望和要求，也是时代赋予我们电视工作的历史使命，任重而道远。

要进一步把中国的电视事业办得更好，最根本的就是要坚持以邓小平同志建设有中国特色社会主义的理论指导我们的全部工作，在各项工作中坚持解放思想，实事求是，使它成为我们观察问题、认识问题、解决问题的思想基础；就得加强党的领导，坚持社会主义的方向，坚持宣传以经济建设为中心的指导思想，做好新闻舆论引导工作，加强爱国主义的宣传教育，促进社会主义物质文明的建设；就得满腔热情地去讴歌我们的人民，我们的生活和我们这个改革开放的时代，不断地改进和提高电视节目质量，努力创作出人民群众喜闻乐见的各类节目，使我们的屏幕更加贴近观众、贴近生活、贴近实际，更加丰富多彩，不断地满足广大人民群众日益增长的精神文化需求。

要进一步把中国的电视事业办好，就要坚持依靠科技进步和改革开放来扩大覆盖和提高节目制作能力。大力发展科学技术是发展电视事业的关键和保证。要采取天上和地上、有线和无线相结合，多种技术手段并用，形成节目传送和覆盖网络，建立星网结合的新格局，使中央电视台的节目不仅要覆盖全国，而且要走向世界。为适应电视发展，满足观众日益增长的对节目的需求，就要通过深化改革进一步理顺内外关系，解放和发展生产力。采取增建生产制作基地和加强管理等大的举措，加速增强节目制作能力，不断提高节目的制作效率、质量和水平。

为加强节目制作能力，办好电视，部直属三台两局要加强合作，“五指合拢”，形成拳头。最近在这方面已经取得了令人振奋的进展。中央电视台和国际台合作摄制电视系列片，迈出了两台合办对外电视宣传的可喜步伐；中央电视台与电影局合作正在筹办一套通过卫星传送的电影节目。新闻纪录电影制片厂正从体制上同中央电视台合并。这些不仅大大增强了电视节目制作力量，而且对具有很大潜力、长期缺少合力、没有形成实力的影视合作，终于有了突破性的进展。中央电视台还要和无线局联手开发电视塔，这也是一大进步。我们还要把全系统的同志进一步组织起来，中央电视台要当好龙头，同全国各地方电视台加强多种方式的合作，建立起强大的节目生产制作体系。我们还要坚持走群众路线，开门办电视，会同其他战线和部门联手办节目，依靠同社会各界合作办电视，动员社会力量广开节目渠道，扩大电视的影响。

为进一步把中国电视办好，我们广大的电视工作者应当发扬全心全意为人民服务和艰苦奋斗的光荣传统，团结奋斗，充分发挥电视系统的整体优势，建设一支政治强、业务精、作风正的电视专业队伍，齐心协力把中国的电视推向前进，使我国电视事业跻身世界先进行列，使中央电视台成为世界一流的大电视台，更好地为全中国人民和全世界人民服务。

同志们，让我们携手并肩，高歌猛进，去迎接中国电视事业更加灿烂辉煌的明天！

发扬优良传统
建设世界一流大台

——中央电视台台长杨伟光的讲话

各位领导、各位嘉宾、同志们：

今天，我们怀着无比兴奋的心情，在这里隆重集会，纪念中国电视事业暨中央电视台创建 35 周年。在这里，我首先代表全台职工对各位领导、各位来宾光临表示热烈欢迎和衷心感谢！

1958 年 9 月 2 日，中央电视台的前身北京电视台正式播出，这一天是中央电视台创建纪念日，也是中国电视事业的诞生纪念日。中央电视台的创办和发展得到了党和政府的亲切关怀，凝聚着老一辈革命家的关心和期望。毛泽东同志曾亲笔为我台书写过台名，周恩来、刘少奇、朱德等同志都曾到电视台视察，每当我们回忆起老一辈革命家对电视工作者无微不至的关怀时，都使我们产生深切的缅怀之情。

建台 30 周年时，邓小平同志为我台题词。今年，在建台 35 周年之际，党和国家领导人江泽民、李鹏、乔石、李瑞环、刘华清、李铁映等同志又分别为我台题词，朱镕基、胡锦涛同志打电话表示祝贺！丁关根同志写信向全台职工表示慰问。这些充分体现了党和国家对电视事业的关心和重视，使我们感到莫大的荣幸和鼓舞！

多年来，中宣部领导、原广播事业局和广播电影电视部的领导及部各有关司局台的领导，为我台的宣传工作和事业建设给予了特别的关怀，中央电视台的每一个进步都凝聚着各位领导的关心和支持。借此机会，我代表电视台全体职工向你们表示深切的感谢，向所有为电视事业发展做出贡献的同志表示崇高的敬意。

我国电视事业发展到今天，经过几代电视工作者的努力，我们不会忘记老一代电视创业者付出的辛劳，创立的业绩。在此，我代表全台职工向全体离退休老同志表示最诚挚的感谢！

在中央电视台创办 35 周年之际，呈现在我们面前的是中国电视事业的繁荣与辉煌。2 亿 3 千万台电视机，8 亿多电视观众，天上卫星，地面微波，地下光缆交织出一张巨大的立体传播网，电视人口覆盖率已达 81.3%以上，中国已经步入电视大国的行列。中国的电视信号已经超越国界、洲界传播到世界一些地区，为世界人民了解中国架起了空中桥梁。35 年来，特别是 1979 年以来，中央电视台取得了明显的成就。新老电视工作者无不感到由衷的振奋和自豪。

中央电视台的发展大体经历了三个不同时期:

1958 年-1966 年为中央电视台的初创时期。在党和政府的关怀下，电视台从无到有建立起来，并形成一定的规模，新建了业务楼和洗印车间，机构逐步健全，人员得到充实，经费有所增加。1964 年 12 月，毛泽东主席为北京电视台书写了台名，电视作为一种新型的舆论工具，它的作用和影响逐步扩大。

“十年动乱”时期，电视事业的发展走过一段曲折而艰难的道路。由于广大电视工作者的努力，我们实现了黑白电视向彩色电视的过渡。

1976 年 10 月粉碎“四人帮”以后，中国电视开始出现新的气象。

1978 年 5 月 1 日，北京电视台正式改名为中国中央电视台，国家台的地位得以确认。

党的十一届三中全会以来，中央电视台伴随着改革开放的步伐，迈进了蓬勃发展的兴旺时期。十几年间，中央电视台在事业建设、栏目设置、对外报道、队伍建设诸方面，都取得了显著的成绩。

在党和政府的关怀下，彩色电视中心工程于 1983 年 5 月 30 日开工兴建，1987 年底竣工。中央电视台于 1988 年 3 月迁入彩电中心后，工作条件大为改善，先进电视技术设备增加，使中央电视台节目制作能力和播出能力大大提高。彩电中心的建成和投入使用，是中央电视台发展史上的里程碑。

这个期间，邮电微波通信网进一步完善，通信卫星电视转播实用化，为中央电视台的节目传遍全国，并向国外传送提供了物质保证。1985 年 8 月，中央电视台开始租用卫星传送第一套节目，突破了电视传送单纯依靠微波线路的局限，使得不通微波线路的新疆、西藏等边远地区，可以通过卫星地面站收看到中央电视台当天的节目。1986 年中央电视台开办了面向北京地区的第三套节目，1987 年 2 月 1 日起，原来只对北京地区播出的第二套节目，调整为以经济节目为主的频道并向全国传送。1992 年 10 月 1 日，以台、港、澳和侨胞观众为主要服务对象的第四套节目通过卫星向海外播出。今年 8 月第三套节目也送上卫星覆盖全国。目前中央电视台共办有 4 套节目，每天播出时间达到 60 多个小时。

中央电视台在完成具有历史意义的重大宣传报道中起了重要作用。

1984 年 10 月 1 日，中央电视台现场直播了天安门广场举行的国庆阅兵式和群众游行的盛况。这次庆典活动的实况不仅向全国播出，还通过国际通信卫星传到美国等一些国家，极大地振奋了民族精神，树立了社会主义中国的良好形象。1990 年 9 月 22 日至 10 月 7 日，盛况空前的第十一届亚运会在北京举行，中央电视台承担这次运动会的电视转播任务，获得巨大成功，赢得中外人士一致赞扬，为国家争了光。亚运会报道的成功，标志着中央电视台有能力胜任国际大型体育比赛的电视转播，也为今后各类大型转播创造了有利条件。

党的十一届三中全会以后，电视新闻的面貌大为改观。为组织全国电视台共同办好《新闻联播》，中央电视台提出了一系列新闻改革的措施。《新闻联播》的内容、形式、时效都有了显著的变化。1993 年 3 月，中央电视台对新闻节目又作出重大调整，第一套节目每天播出 12 次新闻，实现了新闻滚动播出，新闻在电视节目中所占的比例增加。电视新闻已初步成为国内外要闻总汇，成为人们了解国内外大事的重要渠道。

国内国际的重大体育赛事报道受到普遍欢迎。多年来，中央电视台成功地报道了洛杉矶奥运会、汉城奥运会、巴赛罗那奥运会，九届、十届、十一届亚运会，世界杯足球赛，以及乒乓球、排球、篮球等多项国际比赛，还有全国性的运动会和不计其数的国内体育比赛，得到广大体育爱好者的普遍称赞。

社会教育节目也有很大发展，各式各样的对象性、服务性、教学性专栏纷纷呈现于电视屏幕之上，以不同的风格、特色吸引了大批观众，其中，《神州风采》、《为您服务》、《七巧板》等一些名牌栏目在观众心目中留下了深刻的印象。外语教学节目，名目繁多的知识竞赛都对观众有很大的吸引力。社教节目在促进全民族文化科学水平的提高，弘扬爱国主义精神，陶冶人们情操，促进社会主义精神文明建设等方面都起了积极的作用。大型系列电视节目的发展也十分引人注目，其中较为突出的如:《丝绸之路》、《话说长江》、《话说运河》、《让历史告诉未来》、《望长城》等，都曾在社会上引起巨大的反响，为中央电视台赢得了荣誉。

为了加强经济宣传，更好地为经济建设服务，我台 1984 年底成立了经济部，1985 年在第二套节目中开辟了《经济生活》专栏。1987 年开办了每天 4 0 分钟的《综合经济信息》节目，1989 年底改版为《经济半小时》，1992 年邓小平同志《南巡讲话》后，又开办了每天半小时的《经济信息联播》。经济节目在宣传党和政府的经济政策，传播经济信息，沟通产销渠道，为企业和消费者服务方面起了重要作用。

电视文艺栏目经不断的调整充实，更加符合观众的收视要求，具有鲜明的电视特点和各自的风格。目前，中央电视台的文艺栏目有:《综艺大观》、《东西南北中》、《旋转舞台》、《曲苑杂坛》、《人间万象》、《戏曲欣赏》等等。电视文艺专栏以大量短平快的文艺节目，丰富了观众的日常文化生活。各种类型的电视文艺晚会代表了电视文艺的最高水平，产生了强烈的社会反响。每年除夕举办的《春节联欢晚会》给亿万电视观众增添了喜庆和快乐，成为人们过春节的一项重要活动内容。我台还成功地举办音乐、相声、小品、京剧、舞蹈、民族器乐等各种类型的竞赛性文艺节目，有些比赛定期举办，促进了各种文艺形式的繁荣。

各种题材、不同风格、样式的电视剧百花齐放，取得了令人瞩目的成果。1992年我国电视剧年产量已达到5000部（集），在电视节目构成中占据了举足轻重的位置。

中国电视剧制作中心现在每年创作生产各种题材、样式的电视剧200多部（集），已成为全国生产能力最大的电视剧制作单位，推出了一批优秀之作，如《红楼梦》、《西游记》、《努尔哈赤》、《末代皇帝》、《宋庆龄和她的姐妹们》、《唐明皇》、《一村之长》、《女人不是月亮》等等，许多剧目多次在国内外获奖。我们还同电影界和地方台合作制作了一批优秀电视剧。

随着我国对外开放，中央电视台在国际交往中的影响和作用日益扩大。目前已同80多个国家和地区的120多个电视机构建立了电视业务关系。中国电视节目通过多种渠道走向世界，增进了世界各国人民对中国的了解和友谊。去年第三季度，欧洲中国卫星电视播出我台《新闻联播》和英语新闻；去年10月1日，我台开办第四套节目覆盖了亚洲、澳洲、独联体、东欧、北非等60多个国家和地区；今年1月1日，用卫星向北美传送1小时节目，从此在加拿大、美国、墨西哥可以看到中国的当天新闻；8月28日，就是今天，我们联合全国20多个电视台和企业界同美国3C集团办的“美洲东方卫星电视”开播，每天播出12小时，这在北美引起强烈反响。我们还通过亚广联、CNN、NHK、KBS、港台电视台播出我国新闻。在国际交流中，我们引进了许多健康文明的海外影视节目，包括世界风光、科技、体育、教学、文艺及影视作品等，使中国电视观众开阔了眼界，促进了中外文化交流。比如《动物世界》、《环球45’》受到欢迎。

中央电视台的管理工作随着事业发展已有很大改进。初步建立了以宣传为中心，宣传、技术、党政三位一体的管理体制，健全了多项规章制度。同时注意加强队伍建设，努力提高全体工作人员的政治业务素质。到1992年底，中央电视台职工人数已有2500人。根据部党组决定，新影合并到中央电视台，全台人数增加到3200多人。这就大大增强我台节目制作能力，在这里，我建议以热烈的掌声对新影的同志，表示热烈的欢迎。一支由电视采编、技术、党政、后勤多工种组成的电视专业队伍已经形成。电视台的每一进步都是全体职工认真贯彻党的方针，辛勤劳动的结果，中央电视台35年的历史，记载着事业的发达兴旺。35年中，中央电视台也形成了自己的优良传统与作风，在各个方面都积累了宝贵的经验，这是一笔巨大的精神财富。这些经验大致可以归纳为以下几个方面：

一、坚持走自己的路，建设有中国特色的社会主义电视

中国电视事业从诞生之日起，就是党的新闻事业的重要组成部分。丁关根同志最近指出：“中央电视台是国家电视台，是党、政府和人民的喉舌，也是党和政府与广大人民群众联系的桥梁和纽带。对内代表党和政府的形象，对外代表国家和民族的形象。”因此，中央电视台的宣传工作必须自觉地与党中央在政治上、思想上保持高度一致，全面、准确、生动地宣传党的路线、方针、政策。围绕党在不同时期的中心任务，充分发挥电视宣传优势，为建设社会主义物质文明和精神文明服务。

电视具有宣传教育、传播信息、文化娱乐、社会服务等多种功能，其中首要的是宣传教育。中央电视台一贯遵循党对电视宣传工作的总体要求，认真宣传马列主义、毛泽东思想和邓小平同志关于建设有中国特色社会主义的理论；宣传党的“一个中心，两个基本点”的基本路线；坚持党的四项基本原则，经常地向广大人民群众进行爱国主义、集体主义、社会主义和自力更生、艰苦奋斗的思想教育以及革命传统教育，发挥正确的舆论导向作用。在多年的宣传实践中，中央电视台从正反两方面的经验中认识到要使电视宣传保持正确的方向，就必须自觉抵制资产阶级新闻观，坚持团结、稳定、鼓劲的方针，坚持以正面宣传为主。抓好重大宣传，历次党的重要会议，每年一度的人大、政协会议，中央电视台都高度重视，制定详细的报道计划，采取现场直播、专访、直播记者招待会、专题新闻等有电视特点的报道方式，进行全面、准确、充分的报道，使党和国家的重大决策能够及时传达给广大观众，收到了良好的宣传效果。

二、坚持高格调体现国家台水平

中央电视台作为国家电视台，长期以来，对于所办的各类节目始终坚持了较高的政治标准和艺术标准。努力把高质量、高标准、高品位、高格调、主旋律的节目献给观众。

中央电视台办节目的出发点就是尽可能满足观众日益增长的电视文化需求。专题节目、服务性节目，对象性节目等各类节目都应从我国的国情出发，保持健康向上的基调，善于寓宣传教育于提供信息、知识、娱乐之中，促进全民族文化水平的提高。

电视文艺一贯坚持为人民服务，为社会主义服务的方针，着力弘扬优秀民族文化，以潜移默化、寓教于乐的方式，丰富和活跃群众的文化生活。为了文艺节目的百花齐放，中央电视台在扶持地方剧种、民族音乐、严肃音乐等方面都做了很多工作。

三、刻意求新，提高宣传艺术

35年来，中央电视台的宣传工作一直是在不断、实践和创新的过程中得以发展提高。新闻中的形式主义开始得到克服，注意实际效果的报道内容明显增加，对广大群众迫切关心的热点问题，开始注意组织报道。体现电视特点和优势的系列报道从多角度、多侧面反映了改革带来的巨大变化，如：《改革在你身边》、《弹指一挥间》、《民族大家庭》、《广东行》、《走马上任新部长》、《省长访谈录》等得到各界的一致好评。

近年来，电视国际交流不断扩大，中央电视台学习和借鉴国外电视的一些通行的作法，在各个专栏节目中普遍设立了节目主持人。通过主持人的叙述和串联，增强了观众的参与感，加强了与观众的交流和沟通，节目也更加生动活泼。近年来先后开办了《东方时空》、《东西南北中》、《体育大世界》、《环球45′》等，内容贴近生活，富有时代感，编辑手法较新颖，赢得了观众的喜爱。

电视文艺的发展也贯穿了创新意识，为建党70周年制作的《拥抱太阳》晚会、纪念毛主席《在延安文艺座谈会上的讲话》发表50周年举办的《丰收大地》文艺晚会，突出了电视文艺的特点，内容丰富，构思新颖，做到了政治性、艺术性、思想性、娱乐性的统一，历史和现实相结合，得到社会各界较高评价，并受到中央领导的表扬。

四、加强群众观点，全心全意为观众服务

全心全意为广大电视观众服务是电视工作者的职责。近年来，我台着力解决了节目播出编排中存在的问题。采取了一系列有效措施，保证节目准时播出。节目编排方面，注意把观众面最广的节目安排在黄金时间，一些对象性节目也作了适当的调整，固定了每天电视剧播出时段，受到观众欢迎。我台的许多节目中都有专为观众服务的内容，如解答观众的问题，为观众寻医找药，为台胞寻亲，为农民提供致富信息，为经济往来牵线搭桥等等，观众对此十分欢迎。

我台广告节目，促进了社会主义市场经济的发展，也为电视台开辟了经费来源。另外，还开办了非盈利的社会公益广告《广而告之》，受到社会各界的好评。

我台与观众的联系不断加强。通过多种形式，广泛征求观众的意见和建议，以此作为改进电视宣传工作的依据。目前，中央电视台已建立了全国的观众调查网，随时可以为电视宣传提供收视情况数据。

五、发挥系统优势，办好全国电视

中央电视台的发展离不开全国电视系统的协作和支持，加强同地方电视台的联系与合作是中央电视台的重要方针。长期以来，中央电视台与地方电视台相互支援、团结协作已形成良好传统，也是中国电视事业发展的一条基本经验。

中央电视台面向全国观众，每天播出大量的节目，其中许多节目都有地方台参与。为了组织好全国的电视新闻报道，中央电视台每年都要召开地方台新闻部主任会议，总结经验，研究新闻改革，安排落实重点选题。1992年中央台采用地方台新闻1.6万条，占新闻播出总量的一半。1992年，中央电视台组织地方台记者参加全国人大、政协会议的采访报道，地方台对此反映很好。

其他各类节目同地方台的合作也不断加强，《神州风采》组织全国电视台共同制作了《在中国版图上》，《综艺大观》、《东西南北中》、《正大综艺》也走出北京，同许多地方台联合制作。我台主办的一些文艺竞赛类节目也曾多次得到地方台的大力支持和协作，许多在北京以外举办的全国性大型文艺活动，都采取了以地方台为主，中央电视台派人参与的联合转播方式，并从经费、设备、技术保障等方面给地方台支持，既充分发挥了地方台的积极性，又丰富了中央台的屏幕。

中央电视台牵头开展的电视系统的活动促进了相互了解，交流了经验，合作关系进一步发展，系统优势得到较充分的发挥。

六、发挥科学技术第一生产力的作用，保证宣传任务的完成

电视技术工作在整个电视事业的发展过程中起着重要的作用，是宣传工作的物质基础。为此，我们要不断完善技术基础设施，提高技术管理水平，采用国际技术标准，培养高水平的技术人才。另外，要加强电视新技术的研究，促进技术进步，推广成熟的新技术，用世界一流设备装备自己，保证宣传任务圆满完成。

七、深化体制改革，提高管理水平

电视节目播出和制作环节多、涉及面广，决定了电视台的构成是一个复杂的系统。为理顺各方面的关系，提高工作效率，使人、财、物各尽其用，就必须实行体制改革。我们提出了建立以宣传为中心，宣传、技术、党政三位一体管理体制的目标，健全了台务会、编委会、技委会、党委会的领导机制，对宣传、技术等主要业务部门进行了组织机构的调整，开展了目标责任制的试点工作，管理工作的不断完善，为各项宣传任务完成提供了保证。

八、加强思想政治工作，抓好队伍建设

加强队伍建设，提高全体工作人员的政治素质和业务素质是做好电视宣传工作的根本保证。中央电视台从建台时的30多人，发展到现在的3200多人，队伍不断壮大，队伍建设取得了很大成绩。中央电视台有一支很好的队伍，这支队伍工作努力，具有强烈的事业心和责任感，在历次重大宣传报道中，都发扬能打硬仗和连续作战的作风，出色地完成了任务。

加强队伍建设首要的是加强党的建设，发挥党员的模范带头作用，不断提高全体工作人员的政治素质，使职工具有较高的思想政治觉悟和政策水平，自觉地同党中央保持一致。同时还要有严格的组织纪律观念。我台还不断对全体职工进行职业道德和廉政教育，反对腐败，纠正不正之风，杜绝有偿新闻，并将有关职业道德的规定公诸于众，接受社会的监督。

中央电视台经过35年的发展，无论从规模、影响、节目制作能力、播出量及综合实力等方面都取得明显成就。但是，同党和人民的要求比较，我们仍存在很大差距，还要在总结经验的基础上，根据中央的要求和广大群众的需要，提出新的奋斗目标，把握历史的机遇，加速自身的建设和发展，向更新目标迈进，使各项工作迈上新的台阶。

1993年，在分析国内外电视发展总趋热的基础上，经部党组批准，台分党组制定了新的发展战略，提出立足中国，面向世界，把中央电视台建设成为同中国大国地位相称的世界一流水平的电视台的奋斗目标，一流的队伍、一流的设备、一流的节目为实现这目标的具体内容。建设世界一流水平电视台是改革开放的需要，是在全世界树立中国形象的需要，也是推动我国电视事业发展的要求。我们将力争用七八年的时间基本实现这一目标。

建设世界一流电视台是一项光荣而艰巨的任务。为此，我们将实行“对内对外并重，无线有线结合”的方针。对内精心办好一套以新闻为主的综合节目，同时开办多套专业频道，以满足社会各界对电视的需求。

第一套节目是以新闻为主的综合频道，增加新闻播出次数，实行滚动式播出，同时尽可能安排各类电视节目精品，使之成为最有竞争力的频道。

第二套节目为经济频道，以经济报道为主，包括经济专题，国内外经济、科技信息、金融行情等。

第三套节目为文艺频道，全天播出各类文艺节目、电视剧、体育节目等。

第四套节目是新闻、文艺、体育为主的综合频道，以台、港、澳观众及海外华人为服务对象。

根据规划还将陆续开办体育频道、农村频道、电影频道、公用频道等。新开办的频道将用卫星传送，通过有线电视网络覆盖全国，这是满足观众要求，同外国卫星电视竞争的重要措施。

我台对宣传的构想是“天上”、“地上”两个渠道并举。天上，通过国际卫星电视覆盖外国；地上，在世界大城市建立中国录像带销售网络。

卫星覆盖的总体目标是：由中央电视台牵头，同全国电视系统、企业界和华人合作，在全球建立中国系列卫星电视台，即亚洲、北美、欧洲、南美、非洲卫星电视，到2000年，实现中国卫星电视覆盖全球的目标。

回顾过去，业绩辉煌；展望未来，前程似锦。

35年来，在党、政府和广大群众的关怀下，在广电部的正确领导下，经过几代电视工作者的共同努力，中央电视台写就了自己的光辉历史。面对未来，我们任重道远，为实现已定目标，我们要发扬党的新闻工作的优良传统，解放思想，实事求是，抓住机遇，深化改革，同心同德，开拓创新，为建设世界一流水平的电视台而辛勤地工作，为中央电视台谱写新的更加光辉的篇章!

最后，再一次对各位领导和来宾的光临表示衷心的感谢！谢谢!

电视的潜力是无限的

——原中央广播事业局局长梅益的贺信

中央电视台杨伟光同志和全体同志们:

在建台35周年的前夕，作为一个老战友和常年观众，我向你们表示衷心的祝贺。

35年来，特别是在党的十一届三中会全以后，电视事业的规模和影响都取得了举世瞩目的巨大成就。电视已成为人们日常生活中不可缺少的部分。但是我想这只是一个起点。从长远看，比如在下一个35年，或者再短一些，中央电视台将取得的成就，相信比这个35年要大得多。电视作为传播媒介，拥有巨大的优势，它必将随着社会主义现代化建设和科学技术的发展而阔步前进。电视的潜力是无限的，你们的前程也是无限的。我预祝你们取得更大的成功。

借此机会，向全台已离退的和在岗的同志问好!

1993年8月24日晚

我的祝贺

——原广播电视部部长吴冷西的讲话

我非常高兴来参加今天中央电视台建台35周年纪念大会。

在这台庆之际，我向中央电视台的全体同志们致以热烈的祝贺!

今天的中央电视台，比初创时期，发生了巨大的变化，取得了巨大的成就。为此，我向35年来为中央电视台的创建和发展作出了贡献的所有老同志、新同志、致以崇高的敬意。

特别值得指出的是，在改革开放时期，在过去的10多年里，中央电视台以及全国各省、市、县三级电视台，以前所未有的速度、规模和效益，飞跃发展。作为一个普通观众，我向全国电视战线的所有同志们，向广电部以及各省、市、县厅局的领导同志们，表示衷心的感谢和敬意。

展望未来，我诚挚地祝愿:

全国广播电视战线，坚决执行我们党的以经济建设为中心，坚持四项基本原则和改革开放的总路线。

贯彻百花齐放、百家争鸣，为人民服务，为社会主义服务的方针。

扬独家之优势，汇天下之精华。

寓教育于娱乐，寓宣传于服务。

宣扬爱国主义、集体主义、社会主义。

建设一支世界第一流的有理想、讲道德、实事求是、精通业务、遵守纪律、艰苦奋斗的强大队伍，为社会主义物质文明和精神文明的建设，作出更加辉煌的贡献。

祝中央电视台继承革命传统，争取更大光荣。

谢谢。

庆祝和怀念

——原中央电视台副台长孟启予的讲话

同志们：请允许我代表全体离退休的同志，热烈地祝贺我台建台35周年!

中央电视台35周岁了。我仿佛觉得他像一个咿呀学语、跌跌撞撞学步的婴儿，一晃就成长为叱咤风云的巨人，进入亿万家庭，走向五洲四海。在党中央和国务院的重视和关怀下，得到社会各界的支持和帮助，中央电视台已经是具有世界一流的技术装备，拥有一支强大的编播队伍，拥有一流节目、在世界上具有一定影响的国家电视台。我庆幸自己能作为我国第一座电视台——中央电视台筹建创办、成长壮大的见证人和参加者，在已逾古稀之年看到我国电视事业如此兴旺发达，我的心情无比激动，我为它感到十分自豪，我要为它欢呼，向它表示最热烈的庆祝。

在欢庆的同时我永远不会忘记我国三位伟大的领导人——毛泽东、刘少奇、周恩来对电视事业的关怀。

1964年底，毛泽东主席为北京电视台（中央电台的前身）的题字；1959年10月，刘少奇同志在电视台视察时就关心彩色电视的建设；1960年春天，周恩来总理来电视台过问我台洗印车间的建设。随后批准建了一座六千五百平方米的电视片生产楼。电视事业发展到今天，离不开中央领导对我国的电视事业的重视和关怀。

我还深深怀念曾经为创建、开拓和发展电视事业日日夜夜尽心尽力、埋头苦干的同志们。他们当中的有些人已经过早地永远地离开了我们，来不及看到我们电视事业目前所达到的高度，不能分享我们共同追求取得了重大成果时的欢愉和欣慰；有些人由于积劳成疾，不能亲自前来参加盛会庆典，但他们的音容笑貌，他们为电视事业勤奋拼搏的情景仿佛就在眼前身旁。

历史告诉我们，一切从人民群众的利益出发，对有中国特色的社会主义电视事业的执着追求，在平凡的岗位上默默地奉献自己的智慧和劳动,必要时不惜献出自己的一切甚至生命，不追逐个人名利和小集体的利益，团结互助，奋力拼搏，这种精神在任何时候永远是我们克服困难，发展事业的动力。

“逝者如斯夫”,“俱往矣,数风流人物,还看今朝!”

让我再一次热烈庆祝中央电视台诞生35周年!祝愿中央电视台不断前进，取得更加辉煌的成就!

努力办出世界一流的电视节目

——职工代表孙玉胜的讲话

很荣幸，在这样一个场合代表全体职工说几句话。

1926年，英国人发明了电视机。

30多年后，中国建立了自己的电视台。

又是30多年后，我们今天拥有了数亿的电视观众，并且正在深刻地影响他们的社会生活。

因此，无论是从科学技术的角度，还是从传播媒介的角度，电视都是一项充满魅力和朝气的年轻事业。但是，如果具体到我们中央电视台本身，为了这项年轻的事业却贡献了整整一代人的青春与智慧，甚至是毕生的精力。他们中的绝大多数作为中国电视事业发展的见证人今天就坐在我们的身边。目前全台职工人数已由建台时的30多人，壮大到2500人。其中有759人年龄在35岁以下，这就是说，当1958年9月28日我们刚刚诞生的电视台第一次向全国仅有的50部电视机传送信号的时候，我台约有三分之一的人还没来到这个世界，其中也包括我在内。正象一个人从蹒跚学步到独立生活，再到三十而立一样，经过35年的建设，我们由广播大厦后的平房搬进了23层的彩电中心，并在这里拥有了世界一流的电视设备。经过三十五年的创造，我们已开播了四套节目并且将其打入了亚洲、澳洲和北美洲。更重要的是经过35年的锻炼，我们培养和造就了一大批经验丰富、充满朝气的电视工作者，这一切都为我们向世界级大电视台靠拢提供了物质基础。

然而，我们也深刻地意识到了这样一个问题：作为一个泱泱大国的国家电视台，既然我们已拥有世界一流的电视设备和世界最多的电视观众群，但为什么没有勇气宣布我们已进入了世界级大电视台的行列中呢？其中关键是我们电视台在国际上的影响还不能与它的地位相适应，而这种影响最终取决于我们制作的节目水平如何，竞争能力怎样。因为一个国家电视台的设备可以完全从国外引进，但一个国家电视台的节目是无法全部从国外购买的。

这几天方楼里的35周年的展览，吸引了很多职工，其中大部分人是初次直观地了解了我台在中国电视发展史上的创造的十几个第一。我们为之骄傲。但是，未来的第一正等待我们去创造。我们应该有这样的气魄：中央电视台要拥有，不仅是全国著名而且是世界著名的电视节目主持人，世界著名的纪录片大师和世界著名综艺节目导演；世界所发生的重大事件的现场应该有中国中央电视台的记者，世界权威的电视工程专家也应该有来自中国中央电视台的。归根结底，我们应该办出世界一流的电视节目。

因此，我代表电视台全体职工在这里表示，不管我们的年龄如何、分工怎样，我们将发扬老一代电视工作者的光荣传统，一切围绕提高节目质量这个中心，恪尽职守，同心协力，献计献策。尽管目前电视台在人员、设备资金及管理方面还存在一些困难和问题，但是我们相信，这些困难和问题都可以随着改革步伐的加快而解决。因为无论在节目制作体制，还是在经济管理体制方面，我们都已有了新的而且是成功的尝试。

今年是建台35周年，当我们庆祝建台40周年的时候，人类已临近下个世界的门槛。时代在加快脚步的同时也不断地提醒我们，在迈向2000年的时候，应该让各国的电视观众都知道，世界著名的电视传播机构除了CBS、BBC、CNN和NHK之外，还有CCTV!

人民日报社致中央电视台的贺信

中央电视台:

值此贵台建立三十五周年喜庆之际，谨致以热烈祝贺！三十五年来，贵台在党和政府的关怀和支持下，电视事业取得了很大成绩，在社会主义物质文明和精神文明建设中发挥了应有的作用。我们向贵台全体同志表示崇高的敬意，并对贵台长期以来给予我社的大力支持表示衷心感谢。我们祝愿贵台发扬传统，发挥优势，开拓创新，越办越好，取得新的更大的成就!

人民日报社

一九九三年八月三十日

中央人民广播电台致中央电视台的贺信

中央电视台:

值此贵台建台三十五周年之际，谨向你们致以热烈祝贺!

中央人民广播电台全体职工向中央电视台全体同仁致以亲切的问候!

几十年来，中央电视台给予了中央人民广播电台很多的帮助、很大的支持，对此，我们表示衷心地感谢。愿我们两个兄弟台今后在宣传和事业建设等方面相互协作、紧密配合、携手前进。充分发挥党的广播、电视两种宣传工具各自的优势，更好地为人民服务，为社会主义服务。

中央人民广播电台

一九九三年八月

中国国际广播电台致中央电视台的贺信

杨伟光台长并中央电视台全体同志:

值此中央电视台成立三十五周年之际，中国国际广播电台谨向你们致以热诚的祝贺和崇高的敬意!

五十年代后期，从人们惊喜地第一次从电视荧屏上看到声像结合的电视节目时起，中央电视台便开始跨越万水千山逐步走进亿万个家庭。三十五年来，贵台充分发挥电视这一最先进、最现代化的大众传媒的优势，为中外观众奉献丰富多彩的节目。今天，贵台不仅在国内拥有庞大的受众群体，深深地渗入了人们的政治生活、经济生活和文化生活，而且走出国门，在世界也享有了一定的声誉。中央电视台已经成为中国人民了解世界、世界人民了解中国的一个重要窗口。贵台在宣传、技术、经营管理等方面艰苦创业、积极开拓和成长发展的历程中，留下了坚实的足迹；贵台为推动我国电视事业乃至整个新闻事业的发展所做的贡献，凝聚着新老电视工作者的智慧和心血。中国国际广播电台全体对外广播工作者对贵台不断开拓、进取的精神深表钦佩，并衷心祝愿贵台在已取得的成绩基础上，百尺竿头，再进一步，早日实现把中央电视台建成世界一流的电视台的目标!

中国国际广播电台和中央电视台肩负着对外宣传的共同使命。多年来，我台一直得到贵台多方面的支持，借此机会，谨向中央电视台全体同志表示诚挚的谢意！尤使我们高兴的是，近几年来，我们两台在国际新闻、时政采访报道、开办对内外语电视、对外传送外语电视节目及合作拍摄对外外语电视片等方面开展了种种卓有成效的合作，这不仅丰富了电视节目，有益于世界各国人民对我国的了解，扩大我国的国际影响，而且也加深了我们两台之间的友谊。我们相信，在今后完成共同使命的过程中，这种合作与友谊必将得到进一步的发展。

再一次祝贺贵台建台三十五周年，并祝贵台为推动我国电视事业和新闻事业的发展做出新的更大的贡献!

中国国际广播电台

一九九三年八月廿四日

中央电视台为131位同志
颁发30年台龄荣誉证书

8月28日上午在纪念中央电视台建台35周年大会上，林景云副台长宣布了在中央电视台工作30年以上的老同志名单，共131位。为表达对长期从事电视工作，为我国电视事业的发展作出贡献的老同志的一份崇敬之情，中央电视台特向他们颁发《从事电视事业30年荣誉证书》。

在中央电视台工作30年以上的同志名单如下:

于广华	林景云	宋培福	方庆浩
章壮沂	笪远怀	张正道	李万鹏
匡　镛	罗　丹	刘贵林	李　华
庞　啸	冀　峰	赵　琳	孔令铎
徐增祁	孙同耕	黄一中	潘殿奎
朱景和	化　民	王喜明	王　林
荣　先	王元洪	孙冬田	陆善家
史启新	戴伍生	穆中里	庞一农
张玉山	李茂宽	万容智	韩效举
王文彦	陈浩海	张志江	楚　华
张家成	王兴华	冯一平	朱继峰

赵德珍	刘宗仁	王　娴	马靖华
陈恩慈	刘元祯	高慧芬	左耀东
蔡慎木	林庆璋	寿沅君	王明玉
高长龄	吕　斌	贾志杰	史兰芬
邓金绪	张　晶	王树明	王明远
宋朝彦	邓在军	黄一鹤	宋　洪
刘瑞琴	金　成	赵忠祥	华　菁
金德显	张朋石	麦茂平	徐家察
赵　群	黄望南	杜宝文	张吉庆
金家骥	赵淑兰	庄照英	杨德祥
叶孔仪	翟世德	王文祥	崔一鹤
李天春	康纯生	张玉兰	徐世荣
李德峰	陈永祯	邱　权	范宗琴
杨臣宝	曾文济	毛玉山	叶邦伟
宋玉珊	刘杏甫	魏敬民	张复华
孙寿林	郭宝祥	王俊岭	陈汉元
李绍武	段小常	陈贵林	王　岚
王扶林	赵瑞通	郑　超	佟庆德
张德生	贾　然	高金卓	苏春来
张孝英	赵志敏	吴玉珍	韩志恩
张瑞来	文英光	阎洪藻	杨　洁
曾心影	刘　义	王南生	

（人事处）

总结 交流 研讨 创新

——中央电视台举办建台35周年台庆活动

1993年9月2日是中央电视台建台35周年纪念日，也是中国电视事业创建35周年纪念日。

为迎接中国电视界这一辉煌的日子，中央电视台日前在北京举办了一系列庄重、俭朴、务实的台庆活动，召开了"中央电视台建台35周年纪念大会"、"全球华语电视台交流会"和"全国省级电视台台长座谈会"。

8月28日，在京西宾馆举行的建台35周年大会上，中央电视台台长杨伟光作了"发扬优良传统，建设世界一流大台"的讲话。

杨伟光台长对中央电视台成立35年来取得的成绩进行了回顾和总结。讲到多年来积累的宝贵经验，他说，一、坚持走自己的路，建设有中国特色的社会主义电视；二、对所办的各类节目始终坚持了较高的政治标准和艺术标准，体现出国家台水平；三、节目刻意求新，提高宣传艺术；四、加强群众观点，全心全意为观众服务；五、发挥系统优势，办好全国电视；六、发挥科学技术第一生产力的作用，保证宣传任务的圆满完成；七、深化体制改革，提高管理水平；八、加强思想政治工作，抓好队伍建设。

杨伟光台长最后说，回顾过去，业绩辉煌；展望未来，前程似锦；面对未来，我们任重道远。为实现已定目标，我们要发扬党的新闻工作的优良传统，解放思想，实事求是，抓住机遇、深化改革，同心同德，开拓创新，为建设世界一流水平的电视台而辛勤地工作，为中央电视台谱写新的更加辉煌的篇章。

中宣部副部长龚心翰、广电部副部长王枫、原广电部部长吴冷西、原中央电视台副台长孟启予、职工代表孙玉胜也在大会上作了讲话，前中央广播事业局局长梅益写来贺信，祝贺中央电视台创建35周年。

大会还为131位老同志颁发了30年台龄荣誉证书。

9月1日，"全国省级电视台台长座谈会"在梅地亚中心召开，全国三十家省级电视台来宾到会。会议由中央电视台台长杨伟光主持，广电部部长艾知生出席会议，并就如何使电视节目有较大改观讲了六个问题：一、掌握好舆论导向，坚持党的基本路线，坚持团结鼓劲的方针，以正面宣传为主，避免片面性，随意性，防止虚假的东西；二、电视节目中要弘扬爱国主义、集体主义和社会主义的主旋律；文艺创作要注意思想性、艺术性，又要溶于娱乐性和趣味性。要坚持高标准、高品位、高格调，多出高质量的精品节目；三、旗帜鲜明、严格把关，建立和加强责任制；四、加强广播电视系统的管理；五、禁止有偿新闻，加强职业道德建设，要把它作为当前开展反腐败斗争的重点问题来抓；六、加强中央台和地方台的联系，互相支持，团结协作，共同发展。

省台来宾就艾部长讲话进行了座谈，云南台曲贵年，广东台纽祖印、孙孔华，山西台陆嘉生、江苏台苏子龙、江西台黄鹤林、陕西台王超、福建台俞德芬、安徽台吴钟漠、湖南台魏文彬、湖北台黎鸣等在会上做了发言。

国务院新闻办公室金晖同志和广电部副部长王枫就对外宣传工作和如何加强对电视工作的管理分别作了讲话。

随着我国对外开放和国际地位的提高，中央电视台在国际交往中的影响和作用也日益扩大。9月2日在梅地亚举行的"全球华语电视台交流会"上，广电部副部长刘习良对四面八方，不远千里，万里来北京参加纪念活动的世界各地的华语电视台的同行们表示诚挚的谢意和热烈的欢迎，他希望通过这次交流会，大家加强合作，交流经验，互通情况，增进友谊。他说，90年代，是中国电视进入世界的光辉年代，我们把以中华文化为代表的古老而优秀的东方文明，把改革开放、朝气蓬勃的现代中国真实地、全面地介绍给世界人民。同时，我们真诚地希望今后增进彼此间的友谊和了解，为世界和平和人类进步事业作出应有贡献。

中央电视台台长杨伟光向来宾介绍了中央电视台的发展概况和发展构想。

华语台来宾高度赞扬中央电视台组织全球各地的华语电视台交流会这一盛举，美国旧金山彩虹电视台总裁陈立鸥先生，3C集团公司总裁子繁先生，洛杉矶中美电视董事长黄锦波先生，洛杉矶北美卫星电视公司总经理王传亮先生，熊猫电视台总裁李云飞女士，旧金山太平洋电视公司经理杨盛昱先生，香港亚洲电视陈贝蒂女士，香港九仓有线电视温志刚先生，以及省台来宾四川电视台台长王岳军，辽宁电视台台长高广志，上海电视台副台长宋明玖，江苏电视台台长苏子龙，山西电视台台长陆嘉生等纷纷发言，表示希望促进全球华语电视台之间的交流与合作，办好电视节目，在世界范围内，大力开创华语电视的新局面。

中央电视台台长杨伟光致闭幕词，他祝贺全球华语电视台交流会的圆满结束。他说，来宾们相互沟通情况，增进了友谊与了解，这是一次从事电视工作的炎黄子孙有意义的聚会。这次活动播下的友谊种子，会开出鲜花，结出硕果。

交流会由中央电视台副台长马瑞流主持。

附：

出席"全球华语电视台交流会"的电视机构

(以报到先后为序)

广东电视台
东方电视台
上海电视台
山东电视台
山西电视台
广西电视台
天津电视台
内蒙古电视台
云南电视台
甘肃电视台
辽宁电视台
宁夏电视台
江西电视台
江苏电视台
北京电视台
四川电视台
吉林电视台
安徽电视台
河北电视台
河南电视台
贵州电视台
陕西电视台
海南电视台
浙江电视台
黑龙江电视台
湖北电视台
青海电视台
湖南电视台
新疆电视台
福建电视台
台湾中国电视公司
台湾电视事业股份有限公司
台湾良世集团有限公司
台湾华新文化事业公司
香港九仓有线电视
香港卫星电视有限公司
香港电视广播有限公司（无线）
香港亚洲电视
澳门广播电视有限公司

新加坡：

新加坡广播局

美国：

世界影视有限公司
旧金山太平洋电视公司
旧金山 KTSF26台
旧金山华声电视台
旧金彩虹电视台
休斯敦美南联合华语电视台
纽约中文电视
芝加哥华语电视
洛杉矶华美联合电视机构
洛杉矶中美电视
洛杉矶北美卫星电视公司
美国南海有限公司
夏威夷华夏广播公司
熊猫电视台

泰国：

泰国国家三台

英国：

欧洲中国卫星电视

□中国电视剧制作中心 10 年

中国电视剧制作中心召开10周年纪念大会

1993年10月16日上午，中国电视剧制作中心在梅地亚召开10周年纪念大会。部长艾知生、副部长王枫、台长杨伟光、中宣部文艺局副局长成志伟等领导同志出席并讲了话。

大会由中心副主任邹庆芳主持。第一副主任陈汉元首先在会上对中心10年来所取得的成绩、经验、教训、今后设想进行了全面的总结、回顾。

成志伟代表中宣部文艺局向“中心”表示热烈的祝贺。他认为“中心”的10年为中国电视剧的繁荣和发展做出了巨大的贡献，“中心”的作品在思想上、艺术上能够经得起时间的考验，“中心”10年“出人、出作品、走正路”。他希望“中心”创作出更多更好的“三贴近”的作品。

杨伟光说，“中心”的10年是辉煌的10年，生产了一批在国内外都有影响力的作品，同时也为国家培养了一大批人才，为今后的事业发展奠定了良好的基础。“中心”是中央电视台播出的重要部门。事实证明，一部优秀的电视剧，将使其他节目的收视率大大提高。而从对外宣传方面，也需要相当数量可视性强、文化档次高的电视剧，使中国电视走向世界。因此，我们一定要加强精品意识。他希望中心每年都要推出一批具有轰动效应的作品，台里将给以全力支持和提供必要的条件，“中心”全体同志要很好地总结10年经验，不断创新，为电视剧抒写更多的新篇章。

王枫在讲话中充分肯定了“中心”10年所取得的成就，同时希望“中心”全体同志面对新的形势，认真总结经验，深化改革，抓好运行机制、激励机制。为国产电视剧更多的走向世界作出新的贡献!

艾知生在讲话中对“中心”10年所得的辉煌成就表示祝贺！他认为“中心”10年生产了一些传世之作，作为电视剧的国家队是当之无愧的。同时也指出“中心”目前的情况也是不断进步的，整个队伍的状况是好的。他相信“中心”在中央电视台的强有力的支持下，在全体同志的共同努力下，一定能够继承过去的好传统，好经验，在竞争中加倍努力，去攀登新的高峰，为党和人民做出更大的贡献!

出席大会的还有电视艺委会、部总编室，人事司、外事司、计财司、机关党委的负责同志，副台长于广华、马瑞流及台副总编王传玉、章壮沂、总会计师贾文增、台长助理朱继峰、张长明、“中心”原副主任曹惠、文英光、周孟健，现任副主任吕基忠及首都新闻评论界、“中心”离退休干部及大部分职工共300多人。

争做名副其实的00001

——在中国电视剧制作中心成立10周年纪念会上的发言

陈汉元

中国电视剧制作中心是由中央电视台电视剧部、电视艺委会录制部和中国广播文工团电视剧团于1983年10月合并而成的。第一任主任是延安时期的少壮派阮若琳同志。这个“中心”曾经作为一个独立的实体直接隶属于广播电影电视部。后来又划归中央电视台管理，全部资金都由中央电视台拨给。不论在初创阶段或是在现在，“中心”生产的所有节目都交由中央电视台作名副其实的首播。

10年里，“中心”曾制作了234部1138集各种题材、不同风格的电视剧，近100部（集）电视艺术片、专题片以及36部动画片。

10年里，“中心”制作的节目在海内外获得了129项奖励。诸如《红楼梦》、《西游记》、《努尔哈赤》、《末代皇帝》、《唐明皇》等大型历史剧，不仅在国内几乎家喻户晓，而且飘洋过海也让外国的人喜欢。又如《夜幕下的哈尔滨》、《寻找回来的世界》、《铁人》、《家教》、《宋庆龄和她的姐妹们》、《女人不是月亮》、《一村之长》、《停泊十天》等现实题材的连续剧也曾在广大观众中产生反响，得到好评。

这里还需要特别提到的是，“中心”在为全国3亿儿童服务方面做出了不懈的努力。如《赖宁》、《墨海新蕾》等儿童剧连年获奖，经久不衰，一直象盛开的花朵，象初升的旭日。

10年里，中国电视剧制作中心造就了一大批卓有成就的著名导演，如王扶林、杨洁、蔡晓晴、潘霞、周寰、吴韵琴、王岚、赖淑君、金萍等同志，可以说是一代风流人物。他们为“中心”、为中国电视剧艺术的发展和繁荣铺设了路基，作出了榜样，立下了不可磨灭的功劳。

我深信，正在崛起的中年、青年导演，诸如林大庆、潘欣欣、闫小追、朱一民、沈好放、王静、袁牧女、杨阳、李野墨等都会成为名导演、艺术家，必将能为中国电视制作中心的总体水平又上升到一个新的高度作出辉煌的贡献。

10年里，我们这个“中心”又好象是一个练兵场，又好象是一个大舞台，为社会推出了一个又一个戏剧新秀、电视明星，比如陈道明、六小龄童、宋丹丹、马德华、相虹、邓婕、王群、侯永生、肖雄、王保国、赵明明等著名演员都是通过演“中心”的戏而火红起来的。他们的成就是他们的荣耀，也是我们“中心”的荣耀。

10年里，我们取得了摄制各种电视剧、艺术片的经验（其中包括中外联合制作电视剧的经验）。自然，其中也有不少教训。这些经验和教训使我们对电视剧的艺术规律和生产管理、经济管理都有了较深的认识，使我们日渐走向成熟。

10年里，我们“中心”从总体上培养锻炼了一支能够适应时代需要的队伍，从剧本创作到编辑、导演、制片、技术、制作，从党务工作到行政、计财、管理都有优秀的人才，现在的第一把手张天民同志就是一位声望很高，成就斐然的著名剧作家。除天民、曹惠、于今等老作家外，我们还有一批象周锴、陆天明、陈爱民、李功达、谢丽红、徐小斌、王静、程宏等有相当成就的中青年作家。他们现在也正在为“中心”孜孜不倦地进行创作。同时，我也有理由深信26岁的陈兵刚改编完30集连续剧《饮马流花河》，又立即投入到另一部连续剧的创作，按这样的势头，将来也一定会很有出息。

10年里，我们还造就了象靳雨生、任大惠等一大批优秀的电视剧制片人和制片人员。

我们“中心”现在共有350多人，其中23人拥有高级职称，96人拥有副高级职称，157人拥有中级专业职称，可谓人才济济。

中国电视剧制作中心10年来走的是一条相当辉煌的路。它成立的最早，又隶属于中央电视台，所以许多观众误以为其他兄弟单位生产的佳作也是我们这个“中心”的产品。我们这个“中心”领的生产许可证是00001号，就资历和规模、条件而言，它真的不愧为全国电视剧生产行业中的“老大”。但是，事实表明，这“老大”并不等于就是全方位的第一。

10年里，我们在现代剧方面的创作未能做出巨大的惊人之举，更不用说没能在这方面起到“领导时代新潮流”的应有作用。而且，越到后来越受到严峻的挑战。

为适应这个百舸争流的时世，为不辜负“00001号”这个“老大”的座位，中国电视剧制作中心有责任、有义务作出巨大的努力，使自己求得进一步的辉煌。

为此，我们在前两年就开始调整生产布局，在继续摄制《三国演义》等历史题材的同时，将大部分人力、物力、财力都用来摄制现代题材的电视剧。

目前正在后期加工（或待播）的长篇、中篇连续剧有《片儿警》、《只要你过得比我好》、《都市言情录》、《小墩子》、《神圣的军旗》等，正在拍摄中的有《西行漫记》、《都市女孩》、《山野》、《礼仪小姐出租公司》、《情伤》、《男人也有故事》、《九·一八特大文物盗窃案纪实》等等，准备于年底或明年开春陆续投拍的有《饮马流花河》、《小楼风景》、《吾土、吾人、吾神》等。

以上这些戏，题材多样，风格各异，长短不等，既突出了“集体主义、爱国主义、社会主义”的主旋律，又充分考虑到了从主题内容到表现风格样式的多样化。

另外，与美国芝加哥3C集团共同投资、联合制作的25集连续剧《新大陆》，目前已经完成2/3的前期拍摄任务。与日本NHK联合制作的《大地之子》也正在筹拍中。

中国电视剧制作中心是中央电视台的一个不可分割的组成部分，在制作电视剧方面是中央电视台的一支名副其实的“嫡系部队”。因此，它拥有较大的队伍，条件较好的设施和设备，并且在资金方面也有基本保证。在这样一种大背景之下，我们没有理由只能生产默默无闻的平庸之作，而应该不断制作出既有社会轰动效应，又具高品位艺术价值的好戏来。所谓“好戏”，我们认为，它应该有好的故事，好的语言，好的表演，好的音乐以及好的技术制作。

如果多数观众喜欢看，而且还可能非常喜欢看，看了有所得——笑是得，哭是得，思也是得，那么这就是“精品”。

诚然，如果一部电视剧什么时候拿出来看都好看，都会让你有所得，怎么看都看不厌，那就是传世之作，经典之作了。

我们希望我们中心拍的作品不能只是“暴雨”、“阵雨”，而应该永远是“及时雨”，是清泉、是温泉，是万古不断流的江河。这是理想，这是追求，做起来艰难，但是谁能说我们不应该有这种“精品”意识和目标的追求呢?

为此，我们打算结合我们台给我们创造的条件，准备采取措施在室内戏的摄制方面有较大的作为。譬如，组建两套专门致力于室内戏的摄制组，让导演等主创人员从一开始就介入故事策划和剧本创作，并且切实地按照现代化大生产的流程和方式，采用多机连续拍摄和同期录音进行录制。要相对固定剧组主创人员的班子，要相对固定摄影棚内的总美术师。力争让室内戏的录制工作基本上做到一次性完成。这样做，难度是极大的，它不仅对剧本、导演、切像、摄像、照明、录音都会提出更高的要求，而且会要求美工制景更加现代化。由于室内戏外景不多，音乐也不多，因此使它失去了很大的表演空间和感染力，最终很难叫它去同同等集数的非室内戏较量综合效应（尤其是艺术感染力）。

今天，我们不能说，今后就是以室内戏为主；也不能说要大力发展室内戏，但是室内戏肯定是不可缺少的一种电视剧样式。我们过去拍得不多，现在要在室内戏方面多作一些探索。

不论是室内戏，还是非室内戏，我们都要使它成为真正有戏的戏，哪怕是短短过场戏也要有戏。凡是我们拍的戏，起码要做到让多数“外行”和“内行”都能有“热闹”可看，有“门道”可瞧。鸡尾酒好看好喝，茅台酒后劲很足。

为了生产好戏，并且力争能够出精品，我们在调整生产布局的同时，也在总体管理方面调整自己的观念。从不久前开始，我们试着推行剧组经费大包干。在取得经验的基础上，准备尽快早日全面展开。这样做固然是为了缩短摄制周期，避免浪费。同时也是为了让剧组有一种实实在在的从精神到物质的刺激。如期如数、保质保量完成任务者，可以继续挑重担；反之，则坐到一边休息去。我想，凡有使命感的人老在一边呆着休息，肯定会“另有一番滋味在心头”，不好受。这也算是引进竞争机制吧!

说到管理，我们“中心”历史上曾经历了这样几个阶段，起初是“中心”领导一竿子插到底，从抓剧本到经费使用和剧作的最后完成都直接过问；后来采用创作集体的做法；再后来改用制片人制度。这两种做法都是权利相对下放的做法。

现在，“中心”很难说是用哪种方法，反正也是白猫黑猫，能抓老鼠就是好猫，哪个办法好就用哪个办法，只要对制作出“精品”有利，在条件许可的情况下，什么办法都是好办法。

我们知道，要搞出好戏，取决于“本子、班子、票子”。票子，中央电视台提供，给以基本保证，不足部分还可以想办法找社会力量弥补；班子首先是我们自身要不断提高，也正在采取措施，并且从来就借用社会上的力量共同做；现在很苦恼的还是本子问题。我接触抓本子的事情比较晚，也就一年多的时间，但就这短短的一年就让我吃够苦头。一个好本子的产生可以说常常是历经磨难，有时甚至让你找不到北。其中有对基调的认识问题，有对结构安排、人物命运走向的看法问题，这些都还好说，可以慢慢磨合。现在，就是票子问题让人哭笑不得。国家有开支标准，作家们有实际要求，两者距离过大，以至于让人望而生畏。我们也想过，一个文化背景并不复杂的小歌星，一个晚上唱一支歌的收人，有时可以是一个作家几个月，甚至几年收人的总和。难怪作家要保护自身劳动的价值，向我们提出较高的要价。这也完全可以理解。但是，我们在当中怎么办？不是明摆着受夹板气吗？怎么办？现在还真的不知道到底怎么办，杨伟光台长确实说过，确实是非常好的本子就可以给高价，然而这“非常好”也是难用尺子衡量的。何况，有时我们偶然对某个本子的价码放宽一点，其他本子的作者们立马会作出反应，要向领头马看齐。我们文学部的同志们本都是些文人，不少也是作家，但常常需要与同行们进行很不好意思而且有可能要撕破脸皮的讨价还价。有时，我们为此笑了，真的是皮笑肉不笑，是苦恼人的笑。

在这种大背景下，我们还要面临走向市场的现实。我们反复琢磨过，作为一个节目制作单位，不论你愿不愿意，你一定要与市场打交道，因为剧本市场化了，导演、演员市场化了。但是作为一个事业单位，作为国家级的喉舌部门之一，它在走向市场的时候，如何确保主旋律题材制作不受影响，不受削弱，这是一个必须考虑、认真对待的很严肃、很实际的问题。如果要走，到底怎么走？我们正在认真地思索。

当然，不论是什么题材，我们都力争做到好看的要有意义，有意义的要好看。决不生产伪劣假冒的东西。

在庆祝“中心”10周岁的时候，我希望“中心”全体同志都来回顾我们这10年走过的路，都来想想自己做了些什么，做得怎么样，自己给自己做回答，并且以满腔的热情多想想“中心”今后怎么干，请大家以主人翁的身份、身价一道出主意想办法，脚踏实地往前闯。我们也热切地希望各级领导和兄弟部门，希望新闻界、评论界同仁继续给我们以支持、指导、批评和鼓励。

为了一个目的，让中国老百姓有好戏看！

（原载《电视研究》1993年第6期）

□著名播音艺术家——齐越

齐越同志生平

中国共产党的优秀党员、我国著名的老一辈播音艺术家、北京广播学院教授齐越同志，因病医治无效，不幸于1993年11月7日上午9时56分在北京逝世，享年71岁。

齐越同志是我国人民广播事业的第一位著名男播音员、第一位播音学教授。几十年来，在党的领导和指引下，他把全部心血倾注到人民广播播音工作和广播电视播音教学工作之中，成为当代中国杰出的播音艺术家和播音学家，为发展我国广播电视播音事业和培养广播电视人才作出了突出贡献。

齐越同志的一生是革命的一生，光辉的一生。

齐越同志是河北高阳县人，1922年生于满洲里。青少年时代，他在北平上中学时，便开始接触进步思想。1942年考取西北大学外文系。其间，他参加了民盟和中共地下党组织领导的秘密读书会“北方学社”，积极投身于党领导的学生运动。

1946年10月，齐越同志冒着生命危险，越过国民党军队的封锁线，来到晋冀鲁豫解放区，加入了革命队伍，在晋冀鲁豫人民日报社做编辑工作。1947年春，调往陕北新华广播电台担任编辑工作。同年8月任播音员。梅益同志语重心长地对齐越同志说：“这是一个重要而光荣的岗位，你将成为中国共产党的第一个男播音员，我们的广播代表党中央发言，你一定要做好这个工作！”从此，齐越同志开始了播音生涯。他以战斗的激情，播出了人民解放战争胜利的捷报，圆满地完成了毛主席批示“不要播错一个字”的《中共中央关于1948年土地改革工作和整党工作的指示》的播出任务。齐越同志播出的《人民解放军总部向黄维兵团讲话》、《敦促杜聿明等投降书》、《中国人民解放军布告》等重要文告和新闻，鼓舞了人民的士气，瓦解了敌人的斗志，为配合人民解放战争的胜利做出了重要贡献。

1949年1月，北平和平解放。齐越同志参加了军管小组，进驻北平广播电台。在北平新华广播电台，他一遍又一遍地播送人民解放军平津前线司令部的布告，播送《以和平方法解放北平战事的经过》等报道和述评。从此，人民的声音永远回响在北京的上空。

1949年10月1日，齐越同志和丁一岚同志登上天安门城楼，在人民领袖的身旁，迎着第一次冉冉升起的五星红旗，以无比自豪的声音向全中国、全世界播出了中华人民共和国开国大典的盛况，在人民广播史上写下光辉的一页。

此后，齐越同志长期在中央人民广播电台任播音员、播音组长、播音艺术指导、播音部代主任、副主任。1950年7月加入中国共产党。他牢记周总理的教诲，坚持用延安精神做好工作，以极大的热情投入播音再创作，播出了大量震撼人心的优秀作品，在亿万听众心目中留下了极其深刻的印象。同时，为播音业务和播音队伍建设作出了宝贵的贡献。

抗美援朝期间，齐越同志参加了赴朝慰问团。回国后，他播出了魏巍采写的长篇通讯《谁是最可爱的人》，深受志愿军战士和全国人民的欢迎。

1953 年 3 月 6 日，他播出了《斯大林逝世的讣告》和毛主席的文章《伟大的友谊》。1954 年，他作为中国广播代表团成员访问了苏联，学习、借鉴苏联的播音经验，为建立我国的播音理论奠定了基础。

1966 年，他播出新华社记者采写的长篇通讯《县委书记的榜样——焦裕禄》，在亿万人民中引起极大反响，鼓舞和教育了整整一代人。

十年动乱期间，齐越同志遭受极左路线的残酷迫害。由于周恩来总理亲自过问，使他获得了解放。

粉碎四人帮后，齐越同志先后播出了《王若飞在狱中》、《把一切献给党》、《在彭总身边》、《巍巍昆仑》、《大地的儿子——周恩来的故事》等革命回忆录和电影小说，在听众中引起很大反响。

1980 年，齐越同志参加了审判林彪、江青反革命集团的公审会，担任宣读证词的播音。1981 年，他参加了北京军区的“802”军事演习的现场转播。在著名诗人艾青诗歌报告会上，他成功地朗诵了艾青的长诗《古罗马的大斗技场》。

齐越同志的播音，气势磅礴，坚定豪迈，爱憎分明，准确生动，开创了人民广播的一代新风，赢得千百万听众的赞誉和尊敬。正如他在他播音工作四十周年庆祝会上讲话中说：“世界上有各种各样的播音员，我是中国人民的播音员，中国共产党的播音员，我传达的是中国人民战胜艰难险阻、走向胜利的声音；我传达的是中国共产党堂堂正正的真理之声。我以此引为自豪。”齐越的声音，和着人民共和国前进的步伐；齐越的名字，同人民广播事业紧紧地联系在一起。

1975 年，齐越同志调北京广播学院任教。作为播音学教授，他在总结丰富的播音实践经验的基础上，形成了一套播音创作观点和理论。他把播音看成是一项创造性的新闻实践活动。他认为播音员既是党的宣传员，又是语言艺术工作者，要在此基础上熟练地掌握和运用语言艺术的表达规律。他强调，播音员在播音创作中必须坚持党性原则，体现出鲜明的无产阶级立场，爱憎分明。他说：“播音创作最关键的，是要真动心、动真情。对所播内容真动心，对播音对象动真情。他认为，播音员应自觉地同党和人民在思想上保持高度一致，与党和人民共甘苦，同爱憎。他还强调，在感情表达上要求准，就是要在感情上体现出新闻真实性的原则，注意分寸的把握。同时，齐越同志主张学习和借鉴其他语言艺术的表达手段，拓宽播音业务的领域。他给后人留下的著作和译著有《寄语青年播音员》、《献给祖国的声音》、《朗诵艺术》、《苏联功勋播音员》、《情系七彩人生》；播音代表作有《齐越播音作品特辑》、《大地儿子——周恩来》。

难能可贵的是，作为著名专家，齐越同志一贯坚持教书育人，常用延安精神教育学生；坚持为人师表，以自己的言传身教影响学生，同时要求学生心口如一，话筒前怎么说，生活中就怎么做。齐越同志十分注重生活实践。他认为，生活是创作的源泉。他总是积极地接近工农，深入生活实际。他认为和工农交朋友，在思想上产生息息相通的感受，是他播音时产生激情的重要来源。他还十分注重播音对象的研究把握，从听众那里汲取营养，把听众看成是自己的良师益友，对听众来信每信必复，和听众建立了深厚的感情。

齐越同志从不以专家、教授自居，时刻以共产党员的标准严格要求自己。他常说：“我首先是一个共产党员，然后才是一个语言艺术工作者。”他把加强党性锻炼和世界观的改造，作为经常的、自觉的行动。他认真学习、积极宣传党的十一届三中会全以来的路线、方针、政策，坚持四项基本原则，拥护改革开放，，坚决维护安定团结局面。他严于解剖自己，勇于开展批评和自我批评。他严格遵守党规党纪，端正党风从自己做起。他家中立有遵守《准则》的《家庭公约》，拒绝收受赠礼。他到外地讲学、播音，坚持不住宾馆住招待所，谢绝超标准的招待。他还经常用自己的积蓄、演播费、稿费支援贫困地区的农民，捐献给灾区、幼儿园和失学儿童；为部队战士、工读学校和听众购书赠书，或作为党费交给党组织。齐越同志不愧为谦洁奉公的模范。

齐越同志具有强烈的事业心、高度的责任感和使命感。他经常用吴玉章的话勉励自己或与人共勉：“人生在世，事业为重，一息尚存，决不松劲”。他患有高血压、糖尿病、冠心病等多种疾病，但他仍以坚韧不拔的毅力、顽强的拼博精神、一丝不苟的态度，圆满认真地完成党组织交给的每一项任务、每一件工作。在他生病住院的五年多时间里，他与病魔展开了顽强的斗争，用仅能活动的一只手，以惊人的毅力写出《献给祖国的声音》、《情系七彩人生》等著作。在他病重期间，仍关注祖国的建设和发展，关注新一代播音员的成长。齐越同志立下遗嘱，提出丧事从俭，不举行遗体告别，不开追悼会，遗体捐献，解剖后火化，骨灰撒在他当年劳动锻炼过的河北姜庄子和山西大建安的土地上。

齐越同志曾当选为中华全国民主青年联合会第二届全国委员会委员，第三届全国人民代表大会代表，北京市政协委员，中共十三大代表。担任中华全国新闻工作者协会理事，中国广播电视学会理事，中国播音学会名誉会长，北京市语言学会顾问。曾被评为北京广播学院优秀共产党员，北京市先进工作者，北京市优秀共产党员，全国一级优秀新闻工作者。1991 年获首批国务院特殊津贴。

齐越同志一生对党忠诚，作风正派，为人正直，爱憎分明，襟怀坦荡，光明磊落，言行一致，表里如一，严以律己，廉洁奉公，严谨治学，精益求精，深入工农，联系群众，培育新人，无私奉献。他把毕生精力都献给了党的广播电视事业。他不愧是中国共产党的优秀党员，不愧是播音艺术的一代宗师，不愧是广播电视工作者的楷模。

齐越同志的逝世，是我国广播电视界的重大损失，是我国广播电视高等教育事业的重大损失。我们悼念齐越同志，要化悲痛为力量，学习他的革命精神和高风亮节，继承他的遗志，把我国广播电视事业和广播电视高等教育事业不断推向前进!

尊敬的齐越同志，您的声音将永远回响在我们耳畔，您永远活在我们心中!

首都各界人士沉痛送别齐越

新华社北京11月13日电 （记者权进）鲜花环绕，挽联低垂。哀乐声中，丁关根、艾知生、刘习良等领导同志以及来自全国的400余名各界人士在八宝山革命公墓，沉痛送别齐越同志遗体。

著名播音艺术家，播音学教授齐越同志把一生的精力和热情奉献给了广播播音和播音教学事业。在今天上午举行的追思座谈会上，方明、葛兰、徐曼、马尔芳、虹云等播音界知名人士回忆起齐越对党的忠诚、对事业的热情和对同志的坦诚，每每泣不成声。齐越精神教育、感动了几代人。

28年播音生涯，18年教学活动，齐越同志形成了庄重深沉、坚定豪迈、准确生动、饱含感情的“齐越风格”，成为影响后人的楷模。

（原载*1993*年*11*月*14*日《人民日报》）

情深并茂笔耕酣

齐越夫人　杨沙林

几十年风风雨雨的播音生涯和教学实践，齐越走过了艰难的历程，解放战争时期，他就把自己的一颗心献给了播音事业，也献给了人民。多年来，勤奋不息地为党工作，贯穿在他生命的每个细胞中。

多年来他虽然离开了心爱的话筒，仍时刻关心着广播事业：他写了《终生难忘二三事》，写了《献给祖国的声音》；1989年12月，中央人民广播电台建台50周年纪念日，以《献给祖国的声音》为书名，撰写、整理、编辑了十三万字的书，献给建台50周年；这本书他是用心血和生命写成的。

他不是一个文才横溢的人，他是以赤子之心，叙怀心迹，表露内心的真情实感，文如其人，他勤于动笔，通过广播、电视和自己的深入思索，全身心地投入在改革开放的大潮中。1991年写“诗”，1992年写散文，或追忆往事，或抒发现实。他的精神鼓舞了我，他写我也写，用我们两人的名义，编辑出版一本书《情系七彩人生》。

他战胜病痛的最大力量，是被他尊称的“我的良师益友”的广大听众。与他联系的听众非常广泛，有工农兵、伙夫、木工、待业青年、基层播音员、广播爱好者等等，他去世后，许多素不相识或根本没联系过的听众打来的电话，十分感人。

作为他的妻子和终生伴侣，在他生前我把全部的心血、感情和爱奉献给了他。他一生清白，情声并茂笔耕酣；他两袖清风，几多磨难心犹丹。他的品德，他的精神永远鞭策我们，激励我们，他的青春之树常青，他将永远活在我们心中。

齐越同志活在我们心中

——在缅怀齐越教授座谈会上的发言

广播电影电视部副部长
中央人民广播电台台长　　同向荣

我代表部领导和中央人民广播电台的全体职工，对齐越同志的逝世表示沉痛的哀悼，同时，也对齐越同志的家属表示深切的慰问。

齐越同志离我们而去了，大家都很悲痛。特别是听了许多同志那充满深情的回忆，使我深受感动，肃然起敬。

我曾于西北大学执教近廿年。在七十年代清理校史资料的过程中，偶尔浏览了齐越同志当年投身西北大学进步学生运动的光辉篇章。当时，他是党在该校学生中的外围组织——北方学社的异常活跃的一员。为了激励青年学生的抗日热情，他经常在学校大礼堂举办个人诗歌朗诵会。他那非凡的朗诵才能和昂扬的激情，使得满礼堂的学生为之倾倒。我想，那至今保留完好的西北大学的大礼堂，应该说是他走向解放区、走向新华广播电台、走向中央人民广播电台的起点。为此，我愿以一个晚辈校友的身份，代表西北大学的同志们，向长眠中的齐越教授道别。

齐越同志是我们人民共和国的的优秀的播音艺术家。他的播音，字正腔圆，气势豪迈，情真意切，生动感人，开创了人民广播的一代新风，给人们留下了难以忘怀的印象。我身为中央人民广播电台台长，在考虑广播改革的时刻，总想着在第一套节目里，特别是在新闻节目里，能够继续发扬齐越同志当年那样一种播音风格和形象。

齐越同志的一生，应该说是革命的一生，是继承和发扬了革命老区伟大精神和优良传统的一生，是值得骄傲和自豪的一生。总而言之，他给我们留下了许多宝贵的、有价值的闪闪发光的东西。

齐越同志的声名将载入人民广播事业的光荣史册。

齐越同志将永远活在我们心中!

斯人已去　风范长存

——“缅怀齐越教授座谈会”侧记

文　琪

这不是一个普通的座谈会——鲜花环绕，挽联低垂。发言人每每泣不成声，与会者无不为之动容……

这里安放着的也不是一帧普通的遗像——像片中的人物正面对麦克风，一边讲话，一边打着手势。音容笑貌，呼之欲出……

11 月 13 日上午，70 多位各界人士和播音明星聚集北京广播学院，以座谈的形式追思、悼念他们尊敬的师长、朋友齐越同志。

“号兵、哨兵、炮卒”

座谈会上，新闻界老前辈温济泽同志深情地回忆了自己和齐越从解放区开始一同共事几十年的经历。当时陈毅同志在听了新华广播电台的播音后曾鼓励大家:“你们播出的每一个字都是打入敌营的一颗炮弹。”并把播音员比作“吹号的人，放哨的人，开炮的人。”温老激动地说，实践证明，齐越同志无愧于“号兵”、“哨兵”、“炮卒”的光荣称号。

艺品就是人品

作为著名的播音艺术家，齐越同志在播音方面有着丰富的的经验和较深的造诣，然而，与会者谈到更多的，则是他的为人。与齐越相处十几年的杨正泉同志说，齐越无论何时都对党的事业忠心耿耿，对人民群众充满了爱，这是他播出的通讯感人至深的根本原因。

一个 9 岁的男孩，在收听齐越广播的《县委书记的榜样——焦裕禄》时躲在自己的小阁楼里偷偷地哭了，这个男孩就是后来成为优秀配音演员的林栋甫。他怎么也无法接受，十几年来像慈父、严师一般关心他、指导他的齐老竟永远离他而去了。林栋甫说，从齐老身上，他真正懂得了“艺品就是人品”这句话的含义，对他来说，齐老师是“一种精神，一种崇高的情感。”

一生奉献　两袖清风

“齐老师是我所见到的最磊落的人”，齐越的学生敬一丹说，在帮助清理遗物时，她才发现自己的老师晚年生活竟是如此清贫。播音系马尔芳老师经常陪齐越一同去各地讲学，身患多种疾病的齐越一不坐软卧，二不住宾馆、三不吃客饭，每次的讲课费也都坚决不要。讲起齐越廉洁奉公的事，每个人似乎都有说不完的话。一位书法家多次送字画，他都不收，却请书法家将周总理 1959 年视察广播大楼时说的话写成字幅，挂在居室墙上。齐越一家的居室是两间小屋，家徒四壁，唯有这个横幅令陋室生辉……

座谈会在沉痛的气氛中进行着，每个人的眼中都闪着泪光，每一个发言都扣人心弦。大家都在默默祝愿：齐老，安息吧！您的精神不死，您永远活在我们心中。

缅怀齐越　学习齐越

刘继南

齐越同志的逝世，是我国广播电视界的重大损失，更是我们北京广播学院的重大损失。

齐越同志的一生，是革命的一生，光辉的一生。

青少年时代，他便投身于党领导的学生运动。1946 年来到解放区参加党的新闻工作，1947 年开始播音生涯。1949 年 10 月 1 日，他和丁一岚同志在天安门城楼上播出了开国大典的盛况，在人民广播史上写下了光辉的一页。建国后，他又播出了《县委书记的榜样——焦裕禄》等大量震撼人心的优秀作品。齐越的播音，开创了人民广播的一代新风，赢得了亿万听众的赞誉和尊敬。作为新中国播音艺术的一代宗师，齐越同志为我国播音队伍的建设也作出了重要贡献。

1975 年，齐越同志调北京广播学院任教。作为播音学教授，他在总结丰富的播音实践经验基础上，形成了一套播音创作观点和理论体系。作为著名专家，齐越同志一贯坚持教书育人，经常用延安精神教育学生；坚持为人师表，以自己的言传身教影响学生。

齐越同志具有强烈的事业心、高度的责任感和使命感。他患多种疾病，但仍以坚韧不拔的毅力、顽强的拼搏精神、一丝不苟的态度，圆满认真地完成党组织交给的每一项任务、每一件工作。

我们缅怀齐越同志，就要学习他坚定的政治立场，坚强的党性原则，在广播电视高等教育的教学中，把握正确的方向，体现鲜明的无产阶级立场；学习他严以律己、表里如一的品格，教书育人，言传身教，为人师表，用延安精神引导和教育学生；学习他两袖清风、廉洁奉公的精神，加强廉政建设，搞好新闻工作者的职业道德教育；学习他深入基层，深入生活的作风，加强师生的生活实践，从现实生活中汲取营养，锻炼提高；学习他强烈的革命事业心，增强搞好广播电视高等教育工作的责任感和使命感，把我院的教育改革推向一个新台阶；学习他无私奉献、鞠躬尽瘁的高尚品质，把我们的全部智慧、全部精力、全部心血，都献给党的广播电视高等教育事业。

生命的归宿

黄 勇

4 月 22 日，河北省沧县姚官屯乡姜庄子村村委会为不久前逝世的广播学院教授、我国著名播音艺术家齐越同志，举行别具一格的骨灰安放仪式。

当齐越同志的夫人杨沙林同志及其他亲属护送齐越骨灰来到姜庄子时，上千名村民怀着崇敬的心情在路旁迎候。

在村委会会议室，老房东吴长法大爷的儿子拿出两张发黄的黑白照片，那是当年齐越同志留给他们家的纪念品。照片上，齐越同志身着大棉袄，头戴瓜皮帽，手握大烟斗，一副北方农民模样。这照片，勾起了人们对往事的回忆——

1958 年 1 月 27 日，齐越同志作为中央人民广播电台的播音员，与台里 20 多位同志一起，下放沧县姜庄子劳动锻炼。在这里，他同纯朴的农民同吃同住同劳动，结下了深厚的感情，度过了终身难忘的 300 多个日日夜夜。返京时，他带回了房东大娘送他当干粮的两小块绿豆饼和一把莱盘子，把它们装在瓶子里，作为永久纪念，一直保存到现在。

从此，姜庄子的父老乡亲，姜庄子的那方土地，常常使他魂萦梦绕；从此，爱人民、为人民，成为他人生的孜孜追求。

30 多年后，当齐越从友人的信中得知昔日的盐碱滩已成为今日的米粮仓、花果园的时候，他兴奋不已感慨万端，他在一篇回忆文章中深情地写道："如今，改革的春风使姜庄子旧貌换新颜，我多么想回姜庄子看看，实现我 30 多年的夙愿，然而病魔缠身，行动不便，我只有在梦中回到姜庄子去看望日夜思念的乡亲们了。"重病中，他立下书面遗嘱：死后把骨灰撒在河北沧州姜庄子的土地上。

齐越同志逝世后，当地政府得知此事，欣然赞同并引为自豪。齐越同志终于回到这片土地。上午 11 时，骨灰安放仪式在姜庄子苹果园举行。

400 多名父老乡亲赶来了；

沧州市、沧县、姚官屯乡、姜庄子要的四级党委领导同志赶来了；

北京广播学院、中央人民广播电台和沧州市、沧县广播电视部门的领导同志赶来了；

在中央电视台、北京电台工作的齐越同志的学生也赶来了。

人们默默为他送行，深切地悼念这位把自己的心、声献给党、献给祖国、献给人民的老一代著名播音艺术家和新中国第一位播音学教授。

《莫斯科郊外的晚上》旋律在苹果园上空回响，这是齐越同志生前最喜爱的歌曲。杨沙林同志把红绸包裹的齐越的骨灰轻轻地放入土坑。齐越的五位研究生和助手，与乡亲们一起，把一株高达 3 米的翠柏移入坑中为这棵不寻常的柏树培土浇水，把哀思和挚情一同埋入这方热土。

"巨魄融沃土，忠魂育绿荫。"来自大地，回归大地；从人民中来，再回到人民中去。这就是齐越——一名优秀共产党员和人民艺术家的生命归宿。

崇敬与悼念

——学习齐越著作感言

北京广播学院播音系主任 张 颂

齐越老师溘然长逝，我国新闻界、播音界承受着巨大的损失。党的新闻工作者，正将悲痛化为继承他未竟事业的动力，正将缅怀化为遵循他谆谆教诲的赤诚。他的敬业重业，实实在在地昭示了人生的价值；他的高风亮节，真真切切地塑造了人们心中的典范；他的播音创作，达到有声语言艺术的峰巅，开创一代新风；他的理论建树，使他进入了学科奠基者的行列，成为一代宗师。

一

齐越老师的理论建树，首先是鲜明地提出和不懈地坚持了播音员是党的新闻工作者、党的宣传员，播音工作是创造性的工作这一科学界定。他一再强调："播音员是党的新闻工作者。这是播音工作的性质和任务决定的。""小小话筒千钧重，它载负着党的重托，人民的信任。"他通过自己的亲身经历，自己的播音创作过程，进一步说明："没有分析，就没有区别，就没有创造。广播稿件从准备到播出是以分秒计算的。播音员对稿件的分析理解和表达设想是在限定的短时间内进行的，是一种紧张的思维活动，需要动脑筋，用气力。"

这一科学界定，是齐越老师全部著述的灵魂，它贯串于从《播音员日记》至《献给祖国的声音》，并体现在从 1947 年 8 月 16 日的两件记录新闻到 1987 年 8 月 16 日的吴玉章同志的诗，这 40 年载话筒前的创作生涯中；

这一科学界定，融会了人民广播各个时期的历史回声，融会了国内外广播电视传播中的语言艺术精华；

这一科学界定，是实践的产物，是经验的概括，是理论的结晶，具有社会主义中国广播电视的特色。

今天有人认为，话筒前播音是一种简单劳动，播音员缺乏创造思维，话筒前想说什么就说什么，想怎么说就怎说。这类认识之浅薄与低俗，是早已被齐越老师批评过的，他主张"一戒自我表现"，"二戒随心所欲"。

二

在播音创作的理论上，齐越老师从创作的基本原则到创作的技巧，都有详细的论述。他在提出“生活是我创作的源泉”、“听众是我的良师益友”的同时，根据历史的经验，提出了“稿件是我创作的依据”的命题。他指出：“在创作过程中都要忠实于原作，受主、客观条件的制约，有一定的局限性。这种局限性是和创造性相对而言的，正因为存在着局限性，才需要发挥创造性；没有局限性，也就无所谓创造性。”

这一论述，现在更具有指导意义。在广播电视各类节目中，都可能存在“有稿播音”和“无稿播音”两种形态，都是传播的需要，不应顾此失彼，更不应厚此薄彼。不论有稿还是无稿，都必须有“依据”，有了依据，就有了局限性，就需要发挥创造性。什么是创造性呢？齐越老师说：“在播音中，我力求达到稿件内容，形式和尽可能贴切的语言技巧的和谐统一，情真意切和准确表达的和谐统一”。在话筒前，如是有声语言同内容脱节、同感情分离，达不到和谐统一，却称之为“创造性”，那就不知“创造”什么了。

特别是有稿播音，目前已被有些人不屑一顾了，“念别人写的稿子，没水平，没出息”的奇谈怪论正甚嚣尘上。齐越老师说：“是的，我读的是别人写的稿子”。“是的，我是个传声筒。我传的是中国人民战胜艰难险阻、走向胜利的声音；我传的是人民和党政治上和谐一致的声音；我传的是中国共产党堂堂正正的真理之声。做这样的传声筒，我感到无比幸福和自豪！”正是在这一清醒的认识和哲学的思辨指引下，在40年“念别人写的稿子”的创作活动中，他登上了后人难以企及的语言艺术高峰！以齐越老师的才华，他并不是写不出精妙的稿件，但他“事业为重”，激情洋溢地全力投入到“别人写的稿件”中，创作出了无数播音精品，存留在史册上，铭记在广大听众的心田里。

同时他又指出：“在生活语言的基础上，要注意艺术加工，发挥广播语言所特有的‘声感美’，简洁明快，朴实大方，既口语，又规范。现在感到有一种‘自然化’倾向，值得注意。”可惜的是，“自然化”已成为一种时尚，并进入“一次性消费”的海洋，“艺术化”还在被当作“过时的传统”而受到冷落和嗤笑。

齐越老师在播音创作方面的理论，已经和正在实践中产生不可估量的影响，已经和正在成为播音界同仁的日益重要的座右铭。

三

在播音创作的全过程中，齐越老师极为重视、反复强调的一个问题是“听众是我的宣传对象、服务对象，也是我的良师益友。”他倡导播音员“走出播音室，到群众中去，到我们的服务对象中去，拜他们为师，和他们交知心朋友；倾听他们的意见，广泛吸取营养，努力充实自己，使自己的思想感情和群众的思想感情融为一体。这样播音时才能把话说到听众的心里去，产生思想感情的共鸣。这是做好播音工作，取之不尽的源泉。”这一倡导，不但使中国播音学的理论层面增强了历史的厚重感，也为广播电视界的优良传统积淀了语言的激活力。齐越老师的这一理论建树，借鉴了苏联播音三要素的合力，发展了我国有声语言表达艺术的“口耳之学”的向度，突现了浓重的现代中国特色。在建立社会主义市场经济的今天，没有任何理由拒绝这一传统、这一理论，任何改革方案都应把这一倡导列人重要议事日程。

至于一些自命不凡的“改革者”，一味满足于话筒前的“平衡／互换”模式，满足于共时的交谈的对话，从不强调“把话说到听众的心里去，产生思想感情的共鸣”，反而把“及于听众”歪曲为丧失反馈的单向传播，这不过是一种肤浅的武断。

齐越老师十分重视听众的反馈，不仅是对节目、对播音的反馈，还包容了对播音员思想、态度、追求的反馈。他说：“我在播音中稍有懈怠或失误，他们立刻来信提醒我，给予热情的关怀或严肃的批评；我在播音中略有进步，他们又立即来信鼓励。在他们的帮助下，使我不断明确和解决思想、业务中的问题，坚定了事业心，增强了责任感。”听众寄来的信都认真阅读，一一复信，甚至登门求教。齐越老师在30多年中结交了许多听众知心朋友，常年保持联系。这种显性评价性反馈，是高层次的反馈，是十分可贵的反馈。这样的反馈，现在有多少呢？清醒的严肃的播音创作者，一定会学习齐越老师身体力行的这一倡导，不但提高播音质量，也提高人格质量，成为真正的改革者、开拓者。

四

1966年3月，周恩来总理视察北京人民广播电台，风趣地问一位播音员：“你会播什么？新闻、文章、文艺朗诵?”播音员回答：“新闻、文章、文艺，什么都播。”周总理笑着说：“好啊！你是多面手。”齐越老师在引述了这件事之后指出：“周总理生前提倡一专多能，要做多面手。这对播音工作来说也是切合实际的。尤其是现在，广播节目内容丰富，形式多样，更需要多面手，才能适应工作的需要。”“多学几手，多练几手，为的是更好地借鉴以提高播音质量。”齐越老师强调：、我主张播音员成为广播宣传工作中的多面手，能播、能采、能编。在播音方面要全面掌握，一专多能，百花齐放，百家争鸣。”

齐越老师的这一思想，从他的实践中可以得到证明，那《社戏》，那《古罗马的大斗技场》，深刻而生动；从他的教学中可以得到证明，那一个个大小朗诵会，那一部部影视剧配音，人人有收获。正是“多面手”“一专多能”的思想，使播音工作、播音教育工作进入了一个新天地，促进了播音艺术的多样化发展。

不过，就象历史的发展是曲折的，人们的认识也是在不断反复中深化的。以为播音员只是“念别人写的稿子”，只是“播”，只是“报告新闻”，不过是暂时的现象，即使有人有权坚持这种认识，迟早也是会改弦更张的。社会发展规律，广播电视传播规律，播音创作规律，都会以自身的话语告诉人们：“做多面手”“一专多能”的思想及其指导下的实践不可背离！

齐越老师说：“编播之间互知甘苦，彼此尊重，相互帮助，密切合作，是人民广播事业的好传统。”他指出“重编轻播、编播严重脱节的现象”是对党的优良传统的“败坏”。他要求我们应该记住周恩来同志的教导：“不但对自己所担任的工作负责，同时对与自己工作有关的其它工作也要负责。”从齐越教师的论述中，没有什么“编播分离”的格局，更没有播音员只认稿件不想节目的思路。失去了群体的全面负责、团结合作，离开对具体稿件、话题的具体分析，“节目质量”不过是自视甚高、目空一切的梦呓。

做多面手、一专多能、编播合作，目的只有一个“提高播音质量”。正如齐越老师所告诫的：“如果不是抱着这样的目的，那么，随之而来就可能产生一种不良倾向：重文艺节目播音，轻新闻节目播音。”“如果这样，我们就没有尽到一个播音员的职责，成不了周总理期望于我们的多面手。”他特别提醒电视播音员“应培养和保持新闻工作者的素质，使自己的形象具有新闻工作者的气质而不是演员、模特的气质，更不是做广告的气质。即便是主持文艺晚会，也应该在这样的气质的基础上发挥技艺，施展才华。”这就从根本上解决了播音员的人格内涵问题，从实质上阐释了播音员的美学理想问题。业务广度与认识深度在这里实现了融合。

再也不能当面向齐越老师请教了，那严肃专注的目光可以净化你的心灵，那亲切深情的话语总能平添你的勇气。当我捧起齐越老师毕生心血凝聚其中的著作时，中国播音学奠基者深邃的哲理不断闪现着智慧之光，照亮了思维轨迹，鼓舞了追求的执著。这挂一漏万的文字仅仅是体会中的一滴，表达对齐越老师的崇敬和悼念，更需要奋然前行的攀登。

齐越老师安息吧！

齐越老师的播音“三戒”

——缅怀敬爱的导师

姚喜双

1993 年 11 月 7 日，当我赶到北京工人疗养院时，我敬爱的导师齐越的心脏已经停止了跳动。然而直到当我忙完了齐老师的丧事后，我才感到齐老师真的永远离开了我们。

10 年前我大学毕业后给齐老师当助手，后又考上他的研究生。作为导师，他总是不断对学生谈起他的“播音三戒”。

一戒自我表现。齐老师反对在话筒前卖弄声音、炫耀技巧，自我表现，自我欣赏。生前他拒绝别人采访宣传他。他常说：“没有党，没有党的广播事业，我这个被国民党追捕的穷学生算老几呀！”他在回忆战争年代的播音生活时说，当时条件很艰苦，写稿子用马粪纸，为了防止灯光下播音字写在光滑的正面反光刺眼，编辑就在粗涩的纸的背面写字。当时的播音配合人民解放战争，对敌喊话。听说鸡蛋清能滋润保护嗓子，毛主席、朱总司令等中央首长，就把分给自己的鸡蛋送给播音员。播音员又把这些鸡蛋留给伤员，只是在个别同志嗓子生病时才偶尔用一下。齐越老师是我党第一位著名男播音员，参加了开国大典的播音，解放战争和和平建设时期播出了许多重要的新闻、文稿，同时创立了独到的播音理论，培养了一批批播音员，堪称播音艺术的一代宗师。而当有人称他是著名播音艺术家时，他却说：“我只是一个普通党员，一个老播音员。”他从不以专家、教授、高干自居，外出播音、讲学从不住高级宾馆，谢绝超标准接待，并把讲课费、演播费捐献出来或交党费。

二戒随心所欲。齐越老师每次播音或讲课，都十分认真地做准备，沉浸在里边，吃不下饭，每次播音或讲课后，就像得了一场病。齐越老师是在用生命播音。他常说：“话筒是他的战友流血牺牲换来的（战争年代，当敌机轰炸时，为保护机器设备，包括话筒，我广播战士用身体保护话筒、设备保住了，有的同志却牺牲了），在话筒前播音不敢有丝毫的怠慢。他忘不了 1959 年周总理视察广播大楼时对他的嘱托：“广播大楼建成了，比起延安窑洞的条件好多了，你们一定要用延安精神做工作。”齐老师用延安精神引导和教育我们，培养我们一丝不苟的创作作风和工作作风。他要求我们每次播音都要从零开始，舍得花力气，不能凭主观想象去播音。不能认为某些稿子不重要或听众少，就不认真对待，掉以轻心。1988 年他生病之前最后一次播音，就是为一个听众播的。这是齐越老师的一位老听众，江西的一位中学老师。他写了一篇歌颂志愿军战士的小说《疤公》，发表后寄给齐老师，想请齐老师播送。齐老师欣然答应。他开录前的每一秒钟都不放过，认真准备。我给他录了一遍，他听后不满意，又让给录了一遍。1988 年，他生病住院后，医院发生病重通知书，他嘱咐我说：“我没有什么事，就是放心不下那些听众和听众来信，你一定要替我处理好听众来信。”当他身体稍一好转，便用仅能活动的一只手，亲笔给听众回信。

三戒千篇一律。不了解齐老师的人，都以为他是一个老传统、老古板或老保守。其实，真正了解他的人都知道，他最富创新精神。在播音创作上，他反对单纯模仿，千人一腔。他说：模仿成小齐越、小夏青、小赵忠祥，再象，也是没有前途的。因为模仿不是创造。

作为齐老师的学生，我将永记“我教的是人”这句话，作为播音老师，我将把它传下去。

送别良师齐越

傅　程

1993年11月7日，我敬爱的导师齐越教授与世长辞了。

那天上午九点，我突然接到老师病危的消息，就连忙赶往西山工人疗养院。在老师病房的门口，我见到了已先一步赶来的师姐敬一丹，她是在中央电视台刚刚直播完《一丹话题》节目，连妆也没卸就匆匆赶来的。看着师姐那哭红的双眼，我知道，敬爱的导师齐越教授，已经永远地离开了我们……

看着老师的遗容，想着老师对我们那父亲般的爱，我百感交集，再也控制不住自己的感情，泉涌的泪水洒落在老师的胸前……

11月6日上午，听说老师病情加剧，我又赶来医院。当我来到老师的床前时，他竟睁开了紧闭的双眼，而且目光很亮，眼角淌下两行泪水。老师用他那微弱无力的右手忽然紧紧攥了一下我的手，嘴里含糊不清地说了几句话，可惜已经无法听清了。回想老师昔日用那雄壮的声音叱咤风云的一生，看着眼前老师躺在床上呼吸困难连话都说不清，我的心真像刀绞一样难受……

敬爱的老师，您还记得吗？我们相识于1981年岁末的哈尔滨。那时我还是一个大学四年级的学生，正准备报考北京广播学院播音系研究生。听说您到哈尔滨开会，我便冒昧地登门求教。您非常热情地接待了我。当您听说我是学俄语专业的，非常高兴，随即告诉我，您上大学读的也是俄语专业。然后，我们就用俄语愉快地交谈，还一起用俄语背诵了高尔基的《海燕》。您对我说，一个人活着，就要有远大的理想和抱负。要有海燕的精神，不屈不挠、不畏惧任何困难，向着一个目标勇往直前。这样才能对国家对人民有所贡献，不虚度一生。您在离开哈尔滨之前，又委托省电台播音组的方梁老师具体在播音业务上帮助我，回北京后，您又多次给我寄来专业书籍和复习资料。老师，回想那一段时光我是多么的充实啊！

敬爱的老师，我们永远忘不了：您和师母送给我们的结婚贺礼；学生的家属来京，您把自己的宿舍的钥匙交给学生，自己中午在办公室打个盹；知学生孩子小，爱人又在读研究生，生活上有困难，您把听众朋友送您的上好的棉花转送给学生为孩子做棉衣、被褥，自己又掏钱买礼物回赠给听众朋友……。

是的，老师，象我一样素昧平生的年轻人，您这一生不知关怀帮助了多少。只要有人求教于您，您都不吝赐教，诲人不倦，为他们鼓起希望的风帆，为他们开辟一条驶向理想港湾的通途！

敬爱的老师，我终于明白了您那含糊不清的话语，您那深邃明亮的目光和您那两行晶莹的泪水，您是在最后向我表达您对我们所有学生的深深的爱意，您是舍不得离开我们——您用心血培育出来的学生们，您是在和弟子诀别啊！

敬爱的老师，您还记得吗？1983年6月，您应邀到长春录制《大地的儿子——周恩来的故事》。给大家留下了终身难忘的印象，您讲述总理的事迹时，泪水就在眼眶里打转。当我们走出大演播室，看到外面操作机器的录音员、编辑也在流着泪。

敬爱的老师，就在11月8日您逝世的第二天，有一位听众朋友连夜给我们电台打来电话，这位年过花甲的退休女教师，流着泪激动地谈您的播音对她一生的重大影响。她说，1949年10月1日开国大典，十几岁的她正在患重病，病魔几乎使她丧失了生活的信心。然而，她从广播里听到您转播开国大典实况的播音，她一下子被您那气壮山河的声音震撼了。她说，从您的声音里她充分感受到站起来的中华民族那强烈的民族自豪感。她想"我不能死，我一定要活下去，我要用自己的双手建设我们的新中国！"

敬爱的老师，我终于明白了，临终前您那含糊不清的话语，您那深邃明亮的目光和您那两行晶莹的泪水，您是舍不得离开那与您相依相伴了四十年的心爱的话筒，您是舍不得离开您所熟悉和热爱的听众，您还有多少真挚的情感和知心的话语要向他们倾吐和诉说啊！

1988年秋您第二次患脑血栓住院，89年秋又不慎跌倒摔断四根肋骨，冠心病加剧，昏迷不醒人事，虽经全力抢救脱险，但却失去"半壁江山"（左偏瘫）。这一连串的打击和创痛，都没能使您的意志垮掉。待病情稍一稳定，您又开始了人生旅途的新的征程。离开了话筒，离开了讲坛，您又用仅存的右手拿起了笔，病了五年，瘫痪了五年，您写了五年！写了厚厚四大本诗，写了几十篇散文、文章，为听众和青年朋友回复了大量的来信，编著了两本新书……老师啊，就是健全的正常人要在几年之内做到这些事情亦属不易，更何况您——一个仅有半个身子的古稀之人啊！

《献给祖国的声音》这部书，是您为庆祝人民广播创建50周年而献上的厚礼。当时您忍受着摔断肋骨初愈的隐痛，用一只手书写、剪贴、整理书稿，这部书是您病中全部心血和精力的结晶啊！《情系七彩人生》是您和师母共同完成的。它真实地记录了您住院几年来的心路历程。这里边有您对往事的回忆，有对现实的抒怀；有对成功喜悦的纪录，也有对失误教训的反思；有对七彩人生的无限眷恋，也有对内心深处灵魂的解剖。在这本书里，您完全真实、坦荡地敞开了自己，使人仿佛又见到了活脱、真实的您！文如其人，老师啊，这是您留给后人的一份宝贵的精神财富，这本书就是您本身。

敬爱的老师，我终于明白了您那含糊不清的话语，您那深邃明亮的目光和您那两行晶莹的泪水，您是在最后地告诫学生：要永远地做一个高尚的人，一个正直的人，一个对人民有益的人，一个在话筒前能用赤子之音与千万为光明前程而顽强奋斗的人民大众共享甘苦哀乐的人!

敬爱的老师，学生要告诉您，由您工作了13年的北京广播学院播音系发起的为您建立塑像的倡议，最近已获广播电影电视部和学院党委的批准，不久就要开始实施。同时院党委还决定设立“齐越播音基金奖”，今后用以表彰那些为中国播音事业做出突出贡献的播音员和播音教学、科研工作者。老师，作为您的学生，看到这一切，我是多么的欣慰和自豪啊!

1993年11月13日在您的遗体送别仪式上，党和国家领导人丁关根同志握着师母的手说：齐越同志为党和国家做出了很大贡献，党和人民是不会忘记他的。

是的，老师，党不会忘记，共和国不会忘记，人民不会忘记。一个把自己的一生都奉献给了伟大事业的人，永远不会倒下。您的声音将永远在祖国的天空大地回响，您永远活在我们心中!

敬爱的老师，安息吧!

(原载·1994年2月8日《光明日报》本刊略有删节)

□天津经济广播电台

服务经济推进改革

在邓小平同志的南巡讲话精神鼓舞下，1992年7月天津人民广播电台经济台为适应社会主义市场经济的发展，进一步调整了节目内容，完善节目整体布局，建立新的管理体制，并改呼号为天津经济广播电台，在广播宣传和管理体制的全面改革上迈出了新的一步。

天津经济广播电台的改革极大地调动了全体编播人员的积极性。天津经济广播电台的节目更加突出了经济特色，更直接、更有力、更具体、更实际地促进着社会生产力的发展和社会主义市场经济的发展，更加贴近实际、贴近生活，受到广大听众的欢迎和喜爱。

一、基本情况

天津经济台的前身是天津人民广播电台经济台：成立于1989年1月1日，开始广播宣传的第一步改革，即以改革节目内容和节目形式为中心，使其适应改革开放和社会主义商品经济发展。作为天津市广播电视局的改革试点，它于1992年7月6日正式改呼号为天津经济广播电台。第二步改革，即在进一步进行宣传改革的同时，对内部管理体制进行了大胆的改革。

天津经济台全天采取主持人直播形式，经过1992年7月和1994年1月两次调整，现在每天播音16小时10分钟。开办了《天津早晨》、《飞越时空》、《空中商业城》、《市场经济专列》、《热线导购》、《健康之友》、《优劣产品展示台》、《津沽大地》、《千家万户》、《金融一条街》、《七色花》(1071点歌台)、《五彩不夜城》、《悄悄话》等13个内容风格各异的综合性板块节目，在各综合性板块节目中，还设有7种信息节目、8种新闻节目，每逢半点和整点播出，构成全天整体节目的骨架。它们与各综合性板块节目相配合，生动活泼地宣传党的路线、方针、政策，发挥了正确舆论导向作用和服务功能。

在管理上，天津经济台隶属天津人民广播电台领导，为该台的一个部门。现有工作人员80人，设有节目编播部和信息公关部。节目编辑部设有若干节目组，承担广播宣传任务；信息公关部下设信息组、经营科、广告科等，承揽广告业务和经营创收工作。

天津经济台在经济上不再要国家事业费，实行自收自支，并上交天津人民广播电台部分收入。

二、关于广播宣传的进一步改革

广播电台的中心任务是宣传，天津经济台的全面改革是首先从改进宣传、办好节目入手的。经济台编辑部从适应社会主义市场经济的需要出发，重新审视经济台的节目及其在天津人民广播电台系列台布局中的位置，提出了“突出经济宣传，坚持正确舆论导向，坚持‘三接近’原则，发挥直播优势，吸引听众参与，开拓广播多种功能”的宣传改革思路。

1. 突出经济宣传

为了适应社会主义市场经济发展的需要，经济台确立了更直接、更有力、更具体、更实际地为天津经济腾飞服务，为环渤海经济区和华北经济区服务，为发展社会生产力，发展社会主义市场经济服务的办台宗旨。目前开办了6个经济类直播板块节目，除了保留和加强《津沽大地》以外，把原有的《经济大世界》节目分解为《空中商业城》、《市场经济专列》、《热线导购》三个节目，增设了《优劣产品展示台》和《金融一条街》节目；还开设了一大批直接服务于生产、流通、消费三大经济领域的短小精悍的节目和栏目，例如：经济新闻、经贸快讯、各地经济要闻、市场信息、供求信息、财税金融信息、科技信息、综合经济信息等。其它节目也从不同角度和侧面配合经济进行宣传报道，服务社会主义市场经济。这样就加大了经济宣传的分量，形成了天津经济台的经济特色。

《津沽大地》节目立足我市各郊县，为促进津郊农村的经济发展，开设了“农村新闻”、“区县之声”、“百业风采”、“科技服务台”等新栏目。受到广大农民听众和乡镇企业家的欢迎。天津各郊县广播站都及时转播这个节目。

《空中商业城》节目是和天津市商委共同合办的商业节目，该节目本着促进流通、繁荣市场、宣传企业、服务人民的精神，反映商业热点，迅速传递商业信息，努力为生产者、经营者和消费者服务。设有“商城导游”、“消费之友”、“商情信息”、“投诉热线”等栏目。

《市场经济专列》节目是宣传党和政府制定的有关经济政策，介绍企业和企业家如何顺应市场经济，转换机制搞活企业的经验。设有“企业采风”、“经济广角”、“经济记者谈经济”、“政策与法规问答”、“专家论坛”、“科技长廊”、“说产品看市场”等栏目。

《热线导购》节目，是为企业导购生产资料、为消费者导购生活资料的节目。它以快捷、简便、实用和新颖吸引了众多求购者和听众。这个节目的主持人工作闲暇时间逛商场，搜集商品信息，被听众称为“百业通”。《热线导购》为企业与企业之间、企业与消费者之间，听众之间架起了沟通信息的金桥，它不仅引导消费，也传递了友谊和真诚。

《优劣产品展示台》是经济台与天津市技术监督局联合开办的节目。它受理消费者投诉，展示优质产品，对伪劣商品进行曝光。《优劣产品展示台》自开办以来，为消费者解决了大量的实际问题，为企业传递了大量的产品反馈信息，赢得了消费者和企业家的信任。这个节目还与市技术监督局开展了“产品质量郊县行”活动，联合检查组跑了7个区县，检查了30多个企业，近千种产品，先后对16家产品质量过硬的企业进行公开表扬，对8家企业及43种假劣产品进行曝光，维护了消费者利益。

《金融一条街》节目是为了及时宣传国家有关金融政策，迅速传播国内外金融信息，为广大投资者服务而开办的。设有“金融信息”、“股市行情”、“银行之声”、“证券市场”、“投资指南”、“保险知识”、“房地产商情”、“专家谈股”等栏目。

天津经济台的其他综合性板块节目也加大了经济宣传的分量。如《天津早晨》节目，开设了市场系列热线，这些热线有“人才信息热线”、“技术市场热线”、“劳动力市场热线”、“房地产市场热线”等，为了深化经济报道，《天津早晨》还与《经济日报》驻津记者站联合开办“经济纵横”专栏，内容包括经济热点追踪、大家说经济、企业家论坛、话市场等。

天津经济台开设的经济类节目努力与市场经济的发展相适应，与各门类的经济部门合作，在经济宣传上提供更具体、更实际的服务，以实现经济台为市场经济服务的办台宗旨。

2. 坚持正确的舆论导向

经济广播电台在为社会主义市场经济的发展服务中，必须坚持正确的舆论导向。这是社会主义新闻事业的性质和任务所决定的。天津经济广播电台几年来，注意坚持正确的舆论导向，在服务于党和政府的中心工作、促进城乡经济发展和丰富人民文化生活等方面发挥了很好的作用。例如《天津早晨》节目，1993年组织了“雷锋与我们同在”、“3·15维护消费者权益大行动”、“我们是改革的主力军”等现场直播特别节目，收到了良好的效果。

舆论导向首先是政治舆论导向，同时也包括社会经济、文化、生活等方面的导向。天津经济电台是个综合性的电台，该台直播板块节目都是本着指向性与综合性相统一的原则开设的。节目的指向性和综合性决定了这些节目在舆论导向上既有一定的广度又有一定的深度。“广度”是指节目传播的内容丰富，它的影响几乎渗透到社会生活的每个角落和各层次的社会成员，对人们起着潜移默化的作用；“深度”是指广播舆论对社会思潮和社会行为起到现实和深远的影响。

在经济宣传方面，《优劣产品展示台》节目，坚持用70%以上的篇幅进行正面报道，开办了“优胜榜”栏目，收到了很好的效果。《优劣产品展示台》节目批评报道也是必不可少的，节目设有<曝光台>栏目和<·质量投诉热线>，面对大量的质量投诉，应该怎么处理呢？为了保证批评稿件的事实准确无误，我们对接到的质量投诉和批评稿件大都进行认真的调查核实以后才播出。被曝光或接到我们转去投诉信的企业都非常重视，立即向消费者道歉并认真整改。我们再对企业进行正面报道。这样，消费者的问题得到了圆满解决，很高兴，企业也十分满意。《优劣产品展示台》节目是1992年7月20日开播的，一年多来受理投诉430多件，有280多件得到了圆满解决，而且没有一篇批评稿件失实。

对于坚持正确的舆论导向问题，天津经济台专门召开各节目监制参加的研讨会，会上提出问题，交流经验，统一思想，制定了九项保证措施。

(1) 遵守宣传纪律，严格把好政治关，努力配合党和政府的中心工作。

(2) 搞好选题计划，注意报道题材的比例，组织好阶段性，专题性和战役性报道。

(3) 严格审稿制度，未经审阅的稿件不能播出。

(4) 遵守直播规程，避免直播事故，尤其是政治事故。

(5) 坚持正面宣传为主的原则，多选择健康向上、鼓舞人民奋进的报道内容。

(6) 批评性报道要适度，一切从社会的稳定出发，批评是为了解决问题，不是为了批评而批评，要抱着与人为善的态度，要核实情况，事实准确，批评要有下文，见到实际效果。

(7) 热线电话的内容要有选择。重大的政治问题，一时不能定论的问题以及家庭纠纷、民事纠纷等问题不在热线电话中涉及；嘉宾参与直播，事先要准备发言提纲，并按审稿要求进行审定。

(8) 提高宣传艺术，注意宣传效果。在坚持正确的舆论导向的同时，要使节目入耳、入脑、入心。要在广播的形式和内容上不断改革，努力使广播节目既保证了大方向，又新鲜活泼。

(9) 建立业务学习制度，不断提高新闻队伍的理论水平和思想水平，提高分析问题、解决问题的能力，为坚持正确的舆论导向提供理论保证。

3. 坚持“三接近”原则

天津经济台自开办以来，始终坚持接近实际、接近群众、接近生活的“三接近”原则，每个节目都想方设法地增加为听众直接服务的内容。调整后的节目进一步贯彻了这个原则，使经济台的收听率明显提高。

《天津早晨》节目是以新闻、言论为主导的综合性板块节目。这个节目以其时效强，内容贴近群众、贴近生活，形式生动活泼，信息量大，赢得了听众，成为天津经济台的名牌节目。该节目 1991 年冬天开设的“关心人民冬季生活热线电话”在天津引起轰动效应。这个节目把各区区长和有关部门的领导请进直播间，与群众在广播中见面，解答群众提出的问题，为群众排忧解难。“热线电话”开通了一条主持人——领导——听众三方面对话交流的特殊对话渠道。这条渠道方便、迅速、影响广泛。李瑞环同志对此给予了充分肯定和赞扬。他说：“我每天听《天津早晨》，感到这个节目保持了原有的特点，又有了新的发展。通过热线电话，区领导直接回答群众的问题，方式很好，体现了政府为人民办实事的公仆意识。”“关心冬季人民生活热线电话”的热效应延续至今并有了进一步的发展；为了让那些普通老百姓有一个说话的机会，《天津早晨》节目开设了“晨光大哥大”栏目，每周开通两次，听众可以通过“晨光大哥大”栏目，讲述发生在身边的事情，弘扬社会正气，批评不良现象，还可以反映生活中遇到的难题。记者把听众反映的问题集中反映到各级政府和职能部门，并将解决结果通过广播反馈出去。1993 年 5 月初，《天津早晨》在天津的一个商场门前，举办了两个小时的“晨光大哥大”现场特别节目，邀请了 20 多个本市区、局和职能部门的领导同志，当场接待各方面反映问题的听众。直播现场人海如潮，附近的过街天桥都站满了群众，人们赞誉《天津早晨》把节目办到了群众的心坎上。

《千家万户》是个侧重社会服务和生活服务内容的板块节目。其中有个“让世界充满爱”栏目格外引人瞩目，它是特意为残疾人开设的。这个栏目的记者关心理解残疾人，结交了许多残疾朋友，《千家万户》节目因此获得了“全国助残先进集体”的荣誉称号。有这么一件事在听众中传颂着：一天，这个栏目接到了一封听众来信，写信的是一位四肢三残的重残人，一直和父亲相依为命。不幸父亲病故，他独自生活，万分艰辛。在来信中，他请求帮助他换一间门脸住房，一可做小生意糊口，二可离亲属近些。该节目记者利用开“区长公仆热线”的机会将信转交该区区长，并再三恳请区长帮帮这位残疾人。这位区长在很短的时间里，为这位残疾人解决了一间十多平米的门脸房，满足了他的要求。对此事人们有口皆碑。这位残疾人坐着手摇车来到电台，因腿脚不便，上不得楼，就在传达室里久久地、苦苦地等着这位没见过面的记者。见面后，他泪流满面，不知该怎么感谢才好。

《悄悄话》节目自 1989 年初就以“敢为天下先”的精神，科学而又切合实际地涉足性科学领域。它以婚姻家庭生活知识为主要内容，解答一些听众普遍关心的问题，给人一些必要的性知识，解除“性盲”给人们造成的痛苦。这个节目还与天津医学院第一附属医院开办了“悄悄话门诊”，对广播中不宜公开的问题进行咨询，对一些性疾病患者给予医治。《悄悄话节目》起到了加深夫妻感情，增进家庭幸福，优生优育，促进社会稳定的作用。现在，《悄悄话》的收听达 48%，这个节目不仅收听率高，而且得到了中外专家的高度评价。

由于天津经济台的节目坚持接近实际、接近群众、接近生活的原则，不少节目成为深受群众欢迎的名牌节目，成为群众生活中离不开的朋友。

4. 发挥直播优势

天津经济电台全天节目采用主持人直播形式，它较之传统的录音方式有着明显的优势。主持人在直播间和听众交流，使“听”和“说”时态统一，缩短了主持人与听众之间的距离，使节目亲切自然，真实生动。

在发挥直播优势方面，我们的做法是：

第一、要求主持人提高素质，适应直播需要。

直播节目主持人不同于播音员，他们在直播间的话筒前对千百万听众讲话，广播的单向传播又限制了主持人与听众的直接交谈，这就要求主持人模拟与听众交流的语态；每个节目有着不同的内容、不同的播出时段、不同的收听群落，要求主持人根据收听的对象和播出的时间来把握自己的语态和基调；主持人要改变播报式为交谈式播音，这样主持人的语言才能生活化，亲切自然。

第二、发挥直播时效性强的特点，随时插播新闻。

第三、天津经济台设《1071 快讯》节目，对本市的重大新闻通过“大哥大”进行现场同步报道。

第四、开通热线电话，让听众直接同主持人交流。

第五、经常邀请嘉宾和听众到直播间参与问题讨论和主持节目。

第六、为了充分发挥直播的优势，我们经常把直播间搬到街头，组织各种专题的现场直播特别节目，主持人走出直播间，直接来到听众之中，更缩短了与听众的距离，收到了很好的社会效果。

5. 吸引听众参与

天津经济台特别注意吸引听众参与广播，认为这是突出听众主人翁地位、强化人民广播性质的重要环节。在工作中，我们为听众参与广播提供了多种机会，每个直播板块节目都设有听众参与性栏目。

听众对广播的参与有两种基本情况，即同步参与和非同步参与。同步参与就是在直播过程中的参与，它是听众参与广播的高级形式，但也是难以把握的形式。它具有传真度高、社会效果强烈的特点。因此，在现代广播中是必不可少的。同步参与有两种做法，一种是把听众请到直播间，参与节目播出，例如讨论问题、主持节目等。还有一种是通过热线电话参与广播，即听众把电话打到直播间和主持人直接交谈，双方交谈的过程就是节目的生产过程。天津经济台的节目分别设有不同内容的热线电话，例如“公仆热线”、“导购热线”、“生活服务热线”、“医疗咨询热线”、“投诉热线”、“快乐电话”、“热线点歌”等等。听众参与的积极性很高，直播间全天热线电话铃声不断。非同步参与是指非直播过程中对广播工作的参与。在这方面我们有许多传统经验，也是不可少的。

6. 拓展广播功能

为了适应社会主义市场经济的发展，天津经济台不断拓展广播的新功能。在注意发挥党和人民喉舌的宣传功能、文化娱乐、社会服务、社会教育等功能的同时，突出地增强了传播经济信息、服务生产者、经营者、服务群众经济生活的功能，使广播直接服务于市场经济的发展。

第一、为生产者和经营者提供各种信息服务。每天播出的经贸快讯、市场信息、供求信息、科技信息财税金融信息等，不仅为生产者提供了信息参考，而且为生产和经营架起了一座桥梁，沟通了供求渠道。

第二、通过广播组织社会经济活动，直接服务于生产厂家和经营者。例如：天津经济台曾多次进行经济活动的现场直播，组织交易活动，协助一些企业打开产品市场。

第三、利用广播覆盖面广的优势，直接为消费者购物服务，开办《热线导购》和《优劣产品展示台》节目。听众打一个电话就能了解到市场供应的情况。经济台是消费者的可靠朋友。凡损害消费者利益的行为，都可通过经济台受到舆论的鞭笞。

第四、传播各地经济信息、改革举措，为决策者提供信息参考，使广大群众开阔眼界。“各地要闻”主要报道各地经济体制改革的举措和成就，对开阔天津人的眼界有重要价值。

天津经济台力求使自己的节目内容同经济生活融为一体，使之成为现代社会经济生活的一个不可缺少的组成部分，在拓展广播新的功能方面不断探索和实践。

三、关于管理体制的改革

天津经济台管理体制的改革包括两个方面的内容，一是调整经济台和人民电台的关系，另一个是改革经济台内部的管理制度。

原经济台属于人民电台的一个编辑部，只负责节目的编辑工作，不负责人、财、物的管理。1992 年 7 月 6 日，经济台改革的一个重要内容是变编辑部为相对独立的台。经济台对总台实行创收承包，实现自收自支，并上交人民电台部分收入。虽然隶属人民电台领导，但是已经获得了相对人、财、物的管理权，具有了相对独立的性质，由于宣传和经营创收的好坏和经济台的每位工作人员切身利益息息相关，因此调动了大家的工作积极性，节目和创收得到较快的发展。

经济台内部管理体制的改革主要是改革人事制度和分配制度。在人事制度方面，经济台设立主任、副主任、主任助理、组长、副组长、节目主持人、编辑、记者、编务等技术岗位系列。经济台领导班子（主任、副主任）由人民电台台长聘任；组长、副组长由经济台主任聘任；正式的工作人员由组长聘用，编务人员实行临时工合同制，并根据双向选择、合理组合的原则，组建了经济台节目编辑部和信息公关部的各科组。

这种干部聘任制和双向选择组合各科组的办法，使各科组能够有个和谐的工作环境，出现矛盾也能够开诚布公地解决，增强了凝聚力，为办好节目、搞好创收奠定了基础。

各科组采取定量（工作量）、定质（节目质量指标）、定收（合办节目指标和插播广告指标）、定耗（工资性开支、事业费开支）和定员（工作人员）五定原则，同时实行增员不增耗、减员不减耗，超额优质有奖、欠额劣质减耗的管理办法。

在分配制度上，我们将原来的基本工资作为档案工资封存，实行专业技术岗位定额管理工资。外勤创收人员实行效益工资；节目主持人实行上岗工资和计时工资；编辑记者实行岗位津贴加定额工资和好稿好节目奖励制；各级干部有相应的职务津贴。经济台人员的工资构成有：固定工资，其中包括工龄工资、新闻龄工资、生活津贴、技术职务津贴、干部职务津贴，约占工资总数的 1／3；定额管理工资占工资总数的 2／3，各科组根据经济台规定的原则，制定具体的定额管理办法。

改革分配制度的首要问题是调整职工工资结构，实行岗位现实贡献为主的结构工资制，将工资的多种功能和劳动的各种形态联系起来，即考虑到历史贡献技术水平、稳定情绪，又突出体现了各尽所能、按劳取酬的社会主义分配原则。这种分配办法，克服了分配问题上的平均主义倾向，一定程度地拉开了职工工资差距，体现出按劳分配原则，调动了工作人员的积极性和主动性。

为了使宣传改革和人事、分配制度改革顺利运转，与之相配套，我们还制订了十几项管理制度，如《节目管理和直播规程》、《安全播出管理办法》、《干部值班制度》、《财务管理制度》、《主持人业务学习制度》、《经营创收管理办法》等。

在经营创收方面采取以广告经营为主，三产经营为辅的多渠道创收的模式。在广告经营创收方面，组建了一支专职广告业务员队伍，这些同志文化素质较高并有一定的公关能力，广告策划、组织公关活动能力很强。他们向全台同志征集广告妙语，让大家都参与到广告创作中，使经济台广告生动、活泼、感染力强，得到了企业的欢迎。天津经济台开办了“经广科技实业公司”、“经广出租汽车公司”、“经广广告公司”、“经广美食娱乐城”等四个经济实体，这些经济实体为经济台的创收工作增加了实力，可望在不久的将来为广播事业的发展提供一定的经济支持。

天津经济台管理制度的改革，都是局限于目前的各种条件所采用的相对合理措施。在管理上，我们的目标是要把天津经济台变成一潭充满生机的有自我净化能力的活水。在新的机制下，人员可进可出，收入能多能少，职务能升能降；人人有竞争意识，积极上进；个个有协作精神，团结奋斗，不断开创广播工作的新局面。

天津经济台的全面改革仍处于实验和探索阶段，取得了一些成绩，同时也存在和产生了一些需要进一步研究解决的问题。尤为重要的是，广播作为第三产业——信息产业，在市场经济中的作用还刚刚被提出，仍需在理论和实践中加以探索。只有注意解决这些问题，经济台才能得到更大发展，具有强大的生命力，更好地服务于生产、服务于经济，为社会主义市场经济的发展作出更大贡献。

（刘素琴）

天津经济电视台开播

秋风送爽，丹桂飘香。在举国欢庆国庆佳节之际，海河之畔一家新的电视台呼号开播，它就是天津经济电视台。

1993年10月1日6时半，中共天津市委常委、副市长李慧芬在天津电视台大演播室内的现场直播中公布：天津经济电视台正式开播！随即在电视屏幕上出现了天津经济电视台的台标。至此，一座以经济新闻、经济信息为骨架，融经济、科技、文艺为一体的大众型、开放型电视台诞生了。

天津经济电视台，使用29频道，在建台初期，安排每天晚上（18∶30–23∶30）五个小时左右的节目，然后再创造条件适当延长播出时间和开办早晨、午间节目。目前，天津经济电视台的自办经济类节目，每天大约30分钟左右。现设有《经济信息》、《经济透视》、《经济指南》、《经济广场》、《八面来风》、《彩虹29》和《信息总汇》七个栏目。每个栏目中，又设若干个小栏目，实行滚动播出。各栏目将紧紧为建立社会主义市场经济，为消费者和经营者服务。

天津经济电视台节目（栏目）设置情况：

一、新闻性栏目——《经济信息》

1. 栏目方针、宗旨："传播信息，沟通产销、服务经济、牵线搭桥。"突出"大容量、密集型"特色，增强信息的时效性、指导性、实用性和权威性。注意社会效益与经济效益。

2. 小专栏设置："经济要闻"主要报道中共中央、国务院、天津市委、市政府就经济问题所作出的各种决策及围绕经济问题所开展的重要活动和重大经济动态。"行业信息"重点是天津市和各行业信息及与天津有关联的全国直至世界的行业信息，其中包括市场信息、劳务市场信息、交通信息、财税金融信息、科技信息、气象信息、旅游信息等。"海外信息"包括港、澳、台经贸信息，东南亚经贸信息，亚洲及世界各地经贸信息。"证券行情"股市（包括债券、国库券）行情播报。"市场行情"、"今日菜价""天气预测"对未来的天气趋势进行预测播报及天气对工农业生产影响及关系等。

3. 播出形式与时间安排：节目形式以图象为主，同时兼顾男女主持人对播与字幕提示。每周一至周六，每天播出15分钟。

二、评述性栏目——《经济透视》

1. 栏目方针、宗旨：评述社会经济现象，探讨经济发展中存在的深层次问题，剖析经济工作中典型经验成因，对经济生活中出现的新情况、新特点、尤其是热点、焦点、疑点和难点问题，及时深入地探讨与评析。

2. 小栏目设置："热点93"针对经济生活、社会生活中出现的新情况、新问题，人们普遍关心的热点问题，将在"热点93"小栏目中进行分析与讨论，引发分析思索，认识与评价。"热线寻呼"在各类经济活动中人们所遇到的一些疑难问题。热线寻呼牵线搭桥，探求克服与解决的渠道，沟通产销等各种领域之间的联系，力所能及地做好社会服务。"建新说法"在经济活动中，传播法律知识，解剖典型案例，借鉴经验与教训，推动经济工作，按国家方针政策、法律的规定办事，并现场解决投诉与咨询。"点子公司"在激烈的市场竞争中，推广先进经验，介绍国内外优秀企业经营之道，为经济发展出谋献策。

3. 节目形式与时间安排：采取直播方式，以主持人与特邀来宾共同主持现场评述、座谈为主，每周播出一期，每期15分钟。

三、服务性栏目——《经济指南》

1. 栏目方针、宗旨：密切服务于生活、流通、消费领域。贴近生活，贴近观众、传播知识，提供服务，成为消费者的参谋，助手。

2. 小栏目设置："衣食住行"在生活中为观众当好参谋，介绍各种商品知识，引导消费。"自卖自夸"企业、商业的服务窗口，介绍新产品推广有效的经销方式，同时为消费者提供商品信息。"现趸现卖"介绍有特色的发明、创造、先进技术、专利产品和消费常识。"走出演播室"直接反映消费者的呼声，回答群众来信、来访，每月分两次在繁华地区咨询服务，并将其中主要内容制成节目播出。"鲜为人知"向观众展现社会生活中鲜为人知的人和事，突出新鲜感、趣味感、开阔眼界、增加节目的可视性。"三言两语"对社会生活，经济生活中的某些现象进行评述，从小见大，引起思索，抒发情怀、弘扬正气。"一招鲜"介绍国内外商业趣闻，社会趣闻及独特的经销方式等内容。"周日好去处"向观众介绍假日外出旅游、购物、文娱活动等方面的信息。

3. 形式与播出时间：此节目突出多侧面，杂志型，内容丰富多彩，形式新颖灵活的特色。每周播出一期，每期15分钟。

四、专题性栏目——《经济广场》

1. 栏目方针、宗旨：在报道外延上突出个“广”字，在内容上体现一个“杂”字，宣传层上力求一个“深”字，表现形式上，反映一个“活”字，在社会生活与经济活动中，对改革开放的典型事例，进行挖掘、分析、解剖、表彰先进，鞭鞑落后，揭露批评不良现象。

2. 节目设置：暂不设小专栏，根据特定内容考虑报道形式，采取多方位、多侧面，分类报道形式，在广阔的社会生活，经济生活中，捕捉有代表性的人与事，突出纪实性的风格。

3. 播出形式与时间：每周播出一次，每次15分钟，每期节目在两个内容以上。

五、综艺性栏目——《彩虹29》

1. 栏目方针、宗旨：集经济、文化、娱乐为一体的综合性节目，突出宣传在改革开放，搞活经济过程中，人们的精神面貌及精神文明建设，做为一种文化娱乐性节目奉献给广大电视观众。

2. 栏目设置：“生活聚焦”在社会生活中，人们所关心的问题，尤其在精神文明建设中，文化娱乐生活中，人们议论的焦点问题进行解剖、分析，力求引人入胜，发人深省。“石头、剪子、布”，是观众参与较强的竞猜节目，向观众介绍和展示纷繁的社会、经济文化等各种现象，以多种形式，进行轻松、愉快的观众参与的多种多样的游艺活动。“大爆笑”，以捕捉生活中人们身边笑的素材，以漫画、摄影、录音、故事、笑话等多种形式表现社会生活的多彩多姿，在乐趣中悟出一些生活哲理，此节目力求短小、精悍、幽默、诙谐。

六、集锦性栏目——《信息总汇》

本栏目每周日播出一次，每次15分钟，主要汇集一周以来播出的国内外重要经济信息突出反映本市的重要经济信息，旨在为本市经济生活中提供更多更好的信息线索，以推动天津市经济工作的深入发展。

七、交流性节目——《八面来风》

以传递兄弟省市在经济工作、经济活动中典型经验和综合信息，包括部分自制节目，以突出展示兄弟省市的改革成果和经济动态，为我市的经济腾飞借鉴参考。

天津经济电视台实行新台新制：在宣传上，试行责任编辑负责制，按生产精神产品规律办事。在干部上，实行聘任制，层层聘任。在用人上，实行全员劳动合同制，引入竞争机制和风险机制，强调“敬业精神和创业精神。”分配上，打破“大锅饭”，实行多劳多得。

目前，天津经济电视台50名干部职工，正以饱满的热情，出色的表现，为振兴经济工作服务，为改革开放服务。

天津经济电视台的成立，受到各兄弟台的关注，黑龙江、辽宁、山东、山西、河北、河南、广东、广西、贵州、沈阳、江汉、钱江等13家省、地、市级电视台寄来祝贺节目，中央电视台也派人专程到津表示祝贺。天津经济电视台将虚心向各兄弟台学习，借鉴全国各地同类经济台的成功经验，并要根据发展变化的形势，结合天津实际，解放思想、大胆探索、挖掘潜力、利用外援，努力从内容到形式办出天津自己的特色。

（于国斌执笔）

□河北电视台25周年

河北电视台庆贺建台25周年

1994年2月16日，河北电视台在河北省宾馆召开座谈会，庆贺25岁生日。座谈会上，同志们回顾了河北电视台建台25年来所走过的光辉历程。

河北电视台于1968年10月筹建，1969年2月16日建成开播。河北电视台由初创时的23人发展到现在的400多人；由简陋的黑白电视设备发展到现在拥有全面制作、播出的成套系统；由简单直播节目发展到现在的录播、直播和现场转播各种形式的节目；由河北电视台和中央电视台混用一个频道，每周播出12小时，发展到现在自办两套节目，每天播出16小时，并能覆盖北京、天津和周围省区部分地区，人口混合覆盖率达88%以上。

25年来，特别是进入新的历史时期以后，在党的改革开放政策指引下，河北电视台的自办节目逐渐增多，由建台初期的单一新闻节目，发展到现在开办了新闻、经济、教育、文体、服务五大类节目，30多个固定栏目，节目播出实现了栏目化，电视荧屏日趋丰富多彩。

回顾过去令人鼓舞；展望未来，大家深感任重道远。河北电视台的全体工作人员决心再接再厉，不断进取，为振兴河北经济，为加快河北的两个文明建设，为全省人民提供更好、更多的精神食粮，团结奋斗，奔向新的辉煌!

出席座谈会的省领导有省委常委、宣传部长韩立成，省人大常委会副主任郜永堂，省政府顾问王祖武，省政协副主席王树森等。省直有关部门和省会新闻单位的负责同志也应邀参加了座谈会。

省委宣传部副部长、省广播电视厅厅长周申明在座谈会上讲话，并欣然题写一副对联以示庆贺。

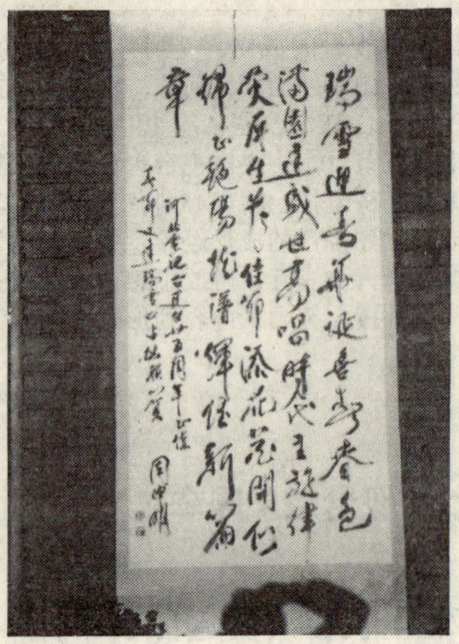

周申明同志题写的对联:

瑞雪迎春、华诞喜春，春色满园逢盛世，高唱时代主旋律;

荧屏生花、佳节添花，花开似锦正艳阳，竞谱辉煌新篇章

祝贺与希望

——周申明同志在河北电视台建台二十五周年座谈会上的讲话

各位领导、各位嘉宾、同志们、朋友们:

今天，是个喜庆的日子，我们老少咸集，欢聚一堂，共贺河北电视台建台25周年华诞之喜。际此美好时刻，我谨代表广播电视厅党组和全厅干部职工，向始终对河北电视事业给予关心支持，并拨冗惠临台庆活动的各位领导表示由衷谢忱，向为河北电视台的创建发展曾经呕心沥血，立下功业的历届厅、台领导、离退休同志们表示崇高敬意；向正在屏前幕后辛勤努力，日夜劳作的河北电视台全体工作人员致以亲切问候，道一声：你们辛苦了!

河北电视台走过的25年的历程，是在创业中崛起，在困难中磨练，在探索中提高的历程；是由幼稚逐步走向成熟，由弱小逐步走向强壮，由平实逐步走向辉煌的历程。25年来，河北电视台没有辜负省委、省政府的重托，没有辜负全省6000万人民的期望，脚踏实地，艰苦奋斗，创下了自己的家业，干出了自己的声誉。25年时间并不算长，但河北电视台历届领导和全体同志所付出的努力令人感动，所取得的成就有目共睹，所获得的奖誉殊堪欣慰。

河北电视台建台25周年，对过去讲，是一个句号；对今后讲，又是一个起点。河北电视台应把这次台庆活动视为机遇，把这些年来我省电视事业发展中的得与失，成与败，认真总结一下，成绩面前找差距，表场声中看问题，我认为很有必要。在此，我代表厅党组，提出三点希望:

一、要进一步强化喉舌意识，唱响时代主旋律。

电视作为党和政府的喉舌和工具，传播面大，受众面广，影响力强，已日益成为党和人民群众进行对话和交流感情的桥梁。正是从这个意义上讲，电视屏幕上的一举一动、一言一行，都会在社会上产生大的反响。因此，我们从上到下，都必须坚持党性原则，增强喉舌意识，严格宣传纪律。大家知道，今年是经济体制改革全面推进和重点突破的一年，中央和省都有一系列重大改革措施出台。改革力度加大，步伐强劲，需要人民群众的理解和支持，需要全社会的稳定。作为新闻媒介的电视，在这方面理应发挥它的重要作用。我们一定在政治上和党中央时刻保持一致，搞好正确的舆论导向，做好改革进程中的释疑解难工作，让时代的主旋律气贯九天长虹，声震燕赵大地。

二、要进一步增强使命感，树立大台形象。

坚持正确导向，服务经济建设，突出时代旋律，保持格调健康，力求丰富多彩，树立大台形象，这个思想我们提出已经有段时间了，大家为此做了不少努力，也确实收到了一些效果。但和有些先进省市电视台相比，我们从节目制作、播出画面、表现手法、宣传艺术等方面，还是显得土了些，板了些，大气不足，灵气不够。因此，我们要进一步增强使命感，以邓小平同志建设有中国社会主义的理论为指导，以科学的理论武装人，以正确的舆论引导人，以高尚的精神塑造人，以优秀作品鼓舞人，坚定不移地朝着高水平、高质量的大台形象迈进。要一个一个地研究和解决问题，一点一点地总结和积累经验，只要我们目标明确，锲而不舍，假以时日，必有所成。

三、要继续发扬开拓进取、实干兴业的精神，力争创优和创收双丰收。

河北电视台之所以能够取得今天这样的成就，就因为在25年的进程中，贯穿和发扬了一种开拓进取、实干兴业的精神，既注重社会效益，又不忽略经济效益；既保证创优，又注意了创收；既为传播精神文明做贡献，又为促进事业发展添后劲。如果没有这样一种开拓精神，没有这样一种实干热情，在困难面前束手无策，在等靠要中过日子，河北的电视事业就只能徘徊不前，就决不会获得今天这样长足的发展和改观。现在，河北电视台可以说人丁兴旺，蓬勃向上。为全省人民关注的河北电视中心，在省委、省政府的大力支持下正加紧建设，1995年春节晚会将在新的演播大厅举行。我们的事业将越来越兴旺发达。在这种情况下，厅党组希望大家不要满足现状，更不可有丝毫懈怠，一定要继续努力，努力，再努力，树大台雄心，立燕赵壮志，创荧屏新业，展未来宏图。

“日出江花红胜火，春来江水绿如蓝”。河北电视台今年25岁，正值大好年华，适逢改革开放的时代，可以说大有作为，前程无限。让我们共同努力，用辛勤汗水浇灌我们的事业，以期收获更加美好的未来。

谢谢大家!

架空中彩桥 传时代旋律

——河北电视台25年回顾

河北电视台台长 王根旺

1994年2月16日是河北电视台创建25周年纪念日。作为一个老电视工作者，我伴随着它度过了25个春秋，亲眼目睹了它成长壮大的历程。抚今追昔，感慨万千。每当回首往事的时候，同志们为了电视事业的发展顽强拼搏的身影在眼前浮现，艰苦征战的呐喊又在耳畔回响。

事业建设大步前进

河北电视台于1968年10月筹建，12月10日建台工作全面展开。当时利用我国最早的一大黑白电视中心设备，将河北广播事业局院内一座旧礼堂改为演播室和机房。搞筹建的同志们迎难而上，一边进行土建，一边安装调试设备，1969年1月18日中心机房设备安装完毕，同时在院内架起75米高的发射天线。经过几天的调机试播，于同年2月16日（农历除夕）开始对外播出。呼号“石家庄电视台”（1971年12月1日改称河北电视台），使用4频道，发射功率1千瓦，覆盖石家庄市和附近县区。河北电视台的开播，成了省会人民欢度春节的一件大喜事，人们奔走相告，很多单位把少量的电视机抬到机关、家属院内和商店门前，让更多的人来欣赏传说中的“千里眼”。

初战告捷是欣慰的。为了扩大覆盖面，让更多的人看上电视，自1969年3月，在海拔800多米的封龙山顶兴建代号“307”发射台。山顶至山根相距4公里。当时，还没有公路，建筑材料，吃的粮油菜，都是人背、肩担，由山下运到山顶。发射用的两根150米和200米长的天线馈管，是由我台干部职工和当地民工，排成长队，每两米一个人，把馈管放在肩上，有人喊着号子，沿着弯曲的羊肠小道，一步一步的送到山顶的。在进行土建的同时，我台工程师黄嘉礼和技术人员，在一部半成品4频道7.5千瓦发射机的基础上，重新设计，改装成一部7.5千瓦／1频道发射机，在1969年10月1日启用。这部发射机是装在胶轮车上，用8头牛拉到山顶的。为了早日让人们看上彩色电视，从1971年开始，由工程师黄嘉礼同志和十几名技术人员自行设计、自行组装20千瓦彩色电视发射机，经过奋力拼搏，精心设计，反复改装调试，于1975年元旦投入使用，播出自办的和转播中央电视台的彩色电视节目。该机是当时国内功率最大的发射机。1975年6月23日，中央广播事业局在石家庄召开了29个省、市、自治区广播电视系统彩视电视技术交流现场会，推广了河北省技改经验。该项目成果，1978年荣获省级技术革新成果奖。同年又获全国科技大会奖。我省广播电视系统就是这样发扬艰苦奋斗的精神，从1969年至1993年，先后在全省各地建成使用的发射台、转播台、差转台689座，发射功率由1千瓦增加到189.1千瓦，覆盖全省人口由不到1%上升到88%以上。

在建设电视发射台的同时，我台抓紧进行了电视中心和采录播出设施、设备建设。1975年，利用自己试制的彩色摄像机、同步机、控制台播出河北新闻节目。1977年初，省广播电视技术楼建成投入使用，电视台有了新的演播室和技术配套用房，1979年引进了彩色采录、制作设备，自办节目实现了由黑白电视向彩色电视的过渡。1980，引进了台式彩色录像机，安装了彩色录制、播出双中心设备，节目制作、播出全部实现了彩色化。1985年元旦，我台有了自办节目的专用频道，改变了自办节目和转播中央电视台节目混用一个频道的局面，在保证每天转播中央电视台节目的同时，天天播出自办节目。1987年，用进口设备组装了电视录像车。以后又购进4信道、3信道彩色录像车各1辆，亚运会前又购进6信道彩色转播车1辆，各种型号的便携式摄录设备逐年增加，每天可出动30多个组外出采录各类电视节目。1991年和1993年先后建立了“新闻节目制作中心”和“经济节目制作中心”，各类节目的采录、制作、播出发展为相互独立系统，技术设备初具规模，具备了各类节目的采录、编辑、制作和较复杂的现场实况直播、转播能力。1991年12月20日，河北省“八五”重点建设项目——河北省电视中心工程破土动工，1995年春节可投入使用，那时河北电视台的工作条件将得到改善，节目制作能力可提高4倍以上，节目质量和播出质量将有显著提高。1993年河北电视台筹建经济电视台，同年11月20日建成开播，为适应经济建设和市场经济的需要开辟了新的窗口。

河北电视台从1979年开始建微波线路，目前省内微波干线全部开通，节目可以传送到各市地，各市地电视台的节目也可以回传到省台。

电视屏幕日趋丰富

事业建设的大步前进，为搞好电视宣传创造了良好条件。我台刚开播时，没有固定的栏目和播出时间。后来随着事业建设的发展，电视宣传也随之发生了很大变化，经过不断调改节目（栏目），自办节目逐渐增多，到1993年底，已开办两套节目，设有新闻、经济、教育、文体、服务五类30多个固定栏目，播出时间由开始的每周12个小时增加到现在的每天16个小时，节目播出实现了栏目化，电视屏幕日趋丰富多彩。

新闻类节目是电视宣传的主体。我台建成开播就自办了新闻节目，没固定的播出时间。1972年3月，正式开办《河北新闻》节目，每周播出1次。自1982年起，陆续开办了《长城内外》、《燕赵之窗》等新闻栏目。1987年元旦增办了每天1次，每次10分钟的《晚间新闻》。1988年元旦，将《河北新闻》改为《河北新闻联播》。1993年又增办了《河北新闻》、《河北英语新闻》，每天播出自办的新闻类节目近40分钟。为了配合党的中心工作和重大活动，在新闻类节目中还开办了不定期的多种专栏。新闻类节目及时准确地宣传了党的路线、方针、政策，省委、省政府、省人大、省政协的重大活动，改革开放的新举措；报道了全省各地、各条战线，在物质文明和精神文明建设中取得的新成就、新经验，进行了正确地舆论导向，受到了各级领导和观众的好评。在新闻类节目采访中，我们的记者发扬艰苦奋斗、召之能来，来之能战、战之能胜的精神，较好地完成了各项采访任务。例如：1976年7月28日晚唐山发生强烈地震的第二天，编辑记者积极报名组成采访组，日夜兼程，奔赴灾区，争分夺秒，抢拍了党中央、国务院、中央军委及全国各地调运物资，组织人力支援灾区；人民解放军从震倒房屋中抢救遇难群众，将砸伤者用飞机运往各地医院的事迹等大量新闻片和内部资料片，展示了一幅幅一方受灾，八方支援，人民军队爱人民的感人画面，播出后，使人深受教育。又如：1986年，云南边境防御战中，我台与某集团军共同开办了《来自老山的报告》纪实性新闻系列栏目。我们的战地记者在烽火前线500个日日夜夜里，肩扛摄像机，手握话筒，涉雷场，入丛林，冒着生命危险拍摄新闻专题系列片《来自老山的报告》35集，新闻片70多条，还有20部内部资料片，播出后，受到了军民观众和军属的好评，鼓舞了广大指战员的战斗士气。新闻类节目质量也在不断提高，在中央电视台发稿量连年增长，由1982年的102条增长到1993年的500条，在全国省级台中处于先进水平，并有一大批新闻节目在全省、全国评比中获奖，其中《石家庄育红学校最后一批孤儿离石返唐》获全国好新闻一等奖，专题报道《一个盲姑娘的追求》获全国好新闻特等奖，《元氏光棍征婚热》获得首届中国新闻奖。

经济类节目是电视宣传的重头戏。进入80年代之后，就把经济宣传放在重要位置，有关经济方针、政策和全省经济方面的宣传均在《河北新闻联播》中播出。1992年7月和9月先后创办了《经济信息》、《经济总汇》栏目，为经济宣传设立了专门阵地。《经济总汇》栏目，面向国民经济整体，为建立社会主义市场经济服务，采用版式结构，开设了“经济信息”、“热点扫描”、“宏图大业”、“观众呼声”、“经济百科”、“难得一见”、“八面来风”、“货比三家”、“电视导购”、“走向市场”、“红绿蓝特快”、“星期天话题”等小栏目。该栏目运用多种艺术手段，发挥主持人作用，吸引观众参与，受到广泛赞誉。在1992年度全国电视经济节目评比中，荣获二等奖。在此基础上于1993年筹建经济电视台，同年11月20日开播，经济宣传跨入新的里程。

教育类节目是电视宣传的重要组成部分。我台开播不久，就举办电视讲话和讲座，邀请老红军、老八路、老工人等通过电视屏幕向观众进行革命传统教育。1974年开办了《科学与技术》固定栏目。1980年以后，陆续开办了《新的一代》、《幼苗》、《电视教育讲座》等栏目。1993年又增办了《法与警》、《国防一刻钟》等栏目，栏目逐步形成了版块化、杂志化。承担这类节目的采录、编导同志们解放思想，勇于实践，善于思考，深挖题材，采录播出了很多富于观众增长理论、科技、文化知识，服务于物质文明和精神文明建设的好节目。例如：《电视教育讲座》栏目，自1985年12月起至今陆续录制播出了政治理论、经济管理、文化教育、卫生保健等讲座600多集，260个小时，并出版讲座教材11部，发行20多万册；《缝纫机刺绣针法》被中央电视台采用播出，并荣获全国“电视讲座”评比一等奖。又如：自1984年以来，录制播出了大量有特色的青年和少年儿童节目，其中少儿节目在中央电视台的播出量连续5年居全国第二位。《红领巾护路队》荣获全国少年儿童电视“金童奖”一等奖，《周梦的梦》还发往美国、日本、加拿大等国家播映。1989年开始筹划、拍摄的百集电视系列片《中国民间收藏大观》已完成60集，我们的记者先后赴上海、北京、天津、江苏、黑龙江、河北等省市，拍摄了民间收藏的算盘、蝴蝶、紫砂壶、钟表、折扇、砚、水盂、古钱币、纸巾、天然造型等近万种珍贵物品，交换到25个省级电视台播出后，受到了社会的称赞。《中国民间收藏大观》开播的消息有17家新闻单位作了报道。《人民日报》1991年11月26日写道：“这部长片把近万件珍品、绝品展现在观众面前，并对其来龙去脉加以考证，在欣赏其绝妙艺术的同时，可领略诸多知识。”《北京晚报》1991年12月连续发表两篇报道，认为：“这部片子不仅介绍相关的知识和趣闻轶事，更注重揭示各类藏品的文化内涵和民族精神，可以说是一座流动的博物馆。”该片获全省社教节目一等奖，全国社教节目三等奖，并在日本第十届中日电视艺术交流会上进行展播。

文体类节目在电视宣传中占有很大的比重。河北电视台一开播就努力办好这类节目。开始采取直播方式播出了部队、厂矿、农村、学校组织的业余宣传队和专业文艺团体表演的革命故事、诗朗诵、小型歌舞、话剧、杂技等节目。自1971年3月开始，陆续实况转播了《红灯记》、《白毛女》、《英雄小姐妹》等剧目。1976年到1979年，使用电子采录设备，每年都录制多台戏剧，如《刘巧儿》、《逼上梁山》、《秦香莲》《十五贯》等等。1980年以后，文艺编导勇于实践，大胆创新，采录了形式各异、品种繁多的文艺节目。有话剧《钗头凤》、戏曲《宝莲灯》、《满江红》、《望江亭》、《忠烈千秋》；有介绍著名画家《画家韩羽》、小提琴演奏家《旋律》、评剧艺术家《一枝莲花出新曲》，还有《教您跳舞》(54集)、《天下杂技第一乡》(12集)等等。1984年3月以来，先后开办了一些欣赏性栏目，到1993年底，开办的固定栏目有：《万花丛》、《戏曲大观园》、《荧屏剧院》、《大家来欢乐》。另外，自1984年国庆35周年录制播出《燕赵新歌》之后，每年国庆、元旦、春节等重要节日和纪念日，都录制大型综合文艺晚会，其中《新春乐》、《八音茶园》在全国获奖。

在电视文艺节目中，电视剧是独具特色的艺术门类。河北电视台电视剧的创作起步较早。从1975年8月开始，采用演播表演、运用简单特技和穿插事先拍好的外景胶片相结合的方式，先后录制出了《两张纸条》、《杨岭新歌》、《启示》、《为了孩子》、《窗口》、《激越的琴声》等电视剧。1978年采用电子采录设备录制了第一部电视剧《悔恨》，随后录制了一批有影响的剧目，其中《女友》、《懿贵妃》、《宁宁》、《围墙》、《几度风雨情》、《苦涩的果实》、《山外来的女人》、《钟馗》、《孔雀胆》等在全国获奖。

河北电视台于1970年6月实况转播了河北男女乒乓球队和篮球的表演实况，从此开始了体育节目采编。1982年12月创办了《体坛内外》栏目，随开办了《赛场风云》、《体育音乐欣赏》栏目。1993年11月开辟了《世界体育欣赏》、《体育大看台》、《环球体坛快讯》栏目，每天都有一个体育栏目播出，每周播出225分钟。《通向铁人之路》、《橄榄球在美国》、《乒坛铺路人》在全国获奖。1992年，我台体育组被评为全国广播电视系统先进集体。

我台不仅能办好多种体育栏目，而且能独自承揽国内大型体育运动的现场转播。1990年在北京举办的第十一届亚运会，由我台承担棒垒球比赛的电视转播任务。为了搞好这次电视转播我台从2月份就开始进行精心安排，全面准备，购置了6信道电视转播车，抽调31名同志组成转播组，并对其进行了严格的政治、业务培训，多次进行电视转播演练，实现了编导、技师紧密配合、设备运行正常、技术操作熟练，适应了高标准完成转播任务的需要。亚运会期间共转播垒球、足球比赛实况21场，与日本NHK合作转播棒球6场，共计70个小时。在此期间，转播组的工作人员精心调试设备，全力以赴搞好电视转播，摄录、传递的实况信号，做到了组接顺畅、声音清晰、画像逼真、色彩鲜艳，达到了国际标准，得到了国内外电视界和广大观众的肯定和赞扬，受到亚运会组委会广电委的表彰，并被授予先进集体荣誉称号。1991年9月20日至28日，第二届全国城市运动会在唐山市举行。我台播出实况和录像剪辑998分钟，播出新闻81条，专题报道3集，圆满地完成了预定的宣传报道任务，受到国家体委、中央电视台的充分肯定和表彰。

我台服务类节目是由少到多逐步发展的。1979年12月创办了《生活顾问》栏目。随后陆续开办了《生活常识》、《天气预报》、《农村园地》、《科学·生活》、《服务台》、《下周屏幕》、《电影大世界》等栏目。这些栏目的内容涉及天气预报、影视预告、文化知识、饮食烹调、医疗保健、穿着住行及家庭小制作、生活小窍门等等。广告节目自1979年11月25日开始不定期播出，1982年1月起每天都有播出。目前，每天平均编排播出近30分钟。广告收入增强了自我发展能力。

在节目改革中，还开创了横向联合办节目。1981年1月26日开办的《华北新闻》(1982年1月改为《长城内外》)栏目，是由我台和山西电视台倡导发起，与北京、天津、内蒙古五家电视台联合创办的，从1989年起扩展为华北、西北、东北地区十三家省级电视台联合主办。1985年11月，由我台发起，联合长城沿线十家省级电视台摄制《万里长城》系列片。开始，我台由6人组成拍摄组冒严寒风雪，顶盛夏烈日，登高山险峰，跨河涉水，沿河北段长城拍摄名关古迹。后来，随着兄弟电视台参与的增多，中央军委调给4架直升飞机，支援拍摄《万里长城》。从此，分成若干小组，在空中拍摄长城外景，在陆地深入群众采访，就这样历经一年半多的时间，行程5万公里，拍摄素材3000多分钟。经过认真编排，日夜加工制作，终于在1987年11月完成了37集大型系列片《万里长城》。1987年11月29日，在北京人民大会堂东大厅里隆重举行首播式，厅前横幅上写着宋体大字：大型系列片《万里长城》开播式；翌日晚，还在中国大剧院举行题为《民族魂》的长城文艺晚会。党和国家领导人习仲勋、杨得志、李德生、朱学范、黄华、杨静仁、赵朴初和有关专家学者以及外国驻华使节，全国27个省、市、自治区电视台负责同志出席了首播式和文艺晚会。大家称赞《万里长城》系列片拍的好，把万里长城的原始体态巍巍雄姿生动形象地展现在电视屏幕上，这是兄弟电视台联合拍摄电视片的一个创举，河北电视台为联合兄弟台制作节目带了个好头。《万里长城》系列片，从1988年元旦起，在全国各省级电视台陆续播出，并在日本、新加坡、泰国、澳大利亚、韩国、台湾、香港等国家和地区播放。在1988年度全国优秀电视节目评比中，《万里长城》系列片荣获特等奖。1988年到1993年，我台又与林业部、兄弟省市电视台和港、台地区及国外电视界，先后联合摄制了13部大型电视片和电视连续剧。65集大型系列片《中国历史文化名城》，也是由我台发起，联合全国30个省、自治区和市电视台，抽调200多人组成30支编摄组，耗时3年多才完成的。此片系统介绍了国务院颁布的62个国家级历史文化名城体系。除北京外，全片每城一集，全面介绍这些城市的历史沿革，文化渊源，建筑特色，名胜古迹，民族宗教和世俗风情，勾勒出一幅纵贯华夏历史，横括神州大地的中国民族文化的斑烂画卷。将这一题材搬上屏幕，对于继承和弘扬民族文化，进行爱国主义教育，建设社会主义精神文明都有着积极意义，对于宣传和保护历史文化，建设有中国特色的新型城市也具有现实意义。这部系列片由美国世运中华文化艺术中心推荐，于1993年7月中旬在拉斯维加斯全美影视商展播出受到好评；美国最大的影视公司AMERICAN YIEDOCORPORATION投资30万美元，译配英、法、德、西4种语言，向全世界发行。

对外宣传取得可喜成果。河北电视台于1983年10月着手筹备对外节目的采编，自1984年起，拍摄制作了一大批单集和系列电视片，其中《麦克雷在唐山》获“国际交流电视节”一等奖，并制成外文版发往一些国家；《河北——<红楼梦>的故乡》获“中国旅行”特别节目奖；《保定老人印象》系列片，1987年中央电视台举办的对外宣传节目观摩活动中引起了强烈反响，北京广播学院、北京电影学院的专家们给予了较高评价，并复制作为教学参考片。1993年8月3日，开办了《河北英语新闻》，1993年8月28日开办了《中国河北》栏目，每两周通过卫星向北美地区播出，河北电视台增加了对外宣传的窗口。再加上横向联合摄制的大部分节目对外播放和发行，对世界了解河北，了解中国，促进对外开放和文化交流，都具有重要的现实意义和历史意义。

机构队伍发展壮大

河北电视台初建时，是河北省广播事业局下属的一个班（组）。1971年改成处级单位，下设编导组、技术组。1983年6月1日，成立河北省广播电视厅，实行厅台合一体制。1984年开始实行厅属厅台相对独立的领导体制。1987年1月，升格为厅属、副厅级、独立的事业单位，宣传业务受厅党组和省委领导。台下设机构随着事业的发展和机构改革，也不断调整和健全，到1993年底下设机构有：办公室、总编室、新闻部、经济部、文体部、社教部、电教部、国际部、广告信息部、制作部、播出部、技术办公室，还有河北电视艺术广告公司、河北电视服务中心两个经济实体。

河北电视台的专业队伍是逐步发展壮大的。由建台初期的23人，增加到现在的410人。其中台级干部7人、处级干部31人、科级干部48人、干部职工324人。在职工队伍中有各类专业职称的200人，其中高级编辑、记者5人，主任编辑、记者25人，编辑、记者76人，助理编辑、记者36人；一级播音员5人，二级播音员4人；高级工程师12人、助理工程师12人；工人技师1人。

随着事业的发展，河北电视台与国外及港台地区交往也日渐增多。自1987年以来，先后派出36个团（组）83人次到英国、泰国、马来西亚、新加坡、日本、美国、澳大利亚、俄罗斯等国家及香港考查采访、洽谈业务。同时，英国、美国、日本、意大利、瑞典、荷兰、俄罗斯、尼日利亚及香港、台湾等国家和地区的友好团体来河北电视台参观访问、进行业务交流活动。相互间的交往增进了了解，促进了合作，也为事业的发展创了条件。

河北电视台之所以能发生上述变化，取得巨大成就的原因是多方面的，归纳概括起来主要有四条：一是认真贯彻执行党的十一届三中会全以来的路线、方针、政策；二是省委、省政府及厅党组的亲切关怀，大力支持；三是全省各级领导、各部门及广大人民群众友好协助；四是全台工作人员奋发图强、团结协作、认真学习、辛勤创业、努力进取。今后还要牢牢掌握这四条，夺取更大的成绩。

□河北经济广播电台开播

燕赵又一声

——河北经济广播电台概览

河北人民广播电台
河北经济广播电台　台长　韩丙寅

1993年10月1日清晨6时，河北经济广播电台以崭新的面目与广大听众见面。从此，结束了河北电台长期以来仅有一套节目覆盖全省的局面，河北广播事业的改革与发展进入一个新阶段。

省委书记程维高在经济台开播新闻发布会上讲话

河北经济广播电台是隶属于河北人民广播电台的台中台，实行全天24小时播音，采取中波和调频立体声混合覆盖，呼号为“河北经济广播电台”。全台直接办节目的人员只有52人，平均年龄27岁。

河北经济广播电台作为省委省政府的“喉舌”，适应社会主义市场经济发展的需要，直接为全省的改革开放和经济建设服务。其办台宗旨为：坚持正确导向，突出经济中心，体现时代旋律，保持健康格调，力求丰富多彩，树立大台形象。她集信息型、服务型、大众型、娱乐型和开放型为一体，实现大视角、大时段、大容量、快节奏，努力做到新台新风格、新面貌。

河北经济广播电台是改革的产物。一方面，它顺应发展社会主义市场经济的大潮应运而生；另一方面，人民台作为母台，经过几年来的不断改革和探索，为其在干部，技术和办台经验等方面，提供了条件和准备，已经将其孕育成熟。

但是，从办台的时间看，我们已经落在了全国一半以上省份的后面。后来者何以居上？大家的共识是：经济台起步晚，但起点要高！当然，这绝非仅仅是一腔豪情壮志。自珠江经济台后全国各经济台的成功探索为我们提供了宝贵经验；河北环绕京津的地域优势也是我们办河北“大广播”的优势；全省迅速发展的改革开放和经济建设的新形势，为我们从内容到形式更好地为经济建设服务提供了新的机遇和条件。这一切，使得我们有可能办一个全新面貌、全新机制、全天候的经济台：

全天 24 小时播音。采取主持人全天 24 小时直播形式，这在内地省份是不多见的，在全国也是名列前茅的。采取这种形式，尽管动议之初，意见不尽一致，但我们认为，广播发展到今天。客观形式要求她应当也必须与社会生活同步进行，使活生生的社会层面成为活脱脱的节目环节，从而，真正使广播在生生不息的动态式运作中成为社会传真的载体。而在全天节目设置上，我们以新闻为“龙头”，以全天滚动播出的新闻信息为骨架，以各具特色的七个板块节目为基础，在内容上涵盖了社会生活的各个层面。

经济台姓“经”。除在新闻节目中强化经济宣传的深度和力度外，分别设置了面向市场、农村和企业的《消费大世界》、《城乡交响》和《渤海潮》三个经济类板块节目，包容生产、流通、消费诸领域，涵盖城市、农村及外向型经济多层面，大量传播理论、知识、信息、经验等，努力适应发展社会主义市场经济的需要。

大胆启用新人。主持人全部面向社会公开招聘，从1400多名应聘者中，选拔了近40名思想作风比较过硬、学识水平较高、知识面广、应变能力强的主持人。同时，通过层层聘任，将一批脱颖而出的年轻人推上了领导岗位，并为其创造了比较宽松的工作环境。

实行新的体制和机制。在管理体制和运作机制上，经济台作为台中台，在人民台统一领导下相对独立，实行自收自支，自主经营，独立核算，自负盈亏的企业化管理。工作人员的工资与经济效益直接挂钩，真正体现按劳分配。

发射台合理布局。第一期工程建设的八个发射台，分布八个点，同时采取中波和调频立体声混合覆盖的办法，覆盖京津、环渤海湾和省内经济发达地区。使之更有效地为对外宣传河北服务。

特别需要说明的是，经济台在筹建过程当中，得到了省委、省政府和广电部领导的热情关怀和大力支持。河北省主要领导同志就办台宗旨和方向作了明确指示，并多次过问和视察省经济台的建设进展情况，帮助我们解决了许多实际困难。在河北经济广播电台开播之际，省领导亲自为我们揭幕授牌，有七位省领导同志分别题词祝贺，对我们提出了希望和要求。广电部有关领导同志两次到经济台视察，听取汇报，给予指导。省计委、省建委、省财政厅、省人事厅、省编办等有关部门及全省有关市地广播电视局给予了大力支持和配合。这些，都是我们能够取到成功的基础和条件。

播出近一年的实践表明，我们没有辜负各级领导的希望和广大听众的厚爱：

在河北，广大听众纷纷收听广播，关注广播，参与广播。两部热线电话终日爆满，成为省城最难打的两个电话。雪片似的听众来信平均每天几百封，传递出一片真情。商场店铺、街头巷尾、小轿车内，人们收听着广播，谈论着广播。元旦前后，许多听众在“热线”电话中不约而同的称河北经济台的开播，是他93年最大的幸事之一。

各级领导和企业家，重新认识广播的作用，或利用广播指导工作，或借助广播树立形象、谋划营销战略。许多市地县的书记、市长、县长和企业的厂长、经理亲自出题目、做文章，点名要上河北经济电台的“龙头”节目《北方快车》。

省内新闻传媒特别是一向受宠的电视迫切感受到了来自广播的挑战。他们当仁不让，研究对策，调改节目，努力收复自己的“失地”。

一向关心支持广播宣传的省委书记程维高，先后致信、来台看望并在许多场合，多次对河北经济广播电台给予肯定，并就办台宗旨、方向、任务乃至形式、方法提出许多具体意见。他不仅自己多次利用经济台播发的报道指导实际工作，还要求全省各级领导和广大企业家，都要注意收听省经济台的节目，同时多次提出具体的报道题目。程维高同志还在百忙中专门约见省委宣传部领导和我，对经济台特别是新闻板块《北方快车》节目给予充分肯定，并提出了下一步宣传的具体题目。

可以说，在河北，以河北经济广播电台等经济电台轰动为标志的“广播热”正在兴起。而听众的信任，领导的支持，更使我们信心倍增。我们没有理由不把广播的改革继续推向深入。

不断推进广播改革的实践，使自己愈来愈清楚地认识到，广播在与其他传媒竞争中，正呈现出一种前所未有的生机和活力，广播独有的功能正在得到广泛的开发，未来的广播将向产业化、多元化、专业化发展。而我们要进一步推进广播改革，就必须把它放在社会主义市场经济和社会化大生产条件下，进一步审视和探索，积极推进广播改革，使广播宣传更好的为改革开放和两个文明建设服务。

省长叶连松到经济台看望工作人员

省政府顾问王祖武视察经济台

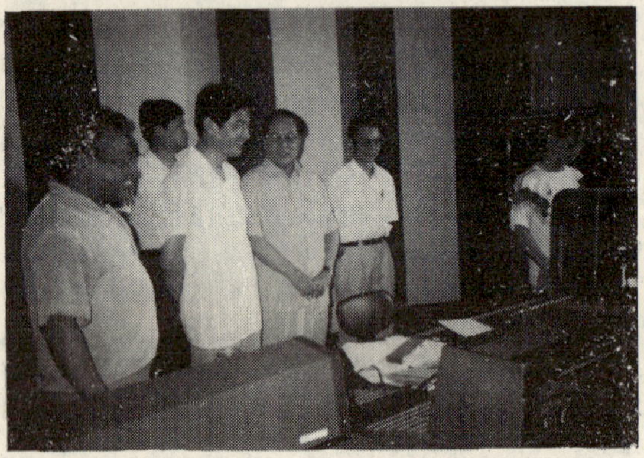

广电部副部长田聪明到经济台指导工作

广电部副部长何栋才在经济台直播间同听众对话

省委书记程维高给河北经济广播电台的一封信

河北经济广播电台:

最近我经常听你们早上一小时的《北方快车》。我觉得越办越好，不断改进。象"应该怎样看待南三条70%外地人经商"、"河北水果多，而没有大的专业市场的调查"、"唐钢企业内部改革"以及对唐山某区国有资产委托经营的评述等，这些栏目、专题我觉得都是很好的，不知河北的听众有什么反映。

明年是我国经济体制改革整体推进和重点突破的关键性一年。因此我们在舆论宣传上要强化改革旋律，为加快改革步伐创造舆论环境。请你们根据三中全会通过的《决定》精神，联系河北实际，在明年将要出台的一系列改革上，特别是在进行企业制度改革，加强建立适应市场经济要求的现代企业制度，使企业克服深层次矛盾、走上良性循环轨道方面，要搞好重点宣传。

由于改革是新的事业，在舆论宣传上要使群众接受，必须注意通俗，要让群众听得懂，有兴趣，这样才能达到宣传的效果。

经济台办好很重要，而要办好经济台也不容易。经济问题应该成为经济台的主旋律，经济台的听众主要应该是广大经营者、生产者。如果改革和发展真正成为了河北干部群众议论的热点和主题，河北经济才有可能有希望搞上去。

程维高

1993年11月30日

河北省广播电视厅学习贯彻程维高同志来信指示精神

中共河北省委书记程维高对广播电视宣传极为重视和关心。1993年11月30日下午，程维高同志致信河北经济广播电台，对经济电台的节目，特别是早上的新闻直播板块节目《北方快车》给予充分肯定，并就经济台的办台方向、任务、对象和方法等提出了明确要求，在全厅上下引起强烈反响。河北省广播电视厅党组书记、厅长周申明立即与党组成员研究贯彻意见。河北经济广播电台台长韩丙寅当晚组织有关人员学习讨论，并制定出十余条进一步改进节目的具体措施。

第二天，省广播电视厅召集全体副处级以上干部传达贯彻程维高同志来信的指示精神。王新友副厅长在会上宣读了程维高同志的来信。他说：省经济广播电台开播两个月，上下同心协力，兢兢业业，开拓创新，节目越办越好，具备了一定的特色和水平，受到省委书记的表扬和鼓励。这是全厅上下乃至全省广播电视系统共同努力的结果。他要求广播电视四台认真落实程维高同志的指示精神。在宣传中突出改革主旋律，加大经济宣传的深度和力度，力争使广播电视节目常办常新。

党组副书记、副厅长李润芝传达了厅党组贯彻程维高同志来信精神的三点意见：

1. 程维高同志来信对经济电台的工作给予充分肯定。我们向经济电台的同志们表示祝贺并致以谢意！

2. 程维高同志致信省经济电台，是对我厅工作的鼓舞和鞭策，广播电视各台都要以此为动力，进一步总结经验，找出差距，更好地发挥喉舌作用，正确引导舆论，为建设经济强省做出更大贡献。

3. 年终在即，各处室、各单位都要结合学习《邓小平文选》第三卷和十四届三中全会精神，结合学习程维高同志的来信，对一年来的工作普遍来个回头看，既总结经验，又找到不足，从而制定出明年各项工作如何迈出新步伐，再上新台阶的措施。

□河北省委程书记到河北经济电台视察工作

1993 年 12 月 23 日晚 8 时许，省委书记程维高来到河北经济广播电台，他在厅台负责同志的陪同下，走进直播室，对同志们说："经济台办得不错，我今天主要是来看看大家"。

程书记与在场的编采人员一一握手，亲切交谈。谈起经济台的节目时，程书记一一历数，从早晨的《北方快车》，到午间的《苏琳.肖雅直播室》，晚间的《万家欢乐》、《灯火阑珊》，再到星期日国际交流节目《空中度假村》，许多节目他都记得一字不差。他说，广播收听方便，又很贴近群众。经济台我天天听，有的内容感动得我边听边流泪。像"商品与人品"、"谈告别"的讨论，主持人提出问题，吸收听众参与，加以分析，正面回答，都起到了很好的舆论引导作用。

在经济台各档节目中，程书记最为称赞的是新闻板块《北方快车》。他说，这个节目围绕强化改革，扩大开放，加快发展，建设经济强省这个主题，连续不断地组织了一些很有分量的报道，抓住了省委、省政府正在想的、正要讲的，而且注意报道的广度和深度。如果全省广大干部群众都能收听到的话，对全省的改革开放就能起到很好的推动作用。

当在场的记者问到在新的一年里，对新闻宣传有什么要求时，程书记说，明年是我国经济体制改革整体推进和重点突破的关键性一年，要把改革搞好，把开放搞好，把河北建成经济强省，关键是进一步解放思想。在这方面，新闻宣传作用很大。要通过电台、电视台、报纸的宣传，对全省的各项工作起到"领头"作用。程书记还强调，经济台一些专题节目，讲市场经济条件下人与人的关系，讲相互爱护、相互带动、相互关心、讲友爱、团结、关怀，对社会稳定和团结，对精神文明建设，对社会进步都很有帮助。希望在这方面的宣传也要加强。

程书记还询问在场的编辑、记者是哪个大学毕业，学的什么专业，语重心长地嘱咐大家，一定要注意学习，多读书，多看报，多深入群众，使自己的知识不断更新，不断丰富，不断提高，担负起广播宣传这一光荣任务。

河北七位省领导祝贺河北经济电台开播题词：

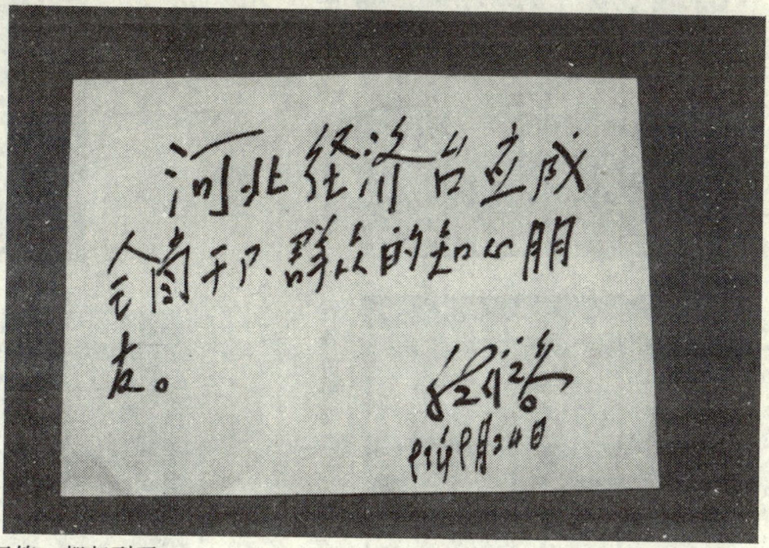

省委书记程维高题词

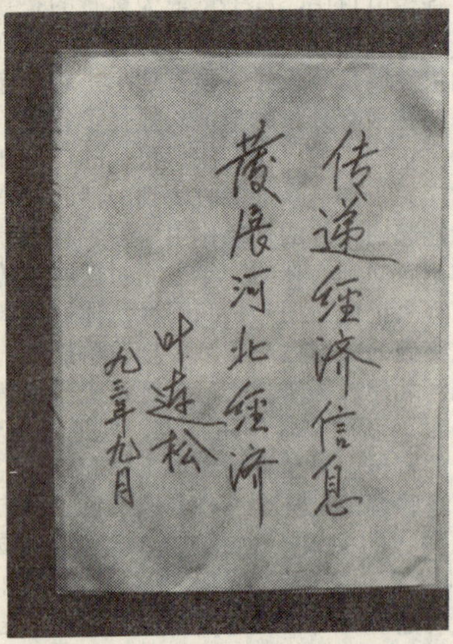

省长叶连松题词

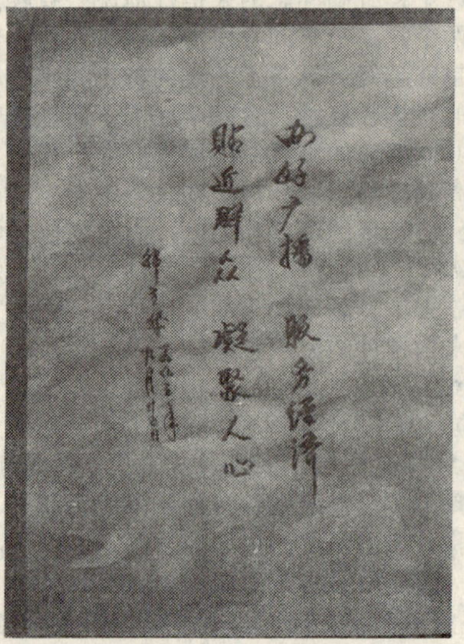

省委常委、宣传部长韩立成题词

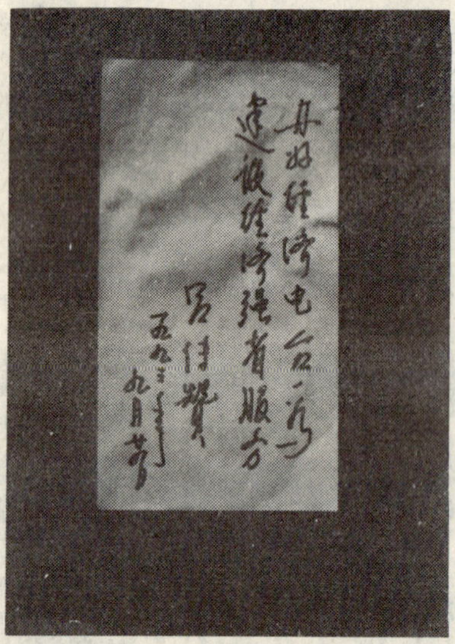

省人大常委会主任吕传赞题词

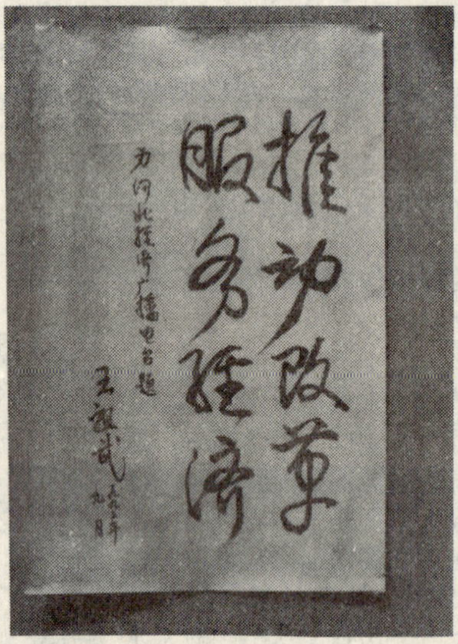

省政府顾问王祖武题词

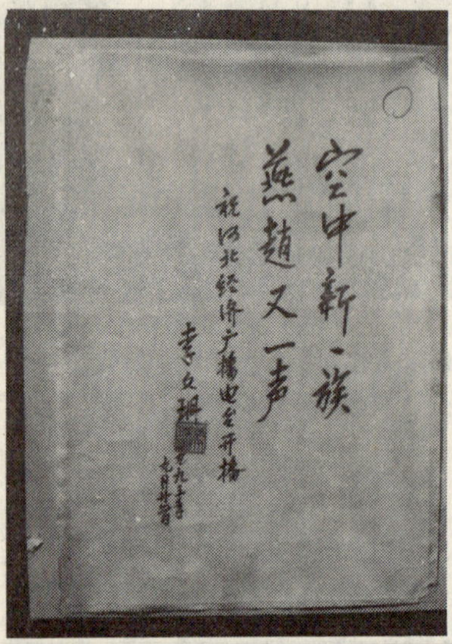

省政协主席李文珊题词

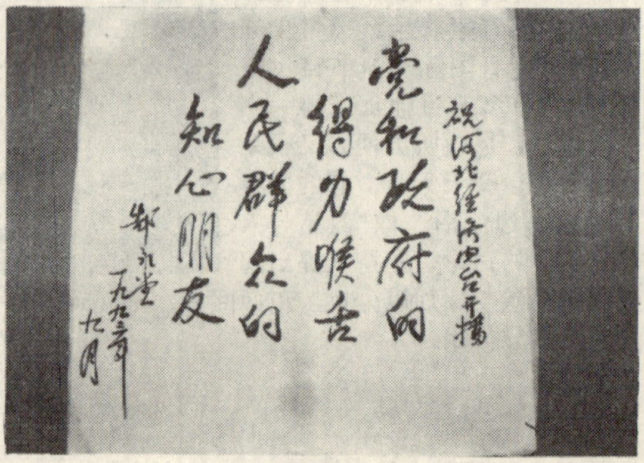

省人大常委会副主任郜永堂题词

□石家庄电视台 15 周年

开拓进取的石家庄电视台

邵存志

1994 年元旦，是我们石家庄电视台开播 15 周年。为纪念我台 15 岁生日，省委副书记，省长叶连松，省委常委、市委书记赵金铎，省委常委、宣传部长韩立成，市委副书记、市长沈志峰，市委副书记白起林，市人大常委会主任徐增厚，市政协主席方秉钧，市委常委、宣传部长李九元，副市长张承禄及广电部地方司司长韩庆余题词祝贺；1993 年 12 月 30 日，我台还召开座谈会，省委宣传部、省广播电视厅、市委、市政府、市人大常委会、市政协、市广播电视局领导及本台干部职工，共 200 多人欢聚一堂，回顾石家庄电视台的发展历程。15 年来，石家庄电视台在市委、市政府的关怀支持下，在全市有关单位及全市人民的热情支援下，艰苦创业，开拓进取，奋发图强，取得了巨大成绩，赢得了观众的厚爱，受到了市委、市政府的多次表彰。

广播电视中心大楼外景

播控中心机房

石家庄电视台的创建时间在全国城市电视台中算是比较早的。石家庄市广播事业局于 1978 年 3 月 2 日向省广播电视厅提出了建立石家庄电视台的请示，同年 4 月 24 日得到批准，6 月 6 日市委发文要求组建市电视台。经过四个月的筹备，国庆节开始讯号调试。三个月后，于 1979 年 1 月 1 日，石家庄人民第一次在电视机屏幕上看到了石家庄电视台播出的节目。从此省会人民增加了一个和自己生活息息相关的新朋友。当时，党的十一届三全会刚刚结束不久，沐浴着时代的阳光、改革的春风，石家庄电视台在市委、市政府的领导下，在全市人民的热情支持和关怀下，迈出了第一步，从此开始了自己不断发展壮大的里程。

电视是高科技产业，它需要强有力的技术保障和资金。筹建过程中在资金、技术、房屋等方面都遇不少困难。创业者们发扬无私无畏、艰苦奋斗、拼搏奉献的精神，下定决心没有条件创造条件也要上。没有台址，就租赁了市一宫的东展厅。在展厅东侧开了个小门儿，“石家庄电视台”的大牌子堂而煌之竖起来，市民们投来了新奇的目光。同时，他们又填平了市政府食堂的猪圈，高高的发射塔立起来了。编辑室、演播室、技术制作室、信号控制房都是在展览大厅里一间一间地隔出来的。因为在大展厅里盖小房子，房间没有窗户，没有阳光，几乎每个办公室都可以用来当暗房。全台同志就是在这样地道式的台址里一干就是十年。当时没有资金购买设备，只好靠支援。同志们硬是靠着两条腿、一张嘴，东奔西走，到处游说，总算凑了一批设备。省厅支援一辆黑白电视转播车、一部黑白电视发射机。中央电视台五十年代使用过的摄像机也被同志们从人家库房里请到石家庄。总之，在筹建过程中我们得到了中央电视台、省厅以及当时的中央广播研究所等单位的大力支援。

当时从各方面调来的 21 名工作人员中，大学毕业生仅两人，技术力量不足。在有关部门的配合下，从中央电视台、河北电视台、中央广播事业局和广播科研所以及青海、福建等地调来 6 名专业技术人员。在全体创业者的共同努力下，一个功率一千瓦，覆盖半径为 5 公里、覆盖全市 83%人口的石家庄电视塔在省会大地上立起来了。

开播初期，电视台以电视教育节目为主，举办了多期专题讲座，同时适当办了一些文艺节目。每周播出三次，每晚十九点开始。在简易大播室内使用人称“大炮筒”的设备进行直播。从 1982 年开始，每周转播中央电视台节目四次，自办节目两次（主要是录像播出）。1984 年 3 月，电视台正式建立了新班子、新机构。迈出了开播以来的重要一步，成为一个每周播出七次的自办综合节目的电视台。

1989 年末，新建的石家庄广播电视中心落成，石家庄电视台搬进新址。电视台的电视技术楼共设置各类编辑用房 10 套，电视剧配音间一个，小语录室一个，80 平方米演播室一个，250 平方米文娱演播室一个。当时在全国也是屈指可数的。从此石家庄电视台的发展跨上了一个新台阶。

以后的几年，特别是近三年，我台又在技术设备上投重资，不断更新完善。现有较高档次的摄像机、背包录像机、放录机七十余台。还拥有配备特技机、字幕机的复杂编辑制作线3条，剪接线9条，大转播车一辆。配套完整齐全的技术设备，能独立完成各类新闻、专题电视艺术片、电视剧的前期拍摄和后期制作任务。1992年底我台又在没向上级要一分钱的情况下，为扩大覆盖面，购买了两台10千瓦发射机及附属设备，进一步扩大了我台自办第一套节目的覆盖面。1993年7月又开通了25频道，办起了我台第二套自办节目及转播中国教育台节目。目前我台开设三个频道，播出四套节目。19频道是我台自办主频道(一套节目)，能覆盖周围18个县市，每天上午8：15至午间13：00，晚上18：25至23：00播出。25频道每天晚上19：30—23：00播出。上午、下午转播中国教育台节目达7个多小时。13频道全天转播中央电视台第二套节目。

技术人员在维护好设备的同时，十分注意抓技术革新。应用计算机技术管理制作线系统的研制成功，就是一个突出的例子。这项成果为我台技术管理科学化打下坚实的基础，在全国城市电视台中处于领先水平。1993年我台被评为全省1992年度综合技术管理优胜单位第二名。

台领导班子在一起研究工作。

(自左至右：副台长高凤亭、台长邵存志、副台长罗世华、副台长张冀青)

石家庄电视台作为党和政府的工具和喉舌，作为省会人民的知心朋友。在提高节目质量上下功夫。十五年来，我台紧密配合市委、市政府的中心工作，在舆论引导方面，在突出时代主旋律方面，在为社会服务、为群众服务方面，不断努力，力争较好地发挥电视宣传教育、传播信息、生活娱乐的综合功能，为推动我市的物质文明和精神文明建设作出了应有贡献。

作为龙头的新闻节目，建台初期仅有2个人负责，播出的是图片新闻。1982年才增加了录像新闻。1984年新闻采编开始进入成熟阶段。新闻节目每周七次，每次10分钟左右。从1989年起每年播出新闻4000多条，本台记者自采率为67%。1993年初又增加了《新闻纵横》节目和《经济信息》节目。通过一批批典型报道、现场报道，使之直接和观众见面，收到了良好效果。同时，在节目中办有若干个专栏，力求使新闻节目形式活泼多样，为观众喜闻乐见。每年我台选送的上中央台、省台的新闻条数不断增加，起到了宣传我市的作用。《石家庄新闻》节目已成为省会人民最欢迎的栏目之一。

我台还开办了《生活窗》、《社会广角》、《周末艺苑》、《小蓓蕾》、《时代体育》、《社会治安纵横谈》、《笑笑笑》等21个栏目，很受群众欢迎。1994年又推出两个板块式大型节目，一个是晚间的群众参与性、娱乐性节目《快车都市》，每次50分钟，另一个是大型晨间节目，融新闻、信息、娱乐、服务为一体的节目《看今朝》，每次45分钟。

十几年来，我台年年都有一批新闻片、专题片、艺术片在中央电视台和省台播放，并在全国、全省评比中获奖。新闻片《青年工人王德恒抢救落水儿童》、《东水厂峻工供水》、《山村女教师培育残疾少年》、《棉纺四厂实行大学生答辩》、《质量万里行省会消费者投诉活动》、《流浪乞讨沉思录》获全国二等奖。《新生》、《贾村纪事》在全国城市电视台评比中分别获二、三等奖。电视艺术片《海之梦》在有北京等18个省级台参加的1993年南戴河杯全国电视采访大奖赛中获全国一等奖。《闹正月》获全国城市电视台"金牛奖"三等奖。晚会《灯潮》获省视协一等奖。另外我台电视剧拍摄逐步走上专业化生产的轨道。我台是广电部批准持有《电视剧长期制作许可证》单位。建台十五年来，独立拍摄的电视剧达百集。《天下第一关》是我台1983年拍摄的第一部电视剧。《名优之死》、《鱼跃龙山》等都曾在中央电视台播出。八集电视剧《津浦路大劫案》是我台拍摄的最长的电视剧。电视剧《爱的寄托》获华北五省市儿童片二等奖。4集连续剧《恶梦醒来迟》曾在中央电视台播出了3次。6集连续剧《野草湾》获首届全国电视节目声音质量评比三等奖，在中央台多次播出。1994年和中央台合拍的八集连续剧《棋泪不轻弹》正在拍摄中。

我台广告节目在沟通信息、繁荣经济中也作出了应有的贡献。《点播大世界》、《消费指南》两个栏目也深受大家欢迎。总之，节目质量逐年在提高，搏得了省会众多观众的好评。在1993年10月石家庄市城调队的收视调查中，通过1500户家庭的问卷调查，石家庄电视台的收视率高达79%，高居榜首。这是省会人民对我们的认可、鼓励和鞭策。

电视事业是一个新兴事业，缺少一整套完善的管理办法，我台建台初期没有现成的制度可遵循。

因此，十五年来我们十分注意强化管理，从严治台。尤其是近三年来，我们提出了“一年打基础，二年起飞，三年争创省会台一流水平”的口号，提出了以制度治台的方针。我们在全台职工共同努力下，按照工作性质，区分不同岗位，制定出各种规章制度，如：编播制度、技术制度、行政制度，形成系列化，这样变无章可循为有章可循。经过一段实践后，逐条进行完善，最后将全台定的百余条制度，汇编成小册子，做到人手一份。今年我们根据工作的发展和需要，准备重新修订各项规章制度并再出新版本。为了抓好“打基础”这一环，我台实行了目标责任制的管理办法。推行了岗位责任制和人员聘任制。各部室与台签订目标责任书。目标责任书详细确定工作目标责任、思想政治工作目标责任和奖罚办法。逐季考核，年终总结。这一办法有效地调动了全台干部职工的积极性，既加强了台里调控，又使部门有了实权，做到人人有压力、人人有动力，全台工作上了新台阶。为了从严治台逐步强化管理，1993年以来，我们贯彻市委、市政府强化政务纪律的指示精神，先后出台了《领导班子民主生活制度》、《加强政务纪律的有关规定》、《关于播音员主持人外出参加活动和组织学习的若干规定》《关于职工休假的若干规定》等，进一步推进了电视台的管理工作。1993年8月又推进了我台第一个百日安全无差错、无事故活动。在这一活动中，全台找出了26个方面的遗漏，制定了134条补漏措施。从而实现了第一个百日安全无差错、无事故。在从严治台中，行政部门起到了很好的助手作用。目前，从严治台初见成效，打下了基础，开始了起飞，创一流省会台已见雏形。从节目量（办2套节目，21个栏目）以及技术水平、行政管理水平等方面，已居省会级台前十名之内。

成绩只能代表过去。我们在充分肯定成绩的同时，也看到了自己的差距和不足，那就是节目质量仍然不高，设备还需更新，管理工作有待进一步加强。尤其是与广州台、沈阳台、南京台、武汉台等省会级台相比，我们尚有不少的差距。但我们有信心、有决心去竞争、去发展。要继续以党的“十四大”和“十四届三中全会”精神为指导，用邓小平同志“建设有中国特色的社会主义理论”武装全体职工，以改革为动力，遵循“宣传是中心，技术是基础，行政后勤是保证，管理是手段”的总要求，树立强烈的省会意识、大都市意识，狠抓节目质量，出精品、上档次，创名牌、争一流；正确引导舆论，把握好主旋律，丰富荧屏，服务群众，增强竞争力、吸引力。为把我台建设成为与“四最”大都市地位相称的省会级电视台而努力奋斗！

□唐山人民广播电台建台45周年

写在唐山人民广播电台建台45周年之际

王明中　孙士纪

随着1948年12月12日唐山解放应运而生的唐山人民广播电台，已经走过了它风风雨雨的45个年头，而今稳固地矗立在冀东大地上。它所以有今天的立足，绝不是哪个人、哪几个人的功绩，而是经过了几代人的拼搏、苦干、奋争，凝结着许许多多广播工作者辛勤耕耘的汗水。有了前人的成就，后来者得以继承、发展。因此，在我们纪念人民台45岁生日的时候，不能不向这些为其做出贡献的同志表示崇高的敬意。

唐山市广播电视局党组书记、局长王明中（右）和副局长兼唐山人民广播电台台长孙士纪

（葛昌秋　摄）

作为党的喉舌和工具的人民电台，始终置于党的绝对领导之下。它存在的每时每刻、发出的一字一音，都在体现着新闻的党性和真实性原则，它的正确舆论导向和“三贴近”的节目，一直成为党和人民群众之间的纽带、桥梁，这种对党负责和对人民负责的一致性就是它旺盛不衰生命力之所在。当它步入改革开放年代之后，又坚定地站在新的大潮前头，鲜明地为改革开放开路，为新生事物助威，为丰硕成果呐喊，从而又为它注入了新的生机、活力。此时此刻的人民台的喉舌工具意识，新闻主体意识、不断提高节目质量的宗旨意识，并没有因为进行改革而受到丝毫的削弱，因而它显得更健康而富有灵气。它将同整个广播电视事业一样，它也将永远是“俏也不争春，只把春来报。待到山花烂熳时，它在丛中笑。”

实事求是是马克思主义、毛泽东思想的精髓。每个新闻单位都应根据自身肩负的任务和面临的实际情况走出各自不同的路子。扎根于唐山这块热土的人民电台经过长期艰苦的磨炼，积累了不少经验，也炼就了一支新闻队伍。近几年经过集体力量的把握和操作，又经过集体智慧的创造和精炼，逐步形成了“紧跟中心抓宣传、两个并重抓事业、严格管理抓技术、广开渠道抓创收、持续不断抓队伍”的五句法，也算是人民台、广播局辟的一条工作小径。我们想把沿着这条小径而再创伟业作为对人民台45周年最好的纪念，我们也企盼“一朵鲜花不是春，万紫千红春满园”的广播电视事业布满祖国大地！

前进中的唐山人民广播电台

孙士纪　　韩如杰

1993年12月12日，是我们唐山电台建台45周年。为纪念我台45岁生日，全国人大副主任李佩瑶、全国政协副主席王兆国、中央广播电影电视部部长艾知生和中央一些离休老首长：彭冲、杨成武、刘振华、李宝华、李运昌等同志为唐山电台题词祝贺；唐山电台还成立了“广播之友协会”，有二百多家关心、支持广播事业企事业单位经理、厂长参加。

唐山电台在过45岁生日的这天，举行了隆重的联谊和庆祝会。大家欢聚一堂，回顾唐山电台45年来在创业中崛起，在困难中磨炼，在探索中提高，在改革中走向辉煌的历程。45年来，唐山电台在唐山市委、市政府的关心支持下，在全市人民的大力协助下，脚踏实地，艰苦奋斗，创下了可喜的业绩，得到了人民的赞扬。

唐山人民广播电台的前身是“唐山广播电台”，如果追溯唐山建立广播的历史，还应提及“唐山坚声广播电台”。始建于1936年秋的“唐山坚声广播电台”，是当时唐山最大的私营商业——瑞兴祥绸缎庄，为了播送商业广告，建立了一座小型无线广播电台，呼号为：“唐山坚声广播电台”，发射功率为200瓦，工作人员8名。日寇侵占华北以后的1938年，这座电台被日伪“华北广播协会”接管，更名为“唐山广播电台”，发射功率仍为200瓦，工作人员18人。1945年8月，日本投降以后，电台被国民党当局接管，仍保持了日伪时期的规模。

1948年11月，辽沈战役胜利结束，中国人民解放军迅即进关，12月12日清晨，唐山的国民党守军弃城逃跑。当晚，解放军公安小分队入城，并接管了电台。通过广播，向全市、全省、全国宣布：唐山解放了！中国人民解放军已经接管了唐山，希望全市人民安居乐业。同时宣读了中国人民解放军入城的约法三章。至此，随着唐山的解放，唐山广播电台也开始了自己的新生。

解放初期，唐山广播电台改名“唐山新华广播电台”。1949年7月，中共冀东区党委撤销，与唐山市委合并，“唐山新华广播电台”也更名为“唐山人民广播电台”至今未变。

45年来，唐山电台的事业建设，随着祖国事业的发展也不断发展壮大。解放时的发射功率为200瓦，1953年增到500瓦，1958年2000瓦，1972年7.5千瓦。1976年7月28日，唐山发生了历史上罕见的大地震，唐山电台和全市人民一样，遭受了巨大损失，电台和电视台发射设备、房屋被震毁。

7月30日，河北省广播事业局的26名同志，携带一千瓦发射机和播、控、发电等全套设备、支援唐山，到当时还在丰润县团山子的发射台，帮助恢复中波广播。经过省局和唐山电台发射台同志们的昼夜奋战，8月1日由省电台的播音员同志连续呼出了：“唐山人民广播电台”的呼号，唐山电台恢复了播音。把全国人民支援抗震救灾的动人事迹传送到祖国及世界各地，对进行轰轰烈烈地抗震救灾斗争起到了很大的鼓舞作用。1993年7月，唐山电台发射台又搬迁到唐山市开平区岔道乡的新址，发射功率10千瓦。发射台不但负责自办节目的发射任务，还担负转播河北省同步广播的一套节目。由于制度健全，严格管理，保证了安全优质播出。在全省技术维护管理、安全优质播出竞赛中，唐山电台控制室连续三年获得第一名，发射台连续两年获得第一名。

唐山电台的采录、制作，播出设备设施也不断进行更新改造。如今，拥有比较先进的二十四轨调音台1部；八轨数字录音机1台；A807录音机4台；小谷5050录音机4台；PR−99录音机2台及一些637录音机等。还有尼桑录音车一部，内装一套录音设备和一套监视联络系统。主要设施有大型录音室一个，语言录音、复制间4个。除完成正常播出工作外，还具有录制较大型节目能力。录音制作节目质量高，多次在全省全国获奖。

随着事业建设的发展，广播宣传也随之发生了很快变化。党的十一届三中全会以来，为适应社会主义经济建设飞速发展的需要，以新闻改革为突破口，加快了节目改革的步伐，自办节目逐渐增多，宣传内容日趋丰富，在发布新闻、传达政令、社会教育、文化娱乐、播出信息等方面的作用日益增强。

解放初期，唐山电台只播一些新闻，评论和党、政、军的文告，还介绍一些工人、农民、青年、妇女、儿童活动的情况及文艺节目。1952年开办了《唐山联播》、《职工生活》、《听众服务》、《科学杂志》、《地方戏曲》等节目。1958年，唐山地委从昌黎县迁到唐山以后，为了加强农业宣传，增办了《唐山地区联播》节目和每天早七点的《唐山新闻和报纸摘要》节目。1965年，又增加了《农业技术》和《以革命名义想想过去》节目，直至文革中停办地方节目。

1981年，唐山电台恢复自办节目以后，设有《唐山新闻》、《唐山生活》、《广播杂志》、《冀东史话》和文艺节目。1985年1月1日，为了加强对农业的宣传力度、增开了《对农村广播》节目。1986年开办了对象性较强的《可爱的唐山》、《青少年之友》、《暮鼓晨钟》、《学习与漫谈》、《渤海金项链》节目。1992年5月1日，根据形势的发展，将节目又进行了一次调整，将几个对象性较强的节目，合并设立了带有主持人性质的《今日唐山》综合性节目。1986年和1992年两次节目变更时，《对农村广播》节目未变。

小平同志南巡讲话发表和党的十四大的胜利召开，标志着我国的社会主义革命和建设进入了一个新的历史时期，建设经济强省，重振唐山雄风的呼唤，要求电台必须适应形势，加大宣传力度。为此，唐山人民广播电台进行了节目改革。唐山电台从1993年2月开始，在唐山市广播电视局党组的领导支持下，以发挥广播优势，服务经济建设为指导思想，充分发动全台干部职工进行节目改革，经过两个多月的反复讲座，积极筹备，同年5月1日播出了调改后的新节目。

新闻性节目在原有三次新闻的基础上，又增加了三次正点新闻和一次外地新闻。每次新闻播出10分到15分。在15分钟唐山新闻节目中，一般都安排播出稿件20条左右，长稿控制在300字，一般稿件200字以内，简讯都是几十字，新闻节目进行滚动播出。真正体现了短信息、大容量、快节奏、地方味。

节目调改后将原来教育性专题节目撤销，开办了7个主持人直播板块节目。即：《唐山晨曲》、《多彩唐山》、《都市新干线》、《走进大市场》、《空中彩桥》、《相逢在此时》、《欢乐今宵》。每个板块节目均设有若干个小栏目。全台每天播出时间由原来10个小时增加到13个小时。

调改的新节目播出之后，赢得了本市、秦皇岛、邢台、北京、天津、山东等省内外很多听众的来信的好评。有的听众来信说，唐山电台这次节目改得好：一是加大了新闻信息量，听众收听花同样时间，可取得较多的收获；二是群众参与节目多了，缩短了电台与听众距离，利用身边的人，去说身边的事，教育身边的人。这样，说服力强，逼真生动；三是内容贴近实际，贴近生活，播出的多属热点，难点和群众期待解决的问题。有的听众来信说，唐山电台改革播出主持人直播板块新节目，这个令人欣喜之举，标致着唐山广播事业的发展迈出了一大步。有的听众来信说，《多彩唐山》播出以来，在反映唐山面貌，活跃人民生活，进行健康引导上起了不小作用。有的听众来信说，《空中彩桥》中的“空中门诊”成了患者的指路明灯，真正做到了人民电台为人民。一位司机师傅来信说，《都市新干线》说的是我们驾驶路上的事，播的是我们爱听的歌，它是我们唐山的“红绿灯”。

唐山电台在宣传工作中，特别注重抓好采、编、播人员的业务理论学习。近几年来，每年都多次组织召开业务理论学习研讨会；同时，还选派人员参加省广播电视厅、省电台组织召开的业务理论研讨会。因而使大家提高了业务素质，写出了很多质量较高，效果较好的稿件和业务论文。据不完全统计，自1984年评选优秀节目、业务论文以来，唐山电台在全国、省级获奖优秀节目百个以上，省以上刊物发表业务论文60多篇。

随着事业的发展、唐山电台的队伍也逐渐壮大起来，解放初期全台只有8名工作人员。后来我党陆续派了一些干部到电台工作，到1958年已有60多人了，到1993年底电台仅编辑部门和技术部门就有120多人。其中在技术部门（包括控制室、录音部、中波发射台）工作的工程技术人员43人，有技术职称的占31人：工程师8人、助理工程师14人、技术员9人。从事采、编、播工作的67人，其中有大专以上学历的52人，占76%以上。在采编播队伍中，有职称的44人，其中副高职3人，中职29人，初职12人。

唐山人民广播电台台长孙士纪（中）和副台长（从左至右）韩如杰、赵锡臣、吕庆书、李学明。

（葛昌秋　摄）

唐山人民广播电台副台长李学明（中）、赵锡臣（前左一）和部份节目主持人。

（葛昌秋摄）

节目主持人在主持节目

唐山电台45周年，对过去讲，是一个终点；对今后讲，又是一个起点。今后我们唐山电台要在这个起点上，发扬艰苦创业的优良传统，抓好事业建设；坚持党性原则增强喉舌意识，搞好广播宣传，为振兴唐山经济，为两个文明建设谱写新篇章，做出新贡献。

□沈阳电台45年

沈阳台是个老台，成立于1949年5月1日，隶属于辽宁人民广播电台领导和管理。1976年1月1日从辽宁电台划归沈阳市委领导，同时成立了沈阳市广播事业局，实行局台合一建制。1983年沈阳市进行机构改革，撤消了市广播事业局，沈阳台成为政府序列中的直属事业单位，主要任务是搞好广播宣传，并受市政府委托在台内设立市广播事业管理办公室，继续执行广播事业管理的职能。

沈阳台现有职工388名，内部机构设27个部、处、室，下属三个经济实体公司。两个中波频率，发射功率10千瓦，担负人民台、经济台的传输任务。两台全天播音共37小时，广播形式都采用了主持人直播板块节目。

改革给广播事业带来了春天。在全国广播改革大潮中，沈阳台面对各种新闻媒体的激烈竞争，遵循广播发展规律，借鉴各行各业改革经验，不断探索广播改革的路子，使广播走出了低谷，重新找回了失去的听众。

改革管理体制　增添广播活力

广播改革要始终围绕宣传这个中心，但同时又必须进行相应的管理体制和内部机制配套改革，为完成各项宣传任务提供保证。

1990年，沈阳台从自己的实际情况出发，坚持实事求是的态度，在坚持正确方向和基本原则的前提下，以改革财务管理体制为突破口，开始深化广播改革的探索。1989年以前，沈阳台一直实行全额预算的管理体制，事业经费完全由市财政拨款。随着广播事业的发展，两套节目自办节目量增加了近一倍，职工人数也增加了50%，使事业经费不断增加。特别是各种涨价因素的影响，增支幅度不断增大，到1989年正常经费缺口30万元。由于资金不足，设备老化陈旧、短缺的问题越来越突出，严重地阻碍了广播事业的发展。这一切表明，不对财务管理体制进行改革，电台的发展是没有出路的。1990年在市有关部门的支持下，对现行的财务管理体制进行了大胆地改革。

改革的重点是实行"差额预算，全额管理"的财务管理体制。财政拨款一年一定，差额部分由台内预算外创收抵补。全台创收基数实行承包，基数由市财政局逐年确定，全年收入超过基数时，可加发一定比例的奖金。实行这一改革后首先是全台经济收入大幅度提高，从1989年至1993年五年间，创收总额由原来的100万元达到现在的575万元，实现了一年一大步，年年有增长，跃居全国市级电台的前列。其次是大大减轻了市财政的负担，五年间，全台完成预算支出1530.1万元，自补经费393.3万元，占支出总额25.7%。五年间，自补经费总额占市财政拨款总额的35.8%，为市财政减轻了拨款的压力。第三是用于事业发展的资金逐年增加，五年间共筹集专项资金605.5万元，使事业建设有了较大的发展，装备水平有了新的提高。全台的录音制作设备，直播设备，传输设备、发射设备等都得到了大幅度的更新，增强了事业发展的后劲。第四是为广播宣传改革创造了有利条件，注入了新的生机和活力，充分调动了编播人员的积极性，提高了节目质量，促进了安全优质播音工作。

财务管理体制改革，为电台内部加强管理，深化机制改革提供了经验和物质基础。沈阳电台把财务体制改革和各项管理工作有机地结合起来，狠抓了台内各项管理工作的配套改革。

在创收部门实行全员风险性双承包的管理办法。承包的内容，一是创收基数承包。完成基数，享受相当于全台综合奖金水平的劳务费和基础工资；超额完成基数，提取一定的超额劳务报酬；完不成基数，按欠收额比例从全年职务工资中扣回。1993年又进一步完善了这一办法，实行基数承包，取消了正常工资，按毛收入提取百元含量工资的办法。二是创收费用承包。年末费用节余，结转下年使用，年末费用超支，按超支额的二倍从劳务费或含量工资中扣回。为了保证创收工作的顺利进行，先后制定了《沈阳电台经营创收管理办法》和《沈阳电台广播节目经营创收管理办法》，使得创收工作秩序逐步规范化。风险承包给创收人员带来了动力和压力，工作积极性、创造性进一步发挥，收到了较大的经济效益。1990年全台创收完成200万元，实现了当年收入比上年翻一番的目标。是建台以来没有过的。1991年创收完成254万元。1992年创收完成451万元，1993年创收完成523万元。五年创收收入总额，比改革前14年创收总和还多出1263.2万元。

在编播部门，实行"定额管理，超额付酬"的管理办法。广播宣传是电台的核心工作，调动编播人员的积极性，是保证高质量完成广播宣传任务的根本条件。因此，在编辑部门的采、编、播、录人员中建立了岗位技能和岗位质量并重的岗位责任制度，根据采、编、播、录岗位的业务性质和业务人员的不同职称，确定了各岗位的定额数量、考核标准和奖罚规定，相继制定出《新闻节目记者、编辑定额管理办法》和《直播板块节目主持人，编辑定额管理办法》等一套比较科学的编播人员管理办法。这项管理办法的核心是节目（稿件）质量，实行"一票"否决制。如果完不成当月"达标"节目（稿件）除取消全月超额奖外，还减发当月的定额报酬。累计三个月完不成"达标节目"者，下聘一级专业职务，对定额任务累计三个月完不成者，调离编播岗位，交人事部门，另行安排工作。实行定额管理之后，稳定了编播队伍，心往节目上使，劲往节目上用，努力提高节目质量的人越来越多，在播出时间延长，工作量增加近六倍的情况下，保质保量地完成了广播宣传任务。现在，新闻，板块节目的自采量占60%以上，1990年至1993年四年间，全台被评为市级以上的好新闻，好节目200多篇。

在技术部门，实行以安全和优质播出为中心的"安全优质播出指标达标"管理办法。对传输、监测、发射、实验各环节规定了停播率、设备入级率、台室管理3项指标，按照台内制定的《安全优质播出考核评比办法》，逐月考核记分，根据得分情况划分不同的档次，进行奖励。在没实行"达标"管理之前，停播率一直居高不下，1989年停播率是42秒／百小时，位于全省倒数第二位。1991年实施"达标"管理后，当年就实现了停播率"零"，到1992年初一直保持良好的水平。设备甲级率也一直保持100%。连续三年在全省评比中获得安全优质播出竞赛优胜单位称号。

在党政部门，实行"目标责任制"的管理办法。根据台内制定的《部门达标管理方案》，每年年初，台领导班子和党政部门签定目标责任状，把党政部门所担负的主要工作，分解成硬性指标，下达到部门，然后采取例会的办法，汇报检查，半年进行一次部门工作评价，年终根据部门全面工作进行评比，对成绩突出的给予奖励。

在全台经费使用上，实行"经费包干"的管理办法。按照《沈阳电台财务管理办法》的规定，把全台的经费划分为可包费用和不可包费用两部分，对可包费用，如编播费、技术维护费、车辆燃料维护费、办公费、夜餐补助费等根据有关规定确定数额，下达到有关大部门，由大部门和计财处共同管理。超支不补，年终有节余，按其节余额的一定比例给奖励。

在干部、人事制度上，实行内部聘任的管理办法。全台先在编播部门进行试点，制定出各级专业职务的职责、工作任务，工资，定额报酬标准。每名记者、编辑、主持人把原有的专业职称和工资存入档案，根据这个标准申报新的职务岗位。内部聘任不受资历、学历等限制，主要以业务水平、政绩等为依据，允许低职高报，高职低聘，每年考核一次，每年重新聘任一次。经过人事部门的严格考核80%的编采人员被聘为高一级的职务，10%的编采人员平聘，有10%的人员因政绩不突出或业务能力不强被解聘，由人事部门另行安排工作。实行内部聘任制激发了人们的竞争意识，调动了编采人员的积极性和创造性，在办节目中发挥了自己的聪明才智，工作效率提高了三四倍。

管理体制改革之后，一套比较科学的适合广播特点和节目改革需要的管理制度逐渐建立起来。为了适应新的情况，保证各项管理制度顺利运行，理顺编播、技术、行政、党群各方面的关系，建立起了三个管理体系，全台上下通力合作，努力办好广播事业。三个管理体系是：以编委会为中心的编采播录管理体系；以技委会为中心的技术管理体系；以党委为中心的思想政治工作体系。他们分别负责协调编播、技术和行政党务工作。编委会成立后，部分具有高级职称的老广播就任编委，协助台党组指导编播部门工作，提出宣传指导意见，制定重大战役性报道计划，审定稿件，充分发挥了他们的特长和经验，促进了宣传质量的提高。技委会统筹协调全台技术设备管理工作，制定技术发展规划，人员培训计划和设备更新改造计划，促进了全台技术管理规范化，保证了安全优质播出。以机关党委为核心的思想政治工作体系，在组织好日常思想教育，抓好党的建设的同时，结合编播、技术工作特点，深入开展了《新闻工作者职业道德》教育和党风党纪、新闻宣传纪律检查，配合节目改革和机构人员调整开展思想政治工作，促进了队伍稳定，保证了改革的顺利进行。

各项管理归根结底是调动人的积极性，是对人的管理，抓好队伍建设。在各项管理制度基本建立以后，台党组首先要求中层干部学会管理，敢于管理，并且把抓好管理列入年度考核的重要指标之一。其次对全体职工进行教育，要求职工适应机制改革的新形势，自觉接受管理，努力完成各自的工作任务。在思想教育的基础上，全台各部门开展了思想政治工作达标活动。达标活动突出思想政治工作的软件建设和动态管理，把已有的各项管理制度有机地结合起来，以切实加强管理工作和队伍建设。在队伍建设上，为适应广播改革对提高人才素质的新要求，在全台普遍开展了全员业务培训。记者、编辑、主持人用了一年多时间学习广电部推荐的两本教材《中国广播电视学》和《电子新闻媒介》。技术部门把岗位练兵和技术培训纳入安全优质播出达标管理之中。机关各部门结合工作特点，普遍开展了业务培训。全员业务培训的开展，有效地促进了队伍素质的提高，为广播改革提供了基本的人才保证。

深化节目改革　重塑广播形象

广播曾经有过自己的辉煌。但是，近十几年来，广播受到电视的巨大冲击，面临新的挑战。如何适应社会主义市场经济发展的新形势，在众多新闻媒体的激烈竞争中扬长避短，赢得新的辉煌？几年来，沈阳台以解放思想，转变观念为先导，不断深化对广播规律和特点的认识，花大气力进行节目改革。先后成功地完成了以大板块小栏目和主持人直播为标志的经济台节目改革，以双点整点新闻直播为标志的新闻节目改革和以实现栏目化为标志的专题、文艺节目“内涵改革”。1993 年 4 月，又按照新闻台的框架，调整改革了人民台节目，推出了主持人直播与录播相结合的板块节目，延长播音到午夜。不断深入的广播改革，给广播注入了新的活力，使广播以日益增强的吸引力和崭新的媒介形象，重现迷人的风采。

不断提高对广播规律的认识，按照广播规律办广播。

广播同其它新闻媒介一样，是党和政府的“喉舌”，宣传的内容和重点是一致的，但是，广播又因其独特的表现形式而有其固有的规律和特点。在新闻渠道增多，新闻竞争日趋激烈的情况下，广播改革首先要解决的问题是如何按照广播特有的规律办广播，充分发挥广播的优势。在这方面主要做了三件事：

一是改革传统的节目编排方式和播出形式，推出了大板块小栏目的主持人直播节目。传统的节目编排方式和播出形式，适应计划经济体制的需要，实际上是一种报纸模式。随着改革开放的深入发展和社会主义市场经济体制的确立，听众对广播的需求越来越呈多元化。适应这种变化，1991 年 7 月 15 日，在创办沈阳经济广播电台两年多的基础上，把经济台作为“试验田”对经济台的节目进行了全面改革，变对象性专题节目为综合性板块节目，变居高临下的训导式播音为亲切自然的家常式对话，以大时段上收听对象的广泛性和小时段上收听对象的具体性，满足广大听众收听兴趣的复杂性和多样性。沈阳经济广播电台在东北地区率先推出的这套融大众型、娱乐型、服务型和信息型为一体的主持人直播节目，受到广大听众和社会各界的广泛好评。新闻媒介以《找回失去的听众》等为题进行了报道。据《91 沈阳市广播听众抽样调查》，沈阳电台和沈阳经济台各个专题、板块节目的排序，沈阳经济台在电视黄金时段中开设的《开心一小时》节目名列榜首，成为收听的热点。沈阳经济台的节目改革在东北地区产生了轰动效应，出现了 882（经济台频率）热，一场电波大战在辽沈地区上空愈演愈烈。在总结沈阳经济台节目改革经验的基础上，1992 年又对人民台节目进行了调整，陆续推出了《星期天收听大世界》录播板块节目和《中午时光》直播板块节目。1993 年 4 月 1 日，在充分酝酿准备的基础上，全面改革了人民台节目，按照新闻台的框架推出了主持人直播与录播相结合的板块节目，延长播音到午夜零点，成为东北第一家全天播出 19 个小时节目的电台。

二是实现了整点新闻直播，加大了信息量，提高了时效性。新闻改革是广播改革的重点。在新闻媒介的激烈竞争中，必须发挥广播迅速快捷的优势，提高新闻的时效性和信息量。过去广播新闻是录制后播出，录制过程长，延时较大，制约了广播优势的发挥。从 1991 年开始，解放思想，破除直播新闻不保险的观念，在经济台直播的同时，开始了新联直播。现在沈阳电台每逢整点、沈阳经济台每逢半点直播新闻一次。新闻直播大大提高了广播的时效性和信息量，为突发性事件和重大新闻的随时插播提供了第一时间保证。直播新闻促进了记者和编辑工作节奏和采编观念的转变，“抢新闻”的意识明显增强。现在几乎每天都有记者从现场发回报道直接播出。

三是充分利用现代通讯手段，探索各种有利于发挥广播特点的播出形式。广播与现代通讯传输手段的结合，极大地缩短了时空距离，开辟了广播的新形式。首先在新闻报道中，大量采用国内国际长途电话和移动电话进行现场报道，提高新闻的时效性，丰富新闻的现场感。1992 年沈阳夜市场开市的当天，经济台利用“大哥大”，同时在中街和太原街采访市委书记张国光、市长武迪生等领导，向直播间发回现场报道，使报道与新闻同步展开。在三次边贸活动中，记者多次利用长途电话发回口头报道和录音报道。在新加坡沈阳宣传周活动期间，经济台利用国际长途直播电话采访报道了刘克田副市长在新加坡活动。1991 年以来，沈阳经济台还与各兄弟广播电台开展热线联播，先后与天津、青岛、哈尔滨、锦州、丹东、抚顺、郑州、珠江、湖南等十几个城市电台进行了热线联播，最多时有四个城市电台同时参与讨论，同时进行直播。其次通过户外直播的方式，揭开广播的神秘面纱，使主持人直接面对听众展示自己的风采，增强节目的吸引力。在 1992 年经济台在直播一周年纪念时举办了《三百六十五里路》特别节目，把直播间搬到了体育馆中，全体主持人、编辑、监制在几千名听众的参与下，按照节目运行程序，播出了三个小时的特别节目，使广播与听众融为一体，听众的参与热情十分高涨。1993 年元旦，经济台又在沈阳联营公司举办了《九三新起点，相会在联营》户外直播。一时之间，联营门前车辆缓行、行人止步，听众怀着极大的热情冒着严寒守候在联营直播现场，直到直播结束还久久不愿离去。那种感人的场面，使许多老广播工作者为之动情。《辽宁广播电视报》以《广播撩开神秘的面纱》为题在头版报道了这次活动。

全方位增强听众参与，使广播宣传更加贴近生活。

广播宣传是否贴近生活、贴近群众、贴近实际，是广播能否赢得听众的关键。改革节目编排方式和播出形式，归根结底是为宣传的内容服务的。在进行广播形式改革的同时，沈阳台坚持党的基本路线和正面宣传为主的方针，加大宣传改革的力度，加大经济宣传的份量，充分发挥直播的优势，借助现代经济的活力和现代通讯手段，采取多种形式广泛吸引听众参与，使广播宣传与改革开放、四个现代化建设和人民生活融为一体。

1. 抓热点，解难点，把党和政府为人民办实事的具体工作与反映群众的呼声和要求结合起来，密切党与群众的关系，政府与市民的关系，不断增强党的威信，激发广大干部、群众关心和支持改革开放的热情。沈阳经济台设置的《政府与市民》节目，为人民群众提供了一个参政议政的园地。节目开办以来，有九位市长、副市长、市长助理到直播间向广大人民群众宣传，讲解沈阳市工业、农业、外经外贸、商业、城市建设、文教卫生等方面的形势和发展规划，通过热线电话听取群众的建议和要求，当场回答群众提出的有关问题，对群众提出的合理要求，立即拍板责成有关职能部门研究解决。有近百名局级干部经常被邀请到电台直播间，就每个时期人民群众关心的问题与市民进行交流讨论。1992 年 10 月，沈阳经济广播电台抓住与人民群众过冬有关的一系列话题，在市政府的支持下，开办了《政府与市民特别节目——冬季人民生活热线》。在“热线”开播的 16 天里，编辑部和市政府有关部门共接到听众电话 1407 个，接待群众来访 1550 人次，收到听众来信 2983 封。群众提出的问题和建议涉及城建、城管、房产、环卫、环保、供煤、供暖、供水、供气、供电、冬运、粮食副食和扶贫解困等十多个方面。市领导和市有关部门对群众通过热线电话直接反映到直播间的 167 个问题和建议，当场拍板解决了 32 件，当天解决了 80 件。一时之间，沈阳经济台的冬季人民生活热线成了听众收听的热点，引起强烈的社会反响，受到市委、市政府的高度重视。

2. 让人民群众在广播中行使舆论监督权。广播电台拥有的论监督权是党和人民赋予的，除了靠新闻单位的监督之外，也应该请人民群众直接在广播中行使舆论监督权。1993 年 3、4 月间，沈阳人民广播电台和沈阳经济台开办了《792 连心桥》和《社会大哥大》两个节目为人民群众进行舆论监督提供了方便条件。周一到周六，每天早上 6 点 13 分和 7 点 05 分两个节目一开始，热线电话连续不断，向电台反映各种问题。截止到今年底《792 连心桥》接到听众热线电话 535 个，《社会大哥大》接听众电话 500 多个，两台还收到听众来信 4340 多封，接待听众来访 1000 多人次。听众通过广播反映的问题涉及城管、城建、房产、工商、交通、环卫、环保、煤水电气和粮食副食供应等十几个方面。在市政府领导和有关部门的支持下，听众反映的问题有 80%以上都得到了妥善解决和认真处理，其余也基本上做到了件件有着落，事事有回音。目前各政府职能部门、窗口单位和各区政府，一般都设有专人监听这两个节目，及时协调处理群众提出的相关问题。1993 年 6 月 4 日，《792 连心桥》节目播出一位听众反映住房漏雨的热线电话。当天上午，任殿喜副市长就召集房产、建工等有关部门领导开会，研究雨季前的居民住宅维修问题，并在第二天的节目中向群众做了答复。反映问题的那位听众又一次挂通了热线电话，激动地说：“上午一个电话，房子很快就得到了维修，市长真是市民的好领导，真给咱市民办实事啊！”有的听众把广播的热线电话比喻为“我们心中的市长”。开办这个节目带来了较好的社会效益：一是进一步拓宽了普通老百姓直接反映自己意见、建议和要求的民主渠道；二是增强了政府有关法规、政令以及为民办实事，关心群众疾苦的社会透明度；三是增进了政府具体工作部门的社会责任感和公仆意识；四是有利于发挥人民群众和新闻媒介的监督职能。

3. 通过多种形式，实现一对一服务，让广播节目深入到群众生活之中。广播节目尤其是服务类节目，与群众生活紧密相连。电台在策划这类节目时，针对节目特点，通过对某一个具体听众所提问题的解答，宣传党的方针政策，传播各种知识信息，在一对一的服务中拉近与听众的距离。沈阳经济台的《空中导购》节目就是这类节目的代表。每天中午时分，《空中导购》节目主持人亲切的声音通过电波传向四面八方。群众通过信件和热线电话向主持人询问各种信息，内容涉及日用百货、医疗药品，甚至生产资料。所问之细、之杂、之广，是过去节目中所从未遇到的。《空中导购》节目，通过这种一对一的解答为听众提供了一种实实在在的服务，使主持人成为深受沈城人民信赖和欢迎的商品专家、医药专家和百事通。一位听过这个节目的香港实业家说，香港也有类似的节目，但沈阳主持人现场解答问题的自信、流利和准确，给他留下了极为深刻的印象。

4. 在各类节目中尽可能多的热线电话，让人民群众在更大的范围内直接参与广播，从原来的客体变成主体，最大限度地调动起群众收听广播的兴趣，实现广播的社会效益。随着改革开放和经济建设发展，沈阳市的通讯事业有了迅猛发展，家庭电话普及率大幅度提高；为听众利用电话参与广播创造了物质条件。目前，沈阳人民台和沈阳经济台的节目中，大部分都开通了热线电话，广大听众通过电话，参加娱乐活动点歌曲，猜谜语，通过电话寻商品，求医药，通过电话诉衷肠，谈苦恼，提建议，提问题。无论在什么时间、什么节目中，只要开通热线电话，就有听众热情地参与，甚至有时节目已经结束了，热线电话还是铃声不断。听众的直接参与，拉近了广播与听众的距离，使广播与听众更紧密地联系在一起。这种听众挂电话直接参与广播的形式，已经被电视台在节目中运用。

总之，近几年来，面对广播发展的新形势，沈阳台解放思想，转变观念，深化节目改革，在沈城上空掀起了一场电波大战，使沈阳城乡出现了多年未有的广播热，“牵动千家万户，推动了政府工作，社会反响强烈。”

（姜维鲁　廉杨）

《马家军、马俊仁、马氏训练法》被辽宁电视台搬上荧屏前后

辽宁电视台花费近一年时间摄制的电视纪录片《马家军》（上中下篇）于1993年12月份播出后，引起强烈反响。许多观众来信或打电话，对该片给予了很高评价、大家一致认为，这部纪录片以真实生动的画面，全面系统地记叙了马家军全体将士的训练、比赛和生活情况，特别是对马家军坚韧不拔、顽强拼搏、艰苦奋斗、勇攀高峰的精神进行了深层次的开掘和报道，并且特别注意报道了马家军强调人的作用、意志品德、集体主义、爱国主义精神的巨大作用，是一部学习马家军的生动教材。

辽宁电视台记者正在采访马俊仁

大家还对马俊仁的恢复手段、饮食种类和熬制补药等鲜为人知的镜头给予了充分肯定。一些观众来信说，辽宁电视台首次把这些镜头搬上荧屏，不仅用事实证明了马家军所创造的世界纪录是科学的成果和血汗的结晶，也有力地抨击了不怀好意者的种种谬论。所以说，辽宁电视台推出的纪录片《马家军》是一部集科学性、专业性和艺术性为一体的佳作。

辽宁省领导和电视界专家在首映式上说，目前国内外对马家军的报道很多，但全面、真实、深刻、生动地宣传马家军，这是最好的一部纪录片，很有感染力和教育意义。

马家军主帅马俊仁对辽宁电视台记者表现出的良好道德风尚和全面真实的报道表示非常感谢。他看了这部纪录片后说，辽宁电视台的记者们上高原拍摄，我们相处得非常好，他们走了我真想念。他们拍摄时很苦很累。有些记者在宣传我时很混乱，给我造成很大压力，及至动摇了我的信心。辽宁电视台对我的宣传很全面，很真实，非常好，对我是很大支持，也坚定了我带好马家军的信心。

确实，我们电视记者与马家军相处的日子里结下了深厚的情谊，与队员同桌吃饭，听马俊仁“神侃”，帮助马家军打“官司”，……真是让人难以忘怀。如果说纪录片摄制成功的话，可以说是我们体验生活，互相体谅的结果，也是友谊的结晶。由此，我们《马家军》摄制组的编辑记者想谈谈以下三个方面的感触和体会。

一、一些传奇故事引发电视记者的好奇感，马俊仁走上荧屏亮相。

马俊仁在全国五运会失利后，他背起行装回到老家鞍山，潜心钻研运动员体能恢复难题。经过几年的苦心修炼，他掌握了一套行之有效的方法。所以他第二次被招回辽宁女子中长跑队担任教练后，每到一地训练，就搭起鸡窝，给队员熬鸡汤，让人特别感到有意思。出于记者的新闻敏感和好奇心理，家住辽宁体育运动技术学院的体育部副主任陈晓梅于1992年12月份拍摄了人物专题片《怪才——马俊仁》。当时，以辽宁为主的东北三省电视台正在联合摄制长达50分钟的体育特别节目《雪国风华》。陈晓梅把《怪才——马俊仁》作为辽宁的土特产品编进《雪国风华》之中。这是电视界最先报道宣传马俊仁。

1993年2月份，为了宣传辽宁省备战七运会情况，辽宁电视台体育部组织了一个采访组前往云南呈贡训练基地采访，拍摄了马家军的训练和生活，编发了专题片《辽宁女子中长跑队的一天》。该片在1993年全国体育专题评奖中获得二等奖。由于这次采访只有辽宁电视台一家光顾高原，我们拍摄了许多宝贵的图像素材。运动员一天一个马拉松的高强度训练和曲云霞摔倒了爬起来哭着追上队伍的顽强拼搏精神深深打动了记者。所以打算七运会之后，认真整理一下图像素材，编辑一个全面反映辽宁女子中长跑队的专题片。

可是马俊仁4月份带领姑娘们下高原后，天津马拉松夺魁，德国斯图加特显神威，北京七运会战绩辉煌，打破三项世界纪录……这突然崛起的马家军不仅让世界震惊，我们也感到措手不及。所以，北京七运会结束后，我们就着手收集文字材料，整理图像素材，研究确定拍摄马家军的主题思想和风格样式。

我们认为，马家军的崛起，首先打碎了笼罩我国体坛几十年“人种不行”的谬论，在人的体能提高步人“极限论”和“违禁药品”两大误区时，解放思想，实事求是，大胆吸收东方文明的精华，用中医、中药、养生、仿生学的神奇咒语把“阿里巴巴”的山洞敲开；在一些人把运动员训练成机械，运动成绩成为一种抽象数据时，马家军以本民族的大彻大悟，强调人的作用、意志品德和团队精神……这一切都是马俊仁的马氏运动理论和训练方法对世界田径发展史的巨大贡献，也是驰骋世界跑道的又一个法宝。正是基于这种思想，我们于1993年10月份二次上高原，跟踪采

访马家军，正式开拍一部大型的电视纪录片《马家军》。

二、知人莫过于知心，要先让马家军了解记者。

七运会后马家军马不停蹄地赶到云南呈贡训练基地备战西班牙马拉松锦标赛，国内外20多名记者蜂拥而至，马俊仁应接不暇，寝食不安。有的记者当马俊仁吃饭时就把话筒伸到嘴边，有的记者死活缠着马俊仁采访，通宵不让睡觉……我们摄制组赶到后，见马俊仁两眼布满了血丝，说话的声音更沙哑了，一种同情和可怜之心油然而生。我们见到他后，只说了两点：一是在不干扰训练的情况下请允许随队拍摄；二是马俊仁认为什么时间方便就什么时间采访。马俊仁一听笑了，"到底是家乡的记者善解人意，连这话也像是从我嘴里说出来的。"

记者要善于与被采访者交朋友。只有交上朋友，才能便于采访，开掘出鲜为人知的东西。有了好的印象，马俊仁话匣子打开了。他滔滔不绝地讲起了要与广州"虫草王"打官司的事。我们支持马俊仁把"唯一"的字样拿掉，承认"虫草王"是马家军的专用补品。之后又与"虫草王"总经理晓以利害。最后双方签署的协议中"唯一"被删去了，"虫草王"很快把1993年度的50万元寄到马家军账下。

"虫草王"事件使我们理顺与马俊仁的关系，他对辽宁电视台网开一面，只要不妨碍训练，怎样拍都可以，但不允许随便采访队员，更不能进入队员的寝室。这下子可使我们犯愁了。马家军的姑娘们每天训练、吃饭、睡觉三点一线，生活枯燥乏味，我们没呆几天都寂寞得受不了，好象"出家"似的。要抓拍到生动感人的镜头，主观愿望和客观事实相差太远。然而，对记者而言，前期拍摄至关重要，拍什么？怎么拍，关系到整个纪录片的成功与否。纪录片是以真实为生命。要做到真实而又富有艺术感染力必须在细节上下功夫，平凡之中见精神。我们摄像机不离身，随时随地开机，拍摄到许多细节镜头。比如曲云霞摔倒，放声大哭，运动员露脚趾的跑鞋，王军霞帮记者洗碗筷，马俊仁深夜熬制补药，还有马家军姑娘们训练结束后，提蚂蚱玩小狗情趣镜头，这些真实、生动，鲜活的画面，增强了整个片子的立体感。

我们与马俊仁交上朋友后，拍摄工作顺利进行着。上高原的前一天，我们觉得他精神状态特别好，于是利用一下午时间搞现场采访。马俊仁从选才到管理，从训练到生活，大发感慨，特别是讲起马家军一桩桩感人的事迹，记者的泪水夺眶而出，含泪拍摄下去……马家军正是在铺满艰辛和痛苦的道路上奋勇前行，战胜自己，迎接挑战！

三、用马家军的挑战精神编辑《马家军》

体育的意义是人类向自己以前达到的极限进行挑战，不断超越自己，向更快、更高、更强的目标前进、一个运动员或教练员把体育变成自己的事业，而且找到终生的寄托和乐趣，主要就是敢于挑战。马俊仁虽然是体育教师出身，担任省级教练，可他却有向世界纪录冲击的志向和抱负，并带领马家军脚踏实地勇攀高峰。

纪录片《马家军》最难的一道工序就是后期制作。把30多盘素材带的画面如何有机地组合在一起？特别是对马俊仁长达三个小时的现场采访，怎样分段提炼出来？这是最头疼的事。虽然我们曾搞过一些大部头的专题片和系列片，积累了一些经验，但是要把《马家军》这部纪实片编好，深感力不从心，似乎达到了一种"极限"。经过反复地推敲构思后，我们按马家军的科学选方，科学训练、科学管理三个内容，分成三集编辑成片。可是第一集编完后很不理想，画面单调，除了跑就是跑，实在没有看头。马家军有两点值得注意，一点是一鸣惊人，一下子就打破世界纪录，再一点是有很强的实力，说什么时候破记录就能做到，已达到哲学上的自由状态。我们何不向马家军学习，也用一下哲学上的自由状态，把分类好的东西打碎，说用就用，不受限制。因此，我们把马家军的整个技术问题分成三部分内容，放在上中下各篇中。上篇以高原训练为主，插进队员饮食和恢复手段；中篇着重介绍队伍管理，兼顾队员的业余生活；下篇重点讲马家军的精神。整体结构采取大段落的交叉式跳跃方法，把马俊仁的讲话和拍摄的段落画面有机地结合在一起。给人以新颖、简洁、快节奏和富有魅力。如果把分割后的马俊仁讲话连在一起，那么会成为一篇完整的报告；如果把配有解说词的画面组合起来，也是一部很连贯的专题片。当一家省级电视台索要马家军画面素材时，我们把上篇中马俊仁的讲话去掉，复录了配有解说词的画面，这家电视台拿到带子后不加修改立即播出了。

这种交叉式整段跳跃的手法，真实自然，信息量大，特别是马俊仁的讲话富有很强的感染力，增强了全片的真实性。在整个编辑过程中，我们由衰地体会到只要敢于向自己挑战，就能打破传统观念的束缚，就能从"极限"中冲杀出来，攀登理想的高峰。辽宁省体委副主任辽宁省体育运动技术学院院长崔大林说，马家军技术上的独到之处，在这部片子中得到淋漓尽致的展现，这说明编摄人员都是体育的行家里手。

现在这部纪录片已经与广大观众见面了，留给编摄人员的不只是快慰，还有许多遗憾。比如，运用现在时的画面反映过去时的东西，显得画面与解说词脱节，不能浑然一体，再有对马俊仁和队员的业余生活再现得不足，缺乏细节的东西。我们只能在修改此片时，再弥补这些遗憾，使之更加完美起来。

辽宁电视台体育部主任　许魁武

辽宁电视台记者吴鸿鹏　高兴武

辽宁电视台转播《世界重量级拳击争霸赛》纪实

拳击运动在中国起步较晚，美国是世界上有名的拳击大国，为了使辽宁广大观众观赏和了解美国职业拳击比赛，推动我国拳击运动的深入开展，辽宁电视台于 1993 年 11 月份花费两万美元，购买了世界重量级拳王争霸赛里迪克·鲍迎战挑战者霍力菲尔德的辽宁地区直播权，并通过太平洋卫星向全省现场直播。这是一场高水平的拳王大战，也是辽宁电视台首次跨国行动。

辽宁电视台体育节目主持人在播音间，配合卫星传来的现场比赛场面，进行拳击比赛直播的解说。

怎样才能转播好这拳赛呢？如何在转播形式上有所突出，有所创新呢？我们集思广议，博采众长，最后敲定了“三点一线”的转播模式，即：美国现场、卫星接收、直播间，把三个不同地点组合在一起，送出一路信号。在这路信号中，既有美国现场随时随地发生的情况，也有卫星信号中两位拳王激烈争斗的场面，还能让观众看到直播间里主持人和特约嘉宾参加评论的场景。三者有机地交叉跳动在一起，波浪式起伏前进，打破了画面加解说单调呆板的传送模式，扩大了信息量，增强了可视性，给人以新鲜感。比如，当比赛进行到第七回合时，一个不明飞行者从天而降，到了拳击台的左角上。这突如其来的情况使我们丈二和尚摸不清头脑，立即操起国际电话与正在美国现场采访的辽宁电视台体育部主任许魁武联系。许魁武把现场采访到的情况很快通报过来，我们及时传送给直播间的评论员，使广大观众很快了解了这不速之客的有关情况。

虽然不速之客使比赛终止了二十多分钟，但广大观众通过转播画面和现场解说了解到许多想知即知的事情。

总之，“三点一线”的转播，整体结构新颖活泼，好象一首欢快的歌曲，每个音符都跳动得很强劲，很热烈……广大观众可以在多视点多角度中找到慰籍，得到心理的满足。

现场直播是大兵团多兵种协同作战，涉及部门广，参加转播人员多，技术问题必须精益求精，如果任何一道工序出现偏差就会导致转播失败。通过卫星进行现场直播，目前，辽宁电视台在设备和技术上还不完全具备转播条件，我们现有的卫星接收设备不能接收太平洋卫星信号，要到离市区二十多公里的一个单位去接收，经过彩电塔传回台里。在比赛的前一天调试机器时，直播间的控制台出了毛病，微机打出的字幕怎么也抠不到画面上去，导播和技术人员心急如火，把上百根音频和视频线拆下来，又按程序一根根地安装上去。11 月份天气较冷，可大家忙得通身是汗，经过 3 个多小时的线路检查，还是找不到毛病，最后采取打破常规改换线路的办法，解决了字幕问题，大家这时才松了一口气。

拳击比赛时间很长，这对转播人员的责任心、工作态度和身体能力是一次考验。从早上 8 时开机，到下午 2 时结束，历时 6 个小时，导播一丝不苟地坐在控制台前进行切换，上厕所的时间都没有，只能克制自己……摄像员目不转睛地坚守岗位，不敢离开摄像机半步，放在身边的饮料都顾不上喝一口，转播结束后累得两腿不会走路，浑身象散了架似的……转播评论员连续 6 个小时不停地解说，头昏脑胀，走出直播间说话时有气无力，肚子饿得呱呱叫，也不想吃饭，只想睡上一大觉……总之，为了转播好拳赛，大家齐心协力，认真工作，饱尝了难以忍受的痛苦。当转播结束后，担任转播指挥的总工程师孙德成与大家一一握手时，每个人的两眼都闪动着喜悦的泪花。是啊，经过辛勤的工作，我们终于成功地转播了拳王争霸赛，收视率是星期日节目时段上有史以来最高的。

辽宁电视台体育部主任　许魁武

辽宁电视台体育部记者　吴鸿鹏

炎黄之根在荧屏上光芒四射

辽宁电视台在美国摄制的《炎黄子孙》和《中国留学生在美国》两部系列片，播出后，在海内外产生了强烈的影响，评价为“激动人心，振奋人心”的好片子。我们特选辑了几篇文字，从中可见炎黄之根是如何在荧屏上放射光芒的。

赞炎黄风采　颂华夏文明

辽宁电视台台长　高广志

辽宁电视台和加拿大华洋文化贸易公司联合摄制的《炎黄子孙》和《中国留学生在美国》两部电视系列片陆续播出了，不少观众来信打电话予以称赞，这些称赞，不管从哪个角度，用什么言词，都概括到一点，说它们是“振奋民族精神的力作”，“爱国主义的教材”。有的朋友问我，怎么想起要拍这样两部片子呢？

说来话长。那是五年前的事了。一个偶然的机会，我结识了香港友人荣会曾，大家都是文化人。交谈中自然离不了中华民族的优秀文化，谈到许许多多的杰出华人，为人类文明和世界的进步作出了贡献。当时我就想，如果能用电视的手段，把那些闻名于世的杰出华人的事迹，他们奋斗的经历和成功的轨迹展现给观众，对于长中国人的志气、增强民族的自信心和自豪感，一定大有益处。这对广大青少年进行爱国主义教育，弘扬我们中华民族的优秀文化，都是极好的选题。这就是最初萌生的拍摄“炎黄子孙”的愿望。

改革开放以来，随着国门的打开，一批又一批的青年学生走出国门，形成了空前的出国潮。面对这种局面，国人们议论纷纷，褒贬不一，一些青年学生思想纷杂，莫衷一是，到底如何看待这种现象呢？中国的留学生在国外到底是个什么情况呢？这就使我们萌生了制作一部反映留学生在国外真实情况的纪录片的设想。

又是一个偶然的机会。在沈阳我接待了采访的加拿大华洋文化贸易公司的总裁牛志强，当我无意中提到这两个话题时，没想到谈得那么投机，可以说是一拍即合，双方决定联合制作两部片子。一部以反映海外的杰出华人业绩的系列片，当时暂定名为“在海外的杰出华人”，也就是播出的“炎黄子孙”。初拟拍三部分，第一部分在美国加拿大选十名杰出华人，作为投石问路。如能成功，第二部分在东南亚再选十名华人，第三部分在西欧再选十名华人、每人一集、每集15至20分钟，形成一个海外华人的系列，计划用三年时间完成。另外一部是反映中国留学生在美国生活学习情景的纪录片。这两部片子要求以纪实的手法，反映真人真事，真情真景。通过介绍海外华人和留学生们奋斗的事迹，反映他们为人类发展和世界进步所作出的贡献，弘扬中华民族的优秀文化，振奋我们的民族精神，鼓舞人民群众同心同德投身于改革开放和现代化建设。根据这样的构想，我们进一步把主题思想概括成三句话：弘扬炎黄子孙的风采，赞华夏民族的精神，鼓舞和鞭策国人奋进。

方案已定，着手运行。我从全台抽调了四名业务骨干，组成了一个精干的摄制组，同他们一起研究深化主题、精选拍摄对象，制定拍摄方案，进行了紧锣密鼓的前期准备。随后，摄制组起程了。在美国他们克服了很多困难，昼夜兼程，五十天内完成了两片的前期拍摄。

摄制组人员回来后，疲劳为喜悦所驱走，顾不得洗去远征的风尘，就一头扎进编辑间，马不停蹄地进入了后期的编辑制作。又用了两个月的时间，终于全面完成了这两部片子的后期编辑工作。

8月9日，这两部片子在北京人民大会堂举行了首映式，首都新闻界的专家、学者和同行们对两片给予充分肯定和很高的评价。两部片子播出后又引起强烈的反响，热情的观众们给予我们的是赞扬和鼓励。

事情说简单就这么简单，似乎带有很大的偶然性。但这个偶然不也寓于必然之中么！爱国主义、民族精神、民族传统、民族文化这个电视宣传的永恒主题，是我们电视工作者日思夜想的，它体现在我们各类节目当中，单就纪录片这个品种来说，这几年我们就先后推出了《沙与海》、《辽河》、《中华民族体育》、《马家军》等在全国有较大影响的作品，在这样的思想源流之中，《炎黄子孙》和《中国留学生在美国》的诞生也就不是偶然的了。当然，这里包含着摄制组人员的心血和汗水、他们的苦辣酸甜。

摄制电视纪录片《炎黄子孙》和《中国留学生在美国》的三点思索

辽宁电视台对外部记者　高国栋

1993年，辽宁电视台和加拿大华洋贸易文化有限公司联袂摄制的《炎黄子孙》、《中国留学生在美国》，是我国第一次较大规模反映华人在美国学习、奋斗，创业和成功经历的电视纪录片。

这两部纪录片以现实为主，其间穿插大量的人物访谈和珍贵资料，追寻纪录了炎黄子孙在美国的人生轨迹，再现了海外游子对中华文化的继承和发扬，形象地展示了中华民族能够自立于世界民族之林的精神。

一、关于《炎黄子孙》、《中国留学生在美国》的真实性。

众所周知，纪录片无法运用虚构的情节和悬念，它集中注意的是物质的现实，并依据真实的素材来阐述主题。但是纪录片并不排斥采用新颖的、吸引人的表现手段来影响观众，也就是说要给纪录片一个“艺术包装”，而这种艺术包装的可能性要服从纪录效果的可信性。

在《炎黄子孙》和《中国留学生在美国》两部纪录片的摄制中，我们遵循的是纪录片的真实性原则，即在真实的场景下反映真实人物的真实事件。由于在美国采访的时间比较仓促，我们不可能拍摄到被采访对象的生活的各个方面，所以我们尽量采用人物访谈的同期声，并且利用许多的图片珍贵资料来反映过去发生的事件。杨振宁博士是我们到美国第一个采访对象，他获得诺贝尔奖是多年以前的事情、杨振宁博士提供了当时的照片，弥补了图像画面的不足。

大量使用人物访谈的同期声是这两部纪录片的一个特点，在每集20分钟的《炎黄子孙》中，基本上同期录音占一半以上：我们认为让被采访人物来自己讲他的生活，心理感受，更生动、真实感人，这要比由主持人或是解说旁白更令人信服。

二、关于两部纪录片的表现形式

一位名叫赖兹的英国电影理论家说过这样一段话：故事片与纪录片的根本区别在于故事片主要表现情节的发展，而纪录片则主要阐述主题。因此，纪录片必须完全依靠新颖的吸引人的表现形式来影响观众。

虽然我们在确定这两部纪录片主题的时候，就已经定下了这两部片子的基调是严肃的和凝重的，但是我们认为这并不妨碍我们调动一些艺术手段和方法来阐述主题和表达情感。

电视主要是依靠画面和声音来传达主题的，画面作为主题的载体直接影响着片子的成败，在拍摄中，我们采用大量的长镜头，这样做的目的是为了不是人为地割裂时间和空间，保持事件的完整性，特别是采访人物时，我们常常是一开机就二十分钟，而且基本上，不移动摄像机从一个角度拍摄的，在拍摄中我们还尽量考虑到色彩的和谐，人与景物的配置以及光线和构图等等，尽可能地做到完美。我们拍摄的对象中有几位只有半天时间接受我们的采访，在时间紧的情况下，我们只能依靠抓拍，由于摄像师具有很强的组接意识和功力，这些镜头都很成功。

一般地说，拍摄一个人物的纪录片并不具有许多戏剧性的事件，因此必须以另外的方法表现人物。这时，真实的音响效果就具有相当大的价值，同步的和不同步的音响都能起到烘托主题的作用。

除了大量进行人物的现场采访、使声音的运用上突出现场感和真实感之外，我们并不拘泥于简单地再现和复制客观世界的声响，而是把艺术技巧融合进去。例如在表现著名遗传学家牛满江教授的那一集，开头和结尾都以其坚实的脚步声经过回响放大之后运用的，表现了这位著名的科学家坚实地走在人生的旅途上，画面变成黑场，脚步声仍然继续，给人以回味和遐想的空间。

三、关于两部纪录片的剪辑

英国的电影理论家米勒在他著的《电影剪辑技巧》中说：纪录片导演的技巧，从本质上来说也就是剪辑的技巧。

我们认为：剪辑的工作并不仅仅在编辑间里，它在摄制的每一个阶段上进行，从脚本、摄像和对素材的处理，直到配音完成为止。

例如在《中国留学生在美国》一片中，整个片子完全是以留学生的自述为主，中间穿插主持人的现场解说和采访，从这一个采访对象到另一个采访对象，直接对接、跨度很大，跳跃性也很强，但是由于讲话的内容主题上具有很内在的联系，所以并无突兀之感。在节奏的处理上，刚刚表现完留学生紧张的生活，然后即是缓慢的节奏、表现留学生思乡的情景，一张一弛，节奏分明。

由于时间的仓促，这两部片子还存在许多不尽人意的地方，现在看来，后期制作尚嫌粗糙，特别是大量使用采访的同期声，虽然具有真实性，但在电视画面的可视性上也带来一定的负面，画面不够生动，对于一般的电视观众来说，减弱了吸引力。总之，如此大规模的表现众多人物，特别是著名人物的纪录片的摄制，我们进行了一定的尝试，这种尝试还是十分有益的，无论是作为宣扬爱国主义精神的作品，还是对电视纪录片的艺术探索，都大有裨益。

拍摄《炎黄子孙》和《中国留学生在美国》的点点滴滴

辽宁电视台记者蒋凡 孙宏 梁建华

反映海外华人，反映民族精英，这是一个庞大的拍摄工程，作为地方台的辽宁电视台要拍这样一部重大主题的片子，拍摄前后的各种困难。比中央电视台要多得多。

我们辽宁电视台萌生拍摄这两部片子的想法经过多方努力，做了大量的前期工作，包括寻找合作伙伴，与海外有成就的华人联系等。为了使这部片子的内容更加充实，画面更加丰满，我们先后几次去了北京、上海、广州等城市，拍摄了海外华人在国内部分活动场景，并到中央电视台、北京图书馆查找历史资料，使我们摄制组每一个成员尽可能更多地了解要拍摄的人物，我们还多次研究拍摄计划、拍摄方案。两部片子终于在1993年3月21日于美国纽约开镜。

3月20日飞机到纽约时，已是银星满天，出了机场，纽约立即将它的繁华和快节奏传递给我们：这和我们急于拍片的心情和工作部署很合拍，我们也不自觉地汇入这都市的忙碌中来，最紧张的是采访靳羽西和杨振宁，每人只有四小时，所以我们从进门就开机，大家在电视上见到的打电话，工作等情节都是当时抢拍下来的，幸好没有什么毛病，否则真不好“交差”，临行前高台长再三叮嘱，此行意义非凡，任务艰巨，如若完不成就将挥泪斩马谡。四个小时内，在靳羽西处拍了五本带，同样时间在杨振宁处拍了六七本带，可见工作的紧张。

每次采访只要一出门，所有东西就得带全，摄像机、三角架、充电器、电池、磁带、话筒外加上照像机。最怕的是到街上拍外景，又背又扛，可惨了。后来高国栋得出一结论：车大费油！必须多吃饭，否则真干不动了。回国一看冲出来的照片，不是拿电池，扛三角架，背摄像机，就是抱着笔记本。反正没空手的。

美国发达的交通给我们采访用车提供了方便。只要打个电话，一会儿车就到了，可是车好道路难行。一次与王己千老人约好到大都会博物馆采访，结果因为塞车晚到一小时，在美国是很守时的，这使我们好不尴尬。后来，怕旧辙重蹈，我们提前三个小时出发赶去采访杨振宁教授，一路顺风，结果提前了一个小时。象这种让你哭笑不得的交通状况到旧金山和洛杉矶后就明显好转。

按照安排的日期，我们到美国后的第二天就要进行采访。我们一放下行装，不顾时差造成的生理上的不适应，就开始研究采访方案，一直研究到半夜。在美国的五十个日日夜夜里，我们一直就是这样日夜兼程，每天夜里两点睡觉是常事。我们要采访的都是海外有成就的华人，这其中有一些科学家年事已高但仍然日夜埋头于研究与实验中，他们工作繁忙，时间安排紧凑，生活有序，这样给我们的采访带来了明确、确切、集中等有利的一面，但在时间上则毫无回旋的余地，要求我们工作节奏紧凑，各个环节配合紧密。如采访杨振宁，在中国驻纽约总领事馆的协助下，我们与之取得了联系。他回答我们：只有一上午时间，并只能在他的办公室里采访。听到这个消息，我们摄制组全体人员既高兴又犯愁，这样一位世界名人，从采访到拍摄就四个小时，怎么能拍好呢？这一夜我们只睡了四个小时。当我们采访杨振宁来到他办公所在地纽约州立大学石溪分院的时候，进院我们就兵分两路，一路开始拍摄外景，选角度、挑地点；另一路，寻找物理实验大楼……时间一分一秒地过去，我们在高度紧张地拍摄，这似乎感染了杨振宁博士，他很体谅我们的心情，主动与我们配合，告诉秘书送来部分资料，又打电话让他的太太送来诺贝尔物理学奖章、证书等。当我们提出要到他的物理加速器试验室看一看，并且想要采访他的研究生，尤其是中国研究生及实验室里的工作人员时，他立即起身带我们去实验室、并边走边介绍。杨振宁在科学的领域获得了成功，取得了世界性的成就，然而在看来是一些小事当中，仍然保留着中华民族的传统美德——朴实、谦逊、讲仁义、重道德。这进一步引发我们对人物内涵的深刻理解，更好地展示人物的成长、成功的轨迹及思想内涵。

正当我们整天奔忙于拍摄时，此片总策划高广志台长远隔重洋从沈阳传来一个信息：美国有一家电视台将拍摄大型电视片《华裔风云人物志》50集，拍摄的人物就有我们所采访的9位对象，即将在美国开机……。美国华侨报纸《纽约时报》也刊登了此消息。这无疑对我们是个压力。美国人要拍这片子，有天时地利等各种优势，而我们都是人生地不熟。为此，我们先通过当地的中国留学生和电视同行们了解情况，并从设备、人员等方面对双方作了分析对比，尤其是，美国当地的电视同行、美国新闻总署、以及我国驻美领事馆从一开始就给予支持，这些使摄制组充满了信心，认为一定会拍好，决心拍在他们的前面。分析之后，我们在美国的报纸《桥报》上报道了拍此片的意义，博得了美国人的支持和赞扬。同时，我们加大干劲，顺利、成功地完成了拍摄任务。

到美国，第二位采访的是牛满江教授。我们驱车从纽约来到美国第四大城市费城。按照美国人的习惯，即使是拜访也要提前予约，更何况是采访了。在国内我们已与牛满江教授联系过，他非常高兴地同意接受我们的采访。可等我们来到费城，再用电话联系时，只有录音电话中委婉动听的女声：“主人不在，有事请留言。”我们有些扫兴。原来，当我们飞越太平洋时，跨越了国际日期变更线，时间要倒拨一天，这就难怪牛教授不在了。后来，牛教授夫妇专程飞回费城等待我们，而且，为此取消了去二女儿家度周末看樱花的计划。还惹得二女儿满肚子的不高兴。于是我们二访牛满江。

在费城牛满江、张葆英夫妇的家里，两位七、八十岁的老人热情地招待了我们两天，晚上就住在他三层洋房的顶楼。早上，牛太太亲手为我们做早饭。无论在费城还是在北京的实验室，所有事情都自己做。这顿早餐其实用不着老太太动手做，因为头天晚上牛教授夫妇俩特意带我们到餐馆吃了顿丰盛的晚餐，美国人有“打包”的习惯，许多菜又带了回来，早上我们就说，吃“打包”那不是很好吗？牛教授的语气很坚定，说：“那绝对不行！你们是客人。”由于老夫妇俩的热情配合，我们在他们家顺利地完成了采访。

国内许多人看美国是一个充满了机遇的社会，然而在美国采访，我们深深地体会到，美国在向你展示他给你千万种机遇的同时，也将困难摆在你的面前——你不属于这个环境，文化和思维上的差距，这是最重要的。而要获得成功，就需要付出千百倍于别人的努力而这并非可以想象和容易做到的，尤其在洛杉矶和旧金山采访了大量的留学生后，我们四人达成了共识，9位华人成功的经历和品德震撼着我们，也更加深了我们对该片主题的理解：振奋民族精神，让更多的人感受到炎黄精英的风采和气魄。

在美国50天，汽车几乎将我们变成了住宿地和采访对象之间两点一线的机器，晚上就在一个似厅非厅的地方讨论采访提纲。紧绷的神经使做饭成了我们的一大乐趣，窄小的厨房便是我们的乐园。高国栋，蒋凡是高手，主菜他俩做，两女士打下手，牛先生负责“配料”和做美食家。美国青菜与肉蛋虾同价，水果不贵，想吃到中国的调味品容易，比如山西陈醋、老抽酱油在市场上都可以买到，有牛先生的后勤保证，我们菜肴很丰盛，一顿饭在笑声中就做成了。

我们没有时间观赏异国风光，也无暇到琳琅满目的商场转转，在纽约没有去看联合国总部，没见识见识刚刚被炸的世界贸易中心。没机会去看看五角大楼……然而我们依然满足，因为50天我们顺利地完成了采访。最难忘的是我们采访到的这些人和得到的友情与教益。

当这两部片子制作完成，在北京人民大会堂举行首映式的时候，我们充满了兴奋和喜悦。首映式前，吴学谦、王兆国两位全国政协副主席专门接见了来京参加首映式的杨振宁、牛满江及夫人张葆英、能玠和陈逸飞。对他们表示欢迎。对片子给予了很高的评价。吴学谦说，炎黄子孙为人类进步和世界文明作出了贡献，他们自强不息、艰苦奋斗的经历充分体现了自立于世界民族之林的民族精神，这种精神不论是过去，还是未来，都是一笔取之不尽用之不竭的宝贵财富。

首映式上，广播电影电视部副部长刘习良代表艾知生部长，感谢辽宁电视台为我们拍出了这样两部激动人心，振奋人心的好片子，部里决定在中央电视台向全国播放，并向海外推出。新闻界的专家同行对这两部片子都给予了热情的鼓励、誉为电视界的首创。外交部、国务院侨办，省外办侨办领导表扬我们做了一件好事，辽宁省副省长张荣茂说要为我们记功。

听到这些，做为摄制组的成员自然感到欣慰，但更使我们激动不已的，是这次采访中从几位知名人士的一言一行感受到的力量，这力量硕大无比，这能推动历史、激励后人，这就是华夏之魂、炎黄之根！

《炎黄子孙》和《中国留学生在美国》观后漫谈

彭定安

在高科技支撑下的现代信息社会中，大众传播媒介，尤其是电视，具有广泛而深刻的复制人们的思想文化心态的功能。这比之一般所谈的宣传教育作用，还要大得多和深刻得多。在这个意义上，运用电视手段，如何反映生活、解读生活，然后传播，是一个非常重要的问题。同时，这种反映和解读，总是预设了一种潜在的对话，即同广大受众的对话：你认为他需要知道什么和解答什么，然后你提供阅读和解读文本。这里，便又产生了在开拍（对话）之前的选择问题，大千世界，林林总总，你选取什么来同受众进行对话？这样，选择→反映／解读→对话→效应，就成为一个传播链，也是电视的社会功能发生作用的程序。

在这样几个“链条”和“程序”的关节点上，考验着多种类型电视片的编导的水平和成败。最近看了辽宁电视台所摄的两部电视纪录片：《中国留学生在美国》和《炎黄子孙》，感到在这几个联系的方面，取得了系统性的成功，表现了突出的可喜的成绩。

在总体上，我们以为这两部电视片是同目前我国文化语境中的两个方面的消极现象、“落后话语”，进行了对抗性对话。一方面是热闹文化、嘈杂文化以至糜烂文化的泛滥，一方面是饥不择食和不会选择的低文化亿万受众，对高品位文化的抵制和冷漠。现在，这两部电视片推出来，面对广大受众，在两个方面与之对话：一以其所选择的对象、所述说的内容自身的文化品位之高，而对抗了上述两种消极现象；二以其为何事述谈，即以其拍摄、呈现的思想与艺术手法的文化品位之高，进行了同世俗低品位文化的对抗性对话。这种对话既是同前述那些消极文化现象的对抗、抵制，又是正面的教育、解读、传播，因而是进行了正面文化、主流文化的复制。我不清楚编导人员的背景，但是，他们的实际行为体现出了他们这种立足于高文化品位的，坚持主流文化的对话意识。这也体现了他们的思想水平、艺术水平和传播意识的高品位。

在新一轮中国人走向世界的热潮中，留学美国的人员，数量之多，跃居首位。他们的状况如何，不仅是他们的亲人和友朋所关怀，而且为后继者、有去的打算者以至一般观众所关注。选择这一题材，是有眼光的表现。而且，如果稍知一点片中艰难（从物质条件到其他各种社会条件），更能体察到制作此片的决心勇气和最后的成功，是很可佩服的。但这还只是属于工作态度、创作立意方面的；更为值得称赞的是怎样来完成这个可贵的立意。可以预设两种回答，而且是我们常常很容易提供也很容易被接受的答案：好（或者很好）／不好（或者很不好）。我们见过不少这样的最省事也同样是最误事的答案，包括一些艺术片在内。但是，《中国留学生在美国》，却超越了这个常数。特别是，编导人员没有想提供答案，或者说，没有打算用提供答案的方式来回答现实的问题，而是以解读的方式来作答。而且，这种解读，是通过两种方式来进行：(1)“让生活本身说话”；(2) 让人物（拍摄、采访对象）自身来说话。用让表现对象“现身说法”的方式，来谈他自身而同时又是“替”我说话，这是高明的方式，其实质就是呈现生活的美学手段。我们在种种场合下，看见了那些留美学子，这是生活本身，我们也听见了他们的声音，他们直接同我们对话，这是他们自身的诉说。甜酸苦辣，亲见亲闻，是他们的回答，也是编导的解读。不过，无论是诉说还是解读，都不是简单的答题，而是让生活自身说话，我们将之归纳起来，留美生活的经历、内涵、心态和学业事业发展的程序大致可概括为：痛苦——磨难——自立成熟——奋进成功——走向世界——回归祖国。这种解读，有的是直接来自留学生的自述，有的是从客观事态中概括出来的。它大体上反映了这新一轮中国人走向世界大潮的本质。这一本质体现了一种新的观念，即留学不是玩世界，不是自然地进天堂，也不是必然地入地狱，不存在“好派”和“坏派”两个各执极端的形而上学的凝固不变的结论，而是体现为一个主体同客体进行适应、克服以致征服、奋斗、成功的过程。这部电视纪录片以这样的解读来回答观众，是以一种正确的态度、正确的方式和正确的非答案的答案来完成了一项大众传播任务。编导们的成功，不仅仅是让人们正确地理解在20世纪80——90年代中国改革开放时代的留学——走向世界这一件事，而且有助于人们正确地理解世界和时代。

编导们这种在主体创作意识潜在的指导下的客观呈现方式，不仅完成了上述那种解读，而且，观众凭着所见到的留学生生活学习的各种场面，所听到的他们的诉说，还可以从生活本身，去做出自己的解读，看到和想到解读之外的各自拥有的更多东西。这就是作品的涵量丰富的表现，因而是艺术上的一种成功。本片艺术上的成功还表现在手法上的自然、朴实、真实，同时还不乏“神来之笔”似的浪漫象征意蕴的“笔触”：如最后的海浪和辽阔的天际，便有一种接受美学上所讲的“空白点”的作用，给人以余裕感和想象的天地。纪录片而有此一笔，颇值得称赞。

《炎黄子孙》在内涵和意向上，也许不妨看作是续篇。它在客观上提示观众，这是一些炎黄子孙中的精英上品，而同时，他们也是前辈走向世界的中华儿女中的优秀人物。他们不仅是中华民族的光荣，而且也是一种最有力的证明：中国应该走向世界。

但本片并未限囿于这样一个主题范围之内，它同时又是同当前世风、普泛的价值观念和生活态度的一个具有原则意义的对话：生命的意义和人生的真缔何在？智慧、勤劳、创造、事业，奉献，成功，这是他们用在电视片中呈现了的生活片断和他们的自述言论所阐明的意义世界，实质上也进入了审美世界这个层次，他们也述及金钱，财富，生活享受，但在他们的生活和理想、情趣和心态中，这些处在次等的地位。他们享受到的是真正的人生、真正的幸福。

这种以民族精华的实际生活经历和事业成就以及他们的现身说法来进行的人生的阐释，其教育意义是深沉的，久远的，在当代社会环境中，是一声嘹亮的号角，又是一曲忧婉的乐章。

人类的崇拜心理，是与人的文化成长伴行的。几千年的英雄崇拜，铸就了人类的心理原型。但是，20 世纪后半期，人的个性发展和个体意识的强化，英雄崇拜受到非英雄，反英雄思潮的冲击。于是，明星崇拜代替了英雄崇拜，以满足人们心理原型的需要。但这种崇拜带来许多社会——文化负效应。现在，《炎黄子孙》，在客观上成为同这种低文化层次的崇拜的对话，并且提出了一个文化英雄崇拜。这是一批文化精英，他们是榜样，是值得赋予另一种崇拜的对象，这不是“英雄星座”，但也不是“明星星座”，而是文化星座。树立文化星座和倡导文化英雄崇拜，这是《炎黄子孙》的重要社会——文化意义之所在。

这些文化英雄，不愧为他们所承担的角色，他们都有一番自己独特的人生体验。杨振宁谈到，他受益于本国的前辈科学家，又受益于粒子物理学发展的时代，他提出了一个历史／人物——时代／课题的坐标，一个杰出人物获得成功的客观坐标；他又提出中国悠久传统文化同当代尖端科学相交叉的“现代坐标”，在这个坐标上，当代及此后的中国人大有可为。这里体现了一种深沉的学问、刚刚见识，正确的世界观和人生观。这种对人生——事业——学问的解读和注释，是深刻的，高文化的，因而教育意义是巨大的。

画家陈逸飞，他的作品被美国评论家称为“浪漫现实主义”，这是很贴切的称谓，我们从纪录片呈现的他的《中国女子怀旧系列》的画面中即可体认到这一点。所以他说，画是一首诗，画是一幅画，他强调自己内在创作心理和外在艺术表现上的沧桑感和追述感。他在纽约创作、说这番话，这正是在后现代文化语境中，怀念文化故土、文化故乡。站在前一语境中，对后者进行新的阐释。但这里所体现的又不仅是艺术与审美的诠释，而且也是一种人生体认的诠释。生物学家牛满江以一种内在的朴厚文化形态，所述蕴含三种内容：自力与机运、科学与金钱、奉献与索取。他的体验是后者不可没有，但意义和真缔在前者。这位可研究生命自然真谛的大科学家，也深刻地解答了人生的社会与文化真缔。鉴赏家、画家王己千则从另一角度道出一种艺术与人生的真缔，他说，金钱不是美；美是创造。杰出女华裔靳羽西讲到接受母亲的主要遗产是：自信心、母亲总是告诉她做什么都要相信能够成功。她为了拍电视纪录片《看东方》，几乎是在财产和生活上舍身忘命，她成功了；犹未止息，又在试制、开拓亚洲人适用的化妆品系列的事业。这又是另一番人生风韵：创业——成功——幸福。

所有这些文化英雄的自身经历的和自己述说的，高文化层次的人生解读，对人们的启迪是高尚的，又是深沉的，其文化效应，是意义巨大的。电视片的“纪录”和传播，其意义和文化效应也是巨大的。我们应该感谢编导们。我以为，他们制作的是人生教材性的电视散文。

朴素是美。朴素的人物、朴素的生活、朴素的语言、朴素的艺术、朴素的真理，这是《炎黄子孙》的总体艺术风格。它同其处理的对象、内涵是统一的、契合的。编导们有一种明确而深刻的创作意识，他们并不急于向人们宣传什么，也不罗唣要向人们谈这谈那，耳提面命。他们只是扑捉、思索、拍摄、谈短少的面是点到为止的话；更多地是让画幅、画面、生活、对象自己去谈、去呈现、去渗透。我感到这种生活和人生之中有诗；因而这种表现中也有诗。这是一种非宣传的宣传。这是一种文化传播。

他们还将续拍。希望继续保持这种文化品位，保持这种叙述范型和艺术风格。

笔者为原辽宁社会科学院副院长

□飞速发展的黑龙江农垦广播电视事业

黑龙江省农垦广播电视概况

在祖国东北边疆辽阔而神奇的黑土地上，由上百个国营农场组成的黑龙江省农垦区。随着农垦经济与社会的发展，垦区广播电视事业也迅速发展起来。

早在五十年代初，刚刚兴建的国营农场就办起了有线广播。1958 年，当大批复转官兵挺进荒原的时候，为了听到党中央的声音，了解外部世界的信息，他们利用从部队带来的广播器材，架起了大剌叭，早中晚三次收听中央和省台的广播节目。由放映员或电工维护设备，由打字员、电话员兼播音员。播发当地天气预报、进行生产动员、或表扬好人好事。这就是早期的农垦广播事业。之后的许多年间，农垦广播事业在艰苦创业中逐步发展。1975 年，黑龙江省广播事业局与兵团宣传处在兴凯湖农场联合兴办了全省首届电视差转机学习班。友谊、克山等五个农场派人参加学习，随后就建起了垦区第一批电视差转台。当时虽是50瓦的黑白电视差转机，也使北大荒人有史以来第一次看到了电视，标志着黑龙江垦区的电视事业开始起步了。

尽管农垦经济还在艰苦创业，但是垦区的各级党政干部看到了未来的发展前景，也理解广大职工和家属迫切需要听广播、看电视的心情、千方百计加快广播电视事业发展的步伐。1980年，垦区农业丰收之后，农垦经济在改革开放中有了新的发展。1983年，中央又实行了四级办广播电视的方针。进一步调动了各级党政领导办广播电视的积极性。不断增加投入，按照国家统一规划，经广电部批准，又发展了一批大功率的彩色电视转播台。近10年间，垦区发展电视的投资总额达6000多万元，比前10年增加2倍多。如今，黑龙江垦区已建起了160多个有线广播和调频广播台站，85个电视转播台，其中300瓦以上的发射机33部。三江管局的创业转播台，有183米的自立式高塔，10千瓦的发射机。近几年又有50多处有线电视设施开始运行。垦区的电视人口覆盖率已达90%。

随着事业的发展，垦区也逐步建立健全了广播电视管理机构。从农场总局到各管理局。都设立了有政府职能的广播电视局，有一些农场和直属单位也设立了占事业编制的广播电视局，同样具有行政管理职能。

黑龙江省农垦广播电视局与农垦广播电视新闻中心、有线电视台合署办公，是三位一体的领导体制，广播电视局长兼新闻中心总编辑和电视台长。广播电视局为正处级单位，现任局长李德仁，副局长于安学、王凤麟。广播电视新闻中心的编委会由李德仁、王凤麟、舒士友、张春喜、陈宏光组成。农垦广播电视局现设宣传科、事业科、有线电视管理科和行政办公室，新闻中心与有线电视台下设新闻部、专题部、技术部。由于行政编制只有22个，还有10几个企业编制，机构不健全，人员也太少，还不适应事业发展的需要。

农垦广播电视新闻中心的下属台站，有70多台摄像机，100多台套编辑机、特技机和字幕机，有近千名专业技术和行政管理人员。其中从事广播，电视新闻编、采、播的专业人员有500多名。这些台站每年采制大量新闻在垦区内播出，同时把一些重要新闻和专题节目送到省台和中央台。每年在各地市电视台播发2000多条新闻，在省和中央电视台也能播发100多条新闻。

垦区于1989年正式成立了黑龙江农垦广播电视学会，属黑龙江省广播电视学会和中国农业影视学会的团体会员单位。本学会有会员110多人，理事42人，下设广播学、电视学、播音学、有线电视和发展战略等专业研究委员会。近五年来，每年都组织广播电视优秀节目、优秀论文评奖活动，还组织两次播音员即节目主持人大赛。这些活动，有力地促进了专业人员的学习和业务能力的提高，激发了创优意识和竞争意识，从根本上提高了广播电视的宣传质量。

为发挥农垦电视宣传的整体优势，1993年5月20日起，由农垦电视新闻中心制作的电视新闻和专题节目，用录像带传到所属台站，每期节目20分钟左右，每周播出2次。农垦干部职工不仅可以看到中央和省电视台的节目，而且看到垦区自己的综合性新闻节目，更加关心垦区的电视事业的发展。这对于促进垦区的信息交流，宣传北大荒精神，加速垦区的改革开放，都发生深远的影响。

在新的历史时期，黑龙江垦区正在认真总结经验教训，加速新闻改革，提高宣传质量，理顺管理机构，加强行政管理，扩大覆盖面积，让垦区的广播电视事业扎扎实实地向前发展。

新兴的事业　历史的丰碑

——黑龙江省农场总局党委书记王锡禄同志在农垦广播电视工作会议上的讲话（摘要）

党的改革开放的方针和“四级办”广播电视的政策，使北大荒的土地上，电视塔高高架起，全垦区建起85座电视转播台，电视走进了千家万户，普通的农垦职工不时成为电视中宣传的新闻人物。

我们垦区已经形成了广播电视宣传网络，建立了机构，扩大了队伍，完善了管理体系。广播电视战线上的同志们是这项新兴事业的开拓者，奠基人，为我们宣传思想战线填补了一项空白。你们既创业，又培育一批新兴的人才，培养了编辑、记者、播音员、无线电工程技术人员1000多人，使垦区人才结构也发生了变化。这在人才培养上也是填补了空白。可以说，你们为垦区的广播电视事业建树了一块丰碑。在深化改革、促进发展的新的历史时期，理论工作还要走在前头，要使广播电视这一现代化宣传工具真正起到导航护驾、提质育人的作用。

一、日日夜夜的劳累，推动了两个文明的建设。

垦区电视事业从无到有，蓬勃发展的十年，也是垦区两个文明建设在改革开放的道路上发展前进的十年。广播电视事业的发展和垦区两个文明建设同步发展，相辅相成，相互促进的作用之大，业绩照人，有目共睹。现在我们垦区政治经济形势稳定，群众安居乐业，这样好的形势，有广播电视事业的贡献。

垦区广播电视的作用，我看主要有以下几点：一是正确引导，保持一致。宣传党的路线、方针、政策、发挥党的喉舌作用，把垦区人民的思想统一到党的基本路线上来。二是围绕中心，促进工作。宣传各时期、各级党委的中心任务，变为广大干部群众的自觉行动。三是鼓舞士气，凝聚人心。抓住机遇，宣传大好形势，引导人民群众齐心协力把改革推向前进。四是理论探索，指导实践。围绕改革开放与发展中的问题，宣传有中国特色的社会主义理论，从理论上引导人们改革创新。五是培养教育，造就新人。大力弘扬社会主义的主旋律，宣传北大荒人的先进典型，引导人们讲求奉献，艰苦奋斗。六是宣传垦区扩大开放，增加了黑龙江垦区的知名度。七是传播信息，服务市场，为建立社会主义市场经济体制，在宏观上引导，在微观上服务。八是丰富节目，繁荣文化。垦区各级广播电视台站、卫星接收站和有线电视的发展，节目内容日益丰富，不断满足文化生活的需要。

为了发挥这些作用，垦区的广大广播电视工作者知难而进，勇于开拓，日夜操劳，做出了特殊的奉献。在转播好中央和省台节目的前提下，积极开办适合垦区特点的的新闻节目。在迅速及时地完成日常宣传报道任务的同时。还推出了《大荒情》、《江南潮》、《冻土、热流》等题材广泛、气势宏大，表现手法新颖、影响面宽的电视佳作。

电视与其他行业不一样，是现代科技的综合部门，既有文学艺术，又有理论宣传，还有电子技术；既抓物质文明又抓精神文明的宣传；既宣传上面的精神又宣传下面的经验和情况，综合性很强，任务是比较重的。我们垦区广播电视台站的编制还少，一个人顶几个人用，越是节日越忙，这种精神是非常可贵的。总的来看，我们垦区发展广播电视的战略方针是对头的，队伍是一支可靠的合格的队伍。取得的成绩是显著的，总局党委对你们的工作是满意的。

二、迎接新任务，继续挑重担。

党的十四大和全国宣传思想工作会议给我们提出了一系列新的要求。我对当前形势和任务的认识、概括为“四新、四带”和“四适应”。

1. 新的历史任务，带来新的难度。在建立社会主义市场经济体制的关键时期，我们不能落后。到本世纪末国民生产总值要翻一番，生活要奔小康。垦区干了40年，粮豆总产才超70亿斤、到本世纪末要建成100亿斤商品粮基地。任务更重，难度更大。我们要研究难度，不被“难”字吓倒。

2. 上级给了新的支持，带来新的压力。我们加强了垦区地位、作用、贡献的对外宣传，上级有了新的认识和了解，国家和省里给了许多新的支持。增加了对农业的投人、财政上划贫困农场列人国家扶贫项目等等。这是对北大荒人的信任，是让垦区发挥巨大的潜力和优势，是寄希望于我们多做贡献。我们要变压力为动力，努力把工作做得更好。

3. 新的形势，带来新的挑战。全国、全党正在深化改革，扩大开放，促进发展，各项事业突飞猛进，我们不能落在全国的后面。落后就被动，就吃亏，钱也外流，人才也外走。如果跟在后面爬行，就危险。在新的挑战面前，我们要有危机感，紧迫感。

4. 新的期待，带来新的责任。在新的历史时期，人民群众对各级领导机关寄予新的期盼，新的寄托。小康能不能实现，人民生活的苦与甜，关键在我们。人民的期待就是我们的责任。

面对新形势，新任务，我们在四个方面要适应：

第一，思想要适应。跟上形势，思想要先行，舆论是先导。广播电视是搞意识形态的，要求更高。

第二，能力要适应。新时期，任务重，我们的认识能力、决策能力、知识水平都要迅速提高。

第三，作风要适应。工作要讲究质量，求实务实。工作质量，工作效率是人的思想、工作作风的反映。

第四，干劲要适应。产值要翻番，干劲要倍增。讲廉政，还及勤政。要有革命精神，有干劲。我们要继续埋头苦干，艰苦奋斗，把广播电视宣传搞得更好。

三、把握好政治方向，做出更大的成绩。

广播电视每天都在同广大群众见面，随时随地都在影响着群众的思想和行动。正反两方面的经验告诉我们，舆论导向正确，人心凝聚，精神振奋；舆论导向失误，后果严重。各级党委和广播电视部门的领导干部必须以高度的责任心抓好舆论引导工作。要坚持党的基本路线，用基本路线来衡量我们的工作。要认真领会和贯彻江泽民总书记在全国宣传思想工作会议上的讲话精神，把握正确的政治方向。我们广播电视宣传手段很先进，关键看掌握在什么人手里。它可以为无产阶级服务，也可以为资产阶级服务，你们掌握的武器，从某种意义上说比机枪、坦克都重要。因为你们的宣传能影响舆论，影响群众的情绪。

进一步发展垦区的广播电视事业，要注意科学规划，加强自身建设，尤其要加强组织纪律性。要很好地严守党的宣传纪律，原则性要强，不能当群众的尾巴。中央明确规定电视转播台不能自办文艺节目，并且三令五申，可是个别单位播放港台的武打片播个没完。对违反宣传纪律的同志要严肃批评处理。一定保证我们播放的节目有利于改革开放，有利于发展生产力，有利于加强社会主义精神文明，有利于发扬北大荒精神，促进经济发展社会的进步。

四、高度重视广播电视事业，解决实际困难。

广播电视是很重要的宣传工具。广播电视进入千家万户，群众最易接受，很受欢迎。我们要按国家规划纲要的要求，“加强广播电视台站建设，努力提高覆盖率，丰富节目内容，提高节目质量”。各级党委要切实加强对广播电视工作的领导，及时解决广播电视工作遇到的新问题。要注意科学的领导方法，既把握宣传方向，又要放手让广播电视部门发挥积极性，独立地进行具体的宣传工作。要关心广播电视队伍的建设，抓出一个政治强、业务精、作风正的专业队伍。要关心人才，爱护人才，努力改善他们的工作和生活条件，以利于他们全身心地投人工作。有各级党委的高度重视，有广大群众的支持，有广播电视战线同志们的努力奋斗，垦区的广播电视工作一定能不断开创出新局面，登上新台阶。

积极探索　知难而进

黑龙江省农垦广播电视局局长　李德仁

黑龙江垦区的广播电视事业，在党的改革开放方针的指引下，特别是在第十一次全国广播电视会议以来的十年间，执行“四级办广播，四级办电视，四级混合覆盖”的方针，广播电视事业有了飞速发展，各级广播电视部门坚持社会主义的政治方向，抓住机遇，积极探索，在广播电视宣传，事业建设、技术维护、人才培养和行政管理等方面，都取得了喜人的成绩，积累了十分宝贵的经验。回顾垦区广播电视事业近十年的发展历程，主要成绩和经验可以概括为以下六个方面。

一、抓住中心，把握正确的舆论导向。

近十年来，按照党中央的要求，我们把整个广播电视工作转移到以宣传为中心的轨道上来。垦区各级广播电视部门，逐步改变了重文化娱乐、轻政治宣传的倾向。在认真转播好中央和省台节目的前提下，办好垦区的新闻节目。在宣传工作的各个时期，都把坚定正确的政治方向放在第一位，保证垦区的广播电视宣传与党中央保持政治上的一致，坚持了为人民服务，为社会主义服务的根本方向。在社会上一度出现资产阶级自由化思潮影响，垦区也有的单位放松党的思想政治工作。我们按农场总局党委的具体要求，弘扬主旋律，实施了宣传北大荒精神的系统工程，通过多种形式大力宣传爱国主义、集体主义、社会主义的思想和精神，宣传改革开放的大好形势，促进经济的发展和社会的进步。从1988年以来，垦区连续组织了五次党的建设电视专题评比展播活动，平时还开办《党的生活》专栏，大力宣传基层党组织建设的经验和共产党员的模范事迹。五年间播发党的建设方面的专题片200多部。农垦电视新闻中心还与有关部门配合，组织了党的基本知识电视大赛，法制教育知识大赛、“爱我国土”知识大赛，“爱我中华”诗歌朗颂会，少年儿童讲北大荒人故事大赛等活动，转播实况，并制成录像片在垦区播放。垦区开展学雷锋、学赖宁、学老北大荒人的典型经验宣传活动，我们组织拍摄了一大批典型人物电视专题片，宣传了李万宝、蔡尔诚、郝伯义等上百个新老北大荒人的先进事迹。

为了进一步发挥电视宣传的优势，我们在实践中加速新闻改革，加大信息量，编制板块节目，采用主持人的形式，提高宣传质量。电视专题片《在改革的激流中》，《大荒情》、《崭新的开拓》、《走出昨日的辉煌》等都在中央电视台播出，取得良好的社会效果。近十年有40多件广播电视作品获省、部级奖励。

二、突出重点，搞好科技宣传。

黑龙江垦区在经济振兴的实践中，看准了“科技兴农”这个战略重点，在近10年间，全垦区取得了400多项科研成果。有10几项新技术在国内都处于领先地位。我们广播电视部门把科技攻关的重点做为经济宣传的重点，与科技部门建立联系，实事求是地传播科技知识，介绍科研成果，推广典型经验，发挥了电视在普及科学知识方面的特殊作用。为建设百亿斤商品粮基地，宣传垦区的资源优势和发展现代农业的潜力，拍摄了《众手描绘新蓝图》。为推广最新科研成果、拍摄了《三江白猪》、《黑龙江鲟鳇鱼》、《笼养麝鼠》等电视片，先后在中央电视台《农业教育与科技》栏目中播出，并有4部电视作品获全国农业电视《神农奖》。我们经常与生产部门合作，了解农、林、水、机等部门的生产与科研成果，及时进行宣传。反映克山农场农业综合开发成果的《克山风采》、反映建三江管理局科学治水的电视片《降沼治满战浓鸭》，反映垦区水利建设成果的《造福子孙的宏伟事业》，都把科技与生产紧密结合，宣传了科学技术是第一生产力这一重要理论观点。1993年，我们集中5个摄制组，摄制了一部11集电视系列片《冻土热流》、系统而形象地反映了黑龙江垦区改革开放15年来的农业现代化建设的最新成果，展示了北大荒变成北大仓的壮观图景。

三、自力更生，加速事业建设。

为了发展黑龙江垦区的广播电视事业，最近10年来，垦区各级党委以极大的热情支持广播电视的发展，各级干部职工也以极大的热情关心事业的发展。广播电视部门的全体员工则以极大的努力、顽强的开拓创业精神促进这项事业的发展。在国家没给拨款的情况下，垦区各级财政自筹资金，企业集资、职工个人捐款，一点一滴筹集资金用于广播电视的基础建设。目前，黑龙江垦区已经建成了广播与电视结合，有线与无线结合，转播中央和省市台节目与自办新闻节目结合的广播电视宣传网络。在9个管理局，103个农牧场和直属单位，已经建起了146个有线广播站，26个调频广播转播台，85座电视转播台，300瓦以上的转播台33个，最大功率10千瓦，输出总功率达38.62千瓦。近几年又建立26个有线电视台（站）和20多个共用天线设施。做为信息源的卫星地面设备200多个，还有3座电视微波站。据初步统计，垦区广播电视台站的固定资产总值超亿元（包括房屋和机器设备）。仅最近10年来，自筹资金用于电视事业的投资就达6000多万元。建在完达山下的八五〇农场，从场长、书记到普通职工，自动捐款10万元，建起一座1千瓦电视转播台。当远在边疆的农垦职工清晰地收看中央电视台节目的时候，心情无比地激动。如1988年《人民日报》记者写的一篇黑龙江垦区电视网印象记中所说的，“局外人很难有北大荒人重视电视的那份真切感受。”“这里上百个农场，相距遥远，即使作业点之间，也有相距数十里的。电视成了北大荒人了解世界的主要传播工具。”如今，这里不仅转播中央和省台节目，而且许多台站都有了摄录像设备，可以拍摄农场新闻，让普通农垦职工也能走进荧屏，成为新闻人物。目前垦区各电视台站已经拥有70台专业摄像机、100多台（套）编辑机，特技机和字幕机，不仅在本台播出新闻，而且每年在地市级电视台播出2000多条新闻，在省以上电视台播发100多条新闻，扩大了垦区的对外宣传。

四、逐级培训，锻炼了一支过硬的队伍

垦区在发展广播电视事业的实践中，培养锻炼了一支思想、业务、作风都过得硬的专业队伍。这些年来，国家正规大学广播电视专业的毕业生，还没有分配到垦区来。为了适应事业发展和宣传工作的需要，我们积极采取措施，以岗位培训为主，通过多种渠道培养人才。一方面派出去学习。近几年在北京广播学院培养了新闻编采与无线电工程函授生80多名，在牡丹江商校代培无线电专业学生52名。有些单位还派出骨干到上海复旦大学、哈尔滨工业大学等院校进修。另一方面，请专家、教授到垦区讲学，办短期培训班20多期，培训1200多人次。我们曾请中央电视台老播音员潘捷、青年播音员李瑞英，中国农业影视中心总编辑吴以铮、电影学院教授周传基等名家来垦区讲学。有丰富实践经验的垦区广播电视工作者，听了专家们的指点，虽然时间较短，但是收效很大。平时，许多台站的领导同志都注意抓好政治和业务的培训，通过经常性思想道德教育，通过全员职业道德统一培训，通过以老带新和岗位练兵，在人手少任务重的情况下，培育了一批多面手，一专多能，有的是编采播一条龙。有的是值机员兼摄录像和节目制作，勤学苦练，出色地完成了各时期的宣传任务。现在垦区广播电视战线近千名干部职工，已有400多人评定了专业技术职称，其中高级职称9人，中级职称120多人。

为了加强学术研究，促进广播电视专业队伍的专业理论的提高，1989年正式成立了黑龙江垦区广播电视学会，并为黑龙江省广播电视学会的团体会员。在此之前，还成立了北大荒电视艺术家协会。通过学会组织了一些优秀广播电视节目评奖、理论研讨、论文评奖等活动。从1985年起，垦区每年都评奖广播电视优秀作品。1992年起，每年评出黑龙江农垦广播奖、电视奖。从学会成立以来，已在垦区内评奖优秀广播电视作品200多件，优秀论文80多篇。其中有些作品参加省部级评奖活动，有40多件作品获省部级奖励。垦区丰富的生活、多种形式的学习，培训、评奖，使广播电视专业人才迅速成长起来，保证了事业的发展和宣传工作的顺利进行。

五、健全机构，逐步加强行政管理。

我们垦区的广播电视事业，在初建时期没有专门机构。1983年贯彻中发37号文件以后，根据垦区广播电视发展的实际需要，逐步建立了领导机构。1984年，省编委正式批准农场总局设立处级广播电视局。1986年省广播电视厅正式发文，同意将农场总局广播电视局纳入全省广播电视系统之内，实行总局与省厅的双重领导。根据省政府发布的国营农场管理条例，农垦广播电视局列政府机关序列，行使对农垦系统广播电视的行政管理职能，从而为黑龙江垦区广播电视宣传与管理正规化提供了组织保证。与此同时，9个管理局中已有8个设立了副处级广播电视局，有42个农场单独设立了科级的广播电视局。另有一些农场在机构改革中设立了合署或代管的机构，也承担一部分新闻宣传与行政管理的职能。根据事业发展的新形势和加强行政管理的要求，农场总局发布了《关于进一步加强垦区广播电视工作管理的通知》（黑垦局发〔1991〕44号文件），进一步明确加强各级广播电视部门的组织建设，强化法制管理，标志着农垦广播电视事业向正规化管理跨进了一大步。1994年，根据全国广播电视宣传思想工作会议和全省广播电视工作会议的要求，又拟定了《黑龙江省农垦广播电视管理条例》，依据国家和省发布的广播电视各项法规，对垦区广播电视宣传管理、技术政策、音像管理、有线电视、卫星地面接收设施管理等方面提出了具体要求，并实施行政奖罚，保证国家在广播电视管理方面的各项法规在垦区贯彻落实，结合“二，五”普法，把整个垦区广播电视工作纳入法制化管理的轨道。

六、建立制度，全面加强台站建设。

按照广播电视发展的形势和上级的要求，逐步建立了一整套管理制度，如各级岗位责任制、新闻稿件审查制度、值机制度等。根据农场总局和省广播电视厅关于开展文明单位评比活动的要求，从1988年起，在农垦广播电视系统开展了文明台站评比活动。把宣传、技术维护、台站管理、精神文明建设等各项内容都纳入评比条件，体现两手抓、两手硬的指导思想，一手抓宣传，一手抓事业建设；一手抓发展，一手抓管理；一手抓业务建设，一手抓思想教育，全面推动了农垦系统的各级广播电视台站建设。1988年首次评出14个文明台站。到1983年，已有55个局、台、站跨入了文明单位行列，其中有20个单位被省广播电视厅评为文明局、台。建三江管理局的创业转播台。有10千瓦的电视发射机，还有微波电视和调频广播，台内整洁规范，台外美化绿化，花果飘香，管理正规，多次受省厅和总局的表扬和奖励。还有一批台站整体管理水平都有了很大提高。

农垦电视新闻中心的栏目

在党的基本路线指引下，农垦电视新闻中心根据农垦工作的特点和自身的摄制能力，开办了《垦区纵横》、《市场经济大观》等大型板块节目，设置了一些栏目，分别在新闻中心和垦区百家电视台站联播节目中播出。这些栏目弘扬主旋律，以经济建设为中心，坚持改革开放和四项基本原则，把物质文明与精神文明建设的成果呈现在观众面前。

《垦区纵横》是综合性新闻节目，每日播出一次，每次节目20分钟。这是农垦电视新闻中的骨干栏目，主要是反映农垦战线的经济、政治、文化、科学等各方面的重大新闻。这里既有各级党政机关的重要活动，又有农林牧副渔、工商运建服等各行业的改革、创造、最新成果和经验的反映。这是北大荒充满生机和活力的沸腾生活的真实写照，是百万北大荒人创业精神的耀眼光辉的聚光折射。垦区里各管理局、农牧场电视台站都为本栏目供稿，节目源很充足，信息量也很大。

《党的生活》这是集新闻性与知识性教育性于一炉的综合性栏目，每半月播出一期，每期10分钟。这个栏目集中反映新时期加强党的建设和重大问题。通过基层党支部工作经验的交流、宣传党的路线和政策，宣传党组织的战斗堡垒作用和共产党员的先锋模范作用。各级党组织开展的"党的知识大赛"，"与党旗争辉"等活动，都在这个栏目中播出。此栏目主要靠各级党员电化教育中心供稿。

《法制园地》为配合"二·五"普法，广泛深入地宣传宪法等各项法律的基本精神，开办此栏目，每半月一期，每期10分钟。由公、检、法、司等部门配合，以"专家说法"，法律知识竞赛的实况剪辑、典型案例解剖等内容，进行法律知识的普及。

《科技英才》是以主持人形式介绍垦区科技战线先进人物的栏目，每半月一期，每期15分钟。黑龙江垦区有10万名科学技术人员，是科技教育战线的主力军。为了形成尊重知识、尊重人才的良好舆论环境，鼓励知识分子献身北大荒的科技事业，开办此栏目。以主持人专访为主，采用大量现场同期声，具有浓厚的北大荒地域特色和普通人的生活情趣，突出反映在农业、农机、水利、畜牧等专业岗位上无私奉献的知识分子的感人事迹和高尚情操。

《市场经济大观》是根据垦区发展社会主义市场经济的需要开办的大型板块节目。每半月一期，每期20分钟。以主持人形式为主。本栏目全方位地反映农垦经济在新形势下发展与振兴的生动景观。在由计划经济向市场经济的转变中，在由单一农业经济向贸工农一体化发展的进程中，在由自给自足的封闭型经济向开放型商品经济的转变中，有思想观念的更新，有资金和技术的引进，有市场经济的激烈竞争，有打开产品销路的广告宣传。对生产要素市场、商品市场、金融市场、人才市场等方面的问题、经验、成果、本栏目都有生动活泼的宣传。

《企业之窗》是农垦企业的天地，宗旨是为企业找市场，为企业扬名。每半月一期，每期10分钟。本栏目以反映大中型农垦企业为主，通过贯彻企业管理条例，深化改革，转换经营机制，使企业在改革开放的大环境中立于不败之地。重点反映场办工业和直属大型工业企业的改革成果，如建材、水泥、化肥、矿业、乳品、药材等行业，在改革开放中艰苦创业，使企业充满生机，使产品打开销路，使职工更爱企业。企业有新发展，有良好的效益，职工得到实惠，激发当家做主人的责任感。这个栏目以现场采访为主，主持人形式，有时带些评述，为企业的发展树典型，指路子。

《名星企业家》在市场经济的大潮中抓住勇于开拓进取的典型人物，是这个栏目的任务。有第一流的经营管理人才，就会有第一流的企业。现代企业的竞争，主要是人才的竞争。本栏目着重宣传懂经营、会管理、敢创新的优秀企业家，其中有大型工厂的厂长，有高效益的商贸物资公司的经理。在手法上，也打破以往人物专题的模式，以主持人访谈为主要形式，不求全，不拔高，朴实生动地介绍现代企业家的成功的秘诀。

□第四届上海国际广播音乐节

"上海国际广播音乐节"原名为"上海国际音乐节目展播"，创办于1988年。第一届有14个国家和地区参加；第二届于1989年5月举行，有34个国家和地区参加；1991年10月成功地举办了第三届，参加的国家和地区增加到37个。1993年4月先后经上海市委、市政府和广播电影电视部批准同意，决定从第四届起改名为"上海国际广播音乐节"。

第四届上海国际广播音乐节于1993年11月7日至11日在上海举行。整个活动，以音乐广播节目的展播评奖为主体，有开、闭幕式暨文艺晚会，广播业务研讨会，购物博览会，祝贺演出计六大项目组成。期间，召开新闻发布会14次，发表报道文章88篇，电视新闻37条，广播新闻48篇，还在市内主要街道张贴海报2千张，悬挂道口和剧场内横幅150多条。有数以百万计的观众和听众，收看和收听了"开幕式"与"闭幕式"实况；还有不可计数的广播听众，通过收听11月8日至11月14日期间在990千赫（每天播出8小时）、103.7兆赫（每天播出18小时）音乐节目的展播，欣赏了来自44个国家和地区的59家广播电台（公司）提供参评的82套音乐节目。荷兰国际台的汉斯·德维尔德说："我曾参加过许多国家举办的音乐节，如果要给这次音乐节打分的话，那所给的分应是很高的"；匈牙利电台伊姆雷·基斯说："我高兴地看到，上海国际广播音乐节的前景非常美好。"

编钟奖音乐广播节目评选

本届国际广播音乐节设金编钟奖4名，银编钟奖5名，铜编钟奖6名，评委特别奖1名；提名奖30名。国际评委共9名，他们是加拿大国际电台节目主任阿兰·法米得昂，荷兰国际电台节目出口部主任汉斯·德·威尔德，匈牙利电台音乐部主任伊姆雷·基斯，中国上海广播电视学会副会长刘冰，日本米由斯音乐学院副院长小岛正弘，中国上海音乐学院教授谭冰若，德国之声电台高级编辑厄苏拉·弗莱克·杰尔文，俄罗斯电台副台长维塔列·乌什卡诺夫，中国台湾余光音乐杂志社负责人余光。

整个评选共分初评、复评、终评三个阶段。自1993年10月初起，经过一个半月的评选，于11月11日晚上在上海友谊会堂举行的“闭幕式暨颁奖文艺晚会”上宣布揭晓了获奖名次：中国上海人民广播电台《神州采风》获音乐广播节目金编钟奖；瑞士国际广播电台《瑞士高山音乐——声与像》、墨西哥电视传播公司《墨西哥乡村音乐》获音乐广播节目银编钟奖，巴基斯坦广播公司《莫尔丹的音乐》、波兰革但斯克电台《波兰室内乐》、西班牙电台《西班牙音乐》获铜编钟奖，比利时安特卫普二台《比利时韵》获评委特别奖；获得音乐广播节目（单项）编辑金编钟奖是俄罗斯电台《音乐巴比伦》，编辑银编钟奖是中国台湾余光音乐杂志社《情歌示真情》，编辑铜编钟奖是捷克电台《中欧作曲家笔下的中国古诗词》；获得音乐广播节目（单项）音响制作金编钟奖是澳大利亚广播公司ABC音乐台《今日澳大利亚》，音响制作银编钟奖是日本SELAH广播节目制作公司《上海东京音乐快递》，音响制作铜编钟奖是德国之声电台《爵士乐在德国》；获得音乐广播节目（单项）主持人金编钟奖是新加坡职工总会心电台《飘荡在新加坡的声音》，主持人银编钟奖是加拿大CJVB电台《开车回家》，主持人铜编钟奖是美国ABC电台《爱情地带》。同时，对参加本届国际广播音乐节展播评选的82套音乐节目，组织听众进行评选，有10套节目获《听众喜爱的广播音乐节目奖》。

音乐广播学术研讨会

第四届上海国际广播音乐节音乐广播学术研讨会于1993年11月8日、9日在上海新苑宾馆会议厅举行。有20个国家和地区的中外广播界人士约200多人参加，共收到学术论文15篇。其中中国上海人民广播电台有陈文炳《让音乐插上广播的翅膀，飞进世界各国人民的心田》，徐德仁、俞达《论“上海国际广播音乐节”对广播发展的开拓性意义》，李世嘉《发扬民族传统，借鉴外国优秀音乐文化》，徐冰《音乐广播的审美导向》；中国湖北人民广播电台有段启涛《乐意文释：一种音乐广播的新形式》；中国贵州人民广播电台有李丁甲、陈勤智、邓承群《丰富多彩的贵州民族民间音乐》；中国山西人民广播电台有马德《ESS——为全中国大学英语教育服务的卫星广播节目》；荷兰国际广播电台有汉斯·德·威尔德《我们能记录下真实吗?》；日本SELAH制作公司有前田《什么是广播？——今后广播的走向、制作人的位置》；比利时安特卫普二台有希尔德·温特《多元文化在比利时音乐舞台上的影响》；美国KQED-FM电台有塞达.汤姆逊《现场直播的魅力》；匈牙利布达佩斯电台有依姆雷·基斯《关于两地电台的直播合作》；阿根廷联合广播委员会有艾娃·里格劳斯、爱尔毕奥·里盖尔美《关于两种文化在语言和乐器上的比较》；波兰革但斯克电台有科莱德·米尔涅克《革但斯克电台的现状和任务》；越南之声电台有顺燕《在第四届上海国际广播音乐节学术研讨会演说词》。

购物博览会

第四届上海国际广播音乐节为适应经济建设的需要，并满足广大听众的需求，于1993年9月17日至9月27日，在上海展览中心东一馆，首次举办了大型购物博览会。这次活动是由上海人民广播电台与上海市第一百货商店联合举办。整个营业面积为6290平方米，参展单位共有500多家。展销商品，以舞台音响、摄像、录像设备、视听音响设备、乐器琴类为主，同时还有受广大市民所欢迎的针织百货、服装鞋类、包装饰品、交电家电、玩具童车、化妆品等。形式，以传播音乐文化为主，集娱乐购物为一体的综合性博览展销会。主要内容有：时装引销表演，音乐表演，文化艺术展、摄影留念，劳模示范等。展览期间共接待了上海市民近28万人次。

文艺演出专场

第四届上海国际广播音乐节在11月8日至11月11日期间共组织了6套祝贺演出专场，共演14场次，剧场观众达11万人次。专场之一《中国青年钢琴家孔祥东独奏音乐会》，《中国青年钢琴家许忠独奏音乐会》；专场之二《中央歌舞团——音乐舞蹈晚会》；专场之三《室内乐音乐会》，参加演出的有美国、瑞士、爱尔兰、法国等钢琴、长笛、竖琴、小提琴演奏家；专场之四《上海交响乐团——交响音乐会》；专场之五《国际明星演唱会》，参加演出的有美国、俄罗斯、菲律宾、瑞士、日本、比利时等国家的著名演员；专场之六《宝丽金国际群星演唱会》。

开、闭幕式暨文艺晚会

第四届上海国际广播音乐节开幕式暨文艺晚会于11月7日晚在上海体育馆举行，上海电台990千赫、103.7兆赫，上海电视台八频道现场实况转播。上海市党政领导陈至立、叶公琦、陈铁迪、罗世谦、孙贵璋、谈家桢、胡传治、陈铭珊、吴肇光、陈灏珠、郭秀珍出席。开幕式上，副市长龚学平致欢迎词，广电部副部长同向荣致贺词。现场观众和中外嘉宾达1万5千多人。整个晚会力求突出“和平、友谊、合作、交流”的宗旨，反映我国改革开放的精神风貌。14档节目，有9档节目颇具民族风格。81岁的“西部歌王”王洛宾载歌载舞为观众献上自己新作《卖苹果》。观众们赞扬“开幕式是具有民族特色和浓郁国际色彩的一场重头戏”。

第四届上海国际广播音乐节闭幕式暨颁奖文艺晚会于11月11日晚在上海友谊会堂举行，上海电台990千赫、103.7兆赫，上海东方电视台二十频道现场实况转播，现场观众和中外嘉宾达1千多人。整个晚会，仪式隆重，气氛热烈，节目高雅，颁奖规范，既注重音乐性和国际性，又在“小”、“巧”、“精”上做文章，深受各界朋友赞赏。一些首次来沪参加音乐节的外宾惊喜地称：“能欣赏到这么多精彩的节目，这是真正的国际性盛会”。

（俞达）

上海电视台欢度35华诞

1993年10月1日，上海电视台欢度35华诞，全台近千名职工举行一系列庆祝活动，纪念建台35周年。中共中央总书记、国家主席江泽民为上海电视台建台35周年题词：“稳定鼓劲，求实创新”。中共中央政治局委员、中共上海市委书记吴邦国的题词是：“脚踏实地，稳步前进”。改革开放以来，上海台大力发展与海内外电视界同行的合作与交流，目前已经同40多个国家和地区的电视台建立了联系，并多次派摄影队前往世界各地采访，部分自办节目已被美国、日本、加拿大、法国、新加坡等国家以及香港、澳门等地区的电视台购买播放。35周年台庆前夕，上海台在黄金时间播放了13个国家和地区15家电视台送来的祝贺节目，连续17天播出自办的台庆特别节目，让著名记者、编辑、导演、播音员和主持人等走上荧屏，回顾35年来创办、制作各类节目的不平凡历程，在荧屏上再现35年中播出的节目精彩片断，让观众点评节目，密切了电视工作者同观众的双向交流，使观众加深了对电视的了解和参与。

上海电视台于1958年10月1日建成开播，是我国建台最早的电视台之一，现有职工近千人，其中编播业务人员约400名，目前用两个频道播放节目，日均播出节目约30小时。上海台的节目不仅覆盖全市1300万人口，通过各兄弟台差转，也使长江中下游地区1亿多观众能清晰地收看。部分节目通过微波传送或邮政快递，在中央电视台及各省、市电视台播出，传播到全国各地。

上海台的电视新闻是全台节目的主干，是建台之日同时诞生的。1958年10月1日晚上，上海台播出了第一条电视新闻片《上海人民庆祝国庆十周年大游行》。35年来，上海台的电视新闻制作走过了从黑白胶片——彩色胶片——电子录像的发展道路，越来越注重新闻发布的时效性。近年来经常采用现场报道和现场直播手段，充分发挥电视传媒的独家优势，新闻的时效性和直播质量已接近或达到国际先进水平。1987年7月，上海电视台新闻部创办了全国第一个新闻杂志型栏目——《新闻透视》。该栏目注重对新闻事件和报道内容进行跟踪、深化报道和评述，同时有观众参与，直接上荧屏发表意见、反映呼声。节目贴近生活，敢抓社会生活“热点”，善于引导，深受观众的欢迎。

目前，上海台每天用汉语、英语播出的新闻、信息类节目总共有13档，约2.5小时。上海台的新闻以重时效、有深度、求质量著称，尤其善于抓拍重大时政新闻、群众关心的社会热点新闻，在历年来全国电视新闻作品评比中屡屡获奖。电视新闻《南浦大桥成为上海人民心中的丰碑》等获全国电视新闻一等奖，新闻专题《彩虹从浦江升起》在首届“中国新闻奖”评选中获一等奖。

上海台的节目在弘扬时代主旋律的同时，也注重风格多样化，节目社会化。历年来举办的“60秒智力竞赛”、“外国友人唱中国歌比赛”、“家庭演唱大奖赛”、“江浙沪越剧青年演员大奖赛”等群众参与的活动，让普通观众走上荧屏，成为电视文化的主人。不少艺术新秀也通过电视屏幕崭露头角。上海台拥有一批实践经验丰富、创作思维活跃的中青年文艺编导，他们致力于挖掘民族民间艺术，介绍中外古典、现代文艺，满足了不同层次电视观众欣赏综艺节目的需求。八十年代，上海曾以连续播出达300多期的视坛姐妹花《大世界》和《大舞台》独领风骚。目前上海台的综艺节目形成四足鼎立之势：《今夜星辰》融知识性、娱乐性于一炉，活泼多样，以“新”取胜；《欢乐大世界》集音乐、舞蹈、小品于变幻多样的巧妙组合之中；《戏剧大舞台》以弘扬民族文化、推出民族优秀戏剧、曲艺为己任，经久不衰；《明珠点播》则巧用丰富的节目资料，精于构思创新，使优秀节目片断更令人回味。

上海台的体育节目倍受观众青睐。1982年4月，上海台在全国率先推出体育专栏节目《体育大看台》，让观众足不出户即可饱览五大洲各类竞技场上精彩赛事场面，该栏目在历年收视率抽查和观众评选中均名列榜首。除此之外，《环球体育》、《足球世界》等专栏也各具特色。第五、六、七届全运会、首届东亚运动会和第十一届亚运会期间，上海台体育记者为转播和报道精彩赛事不遗余力，颇受观众好评。

八十年代初，上海台著名少儿节目主持人陈燕华和以她名字命名的《燕子信箱》节目，曾经令无数少年儿童心驰神往。1986年创办的全国第一家由中学生自编自导自主持完成的节目《你我中学生》在小观众心中刻有难以磨灭的印记。上海台每年举办一次的家庭演唱大赛，到1993年已经连续举办了9届，吸引了上海城乡无数人家参赛、观战。

35年来，上海台的电视剧创作取得了长足发展。1987年3月创立了上海电视剧制作中心，设有文学编辑室和6个创作集体。该中心成立至今已拍摄近千部（集）电视剧，数量之多，在全国名列前茅。其中的不少单本剧、连续剧、儿童剧以及戏剧电视剧等在播映时赢得盛誉，并且70多次荣膺“飞天奖”、“金鹰奖”等。有三部电视剧在日本、新加坡和保加利亚获奖，为祖国赢得荣誉。上海台拥有黄允（电视连续剧《上海一家人》编剧）等多名高级电视剧编创人员，有李莉、张戈、张弘、富敏等在国内外颇有影响的导演。编创人员深入生活，创作出一大批脍炙人口的电视连续剧，近几年来已开始形成各自的创作风格。

《海外影视》是上海台的一个特色栏目。上海台译制部至今已译制近千部（集）海外影视剧。其中有世界文学名著改编的影视精品《根》、美国巨片《鹰冠庄园》和《神探亨特》、《浮华世家》、《大饭店》、《成长的烦恼》和《夜莺热线》等。上海台举办的日本、朝鲜、南斯拉夫等多国电视剧展播周，在社会上颇有良好反响。

上海台的节目力求同上海这一西太平洋沿岸国际大都市的地位相称，在改革开放中十分注重节目的国际化。目前，上海台的节目通过通信卫星、节目交流等渠道，已经在四五十个国家和地区播出。同时，上海台平均每年播出海内外电视机构提供的节目数百小时。始创于 1986 年、两年一度的上海电视节，是我国电视发展史上的一个创举，成为上海市乃至全国的一项重要的国际文化活动，繁荣了我国人民的电视文化生活，也成为“让上海了解世界，让世界了解上海”的一个窗口。上海台于 1985 组建对外部，1987 年扩建更名为国际部，负责全台的海外联络、节目进出口工作，并负责向海外有关电视台提供新闻和文艺节目。目前，上海台国际部承办的电视栏目有全国开办最早的《英语新闻》；有创办 10 年之久至今仍深受观众喜爱的《国际了望》；有以深度报道和高品位著称的《纪录片编辑室》；《上海滩》已通过卫星对台港澳地区播放。上海台的纪录片采编制作水准居全国前列，在历届上海电视节上均有得奖之作。近几年，获得上海、全国以及国际重要奖项的有近 30 项。

1979 年 1 月 29 日，上海电视台率先播出了中国大陆第一条电视广告，同年 3 月 25 日播出了第一条海外来华电视广告，在我国电视广告史上开了先河。15 年来，上海台广告收入从 49 万元上升到 2 亿元，增长 400 多倍，累计为本台提供了 4 亿多元经费。上海台还同海内外广告客户合作，以广告养节目，引进播出了电视文艺、体育、连续剧等节目，深受广大观众及广告客户欢迎。

近年来，上海电视台抓住历史机遇，深化改革，在全台组织体制、宣传管理、人事制度诸方面积极探索，进一步解放了节目生产力，全台节目数量逐年增加，宣传质量逐年提高，向观众提供更多更好的精神食粮。

（上海电视台总编室　唐书林）

东方电视台开播一年回顾

穆端正

“风从东方来，东方青春的风，吹开千家万户真诚的面容，吹响地平线上世纪的晨钟……”1993 年 1 月 18 日，这是中国广播电视事业发展史上一个令人难忘的日子。这一天，在世界的东方，上海的浦东，这一块中国改革开放的热土上，诞生了一个全新的电视台——上海东方电视台。这一天晚上，上海第一代电视导演周峰与东视最年轻的主持人袁鸣在电视荧屏上联袂亮相，共述心声。银发鹤颜的老人和清新无瑕的少女共同呼唤出了中国广播电视事业的一个崭新时代。

上海东方电视台是按小平同志南巡讲话和党的十四大精神，由广播电影电视部正式批准创建的上海第二家独立建制的省级综合性电视台。东方电视台的成立结束了我国长期以来每个省份只有一家省级电视台传统格局，她标志着中国广播电视事业深化体制改革，引进竞争机制，探索具有中国特色发展广播电视的新路。

（一）

1992 年，上海市广播电视局作出了引进竞争机制，创建一个新电视台的重大决策，并且决定公开招聘新台台长。（实行从台长到职工的全员劳动合同制）全局共有 15 名毛遂自荐者报名应聘。同年 8 月，广电部发文，上海东方电视台正式成立。在短短半个月的时间里，一批志同道合者满怀着一腔热情，放弃了原有的良好工作岗位和工作条件，迅速汇集到东视创业创新的改革旗帜之下。有了人，还得有财有物，东方电视台按照上海广电局社会化大生产的统一部署，与兄弟单位多方协调，得到了上海电视台、局技术中心、局服务中心等单位的大力协助。然而，创业的艰辛超乎人们的想象。周围舆论的压力以及对未来前景的不可知，使一部分人产生了动摇。那时候，东视一面在开会，一面还在走人。但是，绝大多数同志没有退缩，他们以全身心的投入克服了人手少、新手多，工作量大等重重困难，和东方电视台一起走出困境，只用三个月的时间，就迎来了 1993 年 1 月 18 日成功亮相。

《东视新闻》、《东视夜新闻》、《东视深夜新闻》，一夜三次，在国内首倡新闻滚动播出；直播、录播、插播，及时报道重大新闻和突发事件；注重画面形象，讲究声音效果，提倡现场报道、争抢第一时间；贴近城市特点、深入市民生活、重视深度报道和社会新闻，以及摒弃杜绝有偿新闻，形成了《东视新闻》的特色。

东视体育直接与国际体育传播网络相连，每天卫星传送，凭籍大容量、大制作与先进的传播手段，仅仅七八个编辑、记者就办出了国内最具权威性的中英文东视《国际体育新闻》，全国近 30 多家省、市电视台纷纷要求东视提供这档节目。另外，还有《体育新闻干线》、《五环广场》、《健身教室》、《足球杂志》、《蓝球天地》、《东视拳击》、《网球杂志》和意大利足球甲级联赛直播等一系列丰富多彩、引人入胜的体育节目。开播伊始，东视又成功地转播了全美超霸杯职业橄榄球决赛，引起轰动效应。

《东方直播室》以“热话题、名人谈、说真话、送温情”为宗旨，采用“走出去、请进来”的方法，创办了国内第一个直播类谈话栏目。“恋爱婚姻大家谈”、“请客送礼是与非”、“怎样过年”等一系列热门话题引起观众强烈反响，迅速成为上海首屈一指的谈话类节目，受到了领导与群众的欢迎。中宣部部长丁关根和中央电视台台长杨伟光在1993年全国省、直辖市电视台台长会议上多次称赞《东方直播室》这档谈话节目办得不错，具有新时期电视节目的某些特征，值得重视与研究。

《快乐大转盘》首开国内竞技类游戏栏目之先河，让观众成为电视荧屏的主角，以其欢快轻松的气氛和最大的参与性，寓教于乐，收视率高踞东视节目榜首。《东方之夜》融歌舞、时装、风光、影片、游戏、小品和明星访谈为一体，被观众赞为“周末的娱乐天地”，尤其是主持人系列小品在全国电视综艺节目中独树一帜。《外国人在上海》也是国内第一个反映在华外国商人、学者、外交官、留学生、艺术家和旅游者为主的电视节目。《黄金时间》、《白金大碟》以主持人集采编播于一身的形式，有针对性地介绍欧美流行音乐和港台歌曲歌星及大陆的通俗歌曲新人，引导青年学生正确认识和欣赏流行音乐。老牌电视栏目《健康与长寿》也推出“特色门诊”“东方名医”等小专栏，探索创新之路。东视开播之际，《健康与长寿》还精心地组织了有百位专家教授参加的“东方名医大会诊”活动，为1千多位疑难病患者排忧解难，深得病家欢迎。与上海音像资料馆合作的《海外博览》，与上海市公安局合办的《东方110》，与上海电影放映公司协作的《空中影坛》，以及《环球影视》、《午夜影院》等栏目也都以各自鲜明的风格和特点吸引了不同层面的观众。

廿频道过去的收视率平均不到4个百分点，开播第一周，东视最高收视率就比原廿频道高出了5个百分点。此后收视率呈节节上升之势，不断创新自我，创造佳绩，显示了东视自办栏目的强劲实力。到了第七周，《快乐大转盘》的收视率就达到了31.3%，创造了东视绝对收视率的最高纪录。

东视全新的节目和风格在广大观众和社会各界中也激起了强烈的反响。在东视开播一月的座谈会上，观众和专家们评价说：“东视新闻条条是新闻，没有一条“马夹袋”，很不容易。东视新闻的滚动播出、编排创新，还有国际体育新闻，在中国电视新闻的发展上都具有开创性。”东视新闻热线3223664开通后，仅1月18日当晚就接到一百多个观众来电。春节前夕，东视新闻对市民反映较为突出的断气、断水及环卫问题的报道，引起市府领导高度重视，责成建委，公用事业、环卫等部门直接派人到东视新闻热线，联合现场办公，听取观众意见，上门解决问题。《东方直播室》的“东视热线”更是天天爆满，应接不暇。2月11日晚，原定播放的东方直播室“离婚现象大家谈”因故改播体育节目。结果从7点开始，一直到8点以后，观众来电不断，为直播室服务的3223200市电视局信息服务台成了观众责问的“中心”，半小时中观众来电逾千次。一批自称《东方直播室》“发烧友”的观众来信说：“直播室让各路神仙到电视上，就某个题目发表意见，展开讨论和争论，在电视机前收看的我们也恨不得冲上去侃它一通。”“有时候问题的讨论结果还在其次，讨论本身更有趣味。”“现在一天看不到直播室，就觉得电视不精彩。”江浙一带的城市台还新辟频道、转播东视节目，他们反映“东视节目在我们那里收视率最高。”

作为中国广播电视事业改革开放的新生事物，东视在开播前就吸引了中外新闻媒介的注意。人民日报、新华社、中新社、光明日报、大公报、香港文汇报等几十家中外报刊电台抢先发了消息。开播的当天，日本NHK、朝日放送、广岛中国放送也先后前来采访。不久，美国有线电视新闻网（CNN)，东方放送等十多家国外著名新闻机构也纷纷赶来访问拍片。国内30多家省市电视台寄来了祝贺节目带，中央电视台还将最新完成的中日合拍电视剧《别了，李香兰》的首播权，作为祝贺开播的礼物送给了东视。

开播的成功来之不易！每一个东视人都为此付出了很多很多。在这里，工作不分白天黑夜，加班不讲元旦春节星期日，熬通宵更是家常便饭。就在东视开播准备进入关键时刻，节目部编导屠耀麟家中却连遭不幸，先是岳母突然去世，继而又遇窃贼上门，可他还是一门心思地扑在开播特别节目上；报道部编辑王汉梁身体不适仍然坚持工作，结果大年初三被救护车直接从岗位上送进了医院急救室；东视体育记者和编辑总共才七八个人，却要承担每周五六个栏目几小时的节目，每天忙到深夜，年过50的老同志李耀民硬是坚持与年轻棒小伙一起睡在演播室的地板上；……用年轻编委陈梁的话来说，“我们天天都是在打仗。”

（二）

东视开播打响了，成功了。可东视人的战斗并没有就此结束。

4月27日至29日，《东视新闻》对海峡两岸“汪辜会谈”成功的卫星报道让东方电视台在大陆及港台新闻界引起轰动。

东视报道部在获悉具有历史性意义的“汪辜会谈”将在新加坡举行后，立即提出了租用国际通讯卫星报道会谈的设想，得到了台里的肯定和总编室的大力支持。4月26日下午，报道部专门成立了精干的“汪辜会谈”卫星新闻编辑组，并立即分头与香港无线电视、国际卫星组织、、上海卫星地面站，以及新民晚报特派记者和中新社、新华社、国际广播电台保持联系，同时广泛收集资料，精心策划版面。

4月27日17：00，“汪辜会谈”第一次会议的文字消息由各渠道源源而来；17：30香港无线记者拍摄画面通过太平洋国际通信卫星传到东视中心机房；18：00传送结束；就在短短的15分钟里，记者组组长姜澜写出了精炼的文字稿，并制作好解说声；报道部副主任朱咏富完成了画面编辑工作。18：30《东视新闻》及时播出了《汪辜会谈今天在新加坡举行》、《新闻背景：汪辜会谈的由来》、《新闻人物：海基会董事长辜振甫》、《海峡两岸媒体高度评价：汪辜会谈》等一系列报道。21：30《东视夜新闻》又精心编辑了《东视特写：历史性的握手》。东视这一天对“汪辜会谈”的报道，是上海及邻近地区观众看到的最早，最全面的电视报道，在观众、新闻界同行和海外舆论中引起强烈反响。香港《联合报》次日专门发文称赞“上海”‘东视’对‘汪辜会谈’的新闻制作严谨，在大陆电视新闻十分难得。”

同行认为，此次卫星报道，是东视新闻与国际接轨迈出的重大一步。5月5日，美国东方电视台也播放了我台制作的系列报道，使侨胞们听到了大陆的声音。

紧接着在五月份，东方电视台又经受了首届东亚运动会宣传任务的考验，圆满完成了各项转播和报道任务。从5月9日到18日整个东亚运期间，东视有2／3的人员参加了第一线的转播和报道，并且安全直播游泳、体操、武术和赛艇四个大项的比赛实况54小时30分钟，重播录播比赛精选片断13小时10分钟，没有出现一次差错。上视、东视两家电视台播出的东亚运赛事新闻，由东视记者摄制的就占了70%以上；中央电视台播出的30多条东亚运新闻有一半以上是东视记者拍摄的。担任东亚运动会开闭幕式电视总导演的刘文国副台长，为了搞好上海建国以来这二台最大的节目，早在二个月前就开始投身于数不清说不完的事务堆，几乎天天忙到深更半夜。他患有心脏早搏，却一直带病奔内蒙下延边，坚持工作。总编室主任庄云百患有严重的糖尿病和哮喘，医生开了全休半个月的假条，但是为了把好全台节目的安全播出关，他每天坚守岗位到深夜。《东方直播室》的编导为了把每天的金牌得主请进《东亚运直播室》亮相，更是费尽口舌，动足脑筋。花了九牛二虎之力。《快乐大转盘》也联合东亚运组委会举办了八场“迎东亚运体育知识竞技娱乐大赛。”由东视摄制的体育专题《太阳从东方升起》还获得首届东亚运好新闻评选特等奖。

在东亚运之后，东视又先后转播了“92歌坛新潮大赛”、“92全国邮票评选揭晓晚会”、“上海之春”开幕式、“美国拳王争霸赛”、“英国足总杯决赛、美洲杯足球赛”等一系列大型节目，并且与上海市文化局成功主办了“93’上海首届国际魔术节”。通过这些活动，既锻炼了队伍，又丰富了荧屏，便利东视节目不断深入人心。不少群众来信称东视节目成了他们“每天必不可少的晚餐。”电视收视率也不断创出新高，广告收入稳步上升，仅半年时间就达到了全年创收指标。

（三）

面对喜人的成绩，同行和舆论的赞誉，东视人并没有沾沾自喜，而是提出了居安思危，进一步加强队伍建设，健全科学化管理，探索节目制作新路，出精品创名牌，使节目宣传更上一层楼的要求。

东视党总支结合中宣部，新闻出版署《关于加强新闻职业道德建设，禁止“有偿新闻”的通知》，组织全台集中学习两天，并结合本台实际梳理自查节目，再次强调保持东视新闻的纯洁性，编辑记者不准拉广告，杜绝“有偿新闻”；广告统一归口管理；不允许设立帐外帐，小金库，做好节目奖品登记管理工作等一系列要求。由于从开播伊始，东视就从节目设置入手，划清新闻与信息、信息与广告等几个界限，实行了严格的节目分工和三级审片制度，所以《东视新闻》从一开始就坚决杜绝了“有偿新闻”，报道部编辑，记者中拒贿，拒礼、拒宴已经蔚然成风。记者姜澜对本市一家单位生产的汽水质量进行的追踪报道在社会上引起强烈反响。这家单位悄悄派人与姜澜商量“咱们交个朋友，我给你一万元，你的报道到此为止算了。”姜澜当即义正词严地回答：“你太不了解东方电视台，也太不了解东视记者了。就是十万、百万、恐怕也难以收买东视记者，难以影响《东视新闻》的客观、公正。”几乎同一时刻，记者徐宁采访某医院医疗事故的受害人王始，王所在单位经理十分感动，在采访结束时，该经理将400元现金和价值数百元的4袋礼品塞给记者，徐宁当即代表采访组拒收。经理又追到采访车上，徐宁再三解释就是不收。经理感动地对记者说：“你们东视记者就是不一样。”也正是因为《东视新闻》树起了廉洁公正为民的形象，广大市民才会想到东视，主动提供大量的社会新闻和批评报道线索。

为完善管理体制，东视又将总编室与行政管理分离，在编制上独立出来，充分发挥其宣传管理的职能；同时在国内率先实现了全台电脑联网，保证了节目编排、制作和人事、劳资、财务，以及新闻编辑各个系统的电脑化统一组织管理；在原有以经济为杠杆、奖勤罚懒，实行全员聘用制的基础上，真正打破铁饭碗，执行了每年3–5%的淘汰制，建立起人才的竞争和激励机制，提倡身兼数职，一专多能；另外又陆继完善推出了12项规章制度，理顺了全台各项管理工作。在东视，星期日并不就是休息日，加班加点、夜以继日，克服家庭困难，带病坚持工作的情况比比皆是。在东视，上班时没有人炒股票、干私活、打牌、闲聊和扯皮。东视的电话总机是设在大厅服务台里的，白天一位小姐负责，其它时间由门卫兼职，24小时不间断服务，而且用语规范，多次受到龚学平副市长表扬。来东视参观、访问和参加节目的国内外同行、来宾与观众对东视的高效率、凝聚力、创造性无不表示出惊叹。

东视每天播出16小时以上，其中自办节目就达4小时。如何以仅仅一百人的编制办好节目，在激烈的竞争中求生存、求发展？东视人的回答是，开门办台，依靠社会力量，不断探索节目制作新思路。《东视新闻》不仅有自己的特约记者和通讯员队伍，组建了有40多家电视台参加的全国开放区电视新闻协作网，而且还走向了港澳、台湾、东南亚和世界，与香港无线电视、美国东方电视台、日本NHK以及世界著名通讯社建立了新闻协作和交换关系。象1993年11月台湾华航飞机在香港坠海，东视在事故发生后半小时即得到消息，并通过卫星传回现场画面，当晚就在《东视新闻》中率先播出。《东方直播室》也提出了“我们走出去，你们请进来，东方直播室，大家一起来”的口号，广邀各界人士担任嘉宾和特邀主持直接参与节目策划，提高节目质量。《海外博览》与上海音像资料馆合作，依托合作伙伴的丰富音像资源，推出了《回首二战》、《挑战灾难》、《缤纷20世纪》等一系列雅俗共赏，又具一定品味和教育意义的系列专题片。尤其是《回首二战》，播出后引起强烈反响，不少中小学校还将节目翻录下来，作为电化教学教材。《东方110》举办的“大家来破案”活动将一些正在侦查的大案如实推上荧屏，组织观众献计献策、提供线索，推动治安联防，收到了出乎意料的效果。首次推出的案例，播出第二天就有群众提供线索，一举抓获3名惯犯。具有典型性的“静安石门路诈骗抢劫案”，全市有80%以上的居委会组织了收看，收视率名列前茅。

东视开门办台，不仅向社会借场地、借设备、借人手，而且更加注重借头脑、借知识、借点子。《东方之夜》、《快乐大转盘》就一直坚持征集观众和各界人士出的游戏和竞猜题。著名剧作家沙叶新构思了一个拍摄社会心理实验的点子，到东视一谈设想，不料一拍即合，立即投入制作，很快便完成了国内第一部社会心理系列专题片《心理魔方》。这部完全以隐蔽方法拍摄的系列专题片赢得了电视同仁和观众的一致好评，一时间成了街头巷尾，车间机关的热门话题。

为探索电视节目制作的新路，东视还对制作人模式进行了大胆的尝试。《快乐大转盘》主要编辑、助导、剧务全由外借人员“挑大梁”，正式职工只有编导郑可壮一个人，负责选题策划和指导把关，可收视率照样保持全台第一。拍摄东视第一部电视剧《人生急转弯》，台里只派出一个瞿新华。选剧本、筹资金、请导演、搭班子，还有先先后后20集系列剧中130多位演员和整部片子的质量全由他一个人负责，平均三、四天就拍一集。播出时以其鲜明的海派风格和浓郁的生活气息，超过同一时段播放的海外片，创下了东视播出影视剧收视率最高记录。上海新闻媒界先后发表40多篇报道和评论，称赞《人生急转弯》从电视剧制作体制上打破了传统“铁饭碗”，为上海电视剧制作尽快走向市场化注入了新的活力。目前，全国共有20家省市电视台购买了《人生急转弯》的播映权。

(四)

东视为上海乃至近邻地区的电视荧屏带来了勃勃生机和朝气，兄弟单位也纷纷改版。电视节目日趋丰富，竞争也日趋激烈。面对新的挑战，东视结合形势及时调整了节目方针和主题，在电视荧屏上，率先树起了弘扬民族文化、弘扬主旋律、倡导高雅艺术的旗帜。

《东方直播室》改版后组织的“三学”系列讨论在“三学”新闻大赛中喜获一等奖，受到市委、市政府领导的高度评价。市委宣传部副部长还带人专程到东视帮助总结经验。七月一日晚上，东视播出了一台反映浦东新区两个文明建设和党建风貌的晚会，“在希望的热土上”。节目别具特色、场面热烈隆重，取得了圆满成功。中共中央政治局委员、上海市委书记吴邦国和黄菊市长从头至尾，在荧屏前观看了这台节目，并连连称赞内容丰富，有生气，有特点。八一前夕，东视又派组深入驻沪三军和武警部队，顶酷暑、下班排、采录了许多生动感人的镜头，制作了一台《风展军旗别样红》八一大点播节目。播出后，在部队官兵中产生强烈反响，驻沪三军部队，院校和武警上海总队还专门委托上海警备区政治部登门致谢。战士们说：“有很长时间没看到这样反映军人题材的好片子，看了很受教育，很受鼓舞，希望东视今后多拍这样的片子。”此外，东视还主办了《纪念毛泽东诞辰一百周年中国著名歌唱家演唱会》和宝钢庆祝建厂15周年大型文艺演出《拥抱辉煌》、《上海百名“三学”状元迎春联欢会》，与中央电视台合作了一档反映上海三年大变样新貌的《东西南北中》特别节目，转播了《上海文艺界纪念毛泽东诞辰一百周年文艺晚会》、《93减灾扶贫义演》、上海黄浦旅游节开闭幕式、上海之春开幕式等一系列精彩节目。特别是中国著名歌唱家演唱会，不少观众看得热泪盈眶。

针对港台歌星走红大陆舞台，不少媒体上港台流行歌曲泛滥的情况，东视果断调整了介绍、引导欣赏流行乐曲的《黄金时间》节目，新辟《东视经典》栏目，为观众介绍中外歌剧、交响乐、芭蕾舞、民族舞、现代舞和通俗歌曲中的优秀作品，为严肃音乐、高雅艺术作普及推广教育。精致的二度创作和编排令人耳目一新赢得了广大严肃音乐和高雅艺术爱好者的交口称赞，成为东视节目中又一名牌。为纠正MTV等于电视流行歌曲的不正确认识，东视还专门投资10万元巨款，为著名女高音歌唱家黄英摄制了中国第一部美声唱法MTV《心韵》。著名声乐教授周小燕女士称之为“留住人才，倡导高雅艺术的功德无量之举”。东视还转播了中央交响乐团访沪演出，俞丽拿师生音乐会、王键大提琴演奏会、台湾云门舞集《薪传》《东方梦圆，杨丽萍舞蹈专场》，创办了首届全国电视散文大赛。东视摄制的电视散文《夏天的羡慕》在11家电视台选送的15部作品中荣获一等奖和最佳编导奖。

为弘扬传统文化，展示国粹艺术魅力，1993年11月中旬，东视直接发起和主办了“东方雅韵，93’南北京剧名家荣誉汇演”。代表当今京剧艺术最高水平、集中当今京剧界最强阵容的一大批名伶，在寒潮滚滚的上海滩掀起了阵阵振兴京剧艺术的热潮。这次演出场场爆满，创下了近年京剧票房的最高记录，不少未买到票的戏迷等在剧场外久久不肯离去。为照顾戏迷情绪，东视只能在剧场大门外架起一台大彩电，让无票戏迷通过电视收看直播，一饱眼福，形成了场内场外观众齐声喝彩的动人场面。由于事前准备充分，新闻、直播室的配合默契，这次演出取得极大的反响，各地报刊也纷纷配合，先后发稿和照片百余篇，称赞东视这一“盛举”。

1993年10月31日，只有七八个人的东视体育组又创下了在一天之内，通过国际通讯卫星，连续现场直播了在美国、澳大利亚、意大利三个不同国家和地区举行的三场重大国际体育赛事的最新记录。上午10:00是在美国亚里桑那州凤凰城举行的“拳击冠军之战”；下午14:00是澳大利亚和阿根延为争夺进军美国15届世界杯决赛资格的殊死拼争，晚上21:55又是意大利热那亚举行的AC米兰队对桑普多利亚队的足球甲级联赛，真正让体育迷过了把瘾。

改革是走前人没有走过的路，而固守传统则是阻碍创新思维的惰性力。东视自身的整体实力有限，这是一个不容忽视的和回避的事实。因此，东视只有打破常规，转变观念，以“创业创新、团结奉献、勇于改革、敢为人先”的精神自我激励，走出一条具有自己特色的新路，才能在竞争中立于不败。经过一年来的努力，东视锻炼了一支队伍，取得了良好的社会效益和经济效益，为丰富荧屏，推动上海广播电视事业的发展发挥了积极作用。实践使我们进一步认识到广电局党委审时度势，抓住机遇，深化体制改革的决策和措施是完全正确的。只有深化改革，引进竞争机制，才能尽早走出一条具有中国特色发展广播电视的新路。

东方电视台
“93’南北京剧名家荣誉汇演”

1993年11月18日至22日，由东方电视台发起主办了“东方雅韵——93’南北京剧名家荣誉汇演”，以厉慧良、杜近芳领衔的一批当今最优秀的京剧艺术家联袂登台，显示了传统艺术的巨大魅力，一时观众如潮，盛况空前。此次汇演得到了各级领导同志的高度重视和热情肯定，广电部、文化部分别发来贺电，上海市委、市政府现任和老领导陈至立、谢丽娟、龚学平、陈国栋、汪道涵、陈沂等同志多次出席观看演出，高度评价了“东方雅韵”汇演活动。上海市副市长龚学平同志欣然为汇演题词，并发表讲话说“上海舞台要打‘中华牌’”，老同志陈沂在《新民晚报》撰文，盛赞汇演的成功。报界舆论称此次活动是“近年少见的梨园盛景”，“东方雅韵”汇演“大获成功”。

回顾“东方雅韵”的筹办过程，我们此次活动的圆满成功，主要在于如下几个方面：

一、弘扬民族文化，倡导高雅艺术，顺应了广大群众的文化需求。

上海的戏曲舞台曾经一度不太景气，于是便有些舆论过份夸大传统艺术与现代社会的时代性差异，而忽略了传统美中超越时空的永恒价值。这次名流云集、佳作迭现的演出在观众中引起的轰动效应，充分说明在科技进步、经济飞跃的时代背景下，人们更为重视本民族的传统文化，喜爱祖国的传统艺术精华，关键还是缺少群众喜闻乐见的精品好戏，正是由于这种文化“饥渴感”，尽管此次甲等票高达100元，最低票价也要10元，观众却依然热情澎湃，购票极为踊跃。11月9日第一天售票，正遇上大雨天气，但大舞台门口仍有100多人排队，100元和10元、20元的戏票不久即全部抢购一空，创造了近年来剧票房的最高。汇演期间，正值寒流袭击上海，但是，人民大舞台连续五天爆满，场内气氛之热烈超乎寻常，鼓掌叫好声不断。更令人感动的是，每天都有大批等不到退票的戏迷坚守在剧场门口不肯散去。为此，我台特地在剧场门口临时安置了一台大彩电，从转播车输出一路信号，为这些戏迷作了特殊的“实况转播”。于是出现了场内场外齐声喝彩的动人景象。最后一天，主办单位又向场外戏迷赠送了50张戏票，满足了一部分“囊中羞涩”的戏迷亲睹名伶风采的愿望。从“东方雅韵”获得的全方位赞誉来看，传统艺术并不是没有观众，而是观众需要高品位、高水准的演出。

二、整体策划起点高，富于学术内涵，提高了整个活动的艺术档次和社会意义。

筹办伊始，我们就明确了这样一个目标：“东方雅韵”汇演不应是一次普通的营业性演出，而要努力办成一次具有学术探讨价值和舆论导向意义的艺术示范活动，其主导思想在于通过展示京剧艺术经典性的优秀成果，引导人们对传统戏曲予以重新审视和定位。

为此，我们广泛听取了学术界、新闻界和京剧界内外人士的意见，较全面地吸收了近年来艺术研究和演出市场方面的大量新信息，自始至终都有一个全盘的设想。在演出阵容上，考虑到只有最具艺术特色的优秀演员，才能展现京剧的独特魅力和风采，所以力邀当代老、中、青著名演员联袂登台。在演出剧目安排上，力图色彩斑斓，呈现生旦净丑、文武昆乱各档和各大流派的代表性作品。尤其值得一提的是，在策划过程中，我们特别注重组织当今最佳人选在传统名作中通力合作，联袂示范。熟悉京剧界的人都知道，安排一个名角表演自己的拿手戏并不难，但要组织几个名家同演一台戏，却不是一件容易事，这常使圈内人望而却步。但我们以相信京剧名家们的责任感为前提，知难而进，作了深入细致的大量动员工作，经过数番争取，终于请来谭派嫡传老生谭元寿、“中国第一武丑”张春华和花脸名家尚长荣三位南北名角珠联璧合地出演了一台《连环套》、杜近芳虽是当今梅派首席、但景荣庆、王梦云、朱秉谦几位一流名家向来也都是唱大角色的。在我们的努力下，几位也情商出演了《凤还巢》中的配角。脍炙人口的名剧，再加上如此强大的演员阵容，立即形成了轰动的明星效应，纵观五场演出，梨园名家荟萃，精品名作纷呈，尤其是梅、程、荀三大流派的卓绝艺术给人们留下了深刻印象。这正是按照总体构思努力工作的结果。

三、充分发挥电视在大文化活动中的重要参与作用。

传统艺术要振兴，民族文化要发扬光大，都离不开电视的参与。纵观上海近几年来的重大文化体育活动，无论是国际电视节、广播音乐节、国际电影节，还是东亚运动会，万宝路杯足球赛……等等，电视都发挥了重大作用。这不仅因为电视具有最广泛的传播覆盖面，同时也因为电视在重大文体活动中还可以担负一定的组织联系工作。

“东方雅韵”活动的宗旨，首先就在于倡导运用现代化的传播媒介，特别是电视手段，来宣传京剧艺术，弘扬民族传统文化。

工作中，我们始终重视发挥电视在大文化活动中的特殊作用，包括其组织联系的功能。这次在争取各种社会力量，包括学术界、企业界和京剧界内外广泛支持与合作等方面，电视台显示出了特有的优势。

这次南北京剧名家汇演从总体筹划到演出和学术交流的各项活动，我们都在电视上作了充分的宣传和报道。早在10月下旬我们便专门赴京拍摄了张君秋、李和曾为这次汇演题字、祝贺的镜头，11月初又推出了精心制作的宣传片，使广大戏迷得以一睹大师风采，宣传片播出第二天，戏票尚未印好，订票电话便已源源不断，在一天几遍的宣传片“攻势”下，戏票很快便告售罄。

汇演开幕的前一天，《东方直播室》栏目还直播了“‘东方雅韵’研讨会——京剧名家谈京剧的现状和走向”。参加汇演的京剧艺术家和有关戏曲评论家都作了精采发言；电视观众也是电话不断，谈了他们对京剧艺术的深沉思考。这也体现了这次活动的学术价值，东视记者从各地演员抵沪开始，就在东视新闻中对排练、首场演出和场外反响进行了连续报道。演出结束不久，总编室又精心编排挤出黄金时间，及时播出电视录像，在上海掀起了近年少有的“京剧热”。“东方雅韵”的成功不能不首先归功于电视的参与。

四、充分重视舆论的立体宣传和“催化”作用

高度重视报刊、广播的立体宣传，也是此次活动取得成功的重要原因。

从酝酿伊始，我们就广泛听取了舆论界人士的意见，演出方案一经制定，就及时召开新闻发布会，向上海各传播媒体介绍此次汇演作为一项文化建设大活动的宗旨、目的和意义，诚恳吁请各家新闻单位积极参与。对此，本市各大报刊均给予了积极响应和大力支持。从11月1日起到12月3日，我们的剪报资料册已积累了各报登载的消息、专访、评论达52篇之多。《解放日报》和《新民晚报》在汇演期间每天都用大量版面加以宣传，《解放日报》还连续四天在头版刊登了有关演出盛况的报道，有时同一天的第一版到第三版均有不同种类的文稿照片刊发。上海电台也及时播出了演出录音，甚至北京、天津、武汉、东北、四川等地的报刊也纷纷刊发了有关报道和文章。

立体的舆论宣传和催化，使寒流中的这股京剧热潮愈来愈热，一个大文化活动就这样轰轰烈烈地在上海铺开了。

五、唤起电视工作者的文化使命感和责任感。

“东方雅韵”的成功，凝聚了全体工作人员热爱中华文化的一片真情。这项活动的设想刚一产生，穆端正台长、刘文国副台长便果断地召集各方面进行磋商，明确提出，东视为弘扬传统民族文化做实事，义不容辞，刻不容缓，“即使花大本钱也要搞”，具体负责这项工作的电视导演屠耀麟同志为了使这次活动真正成为上海一项富有建设意义的文化盛事，与应邀而来的京剧专家、上海艺术研究所戏曲研究室主任王家熙同志日以继夜，倾注了大量心血。为组织名家合作，他们赶赴北京，四处奔走，历经周折，绞尽脑汁，用尽了口舌。演技超群，有“中国第一武丑”之称的张春华老先生，年事已高，也很有个性，起先他对编导提议的名家合演《连环套》坚持不参加。但是经过几次诚恳商谈，老先生终于接受了邀请。南北名家荣誉示范，岂能少了梅派的主要传人杜近芳？起初，杜近芳因身体原因，婉拒了“东方雅韵”的邀请。为了使汇演达到最佳效果，屠耀麟和王家熙同志多次登门拜访，终以满腔热诚换来了杜近芳的参演，并且杜先生还为积极争取上海的一流老旦王梦云在《凤还巢》中扮演三路老旦角色做了不少工作，这才使演出满台生辉。汇演正式开幕之后，剧组全体同志更是被强烈的文化使命感所激动，全身心地投入工作。《凤还巢》开演的前一天晚上，杜近芳因飞机晚点，加上排练劳累，喉咙突然失声，剧务王士忠连夜奔走了七家医院，最后到凌晨三时才在一家药店买来了急救的药品，使名剧如期上演。全部汇演录像的校字、上字亦是一项大工程。助理编导彭松在协助导演做好撰写解说词、、联系演员等工作的同时，为使节目尽快上字播出，又和制作字幕的张炯、技术员沈一松连续两个星期从早上九点一直工作到晚上十点多。在大家的共同努力下，“东方雅韵”及时在荧屏播出，赢得了多方好评。不少观众来信称赞这次京剧展播“镜头到位”、“字幕清晰，几乎没有一个错字”。

“东方雅韵”艺术活动，在上海文化界引起的反响是巨大的。尽管由于时间匆促，还存在一些缺憾，但专家们认为，它已在上海京剧的历史上写下了重要的一页，弘扬民族文化，提倡高雅艺术是电视工作的长期任务。明年正逢梅兰芳周信芳两位大师诞辰100周年，社会各界最近已纷纷提出：“为纪念梅、周两位大师，‘东方雅韵’理应有光辉的续篇，希望东方电视台拿出新的举措。”

（朱　涛）

□苏州电视台建台 10 周年

1983 年 12 月 22 日，经广播电视部批准，苏州电视台正式成立。1993 年苏州电视台本着迎接建台 10 周年为契机，调动各方面的积极性，提高队伍，发展事业的宗旨，开展了一系列活动，基本上达到了预期的目标。

苏州电视台建台十周年情况介绍会会场

苏州电视台经过 10 年的艰苦创业，得到了逐步的发展和壮大，成了地市级电视台中较有实力的一个台。苏州电视台的自办节目已由初期的每周 1 档发展到 7 档，每天播出 5 小时左右的节目，共设置了自办栏目 17 个。人员也从 30 多人增加到 130 多人。目前，共设办公室、总编室、新闻部、专题文艺部、国际部、经济信息部、制作部、发射部、技术办公室、微波总站等 6 部 3 室等机构。台内的信号中心、播控中心、发射中心全部按相关标准配制，基本上实现了微机自动化控制。全台共拥有前期电子采访设备 (ENG) 24 套，后期编辑设备 10 套（其中 10 套 ENG，4 套编辑为分量设备）；投入使用的 3 个演播室分别为 400 平方米、80 平方米和 40 平方米，还配置了一台 5 讯道分量转播车，基本上满足了新闻、专栏、文艺等各类节目的制作要求。

1992 年底，苏州电视台就把建台 10 周年庆祝活动列为 1993 年的一项主要工作。举办了一系列活动。(1) 向社会（华东地区）公开征集台标活动，确定了以小桥流水和电视三原色为主题内涵的台标。(2) 举办了业余播音员和节目主持人选拔赛，苏州市范围内有 370 多名选手报名参赛。通过初赛、复赛和决赛，12 名男女选手分别获得一、二、三等奖，被聘为苏州电视台业余播音员和节目主持人。(3) 派出两个摄制组分头南下深圳、珠海、北上北京，拍摄《苏州人在特区》和《苏州人在北京》两部电视系列片。前者侧重反映在特区的苏州人畅游于市场经济的大海中取得的业绩；后者则介绍了在北京的苏州籍著名人士的工作和生活情况。通过系列片的采访与拍摄，广交一批朋友，牵动了苏州老乡的思乡之情，展示了苏州电视台的实力，宣传了苏州老乡在社会主义建设中所发挥的积极作用，起到了在本地和外地同时树立苏州电视台形象的作用。

为迎接建台 10 周年，全台上下共同努力，在技术设备的更新配套方面打了一个翻身仗，新闻部的前期电子采访设备和后期制作设备全部更新成分量 MI。400 平方米的大演播厅的设施全部配套，装备了一辆五讯道的分量电视转播车。台庆活动期间，全国人大常委会副委员长费孝通、著名历史学家胡绳、国画大师吴作人、国家体委副主任袁伟民等苏州老乡或来函或来电表示祝贺、费孝通先生还为苏州电视台题了词：“荧屏生辉”。吴作人先生夫妇合作了一幅国画《多彩》赠给了苏州电视台以示祝贺。

苏州市的友好城市日本金泽市的金泽电视株式会社社长涩谷亮治也请前来参加台庆的访问团带来了录像贺词。来访的金泽电视株式会社访问团与苏州电视台的领导一起回顾了两台建友好关系一年来的情况，探讨了进一步加强节目、技术、人员交流等事宜，商定了合作交流计划。

12 月 22 日，苏州电视台首次启用装备一新的 400 平方米演播厅和五讯道分量转播车，现场直播了《走向明天》台庆十周年文艺晚会，将台庆活动推向了高潮。在此之前，正大集团，日本松下、索尼、池上等公司以及中央电视台等 70 多家国内电视台致函表示祝贺，近 50 家电视台发来祝贺节目。这一系列的活动，有力地向社会介绍和宣传了苏州电视台的整体形象，扩大了苏州电视台作为拥有最现代化的宣传工具和具有一支有较高政治、业务素质及较强战斗力的电视工作者队伍的传播媒介的社会影响。

建台 10 周年庆祝活动的开展，也推动了苏州电视台 1993 年的工作。这一年中，苏州电视台本着适应建立社会主义市场经济体制的新形势，促进电视事业由靠政府输血的事业型向靠自我造血的产业型转轨的指导思想的转变，进一步深化了内部机制的改革，充分调动了部门工作积极性，提高了整体工作水平。其主要内容，一是推行了部门承包责任制，部门从工作数量、质量到收入实行了内部核算制，把工作责任与经济收入挂上了钩。二是实施了部门主任负责制和中层干部的聘任制，使部门主任有责有权，促使了承包的进一步落实。三是强化了激励机制，实行奖罚分明的分配制度。

随着内部改革力度的加大，有效地提高了苏州电视台职工的工作积极性，增强了内部活力，改进了节目，增加了创收，为 1994 年的进一步改革和发展奠定了基础。

纵观贯串于 1993 年全年工作中的苏州电视台建台十周年庆祝活动，达到了以纪念建台十周年为契机，积极扩大影响，增强交流合作，深化内部改革，促进自身发展的目的，受到社会各界的好评。

□福州电台建台 35 周年

1993 年 7 月 1 日，是福州人民广播电台诞生 35 周年纪念日。福州电台改革台庆庆祝方式，不开大会，只在 6 月 30 日晚 8 点在五一广场举办了一台融宣传、娱乐于一体的《福州广播你我他》街头直播特别节目，以简朴的形式庆贺建台 35 周年。在两个小时的节目中，广场上的听众踊跃参加。福州广播电台的建设与发展通过主持人的巧妙安排，精彩别致的游戏活动，紧张有趣的有奖猜谜，以及现场点歌、电话采访等，把这场别开生面的台庆活动气氛一次又一次地推向高潮。直播一结束，有三位年轻人向节目主持人赠送了三件文化衫。对这次别开生面的台庆活动《新闻出版报》、《福州晚报》等国内数家新闻单位都作了报道。

□'93 四川国际电视节

'93（第二届）四川国际电视节 1993 年 9 月 22 日至 27 日在四川成都市举行。来自 31 个国家和地区的 328 家电视台、影视制作出版发行公司和广播电视设备制造厂商的代表，共计 2400 余人，参加了本届电视节。其中境外机构 148 家，境外来宾约 400 人；国内机构 180 家，来宾约 2000 人。围绕电视领域的国际交流，'93 四川电视节主要举办了四项活动。

'93 中国四川国际电视节目交易会、国际广播电视设备展览会开幕式

一、"金熊猫奖"国际电视节目评奖。

本次评奖共收到 22 个国家和地区的 86 家影视制作机构送来的 151 部参评电视片，符合参评条件的 140 部，其中故事片 47 部，纪录片 93 部。境外参评故事片 29 部，纪录片 51 部。本届评奖委员会由美国、英国、法国、日本、埃及、新加坡和中国的 14 位影视界专家组成，他们是：中国《人民日报》社编委兼文艺部主任、高级编审丁振海；美国密执安州立大学电视传播系主任布雷德利 · S · 格林伯格博士；中国电视艺术委员会副主任兼秘书长洪民生；新加坡广播局第八频道娱乐节目制作处处长龙美莲（女）；埃及中东广播网主席、新闻部副部长萨拉 · 阿里 · 曼苏尔；中国电视艺术家协会副主席阮若琳（女）；英国白城电影公司董事长奥布利 · 辛格；日本广播协会电视剧部总制片平山武之；法国罗伯特 · 维尔诺夫；中国北京广播学院副院长王纪言教授；北京电影学院教授谢飞；中国电视艺术委员会副主任仲呈祥；中国四川电视艺术家协会常务副主席奉孝芬（女）；四川电视台一级导演潘小杨。

'93 中国四川国际电视节期间，四川省领导同志观看设备展览。

经过两轮审定，本届"金熊猫奖"的最佳故事片大奖由日本广播放送协会选送的故事片《良太的夏天》获得；最佳纪录片大奖由中国中央电视台、安徽电视台选送的《远在北京的家》获得；最佳男主角大奖由中国演员吴京安（电视剧《老磨房》中饰罗罗）获得；最佳女主角大奖由美国演员凯瑟琳 · 哈罗德（《不公正的裁决》中饰利利）获得。另有 24 部电视片和男女演员，分获本届"金熊猫奖"的各项提名奖和纪念奖。

在总计 28 个获奖节目中，中国选送的节目有 8 个获奖。中国参评的电视节目总体质量上，尤其是纪录片，受到外国评委的赞扬和肯定。

二、国际电视节目交易会。

27 个国家和地区的 277 家机构参加，规模和成交额均超过第一届（'91）四川电视节。两千多平方米的三个交易大厅，提前一个月展位已全部预定完毕。5 天交易会，洽谈和成交活跃。尤其是中国大陆的电视节目输出取得较大进展，共卖出电视剧 67 部集，纪录片 349 部集，长度 250 小时，成交总额达 160 万美元。采购中国节目的大户，多是初涉中国电视节目市场的客商，以欧美及韩国的公司为最。这标志着中国的电视节目外销市场已超越传统的东南亚华人地区，向更广泛的地域扩展。

电视节目引进共报审通过影视剧138部2060集，文艺片卡通片207集，整体质量上乘、品位高。

除通常的购入和卖出外，本届节目交易会开始向多边交易、多方式交易、多方向合作发展。首次参加会的韩国片商与加拿大、美国的片商搭成了成交协议，一些中外、中中影视合作与交流项目签署了意向书。这表明，中国电视市场在国际上影响日益增长，发育日臻完善。

三、国际广播电视设备展览会暨现代视听产品展销会。

8个国家和地区的130家厂商代表参加，规模和成交额均超过1991年的四川电视节。本次展销会展厅面积近3000平方米，共设展位近170个，分专业和民用两大部分，提前一个月被中外客商预定一空。4天展期有300多家用户4万多人次踊跃参观洽谈，并举办了6场新技术讲座，总成交额为人民币13906万元，较上届增加了153%。其间，通过对国内外130家参展厂商的问卷调查，74%的厂商对本次展览会显示出的市场前景及购买力、组织协调与大会服务等方面，感到满意。

四、祝贺文艺演出。

电视节期间，共组织了6台9场文艺晚会，包括现场直播的"金熊猫奖"颁奖文艺晚会，现场直播同期举行的第十三届全国电视剧"飞天奖"颁奖文艺晚会，特邀山西省歌舞团演出的大型民俗歌舞《黄河一方土》、四川凉山彝族自治州歌舞团的民族歌舞晚会。同时，邀请港台的刘德华、苏友朋、方文琳等及国内部分演员，分别组成《巨星耀荧屏》、《心心相印》两场通俗歌舞晚会。九场演出现场观众4万余人，电视观众达数千万。

上述四项活动的成功举行，较好地实现了广播电影电视部提出的"要把电视节办成全国广播电视系统对外开放的窗口和渠道"的要求，展示了中国广播电视事业在改革开放中发展的风貌，丰富了广大人民群众的精神文化生活。同时，本届电视节的一些作法，为办好今后的电视节，积累了经验。

首先，在确定办电视节的指导思想上，根据国外同类活动的习惯作法，结合上一届四川电视节的体会，'93四川电视节组委会从一开始，就明确了办好本届电视节的指导思想，即"以和平、友好、交流、合作为宗旨，把电视节办得隆重、简朴，更具成效。"这个指导思想体现在活动的设置上，就是突出电视领域的交流，以两个交易会和"金熊猫奖"评选为电视节主体，减少枝蔓。电视节不再搞大型开幕式文艺晚会，代之以隆重简朴的广场升旗仪式为开幕仪式；筹备期间不组织大型社会宣传文艺活动，而是以自身掌握的媒介如：广播、电视、报刊等，在舆论上炒热，达到动员社会各界关心支持电视节的效果。实践证明，上述努力成效是好的，得到了国内外影视界的认同。

其次，在电视节的操作运行中，实行各大口经费包干目标责任制。组委会对承担电视节各项活动筹备的各专业办公室，一律实行目标、职责、经费、人员大包干。如对演出办公室，提出"以演出养演出"的目标，最终使整个电视节期间的演出，自身实现收支平衡。由于推行目标责任制，'93电视节投入的工作人员，仅为1991年四川电视节的一半，经费也有明显的缩减。

'93四川国际电视节所产生的广泛的社会影响，对于扩大电视在当今社会生活中的作用，使社会各界更多地关心和支持广播电视事业的持续发展，促进中国的电视事业走向世界，巩固和发展一个于我有利有序的国际电视交流市场，都发挥了较好的作用。正象中国的经济发展受到全世界瞩目一样，中国的电视事业透过电视节这个窗口，正引起各国电视界越来越多的关注。

(董鲁川)

□发展中的云南玉溪地区广播电视事业

玉溪地区位于云南中部腹地，辖一市八县，总面积1.5万平方公里，总人口187万，其中彝、哈尼、傣、回、白、拉祜、蒙古等少数民族占31%，区内地形复杂，高山、峡谷、丘陵、盆地交错分布，海拔在328米到3137米之间，给广播电视的发展带来一定的难度。

党的十一届三中全会以来，玉溪地区的经济得到迅猛发展，给广播电视的建设提供了良好的机遇。我区广播电视部门，结合玉溪实际，在地、县、乡三级党委和政府的支持下，经过十年的艰苦努力，广播电视事业有了长足的发展。

一是乡镇、村卫星地面接收转播网已经建成并开始向合作社延伸。1983年，全区仅有电视差转台十座，发射功率1200瓦，人口覆盖率不到30%。到1993年底，全区已建卫星地面收转站741座，大小电视差转台62座，发射功率20300瓦，地区所在地能收看到六套以上电视节目，县政府所在地能看到四套以上电视节目，乡镇所在地能看到二至三套节目，全区电视人口覆盖率已达95%。各市、县城区和部分乡镇还建起了有线电视网，收看电视节目的套数增加到10套以上。

二是中波、调频、有线三位一体的广播网正在加紧建设中。玉溪地区的有线广播历来得到地、县、乡各级党委和政府的重视和支持，但前些年却有所滑坡。从1991年开始，地区投资近百万元，支持农村广播事业发展，到1993年底，已建成10千瓦中波转播台一座，1千瓦中波台四座，100瓦中波台两座，此外，还有两座100瓦中波台正在建设中。从1991年至1993年，在全区88个乡镇中，已对其中51个乡镇的有线广播和调频广播进行了更新改造。每个市县还分别建起了一座100瓦调频立体声广播台，初步形成了以县城为中心，以乡镇为基础，中波、调频、有线相结合，联接村和农户的广播网，广播人口覆盖率达90%以上。

三是全区广播电视微波网已建成并正常运行。玉溪地区广播电视微波网于1987年开始建设，1989年10月启用，全长566.6公里，共有六个中继站，十个终端站，以地区为中心，辐射全区各县。这个微波网可正传两路电视、八路伴音、十二路电话，反传一路电视、四路伴音、十二路电话，还兼有计算机联网、电传、电视电话会议等功能。目前，该网担负着向各县传递云南电视台和玉溪地区电视台节目以及中央人民广播电台和省人民广播电台节目的任务，同时将各县当天发生的重要新闻回传到地区，保证了新闻的时效性，降低了费用，提高了广播电视系统的工作效率。

四是队伍建设成效显著，工作环境得到改善。从地区到各县（市），充实配备了一批采、编、播及宣传管理人员，采取送出去，请进来等多种形式，提高宣传队伍的政治素质和业务素质。业余通讯员队伍也得到巩固和提高，全区已形成一支800人的业余通讯骨干队伍，每年坚持培训其中的三分之一，使他们成为广播电视战线上的生力军。同时还改善了工作环境，添置必要的设备，提高节目制作的手段和能力。地区建盖了广播电视大楼、玉溪、江川等七市县也建盖节目制作工作房，全区有40多套电视摄像设备，地区电视台还配备了电视转播车。

五是广播电视宣传成绩喜人。1993年，全区共播出广播稿（或消息）3.75万件，地区电视台播出自己摄制的电视新闻3354条，专题49部集，专栏142期，新闻专题18期，实况录像和现场直播10场。由地区电视台和海南影业公司联合摄制的电视戏曲片《情与爱》，荣获第十三届飞天奖长篇戏曲电视剧三等奖，1993中国戏曲电视片"进启奖"。1993年在由地区电视台摄制的电视专题片中，有九部集在中央电视台播出。

云南省玉溪地区行政公署副专员张国祥和云南电视台新闻部主任编辑肖乃壁、一起审看玉溪电视台节目并和编辑、记者、播音员进行座谈。（田景瑞摄）

十年来，玉溪地区广播电视事业取得一些进展，主要有以下体会。

一、从玉溪地区的实际出发，走自己的发展路子。

玉溪地区地形复杂，多民族分散杂居，这就是我们的区情。全国第十一次广播电视工作会议提出了"四级办广播，四级办电视，四级混合覆盖"的方针，但这个方针就云南的实际而言有一定的局限性，因此，在"四级办"的基础上，云南省又提出"五小覆盖"的思路，即小卫星收转站、小差转、小调频、小中波、小片广播网。玉溪地区率先发展"五小"，自始至终得到了基层干部和群众的支持。如玉溪市洛河乡，共8000人，由于地形复杂，居住分散，1989年以来共安装17座卫星接转站，耗资二十余万元，才解决了群众看电视的问题。在建站过程中，我们坚持省、地、县、乡（或村）各承担四分之一费用的原则，调动了群众的积极性，从而使我区广播电视人口覆盖率逐年提高。在设计全区广播电视发展规划的过程中，我们始终坚持从地区的实际出发，根据经济条件、地理环境、队伍素质、现有基础、难易程度逐年分步实施，取得了良好的效益。

二、有一个团结和谐、有凝聚力、能发挥职工积极性的领导班子。

1985年以来，局领导把加强团结作为自身建设的一项重要内容来抓。一是领导带头，做维护团结的模范，凡是要求职工做到的事，自己首先做好，领导之间相互尊重、支持，不拉小圈子，不闹无原则的纠纷，给下级做榜样；二是对不利于团结的言行，理直气壮的批评、教育、弘扬正气，不让歪风抬头；三是做到公正待人，对职工放心放手，有了差错主动承担责任；四是在政治上、生活上关心职工，为职工排忧解难，做艰苦细致的思想工作，增强凝聚力。通过以上工作，使领导之间、上下之间、内部和外部之间的关系比较融洽，思想比较统一，说话有人听，办事有人帮。这是我们事业发展的一个主要因素。

三、提倡艰苦奋斗、勤俭节约办事业的精神。

云南是个穷省，可以用于广播电视方面的资金还比较少，我们历来十分珍惜每一个"铜板"。1987年，我们开始建设地区微波网，一打听，设计费、安装费就要分别占总投资的15%和8%，两项相加就约80来万，并且当时局里没有一位高工，技术要求又复杂，经反复权衡，最后还是决定自己搞。在三位工程师的带领下，全区技术人员边翻资料边设计，设计好了就送到省广播电视厅和云南大学请高工和教授修改，几经反复，终于圆满完成了设计。在安装过程中，我们只请了少量专家作指导，近百吨设备全靠自己搬运到各个点，没有请一个小工，领导职工一起上，全部自力更生，连设备的包装板、钉子等都一点不剩地全部回收，能用的后来都做成了桌椅，为国家节约了大量资金。

总而言之，玉溪地区广播电视之所以能有今天的发展，是靠当地党委、政府的支持，靠全局上下的团结，靠艰苦奋斗的创业精神而取得的。

云南玉溪地区广播电视局

听众观众调查

1992 年全国电视观众抽样调查分析

概　述

1992 年中央电视台与全国各省市电视台联合进行了第二次全国电视观众抽样调查。自 1992 年 5 月开始筹备，到 11 月完成，历时 6 个月。参加此次全国联合调查的共有 30 家电视台，其中有中央电视台、各省（直辖市、自治区）级电视台 28 个（贵州和黑龙江没有参加），计划单列市电视台 2 个（广州和深圳）。

这次调查的假设命题是：观众收看电视要受到观众自身特点、收看动机、电视节目的类型及观看环境的影响，电视要想最大限度地影响观众，就必须为观众所接受并对观众的行为和心理产生一定的影响。与 1987 年第一次全国电视观众抽样调查相比，本次调查不仅要对观众的收视行为和心理进行描述性的分析；同时，本次调查还要在 1987 年调查的基础上，考察 5 年来我国观众收视行为与心理的发展变化轨迹，并对以后的发展进行预测性的分析。

根据上述的理论假设，本次调查包括四方面内容：第一，电视观众的基本情况；第二，电视观众的收视行为；第三，电视观众的收视心理和收视兴趣；第四，电视观众对电视功能的认识。

本次调查共抽取全国样本 30500 人，我们在统计全国数据时又按照各省电视覆盖城乡人口占全国电视覆盖人口比例，进行了等比例随机抽样（用 SPSS／PC$^+$抽取，共抽取了 4805 人，考虑到观众的性别、民族、城乡居住地、年龄、职业和文化程度等相关关系）。

第一部分　全国观众的基本情况

根据 1992 年初的统计资料，我国现有电视机 2.07 亿台。每台电视机有观众 3.9 人，观众总数为 8.06 亿人，和 1987 年相比电视机增加了 9500 万台，每台电视机占有观众数降低了 1.4 人，电视观众总数增加了 2.06 亿人。

电视观众占全国总人口 71.1%。其中城镇观众占全国观众总数的 32.5%，为 2.62 亿；农村观众占观众总数的 67.5%，为 5.44 亿。城镇观众占城镇人口总数的 97.03%；农村观众占农村人口总数的 63.11%。按家庭状况，已婚为 72.8%。三口之家为 28.2%；四口之家为 27.6%。按经济状况分，属于中等水平占 60.3%；中下等水平 18.1%；中上等水平 15.3%；下等水平 4.1%；上等水平 2.1%。

统计资料表明：我国有 2.07 亿台电视机，黑白电视机为 58.2%，每百户拥有彩色电视机 41.8%。

调查结果表明，有 60.8%的家庭能收看到 4 套以上的节目；3 套的占 16.7%；2 套的占 8.8%；收看到 1 套的仅占 1.5%。由于电视频道的陡增，在同一时间，各频道的观众占有率趋于分散，各电视台之间的竞争日趋激烈。

第二部分　电视观众的收视规律

一般来说，观众接触传播媒介的频度，收看电视的地点、习惯等都属于观众行为范畴，研究这些行为规律，是研究观众心理规律的基础。

一、电视观众接触传播媒介的频率，电视在各种传播媒介中的地位

和 1987 年相比，观众接触 3 种传播媒介的程度发生了很大变化：固定观众进一步增加。几乎天天接触电视的观众达 61%，增长了 7%。电视的固定观众大大多于报纸的固定读者（19%）和广播的固定听众（25%）。在三大传播媒介中，由于电视在传播信息上所具有的迅速、逼真、生动等特点，成为人们获取各类信息的主选渠道，从而使电视在各种传播媒介中占据着重要位置。其中农村的固定观众队伍明显扩大。调查数据表明，城镇观众几乎天天接触电视的占 70.6%，农村观众几乎天天接触电视的占 56.1%。与 5 年前比较，城镇的固定观众增长了 9.6%，农村的固定观众增长 15.1%。农村固定观众的增长幅度明显高于城镇固定观众的增长幅度。一是由于城镇居民家庭中的电视机已接近于饱和状态，城镇固定观众的基数大；而电视机在农村的普及率较低，其固定观众的基数较小。随着这几年农村经济的发展，电视机在农村的普及率大幅度增长，因此农村固定观众的数量也大幅度增加。二是由于城镇观众还有其它娱乐场所。三是随着经济发展的需要，农民渴望了解信息，增长知识及娱乐消遣等要求增强了。从人们接触各种传播媒介的程度看，电视占据着首要地位，同时我们也应看到，在传播媒介中，报纸和广播也各有所长，人们获取信息往往是通过多种渠道多种媒介，报纸、广播、电视这三大传媒是一种相互交叉、补充和印证的关系。

部分观众不常看电视的主要原因是“没时间”，其它原因依次是“怕影响别人”，“对电视不感兴趣”，“接收信号不好、供电不稳定等技术问题"。与1987年调查相比，不常接触电视的观众比例下降了9.7%。

二、环境对电视观众收看行为的影响

环境是影响人们思想、行为习惯的一个重要因素。这里主要指观众收看电视的地点。

调查表明，在自己家中收看电视的观众比5年前增长了5%，在别人家看电视的比5年前降低了6%。许多居民从前买不起电视机，现在经济条件改善了，有条件买了，做到了绝大多数观众是在自己家中收看电视的。

城乡观众在平时收看电视的地点上是有差异的。城镇观众在自己家中看电视的占96.9%（比1987年增长2.9%），而农村观众为83.9%（比1987年增长20.9%）。主要原因是电视机在城镇的普及率高于农村；其次可能与农村走门串户的传统风俗有关。

调查数据还显示：77.2%的观众是经常和家里人一起收看电视的，经常独自看电视的仅为8.5%。

三、电视观众收看电视的习惯

调查数据表明，聊天是观众收看电视时的主要伴随行为，其次是做家务、玩儿、看杂志书籍和报纸、听广播和做功课。从总体上看，观众的这些收视习惯出现的频度平均来说并不高，说明观众收看电视节目总体上还是比较专心的。收看电视不同于在电影院观看电影，它是在一个半开放的空间，一旦节目不吸引人，观众可以随时转移注意力。我们的收视率调查有一项统计指标，叫作"开机率"，即电视机虽然开着，但并不是都在看。所以开机率一般情况下都比实际收视率要高，就是这个道理。

根据统计，我国观众平均每人每天收看电视时间是118分钟，将近两个小时（在城市收看时间还要长），可以这么说，电视的出现，改变了人们休闲时间的分配和使用，特别是减少了人们的社会生活、人际交往、旅行和闲聊的时间。

聊天是观众收看的主要伴随行为，聊的许多话题与电视节目有关。尤其是某部电视剧产生轰动效应的时候，谈论剧中人物的性格、命运、结局，更成为一种司空见惯的现象。调查数据显示：观众平时对电视节目"有时谈论"的占51.5%，"经常谈论"的占18%，"几乎天天谈论"的占1.6%，三项加起来达到71.1%。由此可见，谈论电视节目已成为人们日常生活中交谈的主要话题之一。

观众要根据个人的价值观、态度、兴趣来选择节目；同时，要与其周围的人谈论和交流对电视节目的看法。这种社会交流势必对观众的接受心理（主要指对电视节目的认同、对节目内容的理解、对电视评论的态度、对电视作用的评价）造成较大的影响。

相关分析显示，社会交流必定会对观众的心理造成积极的影响，从而印证了本次调查所提出的一种理论假设：社会交流是观众再认识的过程。所以，经常交流对节目看法的人，一般来说对电视的评论和态度持积极观点。另外也显示，不善言谈、喜欢独处的观众，也能与他人及社会主流产生一定程度的共鸣。从而印证了我们的另一条理论假设：电视是一种大众体验的艺术，即使是孤独的人（独自看、不常与人交往和谈论节目），也能与其他人取得一定的共识。

四、观众选择收看节目的行为动力

观众决定收看哪个节目的原因是多方面的，我们在问卷中列举了九种，用平均值的大小排序：

列第一位的是因为介绍觉得是好节目才去收看的。这实际上是一种先入为主的"宣传效应"。在某个节目播放之前便在报纸上、屏幕上大造舆论，对观众颇具诱惑力。

列第二位的原因是："对某类、某栏目、某题材有偏爱，只要有就想看"。观众一接触这些特定的节目，便会引起条件反射，因而成为这些特定栏目的固定观众。比如《新闻联播》每到晚19点就播，人们到点看《新闻联播》的习惯也就养成了。

观众选择电视节目的第三、第四种原因是："当晚哪台有好节目就开在哪台"、"偶然碰上，觉得不错认为可以看下去"。

"从节目名称上判断是好节目"，列第五位。节目名称和文章标题一样，应该是节目的点睛之笔。节目的名称要与节目的内容和形式构成完美的整体，名副其实。

"为了等后面的节目"，是观众选择节目的第六种原因，这反映了一种期待心理。

相关分析表明，不同层次的观众在选择电视节目的原因上有所差异：年轻观众多为有目的收看，年长观众则主要是无目的收看。

文化程度较高的观众，注重于有选择地收看；而文化程度较低的观众则倾向于无目的收看。

从职业分类看，农民选择节目目的性较弱，与农民观众的文化素质普遍较低或电视节目供农民观众选择的余地较小有关。

第三部分　电视观众的心理规律

一、观众收看电视的目的

观众收看电视的目的

程度 / 收视目的	从不 %	很少 %	有时 %	经常 %	几乎 % 总是	名次
1. 了解国内外时事	6.3	13.3	29.6	38.2	12.6	2
2. 了解各种方针政策	7.8	17.0	30.8	36.2	8.2	4
3. 了解本行业动态	17.5	27.7	28.5	22.0	4.0	7
4. 了解商业信息	17.1	28.4	30.6	20.6	3.3	8
5. 学习各种知识	9.6	20.5	34.3	30.7	4.8	5

收视目的＼程度	从不 %	很少 %	有时 %	经常 %	几乎 % 总是	名次
6. 增长见闻	5.7	12.9	34.0	39.8	7.6	3
7. 娱乐消遣	4.0	10.7	28.2	44.5	12.6	1
8.休息休息	10.5	19.8	35.6	28.5	5.7	6
9. 消磨时间	20.7	25.5	29.1	20.5	4.1	9
10. 寻求刺激	58.9	24.4	11.5	4.3	1.7	11
11. 寻求精神寄托	51.6	24.9	16.0	5.8	1.7	10

由此可见，娱乐消遣是观众收看电视最主要的目的。与1987年调查相比，观众收看电视目的的排序没有太大的变化，说明人的目的一经确立，往往呈现出稳定的状态。当然，观众收看电视的动机和目的不是单一的，而往往呈现多种动机多种目的并存的状态。这些目的对观众收视行为起着强度不同的推动作用，其中有起主导作用的（如：娱乐消遣、了解国内外时事、增长见闻等），也有强度较弱的起非主导作用的（如：消磨时间、寻求精神寄托和寻求刺激）。

为了满足观众收视目的上多方面的需要，各电视台在加强对象性节目的同时，也在不断推出板块式、杂志式、综合性的栏目。比如中央电视台在原有的《正大综艺》等杂志式栏目的基础上，又推出了《艺苑风景线》、《东方时空》、《环球45分钟》，这些栏目集知识性、趣味性、娱乐性、思想性为一身，在有限的时间内比较充分地满足了观众在"认知需求"、"娱乐消遣"和"感情渲泄"三方面的需求。

观众收视目的的多样性和复杂性为我们制作各种类型的节目提供了依据。观众收看电视的动机和目的对其收视行为有着明显的驱动力量。电视作为一种大众传媒，我们不仅要强调它的灌输和传授的作用，而且要研究观众收看的动机和目的，做到有的放失，这样才能收到预期的宣传效果。

三、观众收看电视节目的兴趣

与动机、目的一样，兴趣也会对观众的收视行为产生影响。观众能否把一个节目完整地看下去，兴趣起着关键性的作用。

（一）观众对不同题材电视节目感兴趣的程度：

娱乐性节目为67.3%；实用性节目为51.8%；知识性节目为44%。其它依次是：艺术欣赏性节目、竞技性节目、思考性节目和信息性节目。

（二）收看频度的强弱是衡量观众收看兴趣程度的一把尺子。

我们列举了12种节目类型，测试观众收看的频度情况：

观众平时收看频度最高的是5集以上的电视连续剧，表示"有时和经常看"的比例合计为93%。

列第二、第三位的是故事片类和单本剧。与电视连续剧一样，这两类节目也具有较强的故事情节，又由于节目严谨精炼，用不太长的时间便能看完，因此也能引起观众的浓厚兴趣。

新闻节目是观众接触频度较高的另一种节目类型。为了增强新闻时效，增加新闻的信息量，从1993年3月1日起，中央电视台把一天中新闻播出的次数由原来的3次增加到11次，而且多数采用直播方式，这在很大程度上满足了广大观众对新闻节目的需要。另外，从观众座谈会、观众来信等渠道了解的情况看，观众对增加新闻播出次数固然感兴趣，但更关心的是新闻内容。

（三）观众对12部电视连续剧的兴趣分析

为了进一步探讨观众对电视连续剧的兴趣问题，我们在问卷中列举了近年来曾经在中央电视台播放过的12部电视连续剧，对观众的收视兴趣进行测试。我们发现，名列前5名的《渴望》、《封神榜》、《篱笆·女人和狗》、《杨乃武和小白菜》和《杨家将》。大致可分为两类：一类是反映现实生活题材，而且都是反映普通人的生活和命运的（如《渴望》、《篱笆·女人和狗》）；另一类是反映富有古代传奇色彩的题材。

三、观众对电视提供的各类信息的信任程度

（一）观众对电视提供的各种信息的信任程度的基本情况

信息类别＼看法	都不真实 %	少量真实 %	部分真实 %	大部分真实 %	全部真实 %	名次
1. 新闻消息	0.7	1.7	10.8	53.7	33.0	1
2. 专题报道	0.7	2.3	19.5	52.6	24.9	2
3. 商品信息	1.2	11.6	41.2	36.2	9.8	3

电视商品信息的播出，目前有两种方式：一是通过新闻和经济专题，对此观众是满意的，认为是大部分真实或全部真实的比例较大。二是电视广告，它的真实性观众对此打了折扣，认为大部分真实和全部真实的比例较小，电视广告不同于其它类型的电视节目，电视广告是商品厂家与消费者之间的传播媒介。由于它着重向观众提供的是一种商品信息，带有明显的功利性，又直接影响到消费者的切身利益，因此广告内容的真实如何是电视广告传播中的一个核心问题。

电视观众对电视广告的看法

时间＼程度＼看法	态度			数量			质量		
	1	2	3	1	2	3	1	2	3
1987年	20	55	25	2	25	73	22	42	36
1992年	21.5	60.8	17.6	1.9	25	72.8	19.2	59.5	21.3

态度：1. 必不可少　2. 可以有　3. 最好没有

数量：1. 少了　2. 合适　3. 多了

质量：1. 质量不错　2. 一般　3. 质量不高

与1987年调查比较，观众对广告的态度发生了很大的变化。认为广告"必不可少"的观众，比5年前增长了 1.5%；“可以有”的增长了 5.8%；而认为广告“最好没有”的观众比 5 年前降低了 7.4%。这说明随着我国逐步走向社会主义市场经济，对电视上的广告，观众普遍由不太理解、比较反感发展到逐渐理解了，再加上电视广告的制作水平的不断提高，观众对广告抱以越来越通融的态度。

四、观众对电视种种评论的赞成程度

在问卷中，我们列举了社会上对电视的 13 种评论，又设计五级量表测试观众的赞成程度。

评论注：

1. 电视使不同国家、民族、地域的人们相互了解，促进了彼此之间的交流和沟通
2. 电视助长了人们的消费心理
3. 电视对家庭和社会有凝聚作用，使人们之间有了共同的谈论话题
4. 电视助长了少年儿童的早恋意识
5. 看电视占用了大量时间，影响了亲朋邻里间的正常交往
6. 电视使儿童模仿学会了各种不良行为
7. 电视节目可以丰富人们的业余文化生活，满足人们的精神需要
8. 电视渗入千家万户，对人们的生活方式起着指导作用
9. 电视形象化，使人们满足于事物的表面现象，失去动脑筋勤思考的主动精神
10. 电视开阔了人们的视野，并给人们提供了大量信息
11. 电视传播迅速、逼真、生动，能及时影响社会
12. 电视限制了儿童的想象力和创造力
13. 电视对青少年世界观形成有主要影响

在这 13 种评论中，我们认定 1、3、7、8、10、11 共 6 种为积极评论，13 为中性评论，其余为消极评论。电视观众对 6 种积极评论是持肯定态度的。其中，得分最高的是“电视可以丰富人们的业余文化生活，满足人们的精神需要”，这与 1987 年调查的结果是一致的。

第二是“电视使不同国家、民族、地域的人们相互了解，促进了彼此之间的交流和沟通”。中国实行改革开放，使人们认识到加强和世界各国及其人民的交流和沟通的重要性，人们对电视在促进国内外交往，树立中国在国际上的地位和形象方面寄以厚望。

紧随其后的是“电视开阔了人们的视野，并给人们提供了大量的信息”，电视被许多观众誉为“千里眼”、“顺风耳”，足不出户便知天下事，这是对电视信息传递功能的肯定。

排名第四、第五的是“电视传播迅速、逼真、生动，能及时影响社会”、“电视渗入千家万户，对人们的生活方式起着指导作用”，观众对这两种体现电视宣传教育功能的评论也给予了充分的肯定。

排名第六位的是“电视对家庭和社会的凝聚作用，使人们有了共同的谈话话题”，电视对家庭凝聚力的增强、国家的繁荣，无疑会起到重要的作用。电视作为目前我国最强有力的大众传播媒介，在改善人际关系、社会风气，增强家庭和社会，乃至整个中华民族的凝聚力方面，应该有更大的作为。

对下列几种评论，观众认同程度虽较低，但也应引起电视工作者注意。

“电视助长了少年儿童的早恋意识”、“电视使儿童模仿学会了各种不良行为”、“电视形象化，使人们满足于事物的表面现象，失去了动脑筋勤思考的主动精神”、“电视限制了儿童的想象力和创造力”。这四种评论都涉及到电视节目对少年儿童的影响问题，排名最后一位的是“看电视占用了大量时间，影响了与亲朋邻里的正常交往”，说明观众对这种观点是持否定态度的，也就是说，大多数观众认为看电视虽然占用了大量时间，但并未影响正常的人际交往，在某种程度上还促进了正常的人际交往。

目前社会上对电视中的暴力节目有两种看法：一种看法认为会影响人们的行为。其中受影响最大的是儿童，因为儿童的注意力比较容易被具有强烈情绪、激烈活动以及冲突的节目内容所吸引，较易于学习侵犯行为。儿童观看暴力攻击节目愈多，其侵犯性态度就愈强。另一种观点则认为，观看暴力影片或电视节目与人们表现侵犯行为不一定就成正相关的关系。观看暴力节目有渲泄的效果，非但不会增加侵犯的倾向，反而还会减少一些侵犯的行为表现。观看暴力内容的节目可以减弱参与暴力活动的冲动，减弱紧张情绪。从总体上说，对于观看侵犯与暴力节目和人们表现侵犯行为是否存在因果关系，社会上尚无定论。本次调查的数据分析也表明了这种情况。

电视作为一种现代化传播工具，它能造福于人类，成为观众的“知心朋友”，但是由于把关不严，在播出的节目中难免掺杂一些思想内容和格调不大健康的节目。对此应加强法制建设，要有长远眼光，制定出一系列相应的法规。这些法规不仅能约束中央和省级等大电视台，也能约束地市和县以下小台。

相关分析还显示：观众接触电视的程度与其对社会上“电视助长消费心理”这一提法的态度呈显著的正相关。也就是说，尽管这部分观众对电视中助长高消费的节目有反感但仍要去看。这反映出在由社会主义计划经济向市场经济转型过程中，人们传统的价值观念与现实社会的价值观念发生着矛盾冲突。为了引导观众树立正确的人生价值观和消费观，建议电视节目加强艰苦奋斗、勤俭建国思想的宣传，不要盲目宣传高消费。

五、观众对电视作用发挥的满意程度

为了把本次调查的结果与 1987 年调查的结果作纵向比较，我们把两次调查中观众选择“比较满意”和“满意”的比例分别进行合计统计并排列出名次，如表所示：

观众对电视作用的满意程度

时间／满意程度／电视的作用	1992年调查 比较满意和满意%	1992年调查 满意程度名次	1987年调查 比较满意和满意%	1987年调查 满意程度名次	比五年前增长幅度%
1. 传达、解释党和国家的法令、法规、政策和方针	85	2	85	1	0
2. 报道世界上发生的各种重大事件	89	1	81	2	+8
3. 宣传社会公德及优秀的民族精神	83	4	74	3	+9
4. 传播新思想、新观念、新文化、新的生活方式	79	7	68	6	+11
5. 帮助人们了解经济信息、经济政策和市场信息	81	5	61	8	+20
6. 指导人们用先进的手段从事生产活动和管理	68	9	54	10	+14
7. 介绍国内外文化、体育、卫生等方面的动态和成就	79	8	65	7	+14
8. 指导人们学习各种知识	80	6	73	4	+7
9. 满足人们娱乐和消遣的要求	83	3	71	5	+12
10. 反映人民群众呼声	62	10	58	9	+4

从表中我们可以看到，观众对电视的10项作用表示“比较满意”和“满意”的比例均在六成以上，这说明从总体上说，观众对应发挥的作用是满意的，电视的宣传效果是好的。

时隔5年，观众对电视发挥作用的满意程度方面发生了很大变化：

1、这种变化首先表现在对10种作用的满意程度的排名次序上：

观众对电视在发挥“报道世界上发生的各种重大事件”方面作用的满意程度由5年前的第二位上升到首位，增长幅度为8%。主要的原因是在我国改革开放事业的不断深化的大背景下，我们的电视媒介能够及时适应几年来国内外发生的各种重大变化，充分发挥电视传播迅速、逼真、生动的特长，不断深化新闻改革，在新闻报道的时效性、全面性、真实性等方面取得了长足的进步，因而得到了广大观众的首肯。

观众对电视在发挥“满足人们娱乐和消遣的要求”方面所起作用的满意程度由5年前第五位上升到第三位，增长幅度为12%。主要原因：是娱乐性节目丰富多彩；二是电视连续剧等娱乐性节目的质量不断提高。

2、这种变化还表现在观众对电视发挥作用表示满意的比例比5年前普遍有所增长：

其中增长幅度最大的“帮助人们了解经济信息、经济政策和市场信息”，增长20%，由5年前第八位上升到第五位，这仍然是由我国经济体制变化这个大背景所决定的。以中央台为例，5年来先后推出了《经济半小时》、《经济信息联播》等栏目，而且在新闻和专题节目中，也加大了经济建设的内容和分量，比较充分地满足了广大电视观众在渴望了解经济信息、政策方面的需求。

综上所述，从观众接触电视的频度，收看电视的兴趣，对电视评论的态度及对电视发挥作用的评价等大量调查数据来看，电视节目对观众产生的影响是积极的，电视宣传的效果是好的。另外，我们也看到观众的收视行为和收视心理有其固有的规律，了解和运用这些规律对于提高电视节目的质量，达到最佳电视宣传效果会产生积极影响。如何进一步研究、运用这些规律及其走向，不断提高电视节目的质量，最大限度地满足广大电视观众的需求，是我们电视工作者今后长期探索的一个问题。

(原载《电视研究 1993 年第 6 期、1994 年第 1 期　由刘建鸣执笔)

1993年调查研究报告选登

北京电视台节目收视情况简析

(一)

1993年，北京电视台选择16周进行了抽样调查。调查采取了随机抽样——卡片填答——光电认读——微机分析的方式，被调查者共计1000人，并在户口性质、性别、年龄、学历、职业5个方面同总体基本取得了一致，置信度95%，误差率3%以内，推断总体1500万人，即每个百分点代表15万。

一年来的收视调查表明，北京电视台6频道（一套节目）总体上在北京地区占据优势，但在 20：00—21：00 间经常同中央台 2 频道（一套节目）展开拉锯。从 6 频道自身情况看，18：40—22：00 为黄金时间，平均收视率在 20%以上，最高收视率可以达到 35%左右；17：00—18：40 及 22：00—24：00 为次黄金时间，收视率一般在 10—15%之间，22：00—24：00 又视节目编排情况常有较大波动；上午的收视率比下午高，上午一般不超过 5%，下午一般不超过 3%，夜间节目（24：00 之后，11 月初开播）一般保有 10—15 万人的收视观众。最受欢迎的节目种类，黄金时间电视剧和优秀文艺晚会的收视率不相上下，平均在 20%以上，优秀栏目的收视率要略低一点。

21 频道的收视情况很值得注意，除了 17：00 安排电视剧时收视率有时能超过 10%以外，在其余时段，即便在被公认为最黄金时段的收视率基本上都是个位数。从目前了解的情况看，新开播的 27 频道还处在创办阶段，收视率的水平也还比较低。

（二）

电视连续剧一直是电视台和观众都注目的节目，1993 年收视率排在前 10 位的剧目有：(1)《京城四少》（56.6%，8 月下旬开播）；(2)《京都纪事》（32.92%，7 月中旬开播）；(3)《生活歌手》（30.4%，11 月初开播）；(4)《请拨 315》（28.8%，12 月下旬开播）；(5)《金鸡沟的变迁》（28.1%，12 月初开播）；(6)《戏说乾隆》（24.9%，1 月初开播，21 频道重播收视率为 19.9%）；(7)《明宫三大案》（24.8%，9 月底开播）；(8)《半生缘一世情》（22.1%，6 月下旬开播）；(9)《雪珂》（20.4%，2 月中旬开播）；(10)《深圳人》（19.54%，10 月初开播）。电视剧普遍收视率较高，全年各类节目中收视率最高的是《京城四少》，下半年全面调整节目之后，20 点的电视剧收视率大都在 20%以上，居于当周节目排行榜的前 10 名之内。

从中我们也发现了一些问题。同为黄金时间的电视剧，收视率差距过大，有时甚至相差 20—30 个百分点，象《戚继光》、《司机大佬》等剧的收视率甚至既没有进入当周的前 15 名，也没有进入全年电视剧排行的前 10 名；再就是 20 点档的电视剧和进入全年前 10 名的电视剧 70%以上是港台剧或国外剧，比例过大。分析原因，主要是因为优秀剧目特别是国内优秀剧目的片源不足，且同中央台形成了较激烈的竞争局面；同时也应该认识到，在剧目的选择和对观众收视心理、收视行为的把握上，我们还需要下更大的功夫。还有一个问题，如果 20 点档是第一系列剧的话，北京台的第二系列剧有断档的现象，也就是第二系列剧的收视率偏低（普遍低于 10%，甚至不足 5%），《海外影视》、《三洋剧场》等也没有形成气候。

（三）

文艺晚会是综艺类节目最完备的表现形式，也是节假日的支柱性节目，1993 年北京电视台收视率排在前 10 位的文艺晚会有：共和国之夜——′93 国庆晚会（30.7%，10、1 播出）；中秋晚会（29.7%，9、30 播出）；纪念一二·九文艺晚会（29.7%，12、9 播出）；春满人间——中国之窗春节特别节目（27%，春节播出）；十区八县大团圆——北京电视台春节文艺晚会（26.4%，春节播出）；乐在京城——欢庆 1993 年元旦文艺晚会（26.04%，元旦播出）；擎天曲文艺晚会（24.7%，10、2 播出）；神州情文艺晚会（23.7%，春节播出）；“七一”文艺晚会（22.9%，7、1 播出）；京城一家人文艺晚会（22.7%，春节播出）。1993 年的晚会有一个突出的特点，就是有一批晚会走出了以往的窠臼，走出了一条艺术性与新闻性相结合，紧贴北京，紧贴观众，紧贴现实生活的新路，进入收视率前 10 名的晚会这一特点尤为突出，这实际上是综艺节目的审美价值同新闻的真实性价值、接近性价值有机结合的显著成效。

（四）

北京电视台常年保有四五十个栏目，在某种意义上，大量的日常性栏目更能体现一个台的实力和品位。根据现有调查资料，1993 年收视率排在全部栏目前 15 位的有：《北京新闻》、《BTV 体育新闻》、《北京晚间新闻》、《BTV 夜话》、《评书连播》、《18 分钟经济社会》、《电视与观众》（前身为《下周屏幕》和《BTV 回声》）、《影视圈》、《大观园》（已撤消）、《今晚我们相识》、《敞开你的心扉》、《动画世界》、《卡通天地》、《世界体育新闻》。另外，《今日京华》（已撤消）、《经济热线》、《北京之歌》、《荧屏快讯》、《广角镜》的收视率排位也较为靠前。

从以上情况看，有三类栏目比较受欢迎。新闻时政、社会热点、体育赛事这是一大类，其中《北京新闻》的收视率在栏目中最高，达到 35.9%；第二类主要是文化性栏目，收视率一般在 15—25%，甚至包括《今晚我们相识》、《敞开你的心扉》等，虽然是服务性节目，但文化色彩也是比较浓的；第三类栏目涉及了一老一少，《动画世界》和《卡通天地》是少儿节目，《评书连播》主要面对老年观众，这三个栏目的平均收视率都接近 15%；与此相关联的，象《七色光》、《金色时光》作为专门对象节目，象《北京您早》作为专门时间节目，虽然收视率没有进入前 15 名，但他们在各自的领域却是非常活跃，效果独到。北京电视台 1993 年新开办的栏目 70%以上都进入了栏目收视率的前 15 名，且占据了前 15 名中将近一半的位置，这说明北京电视台新栏目的设置还是较为成功的。

系列专题，1993 年也有新的起色，象《金话筒的世界》、《别无选择》、《历史的回顾》、《情系毛泽东》、《荧屏话梨园》等都在不同程度上引起了反响。如果播出时间相对固定，在规划和选题上能够象前两年的《同心曲》那样更有目的性，更加规范化，同时具备一定规模，那么就更能体现整体效应。

（朱　江）

河北人民广播电台
全省听众抽样调查报告

一、调查概况和主要特点

1993年5月，河北人民广播电台与河北省农村和城市社会经济调查队合作，进行了一次全省听众抽样调查。这次调查根据等距离随机抽样的原则，先在全省城乡选出19个市县区的2000户居民作为调查对象，然后采取逐户登门当面访问的形式进行。这次调查共发出问卷2000份，收回有效问卷2000份，调查样本回收率为100%。省社调队还对收回的每份问卷进行了认真复核，逐项检查各数据之间的逻辑关系，以便保证调查数据准确可靠。

全部调查数据经电子计算机处理后，共得到汇总数据423万个。从这次调查的数据结果来看，有以下三个特点：

第一，样本分布比较均匀，覆盖面比较广。这次调查抽选的城市是石家庄市、唐山市、保定市和邯郸市等4个城市；抽选的农村是正定县、魏县、丰润县、昌黎县、安次区、文安县、青县、冀县、威县、赵县、徐水县、新城县、怀安县、滦平县。

第二，调查具有较强的代表性。这次问卷调查所涉及到的若干分组，无论是性别、年龄分组，还是职业或文化程度等其它分组，每组均占有一定的比例，基本上与本省人口结构相吻合，较好地反映了该样本群的情况特点。

第三，客观反映了河北省实际情况。调查数据显示，在河北省的居民家庭中，现在拥有收音机、收录机和电视机的比例较高。这是我们办好广播提高效益的基础和优越条件。调查结果表明，河北省居民收听河北电台广播节目的比例为82.75%，比较客观地反映了实际情况。

二、调查资料汇总及分析

(一) 收听河北电台广播的基本情况

1、调查数据显示，这次全省12岁以上居民抽样调查样本2000人中，有1655人收听河北电台的广播节目，收听率为82.75%，其中坚持天天听和经常听的稳定听众占全省居民的37.55%。

2、听众收听广播的时段和时长分布情况。调查数据显示，在河北省广播早、午、晚三段黄金时间里，每天中午11：30至1：30这段时间的听众最多，收听者占60.85%，其次早晨6：30至8：00和晚上7：00至9：00，收听比例分别为49.55%和48.22%。调查数据表明，在河北电台听众样本总数1655人中，每天收听河北电台广播半小时到1小时的达到39.13%，收听1小时至1.5小时的占16.62%。

3、听众收听广播的目的和兴趣。调查数据显示，这次抽查的2000个样本中，收听中央台和地方台（包括河北电台）广播的听众样本总数是1761人，收听率为88.05%，他们收听广播的目的是：主要为获得新闻、了解国内外大事和党的方针政策而听广播的占54.1%，主要为消遣娱乐、丰富业余生活而听广播的占28.7%，主要为获得有用信息而听广播的占10%，主要为学习科学文化和增长知识而听广播的占5.7%；数据还表明，国内外重大政治新闻、有关改革的新闻、国内外经济形势新闻、反映市场供应和人民生活的新闻，是本台听众最感兴趣的热门新闻。广大听众对河北电台非新闻类节目最感兴趣的有：《每日相声》、《天气预报》、《七彩立交桥》和《农村天地》等节目。

4、听众的收听方式和习惯。

调查数据显示，在全省听众样本总数1761人中，边干事边听广播的最多，占58.49%；有27.65%是专心致志地听广播；还有13.86%开着收音机，时听时不听。按照习惯每天收听某个固定节目的有58.66%，根据电台预告和广播节目报介绍选择收听的占52.18%，碰上什么听什么的有31.69%，听别人说节目不错而收听的占14.25%，还有13.57%是因为电视节目不好看转而收听广播。

(二) 听众对河北电台广播总的评价

为了便于从宏观上掌握全面情况，正确地评价广播节目，现根据这次全省听众抽样调查结果，把本台现办全部40个节目按收听率高低顺序排列起来，从中可以看出，全台已有半数节目的收听率达到55%以上。其中：听众喜爱率和经常收听率分别超过29%和14%的本台自办节目有12个，它们是《每日相声》、《天气预报》、《小说连播》、《七彩立交桥》、《愉快的星期天》、《每周一歌》、《农村天地》、《曲艺》、《农村科技分类》，新闻性、教育性、服务性和文艺性四大类皆有，是河北电台比较好的节目。

这次调查结果表明，在河北电台听众样本总数1655人中，对本台及时报道国内外大事，传达解释党和政府的方针政策，表示满意的占23%，比较满意的占52%；在开展批评报道和反映群众呼声上，表示满意的占19%，比较满意的占39%；在坚持有喜报喜、有忧报忧，防止片面性报道上，表示满意的占18%，比较满意的占37%，对本台节目在满足人们娱乐和消遣的要求上，表示满意的占25%，比较满意的占54%；对本台广播在提供有用信息、帮助人们学习科学文化知识和传播新思想及新观念等方面，表示满意的分别为23%、22%和18%，比较满意的分别为48%、49%和47%。

总体上看，听众对河北台现行广播节目表运行半年以来的情况，表示满意的占10%；比较满意的占66%；表示不太满意和不满意的只有6%；还有18%未表态。听众对河北台宣传报道的可信度进行评价时，认为全部可信的占9%，认为大部分可信的占68%，认为部分可信、部分不可信的占19%；认为大部分不可信和全部不可信的只有4%。听众对河北台广播内容深浅程度进行评价时，认为深浅程度正合适的76%；认为有点和过于浅显乏味的分别为15%和1%；认为内容有点和过于艰深难懂的分别为7%和1%。听众对河北台广播的效果进行评价时，认为对自己经常有帮助的占25%，偶尔有帮助的占70%，还有5%的听众认为从来未有帮助。

综合以上情况，可以清楚地看到，听众对河北电台广播总的评价是好的，是积极肯定的。与此同时，我们还要看到存在的问题。例如，据这次调查结果：有76%的听众认为本台反映群众呼声不够，54%的听众认为对自己有实际帮助的内容不多，48%的听众认为本台往往报喜不报忧，42%的听众认为本台很少触及社会上普遍关心的重大问题；还有68%的人希望增办一些为听众服务的节目，有33%的人希望尽快开办经济广播电台，有32%的人希望加强舆论监督，有26%的人希望多搞大板块节目和主持人节目。因此，我们在肯定已有成绩的基础上，对听众的这些意见和期望应当很好地研究，从中吸取营养，以便进一步改进本台的广播宣传，充分发挥广播的喉舌作用和多种功能，为推动河北省的两个文明建设做出较大贡献。

（何士宏）

江苏省金湖县农村有线广播的调查

1993年5、6月间，金湖县广播电视局组织系统内近百人，采取走村串户调查访问和召开干部群众座谈会等形式，对农村有线广播进行了调查。

一、农村有线广播初具规模，干部群众尝到甜头，但喜中有忧

目前，全县已形成了以县广播电台为中心，以乡、镇广播电视站为基础，以专线传输为主的农村有线广播网络。县城到乡、镇的广播信号专线共7条，全长174杆公里（其中挂空电缆13杆公里）；乡、镇到村广播线路全长764杆公里；村以下用户线5000多公里。22个乡（镇）有18个广播电视站站房得到了改造，17个站机器设备得到了更新。全县259个行政村有198个办起了广播室。农村有线广播发展到58055只，广播覆盖面98%以上，喇叭入户率为90%，通响率为92%。20个村建起了广播音响村。

金湖县农村有线广播的发展，为县、乡、村三级组织发布政令，为广大农民了解党的方针政策，学习科技知识，掌握信息，丰富文化娱乐生活发挥了重要的作用，特别是在1991年抗御特大洪涝灾害中，农村广播更是发挥了任何通讯工具所不可替代的重要作用。然而，1993年以来，由于政策变化等方面的因素，农村有线广播呈滑坡趋势。

二、农村有线广播出现滑坡，农民心急如焚，但事出有因

与1992年底相比，1993年多数乡（镇）喇叭入户率下降3%以上，严重的下降8%左右，已出现了2个村、49个组不通广播，1100多只损坏、2000只不通响的喇叭无力修复。面对这一现实，广大农民心急如焚。那么为何导致农村有线广播直线下滑？我们分析有几个方面的因素。

1、统筹政策变化，使有线广播资金来源严重不足。过去，除乡、镇对有线广播投入外，每个村每年统筹300—400元，每个组统筹30元，作为有线广播的网络维护费。从1989年起，村里的统筹被取消了，虽然组里每年仍有30元的统筹费，但随着物价的上涨，广播线路维护所需要的铁丝、水泥杆等材料价格也相应上浮，如今村民小组统筹取消后，不仅对广播的投入少，就连农民家里一只喇叭一年1.2元的服务费也要维护人员到各家各户收，如果收不上来，维护人员的报酬就没有着落。这样迫使着大部分乡、镇广播线路专职维护队伍散伙。

2、集体经济薄弱使有线广播的投入较少。金湖县乡、镇财政经费都比较紧张，发展农村有线广播光依靠乡、镇投资显然不太可能，而农民近几年负担较重，把发展农村有线广播的资金摊到农民头上，既不符合政策也行不通。这样，发展农村有线广播要靠村级集体经济实力。但是，金湖县绝大部分村级集体经济比较薄弱，影响了对农村有线广播的投入，使60%的信号线使用了10多年，现已老化锈蚀，传输效果差的状况不能及时得到解决，因水利建设和农民砌房造屋损坏的线路得不到改架。

3、自然灾害使广播线路造成很大的破坏。金湖县是洪涝大风等自然灾害频发的地区。尤其是1991年的特大洪涝灾害，全县广播线路损失惨重，当时几乎有1/4的线路失去传输能力，由于经费不足，广播线路只能以通响为目的，简单恢复。

4、收视渠道增加，使有线广播受到一定冲击。过去，农村电视机少，收录机少，有线广播是农民了解国内外大事、丰富业余文化生活的主要渠道。现在农村电视机、收录机等日益普及，农民收听、收看的渠道增加，百人问卷调查表明：爱听广播的59人，爱看电视的34人，爱看报纸的5人，爱听收音机的2人。打破了有线广播一枝独秀的局面，削弱了农民对有线广播的兴趣和需求。

三、农村有线广播进一步发展，干群有着强烈的愿望，但对策要得当

农村有线广播是人民群众生产生活不可缺少的宣传工具，是党和政府联系群众的桥梁。广大农村干部群众从实践中感受到，农村有线广播是党的方针政策的宣传员、新风尚的倡导员、科学种田的技术员、劳动致富的辅导员、经济信息的报告员、丰富农民文化生活的好演员。百户调查显示：农民群众获得的信息量54%来自广播，31%来自电视，7%来自收录机，6%来自报刊，2%来自会议。由此可见，广播仍是农村主要传播工具，只能加强，不能削弱。

1、想方设法通融资金，努力建立起一支维护队伍。中央取消了乡镇以下广播网络维护费是减轻农民负担的措施之一，必须认真贯彻执行。但是，办好有线广播，首要的问题就是要建立一支稳定的维护队伍，而建好维护队伍就要有一定的资金来解决维护人员的报酬。维护人员的报酬从何而来？我们认为：一是从村级集体经济中拿一部分。二是挖掘维护人员自身的潜力，放开经营，兴办其它产业，增加收入，弥补自身工资报酬的不足。三是对农民家中的喇叭的维修，用户线的维护，应当收取一定的有偿服务费，逐步增加自我发展的能力。

2、开辟渠道积蓄资金，保证对主杆线路的必要投入。农村有线广播是一项公共社会事业，县、乡、村需要它，农民也需要它，既然需要，就要投入办好它。现在，金湖县农村有线广播投施固定资产700多万元，最多的乡（镇）35万元，最少的也有23万元。一旦瘫痪，后果不堪设想。根据中央"谁受益谁投入"、"四级办广播"的原则，县、乡、村都应对广播进行投入，县里每年要从财政上拿出一定的资金，更新县广播电台的广播设备和县到乡镇主杆线路，乡（镇）财政拿出一定的经费更新改造乡（镇）广播电视站的机器设备和乡到村的主杆线，村里从集体经济中拿出部分资金改造串户线。

3、领导重视摆上位置，真正确立起农村有线广播的应有地位。各级领导首先要克服依赖思想，不能一提投入就往上推，克服短期行为，不能只用不投入，糊一时是一时。其次，要做好协调工作，争取所属部门和单位对有线广播的支持。再次，乡（镇）党委、政府要帮助广播站搞好创收以减少财政的压力。

4、积极办好调频广播，增加农民的收听渠道。发展农村有线广播实行有线、无线两条腿走路，走有线和无线相结合的路子是一种趋势，发展调频广播，在广播线路遭受自然灾害的情况下仍可以正常广播，同时也扩大了广播的覆盖面。农户居住分散的地方，架线有困难，农户家里只要有调频收音机，也能听好广播。

5、动员社会办好广播，踩出一条集体的事业集体办的路子。1993年4月1日，国务院发出国发〔1993〕20号文《国务院批转国家计委关于全国第三产业发展规划基本思路的通知》，在发展"文化、体育事业"一节中指出："动员社会各方面集资建设广播电视转播台（站）和其他文化、体育设施。"农村有线广播投资高，耗资大，光靠财政拿钱较为困难。我们认为大的设备、线路为更新和兴办得益于人民的项目，在可能的情况下，发动乡（镇）企事业单位适度搞一些集资再反过来为企事业单位服务是十分必要的。

（金湖县广播电视局）

青岛电视台观众调查报告摘登

1993年12月8日至18日在青岛市七区采取分阶段抽样方法对1500户市民进行了电视观众收视状况调查。

一、样本构成状况

调查总体中，男性市民716人占47.7%；女性市民784人占52.3%。从年龄看，29岁以下的青少年为340人，所占比例为22.7%；30岁至60岁的成年人为791个，占总人数的52.7%；61岁以上的老年人数为369人，占总人数的24.6%。从文化程度看，高中以下的为1299人，占总人数的86.6%；大专以上的201人占13.4%。从职业构成看，在职人员872人，占总数的58.1%；学生113人占7.5%；离退休、家务劳动者与其他人员共515人，占总数的34.3%。从样本分布与样本构成看，符合随机抽样调查的原则，调查结果可以反映总体概况。

二、调查内容

20个栏目中，青岛新闻收视率最高，接近90%。对于青岛新闻，经常看与几乎必看的有1322人，占调查总体的88.13%。不常看和从不看新闻的有178人，其中3%是没有兴趣，7.7%的观众认为没有时间。这其中有两个含义：一是工作忙没有时间；另一种是因看山东新闻而挤占了青岛新闻的时间。

认为新闻节目能使人开阔视野的有55.4%，增长知识的占21.4%。市民一致希望电视台从内容上把新闻节目办成了解青岛的窗口，青岛市日新月异的面貌从这里展示给市民，以激励人们的斗志，增强市民的凝聚力。

居第二位的是电视剧，收视率达81.3%。认为电视剧能使人开阔视野，增长知识，对生活有帮助的占43.7%。认为电视剧的最佳播出时间在20：00至20：30的观众达60.5%。在电视剧中，喜欢短剧小品的有1276人，达到85.1%。依次为历史题材片75.5%，现实题材片68.7%。可看可不看居首的是国产单本剧达39.2%；不喜欢看得票最多的是儿童片，为578票占38.5%，一方面本次调查儿童数目太少，另一方面，观众反映儿童剧应多演教育儿童艰苦奋斗，尊老爱幼，自力更生，自学成才，名人成长史一类的内容。

居第三位的是《大观园》栏目，收视率达79.8%。观众一致反映不但播出时间合适，节目内容也丰富，优美歌曲中穿插广告，为广告赢得了观众，为提高广告的收视率起到了事半功倍的效果。

《一夜星光》栏目收视率72.4%，位居第四。

《热点星期三》与《银都智慧果》分别为64.8%，64.6%。对于《热点星期三》的评价是内容较好，多为市民关注的热点问题，对主持人风采不尽满意，希望再灵活、亲切一点。《银都智慧果》刚一开播内容新颖，吸引了大批观众。现在高潮已过，如果不转换新的形式，游戏内容过于简单，将满足不了观众的希望。

《体坛掠影》，《世界电影欣赏》，《周末影院》收视率分别为59.1%，55.9%，55.6%，有半数以上的观众喜欢这种快节奏的、惊心动魄的文体精彩片断。

有近1／4的市民认为文艺节目有待改进，除了丰富内容外，还要努力提高艺术性与趣味性。

收视率达到51.8%的广告位居第十。其中少数是为了解商品而看，多数反映节目中插播广告太多，不看也得看。认为广告必不可少和可以看的观众共有1307人，占总体的87.1%，可见观众对电视中播广告已习以为常，给予理解。有55%的观众认为广告质量一般，说明现在对广告的管理较前段时期有改进。但认为广告质量不高的仍占28.7%，希望对广告词加以改进，不但要吸引观众，更重要的是实事求是，不要夸大其词，否则观众将不仅对广告的商品反感，对电视台的作法也会产生意见，失去信任，以致不愿再看本台的节目。另外64.5%的观众认为广告内容枯燥，形式陈旧，艺术性差，缺少趣味性。电视节目中广告必不可少，已为观众所接受，但其内容形式还有广阔的天地可以发展，象阿凡提的草珊瑚含片，万家乐热水器，观众都反映这种广告既能了解商品的性能，又有趣味，愿意看。

收视率依次排列后十位的分别是：《信息万花筒》、《世界风云》、《琴岛银幕》、《小乐园》、《视新二十分钟》、《世界了望》、《三色光》、《小螺号》、《中国青岛》、《明天》。

总之，通过对青岛市内七区的调查，认为青岛电视台好的占11.9%，比较好的占58.8%，一般的占27.7%，认为不太好，不好，很差，不了解的分别为1.1%，0.1%，0.3%，0.5%。市民虽然认为青岛电视台比较好，但与中央台相比还有逊色，调查的1500人中，有38.7%的观众喜欢中央一台，喜欢青岛台的仅占29.9%，没有超过1／3。

市民对青岛电视台的希望还是很大的，希望能把主要力量放在青岛新闻的改革上，除了内容要充实外，从播音员的气质风度，到音质音调是否应年年有所提高，要能体现青岛的风貌与蓬勃向上的精神状态。

(青岛市城市社会经济调查队)

济南地区电视节目收视率调查报告

收视率调查是收视信息反馈系统中的一个重要组成部分，是以量化指标对观众收视行为的测定。下边就四个方面对济南地区中央、省、市三台1993年(1-11月)节目收视率进行综合分析。

一、与1992年相比，1993年山东台一套节目济南地区的总体收视率显著提高

1993年山东一套晚间19：30-21：00和21：00-22：30两大时间段的总体收视率，与1992年10月18日-11月14日（以下简称1992年）的调查结果相比上升幅度最大，平均收视率最高。全年平均收视率，山东一套两大时间段分别是28.1%和13.2%，名列第二的中央一套是18.8%和8%，比山东一套分别低9.3和5.2个百分点。

从本年度收视率走势上看，山东一套在稳步提高中略有浮动，如，4、5、6月份较前稍有下降（客观原因是，4月份增加了40个农村样本户，根据收视率统计的数据包量分析，农村观众收看电视的总时间大大少于城市观众）。

中央一套呈下降趋势。4月份以前，中央一套两大时间段的月平均最高收视率分别是32.3%和17.4%，5月份以后是19%和6.8%，分别下降13.3和10.6个百分点。山东二套自5月份开播以来，第一时间段的总体收视率低于山东一套和中央一套，第二时间段略高于除山东一套外的其它台（套）。山东二套1993年度最好的收视率在播出《新白娘子传奇》的5、6月份。该剧结束后，山东二套的总体收视率一直不景气。1993年济南台失去了21：00-22：30时间段的优势，从1992年的14.7%下降到6.3%。

1993年山东一套的总体收视率能有大的突破，关键在于山东台1992年12月根据收视率分析的情况，合理调整了节目布局，将原安排在20：30左右播出的电视剧提前到20：00左右。调整前，第一时间段山东一套比中央一套低9.6个百分点，第二时间段比济南台低近6个百分点。调整后的第一个月，在中央台因播出《一村之长》和《女人不是月亮》收视率大幅度提高的情况下，山东一套第一时间段的收视率由1992年的13.1%上升到20.6%；第二时间段由1992年的8.8%上升到12.6%。3月份，山东一套两大时间段的总体收视率已比调整前分别提高12.1和5.6个百分点。比中央一套仅低1.2个百分点，与济南台只有0.3%之差。6月份以后，由于山东一套陆续推出几部观众喜爱的通俗连续剧，因此，晚间的最高收视率一直处于领先局面。可见，根据观众的收视习惯和收视心理科学编排节目对提高收视率至关重要。

二、1993年山东电视台晚间黄金时间主要电视剧收视率看好

1993年山东电视台晚间黄金时间主要电视剧收视率排在前6位的均为港台等地的电视剧，最高收视率都在30%以上。山东一套的《上海滩》名列榜首48.5%，继后是《太阳雨》47.1%以及《我本善良》、《如果有来生》、《青青河边草》和山东二套的《新白娘子传奇》。山东一套自7月份陆续推出以上6部电视剧期间，19：30-21：00时间段的总体收视率一直保持在33.2%-26%之间。山东一套的大陆电视剧《唐明皇》名列第7，最高收视率25.1%，《皇城根儿》排第10位，最高收视率13.2%。

中央一套在济南地区收视率高的都是大陆电视剧。《女人不是月亮》40.5%，《古船·女人和网》最高收视率45.6%，《一村之长》39.8%，《北京人在纽约》30.2%，从以上几部电视剧的收视率看，观众并不是一味地崇拜港台剧，只要适合大多数观众的兴趣和欣赏水平，大陆剧同样会受到欢迎。

济南台的《京都纪事》、《京城四少》、《烈血青春》等电视剧的收视率均在10%左右徘徊，只有2月份播出的《少年张三峰》达到22.9%。但是，济南台午间播出的电视剧收视率一直居首位。

三、1993年山东电视台专栏节目收视率分析

1、信息量大、传播及时的新闻、经济信息栏目和娱乐性强、与日常生活关系密切的服务性栏目受到观众欢迎。

1993年山东台制作播出栏目节目25个，收视率排在前列的是《山东新闻联播》和《市场经济纵横》，收视率并列第一，高于娱乐性较强的《星期日文艺》和《广告文体大观》。3个服务性栏目《科教园地》、《道德与法制》、《生活之友》分别名列第四、五、六位。我们认为除"娱乐消遣"外和用电视获取信息是观众收看电视的又一重要目的。

2、重大的时政活动报道是观众关心的热点

1993年，山东省于4月14日至28日召开"人大"、"政协"会议和11月21日至27日召开"党代会"期间，《山东新闻联播》和为配合会议临时增加的《专题新闻》及时、全面地报道了会议情况，收到了很好的宣传效果。4月份两会报道时，《山东新闻联播》收视率22.1%，《专题新闻》收视率24.7%。11月份"党代会"期间，《山东新闻联播》收视率29.5%，《专题新闻》收视率27.9%，再次创下各类节目中的最高收视率。在平常情况下，新闻节目是达不到这种收视效果的。

3、同一栏目收视率的高低受播出时间和季节的影响

(1) 播出时间的影响。同一个栏目，是否黄金时间播出收视率大不一样。《下周荧屏》，20：18播出，收视率21.4%，23：02播出，收视率仅1%；《环球掠影》，1-6月份多数安排在21：30以后播出，月平均收视率在3.2%-13.6%之间，7月份以后提到21：30以前播出，月平均收视率上升到16.9%-18.8%之间。

(2) 作息时间的影响。《广告文艺》和《星星河》的播出时间与下午下班时间接近，所以作息时间对这两个栏目影响较大，它们的收视率4月份开始呈下降趋势，实行夏季作息时间的6、7、8月份是收视率处于低谷的3个月，最高收视率分别只有8.7%和4.9%。9月份收视率开始回升，至来年2、3月份最高，分别是17.7%和7.4%。

4、以剧"带"栏目，提高栏目收视率

从1993年中央、省、市3台的节目收视率看，各台（套）栏目收视率相当程度上依赖电视剧的收视率。观众喜爱的电视剧可以起到"以点带面"的收视效果。1-6月份，栏目的月平均收视率显著低于7-11月份，尤其是排在前十位的栏目，这种趋势表现得更为突出。原因是，上半年山东一套播出的电视剧月平均收视率《皇城根儿》18.2%、《唐明皇》25.2%、《大饭店》仅有13.9%，普遍较低。调查数据表明，就是中央台的权威栏目《新闻联播》的收视率也摆脱不了该因素的影响。3个台目前设置的栏目，如果与电视剧竞争，可以说只有《综艺大观》还具备一定的实力。因此，我们认为，既要创出一批"名牌"栏目，也必须尽量多地交流、引进、摄制绝大多数观众喜好的电视剧，以剧带栏目，提高栏目收视率，同时提高台（套）总体收视率。随着电视事业的迅速发展，越来越多的电视台将陆续"上星"，交流节目难免在空中"撞车"，因此，提高栏目收视率最终还是要靠栏目编导本身的努力。

四、建议开发山东一套午间时间段

根据收视率调查结果分析，一天中，除晚间外，午间也是观众收视比较集中的时间。半年来，济南台午间（12：00-14：00）收视率一直居首位。7月份该台播出的《射雕英雄传》，日收视率最高时达到33.6%，时间段最高收视率曾经达到近40%。根据目前济南地区各台（套）午间节目布局分析，山东台若能将午间节目播出时间做些调整，并选择已播出过较长时间，又具较强娱乐性的电视剧重播，那么，提高午间收视率，为广告创收再辟一个黄金时间段是大有可能的。

（山东电视台总编室业务宣传组）

湖南省关于在新形势下巩固与发展农村广播网的调查

湖南省政府办公厅、省委宣传部、省财政厅、省广播电视厅组成联合调查组，于1993年10月9月至11月19日分两个阶段，围绕在新形势下如何巩固与发展农村广播网的问题，进行了为期18天的调查工作。调查情况如下：

一、农村广播网在农村两个文明建设中有着不可替代的作用

调查情况表明，农村广播网仍然是农村中主要传播媒体和农民接受新闻及各方面信息的主要来源；农村广播网是中央、省、地、市、县广播台、站的宣传在农村的落脚点，无线广播要依靠有线广播落地、入户；农村广播网有着电视及其它传播媒体不可替代的特性和优势，它是农村两个文明建设中不可缺少的重要宣传工具，突出表现在以下4个方面：

1、新闻信息的传播网。农村广播网每天按时转播中央和省广播电台的新闻节目，通过它把中央、

省、地、市、县各级党委、政府与广大农户连通起来了，农民坐在家里能及时了解党的方针政策，及时知晓国内外重大新闻，及时获得致富信息。据调查统计，农民获得的新闻信息，有 95%是自农村广播这一渠道。

2、农业科技的推广网。农村广播网是向广大农民普及农业科学技术知识的大学校，在引导农民脱贫致富奔小康方面的作用不可估量。

3、县乡干部的指挥网。农村广播网是提高县乡村干部的工作效率，实现现代化管理不可缺少的工具。运用广播指挥生产，指导工作，省时省力又省钱。利用广播下通知、开广播会、办专题讲座等，既能做到及时、广泛、不走样，又能节省一大笔开支。

4、突发事件的联络网。农村广播网在处理突发性事件和抗灾抢险中，是最具权威的指挥员和最高效率的联络员。正因为这样，广大农民、农村基层干部对广播有着深厚的感情。他们离不开广播，强烈要求进一步办好广播。他们说，只花半斤鸡蛋钱，广播就可听一年，家里请来 5 大员（广播员、信息员、宣传员、农技员、演员）。

二、当前出现的新问题。

近年来，随着农村改革的深入、人员的转体分流、市场经济的发展，电视的崛起以及农网达标活动的停止、不向农民收取广播维护费等新情况的出现，农村广播网面临着新的困难和问题。主要有以下 4 个方面：

1、认识出现偏差。一是国务院有关减轻农民负担的通知下达后，有的地方、某些领导对通知精神缺乏深入学习和全面理解，误认为国务院决定取消“农村广播网建设达标”和“乡镇以下广播网络维护费”，农村广播网就不重要了，可以不办了。二是重城市、轻农村、重建设、轻管理的思想作怪，不愿在农村广播上多投入，多花气力。

2、资金落实困难。一是农网建设与维护的经费无着落。二是乡镇广播电视站人员的工资奖金和福利费用不落实，迫使这些人员离站脱岗，另谋生计。三是乡镇站的日常事业经费缺乏，电费涨价，无力支付；设备坏了，无钱维修，更无力更新改造，导致有的站被迫停播。

3、事业开始滑坡。按各地、市、县的报表统计，自 1992 年初至今的一年多时间里，全省已垮的广播线路达 36000 杆程公里，57000 线条公里；已垮的喇叭总数达 82 万只，喇叭入户率下降 8%，声音覆盖率下降 12%，乡通播率下降 13%，村通播率下降 18%。

4、队伍发生流失。调查中发现，乡镇广播站人员离站脱岗流失现象较为严重。据各地、市、县的报表统计，1991 年底，全省 3430 个乡镇广播电视站共有职工 5470 人，村维修员 21750 人。至 1993 年 10 月底，乡镇站流失的人员共 710 人，占原有人数的 13%，人虽挂在站内但兼职做其他工作的 2150 人，占原人数的 39%。村维修员队伍大都散失。

三、建议

1、统一思想认识，进一步加强对农网建设的领导。各级党政领导要及时帮助广播电视主管部门解决农村广播网建设和维护管理中的困难和问题。

2、多渠道增加对农村广播网的投人，促进农村广播网的巩固和发展。

(1) 县（市）乡（镇）政府对农村广播网的投入应作为经费来源的主渠道，省、地（市）财政给予适当补助；省、地、市、县、乡各级对农村广播网专项经费，列入各级的财政预算；1994 年，湖南省财政在原来 100 万元专项补助的基础上，增加到 300 万元，以后视财政收入情况，适当逐年增加，重点扶植老、少、边、穷地区的农村广播网建设。

(2) 农村广播网的建设经费继续贯彻国家、集体、个人分别负担的原则。县至乡的信号传输设施费用由县财政负担；乡镇站的日常经费和乡到村的传输设施费用由乡镇负担；村广播室和村以下的网络建设，由村、组负担；用户设备（主要是广播喇叭），由用户负担。

(3) 广播维护费可以从农民人均纯收入的 5%提留的公益金中列支；可以从乡财政统筹中列支；可以从乡（镇）、村办企业收入中提取；也可按照自愿、受益、适度的原则，向农民收取广播维修器材的成本费。具体办法由乡政府确定。

(4) 鼓励各级广播电视部门积极开展有偿服务项目，大力发展第三产业，大胆开展经营创收。有条件的地方，乡镇可以划出一定数量的土地、山林、渔塘给乡镇广播电视站经营，所得收入，视同财政拨款，用于发展事业。

(5) 地、市、县广播电视部门每年要从经营创收费中提取一定数量经费，投入农村广播网建设。

(6) 提倡受益的社会各部门对农村广播网提供经济资助。

（湖南省政府联合调查组）

广西人民广播电台听众调查报告

1993 年 3 月—5 月和 9 月—11 月，广西人民广播电台分别委托广西区农村社会经济调查队、城市社会经济调查队对农村听众和城市听众进行了一次大规模的调查。调查结果如下：

一、拥有听众状况

拥有的听众：根据问卷调查汇总结果，全区 12 岁以上的居民中有 70.3%收听广西人民广播电台的节目，其中城市听众比例为 40.6%，农村听众比例为 76.0%。据此推算，广西人民广播电台拥有区内听众 2350.5 万人，其中农村听众 2130.6 万人，城市听众 219.9 万人。每周收听三天或三天以上的稳定听众1085.9万人，占46.2%，其中城市为58.8%，农村为44.9%。平均日收听时间为52.9分钟，其中城市为56.2分钟，农村为52.5分钟。

新闻、信息来源渠道：在被调查者中，选择广播作为获取新闻和信息第一渠道的，农村听众占26.48%，城市听众占6.9%；选择广播作为获取新闻和信息第二渠道的，农村听众占38.1%，城市听众占12%。

收听工具：农村听众使用收录机的19.7%，使用收音机的24.4%，听有线广播喇叭的45.8%。城市听众使用收录机的66.6%，使用收音机的23.1%，听有线广播喇叭的10.2%。

收听时段：从调查表列出的11个时段中，收听率最高的是早、中、晚三个时段。

调查表明：广西人民广播电台的《广西新闻》7:00—7:20、《中午十二点》12:00—12:20（主持人新闻板块节目）、《新闻联播》19:30—19:50和6:30、20:00转播中央人民广播电台新闻节目时间是听众收听率最高的时间。

二、收听广播的目的

1、城市听众：调查结果表明，听众收听广播为“了解时事”的达74.4%，为“娱乐”的达60.0%，“了解党的方针政策”的达51.3%，为“获取信息”和“增长知识”的分别是47.1%和36.9%。但是，不同职业，不同文化程度和不同年龄的听众收听广播的目的有明显的差异。“了解时事”以专业技术人员、行政干部和工人比例最高，均在75%以上；“娱乐”为各类职业听众所喜爱，而其中又以学生最为突出，达79%。比较而言：学生更注重“增长知识”（达62.9%，几乎是其它各类职业听众的两倍），行政干部更关心党的方针政策（达63.9%），而个体职业听众则爱听“获取信息”和“了解党的方针政策”的节目（均在62.5%）。说明不同职业的听众收听广播的目的带有明显的职业需求特征。

从文化程度分组来看，城市不同文化程度的听众收听广播的目的也有一定的差异。文化程度高低不同的听众都以“了解时事”、“了解党的方针政策”和“娱乐”为收听广播的主要目的，而以“增长知识”和“学习”为目的的听众却不明显。小学、初中和高中文化程度的听众以“娱乐”为目的的比重大。大专和大学本科以上文化的听众以“获取信息”为目的的比较突出。

从年龄分组调查，不同年龄组的听众收听广播有不同偏好。“了解时事”和“娱乐”是不同年龄听众的共同爱好。其中，年龄愈大，“了解时事”为听广播的目的比例最大；相反，年龄愈低，“娱乐”目的也愈强，18—25岁年龄组最高，达到79%；随着年龄的增长，收听广播以“了解党的方针政策”为目的的比重也愈来愈高，25岁以下的听众在25%以下，而34—45岁年龄组的比重为55%，到56—65岁年龄组比重达到了70.7%；收听广播以“获取信息”为目的的，18—25岁年龄组的听众比例最高，达到57.6%。

2、农村听众：调查结果表明，不同年龄层次、不同文化程度和不同职业的农村听众各有侧重。

按不同年龄层次分组分析，年龄愈高，对“对党的方针政策”愈是关心；中老年对时事的关心程度甚于青少年；25岁至65岁年龄段中的农村居民对“获取信息”兴趣较浓；青年人收听广播重在“增长知识”；越是年轻越喜欢“娱乐”，而收听“学习技术”方面的广播节目的听众比率普遍较低。这可能与广西农民的文化素养有关。

按不同文化程度分组调查，文化程度越高，了解时事、了解党的方针政策、获取信息、增长知识和学习技术的倾向愈明显；反之，文化程度愈低，因“无聊”而收听广播比率愈高。

按不同职业分组调查，他们收听广播的目的：在关心“了解时事”上，教师为72.2%，干部为47.27%，最低是工人，只占29.17%；在“了解党的方针政策”方面，教师、干部和工人所占比例均较大，分别为46.99%、49.09%和50%，最少是学生，只占14.03%；对于“获取信息”除学生不太重视（占8.96%）外，农民（29.38%）、干部（38.18%）、教师（39.76%）、工人（20.83%）和其它行业（31.91%）的听众较为关心；为了“增长知识”收听广播，教师和学生分别为33.73%和42.99%，最少是农民，仅占11.21%；收听广播以“娱乐”为目的的学生居首位，达63.58%，其次是教师（55.42%），再次是工人（50%）。

三、听众对广西电台节目的评价

为了改进节目设置和编排，提高节目质量，调查表中列述26个节目分“喜欢”、“一般”、“不喜欢”进行听众评价，调查结果表明，城市、农村听众超过50%以上喜欢听的节目是《广西新闻》、《新闻联播》、《听众点播》3个节目，占26个节目的11.5%；城市超过50%的听众喜欢听的节目而农村听众超过40%、接近50%喜欢听的节目是《晚间半小时》、《桂海纵横》、《市场漫步》、《民族之声》、《民族文艺》、《广西您早》、《同在蓝天下》、《五彩缤纷》、《飞越黄昏》9个节目，占34.6%；农村听众超过50%，城市听众超过或接近40%喜欢听的节目是《中午十二点》、《经验与技术》、《每周一歌》、《电影之窗》、《激光PARTY》5个节目，占19.2%。这说明，广西听众喜欢或基本喜欢听的节目共17个，占65.4%，表明广西电台开办的节目大多数是听众喜欢听的。农村、城市听众超过60%不喜欢听的《新英语教程》、《日语》2个节目，仅占7.7%。

四、听众对广西电台改进宣传的建议

在抽样调查问卷中，听众反映比较一致的意见：

1、宣传内容的建议：报道面应注意地区的平衡；城市听众希望多播一些股市行情；农村听众希望宣传内容多向农村倾斜，要求经常宣传党对农村方面的新政策、新措施和致富经验及农业科普知识，介绍农产品供求信息和农村市场行情，多宣传农村青年的生活、学习及其人生探讨；节目内容以小、巧、灵、新、精为好，接近群众生活，改变一些节目平淡的情况。

2、节目设置和编排：建议增加新闻播出时间，《广西新闻》应增加到半小时；农村听众建议设置农村节目板块；城市听众建议设老年人节目，星期日多安排少年儿童成长、学习知识的节目，多播富于民族特色的文艺节目。

3、加强节目主持人的选拔与培训工作，提高表述能力。

五、农村收听工具少而呈下降趋势

这次大规模听众调查中，广西电台广播以农村听众为主体，但农民的收听工具与他们以广播获取新闻信息为主极不相适应，据抽样调查，1992 年，2310 户农户中，平均每 6.9 户、37 人才拥有 1 台收音机；每 6.5 户、35 人才拥有 1 台收录机，与全国平均水平相比差距很大。1991 年，全国每百户收音机拥有量为 32.41 台，广西仅为 14.94 台；全国收录机每 100 户拥有量 19.64 台，广西仅为 14.72 台。收听工具的缺乏，制约了农村听众听广播。

（文衍修　龙裕明　郑成贵）

四川电视台
自办节目收视简况

一、四川电视台三套自办节目覆盖区的观众构成

四川电视台截至 1993 年底已自办 3 套电视节目：四川台一套、四川台二套（1993 年 12 月 28 日改呼号为“四川电视台黄金十频道”）、四川电视台卫星节目。其中四川台一、二套节目地域覆盖 44 万平方公里，约占全省地域面积 80%；人口覆盖 7600 万，约占全省人口 75%；卫星节目覆盖全国及东南亚部分地区，覆盖人口超过 10 亿。四川台一、二套节目观众构成详见下表。

	公务人员	文教科技人员	商业服务业	自由职业者	离退人员	工人	农民	军警	学生	无业
一套	8.2%	3.8%	2.5%	0.5%	4.7%	13.7%	50.1%	0.8%	9.7%	6%
二套	10.5%	11.2%	6.8%	4.9%	5.2%	32.3%	15.5%	0.4%	13.1%	0.1%

二、四川电视台 3 套自办节目的播出总量及内容构成

1993 年四川台 3 套自办节目累计播出各类电视节目 4380 小时。其中第一套节目播出 1825 小时（日均 5 小时）；第二套节目播出 1460 小时（日均 4 小时）；第三套节目播出 1095 小时（日均 3 小时）。针对 3 套节目覆盖区内各自不同的观众构成，四川电视台 3 套自办节目中各类节目（专栏）的比例各不相同。3 套节目内容构成比例详见下表。

	一套	二套	三套（卫星节目）
新闻节目	15%	10%	8%
社教节目	17%	7%	10%
综艺节目	22%	18%	15%
影视剧节目	38%	60%	65%
经济类节目	8%	5%	2%

三、四川电视台 3 套自办节目收视率一览

四川电视台与四川省统计局联合开展对四川台（包括中央台及同一覆盖区域其它电视台）节目覆盖区内电视观众收视情况调查已持续 3 年。四川电视台收视调查方式如下：

1、等距离随机选样；

2、连续、每日定点收视记录；

3、每一调查地区样本规模大于 600;

4、调查表格周均回收率不低于 93%；

5、采用全国统一软件数据处理，误差不超过 3%。

1993 年四川台一、二套节目月平均收视率详见下表：

	一月	二月	三月	四月	五月	六月	七月	八月	九月	十月	十一月	十二月
一套	18.4	19.4	18.7	19.0	19.2	19.7	19.9	20.1	18.8	18.9	20.3	20.1
二套	10.4	11.4	14	12.4	12.6	11.7	13.2	15.2	14.8	19.2	18.7	18.5

备注：一套节目每一百分点代表 100 万观众；二套节目每一百分点代表 10 万观众。卫星节目由于覆盖面宽，难以建立大规模收视调查，仅能根据观众信函电话等反馈信息考察其收视率情况。

四、四川台一、二套节目收视率状况分析

1993 年四川台一、二套节目较之上年收视率有所提高，据测，两套节目年均收视率分别比上年增加 1.3 和 2.1 个百分点。考虑到全省社会电视机拥有量的增加幅度（即观众增加幅度）则四川台电视观众相对数量及相对收视率与上年相比大致持平。造成这一事实的主要原因如下：

1、四川台两套节目中各类节目观众比例悬殊过大。

自 1992 年开始四川台自办节目逐渐向栏目化形式过渡，至 1993 年底，全台自产节目（四川台自己编摄）中栏目类节目比例已占全台自产节目的 85% 以上。然而，由于受人员、设备等因素制约，全台自产栏目中除《10 频道新闻》外均未超过月平均收视率线，因而造成自产节目吃自办节目收视率“大锅饭”局面。据收视调查数据表明，四川台两套自办节目中观众收视最高的节目均集中于影视剧节目及部分综艺节目，社教类节目（栏目）与影视剧节目收视率相差通常在8个百分点以上，这种状况与中央台及部分省市台相比实属不正常。

2、外部竞争进一步加强，各电视台争夺观众的状况日趋激烈。

截至1993年底，全省经广电部批准开设的开路电视台已达28座，加之省地市及各系统闭路电视和海外卫星电视节目冲击，使全省各电视媒体争夺观众的状况更趋激烈。一方面，部分市、地台增加了自办节目比例，减少了转播、差转本台一套节目的时间；另一方面，由于体制及管理方面原因，四川厅、台直属系统的广播电视覆盖能力开始弱化，致使四川台在日趋激烈的外部竞争中趋于不利地位。此外，由于文化生活的繁荣及多元化，单一依靠电视作为信息来源及娱乐方式的绝对人数在减少，1993年各季度电视观众开机率均比上年同期少0.5成左右，这也是造成四川台节目收视率不能大幅度增高的外部原因之一。

3、由于观众的吸引力偏重于影视剧，致使四川台全年月均收视率难以衡定。

以影视剧为主要收视对象的观众很难形成某家电视台的固定观众群。而主要以影视剧支撑收视率的电视台倒仅能依靠连续不断的、具有较强可视性的影视剧吸引观众。7、9、10月四川台为完成重大宣传任务而相应减少了影视剧播出量，这些月份收视率便出现滑坡。

（姚　遥）

贵州人民广播电台听众抽样调查报告

1993年9月至10月，贵州人民广播电台委托贵州省农村社会经济调查队在全省进行了首次大规模的广播听众抽样调查。调查结果表明，在电视冲击和多种传播媒介激烈竞争的今天，广播仍以传播迅速、收听方便而具有很强的竞争力。特别是在新闻传播和文化娱乐方面，广播处于十分重要的地位，发挥着其它传播媒介不可替代的作用。现将情况综述如下：

一、调查的基本情况

贵州人民广播电台听众抽样调查问卷，共分4大类16项，一是听众的基本构成情况。二是听众收听广播的主要情况。三是听众对广播节目的评价。四是听众对广播的需要和要求。此次调查共发出问卷4200份，收回有效问卷4078份，回收率为97%。

二、听众的基本情况

广播是人民群众精神生活中的一个组成部分，是当今群众了解国内外大事和党的方针、政策、信息的主要渠道。在被调查的4078人中，有3052人收听广播是为了了解国内外大事和党的方针、政策，占调查总数的73.82%，分别高于电视和报纸媒介4.8个和42.2个百分点。农村更为突出，高于电视5.2个百分点，高于报纸49.2个百分点。城市居民通过收听广播了解国内外大事的占46.1%，虽然低于电视28.3个百分点，但却高于报纸10.4个百分点。

1、听众的分布：贵州人民广播电台拥有听众逾千万人，稳定的听众（即天天收听或经常收听的听众）占总数的39%。其中，每天收听半小时至一小时的占46%，收听一至两个小时的占21%，不足半小时的占23%。

2、听众的收听心理和习惯：收听贵州人民广播电台节目的听众，在早上6点30分和8点之间占55%，和其它时间比较，形成了近两个小时的收听高峰。中午11点30分至下午1点30分，听众收听率为34%，晚上8点至11点，收听率为53%。这些数据一方面说明，由于电视的影响，晚上广播的听众量比早上的要少些，但另一方面也说明，即使有电视冲击，广播也还有不少听众。另外，中午的收听率也比较高，是一个值得好好开发的时间段。

听众收听广播的目的，最主要是了解国内外大事和党的方针政策，其次是娱乐欣赏，再次是学习科学文化知识，还有的是为了获取信息。这间接证明了广播的黄金时间与重要新闻节目播出时间的密切联系，但是不同地区和不同职业、不同文化程度、不同年龄的听众，对收听广播的目的及其对各类节目的兴趣又各有差异，有不同的收听心理和习惯。

听众对各类节目的兴趣指数

节目类别	兴趣指数	（%）
新闻类节目	2127	52
文艺类节目	1423	35
专题类节目	464	11
教育类节目	368	9
服务类节目	551	13

3、听众的基本评价：从回收的问卷看，听众对贵州人民广播电台的所有节目是满意的，评价是好的，是可信任的。

三、新闻节目的受众分布情况

1、新闻传播渠道的受众分布：与报纸和电视相比，广播对广大受众最先获得新闻具有重要的传播地位和作用。调查表明，受众了解国内外大事的主渠道是广播，占75%，最先从广播里获得新闻信息占受众49%。

2、听众收听新闻的习惯：收听新闻的听众早上最多，平均为41.3%，其中收听中央人民广播电台《新闻和报纸摘要》的听众，又高于这一时间段的听众平均数；其次是晚上10点钟的新闻。

3、听众对贵州人民广播电台新闻的总体评价：听众对新闻节目的评价较高。其中，认为“报道及时”的占样本总数的54.1%；认为“报道可信”的占83%；认为“电台信息快”的占85%；认为“有地方特色”的占45%；认为“内容丰富”的占50%。

四、专题、板块节目的听众情况

调查表明，听众对贵州人民广播电台印象最深的前十个节目是:《相声与小品》(占样本总数 38%)、《听众点播》(占 35%)、《社会与人生》(占 29%)、《小说连续广播》(占 29%)、《音乐世界》(占 28%)、《艺海星空》(占 26%)、《科技大世界》(占 25%)、《经济大观》(占 24%)、《戏曲》(占 23%)、《黔岭山乡》(占 19%)。

(贵州人民广播电台总编室、贵州省农村社会经济调查队)

1993 年对节目的专题调查报告选登

云南人民广播电台外语广播教学节目调查

云南人民广播电台的外语广播教学节目，自 1974 年元月开办以来，已整整 20 年了。当初，这个节目曾经拥有成千上万的听众，为社会各界人士学习外语帮了大忙。那么，现在这一节目的情况怎么样了呢？1993 年 7–9 月，我们以填写表格及走访调查的方式，向有关听众和部门做了一次社会调查。从听众填表反馈的信息和我们到滇中、滇西几个地、州了解的情况看，电台的外语广播教学节目仍然有广泛的社会听众，继续给各界人士学习外语提供了各种不同的帮助。

从各地、州 155 名接受填表调查的听众情况看，经常收听电台外语节目的占接受调查总人数的 43.9%，过去收听的占 41.9%，现在加入收听行列的占 7.7%，偶尔听听的占 6.5%。这些人从城市到乡村，来自各行各业，年龄最小的 14 岁，最大的 86 岁，其中 20 多岁到 40 多岁的中青年人数最多。他们之中，有汉、白、彝、壮、回、蒙、哈尼等不同民族，以汉族人数居多。从地区分布看，昆明地区听众最多，其次是大理、楚雄、玉溪、曲靖，其它地、州较少。从行业职业看，企事业机关干部占 12.9%，大中学校师生占 32.3%，科研技术人员占 14.2%，医疗卫生工作者占 12.2%，金融商企服务业职工占 16.1%，工厂工人、乡村农民占 12.2%。从文化结构看，初中文化水平者占调查总数的 11.6%，高中、中专学历的占 40%，大专、本科毕业生占 48.4%。这些同我们下乡了解的情况基本相同。我们认为，这基本反映了电台外语节目在全省各地的收听情况。

云南人民广播电台的外语教学节目在社会业余教育中所发挥的作用是令人鼓舞的。具体可归纳为以下几点：一是普遍提高了听众的英、日语听说水平；二是增强了科研、医疗、卫生等行业工作人员的阅读和翻译能力，提高了他们的业务水平和工作效率；三是充实丰富了中学生的英语知识，加深巩固了他们在课堂上学到的东西，也提高了中学外语教师的教学水平；四是帮助一批难以再进校门进修外语的在职专业技术人员掌握了职称评聘所要求的外语知识，为他们的职称考核晋升创造了有利条件；五是帮助商业企业管理人员顺利开展工作打开了方便之门。

在接受填表或走访调查时，不少听众对于电台为他们提供学习外语的机会表示出感激之情。他们认为，电台的外语节目是他们学习外语的良师益友，希望这个节目能坚持办下去，并祝愿它越办越好。

(欧阳如添)

1993 年调查活动简况选登

对天津的电视、广播、报纸传播情况的调查

1992 年 11 月至 1993 年 1 月，天津人民广播电台委托天津天元市场研究咨询公司，在市区搞了 2000 个随机抽样样本。这次随机抽样问卷调查，对接触三大传播媒介的情况进行了测量，调查结果和历年调查结果一样，仍然是电视第一位 98.9%，广播第二位 87.3%，报纸第三位 85.2%。从不同群体接触三大媒介的情况看，出现了明显的带有规律性的差异。

1、不同年龄群体接触三大媒介情况

在按年龄分组的调查结果中，收听广播的听众分布比较均匀，均在 80%到 94.2%之间，这说明广播的自身优势，给不同年龄的人带来了收听上的方便，他们可以随时随地接触广播。

在不同年龄群体接触电视的调查结果中，电视的收视率相当高，而且分布也很均匀，有的年龄段收视率可达 100%。这说明电视以它特有的优势，已经成为人们工作、学习、生活不可缺少的组成部分。

报纸的读者在年龄方面，和广播、电视相比差异较大，读报率在 54.8%至 95.7%之间，出现了大幅度的增减趋势，只集中在 16 到 45 岁读者之间，这说明报纸的读者受年龄影响比较大，和广播、电视相比存在着一定的局限性。

2、不同职业调查的统计结果中，高级工程师级、工程师级、助理工程师级、技术员级、司局级以上干部、处级干部、科级干部、一般干部、商业工作

人员、服务性工作人员、工人、在校学生和其它等职业的受众接触三大媒介的程度都很高，而且变化不大，收听收看率较平稳。特别是司局级以上干部、处级干部接触三大媒介的程度高达100%，可见在改革开放和商品经济的大潮中，领导干部已经把三大新闻媒介作为获取新闻、信息和搞活生产、流通的重要渠道。

在个体经营者、个体被雇佣者、离退休人员、待业人员、家务劳动者5种职业中，三大媒介的受众面和以上职业差异很大。发生了较大的变化。

从调查结果看，个体经营者接触电视和报纸的程度高于广播。个体被雇佣者主要以收听广播为主，收听率高达100%，而且都是广播的积极听众，他们几乎不接触电视和报纸，可见个体被雇佣者在受雇于人的同时，可以一边工作，一边兼听广播，从广播中获取多方需要，而且收听广播既方便又经济，这些人不可能拿出一定的时间坐下来安心看电视和读报纸。离退休者在广泛接触三大媒介中，接触率最高的是电视，其次是广播，第三是报纸，每个媒介之间相差14.1和16个百分点。待业人员除100%收看电视节目以外，接触广播和报纸的程度相同，只是广播的积极听众高于报纸的积极读者。家务劳动者偏爱的是电视和广播，他们可以不出家门收看收听自己喜爱的节目，以消除家务劳动的疲劳，报纸对他们来说接触起来有一定的难度。

3、不同文化程度群体接触三大媒介情况

本次调查，以不同文化程度群体接触三大媒介的测量结果看，基本上和历年调查结果相同。

从调查结果可以清楚地看出，不同文化程度的受众在接触广播和报纸中，呈现出直线上升的趋势，也就是说文化程度越高接触广播、报纸的程度就越高，文化程度越低接触广播、报纸的程度也越低。这种正相关关系说明，随着广大受众群体文化水平的不断提高，将进一步提高广播、报纸的收听率和读报率。电视观众受文化程度影响不大，但是也以没有正式入学的观众收视率最低。

4、三大媒介的未来发展态势

为了进一步了解三大媒介的未来发展情况，我们请被调查者回答："与电视和报纸比，您认为广播的地位将会发生什么变化?"认为"广播的地位下降，将逐渐被电视和报纸取代"者，占被调查总人数的22.5%，认为"广播、电视、报纸各有特色，将长期处于三足鼎立的局面"者占54.7%，认为"广播的地位会上升"者占有22.8%。从这一调查结果中可以看出，广播、电视、报纸在发挥各自优势的同时，将长期处于三足鼎立的局面，将长期是人民群众获取新闻、信息和文化娱乐的主渠道。

作为广播来讲，如何在三大媒介的激烈竞争中处于优势地位，这是广播工作者需要深入研究的重要课题。在这次大量的调查结果中，我们深深地感到，广播的社会功能、参与功能、服务功能、信息功能在逐渐提高，而广播的舆论功能、娱乐功能有所下降，这种情况的出现，是和我国的政治、经济、文化的发展分不开的。因此，要想提高广播的收听率，适应形势的发展和听众的收听需要，必须充分发挥广播多功能的优势，多扬长、少补短，让广播的分分秒秒都能发挥最佳效益。

（王福增　杜玉藻　齐连星）

对天津电视台教育频道的节目传播状况的调查报告

一、情况简介

天津电视台23频道自1986年以来，一直担负着转播中央电视台卫星电大教育课程的任务。天津市广播电视局每年为此花费了巨大的财力、物力。为了客观地了解该频道目前播出和收视的真实情况，使电视频道资源能充分利用，合理布局，使电视节目更好地发挥其社会、经济效益，广播电视局总编室、总工办、计财处委托天津广播电视学会受众研究会对23频道的收视及播出情况进行了系统的调查。调查就23频道在全市范围、电大学员两个层次的收视状况、社会效益进行定量测量；对23频道的播出情况及播出费用进行测算，了解电大工作者、电大学员对23频道电教节目的认知与评价；以及电视教育在天津市教育系统中所占比重、所居地位等问题进行了解。调查形式有：千户抽样调查，样本均匀分布市区50个居委会；电大学员的问卷调查，以划类选点的原则，在电大直属校、静海、北辰、港务局、河东电大工作站，选取不同类型的276名学员作为调查对象；10次座谈面访调查，对二教局、电大的各级工作人员、教师、学员进行面访；文献调查：查阅有关资料及核算播出成本。为保证调查的公正、权威性，我们请天津市统计局统计科学研究所承担了其中问卷调查工作。整个调查从1993年4月中旬至6月历时两个月，共获原始数据5万多个。

二、调查的结果

1、23频道电教节目社会认知差，收视率低。

A、千户抽样调查。调查表明：与其它频道相比，知道与调出23频道的家庭最少，23频道节目的收视率、有效收视率及受众评价值均为最低。据统计，知道与调出23频道的家庭仅占调查总体的20−30%，而其它频道均为90%以上；调查中看过23频道节目的观众只有94人，其中有80人是属于在换频道时，偶尔拨到此频道看一会儿这种情况，有目的主动收看23频道节目的只有14人，占1.4%，而其它频道的观众接触率均高达90%以上；考虑到23频道播放的电大课程，因此有效果、有价值的收看，就要求观众收视的完整性（即保证观众收看每节课程的全部或大部分）和观看的连续性（即保证观众每周收看同一门课程的2或3次播出），而满足这两个条件的有效观众在千户抽样调查中仅有2人，即有效收视率仅为0.2%。

B、电大学员收看23频道的比例偏低。目前电大在册学员约有9000人，我们通过选取中等偏上的5个工作站中约300名学员的问卷调查了解到：只有1名学员做到收看每一节课程，看大部分课程的有11人，看一半课程的有5人，三类合计仅占7.8%，其余92.2%的学员基本不看或只看一少部分。通过参阅天津市人口资料，我们推算：市区内仅有3400人收看23频道的电教节目，这对于电视这样一种传播广泛的大众传媒，可谓广种薄收。

2、23频道处于粗放经营状态。

A、23频道播出成本高。电视发射部门依据1992年实际播出时间，按统一标准测算出电视6套节目发射费用如下：

12频道	161.39万元／年
5频道	181.63万元／年
17频道	191.95万元／年
29频道	325.71万元／年
36频道	356.62万元／年
23频道	451.16万元／年

23频道的播出费用遥居各频道之首。

B、23频道的人均年播出费高达1300余元。

按照千人抽样调查和电大学员调查结果推断，全市收看23频道的只有3400多人，而其它频道每周收看两次以上的观众都高达百万及至几百万人，23频道人均年播出费用高达1300余元，而其它频道多数不足1元，最高的也不足5元。

三、结果的解释

23频道电教节目的低收视率是多种原因造成的，主要可归纳为这样几个方面：

1、社会背景方面。A、改革开放以来，人们的发展机会增多，不必只走上学一条路；B、正规大学招生人数增加，其它办学形式增多，使接受电大电视教育的青年分流；C、受人才流动和部分单位短期行为影响，单位对电大教育的重视程度降低，工学矛盾突出；D、学习目的功利化，相当一部分学员认为学历有用，知识无用，所以他们只关心考试内容，对系统的知识讲授不感兴趣。77.2%的学员认为通过教师集中辅导能应付考试够了，没必要看电视。

2、电教节目接收可能性低。(1)接收工具问题。目前，天津市一户中有两台电视机的情况尚不普及，1991年城市居民每百户拥有电视机127台，在这次学员调查中：有59.8%的学员家庭有一台电视；36.2%的学员家庭有两台，而一台电视机在接收其它节目时就不能接收电教节目，另外以天津现有的居室状况，也制约着一家中用两台电视接收不同的节目。(2)收视时间问题。调查中学员反应最大的是时间安排问题，通过对问卷的开放题统计：有54.7%的学员对此不满，另外与课程设置、教材、师资等其它问题相比，其不满意程度亦最高。见下表：

学员对电视教育的课程设置、教材、师资、时间的不满意程度

评价内容	不满意 频数	不满意 %	很不满意 频数	很不满意 %
3.1 课程设置	48	22.7	14	6.6
3.2 教　材	47	22.6	5	2.4
3.3 师　资	29	13.9	4	1.9
3.4 时间安排	86	40.4	21	9.9

目前23频道不少课程安排在电视黄金时间，上课就得失去获知新闻或取得娱乐的机会，很难兼顾。因此，从电视机拥有量及收视时间来看：23频道节目接收可能性低。

3、媒体原因。A、大众传媒适宜进行广普性的教学，让受众中的大多数接受教育，这才能发挥大众传媒覆盖率大的优势，而23频道电教节目大部分播放大专课程，专业性强，这必然导致广种薄收。B、电视教育不能双向交流，节目播放无重复性，统一教材不适宜各地特点，这些都影响到电教节目的收视率。

4、23频道的教学内容、教学形式亟待改进。

通过调查我们了解到：学员们希望电教课程能与当前的经济生活合拍，故有77.5%的被调查学员希望，以多种形式播放一些社会热点内容，如"入关"对我国经济的影响、新会计制度、股份制等等，而非总是那些一成不变的旧东西。另外，电视教育应利用电视有图像直观的特点，将所学的知识以画面、图解的方式出现，但目前23频道大多数节目只见教师在单调地讲课，这就很难激发学生的兴趣。

四、建议

1、减少电教节目的播出总量，大力提高节目质量，并选放一些受教面广的教学节目。2、调整播出时间，可考虑两个方案，一是躲开电视黄金时间，即每晚18：00至21：00停放教育节目，其余时间继续播出，二是考虑躲开学员工作时间，将电教节目安排在早7：00以前，晚9：00以后和中午播放。3、设备调整，可以考虑用23频道转播受众多的节目，而用功率小的发射机（例如17频道发射机）播出受众面小的电教节目。4、因受调频广播节目的干扰，5频道必须停用，中央电视台一套节目要改为其它频道播出，选择23频道是一个较好的可行方案。原有的23频道教学节目转为集中办学或销售教学录像带等其它形式。

山西长城广播电台调查活动简况

山西长城广播电台自1992年12月6日开播以来，以全新的节目设置、独特的主持风格和富于创意的传播模式，赢得了千千万万听众，收听长城广播已成为许多人生活中的一部分。中共山西省委、省政府领导也对长城台的工作给予了充分肯定，省城太原舆论界亦把长城广播的成功誉为“三晋广播事业重振雄风”的标志。

1993年8月上旬，山西长城广播电台开展了一次受众调查，举办了大规模的听众最喜爱的长城广播节目评选活动。此次活动，共印发选票5万张，回收率达到85%，4万余名听众参与了评选活动。经计算机统计和公证部门公证，《肖萍时间》、《心灵港湾》、《消费热线投诉》、《温馨预约》、《长城热线》、《电话导购》、《长城你早》、《快乐电话》等8个节目，名列榜首。

这次评选节目活动，是通过《山西广播电视报》公开向听众发选票的方式进行的，让听众对长城台现有的24个节目填表评选。选票的统计工作，委托山西省泰森电子计算机有限公司处理，经山西省公证部门公证。统计数据表明：参与投票的听众遍布全省各地，其中大专中学生占60%，工交商业职工占20%，离退休职工、军人、农民、市民各占10%；年龄最大的81岁、最小的7岁。

从本次评选听众投票的情况看：话题类、服务类、新闻类、娱乐类节目最受听众的欢迎。每一类节目都有为数众多并相对稳定的听众群。由于《肖萍时间》、《心灵港湾》、《长城你早》等节目都有诸多话题、社会服务、提供新闻的显著特点，播出的内容贴近生活、贴近实际、贴近群众，所以为广大听众所共同关心。如话题类节目表现了在改革开放时期，听众对一些“热点”话题、疑难问题有极大的兴趣，能够敞开思想说出自己的看法，表达自己的意见。有的节目虽然播出时间不长，但也拥有一定的听众。例如《消费热线投诉》节目，它以保护消费者的权益为宗旨，播出的内容与听众日常生活紧密相连，故得到听众的喜爱。

事实表明，评选节目的活动产生了一定效应，台内各栏目的采编人员，都很关心这次评选活动，关心听众对这次节目的评估，并用心从听众评选意向中找出改进节目的意见。由此，长城电台在开播1周年时推出了又一套全新的节目方案，使长城广播办得更加红火。

（孟　岳）

黄河电视台观众调查分析

1993年10月18日，山西电视台的第二套节目（黄河电视台）正式开播后，观众对黄河电视台的节目反应如何，有什么意见和要求，为此，山西省广播电视厅总编室同山西电视台、山西省广播电视学会在1993年年底对黄河电视台的节目进行了一次观众调查。

一、调查对象及方法

这次调查的对象包括工人、大学生、解放军干部、战士、新闻工作者、机关干部。调查的方法是采用座谈会的形式，倾听广大观众对黄河电视台节目的看法和意见。

二、对黄河电视台节目的基本评价

黄河电视台开播短短的一个月里，以其丰富的节目内容，新颖的编排方式，以及独特的新闻视角，深深地吸引了观众，受到社会各界群众的一致好评。

在黄河电视台各类节目中，不论是工人、学生、解放军干部、战士，还是新闻界的同行，对《黄河新闻》交口赞誉，一致反映《黄河新闻》关注社会，追踪热点，贴近生活，贴近群众，反映了广大群众反应强烈的社会问题，引起社会各界群众极大的兴趣和普遍的关注。从山西电视台每星期的电视观众收视率抽样调查中，也清楚地看到《黄河新闻》的收视率呈稳步上升的趋势。收视率由开播时的7.8%，到11月底已上升为13.1%。

另外，黄河电视台的其它节目，诸如雅俗共赏、寓教于乐的《共度好时光》、集锦荟萃的《体坛巡礼》、《五环旗下》，同群众生活密切相关的《家庭·市场》，以及以主持人名字命名的栏目《志宏时间》等，都以其丰富多彩的内容和新颖别致的编排形式，赢得了广大群众的好评。

三、对黄河电视台节目的意见和要求

1、《黄河新闻》信息量少、内容单一，报道领域有待于进一步拓展。在调查时大家反映，《黄河新闻》条数少，从报道内容上看多是一些社会新闻，这类问题群众关心，具有很强的吸引力，但更主要的是要把大家的注意力集中到经济建设上来。记者也要深入下去，只有深入到生产第一线，深入到群众中去才能及时发现问题，拍出好新闻来。

驻晋某部通讯团新闻干事说，报道一定要注意社会效果，特别是对一些揭露性的报道，一定注意选取最佳角度，要表明政府有决心和信心解决这类问题，否则的话，只能引发群众的不满和牢骚，不利于问题的解决。

2、黄河电视台要有自己的特色和风格。在座谈中，无论是工人、战士，还是干部、学生都谈到一个共同的问题，就是黄河电视台要办出黄河的气势和黄土地的风格，不要刻意去模仿别人。黄河电视台要办出几个有自己风格和特色的名牌栏目，大栏目要相对固定，小栏目要经常翻新，这样就能吸引观众，使人常看常新。另外建议黄河电视台在条件允许的情况下，多开办一些对象性节目。这类节目针对性强，要努力寻找其与社会生活的结合点，这样不但这个“圈子”里的人爱看，也能吸引“圈外”的人看。

3、各个层次的节目都要有。大家建议黄河电视台开办“地方戏曲”、“音乐”、“文学”以及生活服务等栏目，以适应不同观众的不同口味。不论什么节目要增加观众的参与意识，只有观众参与到节目中，才更吸引人。其形式也可以是多种多样的，如热线电话、现场直播、书信交流等。

4、全面提高主持人素质，以提高节目质量。因为主持人素质的高低，文化功底的深浅直接影响到观众对节目的取舍。

四、从观众所反映的问题引发出的一些思考

尽管这次观众调查范围较小，时间也不长，但调查题目集中，观众反映的问题也比较集中，其中一些问题对电视工作者不无启迪。

1、关于黄河电视台的定性问题。黄河电视台作为山西电视台的第二套节目，主要是面对省城及其它地市的中高文化层次的城市观众，这样，对山西电视台现有的两套节目应该从宏观上予以综合考虑，对电视节目的总体布局重新进行调整使每套节目的侧重点各不相同、各有特色、互相配合、互为补充，提高宣传的整体效益，给不同层次、不同需要的观众以更多的选择余地。

2、电视节目的整体结构和编排艺术。在调查中发现观众的收视兴趣都集中在新闻、娱乐、服务以及对象性节目上，而不论哪类节目都要求有较高的层次，都强调要有交流和参与。因此在电视节目的整体编排上：一、要有吸引力。我们希望观众收看电视节目，首先要注意吸引观众的注意力。每天（或每周）应该有吸引一定数量观众的节目，使观众其它活动处于从属地位或者被抑制。二、要保持注意力的稳定性。人们主动收看的节目，注意力的稳定性比较强。维护注意力稳定性的一个重要条件，是节目突出鲜明、内容丰富、形式新颖。三、整个节目的编排要综合观众的各种心理因素，顺应观众的心理节奏，节目构成有张有驰。比如在调查中，许多人要求黄河电视台多播一些可视性强，又给人一定知识和启发的、短小精悍的节目。

3、注意发挥电视新闻的引导作用。在这次调查中，大家谈的最多的、感受最深的是《黄河新闻》，这充分说明新闻在电视宣传中的主体地位已经在观众中确立起来。关键的问题是电视新闻要有一定的深度，给观众以启示。

（樊浩　贺福中　郭贝）

山东潍坊电视台收视率调查分析

1993 年 8 月中旬，山东潍坊电视台对电视节目在潍坊地区的收视率进行了一次专门调查，600 份调查表分别发到不同层次的十个区域和单位，收回成用调查表 420 份，占实发表格的 70%。

从观众意向看，潍坊地区的观众群由过去的被电视支配，转变为选择电视；由过去的被一两个频道所垄断转变为对多频道的电视选择收看或参与其它娱乐活动。对您喜欢哪个台的节目这一问题，11.2%的人喜欢中央台第一套节目，3.8%的人喜欢中央台二套节目，1.9%的人喜欢山东台节目，27.8%的人喜欢潍坊台节目。喜欢这 4 个台的观众仅占 44.7%。55.33%的人将娱乐移向了有线电视、“卫视”或舞厅、卡拉 OK 厅等娱乐场所。

在对各类电视剧的收看行为中，观众的选择性也表现得相当充分：对国产剧喜欢的占 40%，不喜欢的占 12.6%；对港台生活剧喜欢的占 20.8%，不喜欢的占 24.8%；对港台武打片喜欢的占 33.2%，不喜欢的占 32%。由于文化传统的一致，对国产电视剧喜欢的较多；对港台剧喜欢的比率急剧下降，不喜欢的急剧上升，二者已处相等状态，这是观众在观念标准和审美趣味上发生了一定变化的结果。

观众对电视节目的选择总是表现出永不满足的多变性。他们对潍坊台栏目的评价充分表现了这一点。与过去调查相比，《生活顾问》、《广告文体》两栏目好的评价比率基本维持了过去的水平，其它栏目均比过去的调查比率有所下降，其中《潍坊新闻》下降了 16%，《社会了望》下降了 31%，文艺栏目的《艺苑花絮》也下降了 32%。这说明电视观众已不愿意接受荧屏上单调的灌输和说教，他们期望栏目表达自己意愿，甚至希望直接参与电视传播。有 48%的观众建议增加直接参与的文体节目。事实说明，随着改革开放的进程，观众收视心理的变化也在加快，电视节目的内容和形式就必须随之更新，以快节奏的态势适应观众需求。

观众对播出广告提出了三点意见：一是提出电视剧之间减少插播广告；二是广告播得过量；三是要求提高制作水平。这给电视工作者的启示是，如果急功近利，不注意电视剧每集的完整性和控制广告数量，提高质量，容易失去观众，影响收视率，从而影响广告收入。

调查中发现，观众欣赏兴趣的差异是截然不同的。需求心理更是五花八门。这说明在信息时代，人们的共同兴趣面愈来愈小，观众需求的非群体化倾向已经存在。所以我们要树立适应意识，切实研究观众心理，把电视办好、办活。

（摘自《山东视听》*1993* 年第 *12* 期《让电视追逐观众》一文）

柳州人民广播电台听众抽样调查摘要

1993 年 7 月 13 日—8 月 25 日，柳州人民广播电台委托柳州市城市社会经济调查队对全天 24 小时播音一周年进行随机抽样调查。在全市 4 个城区的范围内，按随机抽样的原则，抽取 20 个居民委员会的 500 户居民家庭为调查样本。500 份调查问卷回收率达 100%，全部有效。这次抽取 500 人问卷调查中，职工、居民 390 人，占 78%；学生 110 人，占 22%。调查结果表明，柳州人民广播电台全天 24 小时播音后，有 83.8%的群众收听过电台节目。依此推算，柳州市城区听众有 14.78 万户即 52 万多人。

只有10多万人因无收听工具或工作时间关系的影响没有收听过电台广播。有76.1%的听众在问卷中说：柳州电台一年来的节目办得不错，生动活泼，灵活多样，比一年前收听时间增多了。

柳州人民广播电台对24小时节目设置的调查结果：群众工余时间设置的《午间万花筒》、《七彩黄昏》、《1618时间》三个板块节目，听众"几乎必听"的分别为20.76%、13.6%、12.41%；"经常收听"的为47.97%、38.42%、23.39%。从20时到零时的《柳堤漫步》、《艺海轻舟》广播节目，受电视的冲击，听众很少，听的为18.62%、20.76%，基本不听的分别为51.31%、57.52%。零时到清晨5点30分设置的《子夜悄悄话》和《温馨伴随您》两个板块节目，听众很少听的分别为19.33%和10.74%，听众基本不听的为53.46%和77.33%，表明收听率极低。

这次抽样调查，听众对柳州电台的建议：一是要求电台广播要紧密联系当前的形势，特别是要加强法制教育的宣传，在开展反腐败斗争中，多播点社会教育和职业道德教育的内容。二是建议设置老年人、离退休人员喜爱的节目。三是播音员主持节目时，离题的话不要太多，当打电话的听众说话离题太远时，要给予妥善引导。

贵阳地区电视收视率调查

1993年6月，贵州电视台与中央电视台联合，在贵州省贵阳市建立了全国电视观众调查网贵阳调查站。从7月开始，对各频道电视节目的收视率全面展开了日常性的调查工作。调查结果如下：

一、谁是收视率之冠

半年来，中央电视台第一套节目每天19点播出的《新闻联播》节目，在贵阳地区的收视率始终保持在40%左右，最高时达45.9%，最低时不少于30%。但最低的情况极少，在半年总播出次数中所占的比例还不足1%。

纵观贵州电视台半年来播出的所有节目，要数第一套1993年11月11日（星期四）的收视率最高，达29.1%；其次是第二套（星期三）21点35分播出的电视连续剧《霍元甲》，达21%。其它数集的收视率时起时伏，但从总体上看，还是比该台两套节目播出的所有节目的收视率要高些。

贵阳电视台半年来播出的所有节目，也是电视连续剧的收视率最高。其中1993年8月2日（星期一）21点10分播出的《京都纪事》的收视率占首位，达52%；其次是7月31日（星期六）21点零5分播出的《射雕英雄传》，达47.4%。

上述情况表明，"了解国内外大事"和"娱乐消遣"是观众收看电视的主要目的。

二、高收视率节目对周围节目有何影响

综合比较半年来各频道各档节目的收视率，发现一个具有规律性的现象，即在黄金时间安排播出一两集好的电视连续剧，不仅电视剧本身收视率较高，而且可以把其前后播出节目的收视率也带动起来，甚至整个晚上的收视率会上升，如果某频道节目长期这样做，则可在观众的收视意向中，形成对某频道的收视行为定势。

例如，贵州电视台第一套节目每晚20点30分左右在《黄金剧场》栏目中，都要安排播出电视连续剧。但在半年来所播出的若干电视连续剧中，唯有《还我今生》最受观众欢迎。在《还我今生》未播出期间，其《黄金剧场》前面的《贵州新闻》等栏目的收视率虽偶尔突破10%，但基本上都是在10%以下徘徊，而在《还我今生》播出期间，该栏目的收视率稳定地提高了5个百分点。最为突出的一例是11月11日播出《还我今生》（第16集）那晚，《乐在今宵》的收视率达到了22%，《经济900秒》达到了22.5%。但当《还我今生》播完以后而播出其它不太受观众欢迎的电视连续剧时，这些节目的收视率也随之而下降。

三、达到10%收视率的节目有哪些

贵阳地区的电视观众，少则可以收到5至7套节目，多则收到7至12套节目甚至更多。电视传播面对这样一个激烈竞争的"买方市场"，一个频道的节目（栏目）能够达到10%的收视率，便相当不错了；如果一个固定栏目在10%以上的收视率所出现的频次较多，这个栏目办得就较为成功了。现在就用这一尺度来大致估量一下半年来贵州电视台播出节目的在贵阳地区的"市场"状况：

1、贵州电视台第一套节目每周二、四、六（10月1日以后增加每周日）"上星"，白天也安排播出，但所播出《午间新闻》、《中国古代诗歌欣赏》、电视连续剧、戏曲节目、少儿节目以及其它重播的节目的收视率均未达到10%，且在5%以下的情况较普遍。

2、第一套节目每晚从19点30分开始，收视率逐渐升高。其中：《贵州新闻》的半年播出中，收视率在10%—19%之间的占播出总次数的37.4%；《西南窗口》的收视率在10%—19%之间的次数，占播出总次数的34.8%；《天气预报》的收视率在10%—19%之间的次数，占播出总次数的33.9%；《汉方金曲》的收视率在10%—19%之间和20%—29%之间的次数，占播出总次数的42.8%；《乐在今宵》的收视率在10%—19%之间的和20%—29%之间的次数，占播出总次数的52.4%；《歌海拾贝》的收视率在10%—19%之间和20%—29%之间的次数，占播出总次数的39.2%；《经济900秒》的收视率在10%—19%之间和20%—29%之间的次数，占播出总次数的29.4%。

此外，在每晚22点以后播出的栏目的收视率均未达到10%。

（唐昌祺）

贵州省从江县
广播电视传播情况调查

为把节目办得贴近生活、贴进群众、贴近实际，1993年11月上旬，贵州省从江县广播电视局选择了100名不同年龄、职业、文化程度的受众进行了一次宣传情况抽样调查。这100名受众中有干部、工人、居民、个体户、农民、学生、教师、武警以及离退休人员，年龄最大的为76岁，最小的10岁。调查采取调查表发放回收法，共发出表格100份，回收74份，回收率74%。现将调查情况综合如下：

一、新闻节目的收听收视率最高。在"你喜欢哪两个广播节目"栏中，选择《从江新闻》的占83.8%，选择《黎、从、榕三县广播站联播节目》的占31.1%，选择《歌曲》节目的占29.7%；在"你喜欢哪两个电视节目"栏中，选择《从江新闻》的占87.8%，选择《点歌台》的占27%，选择《录像》节目的占47.3%。

二、获取信息是听广播看电视的主要目的。在"你收听广播的目的"栏中，获取新闻、增长知识、娱乐消遣三项选择，分别占72%、36.5%、12%；在"你收看电视的目的"栏中，上述三项选择，分别是68.9%、52.7%、36.5%。

三、广播电视拥有一大批听众观众。在"你是否收听收看广播电视自办节目"栏中，经常听广播的占55.6%，偶尔听的占44.4%，从来不听的，经常看电视的占74.2%，偶尔看的占25.8%，从来不看的。

四、节目时间安排较恰当。从江县广播自办节目每天早、中、晚三次播出或重播；电视自办节目每天中、晚两次播出。调查表明，认为广播节目时间安排恰当的占38.3%；认为较恰当的占60%；认为电视节目时间安排恰当的占35.3%，认为较恰当的占57.7%，认为不恰当的占7%。

五、节目质量和播音水平有待提高。调查表明，认为广播自办节目办得好的占21%，认为一般的占77.6%，认为差的占1.5%；认为电视自办节目办得好的占13.9%，认为一般的占83.3%，认为差的占2.8%。认为广播播音一般的占84.9%；认为电视播音一般的占82.4%。

六、观众对各类型的录像节目兴趣不同。被调查者中，喜欢生活片的占54.1%，喜欢教育片的占50%，喜欢警匪片的占29.7%，喜欢枪战片的占25.7%，喜欢武打片的占21.6%，喜欢戏曲片的占10.8%。观看武打、警匪、枪战等片的多为学生和青年，喜欢看生活片的多为中年人，爱看教育片的多为文化层次较高的在职人员，戏曲片则受老年人和家庭妇女青睐。（李田清　郭正民）

云南电视台受众调查

1993年全年，云南电视台共出《收视报告》52期。在每星期出的《收视报告》中都对上周云南台播出的电视剧和栏目的收视率做出统计，并对引起收视率波动的原因做简要分析。

在1993年云南台自办的近30个专栏节目中，收视情况稳定，收视率最高的当推《云南新闻》，一般可达到25%左右。我们曾经对农村的样本户进行过调查，其结果出乎我们的预料。《云南新闻》的收视率只有5%，大大低于城市的调查结果，而电视剧的收视率往往高出城市几个百分点甚至更多。我们分析认为：这是由于城里人和农村人看电视的心态和目的有很大区别造成的。城市观众把了解国内外时事摆在了看电视目的首位（中央台的《新闻联播》全国统计数值在70%以上），其次才是娱乐消遣和增长知识；而农村观众看电视的目的主要是娱乐消遣。

在新闻类栏目之后，观众选择比较多的是文艺欣赏类和体育类栏目。《文化广角》出现在收视率前五名排行榜的机率远远超过了其它栏目。除《云南新闻》和《文化广角》经常出现在收视排行榜中以外，云南台大部分栏目都先后进入过收视率前五名排行榜。并没有出现其它一二个栏目进入前五名的次数明显多于其它栏目的情况，这说明观众收看云南台栏目的随意性较强，也表明云南台以往的一些名牌栏目，在观众欣赏品位不断提高的情况下，没有及时更新内容，变换形式，因而失去了许多原有的观众。我们觉得产生这样结果的原因有：(1) 栏目间内容相近，没有自己的特色。(2) 栏目时间一般不超过15分钟，形式上过于零碎，不利于观众收看。我们建议云南台栏目应朝大板块小栏目方向发展，即搞一个时间稍长，包括不同内容的板块性节目。(3) 栏目制作质量粗糙。还有一个值得注意的现象是，云南台栏目一般都在电视剧前播放，好的电视剧对增加栏目的收视率自然有推动作用，而一旦把栏目推后播出，收视率明显下降，这说明栏目提高收视率的关键在于提高自身的节目质量。

还有一类是对象性比较强的节目如《少儿英语》、《走遍美国》、《七色光》专栏，以及动画片等。它们的绝对收视率很低，一般在5%左右，然而相对收视率却很高。象《少儿英语》的相对收视率出现在15%，20%，30%以上是很普遍的；动画片则会更高。上述情况说明，此类节目在播出时（一般在18：00至19：00之间）的总体观众较少，而当时在看电视的人中，选择这些节目的人却很多。

电视剧在所有的电视节目中是重头戏，也是观众收看的重点。它最能吸引也最能影响观众。在这里我们把观众对电视剧的欣赏兴趣做一些粗略探讨。1993年，电视剧《唐明皇》在云南台播出电视剧中收视率最高，绝对收视率最高达到58%，并且很长一段时间都保持在50%以上。《加里森敢死队》因其剧情曲折跌宕，扣人心弦，该剧收视率达52%，仅次于《唐明皇》。当电视剧《新白娘子传奇》在8月下旬推出之后，逐渐受到观众的注意。其绝对收视率从刚开始的23%到6月中旬的34.9%，直至9月底的最高点40.1%。一部好的电视剧的播出，其较高的收视率也会影响到该节目前乃至整个晚上的收视率，因此合理安排含金量高的电视剧是很重要的。

从上述分析中，我们不难看出时效性强、信息量大、价值较高的新闻类节目，娱乐性强、故事性强、供人消遣的节目最受欢迎。虽然收视率是电视台的生命。从节目编排到时间安排上保证收视率，提高收视率是我们今后努力的方向之一，然而也不能盲目追求高收视率，盲目迎合观众口味，而是要积极引导观众以更高的审美情趣，更高的欣赏层次和品位去看电视。

(朱伟鹏)

1993年听众观众来信、来电分析

中央人民广播电台

1993年中央电台共收到全国各地（包括港、澳、台地区）的听众来信664528件。比1992年减少259443件。如除掉1992年《体育节目》搞的“奥运有奖竞猜”活动的来信，与1992年全年来信基本持平。从总的听众来信数字看，1993年听众参与有关活动来信约占来信总数的64%；对日常节目的评议、咨询、反映问题及个人投诉等来信约占总数的36%；来信遍布全国，来信成份广泛。听众来信以中原地区和沿海发达地区居多，边远地区和贫困地区偏少。从大量的听众来信进行总结分析，我们认为1993年来信有以下特点:

一、听众对中央电台的重大节目宣传给予表扬

1、“七运会”广播宣传规模大，效果好，听众满意。听众认为: 1993年“七运会”宣传规模大，是过去历届全运会所未有过的。“七运会”期间，中央电台在《新闻报摘》、《全国联播》节目中设立了《七运之声》专栏，在《体育节目》中举办了《第七届全运会专题》，对“七运会”的一些比赛项目、场外花絮、比赛结果都进行了大量的宣传和报道，充分发挥了广播优势。许多听众来信说，广播是我们获得“七运会”消息的主要途径，认为中央台对“七运会”的宣传报道是成功的，报道善始善终，迅速及时，全面精彩，优势明显。其中，听众对中央电台长达两小时的《第七届全运会午夜特别节目》热线直播反响较大。许多听众来信都谈到他们是全家、全宿舍、全营房一起坚持收听节目的。听众认为，《七运会午夜特别节目》不论从规模、深度、广度还是从编排上都是一台很有特色的节目。

2、“两会”及两会前后的节目宣传配合默契，报道的内容、形式都有重大改革。听众认为，“两会”报道和往年相比较，在时间安排、内容设置等方面都突出了重点，并有所突破。即从过去围着领导明星转到现在把镜头对准来自基层的各地人大代表和政协委员，及时地报道了他们的建议和呼声。听众还认为，“两会专题”办得有声有色，让人爱听，尤其是大量的录音报道，真实可信，听着广播，仿佛置身于“两会”之中。另外，听众还对中央电台在“两会”期间安排不少好的典型报道表示满意。如通讯《虞姬沟在诉说》、系列报道《中国农村的希望》、录音报道《献身国防现代化的模范干部——苏宁》等均受到听众的欢迎。

二、听众对中央电台紧跟党中央的战略部署，积极宣传贯彻党的十四大路线、方针、政策，不断加强广播宣传舆论导向作用给予充分肯定

1、中央电台在宣传减轻农民负担、反腐倡廉的报道中，内容抓得准，播得及时，听众爱听。中央电台《新闻报摘》、《全国联播》、《对农村广播》节目中针对全国各地减轻农民负担的问题，对一些地方单位的做法、经验做了实事求是的报道。听众反映较好的是6集系列报道《农村纪行》，听众认为这个节目说出了农民的心里话，为农民撑了腰，《农村纪行》播出的每一集，都体现出农村变化“大”，主题内容“深”，表现方法“巧”的特点。

2、中央电台在配合中纪委二次全会公报和江泽民同志关于反腐倡廉的讲话的宣传过程中，加强了新闻节目反腐倡廉的报道，报道面不断拓宽，达到了一定的深度，从而发挥了广播舆论导向作用。(1) 典型抓得好，有说服力。听众对反腐倡廉宣传反应较突出的是《新闻报摘》、《全国联播》播出的两篇述评《拜金主义要不得》、《再谈拜金主义要不得》、通讯《留下清白在人间》、《好党员王为民》、录音报道《献身国防现代化的模范干部——苏宁》、内蒙古退休教师陈慕洲资助农家孩子马勇上大学的报道等。《拜金主义要不得》、《再谈拜金主义要不得》播出后引起了强烈反响。20天就收到听众来信近百封，电话近百个，不少电台和报刊播出和转载了这两篇文章。听众说，作品切中时弊，旗帜鲜明，说出了群众的心里话，是不可多得的好文章。(2) 报道有深度。中央电台在反腐倡廉的宣传中，揭露了一些贪污受贿、知法犯法的社会腐败现象。如《新闻报摘》广播长城公司沈太福“十亿元大骗局的破产”的报道，《法制园地》播出《一个被执法的执法者》介绍广西隆安县公安局局长陆世长的蜕变记，《阳光下的罪恶》、《跨国除暴》国际列车抢劫案侦破始末等节目都在听众中引起了轰动和反响。听众说，中央台用这样的反面教材最能说服人、教育人。特别是在确立社会主义经济市场的今天，更需要对广大群众进行正反两方面的教育，明确是与非、善与恶，从而沿着党中央指出的改革开放正确道路勇往直前。

三、日常广播宣传有突破，新开办的节目和新设栏目得到听众的关心和喜爱

1、节目突出改革，各种报道增多，形式内容不拘一格，吸引了各个层次的听众。听众对改革开放各条战线取得成就的重点系列、专题报道给予称赞。系列报道《建设中的国家重点工程》、8集系列报道《春光永驻海南》和《纵横千里访山东》等。另外《新闻报摘》播出的现场报道《浓烟散后的沉思》、《党和国家领导人又为首都添新绿》，听众反映它们各有特色。前者报道感人肺腑，表达了新闻工作者的社会责任感；后者报道得很巧妙，突破了“新闻腔”。《科技·知识·生活》播出的系列专题《食品卫生面面观》、《学习节目》开设的“康老师咨询台”都得到了听众的关注。听众反映，“康老师咨询台”填补了学校和社会对青少年性教育的空缺。听众对文艺节目在寓教于乐，弘扬民族文化，坚持正确的舆论导向，突出爱国主义教育等方面给予肯定。如听众称春节文艺晚会《欢乐共此时》是一台展现改革风貌，脱俗创新的晚会；听众反映全球华人广播界的积极参与是一场空前合作，使晚会熠熠生辉。

2、中央电台今年新开办的《环球信息》节目（它的前身是《国际新闻与时事》）以加大信息量，增强节目时效性，注重对重大国际事件的追踪报道而赢得广大听众的关注。听众反映，节目内容丰富新颖，都是人们渴望了解的热点问题，既有事实，又有分析，给人以启迪教育。新开办的《股市传真》节目也受到听众的欢迎，它为我国证券进一步普及和发展做了一件具体的实事，也为广大的股票爱好者及时了解股市行情，分析、整理当日的股市信息提供了一定的保证。专题节目《439播音室》、《法制园地》、《对农村广播》、《民族大家庭》、《科技·知识·生活》等根据节目的特点，也都增设了新栏目并受到听众欢迎。如，《对农村广播》节目新开设的《市场广角》、《百业信息》更为农民所喜爱。听众反映它服务性强，宣传空间大，不用投资就可以得到更多信息。《科技·知识·生活》推出的《中国历史故事》，听众说，既普及了历史知识，又是对青少年进行国情教育的好教材。今年6月1日中央电台新开播的第一个立体声直播文艺节目受到听众的欢迎。其中《都市闲情》以主持人谈话的形式介绍了一些都市人们普遍关心的热门话题和一些趣闻轶事，赢得了听众。听众反映主持人语言生动幽默，音乐优美动听。现场直播突破了节目四平八稳的播音腔。

四、听众积极参与的节目得到扩大和加强，参与性得到较大的发挥

今年听众直接参与广播的形式多种多样，如参加征文、猜谜、知识问答、有奖收听、歌曲评选、听众讨论、征求意见等。共收到这方面的来信42万余件，占全年来信总数的64%。听众参与广播的大量来信证明，广播仍拥有一大批听众群。我们从大批的参与信中认识到，听众愿意参加中央电台节目举办的各种参与活动，这也是吸引听众来信的一种好办法。既可活跃节目，又可以扩大中央台的影响，还可以从大量来信中得到丰富的反馈信息。对进一步改进节目，提高节目质量是大有益处的。中央电台节目开展各种各样的活动，加强了电台与广大听众的联系，促进了听众与编播人员的感情交流。总之，这些都为中央电台今后节目调整和改革提供了依据和奠定了基础。

五、意见和建议

1、听众建议中央人民广播电台应增设老年人节目，宣传全国离退休老同志在“两个文明”建设中的突出成绩，介绍老年人的生活、文化和娱乐等方面的活动，以推动全国的老年工作。2、听众建议《439播音室》应适应农村青年的特点并开办像《热线电话》这样的栏目和信箱。3、听众建议延长《对农村广播》节目时间，目前《对农村广播》的时间较短，这与我国有8亿农民是不协调的。另外，配合农村两个文明建设的宣传，建议每月办一次《农村俱乐部》节目，以活跃农民的文娱生活。4、《中国广播报》办得应有自己的特色，要区别于地方台的广播报及其它小报，突出全国性、代表性、典型性、倾向性。可适当增加板块节目的内容预告，以便有选择地收听。5、听众反映河北、山西、江苏（南通）、湖北、河南（整个省）、贵州（西南地区、西北个别地方）收不到中央电台的广播节目，即使收听到了，效果也不好。

（原载中央人民广播电台《听众与广播》*1994*年第一期，作者张淑芝）

中央人民广播电台
台湾听众来信摘编

一、台湾同胞谈两岸关系和中国统一

1993年，来自台湾岛内的大批信函，抒发了祈盼祖国早日统一的愿望，对海峡两岸关系的发展现状和前景，也以深沉的民族之情畅述了各自的认识，指出了岛内“台独”猖獗的危害；对如何促进两岸关系发展，推动祖国和平统一进程，提出了各种行之有效的建议和措施。

（一）喜见两岸关系取得重大进展

一些热心于祖国和平统一事业的台湾听众，来信中情不自禁地论述了近年来两岸关系所取得的重大进展。一位台湾听众来信说：“不论是共产党还是国民党都认同祖国的统一，双方官员今年首次坐下来讨论统一问题，是自 1949 年以来所从来没有过的。两岸交流速度和发展方向都显示了两岸有更大的融合可能。首先一点是：两岸经济联系不断加深，双方的互相依赖程度越来越高。两岸的贸易增长迅速，出现了前所未有的盛况。海峡两岸的双向贸易总额已从 1979 年的 7 千万美元增加到 1992 年的 70 亿美元，到 1993 年底，可能达到 100 亿美元。其次，近几年来，两岸人员的接触和往来发展迅速。从 1987 年到 1991 年，台湾约有 240 万人到过大陆，到 1993 年可能增加到 470 万人。第三，两岸之间官方往来越来越频繁和重要。具有历史性意义的会谈即 4 月间在新加坡举行‘辜汪会谈’。会谈内容从两岸偷渡到保护台商在大陆的利益以及各种文化交流。从上面的经济、人文、政治接触来看，两岸之间拖延已久的统一似乎已经临近。”

（二）和平统一是共同的民族情感和愿望

众多台湾听众投函，抒发着共同的民族愿望。一位台湾听众在来信中写道：“看到报上刊登邓小平老人家对台湾问题做出的决策，感到这是可贺可喜的国家大事。我们希望国家很快统一，迈向均富、自由、互惠，这是全体中国人的愿望。”“我们中国是一个整体，两岸统一强盛，中国就是一个了不起的国家，人民可以扬眉吐气。过去我们中国被视为一盘散砂，现在根本不同了。今天谁为国家民族着想，人民就拥护谁。我们希望中国在邓小平健在时完成统一。”

（三）斥责“台独”行径

近年来，台湾听众不断来信怒斥台湾岛内“台独”活动的嚣张气焰，指出极少数投靠外国、喜欢台湾“独立”的“台独”分子，是梦想把台湾从祖国分裂出去，背叛了全国人民和中华民族的根本利益；国民党当局对“台独”的姑息纵容，实质上助长了“台独”活动的气势。“台独”活动的嚣张，已经给正在发展的两岸关系和祖国和平统一进程投下了浓重的阴影，不能置之不理。

（四）中国内政不容外国势力介入

许多台湾听众来信指出，中国政府解决台湾问题，实现两岸和平统一，不容外国侵略势力干预。他们说：“中国人的事中国自己会办好。外国势力想插手中国内政，把中国领土夺为自己的殖民地时代已经过去。现在有些外国势力以所谓‘台湾的安全’为借口，提出种种染指台湾的谬论。台湾是中国不可分割的领土，台湾的安全就是中国的安全。外国势力的操心，其居心昭然若揭。”

（五）和平谈判实现国家统一

通过接触谈判，以和平方式解决分歧，实现国家统一，是包括台湾同胞在内的全体中国人的共同心愿。

二、拓展两岸交流，实现两岸直航

1993 年，海峡两岸人员往来较之往年频繁、密切，双向交流取得了新突破并迅速扩大，台胞赴大陆探亲、旅游、考察络绎不绝。两岸科技界、文化界、学术界、医药界、艺术界、新闻界等各个领域都进行了不同程度的交流与合作。在此情势下，台湾听众谈论有关两岸交流的来信也有增无减，他们呼吁扩大交流领域，落实和深化两岸交流与合作，尽快实现两岸直航。一些台湾听众来信还建议岛内台商到大陆投资，要把眼光放在内陆地区各省。一位老听众来信说：“中国的未来希望在大陆。当前，两岸中国人要紧密团结，两岸各项交流要提高层次，彼此取长补短，增进共识，为和平统一创造条件。”台湾听众来信为拓展两岸交流渠道提出了许多建设性意见。

（一）落实两岸文化艺术交流

台湾听众来信希望大陆开放更多学校，让台湾地区青年学子赴大陆读书，尤其是高中以上毕业的学生，尽量帮助他们，给予他们方便，达成他们的心愿，进入各大学深造。而台湾方面若能在研究所层次，对大陆青年作适度开放，不失为良策。两岸若真能如是落实认知交流，学生在各自不同的社会环境中生活学习，就能实际深切体会对方社会之特质与其差异性，当学习归程后，方能真正发挥沟通功效。

（二）台湾业者要增强大陆内地建设的投资

一位台湾同胞说：“目前两岸投资，多在邻近沿海地带，如福建、广东、上海、天津、北京等地，较少有人把眼光投入内陆去经营的。我们若能把心胸、视野更为放深远一些，能从多角度多层次去考虑问题，那么前景仍是有再商榷的余地。就算我们暂且能把难以分割的血缘关系放在一边不谈，内陆地区各处独具特色的丰富特产资源，也是值得大家去开发经营的。何况中国整个未来的生命体，也不是那些地区已开发，那些地区仍落后可以了的。”

（三）两岸合作共筑台湾海峡海底隧道

一位台湾听众说：“我想我们今天两岸的中国人，何妨把彼此智慧物力，正在蓬勃发展出来的资金与技术，在波涛万顷的台湾海峡，共同设计建筑一条世界最具有长度的海底隧道，真的能把两岸同胞做实质的联系起来，共输有无，互补所需，创造出更为璀璨的美好的明天！”不少台湾听众来信还建议两岸加强科技交流和经贸合作。

（四）呼吁尽快实现两岸直航

尽快实现两岸直航，是近两年来台湾听众来信的热门话题，为两岸交流与合作事务中急待解决的迫切项目，不少台湾听众来信问道：“为什么两岸直通如此困难？大家都看到台湾当局疑惧不安是最大障碍，所以它采取拖延的对策。谁都知道，两岸直航后，两岸往来省钱省时又方便。可这边怕的就是这种‘方便’。”

三、台湾同胞关注大陆成就和变化

中国的过去和现在，激起了台湾同胞的民族之情。大量的台湾听众来信，倾吐了他们心中的民族自豪感。他们有的“回顾历史，不忘国耻”，有的为中国“地广人多，历史悠久，文化灿烂，山川壮丽，物产丰富而自豪，有的看到今日祖国大陆欣欣向荣，感到中国的希望在大陆，中国的强盛有望，从而激起了他们心中的爱国情感。爱国，一直是聚合炎黄子孙的伟大感情。”

大陆的改革开放和建设成就以及城乡面貌的变化，一直是许多台湾同胞的关注点，一旦有新的了解和发现，便来信倾吐心声。北京是伟大祖国的首都，全国政治、经济、文化和交通的中心，在大陆旅游、考察的台湾同胞，无不计划到北京一睹真容。一有感受，便在来信中留下记忆。

一些台湾同胞还从祖国大陆召开的一些国际性会议和举办的国际性活动中，了解大陆各行各业的发展现状。

四、祖国体育奋进激发了台湾同胞爱国感情

1993 年 9 月 23 日，在地中海之滨的袖珍之国摩纳哥的蒙特卡洛，国际奥委会 101 次会议投票决定 2000 年奥运会主办城市的时候，远在另一个半球的台湾同胞，和祖国大陆同胞一样，度过了一个令人焦急、心碎的不眠之夜。北京以两票之差未获得奥运会主办权的消息传出之后，一些台湾同胞来信倾吐自己的心情和感叹，并具体描绘了中国体育走向世界的轨迹。台湾高雄市一位先生来信说：“9 月 24 日凌晨 2 时半，我这个台湾同胞和岛内许许多多人一样，一直关注国际奥委会的投票结果，收听着中央人民广播电台对台湾的广播，北京不幸在第四轮投票中以 43 比 45 两票之差落选。记得 1992 年在西班牙巴塞罗那举行第 25 届奥运会前夕，著名中国乒乓球运动员邓亚萍，在接受台湾电视台记者访问时曾豪迈地说：对我的同胞及我来说，拿银牌就是输了，也就是说，决心拿到金牌。当时我听到这话，受到极大的鼓舞，一股民族自尊心油然而生。祖国体育健儿的志气，激发了我们的爱国精神。”

北京申办 2000 奥运会虽然落选，但祖国体育冲出亚洲、走向世界所取得的成就，一直是台湾听众来信的热门话题。他们一致地赞叹：“中华优秀儿女在世界体育比赛中所取得的丰硕成果，为中华民族写下了伟大的篇章，使我们每个中国人都感到扬眉吐气，无比自豪!”

五、批评台湾当局对北京申办奥运态度

一些台湾听众来信批评台湾当局反对北京申办奥运。他们指出，美英阻挠北京申办，目的是要减少一个崛起的实力，其可恨之处使人联想到历史。可台湾当局阻挠北京申办奥运则不可理喻。一位听众在来信中引用台湾东吴大学曾教授的话说：“由当权派支持的独台报纸，以专栏报道的方式大力宣传：这次北京所以会失去公元 2000 年的奥运主办权，全是由于台湾奥委会这一票投给了澳洲，台湾这一票是北京落选的关键。”

六、台湾同胞不欢迎大陆劫机犯

1993 年这一年，大陆不法分子劫持民航客机到台湾的事件，为近十年来最多的一年。一些台湾同胞为此投书中央电台，直言不讳地谴责这一系列劫机行径，主张台湾当局应立即将劫机犯遣返大陆接受法律惩处。一位台湾听众来信说：“对于这些大陆劫机犯，台湾当局本该采取明智的做法，通过立即遣返劫机犯以杜绝劫机事件的发生。劫机行为对机组人员和乘机旅客的生命安全都造成极大威胁。近几年来，在劫机事件中死伤的旅客很多，仅台湾旅游者就有数十人。劫机行为不得人心。我们台湾同胞坚决不欢迎大陆劫机犯。”

七、祖国文艺舞台继续吸引众多台湾听众

对台文艺广播的《九州彩虹》节目，如同它的节目名称，自开办以来，以五彩缤纷的优秀戏曲、音乐节目，反映祖国美不胜收的文艺舞台盛况，满足台湾听众的文艺欣赏，博得了许多听友的赞许。

中国京剧故事性强，情节生动，紧凑连贯，唱念做打都很精彩，是熔音乐、戏剧、舞蹈、美术于一炉的综合艺术，在台湾拥有众多的戏迷。一位台湾听友来信说：“贵台每周广播的 8 次京剧选段节目，我早晚都准时收听，并作 4 次录音，以便再次欣赏，如能购得唱词，则可弥补美中不足之处。”旅居台湾的大陆各省籍同胞，对于乡音都不能忘怀，大陆各种地方戏曲都拥有自己的听众群。喜爱评剧、豫剧、河南梆子、粤剧等剧种的台湾听众，均相继来信点播具体剧目。

（中央人民广播电台台播部）

中国国际广播电台

中国国际广播电台是我国唯一向全世界广播的国家电台。它每天用 43 种语言向世界各地广播，1993 年，中国国际广播电台共收到了来自 173 个国家和地区的听众来信 554122 封，再创历史最高纪录，实现了历史的大跨越。

听众来信是衡量一个国家的国际电台办得如何，在国外影响大小的主要标志。几十年来，中国国际广播电台听众来信工作经历了几个阶段：50 年代后期每年只有听众来信 3 万封；60 年代中期是听众来信的高峰期，每年均在 15 万封左右，1965 年达到 28 万多封；“文革”期间，听众来信急剧下降，最低减到一年只有 2 万封；1978 年党的 11 届 3 中全会以后，对外广播通过一次大的变革，加强了节目的针对性，听众工作有了很大发展，海外听众来信逐年增加，1980 年听众来信 9.1 万封；1986 年突破 10 万大关，达到了 14.2 万多封；1989 年 17.1 万多封；1990 年又上升到 21 万多封；1991 年 23.4 万多封；1992 年跨了一大步，达到 32.8 万多封，第一次创造国际台历史最高纪录；1993 年再上新台阶，突破 50 万大关，保持了 10 连续稳定增长的势头。

55 万封海外听众来信意味着什么？

一、这些令人振奋的数字表明，中国国际广播电台已经进入世界先进国际广播电台的行列。按国际惯例，每一封信代表 300-500 名听众计算，55 万封听众来信就意味着中国国际广播电台在世界上拥有听众 2 亿多。英国 BBC 一直是世界上收到海外听众来信最多的国际电台，1992年收到来信62万余封。如今我国际电台已接近对手，跻身于世界第二位。近年来，国际邮资一涨再涨，这对听众尤其是发展中国家的听众是一个不小的负担，BBC为吸引听众，在64个国家设有“信箱”，它的来信80%是通过信箱转回国内，而我们只有几个信箱，相比之下我们的听众来信能稳步增长实属不易，在这里也可以看出外国听众对中国人民和我国际电台的信任，充分说明了中国国际广播电台已经成为世界上有较高声誉和影响的国际广播电台之一。许多听众来信称它是“了解中国和世界的窗口”、“友谊的桥梁”。印度一位听众来信说：“贵台的新闻不仅准确、客观、全面，同时又是既可靠又权威的信息源。你们的节目象磁铁一样吸引我。”美国一位听众说：“我和我的朋友喜欢你们的专题节目，题材多样，内容有趣，从中了解到中国灿烂的文化和今日的巨大变化。”芬兰一位听众说：“我从未去过中国，但你们的节目象是从遥远的中国吹来的一股清新的风。”

二、这一突破性的数字表明社会主义中国在世界上的地位不断提高，我们的朋友遍五洲。近几年来，世界形势急剧变化，而我国国内政局稳定，经济繁荣，改革使中国取得了举世瞩目的成就，一个欣欣向荣的中国正在世界东方崛起，引起越来越多的国家和人民的关注。我们抓住有利时机，把改革开放和把经济搞上去作为主旋律，向国外听众如实介绍，在国外产生深远影响。成千上万的听众来信称赞中国在改革开放和现代化建设取得的巨大成就，保加利亚一位听众来信说：“我们关注着中华人民共和国的政治与经济建设。中国人民是伟大的，尽管它饱受了过去的错误与挫折，但它从中吸取教训，坚定了走自己道路的决心。”越南一位听众来信说：“中国正在积累丰富的经济、政治改革经验，使它不愧为发展中国家学习的楷模。”美国一位听众说：“中国是亚太地区具有举足轻重影响的国家，经济发展也已为世人瞩目。我们十分关注中国的发展，对于这样一个经济蓬勃发展的国家，我们必须与他合作。”

三、55万听众来信是对外广播工作者辛勤耕耘的丰硕果实。近年来，国际台各语言广播不断改进节目，加强了新闻的时效和节目的针对性，并根据听众的要求调整增办了一些生动活泼、喜闻乐听的专题节目，吸引听众。这里特别值得一提的是我国际台每年举办一次听众参与的有奖征文、知识竞赛活动，在各国听众心中产生浓厚兴趣。1993年举办的《中国改革开放知识竞赛》，收到109个国家的参赛答卷22万多份。我们抓住听众积极参与的心理状态，通过有奖竞赛活动，吸引他们收听广播，向他们介绍中国的历史文化，介绍中国改革开放和现代化建设的成就，增进了各国人民对中国的了解和友谊。许多听众来信高度评价知识竞赛活动，认为有知识性，有教育意义，并希望每年都举办这类活动。德国一位听众来信说：“这次活动很有意义，它使我了解了中国社会主义市场经济的发展情况，中国推行改革开放15年取得了举世瞩目的成就，整个国家焕发出勃勃生机。”阿根廷一位听众在信中说：“过去，中国在我们眼里只是很神秘，通过参加知识竞赛，收听广播，查阅资料，我渐渐了解了真正的中国。”委内瑞拉一位听众来信说：“贵台的知识竞赛，使我学到了不少知识，引起了我对中国的好奇心。为此，我把大部分休息时间放在图书馆里，钻在各种地图里、百科书里。找啊！找啊……”匈牙利一位听众来信说：“通过知识竞赛，使我国有更多的人成为世界最大民族的朋友，最大民族历史的崇拜者和伟大目标的支持者。一个崭新的中国展现在我的眼前。”

（郭景哲）

中央电视台

1993年，中央电视台收到观众来信约20万件，据不完全统计：北京地区来信数量最多，约占来信总数的10%；其次河北、山东、四川、河南、江苏占6%–7%；辽宁、黑龙江、湖北、湖南、浙江、安徽等地占4%–5%；来信最少的是海南、宁夏、青海和西藏。此外还收到港台地区和印尼少数来信。

从来信内容看，询问医疗和其它各种信息的来信较多，约占总数的25%，其次是赞扬、批评、意见、建议、稿件以及反映社会问题的来信也较多。

现将反映比较集中的来信综述如下：

一、新闻节目

1993年3月1日，中央电视台实行新闻滚动播出后，第一套节目中的新闻由每天播出1次《联播》和午间、晚间新闻外一下增加到每天播出11次。这种滚动播出的方式为观众提供了更多的收看新闻的机会，观众表示满意。观众认为，中央电视台新闻在增加播出次数的同时内容比较丰富，形式有了创新。《新闻联播》陆续播出的系列专题报道非常好。如《省长访谈录》、《中华学人》、《中华环保世纪行》、《希望的田野》以及《辉煌十五年》等都给观众留下了深刻的印象，社会效果很好。观众充分地肯定中央电视台新闻导向，认为中央电视台采访报道了许多好新闻，正确引导了观众。如11月26日中央电视台记者采访的《北京牡丹集团厂庆新办》的消息受到观众的一致称赞。又如对选美问题的采访报道等，观众认为这些新闻对社会舆论引导起了非常好的作用。

新闻板块节目《东方时空》自开播以来，引起观众的强烈反响，《焦点时刻》更是引人注目。观众认为该节目不仅以最快、最新的“热点新闻”吸引了众多观众，同时在新闻评述方面也卓有成效。11月21日《焦点时刻》以“着眼未来”为题，对江泽民总书记和克林顿总统的会晤进行报道的同时，还对这一重大新闻事件发表了有分量的评述，他们认为这是电视新闻评述上的新尝试，希望进一步深入探索，把电视新闻评论提高到一个新水平。

第四套节目增加了一些社会新闻，也受到海内外人士的欢迎，并增加了海外对大陆的了解。

《经济信息联播》、《经济半小时》是观众喜爱的经济新闻节目。开播以来，受到各阶层观众的热切关注，认为该栏目是市场经济发展的产物，又为市场经济服务，从而对人们观念的转变起着潜移默化的作用。此外，《今日世界》、《国际新闻综述》也受到观众的好评。

二、电视剧、文艺类节目

1993年，中央电视台编导制作人员经过不断努力，生产、制作、播出了一大批电视剧受到观众的欢迎与好评。如电视剧《一村之长》、《女人不是月亮》、《唐明皇》和《苏雅的故事》等都获得较高的收视率。《一村之长》播出后，观众反映强烈，普遍认为该剧富有浓厚的生活气息，语言朴实，表演自然，乡土味较浓，有较强的现实教育意义。

中央电视台举办的百部爱国主义题材影片展播，特别受到广大观众的欢迎。近几年来，对青少年进行爱国主义传统教育的宣传削弱了，人们已对此感到忧虑，现在电视台开展这一展播活动观众认为是一项极其有意义的重要举措。革命传统历史片直观生动，朴实无华，易于接受，是进行传统教育的好教材。观众还认为建国以来拍摄放映的一大批优秀影片，教育和熏陶了整整一代人，至今想起来，仍然使人精神振奋。充分利用这些优秀影片继续教育人们和青少年，振奋民族精神，在今天仍然是十分必要的。

一年来，中央电视台组织举办的多台文艺节目，如《纪念毛泽东同志诞辰100周年文艺晚会——人间正道是苍桑》、《′93（春兰杯）MTV电视大奖赛》、《维也纳新年音乐会》等受到观众欢迎，认为这些节目思想内容健康，艺术风格高雅，极大地丰富了人们的文化生活。

《综艺大观》、《正大综艺》是综合文艺中的主要栏目，周末黄金时间的播出给电视机前的亿万观众带来欢声笑语，深受广大观众的欢迎，始终保持较高的收视率。

三、专题综合栏目

专题综合类栏目各具特色，各栏目经过不断探索，节目质量显著提高。如《人民子弟兵》、《军事天地》、《观察思考》、《动物世界》、《十二演播室》《为您服务》和《卫生与健康》等栏目受到观众的广泛好评。

《人民子弟兵》栏目自创办以来，有相当稳定的观众群，观众评价较高。观众认为该栏目长期以来有明确的宗旨。获得良好的社会效益。以知识性、趣味性独具一格的《军事天地》赢得众多观众、尤其是中学生的厚爱与欢迎。许多观众要求将这些节目编辑成册或录像发行以便于长期保存。评论性栏目《观察思考》以客观、严谨的态度引导观众正确认识各种复杂的社会问题，受到观众较好的评价。观众反映说该栏目大胆地揭露时弊，伸张正义，反映了群众的呼声；对所发事件进行深刻的分析，引导人们正确思考，使观众颇受启发。《动物世界》是创办时间较早的栏目之一，也是观众普遍喜爱的栏目，始终保持较稳定的收视率。以青年学生为主要对象的青年栏目《十二演播室》受到观众的好评，平均每月收到两千多封观众来信。

为纪念毛泽东同志诞辰100周年，深切缅怀毛泽东同志的丰功伟绩，中央电视台隆重推出的大型电视纪录片《毛泽东》、大型艺术片《毛泽东诗词》、电视连续剧《中国出了个毛泽东》引起观众的强烈反响。年青人感到这些节目使他们对毛泽东有了更多的了解。不少观众认为毛泽东的形象反映了一代革命家的风范，纷纷来信表述他们的深切怀念。

四、观众意见与要求

1、近几年来，观众纷纷来信，反映一些地方电视台（站）除在转播中央电视台新闻节目时插播广告外，还在转播其它节目时插播广告，有的地方电视台（站）不能完整地转播中央电视台的节目而播出格调低、质量差的港台武打、言情录像带，造成不良影响，观众十分不满，强烈要求有关部门管一管，尽快制止这股风。

2、观众认为新闻滚动播出，增加了新闻的时效性，成绩是显著的，但重播新闻太多，来信建议要广开信息渠道，增加信息量，增加国际新闻的比重，以满足观众的要求。

3、观众反映中央电视台荧屏节目虽然丰富，但反映农村生活的节目仍然少见。改革开放以来，农村的经济、生活、观念发生巨大的变化，希望更多地创造以农村生活为题材的电视节目奉献给观众。

（中央电视台观众联系组）

天津人民广播电台

1993年是天津人民广播电台听众来信的丰收年，共收到听众来信来稿254496件（不含直接送给个人的信稿），比1992年增加89%，创造了天津台建台以来的最高纪录。这些信件来自全国28个省、市、自治区以及17个国家和地区。现将听众来信情况综述如下。

一、各系列台听众来信情况

1993年新闻台共收到听众来信11212件，比1992年提高了146.33%，占全台来信总量的4.41%。经济台共收到听众来信136370件，比1992年提高了189.97%，占全台来信总量的53.58%。文艺台共收到听众来信69288件，比1992年提高了157.3%，占全台来信总量的27.26%。

新闻台历年来听众来信量变化不大，1993年听众来信量的大幅度增长和1993年4月12日对节目进行大规模调整有直接关系，节目调整之后增加了信息量，提高了新闻的时效性，突出了听众参与。另外，新闻台增加了服务性内容，主持人播音亲切，缩短了和听众的距离，也是很重要的原因。经济台、文艺台听众来信量的增加，和几个听众参与性强的点播节目有直接关系。

二、听众来信量增加的主要原因

1993年听众来信大量增加的主要原因和天津人民广播电台在总体上进行大幅度的节目改革和宣传改革分不开的。从整个听众来信情况看，有以下几个特点：

1、听众参与性节目听众来信量大。听众参与性节目听众来信量，占全台听众来信的80%以上，尤其是那些适合青年人收听的文艺性节目，如《七色花》、《点播音乐》、《99点歌台》等，这类节目是青年人或者说是大中学生业余文化生活的空中舞台，是青年人交流思想、增进友谊、陶冶情操、进行自我表现和艺术享受的阵地。因此青年人便抓住这个阵地，踊跃投书。有些听众为了实现自己的点播愿望，一封两封三封四封五封六……地给电台写信，真有一种不达目的誓不罢休的决心，有些听众为了打成功率，一次就给电台来了八九封同样同容的信件，而有些听众一旦实现自己的愿望，便进一步激发了积极性，以不断进取的精神，把一封封书信寄给电台，把一件件连和父母都不愿讲的事向电台倾吐，那一句句感人肺腑的语言，那一句句发自内心的心里话，表达出广大听众对电台的信任和一片真情。

2、服务性节目听众来信量多。随着市场经济的深入发展，社会需要各种服务，而广播全方位为听众服务的功能，促使听众利用广播媒体为自己服务。在一些服务性、对象性比较强的节目中，听众来信量始终保持旺盛的势头。比如《悄悄话》节目，这个节目在全台节目中听众来信量增长最高，1993年比1992年增长了185.48%。它以传播性知识、性道德、性伦理为主，吸引了不同层次的听众，它不但为听众增长了知识，陶冶了情操，而且解除了有些听众的困惑。《枫叶正红》节目抓住了老年听众的收听心理，满足了老年听众的收听需要，自开播以来受到了老年听众的普遍欢迎，取得了良好的社会效果。尽管它在16：00至16：30播出，但是它适应老年群体的收听，开播不到8个月收到听众来信1133封，而且这些来信，都是听众经过深思熟虑发自内心的感慨。

3、播出时间较长的节目听众来信量少。在1993年听众来信统计结果中，一部分播出时间较长，栏目和内容变化不大的节目听众来信量少，甚至比上年度下降。比如《天津早晨》、《千家万户》、《经济大世界》、《津沽大地》、《社会了望》、《体坛之声》等节目，1993年听众来信量均比1992年有不同程度的下降。这些播出时间较长的节目，如何做到常播常新，必须根据听众的需要，随时调整节目内容和播出形式，不然的话新出台的板块节目就会夺走一部分听众，显得老板块节目内容陈旧、形式单调、缺乏新意。另外有些板块节目，也可以根据自己的节目特点和实际，搞一些征文和有奖问答，以扩大节目影响，吸引听众收听。

4、单一性的文艺节目听众来信量少。在文艺类节目听众来信统计结果中，综艺性节目听众来信量多，单打一的文艺类节目听众来信量少，甚至出现大幅度的下降趋势。比如戏曲、曲艺、文学、广播剧等，这些节目尽管有自己的固定听众，但是听众来信很少，如不改变播出形式很难扩大收听范围。因此，文艺类节目要想吸引听众收听，必须多搞一些综艺性节目、听众参与性节目和深加工的节目，而一些简单的组合式节目和缺乏广播特点的节目，必然遭到听众的冷落。就拿《广播剧》来说，它的制作过程可以说在广播中最复杂，但是1993年广播剧的听众来信极少，这个时代的产物曾发挥过一定的作用，然而随着人们欣赏水平的提高，各种文化娱乐场所的增加，电视剧、录像厅、录像带的普及，广播剧已远远落后于形势，落后于人们的欣赏水平。

三、正确对待听众来信，激发听众热情

随着广播宣传改革的不断深入，听众来信会越来越多，这是广播宣传改革取得成功的标志，然而如何正确对待听众来信，不断鼓励和激发听众的来信热情，做到件件有着落，这是一项不容忽视的重要工作。在处理听众来信中，往往出现这种情况，有的节目听众来信量少，编辑为此着急，处理来信比较认真。有的节目听众来信量大，给编辑、主持人增加了很大的工作量，时间一长积压很多。有相当一部分听众来信原封不动投入了废纸箱，还有个别编辑、主持人在处理听众来信时，从大量的信件中抽取几封进行处理，这种对听众来信极不负责的态度，大大遏制了听众来信的积极性，伤害了听众的感情，有损于电台的形象。我们要在办好节目的同时，把处理听众来信摆在重要的位置，不断鼓励和激发听众的来信热情，做到件件有着落、封封有回音。

（杜玉藻　王福增）

天津人民广播电台
《七色花》节目听众来信分析

为进一步了解点播类节目的听众来信情况，天津人民广播电台群工组从1993年11月6日至11月26日，对经济台《七色花》节目20天的所有听众来信进行了认真的审阅，并按地区、年龄、学历、职业、部门等几大项进行了统计。

一、来信的几个特点

1、外地听众来信多于本市。本市听众来信占总数的28.88%，外地来信占71.12%。

2、青年学生听众是主体。青年学生来信量为5812封，占总数的99.10%。

3、农村听众（包括农村学生）是“生力军”。在我们的统计中，农村听众（包括农村学生）占了很大比重，这部分听众来信数为2765封，占来信总数的

47.10%。

另外，低学历听众来信高于高学历听众来信，学生来信多于从事其它职业听众来信等等，都是本次调查比较突出的特点。

二、来信内容

从这个节目的听众来信内容看，除倾吐自己的喜、怒、哀、乐外，大多以点歌为主，其中通俗歌曲、港台歌曲占绝大部分。点播的最大特点是，当时社会上流行什么歌曲，听众就比较集中地点什么歌曲。

三、拥有众多听众的几点原因

1、主持人在主持节目的过程中和蔼可亲，用一种真挚的情感去打动听众，缩短了与听众之间的距离，从而赢得了听众的信赖。也正因为如此，听众把主持人作为自己无话不谈的知心朋友。

2、以歌传情，以歌交友。《七色花》节目青年学生听众是主体，这些听众思想活跃、参与意识强，同时他们也正处在青春期，恋爱、交友是男女青年较为渴望的。所以这些听众的来信大都反映的是一些恋爱、婚姻、交友上的问题，在提出自己的问题、抒发自己的情感之后便是点歌，以寄托自己的情思。

另外，青年学生来信多和前一时期部分新闻媒介诸如小报、报纸周末版大肆吹星、捧星、炒星有很大关系，港台歌星的奇闻轶事、生活琐事在青少年中引发了一种盲目崇拜的心理，加之港台歌曲大都是以青年人的恋情、以及对人生、对社会那种特有情感的宣泄迎合了一些青年人的心理，受到青年人的欢迎。

3、农村听众（包括农村学生）是“生力军”，这是此次调查的特点之一。这些听众由于受年龄、地域的限制，尤其是娱乐场所、文化生活的缺乏，他们对电台节目产生了一种依赖性。另外，我们所播出的歌曲大都为流行歌曲，这些歌曲其内容通俗易懂，也适应了这些人的文化层次。同时，在这部分听众中，对广播存在着一种神秘感，如果点歌的愿望得以实现，从广播中传出自己的名字，他们感到无比的新奇与快乐，这就在很大程度上增强了他们收听广播的欲望。

4、外地听众来信占 71.12%，对于这个比例是我们始料不及的。分析其原因，除了上边所讲的受年龄、地域的限制外，还有以下两个方面的原因，一是我们的节目形式比较新颖、活泼，内容比较开放，而且又是以娱乐为主，从某种程度上讲，比周围可听到的台具有一定的优势，所以一些外地听众被吸引了过来；二是广播有传播广的特点，这就给相隔遥远的听众架起了一座“传情”的桥梁，而且这种“传情”形式更新奇、更直接、更富特殊含义，从而吸引了更多的外地听众。

5、《七色花》节目通过歌中的故事和故事中的歌这一特殊形式，反映新时代人们的思想道德和情操，同时，这些故事大都是平凡人的故事，这些歌大都是通俗易懂的歌，所以它吸引了一大批听众。

总之，是广大听众与《七色花》节目的编播人员共同浇开了这朵鲜艳的小花。

四、“点播”类节目的积极作用与值得研究的几个问题

天津台“点播”类节目能够拥有那么多的听众是一种可喜的现象，另外，“点播”类节目对社会、对广播的发展所起的积极作用也是有目共睹的。①它吸引了更多的听众参与节目，缩短了广播与受众之间的距离。②由于“点播”类节目的娱乐性强，为听众提供了一个丰富的空中舞台，这样就大大提高了广播的知名度和收听率，同时也提高了电台对整个社会的积极影响。③“点播”类节目为人们交流感情、传递友谊起到了桥梁和纽带的作用，从这一点上来说也增进了人与人之间的感情，体现出了社会的发展与进步。

尽管如此，我们的“点播”类节目，通过大量的听众来信和日常的播出情况看也存在着某些不足，主要表现在：

1、“点播”类节目没有跳出港台歌曲、流行歌曲的圈子。歌曲的内容比较单调，格调还不够高。

2、对于“追星族”的心理需求迎合的比较多，引导的比较少。

3、对于每一次所播出歌曲随意性比较强，还不能做到精编细排。

4、缺乏创新意识，千篇一律。

五、几点建议

“点播”类节目以它特有的形式和内容，吸引了一大批热心听众，特别是青年听众，那么我们如何抓住这一优势，使“点播”类节目不因放任自流而走向低谷，并在此基础上取得更好的社会效果呢？我们觉得就天津台的实际情况，应在以下几个方面加以注意：

（一）领导把关，加强管理。

（二）“点播”类节目要在培养受众健康的审美情趣上下功夫。点歌内容应该在丰富、多样上下功夫，以适应不同层次听众的口味。

（三）编辑、记者在编排节目时要多动脑筋，使歌曲“常点常新”。在很长一段时间里，“点播”类节目处于你点我播的被动状态。编辑、记者或主持人应该具备新闻编辑、记者所具有的那种特殊的敏感，在编排节目上要有一种目的性，应该播什么歌曲，为什么要播，都应该体现编辑意图。

（四）“点播”类节目的主持人要在串联词上多下功夫。“为点播而点播”的做法是片面的。“点播”类节目的编辑、记者、主持人，应该把更多的精力放在串联词上。“点播”节目虽然属于娱乐范畴，但是我们的编辑、记者或主持人决不能忘了“寓教于乐”。

（五）从“点播”类节目的未来发展看，青年仍将是收听的主体，因此，应该充分利用此类节目的优势，抓住青年人的特点，对广大青年进行爱国主义和革命传统教育，提高青年的思想道德情操。

（齐彪　杜玉藻）

常州人民广播电台

目前，常州人民广播电台已经形成人民台、经济台、交通台并存的新格局。1993年，人民台、经济台和交通台共收到听众来信85523封，接到听众电话88643个。其中属于投诉类方面的来信、来电约占总数的7%；属求助类方面的占20%；属肯定、评价广播节目的占10%；属提建议、意见方面的占3%；属参与类方面的占60%。在给常州人民广播电台来信的听众中，都是常州人民广播电台广播节目覆盖范围内的，其中以本市听众为主，有一部分是邻近市县的，少部分听众是外省市的。在8.8万多个来电中，一部分是参与回答问题、点歌和娱乐的，一部分是咨询求助的，还有一部分是参与问题讨论或情感交流的。

投诉类：常州电台的人民台、经济台和交通台分别设有《846直播室》、《一〇一服务台》、《市民专线》、《747热线》等节目，广大听众凡在生活、工作中遇到问题，首先想到的是向电台反映，他们或接通直播室的热线电话，或给节目主持人写信。

求助类：常州电台的人民台、经济台和交通台还分别设有《846咨询台》、《空中导医》、《空中导购》、《咨询窗》等节目。在这些节目中，听众通过热线电话，向主持人询问求购信息，或者向来直播室担任嘉宾主持的医生问医求药。另外，电台还开设了《心灵之约》、《多宝情义线》、《鹊桥仙》等节目。在这些节目中，听众通过热线电话求得疏导，增强了对生活的信心和勇气。

参与类：在听众来信、来电中，绝大部分是参与节目的。如听众通过热线电话，或参与回答问题，或参与问题讨论和问题竞答，或通过热线电话点歌、娱乐直至参与节目主持。

（顾红兵）

山东电视台

1993年山东电视台总编室从收到观众来信中，归纳以下几个内容加以分析：1、对新闻节目的评议；2、对经济节目的关注；3、对少儿节目的反映；4、广告节目的有关问题；5、地方台、转播台占频道现象。

一、对新闻节目的评议

1993年4月11日，《晚间新闻》进行了改版之后，电视观众、信息员来信较多，对改版后的《晚间新闻》比较满意。设立的小栏目《社会经纬》、《名人追踪》、《记者手记》、《各地航讯》很受关注。观众认为，内容新鲜、实际、贴近群众，大大增强了服务性。部分观众对每天播出的新闻节目做过评议，感觉《山东新闻联播》、《晚间新闻》播出效果和制作质量好于《午间新闻》（不排除时间因素）。在黄金时间播出的《山东新闻联播》中，会议新闻、首长接见仍然偏多。要求减少会议新闻是观众来信中比较统一的看法。并建议必要的会议新闻应简明扼要。充实社会新闻、批评性新闻，增加体育新闻是观众比较集中的建议。比如：5、6月份《山东新闻联播》对某医院的购用劣质药材、器材的系列报道；7月份山东省部分地区遭受水灾，“来自灾区的报道”。在观众中引起极大反响，新闻收视率较高。《午间新闻》受时间因素影响，观众来信较少。如果调整新闻内容，增强时效性、贴近性和新鲜感，能够争取到城市企业中三班倒职工和农闲时节的农民等收视观众。从来信中分析，城市观众和文化程度较高的观众对新闻的收看高于农村观众。城市中，老观众多于青年观众。

二、对经济节目的关注

随着计划经济向市场经济的转变，各行各业都将视角投向了市场。经济台的开播，引起了各界人士的关注。山东电视台最早推出的《市场经济纵横》栏目，首先收到了各地信息员的来信，对前几期的节目给予了肯定，并且提出了建议和要求。从观众、信息员的来信中发现，电视观众的收视观念逐渐改变，由过去的将电视当作单纯娱乐和消遣工具，变为获取信息的最主要来源。注重看经济节目的是城乡企业界人士，农村观众也越来越多地试图通过电视寻找适合自己致富的信息。农村观众对看电视有着独特优势，与报纸相比，在当前农村文化程度偏低的情况下，不受文化程度和传播渠道的限制；与广播相比较，视听并存的特点，又大大增强了农民观众对节目的理解力和形象感的认识。观众认为，《市场经济纵横》栏目中《来自消费者的呼声》、《观众信箱》和《大市场》栏目的《投诉台》贴近观众，很受欢迎，经济栏目信息量大，有针对性和指导作用。

三、对少儿节目的反映

少年儿童在电视观众中是一批较固定的收视群。来信谈论少儿节目的却大多是家长，小观众的来信以点播节目为主。从总体上看，山东电视台的少儿节目是比较受欢迎的。观众认为，电视已成为儿童认识客观世界的主渠道，少儿节目应以健康向上的内容为主题。电视是加强少年儿童的思想教育，引导孩子们健康成长的重要因素，少儿节目应当在思想性、趣味性、知识性上下功夫，而打打杀杀的“卡通片”或者超出广大小观众生活水平的高消费会在孩子们心灵上产生不良影响。另外，孩子们理解能力较差，节目主题要明确，内容表达应清楚，比较含蓄的应加上必要的解说进行引导，起到启发教育的作用。

四、广告节目的有关问题

电视观众对1993年山东电视台的广告播出不象往年那样言辞激烈。总的说来，观众对电视节目之间插播广告已有所适应，主要有以下原因：①广告制作质量有所提高；②每组广告的播出时间相对缩短；③广告安排比较恰当，比如《广告文艺》、《广告文体大观》栏目，以化整为零的广告播出形式，缓解了观众对电视广告的逆反心理，得到观众的赞同和认可。观众意见较大的仍然是电视剧中间插播广告。其次，观众希望广告宣传要注重产品质量问题，不应迎合客户说得过分、过高，实事求是的宣传才能正确引导消费者。

五、地方台、转播台占频道现象

从1993年初，观众反映地方电视台、转播台侵占省台频道的来信明显增多。最初，观众来信主要集中在一两个县市，后来扩展到几个地区，最终几乎遍布全省。不知情的电视观众纷纷来信指责这一现象，他们认为电视台在节目制作和播出中极不负责任，节目杂乱无章，严重影响观众的收看情绪。后来，当观众弄清了原因，转而对地方台、转播台极为不满。众多观众来信明确指出，各地电视台、转播台利用省台频道插播广告，是严重的侵权行为。有的信息员陆续将地方台在山东台《广告文艺》节目时间插播的广告记录下来，供本台参考。这一信息反馈，给山东台提供了重要的情况。电视观众和信息员起了很好的义务监督作用，成为电视节目播出中的义务监督员。同时也看出省台在观众心目中的地位。为此，总编室连续汇编了三期有关侵占省台频道的观众来信下发有关部门，并引起领导的重视。这一现象至今虽然没有得到彻底解决，但从近期的观众来信中反映，这一现象有所改观。

(张建平)

安徽电视台

1993年安徽电视台总编室共收到观众来信32,038封。除了安徽各地观众寄来以外，还包括来自江苏、浙江、河南、湖北等邻近省份及安徽籍的官兵从祖国各地寄来的各类信件。有一部分观众来信是提出意见、建议和各种要求的；还有一部分观众来信是咨询各类事宜（含医疗信息、购买信息、反映各种问题等；但大部分观众来信是点播各类节目的，如歌曲、电视剧、文艺和戏剧等）。总之，观众很关心我们屏幕上的一些细微的变化。

根据观众来信每周定期选编《观众来信摘编》，全年共发52期。《观众来信摘编》汇编了观众对安徽电视台各类节目的反映、要求和建议，供台领导及有关采编人员参考和借鉴。

1993年观众来信情况分析如下:

一、安徽电视台自从调整节目以来，观众认为所开办的栏目有很强的可视性。1993年观众来信，对安徽电视台开办的栏目给予了充分的肯定。霍山、庐江、岳西等地观众来信谈到：安徽电视台所开办的节目，观众比较满意。从各类栏目中，观众了解到各方面的知识，观众认为安徽电视台的节目有了长足的进步。一位观众来信谈到：安徽电视台自6月份改版后，以一个全新的面貌展现在全省观众面前，这标志着安徽电视台的节目又上升到一个新的高度，而且拥有了一批类似中央电视台的名牌栏目。如中央台有《东方时空》、《正大综艺》，安徽台有《今晚一刻钟》、《今晚我们相会》；中央台有《社会经纬》，安徽台有《社会之窗》；中央台有《综艺大观》，安徽台有《黄金万花筒》；中央台有《综合经济信息》、《为您服务》，安徽台有《信息与市场》、《生活顾问》等。并且这些节目已经拥有固定的观众群，这足以说明安徽电视在腾飞、在发展。枞阳、无为、滁州、芜湖等地观众来信谈到，安徽台的许多节目都办得很好，各类栏目及时地向人民宣传党的方针和政策，提供科学信息，透视社会现象，对推动安徽经济的发展，丰富人民的文化生活起到了积极作用。

二、观众来信要求栏目中播出的节目应避免重复。一些观众来信指出：安徽台新开办的栏目，总体看是好的，但也有些栏目安排的内容出现了重叠现象。如一位观众反映最近《体坛内外》里播过的“游艇赛”又在《天都了望》里出现，这样既浪费了人力、财力，又占用了宝贵的屏幕时间，同时又给观众造成了不好的印象。有的观众来信指出，《社会之窗》和《今晚一刻钟》界定不清，《经济纵横》也有一些社会问题报道。

三、增强观众意识，采纳观众意见，为观众办实事。1993年5月中旬，铜陵、南陵的观众来信谈到：我们居住在农村的大多数观众爱用农历计时，尤其是农事活动总是用农历时间来实施。为此，建议安徽电视台在预告当天日期时，同时播出农历时间，把公历、农历时间同时告诉观众。这条意见反映给台编委会后，领导批示采纳观众意见，并从5月31日起开始实施。

四、屏幕上应杜绝出现错别字。观众来信每年都有这方面的反映，应引起全台工作人员的高度重视。电视节目面对千家万户，安徽台的节目覆盖数千万人口，影响大，责任大，屏幕上杜绝出现错字和别字是我们电视工作者义不容辞的责任。编辑、记者和创作人员要层层把关，力求在屏幕上不出现错字和别字。

五、每星期六晚上安排的综合文艺性节目偏少。1993年以来，有不少观众来信谈到：安徽电视台节目进行了大幅度的调整，增加了一些新栏目，但每周六晚上安排的文艺节目都偏少了些。

六、电视台应定期或不定期地组织收视效果监测。霍邱、青阳、安庆市和黄山市等地观众来信反映：接收安徽台的节目干扰严重，甚至无法接收到。为此，建议定期或不定期地对发射信号进行检查，以此来确保安徽电视台所拥有的观众和收视率。

七、随着电视业的发展，近几年，不少地区可以收到多套节目的讯号，各兄弟台的节目形成了相互竞争的态势。一位观众建议安徽台应加强并重视自制节目的宣传，是否可以考虑增办一个《收视指南》栏目。定时定期地介绍本台播出的各类节目，既突出宣传了自制节目，又给观众收看节目提供方便。

八、黄梅戏是安徽的地方戏，又是全国十大名剧种之一。安徽省有相当一部分黄梅戏谜，建议安徽电视台举办一次《黄梅戏电视剧展播》活动，将历年拍摄的黄梅戏剧，按时间顺序安排播出。

九、变动节目播出顺序，应在屏幕中打出预告字幕。1993 年有一些观众反复来信提出这个意见。心里装着观众，时刻为观众提高服务质量，应列为办好电视的一个重要目标。电视台的节目如有调整，提前打出字幕告诉观众，既给观众收看节目提供了方便，又为电视台自身塑造了“办节目认真，对观众热心”的形象，在技术上及设备上也没多大的难度，建议认真研究解决。

十、一些观众来信反映淮南 703 台、蚌埠和安庆等地转播台，干扰安徽电视台节目播出，插播自制节目或叠加活动字幕。宿县地区台一、三、五、日竟不转播省台的节目。岳西、泾县、祁门、石台、绩溪、南陵等地观众也来信反映了他们那儿收不到省台的节目。1993 年反映由看不到安徽台节目及乱插播自制节目的观众来信数是历年来最多的，许多观众来信措辞严厉，还有的多次来信谈这个问题，还有观众对插播广告的形式、内容和时间段作了详细记录。看来，妥善解决好转播台插播广告等问题，应引起有关方面高度重视。

（常志华）

全国电视机市场问卷调查分析报告

（摘要）

人民日报群众工作部

我国现拥有彩色电视机生产线 100 余条，国家认定的电视机生产厂家 52 个，已跻身于世界电视机生产大国的行列。1992 年，我国黑白电视机的产量为 1328 万台，彩色电视机的产量为 1306 万台，我国电视机的年产量已居世界第一位，彩色电视机生产量居世界第四位。

随着高新技术应用，电视机市场的竞争越来越激烈。我国电视机市场现状和前景如何？这就需要信息，研究信息。而信息的获得只有通过科学的调查研究。

基于以上问题的考虑，人民日报群众工作部今年在全国范围内开展了大规模的全国电视机市场调查。调查问卷于 7 月 27 日在人民日报第五版刊出后，在规定的 15 天内，共收到读者从全国各地寄回的问卷 5 万余份。我们根据科学的抽样原则，从 5 万余份有效答卷中抽取 1 万份作为样本进行统计分析。经过计算机技术处理，本次调查收集到的原始数据为 81 万个，统计分析产生的数据信息达 500 多万个，包括我国电视机市场现状及今后几年内消费的总体趋势和不同牌号电视机的市场占有情况及今后的需求趋势。

第一部分　全国电视机市场现状分析

一、电视机的市场普及率

电视机作为一种主要的传播工具，在人们日常生活中已起着重要的作用。本次调查显示，我国城镇居民家庭的电视机普及率已经高达 96.6%，其中彩色电视机的普及率为 78.5%，黑白电视机的普及率为 18.1%。这表明，我国城镇居民家庭的电视机普及率已经达到中等发达国家的水平，其中大城市电视机的普及率高达 96.9%，与发达国家城市水平相当。

二、不同牌号电视机的市场占有率

我国电视机市场目前正处于百花竞艳、群雄相争的时期，市场分割比较零碎。国产电视机市场占有率（按百分数计）排在前 30 名的有熊猫牌（4.8）、金星牌（4.1）、长虹牌（3.1）、北京牌（2.5）、牡丹牌（2.2）、福日牌（1.6）、飞跃牌（1.5）、黄河牌（1.2）、青岛牌（1.0）、康佳牌（0.9）、孔雀牌（0.8）、海燕牌（0.6）、如意牌（0.4）等。值得注意的是，在市场占有率排在前 10 位的电视机中，日本电视机占了两家，日立牌（3.4）、松下牌（2.0），说明日本电视机在我国市场上具有一定的竞争力。

三、社会拥有的电视机屏幕尺寸情况分析

目前社会拥有的电视机屏幕以中小尺寸为主，47 厘米及以下的占 56.5%，其中 47 厘米占 1／3 强。64 厘米以上大屏幕电视机目前的社会拥有量很少。51 厘米和 54 厘米是市场上的主导产品。

四、电视机配套设备的拥有率

购买电视机的消费者中，在电视机的各配套设备中，游戏机和录像机的普及率最高，分别为 29.1%、23.7%；卡拉 OK 机已开始进入家庭，占 6.8%；电脑学习机仍处于萌芽状态，占 2.3%。

五、影响购买电视机的因素

购买电视机的消费者中，49.1%是根据某种牌子电视机的知名度而决定的；35.3%是根据亲朋好友的推荐；19.1%和 14.5%受广告和新闻宣传的影响。

第二部分　用户对电视机质量的评价

一、总体评价

本报不是指从技术、性能的角度对电视机的检测，而是指用户在使用电视机过程中对其质量的综合反映，特别是指电视机实际使用状况与用户期望值符合或接近程度。

1.用户满意率

大多数用户对其电视机的质量感到比较满意，其中有 16.1%感到非常满意，用户满意率为 72.5%。有 15.3%的用户对其电视机的质量不太满意，2.4%的用户表示很不满意，不满意率为 10.1%。

2.用户对不同类型电视机的评价

用户对彩色电视机的满意率为 75.1%，不满意率为 9.8%；对黑白电视机的满意率为 66.7%，不满意率为 11.5%，因此，厂家在不断提高彩色电视机

质量的同时，应该注意提高黑白电视机的质量。

3.用户对不同电视机产品的评价

国产电视机用户的满意率为70.1%，不满意率为11.7%；进口原装电视机用户的满意率为86.4%，不满意率为4.4%；进口件组装电视机用户的满意率为73.3%，不满意率为10.0%。

二、具体评价

由下表可以看出，用户对电视机的图像清晰度、色彩效果、遥控效果三个方面的评价比较高，而对电视机的外观形状评价比较低。这一点需要引起国内厂家的足够重视。在所有项目上，彩色电视机的综合平均得分都比黑白电视机高，这说明，彩色电视机的质量比较稳定、技术比较成熟，而黑白电视机近十几年来技术改进很慢，尤其是外观形状仍然比较保守而陈旧。

项目／评价	很好	较好	一般	不太好	很不好
图像清晰度	33.5	46.6	15.3	3.9	0.7
色彩效果	31.9	44.0	18.8	4.6	0.7
伴音质量	28.4	43.1	21.5	6.0	1.0
接收信号灵敏度	21.1	40.9	27.6	8.7	1.7
遥控效果	40.8	32.9	17.6	5.9	2.8
外观形状	14.3	34.8	40.4	9.2	1.3

三、电视机发生故障的情况

36%电视机发生过故障，雪花、重影、杂音是故障频率最高的三类。开关不灵的毛病也很多。

第三部分　用户对售后服务的意见

33.6%的用户维修过电视机，其中维修过1至3次的占80.8%，维修过4至6次的占8.5%，维修过7次及以上的占1.6%。从这个结果看，维修率相当高。从大城市、中小城镇到农村，维修率呈递增趋势。

43.9%的用户认为维修电视机时方便，55.2%的用户认为维修电视机时不方便。维修网点少是用户认为维修不方便的主要原因；其次是因为厂家不上门维修和电视机搬运不方便。有14.4%的用户反映厂家和销售单位存在违反“三包”（包送、包换、包修）的情况。

消费者如何对待违反“三包”的情况？向消费者协会投诉占36.8%；向新闻单位投诉占7.0%；向厂家交涉占16.2%；向商店交涉占17.8%；忍气吞声算了占12.5%；向法院起诉占0.5%。

第四部分　全国电视机市场预测

一、购买意向

从总体情况分析看，今后5年内大中城市将侧重于电视机的更新换代；而小城镇和农村则侧重于电视机的普及。

二、类型需求

城镇打算购买电视机的消费者中，98%想买彩电。

三、产品需求

进口原装电视机的需求比例从大城市到农村逐步下降；国产电视机的需求比例相应上升；进口组装机在大城市比在其它地方受欢迎。

四、屏幕尺寸需求

37厘米电视机市场销售将急剧萎缩（占1.7%），47厘米还将保留一定市场（占14.8%），但比现有市场缩减20%左右；51厘米（占25%）和54厘米（占32.1%）电视机市场看好；64厘米电视机的市场需求急剧扩张（占19.6%），74厘米电视机需求虽有上升（占5.7%），但“黄金时期”未到来。

五、功能需求（注：此题为多项选择，故百分比累计超过100%。）

功能	需求率	排序
大屏幕	31.8	6
高清晰度	80.4	1
全（多）制式	50.6	5
平面直角	73.4	3
遥控功能	76.7	2
（数字丽音）立体声	52.8	4
双伴音	22.6	8
多画面	31.1	7
其它	20.4	9

上表可以看出，高清晰度电视机的需求率最高，平面直角电视机的需求是今后的主要趋势，具有遥控功能、立体声、全（多）制式彩电是受欢迎的产品。

六、配套设备的需求率

配套设备	城镇	农村
录像机	65.1	59.9
游戏机	23.1	22.5
卡拉OK机	41.0	39.9
电脑学习机	43.3	31.1
卫星天线	55.5	51.2

上表可以看出，城乡市场对电视机配套设备的需求率都比较高，特别是录像机和卫星天线，更为热门一些。

七、牌号需求

那些质量好、信誉高、竞争力强的电视机市场行情看好。城镇市场的牌号需求与农村市场的牌号需求并不完全一致，如在农村市场上，熊猫牌电视机的需求率最高，但在城镇市场上却排在第3位。相反，康佳牌电视机的需求率在城镇市场上排在第2位，而在农村市场上则排在第5位。这表明，城乡消费者都各自有各自的消费偏好。

我国未来电视机市场将被几个名牌电视机占领，金星、熊猫、康佳、长虹、牡丹、福日、黄河、青岛、飞跃以及松下牌电视机被排在潜在市场的前10名，将占有71.6%的电视机市场；消费者需求前10

名中，中国自己生产的彩电占了9名。

市场处于变化之中。消费者的需求也会随着时间、经济条件的变化而有所改变；生产企业也会因为技术进步、管理水平的提高而不断发展。因此，没有也不可能有不变的市场。随着《中共中央关于建立社会主义市场经济体制若干问题的决定》的贯彻，电视机行业会出现新的气象。市场的竞争，是质量的竞争，也是信息的竞争。一旦生产厂家在公平的基础上真正展开了竞争，无疑会促进我国电视机工业的健康发展。

(原载1993年11月23日《人民日报》)

彩电比较试验结果

为了便于消费者选购彩电，中国消费者协会提请国家广播电视产品质量检测中心，在1993年国家彩电抽检的基础上，对北京、黄河、长虹、金星、牡丹、海燕、长城（画龙）、青岛、乐华、天鹅、环宇、东宝、孔雀等13种54厘米平同直角遥控彩色电视机进行了产品比较试验。

这次产品比较试验的评价项目采用五级制，三级为合格；四级为良好，五级为最好。比较试验的结果是：

1.外观、结构、工艺：13种彩电全部为合格以上级别。其中，黄河、长城（画龙）、乐华的整体效果、色泽美感、操作性能、外部结构、内部结构以及工艺均为最好；北京、牡丹、海燕、东宝、环宇、孔雀均在良好以上。

2.图像、伴音质量评价：13种彩电全部达到良好级别以上。其中，黄河、长虹、牡丹、海燕、长城（画龙）、天鹅的图像质量、彩色重显质量和伴音质量均为最好。

3.远距离收看效果：13种彩电全部为合格以上。其中：黄河、牡丹的图像质量和伴音质量为最好；金星、海燕、长城（画龙）、青岛、乐华、天鹅、环宇、孔雀为良好以上。

4.性能评价：13种彩电全部为合格以上。其中，北京、黄河、长虹、牡丹、海燕、长城（画龙）、东宝、天鹅、环宇的常温性能、干扰性能、环境性能均为最好；金星、青岛为良好以上。

(原载1994年8月16日《人民日报》)

新技术开发与应用

1993年国家级重大科技研究成果

1. 中文图文电视广播规范

完成单位：部广播科学研究所

该规范规定了中文图文广播电视（CCST）广播制式和系统的技术参数，也是中文图文电视广播编辑、传送、接收和测试设备制作的技术依据。达到国际同类标准水平。获广播电影电视部科技进步一等奖。

2. 10－30千瓦级分米波电视天线双工器

完成单位：上海市广播科学研究所

该双工器解决了二个不同频道的10－30千瓦大功率电视发射机合用一副天线的高新技术成果。相当于国外同类产品的水平。获广播电影电视部科技进步二等奖。

3. 中文图文电视（CCST）广播系统

完成单位：部广播科学研究所

该系统主要由图文电视编辑系统、播出系统和接收系统组成。国内领先。获广播电影电视部科技进步奖。

4. "微波电视会议工程"新技术应用

完成单位：内蒙古广播电视厅

该系统利用微波电路召开电视会议主会场信号通过微波电路正向波导同时送到各分会场，各分会场信号通过时分切换经过微波电路反向波导依次传回主会场，主会场可同时监看四个方向的信号。国内首创。获广播电影电视部科技进步二等奖。

5. 图文电视文稿发送、接收系统

完成单位：部广播科学研究所

该系统主要包括图文电视文稿播出系统、文稿接收系统及文稿编辑、传送、接口三大部分。采用本系统可在传送电视图象的同时传送文稿。国内首创。获广播电影电视部科技进步二等奖。

6. DYC400系列音频处理器

完成单位：中央电视发射台

使用该音频处理器，既提高了声音功率又具有高保真度，可保证发射机安全工作，明显提高播出质量。国内领先。获广播电影电视部科技进步二等奖。

（部科技司　刘松英）

1993年通过部级鉴定的项目

（按鉴定时间前后）

一、华南地区大气无线电噪声测量

完成单位：机电部二十二所、广电部标准化规划研究所

本项目利用单边带接收机、配以微机控制、编写软件，完成了大气无线电噪声自动测量系统，填补了国内空白；研究结论为参加CCIR会议提供了科学依据；也为进一步开展我国大气无线电测量工作奠定了基础。

二、调频立体声"FMX"系统

完成单位：北京广播学院

"FMX"系统是FM立体声广播的一种新系统。本项目通过闭路实验和开路代播，验证了"FMX"系统能显著改善弱信号地区立体声广播接收的信噪比，扩大了覆盖范围；研制的编解码器具有新颖性和创造性，性能达到国外已有技术水平。本成果为制定我国调频广播发展的技术政策提供了依据。

三、数字音频广播（DAB）可行性研究报告

完成单位：广电部广播科学研究所

本成果系统地研究了国际上数字音频广播的研究、开发、实验测试、标准化、规划等各种情况；分析了中国的国情及DAB在广播事业发展中的地位和作用；提出了我国开展DAB研究的建议和研究课题、研究应采用的方法。对我国进行高科技项目决策有重要的参考价值。

四、录像——监视系统校验带

完成单位：广电部广播科学研究所

本成果利用录象带的标准信号和声音、图象来代替品种繁多、价格昂贵的测试信号发生器和摄象等设备，达到对录象—监视系统日常主要指标定性检查

的目的，对提高节目制作质量有积极作用。具有一定的创新性。

五、省级电台、电视台人员编制标准

完成单位：广电部人事司、北京广播学院

本成果运用数理统计理论和计算机统计软件，采用社会调查方法，经过定性、定量的理论分析研究建立的定量数学模型和人员编制标准，提出了省级电台、电视台人员编制需求量与工作量之间的定性关系，达到了国内的先进水平。有助于实现省级电台，电视台人员编制的标准化、科学化、规范化、系统化。

六、CA-DVE-1000 数字视频特技处理系统

完成单位：中国科学院自动化所、中央电视台

本数字特技系统集特技、图形、字幕、切换于一体，成功地实现了特技效果的实时性，系统操作灵活方便，功能可靠调用和管理性能好；自行开发的软件具有特色，硬件技术具有突破，属国内首创；达到同类型产品的国际先进水平。

七、KY1400 微波广播电视传送系统

完成单位：四川绵阳市科鹰电子电器厂

本系统体积小、便于携带和架设，适用于一般城镇、地区性、企业性电视台的节目传输。

八.卫星电视分配信道副载波传输数字立体声（NICAM-728）

完成单位：广电部广播科学研究所

本成果开发了在一个卫星转发器内，在传送一路电视节目和伴音的同时，还可增加一个 7.28 兆赫副载频，采用先进的数字处理和差分四相相移键控调制方式，传送两路高质量数字单声道节目（或一路立体声节目）。采用此成果可以改善广播节目的全国覆盖，提高广播质量。研制的接收机样机，达到国际同类产品水平。

九.500 千瓦、300 欧姆短波大功率馈线

完成单位：广电部设计院天线设计研究所

本实验馈线的馈线均匀性比较好；结构较国外同类产品有所改进，增强了承受大功率的能力；所用材料国内易于解决，可明显降低造价。

十、音频工作站（软件程序）

完成单位：广电部信息资料中心

本成果在窗口技术的环境下重点开发了音频文件库的分类检索功能，它利用计算机存储的特点可对音频文件分层分类存放，用户可以根据音频文件的时间、采样率和声道数等不同的要求进行检索，检索速度为 100 个文件耗时 5 秒左右。可使节目编辑程度提高，翻录不影响音质，而且音频节目的存储介质从原来的录音磁带改为硬磁盘或光磁盘。在音频数字化处理的研制工作上达到了国内先进水平。

（部科技司　刘松英）

新技术开发应用和设备更新改造

1983 年无线局成立以来，积极开展新技术的开发应用工作。更新改造工作在部领导和部机关的关怀支持下，突破性地解决了更新改造经费和大功率短波发射机设计生产两大难题，取得初步成效。

一、新技术开发

1、中央电视发射台开发的 DGN16 监测器，可将 16 路音频、视频信号显示在监视器屏幕上。92 年通过部级鉴定，93 年获无线局合理化建设和技术改进一等奖。已在几十个省、市电台使用。还开发了 DGN32 监视器，可将 32 路音频、视频信号显示在监视器屏幕上。

2、中央电视发射台开发的 DYC400 系列音频处理器可对单声道、立体声音频信号进行自动控制处理。92 年通过部级鉴定并获无线局合理化建议和技术改进一等奖。获 93 年部科技进步二等奖。也已在中央和许多省市电台使用。

3、553 台研制的 HZF-Ⅱ型场强电平自动分析仪是与 M-262E 型或 RC-11 型场强仪配套使用，对有起伏变化的场强电平进行自动分析的仪器。采用单片机控制，电脑化半自动校正，可 24 小时连续工作，交直流两用，便于携带流动监测，误差小，速度快，有频率指示，可自动打印。92 年通过部级鉴定。并获无线局合理化建议和技术改进二等奖。93 年获部科技进步三等奖。

4、552 台研制的大型电子管附属设备改进项目，增强了电子管安全使用的可靠性，提高了操作速度和准确性。获 91 年无线局合理化建议和技术改进二等奖，部科技进步三等奖。FU-104Z 管座，FU-105Z 管座，FU-22Z、FU-23Z 屏套压管器，FU-10Z、FU-22Z、FU-23Z、FU-89 灯丝卡环等都已用于许多兄弟台。

5、北京工程处研制的更换中波塔拉线筒型绝缘子组合卡具，解决天线大修中一大难题，既安全可靠，又提高了工作效率，获无线局 91 年合理化建议二等奖，部科技进步四等奖。

6、623 台开发的电子管灯丝调压及欠压保护装置用于改造老机器灯丝调压继电器控制电路。体积小，调压准确，维护方便，已在广播系统内推广使用，获无线局 91 年合理化建议和技术改进三等奖。

7、北京工程处开发的 GF-1 直流高压试验器，

获91年无线局合理化建议和技术改进三等奖。

他们还开发了中波广播调幅度监测专用仪器，硅管测试含仪等，都已投入小批量生产。

8、594台与航天部23所合作研制开发的大功率短波发射机计算机自动监控系统，是对两部进口的100KW PDM短波发射机同时进行自动控制、监测、故障报警和统计报表等。能够实现无人值班，有人留守，在全国广播系统大功率短波机房尚属首例。

9、委托航天部23所开发的短波发射机自动调相系统，用于两部100KW PDM短波广播发射机的并机自动调相。特别是具有频率合成器故障指示及生动切换等功能更强的第二代系统，属国内首创，为电台自动化创造了有利条件。

10、委托泰顺电子研究所开发的TS9201型短波广播专用频率合成器，用单片机控制，输出电平有1V、2V、5V和10V。特别适用于老机器更新晶振。

11、委托沙市整流器厂开发的大功率中短波广播发射机高压整流器GGZ500A／20KV，在中波300KW上采用自然冷却，短波500KW和中波1000KW上采用强迫风冷，使用三年多来，没有发生故障，比老硅整可靠性大为提高。

二、新技术应用

1、1985年，从南斯拉夫引进两部整机效率达65%，自动化程度较高的100KW PDM短波广播发射机。这是1965年以来，我国第一次进口的大功率短波机，也是PDM制式在国内首先投入使用的大功率短波机。

1991年，从美国大陆公司进口两部整机效率高达70%的PSM 100KW短波广播发射机并带有高效单边带和浮动载波新技术。经过性能测试和几年运行，对它的先进性取得了共识，对我国广播技术装备更新是很大促进。

中央电视发射台从日本进口的2×15KW全固态电视发射机，大大提高了电视播出的可靠性，保证了安全优质播出。

从美国引进OPTIMOD音频处理器，通过对发射效果收测对比试验，肯定使用音频处理器的优越性，目前国内已普遍采用。

2、在554台150KW中波自动屏调机改并馈脉宽调制基础上，552台，641台也推广应用。改善了播出质量和效果。

3、623台用可编程逻辑控制器改造500KW中波自动屏调发射机控制系统，不仅在维护系统属首例，而且推进生产厂家采用此技术。该项目获无线局91年合理化建议和技术改进一等奖。

491台、564台、572台利用一位机自动例换天线、音周节目；542台、594台用微机自动例换天线、音周节目；726台用可编程控制器自动控制节传机房操作，达到了有人留守无人值班条件等，提高了操作可靠性，还减轻值班人员劳动强度，解放了生产力。

4、1991年501台首先在短波天线上采用了三波段新型天线，换频不用调配，623台中波天线塔桅采用耐侯钢，871台中波天线塔桅采用热喷涂新工艺，防腐性能很好。

三、更新改造

无线局设备多，老化严重，更新改造只能抓住重点，兼顾其他，优先解决老化最严重、技术最落后的120KW短波机。利用更新改造资金和国务院下达的专款，从1982年至1992年共订购和改造中波、短波、调频、电视发射机36部，已投入运行21部，更新了七个发射台的微波机。改造了变电站一座。更新了八塔中波天线和部分短波天线。

改造后的机器制式先进，总体性能都比原来机器有较大提高。中短波机整机效率一般达60%左右，好的可达70%。短波机频率可开至22兆赫，好的可到26兆赫。暂不能更新的机器也在局部上做了一定的改造（如频率合成器，音频处理器）。

天线方面短波使用了同相水平宽波段天线换频不用调配；中波天线使用了防腐材料塔体，为防盐雾，酸雨等侵蚀创造了经验；变电站向符合国家标准方向改造，有的还扩容；微波机向全固态方向改造。

无线局更新改造初见成效，开始缓解设备老化、陈旧落后局面，但是，这仅仅是起步，要根本改变设备老化局面，还需要加大投入，加大力度，加快速度，还需要付出更大努力。

（部无线局　陈德泽）

广播节目传送新技术应用

广播节目传送是广播系统中的一个重要环节，多年来也曾是最薄弱的环节。60年代以前，远距离广播节目传送长期使用短波传送手段。传送不稳定，干扰大，质量差，严重影响了传播效果。随着我国微波通信事业的发展，70年代起部无线局开始利用国家微波干线向中央直属台传送多路广播节目，使我国对内，对外广播节目的质量有较大的提高。80年代初，建成了以北京为中心至各省广播电视厅及中央直属台的微波节目传送和通信网。80年代中期，我国发射了实用通信卫星，为我局利用实用通信卫星建成一个卫星广播节目传送网创造了条件。从此我局广播节目从单一的传送手段发展成短波、微波、卫星等多种传送手段。广播节目传送质量和可靠性也有了进一步提高。

随着卫星技术和数字技术的发展，广播节目传送技术正向数字化方向迈进。90年代初期我局的广播节目传送开始采用数字技术并建成了我国第一个数字卫星广播节目上行地球站。选用了子带编码／单路单载波（MUSICAM／SCPC）制式。通过亚洲一号卫星传送多路广播节目。

所谓子带编码／单路单载波（MUSICAM／SCPC）是 Masring Pattern Uniuersal Subband Intergrated Coding and Mutiplexing／Single Channel Per Carrierr 的缩写。子带编码（MUXICAM）是德国广播研究院为数字音频广播（DAB）研制的一种编码技术由美国 Cimstream 公司所开发利用，加拿大和澳大利亚广播公司已采用此设备作广播节目交换与分配之用。这是一种先进的信源编码，可用于很多领域。子带编码／单路单载波的卫星数字声传输就是其中之一。其音频质量达到播音室等级的水平，相当于 CD 唱片的质量。该系统频带利用率较高，每一射频信道带宽只占转发器带宽（36MHz）的 1%，因而可利用信道的边缘频带进行传输。目前星和 30 路模拟广播节目共用一个转发器进行传输的。

部已决定建设广播电视系统自己的卫星上行站。不久的将来，我们的广播节目传送技术将扩展至 KU 波段的卫星转发器。届时，传送节目的路数和质量都将有进一步的提高。

（部无线局　吕学义）

中央电视台图文电视的开发和利用

1993 年 12 月 18 日中央电视台图文电视正式播出。广大电视观众只要拥有电视接收机或微机添加一块 PC 卡，就可以收看中央电视台播出的图文电视节目。图文电视的开播增加了一个信息传播途径，使中央电视台电视事业又跨上了一个新台阶。

我国的图文电视系统经广播电视科学研究所近 10 年的研究和试验，1990 年亚运会期间在中央电视台进行了首次开路试验。1992 年 9 月，我国的图文电视制式通过了国家鉴定，中央电视台在广播电视科学研究所的协助下开始筹备图文电视的播出。

应新疆广播电视厅的请求，1992 年下半年广播电影电视部给中央电视台下达了“利用图文电视传送《新闻联播》文字稿的任务。台领导和技术管理中心把这个任务交给新技术开发应用室，着手进行技术准备。在广播电视科学研究所的协助下，进行了软件硬件的反复实验，于 1993 年 2 月份开始通过第二套节目利用图文电视传送《新闻联播》的文字稿。按规定，《新闻联播》文字稿的计算机录入应由新闻中心承担，新技术开发室负责图文电视播出系统的播出维护和管理等技术性工作。但是由于新闻中心任务紧张，一时难以找到录入人员，文件的录入任务便由新技术开发室主动承担起来。

新技术开发室聘用 4 位职业高中的学生，建立了图文电视传送文件录入机房，对录入人员进行了业务培训，同时在三楼图文电视试验设备的基础上，建立图文电视播出机房，完善了播出程序。从 2 月 1 日开始，每天晚上的《新闻联播》文字稿在下午 6 点以后陆续录入计算机，并通过校对形成便于图文电视传输的数据文件，到晚上 9 点就可全部播出，同时通过接收系统把传出的文件接收，并打印成标准文稿存档。新疆电视台在当地时间下午 7：00 就可收到字迹清晰的《新闻联播》解说词的中文打印稿。新疆电视台多次来信和打来电话反映；用图文电视传送《新闻联播》稿为他们节省了大量人力和避免了大量艰苦劳动，争取了时间，并且稿件内容比靠放录像抄写内容更加准确。一年来，除了新疆台，西藏，云南等少数民族地区的电视台也陆续接收中央电视台播出的《新闻联播》文字稿。同时中央电视台一年的《新闻联播》文字稿也由原来杂乱无章的口播稿变成整齐的计算机打印稿，一件件清楚整齐，成为完整的《新闻联播》稿而存入档案。

图文电视是高科技传播媒体，它充分发掘电视传播媒体的潜力，把数据信号搭载在尚末充分利用的电视信号逆程上，随电视信号的传送通道传播出去。图文电视有两种方式传送信息数据。一种是把信息变成图文信息页，观众可以用具有图文电视功能的电视接收机在屏幕上一页一页收看，可以自动翻页，也可以手动控制翻页。另一种方式是把信息变成计算机文件加密传送，用户通过微机和 PC 卡根据授权的密码可以收看这种信息，如果接上打印机，还可以把信息以文字方式打印出来。

图文电视是利用现有的电视广播通道传送数据信息，传送速度快、容量大，经营范围广。目前凡是能正常接收第一套电视节目的地区都可以收看图文电视。因此图文电视信息网在加快改革开放，建立社会主义商品经济的大潮中将具有广阔前途。

1993 年 3 月份，中央电视台图文电视经过一个多月《新闻联播》文字稿的试传，取得了良好的效果。在这个基础上，为了扩大图文电视的应用范围，为正式播出创造条件，林景云副台长带领技术管理中心和新技术开发室的同志到广研所和瑞照公司了解图文电视软件、硬件开发生产情况，与广研所负责同志商谈加快把图文电视开发成果投入实际应用问题。在广研所的协助下中央电视台很快建立了集文稿录入、图文页制作、播出管理和播出系统为一体的图文电视制作播出系统，为图文电视正式播出创造了必要的物质条件。4 月份图文电视增加了《经济信息联播》文字稿的传送。与此同时，新技术开发室与广研所密切协作，改进和完善了接收硬件和软件，加强图文电视播出质量的监测，开发了图文电视的加密管理软件，并在试运行中逐步改进。

经过近一年的试播和其他准备工作，图文电视已具备了正式开播的条件。台领导决定图文电视于1993年12月18日正式开播，并召集技术管理中心、经济部和中视信息传输公司联席会议布置具体落实措施方案。经济部在新技术开发室的支持下，克服人力、房屋不足的困难，在很短的时间内建立了图文电视制作和接收监测机房，培训了制作人员，并赶制了第一套图文页节目。12月13日中央电视台在记者招待间进行了图文电视广播的现场表演。1993年12月18日，图文电视准时正式播出。目前中央电视台第一套节目图文电视陆续开办的节目有：经济政策摘编、标题新闻、信息总汇（包括新产品、新技艺、名品名牌、群英荟萃、供求信息、经贸走廊、招商招标、新展柜、金色田园）、股市行情、外汇牌价、黄金市场价格、全国农付产品价格、短期天气预报、市场指南、厂长名片、治厂铭言、广告（包括栏目广告、产品广告、名牌商标广告、产品专用广告用语、遗失声明）。此外还有生活知识、节假日菜谱、新书刊、新医药、疑难病症、娱乐圈、影音新品、旅游交通、火车航运海运等。通过第一套节目播出的图文电视节目稳定清晰，解码率高、误码率很低，完全符合我国图文电视节目的标准。

从观众大量的反馈信息中可以体会到，在加快改革开放，建立社会主义市场经济的大潮中，各族人民各阶层人士对图文电视这一新的信息传播途径拥有浓厚的兴趣，和对经济信息的迫切需求。从中可以看到，图文电视这一高科技传播媒体在我国经济腾飞中的巨大作用。图文电视这一传播媒体不仅具有巨大的潜在社会效益，而且也有不可忽视的经济效益。

目前由于人力不足以及其他条件皆不具备，还没有充分发挥图文电视的传播媒体的潜力。我们应积极创造条件，加强图文电视硬件软件的开发和改进工作，扩大信息来源，争取早日把图文电视扩大到中央电视台其他各套电视节目中，扩大图文电视接收网，使图文电视为我国改革开放经济腾飞的大业作出积极贡献。

北京广播学院1993年获得实用新型专利两项:

实用新型名称 双馈源双波束接收用的馈源装置

设计人: 秦绮玲 宋宜纯 刘忻

专利号:ZL 92 2 05956.X

摘要 一种双馈源双波束接收用的馈源装置，属于卫星天线接收设备。其馈源是两个双模双波束馈源，其支架是一种馈源的三维空间位置、自转角度和它们环绕抛面中心轴的公转角度都可调的旋转式双波束固定架，其馈源的遮挡小、效率比同类产品高20%；该固定架可调整纵、横向偏焦，卫星接收天线波束的极化方向和指向角，其增益损失小，在1-3dB之间它可用于接收C波段同步轨道上两颗相差3-10°以内的不同卫星所转播的电视节目，其副瓣电压也达标。

申请日 92.4.7

申请人 北京广播学院

地 址 100024北京市东郊定福庄东街1号

实用新型名称 定向天线

设计人 秦绮玲 蒋克华 宋宜纯 刘忻

专利号: ZL 92 2 05955.1

摘要 一种定向天线，属于无线通讯用收、发讯设备。其特征是：有源振子是一种在振子一臂中点用金属制的馈源座加载的同轴传输线馈电式的折合振子。电缆芯线自插座的正极引出后与实现阻抗变换并完成振子的平衡一不平衡转换功能的电缆芯线相焊接，该电缆芯线穿过这一边内管后与另一边外管在振子的平衡点焊接。在保证天线增益的条件下加载的金属块起了固定电缆座、提高增益和展宽频带的作用。

申请日 92.4.7

申请人 北京广播学院

地 址 100024北京市东郊定福庄东街1号

书报刊

1992–1993年版 广播电视书籍简目

·1992年·

李连庆荧屏艺术文集
王云缦　果青 主编
1992年1月　中国广播电视出版社出版

(10集京剧电视连续剧)《曹雪芹》创作体会·评论·文学剧本·唱段(电视艺术和美学丛书)
王云缦　果青 主编
1992年1月　中国广播电视出版社出版

城市广播改革与实践
曹璐　史定张 主编
1992年1月　中国广播电视出版社出版

(22集电视连续剧)《公关小姐》创作体会·评论·歌曲
王云缦　果青 主编
1992年1月　中国广播电视出版社出版

好新闻笔法探妙
王新义 编著
1992年2月　中国广播电视出版社出版

闪光的螺钉
中央人民广播电台社教部编
1992年2月　中国广播电视出版社出版

海外名家谈电视
任远 编译
1992年2月　中国国际广播出版社出版

电视艺术诱人之谜——电视节目创作与欣赏入门
鲁丹　邓勤 著
1992年3月　文化艺术出版社出版

漫谈广播电视新闻(新闻入门丛书)
苑子熙　安岚 著
1992年3月　新华出版社出版

录音报道概说
汪苏华 主编
1992年4月　新华出版社出版

第三届上海电视节学术交流论文集
上海市广播电视局研究室等编
1992年4月　学林出版社出版

广播编辑学
王瑞棠 主编
1992年4月　新华出版社出版

电视摄像技巧
徐立群 著
1992年5月　辽宁科学技术出版社出版

电视剧美学
郑凤兰　崔洪勋 主编
1992年7月　山西高校联合出版社出版

视听文论
皇甫斌　罗祖孝 主编
1992年7月　甘肃人民出版社出版

听众工作文集
中国国际广播电台听众联络部编
1992年8月　中国国际广播出版社出版

电视剧导演创作与理论
高洋　汤恒 著
1992年8月　解放军文艺出版社出版

闪光的轨迹(通讯集)
高学洲 主编
1992年8月　山东人民出版社出版

影视艺术观赏指南
姚楠　邸力争 著
1992年9月　河北大学出版社出版

声音的轨迹
段福澄 著
1992年9月　山东人民出版社出版

中外影视界
李亚威 主编
1992年10月　吉林人民出版社出版

荧屏内外
朱汉生 著
1992年10月　中国文联出版公司出版

电视与文化论丛
陈为良　孙沛然 主编
1992年10月　浙江大学出版社出版

内蒙古自治区优秀广播电视稿选(1989–1991)
吴新民 主编
1992年11月　中国广播电视出版社出版

影视鉴赏入门
沈红 著
1992年12月　华东师范大学出版社出版

广播电视新闻导论
何满宗 著
1992年12月　湖南出版社出版

绿山上的耕耘——大连电视台20周年

王自仁　主编
1992 年 12 月　大连出版社出版
求实·创新（第一辑）
丁仁山 主编
1992 年 12 月　辽宁人民出版社出版
荧屏散叶
李耀武 著
1992 年 12 月　中国地质大学出版社出版
情系荧屏
张明志 著
1992 年　中国广播电视出版社出版

·1993 年·

皇城根拍摄秘闻——女副导演手记
叶梅 著
1993 年 1 月　中国电影出版社出版
影视照明技巧
刘永泗 著
1993 年 1 月　中国广播电视出版社出版
钱江追潮录
浙江电视台宣传研究室编
1993 年 1 月　中国广播电视出版社出版
电视专题片创作
高鑫 著
1993 年 1 月　中国广播电视出版社出版
电视制作大全
(美) 艾伦·活策尔 著
林作坚等译
1993 年 1 月　中国电影出版社出版
电视艺术的走向
徐朝信　文言 著
1993 年 2 月　辽宁大学出版社出版
贵州的启示
张平原 著
1993 年 2 月　中国广播电视出版社出版
广播·电视·调频发送技术
王明亮等编著
1993 年 2 月　中国广播电视出版社出版
济宁市广播电视志
《济宁市广播电视志》编委会编
1993 年 3 月　中国广播电视出版社出版
主持人（第二、三辑）
白谦诚 主编
1993 年 3 月　中国广播电视出版社出版
古船·女人和网
厉夏　方金 编
1993 年 3 月　中国戏剧出版社出版
南巡路上
张立功 主编
1993 年 3 月　中国广播电视出版社出版
音响美学初探
徐文武 著
1993 年 3 月　中国广播电视出版社出版
邓在军电视艺术
林强 编
1993 年 4 月　华文出版社出版
时代的回声——广播新闻采访写作探索
黄云鹤 著
1993 年 5 月　经济管理出版社出版
当代影视艺术欣赏与评论
刘剑锋　严蓉仙 主编
1993 年 5 月　山东大学出版社出版
农业影视佳作选
吴以铮等主编
1993 年 5 月　农业出版社出版
新闻广播学
李岩 编著
1993 年 5 月　甘肃人民出版社出版
荧屏三原色——影视评论集
邢文国　谷俊杰 著
1993 年 5 月　时代文艺出版社出版
寻找本土——盛伯骥电视艺术文选
盛伯骥 著
1993 年 5 月　湖南出版社出版
屏前幕后——河北省电视获奖论文集
河北电视台编辑
1993 年 7 月　中国广播电视出版社出版
采珠集
王子涛　景子冈 主编
1993 年 7 月　中国广播电视出版社出版
黄一鹤的艺术道路
黄望南 主编
1993 年 7 月　中国广播电视出版社出版
广播电视论文选
曹文岳　孟昭礼 主编
1993 年 8 月　东北财经大学出版社出版
淮海大地
刘彦成　李义昌 主编
1993 年 9 月　中国广播电视出版社出版
我的广播电视观
李青林 著
1993 年 9 月　中国广播电视出版社出版
内蒙古优秀广播电视稿选
吴新民 主编
1993 年 9 月　中国广播电视出版社出版
1992 年全国农村广播节目稿精选
刘朝荣 主编
1993 年 10 月　中国广播电视出版社出版
累土集
王高宗　张明志 主编
1993 年 10 月　中国广播电视出版社出版
广播通信百问
郭布雷 编著
1993 年 11 月　北京大学出版社出版
微波与卫星接收技术
张春芳 编著
1993 年 11 月　中国广播电视出版社出版
求实·创新（第二辑）
丁仁山 主编
1993 年 12 月　辽沈书社出版
录音与录像技术

曹直文 编著
1993年12月 中国广播电视出版社出版

电子线路
张康敏等编著
1993年12月 中国广播电视出版社出版

无线电测量
郭仁等编著
1993年12月 中国广播电视出版社出版

·补遗·

中国八十年代广播评论100篇
白谦诚 主编
1991年3月 中国广播电视出版社出版

主持人（第一辑）
中国广播电视学会主持人节目研究会编
1991年3月中国广播电视出版社出版

白谦诚新闻作品选
白谦诚 编
1991年3月 中国广播电视出版社出版

谈新闻敏感性
郑培伦 著
1991年10月 中国广播电视出版社出版

广播电视播音与节目主持人
李瑞英 刘连喜 主编
1991年12月 辽宁人民出版社出版

［注："新书选介"部分的书目，不在本栏重复收录。］

1992——1993年版广播电视新书选介

广播与电视——九十年代大趋势

中国广播电视学会编
20万字

本书为全国广播电视学术研究获奖论文集。全书收入获奖论文102篇，其中宣传类67篇，管理类20篇，技术类15篇。这些论文是从1990年1月至1992年9月全国27个省、自治区、直辖市47个单位选送的145篇论文中评选出来的。1993年12月中国广播电视出版社出版。

新闻心理学概论

刘京林 著 25.8万字

本书是运用心理学的基本理论对新闻传者和新闻受众心理活动的特点和规律进行系统总结的一本专著。它既重视理论分析又尝试着对新闻工作者的心理素质进行了实证分析。本书分新闻传者篇、新闻受众篇、新闻管理篇三大部分，共十章。主要内容是：一、绪论；二、新闻心理学理论；三、新闻工作者的心理素质；四、新闻采访心理；五、新闻写作心理；六、新闻编辑心理；七、播音员和节目主持人心理；八、新闻受众心理的一般概念；九、受众的态度；十、新闻活动中的思想工作管理。1993年6月，北京广播学院出版社出版。

广播电视实用词典

孙东海 主编

本词典收入广播电视各个门类条目1927条，共分为"广播电视理论"、"广播电视节目"、"广播电视节目要素"、"广播电视技术"、"广播电视管理"、"广播电视界人物"、"广播电视节、奖"等11个部类。本词典具有科学性、系统性、实用性，是广播电视工作者必备参考工具书。1993年中国国际广播出版社出版。

新编农村广播电视技术

刘修文 曾国云
罗正元等 编著
68万字

该书从实用角度出发，主要结合典型设备和传输手段对城乡广播、电视所涉及到的有线广播、调频广播、电视广播、广播录音、微波传输、卫星广播接收、有线电视、微型计算机实时控制、天线与馈线等方面的技术问题作了较全面的系统的介绍，对工程设计，系统的组成，维护和测试等问题，作了重点阐述。该书内容全面，通俗实用，适合于从事城乡广播电视技术工作的职工阅读。1993年10月电子工业出版社出版。

普通话语音教程

肖涵 著 50万字

该书系广播电视播音员、主持人口语进修的基础教材。它以现代汉语语音教学体系为纲，穿插融汇播音员吐字用气发声的专业性课程并辅以字、词、短语等练声素材，既密集了汉语语音体系的精华，又具有较强的针对性和可操作性。后附的《普通话异读词审看表介评》和《汉字读音辩析》，对规范字音、减少误读、推广纯正的普通话也具有积极意义。可作为播音员、节目主持人、教师、大中学生、演艺员、公关服务人员、汉语留学生及一般群众提高语言修养和学习、使用普通话的参考用书。1992年南海出版公司出版。

简明有线广播学

葛雨笠 李义 主编
21万字

本书为我国第一部有线广播学。全书以有线广播的宣传工作为中心，论述了有线广播的采访、编辑工作和如何办好有线广播的各类节目，同时对有线广播的网络建设、管理和维护工作均有论述。1993年9月中国广播电视出版社出版。

广播潮——中国城市

电台改革大观

漆必文 主编 71万字

广播的出路在改革，怎么样改？本书收集汇编了我国南方和内地一些城市电台改革的经验，全书共分七部分：城市电台改革之花；勇于改革的南方台；奋起直追的内地台；节目改革实施方案；广播改革经验介绍；直播板块节目稿选；城市电台综合介绍。1993年7月中国广播电视出版社出版。

东方旋风——来自东方广播电台的幕后报告

陈圣来 主编

18.5万字

本书旨在反映投入改革大潮中的“东广人”的精神风貌，进一步密切东方电台与广大听众之间的关系，展示新闻与广播体制的改革，探索大众传播媒介为市场经济服务的新路。全书共分三个部分：以“东广人”自述为主的《东方心语》；以主持人专访为主的《东方传真》以及对东方广播电台板块介绍、节目时间表等的《东方频率》，并由著名学者王元化作序。其中《东方传真》所占篇幅最多，这也是东方电台着力培养以节目主持人为核心的明星体制，塑造东方电台新形象的一项重大举措。1993年5月上海人民出版社出版、发行。

中国国际广播电台优秀广播节目选（1991年）

中国国际广播学会编

本书汇集了中国国际广播电台1991年在本台、全国和国际上获奖的部分作品40余篇及简评数十篇，反映了中国对外广播改革发展的概貌。本书按专题分类排列，每篇作品后面都附有简评，部分作品后附作品采写体会。1993年中国国际广播出版社出版。

一得集

巩布维 主编 23万字

本书是山西人民广播电台特约记者、特约通讯员和广大通讯员探索广播规律、采写广播稿件的部分宝贵经验，也是他们热爱广播，搞好广播宣传倾注心血的挚热表现。全书共75篇文章分7个部分即：《意识篇》、《新闻篇》、《监督篇》、《言论篇》、《文艺篇》、《技巧篇》、《勤奋篇》，充分反映了本台特约记者、特约通讯员和广大通讯员在广播宣传战线上是一支特别能战斗的队伍，不少同志是广播战线全国、全省获奖作品的获得者。该书不仅是通讯员辛勤耕耘的收获，也是广播工作者部分经验的总结。1993年10月山西人民出版社出版。

优秀广播作品选

陕西人民广播电台编

26万字

本书是陕西人民广播电台为纪念建台45周年而奉献给听众和读者的一份礼物。主要由两部分内容组成：一是选编了党的十一届三中全会以来本台在中国新闻奖、全国现场短新闻和全国优秀广播节目评选中获奖的39件作品，每件作品都配发评介，为人们阅读、研究作品提供方便；二是选编了本台部分同志撰写的22篇论文和经验体会文章，对广播宣传中的若干问题进行了理性思考和研究。另外，本书还收入了全省各地、市、县广播台（站）在全国优秀广播节目评选中获奖作品的目录和在全省好新闻、全省优秀广播节目评选中获一二等奖作品的目录。1993年11月陕西人民出版社出版。

电视新闻论集(电视丛书)

杨伟光 主编

章壮沂 副主编

48.9万字

《电视新闻论集》详尽地论述了电视新闻的一些基本理论和实践，诸如电视新闻的性质和任务，电视传播方式的特点和优势，电视新闻改革的方向和实践，电视新闻的采方、编辑、制作、编排和播音，电视记者的素质和修养，以及电视新闻的未来发展趋势和电视新闻的理论研究等；可以说，凡在我国电视新闻理论方面有影响的文章，从本书中大都可以看到。

本书是我国几代电视新闻工作者和电视新闻理论研究者心血的结晶，对广大电视新闻工作者和电视新闻爱好者来说，不仅有指导和启迪作用，而且有助于提高理论水平。1993年7月人民出版社出版发行。

电视专题论集(电视丛书)

朱景和 主编

臧树清 副主编

35.2万字

从《电视专题论集》中，您将看到中国电视专题从起步、发展到兴盛的起伏跌宕的历程。编者搜集了自有电视专题评介文章以来几乎所有的发表在电视杂志上的理论文章，并在此基础上精选出能体现专题节目发展脉络的、具备较高理论水平的评论文章40余篇。论及纪录片、政论片、风光片、人物专题、文化专题、服务节目、教学节目、专栏节目等众多节目形式，探讨它们在采、编、播方面的特色及发展趋势。

对于电视生产第一线的采编播人员来说，本书颇具理论指导意义；对于电视理论研究者而言，本书不失为一部具有学术价值的参考资料；对于立志于大众传播的初学者来讲，本书更是一部活生生的教材。1993年7月人民出版社出版发行。

电视文艺论集(电视丛书)

沈 纪 主 编

黄望南 副主编

34.6万字

《电视文艺论集》共收集国内报刊上已发表的有关电视文艺的文章60余篇，主要内容包括：宏观电视文艺理论的研究，电视文艺“星光奖”获奖节目的评论，春节联欢晚会的评论，电视文艺导演谈创作，专家、学者对电视文艺节目的评点，以及电视文艺工作者谈电视文艺节目中音乐、录音、美术、灯光的设计创意与探索。读者可从中了解电视文艺从初始到成熟的发展历程。

本书对电视文艺工作者及有关院校师生研究电视文艺理论和探索适合中国电视文艺发展的规律，具有参考性与指导性；对电视文艺爱好者开拓思维、丰富知识结构也不无裨益。1993年7月人民出版社出版发行。

电视剧论集（电视丛书）

陈汉元 主 编

赵 群 副主编

44万字

《电视剧论集》从加强宏观理论研究这一宗旨出发，集有关方面的领导和评论家、艺术家的讲话、评论与创作于一体，以期从多方位、多侧面、多视角地去研究电视剧艺术的创作规律，明确我国电视剧生产的主导方向，从中总结出有益的经验，使电视剧健康地向前发展，以满足亿万观众对电视文化日益增长的需要。

全书分上下两篇，上篇为宏观理论研究文章，下篇为对历届“飞天奖”一等奖部分剧目的评论。1993年7月人民出版社出版发行。

电视声画论集(电视丛书)

洪民生 主编

周 经 副主编

31.5万字

《电视声画论集》汇集了80年代至今在我国电视理论杂志上发表的有关声与画研究的若干文章，亦编入了我国电视界的一些著名编导和学术界的一些专家为此书撰写的论文。文章剖析了构成电视艺术的诸元素——画面、音乐、音响、同期声、解说词的内涵与功能以及它们相互间的关系，涉及摄影、美术、音乐、文学、美学、心理学等诸多学科领域。

若此书能对您的电视实践的发展，理论研究的深入，电视审美素质的提高等有所裨益，将是我们的莫大欣慰。1993年7月人民出版社出版发行。

电视技术论集(电视丛书)

方庆浩 主编

王文祥 副主编

26.4万字

《电视技术论集》收入了中央电视台电视技术工作者自1958年建台以来各个时期所撰写的部分有代表性的文章，从一个侧面反映了中央电视台电视事业建设与电视技术工作的成就。其中有对我国未来10年电视事业发展具有指导意义的文章，有介绍中央电视台技术发展和展望的文章，有介绍第十一届亚运会电视报道系统的文章，有介绍电视中心工艺系统的文章，还有论述电视技术及新技术应用的文章。

本书可供电视技术工作者和高等院校有关专业的师生参考。1993年7月人民出版社出版发行。

电视制作论集(电视丛书)

林景云 主编

刘宜勤 副主编

26.2万字

《电视制作论集》中选编的各篇文章，均出自电视美术、灯光、音乐音响、服装、化妆等专业设计人员的手笔，从不同角度探讨了上述专业中，源于实践的若干理论问题，具有一定的学术参考价值。

电视制作部门的各个专业，是电视事业的重要组成部分，其理论建设尚处于起步阶段。本书的显著特色是，它是经验的总结、实践的升华，理论虽不高深，但颇富启迪作用。1993年7月人民出版社出版发行。

电视宣传管理论集(电视丛书)

王传玉 主编

赵 群 副主编

48.8万字

《电视宣传管理论集》一书对电视宣传管理的地位、作用、总结节目的播出、审查、磁带流程、节目编排、经费管理等方面的规章、制度、经验与今后方向等应用理论问题，作了全面的论述。电视宣传管理的研究，在电视理论领域方面，尚属空白点。本书作者均系中央电视台各部门主管领导和富有经验的同志。

随着我国电视事业的发展和省、市、县级电视台的建立，电视宣传管理就成了亟待科学化、系统化的课题。本书内容既适应电视宣传管理同行的需要，又便于热心电视的观众阅读，具有理论和实用价值。1993年7月人民出版社出版发行。

中央电视台简史(电视丛书)

于广华 主编

马超曾 穆晓方 副主编

30.4万字

《中央电视台简史》从宏观上论述了中央电视台的建立与发展，以及新闻、社会教育、体育、经济、文艺、电视剧、对台港澳、对外等节目从初创到发展的历程，记叙了国际往来、观众联系工作、报刊及理论建设情况，简述了节目制作、电视技术、机构沿革与队伍的发展、党团组织建设与工会工作的成长史。

本书可供电视工作者、文艺工作者、电视爱好者阅读、参考。1993年7月人民出版社出版发行。

中央电视台大事记
(1955.2——1993.3)(电视丛书)

于广华 主编

马超曾 穆晓方 副主编

30.5万字

《中央电视台大事记》(1955.2-1993.3) 记述了1955年2月至1993年3月中央电视台所经历的重要事件，基本上勾画了中央电视台从无到有、不断发展的大致轮廓。1993年7月人民出版社出版发行。

荧屏岁月记（电视丛书）

于广华 主编
马超曾 副主编
45.5万字

《荧屏岁月记》共收入87位CCTV人对自己电视生涯的片断回忆。既有老一辈创业者充满豪情的侃侃而谈，也有改革开放以来，活跃在采编播一线的记者、编辑、播音员、主持人和确保节目播出的技术、制作、行政、后勤人员记述他们从事电视业务活动的亲身经历。通过他们披露的一段段鲜为人知的节目制作的内幕，向读者展示了一个个神奇而又多彩的荧屏背后的世界。

本书以生动形象的文字，向读者展示了中央电视台35年所走过的艰苦创业、大展宏图的豪迈历程，显示着电视职业独特的迷人魅力，讴歌了CCTV人崇高的敬业精神。1993年7月人民出版社出版发行。

荧屏金杯录——历届电视节目获奖目录(电视丛书)

中央电视台研究室编
45万字

《荧屏金杯录》比较全面、系统地向读者介绍了自1981年组织电视节目评奖以来我国电视界涌现出来的6000余部获奖节目。所辑录的这些获奖节目的目录仅仅是成千上万部优秀电视节目的缩影；它凝结了全国电视工作者辛勤耕耘的心血，展示了荧屏艺术的优秀成果。本书内容翔实，资料性强。适于广大电视工作者和从事电视理论研究者阅读，也可作为各大图书馆、资料室常备的工具书。1993年7月人民出版社出版发行。

望长城

杨伟光 主编 54万字

大型电视纪录片《望长城》的播出引起全国各界的强烈反响，它是中国电视史上的一件大事。为此，本书收集汇编了《望长城》全部文学台本，纪录片编创人员的创作谈及影视界著名人士的评论。本书由中央电视台台长杨伟光同志主编并作序。全书附彩色照片近30幅。1993年7月中国广播电视出版社出版。

中国广播电视史文集

赵玉明 著 31.8万字

作者从事中国广播电视史的教学研究工作已逾30年，本书是最近十几年来有关文章的结集。入选文章约60篇，从一个侧面反映出中国广播电视史研究的曲折历程。全书分6个部分：第一部分收入了关于更改中国人民广播事业纪念日一事及配合纪念活动撰写的有关文章和调查报告；第二部分收入了记述毛泽东、周恩来关怀人民广播事业及“名人与广播”的读书笔记等；第三部分收入了涉及旧中国广播史、解放区广播史及新中国广播电视事业的有关文章；第四部分收入了为《中国大百科全书》和《中国新闻年鉴》撰写的有关新闻史、广播史的条目和文章；第五部分收入了十年来编著、编选的几本广播史书的后记和编者说明；第六部分收入了历年来在有关座谈会、研讨会上倡导重视新闻史和广播电视史研究工作的发言。1993年10月中国广播电视出版社出版。

春华秋实——济南人民广播电台建台四十五周年纪念

孙 强 主编
张华生 姚祥雨 副主编
50万字

本文集分“硕果篇”和“求索篇”两大部分，共收入了200多篇作品。在“硕果篇”里汇集了获省以上奖次的新闻作品、业务论文和科研成果；“求索篇”里选取了已发表的和部分未发表的论文。在选编过程中，本着尊重历史，尊重作者的原则，对大多数作品原文选登，有些作品在文字上作了删改，目的是尽量精炼和准确；有些作品写作时间较早，材料显然有些陈旧，但考虑到文集的全面性和其某一方面的学术价值、资料价值而入选。有的作品，特别是论文，虽然还有些肤浅，但提出了某一方面论点，或许还有点启发，仍然入选。1993年山东友谊书社出版。

广播电视报简介

声屏大观（文摘报）

1993年元月5日创刊，由《山西广播电视报》社共同编辑、出版、发行。辟有《要闻荟集》、《明星写真》、《八面来风》、《故事、特写》4块专版。除介绍国内外影视动态及消息外，还对读者喜爱的明星演艺生涯、生活趣闻作详尽介绍。《声屏大观》图文并茂，形式活泼，信息量大，可读性强。4开4版，每周二出版。

大同广播电视周报

于1991年9月27日创刊，由大同市广播电视局主办。其宗旨是：坚持四项基本原则，实行正确的舆论导向；预告、评介广播电视节目，传播视听知识和信息，内容健康、形式活泼、图文并茂、雅俗共赏。该报4开4版，周五发行。期发行量稳定在5万份以上，1991年底最高发行量达到11万份。

运城广播电视报

1993年6月2日创刊，运城地委宣传部主管，运城行署广播电视局主办，《运城广播电视报》社编辑、出版、发行。其宗旨是：坚持四项基本原则，坚持为广播电视听观众服务，贴近群众、贴近生活、贴近家庭，生动活泼。除预告中央电视台、山西电视台、运城地区电视台、运城市电视台、云南电视台；贵州电视台、河南电视台、陕西电视台等一周节目外，还设有：广播电台节目介绍、电视剧故事、影视趣闻、报刊文萃、视听动态、广告及服务台等栏目。该报图文并茂，兼融晚报特点，集引导性、实用性、趣味性为一体，采用激光照排，胶版印刷。4开4版，公开发行。期发行量达3万余份，每周三出版。

阳泉广播电视报

1993年5月1日创刊，阳泉市广播电视局主办，《阳泉广播电视报》社编辑、出版、发行。其宗旨是：坚持四项基本原则，坚持为经济建设服务；以轻松活泼的风格，丰富多彩的形式，健康有益的内容，介绍中央、省、市电视台、卫星电视节目、市电台、市有线电视台、市教育电视台的节目。融知识性、趣味性、教育性、新闻性、实用性为一体，贴近生活、贴近读者、贴近家庭，使之成为党的重要宣传阵地，人民群众听广播、看电视的指南，文化生活的重要园地。辟有：《声屏短波》、《煤海艺星》、《回音壁》、《请您收听》、《为您服务》等栏目。该报4开4版，每周1期，周三发行。激光照排，胶版印刷，期发行量1万份左右。

沈阳荧屏周报

1992年9月25日创刊，由沈阳电视台主办，沈阳荧屏周报社出版、编辑、发行。该报每周一期，8开8版，开辟十几个栏目。紧密围绕电视、广播、电影活动展开宣传，贴近生活，贴近读者，深受广大读者的喜爱，被人们誉为"一报在手，一周富有"。目前，该报发行量已超过20万份。

朝阳广播电视报

1993年3月试刊，《朝阳广播电视报》社编辑出版。宗旨是：坚持党的宣传路线，努力宣传新闻改革，朝着知识性、服务性的方向发展，兼顾娱乐性。辟有影视天地、社会生活、声屏世界、广闻博采等专版。4开8版，每周1期，期发行量45000份。

营口广播电视报

1992年11月14日创刊。由营口市广播电视局主办，营口广播电视报社编辑出版。主要内容有中央、省、市领导关于广播电视工作的重要讲话和讨论新闻改革的文章；介绍营口电台、电视台、有线电视台、中央电视台、辽宁电视台节目和广播电视改革成就，指导听众、观众、收听、收视广播电视节目，为广播电视宣传和丰富人民群众精神文化生活服务。设有《剧情简介》、《广播电视信息》、《影坛趣闻》、《影视人物》、《纪实文摘》、《每周一歌》、《广播电视常识》、《青少年漫话》、《声屏人物》等。每周一期，4开8版，自办发行，每期发行7万份左右。

抚顺广播电视报

创刊于1993年1月。由抚顺市广播电视局主办，自办发行。宗旨是：立足城乡，成为人们听广播看电视的参谋助手，为读者提供业余文化生活的精神食粮。1993年发行了52期。

渤海广播电视报

由锦西市文化广播电视局主办，《渤海广播电视报》编辑部出版发行。创刊于1993年5月，每周四出版，4开8版。《渤海广播电视报》以预告介绍一周内的中央电视台的1-4套节目、辽宁电视台1-2套节目、云南、贵州电视台的节目、锦西人民广播电台、锦西电视台的节目、连山有线电视台的节目为主，选择一些重点电视节目进行内容介绍。还辟有《荧屏内外》、《大千世界》、《影视荟萃》、《百乐门》等栏目。融知识性、趣味性、教育性、文艺性为一炉，内容丰富、形式活泼。

钢都周报

《钢都周报》即钢都广播电视报，辽宁省鞍山市广播电视局创办。主要发表广播电视节目内容(占版面的75%)，此外，还积极配合本地电台、电视台的大型活动，进行二次传播。周报还积极宣传中央电台、电视台节目和一些兄弟台的节目。平均期发行量15万份。

影视歌报

于1993年5月23日创刊，由浙江广播电视报社主办，对开4版，套蓝印刷。作为浙江省首家休闲娱乐报，她的办报特色是：内容健康、基调轻松、文笔通俗、版式新潮。1993年为半月刊，共出15期，1994年改为周报。设置的主要栏目包括：幕后追踪、明星客厅、编导沙龙、拍摄花絮、港台传真、台前幕后、演艺圈、马后炮、电影故事、梦工场、好莱坞风、专辑点评、电话采访、新面孔、乐坛快报、社会写真、谐趣园等。她吹的是影视歌舞风、追的是现代娱乐潮，庄重而不失情趣，受到社会各界的认可，期发量5万份。

金华广播电视报

由浙江省金华市广播电视局主办，于1993年8月13日创刊。4开4版，每周出版1期，期发行量77000份。主要刊登一周广播电视节目预告，设有《视听动态》、《影视故事》、《婺州风情》、《艺苑》、《文萃》等栏目。

滁州广播电视报

1993年12月8日创刊出版，滁州市广播电视局主办。主要刊登最新影视信息、社会热点追踪、焦点透视、本市一周要闻、中央、省、市无线广播电视台节目表和有线电视节目表。《滁州广播电视报》坚持正确的舆论导向，以搞好视听服务为宗旨，满足群众精神生活为目的，使之具有活泼性、社会性、精萃性、专业性的特点，以充分为滁州市精神文明建设发挥积极的促进作用。4开4版，周四出版。

影视文摘

1993年3月创刊发行，由山东电影电视剧制作中心《影视文学》编辑部主办。本报以“荟萃国内外影视文化大事新事，传播健康有益的影视文化知识”为宗旨。为满足广大读者对影视文化知识的需要求，辟有《影视大事》、《信息动态》、《环球扫描》、《故事·纪实》、《社会写真》、《生活浪花》、《说长道短》等栏目。每期编发各类稿件50余篇约4万多字。《影视文摘》报为4开8版，双周刊，截止到1993年底共出版25期。

枣庄视听周报

创刊于1990年10月，每周1期，4开4版。主要预告中央电视台一、二套、山东电视台、枣庄电视台、枣庄有线电视台和枣庄人民广播电台的文艺节目。经常开设的栏目有《影视春秋》、《荧屏语丝》、《每周一星》、《艺海拾贝》、《城镇风采》、《生活顾问》、《文体广场》、《大千世界》、《君山风物》、《秋水》副刊、《读者点歌》和《编读信箱》。

太阳城周报

1992年6月1日创刊，山东日照市广播电视局主办。最初为4开4版，1993年起扩大为4开8版。该报以港城特色、丰富多采博得读者喜爱。扩版后的报纸，第一版是要闻版，有《星海撷英》、《黄海风》等栏目。二三版为节目预告。四版是荧屏内外，有《拍摄花絮》、《影屏窥语》等栏目。五版是文化长廊，有《馨香园》、《天南地北》等栏目。六版是生活服务版，有《招招鲜》、《医博士》等栏目。七版为大千世界，有《历史轶闻》、《社会万象》等栏目，八版为剧情介绍。

泰安广播电视报

创刊于1992年1月1日，为4开4版，每周出版1期，在全市范围内自办发行，期发行量10万份。《泰安广播电视报》是泰安广播电视局主办的，为广播电视宣传服务的专业性报纸，除预告广播电视节目外，还紧紧围绕广播电视宣传刊登大量的新闻信息，轶闻趣事，人物介绍等健康有益、高雅有趣的内容，深受广大读者欢迎和好评。

滨州广播电视报

1991年元旦创刊，滨州地区广播电视局主办。以为广播电视宣传服务、为广大听观众服务为宗旨，预告中央、山东省、滨州、胜利油田等的电视节目，刊登滨州地区广播影视动态消息，设有《影视热点》、《你评我议》、《每周一星》、《在广播电视战线上》、《企业之星》等栏目。融指导性、知识性、趣味性和文艺性于一体，图文并茂，雅俗共赏。4开4版，周一出版。期发行量7万份。

聊城广播电视报

创刊于1991年9月25日，由聊城地区广播电视局主办。现为4开4版的周报，激光照排，胶版印刷，节目套色，自办发行。《聊城广播电视报》除预告中央电视台、山东电视台、聊城电视台和聊城人民广播电台的一周节目外，还开辟了《一周广播电视要闻》、《视听指南》、《声屏拾零》、《影视人物》、《影视论坛》、《知识天地》、《为您服务》、《读者信箱》、《艺员行踪》、《说说笑笑》、《第周一歌》等栏目。《聊城广播电视报》以她的新闻性、知识性、趣味性和文艺性赢得了全区城乡人民的喜爱与关注，发行量已逾7万份。

菏泽广播电视报

1992年4月试刊，1992年8月正式创刊。《菏泽广播电视报》每周1期，4开4版，自办发行。创刊以来，一直坚持以经济建设为中心，宣传广播、电视事业建设，宣传社会主义市场经济，竭诚为广大广告客户服务。为丰富版面，每期不但有可读性的内容，而且还配有高清晰度的图片。为突出地方特色，还在副刊上开辟了《曹州牡丹园》。该报除刊登菏泽电视台节目外，还刊登了中央台一、二套、山东电视台、河南电视台以及部分县市有线电视台节目。为扩大该报的影响，增强广告客户的产品宣传效果，除与中央电视台、《中国电视报》和《中国广播报》交流外，还与全国154家广播电视报进行了交流。该报现发行9万份。

济宁广播电视报

1992年元旦正式创刊，济宁市广播电视局主办。该报4开4版，月末8版，预告10套节目。设有《每周一星》、《影人行踪》、《屏前幕后》等栏目，在全市12个县（市）区发行，平均期发行量18万份。

益阳广播电视报

益阳广播电视报于1992年10月试刊，1993年元月5日正式出版发行。4开4版，每周二出版，期发行量3万份。设有《影视园》、《影视沙龙》、《社会广角》、《益阳人》、《每周札记》、《家庭红绿灯》、《知心岛》等栏目。

声报

《声报》原名《广东广播》，是对开4版的周二报，其中周日报为彩色印刷，是全国广播报刊的第一份彩印大报，由广东省广播电视厅主管，广东人民广播电台主办。

《声报》是一份立足广播、面向家庭、反映社会、丰富生活、以文补声、融新闻性、娱乐性、知识性、趣味性于一体的广播文化报。主要栏目有《广播人》、《记者采风》、《社会热点》、《人物专访》、《法制钟声》、《家庭顾问》、《广播、电视节目预告》

等。《声报》是独立法人单位，实行总编辑负责制，独立核算、自主经营、自负盈亏。

遂宁广播电视报

《遂宁广播电视报》由四川省遂宁市广播电视局主办，于1993年4月24日创刊。主要介绍和预告遂宁市电台、电视台和有线电视节目，报道视听动态，提供生活百科知识，融知识性，趣味性于一体。辟有《剧情介绍》、《影视人物》、《屏幕内外》、《生活之友》、《遂州风物》、《视听广角》等栏目。

宝鸡电视报

由宝鸡电视台主办，是以宣传党的广播电视政策、预告电视节目、传播经济信息为主的行业性周报。该报创刊于1987年，1991年经国家新闻出版署批准为全国统一公开发行的报纸。该报自创刊以来，始终以服务社会、服务读者为宗旨，赢得了广大读者的信赖和支持，期发行量稳居全市各报刊发行量之首，成为宝鸡市电视宣传的补充和延伸，取得了良好的社会效益和经济效益。

汉中广播电视报

1993年4月19日创刊，汉中地区广播电视局主办。它的任务是报道党和国家在宣传思想方面的重大决策，各地广播电视的重要信息，汉中地区广播电视各方面重要活动的动态，预告一周广播电视节目，刊载重点节目剧情及内容介绍，刊载各类评论文章，刊登广告，传播经济信息。开设的主要栏目有：《广电要闻》、《一周广播电视节目预告》、《剧情简介》、《影视评论》、《编读桥》、《收视知识》、《海外影视》、《生活良友》、《汉莲》、《家电常识》等。4开4版，每周1期。

渭南广播电视报

陕西省渭南地区广播电视局主办，创刊于1993年10月6日。4开4版，周一刊，自办发行。该报宗旨是：以党的四项基本原则为指导，以宣传党的广播电视事业的方针政策和精神文明建设为主要内容，以介绍中央、省、地三级广播电视节目为重点，竭诚为广播听众、电视观众服务，当好视听众与电台、电视台联系的桥梁，为推动本区两个文明建设服务。该报开设了《一周要闻》、《剧场内外》、《艺苑采风》、《每周一星》、《影视评论》、《收视指南》、《为您服务》、《读者与编者》等10多个栏目。融思想性、新闻性、知识性、娱乐性于一体，深受广大读者欢迎。

广播电视刊物简介

中国广播

中央人民广播电台主办。它的前身是《广播业务》（内部刊物），1993年7月起改为现名，并在国内外公开发行。《中国广播》面向广播界，面向社会，面向广大群众。以坚持党的基本路线，促进广播事业的发展，增进全社会与广大群众对广播工作的了解，为建设有中国特色的社会主义广播事业做贡献为己任。本刊的主要内容包括：广播工作中的采、编、播、录、技术、管理等诸方面新理论，新经验，国内国外广播工作的情况，传播信息动态，普及知识等。本刊努力办出如下特点：坚持改革进取，注重理论性、实践性、指导性、知识性，融学术、知识、信息、欣赏、服务为一体。既是广播工作者研究交流广播业务的园地，又是广播联系群众的桥梁，也是广大读者的益友。《中国广播》为月刊，16开本，每期48页，每月10日前出版。

内蒙古广播电视

内蒙古广播电视厅总编室主办，广播电视综合性业务刊物。1992年5月创刊（试刊），1993年正式向全区发行，以蒙汉两种文字出版，蒙文版为季刊，汉文版为双月刊。《内蒙古广播电视》坚持党的基本路线，坚持改革开放，贯彻“双百”方针，实行开门办刊。开展有中国特色的社会主义广播电视理论探索和业务研究，为促进新闻改革，提高广播电视节目质量，繁荣广播电视事业服务。开设了《经济报道研究》、《业务探讨》、《改革与探索》等20多个栏目。刊登经验总结、业务研究、理论探索、改革设想、事业发展和队伍建设等方面的文章。

朝阳广播电视

辽宁省朝阳市广播电视局主办。它是朝阳市广播电视系统的广大编辑、记者及工程技术人员进行业务交流的园地。设有《广播业务研究》、《农村、厂矿广播》、《电视业务研究》、《电视专题研究》、《有线电视》、《研究与交流》、《播音窗口》等十几个栏目。16开本，为内部交流刊物，暂为不定期出版。到1993年底，已出版16期。

营口广播电视

营口市广播电视局、营口广播电视学会主办的专业刊物。1984年创刊。1987年以前为32开本，1988年改为16开本，每年4期，为季刊，每期约48页，6万字左右，有时增刊增页。每期2000份。宗旨是为广播电视事业服务，为本系统专业工作人员为广大通讯员发表文章、交流经验提供园地，为社会各界参与广播电视工作研究提供方便。本刊除发给本系统专业人员、广大通讯员、企事业机关、市委市政府领导和市直部、委、办、局领导外，并和全国40多个新闻单位刊物进行交换。

影视桥

《影视桥》杂志为通俗性大众化的影视刊物，1993年1月创刊，月刊。由山东省广播电视厅主管，山东省广播电视学会主办。本刊宗旨是，本着健康有益、喜闻乐见的原则，及时传播国内影视信息，生动介绍影视新作，真实写照影视界新人新事，以促进电影、电视文艺的繁荣和发展。设有《本刊专访》、《酸甜苦辣》、《轶闻趣话》、《环球银屏》、《港台一角》等十几个栏目。1至5期为32开本，48个文字页码，8个彩页；从第6期开始改为16开本。《影视桥》最高期发行量为5万册，除省内发行外，还发行到长江以南的一些大城市，较受读者欢迎。

潇湘声屏

1993年9月，经湖南省新闻出版局批准，将《视听业务》改名为《潇湘声屏》，是湖南省广播电视厅主办的刊物。该刊以新闻宣传为中心，兼顾其他各个方面，致力于传播信息，交流经验，探讨问题，服务基础，融指导性、思想性、理论性、信息性、实用性、社会性、可读性于一体。每月1期，每期8万字左右。

新视听

由广东省广播电视厅主办，1993年10月底试刊并在省内公开发行。《新视听》内容以全省广播电视宣传为主要依托，又作为广播电视宣传的有机补充。主要栏目有《热点追踪》、《新闻内幕》、《视听备忘录》、《以正视听》、《热话题冷思考》等，围绕改革开放大潮中涌现的新人新事，新成就新经验，新问题新思维，新时尚新观念，多视角多层次地反映当代社会的方方面面。《新视听》以时政、社会新闻为主体，同时兼顾各阶层读者求新求知求乐的阅读需求。《新视听》试刊若干期后，将于1994年内正式创刊。

声屏之友

由陕西省广播电视厅、陕西省广播电视学会主办，1994年元月正式出版发行。《声屏之友》杂志是为适应陕西省广播电视事业发展的需要和进一步加强广播电视与广大听众观众的联系，在《陕西广播电视》的基础上改刊而来的。办刊宗旨和编辑方针是：立足陕西、面向基层，融理论与实践为一体，思想性与知识性相结合，图文并举，雅俗共赏，既服务于广播电视事业，又兼顾读者多层次需要。开设的主要栏目有《热点透视》、《本刊专稿》、《声屏文苑》、《我与广播电视》、《人物春秋》、《艺员专访》、《台前幕后》等。杂志的整体风格是思路新、内涵深，有一定的文化品位和较强的可读性。《声屏之友》杂志为月刊，16开本，48面码，每月5日出版，由陕西广播电视报刊社总发行。

音像出版物

1993年中国唱片总公司音像出版物选介

【中华舞曲系列】

《中华舞曲系列》是继《中华大家唱卡拉OK曲库》之后，又一音像大工程，全套为16盒，以音带和CD的形式同时出版发行。中国唱片总公司为编辑这套音带，特邀一批著名作曲家、舞蹈家对市场上较为流行的100多盒舞曲音带进行了分析研究，经过一年的努力，这套集艺术性、欣赏性、普及性于一体的《中华舞曲系列》终于完成。这套舞曲从大量的音乐作品中精心选编了200余首优秀中外名曲。分为"外国名曲"、"中国名曲"、"通俗名曲"三大类。采用世界上先进的数码录音技术精心制作而成。这套舞曲集舞蹈、音乐欣赏、审美于一体，是目前市场上舞曲音带中的精品，上市后受到广大群众的热烈欢迎。

【童安格新曲（4)】

童安格是台湾优秀的歌手，在大陆拥有众多的歌迷。他的演唱以抒情见长，其作品也有一定的文化品味。1992年他曾获中唱总公司颁发的第2届"金唱片奖"特别奖。童安格的最新专辑《爱与哀愁·玫瑰的谎言——童安格新曲（4)》是一盒全新的作品，它集中了童安格近两年的创作精华。在这盒专辑中，既有旋律优美、保持童安格创作风格的"爱与哀愁／玫瑰的谎言／如烟往事"等动听歌曲，又有象"好日岱／中国帆"等把民族音乐的旋律和通俗歌曲的潇洒融和在一起而创作崭新风格的作品。《童安格新曲（4)》是中唱总公司继出版《童安格新曲》、《花瓣雨·跨过彩虹——童安格（2)》、《一世情缘·回首的梦——童安格新曲(4)》等引起轰动效应的音带后推出的又一佳品。

【小芳】

中国唱片广州公司签约歌手李春波集作词、作曲和演唱于一身，是大陆歌坛近年出现的颇为难得的创作型歌手。中唱广州公司在1993年不失时机地推出他的个人演唱专辑《小芳》，成为该年度最畅销音带。李春波的创作和演唱崇尚自然，歌词直白朴实，旋律具有现代色彩，这首被称作"城市民谣"的流行歌曲可能是今后流行歌坛发展的方向之一，这也正是李春波不靠外形而凭实力走红歌坛的原因之所在。这盘专辑除了"小芳"，还收录了"知识青年"、"真想告诉你是我的全部"、"冲动"等9首歌曲。

【毛泽东诗词京剧演唱10首】

为纪念毛泽东同志诞辰100周年，中国唱片总公司特别录制了《毛泽东诗词京剧演唱10首》。该盒带收入毛泽东的"沁园春·雪"、"七律·人民解放军占领南京"、"菩萨蛮·黄鹤楼"等10首诗词。著名京剧琴师费玉明谱写的音乐，以京剧唱腔为基调，吸收了歌曲和现代音乐的创作手法，着意体现了毛泽东诗词中的主题思想和意境，加上京胡主奏，电声乐队的伴奏，使音乐富有色彩和艺术感染力。由著名京剧演员刁丽、于魁智、李欣、李鸣岩等演唱。

【某某人】

中国唱片总公司推出的音带《某某人》，可以说是第一盒商业性质RAP的音带。RAP的意译就是"说话"，它以说带唱，十分强调节奏。它的最大优势是可以更加直接、有力地借用语言来直抒胸臆。《某某人》这盒音带表现了我国都市青年的心理状态和生存状态，为我们揭示出一种都市亚文化现象。歌手谢东、尹相杰和图图也是第一次尝试演唱这种风格的作品。可以感觉到，他们在处理作品时对汉字念法有一定的创新。《某某人》的推出，预示着我国流行乐坛一个新潮流的兴起，也标志着音像界走向商品市场所迈出的可喜的一步。

【狗推磨——中国民间儿歌】

这是一盒具有民族特色的民间儿歌说唱专辑音带。收录的儿歌大都流传了很长时间，如"狗推磨"、"拉大锯"、"小耗子"、"结勾勾"、"跳绳歌"、"孙悟空打妖怪"等。它们都是街头巷尾、田间炕头、茶余饭后从人们嘴边流出的地地道道的民间童谣。纯朴通俗、风趣幽默，深受孩子们的喜爱。将这些传统的民间素材配以现代的电声乐队，丰富的打击乐，优美的民族色彩旋律，使这盒儿歌专辑音带显得既有现代的清新，又有传统的古朴。常嘉元、戴羲、谭晶、牛裔、丁世苏等小朋友，演唱很有特点，自然风趣、亲切感人，既有传统的民族风格，又有欧美儿童说唱的特点。是一个创意新、有特色，并有保留及欣赏价值的儿童音乐精品节目。

【小小歌星——赵芃、杨威、甄妮、苗苗演唱专辑】

这盒音带收录了当今我国歌坛上几位年龄最小的小歌手演唱的19首儿童歌曲。演唱者赵芃自她"92儿童歌曲卡拉OK大赛"中荣获第一名后，她的演唱日趋成熟，虽然年仅3岁，却颇具大家风范，被称为"国宝"。93年她被美国吉尼斯大全收人为当今世界上年龄最小的小歌手。另一位演唱者杨威，也是在"92儿童歌曲卡拉OK大赛中荣获第一名的年仅3岁的小歌手，他的演唱活泼风趣、极赋动感。小歌手甄妮、苗苗也是新近涌现出的优秀小歌手。这个儿童歌曲专辑音带，内容健康向上，具有很强的时代气息，深受孩子们的喜爱。其中"玩具兵进行曲"、"星仔走天涯"、"紫竹调"、"娃哈哈"、"洋娃娃和小熊跳舞"都是小朋友们很熟悉的歌曲。另外，新创作的儿童歌曲像"我家住在北京城"、"山村的小姑娘"等旋律也很优美动听。

（侯军）

1993年出版的音像出版物选介

中央电视台音像出版物

【中央电视台荧屏儿歌金曲】

《中央电视台荧屏儿歌金曲》是《七巧板》节目播出8年以来出版的第一盒录音带，它荟萃了《七巧板》节目数年来播出过的歌曲精华25首，其中包括"幻想国"、"宝贝学"、"童话大舞台"、"谁对谁不对"等电视系列片主题歌，有各类晚会演唱过的"小雨滴"、"做个小孩不容易"等歌曲；有被收入奥运金曲激光唱盘的"2000年我10岁"，也有根据世界名曲填词的"4只小天鹅"、"快乐的山娃娃"；还有"棒棒糖真棒"等新歌。这些儿歌轻松活泼，别有情趣。由深受小观众喜爱的小歌手迪扬、牛楠和赵芃主唱。他们不仅有良好的音质、乐感，且有较高的演唱技巧和表现力，充满童心、童趣。该音带1993年6月由中国唱片广州公司出版发行。

【毛泽东诗词】

大型电视艺术片《毛泽东诗词》是在毛泽东诞辰100周年之际，将毛泽东同志留下的不朽诗篇用电视艺术片的形式，将歌舞、风光和珍贵的史料融为一体，以独特的角度，缅怀领袖的伟大革命实践。由我国著名歌唱演员宋祖英、韦唯、杭天琪、程志、殷秀梅、阎维文等演唱。本片调动电视艺术的多种表现手法，以演唱毛泽东诗词为主体，将反映毛泽东革命实践的珍贵史料以及摄制组沿着毛泽东进行革命活动足迹所拍摄的各地风光穿插交织在一起，再现了毛泽东博大的情怀和毛泽东诗词磅礴的气势，深邃的意境，永恒的神韵，1993年由中国国际电视总公司发行。

【毛泽东】

大型电视纪录片《毛泽东》用纪实的手法，全方位地、客观、真实地反映了毛泽东的一生；以上下古今，纵横交错的大视野，向人们展示了一个有血有肉、性格丰满的伟人形象，再现了毛泽东这位世界性的历史伟人对中华民族所作出的巨大贡献，以及他鲜明的个性和特殊的人格魅力。通过大量的实地采访和历史资料的运用，调动电视手段，将历史与现实的真实感和艺术美感有机地融合在一起，再次显示了电视专题节目片巨大的魅力。全片共12集，每集50分钟。1993年中国国际电视总公司发行。

【中国香功】

"香功"自1988年由河南省洛阳市田瑞生先生传授以来，颇受广大群众喜爱，迅速在国内外得到传播和推广。目前，全国各地练习香功者多达数百万。在新加坡、马来西亚、日本和欧洲、北美，大洋洲以及台、港、澳等一些国家和地区都有人练习香功。世界卫生组织还设立了香功俱乐部，《联合国专刊》第500期刊登了介绍中国香功的文章。教学片《中国香功》1993年由中国国际电视总公司发行。

【还我柔情】

20集台湾电视连续剧《还我柔情》描写了1966年某夜，台湾"庄记"银楼被抢，主人丧生，留下了一对孪生姐妹婉君与伊兰。20多年后，这对姐妹长大成人。围绕着婉君与伊兰的生活经历、爱情纠葛，展现了青年男女之间的真情真意与假情假意，同时交织着上辈人的生死恩仇，汇集成了一支爱与恨的歌。当丑恶除去，善良人们的心中充满的是一片柔情。1993年中国国际电视总公司发行。

【最后的武士】

美国战争题材的译制片《最后的武士》描写了第二次大战前夕的某太平洋小岛，气氛宁静、安祥。守卫该岛唯一的一位美国士兵过着悠闲的生活。一天清晨，一群日本海军突然袭击了小岛，岛上的居民除了一名修女外全部被杀害。于是，这个美国士兵、修女与日本海军之间一场惊心动魄的殊死斗争在这小岛上展开了。影片将战争的残酷压缩在一个小岛上体现，风格独特、情节紧张、惊险。1993年中国国际电视总公司发行。

河北音像出版社出版物

【中国历史文化名城】

河北音像出版社于1993年6月，出版发行了由河北电视台发起并联合30个省、自治区和市电视台共同摄制的大型电视系列片《中国历史文化名城》。该片共65集，系统介绍了由国务院颁布的62个国家级历史文化名城独特的城市体系。全片除北京外，每城一集，全面介绍这些城市的历史沿革，文化渊源，建设特色，名胜古迹，民族宗教和世俗风情，勾勒出一幅纵贯华夏历史，横括神州大地的中国民族文化的灿烂画卷。将这一题材搬上屏幕，对继承和弘扬民族文化，进行爱国主义教育，建设社会主义精神文明都有着积极意义；对宣传和保护历史文化名城，推动城市经济，建设具有中国特色的新型城市也具有现实意义。本片还由美国最大的影视公司AMERICAN YIEDOCORPORATION投资30万美元，译配英、法、德、西4种语言，向各国发行。

山西音像出版社出版物

【莲花争霸】

《莲花争霸》是山西音像出版社与新加坡广播局联合拍摄的一部25集大型古装武打兼容言情的电视连续剧。剧情离奇、悬念迭起、真功打斗、动人心魄。故事围绕争夺东洋神功密芨——莲花宝典，以独霸武林为主线，通过江湖两大帮派一连串惊天动地的大搏斗、大撕杀，展现了恩情与仇怨、忠诚与欺瞒、爱情与奸邪错综复杂的炎凉世态。剧中核心人物白玉川，阻险毒恶，为成为武林大魔头，不择手段夺取莲花宝典，苦练神功，以至走火入魔，把全剧推向高潮，最后邪恶终被正义所击破，给人们留下无限暇想。

福建音像出版社出版物

【福建地方志】

系列录像片《福建地方志》全面系统地展示福建省各地历史、地理、人文、资源和党的十一届三中全会以来改革和建设所取得的成就。为归侨及回乡探亲的台、港、澳同胞了解乡情、地情，振兴地方经济提供信息和资料，直接为改革开放，吸引外资服务。该系列片以地、市、县为单位，以地方志为主要内容，每个地、市、县各拍摄一集，整个系列计划拍摄80集。1993年已完成10集，包括晋江市、福清市、龙岩市、武夷山市、漳州、建瓯市、永定县、安溪县、周宁县、东山县。

福建音像出版公司出版物

【平安与你同行】

福建新闻出版系统福建音像出版公司于1992年底正式成立，并于1993年2月首推盒式录音带《平安与你同行》。该音带从各个不同侧面艺术地表现了交通安全与社会生活的密切关系。出自李幼容、贺东久、晨枫等名家之手的歌词委婉动人，孟庆云、楚兴元、一鸣等著名作曲家谱写了极富现代气息与节奏的优美旋律，歌星胡月、董文华、殷秀梅、扬迎、傅笛声、阎维文等声情并茂的演唱使音带大放异彩。

这盒录音带以较高的艺术水准为广大听众尤其是汽车驾驶员所喜爱。

山东音像出版物

【京剧名家名段】

山东齐鲁音像出版社出版《京剧名家名段》系列盒带，收集的是梅兰芳、裘盛戎、马连良、谭富英、张君秋、李多奎、方荣翔、宋长荣、李维康、于魁智、薛亚萍等一批近代和当代最杰出的京剧表演艺术家演唱的最有代表性的京剧传统戏和现代戏的精彩选段。至1993年底，已出版了6盒。音带面世之后，引起了较大反响，深为广大戏曲爱好者欢迎，曾被音像界权威性刊物《音像世界》列为音带戏曲类行销排行榜第一名。该社已计划出齐10个盒号的《京剧名家名段》，相信这一系列盒带会成为全国戏曲爱好者的收藏珍品。

【向往】

30集电视连续剧《向往》由山东临沂地区中年女作家李文香编剧。1993年10月份陆续在全国各省、市电视台播出。这是建国以来出自沂蒙山作家笔下的最长的一部电视连续剧。故事以主人公苏文锦和同父异母妹妹武晓光的不同人生命运为主线，在两代人，四对男女之间展开了错综复杂的感情纠葛。该剧注意突出沂蒙山区的地方特色，风俗人情、人物传说，着意刻划三代沂蒙妇女的不同人生命运和人生态度。目的在引起人们对革命老区、对改革开放、以及对婚姻、人生的深刻思考。通过主义公苏文锦的觉醒和自强，让观众领悟一个沂蒙女性楷模的人格真谛，从而唤起人们的自信和对有所作为人生的向往。该剧除了展现沂蒙山妇女特有的那种博大宽厚，不图回报，无私奉献美德以外，更多地描写了女主人公不安于现状，奋发有为的精神面貌，全剧充满了亲情、友情和爱情，给人鼓励、力量和美的享受。

【爱与海】

大型音乐艺术片《爱与海》是山东日照电视台与《人民日报·海外版》台港澳侨部联合拍摄的。《爱与海》反映了海峡两岸的亲情及渴望祖国早日统一的愿望。该片音乐部分的8首歌词是由词作家、中共辽宁省委宣传部长张名河创作的，曲作者是日照电视台文艺部主任戴希龙同志。导演由《人民日报·海外版》的屈建平同志担任。海外版总编辑张虎生担任总顾问，特邀范琳琳主唱并主演，由海外版的何昭昭、日照市委宣传部长李连成和日照电视台台长柏沣任监制。全片总长50分钟。该片的拍摄和出版，为促进祖国统一，加强海峡两岸的文化交流，宣传日照，都有重要的历史意义和深远的现实意义。

【太阳的故乡】

《太阳的故乡》盒式音带是由山东日照电视台录制，北京市青少年音像出版社出版发行的。共出版13000盒。该盒带共由10首歌曲组成，它们是（A面）："金色的海滩"、"日照河山"、"太阳的子孙——日照人"、"四千五百年"、"这是太阳升起的地方"；（B面）："新世纪的梦想"、"太阳的故乡"、"我爱东方太阳城"、"满江红·黄海长咏太阳歌"、"日照魂"。这10首歌曲歌咏了日照悠久的历史文化、美丽的自然风光和日照人开拓进取的伟大气魄，提高了日照在省内国内的知名度，成为市领导和电视台馈赠的珍贵礼品。

广西音像出版社出版物

【广西民俗礼仪歌】

广西音像出版社为弘扬民族优秀文化、推动民歌发展，根据广西壮、汉、瑶、苗、京、侗、毛南、仫佬等少数民族民歌而创作改编的16首民俗礼仪歌，编辑出版了音带《广西民俗礼仪歌》，共计45分钟。有在古朴的大型铜鼓下的"迎客歌"，使人深感壮族人民的浓情厚意；有甜美的"敬茶歌"，情真意切；有似悲尤喜的"哭嫁歌"、掩不住一个少女就要与心爱的人永结同心的喜悦；有乐坏了的新郎在欢快的"贺郎歌"中心甘情愿地向人们频频作揖……，充分反映了乡俗如诗，人情如画的情景。广西国际民歌节组委会特向大会推荐了这盒音带。

1993年中国唱片总公司出版物简目选登

【激光唱片】

《京剧·梅兰芳珍贵绝版》
《中国音乐大全·潮州音乐》(1–8)
《黄河·梁祝》
《中国画册第一集》
《新大陆·中华经典》
《小提琴协奏曲——梁祝》
《胡里奥独唱专辑》
《中国二胡·蒋才如独奏专辑》
《献给毛泽东诞辰100周年》
《恋人浪漫曲》
《迷惑·萨克斯与乐队》
《沉思·排箫与乐队》
《爱慕·钢琴与乐队》
《瞬间·长笛与乐队》
《倾诉·爵士单簧管与乐队》
《杰克逊·真棒》
《闵惠芬二胡曲精选》
《红腰带——王焱演唱专辑》
《林忆莲·爱上一个不回家的人》
《陈百强·只因爱你》
《华纳白金经典名曲》(1–3)
《叶倩文·潇洒走一回》
《罗克塞精选辑》
《周华健·让我欢喜让我忧》
《刘德华·真情难收》
《肯尼·罗杰斯精选辑》
《越剧王子·赵志刚》
《红太阳》(1–3)
《威尔森·菲利浦三重唱》
《皇后合唱团名曲精选》
《EMI百代巨星系列》
《金嗓子周璇》(1–2)
《江南丝竹·三六》
《黄河协奏曲及中国小品》
《奏天奏鸣曲》
《二胡协奏曲·满江红》
《琵琶协奏曲·花木兰》
《古乐神韵》
《世界经典爱情心曲》(1–2)

【音乐带】

《世界名曲精萃》(1–4)
《中国印象集·赏月听泉》
《天下的妈妈都是一样的》
《轻音乐与新浪潮·大地之音》
《相声与小品》
《大自然音响·世界著名田园音乐》
《大自然音响·世界著名山林音乐》
《大自然音响·世界著名江河音乐》
《中华儿童谣唱金曲》
《梁祝二胡协奏曲》
《黄河钢琴协奏曲》
《豫剧12名旦唱腔选萃》(1–2)
《童安格超白金曲》
《叶倩文·与你又过一天》
《京剧·金龟记唱腔全集》
《京剧·李鸣岩唱腔专辑》
《京剧·毛泽东诗词演唱10首》
《评剧·新风霞名剧演唱伴奏带》
《摇滚小歌星》
《莫罗德尔金曲集》
《超级市场·中华广告第一唱》
《娃娃点歌自己唱》
《金色音乐会·保罗·莫里哀乐队》
《某某人·中国RAP》
《奥林匹克魂》
《金曲合音30首》
《中华舞曲系列》(9–16)
《黎明·深秋的黎明》
《评书·乾隆趣话》(1–2)
《评剧·花为媒》
《方锦龙琵琶音乐》
《偶尔露"筝"容》
《快乐谣》(1–2)
《故事盒》(1–4)
《彭炽权粤曲独唱》
《中国轻音乐》(1–2)
《中国歌剧选曲荟萃》
《京剧音派卡拉OK，音兴朋演唱精萃》
《杨剧·孔雀东南飞》

《童话剧——马兰花》
《悄悄话·新婚篇》
《教娃娃学古诗》
《相声精品集》(1–3)
《黄梅戏金曲OK·黄新德演唱精萃》
《越剧·西厢记》
《淮剧·梁伟平演唱集》
《评弹·名家书会》
《台湾小歌星》
《浪漫都会风情》(1–6)
《吴彤·乡愁》
《李春波·小芳》
《张萌萌·将身心都交给你》
《成语歌曲》
《红黄蓝·动画节目主题歌》
《七巧板》
《北京小歌星》
《至尊流行曲OK全集》
《小提琴·风月情》
《黄舒俊·山盟海誓》
《柔情歌伴舞》
《舞曲经典金装版》

(侯军)

1993年出版的音像出版物简目选登

中央电视台音像出版物简目

【音乐带】

《金鸡唱晓(1993年春节晚会歌曲精选)》
《1993年春节联欢晚会相声小品精选(1)》
《1993年春节联欢晚会相声小品精选(2)》
《环球一绝,大家跳》(舞曲)
《我怕有个家》(相声)
《夹板气》(相声小品)
《毛泽东诗词》(1)(歌曲)
《毛泽东诗词》(2)(歌曲)
《陪你到天崖》(歌曲)
《永恒的馈赠》(歌曲)
《电视歌曲精选》(1)(歌曲)
《电视歌曲精选》(2)(歌曲)

北京音像公司出版物简目

【音乐带】

《毛泽东诗词》(配乐朗诵)
《古筝浪漫情怀》
《北京大世界》
《'93最新畅销金曲》
《金萨克斯》

【CD唱盘】

《月光》
《梦幻》

【专题教学录像带】

《社会主义市场经济启示录》
《强国富民之路》
《罪恶的烟毒》

【录像片】

《歌厅金曲卡拉OK》

【电视连续剧】

《康熙大帝》(第1部16集)

江西音像出版社出版物简目

【音乐带】

《毛委员和我们在一起》
《民歌精华》
《欧阳菲菲·拥抱》
《张信哲·心事》
《轰天绝唱·终曲》

山东齐鲁音像出版社出版物简目

【录音带】

戏曲类:
京剧《铡美案》(再版)
京剧《野猪林》
《京剧现代戏唱腔集萃卡拉OK》(1–2辑)
《张君秋唱腔精选伴奏带》
《裘盛戎唱腔精选伴奏带》
《杨淑蕊唱腔精萃》

歌曲类:
《火凤狂龙OK》
《童安格OK》
《'93国语总动员》
《中国民歌精选》
《遥远的地方》
《王路专辑》
《黄河汉子》

乐曲类:
《蓝色的梦幻》
《梁祝小提琴协奏曲》
《雁落平沙》

少儿类:
《可爱的小动物》(1–2)
《成语故事大全》(1–2)
《娃娃大世界》
《娃娃天地》(1–2)
《少年特工》

科教类:
《如何实践中国式管理与人性化管理》
《新婚絮语》

【激光唱片】

《醉人的音乐——电影主题曲》(1–2)
《醉人的音乐——华丽弦乐》
《醉人的音乐——梦幻钢琴》

【录像带】

《矿山安全法》
《证券与投资》
《强德功》
《名模写真集卡拉OK》(1–3)
《我来当歌星卡拉OK》(1–2)
《夜夜伴肥娇》(引进版)

湖北杨子江音像出版社出版物简目

【音乐带】

《流行快车》
《巨星畅销金曲》
《独领风骚》
《梁雁翎》

《浓情雅乐》
《少儿汉语拼音》
《金色童年》
《小天才》
《'93台北花会》
《龙凤》

【录像带】
《纹身女郎》
《血溅大世界》
《名厨精品》
《港台影视卡拉》
《今年末了情》
《MTV金曲》 上
《MTV金曲》 下
《江城不再流泪》
《英雄故事》

广西音像出版社出版物简目

【音乐带】
《绣球飞过相思树》
《广西民俗礼仪歌》
《希望之歌》

【录像带】
《梦幻漓江》
《千姿桂林 百态漓江》

陕西音像出版社出版物简目

【音乐带】
《陕北民歌扬巧专辑》
《秦腔礼品套带》
《唐·大兴善寺佛曲》
《埙与乐队——废都》
《毛阿敏专辑》
《半边楼歌曲专辑》
《女人不是月亮歌曲专辑》
《刘欢专辑》
《语文教学带》
《刘德海琵琶专辑》 (2盘)
《中国民族乐曲》 (2盘)
《秦腔曲牌》 (2盘)
《秦腔"三击掌"》

【科教录像片】
《家庭医疗保健》
《食品卫生法》
《中学化学实验教学》
《横空出世金麒麟》

【秦腔录像带】
《白玉兰》
《种玉缘》
《秦腔精选》

文章索引

新闻广播电视理论

适应市场经济　转变宣传观念　周溥雄　《北京广播电视研究》　1993.1
适应改革形势　加强研究工作　于云先　《北京广播电视研究》　1993.1
广播电视研究工作的新起点　何光　《北京广播学院学报》　1993.1
改革新浪潮正在广播电视领域悄然涌动　黄勇　《北京广播学院学报》　1993.1
时代的穿透力　历史的生命力　沈心平　《北京广播学院学报》　1993.1
市场经济下的新闻事业改革　孙旭培　《北京广播学院学报》1993.1
谈谈广播电视对台宣传　李宗达　《广播电视决策参考》　1993.1—2
新闻宣传与市场经济　文选德　《广播电视决策参考》　1993.1—2
建设中央两台　增加有关台湾省的报道　林广海　《广播电视决策参考》　1993.1—2
省级广播电视改革的成功尝试　张仲毅　《广播电视决策参考》　1993.1—2
适应新机制　开拓新局面　刑海鹏　《广播电视决策参考》　1993.1—2
加强广播电视自身改革　适应当前新形势　吴少琦　《广播电视决策参考》　1993.1—2
建立社会主义市场经济给广播电视带来的新思考　陶皆良　《广播电视决策参考》　1993.1—2
关于经济报道的历史转轨　康庆良　《广播电视天地》　1993.1
试谈新闻改革的现状和今后努力方向　张　琮　《南方日报》　1993.1
新形势下新闻市场初探　徐晖　《声屏经纬》　1993.1
加强新闻管理工作　提高新闻宣传质量　邱玉兰等　《声屏经纬》　1993.1
广播电视呼唤理性思维　刘昆生　《声屏经纬》　1993.1
深化经济宣传的初步尝试　尹桓年　《声屏经纬》　1993.1
强化市场观念　引导经济生活——谈谈我们在经济宣传中探寻"新聚焦点"的尝试　阎江　《声屏经纬》　1993.1
新形势下新闻市场初探　徐晖　《视听界》　1993.1
不仅仅是新闻改革——记实的时代与社会需求　牧夫　《视听界》　1993.1
《巨奖热中的冷思考》热线讨论得到的启示　司浩　《视听界》　1993.1
综合台改革的思路　邱帆　《视听纵横》　1993.1
龚学平纵论广播电视改革既是喉舌又是产业　秦宇　《新闻记者》　1993.1
新闻改革有待进一步深化　张琮　《新闻战线》　1993.1
新闻宣传要增强建设意识　赵振宁　《新闻战线》　1993.1
思想认识路线与新闻真实性　沈伯钢　《中共浙江省委党校学报》　1993.1
全面认识广播电视的社会性质　罗弘道　《中国广播》　1993.创刊号
市场经济与广播电视改革　余统浩　朱砚　《中国广播电视学刊》　1993.1
再论广播电视学的研究对象与研究方法　蔡长宇　《中国广播电视学刊》　1993.1
明确位置　发挥优势——关于城市综合台改革的几点思考　韩长荣　《中国广播电视学刊》　1993.1
广播电视宣传要为经济建设服务　张建选　《中原声屏》　1993.1
改进思想政治工作　更好地为广播电视服务　常振良　《中原声屏》　1993.1
建设社会主义市场经济给广播电视带来的新思考　陶皆良　《鞍山广播电视》　1993.2
经济宣传要在指导上下功夫　卢广纯　《鞍山广播电视》　1993.2
思维定势与新闻创新　荀广才　《北国视听研究》　1993.2
正确运用舆论监督　庄洪昌　《北国视听研究》　1993.2
新闻转轨的几点思考　曹文岳　《北国视听研究》　1993.2
论"全息文化"——市场经济过程中大众传播文化的选择　朱光烈　《北京广播学院学报》　1993.2
广播电视应加强对农业和农村工作的宣传　孙宗根　《广播电视天地》　1993.2
解放思想按新闻规律办事　席升茂　《国际广播》　1993.2
新闻工作者为市场服务　于东风　《吉林日报》　1993.2.4
电视文化对传统阅读的影响　赵秀山　《辽宁师范大学学报》社科版　1993.2
新闻报导的逆反效应　曹锦杨　《视听纵横》　1993.2
试论经济报道的服务性、贴近性、地方性　张福欣　《新疆新闻界》　1993.2
为建立社会主义市场经济的目标提供信息服务　徐惟成　《新闻出版报》　1993.2.12
试论广播电视改革　方文　《中国广播电视学刊》　1993.2
试论广播电视台(站)的改革走向与建构模式　田金祥　《中国广播电视学刊》　1993.2
舆论监督与舆论导向　韩武勋　《中原声屏》　1993.2
什么是广播和什么是现代传播方式?　陈小平　《北京广播学院学报》　1993.3
竞争与发展　李贵奇　《北京广播学院学报》　1993.3
从系统观点看大众传播媒介的合作　申家宁　《北京广播学院学报》

1993.3
学会对“外”弹琴——实现对外报道的三个转变　钟琴　《电视园地》　1993.3
适应市场经济　深化广播电视改革　刘宗　《广播电视决策参考》　1993.3
利用广播电视系统优势发展信息服务的设想　冯进　《广播电视天地》　1993.3
社会主义市场经济引发的新闻理论思考　卢惠民　《南京政治学院学报》　1993.3–4
新闻报道中的辨证思维　赵玲　《山东视听》　1993.3
新闻改革的三阶段及其内在联系　夏鼎铭　《探索与争鸣》　1993.3
广播电视面临时代的挑战　吴国华　《新闻传播》　1993.3
新闻改革随想录　陈云　《新闻记者》　1993.3
试议新闻内力的凝汇　温玲进　《中国广播电视学刊》　1993.3
新技术与广播电视改革　冯锡增　《中国广播电视学刊》　1993.3
不仅仅是新闻改革——纪实的时代与社会需求　韩泽　《中国广播电视学刊》　1993.3
发扬党的新闻工作优良传统　坚持新闻职业道德准则　于云先　《北京广播电视研究》　1993.4
经济台经济宣传的几点思考　杨艺　《北京广播电视研究》　1993.4
新闻广播与市场经济若干关系研究　康荫　《北京广播学院学报》　1993.4
走出狭缝　办出特色　沈心平　《北京广播学院学报》　1993.4
略论广播电视的传播方式　王振业　《北京广播学院学报》　1993.4
试论现代新闻事业的信息产业属性　贺宛男　《北京广播学院学报》　1993.4
建立社会主义市场经济与新闻改革面临的问题　蒋旭中　《重庆社会科学》　1993.4
新闻工作如何走向市场　王镛　《重庆社会科学》　1993.4
从城市电台现行广播宣传运行机制的利弊谈其改革　温玲进　《广播电视决策参考》　1993.4
解放思想　开拓进取　杨伟光　《广播电视决策参考》　1993.4
谈谈广播电视部门如何参与市场经济建设　何永学　《广播电视天地》　1993.4
论新形势下的新闻市场　徐晖　《山东视听》　1993.3
广播电视的机遇与挑战　韦之瑛　《山东视听》　1993.4
谈当前农业和农村工作的宣传　王溪畔　《山东视听》　1993.4
群众参与和新闻改革　居欣如　《探索与争鸣》　1993.4
新闻媒体要处理好三个带根本性的关系　陈念云　《探索与争鸣》　1993.4
从广东台的实践看新闻改革的走向　马达　《探索与争鸣》　1993.4
社会主义市场经济条件下广播电视事业发展中的几个问题——广播电视改革大家谈”征文　任定国　《中国广播电视学刊》　1993.4
从信息爆炸到新闻信息论研究　金初高　《中国广播电视学刊》　1993.4
谈谈广播电视系统的几个问题　刘诗奎　《中国广播电视学刊》　1993.4
试谈广播电视走向市场问题——“广播电视改革大家谈”征文　史可夫　《中国广播电视学刊》　1993.4
新闻商品属性之我见　柳明瑞　《中国广播电视学刊》　1993.5
广播电视的新闻宣传不能引入市场观念　董抱朴　《中国广播电视学刊》　1993.5
当前电视宣传的形势和任务　刘习良　《中国广播电视学刊》　1993.5
切实把握好观念传播问题　何光　《中国广播电视学刊》　1993.5
关于广播电视体制深层改革的思考——“广播电视改革大家谈”征文　张丹宁　《中国广播电视学刊》　1993.5
利用市场机制，促进广播电视宣传改革“广播电视改革大家谈”征文　庄洪昌　《中国广播电视学刊》　1993.5
广播电视“产品”的双重价值与双重实现环节——广播电视改革大家治”征文　李云朝等　《中国广播电视学刊》　1993.4
直播热中的冷思考——“广播电视改革大家谈”征文　蒋克强　《中国广播电视学刊》　1993.5
试论经济报道的全方位意识　龙耘　《北京广播学院学报》　1993.5
对广播电视取得市场经济主体地位的设想　陶皆良　《广播电视决策参考》　1993.5
不宜笼统、简单地把广播电视称之为商品　赵水福　《广播电视决策参考》　1993.5
广播电视经济政策调研会概述　张红梅　《广播电视决策参考》　1993.5
面向社会主义市场经济、广播电视当前应抓三个问题　罗弘道　《广播电视决策参考》　1993.5
市场经济和广播电视　关颖超　《广播电视决策参考》　1993.5
电视并未取代广播，广播仍有很大影响　罗振湘　《广播电视决策参考》　1993.5
对乡镇广播电视工作的忧思　郭光雷　《广播电视决策参考》　1993.5
谈节目创优中的几个关系　陈光贤　《农村广播电视》　1993.5
新闻竞争呼唤：不拘一格选人才　林兴仁　《视听界》　1993.5
新闻宣传要对准经济建设主战场　李洪泉　《新闻战线》　1993.5
浅论社会主义市场经济与新闻工作　郑叶竹　《学术交流》　1993.5
关于新闻时效性中的时间含量问题的探讨　晓鸣　《学术交流》　1993.5
利用市场机制促进广播电视宣传改革——“广播电视改革大家谈”征文　庄洪昌　《中国广播电视学刊》　1993.5
“名人效应”与广播电视改革——“广播电视改革大家谈”征文　吴文瑛　《中国广播电视学刊》　1993.5
直播热中冷思考——“广播电视改革大家谈”征文　蒋克强　《中国广播电视学刊》　1993.5
切实把握好观念传播问题　何光　《中国广播电视学刊》　1993.5
关于广播电视体制深层改革的思考——“广播电视改革大家谈”征文　张丹宁　《中国广播电视学刊》　1993.5

新闻商品属性之我见　柳明瑞　《中国广播电视学刊》　1993.5

把新闻报道的立足点真正转到面向群众上来　陈秉智　《广播电视决策参考》　1993.6

在市场经济条件下坚持新闻事业自觉性原则　林枫　《广播电视决策参考》　1993.6

新闻宣传要适应市场经济　曲莹　《山东视听》　1993.6

增强经济新闻的共鸣力　朱惠民　《山东视听》　1993.6

新闻概念的拓展——谈“思想也是新闻”　郑乃林　等《山东视听》　1993.6

广播电视成为第三产业后，党管新闻的原则不能变　郭树清　《广播电视决策参考》　1993.7

广播电视与市场经济　徐广富　《广播电视决策参考》　1993.7

把“视点”移向市场——谈谈市场经济条件下经济宣传的开拓与深化　广东人民广播电台　《中国记者》　1993.7

试论经济新闻的广告价值　温玲进　《广播电视决策参考》　1993.8

新闻商品性问题面面观——社会主义市场经济与新闻事业研讨会述评　朱光烈　《广播电视决策参考》　1993.8

建立社会主义广播电视宣传信息市场之管见　陈建华　《广播电视决策参考》　1993.9

社会主义市场经济与新闻宣传　刘茂林　《广播电视决策参考》　1993.9

浅谈社会主义市场经济对广播电视宣传工作的要求　肖光裕　《广播电视决策参考》　1993.9

关于建设有中国特色社会主义广播电视的几个问题　方文　《广播电视决策参考》　1993.10

试谈新形势下接收境外广播电视政策的调整　朱砚　《广播电视决策参考》　1993.10

抓住机遇发挥优势、加速广播电视事业的产业进程　李向阳　《广播电视决策参考》　1993.10

境外广播和境外电视对华影响的比较　金文雄　《广播电视决策参考》　1993.10

为人民服务是毛泽东新闻思想的出发点和落脚点　林枫　《广播电视决策参考》　1993.10

关于海外广播电视的几个问题　赵水福　《广播电视决策参考》　1993.10

市场经济宣传应注意的几个问题　钟宝森　《山东视听》　1993.10

服务市场经济　拓宽宣传领域　季有道　《山东视听》　1993.10

中宣部召开新闻工作座谈会提出:继续推进新闻改革加强新闻队伍建设　《人民日报》　1993.6.11

广播理论

国际台要进一步重视对港澳台问题的宣传　黄达强　《国际广播》　1993.1

对外广播传播形式的新尝试　汤民国　《国际广播》　1993.1

从当代国际广播发展趋势看我台战略发展的几个方面　金初高　《国际广播》　1993.1

面对市场经济的挑战——关于韶关广播改革的思考　冯昶　《岭南视听研究》　1993.1

不断提高收听率让广播大踏步走进第三产业行列　黄炜棠等　《岭南视听研究》　1993.1

广播之特点与现场短新闻　柳明瑞　《青年记者》　1993.1

社会主义市场经济与我国广播面临的新课题——广播电影电视部副部长刘习良访谈录　晓蓓　《中国广播》　1993.1

突出重点　稳步推进——谈对市场经济的宣传　曹仁义　《中国广播》　1993.1

按市场趋向深化广播新闻改革——广东新闻台的改革与思考　陆锡初　《中国广播》　1993.1

经济宣传要讲辨证法　栗国安　《中国广播》　1993.1

浅谈短新闻在广播新闻节目中的主体地位　林仙元　《中国广播电视学刊》　1993.1

广播新闻节目价值论钢　邓斌　《中国广播电视学刊》　1993.1

市场经济条件下的广播改革　余统浩　《广播电视决策参考》　1993.1–2

县级广播站要增强四个意识　朱伟正　《广播电视决策参考》　1993.1–2

重返社会复归人类情感联系——兼论广播优势与出路　刘敬东　《北京广播学院学报》　1993.2

略论广播改革的思路　毕一鸣　《中国广播电视学刊》　1993.2

时代呼吁新闻广播增强“中介”制约职能　康荫　《北国视听研究》　1993.3

重“贴近”求突破——兼谈广播节目的走向　杨飚　《广播电视天地》　1993.3

对发挥广播集团优势的探索　吉保邦　《山东视听》　1993.3

广播定义溯源辨析　周小普　《中国广播电视学刊》　1993.3

广播的潜在功能不再被锁在话筒里——广播改革一得谈　蒋克强　《中国广播电视学刊》　1993.3

提高广播宣传实际效果　余清林　《北京广播电视研究》　1993.4

当好改革开放时代的“顺风耳”——谈收听外台工作的作用与意义　刘经哲　《国际广播》　1993.4

加强国际舆论宣传，争取电波领域舆论导向的主导权　陈俊才　《国际广播》　1993.4

华语广播特性初探　李松凌　《国际广播》　1993.4

振兴广播的出路在于建立竞争机制　侯正永　《山东视听》　1993.4

广播改革要抓住根本和实质　李培义　《山东视听》　1993.4

抓住广播节目的改革就抓住了整个广播改革的龙头——推出四个大型主持人直播板块节目的体会　王仲文　《山东视听》　1993.4

浅谈县级电台的广播宣传改革　钱明　《视听界》　1993.4

广播节目的人民性　张福荣　《探索与争鸣》　1993.4

从广播体制到广播方式的改革　邹凡扬　《探索与争鸣》　1993.4

社会主义市场经济中的广播宏观改革——“广播电视改革大家谈”征文　刘玉峻　《中国广播电视学刊》　1993.4

谈谈当前广播节目中的几个关系问题

李力 《北京广播学院学报》 1993.5

再谈国际广播发展战略问题…… 谷月 《广播电视决策参考》 1993.5

浅谈县级电台的广播宣传改革 钱明 《农村广播电视》 1993.5

国际广播电台的华语广播特性 李松凌 《中国广播电视学刊》 1993.5

围绕适应市场经济需要，推进广播改革 曾凡安 《广播电视决策参考》 1993.6

“无时不在，无时不有”——县市广播走出低谷的好办法 杨建军等 《广播电视决策参考》 1993.6

从当代国际广播发展趋势看我国对外广播战略发展的几个方面 金初高 《广播电视决策参考》 1993.6

人民台改革要处理好四个关系 崔国栋 《山东视听》 1993.9

关于卫星广播对策的几点思考 张聪 《广播电视决策参考》 1993.10

深化广播内部改革 促进市场经济发展 韩宪武 《山东视听》 1993.10

电视理论

电视大革命即将来临 铁山编译 《编译参考》 1993.1

中西电视观之差异 许行明 《北京广播学院学报》 1993.1

从北京电视台专栏节目看屏坛发展趋势 徐宏 《北京广播电视研究》 1993.1

浅谈如何发挥企业自办电视台的宣传作用 李健 《广播电视天地》 1993.1

市级电视台在改革中求发展的思考 杨宇明 《广播电视天地》 1993.1

关于电视研究方法的一点思考 朱光烈 《中国广播电视学刊》 1993.1

经济潮冲击荧屏引发的思考 张哲西 《广播电视决策参考》 1993.1–2

电视专题片的文学因素 高庆彦 《北国视听研究》 1993.2

’93电视新闻改革随想 吴少琦 《北国视听研究》 1993.2

社会主义市场机制下的电视宣传小议 于知峰 《北京广播电视研究》 1993.2

色彩科学与电视艺术 刘恩御 《北京广播学院学报》 1993.2

论影视关系：兼与郑雪来、张瑶均同志商榷 杨田村 《电影艺术》 1993.2

略论电视文化 黎辉 《河南戏剧》 1993.2

电视纪录片的现代风貌 朱羽君 《中国电视》 1993.2

发挥系统优势 加强系统合作 推动中国电视上新台阶 杨伟光 《中国广播电视学刊》 1993.2

电视文化对传统阅读的影响 赵秀山 《辽宁师范大学学报》社科版 1993.2

试论电视新闻的超前意识 许立群 《中原声屏》 1993.2

谈推进电视新闻改革 吴少琦 《北国视听研究》 1993.3

影响电视新闻可信性的原因剖析 黄世永 《北国视听研究》 1993.3

关于提高城市电视台新闻水平的思考 王民 《北京广播学院学报》 1993.3

浅议电视专题片的属性 张家滨 《山东视听》 1993.3

正面宣传和舆论监督的关系——谈《社会之窗》及其主持人汪清 朱景和 《中国广播电视学刊》 1993.3

屏幕经济报道的转轨会议 张明志 《中国广播电视学刊》 1993.3

电视媒介的宏观社会功能浅议 王亚州 《中国广播电视学刊》 1993.3

关于建设电视节目市场的思考 孙洪成 《中国广播电视学刊》 1993.4

认识自我走出困惑——城市电视台新闻发展的思考 许立群 《北京广播学刊》 1993.4

我国卫星电视广播回顾与展望 隋强 《北京广播学院学报》 1993.4

浅谈边境地区的电视宣传 杜宇 《黑河学刊》 1993.4

电视艺术的基本特征 赵希聚 《山东视听》 1993.4

电视新闻——社会生活的万花筒 张君昌 《社会学与社会调查》 1993.4

走向开放的电视意识——“电视茶馆观后” 王纪言等 《视听界》 1993.4

中国电视纪录片的繁荣及走向 王纪言 《中国电视》 1993.4

回归电视自身——对纪实性电视理论的一点看法 伍新明 《中国广播电视学刊》 1993.4

十年来中国电视美学的研究（上） 胡智锋 《北京广播学院学报》 1993.5

影视艺术差异论 万勤 《当代文坛》 1993.5

充分认识电视的地位与作用 石品华 《广播电视决策参考》 1993.5

电视文化呼唤理论指导 谷长春 《吉林日报》 1993.5.18

电视与艺术 栾昌大 《文艺报》 1993.5.1

全球华语电视面临的挑战与发展前景 杨瑞明 《新闻战线》 1993.5

真实——纪录片的生命 徐慧征 《视听界》 1993.5

当前电视宣传的形势和任务 刘习良 《中国广播电视学刊》 1993.5

电视新闻的改革与发展 章壮沂 《中国广播电视学刊》 1993.5

十年来中国电视美学研究历程（下） 胡智锋 《北京广播学院学报》 1993.6

纪实性纪录片是不是艺术？ 杨田村 《北京广播学院学报》 1993.6

电视如何在为市场服务的同时迅速地发展自己 侯希杰 《山东视听》 1993.6

电视新闻的“单一化”和“概念化”亟待解决 郭伟民 《山东视听》 1993.6

电视纪录片的新现实主义浪潮 刘春 《文艺报》 1993.6

对接收卫星电视的看法和意见 高凡吉 《广播电视决策参考》 1993.9

“性”与“非性”——中国影视的两难境地 李大鹏 《青海湖》 1993.9

电视对外宣传探析 门如田 《山东视听》 1993.9

电视口播新闻并非权宜之计 李寒清

《新闻战线》 1993.9
CCTV：向世界一流电视台迈进——访中央电视台台长杨伟光 刘宏 《新闻战线》 1993.9
争取电视文艺节目有一个较大的改观 艾知生 《中国电视》 1993.9
认真学习 勤奋实践 刘习良 《中国电视》 1993.9
用哲学理论解决电视宣传中心诸多矛盾 韩尚义 《山东视听》 1993.10
电视艺术理论研究的一块基石——读高鑫新著《电视艺术概论》 胡智锋 《中国电视》 1993.11

新闻广播电视业务

评无新意死不休——浅谈新闻评论立意的刻意求新 朱惠民 《北京广播电视研究》 1993.1
发挥形象优势 传播科学知识 郑兴光等 《广播电视天地》 1993.1
经济报道要突出人的因素 魏承柏等 《广播电视天地》 1993.1
县级广播电视科技宣传之我见 杨贵林 《广播电视天地》 1993.1
“现场短新闻”的可贵效应 赵晨 《中国广播电视学刊》 1993.1
提高编采人员素质的有效途径 杨孚甲 《广播电视决策参考》 1993.1−2
谈奥运报道的得失及其它 王友唐 《国际广播》 1993.1
对电话讨论类节目的几点思考 谢凌 《岭南视听研究》 1993.1
广东新闻台节目部的创新意识及其它 阙子民 《岭南视听研究》 1993.1
不要涂改和掩盖人物——也谈人物通讯的写作 李志才 《声屏经纬》 1993.1
记者要“挤” 朱亚龙 《视听界》 1993.1
人物新闻三忌及其对策 朱跃献 《视听界》 1993.1
论连续报道与系列报道之异同 熊劲松 《中国广播电视学刊》 1993.1
现场音响对突出主题有重要作用 候宗献 《中原声屏》 1993.1
转变观念搞好经济报道 徐明法 《中原声屏》 1993.1
改革服务性节目的尝试 史家芳等 《中原声屏》 1993.1
短经济新闻的刚性与柔性 鞠云河 《新闻战线》 1993.1
“上口”和“入耳”：增强广播电视语言的适听性 孔德明 《语文建设》 1993.1
新闻角度与宣传效果 唐志敏 《鞍山广播电视》 1993.2
谈谈新闻点 闫富明 《鞍山广播电视》 1993.2
浅谈自然混响人工混响在文艺节目创作中的艺术处理 孙洪林 《鞍山广播电视》 1993.2
谈记者意识 宋绍忠 《北国视听研究》 1993.2
试谈广播电视新闻的纪实性 孟昭礼 《北京视听研究》 1993.2
抓住市场 搞活经济报道——浅谈辽宁电视台的经济宣传 王桂君 《北国视听研究》 1993.2
直播＋热线电话的效应 王福全 《北京广播电视研究》 1993.2
让“眼睛”更明亮——新闻评论标题求新初探 朱惠民 《北京广播电视研究》 1993.2
论舞台——广播——译制艺术语言的处理 张筠英 《北京广播学院学报》 1993.2
新闻写作中“小”与“大”的辨证艺术 欧阳宏生 《广播电视天地》 1993.2
《金陵纵横》特色谈 汤婕 《视听界》 1993.2
市场信息的写作 范军 《视听纵横》 1993.2
“93”，节目质量万里行 金戈 《中国广播电视学刊》 1993.2
经济报道注意深度 邵竹畔 《北国视听研究》 1993.3
探索和完善新闻节目里的电话参与 王治平 《北京广播学院学报》 1993.3
对虚构艺术的一大突破 符蔡阳 《北京广播学院学报》 1993.3
谈音形的塑造和表现力 杜青 《北京广播学院学报》 1993.3
谈谈纪实性专题的创作 王海兵 《广播电视天地》 1993.3
经济报道要警惕片面性 陈怀亮 《广播电视天地》 1993.3
新闻写作中的“张”与“弛”的运用 欧阳宏生 《广播电视天地》 1993.3
谈谈农村经济报道 吴长生 《山东视听》 1993.3
音响运用的艺术 王玉君 《山东视听》 1993.3
还是要注意新闻ABC 瞿文亮 《视听界》 1993.3
热线节目中的话题选择 赵耀东 《视听纵横》 1993.3
论串联词的写作 吴德太 《应用写作》 1993.3
倡导“用兵法经营”——谈经济报道应重视宣传经营谋略 黄代刚 《中国广播电视学刊》 1993.3
对科技新闻的再认识 彭朝丞 《中国广播电视学刊》 1993.3
办好经济类专题节目的点滴体会 张安宁 《北京广播电视研究》 1993.4
新闻写作中“繁”与“简”的运用 欧阳宏生 《广播电视天地》 1993.4
写短新闻，是记者最重要的基本功——由《肯尼迪遇刺丧命》看短新闻的写作 王崧 《国际广播》 1993.4
谈特写的客观性 宋文华 《山东视听》 1993.4
让经济报道有“声”有“色” 李京成 《山东视听》 1993.4
板块节目的优势及其发展前景 林智勇等 《山东视听》 1993.4
编辑记者“换脑筋”的思考 朱惠民 《山东视听》 1993.4
“954新闻时政”的探索 沈伯钢 《视听纵横》 1993.4
交流与纪实 郭镇之 《视听纵横》 1993.4
叙事，声画和意义——兼谈《新闻速写》 高雄杰 《视听纵横》 1993.4
建立市场经济所需要的新的新闻节目格局 肖建文 《山东视听》 1993.4
东广新闻的创新思路 尹明华 《探索与争鸣》 1993.4
信心、人才与节目质量（一）…… 李向阳 《广播电视决策参考》

1993.4

系统思维与多角度报道浅论　陈作平　《北京广播学院学报》　1993.5

试谈新闻采访中的提问艺术　崔盛　《北京广播学院学报》　1993.5

信心、人才与节目质量（二）……　李向阳　《广播电视决策参考》　1993.5

提高广播电视工作信息质量，为领导机关决策提供良好服务　赵泽新　《广播电视决策参考》　1993.5

“名人效应”与广播电视改革——“广播电视改革大家谈”征文　吴文琛　《中国广播电视学刊》　1993.5

略论新闻背景的运用　王崧　《国际广播》　1993.5

三条独家新闻的捕捉　石　岩《国际广播》　1993.5

略论直播后显露的矛盾及其解决办法　蒋克强　《广播电视决策参考》　1993.6

谈谈农村经济报道　吴长生　《山东视听》　1993.6

新闻写作的动感艺术　温玲进　《山东视听》　1993.6

推进新闻改革开设舆论监督专栏　王导奋　《广播电视决策参考》　1993.8

新闻工作者的超前意识刍议　姜文贤　《广播电视决策参考》　1993.8

批评报道的“难”与“易”　吴敬玉　《山东视听》　1993.9

资料剪辑工作的选材取向　马晓霏　《山东视听》　1993.9

浅论把握广播电视经济宣传的新飞跃　喻德鼎等　《广播电视决策参考》　1993.10

“长书”编录工作浅探　张毓麟　《山东视听》　1993.10

广播业务

谈谈《空中大舞台》　陈福生　《中国广播》　1993.创刊号

加强即兴采访实践　充分发挥广播优势　章震　《中国广播》　1993.创刊号

谈谈中央台今年“两会”报道的特色　王宴青　《中国广播》　1993.创刊号

漫谈广播言论的可听性　胡占凡　《中国广播》　1993.创刊号

广播对话的结构　王福全　《北京广播电视研究》　1993.1

应运而生专业台——广播虚实谈之一　许禹嵩　《北京广播电视研究》　1993.1

板块说要——广播虚实谈之二　许禹嵩　《北京广播电视研究》　1993.1

和音乐台新同志谈业务　许禹嵩　《北京广播电视研究》　1993.2

找冷症疾　注重内涵——谈拓展声音广播的发展空间　杨飚　《广播电视天地》　1993.1

运用广播语言特色　搞好经济宣传报道　邓学斌等　《广播电视天地》　1993.1

谈谈县级台(站)科技宣传中的主体意识　刘增粮　《广播电视天地》　1993.1

乡站自办节目应讲求时效　曾燮成　《广播电视天地》　1993.1

乡站农科节目要注重“四性”　罗会久　《广播电视天地》　1993.1

板块节目崭露锋芒　杨曼　《国际广播》　1993.1

直播，在振兴广播中起了不寻常的作用——论作为广播生产方式的直播　区念中　《岭南视听研究》，1993.1

板块节目广播文学改革的尝试　马晓雪　《新闻采编》　1993.1

从巴塞罗那奥运会看体育广播的深度报道　陈文清　《中国广播》　1993.1

广播中的用语失误　刁晏斌　《中国广播》　1993.1

试议理论广播中的经济建设宣传　钟镇藩　《中国广播电视学刊》　1993.1

论直播后的广播编辑　阙波俊　《中国广播电视学刊》　1993.1

谈谈“广播体”的建设　苏庆明　《中国广播电视学刊》　1993.1

广播新闻编排的逻辑思想　李富娥　《中原声屏》　1993.1

解放思想转变观念　开创广播工作的新局面　丁仁山　《北国视听研究》　1993.2

广播评书与小说比较之我见　杨佩琴　《北国视听研究》　1993.2

写广播新闻忌讳什么　徐万良　《北国视听研究》　1993.2

寻找失去的听众——地方电台节目改革之路　秦力勇　《广播电视天地》　1993.2

巴县人民广播电台联办节目越办越好　李汉城　《广播电视天地》　1993.2

且论精制　优化广播节目　陆原　《广播电视天地》　1993.2

广播杂文的界定和实践　张家禄　《广播电视天地》　1993.2

开办《中国穆斯林》节目伊始　张莲玉　《国际广播》　1993.2

再谈国际广播发展战略问题　谷月　《国际广播》　1993.2

“时事节目”之我见　程汉琛　《国际广播》　1993.2

音响在乡镇广播节目中的魅力　李蓁　《视听界》　1993.2

市级电台节目改革定势浅探　陈晓光　《视听界》　1993.2

地区台如何增强广播经济报道深度　王晓阳　《视听界》　1993.2

广播音乐节目制作　伍建阳　《中国广播电视学刊》　1993.2

广播新闻的稿源及其全方位开拓　陈德年　《中原声屏》　1993.2

热线电话与听众参与　邱帆　《鞍山广播电视》　1993.2

话说电台直播节目　王大为　《鞍山广播电视》　1993.2

听众需要的变动与节目改革　王永振　《北国视听研究》　1993.2

浅议广播板块话题的选择　于素梅　《北国视听研究》　1993.3

热线电话是强化广播功力的动能　迟振国　《北国视听研究》　1993.3

广播记者现场采访提问的得与失　李涛　《北国视听研究》　1993.3

试论广播之“声像”艺术　宋虹　《北国视听研究》　1993.3

外宣广播节目的成功实践与决策思考　何乃谦　《广播电视决策参考》　1993.3

关于广播儿童节目的思考　刘枫　《广播电视天地》　1993.3

花样·味道·马鞍形与知名度——《听众信箱》漫谈　刘润山　《国际广播》　1993.3

不断扩展广播音乐节目的“流通领域”

张志根 《国际广播》 1993.3
念好“三字经”提高收听率 苏田冰 《山东视听》 1993.3
县级台应实行采编播结合的体制 王成功 《山东视听》 1993.3
录音报道中的插话艺术 李晓红 《山东视听》 1993.3
话题性报道的魅力——介绍如东电台《农民生活》栏目 曹文俊等 《视听界》 1993.3
打开一扇心灵之窗——谈南京经济广播电台的“夜话”节目 孔芃 《视听界》 1993.3
要重视广播新闻专稿中的音响运用 蒋丰华 《视听界》 1993.3
广播新闻稿的信息分析 李元授 《视听界》 1993.3
整体综合优势是广播最大的优势——奥运报道启示 顾晓冬 《中国广播电视学刊》 1993.3
对台广播中的改革开放宣传 王志强 《中国广播电视学刊》 1993.3
乡土原色时代潮声——谈谈乡站广播的人物塑造 刘枫 《广播电视天地》 1993.4
县级广播如何办好对农节目 赵兴惠 《广播电视天地》 1993.4
广播稿与声律 谷月 《国际广播》 1993.4
国际广播与《孙子兵法》 崔永昌 《国际广播》 1993.4
广播热线电话的功能及应用 冯瑛如 《视听纵横》 1993.4
模糊语言在广播新闻中的运用 顾光燧 《视听界》 1993.4
县级电台新闻节目样式转换的尝试——新闻与专题结合、动态新闻与深度报道结合 谭宗琪 《视听界》 1993.5
半小时节目编排探索 骆东泉 《国际广播》 1993.5
谈谈时事节目中的口头报道 史春永 《国际广播》 1993.5
国际广播电台的华语广播特性 李松凌 《中国广播电视学刊》 1993.5
广播社教节目不能削弱 剑吟 《中国广播电视学刊》 1993.5
广播节目直播热线 “热”中的冷思考 吴郁 《北京广播学院学报》 1993.6
解说场地位置的选择与现场解说基调 李桂敏 《北京广播学院学报》 1993.6
谈广播热线电话节目的“热” 郭如欣 《山东视听》 1993.6
谈谈广播节目的编排 吴华 《山东视听》 1993.6
广播新风——热线电话 徐国平 《中国记者》 1993.6
努力办好县级电台的文化生活节目 孙世贵 《山东视听》 1993.9
间奏曲的妙用 方远莎 《山东视听》 1993.10
对办好县级广播电台节目的思考 吉志强 《山东视听》 1993.10

电视业务

电视界专家学者评《广东行》 张群力 《北京广播学院学报》 1993.1
回首才说《广东行》 芃平 《北京广播学院学报》 1993.1
人物新闻电视解说词写作随想 王新宇 《声屏经纬》 1993.1
论电视画面的视觉连贯 何群 《安徽教育学院学报》哲社版 1993.1
电视记者站工作之我见——兼谈记者素质的培养 刘景波 《北京广播电视研究》 1993.1
电视新闻性专题的走向 董红言 《北京广播电视研究》 1993.1
时代的穿透力 历史的生命力——发挥电视深度报道的预见性 沈心平 《北京广播学院学报》 1993.1
应尽快实现电视节目栏目化 王垚 《广播电视决策参考》 1993.1–2
电视新闻现场报道（上） 程朝阳 《广播电视天地》 1993.1
大陆、香港电视新闻现场报道长短论 蔡贤盛 《岭南视听研究》 1993.1
电视新闻应充分发挥画面语言的优势 白守义 《声屏经纬》 1993.1
特写——富于表现力的电视新闻新文体 张广里 《视听界》 1993.1
细节在电视新闻中的运用 黄世永 《视听界》 1993.1
让记者走上屏幕主持新闻节目 李寒清 《新闻战线》 1993.1
一个影响中国经济发展的电视节目——记中央电视台《经济信息联播》 刘宏 《新闻战线》 1993.1
电视意识与电视语言 王富仁 《中国广播电视学刊》 1993.1
电视现场报道 值得注意的一个问题 田明路 《鞍山广播电视》 1993.2
开办电视直播节目的尝试 魏儒林 《北国视听研究》 1993.2
从午间新闻节目改革谈编辑思想转变 肖俊华 《视听界》 1993.2
金话筒的光荣与梦想——访《经济半小时》主持人敬一丹 郑蔚 《新闻战线》 1993.2
《地方台30分钟》纵横谈 刘民朝 《中国电视》 1993.2
新闻“画”论 吴国平 《中国广播电视学刊》 1993.2
濮阳电视节目大幅度调整 翟自轩 《中原声屏》 1993.2
情绪图面：电视片的魅力 赵国平 杨靖敏 《中原声屏》 1993.2
电视新闻的主题与画面 刘景毅 《北国视听研究》 1993.3
电视新闻要有浓浓电视味 徐福达 《北国视听研究》 1993.3
问题性电视经济新闻的突破与探求 郑祖武 《北京广播学院学报》 1993.3
《追求》：在电视表达方式的几点追求 叶家铮 《北京广播学院学报》 1993.3
画面构图技艺与推摄角度的选择——浅谈画面的结构形式和人的视觉心理作用 李兴国 《北京广播学院学报》 1993.3
试论谈话节目 樊玉媛 《电视园地》 1993.3
强化电视实教服务类节目的凝聚力 陈杰 《广播电视天地》 1993.3
电视报道中的口播新闻 程朝阳 《广播电视天地》 1993.3
略谈影视创作中的细节 慧惠 《广西师院学报》哲社版 1993.3
提高电视科技节目的可视性 翟元明 《山东视听》 1993.3
电视纪录片创作刍议 孙秀锦 《山东视听》 1993.3
与时代同步让世界瞩目——中央电视台新闻节目重大改革侧记 林泉

《视听纵横》 1993.3
建立独立的采摄编运行机制 汤明纲 《视听纵横》 1993.3
让电视新闻活起来 朱跃献 《视听纵横》 1993.3
三"新"辉映——无锡电视台新闻部栏目特色谈 赵波 《视听界》 1993.3
电视经济报道的"软处理" 高建国 《新闻采编》 1993.3
纪录片的形态构成 高雄杰 《中国广播电视学刊》 1993.3
谁言寸草心——观纪录片《远在北京的家》随感 王纪言等 《北京广播学院学报》 1993.4
电视新闻采访与写作 赵淑萍 《北京广播学院学报》 1993.4
《广东行》叙事特色 任远 《北京广播学院学报》 1993.4
县级电视台活动组织及栏目设置浅析 郭小武 《广播电视天地》 1993.4
电视新闻消息图象失真现象剖析 尹远 《广播电视天地》 1993.4
电视新闻系列报道的制作 程朝阳 《广播电视天地》 1993.4
试析长镜头在电视新闻中的运用 曹钢 《广播电视天地》 1993.4
要重视电视新闻节目中的动态新闻 徐少杰 《山东视听》 1993.4
谈电视专题片的选题 隋洪国 《山东视听》 1993.4
电视片的字幕艺术 励维龙 《视听纵横》 1993.4
电视摄像记者的剪辑意识 杨笑 《视听纵横》 1993.4
直播——超越自我后的反思 林泉 《视听纵横》 1993.4
"我更愿意到现场"——高丽萍和她的电视现场采访 胡劲草 《新闻战线》 1993.4
对中央电视台一天滚动播出新闻的分析 李寒清 《中国广播电视学刊》 1993.4
漫谈电视新闻的"画面语言" 王东林 《中国广播电视学刊》 1993.4
琐谈获奖电视新闻的美中不足 江克关 《中国广播电视学刊》 1993.4
电视报道画面失实浅析 沈心平 《中国广播电视学刊》 1993.4
"集成"制作优势 寻求最佳画面效果 李兴国 《北京广播学院学报》 1993.5
当代荧屏中的"农村女性现象" 李跃红 《当代文坛》 1993.5
电视新闻报道的时空意识 朱树德 《视听界》 1993.5
全面出新 跨向世界——'93中央电视台节目改革一瞥 罗琴 《视听界》 1993.5
一个有力的舆论监督专栏——常州电视台的《街头巷尾》栏目 王导奋 《视听界》 1993.5
电视新闻的改革与发展 章壮沂 《中国广播电视学刊》 1993.5
谈电视专题片创作的纪实意识 门如田等 《山东视听》 1993.6
黄河水，黄土坡，黄河人——论张成田电视音乐片创作 黄望南 《中国电视》 1993.6
电视新闻滚动播出和质量意识 李寒清 《新闻战线》 1993.8
电视新闻同期声的妙用 徐映红 《山东视听》 1993.9
办出经济台的特色和风格 张家先 《广播电视决策参考》 1993.10
电视新闻画面真假辨析 李义昌 《山东视听》 1993.10
县级电视台如何搞好会议报道 高宗伟 《山东视听》 1993.10
"难忘今宵"浅议 申艳艳 《山东视听》 1993.10
追寻创业者的足迹——8集电视系列片"自强之路"创作谈 傅宁军 《文艺报》 1993.10.23
从一周的《焦点时刻》看《东方时空》 陈富清 《新闻战线》 1993.10
掘完这口井之后——电视纪录片《中华之门》补记 李荃 《中国电视》 1993.10

文艺广播

广播文艺正在冲向大文化的广阔天地 王健儒 《北京广播学院学报》 1993.1
北京电台春节节目别具特色 刘岚等 《北京广播电视研究》 1993.1
地方特色与地方广播文艺观念刍议 于志成 《视听界》 1993.1
广播文艺要突出一个"活"字 陈汉 《中原声屏》 1993.1
广播文艺发展趋势探析 李力 《北国视听研究》 1993.2
我们对广播文艺改革走向探析 李力 《中国广播电视学刊》 1993.2
广播剧的空间感 吕庆全 《广播电视天地》 1993.3
略论广播文艺 程海青 《山东视听》 1993.3
"走出去"和"新出路"——关于县级电台搞好文艺宣传的思考 张龙潭 《山东视听》 1993.3
谈文艺广播的排列与组合工作 侯爱华 《山东视听》 1993.4
广播文艺编排与听众心里需要 吴华 《山东视听》 1993.10

电视文艺

春节晚会众说不一 张锦力等 《北京广播电视研究》 1993.1
电视文艺 魅力无穷 洪民生 《北京广播学院学报》 1993.1
为观众制作好看的电视剧 陈汉元 《北京广播学院学报》 1993.1
木秀于林：浅议大连电视台电视剧的获奖现象 白浪 《电视与戏剧》 1993.1
盛唐文化的艺术再现 唐平 《电视园地》 1993.3
适应改革开放形势 大力繁荣广播电视文艺 李之侠 《电视园地》 1993.3
论艺术想象在电视报告剧中的运用 张东晖 《中国广播电视学刊》 1993.3
室内电视连续剧的得与失 彭加瑾 《群言》 1993.4
电视剧导论——类型与媒价 （英）D·赛尔夫著 胡正荣译 《世界电影》 1993.4
戏曲电视化的新探索——电视戏曲片"桔子红了"观后 黎辉 《河南戏剧》 1993.4
试论电视剧生产运作机制的改革 仲呈祥 《文艺理论与批评》 1993.4
荧屏上的中国刑警形象 贾磊磊 《中国电视》 1993.4
再探室内剧的表演特性——看"爱你

没商量"想到的　刘国君　《中国电视》　1993.4
多样选择中的室内电视剧　彭加瑾　《中国电视》　1993.4
"农村题材"电视剧杂议　闫实　《电视与戏剧》　1993.5
关于电视剧生产的一点议论　薛万仁　《电视与戏剧》　1993.5
曾经论沧难为水——电视春节晚分杂谈　杨斌　《中国广播电视学刊》　1993.5
尽善尽美难为美——对几部电视剧主人公形象的异议　李立　《中国广播电视学刊》　1993.5
构建属于自己的艺术世界——辽宁电视剧创作态势的思考　黄莉莉　《电视与戏剧》　1993.6
在历史、艺术与商品之间寻找立足点——中国历史题材电视剧创作景况窥探　任晓润　《当代戏剧》　1993.6
漫谈市场经济与电视文艺　张家滨　《山东视听》　1993.6
潭朝辉音乐题材电视片的艺术追求　杨生辉　《新疆艺术》　1993.6
电视剧也要面向市场——访著名导演尤小刚　李春利　《光明日报》　1993.7.24
寓教于乐、寓教于情：论我国长篇电视室内剧的发展方向　仲呈祥　《求是》　1993.7
纪实性电视剧的美学追求　朱汉生　《文艺界通讯》　1993.8
浅谈大型通俗电视剧　郦子柏　《文艺界通讯》　1993.9
七读《"飞天"腾飞》——第13届全国电视剧"飞天奖"评选读片备忘录　仲呈祥　《中国电视》　1993.10
高奏爱国主义革命英雄主义的主旋律——浅议几部获奖的军事题材电视剧　明振江　《中国电视》　1993.10
百家争鸣说"通俗"——"通俗电视剧"研讨会综述　解玺璋　《中国电视》　1993.10
论电视剧的时空特性　曾昭来　《湖南师范大学学报》社科版　1993.22

广播剧

简谈广播剧导演理论发展历程　朱宝贺　《北京广播学院学报》　1993.2
故事——广播剧艺术的母体　顾金荣　《北京广播学院学报》　1993.3
儿童广播剧审美初探　王雪梅　《北京广播学院学报》　1993.6
对在新形势下发展广播剧的思考　张庆仁　《广播电视决策参考》　1993.6
对广播剧"淡化"的看法　冷丽华　《山东视听》　1993.9

电视剧

电视剧成为商品之后　杨田村　《北京广播学院学报》　1993.1
本真的生活天然的美——关于纪实性电视剧的思考提纲　王维超　《岭南视听研究》　1993.1
对电视连续剧可视性的思考　蒋星　《视听界》　1993.1
室内剧——促成电视剧成熟的通俗艺术　姜静楠　《戏剧丛刊》　1993.2
谈戏曲电视剧的艺术特点　张杰　《安徽新戏》　1993.3
当前我国电视室内剧创作的几个问题　仲夏梦　《当代文坛》　1993.3
通俗电视剧之我见　张永经　《电视园地》　1993.3
演员就是角色：评宋春丽演叶秀清　汪岁寒《中国电视》　1993.3
我国电视剧生产的第2个市场　徐斐　《中国电视》　1993.3
电视短剧前景论　郑征予　《中国广播电视学刊》　1993.1
众说纷纭　瑕不掩瑜——"爱你没商量"座谈综述　闻逸　《北京广播电视研究》　1993.1
纪实性电视剧的地位、概念和美学追求——首届全国纪实性电视剧研讨会述要　匀文　《北京广播学院学报》　1993.1
"聊斋"味的淡化与变异：谈《聊斋》系列剧改编的失误　林同　《徐州师范大学学报》哲社版　1993.1
皇城根儿何以坍塌　郑里　《中国电视》　1993.1
纪实与还原——电视剧同期录音之我见　张耘　《视听界》　1993.1
以真诚铸造真实：谈"天梦"对生活把握　宋鲁曼　《中国电视》　1993.1
梦有阴晴圆缺：电视连续剧"天梦"的启示　陈小鹏　《中外电视》　1993.1
一次大胆的探索——京剧电视连续剧"曹雪芹"简析　汪小为　《北京广播电视研究》　1993.2
把握长篇连续剧的创作规律：看电视连续剧《血钞》所感　乡子　《电视与戏剧》　1993.2
论《爱你没商量》的历史性突破　孙绍振　《福建艺术》　1993.2
看电视剧《周恩来》后一些思考　张国凡　《民族艺术》　1993.2
室内剧：面临新挑战：对《爱你没商量》社会效应的反思　易凯　《中国戏剧》　1993.2
细节的真实掩盖整体的不真实：谈《皇城根》在人物塑造上的失误　杜嘉夫　《中国戏剧》　1993.2
荧屏上的"理想国"——电视剧《女人不是月亮》观后　龚维英　《当代戏剧》　1993.3
那条路，就让它荒着吧——看电视连续剧"荒路"　田志伟　《电视与戏剧》　1993.3
结局照亮全篇：电视连续剧"女人不是月亮"观后感　钟克兵　《文汇电影时报》　1993.3
为中国新型农民立传：电视连续剧《华西村的故事》观后感　钟艺兵　《文艺报》　1993.3
喜看"老树"绽新花：谈电视剧　《半把剪刀》　顾年　《文艺报》　1993.3
借鉴情节剧：看电视连续剧《女人不是月亮》　彭加瑾　《文艺报》　1993.3
电视连续剧《淮阴侯韩信》创作谈　郭宝昌　《文艺界通讯》　1993.3
思索的梦，梦的思索——对电视剧《拉住梦的手》的几点印象　刘邦厚　《文艺评论》　1993.3
《爱你没商量》得失谈　陈志昂　《中国广播电视学刊》　1993.3
娱乐观赏与深层意蕴的审美统一——评电视连续剧《唐明皇》　王世德　《中国电视》　1993.3
人间奇迹：看电视连续剧《华西村的故事》　洪开　《电影评价》

1993.4
《皇城根儿》的戏剧性在哪里　范华群　《剧影月报》　1993.4
“我笔下的枣花”：《古船·女人和网》访谈录　葛晨　《文汇电影时报》　1993.4
谱写中国当代农民的改革“心史”长篇电视连续剧《古船·女人和网》笔记　仲呈祥　《中国文化报》　1993.4.7
一部导演力作的电视剧——谈4集电视剧《黑槐树》　袁瑜启　《河南戏剧》　1993.5
走进现实生活，穿越现实生活：看电视连续剧《中国商人》　吴伏海　《文艺报》　1993.5
文化落差中的负值现象——兼评《爱你没商量》并及《皇城根儿》　刘扬体　《文艺界通讯》　1993.5
改革就要动真格的——看电视剧《山后那个秋》　朱汉生　《文艺报》　1993.6.26
大众言情剧，独具魅力——评电视连续剧《爱在雨季》　李习文　《中国电视》　1993.6
能否潇洒走一回——电视连续剧《原谅我的心》浅谈　汪天云　《中国电视》　1993.6
论电视剧《荒路》的艺术语言　汪岁寒　《中国电视》　1993.6
一朵呼唤法治的喇叭花——评6集电视连续剧《莽源》　仲呈祥　《中国文化报》　1993.6.13
良知责任使命感——电视连续剧《过去的年代》创作谈　庞苏林　《文艺界通讯》　1993.7
着意于情的点化——电视剧《孝子》琐谈　宋鲁曼　《中国电视》　1993.7
电视室内剧怎么啦——从百集电视剧《京都纪事》谈开　肖宁　《文汇电影时报》　1993.8.21
不合理的命运归宿——电视连续剧《农村三部曲》得失谈　徐景熙　《电影月报》　1993.9
《围城》：从小说到荧屏：影视剧改编艺术论之一　陈一辉　《杭州大学学报》哲社版　1993.23（1）
尊重观众——评电视剧《大潮汐》　梅朵　《文汇电影时报》　1993.9.18
论鞍山台的电视剧《小房子和大世界》　汪岁寒　《中国电视》　1993.9
走向更加广阔的艺术天地——观兰州军区电视艺术中心摄制的3部电视剧　刘成栋　《中国电视》　1993.9
新领域，新追求，新突破——评电视连续剧《大雪小雪又一年》　歌吾　《文艺报》　1993.10.6
移步留韵，独见光彩——评《两个女人和一个男人》　徐惠征　《中国电视》　1993.10
电视剧《血溪》的思想和艺术　王新勇　《湖北民族学院学报》社科版　1993.11
改革题材的把握与超越——看电视连续剧《大潮汐》　彭加瑾　《文艺报》　1993.11.6
岁月人生都作风景中——电视剧《大雪小雪又一年》漫评　北川　《中国电视》　1993.11

播音

浅谈新闻播音的真实感人　高素兰　《天津广播电视》　1993.1
语音的平衡美在广播稿件中的体现　靳德宏　《鞍山广播电视》　1993.2
谈最佳播音时间的选择　王保石　《国际广播》　1993.2
走出“魔圈”——主持人与播音语言特征辨析兼与张颂教授商榷　李东　《中国广播电视学刊》　1993.2
播音员应学会当“杂家”　钟梅　《广播电视天地》　1993.3
浅谈电视新闻播音的情感表达　冯恕　《北国视听研究》　1993.3
抑、扬的艺术　张慧　《北京广播学院学报》　1993.3
咽音练声法用于播音发声　白士良　《山东视听》　1993.3
浅谈直播心理　贾楠　《新闻采编》　1993.3
浅谈播音的真实性　熊燕　《广播电视天地》　1993.4
浅谈播音创作的两种思维方式　黄旭　《广播电视天地》　1993.4
广播稿与声律　谷月　《国际广播》　1993.4
播音中的情、声、气处理　孙剑群　《山东视听》　1993.4
还是先说两句　张颂　《中国广播电视学刊》　1993.4
播音与录音素材的和谐性　张慧　《北京广播学院学报》　1993.5
和谐——浅谈播音的对手配合　陈红　《北京广播学院学报》　1993.5
屏幕意识与新闻播音语言表达　冯恕　《中国广播电视学刊》　1993.5
初学播音者的“有机模仿”　肖钟鸣　《山东视听》　1993.9

节目主持人

主持人风格刍议　华岳　《中国广播》　1993.创刊号
电视节目主持人如何驾驭人体语言——优秀主持人的魅力要诀　张君昌《岭南视听》1993.1
弥漫在语言中的美——收听广东新闻台主持人节目随感　王子木　《岭南视听研究》　1993.1
试论主持人与受众的心理沟通　邢月　《声屏经纬》　1993.1
论电话讨论节目的主持人实践　窦文涛　《中国广播电视学刊》　1993.1
节目主持人的微笑　施旗　《北京广播学院学报》　1993.2
电视纪录片中的节目主持人　孙爱萍　《中国电视》　1993.2
节目主持人与主持人节目　张爱萍　《中原声屏》　1993.2
电视节目主持人的主导地位之我见　藏伟　《中原声屏》　1993.2
感人心者　莫先乎情：谈广播节目主持人的情感投入　陆霞　《新闻采编》　1993.2
广播节目主持人的素质　王秋　《新闻与写作》　1993.2
情的勃发　力的激扬：宋世雄的节目主持艺术　应天常　《演讲与口才》　1993.2
电视台应为主持人包装　张君昌　《北国视听研究》　1993.3
浅议电视节目主持人的修养和气质　王菁　《广播电视天地》　1993.3
主持人语言艺术二题　高文心　《视听界》　1993.3
造就明星节目主持人　张君昌　《视

听纵横》 1993.3

"无为"之中的空灵美——赵忠祥《动物世界》解说感情链管窥 李云朝等 《中国广播电视学刊》 1993.3

主持人素质的提高有赖于广播电视改革的深化 王晓霞 《中国广播电视学刊》 1993.3

关于节目主持人的断想 刘志筠 《北京广播电视研究》 1993.4

我做节目主持人的ABC 陶津 《北京广播电视研究》 1993.4

市场经济与主持人直播机制 成明 《北京广播学院学报》 1993.4

悄悄话——主持人心中的青草地 封均平 《北京广播电视研究》 1993.4

主持人你会说话吗 周同华 《视听界》 1993.4

节目主持人素质要在发展中提高 杨正泉 《中国广播电视学刊》 1993.4

加强对主持人节目的研究 提高主持人的水平 杨伟光 《中国广播电视学刊》 1993.4

提高节目主持人素质，提高主持人节目的质量 刘习良 《中国广播电视学刊》 1993.4

热线谈话与主持人素质 吴郁 《中国广播电视学刊》 1993.4

主持人的选择 王东林 《中国广播电视学刊》 1993.5

节目主持人应具有较强的创造力 贺华 《山东视听》 1993.6

在比较中寻求发展——谈如何对待外国电视节目主持人理论 李寒清 《新闻战线》 1993.6

树立主持人形象 办好主持人节目 柳经祥 《山东视听》 1993.10

大胆探索 贴近听众及其他——济宁电台主持人座谈会综述 晓琨 《山东视听》 1993.10

试论节目主持人的作用 刘雪羽 《山东视听》 1993.10

特区走向世界的荧屏使者——《希望之窗——中国深圳》节目主持人魏晶 胡劲草 《新闻战线》 1993.10

受众研究

浅谈电视观众调查 陆更胜 《视听界》 1993.1

广播的生命源于听众——试谈县级台(站)怎样搞好听众调查 张敏 《视听界》 1993.1

一次寻找"听众市场"的尝试 李米莉 《北京广播电视研究》 1993.2

热线电话节目传播效应探微 张学洪 《视听界》 1993.3

电视新闻的受众意识 施泉明 《视听纵横》 1993.3

论儿童的媒介需要与媒介选择 卜卫 《北京广播学院学报》 1993.4

中国儿童与电视 彭聃龄 《北京师范大学学报》社科版 1993.4

重视观众心理参与 方建宇 《视听纵横》 1993.4

大众传播市场中的受众分类的思考 陈崇山 《视听纵横》 1993.4

"点歌热"面面观 黄同世 《中国广播电视学刊》 1993.5

我国儿童和电视研究综述（一） 卜卫 《广播电视决策参考》 1993.8

"编外"卫星电视热刍议 山林 《广播电视决策参考》 1993.8

从观众的审美接受心理浅析电视连续剧的可视性 蒋星 《江南大学学报》社科版 1993.8 (1)

广播电视事业

台湾广播现状 王求 《中国广播》 1993.创刊号

有影响的评论是中央电视台成为世界级大台必备条件 水夫 《广播电视决策参考》 1993.1–2

协调发展 优势互补——关于县级广播电视事业建设的实践与思考 顾洪年 《视听界》 1993.1

浙江省县级电视台发展的轨迹 童祥福 《视听纵横》 1993.1

香港广播介绍 韩同熙 《中国广播》 1993.1

"东方、一座令人瞩目的电台——访上海东方广播电台台长 陈圣来 李彩英 《中国广播电视学刊》 1993.1

中央电视台台长访谈录 丛亚平 《中华儿女》 1993.1

北京电视节目在美国开播 马宏 《北京广播电视研究》 1993.2

京城广播东山再起 王坤宁 《北京广播电视研究》 1993.2

办好民族广播电视 促进民族地区振兴——甘南藏族自治州 朱玉林 《甘肃民族研究》 1993.3

为有源头活水来——谈城市电视台通讯员队伍建设 缪明 《视听界》 1993.3

勇于探索 推进改革——北京经济台开办3年的思考 马仕存 《北京广播电视研究》 1993.4

在乡镇机构改革中要注意保护好广播电视事业的基础 郑祝明 《广播电视决策参考》 1993.4

改革县级广播电视 发展第三产业的构想 谭德甫 《广播电视天地》 1993.4

略谈县乡(镇)广播电视事业的前景 袁志强 《广播电视天地》 1993.4

关于进一步发展我国对外广播事业的几个问题 张振华 《国际广播》 1993.4

重新崛起——中国广播业风景线 姜峰 《视听界》 1993.4

"西湖明珠" 新台新路——西湖明珠电视台开播两个月谈 陈来法 《视听纵横》 1993.4

中美电视业的几个侧面 张桂芝 《视听纵横》 1993.4

异军突起的"东方台"——东方广播电台1 束纫秋 《探索与争鸣》 1993.4

香港商业电台一瞥 成明 《视听界》 1993.5

浙江省级电视台发展的轨迹 童祥福 《中国广播电视学刊》 1993.5

辉煌的过去，灿烂的未来——纪念中央电视台创建35周年 杨伟光 《中国广播电视学刊》 1993.5

浅谈调动社会力量办好县级广播电视 朱惠民 《广播电视决策参考》 1993.6

认清形势 抓住机遇 把河南省广播电视推向前 宋国华 《广播电视决策参考》 1993.7

发扬优良传统建设世界一流大台——中央电视台 杨伟光 《人民日

报》 1993.8.30
目标：与世界节奏接轨——上海东方广播电台崛起 胡筋 《新闻战线》 1993.8
台湾电视与大陆电视 陈飞宝 《中国电视》 1993.8
香港电视 张明志 《山东广播电视》 1993.9
努力开创电视事业生气勃勃新局面 艾知生 《人民日报》 1993.10.14

有线广播

农村广播的新课题与新思路——面对市场经济大潮 沈九涛 《视听界》 1993.1
有线广播——市场经济需要你 国荣 《视听界》 1993.1
农村有线广播电视综合发展的实践与思考 谢书然等 《中原声屏》 1993.1
对农村广播必须有乡土风味 薛佩 《山东视听》 1993.3
略谈乡村有线广播 吴之育 《北京广播学院学报》 1993.3
农村有线广播的现状及出路探讨 吴逊忠 《广播电视天地》 1993.3
农村有线广播应力争实行三级自动传输 张法宇等 《广播电视决策参考》 1993.5
农村广播宣传要注重增强农民商品意识 李宗禧 《广播电视决策参考》 1993.6
努力恢复发展农村有线广播 闫三平 《广播电视决策参考》 1993.6
乡镇广播宣传的补充作用 佘明远 《山东视听》 1993.6
广播专线和调频传输应是农村有线广播的主要传输方式 齐明 《广播电视决策参考》 1993.8
农村广播要提倡无线有线混合覆盖 靳守平 《广播电视决策参考》 1993.8
试析一些地区农村有线广播滑坡的原因及对策 谷国区 《广播电视决策参考》 1993.10

有线电视

城市有线电视台宣传路子初探 何乐春 《广播电视天地》 1993.1
理顺关系 增强合作——促进无线和有线电视台协调发展 张建生 《广播电视天地》 1993.1
互为补充共同发展——谈谈有线电视与无线电视的关系 李敏中 《岭南视听研究》 1993.1
有线电视在大型企业中的性质和作用 冯富涛 《视听界》 1993.2
有线电视热及节目源探求 郭润田 《中国广播电视学刊》 1993.2
主流·问题·对策——川·鄂·粤有线电视调查拾零 谭德祥 《广播电视决策参考》 1993.3
有线电视新闻报道初探 满延贵 《广播电视天地》 1993.4
有线电视存在的问题不容忽视 黄金良 《广播电视决策参考》 1993.6
建立省有线电视节目交换中心好处多 李子忠 《广播电视决策参考》 1993.9
乡镇有线电视建设初探 朱名玖 《广播电视决策参考》 1993.10
浅谈有线电视新闻 冷丽华 《山东视听》 1993.10

广播电视广告

谈谈广播广告业务人才的几个问题 李向阳 《视听界》 1993.1
试论我国电视广告的发展 马大薇 《新闻研究资料》 1993.1
略谈色彩在电视广告中的作用 戴敏 《视听界》 1993.2
异构与同质：电视广告感性诉求与理性诉求初探 陈作平 《北京广播学院学报》 1993.2
广告欣赏漫谈 张岩竹 《山东视听》 1993.3
广告文化的传播 殷东升 《中国广播电视学刊》 1993.5
电视广告中的语言和图像的相对重要性 黄合水 《北京广播学院学报》 1993.5
电视广告的音乐策略（上） 曾田力 《北京广播学院学报》 1993.5
关于广播电视广告经营的指标体系研究 汤卫国等 《视听界》 1993.5
电视广告之我见 朱小平 《视听界》 1993.5
浅谈广播广告的编写 梁桂丰 《山东视听》 1993.6
对广播广告的几点浅见 王志远 《山东视听》 1993.6
《广告文体大观》中的“错位剪辑” 宋红 《山东视听》 1993.9
广告宣传要注意社会效益和经济效益的统一 乐平 《山东视听》 1993.10

广播电视管理

县级广播电视机构改革的思路 谭德甫 《广播电视天地》 1993.1
增强创优创收意识 促进电视事业发展 吴太平 《中原声屏》 1993.1
乡镇广播站合并精简给事业带来的不利因素应引起关注 郭树清 《广播电视决策参考》 1993.1-2
电视宣传管理的构思 臧树清 《北京广播学院学报》 1993.2
电视节目市场化浅探 范平 《视听纵横》 1993.2
广播电视应实行有偿服务 周才夫 《中国广播电视学刊》 1993.2
关于广播电视系统发展第三产业的几点思考 蒋新建 《中国广播电视学刊》 1993.2
记者定额管理及其纵横关系处理 杜宇 《新闻传播》 1993.3
加强广播电视经济台的经济管理 曹贤火 《中国广播电视学刊》 1993.3
关于广播电视市场研究 周鸿铎 《北京广播学院学报》 1993.4
对有线电视性质及现行管理法规的几点质疑 宋辛和 《山东视听》 1993.4
对城市广播电视系统管理体制改革的看法与设想 冯民 《广播电视决策参考》 1993.5
建议广播电视系统设立执法机构 高德信 《广播电视决策参考》 1993.6
对电视艺术事业管理体制问题的思考 王新昌 《广播电视决策参考》 1993.6
市地级电视台实行事业单位企业化管理势在必行 李义昌 《山东视

听》 1993.6

关于广播电视深层体制改革的思考 张丹宁 《广播电视决策参考》 1993.7

发挥广播电视第三产业功能 把广播电视推向市场 李春坤 《广播电视决策参考》 1993.7

对广电系统如何创收的探讨 袁传禄 《广播电视决策参考》 1993.8

三台合一是县市广播电视台站一种合理的组织形式 苏伏红等 《广播电视决策参考》 1993.8

摄制组的制片工作应实行合同制管理 芦林 《广播电视决策参考》 1993.9

关于县级广播电视财务管理的几点思考 黄金洲等 《广播电视决策参考》 1993.9

广播电视史

人民广播第一声 杨兆麟 赵玉明 《中国广播》 1993.1

简论旧中国对广播的研究 哈艳秋 《北京广播学院学报》 1993.3

外国广播电视

谈谈日本的广播 曾春 《北京广播电视研究》 1993.1

韩国的广播电视 戎明亮 《岭南视听研究》 1993.1

新加坡广播电视事业简介 郑信莉 《视听界》 1993.1

美国的公共教育电视网 周顺生等 《视听界》 1993.1

透视美国电视 丁罗男 《艺术世界》 1993.1

德国广播剧概述 顾金荣 《视听界》 1993.2

澳大利亚的电视事业 唐保桐 《视听界》 1993.3

世界广播电视体制简况 温飚 《广播电视决策参考》 1993.4

"保持全球阿拉伯语广播的领先地位"——介绍英国BBC的阿拉伯语广播 刘元培 《国际广播》 1993.4

外国国际广播史 金初高 《国际广播》 1993.4

NHK弄虚作假的风波 张国成 《新闻战线》 1993.4

澳大利亚电视面临的挑战 孙皖宁 《新闻战线》 1993.4

关于日本广播电视的一些情况——NHK和CBC访问记 余心言 《光明日报》 1993.9.5

美国电视观众研究一瞥…… 高原新 《广播电视决策参考》 1993.5

变革中的英国广播电视 温飚 《中国广播电视学刊》 1993.5

日本电视界见闻录 范平 《中国广播电视学刊》 1993.5

从英国广播电视的改革谈起 温飚 《广播电视决策参考》 1993.6

纽约的谈话电台 钱雨润 《山东视听》 1993.6

假新闻充斥美国的荧屏 晓卫 《新闻战线》 1993.6

美国广播电视的竞争和多元化 何新明 《广播电视决策参考》 1993.8

独联体广播电视的变化与发展 朱泽旻 《广播电视决策参考》 1993.8

法国电视漫谈 王光龙 《山东视听》 1993.10

"我们都是杀人犯"——美国电视界对暴力内容采取限制措施 雨文 《新闻战线》 1993.10

(北京广播学院图书馆林淑华)

评奖

全国评奖

首届“韬奋新闻奖”揭晓

我国新闻界高层次、高荣誉的奖励——首届“韬奋新闻奖”近日在北京揭晓。10名在新闻岗位上辛勤耕耘、做出了突出成绩的编辑和通联工作者获此殊荣，还有30名编辑和通联工作者获提名荣誉。

邹韬奋是伟大的爱国主义者、著名评论家、杰出的新闻出版工作者。邹韬奋生前特别重视报刊的编辑和通联工作，用他的名字设立“韬奋新闻奖”，是为了鼓励广大新闻工作者在社会主义现代化建设的新时期继承和发扬邹韬奋同志执著追求真理的精神，学习邹韬奋全心全意为读者服务的崇高品德和思想作风，发挥敬业、创业精神，在本职工作岗位上创造优异成绩，使新闻更好地为建设有中国特色的社会主义服务。

由中华全国新闻工作者协会和中国韬奋基金会联合主办的“韬奋新闻奖”，主要奖励从事新闻编辑、通联、新闻评论、新闻理论研究和新闻教育的现职专业新闻工作者。首届评选对象是编辑和通联工作者。

在近半年的时间里，经过中央新闻单位和各省级记协以及专业记协的推荐，有107名编辑和通联工作者参评。以人民日报原总编辑李庄为主任，由新闻界的领导和专家、教授组成的评委会，经过充分讨论、评议，最后用无记名投票方式，评选出获奖者和提名荣誉者。

（原载1993年11月8日《人民日报》）

首届“韬奋新闻奖”获奖者和获提名荣誉者名单

首届“韬奋新闻奖”获奖者名单

朱承修　63岁　新华社副总编、高级编辑；

李济国　54岁　人民日报总编室副主任、主任编辑；

杨　青（女）　56岁　中央人民广播电台高级编辑；

黄景仁　59岁　广州日报副总编、高级编辑；

额尔德尼（蒙族）　45岁　内蒙古电视台副台长、主任编辑；

郭景哲　57岁　中国国际广播电台听众联络部主任、主任编辑；

孙玉胜　32岁　中央电视台采访部主任、编辑；

陈礼章　59岁　今晚报副总编、高级编辑；

陆小娅（女）　40岁　中国青年报《生活周刊》副主编、编辑；

金福安　49岁　解放日报副总编、主任编辑。

首届“韬奋新闻奖”获提名荣誉者名单

尹明华　（上海东方广播电台）；
黄朝文　（解放军报）；
李洪波　（经济日报）；
王文堂　（山东大众日报）；
冯大彪　（中国新闻社）；
谢怀基　（辽宁日报）；
陈中祥　（新疆人民广播电台）；
李凤祥　（北京晚报）；
李学来　（工人日报）；
王裕量　（中国妇女报）；
贺启瑞　（贵州日报）；
陶　铠　（光明日报）；
蒋荫安　（人民日报海外版）；
金为华　（空军报）；
董英华　（女，河北日报）；
王子英　（中国教育报）；
李明信　（法制日报）；
张彦龙　（甘肃日报）；
洪　虹　（女，北京人民广播电台）；
包薇娟　（女，中央人民广播电台）；
闵凡路　（新华社）；
林凤生　（海南日报）；
王子儒　（农民日报）；
雷明德　（宝鸡人民广播电台）；
吕子明　（上海文汇报）；
江治煋　（四川人民广播电台）；
杨玲玲　（女，江西电视台）；
贾志杰　（中央电视台）；
陈西林　（中华工商时报）；
薛善文　（陕西日报）。

（原载1993年11月8日《人民日报》）

第三届“中国新闻奖”揭晓

检阅1992年我国新闻工作实绩的第三届“中国新闻奖”近日揭晓，154件佳作获奖。

《深圳特区报》的通讯《东方风来满眼春》、《人民日报》的言论《千万不可忽视农业》、《解放日报》的消息《上海证券交易与国际市场接轨》、新华社的消息《大学生列车上见义勇为斗歹徒 乘警列车员闻警不动受指责》、中央电视台的消息《邓小平与中央领导同志一起同十四大代表亲切见面》、中央人民广播电台的消息《张学良接受大陆记者采访》、山西电视台的新闻专题《来自病床上的报道》、黑龙江人民广播电台的消息《江海联运货船首航》、《空军报》的摄影《勇战士急下水抢救亲人》等18件作品获一等奖，52件获二等奖，84件获三等奖。

“中国新闻奖”是我国综合性年度优秀新闻作品的最高奖。从本届获奖作品来看，突出了邓小平同志视察南方的重要谈话和党召开十四大的重大历史意义的主题，坚持正确舆论导向，高扬了加快改革开放和两个文明建设主旋律，反映了全国各条战线取得的伟大成就。在获奖作品中，改革开放、经济建设的题材占一半左右，关于民主与法制建设、社会主义精神文明建设、发挥舆论监督作用等方面事业的发展也有较充分反映。

本届获奖作品的分布较前两届广泛，反映了我国新闻工作在党的新闻方针指引下，正取得全面进展。地方新闻单位、民族地区新闻单位、产业报纸、军队报纸等都有作品获奖，而且占相当数量。江苏省常州日报的消息《溧阳兴办开发区 杜绝盲目乱圈地》、上海东方广播电台的广播专题《奉献一片爱心》都获得了一等奖。

从本届参评的作品看，报纸消息数量虽较前两届有所增加，但报道重大题材的佳作仍不足。报纸、广播、电视的言论和版面编排仍需加强和提高。为适应新形势的需要，新闻界要进一步加强新闻队伍的思想和业务建设，以更好地承担时代赋予的重任。

由中国记协主办、河南省记协承办的这届评选活动是前不久在郑州举行的。

广播电视部分共有70件佳作获奖，其中一等奖9件，二等奖23件，三等奖38件。

(原载1993年8月4日第14期《中华新闻信息报》，有增删)

第三届“中国新闻奖”获奖名单
广播、电视部分（天磁杯）

一等奖（9件）

张学良接受大陆记者采访（广播消息）
作者　王　求
编辑　陈金海
播出　中央人民广播电台

江海联运货船首航（广播消息）
作者　王海燕　关　中　申安庆　刘成荣
编辑　杨　晶
播出　黑龙江人民广播电台

奉献一片爱心（广播专题）
作者　章　茜　陈丹燕　江小青
播出　上海东方广播电台

身份证大搬家（广播专题）
作者　王　健
编辑　王　健
播出　深圳广播电台

扫除形式主义（广播评论）
作者　胡占凡　周绍成
编辑　曹仁义
播出　中央人民广播电台

邓小平与中央领导同志一起同十四大代表亲切见面（电视消息）
作者　王　晶　王连生　汪保国
播出　中央电视台

邓小平同志在广东（电视专题）
作者　李少连　李亦平　张汉新　赵　彬
播出　广东电视台

来自病床上的报道（电视专题）
作者　周　军　张　建　丁泽兴　王志敏　韩一平
编辑　钟大年
播出　山西电视台

1992年2月3日《新闻联播》（电视编排）
作者　邱桂萍　张翔升　王忆非
编辑　罗　明
播出　中央电视台

二等奖（23件）

钱外长说，在中国召开联合国“亚太经社会”第48届会议具有现实和历史意义（广播消息）
作者　彭　丽　石　岩
播出　中国国际广播电台

三峡长梦将成真（广播消息）
作者　刘应钦
编辑　王映明　彭树文

播出　湖北人民广播电台
忠骨撒江河（广播消息）
作者　刘振敏
编辑　王燕春
播出　中央人民广播电台
我乡八名计划生育专干当选县乡人民代表（广播消息）
作者　喻圣宏　唐鉴平
编辑　喻圣宏
播出　湖南会同县团合乡广播站
说说桐河乡的科技互助组（广播专题）
作者　陈　明
编辑　陈　明
播出　河南人民广播电台
北京的"面的"现象（广播专题）
作者　张京子
播出　中国国际广播电台
在最后的日子里（广播专题）
作者　廖　翊　吴其海
编辑　廖　翊
播出　海峡之声广播电台
戈壁深处柳园人（广播专题）
作者　李　宏
编辑　李　宏
播出　中央人民广播电台
大检查之后（广播专题）
作者　李　捷　陈晓梅　张勉之　洪　新　许向东
播出　北京人民广播电台
情系银河（广播专题）
作者　陈耿农
播出　湖南人民广播电台
北京的名牌产品为什么纷纷落马（广播评论）
作者　赵介岐
播出　北京人民广播电台
1992年2月4日《河南新闻》（广播编排）
作者　冯　鸣　勾志霞
编辑　勾志霞　冯　鸣
播出　河南人民广播电台
修铁路不吃"皇粮"——三茂模式的启示（电视消息）
作者　李开础　阎　纯
播出　广东电视台
解决甘肃人畜饮水，一项战略措施开始付诸实施（电视消息）
作者　王龙军
播出　甘肃电视台
北京二环路改造工程竣工通车（电视消息）
作者　王晓琨
编辑　王晓琨
播出　中央电视台
新厂长上任第一天（电视消息）
作者　庄殿君　谷云龙　胡伯麟
编辑　孙玉胜
播出　中央电视台
兰溪农民受假种坑害，叫苦不迭（电视消息）
作者　夏陈安　艾　琳
播出　浙江电视台
江泽民在湖北考察农业（电视消息）
作者　张　电　孙　辉　唐建华
编辑　张　电　孙　辉
播出　湖北电视台
大寨人走出虎头山（电视消息）
作者　郝延伟　李德琼
播出　山西电视台
灾后第一场雪（电视专题）
作者　汪　青　吴　涛　朱彦良　王振涛
编辑　汪　青
播出　安徽电视台
"香花"沉浮记（电视专题）
作者　石小兵　鲁沛君　许明道　韩建娇　高汉青
编辑　石小兵　鲁沛君　许明道　韩建娇
播出　河南电视台
来自浦东的报道（电视专题）
作者　张玉山　谷云龙　陈　梁　吴中伟
编辑　李东生
播出　上海电视台　中央电视台
早稻种子不收引出的思考（电视评论）
作者　杨富坤　施泉明　何才灿　胡劲涛
播出　浙江电视台

三等奖（*38*件）

勐腊与老挝开展农村技术合作（广播消息）
作者　所　开
播出　西双版纳广播电台
新高科技首次走进拍卖场（广播消息）
作者　陈永光　方　文　张敬忠　叶励丹
编辑　黄占瑞
播出　广东人民广播电台
半壁店村捐献10万元人民币奖励澳星发射有功人员（广播消息）
作者　何素珍　黄占瑞　王学民
播出　唐山市开平区广播站
我省最后一个无电屯通电（广播消息）
作者　高玉洁　黄云鹤
编辑　张有林
播出　吉林人民广播电台
台湾民众关注中共十四大（广播消息）
作者　陈建平
编辑　陈　力　刘金森
播出　福建人民广播电台
一场马拉松似的分配之争（广播消息）
作者　高旭东　晨　光　延永青

编辑　高旭东
播出　重庆经济广播电台
洋浦经济开发区基础设施工程破土动工（广播消息）
作者　王鸿南
编辑　王鸿南
播出　海南人民广播电台
人间自有真情在（广播消息）
作者　李植新　郭　玮
编辑　李植新　郭　玮
播出　太原人民广播电台
农家女三换地图闯世界（广播消息）
作者　董　涛　姬长新
编辑　王溪畔
播出　山东人民广播电台
高敏挥泪告别体坛（广播消息）
作者　齐宝庆　熊其新　马津力　李英华　王晓东
播出　天津人民广播电台
跨越山海的大桥（广播专题）
作者　张平原
编辑　张平原
播出　贵州人民广播电台
强手面前的抗争（广播专题）
作者　隋会民　马瑞峰
编辑　隋会民　马瑞峰
播出　辽宁人民广播电台
和"粮王"张连友唠种地（广播专题）
作者　周振江　李广涛　张祝春
编辑　王建军
播出　吉林前郭人民广播电台
生命在呼唤（广播专题）
作者　王　颖
编辑　王宝三
播出　湖北襄樊人民广播电台
宁夏苹果何处去？（广播专题）
作者　马　达　杨东风
编辑　巫金龙　高贤林
播出　宁夏人民广播电台
宠儿对簿公堂说明了什么（广播专题）
作者　方秋涛　吴汉能
播出　浙江人民广播电台
向外开拓话苏州（广播专题）
作者　许涯文　吴庆笃　舒　平　蒋　宁　陈周明
编辑　陈周明
播出　江苏人民广播电台
走向市场天地宽（广播专题）
作者　任振荣　王敏华
编辑　王敏华　任振荣
播出　山西人民广播电台
"小姑子"当家莫仗"婆婆"的势（广播评论）
作者　薛福荣
编辑　杨娟娟
播出　陕西韩城广播电台
开发区不是越多越好（广播评论）
作者　赵文平　董献华
编辑　董献华
播出　江苏睢宁县广播电台
欧洲一体化进程艰难曲折的一年（广播评论）
作者　毛凤支　周财振　杨培英
编辑　于小青
播出　中国国际广播电台
亳州药都经纪人（电视消息）
作者　修　薇　王　辉　吴艳军　陈　亮
编辑　景大轩
播出　安徽亳州电视台
"公平秤"——强自喜（电视消息）
作者　邢保林
编辑　潘永祥　齐国占
播出　南阳电视台
奖状困扰，企业举步维艰（电视消息）
作者　孟　涛　程朝阳
播出　四川电视台
7·31空难抢救纪实（电视消息）
作者　新闻部
编辑　汪　波
播出　南京电视台
一条马路隔不断两个企业的产需联系（电视消息）
作者　韩立久　唐　华
播出　辽宁电视台
生产假冒伪劣产品的企业当先进（电视消息）
作者　谢　荣　汤志华　郑宏涛　梁岱彧
播出　吉林电视台
土地开发热中冷思考（电视消息）
编辑　林云森　刘晏夫　杨仁政
播出　福建电视台
从空中看上海一年一个样（电视消息）
作者　邬志豪　劳有林　东　升
编辑　劳有林
播出　上海电视台
八万农民修国道（电视消息）
作者　潘礼平　梁瑞平
编辑　潘礼平　梁瑞平
播出　湖南电视台
大批外出的玉林农民回乡创业（电视消息）
作者　刘　竺　黎国荣
编辑　刘　竺
播出　广西电视台
功勋地质队（电视消息）
作者　张　峰　尹训荣
编辑　张　峰　刘炳琪
播出　山东电视台
"陶瓷轴承现象"（电视专题）
作者　万晓兵　李一明

编辑　万晓兵　李一明
播出　黑龙江电视台

走向市场——一个养猪大户的抉择（电视专题）
作者　高建国　袁正明　谢　毅
编辑　陈　虻
播出　辽宁电视台　中央电视台

迟发的报道（电视专题）
作者　评论组集体王坚平　张步冰　唐　平
主持人肖晓琳
播出　中央电视台

传单诊所（电视专题）
作者　徐　滔　郭东风　何　彬
编辑　徐　滔　刘　钊
播出　北京电视台

杨振宁（电视专题）
作者　倪既新
编辑　倪既新
播出　上海电视台

拆掉一堵墙，三家都得利（电视评论）
作者　李希晨　虞　平　杨　冰　王经波
编辑　虞　平
播出　江苏徐州电视台

（转引自 1993 年 8 月 4 日和 11 日的《中华新闻信息报》）

中国广播奖′92 广播新闻、广播社教节目评选揭晓

中国广播奖“′92 广播新闻‘九江石化杯’、广播社教节目‘人民保险杯’”评选会议，于 5 月 15 日至 22 日在吉林省长春市举行。由广播界领导、专家、教授组成的广播新闻、广播社教节目两个评委会的 40 多位评委，共评选出 256 件佳作，其中，广播新闻有 20 件作品获一等奖，广播社教节目有 18 件作品获一等奖，其余分获二、三等奖。

本届参评和获奖的各类广播节目和作品，生动地展示了过去一年来广播战线宣传工作的概貌，较好地体现了邓小平同志南巡重要谈话和党的十四大的精神。在宣传报道经济建设、改革开放、建立社会主义市场经济体制以及其他国内外重大事件、重大活动方面，广播都出现了一批质量较好的作品。广播内容更加贴近生活、贴近实际、贴近群众，较好地发挥了舆论引导与监督作用。甘肃、新疆等内陆省区和县乡基层广播台站的节目质量显著提高，获奖节目数量和档次明显上升。各级电台在发挥广播特点，运用现场音响、积极吸引听众参与广播等方面，也有较大进步。

中国广播奖′92 广播新闻“九江石化杯”获奖名单

消息类

一等奖

1、桓台县建成长江以北第一个“双千县”
山东桓台电台

2、如此“扫盲”
甘肃镇原县广播站

3、中央领导和北京市民同为首都播种绿色
北京电台

4、江海联运货船首航
黑龙江电台

5、我省最后一个无电屯通电
吉林电台

6、高敏挥泪告别体坛
天津电台

7、常熟市在开发区建设中重视保护土地资源
江苏常熟电台

8、典型引路，万人奔富
辽宁经济台

9、访萨马兰奇
中央电台

10、台湾民众关注中共“十四大”
福建电台

11、我乡 8 名村计划生育专干当选县乡人民代表
湖南会同县团河乡广播站

二等奖

1、从一次拉电事故引起的思考
上海东方电台

2、湖南农村妇女潘群英不堪重负跳塘自杀
中央电台

3、退休高工赵永镐向法国输出高新技术
浙江温州电台

4、霸庄鸡毛飞出国
安徽太和县电台

5、公主岭市切实解决农民卖粮难问题
吉林电台

6、新闻记者作报告

乌鲁木齐电台

7、济南机场正式通航

山东济南电台

8、半壁店村捐赠10万元人民币奖励澳星发射有功人员

河北唐山开平区广播站

9、丝路古道新商贾

新疆电台

10、勐腊县与老挝开展农业技术合作

云南西双版纳电台

11、张太佐研究红头芫菁防治竹蝗取得重大成果

江西靖安县广播站

12、南阳县收购新棉三万吨不欠棉农一分钱

河南南阳县广播站

13、我国内燃机车首次打入国际市场

四川电台

14、农家妇女要进京

内蒙哲盟电台

15、种养户用上“兴农信用卡”

宁波电台

16、108条为什么难以落实

沈阳电台

17、教授“下海”科技上市

陕西电台

18、两名区委书记没有到会

甘肃兰州电台

19、政府挂出“新皇榜”市民送上“百家方”

广东惠州电台

20、三峡长梦将成真

湖北电台

21、幸运的人——杨玉民换心存活时间创全国纪录

黑龙江电台

三等奖

1、张家口地区“走西口”新唱

河北电台

2、新闻为“媒”好戏连台　我县对外宣传引起世界关注

山西盂县广播站

3、组织起来自己保护自己——昔阳县农村消费者基层组织建设全省数第一

山西昔阳电台

4、红山商场“小特区”

新疆电台

5、座谈会上引宝落户

贵州电台

6、威海成为中韩经贸往来的最大“桥头堡”

山东威海电台

7、农家女三换地图闯世界

山东电台

8、沙漠里的开学典礼

陕西靖边电台

9、城交乡农民哥在全国广设办事处

福建莆田市电台

10、农民献给省长的一片情

海南海口电台

11、客车司机晏军生为抢救人民生命财产英勇献身

江西莲花县广播站

12、曾发誓“饿死也不做生意”的重阳农民开始务工经商

河南广播电视新闻中心

13、一条“司法建议”被采纳，减少农民负担480万

四川内江电台

14、一场马拉松似的分配之争

四川内江电台

15、“九品芝麻官”退休也光彩

广西玉林电台

16、我国首次从钾光卤石提取金属镁获得成功

青海电台

17、石炭井矿区上百名孤儿满怀深情地说：矿山是家，工会是妈

宁夏石炭井广播站

18、黄山市委大院出让给外商经营40年

安徽电台

19、我省第一个个体私营企业出国考察团今天飞赴法国

广东电台

20、人大代表谈回扣

北京电台

21、四年前的一项高科技成果终于红杏出墙

江苏如皋电台

22、改革开放新鲜事，菜农越洋办公司

上海县电台

23、“曝光”前后

上海电台

24、唐家房镇新鲜事　户口进城

又返乡

辽宁电台

25、泥腿杆子闯特区

湖北电台

26、雁门关外又出现许多挖苦菜的妇女

中央电台

27、股份制农业在望奎县悄然兴起

黑龙江电台

28、日商为农民周凯军办产品展销会

湖南岳阳电台

29、卖甜菜不给钱引起农民不满

吉林双辽电台

30、车上又遇党代表

浙江电台

31、东港企业公司资助经济有困难的博士生完成学业

浙江嫩江电台

32、固阳县农电局勒索企业受法律制裁

内蒙古电台、固阳广播站

33、金鱼大王胡宝财跨出国门做买卖

天津北辰区广播站

34、九江石化总厂原油年加工量首破200万吨

九江石化台

35、市政府为科技人员解难题

长沙电台

36、走出农村小天地，进入国际大流通——贫困屯成为全省首富村

哈尔滨电台

37、两路口居民集资建新房

重庆电台

38、武商股票上市第一天

武汉电台

39、副市长视察半小时后，小贩又卷土重来

上海东方电台

系列（连续）报道类

一等奖

1、边城行（1—3集）

中央电台

2、有诉必查，立体监督（1—3片断）

武汉市电台

3、炽热的黑土地（之三、之十六）

乌鲁木齐电台

二等奖

1、“河霸”，淮河追踪（1—3）

安徽电台

2、秋蚕暴发脓病，蚕农损失惨重

南通电台

3、徐虎的报修箱（之一至之三）

江苏电台

4、不信东风唤不回

吉林电台

5、必由之路——企业走向市场纵横谈（1、2、5）

辽宁电台

6、情系银河——我国第1台十亿次并行计算机研制记事

湖南电台

三等奖

1、活力来自发育中的专业市场

福建电台

2、市场不相信眼泪（1—3集）

天津电台

3、沉重的一锹土

新疆电台

4、秋菜购销访谈录

青海电台

5、骑在牛背上的宋站镇

黑龙江电台

6、南巡路上（1、2、3）

湖北电台

7、觉醒的山魂（1—3集）

广西电台

8、三峡行（1、2、5）

中央电台

9、一路征程满眼春（1—3集）

新疆电台

10、公路客运放开透视

赤峰电台

专题类

一等奖

1、说说桐河乡的科技互助组

河南电台

2、山中，那雄纠纠又怯生生的弄潮儿

广东新闻台

3、忠骨撒江河

中央电台

4、宠儿对簿公堂说明了什么

浙江电台

二等奖

1、同在一片蓝天下

新疆电台

2、破产冲击波

重庆电台

3、大检查之后

北京电台

4、超越生命的跋涉

吉林电台

5、邓大姐回故乡

天津电台

6、易门矿务局“三改”职工面面观

云南电台

7、邓大姐，我们为您送行

中央电台

8、炼钢工人的心里话

中央电台

9、夏克强副市长与市民共商缓解上海交通难

上海电台

三等奖

1、范国志和他的“家庭经济帐本”

长春电台

2、从杏花岭体育场有偿出让谈起

山西长城电台

3、充满希望的“龙坡模式”

海南电台

4、跨越山海的大桥

贵州电台

5、走出村寨，飞向蓝天

山东烟台电台

6、跳水健儿备战巴塞罗那

海南电台

7、她活在爱心中

江西丰城电台

8、公道何在

甘肃电台

9、酒瓶飞出欢乐歌

四川电台

10、清官断冤案

宁夏电台

11、广交会上摆地摊

安徽宁国电台

12、珠海市重奖科技人员大会纪实

广东珠海电台

13、刘莉做广告引出的报道

湖北电台

14、诱人的白沟市场

河北电台

评论类

一等奖

1、“香花风波”说明什么

河南电台

2、开发区不是越多越好

江苏睢宁县电台

二等奖

1、跑了“外头”，莫忘“田头”

扶风县电台

2、北京的名牌产品为什么纷纷落马

北京电台

3、引黄引发的思考（其中贾市乡的启示一片）

山东电台

4、对三资企业管理“国产化”现象的思考

江西电台

三等奖

1、奋起直追莫自卑

晋城市郊区电台

2、面对无情的市场

辽宁电台

3、“明白本”为哈农民不明白

大安电台

4、发展两岸经贸关系有益于台湾

海峡之声电台

5、贫穷不是劳模的本色

沈阳电台

6、当代大学生的新选择

哈尔滨电台

7、合同今天到期

贵州电台

节目编排类

一等奖

（空缺）

二等奖

1、新闻节目（1992年4月10日）

济南电台

三等奖

1、希望

海峡之声电台

中国广播奖'92广播社教“人民保险杯”获奖节目名单

经济类

一等奖

1、安徽科技成果外流现象分析

安徽电台

2、“金胆”、“银胆”风波的思考

中央电台

二等奖

1、纪念3、15维护消费者权益日

湖南电台

2、走向文明的草原

青海电台

3、广东粮食生产路在何方

珠江经济电台

4、“光福现象”带来的思考

苏州电台

5、沈阳园路餐厅和冷食宫接受消费者的投诉和批评

辽宁电台

6、农家女种起“摇钱树”

内蒙古电台

7、走马观花温州鞋

北京电台

三等奖

1、一轻局招聘人才带来的启示

青岛电台

2、天水市一项合资企业手续一年未办好

甘肃电台

3、庐江县设路卡查扣外地化肥

安徽电台

4、每日经济

浙江电台

5、家庭保险知识有奖收听节目

保险公司

6、防洪大堤何日修复

湖南电台

7、经济纵横

陕西太白县站

8、挡不住的诱惑——再谈“海狸鼠现象”(1)(2)

中央电台

9、经济纵横

新疆石河子电台

科技类

一等奖

1、祖国医学宝库的一颗璀灿的明珠——敦煌医学

甘肃电台

2、就“性意识”问题和青少年朋友谈心

山西电台

二等奖

1、一种亟待推广的农业生产新模式——“调控稻田人工生物圈”

福建电台

2、巧把沙漠变粮仓

吉林电台

3、良种为啥不增产

四川金堂电台

三等奖

1、和农民朋友谈环境保护

河南长葛县电台

2、城市污水处理的新途径——污水土地处理

天津经济电台

3、《改革中国记事》之六——科技企业家的风范

中央电台

4、老树发新芽——介绍景泰蓝艺术的现代新工艺

北京经济电台

5、肚倍生产的奥秘

陕西安康电台

人物类

一等奖

1、中华海魂之歌

山东电台

2、直播室访朱明瑛

广东茂名电台

二等奖

1、油田女铁人

黑龙江电台

2、华夏探源人

河南焦作电台

3、戈壁深处柳园人

中央电台

4、卧龙泉传奇

吉林电台

三等奖

1、坐小汽车开垦黄土地的庄稼汉

新疆昌吉电台

2、起飞在田间小路上

河南汝南县电台

3、残疾人脚下的路

天津经济电台

4、为残疾人换回生命的春天

河北电台

5、怀念著名京剧表演艺术家关肃霜

云南电台

6、烈火识英雄

江西电台

7、秋天的故事

辽宁电台

8、中国建筑界的爱国先躯

江苏启东电台

少儿类

一等奖

1、你来说说怎么办

吉林省吉林市电台

二等奖

1、小记者站五岁了

浙江电台

2、祝你生日快乐

内蒙古电台

3、儿童哆来咪

广东佛山电台

4、我做益虫、益鸟的小卫士

广西藤县广播站

5、小朋友，手拉手

北京电台

三等奖

1、两分钟演讲好

河北邢台电台

2、小号角

山西电台

3、小红帽

陕西电台

4、民乐新苗

福建电台

5、在歌声中成长

江苏电台

6、她拥有一个美好的世界

四川电台

7、温暖·福音·希望

安徽合肥电台

理论类

一等奖

1、讲座：社会主义市场经济漫谈

上海电台

2、单篇：敢为天下先——谈“冒”和“闯”

广东电台

二等奖

1、讲座：发展第三产业的理论和对策

广东电台

2、单篇：人才流动带来的思考

中央电台

3、单篇：市场经济答听众问

吉林电台

4、单篇：从一个消费者的呼吁谈起——谈质量第一的战略意义

山西电台

三等奖

1、讲座：外向型经济系列谈

江苏电台

2、讲座：农业经济广播讲座

吉林延边电台

3、单篇：世界住房日话房改

河北邢台电台

4、单篇：和听众朋友谈第二职业

河北电台

5、单篇：树立强烈的市场意识，没有搞不好的国有企业

江苏电台

6、单篇：更新观念走向市场

黑龙江电台

对外节目

一等奖

1、新闻：澳大利亚奥普图斯通讯公司负责人热烈祝贺中国发射澳星成功

国际电台

2、录音新闻：钱外长说，在中国召开联合国亚太经济社会第48届会议具有现实和历史意义

国际电台

3、录音访问记：刘国光谈中国走向社会

主义市场经济

国际电台

二等奖

1、听众信箱：好货坐地自销，孬货跑遍街道

国际电台

2、特别节目：新年空中联欢会

国际电台

3、时事报道：中国成功地发射澳大利亚卫星

国际电台

4、新闻专稿：中共十四大将对港澳地区产生积极影响——访十四大代表、新华社香港分社社长周南

国际电台

5、板块类：828 经济纵横

国际电台

三等奖

1、时事节目：中国和韩国建交

国际电台

2、新闻：阿拉法特总统的座机失踪、阿拉法特总统的座机已找到、阿拉法特本人安然无恙

国际电台

3、录音访问：欧洲一体化进程艰难曲折的一年

国际电台

4、录音特写：她在奥运史上留下精彩的一笔

国际电台

5、专题系列：王鸿海及其"黄河文化"水彩系列

国际电台

6、专稿：在给毛主席治眼病的日子里

国际电台

7、《中国文化》特别节目：纪念《毛泽东在延安文艺座谈会上的讲话》发表五十周年

国际电台

8、特别节目：在外国人眼里的中国幽默

国际电台

对农节目

一等奖

1、"亿元村里话市场"系列报道

山东电台

2、"山东高效农业之路"系列报道

中央电台、山东电台

3、走出服务的"误区"

河南开封市电台

4、和"打工仔"朋友谈谈办企业

湖南新田县站

二等奖

1、大陈庄的集结现象

河北电台

2、活力哪里去了

江苏阜宁县电台

3、小镇边贸百舸争流

中央电台

4、谈绿色食品

北京海淀区站

5、"学习十四大"专栏

上海宝山县电台

6、农民哥谈生意经

福建顺昌县电台

7、新屯乡的女人们

黑龙江省齐齐哈尔电台

8、三峡有群"归来燕"

四川电台

三等奖

1、淄川农民的市场观

山东电台

2、农民的希望在市场上

江苏沭阳县电台

3、耕海牧渔话效益

山东电台

4、田园之声：狗四包村

山西电台

5、犟巴儿的龙门阵

四川隆昌县电台

6、风沙起处曾是家

宁夏电台

7、你做生意我种田　齐心协力奔小康

江苏电台

8、众说纷纭的民间借贷

河南淮滨县站

9、农民的列车

湖南电台

10、小俩口谈市场

陕西电台

11、农民搞流通创出金三角

江苏江阴市电台

12、与莱民谈日光能温室蔬菜的栽培

陕西蒲城县电台

13、农村天地

安徽天长县站

14、"乡镇企业之星"系列报道之一

青海电台

对台节目

一等奖

1、消息：张学良接受大陆记者采访

中央电台

2、专题：在最后的日子里——一对中国夫妇的情和爱

海峡之声电台

二等奖

1、专题：当代少男少女与父母的沟通

华广公司

2、编排：兴建三峡工程与沿江风光景观保护

中央电台

3、消息："一〇八"空难受伤台胞向家人告慰平安

海峡之声电台

4、消息：从台北经马尼拉首飞厦门的台湾游客顺利办妥落地签证

福建厦门电台

5、专题：陈立夫在大陆有个"忘年交"

福建福州电台

三等奖

1、评论：自家人难入自家门说明什么？

福建电台

2、文艺：长城谣

中央电台

3、专题：我看台湾客

中央电台

4、评论：忠言值千金

中央电台

5、专题：长城·阿里山，同是一个梦

中央电台

6、评论：加强两岸产业科技合作，共图中华民族经济繁荣

海峡之声电台

7、专题：为了那一片平和的天空

福建电台

8、文艺戏曲之窗

海峡之声电台

中国电视奖′92电视新闻评选揭晓

中国电视奖′92电视新闻评奖会于1993年4月28日至5月7日在陕西省西安市举行。来自广播电影电视部机关、中央电视台、部直属高校以及部分电视台负责同志共同组成的25名评委，认真审评了29个省、自治区、直辖市台、中央电视台以及城市电视台新闻研委会送评的192个节目，其中137个节目获奖，获奖率71.3%。中央台的《邓小平与中央领导同志一起同十四大代表亲切见面》等16件作品获消息类新闻一等奖；中央台、上海台的《来自浦东的报道》等4件作品获系列（连续）报道一等奖；广东台的《邓小平同志在广东》等4件作品获新闻专题一等奖；陕西台的《市场不相信权力》等2件作品获新闻评论一等奖；中央台的1992年2月3日《新闻联播》获新闻节目编排一等奖。

此次获奖作品重视抓重大题材、重大事件，记者善于寻找报道的新角度，深度挖掘题材，节目更好地为经济建设、改革开放服务；大多数作品通过图表、字幕、特技等形式，在电视表现手法的新、准、精、深等方面做了成功的探索。

中国电视奖′92电视新闻获奖名单

消息类

一等奖

1、邓小平与中央领导同志一起同十四大代表亲切见面

中央电视台

2、新厂长上任第一天

中央电视台

3、山东农民再闯关东

山东电视台

4、大寨人走出虎头山

山西电视台

5、千台联合收割机会战关中平原

陕西电视台

6、江泽民在湖北考察农业

湖北电视台

7、北京二环路改造工程竣工、通车

中央电视台

8、修铁路不吃"皇粮"——三茂铁路模式的启示

广东电视台

9、一条马路隔不断两个企业的产需联系

广东电视台

10、广州——一座不设防的城

广州电视台

11、大批外出的玉林农民回乡创业

广西电视台

12、上海市民纷纷东迁浦东

上海电视台

13、来自地下600米的报告

中央电视台

14、小岗村人的胆子和步子

安徽电视台

15、华西农民学外语

江苏电视台

16、河南第一位落户企业的博士后刘佑全

河南新闻中心

二等奖

1、农民盼望减轻负担

中央电视台

2、解决甘肃中部干旱地区人畜饮水，一项战略措施开始实施

甘肃电视台

3、拆除关卡，走向市场

湖南电视台

4、供销社请农民进城观光办年货

宁夏电视台

5、奥运健儿凯旋

北京电视台

6、香港特技大王柯受良驾摩托车飞越长城

中央电视台

7、山乡新鲜事，农民聘律师

贵阳电视台

8、天津无缝工程生产出我国第一根大口径无缝钢管

天津电视台

9、土地开发热中的冷思考

福建电视台

10、“丫丫”改嫁难

黑龙江电视台

11、首批大陆赴台记者抵台北

中央电视台

12、中国代表参加奥运火炬接力

中央电视台

13、大厂回族自治县采取措施减轻农民负担

河北电视台

14、兰溪农民受假种坑害，叫苦不迭

浙江电视台、兰溪电视台

15、新疆已成为我向西开放的通道

新疆电视台

16、青海省“借船出海”加快对外开放

青海电视台

17、国务院批准我省引收外资开发洋浦经济开发区

海南电视台

18、南疆盛会涌春潮

云南电视台

19、珠海市率先在全国重奖有突出贡献的科技人员

珠海电视台

20、乱集资者请勿入内

山东电视台

21、从当铺看变迁

内蒙古电视台

22、“7·31”空难抢救纪实

南京电视台

23、西藏班学生挥泪别母校

绍兴电视台

24、“全国质量万里行”到我市，省会消费者的投诉

石家庄电视台

25、武汉商场股票今天上市

武汉电视台

26、改革年头话新事，农民聘用洋演员

四川电视台

27、我国股市迅速反弹

中央电视台

28、老妇救牛摔伤众人围观不救

江西电视台

29、沈阳一教师住房被占用

沈阳电视台

30、吉林省公开拍卖公路客运线路

吉林电视台

31、贵州轮胎厂中层干部签订全员劳动合同

贵州电视台

三等奖

1、政通人和迎92

中央电视台

2、办厂速度“国有”不及“乡企”

辽宁电视台

3、小镇走向大世界

中央电视台、湖北电视台

4、富裕后的不同选择

云南电视台、楚雄电视台

5、国家重点工程蓟县电厂遭哄抢

中央电视台

6、职工赠匾支持检察机关惩腐败

咸阳电视台

7、杭州要不要建这么多娱乐场所

浙江电视台

8、从空中看上海一年一个样

上海电视台

9、开发区热应该降温

陕西电视台

10、渌田稻草变“金条”

湖南攸县电视台

11、西安查处一起全国罕见的滥杀野生动物案件

西安电视台

12、即墨市公安局破获一起暴力劫持人质案

青岛电视台

13、温州青年农民胆大包“天”

温州电视台

14、世界上最长的引水隧洞顺利贯通

甘肃电视台

15、别具特色的学术年会

中央电视台

16、牟家村干部大吃大喝搞摊派农民怨声载道

辽源电视台

17、体坛尖兵——叶乔波

中央电视台

18、江海联运首航式

黑龙江电视台

19、福建省做好与台湾直接双向“三通”的准备

福建电视台

20、组织部也能出效益

山东电视台、淄博电视台

21、石家庄市被评为全国卫生城后，卫生死角依然存在

河北电视台

22、亳州药都经纪人

安徽亳州电视台

23、第二职业大家谈

北京电视台

24、农民雍春和花钱买专利

贵阳电视台

25、一百二十万群众抢购深圳新股抽签表

广东电视台

26、千里送热血，病人转平安

大连电视台

27、一桩假药案，两命归黄泉

中央电视台

28、公安部门协同作战破获“2·18”火车恶性抢劫案

河南新闻中心

29、探亲包的变化

广东电视台

30、“我为什么跳槽？”

四川电视台

31、大白菜走向市场经济第一秋

山西电视台

32、岭背乡邮电所见闻

赣州电视台

系列（连续）报道类

一等奖

1、来自浦东的报道

中央电视台、上海电视台

2、陶瓷轴承现象

黑龙江电视台

3、杭城竞争交响曲

浙江电视台

4、正义与邪恶的搏斗——广电学校89电气工程电大班勇斗歹徒

新疆电视台

二等奖

1、青藏采风

中央电视台

2、当前农民正在想什么

绍兴电视台

3、首钢连续报道

北京电视台

4、白水县乱设关卡阻碍苹果外销

陕西电视台

5、伪劣产品威胁天津近代化学厂

天津电视台

6、“5·15”小女孩溺死事件

广州电视台

7、春潮从黄浦江涌入扬子江

江苏电视台

8、“11·24空难”连续报道

中央电视台、广西电视台

9、周至县发现不明生物体

西安电视台

10、三军仪仗队

中央电视台

11、功勋地质队

山东电视台

三等奖

1、"福禄"一变四的启示

福州电视台

2、河北治理公路"三乱"连续报道

河北电视台

3、减轻农民负担系列报道

吉林电视台

4、对比强烈，刻意求深——企业现场管理录

湖南电视台

5、路在脚下，路在卓资

内蒙古电视台

6、郑州脏乱差曝光

河南新闻中心

7、山楂树被砍引出的思考

潍坊电视台

8、来自三峡的报道

重庆电视台

9、用科技成果闯市场

宁夏电视台

10、北京新兴的群众体育活动

中央电视台

11、路在脚下——内陆纪行（河南篇）

中央电视台、河南新闻中心

12、赵堡新风

甘肃电视台

13、灾后一年看安徽

安徽电视台、中央电视台

新闻专题类

一等奖

1、邓小平同志在广东

广东电视台

2、迟发的报道

中央电视台

3、走向市场——一个养猪大户的抉择

辽宁电视台

4、来自病床上的报道

山西电视台

二等奖

1、说了不白说

中央电视台

2、人民公仆——倪天增

上海电视台

3、说说巨奖销售

陕西电视台

4、羊城缉毒亲历记

湖南电视台

5、绿色的北上大军

茂名电视台

6、荣泽人的心态录

武汉电视台

三等奖

1、刘国君印象

中央电视台

2、农民兄弟作股东

徐州电视台

3、中英洞穴探险纪实

宜宾电视台

4、千秋大业，召唤你我他

广州电视台

5、苦涩的白糖

黑龙江电视台

6、爱心呼唤你我他

内蒙古电视台

7、敢为天下先——珠海重奖科技人员的思考

广东电视台、珠海电视台

8、学士、硕士、博士、战士

中央电视台

9、"断层"断在哪里

山东电视台

新闻评论类

一等奖

1、市场不相信权力

陕西电视台

2、早稻种了不收引出的思考

浙江电视台、绍兴电视台

二等奖

1、江中人的市场观和科技观

江西电视台

2、与惊叹同时的评说

辽宁电视台

三等奖

1、大海的警告

宁波电视台

2、商业促销靠真功

杭州电视台

3、为什么农村孩子少了，上学

反倒难了

辽源电视台

4、从艰辛的“巴莫京”采访说起

宁夏电视台

新闻编排类

一等奖

1、新闻联播（92年2月3日）

中央电视台

二等奖

1、福建新闻联播周末辑（92年7月25日）

福建电视台

三等奖

1、新疆新闻（92年9月2日）

新疆电视台

迈上新台阶

——1992年度电视新闻获奖节目述评

贡吉玖　吴　煜

中国电视奖1992年度电视新闻评奖于1993年4月28日至5月7日在陕西省西安市举行。经各方有关专家、学者和新闻工作者25人组成的评委会，反复审看和多方评议，并以投票方式从182件送评节目中，评出137件获奖作品，获奖率达71.3%。中央台的《邓小平与中央领导同志一起同十四大代表亲切见面》等16条新闻获消息类一等奖；中央台、上海台的《来自浦东的报道》等4件作品获系列报道一等奖；广东台的《邓小平同志在广东》等4件作品获新闻专题一等奖；陕西台的《市场不相信权力》等2件作品获新闻评论一等奖；中央台1992年2月3日《新闻联播》获新闻编排一等奖。

综观此次获奖节目，评委们认为，同以往相比，1992年度电视新闻总体水平不断提高，从题材内容到报道形式都体现出电视新闻的发展态势。特别是表现在抓重大题材，重大事件的报道上。获奖节目注意把各类新闻题材与当前的经济发展形势紧密结合起来，站在全局高度，高屋建瓴，在宏观和微观的把握上分寸得当。记者以独特的视角审视生活，采用典型为主，综合为辅的表现手法，开掘老题材的新内涵，一些节目给人耳目一新的感觉。在扩大信息量，拓宽报道领域上，1992年的电视新闻也有长足的进步。例如，群众关心的热点、难点、焦点问题，得到较为充分的反映。同时，让老百姓参与到节目制作过程中来，使新闻内容进一步贴近实际，贴近生活，贴近人民，观众也喜闻乐见，津津乐道。全方位地运用各种电视表现手法。使新闻节目增强了现场感和可视性，标志着电视新闻日臻成熟。获奖节目还注意电视新闻内在规律的探究，共性和个性的结合，使不同欣赏层次的观众，既能接受到大量的新闻信息，又能得到审美的愉悦。

1992年，我国经济体制改革取得了举世瞩目的成就。邓小平同志的南巡讲话，十四大会议精神，党中央把发展重点转向发展农业，工业建设的腾飞，市场经济活跃，浦东新区的开发等，成为宣传报道的关注点。电视记者以敏锐的新闻眼光，审视这些重大事件，迅速及时而真实地作了全面报道。在采访和拍摄中，记者们尽力发挥电视声画双通道的传播优势，使重大题材的新闻报道在速度、力度和深度上，都迈上了新台阶。这是1992年度电视新闻的首要特点。例如《邓小平与中央领导同志一起同十四大代表亲切见面》、《江泽民在湖北考察》（湖北台）《上海市民纷纷东迁浦东》（上海台）等新闻，就是反映时代精神，表达改革呼声，把握舆论导向的新闻精品。

电视记者在强化新闻意识，敏锐抓取新闻事件，深入开掘题材内涵等方面都有自己独特的审视角度。他们对社会问题的热点、难点、疑点、焦点的思考，揭示、分析、评述之尖锐、准确，生动泼辣，融思辩性和纪实性于一炉，是此次获奖作品的第二个特点。《陶瓷轴承现象》（黑龙江台）是一篇题材新鲜，形式新颖，反响强烈的连续报道。一项有着广阔市场前景的高新技术产品陶瓷轴承，在哈尔滨无人问津，不能进入市场，而被迫流向大连。这一反差极强的对比，揭示了经济改革中的深层次问题。记者在通篇报道中，没有加强给观众的主观性评述，而是全部采用现场采访，让事件自身的发展，层层递进地说明了企业只有适应市场才能生存的规律。这种让事实说话，让报道对象说话的尖锐活泼的形式，真实可信又倍感亲切。

在经济大潮的冲击下，人们的价值取向呈多元化状态，竞争意识，现代意识促使记者将镜头对准错综复杂又生机蓬勃的现实生活。浙江台的《杭城竞争交响曲》，通过电台、交通、通讯与广告业的竞争，从不同侧面多角度地反映了杭州随着改革开放的进一步深化，各行各业竞争内容、竞争方式、竞争层次也不断发展和提高，真实生动地反映出新时期出现的新观念、新潮流、新态势。这篇报道选材角度新，可视性强，播出声势大，受到观众的普遍欢迎。《迟发的报道》（中央台）是一篇不同寻常的调查性专题节目。它冲破多方阻力，呈现给观众有份量、有深度的批评性报道。记者以坚定的党性对打着改革开放旗号的违法乱纪行为进行了最坚决、最有力的斗争。记者的初衷是要为改革中受阻的厂长们说公道话。谁料到，深入南京塑料十四厂采访后，发现事实与社会上的一些报道大有出入。为了弄个水落石出，记者四下南京，深入细致地调查采访，顶着该厂头头由热情接待转为冷漠敌视甚至谩骂殴打的巨大压力，终于在六个月后播出了这篇披露事实真相的《迟发的报道》，有胆有识、有理有据地揭露了正在走红的所谓“改革者”，为受到不公正待遇，被厂方借故开除的女工讨回了公道。节目播出后，反响空前，观众称赞这篇报道有真正的新闻价值，这些记者敢于大胆干预现实生活，针砭时弊，是老百姓的真正代言人。

以上获奖作品都是记者贴近现实，贴近生活，贴近群众，拓宽报道领域，精心摄制所得。在此次评奖会上，都得到了评委们的赞扬和赏识。

有明确的电视意识和传播意识，讲究立意，推陈出新是这次获奖作品的第三个特点。《一条马路隔不断两个企业的产需联系》是记者以五年前轰动全国的新闻命题为切入点，针对当时两个国有大企业的产需联系被一条马路阻隔的事实，用新视角、新意识进行追踪报道，回答了人们关注的热点问题。作品运用现场采访和述评相结合的方式，充分发挥电视特点，使这条消息既真实生动又有相当深度。前后对比，令人信服地说明了国营大企业走向市场后，必然会出现新的生机和活力，马路再也阻隔不了企业间的产需联系。

《山东农民再闯关东》，通过强烈鲜明的时代反差，用雄辩的事实反映了改革开放给山东带来的历史性变化，赋予农民再闯关东以全新的含义。记者紧紧抓住“再”字做文章，运用现在进行时的报道手法，使新闻形式生动活泼，可视性强。消息巧妙地运用资料，通过特技处理，形成新旧两代农民闯关东的鲜明对比，老话题引发出新立意，产生了强烈的社会反响，充分发挥了电视新闻的宣传效应。《大寨人走出虎头山》向观众揭示了昔日农业战线的老典型，在邓小平南巡讲话精神鼓舞下发生天翻地覆的变化。记者运用丰富的镜头语言，跳跃的时空跨度，向观众展示了大寨人在市场经济中奋飞的足迹。片中穿插了人们熟悉的劳模郭凤莲、宋立英等人的现场采访，增强了新闻的感染力和说服力。丰富多彩的画面和层层推进的结构，有力地烘托出新闻的主题。结尾处大寨人走出虎头山再展新风采，令人回味不已。

在改革大潮中，成千上万打工仔、打工妹涌人大城市早已司空见惯。然而他们返回家乡创业的功绩却鲜为人知。《大批外出的玉林农民回乡创业》正是反映了这一新鲜事。它标志着农民走出家门外出打工的第一次飞跃，到回乡创业的更高层次的第二次飞跃。这条新闻以小见大，紧扣农村经济发展的脉搏，深化了主题。电视画面丰富多采，采访恰到好处，表达质朴精炼。

电视表现手法多样化，在新、准、精、深各方面做了有益的探索，是此次获奖节目的第四个特点。长镜头、特技、叠画、资料、字幕、图表的运用，更加丰富了电视新闻的表现手段。《邓小平与中央领导同志一起同十四大代表亲切见面》就成功地运用了长镜头，把小平同志神采奕奕、精神矍铄的大家风范，真实自然地展现在观众面前。用生动的镜头语言使外界风传的有关小平同志健康方面的谣言不攻自破，真是无声胜有声。

《北京二环路改造工程竣工、通车》（中央台）是综合运用多种电视表现手法的成功尝试。报道采用时空交错的结构，使二环路畅通无阻的事实与老北京人对这项工程的评价巧妙地组合在一起，增强了报道的力度和厚度。记者实地驱车环绕二环路一圈，33公里只用了29分钟的现身说法，发挥了电视现场报道的优势，打破了画面现场解说两张皮的陈旧手法。这条消息气势恢宏，景深镜头给观众以深邃、远邈的感觉，同时成功地运用资料、特技、叠画、同期声等手段，给观众以视觉、听觉的极大满足。节目播出后，立即受到各方好评。《来自浦东的报道》特别重视发挥电视语言的特长，突出了重点，深化了主题，强化了报道效果。一些抽象的思想，难以表述的内容，也用画面一目了然的表现出来，使观众倍感亲切。

“感人心者，莫先乎情”。以情动人一直是传播媒体的一大优势，也是此次获奖节目的又一特点。《来自病床上的报道》（山西台）是这方面的佳作。它通过多层次、多侧面、多角度地反映了全国优秀新闻工作者张根昌同志的工作作风，以及他对党的新闻事业的无限忠诚和执着追求。严谨的结构，简洁的语言，巧妙的用光，娴熟的编辑，典型突出的同期声人物采访，主人公质朴真挚的语言，使整部作品流畅自然，感人至深。张根昌有血有肉的形象就完整而清晰地矗立在观众面前。当镜头转到他的徒弟声泪俱下地讲述师傅的事迹时，在场观众（评委）无不眼挂泪花，既为张根昌的业绩所感动，也为电视片的成功所感染。结尾处推出一组特写镜头，具有极大的震撼力。《西藏班学生挥泪别母校》那感人至深的师生情和《千里送热血，病人转平安》的人间美好真情，都有着崭新的社会内容，对某些人际关系中的世态炎凉、冷漠无情给予有力批驳。

从1992年获奖的节目来看，电视新闻的整体水平比去年有较大幅度的提高。但也应该看到存在的问题还是不少。如有些参评节目通观全篇竟找不到一个说明时间的字眼。这种新闻要素不全，时效性不强、缺乏新闻价值的报道令人乏味。个别节目还存在声画两张皮的缺点。一些节目制作不精细，零碎的镜头破坏了电视新闻的真实性和完整性。当今人们的工作节奏、生活节奏都加快，电视新闻如何适应时代快节奏的竞争需求，提倡短新闻已摆在议事日程上了。

综上所述，1992年度电视新闻取得了丰硕成果。今后要进一步体现竞争意识和创新机制，全方位调动各种电视手段以扩大新闻的信息容量，同时注意电视新闻的个性和品位，使报道向深广度进军，才能使我们的节目立于改革大潮之前列。

（原载《1992年优秀电视新闻稿选》一书，中国广播电视出版社1993年9月出版）

中国电视奖′92电视社教节目评选揭晓

中国电视奖′92电视社教节目评奖会于1993年8月4日至11日在青海省西宁市举行。由部机关、中央电视台、广播学院的领导、专家、教授和部分省级电视台主管宣传的领导和专题部主任共22名评委组成评委会，从来自全国28个省、市、自治区、直辖市台以及中央电视台121个参评节目中，评选出一等奖13件，二等奖29件，三等奖43件。此外，受中国广播电视学会的委托，电视经济节目研委会、电教节目研委会，以及由学会与中国科技影视协会联合共评出一等奖7件，二等奖22件，三等奖32件。上海台的《十五岁的初中生》等6件作品获政治文化教育类一等奖，上海台的《杨振宁》等4件作品获人物类一等奖；太原台的《生活百叶窗》获服务类一等奖；吉林台的《大家谈——“三口乐”风波》等2件作品获栏目类一等奖；中央电视台《′92中国质量万里行》获经济类特别奖。《扣酒风波——长垣县追踪采访录》（河南台）等4件作品获经济类一等奖；中央台《我们的家园——海唤》等2件作品获电教类一等奖。

中国电视奖′92电视社教节目获奖名单

政治文化教育类

一等奖

1、十五岁的初中生
上海电视台

2、“香花”沉浮记
河南电视台

3、懒猴
中央电视台

4、上下五千年（4）流沙
青海电视台

5、大地的呼唤
抚顺电视台

6、夫妻船
厦门电视台

二等奖

1、寻找亲人
山东电视台

2、法官与农民的对话
吉林电视台

3、都是一家人
中央电视台

4、山中一日
三明电视台

5、摆脱贫困的希望
浙江电视台

6、“拨浪鼓”远行
浙江电视台

7、灾后第一场雪
安徽电视台

8、青史照长街
哈尔滨电视台

9、缔造完美——临终关怀在中国
北京电视台

10、不到宁夏情未了
宁夏电视台

11、大地丰碑
湖南电视台

12、西部口岸（友好的使者）
新疆电视台

三等奖

1、“中国玉”（2）
广东电视台

2、书法絮语
中央电视台

3、说粮
湖北电视台

4、欢乐进农家
山西电视台

5、毒海深渊
贵州电视台

6、希望篇
甘肃电视台

7、历史的见证
中央电视台

8、河源风情
青海电视台

9、台湾行
福建电视台

10、云之南
云南电视台

11、山那边，还有一群孩子
辽宁电视台、锦西电视台

12、移民记事
兰州电视台

13、来自大墙内的报告
中央电视台

14、中华始祖祭
陕西电视台

15、大沙河

徐州电视台

16、踏遍青山人未老——记画家亚明

安徽电视台

17、神州第一街（22）正义路即景

北京艺术中心

18、椰风

海南电视台

19、命泉

鄂尔多斯电视台

20、麋鹿

中央电视台

21、西陵守陵人自述

河北电视台

22、民主的基石

山西电视台

人物类

一等奖

1、杨振宁

上海电视台

2、您的朋友李雪健

北京电视台

3、晨梦

宁夏电视台

4、儿子·母亲·指导员

中央电视台

二等奖

1、重归黑土地

沈阳电视台

2、东北虎

中央电视台

3、黄土地摄影家陈宝生

陕西电视台

4、我的太阳

山东电视台

5、"吹牛大王"滕增寿

温州电视台

6、缘份

福建电视台

7、深深的爱恋

太原电视台

8、魂系大地

盐城电视台

9、中国冰川学的开拓者

甘肃电视台

三等奖

1、我当这个家……

宜丰电视台

2、有这么一家人

抚顺电视台

3、东中李主委

云南电视台

4、我真想叫您一声亲爷爷

辽宁电视台、锦西电视台

5、大漠风流

青海电视台

6、冯骥才与作家画

天津电视台

7、朱纯一和他的长城风景图

厦门电视台

8、凌子风写意

四川电视台

9、一个盲人和一个女人

江西电视台

10、雷电诗魂

中央电视台

11、青春设计师

开封电视台

12、情牵国防的庄稼汉

焦作电视台

13、大红大绿

嘉兴电视台

14、江格尔的子孙（下）

新疆电视台

15、探寻女书之谜

郴州电视台

服务类

一等奖

1、生活百叶窗（1992年10月19日）

太原电视台

二等奖

1、学画益智助绘板等

广东电视台

2、心博——健康的节律

中央电视台

三等奖

1、爆竹声声保平安

中央电视台

2、事事能（1992年7月6日）

湖南电视台

栏目类

一等奖

1、大家谈："三口乐"风波

吉林电视台

2、正大综艺（131期）

中央电视台

二等奖

1、今晚8：00（1992年12月11日）

成都电视台

2、军事天地（16期）

中央电视台

3、神州风采——双峰雪韵

中央电视台

4、龙江电视桥（93期）

黑龙江电视台

5、道德与法制（218期）老俩口告女婿

山东电视台

6、看青海：杨发明案始末

青海电视台

三等奖

1、农事五分钟（134期）

常熟电视台

2、电视桥（1992年12月22日）

山西电视台

3、金色年华（260期）

广东电视台

4、电视你我他（第六期）

中央电视台

5、体育大世界（46期）

中央电视台

6、科技兴新（1992年5月10日）

新疆米泉电视台

经济类

特别奖

1、′92中国质量万里行

中央电视台

一等奖

1、扣酒风波——长垣县追踪采访录

河南电视台

2、股市风（6集）

中央电视台

3、改革与人（3集）

中央电视台

4、经济半小时

中央电视台

二等奖

1、经济十分钟

山西电视台

2、从啤酒市场的忧思看我省各行业重复建设的弊端

辽宁电视台

3、庄稼地、庄稼汉

中央电视台

4、巨奖销售面面观（4集）

南京电视台

5、打假特别行动（3集）

辽宁电视台

6、一场面对现实的考试——福建省国营企业劳动、人事、工资制度改革见闻（3集）

福建电视台

7、经济、社会、女人

中央电视台

8、知耻、求进——"威士忌"曝光后的青岛葡萄酒厂

青岛电视台

9、经济信息联播

中央电视台

10、经济总汇

河北电视台

三等奖

1、信息总汇

上海电视台

2、市场经济纵横

山东电视台

3、彩桥800

武汉电视台

4、跨越围墙的兼并

吉林电视台

5、中式自助餐的启示

上海电视台

6、巨奖潮（4集）

贵州电视台

7、江南老字号——都锦生

浙江电视台

8、洋倒爷在哈尔滨

黑龙江电视台

9、太原结束凭票证供应商品的历史

山西电视台

10、誉从信中来——介绍沈阳五爱市场挂牌竞争增效益

沈阳电视台

11、话说天津小吃（1）

天津电视台

12、济南市眼镜市场忧思（3集）

山东电视台

13、沂蒙山区地瓜走向大市场

山东电视台

电教类

一等奖

1、我们的家园（1）海唤

中央电视台

2、《汉字天地》——相濡以沫

上海电视台

二等奖

1、成长的喜悦（6）外面的世界

上海电视台

2、沼气（1）

中央电视台

3、生活中的礼仪——西餐礼仪

广西电视台

4、法律在身边——“二五”普法特别节目

中央电视台

5、价值工程（2）

中央电视台

6、普通话广州话对照日常用语 999

广州电视台

7、高中数学 ABC 教练法

江苏电视台

三等奖

1、绿染京城——首都大学生绿化美化知识竞赛

北京电视台

2、环境与你（3）污水从何而来

广东电视台

3、行政诉讼法系列《民可告官》（1）拆房纠纷

江苏电视台

4、书画装饰入门（3）

山东电视台

5、儿童电视英语《玛泽的故事》(11)

中央电视台

6、钢琴入门（18、19)

辽宁电视台

7、奇妙的化学：茶水变墨水、墨水变茶水、打活靶

天津电视台

8、大连市“乐百氏杯”优生优教知识竞赛

大连电视台

9、石中瑰宝（1）大自然的杰作

中央电视台

10、外商投资企业实用英语（1）外商来访

武汉电视台

11、再创人行的第二个春天（1）

黑龙江电视台

科技类

一等奖

（空缺）

二等奖

1、科教园地

山东电视台

2、“坷垃”变黄金的故事

山东电视台

3、凯丽阿姨讲科学

武汉电视台

4、电脑病毒揭秘

广东电视台

5、胶茶人工群落

海南电视台

6、摇钱树

广东电视台

三等奖

1、科技之窗

上海电视台

2、科技精英谢希德

上海电视台

3、两岸猿声何处寻

中央电视台

4、“立式”车库

天津电视台

5、随身的信使——移动电话

上海电视台

6、花儿为什么五颜六色

广东电视台

7、只有一个地球

北京电视台

纪实美与写意美

——1992 年度优秀电视社教节目述评

贡吉玖　吴　煜

中国电视奖′92 电视社教节目评奖会在青海省西宁市圆满降下帷幕，19 个节目分获七个单项奖的一等奖，52 个节目获二等奖，76 个节目获三等奖。此次获奖节目大多采用纪实性的表现手法，熔哲理与思辩于一炉；一批针砭时弊、深入生活、干预生活的

佳作涌现，使今年的专题片水平又向前迈进了一大步；编辑、记者在追求纪实风格的同时，也注重写意的艺术美，创作特色日臻成熟；电视优势得以进一步发挥，这一传播媒体的功能得到了多方面的开发和利用。

一、纪实美，构筑了获奖作品的基础。

有人曾错误地认为，纪实只是一种表现形式，不是一种美学范畴。殊不知，真正具有纪实特点的作品不仅在思想上给人们以启迪，也在艺术表现上给人一种朴实自然、真实可信的美学感受。纪实，“要求我们从广阔的物质现实中，去发现和揭示最有意义的、最可塑造的、最有典型性的事件和行为，从而在反映现实生活原貌的同时，也表达了我们的社会倾向”(《中国应用电视学》)。这次获奖的大多数作品，都以纪实作为最主要的表现形式，形成了专题片创作的独特艺术风格。

上海台的《十五岁的初中生》就是一部令人震撼、催人警醒的纪实性佳作。节目真实可信地反映了一群初中即将毕业的十五岁的学生学习负担过重的问题。记者采用纪实跟踪拍摄的手法，摄制组与学生同吃同住，与他们共同生活半年之后，对十五岁孩子的言行举止、心态情绪、忧愁苦恼、压力动力及美好憧憬都了如指掌，所以拍摄时就自然、真切、亲近。在长达1200分钟的素材带中，选而又选、筛而又筛地剪辑出30分钟片子，奉献给观众。这种深入生活进行创作的严谨作风，纯纪实的表现手法，使得这群活泼可爱、天真无邪又压力重重的十五岁的初中生的一言一行、一举一动都毫无矫情的呈现出来。记者为了摄取最佳效果，在课堂上尽量不打灯采光，为了表现孩子们学习负担过重，还亲自拎了拎孩子们的书包，装满了书本、试卷、参考书的书包，足足有10斤重！这中间不仅仅装的是书本，也装着学生对知识的渴求，装着老师、家长对他们的殷切期望，和他们中考前夕一颗颗沉甸甸的心。

清晨6点10分，记者的摄像机跟随着睡眼惺松的孩子们手忙脚乱的洗漱、晨曦微露的早读，聚精会神的课堂，疲于奔命的作业，频繁连续的测验，名次徘徊不前的女生中午啃着干硬的馒头苦读，这一幕幕从现场捕捉到的纪实画面和同期声，可以窥见十五岁的初中生对知识的渴求，对升人重点高中的压力，对今后出路的幻想和期冀。然而，严酷的现实摆在他们面前：仅有1/3的初中生能入升高中，其余的孩子只能读职高中专，这无疑给他们的学习负担加上了重重的法码，给他们花季般的年龄蒙上了层层阴影。他们明白，唯有拼命的念，顽强的搏，在激烈的分数竞争中，才能立于不败之地，才能实现心中的理想和美好的梦想。节目如实地记录了孩子们的拼搏以及家长、老师望子成龙的心态，呼吁社会都来关心十五岁的初中生，让他们从繁重的功课中解脱出来，从恶性循环的学习氛围中解放出来，看一看窗外美好的世界，呼吸一下清新的空气。结尾处升学大考时，静悄悄的楼道，滴答的钟表声，在外焦灼不安的家长，竞争了三年又即将依依惜别、相拥而泣的孩子们，这一组组富有“生活原貌”的真实画面，没有丝毫的斧凿之痕，使本片纪实美的艺术效果得到完美而和谐的体现。在纯纪实的表现手法中，编导不是照相式地反映生活，而是在纪实中渗进自己的观察与思考，体验与诠释，精心提炼出震撼人心的主题，引发观众深思。

上海台的《杨振宁》是一部成功的传记式的人物片。它通过平铺直叙、编年式的纪实风格，第一次向世人披露了杨振宁的不少图片资料，这是一部具有文献价值的人物片。全片形式朴实严谨，解说词不温不火，既有力度又有分寸，既展示了名人风采，又毫无矫情夸张之感，真正体现出了“有真意、去粉饰、少做作、勿卖弄”（鲁迅）的平实风格。众所周知，杨振宁博士对世界科学事业的贡献是巨大的，如何表现伟大的科学家在科技领域取得的令世人瞩目的辉煌成就，使观众体味到一个科学家又是普普通通的人，做到常人与超人的和谐统一，平凡与伟大的自然融合，唯有纪实性的表现手法才能完成此任。

专题片从杨振宁的事业、成就、人生经历、情感世界中，选取了大量的家庭生活照、在国外获奖照，用大量的同期声采访，传递给观众丰富的信息内涵。本片打破了传统人物采访的固定模式，用开阔的视野、精细的拍摄，既讴歌了杨振宁对人类、对世界科技发展所做的巨大贡献；又表现了他不畏艰难，辛苦跋涉，攀登科学高峰的艰苦卓绝；还生动细腻地表现了他的亲情和人情。从他充满真情地回忆母亲、妻子、女儿的平凡琐事中折射出人物形象的丰满立体、有血有肉、亲近可信。节目在宏观和微观表现的把握上分寸得当，克服了拍摄时的时空局限，为观众奉献了“这一个”别具韵味、令人回味的人物形象。它是“以生活的自然形态诉诸观众耳目，让观众在接受这些图像与声音信息时，需做更多的积极的心理活动，并且更加仰仗于他们自己独立的判断能力”(《中国应用电视学》)。

二、真实美，专题片具有震撼力的根基。

在社会主义市场经济发展的主战场上，面对鱼龙混杂、善恶交错的复杂局面，记者如何扬善惩恶、大胆地干预经济生活，敢于弘扬正义、鞭挞丑恶，成为老百姓的真正代言人，是新闻工作者义不容辞的责任。今年的获奖作品中不乏这样的佳作。记者凭借新闻敏感、正义感和高度责任心，为广大电视观众奉献了经得起推敲评品的好节目。

河南台的《“香花”沉浮记》是一部大胆干预生活、勇敢针砭时弊的佳作。在农村有广大市场的香花电视机生产厂家黄河无线电厂厂长周新义的命运，从一开始就紧紧抓住了观众的心。复员军人周新义承包了连年亏损的集体小厂，锐意改革，大胆进取，面向市场，调整产品结构，使无线电厂崛起于河南，使其产值增加22倍，利税增长24倍，固定资产增长48倍，一个濒临倒闭的小厂在周新义和全厂职工的努力下，起死回生，焕发出特有的朝气和活力。然而，周新义却受到安阳市电业局某些领导的无端阻挠，横加干涉。为了一个人不惜把一个企业搞垮，“香花”风波持续达数月之久，企业生产时断时续，直接经济损失370万元，信誉受到极大的影响。

“香花”风波缘何而起？观众随着记者的摄像机去探寻谜案，为什么在全国改革开放形势大好的今天，还会有与改革开放主旋律大相径庭、格格不入的举动？这不能不引人深思。记者顺藤摸瓜、刨根问底，为受到不公正待遇的企业家喊冤叫屈，对电业局某些领导的不正之风进行了无情的揭露和鞭挞。这种针砭时弊、敢于搞深度批评性经济报道的勇气和胆识着实令人佩服。节目以事实为依据，以法律为准绳，有理有据、有利有节地分析事态发生的来龙去脉，评论不偏不倚，客观公正。大量的同期声采访，从正反两个方面揭示了问题的实质，使事实真相大白于观众。专题片结尾寓意深刻：“从安阳黄河厂的遭遇看河南经济的腾飞，这种改革者的悲剧越少越好，一旦发生，纠正得越快越好。”主题至此得以升华，从安阳市一个企业的兴衰荣辱看全省的经济发展，可谓以小见大，窥一斑而知全豹了。片尾的最后一个镜头：太阳下的江河濯尽一切污泥浊水永远向前，不正预示着改革开放的前景无限光明、无限美好吗？

吉林台的《大家谈》栏目《“三口乐”风波》则从在市场上有着广阔发展前景的“三口乐”家庭用车的命运看人才流动、第二职业、按劳分配等人们关心的热点问题。“三口乐”汽车是一汽两名工程师利用业余时间潜心研究的成果。它结合我国普通老百姓的消费心理和承受能力，研制出的一种既美观大方，又经济实用的体积小、性能好的家庭用小轿车。这种车的样品一经问世，立即得到社会各界的普遍关注和欢迎。然而好事多磨，“三口乐”的问世，并没有给发明者带来任何实惠，却带来了一系列苦恼、困扰和麻烦。某些领导的干预和阻挠，几经周折“三口乐”最后才纳入一汽，直到最终出台，其间的曲折艰辛，只有设计者能品尝出个中滋味。这不仅是家用小轿车的命运，也是人才流动、人才使用的大问题。在当今信息时代，人才是极大的财富，如何利用人才优势为国家、为企业造福，是衡量每个企业领导者水平高低的标志。

记者深入到事件中去，深入到改革的进程中去，跟踪事态的发展，采用“跟随再跟随”的拍法，采访了设计者、公司领导和各界人士，把人物、小车、企业的命运捆在一起，以小见大，按动时代的脉搏，得出了令人深思和给人启迪的结论。整部片子节奏有致，结构合理，真实具体，夹叙夹议地展示了发生在改革大潮中真正触动企业痛处的“小事”。全片入理入情、情理相容，撩拨人心，使观众如嚼橄榄，回味无穷，节目越看越出味，片子越拍越出彩，充分体现出专题片真实美的震撼人心的魅力。结尾“三口乐”汽车终于行驶在宽广的大路上，然而人们不免担忧：类似“三口乐”风波真正杜绝了吗？还会不会重演？留给观众串串思考。

三、写意美，表现形式的多样化。

当今各种传播媒体看好写实报道，纯写实文学和各类视听纪实节目有着广阔的发展前景，许多崇尚写意的人也“弃暗投明”，加入到写实的行列中来，不免其乐融融。然而，还有那么一些人，在写实报道风盛一时之际，仍埋头追求写意的崎岖蜿蜒的艺术之路，真是“衣带渐宽终不悔”。这种无怨无悔、刻意求美的艺术动力，使洋溢着写意美的节目在本次获奖作品中大放光彩，熠熠生辉。

青海台摄制的电视艺术组片《上下五千年》是写意美的代表作。整部作品激情澎湃，大气磅礴，摆脱了一般性介绍传统民族文化的模式定势，选取了一组组概括又集中的形象事件，将上下古今泱泱大国五千年的文采风骚展现得淋漓尽致，妙趣横生。全片把着眼点放在现代人对祖国灿烂悠久的历史文化的审视上，立意新颖深刻，主题博大精深，有一种雄奇向上的阳刚之美。全片注重审美情趣，讲究阳春白雪，调动了电视多功能表现的优势，在形式上讲究写意美的境界；在内涵品位上，注意主题的提炼和开掘。在写意美的基础上，追求氛围的营造，意境的烘托，将哲理和诗意、思辨和写意融合在一起。全片视野广阔，纵横捭阖，画卷恢宏，诗意流淌，透视出强烈的历史感、文化感和民族感，既有较高的审美价值，又有浓烈的现实意味。

厦门台的《夫妻船》是一部充满诗情画意、田园牧歌式的专题片。记者跟随夫妻船这种古老而又原始的海上作业方式，在海上生活了将近一个月，既熟知了渔民们的生活习性，又对他们不怕惊涛骇浪，与大自然顽强抗争的乐观主义、大无畏精神进行了如实的报道。记者看到，人与大自然有着一种默契的辩证关系：人向大海索取食物，又向大海祈求保佑。一只船、一张网便组成一个独立的家庭。夫妻船只有相互合作、互相默契，才能在平静与风暴中寻求一种祥和的美丽。本片开头和结尾都以一位饱经沧桑的渔家妇人高亢的福建民歌作序为结，别具韵味。从时而平静，时而狂暴的海面上我们可以体味出夫妻船以及船上人的辛勤和快乐。夕阳下如梦如幻、如痴如醉，似油画似剪影的夫妻船，缓缓地驶在金红色的江面上，构成了一幅凝重而壮美的山水画，画中的主人公便是那祖祖辈辈在夫妻船上繁衍生息的渔民们了。这一景象给观众留下意犹未尽的美的享受。车尔尼雪夫斯基曾说过这样的话：“美是生活”，“任何东西，凡是显示出生活或使我们想起生活的，那就是美的”。《夫妻船》就是这样一部美的佳作。

四、电视化，专题片成功的要诀。

今年获奖的专题片尽力追求精益求精的艺术效果，过去那种一个镜头接一个镜头没有场景转换的生硬的编辑手法，已被圆润自如的特技手法所取代，镜头的淡出淡入、分格处理、字幕、音乐、音响的运用都恰如其分的烘托了主题，充分发挥电视声画多功能作用。

俗话说：于细微处见精神。细节描写，被现代电视表现手法赋予新的内涵。它起到了画龙点睛的作用。《你的朋友李雪健》(北京台) 西瓜和饺子的细节运用，生动形象地表现了主人公李雪健的性格及其为艺术之路所付出的种种艰辛。他初到北京，工作无着落，戏校老师大年三十为他送来一碗热气腾腾的饺子，使这位有泪不轻弹的铮铮硬汉热泪盈眶，一碗铭刻于心的饺子，饱含着师生间多少情和爱啊！记者把镜头对准在家包饺子的李雪健，由饺子引发出主人公对以往帮助他、关心他、支持他的老师、同事的由衷谢意和敬意。别开生面的开头，一下子就抓住了观众的视线，不落俗套巧妙自然。普普通通的西瓜对李雪健的妻子来说，另有一番妙趣。它既能败丈夫体热之火，又能败心头之火，使他在艺术高峰的攀登途中永不驻足，永不自满。记者擅长用细微处见功夫、滴水中映精神的手法来表现人物的精、气、神。一碗热气腾腾的饺子，几片令人喜兴的西瓜，所构成的有独特意境的结尾画面，以“此时无声胜有声”的艺术效果把人物形象和盘托出，令人信服。

中央台的《懒猴》翔实、生动地表现了这种娇小可爱的动物求偶争斗、捕食育子、分布地域、家庭关系等生活习性。此片在真实性、观赏性和趣味性上着墨，编导运用丰富、细腻的音响，多层次、立体化地表现了夜森林的宁静与喧闹、搏斗与温情，调动了各种艺术手段，使画面、解说、音响、音乐浑然天成，创造出一个完整的艺术效果。一般成年懒猴只有1.5公斤重，且栖居在枝繁叶茂的热带、亚热带丛林，因绝少活动而得其美名。如何巧妙地搏捉懒猴的静态和动态，倾注了记者整整四年的心血。白天——夜间——清晨——夜间，多少个不眠之夜，才拍来这部来之不易、充满神趣的动物专题片。至今人们都不会忘记那一幅幅妙趣横生的画面：懒猴那明亮有神的大眼睛，定定地望着观众，是那样憨态可掬；雍容倦怠的懒猴神情，惹你怜爱和喜欢；雄懒猴在求偶期间在领地交界洒尿液，令你忍俊不禁；雌懒猴蜜月期的娇羞可爱，又那样逗趣讨喜；精心的拍摄，巧妙的剪辑，精巧的合成，风趣的解说，为我国自行拍摄动物专题片开创了成功之路。

当然，此次获奖节目也还有不少缺失：一些节目过分注重写实，在长达几分钟的同期声采访中，没有适当地插入必要的背景说明和画面，使得表现形式过于呆板单调；有些节目主题提炼不够老到，客观如实地讲述事件，如果同时能灵活机警地夹叙夹议，给观众将会留下更多的启迪和回味。应当指出，个别节目还有粗制滥造之嫌，在深度、力度的开掘上还欠火候；缺乏内涵的人物片、风光片过多，也不能不说是此次参评节目的一大遗憾。

电视作为一个崭新的、大信息量的传播媒介，是有巨大的潜在能量，它使中国与世界、艺术与生活、历史与现实结合更加紧密，反映的更直接、更具体、更完整。“欲穷千里目，更上一层楼”，只要电视社教节目编导同行们对电视特征进行不断的认识和开掘，并善于利用手中的电视编播工具，明年将会有更多更好的专题片佳作问世。

(原载《*1992* 年优秀电视社教稿选》一书)

中国广播奖“黑龙杯”广播剧评奖及获奖名单

中国广播奖“黑龙杯”广播剧评奖会于1994年2月21日至28日在黑龙江省哈尔滨市举行。25个省、市、自治区选送的62个剧目参评。经过评委会认真民主的审议，共评选出一等奖剧目7个，二等奖15个，三等奖24个。

单本剧

一等奖

1、远去的琴声	黑龙江电台
2、打工女中校	云南电台
3、二八月乱穿衣	河南电台
4、村魂	广东电台

二等奖

1、空巢	黑龙江电台
2、未来不是梦	湖北电台
3、古屋出售	云南电台
4、有这样一个聚会	黑龙江齐齐哈尔电台
5、杏花	河北电台
6、庄重这小子	江西电台
7、红旱船	山东日照电台
8、除夕夜车	北京电台
9、多了一笑	河南电台
10、山村情	广西电台

三等奖

1、在那遥远的地方	四川内江电台
2、夜宿豹子湾	陕西电台
3、美国来的妻子	上海电台
4、永远的孔雀河	新疆乌鲁木齐电台
5、人生驿站	福建厦门电台
6、梦蓝	江苏苏州电台
7、廉石记	吉林长春电台
8、花之梦	广东广州电台
9、深情的电波	四川成都电台
10、享福	山西电台
11、归去	四川电台
12、温迪	山西电台
13、中南海之夜	青海电台

14、茫茫大山情 贵州电台
15、地基 江苏电台

短剧（小品）

一等奖

1、秋别 黑龙江电台
2、屯里来了个大画家 黑龙江电台
3、过年 北京电台

二等奖

1、小雪花和一块钱 河南开封电台
2、县长送驴 河南电台
3、地铁卖唱女 上海电台
4、独辟蹊径 吉林省吉林市电台
5、调房 广东电台

三等奖

1、下雨天留客天 云南电台
2、雪夜琴声 上海电台
3、雨夜"的士" 天津电台
4、中国人 重庆电台
5、竹杖声声 江苏电台
6、毛泽东和小子冀的故事 湖南电台
7、爹·爸爸·父亲 辽宁电台
8、财富 甘肃电台
9、让房 江西宜春地区铜鼓县广播站

单项奖

编剧 《打工女中校》的编剧 靳　柯
导演 《打工女中校》的导演 陈本仁
音乐 《美国来的妻子》的音乐 杨树华
音响 《空巢》的音响 喻权捷
录制 《空巢》的录制 宋铁民 刘占松 陈　华
男演员 《美国来的妻子》元明清的饰演者 宋怀强
女演员 《有这样一次聚会》娟娟的饰演员 李慧敏

第十二届（1991年度）全国电视剧"飞天奖"评选及获奖名单

由广播电影电视部授权中国电视艺术委员会承办的全国电视剧"飞天奖"，系一年一度的国家级政府奖。它代表全国电视剧创作的最高水平。第十二届"飞天奖"的参评电视剧是1991年4月16日至1992年4月15日在中央电视台播出过的电视剧。初评于1992年5月25日至6月10日、终评于1992年7月10日至7月22日在北京进行。第十二届飞天奖颁奖大会于1992年9月15日在深圳市举行，广播电影电视部部长艾知生出席了颁奖大会。

（周红文）

第十二届全国电视剧"飞天奖"获奖名单

长篇电视连续剧（9集和9集以上）

一等奖

《中国神火》(10集) 浙江电视剧制作中心 中央电视台
《外来妹》(10集) 广州电视台

二等奖

《编辑部的故事》(18集) 北京电视艺术中心
《上海一家人》(26集) 上海电视剧制作中心
《北洋水师》(12集) 深圳电视艺术中心 中央电视台影视部 青年电影制片厂

三等奖

《大唐名相》(10集) 河北电影制片厂 中共石家庄地委
《艰难的抉择》(10集) 兰州电视剧制作中心
《杨家将》(25集) 山西电视台
《誓言》(14集) 河北电影电视剧制作中心
《红蜻蜓》(10集) 江苏电视台
《纪委书记》(10集) 中共吉林省纪委 吉林电视台

特别奖

《孔子》(16集) 山东电视台 济南电视台

提名荣誉

《常香玉》(16集) 河南电视台 郑州塘瓷总厂
《让我们荡起双桨》(12集) 北京电视艺术中心 云南玉溪卷烟厂
《出路》 北京电视艺术中心

中篇电视连续剧（3集至8集）

一等奖

《南行记》(6集) 四川电视台 中央电视台

二等奖

《赵尚志》(8集) 黑龙江影视艺术中心
黑龙江电视台
龙江电影制片厂

《山不转水转》(6集) 内蒙古电视台
大连电视台

《女人们》(4集) 上影厂影视艺术部
中央电视台影视部
纺织工业部电视制作中心

三等奖

《未有终点的跑道》(5集) 河南省体委
深圳影业公司电视部
中央电视台影视部

《不惑之年》(6集) 海政电视剧制作中心
贵州省贵阳卷烟厂

《豆花》(8集) 山西话剧院
山西省教育委员会

《离太阳最近的人》(5集) 太原电视台
西藏自治区气象站

《铁市长》(6集) 西安电视台

《春天的经历》(3集) 武汉电视艺术中心
湖北省航务管理局

《巨人的握手》(8集) 中国电视剧制作中心

提名荣誉

《走出沼泽》(8集) 北京电视艺术中心
对外经济贸易部

《哦,昆仑》(6集) 哈尔滨话剧院
中央电视台影视部
天山电影制片厂

《刑警队长》(4集) 公安部政治部
山西电视台
天津电视台

《长征号,今夜起飞》(3集) 四川电视台
中国西昌卫星发射中心

《瞎子阿炳》(8集) 珠江电影制片公司
中央电视台影视部

短篇电视剧(1集至2集)

一等奖

《硝烟散后》(2集) 中共黑龙江省委组织部
黑龙江影视艺术中心

二等奖

《好人燕居谦》(2集) 山西电视台

《朱自清》(2集) 江苏电视台
江苏教育出版社
扬州电视台

三等奖

《天神不怪罪的人》(2集) 鄂伦春自治旗人民政府
中国电视剧中心
呼伦贝尔电视台

《车站》(2集) 淄博电视台

《跑马溜溜的山上》(2集) 成都电视台

提名荣誉

《朱生豪》(2集) 嘉兴电视台

《戴布鲁斯:1988》(2集) 沈阳军区电视艺术中心

《李小娥分家》(2集) 河北影视中心

《太阳鸽》(1集) 中国电视剧制作中心

《王贵与李香香》(2集) 陕西电视台

《太阳的摇篮》(2集) 浙江电视剧制作中心

戏曲电视连续剧(3集以上)

一等奖

(空缺)

二等奖

《桃花扇》(5集) 安徽电视台
玉溪卷烟厂

《曹雪芹》(10集) 上海电视台
北京电视戏曲艺术研究会

三等奖

《汉武之恋》(6集) 浙江越剧团
浙江电视台
宁波电视剧制作中心

提名荣誉

《秦淮烟云》(4集) 中央电视台影视部
上海电视台
黑龙江省龙江剧实验剧院

《荒唐宝玉》(3集) 哈尔滨电视台
黑龙江省老新闻工作者协会

《山杏》(3集) 山西电视台
山西计划生育委员会

戏曲短篇电视剧(1集至2集)

一等奖

《侯门之女》(2集) 深圳影业公司
香港柏成洋行
南京市越剧团

二等奖

《柯老二入党》(2集) 安徽电视台

三等奖

《楚女择婿》(1集) 中央电视台
武汉电视台

提名荣誉

《鸡毛蒜皮》(2集) 盐城电视台
江苏电视台
盐城市郊区人民政府
《王罗锅卖海蛎子》(1集) 辽阳电视台
瓦房店市工商局
复州镇人民政府

少儿电视连续剧(3集以上)

一等奖

《棒棒真棒》(4集) 南京电视台

二等奖

《还有一支春天的歌》(6集) 浙江电视剧制作中心

三等奖

(空缺)

提名荣誉

《初涉尘世》(4集) 广西电视台电视制作中心
中央电视台影视部

少儿短篇电视剧(1集至2集)

一等奖

《墨海新蕾》(2集) 中国电视剧制作中心
长沙市委

二等奖

《夏天我九岁》(2集) 天津电视台
北京电影学院
《我有一片辽阔的蓝天》(2集) 四川电视台

提名荣誉

《听到的世界》(1集) 烟台电视台
中日友好交流中心
《金色的晨光》(2集) 天津电视台

短剧·小品

一等奖

(空缺)

二等奖

《红小豆·绿小豆》 中国电视剧制作中心

三等奖

《太阳地》 江西电视台
《店打武松》 湖北电视台

提名荣誉

《守桥人》 云南电视台

译制片

优秀译制片奖

《舐犊情深》 中央电视台
《逃离索比堡》 中央电视台
《失踪之谜》 中央电视台

提名荣誉

《金色小提琴》 中央电视台
《奇异的家庭》 中央电视台
《师生情》 中央电视台
《是死?是活?》 中央电视台

单项奖

优秀编剧奖

《中国神火》 浙江电视剧制作中心
中央电视台

提名荣誉

《外来妹》 广州电视台

优秀导演奖

《南行记》 四川电视台
《赵尚志》 黑龙江影视艺术中心

优秀摄像奖

《南行记》 四川电视台

提名荣誉

《朱自清》 江苏电视台

优秀照明奖

《朱自清》 江苏电视台

提名荣誉

《孔子》 山东电视台

优秀美术奖

《孔子》 山东电视台

提名荣誉

《大唐名相》 河北电影制片厂

优秀剪辑奖

《编辑部的故事》 北京电视艺术中心

提名荣誉

《中国神火》 浙江电视艺术中心

优秀音响奖

《编辑部的故事》 北京电视艺术中心

优秀音乐奖

《孔子》 山东电视台

提名荣誉

《侯门之女》 深圳影业公司

优秀男主角奖

《赵尚志》中赵尚志的扮演者高强 黑龙江影视艺术中心

提名荣誉

《编辑部的故事》葛优 北京电视艺术中心
《孔子》王绘春 山东电视台

优秀女主角奖

《编辑部的故事》吕丽萍 北京电视艺术中心

提名荣誉

《外来妹》陈小艺 广州电视台
《红蜻蜓》李媛媛 江苏电视台

优秀男配角奖

《上海一家人》谢园 上海电视剧制作中心

提名荣誉

《朱自清》焦晃 江苏电视台

优秀女配角奖

《上海一家人》曹翠芬 上海电视剧制作中心

提名荣誉

《杨家将》周娴珍 山西电视台

为表彰和感谢社会各界知名人士和模范英雄人物对电视剧事业的支持，授予演出荣誉奖的有：

《南行记》中的演出者　艾芜
《朱生豪》中　朱生豪夫人
《戴布鲁斯：1988》中　军事五项运动世界冠军
《墨海新蕾》中　小书法家
《我有一片辽阔的蓝天》中的　十佳少年成洁

第十三届（1992年度）全国电视剧“飞天奖”评选及获奖名单

第十三届“飞天奖”的参评电视剧是1992年4月16日至1993年4月15日在中央电视台播出过的各类电视剧。本届参评电视剧共168部952集，数量为历届之首。初评于1993年6月2日至17日、终评于1993年7月28日至8月13日在北京进行。第十三届“飞天奖”颁奖仪式于1993年9月26日晚在四川电视台演播室举行，广播电影电视部部长艾知生出席了颁奖仪式。

（周红文）

第十三届全国电视剧“飞天奖”获奖名单

长篇电视连续剧（9集和9集以上）

特别奖

《唐明皇》（41集） 中国电视剧制作中心

一等奖

《半边楼》（22集） 陕西电视台
中共陕西省委宣传部

二等奖

《风雨丽人》（28集） 天津电视台
《双桥故事》（19集） 中共江苏省委宣传部
江苏电视台
《中国商人》（15集） 中央电视台影视部
浙江电视剧中心
杭州市商业局

三等奖

《苏雅的故事》（20集） 中央电视台影视部
威海电视台
《荒路》（18集） 沈阳电视台
沈阳雪花啤酒集团
《古船·女人和网》（14集） 大连电视台
中央电视台影视部
辽化
《原谅我的心》（16集） 上海电视剧制作中心
《女人不是月亮》（14集） 中国电视剧制作中心
长春电视台

提名荣誉

《华西村的故事》(10集) 上海影视公司
江阴市委宣传部

中篇电视连续剧（3集至8集）

一等奖

《天梦》(8集) 上海电视剧制作中心

二等奖

《擎天柱》(8集) 天津电视台
《看不懂啦，女人们》(4集) 上海文化发展总公司
中央电视台影视部
纺织部电视制作中心
上海电影制片厂
《黑槐树》(4集) 河南电影厂创研部
中央电视台影视部

三等奖

《哦，王稼祥》(6集) 安徽电视台
《回娘家》(4集) 山西电视台
忻州电视台
中央电视台影视部
《一村之长》(8集) 中国电视剧制作中心
《喊魂》(4集) 盐城电视台
盐城市电视台
《白马》(5集) 中央电视台影视部
《净魂》(8集) 济南电视台
山东京剧院
山东浪潮电子产业集团公司
《特殊军营》(5集) 空军电视中心
空政话剧团

提名荣誉

《石门情报站》(8集) 河北电影电视剧制作中心
《帅大姐》(8集) 潇湘电影制片厂电视剧部
中央电视台影视部
《“杀人街”的故事》(8集) 山东影视制作中心
山东电视台
《张培英》(4集) 中央电视台影视部
北京军区政治部战友电视艺术中心
总后宣传部
军事医学科学院政治部
《皎皎白玉兰》(8集) 广东电视台电视剧制作中心
《李济深北行》(4集) 深圳电视艺术中心
大连电视台

短篇电视剧（1集至2集）

一等奖

《神算子》(2集) 北京电影学院电视剧部
山西省平陆县政府

二等奖

《山梁上的太阳》(2集) 四川电视台
四川省教委
《为了聚会的告别》(2集) 北京电影学院电视剧部
中央电视台影视部
中国科学院新闻办公室

三等奖

《TAXI 518》(2集) 武汉电视艺术中心
中央电视台影视部
《超越生命》(2集) 深圳电视艺术中心
《走出空白》(2集) 成都电视台
中央电视台影视部
《天边有群男子汉》(2集) 海军政治部电视剧制作中心
《大风警报》(2集) 中央电视台影视部
深圳电视艺术中心
北京儿童电影制片厂
中国海洋直升机公司

提名荣誉

《乡村警察》(2集) 河北电影电视剧制作中心
河北电影制片厂
《中国窑》(2集) 中央电视台影视部
淄博电视台
《咸菜街轶事》(2集) 上海电视剧制作中心

戏曲电视连续剧（3集以上）

一等奖

《大义夫人》(3集) 浙江电视台
浙江越剧团影视部

二等奖

《神算计》(3集) 湖北电视台
中央电视台影视部
《甜妹》(3集) 安徽电影制片厂电视剧部

三等奖

《情与爱》(3集) 云南玉溪地区电视台
海南影业公司

荣誉奖

《徐玉兰艺术集锦》(8集) 上海电视剧制作中心
中央电视台影视部

戏曲短篇电视剧（1集至2集）

一等奖

《孔雀胆》(2集) 河北电视台

二等奖

《两个女人和一个男人》(2集) 山西电视台

三等奖

《桃花女》(2集) 安徽电视台
安徽省委宣传部

荣誉奖

《李清照》(2集) 上海越剧院
上海文化发展总公司
傅全香艺术研究会
中央电视台影视部

短剧、小品

一等奖

《太湖人家——清名桥的故事》(8集) 江苏电视台
中央电视台影视部
中央电视台无锡外景地

《一碗荞麦面》(1集) 湖北电视台

二等奖

(空缺)

三等奖

《电视茶馆》(4集) 南京电视台

少儿电视连续剧(3集以上)

特别奖

《小龙人》(52集) 中央电视台影视部
北京儿童电视艺术中心

一等奖

《少年特工》(16集) 济南军区前卫艺术中心
中央电视台影视部

二等奖

《特区少年》(7集) 深圳电视艺术中心

三等奖

《我们长大了》(5集) 甘肃电视台

少儿短篇电视剧(1集至2集)

一等奖

《金色轮船》(2集) 北京电视艺术中心
北京出版社《父母必读》编辑部
北京少年儿童出版社

二等奖

《康定童话》(2集) 四川电视台
中央电视台影视部

《风华少年》(2集) 中国电视剧制作中心

三等奖

《凡人神曲》(2集) 中国电视剧制作中心

《鸽友》(2集) 江苏电视台

优秀译制片

《卖花女》(2集) 中央电视台国际部

《冤狱》(2集) 中央电视台国际部

《北国情》(2集) 中央电视台国际部

单项奖

优秀编剧奖

《半边楼》 陕西电视台
中共陕西省委宣传部

优秀导演奖

《看不懂啦,女人们》 上海文化发展总公司
中央电视台影视部
纺织部电视制作中心
上海电影制片厂

《擎天柱》 天津电视台

优秀男主角奖

《擎天柱》高明 天津电视台

提名

《唐明皇》刘威 中国电视剧制作中心

优秀女主角奖

《风雨丽人》宋春丽 天津电视台

提名

《苏雅的故事》郝岩 中央电视台影视部
威海电视台

优秀男配角

《唐明皇》李如平 中国电视剧制作中心

《擎天柱》黄宗洛 天津电视台

提名

《半边楼》杨立新 陕西电视台
中共陕西省委宣传部

优秀女配角

《风雨丽人》金梦 天津电视台

提名

《古船、女人和网》刘莉莉　中央电视台影视部
大连电视台
辽化

优秀美术奖

《唐明皇》　中国电视剧制作中心

优秀摄像奖

《中国商人》　中央电视台影视部
浙江电视剧中心
杭州市商业局
《白马》　甘肃电视台

优秀照明奖

《中国商人》　中央电视台影视部
浙江电视剧中心
杭州市商业局

优秀剪辑奖

《唐明皇》　中国电视剧制作中心

优秀录音奖

《半边楼》　陕西电视台
中共陕西省委宣传部

优秀音乐奖

《回娘家》　山西电视台
忻州电视台
中央电视台影视部
《唐明皇》　中国电视剧制作中心

第六届（1991年度）全国电视文艺“星光奖”评选及获奖名单

全国电视文艺“星光奖”，是广播电影电视部授权中国电视艺术委员会承办的政府级奖，它代表一年一度全国电视文艺创作的最高水平。第六届“星光奖”的参评节目是1991年3月1日至1992年2月29日在中央电视台各文艺栏目播出过的节目。初评于1992年4月14日至25日，终评于1992年4月27日至5月6日在北京进行。颁奖大会于1992年5月23日在北京人民大会堂隆重举行。

（周红文）

第六届全国电视文艺“星光奖”获奖名单

综艺大观

一等奖

综艺大观（36）　中央电视台

二等奖

综艺大观（21）　中央电视台

三等奖

综艺大观（29）　中央电视台
深圳电视台
综艺大观（31）　中央电视台（5省市参予）

曲苑杂坛

一等奖

九曲　中央电视台

二等奖

（空缺）

三等奖

曲苑杂坛（1）　中央电视台

人间万象

一等奖

（空缺）

二等奖

人到老年　中央电视台

三等奖

人与人（20）　中央电视台

戏曲欣赏

一等奖

（空缺）

二等奖

戏曲欣赏（21）　中央电视台
魂系红氍毹——记著名京剧演员方荣翔　中央电视台

三等奖

方珍珠　中央电视台
程长庚　安徽电视台

旋转舞台

一等奖

风——飘荡在京华大地的旋律　中央电视台

二等奖

明星大反串　中央电视台
爱情回旋曲　中央电视台

三等奖

在银色的月光下　中央电视台
欢乐传万家　中央电视台
飞吧，小夜曲　中央电视台

栏目外节目

特别奖

风雨同舟，情暖人间　中央电视台

一等奖

拥抱太阳——“七一”晚会　中央电视台

二等奖

神州流韵　中央电视台
祝福明天——元旦晚会　中央电视台

三等奖

翰墨彩虹　中央电视台
91年中青年京剧演员电视大赛　中央电视台
“五一”晚会　中央电视台
元宵大观灯　中央电视台

电视剧场

一等奖

大桥　中央电视台
党的女儿　中央电视台

二等奖

藏王使者　青海电视台
大连服装节　大连电视台
中央电视台
四川电视节开幕式　四川电视台
杂技英豪谱新篇　武汉电视台
中央电视台

三等奖

玲珑女　江苏电视台
总想走进你心里　淄博电视台
山东电视台
中央电视台
大地橄榄情　辽宁电视台
中央电视台
民族管弦乐颁奖晚会　中央电视台
文化部迎春晚会　文化部
九江口　中央电视台

地方台30分钟

荣誉奖

沙与海　辽宁、宁夏电视台

一等奖

敬礼！老四团　山东电视台

二等奖

陶魂　山东电视台
住房见闻录　济南电视台
孤岛记事　淮南电视台
归还者之路　抚顺电视台

三等奖

神农架金丝猴　湖北电视台
异域忠魂　南京电视台
蜜蜂号飞行记　甘肃电视台
故园轶事　湖南电视台
沙市小巷子　沙市电视台
南极未了缘　浙江电视台

百花园

一等奖

岛歌　厦门电视台

二等奖

这里是吉祥的地方　青海电视台
歌从黄河来　山西电视台
抗洪组歌　江苏电视台

三等奖

这里有一首小诗　嘉兴电视台
啊，胶东　烟台电视台
古韵今风　沈阳电视台
生者与死者的奉献　安徽电视台
唱山东　山东电视台
人水情　武汉电视台
一路同行　北京电视台

百花园栏目外

一等奖

(空缺)

二等奖

河湟春	青海电视台
谁家风采动你心	天津电视台
	中央电视台
情逐辽河开	辽宁电视台

三等奖

在党的旗帜下	安徽电视台
吉祥之歌	西藏电视台
我们走向春天	北京电视台
寻找山的回声	重庆电视台
情满华东	华东六省电视台
	福建电视台送
三鼓催春	延安电视台
来自东南西北的问候	中央电视台
与蓝天同在	黑龙江电视台

单项奖

撰稿：这里是吉祥的地方	青海电视台
编辑：敬礼，老四团	山东电视台
导演：祝福明天——元旦晚会	中央电视台
摄像：神州流韵	中央电视台
音乐：陶魂	山东电视台
化妆：歌从黄河来	山西电视台
美术：翰墨彩虹	中央电视台
我们走向春天	北京电视台
照明：神州流韵	中央电视台
主持人：(空缺)	
栏目：综艺大观　地方台 30 分钟	中央电视台

提名荣誉

新疆戏曲	新疆电视台
草原散记	内蒙电视台
北京——安徽千里情	安徽电视台
鸢乡风情	潍坊电视台
走向艺术节	云南电视台
神农神韵	襄樊电视台
翰海情	海口电视台
	新疆电视台
关东大有年	吉林电视台
椰风泉	海南电视台
墨舞	中央电视台

第七届(1992 年度)全国电视文艺“星光奖”评选及获奖名单

第七届“星光奖”的参评节目是 1992 年 3 月 1 日至 1993 年 2 月 28 日在中央电视台播出过的各类电视文艺节目以及这期间各地方电视台播出过的各类电视文艺节目。第七届“星光奖”评选进行了二点改革，一是将历届“星光奖”按中央电视台播出栏目设奖改为按电视文艺类型设奖，使设奖更科学，更合理；二是地方电视台未在中央电视台播出过的电视文艺节目可以参评，使地方电视台有更多获奖机会。第七届“星光奖”初评于 1992 年 4 月 12 日至 21 日、终评于 1992 年 5 月 3 日至 12 日在北京举行。第七届“星光奖”颁奖暨电视文艺座谈会于 1992 年 7 月 15 日至 20 日在北京京西宾馆隆重举行。艾知生部长，王枫、刘习良副部长分别到会讲话。

(周红文)

第七届全国电视文艺“星光奖”获奖名单

综合性文艺节目

一等奖

丰收大地	中央电视台

二等奖

为了腾飞	中央电视台
综艺大观(44)	中央电视台
92 春节晚会节目选编	陕西电视台

三等奖

关东美	辽宁电视台
	吉林电视台
	黑龙江电视台
女人潮	中央电视台
	全国妇联
飞翔的北京	北京电视台
今夜	新疆电视台
五月的阳光	山西电视台
综艺大观(41)	中央电视台
秋歌潮——沈阳第二届国际秋歌节文艺晚会	辽宁电视台
	沈阳电视台

中央电视台

电视专题文艺节目

一等奖

方荣翔　山东电视台

二等奖

在那遥远的地方　吉林电视台
爱是我唯一的声音——翁玉倩的歌　中央电视台
与你同行　中央电视台广告部

三等奖

梅花香自苦寒来——记著名京剧演员孙毓敏　北京电视台
珍存同一样的爱　中央电视台
复州皮影　大连电视台
大红大绿　嘉兴电视台
一个农民的画家梦　贵州电视台
香港1997　中央电视台

电视音乐节目

一等奖

中日友好歌会　中央电视台
日本NHK公司

二等奖

第五届全国青年歌手“五洲杯”电视大奖赛（美声组）　中央电视台
歌之桥　浙江电视台

三等奖

黑龙杯——钢管弦乐大赛　中央电视台
全国首届“中华杯”卡拉OK大赛　中央电视台
诗香歌雅万古流　大连电视台

电视歌舞节目

一等奖

艺海扁舟　中央电视台

二等奖

八旗风　抚顺电视台
梦——舞蹈家刘敏艺术撷英　中央电视台

三等奖

欢腾的雪域　青海电视台
吉祥草原　中央电视台
楚天情歌　湖北电视台

电视戏曲节目

一等奖

梅兰芳金奖大赛（旦角组）　中央电视台

二等奖

中华舞台一绝——92中秋特别节目　上海电视台
戏迷侃戏　河南电视台

三等奖

万年欢——93春节戏曲精萃　中央电视台
大观园开播晚会　浙江电视台
越剧“西厢记”　中央电视台
椰花——海南地方戏曲　海南电视台
中央电视台

电视曲艺与杂技节目

一等奖

（空缺）

二等奖

曲苑杂坛（第10期）　中央电视台
曲苑杂坛节目选萃（1）　中央电视台

三等奖

长篇评书“西楚霸王”（92）　中央电视台
创新篇（说相声2）　中央电视台

电视戏剧、小品节目

一等奖

人艺名家　中央电视台

二等奖

小爽的一家　青岛电视台
中央电视台
死水微澜　成都电视台
中央电视台

三等奖

笑在今秋——喜剧小品晚会　中央电视台
眼睛　江苏电视台
饺子　武汉电视台

特别奖

金鸡唱晓——93春节晚会　中央电视台

栏目奖

综艺大观　中央电视台

单项奖

撰稿奖：方荣翔　山东电视台
导演奖：丰收大地　中央电视台
编辑奖：与你同行　中央台广告部
摄像奖：爱是我唯一的声音　中央电视台
美术奖：金鸡唱晓——93春节晚会　中央电视台
照明奖：梦——舞蹈家刘敏艺术撷英　中央电视台
化妆奖：艺海扁舟　中央电视台
音乐音响奖：中日友好歌会　中央电视台
主持人奖：(空缺)

荣誉奖

长青的五月　陕西电视台
中国文艺的光明之路　中央电视台

提名荣誉奖

综艺节目：
论语说文　中央电视台
艺苑风景线　广播艺术团　北京广播学院　中央电视台
蔚蓝的梦——大连服装节文艺晚会　大连电视台　中央电视台
走向辉煌——92长春电影节开幕式文艺晚会　长春电视台　吉林电视台　中央电视台
七彩风情七彩潮　山东电视台（华东六省一市）
金花银花不夜城　广东电视台
正月里来唱新春　中央电视台
专题节目：
乘着歌声的翅膀　中央电视台
探索者　内蒙古电视台
赵树理　山西电视台
与辉煌同在　武汉电视台
雕塑的声音　杭州电视台
电视音乐：
走西口　山西、忻州电视台
看苗岭　湖南电视台
电视戏剧：
百味人生　中央电视台
电视曲艺：
尹派新蕾吐芬芳　福建电视台

第十一届“大众电视金鹰奖”颁奖及获奖名单

第十一届“大众电视金鹰奖”颁奖仪式于1993年10月16日在天津举行。此届颁奖活动一改以往“老三部”的模式（领导讲话、给获奖代表颁奖、文艺演出），首次采用现场揭晓的方式，并由往届的“金鹰奖”获奖演员宣读获奖名单，其间穿插电视演员们自己表演的节目，把颁奖活动和文艺演出有机地融合在一起，使颁奖典礼既与国际同类活动接轨，又具中国特色，颇获各界好评。

荣获第十一届“大众电视金鹰奖”的有：

优秀长篇电视连续剧（9集以上）

唐明皇（41集）　中国电视剧制作中心
风雨丽人（28集）　天津电视台
女人不是月亮（14集）　中国电视剧制作中心　长春电视台

优秀中篇电视连续剧（3—8集）

一村之长（8集）　中国电视剧制作中心
野姑娘茉莉花（8集）　浙江电视剧制作中心

优秀电视单剧（含上下集）

板桥轶事　北京电视艺术中心等

优秀儿童电视剧

少年特工　济南军区前卫艺术团　中央电视台

优秀电视戏曲片

半把剪刀　黄山电视台

优秀合拍电视剧

戏说乾隆　北影录音录像公司　台湾飞腾电影公司

最佳男主角

刘　威　《唐明皇》中饰李隆基

提名奖

赵本山　《一村之长》中饰郝运来
谢　园　《爱你没商量》中饰高强

最佳女主角

林芳兵　《唐明皇》中饰杨贵妃

提名奖

宋春丽 《风雨丽人》中饰叶秀清
赵明明 《女人不是月亮》中饰扣儿

最佳男配角

王志文 《皇城根儿》中饰王喜

提名奖

王建国 《古船·女人和网》中饰铜锁
张　山 《女人不是月亮》中饰赵鬼

最佳女配角

金　梦 《风雨丽人》中饰韩如霞

提名奖

许　晴 《皇城根儿》中饰金枝
盖丽丽 《爱你没商量》中饰许童童
○最佳演员提名以姓氏笔划为序。

第二届国产优秀音像制品“双向奖”评选及获奖名单

第二届国产优秀音像制品“双向奖”由中国电视艺术委员会主办，广播电影电视部音像管理处协办。评奖工作于1993年2月13日至22日在北京进行，参评的节目共有288部（盒）录音录像制品，都是经过全国近百家音像出版单位推荐出来的。最后评选出一等奖4个，二等奖30个，三等奖50个，特别奖11个，单项奖13个，还有69个作品获荣誉奖。第二届国产优秀音像制品“双向奖”颁奖大会于1993年8月21日在北京举行，广播电影电视部副部长刘习良出席了颁奖大会并作了重要报告。

（周红文）

第二届国产优秀音像制品“双向奖”获奖名单

录音带

声乐类

一等奖

辘轳·女人和井 大连音像出版社
亚洲雄风 中国广播音像出版社

特别奖

一代风流 江苏音像出版社
江　姐 中国文采声像公司

器乐类

一等奖

梁　祝 中国唱片总公司上海公司
春江花月夜 中国唱片总公司

特别奖

中国传统音乐
广西电影制片厂音像出版社（资料）精选
敦煌古乐 甘肃音像出版社

单项奖

中国传统音乐　（优秀编辑）
广西电影制片厂音像出版社（资料）精选
轻音乐——浏阳河　（优秀编辑）
江苏音像出版社　吴旋
春江花月夜　（优秀录音）
中国唱片总公司　刘怀萱

戏曲类

一等奖

天仙配 黄山音像出版社

特别奖

中国京剧有声大考 北京文化艺术音像出版社

单项奖

优秀编辑
中国京剧有声大考 北京文化艺术音像出版社

语言类

一等奖

小偷公司 国际文化交流音像出版社

少儿语言类

一等奖

幼儿十万个为什么 少年儿童出版社

少儿歌曲类

一等奖

越听越聪明 太平洋影音公司
养成好习惯 少年儿童出版社

单项奖

养成好习惯　（优秀编辑） 少年儿童出版社

越听越聪明 （优秀录音） 太平洋影音公司

卡拉 OK

一等奖

深圳情（一） 深圳音像公司
中华大家唱豫剧卡拉 OK（72） 黄河音像出版社

录像带

故事类

连续剧

一等奖

傻儿师长 重庆音像出版社

二等奖

吴敬梓 江苏音像出版社
胜利女神 齐鲁音像出版社

三等奖

WP 行动 上海音像出版社
死亡货车 北京音像公司
大帅与三姨太 吉林省长白山音像出版社

单本剧

一等奖

超级模特 辽宁广播电视音像出版社

二等奖

短裙子 太平洋影音公司
死亡雷区 武汉音像出版社

三等奖

白眉大侠 深圳音像公司
缉毒特警 云南音像出版社
春阿氏疑案 中国国际电视公司
铁血英魂 四川音像出版社
借刀杀人 峨嵋电影制片厂音像出版社
血腥密令 中国唱片总公司成都公司

故事类单项奖

优秀编剧：傻儿师长 重庆音像出版社
优秀导演：傻儿师长 重庆音像出版社
优秀美术：胜利女神 齐鲁音像出版社
优秀摄像：超级模特
辽宁广播电视音像出版社
优秀责编：超级模特
辽宁广播电视音像出版社
优秀男演员：傻儿师长 师长扮演者 刘德益
优秀女演员：短裙子 嫂子扮演者 李玉姬
优秀照明： （空缺）
优秀音乐： （空缺）

艺术类

一等奖

宝莲灯 中国国际电视公司

特别奖

曹操与杨修 上海音像公司
哑女恨 江苏音像出版社

专题类

一等奖

八桂风谣 广西音像出版社
京城拾贝 北京文化艺术音像出版社

特别奖

望长城 中国国际电视公司
寻 福建省音像出版社

单项奖

优秀摄影：八桂风谣
优秀编辑：京城拾贝
优秀音乐音响：望长城

第二届全国优秀少儿电视“金童奖”评选及获奖名单

“金童奖”是广播电影电视部为鼓励表彰少儿电视创作颁发的政府奖。第二届“金童奖”评奖由中国电视艺术委员会主办。参评的节目是 1991 年 8 月 1 日至 1993 年 6 月 30 日在中央电视台播出过的各类少年儿童电视节目。第二届“金童奖”初评于 1993 年 7 月 30 日至 8 月 4 日、终评于 1993 年 9 月 5 日至 11 日在北京进行。1993 年 12 月 1 日至 5 日，第二届全国少儿电视“金童奖”颁奖会暨全国少儿电视工作座谈会在山东济南隆重举行。广播电影电视部副部长刘习良到会祝贺并给获奖代表发奖。颁奖会上还对 28 名连续从事少儿电视工作 10 年以上的同志颁发了荣誉证书。

（周红文）

第二届全国优秀少儿电视“金童奖”获奖名单

少儿专题类

特别奖

西部娃　中国西部电视制作集团

一等奖

祝你成才　半月谈杂志社　中央电视台　烟台电视台

二等奖

悠悠寸草心　山东电视台
小上帝、大市场——纪实篇　中央电视台　中国少年报社
跨国人家　云南电视台　昆明教育电视二台
后土　中央电视台　中国青少年发展基金会

三等奖

小象勐勐　云南电视台
你想飞天潜海吗　中央电视台
孩子与蛇　福建电视台
蓝色小银河　中央电视台
蚕宝宝　浙江电视台
错觉　天津电视台
光影世界农家女　河南电视台
他才 12 岁　烟台电视台

少儿文艺类

一等奖

妈妈，我们长大了　中央电视台

二等奖

1992 年娃娃乐晚会　云南电视台
欢乐的希望城　中央电视台
我们的世界　山东电视台

三等奖

给未来一片绿　中央电视台　中国社会发展科学研究会　中国儿童发展中心
首届“金童奖”颁奖晚会　中央电视台　福建电视台　厦门电视台
我还没长大　黑龙江电视台
“猴年乐”少儿春节晚会　天津电视台　中央电视台
“蓝飘带、红飘带”　青岛电视台　青岛贵族兴业集团

竞赛类

一等奖

“志在太空”大陆、台港澳中学生航天知识赛　中央电视台

二等奖

奇观水族夏令营（3 集）　浙江电视台　中央电视台　杭州奇观水族有限公司
“瑞发杯”好爸爸、好妈妈电视大赛晚会现场直播剪辑　广西电视台

三等奖

首届全国少儿电视节目业余主持人友谊赛　中央电视台
山东省少儿电视节目业余主持人儿童组选拔赛　山东电视台　济南电视台
“高力杯”少儿节目主持人决赛（现场实况）　广州电视台

大、中、学生类

一等奖

青春追踪　中央电视台

二等奖

上帝的风采　中央电视台
我真想叫你一声：亲爷爷　辽宁电视台　锦西电视台

三等奖

四年一瞬间　中央电视台
我心目中的老师　中央电视台
青年科技 21 世纪　中央电视台

戏剧、小品类

设特别奖一名

冰冰、棒棒、泡泡（53 集系列童话剧）　中央电视台

一等奖

顽皮的豆豆 山东电视台

二等奖

小雨 山东电视台

啊，阿弥陀佛（大型神话木偶戏） 天津电视台

三等奖

鸽子信箱 浙江电视台

奇怪的钟 中央电视台

小戏迷唱京剧 湖北电视台

幼儿类

一等奖

全国十佳健康儿童评选晚会 中国妇女报 中央电视台

二等奖

幼儿夺标 太原电视台

我们都是好朋友——“七巧板”贵州行 中央电视台 贵阳电视台

三等奖

比比谁聪明（五岁组） 中央电视台

“五彩路”200期（可爱的小宝宝） 广东电视台

单项奖

编剧奖：小雨 山东电视台

导演奖：顽皮的豆豆 山东电视台

摄像奖：青春追踪 中央电视台

美术奖：志在太空 中央电视台

音乐奖：（空缺）

撰稿奖：祝你成才 中央电视台 烟台电视台

优秀主持人：鞠　萍 中央电视台

创新奖：（空缺）

提名荣誉

百灵欢歌聚铜城 甘肃电视台 中央电视台

渔家的孩子 四川电视台 涪陵电视台

回声 北京电视台

嘿，风筝 潍坊电视台

我们在自己的眼睛里 济南电视台

夏天的童话 深圳电视台

椰苗曲 海口电视台 海口团市委

历代聪慧少年 武汉电视台 中央电视台

中华成语故事 吉林电视台

小山神 河北电视台

丹顶鹤 齐齐哈尔电视台 齐齐哈尔市政府幼儿园 中央电视台

小巷里的阿里木 新疆电视台 自治区妇联

电视机里有人吗 上海电视台

第二届全国影视动画展播“美猴奖”评选及获奖名单

第二届全国影视动画展播“美猴奖”由中国电视艺术委员会、中央电视台、电影局、中国动画学会联合主办。参加展播的有全国各动画制作单位选送的56部动画片，合计780分钟。这些动画片于1992年9月14日至10月31日在中央电视台连续播出并参加评比。第二届全国影视动画展播“美猴奖”颁奖仪式于1993年12月19日在上海举行，广播电影电视部副部长刘习良出席了颁奖仪式。

（周红文）

第二届全国影视动画展播“美猴奖”获奖名单

电影

一等奖

大盗贼 上海美术电影厂

二等奖

奇异的蒙古马 上海美术电影厂

魔方大厦 上海美术电影厂

慈禧坐火车 长影电影厂美术片分厂

兰花花 北京科学教育电影厂

三等奖

古堡夺命 广东悠悠动画公司 北京科学教育电影厂

森林小鸟和我 上海美术电影厂

一半儿 上海美术电影厂

舒克和贝塔 上海美术电影厂

电视

一等奖

鲁西西奇遇记	中国电视剧制作中心

二等奖

抬驴	中央电视台动画部
后羿射日	中央电视台动画部

三等奖

太阳之子	北京西城影视动画制作部 中山威力集团公司
按图索骥	翡翠动画设计公司
哼哼	山东鲲鹏动画制片有限公司 明天出版社

单项奖

编剧奖

鲁西西奇遇记	中国电视剧制作中心

导演奖

奇异的蒙古马	上海美术电影厂

造型设计

大盗贼	上海美术电影厂

音乐奖

金复载（作品：1、奇异的蒙古马　2、大盗贼　3、舒克和贝塔）

处女作奖

鹿和牛	上海美术电影厂

荣誉奖

葫芦小金刚	上海美术电影厂
高女人和矮丈夫	上海美术电影厂
镜花缘	上海美术电影厂
七色花	北京科学教育电影厂
果实	北京科学教育电影厂
雁阵	长春电影厂美术片分厂
牛冤	长春电影厂美术片分厂
猫咪的愿望	南京电视台
看戏	蒲家祥（个人制作）
靴人	翡翠动画设计公司
猫	阿凡提动画公司
少女与魔鬼	辽宁科教电影厂
夸父追日	中央电视台动画部
眉间尺	上海美术电影厂

地方评奖

北京广播电视评奖

1992年度北京市广播电视局评选出“北京市广播电视奖”获奖节目104个。获得“北京新闻奖”的节目有40个，其中一等奖10个，二等奖14个，三等奖16个。获得“中国广播电视奖”的节目有16个，其中一等奖2个，二等奖7个，三等奖7个。获得“全国现场短新闻奖”的节目3个，其中一、二、三等奖各1个；获得“中国新闻奖”的节目3个，其中二等奖2个，三等奖1个。

综观这些获奖节目有以下特点：

1.抓住了重大题材，反映首都经济建设和改革开放成就和日新月异变化的获奖作品比较多。如《首钢系列报道》、《电子一条街》、《神州一条街》、《跻身房地产开发市场的泥腿子》、《顺义县种粮热继续增温》、《二环效应》、《农民走进大市场》、《小船敢闯大世界》、《四放开之后》等等。这些作品立意比较高，角度比较新，从不同侧面反映了以经济建设为中心，深化改革，扩大开放的时代精神。

2.现场短新闻、现场录音报道有所突破。如获得“中国广播奖”一等奖的《中央领导同志和北京市民同为首都播种绿色》和《十四大访谈录》、《领导者的责任》、《太平街过街桥爆破目击记》、《武警救老人》等。这些作品都充分发挥了广播电视的特点和优势，短小精炼、现场感强，生动活泼而且具有比较高的新闻价值，是有特色的好新闻。

3.深度报道比较突出。如《大检查之后》、《失衡的车辙》、《且喜且忧小公共》、《关于首钢购买秘鲁铁矿的背景报道》、《传单诊所》、《走马观花温州鞋》等。这些作品就社会经济生活和人们普遍关心的问题进行深入的剖析，观点鲜明，贴近性强，宣传效果好。

4.广播电视评论有起色。如获得“中国广播奖”二等奖的述评《北京名牌产品为什么纷纷落马》、《以更快的速度向更高更强迈进》等，选题准确，说理深刻，具有指导作用。但从总体来看，广播电视评论尚嫌薄弱，有待加强。

（严于系）

河北广播电视评奖

1992年度河北省优秀广播电视节目评选，同1991年度相比，各类节目都有一些提高，其中进步最大的当属广播电视评论。一是参评篇目增多，二是获奖等次提高。有7篇获一等奖，这是近两三年来没有过的。

首先是评论的选题紧扣时代的脉搏。参评的广播电视评论共有37篇，其中论述改革开放问题的14篇，论述经济问题的13篇，两者占总篇数的70%以上。好多评论是谈论人们关心的焦点、热点和难点问题的。如企业竞争、有奖销售、减轻农民负担、机关分流人员“断奶”等问题。有些评论则是论述关系到国计民生的重大问题的。如辛集电视台的《田野的希望在市场上》、康保电台的《“下海”莫动“定海针”》、保定电台的《抓住机遇》和河北电台的《走出山门闯世界》等等。还有一些评论涉及的问题虽然不是很大，但同样是发人深省的，甚至是相当尖锐的。如《莫把社教工作队当作“摇钱树”》、《说怪不怪的“企业退权”现象》、《参观出访也要讲效益》、《赞“信函取经”》等就是这样的小中见大的好评论。

其次是评论的立意正确、深刻、辩证，既实在又少片面性。有的评论是论述有争议的问题的，如电视评论《沧州酱油大战的启示》，是谈政府部门如何保护公平竞争以及企业如何适应市场竞争等敏感问题的。观点全面而明确，经得起时间的考验。另一篇电视评论《徐水报废汽车解体市场述评》，是论述一个颇有争论、意见针锋相对的市场的，表现了评论作者的敢闯禁区的勇气和深入实际的求实精神。广播评论《农民不再是“唐僧肉”了》和《不等专员如何》同样是令人信服的好评论。前者提到了从上面采取措施减轻农民负担的必要性，也强调了从下面也就是农民运用法律保护自己的重要意义。后者热情赞扬了关心贫困儿童的基层干部。这样的评论，都能给我们多方面的启示，其效益可以说是立体的。当然广播评论《“果树热”的喜与忧》，同样是这样的好作品。

第三是评论的表现手法注意了发挥广播电视的优势。参评的7篇电视评论，除一组系列评论外，其余6篇全是配有画面和同期声的。这一点非常令人欣喜。广播评论在发挥广播优势方面，虽不如电视那样突出，但也有少量的口头评论。同时，较为普遍的注意了口语化等问题。抛开广播电视的特点不谈，为消息配发的评论和记者述评占相当的比重，这些都是发挥广播电视评论作用的好形式。顺便提一下，参评的评论篇目，省台4篇，地市台21篇，县台12篇，这种两头小、中间大的现象也是很耐人寻味的。

1992年度参评的广播电视评论的进步是可喜的，但不足也是存在的。一是没有突出的尖子作品；二是涉及精神文明建设的选题少；三是有些评论犯有张口太大的毛病，显得力不从心；四是广播评论显得手法陈旧等。

(尹志杰)

山西广播电视评奖

1993年，由山西省广播电视学会组织的各项广播电视节目评奖活动，较以往更加规范化、科学化、制度化，基本做到了评得公道合理，评出了水平、评出了团结、评出了积极性，达到了预期的目的。1992年度山西省评奖活动有“山西广播奖”（广播新闻、广播社教）、“山西电视奖”（电视新闻、电视社教）、山西省广播电视报优秀稿件、优秀播音作品、全省企业有线电视新闻（消息）、全省首届优质安全播出等7个项目的评选活动。其具体情况如下：

由山西省广播电视学会和山西省广播电视学会广播电视报研究委员会于1993年2月20日在太原共同举办了1992年度全省广播电视报优秀稿件评选活动。本次评选设消息、评论、通讯、标题、图片、广告、版面、美术等8个项目。52件作品入选，其中一等奖13件、二等奖16件、三等奖23件。

由省广播电视学会举办的1992年度“山西广播奖”，即广播新闻、广播社教节目的评选，历时4天，于1993年2月28日在晋城市结束。广播新闻设：消息、评论、新闻专题、系列（连续）报道、新闻节目编排5项；广播社教设：经济节目、科技节目、理论节目、对农节目、少儿节目、人物类节目6项。102件作品入选，其中一等奖19件、二等奖32件、三等奖51件。另设播音、主持人、录音制作3个单项奖。

“山西电视奖”1992年度电视新闻评选，由山西省广播电视学会和山西电视台共同主办，历时6天，于1993年3月8日在太原揭晓。本次评选设：消息、新闻专题、新闻评论、系列（连续）报道、新闻编排以及单项编辑奖。有90件作品入选，其中一等奖15件、二等奖29件、三等奖46件，编辑奖2名。

山西省广播电视学会播音学研究委员会于1993年5月7日在太原举办了1992年度全省广播电视优秀播音作品评选。评选出广播一等奖2名，二等奖3名，三等奖5名，优秀奖10名；电视一等奖1名，二等奖1名，三等奖3名。

由山西省广播电视学会山西省企业有线广播电视研究会主办的1992年度全省企业有线电视新闻评选，于5月25日在太原揭晓。来自全省12个企业有线电视台的34个新闻节目参评。评出一等奖5名、二等奖9名、三等奖15名。

“山西电视奖”1992年度电视社教节目评选，由山西省广播电视学会和山西电视台共同主办，评选工作于1993年6月26日在太原结束。有政治文化教育、服务、人物、少儿、体育、系列、栏目共7大类的53件作品入选，其中一等奖12个、二等奖15个、三等奖26个。

由山西省广播电视学会、山西省广播电视厅技术中心联合举办的全省首届优质安全播出评奖活动，历时3个月，于1993年9月2日进行定评。有62个台（站）参加了评选，其中一等奖4名、二等奖7名、三等奖14名。进行全省优质安全播出评奖在山西尚属首次，得到广播电影电视部和中国广播电视学会的肯定，这对调动高山转播和高山台（站）工作人员的积极性，保证广播电视节目的优质安全播出，促进广播电视事业的发展，将会起到很大的作用。

1992 年度的各项获奖作品有这样几个特点：

(1) 反映了时代主旋律，突出宣传了改革开放。广播电视宣传能够以邓小平同志南巡讲话和十四大精神为指针，紧跟形势，加强改革开放报道的力度和深度，起到了正确的舆论导向作用。如山西长城电台的主持人现场直播节目《从杏花岭体育场有偿出让谈起》、山西盂县广播站的消息《新闻为"媒"好戏连台》等就是从听众关注的热门话题谈起，引发人们对改革开放中的新举措进行深刻思考，借助广播畅谈意见，发表议论，有效地沟通了政府和群众的联系和理解，充分反映了改革开放的大好形势。

突出宣传了经济建设。获奖的作品中不少节目运用多种手段和形式，认真做好以经济建设为中心的宣传，把人民群众的注意力更好地引导到集中精力搞好社会主义现代化建设上来。特别是各地、市、县级电台（站）所办的《对农节目》、《经济节目》、《新闻节目》都大量地进行了经济建设的报道。如获广播《对农节目》一等奖的长治电台的《内陆地区——长治经济也要上新台阶》、山西电台的《狗四包村》、阳泉郊区电台的《七嘴八舌话资金》、汾阳县广播站的《一张科技兴农的〈村报〉》等等都突出反映了农村工农业经济建设的情形与成就。

突出宣传了市场经济。从获奖的作品中可以看出，广播电视宣传战线上的同志对社会主义市场经济有了新的认识。山西人民广播电台的人物专访《走向市场天地宽——访太原市饲料公司经理梁跃进》，就深刻反映了企业只有走向市场，展开竞争，道路才会越走越宽广。商战是我省一度的热门话题。在这个比较重大的问题上，广播电视能够抓住这一热门话题，积极地、客观地进行正面引导，表现了广播新闻工作者的社会责任感和使命感。

突出宣传了改革开放中的好人好事。

(2) 充分运用广播电视的表现手段，扬其独家优势。获奖的广播节目中的录音报道、带现场音响、谈话类节目占有较大比重，且大多以主持人现场形式出现。请嘉宾主持节目，利用热线电话，使听众更多的参与广播，把广播办得生动活泼，贴近生活、贴近实际、贴近群众，大大增加了节目的可听性。电视选材得当、新鲜、挖得深、角度新、画面丰富优美，表现手法新颖，大量采用同期声、纪实手法等，增加了节目的可视性。如获电视新闻专题片一等奖的《来自病床上的报道》，就是采用纪实手法，介绍了优秀新闻工作者张根昌的模范事迹，真实动人，可视性强，是一条声图并茂的好节目。又如获得消息类一等奖的《假冒矿灯酿成一起惨案》，记者充分发挥了电视特点，同期声效果恰到好处，是一篇讨罚假冒商品制造者的檄文。播出后反响强烈，引起有关部门的重视，促进了我省的煤矿安全生产。

(3) 1992 年地、市、县台（站）的广播电视节目质量明显提高，获奖作品不断增加，与省电台、电视台的距离有较大缩小。如在电视方面，地、市、县电视台拍摄的种类增多，不但有消息，而且有新闻专题和系列报道，手段和形式也在不断创新，制作的水平也较前提高。大家都说，这是一种可喜的现象。

1992 年度山西省广播电视学会推荐到中国记协、中国广播电视学会组织的各项广播电视节目、广播剧、优秀论文评奖共 37 件（个），获一等奖的 4 件（个）、二等奖的 7 件（个）、三等奖的 17 件（个），共 28 件，占参评数的 76%，获奖率较高。

（杜玉芝）

辽宁广播电视评奖

辽宁省 1993 年广播电视优秀节目的评奖，是以政府奖为主进行的。政府奖在 1993 年评选的有四项：一是辽宁电视奖′92 新闻奖，3 月 9 日至 12 日在鞍山市评选，省市县三级电视台参评的节目，有 134 件获奖，其中一等奖 30 件，二等奖 42 件，三等奖 62 件。二是辽宁广播奖′92 新闻奖，三是辽宁广播奖′92 社教奖，两项评奖于 3 月 19 日至 22 日在大连市同时举行，省市县三级广播电台（站）参评的节目，有 156 件获奖，其中一等奖 35 件，二等奖 46 件，三等奖 75 件。四是辽宁电视奖′92 社教奖，省市两级电视台 68 件节目获奖，其中一等奖 17 件，二等奖 23 件，三等奖 28 件。

在政府奖之外评奖的，有辽宁省第五届广播电视优秀作品和第三届优秀播音论文的评选。播音方面，新闻有 9 组获一等奖，17 组获二等奖，15 组获三等奖；主持人节目有 44 组分获一、二、三等奖；论文方面，有 16 篇分获一、二、三等奖。此外，还分别举行了县一级台广播电视优秀节目评选。

综观获奖节目，显示出以下几个特点：1.遵循党的 14 大决议及小平同志南巡讲话，围绕当前经济建设中心，反映了改革开放的新成就、新事物、新思想、新人物、新面貌。2.宣传本身的改革继续前进，尤其在现场报道、板块直播、新闻性专题片的纪实风格、发挥广播电视特点方面比较突出。3.节目质量进一步提高，一、二等奖之间的距离缩小，县级电视台选送的节目质量进步显著。4.继续坚持评奖和学术研究相结合的方针，除播音作品评奖之外，各项评奖都对获奖作品进行讲评和业务研讨，既扩大评奖的效果，又使学术研究能及时指导宣传实践。

在全省评奖的基础上，辽宁参加了全国广播电视政府奖的评奖，在中国电视奖′92 新闻奖的评比中，辽宁学会推荐的 4 个节目全部获奖，其中一等奖 2 个，二、三等奖各 1 个；另外，通过专业委员会推荐的，沈阳台获得一个二等奖，大连台获一个三等奖。中国广播奖′92 新闻奖、社教奖的评选，辽宁推荐的7个节目全部获奖，有一等奖1个，二等奖2个，三等奖4个。中国电视奖′92社教奖的评选，辽宁有10个节目获奖，占全部获奖节目121个的8.2%，其中一等奖1个，二等奖3个，三等奖6个。在全国播音作品的评奖中，辽宁有2组播音作品获一等奖，播音论文有一等奖2篇，三等奖1篇。

(辽宁广播电视学会)

吉林广播电视评奖

1993年，吉林省优秀广播电视节目评奖活动，已朝着科学化、规范化、法制化方向迈进。从2月末始至8月中旬为止，先后进行了优秀电视新闻、社教专题，优秀广播节目，播音作品及论文，电视文艺评选。

优秀电视新闻评选，1993年2月22日至25日在长春举行。参评作品122件，延边州局代评朝语节目9件。共评出特等奖13件，一等奖20件，二等奖57件。

优秀广播节目评选，1993年3月4日至9日在长春举行。设12个评比项目，参评作品162件，延边州局代评朝语节目9件。共评出特等奖6件，一等奖44件，二等奖60件。有4组直播大版块节目被评为特别奖。

优秀电视社教节目评选，1993年6月21日至24日在长春揭晓。参评作品48件，评出特等奖7件，一等奖15件，二等奖25件。同时还评出优秀节目主持人、优秀摄像、优秀撰稿3个单项奖。

优秀播音作品及论文评选仅限定省、市两级电台、电视台。共评出优秀播音作品一等奖12名，优秀播音论文一等奖2篇。

省第五届电视文艺“丹顶鹤”杯评奖活动8月10日至15日在延吉市结束。参评节目有综合文艺、实况、文艺性专题、专题性文艺、文艺栏目自制、文艺栏目剪辑等六类。各类节目共评出一等奖13个，二等奖15个，单项奖5个。

从获奖广播电视节目看，有如下特点：

1.广播节目角度新、典型面广，尤其注重农村题材的报道。如《和“粮王”唠种地》、《我省最后一个无电屯通电》、《卖甜菜不给钱引起农民不满》，都是记者深入农村发现线索，进行的现场采访。把农民的喜怒哀乐真实地反映出来，语言朴实感人。广播评论大有回升之势，参评稿23件，约占全部参评稿15%，质量也有提高。如《招来姑爷别气走儿子》，是对人才流动中出现的“外来和尚好念经”的偏激作法进行了有理有据的剖析。《“明白本”为啥农民不明白》，则针对农村中的乱摊派，农民负担过重的现象，做了深刻地揭示，指出了减轻农民负担势在必行。评论语言乡土气息浓、朴实简洁，群众喜闻乐听，社会效果好。

2.电视新闻。消息内容广泛，现场感强，经济报道占1/3。有正面宣传的新举措，如“劳动用工制度改革”、“合并行政村减轻农民负担”、“重奖农民企业家”；有批评报道《生产假冒伪劣产品的企业当上了先进》等，典型都抓得很好。并大多采用同期声，真实可信。连续、系列报道注重了“深度”与“份量”。《万昌农民闯市场》揭示农民在新形势下观念的更新，积极参与市场竞争，寻求自我发展，为解决卖粮难找出了一条新路。《粮店变迁启示录》针对粮食部门面临的困惑，报道了一些如何走出困境求发展的好典型，给同行业以新的启示。新闻专题色彩纷呈、风格各异。有的追求一种恢宏的气势，如《大潮卷起千堆雪》；有的追求质朴的乡土气息，如《乡音乡情》和《农民唠社教》。电视评论则抓住了群众关心的热点问题。如《如此剪彩何时了》、《喜忧参半话市场》、《为什么农村孩子少了，上学反倒难了》等，立意深刻，加上电视手段综合运用，把一个个问题揭示得十分明白。

3.电视社教节目，体现了改革开放和社会主义市场经济的主旋律，坚持了“三贴近”原则，除正面宣传我省各条战线涌现出的新人、新事、新风貌外，一些批评性、揭露性节目，手法也日渐成熟。不仅有事实，而且有研究、有分析，注意了问题解决。获′92中国电视奖社教节目一等奖的《三口乐风波》，无论在创新意识、时代气息、内容深度及整体表现水平上，都可以说是一部思想和艺术品位很高的作品。

不足：综合类、人物类消息时效性较差，有的背景材料过多；有的消息由头好，但画面拍得不合适，削弱了其新闻价值；有些记者现场采访语言不精，有表演痕迹。参评项目中，理论、科技、少儿节目仍是弱项。

(杨晓农)

黑龙江广播电视评奖

黑龙江省广播电视厅和黑龙江省广播电视学会从1993年开始将广播电视节目评奖的名称定为“黑龙江省广播奖”和“黑龙江省电视奖”，奖级为省级政府奖。

黑龙江省广播奖于1993年2月10日至18日在牡丹江市举行，′92新闻和′92社教共评出一等奖28件，二等奖32件，三等奖56件，计116件。黑龙江省电视奖于1993年3月3日至11日在双鸭山市举行，′92新闻和′92社教共评出一等奖30件，二等奖38件，三等奖48件，计116件。

黑龙江省好新闻奖已由省记协、省新闻学会和省广播电视学会三家联合主办多年。在1993年5月19日举行的第13届评奖中又有新的进展，获奖数额的分配过去一直是报纸占一半、广播电视占一半，这次则报纸126件，广播116件，电视116件，形成了报纸、广播、电视各占三分之一的局面。

1993年进行的1992年度全国广播、电视、播音、论文等七个类别的评奖中黑龙江省共有30件作品参评，28 件获奖，入选率达 93.3%，其中一等奖 5 件，二等奖 10 件，三等奖 13 件。在参评作品中黑龙江省的新闻显得是强项，因为不论是广播还是电视的参评作品全部入选，并各荣获 1 个一等奖，又都双双登上了中国新闻奖的金榜，黑龙江人民广播电台的消息《江海联运货船启航》获一等奖，黑龙江电视台的连续报道《陶瓷轴承现象》获三等奖。

1993 年黑龙江进行了 4 个方面的论文评选。5 月 31 日至 6 月 3 日在哈尔滨市举办了 1992 年度全省优秀广播电视论文评选，104 篇论文参评，45 篇获奖，一等奖 6 篇，二等奖 13 篇，三等奖 26 篇。1993 年 5 月 3 日至 5 日在哈尔滨市举行了全省广播电视优秀技术论文评奖，42 篇论文参评，18 篇获奖，一等奖空缺，二等奖 8 篇，三等奖 10 篇。1993 年 5 月 7 日在哈尔滨市举行了全省优秀播音论文评奖，共有 13 篇论文获奖，一等奖 1 篇，二等奖 3 篇，三等奖 9 篇。1993 年 9 月 1 日在哈尔滨市举行了全省首届有线电视论文评奖，共有 13 篇论文入选，一等奖 2 篇、二等奖 4 篇、三等奖 7 篇。

黑龙江省广播电视学会与黑龙江省广播电视科技委协会于 1993 年 7 月 5 日至 7 日在哈尔滨市联合举办了全省广播电视科技进步奖评选，在 36 个参评项目中评选出 22 个，一等奖 1 个，二等奖 2 个，三等奖 5 个，四等奖 14 个。

黑龙江省广播电视学会与黑龙江省播音学研究委员会于 1993 年 5 月 28 日至 29 日共同举办了全省广播电视优秀播音作品的评选，有 42 件作品入选，一等奖 9 件，二等奖 16 件，三等奖 17 件。在送全国参评的作品中，黑龙江人民广播电台的年轻播音员连续三年在全国获一等奖。

（任文斌）

上海广播电视评奖

1993 年度上海广播电视政府奖和上海广播电视学会奖，经过初评、复评和终评，前后历时 3 个多月，已于 3 月底在嘉定圆满结束。共评出政府奖 68 个，学会奖 81 个。

一年一度政府奖和学会奖的评选，是对上海地区广播电视节目的一次总检阅和总评估。′93 年度评奖，是在总结历年评奖实践经验基础上，严格按照评奖的实施方案进行的。上海人民广播电台、上海电视台、东方广播电台、东方电视台、上海有线电视台，各区县电台、电视台，宝钢、金山石化、南京梅山有线电视台，每周广播电视节目报、上海电视周刊、上海音像公司、上海音像资料馆等 31 个单位，总共申报送评了 229 个节目或作品，获奖率为 65%。由于 93 年度是分台以后的第一次评奖，因此好节目之间的竞争相当激烈。这不仅促使各台领导对节目的关注，从而加强对宣传的具体领导，而且确保评奖能够进一步评出方向、评出水平、评出公正和评出风格。

从 93 年度评奖看，具有特别影响和特殊意义的节目比较多，有 4 项荣获特别奖。这是本次评奖的一大特色。电视新闻《邓小平同志与上海人民共度新春佳节》，以最快速度、最佳视角拍摄播出，片中小平同志充分肯定了上海的改革开放，提出上海工人阶级是建设社会主义的带头羊，国内外反响极大。电视文艺《东方神韵——′93 南北京剧名家汇演》，对弘扬民族优秀文化起了巨大的舆论导向作用。广播社教《市民与社会》专栏《′93 市府实事大家谈——市长与市民直接对话、谈心》，受到国内外舆论界和广大市民的热情关注和好评。广播对外《一衣带水，空中彩桥——纪念上海横滨缔结友好城市 20 周年》直播特别节目，由上海、横滨电台主持人易地直播 3 小时，对中日两国人民友好起到积极的推动作用。

93 年度获奖节目的另一特色是：立意高，有创新，制作精，取得较好的社会效果。如上海电视台的社教专题《毛泽东在陕北》，采访十分成功；上海电台的连续报道《来自贫困地区的大学生》，视角新颖；上海电视台的晚会《大家恭喜——′93 沪台港春节文艺晚会》，三地同时播出；东方电视台的国庆特别节目《你好，上海》，气势不凡；东方电台的直播《东亚运街头大讨论》，群众热情参与；以及《神州采风》、《下岗以后》、《Boby 老师，您好》、《春天的羡慕》、《长江万里行》等等。

对上海市政建设成就和大中型企业深化改革的宣传，也有进一步的发展。如上海电视台的消息《上海人民用汗水和喜悦迎接国庆》、23 集系列报道《上海在变样》，东方电视台的消息《上海第一个土地批租项目“太阳广场”大厦封顶》、《“红灯现象”》连续报道等。

此外，对东亚运的宣传也是 93 年度的重要内容，特设立了广播的开幕式转播奖和电视的闭幕式转播奖。

值得引起注意的是：有份量、有力度的短新闻还需大力提倡和加强；热情扶植的广播电视少儿节目仍是一个弱项；广播剧、电视剧还缺乏扛鼎之作；对对外对台节目要进一步界定为专门为海外制作的、并在海外播出产生影响的节目才可以参评，有些节目正由于内容和提法不适合对外宣传的特点，而未能评上或降低奖次。这是今后要加以改进的。

（时　敏）

江苏广播电视评奖

1992 年度江苏省优秀广播电视节目省厅级政府奖评选包括 9 类节目，即广播新闻、广播社教、电视新闻、电视社教、广播文艺、广播剧、电视文艺、县级广播台（站）专题节目和乡镇广播电视站优秀节目等。以上 9 类节目分别组织了 7 个评选委员会进行评选，在 3、4 两个月内分两批完成。

9 类节目共收到 394 个参评作品，从中评选出

290个省厅级政府奖，获奖率为73.6%。290个节目中产生一等奖48个，二等奖99个，三等奖143个。1992年度我省获部级政府奖的广播电视节目有23件，其中一等奖3件，二等奖7件，三等奖13件。此外，还选送6个节目参加全国记协组织的中国新闻奖评选，其中4个节目获三等奖。

我省1992年度在广播电视节目的创新创优工作上有了新进展，通过评奖可见到一批有影响的优秀作品，它们大致有三个特点：①节目富有时代精神，题材重大，以不同角度、不同侧面反映出我省改革开放中的新情况和新经验，如江苏台《外向开拓话苏州》、《沿江行》，常熟台《开发区重视保护土地资源》等。②重视热点、难点问题的报道，不仅问题抓的及时、准确，而且分析深刻、恰当，对当前工作有指导意义，如县级睢宁台评论《开发区不是越多越好》，记者在陪台商去开发区时独具慧眼地发现开发热中产生的种种问题，从而及时撰写了这个评论，对开发区工作有一定指导意义，不仅被评为我省厅级政府一等奖，在全国评奖中也得到评委们的一致赞同获一等奖，突破了我省新闻评论难获奖的老问题。③有关经济内容的报道有所加强，如《活力哪里去了》通过玉米市场管理的典型报道，指出不按市场规律仍靠计划经济管理市场必然没有活力。还有《农民的希望在市场》、《光福现象带来的思考》等优秀节目。通过对1992年度节目的评奖工作还看出，县级广播电视台（站）节目的总体水平正在不断提高，得奖作品数比往年增多，在本省获部级政府奖的13件广播作品中，县级台（站）占7件，广播节目的2个部级政府一等奖均为他们所得。

从评奖工作看到存在的主要问题是：①本省节目在全国获奖数不少，但奖级提高不多，有待进一步努力；②无论广播或电视缺少短小精悍的短新闻；③就全省范围来说，各市在节目创新创优方面下的功夫不同，收获不一样，工作发展不平衡。

浙江广播电视评奖

浙江省广播电视厅、浙江省广播电视学会联合主持的年度广播电视优秀作品评选，自1992年度起，正式定名为“浙江广播奖”、“浙江电视奖”、“浙江广播文艺奖”和“浙江电视文艺奖”，为省级政府奖。

首届“浙江广播奖”和“浙江电视奖”评选活动，于1993年2月23日至28日在湖州市举行。有138件作品（节目）参加“浙江广播奖”评选，共有99件作品获奖。其中获一等奖的17件，获二等奖的32件，获三等奖的50件。144件作品（节目）参加“浙江电视奖”的评选，共有96件作品获奖。其中获一等奖的19件，获二等奖的29件，获三等奖的48件。

首届“浙江广播文艺奖”和“浙江电视文艺奖”的评选，于1993年3月底、4月初，分别在建德市和杭州市举行。经过初评，29家广播电台、广播站的42件作品（含广播剧）参加“浙江广播文艺奖”评选，评出一等奖5件，二等奖9件，三等奖15件。9家电视台的25件作品（节目）参加“浙江电视文艺奖”评选，评出一等奖5件，二等奖6件，三等奖7件。

1992年度，浙江省广播电视各类节目的总体质量都有所进步，特别是电视文艺节目，提高比较快。获奖的新闻类节目特点是题材重大，篇幅短，时效快，反映了改革开放中群众关心的热点问题。有深度的经济报道和有份量的批评性报道数量都比往年有所增加，还出现了一批有受众直接参与的直播节目。社教类节目的特点是题材比过去更加广泛，内容更贴近生活，制作更加讲究，增强了节目的可视性和可听性。文艺类节目的特点是立意较深，结构精巧，娱乐性强，富有地方特色。

不足之处是新闻类作品精神文明方面的题材不多，部分作品的信息量小，有的新闻要素不全，有的有较大的片面性。社教类作品手法缺乏创新，有的作品不够简练。广播文艺作品品种还不够丰富，特别缺乏创作作品。

另外，由浙江广播电视报主办的浙江省首届“双十佳”广播电视节目主持人评选活动，历时6个月于1993年12月18日在杭州揭晓。评选活动设广播十佳节目主持人，电视十佳节目主持人，合称“双十佳”。举办这项活动，是为了密切广播电台、电视台与听众、观众的联系，促进广播电视节目主持人政治、业务素质的提高。《浙江广播电视报》刊登选票后，共收到听众、观众、读者的有效选票8万多张。然后以受众投票数为主要依据，经过由专家和有关领导组成的评委会审看审听主持人的录像带、录音带后，评出“双十佳”主持人。

安徽广播电视评奖

由安徽省广播电视学会主办的1993年度全省广播电视系统优秀节目的评奖工作于1994年3月下旬在淮南、合肥结束，共评选出优秀广播节目120件，优秀电视节目112件。

′93“安徽广播奖”定评会于1994年3月23日至25日在淮南举行，评选出一等奖18件，二等奖36件，三等奖66件。′93“安徽电视奖”定评会于1994年3月28日至30日在合肥举行，评选出一等奖16件，二等奖35件，三等奖61件。两个评委会还分别选出了我省参加“中国广播奖”、“中国电视奖”评选的广播电视节目。

评委们认为，从今年参评作品看，坚持了正确的舆论导向，弘扬了时代的主旋律，反映改革开放、经济建设和重大新闻事件的节目较突出，报道新鲜经验的作品相对增多，表现手法也有所创新。同时要着力抓新闻，精心制作节目，进一步提高节目水平，满足广大听众观众的需要。

福建广播电视评奖

福建广播奖评选于1993年2月18日至24日在三明宁化县举行。有75件作品获奖，其中一等奖10件，二等奖23件、三等奖42件。选送参加全国各类评奖中，有10件作品获奖。

1993年3月10日，在福州马尾举行′92福建电视奖电视新闻评选，有53件作品获奖，其中一等奖10件，二等奖16件，三等奖27件。

′92福建电视奖电视社教节目评选于1993年4月15日在龙岩举行，有26件作品获奖，其中一等奖5件，二等奖8件，三等奖13件。

1993年9月17日，由福建省广播电视厅主办的首届广播电视系统思想政治工作论文评选在福州举行。有12件作品获奖，其中一等奖2件，二等奖4件，三等奖6件。

福建省第二届地市县广播电视播音作品评选于1993年11月8日在厦门举行，有32家广播电台、9家电视台选送67件播音作品参加评奖，共有17件作品获奖，其中一等奖2件，二等奖7件，三等奖8件。

福建省首届乡镇优秀广播节目评选于1993年11月24日在连江官头举行，全省各地市共选送54件作品，有40个获奖，其中一等奖6个，二等奖11个，三等奖23个。

本年度的评奖活动有如下特点：一、评奖业务范围扩大，既评广播节目，又评电视节目；既评广播电视宣传，又评思想政治工作论文；既评县级以上广播电视节目，又评乡镇级的广播节目，这在我省历次评选中是没有过的；二、坚持以正面宣传为主的方针，围绕经济建设这个中心，注重重大题材选择，效益效果突出，具有福建特色；三、从我省首届优秀乡镇广播节目评选中可以看出，这批来自基层的广播节目，通俗而不浅薄，质朴而有新意，特别是介绍农业科技知识的节目，能结合农事活动，抓住关键问题，服务生产，贴近生活，为农民排忧解难，具有很强的实用价值。

江西广播电视评奖

1993年2月下旬和3月中旬，江西省广播电视学会先后在新余市和宜春市举行了1992年度江西优秀电视节目和1992年度江西优秀广播节目评奖活动。

电视节目评委会共收到参评节目103件，从中评选出69件优秀作品，77个奖，其中一等奖12个，二等奖27个，三等奖30个，单项奖8个。

广播节目评委会共收到参评节目143件，从中评选出优秀作品105件，112个奖，其中一等奖17个，二等奖33个，三等奖55个，单项奖7个。

这次评奖在评选方法上作了改进，取消了复评阶段，采取召开评委会一次性定评。评选这么多的单项奖在我省尚属首次，这一举措将对促进节目创优和提高宣传质量产生积极影响。

246件送评作品展现了江西省1992年度广播电视宣传成绩和宣传水平。获奖作品同上一年度相比，在报道题材的选择上，节目内容“三贴近”方面有明显的进步，新闻消息质量有较大的提高，具体生动地反映了江西社会主义两个文明建设的新成就、新经验、新风貌，具有鲜明的时代特色。主要特点是：(1)突出了经济建设为中心的宣传；有60%以上的参评作品的内容是反映经济建设的，报道题材十分广泛，几乎涉及到各个经济领域；(2)加大了改革开放宣传的份量和力度，参评作品中报道改革开放题材的广度和深度，作品数量和质量，是历届节目评选所没有过的；(3)注意抓重大题材的报道；(4)坚持以正面宣传为主，同时注意发挥新闻舆论监督作用。送评和获奖的节目中95%以上是以正面宣传为内容的作品，较好地宣传了党的“一个中心，两个基本点”的基本路线，省委、省政府的中心工作和党的各项方针政策，体现了广播电视的喉舌功能。

这届参评节目存在的问题主要有：有些参评项目的节目质量不如去年好，高质量的精品少；缺乏有深刻思想内涵和具有思辩性的深度报道；有相当一部分作品题材老、角度旧、内容浮浅；节目形式和报道手法老套，缺乏创新之作；有不少节目、稿件超时，长风有增无减；语言文字粗糙，音响或同期声运用不当，采访不深入，无准备，不善于提问，节目制作和播音质量差等等在一些节目中严重存在。

山东广播电视评奖

一、1991年由山东省广播电视学会组织的评奖，主要评选优秀广播电视新闻节目、社教类节目、企业广播电视台（站）节目、经济信息和优秀广播电视学术论文等。其中，广播节目共有158件作品获奖，包括广播新闻节目一等奖15件，二等奖24件，三等奖49件；社教类节目一等奖10件，二等奖17件，三等奖13件；企业台（站）广播节目一等奖3件，二等奖5件，三等奖10件；广播经济信息一等奖2件，二等奖4件，三等奖6件。电视节目获奖作品共133件，其中，电视新闻节目一等奖14件，二等奖22件，三等奖36件；电视社教类节目一等奖7件，二等奖12件，三等奖18件；企业台（站）的电视节目一等奖2件，二等奖4件，三等奖6件；电视经济信息节目一等奖2件，二等奖4件，三等奖6件。这年还评出优秀广播电视学术论文作品36件，其中，一等奖6件，二等奖12件，三等奖18件。

二、1992年由山东省广播电视学会组织的全省优秀广播电视节目评奖活动，于2月25日至29日在济南举行。评选结果，广播节目有157件作品获奖，其中，广播新闻一等奖13件，二等奖20件，三等奖34件；广播社教类节目一等奖12件，二等奖19件，三等奖27件；广播经济信息一等奖2件，二等奖4件，三等奖8件；企业台（站）广播节目一等奖3件，二等奖6件，三等奖9件。电视节目有127件作品获奖，其中电视新闻一等奖12件，二等奖20件，三等奖24件；电视社教类节目一等奖9件，二等奖15件，三等奖15件；企业台（站）电视节目一等奖3件，二等奖6件，三等奖9件；电视经济信息一等奖2件，二等奖4件，三等奖8件。广播电视学术论文有36件作品获奖，其中，一等奖6件，二等奖12件，三等奖18件。

′92年度的评奖活动，有三个突出的特点：一是获一等奖的广播电视节目，是优中选优产生的，而不是“矬子里拔将军”；二是获奖作品等级之间的质量距离在缩小，反映了广播电视节目整体质量的提高；三是获奖作品的覆盖面在扩大，一些创建不久、制作能力比较弱的市、地、县台，也登上了领奖台。存在的不足是，新闻类节目，农业新闻报评的数量少，质量也不高，这和山东是一个农业大省的地位不相称；社教类节目有的题目定得太大，思想不集中；有的背景材料用得太多，时空转换较乱，冲击了主题；还有的空话、大话太多，渲染过头，影响了节目的真实性。

三、1993年山东广播电视节目评奖，出现了几个新的特点：一是往届评奖的弱项节目，如消息、评论有了新的转机，涌现出一批上乘之作。二是往届评奖的强项节目，如人物、专题节目等，继续保持着好的势头。有些节目，如《我的太阳》、《青春的雕像》、《中华海魂之歌》等，有思想深度，有震撼力。三是经济报道有了明显的改进。主要表现是，重大题材的报道有深度，有说服力；热点问题的报道，导向正确，有启迪力；经济典型报道，着力于普遍的价值和意义；新鲜事实的报道，报出了新意和魅力。

′93年度的评奖，共有163件广播作品获奖，其中，广播新闻一等奖13件，二等奖20件，三等奖35件；广播社教类节目一等奖13件，二等奖19件，三等奖33件；企业台（站）广播节目一等奖3件，二等奖6件，三等奖9件；经济信息节目一等奖2件，二等奖4件，三等奖6件。电视节目共有152件作品获奖，其中，电视新闻一等奖13件，二等奖20件，三等奖35件；电视社教类节目一等奖10件，二等奖17件，三等奖27件；企业台（站）电视节目一等奖3件，二等奖6件，三等奖9件；经济信息一等奖2件，二等奖4件，三等奖6件。全省广播电视节目报系统有15件作品获奖，其中，一等奖2件，二等奖5件，三等奖8件。这年还评出广播电视优秀论文30件，其中，一等奖5件，二等奖10件，三等奖15件。

（尹祥吉）

湖南广播电视评奖

1993年3月，湖南省1992年度的广播电视优秀节目评奖在岳阳揭晓，共评出特等奖2个，一等奖37个，二等奖41个，三等奖32个。

本年度推荐参评的广播新闻和社教类节目共有91个。评出获奖节目44个，其中一等奖19个，二等奖12个，三等奖13个。多是经济建设、改革开放和精神文明方面的题材。作品突出反映了经济建设这个中心，在推荐参评和获奖的节目中，反映经济方面的题材，占80%以上。特别可喜的是，有一大批反映社会主义市场经济的节目颇具特色。如岳阳市电台的消息《日商为湘阴县农民周凯军举办产品展销会》。洪江市电台的录音新闻《农民刘开河进城发售开发山区集资“土股票”》、桃江县电台的社教专题《泥腿杆子的“跨国公司”梦》和省电台的《他从山村走向大世界》、临武县广播站的消息《双溪乡20多位农民出国传艺赚钱》、衡山县电台的录音新闻《农民经纪人“通江达海”》。还有一批反映精神文明建设方面的稿件。如新宁县电台的录音通讯《区委书记的民情日记》、会同县团河乡广播站的录音新闻《我乡8名村计划生育专干当选县乡人民代表》都各具特色，受到评委们的称赞，都评为一等奖。反映科学技术进步的稿件也比往年增加。省电台与省科委联合举办的《科学兴湘大家谈》、《情系银行》都获得一等奖。这次参评的节目，一个显著特点，就是在发挥广播的特点和优势上有突破性的进展，60%以上的节目具有被采访对象的谈话录音。这些音响大多清晰、自然、逼真，为节目增色添辉。

广播文艺节目参评的25个，其中广播剧14个、广播文艺专题11个。评选后，广播剧4个获奖，文艺专题获奖4个。这次获奖的广播文艺作品各有所长，最令人欢喜的是几个县级广播站创出了一些大作品，好作品。如沅江县电台创作的两集广播剧《村支书》获一等奖，蓝山县广播站自己创作和录制的广播剧《瑶山妹子》获二等奖，这都是以往名不见经传的后起之秀。电视文艺评出特等奖2个，一等奖3个，二等奖6个，三等奖7个。其特点是：现实题材和革命历史题材的比重大；二是地市电视台的精品力作多，如获特等奖2个都是地、市电视台自己创造的。

另外，还评出岳阳、长沙、衡阳、株洲4个市广播电视局和洪江、华宏等9个县（市）广播电视局的宣传创优组织奖；评出株洲、南县等14个电台为全省日常宣传质量抽查评比优胜奖；评出衡阳、零陵等12个电台为全省日常宣传质量抽查评比表扬奖；评出衡东、湘乡等13个县（市、区）为农网建设先进县；评出369个乡镇为农村广播电视网建设合格单位；评出9个电视转播台为安全优质播出先进单位；评出6个为中波转播台、实验台先进单位；评出长沙市、醴陵市、临湘市、湘阴市广播电视局获经营创收奖。

湖南广播电视报参加全国的1992年度省级广播电视报优稿评选，有5件作品获奖。《光头亮出的风采》获通讯类一等奖，《留下真情从头说》获版面类一等奖，《影视窗》专题和《我家有癫》获优秀编辑类一等奖，《亚洲户外电视第一墙》获广告类二等奖。

（刘波涛）

广东广播电视评奖

1993年度广东省广播电视新闻、社教专题奖评选会议于1994年3月6日至11日在中山举行，共评出获奖作品170件（广播85件，电视85件），其中一等奖25件，二等奖59件，三等奖86件，获奖作品总数占参评作品总数253件的67%。

这次参评作品，总的来看，舆论导向是正确的，社会效益是好的，基本上反映了我省93年度广播电视宣传报道的概貌，代表了93年度我省广播电视新闻、社教专题节目的总体水平，主要表现在：（一）突出了改革开放和经济建设这个主题，体现了时代精神。送评的作品直接或间接反映改革与发展、精神文明建设题材的占了六成以上。如获广播新闻一等奖的《穗沪深三地联线直播：中国股市波澜——“宝延之争”的启示》（广东台），《南国书市开幕，购书热潮涌动》（广州台），广播专题一等奖《梁市长的雅号与珠海的超前建设》（珠海台）；获电视新闻一等奖的《教授下海》（广东台），电视专题一等奖《我在珠海》（珠海台）等作品，都能站在时代的高度从不同侧面和角度，准确、深刻地揭示了改革开放和市场经济大潮中的新事物、新情况、新问题、新趋势，讴歌了时代的主旋律，因而受到评委的一致看好。（二）抓住了群众关注的热点、难点话题和重大事件，体现了我省广播电视新闻工作者对党的新闻事业的高度责任感和使命感。如获得电视新闻一等奖的《“8.5”大爆炸纪实》（深圳台）、《拱北海关“2.28”事件》（珠海台）、《广州黄埔一石场工棚发生倒塌》（广东台）、《林锋持枪闹学堂连续报道》（茂名台）、《广州商住小区现状的思考》（广东台），电视专题一等奖《一路旌歌，百万热心》（广州台）、《卖花小姑娘现象的思考》（佛山台）；获广播新闻一等奖的《九三岁末——中国舆论热点》（广东台）、《炒票现象透视》（广州台），广播专题一等奖《一支红杏出墙来——茂名大学生打工热浅析》（茂名台）、《走出深渊，创造美好明天》（中山台）等作品，都是记者深入基层、深入生活、深入群众，以艰辛的汗水换取的。特别值得一提的是，有些记者为了真实地记录突发事件，及时抢拍抢录现场的第一手材料，甚至不顾个人安危，付出了血的代价，这种高尚的敬业精神是值得倡导和学习的。（三）涌现了一批具有创新精神，富有广播电视特点，思想性、知识性、艺术性结合比较完美，可听可视性较强的好作品。如电视专题一等奖《横空出世——毛泽东的书法》（广东台）、电视专题二等奖《海上记事》（茂名台）、《修辞与艺术（一）对偶》（广东台）；广播专题二等奖《羊城狮城传友情——同根曲》（广州台）、《儿童哆来咪》（佛山台）等都以形式新颖、手法巧妙、制作精良获得成功。（四）总体水平有了较明显的提高。从这次省、市台获奖作品的面和档次的比例的变化，可以看出，省级台与地市级台、老台与新台之间的差距在逐步缩小。

这次参评的作品，也反映了一些问题和不足之处：(1) 消息类的精品力作不多，弱的状况尚未根本改变。(2) 反映经济类重大题材的精品意识还不强，经济报道突破不大。(3) 尚有一部分作品的表现手法比较陈旧，形式呆板，制作不够精良。

（石振新）

广西广播电视评奖

广西广播电视厅、广西广播电视学会对全区1992年度进行了两项评奖，一项是全区广播电视优秀节目奖160个，一项是“合理化建设和技术改进奖”27项。对广播电视工作者努力提高宣传质量、搞好优质传输起了积极鼓舞作用。

一、广播电视优秀节目奖。

1至2月，广西广播电视优秀节目评奖委员会共评出160个获奖节目（作品），其中广播新闻117个（一等奖19个、二等奖42个、三等奖56个），电视新闻43个（特别奖1个、一等奖6个、二等奖15个、三等奖21个），广播电视文艺奖50个（一等奖9个、二等奖18个、三等奖23个），广播电视报新闻、版面奖31个（一等奖4个、二等奖11个、三等奖16个）。这些获奖作品的主要特点：一是能抓住重大题材报道，如电视新闻《李鹏总理归途访农家》，及时报道党和国家领导人深入群众，形象地反映了社会主义国家领导人和农民亲密无间交谈的生动场景；广播特写《宣传优势，对外开放——成克杰主席在十四大答中外记者》，报道广西壮族自治区领导人介绍广西改革开放的大好形势，在国内外提高了广西的知名度。还有“11.24空难连续报道”，及时反映广大群众关心的重大事件等等。二是深入报道广西经济建设，搞活大中型企业，转换经营机制，走向市场的经验，如系列报道《柳州市搞活国营大中型企业》、《南宁市企业走向市场热点透视》等，反映广西各族人民在市场经济建设中摒弃旧观念，角度新，材料实，有深度。三是宣传科学技术是第一生产力和科技兴农的重要性。如《王祥林现象》，报道农民王祥林应用高科技成果，主题深，展示了新一代农民的文化素质；《科技服务队下乡大受农民欢迎》，反映了农民盼望科技致富的心境。四是宣传社会主义物质文明建设必须重视精神文明建设。获电视特别奖的《雷锋精神在南疆》，宣扬了广西一批雷锋式的先进集体、先进个人在社会上的重大影响；《两对夫妻勇斗歹徒受表彰》，弘扬了民族正气；《来自公共汽车里的忧思》，在反映司机、乘务员任劳任怨、全心全意为人民服务的同时，启迪了各级领导必须重视社会主义精神文明建设。五是弘扬民族优秀文化，歌唱时代主题。电视文艺《第四届全国少数民族题材电视艺术“骏马奖”颁奖晚会》，主题鲜明，设计新颖；广播音乐专题《八桂歌海行》，把富于广西民族特色的歌曲有机地组合在一起，勾画了一幅绚丽多姿的民族风情画，歌唱了时代的主旋律。从获奖作品看，广西广播电视节目质量比往年有显著提高，但送评的消息、评论作品少；有些作品写法俗套，缺乏新意等等，从一个侧面反映，必须进一步努力提高编播队伍的政治素质和业务素质，以适应改革开放发展形势的需要。

二、合理化建议和技术改进奖。

1993 年 5 月 4 日，广西广播电视厅、广西广播电视学会对 3 月 18 日公布的“广西广播电视系统 1992 年度合理化建议和技术改进奖拟授奖项目”27 项，没有收到异议，确认《新材料新结构在广播室的应用》为二等奖，《自动播出 MASTER —— 21 系统软件的汉化》等 5 项为三等奖，《500W 调频发射机前级与电控部分的技术改造》等 10 项为四等奖，还有鼓励奖 11 项。这 27 项奖，反映了广西广播电视工程技术人员的埋头苦干、积极奉献的精神，运用科技理论于实践，革新技术，改进提高，不仅提高了播控传输节目质量，还为国家节约了资金。

（黄贻新、郑成贵整理）

四川广播电视评奖

1992 年，是中国改革开放经济发展史上不平凡的一年。小平同志的南巡讲话指出，要抓住时机，加快改革开放的步伐，发展经济。四川省广播电视宣传战线的同志，紧紧把握住这一中心，用大量的时间、节目宣传小平同志这一讲话精神，这在我们的节目评选中，得到充分的体现。可以说，1992 年的送评节目，有近 1／3 的稿件反映出了这一重大主题。四川电台的《我国内燃机车首次打入国际市场》；巴中县台的《巴山农民把公路修到外国去》；阆中县台的《两农民闯南亚》；隆昌县站的《“农二哥”买酒厂》；涪陵电台的《原涪钢厂干部工人同领待业救济金》；重庆经济台的《重庆针织总厂宣告破产》；重庆电视台的《全国最大企业破产案》；《市委书记与破产企业职工同劳动》；四川电视台的《投资新途径 —— 企业租赁给外商》、《资阳内燃机车首次打入国际市场》等报道，可以看出时代经济脉搏的跳动，展现出多姿多彩的经济蓬勃发展画面，使人受到鼓舞。

特别值得一提的，我们的经济报道，不仅有大量的动态性报道，而且还出现了一批有相当深度的、有理有据、有分析、有判断的深度经济报道和科技报道。重庆江北区站的《蔬菜体制改革今昔谈》；石柱县站的《临溪农民走向市场》；四川电台的《发展专利在四川》；电视节目中的《我们托起太阳》、《南海潮》、《中国物价改革的历史选择》等等都具有上述明显的特征。深度报道更能震撼人们的心灵，启发人们的思维。

去年党中央和国务院特别重视减轻农民负担的问题。应当说，我们的广播电视记者是紧扣中央的精神，敏锐地察觉到这一问题的重大意义，而预先就作了这方面的一些有一定影响的报道。内江市电台的记者，抓住一条司法建议被采纳，减少农民负担 480 万元这件事，大加宣传，后来这条消息被人民日报采用，使其影响扩展到全国。内江电视台记者则是更直截了当地报道：农民不堪负重，依法状告乡政府。就从一般性的减轻农民负担的日常报道中，突出了另一个主题：今天，农民学会了用法律保护自己的权益，这就使主题更一步拓展。

新闻价值的要素之一是它的接近性。而接近性的核心是能否抓住社会热点。而社会热点恰恰又是一个敏感性的问题。抓得好，导向正确，会起到很好的社会效果；反之，就会适得其反。重庆江北区站的《校园里传来叫卖声》，针对学校经商的情况，记者进行全方位的采访，让各方面对此问题的看法得到充分的发表，然而引导得又非常正确。简阳县台的《逆境中的开拓者 —— 记简阳啤酒厂厂长江涛》，热情讴歌了一位权益斗争的牺牲者在遭受打击之后不屈不挠拯救一个濒临倒闭企业的共产党人。对这样的人，作为县级台站，敢不敢歌颂，又如何歌颂都是颇费踌躇的事，然而作者却处理得恰到好处。南充电视台的《办经济开发区不能一哄而上》；四川电视台的《奖状困挠，企业举步维艰》，《来自反毒第一线的报道》等等，都是既抓社会热点，又注意引导的较好作品。

服务类节目的表现方式、方法方面，可以说已日趋成熟，从常规知识到新兴科技，从思想开导到生活顾问，方方面面，一应俱全。金堂县台的《良种为啥不增产》；四川电台的《人类的第三副牙齿》；内江市电台的《越烧越旺的蓝色火焰 —— 话说内江市城镇沼气》；重庆市电视台的《你的生活习惯对吗?》；宜宾电视台的《用筷八忌》；四川电视台的《新说文解字》，《文化多棱镜》等等都是属于这类作品中的代表。它体现的是社会主义国家对人民群众的关心和爱护。

我们的优秀节目，应当说是内容纷呈，姿态万千，政治的、经济的、文化的、体育的应有尽有；新闻类、教育类、知识类、服务类的节目一并俱全。1992 年度优秀节目评选，通过各地和省级两台选评，学会共受理的节目（稿件）共 761 个（件），其中广播 413 件，电视 348 件。广播入选 299 件（一等奖 29；二等奖 60；三等奖 210）；电视入选 246 件（一等奖 25；二等奖 46；三等奖 175）。乍一看，这个数字似乎觉得很大。其实，认真一想，四川全省县级以上的广播台站230多家，每年播出上百万件稿子，从上百万件中推出413件来，这本身就是精中挑精。

然而，在整个评优中能令人拍案叫好的作品几乎未见，好题材搞得不好的遗憾之作不少，在宏观上有较大突破的也难寻。因此，我们在推荐全国参赛作品的时候，真正有份量、有把握获高档次奖的作品几乎找不到了。优秀节目真正的力作极少，这个问题值得重视。

（何　涛）

贵州广播电视评奖

1993年度贵州广播电视新闻奖于3月21日揭晓。全省广播电视系统参评的稿件218篇，经过广播、电视两个复评委的评选，共评出′93贵州广播电视新闻奖99件，其中一等奖11件（广播8件，电视3件）。另外，评出优秀播音奖和优秀制作奖各1个。

综观′93评奖，以经济建设为中心，是全省广播电视宣传的重头戏。在工业宣传上，按照建立社会主义市场经济体制基本精神，报道了大中型企业继续推进改革取得的成就，报道了我省经济建设中一些大型项目，如《南昆铁路纪行》、《邹家华在水钢》、《国有民营使都麻显露生机》、《西南第一桥》等。宣传了以农业为基础，全面发展农村经济。贵州电视台报道的《贵州坡改梯成效显著》、《石旮旯里的大关人》等一大批广播电视稿件，从贵州的实际出发，走坡改梯的道路，反映了全省3000万农民继续战天斗地的雄心壮志。

加强了社会主义精神文明建设的宣传。贵阳人民广播电台的《殷勤春风育桃梨》、贵州人民广播电台的《武警战士陈三军见义勇为斗歹徒》、贵阳电视台《患难夫妻见真情》、遵义电视台《奋力抢救食物中毒群众》等反映了全省人民的精神风貌，讴歌了时代英雄人物事迹，受到了广大受众的好评。

通过广播电视的宣传，进行舆论宣传，从而达到宣传党的方针政策，了解、解决群众的疾苦和问题。99篇获奖节目，有关舆论监督的获奖节目占近30%。在这些获奖稿件中，有贵州人民广播电台的《民气冲击波》、《股票意味着什么》，贵州电视台的《126台传呼难》，都匀有线电视台的《“六·一”游行怪现象》，都匀人民广播电台的《该治治这些路霸》，贵阳电视台的《茅台大施工影响安全》等一批稿件，从质量上讲，有的不愧为品味高的作品，有一定的影响力，对推动全省廉政建设起到了一定的作用。

纵观全省广播电视宣传，有一定的提高，但也应该看到广播电视宣传存在一定的片面性。在经济建设报道中，国有与民营的报道相比，报道国有大中型企业略显不够；报道建立社会主义市场经济体制的建设中，报道各方面改革以及转换经营体制的建设中，显得不够；在报道两手抓两手都要硬不够；报道舆论监督的广播电视宣传中，宣传精神文明建设，进行爱国主义、社会主义教育、讴歌时代精神不够。通过广播电视的评选工作，大家对以上问题进行了有益的经验交流，找了差距，明确了方向。

（刘月卿）

云南广播电视评奖

根据中国广播电视学会的统一要求，为使评奖工作进一步制度化、规范化，云南省广播电视学会从1992年起，将全省优秀广播电视节目评奖改为“云南广播奖”和“云南电视奖”，设奖项目与中国广播电视学会评选的国家级政府奖“中国广播奖”、“中国电视奖”相衔接。

1993年“云南广播奖”和“云南电视奖”的评选，是由各地州市广播电视局（广播电视学会）对从140多座广播电视台站和省电台、省电视台推荐出来的1，000多件广播电视节目进行初评后，选拔出部分节目送省参评的。各地州市和省电台、省电视台推荐参评的广播新闻节目和广播社教节目有124件，电视新闻节目和电视社教节目80件。经“云南广播奖”评委会和“云南电视奖”评委会评定，共有116件广播电视节目获奖，其中获“′92云南广播奖”的有64件（新闻节目54件，社教节目10件）；获“′92云南电视奖”的有52件（新闻节目27件，社教节目25件）。

综观这届获奖节目，富有时代精神，突出了经济建设和改革开放，突出了主旋律，突出了边疆民族特点。不少节目有一定的深度和质量，富有交流感，播出后引起了较好的社会反响。这届评奖尤为可喜的是，地州市县台站的广播新闻节目和社教节目，地州市电视台的电视社教节目质量较之去年有所提高，获奖数量也高于去年。

此外，省广播电视学会播音学研究委员会还于4月份评选了1992年度全省优秀播音作品有39件获奖，其中广播21件，电视18件。

（王嘉德）

陕西广播电视评奖

1993年度陕西省广播电视新闻宣传工作取得了显著成绩，在全年节目评比中，全省广播新闻有128件作品送评，获得省厅和省学会奖励的有75件；电视新闻参评节目74件，获得省厅和省学会奖励的40件；电视社会教育片参评42件，获奖24件。在省记协组织的“陕西新闻奖”评奖中，广播电视共有88件作品分别获得一、二、三等奖。

1993年度陕西广播电视新闻获奖的最大特点

是，在舆论导向和舆论监督中加强了正面宣传意识。首先要坚决贯彻党在社会主义建设新时期和现阶段的一系列路线方针政策，要突出社会主义市场经济这个中心，要以小平同志有中国特色社会主义理论为指导思想，坚持改革开放，坚持两个文明一起抓，使新闻责无旁贷地为社会主义现代化建设服务。对此，我省广播电视系统的新闻工作者是有一个清醒认识的，也是取得了显著成绩的。从 93 年度获奖的新闻来看，可以说，每个作品都是这种认识的结晶。广播新闻《马湖乡农民个人投资上百万元兴水利》，虽然只是一个县一个乡的一户典型，实际上它是社会主义市场经济在农业战线的创举性试验；电视评论《一厂两制引发的思考》，也是只从一个工厂入手，却表现出社会主义市场经济发展的必然趋势和大好势头；电视新闻《西安市坚持八年不向农民打‘白条’》、广播新闻《农家女赶上了好时候》、广播专稿《桥的故事》等，都不只是报道党的政策给社会给人民群众带来的优越和福利，而是从一个侧面表现出了国家的民族的社会主义的强大凝聚力和干部群众的精神风貌。

电视新闻《兴平农民重奖农业科学家》，初一看，象这种重奖知识分子的事似乎并不新奇，但是，以往的消息多来自南方和经济发达地区，多来自国营企业和高新技术产业，作为北方经济不发达区域的农民自己起来主动集资买小轿车奖给为自己带来了效益的农业科学家，这个典型自然有其强烈地现实意义。这条消息融新闻性、思想性、可视性和深刻的启迪于一体，在省级评比中获一等奖，在全国电视新闻评比中也获得一等奖。广播新闻《今又清明祭始祖，黄帝陵前话统一》，在表现民族凝聚力，在融洽海峡两岸人民的密切关系，在实现中华民族的统一及其加强中国在国际上的地位等方面却显现出无以伦比的威力和魅力，特别是记者偏重于海外游子那声泪俱下的同期声运用，更使其给听众留下了深刻印象。电视专题片《独联体的陕西村》是这方面的又一个典型，它从本是同根生的亲情关系，演绎为实现国际和平、开拓陕西人的眼光和胸怀，同样可以给观众以诸多的想象余地，并可从中得到中华传统文化的陶冶。

1993 年度电视和广播的获奖新闻作品在舆论监督方面也为我们积累了经验。获得省上对农节目一等奖随后又获全国对农广播获一等奖的石泉县广播站的《咖啡豆广告骗人，请农民朋友不要上当》，就是一个成功的范例。一些不法分子打着科学致富的旗号，钻了农民（也包括绝大部分非农群众）对咖啡豆知识缺乏的空子，在全省乃至国家级报纸大登广告，以销售种籽可以发财进行诈骗活动，记者很快到科技部门了解到第一手真实情况，戳穿了这一骗局，使绝大多数群众得以避免了巨大的经济损失，得到了党和政府以及广大群众的高度赞扬。这种政府、群众、记者三方面三全其美的批评监督，堪称舆论监督正面宣传的典型。

坚持正面宣传，加强舆论监督，新闻不仅没有给政府添乱，而且给政府和人民帮了大忙，稳定和发展了大好局面。在这方面，商洛台的电视新闻《个体户何刚桂的经销店被吃垮》，西安电视台的《联防队员殴打无辜群众》，安康电视台的系列报道和广播稿《岚皋县商业局副局长侵犯企业权益》，榆林电视台的评论《绥德化工厂破产拍卖的反思》，临潼县站的广播评论《盆景农业要不得》，镇安县站的广播评论《乡镇企业也要优生优育》，省电台记者的《不许用游戏机危害下一代》，宝鸡市电台的连续报道《发生在建国路市场的欺行霸市事件》，这一大批有理有据又有益有效的监督批评，也表现出了广播电视新闻工作者大无畏的献身精神和高修养的敬业道德，这也是特别值得肯定的。

（张书省）

青海广播电视评奖

一、1992 年度青海省广播电视优秀节目评奖活动，经过 5 天的评选于 4 月 9 日在西宁揭晓。这次评选共设广播新闻、广播社教、广播剧、电视新闻和电视社教 5 个大项。参评作品 115 件，共评出一等奖 12 个，二等奖 26 个，三等奖 77 个。从获奖作品看，作品的思想内容健康，突出报道经济建设这一主题，体现了小平同志的南巡讲话精神，把握住了现阶段的主旋律。同时，绝大多数作品注意运用广播、电视特点，形式活泼，可听、可看性强。但是，也有不尽人意的地方。有的作品过于冗长，文字表达不够准确，语法和常识性的错误较多；有的作品制作粗放，声音和图像不清晰；有的作品申报材料不够完备等。

二、1993 年度青海省广播电视优秀节目评选于 4 月下旬结束。共评选出获奖节目 50 件，其中一等奖 9 件，二等奖 14 件，三等奖 27 件。

这次评选出的优秀节目整体水平较高，反映了 1993 年全省广播电视宣传工作的实际状况，涌现出了一批主题鲜明，内容扎实，时代感强，社会效果好的节目和稿件。这既表现在对节目和稿件的题材选择上能够紧紧抓住经济建设、改革开放和精神文明建设中的重大典型和与人民群众生活密切相关的重要问题，也表现在角度、构思的新颖、独特，问题反映的深度与力度上，以及音响效果的运用上。一、经济建设和改革开放的宣传占有突出的位置。进一步解放思想，加快改革开放的步伐，集中精力把经济建设搞上去，这是当前全党工作的中心，也是广播电视宣传的中心。这次评选中，反映深化改革、扩大开放与经济建设的题材，约占 45%左右。这些节目和稿件都从不同的视角和层面上，反映了在过去的一年里全省各级党政组织、各行各业、各条战线围绕邓小平同志南巡谈话精神，加快改革开放步伐，力争经济建设和社会发展上一个新台阶而作出的努力，和这种努力所取得的丰硕成果，带来的深刻变化。这里既有国家重点工程建设的报道，有社会主义市场体制建立与发展的报道，也有从计划经济向市场经济转变过程中产生和出现的新情况、新问题，面临的新机遇与新挑战，引起人们的思想观念、行为方式、价值取向的嬗变的报道。二、典型和重大事件报道颇有声色。新时期的典型是时代的楷模，人们学习的榜样。宣传典型是新闻媒体永恒的主题，也是新闻工作者义不容辞的责任。这次参评的各类典型报道，都有一个共同的特点，就是在他们身上都洋溢着强烈的时代精神，集中体现了改革开放大潮中全省各族人民激流勇进，自强不息，艰苦奋斗的精神风貌。这些报道选材准确，立意深刻，形象生动，真实感人。对突发事件共和县沟后水库垮坝事件和西宁地区极少数别有用心的坏人践踏法律尊严，严重干扰、破坏安定团结政治局面的事件的报道，在总体把握上是慎重得体的，表现出了坚定的党性原则和高度的社会责任感，体现了广播电视工作作为党、政府和人民喉舌的功能和作用。三、精品意识有所增强。一些节目在播出前曾数易其稿，反复推敲、修改，多次制作，以尽可能地达到令人满意的程度。出现了电视系列专题片《走向西藏》、《托起高原的太阳》（上下集）、《阿尼玛卿雪山》等有着较为厚实的西部高原文化内涵和浓郁的民族特色、地域特色，着力表现青海高原壮丽神奇的山川风物，表现生息、劳作于这片热土上的各民族群众异彩纷呈的生活习俗、生存状态和精神风貌，品位较高的作品。四、更加注重广播电视特长的发挥和运用。

存在的不足和缺陷是经济体制改革的重大题材和典型偏少，宣传的力度和深度不够。尤其是对人民群众关心的“热点”、“难点”、“疑点”问题，要么反映得不够，要么不敢触及。与系列报道、连续报道等比较，简短、明快、精粹的消息少。特别是三、四百字，五、六百字的短而精、时效快，信息量大，新闻价值高，写得也好，能感染人的好新闻少。另外有些节目和稿件角度不新，时效不强，写法也不活、不新，缺乏应有的思想深度与认识价值。有的广播节目的音响零乱、噪杂，分不清主体、层次，效果较差，影响了节目质量。

（李西安、王长进）

新疆广播电视评奖

第 11 届新疆优秀广播节目、第 7 届新疆优秀电视节目评选于 1993 年 3 月中旬在乌鲁木齐举行。结果，广播节目有 93 件作品获奖，其中一等奖 15 件，二等奖 25 件，三等奖 53 件；电视节目有 55 件作品获奖，其中一等奖 10 件，二等奖 15 件，三等奖 30 件。

纵观新疆 1992 年度广播电视节目，较好地突出了市场经济的宣传，已把扩大开放，深化改革，转向市场经济做为舆论宣传的主旋律。如《涌动的春潮——夜市见闻》、《夜市冲击波》、《北疆改革开放见闻》、《严循明的市场经》、《丝路古道新商贾》、《草源牧民用上液化气》、《坐小汽车开垦黄土地的庄稼汉》等，从不同角度、侧面反映了改革开放、走向市场经济所出现的新形势、新变化，都获得了较好的奖次。获一等奖的电视系列报道《正义与邪恶的博斗》则生动地宣传了社会主义精神文明建设。该片通过新疆广播电视学校师生在列车上与歹徒英勇搏斗的英雄事迹，讴歌了大无畏精神，表现了正义终将战胜邪恶，在社会上产生巨大的反响。

（刘　海）

机构和团体

管理机构

中华人民共和国广播电影电视部

【中华人民共和国广播电影电视部】1949年6月5日，中央广播事业管理处成立。同年10月1日，改组为中央广播事业局。1982年5月4日，撤销广播事业局，成立广播电视部。1986年1月20日，广播电视部改为广播电影电视部。

广播电影电视部党组书记、部长、部编委会总编辑艾知生，党组成员、副部长王枫，党组成员、副部长、部编委会副总编辑田聪明、刘习良，党组成员、副部长何栋材，党组成员、副部长、部编委会副总编辑同向荣，党组成员、驻部纪检组组长李范笑，党组成员王甘文。

驻部纪检组副组长武俊礼，副组长兼驻部监察局局长王德新，副局长方源，监察员崔洪，一室主任吴振球；驻部审计局副局长吴达审。

办公厅主任王甘文，副主任李志荣、邹新炎；部编委会副总编辑、总编室主任张振东，副主任邹士明、郑集强；电影局局长滕进贤，副局长窦守芳、陆兆亨；人事司司长雷元亮，副司长乔明友；计划财务司司长刘以纯，副司长刘国良，总工程师张开兴；科技司司长陈智教，副司长江澄、张兆雄；外事司司长马元和，副司长安利、范光第；保卫司司长丁宝庭，副司长刘宝顺；政策法规司副司长张书义；教育司司长刘爱清，副司长赵声鸿；地方管理司司长郭宝新；机关党委书记田聪明（兼）；常务副书记李国友，副书记温治中；机关纪委书记蒋振江；直属机关党委书记夏一强；老干部局局长王清峰，副局长岳克；工会主席温治中（兼），副主席何希增（兼）、曲桂兰。

行政管理局副局长贠振华、宋世芳。

中央人民广播电台台长同向荣（兼），副台长安景林、王健儒，党委专职副书记尹廉钊，总工程师李天德，副总编辑王燕春、王汝峰；国际广播电台台长张振华，副台长丛英民、李丹、汪勤文、许永生，党委书记魏建群，副书记林星灿；中央电视台台长杨伟光，副台长于广华、沈纪、马瑞流、林景云、赵化勇，副总编辑王传玉、章壮沂，党委专职副书记宋培福，总工程师方庆浩，总会计师贾文增；中国电视剧制作中心主任张天民，副主任陈汉元、邹庆芳、吕基忠；中国电视艺术委员会主任艾知生（兼），副主任王枫（兼）、刘习良（兼）、阮若琳、戴临风、洪民生、仲呈祥，秘书长洪民生（兼），副秘书长仲呈祥（兼）、宋承敏；无线局局长刘洪才，党委书记兼副局长王德孟，副局长王丁一、刘忠良，党委副书记于云峰，总工程师张金城；设计院院长袁文博，副院长董西理、张贻信，党委副书记林葆禹，总工程师于纪恺；科研所所长陈晓宁，副所长高凤吉、鹿遥，党委副书记王瑞英、张文明；标准化研究所所长闫洪奇；中国广播电视国际经济技术合作公司总经理兼党委副书记齐勇毅，党委书记兼副总经理江金勤，党委副书记单春厚，副总经理卢长振、胡荣泉、余统浩，总经济师冯百伶；艺术团团长武炳统，党委副书记、副团长关崇恩，副团长马永生、杨文延，艺术指导彭修文；中国唱片总公司总经理熊生民，副总经理李运兴，副总经理兼党委书记石志军；中国广播电视出版社社长谭德祥，副社长张志才，总编辑张品兴；信息中心主任陈晓宁（兼），副主任陈原均、陈兆恭，总工程师赵锦；北京广播学院党委书记兼院长刘继南，副院长王纪言、赵玉明、周铜山，党委副书记兼副院长黄勇，党委副书记韩峻峰；北京电影学院院长刘国典，党委书记王凤生，副院长王伟国，党委副书记郝维平；中国电影发行放映输出输入公司经理吴孟辰，党委书记兼副经理宁志彬，副经理杨步亭（兼）、王增夫；中国电影合拍公司经理郑全刚，副经理曾德胜、马德和；中国电影器材公司经理兼党委书记李茂楼，副经理李子祯；北京电影制片厂厂长成志谷，党委书记何希增，副厂长赵绍义、马秉煜、孙昌一，总工程师蔡明，党委副书记刘中原；北京新闻纪录电影制片厂厂长刘建中，副厂长张建华，王盟盟，党委副书记兼副厂长徐式训；北京科学教育电影制片厂厂长兼党委书记万迪基，副厂长任振华、杨群、杨杰亭，党委副书记薛大力；儿童电影制片厂厂长兼党委书记窦春起，副厂长谷守利，艺术指导于兰、陈锦俶；北京电影洗印录像技术厂厂长王佩芳，党委书记兼副厂长陈贵忠；中国电影艺术研究中心（资料馆）主任陈景亮、副主任高兰祥，刘怀舜；电影科学研究所所长杨步亭，副所长楚泽洋；中国电影乐团团长兼党委书记张友善，副团长张殿英，党委副书记张之鸽，艺术指导王立平；浙江广播电视专科学校党委书记林和，校长陈为良，副校长兼党委副书记吴国田；广播电视干部管理学院党委书记宋立业，副院长于洪连。

根据李鹏总理的提请，八届全国人大常委会第七次会议于 1994 年 5 月 12 日决定：任命孙家正为广播电影电视部部长。免去艾知生的广播电影电视部部长职务。

艾知生调任中央宣传思想工作领导小组副组长。

【中国电视艺术委员会】系广播电影电视部所属的事业单位。1982 年成立，下设办公室、编辑部、研究部、组联部。主管全国电视剧、电视文艺的题材创作规划、生产、评奖及电视艺术理论研究，国内外电视艺术交流、《中国电视》月刊编辑、出版、发行等工作。主任艾知生，副主任王枫、刘习良、阮若琳、戴临风、洪民生、仲呈祥，秘书长仲呈祥，副秘书长宋承敏。地址：北京复外大街 2 号广播影视部内，邮编：100866，电话：6093464、8523006，电传：6093463。(供稿人周红文)

【广播电影电视部科学技术委员会】成立于 1983 年 6 月 15 日，部科技委员和专业委员共有人数 479 人。下设 11 个专业委员会：电视专业委员会、电声专业委员会、发送接收专业委员会、天线、电波专业委员会、广播电视覆盖网专业委员会、计算机应用专业委员会、建筑、结构专业委员会、管理专业委员会、电影专业委员会、传输专业委员会、有线电视专业委员会。第四届部科技委员会委员名单如下：主任委员章之俭，副主任委员：许中明、陈智教、陆兆亨，常务委员：吕坚慧、阎风仑、刘洪才、潘家任、张兆雄、梁任汪、马家骏、严发祥、张金城、林景云、袁文博、邵昌耀、常振铮、顾欣台、刘国典、高孚曾、沈世明。特邀委员：何大中、马长华、郭宝玺、张学田、冯世立、邸士杰、姚世荣、孙芳垂、李英华、温亚林。委员：黄耀祖、杨步亭、夏国伟、王佩芳、施正宁、谷守利、罗拯生、高风吉、黄贵莲、于纪恺、李栋、李孝勛、宓文生、江金勤、闫洪奇、潘振中、张开兴、方庆浩、乔明友、江澄、李正本、陈洪诚、周海婴、邵宗乾、金国钧、王全来、孙士衡、宋世民、黄嘉礼、胡振林、李振祥、陈修河、张伯人、张承负、王蕴、沈景良、叶为文、涂世龙、陈贵钦、张海涛、冯锡增、张华富、何雪宪、李焕涛、张郾初、马福魁、洪昌俊、李东、王朝运、刘顺成、黄乃箴、许振东、杨发颐、吴厚成、周兆康。地址：北京复兴门外大街 2 号，邮政编码：100866，电话：6092005。(供稿人刘松英)

【中国广播电视学会】经广播电影电视部批准，于 1986 年 10 月 15 日在北京正式成立。现下属常设办事机构有 9 个：秘书处（办公室）、学术部、学刊编辑部、评奖办公室、通讯联络部、人才培训部、咨询开发部、国际联络部、交流部。下属分支机构（按成立时间顺序排列）专业研究委员会 45 个有广播学研究委员会、电视学研究委员会、对外宣传研究委员会、管理学研究委员会、企事业管理研究委员会、法学研究委员会、史学研究委员会、受众研究委员会、主持人节目研究委员会、播音学研究委员会、广播电视节能宣传研究委员会、广播电视体育传播研究委员会、广播电视技术研究委员会、广播电视外事工作研究委员会、广播电视广告和信息研究委员会、对台宣传研究委员会、经济广播电台研究委员会、城市广播新闻研究委员会、广播音乐研究委员会、小说连续广播研究委员会、对农村广播研究委员会、理论广播研究委员会、戏曲广播研究委员会、广播评论研究委员会、少儿广播研究委员会、广播文艺研究委员会、城市电视台研究委员会、有线电视台研究委员会、石油电视研究委员会、电视教育节目研究委员会、电视制片委员会、电视经济节目研究委员会、电视译制研究委员会、电视音乐研究委员会、电视美术研究委员会、电视灯光研究委员会、电视剧研究委员会、国际电视文化科技研究委员会、音像交流研究委员会、少年儿童电视节目委员会、专业电视设备用户委员会、广播曲艺委员会、少数民族广播电视委员会、电视军事节目委员会、电视法制节目委员会；

中国广播电视学会下属团体会员 52 个（包括省、自治区、直辖市、计划单列市、部分省会市学会）：黑龙江省广播电视学会、辽宁省广播电视学会、吉林省广播电视学会、北京市广播电视学会、天津市广播电视学会、河北省广播电视学会、山西省广播电视学会、内蒙古广播电视学会、上海市广播电视学会、山东省广播电视学会、安徽省广播电视学会、江苏省广播电视学会、浙江省广播电视学会、江西省广播电视学会、福建省广播电视学会、陕西省广播电视学会、甘肃省广播电视学会、青海省广播电视学会、宁夏广播电视学会、新疆广播电视学会、四川省广播电视学会、贵州省广播电视学会、云南省广播电视学会、西藏广播电视学会、河南省广播电视学会、湖北省广播电视学会、湖南省广播电视学会、广东省广播电视学会、广西广播电视学会、海南省广播电视学会、广州市广播电视学会、大连市广播电视学会、哈尔滨市广播电视学会、武汉市广播电视学会、重庆市广播电视学会、成都市广播电视学会、西安市广播电视学会、青岛市广播电视学会、宁波市广播电视学会、南京市广播电视学会、厦门市广播电视学会、长春市广播电视学会、深圳广播电视学会、沈阳市电视学会、沈阳市广播学会、福州海峡之声电台广播学会、广州海外联谊会、北京电视戏曲研究会、广播学院广播电视学会、中央广播电台广播学会、国际广播电台广播学会、中央电视台电视学会。

个人会员：截止 93 年底 14879 人，学会编制 15 人，中国广播电视学会会长：吴冷西，常务副会长徐崇华、马庆雄，秘书长孙以森。地址：北京复兴门外大街 2 号广播影视部院内新楼 401 房间。联系电话：6093301、6092788，电传号：6092788，邮政编码：100866。(供稿人陆静雪)。

各省、自治区、直辖市管理机构

【北京市广播电视局】 1979年10月，北京市广播事业局成立，1984年2月改称北京市广播电视局。局机关现设有：办公室、总编室、组织宣传处、人事处、机关党委办公室、计划财务处（审纪）、总工程师办公室、音像管理处、保卫处、外事办公室（对台事务办公室）、基建处、事业处、纪监处。此外，于1993年11月3日，成立北京市音像管理稽查大队。同年8月5日，成立北京音像市场开发中心，加挂北京瑞特影音贸易公司牌子。局属单位有：北京人民广播电台、北京电视台、北京有线电视台、北京电视艺术中心、北京音像公司、北京广播电视报、北京音像资料馆、北京广播电视服务中心、北京海外广播影视交流中心。全局职工共1753人。局长、党组书记李廷芝，副局长、党组副书记高峰倩，副局长、党组成员刘迪一、陈洪桐、周溥雄。地址：北京市建国门外大街14号。电话：5159068。邮政编码：100022。

【天津市广播电视局】 成立于1971年7月19日，原名天津市广播事业局，1984年3月7日改现名。实行在党委领导下的分工负责制。该局设党委办公室、组织部、宣传部、机关党委、工会、团委和纪律检查委员会；还设13个行政处室，即局总编室、总工程师办公室、办公室、人事处、保卫处、计财处、行政处、经营处、老干部处、工程基建处、音像管理处、郊县广播电视管理处和维护处。局直属单位有广播电台、电视台、有线电视台、转播台、广播电视艺术团、广播电视报社、音像公司、音像资料馆、科研所、天塔管理中心、动力维修部。目前，全局共有正式职工2200余人，其中具有专业技术职务的1346人（具有高级职务的120人，中级职务的432人，初级职务的794人）。局党委副书记、局长董树义；副书记胡兴华；常委、副局长王全来、王云；常委、纪委书记娄永甡；副局长刘淑贞、宋银章。地址：天津市和平区卫津路143号。邮政编码：300070。电报挂号：4956。电话：3358958。

【河北省广播电视厅】 1983年5月成立。它的前身是河北省广播事业管理局。由厅机关12个处室和下属14个事业单位组成。厅机关有办公室、人事处、计划财务处、音像制品管理处、地方广播电视管理处、事业处、维护管理处、总编室、研究室、监察室、基建办公室和机关党委。下属事业单位有：河北人民广播电台（副厅级、内设河北经济电台）、河北电视台（副厅级、内设经济电视台）、河北电影电视剧制作中心（河北电影制片厂）、河北广播电视报社、河北广播电视科技研究所、河北广播电视微波总站、河北音像出版社、河北音像资料馆、河北广播电视服务公司、机关服务处、三0七发射台、七一七发射台、八三四发射台、六六二发射台。厅机关及所属事业单位共有行政编制37名、事业编制1273名、企业编制30名。厅长：周申明，副厅长：李润芝、吕振侠、李启贵、王新友、于爱凤，总工程师：秦魁祥。地址：石家庄市裕华中路4号。电话：643901 传真：646759 邮政编码：050012

【山西省广播电视厅】 1983年8月25日，原山西省广播事业局改为山西省广播电视厅。其前身是1956年成立的山西省广播管理局。山西省广播电视厅机构现设有：厅办公室、总编室、人事处、机关党委、纪检组（含监察室）、公安处、计财处、审计处、老干部处、政策法规处、直属单位有：山西人民广播电台（含长城广播电台）、山西电视台（含黄河电视台）、技术中心（含技术中心办公室、广播电视网处、直属台管理处、微波管理处）、山西广播电视报社、山西音像出版社、山西广播电视学校、山西广播电视服务公司、山西省广播电视厅行政后勤服务公司、山西省广播电视厅劳动服务公司。到1993年底全厅共有职工1078人、各类专业技术人员771人。山西省广播电视厅现任党组书记、厅长、总编辑谢洪涛，副书记、副厅长、副总编辑杜汉舟，党组成员、副厅长续叶琴，党组成员、副厅长、副总编辑兼山西人民广播电台台长马德，党组成员、副厅长、副总编辑兼山西电视台台长陆嘉生，党组成员、总工程师李振祥，党组成员、纪检组长杨文栋。地址：太原市迎泽大街318号。电话：总机 4042331－4042337、4042951－4042958，电报挂号：2330，邮政编码：030001。

【内蒙古自治区广播电视厅】 其前身是内蒙古广播事业局，1965年成立的。1983年7月正式改名为内蒙古自治区广播电视厅。厅机关设办公室、总编室、人事处、机关党委、地方宣传音像管理处、计财处、审计处、技术处、保卫处、内蒙纪委驻厅纪检组。厅直属部门有：机关事务服务中心、微波管理总站、直属台技术管理部，五0一发射台、六一0发射台、七0六发射台、八三九发射台、七八一发射台、七三一发射台、器材供应站。广播电视艺术团、广播电视学校、广播电视科学研究所、内蒙古广播电台、内蒙古电视台、内蒙古有线电视台（筹备）、内蒙古经济广播电视台（筹备）。编制人数：厅机关187人，事业2023人。厅长、党组副书记苏尔塔拉图。厅党组书记白朝蓉。副厅长、党组副书记陈绍业。副厅长：任仲秀、额博力图。总工程师胡振林。文艺总监李德隆。副总编辑路万海。地址：呼和浩特市新华大街19号，电话：662288。邮政编码：010058。电传：661082。（供稿人李保国）

【辽宁省广播电视厅】 原为辽宁省广播事业局。1983

年6月，改名为辽宁省广播电视厅。厅属事业单位有：辽宁人民广播电台，辽宁电视台，电视剧制作中心，无线电台管理总站，广播电视地球站，辽宁广播电视中心发射台，辽宁广播中心发射台，辽宁省广播电视学校，辽宁广播科研所，辽宁广播电视报社，辽宁音象资料馆，机关后勤行政管理处，基本建设办公室，干部培训中心。

厅属企业单位有：辽宁省广播电视器材公司，辽宁省唱片公司、辽宁广播电视音像出版社。

厅机关设有：办公室，总编室，技术管理处、有线处、音像管理处、人事处、计划财务审计处、机关党委、保卫处、老干部处。厅机关在编人数57人。厅长安景林（1993年12月底调中央人民广播电台），副厅长李克康、李浅枫。纪检组长高崇山。总工程师陈修河。地址：沈阳市和平区光荣街10号。邮编：110003。电话：3868954。电传：3869003。电挂：0483。

【吉林省广播电视厅】1983年3月吉林省广播事业局改称吉林省广播电视厅。现在下设办公室、人事处、计财处、宣传处、无线处、有线处、音像处、工程处等。直属单位有吉林人民广播电台、吉林电视台、吉林省广播电视技术中心台、吉林省广播电视信息台、吉林省六六一台、吉林省广播电视厅六五二台、吉林省广播电视厅三三一台、吉林省广播电视学校、吉林省广播电视研究所、长白山音像出版社、视听导报、吉林省广播电视广告股份有限公司、广播电视器材公司、广播电视实业公司。全厅编制49人。厅长姜兴坤。副厅长陈桂荣（女）、蒋振达。总工程师张伯人。地址：长春市新民大街副5号。电传657871。邮政编码130021。

【黑龙江省广播电视厅】1983年4月18日由黑龙江省广播事业局改为黑龙江省广播电视厅。

厅下设机构：纪检组、监察室、机关党委、人事处、保卫处、办公室、行政处、计财处、有线电视处、地方宣传处、老干部处、审计处、技术处、研究室、科研所、微波总站、史志办、维护管理办公室、九0四电台、五一四电台、东北监测站、八0三电台、九一五电台、影视中心、建塔办公室、广播电视报社、企管办（劳动服务公司）、广播设备制造厂、广播电视物资供应站、广播电视设备经销公司、黑龙江音像出版社、省有线电视开发公司、天线安装公司、培训中心。厅机关职工135人；厅属事业人员（含企业管理）589人。黑龙江省广播电视厅厅长、党组书记张克忠，副厅长、总编辑、党组副书记徐景璋，副厅长、副总编辑、党组成员王毅人，副厅长、副总编辑、党组成员徐双奎。地址：哈尔滨市南岗区中山路181号，电话2893114。邮政编码：150001。

【上海市广播电视局】1973年6月成立上海市广播事业局，1984年1月更名为上海市广播电视局。上海广播电视局下辖上海人民广播电台、上海电视台、东方广播电台、东方电视台、上海有线电视台、技术中心、服务中心。局属单位有上海音像资料馆、上海录像公司、上海音像公司、上海广播科学研究所、国际电视节办公室、《每周广播电视》报。局机关设有局办公室、党委办公室、组织处、计划财务处、基建处、郊县处、外事处、总编室、总工程师办公室、音像管理处、纪委监察室、工青妇办公室。目前全局职工总数为3093人。局长：叶志康，副局长王忻济、陈文炳、金闽珠、李晓庚，局党委书记孙刚，党委副书记徐济尧。地址：上海市北京东路2号，电话：3218177，电传：3211364，邮政编码：200002。

【江苏省广播电视厅】前身是江苏省广播事业局，1983年9月改现名。下设：办公室，事业管理处，总编办公室，人事处，计划财务处，机关党委，纪律检查组（监察室），音像管理处等8个部门，编制人数为62名。所辖单位有：江苏人民广播电台，江苏电视台，江苏广播电视学校，江苏广播电视科研所，厅微波总站，江苏音像总公司，江苏广播电视物资总公司，江苏音像资料馆，厅工程基建处，江苏南京广播电视塔公司，江苏省广播电视新闻研究所，《视听界》杂志编辑部，江苏广播电视报社，江苏电视节目供片站，江苏音像发行社等。江苏省广播电视厅厅长周顺生，副厅长王蕴、李向阳、韩同文。单位地址：江苏省南京市中山东路西祠堂巷8号。电话：6645666。传真：4419419。

【浙江省广播电视厅】前身是原浙江省广播事业管理局，1983年8月改现名。现有厅机关和直属单位人数达1200多人。其中厅机关设办公室、总编室、人事处、技术处、计财处、音像处、审计处等八个处室，60余人。厅直属单位17个，有：省广播电台、省电视台、有线电视台、广播电视报、大众电视社、音像出版社、电视剧制作中心，电视节目交流中心、音像资料馆、微波总站、广播科研所，广播电视学校、广播电视服务公司、工程公司、广告中心、服务中心、房产开发公司。厅长方文，副厅长：梁雄、徐树藩、沈景良、张桂芝、傅上伦。地址：杭州市莫干山路武林巷11号。电话：8077050转。电传：8074827。邮编：310005。

【安徽省广播电视厅】1956年设立安徽省广播网管理处，次年撤销。1958年成立安徽省广播事业局。1983年9月改现名。厅机关内设处室有：办公室、人事处、计划财务处、总编室、广播电视网管理处、音像管理处、监察室、审计处、机关党委。厅属企事业单位有安徽人民广播电台、安徽电视台、厅行政处、厅保卫部、厅动力技术处、厅中心工程处、厅信息中心、科研所、微波总站、安徽广播电视学校、安徽广播电视报社、安徽音像出版社、安徽广播电视实业总公司、安徽广播电视器材厂、安徽音像资料馆、音像制品发行社、安徽广播电视监测台（未实施）、海威特音像有限公司、新广公司、报社印刷厂。到1993年底，全厅共有事业编制人数1434人。厅长杨波，副厅长王季平、刘永璜、吕希才，总工程师未家鼎，副总工程师叶为文，厅纪检组长梁晓庄。厅址：合肥市庐江路43号，邮编：230064，电话：(0551) 2675990，电传：(0551) 2676152。

【福建省广播电视厅】1984年5月4日，由原福建省广播电视局改称现名。厅机关设有办公室（含对台对外办）、机关党委、人事处、保卫处、总编室、事业处、总工办、计财处、音像处、纪检组（含监察室）。厅机关编制67人。现任厅长林爱国，副厅长林德冠、陈贵钦、张锦才。地址：福建省福州市古田路2号，电传：3311945，邮政编码：350001。

【江西省广播电视厅】其前身是1956年4月21日成立的江西省广播管理局（局台合一）及其1981年7月更名的江西省广播事业局。1983年5月改称现名。厅长机关处室有：办公室、总编室、劳动人事处、机关党委、纪检组（监察室）、计财处、保卫处、市县管理处（音像管理处）、技术处（总工程师室）、无线电台管理处、审计处、团委、工会。厅下属单位有：江西人民广播电台、江西电视台、广播电视中心动力处、广播电视中心后勤服务处、广播电视中心节目传送处、江西省广播电视专科学校筹建办公室、广播电视检测中心、广播电视发展中心，五0五台、七0二台、驻地市记者站、音像资料馆、有线电视站、信息广播电台、江西经济广播电台、江西广播电视报社、江西音像出版社、广播电视服务公司。还有江西省广播电视学会。1993年底江西省广播电视厅有职工1109人，厅长李立功，副厅长俞向党、黄鹤林、陈柏森、涂世龙、厅党组成员刘怀强、徐吉玉。地址：南昌市洪都中大道111号，电话：321168，电挂：0035，电传321168转2154，邮编330046。

【山东省广播电视厅】成立于1956年3月31日，原名为山东省广播事业管理局，1963年2月20日改名为山东省广播事业局，1983年5月11日改称现名。厅直属处室有：办公室、总编室、人事处、机关党委、工会、纪检组、保卫处、计财处、审计处、地播处、老干部处。厅二级单位有：山东人民广播电台、山东电视台、山东影视中心、生活服务部、广播电视新闻研究所、广播电视科学研究所、物资供应站、广播电视学校、齐鲁音像出版社、广播影视报社、技术中心大楼管理部、微波总站、泰山转播台、沂山转播台、蒙山转播台、大泽山转播台、昆嵛山转播台、莱阳转播台。全厅共有职工1707人，其中厅机关77人。党组书记陈光林（省委宣传部常务副部长兼），党组副书记、厅长张海涛，党组成员、副厅长滕敬德、宋德福、刘仁象，党组成员、省电台台长侯志永，党组成员、省电视台台长曾昭明，党组成员、厅党组纪检组长、监察专员王晓英，党组成员、厅调研员李有道。地址：济南市青年东路3号，电话总机2951295，邮编：250011，传真（0531）2954456。(供稿人何立志)

【河南省广播电视厅】1983年由河南省广播事业局改称现名。厅机关设：办公室、总编室、人事处、机关党委、纪检组、监察室、事业处、计财处、音像处。厅直属单位有：河南人民广播电台、河南电视台、河南广播电视新闻中心，厅102台、104台，河南广播电视技术工程站、省广播电视发射台。河南广播电视服务公司、黄河音像出版社、河南有线电视台。河南广播电视厅招待所、河南广播电视厅印刷厂、河南音像资料馆。全厅编制人数1086人。厅长、党组书记宋国华，副厅长、党组成员马福魁、王南方、翟宗洲、孙泉砀，党组成员、纪检组长王传文。地址：郑州市经五路二号。电话：总机5951201。电传：5959429。邮政编码：450003。

【湖北省广播电视厅】1983年8月3日，湖北省广播事业局改为湖北省广播电视厅。厅内设有：办公室、总编室、政治处、计财处、技术处、宣传处、音像管理处、直属台管理处、机关党委、监察处、审计处、基本建设办公室。到1993年底，编制人数83人。厅属单位有：湖北人民广播电台、湖北电视台、湖北楚天经济广播电台、湖北经济电视台、湖北电视剧制作中心、湖北广播电视报社、《电视月刊》编辑部、湖北省广播电视厅微波总站、湖北省广播电视学校、湖北省广播电视服务公司，湖北省唱片发行公司，扬子江音像出版社、厅后勤服务中心，厅动力部厅大楼服务部。厅长：黎鸣，副厅长：曹贤火、王文厚、李昆麟，总工程师李焕涛。地址：武汉市武昌区粮道街紫金村特一号，电话：7838762，邮政编码：430071。

【湖南省广播电视厅】前身是湖南省广播事业局，1983年5月14日改称现名。厅下属单位有：湖南人民广播电台、湖南电视台、湖南有线电视台、湖南广播电视信息台、湖南广播电视报、湖南金蜂音像出版发行总公司、湖南广播电视器材公司、湖南省唱片发行总公司、湖南广播电视开发总公司、湖南有线电视节目制作交换中心、湖南广播电视学校、湖南广播电视微波总站、湖南广播电视科研所、湖南音像资料馆、湖南广播电视物资站、湖南广播电视广告艺术中心、湖南广播电视实业发展公司、湘广房地产公司、荣利公司、厅劳动服务公司。厅机关处室有：办公室、总编室、技术处、计财处、人事处、音像管理处、保卫处、审计处、新闻研究室、离退办、厅直属机关党委、纪检组、监察室、记者管理总站、斤机关服务部、厅联合基层工会、湖南广播电视学会。编制人数1911人，其中行政管理人员303人，采编人员347人，播音人员53人，技术人员是383人，技术工人333人，文艺人员116人，教育人员57人，有线机线员10人，其他309人。厅长魏文彬，副厅长宋竹初、彭再生、曾凡安、刘润卿，纪检组长金先贵，总工程师何雪宪。地址：长沙市雨花路27号，电话：31811，传真：5547599，邮码：410007。

【广东省广播电视厅】 1959年7月27日成立广东省广播事业管理局，1981年5月21日改为广播事业局，1983年2月4日改为广播电视局，1983年9月5日改称现名。下属有省电台、省电视台、省广播电视技术中心三个副厅级单位。全厅共有部（处）44个，组（科）294个，编制3309人。厅长：周无忌，副厅长：梁振快、谢望新，厅总工程师冯钖增（副厅级），巡视员王长利（副厅级）。地址：广州环市东路331号，电话：3355188，电传：3324009，邮码：510066。

【海南省文化广播体育厅】 成立于1988年5月，包括文化艺术、广播电视、体育运动、新闻出版四个系统。综合处室有办公室、组织人事处、规划处、监审处、外事处、研究室，广播电视系统的业务处室为广播电视处。广播电视系统直属单位有海南人民广播电台、海南电视台、海南省广播电视技术中心，均为副厅级事业单位。两台分别负责广播、电视节目的制作、播出，技术中心负责广播、电视节目信号的传输、发射。全厅定编118人，实际108人。厅党组书记、厅长杨志杰，厅党组成员、主管广播电视系统工作的副厅长王服邦。地址：海口市海府大道59号，电话：5338104，电传：5339391，邮政编码：570003。

【广西壮族自治区广播电视厅】 1956年11月26日建立广西省广播管理处，1971年7月17日建立广西壮族自治区广播局，1983年9月15日改称现名。厅机关设办公室、广播电视网处、人事教育处、音像制品管理处、计划财务管理处、纪律检查组、直属机关党委、保卫处、总编室、监察室、法制处等。厅属事业单位有：广西人民广播电台（内有广西教育台、广西经济广播电台等系列台）、广西电视台、广西对外广播电台、广西有线电视台、技术部（内有分管的一分台、二分台、三分台、调频台、微波枢纽台、236电视调频转播台）、广西广播电视科研所、广西广播电视学校、广西广播电视报社、广西广播电视器材供应站。厅属企业有：广西广播电视设备厂、广西音像出版社、广西唱片公司、广西广告公司。全厅机关和直属单位职工1792人。现任厅长郑久粲，副厅长韦家玉、莫珍英、张华富、何丹，总编辑郑久粲。总工程师张华富。地址：南宁市七星路123号，电话：203633，邮政编码：530022。（供稿人郑成贵）

【四川省广播电视厅】 前身是四川省广播事业局，1983年4月1日改为四川省广播电视局，同年5月6日改称现名。厅机关设办公室、总编室、人事处、纪检组、计财处、审计组、机关党委、教育处、技术处、广播电视网处、总工程师办公室、保卫处、离退休职工管理处、就业服务处、音像管理处、工会。厅的事业部门和直属单位有：《四川广播电视报》社，四川广播电视新闻研究所、四川音像出版社、四川广播电视科研所、微波总站、高塔筹建处、音像资料馆、监测台、物资站、工程公司、实业开发公司、四川人民广播电台、四川电视台、四川有线电视台筹建办、四川省广播电视学校、四川广播器材厂，四川省广播电视服务部及505、506、520、702、703、704、706等七个高山发射台，共有职工2724人。党组书记、厅长、总编辑李之侠，党组副书记、副厅长、副总编辑、电视台台长曹培俊，副厅长朱民全、梁崇模，副总编辑王岳军，总工程师张郾初，机关党委书记扬宗宪，纪检组长扬兵，副总编辑、电台台长陈明孝。地址：成都市红星中路119号，邮编：610017，电话：6665401（转）、666369（直）。

【贵州省广播电视厅】 1983年5月，贵州省广播事业局改称贵州省广播电视厅。厅下属单位有：贵州人民广播电台、贵州电视台、贵州电视剧制作中心、贵州广播电视报社、贵州省广播电视学校，还有501台等5个直属发射台，有贵州省广播电视器材公司等5个企业。厅机关设有办公室、机关党委、团工委、保卫处、纪检组、监察室、审计处、人事处、地方宣传处、老干处、行政处、计划财务处、技术处、音像有线处、器材处、科技处、工会、广播电视事业处、研究室、职教处等。到1993年底，厅机关在编人数182人。贵州省广播电视厅现任党组书记、厅长黄世维，副厅长：刘国治、陈福履、罗德成。地址：贵阳市青云路271号，电话：522435、522436，邮政编码：550002。（供稿人王雨平）

【云南省广播电视厅】 前身是云南省广播事业局，1983年3月18日改称现名。机构设置和下辖的部门与单位有：办公室、人事处、计划财务处、音像管理处、公安处、审计处、直属机关党委、云南人民广播电台、云南电视台、总工程师办公室、总编室、总务处、云南广播电视学校、云南广播电视报社、云南广播电视音像出版社、云南广播电视物资公司、云南广播电视广告公司等。总编制人数1475人。厅长，薛泽高，副厅长徐中高、周龙成、文汉鼎。地址：昆明市人民西路73号，邮编：650031，厅办公室电话：5310920、5310278−2118，电传：5310923。

【西藏自治区广播电视厅】前身是1965年成立的西藏广播事业局，后更名为西藏自治区广播电视局，1986年改为现名。厅直属单位有：政工人事处、行政办公室、总编办公室、总工办公室、计财处、事业规化处。厅长、党委副书记格桑朗杰，党委书记、副厅长邱德荣，副厅长、党委委员王朝运、明玛才仁、拉归、李永发。地址：拉萨市北京中路146号，电话：31707，邮政编码：850000。

【陕西省广播电视厅】1983年5月由陕西省广播事业管理局改称现名。厅机关主要机构有：办公室、政治处、宣传处（与总编办合署办公）、事业处、音像与有线电视管理处、计财处、行政处、保卫处、纪检组、审计组等。另外，还有机关党委、团委。截止1993年底，全厅编制1201人，实有职工1455人。其中厅机关职工124人。厅长、党组书记骞国政，厅党组副书记饶一新，副厅长、党组成员刘顺成，党组成员张国禄、王晋，党组成员、厅纪检组组长刘颖，党组成员、省广播电台台长纪时，党组成员、省电视台台长王超。地址：西安市北大街119号，电话：7216081，电传：7287577，邮编：710003。

【甘肃省广播电视厅】1983年6月由甘肃省广播事业局改称现名。厅内机构设置有：办公室、总编室、人事处、计划财务处、地方广播电视管理处、录音录像制品管理处、科学技术管理处、保卫处、纪检组等县级处、室。厅下属机构有：无线电台管理处、微波台管理处、甘肃音像出版社、甘肃省广播电视器材供应站、甘肃省广播电视学校、厅生活服务中心、甘肃广播电视报社、甘肃音像资料馆等县级单位；厅属科级事业单位有广播电视工程设计室、厅图书资料室。厅有2个隶属单位：甘肃人民广播电台、甘肃电视台。1993年底全厅总编制1166人，实有工作人员1207人。厅长杨德儒，副厅长：程凤年、李光尧、魏成贵、张家昌，调研员吴保刚。地址：兰州市东岗西路146号，电话：8416110，电报挂号：4997，邮编：730000。

【青海省广播电视厅】1983年5月由青海省广播事业局改称现名。1993年止，厅机构设：办公室、总编室、政治处、广播电视管理处、音像管理处、计划财务处、卫星地球上行站筹建办公室、纪检组、机关党委、团委、工会；直属单位有：青海人民广播电台、青海电视台、青海广播电视报社、广播电视器材服务公司、昆仑音像出版社、广播电视工程服务部、青海省有线电视台筹建办公室；学术团体有青海省广播电视学会。全厅职工总数为797人（含两台），具有高级专业技术职务63人，中级190人，初级252人。厅长王贵如，副厅长黄乃箴、旦正才让（藏族）。地址：青海省西宁市昆仑路96号，电话：44975、44981，邮编：810001。

【宁夏回族自治区广播电视厅】1983年由宁夏回族自治区广播事业局改称现名。厅下设：办公室、总编室、技术处、人事教育处、计划财务处、广播电视网管理处、保卫处、录音录像制品管理处、宁夏广播电视总公司、大地音像出版社、器材供应站、六盘山电视调频转播台、罗山电视调频转播台、机关党委、纪律检查室。宁夏人民广播电台和宁夏电视台为二级局机构，直属宁夏广播电视厅。全厅（包括电台、电视台、转播台）共有职工880人。地址：银川市新市区，邮编：250021，电话：277901。

【新疆维吾尔自治区广播电视厅】1983年由新疆维吾尔自治区广播事业局改称现名。到1993年底，机构设有：厅办室、总编室、人事处、保卫处、计财处、机关党委、审计处、音像管理处、老干处、地播处、纪律监察处；厅直属单位有：新疆人民广播电台、新疆电视台、科研所、技术处、节目传输部、后勤部、音像出版社、新疆广播电视学校、八四一台、六五二台、六三一台、五二三台、天山电视台；经济实体有：广播电视工程公司、广播电视器材公司、新广经销集团公司、新疆音像技术公司等。全厅共有职工1915人，其中少数民族802人。厅机关93人。厅长沙明（回族），副厅长、党组书记赵建华，副厅长巴吾东·卡德尔（维吾尔族）、托乎提塔尔别克（哈萨克族）、杨安邦，纪检组长阿格达（蒙古族）。地址：乌鲁木齐市团结路84号。邮政编码：830044，电话：267784，电报挂号：2330。（供稿人孙炎上）

广播电台

中央人民广播电台

【中央人民广播电台】中华人民共和国国家广播电台，1940年12月30日创办于延安，当时称新华广播电台。1949年3月随中共中央进入北京。新中国成立后，改名为中央人民广播电台。（英文缩写为CNR）。

中央台目前办有7套节目，全天累计播音127小时20分钟，其中两套是对全国广播的综合性节目，每天播音40小时30分钟，一套调频立体声节目，每天播音18小时零5分钟，两套对台湾省的广播节目，每天播音37小时45分钟，一套对少数民族广播节目，每天播音10小时。1992年10月1日中央台第七套节目开始播音，主要是对珠江三角洲包括港澳地区进行广播，每天播音21小时。

中央台在全国各省、自治区、直辖市（除台湾省外），和部分计划单列市设有35个记者站，报道各地新闻，它又是中央台面向基层、联系实际的纽带。

中央台的组织机构包括宣传、技术、党务、行政后勤4个系统。宣传部门设有总编室：评论部、新闻中心、时政部、体育部、国际部、播音部、理论部、科教部、军事部、综合部、农村部、经济部、文艺部、台播部、民族部、港澳部、社教部、少儿部、中国广播报、中国广播音像出版社、研究室、听工部、资料室。技术部门包括：总工程师办公室、技术处、录制部、播出部以及两个直属科组（技术科和器材科）。党政、后勤部门有：党委办公室，台办公室，人事处、记者管理部、经管办、计财处、保卫处、行政处、老干部处、基建处、外事处、广告部、纪委、监察，工会，团委等。现有职工1500多人，其中具有高级专业职称的编辑、记者、播音员、馆员及经济财务，工程技术人员等400多人。广播电影电视部副部长同向荣兼中央台台长，常务副台长安景林，副台长王健儒，总工程师李天德，专职党委副书记尹廉钊，台长助理：张忠贵，张熙裕、胡占凡，副总编辑：王燕春、王汝峰，编委：曹仁义，李向明。

中央台地址：北京复兴门外大街2号。邮政编码：100866。（供稿人张连成）

中国国际广播电台

【中国国际广播电台】创建于1947年9月11日，曾长期使用“北京广播电台”呼号，1987年改名为中国国际广播电台，1993年1月1日起台名、呼号统一为“中国国际广播电台”（英文缩写为CRI）。下设国际新闻中心、国内新闻中心、文艺部等3个中心编稿部门和43个语言广播部，每天用43种语言向全世界播音长达165个小时。43种语言广播都是有特定播向地区和听众的以新闻为主体的综合性节目。为了及时报道国内外新闻，除在国内各省、市、自治区与中央人民广播电台共同设立了33个记者站外，在国外设立了19个记者站，还在香港地区派出了常驻记者。

另外，中国国际广播电台还有《世界信息报》、《信使报》（英文）、中国国际广播出版社、中国国际广播音像出版社及广告部等。

中国国际广播电台现任台领导：台长张振华（兼主编），副台长丛英民（常务副主编）、李丹（副主编）、汪勤文、许永生，党委专职书记魏建群，副书记林星灿，副主编、台长助理陈敏毅，副主编、总编室主任李广才，总工程师于纪恺，副总工程师陈进先。现有职工1453人（包括驻国内、国外各站记者）。电话：6092776，6092170。邮政编码：100866，传真8513174，8513175，8513176。（供稿人童拉格）

海峡之声广播电台

【海峡之声广播电台】前身是中国人民解放军福建前线广播电台。1958年8月24日创建于厦门，1964年10月迁福州，1984年元旦改称现名。它是一家担负对台湾广播宣传任务的专业电台。设有《新闻》、《海峡漫谈》等10个文字节目和《文艺大世界》、《金色旋律》等9个文艺节目。海峡台下辖福州、厦门等5个分台、站。现有中短波频率15个，用普通话、闽南话两种语言，每天播音20个小时。不仅覆盖台湾全岛，大陆多数省、市以及东南亚许多国家和地区也能收听到。全台拥有新闻高级职称者12名，中级职称者49名；技术高级职称者11名，中级职称者52名。现任台长孙四海，党委书记陆中明，副台长周兆康、徐赛德、揭衍珍，编辑部总编辑刘少佑，技术部部长董进强。通信地址：福建省福州市一八七信箱，电话：7840708、7840709，传真：7824650，邮编：350012。（供稿人林仙元）

各省、自治区、直辖市广播电台

【北京人民广播电台】创建于1949年2月2日。现机构设置有：办公室、总编室、总工办、人保部、党委办公室、计财部、广告部、文艺部、社教部、播出部、录制部、804发射台、北京广播发展公司。现有工作人员达493人，台长吕浩才，总编辑刘敏。地址：北京市建国门外大街14号，邮编：100022，电话：5159054。

另外，北京人民广播电台有台内系列台5个，它们是：北京人民广播电台新闻台于1993年3月1日正式建立，使用频率为中波828千赫，对外呼号为“北京人民广播电台”。全天播音17小时20分钟，其中新闻16次，基本做到每逢正点都有新闻，兼有教育、服务和娱乐欣赏节目。工作人员115名。台长张勉之；北京人民广播电台经济台创建于1990年8月6日，使用频率1026千周，对外呼号为“北京经济台”，全天播音14小时35分钟。节目采取主持人直播形式。工作人员55名。台长杨艺；北京人民广播电台音乐台于1993年3月1日正式开播，使用频率为调频974兆赫，对外呼号为“北京音乐台”，节目采用主持人直播。现有各类栏目60余个，按每周播出总时间计算其中严肃音乐占42.4%、流行音乐占24.4%、综合型节目占16.1%、服务性节目占3.4%、语言性节目占10.7%。工作人员45名，台长降巩民；北京人民广播电台交通台于1993年12月18日开播，与北京市公安交通管理局合办。使用频率是中波927千赫，对外呼号为“北京交通台”、全天播音12小时。采取主持人直播，节目分为四个板块：《大路经纬》、《四通八达》、《东南西北》、《开元之夜》。工作人员有33名，台长汪良；北京人民广播电台儿童台于1993年9月30日开始试播，使用频率为调频97.4兆赫的副信道，每天播音8小时50分钟。对外呼号为“北京儿童台”。工作人员36名，台长：邵平东。

【天津人民广播电台】1949年1月15日天津解放当天即开始播音。目前，全台每天播出6套节目，其中中波广播节目4套、调频立体声广播节目2套。按1993年底统计，全天总播音时间为95小时30分，其中自办节目时间为76小时。

天津人民广播电台下设5室8部1（台）。5室：总编室、办公室、技术办公室、政工办公室、计财办公室。8部：新闻台编辑部、经济台编辑部、交通台编辑部、教育台编辑部、文艺台编辑部、音乐台编辑部，录制部、播出部。1台：杨柳青发射台。编制人数441人。台长宋银章（副局长兼），副台长：刘玉峻、何钧明、王大方、孙福弟、张嵛，机关党委书记刘玉峻，副书记张鉴源。地址：天津市和平区卫津路143号，电话：3359131、3341455，电传：3341455，邮政编码：300070。

天津人民广播电台按广播的不同社会功能进行系列布局，分别办成：天津人民广播电台新闻台909千赫，以前是天津人民广播电台的第一套节目，1987年3月30日实行系列台布局后，改为“天津人民广播电台新闻经济台”，以播发新闻类节目为主，兼有专题、服务、广告、文艺类节目。1989年元旦起改称“天津人民广播电台新闻台”。1993年4月12日，新闻台实现全天节目直播，整点新闻贯穿全天，重大新闻随时插播。全天节目大板块小栏目，形成时政台的整体优势。全天播出板块节目15个，这些节目集新闻、服务、知识、教育、娱乐为一体，大部分节目开辟了热线；天津经济广播电台于1992年7月6日开播，这是一座信息型、大众型、服务型、知识型、娱乐型的新型电台。前身是天津人民广播电台经济台。其频率为1071千赫，全天播音15小时50分。采用主持人直播方式播出。每逢整点播出的各种新闻和文摘，半点播出的经济、交通、科技、供求等信息构成经济台的节目骨架。经过1993年元旦和1994年元旦两次节目调整，现在共播出《天津早晨》、《津沽大地》、《经济大世界》、《千家万户》等12个板块节目；天津人民广播电台文艺台频率为1386千赫，以调幅广播播出单声道文艺节目。文艺台编辑部于1988年8月1日和10月24日，先后开办了我台最早的两个主持人直播板块节目《红绿灯》和《点播音乐》。1992年7月6日全台调整节目时，又开办了主持人直播的大型文艺板块节目《东方之夜》。1993年4月12日全台调整节目，按广播的社会功能及文艺的娱乐、教育、认识、审美功能，于4月19日文艺台的节目也做了调整，全天播音16小时40分钟。调整后办节目方针是，发挥优势，注意特色、服务经济、满足娱乐、突出综艺、搞好直播，进一步提高文艺节目的质量和收听率；天津人民广播电台的调频立体声广播，试播于1981年3月14日，正式开播于1986年10月26日，以99.4兆赫频率播出一套调频立体声文艺节目。1991年12月30日起，本台的调频立体声节目，在新建的天津广播电视塔上发射播出，并同时播出两套节目，第一套播出频率为99兆赫，台号为天津人民广播电台调频立体声音乐台，全天播音14小时35分。内容为自办的节目，其中音乐节目占90%，其余为戏曲、广播剧节目；第二套播出频率为102.9兆赫，台号为天津人民广播电台调频立体声文艺台，全天转播中央人民广播电台调频立体声文艺节目。全天播音17小时，新开辟三个直播板块节目；天津人民广播电台教育台频率为954千赫，1993年4月12日以前，主要播出本台自办的英语、日语广播教学节目和广播电视大学教学课程，全天播音10小时50分，其中自办节目8小时，广播电视大学课程2小时40分钟，两次预报共10分钟。当时的自办节目有《大家说英语》、《基础英语教程》、《每日英语》、《中级美国英语》、《初级英语入门》、《科普日语》、《标准日本语》、《英语听力》。1993年夏季因友谊路北端拓宽，佟楼发射台拆迁，7月10日教育台停播。目前，正在研究重办教育台，不久的将来，要把954千赫办成以文化、知识、教育、服务、对外交流为主要内容的系列台之一。

【河北人民广播电台】1949年5月筹建，同年9月1日正式播音，现设有1套综合性节目，全天播音16个小时。设有新闻、经济、专题、文艺、服务五类39个固定节目。采用中波和超短波混合覆盖，使用频率为中波783、1278千赫，超短波94、94.6、99.86兆赫，发射功率351.5千瓦，覆盖人口1.1亿。

河北人民广播电台下设办公室、总编室、新闻部、政教部、农村部、文艺部、通采部、国际交流部、广告信息部、播出部10个处级机构。台长韩丙寅（副厅级），副台长：郭祖良、赵秋平、辛夫启、赵玉斋，总工程师王文吉。全台编制人数240人。台址：石家庄市裕华中路4号，电话：643866、643650，电传：634514，邮政编码：050012。河北经济广播电台1993年2月筹办，1993年10月1日正式播音。采用中波和调频立体声混合覆盖，使用频率为中波1125千瓦赫，调频90.8、91.8、93.6、95.8、99.2兆赫，发射功率58千瓦，可以有效地覆盖北京、天津两大城市和河北省经济发达地区及周边省的部分地区，覆盖人口44万。河北经济台在节目设置上，确立了新闻信息为骨干、为龙头的思想。全天17次正点新闻信息，滚动播出，每次都有新内容。河北经济台隶属于河北人民广播电台。实行统一领导，独立运行，自负盈亏的领导体制，台长由河北人民广播电台台长韩丙寅（副厅级）兼任；常务副台长由河北人民广播电台副台长辛夫启兼任；副台长于江。下设新闻信息部、综合部两个处级机构，全台编制人数53人。台址：石家庄市裕华中路4号，电话：654059，电传：654006，邮政编码：050012。

【山西人民广播电台】是在1949年4月24日太原解放接收国民党旧电台的基础上建立的，4月25日正式播音。开始叫太原新华广播电台，同年6月1日改称太原人民广播电台。1950年12月20日呼号正式改为山西人民广播电台。1992年12月6日开办长城广播电台，是山西人民广播电台的台中台。直至目前共开办三套节目，每天播音5次，共50小时。到1993年底共有职工200人。设有：办公室、总编室、新闻部、工商部、政法理论部、农村部、文艺部、技术部、长城电台编辑部、科教部。现任台长由山西省广播电视厅党组成员、副总编辑、副厅长马德兼任，副台长：李承魁、闫浩信、巩布维、李玉堂、耿洪瑁。地址：太原市迎泽大街318号，电话：4041969，传真：4042644，邮政编码：030001。

【山西长城广播电台】筹建于1992年7月，1992年12月6日正式开播。它以FM95.8兆赫播出，最初每天播音18小时，1992年4月8日改为24小时全天直播。长城广播电台以"未来先声、时代节拍"为宗旨，采用直播形式。是集新闻报道、经济服务、文体服务于一体的综合电台。长城广播电台是山西人民广播电台的台中台，长城广播编辑部（正处级单位）由新闻节目、综合节目和公共策划3个部分组成，到1993年底实有工作人员27人。台长马德（兼），编辑部主任张敬民，副主任：武令文、白凡。台址：太原市迎泽大街52号山西省广播电视厅办公大楼。

【内蒙古自治区人民广播电台】1950年11月1日成立。编制人数441人。下属部门：办公室、总编室、汉新闻部、蒙新闻部、汉专题部、蒙专题部、汉文艺部、蒙文艺部、记者部、播出部、经济部。现任台长由内蒙古广播电视厅副厅长额博力图兼任。地址：呼和浩特市新华大街19号，电话：662288。邮政编码：010058。(供稿人李保国)

【辽宁人民广播电台】前身是成立于1945年9月6日的东北人民广播电台，1954年9月1日随辽宁省成立改为辽宁人民广播电台。现辽宁台下属：总编室、新闻中心、记者部、专题部、文艺部、广播教育部、广告信息部、技术中心、人事处、保卫处、办公室。

辽宁台共有3套节目，在1套综合节目之外，还有两套节目：一为经济台，由经济台第一编辑部、第二编辑部负责；一为文艺台（原为立体声节目），由文艺部负责。全台在编人数281人。台长：丁仁山，副台长4人。台址：沈阳市和平区光荣街10号，邮编：110003，电话：3863437，电传：3867241，电挂：1717。

【吉林人民广播电台】建立于1945年11月21日。现设机构有：总编办公室、新闻中心、文艺部、社教部、农村部、综合部、广告信息部，还设有经济台、文艺台，以及技术办公室、行政办公室和机关党委、纪检委、服务公司等。人员编制为284人，现在册人员为264人。

吉林人民广播电台现办3套节目：第一套，吉林人民广播电台，每天播音15小时50分，实行直播和录播相结合的播出方式；第二套，吉林经济广播电台，每天播音11小时10分，全部为直播；第三套，文艺台，每天播音12小时45分，自办和转播中央台立体声广播节目。现任台长赵国光，副台长梁汉森、李贤祖、王万甲、王星。台址：长春市西安大路2号，邮政编码：130051，电传：885732。

【黑龙江人民广播电台】建台于1945年8月20日。现下设机构：总编室、新闻部、专题节目部、经济信息部、文艺部、交通台、广播剧部、朝鲜语部、经济台、技术部、记者部、驻省内各地记者站（9个）、电台机关党委。职工296人。台长张克忠（兼），副台长丛永仁（兼）、刘向晨、李寅奎。地址：哈尔滨市南岗区中山路181号，电话：2621461，邮政编码150001。

【上海人民广播电台】于1949年5月27日解放上海的战火中诞生，前身是华东新华广播电台。上海电台现在广播的的覆盖面包含上海市以及长江三角洲广大地区，面积达6万多平方公里，经常性听众有3500～4000万人。她和全国各省、市、自治区有广泛的联系，和世界上44个国家和地区建立了多种方式的交往。上海台现有8个系列台：新闻综合台、市场经济台、文艺台、音乐台、广播教育台、交通信息台、浦江之声台、英语台。日播出量为130小时33分钟。台职工总数为325人。台长陈文炳，副台长尤纪泰，台党委书记徐济尧，台党委副书记朱在望。地址：上海市北京东路2号，电话：3218177转各部室，电报挂号：3087，传真：3290087，邮政编码：200002。

【上海东方广播电台】

【江苏人民广播电台】于1953年1月1日由原苏南人民广播电台、苏北人民广播电台、南京人民广播电台三台合并组建而成。现设有15个部门：总编办公室、资料中心、新闻部、采通部、专题部、对台湾广播部、文艺部、经济信息部、经济台、技术部、发射台、开发部、政工办公室、行政办公室、党总支。全台在编人员479人，台长李绍成。

江苏人民广播电台现开办有综合台、经济台、金陵之声台、文艺台、音乐台、信息台。每天播出自办节目84小时，通过中波、短波、调频等广播发射技术手段不仅覆盖江苏全境，而且全国20多个省市自治区及东南亚地区都能收听到江苏台的播音。金陵之声台通过短波频率面向台港澳及世界各地播送节目。地址：南京市中山东路西祠堂巷8号，邮编：210002，电话：4403473，电传：6642148。

【浙江人民广播电台】成立于1949年5月25日。现下设部门有：办公室、政工部、技术部、总编室、新闻部、专题部、经济生活部和经济台编辑部、文艺台编辑部、国际部（外语台）。共计317人。台长傅上伦（兼）。地址：杭州市莫干山路武林巷11号，电话：8077050转，电传：8064630，邮编：310005。

浙江人民广播电台台内系列台有3个：浙江经济广播电台；浙江文艺广播电台是浙江人民广播电台所属的一个专业台，于1992年11月15日试播，1993年元旦正式开播，全天24小时直播。发射频率为99.6兆赫，调频立体声播出，覆盖范围为杭州地区及嘉兴、湖州、绍兴、金华等地区。1994年开始，文艺台的声音通过卫星清晰地送达港台和东南亚地区，成为沟通浙江和海外的空中桥梁。现有正式编播人员25人，设有节目组、广告部、活动部3个部门，负责人陈强、郑凯平。电话：7065531、7033739、7077501转，电传：7065531，地址：杭州市菩提寺路17号，邮编310006；浙江外语广播电台是浙江人民广播电台所属的一个专业台，1994年元旦正式试播，使用频率1071千赫。节目全部采用英语播送，全天播出11个小时35分钟。试播期间，以自办教学节目，文艺节目和转播中国国际广播电台节目为主。其中自办教学节目共有5套，每天播出3小时45分。有编辑部、节目组、公关经营组3个部门。编制8人，主要负责人吴一清。地址：杭州菩提寺路17号，电话：7063413，电传：7074001、7063413，邮编310006。

【安徽人民广播电台】1952年6月1日，由皖南、皖北两个行政区电台合并组建的安徽人民广播电台正式开始播音。至今，已自办3套节目，转播中央人民广播电台两套节目，全年播出5805小时，总发射功率达520千瓦。1993年6月1日，又成功地创办了经济电台。目前，安徽台下属8部2室1台1所和1公司，即：办公室、总编室、新闻部、政文部、农村部、采通部、文艺部、经济部、经济台编辑部、技术部、发射台、广播研究所、广播发展总公司等13个处级建制。全台在编员工258人，台长（副厅级）李治宇。台址：合肥市庐江路69号，邮政编码：230065，电话：274731。（供稿人季如成）

【安徽经济广播电台】于1993年6月1日开始试播，至年底试播7个月，播出2140小时。1994年元旦正式开播。发射机功率50千瓦。节目编排采取大板块、多栏目、主持人、直播式，每天播出10小时，设有《七彩晨光》、《江淮时空》、《午间万象》和《晚霞缤纷》四个板块，星期天另辟特别节目。下属6个部：新闻采编部、综合节目部、文体节目部、通联秘书室、直播室和广告部，编制60人，台长李治宇。地址：合肥市庐江路39号，电话：274886，邮政编码：230065。

【福建人民广播电台】创建于1949年8月24日。现设有：福建广播新闻编辑部、福建人民广播电台综合编辑部、东南广播公司（于1993年1月1日正式开播）、福建人民广播电台经济台（于1993年10月1日正式开播）、福建人民广播电台文艺台（于1994年5月1日正式开播）。现有编制326人，台长陈廉，常务副台长付祖桂，副台长林祥熙、刘金森。地址：福建省福州市古田路2号，邮政编码：350001。

【福建经济广播电台】于1993年10月31日开播。它以市场经济为导向，以都市经济为特色，以生产者、经营者、投资者和广大消费者为服务对象，集新闻、信息、服务知识、交流、娱乐为一体，立足省城，面向闽东南沿海，并涵盖本省其它地区。使用中波1467千赫和调频96.7赫两套频率播出。每天从清晨6点到深夜零点，全部采用主持人直播形式，连续播音18小时。根据听众的不同需求，经济台分别设置了工作日、星期日六大板块节目。在星期一至星期六的工作日节目里有《七彩晨光》、《都市广场》、《午间经济潮》、《黄金海岸》、《欢乐今宵》、《夜半心声》六大板块节目。星期日还增设《假日同行》、《星期日热线》、《休闲光明》等大板块节目。

【中国东南广播公司】是大陆地方电台中第一家以公司命名的新闻单位——东南广播公司，1993年12月经广播电影电视部和中共福建省委、省政府批准，在国家工商行政管理局注册成立。于1993年元旦正式开播。东南广播公司立足福建，报道全国，面向台、澎、金、马，辐射港澳及东南亚，她以“宣传爱国主义，光大民族气节，弘扬中华大地，竭诚为海峡两岸同胞、港澳同胞和海外侨胞服务，促进祖国和平统一大业早日实现”为宗旨。采用主持人直播方式和大板块结构的编排形式，以新闻为骨架，每个板块里整点有新闻、时效快，信息量大，融新闻、经济、文艺、服务于一体，用普通话、闽南话两种语言，每天播音10小时，分别在早、中、晚三个时段播出。公司机构设总经理室、信息综合编辑室、经济编辑室、东南报道编辑室、旅游编辑室、文艺编辑室、台情研究编辑室和公共关系部。

【江西人民广播电台】1949年5月南昌解放，中国人民解放军南昌市军事管制委员会接管原国民党所属的“江西广播电台”，更名为南昌新华广播电台，1949年7月改称南昌人民广播电台，1950年11月更名江西人民广播电台。1993年底江西人民广播电台有职工210人。台内设办公室、总编室、新闻部、专题部、农村部、记者通联部、文艺部、播出部、经济信息部。台长：陈柏森。地址：南昌市洪都中大道111号，电话：323653。电挂：1706，电传：326374，邮编：330046。

【江西省经济广播电台】

【江西省信息广播电台】

【山东人民广播电台】成立于1948年8月。现有9个部室，分别是办公室、总编室、新闻部、专题部、经济部、采通部、文艺部、广告信息部、技术部。编制人数295人。台长侯志永，党委书记兼副台长胡维周。地址：济南市经十路81号，电话：2951295，电传295228，邮政编码：250001。

山东人民广播电台台内系列台有4个：山东人民广播电台人民台；山东人民广播电台文艺台；山东人民广播电台经济台于1993年5月1日开始播音，是山东人民广播电台系列台（人民台、文艺台、经济台、教育台）之一。其机构即为山东电台经济部。办台宗旨是突出经济宣传，为全省的经济建设服务。办台风格上，力求节目的灵活多样，同时，采取大板块直播等各种形式，进一步体现“三贴近”的原则，突出快时效、大信息量的效果和大市场、大服务的特色。每天从5点55分至14点、从17点55分至24点共播出14小时10分的时间，全天的节目分为5大板块，即《齐鲁经济潮》、《生活新节拍》、《午间时光》、《齐鲁晚风》和《相伴到子夜》。台负责人：段福澄主任，潘士强副主任。电话：2951295—421，422；山东人民广播电台教育台于1994年1月1日开始播音，是山东人民广播电台系列台中的一个新建台，由山东电台总编室主办。教育台以传播现代科学文化知识为主旨，力图办成汇集各类知识于一体的“空中杂志”和对不同层次听众传播知识的“空中课堂”。在每天从5点55分至13点和从18点25分至23点两次共11小时40分的播出时间，分设了风格各异的众多栏目，有《教育园地》、《空中杂志》、《娃哈哈幼儿园》、《新编日语情景对话》、《每日英语》等栏目。台负责人李国猷主任。电话：2951295—326。(供稿人何立志)

【河南人民广播电台】成立于1950年9月15日。现设有办公室、政教处、文艺处、经济处、技术处、播出处。下属单位有：河南经济广播电台，成立于1989年10月9日，内设编辑处、信息处；河南交通广播电台，成立于1993年3月30日，内设编辑室。全台共有编制数244人。台长周开球。地址：郑州市经五路2号。电话：总机5951201转，电传：5952625，邮政编码：450003。

【湖北人民广播电台】成立于1953年5月1日，前身是中南人民广播电台和武汉新华广播电台。至1993年底，全台共有3套节目，全天播出时间为35小时15分钟。机构有，办公室、总编室、工财部、农村部、政文部、记者部、文艺部、电教部、群工部、技术部、广告信息部，另设有湖北文艺广播电台、湖北金融广播电台。中广新闻传呼台（BP机台），共有编制人数306人。台长王映明，副台长：沈汉明、李诗祥、陆正容、蔡祥斌。地址：武汉市汉口解放大道563号，电话：5831012，电传：5833281，邮政编码：430022。

【楚天经济广播电台】是综合性、多功能的新型省级经济广播电台，隶属湖北省广播电视厅。该台于1988年7月筹备，1989年9月14日正式开播，全天播音时间16小时30分钟。下设办公室、总编室、新闻部、信息部、经济部、专题部、文艺部、《股市信息》周刊编辑部、行政部及楚天广告制作公司、楚天信息发展公司、楚天美食娱乐城、花仙子花店等部门和经济实体。编制人数：100人。台长、总编辑张立功。地址：武汉市汉口解放大道563号，电话：5857136、5857143，邮政编码：430022。

【湖南人民广播电台】原名长沙人民广播电台，1949年11月7日开始播音。1950年11月改名为湖南人民广播电台。现为副厅级单位，下设：工交财贸部、农村部、党政部、科教部、理论部、经济信息部、新闻编辑部、主持人节目部、经济台编辑部、技术管理办公室、采播部、文艺部、政治部、总编室、办公室，201台、工会、纪检、总工程师室。办有2套节目，每天播出35小时。1993年底人员编制共311人，其中行政管理人员26人，采编110人，播音人员32人，技术人员73人，技术工人36人，其他34人。台长何共准（副厅级），副台长：谢凤阳、李万年。台址：长沙市雨花路27号，电话：8547207，邮码：410007。

【广东人民广播电台】成立于1949年10月20日，现下属有新闻台、珠江经济广播电台、音乐台、教育台、文艺台、英语台、珠江股市台、羊城交通台等8个台（8套节目）。全台共10个部（处），有办公室、总编室、新闻编辑部、新闻采通部、新闻台节目部、经济台编辑部、文艺部、信息部、技术部、广东省广播发展公司。编制603人。台长曾广星。地址：广州人民北路686号，电话：6662723，电传：6662640，邮编：510012。

【珠江经济广播电台】

【羊城交通广播电台】是在广州市经济飞速发展、交通日趋繁忙的形势下顺应而生的专业电台，1993年7月30日正式播出。它以交通消息为节目骨干，以司机、乘客为主要服务对象，每天从7时至22时15个钟头粤语播音。羊城交通台将与新建成的广州市交警支队交通指挥中心计算机监控系统联网，有效地监测市区主要路段的交通情况，全日43次为广大听众提供最新、最快、最准的市区路面和主要进出口的交通消息，还设计了一批栏目，为听众提供铁路航空海运信息、交通法规宣传、交通咨询服务、交通安全教育、公益宣传以及音乐、娱乐节目。羊城交通台是通过自筹资金、自负盈亏以台养台方式建立的。它采用FM99.3兆赫副讯道和中波927千赫同时发射，覆盖广州地区。地址：广州市人民北路686号，邮编：510012。(供稿人林玲)

【海南人民广播电台】建立于1953年2月。1988年4月海南建省，海南台由地区级台升格为省级台，系副厅级事业单位，内设办公室、总编室、新闻部、社教部、采通部、经济部、文艺部、技术部、广告部等9个处级部室，定编135人，实际183人。

1990年1月24日，海南人民广播电台以音乐、戏曲欣赏为主的调频立体声台建成试播。1992年8月13日，调频立体声台改为海南经济广播电台，10月30日正式播出，对内是海南台一个部，事业单位，企业管理，独立核算，自负盈亏。

海南台副台长陈晓兵（主持台全面工作）。台址：海口市海秀大道1号，电话：6775948，电传：6772267，邮政编码：570005。

【海南经济电台】

【广西壮族自治区人民广播电台】1950年4月30日成立，5月1日正式播音。到1993年，该台开办4套节目，全天播音39小时50分钟，转播中央人民广播电台节目7小时40分钟，自办节目32小时10分钟。第一套节目每天用普通话、柳州话、壮语播出13小时55分钟。第二套节目（称广西人民广播电台经济台）用普通话、白话（粤语）、壮语播音，每天播出13小时35分钟。第三套节目（称广西人民广播电台教育台）每天播音5小时10分钟。第四套节目（称广西人民广播电台文艺台）每天播出调频立体声节目8小时（其中自办节目2小时）。全台职工273人，其中具有专业技术高级职称的29人，中级技术职称的122人。台内设有办公室（对外增挂总编室牌子）、新闻部、专题部、文艺部、记者部、民族部、信息广告部（对外挂广西经济广播电台）、播出部、社会教育部（教育台）。台长韦启新，副台长魏定中、吴洵、钟体孙。地址：南宁市民族大道12号，电话：554181，邮政编码：530022。(供稿人黄贻新)

【广西对外广播电台】原称“广西广播电台”，1982年筹建，1984年8月24日试播自办节目，同年12月正式播出。1989年10月1日改称现名。1984年12月正式播音时用越南语对越南广播，1989年2月1日增加广州话对东南亚华侨、华人播音。到1993年，每天播音8小时，其中越南语6小时，广州话2小时。全台职工46人。具有专业技术高级职称的6人，中级专业技术职称的14人。台下设办公室（对外增挂总编室牌子）、采编部、译播部、华侨部、文艺部、广告部、政工科。台长李建萃，副台长袁日钦、顾胜荣。地址：南宁市民族大道12号，电话：554191，邮政编码：530022。(供稿人黄贻新)

【四川人民广播电台】前身是1950年创建的成都人民广播电台和1951年创建的川西人民广播电台。1952年8月，随着四个行政区合并，以川西人民广播电台为基础，合并川南、川北人民广播电台，组建成四川人民广播电台。同年10月1日正式播音。现在四川人民广播电台自办两套节目和4个系列台。系列台是：经济台、信息台、证券台、音乐台（正在试播）。每日累计播出时间76小时10分（一、二套节目和经济台、信息台、证券台）。

现全台编制440人，所设部门有：新闻部，农村部，专题部，藏语部，彝语部，文艺部，教育部，经济信息部，播音部，经济台，信息台，证券台，《四川广播》编辑部，广播新闻研究室，技术播出部，录音制作部，总编室，台办公室，人事劳资部，老干部科，经检组，机关党委（含团总支），工会，四川广播总公司，广播信息产业总公司，四川经广实业公司。台长陈明孝，副台长秦育聪、关高全、莫特、张丹宁，总工程师郭秉连，台副总编消俊西。地址：成都市红星中路119号附1号，邮编：610017，电话：6665401。

【贵州人民广播电台】1950年1月1日在贵阳成立。现在该台的节目除通过全省各地的发射台、转播台、广播大站播出外，还通过卫星转播，覆盖面广。从1989年开始，该台自办有3套节目，每天播音时间累计33小时。台内设办公室、总编室、新闻部、政工处、播出部、采通部、文艺部、专题部、教育部、经济信息部、录制部、广告部、机关党委。全台现有在编人数244人，台长梅应福。地址：贵阳市青云路259号，电话：516057、516036，邮政编码：550002。(供稿人王雨平)

【云南人民广播电台】1950年3月4日成立昆明人民广播电台，1951年3月23日改为云南人民广播电台。现机构设置有：台办公室、台总编室、新闻部、采通部、文艺部、专题部、对外部、农村部、民族部、播出部、经济信息部等11个部门。编制有350人。台长刁承锦，副台长：翁文樑、高国庆。台址：昆明市人民西路73号中心大楼6楼，邮政编码：650031，台办公室电话：5310211，电传：5310360。

【云南广播电台】

【西藏自治区人民广播电台】创办于1959年1月1日。建台初期办有1套节目，每天播音8个小时。现在办有藏汉语和调频立体声共3套节目，全天播音31小时20分钟。全台节目用汉语普通话和藏语拉萨标准话两种语言播音。西藏人民广播电台的节目随着经济变化不断改革调整，使广播宣传适应新形势发展的需要。大部分节目实现板块化、栏目化，主持人形式。西藏台的藏汉语节目全部送卫星播出，除了覆盖西藏40%的人口以外，还波及国内部分省区和亚洲、欧洲的一些国家和地区。西藏台原与西藏广播电视厅合署办公，1994年1月1日厅台分设后成为人财物独立的宣传实体。地址；拉萨市，邮政编码：850000，电话：22878、22054。

【陕西人民广播电台】成立于1949年元月5日。它的前身是延安西北新华广播电台。现为副厅级建制。1993年底，编制人数为384人，实有职工394人。台内机构有综合管理部门3个，宣传编辑部门9个，即：台办公室、政治处、编委办、新闻部、文艺部、经济信息部、技术部、播出部以及新成立的经济台、文艺台、科技教育台、信息台等。另外还有党、团总支。台长纪时，副台长：李牧泉、郭匡燮、奕明生，党总支书记程渡，总工程师李志鸿，地址：西安市北大街119号。电话：7212125转，电报：1684，邮编：710003。(台政治处供稿)

陕西人民广播电台台内系列台有4个：陕西文艺广播电台于1993年1月15日试播，5月1日正式开播。中波频率747千赫，调频频率90.7兆赫，覆盖半径为130公里，全天播音13小时40分钟。它是陕西人民广播电台领导下的系列专业电台之一。它以文化艺术类节目为主，积极开拓企业文化、校园文化、社区文化等新的文化艺术领域，服务于经济发展中对文艺欣赏的需求不断更新的各层次听众，力图贴近社会、贴近生活，贴近群众。全天节目由《你好，新太阳》、《行走的风景》、《穿越黄昏》、《灿烂星河》四大时段构成。现有聘任、聘用人员22名，副台长吉广利。(供稿人吉广利)；陕西科技教育广播电台是经广播影视部批准建立的全国首家科技教育专业电台，也是陕西人民广播电台领导下的系列台之一，1993年9月1日开始试播，12月22日正式播出。发射功率10千瓦，频率为中波900千赫。科技教育台以传播科技教育新闻信息为主导，兼顾社会生活其它领域，，融新闻性、知识性、实用性、参与性为一体。设置节目有《900传真》、《农村科技桥》、《生活调色板》、《科技大市场》、《外国语教学》等共14个。主要采用大时段板块结构、主持人直播形式播出。全台共设11个节目组和部、室，36名专业、行政人员。副台长白群力。(供稿人白群力)；陕西人民广播电台信息台是经广播电影电视部批准开办的西北地区首家信息专业电台，也是陕西人民广播电台领导下的系列台之一，1993年7月8日开始试播，1994年3月1日正式播出。该台采用SCA副讯道播出，发射功率大，覆盖面广，每天播出8小时，星期日休息。全台现有正式职工和聘用人员共14名。陕西电台信息台每天除同步播报上海、深圳股市行情外，还围绕经济、金融、工商、股市，开设各项知识性、专业性、服务性、趣味性的节目，如《信息特快》、《一日股市综述》、《热点追踪》、《空中经贸大学》、《专家指迷》等。台长向东。(供稿人程渡)；陕西经济广播电台台长梁音。

【甘肃人民广播电台】前身是1949年9月7日开始播音的兰州人民广播电台。1951年4月1日，改名为甘肃人民广播电台。到1993年底，有编制174人，实有职工167人，其中有高级职称的16人，中级职称的47人。台内下设台委办公室、新闻部、农村部、专题部、通采部、文艺部、科教部、播出部等处级部、室。现任台长张家昌(兼)，副台长：刑同义、李宗涵、赵英斌。台址：兰州市东岗西路146号，电话：8416110-2084，电报挂号：4997，邮编：730000。

【青海人民广播电台】1949年9月14日试播，1950年1月1日正式开播。现为副厅级事业单位，下设宣传办公室、新闻部、社会教育部、文艺部、藏语广播部、群众工作部、技术部等7个副处级部门及两个发射台、一个广告信息部。到1993年底职工总数为267人，其中高级职称22人，中级职称70人。现有中、短波和调频共11个频率，中波广播覆盖全省人口的58%，中短波和调频广播结合基本可以覆盖全省。

青海台现办有4套节目，第一套节目是面向全省的综合性节目；第二套节目是面向西宁地区的以教学和文艺为主的节目；第三套节目为调频立体声文艺节目；第四套节目是藏语广播综合节目(安多语系)。有三个频率每天转播中央人民广播电台的第一套、第二套和第三套(调频立体声)节目。自办的汉藏语节目分为新闻性节目、教育性节目、文艺性节目、服务性节目4大类，分别采用录播和直播方式。每天平均播音30小时45分。现任台长李生文。台址：西宁市昆仑路96号，电话44083，邮编810001。(供稿人李倩)

【宁夏回族自治区人民广播电台】1951年7月1日正式播音，1954年11月随宁夏省建制撤销而停播，

1958年10月15日又随宁夏回族自治区的建立而重新开播。到1993年每天播音18小时10分钟。现任台长、厅党组成员孙熙雍，副台长王宝三、刘彬。台下设：办公室、新闻部、总编室、专题部、文艺部、技术部。地址：银川市新市区。电话27770、277901。

【新疆维吾尔自治区人民广播电台】曾称迪化人民广播电台，1949年12月21日正式播音，每天用维吾尔语和汉语共播出3个多小时。到1993年底，每天共播音64小时50分钟，使用维吾尔语、汉语、哈萨克语、蒙古语和柯尔克孜语共5种语言播出。

新疆台机构设有：台办公室、新闻部、汉语专题部、维吾尔语专题部、哈萨克语编辑部、蒙古语编辑部、柯尔克孜语编辑部、文艺部、技术部、总编室、天山经济广播电台等，共有职工434人，其中少数民族职工259人。现任台长杨连勇，副台长阿扎提（维吾尔族）、木拉提别克（哈萨克族）、于尧宾、巴德玛（蒙古族）。地址：乌鲁木齐市团结路84号，邮政编码：830044，电话：267784。

【天山经济广播电台（TBC）】1993年3月28日正式播音，隶属新疆人民广播电台领导。每天播音13小时。该台以经济宣传为主，集信息、服务、知识、娱乐为一体。全部节目采用大板块长时段、主持人直播形式。机构设有：台办公室、节目部、经济部、财务室、TBC天山经济广播电台广告信息公司、东方实业公司。有职工60人。地址：乌鲁木齐市团结路84号，邮编：830044，电话：267784。

（供稿人孙炎上）

电视台

中央电视台

【中央电视台】中华人民共和国国家电视台，1958年5月1日试播，同年9月2日正式播出。现办有4套节目，每天播出60多小时。第一套节目是以新闻为主的综合性频道；第二套节目是以经济、社会教育节目为特色的频道；第三套节目是以娱乐节目为主的频道；第四套节目是以新闻和娱乐节目为主的综合性频道。4套节目都送上卫星覆盖全国，其中第四套节目可覆盖亚洲、澳洲、非洲和独联体各国。全台正式职工2500余人，连同中国电视剧制作中心、中央新闻纪录电影制片厂在内，共计3200余人。台内机构分4个系统设置：党政系统设有台办公室、党委办公室、监察室、审计处、人事处、计财处、财产物资处、工会、行政处、外事处、保卫处、房管处、教育处、老干部处；宣传系统设有总编室、新闻中心、（包括新闻采访部、新闻编辑部、新闻评论部、新闻制作部、体育部、经济部、军事部）、社教中心（包括专题部、教育节目部、青少部）、海外电视中心，（包括海外新闻部、海外专题部、海外节目部、外语节目部、技术制作部）、台直属的部有文艺部、影视部、国际部、动画部、研究室、广告部、中国电视报；技术系统设有技术管理中心（包括技术处、维修处）、技术制作中心（包括制作部、录制部、音频部）、播送中心（其中包括播送部、转播部）、台直属的有动力中心；经营管理系统设有经营管理处、中国国际电视总公司、梅地亚电视中心有限公司、涿洲拍摄基地、无锡外景基地、中国电视剧制作中心（下设办公室、人保处、计财处、生产处、文学部、技术处、制作部）、中央新闻纪录电影制片厂（下设党委办公室、厂部办公室、监察室、编辑部办公室、第一编辑室、第二编辑室、第三编辑室、宣传发行处、生产经营处、技术管理处、人事处、保卫处、行政管理处、计划财务处、新影劳动服务公司、多种经营办公室）。中央电视台分党组书记、台长、总编辑杨伟光；中央电视台分党组副书记于广华，成员有林景云、马瑞流、沈纪、赵化勇、张天民、陈汉元、刘建中；中央电视台副台长于广华、林景云、马瑞流、沈纪、赵化勇；副总编辑沈纪、陈汉元、马瑞流、王传玉、章壮沂、朱继峰；总工程师方庆浩；总会计师贾文增；党委专职副书记宋培福；中国电视剧制作中心主任张天民，第一副主任陈汉元；中央新闻纪录电影制片厂厂长刘建中。中央电视台通讯地址：北京复兴路11号，邮政编码：100859，电话：8511144。（供稿人朱宁）

各省、自治区、直辖市电视台

【北京电视台】成立于1979年。全台设有29个部室：台办公室、总编室、总工办、党委办公室、人事部、计财部、行政部、保卫部、新闻部、专题部、文艺部、青少部、体育部、电视教育节目部、国际部、对外部、影视部、戏曲部、动画制作中心、社教部、播音部、制作部、音响部、动力部、播出部、转播传送部、基建办公室、广告部。到1993年底有正式职工561人。台长刘迪一，总编辑于知峰。地址：北京市海淀区苏州街西三环北路3号，邮编：100081，电话：8419922，传真：8419583。

【天津电视台】1958年10月筹建，1959年7月1日试播，1960年3月20日正式播出。1993年10月，又建立开播了隶属于天津电视台的天津经济电视台。到目前为止，天津电视台下设有1台、5室和10部。1台：天津经济电视台1993年10月1日正式成立，机构设置有节目部、开发部、技术部，职工有50人，负责人（主任）皇甫英杰。五室：总编室、办公室、技术办公室、政工室、计划财务室。10

部：新闻部、文艺部、国际部、专题部、青少部、体育部、电视剧部、制作部、播出部、广告部。全台编制人数577人。台长王朝海，副台长：张建国、徐少英、王琪年、倪文达、刘执亮、邢武池，，机关党委副书记曹树海。地址：天津市和平区卫津路143号，电话：3358212，电传：3359109，邮政编码：300070。

【河北电视台】1968年10月筹建，1969年2月16日开播。石家庄地区使用10频道，其他地市县使用多种频道转播10频道节目，全省人口覆盖率88%以上。1993年，河北电视台再次调改节目，每天播出自办节目约12个小。现设办公室、总编室、新闻部、文体部、国际部、经济部、电教部、广告信息部、技术办公室、制作部、播出部。全台共405人，其中编采播人员253人，技术艺术人员115人。现任台长王根旺（副厅级），副台长：闫江、孔汉存、杨兴盛、张学善、何振虎。台址：石家庄市裕华中路4号，电话：6046589，邮政编码：050012。

【山西电视台】前身是创建于1960年5月25日的太原实验电视台，1965年6月5日转为正式电视台，1978年8月1日改为山西电视台。1991年7月25日创立的黄河电视台。到1993年底山西电视台共开办3套节目。自办节目包括新闻类、社教类、经济类、文艺类、服务类5部分。每天播出3次，播出时间共计20个小时。现设机构有：新闻部、专题部、文艺部、经济部、对外部、电视剧部、总编室、广告经理部、技术部、办公室、黄河电视台报道部、黄河电视台编播部。现有职工257人。台长、党委书记由省广播电视厅党组成员、副总编辑、副厅长陆嘉生兼任，党委专职副书记韩跃俊，副台长：张绍林、董育中、朱世林，总工程师师明。地址：太原市迎泽大街318号，电话：4043347、4042331、4042951—3871，传真：4043531，邮编：030001。（供稿人杜玉芝）

【黄河电视台】中国黄河电视台创建于1991年7月25日，是经国务院新闻办公室和广播电影电视部批准成立的具有国际性的电视台。同年8月5日起，每周向美国斯科拉（SCOLA）电视台提供3小时的综合节目。1993年10月18日山西电视台第二套节目以中国黄河电视台的呼号，正式对内播出。它覆盖山西省的11个地区及周围的区县。目前，中国黄河电视台具有完整的制作节目体系，在美国斯科拉（SCOLA）电视台设有演播室，派有工作组，从1993年9月20日起，每天提供2小时的电视节目。对内播出的黄河电视台使用20频道。人无我有，人有我新，人新我特是黄河电视人不懈追求的目标。把贴近、贴近再贴近，求新、求活、求特别作为黄河电视台的办台方针。以新闻和经济服务节目为主体，以文艺、体育、电视剧为依托，面向全省中高文化层的城市观众。在节目编排上，《黄河剧场》、《黄河影院》和自办栏目3大板块，实行栏目化播出。19点开播，次日凌晨1点左右结束。每天播出6小时以上，自办6个栏目。台内设编播部、报道部、综合科。1993年底全台共有80人。台长由山西电视台台长陆嘉生兼任。（供稿人杜玉芝）

【内蒙古自治区电视台】1969年10月1日成立。现编制人数381人。1993年在内部体制改革中设有：办公室、总编室、报道中心、特别节目部、栏目制作中心、蒙古语电视中心、电视剧制作中心、技术部、制作部、广告部、经营管理中心。台长陈绍业（内蒙古广播电视厅副厅长兼）地址：呼和浩特市新华大街19号，电话：663331，662288-2206，邮编：010058，电传：663805。（供稿人李保国）

【辽宁电视台】1959年10月1日试播，1960年4月23日正式播出。现自办3套节目：第一套节目为综合节目，第二套节目为经济节目，另一套节目为有线节目。每天播出时间25小时（含有线节目），其中自办节目约占25%（不含有线节目），覆盖全省人口74.2%。

辽宁电视台下设18个部门：总编室、新闻部、专题部、对外部、经济部、文艺部、体育部、译制部、广告部、制作部、播出部、有线部、辽宁电视杂志编辑部、技术办公室、人事处、保卫处、办公室、党委办公室等。现有编制390人，现任台长兼总编辑高广志。地址：辽宁省沈阳市和平区光荣街10号，电话：3869538，电传：3867241，邮编：110003。

【吉林电视台】前身是长春实验电视台，始建于1959年10月1日。1965年转为正式电视台。1978年10月1日长春电视台转为吉林电视台（副厅级）。

目前，吉林电视台用4个频道播出，二频道全天转播中央电视台第一套节目，十三频道全天转播中央电视台第二套节目，七频道全天播出吉林电视台自办节目，十九频道晚间播出吉林经济电视台自办节目。机构设置：总编办公室、新闻部、专题部、文艺部、电视剧部、对外宣传部、社会教育部、经济广告部、技术办公室、制作部、播出部、服务公司、台办公室、机关党委、吉林经济电视台。有正式职工331人。台长：赵锋佩，副台长：詹铁坤、刘宪宝、余明炬、刘卫民。电话：总机653570，电传：653860，邮编：130021。

【黑龙江电视台】1958年12月20日建台。现有机构：总编室、新闻部、综合节目部、社教部、节目制作部、对外宣传部、文艺部、二套节目编辑部、俄语编译中心、技术部、电视广告公司、机关党委。现有职工309人。现任台长张克忠（兼），副台长王月仁、李占春、刘成学。地址：哈尔滨市南岗区中山路181号，电话：2621461，邮政编码：150001。

【上海电视台】于1958年10月1日对外播出。现办2套节目：其中8频道为新闻、文化类；14频道为经济、体育类。地址：上海南京西路651号。电话：2565899，邮政编码：200041。

【上海东方电视台】是经广播电影电视部批准成立的，具有独立法人资格的省级电视台。1993年1月18日正式开播，使用20频道，实行全天播出。主要栏目有中国大陆第一个直播类谈话节目《东方直播室》、第一个游戏类节目《快乐大转盘》，以及《东视新闻（夜新闻、深夜新闻）》、《国际体育新闻》、《东视经济传真》、《东方之夜》等。东方电视台注册浦东，服务上海，面向长江三角洲，辐射海外，是诞生在开发开放浦东改革热潮中的综合性电视台。下设报道部、节目部、广告部、办公室和总编室，全台编制100人。台长穆端正、副台长徐景杰、刘文国。(供稿人朱涛)

【江苏电视台】前身是南京电视实验台，成立于1960年5月1日，1979年6月改称现名。到1993年12月，江苏电视台共有15个部门：办公室、总编室、新闻部、对外电视中心、经济台编辑部、文艺部、社教部、电视剧制作中心、广告部、技术办公室、制作部、播出部、政工办公室、研究室、开发部。全台人员512人，台长苏子龙。目前每天播出5套节目，每天播出时间40小时。覆盖江苏全省及安徽、山东、浙江、河南、上海等省市10多万平方公里的广大地区，覆盖人口8千万。地址：南京市北京东路4号，电话：7715803，传真：7711381，邮政编码：210008。

【浙江电视台】开播于1960年10月1日。现能够同时进行3个频道的节目传输、发送和播出。台下属15个部门：办公室、总编室、政工部、总工办、总会办、新闻部、社教部、文艺部、国际部、钱江台编辑部、制作部、播出部、发射部、广告部和发展总公司。新创建的钱江电视台以经济宣传为主，以城镇居民为主要对象，每天播出18个半小时。台长梁雄（副厅长兼任）。地址：杭州市莫干山路武林巷11号，邮编：310005，总机：8077050，电传：8075240。

【安徽电视台】建于1960年9月30日。现下设3室8部1台：办公室、总编室、技术办公室、新闻部、社教部、对外部（国际部）、电视剧部、经济部、制作部、播出部、发射台。日自制节目为1.7小时左右，日自办节目量为17小时。拥有4个播出频道和3套调频广播。4频道向全省播出第一套自办节目，25频道向合肥及其附近地区播出第二套自办节目，播出时间约5.5小时，其中2.5小时为加密收费。11频道转播中央电视台节目，2频道转播电教节目。分布全省有8个骨干发射台。全省电视人口混合覆盖率为78%。现有职工322人，其中，具有大专以上学历的约占70%，高级专业职务40人，中级专业职务131人。现任台长吴仲漠。电话：256144、251935，邮编：230066，地址：合肥市长江路89号。

【福建电视台】60年代初创建，70年代初复办，1976年10月改称现名。现有编制362人。台长由林爱国厅长兼任，副台长俞德芬、林云森、谢志铭、翁星、詹金灿。管辖东南电视台（1994年1月1日正式开播）、福建有线电视台（1992年10月1日正式开播）。福建电视台、东南电视台地址：福建省福州市古田路2号，邮政编码：350001。福建省有线电视台地址：福建省福州市西南路3号，邮政编码：350001。

【江西电视台】1958年10月筹建，1962年中断。1970年1月重建，同年10月1月开播。台内设办公室、总编室、技术办公室、政治部、新闻部、专题部、国际部、文体部、青少部、电视剧部、制作部、技术部、经济部、广告部、第二编辑部。1993年底全台有职工287人，台长黄鹤林。地址：南昌市洪都中大道111号，电话：321495，电挂：6020，电传：331432。邮编：330046。

【山东电视台】成立于1960年10月。现有12个部室：台长办公室、总编室、新闻部、社教部、技术部、文艺部、国际部、经济部、广告信息部、制作部、发射台、地球站。编制人数451人，新闻专业276人，技术专业175人。台长曾昭明，党委书记兼副台长武云芳。地址：济南市经十路81号，电话2951295，电传2953809，邮政编码：250001。

【河南电视台】成立于1969年9月15日，现内设办公室、专题处、对外处、文艺处、电视剧处、经济处、技术处、编播处。下属单位有河南经济电视台，成立于1992年5月1日。共有编制人数217人。台长王明堂。地址：郑州市经五路2号，电话：总机5951201转，电传：5956285，邮政编码：450003。

【湖北电视台】前身是武汉电视台，1959年2月开始筹建。1960年12月1日试播，1978年9月改名为湖北电视台。现下设有：办公室、总编室、新闻部、专题部、文艺部、国际部、电教部、科技部、青少部、制作部、技术部、技术办公室、广告经济部，以及鄂视开发公司。编制人数400人。台长黎鸣，副台长：姚仁杰、陈崇玉、唐家海。地址：武汉市武昌区粮道街紫金村特一号，电话：7838762，邮政编码：430071。

【湖北经济电视台】前身是湖北江汉经济电视台，于1988年12月1日正式开播。播出频道为13频道。设有总编室、办公室、新闻部、经济部、栏目部、文艺部、译制部、少儿部、广告部、制作部、技术部，以及荧丰电视艺术开发公司。编制人数100人。台长赵征，总编辑齐桂凤。地址：武汉市武昌区粮道街紫金村特一号，电话：7838762，邮政编码：430071。

【湖南电视台】1970年9月28日试播，同年10月1日正式开播。现为副厅级单位。目前有4个频道发射节目。1993年平均每周播出153小时45分，其中转播中央台节目81小时，自办72小时45分。下设总编室、新闻部、专题部、文艺部、广告部、经济部、电教部、对外部、研究室、政治部、办公室、行政部、计财部、技术办、制作部、播出部、保卫科、美工科。全台共有491人，其中行政管理人员20人，采编人员160人、播音人员17人，技术人员161人，技术工人67人，文艺人员37人，教育2人，其他27人。台长魏文彬（厅长兼），副台长：丁尔康、赵安福、陈先绪、覃晓光、迟锋。台址：长沙市德雅村110号，电话：4429731，邮码：410003。

【广东电视台】成立于1959年9月30日，下属两个台（两套节目）：2频道为广东电视岭南台，14频道为广东电视珠江台。另外8频道、21频道转播中央台第一套节目和中国教育电视第一套节目。全台共14个部（处），编制1254人，台长孙孔华。地址：广州环市东路331号，电话：3355188，电传：3357506，邮码：510066。

【海南电视台】前身为海口电视转播台。1979年9月23日，海口电视转播台试播，10月1日正式播出。1982年7月12日，在海口电视转播台的基础上建立海南电视台。1984年2月，定为行政区正处级单位。1989年6月，海南电视台随着海南建省而升格为省级台，系副厅级事业单位，下设办公室、总编室、新闻部、社教部、文艺部、经济部、广告部、制作部、播出部等9个处级部室，定编147人，实际231人。现台长鹿松林。地址：海口市海秀大道1号，电话：6778692，电传：6772453，邮政编码：570005。

【广西壮族自治区电视台】1970年9月15日成立，10月1日正式播出。1993年播出3套节目：4频道除转播中央电视台部分节目外，主要播出自办节目；20频道播出自办节目；26频道转播中央电视台节目。平均每周转播中央电视台节目112小时，自办节目75小时。台下设办公室（对外增挂总编室牌子）、新闻部、专题部（对外增挂青年少儿部）、国际部、文艺部、经济部、广告部、技术部、录制部。在全区8个地区（市）和区辖6市设记者站9个。全台现有职工405人，其中有专业技术高级职称的35人，中级职称的168人。台长谈忠余，副台长黄著诚、黄玉彪，尹汝表。地址：南宁市民族大道12号，电话：551315，传真：554039，邮政编码：530022。

【四川电视台】前身为成都电视台，1960年5月1日试播。1971年，划归四川省广播事业局领导，1978年8月1日，成都电视台更名为四川电视台。目前共有3套自办节目，其中2频道、27频道（第一套节目）通过全省1800多座转播、差转台覆盖全省；10频道（第二套节目）覆盖成都地区及周围市县；第三套节目是卫星节目。同时，该台还利用8频道转播中央电视台的第一套节目。平均日播出时间为43小时30分。目前编制为490人，所设机构：办公室、总编室、新闻部、专题部、文艺部、电视剧部、国际部、对外经济部、电教部，10频道、卫星办、人事劳资部、计财部、技术录制部。技术播出部、制作部、技术办公室、机关党委、纪检组、工会、电视节办公室、四川省电视实业开发总公司。台长、分党组书记曹培俊（兼），副台长：杨乃富、王潞明、凌远鑫、魏炳炉、郭剑新、张安弟，台总工程师姜英东。台址：成都市东胜街40号，邮编：610015，电话：6636065。

【贵州电视台】始建于1968年7月1日。1984年自办1套节目。1989年10月3日开始每周二、四、六把节目送上卫星进行覆盖传播，同年12月11日试办第二套节目，1991年1月1日正式播出。现为副厅级事业单位，所属处级机构有：政工处、行政办公室、总编室、新闻部、文艺部、社教部、专题部、国际部、广告部、经济部、译制部、录制部、技术办公室、播控室、东山发射台。在8个地（州、市）设有记者站。全台职工352人。现任台长赵运乾。地址：贵州省贵阳市青云路261号，邮政编码：550002，电话：516245，电传：524165。

【云南电视台】1969年10月3日成立。现机构设置有：新闻部、文艺部、专题部、国际部、电视剧部、录制部、技术部、台办公室、台总编室等九个部门，编制300人。台长曲贵年，副台长：吴启发、闵瑞麟。地址：昆明市人民西路73号中心大楼10楼。邮编：650031，电话：5310156，电传：5310916。（供稿人王心献）

【西藏自治区电视台】1976年10月着手筹建，1978年5月1日在拉萨开始试播黑白电视，1979年国庆节开始彩色电视的试播，以录像转播中央电视台的节目为主，自己拍摄的新闻和译制的藏语专题节目等的数量在逐步增加。1985年8月，西藏电视台正式成立。目前，有自办节目两套，转播中央电视台两套节目。每天播出63个小时，新闻由原来的“西藏新闻”改为“全区新闻联播”，新开辟了“经济一刻钟”，“文艺大观”、“点歌台”、“世界之大”等5个栏目。现在全部节目送卫星播出。地址：拉萨市北京中路180号，电话：22266、22429，邮编：850000。

【陕西电视台】成立于1960年7月1日，开始称西安实验电视台；1965年7月1日，呼号改为西安电视台；1978年5月5日，定名为陕西电视台。到1993年底，全台编制386人，实有职工562人，副厅级建制。内部机构设有办公室、政治处、编委办、研究室、新闻部、文艺部、社教部、青少部、对外宣传部、电视剧部、技术部、播出部、经济信息部等。另外还有党团总支。台长王超，副台长：邓旭涛、苟良、金国强，总工程师曹钰，党支部书记：黄光贵。地址：西安市和平门外建西街10号，电话：7216898，电报：7026，邮编：710054。

【甘肃电视台】原名兰州电视台，1958年8月筹建，1960年9月7日首次试播；1961年初中断；1969年6月重新筹建，1972年6月1日正式播出；1978年10月1日改为甘肃电视台。到1993年底，全台编制244人，实有233人，其中有高级职称的14人，有中级职称的58人。台内设台委办公室、新闻部、专题文艺部、电视剧部、对外宣传部、技术部、制作部等。台长魏成贵（兼），副台长：丁见尧、赵群力、马思义。台址：兰州市东岗西路146号，电话：8416110，电报挂号：4997，邮编：730000。

【青海电视台】创建于1970年7月1日，原名西宁电视台，1975年9月正式播出。1980年5月26日更名为青海电视台。1985年12月自办节目实现了天天播出。1993年，青海电视台用4频道和8频道播出新闻、专题、教育、文艺、服务性等汉、藏两套自办节目，每周平均播出73小时23分钟（其中藏语为26小时33分钟）。另外，每天用11频道全天转播中央电视台的第一套节目，用15频道和27频道每天转播中央电视台的第二套节目及中国教育电视台的教育节目，每周还用4频道播出12个小时的本省电大教学节目。现有职工300人，其中获高级专业技术职务的25人，中级76人。设有总编室、新闻部、行政办公室、专题部、文艺部、国际部、电视剧部、电视艺术研究室、藏语编译部。现任台长栾志崇。地址：青海省西宁市昆仑路94号，电话：44975、44981，邮编：810001。

【宁夏回族自治区电视台】1970年5月筹建，10月1日试播；1971年元旦正式播出。现台内设有：办公室、新闻部、专题文艺部、总编室，电视剧部，对外宣传部、技术部。台长徐志健，副台长丁凯声，马成江。地址：宁夏回族自治区银川市新华西街，邮政编码750001。

【新疆维吾尔自治区电视台】1960年和1970年两次筹建新疆实验电视台，1970年10月1日播出黑白电视节目，每周用维吾尔语和汉语各播出1次，每次2–3小时。1972年7月1日，改名为新疆电视台。现机构设有：总编室、台办室、新闻部、维吾尔语专题部、哈萨克语编辑部、文艺部、编译部、国际部、制作技术部、播出技术部、哈萨克语专题部、总工办、经济部、电视剧译制中心、电视剧制片中心，新疆有线电视台。职工共568人，其中少数民族干部323人。台长赵庆忠（满族），副台长：乌布利·哈斯木（维吾尔族）、桑玉堂、夏肯（哈萨克族）、阿布拉尤里瓦斯（维吾尔族）、罗贵荣。地址：乌鲁木齐市团结路84号，邮编：830044，电话：260784–329。（供稿人孙炎上）

【天山电视台】1992年10月25日试播，1993年6月8日正式开播。隶属新疆广播电视厅领导。新疆第一家经济电视台，是一个实行企业化管理的事业单位，实行全员聘任的新体制。它以转播中央电视台第二套节目为主，利用“时间差”，自办文艺、经济类等节目，强调节目的知识性、服务性、娱乐性，节目形式为大板块、栏目化。目前使用15频道播出，覆盖乌鲁木齐市和周围一些地、县。机构设有：总编室、经济部、文艺部、专题部、广告部、技术部、台办室，共有职工35人。台长张仁武（兼）。地址：乌鲁木齐市团结路84号，邮编：830044，电话：260784。（供稿人孙炎上）

【新疆雪莲电视台】1993年2月1日开始试播。它使用8频道播出，每晚18：00（乌鲁木齐时间）开播，22：30左右结束。以经济文艺类节目为主，主要有：转播中央电视台《经济信息联播》和新疆电视台的《新疆新闻》、《经济视角》、《广告节目》、电视剧、故事片、文艺体育节目等。雪莲电视台在新疆电视台的领导下，实行独立核算，自负盈亏，人员实行聘任制。（供稿人孙炎上）

高等院校

【北京广播学院】是广播电影电视部直属高等学校，建于1954年3月。现已发展成为融新闻、艺术、工程、外语、管理于一体，拥有较强办学实力和师资力量，具有培养硕士研究生、第二学士学位生、本科生、专科续本科生、专科生和函授生能力的综合性高等学校。既是广播电视事业的人才培养基地，又是广播电视学术理论的科学研究中心。共有专任教师387人，其中教授35人，副教授119人，讲师137人。聘请社会各届专家近百名为学院兼职教授，聘请海外著名学者为名誉教授，还聘请来自美国、加拿大、英国等国的外籍专家任教。现设新闻系、播音系、电视系、文艺编辑系、外语系、无线电工程系、电视工程系、微波系、管理系和语言文学部、社会科学部、广播技术研究所。成人教育设有培训中心、函授部。学院开设24个本科专业、7个硕士研究生专业、4个函授专业，同时接受培养外国留学生、进修生。建院以来，共为国家培养输送了各类广播电视专业人才1.6万人，为广播电视系统培训在职干部1.2万人。1993年全日制在校生2433人，在读函授生3877人。

学院积极开展对外文化学术交流活动，已同美国、日本、德国、加拿大、澳大利亚、新加坡、俄罗斯等十几个国家的一些高校和广播电视机构建立了友好合作关系或业务联系。

学院占地294亩，校舍总面积12万平方米。校内有15个研究机构，建有视听中心、电路实验中心，计算机中心和播音、电视演播、节目制作、电视技术等各类专业实验室。图书馆现有藏书60余万册，期刊1600多种。

现任党委书记兼院长刘继南，副院长王纪言、赵玉明、周铜山，党委副书记兼副院长黄勇，党委副书记韩峻峰，院长助理苏志武。地址：北京朝阳区定福庄东街1号，邮政编码：100024，电话（总机）：5762955，传真：5762817。

【浙江广播电视专科学校】是广播影视部直属的一所文科类兼容若干艺术类专业的高等专科学校，筹建于1984年，1986年开始招生。学校占地92.5亩，建筑面积28000多平方米。现有教职工144人，其中专任教师72人。有教授3名，副教授27名，讲师34名；学校下设机构八处四科，其中设置新闻、文艺、语言文学三个系，开设播音、广播电视新闻、文艺编导、摄像、录音、广告、文秘七个专业及广播电视文学、节目主持人两个专业方向。1993年招生242人，在校生487人。为广播电视事业共输送毕业生211人。校党委书记林和，校长陈为良，党委副书记兼副校长吴国田，副校长张长金。校址：浙江省杭州市拱宸桥舟山东路，邮政编码：310015，电话：8010127（总机）。

【广播电影电视部管理干部学院】是在部直属华北广播电视学校的基础上，于1991年建立的部直属成人高等学校。主要任务是对广播电视系统县、处级以上管理干部和各级各类专业技术干部进行岗位培训；对中级以上专业技术职务的干部进行继续教育；根据广播电视事业发展需要开展大专层次的高等学历教育和专业证书教育；并有针对性地举办各类短期培训班。目前开设有大专层次的“电视摄像”、“录音艺术”两个专业。1993年在校生352人（其中大专107人）。学生处负责中专专业的招生、教学工作，开设有“影视动画”、“电视美术”、“广播电视技术”专业。自1989年开始，为西藏培养了四届120人广播电视技术人才。学院内设办公室，教务处、学生处（包括中专）、专业课部、基础课部、总务处等机构。有教职工119人。现任党委书记宋立业，副院长于洪连。学院地址：山西省太原市黑土巷，邮码：030013，电话：4047457。

【广播电影电视部培训中心】是根据广播电影电视部《关于建立广播电影电视部培训中心的决定》，于1993年5月成立的。是部开展高层次继续教育和岗位培训的基地之一。主要任务是对中央和地方广播电影电视机构的领导干部进行履行岗位职责所必备的马克思主义基本理论、专业理论、科技知识和管理知识的培训；对高、中级专业技术人员进行继续教育；对广播电影电视系统各类院校和培训机构的管理人员及师资的培训；还将创造条件与国际组织的培训机构合作，举办区域性的业务培训。培训中心依托并隶属于北京广播学院，接受部教育司的指导和下达的培训任务。还承担北京广播学院高等函授教育和夜大学教育。培训中心设在北京广播学院内，有一座由演播室、教学行政区，公寓和食堂四部分组成的培训综合楼。年培训量为400人左右。培训中心主任于佩玲。培训中心地址：北京广播学院内，邮码：100024，电话：5762819。

【广播电影电视部职工学校】是广播电影电视部直属成人教育基地之一，建于1983年12月。主要任务是负责部机关及所属单位在职人员的文化培训；管理电大工作站和函授工作站、夜大学；开办各类成人教育学历班；协助部属单位开办各种短期培训班。学校由城内和窦店两部分组成。内设北京电视大学广电部工作站，北京广播学院函授工作站和夜大学工作站，非学历教育培训部。1992年还建立了部党校培训部。有教职工34人。1993年开办有函授专科教育的“新闻学”“广播电视工程”两个专业。电大的“英语专科”、“涉外会计”、“财务会计”、“公共关系”、“对外经济贸易”专业和大学基础班。还开办了“领导干部函授班”。总计在校生800人。自建校以来，累计培养了大专毕业生658人，高中、初中文化补习合格3020人，配合部机关和部直属单位举办了102期培训班，培养各类业务人员3567人。城内校址：北京西城复兴门南大街一号楼院内，电话：6092751、6093533，邮码：100045。窦店校址：北京房山区交道乡、262信箱干校，电话：6092987、6092787，邮码：102402。

中等院校

【山西广播电视学校】前身是山西广播学校，创建于1959年，1961年停办，1979年恢复，改名为山西广播电视学校。目前学校有教职工44人，其中专职教师27人，高级讲师6人，讲师10人。开设了广播电视技术专业和家电维修两个专业，在校学生共332人。校址在太原市南内环街48号，电话：7072351，邮编：030012。

【内蒙古广播电视学校】前身是内蒙古广播学校，创建于1960年，1961年停办，1981年恢复，改名为内蒙古广播电视学校。目前学校有教职工77人，其中专职教师48人，高级讲师5人，讲师22人。开设了广播电视发送、微波技术、音像设备维修和广播电视技术等四个专业，在校学生共299人。校址在呼和浩特市1公里处，电话：673910，邮编：010031。

【辽宁广播电视学校】前身是辽宁广播学校，创建于1960年，1962年停办，1979年恢复，1985年改名为辽宁广播电视学校。目前学校有教职工48人，其中专职教师29人，高级讲师3人，讲师14人。开设了电视技术专业和微波技术两个专业，在校学生共254人。校址在沈阳市东陵区丰乐街29号，电话：4821179，邮编：110015。

【吉林广播电视学校】创建于1960年，1963年停办，1978年恢复。目前学校有教职工49人，其中专职教师18人，高级讲师3人，讲师14人。开设了广播电视发送、广播电视播控、音像设备维修和播音等四个专业，在校学生共234人。同时还举办了四期短训班，培训学员210人。校址在长春市南岭大街2号，电话：683711，邮编：130022。

【浙江广播电视学校】创建于1978年。目前学校有教职工54人，其中专职教师21人，高级讲师2人，讲师13人。开设了广播电视技术和应用电子技术两个专业，在校学生共223人。同时还举办了9期短训班，培训学员389人。校址在杭州市拱宸桥舟山东路，电话：8014348，邮编：310015。

【安徽广播电视学校】前身是安徽广播学校，创建于1974年，一直没有正式开办，1984年更名为安徽广播电视学校，同年秋天正式招生。目前学校有教职工73人，其中专职教师45人，高级讲师8人、讲师15人。开设了广播电视技术、无线电技术、电子技术、新闻、经营管理、微机财会、播音、电视节目制作和广播电视工程等9个专业，在校学生共874人。校址在合肥市金寨南路姚公镇，电话：333864，邮编：230022。

【湖南广播电视学校】前身是湖南广播学校，创建于1958年，1961年停办，1979年恢复，改名为湖南广播电视学校。目前学校有教职工113人，其中专职教师58人，高级讲师15人，讲师39人。开设了广播电视技术、广播电视播控技术、播音和家电维修等4个专业，在校学生共449人。同时还举办了4期短训班，培训学员102人。校址在长沙市韶山路79号，电话：558424，邮编：410007。

【四川广播电视学校】创建于1983年。目前学校有教职工64人，其中专职教师26人，高级讲师3人，讲师24人。开设了广播电视技术专业，在校学生共414人。校址在成都市华阳镇，电话：641792，邮编：610213。

【贵州广播电视学校】创建于1966年，1968年停办，1973年恢复。目前学校有教职工76人，其中专职教师36人，高级讲师3人，讲师13人。开设了广播电视技术和采编播两个专业，在校学生共144人。同时还举办了两期短训班，培训学员92人。校址在贵阳市阳关，电话：442623，邮编：550008。

【云南广播电视学校】筹建于1979年，成立于1985年。目前学校有教职工92人，其中专职教师27人，高级讲师4人，讲师14人。开设了广播电视发送技术、广播电视播控技术和新闻编采等3个专业，在校学生共298人。同时还举办了4期短训班，培训在职干部149人。校址在昆明市吴井路19号，电话：3132704，邮编：650041。

【甘肃广播电视学校】前身是甘肃广播学校，创建于1958年，1961年停办，1984年恢复，改名为甘肃广播电视学校。目前学校有教职工44人，其中专职教师18人，高级讲师3人，讲师11人。开设了节目制作、微波技术、广播电视发送技术、广播电视播控技术、音像设备维修和有线电视等6个专业，在校学生共226人。同时还举办了两期短训班，培训在职干部102人。校址在兰州市盐场路264号，电话：8828301，邮编：730046。

【新疆广播电视学校】筹建于1980年，1985年正式成立。目前学校有教职工62人，其中专职教师38人，高级讲师6人，讲师13人。开设了微机应用、无线电技术、新闻和播音等4个专业，在校学生共646人。校址在乌鲁木齐市团结路301号，电话：261844，邮编：830001。

【郑州广播电视学校】是广播电影电视部下属的普通中等专业学校，成立于1984年。目前学校有教职工

41 人，其中专职教师 36 人，高级讲师 4 人，讲师 11 人。开设了广播电视技术和广播电视播控技术两个专业，在校学生共 257 人。同时还举办了两期岗位培训，培训学员 108 人。校址在郑州市文化路北段 79 号，电话：3932262，邮编：450002。

【山东广播电视学校】 前身是山东广播学校，创建于 1960 年，1961 年停办，1982 年恢复，改名为山东广播电视学校。目前学校有教职工 43 人，其中专职教师 18 人，高级讲师 5 人，讲师 11 人。开设了广播电视技术和播音两个专业，在校学生共 263 人。同时还举办了 8 期短训班，培训学员 450 人。校址在济南市燕子西路 38 号，电话：2967544，邮编：250014。

【广东广播电视学校】 创建于 1975 年。目前学校有教职工 59 人，其中专职教师 30 人，高级讲师 3 人，讲师 10 人。开设了电视节目制作、新闻采编、广播电视技术和播音等 4 个专业，在校学生共 303 人。同时还举办了 9 期短训班，培训学员 470 人。校址在广州市麓苑路 32 号，电话：3330628，邮编：510060。

【广西广播电视学校】 前身是广西广播学校，创建于 1960 年，1962 年停办，1980 年恢复，改名为广西广播电视学校。目前学校有教职工 58 人，其中专职教师 28 人，高级讲师 3 人，讲师 17 人。开设了广播电视技术和音像设备维修两个专业，在校学生共 367 人。校址在南宁市亭洪路 41 号，电话：225875，邮编：530031。

【江苏广播电视学校】 创建于 1984 年。目前学校有教职工 55 人，其中专职教师 23 人，高级讲师 4 人，讲师 20 人。开设了广播电视技术和音像设备维修两个专业，在校学生共 257 人。同时举办了 10 期短训班，培训在职干部 404 人。校址在南京市雨花台养回红村 156 号，电话：2202057，邮编：210012。

【湖北广播电视学校】 前身是湖北广播学校，创建于 1965 年，1966 年停办，1974 年恢复，改名为湖北广播电视学校。目前学校有教职工 76 人，其中专职教师 36 人，高级讲师 2 人，讲师 18 人。开设了广播电视技术、新闻和播音等 3 个专业，在校学生共 279 人。校址在武汉市汉阳十里铺，电话：484122，邮编：430051。

【华北广播电视学校】 是广播电影电视部管理干部学院的中专部，学校情况详见管理干部学院简介。

大事记

1993年中国广播电视大事

1　月

1日　中国国际广播电台开始使用新呼号：CHINA RADIO INTERNATIONAL（中国国际广播电台），简称CRI。

◇　中央电视台通过太平洋国际中转卫星开始向北美传送中国电视节目，每天传送1小时新闻、经济和文体节目，由美国芝加哥3C集团在美国KVBAND首次正式向北美播放。

◇　经新闻出版署批准，《中国电视报》由4开8版扩为4开16版。1月份发行量每期由200多万份猛增到350多万份。

◇　辽宁电视台、中央电视台同沈阳音乐学院联合举办了我国音乐史上第一次"全国管弦乐作曲大赛"。大赛共征集到作品154件，有大陆作曲家的和台湾、香港作曲家的，还有在日本、英国等国家的华人作曲家的作品。

◇　吉林经济电视台、吉林经济广播电台、吉林省广播电视信息台正式开播。

◇　浙江钱江电视台开播。

◇　《浙江广播电视报》扩版，由4开4版加月末版改为4开8版。

◇　陕西人民广播电台对节目进行大的改革与调整，以整点新闻为骨干，以8个板块节目为主体，较多地采用主持人直播形式，设立了热线电话。

◇　青海电视台《青海新闻》更名为《青海新闻联播》。

◇　《青海广播电视报》由4版扩为8版。

5日　中央电视台与中国国际广播电台合作，通过太平洋国际卫星用西班牙语向墨西哥特莱维萨电视台传送5条新闻，节目长度10分钟。根据中墨双方协议，中方每周卫星传送1次新闻，航寄1次新闻节目带，节目长度均为10分钟。

6日　广播电影电视部人事司领导在中国广播艺术团中层领导干部会议上宣布部党组的决定，任命武炳统为中国广播艺术团团长，批准武炳统担任艺术团艺委会主任。同时宣布了艺术团及团艺委会的其他领导成员和组成人员。

◇　北京广播学院召开第六届思想政治教育研究会年会。

◇　经江西省政府统一部署，江西省广播电视厅会同南昌市广播电视局和公安、工商、物价等部门，对南昌市音像市场进行突击检查，取缔无证经营音像制品的摊点几十个，收缴非法伪劣的录像带和录音带8000盒。

7日　由广播电影电视部广播科学研究所负责组建的"有线电视质量监督检测中心"，在北京通过了由国家技术监督局、广播电影电视部系统的专家和领导组成的评审委员会的审查，正式成立。

7～8日　江西省以省政府名义在南昌市召开全省广播电视工作暨先进表彰会。省委副书记刘方仁、朱治宏，省委常委、宣传部长钟起煌，副省长陈癸尊，省政府秘书长孙瑞林等出席会议。广播电影电视部艾知生部长发来贺电。

8日　中共中央政治局委员、中央书记处书记、中央宣传思想工作领导小组组长、中宣部部长丁关根同志，中共中央政治局委员、国务委员李铁映同志和中央宣传思想工作领导小组成员刘忠德、艾知生、邵华泽同志，广播电影电视部领导马庆雄、王枫、刘习良，在中央电视台1000平方米演播室观看1993年春节联欢晚会的相声、小品节目和部分歌舞、戏曲节目。

◇　广播电影电视部教育司在部专家楼举办了部属高校全国优秀教材表彰暨迎新春教师代表茶话会。中国广播电视学会常务副会长郝平南出席茶话会，并向荣获全国中青年教师优秀教材奖《播音学简明教程》的主编北京广播学院吴郁老师等颁发了荣誉证书和奖金。

9日　辽宁人民广播电台和中国广播电视学会、中央人民广播电台等10家电台联合举办了全国北方"康源杯"业余京剧大赛，全国有近40个台参加。

◇　上海市音像管理处举行"庆祝上海市开展争创文明录像放映单位活动5周年"大会。会议表彰了一批上海市录像放映先进单位和先进个人。

上旬　青海人民广播电台记者张二龙采写的录音专访《可可西里传回的信息》在中国科学院第二届"科星"新闻奖评选中荣获一等奖。

11～12日　中央电视台在北京组织召开中国电视节目外销联合体成立大会。国务院新闻办公室三局副局长范信龙，广播电影电视部副部长刘习良，中央电视台领导杨伟光等和来自全国42个省、市电视台的66位代表出席了会议。

15日　广播电影电视部人事司、教育司领导在北京广播学院系部处级干部会上宣布了部党组的决定：同意常振铮不再担任北京广播学院院长职务，由院党委书记刘继南兼任院长。

18日 广播电影电视部举行了政府特殊津贴颁证暨迎新春联谊会，部属各单位260多位专家欢聚一堂。艾知生等部领导向享受政府特殊津贴的同志颁发了证书。

◇ 上海东方电视台直播了开播特别节目，标志着“东视”的诞生。

19日 《甘肃广播电视报》从617期起扩版，由原来的8开8版增加为8开12版。

20日 中央军委副主席刘华清、张震，中央书记处书记、中央政法委书记任建新，国务院秘书长罗干，总参谋长张万年，总政治部主任于永波，总后勤部部长傅全友等领导到中央电视台看望驻台的武警一支队十五中队，代表党中央、国务院、中央军委向全体官兵拜年。杨伟光台长参加了拜年。

◇ 上海市市长黄菊到上海人民广播电台《市民与社会》直播室，就市民关注的市府1993年要办的实事与听众直接交流。

22日 安徽人民广播电台、海峡之声广播电台和台湾中广公司联合举办了春节特别节目《江淮宝岛情相连》。

22～23日 中央电视台以金鸡唱晓为主题，以“欢乐、祥和、自豪、向上”为宗旨的1993年除夕夜《春节联欢晚会》现场直播，从晚上20点至凌晨1点，按计划圆满完成直播任务。

22日、26日 江苏省委副书记孙家正、江苏省长陈焕友先后批示表扬江苏电视台新闻部1992年在电视新闻宣传方面取得的成绩。

23日 北京人民广播电台调频立体声节目实行24小时播音。

◇ 甘肃电视台二套节目即甘肃飞天经济台开始试播，覆盖省城兰州市。

25日 福建有线电视台体育频道开播。

28日 辽宁电视台与日本富山电视放送联合拍摄的大型电视记录片《辽河》，于当地时间28日19点在美国纽约联合国总部隆重举行首映式。首映式是联合国总部环境计划委员会举办的。选择《辽河》一片作为该机构宣传教育工作的一个环节，目的是使各国更进一步地提高对世界环境问题的认识。

◇ 中国首家由中央和地方合资的大型文化影视有限公司——东上海国际文化影视公司正式成立。

2　月

1日 新疆“雪莲电视台”开始试播。

3日 由中国广播电视学会主办的第三届全国广播电视学术研究论文评选揭晓，评奖分宣传、管理、技术3类，共有102篇论文获奖，其中一等奖14个，二等奖31个，三等奖57个。

◇ 广播电影电视部办公厅召开了由部机关和部直属单位办公室主任参加的信息工作会议，并向获奖单位发了证书。

◇ 天津市委宣传部在天津电视台召开《渤海春潮》春节文艺晚会总结表彰大会。

5日 广播电影电视部副部长田聪明代表部党组主持召开了驻部纪检组、驻部监察局全体干部会议，正式宣布按照中纪委批准的方案，两个派驻机构从即日起合署办公。同时宣布了合署后领导成员名单：组长李范笑，副组长王德新兼监察局局长，副组长武俊礼，监察局副局长崔洪。

◇ 上海电视台STV新闻首次成功直播闹元宵新闻，创电视新闻报道新形式。

6日 广播电影电视部、文化部、中国文联、中国曲艺家协会在北京联合召开了“中国相声艺术大师侯宝林从艺65周年研讨会”。中共中央政治局委员、国务委员李铁映出席并讲话。侯耀文代表家属发了言。

9日 中国国际广播电台《世界信息报》举办的“西泠杯”1992年十大国际新闻和国内新闻评选颁奖大会在人民大会堂举行。全国政协副主席洪学智、王光英，广播电影电视部副部长刘习良出席了大会。

9～27日 以沈纪副台长为团长的中央电视台银河少年电视艺术团一行47人，应邀前往新加坡进行为期18天的访问演出。这是银河艺术团建团30多年来的首次出国访问演出。

10日 台湾世界新闻传播学院院长成嘉玲博士率领由21位部、学系主任和教授组成的大型代表团，到北京广播学院参观访问。

12日 广播电影电视部科技司、美国中美有线电视科技有限公司在北京联合举办“′93北京国际有线电视科技展”。

13～22日 由中国电视艺术委员会主办、广播电影电视部音像处协办的第二届国产优秀音像制品“双向奖”评奖在北京举行，评选出一等奖14个，二等奖30个，三等奖50个，特别奖11个，单项奖13个。另有69个作品获荣誉奖。8月21日在北京举行了颁奖大会。

18～24日 “′92福建广播奖”评选揭晓，有75件作品获奖，其中一等奖10件、二等奖23件、三等奖42件。

20日 黑龙江省广播电视厅隆重举行黑龙江人民广播电台开办朝鲜语广播30周年庆祝大会。

24日 中央人民广播电台委托北京广播学院进行的“中央人民广播电台1992年全国听众抽样调查”在北京通过专家鉴定。

25日 中央电视台在民族文化宫举行“梅兰芳金奖大赛”颁奖晚会，中宣部部长丁关根和文化部领导刘忠德、高占祥、刘德有、陈昌本，广播电影电视部领导艾知生、刘习良，台领导杨伟光等出席了晚会，并为获奖的演员颁奖。

◇ 青海昆仑音像出版社集会庆祝该社成立5周年。省委书记尹克升题词“弘扬民族文化，高唱时代赞歌”以示祝贺。

26日 国务院决定，任命何栋材、同向荣为广播电影电视部副部长，免去徐崇华、马庆雄的广播电影电视部副部长职务。

26日～3月1日 由中央电视台主办的全国省级、计划单列市电视台台长和总编室主任会议在京西宾馆举行，来自全国30个省、自治区、直辖市和14个计划单列市电视台台长和总编室主任共78人出席了会议。广播电影电视部领导艾知生、王枫、刘习良和部办公厅、总编室、地宣司、广播电视学会、广播学院的领导以及中央电视台领导和各部处主任参加了会议。3月1日上午，中共中央政治局委员、书记处书记、中央宣传思想工作领导小组组长丁关根到会看望代表并作了重要讲话。

26日 陕西省广播电视厅评出1992年度全省优秀电视新闻节目。有32件作品获奖，其中一等奖6件，二等奖11件，三等奖15件。

27日 江泽民、乔石、李瑞环、朱镕基、刘华清等中央领导在中南海观看了获电视“梅兰芳金奖”的8位演员的汇报演出。文化部领导刘忠德、高占祥，广播电影电视部领导刘习良和中央电视台领导杨伟光等陪同观看演出。

◇ 中共江西省委决定李立功同志任江西省广播电视厅党组书记；江西省第八届人大常委会第一次会议通过决定，任命李立功同志为江西省广播电视厅厅长。原厅长、党组书记刘宗一当选为江西省八届人大常委会委员。

28日 由山西省广播电视学会举办的“山西广播奖”广播新闻、广播社教节目评奖，在山西省晋城市揭晓。128件作品参评，102件入选，其中一等奖19件、二等奖32件、三等奖51件。

◇ 1992年度江西广播电视奖（电视部分）评选揭晓。这次参评节目有103件，共评选出77件优秀电视作品，其中一等奖12件，二等奖27件，三等奖30件，单项奖8件。

同月 据《广播学院报》第117期报道：北京广播学院的新闻学、语言学（播音）、电磁场与微波技术、通讯与电子系统4个学科、专业于1993年12月30日被广播电影电视部确定为首批部级重点学科、专业。

3　月

1日 中央电视台第一套节目新闻改革付诸实施，每天播出次数由原来的5次（包括体育新闻）增加至12次。其中除《新闻联播》和《体育新闻》为录播外，其余为直播新闻。

◇ 北京人民广播电台新闻台成立。

◇ 北京人民广播电台音乐台成立。呼号：北京音乐台，全天24小时播音。

◇ 河北电视台调改节目播出时间，由过去的每天4个半小时增加到9个小时。

◇ 广东省广播电视厅党组决定成立厅新闻编辑委员会，由厅长周无忌等6位同志组成。

3日 中央人民广播电台对台湾广播部和厦门经济特区友利贸易有限公司联合举办的第五届《海峡情》有奖征文活动，在北京长城饭店隆重举行颁奖大会。国务院副总理吴学谦、全国政协副主席赵朴初、广播电影电视部副部长刘习良等出席大会并向获奖者颁奖。

◇ 魏文彬任湖南省广播电视厅厅长、党组书记。免去文选德湖南省广播电视厅厅长职务；免去李青林湖南省广播电视厅党组书记职务。

◇ 甘肃省委发文通知，杨德儒任中共甘肃省广播电视厅党组书记；免去皇甫斌中共甘肃省广播电视厅党组书记职务。3月10日，甘肃省八届人大常委会第二次会议决定任命杨德儒为甘肃省广播电视厅厅长。

4～5日 安徽省八届人大常委会第二次会议根据傅锡寿省长提名，决定任命杨波为安徽省广播电视厅厅长。中共安徽省委决定，任命杨波为省广播电视厅党组书记；朱兆瑾不再担任省广播电视厅党组书记职务。

5日 中共天津市委对外宣传小组、市委宣传部召开《中国·天津》、《渤海风》、《长城内外》（海外版）表彰会，对天津电视台国际部和这3个节目制作组在开辟建立海外阵地、对外宣传天津等方面的工作做出突出成绩给予表彰和奖励。

6日 全国妇联发出《关于表彰全国城镇妇女巾帼建功标兵和巾帼建功先进单位的决定》。中央电视台青少部《七巧板》组被全国妇联授予全国巾帼建功先进集体，国际部《动物世界》栏目组组长孙秋萍被评为全国巾帼建功标兵和全国“三·八”红旗手。孙秋萍参加了巾帼建功10人报告团。

8日 以瑞典埃里克松为团长的国际奥委会考察团一行13人到中央电视台进行实地考察，北京奥申委张百发、万嗣全等负责人陪同，广播电影电视部王枫副部长、中央电视台杨伟光台长、林景云副台长等与考察团成员会见。

◇ 由山西省广播电视学会和山西电视台联合举办的“山西电视奖”’92电视新闻节目评选在太原揭晓。90件作品获奖，其中一等奖15件，二等奖29件，三等奖46件。另有编辑奖2名。

9日 贵州省广播电视学会主办的全省1992年度优秀广播电视节目评选揭晓。送评节目中有广播稿108篇，电视稿97篇，其中15篇获一等奖，39篇获二等奖，56篇获三等奖。

◇ 新疆有线电视台正式成立，9月20日开播。

9～12日 第10届全国电视剧题材规划会在西安举行，来自全国各生产单位的250名代表出席了会议。广播电影电视部艾知生部长、刘习良副部长和陕西省常务副省长徐山林等出席会议并作了重要讲话。

◇ 广播电影电视部部长艾知生到延安视察广播电视工作。

10日 中央8家新闻单位记者团“南方万里纪行”活动在北京启程，揭开了行程15000公里的行进式采访活动的序幕。中央电视台经济部派出采访组随团采访。“南方万里纪行”活动将历时40天。

◇ 在北京市召开的绿化美化先进单位、积极分子表彰大会上，广播电影电视部被评为首都绿化、美化红旗单位，北京广播学院被评为首都绿化美化花园式单位，王甘文被评为首都绿化美化领导干部积极分子，于德润、奚凤豪被评为首都绿化美化积极分子。

◇ 中国唱片总公司被评为“1992年首都文明单位”、“中直机关共建精神文明活动先进集体”、“广播电影电视部精神文明先进单位”。

◇ 安徽全省地方台站1992年度优秀广播电视节目评选揭晓，有191件作品获奖，其中广播一等奖20件，二等奖40件，三等奖62件；电视一等奖11件，二等奖22件，三等奖36件。

◇ ′92福建电视奖（电视新闻奖）评选揭晓，有53件作品获奖，其中一等奖10件，二等奖16件，三等奖27件。

10～13日 广播电影电视部精神文明活动协调委员会在542台召开了“1992年度精神文明活动总结评比表彰会”。

11日 中央电视台新闻节目中滚动播出了“保护圆明园遗址刻不容缓”的报道之后，在社会各界引起较大的反响。中共中央政治局委员、国务委员李铁映看了报道后，在北京市市长李其炎、国务院副秘书长徐志坚、国家文物局局长张德勤等的陪同下视察了圆明园遗址，并向有关部门发出“抢救圆明园遗址越快越好”的呼吁。

11～16日 甘肃省优秀电视新闻与社教节目评选活动在兰州举行。共评出获奖节目61件，其中一等奖7件，二等奖26件，三等奖28件。

14日 1992年度江西广播电视奖（广播部分）评选揭晓。共评选出105件优秀作品、112个奖，其中一等奖17个，二等奖33个，三等奖55个，单项奖7个。

◇ 1992年度陕西省优秀广播节目评奖揭晓。有60件作品获奖，其中一等奖14件，二等奖21件，三等奖25件。

15日 由中央电视台经济部主办的“3·15消费者之友专题晚会”如期直播，国务院18个部委局和企业部门领导出席了晚会并回答了问题。

17～18日 北京、广东、上海三家电视台合作现场直播“′93世界体操单项锦标赛”，开创了地方台联手直播世界重大赛事的途径。

18日 在青海省政府召开的1992年度目标管理责任制表彰大会上，青海省广播电视厅被授予“完成1992年目标任务”的优秀单位。

中旬 新疆广播电视厅、新疆广播电视学会主办了新疆自治区第十一届优秀广播节目和第七届优秀电视节目评选，有维吾尔、汉、哈萨克、蒙古、柯尔克孜等5种语言的广播电视稿件参评。

22日 首届上海新闻奖授奖大会举行。上海电视台《南浦大桥成为人民心中丰碑》和上海电台《南浦大桥主桥钢梁合龙》荣获一等奖。

22～25日 广播电影电视部地方司和福建、江西、山东、河南、山西、河北、黑龙江、陕西、安徽9省广播电视厅在福建厦门市联合举办了“′93厦门有线电视技术、设备展示会”。

22～27日 甘肃省第十届优秀广播节目评选活动在兰州举行。共评选出80件优秀节目，其中一等奖13件，二等奖27件，三等奖40件。

26日 英国剑桥国际传记中心董事会决定授予中央电视台文艺部导演邓在军国际勋章，以“表彰邓在军女士在电视艺术领域做出的杰出贡献”。

◇ 由台湾电视文化公司编辑出版的《电视周刊》在第1590期上首次刊出了中央电视台第四套节目表。

◇ 新疆“天山经济广播电台”正式开播。

26～28日 中央电视台圆满完成了在首都体育馆举行的1993年世界短跑道速滑锦标赛转播任务。本次比赛有来自23个国家的159名世界优秀选手参赛，是我国举办的重大国际比赛。

29日～4月1日 北京广播学院召开第二届教代会。

30日 北京广播学院举行第三次党代会，选举了新一届党委，刘继南为党委书记。

◇ 河南交通广播电台成立并开播。

31日 中央人民广播电台1992年度优秀广播节目评选揭晓，共评出获奖作品137篇。分新闻、评论、板块节目、专题专稿、文艺5个项目。

同月 李鹏总理秘书转达：李鹏总理对中央电视台新闻滚动播出表示满意，说这是符合国际惯例的，这也是电视新闻向国际水平迈出的一步。

◇ 由艾知生部长、刘习良副部长任主编的《中国改革开放辉煌成就十四年·广播电影电视卷》出版，全书近110万字。

◇ 中共四川省委、省人大任命李之侠为省广播电视厅党组书记、厅长、总编辑。

◇ 西藏广播电视厅拉归副厅长等一行6人，先后用20多天时间到广西、云南、贵州、四川、重庆等省市自治区广播电视厅、局、台进行考察学习。

4 月

1日 中央电视台召开人

大、政协两会宣传报道总结大会，广播电影电视部副部长刘习良、部总编室主任张振东和台领导杨伟光、沈纪听取了两会报道组的工作汇报。中央电视台的两会报道有几大特点：(1) 参加报道的人最多；(2) 报道的量最大；(3) 新闻意识最强；(4) 新闻整体优势发挥得最好；(5) 国内外反响最佳。两会首次采取现场采访，现场报道，拓宽了报道方式；首次采用新闻滚动播出，提高了新闻时效；首次一天播出两个专题，加大了报道量；首次向北美传送，扩大了两会的影响。

◇ 中国唱片总公司与北京经济广播电台共同举办为期1年的"青春伴歌行"栏目。

◇ 海峡之声广播电台对原有广播节目进行较大幅度的调整和改革，改革后的节目，除10分钟的《新闻》和《广告》节目外，其它节目均以板块结构形式与听众见面。

◇ 广西广播电视厅制定的《广西壮族自治区有线电视台、站电视节目管理暂行规定》公布实施。《规定》共16条。

◇ 陕西省铜川市电视台正式开播。至此，陕西10个地、市全部都建立了电视台。

5日 陕西人民广播电台和广东人民广播电台、黄陵人民广播电台联合对海内外祭奠黄帝陵的活动进行了现场直播。

5～6日 全国省级、计划单列市电视台对外宣传工作座谈会在北京召开。刘习良副部长，中央电视台领导杨伟光等和来自全国40家电视台的台长出席了会议。美国3C集团总裁子繁、总经理迟晶也出席了会议。本次会议是共商在美国建立"美洲东方卫星电视"全天候联播网问题。

7日 李鹏总理为中央电视台台庆35周年题词："立足中国，面向世界"。

◇ 由国家体改委、《人民日报》主办的中国改革好新闻评选揭晓，中央电视台《观察思考》栏目的《屋檐下的优思》荣获一等奖。

◇ 世界卫生组织在中央电视台600平方米演播室举行国际卫生电视会议。中央电视台负责将此次电视会议实况传送到巴黎，再由巴黎传往各有关国家。

8日 中央人民广播电台《新闻报摘》节目播出述评《拜金主义要不得》后，新闻部不断接到来自各地听众的电话。这篇述评在听众中引起共鸣。

◇ 贵州电视台与共青团贵州省委、贵州大学历史系等单位协作制作的大型中国近代史国情教育系列片《世纪的抉择》(80集)在贵州电视台播出。省委书记刘正威为系列片题写篇名，并在《世纪的抉择》开播前发表了电视讲话。

◇ 由陕西、四川、内蒙古、重庆等12家电视台组成的中国西部电视集团与美国3C集团企业有限公司签约，商定从8月1日起3C集团的"美洲东方卫星电视"每天用1小时，以中国西部CWTV台名，播出西部集团摄制的电视节目。

9日 青海省1992年度广播电视优秀作品评选活动在西宁结束。评出一等奖12篇、二等奖26篇、三等奖77篇。

10日 由中央人民广播电台主办，全国25家省级广播电台参加的"首届大自然杯全国喜爱的歌手评选"揭晓。

11日 中国唱片总公司在北京王府井外文书店参加了由新闻出版署、广播电影电视部、文化部主办的"打击非法音像出版物、净化音像市场宣传日"活动。

12日 乔石为中央电视台建台35周年题词：勇于进取，开拓创新，加强两个文明建设，增进中国与世界相互了解。

◇ 天津人民广播电台新闻台较大幅度调整节目。整点新闻滚动播出，重大新闻随时播出，全天节目为大板块小栏目，形成新闻台的整体优势。

13日 广播电影电视部审计局举办的第一期广播影视审计培训班在北京广播学院培训中心开学。

15日 黑龙江人民广播电台在《你好，星期天》主持人直播板块节目中新辟《热线交流》专栏，邀请省领导和省直各委、办、厅、局负责人就群众关心的热点、难点问题，定期到电台直播间同听众现场交流。

◇ "福建电视奖——'92电视社教节目"评选揭晓，有26件作品获奖，其中一等奖5件，二等奖8件，三等奖13件。

17日 中共中央政治局常委、书记处书记胡锦涛，在江西省委书记毛致用、省长吴官正等陪同下，视察了地处井冈山黄洋界哨口西南处的704电视转播台。

18日 由中国国际减灾十年委员会、中国抗灾救灾协会、中国贫困地区经济开发服务中心、广东清远扶贫试验区、中央电视台和香港演艺界等联合举办的减灾、扶贫、献爱心大型义演晚会和电视播出获得成功。这是中央电视台与香港无线电视台首次携手合作。

19日 天津人民广播电台文艺台、音乐台调整节目。文艺台侧重单声道音、文、戏、曲、剧等综合文艺节目。音乐台侧重播出双声道音乐节目。

20日 河北人民广播电台青年记者采访组，骑摩托车采访了环渤海湾的河北、天津、辽宁、山东4个省市的17个地市，辛苦奔波两个多月，行程5000多公里，采写各类稿件30多篇，社会反响好。

中旬 台湾《大成报》继台视《电视周刊》之后，成为台湾首家每天刊登中央电视台第四套节目表的报纸。

20日～5月21日 中央电视台圆满完成首届东亚运动会的转播任务。

21日 上海市广播电视局与上海市财政局签订了第三轮财政综合承包协议，协议规定，上海市广播电视局在组织创收的同时，试行逐年递减财政预算拨款和增加事业收入与职工工资待遇挂钩的办法。

23日～5月2日 中央电视台派出第四套节目编辑部4名记者，前往新加坡采访“汪辜会谈”，发回新闻10多条，及时向海内外报道了世界舆论极为关注的海峡两岸40多年来的首次正式接触。

24日 中共中央政治局委员、书记处书记、中宣部长丁关根视察福建电视台。

◇ 中央电视台现场直播“中国近代史知识竞赛颁奖晚会”，中宣部、广播电影电视部、国家教委、总政治部、全国总工会、团中央、全国妇联的有关领导和中央电视台领导出席晚会，对晚会节目评价较高。

27日 北京广播学院院长刘继南和北京市119中学校长修先平在广播学院签订协议书，确定119中学为北京广播学院附中。

◇ 新疆广播电视厅召开全疆有线电视供片会议，并决定成立有线电视供片总站（属新疆音像出版社）。

27～29日 贵州省政府在贵阳市召开全省乡（镇）卫星广播电视收转站建设工作会议。

28日～5月7日 由中国广播电视学会主办的“中国电视奖”′92电视新闻节目评奖在陕西省西安市举行，共有137件作品获奖，其中一等奖27件，其余获二、三等奖。

29日 中央社会治安综合治理委员会通知，中央电视台录制的系列报道《长治久安之路》和《山东章丘农村综合治理》，分别获得“1992年全国社会治安综合治理好新闻奖”电视一等奖和二等奖。

同月 中国国际电视总公司全国有线电视供片中心在全国30个省市和地区建立了供片站，形成了一个较完整的全国有线电视供片网络。

◇ 江西信息广播电台正式开播。

◇ 宋国华同志任河南省广播电视厅厅长、党组书记、总编辑。原厅长马心浩同志调任中共河南省委宣传部副部长。

5　月

1日 中央人民广播电台新的英文译名正式启用。译名为CHINA NATIONAL RADIO，缩写为CNR。

◇ 中央电视台第一套节目新开辟的杂志型板块栏目《东方时空》于7：00准时播出。

◇ 陕西文艺广播电台正式开播。

3日 中央电视台举办《′93中国民歌MTV大赛》，旨在推动有中国特色、民族风格的MTV的创作发展。

◇ 广播电影电视部批准河北省县级电视台试办文艺节目，河北省广播电视厅建立供片站统一供片，半年提供电视剧和电影片104部1512集。

3～7日 “CNN世界报道200条供片者俱乐部”在美国亚特兰大市召开的“CNN世界报道”第四届供片年会上，宣布中央电视台为该俱乐部成员。

4日 江苏经济广播电台开播。

4～6日 华东地区广播影视审计协作组正式成立并在安徽省黄山市召开第一次会议。

5日 中央电视台召开“电视工作座谈会”，邀请首都各界热心观众25人参加座谈讨论。中央领导丁关根、李铁映，中宣部领导徐惟诚、白克明，部领导艾知生、王枫、刘习良，台领导杨伟光等和部办公厅、部总编室及中央电视台各中心的领导与代表们一同座谈。

◇ 江苏经济广播电台指导委员会成立。88名指导委员会聚南京共商经济宣传大计。季允石副省长任主任委员。

◇ 中共江苏省广播电视厅党校成立。党校与江苏省广播电视厅干部培训中心实行两块牌子一套班子，党校校长及培训中心主任由周顺生厅长兼任。

5～7日 由广播电影电视部科技司主持的全国部分省、市实验广播工作座谈会在合肥市召开。

6日 中共中央政治局常委、全国政协主席李瑞环为中央电视台台庆35周年题词：“一心为群众”。

7日 中央电视台邀请国务院各部委局领导参加“电视工作座谈会”。中央领导丁关根、李铁映，中宣部领导徐惟诚、白克明，部领导艾知生、王枫、田聪明、刘习良等出席座谈会。部办公厅、总编室的领导，中央电视台领导杨伟光等和台各中心负责同志也参加了座谈会。

9～18日 第一届东亚运动会在上海举行。开幕式时国际台英语广播于19：55开始对北京地区、珠江三角洲地区现场直播，20：00开始对北美及东亚地区现场直播。

9日 上海的图文电视广播从首届东亚运动会开幕开始，利用上海东方电视台的专用频道，每天播出18小时左右。

10～13日 广播电影电视部科技司在北京组织召开了1992年度广播电视系统技术维护工作表彰会，何栋材副部长等领导出席并讲话。

11～13日 中国广播影视报刊协会在长沙举行广播电视报言论写作研讨会，共有20多家省市广播电视报社的代表出席了会议。

12日 中央电视台对外电视中心记者在采访国际奥委会主席萨马兰奇时，萨马兰奇用西班牙文为中央电视台题词：“把我的情感和友谊献给中国电视观众。”

13～26日 中央电视台对外电视中心派记者随中央对外宣传小组组织的香港新闻团对长江经济带的采访进行报道。这是香港新闻界对长江流域的第一次大规模考察访问。

14日 中央电视台发出“关

于中央彩电中心设计获奖的通知”。通知说，中央彩电中心工程的设计于 1991 年 5 月被评为“部级优秀工程设计一等奖”，同年 12 月被评为“全国第五届优秀工程设计金质奖”。

15～22 日 “中国广播奖”'92 广播新闻和社教节目评奖在吉林省长春市举行，共有 256 件作品获奖，其中一等奖 38 个，其余获二、三等奖。

16～22 日 北京电视台主办第二届北京国际电视周。参加这届电视周的有 31 个国家和地区的 100 家电视机构和电视设备厂家的 300 多名电视工作者和技术人员。

17 日 中央电视台第四套节目的《中国中央电视台新闻》改名为《新闻》，节目长度由 10 分钟增加到 15 分钟，即日起除对台港澳地区播出外，同时通过太平洋国际中转卫星向北美地区传送。

18 日 中央电视台召开本台著名编导、主持人、播音员和各工种代表参加的电视工作座谈会，就如何加强和改进中央电视台的电视宣传工作，丰富电视屏幕进行座谈讨论。丁关根同志第三次亲临会议听取意见。出席座谈会的领导同志有徐惟诚、白克明、艾知生、王枫、刘习良、何栋材、同向荣和中央电视台的领导。

◇ 江苏人民广播电台综合台和金陵之声电台全面“改版”。综合台每天有 16 次“整点新闻”。

18～22 日 中国广告协会广播委员会第三届第三次会议在南宁召开，全国 30 个省级电台和部分地、市级电台台长共 150 人参加。会议评选了 1992 年度优秀广播广告作品。

20 日 国家副主席荣毅仁在无锡市委书记刘济民、市长洪锦炘等陪同下到中央电视台无锡外景基地视察。

中旬 法国电视三台恢复定期向法全国播放中央电视台对外电视中心制作的法文版《中国报道》节目。

◇ 1992 年度“青海新闻奖”评选揭晓，共有 100 件作品获奖，其中广播电视新闻作品就占 44 件，4 件被评为一等奖。

22 日 吉林电视台摄制的 20 集大型连续剧《大雪小雪又一年》荣获东北三省第七届电视剧“金虎奖”一等奖第一名。该剧在中央电视台播出后，反响强烈。

22 日～6 月 10 日 应马里文化通讯部邀请，广播电影电视部派出由科技司副司长张兆雄为团长、国际台副台长丛英民为副团长的 8 人代表团赴马里，主要就加强两国广播合作问题进行了技术会谈。

22 日、11 月 7 日 辽宁电视台通过太平洋通讯卫星从美国向辽宁电视观众现场直播了“世界重量级拳王争霸赛”里迪克·鲍和挑战者弗根森、霍力菲尔德的比赛。

23 日 江苏人民广播电台文艺台开播。

24 日 江泽民为中央电视台成立 35 周年台庆题词：“努力办好电视，促进社会主义物质文明和精神文明建设。”

◇ 中央电视台现场直播美国费城交响乐团访华首场演出。该团时隔 20 年再度来华演奏世界名曲。江泽民等党和国家领导人到现场观看了演出。

24～25 日 青海电视台刘郎撰稿并编导的弘扬中华民族优秀文化、讴歌祖国数千年灿烂文化艺术的电视艺术组片《上下五千年》在中宣部召开的“1992 年精神产品生产‘五个一’工程表彰大会”上得到表彰。

24～26 日 全国省级电台、电视台人员编制标准讨论会在长沙召开，全国 14 个省、2 个计划单列市的代表参加了会议。

25～29 日 华东地区 6 省 1 市广播电视厅（局）长协作会第九次会议在福州召开。广播电影电视部副部长刘习良专程到会并讲了话。

25～30 日 江西电视台举办首次全国省级电视节目交流网看片发行会。有 31 个省、自治区、直辖市及计划单列市电视台参加。

26～30 日 由辽宁人民广播电台承办的东北三省广播电台首届录音质量听评会在沈阳举行。

27 日 山西人民广播电台文艺部、黄河电视台对外编辑部，在 1993 年全省“五一”表彰会上，均获山西省先进集体荣誉称号和一等功奖励。

29 日 安徽省政府发出《关于表彰黄梅戏电视连续剧〈桃花扇〉和〈柯老二入党〉剧组的通报》。由安徽电视台摄制的黄梅戏电视连续剧《桃花扇》和《柯老二入党》获 1992 年“飞天奖”戏曲片二等奖。

30 日 中央电视台《新闻联播》开始播出《省长访谈录》，每天播 1 集。全国大陆的 29 位省长、自治区主席、直辖市市长将分别出现于电视屏幕，介绍他们各自的工作特点和本地的改革开放进展情况。

31 日 李鹏总理为中国广播艺术团建团 40 周年题词：“艺术传四海，知音遍五洲”。

◇ 吉林电视台开办白天节目，结束了吉林电视台一般白天没有节目的历史。

6 月

1 日 中共中央政治局委员、国务委员李铁映为中央电视台 35 周年台庆题词：“努力办好电视，为全中国人民和全世界人民服务。”

◇ 联合国第 4 届世界妇女大会秘书长杰楚·蒙盖拉夫人率考察团一行 9 人到中央电视台考察。

◇ 黑龙江电视台在全国第一个开办了地方电视台俄语节目，可覆盖俄罗斯“远东”边境地区布拉格维申斯克、哈巴罗夫斯克、格罗捷克沃等 10 个城市。

◇ 安徽经济广播电台开始试播。

1～3 日 第二集《华东乡镇

广播电视》编委会会议在黄山市召开，会议就如何编辑出版第二集《华东乡镇广播电视》进行了分工和部署。

2日 安徽省政府决定对安徽电视台新闻部进行嘉奖，表彰其在1991年、1992年度连续两年上稿中央电视台突破500条，为宣传安徽作出的贡献。

3日 王志强出任中国华艺广播公司总经理。

4日 安徽电视台新开办《天都瞭望》，这是一个融知识性、趣味性、科学性和新闻性为一体的综合性栏目，不仅对全省播放，还定期送中央电视台四套节目播出和定期提供给美国和北欧等国家和地区播放。

5日 中共中央政治局常委、中央军委副主席刘华清为中央电视台35周年台庆题词："立足中国，面向世界。"

◇ 中央电视台第二套节目现场直播"20世纪华人音乐经典系列演出开幕式庆典音乐会"。由中华民族文化促进会主办的这次活动是世界各地华人音乐家共同参与的一次空前盛会，共评选124部（首）经典曲目。

5～10日 江苏电视台举办了德国电视周。电视周的主要节目由南德意志电视台提供。

6日 黑龙江人民广播电台开办在全国尚属首家的"黑龙江金融广播电台"。

7日 中国唱片总公司及所属公司、南方音像集团、联谊音像集团在广州召开首届音像协作会，决定组成"音像协作体"，并通过了《音像协作体公约》等3份文件。

7～13日 山西电视台举办"爱国主义教育影片展播周"。

8日 中国广播艺术团收到全国人大常委会乔石委员长为该团建团40周年的题词："人民需要艺术，艺术更需要人民"。

◇ 新疆"天山电视台"正式开播。

9日 北京广播学院召开在京部分校友座谈会，国务院新闻办公室副主任兼国家外文局局长杨正泉等十几位广院毕业的司局级以上领导干部出席了座谈会，并成立了北京地区校友联谊筹备委员会，杨正泉任主任。

10日 中共中央政治局委员、书记处书记、中宣部部长丁关根同志到中央人民广播电台，同台领导、台编委、部分编播部门和机关部门的负责人一起座谈，艾知生部长等有关领导出席。

◇ 中央电视台第一、二套节目的各个栏目均实行零秒制作与正点播出。《新闻联播》的零秒制作率达百分之百。

10日、24日 天津和日本神户结为友好城市20周年纪念日。天津电台派出4名记者赴日采访并在神户市关西电台现场直播一套特别节目《悠悠二十载，脉脉两地情》。

上旬 北京广播学院第一届教育科学研究成果评奖揭晓，共有7件作品获得一、二等奖。

11日 广西广播电视厅建立编辑委员会，厅长郑久粲任总编辑。

◇ 陕西省广播电视厅评出1992年度优秀电视社教节目。有30件获奖，其中一等奖6件，二等奖11件，三等奖13件。

11～14日 中国广播电视学会电视译制研究委员会第一届代表大会暨第三届电视译制片工作研讨会在南京召开。全国38个电视台、电影译制厂及有关文化单位的70多名代表参加了会议。刘习良副部长出席大会并被选为理事会会长。

12日 中共中央政治局委员、书记处书记、中宣部部长丁关根到国际台与各级干部座谈。艾知生部长，刘习良、同向荣副部长，中宣部、中央外宣小组和广播电影电视部办公厅有关同志参加了座谈。

14日 青海电视台节目调时"改版"，实行规范化播出。

15～17日 "三区"广播事业建设五年计划会议在京西宾馆召开。新疆、西藏、内蒙古3个自治区的领导和广播电影电视部领导及有关部委、有关方面负责同志50多人参加了会议。

◇ 在黑龙江省广播电视中心大楼前开工兴建的高185米的钢架轻型临时广播电视发射塔竣工并投入使用。

17日 广播电影电视部广播科学研究所的"录像—监视系统校验带"科研项目通过了部级鉴定。

19日 北京广播学院举行首次干部任职签约仪式，刘继南院长与首批接受聘任的5个系的13位主任、副主任签订了任职合同，并颁发了聘任书。

20日 第三届"中国新闻奖"评选在郑州揭晓，共有154件作品获奖。其中广播电视部分共有70件佳作获奖，9件获一等奖，23件获二等奖，38件获三等奖。

21日 河北省广播电视厅参加了省委宣传部、省政法委组织的"燕赵文化市场行"活动，先后深入到15个市、县，历时22天，检查音像制品经销单位46个，录像放映单位19个，收缴非法音像制品6108盘。

22～24日 应广播电影电视部和电子工业部的邀请，美国通用电气（GE）公司在北京王府饭店举办了技术演示会，演示美国参加联邦通信委员会（FCC）数字地面同播高清晰度电视方案竞争的4个系统之一，AD-HDTV。

24～27日 全国省级、计划单列市电视台技术交流工作会议在北京召开。全国40家电视台的技术副台长、总工程师和广播电影电视部、中央电视台领导和有关部门负责人共50多人出席了会议。

26日 由山西省广播电视学会和山西电视台共同举办的"山西电视奖"'92电视社教节目评选在太原揭晓。53件作品入选。其中一等奖12个、二等奖15个、三等奖26个。

27日 全国电视观众调查网在原有20个调查站的基础上，新增调查站21个。经过这次扩网，全国29个省、自治区、直辖市建立了中央电视台调查站，调查样本规模从2100户增加到4200户，与美国尼尔森公司（4000户）和英国AGB调查公司（4300户）的样本规模基本相当。

28日 黑龙江电视台第二套节目正式播出并举行隆重的开播仪式。黑龙江省委书记孙维本等省领导和广播电影电视部副部长刘习良出席了开播仪式并讲了话。

28日～7月3日 华东地区第十次音像协作会在福建武夷山市召开。

7　月

1日 丁关根由江苏省委副书记孙家正和无锡市领导陪同，视察中央电视台无锡外景基地，高度评价了基地的影视文化与旅游相结合的成功经验。

◇ 浙江有线电视台开始播出。

◇ 甘肃省第一条电台热线电话在甘肃人民广播电台《经济大世界》等3个直播板块节目中正式开通。省委书记顾金池通过热线电话表示祝贺。

◇ 甘肃有线电视台正式试播。

5～9日 全国经济广播电台宣传改革座谈会在沈阳、大连召开。会议由辽宁经济广播电台承办。

8～10日 中国辽宁省广播电视技术代表团同朝鲜平安北道通信代表团，举行中朝边境地区小功率分米波频道协调第一轮会谈，双方签署了中朝边境地区小功率电视和调频广播使用频率协调纪要。

8～18日 第17届世界大学生运动会在美国布法罗举行。国际台派出采访组，对该赛事进行了全面、充分、及时的报道。共发消息23条，专稿（含报道、综述和花絮）29篇。

9日 国际台国内新闻中心参加中央对外宣传小组组织的“长江行”系列报道记者团结束对长江流域的采访活动，陆续返回。参加这次报道的有国际台、人民日报海外版、中国日报、中新社、新华社对外部、北京日报等10余家新闻单位的30余名记者。

10日 国际台国内新闻中心“边疆行”系列报道出台。这组系列报道所涉及的省区有黑龙江、吉林、辽宁、内蒙古、新疆、西藏、云南和广西。

12日 中共陕西省委、省政府任命骞国政为陕西省广播电视厅厅长、党组书记。原厅长同向荣已调广播电影电视部工作。

15～17日 首届华东地区广播电视安全保卫工作研讨会在福州召开。

15～20日 第七届“星光杯”颁奖暨电视文艺座谈会在京西宾馆举行。各省、自治区、直辖市、计划单列市电视台的获奖代表和文艺部主任62人、“星光杯”评委及广播电影电视部、中央电视台有关人员140多人参加了会议。部领导艾知生、王枫、刘习良同志分别到会并讲话。

20日 国务院副总理李岚清就我国杰出教育科技人才的电视宣传问题致信中央电视台台长杨伟光。

◇ 由中央电视台和国家经贸委、国家技术监督局联合举办的《′93质量万里行》全面展开。东北、东南、西南、西北四路采访小分队赴全国各地开展宣传，途经26个省市，行程4万里，《经济半小时》和《经济信息联播》每天播出10分钟新闻报道。

◇ 江西省广播电视厅宣传领导小组成立。李立功任组长，俞向党、黄鹤林、陈柏森任副组长。厅总编室为宣传领导小组办事机构。

22日 青海省贵德县隆重举行大会，宣布青海省人民政府5月13日批准贵德籍土族大学生万成兆为革命烈士的决定。万成兆生前是北京广播学院无线电系89级学生，在1992年4月25日同混入学院滋事行凶的流氓分子作斗争中英勇牺牲。广播学院党委副书记、副院长黄勇和学院无线系领导参加了大会。

22～27日 1993年全国省级广播电视报年会在贵阳市召开。会议着重探讨了在社会主义市场经济条件下，广播电视报如何办出自己的特色，积极参予报业竞争的问题。

25日 中央电视台新闻中心推出以反映我国杰出教育科技人才为主体的系列报道《中华学人》。

26日 国际台英语广播节目正式由美国华盛顿地区的新世界电台通过中波在当地时间下午4点至5点向华盛顿及周围地区播出。

27日 华北地区5省、市、区第五届电视技术协作会在呼和浩特市举行。

28日 湖北省广播电视厅召开厅党组扩大会议，省委宣传部领导宣布了省委、省人大、省政府的决定，任命黎鸣为省广播电视厅党组书记、厅长。

30日 国务院国人字（93）90号文：国务院1993年6月12日决定，同向荣兼任中央人民广播电台台长。经中央组织部同意，免去杨正泉同志的中央人民广播电台台长职务。

30日～8月13日 吉林省广播电视厅和吉林省电台电视台采取有效措施禁止有偿新闻。省厅及时下发了《关于制定自律措施，坚决禁止“有偿新闻”的通知》。

31日 中央人民广播电台主办的《中国广播》月刊经过两期试刊后，正式创刊，并向国内外公开发行。它的前身是中央台主办的《广播业务》。

◇ 广播电影电视部在北京玉渊潭公园西侧的中央广播电视塔举行“八一”试播庆典活动，国家计委副主任郝建秀、财政部副部长项怀诚，建设银行副行长苏文川、北京市常务副市长张百发和广播电影电视部部长艾知生，副部长王枫、刘习良、何栋材、同向荣等出席了试播典礼。部无线局局长刘洪才汇报了中央广播电视塔的建设和试播的准备情况。何栋材代表部党组作了重要讲话。张百发副市长在讲话中号召大家为中央广播电视塔的建设有钱出钱，有力出力。

31日～8月17日 中央电视台播出了该台军事部与总政话剧团电视剧部、公安部边防局政治部联合摄制的首次展示我国陆、海、空港口岸和边境一线的开放景象，真实地反映了担负反内潜、反偷渡、反走私贩毒、反劫机和对外轮管理等艰巨任务的边防将士可歌可泣的事迹的8集电视片《中华之门》，观众反映强烈。8月14日中午，邓小平办公室来电话说，小平同志刚看完《中华之门》第六集，称该片拍得好。

同月 为庆祝中央电视台建台35周年，台研究室组织编辑出版《电视丛书》，全书共12册，约450万字，包括《电视新闻论集》、《电视声画论集》、《电视专题论集》、《电视剧论集》、《电视宣传管理论集》、《电视文艺论集》、《荧屏金杯录》、《荧屏岁月记》、《电视技术论集》、《中央电视台大事记》、《电视制作论集》、《中央电视台台史》。

◇ 《江西广播电视》杂志(月刊) 创刊，中共江西省委书记毛致用题写了刊名。

8 月

1日 中央广播电视塔正式启用。中央电视台对北京地区开路播出的2、8、15频道和北京电视台的6、21频道全部集中由新塔发射。中国国际广播电台对首都地区的5种外语广播即日起用调频立体声播出。

◇ 福建电视台正式播出图文电视节目。

◇ 新疆电视台维吾尔、汉、哈萨克3种语言电视节目开始全天卫星播出。

1～4日 海峡两岸广告媒体研讨会在福州举行。

4～11日 “中国电视奖”′92电视社教节目评奖在青海省西宁市举行，146件作品获奖，其中20件作品获一等奖，其余获二、三等奖。

5～7日 中央电视台和国家经贸委、国家技术监督局、中国工业经济协会、中国质量管理协会、《′93质量万里行》电视宣传活动组委会等单位联合主办“′93中国质量意识高层论坛”。江泽民总书记为此次“论坛”题词：“树立质量法制观念　提高全民质量意识”。朱镕基副总理发来贺信。李岚清副总理出席闭幕式并讲话。

5～14日 1992年度全国电视对外报道节目评奖活动在四川成都市举行。全国57家电视台的188个对外宣传节目参加了评选，评选出各类奖共92个，其中荣誉奖2个、对外新闻类节目奖24个、对外专题类节目奖45个、专题类单项奖2个(编辑、摄影)、外语类节目奖5个、栏目类奖14个。

6日 丁关根接见参加《阳光、土地、庄稼汉′93农民文艺晚会》排练的评弹节目的演员，他赞扬中央电视台专门为全国农民组织演出文艺晚会。

6～10日 1993年度全国省级电视台新闻部主任会议在海南省举行，全国28个省级电视台和中央电视台的有关同志参加了会议。

8日 中央电视台第三套节目通过“中星5号”卫星传送向全国播出。播出时间每天8：25至0：00左右。节目内容以文艺节目和体育节目为主。简称“文体频道”。

9日 辽宁电视台和加拿大华洋贸易文化有限公司联合摄制的电视系列片《炎黄子孙》、《中国留学生在美国》在北京人民大会堂举行了首映式。

◇ 青海省电台、省电视台同步播出了70集大型广播电视系列报道《湟水行》。

10日 吉林省广播电视厅颁布《吉林省有线电视宣传和节目管理暂行规定》。

12日 由上海市广播电视局、中国足协、上海市体委联合举办的第三届万宝路杯上海国际足球锦标赛开幕。

14～19日 全国第十二届戏曲广播工作会议在西宁举行，共评出戏曲广播节目一等奖10名、二等奖9名、三等奖7名。

15日 “第七届全国运动会”四川赛区的比赛在成都开幕，中央电视台和成都电视台合作进行了开幕式实况转播。

◇ 江苏电视台与中国轻音乐团签订合作协议，成立“中国轻音乐团JSTV艺术团”。

16日 中央电视台第一、二套节目完全改用东径115.5度中国通信广播公司的“中星5号”卫星传送，停止向东径87.5度“东方红2号”卫星传送节目。

17日 人民出版社为中央电视台《电视丛书》的出版在北京梅地亚中心举行首发式，中宣部出版局和新闻出版署图书司的领导、10余家新闻单位的记者及中央电视台领导杨伟光等应邀出席。

18日 中共中央政治局常委、国务院副总理朱镕基和中共中央政治局常委、书记处书记胡锦涛分别委托办公室秘书打电话，向中央电视台建台35周年表示祝贺，中共中央政治局委员、书记处书记丁关根委托秘书打电话，向中央电视台建台35周年表示祝贺，并向全体职工表示慰问，希望中央电视台坚持走自己的路，努力提高节目质量，丰富电视屏幕，更好地为人民服务、为社会主义服务。

◇ 中央人民广播电台第七套节目编辑部(港澳部)正式成立。

18～20日 广播电影电视部在京召开“全国有线电视供片工作会议”，全国28个省、自治区、直辖市广播电视厅局有线电视节目管理部门和有线电视节目供片机构的负责人以及部有关部门的领导近70人参加会议。

20日 由黑龙江电影电视剧制作中心主办的全国电影厂第三届“银屏杯”电视剧评选在哈尔滨市揭晓。在30多家电影厂推荐的44部电视剧中，评出一等奖4部、二等奖10部、三等奖12部。

22日 陕西电视台拍摄的专题片《最后栖息地的朱鹮》，在日本举办的′93世界野生生物保护电视节上，荣获“环境保护奖”、“地球奖”、“亚洲、大洋洲奖”3项大奖。

22～29日 中央电视台和新加坡广播局合作在新加坡举办了首届国际大专辩论会，来自四大洲的复旦大学、台湾大学、香港大学、悉尼大学、剑桥大学、英属哥伦比亚大学和马来西亚大学的8支代表队会集狮城，展开了一场比智慧、比辩才、比知识的高水平的大辩论。经过四场初赛、两场半决赛和最后的决赛，复旦大学荣登冠军宝座。

23日 江苏人民广播电台信息台（SCA）开播。

23～25日 “′93中国国际CATV展览会”在北京举行。

24日 中央电视台在第一套节目播出了一台别具特色的文艺晚会《阳光、土地、庄稼汉》。这是文艺部和中国电视剧制作中心合作为中国9亿农民录制的专题文艺晚会，一批著名演员和扮演过农民形象的影视明星与150名农民代表一起参加了演出。

◇ 海峡之声广播电台举办大型报告会等一系列活动，庆祝建台35周年。

24～26日 内蒙古自治区人民政府在呼和浩特市召开全区广播事业建设五年计划落实工作会议。

24～27日 由辽宁人民广播电台承办的东北三省台第六届广播宣传协作会在大连召开。

24～31日 上海广播电视局与上海市委宣传部联合举办首期节目主持人培训班。

25日 内蒙古广播电视厅微波电视会议工程新技术应用成果在内蒙古科技馆展出，并被广播电影电视部评为科技应用二等奖。

25～30日 首届华语电视周的广州举行。这一活动由广东对外文化交流协会、广东省广播电视学会、广东电视台联合主办。应邀参加的有中央及各省、市、自治区电视台和主要影视公司的代表240人、台港澳地区和新加坡、美国、加拿大、澳大利亚、法国、荷兰、德国、日本、泰国、马来西亚等10个国家的华语电视台和华语影视公司的代表168人。中共中央政治局委员、广东省委书记谢非，国务院新闻办公室主任曾建徽，广播电影电视部副部长刘习良、何栋材等领导同志参加了电视周部分活动。

28日 中央电视台在北京召开建台35周年纪念大会。中宣部副部长龚心瀚，广播电影电视部领导艾知生、王枫、田聪明、刘习良、何栋才、同向荣，以及20多名历届部、台老领导和部机关负责同志与中央电视台领导和全体同志欢聚一堂。

◇ 中央电视台、美国芝加哥3C集团和国内大企业合作，在美国芝加哥创办的“美洲东方卫星电视”正式开播。中央电视台和国内各省市电视台共同租用的12小时卫星播出频道，播出节目内容包括新闻、经济、文化、体育、教育在内在40多个栏目。“美洲东方卫星电视”可覆盖美国、加拿大、墨西哥和加勒比海地区，在北美影响较大。

◇ 《中国河北》专栏在中央电视台和河北、上海东方等21家电视台与美国3C集团共同组建的“美洲东方卫星电视”首播节目中播出，在美国反映很好。

◇ 黑龙江人民广播电台推出以交通服务为主，以提供知识、信息、气象服务为辅的专业性广播电台——交通台。

◇ 江西电视台制作的《中国江西》节目，今起在美国“美洲东方卫星电视”播出，这是首次在国外建立了宣传江西的阵地。每半月播出1小时。

29日 中央人民广播电台“钟声少儿广播艺术团（原名儿童广播艺术团）创建40周年纪念日。荣毅仁副主席、陈慕华和雷洁琼副委员会长、宋任穷、康世恩、荣高棠等同志分别题词和写信祝贺。

◇ 中央电视台和意大利广播电视公司达成协议，即日起至1994年6月17日，每星期日晚上现场直播1993至1994赛季意大利足球甲级联赛，共32场。这是中央电视台历史上第一次定时直播一个国家的甲级联赛。

◇ 黑龙江人民广播电台儿童台正式开播。

30日 内蒙古有线电视台试播节目。

31日 中央电视台在北京举行建台35周年招待会。中宣部常务副部长徐惟诚、国务院新闻办公室主任曾建徽、中华全国新闻工作者协会常务副主席李彦、广播电影电视部领导艾知生、王枫、刘习良与参加招待会的50多家世界各地电视台台长、总裁，全国各省市电视台的台长及中央电视台领导和职工300多人欢聚一堂，共庆中央电视台创建35周年。

31日～9月15日和11月13～26日 中国吉林省广播电视代表团在长春和朝鲜清津分两阶段就朝鲜咸镜北道、两江道和中国吉林省边境地区小功率分米波电视发射台、转播台使用频率问题与朝方进行了会谈。最终协调成我方732个频点，朝方194个频点。

同月 河南省广播电视中心大楼竣工，投资9000万元，建筑面积37400平方米、占地124亩。投入使用后，能生产制作广播节目4套、电视节目4套。

◇ 西藏广播电视译制制作播出中心破土动工。该项工程国家投资5700多万元，建筑面积16000多平方米。

9　月

1日　广播电影电视部编辑委员会举行成立会议，会议由艾知生部长主持，部党组成员和编委会组成人员出席会议。艾知生任总编辑，刘习良、同向荣、田聪明、张振东任副总编辑。

◇　中央电视台通过第一、四套节目向全国（包括台、港、澳）和海外现场直播了台庆35周年大型文艺晚会《今宵属于你》。丁关根、李铁映等中央领导和广播电影电视部、中央电视台领导、海内外数10家电视台代表出席了晚会。

◇　北京电视台6频道从零时起，在全国率先实行24小时播出，同时21频道播出时间由每天8小时增为18小时。

◇　江苏电视台图文电视开始试播。

2日　中央电视台现场直播"七运会"深圳至北京的火炬传递终了仪式。

◇　中央电视台台庆35周年全国省级电视台台长座谈会在北京梅地亚中心举行，广播电影电视部领导艾知生、王枫、刘习良和中央电视台领导杨伟光等以及30多位省级台台长出席会议。

2～16日　以广播电影电视部科技司副司长张兆雄为团长一行5人赴莫斯科对卫星广播进行考察。

3日　中央电视台台庆35周年全球华语电视台交流会在北京梅地亚中心召开，39家大陆电视台和台湾、香港、澳门的广播电视公司，以及17家来自美国、加拿大、新加坡、泰国和英国的华语电视台的代表参加了会议。

◇　河北省政府拨款40万元，奖励河北全省广播电视系统技术维护管理工作在1992年度全国省际竞赛评比中，荣获优秀单位第一名。

◇　由黑龙江省广播电视厅、黑龙江电视台牵头主办的"中日俄国际电视协作会第三次会议"在哈尔滨举行。

4日　中央电视台转播七运会开幕式取得成功。

◇　湖南省8届人大常委会第4次会议举行第2次全体会议，听取省人民政府关于全省农村广播电视事业发展情况的汇报。

4～15日　第七届全国运动会在北京举行。国际台国内新闻中心在此次运动会中共发新闻53条，专稿28篇，做到准确、及时、充分。华语部从9月3日开办《七运风采》专题，共播出14期，播出新闻约70多条。

5日　中央人民广播电台举办的《第七届全运会午夜特别节目》今天首播。该节目每晚23点开始直到次晨1点结束。

5～14日　中央电视台、北京电视台和天津电视台联合报道全国第七届运动会北京赛区的各项比赛。

7日　北京广播学院在校庆暨教师节之际，第一次聘请了78位社会知名专家、学者、新闻工作者担任学院的兼职教授，其中有邵华泽、郭超人、南振中、徐光春、杨正泉、刘习良、何栋材、杨伟光等。

9日　中央人民广播电台《中国广播》杂志社正式成立。

9日～12月26日　湖南电视台为隆重纪念毛泽东同志诞辰100周年，与省电影发行公司联合举办革命历史题材影片回顾展播活动，每周播出2部影片，共播出28部51集。

10～24日　吉林电视台程捷、申晓力编导摄制的长白山自然纪录片《远离的愿望》在挪威国际自然电影节和第五届世界野生环境大会上荣获特别荣誉奖。该片又于10月25～30日，在意大利桑迪欧第七届国际环境电影节评选中荣获特别奖。

12日　延边人民广播电台玄英爱采写的录音报道《我们的骄傲》，在韩国KBS广播公司举办的海外朝鲜族广播电视节目评比中荣获一等奖。

13日　为纪念中日邦交正常化20周年，天津人民广播电台赴日广播小组一行5人在名古屋CBC电台进行现场采访和现场直播。

13～26日　广播电影电视部在上海举办了首期全国广播电视经营管理领导干部培训班，全国有24个省、自治区、直辖市和部分计划单列市广播电视厅（局）以及部有关直属单位主管经营的领导干部参加了培训班。

15～17日　《中国广播电视学刊》与湘潭市广播电视学会在湘潭市联合举办毛泽东新闻思想与广播电视改革学术研讨会。

16日　丁关根在中南海主持召开广播电视宣传工作座谈会，中宣部徐惟诚、龚心瀚副部长，广播电影电视部艾知生部长、同向荣副部长和中宣部新闻局、中央人民广播电台、中国国际广播电台、中央电视台、中央各大报的领导出席会议。中央电视台杨伟光台长和新闻中心主任李东生、《新闻联播》、《焦点时刻》、《12演播室》、《经济信息联播》、《经济半小时》、中央人民广播电台的《午间半小时》等栏目负责人，分别汇报了各自加强社会热点新闻的宣传报道情况。丁关根作了重要讲话和插话，对今后加强"热点新闻"的报道作了重要指示。

16～25日　北京电视台台长刘迪一率采访组赴蒙特卡罗采访国际奥委会第101次会议活动，并首次采用卫星传送新闻到北京电视台直播。共播出新闻40条，105分钟。北京人民广播电台也同时派出两名体育记者前往采访。

19日　中央电视台和文化部艺术局联合举办的"奥林匹克魂"大型音乐会在人民大会堂隆重举行。国家主席江泽民为晚会题词，国际奥委会主席萨马兰奇发来贺电，党和国家领导人出席了音乐会。首都文艺界的演员演唱了奥运会会歌和二次大战以来的历届奥运会主题歌。

◇　黑龙江人民广播电台推

出系列台之一的黑龙江经济广播电台正式开播。

20日 国际台召开科组长以上干部会议，宣布国务院9月11日关于任命张振华为中国国际广播电台台长、免去崔玉陵国际台台长的通知。艾知生部长、刘习良副部长等参加了会议。

20～26日 宁夏电视台播出了本台摄制的七集电视系列片《回族在宁夏》。

21～23日 中国儿童电影协会受中宣部、国家教委和广播电影电视部委托在北京香山召开“新时期中、小学生爱国主义影视教育研讨会”，艾知生部长出席开幕式并作了重要讲话。

22～30日 中共中央总书记江泽民、上海市委书记吴邦国分别为上海电视台35周年台庆题词。

23日 中国广播电视学会第二届常务理事会第三次全体会议在成都市开幕，学会常务理事和其他方面代表共47人出席，副会长郝平南主持会议，副会长何光就学会工作报告作了说明。

◇ 20:10至24日凌晨3:00，中央电视台通过卫星成功地双向转播了北京和摩纳哥蒙特卡洛两地申办奥运的现场直播。

◇ 9月27日是陈潭秋、毛泽民、林基路等革命烈士牺牲50周年，新疆维吾尔自治区党委党史办和新疆电视台合作创作、拍摄的6集电视剧《陈潭秋》在新疆广播电视厅举行首映式。

25～26日 第13届“飞天奖”研讨会和颁奖仪式在四川成都举行。广播电影电视部艾知生部长、四川省副省长徐世群等参加了颁奖仪式。

25日～10月4日 北京市广播电视局音像管理处承办的“北京首届音像制品博览会”在北京民族文化宫举行。参加博览会的海内外音像出版单位有70余家。中宣部副部长徐惟诚和广播电影电视部副部长刘习良为开幕式剪彩。这是改革开放以来在国内举办的最大的一次音像博览会。

27日 “′93中国四川国际电视节”隆重颁奖，由安徽电视台和中央电视台联合拍摄的以安徽小保姆为题材的纪录片《远在北京的家》荣获最佳纪录片大奖——“金熊猫奖”。该片编导为陈晓卿。该电视节设有：最佳故事片大奖、最佳故事片提名奖、最佳纪录片大奖、最佳纪录片提名奖、纪录片纪念奖、最佳男主角大奖、最佳男主角提名奖、最佳女主角大奖、最佳女主角提名奖等。

◇ 广播电影电视部副部长何栋材主持召开部计划财务司处级以上干部会，部人事司领导宣布部党组决定：任命刘以纯为计划财务司司长。

29日 国家教委办公厅发出了关于请各地组织收听《中学生时事》广播的通知。通知说，为配合全国普通中学的时事政策教育活动，国家教委与中央人民广播电台商定，自1993年10月8日起开办《中学生时事》广播节目。

30日 北京人民广播电台儿童台经广播电影电视部批准成立。使用97.4兆赫副信道播出，凡持有特定收音机的听众均可收听到儿童台的节目。

◇ 广东电视台新闻部主任记者周晓瑾（女）以强烈的社会责任感和高尚的敬业精神，报道了一大批高质量的社会新闻和撰写了一系列社会犯罪问题的研究文章，被广东省和广州市先后评为十大杰出青年之一。广东省广播电视厅发出《关于嘉奖周晓瑾同志的通报》，给周晓瑾记大功一次，奖励人民币3万元，并号召全厅同志向周晓瑾学习。

同月 北京广播学院1993年招收新生呈现新特点：层次齐全，专业增加，规模扩大。共招收全日制在校生770多人，大专函授生1200多人，是近10多年来录取新生最多的一年。

◇ 北京电视台在七运会期间，播发各类新闻200多条，开设《七运快讯》、《七运赛场》等专栏，打出七运快讯字幕300多条，播出赛事活动330分钟，实况转播和录像播出159小时。

10　月

1日 中央广播电视塔正式播出。

◇ 由中国唱片总公司主办的纪念毛泽东诞辰100周年《毛泽东颂歌》大型演唱会在北京首都体育馆举行。

◇ 天津经济电视台正式开播。

◇ 河北经济广播电台建成并正式开播，实行全天24小时主持人直播形式。

◇ 由国家投资近3000万元的西藏602广播发射台扩建工程经过试运行正式使用，增加了广播发射功率。

4日 全国广播电视系统第八次函授教育工作会议在郑州举行，广播电影电视部副部长何栋材出席了会议。

◇ 内蒙古人民广播电台首次推出3个直播文艺板块节目：《长乐园》、《共度好时光》、《夜空心桥》，并设热线电话。

5～6日 中国电视艺术家协会电视纪录片学术委员会在北京成立。

5～21日 由中央电视台副台长林景云率领的电视信号加扰技术考察组一行5人，对美国的NEWS DATACOM公司、NTL（NATIONAL TRANSCOMMUNICATIONS）公司和美国的TRW公司进行了考察。

7日 中央电视台社教中心地方组和全国有关的地方电视台联合摄制的电视系列报道《中国百强县》开始播出。1992年国务院有关部门在全国范围评选出100个县（市），名曰“中国农村综合实力百强县”。

7～13日 以中央电视台青少部余培侠为团长的中国少年脑力奥林匹克代表团，前往日本东京参加日本电视广播网株式会社主办的首届世界少年脑力奥林匹克电视大赛。中央电视台选派的

5位小选手获一块金牌，一块银牌，两块铜牌。

8日 中央人民广播电台开办《中学生时事》广播，该节目将准确及时地播出一周国内外新发生的重大事件。

◇ 福建省东南电视台试播成功。

8～14日 由全国理论广播研究会主办、安徽人民广播电台承办的“全国第十三次理论广播宣传座谈会”在安徽省黄山市召开。

9日 为庆祝天津电视台在第十三届飞天奖评比中一举获7项大奖，天津市广播电视局举行“金秋飞虹”——天津电视台荣获飞天奖表彰大会。晚会上，市领导对天津电视台予以表彰。

◇ 根据湖南省人大八届四次会议精神，由省政府办公厅、省委宣传部、省财政厅、省广播电视厅组成的联合调查组，赴各地、市、县进行调查，历时18天，写出了《关于在新形势下巩固与发展农村广播网的调查情况汇报》。

11日 由中央人民广播电台、中国广播剧研究会主办的“石松杯”全国广播连续剧评奖活动揭晓，评出剧目奖9个，单项奖8个。

12日 亚广联第30次全会在新西兰的奥克兰市举行。广播电影电视部刘习良副部长率团出席。中央电视台的《最后的山神》获亚广联电视奖大奖，中央人民广播电台的《一场特殊的音乐会》获亚广联广播奖大奖，儿童广播剧《古墓探险》获儿童广播节目奖大奖。

12～18日 中南6省区第六次广播电视协作会议在湖北省武汉和宜昌召开。

◇ 11个省、自治区、直辖市广播电视系统党建工作经验交流会在贵阳召开。

14日 中共中央政治局委员、书记处书记、中宣部部长丁关根委托办公室工作人员打电话祝贺新影厂整建制划归中央电视台，认为这是影视合作的一个良好开端，影视之间可以取长补短，相得益彰。

15日 宁夏人民广播电台建台35周年。

15～16日 北京广播学院主办的北京市东南郊第十三届高校大学生田径运动会举行，来自15所高校的700多名运动员和教练员参加了运动会。

15～21日 第十二次全国省级广播电台记者工作经验交流会在黄山市召开。

16日 中国电视剧制作中心在北京梅地亚宾馆召开10周年纪念大会，广播电影电视部领导艾知生、王枫，中央电视台台长杨伟光和中宣部文艺局成志伟等领导出席并讲了话。

◇ 第十一届“大众电视金鹰奖”颁奖活动在天津举行，本次颁奖按国际影视大奖惯例，对获奖演员采取提名形式现场揭晓，在社会上产生很大影响。

◇ 山东省广播电视厅成立厅编辑委员会，厅党组书记陈光林任主任，厅党组副书记、厅长张海涛任副主任。

17日 江苏电视台对外栏目《今日江苏》在美国旧金山太平洋电视公司66频道播出，受到当地华人重视。

18日 国家科委复函广播电影电视部，同意广播科学研究所更名为广播科学研究院。

◇ 以中直工委副书记、中直纪工委书记王景茂为组长的中央调查组进驻广播电影电视部，就广电部反腐败斗争开展情况进行调查研究。

◇ 由山西电视台主办的中国黄河电视台自1991年8月在美国播出以来，获得了很大成功。山西电视台的第二套节目又以“中国黄河电视台”呼号开始对全省播出。

◇ 湖南人民广播电台举办的《纪念毛泽东同志诞辰100周年专题节目》开播。

◇ 湖南广播电视信息台开始试播。

19日 广播电影电视部人事司领导在中国广播电视出版社科以上干部会议上宣布了部党组的决定，任命谭德祥为出版社社长，张品兴不再担任代理社长的职务。

◇ 陕西省广播电视学会召开第二届理事会，选出新的领导机构。厅长骞国政被选为会长。

19～22日 全国广播电视系统财务管理工作会议在长沙召开，参加会议的有国家财政部、广播电影电视部领导，及全国财政系统、广播电视系统的代表210名。

21日 广西壮族自治区八届人大常委会第五次会议通过《广西壮族自治区广播电视管理条例》(6章54条)，自通过之日起施行。

21～25日 江苏省广播电视厅承办的华东、中南广播电视系统第四次职工教育协作会在南京举行。

21～27日 第四届全国优秀电视教育节目评选暨颁奖活动在北京举行。中央电视台和来自29个省级台的71个节目参加了评选。共评出普及类一等奖4个、二等奖10个、三等奖20个；评出教学类一等奖3个、二等奖6个、三等奖15个。

22日 中央电视台被国家审计署评为全国内部审计工作先进单位。10月17至21日在武汉召开的全国审计工作会议上颁发了证书。

22～26日 广播电影电视部办公厅在昆明组织召开全国广播电视厅（局）办公室主任会议。

23日 中共黑龙江省委、省政府隆重召开全省精神产品生产“五个一工程”及优秀广播剧、电视剧表彰奖励大会。黑龙江省广播电视厅、黑龙江电影电视剧制作中心、大庆电视台等23个单位被授予先进集体称号。黑龙江省广播电视厅厅长张克忠等17人获优秀组织工作者一等奖。同时，省政府为黑龙江人民广播电台荣获全国广播剧大赛五连冠颁发了嘉奖令。

23～30日 广播电影电视部刘习良副部长作为特邀代表，工会副主席曲桂兰作为正式代表出席了中国工会第十二次全国代表大会。曲桂兰当选为中国工会第十二届执委会委员，并被评为“全国优秀工会工作者”受到大会表彰。

25～31日 中央电视台、文化部艺术局、中国曲协和合肥市政府在安徽合肥联合举办中国相声节，这是我国首次举行的相声节。

26日 山西电视台隆重推出大型电视系列片《中国历史文化名城》。这部长达65集、气势恢宏、独具特色的巨片，是一部弘扬民族文化和进行爱国主义教育的优秀电视片。

26日～11月3日 全国省级电视台交流网第十届年会在福州召开。

27日 广播电影电视部田聪明副部长到部人事司宣布了部党组的决定，任命雷元亮为人事司司长，免去张伟中人事司司长职务。

27～29日 上海东方电台举办了“迈向21世纪——现代广播上海研讨会”。来自北京、上海的数10名专家、学者、新闻工作者及全国各地近40家电台的台长、节目主持人参加了会议。

28日 中共中央政治局委员、国务院副总理李岚清在江苏省副省长王荣斌、无锡市长洪锦炘陪同下，冒雨视察无锡外景基地。

28日～11月1日 《中国广播电视年鉴》第九届年会在厦门召开。鉴于第一届编委会已工作7年，广播电影电视部党组决定组建第二届编委会，由刘习良副部长担任第二届编委会主任委员。来自全国广播电视系统的70多位编委和资料负责人参加了会议，刘习良副部长在会上作了题为“形势、改革和年鉴工作”的报告。

29日 中央新闻纪录电影制片厂整建制划归中央电视台大会在新影厂礼堂举行。广播电影电视部部长艾知生、副部长王枫、田聪明、同向荣和电影局、中央电视台和新影厂有关部门的领导同志出席了会议。

◇ 广播电影电视部广播科学研究所的“卫星电视分配信道副载波传输数字立体声（NICAM－728)”科研项目通过了部级鉴定。

29日、11月1日 中央电视台两次成功地完成了海峡两岸三地卫星联线播出新闻的任务，中央电视台第四套节目编辑部新闻节目主持人徐俐与台北的新闻主持人张雅琴、香港TVB的主持人汤棣云在三地新闻演播室通过卫星共同主持（播报）了《无线晚间新闻》及无线卫星电视的新闻节目。

31日 国务院总理李鹏在天津市委书记高德占、市长张立昌陪同下登上了天津广播电视塔，俯瞰了天津市区，了解了广播电视的发射情况。李鹏总理为天津广播电视塔题词：“高塔矗渤海，电波传津门。”

◇ 由国际台和海南省人民政府联合举办的大型系列宣传活动《海南杯·中国改革开放知识竞赛》圆满结束，在短短的5个月时间里，共收到五大洲109个国家和地区的参赛答卷220673份。这是国际台连续10年举办有奖征文、知识竞赛活动规模最大的一次，无论是参赛国家数目，还是答卷数量，均创最高记录。

◇ 为贯彻执行中宣部、国家教委、广播电影电视部、文化部等部委的有关指示，中央电视台从今日起举办爱国主义题材优秀故事影片展播。每星期日播出1部。这次展播大约播出70部故事影片和10部纪录片。

◇ 福建经济广播电台正式开播。

同月 中央电视台《新闻联播》中播出的系列报道“中华环保世纪行”引起较强烈的社会反响。

◇ 江苏省64个县（市）、12个郊区广播站全部改为广播电台。

◇ 《江西广播电视年鉴》1992年版出版发行。1992年版为第7卷，由中国广播电视出版社出版。这一卷全面地记载和反映了1991年全省广播电视事业的基本情况和发展变化。

◇ “河南有线电视台”成立并开播。

◇ 新疆音像出版社就中华民族艺术宝库瑰宝维吾尔族古典音乐十二木卡姆音带发行举行座谈会。

11 月

1日 国际唱片业协会第十五届亚太理事会在北京举行。中国唱片总公司作为该协会在大陆的唯一会员，参与了会议的组织工作。来自20个国家和地区的116位代表及中国15家音像单位负责人作为观察员出席了开幕式。广播电影电视部刘习良副部长代表中国广播电影电视部致词。

◇ 今日起，中央电视台第四套节目的15分钟新闻每天零点30分左右在香港亚洲电视完整播出。

◇ 北京电视台教育台开播。

2日 广播电影电视部田聪明副部长和部人事司领导到部老干部局宣布了部党组的决定，任命王清峰为老干部局局长，免去其行政管理局副局长职务；孙昌生不再担任老干部局局长职务。

◇ 原中共天津市顾问委员会委员、天津市广播电视局局长、党组书记李克简因病医治无效，于凌晨逝世，终年74岁。

2～5日 中华全国电视法制新闻协会第二次代表大会暨中国广播电视学会电视法制节目研究委员会筹备会议在郑州举行。中央电视台和近30家省市级电视台及中国广播电视学会的代表出席会议。会议评选出了首届全国优秀法制节目一、二、三等奖得主。

3日 全国广播电影电视科技工作会议在京召开，何栋材副部长主持开幕式，刘习良副部长代表部党组到会讲话，国家科委惠永正副主任代表科委到会祝贺并讲话。

3～7日 华东6省1市广播电视厅（局）第六次思想政治工作研讨会在无锡召开。

4日 全国政协副主席赛福鼎·艾则孜到广播电影电视部，感谢广电部、中央电台对新疆维吾尔古典音乐的瑰宝十二木卡姆的录制等工作的支持。

4～5日 中共黑龙江省委、省政府在哈尔滨召开全省广播电视工作会议，研究确定在建立社会主义市场经济体制过程中，进一步发展和繁荣全省广播电视事业的任务和方向。

5日 广播电影电视部何栋材副部长和部人事司领导到中唱总公司宣布部党组的决定，任命熊生民为中唱总公司总经理、分党组书记，刘森民不再担任总经理和分党组书记职务。

6日 湖南人民广播电台新闻台正式开播。

7日 首届"韬奋新闻奖"在北京揭晓。10名编辑和通联工作者获此殊荣，其中有中央人民广播电台杨青、中国国际广播电台郭景哲、中央电视台孙玉胜、内蒙古电视台额尔德尼。另有30名编辑和通联工作者获提名荣誉，其中有广播电视工作者8人。

◇ 北京广播学院教授、著名播音员齐越因病久治无效在京逝世，终年71岁。13日上午，北京广播学院举行"缅怀齐越教授座谈会"，广播电影电视部副部长兼中央人民广播电台台长同向荣和70多位各界人士、播音明星一起深切悼念我国播音艺术的一代宗师；下午，中共中央政治局委员、书记处书记、中宣部部长丁关根，广播电影电视部部长艾知生、副部长刘习良和广院师生、各界人士400余人在八宝山革命公墓沉痛送别齐越同志。

◇ 江西经济广播电台正式开播。

7～11日 第四届上海国际广播音乐节隆重举行，有44个国家和地区的56家广播电台公司参加，提供展播节目138套。上海电台《神州采风》荣获"金编钟"大奖。

7～14日 中央电视台和国际科学与和平周中国组委会、文化部、广电部、中国国际文化艺术中心主办的第五届国际科学与和平周大型系列文艺演出在北京举行。该系列文艺演出云集了国内著名艺术家及比利时、澳大利亚、俄罗斯、巴基斯坦等十几个国家的艺术家们同台献艺。

10～12日 广播电影电视部工会召开第二届会员代表大会。出席会议正式代表167名，特邀代表81名。田聪明等部领导出席了大会。大会选举温治中为工会主席，曲桂兰为常务副主席，何希增为副主席。

上旬 华东地区省级电台广播文艺协作交流会在上饶市召开。

11～16日 华东地区农村广播电视协作会在福建召开。

12日 广播电影电视部何栋材副部长和人事司领导到广播科学研究所宣布部党组的决定，任命陈晓宁为广研所所长，免去高孚曾所长职务。

13日 台湾大报《联合报》开始刊登中央电视台第四套节目表。

15日 21集大型系列电视艺术片《毛泽东诗词》在中央电视台第一套节目中开始播出。

16～20日 全国省（区）级电视台广告联播网会议在南宁召开。

19日 河南广播电视新闻中心成立10周年。

20日 河北经济电视台建成正式开播。

◇ 中共天津市委宣传部副部长、市广播电视局党委书记、天津市政协委员林代柱同志因病医治无效，于21时逝世，终年59岁。

22～27日 北京、广东等22家中央和省级经济广播电台的40名记者和节目主持人到湖南开展《您好！韶山》采访活动。

24日 广播电影电视部田聪明、同向荣副部长和部人事司领导在办公厅处级干部会议上宣布部党组决定，任命王甘文为办公厅主任，任命郭宝新为地方管理司司长。

◇ 广播电影电视部人事司领导到部教育司宣布部党组的决定，任命刘爱清为教育司司长。

27日 北京电视台开办《心怀祖国》栏目。该栏目作为对中小学生进行爱国主义教育的第二课堂，即日起到1994年6月25日，每周六在21频道专门介绍和播放爱国主义影片。

28日 '93全国录像带节目交易会在上海举行。

◇ 厦门人民广播电台音乐台、厦门电视台二台正式开播。

30日 河北省委书记程维高给河北经济广播电台写信，在充分肯定《北方快车》等节目的基础上，对进一步搞好经济台提出了要求。

同月 第三届浙江电视博览会在杭州举行。

◇ 中国人民广播事业发祥地——当年延安新华广播电台旧址修建完毕，对外开放。

12　月

1日 江西省有线电视台站今日起实行统一供片。

1～27日 北京人民广播电台新闻台为纪念毛泽东诞辰100周年，以"我向毛泽东学什么"为题组织"百人热线大讨论"。

2日 江苏音像出版社诉苏州唱片发行公司等4家单位《新白娘子》录音制品版权一案在省高级人民法院民庭开庭，当庭辩论激烈，但彼此表示同意调解。后在高级法院的主持下调解成功，主要被告山东潍坊磁带厂同意赔款，江苏音像出版社胜诉，结束了这起版权侵权案。

4日 中共北京市教育工委、市高等教育局决定授予北京广播学院"文明校园"荣誉称号。

◇ 上海人民广播电台与日本横滨NHK电台联办了"一衣带水，空中彩桥"3小时直播特别节目。

◇ 广西广播电视厅电视剧艺术指导委员会成立。主任郑久粲。

6日 为纪念毛主席诞辰100周年，新疆音像出版社推出专集音带《新疆人民怀念毛主席》。

8日 北京广播学院举行第四届中央三台奖学（教）金颁奖大会。17名学生、14名教师分别获三台奖学（教）金。

8～24日 以广播电影电视部科技司副司长江澄为团长的赴加拿大、美国有线电视技术管理考察团一行6人，对北美的有线电视技术和事业发展及管理情况进行了考察。

9日 北京地区艺术院校教务处长协作会在北京广播学院召开。北京地区10所高等艺术院校和北京市高教局、文化部教育司、广播电影电视部教育司的有关同志参加了会议。

9～11日 江苏省广播电视厅在南京召开全省广播电视局长座谈会暨社会主义市场经济与广播电视改革研讨会。

13～24日 十二集大型纪录片《毛泽东》在中央电视台第一套节目黄金时间播出，引起社会各界强烈反响。

15日 由北京电视台、北京广播电视报社共同主办的新版《北京电视》月刊开始发行。

◇ 筹建中的吉林东北亚音乐台试播。定于1994年元旦正式开播。

17～18日 贵州省广播电视厅、省广播电视学会联合召开"纪念毛泽东诞辰100周年新闻研讨会"。

18日 北京人民广播电台交通台成立。该台由北京人民广播电台主办，北京市公安交通管理局协办。

◇ 由中共湖南省委组织部组织摄制的、反映秋收起义的6集电视连续剧《日出苍山》在长沙蓉园宾馆举行首映式。在纪念毛泽东同志诞辰100周年期间，中央电视台、湖南电视台播出了该剧。

20日 河南省广播电视厅组织了全省首届好编辑、好记者、好播音员、好主持人评比活动。评出好编辑12名，好记者10名，好播音员13名，好主持人8名，并进行了表彰和奖励。

中旬 为纪念毛泽东同志诞辰100周年，江西省电台、省电视台推出系列文艺、专题节目。

21日 夜晚，湖南电视台与中央电视台合作，在韶山现场直播纪念毛泽东诞辰100周年大型电视文艺晚会《人间正道是沧桑》，来自全国各地的约800名演职人员冒着寒风演出。这台晚会于12月25日在中央电视台播出。

22日 广播电影电视部选举北京市西城区第十一届人民代表工作顺利结束。艾知生、田聪明、刘习良、李范笑等领导和部直各单位的负责同志与职工一起参加了投票选举。

◇ 全国首家科技教育专业电台——陕西科技教育广播电台正式开播。

23日 河北省委书记程维高到河北经济广播电台视察工作。

24日 为纪念毛泽东诞辰100周年，由山西省委宣传部、山西省广播电视厅、山西省文化厅联合举办的大型文艺晚会，在山西电视台《五彩缤纷》节目中隆重播出。

26日 毛泽东同志诞辰100周年纪念日。国际台各语言广播都在各自的节目中播出了在人民大会堂举行的纪念大会的消息和有关内容。

◇ 上海广播电视局与上海市文化局、电影局联办"上海文艺界纪念毛泽东诞辰100周年文艺晚会"。

◇ 湖南人民广播电视新闻台全天播出大型综合性特别节目《12·26之歌》。节目追忆了毛泽东同志的丰功伟绩，概述了毛泽东思想的形成与发展过程。同时，及时报道了当天全国一些重要纪念活动。

28日 由中央人民广播电台、中国国际广播电台、中央电视台、中国广播艺术团和长城音像出版社共同主办的纪念华彦钧（阿炳）诞辰100周年暨中国广播民乐团成立40周年音乐会在北京音乐厅举行。

29日 国际台张振华台长带领记者和录音师前往中南海录制国家主席江泽民对中国国际广播电台海外听众及港澳台同胞发表的新年讲话。中央电视台同时为江泽民主席的讲话录制了电视画面。这是江泽民同志担任国家主席后第一次向国际台听众发表新年讲话。国际台各语言节目都在12月31日下午16点以后的首次节目中播出江主席讲话。

30日 中共贵州省委副书记、省长陈士能看望广播电视工作者，并在省电台电视台作拥军优属新年讲话。

31日 由中央人民广播电台和深圳宏昌实业有限公司主办、首都30家主要新闻单位共同评选的1993年全国十大新闻揭晓：1、《邓小平文选》第三卷出版发行，中共中央决定学好邓选第三卷用建设有中国特色的社会主义理论武装全党；2、江泽民主席赴美国出席亚太经合组织领导人非正式会议，并同美国总统克林顿正式会谈，这是1989年以来中美最高领导人的首次接触；3、中共十四届三中全会审议通过关于建立社会主义市场经济体制若干问题的决议，全国加快改革开放步伐，全面实施十四大规划蓝图；4、"两会"换届选举产生新一届国家领导人，江泽民当选国家主席，乔石当选八届人大常委会委员长，李瑞环当选八届全国政协主席；5、"马家军"威震世界田坛，王军霞、曲云霞等先后多次在国内外大赛中刷新女子中长跑世界纪录，并创造女子马拉松世界最好成绩；6、"汪辜会谈"成为海峡两岸关系发展历史性的一步，中国政府发表《台湾问题与中国的统一》白皮书；7、全国各地以各种方式纪念毛泽东同志诞辰100周年，党中央号召全国人民学好毛泽东思想，学好邓小平建设有中国特色的社会主义理论；8、国际奥委会第101次全会投票，北京以两票之差与2000年奥运会失之交臂；9、党中央、国务院加大反腐倡廉力度，查办一批大案要案，狠杀几股群众反映强烈的不正之风，反腐倡廉深得民心；10、党中央、国务院加强宏观调控，整顿金融秩序取得阶段性成果。

◇ 由台湾无线卫星台TVBS主办、中央电视台海外电视中心新闻部与播送中心播送部协办的“两岸经济年终访谈”，采用卫星连线双向传送的方式分别在中央电视台传送中心演播室和台北TVBS演播室举行。这是海峡两岸首次举行的卫星双向传送电视访谈，并向台湾直播。

同月 当“马家军”在斯图加特世界田径锦标赛及我国七运会上，以惊人的成绩震惊世界体坛之际，辽宁电视台推出了电视纪实片《马家军》。

◇ 联接辽宁、吉林两省的微波电路建成并开通。至此，东北三省的微波电路联网工作最终完成。

◇ 辽宁省的广播电视技术维护工作，在全国省级竞赛活动中，保持总分第一名。

◇ 1993年江西电视新闻上中央电视台、江西广播新闻上中央人民广播电台创历史最高纪录。中央电视台播出江西新闻503条（次），其中上《新闻联播》132条；中央人民广播电台《新闻与报纸摘要》播出江西新闻83条。

◇ 海峡之声广播电台调整领导班子，孙四海为海峡台台长、陆中明为政治委员。

◇ 西藏广播电视厅及所属电台电视台的领导班子进行了调整。格桑朗杰任广播电视厅厅长，邱德荣任党委书记；田荣高任西藏人民广播电台台长；李光远任西藏电视台副台长（主持工作）。

人物志

广播电影电视部

孙家正 (1944—) 广播电影电视部部长。江苏泗阳人。1966年1月加入中国共产党，1968年南京大学中文系毕业后在江苏省六合县革委会工作。1971年后任江苏省六合县樊集公社人民武装部副部长，六合县革委会办事组副组长，共青团六合县委书记，中共马安公社委员会书记。1975年后任中共江苏省六合县委常委、县革委会副主任。1978年后任共青团南京市委书记，共青团江苏省委副书记、书记。1983年后任中共江苏省委常委兼秘书长、兼中共徐州市委书记。1986年后任中共江苏省委常委、副书记兼宣传部部长。1989年后任中共江苏省委副书记。中共第十四届中央委员会候补委员。1994年5月起任广播电影电视部部长。

何栋材 (1937—) 广播电影电视部副部长。广东南海人。1959年7月毕业于清华大学无线电系，同年9月分配到广东人民广播电台工作。先后任副科长、副处长、厅总工程师、副厅长、厅党组书记，专业技术职务为高级工程师。1993年4月任广播电影电视部党组成员、副部长。长期参与高频、微波、发射、传输工作，熟练掌握工程勘察设计、设备安装、调试投产，并积累了丰富的实践经验。主持拟定建设大、中功率为主、微波连网、小功率一次差转的电视覆盖网；优先发展调频立体声广播，调频与中波相结合的广播覆盖网。至1990年底，全省一套广播和电视节目覆盖率已分别达到90%以上。是广东电视建设中心的主要组织指挥者之一。掌握英语、德语两门外语。曾在广播电视学会、通信学会刊物上发表多篇理论水平较高的论文，其中《2000年广播电视发展战略》一文还被广东省社会经济发展研究中心采用。

同向荣 (1939—) 广播电影电视部副部长。陕西蒲城人。1964年加入中国共产党，1965年毕业于陕西师范大学，毕业后分配在西北大学任教，先后任助教、讲师、党、团支委、德育教研室副主任、副教授等职。先后讲授过哲学、美学、文艺理论等课程。1980年至1981年两年间在北京师范大学、上海戏剧学院进修美学和传播学。1984年10月任陕西省广播电视厅党组成员、副厅长，1985年12月任陕西省广播电视厅党组副书记、副厅长，主持全面工作。1986年9月任陕西省广播电视厅党组书记、厅长、总编辑。1993年4月调任广播电影电视部副部长，后兼任中央人民广播电台台长。主要著作有《名画赏析》(250例)，《陕西古代廉吏》(5篇)、《搜神记译注》(稗海本 40篇)，主要论文和文章有《论美育的本质和社会主义》、《审美教育与人才培养》、《论哲学教育改革》、《论秦代的阶级斗争》、《“延安之声”序》、《荧屏后面的思考·序》、《沉痛的哀悼深切的怀念》等20多篇。

雷元亮 (1948—) 广播电影电视部人事司司长。原名雷鸣，湖北公安人。1970年10月参加工作，1966年6月加入中国共产党，大学学历。1970年在湖北公安县金狮区先后任团委书记、区委组织委员，1972年在武汉大学中文系学习，1975年毕业后分配到广播事业局政治部干部处任干事，1984年担任广播电视部干部司专业干部处副处长，1986年担任广播电影电视部人事司干部处处长，1992年担任广播电影电视部人事司副司长，1993年担任广播电影电视部人事司司长。

乔明友 (1935—) 广播电影电视部人事司副司长。山东肥城人。1947年参加革命工作，1952年加入中国共产党。1947年冬至1953年初，先后在冀鲁豫日报社、平原日报社做报务、译电员工作，1953年在中央广播事业局传音科做录音员工作，1954年至1960年在中央广播事业局412台、无线电总管理处监测科、612台、无线电总管理处干部科担任秘书、科员，1960年10月至1961年12月为无线电总管理处办公室负责人，1962年至1963年在无线电总管理处党总支任干事，1963年至1975年在中央广播事业局技术部政治处任秘书，1975年9月至1980年2月任无线电总管理处宣传科科长，1980年至1985年任广播电视部干部司干部处副处长、处长，1985年任广播电视部干部司副司长。

陈智教 (1940—) 广播电影电视部科技司司长、高级工程师。湖北沙市人，中共党员。1964年毕业于华中理工大学无线电工程系，同年分配到原中央广播事业局无线处从事技术及其管理工作。历任部无线电台管理局技术员、工程师、技术处处长、发射台台长、副局长。1991年调部科技司任副司长，现任司长。1988年被评为教授级高级工程师，

1993年被聘为广播学院兼职教授。现任中国电子学会理事、中国宇航学会常务理事、第四届部科学技术委员会副主任。在无线电技术实践方面，长期从事大、中功率中短波发射系统设备的安装、调试，3SB系统传输试验和调幅广播音频加工技术基础试验等技术工作。先后在《广播与电视技术》、《世界广播电视》、《广播电视新技术文集》等刊物发表过文章和论文。

江 澄 （女）（1940—）广播电影电视部科技司副司长、高级工程师。浙江定海人。1960年加入中国共产党，1963年毕业于清华大学无线电系后分配到中央广播事业局技术处，历任技术员、情报科负责人，电视办公室副主任，卫星办公室副主任。1982年任广播电视部技术局频率规划处处长。1985年任标准化规划研究所所长。1986年任地方管理司副司长，1993年改任科技司副司长。1987年被评为高级工程师（职称），1991年获得高级工程师（教授级）职称。从1986年起历任第二、三、四届广播影视部科技委员会委员。1991年任中国广播电视学会理事。1984年在发射我国第一颗通信卫星的参试任务中获广电部一等奖。80年代以来，在国内学术、技术刊物上多次发表了有关卫星广播、有线广播和有线电视方面的技术论文。

刘洪才 （1936—）广播电影电视部无线电管理局局长、高级工程师。河北乐亭人。1963年清华大学无线电工程系毕业，分配到中央广播事业局523台。1971年11月加入中国共产党，历任机房主任、台副主任工程师、主任工程师、台长兼主任工程师。1988年晋升为享受教授级待遇高级工程师。曾负责523台两部大功率中波广播发射机、微波支线和卫星地面站的设计、安装、调试工作。负责台里两部发射机程序控制方案、论证和计算机技术培训，负责援助赞比亚微波支线工程的设备更新和调试工作。1984年被部奖励升级一级工资。1985年被评为部和中直机关先进工作者。编著了13种百余万字的教材和技术资料，在《广播与电视技术》等刊物上发表了5篇论文和两篇译文，担任《广播电视技术手册》第六分册主编工作中修改稿件50多万字。此外还为《大型发射管使用与维护》一书审稿40多万字。1990年6月调任无线局副局长。1992年5月任局长。同年享受政府特殊津贴。中国广播电视学会企事管研会常务理事，中国电子学会广播电视技术分会发射技术管理研究会主任。

王德孟 （1937—）广播电影电视部无线电管理局党委书记、副局长。北京人。1954年7月参军在解放军第一坦克学校学习，1956年8月毕业后仍在部队坦克学校任教员，1956年加入中国共产党。1963年9月转业到中央广播事业局，在干部处和政治部的地政处、宣传处、群工处及机关党委宣传部、机关党委任过干事、副处长、副部长、副书记等职。1977年9月至1978年11月曾在中央理论宣传干部训练班学习毕业。1985年6月调中央广播艺术团任党委书记，1988年6月调无线局任党委书记、副局长。

王丁一 （1938—）广播电影电视部无线电管理局副局长。吉林榆树人。1957年9月考入北京大学，1964年9月分配到中央广播事业局654台工作，任过技术员、助工、工程师。曾主调726台两部300KW中波机，对机器进行了几十项技术改进。唐山地震时，利用战备车队的设备，三昼夜即架设连通天坛抗震电台并按时播音，受到无线局（当时是总处）的嘉奖。1983年4月调入无线局维护处历任工程师、主任工程师、处长兼主工。1986年加入中国共产党，1987年评聘为高级工程师。1988年6月任副局长后，主管全局的基建工作和经济工作。1993年享受政府特殊津贴。现还是中国电子学会委员，部科技委发送接收专业委员会委员。

张金城 （1936—）广播电影电视部无线电管理局副局长、高级工程师。河北满城人。1959年12月毕业于北京邮电学院无线系，分配到中央广播事业局564台从事维护工作。1963年7月调局机关先后在技术科、维护处、国外技术处、总工程师办公室工作，任过工程师、副处长、处长等职。1988年晋升为享受教授级待遇高级工程师。曾组织实施第一颗人造卫星“东方红”信号的收录传送工程。为组建战备车队负责拟制规划、节目传送方案、研制设备和建立基地，首先提出抛物天线无源中继的设想，独自完成“短波广播同频道射频保护率”的研究，该研究结果1982年在亚广联发表并刊于《亚广联技术评论》上，被1983年CCIR全会采纳作为制定短波广播频率规划的参数之一，领导和组织了与外国互转租机及播出管理工作。1992年9月任副局长，同年享受政府特殊津贴。1994年3月任局总工程师。是部科技委传输专业委员会主任委员，北京电子学会广播电视委员会发射组副组长。

于云峰 （1935—）广播电影电视部无线电管理局党委副书记。山东潍坊人。1951年7月在潍坊县工作，1953年3月参军服役，后提升为连级干部，在部队曾被评为舰队司令部好干部，立过两次三等功。1956年加入中国共产党。1964年10月转业到中央广播事业局，先后在582台、战备车队、564台工作，任过机房主任、副队长、台长。1982年获部、中直机关先进工作者称号。1984年曾受到部通令嘉奖。1986年6月调无线局机关任纪检办公室、监察室主任。1988年12月任局专职党委副书记至今。

吴志高 (1934—) 中央人民广播电台高级编辑。河北人。1952年参加工作。1960年毕业于中国人民大学新闻系。曾先后在吉林市团市委、市委宣传部、中国人民大学新闻系工作。1962年9月调中央台工作，在对台部做编辑、任副主任至今。1991年10月被评聘为高级编辑。并任中国广播电视学会对台宣传研究委员会秘书长。撰写发表的论文和主要文章有:《1981年—1987年台湾听众来信的分析与综述》、《求深、求活、求新——谈对台宣传改革》、《特点·重点·针对性》、《抓住有利时机，促进两岸沟通》、《发挥优势、提高素质、放眼未来》等。其中有3篇获优秀论文奖。此外，还与人合作编辑出版了《全国对台广播优秀节目选编》、《答台湾同胞问》、《海峡情征文作品选》等专辑。80年代初参与策划创办的大陆第一个主持人节目《空中之友》，在听众和广播界引起广泛反响。之后又组织策划创办了《体育天地》、《神州旅游》、《空中服务台》、《九州彩虹》等节目。

宋广礼 (1935—) 中央人民广播电台高级编辑。辽宁鞍山人。1958年8月毕业于解放军俄吉军事科技俄语专业，1955年7月参加革命工作，先后在国防部五院，航天工业部二院、三院，担任翻译，科技情报编辑等工作，1976年调入中央台，在政治处任干事，1978年至1985年，在文教部任编辑工作，1985年至今，在科教部担任副主任，主任，1991年10月被评聘为高级编辑。撰写的论文《科普广播的广义趣味性》在1988年"全国第二届科普广播论文评选会"上被评为优秀论文；广播稿《从甲骨文到口袋图书馆》，被人民教育出版社作为范文选入中学语文课本第六册；通讯《年逾古稀的发明家——介绍北京卫生材料研究所所长铁汉》获"首都科技好新闻"一等奖；专稿《堵塞看不见的漏洞——介绍热成像技术和节能》获"全国节能宣传"一等奖；征文稿《高科技与现代战争》获"全国国防现代化建设"征文一等奖。编著出版的科普读物有:《兵器大观》、《热成像》(与张维力合著)、《高技术知识500问》(与刘侃等5人合编)、《光学世界观》(与雷仕湛合著)、《科普广播佳作选》(与刘国雄等4人主编)。

杨　青 (女)(1938—) 中央人民广播电台高级编辑，首届韬奋新闻奖获得者。原名杨杏桃，广东阳山人。1950年参加中国人民解放军，曾在华南军区青干校学习。1952年随中国人民志愿军入朝鲜参战。1954年回国，1956年入中国人民大学新闻系学习，1960年毕业后分配到中央人民广播电台工作，先后在国际部、经济部、新闻部担任编辑、组长。1991年11月被评聘为高级编辑。在30多年的编辑生涯里，参与了许多重大的宣传报道工作，并结合广播新闻实践，撰写了20多篇业务文章，先后在《新闻战线》，《新闻业务》，《广播业务》等刊物发表，其中有《扬独家优势，汇天下精华》、《新闻是广播的主体》、《新闻要有根——谈新闻的背景材料的应用》等。

王燕春 (1941—) 中央人民广播电台高级编辑。河北遵化人。1964年毕业于北京广播学院新闻系后到中央台工作，曾在文教部、农村部担任编辑、记者。1980年8月中央台成立评论组以后专职写评论。1984年10月中央台成立新闻中心，任新闻中心副主任兼经济部主任。1986年9月任中央台地方记者部主任。1991年任中央台编委兼记者部主任。1991年10月被评聘为高级编辑。撰写的评论《绝不允许有特殊公民》在1980年"全国好新闻"评选中获奖，广播谈话《市长换锅的启示》在首届全国优秀广播节目评选中获奖，并获1982年"全国好新闻"奖。由他负责组织并担任总撰稿人的系列报道《深情的黄土地》获1989年中央台优秀节目特等奖、全国优秀广播节目一等奖，全国农业好新闻特等奖。主要业务文章有:《广播通讯写作概况》、《关于人物通讯写作的几个问题》、《队伍建设与成才之路》、《新视野、新观念、新境界》、《在深化改革中开创地方记者工作的新局面》、《方向、广播优势和宣传艺术》、《可听、可信、可用》、《献身在广播、成功在广播》、《坚持改革，把地方记者工作推向新水平》、《广播新闻改革的流向》、《搞好队伍建设是立业之本》等。

丛英民 (1938—) 中国国际广播电台第一副台长。黑龙江人，中共党员。1964年3月毕业于吉林大学，分配到国际台做编辑工作。1978年6月至7月，率国际台记者组团赴越南采访，并参加接运难侨工作。1981年赴柬埔寨进行战地采访，采写30余篇稿件和一批内部材料，受到各有关部门的好评。1990年在中央党校学习半年。1985年8月任国际台副台长，先后主管技术、基建、事业发展工作。同时还任广电部海外转播小组副组长，参与并主持了与外台合作的谈判工作。1993年，担任国际台主管宣传的第一副台长。

李　丹 (1944—) 中国国际广播电台副台长。天津静海人，中共党员。1967年毕业于北京公安外语学院，分配到国际台英语部工作。先后担任英语播音员、副组长、组长、部主任。在英语部工作时，在研究对象国家情况，加强稿件针对性，增加宣传效果培养人才等方面成绩突出，英语广播的节目被认为办得较好，在国内外具有较高的知名度。1992年担任国际台副台长以来，协助台长负责国际台宣传及有关业务工作。

许永生 (1939—) 中国国际广

播电台副台长、高级经济师。江苏宜兴人，中共党员。1965年毕业于北京大学数学计算专业，曾担任过唐山第一商校中学干事兼团委书记；北京第二体校教员、干事；1977年9月起担任北京青年男女篮球队专职党支部书记、领队。曾出席中共唐山地区代表大会；被评为北京市体育系统先进工作者、模范党员。1980年1月调到国际台人事处工作，1983年2月任人事处副处长，1988年8月任人事处处长，1989年4月任国际台台长助理兼人事处处长，1989年8月担任国际台纪律检查委员会书记；1993年9月担任国际台副台长、台分党组成员。1988年6月被评为高级经济师。

汪勤文 (1940—) 中国国际广播电台副台长。湖北武汉人，中共党员。1965年毕业于武汉大学，分配到原中央广播事业局6521工地从事基建工作，曾任广电部计财司基建处处长。1987年参加全国通信工程标准技术委员会，任副主任委员，1988年任广电部科技委传输专业委员会委员。1991年调到国际台任台长助理、副台长。长期从事微波传送和基本建设管理工作，积累了较丰富的经验。1989年被广电部授予高级工程师职称，曾主编“省级广播电视中心建设规范”(已颁布执行)。

魏建群 (1933—) 中国国际广播电台党委书记。内蒙古呼和浩特人，中共党员。早年在部队工作，1982年10月转业到国际台负责党务工作，后任党委副书记，1993年任国际台党委书记。

洪民生 (1932—) 中央电视台高级编辑、中国电视艺术委员会副主任。浙江宁波人。1960年毕业于中国人民大学新闻系，留校任教。1962年进中央电视台至今，1980年起任中央电视台副台长，1988年兼任总编辑。现任中国电视艺术委员会副主任，联合国教科文组织中国委员，中国人民大学兼职教授，高级编辑，中国书法家协会理事。自1992年起享受国务院颁发的政府专家津贴。从事电视工作30余年，涉猎过电视编、导、摄等多种工作。在电视台电教、新闻、文艺部门担任过领导工作，是电视大学、新闻联播节目的创始人之一，连续主办十届全国收视率最高的春节晚会节目，策划创办了多种电视专栏，写过多类电视论文30多万字，出版电视专著《我与电视》。

仲呈祥 (1946—) 中国电视艺术委员会副主任兼秘书长、研究员。生于上海，长于成都，求学于北京，而籍贯乃青海西宁。1964年起曾先后教过小学、中学、大学。1978年调社会科学院文学研究所从事研究工作，从师于我国著名文艺理论家钟惦棐、朱寨，并任当代文学研究室主任。1985年调中国电影研究中心任当代中国电影研究室主任、副研究员。1990年调中国电视艺术委员会任副秘书长、副主任兼秘书长、研究员。自1992年起享受国务院颁发的政府专家津贴。曾三次获“中国当代文学优秀研究著作奖”。出版专著有:《中国当代文学思潮史》(国家级重点科研项目，人民文学出版社出版，合著)、《新中国文艺纪事和重要著作年表》(四川社会科学出版社)、《新时期文学六年——理论批评》(中国社会科学出版社)、《文学的源泉》(长江文艺出版社)、《当代文学散论》(重庆出版社)、《“飞天”与“金鸡”的魅力》(中国戏剧出版社)等。在报刊发表文学、影视评论300余篇。曾任中国电影“金鸡”奖评委和中国电视剧“飞天”奖评委兼秘书长，《中国电视》主编，上海国际电视节“白玉兰”大奖评委和四川国际电视节“金熊猫”大奖评委，东京世界电视教育节目“日本赏”特邀观察员。系中国作家协会会员、中国电视艺术家协会会员、中国电影家协会会员和中央戏剧学院客座教授、北京电影学院与中国电影艺术研究中心硕士研究生导师。

陈晓宁 (1946—) 广播电影电视部广播科学研究院院长、党委书记。河北沧县人。西北电讯工程学院毕业。1965年入伍，1972年12月加入中国共产党。1970年在安徽省砀山县广播站任技术员，后任编辑，1971年8月调县委通讯组工作，后任副组长。1975年8月调安徽电视台任记者。1979年任摄影组副组长。1984年元月任安徽电视台副台长，主持全台工作。1985年7月任安徽省广播电视厅副厅长，党组副书记兼安徽电视台台长。1986年3月开始主持全厅工作至88年8月。1992年7月调任广播电影电视部信息资料中心主任，1993年11月任部广播科研所所长。从1985年开始曾任过安徽省广播电视学会会长，中国广播电视学会常务理事等职。1980年以后，曾陆续获得过全国电视好新闻一、二、三等奖，发表过《对广播电视功能的再认识》、《中国信息事业发展之我见》等论文。1994年3月任广播电影电视部广播科学研究院院长、院党委书记。

王瑞英 (1938—) 广播电影电视部广播科学研究院党委副书记，高级工程师。山西左权人。1960年5月加入中国共产党。1963年毕业于北京工业学院电子计算机专业，分配至广播科学研究所工作，1985年被评聘为高级工程师。曾从事过卫星通信和卫星广播研究，参加了我国研制的第一颗通信卫星系统设计、方案论证和卫星发射成功后电视传输质量的收测以及我国彩色电视试验播出；组织并参加了收测美国、前苏联、日本广播卫星的场强，研制了地面接收设备，收测了电视信号，提出了在我国发展卫星广播事业的建议；承担了中国卫星广播系统方案研究，撰写了近25000字的方案研究、技术分析论证报告，成为报国家审批和对外招标的依据，并建立了实验室卫星模拟测试系统。发表过《发展卫星广播，实现全国覆盖》、《电视卫星广播发展现状》等多篇论文。组织的频段地面接收项目于1978年获全国科学大会集体奖，《有线电视发展与管理专辑》获广播电视系统科技情报一等奖，并于1993年获广播电影电视部科技进步三等奖。以1975年起历任电视研究室主任、卫星广播研究室主任、部科技情报研究所所长；所党委副书记。现任广播科学研究院党委副书记。

陈厚均 （1933—）广播电影电视部信息资料中心副主任，江苏南京人。大专文化，1949年6月参加苏南军区政治部文工团。1959年加入中国共产党。1952年调华东空政文工团，1953年抗美援朝编入中朝空军联合政治部文工团，1955年调军委空政文工团。1957年考入上海音乐学院学习，1960年毕业后回部队文工团，长期从事乐队演奏、指挥等工作。在全军第二届文艺会演中曾获优秀演奏奖。1979年转业到中央广播事业局中国唱片社任音乐编辑室主任，1985年调北京唱片公司任经理，1987年任中国唱片总公司副总经理兼上海唱片公司经理。此期间担任中国广播电视学会直属一分会副会长，中国音协交响乐爱好者学会理事等社会职务。1992年2月调任广播电影电视部信息资料中心副主任，负责中国音像资料馆筹建等工作。

赵　锦 （1936—）广播电影电视部信息资料中心副主任，山西平定人。1954年6月加入中国共产党。1961年毕业于原苏联基辅工学院，获苏联电气工程师称号，回国后在国防科委六院和三机部所属研究所从事技术工作，任技术员。1974年12月调中央广播事业局，先后在技术部技术处和科研所主持科技情报工作。1979年至1981年赴日本东京大学进修。回国后从事计算机应用工作，1983年任工程师，1985年任高级工程师。1985年初参与筹建广播电影电视部计算机应用中心（后更名为信息资料中心），建成后任副主任。1991年10月改任信息资料中心总工程师。组织并参与计算机网络和数据通信工作。共著《广播电视技术手册》第13分册（计算机应用）。组织并参加国家“七·五”重点科技攻关项目“新闻汉语词库”中广播电视部分的研制。共同审定了“叙词表（广播影视专业用）”，已出版。主持研制了“音像资料叙词表”由中国计量出版社出版。翻译出版了“程序编制语言C”。共译了“最新电视技术手册”，由中国电影出版社出版。

陈兆恭 （1935—）广播电影电视部信息资料中心副主任。山东肥城人，高中学历。1951年参加革命工作，1958年参加中国共产党。平原省撤销后，于1953年初随平原人民广播电台集体调中央广播事业局。先后在直属台搞技术和人事，保卫、秘书工作。1966年调局技术部政治处工作。先后到山西搞四清，到河南台参加干校锻炼。到河北平山和湖北西部山区参加两个大型广播电视工程建设。1982年先后任无线电台管理局党委办公室主任，机关党委副书记，局直属机关党委书记。1990年调任广播电影电视部信息资料中心副主任。

熊生民 （1941—）中国唱片总公司总经理、高级编辑。广西柳江人。曾就读于柳江中学。1964年毕业于北京广播学院新闻系，是年加入中国共产党。毕业后分配到中央人民广播电台文艺部工作，历任编辑、戏曲组副组长、组长，文艺部副主任、主任；曾兼任中国广播剧研究会秘书长、副会长。中国戏剧家协会会员。1992年3月调中国唱片总公司任副总经理，1993年11月任总经理，高级编辑。

石志军 （1936—）中国唱片总公司副总经理。曾用名石志君，山东长清人。1956年加入中国共产党。1959年入上海华东师范大学中文系学习，1964年7月毕业后分配到高教部留学生管理司，同年9月派往波兰任留学生政治辅导员，并在波兰波兹南密斯凯维支大学学习波兰语。1967年回国，于1968年调上海文汇报当记者。1972年5月调国际广播电台非洲部当编辑，后在台政治处当干事。1976年9月调任中央广播事业局国际联络部副主任，1983年任广电部外事局亚非拉处处长、局办公室主任。1990年调中国唱片总公司，历任机关党委副书记、书记、纪委书记、分党组成员、副总经理。

李运兴 （1938—）中国唱片总公司副总经理。祖籍天津，生于北京。1963年毕业于原成都电讯工程学院无线电工程系。同年9月被分配到原中央广播事业局基建处工作。1978年入党。历任技术员、工程师、高级工程师，基建处业务领导小组成员。参加了北京、昆明、咸阳等广播发射中心的工程建设及中、短波发射机的调试工作；多项广播战备工程建设及发射机主调；参加过广播卫星工程的前期工作。1972年调广电部设备制造厂从事短波及调频发射机研制工作。参加研制的Ⅲ型调频广播发射机曾获全国科技大会成果奖。1983年任广电部设备制造厂厂长，党委成员，曾任中国广播电视工业协会理事。1991年7月调任中国唱片总公司副总经理，分党组成员至今。是广播电视学会企事业研究会理事。

关崇恩 （1938—）中国广播艺术团副团长。满族。辽宁岫岩人。1959年3月加入中国共产党，1959年参加工作。现任中国广播艺术团党委副书记、副团长，主任编辑。1959年4月毕业于辽宁水电学院（中专部）水利工程建筑专业，并留校任教，同年9月考入中国人民大学哲学系。1964年9月被国家派往摩洛哥任我国留学生政治辅导员，并在该国穆罕默德五世大学学习法语。1968年回国后调上海《文汇报》任记者，1973年调中国国际广播电台，先后在该台非洲部、法语部任编辑、记者、副主任、主任等职。1984—1987年任中国国际广播电台驻巴黎首席记者。在报刊杂志上发表过多篇文章和报道，如《法国的狗害》、《非洲的电讯事业》等。

马永生　(1939—)　中国广播艺术团副团长、高级经济师。曾用名修永生，山东烟台人。1971年9月加入中国共产党。1964年参加工作，现任中国广播艺术团副团长。高级经济师。1964年7月毕业于北京广播学院编采专业，同年8月分配到中央人民广播电台工作，先后任该台新闻部、专题部、农村部编辑、记者。1974年调任该台办公室第一负责人。1979年任部行政管理局办公室主任，并担任局党委副书记兼党总支书记。1987年任行政管理局人事处处长。1990年9月任中国广播艺术团团长助理兼办公室主任。1992年12月任副团长至今。

杨文延　(1958—)　中国广播艺术团副团长。河北武安人。1986年加入中国共产党。1972年参加工作，现任中国广播艺术团副团长。1972—1979年在河北省武安市剧团工作。1983年毕业于天津音乐学院，同年分配到中国电影乐团。1987年—1992年任广播电影电视部团委书记。1993年1月任中国广播艺术团团长助理兼业务处处长，同年9月任副团长至今。曾担任过中直机关团委常委、广播电影电视部机关党委常委、广播电影电视部精神文明协调委员会副主任等职。长期从事过小提琴独奏和二胡演奏，先后为中央人民广播电台、中国国际广播电台及部分省市广播电台和电视台录制多首独奏曲，其代表曲目有为中央芭蕾舞团交响乐队协奏的二胡独奏曲《母亲》。1985年开始学习乐队和合唱指挥，先后指挥过专业、业余合唱团和乐队，多次参加各类音乐活动。1991年在全国第三届合唱节上荣获指挥奖。曾在《人民日报》、《中国教育报》、《中国青年》等报刊杂志和诗刊上发表过多篇散文、音乐评论及诗词作品。其中《无产者的太阳》一词荣获1991年全国歌曲创作优秀作品奖；《铁塔无言诉春秋、无线有声唱英雄》一文获中直机关青年"青春之路"征文大赛第二名；《心弦拨动时，僻壤传妙音》一文被国家教委选编入《实践的启迪》一书。是中国广播电视学会理事，中国合唱学会理事，中国民族管弦乐学会会员。

姜　昆　(1950—)　中国广播艺术团说唱团团长、一级演员。山东黄县人，大专学历。1984年加入中国共产党。1968年参加工作，在黑龙江省建设兵团，1975年参加全国曲艺调演，1976年考入中国广播艺术团，长期从事相声艺术。1985年至今任中国广播艺术团说唱团团长。国家一级演员。1980年被评为全国十大笑星之一，是观众非常喜爱的著名相声演员。曾先后出版了两集《姜昆、李文华相声选》，共收集创作作品60段。出版了个人专著《相声以外》，论述了自己在相声艺术这个领域中的感想和体会。还在《人民日报》、《曲艺》和《光明日报》等40多种报刊杂志上发表过多篇关于相声艺术的论文和论述。创作和表演的相声多次获奖。其中，《如此照相》获全国评比一等奖；《霸王别姬》、《诗歌与爱情》获全国评比二等奖；《新兵小传》获全国评比表演一等奖，创作三等奖。是第七届、第八届全国政协委员。还兼任中国曲艺家协会副主席、中华曲艺学会会长、全国青联常务委员、新加坡新风相声学会海外顾问等职。

王馥荔　(女)　(1949—)　中国广播艺术团一级演员。天津人，中专学历。1984年加入中国共产党。1968年参加工作。国家一级演员。她在艺术的道路上积极探索，勇于追求，不断进取。参加过多部影片的摄制，并扮演主要角色，多次获奖，深受广大观众喜爱。如在电影《金光大道》中饰吕瑞英，获得好评，被观众誉为"天下第一嫂"；1981年在电影《天云山传奇》中饰宋微微，获首届"金鸡奖"最佳女主角提名；1983年在电视短剧《第五家邻居》中饰京妈妈，获首届大众电视"金鹰奖"优秀女演员奖；1984年在电影《咱们的牛百岁》中饰菊花，获上影厂"小百花奖"最佳女配角奖、第七届《大众电影》"百花奖"最佳女配角奖、"金鸡奖"最佳女配角奖提名，同年获江苏省文体"十佳"人物荣誉称号；1986年在电影《日出》中饰翠喜，获上影厂"小百花奖"最佳女配角奖，并夺取"百花奖"、"金鸡奖"最佳女配角两项桂冠；1987年获"新时期十年电影奖"最佳女配角奖和"中国电影表演学会"首届学会奖。是第七届、第八届全国政协委员，还兼任中国电影家协会理事，中国电影表演学会会员等职。

阎洪奇　(1932—)　广播电影电视部标准化规划研究所所长，高级工程师。河北昌黎人。1952年天津大学电机系（电讯组）毕业后分配到中央广播事业局。历任491台值班长、广播科研所研究室副主任、1975年任副所长，1986年任中央电视台副总工程师，1990年任广播电影电视部标准化规划所所长。教授级高级工程师，1992年国务院授予享受政府特殊津贴。1954年加入中国共产党。从事电视科研30多年，曾负责研究彩色电视同步系统、广播大楼音质改进、单磁头录像机、4磁头广播录像机、彩色电视制式比较等项目。1986年兼任CCTV亚运会办公室主任、工程指挥部主任。1989年任亚运会组委会广播电视委员会委员兼秘书处长，亚运会期间兼任国际广播中心（IBC）新闻部主任。主要著作和论文有：黑白电视标准、黑白电视同步机、黑白电视同步机改进、彩色电视同步机、国内七座电视台技术调查报告、斗链制式介绍、改良电视和扩展电视、数字化电视图像编码等。现兼任：广播电影电视部科技委委员、全国录制设备标准化技术委员会副主任、中国影视学会理事、中国广播电视学会理事、北京电子学会理事。1959年出席全国群英会（特邀代表），1990年评为亚运会广播电视委员会先进工作者。

陈成全 （1926—）广播电影电视部标准化规划研究所高级工程师。山西临猗人。1948年在清华大学读书期间去解放区参加革命，北平解放后回清华复学。1950年毕业于电机系，又被调干到北京俄语学院学习。1953年俄院毕业后，被调至中央广播局从事技术及翻译工作。1956年因调试天线有创新，受到广播事业局奖励。1958年赴苏联考察学习，回国后从事录音磁带的研制，开创了我国的磁带事业。他先后在广播科研所，广播设备制造厂，广播磁带厂任科研室副主任、主任、主任工程师、技术负责人。负责研制和生产的磁带曾先后获1963年全国工农业新产品展览会二等奖和1978年科学大会奖。1979年起负责广播部门的标准化工作。先后任技术局科技标准处副处长，标准化规划研究所副所长。1980和1988年先后被评为高级工程师和教授级高级工程师。曾主持编印“广播电视技术标准汇编”十一册，宣传材料三册，并亲自起草“广播用录像磁带性能”和“卫星广播和地面业务间频率共用”等七个国家标准。1990年离休，1992年起享受政府特殊津贴。

潘振中 （1931—）广播电影电视部标准化规划研究所总工程师，高级工程师。江苏苏州人。1952年毕业于上海交通大学电机系（电信组），分配到中央广播事业局工作迄今。曾在基建处、设计处、技术处、广播科学研究所、技术局等部门工作，历任技术员、工程师、高级工程师、研究室副主任等职。现任广播电影电视部标准化规划研究所总工程师，教授级高级工程师。合作完成的“短波介质天线研究”获1978年全国科学大会奖。“用规划方法管理广播电视网络”获1987年部科技进步三等奖。在国际长、中波广播规划大会上，根据亚广联和中国的测量结果，提出了适合三区亚洲部分的中波天波场强预测方法。在国际12^{GHz}卫星广播规划大会上，克服了满足我国特殊需求的困难，拟订了东亚地区的规划。研究开发了短波传播预测和辅助规划应用软件，以及米波／分米波电视和调频广播规划分析软件。主要论著有国标GB11410-89《短波广播网覆盖技术规定》、《短波广播逐轮规划方法》（获亚广联1983年优秀论文奖）、《中波夜间天波场强计算》、《微机短波传播预测程序及其应用》等。现兼任广播电影电视部科学技术委员会委员，天线电波专业委员会副主任委员。并为中国电子学会理事，电波传播学会委员，《电波科学学报》编委；以及亚广联技术委员会执行局成员，亚广联B工作组（声音广播和电波传播）主席。1990年经国家批准为中青年有突出贡献专家。1991年国务院授予享受政府特殊津贴。

刘继南 （女）（1939—）北京广播学院党委书记兼院长、教授，湖北孝感人。1965年于北京大学国际政治系毕业后，一直在北京广播学院任教和担任领导工作，历任院筹备领导小组成员兼宣传组长、组织部副部长、党委副书记、副院长等职。1993年12月被评聘为教授。曾先后主讲《当代社会主义理论与实践》、《苏联东欧问题研究》、《领导科学》、《大学生思想道德修养》等数门课。多年来致力于高等教育理论与实践的研究。曾率团赴美国、日本和前苏联考察高等教育及广播电视机构，主要著作有《X型教育与Y型教育探》、《高等教育论谈集》；主编《西方现代思潮评介》、《面向世界》、《高等教育概论》；与人合作编著有《领导与实践》、《耕耘与探索》、《社会主义若干问题学习辅导》等。

王纪言 （1949—）北京广播学院副院长、教授。辽宁海城人，内蒙古长大，记者出身。1976年毕业于北京广播学院电视新闻摄影专业，留校任教至今。主讲电视新闻摄制和电视报道艺术课，研究领域广泛，是国家社会科学基金项目《电视的跨国传播对民族文化影响》的课题负责人。主编和主审了多部电视研究文稿，个人的主要理论专著有《电视摄制的艺术》、《电视报道的艺术》、《渴望成功》等。参与过多部电视节目的摄制，个人的主要获奖作品是《丝绸之路》、《一个小小的世界》、《马背上的民族》等。现任北京电视艺术家协会理事、中国广播电视学会理事兼中国电视学研究会副主任，中国电视纪录片学会副会长，中国电视艺术委员会委员。1993年起享受政府特殊津贴。

黄　勇 （1949—）北京广播学院党委副书记、副院长、副教授，《北京广播学院学报》主编。浙江平阳人，中共党员。1978年毕业于北京广播学院新闻系，1991年7月毕业于中共中央党校进修部第16期。1965年参加工作，历任人民解放军某部文书，福建省广播事业局、福建人民广播电台秘书，北京广播学院党委秘书、党委办公室副主任、宣传部部长等职。主讲《人生哲理》、《形势与政策》等课程。为本校和中国社会科学院研究生院新闻系开设并主讲《中国广播电视发展与改革》专题讲座。曾在《人民日报》、《新闻战线》等报刊发表消息、特写、通讯、评论、散文等30多篇，在《新闻广播电视研究》、《北京广播学院学报》、《中国教育报》、《中国广播电视年鉴》等报刊发表学术论文、政论文15篇，其中《改革新浪潮，正在广播电视领域悄然涌动》学术论文，获′93全国广播电视学术刊物改革论文三等奖。主编或参与主编的著作有《理论与现实108题》、《耕耘与探索》、《思想政治教育论文集》、《高等教育概论》，以及《中国青年记者通讯员自学丛书》等。参与国务院古籍整理"八五"规划重点图书《中国古典文学少年启蒙丛书》编写工作，与人合作编著《唐宋传奇少年读本》。参与大型历史丛书《当代中国的广播电视》的编写工作，该书获首届全国广播电视学术著作特别奖。为《中国大百科全书·新闻出版卷》、《中国新闻年鉴》、《中国广播电视年鉴》撰写词条释文和记事等40余条。

周铜山 (1936—) 北京广播学院副院长，副教授。中共党员。1960年于北京广播学院无线电系（二年制专修科）毕业后留校任教，主要从事电子学教学和研究工作。历任无线电系副主任、主任，1989年3月起任广播学院副院长、分管工科教学科研等工作。成果有编写《电子器件及放大器》教材；录制《线性电子线路》和《非线性电子线路》录像教学片48小时盘（在全国各省市函授站播放）；编著有《模拟集成电路原理及应用》（科学技术文献出版社出版）等。

韩峻峰 (1935—) 北京广播学院党委副书记，副研究员。河北永年人，中共党员。1954年中学毕业调到中国人民解放军机要干部学校学习，一年后又分配到中央广播事业局技术人员训练班学习，结业留校任政治辅导员，团总支书记，曾先后参与筹建北京广播专科学校，北京广播学院。1959年至1962年在中国人民大学进修《马列主义基础》和《中共党史》专业。在学院曾任政治理论教研室党史教研组组长，政治理论教研室党支部书记，学生工作部副部长，组织部部长等职。1987年评聘为副研究员。先后讲授过《马列主义基础》、《中共党史》等课程，主编过《高等学校党的建设理论与实践》、《党的基本知识教程》、《共产党员须知》等书籍，发表过有关思想政治教育和党的建设的论文。

林　和 (1932—) 浙江广播电视专科学校党委书记、副研究员。浙江温岭人。1957年毕业于复旦大学哲学研究班。1954年在浙江医科大学任教。1955年加入中国共产党。1959年调任中共浙江省委宣传部，历任宣传处、理论处副处长，办公室、研究室主任等职。1988年调任浙江教育学院党委副书记。1991年调任浙江广播电视专科学校党委书记。

陈为良 (1937—) 浙江广播电视专科学校校长、教授。浙江丽水人。1959年毕业于杭州大学中文系，留校任教，历任写作教研室主任，中文系副主任等职。1959年加入中国共产党。1988年调任浙江广播电视专科学校党委书记兼校长，1991年任校长。中国广播电视学会理事，浙江广播电视学会常务理事，浙江电影家协会理事。主要著作有《中国古代编剧理论初探》、《电影文学简论》、《高级写作教丛》、《修辞通鉴》等。

宋立业 (1935—) 广播电影电视部管理干部学院党委书记。青海西宁人。1954年12月入党，1959年8月参加工作。西北政法学院毕业。1955年至1958年，在西北大学法律系学习。1958年至1959年，在西北政法学院学习。1959年至1961年，任西北政法学院院刊编辑。1961年至1970年，任陕西人民广播电台编辑。1970年至1978年，任青海人民广播电台编辑。1978年至1983年，任青海人民广播电台汉语编辑部副主任。1983年至1985年，任青海省广播电视厅副厅长、党组成员。1985年至1991年，任青海省广播电视厅厅长、党组书记。1991年至现在，任广播电影电视部管理干部学院党委书记。

于洪连 (1934—) 广播电影电视部管理干部学院副院长。山东文登人。1954年8月参加工作，1955年7月入党。南京工学院无线电技术专业毕业。1954年至1956年，任有色冶金局第三电装公司技术员。1956年至1960年，在太原工学院、南京工学院学习。1961年至1964年，任太原工学院无线电教研室主任、党总支副书记。1964年至1978年，任山西省广播事业局技术处副处长。1978年至1980年，任山西省广播电视学校校长、党支部书记。1983年至1991年，任广播电视部华北广播电视学校校长、党委书记。1991年至现在，任广播电影电视部管理干部学院副院长。专业职称高级工程师。

各省、自治区、直辖市

郑德山 (1930—) 北京市广播电视局原副局长。河北霸县人。高中文化程度。1949年5月由民联转入青年团，同年9月参加工作。1953年5月加入中国共产党。1949年9月在青年团北京市委办公室任干事、副科长。1956年4月任北京市少年宫副主任。

1969年5月下放门头沟区劳动锻炼。1971年11月后，在门头沟区先后任公社党委副书记、文教局党委副书记、文化工作办公室党总支书记兼主任、文化局长等职。1979年2月任北京市文联党组成员、办公室主任、副秘书长。1983年5月任北京市广播电视局党组成员、副局长。1991年4月离职休养。现任北京市广播电视学会常务副会长。

金国钧 (1938—) 北京有线电视台台长、高级工程师，浙江杭州人。1956年7月参加工作，1961年7月毕业于西北电讯工程学院，1984年12月加入中国共产党。曾在北京电子仪器厂工艺科任技术员、设计科任设计师，1969年在北京无线电二厂设计科任主设计师，1979年调北京无线电仪器二厂，历任设计科主设计师、室主任，工程师、科长、厂总工程师。1985年3月，任北京市计算机工业总公司副总工程师兼科技处长。1988年3月任北京市政府电子工业办公室副总工程师。1988年12月调北京市广播电视局，1989年1月任局副总工程师，1990年9月任局党组成员，1990年11月任局总工程师，1992年8月任北京市广播电视局总工程师兼任北京有线电视台台长；1993年12月任北京有线电视台台长。1988年5月评为高级工程师。1978年9月参加北京科普作协，当选为二、三、四届理事；1979年参加北京电子学会，1991年2月为中国电子学会高级会员；1989年8月当选为中国电子学会电子测量与仪器学会常务委员；1992年4月当选为中国电工技术学会电磁兼容专业委员会副主任委员；1989年5月至今，聘为广播电影电视部第三、四、五届科技委委员；1992年3月当选为北京市广播电视学会副会长。发表过多篇论文、著作和译著，曾获国家经委、北京市科技成果奖。1989年在国内首先提出采用“多路微波分配系统”组建北京市有线电视网方案，经广电部批准作为组建城市网的试点，在国内已推广应用。

裴有权 (1940—) 北京有线电视台总编辑、主任记者。辽宁人，大学二年文化程度。1960年参加工作，1986年4月加入中国共产党。1960年在北京科学教育电影制片厂任摄影，1973年6月在北京电影学院摄影系新闻科教组任教员。1980年调北京电视台历任记者、部主任、副台长等职。1990年12月任北京音像公司总编辑，1992年6月聘为北京音像公司经理兼总编辑；1993年12月任北京有线电视台总编辑。1987年10月评为主任记者。1981年参加摄影家协会，1983年参加北京新闻学会，1985年参加北京电视艺术家协会任理事；1986年参加北京市对外文化交流协会任理事；1990年参加中国广播电视学会电视剧研究会并任副会长。

吕浩才 (1944—) 北京人民广播电台台长。广西平南人。1970年毕业于北京师范大学政教系，同年8月留校参加工作。1966年2月加入中国共产党。1972年5月调北京人民广播电台，曾任编辑、组长、农村部主任，并兼任台机关党委副书记、书记等职。1989年7月任北京人民广播电台副台长，1990年6月任北京人民广播电台台长，同年7月任北京市广播电视局党组成员。1987年12月选为中国共产党北京市第六次代表大会代表。

于知峰 (1944—) 北京电视台总编辑、主任编辑，山东阳谷人。1970年毕业于北京师范大学中文系，同年留校参加工作，1972年5月调北京人民广播电台，1973年1月加入中国共产党。曾任电台记者、副主任等职。1985年1月任北京电视台副台长，1989年3月任北京电视台副台长兼副总编辑，1990年8月任北京电视台总编辑。1991年8月评为主任编辑。发表的文章有:《坚持党性原则，发挥喉舌作用》、《近、深、实而感人》、《关于正面宣传的回顾与思考》、《社会主义市场机制下的电视宣传小议》等。现为北京市广播电视学会副会长、北京市新闻学会副会长、省级电视台节目交流会副理事长。

林代柱 (1933—1993) 天津市广播电视局原党委书记。辽宁丹东人。1949年3月加入党的秘密外围组织“中国民主青年同盟”，1950年6月加入中国共产党。1951年1月——1966年2月，先后任中共天津市河北区委宣传部干事、教育组长、秘书、副部长、部长、中国共产主义青年团河北区委书记等职。“文化大革命”中受冲击，下放劳动。1973年恢复工作后，先后任中共天津市委宣传部宣传处副处长、组织处处长、干部处处长。1983年6月，任中共天津市委宣传部副部长。1987年5月和1992年10月，先后兼任中共天津市文学艺术界联合会党组书记和天津市广播电视局党委书记。曾当选为中共天津市纪律检查委员会委员。政协天津市第九届委员会委员。

胡兴华 (1946—) 天津市广播电视局党委副书记。河北曲周人。1970年8月毕业于北京广播学院外语系，1972年7月加入中国共产党。大学毕业后分配到河北省魏县劳动锻炼；1972年至1978年在河北省魏县县委办公室任秘书；1978年调到南开大学人事处、外事处工作；1984年任南开大学党委办公室副主任；1987年任南开大学党委常委、党委办公室主任；1990年调到天津市广播电视局任党委副书记。1993年当选为中国共产党天津市第六次代表大会代表。

王全来 (1942—) 天津市广播电视局党委常委、天津市广播电视学会副会长。山东宁津人。1960年参加工作，1965年加入中国共产党，大专文化，高级工程师。参加工作后在天津人民广播电台、天津电视台从事技术工作；1973年任天津电视台副台长；1974年任天津市广播事业局革委会副主任、党委副书记；1978年任天津市广播事业局(1984年改为天津市广播电视局）党组成员、副局长至今；1990年建立局党委后，任天津市广播电视局党委常委。现兼任天津市广播电视学会副会长、天津市电子学会副理事长、天津市无线电管理委员会委员、天津广播电视塔管理中心主任等职。参与组织领导了天津广播电视塔的建设，并荣获1991年度天津科技进步一等奖。

王　云　(1933—）天津市广播电视局副局长。天津武清人。1950年4月参加革命工作，1950年5月加入中国共产党，1966年毕业于中国人民大学函授学院。1950年至1958年在天津武清县任小学教师、校长，县政府、县委干事、视导员；1958年调到河北省沧州人民广播电台当记者；同年底调到天津人民广播电台工作，历任记者、党组秘书、机关党委办公室副主任、政工组组长等职务；1970年任天津电视台副台长；1984年任天津市广播电视局党组成员、纪检组副组长、机关党委书记；1987年任天津市广播电视局副局长至今；1990年建立局党委后，任党委常委。现兼任天津市广播电视学会副会长、天津电视大学副校长等职。

宋银章　(1939—）天津市广播电视局副局长、高级编辑。曾用名田博，河北安国人。1958年12月加入中国共产党，1963年毕业于河北大学哲学系，同年分配到天津人民广播电台从事编辑、记者工作；1975年任天津市广播事业局总编室副主任；1985年任天津市广播电视局总编室主任、兼天津广播电视报社社长；1986年任天津人民广播电台副台长、台长；1991年任天津市广播电视局副局长。现兼任天津人民广播电台台长、天津市广播电视学会理事、天津文艺广播促进会会长等职。1987年主持录制的《市长办公会实况录音剪辑》，获全国好新闻特等奖。

周申明　(1936—）河北省广播电视厅厅长、党组书记。河南尉氏人。1960年11月加入中国共产党，1960年9月毕业于河北大学中文系并参加工作，任河北大学中文系教师；1970年3月，调任河北省革委政治部写作组干事；1972年1月，任河北省革委文教办公室干事；1978年3月，任中共河北省委宣传部文艺处干事；1980年9月，任河北省委宣传部文艺处副处长；1984年1月，任河北省委宣传部文艺处处长；1985年2月，任河北省委宣传部副部长；1988年9月，任河北省委宣传部常务副部长；1992年4月，任河北省广播电视厅厅长、党组书记，仍兼河北省委宣传部副部长职务。系河北省政协常务委员。

刘原生　(1925—1991) 原河北省革命委员会广播事业局局长。曾用名刘佩，河北乐亭人，中专文化。1943年8月参加革命工作，1946年3月加入中国共产党。参加工作后，任乐亭县尹各庄小学教师、校长；1946年9月，任乐亭县四区助理员、区长；1948年1月，任冀东人民报社编辑，冀东十三地委宣传部干事；1949年3月，任唐山地委办公室秘书、宣传部科长；1952年9月，任唐山地区迁西县县长、县委书记；1956年8月，任唐山地委秘书长；1959年6月，任蓟县县委第一书记；1964年2月，任河北省委办公厅秘书处处长。1969年11月，任河北省广播管理局革委会副主任、主任；1974年2月，任河北省革命委员会广播事业局局长、党组书记。1974年11月，任廊坊地委第二书记、第一书记；1983年5月，任河北省农业厅厅长，党组书记；1986年4月，任河北省人大常委会委员。

吴英才　(1938—）河北省广播电视厅原厅长、党组书记。河北定县人。1964年7月加入中国共产党。1964年8月毕业于北京广播学院外语系并参加工作，任北京广播学院外语系教师；1968年8月，借到海军司令部军训队任教员；1971年3月，任坦桑尼亚海军基地翻译；1973年1月，回北京广播学院任外语系教师；1974年5月，调河北省工作，任河北日报社政教部编辑；1983年12月，任河北日报社政教部主任；1984年7月，任河北省广播电视厅厅长，党组书记。1988年10月，调任中共邢台市委副书记、政协主席。

李润芝　(1938—）河北省广播电视厅副厅长、党组副书记。天津武清人。1958年7月参加工作，1960年1月加入中国共产党。1958年7月，毕业于河北唐山师专并参加工作，分配到河北省平泉师范学校任团委副书记、教导组长、学生科长、教导处副主任；1962年9月，入河北大学哲学系学习；1968年7月毕业，到河北省三河县段甲岭中学、李旗庄农专任政治教师；1971年5月，任中共三河县委宣传部理论组长；1975年5月，任中共廊坊地委宣传部理论科长；1983年7月，任中共廊坊地委宣传部部长、地委委员；1985年11月，任中共廊坊市委书记、地委委员、兼市政协主席。1987年11月，任河北省广播电视厅副厅长、党组副书记至今。

田亚夫　(1921—）原河北省广播事业局副局长、党组副书记。河北涿州人，初中文化。1941年6月参加工作，1945年8月加入中国共产党。参加革命工作后，任教师。1944年6月，任涞涿县抗联会宣传部副部长、县委宣传干事、区委副书记。1948年后，任中共平西地委宣传部干事，通县地委宣传部干部教育科科长。1953年后，任河北省委宣传部干事、副处长、处长。1963年，任河北省文联党组副书记。1971年，任河北省革委文艺组副组长、党组副书记。1979年2月，任河北省广播事业局副局长、党组副书记。1983年6月离职休养。

周惠生 （1930—）山西省广播电视厅纪检组原组长、监察专员。山西文水人。1945年参加八路军。1949年加入中国共产党。曾为晋绥军区司令部随营学校学员，晋绥军区工业部第四厂出纳，文水县大队五十团战士，汾阳市政府文书。中华人民共和国成立后，历任中共汾阳地委学校会计，青年团汾阳地委宣传部辅导员，青年团清徐县委宣传部部长、书记，共青团山西省委组织部副部长，中共清徐县吴村、孟封公社党委书记、山西省团校党委第一副书记、第一副校长、团省委党组成员，山西省青年联合会第四届委员会常委。1986年任中共山西省广播电视厅纪检组组长、监察专员。1991年离休。

王家贤 （1932—）山西省广播电视厅副厅长、山西电视台台长。山西沁水人。1947年参加革命，1949年加入中国共产党。历任山西省军区军邮局连级书记，青年团山西省委统战部科长、山西电视台新闻组组长、新闻部主任，太原市广播电视局局长、党组书记、总编辑。1981年结业于联邦德国电视新闻训练班。1986年至1992年5月任山西省广播电视厅副厅长、党组成员兼山西电视台台长。是中国电视艺术家协会山西分会第一届副主席、中国广播电视学会电视学研究会第一届副主任委员、山西省新闻工作者协会第三届副主席、山西省广播电视学会副会长、山西省科教电影电视协会第一届理事长。主持并监制的单本剧《好人燕居谦》、《太阳从这里升起》，获第十二届“飞天奖”二等奖；连续剧《杨家将》和《有这样一个民警》，分别获第十二届“飞天奖”三等奖和提名奖。

续叶琴 （1935—）山西省广播电视厅副厅长，山西定襄人。1949年加入中国共产党。1953年毕业于定襄师范学校。历任中国新民主主义青年团定襄师范委员会书记、忻县师范委员会书记，忻县团地委、晋北团地委干事，中共雁北地委组织部组织科副科长、地委调研室副主任、宣传办公室副主任，中共天镇县委副书记、书记，山西省广播事业局党委副书记、副局长，1983年任山西省广播电视厅副厅长、党组成员，是山西省广播电视学会副会长、中共山西省第四次代表大会代表。

陆嘉生 （1937—）山西省广播电视厅副厅长、黄河电视台台长。上海人。1956年考入北京大学中文系新闻专业。1960年毕业于中国人民大学新闻系。1972年2月参加中国共产党。历任武乡中学高中语文教师、武乡县委通讯组干事、长治市委通讯组副组长、长治日报社长、长治市委常委、宣传部长、沿海信息报总编辑、山西人民出版社总编辑。山西省广播电视厅副厅长、党组成员、副总编辑兼山西电视台台长、中国黄河电视台台长。主任记者。是中国广播电视学会电视经济节目研究会副会长、山西省广播电视学会副会长、中国电视艺术家协会会员。主编有《上党英杰》、《针锋相对、寸土必争》、《山西煤炭产运销大全》。担任《中国共产党建设全书》（9卷）和《最新牛津现代英汉高级双解词典》的责任编辑，这两本书分别获晋版图书特等奖，本人获优秀责任编辑奖。

李振祥 （1938—）山西省广播电视厅总工程师、高级工程师。河北沧县人。1963年毕业于太原工学院无线电技术专业，同年9月参加工作。1982年毕业于中共山西省委党校中青年干部培训班。同年加入中国共产党。现为高级工程师。历任山西省广播事业局技术员、技术科副科长、科长，直属台管理处处长，山西省广播电视厅副总工程师、山西省广播电视厅党组成员、厅总工程师。1968年与他人合作设计投产4千瓦TP—66—4型国内最大功率的调频发射机。1978年全面调整山西省自产的7.5千瓦电视发射机，为省属骨干台——1125台解决了长达4年之久不能投产的老问题，受到中共山西省委宣传部表彰。

陈绍业 （1936—）内蒙古广播电视厅副厅长、党组副书记兼内蒙古电视台台长。内蒙古托克托人。中共党员。1962年毕业于内蒙古大学数学系，留校任助教。1970年4月被派到北京中央广播事业局广播科学研究所参加为期两年半时间的彩色电视技术攻关会战任务。会战结束后，调内蒙古电视台从事电视中心技术工作，后任中心组副组长。1975年任内蒙古电视台副台长。1984年任内蒙古电视台台长，1985年任内蒙古广播电视厅副厅长兼电视台台长，1991年任内蒙古广播电视厅党组副书记、副厅长兼内蒙古电视台台长。

任仲秀 （1938—）内蒙古广播电视厅副厅长，呼和浩特市人。1965年毕业于内蒙古大学物理系。1973年1月加入中国共产党。大学毕业后分配到内蒙古广播事业局工作。1965年—1976年在发射台做技术工作，任001台机房主任、610台副台长。1976年——1982年调厅技术处工作，主要负责技术管理和事业发展工作，任技术科长。1983年后任内蒙古广播电视厅副厅长、厅党组成员，分管事业和技术工作。

路万海 (1943—) 内蒙古广播电视厅副总编辑兼内蒙古经济广播电视台台长。山西文水人。1966年内蒙古师范大学中文系毕业即参加工作。1978年加入中国共产党。主任编辑。1972年调至内蒙古人民广播电台从事新闻采访、节目编辑工作，任副组长。1984年后任内蒙古人民广播电台新闻部副主任、主任。1989年任内蒙古广播电台副台长。1993年任内蒙古广播电视厅副总编辑兼内蒙古经济广播电视台台长。在20多年的广播新闻工作中，写了大量的新闻、通讯和评论。其中广播评论《红灯亮了要停步》在自治区获一等奖，消息《呼市擅自出台涨价措施》获全国广播好新闻二等奖，通讯《农家顾问二三事》被评为自治区优秀广播稿。

胡振林 (1935—) 内蒙古广播电视厅总工程师、高级工程师；河北张家口人，1963年毕业于天津大学。1957年加入中国共产党。大学毕业后分配到内蒙古广播电视厅（原广播事业局）工作。1963年—1970年在610、001发射台工作，1971年到厅技术处工作，先后任科长、副处长、处长等职，主要从事全区及厅直技术系统的技术业务管理、事业发展、技术规划和建设。在此期间主要完成了全区同步广播规划，并指导参加了731等十几座发射台的建设，设备安装调测、天线设计等工作。1985年任厅微波工程处处长，在此期间，组织全处及全区11个盟市广播电视局（处）的工程技术人员，完成了贯通全自治区12个盟市3500公里的微波干线电路建设任务。1989年任内蒙古广播电视厅总工程师，协助厅长做技术管理、事业建设、安全播出工作。

额尔敦巴特尔 (1936—) 内蒙古电台蒙古语新闻部主任、高级编辑。达斡尔族，内蒙古莫力达瓦旗人。1960年毕业于蒙古人民共和国国立乔巴山大学历史系（国家派出的留学生），同年回国分配到北京大学历史系任助教。1963年10月调入内蒙古人民出版社任编辑。1967年7月借调到国务院外文出版局毛泽东选集翻译室工作10个月，参加了毛泽东选集蒙文版的翻译工作。1972年10月调入内蒙古人民广播电台蒙语编辑部历任编辑、组长、副主任等职，现任内蒙古电台蒙古语新闻部主任。1972年11月加入中国共产党。1987年4月被评为主任编辑，1993年2月被评为高级编辑。兼通蒙汉两种语言文字，在长期的新闻工作实践中，采写过大量的消息、通讯、评论等稿件。有十多篇稿件获得了全国、全区优秀广播作品奖。还翻译了《大趋势》、《成吉思汗》、《蒙古族简史》（元代部分）等书，分别由内蒙古人民出版社出版；此外还为内蒙古人民出版社审订了《蒙古人民共和国通史》、《霍查·那木斯来耶夫作品选》、《谁在俄罗斯能过好日子》等书的蒙文出版稿件。

李克康 (1940—) 辽宁省广播电视厅原副厅长。辽宁营口市营口县人。1961年毕业于东北广播学院无线电系，分配到辽宁省广播事业管理局033台从事发射工作，任机房主任、发射台副主任。1965年加入中国共产党。1973——1978年，在辽阳石油化纤总公司机修厂任党委书记兼厂长。1987年6月，调辽宁省广播事业管理局，任无线电处处长，1982年任副局长。1983年，任辽宁省广播电视厅副厅长，分管技术、事业建设、计划财务等工作。现为中国广播电视学会理事、辽宁广播电视学会常务副会长、辽宁省电子学会副理事长、中国录音师协会副理事长。

李浅枫 (1942—) 辽宁省广播电视厅副厅长。河北迁安人。1964年7月于辽宁师范学院中文系毕业后参加工作，1965年7月参加中国共产党。历任中共抚顺市委组织部办公室副主任、中共辽宁省委组织部干部处副处长、辽宁省科技干部局党组成员、副局长。现任辽宁省广播电视厅党组成员、副厅长、副总编辑，辽宁广播电视学会常务副会长，辽宁省电视艺术家协会副主席。撰写有剧评、新闻宣传评论文章多篇。

陈修河 (1939—) 辽宁省广播电视厅总工程师、高级工程师。湖南郴县人。中国电子学会高级会员。1964年武汉邮电学院无线电系毕业后分配到辽宁省广播事业局工作至今。1972年加入中国共产党。1964年在辽宁人民广播电台控制室工作。1969年调辽宁省205高山转播台任领导小组成员。1975年调辽宁省广播事业局无线电处，历任副科长、副处长。1981年调辽宁省204高山转播台任台长。1983年起任辽宁省广播电视厅总工程师，其中于1986年——1988年兼任辽宁省广播科学研究所所长。主要著述有《调频双节目广播的试验与应用》（获第三届全国广播电视学术研究论文二等奖）、《新技术在广播电视中的应用与技术政策的调整》、《电视多路伴音技术》、《广播电视多工应用的现状及应用前景》等。主要社会兼职有：广播电影电视部科学技术委员会委员、中国新闻技术工作者联合会理事、辽宁省通信学会副理事长、辽宁省广播电视学会常务理事兼技术专业委员会主任委员、辽宁省电子学会理事兼广播电视专业委员会主任委员、辽宁省国际人才交流协会理事、辽宁省电子学会高级会员评定委员会副主任委员、《辽宁广播电视技术》主编。

丁仁山 (1937—) 辽宁人民广

播电台台长、高级编辑。山东五莲人。1963年吉林大学中文系毕业。1974年加入中国共产党。1963年大学毕业后到辽宁人民广播电台文艺部工作，先后任文学编辑、副主任、主任。1984年任辽宁电视台副台长，先后分管电视剧、电视文艺、电视专题、译制片工作。1990年至今任辽宁人民广播电台台长、总编辑。1985年被评为主任编辑，1993年被评为高级编辑。现任中国广播电视学会理事、辽宁省新闻工作者协会常务理事、辽宁广播电视学会副会长、辽宁广播研究会会长。

高广志 (1943—) 辽宁电视台台长兼总编辑。河北泊头人。1968年毕业于北京广播学院新闻系，分配到辽宁电视台任记者，从事工业、农业、财贸、政教等方面的报道，获得过全国优秀电视新闻奖。1983年任辽宁电视台副台长，主持宣传工作；1985年任第一副台长，1987年任台长，后又兼任台总编辑。论文《端正政治方向，坚持新闻改革》、《关于我省有线电视的思考》、《内外并举，一身二任》分别获省优秀论文一、二等奖。1993年评为高级记者。是中国广播电视学会理事，辽宁广播电视学会副会长。

陈桂荣 (1940—) 吉林省广播电视厅副厅长。山东蓬莱人。中共党员。1963年毕业于东北师范大学化学系，分配到吉林市一中任教员。1972年调吉林市教育学院研究部任副主任、主任、学院副院长。1983年任中共吉林市委政策研究室主任，同年7月任中共吉林市委常委。1984年任吉林市副市长、市委常委。1992年调任吉林省广播电视厅副厅长、厅党组成员。

蒋振达 (1942—) 吉林省广播电视厅副厅长。福建莆田人。1964年毕业于北京邮电学院无线电系，分配到吉林省广播事业局科研处513台任技术员。1974年任吉林省广播事业局技术处技术员。1975年任吉林省广播事业局基建办公室科长，1979年被评定为工程师。1981年在吉林省广播事业局事业处工作。1982年到吉林省广播事业局传输办公室任负责人。1983年任吉林省广播电视厅工程处处长。1988年任吉林省广播电视厅计划财务处处长。1991年任吉林省广播电视厅副厅长、厅党组成员，吉林省广播电视学会副会长。

赵国光 (1950—) 吉林省广播电视厅副总编辑、吉林人民广播电台台长。吉林榆树县人。1970年参加工作。1972年加入中国共产党。大学文化。主任记者。1970年在吉林省榆树县秀水粮库当工人。1972年调县粮食局任科员。1974年至1975年任县委组织部干事、县委办公室秘书。1976年任榆树县光明乡党委副书记。1978年调吉林日报社做编辑、记者工作，这期间入吉林大学中文系学习。1985年任吉林日报农村部主任。1988年任吉林日报副总编辑。在吉林日报工作期间，采写发表了大量的新闻报道、通讯特写，多次获全国好新闻奖和全省好新闻奖。发表多篇小说、报告文学。出版专著两部。1993年调任吉林人民广播电台台长、吉林省广播电视厅副总编辑、厅党组成员。

赵锋佩 (1951—) 吉林电视台台长。吉林长春人。1968年参加工作。1974年加入中国共产党。大学文化。1968年在农安县插队。1970年选调回城任吉林油田采油四队井长。1973年被推荐到江汉石油地质学校学习，毕业后回吉林油田二厂。先后在政工科、团委工作，后任采油十队指导员，党支部书记。1975年参加省直工农新干部学习班，结业后调入吉林省广播事业局。先后任政工处干事，省电台编辑、记者。1983年任吉林人民广播电台副台长、机关党委书记。1984年初到1985年上半年下派锻炼，任榆树县政府副县长。1985年4月到1986年4月任省委整党办地区指导组长。1990年11月任吉林人民广播电台台长，厅副总编辑、党组成员。1992年7月调任吉林电视台台长。专业技术职务主任编辑。

孟　欣 (女)(1955—) 全国“三八”红旗手。吉林长春人，回族，大专文化。1975年3月参加工作，在长春市南关区文化馆工作。1985年2月调长春电视台任编辑、导演。1988年12月被评聘为主任编辑。1986年加入中国共产党。1986年至1988年连续导演的春节晚会节目《电影音乐晚会》、《长春春常在》、《东北风》获中央电视台奖励。1988年被评为长春市优秀党员，1988年11月被吉林省政府荣记一等功，1989年3月被评为全国“三八”红旗手。中国电视艺术家协会吉林省分会会员、吉林省“女新闻工作者”协会理事。

徐景璋 (1942—) 黑龙江省广播电视厅副厅长、总编辑。辽宁铁岭人。1970年9月加入中国共产党。1964年至1989年历任黑龙江省林业厅《黑龙江林业》杂志社编辑、记者，黑龙江省森工总局工作人员、中共黑龙江省委组织部干事、副处长、处长、副秘书长、副厅级巡视员。1989年9月调入黑龙江省广播电视厅先后任副厅长、副总编辑、党组副书记、总编辑。著作有杂文集《红·黄·蓝漫想》16万字；《沙舟集》12万字。曾担任《中国共产党党务工作大辞典》一书编审委员会委员、特约编审、副秘书长、“重要文献”分科主编。为《中国共产党人思想宝库》一书与人合作编纂广播电视部分。曾参与《黑龙江百科全书》编写工作，为人物卷主编。

臧光裕 (1934—) 哈尔滨市广播电视局局长。辽宁盖县人。

1951年2月参加工作，1954年8月加入中国共产党。1951年2月至1960年9月，在哈尔滨市公安局政治部任干事。1960年9月至1985年3月，在中共哈尔滨市委宣传部任学习室副主任、主任、秘书长。1985年3月以后，任哈尔滨市广播电视局局长（省副厅级）、党组书记、哈尔滨人民广播电台台长、哈尔滨电视台台长、哈尔滨经济广播电台台长。在主持哈尔滨市广播电视局工作期间，组织和参与了一批高质量、高水平的广播电视节目和大型电视系列专题报道《改革大潮涌华夏》(20集)、《十年改革路》(30集)、《七月流火》(16集）等，撰写了广播电视宣传方面的理论文章《坚持以宣传工作为中心，努力提高广播电视宣传质量》、《发挥整体优势，强化广播电视宣传》、《正确反映社会舆论，积极引导社会舆论》、《以唯物辩证法为指导，充分发挥广播电视宣传的整体优势》等。

张希亭 (1932—) 黑龙江省广播电视厅高级工程师，山东德平人。大专学历。1950年9月参加革命工作，先后在黑龙江人民广播电台、黑龙江省广播电视厅工作。历任技术员、电视科长、技术科长、技术部主任，1981年任工程师，1985年任高级工程师。享受政府特殊津贴待遇。从事技术工作43年来，曾承担和主持一系列重大广播与电视工程建设项目和科研课题。70年代主持组建电视、调频大功率转播台和协助各地、市、县组建电视、调频台20多座。参加主持研制的“调频立体声广播调制器”获省级优秀科技成果集体二等奖；“立体声节目录制技术”获哈尔滨市科技成果一等奖；“多功能组合录音厅技术设计”分别获省广播电视厅科技进步一等奖和广播电影电视部科技进步四等奖。发表论文多篇。《调频立体声广播开路实验》的论文获哈尔滨市1982年优秀学术论文奖，被收入“哈尔滨市1982年优秀科技论文集”中。1985年和1992年分别获得“黑龙江省优秀新闻工作者”和“全国广播电视系统优秀工作者”称号。

张立功 (1937—) 黑龙江人民广播电台高级记者。河北清河人。1963年毕业于北京广播学院，同年10月到黑龙江人民广播电台工作。历任记者、主任记者、高级记者。受聘于黑龙江广播电视报副总编辑，被选为黑龙江省广播电视学会理事。从事新闻工作30年，写了不少有影响的作品。1984—1992年，连年在全国好新闻、全国优秀广播节目评选中获奖。录音报道《欢乐的水鸟之乡》获全国优秀广播节目奖，并被编入北京广播学院教材；通讯《傻子屯的傻书记》获全国优秀广播节目一等奖，全国好新闻三等奖，也被选入北京广播学院教材；主持人节目《他们受消费者的委托》，获全国优秀广播节目一等奖，全国好新闻二等奖；报道《面对撂荒地的思考》，获全国优秀广播节目一等奖，全国好新闻二等奖。关于通讯写作方面的论文《以细节感人，以质朴传神》，被收入北京广播学院教材；《试论主观在新闻报道中的作用》、《新闻报道的事实不等于客观事实》的论文，分别获1988、1989年黑龙江省优秀广播电视论文二等奖。1991年被评为全国优秀新闻工作者。

丛永仁 (1940—) 曾用名丛林。黑龙江人民广播电台副总编辑，高级编辑。山东蓬莱人。大专学历。1959年8月参加革命工作，历任播音员、记者、编辑、副组长、副主任、副台长、副总编辑。1992年被评为高级编辑。从事新闻工作34年，采写、参与采写了“口头报道”、“录音通讯”、“消息”、“评论”等多种体裁的新闻稿件，其中专题节目《洪峰到来的时刻》获国家抗洪救灾优秀新闻一等奖。1985年担任领导工作后，修改审定重点稿件近百万字，并组织了冰雪节、抗洪救灾、大型会议等重点报道。修改编审了《水浒》、《马铁匠冯鞋匠和他们的女人》等300多部(集）百余万字的广播剧本。主持筹建的黑龙江人民广播电台经济台、交通台、儿童台、金融台、朝鲜语台等系列台已初具规模，有的已经开播。在全国和省级业务刊物上发表论文多篇。还分别为《新词语大词典》、《新闻理论与业务》编修和撰写了40余万字的书稿。与他人合作撰写了《追踪拾迹》、《广播大事记》等书籍。现为黑龙江省广播电视学会副会长、省广播剧研究会会长、省戏剧家协会副主席、中国广播研究会副会长、中国长篇小说研究会副会长。

徐济尧 (1933—) 上海市广播电视局党委原副书记、高级政工师。浙江萧山人。1951年于杭州市宗文中学高中毕业，1951年8月参加工作，1952年7月加入中国共产党。1951年8月至1955年底在华东团校担任团支委、党支委、教育科秘书、教研室辅导员等工作。1956年1月调上海市委宣传部办公室，宣传处担任干事、副科长、党总支副书记等职。“文革”中，于1969年到黑龙江呼玛县开库康公社劳动，1974年1月因病回上海市直属机关干校待分配。1975年2月起任上海市激光技术研究所政工组干事、办公室副主任，1977年11月任上海市委宣传部宣传处副处长、整党办公室副主任等职。1985年9月任上海市广播电视局党委副书记、纪委书记。1992年1月兼任上海人民广播电台党委书记。1986年起任上海市广播电视局老干部工作委员会主任。1987年任上海市广播电视学会理事。1992年12月任上海市监察学会理事，1993年2月任中国人民政治协商会议上海市政协委员。专业职务：高级政工师。

袁鸿钧 (1932—) 上海电视台

高级编辑。浙江宁波人。1956年9月毕业于上海复旦大学新闻系，1985年加入中国共产党。1957年3月调任武汉市新华通讯社湖北分社记者，1963年任武汉市二十四中学英语教师，1980年4月任上海电视台编辑，1982年历任上海电视台新闻部副科长、负责人、总编办副主任兼《上海电视》主编，1986年任上海电视台新闻部主任和第一届上海国际电视节新闻委员会主任，1987年任上海电视一台业务指导，1988年任上海广播电视协会副秘书长。1992年评为高级编辑。1992年底退休。

时　敏　(1929—) 上海广播电视学会秘书长、高级编辑。江苏海安人。1944年参加革命工作，并加入中国共产党。曾任江苏泰州县曲南区委宣传干事、东台县委社会干事、华中支前政治部党委干部等职。新中国成立后曾担任苏北区党委农委政策研究员、江苏省委组织部秘书等职。1960年担任江苏省《群众杂谈》编辑、组长。1962年调中共中央华东局办公厅任秘书。1967年赴华东干校劳动锻炼。1975年7月调任上海市广播事业局办公室干事、宣传办公室副主任。1983年任上海电视台副台长。1988年任上海广播电视学会副会长。1992年任上海广播电视学会秘书长。1992年评为高级编辑。1992年底离休。

汪韵之　(1932年—) 上海人民广播电台高级编辑，浙江宁波人，高中文化程度。1952年参加工作，1984年加入中国共产党。1952年任上海人民广播电台编辑，1979年任上海电视台编辑，1984年任上海电视台社教部主任，1985年任上海市广播电视局局长助理，1989年任上海音像资料馆馆长。1992年聘为高级编辑。长期从事新闻编辑工作，是上海人民广播电台对农村广播的评论《阿富根谈生产、阿富根谈家常》栏目的编辑，此节目在60年代以其通俗口语，符合广播实际和对象实际特点，深受市郊农民和江浙一带城乡听众的欢迎。1992年底退休。

李学成　(1928—) 上海人民广播电台高级编辑。江苏海门人。1948年参加革命工作，1981年加入中国共产党。解放前，任江苏江海报、新华九支社编辑。新中国成立后，任南通人民广播电台编辑，1953年历任上海人民广播电台编辑组组长、新闻部副主任、办公室副主任、总编室主任等职。1988年聘为上海人民广播电台主任编辑，1992年聘为上海人民广播电台高级编辑。1992年底离休。

王　蕴　(女) (1939—) 江苏省广播电视厅副厅长。江苏江阴人，大学本科毕业。1961年1月加入中国共产党。1956年10月参加工作。长期从事广播电视工作。曾任江苏人民广播电台技术员、战备台负责人，江苏电视台工程师、技术组组长、技术部主任、副台长等职，先后到北京广播学院、中央党校宣教干部培训班学习、培训。1983年10月任江苏省广播电视厅副厅长、党组成员，1992年10月任副厅长、党组副书记。

李向阳　(1941—) 江苏省广播电视厅副厅长。江苏张家港人，大学本科毕业。1966年8月加入中国共产党。1965年8月毕业于徐州师范学院。同年分配到江苏省委组织部工作。曾任淮阴县棉花庄公社团委书记、东台县台南中学教师、城南中学革委会主任、党支部副书记、县文教局教研室副主任、江苏省团校教育组负责人、江苏省委组织部秘书、办公室副主任、青年干部处副处长、处长、江苏省淮阴市委常委、组织部长。1989年5月任江苏省广播电视厅副厅长、党组成员，1990年6月到1992年2月兼任江苏人民广播电台台长。

韩同文　(1942—) 江苏省广播电视厅副厅长。河北元氏人，研究生毕业，1983年12月加入中国共产党。1964年8月于安徽大学中文系本科毕业，1968年4月于复旦大学中文系研究生毕业并分配到江苏人民广播电台工作。先后曾任江苏人民广播电台编辑、主任编辑、播出部组长、副台长。1990年12月任江苏省广播电视厅副厅长、党组成员。

李绍成　(1939—) 江苏人民广播电台台长、高级编辑。江苏盐城人，研究生毕业。1983年11月加入中国共产党。1968年于南京大学中文系古典戏曲史专业研究生毕业，同年3月分配到江苏人民广播电台工作，先后任编辑、文教组副组长。1983年调江苏电视台任副台长。1985年任主任编辑。1992年2月任江苏人民广播电台台长、江苏省广播电视厅党组成员。1992年晋升为高级编辑。1993年获准享受政府特殊津贴（二档)。

苏子龙　(1941—) 江苏电视台台长、高级记者。江苏新沂人，大专毕业。1972年9月加入中国共产党。1964年8月毕业于江苏新闻专科学校，同年参加工作。曾任南通日报记者、南通市委办公室秘书、市委宣传部新闻文艺科副科长、科长、江苏省委办公厅秘书、南通电视台编辑、主任编辑、台长、南通市广播电视局党组成员。1989年调江苏电视台任副台长。1991年11月任江苏电视台台长、江苏省广播电视厅党组成员。1992年晋升为高级记者。1993年获准享受政府特殊津贴（二档)。

徐树藩　(1935—) 浙江省广播电视厅副厅长。浙江绍兴人。1950年参加工作，先后在绍兴土产公司会计科、绍兴市政府财政科任职。后参加北京人文函授大学法律系大专班两年制毕业。调新闻单位工作后，先后任绍兴日报副总编辑，浙江日报农村部副主任，浙江省新闻研究所所长，浙江省广播电视厅副厅长等职。1988年获主任编辑任职资格。

张桂芝 （1938—）浙江省广播电视厅副厅长。江苏泰县人。大学本科学历。1956年9月至1959年1月苏州银行学校读书，1959年1月至8月江苏昆山县财政局工作，1959年9月至1963年7月北京广播学院新闻系读书，1963年9月至1964年10月在浙江省萧山县农村社教工作队，1964年10月至1987年4月在浙江人民广播电台任编辑、记者、农村组组长、台长，1983年9月至1984年1月在中共中央党校学习，1987年4月至今任浙江省广播电视厅副厅长，分管宣传工作和电视剧，其间1990年1月至1992年6月，主持浙江省电视台工作，主编出版了《钱江追潮录》一书。现为浙江省政协委员、浙江省广播电视学会常务副会长。

梁　雄 （1942—）浙江省广播电视厅副厅长。原籍浙江临海，生于广东南雄。1960年考入温州师范学院中文系。毕业后分配黄岩市路桥中学任教。未到岗，被抽调到上虞、余姚等地农村搞"四清"（社会主义教育）运动二年。"文革"开始，下放到公社中学；后又借调"区革委会"负责文字秘书、"教育革命"等工作。十一届三中全会后，调黄岩县文化局负责群众文化工作，并被选为黄岩县人民代表大会常委。1980年加入中国共产党。参加省委在黄岩进行的整党试点。1983年底，抽调县机构改革办公室。1984年4月后任黄岩县委宣传部副部长，台州地委宣传部副部长，地委委员、宣传部长，浙江省作家协会党组书记。其间（1986年7月至1987年7月）被抽派到中共中央党校培训部学习一年。1992年3月起任浙江省广播电视厅副厅长、同年6月兼任浙江电视台台长。曾在省级以上报刊发表小说、诗歌、散文及文学评论等300多篇（首），结集出版诗集《桔色的浪》、《小鸟天堂》等二种。系中国作家协会会员，并任浙江省作家协会副主席，浙江省电视艺术家协会副主席，浙江大学中文系特约研究员等。

傅上伦 （1943—）浙江省广播电视厅副厅长。浙江奉化人，生于上海市。1966年从上海复旦大学新闻系本科毕业后，分配到新华社宁夏分社工作，从此开始记者生涯。1975年加入中国共产党。1981年4月调新华总社《经济参考报》工作，先后任编辑、国内版副主编。1983年3月调新华社浙江分社，任分社党组成员、采编主任，1984年9月起任分社副社长。1991年7月调浙江省广播电视厅，任厅党组成员、浙江人民广播电台台长，1992年7月起任副厅长兼省电台台长。1992年12月被评聘为高级编辑。

杨　波 （1946—）安徽省广播电视厅厅长。曾用名杨自修，江苏睢宁人。1970年毕业于中国科技大学无线电系，随后在安徽巢县南字127部队进行劳动锻炼。1971年在安徽人民广播电台发射台当值班员。1976年起先后任安徽人民广播电台播出部秘书、总控室副主任等职。1979年加入中国共产党。1984年任安徽人民广播电台副台长。1989年任台长。1993年任安徽省广播电视厅厅长、党组书记。曾担任安徽省广播电视学会常务理事、安徽省新闻界与企业界联谊会常务理事、中国科技大学校友会安徽分会会长等社会职务。曾主持和参加过数项技术研究项目，获得部、厅、省电台科技进步奖。并参加了多部广播剧和音乐、文学、戏曲节目的制作与审定，多次获全国大奖。采写的新闻稿，亦多次在省级报刊和省电台发表。

刘永璜 （1935—）安徽省广播电视厅副厅长。曾用名刘永琮，安徽和县人。1961年由中国人民大学哲学系毕业后分配到安徽省委党校任辅导员。1969年下放砀山县李庄公社劳动锻炼，后在安徽省毛泽东思想宣传院工作，其间加入中国共产党。1972年起在安徽省文化局政工组、文化创作研究室评论组、文艺研究所文学组、艺术处分别担任组长、负责人、副处长等职。1983年任安徽省文化厅副厅长。1988年调任安徽省广播电视厅副厅长、党组成员，同时兼任安徽电视台台长。现为安徽省广播电视厅副厅长、党组副书记。

王季平 （1940—）安徽省广播电视厅副厅长。安徽安庆人。1963年毕业于安徽大学政治系。担任过10年中学教员。1973年调共青团安徽省委，先后任党组秘书、秘书科长、办公室副主任、主任等职。1984年调中共安徽省委宣传部任研究室主任。1986年调安徽省社会科学院任党组成员、秘书长。撰写过一批政论性文章，参与撰写《马克思主义的理论与实践》、《乡镇行政管理学》、《安徽历史简编》等书的部分章节，担任《全国百市县调查——马鞍山卷》、《皖江开发带的文化考察》两书的主编之一。1990年评定为副研究员专业技术职称。1993年5月调任安徽省广播电视厅党组副书记、副厅长。

吕希才 （1946—）安徽省广播电视厅副厅长。江苏响水人。1970年毕业于南京工学院无线电系，分配到安徽省广播事业局工作。1970年起在安徽省黄山701台工作，历任股长、副台长、台长等职。1982年加入中国共产党。1985年任徽州行署广播电视局副局长、党组成员兼黄山701台台长。1986年调任安徽省广播电视厅广播电视网管理处处长。

1990年任安徽省广播电视厅副厅长、党组成员。曾担任安徽省广播电视学会技术委员会委员、安徽省广播电视厅科技进步和合理化建议奖评审委员会委员,、安徽省科技进步奖评审委员会广播通信行业组评审委员等社会职务。

孙振华 (1952—)“五一”劳动奖章获得者。安徽芜湖人。1974年调安徽电视台从事新闻采访工作。1982——1986年主动支援西藏工作,借调西藏日报社从事新闻摄影工作,曾徒步考察雅鲁藏布江全程,拍摄了大量珍贵资料片,后在合肥、天津、北京等地举办《孙振华西藏风土人情摄影展览》。编制14集电视片《雅鲁藏布江纪行》,并出版《孙振华西藏风情摄影集》等画册。1989年率领《高原·生命》影视采访小组再次进藏采访。由于工作勤奋,成绩显著,曾先后被评为西藏日报社先进工作者,荣获安徽省新闻学会、广播电视厅“积极进取、勇于探索”表彰以及中华全国总工会“全国优秀工作者”称号和“五一”劳动奖章,安徽省劳动模范称号。

雷　普 (1922—)原福建省广播事业局副局长。原名李鸿举,笔名雨田、王磊、彩轩,山西平遥人。1942年10月参加工作,1943年5月加入中国共产党。历任抗日人民政府文教助理员、文教科员、县报主编以及专署文教、干部、行政主办科员、地区干校组教科科长等。1949年8月随军南下进入福建后,最初两年在闽北建瓯县任县委行政秘书以及中共建瓯县城区委书记。1951年到1955年担任闽北人民报社(农民报)社长兼总编辑;1955年到1956年7月任中共建阳地委宣传部副部长兼闽北人民报社社长、总编辑。1956年7月调北京《人民日报》社,任《人民日报》福建记者站负责记者。1959年记者站与新华通讯社福建分社合并后,转调分社任副社长,至1970年。“文化大革命”中下放劳动。1972年党校学习后分派到原福建省广播事业局任党的核心组成员,协助福建人民广播电台主办对台广播对渔民广播和英语教学节目,并在对台节目组参与编稿、审稿,粉碎“四人帮”后担任副局长,从1975年起担负福建电视台的创业任务,1983年离休。现为福建新闻学会副会长、福建省广播电视学会顾问、福建电视台节目监看员,连续四年被聘为福建省电视节目评奖委员会主任委员。曾发表《邓拓与记者心连心》等论文。

陈　方 (1923—)原福建省广播事业局副局长。福建莆田人。1946年毕业于暨南大学工商管理系。1947年在台湾参加中共地下党,以后转入苏北解放区。1948年5月在华中新华日报担任地方版编辑,后调到华中新闻专科学校(后改名苏南新闻专科学校)任教务员、班主任、教育科副科长。1950年,调上海华东人民广播电台从事对台湾广播宣传工作。1951年担任南京人民广播电台编辑部副主任。1952年调任中共福建省台湾工作委员会宣教科长,主要从事对台广播工作。之后在福建人民广播电台任过新闻部主任、编辑部主任、副台长。“文革”期间下放福鼎县农村三年。1972年调回福建日报社工作。1976年回到福建人民广播电台工作。1979年被任命为福建省广播事业局副局长,分管福建人民广播电台工作。1983年离休。离休后仍从事《中国广播电视年鉴》和福建省地方志《广播电视志》的编纂工作。担任《中国广播电视年鉴》编纂委员会编委、福建省地方志《广播电视志》编纂委员会编委、福建省新闻学会副会长,福建省广播电视学会顾问。主要论著有《改革创新与继承发扬优良传统》、《华中、苏南新专的教学工作》、《谈谈播音员的素质问题》等。

陈秉五 (1928—)福建省广播电视厅原副厅长。原名陈炳武,福建泉州人。1947年毕业于厦门国立第一侨民师范学校。在厦门参加中国共产党地下活动,1949年5月加入中国共产党,同时进入游击区,在闽中地下党泉州团队活动的晋南同地区做宣传和组织群众的工作。1949年9月参加筹建中共厦门市委机关报《厦门日报》,开始从事新闻工作。厦门解放后,任《厦门日报》记者,编辑、编辑部组长,参加厦门解放初期稳定秩序、恢复生产、防空备战以及民主改革、增产节约、三反五反等一系列新闻报道活动。1952年调到中共厦门市委宣传部。同年,调中共福建省委宣传部,任宣传处干事、秘书、副处长。“文化大革命”后,任中共福建省委宣传部新闻出版处处长、文艺处处长等职。1980年任福建省文学艺术界联合会副主席、党组成员。1983年任福建省广播电视厅副厅长、党组副书记兼《广播与电视》主编。被选为中国电视艺术家协会第一届理事会理事,福建电视艺术家协会主席,中国广播电视学会第一届理事会理事,福建省广播电视学会副会长。发表过新闻通讯、报告文学、广播电视研究报告等若干篇。1988年离休。现担任福建省新闻学会副会长、福建省广播电视学会和福建电视艺术家协会顾问。

潘道昀 (1925—)福建省广播电视学会顾问、教授级高级工程师。江苏宝应人。1949年毕业于上海交通大学电机工程系电讯组,同年,参加华东随军南下服务团,分配在福州电力公司工作。1951年春调进福建人民广播电台,历任工务科副科长、工程师。福建省广播事业管理局建立后,就任该局工程师。1979年5月后任副总工程师、高级工程师。1980年4月加入中国共产党。针对福建多山,积极建议发展中短波广播技术、设计、安装

7.5 千瓦中短波发射机，有效地提高了传播质量。并对 3.5 千瓦中波广播发射机调幅器进行技术改造获得成功。证明了他的“音频乙类放大器最大屏耗不一定发生在功率输出最大”的论断。在全省几座较大的广播发射台的基建工程，在提高电视的播出质量上，都做出贡献。先后发表的论文有:《某发射电子管手册上的一个错误》、《中短波受中波大功率发射机电离层交扰调制的情况与分析》等。1983 年至 1986 年，曾任广播电影电视部科学技术委员会委员、福建省电子学会副理事长、福建省科学技术协会委员。1985 年离休。1987 年受聘为福建省广播电视学会顾问。

李立功　(1943—) 江西省广播电视厅厅长。江西宜丰人，1964 年毕业于江西师范学院物理系，1966 年加入中国共产党。毕业后曾担任莲花县委党校教员，县革委会政治部干事，县委宣传部干事、秘书、县委办公室副主任、吉安地委理论干事、宣传科科长、吉安地委党校副校长、吉安地委委员兼吉安市委书记等职。1988 年任中共江西省委宣传部副部长。1993 年任江西省广播电视厅党组书记、厅长。并担任江西省新闻学会会长、江西省对外文化交流学会副会长、江西省职工思想政治工作研究会副会长、江西省自然辨证法研究会副理事长等社会职务。主要著作有《爱因斯坦相对论哲学意义初探》、《经济体制改革与新时期统一战线》、《从系统论看思想政治工作的科学体系》等。后两篇论文分别获江西省社会科学优秀成果三等奖。主持编写过《中国江西》、《农村思想政治工作新探索》、《民族精神与国防教育》等专著。

彭方俊　(1922—) 原江西省广播事业局局长。湖南澧县人，初中学历。1935 年 8 月参加革命工作，1936 年加入共青团，1942 年 5 月转为中共党员。1935 年 8 月在红二方面军 51 团卫生队担任卫生员，陕北卫校通讯员，抗大二分校班长，晋察冀边区粮食局警卫员、中央收发警卫室科员；1945 年 8 月从延安赴东北行军中担任副官、西满军区警卫团连政治指导员、营教导员、团政治处组织股长、政治处主任；东北军区政治干部科科员；曾获过甲等劳模奖、学习模范、带兵模范、模范指导员称号。1949 年 4 月在南昌军政接管部任军代表、江西省民政厅社会科科长；1950 年 7 月任弋阳县副县长、县长、县委书记；1953 年 11 月任江西省高级法院办公室主任兼司法行政处处长；1955 年 3 月任江西省民政厅副厅长；1965 年 6 月任江西省检察院副检察长；1971 年 6 月 28 日任江西省广播事业管理局党委书记、革委会主任、局长；1973 年任江西省高级法院副院长；1980 年 11 月任江西省地名委员会专职副主任兼省测绘局局长、党委书记。1983 年 10 月离休。

刘宗一　(1933—) 江西省广播电视厅原厅长。江西永丰人，1951 年 1 月抗美援朝参军，到中国人民解放军通信工程学院学习，1955 年 2 月 11 日，在江西人民广播电台任技术员；1955 年 11 月调中央广播事业局，先后在中央广播事业局 527 台、536 台、594 台工作，担任过班长、机房主任；1956 年 12 月加入中国共产党；1972 年 2 月至 1975 年 9 月在陕西省广播事业局工作；1975 年 9 月至今，在江西省广播电视厅工作；1980 年评为高级工程师，1983 年任江西省广播电视厅副厅长、党组成员，并任第八届、第九届中共江西省委候补委员、省委委员，1985 年任江西省广播电视厅党组副书记，1988 年至 1993 年 2 月任江西省广播电视厅厅长、党组书记，同年 2 月起任江西省人大常委会委员，教育、科学、文化、体育专门委员会委员。

俞向党　(1945—) 江西省广播电视厅副厅长。浙江浦江人。1965 年至 1970 年在北京广播学院读书，大学毕业。1970 年 9 月参加工作。1971 年至 1983 年，先后在中共萍乡市委、萍乡市人民政府工作，担任过秘书、秘书科副科长、科长，办公室副主任、办公室主任等职，1973 年 12 月参加中国共产党。1983 年至 1986 年 12 月任中共萍乡市委常委、秘书长。1986 年 12 月以后，任江西省广播电视厅副厅长、党组成员。并担任江西省记协副主席、中国记协理事会理事、省政协委员等职务。代表作品有:《广播电视宣传改革几点思考》、《经济宣传思考札记》、《加强和改进经济宣传的几点认识》、《进一步加强宣传的受众意识——学习毛泽东新闻思想中群众观点的体会》。后两篇获江西省社会科学优秀成果三等奖和省记协、省新闻学会优秀论文奖。

张世英　(1929—) 江西省广播电视厅原副厅长。黑龙江安达人，高小学历。1946 年 1 月参加革命工作，先后在肇东县宋站督导区训练班学习，督导区承平村各界联合会工作队工作，嫩江省肇州军政干校学习，结业后留地委工作；1947 年 1 月参加中国共产党，1947 年 1 月至 1949 年 2 月，先后担任中共肇东县委工作组组长、队长、肇东县八区区委书记；1949 年 9 月任嫩江省南下干部大队二中队五小队组长、党支部组织委员；1949 年 9 月至 1952 年 10 月，任江西省乐平县委工作队队长、县团委书记、县政府建设科、农建科、财政科科长、县财委秘书等职；1952 年 10 月至 1956 年 4 月，先后担任江西人民广播电台台委会委员、电台党支部副书记，电台服务部经理、电台办公室主任、电台党支部书记；1956 年至 1969 年，任江西人民广播电台副台长兼江西省广播事业局副局长、党组成员、党总支书记、电台编委会委员；1969年至1972年任江西省广播事业局无线组组长、党支部书记、事业组组长、党总支书记；1972年至1983年任江西省广播事业局副局长、党委成员、党组副书记兼机关党委书记；1985年9月至1988年12月任江西省广播电视厅副厅长、党组成员、省广播电视中心办公室主任；1990年6月后退居二线，任调研员、江西省广播电视学会副会长；后为学会顾问。

陈光林 (1946—) 山东省委宣传部常务副部长兼山东省广播电视厅党组书记。山东齐河人。1970年加入中国共产党，先后担任齐河县委通讯报道组副组长，中共山东省委宣传部理论研究室副主任、理论处副处长，省委研究室政治研究处处长、副厅级研究员，省委宣传部副部长。1992年8月任山东省委宣传部常务副部长（正厅级）。1993年任省委宣传部常务副部长（正厅级）兼省广播电视厅党组书记，第八届山东省人大常委，中共山东省第六届委员会候补委员。著有《马克思与<资本论>》、《陈云同志经济思想研究》等多部著作。

张海涛 (1951—) 山东省广播电视厅厅长。山东荣成人。1968年2月参加工作，1970年7月加入中国共产党。1976年毕业于山东大学。1992年获得MBA硕士学位。1976年到山东省电视台工作，任副科长、科长、录制部负责人。1984年到广播电视厅政治处工作，任副处长、处长、机关党委副书记，1986年9月到1988年4月在临清市挂职，任市委副书记，1988年任山东省广播电视厅党组成员、副厅长，1993年5月任山东省广播电视厅党组副书记、厅长兼山东广播电视大学副校长。

滕敬德 (1938—) 山东省广播电视厅副厅长。江苏丰县人。1953年7月参加工作，1957年9月入党。1958年开始广播、电视生涯。1959年初进北京电影学院进修，1961年至1963年在中央电视台做新闻记者和文艺导演工作。1969年至1986年在山东电视台工作，先后任节目组长、文艺专题部主任、省广播电视艺术团长、台长等职。1986年9月任山东省广播电视厅副厅长至今。其间并兼任山东电视艺术家协会主席、山东省影视评论学会会长等职。

宋德福 (1941—) 山东省广播电视厅副厅长。原藉山东青岛。1963年入党，1965年毕业于曲阜师范学院政治系。1966年8月任茌平县州里堡区委副书记。1969年至1970年在山东聊城活塞环厂任翻砂车间支部书记。1971年至1975年在聊城地委宣传部任干事。1975年至1984年任聊城地区广播局局长、党组书记。1984年至1991年任省广播电视厅大楼指挥部副指挥，厅办公室主任、计财处长。1991年至今任厅党组成员、副厅长。

刘仁象 (1938—) 山东省广播电视厅副厅长。山东寿光人。1962年7月加入中国共产党。1963年毕业于昌潍农业专科学校，文化程度大专。1963年夏，分配到章邱县（后改市）工作，先在县农业局任技术员，以后担任过县委中心报道组组长、县委宣传组副组长、县广播站党的核心领导小组组长等职务。1971年11月份，调山东人民广播电台，先后担任省台驻泰安记者站站长、采通部主任。在任部主任期间，是省广播电视局党组成员。1983年，在中共中央党校新闻专修班学习。1984年4月份调省广播电视厅地方广播电视处任处长。其间主编过14部业务丛书。1993年6月份调厅任党组成员、副厅长。

宋国华 (1943—) 河南省广播电视厅厅长、党组书记、总编辑。山西休县人。1968年武汉水利电力学院毕业，分配至贵州乌江渡水电站从事水电建设十余年。担任地方党政领导十年，曾先后任水电部第八工程局办公室副主任、驻马店地区水利局党组成员、副局长、中共驻马店地委委员、副秘书长兼地委办公室主任、驻马店地区行政公署常务副专员、专员，中共驻马店地委书记、河南省委宣传部副部长，现任河南省广播电视厅厅长、党组书记、总编辑。1986年去香港考察写《香港浅见》一书，被数家报纸、刊物转载。1992年考察广州、珠江三角洲写《改革开放与精神文明建设》论文，获1992年度省政府表彰的优秀社会科学理论文章二等奖。结合河南实际撰写的《传统文化与精神文明建设》论文，受到好评，在全国数家报纸转载。近年还先后发表各类文章50余篇。

王南方 (1933—) 河南省广播电视厅副厅长。河南沁阳人，中共党员。1947年9月参加革命工作，先后在沁河剧团、沁河文工团、太行第四专署和新乡专署文工团、河南军区文工团、海南军区文工团、广州军区政治部、海南军区炮团、海南军区政治部工作，历任团员、队长、编导、政委、处长。1980年以后先后在河南省文化局、文化厅和广播电视厅任副局长、副厅长、副总编、党组成员，并担任河南省政协委员、中国广播电视学会常务理事、河南省影视艺术家协会主席等职，主管文化艺术、广播电视文艺宣传工作，参加了如《黄河东流去》等150多部（集）戏剧、广播剧、电视剧的编创、策划和监制工作。主编的《当代河南的广播电视》一书已由中国当代出版社出版。

马福魁 (1937—) 河南省广播电视厅副厅长、总工程师。河南开封人。1960年毕业于中国人民解放军军事工程学院空军工程系无线电专业，后留校教学。1970年1月——1973年8月在安阳市无线电一厂任技术员。1973年调入河南省广播事业局工作，曾先后担任技术员、科研所所长、科技处处长职务。1983年至今担任省广播电视厅副厅长、党组成员、总工程师，河南省广播电视学会副会长。曾主持设计、施工、测试中国援助塞内加尔体育场的扩声、广播电视转播系统工程。1985年全国首届青少年运动会时，曾主持拟定广播电视报道、实况转播的技术方案，受到好评。负责了省广播电视中心大楼和广播电视发射台的建设工作。

周开球 （1940—）河南人民广播电台台长。湖南汨罗人。1964年毕业于南开大学中文系，分配到河南省文联编辑部任编辑工作。1970年调入河南人民广播电台至今，一直从事新闻工作。曾先后任理论组副组长、工商组副组长、工商部副主任。1983年任副台长，1992年任河南人民广播电台台长，河南省广播电视厅副总编辑，厅党组成员。技术职称为主任编辑。

王传文 （1939—）河南省广播电视厅纪检组组长。河南唐河人。1963年7月郑州大学中文系毕业。1959年6月加入中国共产党。1963年7月至1971年6月在河南省会计学校教书，1971年7月——1974年4月在河南省人民银行工作，1974年5月——1978年2月在郑州电器厂劳资科工作，1978年3月至今在河南省广播电视厅人事处工作。1983年9月任人事处副处长，1986年4月任人事处处长，1992年任省广播电视厅纪检组组长，党组成员。

曹贤火 （1944—）湖北省广播电视厅副厅长、高级编辑。湖北汉阳人。1969年7月毕业于华中师范学院，1972年1月加入中国共产党。1972年到湖北电视台从事编辑、记者工作。1975年任政文组、专题组组长。1979年至1983年任湖北电视台专题部副主任，主任，兼任《电视月刊》杂志编委。1983年至1985年担任湖北电视台副台长，分管电视宣传工作。1985年9月担任湖北省广播电视厅副厅长，党组成员。1993年7月任副厅长、厅党组副书记、厅编委会副总编辑。从1988年7月起，担任湖北省新闻工作者协会、新闻学会副会长、湖北省广播电视学会副会长。1994年3月任湖北电视艺术家协会会长。专业职称：高级编辑。代表作品有：论文《坚持党性原则，推进新闻改革》《谈电视节目主持人》《谈广播电视经济台的创收及经济管理》《电视科普节目现状及发展趋势》。采编过专题、记录片100多条，有20多个专题节目在全国获奖。

李昆麟 （1942—）湖北省广播电视厅副厅长、高级编辑。江苏南京人。1960年8月就读于华中师范学院中文系，1964年8月任华师中文系助教，兼分团委书记；1965年5月任共青团湖北省委文秘干事。1969年12月调入湖北省林区广播站任编辑、记者、站长，1975年5月先后任湖北电视台记者，编辑组组长、新闻部副主任、主任。1979年6月加入中国共产党。1984年10月任湖北电视台副台长。1992年3月任湖北省广播电视厅副厅长、党组成员。担任湖北省广播电视学会副会长、湖北电视艺术家协会副会长、湖北省女新闻工作者协会会长、湖北省新闻工作者协会、新闻学会常务理事、副秘书长。中国电影家协会湖北分会常务理事。代表作品有《葛洲坝三江航道试航成功》、《太阳能车在武汉试制成功》等。有《武当山》、《古城襄樊》、《丝绸宝库》等10多条专题在中央电视台播出。创作5集电视连续剧《转战大别山》（合作）。职称为高级编辑。

李焕涛 （1945—）湖北省广播电视厅总工程师、高级工程师。湖北应城人。1969年7月毕业于武汉大学物理系无线电专业，1971年4月分配到湖北电视台工作，1984年1月加入中国共产党。1976年任湖北彩色电视中心组组长，后任转播组组长；1984年任湖北电视台副台长；1985年10月任湖北省广播电视厅总工程师、厅党组成员。自参加工作以来，一直从事广播电视技术和技术管理工作，参加了彩色电视会战；主持制定湖北省广播电视事业发展规划，如湖北国土规划的广播电视行业规划，全省广播电视“七·五”、“八·五”发展规划；组织实施省内广播电视重大技术课题；负责湖北省彩电中心工程建设。在有关刊物上发表过10多篇论文和文章。是武汉市第七届人民代表大会代表，湖北省电子技术高级职称评委和全省科技进步奖文体组评委。1987年评为高级工程师。

文选德 （1944—）湖南省广播电视厅厅长。湖南石门人。1967年参加工作。1965年加入中国共产党。湖南师范学院政教专业毕业。1978年任共青团湖南省委副书记。1984年任湖南省文化厅党组副书记、副厅长。1988年7月任中共湖南省委宣传部副部长。1991年3月任中共益阳地委书记。1991年12月任中共湖南省委宣传部副部长。1992年3月任湖南省广播电视厅厅长。

李青林 （1933—）湖南省广播电视厅副厅长。湖南省衡阳市人。1950年8月参加工作，任衡阳市文教局科员、视导员。1953年7月加入中国共产党。同年12月，历任中共衡阳市委组织部副科长、科长及文教部科长；1955年任市委办公室副主任（副处级）。1958年挂职下放到农村工作，担任人民公社委员。1959年

10月，先后任衡南一中校长、县文教局长、县委宣传部副部长。1964年底调湖南人民广播电台，任副组长、组长。1973年10月任编辑部副主任、主任。1978年8月任湖南省广播事业局副局长。1983年——1992年任湖南省广播电视厅副厅长。1992年3月——1993年4月任厅党组书记、副厅长。主要著作有《我的广播电视观》等。

李青田 (1926—) 原湖南省广播事业局副局长、湖南省广播电视厅顾问。山西盂县人。1938年1月参加工作，1943年加入中国共产党。历任区县儿童团干事、区青救会主任、民政助理、武委主任、区长、县政府秘书、科长。1949年南下湖南，任湘阴县县委办公室主任。调长沙后任省长秘书、省监委办公室主任。1963年起先后担任湖南人民广播电台总编室主任、省广播事业局副局长、党组副书记、省广播电视厅顾问。是湖南省第六届人民代表，全国第五届文代会代表；湖南电视艺术家协会主席，湖南省记者协会、湖南省新闻学会、湖南省广播电视学会副会长，湖南电视大学副校长。1993年离休，享受正厅级待遇。撰写电视剧评多篇，论文有《浅谈电视剧艺术的十点优势》等。

金汉珊 (女) (1931—) 湖南省广播电视厅副厅长。湖南安乡人。1949年8月参加革命工作。1952年7月毕业于湖南大学音乐系。1953年9月加入中国共产党。1954年在修复洞庭湖工程中立大功两次。历任长沙市文工团、湖南省歌舞团演员、队长，湖南省木偶皮影剧团团长。1975年9月任湖南省文化局副局长。1984年7月至1993年10月任湖南省广播电视厅副厅长。在从事民族声乐演唱时，灌制有民歌唱片《绿鸟子》，直接参加制作的电视剧有《乌龙山剿匪记》、《李师师》和译制片《老干探》等。撰写的论文有《讴歌时代精神、活跃声屏文艺》、《努力把广播电视文艺提高到一个新水平》。

肖雁樵 (1927—) 湖南省广播电视厅原副厅长、特邀顾问。河南南阳人。1948年就读于西北师范学院。1949年3月参加革命工作。1954年4月加入中国共产党。历任桃源县青年团委副书记、常德地区青年团秘书、湘西钨矿科长、部长、中共湖南省委工业部、宣传部科长、副处长、处长。1977年任《新湘评论》杂志社编辑部副主任。1983年授予副编审职称。同年10月任湖南省广播电视厅副厅长，党组副书记。1988年3月任湖南省第六届政协常委委员，同年9月任湖南省广播电视厅特邀顾问。撰写的论文有《加强精神文明建设，全面提高队伍素质，推动广播电视顺利前进》、《加强队伍建设，提高广播电视工作质量》、《深入开展广播电视理论研究的几点意见》。

周无忌 (1939—) 广东省广播电视厅厅长、高级编辑。广东新会人。1962年8月毕业于广东师范学院中文系，同年分配到广东人民广播电台工作。历任广东人民广播电台编辑、记者、副组长、组长、副台长、台长、省广播电视厅党组成员、副厅长，1991年5月起任省广播电视厅厅长、党组副书记。专业技术职务为高级编辑。在担任广东人民广播电台台长期间，与全台同志一道，推动了广播宣传业务的整体改革，为实现以珠江经济广播电台、省新闻台的建立为标志的系列台改革而努力。还进行了采用大板块节目的形式、滚动新闻等一套微观改革，都收到了比较好的效果。主要论著：新闻业务方面有《"为听众服务"是我们广播的宗旨》、《关于广播新闻功能的问题》、《广播特点与广播记者》、《主持人与"大板块"》等文章，分别由中央台及省台刊物发表；语言学方面有《广州话方言词典》、《广州话标准音字汇》(两书与人合作编著）均由商务印书馆香港分馆出版。前者于1983年获广东省社会科研成果三等奖。另外还合作有《广州话语音研究》、《广州话词汇特点研究》，分别刊登在《中国语文研究》(香港)、《暨南大学学报》。

刘　炽 (1932—) 广东省广播电视厅党组书记、高级编辑。广东中山人。1950年7月参加革命工作，1953年7月加入中国共产党。曾在《澳门日报》、新华社香港分社任编辑、记者，在香港清水湾电影制片厂、长城电影制片公司任制片部主任、编剧、董事副经理，1978年底调广东电视台工作，先后担任广东电视台文艺部主任、副台长、台长、省广播电视厅副厅长等职，1991年5月任厅党组书记。专业技术职务为高级编辑。曾撰写或导演过电影故事片、大型艺术记录片、电视剧，如《神出鬼没》、《秀才奇遇记》、《风雪一枝梅》、《连升三级》、《欢乐的广州》、《友谊花开》、《万紫千红》、《盼》、《羊城曙光》等作品。由他策划、编剧的大型记录片《万紫千红》，在第十届国际青少年电影节和第六届国际体育电影节上深受好评。

蔡　辉 (1929—) 广东省广播电视厅原厅长、党组书记。广东新会人。1949年8月参加革命工作，1952年7月加入中国共产党。曾任群工队员、代理乡长、土改片长、区长、区委书记、县委宣传部长、县委书记、地委常委、珠江电影制片厂党委书记。1981年11月起任省委宣传部副部长、省广播事业局党组书记、局长，1983年7月起任省广播电视厅党组书记、厅长，1991年5月退出领导班子。是中共广东省委五、六届委员。

谢望新 (1945—) 广东广播电视厅副厅长兼广东电视台台长。

江苏金坛人。1970年8月毕业于中山大学中文系。1983年7月加入中国共产党。历任《南方日报》记者、编辑，花城出版社、《花城》编辑部编辑、副主任、副主编、主任、副编审、社务委员，中共广东省委宣传部副处长、处长，中共鹤山县委副书记，1992年9月调入广东省广播电视厅任副厅长、副总编辑、党组成员，1994年1月起兼任广东电视台党委书记，二月起任广东电视台台长。主要社会职务有：中国作家协会会员，广东省作协主席团成员，广东省文联委员，广东省新闻学会、文化学会、企业文化协会副会长，广东省文学创作出版基金会常务理事等。长期从事新闻、出版、理论、文艺宣传工作。擅长文学批评与文学创作。出版著作6种。曾荣获全国及省市奖12项。文学评论集有：《岭南作家漫评》(合作，花城出版社1984年11月出版)、《落潮之后是涨潮》(花城出版社1989年12月出版)，《浪潮之外的孤魂》(花城出版社1990年3月出版)、《历史会记住这些名字》(花城出版社1993年5月出版)。散文、报告文学集有：《落难者和他的爱情》(合作，花城出版社1985年9月出版)、《你带走一片阴云》(广东旅游出版社1994年3月出版)。

郑久粲 (1938—) 广西广播电视厅厅长、党组书记、总编辑，高级工程师。浙江永嘉人。1963年浙江大学化工系毕业，分配到柳州水泥厂、柳州市东风化工厂任技术员。1974年调到柳州市一轻局。1978年评定工程师。1981年任柳州市一轻局副局长。1982年加入中国共产党。1984年，任柳州市经委副主任、中共柳州市委秘书长。1985年春，在中央党校体改研究班学习，同年4月任柳州市人民政府副市长，分管文教卫生、广播电视、法制教育等工作，获全国普法教育先进个人、全国重视老龄工作领导者功勋奖荣誉称号。1992年4月，任广西广播电视厅厅长、党组书记，评定高级工程师。1993年6月，任广西广播电视厅总编辑。撰写有《关于加快广西广播电视事业改革与发展的报告》等。1992年11月，任广西新闻工作者协会、广西新闻学会副会长。

韦家玉 (1935—) 广西广播电视厅副厅长。曾用名韦木森，壮族，广西东兰人。1958年8月在中央民族学院武汉分院历史文学系毕业后留校任教。1961年9月调中共广西东兰县委宣传部任宣传干事。1966年1月加入中国共产党。1966年2月调广西人民广播电台，先后任记者、新闻科科长、记者站站长，深入少数民族聚居地区采访、参加采写重大典型报道，发表消息、通讯等约20万字。1984年8月，调广西广播电视厅人教处任副处长。1986年4月任广西广播电视厅副厅长、厅党组成员，分管广播电视宣传工作。1992年评定主任编辑。1993年6月任广播电视厅副总编辑。论文有《新闻必须从总体和本质上把握事物的真实性》等。任副主编的《广播电视学研究》获广西1987——1989年社会科学研究成果奖三等奖。社会职务有：广西广播电视学会副会长、广西新闻学会副会长。

莫珍英 (1936—) 广西广播电视厅副厅长。广西上林人。1958年8月加入中国共产党，1962年7月毕业于广西师范学院（今广西师范大学）中国语言文学系后留校任中文系团委书记、教师、学院新闻报道组组长。1970年8月调中共广西区委宣传部新闻出版处任干事、副处长、处长。1986年8月调广西广播电视厅任副厅长、党组成员。在此期间任广西新闻工作者协会、广西新闻学会、广西广播电视学会、广西体育记者协会副会长，中国电视艺术家协会广西分会副主席，广西民族艺术对外交流协会副会长，中国少数民族广播电视史副主编。主要论文有《正确引导社会舆论》、《坚持“二为”方向，努力表现新的时代和新的人物》等。专著有《社会主义法制问答》(与人合作)、《中华历史杰出人物》(与人合作)，主编出版广播电视论文集《视听初论》等。

韦启新 (1937—) 广西人民广播电台台长。壮族，广西武鸣人。大专文化。1956年4月参加工作，任广西人民广播电台壮语播音员、编辑、记者、新闻节目科长；1960年2月加入中国共产党；1985年任新闻部主任、党支部书记。1985年评定主任编辑。1992年3月任广西人民广播电台台长（副厅级）、广西广播电视厅党组成员。1993年4月任广西人民广播电台总编辑，同年6月任广西广播电视厅总编委成员。1990年1月，中华全国新闻工作者协会授予“全国优秀新闻工作者”称号。1993年评为广西民族团结先进个人。社会职务：中国广播电视学会理事、广西广播电视学会常务理事、广西新闻学会和广西人口学会理事、广西体育记者协会副秘书长。主要著作有：评论《脱贫致富贵在有志》获广西好新闻一等奖；通讯《队长心中有把活算盘》获全国优秀广播节目奖。1992年主持编辑了通讯报告文集《原野颂歌》一书。

谈忠馀 (1938—) 广西电视台台长、高级记者。回族，江苏镇江人。1958年9月毕业于江苏师范学院物理专业，分配到广西水电学校任教师、教研组长、广西水电厅政治处宣传干事。1959年加入中国共产党。1969年11月调广西电视台任记者、新闻科副科长。1979年自卫还击战期间赴前线采访立三等功。1984年11月，中国记协授予“全国优秀新闻工作者”称号。1985年评定主任记者。1986年4月任广西电视台副台长，1988年11月主持全面工作，1992年3月任广西电视台台长（副厅级）、广播电视厅党组成员。1993年评定高级记者；同年6月任广西广播电视厅编委会成员。社会职务有：中国电视艺术家协会理事、广西电视艺术家协会副主席、中国西部电视集团副理事长、广西广播电视学会副会长、广西新闻工作者协会常务理事、广西大学新闻系兼职副教授。获奖作品有：参与拍摄的大型纪录片《奋起还击，保卫边疆》获全国电视优秀新闻片特等奖，合拍的系列片《可爱的广西》、纪录片《广西技巧》获全国电视优秀新闻片一等奖，自拍的《广西国防工业生产民用产品》等5条新闻获全国优秀电视片二等奖。专著有《图文声像新闻采访学》（执笔写电视部分）。

罗德成 （1936—）贵州省广播电视厅副厅长。布依族，贵州罗甸人。大专文化。1953年参加工作，1956年加入中国共产党。先后任记者、编辑、记者站长、部主任、省广播电台副总编辑、台长、省广播电视厅副总编辑、副厅长、厅党组成员；现兼任中国广播电视学会常务理事、中国广播电视学会史学委员会常务理事、《中国广播电视年鉴》编委、贵州省广播电视学会副会长、贵州省新闻学会副会长、贵州省版权学会副会长、贵州省布依学会副会长、贵州省科学社会主义学会常务理事、贵州省体育总会常务理事等职。贵州省首次新闻职称评定为主任编辑专业职务（按省职改办规定，有行政职务的人员，不能申请高级专业职务，故未晋升高级编辑）。1987年起，一直兼任贵州省广播电视学校新闻采编班的《新闻理论基础》教学，并编有《新闻理论基础》教材（试用）。

陈福履 （1936—）贵州省广播电视厅副厅长。河北河间人。1954年参加工作，1953年入党。1960年毕业于北京广播学院无线电系（电视专业）。现任贵州省广播电视厅副厅长、党组成员。1954年8月在长春市中国人民解放军第一机要干部学校学习机要通讯。1955年5月在中央广播事业局技术训练班学习无线电技术。1956年6月在贵州人民广播电台501发射台工作。1958年9月在北京广播学院无线电系（电视专业）学习。1960年9月在贵州人民广播电台科研室工作。1962年9月在贵州人民广播电台645发射台工作。1964年1月在贵州人民广播电台无线电技术训练班负责，并担任教学工作。1968年7月在贵州电视台负责技术工作。1971年7月去阿尔巴尼亚援建地拉那电视台，并荣获阿尔巴尼亚人民议会授予的三级劳动勋章。1974年任贵州电视台副台长，1975年5月任贵州电视台台长、省广播事业局副局长、局党组副书记。1983年6月，任贵州省广播电视厅副厅长、厅党组副书记。发表过《论贵州山区电视节目的传输问题》、《对“四级办”的认识》等著作。

刘国治 （1946年—）贵州省广播电视厅副厅长。江苏无锡人。1969年毕业于北京广播学院新闻采编专业。在河北省望都县劳动锻炼1年，1970年分配到贵州电视台，当过编辑和记者，1972年加入中国共产党。1981年至1982年任电视台新闻部临时负责人。1983年任电视台新闻部副主任，1984年任新闻部主任，1985年任电视台副台长，1987年任贵州省广播电视厅副厅长。1989年任贵州省广播电视厅副厅长兼机关党委书记，1991年任贵州省广播电视厅党组副书记、副厅长兼机关党委书记至今。同时还任贵州省新闻工作者协会副主席。1987年被评为主任编辑。在电视台任新闻部主任时，主持拍摄的专题片《红水河畔女财神》曾获全国好新闻一等奖。

梅应福 （1940—）贵州人民广播电台台长。仡佬族。1964年毕业于贵州大学中文系，分配到贵州人民广播电台工作。1977年起任新闻部副主任。1982年到省委党校学习一年。1984年调省委宣传部工作，任宣传处副处长、处长。1991年5月调回贵州人民广播电台任台长、省广播电视厅党组成员。1985年编写《贵州农村文明村镇建设》，约8万字，收入省委宣传部主编出版的《双百调查》一书。1987年撰写《贵州民族贫困地区农村思想政治工作的问题与探讨》一文，收入中央宣传部宣传局主编、农村通俗读物出版社出版的《改革·实践·探索》一书。1990年主持编写《基本国情与基本路线》一书，由贵州人民出版社出版。

罗良映 （1942—）贵州省广播电视厅党组成员、纪检组组长。曾用名罗良发，贵州赤水人，大专文化程度。1966年3月加入中国共产党。1963年8月参加工作。现任省纪委驻省广播电视厅纪检组组长、厅党组成员兼厅监察室主任。1963年8月至1966年7月，在赤水县隆兴区公所参加工作后，先后任区财会辅导员、区团委书记、团县委委员。1966年8月至1973年3月，在贵州人民广播电台当记者、编辑、农业编辑组组长、局（台）政治处工作员。1973年4月至1981年3月，在贵州省广播事业局政治处工作。1981年4月至1983年8月，任贵州省广播事业局政治处副处长。1983年8月至1985年3月，任贵州省广播电视厅人事处处长。1985年3月至1991年5月，任贵州省广播电视厅直属机关党委书记。1991年5月起，任贵州省广播电视厅党组成员、省纪委驻省广播电视厅纪检组组长、兼厅监察室主任。

薛泽高 （1938—）云南省广播电视厅厅长、党组书记、总编辑。四川永川人，大学本科毕业。1964年9月分配到云南省临沧地区专署文教科工作后即参加了大地州和临沧地区的“四清”工作。1967年3月在临沧地区军管会和革委会搞宣传报导，1969年6月任《新临沧报》副主编。1970年3月调省革委会宣传二处、宣传处搞写作和新闻报道。1981年底任宣传部外室处副处长。1983年12月调任宣传部宣传处副处长，1984年2月任处长。1989年2月任云南省委宣传部副部长，在任职期间还担任过云南省企业思想政治工作研究会常务副会长、云南省外事领导小组成员、云南省对外宣传领导小组副组长兼办公室主任、云南省对台领导小组成员、云南省企业政治工作职称评定领导小组组长、云南新闻职称评定领导小组组长、全国企业职工思想政治工作研究会常务理事。1993年5月任云南省广播电视厅厅长、厅党组书记，担任厅编委会总编辑、厅经济管理委员会主任、全国广播电视学会常务理事、云南省广播电视学会会长。著有《春蚕·蜜蜂·人生》、《理想与现实谈》等书，由云南人民出版社出版，均获省优秀作品三等奖。主编过《九州奇葩》(大型画册)，“双基”教育、党员“三基本”教育读本等书，其中“三基本”教育读本等获全国党员教育优秀读物奖。

文汉鼎 (1945—) 云南省广播电视厅副厅长。四川攀枝花人，大专文化程度。1962年11月在云南省华坪县参加工作，1933年11月参加中国人民解放军，1964年12月加入中国共产党。1966年1月在昆明军区步兵一团“基三连”当班长，1967年在昆明军区步兵一团政治处任新闻报道员，1969年10月在保山军分区政治部任专职新闻干事，1977年6月任保山军分区宣传科副科长，1978年12月在昆明军区《云贵民兵》杂志任正营职编辑，1979年参加中国作家协会为会员，1983年5月任《云贵民兵》杂志主任，同年被选为云南省新闻工作者协会常务理事。1985年6月任云南省军区怒江军分区政治部主任，1990年3月任云南省军区怒江分军政委，云南省军区党委委员，被选为怒江傈僳族自治州委常委。1992年8月转到云南省广播电视厅任副厅长，厅党组成员，担任厅编辑委员会副总编辑和厅经济工作管理委员会副主任。1977年所写报告文学《高高的橡胶树》被评为全国最佳青少年读物，获铜像奖。1984年，出版了中篇小说《迷人泉》和《命运的花朵》。在全国及省级报刊杂志发表通讯、报告文学、散文、小说50多篇，约30万字。

洪品俊 (1945—) 云南省广播电视厅总工程师。云南昆明人，硕士学位。曾就读于昆明11中学，1963年考入成都电讯工程学院。1968年毕业后到中国人民解放军0258部队学生连锻炼，1970年4月分配到云南省曲靖地区三电厂工作，担任生产技术组副组长。1979年9月考入成都电讯工程学院微波电子学研究所研究生班。1982年分配到云南省广播电视厅，1984年10月加入中国共产党。1985年以后，历任云南广播电视科研所所长，广播电视厅事业管理处、维护工程处、传输处处长。其间（1986年6月至1988年8月）由省委组织部下派到大理州剑川县代理副县长二年。1988年9月受聘担任高级工程企业技术职务。1992年8月任厅副总工程师，1993年12月任厅总工程师。

欧家凡 (女) (1928—) 原名欧家璜，云南人民广播电台总编室原主任、主任编辑。江苏南京人。大学文化。1949年7月参加中国人民解放军第二野战军西南服务团，1953年加入中国共产党。1950年3月调云南人民广播电台、历任台务秘书、编辑秘书、对农村广播节目组组长、总编室主任，专业职务为主任编辑。1985年10月离休。

邱篱英 (女) (1929—) 云南电视台原副台长、主任编辑。四川綦江人，高中文化。1949年6月参加中国人民解放军第二野战军西南服务团。1953年加入中国共产党。1950年春天，分到云南人民广播电台，历任记者、编辑、新闻组、科技与知识节目组组长、政治广播部主任、政文部主任；1981年调云南电视台任副台长，1984年后为正处级调研员。1987年评为主任编辑。1987年3月离休。现任中国电视艺术家协会云南分会秘书长，1990年担任云南《大众影视》(内部刊物) 副主编。

格桑朗杰 (1945—) 西藏广播电视厅厅长。西藏芒康人，藏族。原从事文艺工作，历任副处长，处长。1987年调西藏自治区党委任宣传部副部长，从事新闻管理工作。1992年12月起任西藏广播电视厅厅长。

邱得荣 (1935—) 西藏广播电视厅党委书记。辽宁盖县人。一直从事技术工作。历任西藏广播电视厅科长、副科长、处长、副厅长，1992年起任西藏广播电视厅党委书记。进藏30多年来在西藏广播电视事业战线做出了突出的贡献，曾组织参与了西藏农村有线广播网和有关广播电视台站的安装，负责过各地市卫星地面站的建设，积累了丰富的实践经验。近几年又涉足新闻工作，在新闻管理方面有突出成绩。

明玛才仁 (1945—) 西藏广播电视厅副厅长，高级记者。又名晓明。西藏江孜人，藏族。1967年北京广播学院毕业。曾任中央电视台、西藏人民广播电台、西藏电视台记者、台长，是西藏电视台的创始人之一。1986年起任西藏广播电视厅副厅长。是我们党在西藏培养的第一个本民族的电视摄影记者，在西藏广播电视发展史上创造了许多个第一。他拍摄了西藏第一部电视记录片，第一个电视小品，第一部电视剧，第一部电影故事片，创办了藏语电视译制节目；同时他还是第一个进中南海拍摄毛主席活动的藏族电视记者。1987年，他摄制的电视剧《还愿》获全国第三届电视剧"金鸡奖"特别奖；由他担任总监制、制片人，编剧摄制的大型历史故事片《松赞干布》不仅填补了西藏电影故事片的空白，还在海内外产生了一定影响。是西藏广播电视学会、西藏记协、中国艺术家协会、中国广播电视学会理事。

拉　归　(1944—) 西藏广播电视厅副厅长。藏族，西藏日喀则人。曾任《西藏日报》藏文编辑部组长，副主任，《西藏日报》副总编辑。1992年12月调任西藏广播电视厅副厅长。撰有《用邓小平同志建设有中国特色社会主义理论武装全党》、《下功夫学习社会主义市场经济知识》等理论文章40多篇。

王朝运　(1940—) 西藏广播电视厅副厅长。四川仪陇人。1965年重庆邮电学院毕业，同年分配到西藏工作。历任西藏广播电视厅技术员、工程师、高级工程师，科长、处长，1986年起任副厅长至今。他曾利用卫星对西藏的广播电视覆盖和节目传输进行了成功的试验，并积累了丰富的实践经验和技术资料。同时他还从实际出发，对西藏广播事业发展的指导思想、技术政策、建设方针提出了许多有益的意见和建议。

骞国政　(1941—) 陕西省广播电视厅厅长、党组书记、总编辑。陕西周至人。1960年加入中国共产党，1966年毕业于西北大学中文系。毕业后一直从事新闻编采工作，曾任陕西日报科教文艺部主任、陕西省广播电视厅副厅长、陕西电视台台长、陕西日报社社长兼总编辑等职。现任陕西省广播电视厅党组书记、厅长、总编辑。同时担任中华全国新闻工作者协会理事、陕西省新闻工作者协会副主席、陕西省广播电视学会会长等职。为中国作家协会会员、西北大学兼职教授，职称为高级编辑。出版的著作有《记者的探索与实践》、《荧屏后面的思考》、《寸草集》、《骞国政散文选》、《前面就是芳草地》、《王莹》等多部，共170多万字。1990年在中国首届范长江新闻奖评比中获提名奖。

刘顺成　(1941—) 陕西省广播电视厅副厅长、高级工程师。陕西富平人。1966年毕业于西安交通大学。同年到陕西省广播电视厅工作。1978年加入中国共产党，曾任陕西广播电台服务部负责人，科研所研究组组长、广播电视厅科技科科长、厅计财处副处长、处长，广播电视厅副厅长、党组成员。专业职务为高级工程师。还担任陕西省广播电视学会副会长、中国录音师协会副理事长、中国广播电视科技委员会委员、陕西省对外协会理事、陕西省体育基金会副主席等职。

张国禄　(1940—) 陕西省广播电视厅副厅长、副总编辑。四川涪陵人。1963年加入中国共产党。1964年毕业于中国人民大学国际政治系，同年参加工作，先后在核工业部干校，西安医科大学从事政治理论教学，历任教员、助教、讲师、副教授。1984年调陕西省广播电视厅任人事处长、政治处长、机关党委副书记。1991年任陕西广播电视厅副厅长、党组成员、副总编，并兼任陕西省广播电视学会副会长、《声屏之友》杂志主编。撰有《坚持四项基本原则，努力搞好政治理论教学》、《马克思生平片断》、《马克思关于统一战线的思想指导我们完成祖国统一大业》、《宣传社会主义异化的实质是反对社会主义》、《广播电视领导权必须掌握在真正马克思主义者手中》等。

王　晋　(1946—) 陕西省广播电视厅副厅长。河南博爱人。1970年毕业于兰州大学，1972年到陕西省广播电视厅工作。1975年加入中国共产党。曾任陕西省广播电视厅事业处副处长，宣传处副处长兼厅总编办公室副主任、音像管理处副处长，陕西电视台台长助理兼办公室主任，还曾任陕西省新闻工作者协会副秘书长。现任陕西省广播电视厅副厅长，党组成员。陕西省广播电视学会副会长。专业职称新闻编辑。

刘　颖　(1944—) 陕西省广播电视厅纪检组组长、厅党组成员。陕西洋县人。1964年考入陕西省公安学校即参加工作，次年3月被选调到中共陕西省委办公厅工作。1972年加入中国共产党。曾任陕西省公安学校学员，省委办公厅机要室机要员，城固县革委会办事组政研室、共青团汉中地委、汉中地区革委会政工组干部组、汉中地委组织部干部科、省委组织部党政干部处干事，副处级巡视员，陕西省公安厅政治部副主任（正处）、省委组织部党政干部处处级调研员；1992年任陕西省广播电视厅纪检组长、党组成员，还应聘为陕西省广播电视学会特邀理事。

魏成贵　(1939—) 甘肃省广播电视厅副厅长、甘肃电视台台长。河南新乡人。1963年毕业于北京广播学院新闻系编辑采访专业。1975年12月加入中国共产党。1988年被评聘为主任编辑，1994年评聘高级编辑。大学毕业后，分配到甘肃人民广播电台工作，在农村财贸部任记者、编辑。"文化大革命"期间，受到政治迫害，下放靖远煤矿，甘肃省燃化局劳动、工作。1978年冤、假、错案平反，回甘肃电视台，历任节目部副主任、专题文艺部副主任、副台长。1993年任甘肃省广播电视厅副厅长、甘肃电视台台长。在多年的新闻工作中，除了应邀讲学、撰写发表了数十篇论文，还策划、组织、制作、审定、监制了近700集（部、台）电视专题和电视文艺节目及甘肃电视台第一部戏曲连续剧《燕河风波》、第一部儿童电视剧《两个小伙伴》。其中大型、多集专题片和文艺节目获得了包括国家级一、二、三等奖和其它奖；《大夏河欢歌》不仅输出东欧、东南亚等国家和地区，还被52个我国驻外使馆选要。1985年后，相继担任甘肃省广播电视学会副会长、甘肃省记协副主席、中国长城学会理事等职。

程凤年　(1942—) 甘肃省广播电视厅副厅长。祖籍北京，大学毕业。1965年9月参加工作，1981年3月加入中国共产党。1965年在北京广播学院无线电系毕业后分配到甘肃人民广播电台工作。1980年4月至1983年6月，任甘肃省广播局无线电管理处副处长，1981年3月被评为工程师；1983年6月至今，任甘肃省广播电视厅副厅长、党组成员；1984年1月至1985年9月，兼任甘肃省广播电视厅总工程师；1984年至1988年兼任甘肃省广播电视学校校长；1991年担任中国录音师协会副理事长，1992年1月担任甘肃省广播电视学会常务副会长。长期从事广播电视技术工作，有"'一论'、'二论'、'三论'建立具有甘肃特色的广播电视网络问题"等学术论文。

王贵如　(1944—) 青海省广播电视厅厅长、党组书记。原籍陕西富平。1968年毕业于兰州大学中文系，同年参加工作，1975年3月加入中国共产党。1968——1987年之间，在青海省海西蒙古族藏族自治州工作，历任州委宣传部干事、副科长、副部长兼州文联主席、州委副书记等职。1988年，调任青海省文联主席、党组书记、中国文联委员。1991年，调青海省广播电视厅任厅长、党组书记、青海省新闻工作者协会副主席。发表过30多万字的文学作品。先后结集出版的有短篇小说集《风儿吹过田野》和报告文学集《西部大淘金》(与人合作)。现为青海作家协会会员、中国作家协会会员。

金　铭　(1931—) 青海省广播电视厅原副厅长。原名金世华，祖籍浙江定海，出生在上海市。1947年4月参加中共地下党，先后参与党领导下的"学联"和"小教联"工作。1949年上海解放后参军，1951年曾参加抗美援朝，1958年转业，同年支边到青海从事广播宣传和管理工作，直至离休。曾任青海人民广播电台记者、编辑组长、秘书、编辑部主任、青海省广播电视厅副厅长兼省电台台长等职。其间1982——1984年，先后去中央党校新闻班和北京广播学院管理科学研究班进修。30多年的新闻生涯中，当过军事记者、文艺编辑、主办过《听众服务》、《对职工广播》、《部队与民兵》等节目，还担任过《青海广播电视报》主编，并多次参与或主持西宁地区一些重大宣传活动的现场直播。80年代后期，还曾组织、主持了《柴达木人》等电视剧的拍摄以及多部国外影视片的译制工作。1993年8月离休。现任青海省新闻工作者协会副主席、中华全国新闻工作者协会理事、中国电视艺术家协会青海分会主席。

旦正才让　(1940—) 青海省广播电视厅副厅长。藏族，青海化隆人，中专文化程度。1956年参加工作，1976年加入中国共产党。参加工作后，即在青海人民广播电台藏语编辑部从事藏语文翻译、文艺编辑等工作。1973年以后，曾任电台藏语编辑部负责人、副主任、主任等职，1986年获得副译审高级专业技术职务。随后又担任该台文艺部主任、副台长等职。1988年调青海电视台任代台长。1990年9月，被任命为青海省广播电视厅副厅长，党组成员。30多年来，运用汉藏两种文字发表过多篇在本省乃至在全国广播电视听众观众中产生了一定影响的文艺作品，如广播剧《雪山悲歌》(上下集)、《逝去的彩虹》(藏文)、与他人合作的4集电视剧《孤堡》等。其中《雪山悲歌》、《孤堡》还在青海省和全国评奖中获奖。另外还发表了一些关于民族问题及藏语新闻翻译的论文。还任青海省藏学会会长，省七届政协委员、省记协副主席等职。

杨发颐　(1940—) 宁夏广播电视厅副厅长、总工程师。回族，辽宁沈阳人，幼年随父母迁居北京市。1964年毕业于北京广播学院无线电系，分配到宁夏广播事业管理局从事无线电技术工作。1982年任技术处副处长，1985年加入中国共产党，1986年任宁夏广播电视厅广播电视网管理处处长，1991年任广播电视厅副厅长、党组成员、厅总工程师。曾参加领导筹建自治区战备电台，改装流动短波战备电台，改装黑白电视发射机为彩色电视发射机，建设了180公里全国最大跨度低频段微波传输线（获自治区科技成果二等奖)。领导技术人员把外国分米波电视发射用的管子改用国产束调管代替，收到了好的效果。

于连溪　(1934—) 宁夏广播电视厅副厅长。原籍河北东光，出生于宁夏中卫。1951年在宁夏中卫县参加军事干部学校，后留地方工作。1955年12月加入中国共产党。曾在共青团宁夏省委、共青团宁夏回族自治区委组织部、宣传部、学校工作部，从事团的组织宣传工作和学运、青运工作，曾任宁夏省学生联合会秘书长和宁夏回族自治区青年联合会秘书长等职。1970年以来调中共宁夏回族自治区委员会组织部、办公厅、宣传部工作，曾任宣传部宣传处处长等职。组织编写过《共产党员要有理想有纪律》的党课教材等。1986年2月任宁夏广播电视厅副厅长，厅党组成员。另外，还担任宁夏广播电视学会副会长，宁夏新闻协会、宁夏新闻学会常务理事等职务。

来经国 (1940—) 宁夏广播电视厅副厅长。宁夏青铜峡人。1965年毕业于宁夏大学政史系政教专业并参加工作，1975年加入中国共产党。先后在青铜峡市任中学政治课教师、文教局、宣传部干事。1980年调宁夏回族自治区党委宣传部工作，任宣传处干事、副处长、处长。撰写过《振奋精神，艰苦创业》、《坚定信念，为党的最高理论而努力奋斗》、《充分发挥思想宣传工作在我区两个文明建设中的作用》等文章。曾任过自治区普法办副主任，被评为全国“一·五”普法先进个人。1993年7月任宁夏广播电视厅副厅长、厅党组成员。另外还担任宁夏职工思想政治工作研究会常务理事、副秘书长、自治区精神文明建设委员会委员等职。

尹素琴 (女) (1941—) 宁夏广播电视厅副厅长。山东昌邑人。1955年随父母支援边疆建设由北京来到宁夏。1965年毕业于宁夏大学农学专业，1966年加入中国共产党。曾在宁夏农业学校，宁夏大学一分校，宁夏农学院从事教学管理工作，1973年担任宁夏农学院团委书记，1976年调宁夏回族自治区文教局工作，1979年调任宁夏文化局人事处副处长兼局机关党委副书记，1983年调宁夏广播电视厅任人事教育处处长，1993年任副厅长、厅党组成员、纪检组组长。

徐志健 (1934—) 宁夏电视台台长、高级编辑。四川合江人。1950年参加中国人民解放军，1959年毕业于四川大学历史系。1959年至1982年在宁夏人民广播电台从事记者、编辑工作，任过组长。1982年至今在宁夏电视台任部主任、台长。1984年加入中国共产党。1991年被评为高级编辑，1993年经批准享受政府特殊津贴。30多年来写了大量的消息、通讯、评论、录音报道、录音通讯、重点电视节目和专题片解说词。近十年来还参与制作了《塞上江南》、《天下黄河富宁夏》、《宁夏川》、《哦、宁夏》、《黄河采风行》、《黄河迷》等专题片，分别在全国评比中获奖，参与制作的大型电视文艺晚会《绿色黄土地》获全国“星光杯”二等奖。参与同兄弟省台合拍的大型电视系列片《万里长城》、《绿色长城》、《西部之声》、《西部之舞》、《西部小吃》、《西部民族风情》、《西部之乐》和《西部娃》等均在全国节目评比中获奖，参与同辽宁电视台共同制作的电视片《沙与海》，获亚广联电视专题片大奖。主编出版过《宁夏土特产风味指南》、《塞上星光》等书。现任宁夏自治区广播电视厅党组成员、宁夏电视台台长，还任中国广播电视学会理事，中国广告学会理事，宁夏新闻学会、宁夏广播电视学会副会长，宁夏文联主席团委员，宁夏电视艺术家协会主席。

伊明·阿孜 (1932—) 新疆广播电视厅原副总编辑。新疆若羌人，维吾尔族，大专文化程度。1950年在若羌县工委工作，同年加入中国共青团。1953年参加中国共产党。1954年任中共若羌县委组织部副部长。1956年任若羌县县长。1959年在中央民族学院政治系学习，1961年毕业后分配到北京民族出版社工作，任维吾尔文室负责人。1970年任中央人民广播电台维吾尔语组组长。1986年6月，调任新疆广播电视厅副总编辑。1993年8月退休。译著有《共产主义道德讲座》、《新闻记者入门》、《读书与艺术》等约40万字；合译著作《孙中山传》、《新党章问答》、《新疆五十年》、《新疆年鉴》(1985、1986年版) 等约80万字，并审定《民族工作文件选编》等，另有百余篇作品约几十万字文稿分别发表在《新疆日报》等新疆报刊杂志上。

阿格达 (1934—) 新疆广播电视厅纪检组组长。新疆博尔塔拉温泉人，蒙古族。1952年12月加入中国共产主义青年团。1953年11月提前毕业于乌鲁木齐蒙古师范学校，留校任教。1954年8月，调巴音郭楞蒙古自治州中学任教，兼任班主任、团支部书记、学校教育工会主席。1956年6月加入中国共产党。1957年12月出席全国第八届工会代表大会，受到毛主席、周总理等党和国家领导人的亲切接见。1958年8月，在中央民族学院学习。1960年8月，调任巴音郭楞蒙古自治州党校教研室副主任。1963年11月，调新疆人民广播电台，负责蒙古语组工作。1972年11月任新疆维吾尔自治区广播局(台) 临时党委委员。1975年7月，任新疆广播局 (台) 革命领导小组副组长。1978年元月，当选为自治区人民代表，出席新疆维吾尔自治区第五届人民代表大会，并当选为新疆维吾尔自治区革命委员会委员。1978年7月至1979年2月，在中共中央党校第二期高中班学习。1979年8月任新疆自治区广播局 (台) 党组成员、副局长。1980年4月任蒙古语编辑部主任，11月任新疆人民广播电台副台长。1983年5月，在乌鲁木齐召开的新疆蒙古语学会成立大会上，当选为副会长。是年7月，任新疆广播电视厅党组成员、副总编辑。是年8月在乌鲁木齐召开的中国北方少数民族社会、哲学学会年会上当选为理事。1987年至1988年元月，在北京中共中央党校培训部新疆班学习。1991年9月，任新疆广播电视厅纪律检查组组长。

巴吾东·卡德尔 (1935—) 新疆广播电视厅副厅长、高级编辑。新疆阿图什人，维吾尔族，大专文化程度。1956年，任《新疆青年》报记者。1957年调《新疆少年》报，先后任主编、副社长等职。1970年调《新疆日报》社，主持维吾尔文编辑部工作。1975年7月，调任新疆广播局革命领导小组副组长。1979年8月，任新疆广播局副局长、党组成员。1983年7月任广播电视厅副总编辑、党组成员。1986年7月任新疆广播电视厅副厅长、副总编、党组成员。1987年兼任新疆维尔自治区记者协会副主席，新疆维吾尔自治区广播电视学会副会长等职。1991年被评为高级编辑。撰写论文、通讯等百余篇。组织拍摄的文艺节目《和田努肉孜节》获全国“骏马”一等奖。

许振东 （1937—）新疆广播电视厅总工程师、高级工程师。安徽巢县人。1958年考入北京广播学院无线电系（专科），1959年被授予北京高校系统优秀共青团员称号。1960年毕业后被分配到新疆广播局523台工作，历任值班员、班长、技术秘书等，并在该台内多次被评为先进生产者和优秀共青团员称号。1976年调广播局基建处。1978年被评为局学习毛主席著作积极分子，是年加入中国共产党。1980年调任广播局基建处副处长。1981年被新疆自治区科委聘为自治区科技委员会广播技术专业组副组长，后任广播局科技委员会副主任。1983年评为工程师。1984年调任新疆广播电视厅副总工程师兼技术处处长。1985年参加上海工业大学工程师进修班学习。1986年任新疆广播电视厅副总工程师兼新疆电视台总工程师。是年被评为高级工程师、并兼任全国广播电视协会第一届常务理事。1988年任新疆广播电视厅副总工程师兼厅科研所所长。1993年2月，任新疆广播电视厅总工程师，11月兼任广播电影电视部科学技术委员会委员。曾获自治区优秀科技成果三等奖。主要科技论文有：《同轴电缆变阻器》、《传输线的几种运用方法》等。

杨安邦 （1938—）新疆广播电视厅副厅长、高级工程师。甘肃临洮人。1963年7月，西安邮电学院无线电通讯工程系毕业。后分配到新疆维吾尔自治区广播局技术培训班，主管教学管理工作。1964年春参加新疆广播局523台第一次扩建工程。1969年9月调广播局652台。1970年任652台革命领导小组成员，负责技术业务工作。1971年加入中国共产党，曾被评为新疆自治区区级机关优秀党员。1981年被评为工程师，先后任652台副台长、台长等职。1987年10月，调任新疆广播电视厅高山广播电视传频台台长，兼天山电视台副台长。1988年被评为高级工程师。1993年2月，调任新疆广播电视厅副厅长。在1979——1982年期间，参加研制的“有源环直线阵天线”，曾获新疆自治区优秀科技成果三等奖；“中短广播技术”，曾获新疆自治区优秀科技成果四等奖。

广播电影电视部已确认高级专业职务情况一览表

（截止1993年底）

专业职务＼人数＼单位	中央台	国际台	电视台	无线局	设计院	广播科研所	广播学院	中广公司	中唱公司	标准化所	广播电视出版社	广播影视杂志社	行管局	广播艺术团	信息中心	电视剧中心	管理干部学院	浙江广播电视专科学校
高级编辑△	16	17	28						3		2	1				1		1
主任编辑	103	57	81			2	6	1	35		9	3		1	2			5
高级记者△	7	3	6															
主任记者	65	16	52								1							2
译审△	3	40	4					2										
副译审	20	226	10			3	1	1	3									
高级工程师△（享受教授、研究员待遇）	1	1	6	7	10	8	1	6		2					2			
高级工程师	19	25	81	149	66	47	11	89	24	5			6	1	4	15	1	3
播音指导△	9	4	4															
主任播音员	28	75	7				1											4
一级艺术人员△			2						3					50		17		
二级艺术人员	1		9											96		42		2
二级录（传）音师	9	3							3							7		
主任技师			8											1		10		
教授△							25											2
副教授							110										8	7
高级讲师											1							
高级会计师	5	2	3	4		1	1	6			1		2					
高级统计师									1									
高级经济师	6	1	3	2		1	2	5	3				1	1		7		
副研究馆员	4						5		1						1			
研究员△	1						3											
副研究员							8											2
副主任医师				1			1	1	2				7					
高级实验师							10											
总计	297	470	304	163	76	62	185	111	78	7	14	4	16	150	9	99	9	28
（正高级总数）	(37)	(65)	(50)	(7)	(10)	(8)	(29)	(8)	(6)	(2)	(2)	(1)		(50)	(2)	(18)		(3)

单位 / 人数 / 专业职务	基建工程处	艺委会	广播电视学会	办公厅	总编室	政策法规司	人事司	教育司	保卫司	计财司	科技司	地方司	外事司	审计局	老干部局	机关党委	部工会	总计
高级编辑△		4	3		2	3												81
主任编辑		1	3	1	2	1						2				1		316
高级记者△																		16
主任记者																		136
译审△				1									1					51
副译审													5	1				270
高级工程师△（享受教授、研究员待遇）				1						1	7							53
高级工程师	2	1		8			1		2	7	17	2	1					587
播音指导△																		17
主任播音员																		115
一级艺术人员		1																73
二级艺术人员		2																152
二级录（传）音师																		22
主任技师																		19
教授△																		27
副教授																		125
高级讲师																		1
高级会计师				3						1				1				30
高级统计师																		1
高级经济师		1						1		3				1	2		1	41
副研究馆员																		11
研究员△		1	1															4
副研究员																		10
副主任医师																		12
高级实验师																		10
总计	2	11	7	14	4	4	1	1	2	12	24	4	7	3	2	1	1	2182
（正高级总数）		(6)	(4)	(2)	(2)	(3)				(1)	(7)		(1)					(324)

注：1. 表中统计数字为1993年度在职，并已确认了高级专业技术职务人员。

2. 专业职务栏带"△"号为正高级职务。

3. 总计栏（ ）内的数字为正高级职务人数。

广播电影电视部已确认高级专业职务名单

(*1989* 年至 *1993* 年底)

新闻专业:

姓名 职务 单位	高级编辑(89人)					高级记者(21人)	
中央台	武志纯	王健儒	曹仁义	陈克信	潘洪泽	王　桥	刘振敏
	王巨光	宋铁铮	黄传惕	吴志高	王燕春	王大敏	庞际昌
	宋广礼	王汝峰	刘书兰	杨　青	张士溥	雷经农	王润庭
	李向明	栗国安	洪永固	张学廉	寇廷祥	陈文清	张小平
	王慧琴						
国际台	吴绪彬	范信龙	关颖超	张允漠	张振华	方志诚	周　生
	李如蘅	李广才	吴志成	郑集强	许玛新	钱雨润	高极明
	屈家炎	曾　平	吴正民	张文润	陈家宇		
	李松凌	汪作舟	郭景哲	王保石	叶国成		
	黄达强	李长兴	李紫林				
电视台	沈　纪	张家成	徐家察	邓在军	黄一鹤	朱景和	庞一农
	华　菁	黄一中	黄望南	章壮沂	徐雄雄	左耀东	金德显
	林　毅	张复华	王　娴	王传玉	孙善耕	高长龄	于广华
	邹友开	朱继峰	寿沅君	张朋石	曾文济	吕逢欣	
	刘瑞琴	周金华	臧树青	徐世荣	屠椿年		
	林庆章	赵　群	陆善家	齐清云			
唱片公司	熊生民	劳为民	刘森民				
广播电视出版社	张品兴	宋连昌					
影视杂志社	张效炎						
广播电视学会	孙以森	王若芳					
艺委会	杨淑英						
广播学院	杨田村						
浙江广播电视专科学校	壮春雨						
总编室	张振东	粟于钊				王喜茂	周　熔
法规司	张书义	白谦诚					
地方司	彭　飞						

翻译专业:

姓名＼职务 单位	译审（43人）						
中央台	图　门	巴德木加甫	照那斯图				
国际台	余良勤	邱坤仁	林大顺	陆汝富	张连根	嵇书佩	张明贵
	沈水凝	陈宗荣	董振邦	杨　俊	邹福兴	范维信	范娟娟
	谢玉明	朱克礼	陈韫宁	刘元培	徐一明	李　丹	张今予
	赵泮仲	黄铁骥	李树田	赵成鸿	曹登举	李家渔	刘保静
	陈力行	孙国强	尹凤铉	古健兴	崔玉陵		
电视台	马瑞流	房纪庆	张叔雄	谢志元			
中广公司	胡荣泉	喜万仓					
外事司	马元和						

社会科学研究专业:

姓名＼职务 单位	研究员（1人）						
艺委会	仲呈祥						

图书、资料专业:

姓名＼职务 单位	研究馆员（1人）						
中央台	夏允中						

工程技术专业:

姓名＼职务 单位	高级工程师（40人） （提高工资待遇）						
国际台	韩进明						
电视台	杜宝文	邵昌有	刘广全	朱慰中			
无线局	孟国信	吕学义	王丁一	赵贤良			
设计院	于纪恺	马家骏	周国材	陶亚东	潘家任		
科研所	高凤吉	鹿　遥	董甫南	于海楼	高孚曾		
信息中心	赵　锦						
广播学院	赵炳旭	常振铮					
科技司	任祥麟	康诵诗	刘松英				
计财司	严发祥						
地方司	江　澄						
唱片公司	李发荣	费建星	蒋枋林				
中广公司	姚祖虞	王明照	赵宇就	程世荣	徐　伟	尚士芳	张恒敬
	谢祖钧	倪寿南	葛冠群				

播音专业:

姓名 职务 单位	播音指导（14人）						
中央台	徐乃文	曹石安	葛立治	佟雅坤	谭文良	冯　云	
国际台	李振兴	郑友惠	黄锡卿	宝日玛	房敬千	乐　华	
电视台	贾世麒	李　娟					

艺术专业:

姓名 单位 职务	艺术团		电视剧中心		电视台	唱片公司	艺委会
一级作曲（2人）	武炳统	周亚玉					
一级创作（3人）	任卫新	梁浩明					
	王力叶						
一级编剧（3人）			张天民	周　锴			
			陆天明				
一级编辑（5人）			刘臣中	于　津			于惠罗
			李　燕	陈加琴			
一级导演（7人）			潘　霞	周　寰	车　适		
			吴韵琴	余　琳	吴　珊		
			李绍武				
一线美术设计师（6人）	吕学先		刘宝俊	贾　然		蔡国屏	
			张德生			李剑磨	
一级指挥（1人）	滕矢初						
一级摄影（1人）							矫广礼
一级演员（7人）	范沼濒	高云飞	陈道明				
	周建霞	冯　巩					
	陈佩斯	王馥荔					
一级演奏员（15人）	李国英	王志伟					
	张大森	李秀琪					
	张国平	许占田					
	陈　志	舒承一					
	逄怀柱	高　亮					
	关宏宽	孙有志					
	王宝芬	王大启					
	王丽南						

高等学校教师专业:

姓名 职务 单位	教 授（23人）						
广播学院	曾庆瑞	杨伟芬	曹 璐	殳家琪	王纪言	王振业	叶家铮
	任 远	张凤铸	沈禄庚	黄志洵	蔡文美	李鉴增	高 鑫
	周鸿铎	陆锡初	刘继南	李绍荣	李 栋	毛志伋	周华斌
浙江广播电视专科学校	罗仲鼎	陈为良					

教育管理研究专业:

姓名 职务 单位	研 究 员（3人）						
广播学院	吴远香	陈宇锴	董纯玉				

统　计

事业发展情况

无线广播

	计算单位	1992年	1993年	1993年比1992年	
				增长量	增长速度〔%〕
广播电台	座	812	987	175	21.6
中.短波发射台和转播台	座	711	716	5	0.7
调频发射台和转播台	座	934	1132	198	21.2
广播人口覆盖率	%	75.6	76.3	0.7	——
收音机社会拥有量	万台	21595	——	——	——
平均每百人拥有收音机	台	18.4	——	——	——

广播、电视节目传送

	计算单位	1992年	1993年	1993年比1992年	
				增长量	增长速度〔%〕
微波站	站	1119	1229	110	9.8
微波线路	公里	49544	54655	5111	10.3
卫星电视地面站	座	39627	54084	14457	36.5

电视广播

	计算单位	1992年	1993年	1993年比1992年	
				增长量	增长速度〔%〕
电视台	座	586	684	98	16.7
电视发射台和转播台	座	32643	35880	3237	9.9
一千瓦以上〔含一千瓦〕	座	1024	1075	51	5.0
一千瓦以下	座	31619	34805	3186	10.1
电视人口覆盖率	%	81.3	82.3	1.0	——
电视机社会拥有量	万架	22843	——	——	——
平均每百人拥有电视机	架	19.5	——	——	——

有线广播

	计算单位	1992年	1993年	1993年比1992年	
				增长量	增长速度〔%〕
市、县广播站	个	2452	2382	−70	−2.9
乡放大站	个	45954	43894	−2060	−4.5
村广播室	个	349754	363119	13365	3.8
广播专用线路	杆公里	2887722	2977202	89480	3.1
广播喇叭	万只	8901	8707	−194	−2.2
喇叭入户率	%	39.0	38.0	−1	——

卫星电视地面站

省、市名	1993年末达到数	省、市名	1993年末达到数
全　国	54084	山　东	2831
部直属	27	河　南	1633
地　方	54057	湖　北	2434
北　京	199	湖　南	1976
天　津	11	广　东	1748
河　北	1354	广　西	2433
山　西	1573	海　南	240
内　蒙	1013	四　川	6558
辽　宁	1039	贵　州	2022
吉　林	1135	云　南	11315
黑龙江	1346	西　藏	615
上　海	139	陕　西	1987
江　苏	467	甘　肃	1295
浙　江	2556	青　海	485
安　徽	753	宁　夏	290
福　建	2306	新　疆	971
江　西	1333		

业务建设情况

无线广播

	计算单位	1992年	1993年	1993年比1992年	
				增长量	增长速度〔%〕
广播电台	座	812	987	175	21.6
对国内广播节目套数	套	943	1149	206	21.8
对国外广播使用语言	种	43	43	0	0.0
平均每日播音时间	小时	8111	10363	2252	27.8
平均每日自办节目时间	小时	5964	7825	1861	31.2
新闻节目	小时	859	1092	233	27.1
专题节目	小时	1027	1528	501	48.8
教育节目	小时	312	358	46	14.7
文艺节目	小时	2960	3581	621	21.0
服务性节目	小时	805	1266	461	57.3
全年制作广播节目	小时	969180	1425567	456387	47.1
新闻节目	小时	178104	236774	58670	32.9
专题节目	小时	187318	308574	121256	64.7
教育节目	小时	52363	57698	5335	10.2
文艺节目	小时	398177	576579	178402	44.8
服务性节目	小时	153218	245943	92725	60.5
全年听众来信	封	7540731	7019015	−521716	−6.9
国内	封	7213463	6451827	−761636	−10.6
国外	封	327268	567188	239920	73.3

无线广播每日自办节目构成比重

单位：%

	1992	1993年	1993年比1992年增减
平均每日自办节目	100	100	——
新闻节目	14.4	14.0	−0.4
专题节目	17.2	19.5	2.3
教育节目	5.2	4.6	−0.6
文艺节目	49.7	45.7	−4.0
服务性节目	13.5	16.2	2.7

电视广播

	计算单位	1992年	1993年	1993年比1992年	
				增长量	增长速度〔%〕
电视台	座	586	684	98	16.7
节目套数	套	644	755	111	17.2
平均每周播出时间	小时	26432	34407	7975	30.2
平均每周自办节目时间	小时	11913	17902	5989	50.3
新闻节目	小时	1116	1691	575	51.5
专题节目	小时	1140	1720	580	50.9
教育节目	小时	406	534	128	31.5
文艺节目	小时	7837	11864	4027	51.4
服务性节目	小时	1414	2093	679	48.0
全年制作电视节目	小时	148143	218260	70117	47.3
新闻节目	小时	42393	55766	13373	31.5
专题节目	小时	26169	33336	7167	27.4
教育节目	小时	5631	5818	187	3.3
文艺节目	小时	39100	66414	27314	69.9
服务性节目	小时	34850	56926	22076	63.3
全年观众来信	封	1479955	1808004	328049	22.2

电视广播每周自办节目构成比重

单位：%

	1992	1993年	1993年比1992年增减
平均每周自办节目	100	100	0.0
新闻节目	9.4	9.4	0.0
专题节目	9.6	9.6	0.0
教育节目	3.4	3.0	−0.4
文艺节目	65.7	66.3	0.6
服务性节目	11.9	11.7	−0.2

有线广播

	计算单位	1992年	1993年	1993年比1992年	
				增长量	增长速度〔%〕
市、县广播站	个	2452	2382	−70	−2.9
平均每日播音时间	小时	13902	13593	−309	−2.2
平均每日自办节目时间	小时	6420	6489	69	1.1
全年听众来信	封	624326	698811	74485	11.9

队伍构成情况

职工人数

	计算单位	1992年	1993年	1993年比1992年	
				增长量	增长速度〔%〕
年末总人数	人	380133	392210	12077	3.2
固定职工	人	273318	285385	12067	4.4
合同制职工	人	45002	56137	11135	24.7
其它职工	人	61813	50688	−11125	−18.0

1993年评、聘各类专业职务情况

单位：人

	已评人数	已聘人数
合计	137769	131051
高等学校教师	719	654
社会科学研究	168	130
卫生技术	403	363
工程技术	67115	64192
新闻专业	37009	35459
档案专业	791	706
出版专业	120	115
图书、资料专业	636	589
翻译专业	1175	1056
播音专业	11283	10846
会计专业	8418	7768
艺术专业	4706	4538
统计专业	641	563
实验技术	76	75
经济专业	3002	2732
中等学校教师	534	505
小学教师	222	175
其它	751	585

固定职工和合同制职工年末构成情况

	1993年	
	年末人数(人)	人员构成比重〔%〕
年末总人数	311496	100.0
行政管理人员	52196	16.8
编采人员	55422	17.8
播音人员	19019	6.1
技术人员	59019	18.9
技术工人	55357	17.8
文艺人员	5847	1.9
科研人员	902	0.3
教育人员	1605	0.5
有线机线员	32788	10.5
其它人员	29340	9.4

对国内广播使用语言情况

	语言种类(种)	语言名称
全国合计	34	普通话、蒙语、朝鲜语、闽南话、福州话、蒲仙话、广州话、潮州话
		客家话、雷州话、海南话、临高话、柳州话、白话、壮语、藏语、彝语
		西双版纳傣语、德宏傣语、傈僳语、景颇语、拉祜语、哈尼语
		苗语、瑶语、载瓦语、维吾尔语、哈萨克语、安多语、康巴语
		柯乐克孜语、儋州话、越南语、英语
部直属	8	普通话、蒙语、朝鲜语、闽南话、客家话、藏语、维吾尔语、哈萨克语
地方	34	普通话、蒙语、朝鲜语、闽南话、福州话、蒲仙话、广州话、潮州话
		客家话、雷州话、海南话、临高话、柳州话、白话、壮语、藏语、彝语
		西双版纳傣语、德宏傣语、傈僳语、景颇语、拉祜语、哈尼语
		苗语、瑶语、载瓦语、维吾尔语、哈萨克语、安多语、康巴语
		柯尔克孜语、儋州话、越南语、英语
北京	1	普通话
天津	1	普通话
河北	1	普通话
山西	1	普通话
内蒙	2	普通话、蒙语
辽宁	3	普通话、蒙语、朝鲜语
吉林	3	普通话、蒙语、朝鲜语
黑龙江	3	普通话、蒙语、朝鲜语
上海	2	普通话、英语
江苏	1	普通话
浙江	1	普通话
安徽	1	普通话
福建	4	普通话、闽南话、福州话、蒲仙话
江西	1	普通话

对国内广播使用语言情况

	语言种类(种)	语言名称
山东	1	普通话
河南	1	普通话
湖北	1	普通话
湖南	1	普通话
广东	6	普通话、广州话、潮州话、客家话、雷州话、英语
广西	6	普通话、广州话、柳州话、白话、壮语、越南语
海南	4	普通话、海南话、临高话、儋州话
四川	3	普通话、藏语、彝语
贵州	1	普通话
云南	12	普通话、彝语、西双版纳傣语、德宏傣语、傈僳语、景颇语、拉祜语
		哈尼语、苗语、瑶语、载瓦语、越南语
西藏	2	普通话、藏语
陕西	1	普通话
甘肃	2	普通话、藏语
青海	4	普通话、蒙语、安多语、康巴语
宁夏	1	普通话
新疆	5	普通话、蒙语、维吾尔语、哈萨克语、柯尔克孜语
计划单列市		
大连	1	普通话
宁波	1	普通话
厦门	2	普通话、闽南话
青岛	1	普通话
深圳	2	普通话、广州话
重庆	1	普通话

广播剧数量情况

	广播剧数量（部／集）		广播剧数量（部／集）
全　国	238／2234	湖　南	34／84
部直属	17／185	广　东	29／1104
地　方	221／2049	广　西	2／2
北　京	6／53	海　南	1／3
天　津	5／31	四　川	12／109
河　北	5／18	贵　州	2／4
山　西	4／62	云　南	9／14
内　蒙	2／9	西　藏	—
辽　宁	6／15	陕　西	1／3
吉　林	25／88	甘　肃	1／1
黑龙江	21／169	青　海	6／6
上　海	2／99	宁　夏	—
江　苏	8／80	新　疆	—
浙　江	—	计划单列市	
安　徽	—	大　连	—
福　建	5／16	宁　波	—
江　西	3／3	厦　门	2／10
山　东	7／27	青　岛	1／1
河　南	14／27	深　圳	2／330
湖　北	11／22	重　庆	1／1

电视剧数量情况

	电视剧数量（部/集）		电视剧数量（部/集）
全　国	816/5631	湖　南	18/97
部直属	161/978	广　东	68/915
地　方	663/4724	广　西	1/20
北　京	3/77	海　南	3/41
天　津	13/70	四　川	53/198
河　北	13/59	贵　州	32/38
山　西	13/99	云　南	2/6
内　蒙	——	西　藏	50/195
辽　宁	31/234	陕　西	12/200
吉　林	24/215	甘　肃	9/36
黑龙江	31/64	青　海	5/63
上　海	57/453	宁　夏	2/4
江　苏	23/65	新　疆	88/733
浙　江	22/144	计划单列市	
安　徽	13/191	大　连	1/2
福　建	28/245	宁　波	6/21
江　西	9/63	厦　门	2/13
山　东	24/112	青　岛	1/2
河　南	15/70	深　圳	4/22
湖　北	10/85	重　庆	3/18

注：全国合计中已扣除中央与地方合拍 *8* 部 *71* 集。
　　地方合计中已扣除各省之间的合拍 *9* 部 *68* 集。

广播电台情况

单位：座

	合计	部直属	省级	地、市级	县级
全国合计	987	2	45	235	705
部直属	2	2	—	—	—
地方	985	—	45	235	705
北京	6	—	1	—	5
天津	1	—	1	—	—
河北	115	—	1	16	98
山西	39	—	2	6	31
内蒙	42	—	1	12	29
辽宁	51	—	1	14	36
吉林	26	—	1	8	17
黑龙江	70	—	1	14、	55
上海	9	—	2	—	7
江苏	38	—	1	11	26
浙江	28	—	1	9	18
安徽	56	—	2	12	42
福建	33	—	3	4	26
江西	9	—	3	6	—
山东	77	—	1	15	61
河南	18	—	2	15	1
湖北	68	—	2	9	57
湖南	10	—	1	8	1
广东	94	—	3	19	72
广西	14	—	2	5	7
海南	21	—	2	3	16
四川	29	—	1	14	14
贵州	7	—	1	2	4
云南	13	—	2	7	4

广播电台情况

单位：座

	合　计	部直属	省　级	地、市级	县　级
西　藏	2	—	1	1	—
陕　西	44	—	1	5	38
甘　肃	29	—	1	6	22
青　海	4	—	1	3	—
宁　夏	9	—	1	4	4
新　疆	23	—	2	7	14
计划单列市					
大　连	5	—	—	1	4
宁　波	1	—	—	1	—
厦　门	2	—	—	1	1
青　岛	7	—	—	1	6
深　圳	2	—	—	1	1
重　庆	8	—	—	1	7

电视台情况

单位：座

	合　计	部直属	省　级	地、市级	县　级
全国合计	684	1	35	288	360
部直属	1	1	—	—	—
地　方	683	—	35	288	360
北　京	5	—	1	—	4
天　津	8	—	1	—	7
河　北	43	—	1	10	32
山　西	28	—	2	11	15
内　蒙	28	—	1	12	15
辽　宁	26	—	1	14	11
吉　林	40	—	1	8	31
黑龙江	30	—	1	13	16
上　海	10	—	2	—	8

电视台情况

单位：座

	合计	部直属	省级	地、市级	县级
江苏	38	—	1	11	26
浙江	55	—	1	11	43
安徽	32	—	1	10	21
福建	11	—	1	9	1
江西	19	—	1	11	7
山东	52	—	1	17	34
河南	17	—	1	15	1
湖北	47	—	2	14	31
湖南	23	—	1	14	8
广东	43	—	1	19	23
广西	13	—	1	7	5
海南	4	—	1	2	1
四川	28	—	1	19	8
贵州	8	—	1	5	2
云南	15	—	1	14	—
西藏	2	—	1	1	—
陕西	11	—	1	10	—
甘肃	12	—	1	10	1
青海	5	—	1	3	1
宁夏	4	—	1	2	1
新疆	26	—	3	16	7
计划单列市					
大连	5	—	—	1	4
宁波	4	—	—	1	3
厦门	1	—	—	1	—
青岛	6	—	—	1	5
深圳	1	—	—	1	—
重庆	3	—	—	1	2

广播电视有关指标统计图

广播电台 （座）

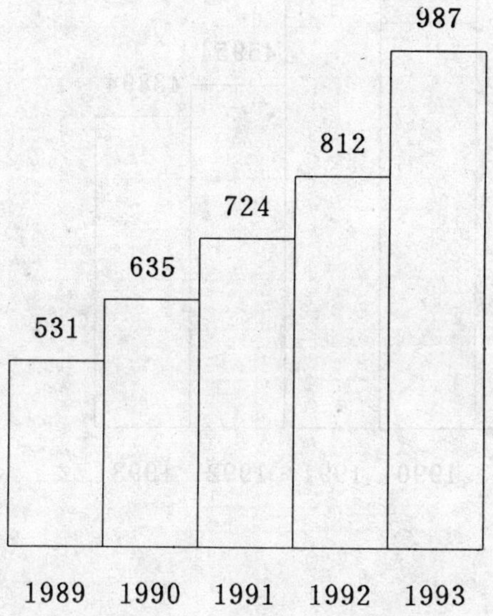

中、短波发射台和转播台 （座）

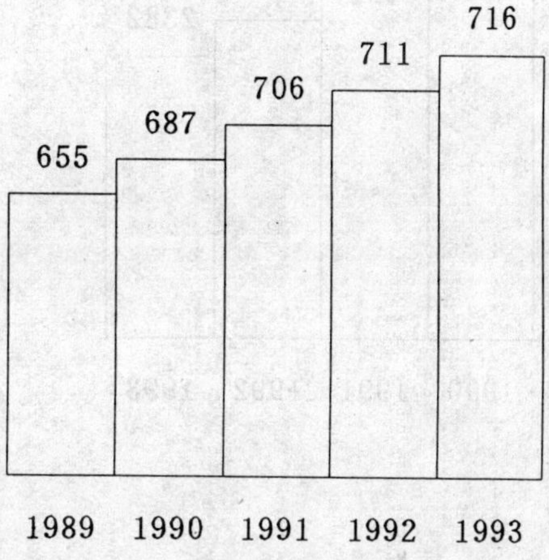

电视台 （座）

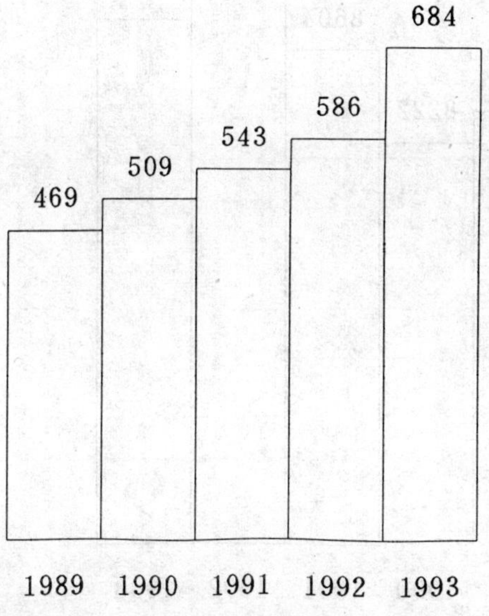

电视发射台和转播台 （座）

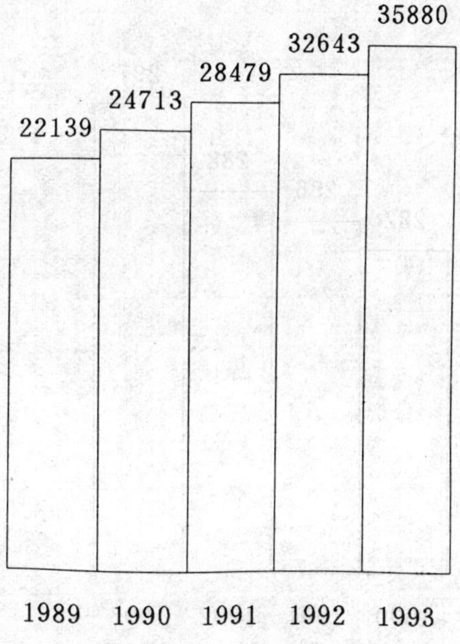

市、县有线广播站 〔个〕

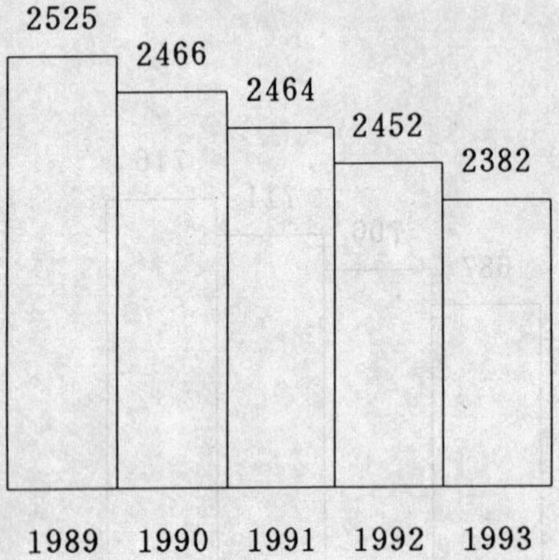

乡〔公社〕放大站 〔个〕

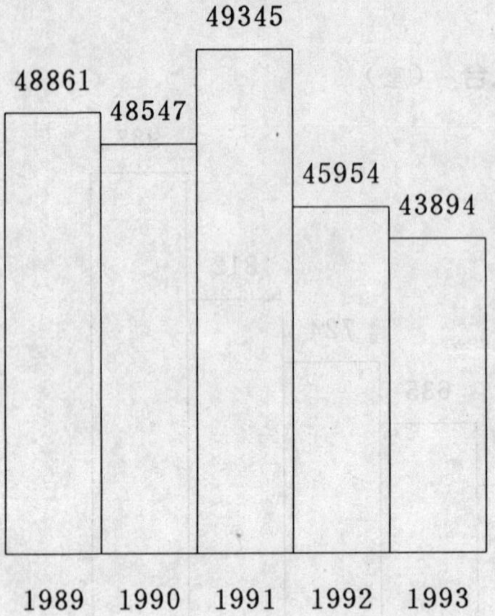

有线广播专用线路 〔万杆公里〕

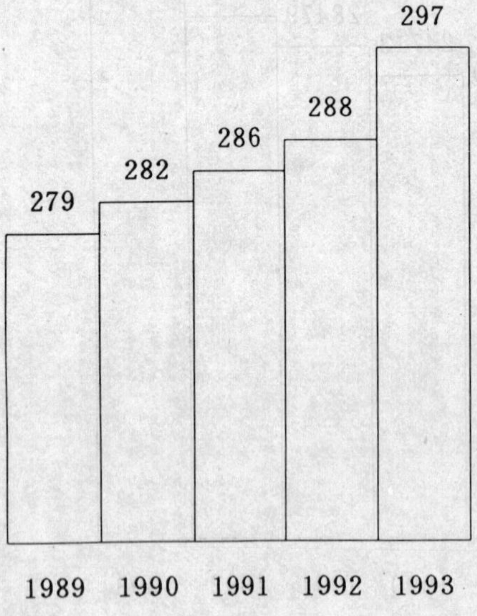

广播喇叭 〔万只〕

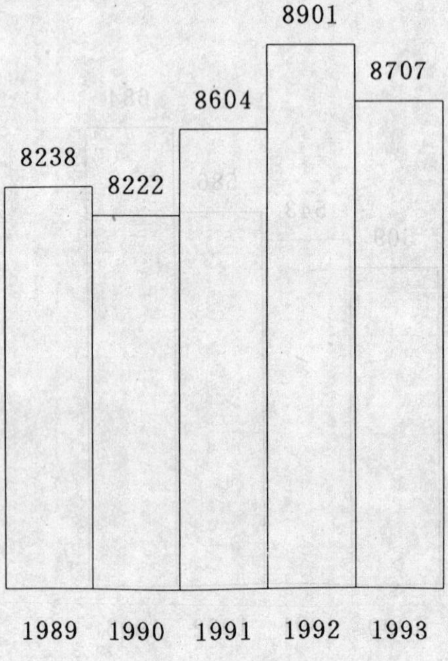

广播电台每日播音时间 〔小时〕

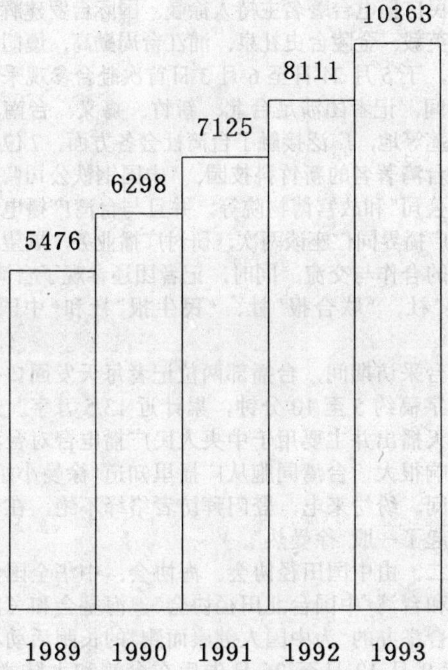

电视台每周播出时间 〔小时〕

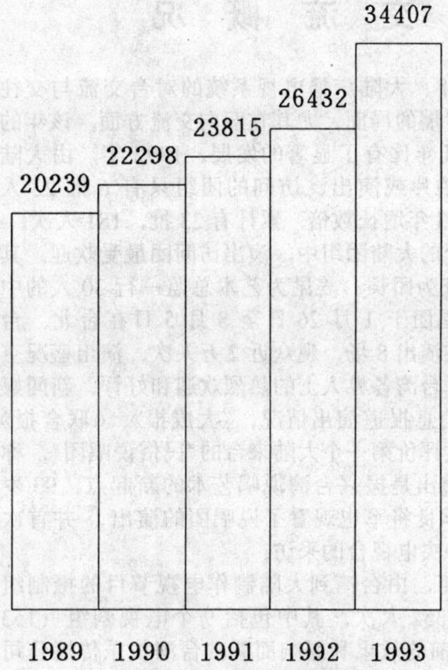

职工人数 （万人）

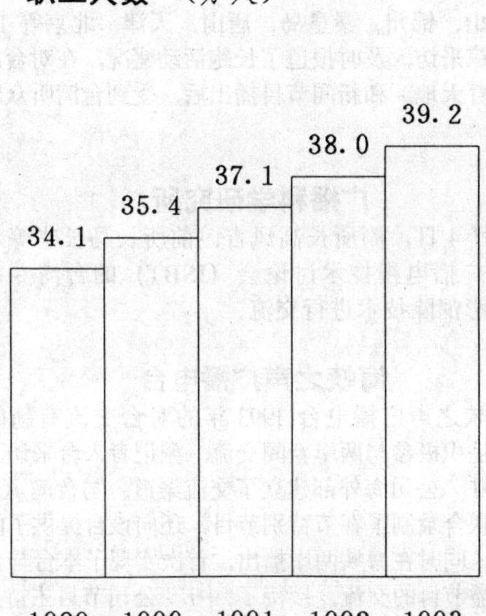

台湾省的广播电视

1993 年大陆广播电视与台湾交流概况

1993 年，大陆广播电视系统的对台交流与交往呈现稳定发展的局面。尤其在双向交流方面，该年的情况同前几年比有了显著的发展。1992 年，由大陆前往台湾拍片或演出、访问的团组只有 6 批 23 人次，而 1993 年增长数倍，累计有 23 批，181 人次。

在赴台的大陆团组中，演出访问团最受欢迎。其中，武炳统为团长、姜昆为艺术总监一行 30 人的中国广播说唱团于 1 月 26 日至 8 月 5 日在台北、台中、台南共演出 8 场，观众近 2 万人次，演出盛况空前，受到了台湾各界人士的热烈欢迎和好评。新闻媒介纷纷发消息报道演出情况，《大成报》、《联合报》等报章高度评价第一个大陆来台的“民俗说唱团”，称说唱团的演出是振兴台湾说唱艺术的新起点。93 岁高龄的张学良将军也观看了说唱团的演出，并首次接受大陆中央电视台的采访。

1993 年，由台湾到大陆制作电视节目的摄制组共 28 批，352 人次，其中包括 9 个电视剧组（153 人）。从目前的效果和影响面看，台湾长乐传播公司制作的电视专题片《万里江山——大陆寻奇》最见成效。这个栏目每周日晚黄金时间 6：30—7：00、7：30—8：00 在台湾“中视”定期播出。该节目被评为“观众最喜爱的十大电视节目”的第一名，近两年来一直保持着 27—29% 左右的高收视率，在台湾三大电视台报道大陆的专题节目中稳居榜首。长乐公司注意客观报道大陆真实情况，对于增进共识，沟通感情，促进祖国统一起着积极的作用。

1993 年 12 月 23 日至 26 日，中华广播影视交流协会与台北广播电视商业同业公会在北京共同举办了《海峡两岸广播电视交流研讨会》，双方均有约 20 位代表与会。这次研讨会的成功召开，使大陆与台湾广播电视界同行的相互交流与交往有了一个新的契机。两岸同行对这次研讨会“加强了解，增进共识”持积极肯定态度。

（部外事司）

台湾省与大陆的交流与合作

中央人民广播电台

1993 年，中央人民广播电台对台湾广播部先后有 3 人、2 次赴台湾采访。

其一、应台湾“中国广播公司”邀请，由中央人民广播电台台播部主任王汝峰率大陆广播记者采访团（包括中央人民广播电台著名主持人徐曼、国际台罗建辉、海峡台沈英毅、金陵台史礼泉、浦江台周勤高、厦门台张飞舟），于 5 月 24 日至 6 月 3 日首次赴台参观采访。在台期间，记者团涉足台北、新竹、嘉义、台南、高雄、花莲等地，广泛接触了台湾社会各方面。7 位记者采访了台湾著名的新竹科技园、“中国钢铁公司”、“中国造船公司”和故宫博物院等；并且与台湾广播电视协会以及广播界同仁座谈两次，研讨广播业务，展望两岸广播界的合作与交流。同时，记者团还参观了台湾“中国时报”社、“联合报”社、“民生报”社和“中国电视台”。

在台采访期间，台播部两位记者每天发回口头报道或文字稿约 5 至 10 分钟，累计近 13.5 万字。这些报道当天播出并主要用于中央人民广播电台对台湾广播，反响很大。台湾同胞从广播里知道“徐曼小姐”正在台访问，纷纷来电，登门拜访者络绎不绝，在台湾岛内掀起了一股“徐曼热”。

其二、由中国田径协会、海协会、中华全国体总联络部和台湾“中国台北田径协会”、海基会和《民生报》联合举办的“为中国人健康而跑”的长跑活动，于 1993 年 9 月 12 日至 26 日先后在台湾和大陆举行。这是两岸最大规模的一次体育交流。

随团采访的中央人民广播电台台播部记者陈东明在半个月里，跟随 24 名两岸选手，先后在台湾的台北、台中、高雄和大陆的上海、哈尔滨、长春、四平、沈阳、鞍山、锦州、秦皇岛、唐山、天津、北京等 14 个城市追踪采访，及时报道了长跑活动盛况，在对台广播的《体育天地》和新闻节目播出后，受到台湾听众的欢迎。

广播科学研究所

9 月 4 日，副所长高风吉、前所长马长华等与参加国际广播电视技术讨论会（ISBT）的台湾专家就电视重影消除技术进行交流。

海峡之声广播电台

海峡之声广播电台 1993 年的对台交流有新的突破：一是积极参与两岸新闻交流，派记者人台采访，与台湾“中广”公司海外部建立了交流渠道。与台湾《亚洲之声》联合录制了春节特别节目，还向该台提供了闽南话节目，同时在海峡两岸播出，首次实现了本台与台湾同行广播节目的交流。接待了“中广”公司节目主持人沈琬、吴瑞文来访。他们评价说：“海峡台的节目从内容到形式，都比较注重台湾听众的接受能力。”二是派员参加了“两岸法律经贸学术研讨会”等学术活动。

北京市

9月15日至30日，北京电视艺术中心协助台湾影视公司在大陆拍摄电视剧《洛神》的部分外景。

10月28日至11月7日，应台湾国际青年商会台北市大松山分会邀请，北京人民广播电台新闻台1人、北京海外广播影视交流中心1人、北京电视台2人，赴台北进行友好访问及业务交流。

天津市

4月15日，台湾知名女作家罗兰来天津电台参观、座谈，会见老朋友(解放前罗兰为旧电台播音员)。

4月18日，台湾力霸集团所属友联全线传播事业股份有限公司一行2人，来天津广播电视局商谈广告及有线电视相关硬件规划、买卖和代理等业务。

4月22日，天津局与台湾音宝有限公司联合举办的舞台、舞厅卡拉OK音响展销会揭幕。

5月11日，台湾华璞传播有限公司董事长一行2人来天津局洽谈合资开发事宜。

河北省

3月15日至17日，台湾巨登公司一行2人与河北电视台商谈合作拍摄电视事宜。

4月11日至13日，台湾象棋总会1人到河北电视台观摩第二届“春兰、先导”杯电视快棋赛。

5月18日至19日，台湾“中国电视公司”一行3人与河北电视台商谈“吴桥国际杂技艺术节”电视节目事宜。

6月17日至18日，台湾“中国电视公司”一行4人与河北电视台商议联合拍摄电视节目事宜。

9月4日至25日，台湾巨登影视公司一行7人与河北电视台联合录制综艺节目。

山西省

9月25日至10月2日，台湾德合制片公司一行4人来山西五台山等地拍摄风光片。

吉林省

4月7日，吉林电视台协助台湾永真电影制作公司拍片。历时一周。

黑龙江省

8月8日，台湾省长乐文化传播公司摄制组一行3人，到黑龙江省进行为期10天的采访拍片，向台湾观众介绍黑龙江。

江苏省

4月15日至16日，台湾“东方之珠”公司总经理王中强先生等2人在上海与江苏省广播电视厅商洽协拍电视剧事宜。

5月22日至6月5日，金陵之声广播电台编辑部副主任史礼泉应台湾“中广”公司邀请，随中央组团赴台湾进行采访活动。

10月24日至11月16日，台湾长乐文化传播公司总经理周志敏女士一行3人摄制组来江苏拍摄《大陆寻奇》续集，该节目在台湾被评为收视率最高和观众最喜爱的十大电视节目（1992）之首。

12月9日至12日，江苏音像总公司2人在福建泉州与台湾天寅公司制作人洽谈引进某主题曲大陆音带发行权等事宜。

12月28日至30日，台湾新闻局综合计划处副处长吴水木先生来宁参观，并顺访无锡CCTV外景基地。

福建省

一、来访 2月，台湾长乐文化传播公司摄制组一行3人到福建福州、泉州、漳州等地拍摄《万里江山——大陆寻奇》系列电视节目，为期36天。

2月，台湾宏昌公司摄制组一行6人到泉州、厦门、南靖、永定等地，拍摄闽台血缘宗亲关系专题片《姓氏堂号》。

4月，台湾众一传播公司李鹏等一行5人访问福建省广播电视厅、福建电视台，洽谈影视合作事宜。

5月，台湾宏昌公司摄制组一行5人再次到福建，拍摄闽台血缘关系专题片《姓氏堂号》。

7月，台湾瑞丰行投资顾问有限公司摄制组一行2人到福州拍摄《太平洋城》开工仪式。

7月，台湾天至视听传播公司摄制组一行7人，到永定、龙岩拍摄《客家的歌》节目。

10月，台湾天寅公司到泉州拍摄43集电视连续剧《哈罗！爱人同志》外景。

10月，台湾全能传播公司张子介到福建电视台洽谈节目合作事宜。

11月，台湾江威企业社摄制组到太姥山拍摄40集闽南语电视连续剧《林投姐》外景。

二、出访 2月，福建电视台举办“’93元宵同乐晚会”。台湾和新加坡歌星参加演出。

3月，应台湾天寅公司邀请，福建电视台1人赴台参观。为期8天。

8月，福建电视台、福建省广告协会、台湾《动脑》杂志社和《中国广告》杂志社在福州举办’93海峡两岸广告媒体研讨会。

湖北省

5月10日至6月14日，台湾长乐文化传播公司《万里江山——大陆寻奇》摄制组一行4人在湖北宜昌等地进行拍摄。该片以三峡风光和长江沿岸文物景点、风土人情为主要拍摄内容，对于宣传三峡和扩大湖北影响，增进共识，沟通感情，起到积极作用。

香港、澳门的广播电视

1993年香港广播电视事业概况

天地狭小的香港，目前拥有4家广播电台和4家电视台，即香港电台、商业电台、新城电台、英军电台和无线电视台、亚洲电视台、卫星电视台、有线电视台。在这8家电台、电视台中，除香港电台为公营、英军电台为驻港英军管理外，其余2家电台和4家电视台均为民营。

1993年10月，九仓有线电视台正式启播，标志着香港电视业发展进入了多元化的新时期。投资50亿元港币兴建的九仓有线电视台下设新闻台、英语新闻台、一级台、体育台、儿童台、电影台、音乐台和动向台。

有线电视台的新闻台全日播出本地、国际、中国内地、台湾及海外华人的多种新闻、信息、动态、评述等内容。节目编排分两大部分，每小时前30分钟直播即时新闻，而后30分钟则是深入的专题报道。

有线电视台的一级台，其名称具有双重意思，其一是代表该台节目适合每个家庭每一位成员欣赏；其二则指该台所播映的节目均为较高水平的电视娱乐节目。

有线电视台的动向台是为观众提供各台节目新动向的电视台，实际上是节目预告台。观众通过独特的分格画面，可得知各节目播出的时间、内容及片断。

到1993年年底，有线电视台已拥有用户2万多家。该台计划到1994年底，将其节目打入22万个家庭。然而，有线电视台为收费电视台，现有的两家无线电视台为免费电视台，且拥有较多的观众，有线电视台能否从中争取更多的观众，将决定该台今后的前程。

香港两家享有专权的无线电视台和亚洲电视台各自设有中英文台，两台每周播出超过560个小时的节目。两台之间的竞争主要是通过开拓节目的新领域以求增加收视率。因此两台都极力提供丰富的节目内容，并加强节目的编排。在黄金时间除播放连续剧外，还都播出不同类型的节目，例如杂志式节目、资讯与娱乐并重的节目、游戏节目和音乐节目，而在各自中文台播放的影片和电视剧，则是稳定和争取各自收视率的主要手段。

对比1993年无线电视台和亚洲电视台的收视率，无线台高居榜首。在剧目方面，无线翡翠台（中文）播出的台湾电视连续剧《包青天》引起轰动效应，每晚平均收看人数高达195万；自制剧《飞星寻龙》的收看人数也达175万；亚视本港台（中文）的最高收视率是自制的《中国教父》和《银狐》，每晚平均收看人数均为63万。在综合节目方面，无线翡翠台的《翡翠歌星贺台庆》和《劲歌金曲第二季选》特别节目收看人数高达216万；亚视本港台的《第十二届香港电影金像奖典礼》特别节目收看人数为132万。

这两个电视台的英文收视率在这一年也有增长。全港十大最受欢迎的英文节目，无线明珠台占9个，亚视国际台占1个。

卫星电视台基地设在香港，它覆盖东到日本、北到蒙古、西到土耳其、南到印度尼西亚的广大亚洲地区。该台下设5个台，主要用英文广播，其中设有英国广播电台的新闻节目。另外，它还用中文、印地语广播新闻、娱乐、文体等节目。1993年卫视的收视率有惊人的增长，据香港模范市场研究社于1993年9月至11月间的调查，卫星电视观众遍及40多个国家和地区，用户达到4200多万个，比上年同期猛增2.7倍。其中，中国大陆收视户最多，其次为印度和台湾地区。

1993年7月，世界报业大王梅铎(RUPERT MURDO-CH)投资5.25亿美元，控制了香港卫视的股份，被称为最富有挑战性的行动。梅铎的野心是在全球建立电视网络，并计划向用户收费，以减少对广告收入的依赖性。

香港电视业虽发展蓬勃，但行业间的竞争很激烈，各种矛盾困扰，因而其业绩也有限。1993年卫视、亚视均亏本经营。年初，卫视还诉诸法庭控告亚视违约，破坏合作。亚视则认为它与卫视的合约不合理，导致每年损失1亿多元港币。香港高等法院认为各有道理，延期审理，卫视支付亚视有关堂费。年初，有线台和卫视宣布联手进军香港的收费电视市场，但到年底，有线台宣布以前与卫视的协议无效，认为并未构成法律上的责任。

在节目内容上，各电视台的竞争主要是通过连续剧、电影及大型节目等争取高收视率，但目前卡通片也有投入竞争的趋势。日本卡通动画近来在香港掀起一股热潮，因画功精美，人物性格生动而受到小朋友的喜爱。但近年来一些卡通动画加入了暴力及色情成份，于是吸引了一批成年观众。年内亚视首先播送了一批卡通片，收到了成效，接着无线台效尤，也取得了成功。

电视台收视率的高低表示着影响力的大小，影响大小则关系到广告客户的多寡。广告收入目前仍然是香港各无线电视台赖以生存的支柱。1993年港府虽放宽了基金及投资广告的限制，但香港各无线电视台仍没有足够的广告客户去填满所有广告的时段。这一年，香港的电视广告内容以食品、饮料为主。来自中国内地的广告约占总数的5%，其中大部分是房地产广告。

香港的广播电台，主要是香港电台和商业电台两家争雄。

香港电台是接受公费拨款的电台。该台下设7个台（其中1台转播英国广播电台节目）每周播音1148小时，主要的中文台和英文台每天24小时广播。香港电台的新闻及公共事务节目较为快捷，每天早晨的《朝朝早，精神好》节目拥有较多听众。

为加强港府与民众的沟通和适应市场的需要，近几年来香港电台向电视领域拓展。1993年，该台的电视部每周摄制12个小时的节目，其中5个小时节目供两家无线电视台在晚间黄金时间播放。这些节目分为时事、经济信息、社会服务、少儿教育以及电视剧等种类。

商业电台是以广告收入为支撑的电台，下设两个中文台和一个英文台，全天24小时播音。该台各种商业信息灵通，晚间的《霎时冲动》节目拥有较多听众。近年来，该台英文台拓宽节目形式，以迎合英语听众的需要，节目内容包括音乐、游戏、本地和外国股市消息等。

新城电台成立时间不长，听众以年轻人为主，“劲歌台”播放的流行歌曲受到青年人的喜爱。目前，该台的影响面尚不及香港电台与商业电台。

近几年来，香港电台和商业电台都自称是全港听众最多的电台。1993年8月至9月间，香港电台联合新城电台通过一家研究机构调查收听率，商业电台没有参加，它通过另一研究机构进行了调查。双方调查的结果，仍然是同原先各自声称的一样，难分高下。

1993年香港各电视台、广播电台同中国内地的业务合作和交流不断加强。

新建的九仓有线电视台和中央电视台达成协议，转播中央电视台新闻、信息及娱乐性节目。此外，有线台每季度还向中央电视台购买不少于365个小时的综合节目录像带。亚洲电视台每天转播中央电视台第四套的25分钟的新闻节目。无线电视台、卫星电视台也都买了一些内地影视剧片播放。如在毛泽东主席诞辰100周年之际，亚视、卫视都购买了中央电视台制作的《毛泽东》12集电视纪录片，或原版播出，或改编后播出。

另外，年内香港电台与广东电台合办了“万千希望在人间”港粤剧筹款汇演活动；商业电台与中央人民广播电台合办了“叱咤香港乐坛北京群英会”的演唱会，与深圳电台合作制作《港深特区直通车》时事资讯节目，新城电台向中国国际广播电台每天提供2小时的《快乐调频》音乐节目。

（国际台驻香港记者站　臧道林）

1993年澳门广播电视事业概况

一、澳门广播电视有限公司

简称澳广视，是澳葡政府与私人股东合营的企业，拥有广播电视两部分传播媒介，使用中、葡两种语言。

1993年，澳广视中、葡文的广播分不同频道播出，中、葡文电台每天24小时广播，中文电视台每天有10小时的节目，葡文电视台每天有6小时节目，并对节目的编排进行了较大的改进，改进的重点是娱乐、文化、新闻三大类。其中，新闻节目约占40%，晚上7时的晚间新闻和9时45分的普通话新闻收视率最高，为广大澳门及附近地区观众所欢迎。中文电视台还开办了《澳视晨彩》节目，每天从上午7点半开始到9点结束。为满足澳门广大民众的要求，中文电视台在《澳视晨彩》节目中，不仅有普通话新闻，还开办了《学讲普通话》节目，与中文电台的学讲普通话节目一样，受到了澳门同胞的欢迎。

1993年，澳广视在改进节目的同时，还加强了与内地新闻机构尤其是地域比较接近的深圳、珠海、广东和上海等地广播电视机构的合作，并和中央电视台签订了节目交换协议书，内地新闻和内地优秀节目的比例有了明显的增加。

二、绿村电台

这是一家私营电台。1993年该台完成了重新组建的工作。现在该台的节目以文化为主，特别是以介绍中西方的音乐文化节目为主，没有新闻节目。

（张秀娟）

1993年香港、澳门广播电视与内地的交流概况

1993年，我国内地与香港广播电视同行的合作关系与往年一样稳定发展，并在双方的交往中增加了一个新的特点，即双方同业人员对有线电视、卫星电视特别关注。

首先，香港九仓有线电视常务董事长吴天海率6人代表团来北京访问。九仓电视代表团此次访京，旨在挖掘利用内地丰富的节目源，以保障其有线电视各个频道的顺利开播。我中央电视台对其给予了大力支持，同意向其提供第四套新闻节目及经济半小时节目，并以优惠价给它每年一定数量的电视连续剧。这也使得内地的电视节目逐步进入了香港有线电视市场。香港“亚洲电视台”在其国际频道中开始播出中央电视台第四套的新闻节目。

此外，香港电视广播国际有限公司（TVBI）助

理经理黄瑞良一行3人前来北京拜会刘习良副部长，也希望为开拓有线电视节目市场与内地加强联系与协作。

除了探讨如何利用内地丰富的节目源以满足香港有线电视的需求以外，香港广播电视界对卫星电视也表现出热切的关注。港府有关官员专程拜会了我部政策法规司，与我有关业务人员交换了对卫星电视管理、节目监督等问题的意见和看法。

中国内地人口众多而稠密，是个庞大的受众市场。此外，中国广播电视界几十年的发展也为其生产诸多部集的电视剧、专题片奠定了坚实的基础。正因为此，香港有线电视、卫星电视都从不同的角度选择了内地。为了制定相应的对策，并研究1997年后香港传媒的发展趋向，1993年，刘习良副部长率广播电视代表团赴港考察。

一年一度的澳门国际音乐节如期开幕，我部广播交响乐团、民乐团近40人应邀赴澳参加了演出。刘习良副部长访港后也出席了音乐节。

(部外事司)

1993年香港、澳门与内地的交流与合作

中国国际广播电台

1993年2月13日至20日，中国国际广播电台率副台长李丹3人代表团赴香港商谈与香港新城广播公司合办《快乐调频》音乐节目等事宜。

广播科学研究所

7月9日至23日，鹿遥副所长率图文电视代表团一行6人赴香港ATV和TVB，就图文电视技术进行交流和演示。首次把国内的图文电视技术在香港地区推广应用。

香港伟汉科技有限公司黄贤博士分别于5月20日和8月6日、7日来广播科学研究所，就数字压缩技术与广研所专业人员进行交流座谈，并探讨与我所合作事宜。

12月7日，香港伟易达集团在京举办高技术产品介绍演示会，并与广播科学研究所高科技中心确定合作项目。在数字压缩技术上，该集团将与我所进一步合作。

北京市

5月2日至16日，香港亚洲电视台12人来京拍摄《徐小凤特辑》。

5月6日至15日，北京电视台5人赴香港参加技术培训。

7月1日至4日，香港亚洲电视台6人来京拍摄《星海追踪》。

10月16日至22日，北京有线电视台台长金国钧等4人赴香港验收设备及技术培训。

11月1日至6日，北京人民广播电台文艺部主任刘祥汉赴香港参加新闻研讨会。

12月6日至10日，北京电视台1人随国家体委“中国常青女子篮球队”赴澳门参加友谊比赛。

天津市

一、出访

4月1日至10日，天津人民广播电台副台长何钧明等2人赴香港考察并洽谈有关港商的广告问题。

4月10日至22日，天津电视台副台长刘执亮随中国电视艺术家协会代表团访问台湾，与对方同行进行学术交流。

6月3日至10日，天津电视台记者1人随天津市青年京剧团赴澳门采访。

8月18日至25日，天津电视台技术人员4人及局总工办1人赴香港考察。

11月8日至23日，天津广播电视局艺术团负责人万卯辰与李彭安赴香港洽谈艺术团演出事宜。

二、来访

5月25日至6月17日，香港亚洲电视台一行14人，与天津广播电视局对外宣传办公室合作拍摄4集电视专题片《天津也都有》。此片已在香港、澳门、新加坡地区播放。

河北省

一、出访

4月15日至22日，河北电视台高级工程师王仁武一行4人应香港安恒利国际有限公司的邀请，赴港进行播出系统技术培训。

4月20日至26日，河北电视台顾问张学善一行3人应香港通达理有限公司邀请，赴港洽谈外商广告业务。

4月22日至5月1日，河北电视台高级工程师李连生一行4人应香港信兴JVC有限公司的邀请，赴港进行制作系统技术培训。

7月7日至18日，河北电视台记者一行2人赴港采访在该地举行的河北省经济技术合作洽谈会。

二、来访

4月11日至13日，香港家棋协会一行2人，到河北电视台观摩第二届“春兰、先导”杯电视快棋赛，并参加了本次比赛。

山西省

4月12日至20日，山西电视台一行2人赴香港参加日本SONY公司举行的PVW技术维修培训班。

5月15日至21日，山西电视台一行3人赴香港考察进口设备。

6月28至7月2日，山西电视台记者一行2人赴香港参加太原—香港包机首航式采访活动。

9月7日至13日，山西电视台韩耀俊等2人赴香港洽谈电视广告合作项目。

辽 宁 省

7月25日，大连电视台副台长徐福达率团到香港召开业务交流会，欢迎香港影视界、广告界与之合作。

12月，大连电视台派记者到香港拍片，多侧面地介绍香港的情况，已于12月29日开始以《看香港》专栏播出。

吉 林 省

7月8日，吉林人民广播电台副台长王星等3人赴香港参加安利公司负责所购设备技术培训。

12月20日至26日，吉林电视台副台长詹铁坤等3人，应香港施茗广告公司邀请，赴香港与该公司洽谈了广告业务并签订了合同书。

黑 龙 江 省

3月22日至27日，应香港易达公司邀请，黑龙江电视台派出4名工程技术人员赴香港验收电视数字特技交流及自动播出设备。

江 苏 省

一、出访

5月6日至17日，江苏电视台和江苏人民广播电台记者各1人随江苏省对外经济合作洽谈会代表团赴香港配合洽谈会开展采访活动。

11月10日至17日，江苏广播电视物资总公司总经理刘广德应香港信兴电器服务中心有限公司的邀请赴香港，参加香港信兴机构成立40周年的志庆活动，并开展有关业务交流活动。

12月13日至21日，江苏音像出版社社长汪学起等3人应香港风行唱片公司的邀请赴香港，就有关引进海外音像制品的业务进行商洽和交流。

12月17日至20日，新闻研究所所长林兴仁应澳门写作学会的邀请赴澳门，参加"语音风格学与翻译写作"的国际研讨会。

二、来访

1月8日至12日，香港信兴服务中心一行3人来宁，了解松下维修站经营情况。

2月21日至23日，香港赤诚旅游公司1人来宁，与江苏省广播电视厅信息服务中心共商组团赴泰国、新加坡和香港考察事宜。

9月15日至18日，香港无线电视台一行5人摄制组来宁，为拍摄专题片《天长地久》选景，采点。

10月26日，香港华纳唱片有限公司副总经理朱顺祥先生来宁，与江苏音像总公司商谈引进录音带业务。

福 建 省

1月，应香港音响顾问公司的邀请，福建省人民广播电台一行3人赴英国进行为期7天的考察和技术培训。

2月，福建电视台一行4人应香港施茗有限企业邀请赴香港考察。2月，应香港力行公司邀请，福建省广播电视厅无线管理总台一行4人赴香港进行技术设备考察，为期7天。

6月，福建电视台一行2人赴香港采访福建省举办的招商洽谈会。

7月，应香港国佳实业有限公司邀请，福建电视台一行6人赴香港拍摄电视专题片《人到中年》。

9月，福建电视台一行3人，应香港力行科技公司邀请赴港，接受视、音频设备技术培训，为期7天。

9月，福建省广播电视厅、福建省音像出版社一行5人应香港华艺影视公司邀请，到香港考察音像市场，洽谈合作业务。为期10天。

11月，香港亚洲电视台一行2人来福建，与福建省广播电视厅商谈电视剧外景拍摄事宜，并到福州、泉州、莆田选景看点。

山 东 省

1月，山东电视台派记者赴香港参加山东省在香港举行的经贸展览活动。

6月10日至20日，山东电视台一行2人赴香港，对引进香港泰克测试仪器设备进行验收，并参加技术培训活动。

7月1日至10日，山东人民广播电台副台长姜崇英率3位技术人员赴香港，进行技术交流和参加培训。

9月，山东省广播电视厅微波总站和山东电视台共3位技术人员赴香港，对所引进的光端测试仪器进行验收。

9月6日至20日，山东电视台国际部选派2名管理人员赴澳门，参加"港澳台图书和音像制品展销会"活动。

11月，山东电视台2名技术人员赴香港，验收索尼香港有限公司生产的音响制作系统。

11月，山东厅影视中心三冠公司与香港福涌有限公司合作拍摄电视连续剧《白眉大侠》。

广西壮族自治区

8月6日至15日，广西广播电视厅接待香港亚洲电视台有限公司摄制组一行12人到北海、东兴等地拍摄电视专题片《11亿人民》。

8月，香港港龙影业公司总经理、广西电视台特邀高级艺术顾问刘志荣先生到广西电视台访问。

9月15日至27日，柳州电视台副台长张家万赴香港报道"柳州市'93香港招商会"情况。

9月21日至26日，广西广播电视厅接待香港电台教育电视部摄制组一行7人，到广西桂林等地拍摄风土人情专题片《文化熔炉》。

9月，广西电视台记者一行2人赴香港采访广西贸易促进会在香港展出活动。

甘 肃 省

10月19日至21日，香港施杰域有限公司董事何荣耀和英国福莱斯特有线电视公司董事韦泽图等一行5人来兰州市，与广播电视局就技术合作问题进行交流。

11月5日至15日，应香港大公报、文汇报社邀请，甘肃电视台副台长赵群力参加中国记协新闻代表团，对香港、澳门进行访问。

新疆维吾尔自治区

5月8日至14日，香港亚洲电视台一行22人来新疆拍摄特别节目《红日丽影徐小凤》和具有新疆特色的风土人情。

对外交流

1993年广播电视对外交流概况

1993年，广播电影电视部积极开展与各国广播影视机构的交流与合作，为创造良好的国际环境做出了应有的贡献。在过去的一年里，广播电影电视部共组派596个团组，2529人次出访92个国家和地区，其中包括10个部长级代表团。同时，我们也邀请了近1300位境外（包括港、澳、台）广播界同行来访，其中包括近50个广播、电视记者组。

1993年是广播电视对外交流进展顺利，并取得成果的一年。下面从四个方面对过去的一年予以回顾和总结。

一、密切配合国家总体外交，积极开展与周边国家和第三世界广播电视机构的交流与合作。

加强与周边国家和第三世界国家和地区的友好合作历来是我国外交工作的重点，是对外工作中的中心工作。我部1993年在过去几年的工作基础上，继续同第三世界、周边国家和地区的广播影视机构友好合作，同时也积极开拓新的合作渠道和合作领域。1993年，我部5位部长的出访重点都放在周边及第三世界国家和地区。

1993年2月1日至17日，艾知生部长率中国广播电视代表团一行8人，应印度新闻广播部、马来西亚新闻部邀请，访问了印度和马来西亚。访问期间，艾部长同印度新闻广播部国务部长辛格·迪奥、马来西亚新闻部部长达图·穆罕默德以及两部各主要司局长和电台、电视台主要负责人分别举行了业务会谈。

在印度，我方主动提出以“中国广播电影电视部与印度新闻广播部广播电视合作协定”的形式，进一步巩固和发展双方的交流，并向印方提交了协定文本草案，得到印方的原则赞同。下半年，印度总理访华期间，双方正式签订了合作协定。

在访问马来西亚期间，艾部长等人会见了副首相贾法尔·巴巴、槟州首席部长许子根，拜访了亚广联秘书长和亚太广播发展机构主任等，落实了马来西亚新闻部长达图·穆罕默德去年3月访华时签订的“中马政府新闻合作协议”。双方在业务会谈中同意成立联合委员会，具体研究和处理交流、合作的项目和问题。在业务会谈中，双方就新闻交换，互派人员培训，互派电视摄制组等问题，基本达成一致意见。代表团与马新社、马来西亚国家电影发展公司等部门的领导人举行了座谈，初步商定在本年度内双方举办中马电影周。艾部长还接受了报纸、广播、电视记者采访，向记者介绍了我国改革开放取得的伟大成就，特别是我国广播电视电影事业的发展情况。

艾知生部长还在全印广播电台和马来西亚广播电台发表了简短的广播谈话。

4月13日至21日，刘习良副部长率7人广播电视代表团访问韩国。此次出访的主要任务是与韩国广播公司（KBS）签署广播电视合作协定。新任社长洪斗杓代表KBS在前社长主持起草的合作协定文本上签字，并表示在他任职期间将同样重视发展与中国广播电视界的合作。代表团在汉城期间还拜访了韩国文化广播公司（MBC）新任社长及其他主要负责人。KBS与我签订合作协定后，MBC也愿与我开展合作。我与MBC的合作协议文本已在MBC社长下半年访华时正式签字。与汉城广播公司（SBS）社长等的会见虽然时间短暂，但SBS也迫切要求发展同我国在广播电视方面的合作。SBS已与北京电视台签订了合作协议，希望与中央电视台在新闻节目方面进行合作。

与此同时，同向荣副部长率团访问了第三世界国家阿尔及利亚和突尼斯，并与之分别签订了访问会谈纪要和广播电视合作协议。

为了开拓我部电影界与周边国家的合作，根据艾知生部长访问马来西亚时达成的协议，9月17日至25日，在马来西亚电影周在我国举办之后，田聪明副部长率领14人组成的中国电影代表团专程参加在马来西亚吉隆坡举办的中国电影周。这是中马建交后中国在马来西亚举办的第一个电影周。访马结束后应老挝新闻文化部邀请，田聪明副部长率团访问了老挝，双方签署了《广播电影电视合作备忘录》。

1993年，我部派出人员2529人次中有17%是赴日本的。11月份，王枫副部长率代表团出席了第十届中日电视艺术交流活动，并应日本电视网的邀请，对同行进行了友好访问，为中日双方的持续合作做了许多有益的工作。

我们派出的代表团以访问周边和第三世界国家为重点。来访的代表团也以周边和第三世界国家为主。1993年，来自第三世界国家的广播电视代表团共17起，近百人。其中，比较重要的有韩国、墨西哥、日本、泰国、缅甸、马里等国的广播电视代表团。

1993年，我们接待了三起来自韩国的代表团。根据我部与韩国广播公司（KBS）签订的广播电视合作协定，应我部邀请，韩国KBS代表团一行6人于1993年6月20日至27日来北京参加双方联合委员会的第一次会议。双方于6月26日签订了联合委员会第一次会议纪要。8月8日至13日，以姜成求社长为首的韩国文化广播公司（MBC）拜访我部。8月9日，刘习良副部长与姜成求社长签订了双方广播电视合作协议。刘副部长和姜社长在签字仪式后分别表示，希望双方本着此合作协议的精神，为进一步促进和发展双方广播电视机构间的合作与交流做出努力。8月10日，同向荣副部长应邀出席了MBC北京支局的开业典礼并与韩国驻华大使及姜社长一起为其剪了彩。

10月5日至9日，韩国广播公司（KBS）社长洪斗构率代表团来访。这是继刘习良副部长访韩后，韩方的正式回访。艾知生部长会见了洪斗构一行，刘习良副部长与之进行了工作会谈。

应我部邀请，日本电视广播网公司（以下简称日本电视网）社长氏家齐一郎10月6日至11日率5人代表团来华对北京、天津、西安、上海等地进行了为期6天的友好访问。代表团10月6日拜会了王枫副部长。王枫副部长对日本电视网多年来与我部的友好合作表示赞赏。氏家社长对广播电影电视部多年来所给予的协助表示感谢。氏家社长说：日本电视网非常重视与中国的合作，希望双方加强在节目制作、电视技术等方面的交流。

6日晚，王光英副委员长在人民大会堂会见并宴请了代表团全体成员。王光英副委员长说：日本电视网是日本重要的广播机构，为增进中日两国人民的相互了解做了许多工作。中日睦邻友好关系是两国政府和人民长期共同努力的结果，希望双方今后进一步加强在政治、经济、文化等各个领域的合作。王光英副委员长还向客人介绍了我国的改革开放政策和经济发展情况，并就当前的国际国内形势与客人进行了交谈。

10月7日下午，外交部唐家璇副部长会见了氏家齐一郎。

墨西哥“特莱维萨”（TELEVISA）电视公司副总裁埃米略·迭斯·巴洛索·阿斯卡拉加一行4人于3月3日至10日来华访问。在北京期间，正式签署了我中央电视台、国际广播电台向墨西哥“特莱维萨”电视公司传送电视新闻的协议。

以缅甸宣传部副部长吴梭纽为团长的缅甸广播影视代表团一行5人于5月12日至20日来华访问了北京、西安和深圳。代表团在华期间，参观考察了中央电视台、国际广播电台、北京电影制片厂、深圳先科激光公司、陕西历史博物馆等单位，并与各部门负责人进行了业务会谈。此外，还同我中国广播电视国际经济技术合作公司和陕西、深圳广播电台和电视台负责人进行了合作探讨。

以菲律宾广播协会副主席、菲律宾广播网经理雷伊·彼德罗切为团长的菲律宾广播电视代表团一行16人于7月7日至17日来华进行了友好访问。代表团参观了中央电视台，国际广播电台，涿州电视拍摄基地，广东、上海电视台、电台，佛山有线电视台，正在建设中的上海东方明珠电视塔，以及工厂、农村等，并分别与上述单位领导人进行了业务会谈。此外，代表团还与我部广播电视经济技术国际合作公司负责人进行了富有成果的会谈，初步达成购买我发射机设备的协议。

广东、上海广播电视厅（局）分别邀请菲方参加今年举行的国际音乐节和华语节目展播活动。菲ABS-CBN电视台分别与中央电视台、上海、广东电视台商谈了交换节目事宜。菲方诚挚邀请艾知生部长于适当时候赴菲访问。

来访的代表团一般多与我方达成多项合作意向或协议。比如马里文化通讯部部长访华期间，双方签订了《中马关于租用短波广播发射机的协定书》和《关于实施广播工程和技术协助的合同》，其主要内容是：马里政府同意我部继续租用马里卡地电台转播中国国际广播电台的对外节目，从而保证了我继续对美洲、非洲和欧洲的广播覆盖。

二、在外事、外宣工作相结合方面取得了突破性进展

我部1993年外事工作重点之一是注意解决外事与外宣相结合的问题。部外事司与电视台对外中心曾召开了联席工作会议，研究了外事与外宣结合的具体措施。

墨西哥“特莱维萨”（TELEVISA）电视公司来华，双方签署了新闻传送协议就是一个比较典型的外事、外宣相结合的例子。1993年3月，我们邀请“特莱维萨”电视公司副总裁访华，正式签署了中央电视台和国际电台联合向墨西哥用西班牙语通过卫星传送新闻的节目的协议，进一步加强了中国电视新闻在“特莱维萨”播出的工作。

除了通过加强新闻节目、专题节目向外传播，加强对外宣传覆盖以外，在国外举办电影周、电视展播也是一个很好的外宣途径。1993年国庆期间，我部积极协助我驻越南使馆和越南中央电视台联合举办了中国电视展活动。越南中央电视台播映了由我使馆提供的电视纪录短片《发展中的中国》和我中央电视台摄制的12集电视连续剧《宋庆龄和她的姐妹们》等。展播活动，特别是《宋》剧在越南全国引起了巨大的反响和轰动。

此外，我们在1993年里继续借助外力，开展对外宣传工作。我们相继接待了来自日本、意大利、新加坡、伊朗、韩国等国的电视摄制组共50多起。这些摄影队分别从不同的侧面反映了中国各个方面的情况。其中，日本MHK为在毛泽东诞辰100周年而制作的特别节目《毛泽东和他的时代》（上、下两集），为我们接待外国大型专题片摄制组积累了经验。

三、我们与西方广播影视机构的联系开始恢复

1993年是中国改革开放全面铺开的一年，我们与西方广播影视机构的业务联系逐渐增多。

与西方广播电视机构的接触、交往在年初就开始。

以马庆雄副部长为团长的中国广播电视代表团，应葡萄牙新闻国务秘书和意大利广播电视公司的邀请，于3月1日至13日先后对葡萄牙和意大利进行了工作访问。访问取得了圆满成功，达到了恢复高层交往，增进相互了解，加强友好合作的目的。

应我部邀请，美、澳、英跨国新闻事业有限公司董事会主席兼行政总裁鲁伯特·默多克率领代表团一行6人，于2月18日至20日乘专机来华进行了工作访问。代表团此次访华的主要活动内容是与我部就进一步开展广播影视领域的业务合作进行洽谈，双方通过积极、坦诚的会谈，在几个合作项目上达成了原则意向。

应我部邀请，比利时法语电视台台长乔治·柯南及其广播电视台新闻部主任皮埃尔·德勒洛克一行2人于5月24日至6月5日来我国进行友好访问。这是该台首次访华，二人先后在北京、天津、西安、成都、上海、广州等地与各级电视台的同行进行了业务座谈并参观了部分电视台的最新设施及建设工程。在访问期间，中比同行就双方的合作渠道、方法交换了意见，在人员交流、节目交换等问题上达成了意向。

应中国中央电视台（CCTV）邀请，以汤姆·约翰逊总裁为团长的美国特纳国际公司（TI）和美国有线电视公司（CNN）高级管理人员代表团一行15人，于1993年10月28日和29日访问了CCTV。以杨伟光台长为首的CCTV代表团同该团举行了会谈。双方在友好协商的气氛中，就进一步扩大双方合作领域的可能性进行了讨论，并在CNN委托中央电视台下属公司向中国大陆的旅游饭店、外国驻华使领馆等销售CNN国际版新闻节目和特纳广播系统公司电影资料馆的影视节目的电视播映权等方面，达成了合作意向。1993年10月29日，双方代表在北京签署了合作意向书。

此外，西方摄影队，如法国卢森堡广播电视台摄影队、美国公共电视《麦克尼尔·勒里新闻一小时》摄制组以及意大利记者相继来华采访。

以法国卢森堡广播电视台政治新闻部主任阿尔茨（RICHARD ARZT）为领队的摄影组一行5人于7月11日至26日先后在北京、延安、韶山、上海等地进行了采访拍片。

美国公共电视台（PBS）《麦克尼尔／勒里新闻一小时》节目摄制组一行5人，于1993年6月30日至7月31日来华采访拍片，先后在北京、上海、苏州、广州和深圳等地，分别就我国当前的政治、经济、军事、文化、妇女及教育等主题进行了广泛的采访，共拍摄了60多个小时的素材。其中对国务院副总理兼外交部长钱其琛的采访已于7月28日在其新闻节目中完整播出，其它素材将编辑成6–7个不同主题专集（每集长10–15分钟）陆续播出。

四、积极参与多边活动，促进科技外事及对外经贸工作的发展

1993年，我们积极参与国际多边活动，争取一切机会，宣传中国，提高中国广播电视在国际同行中的地位。

亚洲——太平洋广播联盟（简称“亚广联”）第30届大会及有关会议于1993年10月6日至14日在新西兰的奥克兰举行，亚广联的成员及有关国际组织的代表及观察员共约200多人出席了会议。刘习良副部长等2人出席理事会及大会，外事司、中央三台及技术部门的代表分别出席了有关会议和大会。

该次会议有如下几项重要议程：

（一）改选理事

大会选举菲律宾共和国广播公司连任理事，选举印度电视台（DDI）和新西兰电视有限公司（TVNZ）为正式会员的新任理事，从1994年元旦生效，任期3年。香港广播电视有限公司连任附加正式会员理事。

（二）会员问题

本次大会吸收了4家广播电视机构为“亚广联”成员。同时由于常年拖欠会费等原因，本次会议通过了终止尼日利亚广播公司（FRCN）和西萨摩亚广播公司（SBS）会员资格的决议。此外，英国独立电视公司和葡萄牙广播公司由于各自原因退出了“亚广联”。截止本次大会，“亚广联”共有会员86个，代表58个国家和地区，其中正式会员37个，代表本地区29个国家；附加正式会员22个，代表12个国家和地区；准会员27个，代表17个国家和地区。

（三）关于修改章程

“亚广联”的章程起草于1964年，最后一次修订是1988年。鉴于去年的大会通过接纳有线及卫星电视等新兴的广播电视机构及有关厂家为“联系团体”的决议，“亚广联”已修改了章程中的有关内容。本次大会通过了经理事会详细讨论并同意的章程修订案，并对其中涉及“联系团体”的规定予以进一步的阐述。

（四）卫星电视问题

科技的发展使卫星电视拥有了前所未有的传播优势。“亚广联”也认识到了这种优势，提出了建立“亚广联”卫星频道的建议，目的是播出更接近亚太地区社会和文化的节目。

本次大会围绕各国对卫星电视的看法及所采取的措施进行了深入的讨论。当时，正值我国颁布了国务院通过的《卫星电视广播地面接收设施管理规定》，就接收境外电视问题做了明确规定。在亚广联大会开幕式上，东道主在致欢迎词时，公然指责中、印及其它国家关于禁止个人接收境外卫星节目的规定。对此，我代表团迅速做出反应，一方面通过报界对上述做法表示不满，另一方面利用会议关于卫星问题的专题讨论机会，以充分的理由阐述我国对跨国卫星电视节目的原则和态度，并强调指出各国对卫星电视采取何种措施是本国主权的事，任何人都无权干涉。由于我方坚持原则，进行了有理有据的斗争，终于取得了胜利，发言人不得不向我方致歉。

在今年的广播节目评奖中，我中央人民广播电台制作的《一场特殊的音乐会》和儿童广播剧《古墓遇险》分别获得“亚广联广播奖”和“亚广联广播儿童节目奖”。这是自1986年以来，中央人民广播电台的节目第六次获得大奖，也是继1990年后参赛的两个广播节目第二次双双获得大奖。另外，由中央电视台对外专题部制作的电视专题片《最后的山神》荣获“亚广联电视奖”，这是由我国选送的电视节目第二次获此殊荣，也是中央电视台制作的节目首次获得该电视大奖。

“亚广联”今年共评出5个奖，我国就占了3个，这充分显示了我国广播电视的雄厚实力和节目优势。扩大了中国在亚太乃至国际上的影响。

除了积极参加亚广联全会及其所举办的各项活动外，我们在1993年继续参与亚太广播发展机构的活动。此外，与其它国际组织的合作也有了新的进展，如与联合国机构、与“国际青少年奖基金会”的合作都得到进一步加强。

1993年还有一个特点，即地方台开展国际多边活动较为活跃，如第一届上海国际电影节、第二届四川电视节、第三届浙江电视博览会、第四届上海国际广播音乐节。北京电视台、广东电视台也举办了国际性的业务交流活动。这些地方活动也收到了很好的效果。

1993年，我们在科技外事方面密切配合广播影视领域高新技术的发展与应用，积极开展培训、交流，促进广播影视现代化以及对外经贸合作项目的开展。如徐崇华副部长率团访问德国和比利时，为中央人民广播电台业务楼建设进行了考察。

为了向广播影视界技术人员介绍高新技术，我部在1993年多次举办了有关方面的展览会、研讨会、培训班等。比如，“中美有线电视科技展览研讨会”、“北京AD-HDTV演示交流”、“法国视听技术研讨会”以及规模较大的、有68家海外厂家参展、展出面积达4500M^2，有近5万专业人员参加的“第四届国际广播电视设备展览会”，效果良好。

为了引进新技术，推广先进经验，我们借助外资的力量，开办和参加多种项目的培训班。1993年，我们利用与德国艾伯特基金会的渠道，分别在北京、广州举办了《电视工程领域计算机程序设计》及《新闻与时事》两个培训班，并通过该渠道派出了3名赴德进修生、7名业务骨干分别参加了德国广播培训中心、电视培训中心的“电视导演”、“广播节目制作”等为期3个月的培训班。另外，通过亚太广播电视机构，我们选派了4位同志参加AIBD培训班。并邀请AIBD专家分别在国内举办了两期技术培训班。参加培训的同志都是所在岗位上的业务骨干。这种培训，势必对他们今后工作的进步、技术的提高产生积极的影响。

（部外事司）

1993年广播电视对外交流大事记

1月5日至13日，外事司司长周婕率中国广播电视地方代表一行15人前往泰国曼谷进行友好访问。代表团在泰期间，拜会了泰国新闻界同行及曾到我部访问的友好人士。通过访问，巩固了两国广播电视机构的友好合作关系。

1月12日至15日，外事司副司长马元和等2人前往韩国进行工作访问，商谈KBS与我合作协议的文本。

2月1日至17日，艾知生部长率中国广播电视代表团一行8人，应印度新闻广播部、马来西亚新闻部邀请，访问了印度、马来西亚，并顺访新加坡。为进一步巩固和发展与印、马广播机构的关系，代表团向印方提交了《中国广播电影电视部与印度新闻广播部广播电视合作协定》文本草案，与马来西亚商谈具体落实已签订的《中马政府新闻合作协议》。

2月13日至26日，徐崇华副部长率中国广播电视科技代表团一行7人赴德国、比利时，就中央人民广播电台业务楼建设的有关科技问题进行了考察。

2月18日至20日，美、澳、英跨国新闻事业有限公司董事会主席兼行政总裁鲁伯特·默多克率代表团一行6人来华进行工作访问。

2月20日至3月4日，科技司章之俭率NICAM-728考察团一行5人赴丹麦对卫星传输中央节目NICAM制式的有关技术进行了考察。

2月26日至3月13日，马庆雄副部长率中国广播电视代表团一行6人访问了葡萄牙、意大利，商谈了在广播电视领域进一步合作的问题。

3月3日至10日，墨西哥“特莱维萨”电视公司副总裁埃米略等一行4人来华访问。国务委员、奥申委主席陈希同、艾知生部长、刘习良副部长、北京市副市长张百发、上海市副市长龚学平分别会见了墨西哥客人。在京期间，正式签署了我中央电视台、国际广播电台向墨西哥“特莱维萨”电视公司传送电视新闻的协议。

3月6日至22日，田聪明副部长率代表团6人赴美考察美国的电影和电视。

3月15日，中广公司卢长振率8人代表团为现场设计36座微波塔合同项目实施方案前往马来西亚，进行工作访问。

4月2日至20日，国际台副台长胡耀亭率4人代表团前往马来西亚、新加坡进行工作访问。

4月3日至9日，斐济新闻部长伊莱·库利率代表团一行3人访华，国务委员李铁映、副外长刘华秋分别会见了代表团一行。艾知生部长会见并宴请了代表团，刘习良副部长等同客人进行业务会谈。

4月12日，中央电视台副台长马瑞流率由16人组成的中国电视代表团前往法国，参加了在法国举办的戛纳电视节。

4月13日至21日，刘习良副部长率7人广播电视代表团访问韩国。访韩期间，代表团与韩国广播公司（KBS）签署了广播电视合作协定。

4月16日至24日，中广公司组成19人技术代表团，由副总经理胡荣泉率领前往美国参加NAB93全美广播电视设备展。

4月18日至23日，外事司副司长安利等2人前往马来西亚参加亚太广播发展机构培训负责人会议。

5月5日至14日，广播科学研究所所长高孚曾等2人前往新加坡，参加由国际电联、亚广联及艾伯特基金会共同举办的广播与电视技术研讨会。

5月8日至17日，外事司司长周婕率代表团前往日本，对日本广播电视机构进行工作访问及考察。

5月9日至12日，外事司副司长马元和等2人前往新加坡参加亚广联第54届理事会。

5月11日至18日，北京广播学院刘继南院长率团前往日本进行友好访问。

5月12日至20日，以缅甸宣传部副部长吴梭纽为团长的缅甸广播影视代表团一行5人来华访问。艾知生部长、陕西省副省长姜信真、深圳市副市长李容根分别会见了代表团。

5月17日至6月8日，科技司副司长张兆雄、国际台副台长丛英民率代表团赴法国、马里、瑞士、奥地利、埃及商谈国际台继续租机、互转等问题。

5月20日至6月4日，地方司司长韩庆余率中国广播电视地方台代表团赴美国考察访问。

5月21日至28日，外事司副司长马元和前往德国参加慕尼黑青少年奖基金会圆桌会议。

5月21日至29日，外事司副司长安利等2人前往伊朗参加亚太广播发展机构第19届管理委员会会议。

5月24日至6月5日，比利时法语电视台台长乔治·柯南及广播电视台新闻部主任皮埃尔·德勒洛克来华访问。

5月24日至6月10日，中央电视台台长杨伟光率中国电视代表团赴新加坡、泰国等地进行工作访问。

6月2日至5日，办公厅主任郭宝新赴日本参加亚洲卫星通讯研讨会。在该研讨会上，郭宝新代表我部宣读论文，阐明我对卫星通讯问题的观点。

6月6日至17日，总工办许中明前往瑞士参加第18届国际电视研讨会。

6月7日至20日，教育司副司长刘爱清率5人代表团前往荷兰，就在职教育问题进行了考察。

6月19日至21日，印尼新闻部长哈莫哥率5人代表团顺访我部。

6月20日至27日，韩国广播公司（KBS）林应植率代表团一行6人来华，参加中韩双方联合委员会的第一次会议。**6月26日**，签订了联合委员会第一次会议纪要。

6月25日至7月15日，由中国广播电视学会组织的16人代表团前往美国进行考察。

6月28日，由中广公司副总经理江金勤率18人专业代表团前往美国参加广播电视系统专业人员培训班。

7月5日至16日，无线局副局长张金成率5人技术代表团前往加拿大、美国、澳大利亚，进行数字音频传送系统考察。

7月7日至17日，以菲律宾广播协会副主席、菲律宾广播网经理雷伊·彼德罗切为团长的菲律宾广播电视代表团一行16人来华进行友好访问。

8月8日至13日，以姜成求社长为首的韩国文化广播公司（MBC）代表团来华访问。**9日**，双方签订了广播电视合作协议。**10日**，同向荣副部长出席MBC北京支局的开业典礼并为其剪彩。

8月24日至26日，日本NHK会长川口干夫率11人来华访问，与国家文物局商谈拍摄《故宫》及文物节目。艾知生部长会见了该代表团。

8月28日至9月17日，国际台副台长李丹率5人代表团访问了坦桑尼亚、肯尼亚，双方就人员交流、节目交换达成协议。

9月2日至16日，由潘宗华、张兆雄等4人组成的科技代表团前往俄罗斯，就租用俄罗斯卫星转发器问题进行了专项考察。

9月4日至9日，博茨瓦纳新闻部长麦拉菲中将率5人代表团访华。

9月4日至12日，日本朝日电视桑田弘一郎率6人代表团访华。

9月8日至12日，高清晰度电视（HDTV）'93北京国际研讨会在京举行，日本、韩国、香港及国内代表70余人出席研讨会。

9月10日至10月2日，以赵忠祥为团长，白谦诚为副团长的中国电视节目主持人代表团一行14人赴美考察访问，参观了ABC、NBC和CBS等三大广播网及公共电视台和几所高等院校，并与CBS晚间新闻主持人丹·拉瑟、NBC晚间新闻主持人彼得·詹宁斯进行了交谈。

9月17日至10月2日，田聪明副部长率中国广播影视代表团一行14人前往马来西亚，尔后又率6人赴老挝进行正式友好访问。代表团在老挝签署了两国《广播电影电视合作备忘录》。

9月23日至10月5日，同向荣副部长率中国广播电视代表团一行6人访问了阿尔及利亚和突尼斯，与阿尔及利亚、突尼斯分别签订了访问会谈纪要和广播电视合作协议。

10月3日至18日，中央人民广播电台副台长张冬兴率5人代表团赴德国、瑞士进行友好访问。

10月6日至11日，日本电视广播网公司社长氏家齐一郎一行5人来华访问。**6日**，王光英副委员长和王枫副部长会见并宴请了代表团一行。**7日**，外交部副部长唐家璇会见了氏家齐一郎社长。

10月6日至14日，亚广联第30届大会及有关会议在新西兰举行，刘习良副部长率团出席了会议。在该次会议上，我中央人民广播电台、中央电视台的3个节目分获亚广联三项大奖。

10月10日，中央电视台副台长林景云率技术代表团赴英国、美国进行业务考察。

10月15日至11月2日，由广播科学研究所高风吉副所长带队的4人代表团赴美国考察高清晰度电视技术。

10月23日至31日，马里新闻代表团文化通讯部长卡米索科等一行3人来华，中马双方签订《中马关于租用短波广播发射机的协议书》和《关于实施广播工程和技术协助的合同》等。

10月25日至11月2日，王健儒副台长率中央人民广播电台代表团访问新加坡、马来西亚。

10月28日至11月7日，北京广播学院副院长王纪言率5人代表团前往日本进行友好访问。

10月28日至29日，以汤姆·约翰逊总裁为团长的美国特纳国际公司和美国有线电视公司组成的高级管理人员代表团一行15人来访，中央电视台同该团举行了业务会谈，双方代表签署了合作意向书。

10月30日至14日，王枫副部长率中国电视代表团前往日本，参加第十届中日电视交流活动，并对日本进行业务访问。

11月8日至12日，日本NHK专务理事技师长森川秀一等2人来华进行工作访问。

11月14日至20日，政策法规司司长赵水福赴韩国参加东北亚国际通讯讨论会。

11月14日至12月2日，中央电视台台长杨伟光率中国电视代表团一行4人，前往法国、德国进行工作访问。

11月15日至12月2日，广播科研所高孚曾所长等一行4人赴法国、德国进行DAB技术考察。

11月16日至19日，外事司副司长马元和赴韩国谈判1996年奥运会电视报道权问题。

11月30日至12月10日，行管局局长王甘文率中国地方厅管理代表团赴日访问。

12月1日至15日，地方司副司长江澄率6人代表团前往美国、加拿大进行有线电视技术考察。

12月10日至20日，设计院副院长张贻信率7人代表团赴日本进行有关广播电视设计的考察。

（部外事司）

中央人民广播电台的对外交流

一、出访

1993年中央人民广播电台出访项目共53项，116人次。其中，计划外项目共24项，34人次，包括同向荣副部长率广播电影电视部代表团出访，张冬兴副台长和王健儒副台长参加部代表团出访。1993年，地方记者站出访项目略多于1992年。

出访分类情况：

友好访问	7项	23人
业务考察	6项	39人
各类采访	28项	38人
参加会议	8项	9人
援外项目	1项	1人
验收设备	1项	2人
经贸项目	1项	2人
业务培训	1项	2人

重要出访项目有：

1、同向荣副部长率广播电影电视部代表团访问阿尔及利亚等国。

2、张冬兴副台长率中央人民广播电台业务楼考察团赴美国、加拿大考察；率中央人民广播电台代表团访问瑞士、德国；随广播电影电视部代表团赴韩国参加“中韩广播电视合作委员会”会议。

3、王健儒副台长率中央人民广播电台代表团赴新加坡、马来西亚访问；随广播电影电视部代表团赴日本参加“中日广播电视合作委员会”会议。

4、李天德总工程师率中央人民广播电台业务楼考察团赴澳大利亚、日本考察。

5、张忠贵台长助理随中央人民广播电台业务楼考察团赴德国、比利时考察。

6、张熙裕台长助理率中央人民广播电台广告小组赴新加坡洽谈广告业务。

7、随国家领导人出访的有：

刘振敏随胡锦涛同志赴朝鲜访问。

刘振英随李瑞环同志赴尼泊尔、巴基斯坦、印度等国访问。

罗观星随荣毅仁副主席赴葡萄牙、西班牙访问。

田山川随江泽民同志赴美国、古巴、巴西和葡萄牙等国访问。

8、其它重要出访项目有：

台播部记者陈金海赴新加坡采访“汪辜会谈”。

三名记者赴蒙特卡洛采访第101次国际奥委会会议。

外事处黄炳琦赴德国参加“柏林未来奖”会议。

外事处余赤平赴新西兰参加“亚广联”会议。

二、来访

1993年共接待来自18个国家和地区的28批客人。

1、接待马来西亚丽的呼声电台台长詹斯民先生一行4人。

2、斐济新闻局长一行4人。

3、匈牙利电台记者组一行5人。

4、新加坡职总心电台台长一行5人。

5、比利时广播电视代表团一行5人。

6、美国驻华使馆新闻官员一行3人及“美国之音”中文编辑1人。

7、几内亚新闻代表团一行4人。

8、“越南之声”电台台长一行3人。

9、挪威广播代表团一行5人。

10、荷兰国际广播电台记者组一行2人。

11、新加坡广播局代表团一行3人。

12、“美国之音”节目制作人一行4人。

13、美国“广播快讯”公司总裁一行4人。

14、还接待了韩国放送社社长（礼节性拜访）、新加坡音乐集团（远东）有限公司代表、东京华侨总会副会长、美国环球技术公司代表、美国ABC专题节目制作人、俄罗斯电台记者、匈牙利电台节目制作人、英国BBC节目编辑、世界著名歌唱家约翰·丹佛、美国普樱声像娱乐公司首席执行总裁等等。

三、服务外宣　拓展渠道

为进一步活跃中央人民广播电台外事工作，该处今年做了富有成效的尝试，摸索和开拓了新的合作方式和合作领域。

1、协助本台文艺部联络海外10家华语电台及公司联合制作了1993年春节特别节目《天涯共此时》，这是中央人民广播电台首次同时与这么多境外电台合作。这次成功的合作受到多方好评，并为该台今后同境外电台合作，提供了有益的经验。

2、同英国BBC联络，为本台文艺部购买了200小时的古典音乐和轻音乐节目。此协议已开始执行，节目于10月份播出。为BBC免费向我台科教部提供《世界科技》节目进行了初步磋商，达成了初步协议。

3、选送节目参加1993年“亚广联”广播节目评奖。选送的两个节目广播特写《一场特殊的音乐会》和儿童广播剧《古墓遇险》分别获今年“亚广联”广播节目比赛广播奖和广播节目儿童奖（均为大奖）。

4、派人参加了1993年在摩纳哥召开的国际奥委会第101次会议的报道工作。

5、与新加坡广播局、美国“TRIBUNE”公司（美国上市公司）及美国“环球技术”公司商谈了合办合资公司的合作意向。

6、荷兰广播公司广播特写制作人约斯·鲁柏森先生乘来中国旅游之便，在北京电台举办了为期3天的广播特写讲习班。讲习班上，约斯·鲁柏森先生讲解了广播特写与广播实录的区别，作品的布局、结构，音响的运用和采访制作的技巧等。

7、中央人民广播电台台领导与来访的挪威广播公司广播电台台长就两台在新闻、音乐、广播剧、少儿节目等方面的合作交换了意见，双方均同意进行日常的音乐节目交换，共同制作广播剧以及交换少儿音乐、歌曲节目等。

8、中央人民广播电台台领导与来访的匈牙利电台总编辑商谈了两台交换音乐节目和广播剧节目及联合制作广播剧等合作事项。

中国国际广播电台的对外交流

一、出访

1993年，中国国际广播电台共派出国人数为163人次；出国项目112项；出访国家和地区93个。其中友好访问10项，24人，11个国家和地区；考察6项，8人，10个国家和地区；国外进修、培训7项，16人，5个国家和地区；采访19项，29人，25个国家和地区；赴外工作3项，3人，3个国家和地区；赴记者站工作15项，31人，9个国家和地区；参加国际会议5项，6人，6个国家和地区；外借翻译47项，46人，24个国家和地区。

重要出国团组有：

胡耀亭副台长率4人代表团，于4月3日至20日访问了马来西亚、新加坡。与马来西亚商定：①马方原则同意继续接受国际台播音员进修；②马方同意派专家到我国际台工作；③马方希望我出版马来西亚文学作品。

丛英民副台长等8人代表团，于5月16日至6月8日赴法国巴黎、马里、瑞士、奥地利、埃及商谈我国际台继续租机、互转等问题。

李丹副台长率5人代表团，于8月29日至9月17日访问坦桑尼亚和肯尼亚。双方就人员交换、节目交换达成协议。

陈敏毅台长助理3人团，于10月29日至11月19日访问了吉尔吉斯斯坦、乌兹别克斯坦、哈萨克斯坦。这是苏联解体后国际台第一次派团访问上述三国。访问中，双方就节目交换和人员来往等问题进行了探讨。

许永生副台长率5人代表团，于11月26日至12月13日访问印度和尼泊尔。访问促进了相互了解。

此外，国际台还派出记者随政协主席李瑞环出访印度、尼泊尔、巴基斯坦；派记者随江泽民主席出访美国、古巴、巴西、葡萄牙；派记者随乔石委员长出访印尼、马来西亚、新加坡、泰国、菲律宾等，为国际台及时播出重大新闻起到积极的作用。

二、来访

1、1993年，国际台公费接待外国团组有8项，18人。重要团组有：

埃及广播电视协会主席（部长级）贝斯尤尼夫妇及国际司司长阿布阿里斯先生，于7月10日至14日来华访问。进一步商谈中埃广播合作事宜，并与广播电影电视部签订了《会谈纪要》。

越南之声广播电台台长潘光（副部级）一行3人，10月4日至14日访问了北京、上海、广州、并与国际台商谈了合作事宜。

匈牙利广播电台总编辑扎布·约瑟夫（副台长

级）及国际联络处处长澳瓦里斯罗先生于10月26日至11月1日访问了北京、广州，双方商定继续互派工作人员，加强多方合作。

土耳其之声电台台长萨维思·克拉特勒一行3人，于7月1日至11日访问了北京、杭州、上海、深圳。这次访问是对国际台1992年访问的回访。双方商谈了进一步落实合作计划等事宜。

马来西亚国家语文局语言研究部主任达哈曼等3人团，于12月5日至19日在国际台马来语部进修学习，并在北京、天津参观访问。

日中友协中国语辩论大会获奖者3人，于3月24日至29日在北京、大连参观访问。

日语新年特别节目获奖者1人，于7月28日至8月1日在北京访问。

2、1993年，国际台接待23个自费团组共159人次。

参加这些团组的都是中国国际广播电台的听众，其中日本听众占多数。此外还有根据中韩广播电视协定，韩国广播公司派到我国际台进修中文的人员。派记者来访问的有：美国波士顿环球报、英国BBC、挪威广播公司、丹麦电台、瑞士法语广播电台、瑞士法语电视台、美国桥头广播集团公司、澳大利亚广播电台、墨西哥电台、日本NHK等。

三、外国专家工作

1、1993年新聘外国专家20名，加上原聘人数共有专家48人。新聘的专家有：日本2人、俄罗斯2人、坦桑尼亚、波兰、匈牙利、巴基斯坦、新西兰、法国、意大利、南斯拉夫、印度、捷克、罗马尼亚、蒙古、土耳其、美国、巴西、加拿大各1人。合同期满离华专家14人。

2、1993年，国际台组织外国专家到外地进行采访、参观活动共三次，包括采访、参观天津经济技术开发区、山东淄博陶瓷艺术节和河南三门峡市。专家们在这些地方采访、参观后写出了许多稿件，报道中国改革开放。

中央电视台的对外交流

1993年1月1日，中央电视台第四套节目通过国际通讯卫星开始向北美地区每天传送1小时新闻和新闻性节目，解决了长期存在的新闻时效问题，受到北美地区华语电视台的欢迎。观众认为这是有关中国大陆新闻的最直接、最及时、最权威的来源。

1月5日，中央电视台对外电视中心与中国国际广播电台合作，通过卫星用西班牙语开始向墨西哥“特莱维萨”传送新闻。观众覆盖面包括加勒比海沿岸国家以及世界西班牙语国家。

1月8日，中央电视台与韩国广播公司（KBS）就购买中央电视台《新闻联播》播放权举行签字仪式。合同规定了使用期限和使用条件，KBS在保持节目原意的前提下选用中央电视台的国内新闻。杨伟光台长出席，于广华副台长和KBS新闻总裁李吉永先生代表双方签字。

1月14日，马瑞流副台长会见了南非共和国驻华代办处主任和副主任。双方就两国电视业务交往交换了意见。对方表示愿意为促进两国电视界的相互了解和加强节目交流多做工作，马瑞流副台长希望从节目交流开始建立正式联系。

1月20日，中央电视台与韩国KBS合作拍摄大型专题片《长江》的意向书举行签字仪式。

2月1日，杨伟光台长、马瑞流副台长会见美国传播媒体公司、基督教广播网副总裁迈克尔·戴尔·利特尔先生一行，双方就节目交换和销售事宜进行了协商。

2月8日，杨伟光台长、马瑞流副台长宴请美国芝加哥3C集团董事长子繁先生，对3C集团协助中央电视台实现向北美地区传送1小时对外节目表示感谢，双方表示进一步加强交流和合作。

2月8日，中央电视台方庆浩总工程师会见美国BNAYAN网络公司亚太地区总裁冯克林先生。

2月9日，杨伟光台长接受意大利电视一台来华采访的《长征》摄制组的采访，就中央电视台的节目、广告等问题答记者问。意大利电视记者是应中央对外宣传小组和广电部外事司的邀请来华拍摄《长征》专题片的。

2月9日至27日，以沈纪副台长为团长、迟洪业为副团长、余培侠为艺术总监的中央电视台银河少年电视艺术团一行47人，应邀前往新加坡进行为期18天的访问演出，共演出10场（学生专场两场）。这是银河艺术团建团30多年来的首次出国访问演出。

2月10日，中央电视台春节联欢晚会在美国播出，覆盖面和影响超过往年。对外中心摄制的《北京人过春节》获好评。

2月13日，林景云副台长会见日本松下公司海外营业部部长苦本智明先生、中国营业部部长浅田隆司先生一行4人。双方就未来电视设备的发展进行了探讨。

2月19日，王枫副部长、杨伟光台长会见了美、澳、英跨国新闻集团有限公司董事会主席兼行政总裁默克多先生一行6人，双方就电视合作事宜进行了广泛交谈。

2月23日，林景云副台长会见美国洛杉矶日活公司总裁江川信先生、日本海鸽有限公司总经理陈龙先生，就影视未来趋势、影片制作技术、电影与电视的技术的融合、高清晰度电视的发展等问题进行了交流。

2月26日至3月5日，中央电视台牵头组织全国电视对外报道获奖节目赴新加坡考察。来自广西、湖南、江西等10个电视台的在对外宣传工作中成绩显著的16名编导参加了考察。考察团受到了新加坡广播局的热情接待，并同新加坡广播局副总经理林延海以及20多名节目总监、编导记者进行了座谈。

3月4日，中央电视台、中国国际广播电台共同与墨西哥“特莱维萨”电视公司代表埃来利奥·迪耶斯签订“中国中央电视台、中国国际广播电台向墨西哥特莱维萨电视公司传送电视新闻的协议”，中方每周两次定时向墨西哥“特莱维萨”电视公司寄送西班牙语中国电视新闻节目，每次10分钟。遇特殊情况，经双方同意通过卫星传送。刘习良、杨伟光、马元和、张振华、马瑞流、张长明等出席签字仪式。

3月8日，以瑞典埃里克松为团长的国际奥委会考察团一行13人到中央电视台进行实地考察。北京奥申委张百发、万嗣全等负责人陪同，王枫副部长、杨伟光台长、林景云副台长和中央电视台有关部门的负责人与考察团成员会见。王枫副部长详尽回答了考察团关于中央电视台的节目数量、向世界多国转播奥运的能力和转播设备等细节问题。

3月14日，1993年北京国际女子公路接力赛和中日友好长城接力赛在北京举行，来自日本、美国、新西兰、俄罗斯、加拿大等10个国家的400多名运动员参加了比赛。中央电视台与日本东海电视合作，通过卫星传送，于北京时间14: 30向东京进行实况转播。

3月18日，中央电视台与美国美洲（集团）合作经营的“中视经济影视中心”举行签字仪式。美国美洲（集团）周海滨、香港公司经理鲁也敏先生和台领导杨伟光、于广华、贾文增、赵化勇出席了签字仪式。

3月19日，于广华副台长会见美国华美电视机构一行8人。

3月25日，法国电视三台杜尔日曼先生来函，正式通知中央电视台，法国电视三台将从4月中旬恢复定期播放中央电视台法文版《中国报道》。

3月26日至28日，中央电视台圆满完成了在首都体育馆举行的1993年世界短跑道速滑锦标赛转播任务。中央电视台为韩国SBS传送了长达10小时的现场直播，为美国、加拿大、日本等国电视台提供了实况录像和160分钟的专题节目。中央电视台除每天播出新闻外，还播出了160分钟的专题节目，以及通过卫星的新闻交换，受到各界的好评。

3月29日，中央电视台林景云和部科技司张兆雄会见了澳大利亚新闻事业集团有限公司亚洲发展部总经理张正甫先生和其附属公司总经理巴顿先生等一行6人。双方就电视加扰及收费经营系统等技术合作的可能性进行了协商。

4月2日，泰国巨星影业制作公司购买中央电视台电视连续剧《唐明皇》在泰国的录像发行和电视播放权，并出资邀请我“唐”剧演出队访泰。

4月5日，美国有线电视公司（CNN）总裁汤姆·约翰逊一行到中央电视台访问，杨伟光台长同CNN总裁以及特纳国际公司签订了第三期合作协议。

4月6日，杨伟光台长会见了泰国正大集团董事长谢国民一行15人，并陪客人参观了新闻中心机房、1000平方米和600平方米演播室。

4月6日，沈纪副台长会见并宴请了斐济国家新闻部长伊来·库利一行3人。外事司副司长安利和沈纪副台长陪客人参观了中央电视台新闻中心机房和1000平方米演播室。

4月7日，世界卫生组织在中央电视台600平方米演播室举行国际卫生电视会议，赵化勇副台长与参加会议的世界卫生组织代表和我国卫生部领导座谈，对在中央电视台举办此次活动表示欢迎。中央电视台负责将此次电视会议实况传送到巴黎，再由巴黎传往各有关国家。世界卫生组织的官员和法国电视界同行对中央电视台的转播工作表示十分满意。

4月16日至25日，应SONY公司邀请，以中广国际公司胡荣泉为团长、科技司陈智教、中央电视台林景云为副团长的中国广播电视代表团一行18人赴美国拉斯参加了NAB展览会。在美期间，代表团会见了松下电器产业株式会社村漱通三副社长。

4月20日至5月21日，中央电视台圆满完成首届东亚运动会的转播任务。5月9日至18日，中央电视台提供国际信号游泳节目50小时、羽毛球节目45小时。

4月28日至5月11日，应马来西亚乒乓总会和马来西亚珠江假日旅游有限公司的邀请，以章壮沂为团长的“春节晚会艺术团”一行29人赴马来西亚，为马来西亚体育和华教事业进行筹资义演，义演活动受到马来西亚人民的热烈欢迎，取得了圆满成功。

4月30日，孟加拉、马来西亚、秘鲁、巴西等23国驻华大使和文化参赞，由文化部外联局副局长范中江等陪同参观中央电视台无锡外景基地。

5月3日至7日，“CNN世界报道200条供片者俱乐部”在美国亚特兰大市召开的“CNN世界报道”第四届供片年会上，宣布中央电视台为该俱乐部成员，向中央电视台颁发了成员证书：“中国中央电视台截止到1993年3月28日向‘CNN世界报道’提供片达200条”。CNN世界报道总裁汤姆·约翰逊会见中央电视台代表时对中央电视台与CNN的合作给予了高度的评价，并对中央电视台允许CNN国际版选用中央电视台向北美传送1小时的对外节目中的新闻表示感谢。

5月12日，中央电视台对外电视中心记者在采访国际奥委会主席萨马兰奇时，萨马兰奇用西班牙文为中央电视台题词：“把我的情感和友谊献给中国电视观众。”

5月12日至19日，中央电视台技术处与中国影视学会联合举办了“电脑灯应用技巧培训班”。培训班通过香港三一工程公司邀请了丹麦专家讲课、指导。参加学习的有中央电视台和来自全国各省、市电视台的40余名灯光技术骨干。

5月13日，杨伟光台长会见缅甸广播电视代表团。双方同意今后通过两国的互驻使馆进行长期的、正常的节目交流，以增进两国人民的互相了解和友谊。

5月18日，杨伟光台长会见巴基斯坦电视台台长、巴驻华使馆文化官员，各自介绍了本国电视事业的发展情况，并就如何加强业务往来与合作交换了意见。

5月18日，沈纪副台长会见了奥地利广播公司(ORF)电视台台长马勃先生和德国曼·杜尼约克电影电视制片厂制片人。奥地利广播公司愿以多种方式向中央电视台提供电视剧和纪录片，并希望中央电视台有关部门及时寄送中国电视节目目录。沈纪副台长同意与奥地利电视台在原有的基础上加强双方的合作及节目交流。

5月18日，中央电视台维修处、教育处和日本SONY公司北京维修站、中仪SONY技术服务中心联合举办“全国电视录像设备维修技术培训班”，来自全国省级和计划单列市电视台的40多名学员参加了开学典礼。

5月19日，杨伟光台长会见芬兰代表团一行4人，向客人介绍了中央电视台的总体情况，双方就电视节目交流问题进行了探讨。

5月23日至6月9日，杨伟光台长率中央电视台电视代表团应邀赴新加坡、泰国等地进行了友好访问。代表团本着务实的工作态度同各有关电视机构的主要负责人进行了会谈，取得了令人满意的成果。

5月27日，马瑞流副台长会见了俄罗斯联邦驻华大使馆文化、新闻参赞伍努科夫及“奥斯坦基诺”俄罗斯电视广播公司驻京记者费奥罗克季斯托夫。双方就电视节目的交换与合作进行了广泛的探讨。

6月1日，联合国第四届世界妇女大会秘书长杰楚·蒙盖拉夫人率考察团一行9人到中央电视台考察，林景云、赵化勇副台长等欢迎代表团的到来，向考察团介绍了中央电视台的情况。考察团对1995年9月4日在北京举行的第四次世界妇女大会的电视报道工作提出了初步设想和要求，参观结束后，代表团对中央电视台的技术设备和转播能力表示满意。

6月2日，广电部王枫副部长、正大集团董事长翁炳荣、总经理江吉雄、香港繁荣集团董事长陈玉书、梅地亚中心董事长黄惠群一行去无锡外景基地考察访问。

6月14日，美国好莱坞奇迹影片公司执行总裁等一行3人应国务院新闻办公室邀请来华访问，并到无锡外景基地参观。

7月2日，杨伟光台长会见前来中央电视台考察的国际残疾人奥委会(IDC)主席罗伯·斯特德沃德先生和秘书长安德烈·雷斯先生。杨伟光台长介绍了中央电视台转播残疾人运动会所具备的能力，林景云副台长陪同客人参观了新闻中心、录音棚和演播室。

7月7日，马瑞流副台长会见了几内亚新闻代表团团长纳比卡·西拉一行3人。马瑞流副台长向客人们介绍了中央电视台及全国电视的发展情况，并赠送了4盘由中央电视台对外电视中心制作的英文版节目带，供几内亚电视台播出。

7月9日，国际奥委会电视委员会高级顾问法国的路维先生来到中央电视台参观访问，林景云副台长与客人共同探讨了奥运会电视现场直播与转播方式的电视技术等问题。

7月9日，印度国大党（英）代表团一行6人，在团长沙旺特先生率领下参观了无锡外景基地唐城景区。

7月19日，意大利RAI电视台代表团赴涿州拍摄基地拍片，片名为《长征》。

8月22日至29日，中央电视台和新加坡广播局合作在新加坡举办了首届国际大专辩论会，来自四大洲的复旦大学、台湾大学、香港大学、悉尼大学、剑桥大学、英属哥伦比亚大学和马来西亚大学的8支代表队会集狮城，展开了一场比智慧、比辩才、比知识的高水平的大辩论，复旦大学荣登冠军宝座。

8月28日，中央电视台与美国芝加哥3C集团和国内大企业合作，在美国芝加哥创办的“美洲东方卫星电视”正式开播，中央电视台和国内各省市电视台共同租用了12小时卫星播出频道，播出节目内容包括新闻、经济、文化体育、教育在内的40多个栏目。

8月29日，中央电视台和意大利广播电视公司达成协议，即日起至1994年6月17日，每星期日晚上现场直播1993年至1994年赛季意大利足球甲级联赛，共32场。中央电视台除了32场直播外，还购买了34场录像和一周集锦，共100个节目，在没有直播的日期播出。

9月3日，“全球华语电视台交流会”在梅地亚中心召开，39家国内省（自治区）、市电视台和台、港、澳的广播电视公司以及17家来自美国、加拿大、新加坡、泰国和英国的华语电视台的代表参加了这次会议。

9月4日，杨伟光台长会见BBC副总裁兼海外部主任罗伯特·菲里斯和BBC海外电视有限公司总经理克里斯托弗·欧文。双方简要介绍了各自的情况和过去的友好交往，并就今后的合作交换了意见。

9月11日，于广华副台长会见韩国金园株式会社金千皓先生。金先生欲意购买《三国演义》电视连续剧或以影片进行交换。

9月16日至26日，林景云副台长和节目主持人杨澜参加北京奥申委城市代表团，赴摩纳哥蒙特卡洛出席决定2000年奥运会申办城市的国际奥委会第101次全体会议。沈纪副台长一行14人随团前往进行电视实况转播，共传回新闻48条（其中6条是口播），专题报道6条。

9月20日，中央电视台外销办签订了委托美国中华旅美文化体育联合会和来立股份有限公司的季志敏女士为代表，与美国主要电视网联络，商讨播出有关中国文化和经济的电视节目问题的合同。

9月23日，20：10至24日凌晨3：00，中央电视台通过卫星成功地双向转播了北京和摩纳哥蒙特卡洛两地申办奥运的现场直播。艾知生部长和台领导杨伟光、于广华、马瑞流、总工方庆浩，亲临播出现场指挥，全台有500多人参加了节目播出和采访工作。

10月1日，越南中央电视台与中央电视台联合举办“中国电视周”活动，对外中心提供电视连续剧《宋庆龄和她的姐妹们》、《太湖人家》及《东方彩虹》、《旅行家》、《中国报道》、《中国投资指南》等栏目中的优秀节目共21小时。这是中越关系恢复正常化后的第一次展播。

10月6日，杨伟光台长会见了韩国KBS代表团一行。双方回顾了以往的合作，对业已建立的关系表示满意，并希望今后得到进一步的发展。

10月7日至13日，以中央电视台青少部余培侠为团长的中国少年脑力奥林匹克代表团，前往日本东京参加日本电视广播网株式会社主办的首届世界少年脑力奥林匹克电视大赛。获得了一块金牌，一块银牌，两块铜牌的优异成绩，在参赛的10个国家与地区的37名小选手中，我国选手的总成绩仅次于日本，名列第二。

10月13日，中央电视台无锡外景基地唐城与新加坡唐城有限公司建立友好关系签字仪式在无锡外景基地举行。

10月14日，杨伟光台长会见了日本读卖电视台企画局局长冈本义雄先生，向来宾介绍了中央电视台电视节目制作、播出和卫星覆盖等方面的情况。

10月20日，中央电视台制作的英文片《今日中国》自1993年7月在纽约地区WNYC电视台播出后，目前已经陆续进入纽约州和新泽西州的22个有线电视网，覆盖60多个城市，收户40多万，影响不断扩大。

10月28日至29日，杨伟光台长会见以CNN董事长汤姆·约翰逊先生为团长的美国特纳广播系统公司代表团一行15人，双方在友好协商的气氛中就进一步扩大双方合作领域的可能性进行了讨论并达成合作意向，签署了合作意向书。王枫副部长和中国新闻出版署署长于友先先后会见了约翰逊先生一行。美国客人还参观了涿州拍摄基地。

11月1日至9日，第十届中日电视艺术交流活动在日本东京举行，以广播电影电视部副部长王枫为团长的中国广播电视代表团参加了交流活动。中央电视台副总编辑王传玉、研究室主任赵群、影视部主任张华山以及地方电视台的编导一行15人在日本受到热情接待。

11月7日，中央电视台和俄罗斯“后——蒙特勒电视节”股份有限公司联合举办的后——蒙特勒电视节活动在北京举行。该活动以观摩、评比、销售电视节目为主。

11月13日至15日，泰国客人林耀明先生一行27人参观了无锡外景基地。参观时泰国第九电视台台长向陪同的无锡基地领导表示，今后将大量引进中国中央电视台摄制的中国历史名著电视剧，向泰国观众播出高层次的中国电视节目。

11月16日，于广华副台长会见了到中央电视台访问的泰国MEDLA公司代表团，并向泰国客人介绍了中央电视台彩电中心、无锡和涿州外景基地的情况和电视连续剧《三国演义》的拍摄情况。该代表团是应中央电视台邀请来访并观看大型电视连续剧《三国演义》的拍摄情况的。在华期间，MEDLA公司就在泰国推出《三国演义》事与中央电视台有关部门进行了协商。

11月20日，赵化勇副台长会见了来访的德国慕尼黑青少年基金会秘书长萨林格女士。萨林格女士介绍了基金会的宗旨和目的，并希望中央电视台能参加明年在慕尼黑举办的青少年电视节目大赛，增进各国青少年电视节目的交流。双方还原则同意1994年10月以前在北京举办青少年编导人员培训班，并就此达成了初步协议。

11月28日，“美洲东方卫星电视”开播3个月已达到预期目标：“通过电视深入北美华人家庭”。据美国“精宇卫星器材公司”和“东方卫视”在美洲的多个代表提供的数据表明：目前“东方卫视”拥有直接使用小耳朵天线的用户达9.5万户，按每户2人计算，已占在美300万华人的6%。同时，美国的750万家庭都可用天线收看“东方卫视”的节目；全美有20家华语电视台转播或选播“东方卫视”的节目。美国的一些大学已正式提出要用“东方卫视”的节目作为教材使用。观众反映最受欢迎的节目是卫星直传的国内新闻和“东方卫视”国际新闻。电视剧和《东方时空》、《综艺大观》等栏目内容丰富多彩，别具一格；《中国投资指南》、《戏曲欣赏》、《评书》、《中国电视精选》具有中国独特色彩，充分体现了中华文化丰富的内涵。

12月9日至17日，无锡外景基地接待了新加坡电视连续剧《侠义包公》摄制组，这是基地接待的第一批国外摄制组。

广播科学研究所的对外交流

一、出访

1993年2月20日至3月6日，广播科研所电视分所一行4人与部章之俭副总工程师应丹麦飞利浦公司邀请，赴丹麦就NICAM传输做了有关试验，检验了我们自己研制的NICAM-728接收机和确定供卫星传输用的一些调制参数，为我国实现NICAM卫星传输做准备。

3月15日至21日，电视分所1人应日本JVC公司邀请赴日参加JVC周年庆祝活动。

4月12日至20日，电视分所一行3人赴德国布伦威尔市参加DVC公司的关于DVSR高速图像序列处理器的技术培训。

5月5日至14日，广播科研所所长高孚曾一行2人赴新加坡参加由国际电联，亚广联及德国艾伯特基金会联合举办的广播与电视技术研讨会。

5月26日至6月7日，电视分所一行2人赴美国北鹰科技有限公司进行技术培训及考察。内容是高清晰度电视计算机模拟实验系统。

6月10日至15日，信息所和计量检测中心一行2人赴瑞士蒙特勒参加国际电视讨论会及展览会。

6月31日至7月16日，应用分所一行2人赴美国COMWARE公司，就引进MMDS设备进行培训及验收。

8月2日至10月24日，电视分所1人参加由德国电视培训中心在柏林举办的“应用计算机进行电视测量”培训班。

10月15日至11月2日，广播科研所副所长高风吉和前所长马长华等一行4人赴美国考察高清晰度电视技术。

11月15日至12月2日，广播科研所所长高孚曾和电视分所副所长季淑芝等一行4人赴法国、德国进行数字音频广播（DAB）技术考察。

11月16日，电视分所1人和应用分所1人赴日本参加东京广播电视设备展览。

12月6日至17日，电视分所1人参加由亚太发展机构（AIBD）在马来西亚吉隆坡举办的广播电视高级数字应用培训班。

1993年下半年，应用分所2人借调中广公司赴阿尔及利亚参加援外工程，为期3个月。

二、来访

6月8日，美国EXSAS公司、加拿大苏必尔公司与广播科研所商谈广播数据系统（RDS）技术合作事宜。

6月22日，美国GE公司高清晰度电视展在京开幕。广研所电视分所及高清晰度电视组参加了此次交流合作活动。

8月30日，广研所前所长马长华等会见飞利浦负责东南亚地区总裁。

9月3日，日本NHK技术研究所山田等来华就广播数据系统（RDS）和有线电视（CATV）技术与广研所进行交流。

9月5日，广研所所长高孚曾、前所长马长华等与德国HHI专家进行接触，探讨合作事宜。

9月6日，广研所副秘书长高风吉、前所长马长华等与美国公众广播公司（PBS）总裁进行业务会谈。

9月7日，广研所所长高孚曾等与KOPITV交流技术及合作事项。

11月27日，广研所副所长高风吉等与德国柏林电视培训中心专家会谈，对德方给予该所技术人员的培训表示感谢，探讨进一步合作的可能性。

三、进修

4月11日至25日，计财处李福民赴新加坡IVS培训中心，学习会计原理。

9月，电视分所杨杰由国家教委派出，赴英国留学1年。

北京市广播电视的对外交流

一、出访

1993年，北京市广播电视局共派出国访问、采访、学习人员44批，146人次。主要有：

2月3日至12日，北京电视台1人赴美国转播拳王争霸赛。

2月6日至13日，北京人民广播电台副总编辑马仕存一行2人赴新加坡参加《大家说英语》研讨会。

2月14日至19日，北京电视台台长刘迪一一行4人赴韩国访问汉城电视台。

2月，北京电视台李金茹等7人赴法国拍摄《别无选择——成人教育纵横谈》节目。

3月22日至4月5日，北京电视台张晓爱一行4人赴新加坡拍摄儿童生活专题片。

3月30日至4月13日，北京电视台3人赴日本拍摄专题片。

3月30日至5月30日，北京电视台2人赴俄罗斯合作拍片。

4月10日至22日，北京电视台2人赴英国采访“1993年世界体操锦标赛”。

4月13日至23日，北京电视台2人随中央电视台组团赴法国参加戛纳电视节。

4月19日至28日，北京电视台2人赴美国参加世界广播电视最新科技会议。

5月7日至24日，北京人民广播电台1人赴瑞典采访第42届世界乒乓球赛。

5月25日至6月9日，北京人民广播电台总编辑周溥雄一行3人，赴美国洽谈引进立体声副讯道技术。

7月5日至15日，北京电视艺术中心导演尤小刚一行3人赴日本进行《京都纪事》的音带制作与交流。

7月8日至19日，北京电视台4人赴美国采访“布法罗大学生运动会”。

7月23日至9月23日，北京电视台5人赴美国拍摄《飞越太平洋》电视片。

8月3日至12日，北京市广播电视局1人赴新加坡、马来西亚考察音像市场。

8月18日至26日，北京电视台副台长汤克瀛一行4人赴美国访问。

8月19日至29日，北京电视台3人赴俄罗斯选片及访问。

9月18日至24日，北京电视台台长刘迪一等6人赴摩纳哥采访国际奥委会第101次全会。

9月18日至24日，北京人民广播电台2人赴摩纳哥采访国际奥委会第101次全会。

9月18日至10月1日，北京电视台1人赴日本参加第17届日本传统艺术展示会。

9月23日至10月4日，北京电视艺术中心鲁晓威赴日本参加国际东京电影节。

9月28日至10月14日，北京电视台3人赴美国拍摄《跨越时间》中有关科技领域的内容。

10月11日至25日，北京电视台、北京电视艺术中心、北京市广播电视局共派出6人，随市经贸委团赴韩国参加经贸展览。

10月22日至30日，北京电视台2人赴俄罗斯参加第七届国际少年儿童电视节。

11月，北京电视台副台长徐道礼一行4人赴澳大利亚参加业务交流及采访。

11月2日至9日，北京广播电视局副局长高峰倩一行15人，赴日本进行文化交流及演出。

11月4日至13日，北京电视台1人赴美国转播全美职业拳击冠军赛。

11月7日至11日，北京电视台副台长徐道礼赴日本参加第18届亚洲广告大会。

11月22日至12月6日，北京人民广播电台1人赴挪威采访世界女子手球锦标赛。

12月1日至9日，北京电视台4人赴日本与SONY公司进行技术交流。

12月1日至29日，北京市广播电视局和北京电视台5人，赴新加坡、马来西亚、印度尼西亚、泰国等地拍摄专题片《世界华商》。

12月3日至17日，北京电视台5人赴美国与美国国际电视公司进行业务交流。

12月5日至15日，北京电视台3人赴韩国转播“真露杯围棋邀请赛”。

二、来访

1993年，共接待来访6批，37人次。

8月18日至25日，澳大利亚民族电视台4名记者来京采访申办奥运情况。

8月28日至9月3日，芬兰“MTV3”电视台3名记者来京拍摄中国经济发展、北京申办奥运会及社会近况的电视片。

8月31日至9月6日，芬兰“MTV”驻香港1名记者来京制作“北京——奥林匹克运动会”的专题片。

9月14日至17日，英国独立电视新闻驻香港3名记者来京采访北京申办奥运情况。

9月22日至25日，英国独立电视新闻驻香港5名记者来京采访北京申办奥运情况。

天津市广播电视的对外交流

一、出访情况

1993年1月27日至2月14日，局党委副书记胡兴华等一行4人赴美国进行美式足球赛决赛实况转播。

2月4日至18日，天津电视台记者1人赴美国，现场直播世界拳王争霸赛。

2月26日至3月5日，以天津电台总工办负责人张仑为首的一行4人赴香港参观考察。

3月24日至28日，天津电视台记者1人随天津市青年代表团赴日本采访拍片。

4月4日至11日，天津电视台台长王朝海与皇甫英杰赴日本大孤，与当地电视台商谈合资办企业事宜。

4月16日至23日，局党委副书记胡兴华等2人赴日本商谈有关中日电视合作问题。

5月10日至24日，局长董树义等一行3人赴瑞典考察第42届世乒赛。

5月10日至25日，天津电台记者和天津电视台记者共3人赴瑞典采访第42届世乒赛。

5月23日至6月2日，局总工办岑长宏赴日本出席NHK新技术成果展览会。

5月30日至6月6日，天津电视台一行2人赴日本参加电视技术交流活动。

6月6日至22日，天津电台台长宋银章率编播人员一行4人赴日本神户，为庆祝天津电台与神户关西电台友好合作12周年进行采访、广播。

6月14日至26日，天津电视台电视剧部一行5人赴日本拍摄电视剧。

7月1日，副局长王全来率工程技术人员一行5人，赴新加坡参加高塔技术交流会

7月8日到19日，天津电台记者1人赴美国采访世界大学生运动会。

7月9日至18日，天津电视台随中国杂技家协会康大娱乐公司访问哈萨克斯坦。

7月26日至8月21日，天津电视台副台长张建国随中国电视学会代表团访问美国、加拿大、日本。

8月30日至9月7日，天津电台记者1人随天津市青年代表团访问日本。

8月31日至9月5日，天津电台记者、电视台记者共2人随天津市政府代表团访问日本。

10月15日至22日，局实验台负责人孙振东随天津市科委考察团赴韩国考察。

11月10日至14日，天津电视台1人赴日本洽谈电视节目交流问题。

11月30日至12月4日，天津电视台1人赴马来西亚参加国际电视节目交流买卖市场活动。

12月4日至18日，天津电视台记者2人随天津市有关部门赴韩国采访出口商品展览及经济贸易洽谈活动。

二、来访情况

1月29日，韩国放送社记者2人在天津局人员陪同下在天津采访。

3月24日，美国新闻总署电影电视部一行3人来天津局参观游览天塔。

3月26日，美国美南报业传播集团董事长李蔚华来天津局签署合作协议书，定于本年5月1日起在美国休斯敦推出天津电视台拍摄的《中国·天津》专题电视节目。

3月27日，西班牙阿斯图利亚投资访华团来天津局天塔考察附属商业娱乐投资设施项目。

4月15日，日本协力团官员来天津局，出席"日本国际协力事业团无偿提供天津广播电视技术质量检测车接收仪式"。

5月19日至23日，韩国汉城广播公司摄影队一行4人，在天津局人员陪同下，在经济技术开发区、保税区、新港、南开大学等处采访拍片。

5月20日，斐济新闻部长伊莱库利来津参观天塔。

6月26日，韩国广播公司（KBS）代表团一行5人来津参观天塔。

7月10日，马来西亚华裔企业家1人来天津局洽谈合作拍摄电视片事宜。

8月25日，以波兰罗兹电视台副台长舍利夫斯基为首一行5人访问天津局和电视台，洽谈交换电视专题片一事（交换节目已在本年内实现）。

9月21日，美国波士顿环球报记者1人在天津局人员陪同下采访天津经济技术开发区以及青年人的生活等。

9月23日，以韩国中央日报金祥道为首的韩国记者协会代表团一行11人访问天津局并参观天塔。

10月18日，蒙古通讯社驻中国记者策林·苏荣扎布（原为蒙古电台对外广播总编辑）来津邀请电台有关人员访问蒙古。

10月27日，"乌克兰——中国合资公司"总经理塔纳西楚克·维克多·依万诺维奇，来天津电视台索要介绍天津的录相带，欲推荐给基辅电视台播放。

河北省广播电视的对外交流

一、出访

1993年2月1日至7日，河北电视台记者1人随河北省商品展销团赴俄罗斯进行新闻采访、报道。

2月26日至3月5日，河北电视台1人随中央电视台对外中心代表团赴新加坡进行交流访问。

3月2日至14日，河北电视台、河北电台一行4人，赴韩国对河北省经济技术合作洽谈会进行采访、报道。

3月5日至4月1日，河北电视台台长王根旺一行4人应美国俄塞俄州公共广播电视网的邀请，赴美进行友好访问和文化交流。

4月26日至5月9日，河北省广播电视厅副厅长王新友一行3人赴泰国、新加坡等地进行考察、访问。

5月10日至25日，河北电视台1人随中央电视台体育部转播小组，赴芬兰转播世界拳击锦标赛。

6月13日至7月3日，河北省广播电视厅厅长周申明随中国广播电视学会代表团到美国访问。

8月23日至9月16日，河北电视台记者1人应肯尼亚康耐克工业投资有限公司的邀请，赴肯尼亚进行采访。

10月30日至11月10日，河北电视台编委印玉成随广播电影电视部团组，赴日本进行电视艺术交流。

11月20日至27日，河北电视台一行5人应日本东放制作株式会社的邀请，赴日本进行文化交流和节目拍摄。

11月25日至12月10日，河北电视台台长王根旺一行4人应美国中美总商会的邀请，赴美国就外商广告业务进行洽谈并签署欧美广告代理协议书。

12月1日至3日，河北电视台1人应马来西亚哈奔宁制作公司的邀请，赴马来西亚参加有关亚太电视节目的展览会。

二、来访

2月3日至8日，美国世运中华文化艺术中心一行3人来河北电视台参观、访问。

2月7日，美国俄亥俄州公共广播电视网一行2人到河北电视台就交流、合作等事宜进行协商。

2月27日至3月2日，美国世运中华文化艺术中心一行2人到河北电视台进行回访和交流。

4月11日至16日，法国象棋协会会长一行4人，到河北电视台观摩第二届"春兰、先导"杯电视快棋赛。

4月11日至14日，文莱象棋协会一行2人到河北电视台观摩第二届"春兰、先导"杯电视快棋赛。

5月16日至18日，日本东放制作株式会社一行3人到河北电视台访问并就来河北省拍片事宜进行商谈。

5月25日至6月6日，日本东放制作株式会社摄制组一行11人来河北省拍片。

6月7日至8日，日本松下公司一行4人到河北电视台调试制作设备。

6月9日至16日，美国世运中华文化艺术中心一行2人与河北电视台就进一步合作与交流进行座谈，并签署节目销售代理意向书。

6月22日至23日，加拿大驻华使馆文化参赞查尔斯·伯顿一行3人，与河北电视台座谈并商议双方对等提供电视节目事宜。

10月28日至11月2日，泰国光倍盛集团主席杜谭翔先生一行27人来河北进行访问，并就电视节目交流事宜与河北电视台进行磋商。

11月15日至16日，美国世运中华文化艺术中心一行2人，与河北电视台就共同合资兴建环形影院等事宜进行洽谈。

山西省广播电视的对外交流

一、出访

1993年1月15日至22日，山西电视台记者1人赴德国拍摄张艺谋参加柏林电影节活动。

2月7日至13日，山西人民广播电台副台长李玉堂等2人赴新加坡参加香港《空中英语教室》节目研讨会。

2月15日至31日，山西省广播电视厅技术中心228台台长李和平赴新加坡参加由广播电影电视部主办的技术培训班。

3月8日至11日，山西省广播电视厅副厅长续叶琴、山西音像出版社社长徐华杰等一行4人，赴新加坡同新加坡广播局签订《莲花争霸》电视剧的合拍合同。

3月8日至28日，山西省广播电视厅副厅长兼山西电视台台长陆嘉生等6人赴美国洛杉矶举办山西电视文化交流活动。

3月15日至4月4日，山西省广播电视厅审计处处长赵斌赴新加坡参加由广播电影电视部主办的审计业务培训及考察。

3月28日，黄河电视台记者一行4人赴美国，在斯科拉（SCOLA）电视台建立“中国黄河电视台美国工作站”，并工作1年。

3月30日至4月1日，山西省广播电视厅厅长谢洪涛等2人，赴新加坡参加由山西省报业协会主办的新闻报业考察活动。

5月13日至24日，山西电视台记者潘大为等2人赴法国拍摄戛纳电视节活动。

5月14日至28日，山西省广播电视厅法规处副处长张令鹏、山西广播电视报主编李兰翔2人，赴美国参加由中国华阳技术贸易总公司主办的音像制品及新闻政策考察活动。

5月22日至6月1日，山西电视台新闻部副主任张健等3人赴韩国采访山西经贸赴韩国招商洽谈团活动。

5月23日至6月1日，山西省广播电视厅技术中心副总工程师路金堂赴日本参加由广播电影电视部组织的技术交流活动。

6月5日至25日，山西人民广播电台副台长耿洪璠等2人，赴捷克同捷克国家电台洽谈合作事宜。

6月17日至7月1日，山西人民广播电台技术部主任卜云芳赴美国参加由航天卫星应用公司组织的卫星上行站设备考察活动。

6月28日至7月5日，山西电视台记者2人赴马来西亚拍摄关公祭祖活动。

7月10日至8月30日，山西省广播电视厅副厅长杜汉舟、山西电视台副台长董育中等一行6人赴意大利同卡帕米列电视公司进行合作。

7月14日至28日，山西长城广播电台编辑部主任张敬民参加由全国新闻协会组办的新闻代表团赴美国进行考察。

7月22日至8月5日，山西电视台电视剧部副主任于淑莲等3人赴新加坡就电视连续剧《杨家将》进行交流。

10月20日至26日，山西电视台经济部主任卫中兴等2人赴日本SONY公司进行技术交流。

11月26日至1994年1月24日，山西电视台1人赴日本参加由广播电影电视部组织的访问演出活动。

12月15日至24日，山西电视台总工程师师明等6人赴日本到SONY公司进行技术考察。

二、来访

4月26日至5月25日，新加坡广播局《莲花争霸》电视剧组一行31人在山西五台山同山西音像出版社合作拍摄电视剧《莲花争霸》。

5月1日至4日，日本福冈中国国际广播电台听众参观团一行14人来山西省大同市、五台山等地参观。

9月20日至10月20日，新加坡广播局《鹤泪九天》剧组一行40人在山西五台山同山西音像出版社合拍电视剧《鹤泪九天》。

辽宁省广播电视的对外交流

1993年3月10日，英国BBC广播公司中文部洪东国先生来辽宁人民广播电台拜会。

3月20日，辽宁电视台派摄影队赴美拍摄电视系列片《炎黄子孙》和《中国留学生在美国》。

6月，辽宁人民广播电台向洛杉矶中华之声广播电台提供评书两部：袁阔成播讲的27讲评书《长坂雄风》和田连元播讲的40集评书《海青天》。

5月和7月，大连人民广播电台与新加坡职总心电台先后两次进行节目合作。

8月18日至26日，以李诚枫为团长的辽宁电视台访问团赴日本富山电视放送株式会社访问。

8月25日，日本NHK放送总局编成局计画部一行3人来辽宁人民广播电台拜会，国际世界语协会驻沈办事处沈阳市世界语俱乐部主任李良陪同。

8月28日，由美国3C集团和我国中央及省市30余家电视台合作开办的美洲东方卫星（华语）电视开播，当天播出了辽宁电视台提供的电视节目《中国辽宁》。此后，辽宁电视台每月提供1小时电视节目。

11月7日，辽宁电视台继5月22日之后再次通过太平洋通讯卫星从美国向辽宁电视观众现场直播了

“世界重量级拳王争霸赛”里迪克·鲍和挑战者弗根森·霍力菲尔德的比赛。

12月，大连电视台到日本、俄罗斯拍片3次，共拍片4部。其中有《伊万里风情》、《俄罗斯散记》、《大连歌舞在伊万里》等均已在国内播出。

大连电视台为配合大连在日本、新加坡、马来西亚招商，拍了《大连投资指南》专题片，拿到招商地播放，反映较好。

第五届大连国际服装节期间，大连电视台拍了一部专题片，制成中、日、英文版，送到美、日、俄等国家播放。

吉林省广播电视的对外交流

1993年1月25日至29日，为促进延边电视少儿艺术团和韩国儿童的友谊，延边电视台邀请韩国少年探险队一行12人来延边访问。

4月7日至17日，延边广播电视局副总编辑蔡永春一行4人，应邀到朝鲜广播电视中央委员会电视总局访问，双方就电视节目交流等有关事项进行了商谈并签订了协议书。

4月19日，吉林省广播电视厅厅长姜兴坤、吉林电视台台长赵锋佩、副台长刘宪宝，应美国西方传播集团有限公司邀请组成中国电视广告考察团，赴美参观考察及联系业务。

4月19日，长春电视台台长毕可信等2人赴美进行电视广告考察。

4月20日，吉林省广播电视厅《视听导报》总编辑邢文国赴美国进行商务及报业广告洽谈考察。

4月20日至5月9日，吉林电视台台长赵锋佩、副台长刘宪宝随同国家经贸部组织的国际广告公司中国电视广告考察团赴美国，进行为期20天的电视广告考察与学习。

4月26日，长春电视台副台长冀茂东等2人赴新加坡、泰国等地考察，并同新加坡就节目交流合作达成意向。

5月15日，吉林电视台派高级工程师赵广山赴日本进行MII录像机技术考察。

5月，吉林省广播电视研究所所长田兴权等一行5人赴俄罗斯联邦海参崴考察。

6月末，吉林电视台邀请俄罗斯四十七中学校长来台谈判签订《现代俄语》（初级）录制工作协议。

7月30日，延边电台、延边电视台与韩国汉城韩美电视台联合成立广告代理业务办事处，并聘请金昌植先生为韩方首席代表。

9月18日，俄罗斯赤塔电视台一行4人来长春电视台就电视节目及有关合作项目进行商谈，互换了各自制节目，并就交换购买动画片及互拍风光片达成意向。

9月30日至10月14日，朝鲜广播电视中央委员会电视总局报道处处长朱华日等一行4人到延边电视台进行礼节性回访。

10月11日至13日，长春电视台同新加坡广播电视局、广州电视台就联合拍摄1994年春节晚会达成意向书。

10月31日，延边电视台与韩国KBS广播公司联合制作韩国“壮士杯”摔跤大会实况录相节目。

11月6日至17日，延边电视台的蓓蕾艺术团应邀到韩国汉城KBS广播公司和NBC文化放送局进行访问演出。

11月15日，吉林电视台副台长刘卫民赴日本参加IBEE展览会。

11月26日，吉林电视台、吉林教育出版社共同组成5人访问团赴俄谈判节目摄制工作并签订协议书。

11月28日至12月1日，延边电视台应韩国NBC文化放送局请求，协助其摄制延边民俗节目。

11月30日，吉林电视台记者2人参加由长春市海外旅游公司、朝鲜高丽航空公司、吉林省民航局联合主办的长春——平壤首航式。

黑龙江省广播电视的对外交流

一、出访

1993年1月9日至16日，应泰国广播电视机构邀请，由广播电影电视部组团、黑龙江人民广播电台副台长丛永仁赴泰国访问。

3月7日，应日本财团法人放送网国际交流中心邀请，由广播电影电视部组团，黑龙江省广播电视厅副厅长徐景璋前往日本参加第二届JAMCD国际研讨会，主题为环日本海（东北亚）地区广播电视状况及节目交流现状与展望，为期3天。

3月9日至18日，应俄罗斯国家“奥斯坦基诺”电视无线广播公司总经理安德列耶夫的邀请，以黑龙江省广播电视厅副厅长王毅人为团长的4人代表团赴俄访问，就双方开展经贸活动进行洽谈并签订了合作意向书。

5月30日至6月13日，应韩国公报处邀请，黑龙江人民广播电台朝鲜语台派出1名主任编辑赴韩国考察。

8月17日至24日，应韩国放送公社社长徐基发先生邀请，以黑龙江省广播电视厅厅长张克忠为团长的3人代表团访问韩国放送公社，商讨开展合作交流事宜并签订了友好合作协议书。

11月10日至18日，应日本国新潟放送网株式会社代表取缔役常磐一先生邀请，黑龙江电视台副台长李占春等一行4人赴日本访问，双方就电视节目的制作、放送等问题进行交流。

二、来访

2月6日至14日，日本蓝色制片公司摄影队一行5人来黑龙江省拍摄一部以日本著名影星宝田明探亲访友为背景的专题片。

2月20日，应黑龙江省广播电视厅邀请，为庆祝黑龙江人民广播电台开办朝鲜语广播30周年，朝鲜中央广播委员会负责人及朝鲜出版物交流协会副会长李勇、金泽洙、韩国放送公社 RADIO 本部部长赵昌化（韩国中央电视台台长）一行3人前来参加庆祝活动。

4月17日至25日，德国电视一台驻莫斯科著名记者鲁格一行4人来黑龙江省拍摄一部以边境地区人民生活、经贸及社会教育为主题的纪录片。

6月16日至23日，新加坡广播局一行2人来黑龙江省为制作大型专题片《腾飞的龙》进行采访。

7月7日至16日，应黑龙江电视台邀请，以日本国北海道电视台报道制作局国际部长西尾克彦先生为团长的3人访问团，来黑龙江省进行访问和采访。

7月19日至8月8日，新加坡广播电视局摄制组来黑龙江省拍摄题为《腾飞的龙》大型专题片。该片在黑龙江省拍摄三集，1、中国的林木业；2、中俄边境贸易；3、东北地区三件宝。

8月16日至25日，应黑龙江电视台邀请，日本岩手电视台3人代表团来黑龙江省进行为期10天的采访，并就双方感兴趣的问题进行友好的会谈。

8月31日至9月4日，日本关西电视台一行10人摄制组来黑龙江省拍摄题为《板东英工故乡行》的纪录片，通过对黑龙江省风土人情的采访拍摄，向日本观众介绍黑龙江省改革开放所取得的成果。

10月29日至11月3日，朝鲜广播电视代表一行5人来黑龙江省访问，就双方感兴趣的电视和广播节目的制作等问题交换了各自的想法。

12月8日，俄罗斯驻沈阳总领事馆文化参赞来黑龙江省广播电视厅拜会张克忠厅长，双方就黑龙江省广播电视与俄方交换节目及合作交换了意见。

上海市广播电视的对外交流

1993年，上海市广播电视局对外开放步伐跨得较大，取得的成果也较多。全年共接待来自世界五大洲的44个国家和地区广播电视机构的友好访问、采访摄影、观光旅游等团组共有131批，计1347人次。接待的批数和人次，虽然略低于1992年，但是交往的国家和地区数比上年增加7个。全年接待最重要的团组有3批：以印度尼西亚新闻部长哈莫哥为团长的印度尼西亚新闻代表团一行3人，于6月20日至21日来访，上海市副市长龚学平亲切会见了客人；以越共中央委员、越南之声广播电台台长潘光为团长的越南之声代表团一行3人，于10月8日至11日来访，与上海人民广播电台台长陈文炳签署了两台友好合作意向书；以马里文化通讯部长卡索科为团长的马里新闻代表团一行3人，于10月27日至29日首次来沪访问。最大型的团组是马来西亚成功集团，该集团于11月17日至19日在沪成功地召开了销售年会，有480位外宾出席。

1993年上海广播电视局出访也较繁忙。全年共派出团组144批、465人次，出访25个国家和地区。出访批数和人次，分别比上年增加58%和52%出访任务有：友好访问、采访拍片、技术培训、业务考察、文化交流、技术援外、小额贸易、学习进修等项。上海电视台《今夜星辰》剧组先后去泰国、新加坡等地拍片，为进一步丰富荧屏节目，繁荣文化市场，做出了积极努力。举世瞩目的国际奥委会第101次会议在蒙特卡洛举行，上海人民广播电台特派记者在蒙特卡洛10多天内，连续发回36篇录音报道和现场报道，并在当地向上海直播8次节目，较快、较好地完成了采访任务，受到上海电台领导的特别嘉奖。

1993年，上海广播电视局参与或组织的大型国际文化交流活动较多。首届东亚运动会于5月在本市举行，该局接待了来自日本、朝鲜、韩国、澳大利亚等国家的广播电视机构的采访和技术人员，协助他们胜利完成了电视实况转播和采访拍片的任务。上海局同中国足协、上海市体委共同主办了一年一度的万宝路杯国际足球锦标赛，参加赛事的有韩国、俄罗斯、墨西哥、加纳和中国5个国家的6支球队，比赛于7月12日至19日在虹口体育场举行。1993年是上海与横滨两市建立友好城市20周年，上海人民广播电台与日本 NHK 横滨放送局联合举办了持续3小时的《一衣带水、空中彩桥》特别节目，节目于12月4日播出，内容包括上海市市长黄菊和横滨市市长高秀秀信的讲话录音，双方记者易地采访的现场报道，听众参与讨论的热线电话，以及中国人唱日本歌和日本人唱中国歌的卡拉 OK 比赛等。转播时气氛活跃，电话提问不断，双方沟通了信息，转播获得成功。

在多项大型国际文化交流活动中，最引人注目的是国际广播音乐节。由上海人民广播电台主办的第四届上海国际广播音乐节，于11月7日至11日在上海举行。前来参加音乐节各项活动的境外来宾共有23个国家和地区的177人。另有44个国家和地区的59家广播电台（公司）寄来138套音乐节目参加展播，经过翻译、编辑、加工播出了82套节目。在音乐节短短的5天时间里，举办了“开幕式暨文艺晚会”、展播评奖、学术研讨会、祝贺演出展示会、“闭幕式暨颁奖文艺晚会”等6项大型活动。音乐节首次设立了“编钟奖”，经过初评、终评，在展播的80多套音乐节目中，评选出30个提名奖，又从中评出16个金、银、铜编钟奖。上海电台的《神洲采风》荣获本届金编钟大奖。这次规模宏大的盛会，引起良好反映。据不完全统计，约有11万多人次，分别在上海体育馆、上海音乐厅、美琪大戏院、兰心大戏院、友谊会堂等场所欣赏了中外音乐艺术家的精湛表演；有数以百万计的观众和听众，收看或收听了开、闭幕式的文艺晚会实况；有近28万市民参加了“购物博览会”的各项活动；更有不可数计的广播听众欣赏了参加展播的、来自不同区域的富有民族特色的音乐节目。正如上海市副市长龚学平在闭幕式上所说：第四届上海国际广播音乐节的圆满成功“为上海这座城市带来了友谊与欢乐”，“广播音乐对于陶冶人的情操，沟通人们的心灵，增进人与人之间的友谊，将起着不可替代的作用。”

江苏省广播电视的对外交流

一、出访

1993年度，江苏省广播电视厅派遣了16批，102人次分别赴日本（6批，16人）、美国（4批，12人）、德国（2批，8人）、意大利（1批，1人）、泰国（1批，32人）、新加坡（1批，32人）、菲律宾（1批，1人）等7个国家。

（一）派遣记者、摄制组出访

7月16日至30日，江苏电视台台长苏子龙等一行6人应德国邀请，赴德国巴符州参加“中国江苏电视周纪念活动。

10月，江苏电视台记者一行2人，应日本邀请赴日采访大阪府、农业综合试验场、国际机场和日本的风土人情。

12月10日至20日，江苏省广播电视厅副厅长王蕴和江苏电视台副台长李世昌等一行6人应日本东海电视台的邀请，赴日本参加“江苏电视台与东海电视台结好十周年”的纪念活动。

（二）友好交往与合作

3月5日至14日，江苏音像出版社1人随中国科协组团赴意大利进行文化工作的考察。

3月12日至27日，江苏新闻研究所黄慧君副所长随中国华阳贸易公司组团赴美国，对华语广播进行电视考察。

3月27日至4月7日，无锡市广播电视局局长黄俊卿等一行32人组成“江苏广播电视代表团”赴泰国和新加坡等地进行广播电视的业务考察。

5月10日至22日，江苏省广播电视厅一行2人赴德国汉诺威市，验收南京电视塔建设用的同轴馈线，并进行技术培训和操作。

5月5日至21日，江苏省广播电视厅事业处1人随航天部组团赴美国进行技术培训和商务谈判。

5月24日至6月6日，应日本松下电器公司的邀请，江苏电视台技术部一行3人赴日本学习松下广播电视设备的操作及日常维修等技术。

6月5日至7月8日，江苏省广播电视厅副厅长李向阳率“江苏广播电视代表团”一行6人赴美国进行广播电视业务交流和考察。

6月14日至23日，应日本日立电子公司的邀请，江苏电视台一行2人赴日本进行技术交流和业务考察。

10月8日至19日，江苏省广播电视厅副厅长韩同文率“江苏电视代表团”一行4人赴美国，参加美国太平洋（66台）电视台《今日江苏》的开播活动，并访问了太平洋电视公司、华盛顿华府电视、美国纽约中文电视台。

10月15日至27日，江苏电视台1人随爱德基金会青年代表团赴菲律宾进行友好访问。

10月30日至11月11日，江苏电视台台长苏子龙赴日本进行友好访问。

11月15日至23日，江苏电视台一行2人赴日本参加日本SONY公司举办的IBEE展览会。

二、来访

1993年底，江苏省广播电视厅共接待来自日本（16批，52人）、美国（8批，29人）、德国（3批，6人）、澳大利亚（1批，2人）、英国（1批，5人）、意大利（1批，7人）、加拿大（1批，3人）、韩国（1批，4人）、墨西哥（1批，6人）、泰国（1批，3人）、新加坡（1批，2人）等11个国家的来访团组计35批、121人。

（一）接待记者、摄制组

2月9日，英国ASPECT公司一行5人摄制组来宁，在南京长江大桥等处进行拍摄、采点。

5月16日至21日，日本NHK《汉诗纪行》摄制组一行2人拍摄《汉》剧续集。

5月24日至30日，应江苏电视台的邀请，日本东海电视台摄制组一行4人来宁，拍摄中日合资古南郡饭店开业的特别节目。

5月27日，应江苏省旅游局的邀请，日本东海电视台摄制组一行4人来宁，拜会江苏电视台。

7月30日至8月10日，韩国文化广播公司（MBC）摄制组一行4人在南京、扬州、连云港和淮阴等地拍摄题为《中韩建交，清泉远流——沿着张保皋的足迹》的电视专题片。

9月7日至10日和9月16日至18日，意大利电视一台著名记者恩佐·比亚基先生一行7人《长征》摄制组在南京、淮阴和苏州等地沿着当年长征的历史遗迹，采访参加过“长征”的领导人、老红军等，在介绍长征的同时，还介绍中国目前正在进行的以经济建设为中心的“新长征”。

（二）友好往来与合作

1月8日，日本松下公司一行2人来宁，在松下维修站举行离任告别活动。

2月15日，泰国林炳光先生一行3人来宁，拜会江苏电视台，商洽技术合作及合作兴建电视城等事宜，双方签署了有关协议书。

3月10日，美国中华电视台总裁黄雅各先生一行3人来宁，商谈与江苏电视台合作制作电视节目事宜。

3月24日至25日，中美经济文化促进会会长黄锦波先生来宁，拜访江苏厅领导，商谈友好合作事宜。

4月16日，澳大利亚驻华大使夫妇二人来宁考察江苏经济发展情况和了解新闻界情况。在宁期间，参观了江苏电视台。

5月1日至9日，德国南德意志电视台台长波特先生一行2人来江苏电视台，就举办“江苏电视周”事进行洽商。

5月10日至13日，美国旧金山66电视台董事长孙湘德先生一行11人来宁，与江苏厅洽商合作开发电视塔、合办节目事宜，并与江苏电视台就节目改版和建设“江苏电视城”等事进行了探讨。

5月19日至21日，日本松下公司2人来宁，拜访松下维修站，并就南京空调市场进行调查。

5月28日，日本东海电视台常务董事石黑大山先生来宁，拜会了江苏电视台。

5月31日，美国纽约中文台总裁蒋天龙先生来宁，拜访了江苏电视台，双方就合作拍摄电视片事进行了商洽。

6月3日至10日，“德国南德意志电视周”在宁开幕。南德台副总台长特尔哈特等2人来宁出席了开幕式。

6月12日至20日，美国美加电台台长周文朗先生来宁，拜会了江苏电台，并就合办少儿节目及开播附加讯通事进行了商洽。

7月2日至3日，英国SSL公司和香港音响顾问公司的两名工程师来宁，了解江苏电台引进广播设备的使用情况。

7月2日至6日，日本松下公司一行3人来宁参观松下维修站并就电视机市场进行调研。

7月10日，日本JVC公司一行3人来宁，了解JVC维修站的业务经营情况。

7月15日至16日，日本松下公司一行2人来宁，了解松下维修站业务经营情况。

8月18日至19日，墨西哥TELEVLSA台新董事长EMILIO先生等6人来宁，与江苏厅就开展广播节目的合作等事进行了商洽。

8月20日至24日，美国太平洋电视公司代表团一行7人来宁，与江苏厅就合作开发电视塔事进行商洽。

8月21日，日本名古屋中京电视台一行4人来宁，拜会了江苏电视台。

9月9日至10日，日本朝日电视代表团一行6人来江苏省，在南京、无锡等地进行参观访问。

9月20日，德国康斯坦斯大学博士、巴符州促进与中国合作协会主席宋德先生来宁参观了江苏电视台。

9月21日，加拿大安大略省国贸部部长理查德·艾伦先生一行5人来宁，与江苏电视台就两省电视台之间的友好合作进行了探讨和商洽。

10月4日至10日，日本东海台董事会会长南正义先生一行5人来宁，与江苏电台就友好合作、节目交流等事进行了商讨。

10月16日至18日，日本松下公司一行4人来宁，了解松下维修站的经营情况和了解市场行情。

10月28日至29日，日本松下公司一行2人来宁，与松下维修站商洽增修电冰箱业务。

11月6日，日本中京电视台一行4人来宁，拜会江苏电视台。

11月24日，美国泛亚卫星公司一行4人来宁，与江苏厅洽谈有关技术合作等事宜。

12月6日至8日，美国太平洋电视台副总经理段景韬先生来宁，就与我合作开发电视塔事进一步商洽。

12月17日至18日，日本光DISC·K·K株式会社社长生源寺敏浩先生一行4人来宁，与江苏电台和音像总公司商洽CDG母带的制作和生产等事宜。

12月20日至22日，新加坡音乐集团副总裁麦之华先生一行2人来宁，与江苏电台共商节目交流事宜。

浙江省广播电视的对外交流

1993年，浙江省广播电视拓展了对外交流新领域。在节目对外交流方面，浙江电视台国际部全年共制作《看浙江》专题片54期，在美国纽约中文电视台播出。从9月份开始，又通过黄河台，在美国斯科拉电视台定期播出。大型系列片《浙江山水行》已经完成31集。专题片《开放中的浙江》已经成为本省各级党政领导、企业界人士出国考察、介绍浙江的必带品，已发1000多盒。省电台国际部制作的节目每月送日本栃木县播出。此外，杭州、宁波、舟山、绍兴、温州等城市电视台都有节目在国外播出。

同时，我们还热情做好国外来宾和电视摄制组的接待工作，全年共接待外宾35批172人次，其中包括电视摄制组13批89人次。如我们接待了日本静冈放送社《中国的稻米文化》摄制组。

举办第三届浙江电视博览会，也是一次大型对外交流活动。博览会期间，来自日本、法国、美国、新加坡电视机构的来宾和在中国的外国朋友共400余人参加了活动。组织了200多小时的中外优秀的电视节目展播。日本、法国、新加坡、美国的4个外国电视机构派出摄制组，分赴杭州、宁波、绍兴、嘉兴、湖州等地拍摄了“外国记者看浙江”系列电视专题纪录片。该片除在博览会期间播出外，还各自带回本国播出。据了解，日本福井放送拍摄的节目带回国播出后，在当地形成了一个宣传浙江的热点。

1993年，浙江广播电视在巩固与日本栃木、福井、静冈等地的友好关系基础上，开拓了与欧美和东南亚国家交往的新领域。上半年，浙江省广播电视厅由厅长方文带队组团参加了第30届法国戛纳电视节，考察国际电视节目市场的状况，了解当今电视发展的新动向、新情况，结识了不少新朋友，还就节目合作事项与法国有关方面进行了商谈。此后，又加强了与美国、新加坡等国的联系和交往。1993年，全厅还派出21批54人次出国访问，拍片和参加技术培训。

福建省广播电视的对外交流

一、出访

1993年1月，福建省广播电视厅1人参加中国广播电视代表团赴泰国访问，为期7天。

1月，福建电视台1人赴美国转播超级杯橄榄球赛，为期14天。

3月，福建电视台一行3人赴美国接受技术培训并参加NBA广播器材展览会，为期10天。

4月，福建人民广播电台和福建电视台2人参加福建省农业考察团赴马来西亚访问，为期15天。

5月，福建省广播电视厅1人参加广播电影电视部团组赴新加坡培训和考察。

5月，福建电视台4人赴日本进行MⅡ录像机技术考察。

6月，福建省广播电视厅2人赴美国考察并洽谈广播电视业务，为期24天。

7月，福建省广播电视厅、福建电视台6人应美国益顺公司邀请，赴美国考察选购广播电视设备，为期14天。

8月，福建电视台1人参加中仪公司赴日技术研修团赴日本接受技术培训，为期13天。

8月，应加拿大多元文化影视娱乐公司邀请，福建省广播电视厅、福建电视台张锦才等3人赴加拿大进行文化交流，商谈电视合作业务，为期15天。

9月，福建电视台1人参加广播电影电视部组织的节目主持人访美团赴美参观考察。

11月，福建电视台一行3人应美国南海公司邀请赴美国考察，为其15天。

12月，福建省广播电视厅一行4人到美国验收卫星上行站设备，为期14天。

二、来访

5月，美国旧金山38台总裁陈立鸥先生走访福建电视台，洽谈节目交换事宜。

6月，韩国汉城广播公司电视摄影队一行4人到厦门拍摄《新中国，新中国人》电视节目。

6月和7月，日本NHK上海分局田阪友隆先后二次走访福建电视台。

8月，美国驻辽宁领事馆领事白小琳拜会福建电视台。

8月，法国“亚欧国际”公司亚洲事务部姚国强访问福建省广播电视厅及福建电视台。

9月，泰客SPIT公司1人访问福建省广播电视厅、福建电视台和福建人民广播电台。

江西省广播电视的对外交流

1993年2月22日至3月3日，日本NHK《东方巨人——毛泽东和他的时代》摄制组一行3人在江西井冈山、瑞金、南昌等地采访拍片。

9月13日，为配合在新加坡举行的’93江西招商引资暨贸易洽谈会，由中共江西省委宣传部、江西电视台联合录制的《江西生态农业——山江湖开发》、《昌九工业走廊纪实》、《瓷国风采秀江西》以及由中共江西省委宣传部、赣州电视台联合录制的《变化的中国——来自赣南的报道》等4集电视专题片，在新加坡播映。

10月11日至22日，由江西省广播电视厅副厅长俞向党带领的江西电视考察组一行6人赴美国考察访问。

12月10日至21日，由江西省广播电视厅党组成员徐吉玉带领的省厅电视考察组一行4人赴日本考察。

山东省广播电视的对外交流

一、出访

1993年2月23日至3月16日，山东电视台黄俊山、武云芳随中国广告考察团赴泰国、新加坡等地考察广告业务。

4月3日至13日，应日本电视山口株式会社的邀请，山东电视台台长曾昭明等4人前往日本山口县进行友好访问。

4月17日至26日，山东电视台技术部1人应邀赴美国参加国际广播电视新产品展览会和技术交流活动。

4月，山东电视台4名技术人员应邀赴日本池上通讯东京总部培训中心，对其演播室摄像机系统进行为期10天的技术培训。

4月，厅影视中心电影洗印厂1人应邀赴俄罗斯考察彩扩市场,洽谈合建彩扩店事宜。

5月10日至25日，副厅长张海涛率6名技术人员赴美国对美国地球站通讯设备进行考察、验收并参加技术培训。

5月，山东电视台选派4名技术人员赴美国GVG公司，针对演播室特技制作设备进行了为期10天的技术培训。

5月，副总工程师徐渭元、高级工程师李秀君赴日本进行广播电视技术交流活动。

6月，山东电视台3名技术人员应邀赴英国对音响制作系统进行为期10天的技术培训。

6月，厅微波总站5名技术人员赴日本对微波传输系统及测试仪器进行了为期8天的考察和业务洽谈。

6月21日至7月4日，副厅长钱海骅赴美国进行广播电视交流。

7月，应美国杰乐德公司邀请，厅长刘守璞等4人赴美国对该公司进行考察。

7月，副厅长宋德福前往美国参加有关广播电视管理方面的培训。

9月22日至10月1日，山东电视台台长曾昭明等3人应邀赴奥地利进行实地采访。

10月20日至30日，刘晓军应日本松下株式会社邀请赴日本参加培训。

10月，山东人民广播电台1人赴荷兰对广播控制设备进行验收和参加培训活动。

11月，山东电视台记者1人随中央电视台组团赴韩国进行为期7天的实地采访。

11月30日至12月10日，山东电视台1人前往日本访问。

12月，以分管副厅长刘仁象为团长，山东电视台国际部及市（地）电视台共9人，应美国熊猫电视台邀请，前往美国参加《'93中国山东电视周》活动，并进行了实地采访。

二、来访

2月9日至12日，英国ASPECT影视公司摄影队一行8人来山东省曲阜市拍摄孔府、孔庙，并采访孔家近亲后裔。

5月29日至6月3日，韩国电视摄制组一行4人来山东省烟台市拍摄烟台经济开发区及中韩合资企业。

7月16日至22日，日本人才交流制片公司摄制组一行9人来济南市拍片。

7月23日至31日，韩国MBC电视摄影队一行4人来山东省拍摄《中韩建交，深泉远流——沿着张保皋的足迹》大型电视系列片。

8月27日至29日，新加坡广播电视公司摄制组一行4人来山东邹平县电影《活着》拍摄地，专访张艺谋、巩俐。

湖北省广播电视的对外交流

一、来访

1993年5月4日至13日，日本NHK《汉诗纪行》摄影组2人赴湖北武汉、襄樊、蒲圻等地采访拍摄。

10月21日至22日，日本NHK《汉诗纪行》摄制组再度来湖北省宜昌市拍摄三峡风光。

11月15日至19日，英国BBC记者1人来湖北武汉、宜昌等地采访湖北经济改革情况，内容在BBC电台的《新闻》和《当前时事》节目中向世界各地播放。

二、出访

1月15日至30日，湖北电视剧制作中心柳小满等2人赴美国凯通公司学习动画制作技术及考察设备。

1月25日至2月25日，湖北电视台杨效先等一行4人赴日本考察绅士服装制作公司，并洽谈节目制作事宜。

2月1日至8日，湖北广播电视服务公司熊贵成、湖北电视剧制作中心谢文礼赴美国洛杉矶考察美国新艺科技电影公司影视科技设备。

2月18日至3月18日，湖北人民广播电台副台长陆正荣随新华社报界经营管理培训团前往美国参加经营管理培训。

3月7日，湖北电视台工程师师海鸣随广播电影电视部团组前往德国进修制作技术。为期3个月。

5月7日至22日，湖北广播电视厅微波总站张志云等2人参加松下公司举办的技术交流会。

5月15日至22日，湖北电视台副台长唐家海等一行9人赴新加坡考察、洽谈广告业务。

5月15日至30日，应日本索尼公司邀请，湖北电视台一行5人赴日本进行技术考察及业务交流活动。

湖南省广播电视的对外交流

一、湖南电视台1993年积极向世界介绍湖南，全年共录制各类专题36个，计548分钟；举办全国国际栏目大展，播出25期，计450分钟；与中央电视台联合录制1993年“炎黄龙舟系列大赛”开幕式向全省直播，并通过中央电视台第四套节目向海外38个国家播出120分钟；通过中央电视台第四套节目的黄金时段，连续向海外推出《走马观花话湖南》第一、二、三集，共90分钟，分别介绍了湖南概貌、湘西风情、岳阳新貌等内容，收到了好的效果。为纪念毛泽东同志诞辰100周年，摄制了《百年沧桑》、《东方巨人的故乡——湘潭》等专题节目。此外，还向海外输送节目15个，30分钟。1993年，国际交流节目《OK·武陵源》被评为全国优秀国际交流节目二等奖，并获1993年度全国国际交流节目唯一的摄影单项奖。

二、应美国科罗拉州丹佛市KOA新闻广播电台和美国新闻总署的邀请。湖南人民广播电台台长何共准等4人于4月12日至28日对美国进行访问，参观了美国丹佛市KOA新闻电台等10多家电台，参加了在内华达州拉斯维加斯市举行的1993年美国广播作者大会，拜会了美国广播工作者协会负责人和美国新闻总署的有关官员，同美国同行就当前广播面临的挑战及对策、未来广播发展的趋势等问题进行了广泛的交流和探讨，并同丹佛KOA广播电台台长李·拉森先生等负责人就两台进一步加强人员的交流与互访，两台互供新闻信息，KOA 电台向湖南人民广播电台提供引进先进技术及设备等几个问题达成了原则协议。

三、4 月 5 日至 13 日，湖南人民广播电台副台长谭风阳、省有线电视台副台长袁四庆、湖南电视台新闻研究室主任欧泽兵、总编室副主任曹湘屏等随湖南省新闻工作者代表团赴日本采访、访问。回湘后，省广播电台在《全省联播》节目里播发了系列录音新闻《来自滋贺的报道》(共 4 篇)。省电视台、省有线电视台分别播放了电视专题片《走马日本国》(共 5 集)。

四、以朝鲜《劳动青年》报社责任主编李钟基(副部级) 为团长的朝鲜有功记者代表团一行 6 人，于 7 月 18 日至 21 日对湖南省进行友好访问。代表团参观了湖南人民广播电台、经济广播电台的直播室、演播厅和《湖南广播电视报》的采编中心、印刷厂。参观期间，主人向客人介绍了办台和办报思想、工作方法、经费来源、经济实体等方面的情况。

广西壮族自治区广播电视的对外交流

一、出访

1993 年 1 月 29 日至 2 月 19 日，以韦家玉为团长的广西电视赴美培训考察团一行 24 人，应美国熊猫电视台的邀请，赴美国进行为期 21 天的培训及考察，并与熊猫电视台签订了合作介绍广西的协议。

3 月，广西电视台副台长黄玉彪等一行 5 人应美国熊猫电视台的邀请，前往美国进行为期 20 天的访问，双方商谈了 1994 年在美国举办电视展播周的有关事宜。

7 月 25 日至 27 日，柳州电视台副台长刘万生参加柳州市政府代表团到非洲乍得访问。

10 月 24 日至 11 月 8 日，广西广播电视厅总工程师张华富、副总工程师陆达雄一行 4 人应美国大杰士公司业务经理陈斌的邀请，赴美国作为期 15 天的访问，并验收测试广西购买的电视上行地球站设备。

10 月，广西电视台根据与美国美洲东方卫星电视的协议输送《漫步广西》等 24 小时广西电视节目，全部在东方卫星电视中播出。

二、来访

1 月 30 日，日本熊本放送局总经理小堀富夫等一行 3 人到广西电视台访问，双方交谈了相互缔结友好台、互派记者易地采访以及节目交流等事宜。

3 月 17 日，美国洛杉矶华美联合电视事业机构董事长蒋天泽先生等人到南宁市参观广播电视设施。

3 月，美籍华人吕吉民应广西电视台的邀请到广西观摩 1993 年广西首届国际民歌节。在此期间，广西电视台国际部与吕吉民先生商讨了在美华人区开拓电视报道事宜。

陕西省广播电视的对外交流

1993 年陕西省广播电视厅共接待来自日本、加拿大、法国、意大利、比利时、新加坡等国广播电视方面的客人 22 批。其中部长级代表团 3 批；摄影队 8 批；友好参观团 11 批。出访考察、学习、进行学术交流等团组 10 批。

4 月 4 日至 6 日，土耳其知识妇女听众访华团来陕西进行参观访问。

4 月 6 日至 14 日，由黄光贵率领的陕西电视代表团一行 7 人赴东京日本索尼公司进行访问。

4 月 20 日至 5 月 1 日，由副厅长刘顺成率领的设备考察团一行 4 人对美国怡和公司的制冷设备进行考察。

5 月 3 日至 5 日，日本大阪电视台一行 5 人来陕西拍摄《饮食 · 健康 · 历史》电视专题片。

5 月中旬，王晋副厅长等一行 3 人到美国洛杉矶对 COLORTRAN 工厂的灯光设备进行考察。

5 月 15 日至 18 日，由缅甸宣传部副部长吴梭纽率领的广播影视代表团一行 5 人来陕西参观访问。

5 月 29 日至 31 日，由比利时法语广播电视台总裁罗贝尔 · 斯特凡率领的代表团来陕西进行访问，与陕西广播电视界同行进行了座谈和交流。

7 月 4 日至 6 日，日本 NHK 副会长中村好郎等一行 3 人到陕西进行友好访问。

7 月 4 日至 14 日，意大利电视台的《长征》摄制组一行 6 人，来陕西拍摄电视专题片《毛泽东》，并到革命圣地延安进行了访问。

10 月 4 日至 6 日，日本 JR 四国听众访华团一行 45 人来陕西进行参观访问。

10 月 6 日至 12 日，日本 NHK 派记者 2 人来陕西拍摄《汉诗纪行》专题片。

12 月 5 日至 7 日，日本电视工作者同盟一行 6 人来陕西拍摄电视专题片《空海》。

甘肃省广播电视的对外交流

1993 年 5 月 14 日至 22 日，甘肃省广播电视厅副厅长程凤年等一行 5 人，应美国半岛公司邀请，赴香港考察该公司生产的微波传输设备。该传输设备已用于甘肃人民广播电台。甘肃电视台至白银市微波传输线路中。

5 月 8 日至 18 日，甘肃省广播电视厅调研员吴保刚随中国广播电视代表团访问日本，参观考察了日本 NHK 及日本生产广播电视设备的几家大公司。

6 月 7 日至 20 日，甘肃人民广播电台副台长李宗涵等一行 4 人，应俄罗斯莫斯科市教育委员会邀请，考察了莫斯科市的广播教学，并签订了意向性协议。

7月8日，意大利电视一台《长征》摄制组一行6人来甘肃省嘉峪关、会宁、夏河等地进行第四期采访拍摄。

7月12日至20日，以郑镇哲社长为团长的韩国江陵文化广播代表团一行4人，应甘肃电视台邀请，来甘肃省进行友好访问。访问期间，双方达成了包括节目交换、人员互访、协拍、合拍重大题材电视节目等内容的友好合作协议书。

9月20日至30日，应日本广播协会（NHK）邀请，甘肃省广播电视厅副厅长李光尧率领甘肃省广播电视考察团一行9人赴日考察访问。

11月1日至12月7日，电视新闻采访组一行3人先后赴津巴布韦、莫桑比克、加纳、多哥，重点采访了省建总公司十几年来在非洲履行国际主义义务，在11个国家积极开拓建筑市场的新闻素材，制作出4集新闻专题节目《立在非洲的丰碑》，同时采摄了一批反映非洲政治经济和风俗民情的素材，制作出18个专题片。

12月7日至16日，应加拿大安大略省格录风国际影视公司邀请，甘肃省广播电视厅一行2人前往该公司交流影视节目。

1993年度，甘肃省广播电视厅先后委派工程技术人员6人赴桑给巴尔执行广播电视电声专业技术合作任务。其间，毛锦侠、韩化久二同志因工作表现突出，受到桑给巴尔政府新闻局及中国广播电视国际经济技术合作公司的表彰。

新疆维吾尔自治区
广播电视的对外交流

一、来访

1993年4月13日至19日，伊朗国家电视台一行3人摄影组来新疆乌鲁木齐、喀什两地采访，拍摄新疆歌舞、风土人情和名胜古迹等。

5月21日至30日，应新疆广播电视厅的邀请，以哈萨克斯坦国家电视公司总经理居马巴耶夫·拉巴依尔为团长的哈萨克斯坦电视代表团来新疆访问，双方就电视事业合作与交流进行了探讨。5月28日，在新疆彩电中心举行中哈电视合作意向书签字仪式。新疆电视台台长赵庆忠和哈萨克斯坦国家电视公司总经理居马巴耶夫在合作意向书上签字。

6月14日至27日，德国利隆格鲁铂S电影制作有限公司摄影队一行3人，来新疆乌鲁木齐等地访问，主要拍摄反映吐鲁番、喀什两城风貌的教育片。

7月12日，自治区政协副主席、广播电视厅厅长沙明在新疆电视台彩电中心会见澳大利亚驻华大使雷涛乐一行。

8月10日至17日，应新疆广播电视厅的邀请，吉尔吉斯坦广播电视代表团一行4人来新疆访问，双方就加强广播电视事业的合作与交流进行了探讨。

二、来访

4月29日至5月12日，新疆广播电视厅厅长沙明率领的3人代表团赴美国对新疆有线电视预购设备进行技术考察。

5月8日至17日，新疆广播电视厅党组书记王中俊参加了广播电影电视部组织的“中国地方广播电视负责人参观团”，赴日本进行友好访问。

史志资料

旧中国广播电台名录(一)

解放前上海广播电台台名录

序号	台名	呼号	波长(公尺)	千周	电力(瓦)	主办单位、负责人	开办年月	停办时间及原因	地址	历史沿革	备注
1	中国无线电公司	XRO	200		50	以美国人奥斯邦(Osborn)为代表的中国无线电公司和英文《大陆报》合办	1923·1·23	1923年4、5月间被北洋政府取缔	广东路3号大来洋行		亦名奥斯邦电台
2	新孚				50	美商新孚洋行主人戴维斯(Davis)	1923·5·30	1923年8月，被北洋政府取缔	南京路50号新孚洋行		
3	开洛	KRC	364		100	美商开洛公司	1924·4.23《大晚报》分站播音	1929年10月，因营业亏损停办	江西路开洛公司(播音室)福开森路(今武康路)(机房)		
4	新昌	N.K.S.	300			日商新昌洋行(神户电气公司)	1926.12.7试播		大连湾路45号		
5	新新	XHHC	384.6	780	50	新新公司电器部长邝赞	1927.3.18	1941年10月遭火灾后停办	南京路新新公司六楼		
6	李树德堂	XHHE	319.1	940	1000	李瑞九	1929.10	1940年改为“大华”电台	白克路(今凤阳路)250号	1940年李瑞九将电台交朱福钧办	
7	上海(亚美)	XHHS	272.7	1100	100	亚美电器公司苏祖国	1929.12.23	1952年10月,参加“联合”台	江西路323号	1937.12.1自动停播1946.9.8复播	
8	天灵				100	天灵广告公司张剑秋 张大炜	1930年春	1931年12月1日,被法租界当局封闭	霞飞路(今淮海中路)和合坊47号		

序号	台名	呼号	波长(公尺)	千周	电力(瓦)	主办单位、负责人	开办年月	停办时间及原因	地址	历史沿革	备注
9	大中华	XHHU	258.6	1160	100	大中华电器公司	1931.1	1952年10月,参加"联合"台	南京路599号	1939年7月前后自动停播 1946.9.8复播	
10	美灵登(上海中国播音公司)	XQHC	230.6	1300	400	美灵登广告公司和英国路透社合办	1931.5.14.	1935年春被交通部收买停办	爱多亚路(今延安中路)115号		
11	国华	XHHN	250	1200	100	国华电器行陈子桢	1931	1941年12月,被日军封闭	公馆马路(今金陵东路)418号		
12	西华美	XMHA	500	600	500	美商无线电工程有限公司	1931	1941.12.8被日军接管改名"东亚"电台	跑马厅路(今武胜路)445号	抗战胜利后复播,1947年2月被电信局封闭(不准外商在华设台)	
13	东方	XHHG	294.1	1020	100	东方饭店陈莳春	1932.1	1952年10月,参加"联合"台	西藏路120号东方饭店内	1938.12.自动停播 1946.9.8复播	
14	亚声	XGYS	267.8	1120	200	亚声无线电研究社	1932	1937年9月,台主黄菊隐募款舞弊被枪决,电台被淞沪警备司令部封闭	贝勒路(今黄陂南路)359号		
15	大声		340		15	大声唱机行	1932				
16	友联	XHHV	340.9	880	100	友联电器公司郑国治	1932年春	1941.12.被日军封闭	福煦路(今延安中路)930弄5号		
17	快乐	XLHD	416.6	720	50	快乐无线电研究社	1932年	1935.8.交通部命令停办	老西门安定里1号		
18	建华	XGCH	405.4	740	100	建华电机公司蓝象亭(石奇孚)	1932.5.1	1941.12.被日军封闭	福煦路(今延安中路)多福里36号	1933年,由石奇孚接办此台	
19	华美	XHHI	282.0	1060	100	港粤沪华美电器行李佩珩(代表人毛礼祚)	1932.6	1952.10参加"联合"台	南京路565号	1937.12.1自动停播 1946.9.8复播	
20	华东	XQHD	220.5	1360	200	华东公司	1932.6	1940.5.改为"好友"电台	宁波路598号		1946.5,华东公司李洪声申办复播,为电信局取缔,未开设

序号	台名	呼号	波长(公尺)	千周	电力(瓦)	主办单位、负责人	开办年月	停办时间及原因	地址	历史沿革	备注
21	法人	XFFZ	214.2	1400	250	法商法文协会	1932.8.19		霞飞路(今淮海中路)193号		
22	中西	XHHH	288.4	1040	100	中西大药房陈廷桢	1932.8	1941.12.被日军封闭	福州路中西大药房		1946年拟再开设,被电信局取缔,未开设
23	三瑞堂	XGSZ		700	100	敦煌三瑞堂	1932		南京路		
24	元昌	XLHM	267.8	1120	50	元昌广告公司张元贤	1932.11	1952.10.参加"联合"台	安纳金路(今东台路)323号	1935.1.28夜失火被焚.迁址顺昌路170弄7号复播.1938.4自动停播1946年9.8.复播	
25	华泰	XLHB	535.7	560	25	陈信录	1932	1941.12.被日军封闭	广东路161号	1932年设于虹口公平路."八一三"战事暂停,战事西移后复业	
26	凌云	XGLY			5	凌云无线电研究社杨志青	1932	1937"八一三"战事停业	南阳桥恒安坊32号		1945.12.7在同业公会登记表称:1929.3创立
27	利达	XHHO		1220	100		1933.1.19登记	1935.8交通部命令停办			
28	孔氏	XLHP		1400	15		1933.1.20登记	1935.8.交通部命令停办			
29	电声	XLHO	214.2	1400	15	电声研究社	1933.1.21登记	1935.8.交通部命令停办			
30	明远	XHHF	312.5	960	100	明远无线电材料行秦德邻	1933.1.21登记	1941.12.被日军封闭	湖北路132-134号		
31	亚东	XLHJ	394.7	760	15	亚东无线电研究社俞仁明	1933.1.21.登记		甘世东路(今嘉善路)新顺兴里5号		1946年拟再设立,未装置即为电信局取缔
32	安定	XHHD	348.8	860	100	安定别墅	1933.1.21.登记	1937.2.1被上海电报局取缔	新闸路福康里15号		
33	永生	XHHJ	277.7	1080	200	永生无线电公司	1933.1.31登记	1935年冬交通部命令停办	南京路563号		1938.8向日本广播监督处登记重播
34	敦笃堂	XLHK	375.0	800	15	郑敦笃堂	1933.1.31登记	1935.8交通部命令停办			
35	天一			1140		天一影片公司与中华无线电研究社合办	1933.2.1开幕				

序号	台名	呼号	波长(公尺)	千周	电力(瓦)	主办单位、负责人	开办年月	停办时间及原因	地址	历史沿革	备注
36	鹤鸣	XLHQ	208.6	1440	15	鹤鸣无线电研究社王文彬	1933.2.2播音	1951.3.1.被军管会命令停播(擅自出卖台产)	小西门祥盛里11号	1937.9自动停播1946.9.8复播	
37	周协记	XLHI	394.6	760	15	周协记无线电行周教贵	1933.2.11登记	1937.2.1.被上海电报局取缔	新闸路鸿祥里7号		
38	市音	XHHR	223.8	1340	50	邱俊夫	1933.3.6登记	1937.2.1被上海电报局取缔	初设南市,后迁卡德路(今石门二路)231号		
39	蓬莱	XLHR		1440	15	蓬莱市场	1933.3.6登记	1935.8.交通部命令停办			
40	华兴	XHHP	238.1	1260	100	华兴公司许劲先	1933.3.6登记	1941.12.被日军封闭	青岛路19号		1946年拟恢复重播,被电信局封闭,后成为“中坚天声”军营电台
41	恒森	XHHK	281.6	1420	100		1933.3.6登记	1935.8.交通部命令停办	南京路404号		
42	华光	XQHF	202.7	1480	250		1933.3.6登记	1937.2.1被上海电报局取缔	葛罗路(今嵩山路)94号		
43	杨氏	XHHT		1500	100	杨毅庆	1933.3.6登记	1935年冬,交通部命令停播	牯岑路人安里23号		1938.7向日本监督处登记重播1320千周227.2公尺
44	惠灵	XLHF	217.4	1380	15	杜惠灵	1933.3.7登记	1937.2.1被上海电报局取缔	光启路裕成里2号		
45	沈氏	XLHH		640	15	新汇中饭店	1933.3.7登记	1935.8.交通部命令停办	汉口路		
46	孙氏	XHHQ		1280	50		1933.3.7登记	1935.8.交通部命令停办			
47	眉寿堂	XLHA		560	15	顾眉寿堂	1933.3.7登记				
48	敦本堂	XLHL	375.0	800	22.5	顾重九	1933.3.7登记1934.11.20开幕	1937.2.1上海电报局取缔	民国路448弄1号		1946年拟在林森中路(淮海中路)19弄1号设台,未开设,被电信局取缔.
49	同乐	XLHC	416.6	720	50	同乐无线电研究社	1933.5.8登记	1937.2.1上海电报局取缔	北京路800号		
50	曹氏试验电台	XGAC	400		15						
51	仁寿堂	XGPT		1034.5	7.5	仁寿堂无线电研究社					
52	孙树德堂	XGSY		1115	50						

序号	台名	呼号	波长(公尺)	千周	电力(瓦)	主办单位、负责人	开办年月	停办时间及原因	地址	历史沿革	备注
53	中研	XHHL		1140	100	中华研究社	1933年交通部发证	1937年春,上海电报局取缔	大世界五楼		
54	汇中	XGMS		690	100	汇中饭店	1933年	1935年	南京路外滩汇中饭店		
55	其美(St. George's)	XQHE	208.3	1460	250		1933.4.26登记	杜美路(今东湖路)9号			
56	东陆	XLHG	468.7	640	100	东方旅社张锦伯	1933.5.8登记	1941.12.被日军封闭	浙江路245号东方旅社		
57	奇开(劳勃生)	XQHB	365.8	820	30	美国人劳勃生	1933.5登记	1941.12.8.被日军接管	赵主教路(今五原路)274号		
58	新声	XLHE	217.4	1380	15	周庸琦	1933.6.1.正式播音	1937.2.1.上海电报局取缔	汉口路131号	1939年8月向日本监督处登记重播,1941.12.被日军封闭	
59	富星	XHHX	327.1	920	1000	富星乾一银公司龚元炳	1933.6.4.试播音	"八一三"后被迫停业	葛罗路(今嵩山路)94号		1946.8拟复播,尚未开设,被电信局取缔
60	佛音	XMHB	306.0	980	500	佛教净业社	1933.6.21登记年底播音		赫德路(今常德路)418号		
61	合组	XHHM	254.2	1180		鸿康电料行、中华无线电研究社、大声唱机行合办	19933.6	1935.5交通部停止许可证			
62	利利	XHHY	241.9	1240	100	利利土产公司吴志权	1933.10.19登记		北西藏路安宜村9号		
63	福音	XHHA		840	100(1936年元旦后1000)	中美教会人士捐款设立,总经理王完白	1933.12.2开幕	1941.12.8被日军占用1946.9.8.复播1952.8奉令停播	虎丘路128号		
64	赏奇	XGSG		882.4	5	浦东大团赏奇无线电研究社	1933				
65	六也	XTMK		1005	7.5	川沙六也无线电研究社	1933				
66	华侨	XMHC	428.5	700	500		1934.1.9登记	1940年售与美商《大美晚报》馆,改名"大美"电台	宁波路47号		
67	无敌播音室	XHHE		940		家庭工业社	1934.1.20开幕				
68	孔玉辉堂	XKON		1460	15		1934				
69	天主教无线电台	XLHD		1200		中华全国公教进行会总会长陆伯鸿	1934.6.29播音		南市正修中学		
70	航运(航业)	XHHZ	254.2	1180	150	航运俱乐部吴释舟	1934.8.4开幕		广东路93号		1935.4.改名"航业"
71	大东	XQHA	517.2	580	250			1935年冬,交通部命令停播	斜桥弄80号		

序号	台名	呼号	波长(公尺)	千周	电力(瓦)	主办单位、负责人	开办年月	停办时间及原因	地址	历史沿革	备注
72	交通部上海电台	XQHC	230.7	1300	2000	交通部	1935.3.9开幕	1937.11被日军接管	百老汇路(今东大名路)瑞丰大厦(发射机)仁论路(滇池路)沙逊大厦(和平饭店)(播音室)		
73	大陆	XHHK	483.8	620	100	中法药房	1935.12.21开幕	拒绝向日本监督处登记,1939年冬,自动停播	北泥城桥中法药房楼上	1946.9.8.复业	1952.10参加“联合台”
74	麟记	XQHG	245.8	1220	250	麟记蓄电池厂刘凤麟	1936.1.4	1937.8.日寇侵沪,拆除机件停播	南市西仓路蓬莱路口椿泽里2号	同上	同上
75	上海市政府电台	XGOI	333.3	900	500	市政府公用局	1936.3.8开幕	1937年冬,被日军接管	市中心区(江湾五角场)		
76	大东	XQHA	454.5	660		日人	1937.10左右	1945.9.25国民政府接收	杨树浦路340号		
77	汪伪上海广播电台	XGOI		900	10千瓦	伪广播协会上海办事处台长陈正章		1945.9.25国民政府接收	四川路133号原英商卜内门洋行旧址		即战前上海市政府电台
78	大美	XHHM	263.2	1140		大美无线电行梅鹤年由徐天生承租	1938.4	1941.12被日军封闭	静安寺路(今南京西路)15号		
79	大亚	XHHC	234.4	1280		顾沈香	1938.5	1941.12被日军封闭	九江路华萼坊		
80	大光明	XLHH	227.3	1320			1938.5	1938.5被公共租界工部局封闭	白克路(今凤阳路)548号		
81	大上海	XOJB	333.3	900		日人	1938		南京路哈同大楼		又说在四川路133号
82	金鹰	XQHK	217.4	1380		黄国屏	1938.6		浙江路159号		
83	大来	XMHJ	267.8	1120		马襄卿	1938.7	1941.12被日军封闭	湖北路迎春坊7号		
84	中義(商业)	XQHT	300	1000		意商	1938.8	1945.9.25国民政府接收	天津路405号煤业大楼	二次大战中,意大利投降后,曾为日军接管	
85	精美	XHTM	258.6	1160		潘淦生	1938.9	1941.12被日军封闭	爱文义路(今北京西路)130号		

序号	台名	呼号	波长(公尺)	千周	电力(瓦)	主办单位、负责人	开办年月	停办时间及原因	地址	历史沿革	备注
86	新华	XHHA	272.4	1100		陈正章(后为乌济城)	1938.9	1941.12 被日军封闭	南京路470号	1946.5.沧州书场负责人陈子桢主办复播.同年8月9日被电信局取缔	
87	良友(两友)	XQCT	230.7	1300		瑞商索尼埃(Saunier)	1938.9.27		南京路454号	后改为华商,迁址福建路152号7楼	1946年五福公司刘万钧主办"两友",8月9日被电信局取缔
88	天蟾	XQHG	230.7	1300		刘春山	1938.12	1941年被日本监督处封闭	福州路天蟾舞台3楼		
89	中美	XMHE	401.0	720		麦正学	1938.12	1941.12 被日军封闭	湖北路131号	1946年,中美文化协会主办"中美"电台,被电信局取缔	
90	天声	XHBC	440.1	680		天声唱机唱片公司	1939.1		福煦路(今延安中路)540弄10号		
91	美声	XQMS	245.0	1220			1938.12		南京路423号2楼		
92	华英	XHHD	208.3	1440		陈显宗	1939.2	1941.12 被日军封闭	汉口路同安大楼		
93	雷通	XHHR	357.1	840	100	日人定次官原	1939.3		斜桥弄19号		
94	华盛	XQMW	306.0	980			1939.3		南京路直隶路(今石潭弄)25号		
95	亚开	XQHT	283.0	1060		徐磐	1939.10	1941.12 被日军封闭	福建路84号		
96	民声	XMHO	211.3	1420			1939		牛庄路691号		
97	好友	XHHT	220.6	1360		三友实业社孙文毅(代理人)	1940.5	1941.12 被日军封闭	贵州路77弄12号		"华东"台改名
98	欧洲	XGRS	526.3	570		德国驻沪领事馆新闻处主办	1940.6.14	1945.9.25 国民政府接收	大西路(今延安西路)3号	1945.5 德国投降后,日军接管,改为伪上海台的国际台	
99	大新	XHHO	227.3	1320		孙爱忠	1940.7	1941.12 被日军封闭	南京路819号		
100	光明	XHHX	217.4	1380		陈志文	1940.7	1941.10 改为妙音电台	浙江路159号神州旅社		
101	经研	XKLE		940		日本组织的上海经济研究协会	1940.8筹设				

序号	台名	呼号	波长(公尺)	千周	电力(瓦)	主办单位、负责人	开办年月	停办时间及原因	地址	历史沿革	备注
102	安华	XHHL	545.4	550		黄寅初	1940.11	1941.12 被日军封闭	西摩路(今陕西北路)59 号		
103	大美	XMHC		700		美商《大美晚报》馆	1940.1	1941.12.8 日军接管,改为"黄浦"电台	中正东路(今延安东路)《大美晚报》馆		
104	文友					刘保和	1940.12	1941.12 被日军封闭			
105	大华	XHHE	306.1	980		朱福钧	1940	1941.12 被日军封闭	九江路 579 号		李聚德堂改名
106	中华	XPBS	545.4	500		刘重恒	1941.1	1941.12,被日军封闭	南京路 470 号	抗战胜利后,一度擅自播音,1946.8.9.电信局取缔	
107	字林西报	XCDN	208.3	1440				1941.12.被日军接收	南京路华懋饭店 430 号		
108	妙音	XHHX		1300		周干甫	1941.10	1941.12 被日军封闭			光明电台改名
109	苏联呼声	XRVN	204	1500 1470		苏联塔斯社	1941.9.27	1947.1.6.被国民政府封闭	静安寺路(今南京西路)778 号(办事室)	1945.8.苏对日宣战后,一度为日军所占用,胜利后复播	
110	《新申报》电台					日伪《新申报》馆			南京路哈同大楼屋顶		
111	扬子	XHHI	217.4	1380					汉口路扬子饭店八楼		
112	伪国际电台	XGOO		500	1000		1945.5	1945.9.25.被国民政府接收	大西路(今延安西路)3 号前德桥总会内		
113	大东	XGOH			200		1941.12	1945.9.25.被国民政府接收	虎丘路广学会 10 楼		
114	东亚	XMHC				台长滕尾薰宏	1941.12	1945.9.25.被国民政府接收	跑马厅路(今武胜路)445 号		原为美商"西华美"电台
115	黄浦	XMAC			100		1941.12	1945.9 归还美商《大美晚报》馆	延安东路 19 号		原为美商《大美晚报》电台
116	民主			1400			1945.8 以前		太原路 300 号		
117	上海	XORA		800		国民党中央广播事业管理处	1945.9.25	1949.5.27 军管会新闻出版处广播室接管	中正西路(今延安西路)7 号		

序号	台名	呼号	波长(公尺)	千周	电力(瓦)	主办单位、负责人	开办年月	停办时间及原因	地址	历史沿革	备注
				900		同上	1945.9.25	同上	同上		
				1390		同上	1945.9.25	同上	同上		
118	青年(上海青年)	XCYC		1440	200	三青团上海支团部台长王立本	1945.8下旬	1945.5.27 军管会青年工作委员会接管	古拔路(今富民路)43号	1946.8 电信局曾下令取缔,以后又取缔多次	
119	亚洲	XMZC		1200	450	AEC 无线电公司张寿椿	1945.10	1951 年军管会命令停播	进贤路272号		
120	金都	XMKD		780	500	金都无线电工程公司陈福庆	1945.11	1952.10 参加"联合"台	中正中路(今延安中路)580号		
121	建成	XGHS		1420	500	国民党沪宁、沪杭甬铁路局党部	1945.12.15	同上	西藏南路195号		
122	青年文化	XGYM		1040		国民党文化运动委员会台长王微	1945.12	1946.8.电信局取缔	六合路77号		
123	国民	XGLA		1000		国民党上海特别市执行委员会杨士芳	1945.12	1948.9.电信局封闭	金陵东路486号	1946.8.以后曾命令取缔多次	
124	中华海员	XCSU	220.5	1360		国民党中华海员特别党部	1945.11	1946.8.电信局取缔	胶州路170弄7号		
125	建国(上海建国)	XVCK		1200		三青团上海支团第二分团	1945.12	1946.8.电信局取缔	林森中路(今淮海中路)511号		
126	金城	XQGC		1260		金城广播有限公司裘铭飞	1945.12	1946.8.9 电信局取缔	北京路780号金城大戏院楼上		
127	惠工	XGVK		1160		上海市总工会许康甫	1946年元旦	1946.8.9 电信局取缔	宁波路74弄43号		
128	青华	XLHC		1100		三青团上海支团第四分团电台主任杨文广	1945.12		北京西路1278号		
129	美灵					凌廷佐	1945.12				
130	忠义			980		忠义救国军	1945.12				
131	胜利	XGNE		980		忠义救国军政工二区队	1945.12		南京西路982号		
132	环球	XUCC		1180		国泰戏院台长顾宣元	1945.12	1946.8.9 电信局取缔	迈尔西爱路(今茂名南路)275弄5号		
133	民声	XPOC		1240	500	中国业余无线电协会葛正心等	1946年元旦	1952.10 参加"联合"台	威海路313号		
134	新声	XLMC				上海市教育会周裴成	1945.12复播				

序号	台名	呼号	波长(公尺)	千周	电力(瓦)	主办单位、负责人	开办年月	停办时间及原因	地址	历史沿革	备注
135	大美	XMHC		700		郑肇骥、王彦臣、季载华、刘光埙购自《大晚报》馆	1945.10	1952.10 参加“联合”台		1951.4.1 改名“大众”电台 1946.6 失火被焚,7月复业.1947.1.1 调查国籍问题暂停.9月确认为国人企业,继续营业。	
136	中华自由	XHHL		1140	500	陈信厚等	1946.1.1	1952.8 军管会新闻出版处批准歇业申请,8月1日起停播	中正中路(今延安中路)641号		战前曾为交通部取缔
137	大中国	XDCK		1380	200	李凤霖	1946.1.5	1952.12.14 市新闻出版处命令停播	直隶路(今石潭弄)250号		
138	中和	XHWW		820		中和企业公司徐中和	1946.1.14	1946.8.9 电信局取缔	九江路150弄7号		
139	合作	XHLA		1120	500	社会部全国合作社物品供销处上海分处陈仲明	1946.1	1949.5 解放后改为公私合营电台(改名“沪声”)	南京西路南海饭店		
140	海声(上海海声)	XQHS		860		国民党中华海员特别党部上海区党部沈召坪	1946.1	1946.8.电信局取缔	贵州路127号		后变为“复青”台
141	军政	XGAT		1060		第三方面军政治部台长谈中行	1946.1	1948.3.13 电信局取缔	窦乐安路(今多伦路)85号		
142	大公	XMPK		800		上海市总工会大公通讯社	1946.1	1946.8.9 电信局取缔	汉口路678号金山饭店内		后变为“联合”台
143	华美学术	XHMS	234.4	720		华美无线电学校电台负责人徐昭明	1946.1	1946.8.9 电信局取缔	林森中路(今淮海中路)607号		
144	建设	XGZS		940		中国建设广播公司黄金荣、陈其	1946.1	1946.8.9 电信局取缔	浙江路159号4楼		后变为“沪军”台
145	合众	XRCA	267.7	1120	500	王丹青	1946.2.2 播音	1952.10 参加“联合”台	吴江路23弄12号		
146	九九	XGNP		1280	250	国民党上海第五区执委会上海工商协济会正诚通讯社台长朱智民	1946.2.10 试播 8.16 正式播音	1952.10 参加“联合”台	永年路149弄13号		

序号	台名	呼号	波长(公尺)	千周	电力(瓦)	主办单位、负责人	开办年月	停办时间及原因	地址	历史沿革	备注
147	复兴	XCRO		1320		何五良、史致富、王晓籁等7人发起	1946.2开幕	1946.8.9电信局取缔	中正东路(今延安东路)340弄32号		
148	大同	XHDT		1380	200	刘宝椿	1946.3.5	1951.7.1市新闻处勒令停播(私自出售台产)	同孚路(今石门一路)旭东里2号		
149	中联	XGCA				中共上海地下组织以"上海市文化运动促进会"名义主办	1946.3.10开幕	1946.8电信局取缔	大沽路411弄4号		
150	能维雅	XOSP		620		《辛报》馆宓季方	1946.3	1946.8.9电信局取缔	淮安路90弄63号		
151	前进	XCHP		1190		中华海员工会上海分会张耀明	1946.4.4开幕	1946.8.9.电信局取缔	金陵中路174弄24号		
152	三八	XHYL		580	100	俞仲铭	1946.4.10	1946.8.9电信局取缔	大沽路451号		
153	亚洲	XMHK				亚洲公司张建岐		1946.8.9电局取缔	金陵西路105号		
154	天然	XHFC		1320		大成营业公司李道义		1946.8.9电信局取缔	芝罘路64号天然饭店		
155	华昌	XLPC		780		信昌水电材料行		1946.8.9.电信局取缔	南京西路685号		
156	太华	XHHA				郭于繁		1946.8电信局取缔	河南路72号		
157	大业	XHDY		800		黄金荣(麦正学)	1946	1946.8.9电信局取缔	大世界五楼		
158	胜利	XGNC		1260	500	宪兵司令部周用行	1946.1	1949.5.27军管会宣教部接管	胶州路170弄25号		1945.12.1调查:上海市妇女筹备会陆惠民申办"胜利"广播电台
159	上海复兴	XHRC		920		赵耿梅徐明辉		1946.8.9.电信局取缔	中正东路(今延安东路)1414弄37号		
160	心光	XHBC				钟光宇		1946.8.9电信局取缔	福建路152号7楼		
161	生产	XHRA				生产界出版社李凤初、章荣霖		1946.8.9电信局取缔	宁波路599号		
162	利华	XGRC		920		朱丽文		1946.8.9电信局取缔	汉口路441号120室		
163	光华	XKHA				兴华实业公司徐希达		1946.8.9电信局取缔	重庆路108号		
164	力行	XUCQ		740		《大晚报馆》汪调然	1946	1946.8.9电信局取缔	中正东路(今延安东路)285弄54号		后变为"中坚天声"台

序号	台名	呼号	波长(公尺)	千周	电力(瓦)	主办单位、负责人	开办年月	停办时间及原因	地址	历史沿革	备注
165	上海新闻					第三方面军上海指挥所新闻室施杰、陈志钧	1946	1946.8.9 电信局取缔	中正东路(今延安东路)1275 弄 4 号		
166	新声	XHHE				王澄波	1946	1946.8.9 电信局取缔	中正东路(今延安东路)504 号		
167	大兴	XHCV				金中仁	1946	1946.8.9.电信局取缔	浙江中路 63 弄 30 号		
168	中华	XMSA		760		国民党上海市第二区魏敦义	1946	1946.8.9 电信局取缔	宁海东路 128 号 5 楼		后变为“新苏”台
169	大中	XHLB		1170		华东通讯社沈秋雁	1946	1946.8.9 电信局取缔	北京西路 238 号		
170	沪卫	XMHV		680		保卫总团沪南区团部陆永琪、姚文璋	1946	1946.8.9 电信局取缔	陕西南路 253 弄 17 号 A		
171	中建	XHPR		1460		中国战后协进会吴铁城	1946	1946.8.9 电信局取缔	南京西路 437 号		
172	自治	XHZS		1220		上海地方自治协进会吴文德	1946.5	1946.8.9 电信局取缔	永嘉路 74 号		
173	建声	XMKS		960		顾文辉	1946.5	1946.8.9 电信局取缔	石门路 9 号		
174	建业			820			1946.5	1946.8.9 电信局取缔	宁海路 129 弄 29 号		
175	绿营	XHBS				市商会王晓籁	1946.5	1946.8.9 电信局取缔	北苏州路 470 号		
176	上海国泰	XCBS				法国国泰广播公司	1946	1947.1.6 国民政府封闭(不准外人在华设台)			
177	新运	XNLA		980	500	新生活运动促进会钱大钧	1946	1949.5.27 军管会青年工作委员会接管	福州路万寿山酒楼		
178	大华(上海大华)	XROY				胡世雄、司徒卫	1946	1946.8.9 电信局取缔	河南路 72 号		
179	正风	XGHA				楼兆鼎	1946	1946.8.9 电信局取缔	古拔路(今富民路)172 弄 12 号		
180	祥生	XJBC		980		祥生饭店周祥生	1946	1946.7.23 电信局封闭(利用电波向苏州通话)	陕西南路祥生饭店		
181	航海	XQHB		1110		全国航海技术团体协进会金月石、秦虎	1946	1946.8.9 电信局取缔	南京西路 1081 弄 2 号		
182	上海时代	XMTA				时代广播公司徐明诚	1946	1946.8.9 电信局取缔	雷上达路(今兴国路)63 号		
183	市立民众教育馆	XGMC				徐则骧	1946	1946.8.9 电信局取缔	南市文庙路		

序号	台名	呼号	波长(公尺)	千周	电力(瓦)	主办单位、负责人	开办年月	停办时间及原因	地址	历史沿革	备注
184	雷霆	XQRD		720		龚天健	1946	1946.8.9 电信局取缔	西藏中路皇后戏院四楼		
185	凯旋	XQHK		860		《正言报》馆吴绍澍、王晋时、刘道芳	1946	1949.5.27 军管会宣教部接管	南京路新新公司五楼	1946.8.9.电信局取缔.1947 年改名“民粹”,10.29 查封 1947.12.18 再改名“凯旋”,由陆军整编 63 师 186 旅委托杨志青主办.	1948.10.国防部核准(XHAS860 千周)
186	和平	XVPC		980	200	《和平日报》馆吴泽舟、魏稚青	1946	1949.5.27 军管会宣教部接管	中正中路(今延安中路)424 弄 44 号		
187	中国文化	XMHY		1420	500	中国文化服务总社陈起人、潘武鼎	1946.5 以前	1950.6.1 军管会命令停播	福州路 679 号		
188	新沪	XNSA		1360	200	新沪通讯社凌曙东	1946.9.20 开幕	1949.12 公私合营,改名“大沪”	南昌路 295 号		
189	复青	XCVA		1080	500	复员青年军联谊会王元悌	1947.4	1949.5.27 军管会宣教部接管	南京西路 437 号		原“海声”台
190	新苏	XGSV	245.8	1220	300	第一绥靖司令部周子良	1947.4	1949.5.27 军管会宣教部接管	宁海东路 128 号		原“中华”台
191	铁风	XHTF		1040	300	空军供应司令部政工处商汀	1946.5	1949.5.27 军管会宣教部接管	南京西路新世界饭店 1561—1563 号		1948.10.2 国防部核准
192	中韩文化			880			1947.4				
193	新都	XLST		1330	500	上海市参议会唐梦熊	1947.4	1949.5.27 军管会政务委员会接管	贵州路 28 号		原“鸿声”台
194	警声	XSMP	272.6	1100		市警察总局	1947.4	1949.5.27 市公安局接管	福州路市警察局		
195	新建			1020				1947.1.6 电信局封闭			
196	民粹			860			1947.7	1947.10.29 电信局查封	南京路新新公司		1947.12.18 改名“凯旋”
197	远东	XMYP	428.3	700	200	国民党中央各军校毕业生调查处上海通讯社梁傅玻	1946.1	1949.5.27 军管会宣教部接管	武进路 506 号	一说负责人杨学贤,武进路 580 号	1948.10 国防部核准
198	军民	XJMC	217.3	1380			1947.4	1947.10.29 电信局查封	汉口路 441 号		

序号	台名	呼号	波长(公尺)	千周	电力(瓦)	主办单位、负责人	开办年月	停办时间及原因	地址	历史沿革	备注
199	天声(中坚天声)	XMTS	277.6	1080	300	中坚出版社许劲先	1947.4	1949.5.27军管会新闻出版处广播室接管	青岛路19号		1948.10国防部核准
200	沪军	XOSM		1140	300	上海师管区司令部祝文豪	1947.4	1949.5.27军管会宣教部接管	浙江中路159号5楼		同上
201	联合	XQAC		740	300	东方经济研究所徐忠良	1947	1949.5.27军管会宣教部接管	汉口路金山饭店5楼		同上
202	远征	XLAM		1020	500	青年军202师162旅政治部黄立	1947	1949.5.27军管会宣教部接管	西藏中路451号国泰戏院楼上		同上
203	新闻	XCNA		960	200	水上稽查大队长冯仲远办，上海通讯社社长史秉成负责（后为乔柳浪）	1947	1949.5.27军管会宣教部接管	芝罘路64号天然饭店4楼	-	
204	公建	XMHD		760	300	淞沪警备司令部王凯鼎	1947	1949.5.27军管会宣教部接管	中正东路(今延安东路)1060号		1948.10国防部核准
205	陆总(民本)	XGMB		860		陆军总司令部袁凤举	1947	1949年上海解放前迁台湾	浙江路泰康大楼	1947.10.29电信局查封	1948.10.2国防部核准
206	沪光	XNKL		920	400	胡子荣	1947	1947.10.29电信局查封	湖北路中央旅社		1948.1.14改名“建军”台
207	建军	XMHA		860		市警察局某职员私设	1948.1.14	1949年5月27日,军管会宣教部接管	河南中路72号	1948.3.13电信局搜查取缔	1948.10.2国防部核准
208	仿友			780		联勤总部上海医院王文刚	1948.6.1	1949.5.27军管会宣教部接管	凤阳路724弄7号	1948.6.25电信局查封	1948.10.2.国防部核准
209	勤政			920		联勤总部政工处	1948.5.26	1949.5.27军管会宣教部接管	西藏中路220号万寿山酒楼吴筱香	1948.6.25电信局查封	1948.10.2国防部核准
210	军讯			1180		国防部政工局军讯社黄国浩	1948	1949.5.27军管会宣教部接管	南京西路437号2楼		1948.10.2国防部核准
211	军声	XMHT		1180			1947		福建路吴宫饭店	1947.10.29电信局查封	1948.10.2国防部核准
212	政声			940		淞沪警备司令部政工处杨永年		1949.5.27军管会宣教部接管	浙江中路430号407室泰丰大楼		
213	军友	XJSS		840		军之友社刘德铭	1947		乍浦路180号		国防部核准
214	公训	XMHG		720					四川路29号4楼		
215	军心			780			1948	1948.3.13电信局搜查封闭	浙江路泰康大楼		

序号	台名	呼号	波长(公尺)	千周	电力(瓦)	主办单位、负责人	开办年月	停办时间及原因	地址	历史沿革	备注
216	青光	XMHY	340.7	880					新新公司五楼520-22		
217	凌云			760			1947		中正东路(今延安东路)1036号		
218	劳动	XCAL		620		中国劳动协会上海办事处水祥云	1946	1946,8,9电信局取缔	福州路33号		
219	怀恩	XMGC				上海怀恩堂戚庆才	1946	1946.8.9电信局取缔	西摩路(今陕西北路)375号		
220	大声										
221	青白							1947.1电信局封闭			
222	建新							1947.1.电信局封闭			
223	国光							1947.1电信局封闭			
224	沪声							1947.1电信局取缔			
225	中青							1947.6电信局取缔			
226	洪光							1947.6电信局取缔			
227	公平							1947.6电信局取缔			
228	青声							1947.10.29电信局取缔			
229	军支							1947.4.25电信局封闭			
230	军勤					联勤总部特勤学校播音系					
231	鸿声					民治党中央党部		1947.4.25电信局封闭			亦名"洪声"

(上海市广播电视局史志办公室供稿)

名 录

北京音像公司

北京音像公司隶属于北京市广播电视局，系国家正式批准的音像制品复录、生产、出版、发行、电视广播代理和制作单位。1979年在京成立，初名为“北京广播事业服务公司”，是北京较早制作、代理电视广告业务的公司之一。1986年1月经北京市机构编制委员会批准，与“北京市音像出版社”合并为“北京音像公司”。

北京音像公司经过十几年的发展，现已拥有一整套先进的录音、录像生产制作设备，各类专业技术人员占全体职工总数的70%，音像制品发行渠道遍及全国29个省市及澳大利亚、美国、加拿大等国家。

北京音像公司有一个团结协作的领导班子，实行总经理负责制。总经理：刘锡光，副总经理：程厚德、刘晓梅。公司现有编制135人，下设编辑、出版、发行、制作、经营等部门。

公司地址：北京市西城区真武庙二条四号；联系电话：3262885；邮政编吗：100045

北京广播发展总公司

北京广播发展总公司是北京人民广播电台所属的唯一一家集宣传、广告、贸易和新技术、广播资源、房地产开发为一体的集团性企业化公司。成立于1993年3月18日。

北京广播发展总公司的任务和宗旨是：充分发挥广播作为多功能现代化传播媒介的优势，进一步开发广播在人才、信息、技术、设备等方面的深厚资源和巨大潜力，为北京人民广播电台研究、制定经营创收总体规划提供意见和建议，并围绕广播特点开发新项目，开展多种经营，以增强北京人民广播电台的自我发展能力。

北京广播发展总公司下属：北京儿童台、信息中心、房地产经营开发部、北京华美国际广告（有限）公司、通达贸易公司、博文翻译公司、青苹果儿童用品分公司、沈阳分公司、广州分公司以及经理办公室、财务部、开发部。其中，成立于1993年7月22日的北京华美国际广告（有限）公司，是与美国华美国际广告（有限）公司合资成立的一家综合性广告公司，它不仅与首都的各新闻媒介有着良好的合作代理关系，并全权代理北京人广播电台所属各系列台的广告业务。

北京广播发展总公司电话：5159634；

北京华美国际广告（有限）公司电话：5159163；

地址：北京建外大街14号；邮编：100022；传真：5159168。

东南广播公司

为适应海峡两岸关系的不断发展，促进祖国和平统一大业的早日实现，福建人民广播电台在开展对台宣传40多年的基础上，新建中国东南广播公司并经广播电影电视部批准，于1993年元旦开播。宣扬爱国主义，光大民族气节，弘扬中华文化，竭诚为海峡两岸同胞、港澳同胞和海外侨胞服务，促进祖国和平统一大业早日实现，是东南广播公司的宗旨。公司立足福建，报道全国，面向台、澎、金、马，辐射港澳及东南亚。东南广播公司采用主持人直播方式和大版块结构的编排形式，以新闻为骨架，每天播音10小时，采用普通话和闽南话语言，分早、中、晚三个时段播出。清晨6：00～8：00是以传递新闻和信息为主的《清晨好时光》板块节目。星期天开辟《早安！星期天》特别节目。中午12：00～14：00是以经济为主的《东南经济网》和以欣赏为主的《激光音乐片》板块节目，星期天开辟《东南度假村》节目。傍晚18：00～20：00是综合文艺节目《跨跃彩虹》，星期天开辟特别节目《假日游乐宫》。晚上20：00～22：00是《生活交响》板块节目，星期天开辟《今天我休息》节目。22：00～24：00是闽南话广播《海上生明月》，星期天开辟《华人世界》节目。

东南广播公司负责人：刘金森。地址：福建省福州市古田路2号，福建省广播电视中心大楼；电话：310994；电挂：8224；邮政编码：350001。

江西经济广播电台

江西经济广播电台于1993年4月经广播电影电视部、中共江西省委宣传部批准建立，同年11月7日正式开播。

该台建台目标是：与现代广播新格局接轨，追求卓越、全新传播效应。在传播格局上，推行主持人中心制；实行新闻、信息滚动播出；大板块构架；全时段直播；同时采用中波、调频立体声两种发射方式。节目设置方针是：大众型、信息型、服务型、娱乐型，节目构架以新闻和信息为主体（尤其突出经济新闻、经济信息比重），融汇服务、谈心、文艺、娱乐于一体。

新的体制：该台实行“独立核算，自收自支、自负盈亏、自主分配”和企业化管理，并实行全员聘任制。

新的机制：全台推行岗位责任制。定岗、定人、定责，分配与岗位工作、实践效益挂钩，实行考核、奖励、激励机制。

新的节目：全天播音 14 小时。其中新闻、信息全天滚动播出各 9 次，形成"大容量、密集型、快节奏"的格局，配之以经济热点、焦点的深度报道。此外，全天节目划分成新闻、经济、青春、音乐、综艺、生活、谈心等 9 个主题指向的直播板块节目。星期日办有连续 6 小时的假日特别节目《欢乐时空》。在早、中、晚 3 个黄金时段，精心办出富有特色的黄金板块节目：7 点至 8 点为新闻板块《赣江新闻网》，12 点至 14 点为青春型板块《青春快车》，18 点至 19 点为生活板块《相约在黄昏》。该台还注重开发非黄金时段，办出适合特定听众群体需求的节目，如 10 点至 12 点的经济板块《经济大世界》，其中"热线导购"连网南昌市八大商场，获得高收听率。

扩大听众参与，是该台追求全新、卓越传播效应的目标之一。7 点半的《社会传呼》、18 点的《身边事大家谈》，21 点的《滕王阁夜话》，以及有关医疗、美容、法律等服备性热线，都备受欢迎。

江西经济广播电台发射频率、功率为：中波 846 千赫 10 千瓦。调频 106.5 兆赫 10 千瓦。讯号传输采用调频 89.1 兆赫 1 千瓦。两个调频频率均为立体声广播。节目覆盖范围东达鹰潭，南至吉安，西临新余，北抵九江，共约 2000 余万人口。

江西经济广播电台是江西省广播电视厅下属正处级事业单位，内部管理受江西人民广播电台领导。台长：朱燕之，副台长：苏晓东。下设新闻中心、总编办、综合部、综艺部、广告部、公关部，定编 40 人。地址：南昌市洪都中大道 111 号 14 楼。电话：321168 转 2424、2407、2497。电传：321168 转 2497。邮政编码：330046。

江西信息广播电台

江西信息广播电台 1993 年元月 1 日试播，经广播电影电视部批准，1993 年 4 月 15 日正式开播。其宗旨是利用广播覆盖面广、传递速度快的特点，向社会各界传播各类信息，为促进全省工农业生产和社会主义市场经济的发展服务。

江西信息广播电台共设有两套节目，第一套节目为中波和调频广播，中波频率为 927 千赫，调频频率为 96.8 兆赫，每天早、中、晚 3 次播音，全天播音 7 小时，主要节目有：《综合信息》、《金融证券信息》、《信息快讯》、《音乐欣赏》、《927 晨曲》等，节目内容以市场、经贸、新技术、新产品、期货、供求信息为主，另外还有音乐和卫生保健等服务性内容。第二套节目为 SCA 调频副讯道广播，全天播音 9 小时。SCA 调频副讯道是一项新的广播业务。目前已实现了计算机自动播报，主要是向股民传播上海、深圳证券交易所的同步股市行情和股市分析信息。

江西信息广播电台是隶属于省广播电视厅的处级事业单位，实行独立核算，自负盈亏。1993 年台内设有编播部、信息部、技术部和办公室 4 个部门，共有职工 20 人。台长：鲍志高，副台长：黄玉英，总编：陈达凡。地址：江西省南昌市洪都中大道 111 号。电话：325410 或 321168 转 2168、2004。传真：321168-2018。邮政编码：330046。

江西有线电视台

江西有线电视台前身为江西广播电视中心有线电视站。该站筹建于 1992 年 6 月，7 月 25 日试播，并经江西省编制委批准建站。1994 年 1 月 20 日，广播电影电视部批准建立江西有线电视台，1994 年 3 月 8 日，江西省机构编制委员会批准，同意江西有线电视站更名为江西有线电视台。

江西有线电视台是厅属处级事业单位，经费自收自支。其宗旨为宣传党的路线方针政策，促进精神文明建设，活跃人民群众文化生活。现开设 1 套自办节目，全天播出约 17 小时，其中每天 8：15 至 8：30 重播前一天江西新闻，19：00 至 19：30 转播中央电视台新闻联播。自办两套节目，目前用第一套节目向南昌市用户传送集新闻、信息、娱乐、教育、服务为一体的有线电视节目。随着事业的发展，还将开办第 2 套自办节目，并向全省传送节目信号。

江西有线电视台下设办公室、总编室、新闻部、专题部、文艺部、技术部、财务部、广告部等科级机构，人员暂定 60 人。台长：陈启芸，副台长：王俐俐、刘建成，台长助理：舒礼荣。地址：江西省南昌市洪都中大道 111 号，电话：321168 转 2150、2151，邮编：330046。

江西广播电视报社

《江西广播电视报》于 1980 年复刊后，编辑部由江西人民广播电台代管，1984 划归江西省广播电视厅总编室。1988 年独立成立江西广播电视报社，为厅直属处级事业机构，企业化管理，独立核算，自负盈亏。自 1989 年至 1993 年底止，5 年创纯利 1026.24 万元，上交厅 650.47 万元，占总利润的 63.8%。1993 年，报纸总发行量 1750 多万份，创利 241 万元，上交 148 万元；其中印刷厂除上交报社纯利 20 万元外，年产值达 93.49 万元，实现利税 12.3 万元。

1993 年，报社坚持以宣传改革为中心，认真抓好头条新闻，凡是读者需要了解的能反映江西省广播电视行业改革开放整体面貌，重大成果，重要举措，新人新风的新闻都在头版头条显著位置刊发。为了方便读者，增加一个版对省电视台的节目介绍，同时增加了中央台三、四套节目介绍。年初，发行了第一张 12 版报，增加了不定期文摘版和社会热点版。第 27 期始到年底，共发行了 27 期 10 个版的报纸。报纸开办了中央电视台 4 套，江西电视台 2 套，江西有线电视台 1 套，江西人民广播电台 1 套，以及江西信息台，江西经济广播电台节目介绍和《声屏漫议》、《声屏简讯》等专栏。同时在六版和七版还开办了综合副刊版《锦锈谷》和家庭与生活版《康乃馨》，内设《影视杂谈》、《声屏后面》、《心中的明星》、《七嘴八舌》、《人在旅途》、《健康顾问》、《生活隽语》、《家事谈话》、《两人世界》等十几个定期或不定期栏目。1993 年还分 4 个季度举行了读报有奖活动，参加者达六七万人。

1993 年 8 月，报社又创办了副刊报《声屏大世界》，这是江西省第一张公开发行的彩色周报，4 开 8 版，自办发行，第一期发行 2 万份，至年底共出试刊 5 期。

印刷厂于 5 月安装调试成功第二台 PJSC787 型胶印轮转印刷机，试印第 25 期彩报 2 万份。并于下半年开始承印《声屏大世界》彩报。至年底，印刷厂已有 01 平台胶印机、03 平台胶印机和 PJSC787 型卷筒纸胶印轮转机各一台，并购进大屏幕电脑组版机，建立了电脑激光照排车间，不仅承印《江西广播电视报》和《声屏大世界》彩报、《声屏世界》月刊，还有较强地承接社会业务能力。

江西广播电视报社共有正式职员 36 人（不含省广播电视学会秘书处人员），其中离退休人员 5 人。印刷厂共有职工 63 人。报社内设办公室、《江西广播电视报》编辑部、《声屏大世界》编辑部，广告部、发行部，下属机构有：印刷厂、劳动服务公司、海南信息开发部、车队。

总编辑：胡礼伦；副总编辑：陶毅。地址：江西省南昌市北京西路 2 号。电话：总编辑办公室 215034、217926，办公室 215084；编辑部 262472、275634，广告部 224398，发行部 214846，印刷厂 333941，传真 221265，邮政编码 330046。

江西省广播电视服务公司

江西省广播电视服务公司创建于 1950 年，原名江西人民广播电台服务部、江西省广播电视器材公司，隶属江西省广播电视厅直接领导，是江西省广播系统经营性最早的单位。公司座落于南昌市繁华的中山路、胜利路交汇处，毗邻中外闻名的“南昌八一起义纪念馆”，目前是江西省广播电视系统唯一的一家省级经营广播电视器材和服务性的公司。主要经营：广播电视整机产品、家用电器、广播电视系列维修元器件、音像制品，对外实行维修服务一条龙，具有雄厚的无线电技术力量。多年来公司还负责安装有线电视工程系统。

长期以来公司与国内许多新老名优厂家建立了友好的贸易往来，建立了深厚的工贸关系。在江西市场上是重合同、守信誉的单位，得到工商、物价部门及广大用户的信任。公司拥有雄厚的经济实力，几十年来积累了较大的固定资产和流动资金，是银行信得过的单位。公司拥有一批善经营，善管理的人才，在商贸活动中，较高的经营素质和良好的商业品格，得到各生产厂家的好评。公司拥有一批高、中级技术力量，在为江西的广播电视事业的发展建设中作出了突出的贡献。公司与全国许多厂家建立了家用电器保修点，维护了厂家在江西市场上的信誉。公司期望在今后的改革开放中，进一步做好服务工作，更好地与全国各厂家，特别是全国广播电视系统内的同行们合作，共同为发展广播电视事业作出新的贡献。

公司总经理：邓水根　副总经理：曲元岐、李安保。经营地址：南昌市中山路 264 号。联系电话：经营部 784369，销售服务部 774574，音像科 774554，工程部 771182，开发部 321168 转 2870；开户银行：南昌市中山路办事处。帐号：20100221013442。电挂：2330。邮编：330009。

齐鲁音像出版社

齐鲁音像出版社成立于 1984 年 10 月，地处泉城济南，隶属山东省广播电视厅。下设录音部、录像部、发行部、节目供片总站、经营部和办公室。全社职工 29 名，现有高级职称人数 8 人，中级职称人数 12 人，初级职称人数 7 人，编辑和专业技术人员力量雄厚，并逐年得到加强。

出版社现拥有一批较先进的机器设备：BVU-800P 三台、VO-5850 三台、SEC-2500P 一台，及摄像机、背包机、时基校正器和字幕机等，录像带月生产量可达 6000 部以上；1986 年与香港永声合资建立 900 平方米录音棚 1 座，配备有美国哈里森 24 轨调音台 1 座，瑞士 A810 立体录音机 4 台、电声乐器一批。

齐鲁音像出版社成立 9 年来，共出版音带 366 个编号的节目，共计发行 700 多万盒；像带出版 52 个编号；9 年共发行像带 15 万盒。这些音像制品促进了文化市场的繁荣，也为出版社带来了良好的社会效益和经济效益。

1993 年，第二届全国优秀音像制品“双向奖”评奖揭晓，齐鲁音像出版社拍摄的《胜利女神》获得连续剧类二等奖和优秀美术奖，音带《拜花堂》、《井台会》获得荣誉奖。

青岛经济广播电台

青岛经济广播电台是青岛市广播电视局筹建的自收自支性质的电台。经过省广播电视厅和广播电影电视部正式批准注册后，于 1992 年 10 月 5 日试播，使用调频 103.8 兆赫、调幅 1251 千赫的频率每天播出 9 小时节目，后经过两次较大调整完善，于 1993 年 6 月 25 日挂牌正式开播，每天播出节目 18 小时。国家对广播频率统一调配后，该台现在在调频 102.9 兆赫，调幅 1251 千赫上播出。

青岛经济广播电台是一座大众型、信息型、服务型、娱乐型的广播电台，遵循“接近群众，接近生活、接近实际”的宗旨，全天节目以新闻为龙头、以经济宣传为骨架，采用大板块结构，全部由主持人主持直播，通过听众参与，双向交流等诸多方式提高广播的可听性和时效性，融新闻、信息、知识、服务、娱乐于一体，在强化广播作为党和政府的喉舌的意识的同时，强化广播的服务功能和群众意识，拓宽广播参与社会、社会参与广播的层面，全力为经济建设和社会生活服务。

青岛经济广播电台本着“常办常新”的原则，对播出的节目不断进行调整，现在办有《经广新闻网》、《社会新视野》、《空中大市场》、《经济子午线》、《文体专列》、《新闻直播室》、《欢乐今宵》、《午夜相逢》等日常板块节目和“星期日特别节目。

青岛经济广播电台现有正式工作人员45人，其中节目主持人20余人。设台长1人，副台长3人，台内设置编辑部、记者部、节目部、公关信息部、技术科等部门。

青岛经济广播电台编辑部电话：(0532)2864200，热线电话：2861212。

青岛有线电视台

1993年2月11日广播电影电视部批准筹建青岛有线电视台，青岛市广播电视局党委为有线电视台配备了领导班子：刘衍生副局长（副总编）负责有线台工作，配备三位副台长，杨宾华为主持全面工作的副台长，陈贤彬为负责宣传的副台长，张双茂为负责技术的副台长，下设七个处级部门。

1993年5月1日，青岛有线电视台信号开通，拥有用户1429户。播出电视频道14套，转播11套，自办影视综合、教育、图文信息3个频道。播出时间：图文信息全天24小时；影视综合18小时，设栏目10多个，每天播出自办新闻8次，每次5分钟，普通话6次，英语新闻两次；教育每天播出6小时，调频广播设备5月份到位，6月6日开通信号，转播7套，自办调频立体声节目1套，播出时间每天15.5小时。7月1日正式试播，开通用户5158户。9月8日开通第一条光缆传输信号（前端到洛阳路小区），光缆长度12.27Km，信号质量良好。截止10月1日开通用户33575户，提前3个月超额完成市政府提出全年发展用户3万户的任务。1993年全年发展用户83358户。

网络建设采取主干线市内五区基本铺设到位，支干线铺设到主要街道，今后只需局部补线。现共铺设主干线50公里，支干线130公里。铺设光缆30.849公里。

日照有线电视台

日照有线电视台创建于1992年12月，为副处级事业单位，全台共有40人，负责人张守福。台内设办公室、总编室、新闻专题部、文艺部、经济信息部、录制部、技术播出部、用户工程部、计财部9个部室。自1992年12月19日开播以来，用户到1993年底已发展到12000户。该台自办综合、图文两套节目，转播中央一至四套等14套电视节目，采用300WH2邻频传输，干线为高频同轴电缆，广播电视信号共缆传输。自办节目中，综合节目（第一套节目），辟有《日照广角》（新闻）、专题《请您欣赏》、《荧屏连着你和我》、电视剧等节目，每天早9点到晚11点播出。图文电视（第二套节目）辟有：《简明新闻》、《报刊文摘》、《经济信息》、《电视预告》、《菜价》、《生活指南》等栏目，文字与音乐同时播出。

该台制作的少儿艺术片《小羊和狼》在省台和中央台“同一片蓝天”中播出；与中国电视剧制作中心联合拍摄了两集电视剧《青青白杨树》，1993年中央三套和国际广播电台播出，1994年在中央台一套、二套、四套、北京台、天津台播出。《请您欣赏》播出104期，专题播出12部，图文节目播出各种信息9066条，转播节目14套75776小时。录制了《十二生肖的故事》、《小羊和狼》、《鳄鱼和小猴》、《鸡和耳朵》、《不怕冷的大衣》、《聪明的小鸭子》等6部少儿美术片；摄制了武术表演《好小子》、笑话《刀下留人》、小提琴合奏《很久以前》、电子琴独奏《扎红头绳》等4个文艺节目。全年共播放电影电视剧1872部（集），少儿节目400部（集）。

办公地址：日照市望海路19号，电话：223393，邮编：276800

临沂经济广播电台

临沂经济广播电台，于1993年6月1日试播，是一家经省广播电视厅，广播电影电视部批准，由地区广播电视局组织兴建的专业广播电台。全台干部职工34人，设编辑部、主持人部、技术部、广告部和办公室。台长徐宝才。

临沂经济广播电台采用直播方式，初步设置了9.5个小时4大板块27个栏目的节目。主要内容有新闻、信息、专题、广告、文艺等；另外还专设了供听众直接参与的热线节目，有“导购热线”、“快讯热线”、“服务热线”和“快乐热线”。

临沂经济广播电台，中波频率801千赫，调频频率89.9兆赫。电台台址在临沂市解放路中段、沂州商场对面。邮编276000，电话225692、224033。

临沂交通信息广播电台

临沂交通信息广播电台于1993年1月16日试播，同年9月26日开播，频率为1100千赫，全天播音10小时45分钟。是由地区广播电视局和地区交通委员会等8个部门组成董事会进行领导，临沂转播台承办的中波广播电台。以宣传交通为主，面向全社会开展服务。

除转播中央、省台节目外，还自办《临沂新闻与综合节目》、《交通纵横》、《交通信息》、《红绿灯下》、《拉家常》、《商品大世界》、《祝您快乐点歌台》等20多个特点突出、个性鲜明、丰富多彩的广播节目。设有编辑部、总编室、播出部、经济信息部，现有人员19人。

青岛钢铁公司有线电视台

青岛钢铁总公司是山东省三大钢铁基地之一，全厂职工万余人。有线电视系统2200户，有线广播送到车间、科室。为了加强宣传，生产指挥和文化教育，1989年经山东省广播电视厅批准建立青岛钢铁总厂有线广播电视台。

该台归厂党委直接领导，由1名宣传部副部长兼任台长。全台编制21人，其中副台长1人，电视新闻记者5人，广播电视新闻编辑2人，专题编辑2人，播音员4人，工程技术人员5人，司机1人。其中大中专以上文化程度16人。

设备情况：有摄像机8部、录像机6部、编辑制作系统3套，特技机、字幕机各1台。示波器、扫频仪、场强仪等必备仪器。

有线电视台传送7套节目，即中央台一、二套、教育节目、山东台、青岛台、云南贵州台、自办1套节目。自办节目设置：每周三期电视新闻（再重播3次）。专栏节目有《五色钢城》、《青钢艺苑》、《下周屏幕》等，专题每月一期。广播节目有：《新闻》、《生产科技》等，周一至周六，每日3次播音。

技术测试：对全系统始端、中端、末端各抽测5户，经测试用户电平都超过60分贝。图像质量清晰，无交调、互调现象，符合技术要求。

演播室、节目制作、节目播出及办公用房总面积约360平方米。

青岛纺织机械厂有线广播电视台

该厂是纺织工业部直属企业，全厂职工6000人，有线电视终端3000户。有线广播传送全厂车间、科室。

为加强本厂的宣传、文化教育、生产指挥，1989年经山东省广播电视厅批准建立了青岛纺织机械厂有线广播电视台。人员编制：设编16人，即台长1人，副台长1人，记者3人，电视编辑2人，文字编辑3人，播音员2人，工程技术3人，司机1人。其中大中专以上文化程度9人。

主要设备情况：VO系列摄像机4部，大$\frac{1}{2}$机2部、便携式录像机4部、编辑机2套、特技机、字幕机各1套、另有VO放像机、大$\frac{1}{2}$录像机等各种配套设备。

有线电视台节目设置：传送7套电视节目，即中央台一、二套，教育节目，山东台、云南贵州台和本台一套自办节目。本台节目为：新闻每周2次（重播2次），每次10分钟。主要栏目有《青机人》、《半月谈》、《科技教育》、《每周一歌》等。每年制作专题片15部左右。

演播室、编辑室、播放室、带库、办公用房等总面积约340平方米。

技术测试：对全系统始端、中端、终端各抽测5户，经测试用户电平都超过60分贝。图像质量清晰，无交调、互调现象，符合技术要求。

该台在宣传党的方针、政策，促进本厂的生产、技术进步中发挥了重要作用。

铁道部四方机车车辆厂有线电视台

该厂是铁道部属大型企业，全厂职工1.2万人。有线电视系统终端5700余户。有线广播系统送到车间、科室。为了加强本厂的宣传教育，满足职工对文化生活的需求，1989年经山东省广播电视厅批准建立铁道部四方机车车辆工厂有线电视台。

人员编制：全台22人，宣传部长兼台长，另设副台长1人。分4个业务组：新闻5人，专栏专题4人，编播3人，技术维修5人，其他人员3人。其中大中专以上文化13人。

主要技术设备情况：VO系列摄录机4套，编辑机2套，时基校正2台，特技机1台、色键1台、图像扩展1台、字幕机1台。还有录像机、放像机、监视器多台，及场强仪等测试设备。

有线台传送7套节目：即中央台一、二套、教育节目、山东台、青岛台、云南贵州台、本台一套自办节目。

演播室、节目制作室、播出机房及办公用房总面积约440平方米。

自办节目设置：新闻每周4次，每次10分钟。专栏节目有：《安全生产》、《四机青年》、《科技之窗》、《下周屏幕》等。专题不定期拍摄科技、先进人物、产品介绍等方面节目。

技术测试：对系统始端、中端、末端抽测5～7户，用户电平超过60分贝，图像质量较清晰，基本上无交调、互调现象，符合技术要求。

该台能严格执行宣传纪律。电视台结合本厂实际宣传党的方针、政策，促进生产发展中发挥了重要作用。

山东兰陵影视广告总公司

山东兰陵影视广告总公司为山东兰陵企业集团（大型企业）成员之一。总公司直属机构有：兰陵影视公司、兰陵广告公司、兰陵旅游公司、兰陵音响器材贸易公司、兰陵报社、兰陵霓虹装饰公司、兰陵雕塑艺术厂、兰陵工艺时装厂等8家企业。

该公司以“博采众长、追奇创新”为企业宗旨、发扬“人定胜天、敢为人先”的企业精神，致力于兰陵集团的广告、宣传、经营服务等，同时，立足本地，面向全国广联同盟，纵横合作，积极参与影视、广告、旅游、音响器材等市场的竞争、服务，使企业日新月异，迅猛发展；目前，企业固定资产发展到260万元，拥有 BVW-570ZSP 一体摄像机、BVW-75P 编辑录像机、三维特技台等先进技术设备；具有大学专业技术人才员工占 90%，开发当地黄金广告媒体达 4600 平方米，每期报纸印数近 2 万份，并与全国 200 余家电视台、广告公司、旅行社等新闻、广告、旅游单位建立了合作、代理、定点业务关系，形成了以高新技术为依托，以广告业务为主，集广告、影视、报业、旅游、雕塑艺术、音响贸易为一体的经营服务体系，使公司初步形成为知识密集、技术密集、人才密集的高新技术产业。1992 年以来，先后参与联合录制了 30 集电视剧《向往》、《中国老字号》开篇剧《醉卧兰陵》和《李白》以及 3 条电影胶转磁，3 条电视广告等，在市场经济中初显锋芒，并引来国内外许多客户洽谈合作项目。

新疆音像出版社

新疆音像出版社于 1984 年 10 月 6 日经广播电影电视部批准正式成立，隶属新疆广播电视厅，是新疆唯一具有音像制品出版权的综合性音像单位和发行音像制品的主渠道。出版宗旨是，采录出版新疆地区各民族的文艺节目和反映新疆地区成就及风貌的音像制品，以及其他各种专用音像制品，以丰富新疆各族人民的精神文化生活。它拥有国际先进水平的多轨录音和高速复制的的成套设备，实行采、编、译制、录、产销一条龙，年产音带 120 万盒。自成立以来，该社已出版音乐、曲艺、文学等不同形式的维吾尔、汉、哈萨克、蒙古、柯尔克孜、塔塔尔等民族录音带 120 多盒号，发行 200 多万盒，出版和译制国内外录像带 1700 多个品种，发行 42000 多盘。在全国和原苏联各国、东欧和阿拉伯等一些国家发行，受到欢迎。在出版过程中，该社十分重视弘扬民族文化，出版高品位的艺术珍品，先后挖掘出版中华民族艺术宝库中的瑰宝——维吾尔古典音乐《十二木卡姆》、《十二纳格尔鼓乐》及新疆民族音乐系列《丝路歌魂》、《西域乐魂》等。

新疆音像出版社积极改革内部机制，坚持一业为主，多种经营，充分发挥人才、设备、技术的优势，是具有法人资格的、出版业务多面性的和实力较雄厚的音像出版单位。现有职工 85 人。机构设有：社办公室、总编办、总工办、总会（计）办。经营实体有：（一）经营工程口包括音像制品发行经销公司、驼铃装饰公司、商贸公司；（二）音像出版口包括音像制品广告公司等；（三）音像制作中心。

新疆音像出版社社长朵恒，副社长蓝晋。地址：乌鲁木齐市团结路 84 号。发行部电话 77502，邮编 830044。

附 录

外国广播电视概况

一、世界各国广播电视接收工具统计表

这个统计是日本广播协会广播文化调查研究所概括中方资料综合而成的。它包括全世界 169 个国家的广播电视接收工具的数量、电视制试、收费情况等。原刊于 1993 年 1 月号《广播研究与调查》，反映了 80 年代末 90 年代初广播电视接收工具的状况。转载时略有删节。

原文对资料来源等作了以下说明：

1.1991 年独立的波罗的海三国以及独联体诸国和格鲁吉亚等国，因资料不详而未单独列出，均以原苏联的形式归纳统计。

2.各国人口数字均以联合国 1990 年统计数据为准。各表还注明了各国人口、接收机台数出处及参考资料。

3.各种费用的略称：

R——代表广播，T——代表黑白电视，CT——代表彩色电视，T/CT——代表黑白与彩色电视合用，RT——代表广播与黑白电视合用，RCT——代表广播与彩色电视合用，R·T/CT——代表广播、电视(包括黑白、彩色)合用。

世界各洲广播电视状况

地区	国家数	已办广播	已办电视	已办彩色电视	彩色电视所用制式		
					NTSC	PAL	SECAM
国家总数	169	167	151	145	34	76	39
欧洲	32	30	29	28	0	21	9
亚洲	38	38	37	37	5	27	7
大洋洲	12	12	6	5	1	4	0
非洲	52	52	46	43	0	20	23
美洲	35	35	33	32	28	4	0

注：1、广播、电视均未开办的国家有圣马力诺和列支敦士登，但它们都已计划开办。

2、尚未开办电视的国家有 18 个，其中欧洲 3 个，亚洲 1 个，大洋洲 6 个，非洲 6 个，美洲 2 个。

3、在彩色电视制式统计中，对并用 PAL 和 SECAM 制式的摩纳歌、卢森堡、叙利亚以及并用 NTSC 和 PAL 制式的越南，均作了重复统计。安道尔、瓦努阿图、佛得角、索马里、博茨瓦纳和格林纳达等国家的电视广播状况不详，未列入本表。

亚洲（中国未列入）

国名 人口(万人)	收音机 (台数)	电视机		年度接收费及其他
		台数	标准制式/彩色制式	
阿富汗(1612)	1670000	130000	B/PAL	
阿联酋(159)	490000	165000	B/PAL G/PAL	
也门(1128)	664000	300000	B/PAL	
以色列(466)	400000	700000	B/PAL G/PAL	
伊拉克(1892)	3700000	1250000	B/SECAM	
伊朗(5461)	13000000	3500000	B/SECAM	
印度(82706)	65000000	7000000	B/PAL	
印度尼西亚(17930)	26000000	10000000	B/PAL	
阿曼(150)	932000	1100000	B/PAL G/PAL	
卡塔尔(871)	179000	180000	B/PAL	
韩国(4279)	42570000	8800000	M/NTSC	
柬埔寨(825)	860000	65000	B/PAL	
朝鲜(2177)	2500000	300000	D/PAL	
塞浦路斯(170)	270000	90000	B/SECAM G/SECAM	
科威特(2140)	660000	550000	B/PAL G/PAL	
沙特阿拉伯(1487)	3800000	3750000	B/SECAM G/SECAM	
叙利亚(1212)	3000000	710000	G/PAL B/SECAM	
新加坡(300)	822000	1000000	B/PAL	
斯里兰卡(1699)	3300000	550000	B/PAL	
泰国(5720)	10000000	6000000	B/PAL M/PAL	
土耳其(5869)	6392000	5913000	B/PAL	
日本(123587)	124389200	34062143(其中卫星电视4454713)	M/NTSC	CT:15200日元 卫星:25610日元
尼泊尔(1892)	625000	30000	B/PAL	
巴林(50)	260000	198000	B/PAL G/PAL	
巴基斯坦(1185)	10200000	1875000	B/PAL	

孟加拉国(11559)	4650000	500000	B/PAL	
菲律宾(6148)	8300000	2500000	M/NTSC	
不丹(152)	23000	—	—	
文莱(27)	60000	58000	B/PAL	
越南(6620)	7000000	2500000	M/NTSC B/PAL	
马来西亚	7460000	2500000	B/PAL	
缅甸(4168)	3300000	70000	M/NTSC	
马尔代夫(22)	24000	5000	B/PAL	
蒙古(219)	211700	132900	D/SECAM	
约旦(401)	700000	250000	B/PAL G/PAL	
老挝(414)	500000	20000	M/PAL	
黎巴嫩(270)	2150000	838000	B/SECAM G/SECAM	

非洲

国名 人口(万人)	收音机 (台数)	电视机		年度接收费及其他
		台粒	标准制式/彩色制式	
阿尔及利亚(2496)	5500000	1600000	B/PAL	按耗电量计算费用
安哥拉(102)	520000	55000	B/PAL	
乌干达(1880)	1800000	150000	B/PAL	
埃及(5315)	15000000	3860000	B/SECAM G/SECAM	按耗电量计算费用
埃塞俄比亚(4.924)	9000000	100000	B/PAL	
加纳(1503)	4300000	211000	B/PAL	
佛得角(37)	57000	5000	不明	
加蓬(117)	155000	40000	K'/SECAM	
喀麦隆(1183)	1500000	250000	B/PAL	
冈比亚(86)	140000	—	—	
几内亚(576)	230000	30000	K'/SECAM	
几内亚(比绍)(97)	37000	—	—	
肯尼亚(2403)	2200000	200000	B/PAL	
科特迪瓦(1200)	1600000	675000	K'/SECAM	
科摩罗(55)	61000	200	—	
刚果(227)	240000	10000	D/SECAM	
扎伊尔(3556)	3480000	30000	K/SECAM	
圣多美和普林西比(12)	31000	—	—	
赞比亚(807)	603000	200000	B/PAL	
塞拉利昂(415)	890000	40000	B/PAL	
吉布提(41)	35000	22000	B/PAL	
津巴布韦(937)	801000	250000	B/PAL	
苏丹(2520)	5755000	1500000	B/PAL	
斯威士兰(77)	117000	13000	B/PAL	
塞舌尔(7)	31000	5000	B/PAL	
赤道几内亚(35)	128000	3000	B/SECAM	
塞内加尔(733)	80200	250000	K'/SECAM	
索马里(750)	300000	100000	不明	
坦桑尼亚(2564)	565000	25000	B/PAL	
乍得(568)	1310000	6000	D/SECAM	
中非共和国(304)	180000	10000	K/SECAM	
突尼斯(818)	1700000	650000	B/SECA MG/SECAM	按耗电量计费
多哥(353)	719000	20000	K/SECAM	
尼日利亚(10854)	18000000	3000000	SECAM	
纳米比亚(178)	230000	27000	I/PAL	
尼日尔(773)	440000	300000	K'/SECAM	
布基纳法索(900)	225000	45000	K'/SECAM	
布隆迪(546)	300000	3000	K'/SCEAM	
贝宁(474)	400000	20000	K'/SCEAM	
博茨瓦纳(129)	140000	15000	不明	
马达加斯加(1120)	2300000	230000	K'/SECAM	
马拉维(829)	2000000	—	—	
马里(816)	350000	4000	K'/SECAM	
南非(3528)	11200000	3500000	I/PAL	
毛里求斯(108)	380000	230000	B/SECAM	
毛里塔尼亚(203)	282000	45000	B/SECAM	
莫桑比克(1566)	620000	35000	B/PAL	
摩洛哥(2506)	5000000	1550000	B/SECAM	
利比亚(455)	1007000	295000	B/PAL	
利比里亚(261)	560000	45000	B/PAL	
卢旺达(718)	415000	—	—	
莱索托(177)	118000	5000	I/PAL	

欧洲

国名 人口(万人)	收音机 (台数)	电视机		年度接收费及其他
		台数	标准制式/彩色制式	
冰岛(26)	84000	80000	B/PAL G/PAL	R5805 T15674 CT17415 (冰岛克朗)
爱尔兰(350)	2113000	914000	I/PAL	T44 CT62 (爱尔兰英镑)
阿尔巴尼亚(325)	550000	265000	B/PAL G/PAL	
安道尔(5.2)	10000	7000	不明	

意大利(5766)	15179000	15069000	B/PAL G/PAL	R3540 R.T/CT 148000 (里拉)
奥地利(771)	2695000	2500000	B/PAL G/PAL	R701 R.T/CT 2408 (先令)
荷兰(1494)	537700	5242000	B/PAL G/PAL	R50 R.T/CT 172 (荷兰盾)
希腊(1005)	4703000	2300000	B/SECAM G/SECAM	根据耗电量收费
圣马力诺(2)	13000	8000	—	广播电视均接收意大利节目
瑞士(671)	2748000	2517000	B/PAL G/PAL	R11880 T/CT23160 (瑞士法朗)
瑞典(856)	7272000	3331000	B/PAL G/PAL	T/CT1320 (克朗)
西班牙(3896)	12000000	17000000	B/PAL G/PAL	
原苏联(28853)①	239314000	111806000	D/SECAM K/SECAM	
原捷克斯洛伐克(1567)	416800	4660500	D/SECAM K/SECAM	R120 T300(克朗)
丹麦(514)	2281000	2069000	B/PAL G/PAL	R222 RT974 RCT1514 (丹麦克朗)
德国(7948)	35130410	31391229	B/PAL G/PAL	R99 R.T/CT 285.6 (马克)②
挪威(424)	33000000	14820000	B/PAL G/PAL	T600 CT1195 (挪威克朗)
梵蒂冈(0.1)	不明	不明	—	广播为国际广播;电视接收意大利的节目
匈牙利(1055)	6250000	3000999	D/SECAM K/SECAM	
芬兰(499)	4950000	1897000	B/PAL G/PAL	T468 CT828 (马克)
法国(5644)	49000000	19688000	L,/SECAM L/SECAM	T373(93.1后为390) CT580(93.1后为606 (法朗)
保加利亚(901)	721000	2000000	D/SECAM K/SECAM	
比利时(985)	2331000	3304000	B/PAL H/PAL	R966 T4596 CT6624 (比利时法朗)
波兰(3818)	11120000	10500000	D/SECAM K/SECAM	
葡萄牙(1053)	2905000	2420000	B/PAL G/PAL	按耗电量收费
马耳他(35)	110000	148000	B/PAL	T6 CT15 (马耳他英镑)
摩纳哥(3)	11000	18000	G/PAL L'/SECAM L/SECAM	
原南斯拉夫(2381)	3731000	3359000	B/PAL H/PAL	
列支敦士登(3)	20000	10000	—	接收瑞士广播协会传送的德语节目
罗马尼亚(2320)	2476000	3696000	D/PAL K/PAL	
卢森堡(37)	120000	95000	B/PAL L/SECAM	

注①原苏联指独联体各国、格鲁吉亚、波罗的海三国合计

注②原东德部分从 *1993* 年 *1* 月开始为:

R　81

R·T/CT　247.2（马克）

美洲

国名 人口(万人)	收音机 (台数)	电视机		年度接收费及其他
		台数	标准制式/彩色制式	
美国(24998)	557800000	197000000	M/NTSC	
阿根廷(3232)	21500000	7000000	N/PAL	
安提瓜(8)	24000	22000	M/NTSC	
乌拉圭(309)	1850000	700000	N/PAL	
厄瓜多尔(1078)	3240000	850000	M/NTSC	
萨尔瓦多(525)	2080000	450000	M/NTSC	
圭亚那(80)	386000	25000	—	
加拿大(2652)	26878000	16495000	M/NTSC	
古巴(1061)	3608000	214000	M/NTSC	
危地马拉(920)	570000	400000	M/NTSC	
格林纳达(9)	5300	不明	不明	
哥斯达黎加(299)	760000	400000	M/NTSC	

哥伦比亚(3299)	5400000	3500000	M/NTSC	
牙买加(242)	995000	300000	M/NTSC	
苏里南(42)	262000	55000	M/NTSC	
圣克里斯托弗和内维斯(4)	26000	8000	M/NTSC	
圣文森特和格林纳丁斯(12)	73000	9000	M/NTSC	
圣卢西亚岛(15)	98000	3000	M/NTSC	
智利(1317)	4400000	2600000	M/NTSC	
多米尼加共和国(702)	1180000	575000	M/NTSC	
多米尼加联邦(8)	41000	4000	—	
特立尼达和多巴哥(123)	580000	380000	M/NTSC	
尼加拉瓜(387)	925000	230000	M/NTSC	
海地(649)	270000	29000	M/NTSC	
巴拿马(242)	527000	390000	M/NTSC	
巴哈马联邦(25)	134000	56000	M/NTSC	
巴拉圭(428)	700000	200000	N/PLA	
巴巴多斯(26)	224000	67000	M/NTSC	
巴西(15037)	55000000	30000000	M/PLA	
委内瑞拉(1974)	8300000	3000000	M/NTSC	
伯利兹(19)	106000	30000	M/NTSC	
秘鲁(2233)	5300000	3000000	M/NTSC	
玻利维亚(740)	4250000	700000	M/NTSC N/NTSC	
洪都拉斯(495)	1910000	350000	M/NTSC	
墨西哥(8615)	21000000	11000000	M/NTSC	

大洋洲

国名 人口(万人)	收音机 (台数)	电视机		年度接收费及其他
		台数	标准制式/彩色制式	
澳大利亚(1709)	21000000	8050000	B/PAL	
基里巴斯(7)	15000	—	—	
所罗门群岛(32)	3600	—	—	
图瓦卢(1)	3000	—	—	
汤加(10)	52000	—	—	
瑙鲁(1)	6000	—	—	
西萨摩亚(17)	73000	6000	—	接收美属萨摩亚节目
斯西兰(335)	3100000	1250000	B/PAL	T72 CT108 (新西兰元)
瓦努阿图(16)	41000	1000	不明	
巴布亚新几内亚(370)	260000	8000	B/PAL G/PAL	
斐济(75)	430000	11000	B/PAL	
密克罗尼西亚(10)	101000	9000	M/NTSC	

二、世界各国广播电视收费一览表

亚洲

国家	广播	电视	彩色电视	广播电视合收	广播彩色电视合收	其他
蒙古		120				
日本		7800	12240			与卫星电视合用加收
韩国		9600	3万			
缅甸	9 (3年)					
马来西亚	12			24		
新加坡	18			36		
巴基斯坦		200				
孟加拉国	15	125	250			
尼泊尔	10	100	300			
斯里兰卡		150	250			
马尔代夫		120				
叙利亚		50				
约旦		12				
以色列	65			190		

太平洋地区

国家	广播	电视	彩色电视	广播电视合收	广播彩色电视合收	其他
新西兰		72	108			
新喀里多尼亚	1000					

非洲

国家	广播	电视	彩色电视	广播电视合收	广播彩色电视合收	其他
埃及						以用电量计算
突尼斯						以用电量计算
阿尔及利亚						以用电量计算
塞拉利昂	12	24	50			
布基纳法索		5000				
多哥	500 (法朗)					
塞舌尔		100				
毛里求斯		180				
津巴布韦	10.5	50				
南非		72				
斯威士兰		17 (英镑)	33 (英镑)			
莱索托	2	5				

欧洲

国家	广播	电视	彩色电视	广播电视合收	广播彩色电视合收	其他
挪威				600	1080	
瑞典		824	984			
芬兰				404	704	

丹麦	210			800	1240	
冰岛	5780	15606	17340			
波兰	360	2400				
原捷克斯洛伐克	120	300				
匈牙利	120	720				
罗马尼亚	120					
保加利亚	5	12				
原南斯拉夫	20400 — 96000			15.6 万 — 30 万		
德国	61			199.20		
英国		22	60			
爱尔兰		44	62			
法国				343	533	
荷兰	49			168		
比利时	875	4188	6036			
卢森堡						
瑞士	94.80	184.80				
奥地利	582			2106		
意大利	3540					
希腊				94625	118915	
葡萄牙		3200				
马耳他				6	15	

美洲

国家	广播	电视	彩色电视	广播电视合收	广播彩色电视合收	其他
圭亚那	5					

注:

1. 所有收费数字均为年额。
2. 除特别注明者外均为本国货币单位。
3. 统计时间不一，一般为 80 年代末期，某些国家每年均有变化，或实行浮动。

三、世界各国的国际广播一览表

亚洲

国家	广播机构	语言种数	每日广播时数(时,分)	主要发射设施	备注
蒙古	乌兰巴托广播电台	4	约 7 小时	250KW×1 50KW×1 同时用中波	
日本	日本广播电台(NHK)	21	43	300KW×4 100KW×4 转播台:加蓬、加拿大、法属圭亚那	环球英、日语广播每天20小时
朝鲜	平壤广播电台	9	57:10	400、200、100 同时用中波	
韩国	韩国广播电台	11	49:30	250KW×2 150KW×4 同时用中波	
越南	越南之声	11	26:15		
老挝	老挝广播电台	5	7:30	20/10KW 同时用中波	
柬埔寨	柬埔寨人民之声	5	2:30		
泰国	泰国广播电台	10	12:45 (周末增加2小时)	100/50/10KW 同时用中波	
马来西亚	马来西亚之声	8	20	500/100/50KW 同时用中波	
印度尼西亚	印度尼西亚之声	10	13	250KW×1 100KW×2	
巴基斯坦	巴基斯坦广播公司	15	33	250KW×2 100KW×4 同时用中波	
印度	全印广播电台	24	68:20	500KW×6 250KW×8 100KW×11 同时用中波 (最大 1000KW)	
尼泊尔	尼泊尔广播电台	1	30 分	100KW×1	
孟加拉国	孟加拉国广播电台	7	6:30	250KW×2	
斯里兰卡	斯里兰卡广播公司	7	24	100/35/10KW	
阿富汗	阿富汗广播电台	8	14	100/50KW	
伊朗	"伊朗伊斯兰共和国之声"	14	51	500KW×4 350/250/100KW 中波最大功率 100KW	
土耳其	"土耳其之声	16	57	500KW×2 250KW×3	
塞浦路斯	塞浦路斯广播公司	2	4:30	用英国广播公司地中海转播台设备广播	
叙利亚	叙利亚广播电台	9	22	500KW×4 同时用中波	
伊拉克	伊拉克广播电台	11	40	500KW×6 中波 1000KW	
科威特	科威特广播电台	1	24	500KW 中波最大功率 1500KW	
沙特阿拉伯	沙特阿拉伯广播电台	11	20	350/100/50KW 中波最大功率 2000KW	
阿联酋	迪拜广播电台	2	32	500KW×2 300KW×3	

以色列	以色列广播公司	14	17	500KW×1 300KW×4 100KW×2	

非洲

国家	广播机构	语言种数	每日广播时数(时,分)	主要发射设施	备注
埃及	埃及国家广播电台	30	49	250KW×2 100KW×3	
利比亚	利比亚国家广播电台	9	14	500KW 100KW (中波500、300KW)	阿拉伯语12小时45分同时用中波广播
阿尔及利亚	阿尔及利亚国家广播电台	3	7:30	100KW 50KW	
加纳	加纳广播公司	3	5:30	50KW	
尼日利亚	尼日利亚之声	5	17	500KW×5 300KW×1 100KW×2	
埃塞俄比亚	埃塞俄比亚国家广播电台	6	6	100KW	
坦桑尼亚	坦桑尼亚广播电台	1	7	100KW×4	
莫桑比克	莫桑比克广播电台	1	1:30	120KW	
马拉维	马拉维广播公司	2	2	100KW	
赞比亚	赞比亚广播公司	英语和地方语言	7 (星期日11小时)	50KW	
南非	南非广播公司	7	28	500KW 250KW	

欧洲

国家	广播机构	语言种数	每日广播时数(时,分)	主要发射设施	备注
挪威	挪威广播公司国际广播电台	1	24	50KW×3 350KW×1 (中波1200KW)	
瑞典	瑞典广播电台	8	19	350KW×3 (中波640KW)	
芬兰	芬兰广播公司	7	约25	500KW×3 250KW×1 (中波600KW)	
丹麦	丹麦广播公司	1	约12:30	100KW	
原苏联	莫斯科广播电台	44	157:30	1000KW、500KW 海外转播台4个	
波兰	波兰广播电台	8	24:35	100KW×8 并用中波	
原捷克斯洛伐克	国家广播电台	6	约32	250KW×2 100KW×3	
匈牙利	国家广播电台	3	约8	250KW 100KW	
罗马尼亚	国家广播电台	14	约33	250KW 120KW (中波400KW)	
原南斯拉夫	南斯拉夫广播电台(贝尔格莱德)	10	30	100KW×4	
保加利亚	国家广播电台	12	42	500KW×2 250KW×3 150KW	
阿尔巴尼亚	国家广播电台	21	63:30	500KW 240KW 120KW	
德国	“德国之声”	31	67:30	500KW×9 250KW×12 100KW×9 中波2部 海外转播台8个	
	德意志广播电台	11	38	中波、长波: 800、700、600KW 500、200、100KW 并用调频广播	
英国	英国广播公司	36	110	500KW×8 300KW×8 250KW×6 (并用中、长波) 海外转播台14个	
法国	法国国际广播电台	11	99:30	500KW×13 100KW×12 并用中波 海外转播台5个	
荷兰	荷兰国际广播电台	9	46	500KW×4 300KW×4 海外转播台2个	
比利时	比利时荷兰语、法语广播电台	5	34	250、100KW 并用中波	
奥地利	奥地利国际广播电台	5	47	500、300KW×2 100KW×2	

瑞士	瑞士国际广播电台	9	23:15	500KW×1 250KW×9 海外转播台3个	
意大利	意大利广播公司	27	23:30	100／60／50KW	
希腊	“希腊之声”	14	22:30	250KW×1 100KW×2	
西班牙	西班牙国际广播电台	4	72	350KW×6 100KW×5 海外转播台1个	
葡萄牙	葡萄牙广播电台	4	39	250KW×2 100KW×7	
马耳他	“地中海之声”	2	4	600KW×1 250KW×1	

美洲

国家	广播机构	语言种数	每日广播时数(时.分)	主要发射设施	备注
加拿大	加拿大国际广播电台	12	约20	250KW×5 100KW×3 转播台6个	
美国	美国之音	42	164:25	500KW×11 250～300KW×57 中波500～1000KW 海外转播台16个	
	自由欧洲广播电台	9	约91	两台合用: 250KW×20 100KW×24 转播台5个	总部设在德国慕尼黑
	自由广播电台	15	62		
墨西哥	墨西哥国际广播电台	1	9	50KW	
尼加拉瓜	尼加拉瓜之声	2	7	50KW	
委内瑞拉	委内瑞拉广播电台	3	5	50KW	
苏里南	苏里南广播电台	2	45分	使用巴西发射设施	
巴西	巴西广播电台	5	8	250KW	
阿根廷	阿根廷广播电台	8	16:40	100／50KW	
古巴	哈瓦那广播电台	9	34:30	500／100／50KW	
多米尼加联邦	克拉林广播电台	1	24	50KW	

大洋洲

国家	广播机构	语言种数	每日广播时数(时.分)	主要发射设施	备注
澳大利亚	澳大利亚广播电台	9	48	300KW×1 250KW×4 100KW×7	英语节目24小时连续广播
新西兰	新西兰国际广播电台	7	18	100KW	

四、世界各国开办图文电视一览表

亚洲

国家	播出机构	开办年月	采用方式
日本	日本广播协会 民间广播电视台	1985.11	日本方式
新加坡	新加坡广播公司	1983.8	WST
马来西亚	马来西亚广播电视台	1986.7	WST
印度	印度电视台	1985.11	Antiope
以色列	以色列教育电视中心		
澳大利亚	澳大利亚广播公司、商业性电视台	1977.9	WST
新西兰	新西兰电视公司	1984	WST
瑞典	瑞典电视台	1979.3	WST
挪威	挪威广播公司	1983.2	WST
芬兰	芬兰广播公司	1981.10	WST
丹麦	丹麦广播公司	1983	WST
波兰	波兰电视台		WST
匈牙利	马雅克电视台	1982.12	WST
原南斯拉夫	南斯拉夫广播联盟	1982	Antiope WST
德国	德广联电视台 电视二台	1980.6	WST
英国	英国广播公司 独立电视网 "第4频道"电视台	1974.9	WST
爱尔兰	爱尔兰广播公司		WST
法国	法国电视1台 法国电视2台 法国电视3台 新频道电视台	1979.10	Antiope
荷兰	荷兰广播联盟	1980.4	WST
比利时	比利时广播电视台	1980	WST
瑞士	瑞士广播公司	1981.10	WST
奥地利	奥地利广播公司	1980.1	WST
意大利	意大利广播公司	1985	WST

西班牙	西班牙电视台		WST
加拿大	加拿大 广播公司等	1979	Tridon
美国	美国广播公司、 全国广播公司、 哥伦比亚广播公司、 福克斯广播公司、 公共电视网等	1980.3	NABTS
墨西哥	教育电视台		

五、欧洲卫星电视节目一览表

英语节目

名称	广播机构（所在国）	节目内容	每日广播时数	对象地区	开办年月
屏幕体育	W·H史密斯电视台（英）	体育	18	欧洲	1984.3
儿童节目频道	儿童电视台	对儿童广播	12	欧洲	1984.9
世界电视网	美国新闻署	新闻报道	4	欧洲	1985.4
布拉沃电视台	布拉沃电视台（美、英）	电影名作（专供电缆电视网）	12	英国	1985.9
CNN国际电视台	特纳国际公司（美）	新闻报道	24	欧洲	1985.10
生活方式	W·H史密斯电视台	对妇女广播	15	欧洲	1985.10
电影电视网（收费节目）	电影电视网公司（荷）	电视	24	比、荷、卢和北欧	1986.9
超级电视台	超级电视台（英）	综合娱乐	20	欧洲	1987.1
英国世界电视台	英国广播公司（英）	对外电视广播	17	欧洲	1987.6
欧洲音乐电视台	音乐电视台（美、英）	音乐	24	欧洲	1987.8
卫星电唱机	自动唱机电缆电视台（英）	用双向通信方式提供服务	6	英国	1987
空中电影	英国空中广播公司（英）	电影	24	英国	1989.2
空中新闻	英国空中广播公司（英）	新闻	17	英国	1989.2
空中电视	英国空中广播公司（英）	综合娱乐	21	英国	1989.2
欧洲体育	法国电视一台等	体育	20	欧洲	1989.2
发现电视	发现电视台（美）	科学知识纪录片	8	英国	1989.4
电影频道（收费节目）	英国空中广播公司（英）	电影	13	英国	1990.4
空中体育（收费节目）	英国空中广播公司（英）	体育	平日15:30 周末20:30	英国	1990.4
喜剧频道（收费节目）	英国空中广播公司（英）	喜剧	8	英国	1991.10
“12点以后”	英国	成人节目	24	英国	1991.12
自由选择（收费节目）	FCTV（荷）	新电影（试播）	2	欧洲	1991.12
成人频道（收费节目）	家用录像电视台（英）	成人电影电视剧等	4	英国	1992.1
议会频道	艺术家联合会等（美）	议会实况转播	8	英国	1992.1

德语节目

名称	广播机构（所在国）	节目内容	每日广播时数	对象地区	开办年月
电视俱乐部（收费节目）	电视俱乐部（瑞士）	电影	15	瑞士	1984.5
三星电视台	德国电视2台、奥地利广播公司、瑞士广播公司	综合节目，以文化教育为主	10	德国 瑞士 奥地利	1984.12
卫星电视1台	卫星电视1台（德）	综合节目，以娱乐为主	19	德国 奥地利 瑞士	1985.1
卢森堡电视新台	卢森堡电视新台（德）	综合节目以娱乐为主	20	德国等	1985.8
电视5台	电视5台（德）	综合节目，以娱乐为主	11 24 （两颗卫星传送）	德国	1985.11
巴伐利亚8	巴伐利亚广播电视台（德）	综合节目（地面广播重播）	10	德国	1986.1
西部德国3	西部德国广播电视台（德）	综合节目（地面广播重播）	10	德国	1986.1
因斯普鲁斯	德广联、瑞士广播公司	综合节目，以文化教育为主	4	德国等	1986.3
电视7台	电视7台	综合节目，以娱乐为主	24	德国等	1986.11
普勒米厄（收费节目）	新频道电视台、媒介公司（德、法）	电影、体育音乐、新闻	20–24	德国等	1991.2

北德3	北德广播电视台	综合节目(地面广播重播)	18	德国	1991.10

法语节目

名称	广播机构(所在国)	节目内容	每日广播时数	对象地区	开办年月
欧洲5台	法国电视1,2,3,台,瑞士法语区广播电视台,比利时法语区广播电视台,加拿大广播公司	综合娱乐节目	8	欧洲	1984.1
电视5台	电视5台(法)	综合娱乐节目(地面广播重播)	24	法国	1986.2
音乐6台	电视6台(法)	综合娱乐节目(地面广播重播)	10	法国	1986.3
J频道(收费节目)	J频道电视台(法)	对儿童广播节目(地面同时广播)	10	法国	1986.12
电视1台	法国电视1台(法)	综合节目(地面广播重播)	18	法国	1987
文化电视台	SEPT(法)	文化教育节目	12	法国等	1989.5
第2天线	法国电视2台(法)	综合节目(地面广播重播)	18	法国	1989.6
新频道(收费节目)	新频道电视台(法)	电影、体育(地面广播重播)	22	法国	1989.9
欧洲音乐	欧洲音乐电视台(法)	音乐	24	法国	1990.3
基米频道	新频道电视台(法)	50年代文化教育节目	5	法国	1991.9

西班牙语节目

名称	广播机构(所在国)	节目内容	每日广播时数(日)	对象地区	开办年月
盖拉电视台	特莱维萨电视公司(墨西哥)	综合娱乐	24	欧洲	1988.1
西班牙电视台	西班牙电视台	综合节目	14	西班牙	1988
第3天线(收费节目)	第3天线电视台(西班牙)	综合娱乐	11	西班牙	1990.1
电视5台(收费节目)	电视5台(西班牙)	综合娱乐	18	西班牙	1990.2
西班牙新频道(收费节目)	西班牙新频道电视台	以电影、体育为主	8	西班牙	1990.9

意大利语节目

名称	广播机构(所在国)	节目内容	每日广播时数	对象地区	开办年月
意大利电视1台	意大利广播公司	综合节目(地面广播重播)	16	欧洲	1985.5
意大利电视2台	意大利广播公司	综合节目(地面广播重播)	18	欧洲	1988.9
意大利卫星电视	意大利广播公司	实验广播	15	欧洲	1990.1

荷兰语节目

名称	广播机构(所在国)	节目内容	每日广播时数	对象地区	开办年月
儿童电视网	儿童电视网(荷兰)	儿童节目	3	荷兰、卢森堡	1988.3
卢森堡电视4台	卢森堡电视4台(荷兰)	娱乐节目	18	荷兰	1989.10

瑞典语、挪威语、丹麦语节目

名称	广播机构(所在国)	节目内容	每日广播时数	对象地区	开办年月
电视3台(瑞典)	斯堪的纳维亚卫星广播公司(瑞典)	娱乐节目	8	瑞典	1988.12
电视3台(挪威)	同上	同上	8	挪威	
电视3台(丹麦)	同上	同上	8	丹麦	1989
电视-1000(收费节目)	同上	娱乐、电影	7	北欧	1989.8
北欧人频道	北欧人电视台(挪威)	娱乐节目	5	北欧	1989.12
挪威电视	挪威广播公司	综合节目(地面广播重播)	9	北欧	
电视4台(瑞典)	电视4台(瑞典)	娱乐节目	5	瑞典	1990.9
电视4台(挪威)	同上	同上	5	挪威	

土耳其语节目

名称	广播机构(所在国)	节目内容	每日广播时数	对象地区	开办年月
土耳其国际	土耳其广播公司(土耳其)	综合节目	7	欧洲	1990
卫星第一	"魔幻箱"公司(土耳其)	娱乐节目	14	欧洲	1990.10
梅嘎10	"梅嘎10"(土耳其)	娱乐节目	5	欧洲	1991.10

日语节目

名称	广播机构(所在国)	节目内容	每日广播时数	对象地区	开办年月
日本卫星电视	日本卫星电视台	新闻、娱乐等	10	欧洲	1990.3

阿拉伯语节目

名称	广播机构(所在国)	节目内容	每日广播时数	对象地区	开办年月
中东电视	中东广播中心	新闻、娱乐等	8	欧洲、中东、北非	1991.9

六、美国卫星——电缆电视节目一览表

名称	广播机构	节目内容	每日广播时数	开办年月
TBS	特纳广播公司	家庭娱乐、电影、体育	24	1976.12
家庭频道	国际家庭娱乐公司	家庭娱乐、宗教	24	1977.4
TBN有线电视	TBN	宗教	24	1978.4
WGN	论坛公司	电影、体育、新闻	24	1978.11
C-SPAN	电缆电视实业合作社	联邦众议院会议实况转播和新闻报道	24	1979.33
WWOR	松树园	电视、儿童节目、体育	24	1979.4
Nickelodeon	维阿柯姆国际公司	对儿童广播	14	1979.4
ESPN	ABC赫斯特公司	体育	24	1979.9
Gaiavision ECO	尤尼维萨	西班牙语新闻、电影、体育	24	1979.10
黑色娱乐(BET)	TCI、GAC、HBD	音乐、体育、新闻报道	24	1980.1
美国电视网	派拉蒙、MCM	娱乐,体育	24	1980.4
CNN	特纳广播公司	新闻	24	1980.6
学习频道	发现传播公司	成人教育	24	1980.11
Pravo	彩虹节目企业	外国电影、舞台艺术	周76	1980.12
音乐电视台(MTV)	维阿柯姆国际公司	音乐录像	24	1981.8
EWTN	亚拉巴马非赢利公司	对家庭广播、宗教	24	1981.8
简明新闻	特纳广播公司	新闻提要	24	1982.1
气象频道	标志传播公司	气象信息	24	1982.5
乡村音乐(CMT)	轻快田园广播公司	乡村音乐	24	1983.3
纳什维尔电视网(TNN)	轻快田园广播公司	作品演奏会、体育	18	1983.3
无声电视网	阿特金斯组织	对听力困难者广播	3	1984.2
生活方式	ABC、赫斯特公司	妇女娱乐和信息	24	1984.2
艺术和娱乐(A&E)	赫斯公司、ABC、NBC	喜剧、电视剧、舞台艺术	24	1984.2
WPLX	论坛公司	电影、体育、新闻	24	1984.5
ACTS卫星电视	南方浸礼会大会	对家庭广播、宗教	24	1984.6
KTVT	论坛公司	家庭娱乐、体育、新闻	24	1984.7
美国古典影片(AMC)	彩虹节目企业、TCI	30至70年代的电影	24	1984.10
VH-1	维阿柯姆国际公司	音乐录像	24	1985.1
怀旧电视网	怀旧电视网公司	30至60年代电影、连续剧	24	1985.2
发现电视节目	考克斯公司、TCI、纽豪斯、UA Ent	科学、历史、自然等纪录片	24	1985.6
家庭购物	家庭购物电视公司	家庭购物	24	1985.7
Nick at Nite	维阿柯姆国际公司	过去的电视节目	10	1985.7
C-SPAN Ⅱ	电缆电视实业合作社	联邦参议院会议实况转播和新闻报道	24	1986.6
家庭购物Ⅱ	家庭购物电视公司	家庭购物	24	1986.9
QVC电视网	QVC电视网公司	家庭购物	24	1986.11
旅游频道	环球航空	旅行信息	24	1987.2
娱乐电视	HBO、ATC、COX大陆	明星信息	24	1987.7
WSBK	吉列特传播公司	综艺、儿童节目、体育	24	1988.2
智力扩展大学	约翰斯国际公司	大学讲座	24	1987.11
KTLA	论坛公司	音乐、体育、新闻、特别节目	24	1988.3
家庭电视网	自由广播网	家庭娱乐、体育、电影	24	1988.4
VISN电视网	VISN电视网	宗教	24	1988.9
特纳电视网(TNT)	特纳广播公司	电影、体育、儿童节目	24	1988.10
美国体育	有线电视系统、NBC	体育比赛转播、新闻	24	1989.1
CNBC	NBC	经济新闻、市场信息	24	1989.4
国际电视网	国际电视网	外语节目	24	1990.7
喜剧中心	时代华纳、维阿柯姆国际公司	喜剧	24	1991.4
箴言频道	基督教科学箴言报	新闻	24	1991.5
法庭频道	美国法律工作者媒体、时代华纳、NBC	法庭审判实况	24	1991.7

收费电视

名称	广播机构	节目内容	每日广播时数(日)	开办年月
家庭影院(HBO)	时代华纳公司	电影、综艺、体育、特别节目	24	1972.11
电影频道	维阿柯姆国际公司、TCI	电影、特别节目	24	1979.12
表演时代	维阿柯姆国际公司 TCI	电影、喜剧、百老汇戏剧	24	1980.7
银幕	时代华纳公司	电影、综艺、体育、特别节目	24	1980.8
狄斯尼频道	沃尔特·狄斯尼公司	电影、特别节目、动画片	24	1983.4

计次付费节目

名称	广播机构	节目内容	每日广播时数	开办年月
需求电视Ⅰ	重新发行企业、W组织	电影	20	1985.11
选择收看Ⅰ	ATC、大陆、COX、纽豪斯	电影、音乐、体育	24	1985.11
声像库	格拉夫计次付费节目公司	电影	24	1986.4
选择收看Ⅱ	ATC、大陆、COX、纽豪斯	电影、音乐、体育	24	1986.6
需求电视Ⅱ	重新发行企业、W组织	电影	20	1988.7

转载自《中外广播电视百科全书》

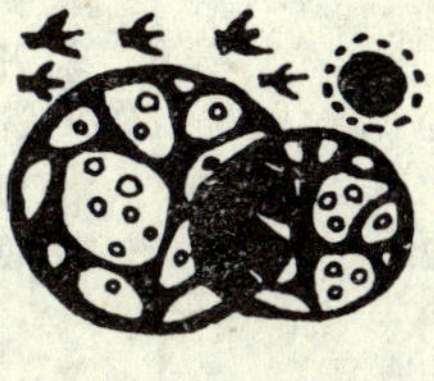

北京广播学院
1993年攻读硕士学位研究生
入学考试试题选（新闻学专业）

新闻广播电视理论和历史试题

一、解释词语：（每题2分，共20分）

1. 客观性
2. 客观报道
3. 客观主义
4. 新闻本源
5. 新闻来源
6. 集体的组织者
7. 新闻信息
8. 接近性
9. 时宣性
10. 合理想象

二、论述题：（每题20分，共80分。1、2题必答；3、4、5题任选两题。）

1. 试论延安《解放日报》的改版及其意义。
2. 试论13年来广播电视宣传改革的进程和成绩。
3. 论哲学在新闻学研究中的具体运用和体现。
4. 中国新闻工作者职业道德准则的内容是什么？
5. 试析新闻价值与宣传价值的关系。

新闻广播电视业务试题

一、名词解释：（共20分，每题4分）

1. 黄金时间
2. 直播
3. 广播电视节目
4. 新闻特写
5. 现场采访

二、问答题：（共40分，每题20分）

1. 报纸版面编排应掌握哪些原则？你认为近年来报纸版面有哪些显著改进？
2. 广播电视受众参与的作用和特点？并结合具体节目说明。

三、选答题：（考生从下面5个部分中任选一部分回答）

第一部分（共40分）

1. 问答题：（20分）

简述社会主义市场经济给广播带来哪些方面的机遇和挑战？

2. 作品分析：（20分）

分析《手推车推向世界》这一获奖广播新闻的主题和特点。

第二部分：（共40分，可以从以下三题中任选两题回答）

一、简述以下概念：（每题4分，共20分）

1. 电子新闻采访（ENG）
2. 同期声录音
3. 剪接率
4. 电视新闻杂志
5. 电视纪录片

二、试论现场报道的作用。（20分）

三、1984年7月30日海外某电视台“晚间新闻”节目由下列几条消息组成了“包裹式新闻”（Paokage news）：1. 美国前民主党参议员麦戈文访苏联外长葛罗米柯，讨论空间武器竞赛问题；2. 美国防部长温伯格说麦戈文访苏意在打击里根总统的威信；3. 美国军方宣布苏联核武器在数量上占优势，在质量上劣于美国；4. 苏海军节炫耀武器装备；5. 中国国防部宣布裁减常规军队100万人。这组新闻前后均未发表评论。

试分析这组“包裹式新闻”的内在含义，并评析这种编排的特点何在？（20分）

第三部分：（共40分）

(1) Translate the following into Chinese (20 points)（略）

(2)Translate the following into English:（20 points)（略）

第四部分：（共40分，三题中选答二题，每题20分）

一、怎样理解板块节目的含义与优势？板块节目主持人有哪些素质要求？

二、简述节目主持人播讲稿(包括提纲和资料）编写要求。

三、节目主持人的议论有哪些要求与特点？

第五部分：（共40分）

一、解释概念：（每题5分，共10分）

1. 代理制
2. 中国广告协会

二、回答下列问题：（每题15分）

1. 浅论社会主义市场经济条件下广告的竞争。
2. 简述广告在现代市场营销活动中的作用。

综合考试（新闻）试题

一、词语解释：（20分）

1. 解释下列带点词的词义、词类（每题0.5分，共5分）：

(a) 众叛亲离，难以济矣。(《左传》)

(b) 临难毋苟免。(《礼记》)

(c)《韩非子·难一》。

(d) 父死之谓何，又因以为利，而天下其熟能说之？(《礼记》)

(e) 王不闻夫管与说乎？(《战国策》)

(f) 说之名，起自吾夫子（指孔子）之《说卦》

……至昌黎韩子（愈），悯斯文日弊，作《师说》，抗颜为学者师。(《文章辨体序说》)

(g) 广武君李左车说成安君。(《史记》)

(h) 有争气者，勿与辩也。(《旬子·劝学》)

(i) 目能辩色，耳能辩声，口能辩味。(《后汉书》)

(j) 韩愈《辩讳》，柳宗元《桐叶封弟辩》……

2. 传奇小说（须列举两篇以上代表作）(3分)

3. “孤岛”时期文学（3分）

4. 《人间喜剧》(须列举两篇以上作品）(3分)

5. 中日甲午战争（3分）

6. 三省六部（3分）

二、填空（每空0.5分，共7分）

1. 1992年是郭沫若诞辰100周年。郭沫若一生创作了许多历史剧，其中有的以历史人物的名字为剧名，如______、______、______、等。他自称______剧是“替曹操翻案”。

2. 文学体裁除诗歌、散文、小说、戏剧外，还有寓言，童话等。外国文学史上的著名寓言作家有古希腊的______、______的克雷洛夫；童话作家则有______的格林兄弟和______的安徒生。

3. 在南北朝时期，我国南方先后出现了______、齐、梁、陈四个王朝。北方则有北魏、东魏、西魏、______和______。

4. 汉武帝时期，______两次出使西域，曾到过______、______等国。

三、选择题（每空0.5分，共7分）

说明：请将所选答案的序号填写在括号(　)内。

1. 公安派是 (a) 唐代 (b) 明代 (c) 清代(　) 后期的重要文学流派。这个流派以 (a) 主张宗经述圣 (b) 试图突破儒家思想束缚 (c) 强调抒写性灵(　)而著称，其代表人物是 (a) 元蘖、白居易 (b0 袁宏道、袁宗道、袁中道 (c) 李贽·焦(　)。

2. 抗日战争后期，延安的戏剧创作在延安文艺座谈会的精神鼓舞和引导下，进入了一个繁荣时期。延安平剧院继创作京剧《逼上梁山》之后，又创作了同样取材于《水浒传》的京剧 (a)《闹江洲》(b)《三打祝家庄》(c)《武松》(　)。

在歌剧方面，也出现了以《白毛女》和 (a)《刘胡兰》(b)《小二黑结婚》(c)《王贵与李香香》(　)为代表作的一批优秀作品。

3. 18世纪法国出现了几位著名的启蒙文学作家，他们在作品中突出自己的政治哲学观点，创作了许多哲理小说。如 (a) 伏尔泰 (b) 孟德斯鸠 (c) 笛卡尔(　)的《波斯人信札》和 (a) 卢梭 (b) 斯宾诺莎 (c) 狄德罗 (　)的《拉摩的侄子》等。

4. 1793年，巴黎人民起义，推翻了 (a) 雅各宾派 (b) 山岳派 (c) 吉伦特派(　)的统治，建立了以 (a) 克伦威尔 (b) 罗伯斯庇尔 (c)拿破仑(　)为首的 (a) 雅各宾派 (b) 山岳派 (c) 吉伦特派(　)专政。

5. 在下列人物中选出宋代著名的理学家(　)

(a) 朱熹 (b) 王守仁 (c) 颜元 (d) 张载 (e) 周敦颐 (f) 郑玄 (g) 司马光 (h) 程颢 (i) 孔颖达

四、简答题：(共28分，(1)、(4) 必答，(2)、(3) 题任选一题)：

1. 试述毛泽东同志的《在延安文艺座谈会上的讲话》的基本内容及其意义。(8分)

2. 对“风马牛不相及”这一成语，历来有不同的解释。请根据下面提供的材料回答：哪种解释较为确切？为什么？(8分)

《左传·僖公四年》记载：齐国出兵进攻楚国，楚王派人责问：“君处北海，寡人处南海，唯是风马牛不相及也。不虞君之涉吾地也，何故？”（注：不虞，没有料想到）

历代注释家有三种解释，概述于下：

一为“远距离”说。晋·杜预注：“牛马风逸，盖末界之微事，故以取喻”。此说以杜注前一句为依据，认为“风”为放逸、走失之意。齐楚相距甚远，马牛不会走失到对方地界，所以说“风马牛不相及”。

二为“细微”说。唐·孔颖达注：“牝牡（即雌雄）相诱谓之风……此言‘风马牛’，谓牛马风逸，牝牡相诱，盖是末界之微事，言此事不相及，故以此取喻不相干。”

三为“方向说”。宋·张世南《游宦记闻》：“牛走顺风，马走逆风，故楚子曰：‘君处北海……’”也就是说，遇到刮风天气，牛马的走向相反，毫不相干。

3. 下面是李贽《题孔子像于芝佛院》的全文，请概述其中心思想和写作特点。(8分)

人皆以孔子为大圣，吾亦以为大圣；皆以老、佛为异端，吾亦以为异端。人人非真知大圣与异端也，以所闻于父师之教者熟也；父师非真知大圣与异端也，以所闻于儒先之教者熟也；儒先亦非真知大圣与异端也，以孔子有是言也。其曰“圣者吾不能”，是居谦也。其曰“攻乎异端”，是必为老与佛也。

儒先臆度而言之，父师沿袭而诵之，小子朦聋而听之。万口一词，不可破也；千年一律，不自知也。不日“徒诵其言”，而曰“已知其人”，不日“强不知以为知”，而曰、知之为知之”。至今日，虽有目，无所用矣!

余何人也，敢谓有目？亦从众耳。既从众而圣之、亦从众而事之，是故吾从众事孔子于芝佛之院。

4. 简评李自成农民军“均田免粮”的政策口号。(10分)

五、政论写作：(40分)

（说明：请紧密结合当前实际，突出重点，篇幅不超过1200字，按格书写，保持字迹清楚）

题目：新闻舆论监督与改革开放。

北京广播学院

1993 年毕业研究生硕士论文题目

新闻学专业

张国飞:《人格化——浅论电视新闻的发展方向》
左顺荣:《电视纪录片的观赏趣味探析》
李振康:《中加广播电视立法研究》
初克堡:《经济电台与经济改革》
张　帆:《论市场经济与广播电视新闻宣传》
程　莉:《试论主持人节目的信息场效应》
黄世永:《社会主义市场经济体制下电视经济宣传的改革》
张文华:《论电视现场短新闻的个性》
曹　莉:《新时期电视纪录片的发展风貌》
吴　越:《电视评论探析》
吴兴文:《论电视节目的观众参与》
杨　君:《电视技术发展与电视传播观念的变革》
李　强:《电视经济宣传新走向——兼评中央电视台经济节目》

1993 年外国广播电视机构驻北京记者名单

澳大利亚广播公司
Australian Broad-casting Corporation
办 公 室: 齐家园外交人员公寓 8-121
邮政编码: 100600
电　　话: 5322410
中秘电话: 4322514
穆艾莉
Ms. Alisson Moorre
住　　宅: 齐家园外交人员公寓 8-122
电　　话: 5322410
萨利·内博
Ms. Sally Neighbour
潘正山
Mr. Phua Cheng Sun

加拿大广播公司
CBC
办 公 室: 建国门外外交人员公寓 7-1-51
邮政编码: 100600
电　　话: 5321510
白　龙
Mr. Patrick Brown
住　　宅: 建国门外外交人员公寓 6-2-12
住宅电话: 5325424
罗盛德
Mr. Peter Rosenfeld
住　　宅: 塔园外交人员办公楼 6-2-82
电话: 5324529
潘瑞萌
Mr.Claude Panet-Raymond
住　　宅: 建国门外外交人员公寓 7-1-53
电　　话: 5323754

加拿大电视网有限公司
CTV
办 公 室: 建国门外外交人员公寓 7-2-61
邮政编码: 100600
电　　话: 5322605
戴碧雪
Ms.Diana Biship
住　　宅: 建国门外外交人员公寓 7-2-61
电　　话: 5322582
李杰夫
Mr. Richard Geoffery
住　　宅: 建国门外外交人员公寓 11-122
电　　话: 5323672

芬兰广播公司
Oy. Yleisradio Ab.
办 公 室: 建国门外外交人员公寓 7-1-42/41
邮政编码: 100600
马越坷
Mr. Markku Tuhkanen
电　　话: 5323370

芬兰《民主通讯社》
芬兰广告电视公司
《晚报》
Demokratic Press Agoncy
litalehti
MTV
办 公 室: 塔园外交人员公寓 7-1-21 转
邮政编码: 100600
电　　话: 5321115

德国广播协会
ARD
办 公 室: 三里屯外交人员办公楼 2-32
邮政编码: 100600
电　　话:5323696

伯恩哈德·赫尔曼
Mr. Bernhard Hermann
中秘电话：5324831

德国电视一台
ARD-GTS
办 公 室：三里屯外交人员办公楼 2-32
邮政编码：100600
电　　话：5323714
中秘电话：5322984
卢茨·马勒威
Mr.Lutz Mahlerwein
住　　宅：塔园外交人员公寓 1-1-51
穆罕默德·谭哈
Mr. Mohammad Tanha
住　　宅：齐家园外交人员公寓 7-5-41
电　　话：5321831-326
约瑟夫·特布吕格
Mr. Josef Tebrugge
住　　宅：塔园外交人员公寓 4-1-72
电　　话：5324258

德国电视二台
ZDF
办 公 室：塔园外交人员公寓 6-2-12
邮政编码：100600
电　　话：5321151
中秘电话：5323575
吉·玛尔曼一赫尔曼
Mrs. Gisela Mahlmann Hermann
住　　宅：东直门外大街东湖别墅 315 号
电　　话：4077083

意大利广播电视公司
Radio Televisione Italiana
办 公 室：齐家园外交人员公寓 9-62
邮政编码：100600
电　　话：5322150
传　　真：5321974
刘登立
Mr. John D.Liu
电　　话：5011054
住　　宅：朝阳区平房山亮马桥黄杉木店柳树园六家庄
《晚邮报》
corriere Della Sera
办 公 室：建国门外外交人员公寓 5-142
邮政编码：100600
电　　话：5326096
费拉罗
Mr. Renato Ferraro
住　　宅：建国门外外交人员公寓 5-51
电　　话：5326097

日本朝日电视
TV.Asahi
办 公 室：建国门外外交人员公寓 1-1-12
邮政编码：100600
电　　话：5323301
安江伸夫
Mr. Nobuo Yasue
住　　宅：建国门外外交人员公寓 7-2-32
电　　话：5323501
小柳功
Mr. Isao Koyanagi
住　　宅：塔园外交人员公寓 3-2-21
电　　话：5324259

日本富士电视
Fuji TV
办 公 室：塔园外交人员公寓 2-2-51
邮政编码：100600
电　　话：5324840　9005102
田信揆
Mr. Nobuki Den
住　　宅：塔园外交人员公寓 4-2-62
电　　话：5324695
市毛唯之
Mr. Tadayuki Ichige
住　　宅：塔园外交人员公寓 6-1-142
电　　话：5324553

日本广播协会
NHK
办 公 室：建国门外外交人员公寓 7-2-53
邮政编码：100600
电　　话：5321251　5321654
加藤青延
Mr. Harunobu Kato
住　　宅：建国门外外交人员公寓 2-2-72
电　　话：5323766
和贺正幸
Mr. Masayuki Waga
住　　宅：建国门外外交人员公寓 2-1-82
电　　话：5323591
野村淳
Mr. Jun Nomura
住　　宅：塔园外交人员公寓 1-2-71

电　　话：5324908
铃木慎一
Mr. shimichi Suzuki
住　　宅：梅地亚中心 545
电　　话：8514422 转 3545

日本电视网
NTV
办 公 室：三里屯外交人员办公楼 1–62
电　　话：5323781
智片健二
Mr. Kenji Chikata
住　　宅：三里屯外交人员办公楼 1–62
电　　话;5323525
加登宽人
Mr. Hiroto kato
住　　宅：塔园外交人员公寓 4–2–71
电　　话：5323051

东京广播公司
TBS
办 公 室：建国门外外交人员公寓 7–1–112
电话：5322720　5322524
岩城浩幸
Mr. Hiroyuki Iwaki
住　　宅：建国门外外交人员公寓 4–1–111
电　　话：5322319
山际敦嗣
Mr. Atsushi Yamagiwa
住　　宅：建国门外外交人员公寓 7–1–82
电　　话：5323923

韩国广播公司
KBS
办 公 室：建国门外外交人员公寓
10–1–11
邮政编码：100600
电　　话：5326162
5326163
梁辉夫
Mr. Yang Hwee Boo
住　　宅：塔园外交人员公寓 4–2–121
电　　话：5326243
李东植
Mr. Lee Dong Shik
住　　宅：建国门外外交人员公寓 7–1
电　　话：5326243
白承
Mr. Baik Seung Min
住　　宅：建国门外外交人员公寓 8–1

文化广播公司(韩国)
MBC
办 公 室：建国门外外交人员公寓
4–2–32
电　　话：5326345, 5326346,5326347
传　　真：5326348
洪起龙
Mr. Hong Ki–Ryong
住　　宅：齐家园外交人员公寓
9–51
李诚洙
Mr. Lee Sung–Soo
住　　宅：建国门外外交人员公寓
3–51
电　　话：5326349

汉城电视台(韩国)
SBS
办 公 室：建国门外外交人员公寓
9–1–23
邮政编码：100600
电　　话：5326394
传　　真：5326395
安相伦
Mr. Ann Sang Yun
住　　宅：三里屯外交人员公寓
6–1–22
电　　话：5326396

荷兰国际广播电台
Badio Nederland
wereldomroep
办 公 室：建国门外外交人员公寓
7–1–72
邮政编码：100600
电　　话：5326106
马德阳
Mr. Jan Van der Made
住　　宅：齐家园外交人员公寓 4–1–4
电　　话：5321831–402

挪威国家广播电视台
NRK
办 公 室：建国门外外交人员公寓
7–1–41／42
邮政编码：100600
电　　话：5323370　5323586
史芙·娜顿玛
Ms. Siv Nordrum
住　　宅：建国门外外交人员公寓 7–1–42
电　　话：5323370

俄罗斯奥斯坦基诺电视公司
Russian Ostankino TV Company
办 公 室：塔园外交人员公寓 3-1-42
邮政编码：100600
电　　话：5324904(传真)
电视记者　库利科夫
Mr. Koulikov V.S.
住　　宅：同上
电视摄影师　安齐费罗夫
Mr. Antsiferov
Boris Lvovitch
住　　宅：齐家园外交人员公寓 6-2-16
电　　话：5324931
电台记者　费奥克季斯托夫
Mr. Feoktistov
Sergey Nikolaevitch
住　　宅：建国门外外交人员公寓 7-2-52

瑞士国家广播电视公司
SRG
办 公 室：建国门外外交人员公寓 7-1-72
邮政编码：100600
中秘电话：5324857　5324844

美国广播公司新闻公司
ABC News
办 公 室：建国门外外交人员公寓 4-1-71
邮政编码：100600
电　　话：5322671　5324977
5324976
中秘电话：5323180
传　　真：5322668

唐瑞克
Mr.Richard Tullis
住　　宅：塔园外交人员公寓
8-1-142
电　　话：5325193

哥伦比亚广播公司新闻公司
CBS News
办 公 室：建国门外外交人员公寓
2-1-22
邮政编码：100600
电　　话：5322301　5322472
中秘电话：5324859
布雷德利·辛普森
Mr. Bradley H. Simpson
住　　宅：建国门外外交人员公寓
4-1-61
电　　话：5323347
玛丽·沃尔什
Ms. Mary Walsh

全国广播公司新闻公司
NBC News
办 公 室：建国门外外交人员公寓 3-42
邮政编码：100600
电　　话：5323153
传　　真：5231227
中秘电话：5323961
白　伦
Mr. Leonad Pratt
住　　宅：建国门外外交人员公寓
4-1-113
电　　话：5322220　5323461
加里·费尔曼
Mr. Gary Fairman

有线电视公司
CNN
办 公 室：塔园外交人员公寓 9-2-82
邮政编码：100600
电　　话：5326013, 5326014
传　　真：5326014
中秘电话：5326013
齐迈可
Mr. Mike Chinoy
住　　宅：塔园外交人员公寓 5-2-72
电　　话：5324521
米切尔·法卡斯
Mr · Mitchell Farkas
住　　宅：塔园外交人员公寓 3-2-61
电　　话：5325161
舒　怀
Mr. Tim Schwarz
住　　宅：塔园外交人员公寓 5-1-71
电　　话：5325160

美国之音
VOA
办 公 室：建国门外外交人员公寓
7-2-144
邮政编码：100600
传　　真：5323290
电　　话：5323857
戴大卫
Mr. David W.Dyar
住　　宅：建国门外外交人员公寓
4-1-103
电　　话：5322898

毕克士:
Mr. Christen All an Billing
住　　宅: 塔园外交人员公寓
7-2-141
电　　话: 5325147

1993 年中央人民广播电台驻香港记者站名单

驻香港记者站:
王兆吉（1992.7 赴任）
陈国雄（1992.7 赴任）
凌曲刚（1994.1 赴任）

1993 年中国国际广播电台驻外记者名单

驻日本站
张国清
驻巴基斯坦站
王益友(1994 年 1 月 23 日卸任)　李　凌
驻土耳其站
陆境明
驻泰国站
陈　安
驻印度站
王保石　陈宗荣
驻澳大利亚站
徐荣茂　伊怀杰
驻肯尼亚站
丁帮英　张　敏(1994 年 2 月卸任)
陈耳林　于小青(1993 年 12 月赴任)
驻埃及站
马为公　李支援(1993 年 11 月赴任)
高世军(1993 年 10 月卸任)
驻津巴布韦站
刘广聚
驻阿根廷站
岳家声　吴继德
驻美国站
王国庆　谢　桥(1993 年 12 月赴任)
驻联合国站
刘　晖
驻墨西哥站
胡德才　贾燕平
驻德国站
马旭明
驻法国站
李书成　黄良德
驻南斯拉夫站
李　坚
驻俄罗斯站
金铁侠　王东政
驻比利时站
毛凤支　王冬梅
驻香港站
梁锦江　高极明

1993 年中央电视台驻外记者名单

驻美国记者:
陆伟昌　王春全
驻比利时(欧共体)记者:
汪保国　杨　扬
驻香港记者:
于学臣　马赤后　张　宁　徐文华　邢增福
王康宏　李鹤群　史伯云　吴玉兰

索 引

汉语拼音索引

A

B

C

H

K

L

X

数字索引

英文字母索引

《中国广播电视年鉴》1994年版

各栏目责任编辑、审稿人

栏目名称	责任编辑	审稿人
1. 特载	王云鹏	王　珏
2. 部长专论	王云鹏	赵玉明
3. 概况	田景瑞、曲宗生	黄望南
4. 节目栏目选介	周永萍	李振水、黄望南
5. 法规文件	田景瑞	赵水福
6. 工作会议	田景瑞	赵　群
7. 专论	罗建平	王　珏
8. 研讨会	田景瑞	赵　群
9. 经验总结	王云鹏	赵　群、王　珏
10. 专辑	田景瑞	赵　群、王　珏
11. 听众观众调查	周永萍	赵　群、王　珏
12. 新技术开发与应用	田景瑞	江　澄
13. 书报刊	曲宗生	赵玉明
14. 音像出版物	韩同慧	李振水
15. 文章索引	韩同慧	王云鹏
16. 评奖	王云鹏	李振水
17. 机构和团体	梁振远	王云鹏
18. 大事记	王云鹏	赵玉明
19. 人物志	曲宗生	赵玉明
20. 统计	曲宗生	赵玉明
21. 台湾省的广播电视	周永萍	赵水福
22. 香港、澳门的广播电视	周永萍	赵水福
23. 对外交流	周永萍	赵水福
24. 史志资料	曲宗生	赵玉明
25. 名录	曲宗生	王云鹏
26. 附录	韩同慧	王　珏
27. 索引	罗建平	赵玉明
28. 图片	阮双庆	赵玉明、赵　群
29. 广告	罗建平	王云鹏

China Radio and TV Yearbook

1994

Contents in Brief